D1752729

V. BAR
GEMEINEUROPÄISCHES PRIVATRECHT
DER NATÜRLICHEN PERSON

GEMEINEUROPÄISCHES PRIVATRECHT DER NATÜRLICHEN PERSON

Von

CHRISTIAN V. BAR

Dr. jur., Dr. jur. h. c. mult., Dr. phil. h. c., em. Universitätsprofessor und
Direktor i. R. des European Legal Studies Institute der Universität Osnabrück,
Professor (e.h.) der AJD Częstochowa,
Bencher (Hons.) of Gray's Inn, FBA, MAE

2023

C.H.BECK

Zitiervorschlag:
v. Bar, Gemeineurop. PrivatR, Rn. …

www.beck.de

ISBN 978 3 406 80536 3

© 2023 Verlag C.H.Beck oHG
Wilhelmstraße 9, 80801 München
Druck und Bindung: Westermann Druck Zwickau GmbH
Crimmitschauer Straße 43, 08058 Zwickau

Satz- und Umschlaggestaltung: Druckerei C.H.Beck Nördlingen
(Adresse wie Verlag)

Gedruckt auf säurefreiem, alterungsbeständigem Papier
(hergestellt aus chlorfrei gebleichtem Zellstoff)

Alle urheberrechtlichen Nutzungsrechte bleiben vorbehalten.
Der Verlag behält sich auch das Recht vor, Vervielfältigungen dieses Werks
zum Zwecke des Text and Data Mining vorzunehmen.

Vorwort

Gegenstand dieses Buches sind die Rechtssätze, die das Privatrecht in der Person des Menschen bündelt. Modernes Personenrecht ist grundrechtsgeleitetes Privatrecht. Es sichert die Unverfügbarkeit von Körper und Würde. Es garantiert, dass ein Mensch nicht zu einer bloßen Sache herabgestuft wird. Es gewährleistet seinen Zugang zur Privatrechtsordnung. Es begrenzt Fremdbestimmung auf ein unverzichtbares Mindestmaß. Es fasst Geschlecht als ein rechtliches Konzept. Und es gibt Menschen neue Freiheiten in der Wahl ihres Namens. Personenrecht geht jedermann an. Es steht deshalb in ganz Europa im Mittelpunkt vieler rechtspolitischer Debatten und neuer Entwicklungen. Wir zeichnen sie im Folgenden nach. Unser Ständiges Seminar hat es uns ermöglicht, Zugang zu den großen rechtswissenschaftlichen Traditionen der mitgliedsstaatlichen Rechtsordnungen zu finden. Das Vereinigte Königreich hat die Europäische Union zwar verlassen. Seine oft sehr eigene Sicht auf unsere Themen hilft aber unverändert, sie besser zu verstehen.

Das internationale Team, mit dem ich diesen Band in beständigem Gedankenaustausch konzipiert habe, ist aus Mitteln der Deutschen Forschungsgemeinschaft finanziert worden. Wir danken dafür sehr.

Das Sachregister hat Herr Dr. José Carlos de Medeiros Nóbrega erstellt. Die übrigen Verzeichnisse hat Frau Referendarin Lara Sommerhage vorbereitet. Die Organisation des Seminars lag in den Händen von Herrn Dipl.-Jur. Max Krenzin. Für die laufenden Korrekturen des Textes danke ich Frau Stefanie Kämmerer, M. A.

Das Manuskript habe ich im Dezember 2022 abgeschlossen, einige Entwicklungen aber noch bis März 2023 nachgetragen.

Osnabrück im April 2023 *Christian v. Bar*

Das Ständige Seminar zum gemeineuropäischen Privatrecht der natürlichen Person

Dieses Buch beruht auf den Forschungsresultaten unseres Ständigen Seminars zum gemeineuropäischen Privatrecht der natürlichen Person. Das Material, das mir seine Mitglieder zur Verfügung gestellt haben, hätte ich mir allein nicht erschließen können. Ihre Analysen und ihr uneigennütziger Rat halfen über die schwierigsten Klippen hinweg.

Mateusz Badowski, Mag.Iur. (polnisches Recht),
Xavier Borremans, lic.jur., Mag.Iur. (belgisches, französisches und luxemburgisches Recht),
Esther Gierse, LL.M. (englisches und schottisches Recht),
Galateia Tina Kalouta, LL.M. (griechisches und zypriotisches Recht),
Dipl.-Jur. Maximilian Krenzin (deutsches Recht),
Professor Dr. Geo Magri (italienisches Recht),
Dr. José Carlos de Medeiros Nóbrega, LL.M. (portugiesisches und spanisches Recht),
Egil Nordqvist, LL.M. (dänisches, finnisches und schwedisches Recht),
Dr. Magda Schwandt, geb. Schusterová, LL.M., M. A. (LIS) (tschechisches und slowakisches Recht; Recht der baltischen Staaten und Sloweniens),
Rechtsanwalt Dimitar Stoimenov (bulgarisches Recht),
Dipl.-Jur. Jonas Wiesehöfer (österreichisches Recht).

Die Informationen zum rumänischen Recht verdanke ich Frau Rechtsanwältin Cesara D. Chirică, LL.M. (Cluj-Napoca), die Informationen zum ungarischen Recht Herrn Universitätsassistenten Dr. Ferenc Szilágyi (Budapest).

Inhaltsübersicht

Vorwort V
Das Ständige Seminar zum gemeineuropäischen Privatrecht der natürlichen
Person VII
Verzeichnis des abgekürzt zitierten selbständigen Schrifttums XVII
Verzeichnis der Abkürzungen XXVII
Verzeichnis der Rechtsprechungsdatenbanken XLV

§ 1: Das Recht der natürlichen Person im System des Privatrechts 1
I. Gegenstände 2
II. Der Privatautonomie entzogene Zuschreibungen 26
III. Nationale Systembildungen 33

§ 2: Privatrecht unter menschen- und grundrechtlichem Einfluss 45
I. Menschenrechte, Grundrechte, Grundfreiheiten 48
II. Die Gewährleistung der Rechtssubjektivität 63
III. Der verfassungsrechtliche Rahmen der Unverfügbarkeit von Würde und
Körper 80
IV. Verfassungsrechtliche Vorgaben für das Recht der Zuordnung zu einem
Geschlecht 126
V. Das Namensrecht unter grundrechtlichem Einfluss 151
VI. Unverhältnismäßige Beschränkungen der Handlungsfähigkeiten 166

§ 3: Rechtsfähigkeit 179
I. Die Person des Menschen und die Personen der Schöpfungen des Rechts ... 180
II. Die Lehre von der Rechtsfähigkeit des Menschen 196
III. Die Rechtsunfähigkeit von Sachen 211

§ 4: Der Beginn und das Ende der Rechtsfähigkeit des Menschen 225
I. Zur Welt kommen, Geburt, Sterben und Tod 226
II. Ungewissheit über den Tod oder den Todeszeitpunkt eines Menschen 252

§ 5: Selbstbestimmter Zugang zu den Gestaltungsformen des
Privatrechts 287
I. Grundlagen 289
II. Die Relevanz des natürlichen Willens 316
III. Die Relevanz des freien Willens 328
IV. Die Geschäftsfähigkeit 356
V. Der Minderjährigen zugestandene rechtsgeschäftliche Gestaltungsrahmen ... 392
VI. Die Rechtsfolgen fehlender Geschäftsfähigkeit 409

§ 6: Fremdbestimmung von Kindern und Erwachsenen 419
I. Überblick 419
II. Kinder 425
III. Menschen mit Behinderungen 439

§ 7: Die rechtlichen Geschlechter 461
I. Rechtliche Geschlechter und natürliche Gegebenheiten 462
II. Voraussetzungen und Wirkungen eines Wechsels des rechtlichen Geschlechts ... 486

III. Folgen	505
IV. Namensänderung	510
§ 8: Namensrecht	515
I. Der bürgerliche Name	516
II. Namenserwerb nach der Geburt	551
III. Namensänderung aus Anlass familienrechtlicher Vorgänge	567
IV. Namensänderung ohne familienrechtliche Veranlassung	589
Gesetzesregister	605
Register der Entscheidungen zum Common Law	653
Sachregister	657

Inhaltsverzeichnis

Vorwort V
Das Ständige Seminar zum gemeineuropäischen Privatrecht der natürlichen
Person VII
Verzeichnis des abgekürzt zitierten selbständigen Schrifttums XVII
Verzeichnis der Abkürzungen XXVII
Verzeichnis der Rechtsprechungsdatenbanken XLV

§ 1: Das Recht der natürlichen Person im System des Privatrechts

I. Gegenstände 2
   1. Mensch und Person 2
   2. Zugang zu den Gestaltungsformen des Privatrechts 3
   3. Abgrenzungen 8
      a. Wohnsitz und Staatsangehörigkeit; Schutz der Persönlichkeitsrechte;
         Verbrauchereigenschaft 8
      b. Personenbezogene Daten im System des Privatrechts 10
   4. Rechtssubjektivität 12
   5. Körper und Würde 16
   6. Zugehörigkeit zu einem Geschlecht 20
   7. Teilhabe am Privatrechtsverkehr 25
II. Der Privatautonomie entzogene Zuschreibungen 26
III. Nationale Systembildungen 33
   1. Sachrecht und Internationales Privatrecht 33
   2. England und Schweden 35
   3. Die Kodifikationen 37

§ 2: Privatrecht unter menschen- und grundrechtlichem Einfluss

I. Menschenrechte, Grundrechte, Grundfreiheiten 48
   1. Verfassungsrechtssensibilität des Privatrechts der natürlichen Person 48
   2. Terminologie 52
   3. Die menschenrechtlichen Quellen 54
   4. Der Rang der Quellen und die Rolle der Verfassungsgerichte 56
II. Die Gewährleistung der Rechtssubjektivität 63
   1. Die Unterscheidung zwischen der Innehabung und der Ausübung von
      Rechten 63
   2. Sklaverei 72
   3. Verheiratete Frauen und Kinder 73
   4. Ungeborene Kinder 76
III. Der verfassungsrechtliche Rahmen der Unverfügbarkeit von Würde und
    Körper 80
   1. Einvernehmlich bewirkte Würdeverletzungen 80
   2. Assistiertes Sterben 84
      a. Terminologisches 84
      b. Objektives Lebens- und Sterbensrecht 94
   3. Ersatzmutterschaft 100
      a. Ersatzmutterschaftsverträge unwirksam 100
      b. Ersatzmutterschaftsverträge unter engen Voraussetzungen wirksam ... 105
      c. Faktische Elternschaft und Kindeswohl 109

4. Vereinbarungen über Material mit menschlicher DNA	117
a. Rechtlich unverbindliche Vereinbarungen	117
b. Die Oviedo-Konvention und die EMRK	118
c. Unionsrecht	119
d. Nationales Recht der Mitgliedstaaten	120
IV. Verfassungsrechtliche Vorgaben für das Recht der Zuordnung zu einem Geschlecht	126
1. Erforderlichkeit einer geschlechtlichen Zuordnung	126
2. Zuordnung zu welchem Geschlecht?	132
3. Voraussetzungen eines Wechsels zwischen den Geschlechtern	135
a. Die Rechtsprechung des EGMR	135
b. Nationale Verfassungsrechtsprechung	140
4. Offenlegung der sexuellen Orientierung	145
V. Das Namensrecht unter grundrechtlichem Einfluss	151
1. Recht auf einen Namen	151
2. Elternrecht, Kindeswohl und öffentliche Interessen	153
3. Gleichberechtigung der Geschlechter	158
a. Eheleute	158
b. Nachnamensrecht der Kinder	162
VI. Unverhältnismäßige Beschränkungen der Handlungsfähigkeiten	166
1. Geschäftsunfähigkeit von Rechts wegen	166
2. Gerichtlich verfügte Geschäftsfähigkeitsbeschränkungen	170

§ 3: Rechtsfähigkeit

I. Die Person des Menschen und die Personen der Schöpfungen des Rechts	180
1. Person und Rechtssubjektivität	180
2. Mensch	182
3. Person und Substrat	185
4. Teilrechtsfähigkeit?	192
5. Personenstand, Name, Körper, Würde	194
II. Die Lehre von der Rechtsfähigkeit des Menschen	196
1. Regelungen zur Teilhabe am Rechtsverkehr	196
2. Bezugsgrößen	198
a. Subjekt versus Objekt; natürliche versus juristische Person	198
b. Rechtsfähigkeit versus Geschäftsfähigkeit	199
3. Rechte und Rechtspersönlichkeit	201
4. Beschränkungen der Fähigkeit zum Erwerb von Vermögensrechten	207
III. Die Rechtsunfähigkeit von Sachen	211
1. Personen, Gegenstände, Sachen, Tiere und Lebensräume	211
a. Gegenstände und Sachen	211
b. Tiere	213
c. Lebensräume	215
2. E-Personen?	216

§ 4: Der Beginn und das Ende der Rechtsfähigkeit des Menschen

I. Zur Welt kommen, Geburt, Sterben und Tod	226
1. Der Beginn der Rechtsfähigkeit durch Vollendung der Geburt	227
2. Erwerb vorgeburtlich begründeter Rechte	231
3. Das Ende der Person durch den Tod	240
a. Das sog. postmortale Persönlichkeitsrecht	240
b. Der Beweis des Todes	242
4. Der Rechtsbegriff des Todes	247

II. Ungewissheit über den Tod oder den Todeszeitpunkt eines Menschen	252
1. Überblick	252
2. Todes- und Todeszeitfeststellung	253
3. Todeserklärungen	256
a. Voraussetzungen	257
(1) Nachrichtenloses Verschwinden	257
(2) Ernstliche Zweifel am Überleben (Abwesenheit, Verschollenheit)	259
(3) Wartefristen	262
b. Die Todesvermutung	268
c. Fortleben des für tot Erklärten	272
4. Kommorienten	277
5. Abwesenheit	280
a. Gerichtliche Feststellung der vermuteten Abwesenheit	280
b. Sorge für das Vermögen verschwundener Personen	283

§ 5: Selbstbestimmter Zugang zu den Gestaltungsformen des Privatrechts

I. Grundlagen	289
1. Sonderregeln für Menschen ohne oder von geringer Willensbildungsfähigkeit	289
a. Einschränkungen der freien Willensbildung bei Kindern und Erwachsenen	289
b. In ihrer Geistestätigkeit beeinträchtigte Menschen	296
(1) Einschränkungen der freien Willensbildung	296
(2) Defizite	301
(3) Zeitgemäße Formulierungen	303
2. Terminologie	306
3. Systemfragen	311
II. Die Relevanz des natürlichen Willens	316
1. Allgemeines	316
2. Einzelne Anwendungsfelder	318
a. Zwangsbehandlungen	318
b. Betreuerauswahl, Geschäftsführung ohne Auftrag, Vertretung	320
c. Schenkungen und geringfügige Alltagsgeschäfte	322
d. Besitz	324
e. Natürlicher Verteidigungswille	327
III. Die Relevanz des freien Willens	328
1. Natürlicher Wille, freier Wille und Geschäftsfähigkeit	328
2. Die Fähigkeit zur Ausübung eigener Vermögensrechte	334
3. Die Fähigkeit zur Ausübung von Persönlichkeitsrechten	338
a. Unkörperliche Persönlichkeitsrechte	338
b. Die Einwilligung in Körperverletzungen und Heilbehandlungen	342
(1) Körperverletzungen und Gesundheitsgefährdungen	343
(2) Heilbehandlungen: Einwilligungsfähigkeit und Einwilligungsmündigkeit	346
(3) Co-Konsens der Eltern	349
(4) Insbesondere: Schwangerschaftsabbruch	352
IV. Die Geschäftsfähigkeit	356
1. Abstrakte versus konkrete Geschäftsfähigkeit	356
2. Geschäftsfähigkeit als Status?	362
3. Die Sonderstellung von Rechtsgeschäften	367

4. Erwerb der abstrakten Geschäftsfähigkeit durch Emanzipation	369
a. Emanzipation durch Eheschließung	369
b. Emanzipation durch Entlassung aus der elterlichen Sorge	372
5. Entzug und Einschränkung der abstrakten Geschäftsfähigkeit durch hoheitliche Maßnahmen	374
a. Entmündigung	375
b. und	382
c. Geschäftsfähigkeitsbeschränkende Betreuung	383
(1) Zivilrecht versus Common Law	383
(2) Vertretung und Zustimmungsvorbehalt	386
6. Freiwillige und informelle Maßnahmen	391
V. Der Minderjährigen zugestandene rechtsgeschäftliche Gestaltungsrahmen	392
1. Vertragsmündigkeit, Ehemündigkeit, Testiermündigkeit	392
2. Gebräuchliche und notwendige Geschäfte	394
3. Geschäfte mit frei verfügbaren Mitteln	397
4. Rechtlich vorteilhafte und rechtlich neutrale Geschäfte	398
5. Dienst- und Arbeitsverträge; Betrieb eines Erwerbsgeschäfts	401
a. Abhängige Beschäftigung und Verfügungen über daraus erzieltes Einkommen	401
b. Betrieb eines Erwerbsgeschäfts	406
6. Einseitige Rechtsgeschäfte	407
VI. Die Rechtsfolgen fehlender Geschäftsfähigkeit	409
1. Nichtigkeit	409
2. Schwebende Unwirksamkeit	414
3. Schwebende Wirksamkeit:	415

§ 6: Fremdbestimmung von Kindern und Erwachsenen

I. Überblick	419
1. Bewahrung der Rechtsfähigkeit	419
2. Erlaubte Fremdbestimmung	420
3. Vertretung, Co-Konsens, Handeln im eigenen Namen	422
II. Kinder	425
1. Common Law versus Civil Law	425
2. Die elterliche Vertretungsmacht	426
a. Wahrnehmung der Vertretung	428
b. Schranken der Vertretungsmacht	432
(1) In-sich-Geschäfte und andere Interessenkonflikte	433
(2) Schenkungen aus dem Kindesvermögen	434
(3) Langfristige oder risikoreiche Verbindlichkeiten	435
(4) Verfügungen über besonders werthaltiges Kindesvermögen	436
3. Co-Konsens	438
III. Menschen mit Behinderungen	439
1. Nachrang der Fremdbestimmung	439
2. Vertretung und Co-Konsens	441
a. Vertretungsberechtigte Personen	441
(1) Vorsorgebevollmächtigte	441
(2) Faktische Betreuer	446
(3) Staatlich bestellte Vertreter	450
b. Umfang der Vertretungsmacht	455
c. Co-Konsens	458

§ 7: Die rechtlichen Geschlechter

I. Rechtliche Geschlechter und natürliche Gegebenheiten 462
   1. Standardisierung und Vereinfachung 462
      a. nicht 462
      b. Mann und Frau, Junge und Mädchen 469
   2. Menschen mit Varianten der Geschlechtsentwicklung 475
      a. Fließende Geschlechtsidentität 475
      b. Abnehmende Bedeutung des rechtlichen Geschlechts 479
II. Voraussetzungen und Wirkungen eines Wechsels des rechtlichen Geschlechts 486
   1. Wille und Antragstellung 486
   2. Auseinanderfallen von rechtlichem und psychologischem Geschlecht ... 493
   3. Wiederholter Geschlechtswechsel 499
   4. Mindestalter 500
   5. Inländerklauseln 503
III. Folgen 505
   1. Erwerb des neuen Geschlechts 505
   2. Fortbestand von Ehe, Partnerschaft und Verwandtschaft 506
      a. Ehe und Partnerschaft 506
      b. Verwandtschaft 509
IV. Namensänderung 510

§ 8: Namensrecht

I. Der bürgerliche Name 516
   1. Namen, Pseudonamen, Unternehmensnamen, Personennummern 516
      a. Namen 516
      b. Gebrauchsnamen 520
      c. Pseudonamen 521
      d. Unternehmensnamen 523
      e. Personennummern 524
   2. Namensbestandteile und Teilnamen 525
      a. Hauptnamen (Familiennamen) 525
      b. Zwischennamen 532
      c. Vornamen 535
         (1) Numerus clausus 537
         (2) Gefährdungen des Kindeswohls 539
   3. Höchstzahlen 540
      a. Vornamen 540
      b. Hauptnamen 542
   4. Geschlechtsspezifische Namen 547
II. Namenserwerb nach der Geburt 551
   1. Namensgeeignete Vokabeln 551
      a. Unterschiede zwischen Vor- und Hauptnamen 551
      b. Das Recht des Hauptnamens zwischen Familien- und Personenrecht . 554
   2. Die Befugnis zur Namensbestimmung 556
      a. Der Raum für eine elterliche Namensentscheidung 556
      b. Namensrechtliche Personensorge 558
      c. Namensbestimmung durch Behörde oder Gericht 564
III. Namensänderung aus Anlass familienrechtlicher Vorgänge 567
   1. Allgemeines 567
   2. Eheschließung und Begründung einer Lebenspartnerschaft 568
      a. Keine automatische Namensänderung 568

b. Freiwillige Namensänderung	569
c. Optionen	569
d. Lebenspartnerschaft und eheähnliche Lebensgemeinschaft	574
3. Ehescheidung und Aufhebung einer Lebensgemeinschaft	575
a. Beibehaltung des Namens aus der Ehe	575
b. Wiederannahme eines früheren Namens	577
c. Auflösung einer Lebenspartnerschaft	578
4. Namensänderung bei Kindern	578
a. Folgeänderungen	580
b. Eingliederung in einen neuen familiären Zusammenhang	581
(1) Begründung gemeinsamer Sorge	581
(2) Einbenennung	582
(3) Vaterschaftsanerkennung und -anfechtung	583
(4) Adoption	585
c. Zustimmung des Kindes	587
IV. Namensänderung ohne familienrechtliche Veranlassung	589
1. Namensersitzung	589
2. Namensänderung mittels	592
3. Administrative Namensänderungen	594
a. Vornamen	596
b. Hauptnamen	598
Gesetzesregister	605
Register der Entscheidungen zum Common Law	653
Sachregister	657

Verzeichnis des abgekürzt zitierten selbständigen Schrifttums

*Agell/Malmström/Ramberg/
Sigeman,* Civilrätt[25] .... *Anders Agell, Åke Malmström, Christina Ramberg* und *Tore Sigeman,* Civilrätt (25. Aufl. Stockholm 2018)

Albaladejo, Derecho
Civil I(1)[14] .... *Manuel Albaladejo,* Derecho Civil, Band I Introducción y parte general. Teilband 1: Introducción y Derecho de persona (14. Aufl. Barcelona 1996)

Albaladejo und Díaz Alabart
(-*Verfasser*), Comentarios al
Código Civil y Compilaciones Forales I(3)[2] .... *Manuel Albaladejo* und *Silvia Díaz Alabart* (Hrsg.), Comentarios al Código Civil y Compilaciones Forales, Band I, Teilband 3 (2. Aufl. Madrid 1993)

Anson's Law of Contract
(-*Beatson, Burrows,
Cartwright*)[30] .... *Jack Beatson, Andrew Burrows, John Cartwright, William Reynell Anson,* Anson's Law of Contract (30. Aufl. Oxford 2016)

Avram, Drept Civil. Familia . *Marieta Avram,* Drept civil. Familia (Bukarest 2013)

Bacaci/Dumitrache/Hageanu,
Dreptul familiei[7] .... *Alexandru Bacaci, Viorica-Claudia Dumitrache* und *Cristina Codruţa Hageanu,* Dreptul familiei în reglementarea NCC (7. Aufl. Bukarest 2012)

von Bar, Gemeineuropäisches
Deliktsrecht I und II .... *Christian von Bar,* Gemeineuropäisches Deliktsrecht. Band I: Die Kernbereiche des Deliktsrechts, seine Angleichung in Europa und seine Einbettung in die Gesamtrechtsordnungen (München 1996). Band II: Schaden und Schadenersatz, Haftung für und ohne eigenes Fehlverhalten, Kausalität und Verteidigungsgründe (München 1999)

von Bar, Gemeineuropäisches
Sachenrecht I und II .... *Christian von Bar,* Gemeineuropäisches Sachenrecht. Band I: Grundlagen, Gegenstände sachenrechtlichen Rechtsschutzes, Arten und Erscheinungsformen subjektiver Sachenrechte (München 2015). Band II: Besitz; Erwerb und Schutz subjektiver Sachenrechte (München 2019)

Basior, Czajkowska und
Sorbian (-*Verfasser*), Prawo o
aktach stanu cywilnego .... Iwona Basior, Alicja Czajkowska und Danuta Sorbian (Hrsg.), Prawo o aktach stanu cywilnego z komentarzem. Przepisy wykonawcze i związkowe oraz wzory dokumentów (Warschau 2015)

Bathrkokoiles, AK .... *Basiles Bathrkokoiles,* Astikós Kodikas (Athen 2010)

Batteur, Les grandes décisions
du droit des personnes et de
la famille[2] .... *Annick Batteur,* Les grandes décisions du droit des personnes et de la famille (2. Aufl. Paris 2016)

Batteur und Mauger-Vielpeau, Droit des personnes[11]	*Annick Batteur und Laurence Mauger-Vielpeau,* Droit des personnes, des familles et des majeurs protégés (11. Aufl. Paris 2021)
Beignier und Binet, Droit des personnes et de la famille[4]	*Bernard Beignier und Jean-René Binet,* Droit des personnes et de la famille (4. Aufl. Issy-les-Moulineaux, 2019)
Bernard-Xémard, Cours de droit des personnes et de la famille[4]	*Clara Bernard-Xémard,* Cours de droit des personnes et de la famille (4. Aufl. Paris 2018)
Bianca, Diritto civile I[2], II	*Cesare Massimo Bianca,* Diritto civile. Band I: La norma giuridica, i soggetti (2. Aufl. Mailand 2002), Band II: La famiglia, le successioni (Mailand 2001)
Birks, English Private Law I ..	*Peter Birks;* English Private Law. Volume I: Sources of Law, Law of persons, law of property (Oxford 2000)
Brandão Proença *(-Verfasser),* Comentário ao Código Civil II	*José Brandão Proença* (Hrsg.), Comentário ao Código Civil – Direito das Obrigações. Das Obrigações em Geral (Lissabon 2018)
Brusorio Aillaud, Droit des personnes et de la famille[9]	*Marjorie Brusorio Aillaud,* Droit des personnes et de la famille (9. Aufl. Brüssel 2018)
Buffelan-Lanore und Larribau-Terneyre, Droit civil. Introduction[16]	*Yvaine Buffelan-Lanore und Virginie Larribau-Terneyre,* Droit civil. Introduction. Bien. Personnes. Famille (16. Aufl. Paris 2009)
Burrows *(-Verfasser), English Private Law*[3]	*Andrew Burrows,* English Private Law (3. Aufl. Oxford 2013)
Bydlinski, Bürgerliches Recht AT[8]	*Peter Bydlinski,* Bürgerliches Recht Allgemeiner Teil (8. Aufl Wien 2018)
Carbonnier, Droit civil I	*Jean Carbonnier,* Droit civil. Tome 1 Introduction. Les personnes. La famille, l'enfant, le couple (Paris 2004)
Carvalho Fernandes und Brandão Proença *(-Verfasser),* Comentário ao Código Civil I	*Luis Carvalho Fernandes und José Brandão Proença* (Hrsg.), Comentário ao Código Civil – Parte Geral (Lissabon 2014)
Carvalho, Teoria geral do direito civil[3]	*Orlando de Carvalho* (hrsg. von Francisco Liberal Fernandes, Maria Raquel Guimarães und Maria Regina Redinha), Teoria geral do direito civil (3. Aufl. Coimbra 2012)
Caterina, Le persone fisiche[2,3]	*Raffaele Caterina,* Le persone fisiche (2. Aufl. Turin 2016, 3. Aufl. Turin 2019)
Chirică, Drept civil. Succesiunile și liberalitățile[2]	*Dan Chirică,* Tratat de drept civil. Succesiunile și liberalitățile (2. Aufl. Bukarest 2017)

Chitty (-*Verfasser*) on Contracts I[32, 33]	Hugh G. Beale (Hrsg.), Chitty on contracts. Bd. 1: General principles (32. Aufl. London 2015, 33. Aufl. London 2019)
Cobacho Gómez und Leciñena Ibarra (-*Verfasser*), Comentarios a la Ley del Registro Civil	José Antonio Cobacho Gómez und Ascensión Leciñena Ibarra (Hrsg.), Comentarios a la Ley del Registro Civil (Pamplona 2012)
Cornu, Introduction[12]	*Gérard Cornu*, Introduction. Les Personnes. Les Biens (12. Aufl. Paris 2005)
Coubre, Droit civil[5]	*Patrick Coubre*, Droit civil. Les personnes, la famille, les incapacités (5. Aufl. Rouen 2005)
Díez-Picazo, Sistema de Derechos Fundamentales[2]	*Luis María Díez-Picazo Giménez*, Sistema de Derechos Fundamentales (2. Aufl. Cizur Menor 2005)
Díez-Picazo, Fundamentos del Derecho civil patrimonial I[6]	*Luis Díez-Picazo y Ponce de León*, Fundamentos del Derecho civil patrimonial, Band I: Introducción. Teoría del contrato (6. Aufl. Cizur Menor 2007)
Díez-Picazo und Gullón, Sistema de Derecho Civil I[12]	*Luis Díez-Picazo y Ponce de León und Antonio Gullón Ballesteros*, Sistema de Derecho Civil. Bd. I: Introducción, derecho de la persona, autonomía privada, persona jurídica (12. Aufl. Madrid 2012)
Domínguez Luelmo (-*Verfasser*), Comentarios al Código Civil	Andrés Domínguez Luelmo (Hrsg.), Comentarios al Código Civil (Valladolid 2010)
Eichler, System des Personenrechts	*Hermann Eichler*, System des Personenrechts, Schriften zum Bürgerlichen Recht (Berlin 1989)
Eliáš et al., Nový občanský zákoník	*Karel Eliáš* et al., Nový občanský zákoník s aktualizovanou důvodovou zprávou a rejstříkem (Ostrava 2012)
Eliáš et al., Občanský zákoník. Velký akademický komentář I	*Karel Eliáš* et al., Občanský zákoník. Velký akademický komentář. Band. I: §§ 1–487 (Prag 2008)
Ferreira de Almeida, Contratos II, V[2]	*Carlos Ferreira de Almeida*, Contratos. Band II: Conteúdo, contratos de troca (Coimbra 2007). Band V: Invalidade (2. Aufl. Coimbra 2020)
Figueiredo Dias (-*Verfasser*), Comentário Conimbricense do CP	Jorge de Figueiredo Dias (Hrsg.), Comentário Conimbricense do Código Penal – Parte Especial I (Coimbra 1999)
Florian, Dreptul familiei[6]	*Emese Florian*, Dreptul familiei. Căsătoria. Remuri matrimoniale. Filiația. (6. Aufl. Bukarest 2018)

Fras und *Habdas* (-*Verfasser*), Kodeks rodzinny i opiekuńczy	Mariusz Fras und Magdalena Habdas (Hrsg.), Kodeks rodzinny i opiekuńczy. Komentarz (Warschau 2018)
Gallo, Diritto civilie I, II	Paolo *Gallo,* Diritto civile. Vol. I: Le fonti, i soggetti (Turin 2020), Vol. II: La famiglia, le successioni (Turin 2020)
Georgiades, Genikes Arches Astikou Dikaiou²	Apostolos S. *Georgiades,* Genikes Arches Astikou Dikaiou (2.Aufl. Athen 1997)
Gernhuber und *Coester-Waltjen,* Familienrecht⁷	Joachim *Gernhuber* und *Dagmar Coester-Waltjen,* Familienrecht (7. Aufl. München 2020)
Gniewek und Machnikowski (-*Verfasser*), Kodeks cywilny⁹	Edward *Gniewek* und *Pitor Machnikowski,* Kodeks cywilny. Komentarz (9. Aufl. Warschau 2019)
Grauers, Person och avtal⁴	Per Henning *Grauers,* Person och avtal – en kortfattad inledning till person- och avtalsrätten (4. Aufl. Stockholm 2017)
Gromek (-*Verfasser*), Kodeks rodzinny i opiekuńczy⁷	Krystyna *Gromek* (Hrsg.), Kodeks rodzinny i opiekuńczy, Duże Komentarze Becka (7. Aufl. Warschau 2020)
Grüneberg (-*Verfasser*), BGB⁸¹	Christian *Grüneberg* (Hrsg.), Bürgerliches Gesetzbuch (81.Aufl. München 2022) [vormals Palandt; siehe dort])
Gsell/Krüger/Lorenz/Reymann (-*Verfasser*), Beck OGK	Beate *Gsell,* Wolfgang *Krüger,* Stephan *Lorenz,* Christoph *Reymann* (Hrsg.), Beck Online Großkommentar zum Zivilrecht (München, Gesamtstand: 1.9.2022)
Guilarte Martín-Calero (-*Verfasser*), Comentarios a la Ley 8/2021	Cristina *Guilarte Martín-Calero* (Hrsg.), Comentarios a la Ley 8/2021 por la que se reforma la legislación civil y procesal en materia de descapacidad (Cizur Menor 2021)
Harris-Short/Miles/George, Family Law³	Sonia *Harris-Short,* Joanna *Miles* und *Rob George,* Family Law- Text, Cases and Materials (3. Aufl. Oxford 2015)
Hau und Poseck (-*Verfasser*), BeckOK	Wolfgang *Hau* und Roman *Poseck* (Hrsg.), Beck Online Kommentar BGB (56. Aufl. München, Stand 1.11.2020)
Hörster und *Moreira da Silva,* Parte Geral²	Heinrich Ewald *Hörster* und *Eva Sónia Moreira da Silva,* A Parte Geral do Código Civil Português – Teoria geral do direito civil (2. Aufl. Coimbra 2019)
Jędrejek, Kodeks rodzinny i opiekuńczy. Komentarz aktualizowany³	Grzegorz *Jędrejek,* Kodeks rodzinny i opiekuńczy. Komentarz aktualizowany (3. Aufl. Warschau 2019)

Klang (-*Verfasser*), ABGB³	Kommentar zum Allgemeinen Bürgerlichen Gesetzbuch. Band I (§§ 1 bis 43 ABGB) (3. Aufl. Wien 2014), begründet von Heinrich Klang, hrsg. von Attila Fenyves, Ferdinand Kerschner und Andreas Vonkilch
Kleffmann (-*Verfasser*), FamR-HdB	Norbert Kleffmann, Praxishandbuch Familienrecht (41. Ergänzung, München 2021)
Köhler, BGB AT⁴⁵	*Helmut Köhler*, BGB Allgemeiner Teil (45. Aufl. München 2021)
Koziol und Welser (-*Verfasser*), Bürgerliches Recht I¹⁴	Helmut Koziol und Rudolf Welser (Begr.), Grundriss des Bürgerlichen Rechts. Band I (Allgemeiner Teil, Sachenrecht, Familienrecht). bearbeitet von *Andreas Kletečka* (14. Aufl. Wien 2014)
Larenz, BGB AT⁹	*Karl Larenz und Manfred Wolf*, Allgemeiner Teil des Bürgerlichen Gesetzbuches (9. Aufl. München 2004)
Laroche-Gisserot, Leçons de droit civil I(2)⁸	*Florence Laroche-Gisserot*, Leçons de droit civil. Les personnes. La personnalité. Les incapacités. Tome I, Volume 2 (8. Aufl. Paris 1997)
Lasarte, Principios de derecho civil I²⁴, IV¹⁰	*Carlos Lasarte*, Principios de derecho civil. Band I: Parte General y Derecho de la persona (24. Aufl. Madrid 2019 unter Mitwirkung von *Fátima Yáñez Vivero*, *Araceli Donado Vara* und *Francisco J. Jiménez Muñoz*); Band IV: Propiedad y derechos reales de goce (10. Aufl. Madrid 2010)
Lavický [- *Verfasser*], Občanský zákoník I	*Petr Lavický* et al., Občanský zákoník I. Komentář. Band I: Obecná část (§§ 1–654) (Prag 2014)
Leleu, Droit des personnes et de la famille³,⁴	*Yves-Henri Leleu*, Droit des personnes et de la famille, (3. Aufl. Brüssel 2016, 4. Aufl. Brüssel 2020)
Lete del Río, Derecho de la persona², ⁴	*José Manuel Lete del Río*, Derecho de la persona (4. Aufl. Madrid 2000, teilweise zitiert in 2. Aufl. Madrid 1991)
Linacero de la Fuente, Derecho de la persona y de las relaciones familiares	*María Linacero de la Fuente*, Derecho de la persona y de las relaciones familiares (Valencia 2021)
Malaurie, Droit des personnes¹⁰	*Philippe Malaurie*, Droit des personnes. La protection des mineurs et des majeurs, Droit Civil (10. Aufl. Paris 2018)
Malaurie und Aynès, Les personnes. Les incapacités	*Philippe Malaurie* und *Laurent Aynès*, Les personnes. Les incapacités (Paris 2003)
Marais, Droit des personnes⁴	*Astrid Marais*, Droit des personnes (4. Aufl. Paris 2021)

Máximo Mocica und Serrano, Código do Registo Civil anotado	*Filomena Maria B. Máximo Mocica* und *Maria de Lurdes M. Serrano,* Código do Registo Civil anotado e legislação complementar (Porto 2003)
Mazzoni und Piccinni, La persona fisica	*Cosimo Marco Mazzoni* und *Mariassunta Piccinni,* La persona fisica (Mailand 2016)
Megarry und Wade (-*Verfasser*), Real Property[7]	*Robert Edgar Megarry, William Wade, Charles Harpum, Stuart Bridge* und *Martin Dixon,* The Law of Real Property (7. Aufl. London 2008)
Melzer und Tégl (-*Verfasser*), Občanský zákoník: velký komentář IV/1	*Filip Melzer* und *Pert Tégl* (-Hrsg.), Občanský zákoník: velký komentář. Bd. IV, Teilband 1 (Prag 2016)
Menezes Cordeiro (-*Verfasser*), Código Civil Comentado I	*António Menezes Cordeiro* (Hrsg.), Código Civil Comentado. Band I Parte Geral (Coimbra 2020)
Menezes Cordeiro, Tratado de direito civil II[4], IV[5]	*António Menezes Cordeiro,* Tratado de direito civil. Band II: Negócio jurídico (4. Aufl. Coimbra 2014); Band IV: Pessoas (5. Aufl. Coimbra 2019 unter Mitwirkung von *António Barreto Menezes Cordeiro*)
Ministerio de Justicia (-*Verfasser*), Comentario del Código Civil I[2]	Ministerio de Justicia, Comentario del Código Civil, Band 1 (2. Aufl. Madrid 1993)
Mota Pinto, Teoria general do direito civil[4]	*Carlos Alberto da Mota Pinto,* Teoria geral do direito civil (4. Aufl. von *António Pinto Monteiro* und *Paulo Mota Pinto,* Coimbra 2005)
Mugdan, Motive I	*Benno Mugdan* (Hrsg.), Die gesamten Materialien zum Bürgerlichen Gesetzbuch für das Deutsche Reich, 6 Bände (Band 1 Berlin 1899)
MünchKomm *(-Verfasser),* BGB I[8], X[8]	*Franz Jürgen Säcker, Roland Rixecker, Hartmut Oetker, Bettina Limperg* (Hrsg.), Münchener Kommentar zum Bürgerlichen Gesetzbuch. 12 Bände. Band I: Allgemeiner Teil §§ 1–240, ProstG, AGG (8. Aufl. München 2018). Band X: Familienrecht (8. Aufl. München 2020)
Neuner, BGB AT[12]	*Jörg Neuner,* Allgemeiner Teil des Bürgerlichen Rechts (12. Aufl. München 2020)
Nicolae, Bîcu, Ilie, Rizoiu, Drept Civil. Persoanele	*Marian Nicolae* (Koordinator), *Vasile Bîcu, George Alexandru Ilie* und *Radu Rizoiu,* Drept Civil. Persoanele (Bukarest 2016)
O'Callaghan, Compendio de derecho civil I[3]	*Xavier O'Callaghan,* Compendio de derecho civil. Band I: Parte general (3. Aufl. Madrid 1997)

Osajda (-*Verfasser*), Kodeks cywilny[26]	Konrad Osajda (Hrsg.), Kodeks cywilny. Komentarz (26. Aufl. Warschau 2020)
Osajda *(-Verfasser)*, Kodeks rodzinny i opiekuńczy[8]	Konrad Osajda (Hrsg.) Komentarze Prawa Prywatnego. Tom V: Kodeks rodzinny i opiekuńczy. Komentarz. Przepisy wprowadzające KRO (8.Aufl. Warschau 2017)
Pais de Vasconcelos, Teoria Geral do Direito Civil[7]	*Pedro Pais de Vasconcelos,* Teoria Geral do Direito Civil (7. Aufl. Coimbra 2012)
Pescatore und Ruperto, Codice civile annotato I[11]	*Gabriele Pescatore und Cesare Ruperto,* Codice civile: annotato con la giurisprudenza della Corte costituzionale, della Corte di cassazione e delle giurisdizioni amministrative superiori. Band 1 (12. Aufl. Mailand 2000)
Pietrzykowski (-*Verfasser*), Kodeks Rodzinny i Opiekuńczy	Krzysztof Pietrzykowski (Hrsg.), Kodeks Rodzinny i Opiekuńczy (7. Aufl. Warschau 2021)
Prata (-*Verfasser*), Código Civil anotado I, II	Ana Prata (Hrsg.), Código Civil anotado Band I (Coimbra 2017), Band II (Coimbra 2017)
Prata, Dicionário jurídico I[5]	*Ana Prata,* Dicionário jurídico. Direito civil, direito processual civil, organização judiciária. Band 1 (5. Aufl. Coimbra 2018)
Radwański *(-Verfasser),* System Prawa Prywatnego II[3]	Zbigniew Radwański (Hrsg.), System Prawa Prywatnego, Prawo cywilne – część ogólna, Band II (3. Aufl. Warschau 2008)
Ramberg und Ramberg, Allmän avtalsrätt[10, 11]	*Jan Ramberg* und *Christina Ramberg,* Allmän avtalsrätt (10. Aufl. Stockholm 2016, 11. Aufl. Stockholm 2019)
Reghini/Diaconescu/Vasilescu, Introducere în dreptul civil	*Ionel Reghini, Şerban Diaconescu* und *Paul Vasilescu,* Introducere în dreptul civil (Bukarest 2013)
Renault-Brahinsky, Droit des personnes et de la famille[14]	*Corrine Renault-Brahinsky,* Droit des personnes et de la famille, (14. Aufl. Issy-les-Moulineaux 2016)
Rouček und Sedláček, Komentář IV	*František Rouček und Jaromír Sedláček,* Komentář k československému obecnému zákoníku občanskému a občanské právo platné na Slovensku a v Podkarpatské Rusi, Bd. 4 (Prag 1936)
Rummel und Lukas (-*Verfasser*), ABGB I[4]	Peter Rummel und Meinhard Lukas (Hrsg.), Kommentar zum Allgemeinen Bürgerlichen Gesetzbuch, Teilband I (§§ 1 bis 43 ABGB) (4. Aufl. Wien 2018)
Rüthers und Stadler, BGB AT[19]	*Bernd Rüthers* (Begr.) *und Astrid Stadler,* Allgemeiner Teil des BGB (19. Aufl. München 2017)

Safjan (-*Verfasser*), System Prawa Prywatnego I[2]	Marek Safjan (Hrsg.), System Prawa Prywatnego, Prawo cywilne – część ogólna, Band I (2. Aufl. Warschau 2012)
Sampaio, Código do Registo Civil anotado e comentado[5]	*Álvaro Sampaio*, Código do Registo Civil anotado e comentado (5. Aufl. Coimbra 2019)
Schwimann und Kodek (-*Verfasser*), Praxiskommentar[4,5]	Georg Kodek und Michael Schwimann (Hrsg.), ABGB Praxiskommentar. Band I (§§ 1 bis 284 ABGB) (4. Aufl. Wien 2012, 5. Aufl. Wien 2020)
Schwimann und Neumayr (-*Verfasser*), ABGB Taschenkommentar[4,5]	Michael Schwimann und Matthias Neumayr, ABGB Tachenkommentar (4. Aufl. Wien 2017, 5. Aufl. Wien 2021)
Senaeve, Compendium van het personen- en familierecht[13]	*Patrick Senaeve*, Compendium van het personen- en familierecht (13. Aufl. Leuven 2011)
Smyczyński (-*Verfasser*), System Prawa Prywatnego XI[2], XII[2]	*Tadeusz Smyczyński* (Hrsg.) System Prawa Prywatnego. Prawo rodzinne i opiekuńcze. Band XI (2.Aufl. Warschau 2014), Band XII (2. Aufl. Warschau 2011)
Stadler, BGB AT[20]	*Astrid Stadler*, Allgemeiner Teil des BGB (20. Aufl. München 2020)
Staudinger (-*Verfasser*), BGB I (2018); Familienrecht IV (2020)	Julius von Staudingers Kommentar zum Bürgerlichen Gesetzbuch mit Einführungsgesetz und Nebengesetzen. Buch I: Allgemeiner Teil (Berlin, Neubearbeitung ab 2018); Buch 4: Familienrecht (Berlin, Neubearbeitung ab 2020)
Swennen, Het personen- en familierecht[3]	*Frederik Swennen*, Het personen- en familierecht, (3. überarbeitete Aufl. Antwerpen und Cambridge 2014)
Terré und Fenouillet, Les personnes[8]	*François Terré* und *Dominique Fenouillet*, Les personnes, personnalité- incapacité, protection (8. Aufl. Paris 2012)
Terré/Simler/Lequette/Chénedé, Obligations[12]	*François Terré*, *Philippe Simler*, *Yves Lequett* und *François Chénedé*, Droit civil. Les obligations (12. Aufl. Paris 2018)
Teyssié, Droit des personnes[20]	*Bernard Teyssié*, Droit des personnes (20. Aufl. Paris 2018)
Tichý, Obecná část občanského práva	*Luboš Tichý*, Obecná část občanského práva (Prag 2014)
Torrente und Schlesinger, Manuale di diritto privato[24]	*Andrea Torrente* und *Piero Schlesinger*, Manuale di diritto privato (24. Aufl. Mailand 2019)
Triantos, AK	*Nikolaos Triantos*, Astikós Kodikas. Ermineía kat' árthro (Athen 2009)

Ungureanu und Munteanu, Drept civil. Persoanele³	*Ovidiu Ungureanu* und *Camelia Munteanu,* Drept civil. Persoanele în reglementarea noului Cod civil (3. Aufl. Bukarest 2015)
Vassilev, Grajdansko pravo. Obsta chast	*Lyuben Vassilev,* Grajdansko pravo. Obsta chast (Varna 1993)
Vékás und Gárdos (-*Verfasser*), Kommentár a Polgári Törvénykönyvhöz I²	Lajos Vékás, Péter Gárdos (Hrsg.), Kommentár a Polgári Törvénykönyvhöz. Első kötet. Második, átdolgozott kiadás. Band I (2. Aufl. Budapest 2018)
Voirin und Goubeaux, Droit civil I³²	Pierre Voirin und Gilles Goubeaux, Droit civil. Tome 1: Personnes, famille, personnes protégées, biens, obligations, sûretés (32. Aufl. Paris 2009)
Walin/Vängby/Singer/Jänterä-Jareborg, Föräldrabalken	Gösta Walin, Staffan Vängby, Anna Singer und Maarit Jänterä-Jareborg, Föräldrabalken – En kommentar (Stockholm 2021)
Welser und Kletečka (-*Verfasser*), Bürgerliches Recht I¹⁴	Helmut Koziol (Begr.), Rudolf Welser (Begr.) und Andreas Kletečka (Hrsg.), Grundriss des bürgerlichen Rechts. Band I: Allgemeiner Teil, Sachenrecht, Familienrecht (14. Aufl. Wien 2014)
Wickström/Komujärvi/Persson, Familjerätten: en introduktion⁴	Anita Wickström, Unto Komujärvi und Mats Persson, Familjerätten: en introduktion, (4. Aufl. Stockholm 2021)
Wortmann und van Duijvendijk-Brand, Compendium van het personen en familierecht¹⁰	S. F. M. Wortmann und Jannetjen van Duijvendijk-Brand, Compendium van het personen en familierecht (10. Aufl. Deventer 2009)
Załucki (-*Verfasser*), Kodeks cywilny	Mariusz Załucki, Kodeks cywilny. Komentarz, (Warschau 2019)
Zenati-Castaing und Revet, Les biens³	Frédéric Zenati-Castaing und Thierry Revet, Les biens (3. Aufl. Paris 2008)

Verzeichnis der Abkürzungen

AA	*Akademie Ausgabe (der Werke Immanuel Kants)*
AA (Ars Aequi)	*Ars Aequi – jurisdisch maandblad* (Zwolle 1.1952 ff.)
ÄB	*Ärvdabalken* (Erbgesetzbuch, Schweden); vgl Gesetzesregister für weitere Angaben
ABGB	*Allgemeines Bürgerliches Gesetzbuch* (Österreich); vgl. Gesetzesregister für weitere Angaben
ABH	*Alkotmánybírósági Határozatok* (Entscheidungen des ungar. Verfassungsgerichts)
ABl.	*Amtsblatt* (Europäische Union; Luxemburg 46.2003, 27 ff., unterteilt in die Unterreihen L, C und S)
AC	*Actualidad Civil* (Madrid 3.1989 ff.; 1. 1985)
AC	*The Law Reports. Appeal Cases,* House of Lords, Supreme Court (London 1.1875/76 ff.)
A. C. D.	*Administrative Court Digest* (London 1.1998 ff.)
AchNom	*Achaiki Nomologia* (Patras 1.1985 ff.)
AcP	*Archiv für die civilistische Praxis* (Tübingen 1. 1818 ff.)
AD	*Arbetsdomstolen* (Arbeitsgerichtshof, Schweden)
ADED	*Anuario de Derecho Eclesiástico y del Estado* (Madrid 1.1985 ff.)
ADR	*Alternative Dispute Resolution*
AdVermiG	*Gesetz über die Vermittlung und Begleitung der Annahme als Kind und über das Verbot der Vermittlung von Ersatzmüttern* (Adoptionsvermittlungsgesetz, Deutschland); vgl. Gesetzsverzeichnis für weitere Angaben
AEMR	*Allgemeine Erklärung der Menschenrechte* (Vereinte Nationen; 10.12.1948; A/RES/217 A (III))
AEUV	*Vertrag über die Arbeitsweise der Europäischen Union;* vgl. Gesetzesregister für weitere Angaben
AfP	*Archiv für Presserecht: Zeitschrift für das gesamte Medienrecht* (Düsseldorf 26.1995- 43.2012; Köln 44.2013 ff.); *Zeitschrift für Fragen des Presse-, Urheber- und Werberechts* (Düsseldorf 1. 1953- 25.1994)
AG	*Aktiengesellschaft; Amtsgericht* (Deutschland, Griechenland)
AGB	*Arbeitsgesetzbuch* (Kodeks pracy, Polen), vgl. Gesetzesregister für weitere Angaben
AGG	*Allgemeines Gleichbehandlungsgesetz* (Deutschland); vgl. Gesetzesregister für weitere Informationen
AHA	*Area Health Authority* (England)
A. I. D.O	*Associazione italiana donatori di organi* (italienischer Verband der Organspender)
AK	*Astikos Kodikas* (Zivilgesetzbuch, Griechenland); vgl. Gesetzesregister für weitere Angaben
AktG	*Aktiengesetz* (Deutschland); vgl. Gesetzesregister für weitere Angaben
ALL ER	*All England Law Reports* (London 1.1936 ff.)
ALR	*Allgemeines Landrecht für die Preußischen Staaten* (Deutschland, Preußen); vgl. Gesetzesregister für weitere Angaben
AMG	*Gesetz über den Verkehr mit Arzneimitteln* (Arzneimittelgesetz, Deutschland); vgl. Gesetzesregister für weitere Angaben
ANAW	*Acts of the National Assembly of Wales*

AO	*Abgabenordnung* (Deutschland); vgl. Gesetzesverzeichnis für weitere Angaben
A. P.	*Areopag, Areiopagos* (Oberster Gerichtshof, Griechenland)
AP	*Audiencia Provincial* (zweitinstanzliches Gericht Spanien); *assemblée plénière,* Cour de cassation (Frankreich)
App.	*Corte d'Appello* (Berufungsgericht, Italien)
APR	*Allgemeines Persönlichkeitsrecht*
APuZ	*Aus Politik und Zeitgeschichte* – Beilage zur Wochenzeitschrift „Das Parlament" (Bonn 1.1953 ff.)
ArchN	*Archeio Nomologias* (Athen 1.1949 ff.)
Arm (Harm.)	*Armenopoulos* (Thessaloniki 1.1946/47 ff.)
Artif. Intell. Law	*Artificial Intelligence and Law* (Dordrecht 1.1992 ff.)
AS	*Amtliche Sammlung des Bundesrechts* (Schweiz, Bern 1988 ff. [vorher unter dem Namen: [1948–1987] Sammlung der eidgenössischen Gesetze; [1927–1947] Eidgenössische Gesetzessammlung; [1948-1926] Amtliche Sammlung der Bundesgesetze und Verordnungen der Schweizerischen Eidgenossenschaft])
AT ZGB	*Tsiviilseadustiku üldosa seadus* (Gesetz über den Allgemeinen Teil des Zivilgesetzbuches, Estland); vgl. Gesetzesregister für weitere Angaben
AvtL	*Lag om avtal och andra rättshandlingar på förmögenhetsrättens område* (Vertragsgesetz, Schweden); vgl. Gesetzesregister für weitere Angaben
BAG	*Bundesarbeitsgericht* (Deutschland)
BAnz	*Bundeanzeiger* (Deutschland 1.1949 ff.)
BayObLG	*Bayerisches Oberstes Landesgericht* (Deutschland)
BayObLGZ	*Amtliche Sammlung der Entscheidungen des BayObLG in Zivilsachen* (München, 1.1950–2004)
BBiG	*Berufsbildungsgesetz* (Deutschland); vgl. Gesetzesregister für weitere Angaben
BDIC	*Base de Dados da Identificação Civil* (Portugal)
BDRA	*Births and Deaths Registration Act 1953* (England); vgl. Gesetzesregister für weitere Angaben
BeckOGK	*Beck'scher Online Großkommentar*
BeckOK	*Beck'sche Online- Kommentare*
BeckRS	*Beck online Rechtsprechung* (elektronische Datenbank)
BEG	*Bundesgesetz zur Entschädigung für Opfer der nationalsozialistischen Verfolgung* (*Bundesentschädigungsgesetz;* Deutschland); vgl. Gesetzesregister für weitere Angaben
BestattG	*Bestattungsgesetz* (Deutschland); vgl. Gesetzesregister für weitere Angaben
BG	*Bundesgericht* (Schweiz)
BGB	*Bürgerliches Gesetzbuch* (Deutschland), *Občanský zákoník* (OZ) (Tschechien); vgl. Gesetzesregister für weitere Angaben
BGBl:	*Bundesgesetzblatt. Deutschland* (Köln/Bonn 1949/1950; danach in Teilen: BGBl. Teil I [1951 ff.], BGBl. Teil II [1951 ff.], BGBl. Teil III (Sammlung des Bundesrechts) [1951–1967] seit 1968 veröffentlicht in Bundesgesetzblatt Teil I, Fundstellennachweis A, Bundesrecht ohne völkerrechtliche Vereinbarungen, bzw. in Bundesgesetzblatt Teil II, Fundstellennachweis B, Völkerrechtliche Vereinbarungen, Verträge zur Vorbereitung und Herstellung der Einheit Deutschlands). *Bundesgesetzblatt. Österreich* (Wien 1945 ff. seit 1997 veröffentlicht in Teil I Bundesgesetze (einschließlich Bundesverfassungsgesetze), aufhebende

Abkürzungsverzeichnis

	Erkenntnisse des Verfassungsgerichtshofes betreffend Bundesgesetze und Berichtigungskundmachungen zu Bundesgesetzen. Teil II: Verordnungen und Kundmachungen von Bundesministern und anderen Verwaltungsorganen, aufhebende Erkenntnisse des Verfassungsgerichtshofs betreffend Verordnungen und Berichtigungskundmachungen zu Verordnungen. Teil III nicht-innerstaatliche Rechtsvorschriften, vor allem Staatsverträge, und damit zusammenhängende Kundmachungen)
BGE	*Amtliche Sammlung der Entscheidungen des Schweizerischen Bundesgerichts* (Lausanne 1. 1875 ff.)
BGH	*Bundesgerichtshof* (Deutschland)
BGHSt	*Amtliche Sammlung der Entscheidungen des Bundesgerichtshofs in Strafsachen* (Köln 1.1951 ff.)
BGHZ	*Amtliche Sammlung der Entscheidungen des Bundesgerichtshofes in Zivilsachen* (Köln u. a., 1.1951 ff.)
BGleiG	*Gesetz für die Gleichstellung von Frauen und Männern in der Bundesverwaltung und in den Gerichten des Bundes. Bundesgleichstellungsgesetz,* (Deutschland); vgl. Gesetzesregister für weitere Angaben
BH	*Bírósági Határozatok* (amtliche Sammlung der Entscheidungen des ungarischen Obersten Gerichtshofs)
BlgNR	*Beilage(-n) zu den Stenographischen Protokollen des Nationalrates* (Österreich)
BMFSFJ	*Bundesministerium für Familie, Senioren, Frauen und Jugend* (Deutschland)
BMI	*Bundesministerium des Inneren* (Deutschland, Österreich)
BMJ	*Boletim do Ministério da Justiça* (Lissabon 1.1940/41-7.1947 = Nr. 1–40 veröffentlicht als *Boletim oficial do Ministério da Justiça;* 1.1947, 2.1947-499.2000 veröffentlicht als *Boletim do Ministério da Justiça*)
BOA	*Boletín Oficial de Aragón* (Gesetzesblatt von Aragonien)
BOE	*Boletín Oficial del Estado* (Amtsblatt, Spanien)
BRP	*Biometric residence permits* (biometrische Aufenthaltsgenehmigung; Vereinigtes Königreich)
BSG	*Bundessozialgericht* (Deutschland)
BSGE	*Amtliche Sammlung der Entscheidungen des Bundessozialgerichts* (Deutschland)
BT-Drs.	*Verhandlungen des Deutschen Bundestages, Drucksachen* (Bonn Wahlperiode 1.1949-11.1987/90, Berlin Wahlperiode 11.1987/90 ff.)
BtG	*Gesetz zur Reform des Rechts der Vormundschaft und Pflegschaft für Volljährige. Betreuungsgesetz* (Deutschland); vgl. Gesetzesregister für weitere Angaben
BtMG	*Gesetz über den Verkehr mit Betäubungsmitteln* (Deutschland); vgl. Gesetzesregister für weitere Angaben
BtPrax	*Betreuungsrechtliche Praxis. Zeitschrift für soziale Arbeit, gutachterliche Tätigkeit und Rechtsanwendung in der Betreuung* (Köln 1. 1992 ff.)
Bull.	*Bulletin des arrêts de la Cour de cassation.* (Paris 1.1803 ff.)
Bull A. P.	*Bulletin des arrêts de la Cour de cassation. Assemblée plénière* (Frankreich)
Bull civ.	*Bulletin des arrêts de la Cour de cassation. Chambres civiles* (Paris 1. 1803 ff.; seit 2008 als Online-Ausgabe)
Bull. crim.	*Bulletin des arrêts de la Cour de cassation rendus en matière criminelle* (Paris 9. 1804 ff.)
BVerfG	*Bundesverfassungsgericht* (Deutschland)
BVerfGE	*Amtliche Sammlung der Entscheidungen des Bundesverfassungsgerichts* (Tübingen 1. 1952 ff.)

BVerwG	*Bundesverwaltungsgericht* (Deutschland)
B-VG	*Bundes-Verfassungsgesetz* (Österreich); vgl. Gesetzesverzeichnis für weitere Informationen
BW	*Nieuw Burgerlijk Wetboek* (Bürgerliches Gesetzbuch, Niederlande); vgl. Gesetzesregister für weitere Angaben
CA	*Cour d'appel* (Frankreich); *Court of Appeal* (Vereinigtes Königreich)
CAS	*Cour of Arbitration for Sport* (TAS – Tribunal arbitral du sport)
Cass	*Corte Suprema di Cassazione* (Italien), *Cour de cassation* (Frankreich)
Cass. civ.	*Cour de cassation, chambre civile* (Frankreich)
Cass. crim.	*Cour de cassation, chambre crimminelle* (Frankreich)
Cass. Ass. Plén.	*Cour de cassation, assemblée plénière* (Frankreich)
Cass. Req.	*Cour des Cassation, chambre des requêtes* (Frankreich)
Cass. sez. un.	*Corte di Cassazione, sezioni unite* (Vereinigter Senat des Kassationshofes, Italien)
Cass. soc.	*Cour de cassation, chambre sociale* (Frankreich)
CAT	*Committe against torture* (UNO)
CC	*Code civil* (Belgien, Frankreich, Luxemburg, Malta, Monaco); *Codi Civil/Código Civil* (Katalonien), *Codice civile* (Italien), *Codul civil* (Rumänien), *Código Civil* (Brasilien, Portugal und Spanien); vgl. Gesetzesregister für weitere Angaben
CCJC	*Cuadernos Civitas de Jurisprudencia Civil* (Cizur Menor 1.1983 ff.)
Ccom	*Code de commerce* (Frankreich); vgl. Gesetzesregister für weitere Angaben
CCR	*Curtea Constituțională a României* (rumänisches Verfassungsgericht)
CDFA	*Código del Derecho Foral de Aragón* (Gesetzbuch des Foralrechts von Aragonien); vgl. Gesetzesregister für weitere Angaben
CDP	*Cadernos de Direito Privado* (Braga 1.2003 ff.)
CDPD	*Convención sobre los Derechos de las Personas con Discapacidad;* vgl. Gesetzesregister für weitere Angaben
CEDAW	*Convention on the Elimination of All Forms of Discrimination Against Women;* vgl. Gesetzesregister für weitere Angaben
CE	*Conseil d'État* (Frankreich)
CFLQ	*Child and Family Law Quarterly* (London 1.1988 ff.)
Ch	*The Law Reports. Chancery Cases* (London 1.1891 ff.)
Ch D	*Chancery Division*
ChrID	*Chroniká Idiotikou Dikaiou* (Athen, 1.2000 ff.)
CJ	*Colectânea de Jurisprudência* (Coimbra 1.1976 ff.)
CJCR	*Cardozo Journal of Conflict Resolution* (Buffalo NY 1.1999 ff.)
CJ(ST)	*Colectânea de Jurisprudência. Acórdãos do Supremo Tribunal de Justiça* (Coimbra 1.1993 ff.)
Cons. const.	*Conseil constitutionnel* (Verfassungsgericht, Frankreich)
Co. Rep.	*Coke's King's Bench Reports* (1572–1616; England & Wales)
Corte Cost./ C Cost	*Corte costituzionale della Repubblica Italiana* (Verfassungsgericht, Italien)
Cost.	*La Costituzione della Repubblica Italiana;* vgl. Gesetzesregister für weitere Angaben
CP	*Code pénal* (Frankreich); vgl. Gesetzesregister für weitere Angaben
CPC	*Code de procédure civile* (Frankreich); *Codul de procedură civilă* (Rumänien); *Código Personal de Ciudadanía* (Spanien)
CPA	*Civil Partnership Act 2004* (Vereinigtes Königreich); vgl. Gesetzesregister für weitere Angaben

Abkürzungsverzeichnis

CR	*Computer und Recht* (Köln 1.1985 ff.)
CRC	*Código do Registo Civil* (Portugal); vgl. Gesetzesregister für weitere Angaben
CRP	*Constituição da República Portuguesa* (Portugal); vgl. Gesetzesregister für weitere Angaben
CRPD	*Convention on Rights of Persons with Disabilities;* vgl. Gesetzesregister für weitere Angaben
CSIH	*Inner House of the Court of Session* (Schottland)
CSP	*Code de la santé publique* (Frankreich); vgl. Gesetzesregister für weitere Angaben
CT	*Código do Trabalho* (Portugal), vgl. Gesetzesregister für weitere Angaben
D; D.A.; D.C.; D.H.; D.P.; D. S.	*Recueil Dalloz de doctrine, de jurisprudence et de législation* (Paris 179.2003, 29 ff.). Erschienen seit 1791 unter verschiedenen Titeln. Wenn nicht anders angegeben, mit D. abgekürzt.
	– *Journal des audiences de la Cour de cassation ou Recueil des principaux arrêts rendus par cette cour en matière civile et mixte* (1791–1824)
	– *Recueil périodique et critique de jurisprudence, de législation et de doctrine en matière civile, commerciale, criminelle, administrative et de droit public* (1825–1940) [D.P.]
	– *Recueil hebdomadaire de jurisprudence en matière civile, commerciale, criminelle, administrative et de droit public* (1924–1940) [D.H.]
	– *Recueil Dalloz. Recueil analytique de jurisprudence et de législation* (1941–1944) [D.A.]
	– *Recueil Dalloz. Recueil critique de jurisprudence et de législation* (1941–1944) [D.C.]
	– *Recueil Dalloz de doctrine, de jurisprudence et de législation. Hebdomadaire* (1945–1954, 1957–1964)
	– *Recueil Dalloz et Recueil Sirey* (1955) [D.S.]
	– *Recueils Dalloz et Sirey* (1956) [D.S.]
	– *Recueil Dalloz Sirey* (1965–1996) (ab 1965 Vereinigung von Recueil Dalloz und Recueil Sirey [siehe S.])
	– *Recueil Dalloz de doctrine, de jurisprudence et de législation* (1997–1999, 2003 ff)
	– *Recueil le Dalloz* (1999–2003)
DA	*Durchführungsanleitung für die standesamtliche Arbeit* (Verwaltungsvorschrift, Österreich)
DÄBl	*Deutsches Ärzteblatt* (Köln, 61.1964)
	– Köln, 70.1973 geteilt in drei Unterreihen (A, B, C);
	– Köln, 87.1990-88.1991 in vier Unterreihen (A, B, C, D);
	– Vorgänger: Ärztliche Mitteilungen: Leipzig, Stuttgart, Gießen, Köln, 1.1900- 60.1963 (mit Unterbrechungen)
DCFR	*Draft Common Frame of Reference*
DGRI	*Deutsche Gesellschaft für Recht und Informatik e. V.*
DGRN, DGSJyFB	*Dirección General de los Registros y del Notariado,* Generaldirektion der Register und der Notariate, entspricht seit der Reform vom 10.3.2020 der DGSJyFB *Dirección General de Seguridad Jurídica y Fe Pública,* Generaldirektion der Rechtssicherheit und des öffentlichen Glaubens (Spanien)

XXXI

Dig.	*Digesten*
Dik	*Dioiketike Dike* (Athen und Thessaloniki 1.1989 ff.)
Dir.fam.pers.	*Il Diritto di Famiglia e delle Persone* (Mailand 1. 1972 ff.)
DJT	*Deutscher Juristentag e. V.*
DL	*Decreto-Lei* (Gesetzesverordnung, Portugal)
DLR	*Dominion Law Reports* (Toronto 1.1912 ff.)
DNotZ	*Deutsche Notar-Zeitschrift* (1.1901 - 33.1933,5; *Zeitschrift des Deutschen Notarvereins;* München, 1.1901 - 44.1944; 1950 ff.)
DP	*Recueil périodique et critique mensuel Dalloz*
D.P.R	*Decreto del Presidente della Repubblica* (Italien)
DPP	*Director of Public Prosecution* (Vereinigtes Königreich)
DR	*Diário da República* (Amtsblatt, Portugal)
DRE	*Diário da República Electrónico* (elektronisches Amtsblatt, Portugal)
Ds.	*Departementsserien* (Öffentliche Kommissionsberichte aus der Kanzlei der Ministerien, Schweden)
DSD	*Differences of sex developement*
DSGVO (GDPR)	*Datenschutzgrundverordnung (General Data Protection Regulation);* vgl. Gesetzesregister für weitere Angaben
DStR	*Deutsches Steuerrecht* (München 1.1962 ff.)
Dz.U.	*Dziennik Ustaw Rzeczypospolitej Polskiej* (Gesetzblatt, Polen)
EBH	*Elvi Bírósági Határozat* (Grundsatzbeschluss des ungarischen OGH)
EDC	*Estudos de Direito do Consumidor* (Coimbra 1.1999 ff.)
ECHR	*European Court of Human Rights* (Europäischer Gerichtshof für Menschenrechte)
ECLI	*European Case Law Identifier*
Ecolex	*Fachzeitschrift für Wirtschaftsrecht* (Wien 1.1990 ff.)
EEN	*Efemeris Ellenon Nomikon* (Athen 1.1934 ff.)
EfAD	*Efarmogés Astikou Dikaiou* (Athen 1. 2008 ff.)
EGBGB	*Einführungsgesetz zum Bürgerlichen Gesetzbuche* (Deutschland); vgl. Gesetzesregister für weitere Angaben
EGMR	*Europäischer Gerichtshof für Menschenrechte*
EheRG	*(Erstes) Gesetz zur Reform des Ehe- und Familienrechts* (Deutschland); vgl. Gesetzesregister für weitere Angaben
EllDni; EllDik	*Ellenike Dikaiosyne* (Athen 1.1960 ff.)
EMRK	*Europäische Menschenrechtskonvention* (4.11.1950)
END	*Epitheórisi Nautiliakou Dikaio* Seerechtrevue (Athen 1.1985 ff.)
EPG	*Bundesgesetz über die eingetragene Partnerschaft* (Österreich); vgl. Gesetzesregister für weitere Angaben
E. R.	*The English Reports* (London 1.1900–178.1932)
ErbR	*Zeitschrift für die gesamte erbrechtliche Praxis* (München,1.2006-13.2018; Baden-Baden; 14.2019 ff.)
ErläutRV	*Erläuterungen zu Regierungsvorlagen* (Österreich)
ErwSchG	*Erwachsenenschutzgesetz* (Österreich); vgl. Gesetzesregister für weitere Angaben
ErwSÜ	*Haager Übereinkommen vom 13.1.2000 über den internationalen Schutz von Erwachsenen;* vgl. Gesetzesregister für weitere Angaben
ESC	*Europäische Sozialcharta* (26.2.1965); vgl. Gesetzesregister für weitere Angaben
ESchG	*Gesetz zum Schutz von Embryonen. Embryonenschutzgesetz;* (Deutschland); vgl. Gesetzesregister für weitere Angaben

ETS	....	*Council of Europe Treaty Series*
EuErbVO	....	*Verordnung (EU) Nr. 650/2012 des Europäischen Parlaments und des Rates vom 4. Juli 2012 über die Zuständigkeit, das anzuwendende Recht, die Anerkennung und Vollstreckung von Entscheidungen und die Annahme und Vollstreckung öffentlicher Urkunden in Erbsachen sowie zur Einführung eines Europäischen Nachlasszeugnisses*
EuGH	....	*Europäischer Gerichtshof*
EuGüVO	....	*Verordnung (EU) 2016/1103 des Rates vom 24. Juni 2016 zur Durchführung einer Verstärkten Zusammenarbeit im Bereich der Zuständigkeit, des anzuwendenden Rechts und der Anerkennung und Vollstreckung von Entscheidungen in Fragen des ehelichen Güterstands*
EuPartVO	....	*Verordnung (EU) 2016/1104 des Rates vom 24. Juni 2016 zur Durchführung der Verstärkten Zusammenarbeit im Bereich der Zuständigkeit, des anzuwendenden Rechts und der Anerkennung und Vollstreckung von Entscheidungen in Fragen güterrechtlicher Wirkungen eingetragener Partnerschaften*
EUV	....	*Vertrag über die Europäische Union;* vgl. Gesetzesregister für weitere Angaben
EWCA (Civ)	.....	*England & Wales Court of Appeal, (Civil Division)*
EWCOP	....	*England & Wales Court of Protection*
EWFC	....	*England & Wales Family Court*
EWHC	....	*England & Wales High Court*
EWHC (Fam)	....	*England & Wales High Court (Family Division)*
Exch	....	*Court of Exchequer Chamber* (Vereinigtes Königreich)
Ex (England)	......	*Exchequer Reports* (1847–1856, England & Wales)
Fam.	....	*Family Divisions*
FamFG	....	*Gesetz über das Verfahren in Familiensachen und in den Angelegenheiten der freiwilligen Gerichtsbarkeit* (Deutschland); vgl. Gesetzesregister für weitere Angaben
FamG, FamGB	...	*Familiengesetz; Familiengesetzbuch* (Semeen kodeks, Семеен кодек; Bulgarien; Perekonnaseadus (Estland); Družinski zakonik (Slowenien); Občiansky zákonník (Slowakei); vgl. Gesetzesregister für weitere Angaben)
FamNamRG	.....	*Gesetz zur Neuordnung des Familiennamens* (Familiennamensrechtsgesetz; Deutschland, 1993); BGBl. I, S. 2054
FamRZ	....	*Zeitschrift für das gesamte Familienrecht* (Bielefeld 1. 1954 ff.)
FAZ	....	*Frankfurter Allgemeine Zeitung* (Frankfurt am Main 1.1949 ff.)
FB	....	*Föräldrabalk* (Elterngesetzbuch, Schweden); vgl. Gesetzesregister für weitere Angaben
FCO	....	*Foreign and Commonwealth Office* (Foreign, Commonwealth & Development Office)
F.E.K	....	*Fyllo Efemeridas tes Kyberneseos,* (Amtsblatt Griechenland)
FF	....	*Forum Familienrecht der Arbeitsgemeinschaft Familienrecht im Deutschen Anwaltverein* (Bonn 12. 2008 ff.)
F&F	....	*Foster & Finlayson's Nisi Prius Reports* (London 1856–1867)
FGPRax	....	*Praxis der Freiwilligen Gerichtsbarkeit* (München 1. 1995 ff.)
FLR	....	*Family Law Reports* (London 1.1980 ff.)
Foro it.	....	*Il Foro italiano. Raccolta di giurisprudenza civile, commerciale, penale, amministrativa* (Rom 1.1876 ff.)
Foro pad.	....	*Foro padano* (Pisa, Roma 1.1948 ff.)
FPR	....	*Familie Partnerschaft Recht* (München 1.1995–2013)

FRA	*European Union Agency for Fundamental Rights*
FS	*Festschrift*
FVGB	*Familien- und Vormundschaftsgesetzbuch* (Polen); vgl. Gesetzesregister für weitere Angaben
GAOR	*General Assembly. Official Records*
Gazz. Uff.	*Gazzetta ufficiale della Repubblica Italiana* (Rom 1.1860 ff.)
Gbl.	*Sbírka zákonů* (Gesetzblatt, Tschechien) (*Sbírka zákonů Československé republiky* [Prag 1918–1939] (Gesetzblatt der Tschechoslowakischen Republik); *Sbírka zákonů Československé* [ab 1960 *socialistické*] *republiky*] [Prag 1945–1992] (Gesetzblatt der Tschechoslowakischen sozialistischen Republik); *Sbírka zákonů České republiky* [Prag 1993 ff] (Gesetzblatt der Tschechischen Republik)
GG	*Grundgesetz für die Bundesrepublik Deutschland;* vgl. Gesetzesregister für weitere Angaben
Giur. cost.	*Giurisprudenza Costituzionale* (Mailand 1.1956–20.1975; 35. 1990 ff.)
Giur it	*Giurisprudenza italiana* (Turin 1.1849 ff.)
Giust civ.	*Giustizia civile* (Rom 1.1975 ff.)
Giust civ. Mass.	*Giustizia civile-massimario annotato dalla Cassazione* (Mailand 1.1955 ff.)
GmbH	*Gesellschaft mit beschränkter Haftung*
GmbHG	*Gesetz betreffend die Gesellschaften mit beschränkter Haftung* (Deutschland); Gesetz über Gesellschaften mit beschränkter Haftung (Österreich); vgl. Gesetzesregister für weitere Angaben
GP	*Gesetzgebungsperiode* (Österreich)
GPF	*Gesetz über die Familie und die Personen* (Zakon za litsata i semeystvoto, Закон за лицата и семейството, Bulgarien) vgl. Gesetzesregister für weitere Angaben
GR-Charta; GRC	*Charta der Grundrechte der europäischen Union;* vgl. Gesetzesregister für weitere Angaben
GRUR	*Gewerblicher Rechtsschutz und Urheberrecht* (1. 1891 ff) (1891–1895 als Zeitschrift für gewerblichen Rechtsschutz)
	(München; Frankfurt, M.: Verl. Beck; Berlin: Heymanns [1896–1921]; Leipzig; Berlin: Verl. Chemie [1922–1944]; Weinheim, Bergstr.: Verl. Chemie [1948–1996]; Weinheim: Wiley-VCH-Verl. [1997–2000]; München; Frankfurt, M.; Berlin: Verl. Beck [2001–2003])
GRUR- RR	*Gewerblicher Rechtsschutz und Urheberrecht, Rechtssprechungs- Report* (München 1.2001 ff.)
HE (RP)	*Hallituksen esitys* (finn), *(Regeringsproposition);* Gesetzgebungsvorschlag der Regierung (Finnland)
HeimG	*Heimgesetz* (Deutschland); vgl. Gesetzesregister für weitere Angaben
HeyJ	*The Heythrop Journal* (London 1.1960 ff.)
HD	*Högsta domstolen* (Oberstes Gericht für Zivil- und Strafsachen, Schweden)
HFD	*Högsta förvaltningsdomstolen* (oberstes Verwaltungsgericht; Schweden; Bezeichnung am 1.1.2011; Bezeichnung bis 31.12.2010: Regeringsrätten); *Högsta förvaltningsdomstolen årsbok* (Rechtsfallsammlung des obersten schwedischen Verwaltungsgerichts)
HFEA	*Human Fertilisation and Embryology Act 2008,* (Vereinigtes Königreich); vgl. Gesetzesregister für weitere Angaben

HGB	....	*Handelsgesetzbuch* (Deutschland); *Äriseadustik* (Estland); *Komerclikums* (Lettland); vgl. Gesetzesregister für weitere Angaben
HL	....	*House of Lords* (England & Wales)
H. M. S.O	....	*Her Majesty's Stationery Office*
HOTD	....	*Home Office Travel Documents* (Vereinigtes Königreich)
HRA	....	*Human Rights Act 1998;* vgl. Gesetzesregister für weitere Angaben
HR	....	*Hoge Raad der Nederlanden* (oberstes Gericht für Zivil-, Straf- und Steuerrecht, Niederlande)
HTA	....	*Human Tissue Act 2004;* vgl. Gesetzesregister für weitere Angaben
ICAIL	....	*International Conference on Artificial Intelligence*
ICAO	....	*International Civil Aviation Organization* (Internationale Zivilluftfahrtorganisation)
ÎCCJ	....	*Înalta Curte de Casație și Justiție* (Kassationsgerichtshof, Rumänien)
ICD	....	*International Statistical Classification of Diseases and Related Health Problems* (Internationale statistische Klassifikation der Krankheiten und verwandter Gesundheitsprobleme)
ICL Journal	....	*Vienna Journal on International Constitutional Law* (Wien 1.2013 ff.)
IJVO	....	*Internationale Juristenvereinigung Osnabrück*
ILO	....	*International Labour Organization* (Internationale Arbeitsorganisation der Vereinten Nationen zur Sicherung der Menschen und Arbeitsrechte in Arbeitsverhältnissen)
IntEncCompL	....	*International Encyclopedia of Comparative Law*
IPBPR	....	*Internationaler Pakt über bürgerliche und politische Rechte* (19.12.1966, BGBl II 1973 S. 1533); vgl. Gesetzesregister für weitere Angaben
IPR	....	*Internationales Privatrecht*
IPRax	....	*Praxis des Internationalen Privat- und Verfahrensrechts* (Bielefeld 1.1997 ff.)
IPRG	....	*Zákon o mezinárodním právu soukromém* (Gesetz über das internationale Privatrecht, Tschechien)
IPWSKR	....	*Internationale Pakt über wirtschaftliche, soziale und kulturelle Rechte* (19.12.1966; BGBl. II 1976, S. 428); vgl. Gesetzesregister für weitere Angaben
IR	....	*IR. Informations rapides du recueil Dalloz* (Frankreich), siehe D.
IRN	....	*Instituto dos Registos e do Notariado* (Zivilregisterbehörde, Portugal)
JA	....	*Juristische Arbeitsblätter* (München 1. 1969 ff.)
JArbSchG	....	*Gesetz zum Schutze der arbeitenden Jugend. Jugendarbeitsschutzgesetz* (Deutschland); vgl. Gesetzesregister für weitere Angaben
JBl	....	*Juristische Blätter* (Wien, 1.1872-67.1938; 68.1946 ff.)
JCl. Civ Cod	......	*Collection des Juris-Classeurs. Juris-Classeur Civil Code* (Loseblattsammlung Paris 1.1962 ff.)
JCP G	....	*La semaine juridique, édition générale (Sem. Jur. éd. G.)* (vormals Juris Classeur Périodique, Paris 1.1927 ff.)
JGS	....	*Justizgesetzsammlung* (Österreich 1792–1849)
J. L.	....	*Revue de Jurisprudence de Liège, Mons et Bruxelles* (Brüssel 1. 1888 ff.)
JO, JORF	....	*Journal officiel de la République française. Lois et Décrets* (Paris 1.1869 ff.)
JPI	....	*Juzgado de Primera Instancia;* erstinstanzliches Gericht (Spanien)
JPrivIntL	....	*Journal of Private International Law* (London 1.2005 ff.)
JR	....	*Juristische Rundschau* (Berlin 1. 1925 ff.)
J. T.	....	*Journal des Tribunaux* (Brüssel 1.1881 ff.)
JURA	....	*Juristische Ausbildung* (Berlin u. a. 1.1979 ff.)

Abkürzungsverzeichnis

JuS	*Juristische Schulung* (München 1.1960 ff.)
JZ	*Juristenzeitung* (Tübingen 6.1951 ff.)
KAGB	*Kapitalanlagegesetzbuch* (Deutschland); vgl. Gesetzesregister für weitere Informationen
KB	*The Law Reports. King's Bench Division* (London, 1.1875/76 ff.)
KESY	Κεντρικό Συμβούλιο Υγείας; *Kentriko Symvoulio Ygelas* (Griechenland)
KG	*Kammergericht* (Berufungsgericht, Berlin)
KG	*Kommanditgesellschaft*
KGaA	*Kommanditgesellschaft auf Aktien*
KID	*Griechischer Verhaltenskodex für Ärzte;* vgl. Gesetzesregister für weitere Angaben
KJ	*Kritische Justiz* (Baden- Baden 1. 1968 ff.)
KJBG	*Bundesgesetz über die Beschäftigung von Kindern und Jugendlichen* (Kinder- und Jugendlichen-Beschäftigungsgesetz, Österreich); vgl. Gesetzesregister für weitere Angaben
KindRÄG	*Kindschaftsrechts-Änderungsgesetz;* BGBl. I Nr. 135/2000 (Österreich); vgl. Gesetzesregister für weitere Angaben
Konstytucja RP	*Konstytucja Rzeczypospolitej Polskiej* (Verfassung der Republik Polen)
KPP	*Kwartalnik Prawa Prywatnego* (Krakau 1. 1992 ff.)
KSÜ	*Übereinkommen über die Zuständigkeit, das anzuwendende Recht, die Anerkennung, Vollstreckung und Zusammenarbeit auf dem Gebiet der elterlichen Verantwortung und der Maßnahmen zum Schutz von Kindern* vom 19.10.1996; vgl. Gesetzesregister für weitere Angaben
KUrhG (KUG)	*Gesetz betreffend das Urheberrecht an Werken der bildenden Künste und der Photographie. Kunsturhebergesetz,* (Deutschland); vgl. Gesetzesregister für weitere Angaben
LAG	*Landesarbeitsgericht* (Deutschland)
LAW Com	*The Law Commission* Consultation Papers (Law Commission of England and Wales)
Legf. Bír. Pfv.	*Legfelsőbb Bíróság Polgári fellebbviteli végzése* (Entscheidungen des ungarischen OGH in Zivilsachen)
LEC	*Ley de Enjuiciamiento Civil* (Zivilprozessgesetz, Spanien); vgl. Gesetzesregister für weitere Angaben
LET	*Ley del Estatuto de los Trabajadores* (Spanien); vgl. Gesetzesregister für weitere Angaben
LG	*Landgericht* (Deutschland), *Landesgericht* (Österreich), *Protodikeio* (Griechenland)
LJKB (QB)	*Law Journal Reports, King's Bench Old Series (Law Journal Reports, Queen's Bench New Series)* (England Wales; 1831–1837, 1901–1946)
L. J. P.C.	*The Law Reports Privy Council* (England and Wales, 1865–1946)
LKsG	*Lieferkettensorgfaltspflichtengesetz* (Deutschland); vgl. Gesetzesverzeichnis für weitere Angaben
LM	*Lindenmaier-Möhring;* Nachschlagwerk für kommentierte Entscheinungen des Bundesgerichtshofes (München 1. Serie ab 1950; 2. Serie ab 1971; 3. Serie 1986–2002; 4. Serie 2003–2009: zusätzlich online ab 2005)
LLPA	*Limited Liability Partnership Act* (Vereinigtes Königreich); vgl. Gesetzesregister für weitere Angaben
LOA	*Law of Obligations Act (Estland);* vgl. Gesetzesregister für weitere Angaben

LOPDH	*Ley Orgánica 1/1982 vom 5.5.1982, sobre protección civil del derecho al honor, a la intimidad personal y familiar y a la propia imagen* (Spanien); vgl. Gesetzesregister für weitere Angaben
LOPJM	*Ley Orgánica 1/1996, de 15 de enero, de Protección Jurídica del Menor, de modificación parcial del Código Civil y de la Ley de Enjuiciamiento Civil* (Spanien); vgl. Gesetzesregister für weitere Angaben
LPA	*Law of Property Act* (Vereinigtes Königreich); vgl. Gesetzesregister für weitere Angaben
	Lasting Power of Attorney
	Les Petites Affiches (Paris 1.1993 ff.)
LPartG	*Gesetz über die Eingetragene Lebenspartnerschaft. Lebenspartnerschaftsgesetz* (Deutschland), vgl. Gesetzesregister für weitere Angaben
LR	*The Law Reports, the Incorporated Council of Law Reporting for England and Wales.* Unterteilt in 11 Unterreihen (London 1865–1875)
LRC	*Ley del Registro Civil* (Spanien); vgl. Gesetzesregister für weitere Angaben
LRCSCVM	*Ley sobre Responsabilidad Civil y Seguro en la Circulación de Vehículos a Motor* (Spanien); vgl. Gesetzesregister für weitere Angaben)
LSF	*Lovforslag som fremsat* (Gesetzesentwurf mit Begründung, Dänemark)
L. T. Rep.	*Law Times Reports of cases decided in the House of Lords, the Privy Council, the Court of Appeal, the Chancery Division, the King's Bench Division, the Chancery Division in Bankruptcy, the Court of Criminal Appeal, and the Railway and Canal Commission Court* (London 1. 1843- 236.1965)
MarkenG	*Gesetz über den Schutz von Marken und sonstigen Kennzeichen* (Markengesetz, Deutschland); vgl. Gesetzesregister für weitere Angaben
Mac-CAT-T	*Mc Arthur Competence Assessment Tool for Treatment Test*
MCA	*Mental Capacity Act* (Vereinigtes Königreich); vgl. Gesetzesregister für weitere Angaben
MDR	*Monatsschrift für Deutsches Recht; Zeitschrift für die Zivilrechts-Praxis* (Saarbrücken, 1.1981 ff.)
MedR	*Medizinrecht* (München u. a. 1.1983 ff.)
MeldeG	*Meldegesetz* (Österreich); vgl. Gesetzesverzeichnis für weitere Angaben
MittBayNot	*Mitteilungen des Bayrischen Notarverzeichnis, der Notarkasse und der Landesnotarkammer Bayern* (München 1.1949 ff.)
MLR	*The Modern Law Review* (Oxford 1.1937/1938 ff.)
MMR	*Multimedia und Recht. Zeitschrift für IT-Recht und Recht der Digitalisierung* (München 23. 2020 ff.); (vormals Multimedia und Recht: Zeitschrift für Informations-, Telekommunikations- und Medienrecht (München 1.1998))
M. Of.	*Monitorul Oficial* (Amtsblatt, Rumänien)
Mon.Belge (B.S.)	*Moniteur Belge (Belgisch Staatsblad)* (Amtsblatt, Belgien)
Motive I (Mot I)	*Motive zum Entwurf des BGB;* Band I (Berlin/ Leipzig 1.1888); vgl. Schrifttumsverzeichnis für weitere Angaben
MR	*Master of the Rolls*
MPG	*Gesetz über Medizinprodukte* (Medizinproduktegesetz, Deutschland); vgl. Gesetzesregister für weitere Angaben
MSSCA	*Marriage (Same Sex Couples) Act 2013* (Vereinigtes Königreich); vgl. Gesetzesregister für weitere Angaben
MTA	*Magyar Tudományos Akadémia* (Ungarische Akademie der Wissenschaft)

MuSchG	*Gesetz zum Schutz von Müttern bei der Arbeit, in der Ausbildung und im Studium. Mutterschutzgesetz* (Deutschland); vgl. Gesetzesregister für weitere Angaben
NamÄndG	*Gesetz über die Änderung von Familiennamen und Vornamen. Namensänderungsgesetz* (Deutschland); vgl. Gesetzesregister für weitere Angaben
NamÄndVwV	*Allgemeine Verwaltungsvorschrift zum Gesetz über die Änderung von Familiennamen und Vornamen* (Deutschland); vgl. Gesetzesverzeichnis für weitere Angaben
NÄG	*Namensänderungsgesetz* (Österreich); vgl. Gesetzesverzeichnis für weitere Angaben
NGCC	*La nuova giurisprudenza civile commentata* (Padua 1.1985 ff.)
NHS	*National Health Service* (Vereinigtes Königreich)
NJA	*Nytt Juridiskt Arkiv* (Stockholm 1.1874 ff; seit 1876 in 2 Abteilungen: 1: *Rättsfall från högsta domstolen*; 2: *Tidskrift för lagstiftning*)
NJB	*Nederlands Juristenblad* (Deventer u. a. 1. 1926 ff.)
NJOZ	*Neue Juristische Online-Zeitschrift* (München 1.2001 ff.)
NJW	*Neue Juristische Wochenschrift* (München/Frankfurt am Main 1.1947 ff.)
NJWE-FER	*Neue Juristische Wochenschrift / NJW-Entscheidungsdienst. Familien- und Erbrecht* (München, Frankfurt am Main 1.1996-6.2001; 2001 aufgegangen in FPR)
NJW-RR	*NJW-Rechtsprechungs-Report Zivilrecht* (München, Frankfurt am Main 1.1986 ff.)
NoB	*Nomiko Bima* (Athen 1.1953 ff.)
NS	*Nejvyšší soud České republiky;* oberstes Gericht, Tschechien
NSK	*Nomiko Symboulio Kratous* (Rechtsrat des Staates, Griechenland)
NStZ	*Neue Zeitschrift für Strafrecht* (München, 1.1981 ff.)
Nds. GVBl.	*Niedersächsisches Gesetz- und Verordnungsblatt* (Hannover 1.1947 ff.)
NVwZ	*Neue Zeitschrift für Verwaltungsrecht* (München 1. 1982 ff.)
NVwZ-RR	*Neue Zeitschrift für Verwaltungsrecht Rechtsprechungsreport* (Frankfurt a. M. 1.1988 ff.)
NZA	*Neue Zeitschrift für Arbeitsrecht* (München 1.1984 ff.) (1984-9/1992: Neue Zeitschrift für Arbeits- und Sozialrecht)
NZA-RR	*Neue Zeitschrift für Arbeitsrecht Rechtsprechungsreport;* (München 1. 1996 ff.)
NZFam	*Neue Zeitschrift für Familienrecht* (München 1. 2014 ff.)
NZS	*Neue Zeitschrift für Sozialrecht* (München 1. 1992 ff.); vorher in NZA
OG	Varhoven sud, Върховен съд (Oberstes Gericht, Bulgarien); *Sąd Najwyższy* (Oberstes Gericht, Polen); *Nejvyšší soud České republiky* (Oberstes Gericht, Tschechien)
OGH	*Oberster Gerichtshof* (Österreich); *Înalta Curte de Casație și Justiție* (Rumänien); *Kúria* (Ungarn)
oHG	*Offene Handelsgesellschaft*
ÖJZ	*Österreichisches Juristenzeitung* (Wien 1.1946 ff.)
OLG	*Oberlandesgericht* (Deutschland, Österreich)
OLGE	*Sammlung der Rechtsprechung der Oberlandesgerichte* (Deutschland)
OLGZ	*Entscheidung der Oberlandesgerichte in Zivilsachen einschließlich der freiwilligen Gerichtsbarkeit* (München 1.1965-29.1994); Fortsetzung als *Praxis der freiwilligen Gerichtsbarkeit* (München 1. 1995 ff.)
Ord. réf.	*Ordonnance référé*

OSNC	*Orzecznictwo Sądu Najwyższego. Izba Cywilna* (Sammlung der Rechtsprechung des Obersten Gerichts. Entscheidungen der Zivilkammer, Polen) (Warschau 1.1918 ff.)
OSNCK	*Orzecznictwo Sądu Najwyższego Izby Cywilnej i Izby Karnej* (Sammlung der Rechtsprechung des Obersten Gerichts. Entscheidungen der Zivilkammer und der Strafkammer, Polen)
OSNCP	*Zbiór Orzeczeń Sądu Najwyższego. Orzeczenia Izby Cywilnej i Administracyjnej oraz Izby Pracy i Ubezpieczeń Społecznych* (Sammlung der Rechtsprechung des Obersten Gerichts. Entscheidungen der Zivilkammer, der Verwaltungskammer sowie der Kammer für Arbeits- und Sozialversicherungssachen, Polen)
OTK	*Orzecznictwo Trybunału Konstytucyjnego. Zbiór Urzędowy* (Amtliche Sammlung der Rechtsprechung des polnischen Verfassungsgerichtshofes)
OUG	*Ordonanță de urgență* (Regierungsnotverordnung, Rumänien)
OVG	*Oberstes Verwaltungsgericht* (Polen), *Oberverwaltungsgericht* (Deutschland)
PACS	*Pacte civil de solidarité* (Frankreich)
PartGG	*Gesetz über Partnerschaftsgesellschaften Angehöriger Freier Berufe. Partnerschaftsgesellschaftsgesetz* (Deutschland); vgl. Gesetzesregister für weitere Angaben
PaßG	*Paßgesetz* (Deutschland); vgl. Gesetzesregister für weitere Angaben
PAuswG	*Gesetz über Personalausweise und den elektronischen Identitätsnachweis. Personalausweisgesetz* (Deutschland); vgl. Gesetzesverzeichnis für weitere Angaben
PESEL	*Powszechny Elektroniczny System Ewidencji Ludności* (nationale Identifikationsnummer, Polen)
P. D.	*Law Reports Probate, Divorce & Admiralty Division,* (England and Wales) (London 1875–1890)
PDA	*Presumption of Death Act 2013* (England und Wales); vgl. Gesetzesregister für weitere Angaben
Pl.	*Plenumsentscheidung* (Verfassungsgericht; Tschechien)
PoinChr.	*Poiniká Chroniká* (Griechenland)
Prop.	*Proposition* (Gesetzesbegründung des Parlaments, Schweden)
ProstG	*Gesetz zur Regelung der Rechtsverhältnisse der Prostituierten. Prostitutionsgesetz* (Deutschland); vgl. Gesetzesregister für weitere Angaben
PSRN	*Gesetz über das Personenstandsregister, Namen und Nachnamen* (Tschechien); vgl. Gesetzesregister für weitere Angaben
PStG	*Personenstandsgesetz* (Deutschland und Österreich), *Gesetz über die Personenstandurkunden* (Standesakten) (Rumänien); vgl. Gesetzesregister für weitere Angaben
PStG-VwV	*Allgemeine Verwaltungsvorschrift zum Personenstandsgesetz* (Deutschland); vgl. Gesetzesregister für weitere Angaben
PStVO (PStV)	*Verordnung zur Ausführung des Personenstandsgesetzes. Personenstandsverordnung* (Deutschland); vgl. Gesetzesregister für weitere Angaben
P. T. S. R.	*The Public and Third Sector Law Reports* (London 1.2009 ff.)
Q.B./QBD	*The Law Reports. The Incorporated Council of Law Reporting for England and Wales Queen's Bench Division* (London 1.1875/1876 ff.); *Law Reports, King's Bench*
QPC	*Question Prioritaire de Constitutionnalité* (Frankreich)

RAJ	*Repertorio Aranzadi de Jurisprudencia* (Pamplona 1.1930/31, 2.1934 ff.)
Rass. Dir. Civ.	*Rassegna di diritto civile* (Neapel 1.1980 ff.)
Rass. parl.	*Rassegna Parlamentare* (Mailand, 1.1959 ff.)
RÅ	*Regeringsrättens årsbok* (Rechtsfallsammlung des obersten Verwaltungsgerichts; Schweden; bis 31.12.2010)
RBGEL	*Rechtsbank Gelderland*
RC, RE, RG, RL, RP	*Tribunal da Relação de Coimbra* (Berufungsgericht Coimbra), *Tribunal da Relação de Évora* (Berufungsgericht Évora), *Tribunal da Relação de Guimarães* (Berufungsgericht Guimarães), *Tribunal da Relação de Lisboa* (Berufungsgericht Lissabon), *Tribunal da Relação do Porto* (Berufungsgericht Porto)
RCDI	*Revista Crítica de Derecho Inmobiliario* (Madrid 1.1925 ff.)
RDC	*Revista de Derecho Civil* (Madrid, Online Veröffentlichung, 1.2014 ff.)
RDL	*Real Decreto Legislativo* (königliche Gesetzesverordnung, Spanien)
RdSG	*Prawo o aktach stanu cywilnego* (Recht der Standesakten, Polen); vgl. Gesetzesverzeichnis für weitere Angaben
Rec. Lebon	*Recueil Lebon. Recueil des décisions du Conseil d'Etat statuant au contentieux et du Tribunal des conflits* (Paris 1. 1821 ff.)
Ref.	*Referensfall* (Referenzfall der obersten Gerichte in Schweden)
RENTEV	*Registo Nacional do Testamento Vital* (Portugal)
Rép.civ. Dalloz	*Répertoire de droit civil Dalloz* (Paris 1970 ff.)
Resp. civ. e prev.	*Responsabilità civile e previdenza* (Mailand 1.1935 ff.)
Rev. trim. dr. fam.	*Revue trimestrielle de droit familial* (Brüssel 1.1978 ff.)
RF	*Kungörelse om beslutad ny regeringsform* (Schweden); vgl. Gesetzesregister für weitere Angaben
Riv. dir. civ.	*Rivista di diritto civile* (Padua 1909–1943; 1.1955 ff.)
Riv. dir. int	*Rivista di diritto internazionale* (Mailand 1. 1906 ff.)
Riv. it. dir. lav.	*Rivista italiana di diritto del lavoro* (Mailand 1.1982 ff.)
Riv. not.	*Rivista del notariato. Rassegna di diritto e pratica notarile* (Mailand 1.1947 ff.)
Riv.trim.dir. proc.civ.	*Rivista trimestrale di diritto e procedura civile* (Mailand 1.1947 ff.)
RG	*Reichsgericht* (Deutschland 1879–1945)
RGBl	*Reichsgesetzblatt* (Berlin 1871 – 1945, seit 1922 geteilt in Teil I (bis 11.4.1945) und Teil II (bis 5.4.1945)
R. G. D.	*Revue générale de droit* (Ottawa 1.1970 ff.)
RGZ	*Entscheidungen des Reichsgerichts in Zivilsachen* (Berlin 1.1879-172.1945; 173. 2008)
RH	*Rättsfall från hovrätterna* (Entscheidungen der Gerichte der zweiten Instanz) (Schweden)
RNP	*Regulamento da Nacionalidade Portuguesa* (Portugal); vgl. Gesetzesverzeichnis für weitere Angaben
RNPC	*Registo Nacional de Pessoas Colectivas* (Gesellschaftsregister, Portugal)
RNotZ	*Rheinische Notar-Zeitschrift* (Köln 1.2001 ff.)
Rom I-VO	*Verordnung (EG) Nr. 593/2008 des Europäischen Parlaments und des Rates vom 17. Juni 2008 über das auf vertragliche Schuldverhältnisse anzuwendende Recht („Rom I")*
Rom II-VO	*Verordnung (EG) Nr. 864/2007 des Europäischen Parlamentes und des Rates vom 11.Juli 2007 über das auf außervertragliche Schuldverhältnisse anzuwendende Recht („Rom II")*

Abkürzungsverzeichnis

Rom III-VO ..... *Verordnung (EU) Nr. 1259/2010 des Rates vom 20. Dezember 2010 zur Durchführung einer Verstärkten Zusammenarbeit im Bereich des auf die Ehescheidung und Trennung ohne Auflösung des Ehebandes anzuwendenden Rechts („Rom III VO")*
RphZ .... *Rechtsphilosophie.* Zeitschrift für die Grundlagen des Rechts (Baden-Baden 1.2015 ff.)
RRC .... *Reglamento para la aplicación de la Ley del Registro Civil RRC. Decreto por el que se aprueba el Reglamento para la aplicación de la Ley del Registro Civil* (Zivilstandsregisterverordnung, Spanien); vgl. Gesetzesverzeichnis für weitere Angaben
RSP .... *Resolutions on Topical Subjects* (European Parliament)
RTD civ. .... *Revue Trimesterielle de Droit Civil* (Paris 1. 2009 ff.)

SA .... *Suicide Act* (Vereinigtes Königreicht); vgl. Gesetzesregister für weitere Angaben
.... *South Africa*
SchKG .... *Gesetz zur Vermeidung und Bewältigung von Schwangerschaftskonflikten. Schwangerschaftskonfliktgesetz* (Deutschland); vgl. Gesetzesregister für weitere Angaben
SeuffA .... *J. A. Seuffert's Archiv für Entscheidungen der obersten Gerichte in den deutschen Staaten* (München 1.1847 ff.)
SFS .... *Svensk författningssamling* (Stockholm 1.1825 ff.)
SGA .... *Sales of Goods Act* (Vereinigtes Königreich); vgl. Gesetzesregister für weitere Angaben
SGB VI .... *Sechstes Buch Sozialgesetzbuch* (Deutschland); vgl. Gesetzesregister für weitere Angaben
SGB X .... *Zehntes Buch Sozialgesetzbuch* (Deutschland); vgl. Gesetzesregister für weitere Angaben
SkL .... *Skadeståndslag* (Schadensersatzgesetz, Schweden); vgl. Gesetzesregister für weitere Angaben
SKV .... *Skatteverket* (Steuerbehörde, zentrales Einwohnermeldeamt und Standesamt, Schweden)
SLA .... *Settled Land Act* (Vereinigtes Königreich); vgl. Gesetzesregister für weitere Angaben
SNC .... *Société en Nom Collectif*
So. .... *Southern Reporter* (Vereinigte Staaten)
SOSFS .... *Socialstyrelsens författningssamling* (Berichte des Zentralamtes für Gesundheits- und Sozialwesen, Schweden)
SOU .... *Statens Offentliga Utredningar* (Staatliche Öffentliche Kommissionsberichte, Schweden)
SpRAy .... *Spektrale Relevanzanalyse*
Sr. .... *Wetboek van Strafrecht* (Strafgesetzbuch, Niederlande); vgl. Gesetzesregister für weitere Angaben
StAG .... *Staatsangehörigkeitsgesetz* (Deutschland), *Legea cetățeniei române* (Rumänien); vgl. Gesetzesverzeichnis für weitere Angaben
StAZ .... *Das Standesamt. Zeitschrift für Standesamtswesen, Familienrecht, Staatsangehörigkeitsrecht, Personenstandsrecht, internationales Privatrecht des In- und Auslands; mit sämtl. amtl. Bekanntmachungen für die Standesamtführung* (Frankfurt a. M. 1.1949 ff.)
STJ .... *Supremo Tribunal de Justiça* (Oberstes Gericht, Portugal)
StE .... *Symboulio tes Epikrateias* (Landratsamt Athen)

StGB	*Strafgesetzbuch* (Deutschland, Griechenland, Österreich); vgl. Gesetzesregister für weitere Angaben
Studia UBB	*Studia Universitatis Babeş-Bolyai iurisprudentia* (Cluj-Napoca 1.2001 ff.)
SvJT	*Svensk Juristtidning* (Stockholm 1. 1916 ff.)
SZ	*Entscheidungen des österreichischen Obersten Gerichtshof in Zivilsachen* (Wien 1.1919 (1922) ff.)
TEG	*Todeserklärungsgesetz* (Österreich); vgl. Gesetzesregister für weitere Angaben
TFG	*Gesetz zur Regelung des Transfusionswesens. Transfusionsgesetz* (Deutschland); vgl. Gesetzesregister für weitere Angaben
TGI; Trib. gr. inst.	*Tribunal de grande instance* (Gericht erster Instanz, Frankreich)
T-GVG	*Tiroler Grundverkehrsgesetz* (Österreich); vgl. Gesetzesregister für weitere Angaben
TK	*Trybunał Konstytucyjny* (Verfassungsgerichtshof, Polen)
TLATA	*Trusts of Land and Appointment of Trustees Act* (Vereinigtes Königreich); vgl. Gesetzesregister für weitere Angaben
TPG	*Gesetz über die Spende, Entnahme und Übertragung von Organen und Geweben. Transplantationsgesetz* (Deutschland); vgl. Gesetzesregister für weitere Angaben
TPR	*Tijdschrift voor Privaatrecht* (Gent 1. 1964 ff.)
Trib.	*Tribunale* (Italien); *Tribunal* (Rumänien, Spanien)
TS	*Tribunal Supremo* (Oberster Gerichtshof, Spanien); wenn nicht näher spezifiziert: Zivilsenat
TSG	*Gesetz über die Änderung der Vornamen und die Feststellung der Geschlechtszugehörigkeit in besonderen Fällen. Transsexuellengesetz* (Deutschland); vgl. Gesetzesregister für weitere Angaben
UKHL	*United Kingdom House of Lords*
UKSC	*United Kingdom Supreme Court*
UNESCO	*United Nations Educational, Scientific and Cultural Organization*
UNTS	*United Nations Treaty Series* (Vereinten Nationen, Sammlung von Staatsverträgen)
U.S.	*United States Reports* (Sammlung der Entscheidungen des Supreme Court der Vereinigten Staaten)
ÚS	*Ústavní soud* (Verfassungsgericht, Tschechien)
Verf.	*Verfassung; Constitution, Grondwet* (Belgien); *Konstitutsiya nq Republika Bulgaria* (Конституцияонен съд на Република България) (Bulgarien); *Constitution* (Frankreich); *Syntagma tes Elladas* (Griechenland); *Costituzione della Repubblica Italiana* (Italien); *Ustav Republike Hrvatske* (Kroatien); *Grondwet voor het Koninkrijk der Nederlanden* (Niederlande); *Constituição da República Portuguesa* (Portugal); *Constituție* (Rumänien); *Ústava Slovenskej republiky* (Slowakische Republik); *Constitución Española* (Spanien); *Ústava České republiky* (Tschechien); *Magyarország Alaptörvénye* (Ungarn)
VerfG	*Verfassungsgericht:* Konstitutionen sud na Republika Bulgaria, Конституционен съд на Република България (Bulgarien); *Bundesverfassungsgericht* (Deutschland); *Trybunał Konstytucyjny* (Polen); *Curtea Constituțională a României* (Rumänien); *Ústavný súd Slovenskej republiky* (Slowakei); *Ústavní soud České republiky* (Tschechien); *Magyarország Alkotmánybírósága* (Ungarn)

VerfGH, VfGH	*Verfassungsgerichtshof* (Österreich), *Cour constitutionelle, Grondwettelijk Hof* (Belgien), *Curtea Constituțională* (Rumänien)
VerschÄndG	*Gesetz zur Änderung von Vorschriften des Verschollenheitsrechts* (Deutschland); vgl. Gesetzesregister für weitere Angaben
VerschG	*Verschollenheitsgesetz* (Deutschland); vgl. Gesetzesregister für weitere Angaben
VersR	*Versicherungsrecht. Zeitschrift für Versicherungsrecht, Haftungs- und Schadensrecht* (Karlsruhe 1.1950 ff.)
VfSlg	*Ausgewählte Entscheidungen des Verfassungsgerichtshofes* (Österreich)
VG	*Verwaltungsgericht* (Deutschland)
Vita not.	*Vita Notarile* (Palermo 1.1949 ff)
VNG	*Gesetz über die Vor- und Nachnamensänderung* (Polen), vgl. Gesetzesverzeichnis für weitere Angaben
VO	*Verordnung der Europäischen Union*
VwGH	*Verwaltungsgerichtshof* (Österreich)
WD	*Wissenschaftliche Dienste des Deutschen Bundestages*
WEG	*Gesetz über das Wohnungseigentum und das Dauerwohnrecht* (Wohnungseigentumsgesetz, Deutschland); vgl. Gesetzesregister für weitere Angaben
WiRO	*Zeitschrift zur Rechts- und Wirtschaftsentwicklung in den Staaten Mittel- und Osteuropas* (München, 1. 1993 ff.)
WLR	*The Weekly Law Reports* (London 1.1953 ff.)
WpHG	*Gesetz über die Regelung des Wertpapierhandels. Wertpapierhandelsgesetz* (Deutschland); vgl. Gesetzesregister für weitere Angaben
WRV	*Weimarer Reichsverfassung* (Deutschland); vgl. Gesetzesverzeichnis für weitere Angaben
Wtl	*Wet toetsing levensbeëindiging op verzoek en hulp bij zelfdoding. Niederländisches Gesetz über die Beendigung des Lebens auf Antrag und assistierte Selbsttötung*, vgl. Gesetzesregister für weitere Angaben
WVG	*Woiwodschaftsverwaltungsgericht* (Polen)
ZD	*Zeitschrift für Datenschutz* (München 1.2011 ff.)
ZEuP	*Zeitschrift für Europäisches Privatrecht* (München 1. 1993 ff.)
ZEV	*Zeitschrift für Erbrecht und Vermögensnachfolge: Erbrecht, Gesellschaftsrecht, Steuerrecht* (München 1.1994 ff.)
ZfPW	*Zeitschrift für die gesamte Privatrechtswissenschaft* (München 1.2015 ff.)
ZGB	*Zivilgesetzbuch; Astikos Kodikas* (Griechenland), *Civillikums* (Lettland), *Lietuvos Respublikos civilinis kodeksas* (Litauen); *Kodeks cywilny* (Polen); *Občiansky zákonník* (Slowakei); *Polgári Törvényköny [Ptk]* (Ungarn); *Türk Medení Kanunu* (Türkei); vgl. Gesetzesregister für weitere Angaben
ZPO	*Zivilprozessordnung* (Deutschland), *Kódika Politikis Dikonomias* (Griechenland); *Kodeks postępowania cywilnego* (Polen); vgl. Gesetzesregister für weitere Angaben
ZPR	*Zentrales Personenstandsregister* (Österreich)
ZRG RA	*Zeitschrift der Savigny-Stiftung für Rechtsgeschichte. Romanistische Abteilung* (Weimar 1.1880 ff.)
ZRP	*Zeitschrift für Rechtspolitik* (München, Frankfurt am Main 1.1969 ff.)
ZUM	*Zeitschrift für Urheber- und Medienrecht* (Baden-Baden 29.1985 ff.); unter dem Titel: *Film und Recht* (München 1.1957-28. 1985)

ZWE .... *Zeitschrift für Wohnungseigentumsrecht. Begründung, Verwaltung, Vermietung, Steuern, Verfahren, Bauträgerschaft* (4.2003 ff); (vorher Zeitschrift für Wohnungseigentum: Begründung, Verwaltung, Vermietung, Steuern, Verfahren, Bauträgerschaft; 1.2000 ff.)

Verzeichnis der Rechtsprechungsdatenbanken

Belgien
Juridat *(Le portail du Pouvoir judiciaire de Belgique / De portaalsite van de Rechterlijke Macht van België):* http://www.juridat.be

Bulgarien
Legalacts *(Rechtsprechungsdatenbank des Obersten Justizrates Bulgariens):* http://legalacts.justice.bg/

Rechtsprechungsdatenbank des Obersten Kassationsgerichtshofs: http://www.vks.bg/vks_p15.htm

Deutschland
Beck Online: https://beck-online.beck.de
Juris *(Juristisches Informationssystem für die Bundesrepublik Deutschland):* https://www.juris.de/rechtsportal
WKl *(Wolters Kluwer Online):* https://www.wolterskluwer.com

Europäischer Gerichtshof für Menschenrechte
https://hudoc.echr.coe.int

Frankreich
Legifrance *(Le service public de la diffusion du droit):* http://www.legifrance.gouv.fr

Griechenland
Isokrates Datenbank *(Legal Information Database by the Bar Association of Athens, Isocrates):* https://www.lib.auth.gr/en

Italien
Corte di Cassazione *(Rechtsprechungsdatenbank der Corte di Cassazione):* http://www.cortedicassazione.it/corte-di-cassazione

Litauen
Lietuvos Aukščiausiasis Teismas *(Rechtsprechungsdatenbank des litauischen Obersten Gerichtshofs):* https://www.lat.lt/teismo-nutartys/nutartys-nuo-2006-6bt1.html

Luxemburg
Legilux *(Journal officiel du Grand-Duché de Luxembourg);* https://legilux.public.lu

Niederlande
De Rechtspraak *(Hoge Raad der Nederlanden):* http://www.rechtspraak.nl

Österreich
RIS/RIS-Justiz *(Rechtsinformationssystem des Bundes, Bundeskanzleramt der Republik Österreich):* https://www.ris.bka.gv.at

Polen
Legalis *(System Legalis C.H.Beck):* https://legalis.pl
Lex *(System Informacji Prawnej LEX Wolters Kluwer):* http://www.lex.pl
Trybunał Konstytucyjny *(Rechtsprechungsdatenbank des Verfassungsgerichtshofes):* http://otk.trybunal.gov.pl/orzeczenia/
Sąd Najwyższy *(Rechtsprechungsdatenbank des Obersten Gerichts):* http://www.sn.pl/orzecznictwo
Naczelny Sąd Administracyjny *(Rechtsprechungsdatenbank des Obersten Verwaltungsgerichtshofes):* http://orzeczenia.nsa.gov.pl/
Portal Orzeczeń Sądów Powszechnych *(Portal der Entscheidungen der ordentlichen Gerichtsbarkeit):* http://orzeczenia. ms. gov.pl/

Portugal
Instituto de Gestão Financeira e Equipamentos da Justiça I. P. *(Ministério da Justiça):* http://www.dgsi.pt/

Tribunal Constitucional *(Rechtsprechungsdatenbank des Verfassungsgerichtshofes)*: www.tribunal-constitucional.pt
Rumänien
iLegis *(juristische Datenbank Rumäniens)*: https://www.ilegis.ro/
Schweden
Lagen.nu: https://lagen.nu/
Lagrummet.se *(Rechtsinformationen der öffentlichen Verwaltung)*: http://www.lagrummet.se/
Notisum: http://www.notisum.se/
Slowenien
SP, Sodna praksa *(Rechtsprechungsdatenbank des slowenischen Obersten Gerichtshofes und der Gerichte der höheren Instanzen)*: http://sodnapraksa.si/
Spanien
Consejo General del Poder Judicial *(Datenbank des Generalrates der rechtsprechenden Gewalt)*: http://www.poderjudicial.es/search/indexAN.jsp
Tschechien
Nejvyšší správní soud *(Datenbank des obersten Verwaltungsgerichts)*: http://www.nssoud.cz/
NALUS *(Datenbank des Verfassungsgerichts)*: http://nalus.usoud.cz/Search/Search.aspx
Nejvyšší soud *(Datenbank des Obersten Gerichtshofs in Zivilsachen)*: http://www.nsoud.cz/JudikaturaNS_new/ns_web.nsf/
Ungarn
http://birosag.hu/ugyfelkapcsolati-portal/anonim-hatarozatok-tara *(Rechtsprechungsdatenbank des Selbstverwaltungsorgans der Gerichte)*
Vereinigtes Königreich
Bailii *(British and Irish Legal Information Institute)*: http://www.bailii.org
WLUK *(Westlaw United Kingdom)*: https://legalsolutions.thomsonreuters.co.uk
Zypern
CyLaw: http://www.cylaw.org

§ 1: Das Recht der natürlichen Person im System des Privatrechts

Weiteres Schrifttum:
Anders Agell, Åke Malmström, Christina Ramberg, Tore Sigeman, Civilrätt (25. Aufl. Stockholm 2018); *Antonio Albanese,* La persona fisica e i diritti della personalità, in: Salvatore Mazzamuto, Manuale del diritto privato (3. Aufl. Turin 2019) S. 119–156; *Ivo Bach,* Das Leben ist kein Schaden, NJW 2019 S. 1915–1918; *Bogusław Banaszak,* Konstytucja Rzeczypospolitej Polskiej. Komentarz (2. Aufl. Warschau 2012); *Christian von Bar,* Principles of European Law (Study Group on a European Civil Code). Non-Contractual Liability Arising out of Damage Caused to Another (PEL Liab.Dam.) (München u. a. 2009); *ders.,* Innenansichten des deutschen Privatrechts seit dem Ende des Zweiten Weltkrieges, in: Christian von Bar, Yu-Cheol Shin und Michael Stolleis, Innenansichten des deutschen und ostasiatischen Rechts (Tübingen 2021) S. 181–209; *Christian von Bar und Peter Mankowski,* Internationales Privatrecht, Band I (2. Aufl. München 2003); Jürgen Baur und Falko Tappen (Hrsg.), Investmentgesetze (3. Aufl. Berlin 2016); *Britta Van Beers,* The Changing Nature of Law's Natural Person: The Impact of Emerging Technologies on the Legal Concept of the Person, German Law Journal 2017 S. 559–593; *Ulf Bernitz, Mia Carlsson* u.a., Finna rätt: juristens källmaterial och metoder (14. Aufl. Stockholm 2017); *Yvaine Buffelan-Lanore und Virginie Larribau-Terneyre,* Droit civil. Introduction. Biens. Personnes. Famille (16. Aufl. Paris 2009); *Dörte Busch,* Eigentum und Verfügungsbefugnisse am menschlichen Körper und seinen Teilen (Berlin 2012); *Luís Cabral de Moncada,* Lições de Direito Civil (4. Aufl. 1962; Neudruck Coimbra 1995); *Maria Luisa Chiarella,* La persona umana nell'ordinamento giuridico, in: Serafino Di Ruscica (Hrsg.), I diritti della personalità (Padua 2013) S. 7–30; *Dan Chirică,* Tratat de drept civil. Succesiunile și liberalitățile (2. Aufl. Bukarest 2017); Clerk and Lindsell on Torts (22. Aufl. London 2017 hrsg. von Michael A. Jones, Anthony M. Dugdale und Mark Simpson); *Dagmar Coester-Waltjen,* Die Einführung der gleichgeschlechtlichen Ehe in ausgewählten Rechtsordnungen, ZEuP 2018 S. 320–358; *François Diesse,* La situation juridique de l'enfant à naître en droit français: entre pile et face, R. G. D. 30 (1999/2000) S. 607–661; *John Dwyer,* The Dignity of the Person, in: John Dwyer (Hrsg.), The New Dictionary of Catholic Social Thought (Collegeville 1994) S. 724–737; *Andrzej Dziadzio,* Polnisch-tschechoslowakische Zusammenarbeit an der Kodifikation des Familienrechts in den Jahren 1948–1950. Aus der Geschichte der Sowjetisierung des Rechts, in: Ladislav Soukup (Hrsg.), Příspěvky k vývoji právního řádu v Československu 1945–1989 (Prag 2002) S. 381–392; *Karl Eliáš,* Nový občanský zákoník s aktualizovanou důvodovou zprávou a rejstříkem (Ostrava 2012); *Thérèse Fridström Montoya,* Ett litet steg för HD, ett stort steg för personrätten, SvJT 2016 S. 523–540; *dies.,* Förvaltarskap som skydd mot beslut fattade under förälskelse? En analys av NJA 2018 S. 350, SvJT 2018 S. 354–375; *Leszek Garlicki und Marek Zubik,* Konstytucja Rzeczypospolitej Polskiej. Komentarz, Band 1 (2. Aufl. Warschau 2016); *I. N. Gheberta,* Nulitatea căsătoriei în dreptul român și dreptul comparat (Bukarest 2017); *Susanne Lilian Gössl,* Intersexuelle Menschen und ihre personenstandsrechtliche Erfassung, NZFam 2016 S. 1122–1128; *Paul Groarke,* The Legal Concept of the Person: A Relational Account, HeyJ 2010 S. 298–313; *Immanuel Kant,* Grundlegung zur Metaphysik der Sitten, in: Preußische Akademie der Wissenschaften (Hrsg.), Kant, Immanuel: Gesammelte Schriften Band 4 (Berlin 1911; sog. Akademie Ausgabe [AA]; *ders.,* Metaphysik der Sitten, AA Band 6 (Berlin 1907/1914); *Marianos D. Karasis,* Biotechnologia kai Dikaio, EllDik 42 (2001) S. 1198–1222; *Monika Kępa,* Podatkowe skutki prostytucji w zakresie podatku dochodowego od osób fizycznych, in: Marek Mozgawa (Hrsg.), Prostytucja (Warschau 2014), Kap. IV; *Florence Laroche-Gisserot,* Leçons de droit civil. Tome I, Deuxième volume. Les personnes. La personnalité. Les incapacités (8. Aufl. Paris 1997); *Mateusz Mądel,* Następstwo prawne treści cyfrowych na wypadek śmierci (Warschau 2018); *Åke Malmström und Bengt Lambe,* Norstedts Juridiska Ordbok (10. Aufl. Stockholm 1975); Münchner Kommentar zum Strafgesetzbuch (3. Aufl. München 2017); *Ngaire Naffine,* Our Legal Lives as Men, Women and Persons, Legal Studies 2004 S. 621–642; *Martin Nettesheim,* „Leben in Würde": Art. 1 GG als Grundrecht hinter den Grundrechten, JZ 2019 S. 1–11; *Rolf Nygren,* Vad är egentligen „riktigt svenskt" i den svenska rätten?, SvJT 1998 S. 103–109; Carl Eduard Otto (Hrsg.), Das Corpus iuris civilis (Romani): in 7 Bd. / [Justinian]. Ins Dt. übers. von e. Verein Rechtsgelehrter, Bd. 6 (Leipzig 1832); *Alfred E. von Overbeck,* Persons, IntEncCompL III (Private International Law), Chapter 15 (Tübingen u. a. 2011); *Catherine Philippe,* La viabilité de l'enfant nouveau-né, D. 1999, Chronique, S. 29–32; *M. Susana Quicios Molina,* Orden de los apellidos: autonomía privada, interés superior del menor y no discriminación por razón de sexo, Derecho Privado y Constitución 39 (2021) 249–286; *Otávio Luiz Rodrigues Jr.,* Pessoa, personalidade, conceito filosófico e jurídico de pessoa: espécies de pessoas no direito em geral, Revista de Direito do Consumidor 118 (2018) S. 281–291; *Anne Röthel,* Leibsein als deliktisches Schutzgut, AcP 219 (2019) S. 420–456; *Darren Rosenblum,* Unsex Mothering; Towards a New Culture of Parenting, (2012) 35(1) Harvard Journal of Law and Gender S. 57–116; Marek Safjan und Leszek Bosek (Hrsg.), Konstytucja RP. Komentarz. Art. 1–86 (Band 1 Warschau 2016); *Philippe Salvage,* La viabilité de l'enfant nouveau-né, RTD civ. 1976 S. 725–749; *Friedrich Carl von Savigny,* System des heutigen Römischen Rechts. Bd. 1 und 2 (Berlin 1840); *Jens Scherpe,* Breaking the existing paradigms of parent-child relationships, in: Douglas, Murch & Stephens, International and national perspectives on child and family law: essays in honour of Nigel Lowe (Cambridge 2018) S. 343–358; *Gerhard Schricker,* Die Einwilligung des Urhebers in entstellende Änderungen des Werks, in: Festschrift für Heinrich Hubmann (Frankfurt/Main

1985) S. 409–419; *Werner Schubert,* Unvererblichkeit eines Geldentschädigungsanspruchs wegen Persönlichkeitsverletzung (Anm. zu BGH 23.5.2017), JR 2018 S. 514–519; *Magda Schusterová,* Das neue tschechische (A)BGB – die Besonderheiten, IJVO Jahresheft 2013 (Osnabrück 2014) S. 1–23; *Katrin Schwarzburg,* Die Menschenwürde im Recht der Europäischen Union (Baden Baden 2012); *Vittorio Scialoja,* Per l'abolizione dell'autorizzazione maritale, Studi giuridici, Band III (Rom 1932) S. 132–136; *Louis Sébag,* La condition juridique des personnes physiques et des personnes morales avant leur naissance (Thèse Paris 1938); *Hans Jürgen Sonnenberger,* Vorschläge und Berichte zur Reform des europäischen und deutschen internationalen Gesellschaftsrechts – Vorgelegt im Auftrag der zweiten Kommission des Deutschen Rates für Internationales Privatrecht, Spezialkommission Internationales Gesellschaftsrecht (Tübingen 2007); *Benedikt Stuchtey,* Die europäische Expansion und ihre Feinde: Kolonialismuskritik vom 18. bis in das 20. Jahrhundert (Studien zur Internationalen Geschichte, Band 24) (Berlin 2014); *Alain Supiot,* Homo Juridicus: On the Anthropological Function of the Law (London 2017); *Ferenc Szilágyi,* Jogutódlás a személyiségi jogsértés megalapozta pénzbeli igények esetén: A sérelemdíj iránti igény engedményezhetősége, illetve halál esetén való átszállása, in: Andás Koltay und Bernát Török (Hrsg.), Sajtószabadság és médiajog a 21. század elején 3 (Budapest 2016) S. 275–304; *Gösta Walin und Göran Lind,* Ärvdabalken: En kommentar Del I (Kap. 1–17), Arv och testamente (7. Aufl. Stockholm 2016); *Marc-Philippe Weller, Chris Thomale, Ioana Hategan und Jan Lukas Werner,* Das Gesetz zur Bekämpfung der Kinderehen – eine kritische Würdigung, FamRZ 2018 S. 1289–1298; *Joshua Michael White,* Catch and Release: Piracy, Slavery, and Law in the Early Modern Ottoman Mediterranea (Dissertation Michigan 2012); Harry Willekens, Kirsten Scheiwe, Theresa Richarz und Eva Schumann (Hrsg.), Motherhood and the Law (Göttingen 2019); *Ernst Zitelmann,* Begriff und Wesen der sogenannten juristischen Personen (Leipzig 1873).

I. Gegenstände

1. Mensch und Person

1 Dieses Buch handelt in europäischer Perspektive von dem Privatrecht der natürlichen Person. „Natürliche Person"[1] steht für einen Menschen, der sich im Rahmen des Privatrechts relativ zu anderen Menschen oder zu rechtsfähigen Gesellschaften bewegt.[2] Es geht um sein „öffentliches Gesicht"; *persona* war die Maske eines römischen Schauspielers, an der man den Charakter erkannte, den er spielte, und die half, seine Stimme besser zu verstehen.[3] Der Mensch tritt als Person auf, wenn er mit anderen Rechtssubjekten in Kontakt tritt und dazu seine „Charaktermaske" aufsetzt. Nicht unähnlich verhält es sich bei einer Gesellschaft. Ihre Binnenbeziehungen unterliegen dem Gesellschaftsrecht, ihre Außenbeziehungen dem Recht der „juristischen Person".

Es wäre denkbar, aus dieser terminologischen Tradition auszubrechen und unser Rechtsgebiet einfach das „Privatrecht des Menschen" zu nennen. Aber das wäre missverständlich. Denn aus der Sicht der Menschheit gibt es kein anderes Recht als das von Menschen für Menschen gemachte Recht. Es ist zwar nicht auszuschließen, dass auch manche Tiere nach Regeln leben. Aber das sind im Verständnis der Menschheit keine Rechtsregeln. Der Ausdruck „Privatrecht des Menschen" wäre außerdem problematisch, weil es sich weder um von einem höheren Wesen für die Menschheit noch um

---

[1] Manchmal, z. B. unter Art. 1 poln. ZGB, auch „physische Person", oder, wie in Portugal (und dort im Gegensatz zur *pessoa coletiva*), auch *pessoa singular,* Einzelperson.

[2] *Van Beers,* German Law Journal 2017 S. 559, 570–571 bemerkt: „From this perspective, it seems unfortunate that the term „person", with all its connotations from everyday speech, is used to designate what is in fact a bundle of rights and duties, as Kelsen writes. According to this line of thinking, it is better to regard the legal term „person" as a metaphor. The Roman etymology of the word persona can be used in support of this view. As is frequently mentioned in academic literature on the subject, persona originally stood for the mask that actors wore in Roman theatre. Thus, the term's application to human beings was at first metaphorical".

[3] Die etymologische Wurzel von *persona* findet sich in *per sonare.* Die Schauspieler sprachen durch die Maske (die *persona*), um die Akustik zu verbessern (*Menezes Cordeiro,* Tratado de Direito Civil IV[5], S. 30, Fn. 18). Siehe auch *Groarke,* HeyJ 2010 S. 298, 298–299 („The legal concept of the person has deep historical roots. The term 'person' was originally used to identify the public face (or persona) of the individual, which manifests itself in its dealings with others"). In dem griechischen *To Prósopo* steckt außerdem Auge, Gesicht. Ein Synonym dazu ist *Ópsis* (Aussehen, Bild, Blick, Ansicht, Aspekt). Person *(prosopo)* ist also ein referentielles Konzept, wohingegen das „Individuum" *(atomo)* eine unpersönliche soziale Einheit ist (*Karasis,* EllDik 42 [2001] S. 1198, 1208).

I. Gegenstände **§ 1**

selbstgesetztes „Recht" eines einzelnen Menschen handelt. *Eine* Person kann kein Recht erzeugen; das wäre ein Widerspruch in sich.

Gleichwohl muss Klarheit darüber herrschen, dass es um den **Blick des Rechts auf den Menschen** geht. Das Privatrecht der natürlichen Person ist deshalb ein mit vielen Emotionen beladenes Rechtsgebiet, das in besonderer Weise unter grundrechtlichem Einfluss steht. Gleichzeitig gehört es zu den Materien, denen das Unionsrecht bislang so gut wie keine Aufmerksamkeit geschenkt hat.[4] Das betrifft selbst das internationalprivatrechtliche Verordnungsrecht.[5] Unionsprivatrecht ist im Wesentlichen Binnenmarkt- und damit Vermögensrecht. Die „menschliche" Dimension fehlt ihm noch. Das Recht der natürlichen Person muss deshalb vorerst noch aus der Dynamik der mitgliedstaatlichen Rechtsordnungen entfaltet werden. 2

2. Zugang zu den Gestaltungsformen des Privatrechts

Die Frage nach den Gegenständen des Rechts der natürlichen Person lässt sich freilich nicht allein durch einen Blick auf die Oberflächenstruktur der europäischen Rechtsordnungen beantworten. Dafür bieten sie ein viel zu uneinheitliches Bild. Das Common Law beispielsweise ordnet seinen Stoff gänzlich ohne Rückgriff auf eine „Personenrecht" genannte systematische Kategorie. Es existieren keine Darstellungen des „Rechts der natürlichen Person". Letzteres gewinnt nicht einmal in allen kontinentaleuropäischen Rechtsordnungen ein wirklich selbständiges Profil. Denn „Personenrecht" ist (wie u. a. in Frankreich) i. d. R. nur der Gegenpol zum Recht der Güter oder Sachen (bzw. zum Recht des Erwerbs des Eigentums an ihnen). *„Droit des personnes"* betrifft also zwar alles, was nur Personen angeht; es umfasst aber eben deshalb auch große Teile der andernorts wiederum dem „Familienrecht" zugeschlagenen Materien[6], z. B. das Eheschließungs- und das Scheidungsrecht, das Abstammungsrecht und das Recht der elterlichen Sorge. Das Recht der natürlichen Person ist hier bestenfalls eine Teilmenge des allgemeinen Personenrechts, wird von ihm aber nicht scharf abgegrenzt. Das deutsche BGB dagegen kennt zwar einen eigenen Abschnitt über das Recht der natürlichen Person, versammelt darin aber nur seine Regeln zum Beginn der Rechtsfähigkeit, zum Eintritt der Volljährigkeit, zum Wohnsitz und zum Schutz des Namens eines Menschen. Eine leistungsfähige Theorie liegt dem erkennbar nicht zugrunde, ganz abgesehen davon, dass sich das Gesetz nicht einmal scheut, diese Regelungen mit Definitionen der Begriffe „Verbraucher" und „Unternehmer" abzurunden. Das polnische ZGB gliedert sich in vier Bücher: Einleitende Vorschriften, Eigentum und andere dingliche Rechte, Schuldverhältnisse und Erbrecht. Titel II des ersten Buches handelt von Personen, nämlich von natürlichen Personen, juristischen Personen sowie Unternehmen. Gegenstand des Abschnitts über natürliche Personen sind die Rechts- und die Geschäftsfähigkeit, der Wohnsitz und die Todeserklärung. Das Familienrecht ist separat in einem Familien- und Vormundschaftsgesetzbuch geregelt. 3

Vor diesem Hintergrund, vor allem aber, um sich der Kategorie als solcher zu vergewissern, ist es wichtig, sich noch einmal zu verdeutlichen, dass es im Recht der natürlichen Person nicht um die philosophische Frage geht, was ein Mensch „ist", sondern um seine relative Beziehung zu anderen.[7] Diese Beziehung muss wiederum eine innerprivat- 4

---

[4] Davon gibt es nur wenige Ausnahmen; ein Beispiel aus dem Namensrecht ist EuGH 14.10.2008, Rs. C-353/06, NJW 2009 S. 135 *(Grunkin/Paul)* (deutsches Kind deutscher Eltern darf nach Umzug in die Bundesrepublik den unter dänischem Aufenthaltsrecht erworbenen, aus den Namen beider Elternteile zusammengesetzten Nachnamen behalten). S. außerdem schon EuGH 2.10.2003, Rs. C-148/02, IPrax 2004 S. 339 *(Carlos Garcia Avello)*.

[5] Z. B. Art. 1(2)(a) EuGüVO; Art. 1(2)(b) EuErbVO; Art. 1(2)(a) EuPartVO; Art. 1(2)(a) Rom I VO und Art. 1(2)(a) Rom III VO.

[6] Auf derselben Linie liegt § 15 österr. ABGB („Die Personenrechte beziehen sich teils auf persönliche Eigenschaften und Verhältnisse; teils gründen sie sich in dem Familienverhältnisse").

[7] „The correct question in law is whether the subject 'has' a person. The question in philosophy – now transmuted, rather dubiously, into law – is whether the subject 'is' a person" *(Groarke* a. a. O. [Fn. 3]

rechtliche sein. Es handelt sich mithin um das Recht „über" Menschen, die mit anderen (oder mit juristischen Personen) formal auf der Ebene in Kontakt treten, die ihnen das Privatrecht für die Aufnahme einer solchen Beziehung eröffnet. Im Recht der natürlichen Person geht es gewissermaßen um eine **Restgröße.** Sie besteht aus allem, was übrigbleibt, wenn man speziellere rechtliche Beziehungsregeln ausblendet. Es handelt sich mithin um alle Rechtssätze, die ausschließlich an die natürliche Person anknüpfen, ohne Rücksicht auf die zu besonderen Regimen verdichteten sonstigen Institutionen des Privatrechts (Vertrag, gesetzliche Schuldverhältnisse, Verwandtschaft, Ehe etc.). Zur Entstehung dieser besonderen Rechtsverhältnisse bedarf es im Gegensatz zum Recht der natürlichen Person stets noch eines über den Einzelnen hinausweisenden Extragrundes. Das steckt für alles Folgende den Rahmen ab.

5   Für die Teilhabe am Privatrechtsverkehr ist (i) die Fähigkeit unverzichtbar, Träger von Rechten und Pflichten zu sein; folglich gehören alle Regeln, die von der **Rechtssubjektivität** des Menschen handeln, notwendig zum Recht der natürlichen Person.[8] Die menschliche Existenz hat außerdem gewöhnlich sowohl eine leiblich-körperliche als auch eine geistig-seelische Seite.[9] Deshalb gehören (ii) alle Regeln zum Recht der natürlichen Person, die den **Körper und** die **Würde** des Menschen dem privatrechtsinternen Verkehr (dem „Handel") entziehen. Es ist etwas anderes, ob es um die *Verletzung* des Körpers oder der Würde eines anderen geht, oder darum, den eigenen oder einen fremden Körper (die eigene oder eine fremde Würde) zum Objekt, eben zum „Gegenstand" privater Rechtsgeschäfte zu machen. Mit den Folgen verletzenden Handelns befasst sich meistens das Deliktsrecht, mit dem vorbeugenden Rechtsschutz gegenüber konkret zu befürchtenden Verletzungen gleich ein ganzes Arsenal von Rechtsgebieten[10], unter ihnen, soweit es um die sog. „Persönlichkeitsrechte" geht, auch das allgemeine Personenrecht.[11] Aber das ändert

---

S. 307). Lavický (-*Hurdík*), Občanský zákoník I, S. 132 bemerkt, der Mensch trete „im Recht nicht wie eine Entität auf, die seine sämtlichen Facetten und seine Kompliziertheit abbilden würde, sondern er wird vom Recht in seiner schematischen Form von rechtlich relevanten Merkmalen (als Individuum) akzeptiert. … Man könnte auch sagen, dass die Person ein menschliches Lebewesen in abstrakter Form ist".

[8] Das Konzept der „Person" dient, wie *Naffine*, Legal Studies 2004 S. 621, 625–629 treffend hervorhebt, dazu, einem Rechtssubjekt Rechte und Pflichten zuzuordnen. „Just as the concept ‚one' in arithmetic is essential to the logical system developed and yet is not one something (eg apple or orange, etc), so a legal system (or any system perhaps) must be provided with a basic unit before legal relationships can be devised. … The legal person is the unit or entity adopted. For the logic of the system it is just as much a pure ‚concept' as ‚one' in arithmetic. It is just as independent from a human being as ‚one' is from an ‚apple'",(*Derham*, in: Webb (Hrsg.), Legal Personality and Political Pluralism, S. 5). Art. 25(2) rumän. CC fasst das in die Formulierung, dass „die natürliche Person der Mensch" sei, „einzeln betrachtet, als Träger von bürgerlichen Rechten und Pflichten". Safjan *(-Pazdan)*, System Prawa Prywatnego I², S. 1073–1074 Rdnr. 40 bemerkt, das Zivilrecht gestalte die Rechtssituation eines Menschen, als eines Subjekts der zivilrechtlichen Verhältnisse und einer Partei im Rechtsverkehr, unter Berücksichtigung angeborener Eigenschaften oder Qualifikationen dieses Menschen. Die relevanten Eigenschaften und Qualifikationen des Menschen schafft das Recht selbst; es rüstet einzelne Personen mit ihnen aus. Die Rechtsfolgen werden vor allem an die persönlichen Eigenschaften wie das Alter, den psychischen Zustand, den Familienstand, das Geschlecht, den Namen und andere persönliche Daten angeknüpft.

[9] Das ist nur dann anders, wenn ein Mensch unfall- oder krankheitsbedingt jede Selbstwahrnehmung und jedes Bewusstsein verloren hat. Er bleibt freilich auch in diesem Fall noch Person: „Individual legal personality appears to us as continuous and self-identical; it emerges at the same time as the individual and is immediately constituted; it remains unchanged throughout its existence and unfailingly subtends unchanging legal situations; it is watchful when Man sleeps, and remains sane when Man loses his reason" (*Supiot*, Homo Juridicus, S. 15).

[10] Rechtsvergleichender Überblick bei *von Bar*, Non-Contractual Liability Arising out of Damage Caused to Another (PEL Liab.Dam.), S. 269–273. Art. 15d der Rom II Verordnung qualifiziert „die Maßnahmen, die ein Gericht innerhalb der Grenzen seiner verfahrensrechtlichen Befugnisse zur Vorbeugung, zur Beendigung oder zum Ersatz des Schadens anordnen kann", als ein Stück Deliktsrecht.

[11] Z.B. § 12 dt. BGB (Name); Art. 9 (Privatleben) und Artt. 16-10 ff. franz. CC (Respekt vor dem menschlichen Körper und seinen genetischen Daten); Art. 57 gr. ZGB (Persönlichkeitsrecht); Art. 1.114 (1) lit. ZGB; Art. 7 ital. CC; Art. 23 poln. ZGB (wonach der Name wie alle anderen persönlichen Rechtsgüter des Menschen unter dem Schutz des Zivilrechts steht); Artt. 70 und 80 port. CC (allgemeiner Persönlichkeitsschutz; Privatleben); Art. 23 poln. ZGB („Die persönlichen Rechtsgüter des Menschen,

I. Gegenstände **§ 1**

nichts daran, dass Verletzungen, einerlei, ob sie sich schon zugetragen haben oder noch drohend bevorstehen, einem anderen Regime unterliegen als dem des Rechts der natürlichen Person.[12] Denn es ist bzw. wäre nichts Befremdliches daran, das Recht der Haftung für die (ggf. drohende) Verletzung von Personen mit dem Recht der Schädigung von Sachen und der Verletzung von Eigentum auf prinzipiell derselben Ebene abzuhandeln.[13] Aber das Letztere kommt nicht in Betracht, wenn es um Übertragungshandlungen geht. Verfügungen über das leiblich-seelische Substrat der Person müssen untersagt, ja unmöglich sein. Denn könnte sich ein Mensch selbst oder im Zusammenwirken mit anderen vergegenständlichen, dann würde er seiner Rolle als Person und damit seiner Befugnis zur Teilhabe am Rechtsleben beraubt.[14] Systematisch völlig stimmig haben deshalb das italienische, das rumänische und das tschechische Zivilgesetzbuch die Grundregel, dass Verfügungen über den eigenen Körper verboten sind, in das Recht der natürlichen Personen eingestellt.[15]

---

insbesondere Gesundheit, Freiheit, Ehre, Gewissensfreiheit, Name oder Pseudonym, eigenes Bild, Briefgeheimnis, Unverletzlichkeit der Wohnung, wissenschaftliche, künstlerische, erfinderische und rationalisierungsbezogene Tätigkeiten stehen, unabhängig von dem in anderen Vorschriften vorgesehenen Schutz, unter dem Schutz des Zivilrechts") und Art. 24(1) und (2) poln. ZGB (vorbeugender Rechtsschutz bei Gefährdung eines höchstpersönlichen Rechts; „Schadensersatz nach den allgemeinen Grundsätzen", also insbesondere nach Art. 415 poln. ZGB); § 11 slowak. ZGB; §§ 77(1) und 78 (Name) sowie §§ 86–90 tschech. BGB (Privatsphäre) (§ 2956 tschech. BGB ist dagegen dem Deliktsrecht zugeordnet: „Entsteht dem Schädiger die Pflicht, dem Menschen einen Schaden an seinem natürlichen Recht, das durch die Bestimmungen des ersten Teils dieses Gesetzes geschützt ist, wiedergutzumachen, so ersetzt er sowohl den Schaden als auch den immateriellen Schaden, den er damit verursacht hat; als einen immateriellen Schaden macht er auch das verursachte geistige Leiden wieder gut") und §§ 2:42-2:54 ungar. ZGB (der dritte Teil [„Persönlichkeitsrechte"] des zweiten Buches [über die Person] handelt sowohl von unkörperlichen als auch von körperlichen Persönlichkeitsrechten).

[12] Das entspricht der Sichtweise der Europäischen Kommission, die in der Begründung ihres Vorschlages für die Rom II Verordnung formulierte: „Le règlement suit l'approche aujourd'hui largement confirmée par le droit des Etats membres que les atteintes à la vie privée et aux droits de la personnalité, notamment en cas de diffamation via les médias de masse, relèvent de la catégorie des obligations non contractuelles et non pas de celle du statut personnel – sauf pour le droit des noms" (KOM (2003) 427 endg. vom 22.7.2003, S. 18). Es entspricht allerdings nicht der Sichtweise der neueren mittelosteuropäischen Kodifikationen (unten Rdnr. 36) und auch nicht notwendig der Sichtweise des französischen Rechts (unten Rdnr. 31).

[13] So geschieht es denn auch z.B. in Deutschland (und, soweit es um den Schadensersatz geht, ausdrücklich auch unter Art. 24 § 2 poln. ZGB [Fn. 11; dazu Gniewek (-*Machnikowski*), Kodeks cywilny⁹, Art. 24 Rdnr. 10]). Nicht nur folgen Verletzungen von „Leben, Körper, Gesundheit und Freiheit" demselben haftungsrechtlichen Regime wie Verletzungen des „Eigentums oder eines sonstigen Rechts" (§ 823(1) dt. BGB). Vielmehr wird in Ermangelung anderer ausformulierter Vorschriften (darunter § 12 dt. BGB) zur Begründung eines vorbeugenden Unterlassungsanspruchs in ständiger Rechtsprechung einfach auf eine Analogie zu § 1004 dt. BGB (der deutschen Variante der actio negatoria: *von Bar*, Gemeineuropäisches Sachenrecht II, Rdnr. 470) zurückgegriffen (grundlegend schon RG 5.1.1905, RGZ 60 S. 6, 7 [Unterlassungsanspruch aus §§ 12, 862, 1004 analog] und RG 5.6.1935, RGZ 148 S. 114, 123 [Beseitigungsanspruch aus § 1004 analog]; auch die jüngere Rechtsprechung folgt dieser Linie, also einer Analogie zum vorbeugenden Schutz des Eigentumsrechts aus § 1004 dt. BGB: BGH 4.12.2018, NJW 2019 S. 1142 Rdnr. 5; BGH 10.7.2018, NJW 2018 S. 3506 Rdnr. 13; BGH 10.4.2018, NJW 2018 S. 2877, 2878, Rdnr. 7; BGH 27.2.2018, NJW 2018 S. 2324, 2326, Rdnr. 26).

[14] Dass die Grundunterscheidung zwischen Rechtssubjekt und Rechtsobjekt und damit die Regel, dass ein Mensch weder Eigentümer noch Besitzer seines Körpers ist, auch außerhalb des Privatrechts nicht verschliffen werden sollte, zeigt sehr hübsch *R v Bentham* [2005] UKHL 18; [2005] 1 WLR 1057 (Der Angeklagte hatte seine Hand unter der Jacke zu einer Pistole geformt und drohend auf sie hingewiesen. Das Gericht verneinte, dass er im Rahmen seines Raubüberfalles im „Besitz" einer nachgeahmten Schusswaffe gewesen sei).

[15] Art. 5 ital. CC („Verfügungen über den eigenen Körper sind verboten, wenn sie eine bleibende Minderung der körperlichen Unversehrtheit verursachen oder wenn sie sonstwie gegen das Gesetz, die Grundwertungen der Rechtsordnung oder die guten Sitten verstoßen"); Art. 66 rumän. CC (vermögensrechtliche Geschäfte über den menschlichen Körper, seine Elemente oder seine Produkte sind absolut nichtig, sofern nicht das Gesetz ausdrücklich etwas anderes anordnet); § 19 tschech. BGB: „(1) Jeder Mensch hat angeborene, schon durch die Vernunft einleuchtende Rechte, und wird deshalb als eine Person angesehen. Das Gesetz legt nur die Grenzen für die Geltendmachung der natürlichen Rechte eines Menschen und die Weise deren Schutzes fest. (2) Mit der Persönlichkeit des Menschen verbundene natürliche Rechte können

6 Der Mensch „hat" (iii) ein **Geschlecht**. Betrachtet man ihn (relativ zu anderen Menschen) als Person, wird ihm dagegen für einzelne Zwecke ein Geschlecht zugeschrieben. Welche Zwecke das sind bzw. sein dürfen, wie viele Geschlechter die Rechtsordnung „erlaubt", wer aus welchem Geschlecht in welches andere Geschlecht wechseln darf und welche Folgen sich damit verknüpfen, sind folglich gleichfalls Fragen an das Recht der natürlichen Person. Mit dem geschlechtlichen Status eines Menschen nicht zu verwechseln ist seine sexuelle Orientierung. Soweit das Privatrecht auch mit ihr Folgen verbindet, bleibt man gleichfalls im Recht der natürlichen Person. Es handelt von Merkmalen, die die Person unabhängig davon betreffen, in welcher spezifischen Lebenssituation sie sich gerade befindet. Dürfen z. B. Personen desselben Geschlechts einander nicht heiraten, kann das bedeuten, dass ihnen im praktischen Ergebnis ein ganzes Rechtsgebiet, eben das Eherecht, verschlossen bleibt. Zwar hat es der Europäische Gerichtshof für Menschenrechte bislang akzeptiert, dass eine Rechtsordnung gleichgeschlechtlichen Paaren unter der Voraussetzung, dass es ihr weitgehend angenähert wurde, nur ein Funktionssubstitut zur Ehe zur Verfügung stellt.[16] Dennoch erscheint es zweifelhaft, dass sich diese Ungleichbehandlung unter verfassungs- und menschenrechtlichen Gesichtspunkten dauerhaft wird aufrechterhalten lassen.[17] Gleichzeitig ergibt sich die Frage, ob eine als Alternativmodell zur Ehe eingeführte formalisierte Lebenspartnerschaft nicht auch heterosexuellen Männern und Frauen zur Verfügung stehen muss, so dass das jeweilige Regime nicht mehr nach Geschlecht und sexueller Orientierung differenziert.[18]

---

weder veräußert werden noch kann man auf sie verzichten; wenn dies geschieht, wird dies nicht berücksichtigt. Beschränkungen dieser Rechte in einem dem Gesetz, den guten Sitten oder der öffentlichen Ordnung widersprechenden Maße werden auch nicht berücksichtigt". Im Ergebnis auf dasselbe hinaus läuft Art. 44 des poln. Gesetzes vom 1.7.2005 über die Entnahme, die Aufbewahrung und die Transplantation von Zellen, Geweben und Organen (Dz.U.2020.2134), wonach der Kauf, die Veräußerung und die Vermittlung des Kaufs oder der Veräußerung von Zellen, Geweben oder Organen gegen Entgelt strafbar sind.

[16] EGMR 26.10.2017, 28475/12, *Ratzenböck und Seydl vs. Österreich*, FamRZ 2017 S. 2030 (Wenn eine Rechtsordnung die Ehe für verschiedengeschlechtliche Paare und die eingetragene Partnerschaft für gleichgeschlechtliche Paare unter ein nahezu identisches Rechtsregime stellt, so liege in der Beschränkung der eingetragenen Partnerschaft auf gleichgeschlechtliche Paare schon deshalb kein Verstoß gegen die EMRK, weil sich verschiedengeschlechtliche Paare in keiner vergleichbaren Lage befänden. Denn ihnen stünde die Ehe offen). Siehe ferner EGMR 21.7.2015, 18766/11, *Oliari vs. Italien*, FamRZ 2015 S. 1785 (Verletzung von Art. 14 i. V. m. Art. 8 EMRK bejaht, weil gleichgeschlechtlichen Paaren in Italien keinerlei Möglichkeit offen stand, ihrer Beziehung einen umfassenden rechtlichen Rahmen zu geben und staatliche Anerkennung zu erlangen).

[17] Österr. VfGH 4.12.2017, G 258–259/2017-9, VfSlg. 20225; RIS-Datenbank hat das schon für das geltende Recht verneint. Die (ehemals) komplementären Zugangsbeschränkungen zur Ehe (die nach § 44 österr. ABGB a. F. nur Personen „verschiedenen Geschlechts" zur Verfügung stand) und zur Lebenspartnerschaft (die nach § 2 österr. EPG a. F. zwei Personen gleichen Geschlechts voraussetzte) seien verfassungswidrig und daher aufzuheben. Die gesetzliche Trennung verschiedengeschlechtlicher und gleichgeschlechtlicher Beziehungen in zwei unterschiedliche Rechtsinstitute verstoße gegen den Gleichheitsgrundsatz. Menschen dürften nicht auf Grund personaler Merkmale (wie der sexuellen Orientierung) diskriminiert werden. Dass Ehe und Lebenspartnerschaft im Übrigen in den Voraussetzungen und Rechtsfolgen völlig gleich ausgestaltet seien, spiele keine Rolle. Allein schon die Zugangsbeschränkung bringe zum Ausdruck, dass Personen mit gleichgeschlechtlicher sexueller Orientierung den Personen mit verschiedengeschlechtlicher Orientierung eben gerade nicht gleichgestellt seien. Bereits die unterschiedliche Bezeichnung des Status ('verheiratet' versus 'verpartnert') führe dazu, dass Personen in einer gleichgeschlechtlichen Partnerschaft auch in Zusammenhängen, in denen die sexuelle Orientierung keinerlei Rolle spiele, diese offenlegen müssten und deshalb Gefahr liefen, diskriminiert zu werden. Entschieden anders sieht man das unter dem Eindruck von Art. 18 der dortigen Verfassung (Ehe nur zwischen Mann und Frau) aber in Polen. Die Einrichtung einer formalisierten Lebenspartnerschaft mit gleichem oder dem der Ehe angenäherten Rang soll wegen des Abstandsgebots verfassungsrechtlich unmöglich sein (Safjan und Bosek [-*Bosek*], Konstytucja RP, Art. 18 Rdnr. 121; *Banaszak*, Konstytucja RP², Art. 18 Rdnr. 1; *Garlicki und Zubik*, Konstytucja RP², Art. 18 Rdnr. 7).

[18] Richtig *R (on the application of Steinfeld and Keidan) v Secretary of State for International Development (in substitution for the Home Secretary and the Education Secretary)* [2018] UKSC 32. Nach Einführung des Marriage (Same Sex Couples) Act 2013 (MSSCA) in England und Wales war die ursprünglich für Personen gleichen Geschlechts eingeführte, inhaltlich weitgehend an die *marriage* angeglichene *civil part-*

I. Gegenstände **§ 1**

Um Recht der natürlichen Person geht es (iv) im **Namensrecht.** Zwar könnte man einwenden, bei der Zuschreibung eines Namens handele es sich letztlich nur um eine Technizität. Denn es werden endlos viele Verträge zwischen Personen geschlossen, die ihre gegenseitigen Namen gar nicht kennen; auch muss ein Vertreter, der „im Namen" eines anderen handelt, dessen Namen nicht *nennen*.[19] Aber die Zuschreibung eines Namens ist etwas anderes. Hätte jemand überhaupt keinen Namen, wäre es ihm nicht nur unmöglich, den Formerfordernissen für bestimmte Verträge zu genügen und ohne fremde Hilfe seine Rechte vor Gericht zu verfolgen. Ihm blieben auch ganze Rechtsgebiete verschlossen. Man denke beispielsweise an das Immobiliarsachenrecht. Denn er könnte sich nicht in ein Liegenschaftsregister eintragen lassen und bliebe so (je nach anwendbarem Recht *de facto* oder *de jure*) ohne Zutritt zu Grundeigentum. Registergebundene Rechte sind beim jetzigen Stand der Rechtsentwicklung immer noch notwendig namensgebundene Rechte. „Jede Person hat" folglich „ein Recht auf den Namen, der ihr nach dem Gesetz zuerkannt ist" (Art. 6 ital. CC; Art. 82 rumän. CC). Schließlich und (v) gehören auch alle anderen Regeln zum Recht der natürlichen Person, von denen deren autonome Teilhabe an privatrechtlich organisierter Lebensgestaltung abhängt. Es geht um das, was man **Geschäftsfähigkeit** oder *capacity* nennt. An ihr kann es z. B. fehlen, weil die jeweilige Person das von der Rechtsordnung festgesetzte Lebensalter noch nicht erreicht hat oder weil ein Gericht meint, dass die konkrete geistig-seelische Befähigung des Betreffenden nicht den Anforderungen genügt, die die Rechtsordnung zur Voraussetzung für die Beteiligung an dem betreffenden Geschäft erhoben hat. Im Privatrecht der natürlichen Person dreht sich mithin alles um denselben Punkt: den **Zugang** des einzelnen Menschen **zu den Gestaltungsformen des Privatrechts.** Welchen Voraussetzungen unterliegt diese Teilhabe, wo liegen ihre Grenzen?

7

---

nership (Civil Partnership Act 2004) im Zeitpunkt der Entscheidung weder aufgehoben noch auf verschiedengeschlechtliche Paare erstreckt worden. Folglich standen gleichgeschlechtlichen Paaren zwei äquivalente Rechtsinstitute zur Regelung ihrer Rechtsbeziehungen zur Verfügung, wohingegen verschiedengeschlechtliche Paare nur die Möglichkeit hatten zu heiraten. Diese (an die sexuelle Orientierung und nicht (auch) an das Geschlecht) anknüpfende Ungleichbehandlung war, wie der Supreme Court einstimmig erkannte, unter keinem denkbaren Gesichtspunkt mit Art. 14 i. V. m. Art. 8 EMRK vereinbar. Das von der Regierung vorgebrachte Argument, dieser gleichheitswidrige Zustand sei temporär, um die Optionen zur Herstellung eines EMRK-konformen Rechtszustands prüfen zu können und daher von den Parteien zu dulden, wurde von Lord *Kerr* (unter Rdnr. [42]) wie folgt zurückgewiesen: „The redressing by the legislature of an imbalance which it has come to recognise is one thing; the creation of inequality quite another. To be allowed time to reflect on what should be done when one is considering how to deal with an evolving societal attitude is reasonable and understandable. But to create a situation of inequality and then ask for the indulgence of time – in this case several years – as to how that inequality is to be cured is, to say the least, less obviously deserving of a margin of discretion. […] The respondent does not seek to justify the difference in treatment between same sex and different sex couples. To the contrary, it accepts that that difference cannot be justified. What it seeks is tolerance of the discrimination while it sorts out how to deal with it. That cannot be characterised as a legitimate aim". Das Urteil stellte den Gesetzgeber vor die Alternative, entweder die in secs. 1, 3(1)(a) CPA 2004 normierte Zugangsbeschränkung zu beseitigen oder ein singuläres Regime „für alle" zur Verfügung zu stellen. Er hat sich mit dem Civil Partnerships, Marriages and Deaths (Registration etc) Act 2019 für die erste Alternative entschieden. Denselben Weg ist im Anschluss an österr. VfGH 4.12.2017 a. a. O. (Fn. 17) der österreichische Gesetzgeber gegangen; verschieden- und gleichgeschlechtliche Paare können zwischen Ehe und Lebenspartnerschaft wählen. Ebenso verhält es sich in Portugal. Die als Alternativmodell zur Ehe konzipierte Lebenspartnerschaft *(união de facto)* steht „zwei Personen, unabhängig vom Geschlecht" und damit auch verschiedengeschlechtlichen Partnern offen (Art. 1 des Gesetzes 7/2001 vom 11.5.2001). Die Öffnung der Ehe für gleichgeschlechtliche Partner durch das Gesetz 9/2010 vom 31.5.2010 hat daran nichts geändert.

[19] Z. B. für Deutschland BGH 16.4.1957, LM § 164 BGB Nr. 10 und für Polen Radwański (-*Pazdan*), System Prawa Prywatnego II³, S. 633 Rdnr. 117 (mit dem Beispiel des Kartenverkaufs an einer Kinokasse). Ein besonderes Phänomen kann allerdings im Erbrecht auftauchen. Unter Art. 773 Satz 2 span. CC ist „niemand Erbe", wenn „zwischen Personen mit denselben Vor- und Nachnamen Gleichheit der Umstände (besteht) und sie so beschaffen sind, dass sie es nicht zulassen, den Eingesetzten zu unterscheiden".

3. Abgrenzungen

a. Wohnsitz und Staatsangehörigkeit; Schutz der Persönlichkeitsrechte; Verbrauchereigenschaft

8 Kodifikationen, die einen eigenen Abschnitt über das Recht der natürlichen Person ausformuliert haben, stellen zu ihm zwar nicht selten auch noch weitere Materien, darunter das Recht des **Wohnsitzes.**[20] Das kommt aber über einen phänotypischen Gliederungsansatz nicht hinaus. Denn zwar haben nur natürliche Personen einen (manche auch mehrere) Wohnsitz(e), aber Personen ohne Wohnsitz haben keinen geringeren Zutritt zu den Gestaltungsformen des Privatrechts als Personen mit Wohnsitz.[21] Wohnsitzrecht schützt vorwiegend die Interessen anderer, nicht die Interessen der Person, um deren Wohnsitz es geht.[22] Denn anders als das *domicile* des englischen Rechts verweist der Wohnsitz kontinentaleuropäischen Rechts nur auf eine (politische) Gemeinde, nicht auf eine ganze Rechtsordnung *(jurisdiction)*. Zudem setzt die Begründung eines Wohnsitzes neben der Niederlassung den rechtsgeschäftlichen Willen voraus, einen bestimmten Ort zum Mittelpunkt des eigenen Lebens zu machen, so dass Personen ohne unbeschränkte Geschäftsfähigkeit zur Begründung eines Wohnsitzes entweder der Zustimmung ihres gesetzlichen Vertreters bedürfen oder *ex lege* den Wohnsitz ihrer Eltern teilen.[23] Man benötigt Geschäftsfähigkeit, um einen Wohnsitz zu begründen, aber keinen Wohnsitz, um Geschäftsfähigkeit zu erlangen. Ein Gesetzgeber, der an vielen späteren Stellen auf den Wohnsitz als Tatbestandsmerkmal einer größeren Zahl von (in sich durchaus heterogenen) Regelungen zurückgreifen will[24], wird den Begriff zur Vermeidung von Wiederholungen, d. h. aus rein

---

[20] §§ 7–9 und 11 dt. BGB; § 14 estn. AT ZGB; Artt. 51–56 gr. ZGB; § 7 lett. ZGB; Artt. 2.16 und 2.17 lit. ZGB (die letztere Vorschrift bringt spezielle Regeln über den Wohnsitz in Litauen); Artt. 25–28 poln. ZGB (mit der Besonderheit, dass eine Person nur *einen* Wohnsitz haben kann: Art. 28 a. a. O.); Art. 87 rumän. CC; Art. 40 Satz 1 span. CC („Zur Ausübung der Rechte und zur Erfüllung der bürgerlichrechtlichen Verbindlichkeiten ist der Wohnsitz der natürlichen Personen der Ort ihres gewöhnlichen Aufenthalts und gegebenenfalls der von der Zivilprozessordnung bestimmte Ort"); Artt. 82–88 port. CC; § 80 tschech. BGB. Der ital. CC bringt Domizil und Wohnsitz korrekterweise nicht in dem 1. Titel („Natürliche Personen") seines 1. Buches („Personen- und Familienrecht"), sondern, davon deutlich abgesetzt, erst im 3. Titel (der dessen erster Titel handelt von den juristischen Personen).

[21] Der Wohnsitz unterliegt demgemäß auch nicht dem Schutz der Persönlichkeit des Menschen (Lavický [-Tůma], Občanský zákoník I, S. 385), mögen Angaben über den Wohnsitz auch zu den personenbezogenen Daten gehören (Art. 4(1) DSGVO).

[22] *Carbonnier,* Les personnes, S. 457 Rdnr. 244 meinte, dass „le domicile a pour fonction de rattacher la personne au ressort géographique d'une autorité (notamment d'une autorité judiciaire)". Stärker materiellrechtlich argumentieren allerdings *Malaurie und Aynès,* Les personnes, S. 61 („Le nom les désigne [die Personen], le domicile les situe. [...] Il est à la fois la patrie, le village et la maison auxquels l'individu est attaché et rattaché; il répond surtout à des fins de police civile, pour permettre de trouver la personne qui y est toujours censée présente. Il n'est pas que cela; il a la même ambiguïté que le nom, car il présente un aspect familial et constitue aussi un élément de la personnalité; il est le lieu (ou les lieux) où une personne mène sa vie, familiale et professionnelle, c'est-à-dire le milieu dans lequel elle vit"). Das ändert freilich nichts daran, dass dem Wohnsitz privatrechtlich eine deutlich geringere Rolle zukommt als dem Namen.

[23] Art. 90(2) bulg. Gesetz über die Zivilregistrierung (Wohnsitz der Eltern; haben sie unterschiedliche Wohnsitze, erhält das Kind den Wohnsitz der Mutter); §§ 8 und 11 dt. BGB; § 15 estn. AT ZGB; Art. 108-2 franz. CC; Art. 45 ital. CC; Art. 2.14 lit. ZGB; Art. 26 poln. ZGB (Wohnsitz der Eltern, bei verschiedenen Wohnsitzen dort, wo das Kind sich ständig aufhält; hilfsweise an dem Ort, den das Vormundschaftsgericht als Wohnsitz bestimmt); § 6(3), §§ 7a und 11 schwed. Folkbokföringslag (Meldewesengesetz) vom 30.5.1991 (1991:481); § 80 tschech. BGB; § 4:152(2) ungar. ZGB. In Spanien fehlt zwar eine ausdrückliche Regelung, doch ist jedenfalls der Wohnsitz des Geschäftsunfähigen *(incapacitado)* für die Zwecke der Vormundschaft der des Vormunds (Art. 43 span. LJV; dazu *Díez-Picazo und Gullón,* Sistema de Derecho Civil I[12], S. 268). Portugal hat mit Gesetz 49/2018 vom 14.8.2018 (Regime jurídico do maior acompanhado) das Recht der begleiteten Volljährigen erneuert. Art. 85(4) port. CC verweist für sie auf die Artt. 82–84 port. CC. Besteht Vermögensverwaltung, teilt der begleitete Volljährige den Wohnsitz des Verwalters (Art. 85(5) port. CC). Unter Art. 87 rumän. CC befindet sich der Wohnsitz einer Person an dem Ort, von dem sie erklärt, dass sie dort ihre Hauptwohnung hat.

[24] Die Bandbreite der kontinentaleuropäischen Regeln, die für ihre Zwecke mit dem Konzept des Wohnsitzes operieren, ist denkbar weit. Der Bogen reicht vom Verschollenheitsrecht (Art. 10 lett. ZGB; § 13a schwed. Folkbokföringslag; § 66 tschech. BGB [Aufgabe des Wohnsitzes, keine Nachricht, unbekannter Aufenthaltsort]) über das Familien- und das Erbrecht (z. B. § 7a schwed. Folkbokföringslag; § 858 tschech.

darstellungstechnischen Gründen frühzeitig ein für alle Mal definieren. Eine gewisse Nähe zum Recht der natürlichen Person entwickelt das Wohnsitzrecht nur, wo die Wohnsitzaufgabe zu einem der Anknüpfungspunkte des Verschollenheitsrechts wird. Das *domicile* des englischen Rechts ist ohnehin etwas grundsätzlich Anderes. Es handelt sich in erster Linie um ein internationalprivatrechtliches Anknüpfungsmerkmal, nicht um ein Konzept des sachlichen Privatrechts. Das gilt in entsprechender Weise auch für die insoweit funktionsäquivalente **Staatsangehörigkeit,** die u. a. in Frankreich und in Spanien Gegenstand der dortigen Zivilgesetzbücher ist.[25] Das Recht der Staatsangehörigkeit ist öffentliches Recht; die Rechtsfähigkeit steht in keinem denkbaren Abhängigkeitsverhältnis zu ihr.[26] Nicht mehr zum Privatrecht der natürlichen Person gehören nach unserem Verständnis auch das Recht des Schutzes unkörperlicher Persönlichkeitsrechte und die inhaltliche Fixierung der Begriffe „Verbraucher" und „Unternehmer". Das Recht des **Schutzes** des Namens, des Pseudonyms, des Bildnisses, des Privatlebens und anderer vergleichbarer besonderer **Persönlichkeitsrechte** sowie, soweit in der jeweiligen Rechtsordnung ausgebildet, das Recht zum Schutz des sog. „allgemeinen Persönlichkeitsrechts" unterscheiden sich strukturell in nichts von dem Schutz gegenüber drohenden Verletzungen des Eigentumsrechts und sonstiger Vermögensrechte. Und ob jemand als **Verbraucher oder Unternehmer** (als Arbeitgeber oder Arbeitnehmer etc.) am Markt auftritt, hat nichts mit seinem Recht auf Teilhabe an der Privatrechtsordnung zu tun. Verbraucher und Unternehmen im Kontext des Rechts der natürlichen Person zu definieren, ist Ausdruck einer Verlegenheit; die entsprechenden Beschreibungen sollten auf Wunsch des Parlaments ihren Platz im Allgemeinen Teil der deutschen Kodifikation finden.[27]

BGB [Eltern bestimmen den Wohnsitz des Kindes]; §§ 1944(3) dt. BGB und 1487 tschech. BGB [Verlängerung der erbrechtlichen Ausschlagungsfrist bei Wohnsitz im Ausland]) bis in das Verbraucherschutzrecht (§ 483 dt. BGB und § 382(1) Nr. 2 estn. LOA [Teilzeit-Wohnrechtevertrag ist der Regel nach in der Sprache des Wohnsitzes des Verbrauchers abzufassen]; § 493(4) dt. BGB [Immobiliar-Verbraucherdarlehen, desgl.]; § 1854(3) tschech. BGB [Mitteilungen an den Verbraucher in der Sprache seines Wohnsitzes]; § 8 schwed. Konsumentkreditlag (Verbraucherkreditgesetz) vom 9.12.2010 (2010:1846); § 1856 tschech. BGB [Angabe von Name und Wohnsitz des Verbrauchers im Vertrag]), das allgemeine Schuldrecht (§§ 269(1) und 270(4) dt. BGB [Leistungsort für Schulden aller Art am Wohnsitz des Schuldners]; § 85(2) Nr. 1 estn. LOA [Erfüllungsort von Geldschulden an der Betriebsstätte bzw. dem Wohnsitz des Gläubigers]; Art. 454 poln. ZGB (Erfüllungsort am Schuldnerwohnsitz; Erfüllungsort von Geldschulden am Gläubigerwohnsitz); § 3 schwed. Lag om skuldebrev (Gesetz über Schuldscheine) vom 27.3.1936 (1936:81) [Leistungsort für Schulden aller Art am Wohnsitz des Gläubigers]; Art. 6.52(3) und (4) lit. ZGB; §§ 1955 und 1956 tschech. BGB sowie §§ 6:37(1)(3) und 6:44(1)(3) ungar. ZGB [Erfüllungsort von Geldschulden am Wohnsitz des Gläubigers, Erfüllungsort anderer Schulden am Wohnsitz des Schuldners]) und das Handelsrecht (§§ 2417 und 2572 tschech. BGB [Lagerschein und Ladeschein müssen Namen und Wohnsitz der Parteien angeben]). Unter § 6:69(2) Satz 2 ungar. ZGB ist der Ort des Zustandekommens eines Vertrages unter Abwesenden der Wohnsitz des Angebotstellers.

[25] Sie ist in ihnen jeweils in den Abschnitten über das Personenrecht geregelt: Artt. 17–33-2 franz. CC und Artt. 17–28 span. CC. Dem *domicile* des englischen Rechts entspricht für die Zwecke der innerspanischen Rechtsanwendung die *vecindad civil* (Art. 14 Satz 1 span. CC). Die Unterwerfung unter das gemeine bürgerliche Recht oder unter ein Sonder- oder Foralrecht bestimmt sich nach der bürgerlichrechtlichen Gebietszugehörigkeit. Sie wird durch Geburt, Adoption (Art. 14 Satz 2 span. CC) oder durch fortdauernden Aufenthalt *(residencia)* erworben (Art. 14 Satz 5 span. CC). Es wird widerleglich vermutet, dass die bürgerlichrechtliche Gebietszugehörigkeit *(vecindad civil)* dem Wohnort *(domicilio)* entspricht (Ministerio de Justicia [-*Bercovitz Rodríguez-Cano*], Comentario del Código Civil I², S. 160, Anm. VI.1 zu Art. 14).

[26] Richtig Staudinger (-*Kannowski*), BGB (2018), Vorbem. 2 zu § 1. Safjan (-*Pazdan*), System Prawa Prywatnego I², S. 1061 Rdnr. 22 bemerkt, dass es sich bei den Regeln, die den Grunderwerb für Ausländer erschweren oder untersagen, nicht um Beschränkungen der Rechtsfähigkeit einer bestimmten Personengruppe, sondern um ein Mittel zur öffentlichrechtlichen Kontrolle über den Rechtsverkehr mit Immobilien handele. Siehe auch poln. Oberstes Verwaltungsgericht 30.10.2018, II OSK 1868/16, Legalis-Nr. 1860297 (Erwerb der Staatsangehörigkeit unterliegt ausschließlich dem Regime des öffentlichen Rechts).

[27] Die §§ 13 und 14 dt. BGB wurden mit dem Gesetz vom 27.6.2000 über Fernabsatzverträge und andere Fragen des Verbraucherrechts sowie zur Umstellung von Vorschriften auf Euro (BGBl. 2000 I S. 897) eingeführt. Der Regierungsentwurf hatte noch vorgeschlagen, die Definitionen von Verbraucher und Unternehmer im Schuldrecht unterzubringen (BT-Drs. 14/2658 S. 6). Der Rechtsausschuss des Deutschen Bundestages bestand jedoch „nach Sachverständigenanhörung" darauf, derart zentrale Begriffe im

b. Personenbezogene Daten im System des Privatrechts

9   Anders als das Recht der Würde und des Körpers, der Rechts- und Geschäftsfähigkeit, der Zugehörigkeit zu einem Geschlecht und der Innehabung eines Namens knüpft das Recht der Daten nicht ausschließlich an die natürliche Person an, und zwar auch dann nicht, wenn es sich um personenbezogene Daten handelt. Es verwirklicht sich stets nur im Kontext spezifisch geregelter Rechtsbeziehungen. Die Rechtsordnung schreibt einer Person auf sie bezogene Daten nicht ihres Personseins wegen zu, vielmehr handelt es sich bei Daten der Regel nach[28] um Gegenstände des Rechtsverkehrs.[29] Als solche sind sie der privatautonomen Verfügung gerade nicht entzogen. Daten sind übertragbar; das liegt in ihrer Natur. Selbst ein Brief ist zugleich ein Datum und ein Datensatz. Man kann in die Überlassung und Weitergabe von Daten einwilligen, ihre Weitergabe auch selbst veranlassen. Für personenbezogene Daten gilt nichts anderes. Auch sie bestehen, einmal erhoben und verarbeitet, unabhängig von der Person, über die sie informieren, und sie bestehen auch unabhängig von ihrer Existenz fort. Eben deshalb bildet das Recht der personenbezogenen Daten keine Teilmaterie des Rechts der natürlichen Person. Datenrecht ist eine Querschnittsmaterie. Sofern es sich bei ihm nicht ohnehin um öffentliches Recht handelt (ein Beispiel unter vielen liefert die Speicherung von Fingerabdrücken oder DNA-Proben durch die Strafverfolgungsbehörden[30]), geht es um Sachen-, Familien- und Erbrecht, um das Recht gegen den Missbrauch von Marktmacht und Allgemeinen Geschäftsbedingungen, und insbesondere um das Recht der unerlaubten Handlungen unter Einschluss des vorbeugenden Rechtsschutzes.

10   „Personenbezogene Daten" sind unter Art. 4(1) der **Datenschutz-Grundverordnung** der EU (DSGVO)[31] „alle Informationen, die sich auf eine identifizierte oder identifizierbare natürliche Person ... beziehen; als identifizierbar wird eine natürliche Person angesehen, die direkt oder indirekt, insbesondere mittels Zuordnung zu einer Kennung wie einem Namen, zu einer Kennnummer, zu Standortdaten, zu einer Online-Kennung oder zu einem oder mehreren besonderen Merkmalen, die Ausdruck der physischen, physiologischen, genetischen, psychischen, wirtschaftlichen, kulturellen oder sozialen Identität dieser

---

Allgemeinen Teil des BGB – und hier im Recht der natürlichen Person – zu definieren (BT-Drs. 14/3195, S. 32). Teilweise ähnlich setzt auch das poln. ZGB an. Unter Art. 22¹ poln. ZGB gilt jede natürliche Person als Verbraucher, die ein Rechtsgeschäft mit einem Unternehmer vornimmt, das weder mit ihrer wirtschaftlichen noch mit ihrer beruflichen Tätigkeit unmittelbar verbunden ist. Der Begriff des Unternehmers wird aber erst in Art. 43¹ poln. ZGB definiert. Danach sind Unternehmer natürliche und juristische Personen sowie organisatorische Einheiten nach Art. 33¹ § 1, die in eigenem Namen eine Wirtschafts- oder Berufstätigkeit ausüben. Unter Art. 55¹ S. 1 poln. ZGB ist ein Unternehmen eine organisierte Einheit materieller und immaterieller Bestandteile, die zur Führung der Wirtschaftstätigkeit bestimmt ist.

[28] Eine Ausnahme bilden, wenn man sie selbst noch zu den Daten zählen will, die namensergänzenden Personennummern, deren Zweck ja gerade darin besteht, jedem Menschen eine ihm vorbehaltene Kennung zu geben, die er sowohl in seinen Beziehungen zu den Behörden als auch im Privatrechtsverkehr verwenden kann (Nachweise unten in Fn. 97). Ob sie ähnlich wie ein Name auch privatrechtlichen Ausschließlichkeitsschutz genießen, ist offen; im Übrigen aber sind sie ähnlich wie ein Name unübertragbar.

[29] Das bestätigt sich auch in den neuen Regeln des portugiesischen Rechts zum sog. digitalen Testament. Unter Art. 18 des port. Gesetzes 27/2021 vom 17.5.2021 (der portugiesischen Menschenrechtscharta in der Digitalen Ära) können „alle Menschen ... im Voraus ihren Willen hinsichtlich der Verfügung über ihre Inhalte und persönlichen Daten, nämlich die in ihren persönlichen Profilen und Konten auf digitalen Plattformen, unter den vertraglichen Bedingungen der Leistungserbringung und der anwendbaren Gesetzgebung, auch hinsichtlich der Testierfähigkeit *(capacidade testamentária),* äußern. Eine posthume Löschung von persönlichen Profilen in sozialen Netzwerken o.ä. durch Erben darf nicht erfolgen, wenn der Rechtsinhaber bei den Verantwortlichen des Dienstes einen gegenteiligen Hinweis hinterlassen hat".

[30] Dazu EGMR 4.12.2008, 30562/04 und 30566/04, *S. and Marper vs. United Kingdom,* [2008] ECHR 1581.

[31] Verordnung (EU) 2016/679 des Europäischen Parlaments und des Rates zum Schutz natürlicher Personen bei der Verarbeitung personenbezogener Daten, zum freien Datenverkehr und zur Aufhebung der Richtlinie 95/46/EG vom 27.4.2016 (ABl. Nr. L 119/1 vom 4.5.2016 mit späteren Berichtigungen).

natürlichen Person sind, identifiziert werden kann". Unter den in Art. 20 a. a. O. genannten Voraussetzungen hat die von einer Datenverarbeitung betroffene Person ausdrücklich „das Recht, die sie betreffenden personenbezogenen Daten, die sie einem Verantwortlichen bereitgestellt hat, in einem strukturierten, gängigen und maschinenlesbaren Format zu erhalten, und sie hat das Recht, diese Daten einem anderen Verantwortlichen ohne Behinderung durch den Verantwortlichen, dem die personenbezogenen Daten bereitgestellt wurden, zu übermitteln".

Regelungen, die einem Kind ein Recht auf Kenntnis der eigenen Abstammung gewähren, bilden ein Stück Familienrecht aus, weil sie nicht allein an die Person des Kindes anknüpfen. Um Erbrecht geht es, wenn Eltern ein Anspruch gegen den Betreiber eines sozialen Netzwerks gewährt wird, ihnen die Zugangsdaten ihrer durch Suizid verstorbenen Tochter zu übermitteln.[32] Denn das zeigt, dass solche Daten auch *mortem causa* übertragbar sind. Der eigentliche Schwerpunkt des privaten Datenrechts liegt aber im Deliktsrecht, in das neben Art. 8 EMRK[33] auch die DSGVO hineinspielen kann.[34] Gegenstand des Rechts auf **Schutz der genetischen Integrität** (z. B. Art. 5 der griechischen Verfassung) ist, soweit es in das Privatrecht hineinwirkt, vor allem der Schutz vor biomedizinischen Eingriffen und vor Diskriminierung. Unter §§ 28–30 des tschech. Gesetzes vom 8.12.2011 über die spezifischen Gesundheitsdienste dürfen genetische Untersuchungen grundsätzlich nur nach aufgeklärter Einwilligung für im Einzelnen näher bestimmte medizinische und wissenschaftliche Zwecke durchgeführt werden. Personen darf kein finanzieller Vorteil angeboten werden, damit sie sich für wissenschaftliche Zwecke mit einer genetischen Untersuchung einverstanden erklären. Die Ergebnisse einer genetischen Untersuchung dürfen nicht zu einer Diskriminierung der betroffenen Person oder ihrer Verwandten benutzt werden. Frankreich hat das Recht der *identification génétique* nicht in einem vorwiegend öffentlich-rechtlichen Spezialgesetz, sondern unmittelbar im Zivilgesetzbuch geregelt. Die Artt. 16–10 bis 16–13 franz. CC handeln von der *étude génétique des caractéristiques d'une personne et de l'identification d'une personne par ses empreintes génétiques,* also von der „genetischen Untersuchung der Merkmale einer Person und der Identifizierung einer Person anhand ihres genetischen Fingerabdrucks". Unter Art. 16–10 a. a. O. darf eine genetische Untersuchung wiederum nur für medizinische oder wissenschaftliche Zwecke durchgeführt werden. Sie setzt auch in Frankreich eine ausdrückliche schriftliche und informierte Einwilligung voraus. Genetische Untersuchungen zur Identifizierung einer Person sind nur in einem sehr engen Rahmen (Art. 16–11 a. a. O.) und nur zu ihren Lebzeiten erlaubt.[35] Art. 16-13 franz. CC schließlich hebt noch einmal ausdrücklich hervor, dass niemand aufgrund seiner genetischen Merkmale diskriminiert werden darf.

---

[32] Bejahend BGH 12.7.2018, NJW 2018 S. 3178. Die Rechtslage in anderen europäischen Rechtsordnungen ist vielfach unklar. Siehe z. B. zum polnischen Recht näher *Mądel,* Następstwo prawne treści cyfrowych na wypadek śmierci, S. 29 und Załucki (-*Załucki*), Kodeks cywilny, Art. 922 Rdnr. 13.
[33] Z. B. EGMR 7.2.2012, 40660/08 und 60641/08, *von Hannover vs. Germany,* deutsche Übersetzung in NJW 2012 S. 1053.
[34] Z. B. Rb. Gelderland 13.5.2020, ECLI:NL:RBGEL:2020:2521 (Verurteilung einer Großmutter zur Löschung von Fotos ihrer Enkelkinder auf Facebook).
[35] Cass. civ. 2.4.2008, Bull. civ. 2008, I, Nr. 101; Cons. const. 30.9.2011, Nr. 2011-173 QPC, RTD civ. 2011 S. 743, Anm. *Hauser* („In der Erwägung, dass der Gesetzgeber, indem er vorsah, dass bei Verstorbenen davon ausgegangen wird, dass sie nicht in die Identifizierung durch genetische Fingerabdrücke eingewilligt haben, Exhumierungen verhindern wollte, um den Toten gebührende Achtung zu gewährleisten; dass es nicht Aufgabe des Conseil constitutionnel ist, seine Beurteilung an die Stelle der Beurteilung des Gesetzgebers zu setzen, betreffend die Berücksichtigung der dem menschlichen Körper gebührenden Achtung in dieser Angelegenheit; dass folglich Beschwerden, die sich aus der Missachtung der dem Privatleben gebührenden Achtung und des Rechts auf ein normales Familienleben ergeben, außer Acht gelassen werden müssen").

4. Rechtssubjektivität

12 Natürliche Person im Sinne des Privatrechts ist nur, wer die äußerlichen (körperlichen) Merkmale eines *homo sapiens* aufweist[36] und Träger von Rechten und Pflichten ist. Beides gehört untrennbar zusammen. Es spielt weder eine Rolle, wem die Rechtsordnung sonst noch Personqualität zuschreibt (Rechtsfähigkeit könnte sie auch einem Roboter verleihen), noch, wen die Naturwissenschaften neben dem Menschen sonst zu den Hominiden zählen. Unter genetischen Gesichtspunkten wäre Letzteres vielleicht für die Großen Menschenaffen denkbar. Aber sie haben keinen Zugang zur Rechtsordnung des Menschen. Sie können nichts kaufen oder zu Eigentum haben. Einen Neandertaler würde man zwar wohl (er konnte wahrscheinlich sprechen) wie einen Menschen behandeln. Die Frage hat aber nur theoretischen Reiz, keine praktische Bedeutung. Noch ohne praktische Bedeutung, langfristig voraussichtlich jedoch nicht zu vermeiden ist dagegen die Frage, ob menschenähnliche Hybride mit experimentell veränderter DNA noch zu den natürlichen Personen im Rechtssinne gezählt werden sollen oder nicht. Unter allen durch ihren Körper definierten Lebewesen[37] kann jedenfalls allein ein Mensch aktiv auf das Recht einwirken; er ist das einzige Geschöpf (wenn auch nicht die einzige Person), das individuell und allein um seiner selbst Willen den **Status der Rechtsfähigkeit** genießt. Das hebt ihn aus der Sicht seines eigenen Rechts aus allen anderen Lebewesen heraus.

13 Allerdings sind Menschen im natürlichen Sinne nicht notwendig dasselbe wie natürliche Personen im Rechtssinne. Rechtliches Personsein tendierte über lange Zeiträume dazu, enger zu sein als natürliches Menschsein. Versklavte oder auf andere Weise der Rechtssubjektivität beraubte Menschen[38] haben das leidvoll erfahren.[39] Solch monströse Regeln

---

[36] Das gilt als so selbstverständlich, dass es in den europäischen Kodifikationen nirgendwo ausdrücklich gesagt wird. (Art. 30 span. CC a.F., wonach „hinsichtlich der zivilrechtlichen Folgen ... nur diejenige Leibesfrucht als geboren anerkannt (wurde), die eine menschliche Gestalt [*figura humana*] aufweist und nach der vollständigen Trennung vom Mutterleib vierundzwanzig Stunden gelebt hat", wurde 2011 aufgehoben [unten Fn. 43]). In 1 US Code chapter 1 (Rules of Construction) sec. 8(a)-(c) finden sich aber immerhin diese Definitionen: „(a) In determining the meaning of any Act of Congress, or of any ruling, regulation or interpretation of the various administrative bureaus and agencies of the United States, the word 'person' or 'human being', 'child', and 'individual' shall include every infant member of the species homo sapiens who is born alive at any stage of development. (b) As used in this section the term 'born alive', with respect to a member of the species homo sapiens, means the complete expulsion or extraction from his or her mother of that member, at any stage of development, who after such expulsion or extraction breathes or has a beating heart, pulsation of the umbilical cord, or definite movement of voluntary muscles, regardless of whether the umbilical cord has been cut, and regardless of whether the expulsion or extraction occurs as a result of natural or induced labor, cesarean section, or induced abortion. (c) Nothing in this section shall be construed to affirm, deny, expand, or contract any legal status or legal right applicable to any member of the species homo sapiens at any point prior to be 'born alive' as defined in this section".

[37] Ein „unkörperliches Lebewesen" ist auf den ersten Blick ein Widerspruch in sich. Indes verleihen inzwischen einige staatliche Rechtsordnungen bestimmten Naturreservaten und anderen komplexen Biosphären eine Art Rechtsfähigkeit, u. a. deshalb, weil diese Gebiete in den Augen der indigenen Bevölkerung beseelt sind. In diesen Fällen lässt sich sagen, dass einem „Lebewesen", das zwar ein körperliches Substrat, aber nicht eigentlich einen Körper hat, moralische Bedeutung zugeschrieben wird (näher unten Rdnrn. 179–183).

[38] Dazu gehörte auch der sog. Klostertod, an den es in Griechenland bis heute deutliche Anklänge gibt. Wer nach dem dazu ersonnenen Verfahren durch die *Kourá* (die religiöse Haarschnittszeremonie) den Status eines Mönchs erlangt hat, verliert nämlich unter dem vor Art. 99 gr. EGZGB in Geltung belassenen Art. 18(1) des Gesetzes 3414/ vom 16.-19.11.1909 Perí genikou ekklesiastikou tameiou kai dioikeseos Monasterion, FEK A΄ 270) *ex lege* und *ipso jure* sein gesamtes Eigentum. Es fällt unter Abzug des Pflichtteils seiner Pflichterben in das Eigentum des Klosters seiner Reue. Die Haarschnittszeremonie kommt damit einem bürgerlichen Tod nahe. Ein Mönch kann zwar offenbar auch noch nach der Haarschnittszeremonie Eigentum erwerben (z. B. durch Erbschaft), doch steht dieser Nachlass nach dem Tode des Mönches dem Kloster zu (Artt. 18 und 19 des Gesetzes 3414/1909 und Art. 1 Satz 1 der gesetzlichen Anordnung 1918/1942).

[39] In einem Text des niederländischen Dichtertheologen *Huub Osterhuis* (Du Atem meiner Lieder, 100 Lieder und Gesänge [Freiburg i.Br. 2017], S. 155, 156: Gleichnis und Ebenbild, 3. Strophe) heißt es über Jesus Christus: „Wie auf dem Sklavenmarkt hat er gestanden, um als geringster Mensch verkauft zu werden, wurde so zu einem von denen, die ohne Würde sind, wurde ein Niemand". Sehr eindrucksvoll

gehören zwar der Vergangenheit an.[40] Unter Art. 6 der Allgemeinen Erklärung der Menschenrechte hat „jeder das Recht, überall als rechtsfähig anerkannt zu werden", und Sklaverei ist gleich durch ein ganzes Arsenal von Grundrechtsgewährleistungen verboten, darunter Art. 4 EMRK. Aber das juristische Problem der Abgrenzung zwischen Person und „Nichtperson" existiert in Randbereichen auch heute noch. Es spielt etwa eine Rolle, wenn es um die Rechtsstellung des **Nasciturus**[41] oder um die Rechtsstellung eines Babys geht, das in den Augen der Rechtsordnung, unter der es geboren wurde, als nicht lebensfähig (nicht *né viable*) anzusehen ist. Letzteres kann, je nachdem, wie man es deuten will, dass solchen Kindern mancherorts weder schenkweise noch mit den Mitteln des Erbrechts etwas zugewandt werden kann (Artt. 725 und 906(3) franz. CC), zur Folge haben, dass sie aus dem Kreis der rechtsfähigen Personen ausscheiden.[42] Spanien hat seine traditionelle Regel, dass die Rechtsfähigkeit eines Babys nicht schon unmittelbar mit seiner Geburt, sondern erst einen Tag später beginnt, erst im Jahre 2011 abgeschafft.[43] Regeln zur

---

auch *Stuchtey*, Die europäische Expansion und ihre Feinde, S. 39 zu der nach der Entdeckung Amerikas unter den *Conquistadores* erbittert geführten Diskussion, ob die „Indios" eine Seele hätten oder mit Tieren auf einer Ebene stünden.

[40] Das gilt aber natürlich nur für die Regeln, nicht für das Faktum Sklaverei. *Modern slavery* ist ein Phänomen, das im Jahre 2016 um die 40 Millionen Menschen betroffen haben soll, darunter 25 Millionen Menschen in privater Zwangsarbeit und 15 Millionen Menschen in Zwangsehen (Global Estimate of Modern Slavery, September 2017, S. 9; ILO, Walk Free Foundation) (https://www.ilo.org/wcmsp5/groups/public/—dgreports/—dcomm/documents/publication/wcms_575479.pdf). Einem Ausschnitt aus dieser Problematik wendet sich Art. 4(2) GR-Charta zu („Niemand darf gezwungen werden, Zwangs- oder Pflichtarbeit zu verrichten"). Was rechtliche Sklaverei bedeutete, kann man in schockierender Deutlichkeit in *Dred Scott v. Sandford* 60 U. S. 393 (1856) nachlesen, einer Entscheidung, von der man kaum glauben mag, dass sie erst vor 165 Jahren ergangen ist. Dred Scott, ein afroamerikanischer Sklave im Eigentum des Beklagten, hatte erfolglos auf Freilassung geklagt. Der Supreme Court der Vereinigten Staaten lehnte die Klage mit der Begründung ab, bei Scott handele es sich nicht um einen Bürger. Die Frage sei, ob Sklaven afro-amerikanischen Ursprungs „compose a portion of this people, and are constituent members of this sovereignty? We think they are not, and that they are not included, and were not intended to be included, under the word 'citizens' in the Constitution, and can therefore claim none of the rights and privileges which that instrument provides for and secures to citizens of the United States. On the contrary, they were at that time considered as a subordinate and inferior class of beings, who had been subjugated by the dominant race, and, whether emancipated or not, yet remained subject to their authority, and had no rights or privileges but such as those who held the power and the Government might choose to grant them" (a. a. O. S. 405). Die Praktiken und die Rechtsgrundlagen des Verkaufs von durch Piraten versklavten christlichen Steuerzahlern des Osmanischen Reichs im 17. und frühen 18. Jahrhundert beschreibt *White*, Catch and Release, S. 29–32, 45–49 und *passim*.

[41] Unter Art. 1(1) ital. CC wird die Rechtsfähigkeit mit der Geburt erworben. Art. 1(2) ital. CC fügt hinzu: „Die Rechte, die das Gesetz dem bereits empfangenen Kind zuerkennt, hängen von der tatsächlichen Geburt ab". Es gilt also die aus dem römischen Recht überlieferte Regel *nasciturus pro iam nato habetur, quotiens de commodis eius agitur*. Der Kassationshof stuft das bereits empfangene Kind vor diesem Hintergrund als Rechtssubjekt ein (Cass. 11.5.2009, nr.10741, Foro it. 2010, 1, I, 141).

[42] Im Näheren ist hier freilich vieles umstritten. Lebensfähig *(viable)*, so *Diesse*, R. G. D. 30 (1999/2000) S. 607, 622 (ebenso *Sébag*, La condition juridique des personnes physiques et des personnes morales avant leur naissance, S. 99–100 [hier zitiert nach *Salvage*, RTD civ. 1976 S. 725]) „c'est-à-dire ayant les organes essentiels à son existence". Das Kind muss mit den Organen ausgestattet sein, die für die Fortsetzung des Lebens notwendig sind; es geht um die *aptitude à la vie* (*Salvage* a. a. O.). Er zitiert den Larousse médical, wonach das nicht lebensfähige Kind nicht als Person anzusehen sei („n'est pas considéré comme une personne l'enfant né vivant mais inapte à la vie (enfants monstrueux qui meurent dès que le cordon est coupé, prématurés dont le développement n'est pas assez avancé pour leur permettre de vivre"). Traditionell wurde auch eine Mindestdauer der Schwangerschaft (180 Tage) verlangt (*Philippe*, D. 1999, Chron., S. 29). Was *viabilité* rechtlich bewirkt, ist gleichwohl nicht abschließend geklärt (*Philippe* a. a. O. S. 30). Wahrscheinlich handelt es sich um eine aufschiebende Bedingung für den Zugang zu subjektiven Rechten. Andere meinen, dass das Kind zwar Rechtspersönlichkeit hätte, sie sich aber nicht vollständig entwickeln könne. *Philippe* a. a. O. S. 31 kritisiert das ganze Konzept mit den Worten „Si la vie est relativement aisée à constater il n'en va pas de même de la viabilité; pour cette seule raison faire produire des effets juridiques à une notion au contenu aussi incertain paraît peu judicieux. Plus grave encore, aucune considération d'ordre juridique ne justifie que l'on refuse la personnalité juridique à l'enfant né vivant mais non viable".

[43] Unter Artt. 29 und 30 a. F. span. CC musste ein Kind mindestens 24 Stunden nach der Vollendung der Geburt (Durchtrennung der Nabelschnur) gelebt haben, um Rechtssubjektivität zu erlangen. Infolge der

§ 1

Bestimmung des Lebensendes sind zwar von sehr verschiedener Beschaffenheit, gehören aber gleichfalls zum Recht der natürlichen Person. Denn sie entscheiden über das Ende der Rechtssubjektivität (z. B. Art. 35 rumän. CC und § 2:4 ungar. ZGB), für die Zwecke der Transplantationsmedizin auch darüber, wann und wodurch die Entscheidungsbefugnis über einen menschlichen Körper wechselt. Eine Todeserklärung begründet, wo sie als selbständiges verfahrensrechtliches Instrument zugelassen ist, zumindest die Vermutung, dass der Verschollene verstorben sei[44]; folglich verliert er bis zur Widerlegung dieser Vermutung (und keineswegs in jeder Beziehung mit rückwirkender Kraft) seine Befähigung zur Teilhabe am Rechtsverkehr.[45] Ein Mensch kann seine Person sogar relativ zu anderen Personen je nach ihren bilateralen Beziehungen zu jeweils unterschiedlichen Zeitpunkten verlieren. Ob das so ist, entscheidet sich im Recht der Kommorientenvermutungen.[46]

Ratifizierung der UN-Kinderrechtekonvention vom 20.11.1989 (BOE 31.12.1990) hat sich die Rechtslage geändert. Grundlage dafür waren Art. 7(1) und (2) der Konvention („(1) Das Kind ist unverzüglich nach seiner Geburt in ein Register einzutragen und hat das Recht auf einen Namen von Geburt an, das Recht, eine Staatsangehörigkeit zu erwerben, und soweit möglich das Recht, seine Eltern zu kennen und von ihnen betreut zu werden. (2) Die Vertragsstaaten stellen die Verwirklichung dieser Rechte im Einklang mit ihrem innerstaatlichen Recht und mit ihren Verpflichtungen aufgrund der einschlägigen internationalen Übereinkünfte in diesem Bereich sicher, insbesondere für den Fall, dass das Kind sonst staatenlos wäre"). Art. 30 span. CC i. d. F. des Gesetzes 20/2011 vom 21.7.2011, Ley del Registro Civil, lautet seither: „Die Rechtspersönlichkeit wird im Zeitpunkt der lebendigen Geburt erworben, sobald die vollständige Trennung vom Mutterleib vollzogen ist". Art. 29 span. CC blieb unverändert („Die Geburt hat die Rechtsfähigkeit zur Folge; aber die Leibesfrucht gilt hinsichtlich aller für sie vorteilhaften Rechtsfolgen als geboren, sofern sie unter den Voraussetzungen geboren wird, die der folgende Artikel nennt"). Die Rechtsfähigkeit knüpft mithin heute allein an die Lebendgeburt an; darauf, ob das Kind selbständig mit eigenen Organen oder nur mit medizinischer bzw. apparativer Hilfe lebt, kommt es nicht an (*Díez-Picazo und Gullón,* Sistema de Derecho Civil I[12], S. 204).

[44] Z. B. § 2:5(2) ungar. ZGB („Die für tot erklärte Person ist bis zum Nachweis des Gegenteils als tot zu betrachten"). Polen unterscheidet zwischen der „einfachen" Todeserklärung (Art. 29 poln. ZGB: zehn Jahre nach Verschollenheit; bei Personen, die das 70. Lebensjahr vollendet haben, fünf Jahre) und der Todeserklärung in Verbindung mit einer Katastrophe (Art. 30 poln. ZGB: sechs Monate). Knappe rechtsvergleichende Beobachtungen schon bei *von Overbeck,* IntEncCompL III ch. 15 (2011), s. 13; eingehend im Übrigen unten Rdnrn. 216–233.

[45] Staudinger (–*Fritzsche*), BGB (2018), § 9 dt. VerschG, Rdnr. 27.

[46] Berühmte Beispiele fanden sich in den (inzwischen aufgehobenen) Artt. 721 („Si ceux qui ont péri ensemble avaient moins de quinze ans, le plus âgé sera présumé avoir survécu. S'ils étaient tous au-dessus de soixante ans, le moins âgé sera présumé avoir survécu. Si les uns avaient moins de quinze ans, et les autres plus de soixante, les premiers seront présumés avoir survécu") und 722 franz. CC a. F. („Si ceux qui ont péri ensemble avaient quinze ans accomplis et moins de soixante, le mâle est toujours présumé avoir survécu, lorsqu'il y a égalité d'âge, ou si la différence qui existe n'excède pas une année. S'ils étaient du même sexe, la présomption de survie, qui donne ouverture à la succession dans l'ordre de la nature doit être admise: ainsi le plus jeune est présumé avoir survécu au plus âgé"). An die Stelle dieser Vorschriften trat im Jahre 2001 Art. 725-1 franz. CC, der nunmehr nur noch sagt, dass „lorsque deux personnes, dont l'une avait vocation à succéder à l'autre, périssent dans un même événement, l'ordre des décès est établi par tous moyens". Dem gleichen im Ergebnis Art. 957(2) rumän. CC (wenn das Überleben der betreffenden Person nicht festgestellt werden kann, ist sie nicht erbfähig), Kap. 17 § 94(2) dän. Arveloven (Erbgesetzbuch) vom 6.6.2007, Kap. 1 § 2 finn. Perintökaari (Erbgesetzbuch) vom 5.2.1965 und Kap. 1 § 2 schwed. Ärvdabalk (Erbgesetzbuch) vom 12.12.1958 (1958:637) (wer behauptet, dass der Erbe den Erblasser überlebt hat, trägt dafür die Beweislast: *Walin und Lind,* Ärvdabalken[7], S. 36). Art. 721 belg. CC und Art. 720 luxemb. CC operieren heute beide mit der Vermutung des gleichzeitigen Versterbens, was den Regelungen in § 11 dt. VerschG, Art. 4 ital. CC, Art. 4:2(1) ndl. BW und Art. 32 poln. ZGB entspricht. Anders verhält es sich jedoch unter sec. 184 des englischen LPA 1925 („In all cases where, after the commencement of this Act, two or more persons have died in circumstances rendering it uncertain which of them survived the other or others, such deaths shall (subject to any order of the court), for all purposes affecting the title to property, be presumed to have occurred in order of seniority, and accordingly the younger shall be deemed to have survived the elder"). Die Vermutung, dass die jüngere die ältere Person überlebt, gilt bei Intestaterbfolge nach dem älteren auch unter Ehegatten; sec. 46(3) Administration of Estates Act 1925, die Ausnahmevorschrift zu sec. 184 LPA 1925, ist durch den Trustees' Powers Act 2014 gestrichen worden. Allerdings gilt heute eine andere Ausnahme. Sterben Eheleute oder die Partner einer Lebenspartnerschaft innerhalb von 28 Tagen ohne Hinterlassung eines Testaments, so gelten sie als gleichzeitig verstorben (sec. 48(2A) des durch den Law Reform (Succession) Act 1995 neugefassten Administration of Estates Act 1925: „Where the intestate's spouse or civil partner survived the intestate but died before the end of the period of 28 days beginning with the day on which the intestate died, this section

I. Gegenstände § 1

Andererseits bleibt ein Mensch auch dann Person, wenn er (z. B. nach einem Unfall) **14** deshalb keine „Persönlichkeit" mehr hat, weil er kein Bewusstsein mehr ausbilden kann und deshalb kein rationales Wesen mehr ist. Er wird dieses Zustandes wegen nicht einfach aus dem Grundbuch gelöscht. Nach überwiegender Auffassung behält er sogar seinen Anspruch auf das sog. „Schmerzensgeld", also auf den Ersatz seiner immateriellen Schäden.[47] Nichts mehr mit Rechtssubjektivität hat dagegen die Frage zu tun, welche Gegenstände, die „an sich" Sachen oder Rechte sind, noch als zum Menschen gehörig anzusehen sind. Man denke z. B. an vom Körper bereits getrenntes Material mit menschlicher DNA (zur Transplantation bestimmte Organe, zur Infusion bestimmtes Blut etc.) und an bereits in den Körper eingefügte Prothesen (wie z. B. ein Zahnersatz). Solche Gegenstände bilden einen personenrechtlich überformten Teil des Rechts der Sachen, nicht einen Teilbereich des Privatrechts der natürlichen Person.[48] Entsprechendes gilt für die Frage, welche Forderungen und anderen Rechte als so untrennbar mit dem einzelnen Menschen zusammengehörig angesehen werden, dass sie mit seinem Tode erlöschen. Der Anspruch auf den Ausgleich für bestimmte immaterielle Schäden liefert in einigen Rechtsordnungen ein anschauliches Beispiel[49], die Ansprüche auf einen Geldausgleich für nicht genommenen

---

shall have effect as respects the intestate as if the spouse or civil partner had not survived the intestate"). Die damit verbundene Rechtsunsicherheit kann das englische Recht tolerieren, weil der Nachlass des verstorbenen Ehegatten ohnehin kraft Gesetzes zunächst auf einen *administrator* übergeht. Eine weitere Variante findet sich in § 7:4(1) ungar. ZGB („Aus der Erbfolge fällt weg, wer den Erblasser nicht überlebt. Die bei einem gemeinsamen Unfall oder in einer anderen ähnlichen gemeinsamen Gefahrensituation verstorbenen Personen sind hinsichtlich der Erbschaft voneinander, unabhängig von der Reihenfolge des Todeseintritts, als weggefallen zu betrachten").

[47] Grundlegend für Deutschland BGH 13.10.1992, BGHZ 120 S. 1 (Kind erleidet durch einen Behandlungsfehler des Geburtshelfers einen so schweren Gehirnschaden, dass es außerstande ist, seine Wahrnehmungs- und Empfindungsfähigkeit zu entwickeln; die dadurch bedingte Zerstörung der Persönlichkeit stelle einen immateriellen Schaden dar, der durch die Geldentschädigung auszugleichen sei). Ebenso u. a. KG 16.2.2012, NJW-RR 2012 S. 920. Rechtsvergleichung dazu bei *von Bar*, Gemeineuropäisches Deliktsrecht I, Rdnrn. 572–579. Tschech. OG 26.7.2000, 30 Cdo 2304/99, Soudní rozhledy 3/2003 S. 80 meint, man könne bei dem Versuch, die Persönlichkeit des Menschen zu definieren, beispielsweise konstatieren, dass sie den Menschen „als Individuum, als Subjekt der Erkenntnis, bzw. des Erkennens, des Erlebens und des Handelns in seiner gesellschaftlichen Form sowie in seinen individuellen Charaktereigenschaften" erfasse, „als die kleinste soziale Einheit mit einer bestimmten psychophysischen und sozialpsychischen Struktur".

[48] *von Bar*, Gemeineuropäisches Sachenrecht I, Rdnrn. 88–93.

[49] Nachweise dazu bei *von Bar*, Non-Contractual Liability Arising out of Damage Caused to Another (PEL Liab.Dam.), S. 329–335 und S. 962–966. Unter deutschem Recht ist zwar der allgemeine Schmerzensgeldanspruch aus Körperverletzung (§ 253(2) dt. BGB) vererblich (Palandt [-*Grüneberg*], BGB[78], § 253 Rdnr. 22 mit Hinweis auf BGH 24.3.2011, NJW 2011 S. 2296 und BGH 12.11.2015, NJW 2016 S. 636, die allerdings beide Staatshaftungsansprüche wegen EMRK-Verletzungen betreffen; aus der älteren Rechtsprechung auch BGH 12.5.1998, NJW 1998 S. 2741), nach BGH 23.5.2017, JR 2018 S. 514, Anm. *Schubert*, NJW 2017 S. 3004 (ihm folgend OLG Köln 29.5.2018, FamRZ 2018 S. 1266) überraschenderweise aber nicht der Geldentschädigungsanspruch wegen Persönlichkeitsverletzung, und zwar selbst dann nicht, wenn er noch zu Lebzeiten des Erblassers anhängig oder rechtshängig geworden ist. Anders sei das nur bei einem bereits rechtskräftig zuerkannten Anspruch. (Siehe auch schon BGH 29.4.2014, BGHZ 201 S. 45, wo die Frage allerdings noch offengeblieben war, ob Unvererblichkeit auch den bereits rechtshängigen Anspruch betreffe). Unter § 1475(2) tschech. BGB werden dagegen Rechte, die ausschließlich an die Person des Erblassers gebunden sind, Teil des Nachlasses, wenn die korrespondierende Schuld noch zu Lebzeiten des Erblassers anerkannt oder der Anspruch gerichtlich geltend gemacht worden war. Ebenso verhält es sich m. V. m. Artt. 444 § 3 i. V. m. 922 § 2 poln. ZGB (dazu noch OG 12.2.1971, I CR 651/70, Legalis-Nr. 15191). Nicht ganz eindeutig ist die Rechtslage in Rumänien. Unter Art. 256(1) rumän. CC können Klagen auf die „Restauration" persönlicher Rechte nach dem Tode des Geschädigten von seinem Ehegatten und mit ihm in gerader Linie verwandten Erben „fortgesetzt oder eingereicht werden", und unter 256(2) a. a. O. können dieselben Personen den Anspruch auf „Wiedergutmachung der Integrität" des Verstorbenen geltend machen. Die Rechte selbst sind jedoch nicht übertragbar; deshalb, so die ganz herrschende, mit dem Wortlaut des Gesetzes aber nicht in Einklang stehende Meinung, sei auch der Schmerzensgeldanspruch nicht übertragbar. Es gehe nur um den Schutz des guten Rufes des Verstorbenen. Im Übrigen könnten die Erben nur klagen, wenn die Verletzung des persönlichen Rechts des Erblassers auch sie (die Erben) selbst verletzt habe (*Chirică*, Tratat de drept civil. Succesiunile și liberalitățile[2], S. 397–398, Nr. 1151; s. auch Nicolae [-*Bîcu, Ilie und Rizoiu*], Drept civil.

Urlaub und auf Zugang zu den Kommunikationsdaten eines Verstorbenen zwei Gegenbeispiele.[50]

5. Körper und Würde

15 Das vorrechtliche Verständnis des Menschen beruht auf seinem **Körper.** Ein Mensch ohne lebenden Körper wäre bestenfalls als religiöses Konzept denkbar; rechtlich existiert eine solche „Person" nicht. Mensch und natürliche Person ist, jedenfalls derzeit noch, wer von einem anderen Menschen *geboren* wurde. Das darf allerdings nicht mit der Frage verwechselt werden, ob es sich bei der gebärenden Person auch im Rechtssinne um eine Angehörige des weiblichen Geschlechts handelt, noch mit der Frage, ob sie die rechtliche „Mutter" des Kindes ist.[51] Unter welchen Umständen (intra- oder extrakorporal) ein Kind *gezeugt* wurde, spielt dagegen keine Rolle. Der Körper des Menschen ist gewissermaßen der „Sitz" seiner Rechtssubjektivität. Infolgedessen wird er rechtlich als Ganzheit gedacht. Der Mensch kann zwar in Verletzungen der Integrität seines Körpers einwilligen (etwa zur Vornahme eines medizinischen Eingriffs) oder sich freiwillig Gefahren aussetzen (etwa bei der Ausübung von Kampfsportarten). Aber er kann seinen Körper nicht rechtsgeschäftlich spalten, über ihn oder seine Teile wie ein Eigentümer verfügen, sie verkaufen oder verschenken. Ein Mensch kann zwar, ohne dass sein Personsein dadurch beeinträchtigt würde, (z.B.) eine seiner Nieren spenden, aber eine solche Spende vollzieht sich nicht im Rahmen des Vertragsrechts. Eine Niere ist als Teil des Menschen dem Rechtsverkehr entzogen und unterliegt deshalb weder dem Schenkungs- noch gar dem Kaufvertragsrecht. Ausnahmen von der Grundregel, dass Material mit menschlicher DNA dem Rechtsverkehr entzogen ist, sind selten; man denke etwa an Kopfhaare, die sich eine junge Dame abschneiden lässt, um sie einem Puppenhersteller zur Verfügung zu stellen (Art. 5 ital. CC).

Man könnte vor diesem Hintergrund noch eine weitere begriffliche Differenzierung einführen, nämlich die Unterscheidung zwischen Körper und Leib[52], ähnlich wie in *limb and life*. Das hätte den Vorteil, mit „Leib" ein Wort für die unverfügbaren Teile des Körpers zu haben, auch den Vorteil, zwischen dem Körper als etwas Räumlichem und dem Leib als dem Sitz des Selbstwertgefühls des Menschen unterscheiden zu können. Der Körper würde als „beseelter Körper" zum Leib. Eine solche Festlegung würde aber auch erhebliche Nachteile haben. Nicht nur ist „Leib" schwer zu übersetzen. Wichtiger ist, dass sich Regeln über die Unverfügbarkeit des Körpers nicht an bestimmten Körperteilen ausrichten, auch nicht an der Funktionstüchtigkeit des Gehirns. Menschen ohne Selbstwahrnehmung können ihren Leib nicht mehr erfahren, aber auch ihr – nunmehr nur noch unbeseelt fortlebender – Körper bleibt der Sitz ihrer Rechtssubjektivität. Immer geht es um juristische Wertungen, nie allein um das physische Substrat des Menschen.

Persoanele, S. 74–75). In Ungarn geht der Geldentschädigungsanspruch auf die Erben über, falls er noch zu Lebzeiten des Erblassers rechtshängig wurde (Legf. Bír. Pfv. 20.934/2004, EBH2004. 1022., ill. BH2005. 247; Legf. Bír. Pfv. III. 20.468/2006, BH2007. 255); näher *Szilágyi*, in: Koltay und Török (Hrsg.), Sajtószabadság és médiajog a 21. század elején 3., S. 275–304.

50 EuGH 6.11.2018, Rs. C-569/16; C-570/16, NJW 2019 S. 449 (Ausgleichsanspruch für nicht genommenen Urlaub vererblich); BGH 12.7.2018, NJW 2018 S. 3178 (Eltern haben als Erben ihrer verstorbenen Tochter Zugang zu deren Facebook-Account, um u. a. nach Hinweisen auf einen Suizid des vierzehnjährigen Mädchens suchen zu können).

51 So verhält es sich zwar z. B. unter § 1591 dt. BGB und Art. 61⁹ poln. FVGB. Aber die tradierte Parömie *mater semper certa est* gerät zunehmend ins Wanken. In Deutschland jedenfalls werden abweichende ausländische Entscheidungen zur Elternstellung der Wunschmutter grundsätzlich anerkannt (siehe zu einer Leihmutterschaft unter kalifornischem Recht BGH 10.12.2014, NJW 2015 S. 479), und in England und Wales ist es unter sec. 54 Human Fertilisation and Embryology Act 2008 möglich, die Elternstellung der Leihmutter durch Gerichtsbeschluss auf die *„commissioning parents"* zu übertragen. Näher noch unten Rdnrn. 77–94. Im Übrigen kann die gebärende Person im Rechtssinne auch ein Mann sein und damit zum Vater des Kindes werden (unten Rdnr. 447).

52 „Leibsein als deliktisches Schutzgut" analysiert *Röthel*, AcP 219 (2019) S. 420. *Zitelmann*, Begriff und Wesen der sogenannten juristischen Personen, S. 68 meinte sogar, dass „die Leiblichkeit des Menschen … für seine Persönlichkeit eine ganz irrelevante Eigenschaft" sei, doch erscheint das in dieser Absolutheit aus heutiger Sicht nicht mehr korrekt.

I. Gegenstände **§ 1**

Mit dem Körper des Menschen aufs engste verknüpft ist seine **Würde**. Wir verwenden das aus dem Sprachhaushalt des modernen Verfassungsrechts entlehnte[53], inzwischen aber auch in einige Kodifikationen eingegangene Wort[54] hier und im Folgenden als Synonym für die geistig-seelische Seite der Person. Worum es sich im Einzelnen handelt, wird noch genauer zu fassen sein. Wichtig ist vorerst nur, dass auch das Beharren auf der Würde des Menschen privatautonomer Lebensgestaltung Grenzen setzt, und dies unabhängig davon, ob das Wort selbst zum gängigen Argumentationshaushalt einer Rechtsordnung gehört oder nicht. Im Ausgangspunkt jedenfalls gilt, dass jeder Mensch von der Rechtsordnung als einzigartig wahrgenommen werden muss, wenn und weil sie ihm Würde zuschreibt.[55] Dass alle Menschen vor dem Gesetz gleich sind, darf man nicht dahin missverstehen, dass auch nur ein einziger Mensch rechtlich mit einem anderen identisch sein könnte. Denn dann ließe sich rechtliches Personsein nicht mehr denken. Es gibt m. a. W. in den Augen der Privatrechtsordnung keine Menschen „von mittlerer Art und Güte" (§ 243(2) dt. BGB), auch keine, die, wie Sachen, „im Verkehr nach Zahl, Maß oder Gewicht bestimmt" werden (§ 91 dt. BGB). Wäre eine natürliche Person „fungibel", könnte sie nicht Träger

16

---

[53] Anfänglich liegt „Würde" aber wohl wiederum ein religiöses Konzept zugrunde. *Groarke,* HeyJ 2010 S. 298, 309 bemerkt treffend: „The origins of the word *dignitas* can be traced to the notion that the individual person is worthy of the respect and honour of other people. [...] There is a similar argument in theology, where the concept of dignity has also been used to suggest that a person enjoys a relationship with God. John Dwyer [*Dwyer,* New Dictionary of Catholic Social Thought, S. 724, 725] describes this concept as theocentric. ..."that is, it sees human dignity as flowing from the person's relationship with God and not as the result of some quality that human beings possess independently [...] For both the Old Testament and New Testament the dignity of the person is rooted in the fact that the human being is made in the image and likeness of God (Genesis 1:26–27) and is therefore capable of being Gods partner in dialogue". Die frühesten menschenrechtlichen Texte der Nachkriegszeit, die das Würdekonzept verwenden, dürften die Präambel der Charta der Vereinten Nationen („Würde und Wert der menschlichen Persönlichkeit") und Art. 3(1)(c) der Genfer Rotkreuzkonventionen sein („Jederzeit und jedenorts verboten" sind „Beeinträchtigungen der persönlichen Würde, namentlich erniedrigende und entwürdigende Behandlung").

[54] Vom „Recht auf Würde" handeln z. B. Art. 1.114 lit. ZGB („(1). Personal non-property rights and values, i. e. name, life, health, inviolability of body, honour, dignity, the private life of an individual, the author's name, professional reputation, business name, trade marks of goods (services) and other values with which the arising of certain legal effects is linked by the laws shall be objects protected by the Civil law"); Art. 72 rumän. CC („(1) Jede Person hat das Recht auf die Beachtung ihrer Würde") und § 81(2) tschech. BGB („Schutz genießen insbesondere das Leben und die Würde des Menschen, seine Gesundheit und sein Recht, in einer lebenswerten Umwelt zu leben, sein Ansehen, seine Ehre, Privatsphäre und seine Äußerungen persönlicher Natur") (weitere Bezugnahmen auf die Würde in §§ 612, 687(2), 883 und 884 tschech. BGB). Von „Würde" *(dignité)* ist zwar weder in der belgischen noch in der luxemburgischen Fassung des Code civil die Rede, aber sie begegnet heute auch in den Artt. 16 („La loi assure la primauté de la personne, interdit toute atteinte à la dignité de celle-ci et garantit le respect de l'être humain dès le commencement de sa vie"), 16-1-1 („Le respect dû au corps humain ne cesse pas avec la mort. Les restes des personnes décédées, y compris les cendres de celles dont le corps a donné lieu à crémation, doivent être traités avec respect, dignité et décence") und 415 franz. CC („Les personnes majeures reçoivent la protection de leur personne et de leurs biens que leur état ou leur situation rend nécessaire selon les modalités prévues au présent titre. Cette protection est instaurée et assurée dans le respect des libertés individuelles, des droits fondamentaux et de la dignité de la personne. Elle a pour finalité l'intérêt de la personne protégée. Elle favorise, dans la mesure du possible, l'autonomie de celle-ci. Elle est un devoir des familles et de la collectivité publique"). Zum Schutz der „Würde" der Beteiligten ist unter Art. 1812 port. CC ein Verfahren zur Feststellung der Mutterschaft unter Ausschluss der Öffentlichkeit zu führen. Auch der katal. CC operiert mehrfach mit der *dignidad* (Art. 212-7 [Entscheidungen über den eigenen Körper], Art. 222-36(2) [Verhältnisse zwischen Vormund und Schutzbefohlenen] und Art. 236-17 [Verhältnisse zwischen Eltern und Kindern] katal. CC. Ältere Texte (wie Art. 23 poln. ZGB) stellen die „Ehre" unter den Schutz des Zivilrechts.

[55] Die historisch wohl wirkmächtigste Formulierung dieses Gedankens findet sich schon bei *Kant,* Grundlegung zur Metaphysik der Sitten, AA IV S. 434: „Im Reich der Zwecke hat alles entweder einen Preis oder eine Würde. Was einen Preis hat, an dessen Stelle kann auch etwas anderes als Äquivalent gesetzt werden; was dagegen über allen Preis erhaben ist, mithin kein Äquivalent verstattet, das hat eine Würde". In seiner Metaphysik der Sitten (AA VI S. 434) präzisierte *Kant* sodann: „Allein der Mensch als Person betrachtet, d. i. als Subjekt einer moralisch praktischen Vernunft, ist über allen Preis erhaben; denn als ein solcher (homo noumenon) ist er nicht bloß als Mittel zu anderer ihren, ja selbst seinen eigenen Zwecken, sondern als Zweck an sich selbst zu schätzen, d. i. er besitzt eine Würde (einen absoluten inneren Wert)".

von Rechten und Pflichten sein. Eigentum z. B. wäre ein sinnloses Konzept, wenn man nicht konkret zu sagen vermöchte, wer Eigentümer einer Sache ist. Auch eineiige Zwillinge können selbstverständlich im eigenen Namen Verträge schließen, die nur sie allein berechtigen und verpflichten. Es soll privatrechtlich gerade nicht auf Ähnlichkeiten oder gar auf die Übereinstimmung bestimmter körperlicher, genetischer oder seelischer Merkmale ankommen. Das Privatrecht hätte aus sich heraus gar keine Möglichkeit zu entscheiden, welche Merkmale das sein sollten.

17   Vor diesem Hintergrund gerät „Würde" jedenfalls immer dann in den Blick, wenn Menschen sich anschicken, **sich selbst oder andere zu vergegenständlichen.** Das Alte Testament berichtet davon, dass man sich (zur Schuldentilgung) selbst in die Sklaverei verkaufen konnte (Exodus (2. Buch Mose) 21, 2–11). Selbst das sechste Gebot („Du sollst nicht ehebrechen"[56]) beruht zumindest auch auf der Vorstellung, dass Ehebruch ein Eigentumsdelikt zum Nachteil des Ehemannes der Frau sei, mit der der Ehebrecher Geschlechtsverkehr hat.[57] Denn der verheiratete Mann, der mit einer unverheirateten Frau schlief, „trat nicht", wie es *Baldus de Ubaldis* in seiner Kommentierung zu Codex 9.9.01[58] formulierte, „an ein fremdes Bett".[59] Einen Ehebruch zum Nachteil der eigenen Frau gab es nicht. Heute reden und schreiben die Sportmedien gern, dass der Fußballclub Y den Spieler A „gekauft" und dass dieser Spieler derzeit einen „Wert" von X-Millionen habe. Nicht sehr weit entfernt von solchen Zynismen liegen Fälle einer Brautgeldabrede, unter der sich die Eltern der Braut von dem Bräutigam oder seinen Eltern Geld für die Eheschließung versprechen lassen. Einen solchen „Vertrag" gerichtlich aufrechtzuerhalten, würde bedeuten, die Braut zu einer Art Kaufobjekt zu degradieren; sie wurde von den Beteiligten schließlich „quasi als Ware" behandelt.[60] Bei sexuellen Dienstleistungen, insbesondere bei der entgeltlichen Hingabe des eigenen Körpers zur Befriedigung des Geschlechtstriebs eines anderen, stellt sich ein vergleichbares Problem, an dem sich freilich auch studieren lässt, dass das Würdekonzept zeit- und ortsgebundenen Modifikationen unterliegt.[61] Weiteres Anschauungsmaterial liefern die Fragen, ob sich eine Frau ihrem

---

[56] Zählung und genaue Textfassung der zehn Gebote folgen im Judentum und in den verschiedenen christlichen Kirchen unterschiedlichen Traditionen.

[57] Deuteronium (5. Buch Mose) 22, 22: „Wenn ein Mann dabei ertappt wird, wie er bei einer verheirateten Frau liegt, dann sollen beide sterben, der Mann, der bei der Frau gelegen hat, und die Frau". Die Frau ist des Ehebruchs schuldig, weil sie *ihre* Ehe gebrochen hat, der Mann, weil er in eine *fremde* Ehe eingebrochen ist. Hatte eine verheiratete Frau außerhalb ihrer Ehe Geschlechtsverkehr, war sie immer eine Ehebrecherin. Der verheiratete Mann hingegen beging nur dann Ehebruch, wenn er mit einer anderen *verheirateten* Frau verkehrte.

[58] „Dass die Weiber im Wege des öffentlichen Verfahrens die Anklage des Ehebruchs nicht haben, wenn sie auch wegen Verletzung ihrer eigenen Ehe klagen wollen, erklärt das Julische Gesetz, welches, während es den Ehemännern die Befugnis zur Anklage vermöge ehemännlichen Rechtens gegeben, nicht dasselbe Recht auch den Frauen erteilt hat" (Übersetzung nach Otto (Hrsg.), Das Corpus iuris civilis, Bd. 6 S. 322).

[59] *Baldus de Ubaldis,* Commentaria in VI. VII. VIII. IX. X. & XI. Codicis lib., Venetiis 1577, Fol 218v: „Nota quod si maritus alicuius retinet concubinam solutam, quod nemo potest eum de adulterium accusare, quia proprie non est adulterium, cum non sit accessus ad alieum thorum" (Wohlgemerkt, wenn ein Ehemann eine Konkubine behält, niemand kann ihn wegen des Ehebruchs anklagen, weil es sich eigentlich um keinen Ehebruch handelt, da er an kein Ehebett herangetreten ist) (Übersetzung *Magda Schwandt).*

[60] So mit Recht OLG Hamm 13.1.2011, NJW-RR 2011 S. 1197. Siehe auch OLG Köln 8.4.1994 NJW-RR 1994 S. 1026. Man darf diese Form der Brautgeldabrede aber nicht mit einem Brautgabeversprechen verwechseln, das vor einem bestimmten religiösen und kulturellen Hintergrund von dem Verlobten seiner Braut gegeben wird und teilweise sogar erst im Scheidungsfall fällig werden soll. BGH 18.3.2020, FamRZ 2020 S. 1073 hat keinen Anlass gesehen, die mögliche Sittenwidrigkeit einer solchen Vereinbarung auch nur in Erwägung zu ziehen.

[61] Das lässt sich gut an der Rechtslage vor und nach dem Inkrafttreten des deutschen Prostitutionsgesetzes (ProstG) studieren, dessen zum 1.1.2002 in Kraft getretener § 1 lautet: „Sind sexuelle Handlungen gegen ein vorher vereinbartes Entgelt vorgenommen worden, so begründet diese Vereinbarung eine rechtswirksame Forderung. Das Gleiche gilt, wenn sich eine Person, insbesondere im Rahmen eines Beschäftigungsverhältnisses, für die Erbringung derartiger Handlungen gegen ein vorher vereinbartes Entgelt für eine bestimmte Zeitdauer bereithält". Bis dahin waren Verträge über entgeltliche sexuelle Dienstleistungen

I. Gegenstände **§ 1**

Partner gegenüber rechtsgeschäftlich wirksam zum regelmäßigen Gebrauch empfängnisverhütender Mittel verpflichten[62] und ob ein Arbeitgeber seinem Arbeitnehmer gegenüber auf einer Klausel im Arbeitsvertrag bestehen kann, unter der das Arbeitsverhältnis unter die auflösende Bedingung der Eheschließung des Arbeitnehmers gestellt wurde.[63] Der deutsche Bundesgerichtshof bzw. das deutsche Bundesarbeitsgericht haben beides verneint. Ob man das Ergebnis mit den beiden Gerichten rechtstechnisch damit begründen will, dass sittenwidrige Verträge nichtig sind (§ 138 dt. BGB), oder damit, dass das Vertragsrecht für würdetangierende Verfügungen ganz grundsätzlich keinen Raum bietet[64], bleibt sich letztlich gleich.[65] Der französische Conseil d'État bestätigte im Jahre 1995 das Verbot eines als „Zwergewerfen" angekündigten Spektakels mit der Begründung, dass „l'attraction de 'lancer de nain' consistant à faire lancer un nain par des spectateurs conduit à utiliser comme un projectile une personne affectée d'un handicap physique et présentée comme telle; que, par son objet même, une telle attraction porte atteinte à la dignité de la personne humaine".[66] Die Cour d'appel de Versailles verbot einer Gesellschaft die Vermarktung eines für

---

von der Rechtsprechung pauschal als sittenwidrig angesehen worden. BGH 6.7.1976, NJW 1976 S. 1883, 1885 hatte formuliert, dass „die gewerbsähnliche geschlechtliche Hingabe gegen Bezahlung in entwürdigender Weise Intimbereiche zur Ware macht, die ... mit dem Kern der Persönlichkeit aufs engste verknüpft sind" und hinzugefügt, dass „die Entwürdigung ... der eigenen Person ... allein die sittliche Verurteilung rechtfertigt". Das ergäbe sich „aus der Unverzichtbarkeit der personalen Würde, die der Gesellschaft auch ohne Rücksicht auf den Willen ihres Trägers angelegen sein muß". BVerwG 15.12.1981, NJW 1982 S. 664 hatte (ähnlich wie schweiz. BG 9.5.1980, BGE 106 Ia S. 267) im Kontext der Versagung der Gewerbeerlaubnis für eine sog. Peepshow entschieden, dass „die Menschenwürde verletzt (ist), wenn die einzelne Person zum Objekt herabgewürdigt wird". Anders als bei einer Striptease-show werde bei einer Peepshow „der Anblick der nackten Frau wie die Ware eines Automaten durch Münzeinwurf verkauft und gekauft"; es komme zu einer „verdinglichenden Isolierung der als Lustobjekt zur Schau gestellten Frau vor im Verborgenen bleibenden Voyeuren". Die Verletzung ihrer Menschenwürde werde „nicht dadurch ausgeräumt oder gerechtfertigt, daß die in einer Peep-Show auftretende Frau freiwillig handelt. Die Würde des Menschen sei ein objektiver, unverfügbarer Wert, auf dessen Beachtung der einzelne nicht wirksam verzichten kann." Seit dem Inkrafttreten des ProstG hat man dagegen wohl – viele Einzelheiten sind nach wie vor umstritten – zu unterscheiden: während eine vertragliche Verpflichtung zur Vornahme sexueller Handlungen weiterhin nicht möglich ist, besteht gleichwohl ein Entgeltanspruch, wenn die Handlung tatsächlich vorgenommen wurde. OLG Schleswig 13.5.2004, NJW 2005 S. 225, 227 bekräftigte deshalb zurecht den Standpunkt, dass eine „vertragliche Verpflichtung einer Person, gegen Bezahlung in Geschlechtsverkehr einzuwilligen, gegen die Menschenwürde beider Beteiligten eines solchen Vertrags verstößt, Art. 1 Abs. 1 GG". In Schweden ist die entgeltliche Inanspruchnahme (nicht: die Erbringung) sexueller Dienstleistungen seit dem 1.1.1999 sogar strafbar (Lag om förbud mot köp av sexuella tjänster vom 4.6.1998 (1998:408), eingefügt in Kap. 6 § 8 Brottsbalk vom 21.12.1962 (1962:700)). Einer der Gründe für diese Regelung lautet, dass sie dem Schutz der Menschenrechte durch Unterbindung von Menschenhandel diene (Statens Offentliga Utredning [Staatliche Öffentliche Kommissionsberichte], SOU 2010:49, S 13 und 14). In Frankreich wird die Inanspruchnahme von Prostituierten mit Bußgeld belegt (Art. 611-1 franz. CP, eingefügt mit Gesetz Nr. 2016-444 vom 13.4.2016). Unter Art. 2(1)(4) poln. Einkommenssteuergesetz unterliegen Handlungen, die „nicht Gegenstand eines rechtswirksamen Vertrages sein können, nicht der Besteuerung". Dazu sollen auch Einnahmen aus eigener oder fremder Prostitution gehören (*Kępa*, in Mozgawa, Prostytucja, Kap. IV).

[62] BGH 17.4.1986, NJW 1986 S. 2043, 2045.
[63] BAG 10.5.1957, NJW 1957 S. 1688.
[64] Manchmal ist die deutsche Rechtsprechung mit der Ableitung ihrer Ergebnisse aus Art. 1 dt. GG („Die Würde des Menschen ist unantastbar") freilich auch erstaunlich schnell bei der Hand. LG Lübeck 10.9.1987, NJW-RR 1988 S. 122 z. B. verwarf sportrechtliche Regeln, die einem Spieler in der laufenden Saison den Wechsel von einem zum anderen Amateurverein untersagten, u. a. mit dem Argument, ihnen wohne eine Missachtung der Menschenwürde inne. Richtig ist aber natürlich, dass ein Fußballspieler nicht zu einer Art Ware degradiert werden darf, was nach der südafrikanischen Entscheidung *Coetzee v. Comitis & Others*, 2001 1 SA 1254 der Fall ist, wenn er seinen Verein nur dann wechseln kann, wenn sich dieser mit dem neuen Verein auf eine Kompensation einigt, der Spieler aber während seiner gesamten aktiven Zeit keinerlei Einfluss auf diese Vereinbarung hat und nicht wechseln kann, wenn sie nicht zustande kommt.
[65] Art. 1.114 (2) lit. ZGB formuliert, dass „personal non-property rights may be transferred or inherited only in the cases established by laws or where this does not contradict the nature of these values and principles of good morals or is not restricted by laws".
[66] CE 27.10.1995, *Commune de Morsang-sur-Orge*, Nr. 136727, Rec. Lebon S. 372. (Der Fall ist auch von dem UN Human Rights Committee, Seventy-fifth session, 15.7.2002, *Manuel Wackenheim v France*,

Kinder bestimmten sprechenden Plüschtiers. Es stellte einen Affen dar, der in einer Box mit der Aufschrift „Nazo le Skizo" (Nazo der Schizophrene) präsentiert wurde. Das sei eine entwürdigende Verhöhnung von Schizophreniekranken und verstoße deshalb gegen Art. 16 franz. CC.[67]

6. Zugehörigkeit zu einem Geschlecht

18 Bei einem spezifischen Merkmal der Körperlichkeit des Menschen, seiner Geschlechtlichkeit, wird das Wechselspiel von vorrechtlichem Verständnis und rechtlicher Zuschreibung besonders deutlich. Die weitaus meisten europäischen Rechtsordnungen kennen immer noch nur zwei[68], nur Deutschland und Österreich mehrere rechtliche Geschlechter.[69] In

---

Communication No 854/1999, U. N. Doc. CCPR/C/75/D/854/1999 (2002) diskutiert worden, das die französische Entscheidung bestätigt hat.) Ein vom Sachverhalt her nahezu identischer deutscher Parallelfall ist VG Neustadt 21.5.1992, NVwZ 1993 S. 98. Auch dieses Gericht stützte die Annahme einer Würdeverletzung darauf, dass die Darsteller als „Sportgeräte" zum Objekt herabgewürdigt würden. Dass sie freiwillig handelten, mache keinen Unterschied, weil es sich bei der Menschenwürde um einen unverfügbaren Wert handle, auf den der einzelne nicht wirksam verzichten könne. Auf einer ähnlichen Linie liegt auch EuGH 14.10.2004, C-36/10, *Omega*, Slg. 2004, I-9609 (Aufrechterhaltung des Verbots simulierter Tötungsspiele, weil sie die Menschenwürde verletzten).

[67] Versailles 24.11.2004, Nr. 03/09036, RTD civ. 2005 S. 364: „Considérant ainsi que l'a justement estimé le premier juge que l'accolement des mots „Nazo" et „Schizo" constitue une moquerie ayant pour effet de provoquer à l'encontre des malades atteints de schizophrénie un phénomène de dérision et de discrimination et constitutif comme tel d'une atteinte à leur dignité en contravention avec les dispositions de l'article 16 du Code Civil".

[68] Zu den Rechtsordnungen, die nur zwei Geschlechter akzeptieren, gehören u. a. die bulgarische (das wird allerdings nur aus untergesetzlichen Normen zum Personenstandswesen abgeleitet, insbesondere aus der Verordnung über das Funktionieren eines einheitlichen Systems der Zivilregistrierung); die dänische (§ 4 i. V. m. Anhang 1 Lov om det centrale personregister [Gesetz über das zentrale Personenregister] vom 3.3.2004); die englische (*R (Christie Elan-Cane) v Secretary of State for the Home Department* [2018] EWHC 1530 (Admin), dazu *Schulz*, FamRZ 2022 S. 366); [2018] 1 WLR 5119 [123]; [2020] EWCA Civ 363; die finnische (§ 11(2) Laki väestötietojärjeststelmästä ja Väestöreikeskuksen varmennepalveluista [Gesetz über das EDV-System der Bevölkerungsdateien und die Zertifikatdienste der Bevölkerungsregisterzentrale] vom 21.8.2009; die französische (Cass.civ. 4.5.2017, Bull. civ. 2017 S. 137 Nr. 101 [keine Berichtigung des Geburtsregisters durch Umschreibung des als männlich angegebenen Geschlechts des Kindes in ein neutrales Geschlecht, „la loi française ne permet pas de faire figurer, dans les actes de l'état civil, l'indication d'un sexe autre que masculin ou féminin"]); die italienische (intersexuelle Personen können nur für „männlich" oder „weiblich" optieren; ein drittes Geschlecht gibt es nicht; die Geschlechtsänderung setzt aber einen operativen Eingriff mehr voraus: Cass. 20.7.2015, nr. 15138, Foro it. 2015, 10, I, 3137 und Corte Cost. 5.11.2015, nr. 221, Dir.fam.pers. 2016, 1, I, 20); die polnische (Art. 60(3) poln. ZivilstandsregisterG, Ustawa o aktach stanu cywilnego); die portugiesische (Art. 10 Lei da Identificação Civil, Gesetz 33/99 vom 18.5.1999 [eine *pessoa intersexo* kann zwar unter Art. 7(3) Gesetz 38/2018 vom 7.8.2018 die Änderung ihres Geschlechts im Zivilregister in das jeweils andere Geschlecht beantragen, aber „intersexuelle Personen" können nur für „männlich" oder „weiblich" optieren; ein drittes Geschlecht gibt es nicht]); die rumänische (das rumän. Gesetz Nr. 119/1996 über die Personenstandsurkunden kennt nur „weiblich" oder „männlich", sagt allerdings nicht ausdrücklich, dass es kein drittes Geschlecht gibt); die schwedische (§ 18(2) Folkbokföringslag); die spanische (das Gesetz 3/2007 vom 15.3.2007 sieht ebenso wie in Portugal nur die registerrechtliche Berichtigung in das jeweils andere Geschlecht vor) und die tschechische (Lavický [-*Dobrovolná*], Občanský zákonik I, S. 191 bemerkt, dass es in den Zweifelsfällen auf die genetischen, anatomischen oder hormonalen Merkmale ankäme, die überwögen).

[69] In beiden Ländern geht die aktuelle Rechtslage auf verfassungsgerichtliche Interventionen zurück. § 22(3) dt. PStG, der neben dem Eintrag „divers" auch ein Offenlassen der Geschlechtsangabe erlaubt (so dass man in die Nähe eines vierten Geschlechts kommt), ist durch BVerfG 10.10.2017, NJW 2017 S. 3643 initiiert worden. In Österreich hat VfGH 15.6.2018, FamRZ 2018 S. 1437 unter Fn. 72) zumindest die Anerkennung eines dritten Geschlechts („divers") erzwungen. § 2(2) Nr. 3 österr. PStG (wonach das „Geschlecht" zu den allgemeinen Personenstandsdaten gehört), musste aber zunächst nicht geändert werden, weil der Verfassungsgerichtshof entschieden hatte, dass „der von § 2 Abs. 2 Z 3 PStG 2013 verwendete Begriff des Geschlechts ... so allgemein (ist), dass er sich ohne Schwierigkeiten dahingehend verstehen lässt, dass er auch alternative Geschlechtsidentitäten miteinschließt". Gleichzeitig hatte das Gericht aber auch festgehalten, dass Art. 8 EMRK „einer konkreten Festlegung und begrifflichen Eingrenzung einer derartigen Geschlechtsbezeichnung [„divers", „offen", „inter"] durch Gesetz- oder Verordnungsgeber nicht im Weg" stehe. Dem ist der Gesetzgeber 2022 durch eine Änderung des Meldesetzes gefolgt, die Mitte 2023 in Kraft treten wird. Unter der Anlage A („Meldezettel") zum Bundesgesetz

I. Gegenstände **§ 1**

England haben Menschen vergeblich darum gekämpft, in ihrem Pass wenigstens „X"[70] zu sein.[71] Auch die Frage, ob die Angabe des Geschlechts eines Kindes in den Personenstandsregistern vorübergehend offengelassen werden darf, ist derzeit noch hoch umstritten.[72] Diese Möglichkeit mag den Eltern etwas Zeit verschaffen; der besonderen Situation intersexueller Menschen wird aber auch sie nicht gerecht.[73] Je nachdem, was man unter Geschlecht versteht und wie Geschlechter voneinander unterschieden werden, scheint es rein körperlich freilich möglich, eine weitaus größere Zahl an Differenzierungen vorzunehmen. In der freien Wirtschaft bieten einzelne Unternehmen ihren Kunden inzwischen die Wahl zwischen 60 (!) verschiedenen Geschlechtsbezeichnungen an.[74] Es will also nicht nur „Geschlecht" rechtlich definiert, sondern auch bedacht sein, wie viele geschlechtliche Differenzierungen eine Privatrechtsordnung überhaupt bewältigen kann[75] – es sei denn, sie verzichtet ganz auf sie.[76] Rechtlich erscheint es nicht einmal undenkbar, dass eine Person

---

vom 31.10.2022, mit dem das Meldegesetz 1991 geändert wird (österr. BGBl I Nr. 173/2022) können zum Geschlecht der anzumeldenden Person angekreuzt werden: „männlich, weiblich, divers, inter, offen, keine Angabe". Zu wie vielen rechtlichen Geschlechtern sich das aufaddiert, ist unklar.

[70] Die Geschlechtsangabe „X" ist eine Besonderheit des Passwesens, die auf der Verordnung (EG) Nr. 2252/2004 des Rates vom 13.12.2004 über Normen für Sicherheitsmerkmale und biometrische Daten in von den Mitgliedsstaaten ausgestellten Pässen und Reisedokumenten (ABl. Nr. L 385/1 vom 29.12.2004, S. 1) beruht („2. Personaldatenseite", Abs. 1 des Anhangs: Mindestsicherheitsnormen für von den Mitgliedsstaaten ausgestellte Pässe und Reisedokumente). Die VO verweist ihrerseits auf das Dokument 9303 (Machine Readable Travel Documents, 7th ed. 2015) der Internationalen Zivilluftfahrtorganisation (ICAO), das die Einträge „F" (female), „M" (male) und „X" (unspecified) erlaubt (Part 4, S. 14). Darauf hat Dänemark mit einer Änderung des Passgesetzes zum 28.11.2013 reagiert (§ 4(5) Lov om pas til danske statsborgere m. v. vom 8.9.2008). § 4(2) Satz 2 Nr. 8 dt. PassG sieht das Zeichen „<" für „Passinhaber anderen Geschlechts" vor.

[71] *R (Christie Elan-Cane) v Secretary of State for the Home Department* a. a. O. (Fn. 68). Wenngleich das Gericht einen Verstoß gegen Artt. 8, 14 EMRK verneinte, betonte es doch, dass der englische Gesetzgeber gehalten sei, den rechtlichen Status von intersexuellen Personen zu prüfen und in absehbarer Zeit zu regeln.

[72] Unter § 22(3) dt. PStG kann, wenn „das Kind weder dem weiblichen noch dem männlichen Geschlecht zugeordnet werden" kann, „der Personenstandsfall auch ohne eine solche Angabe oder mit der Angabe ,divers' in das Geburtenregister eingetragen werden". Art. 1:19d ndl. BW erlaubt den Eintrag, dass das Geschlecht eines Neugeborenen nicht festgestellt werden kann, zunächst nur für drei Monate, nach erneuter Überprüfung aber auch unbefristet. Zu Österreich siehe schon Fn. 69. In Frankreich gilt, dass „les officiers d'état civil n'ont pas le droit de mentionner 'sexe indéterminé' dans un acte de naissance, ils doivent obligatoirement indiquer le sexe" (*Buffelan-Lanore und Larribau-Terneyre,* Droit civil. Introduction[16], S. 373). Ebenso verhält es sich in Rumänien (das Gesetz Nr. 119/1996 über die Personenstandsurkunden gibt nicht die Möglichkeit, bei Neugeborenen die Geschlechtsangabe offenzulassen; in der Praxis wählt man immer „weiblich" oder „männlich"). Unter polnischem Recht soll es ohne Geschlechtsangabe sogar unmöglich sein, wenigstens eine Geburtsurkunde auszustellen (Woiwodschaftsverwaltungsgericht Krakau 9.6.2010, III SA/Kr 775/09, Legalis-Nr. 252725).

[73] Richtig m. E. BVerfG 10.10.2017 a. a. O. (Fn. 69), das die bis zum 1.1.2019 bestehende deutsche Rechtslage mit dem allgemeinen Persönlichkeitsrecht (Art. 2(1) i. V. m. Art. 1(1)) und mit dem Gleichbehandlungsgrundsatz (Art. 3(3) Satz 1 dt. GG) für unvereinbar hielt. Der grundrechtliche Schutz der geschlechtlichen Identität schließe auch diejenigen ein, die sich dauerhaft weder dem männlichen noch dem weiblichen Geschlecht zuordnen ließen. Folglich sei ein positiver Geschlechtseintrag erforderlich; wenn die betreffende Person weder als männlich noch als weiblich eingetragen sein möchte, genüge das bloße Absehen von jeder Eintragung nicht.

[74] Dazu gehört nach einem Bericht in der allgemeinen Presse das Internetunternehmen Facebook: https://www.faz.net/aktuell/gesellschaft/facebook-60-auswahlmoeglichkeiten-fuer-geschlecht-13135140.html.

[75] Richtig *Van Beers,* German Law Journal 2017 S. 559, 591 („if the founding categories of law were open to subjective interpretation by the legal subjects themselves, the legal system would become too singular and uneven to be able to guarantee legal certainty and equality for the law. There is a limit, therefore, as to how much fragmentation a legal order can take"). Auch Cass.civ. 4.5.2017 (vorher Fn. 68) begründete die Ablehnung eines dritten Geschlechts mit dem Argument, dass „la reconnaissance par le juge d'une troisième catégorie de sexe aurait des répercussions profondes sur les règles du droit français construites à partir de la binarité des sexes et impliquerait de nombreuses modifications législatives de coordination".

[76] Die Diskussion über diese Option hat längst begonnen. *Rosenblum,* (2012) 35(1) Harvard Journal of Law and Gender, S. 57 und *Scherpe,* in: Essays in Honour of Nigel Lowe, S. 343, 350–358 plädieren eindringlich dafür, biologische Unterscheidungsmerkmale auch im Personenstands-, im Abstammungs- und im Verwandtschaftsrecht endgültig aufzugeben. BVerfG 10.10.2017 a. a. O. (Fn. 69) hat den deutschen

relativ zu anderen Personen ein je anderes Geschlecht hat. Ob das so ist, hängt nur davon ab, wie man die „technisch" auf eine Statusentscheidung beschränkten Vorschriften des Transsexuellenrechts deuten will, dass jemand (z.B.) „Vater" bzw. „Sohn" bleibt[77], obwohl er (sie) inzwischen eine Frau ist.[78] Wenn ein Kind (korrekt) formuliert, „mein Vater ist eine Frau" („meine Mutter ist ein Mann"), dann drückt sich darin zwar nicht wirklich eine Relativität des Geschlechts aus, aber es kommt ihr doch nahe. Noch deutlicher wird das, wenn es um den Status eines transsexuellen Menschen im Verhältnis zu künftig geborenen Kindern geht, weil dann ein und dieselbe Person Mutter des einen und Vater des anderen Kindes sein kann.

19 Die Frage, ob ein Mensch Mann oder Frau oder Angehöriger eines anderen (und dann: welchen) Geschlechts ist, bedarf zwar in gewöhnlichen zivilrechtlichen Streitigkeiten meistens überhaupt keiner Entscheidung. Im europäischen Vertrags- und im Sachenrecht gilt das auf der Ebene der gesetzlichen Regelbildung ausnahmslos. Sonderfragen stellen sich hier erst auf der Ebene der Auslegung und der Durchführung einzelner Verträge. Man denke etwa an ein Sportstudio oder ein Hallenbad, die bestimmte Übungsstunden „Frauen" vorbehalten, so dass die Frage auftauchen kann, ob damit auch Mann-zu-Frau transsexuelle Personen gemeint sind. Es gibt aber auch immer noch zahlreiche Situationen, in denen sich schon nach dem Text der einschlägigen gesetzlichen Bestimmungen privatrechtliche Rechtsfolgen an die Zuordnung der Betroffenen zu einem Geschlecht knüpfen. Dazu kommt es, wenn auch in stetig abnehmendem Maße, vor allem im Familienrecht.[79] Die Zeiten, in denen einer (verheirateten oder unverheirateten) Frau nur wegen ihres Geschlechts die Verfügungsbefugnis über ihre eigenen Sachen oder der selbständige Erwerb von Eigentum vorenthalten wurde, sind noch nicht lange vorbei.[80] Wo das Familienrecht

---

Gesetzgeber immerhin vor die Alternative gestellt, entweder neben „männlich" und „weiblich" einen positiven (dritten) Geschlechtseintrag im Personenstandsregister einzuführen oder auf einen Geschlechtseintrag generell zu verzichten.

[77] Unter § 11 dt. TSG lässt „die Entscheidung, dass der Antragsteller als dem anderen Geschlecht zugehörig anzusehen ist, ... das Rechtsverhältnis zwischen dem Antragsteller und seinen Eltern sowie zwischen dem Antragsteller und seinen Kindern unberührt ... Gleiches gilt im Verhältnis zu den Abkömmlingen dieser Kinder". Im Geburtseintrag des Kindes einer transsexuellen Person, die nach der Geburt ihres leiblichen Kindes einen Vornamen des neuen Geschlechts angenommen hat, bleibt der bisherige Vorname unverändert; das sei verfassungsrechtlich unbedenklich (KG 14.2.2019, FamRZ 2019 S. 1177). § 29(2) Satz 1 tschech. BGB stellt klar, dass „die Geschlechtsumwandlung ... weder Einfluss auf den Personenstand des Menschen noch auf dessen persönliche und Vermögensverhältnisse" hat. In der Geburtsurkunde eines Kindes werden keine Veränderungen vorgenommen. Denn die Geburtsurkunde hält den Personenstand der Eltern im Zeitpunkt der Geburt fest (Švestka/Dvořák/Fiala [-*Frinta*], Občanský zákoník I, S. 153). Ebenso verhält es sich unter Art. 1:28c(2) ndl. BW und in Schweden (Prop. 1972:6, S. 52 und 53 [Gesetzesmaterialien zum Lag om fastställande av könstillhörighet i vissa fall vom 21.4.1972 (1972:119), dem Gesetz über Geschlechtsumwandlung] und SOU 2007:16 S. 123–127). Sec. 12 Gender Recognition Act 2004 formuliert noch drastischer: „The fact that a person's gender has become the acquired gender under this Act does not affect the status of the person as the father or mother of a child".

[78] Der Sinn solcher Regeln besteht darin, den Status des Transsexuellen als Vater bzw. als Mutter unberührt zu lassen, etwa für die Zwecke des Unterhalts-, des Abstammungs- und des Erbrechts (BT-Drs. 8/2947 S. 16). Veränderlich ist deshalb derzeit nur das Geschlecht, nicht aber der biologisch durch Geburt oder Zeugung festgelegte rechtliche Status als Mutter oder Vater des Kindes (BGH 6.9.2017, NJW 2017 S. 3379, 3380, Rdnr. 19).

[79] Bei der allgemeinen Geschäftsfähigkeit gibt es im heutigen Europa keine geschlechtsspezifischen Differenzierungen mehr, wohl aber gelegentlich in Lateinamerika (Staudinger [-*Hausmann*], BGB (2019), Art. 7 EGBGB Rdnr. 44). Allerdings können die Regeln zur erweiterten Geschäftsfähigkeit verheirateter Minderjähriger im Ergebnis eine geschlechtsspezifische Ungleichbehandlung bewirken. Denn dort, wo einer Frau (aber nicht einem Mann) die Eheschließung (ggf. mit richterlicher Genehmigung) schon ab Vollendung des 16. Lebensjahres gestattet ist und die verheiratete Frau voll geschäftsfähig wird (wie in Polen: Art. 10 § 1 Satz 2 poln. FVGB i. V. m. Artt. 10 § 2 und 11 poln. ZGB), kann eine Frau früher geschäftsfähig werden als ein Mann. Das läuft auf einen Verstoß gegen den Grundsatz der Gleichberechtigung von Männern und Frauen hinaus (Pietrzykowski [-*Pietrzykowski*], Kodeks Rodzinny i Opiekuńczy[6], Art. 10 Rdnr. 2).

[80] In einigen Sprachen ist das Wort für „Mensch" gleichzeitig auch das Wort für „Mann". Das kann leicht zu Übersetzungsfehlern führen. Art. 1 port. CC von 1867 z. B. lautete, dass nur der *homem* „Träger von Rechten und Pflichten sein (kann). Hierin besteht seine *capacidade jurídica* oder seine *personalidade*".

I. Gegenstände **§ 1**

auch heute noch an das Geschlecht anknüpft, unterliegen die entsprechenden Regeln einem sich ständig verschärfenden Begründungsdruck. Man denke etwa an das Namensrecht von Eheleuten und Kindern[81], an das Recht der Eingehung[82] und des Fortbestandes

Gemeint war aber der Mensch, nicht der Mann. Das folgte aus Art. 7 port. CC [1867] („Das bürgerliche Gesetz ist gleich für alle und macht keinen Unterschied weder von Personen noch vom Geschlecht, außer in den Fällen, die besonders angegeben sind"); Einzelheiten dazu bei *Cabral de Moncada*, Lições de Direito Civil[4], S. 301–304. Art. 1 port. CC [1867] schwingt in Art. 67 port. CC [1966] nach („Die Personen können vorbehaltlich entgegenstehender gesetzlicher Bestimmung Träger von beliebigen Rechtsverhältnissen sein; hierin besteht ihre *capacidade jurídica*"). Das portugiesische Parlament hat im Jahre 2013 die Empfehlung ausgesprochen, statt von *direitos do homem* von *direitos humanos* zu sprechen (Recomendação da Assembleia da República 39/2013 vom 8.3.2013), auch wenn *direitos humanos* („droits humains") und *direitos do homem* („droits de l'homme") üblicherweise als Synonyme betrachtet werden und „Menschenrechte" bedeuten (näher *Menezes Cordeiro*, Tratado de Direito Civil IV[5], S. 29). Der Gesetzgeber hat die Empfehlung inzwischen in Art. 2 des Gesetzes 45/2019 vom 27.6.2019 (DRE 121/2019 I vom 27.6.2019) aufgegriffen: „(I)n den portugiesischen Sprachfassungen aller internationalen Übereinkommen, an die die Portugiesische Republik gebunden ist und die im *Diário da República* veröffentlicht werden, muss es dort, wo ‚*direitos do homem*' steht, ‚*direitos humanos*' heißen".

[81] Ein unter dem Gesichtspunkt der Gleichberechtigung der Geschlechter nicht unproblematisches Namensrecht begegnet weiterhin in Spanien. Man unterscheidet zwischen dem Namen *(nombre)* und den Nachnamen *(apellidos)*. Die Reihenfolge der *apellidos* (die aus den Nachnamen des Vaters und der Mutter bestehen) kann zwar gewählt werden. Aber dabei geht es jeweils nur um den ersten Nachnamen. Wird die Reihenfolge nicht gewählt, bildet sich der *apellido* nach den gesetzlichen Bestimmungen (Art. 109(2) span. CC). Der erste Nachname ist dann stets der erste Nachname des Vaters und der zweite Nachname der erste Nachname der Mutter, auch wenn sie Ausländerin ist (Art. 194 span. RRC) (Einzelheiten bei *Díez-Picazo und Gullón*, Sistema de Derecho Civil I[12], S. 360–362). Der erste Nachname ist aber in beiden Fällen wieder der jeweilige Vatersname. Es werden im Ergebnis also immer nur Namen aus der jeweils männlichen Linie an die nächste Generation weitergegeben. ECHR 26.10.2021, 30306/13, *León Madrid vs. Spain,* https://hudoc.echr.coe.int/fre?i=002-13451 hat nun entschieden, dass die Regelung in Art. 194 a. a. O. jedenfalls insoweit gegen Art. 14 i. V. m. Art. 8 EMRK verstößt, als der väterliche Nachname generell und ohne Berücksichtigung der Umstände des Einzelfalls dem mütterlichen vorgeht. Die alleinstehende Beschwerdeführerin hatte in dem Verfahren vor dem Vater vertreten. Der Vater hatte die Schwangerschaft sogar abbrechen lassen wollen. Deshalb war die Tochter mit den beiden Nachnamen der Mutter registriert worden. Näher *Quicios Molina*, Derecho Privado y Constitución 39 (2021) 249, 286.

[82] Die Eingehung einer Ehe mit einem Angehörigen desselben Geschlechts ist heute zwar möglich in Belgien (Art. 143 belg. CC); Dänemark (§ 1 Lov om ægteskabs indgåelse og opløsning vom 23.1.2018, Ehegesetz); Deutschland (§ 1353 dt. BGB); England und Wales (Same Sex Couples Act 2013); Finnland (§ 1 Avioliittolaki [Ehegesetz] vom 13.6.1929); Frankreich (Art. 143 franz. CC); Irland (Marriage Act 2015; civil partnerships unter dem Civil Partnership and Certain Rights and Obligations of Cohabitants Act 2010 erlöschen automatisch, wenn die gleichgeschlechtlichen Partner eine Ehe eingehen); Luxemburg (Art. 143 luxemb. CC); Malta (Marriage Laws and other Laws (Amendment) Act 2017); den Niederlanden (Art. 1:30(1) ndl. BW); Nordirland (das Parlament in Westminster hat 2019 auf Antrag der Northern Ireland Assembly der Erstreckung des Marriage (Same Sex Couples) Act 2013 auf Nordirland zugestimmt; die entsprechende *Regulation* trat im Januar 2020 in Kraft); Österreich (§ 44 ABGB); Portugal (Art. 1577 port. CC i. d. F. des Gesetzes 9/2010 vom 31.5.2010); Schottland (Marriage and Civil Partnership (Scotland) Act 2014); Schweden (Kap. 1 § 1 schwed. Äktenskapsbalk [Ehegesetzbuch] vom 14.5.1987 (1987:230); Slowenien (Art. 3(1) Zakon o zakonski zvezi in družinskih razmerjih, Nr. 69/2004 RS [Gesetz über die Ehe und die familienrechtlichen Beziehungen] ist durch slowen. VerfG 16.6.2022, U-I-486/20-14, Up-572/18-36, slowen. ABl. Nr. 94/2022 vom 13.7.2022, für nichtig erklärt worden, insofern die Vorschrift Verschiedengeschlechtlichkeit voraussetzte; das Gesetz wurde inzwischen neu gefasst) und Spanien (Art. 44 Satz 2 span. CC); *nicht aber* in Bulgarien (Art. 46(1) Satz 2 bulgar. Verf.); Estland (§ 1(1) estn. Perekonnaseadus [Familiengesetzbuch]); Griechenland (Art. 1350 gr. ZGB verlangt zwar nicht ausdrücklich Verschiedengeschlechtlichkeit, setzt sie aber nach Berufungsgericht Dodekanes 83/2011, Dodekanisiaki Nomologia 17 (2013) S. 183 und Areopag 1428/2017, Isokrates-Datenbank voraus); Italien (zwar verlangen weder Art. 29 der Verf. noch der CC ausdrücklich Verschiedengeschlechtlichkeit, doch wird sie in vielen Vorschriften des CC impliziert, was nicht verfassungswidrig sei: Corte Cost. 15.4.2010, nr. 138, Giur. cost. 2010 S. 1604); Kroatien (Art. 61 kroat. Verf.; eingefügt 2014 aufgrund eines Referendums aus dem Vorjahr); Lettland (Art. 110 lett. Verfassung, Art. 36 lett. ZGB [„Marriage between persons of the same sex is prohibited"]); Litauen (Art. 38 lit. Verfassung, Art. 3.12 lit. ZGB [„Marriage may be contracted only with a person of the opposite gender"]); Polen (Art. 1 § 1 poln. Familien- und Vormundschaftsgesetzbuch, Art. 18 poln. Verf.); Rumänien (Art. 271 rumän. CC, besonders scharf sodann Art. 277 rumän. CC: ausdrückliches Verbot der gleichgeschlechtlichen Ehe; nicht einmal im Ausland geschlossene gleichgeschlechtliche Ehen werden anerkannt, was aber unter dem Aspekt der Freizügigkeit europarechtswidrig ist: EuGH 5.6.2018, C-673/16, ECLI:EU:C:2018:385); Slowakei (Art. 41 slowak. Verf., Art. 1 slowak. FamG); Tschechien (§ 655 tschech. BGB); Ungarn (Art. L

einer Ehe⁸³ und an das Abstammungsrecht. In ihm müssen nicht nur Randfragen wie die entschieden werden, ob die im Zeitpunkt der Geburt mit der Gebärenden verheiratete Frau mit dem Kind so verwandt wird, wie es ein Ehemann unter sonst gleichen Umständen würde.⁸⁴ Langfristig geht es vielmehr um die weit grundsätzlichere Frage, ob überhaupt an der rechtlichen Unterscheidung zwischen Vater und Mutter festgehalten werden soll und kann.⁸⁵ Geschlechtliche Unterscheidungen geraten in ihrem bisherigen Kerngebiet, dem

---

ungar. Verf., § 4:5(1) Satz 1 ungar. ZGB) und in Zypern (Art. 3(1) Gesetz Nr. 104(I)/2003 über die Ehe, *peri Gamou*). Man hat es also mit einem deutlichen West-Ost-Unterschied zu tun. *Coester-Waltjen*, ZEuP 2018 S. 320, 324 vermutet als Gründe die Homophobie des früheren kommunistischen Systems und die starke Stellung der katholischen und der orthodoxen Kirchen.

83 Nach einer Geschlechtsumwandlung besteht die zuvor verschiedengeschlechtliche Ehe u. a. fort in Deutschland (nach Einführung der gleichgeschlechtlichen Ehe besteht sowieso kein Aufhebungsgrund mehr; die Ehe wurde aber auch unter altem Recht nicht aufgelöst; das Problem wurde solange durch die Regel vermieden, dass eine Geschlechtsumwandlung nur für unverheiratete Personen in Betracht kam [§ 8(1) Nr. 2 dt. TSG a.F.], bis sie durch BVerfG 27.5.2008, NJW 2008 S. 3117 verworfen wurde), in Österreich (§ 44 österr. ABGB erlaubt die gleichgeschlechtliche Ehe; auch in Österreich besteht also kein Aufhebungsgrund mehr), in Polen (so jedenfalls poln. OG I CSK 146/13, OSNC-ZD 2015, Nr B, poz. 19) und in Schweden (Kap. 1 §§ 1 und 5 schwed. Äktenskapsbalk; Lag om fastställande av könstillhörighet i vissa fall vom 21.4.1972 (1972:119) [Gesetz über Geschlechtsumwandlung]; die Geschlechtsumwandlung gehört nicht zu den abschließend aufgezählten Eheauflösungsgründen). Dagegen werden Ehe und eingetragene Lebenspartnerschaft in Italien (Corte Cost. 11.6.2014, Foro it. 2014, 10, 2674, Anm. *Patti*; Gesetz vom 20.5.2017, nr. 76, sog. *Legge Cirinnà*) aufgelöst. Unter Art. 27 des Gesetzes Nr. 76 wird eine Ehe zwischen nunmehr gleichgeschlechtlichen Personen automatisch in eine Lebenspartnerschaft umgewandelt). Unter § 29(2) Satz 1, zweiter Halbsatz tschech. BGB wird eine Ehe durch Geschlechtsumwandlung auch gegen den Willen der Beteiligten aufgelöst; die Folgen unterliegen dem Scheidungsrecht; eine Umwandlung der Ehe in eine registrierte Partnerschaft bzw. eine Umwandlung der registrierten Partnerschaft in eine Ehe sind ausgeschlossen: Lavický [-*Dobrovolná*], Občanský zákoník I, S. 191). Ebenso verhält es sich wohl in Rumänien, obwohl das bislang weder gesetzlich noch gerichtlich entschieden wurde (*Florian*, Dreptul familiei⁶, S. 47 und *Gheberta*, Nulitatea căsătoriei în dreptul român și dreptul comparat, S. 196). In Griechenland und Ungarn gilt bis heute, dass ein verheirateter Mensch keinen Antrag auf Korrektur seines Geschlechts stellen kann (Art. III Nr. 3 gr. Gesetz 4491/2017; § 69/B(4) ungar. Gesetz I von 2010 über die Führung des Personenstandsbuches). EuGH 26.6.2018, Rs. C-451/16, *(MB/Secretary of State for Work and Pensions)*, FamRZ 2018 S. 1278, Anm. *Schepe*, entschied, dass unmittelbar diskriminiert werde, wem eine staatliche Ruhestandsrente mit der doppelten Begründung verweigert werde, er dürfe nicht mit einem Angehörigen des Geschlechts verheiratet sein, das er durch Geschlechtsumwandlung erworben habe, außerdem noch nicht das Rentenalter des erworbenen Geschlechts erreicht habe. Trotz des Marriage (Same Sex Couples) Act 2013 ist aber auch das geltende englische Recht mit Rücksicht auf Artt. 12 und 8 EMRK immer noch nicht unbedenklich. Denn eine Ehe besteht nach einer Geschlechtsumwandlung nur dann fort, wenn der Ehegatte des Transsexuellen einwilligt (sec. 4A Gender Recognition Act 2004). Dem Ehegatten steht es also frei, seinen transsexuellen Partner vor die „Wahl" zwischen dem Fortbestand der Ehe und der vollen rechtlichen Anerkennung des neuen Geschlechts zu stellen. Gleichzeitig differenziert das geltende Recht immer noch zwischen Ehe und eingetragener Lebenspartnerschaft. Eine *civil partnership* muss nach dem Geschlechtswechsel eines Partners in eine Ehe umgewandelt werden, während Eheleute für eine Umwandlung in eine *civil partnership* optieren können, ihre Verbindung aber einvernehmlich auch als Ehe fortbestehen lassen können. Diese Ungleichbehandlung folgt aus der Ungleichbehandlung gleich- und verschiedengeschlechtlicher Paare im Recht der *civil partnership* (sec. 3 CPA 2004; oben Fn. 18). Da sie gegen Art. 14 i. V. m. Art. 8 EMRK verstößt und deshalb beseitigt werden muss (R (on the application of Steinfeld and Keidan) v Secretary of State for International Development (in substitution for the Home Secretary and the Education Secretary) [2018] UKSC 32, [2018] 3 WLR 415), wird auch die Ungleichbehandlung von Ehe und eingetragener Lebenspartnerschaft im Hinblick auf die Rechtsfolgen der Geschlechtsumwandlung beseitigt werden müssen.

84 Verneinend BGH 10.10.2018, NJW 2019 S. 153, 154; FamRZ 2018 S. 1919. Das Geschlecht spielt außerdem auch im Recht der Ersatzmutterschaft eine Rolle (unten Rdnr. 88).

85 Die erste europäische Rechtsordnung, welche die Unterscheidung zwischen Vater und Mutter im Familienrecht aufgegeben hat, ist die maltesische (Marriage Laws and other Laws (Amendment) Act 2017). In Italien hat die Frage, ob die Begriffe Vater und Mutter wenigstens für die Ausstellung von Personalausweisen durch die Formulierungen Elternteil 1 *(genitore 1)* und Elternteil 2 *(genitore 2)* ersetzt werden sollten, hohe Wellen geschlagen. Das Decreto ministeriale 23.12.2015, nr. 93764, Gazz. Uff. 30.12.2015, nr. 302 hatte die geschlechtsneutrale Wortwahl zunächst eingeführt; sie ist aber durch das Decreto ministeriale 31.1.2019, nr. 159207, Gazz. Uff. 3.4.2019, nr. 79 wieder aufgehoben worden, und zwar gegen den Widerspruch des Datenschutzbeauftragten (https://www.garanteprivacy.it/web/guest/home/docweb/-/docweb-display/docweb/9058965). In der Bevölkerung gibt es nach Berichten in der allgemeinen Presse (z. B. http://www.ilgiornale.it/news/milano/genitore-1-sono-mamma-sua-rivolta-con-

Abstammungsrecht, überdies deshalb unter Druck, weil es in einigen Rechtsordnungen inzwischen möglich geworden ist, mehr als zwei Personen im Verhältnis zu einem Kind nicht nur faktisch[86], sondern auch rechtlich als dessen Eltern zu qualifizieren.[87]

7. Teilhabe am Privatrechtsverkehr

Das vierte rechtliche Merkmal der natürlichen Person ist ihre grundsätzlich unbeschränkte Teilhabe am Privatrechtsverkehr. Zwar gewährt die Rechtsordnung auch „juristischen" Personen Zugang zu zahlreichen Einrichtungen des Privatrechts, doch teilen juritische mit den natürlichen Personen nur die Rechtsfähigkeit; eine Geschäftsfähigkeit juristischer Personen gibt es nicht. Der Mensch nimmt aber vor allem deshalb eine Sonderstellung ein, weil nur er prinzipiell Zugang zu *allen* Einrichtungen des Privatrechts hat. Dem steht nicht entscheidend entgegen, dass es subjektive Rechte gibt, die ausschließlich von juristischen (also gerade nicht von natürlichen) Personen begeben bzw. erworben werden können[88], ja ganze Geschäftsfelder, die natürlichen Personen mit der Begründung verschlossen bleiben, dass sie kein festes Eigenkapital haben.[89] Denn das ändert an dem Ausgangspunkt nichts. Nur dem Menschen steht die gesamte Welt des Privatrechts offen. Er kann sich zur

20

---

tagia-tutti-997777.html) große Widerstände dagegen, neutral (und nicht mehr als Vater und Mutter) identifiziert zu werden. Andererseits haben viele Schulen die Formulierung „Eltern 1 und 2" beibehalten, um jede Diskriminierung zu vermeiden. Art. 125 port CC (über die Anfechtbarkeit der von Minderjährigen vorgenommenen Rechtsgeschäfte) wurde im Jahre 1977 wenigstens dahin angepasst, dass seither nicht mehr nur der Vater, sondern jedes „die elterliche Gewalt ausübende Elternteil" antragsberechtigt ist *(a requerimento ... do progenitor que exerça o poder paternal).*

[86] Das binäre Vater-Mutter-Schema ist heute nicht einmal mehr in genetischer Hinsicht über jeden Zweifel erhaben, weil es Menschen gibt, die mit dem Erbgut dreier verschiedener „Eltern" geboren wurden (New Scientist https://www.newscientist.com/article/2107219-exclusive-worlds-first-baby-born-with-new-3-parent-technique/). Eine solche *mitochondria donation* dient der Vermeidung genetisch bedingter Erkrankungen. Sie ist unter den (engen) Voraussetzungen der Human Fertilisation and Embryology (Mitochondrial Donation) Regulations seit 2015 in England, Wales und Schottland erlaubt.

[87] Die Möglichkeit einer multiplen Elternschaft ist bislang zwar noch in keinem Staat der Europäischen Union, aber doch bereits in einigen nordamerikanischen Gliedstaaten gegeben. Sec. 7612(c) California Family Code ermöglicht durch Gerichtsbeschluss aus Gründen des Kindeswohls eine Elternschaft von mehr als zwei Personen; im Rahmen der erforderlichen Gesamtbetrachtung ist vor allem zu berücksichtigen, ob die betreffende dritte Person die Rolle eines „parent" für das Kind erfüllt. In British Columbia und Ontario hat der Gesetzgeber einen vertragsrechtlichen Ansatz gewählt. In British Columbia kann die Elternschaft (und die daraus fließende Sorgeberechtigung) rechtsgeschäftlich zwischen allen beteiligten Eltern ausschließlich im Rahmen der medizinisch unterstützten Fortpflanzung geregelt werden; eine biologische Verbindung ist nicht erforderlich; die Mutter, die das Kind geboren hat, muss aber einer der Eltern sein (sec. 30 Family Law Act of British Columbia). Wesentlich weiter geht in Ontario der All Families Are Equal Act (Parentage and Related Registrations Statute Amendment) 2016. Unter diesem Gesetz, in dem (ebenso wie in Malta [Fn. 85]) die Bezeichnungen „mother" und „father" konsequent durch „parent" ersetzt wurden, kann unter bestimmten Voraussetzungen die Elternschaft vorgeburtlich auch dann durch Vertrag geregelt werden, wenn es sich nicht um einen Fall medizinisch unterstützter Fortpflanzung handelt; eine biologische Verbindung zwischen Kind und einem Elter ist nicht erforderlich. Umgekehrt kann aber auch der biologische Vater auf seine Vaterschaft durch Vertrag verzichten; natürliche *sperm donation* ist möglich. Auch bei der Leihmutterschaft kann vorab durch Vertrag geregelt werden, wer *parent* sein soll; das schließt eine Lösung ein, unter der vier Personen *parent*-Status erlangen (die Leihmutter und ihr Partner sowie die beiden „Zieleltern"). Die Leihmutter kann auf ihre Elternschaft allerdings erst nach Ablauf von fünf Tagen nach der Geburt wirksam verzichten. Theoretisch können sogar mehr als vier Personen die Elternschaft vertraglich erlangen; es gibt keine absolute Höchstgrenze.

[88] Nachweise bei *von Bar,* Gemeineuropäisches Sachenrecht I, Rdnr. 77.

[89] Beispielsweise dürfen sog. Investmentfonds (§ 1(1) dt. KAGB) unter deutschem Recht nur von bestimmten Kapitalgesellschaften verwaltet werden (§ 17(1) a. a. O.). Das Investmentvermögen wird vom Gesetz bemerkenswerterweise als „Organismus" beschrieben (§ 1 a. a. O.). Es stellt entweder selbst eine Kapitalgesellschaft dar, oder es wird von einer sog. „externen" Kapitalgesellschaft verwaltet. Externe Kapitalverwaltungsgesellschaften dürfen nur in der Rechtsform einer AG, einer GmbH oder einer KG geführt werden, deren persönlich haftender Gesellschafter seinerseits eine Gesellschaft mit beschränkter Haftung ist (§ 18(1) a. a. O.). Nicht erlaubt ist die Verwaltung durch einen Einzelkaufmann als natürliche Person (Baur und Tappen [-*Bentele*], Investmentgesetze³, § 18 KAGB, Rdnr. 2).

Verfolgung seiner Zwecke der Rechtsform einer juristischen Person bedienen, aber eine juristische Person nicht der „Rechtsform" der natürlichen Person.

21 Es stehen allerdings nicht allen natürlichen Personen alle Einrichtungen des Privatrechts einschränkungslos offen. Vielmehr erschwert oder verweigert die Rechtsordnung manchen Personengruppen den Zugang zu bestimmten privatrechtlichen Gestaltungsmöglichkeiten. Wo diese Erschwernisse ihren **Grund in der** im weitesten Sinne **körperlichen Beschaffenheit** (und nicht in anderen Merkmalen, wie z. B. der Religionszugehörigkeit[90], der Staatsangehörigkeit[91], der Herkunft[92] oder der Abstammung[93]) des Einzelnen haben, gehören auch sie zum Privatrecht der natürlichen Person. Ihm geht es meistens darum, Menschen mit (aus der Sicht des Rechts) zu geringem Lebensalter oder unzureichender geistiger oder seelischer Leistungsfähigkeit vor den Bindungen zu schützen, die aus einem ungehinderten Zugang zu den Gestaltungsoptionen des Privatrechts folgen würden, manchmal aber auch darum, die Interessen Dritter zu schützen, z. B. im Recht der Errichtung von Testamenten oder dort, wo Minderjährigen der Zugang zu Grundeigentum versperrt wird.[94] Immer, wenn die Privatrechtsordnung Personen aus körperbezogenen Gründen gegeneinander abgrenzt, bedarf sie dafür spezifischer Rechtfertigung. Vieles scheidet von vornherein schon aus europa- und verfassungsrechtlichen Gründen aus, darunter die Hautfarbe und andere rein äußerliche Merkmale. Denkbar ist aber, dass das Privatrecht Personen mit körperlichen Einschränkungen *mehr* Rechte gegen einzelne Mitbürger einräumt als Personen, die nicht unter solchen Besonderheiten leiden. Beispiele dafür finden sich sogar im Sachenrecht.[95]

II. Der Privatautonomie entzogene Zuschreibungen

22 Das Privatrecht der natürlichen Person begründet, sichert und formt die Teilhabe des Menschen an der Privatrechtsordnung. Rechtssubjektivität ist die Voraussetzung für Geschäftsfähigkeit, Geschäftsfähigkeit ein Ausdruck von Rechtssubjektivität. Körperliche Integrität und Würde untermauern und bedingen Rechts- und Geschäftsfähigkeit. Die Zuordnung zu einem Geschlecht öffnet und schließt, derzeit zumindest noch, den Zugang zu

---

[90] Das ist denkbar, wo (wie in Thrazien) nur bestimmten Muslimen die Möglichkeit offensteht, sich auch mit Wirksamkeit für den Bereich des staatlichen Rechts der Rechtsregeln des religiösen Rechts zu bedienen (zur Eheschließung von Minderjährigen z. B. *Weller/Thomale/Hategan/Werner*, FamRZ 2018 S. 1289, 1297).

[91] Areopag 13/1999, EllDni 40 (1999) S. 753 sah allerdings in der Nationalität ein bestimmendes Element der Identität einer Person. Die Staatsangehörigkeit gehöre deshalb zu den durch das Persönlichkeitsrecht (Art. 57 gr. ZGB) geschützten Gütern.

[92] Noch immer kann Ausländern der Erwerb von inländischem Grundeigentum untersagt sein. Z. B. unterliegt der Grunderwerb durch Ausländer, die keine EU-Angehörigen sind, unter § 3 österr. T-GVG und §§ 9(1)(a), § 10(1) ungar. Gesetz CXXII von 2013 über den Verkehr von land- und forstwirtschaftlichen Böden einem Genehmigungsvorbehalt. Vom EuGH für europarechts- und vom belgischen Verfassungsgerichtshof anschließend für verfassungswidrig und nichtig erklärt wurde eine Regelung des flämischen Rechts, die Wallonen den Erwerb von Liegenschaften in bestimmten Regionen Flanderns untersagt hatte (näher *von Bar,* Gemeineuropäisches Sachenrecht I, Rdnr. 77 mit Fn. 5).

[93] Die Abstammung des Menschen gehört nicht mehr zum Recht der natürlichen Person. Das hängt nicht nur damit zusammen, dass nicht nur viele Menschen dieselbe väterliche bzw. mütterliche Abstammung und Geschwister sogar dieselbe Abstammung nach beiden Elternteilen haben. Vielmehr hat Abstammung heute nirgendwo in Europa noch etwas mit den Zugangsvoraussetzungen zu irgendeiner Einrichtung des Privatrechts zu tun; „adelige Abstammung" spielt gleichfalls keine Rolle mehr. Und Unterhalt und Erbenstellung können zwar daran scheitern, dass der erforderliche Abstammungsnachweis nicht geführt wurde, aber sie sind materiellrechtlich niemandem nur deshalb verwehrt, weil er seine Eltern nicht kennt.

[94] So verhält es sich unter sec. 1(6) LPA 1925 in England („A legal estate is not capable of... being held by an infant").

[95] Cass. 28.1.2009, nr. 2150, Vita not. 2009 S. 929, Riv. not. 2009 S. 1521, Giust. civ. 2010, I, S. 2335; Corte Cost. 10.5.1999, nr. 167, Corriere giuridico 2000 S. 177, Giur. it. 2000 S. 683 (Anspruch Behinderter auf Einräumung eines Wegerechts; der Anspruch soll allerdings auch Nachbarn zustehen, die selbst gar nicht mobilitätsbeschränkt sind).

II. Der Privatautonomie entzogene Zuschreibungen § 1

einzelnen Einrichtungen des Privatrechts. Und schließlich trägt der Mensch nicht nur deshalb einen Namen, um ihm Rechte zuordnen zu können, sondern auch deshalb, um ihn nicht allein mit Zeichen[96], Nummern[97] oder gar (wie Waren) mit Strichcodes identifizieren zu müssen. Letzteres wäre unter dem Gesichtspunkt des Würdeschutzes ein unüberwindliches Problem. Dass tatsächlich viele Menschen auch in Europa den *gleichen* Namen tragen, bedeutet rechtlich gerade nicht, dass sie *denselben* Namen trügen.[98] Da es im Privatrecht der **23**

---

[96] Selbst unter dem denkbar liberalen englischen Namensrecht werden keine Namen akzeptiert, die lediglich Zahlen oder Symbole enthalten (sec. 4(1) Births, Deaths and Marriages Registration Act 1996), weil sich mit ihnen nach Auffassung des Gesetzes keine *reputation* verknüpft („prohibited name means a name that … (b) could not practically be established by repute or usage … (ii) because it consists of or includes symbols without phonetic significance"). Der Versuch eines zu seiner Zeit bekannten amerikanischen Popsängers (Prince), sich als „Namen" ein unaussprechliches Logo zuzulegen, wäre also auch unter englischem Recht gescheitert, selbst wenn es dem Sänger rein faktisch gelungen sein sollte, unter dem Symbol bekannt zu werden. Ungar. Verfassungsgericht 7.12.2001, 58/2011 und 21.7.2015, 27/2015 bestätigt, dass das Recht auf den eigenen Namen „unveräußerlich und unantastbar ist … Jeder Mensch muss einen eigenen Namen haben, und dieser Name ist weder durch eine Nummer, einen Code oder ein anderweites Symbol ersetzbar. Der eigene Name ist ein grundlegendes Definitionsmerkmal der Identität einer Person, der ihrer Identifizierung dient, gleichzeitig auch der Unterscheidung von anderen, deshalb ist er der Ausdruck der Individualität, der einmaligen, unersetzbaren Eigenschaft einer Person". Bemerkenswert allerdings schwed. Regeringsrätten 28.9.2009, RÅ 2009 ref. 55 (I) („Q" als Vorname für einen Neugeborenen sei zulässig, weil die Vornamensteilung eine persönliche Angelegenheit sei und den Eltern eine umfassende Wahlfreiheit zugestanden werden müsse. Der Umstand, dass ein Buchstabe als eine Verkürzung eines anderen Names interpretiert werden könnte, bedeute nicht, dass „Q" als Vorname ungeeignet sei). Siehe auch schwed. Högsta förvaltningsdomstolen 5.12.2019, HFD 2019 ref. 57 (I) („J" als Vorname zulässig).

[97] Zunehmend wird der Name allerdings durch Nummern *ergänzt*. Das ist dort zumindest für die Zwecke des Registerwesens unverzichtbar, wo es traditionell sehr wenige Nachnamen gibt (In Korea z. B. tragen bis zu 60% der Bevölkerung die Namen Kim, Lee oder Choi. Da Namen zur Identifikation eines Menschen nicht genügen, ist deshalb selbst im Immobilienregister neben dem Nach- und Vornamen und der Anschrift auch die sog. Bürgeranmeldenummer anzugeben und einzutragen [Art. 43(1) Nr. 2 der Grundbuchregelung des koreanischen Obersten Gerichtshofs]). Ähnliche Identifikationsnummern sind schon seit geraumer Zeit in den skandinavischen Ländern gebräuchlich (Kap. 2 §§ 3–5 dänisches Lov om det centrale personregister [Gesetz über das zentrale Personenregister]; Kap. 2 § 11 finnisches Laki väestötietojärjestelmästä ja Väestörekisterikeskuksen varmennepalveluista [Gesetz über das EDV-System der Bevölkerungsdateien und die Zertifikatdienste der Bevölkerungsregisterzentrale]; § 18 schwed. Folkbokföringslag [Meldewesengesetz]). Diese Personennummer wird auch im Alltag bei Geschäften aller Art nachgefragt, von der Automiete bis zum Zeitungsabonnement. Sie wird unmittelbar nach der Geburt vergeben (§§ 2 (1), § 18 schwed. Folkbokföringslag). In Schweden besteht die *personnummer* aus zehn Ziffern (unter ihnen das Geburtsdatum und eine ungerade Zahl für männlich und eine gerade für weiblich); sie kann nur verändert werden, wenn jemand unter besonderem Zeugenschutz steht und deshalb einer neuen Identität bedarf. Österreich hat 2022 einen Elekronischen Identitätsnachweis (§ 3(1a) österr. Meldegesetz), Spanien mit dem Ley del Registro Civil vom 21.7.2011 zum 1.7.2020 einen persönlichen Code *(código personal)* eingeführt. Er wird mit dem Geburtseintrag (bzw. mit dem ersten Eintrag nach Inkrafttreten der Neuregelung) vergeben. Der *registro individual* wird mit dem persönlichen Code verknüpft, der aus einer alphanumerischen Reihenfolge besteht (Artt. 5 und 6 i. V. m. Art. 11(a) a. a. O.). Ähnlich verhält es sich in Bulgarien (Art. 8(1) Nr. 5 bulg. Gesetz über die Zivilregistrierung) und in Polen (die Powszechny Elektroniczny System Ewidencji Ludności [PESEL] besteht unter Art. 3 des Gesetzes vom 24.9.2010 über die Erfassung der Bevölkerung [Dz.U.2019.1397, Ustawa z dn. 24.9.2010 r. o ewidencji ludności]) aus einer elfstelligen Nummer, unter der eine Vielzahl persönlicher Daten gespeichert werden). Auf eine besondere Situation trifft man allerdings in Portugal, wo Art. 35(5) port. Verf. „die Erteilung einer national einheitlichen Personenkennziffer [*número nacional único*] für die Staatsbürger" in Reaktion auf die Zeiten der Diktatur ausdrücklich verbietet. In Portugal existieren daher heute verschiedene Identifikationsnummern. Sie werden durch die technischen Möglichkeiten der Datenkreuzung zu einem verfassungsrechtlichen Problem (*Gomes Canotilho und Vital Moreira*, Constituição da República Portuguesa anotada I[4], S. 556, Anm. X zu Art. 35). Deutschland vergibt keine allgemeinen Personennummern. Es kennt neben der Rentenversicherungsnummer (§ 147 dt. SGB VI) eine Identifikationsnummer nur im Steuerrecht (§ 139b dt. AO).

[98] Dass gleichnamige Personen nicht denselben Namen haben, legt in Deutschland u. a. schon der Wortlaut von § 12 S. 1 dt. BGB nahe, der davon handelt, „dass ein anderer unbefugt den *gleichen* Namen gebraucht" (Hervorhebung hinzugefügt). Zudem gilt als selbstverständlich, dass „der Gebrauch des eigenen Namens grundsätzlich nicht widerrechtlich (ist), auch wenn ein anderer den gleichen bürgerlichen Namen führt" (*Larenz und Wolf*, BGB AT[9], § 8 Rdnr. 20). Die Rechtslage unter dem weithin ähnlich formulierten § 78(1) tschech. BGB ist dieselbe (tschech. OG 31.10.2006, 30 Cdo 2116/2006,

natürlichen Person um die Sicherung der Teilhabe des Menschen an der Privatrechtsordnung geht, hat man es mit Regeln zu tun, die der Privatautonomie entzogen sind. Niemand, auch nicht der gesunde erwachsene Mensch, kann über die Merkmale disponieren, die ihm die Rechtsordnung seines Personseins wegen zuschreibt. „Mit der Persönlichkeit des Menschen verbundene natürliche Rechte können weder veräußert werden noch kann man auf sie verzichten" (§ 19(2) tschech. BGB)[99]; es gilt, wie man in Frankreich sagt, das Prinzip der *indisponibilité de l'état des personnes*.[100] Folglich ist zwischen Vorgängen zu unterscheiden, die sich noch in den Formen des Privatrechts organisieren lassen, und solchen, für die das **Privatrecht keinen Gestaltungsrahmen** mehr anbietet. Das Recht der natürlichen Person versperrt Menschen die Möglichkeit, sich oder andere über sich selbst zu stellen. Der Mensch kann (anders als eine juristische Person) die rechtlichen Bausteine, aus denen sich sein Personsein zusammensetzt, weder abstreifen noch übertragen, von sich abspalten oder sich ihrer sonst mit den Mitteln des Privatrechts entledigen. Es kann also z. B. niemand im Rechtssinne auf sein Leben verzichten[101], auch nicht einem anderen die Befugnis überantworten, über das eigene Leben zu entscheiden[102], ja nicht einmal vorausschauend selbst bestimmen, ab welchem Zeitpunkt er als gestorben angesehen werden möchte.[103] Das Privatrecht kennt auch keinen Rahmen für den „Han-

---

Právní rozhledy 8 [2007] S. 302: unbefugt ist ein Namensgebrauch nur, wenn er in der Öffentlichkeit objektiv den Eindruck erweckt, dass es sich um die konkrete natürliche Person handelt, deren Namen benutzt wird; nur dann hat man es mit einer Persönlichkeitsverletzung zu tun).

[99] § 19(1) tschech. BGB hat seine Quelle in § 16 Satz 1 österr. ABGB („Jeder Mensch hat angeborene, schon durch die Vernunft einleuchtende Rechte, und ist daher als eine Person zu betrachten"). Aus der These, dass diese Rechte „angeboren" seien, wird gefolgert, dass ihr Träger nicht berechtigt sei, über sie zu disponieren, auch dann nicht, wenn er selbst auf sie verzichten möchte (Lavický [-*Hurdík*], Občanský zákoník I, S. 150). Dem § 19(2) tschech. BGB entsprechen Art. 1.114 (2) lit. ZGB (oben Fn. 65) und Art. 81 port. CC („(1) Jede freiwillige Einschränkung der Ausübung von Persönlichkeitsrechten ist nichtig, wenn sie gegen die Grundsätze der öffentlichen Ordnung verstößt. (2) Die freiwillige Einschränkung ist, soweit rechtmäßig, stets widerruflich, jedoch besteht die Verpflichtung, die dem anderen Teil an seinen berechtigten Erwartungen zugefügten Schäden zu ersetzen"). Art. 2(2) span. LOPDH sagt nur, dass eine Beeinträchtigung eines unkörperlichen Persönlichkeitsrechts nur dann nicht in den Schutzbereich des Gesetzes fällt, wenn ihr der Rechtsinhaber für einen bestimmten Zweck ausdrücklich zugestimmt hat.

[100] Cass. civ. 16.12.1975, Bull. civ. 1, Nr. 374, S. 312 („le principe de l'indisponibilité de l'état des personnes, au respect duquel l'ordre public est intéressé, interdit de prendre en considération les transformations corporelles ainsi obtenues"). Im konkreten Fall ging es um einen Menschen, der den Eintrag „männlich" im Geburtsregister durch den Eintrag „weiblich" ersetzen wollte. Das Prinzip ist aber von allgemeiner Bedeutung, siehe z. B. *Laroche-Gisserot,* Leçons de droit civil I(2)[8], S. 34 Rdnr. 467 („C'est la loi qui fixe notre état à notre naissance, et nous ne pouvons à notre gré changer d'état, pas plus que nous ne pouvons changer de personnalité") und *Buffelan-Lanore und Larribau-Terneyre,* Droit civil. Introduction. Biens. Personnes. Famille[16], S. 305, Rdnr. 803 („L'état de la personne est indisponible, c'est-à-dire que la volonté n'a en principe pas le pouvoir de modifier cet état"). Als Ausdruck dieses Prinzips gilt auch Art. 311-9 franz. CC, wonach eine Person nicht auf ihre Abstammung verzichten kann.

[101] Im Kontext der sog. *wrongful life* Problematik formulierte BGH 18.1.1983, BGHZ 86 S. 240, 250, der Mensch habe „sein Leben so hinzunehmen, wie es von der Natur gestaltet ist, und hat keinen Anspruch auf seine Verhütung oder Vernichtung durch andere". Ganz ähnlich auch ungar. OGH 12.3.2008, Grundsatzentscheidung 1/2008, initiiert durch den Beschluss Legf. Bír. Pfv.IV.20.551/2007/10. (https://kuria-birosag.hu/hu/joghat/12008-szamu-pje-hatarozat).

[102] Das Recht der sog. Patientenverfügungen macht davon keine Ausnahme; es erlaubt lediglich, schon heute, aber für einen noch in der Zukunft liegenden Zeitpunkt, verbindlich den Willen zu fassen, nicht mit bestimmten Methoden behandelt zu werden. BGH 2.4.2019, NJW 2019 S. 1741 entschied zudem, dass ein unheilbar kranker Patient nicht allein deshalb einen Anspruch auf Schadensersatz und Schmerzensgeld habe, weil sein Leben entgegen seiner Patientenverfügung durch künstliche Ernährung verlängert worden war. Das Gericht ließ offen, ob die Nichtbeachtung der Patientenverfügung (§ 1901a dt. BGB, ab 1.1.2023 § 1827 dt. BGB i. d. F. des Gesetzes vom 4.5.2021 zur Reform des Vormundschafts- und Betreuungsrechts) eine ärztliche Pflichtverletzung darstelle; jedenfalls habe es sowohl an einem materiellen als auch an einem immateriellen Schaden gefehlt. Näher *Bach,* NJW 2019 S. 1915.

[103] Die Kriterien, nach denen zu entscheiden ist, ob ein Mensch noch lebt oder schon gestorben ist, sind *jus cogens*. Das spielt nicht zuletzt in der Transplantationsmedizin eine Rolle. Das niederländische Recht kennt z. B. neben einer Definition des sog. Hirntodes in Art. 14(2) Satz 1 Wet op de organdonatie vom 24.5.1996 für den Fall des irreversiblen Herz-Kreislauf-Stillstandes eine fünfminütige sog. *no touch time*

II. Der Privatautonomie entzogene Zuschreibungen   § 1

del" mit Organen; sie können (anders als z. B. abgeschnittene Haare oder abgepumpte Muttermilch[104]) weder verkauft, noch verschenkt noch übereignet werden.[105] „Verfügungen über den eigenen Körper sind verboten, wenn sie eine bleibende Minderung der körperlichen Unversehrtheit verursachen oder wenn sie sonstwie gegen das Gesetz, die Grundwertungen der Rechtsordnung oder die guten Sitten verstoßen" (Art. 5 ital. CC). Die Würde des Menschen impliziert Grenzen seiner Dispositionsgewalt über sich selbst. Es ist dem Einzelnen bislang gleichfalls nicht gegeben, sich durch bloße Erklärung gegenüber seinen Mitbürgern aus seinem Geschlecht zu entlassen oder ein anderes anzunehmen. Die Erklärung muss zumindest der Zivilstandsbehörde gegenüber abgegeben werden, und selbst das genügt vielfach immer noch nicht.[106] Jedenfalls kann sich niemand im Hinblick auf sein Geschlecht fremder Bestimmung unterwerfen[107] oder es jemand anderem durch Erklärung oder Vertrag auf Dauer oder auf Zeit zur Verfügung stellen (was für Leistungssportlerinnen, die unter dem Androgenresistenz-Syndrom, also darunter leiden, dass sie mit äußerlich weiblichen, aber innerlich männlichen Genitalien geboren wurden, eine Lösung ihres Problems bedeuten könnte). Eine natürliche Person „ist", jedenfalls derzeit

---

(Art. 22(3) Satz 1 a. a. O.). Zur Bestimmung des Todes bestehen für die Zwecke der Transplantationsmedizin inzwischen zahlreiche gesetzliche Sonderregelungen; näher zu alledem unten Rdnrn. 207–210.

[104] *von Bar*, Gemeineuropäisches Sachenrecht I, Rdnr. 88; Safjan (-*Katner*), System Prawa Prywatnego I², S. 1318–1319 Rdnr. 52.

[105] Das ergibt sich teilweise aus den allgemeinen Regeln über die *res extra commercium* (z. B. Art. 1229 rumän. CC i. V. m. Art. 156(1) rumän. Gesetz Nr. 95/2006 [Strafbarkeit der Organspende gegen Entgelt]; ebenso Art. 44 poln. Gesetz vom 1.7.2005 über die Entnahme, die Aufbewahrung und die Transplantation von Zellen, Geweben und Organen, Dz.U.2019.1405), teils aus den Spezialgesetzen zur Organtransplantation (z. B. §§ 17 und 18 dt. TPG i. V. m. § 138 dt. BGB [Verträge über den Handel mit Organen sind nichtig] und ital. Gesetz Nr. 458 über Lebendnierenspenden) und gelegentlich auch unmittelbar aus der Kodifikation (Art. 5 ital. CC; § 112 tschech. BGB). Vor allem aber verstößt der Handel mit Organen gegen Art. 13(1) der Richtlinie 2010/45/EU des Europäischen Parlaments und des Rates vom 7.7.2010 über Qualitäts- und Sicherheitsstandards für zur Transplantation bestimmte menschliche Organe („Die Mitgliedstaaten stellen sicher, dass Spenden von Organen von lebenden und verstorbenen Spendern freiwillig und unentgeltlich sind"). Ob sich wenigstens (unentgeltliche) Blut- und Stammzellenspenden als Verträge (und falls ja, evtl. als Schenkungen) qualifizieren lassen, ist umstritten; das allgemeine Schenkungsvertragsrecht (notarielle Beurkundung, Haftung für Sachmängel, Widerruf) ist auf solche Spenden jedenfalls nicht anwendbar. Unter § 207(1) des ungar. Gesetzes CLIV von 1997 über das Gesundheitswesen kann eine Spende von Organen oder Gewebe nur unentgeltlich erfolgen. Unter § 207(2) a. a. O. hat der Spender Anspruch auf Erstattung seiner mit der Spende zusammenhängenden nachgewiesenen Kosten (durch die Sozialversicherung nicht gedeckte medizinische Versorgungsleistungen, Einkommensausfall, Reisekosten). Diese Kosten werden vom Gesundheitsfonds erstattet. Es handelt sich, wie § 207(3) a. a. O. ausdrücklich hervorhebt, nicht um ein Entgelt i. S. v. § 207(1).

[106] Im Vereinigten Königreich setzt ein Geschlechtswechsel einen Antrag und die Stellungnahme einer unabhängigen sachverständigen Instanz voraus (secs. 1 und 2 Gender Recognition Act 2004). Unter § 29 tschech. BGB bedarf es zu einer Geschlechtsumwandlung sogar eines chirurgischen Eingriffs bei gleichzeitiger Aufhebung der Zeugungsfähigkeit und Umwandlung der Geschlechtsorgane. Eine Vornamensänderung ist nur nach operativer Geschlechtsumwandlung möglich. Das verstößt trotz der entgegenstehenden Einschätzung durch tschech. Oberstes Verwaltungsgericht 30.5.2019, 2 As 199/2018 (das sich ausdrücklich auch gegen die Rechtsprechung des dt. BVerfG ausspricht) eindeutig gegen die EMRK (unten Rdnr. 119). Die näheren Bedingungen der Geschlechtsumwandlung regelt § 21 des tschech. Gesetzes über spezifische Gesundheitsdienste. Da in Polen eine spezielle gesetzliche Regelung fehlt, behilft sich poln. OG 22.9.1995, III CZP 118/95, OSNC 1996 Nr. 1 Poz. 7 mit einer Feststellungsklage unter Art. 189 poln. ZPO, die ein transsexueller Kläger gegen seine Eltern (!) erhebt. Unter Art. 6(1) port. Gesetz 38/2018 vom 7.8.2018 bedarf es dagegen nur noch eines Antrags beim Zivilregister, mit dem allerdings eine konsequente Vornamensänderung verbunden sein muss. Auch in Dänemark genügt ein Antrag; der Prüfung durch einen Sachverständigen bedarf es nicht (Art. 3 § 6 lov nr. 752 om ændring af lov om det centrale personregister vom 25.6.2014).

[107] Allerdings kann die volle rechtliche Anerkennung der Geschlechtsumwandlung einer verheirateten Person der Zustimmung des anderen Ehegatten bedürfen. In England und Wales kann ein Ehegatte, mit Blick auf Art. 8 und Art. 12 EMRK nicht unbedenklich, seinen transsexuellen Partner vor die Alternative stellen, entweder in der Ehe zu verbleiben oder die gewünschte Anerkennung im erlebten und neuen biologischen Geschlecht zu vollziehen (oben Fn. 83). Aus deutscher Sicht wäre das verfassungswidrig (unten Rdnr. 123).

noch, Mann oder Frau oder Angehöriger eines anderen Geschlechts je nach rechtlicher Zuschreibung, nicht, zumindest noch nicht, weil sie das eine oder das andere oder das dritte sein *will*.[108]

24 Auch der bürgerliche Name ist nach überwiegender europäischer Rechtsauffassung ein unverzichtbarer und zugleich unübertragbarer[109] Teil der natürlichen Person.[110] Zwar kommt es vor, dass man sich auch ohne staatliche Mitwirkung anders nennen (lassen) darf als bisher.[111] Aber selbst wenn man seinen Namen auch außerhalb familienrechtlicher Vorgänge ohne behördliche Genehmigung wechseln darf (das ist ohnehin die Ausnahme), kann man nicht auf *jeden* Namen verzichten. Er ist wesensmäßiger Bestandteil der Identität des Menschen.[112] Der Privatautonomie entzogen sind desgleichen die Regeln über die (von vielen Rechtsordnungen zu einem selbständigen Anknüpfungsgegenstand verdichtete) Vertrags- oder „Geschäftsfähigkeit". Es gibt weder die Möglichkeit, die eigene Geschäftsfähig-

---

[108] Hier ist allerdings rechtspolitisch sehr viel in Bewegung (unten Rdnrn. 448–451). Für Deutschland ist zudem verfassungsrechtlich zu bedenken, dass es sich dabei, dass Deutschland nur Intersexuellen ein drittes Geschlecht eröffnet, um eine Ungleichbehandlung aus Gründen des Geschlechts handelt (Art. 3(3) Satz 1 dt. GG), deren Rechtfertigung hohen Hürden unterliegt. Außerdem ist die Wahl des dritten Geschlechts notwendig mit der Offenlegung des intersexuellen Zustands der betreffenden Person verbunden, so dass insoweit auch der Status von intersexuellen Personen nur vordergründig verbessert worden ist. Längerfristig bedarf es der Wahlfreiheit zwischen allen vom objektiven Recht zur Verfügung gehaltenen Geschlechtern, was wiederum tolerabel erscheint, sobald sich mit der geschlechtlichen Klassifizierung keine unterschiedlichen Rechtsfolgen mehr verbinden.

[109] Ob das in England anders ist, lässt sich deshalb nicht eindeutig sagen, weil die Frage in einer Rechtsordnung, in der man seinen Nachnamen prinzipiell beliebig ändern und sich so nennen kann, wie man möchte (sogleich Fn. 111), genau besehen gar nicht auftaucht. Es bedarf mithin nicht einmal der Anstrengung, einen fremden Namen zu „erwerben"; man führt ihn einfach.

[110] Zum deutschen Recht MünchKomm (-*Säcker*), BGB[8], § 12 Rdnr. 76–77 unter Hinweis auf BGH 1.12.1999, GRUR 2000 S. 709, 712 („Niemand kann sich seines Rechts am eigenen Bild, seines Namensrechts oder seines sonstigen Persönlichkeitsrechts vollständig und abschließend entäußern; dies stünde im Widerspruch zur Garantie der Menschenwürde (Art. 1 GG) und zum Recht auf Selbstbestimmung (Art. 2 GG)"). In diesem Sinn bereits *Schricker*, FS Hubmann, 1985, S. 409, 413. Übertragbar und vererblich sind nur die vermögenswerten Bestandteile des Persönlichkeitsrechts (BGH 20.3.1968, GRUR 1968 S. 552, 554).

[111] Unter englischem Recht setzt eine Namensänderung nur den entsprechenden Willen des Namenträgers und den Erwerb einer entsprechenden *reputation* voraus, d.h., es muss gelingen, von dem sozialen Umfeld auch unter diesem Namen gerufen zu werden (nett dazu Daniel Defoes Erklärung, warum seine Romanfigur Robinson Crusoe und nicht Robinson Kreutznaer heißt: „I was called Robinson Kreutznaer; but, by the usual corruption of words in England, we are now called – nay we call ourselves and write our name – Crusoe; and so my companions always called me" [https://americanliterature.com/author/daniel-defoe/book/robinson-crusoe/chapter-1-start-in-life]). Zur Beweisführung wird i. d. R. ein *deed of change of name* nach Maßgabe der Enrolment of Deeds (Change of Name) Regulations 1994 genutzt (besser bekannt als *deed poll*). Das Dokument hat allerdings materiellrechtlich keine konstitutive Bedeutung; es dient nur Beweiszwecken. Der Namenträger muss das Dokument sowohl mit seinem alten als auch mit dem angenommenen neuen Namen unterzeichnen; weitere Formerfordernisse bestehen nicht. Die Änderung des Namens Minderjähriger setzt grundsätzlich nur einen entsprechenden Antrag der Eltern bei Gericht voraus. Die Eltern müssen sich einig sein, es sei denn, die Namensänderung ist (auch) im Interesse des Kindes dringend geboten (z. B. zur Abwendung erheblicher Gefahren für Mutter und Kind); dann genügt der Antrag eines Elternteils (*In re B and C (Children) (Change of Name: Parental Responsibility: Evidence)* [2017] EWHC 3250 (Fam) [49]-[50] (Cobb J.). Der von den Eltern für ihr Kind ausgestellte *deed poll* hat die gleiche Beweiskraft wie ein von einem volljährigen Namensträger selbst ausgestellter *deed poll*. Ab Vollendung des 16. Lebensjahres bedarf das von den Eltern aufgesetzte Dokument der Zustimmung des Kindes (r. 8 Enrolment of Deeds (Change of Name) Regulations 1994). Das sehr liberale englische Namensrecht stößt andernorts freilich auf erhebliche Bedenken. Nach BGH 14.11.2018, FamRZ 2019 S. 218 verstößt jedenfalls „die frei gewählte Annahme einer deutschsprachigen Adelsbezeichnung im Wege eines ... deed poll nach englischem Recht ... gegen den deutschen ordre public, wenn die Namensänderung von der Motivation getragen ist, den gewählten Namen (auch) in Deutschland führen zu können". Ähnlich skeptisch gegenüber einem Phantasienamen, den Eltern ihrem Kind unter australischem Recht gegeben hatten, BGH 9.5.2018, FamRZ 2018 S. 1245. Näher noch unten Rdnrn. 584–587.

[112] Die Bedeutung des Vor- und Nachnamens für die Identität eines Menschen wird auch von der englischen Rechtsprechung zur Namensänderung von Kindern durch die sorgeberechtigten Eltern betont (*In re B and C* a. a. O. [Fn. 111] [32]-[36] m. w. N.).

II. Der Privatautonomie entzogene Zuschreibungen **§ 1**

keit durch Erklärung oder Vertrag zu erweitern[113], sie jemand anderem ganz oder wenigstens teilweise zur Ausübung zu überlassen, noch die Möglichkeit, sie privatrechtswirksam zu belasten oder teilweise oder gleich ganz auf sie zu verzichten.[114] Der Wunsch, das Letztere zu tun, ist bei alt oder schwach gewordenen Menschen, die sich dadurch überfordert fühlen, sich immer noch um die eigenen Angelegenheiten kümmern zu müssen, keineswegs völlig fernliegend. Da sie aber nicht Herr ihrer Geschäftsfähigkeit sind, können sie sich nicht aus eigenem Willensentschluss dem Einwilligungsvorbehalt eines Betreuers unterstellen.[115] Sie müssen den Weg über eine Bevollmächtigung gehen. Denkbar ist es (in sozusagen genau „entgegengesetzter" Richtung) nur, dass sich jemand unter Umkehrung von Grund und Folge erfolgreich um uneingeschränkte Geschäftsfähigkeit bemüht. So verhält es sich etwa, wo auch heute noch Minderjährige zur Eheschließung zugelassen sind und wo sich ihre Geschäftsfähigkeit infolge der Eheschließung erweitert[116], um keinem der

---

[113] Eine Emanzipation, die zur Erlangung der vollen Geschäftsfähigkeit führt, setzt, sofern sie sich nicht schon unmittelbar aus dem Gesetz ergibt („Heirat macht mündig"; s. Fn. 116) überall, wo es sie in der Europäischen Union (noch) gibt, eine gerichtliche Entscheidung voraus. Beispiele finden sich in Art. 413-6(1) franz. CC; Art. 221 Satz 1 lett. ZGB; Artt. 1:235–237 ndl. BW; Artt. 10 und 11 poln. ZGB; Art. 40 rumän. CC und § 37(1) tschech. BGB. Deutschland hat die Volljährigerklärung mit Gesetz vom 3.7.1974 (BGBl I 1713) abgeschafft; Österreich mit dem KindRÄndG 2001. Da Volljährigkeit seither schon mit der Vollendung des 18. Lebensjahres eintritt, sah man für die Emanzipation keine Notwendigkeit mehr. Schweden gewährt verheirateten Minderjährigen unter den Voraussetzungen der Kap. 9 §§ 1–3 und Kap. 13 § 14 sowie Kap. 14 § 14 FB eine zwar erweiterte, aber immer noch begrenzte Geschäftsfähigkeit.

[114] Ausdrücklich gesagt wird das freilich auffällig selten, z. B. in Art. 29(2) rumän. CC und in § 16 tschech. BGB („Niemand kann auf seine Rechtsfähigkeit oder Geschäftsfähigkeit ganz oder teilweise verzichten"). Art. 69 port. CC beschränkt sich auf die Formulierung: „Niemand darf ganz oder teilweise auf seine Rechtsfähigkeit verzichten". Zu Frankreich s. schon oben Fn. 100.

[115] Unter deutschem Recht ist im Prinzip zwischen der Betreuung von Personen, die ihre Angelegenheiten infolge einer körperlichen Behinderung nicht mehr besorgen können (§ 1896(1) Satz 1, ab 1.1.2023 § 1814(1) dt. BGB), und der Betreuung psychisch kranker oder geistig oder seelisch behinderter Menschen zu unterscheiden (BT-Drs. 11/4528, S. 116). Wer dazu noch in der Lage ist, aber gleichwohl den Wunsch verspürt, sich nicht mehr um seine Angelegenheiten zu kümmern, erfüllt die Voraussetzungen für eine Betreuung nicht; sie ist dann nicht „erforderlich". Zwar können auch Personen, die trotz ihrer psychischen Erkrankung oder geistigen oder seelischen Behinderung voll geschäftsfähig sind, einem Einwilligungsvorbehalt eines Betreuers unterstellt werden (§ 1903 dt. BGB, ab 1.1.2023 § 1825 n.F.), doch geschieht das (i) nur von Amts wegen und (ii) nur zur Abwendung einer erheblichen Gefahr für die Person oder das Vermögen des Betreuten (§ 1903(1) dt. BGB a. F. bzw. § 1825(1) n.F.).

[116] So verhält es sich unter Artt. 384, 481–484 belg. CC; Artt. 145 und 386-2 Nr. 1 franz. CC; Art. 137 gr. ZGB; Artt. 390, 392, 394 ital. CC (Entlassung aus der elterlichen Gewalt; Befähigung nur zu Rechtshandlungen, die nicht über die ordentliche Verwaltung hinausgehen); Art 221 Satz 2 lett. ZGB; Art 2.5(2) Satz 1 lit. ZGB; § 174 österr. ABGB (allerdings unter Beschränkung auf die „persönlichen" Verhältnisse); Art. 133 port. CC (volle Geschäftsfähigkeit); Art. 39(1) rumän. CC (desgl.); Artt. 46(1), 239(3) i. V. m. Artt. 241, 244 und 245 span. CC (Minderjährige können ab Vollendung des 16. Lebensjahres emanzipiert werden und dann heiraten; Art. 316 a. F. span. CC wurde aufgehoben); § 2:10(1) Satz 2 ungar. ZGB; § 30(2) tschech. BGB (möglich ist aber auch die Emanzipierung des Minderjährigen vor der Eheschließung, sofern er seinen Lebensunterhalt bereits selbst bestreitet und das 16. Lebensjahr vollendet hat [§ 37 tschech. BGB]; in diesem Fall ist er ehemündig [§ 672(2) tschech. BGB]) und unter Art. 11(2) Chapter 149 zypr. Contract Law. In England sind *minors* unter sec. 2 Marriage Act 1949 ab Vollendung des 16. Lebensjahres eingeschränkt ehemündig; sie bedürfen aber der Zustimmung ihrer sorgeberechtigten Eltern bzw. ihrer *legal guardians* (sec. 3(1A)(a) Marriage Act 1949). Unter sec. 1(1) Marriage (Scotland) Act 1977 kann eine Ehe ab Vollendung des 16. Lebensjahres auch ohne Zustimmung des gesetzlichen Vertreters geschlossen werden. In Finnland setzt die Eheschließung heute ausnahmslos Volljährigkeit voraus (Kap. 2 § 4 finnisches Avioliittolaki [Ehegesetz]). Der Dispens für Minderjährige wurde mit Gesetz vom 15.3.2019, nr. 351 zum 1.6.2019 abgeschafft; Erlangung der Geschäftsfähigkeit durch Eheschließung ist seither nicht mehr möglich. Ebenso verhält es sich in Dänemark (§ 2 Lov om ægteskabs indgående og opløsning vom 15.1.2007 i. d. F. des Gesetzes nr. 1818 vom 23.12.2015) und den Niederlanden (Art. 1:31 ndl. BW), in Schweden (Kap. 2 § 1 schwed. Äktenskapsbalk [Ehegesetz]; geändert durch Gesetz vom 28.5.2014, SFS 2014:373) und in Deutschland (§ 1303 Satz 1 dt. BGB), das allerdings auch unter früherem Recht die Erweiterung der Geschäftsfähigkeit durch Heirat nicht kannte. Das Common Law (zu ihm noch unten Rdnr. 56) gewährt Minderjährigen traditionell ohnehin vergleichsweise weite Handlungsoptionen. Zahlreiche Geschäfte eines Minderjährigen sind zwar noch innerhalb eines angemessenen (*reasonable*) Zeitraums nach Eintritt der Volljährigkeit durch den ehemals Minderjährigen „anfechtbar" (*voidable*), ohne Anfechtung aber wirksam (Einzelheiten u. a. bei Chitty [-*Whittaker*], Contract, Vol. I^{32},

§ 1 § 1: Das Recht der natürlichen Person im System des Privatrechts

Ehegatten mehr Entscheidungsgewalt zu geben als dem anderen. Gleichwohl: Ob man ein vollwertiges Mitglied der Rechtsgemeinschaft ist, bestimmt man weder selbst noch kann man es der Bestimmung durch andere überlassen.

25   Die **Terminologie** des Privatrechts hat sich aus dem Vermögensrecht entwickelt; für das Recht der natürlichen Person fehlt, genau besehen, ein auf seine Andersartigkeit zugeschnittenes eigenes Vokabular. In den europäischen Rechtsordnungen ist deshalb immer wieder die Rede davon, dass der Mensch „unveräußerliche", „unverfügbare", „unverkäufliche" oder „nicht übertragbare" Rechte habe.[117] Dies wird dann inhaltlich wiederum nicht selten damit begründet, dass es sich um „angeborene", nicht um erworbene „Rechte" handele.[118] Besonders glücklich ist das nicht. Die Redeweise von den Verfügungen (etc.) nimmt auf subjektive Rechte Bezug, Rechte mithin, die der privatrechtlichen *summa divisio* von relativen und absoluten Rechten unterliegen. Hier geht es indes weder um das Eine noch um das Andere. Im Recht der natürlichen Person geht es um die dem Menschen zu dem Zweck zugeschriebenen rechtlichen Merkmale, ihn als Person zu begreifen. Wenn man in diesem Kontext überhaupt von Rechten sprechen will, hat man bestenfalls „Teilhaberechte" vor sich, Manifestationen eines übergreifenden allgemeinen Rechts auf Teilhabe an der Privatrechtsordnung. Aber selbst das trifft den Kern noch nicht, weil das Wort „Recht" in diesem Kontext keine privatrechtlich sinnvolle Aufgabe mehr erfüllt. Es handelt sich weder um etwas Relatives noch um etwas Absolutes. Rechts-, Körper-, Geschlechts-, Würde- und Geschäftsfähigkeit sind weder durch spezifische Pflichten eines bestimmten noch durch unspezifische Pflichten aller Zeitgenossen definiert. Das Einzige, was sie als Gegenstück benötigen, sind andere Menschen, weil es ohne eine *societas* keine Personen gibt. Aber dabei hat es auch schon sein Bewenden. Der Mensch erwirbt sein Personsein nicht, auch nicht „durch Geburt"; es wird ihm ab der Geburt von der Rechtsordnung zugeschrieben; anders lässt sich, mit Einschränkungen vielleicht beim Namensrecht, eine Privatrechtsordnung gar nicht aufbauen.

26   Von „verfügen" zu sprechen, ist zudem deshalb unglücklich, weil das Wort zu in sich widersprüchlichen Aussagen führen kann, etwa der, dass zwar Organe dem Handel entzogen sind, gleichwohl aber jedermann das Recht habe, über den eigenen Körper zu verfügen.[119] Das passt einfach nicht zusammen, und natürlich ist auch die sog. „Patienten-

---

Rdnrn. 9-007 ff). Schwebend unwirksame Verträge können nach Erreichen der Volljährigkeit bestätigt werden. Weit ausgelegt wird zudem die Möglichkeit des Erwerbs von *necessaries*. Die sog. *parental responsibility* steht unter dem Vorbehalt, dass das Kind nach seinem individuellen Reifegrad nicht ohnehin die partielle oder vollständige *capacity* erlangt hat (*Gillick v West Norfolk and Wisbech AHA* [1985] UKHL 7, [1985] 3 WLR 830; die dort aufgestellten Grundsätze zur sog. *Gillick competence* reichen über den spezifischen Kontext medizinischer Maßnahmen hinaus). Ungeachtet dieser weitreichenden Entfaltungsmöglichkeiten vor Vollendung des 18. Lebensjahres scheint dem Common Law aber auch eine sog. *emancipation* nicht unbekannt zu sein. Jedenfalls soll bei Eintritt in die *armed forces* oder auch durch *marriage* das elterliche Sorgerecht endgültig verdrängt werden; der Minderjährige erlangt offenbar volle *capacity* (so, wenngleich *obiter*, *Parker* LJ in der Berufungsinstanz; das HL ging auf dieses Diktum allerdings nicht ein). Im Übrigen wird die Rechtsfrage kaum je erörtert. Eine ausdrückliche gesetzliche Regel zur Emanzipation durch Eheschließung gibt es nicht.

[117] So z. B. Art. 1.114(2) lit. ZGB; Art. 58 rumän. CC (Persönlichkeitsrechte „sind nicht übertragbar"); § 19 (2) tschech. BGB (können nicht „veräußert" werden) und für Italien *Chiarella,* in: Di Ruscica (Hrsg.), I diritti della personalità, S. 7 sowie *Torrente und Schlesinger,* Manuale di diritto privato²¹, S. 123 („unübertragbar, unveräußerlich, unverzichtbar und unverjährbar"). Auch in Griechenland wird immer wieder betont, dass Persönlichkeitsrechte an die Person gebunden sind. Folglich könne sie niemand für einen anderen ausüben (LG Athen 6591/2001, Isokrates-Datenbank), Sie seien unübertragbar, unveräußerlich, unverzichtbar, prinzipiell unvererbbar (*Triantos,* AK, Art. 57 ZGB, S. 73 Rdnr. 15) und unverjährbar (Landgericht Athen 6822/2008, Isokrates-Datenbank). Überraschenderweise fehlt eine entsprechende ausdrückliche Vorschrift im ungar. ZGB. § 2:54(1) ungar. ZGB stellt nur den Grundsatz auf, dass Persönlichkeitsrechte persönlich geltend gemacht werden müssen.

[118] Vorher Fn. 99.

[119] So etwa für Deutschland BGH 12.2.1974, VersR 1974 S. 752 („Verfügungsrecht des Patienten über seinen Körper"); auch *Busch,* Eigentum und Verfügungsbefugnisse am menschlichen Körper und seinen Teilen, S. 47 („Verfügung" über den eigenen Körper). Art. 60 rumän. CC sagt sogar ausdrücklich, dass die natürliche Person das Recht habe, „über sich selbst zu verfügen *(a dispune de)*", sofern sie dadurch nicht

verfügung" gerade keine Verfügung im allgemeinen (vermögensrechtlichen) Sinn. Verfügen kann man nur über relative oder absolute Rechte, aber am eigenen Körper und an der eigenen Würde hat man keine Rechte, schon gar nicht „Eigentum".[120] Um auszudrücken, was den Menschen rechtlich ausmacht, ist die für Gegenstände des Rechtsverkehrs entwickelte Sprache wenig geeignet, auch die Unterscheidung zwischen „höchstpersönlichen" und „veräußerlichen Rechten" nicht. Im Kern geht es vielmehr darum, dass die **Privatrechtsordnung** alle Merkmale **ihren Wirkmechanismen entzieht,** die aus ihrer Sicht den Menschen als Person konstituieren. Kein Mensch kann sich m. a. W. aus der eigenen Person entlassen, sie aufspalten oder einem anderen überlassen. Das steht aber qualitativ auf einer ganz anderen Stufe als irgendeine beliebige Regel des Schuld- oder Sachenrechts. Leben, Körper oder Würde mögen im verfassungsrechtlichen Sinn als „Rechte", auch als „absolute" Rechte qualifiziert werden, und diese Sichtweise mag sich auch noch in das Deliktsrecht mit der Begründung verlängern lassen, dass es unter Privaten das leiste, was im Verhältnis Bürger – Staat die Verfassung leistet. Im übrigen Privatrecht aber ist etwas, das schon seinem Wesen nach nicht aus der Zuordnung zu einem bestimmten Menschen gelöst werden kann, als „Recht" unzureichend beschrieben. Der Mensch „ist" weder ein Recht noch „hat" er ein Recht an sich selbst. Das gilt selbst für das (oft vorschnell so genannte) „allgemeine Persönlichkeitsrecht". Soweit sich hinter diesem Ausdruck nichts anderes als einzelne vermögensrechtliche Interessen und Befugnisse verbergen, hat man tatsächlich privatrechtliche „Rechte" vor sich; der Kernbestand der menschlichen Würde lässt sich aber in ihrer Perspektive nicht plausibel fassen.

III. Nationale Systembildungen

1. Sachrecht und Internationales Privatrecht

Als Ganze betrachtet, sind die Rechtsordnungen der Europäischen Union bislang noch weit von einem einheitlichen Konzept „des" Rechts der natürlichen Person entfernt. Seine Teilmaterien finden sich in systematisch sehr verschiedenen, innerlich oft weithin unver- 27

Rechte oder Freiheiten anderer, die öffentliche Ordnung oder die guten Sitten verletzt. Art. 5 ital. CC scheint das diametrale Gegenteil anzuordnen („Verfügungen über den eigenen Körper sind verboten, wenn sie eine bleibende Minderung der körperlichen Unversehrtheit verursachen oder sie sonstwie gegen das Gesetz, die Grundwertungen der Rechtsordnung oder die guten Sitten verstoßen", oben Rdnr. 23), was aber natürlich nicht beabsichtigt ist.

[120] Schon v. *Savigny*, System des heutigen Römischen Rechts I, S. 335–337 hat sich über die „sehr verbreitete Ansicht" mokiert, dass „der Mensch … ein Recht auf sich selbst, welches mit seiner Geburt nothwendig entsteht und nie aufhören kann, so lange er lebt" habe. „Manche sind in dieser Ansicht so weit gegangen, dem Menschen ein Eigenthumsrecht an seinen Geisteskräften zuzuschreiben. … Es ist aber gar nicht die Möglichkeit zu begreifen, wie ein Mensch den andern am Denken hindern, oder umgekehrt in ihm denken, und durch Jenes oder Dieses einen Eingriff in das angegebene Eigenthumsrecht verüben könnte. Begiebt man sich aber auch auf ein verständlicheres Gebiet, indem man jenes Eigenthumsrecht auf die sichtbare Erscheinung der Person, den menschlichen Leib und dessen einzelne Glieder, beschränkt, so hat dieses zwar Sinn, als Ausschließung einer hierin allerdings möglichen Verletzung, aber es ist darum nicht minder unnütz, ja verwerflich, indem es unter andern in consequenter Entwicklung auf die Anerkennung eines Rechts zum Selbstmord führt. … [D]as Ungehörige der hier dargestellten Auffassung besteht darin, daß jene natürliche Macht mit diesen künstlichen Erweiterungen [Eigentum etc.] derselben in eben so überflüssiger als verwirrender Weise auf Eine Linie gestellt und als gleichartig behandelt werden soll. Zweytens ist für viele einzelne wirkliche Rechtsinstitute der Ausgangspunkt allerdings in der Sicherung jener natürlichen Macht des Menschen über sich selbst gegen fremde Einmischungen zu suchen. Dahin gehört ein großer Theil des Criminalrechts; ferner im Civilrecht die bedeutende Zahl von Rechten, welche auf den Schutz gegen Ehrverletzung, gegen Betrug, gegen Gewalt abzwecken, unter andern also auch die possessorischen Rechtsmittel. Von allen diesen Rechten ist die Unverletzlichkeit der Person allerdings der letzte Grund; dennoch sind sie nicht als reine Entwicklungen dieser Unverletzlichkeit anzusehen, vielmehr bilden sie ganz positive Rechtsinstitute, deren besonderer Inhalt von jener Unverletzlichkeit selbst völlig verschieden ist. Will man sie dennoch als Rechte an der eigenen Person darstellen, so wird durch diese Bezeichnung ihre wahre Natur nur verdunkelt".

bunden nebeneinanderstehenden Rechtsgebieten. Zu ihnen gehören, sofern sich diese Abstraktionsebenen überhaupt entwickelt haben, insbesondere das allgemeine Personenrecht, das Familienrecht, das Vertragsrecht und das Recht des sog. „Allgemeinen Teils des bürgerlichen Rechts". Kaum eine dieser Systemstellen gleicht aber den entsprechenden Systemstellen der jeweiligen Schwesterrechtsordnungen. Selbst wenn das Recht der natürlichen Person (wie vom deutschen BGB) tatsächlich einmal selbständig präsentiert wird, kommt es vor, dass es vom Gesetz auf Fragen von nur randständiger Bedeutung reduziert wird, wohingegen alles praktisch Relevante in andere Zusammenhänge auswandert. Das Recht der natürlichen Person wird dann nur noch als eine *quantité négligeable* wahrgenommen. Der Würdigung seiner Selbständigkeit wirkt zudem entgegen, dass es sachrechtlich vielerorts als Teil eines übergreifenden „Personenrechts" aufscheint, das diesmal so genannt wird (nicht, weil es um den Menschen geht, sondern), weil es auch Teile des Rechts der juristischen Personen einschließt. Mit ihnen aber hat eine natürliche Person bestenfalls die Rechtsfähigkeit gemein. Größeres Einvernehmen in der Systembildung herrscht in der Gesetzgebung zum Internationalen Privatrecht. Obschon es, wie gesagt, bislang gerade noch kein vereinheitlichtes europäisches Internationales Privatrecht der natürlichen Person gibt[121], schneiden die nationalen Kollisionsrechte ihren Anknüpfungsgegenstand „Personalstatut"[122] in spürbarer Distanz zu dem eigenen Sachrecht deutlich analytischer zu. Die übergreifenden Zusammenhänge, in denen das Internationale Privatrecht denkt, können deshalb helfen, den zur rechtsvergleichenden Durchdringung der sachrechtlichen Systeme erforderlichen Abstand zu gewinnen.

28 Das **deutsche** EGBGB z. B. versammelt in den Artt. 7–12 seine Kollisionsnormen zum „Recht der natürlichen Person und der Rechtsgeschäfte" und handelt in ersteren von der Rechts- und der Geschäftsfähigkeit (Art. 7), von der Todeserklärung, der Feststellung des Todes und des Todeszeitpunktes sowie von Lebens- und Todesvermutungen (Art. 9) und vom Namen einer Person (Art. 10). Fragen der Geschlechtszugehörigkeit sind bislang nicht selbständig angesprochen. Es finden sich in Art. 17b(4) und (5) dt. EGBGB (und damit in dem Abschnitt „Familienrecht") nur Regeln zur Begründung, zu den Wirkungen und der Auflösung von Ehen, deren Partner entweder demselben Geschlecht angehören oder von denen „zumindest ein Ehegatte weder dem weiblichen noch dem männlichen Geschlecht an(gehört)". Allerdings sieht ein jüngerer Referentenentwurf aus dem Bundesjustizministerium vor, mit Art. 7a dt. EGBGB eine neue Kollisionsnorm zur Geschlechtszugehörigkeit zu schaffen.[123] Die Artt. 20–24 des **italienischen** IPR-Gesetzes (legge 31.5.1995, nr. 218,

---

[121] Oben Fn. 5. Aus der Sicht des Internationalen Privatrechts, das sei nur der Klarstellung halber vermerkt, hat das Internationale Gesellschaftsrecht natürlich ohnehin nichts mit dem „Personalstatut" zu tun. Ein erster Versuch, durch das Brüsseler EWG-Übereinkommen über die gegenseitige Anerkennung von Gesellschaften und juristischen Personen vom 29.2.1968 (BGBl. 1972 II, S. 370) ein einheitliches europäisches Internationales Gesellschaftsrecht zu schaffen, ist zwar schon vor Jahren gescheitert. Inzwischen gibt es aber eine Reihe von Überlegungen, das Projekt neu zu beleben. Sie wurden durch den Deutschen Rat für Internationales Privatrecht im Jahre 2006 angestoßen (*Sonnenberger*, Vorschläge und Berichte zur Reform des europäischen und deutschen internationalen Gesellschaftsrechts, 2007) und haben sowohl im deutschen Bundesministerium der Justiz (Referentenentwurf vom 7.1.2008 für ein „Gesetz zum Internationalen Privatrecht der Gesellschaften, Vereine und juristischen Personen [https://rsw.beck.de/aktuell/gesetzgebung/gesetzgebungsvorhaben/internationales-privatrecht-der-gesellschafen]) als auch im Europäischen Parlament (Beschluss vom 14.6.2012 zur „Zukunft des europäischen Gesellschaftsrechts", 2012/2669(RSP) und in der europäischen wissenschaftlichen Diskussion viel Beachtung gefunden (*Groupe européen de droit international! privé* 2016, Entwurf für eine Verordnung zum europäischen internationalen Gesellschaftsrecht, http://www.gedip-egpil.eu/documents/Milan%202016/GEDIPs%20Proposal%20on%20Companies.pdf).

[122] Das Wort „Personalstatut" wird oft unsauber und jedenfalls mehrdeutig gebraucht. Gemeint ist hier nicht der Anknüpfungspunkt (Staatsangehörigkeit, gewöhnlicher Aufenthalt, *domicile*; vgl. Art. 5 dt. EGBGB und Art. 31(1) port. CC), sondern der Anknüpfungsgegenstand i. S. v. „alle Regeln, welche die natürliche Person unmittelbar betreffen" (näher *von Bar und Mankowski*, IPR I², § 1 Rdnrn. 22–23).

[123] Referentenentwurf des Bundesinnenministeriums vom 8.5.2019 (https://www.bmjv.de/SharedDocs/Gesetzgebungsverfahren/Dokumente/RefE_TSG_Reform.pdf?__blob=publicationFile&v=2). Art. 7a EGBGB soll danach gefasst werden, wie folgt: „(1) Die Geschlechtszugehörigkeit einer Person unterliegt dem Recht des Staates, dem die Person angehört. (2) Eine Person kann für die Änderung der Geschlechts-

III. Nationale Systembildungen § 1

Riforma del sistema italiano di diritto internazionale privato) handeln von den Fähigkeiten und Rechten der natürlichen Person, d. h. von der Rechtsfähigkeit (Art. 20), der Gleichzeitigkeit der Todesfälle (Art. 21), Verschollenheit, Abwesenheit und Todesvermutung (Art. 22), der Handlungsfähigkeit natürlicher Personen (Art. 23) und ihren Rechten in Bezug auf die Persönlichkeit (Art. 24). Unter Art. 25 des **portugiesischen** CC werden „der Status der einzelnen Personen, die [Rechts- und Geschäfts-] Fähigkeit der Personen, die Familienbeziehungen und die Erbfolge durch das Personalstatut der beteiligten Rechtssubjekte geregelt". Letzteres gilt auch für die Persönlichkeitsrechte (Art. 27 a. a. O.), für besondere Geschäftsfähigkeiten (Art. 28 a. a. O.), die Volljährigkeit (Art. 29) sowie für die Vormundschaft und die ihr entsprechenden Rechtseinrichtungen (Art. 30). Das siebte Buch des **rumänischen** CC enthält in Kapitel I („Personen") einen ersten Abschnitt über die „natürliche Person", in dem sich die Anknüpfungsregeln über den Personenstand und die Geschäftsfähigkeit befinden (Art. 2572 rumän. CC), ferner Regeln zu Beginn und Ende der Rechtsfähigkeit (Art. 2573), zur Todeserklärung (Art. 2574), zur Volljährigkeit (Art. 2575), zum Namen (Art. 2576), zu den „dem menschlichen Wesen innewohnenden Rechten" (Art. 2577) und dem Schutz Volljähriger (Art. 2578). Der wichtigste Anknüpfungspunkt ist die Staatsangehörigkeit. Art. 9 Nrn. 1–10 des **spanischen** CC regeln das Statut der natürlichen Person *(ley personal)*. Der Staatsangehörigkeit unterliegen die Geschäftsfähigkeit und der Personenstand, die Rechte und Pflichten der Familie und die Erbfolge von Todes wegen. Zum Personalstatut werden allerdings auch die persönlichen Ehewirkungen, die Abstammung, die Adoption sowie die Vormundschaft gezogen. **Tschechien** ist im Recht der Rechts- und Geschäftsfähigkeit zum gewöhnlichen Aufenthalt übergegangen (§ 29 tschech. IPRG; es genügt aber auch die Einhaltung des Rechts des Vornahmeortes). Für das Namensrecht verbleibt es dagegen bei der Staatsangehörigkeit (§ 29(3)). Es geht ferner um Erwachsenenbetreuung (§§ 33–35), Verschollenheit und Todeserklärung (§§ 39–40). Das **ungarische** IPR-Gesetz aus dem Jahre 2017 enthält in § 15 die bemerkenswerte Regel, dass nicht nur die Rechts- und Handlungsfähigkeit, sondern auch die Persönlichkeitsrechte des Menschen seinem Heimatrecht unterliegen. Dem Heimatrecht unterliegen ferner die Namensführung (auf sie ist nur auf Antrag ungarisches Recht anzuwenden: § 16(1) a. a. O.). Besonders geregelt ist die Geschäftsfähigkeit. Der Grundsatz (Heimatrecht) wird zugunsten des ungarischen Rechts nicht nur durch eine Verkehrsschutzregelung unterbrochen, sondern auch dadurch, dass ungarisches Recht auch gilt, wenn die Rechtsfolgen des Geschäfts in Ungarn eintreten (§ 17 a. a. O.). Entmündigung, Betreuung und Vorsorgevollmacht (hier ist eine Rechtswahl möglich) richten sich nach dem gewöhnlichen Aufenthalt (§§ 18 und 19 a. a. O.). Zum Personalstatut (Heimatrecht) gehören desweiteren die Todes- und die Verschollenerklärung (§ 20). „Bei einer Verletzung der Persönlichkeitsrechte ist das Recht des gewöhnlichen Aufenthaltsortes … der geschädigten Person anzuwenden" (§ 23(1)). Das gilt auch für den vorbeugenden Rechtsschutz (§ 23(3) a. a. O.).

2. England und Schweden

Aber zurück zu den Sachrechten. Dass dem **englischen** (und dem irischen) **Recht** ein „*law* 29 *of the person*" im Sinne eines geschlossenen oder gar kodifizierten Systems unbekannt ist, sagten wir schon. Die einschlägige Gesetzgebung bezieht sich immer nur auf Teilbereiche; nichts anderes gilt für das (ungeschriebene) Common Law. Auch literarisch wird das Sujet „Personenrecht" weder in England noch in den übrigen Jurisdiktionen des Common Law

---

zugehörigkeit die Sachvorschriften des Staates wählen, in dem sie im Zeitpunkt der Änderung ihren rechtmäßigen und gewöhnlichen Aufenthalt hat. Gleiches gilt für einen Namenswechsel unter den Voraussetzungen oder im Zusammenhang mit der Änderung der Geschlechtszugehörigkeit. (3) Erklärungen zur Wahl nach Absatz 2 müssen öffentlich beglaubigt werden; sie können auch von den Standesbeamten beglaubigt oder beurkundet werden".

ganzheitlich dargestellt; „law of the person" ist kein *term of art*. Das Common Law wählt einen rein kontextbezogenen Ansatz. Der Mensch erlangt Rechtsfähigkeit mit der Geburt; der Nasciturus ist nicht rechtsfähig. Gesetzliche Regelungen dazu gibt es nicht.[124] *Capacity to contract* wird unter dem Common Law widerleglich vermutet.[125] *Minors,* d. h. Personen, die das 18. Lebensjahr noch nicht vollendet haben[126], sowie *persons lacking capacity* i. S. v. sec. 2(1) Mental Capacity Act 2005[127] fehlt die „unbeschränkte" *capacity to contract;* Minderjährigkeit und krankhafte Störungen der Geistestätigkeit führen aber keineswegs notwendig zur Nichtigkeit des Vertrages.[128] Unterbringung und staatliche Fürsorge für *mentally disordered people* sind Gegenstand des Mental Health Act 1983, der privatrechtlich aber nur den Ausschluss einer Haftung wegen *trespass to the person* bewirkt.[129] Fragen des (rechtlichen) Geschlechts des Menschen werden dem Familienrecht zugeordnet; eine Änderung des *legal gender* ist unter dem Gender Recognition Act 2004 möglich.[130]

30 In **Schweden** gibt es gleichfalls kein Zivilgesetzbuch, das Regelungen zum Recht der *fysisk person* aufnehmen könnte.[131] Das Schrifttum zum „Personenrecht" beschränkt sich typischerweise auf knappe Beobachtungen zu den Rechtssubjekten des Zivilrechts.[132] Einer übergreifenden Erörterung steht man skeptisch gegenüber. Das gilt sowohl für das Recht der natürlichen Person insgesamt, als auch für das Recht der Geschäftsfähigkeit; auch dieses wird kontextbezogen ausgelotet. Das entspricht der Grundhaltung des schwedischen Rechts, das insoweit dem englischen ähnelt. Allerdings ist dieser Ansatz heute nicht mehr unumstritten.[133] Systematisch unterscheidet man vor allem das Vermögensrecht (mit den Unterabteilungen Vertrags- und Kaufrecht[134]), das Familienrecht und das öffentliche

---

[124] *Paton v British Pregnancy Advisory Service Trustees* [1979] Q.B. 276, 279 (Sir George Baker); Burrows (-*Herring*), English Private Law³, Rdnr. 2.02.

[125] Chitty (-*Whittaker*) on Contracts, Vol I³², Rdnr. 9-001. In Bezug auf *conveyances* gilt unter sec. 13 LPA 1925: „The persons expressed to be parties to any conveyance shall, until the contrary is proved, be presumed to be of full age at the date thereof".

[126] Sec. 1 Family Law Reform Act 1969; sec. 105 Children Act 1989 („'child' means... a person under the age of eighteen").

[127] Das Hauptanliegen des Gesetzes besteht in dem Schutz und der Unterstützung erwachsener Menschen, die wegen einer psychischen Krankheit oder seelischen Behinderung ihre Angelegenheiten ganz oder teilweise nicht selbst regeln können. Es schafft die Voraussetzungen für eine begrenzte, auf die Befriedigung eigener Bedürfnisse ausgerichtete Teilhabe der Betroffenen am Rechtsverkehr (sec. 7 MCA 2005) und normiert ein durch *codes of practice* flankiertes „Betreuungsrecht". Hervorzuheben ist die Einrichtung eines zentralisierten Betreuungsgerichts, des Court of Protection (secs. 45–56 MCA 2005). Näher *In re P (Statutory Will)* [2009] EWHC 163 (Ch), [2010] Ch. 33, 43–45 (Lewison J).

[128] Näher *Whittaker* a. a. O. (Fn. 125) Rdnr. 9-005–9-034.

[129] Näher Clerk and Lindsell (-*M. A. Jones*) on Torts¹⁹, Rdnrn. 15–104–15–120.

[130] Näher *Harris-Short/Miles/George,* Family Law³, S. 17–18.

[131] Anläufe dazu hat es durchaus gegeben. Formell ist selbst das Gesetzbuch aus dem Jahre 1734 in Schweden und in Finnland noch in Geltung (auch wenn sich in ihm heute kaum noch immer relevante Vorschriften finden). Es war stark vom römischen und deutschen Recht geprägt. Eine im Jahre 1825 mit der Ausarbeitung eines Zivilgesetzbuches beauftragte Kommission scheiterte (näher *Nygren,* SvJT 1998 S. 103, 106–108). Seit der 2. Hälfte des 19. Jahrhunderts hat man sich dann ganz auf die rechtliche Zusammenarbeit mit Dänemark, Finnland und in gewissem Maße auch Island konzentriert (*Bernitz und Carlsson,* Finna rätt: juristens källmaterial och metoder¹⁴, S. 25).

[132] Z. B. bei *Agell/Malmström/Ramberg/Sigeman,* Civilrätt²⁵ (2018). Eine „Zusammenführung der inhaltlich disparaten Aspekte des rechtlichen Subjekts" erwogen *Malmström und Lambe,* Norstedts Juridiska Ordbok¹⁰, S. 2.

[133] Insbesondere *Fridström Montoya,* SvJT 2016 S. 523 und *dies.,* SvJT 2018 S. 354 empfiehlt, wenigstens das Recht der Einschränkungen der Geschäftsfähigkeit in einem allgemeinen, übergreifenden Rechtsgebiet des Personenrechts zu erfassen. Diese Erwägungen wurden ausgelöst durch zwei obergerichtliche Entscheidungen zur gesetzlichen Vertretung von Erwachsenen. HD 26.11.2015, NJA 2015 S. 851 betraf den *god man* (Kap. 11 §§ 1–6 FB) in seiner Eigenschaft als Treuhänder und unterstützender Entscheidungsträger *(bistående beslutsfattare),* und HD 31.5.2018, NJA 2018 S. 350 den *förvaltare* (Kap. 11 §§ 7–11 FB) in seiner Eigenschaft als Verwalter und stellvertretender Entscheidungsträger *(ställföreträdande beslutsfattare).*

[134] Geregelt im Lag om avtal och andra rättshandlingar på förmögenhetsrättens område vom 6.11.1915 (Vertragsgesetz); im Köplag vom 6.9.1990 (Kaufgesetz) und im Konsumentköplag vom 6.9.1990 (Verbraucherkaufgesetz). Diese Gesetze bringen allerdings bestenfalls Vorschriften zur Vollmacht, sie enthalten keine Regelungen zum Recht der natürlichen Person.

Recht. Eine der wichtigsten gesetzlichen Quellen des Familienrechts ist das Föräldrabalk (FB) vom 10.6.1949, das Elterngesetzbuch. Es handelt u. a. von der elterlichen Vertretungsmacht, dem *god man* (einem *bistående beslutsfattare,* einem Treuhänder und unterstützenden Entscheidungsträger) sowie dem *förvaltare* (einem *ställföreträdande beslutsfattare,* einem Verwalter und stellvertretenden Entscheidungsträger). Mit der Bestellung eines solchen Verwalters korrespondiert eine Begrenzung der Geschäftsfähigkeit der hilfsbedürftigen Person.[135] Die Entmündigung *(omyndighetsförklaring)* wurde schon 1989 abgeschafft. Das Äktenskapsbalk (Ehegesetzbuch) vom 14.5.1987, in das auch das Sambolag (Gesetz über eheähnliche Gemeinschaften) vom 12.6.2003 eingearbeitet wurde, regelt u. a. Ehehindernisse aufgrund beschränkter Geschäftsfähigkeit (Kap. 2 ÄB). Namensrechtliche Fragen werden zum öffentlichen Recht gestellt.[136] Quellen dazu finden sich im Meldewesengesetz (Folbokföringslag), im Namensgesetz (Lag om personnamn vom 1.7.2017), im Lag om namn och bild i reklam vom 22.2.1978 (dem Gesetz über Namen und Bilder in der Werbung), im Personuppgiftslag vom 29.4.1998 (dem Gesetz über Personenangaben) und im Offentlighets- och sekretesslag vom 20.5.2009 (dem Geheimhaltungsgesetz). Zum öffentlichen Recht gehören auch die Vorschriften über die zwangsweise Ingewahrnahme einer Person (Lag om psykiatrisk tvångsvård 20.6.1991).

3. Die Kodifikationen

Auch die von ihren Kodifikationen geprägten Rechtsordnungen Europas greifen auf das Recht der natürlichen Person systematisch unterschiedlich zu. Eine einheitliche Linie fehlt. Die älteren Gesetzbücher handeln, den bis auf *Gaius* (2. Jh. n. Chr.) zurückführbaren und von ihm für Unterrichtszwecke entworfenen „Belehrungen" *(Institutiones)* folgend, in ihrem ersten Buch typischerweise „Von den Personen" (dem anschließend ein oder mehrere Bücher über „Sachen" gegenübergestellt werden). Das „Personenrecht" greift aber viel weiter aus als das engere Recht der natürlichen Person, das oft nicht einmal Gegenstand eines eigenen Abschnitts ist. Der erste Titel des **französischen Code civil** handelt von den Zivilrechten, zu denen die Rechte auf Respekt des Privatlebens (Art. 9 CC), des menschlichen Körpers (Art. 16-1 a. a. O.) und der genetischen Disposition gehören (Art. 16-10 a. a. O.); niemand darf, wie bereits bemerkt, aufgrund seiner genetischen Eigenschaften diskriminiert werden (Art. 16-13 a. a. O.). Vermögensrechte können weder am Körper des Menschen noch an seinen Elementen und „Erzeugnissen" *(produits)* bestellt werden; entgegenstehende Verträge sind nichtig (Artt. 16-1(3), 16-5 a. a. O.). Der zweite Titel (*Des actes de l'état civil;* über die Personenstandsurkunden) regelt in einem eigenen Abschnitt u. a. das Recht der Namensänderung (Artt. 60–61-4 a. a. O.). Es folgen weitere Titel über den Wohnsitz, Verschollenheit, Eheschließung (Art. 143 a. a. O. erlaubt die Eheschließung „par deux personnes de sexe différent ou de même sexe"), Kindschaft (mit Regeln zum Namensrecht: Artt. 311-21 – 311-24 franz. CC), die elterliche Autorität und die mit ihr verbundene Vertretungsmacht (Artt. 382 i. V. m. Art. 388-1-1 franz. CC; Art 376 belg. CC), die Volljährigkeit und den Schutz von Volljährigen, die sich nicht selbst um ihre Angelegenheiten kümmern können.

Obwohl also der Code civil selbst nur von Personenrecht i. w. S. handelt, findet sich doch in der klassischen belgischen und französischen Lehrbuchliteratur zum *Droit des personnes* durchweg eine selbständige, sich deutlich von den familienrechtlichen Fragen absetzende Analyse der die einzelne Person betreffenden Fragen. *Malaurie* z. B. legt die Unterscheidung zwischen natürlichen und juristischen Personen dar, befasst sich dann mit der Existenz der Person (Geburt und Tod), ihrer Identifizierung (Name, Wohnsitz und Zivilstandswesen), ihren persönlichen Rechten (*égalité civile, libertés civiles*

---

[135] Quellen vorher in Fn. 133.
[136] Das zeigt sich daran, dass das allgemeine Verwaltungsgericht zur Prüfung von Verstößen gegen das Namensgesetz zuständig ist (§ 42 Lag om personnamn), und daran, dass Verletzungen des Gesetzes über Namen und Bilder in der Werbung eine strafrechtliche Haftung begründen (§ 2 Lag om namn och bild i reklam).

und *droits de la personnalité*) und ihrem Schutz (Minderjährige und Volljährige, die sich nicht selbst um sich kümmern können).[137] Auch *Bellivier* analysiert die *droits de la personnalité* der, wie sie sagt, „körperlichen" Person (des Menschen, im Gegensatz zu der „unkörperlichen" juristischen Person). Dazu zählt sie den *droit à la vie privée*, den *droit à la présomption d'innocence* und den *droit au respect de son corps*. Wenn jemand Fähigkeitsbeschränkungen unterliegt, spricht sie anschaulich vom „Wanken" (oder „Taumeln") einer körperlichen Person *(vacillement)*. Der „Körper ohne Person" (ein Leichnam, ein Embryo, ein Tier) ist Gegenstand des dritten, die *droits de la personnalité* sind Gegenstände des vierten Teils. Sie gäben der Person ihr Gepräge *(empreinte);* ein Beispiel ist der *droit patrimonial à l'image*. Weitere Teile betreffen die *ressources biologiques humaines* und die persönlichen Daten *(données personnelles)*.[138] Für Belgien setzt sich *Leleu* in dem personenrechtlichen Teil seiner Gesamtdarstellung mit der Existenz der *personnes physiques* (Geburt, Tod, Verschollenheit), ihrer Identifikation (Name) und ihren Persönlichkeitsrechten auseinander, außerdem mit Personen, die des besonderen rechtlichen Schutzes bedürfen (Minderjährige, hilfebedürftige Volljährige).[139]

32 Ausdrücklich zum Institutionensystem bekennt sich § 14 des **österreichischen** ABGB: „Die in dem bürgerlichen Gesetzbuche enthaltenen Vorschriften haben das Personenrecht, das Sachenrecht und die denselben gemeinschaftlich zukommenden Bestimmungen zum Gegenstande".[140] Innerhalb des Personenrechts handelt das Erste Hauptstück „von den Rechten, die sich auf persönliche Eigenschaften und Verhältnisse beziehen". Rechte, die sich auf „persönliche Eigenschaften" beziehen, sind „angeboren" (§ 16 a. a. O.), unterliegen nicht der Vertretung und sind nicht übertragbar. Gesondert angesprochen werden die Rechtsfähigkeit (§§ 16 und 18 a. a. O.), Minderjährigkeit und Unmündigkeit (§ 21; die Unterscheidung hat Bedeutung für die in § 170 a. a. O. näher geregelte sog. „Handlungsfähigkeit" des Kindes), die Vermutung der Lebendgeburt (§ 23) und der Namensschutz (§ 43). Das zweite Hauptstück bringt das Eherecht (§ 44 ABGB gestattet seit dem 1.1.2019 eine Ehe zwischen „zwei Personen"; auf Verschiedengeschlechtlichkeit kommt es nicht mehr an), in dem sich auch Regeln zum Namensrecht finden (§ 93 a. a. O.). Regeln zum Recht der natürlichen Person finden sich aber auch im dritten Hauptstück (Rechte zwischen Eltern und Kindern), nämlich zum Namen der Kinder (§ 155 a. a. O.) und zur gesetzlichen Vertretungsmacht der Eltern (§§ 158(1), 167 a. a. O.). Die Entmündigung und die Vormundschaft über Volljährige sind schon 1984 abgeschafft worden; das 2. Erwachsenenschutzgesetz[141] hat mit Wirkung ab 1.7.2018 auch die Sachwalterschaft abgelöst und sie durch die sog. Erwachsenenvertretung ersetzt.

33 Vieles von dem findet sich auch in **Spanien** wieder. Der spanische CC folgt dem französischen Darstellungsansatz; das erste Buch gilt dem Personenrecht (Artt. 17–332 CC). Dass es auch das Familienrecht umfasst, wird heute allerdings als Aufbaufehler gewertet.[142]

---

[137] *Malaurie*, Droit des personnes. La protection des mineurs et des majeurs (2018).
[138] *Bellivier*, Droit des personnes (2015).
[139] *Leleu*, Droit des personnes et de la famille (2016).
[140] Eine modernisierte Version dieses Grundansatzes findet sich in Art. 2 des rumän. CC („Gegenstand und Inhalt des Zivilgesetzbuchs"): „Die in diesem Gesetzbuch enthaltenen Vorschriften haben die Vermögens- und Nichtvermögensverhältnisse zwischen Personen, als Rechtssubjekte, zum Gegenstande").
[141] „Bundesgesetz, mit dem das Erwachsenenvertretungsrecht und das Kuratorenrecht im Allgemeinen bürgerlichen Gesetzbuch geregelt werden und das Ehegesetz, das Eingetragene Partnerschaft-Gesetz, das Namensänderungsgesetz, das Bundesgesetz über Krankenanstalten und Kuranstalten, das Außerstreitgesetz, die Zivilprozessordnung, die Jurisdiktionsnorm, das Rechtspflegergesetz, das Vereinssachwalter-, Patientenanwalts- und Bewohnervertretergesetz, das Unterbringungsgesetz, das Heimaufenthaltsgesetz, die Notariatsordnung, die Rechtsanwaltsordnung, das Gerichtsgebührengesetz und das Gerichtliche Einbringungsgesetz geändert werden (2. Erwachsenenschutz-Gesetz – 2. ErwSchG)" (österr. BGBl I vom 25.4.2017).
[142] *Díez-Picazo und Gullón*, Sistema de Derecho Civil I[12], S. 55. Unter systematischen Gesichtspunkten besonders interessant ist der von der staatlichen Agentur *Boletín Oficial del Estado* zur Verfügung gestellte elektronische Fassung des span. Zivilgesetzbuches mit ergänzender Gesetzgebung (www.boe.es/legislacion/codigos/). Unter „Derecho de la Persona" finden sich hier die Zivilregistergesetze, das Gesetz über Extraktion und Transplantation von Organen (Gesetz 30/1979 vom 27.10.1979, Ley sobre extracción y transplante de órganos), das Organgesetz zum zivilrechtlichen Schutz des Rechts auf Ehre, persönliche und familiäre Privatsphäre und eigenes Bild (Ley Orgánica 1/1982 vom 5.5.1982, de protección civil del derecho al honor, a la intimidad personal y familiar, a la propia imagen), das Organgesetz zum Berichti-

Natürliche und juristische Personen werden im zweiten Titel unter dem Aspekt der Rechtspersönlichkeit *(personalidad civil)* zusammengeführt. Das erste Kapitel („Von den natürlichen Personen", Artt. 29–34 span. CC) regelt demgemäß Beginn und Ende der Rechtsfähigkeit (Artt. 29–30, 32), sichert im Falle der Entbindung von Zwillingen das Anciennitätsprinzip (Art. 31) und bringt das Recht der Kommorienten- (Art. 33) und, bei Verschollenheit, das Recht der Todesvermutung (Art. 34). Die weitere Abfolge der Titel weicht zwar z. T. beträchtlich von dem französischen Modell ab; die Überschriften freilich sind weitgehend gleich geblieben.[143] Das erste Buch des **italienischen** Codice civile *(Delle persone e della famiglia)* hat dieselben Karten noch einmal neu gemischt, substantiell aber nicht viel verändert.[144] Immerhin findet sich gleich im ersten Titel des ersten Buches ein Regelwerk zum Recht der natürlichen Personen *(Delle persone fisiche)*. Die Rechtsfähigkeit wird zum Zeitpunkt der Geburt erworben (Art. 1 ital. CC). Mit der Volljährigkeit (Vollendung des 18. Lebensjahrs) „wird die Fähigkeit erworben, alle Rechtshandlungen vorzunehmen, für die nicht ein anderes Alter vorgeschrieben ist" (Art. 2 a. a. O.). Für Kommorienten gilt die widerlegliche Vermutung gleichzeitigen Versterbens (Art. 4 a. a. O.). Verfügungen über den eigenen Körper sind dem Grundsatz nach verboten (Art. 5 a. a. O.). Die übrigen Bestimmungen befassen sich mit dem Recht auf den eigenen Namen und dessen Schutz (Artt. 6–8 a. a. O.), bemerkenswerterweise auch mit dem Schutz des Pseudonyms (Art. 9 a. a. O.) und dem Recht am eigenen Bild (Art. 10 a. a. O.). Die Grenzen zum Deliktsrecht werden aufgeweicht. Regeln zur Geschlechtszugehörigkeit finden sich nicht.[145]

Der italienische CC greift also schon auf, was durch das **deutsche** BGB (und, ihm nachfolgend, das griechische ZGB) vorgezeichnet worden war: ein frühes Kapitel über die „natürliche Person". Das deutsche und das griechische Zivilgesetzbuch folgen zwar dem sog. „Pandektensystem", sind also in einen Allgemeinen Teil und vier weitere Bücher (Schuld-, Sachen-, Familien- und Erbrecht) gegliedert, haben sich aber innerhalb ihres

---

gungsrecht [betr. Informationen in den Medien] (Ley Orgánica 2/1984 vom 26.3.1984, reguladora del derecho de rectificación), das Organgesetz zum Rechtsschutz der Minderjährigen (Ley Orgánica 1/1996 vom 15.1.1996, de protección jurídica del menor), das Gesetz zur Patientenautonomie und zu den Rechten und Pflichten im Bereich klinischer Information und Dokumentation (Gesetz 41/2002 vom 14.11.2002, Ley básica reguladora de la autonomía del paciente y de derechos y obligaciones en materia de información y documentación clínica), das Gesetz zum Schutz des Vermögens der Menschen mit Behinderungen (Gesetz 41/2003 vom 18.11.2003, Ley de protección patrimonial de las personas con discapacidad), das Gesetz zu Techniken der assistierten menschlichen Reproduktion (Gesetz 14/2006 vom 26.5.2006, Ley sobre técnicas de reproducción humana asistida), das Gesetz über biomedizinische Forschung (Gesetz 14/2007 vom 3.7.2007, Ley de investigación biomédica), das Gesetz zur internationalen Adoption (Gesetz 54/2007 vom 28.12.2007, Ley de adopción internacional) und das Gesetz zur Mediation in Zivil- und Handelssachen (Gesetz 5/2012 vom 6.7.2012, Ley de mediación en asuntos civiles y mercantiles). (Zum Begriff des Organgesetzes siehe Art. 81 span. Verf.: Gesetze, die sich auf die Entwicklung der Grundrechte und der öffentlichen Freiheiten beziehen; sie bedürfen der absoluten Mehrheit des Kongresses).

[143] Erstes Buch: Von den Personen Titel I: Von den Spaniern und Ausländern (Artt. 17–28), Titel II: Vom Entstehen und Erlöschen der Rechtsfähigkeit (Kapitel I – Von den natürlichen Personen, Kapitel II – Von den juristischen Personen), Titel III: Vom Wohnsitz, Titel IV: Von der Ehe, Titel V: Von der Elternschaft und der Abstammung, Titel VI: Vom Unterhalt zwischen Verwandten, Titel VII: Von den Eltern-Kind-Beziehungen, Titel VIII: Von der Abwesenheit, Titel IX: Von der Entmündigung, Titel X: Von der Vormundschaft, der Pflegschaft und der Aufsicht über Minderjährige oder Entmündigte, Titel XI: Von der Volljährigkeit, Titel XII: Vom Personenstandsregister.

[144] 1. Buch Personen- und Familienrecht Titel 1: Natürliche Personen, Titel 2: Juristische Personen, Titel 3: Domizil und Wohnsitz, Titel 4: Verschollenheit und Todeserklärung, Titel 5: Verwandtschaft und Schwägerschaft, Titel 6: Ehe, Titel 7: Personenstand des Kindes, Titel 8: Adoption Volljähriger, Titel 9: Elterliche Verantwortung sowie Rechte und Pflichten des Kindes; Titel 9*bis:* Anordnungen zum Schutz gegen Missbräuche in der Familie, Titel 10: Vormundschaft und Entlassung aus der elterlichen Verantwortung, Titel 11: Pflegekindschaft und Überlassung zur Betreuung, Titel 12: Maßnahmen zum Schutz von Personen, die zur Wahrnehmung ihrer Interessen ganz oder teilweise nicht fähig sind, Titel 13: Eingeschränkter Unterhalt, Titel 14: Personenstandsurkunden.

[145] Die Voraussetzungen eines Geschlechtswechsels sind Gegenstand des ital. Gesetzes vom 14.4.1982, nr. 164, zur Berichtigung der Geschlechtszuweisung (Gazz. Uff. 19.4.1982, nr. 164).

„Allgemeinen Teils" insofern noch Anklänge an das Institutionensystem bewahrt, als sie in ihm (u.a.) von Personen, Sachen und Rechtsgeschäften handeln. Die Zahl der Gegenstände, die das aktuelle deutsche BGB in seinem Titel über natürliche Personen anspricht, ist, wie bereits bemerkt, denkbar gering.[146] Die Geschäftsfähigkeit ist im Recht der Rechtsgeschäfte geregelt (§§ 104–113 dt. BGB); das Weitere gehört systematisch entweder zum Familienrecht[147], ist inzwischen Gegenstand besonderer Gesetzgebung[148] oder wird, wie das Konzept der Menschenwürde, unmittelbar aus der Verfassung gewonnen. Mehr Stoff verblieb den Artt. 34–60 des **griechischen** ZGB. Im Kontext der Rechtsfähigkeit (Artt. 34–36 gr. ZGB) geht es weiterhin auch um den Beweis des Todes und des Todeszeitpunktes (Artt. 37–39 a. a. O.), um Verschollenheit (Artt. 40–50 a. a. O.) und den Wohnsitz (Artt. 51–56 a. a. O.), darüber hinaus aber auch um das Recht auf die eigene Persönlichkeit und den eigenen Namen (Artt. 57–59) sowie um das „Recht auf die Geistesschöpfungen". Volljährigkeit und Geschäftsfähigkeit regelt das Recht der Rechtsgeschäfte (Artt. 127–137 gr. ZGB).

35 Auch der **portugiesische** CC von 1966 ist nach der Systematik des deutschen BGB in fünf Bücher gegliedert. Das Familienrecht musste im Anschluss an das Inkrafttreten der Verfassung von 1976 grundlegend überarbeitet werden.[149] Die von *Manuel de Andrade* entworfenen Vorschriften[150] zum Recht der natürlichen Personen wurden in den Allgemeinen Teil eingestellt. Dessen zweiter Titel handelt „Von den Rechtsverhältnissen", sein erster Untertitel „Von den Personen" (ein zweiter – Untertitel I-A – von den Tieren, ein dritter – Untertitel II – von den Sachen). Der Untertitel über die Personen differenziert

---

[146] Oben Rdnr. 3. Das BGB in seiner ursprünglichen Gestalt enthielt noch Regelungen zur Volljährigkeitserklärung (§§ 3–5 a.F.), zur Entmündigung (§ 6 a.F.), zur Verschollenheit und zur Todeserklärung (§§ 13–19) sowie zur Vermutung gleichzeitigen Versterbens, falls mehrere Personen in derselben Gefahrensituation umkommen. Das Bundesinnenministerium hat am 8.5.2019 einen Referentenentwurf vorgelegt (oben Fn. 123), der für die §§ 18–20 dt. BGB unter Aufhebung des dt. TSG Regelungen zur Änderung des Geschlechtseintrags bei Intergeschlechtlichkeit und Transgeschlechtlichkeit sowie zu den Wirkungen der Änderung des Geschlechtseintrags vorschlägt. Das wäre ein Schritt in die richtige Richtung. Das Bundesinnen- und das Bundesjustizministerium haben zudem am 26.3.2020 ein Eckpunktepapier über die Reform des Namensrechts veröffentlicht (https://www.bmi.bund.de/SharedDocs/downloads/DE/veroeffentlichungen/2020/eckpunkte-namensrecht.pdf). Es sah vor, die bislang verstreuten Regelungen zum Namensrecht an einem einheitlichen Regelungsstandort (vorgeschlagen wird der Allgemeine Teil des BGB) zusammengeführt, vereinfacht und liberalisiert werden. Das wäre ein weiterer wichtiger Schritt zur inhaltlichen Aufwertung der Regelungen des dt. BGB zum Recht der natürlichen Person gewesen. In der laufenden Legislaturperiode steht das Namensrecht erneut auf der politischen Agenda (unten Rdnr. 507 mit Fn. 67). Entscheidungen zu seiner systematischen Platzierung zeichnen sich aber noch nicht ab.

[147] Zulässigkeit der gleichgeschlechtlichen Ehe (§ 1353 dt. BGB); keine Ehe vor Erreichen der Volljährigkeit (§§ 1303, 1314,1315 dt. BGB); auch keine Anerkennung ausländischer Kinderehen (Art. 13(3), 229 § 44 EGBGB); Namensrecht (u.a. §§ 1355, 1616–1618 dt. BGB); Einwilligungsvorbehalt bei betreuten Erwachsenen § 1903 dt. BGB; ab 1.1.2023 § 1825 dt. BGB n.F.). Die Vorschriften zur Erb- und Testierfähigkeit finden sich im Erbrecht (§§ 1923, 2229 dt. BGB).

[148] Die Lebenspartnerschaft ist Gegenstand des Gesetzes über die Eingetragene Lebenspartnerschaft vom 16.2.2001 (BGBl I S. 266). Sie kann zwar gemäß § 1 LPartG seit dem 1.10.2017 nicht mehr begründet werden, doch gilt das Gesetz für Altfälle weiter, sofern es nicht unter § 20a a. a. O. zu einer Umwandlung in eine Ehe gekommen ist. Das Recht der Geschlechtsumwandlung ist in dem Gesetz über die Änderung der Vornamen und die Feststellung der Geschlechtszugehörigkeit in besonderen Fällen vom 10.9.1980 (TSG; BGBl I S. 1654) geregelt. Verschollenheit (§ 1 dt. VerschG), Todesfeststellung und -erklärung (§§ 2–10, 13–38 a. a. O.), Kommorientenvermutungen und die Feststellung des Todeszeitpunkts (§§ 11, 39–45 a. a. O.) behandelt das (seither vielfach geänderte) Verschollenheitsgesetz vom 4.7.1939 (BGBl III, Gliederungsnummer 401-6). Das Personenstandsgesetz (PStG) vom 19.2.2007 (BGBl I S. 122) sorgt für eine staatliche Dokumentation der privatrechtlichen Rechtslage (§ 1(1) PStG). Zwar war § 22(3) PStG die erste Vorschrift, die ausdrücklich vom dritten Geschlecht handelte, doch ändert das nichts daran, dass das Personenstandsrecht der materiellen Rechtslage folgt, nicht umgekehrt (*Gössl*, NZFam 2016 S. 1122, 1127–1128). Die öffentlichrechtliche Namensänderung ist Gegenstand von § 3 des Gesetzes über die Änderung von Familiennamen und Vornamen vom 5.1.1938 (BGBl III, Gliederungsnummer 401-1) mit späteren Änderungen.

[149] Hauptsächlich durch DL 496/77 vom 25.11.1977; dazu *Mota Pinto*, Teoria geral do direito civil⁴, S. 70–71 sowie *Hörster und Moreira da Silva*, Parte Geral², S. 157–160.

[150] *Andrade*, BMJ 102 (1961) S. 153–166.

III. Nationale Systembildungen § 1

nach „einzelnen" (natürlichen) und „kollektiven" Personen. Im Recht der *pessoa singular* geht es um die unverzichtbare „Persönlichkeit" (um die Rechtsfähigkeit, die *personalidade* oder *capacidade jurídica*) (Artt. 66–69 port. CC)[151], zudem um die Persönlichkeitsrechte (Artt. 70–81), den Wohnsitz (Artt. 82–88), Abwesenheit und Verschollenheit (Artt. 89–121), um Minderjährige und begleitete Volljährige (Artt. 122–133 und 138–156 a. a. O.[152]). Die wichtigsten Darstellungen des Rechts der einzelnen Personen folgen im Wesentlichen dem Aufbau des Gesetzes, analysieren also auch das *direito de personalidade* mit seinen menschenrechtlichen Bezügen, gehen auf die besonderen Persönlichkeitsrechte ein (Leben und körperliche Unversehrtheit; moralische Integrität und Reputation; Recht auf den Namen und das eigene Bild, Briefgeheimnis und Schutz der Intimsphäre). Sie erörtern den Beginn und das Ende der Persönlichkeit, das Zivilstandswesen, das Geschlecht, den Wohnsitz, Verschollenheit und Todesvermutungen, Minderjährigkeit und Betreuung.[153]

Besonders bemerkenswert sind die Entwicklungen unter den neueren mittelosteuropäischen Kodifikationen. Das **rumänische** Zivilgesetzbuch von 2011 trennt trotz seiner Nähe zum französischen Recht das Personenrecht (Buch I) klar vom Familienrecht (Buch II). Das war (wenn auch aus politischen, nicht aus rechtssystematischen Gründen) schon in vordemokratischer Zeit überall in diesem Teil Europas Standard. Die Begründung des Kodifikationsentwurfs aus dem Jahre 2009[154] erläutert, dass der Zweck der personenrechtlichen Regelungen des ersten Buches in der Anerkennung, dem Schutz und der Verteidigung der bürgerlichen Rechte und Freiheiten der natürlichen Person bestehe (und für juristische Personen ein einheitlicher Rechtsrahmen geschaffen werden solle). Der erste Titel (Artt. 25–33 rumän. CC) bringt „allgemeine Bestimmungen". Hier finden sich die *summa divisio* aller Personen in natürliche und juristische (Art. 25(1) a. a. O.) sowie eine der seltenen Definitionen einer natürlichen Person (Art. 25(2) a. a. O.: „La personne physique est l'être humain, considéré individuellement, en sa qualité de titulaire de droits et obligations civils").[155] Alle Personen genießen die *capacité civile* (die bürgerlichrechtliche „Fähigkeit"). Sie gliedert sich in die *capacité de jouissance* (die Rechtsfähigkeit, Art. 34 a. a. O.) und die *capacité d'exercice* (die Geschäftsfähigkeit, Art. 37 a. a. O.); gesetzlichen Beschränkungen unterliegt nur die Letztere (Artt. 28(2), 29(1) a. a. O.). Auf keine der beiden Erscheinungsformen der *capacité civile* kann man verzichten (Art. 29(2) a. a. O.) oder sonst über sie verfügen (Art. 29(1) a. a. O.). Der zweite Titel („Über die natürliche Person") bringt nähere Bestimmungen zum Begriff, zum Beginn und zum Ende der Rechtsfähigkeit, definiert die Geschäftsfähigkeit (Art. 37 a. a. O.[156]), regelt, sehr ausführlich, das Vertragsrecht der Minderjährigen und Entmündigten (Artt. 38–48 a. a. O.), außerdem das Recht der Todeserklärung. Deutlich vom französischen Recht beeinflusst ist die Technik, auch alle Persönlichkeitsrechte als Teile des Personenrechts zu erfassen (Artt. 58–81 a. a. O.). Sodann geht es um die Identifikation der natürlichen Person (Name, Wohnsitz, gewöhnlicher Aufenthalt, Personenstandsurkunden). Ein dritter Titel gilt den besonders schutzbedürftigen Personen, also den Rechten Minderjähriger sowie den Rechten Erwachsener, die unter

36

---

[151] Dazu *Prata*, Dicionário Jurídico I, Stichwort personalidade jurídica. Die Gleichsetzung von Rechtsfähigkeit und Persönlichkeit geht auf Art. 1 des port. CC von 1867 zurück (oben Fn. 80). Unter geltendem Recht erwirbt der Mensch Rechtsfähigkeit durch vollständige Geburt als lebendes Kind (Art. 66(1) port. CC). Rechtsfähigkeit besteht unter Art. 67 port. CC darin, dass Personen, vorbehaltlich entgegenstehender gesetzlicher Bestimmung, Träger von beliebigen Rechtsverhältnissen sein können. Solche „entgegenstehenden gesetzlichen Bestimmungen" gibt es für natürliche Personen freilich gar nicht (*Hörster* und *Moreira da Silva,* Parte Geral[2], S. 335). Die Rechtsfähigkeit ist der Persönlichkeit inhärent; wer Persönlichkeit hat, hat auch Rechtsfähigkeit. Sie endet mit dem Tod (Art. 68(1) port. CC); der Verzicht auf sie ist nicht erlaubt, auch nicht teilweise (Art. 69 a. a. O.).
[152] Artt. 138–156 i. d. F. des Gesetzes 49/2018 vom 14.8.2018; sie lösten die sog. „Interdiktionen" ab. Artt. 134–137 port. CC sind schon durch DL 496/77 vom 25.11.1977 aufgehoben worden.
[153] Z. B. *Menezes Cordeiro,* Tratado de Direito Civil, Band IV, Parte Geral. Pessoas[5] (2019).
[154] http://www.cdep.ro/proiecte/2009/300/00/5/em305.pdf.
[155] Französischer Text des Noul Cod civil zitiert nach der kommentierten Übersetzung durch *Borcan* und *Ciuruc,* Nouveau Code Civil Roumain (Bukarest 2013).
[156] „La capacité d'exercice est l'aptitude de la personne à passer seule des actes juridiques civils".

§ 1 § 1: Das Recht der natürlichen Person im System des Privatrechts

Vormundschaft oder Betreuung stehen. „Toute mesure de protection de la personne physique est ouverte uniquement dans son intérêt" (Art. 104(1) a. a. O.).

37 Das **ungarische ZGB** von 2013 (in Kraft seit 15.3.2014) stellt sein zweites Buch unter die Überschrift „Der Mensch als Rechtssubjekt". Es handelt in einem ersten Teil vom Beginn und dem Erlöschen der Rechtsfähigkeit sowie von der Todeserklärung, gefolgt von einem bemerkenswert aufwändigen zweiten Teil über die Geschäftsfähigkeit. Er bringt in jeweils eigenen Titeln die allgemeinen Regeln, Vorschriften zu Minderjährigen, zur Beschränkung der Geschäftsfähigkeit Volljähriger, zu Maßnahmen vor einem Entmündigungsverfahren, zur eigentlichen Entmündigung und zur Bestellung von Vormündern, zur „unterstützten Entscheidungsfindung, ohne die Geschäftsfähigkeit zu berühren" (Titel IX) und zu „Verfügungen für den Fall einer zukünftigen Beschränkung der Geschäftsfähigkeit" (Titel X). Wie das rumänische so greift nun auch das ungarische Zivilgesetzbuch in einem eigenen (dritten) Teil das Recht der (körperlichen wie der unkörperlichen: § 2:43 ungar. ZGB) Persönlichkeitsrechte auf, entfaltet zu ihnen allgemeine, gelegentlich wie verfassungsrechtliche Texte formulierte Regeln[157], kodifiziert einzelne Persönlichkeitsrechte und präzisiert sogar die Rechtsfolgen ihrer Verletzung (Titel XI und XII). Genau besehen ist hier innerhalb des Rechts der natürlichen Person ein Sonderdeliktsrecht entstanden[158], in dem das Kriterium der Rechtswidrigkeit nach dem Gesetzeswortlaut keine Rolle mehr spielt.[159] Die Würde des Menschen steht im Zentrum des Privatrechts; auf sie zu verzichten, scheitert der Regel nach an §§ 6:10 (Zustimmung unterliegt den allgemeinen Regeln für Willenserklärungen) und 6:96 ungar. ZGB (sittenwidrige Verträge sind nichtig).[160] Das Recht der Namensbildung bildet einen Bestandteil des Familienrechts; Kindern dürfen die Namen beider Elternteile gegeben werden, auch wenn sie nicht verheiratet sind. Der Kindesname darf aber höchstens aus zwei Teilen bestehen (§ 4:150 ungar. ZGB).

38 Auch das **tschechische** Zivilgesetzbuch aus dem Jahre 2014 trennt zwischen dem Personen- und dem Familienrecht (erstes und zweites Buch), stellt beide im Übrigen aber ganz traditionell dem Vermögensrecht (drittes und viertes Buch) gegenüber. Das Familienrecht hatte man im Jahre 1949 in enger Zusammenarbeit mit der seinerzeitigen polnischen Volks-

---

[157] Vor allem § 2:42 ungar. ZGB „(Allgemeiner Schutz der Persönlichkeitsrechte) (1) Jeder hat das Recht, im Rahmen des Gesetzes und der Rechte anderer seine Persönlichkeit und insbesondere sein Recht auf Achtung der Privatsphäre und des Familienlebens, der Wohnung, der – auf jede Art und Weise bzw. mit beliebigen Mitteln unterhaltenen – sozialen Kontakte und des guten Rufs frei zu entfalten, und daran durch niemanden gehindert zu werden. (2) Die Menschenwürde und die sich daraus ergebenden Persönlichkeitsrechte hat jeder zu respektieren. Die Persönlichkeitsrechte stehen unter dem Schutz dieses Gesetzes"). Diese Formulierung geht auf eine Änderung aus dem Jahre 2016 zurück; der ursprüngliche Text war schlanker und zugleich eleganter (§ 2:42(1) i. d. F. bis 30.6.2016: „Jeder hat das Recht, im Rahmen des Gesetzes und der Rechte anderer seine Persönlichkeit frei zu entfalten, und daran durch niemanden gehindert zu werden"), weswegen die Ergänzung im Schrifttum teils scharf kritisiert wurde. Sie stelle sowohl stilistisch als auch dogmatisch eine „armselige Lösung" dar (Vékás und Gárdos [-*Székely*], Kommentár a Polgári Törvénykönyvhöz I², § 2:42 ungZGB, S. 129).
[158] So listet z. B. § 2:51 ungar. ZGB einige verschuldensunabhängige Rechtsfolgen der Persönlichkeitsverletzung auf. Zu ihnen gehört nach (1)(c) a. a. O. auch das Recht, von dem Verletzer eine geeignete Genugtuung zu fordern. Unter § 2:52(1) ungar. ZGB besteht auch ein Anspruch auf Schmerzensgeld. „(2) Bezüglich der Bedingungen der Verpflichtung zur Zahlung von Schmerzensgeld – insbesondere bei der Bestimmung der zu Schmerzensgeld verpflichteten Person sowie der Art und Weise der Entschuldigung – sind die Regeln der Schadenersatzhaftung anzuwenden, mit der Maßgabe, dass bei der Berechtigung zu Schmerzensgeld außer der Tatsache der Rechtsverletzung kein Nachweis für das Eintreten weiterer Nachteile erforderlich ist". Systematisch schwierig zu deuten ist dann allerdings der gleich nachfolgende § 2:53 a. a. O. zur „Schadenersatzhaftung": „Wer durch die Verletzung seiner Persönlichkeitsrechte einen Schaden erleidet, kann von der rechtsverletzenden Person nach den Regeln der Haftung für rechtswidrig verursachte Schäden die Erstattung seines Schadens fordern".
[159] Der vorerwähnte § 2:51 ungar. ZGB verlangt nur die „Tatsache der Rechtsverletzung", aber weder ein Verschulden noch die Rechtswidrigkeit der Verletzung. Schmerzensgeld und Schadensersatz scheinen dagegen ein Verschulden vorauszusetzen.
[160] *Székely* a. a. O. S. 130 mit dem Zusatz, die menschliche Würde werde durch Handlungen verletzt, welche das menschliche Dasein des Berechtigten in Frage stellen oder den minimalen und obligatorischen Respekt verweigern, welcher jedem Menschen schon aus seinem menschlichen Dasein heraus zukommt.

republik[161] gänzlich aus dem alten ABGB ausgelagert, um dem Art. 1(2) der tschech. Verfassung von 1948 gerecht zu werden, der den Grundsatz der Gleichheit von Mann und Frau an die Spitze des neuen Verfassungsgesetzes gestellt hatte.[162] Im Jahre 1964 wurde das Gesetz über das Familienrecht aus dem Jahre 1949 durch ein neues Familiengesetz *(zákon o rodině)* ersetzt.[163] Mit dem tschechischen Bürgerlichen Gesetzbuch von 2014 kehrte das Familienrecht dann wieder in die Kodifikation zurück, und zwar als zweites Buch (§§ 655–975 tschech. BGB).[164] Das totalitäre bürgerliche Recht hatte durch die Betonung von Gleichheit und Kollektivierung der Steuerung der Gesellschaft gedient. Heute stehen der freie, selbstbestimmte Mensch und der Schutz seiner natürlichen Rechte im Mittelpunkt; der Akzent hat sich von den vermögensrechtlichen Verhältnissen der Bürger wieder auf die Person und ihre Rechtsstellung verlagert.[165] Im Aufbau der Kodifikation zeigt sich das daran, dass sich das 1. Buch („Allgemeiner Teil") in seinem zweiten Abschnitt sofort den „Personen" zuwendet, diesem Gebiet in einem ersten Unterabschnitt „allgemeine Bestimmungen" (§§ 15–22 tschech. BGB) widmet und sie durch einen außergewöhnlich umfangreichen zweiten Unterabschnitt über „natürliche Personen" (§§ 23–117 a. a. O.) konkretisiert. Die Regelungsdichte ist eindrucksvoll. Das Gesetz definiert Rechts- und Geschäftsfähigkeit (§ 15[166]), klärt, dass man weder auf die eine noch auf die andere verzichten kann (§ 16) und dass auch alle mit der Persönlichkeit des Menschen verbundenen natürlichen Rechte weder verzichtbar sind noch veräußert werden können (§ 19(2)). Im engeren Recht der natürlichen Personen markieren Geburt und Tod den Beginn und das Ende der Rechtsfähigkeit (§ 23); ein gezeugtes Kind ist als bereits geboren anzusehen, wenn dies dem Kindeswohl entspricht. Es wird vermutet, dass das Kind lebend geboren wurde. „Wird das Kind jedoch nicht lebend geboren, so ist es so anzusehen, als wäre es nie gewesen" (§ 25).

Das Gesetz befasst sich nicht nur mit den üblichen Regeln über den Beweis des Todes (§§ 26–28), mit Verschollenheit (§§ 66–70) und Todesvermutungen (§§ 71–76), sondern, als einzige europäische Kodifikation, auch mit der Geschlechtsumwandlung, die freilich in § 29(1) in menschenrechtlich nicht mehr vertretbarer Weise von einem „chirurgischen Eingriff bei gleichzeitiger Aufhebung der Zeugungsfähigkeit und Umwandlung der Geschlechtsorgane" abhängig gemacht wird.[167] Ungewöhnlich ist auch die Regel, dass Minderjährige (Volljährigkeit tritt mit Vollendung des 18. Lebensjahrs ein: § 30(1)) Geschäfte selbstständig abschließen können, die nach ihrer Natur für den Verstand und die Willensreife des Minderjährigen angemessen sind (§ 31). Ausführlich geregelt sind die „unterstützenden Maßnahmen bei Beeinträchtigung der Geschäftsfähigkeit eines Volljährigen" (§§ 38–54). Die Geschäftsfähigkeit kann nur vom Gericht (§ 56) und „nur im Interesse des Menschen beschränkt werden, den es betrifft, … mit voller Anerkennung seiner Rechte und seiner persönlichen Einzigartigkeit" (§ 55(1)). Der „Name des Menschen ist dessen Vorname und Familienname … Jeder Mensch hat das Recht, seinen Namen im Rechtsverkehr zu nutzen" (§ 77(1)). Ein sehr umfangreicher Titel 6 (§§ 81–114) bringt sodann Vorschriften zur „Persönlichkeit" des Menschen, in denen es im Wesentlichen um den Schutz der körperlichen

39

---

[161] Näher *Dziadzio*, in Ladislav Soukup (Hrsg.), Příspěvky k vývoji právního řádu v Československu 1945–1989, S. 381–392.
[162] § 1(2) Verfassungsgesetz Nr. 150/1948: „Männer und Frauen genießen die gleiche Stellung in Familie und Gesellschaft sowie den gleichen Zugang zu Bildung und allen Berufen, Ämtern und Funktionen".
[163] Gesetz Nr. 94/1963 Gbl., in Kraft vom 1.4.1964 bis zum 31.12.2013.
[164] Dazu in deutscher Sprache u. a. *Schusterová*, IJVO 2013 (2014) S. 1–23.
[165] *Eliáš*, Nový občanský zákoník s aktualizovanou důvodovou zprávou a rejstříkem, S. 50–51.
[166] „(1) Rechtsfähigkeit ist die Fähigkeit, in den Schranken der Rechtsordnung Träger von Rechten und Pflichten zu sein. (2) Geschäftsfähigkeit ist die Fähigkeit, für sich selbst durch eigene Rechtsgeschäfte Rechte zu erwerben und sich zu verpflichten".
[167] Tschech. VerfG 9.11.2021, Pl. ÚS 2/20 hat es bedauerlicherweise abgelehnt, sich mit der Verfassungsmäßigkeit dieser Vorschrift zu befassen. Der Fall habe dazu keinen Anlass gegeben, weil es sich um eine Person handelte, die sich weder als Mann noch als Frau fühlte. Sie habe gerade nicht angestrebt, ihr Geschlecht von männlich in weiblich zu ändern. Und eine Aufhebung von § 29 tschech. BGB würde nicht zur Entstehung eines „völlig neuen, dritten Geschlechts" führen.

wie der unkörperlichen Persönlichkeitsrechte geht, auch um das „Recht, in einer lebenswerten Umwelt zu leben" (§ 81(2)). „Der Mensch ist unantastbar" (§ 91).

40　Insgesamt ergibt sich also ein einigermaßen **uneinheitliches Bild.** Manche, darunter besonders die jüngeren mitteleuropäischen Kodifikationen (aber auch die portugiesische und, zumindest partiell, die französische) zeichnen sich durch die Besonderheit aus, auch den Schutz der Persönlichkeitsrechte zum Recht der natürlichen Person zu stellen. In Rumänien, Ungarn und Tschechien dürfte das seinen Grund in den traumatischen Erfahrungen der Zeit in und nach dem Zweiten Weltkrieg haben und ist deshalb rechtspolitisch wie emotional leicht nachvollziehbar. Systematisch handelt es sich gleichwohl um einen wenig überzeugenden Weg, weil er mitten durch das außervertragliche Haftungsrecht und das Recht des vorbeugenden Rechtsschutzes führt. Das Konzept des oder der Persönlichkeitsrechte soll der Gefahr wehren, durch andere verletzt zu werden und, falls es bereits zu einer Verletzung gekommen ist, einen angemessenen Ausgleich sicherstellen. Es begründet m. a. W. die Pflicht aller Zeitgenossen, die körperliche und seelische Integrität ihrer Mitbürger zu respektieren. Das (objektive) Recht der natürlichen Person setzt anders an. Es handelt nicht von (subjektiven) Rechten und korrespondierenden Pflichten, sondern von der Teilhabe des Menschen an der Privatrechtsordnung.[168] Folglich ist es wesentlich enger konzipiert als die es flankierenden Rechtsgebiete, unter ihnen neben dem Schadensersatzrecht vor allem das Vertrags- und das Familienrecht. Im Vertragsrecht geht es um den rechtlichen Rahmen für den Austausch von Leistungen, im Recht der natürlichen Person nur um die Möglichkeit, sich dieses Rahmens zu bedienen. Das Recht der natürlichen Person umschließt gewissermaßen nur eine „Restmenge", nämlich alles, was zwischen zwei Personen zu klären übrigbleibt, wenn sich dafür keine speziellen Beziehungsregeln mehr finden (lassen). Das ermöglicht auch eine stimmige Abgrenzung zum Familienrecht. Die Bezüge der vielerorts in ihm geregelten personenrechtlichen Rechtsmaterien zur tatsächlich gelebten Gemeinschaft von Eltern und Kindern sind i. d. R. deutlich zu schwach, um sie auch heute noch zur Grundlage einer überzeugenden Systementscheidung machen zu können. Das betrifft die Geschlechtszugehörigkeit ebenso wie das Recht der Fürsorge für ihrer selbst nicht mehr mächtige Erwachsene, und das Recht der Integration Minderjähriger in den Geschäftsverkehr nicht minder als das Namensrecht. Dass Kinder ihren Namen von ihren Eltern erhalten bzw. ableiten, drängt den Staat zurück, verwandelt die Geburt aber noch nicht in einen familienrechtlichen Vorgang, und die Eheschließung hat heute der Grundregel nach ohnehin keine namensrechtlichen Folgen mehr. Das Namensrecht ist, fast unbemerkt, aus dem Familien- in das Personenrecht herausgewachsen, das Recht des Namensschutzes aus dem Personen- in das Deliktsrecht.

---

[168] Oben Rdnr. 25. Die Tendenz, das Recht der Persönlichkeitsrechte im Kontext eines allgemeinen Personenrechts zu entfalten, zeigt sich inzwischen allerdings auch noch in weiteren Rechtsordnungen. Für Italien handelt z. B. *Albanese* in seinem Beitrag für die dritte Auflage des von Mazzamuto hrsg. Manuale del diritto privato (S. 119–156) von der „persona fisica e i diritti della personalità" und zählt zu Letzteren neben den unkörperlichen Persönlichkeitsrechten (moralische Integrität, Name, Bild, Privatleben, persönliche Daten) mit Leben und Gesundheit auch zwei körperliche Persönlichkeitsrechte.

§ 2: Privatrecht unter menschen- und grundrechtlichem Einfluss

Weiteres Schrifttum:
Anders Agell, Åke Malmström, Christina Ramberg, Tore Sigeman, Civilrätt (25. Aufl., Stockholm 2018); *Marcus Agnafors,* Pactum Turpe – en rekonstruktion och ett försvar, SvJT 2019 S. 956–978; *Andreas v. Arnauld,* Völkerrecht (3. Aufl. Heidelberg 2016); *Cosimo M. D'Arrigo,* Trapianto del fegato: una legge inutile e nociva? Alcune riflessioni sulla donazione di organi fra persone viventi, Dir. fam. pers. 2001 S. 1184–1222; *Bogusław Banaszak,* Konstytucja Rzeczypospolitej Polskiej. Komentarz (2. Aufl. Warschau 2012); *B. Banaszkiewicz,* Małżeństwo jako związek kobiety i mężczyzny, KPP 2013 S. 627–628; *Christian von Bar,* Die Rolle der Rechtsvergleichung in der Entwicklung des Europäischen Privatrechts, in: Quaestiones de Qualitate Vitae. Liber Sollemnis ad Honorem Professoris Romualdi Derbis (Frankfurt/Oder, Tschenstochau und Osnabrück 2014) S. 681–690; *ders.,* Innenansichten des deutschen Privatrechts seit dem Ende des Zweiten Weltkrieges, in: Christian von Bar, Yu-Cheol Shin und Michael Stolleis, Innenansichten des deutschen und ostasiatischen Rechts (Tübingen 2021) S. 181–209; *Christian von Bar und Peter Mankowski,* Internationales Privatrecht, Band I (2. Aufl. München 2003) und Band II (2. Aufl. München 2020); *Rolf Behrentin und Christoph Grünenwald,* Leihmutterschaft im Ausland und die deutsche Rechtsordnung, NJW 2019 S. 2057–2062; *Mario Bellocci und Tommaso Giovannetti,* Il quadro delle tipologie decisorie nelle pronunce della Corte costituzionale, Quaderno predisposto in occasione dell'incontro di studio con la corte costituzionale di Ungheria, Palazzo della Consulta, 11 giugno 2010; *Corrado Becker,* Die gleichgeschlechtliche Ehe in Deutschland (Baden-Baden 2021); *Bertil Bengtsson,* Skadestånd vid överträdelse av Europakonventionen – den nya lagstiftningen, SvJT 2018 S. 93–127; *Uta Berndt-Benecke,* Die weitere Geschlechtskategorie im Geburtenregister, NVwZ 2019 S. 286–290; *Takis K. Bidales,* Biodikaio. Tomos I: To prosopo (Biorecht Bd. 1: Die Person) (Athen und Thessaloniki 2007); *Raffaele Bifulco, Alfonso Celotto, Marco Olivetti,* La Costituzione Italiana (Turin 2007); *William Blackstone,* Commentaries on the Laws of England (Vol. I Oxford 1765); *Jiří Boguszak, Jiří Čapek und Aleš Gerloch,* Teorie práva (Prag 2004); *Giovanni Bonilini und Ferruccio Tommaseo,* Dell'amministrazione di sostegno (Mailand 2018); *Giovanni Bonilini,* Trattato di diritto delle successioni e donazioni, Band 1 (Mailand 2009); *Manfred Bruns,* Das Gesetz zur Änderung der in das Geburtenregister einzutragenden Angaben, StAZ 2019 S. 97–101; *James Bryce,* Studies in history and jurisprudence (Vol. II Oxford 1901); *Regine Buchheim und Denis Basta,* Steuerrecht und Finanzverwaltung als Instrumente der Judenverfolgung und -enteignung im Nationalsozialismus, DStR 2016 S. 705–711; *Torben Bührer,* Das Menschenwürdekonzept der Europäischen Menschenrechtskonvention (Berlin 2020); *Thomas Buergenthal und Daniel Thürer,* Menschenrechte (Baden-Baden 2010); *Yvaine Buffelan-Lanore und Virginie Larribau-Terneyre,* Droit civil. Introduction. Biens. Personnes. Famille (16. Aufl. Paris 2009); *Gloria Burda,* Sterbehilfe: Das VfGH-Erkenntnis zur Verfassungswidrigkeit des § 78 StGB in der Handlungsalternative des Hilfeleistens, ÖJZ 2021 S. 220–226; *Dörte Busch,* Eigentum und Verfügungsbefugnisse am menschlichen Körper und seinen Teilen (Berlin 2012); *Claus-Wilhelm Canaris,* Verstöße gegen das verfassungsrechtliche Übermaßverbot im Recht der Geschäftsfähigkeit und im Schadensersatzrecht, JZ 1987 S. 993–1004; *Gabriele Carapezza Figlia,* Diritto al suicidio assistito? La tutela della persona alla fine della vita, Rass. dir. civ. 2019 S. 580–619; *Vincenzo Carbone,* Per la Corte costituzionale i figli possono avere anche il cognome materno, se i genitori sono d'accordo, Il Corriere giuridico 2017 S. 173; *María Casado und Mónica Navarro-Michel (Hrsg.),* Document sobre gestació per substitució. Documento sobre gestación por sustitución. Document on surrogacy (Barcelona 2019); *Michaela Chládeková,* Slovak Constitutional Court: Deprivation of Legal Capacity due to Mental Illness- a legacy of the past?, ICL Journal (Vienna Journal on International Constitutional Law) 4 (2013) S. 561–566; *Chrestos Christodoulou,* E politiké Symbíose stem Kypro. E synapsi kai e luse tes (Das politische Zusammenleben in Zypern), Kypriako Oikogeneiako Dikaio 2017 S. 43; *Konstantinos Chrysogonos,* Atomiká kai Koinoniká Dikaiómata (Private und gesellschaftliche Grundrechte) (Athen und Komotini 2002); *Antonio Cicu,* La filiazione (Turin 1958); *ders.* In difesa del titolo di stato, Riv. trim. dir. proc. civ. 1950 S. 285–297; *Dagmar Coester-Waltjen,* Die Einführung der gleichgeschlechtlichen Ehe in ausgewählten Rechtsordnungen, ZEuP 2018 S. 320–358; *Giorgio Collura, Paolo Zatti, Leonardo Lenti,* Trattato di diritto di famiglia. Band 2: Filiazione (2. Aufl. Mailand 2012); *Benedetto Conforti,* Diritto internazionale (Neapel 2002); *Velia Corzani,* L'attribuzione del cognome materno di fronte alla Corte europea dei diritti dell'uomo, Giur. it. 2014 S. 2670–2675; *Anett Csakany,* Opinii privind semnificația juridică a expresiei „actele de stare civilă„, Universul Juridic Oktober 2015, S. 53–63; *Alicja Czajkowska und Elżbieta Pachniewska,* Prawo o aktach stanu cywilnego. Komentarz. Orzecznictwo. Wzory dokumentów i pism (5. Aufl. Warschau 2011); *A. D'Atena,* La nuova disciplina costituzionale dei rapporti internazionali e con l'Unione europea, Rass. parl. 2002 S. 924; *Danilo Diaco,* Gli effetti temporali delle decisioni di incostituzionalità tra Legge fondamentale e diritto costituzionale vivente, Consulta OnLine 1 (2016) S. 194–223; *ders.* (Hrsg.), Le tipologie decisorie della Corte costituzionale attraverso gli scritti della dottrina, Corte costituzionale, Quaderno processuale del servizio studi, maggio 2016; *André Gonçalo Dias Pereira,* O consentimento informado na relação médico-paciente – Estudo de direito civil (Coimbra 2004); *Juan María Díaz Fraile,* La gestación por sustitución ante el Registro Civil Español. Evolución de la doctrina de la DGRN y de la jurisprudencia española y europea, Revista de Derecho Civil VI (2019) S. 53–131; *Ágnes Dósa, Péter Hanti und Zsombor Kovácsy,* Kommentár az egészségügyről szóló 1997. évi CLIV. törvényhez (Kommentar zum Gesetz

CLIV von 1997 über das Gesundheitswesen) (Budapest 2017); *Antonia Durán Ayago,* Gestación por sustitución en España: a hard case needs law. De por qué la jurisprudencia no puede resolver este problema [Surrogacy in Spain: a hard case needs law. Why jurisprudence can not solve this problem], Cuadernos de Derecho Transnacional (2019) Bd. 11-2, S. 575–582; *John Dwyer,* The Dignity of the Person, in John Dwyer (Hrsg.), The New Dictionary of Catholic Social Thought (Collegeville 1994) S. 724–737; *Teresa Echevarría de Rada,* Actuales limitaciones a la imposición del nombre propio, Boletín del Ministerio de Justicia 58 (2004) Nr. 1979, S. 4303–4319; *Richard Ehmann,* Die strafrechtliche Bewertung der Sterbehilfe im deutsch-ungarischen Vergleich (Berlin 2015); *ders.,* Ärztlicher Paternalismus oder Selbstbestimmungsrecht des Patienten? Das ungarische Sterbehilferecht aus Sicht eines deutschen Juristen, JURA 2016/2 (Zeitschrift der Juristischen Fakultät der Universität Pécs) S. 25–36; *Karl Eliáš,* Nový občanský zákoník s aktualizovanou důvodovou zprávou a rejstříkem (Ostrava 2012); Alberta Fabbricotti (Hrsg.), Il diritto al cognome materno profili di diritto civile italiano, di diritto internazionale, dell'unione europea, comparato ed internazionale privato (Neapel 2017); *Fritz Fabricius,* Relativität der Rechtsfähigkeit (München 1963); *Elena Falletti,* Suicidio assistito e separazione dei poteri dello Stato. Note sul „caso Cappato", Famiglia e diritto 2019 S. 229–249; *Claire Fenton-Glynn,* The regulation and recognition of surrogacy under English law: an overview of the case-law, [2015] CFLQ S. 83–95; *dies.,* International surrogacy before the European Court of Human Rights, JPrivIntL 2017 S. 546–567; *Jan Filip,* Nález č 403/2002 Sb jako rukavice hozená ústavodárci Ústavním soudem, Právní zpravodaj 11 (2002) S. 11–15; *Monica Fioravanzo,* Sull'autorizzazione maritale: ricerche intorno alla condizione giuridica della donna nell'Italia unita (Neapel 1994); *Emese Florian,* Considerații privind reglementarea reproducerii umane asistate medical cu terț donator, Studia UBB, Nr. 4/2013, S. 101–112; *dies.,* Filiația: între obsesia adevărului biologic și mistificare legală, Revista română de drept privat 2018 S. 117–129; *Francesco Galgano,* Le insidie del linguaggio giuridico (Bologna 2010); *Nicole Gallus,* Le droit de la filiation. Rôle de la vérité socio-affective et de la volonté en droit belge (Brüssel 2009); *Daniel García San José,* La gestación por sustitución y las obligaciones emanadas para los Estados parte en el Convenio Europeo de Derechos Humanos: repercusiones en el ordenamiento jurídico español del activismo y de la autolimitación judicial del Tribunal Europeo de Derechos Humanos en relación con la gestación por sustitución, Revista Española de Derecho Constitucional 113 (2018) S. 103–130; *Leszek Garlicki und Marek Zubik,* Konstytucja Rzeczypospolitej Polskiej. Komentarz, Band 1 (2. Aufl. Warschau 2016); *Gianluca Gentile,* La Corte costituzionale e il suicidio assistito, tra giurisdizione e politica, Foro it. 2019 S. 1888–1892; *Apostolos S. Georgiades,* To dikaioma ston thanato. To problema tes euthanasias [Das Recht zum Sterben. Das Problem der Euthanasie] (Athen 2002); *Edoardo Ghera, Alessandro Garilli und Domenico Garofalo,* Diritto del lavoro (Turin 2013); *Otto von Gierke,* Die Genossenschaftstheorie und die deutsche Rechtsprechung (Berlin 1887); *Matilde Girolami,* Dalla crisi dell'amministrazione di sostegno al mandato di protezione: un bilancio 'de iure condendo', Riv. dir. civ. 2021 S. 854–906; *Susanne Lilian Gössl,* Intersexuelle Menschen und ihre personenstandsrechtliche Erfassung, NZFam 2016 S. 1122–1128; *Susanne Gössl und Anne Sanders,* Die Legalisierung der Leihmutterschaft – Vorschläge für die familienrechtliche Regelung in Deutschland, JZ 2022 S. 492–502; *Susanne Lilian Gössl, Sophie Dannecker, Alix Schulz,* Was sollte nach der Einführung des „dritten Geschlechts" weiter geregelt werden? Eine erste Bestandsaufnahme, NZFam 2020 S. 145–150; *J.J. Gomes Canotilho und Vital Moreira,* Constituição da República Portuguesa anotada, Band I (4. Aufl. Coimbra 2007); *Christoph Grabenwarter und Katharina Pabel,* Europäische Menschenrechtskonvention (6. Aufl. München u. a. 2016); *Paola Grimaldi,* Gli accordi di maternità surrogata tra autodeterminazione sulle scelte procreative, autonomia privata e 'best interest of the child', Familia 2017 S. 323–337; *Hans von der Groeben, Jürgen Schwarze, Armin Hatje,* Europäisches Unionsrecht (7. Aufl. Baden-Baden 2015); *Erberto Guida,* La capacità giuridica della donna dopo la legge 17 luglio 1919 n. 1176, Rivista internazionale di scienze sociali e discipline ausiliarie 85 (1920) S. 260–275; *Tobias Helms,* Ausländische Leihmutterschaft und Grenzen der aus Art. 8 EMRK ableitbaren Anerkennungspflicht, IPRax 2020 S. 379–380; *Matthias Herdegen,* Völkerrecht (18. Aufl. München 2019); *Christian Hillgruber,* Gibt es ein Recht auf ein Kind?, JZ 2020 S. 12–20; *Pavel Höllander,* Základy všeobecné státovědy (Pilsen 2009); *Tatjana Hörnle,* Der niederländische Hoge Raad und das BVerfG zu Fragen der Sterbehilfe: Die Abgrenzung von Selbstbestimmung und Fremdbestimmung im Einzelfall und als Leitlinie für die Rechtspolitik, JZ 2020 S. 872–879; *Tatjana Hörnle,* „Jetzt nicht" heißt „jetzt nicht"!, JZ 202 S. 1159–1161; *Nathalie Horbach, René Lefeber und Olivier Ribbelink,* Handboek Internationaal Recht (Den Haag 2007); *Elisa Hoven,* Zur Legalisierung der Leihmutterschaft in Deutschland, JZ 2022 S. 482–491; *Erling Johannes Husabø,* Rett til sjølvvalt livsavslutning? (Oslo 1994); *Jörn Ipsen,* Ehe für alle – verfassungswidrig?, NVwZ 2017 S. 1096–1099; *Moritz L. Jäschke,* Überlegungen zur Abschaffung des Transsexuellengesetzes, NZFam 2019 S. 895–900; *Hans Jarass,* Charta der Grundrechte der Europäischen Union (3. Aufl. München 2016); Andreas Jürgens (Hrsg.), Betreuungsrecht (6. Aufl. München 2019); *Walter Kälin und Jörg Künzli,* Universeller Menschenrechtsschutz (2. Aufl. Baden-Baden 2008); *Lampros Karampelas,* I euthanasia kai to dikaioma sti zoé kai ston thanato [Die Euthanasie und das Recht zum Leben und Tod] (Athen 1987); *Charlotte Kersten,* De ‚derde gender' optie: de stand van zaken in Nederland in rechtsvergelijkend perspectief, AA 2021 Nr. 0018; *Karel Klíma,* Ústavní právo (2. Aufl. Pilsen 2004); *ders.,* Komentář k Ústavě a Listině (Pilsen 2005); *Zdeněk Koudelka,* Obživnutí zrušeného právního předpisu v Čechách, na Moravě, ve Slezsku a na Slovensku, in: 20 rokov Ústavy Slovenskej republiky – I. Ústavné dni 1, 1. vyd. Košice (Univerzita Pavla Jozefa Šafárika v Košiciach 2012) S. 205–216; *E. Kounougeri-Manoledaki,* Techneté Gonimopoiese kai Oikogeneiakó Dikaio [Künstliche Befruchtung und Familienrecht] (Athen 2003); *Visa A.J. Kurki,* Why Things Can Hold Rights: Reconceptualizing the Legal Person, in: Visa A.J. Kurki und Tomasz Pietrzykowski (Hrsg.), Legal Personhood: Animals, Artificial Intelligence and the Unborn (Berlin 2017) S. 69–89; *Klaus Lachwitz,* Auswirkungen der UN-Behindertenrechtskonvention auf das deutsche Geschäftsfähigkeits- und Betreuungsrecht. Überlegungen aus der Perspektive von Menschen mit geistiger Behinderung, KJ 2012 S. 385–404; *Paul Lagarde,* Die Leihmutterschaft: Probleme des Sach- und des Kollisionsrechts, ZEuP 2015 S. 233–240; *Eleonora Lamm,* Gestación por sustitución: ni maternidad subrogada ni alquiler de vientres (Barcelona 2013); *Karl Larenz,* Rechtsperson und subjektives Recht, in: Karl Larenz. (Hrsg.), Grundfragen der neuen Rechtswissenschaft (Berlin 1935); *Florence Laroche-Gisserot,* Leçons de droit civil. Tome I, Deuxième volume. Les personnes. La personnalité. Les incapacités (8. Aufl. Paris 1997); *Adolf Laufs, Christian Katzenmeier, Volker Lipp,* Arztrecht (7. Aufl. München 2015); *Nadine Lederer,* Grenzenloser Kinderwunsch. Leihmutterschaft im nationalen, europäischen und globalen rechtlichen Spannungsfeld (Berlin 2016); *Matthias Lehmann,* Der Begriff der Rechtsfähigkeit, AcP 198 (1998) S. 225–235; *Lorenz Leitmeier,* Neubewertung des „Lebens als Schaden?", NJW 2020 S. 2844–2849; *Volker Lipp,* Betreuungsrecht und UN-Behindertenrechtskonvention, FamRZ 2012 S. 669–679; *Matthew Lockwood,* From Treason to Homicide: Changing Conceptions of the Law of Petty Treason in Early Modern England, The Journal of Legal History 34 (2013) S. 31–49; *Martin Löhnig und Christoph Schärtl,* Zur Dogmatik des § 105a BGB, AcP 204 (2004) S. 25–58; *Emanuele Lucchini Guastalla,* Maternità surrogata e best interest of the child, NGCC 2017 S. 1722–1730; *Jörg Luther,* Die Verfassungsgerichtsbarkeit in Italien, in: Christian Starck und Albrecht Weber (Hrsg.), Verfassungsgerichtsbarkeit in Westeuropa (Teilband I, 2. Aufl. Baden-Baden 2007); *Neil MacCormick,* Institutions of Law. An Essay in Legal Theory (Oxford 2007); *A. Mączyński,* Konstytucyjne podstawy prawa rodzinnego (Verfassungsrechtliche Grundlage des Familienrechts), in: Festschrift für Andrzej Zoll (Warschau 2012) S. 772; *Geo Magri,* Dallo scambio immorale allo scambio illecito. I nuovi confini dell'irripetibilità della prestazione indebita (Turin 2022); *Ioannis Manoledakis,* Yparchei dikaioma drin thanato? [Gibt es ein Recht auf Sterben?], Poiniká Chroniká 2004 S. 577–585; *D. M. Mcdowell,* To dikaio sten Athena ton klassikon chronon (Athen 2009); *Stanislav Mikule,* Může Ústavní soud zrušit ústavní zákon?, Jurisprudence 1/2010 S. 18–24; *Jorge Miranda und Rui Medeiros,* Constituição Portuguesa anotada, Band I (Coimbra 2005); Münchner Kommentar zum Strafgesetzbuch (3. Aufl. München 2017); *Gabriele Müller,* Die Patientenverfügung nach dem 3. Betreuungsrechtsänderungsgesetz: alles geregelt und vieles unerklärt, DNotZ 2010 S. 169–188; *Marina Murko,* Die Haftung österreichischer Unternehmen für Menschenrechtsverletzungen in ihren Lieferketten, ÖJZ 2022 S. 877–883; *Ngaire Naffine,* Author's Introduction: The Law of Persons, Australian Journal of Legal Philosophy 2010 S. 111–115; *Laura Nasse,* Devoir de vigilance. Die neue Sorgfaltspflicht zur Menschenrechtsverantwortung für Großunternehmen in Frankreich, ZEuP 2019 S. 773–801; *Zoltán Navratyil,* A varázsló eltöri pálcáját (Budapest 2011); *Cristina Nicolescu,* Parteneriatele civile înregistrate – o necesitate normativă?, Revista Română de Drept Privat 2018 S. 340–356; *Kirsti Niskanen,* Marriage and Gendered Property Rights in Early Twentieth-Century Rural Sweden, in: Karin Melby, Anu Pylkkänen, Bente Rosenbeck und Christina Carlsson Wetterberg (Hrsg.), The Nordic Model of Marriage and the Welfare State (Kopenhagen 2000) S. 69–89; *José Carlos de Medeiros Nóbrega,* Die Entwicklung des portugiesischen Sachenrechts (Göttingen 2015); *María Nieves Pacheco Jiménez,* Del tradicional procedimiento de incapacitación a la modificación judicial de la capacidad de obrar y la alternativa del sistema de apoyos, in: Juana Morcillo Moreno (Hrsg.), Discapacidad intelectual y capacidad de obrar (Valencia 2019) S. 39–58; *Konstantinos D. Panagopoulos,* Ta tria eide prosorinou dikastikou symparastate kai oi antistoixes exousies – armodiotetes (Die drei Arten temporären gerichtlichen Beistands und die entsprechenden Kompetenzen), Digesta 2016 S. 8–17; *J. Pawliczak,* Zarejestrowany związek partnerski a małżeństwo (Warschau 2014); *Giovanni Perlingieri,* Ordine pubblico e identità culturale. Le Sezioni Unite in tema di c. d. maternità surrogata, Diritto delle successioni e della famiglia 2019 S. 337–345; *Jan Perselli,* Fostersyn i svensk rätt (Linköping 1998); *Catherine Philippe,* La viabilité de l'enfant nouveau-né, D. 1999, Chronique, S. 29–32; *Nuno Pinto Oliveira,* Inconstitucionalidade do Art. 6.º da Lei sobre a Colheita e Transplante de Órgãos de Origem Humana, Scientia Iuridica 49 (2000) S. 249–262; *Arnd Pollmann und Georg Lohmann,* Menschenrechte (Stuttgart 2012); *Thilo Ramm,* Drittwirkung und Übermaßverbot, JZ 1988 S. 489–493; *Giuseppe Recinto,* La decisione delle Sezioni Unite in materia di c.d. maternità surrogata. Non tutto può e deve essere 'filiazione', Diritto delle successioni e della famiglia 2019 S. 347–354; *Rudolf Rengier,* Strafrecht Besonderer Teil (Band 2, 21. Aufl. München 2019); *Philipp M. Reuß,* Der Abschied von der Binarität – Einige Perspektiven zur Einführung eines dritten Geschlechts in Deutschland, StAZ 2019 S. 42–47; *Frederick Rieländer,* Mehrstufige Belastungen (zwei Bände, Tübingen 2021); *Roberto Romboli,* La influenza della Cedu e della giurisprudenza della Corte europea dei diritti umani nell'ordinamento costituzionale italiano, Consulta Online 2018 S. 618–644; *Nicola Rondinone,* Storia inedita della codificazione civile (Mailand 2003); *Dominique Rousseau,* Droit du contentieux constitutionnel (8. Aufl. Paris 2008); *Elisabeth Rynning,* Rätt till liv och rätt att dö, in: Elisabeth Rynning (Hrsg.), Liv och död; livsuppehållande behandling från början till slut (Stockholm 2009) S. 86–123; *Marek Safjan und Leszek Bosek* (Hrsg.), Konstytucja RP. Komentarz. Art. 1–86 (Band 1 Warschau 2016); *Ugo Salanitro,* L'ordine pubblico dopo le Sezioni Unite: la Prima Sezione si smarca... e apre alla maternità surrogata, I corriere giuridico 2020 S. 910–916; *Anne Sanders,* Mehrelternschaft (Tübingen 2018); *Friedrich Carl von Savigny,* System des heutigen Römischen Rechts. Bd. 1 und 2 (Berlin 1840); *Jens Scherpe, Anatol Dutta und Tobias Helms* (Hrsg.), The Legal Status of Intersex Persons (Cambridge u.a. 2018); *Jan-Erik Schirmer,* Von Mäusen, Menschen und Maschinen. Autonome Systeme in der Architektur der Rechtsfähigkeit, JZ 2019 S. 711–725; *Klaus Schlaich und Stefan Korioth,* Das Bundesverfassungsgericht (11. Aufl. München 2018); *Lucienne Schlürmann,* Steter Tropfen hölt den Stein – Neues zur Anerkennung ausländischer Leihmutterschaften in Frankreich. ZEuP 2020 S. 691–706; *Alix Schulz,* Geschlechtervielfal in Europa – Art. 8 EMRK als Katalysator der mitgliedstaatlichen Rechtsentwicklung, ZeuP 2021 S. 64–87; *Katrin Schwarzburg,* Die Menschenwürde im Recht der Europäischen Union (Baden-Baden 2012); *Vittorio Scialoja,* Per l'abolizione dell'autorizzazione maritale, Studi giuridici, Band III

(Rom 1932) S. 132–136; *Renáta Šínová, Ondřej Šmíd und Marek Juráš,* Aktualní problémy rodinněprávnjí regulace: rodičovství, výchova a výživa nezletilého (Prag 2013); *Martina Sperlich,* Suizidbeihilfe in der Rechtsprechung des EGMR (Baden-Baden 2019); *Andreas Spickhoff,* Medizinrecht (3. Aufl. München 2018); *Rudolf Stammler,* Deutsches Rechtsleben in alter und neuer Zeit in 2 Bänden (Berlin 1932). Bd. II: Deutsches Rechtsleben während des 19. Jahrhunderts. Lehrreiche Rechtsfälle gesammelt und bearbeitet; *Torsten Stein, Christian von Buttlar und Markus Kotzur,* Völkerrecht (14. Aufl. München 2017); *Raffaele Teti,* Documenti di archivio sul libro I del codice civile, Riv.dir.civ. 1998 S. 355–388; *Luboš Tichý,* Působení základních práv na soukromoprávní poměry a jeho meze, in: Časopis pro právní vědu a praxi, Nr. 1/2010, S. 10–17; *Antonio Torres del Moral,* Principios de derecho constitucional español. Bd. I: Sistemas de fuentes. Sistema de los derechos (5. Aufl. Madrid 2004); *David Tritremmel,* Baustelle Ehe und eingetragene Partnerschaft, ÖJZ 2020 S. 197–202; *Colin Turpin und Adam Tomkins,* British Government and the Constitution (7. Aufl. Cambridge 2011); *Robert Uerpmann-Wittzack und Alina Prechtl,* Rechtsprechung des Europäischen Gerichtshofs für Menschenrechte zum Familienrecht seit Ende 2016, FamRZ 2020 S. 469–476; *Louise Vago Matieli,* Análise funcional do direito ao nome à luz do artigo 55, parágrafo único, da Lei de Registros Públicos, Revista Brasileira de Direito Civil 7 (2016) S. 107–131; *Rafael Vale e Reis,* Procriação medicamente assistida. Gestação de substituição, anonimato do doador e outros problemas (Coimbra 2022); *Dana-Sophia Valentiner,* Das Grundrecht auf sexuelle Selbstbestimmung (Baden-Baden 2021); *Cristina Varano,* La maternità surrogata e l'interesse del minore: problemi e prospettive nazionali e transnazionali, Famiglia e diritto 2017 S. 825–836; Eric Wagner, Marc Ruttloff und Simon Wagner (Hrsg.), Das Lieferkettensorgfaltspflichtengesez in der Unternehmenspraxis (München 2022); *Eberhard Wieser,* Verstößt § 105 BGB gegen das verfassungsrechtliche Übermaßverbot?, JZ 1988 S. 493–494; *Gustavo Zagrebelsky und Valeria Marcenò,* Giustizia costituzionale (Bologna 2012); *Franz von Zeiller,* Das natürliche Privat-Recht (3. Aufl. Wien 1819); *Natalie Zemon Davis und Arlette Farge,* A History of Women in the West. III. Renaissance and Enlightenment Paradoxes (Cambridge, Massachusetts 1993).

I. Menschenrechte, Grundrechte, Grundfreiheiten

1. Verfassungsrechtssensibilität des Privatrechts der natürlichen Person

41 Es liegt in der Natur der Sache, dass das Privatrecht der natürlichen Person durch Menschen- und Grundrechte geprägt wird. Beiden Rechtsgebieten geht es schließlich um verwandte Gegenstände. Es kommt sogar vor, dass Verfassungstexte bestimmte Fragen des Rechts der natürlichen Person bereits unmittelbar und abschließend selbst beantworten. Die „dazugehörigen" Kodifikationen repetieren dann nur noch, was ihnen ihr höherrangiges Recht diktiert. Das ist beispielsweise dort der Fall, wo bereits ein Verfassungstext ausdrückt, dass „die grundlegenden Rechte und Freiheiten ... unveräußerlich, unverfügbar, unverjährbar und unaufhebbar sind" (Art. 1 Satz 2 der tschech. Charta der Grundrechte und -freiheiten), aber auch dort, wo das Rechtsinstitut der Ehe schon von verfassungswegen nur Personen verschiedenen Geschlechts, genauer: nur auf Lebenszeit angelegten Verbindungen zwischen einem Mann und einer Frau offensteht.[1] Der besondere Einfluss, den die Menschen- und Grundrechte auf das Privatrecht der natürlichen Person ausüben bzw. ausgeübt haben, hängt oft außerdem mit dem Alter der privatrechtlichen Gesetzgebung zusammen. Denn manche europäische Kodifikation ist bereits zu einer Zeit konzipiert worden, in der es weder ein konventionsrechtlich abgesichertes Recht der Menschenrechte noch gar verfasste Grundrechte (z. B. zur Gewährleistung der Gleichberechtigung von Mann und Frau) gab. Solche Zivilgesetzbücher drücken die Wertvorstellungen ihrer Zeit aus. Deshalb verdanken sie ihre personenrechtliche Modernisierung gewöhnlich erst den

---

[1] Oben § 1 Fn. 82 (Bulgarien, Kroatien, Lettland, Litauen, Polen, Slowakei, Ungarn). Dass unter Art. 12 EMRK „Männer und Frauen" das Recht auf Eheschließung und auf Gründung einer Familie haben, nutzt Areopag 1428/2017, Isokrates-Datenbank als Hilfsargument für seine Entscheidung, gleichgeschlechtliche Ehen weiterhin zu untersagen, was freilich wenig überzeugend wirkt. Auch die ital. Corte Cost. hat entschieden, dass es nicht gegen die Artt. 3 und 29 ital. Verf. verstoße, dass die Ehe homosexuellen Paaren verschlossen bleibe. Art. 29 ital. Verf. habe (obwohl der Text gleichgeschlechtliche Ehen nicht ausdrücklich ausschließt) das Ehekonzept von 1942 vor Augen, also das Konzept, das dem ital. CC zugrunde liege, und meine deshalb ein Rechtsgeschäft zwischen Personen unterschiedlichen Geschlechts (Corte Cost. 15.4.2010, nr. 138, Giur. Cost. 2010 S. 1604). Ähnlich argumentiert für Deutschland *Ipsen,* NVwZ 2017 S. 1096–1099.

I. Menschenrechte, Grundrechte, Grundfreiheiten § 2

auf der Grundlage der jüngeren Verfassungstexte von den Gerichten, typischerweise den Verfassungsgerichten, angestoßenen Innovationen.[2] Allerdings enthalten einige der alten Kodifikationen auch ihrerseits bereits eine Art „präkonstitutionellen Grundrechtskatalog". § 16 österr. ABGB ist ein Beispiel („Jeder Mensch hat angeborne, schon durch die Vernunft einleuchtende Rechte, und ist daher als eine Person zu betrachten. Sklaverei oder Leibeigenschaft, und die Ausübung einer darauf sich beziehenden Macht sind in diesen Ländern nicht gestattet"[3]), Art. 8 franz. CC ein anderes („Tout Français jouira des droits civils").

Von erheblicher praktischer Bedeutung ist der Umstand, dass viele personenrechtliche Regeln schon in ihrem Tatbestand auf **staatliche Mitwirkung** setzen; es handelt sich eben um ein der Privatautonomie entzogenes Rechtsgebiet. Man denke etwa an das Recht der Todes- und der Verschollenheitserklärung[4], der Geschlechtsänderung, der Betreuung und, wo es sie noch gibt, der Entmündigung (die inzwischen aber ihrerseits längst schon wieder menschenrechtlich hochproblematisch ist[5]). In den Materien des Rechts der natürlichen Person muss sowohl auf der Ebene der Normsetzung als auch auf der Ebene der Einzelentscheidung immer wieder zwischen öffentlichen und privaten Belangen abgewogen werden. Bei dieser Abwägung sind Gesetzgeber, Gerichte und Behörden an die menschen- und verfassungsrechtlichen Vorgaben gebunden, denen sie unterworfen sind. Die Grundrechtssensibilität des Rechts der natürlichen Person hat schließlich viel mit dem (seinerseits öffentlichen) Registerwesen zu tun. Einträge in die Personenstandsregister haben zwar der Regel nach keine rechtsbildende Funktion[6], auch 42

---

[2] Genauer für Deutschland z. B. *von Bar,* in: von Bar/Shin/Stolleis, Innenansichten des deutschen und ostasiatischen Rechts, S. 181, 195–204. Natürlich unterliegt aber auch die Verfassungsinterpretation ihrerseits wieder den Wertvorstellungen ihrer Zeit. Die Begründung, mit der BVerfG 10.5.1957, NJW 1957 S. 865 die Strafbarkeit homosexueller Handlungen zwischen Männern (Homosexualität zwischen Frauen war nicht strafbar) aufrechterhielt, wirkt aus heutiger Sicht befremdlich. Die Sexualität von Männern und Frauen sei so unterschiedlich, dass man sie nicht vergleichen könne (S. 866–867). Homosexuelle Männer wurden als sexuell aggressive Menschen portraitiert, die häufig den Partner wechselten, da ihnen dauerhafte Beziehungen nicht gelängen; zudem „liebt der typisch homosexuelle Mann den Jüngling und neigt dazu, ihn zu verführen" (S. 866). Bei Frauen dagegen könne man wegen des Überwiegens zärtlicher Empfindungen „zwischen einer lesbischen Beziehung und einer zärtlichen Frauenfreundschaft kaum eine Grenze ... ziehen". Eine Ehe zwischen Männern wäre vor diesem Hintergrund noch schlechterdings undenkbar gewesen.

[3] *Franz v. Zeiller,* der Verfasser dieser Vorschrift, bemerkte dazu in offenkundiger Anlehnung an *Kant* (oben § 1 Fn. 55), es handele sich um das „Urrecht. Dieses ist [...] das Recht der Persönlichkeit, d. i. das Recht, die Würde eines vernünftigen, frei handelnden Wesens zu behaupten [...] oder auch: Das Recht der gesetzlichen Freiheit" (*v. Zeiller,* Das natürliche Privat-Recht[3], S. 64). Der Ausdruck „präkonstitutionelles Verfassungsrecht" stammt von Klang (-*Meissel*), ABGB[3], § 16 Rdnr. 19. § 16 ABGB gilt bis heute als die „Zentralnorm der österreichischen Privatrechtsordnung" (Schwimann und Kodek [-*Posch*], Praxiskommentar[4], § 16 Rdnr. 3).

[4] Die britische Tageszeitung „The Guardian" (https://www.theguardian.com/world/2018/mar/16/romanian-court-tells-man-he-is-not-alive) berichtete von einem angeblichen Fall in Rumänien. Eine Frau habe ihren Mann (der sich 1999 nach einem Streit von ihr getrennt und dann ohne ihr Wissen in der Türkei gearbeitet hatte, 2013 aber abgeschoben wurde) für tot erklären lassen. Nach seiner Rückkehr sei er in Person vor Gericht erschienen. Dieses habe sich aber wegen Verfristung geweigert, die Todeserklärung aufzuheben („In a case reminiscent of a Kafka novel, a Romanian court has ruled that a 63-year-old man is dead despite what would appear to be convincing evidence to the contrary: the man himself appearing alive and well in court"). Tatsächlich hatte Tribunalul Vaslui 8.3.2018, 4015/189/2013 (wenn auch mit falscher Begründung, aber im Ergebnis richtig) die Berufung gegen die Todeserklärung vom 31.12.2013 abgewiesen, weil die Frist für dieses Rechtsmittel seit Jahren abgelaufen war. Das Rechtsmittel der Wahl wäre die Nichtigkeitsklage unter Art. 54 rumän. CC gewesen („Wenn der für tot Erklärte noch am Leben ist, kann jederzeit die Nichtigerklärung des Urteils über die Todeserklärung verlangt werden"), und diese Nichtigkeitsklage unterliegt selbstverständlich keiner Frist.

[5] Unten Rdnr. 45.

[6] Die Artt. 34 (Dispositions générales), 55 (Actes de naissance) und 78 franz. CC (Actes de décès) verwenden im Zusammenhang mit diesen *actes de l'état civil* die Worte *déclarant* bzw. *déclaration. Laroche-Gisserot,* Leçons de droit civil I(2)[8], S. 64 Rdnr. 499 erläutert, „déclarant est la personne qui vient affirmer à l'officier de l'état civil la réalité de l'événement créant ou modifiant l'état, événement que l'acte à dresser doit constater". Es ist also das Ereignis an sich (z. B. Geburt oder Tod), das den Personenstand schafft oder ändert, nicht seine Eintragung. Auch in Tschechien haben Eintragungen in den Personenstandsregistern

§ 2   § 2: Privatrecht unter menschen- und grundrechtlichem Einfluss

nicht in Deutschland[7], Griechenland[8], Italien[9], Portugal[10], Schweden[11] und Rumä-

---

lediglich deklaratorischen Charakter. Wie ein Name erworben wird und was ein Name ist, ergibt sich aus § 77 tschech. BGB, auf den das Gesetz über Personenstandsregister verweist. Die Bestimmung eines Namens für ein Kind ist ein Privatrecht der Eltern (Lavický [-*Tůma*], Občanský zákoník I, S. 368). Hat das Kind von seinen Eltern bereits einen Namen erhalten, ist es berechtigt, ihn schon vor der Beurkundung zu führen. Im Rahmen des öffentlichen Rechts ist der Mensch allerdings verpflichtet, seinen Namen in der registerrechtlich verlautbarten Form zu führen (§ 68(1) tschech. Gesetz über das Personenstandsregister). In das Personenstandsregister werden „Ereignisse" eingetragen, die sich bereits zugetragen haben (§ 24a a. a. O.).

[7] Auch unter § 1(1) dt. PStG gilt die Regel, dass der Staat in den Personenstandsurkunden nur die privatrechtliche Rechtslage dokumentiert; das Personenstandsrecht folgt der materiellen Rechtslage, nicht umgekehrt (BGH 22.6.2016, NJW 2016 S. 2885, 2886 Rdnr. 15; *Berndt-Benecke,* NVwZ 2019 S. 286, 287; *Reuß,* StAZ 2019 S. 42, 46). Beurkundungen in den Personenstandsregistern dienen grundsätzlich nur Beweiszwecken (§ 54 dt. PStG).

[8] In Griechenland war nur das Verhältnis von Tauf- und Registereintragung lange problematisch (dazu die Gutachten des griechischen Ombudsmannes Nrn. 20169/19.12.2005 und 60/3.1.2006, https://www.synigoros.gr/resources/docs/203083.pdf). Heute gelten die Eintragung der Taufe und die Eintragung der Namensgebung jedoch als zwei grundsätzlich getrennte Vorgänge (Areopag 1321/1992, Arm. 48 [1994] S. 340). Unter Art. 15 gr. Gesetz 1438/1984 über die Namensgebung *(Onomatodosía),* durch den Art. 25 gr. Gesetz 344/1976 novelliert wurde, wird der Name des Neugeborenen nach Erklärung der Eltern in die Geburtsurkunde eingetragen. Das deutet ebenfalls darauf hin, dass der Eintragung keine konstitutive Wirkung zukommt (es handelt sich nicht um eine „Transaktion mit der Verwaltung": gr. Ombudmann 16476 vom 26.4.2017, https://www.synigoros.gr/resources/20180710-eggrafo-stp-onomatodosia.pdf), mag die Eintragung auch bis zum Beweis des Gegenteils als richtig anzusehen sein (Gutachten des staatlichen juristischen Rates NSK 27/2003, http://www.nsk.gr/web/nsk).

[9] Zu den Personenstandsurkunden des italienischen Rechts (den *atti dello stato civile;* Artt. 449 ff ital. CC) gehören die Geburts-, Heirats- und Todesurkunden. Sie sind Gegenstand des Präsidialdekrets vom 3.11.2000. Personenstandsurkunden sind Verwaltungsakte mit exklusiver Beweiskraft *(efficacia probatoria esclusiva).* Geburt, Eheschließung und Tod können i. d. R. nur durch sie nachgewiesen werden *(Bianca,* Diritto civile I², S. 303). Unter Art. 451 ital. CC gelten „die Personenstandsurkunden … bis zur Erhebung einer Fälschungsklage als Beweis dessen, was nach Bezeugung der Amtsperson in ihrer Gegenwart geschehen oder von ihr vorgenommen worden ist. Die von den vorstellig gewordenen Personen abgegebenen Erklärungen gelten bis zum Nachweis des Gegenteils als wahr". Da die Geburtsurkunde die Person durch ihre Eltern identifiziert, den Namen und das Geschlecht des Kindes sowie seinen Status verlautbart, haben ihr ältere Autoren konstitutive Bedeutung beimessen wollen (z. B. *Cicu,* La filiazione, S. 7; *ders.,* Riv. trim. dir. proc. civ. 1950 S. 285), aber das entspricht weder der Rechtsprechung (Cass. 14.2.1949, nr. 232, Foro it. 1949, I, 331) noch der heute herrschenden Meinung (*Bianca* a. a. O. S. 305; *Collura/Zatti/Lenti,* Trattato di diritto di famiglia II², S. 100). Zivilstandsurkunden können gleichwohl nur durch Gerichtsbeschluss geändert werden; eine einfache *rettifica* kommt nur bei unwesentlichen Fehlern in Betracht (*Bianca* a. a. O.; *Pescatore und Ruperto,* Codice civile annotato I, S. 510). Zur Abstammung findet sich in Art. 236 ital. CC die Sonderregel, dass die Abstammung zwar durch die in den Personenstandsregistern angelegte Geburtsurkunde bewiesen wird. Wenn diese Urkunde jedoch fehlt, kommt es auf den dauerhaften tatsächlichen Personenstand des Kindes an.

[10] Unter Art. 1 port. CRC sind Eintragungen im Zivilregister obligatorisch. Sie haben zwar nur „Fakten" zum Gegenstand (Geburt, Abstammung, Adoption, Eheschließung, Tod). Art. 2 port. CRC bestimmt jedoch, dass „salvo disposição legal em contrário, os factos cujo registo é obrigatório só podem ser invocados depois de registados". Vorbehaltlich einer anderslautenden Vorschrift kann man sich also auf die dem Register unterliegenden Tatsachen „erst nach deren Eintragung berufen". *Menezes Cordeiro,* Tratado de Direito Civil IV⁵, S. 407 verneint gleichwohl die konstitutive Wirkung solcher Eintragungen. Denn es handele sich (abgesehen von der Eheschließung, die aus einer Rechtshandlung hervorgehe) eben um Fakten *stricto sensu,* die aus sich *(a se)* existierten. Wer sich vor Gericht auf sie berufen will, könne sich, sofern es zu einer Eintragung gekommen ist, auf die Eintragung stützen; fehle es (trotz Eintragungspflicht) an ihr, könne man auf andere Beweismittel zurückgreifen.

[11] Dem *Skatteverket* (zugleich Steuerbehörde, zentrales Einwohnermeldeamt und Standesamt) sind unter dem Lag om behandling av personuppgifter i Skatteverkets folkbokföringsverksamhet vom 19.4.2001 (2001:182) (dem Gesetz über die Behandlung der Personenangaben im *folkbokföring)* obligatorisch alle Ereignisse in Bezug auf Wohnort, Identität, Familienverhältnisse und andere registerfähige Personenangaben mitzuteilen. Es trägt die Angaben im zentralen elektronischen Melderegister *(folkbokföring)* ein. Personenstandsurkunden *(personbevis)* erlangt man durch Auszüge aus dem Melderegister. Die Eintragungen des Nachnamens bei Geburt, Adoption und Eheschließung (§ 35(2) Lag om personnamn vom 17.11.2016 (2016:1013) [Namensgesetz]), des Geburtsdatums, des Wohnorts und des Todes (Kap. 4 § 3 Begravningslag vom 6.12.1990 (1990:1144) [Bestattungsgesetz]) haben deklaratorischen Charakter insoweit, als sie ausschließlich „Ereignisse" dokumentieren. Bei Eintragung einer Heiratsurkunde *(vigselbevis)* prüft das *Skatteverket* die Ehefähigkeit *(hindersprövning)* (Kap. 4 § 8(2) Äktenskapsbalk).

I. Menschenrechte, Grundrechte, Grundfreiheiten § 2

nien.¹² (Der Mensch ist nicht erst mit Rechtsfähigkeit ausgestattet, wenn seine Geburt personenstandsrechtlich registriert ist; er lebt nicht nur deshalb fort, weil sein Tod nicht im Sterberegister beurkundet wurde). Nur im Recht der Änderung des Namens und des Geschlechts können Registereinträge ausnahmsweise¹³ einmal konstitutive Wirkung erlangen.¹⁴ Aber schon die deklaratorische Wirkung von Eintragungen in die Personenstandsregister genügt, um Fragen des Privatrechts der natürlichen Person nicht erst auf dem Umweg über die Lehre von der Drittwirkung der Grundrechte in den Fokus des Verfassungsrechts zu rücken. Denn der Bürger ist in zahllosen Situationen des täglichen Lebens auf die entsprechenden Registerauszüge angewiesen. Ohne sie gerät er in Beweisnot und damit in erhebliche praktische Schwierigkeiten. Nahezu überall im Privatrecht der natürlichen Person wird auch der Staat zu einem wichtigen, selbst und direkt an die Menschen- und Grundrechte gebundenen Akteur. Außerdem begegnen gerade im Recht der natürlichen Person Verfassungsnormen, die sich (das freilich lässt sich für die allermeisten Grundrechte sagen) entweder über die Dichotomie aus öffentlichem Recht und Privatrecht erheben¹⁵ oder jedenfalls keinen Zweifel daran lassen, dass der Staat seine

---

¹² Unter Art. 98 rumän. CC ist der „Personenstand … das Recht der Person auf Individualisierung, in der Familie und in der Gesellschaft, durch seine strikt persönlichen Eigenschaften, welche aus den Personenstandsurkunden und Tatsachen abgeleitet werden". Die Richtigkeit der Personenstandsurkunden wird widerleglich vermutet (Art. 99(2) a. a. O.). Fehlt es an einer solchen Urkunde, kann der Beweis auch auf andere Weise geführt werden (Art. 103 a. a. O.). Weil es sich nur um „Dokumente" handelt (Art. 1 des rumän. Gesetzes 119/1996 über Personenstandsurkunden), sollen Rechtsbeziehungen weder begründen, ändern noch aufheben können (*Csakany*, Universul Juridic Nr. 10, Oktober 2015, S. 53, 58).

¹³ Die Regel ist aber auch das nicht. Unter deutschem Recht haben weder der Eintrag des Namenserwerbs bei Geburt, noch Namensänderungen infolge Willenserklärung (bei Eheschließung) oder gerichtlicher (Adoption) oder behördlicher Entscheidung (öffentlichrechtliche Namensänderung; §§ 3 und 11 dt. NÄndG) konstitutive Wirkung (MünchKomm [-*v. Sachsen Gessaphe*], BGB⁷, § 1355 Rdnrn. 26, 45, 59; § 1617 Rdnrn. 22 und 24; MünchKomm [-*Maurer*], BGB⁷, 1757 Rdnr. 32; MünchKomm [-*Säcker*], BGB⁸, § 12 Rdnrn. 209–210). Nur deklaratorische Bedeutung hat auch die Eintragung einer Vornamensänderung nach Geschlechtswechsel (§ 45b dt. PStG). Ihren Namen erhält eine Person also kraft Gesetzes, durch Willenserklärungen oder durch Hoheitsakt, aber nie konstitutiv durch die Registereintragung. Auch dem Geschlechtseintrag „divers" (oder „ohne Angabe") (§§ 22(3), 45b dt. PStG) dürfte keine konstitutive Bedeutung zukommen (*Gössl*, NZFam 2016 S. 1122, 1127–1128), und dasselbe gilt, bei Transsexuellen, für die Geschlechtsänderung (§ 10(1) dt. TSG). Allerdings schlägt ein Referentenentwurf des Bundesinnenministeriums vom 8.5.2019 (oben § 1 Fn. 123) eine Neufassung von § 20(1) dt. BGB vor, die, wäre sie Gesetz, dem Eintrag der Geschlechtsänderung konstitutive Wirkung zukäme. Unter § 29(1) tschech. BGB tritt „die Geschlechtsumwandlung eines Menschen mit einem chirurgischen Eingriff ein, bei gleichzeitiger Aufhebung der Zeugungsfähigkeit und Umwandlung der Geschlechtsorgane. Es wird vermutet, dass der Tag der Geschlechtsumwandlung der in der vom Gesundheitsdienstleister ausgestellten Bescheinigung angeführte Tag ist". Die spätere Meldung an und die Eintragung im Personenstandsregister sind somit lediglich deklaratorischer Natur. Der Gesundheitsdienst muss dem Personenstandsregisteramt innerhalb von drei Tagen die Änderung des Geschlechts mitteilen (§ 17a des tschech. Gesetzes über das Personenstandsregister). Das Amt kann auf Antrag des Betroffenen und nach Vorlage der Bescheinigung einer Gesundheitseinrichtung einen neutralen Namen eintragen, wenn mit dem Prozess der Geschlechtsumwandlung begonnen wurde (§ 72(5)(a) a. a. O.). Das Amt trägt einen anderen Namen ein, wenn die Geschlechtsumwandlung beendet wurde (§ 72(5)(b) a. a. O.).

¹⁴ Auch die Eintragungen im span. Zivilregister haben in der Regel eine bloße *eficacia probatoria*. Eine *eficacia constitutiva* kommt ihnen nur zu, wenn das Gesetz sie ausdrücklich vorsieht (Art. 39(2) i. V. m. Artt. 17 und 18 span. LRC). Zu diesen Ausnahmen gehören die Namensänderung (Art. 57(2) a. a. O.), der Erwerb (nicht: der Verlust) der spanischen Staatsangehörigkeit, Änderungen der *vecindad civil* (Art. 68(1) Satz 1 a. a. O.) und die registerrechtliche Berichtigung des Namens und des Geschlechts (Art. 91(2) a. a. O.). Jede Person hat gegenüber dem Zivilregister die Pflicht, konstitutive Eintragungen vornehmen zu lassen (Art. 12(b) a. a. O.). Unter schwedischem Recht werden der Vorname und, bei Namensänderungen (Gegenausnahme: Namensänderung bei Eheschließung), auch der Nachname ausdrücklich durch Eintragung (*förvärva*) erworben (§ 35(1) Lag om personnamn; oben § 1 Fn. 97). Das gleiche gilt unter § 18 Folkbokföringslag für die Personenkennzahl (*personnummer*; oben § 1 Fn. 97).

¹⁵ Es gibt z. B. keinen überzeugenden Grund, Art. 1(1) Satz 1 GR-Charta bzw. Art. 1(1) Satz 1 dt. GG („Die Würde des Menschen ist unantastbar") als einen Rechtssatz nur des öffentlichen und nicht auch des Privatrechts zu begreifen. Die Würde des Menschen ist vielmehr „ein objektiver, unverfügbarer Wert, auf dessen Beachtung der Einzelne nicht wirksam verzichten kann" (BVerwG 15.12.1981, NJW 1982 S. 664 [oben § 1 Fn. 61]). Dieser Wert gilt in allen Teilen der Rechtsordnung.

2. Terminologie

43 Wiederum wird allerdings die Terminologie zum Problem. Wir verstehen unter **„Menschenrechten"** subjektive Rechte, die ihre Quelle in einem völkerrechtlichen Vertrag und unter **„Grundrechten"** Rechte, die ihre Quelle in der Charta der Grundrechte der Europäischen Union (GR-Charta) oder in einer staatlichen Verfassung haben, und wir zählen beide *dem Inhalt nach* zu den Gegenständen des **„Verfassungsrechts"**. Denn modernes Verfassungsrecht erschöpft sich nicht in Staatsorganisationsrecht. Es fixiert auch die Grenzen staatlicher Macht und begründet staatliche Schutzpflichten. „Menschenrechte" gelten im Prinzip für alle Menschen[17]; „Grundrechte" können einen schmaleren persönlichen oder räumlichen Anwendungsbereich haben, also z. B. auf die eigenen Staatsangehörigen oder auf Unionsbürger und -bürgerinnen beschränkt sein (dann handelt es sich um „Bürgerrechte"), sich nur mit grenzüberschreitenden Sachverhalten befassen (z. B. auf das Funktionieren des Binnenmarktes ausgerichtet sein) oder nur in bestimmten Regelungszusammenhängen Beachtung verlangen (z. B. Art. 51 GR-Charta: „ausschließlich bei der Durchführung des Rechts der Union"). Eine davon unabhängige Frage ist die nach dem Rang solchen Verfassungsrechts. Es steht, als national oder europäisch „verfasstes" Grundrechte-Recht, üblicherweise im Rang über dem sog. „einfachen" Recht; im Rahmen ihres (allerdings engen) Anwendungsbereichs genießt die GR-Charta sogar Anwendungsvorrang vor dem nationalen Verfassungsrecht. Ungeschriebenes nationales Verfassungsrecht und Gesetze zu einem verfassungsrechtlichen Gegenstand teilen allerdings im Vereinigten Königreich den Rang der übrigen Gesetze.[18] In anderen Rechtsordnungen kann das dort

---

[16] Einen solchen Schutzauftrag enthalten mehrere europäische Verfassungen, darunter neben Art. 1(1) Satz 2 GR-Charta bzw. dt. GG z. B. Art. 26 rumän. Verf. („(1) Die öffentlichen Behörden respektieren und schützen das Intimleben, das Familienleben und das Privatleben. (2) Die natürliche Person hat das Recht, über sich selbst zu bestimmen, soweit sie dadurch die Rechte und Freiheiten anderer oder die öffentliche Ordnung oder die guten Sitten nicht verletzt"). In dieselbe Richtung gehen Artt. 24(1) („Jede Person hat bei der Ausübung ihrer legitimen Rechte und Interessen Anspruch auf wirksamen Schutz durch Richter und Gerichte. In keinem Fall darf es zu Verteidigungslosigkeit kommen") und Art. 53(1) Satz 1 span. Verf. („Die im zweiten Kapitel dieses Titels anerkannten Rechte und Freiheiten [die Grundrechte und die öffentlichen Freiheiten; die Bürgerrechte und Pflichten] sind für alle öffentlichen Gewalten bindend") sowie Art. 26(1) port. Verf. („Das Recht eines Jeden auf die Identität der Person, auf die Entfaltung der Persönlichkeit, auf die bürgerliche Geschäftsfähigkeit, auf die Staatsbürgerschaft, auf persönliche Ehre, den guten Namen und Ruf, am eigenen Bild, am eigenen Wort und auf die Achtung des privaten und familiären Lebensbereichs sowie auf den Schutz gegen jede Form der Diskriminierung wird anerkannt") und Art. 18(1) port. Verf. („Die Verfassungsbestimmungen über die Rechte, Freiheiten und Garantien finden unmittelbare Anwendung und binden die öffentlichrechtlichen und privatrechtlichen Einrichtungen").

[17] *Pollmann und Lohmann*, Menschenrechte, S. 129. *Kälin und Künzli*, Universeller Menschenrechtsschutz[2], S. 37 definieren „Menschenrechte" als „vom internationalen Recht garantierte Rechtsansprüche von Personen gegen den Staat oder staatenähnliche Gebilde, die dem Schutz grundlegender Aspekte der menschlichen Person und ihrer Würde in Friedenszeiten und im Krieg dienen"; *Buergenthal und Thürer*, Menschenrechte, S. 1, als „elementare Rechte, mit denen jeder Mensch, nur weil er Mensch ist, ausgestattet ist. Sie sind Ausdruck der allen Menschen in gleicher Weise zukommenden Würde".

[18] Das Verfassungsrecht des Vereinigten Königreichs besteht aus *constitutional law* und *constitutional conventions*. Letztere sind rechtlich nicht bindend, werden aber traditionell befolgt (ein Beispiel ist die Ausfertigung der Parlamentsgesetze durch die Krone, der sog. *royal assent*). Gesetzlich niedergelegtes Verfassungsrecht findet sich in der Magna Carta (1297), der Bill of Rights (1689), dem Union with Scotland Act (1706) und dem Human Rights Act (1998), bis zum Brexit außerdem im European Communities Act (1972). Verfassungsrechtlicher Natur sind alle Gesetze, die das Subordinationsverhältnis zwischen Staat und Bürger betreffen, mithin auch diejenigen, die *fundamental rights* gegenüber dem Staat begründen (*Thoburn v Sunderland City Council* [2002] EWHC 195, [2003] QB 151; *Turpin und Tomkins*, British Government and the Constitution[7], S. 166–167). Obwohl *ordinary* und *constitutional statutes* einander ranghierarchisch ebenbürtig sind, besteht die Besonderheit der *constitutional statutes* darin, dass sie durch ein späteres Parlamentsgesetz nur ausdrücklich (und nicht stillschweigend nach der allgemeinen *lex posterior*-Regel) aufgehoben werden können (*Thoburn v Sunderland City Council* a. a. O.; *Turpin und Tomkins* a. a. O.).

I. Menschenrechte, Grundrechte, Grundfreiheiten § 2

ähnlich sein, wo es sich um in das eigene Recht transponiertes konventionsrechtliches Menschenrechte-Recht handelt.[19] Welche subjektiven Rechte dem Einzelnen daraus erwachsen, ist durch Auslegung des entsprechenden völkerrechtlichen Vertrages zu ermitteln.[20] Wenn Grundrechte manchmal Menschenrechte *genannt* werden, ist das eine von der verfassungsrechtlichen Theorie nicht gedeckte terminologische Ungenauigkeit.[21] Allerdings können Menschenrechte gelegentlich auch den hierarchischen Rang von Grundrechten einnehmen[22], und manche nationale Verfassung bekennt sich in ihrem Abschnitt über die „Grundrechte" ausdrücklich zu den „Menschenrechten" (z. B. Art. 1(2) dt. GG). Art. 6(3) EUV formuliert sogar, dass „die Grundrechte, wie sie in der Europäischen Konvention zum Schutz der Menschenrechte und Grundfreiheiten gewährleistet sind ..., als allgemeine Grundsätze Teil des Unionsrechts" sind. Mehrdeutig sind also auch die **„Grundfreiheiten".** Die Europäische Menschenrechtskonvention versteht darunter Menschenrechte, *human rights and fundamental freedoms*. In einem europarechtlichen Kontext stehen „Grundfreiheiten" dagegen für die binnenmarktbezogenen Freiheiten der Unionsbürger. Materiell spricht freilich nichts dagegen, auch sie als (europarechtlich) verfasste Grundrechte zu deuten. Man sieht das z. B. an den nahezu wortgleichen Artt. 21 AEUV und 45 GR-Charta (Freizügigkeit). Beide schaffen ein umfassendes Recht auf Mobilität, das auch durch personenrechtliche Regeln (z. B. zur Namensführung von Kindern[23], zur Anerkennung von innerhalb der EU geschlossenen gleichgeschlechtlichen Ehen[24] und zur Eheschließung Minderjähriger[25]) nicht verletzt werden darf.

---

[19] Unten Rdnr. 50.
[20] BGH 2.11.2006, BeckRS 2006, 14043, Rdnr. 8.
[21] In Tschechien z. B. wird in der juristischen Umgangssprache oft nicht scharf zwischen Menschenrechten *(lidská práva)* und Grundrechten bzw. -freiheiten *(základní práva a svobody)* unterschieden. Die verfassungsrechtliche Theorie dagegen differenziert klar; Grundrechte sind Rechte, welche sich aus den staatlichen Verfassungen ergeben (*Höllander*, Základy všeobecné státovědy, S. 110). Dieser Terminologie folgen auch die tschechische Charta der Grundrechte und -freiheiten (Art. 1: „Die Menschen sind frei und gleich an Würde und Rechten. Die grundlegenden Rechte und Freiheiten sind unveräußerlich, unverfügbar, unverjährbar und unaufhebbar") und die tschechische Verfassung (Art. 4: „Die Grundrechte und -freiheiten stehen unter dem Schutz der rechtsprechenden Gewalt"). Es finden m. a. W. nur die Grundrechte, nicht auch die Menschenrechte Erwähnung. Letztere gelten für jedes menschliche Wesen, nicht nur für den Bürger eines Staates. Für Portugal formuliert *Menezes Cordeiro*, Tratado de Direito Civil IV[5], S. 145, Grundrechte *(direitos fundamentais)* entsprächen den Menschenrechten *(direitos do homem)*, indem diese in den inneren Rechtsordnungen des kontinentalen Typus positiviert würden.
[22] Ein Beispiel ist der Rang, den die Europäische Menschenrechtskonvention in Österreich bekleidet. Die von ihr gewährleisteten Menschenrechte haben in Österreich unter Art. II Nr. 7 Bundesverfassungsgesetz vom 4.3.1964 (österr. BGBl. 1964 Nr. 59 S. 623) Verfassungsrang (näher *Grabenwarter und Pabel*, Europäische Menschenrechtskonvention[6], S. 15 Rdnr. 2). Art. 94 der ndl. Verf. (unten Fn. 27) dürfte sogar so zu lesen sein, dass die EMRK in den Niederlanden Vorrang selbst vor dem autonomen Verfassungsrecht genießt. Unter Artt. 2 und 117 der ital. Verf. genießen (u.a.) die Menschenrechte der EMRK besonderen Verfassungsschutz. Sie werden so zumindest im praktischen Ergebnis zu echten Grundrechten (unten Fn. 57).
[23] Siehe schon oben § 1 Fn. 4.
[24] Siehe schon oben § 1 Fn. 82 (Art. 277 rumän. CC, der die Anerkennung von im Ausland geschlossenen gleichgeschlechtlichen Ehen ablehnt, verstößt gegen die europarechtlich gewährleistete Freizügigkeit: EuGH 5.6.2018, C-673/16, ECLI:EU:C:2018:385). Ebenso bulgar. Oberster Verwaltungsgerichtshof 24.7.2019, Nr. 11351 (Was eine „Ehe" sei, sei in internationalen Fällen nicht allein nach dem innerstaatlichen Recht zu qualifizieren; die Nichtanerkennung verstoße gegen die Freizügigkeit).
[25] BGH 18.1.2018, FamRZ 2019 S. 181 (Vorlagebeschluss an das BVerfG zur Klärung der Frage, ob Art. 13 (3) Nr. 1 EGBGB – Nichtanerkennung sog. Kinderehen – mit dem dt. GG vereinbar sei) musste das Problem der Freizügigkeit nicht erörtern, weil es sich um eine in Syrien geschlossene Ehe handelte. (BVerfG 1.2.2023, BeckRS 2023, 5426 hat die Vorschrift inzwischen für verfassungswidrig erklärt; die bisherigen Regeln gelten aber bis zum 30.6.2024 fort.) Im Übrigen besteht jedenfalls keine menschenrechtliche Pflicht, die Ehe mit einem erst vierzehnjährigen Mädchen anzuerkennen (EGRM 8.12.2015, 60119/12, *Z. H. und R. H. vs. Schweiz*).

3. Die menschenrechtlichen Quellen

44 Nicht jeder menschenrechtliche Text hat die Qualität einer verbindlichen Rechtsquelle. Das spektakulärste Beispiel ist die **Allgemeine Erklärung der Menschenrechte** vom 10.12.1948 (AEMR).[26] Sie war und ist kein Gegenstand eines multilateralen völkerrechtlichen Vertrages. Ihre Inhalte binden die nationalen Gerichte deshalb nur, wenn die in der AEMR aufgelisteten Rechte in den Rang von Völkergewohnheitsrecht aufgestiegen sind und Letzteres unter staatlichem Verfassungsrecht Vorrang vor dem autonomen einfachen Recht genießt.[27] Zum Völkergewohnheitsrecht gehören insbesondere die Verbote von Folter (Art. 5), Sklaverei (Art. 4) und rassistischer Diskriminierung (Art. 2).[28] Der AEMR kann aber sowohl vom nationalen Verfassungsrecht als auch vom nationalen Bürgerlichen Recht die Rolle einer verbindlichen Auslegungsrichtlinie zugemessen sein.[29] Echtes Völkervertragsrecht findet sich dagegen in den beiden im Jahre 1976 in Kraft getretenen UN-Menschenrechtspakten von 1966, nämlich dem **Internationalen Pakt über bürgerliche und politische Rechte** (IPBPR) und dem Internationalen Pakt über wirtschaftliche, soziale und kulturelle Rechte (IPWSKR)[30]. Bezüge zum Recht der natürlichen Person stellt allerdings nur der IPBPR her. Er bringt neben dem Verbot der Sklaverei (Art. 8) in Anlehnung an Art. 6 AEMR u. a. das Recht, „überall als rechtsfähig anerkannt zu werden" (Art. 16).

45 Art. 15(2) des **UN Übereinkommens zur Beseitigung jeder Form von Diskriminierung der Frau** vom 18.12.1979[31] greift das Bekenntnis der Präambel der Charta der Vereinten Nationen zur „Gleichberechtigung von Mann und Frau" auf und präzisiert es: „Die Vertragsstaaten gewähren der Frau in zivilrechtlichen Fragen dieselbe Rechtsfähigkeit wie dem Mann und dieselben Möglichkeiten zur Ausübung dieser Rechtsfähigkeit. Insbesondere räumen sie der Frau gleiche Rechte in Bezug auf den Abschluß von Verträgen und die Verwaltung von Vermögen ein und gewähren ihre Gleichbehandlung in allen Stadien gerichtlicher Verfahren". Noch konkreter wird Art. 15(3) a. a. O.: „Die Vertragsstaaten kommen überein, dass alle Verträge und alle sonstigen Privaturkunden, deren Rechtswirkung auf die Einschränkung der Rechtsfähigkeit der Frau gerichtet ist, nichtig sind". Das richtet sich auch und vor allem gegen die Sharia, der auch in Europa immer noch zahlreiche Verträge mindestens im Wege der sachrechtlichen Rechtswahl unterstellt werden.[32] Art. 16(1)(g) a. a. O. verpflichtet die Staaten zudem, Ehefrauen „das gleiche

---

[26] Universal Declaration of Human Rights, GAOR III (Part I – Resolutions), Doc. A/810, p. 71.

[27] Z. B. Art. 25 dt. GG („Die allgemeinen Regeln des Völkerrechts sind Bestandteil des Bundesrechts. Sie gehen den Gesetzen vor und erzeugen Rechte und Pflichten unmittelbar für die Bewohner des Bundesgebietes"). Dasselbe gilt unter Art. 28(1) der gr. Verf. Auch in Griechenland stehen die allgemeinen Regeln des Völkerrechts im Rang über den einfachen Gesetzen, aber unter der Verfassung (Areopag 72/1978, NoB 26 [1978] S. 1354; Berufungsgericht Athen 2633/1980, NoB 28 [1980] S. 1548; LG Athen 2204/1986, ArchN 37 [1986] S. 125). Art. 94 ndl. Verf. kennt diese Einschränkung nicht („Innerhalb des Königreichs geltende gesetzliche Vorschriften werden nicht angewandt, wenn die Anwendung mit allgemeinverbindlichen Bestimmungen von Verträgen und Beschlüssen völkerrechtlicher Organisationen nicht vereinbar ist").

[28] *Herdegen,* Völkerrecht[18], § 47 Rdnr. 3; *Stein/v. Buttlar/Kotzur,* Völkerrecht[14], Rdnr. 1000.

[29] Z. B. Art. 20(1) rumän. Verf. („Die verfassungsrechtlichen Bestimmungen bezüglich der Rechte und Freiheiten der Bürger werden in Übereinstimmung mit der Allgemeinen Erklärung der Menschenrechte, mit den Pakten und den anderen Abkommen, denen Rumänien beigetreten ist, ausgelegt und angewandt"). Art. 4(1) rumän. CC greift das für das Zivilrecht auf („In den Angelegenheiten, die durch dieses Gesetzbuch geregelt sind, werden die Regelungen bezüglich der Rechte und Freiheiten von Personen, in Übereinstimmung mit der Verfassung, mit der Allgemeinen Erklärung der Menschenrechte und mit den Pakten und den anderen Abkommen, denen Rumänien beigetreten ist, ausgelegt und angewandt").

[30] UNTS 999 S. 171; BGBl. 1973 II S. 1533 (IPBPR) und UNTS 993 S. 3; BGBl. 1976 II S. 428 (IPWSKR).

[31] Auch „Frauenkonvention"; englisch Convention on the Elimination of All Forms of Discrimination Against Women, CEDAW (UNTS 1249 S. 13; BGBl. 1985 II S. 648).

[32] Eindrucksvoll dazu der Report by the Committee on Legal Affairs and Human Rights of the Council of Europe „Compatibility of Sharia law with the European Convention on Human Rights: can States Parties to the Convention be signatories to the „Cairo Declaration?" (Doc. 14787 vom 3.1.2019), der die

Recht auf Wahl des Familiennamens" einzuräumen wie Männern. Unter Art. 7 des **UN Übereinkommens über die Rechte des Kindes** vom 20.11.1989[33] ist jedes Kind unverzüglich nach seiner Geburt in ein Register einzutragen; es hat von Geburt an das Recht auf einen Namen (es wäre mithin konventionswidrig, erst der Eintragung konstitutive Wirkung beizumessen). Art. 8 begründet eine staatliche Schutzpflicht, die die Artt. 34 und 36 (Ausbeutungsschutz) konkretisieren, und Art. 35 schreibt Maßnahmen gegen den Kinderhandel vor. Art. 12(2) der sog. Behindertenkonvention, des **UN Übereinkommens über die Rechte von Menschen mit Behinderungen vom** 13.12.2006[34], „anerkennt, dass Menschen mit Behinderungen in allen Lebensbereichen gleichberechtigt mit anderen Rechts- und Handlungsfähigkeit besitzen". Um diesen Grundsatz zu realisieren, treffen die Vertragsstaaten unter Art. 12(3) a. a. O. „geeignete Maßnahmen, um Menschen mit Behinderungen Zugang zu der Unterstützung zu verschaffen, die sie bei der Ausübung ihrer Rechts- und Handlungsfähigkeit gegebenenfalls benötigen". Das ist eine deutliche Absage an das Recht der Entmündigung.

Für das gemeineuropäische Privatrecht der natürlichen Person besonders relevant ist die **Europäische Konvention zum Schutze der Menschenrechte und Grundfreiheiten** nebst ihren Zusatzprotokollen (kurz Europäische Menschenrechtskonvention, EMRK). Ihre aus der Sicht dieses Buches wichtigsten Gewährleistungen finden sich in Artt. 8, 12 und 14. Art. 8 EMRK begründet das Recht auf Achtung des Privat- und des Familienlebens, in dessen Ausübung eine Behörde nur auf gesetzlicher Grundlage und auch dann nur unter sehr engen Voraussetzungen eingreifen darf. Unter Art. 12 EMRK haben „Männer und Frauen im heiratsfähigen Alter das Recht, nach den innerstaatlichen Gesetzen, welche die Ausübung dieses Rechts regeln, eine Ehe einzugehen und eine Familie zu gründen". Außerdem ist unter Art. 14 EMRK „der Genuß der in dieser Konvention anerkannten Rechte und Freiheiten … ohne Diskriminierung insbesondere wegen des Geschlechts … zu gewährleisten". Art. 21 des **Europäischen Übereinkommens** von Oviedo **zum Schutz der Menschenrechte und der Menschenwürde im Hinblick auf die Anwendung von Biologie und Medizin** vom 4.4.1997[35] hält in Art. 21 fest, dass „der menschliche Körper und Teile davon … als solche nicht zur Erzielung eines finanziellen Gewinns verwendet werden" dürfen, und in Art. 22, dass, wenn „bei einer Intervention ein Teil des menschlichen Körpers entnommen" wird, „er nur zu dem Zweck aufbewahrt werden (darf), zu dem er entnommen worden ist; jede andere Verwendung setzt angemessene Informations- und Einwilligungsverfahren voraus". Das **Europäische Übereinkommen** von Santiago de Compostela **gegen den Handel mit menschlichen Organen** vom 25.3.2015[36] schließlich zielt zwar nach seinem Art. 1(1)(a) darauf, „den Handel mit menschlichen Organen zu verhüten und zu bekämpfen, indem die Kriminalisierung bestimmter Handlungen vorgesehen wird". Es handelt sich also um eine Strafrechtskonvention. Aber sie hat natürlich auch Auswirkungen auf das Privatrecht, und sie sieht sich

---

Grundlage der nachfolgenden Resolution 2253 vom 22.1.2019 der Parlamentarischen Versammlung des Europarates „Sharia, the Cairo Declaration and the European Convention on Human Rights" bildete.

[33] UNTS 1577 S. 3; BGBl. 1992 II S. 121, 122; BGBl. 2017 II S. 1554.
[34] UNTS 2515 S. 3; BGBl. 2008 II S. 1419, 1420 (dreisprachig) (Convention on the Rights of Persons with Disabilities, CRPD).
[35] ETS Nr. 164. Das Übereinkommen ist inzwischen von so gut wie allen EU-Mitgliedsstaaten ratifiziert worden (Belgien, Bulgarien, Dänemark, Estland, Frankreich, Griechenland, Irland, Italien, Kroatien, Lettland, Litauen, Luxemburg, Malta, den Niederlanden, Polen, Portugal, Rumänien, Slowakei, Slowenien, Spanien, Schweden, Tschechien, Ungarn und Zypern), außerdem auch vom Vereinigten Königreich, allerdings noch nicht von Deutschland (https://www.coe.int/en/web/conventions/full-list/-/conventions/treaty/164/signatures).
[36] ETS Nr. 216. Das Übereinkommen ist bislang nur von einer vergleichsweise geringen Zahl von EU-Mitgliedsstaaten ratifiziert worden, nämlich von Kroatien, Lettland, Malta, Portugal und Tschechien (https://www.coe.int/de/web/conventions/full-list/-/conventions/treaty/216/signatures?p_auth=Fao71RWm). Deutschland hat das Übereinkommen nicht ratifiziert, weil das deutsche Transplantationsgesetz bereits ein „umfassendes Organhandelsverbot" enthalte (BT-Drucks. 19/10411 S. 18).

ausweislich ihrer Präambel in der Tradition der Allgemeinen Erklärung der Menschenrechte und der vorgenannten Oviedo Konvention zu Biologie und Medizin.

4. Der Rang der Quellen und die Rolle der Verfassungsgerichte

47 Über den Rang der grund- und menschenrechtlichen Gewährleistungen innerhalb einer staatlichen Rechtsordnung entscheidet diese selbst. Für die „verfassten" **Grundrechte** ist das ohnehin selbstverständlich. In allen Rechtsordnungen mit einer ausformulierten Verfassung stehen die Grundrechte über dem einfachen Recht, und die GR-Charta der Europäischen Union genießt innerhalb ihres Anwendungsgebiets wiederum Anwendungsvorrang vor den nationalen Verfassungen.[37] Wenn ein Gericht eine Vorschrift des einfachen Rechts für grundrechtswidrig hält, muss freilich immer noch entschieden werden, ob es darauf beschränkt sein soll, die jeweilige Vorschrift im Rahmen des methodisch Möglichen grundrechtskonform auszulegen, sich im Übrigen aber mit einem Appell an den Gesetzgeber zu begnügen hat, die Rechtslage zu ändern. Das ist, soweit man hier überhaupt von Grundrechten reden kann, die Position des Vereinigten Königreichs.[38] Ein Verfassungsgericht fehlt auch in Schweden, mit der Folge, dass es kein Gericht mit einer Verwerfungskompetenz gibt. Schweden eröffnet allerdings den ordentlichen Gerichten die Option, eine Norm des einfachen Rechts wegen eines Verstoßes gegen höherrangiges Recht nicht anzuwenden.[39] In den meisten Mitgliedstaaten dagegen existieren heute echte **Verfassungsgerichte,** die, zumindest soweit es sich um nachkonstitutionelles Recht handelt, auf Vorlage durch die ordentlichen Gerichte eine Norm des einfachen Gesetzesrechts für verfassungswidrig und ggf. sogar für nichtig erklären können.

48 Unter Art. 142 der **belgischen** Verfassung liegt die Befugnis, Gesetze auf ihre Verfassungskonformität zu überprüfen, ausschließlich beim Verfassungsgerichtshof. Das gilt auch, soweit es um die Verletzung von Grundrechten und -freiheiten (Artt. 8–32 belg. Verf.) geht. Man hat zwischen der Nichtigkeitsklage in Gestalt einer Verfassungsbeschwerde und dem von den ordentlichen Gerichten initiierten Vorabentscheidungsverfahren zu unterscheiden. Die Nichtigkeitsklage hat zwar keinen Suspensiveffekt. Das Gericht kann aber auf Antrag die einstweilige Aufhebung der angefochtenen Rechtsnorm anordnen. Ist die Nichtigkeitsklage begründet, so wird die angefochtene Gesetzesnorm ganz oder teilweise (und zwar vorbehaltlich einer anderen Entscheidung des Gerichts mit rückwirkender Kraft) für nichtig erklärt. Die im Vorabentscheidungsverfahren ergehende Entscheidung bindet nur das vorlegende und jedes weitere mit derselben Sache befasste Gericht.[40] Unter **deutschem** Recht ist ein vom Bundesverfassungsgericht für verfassungswidrig erklärtes

---

[37] Siehe schon oben Rdnr. 43. Genauer muss man allerdings formulieren, dass die Charta nationale Grundrechte unberührt lässt, die dem Bürger im Einzelfall mehr Schutz gewähren als die Charta selbst (Art. 53 GR-Charta).

[38] Insbesondere geben sec. 4(2)-(4) des Human Rights Act den Gerichten (Definition in sec. 4(5) a. a. O.) des Vereinigten Königreichs nur die Möglichkeit, „to make a declaration of incompatibility". Solch eine Erklärung „does (however) not affect the validity, continuing operation or enforcement of the provision in respect of which it is given, and is not binding on the parties to the proceedings in which it is made" (sec. 4(6) a. a. O.). Der Betroffene wird auf Schadensersatzansprüche gegen den Staat verwiesen (sec. 8 a. a. O.). Für ein Beispiel siehe *R (on the application of Steinfeld and Keidan) v Secretary of State for International Development (in substitution for the Home Secretary and the Education Secretary)* [2018] UKSC 32 (oben Rdnr. 6 mit Fn. 18). Der Supreme Court hat hier in einer ausdrücklichen *declaration of incompatibility* festgestellt, dass es gegen Artt. 14 i. V. m. 8 EMRK und den Gleichheitsgrundsatz verstoße, dass verschiedengeschlechtliche Paare keine *civil partnership* eingehen könnten. Zwar bindet die Entscheidung das Parlament nicht, doch hat sie erhebliche rechtspolitische Bedeutung. Das Urteil stellt den Gesetzgeber vor die Alternative, entweder die in secs. 1 und 3(1)(a) CPA 2004 festgelegte Voraussetzung der Gleichgeschlechtlichkeit zu streichen oder ein singuläres Regime für alle Paare zur Verfügung zu stellen. Wahrscheinlich wird die zweite Variante umgesetzt werden.

[39] Kap. 11 § 14 und Kap. 12 § 10 schwed. RF erlauben es den Gerichten, die Anwendung von Vorschriften zu unterlassen, die gegen die Grundrechte oder höherrangiges Menschenrecht (darunter die EMRK: HD 31.3.2010, NJA 2010 S. 168; *Bengtsson*, SvJT 2018 S. 93, 99) verstoßen.

[40] Angaben nach https://www.const-court.be/.

Gesetz im Grundsatz von Anfang an nichtig (§ 95(3) Satz 2 dt. BVerfGG).[41] Allerdings bleiben unter § 79(2) S. 2 dt. BVerfGG nicht mehr anfechtbare Entscheidungen unberührt, auch wenn sie auf der Anwendung eines verfassungswidrigen Gesetzes beruhen. Gelegentlich, insbesondere bei Verstößen gegen den Gleichheitsgrundsatz (Art. 3(1) dt. GG), beschränkt sich das BVerfG zudem auf die Feststellung der „Unvereinbarkeit" des Gesetzes mit der Verfassung[42], was der Gesetzgeber in §§ 31(2) S. 2, 79(1) BVerfGG nachvollzogen hat. Die Unvereinbarkeitserklärung hat nur zur Folge, dass die beanstandete Norm nicht mehr oder nur noch für eine vom Verfassungsgericht bestimmte Übergangszeit angewendet werden darf. Verfahren, in denen die jeweilige Vorschrift entscheidungsrelevant ist, werden bis zur gesetzlichen Neuregelung der Materie ausgesetzt.[43] Ein Beispiel aus dem Recht der natürlichen Person findet sich in BVerfG 10.10.2017.[44] Es ging um das dritte Geschlecht. Das Gericht erklärte die bisherige Rechtslage für verfassungswidrig, aber nicht für nichtig, um dem Gesetzgeber den nötigen Gestaltungsspielraum für eine Neuregelung zu erhalten. Er könne entweder auf einen personenstandsrechtlichen Geschlechtseintrag ganz verzichten oder die Möglichkeit schaffen, im Einzelfall von einem Geschlechtseintrag abzusehen, oder er könne eine einheitliche positive Bezeichnung für ein Geschlecht wählen, das weder männlich noch weiblich ist. Auch diese Option lasse sich wieder auf verschiedene Weise konkretisieren; jedenfalls sei der Gesetzgeber nicht auf die Wahl einer der von der antragstellenden Person im fachgerichtlichen Verfahren verfolgten Bezeichnungen beschränkt. Die Gerichte und Verwaltungsbehörden dürften die verfassungswidrigen Regeln des Gesetzes nicht mehr anwenden; der Gesetzgeber müsse bis zum 31.12.2018 eine Neuregelung treffen.[45] Verfahren, in denen eine Person, die sich wegen einer Variante der Geschlechtsentwicklung selbst dauerhaft weder dem männlichen noch dem weiblichen Geschlecht zuordnet, die Eintragung einer anderen Geschlechtsbezeichnung als männlich oder weiblich begehrt, seien bis zu einer Neuregelung auszusetzen. Die bislang in dieser Sache ergangenen fachgerichtlichen Entscheidungen wurden aufgehoben. **Frankreich** kannte bis zu der Verfassungsreform von 2008 einen *contrôle de constitutionnalité* nur *vor* der Verkündung eines Gesetzes.[46] Seither kann jedoch unter Art. 61-1 der franz. Verf.[47] jede Partei eines gerichtlichen Verfahrens die Verfassungswidrigkeit einer gesetzlichen Bestimmung geltend machen. Dazu stellt sie dem Gericht eine *question prioritaire de constitutionnalité* (QPC). Das Gericht prüft die Voraussetzungen und verweist die Sache sodann an den *Conseil d'État* bzw. die *Cour de cassation*. Der *Conseil constitutionnel* kann nur vom *Conseil d'État* und der *Cour de cassation* angerufen werden und muss innerhalb von drei Monaten entscheiden. Er hat eine echte Verwerfungskompetenz.[48]

---

[41] Näher *Schlaich und Korioth,* Das Bundesverfassungsgericht[11], Rdnrn. 379–380.
[42] Z. B. BVerfG 22.6.1995, NJW 1995 S. 2615, 2620.
[43] *Schlaich und Korioth* a. a. O. Rdnrn. 413–415.
[44] BVerfG 10.10.2017, NJW 2017 S. 3643, 3647–3648, Rdnrn. 65–67.
[45] Das ist mit der Neuformulierung von § 22(3) dt. PStG mit Wirkung ab dem 22.12.2018 durch Gesetz vom 18.12.2018 (BGBl. 2018 I S. 2635) geschehen („Kann das Kind weder dem weiblichen noch dem männlichen Geschlecht zugeordnet werden, so kann der Personenstandsfall auch ohne eine solche Angabe oder mit der Angabe ‚divers' in das Geburtenregister eingetragen werden"). Nicht geregelt ist allerdings, wer die Entscheidung zwischen diesen beiden Alternativen trifft.
[46] Näher *Rousseau,* Droit du contentieux constitutionnel[8], S. 190.
[47] „Lorsque, à l'occasion d'une instance en cours devant une juridiction, il est soutenu qu'une disposition législative porte atteinte aux droits et libertés que la Constitution garantit, le Conseil constitutionnel peut être saisi de cette question sur renvoi du Conseil d'État ou de la Cour de cassation qui se prononce dans un délai déterminé".
[48] „Soit le Conseil déclare la disposition législative conforme à la Constitution: Cette disposition conserve sa place dans l'ordre juridique interne. La juridiction doit l'appliquer, en prenant en compte les éventuelles réserves d'interprétation formulées par le Conseil constitutionnel. Cette décision s'impose également à tous les pouvoirs publics et à toutes les autorités administratives et juridictionnelles. Soit le Conseil déclare la disposition législative contraire à la Constitution: La décision du Conseil constitutionnel porte abrogation de cette disposition, qui disparaît ainsi de l'ordre juridique" (https://www.conseil-constitutionnel.fr/la-qpc/guide-pratique-de-la-question-prioritaire-de-constitutionnalite-qpc).

49 Die **italienische** *Corte costituzionale* entscheidet unter Artt. 134–137 ital. Verf. u. a. über die sog. indirekten Verfassungsbeschwerden, mit denen ein ordentliches Gericht nach eigener Vorprüfung eine konkrete (durch einen Einzelfall veranlasste) Normenkontrolle beantragt.[49] Das Verfassungsgericht verfügt über ein ganzes Arsenal von Entscheidungsmöglichkeiten.[50] Erklärt es eine Norm für verfassungswidrig, verliert sie am Tage nach der Veröffentlichung des Urteils im Amtsblatt rückwirkend ihre Wirksamkeit.[51] Möglich sind aber auch ein sog. „auslegendes Abweisungsurteil" *(pronuncia interpretativa di rigetto)* (das unter Abweisung der Verfassungsbeschwerde eine verbindliche Auslegung vorschreibt), ein „auslegendes Annahmeurteil" *(pronuncia interpretativa di accoglimento)* (das eine verfassungswidrige Interpretation aufhebt), „ermahnende Urteile" *(decisioni monitorie)* (durch die der Gesetzgeber zu einer Änderung der Rechtslage aufgefordert wird), „teilentscheidende Urteile" *(sentenze di accoglimento parziale)* (Aufhebung nur eines bestimmten Wortes), „ergänzende Urteile" *(sentenze additive)* (Erweiterung einer Regelung über die von ihr privilegierten Personen hinaus auf alle) und „manipulierende Urteile *(sentenze manipolative)* (Aufhebung der angefochtenen Norm; Anweisung an den Richter *a quo*, den Sachverhalt aufgrund einer anderen Norm zu entscheiden). Der **portugiesische** *Tribunal Constitucional* entscheidet unter Artt. 223(1), 277 und 278 der port. Verf.[52] über die Verfassungswidrigkeit und die Rechtswidrigkeit von Gesetzen. Unter Art. 277(1) sind alle Rechtsnormen verfassungswidrig, die Bestimmungen der Verfassung oder die in ihr verankerten Grundsätze verletzen. Art. 277(2) a. a. O. fügt hinzu: „Die organische oder formelle Verfassungswidrigkeit der ordnungsgemäß ratifizierten internationalen Vereinbarungen schließt die Anwendung der in ihnen enthaltenen Normen im innerstaatlichen Recht Portugals dann nicht aus, wenn diese Normen auch in der innerstaatlichen Rechtsordnung des anderen Vertragsteils angewendet werden, es sei denn, dass die fragliche Verfassungswidrigkeit auf der Verletzung einer grundlegenden Bestimmung beruht". Unter Art. 278(1) a. a. O. kann das Verfassungsgericht auf Antrag des Präsidenten Gesetze und internationale Vereinbarungen auch vorbeugend auf ihre Verfassungskonformität prüfen. Wird eine gesetzliche Bestimmung für verfassungswidrig erklärt, so ist sie *ex tunc* unwirksam, hat allerdings „das erneute Inkrafttreten der durch diese Rechtsnorm gegebenenfalls aufgehobenen Normen zur Folge" (Art. 282 a. a. O.). Das **rumänische** Verfassungsgericht entscheidet unter Art. 146(d) der Verfassung u. a. über Vorabentscheidungsersuchen durch die Gerichte (und den Bürgerbeauftragten). Eine für verfassungswidrig erklärte Bestimmung tritt allerdings unter Art. 147(1) der Verfassung erst 45 Tage nach der Veröffentlichung der Entscheidung außer Kraft, und dies auch nur, wenn das Parlament zwischenzeitlich nicht reagiert hat; während der 45 Tage ist die verfassungswidrige Bestimmung „von rechtswegen ausgesetzt". Die Rechtsgrundlagen für den **spanischen** *Tribunal Constitucional* finden sich in den Artt. 53, 159–165 span. Verf. und im Ley del Tribunal Constitucional.[53] Unter Art. 161(1)(a) span. Verf. entscheidet das Gericht u. a. über Verfassungsbeschwerden, mit denen die Verfassungswidrigkeit von Gesetzen (auch von Gesetzen der autonomen Gemeinschaften) gerügt wird. Wird ein Gesetz für verfassungswidrig erklärt, bindet das die in der Sache zuständigen Gerichte. Unter Art. 53 sind die *derechos fundamentales y libertades públicas* sowie die Bürgerrechte *(derechos de los ciudadanos)* für alle öffentlichen Gewalten bindend. Eine Ver-

---

[49] Näher in deutscher Sprache u. a. Starck und Weber (-*Luther*), Verfassungsgerichtsbarkeit in Westeuropa I², S. 149–164.
[50] Näher *Diaco,* Le tipologie decisorie della Corte costituzionale attraverso gli scritti della dottrina, Corte costituzionale, Quaderno processuale del servizio studi, passim; *Bellocci und Giovannetti,* Il quadro delle tipologie decisorie nelle pronunce della Corte costituzionale, Quaderno predisposto in occasione dell'incontro di studio con la corte costituzionale di Ungheria, passim und *Zagrebelsky und Marcenò,* Giustizia costituzionale, passim.
[51] *Diaco,* Consulta OnLine, 1, 2016, S. 194, 195.
[52] Einzelheiten in dem Lei do Tribunal Constitucional (Gesetz 28/82 vom 15.11.1982 in der jeweils aktuellen Fassung).
[53] Ley Orgánica del Tribunal Constitucional, Gesetz 2/1979 vom 3.10.1979, Organgesetz zum Verfassungsgericht.

fassungsbeschwerde *(recurso de amparo)* kann auch auf das Diskriminierungsverbot (Art. 14 span. Verf.) gestützt werden (Art. 161(1)(b) i. V. m. Art. 53(2) a. a. O.). Unter Art. 87(1)(a) der **tschechischen** Verfassung entscheidet das Verfassungsgericht u. a. über die Aufhebung verfassungswidriger Gesetze. Unter Art. 182 des Gesetzes über das Verfassungsgericht[54] besteht die Möglichkeit einer Verfassungsbeschwerde; auch die ordentlichen Gerichte können im Wege der konkreten Normenkontrolle vorlegen. Das Verfassungsgericht sieht sich als eine Art „negativer Gesetzgeber".[55] Die Aufhebung einer gesetzlichen Vorschrift entfaltet allerdings nur Wirkung *ex nunc*.[56] Das **ungarische** Verfassungsgericht entscheidet unter Art. 24 der ungar. Verfassung sowohl über die Verfassungskonformität verabschiedeter, aber noch nicht verkündeter Gesetze als auch, auf richterliche Vorlage, über die Verfassungskonformität bereits verabschiedeter Gesetze. Zu seinen Aufgaben gehört es zu prüfen, ob eine Regelung des autonomen Rechts gegen internationale Verträge verstößt (Art. 24(2)(f) a. a. O.). Seine Annullierungskompetenz erstreckt sich auch auf diesen Fall (Art. 24(3)(c) a. a. O.).

Deutlich schwieriger zu bestimmen ist das Rangverhältnis zwischen den konventionsrechtlich fixierten **Menschenrechten** und dem einfachen nationalen Gesetzesrecht. Wo menschenrechtliche Gewährleistungen durch eine nationale Verfassung in den Rang von Grundrechten erhoben werden, kann ein Verfassungsgericht auch autonomes Gesetzesrecht verwerfen, das der jeweiligen Konvention widerspricht. So verhält es sich in Österreich und Italien im Hinblick auf die Europäische Menschenrechtskonvention.[57] Allerdings hat in Italien nicht nur die EMRK Grundrechtsrang. Denn unter Art. 117(1) der Verfassung (i. d. F. des Verfassungsgesetzes Nr. 3/2001) üben „Staat und Regionen ... die Gesetzgebungsbefugnis unter Wahrung der Verfassung sowie der aus der gemeinschaftlichen Rechtsordnung und aus den internationalen Verpflichtungen erwachsenden Einschränkungen aus". Dadurch ist es dem Verfassungsgericht möglich geworden, die Konformität einer nationalen Regel mit den Verpflichtungen aus einem internationalen Übereinkommen zu überprüfen. Vorher galt, dass die internationalen Verträge im internen System den gleichen Rang hatten wie der nationale Umsetzungsakt, mit der Folge, dass jüngeres nationales Recht nach der *lex posterior*-Regel Vorrang genoss.[58] Heute hat sich das mit Rücksicht auch auf Art. 10 der ital. Verfassung[59] zugunsten eines Anwendungsvorrangs der international verbürgten Menschenrechte verschoben.[60] **50**

Wo konventionsrechtlich gewährleistete Menschenrechte in nationales Recht überführt wurden, haben sie mithin nur Anwendungsvorrang, wenn das Letztere ihn anordnet, sei es durch sein autonomes Verfassungsrecht[61], sein autonomes einfaches Recht[62] oder **51**

---

[54] Zákon o ústavním soudu vom 29.6.1993, Gesetz Nr. 182/1993 Gbl.
[55] Tschech. Verfassungsgericht Pl. ÚS 42/03, Amtliche Sammlung Band 5, Nr. 74, S. 703.
[56] *Mikule*, Jurisprudence 1/2010 S. 18, 23. Das Verfassungsgericht kann die Aufhebung der Vorschrift auch auf einen späteren Zeitpunkt verlegen, um dem Gesetzgeber Zeit zu geben. Das betrifft vor allem Fälle, in denen die Abwesenheit jeder gesetzlichen Regelung einen noch verfassungsferneren Zustand bewirken würde (*Koudelka*, in: 20 rokov Ústavy Slovenskej republiky, S. 205, 209).
[57] Oben Fn. 22 Die von der EMRK gewährleisteten Menschenrechte haben in Italien wie die übrigen Menschenrechtskonventionen Verfassungsrang (Artt. 2 und 117(1) Cost.) und werden so im Ergebnis zu echten Grundrechten. Das Verfassungsgericht spricht in Bezug auf die EMRK von eingefügten Normen (*norme interposte*), die die Verfassung ergänzten, auch wenn sie nicht „in jeder Beziehung" ihren Rang teilten (Corte Cost. 24.10.2007, Nr. 348, Giust. civ. 2008, 6, I, S. 1365; siehe auch *Bifulco/Celotto/Olivetti*, La Costituzione Italiana, S. 46 sowie *Romboli*, Consulta Online 2018 S. 618).
[58] Corte Cost. 6.6.1989, Nr. 323, Giur. cost. 1989 S. 1612 („wenn die Umsetzung nach dem ordentlichen Recht durchgeführt wurde, erwerben [die Konventionen] die Kraft und den Rang des ordentlichen Rechts, das durch ein späteres ordentliches Gesetz aufgehoben oder geändert werden kann").
[59] „(1) Die italienische Rechtsordnung passt sich den allgemein anerkannten Bestimmungen des Völkerrechtes an".
[60] *Conforti*, Diritto internazionale, S. 321. *D'Atena*, Rass. parl. 2002 S. 924 meint, dass es zu einer automatischen Anpassung an das vertragliche Völkerrecht komme.
[61] So Art. 1(2) der tschechischen Verfassung („Die Tschechische Republik beachtet ihre Verpflichtungen, die sich aus dem Völkerrecht ergeben"). Unter Art. 10 der tschech. Verf. bilden die internationalen Übereinkommen einen Bestandteil der tschechischen Rechtsordnung. Wenn ein nationales Gesetz und

beides.⁶³ Entsprechendes gilt auf der Ebene des Unionsrechts. Unter Art. 52(3) Satz 2 GR-Charta darf der von ihr gewährleistete Schutzstandard nie unter den (aktuellen) Schutzstandard der EMRK fallen⁶⁴ (und dies unbeschadet des Umstandes, dass die EU entgegen Art. 6(2) Satz 1 EUV als solche der EMRK bislang noch gar nicht beigetreten ist). Im Übrigen teilen die Menschenrechte den Rang des sonstigen (einfachen) autonomen Rechts. Die EMRK z. B. ist im Vereinigten Königreich als inneres Recht in den dortigen Human Rights Act 1998 (in Kraft seit Oktober 2000) inkorporiert worden, hat aber wenigstens insofern einen besonderen Rang, als jüngere Gesetze, wenn sie von ihr abweichen, das ausdrücklich angeben müssen und als die Gerichte wenigstens eine Unvereinbarkeitserklärung aussprechen können.⁶⁵ In Deutschland hat die EMRK *de jure* nur den Rang eines einfachen Gesetzes, auch wenn sie unter Art. 1(2) dt. GG bei der Auslegung des sonstigen Gesetzesrechts Berücksichtigung finden muss. Da dazu aber auch die Grundrechte selbst gezählt werden, darf man am Ende doch formulieren, dass ihr inzwischen wenigstens *de facto* Verfassungsrang zugewachsen ist. Schweden hat die Übernahme der EMRK in die dortige Verfassung mit der Begründung abgelehnt, es käme sonst zu einer Überlappung mit den nationalen Grundrechtsgewährleistungen.⁶⁶ Man hat die Konvention deshalb in die Form eines nationalen Gesetzes gegossen.⁶⁷ Anders als die englischen können die schwedischen Gerichte unter Kap. 11 § 14 und Kap. 12 § 10 schwed. RF die Anwendung von Vorschriften sogar unterlassen, die nach ihrer Einschät-

---

das Übereinkommen divergieren, wird das Letztere angewandt. Ein internationales Übereinkommen hat aber keinen Vorrang vor der Verfassung. Droht ein Widerspruch zu ihr, kann das Verfassungsgericht vor der Ratifizierung des Übereinkommens die Rechtslage in einem Vorabverfahren klären; bis zu seinem Abschluss darf das Staatsoberhaupt das Übereinkommen nicht ratifizieren (Art. 87(2) tschech. Verf.). Auch unter Art. 7(5) der slowak. Verf. genießen die ratifizierten internationalen Verträge über die Menschenrechte und Grundfreiheiten Vorrang vor den (einfachen) Gesetzen. Unter Art. 94 der ndl. Verf. (vorher Fn. 27) kommt es darauf an, ob das jeweilige Bestimmung eines völkerrechtlichen Vertrages „allgemeinverbindlich" *(ieder verbindende bepalingen)* ist. *Horbach/Lefeber/Ribbelink,* Handboek Internationaal Recht, S. 23–25 erläutern, mit Allgemeinverbindlichkeit sei unmittelbar anwendbar *(self-executing)* gemeint. Die Bestimmung dürfe nicht nur für das Königreich, sondern müsse auch für die Bürger *rechtstreeks werkend* sein. Das sei z. B. der Fall, wenn eine Bestimmung „jedermann" bestimmte Rechte zuweise, wie z. B. die meisten Regeln des IPBPR (S. 25). Hiernach haben die Menschenrechtskonventionen in den Niederlanden Vorrang vor entgegenstehendem innerstaatlichem Recht. Zu Österreich s. schon oben Fn. 22. Ein Beispiel aus dem deutschen Recht findet sich in Art. 16a(5) dt. GG (Vorrang u. a. der EMRK bei Fragen des Asylrechts). Art. 8(1) port. Verf. („Die Normen und Grundsätze des allgemeinen oder gemeinsamen Völkerrechts sind uneingeschränkt Bestandteil des portugiesischen Rechts") gibt den dort genannten Regeln dagegen gerade keinen Anwendungsvorrang.

62 Das einfache deutsche Gesetzesrecht kennt eine ausdrückliche Klarstellung, dass es nur angewandt werden soll, soweit nicht „Regelungen in völkerrechtlichen Vereinbarungen, soweit sie unmittelbar anwendbares innerstaatliches Recht geworden sind, maßgeblich sind", nur für die Materien des Internationalen Privatrechts (Art. 3 Nr. 2 dt. EGBGB). Ob das, wie die Gesetzesbegründung meinte, wirklich nur ein „ausschließlich klarstellender Hinweis" ist (BT-Drs. 10/504 S. 35), ist richterlich bislang nicht ausdrücklich entschieden. In der Praxis werden IPR-Normen aus im Vergleich zum autonomen deutschen IPR älteren völkerrechtlichen Verträgen ganz selbstverständlich vorrangig angewandt. Das lässt sich freilich im IPR auch mit der *lex specialis*-Regel begründen (BT-Drs. 10/504 S. 36).

63 So verhält es sich in Rumänien. Unter Art. 20(2) rumän. CC (zu Art. 20(1) schon oben Fn. 29) gilt bei Unterschieden zwischen (einerseits) den Pakten und den Verträgen über Menschenrechte, denen Rumänien beigetreten ist, und (andererseits) den internen Gesetzen, dass den internationalen Regelungen der Vorrang gebührt, es sei denn, dass die rumän. Verfassung oder die internen Gesetze günstigere Regelungen enthalten". Art. 4(2) rumän. CC greift das wörtlich auf, wiederum unter dem Vorbehalt, „dass dieses Gesetzbuch günstigere Regelungen enthält".

64 *von der Groeben/Schwarze/Hatje,* Europäisches Unionsrecht⁷, GRC Art. 52 Rdnr. 15; *Jarass,* Charta der Grundrechte der Europäischen Union³, Art. 52 Rdnr. 65.

65 Oben Fn. 18 und Fn. 38.

66 SOU (Staatliche Öffentliche Kommissionsberichte) 1993:40 Teil B, S. 123.

67 Lag om den europeiska konventionen angående skydd för de mänskliga rättigheterna och de grundläggande friheterna vom 5.5.1994 (1994:129). Schweden folgt grundsätzlich der sog. „dualistischen Theorie des Völkerrechts". Eine Sonderstellung haben nur die EMRK (oben Fn. 39) und das Völkergewohnheitsrecht (HD 31.12.1999, NJA 1999 S. 821). Es ist also eine „Transformation" oder „Inkorporation" des Übereinkommens in die innerstaatliche Rechtsordnung erforderlich (HD 11.5.2004, NJA 2004 S. 255). Dadurch kommt es zu einem prinzipiellen Gleichrang.

I. Menschenrechte, Grundrechte, Grundfreiheiten § 2

zung gegen die Grundrechte oder höherrangiges Menschenrecht (darunter die EMRK) verstoßen. Ein Verfassungsgericht, das Gesetze für nichtig erklären könnte, gibt es in Schweden nicht. Bei Verstößen gegen die EMRK haftet der Staat auf Schadensersatz[68]; die EMRK entfaltet aber, wie überall, auch in Schweden keine unmittelbare Wirkung unter den Personen des Privatrechts.[69]

Wo Menschenrechte keinen Anwendungsvorrang haben, kommt es im Grundsatz auf die allgemeinen Kollisionsregeln (*lex posterior, lex specialis*) für zwar gleichrangige, aber einander widersprechende Gesetze an.[70] Unterschiedlich wird zwar beurteilt, ob jedes Gericht oder wiederum nur das Verfassungsgericht befugt ist, diese allgemeinen Kollisionsregeln auch auf das in das innerstaatliche Recht übernommene menschenrechtliche Konventionsrecht anzuwenden.[71] Die Frage wird allerdings oft dadurch vermieden werden können, dass die ordentlichen Gerichte bzw. das jeweilige Verfassungsgericht mit der Vermutung operieren, dass sich der Gesetzgeber nicht in Widerspruch zu den völkerrechtlichen Bindungen seines Landes setzen wollte, was eine völkerrechtskonforme Auslegung ermöglicht.[72] Das spielt in Deutschland auch im Hinblick auf die EMRK eine erhebliche Rolle, weil sie zur Auslegung der nationalen Grundrechte herangezogen wird. Das kann bewirken, dass ein jüngeres Gesetz, das der EMRK widerspricht, auf dem „Umweg" über die Bejahung eines Grundrechtsverstoßes als verfassungswidrig angesehen wird und, so betrachtet, der EMRK gerade nicht vorgeht, was dann allerdings vom Verfassungsgericht festgestellt werden muss.[73] Im Übrigen kann eine Verfassungsbeschwerde auch darauf gestützt werden, dass ein ordentliches Gericht die EMRK (und deren Auslegung durch den EGMR) bei seiner Entscheidungsfindung unberücksichtigt gelassen hat.[74]

52

Ein **Beispiel** aus dem Recht der natürlichen Person findet sich in slowak. Verfassungsgericht 28.11.2012.[75] Es ging um die Entmündigung. Sie ist in § 10(1) slowak. BGB auch heute noch vorgesehen. Die §§ 247–251 des slowak. Gesetzes über die freiwillige Gerichtsbarkeit aus dem Jahre 2015[76] stellen allerdings inzwischen nur noch ein Verfahren zur Einschränkung (und nicht zum völligen Entzug) der Geschäftsfähigkeit zur Verfügung. Das dürfte auf jene drei Jahre ältere Intervention des Verfassungsgerichts zurückgehen. Sie betraf

53

---

[68] Kap. 3 § 4, Kap. 5 § 8 und Kap. 6 § 7 schwed. Skl.
[69] HD 29.10.2007, NJA 2007 S. 747.
[70] BVerfG 15.12.2015, NJW 2016 S. 1295, 1298 Rdnr. 49 (zur Sonderstellung der EMRK dann aber Rdnr. 66).
[71] Für den Fall, dass ein jüngeres nationales Gesetz von einem älteren (in das nationale Recht überführten) Staatsvertrag abweicht, bleibt es nach BVerfG 15.12.2015, NJW 2016 S. 1295 bei dem sog. *treaty override*; das nationale Gesetz geht vor, und dies kann von jedem Gericht ausgesprochen werden. Es ist kein Grund ersichtlich, warum das im umgekehrten Fall (das nationale ist das ältere Gesetz) nicht auch gelten sollte. Ebenso wird das in Griechenland (Areopag 1008/1993, EllDni 35 [1994] S. 355; Berufungsgericht Thessaloniki 3034/1996, EllDni 38 [1997] S. 1166), ganz anders jedoch in Tschechien beurteilt. Zwar findet sich in dem Begründungsbericht zur Novellierung der tschechischen Verfassung (die sog. Euro-Novellierung von 2001, Verfassungsgesetz Nr. 395/2001 Gbl.) die Bemerkung, dass der Richter dem internationalen Vertrag Vorrang gewähren muss, wenn seine Bestimmungen ausreichend konkret sind und nicht mehr noch zusätzlich vom Parlament durchgeführt werden müssen (http://www.psp.cz/sqw/text/tiskt.sqw?o=3&ct=884&ct1=0). Hiernach genieße also der internationale Verträge von menschenrechtlichen Inhalts, und dieser Vorrang ist von jedem Gericht zu beachten (*Filip*, Právní zpravodaj 11 [2002] S. 11–15; *Klíma*, Ústavní právo², S. 161). Das tschech. Verfassungsgericht (Entscheidungen vom 25.6.2002, Pl. ÚS 36/01, Nr. 403/2002 Gbl., vom 24.6.2003, Pl. ÚS 44/02, Nr. 210/2003 Gbl. und vom 5.4.2005, Pl. ÚS 44/03, Nr. 249/2005 Gbl.) hat das jedoch u. a. unter Hinweis auf das Demokratie- und Gewaltenteilungsprinzip anders beurteilt. Es sei, so die Entscheidung vom 24.6.2003, „die Pflicht eines allgemeinen Gerichts, dem Verfassungsgericht eine Sache zur Beurteilung vorzulegen, wenn es zu der Schlussfolgerung gelangt, das anzuwendende Gesetz verletze einen ratifizierten und veröffentlichten internationalen Vertrag über Menschenrechte und Grundrechte".
[72] *Arnauld*, Völkerrecht³, Rdnr. 520.
[73] BVerfG 4.5.2011, NJW 2011 S. 1931, 1935–1944, Rdnrn. 85–156 im Anschluss an EGMR 17.12.2009, 19359/04, *M vs Germany*, NJW 2010 S. 2495 (zur sog. „Sicherungsverwahrung").
[74] BVerfG 14.10.2004, NJW 2004 S. 3407, 3411.
[75] Slowak. VerfG 28.11.2012, I.ÚS 313/2012; in englischer Sprache in *Chládeková*, ICL Journal 4 (2013) S. 561–566.
[76] Gesetz Nr. 161/2015 Gbl. vom 17.7.2015, Civilný mimosporový poriadok, Zákon č. 161/2015 Z. z.

einen infolge seiner Erkrankung bereits straffällig gewordenen psychisch beeinträchtigten Mann, der von den Instanzgerichten ohne Erwägung anderer Möglichkeiten vollständig entmündigt worden war. Das slowakische Verfassungsgericht sah darin einen Verstoß gleich gegen eine ganze Reihe von Grund- und Menschenrechten, nämlich gegen die Artt. 14 („Jeder hat die Rechtsfähigkeit"), 16 (Unantastbarkeit der Person und der Privatsphäre), 19 (2) (Privat- und Familienleben) und 46(1) (Recht auf gerichtlichen Rechtsschutz) der slowak. Verfassung, gegen die Artt. 6(1) (Recht auf ein faires Verfahren), 8 (Privat- und Familienleben) und 14 EMRK (Diskriminierungsverbot) sowie, in diesem Kontext besonders relevant, gegen Art. 12 der UN Behindertenkonvention[77]. Der Begriff der Behinderung und die Rechte der Behinderten würden heute anders verstanden als früher. Es ginge nicht nur um körperliche Behinderungen „in einem medizinischen Rahmen", sondern auch um Behinderungen in der Teilhabe am sozialen Leben und dessen rechtlichen Zusammenhängen.[78] Das Gericht qualifizierte die Entmündigung als den „Rechtstod" eines Menschen (daher wohl der in der Entscheidung nicht näher erläuterte Bezug auf Art. 14 slowak. Verf.). Die Entmündigung sei die *ultima ratio*. Man dürfe zu ihr erst dann greifen, wenn alle weniger repressiven Mittel (z. B. des Strafrechts und des Verwaltungsrechts und die bloße Beschränkung der Geschäftsfähigkeit) ausgeschöpft seien. Eine (vollständige) Entmündigung komme nicht in Betracht, wenn die betroffene Person in nicht unwesentlichen Lebensbereichen tatsächlich geschäftsfähig sei. Ein Gericht habe die Geschäftsfähigkeit von Amts wegen zu prüfen. Wenn die geistig-seelische Störung des Betroffenen nicht die Vornahme jedweder Rechtsgeschäfte ausschließe, sei die (vollständige) Entmündigung unverhältnismäßig; es müsse dann bei einer Einschränkung der Geschäftsfähigkeit verbleiben. Die Praxis der Instanzgerichte, medizinische Gutachten quasi „mechanisch" zu übernehmen, sei rechtlich nicht zu halten; es komme vielmehr auf eine Evaluation aller Umstände des Einzelfalls an. Das Gericht verwies zudem auf die Neuregelung des tschechischen Rechts[79] und die Entscheidungen des tschech. Verfassungsgerichts[80], die sie

---

[77] Oben Rdnr. 45.
[78] Slowak. VerfG 28.11.2012 a. a. O. Rdnr. 34.
[79] §§ 55, 56 und 59 tschech. BGB gestatten heute und in bewusster Abkehr von dem (mit § 10 slowak. BGB identischen) § 10(1) tschech. BGB in der bis 2014 gültigen Fassung nur noch die gerichtliche Einschränkung der Geschäftsfähigkeit, und das auch nur für höchstens fünf Jahre.
[80] Beide Entscheidungen sind noch zur alten Rechtslage ergangen. Tschech. VerfG 13.12.2007, II. ÚS 2630/07, Amtliche Sammlung 47 Nr. 224 S. 941, betraf eine 50-jährige Frau, die nach dem Tod ihrer überfürsorglichen Mutter nicht in der Lage war, den Alltag zu meistern. Das Stadtbezirksgericht hatte die Frau entmündigt und zugleich entschieden, ihr die Entscheidung nicht zuzustellen; sie würde sie ohnehin nicht verstehen. Das Gericht ordnete der Frau als „Betreuerin" ausgerechnet die Kommunalbehörde zu, die das Entmündigungsverfahren betrieben hatte. Das VerfG meinte, die Entmündigung berühre die Fähigkeit, Träger von Rechten und Pflichten zu sein. Es sei nicht bewiesen worden, dass die Frau überhaupt keine Rechtsgeschäfte vornehmen könne. Es seien sowohl ihr Recht auf ein faires Verfahren als auch ihr Recht, Träger von Rechten zu sein, verletzt worden. Den Antrag, den § 10(1) des (alten) tschech. BGB für verfassungswidrig zu erklären, wies das Gericht allerdings ohne nähere Begründung ab. Die vom slowakischen VerfG gleichfalls zitierte Entscheidung des tschech. VerfG vom 7.12.2005, IV. ÚS 412/04, Amtliche Sammlung 39 Nr. 223 S. 353 hatte eine bloße Einschränkung der Geschäftsfähigkeit unter § 10(2) tschech. BGB a. F. zum Gegenstand. Es ging um einen „Querulanten", der die Einschränkung seiner Geschäftsfähigkeit beim Bezirksgericht sogar selbst beantragt hatte. Er litt unter paranoidem Verfolgungswahn. Das Bezirksgericht beschränkte seine Geschäftsfähigkeit auf die Verwaltung seines Vermögens, stellte ihm die Entscheidung aber nicht zu. Das VerfG bestellte einen Betreuer (aus der Kanzlei des Bürgerbeauftragten) und führte aus, dass es der Schutz der Menschenwürde ausschließe, mit einem Menschen wie mit einem Gegenstand umzugehen. Die Garantie der Unantastbarkeit der menschlichen Würde solle dem Menschen die volle Nutzung seiner Persönlichkeit sichern. Die Menschenwürde habe also erhebliche Bedeutung auch für das Geschäftsfähigkeitsrecht. Denn sie (und die Prozessfähigkeit) riefen die Rechtssubjektivität des Einzelnen (Art. 5 der tschech. Charta der Grundrechte und -freiheiten) erst ins Leben. Die Geschäftsfähigkeit dürfe nur eingeschränkt werden, wenn die Grundrechte anderer Personen oder der Schutz des öffentlichen Interesses das unabweisbar verlangten. Das Bezirksgericht habe dem Beschwerdeführer letztlich nur einen erneuten Weg zum Gericht versperren wollen, damit er es (und andere Staatsorgane) nicht weiter „belästige". Das sei weder ein legitimes Motiv, noch sei die Einschränkung der Geschäftsfähigkeit eines Menschen ein dafür geeignetes Mittel. Es handele sich um einen nicht gerechtfertigten Eingriff in das von Art. 5 der tschech. Verf. garantierte Recht auf

erforderlich gemacht hatten.[81] Außerdem hob das slowakische Verfassungsgericht ausdrücklich hervor, dass die Gerichte bei Entscheidungen zur Geschäftsfähigkeit (§ 10 slowak. ZGB) stets die menschliche Würde im Blick zu behalten hätten.[82] Im Ergebnis hat man also nicht jede Form der gerichtlichen Einschränkung der Geschäftsfähigkeit verworfen, aber doch eine verfassungsgeleitete Verhältnismäßigkeitsprüfung durchgesetzt und die vollständige Entmündigung in menschenrechtsgeleiteter Grundrechtsprüfung für verfassungswidrig erklärt.

II. Die Gewährleistung der Rechtssubjektivität

1. Die Unterscheidung zwischen der Innehabung und der Ausübung von Rechten

Kaum etwas anderes ist heute grund- und menschenrechtlich so gut abgesichert wie die **Rechtsfähigkeit** der natürlichen Person. Rechtsfähigkeit garantiert Rechtssubjektivität und wird so zum Abgrenzungsmerkmal zwischen den Trägern und den Objekten subjektiver Rechte. Wer Rechtsfähigkeit genießt, ist Person, gehört folglich weder sich noch anderen. Das gilt auch für die sog. „juristischen Personen".[83] Der Mensch ist einfach nur deshalb „natürliche Person", weil er Mensch ist. Das ist ein keiner weiteren Begründung zugängliches Axiom. Mit ihm geht ein verfassungsrechtlich geschütztes **Recht „auf" Rechtsfähigkeit** einher. Es ist aufs Engste mit dem verfassungsrechtlichen Schutz des Lebensrechts des Menschen verknüpft. Der Mensch ist rechtsfähig, solange er lebt; wer noch nicht oder nicht mehr lebt, ist es nicht. Insoweit kommt es bestenfalls zu aus der Rechtsfähigkeit des Lebenden abgeleiteten Vor- und Nachwirkungen in jeweils präzise abgesteckten Teilbereichen des Privatrechts. Der Nasciturus „lebt" schon, ist aber, auch wenn von ihm manchmal gesagt wird, er sei bereits „Mensch"[84], noch kein Zuordnungssubjekt privater Rechte und Pflichten.[85] Menschliches Leben ist die tatsächliche Seite der Rechtsfähigkeit; Rechtsfähigkeit die rechtliche Konstituierung des Menschen als Person. 54

Man unterscheidet meistens die Rechtsfähigkeit, die *capacité de jouissance*[86] der *personnalité juridique,* von der **Geschäftsfähigkeit,** der *capacité d'exercice.*[87] Rechtsfähigkeit meint dann 55

„Rechtsfähigkeit". Das Bezirksgericht habe die Würde des Beschwerdeführers verletzt, denn ohne Bestellung eines Betreuers habe es ihn zu einem Gegenstand degradiert. Der Beschwerdeführer könne nur noch über seine Finanzen disponieren, sei sonst aber in jeder Hinsicht rechtlos geworden. Ohne vorherige Bestellung eines Betreuers scheide auch die bloße Einschränkung der Geschäftsfähigkeit aus. Das Verfassungsgericht könne nicht übersehen, dass die Isolierung des subjektiven Rechts von der Möglichkeit, es auszuüben, ein beliebter Trick totalitärer Staaten sei, ihre Willkür hinter einer formalen Rechtsfassade zu verstecken. Das Bezirksgericht habe sich durch die Entscheidung, seinen Beschluss nicht zuzustellen, dem Beschwerdeführer gegenüber respektlos verhalten. In Wahrheit habe das Gericht nur sein eigenes „Wohl" im Blick gehabt und dabei die Würde des Beschwerdeführers verletzt.

[81] Slowak. VerfG 28.11.2012 a. a. O. Rdnr. 35.
[82] Rdnr. 35 a. a. O.
[83] Dem deutschen Gesetzgeber ist insoweit in Art. 90(2) Satz 3 dt. GG ein eklatanter Fehler unterlaufen. Es geht um die Verwaltung der Bundesautobahnen durch die Verwaltung des Bundes. Satz 2 regelt, dass sich der Bund zur Erledigung seiner Aufgaben einer Gesellschaft privaten Rechts bedienen kann. Satz 3 fügt sodann hinzu: „Diese Gesellschaft steht im unveräußerlichen Eigentum des Bundes". Das übersieht, dass eine Person keine Person wäre, wenn sie im Eigentum einer anderen Person stünde.
[84] So dt. BVerfG 28.5.1993, NJW 1993, S. 1751, 1753.
[85] Unten Rdnr. 66.
[86] Unter deutschem Recht ist „Rechtsfähigkeit" die Fähigkeit, Träger von Rechten und Pflichten zu sein (MünchKomm [-*Spickhoff*], BGB[8], § 1 Rdnr. 6; auch geschäftsunfähige Personen sind rechtsfähig: *Spickhoff* a. a. O. § 104 Rdnr. 4). Dem entspricht in Italien die *capacità giuridica* (Art. 1 ital. CC; Erwerb mit der Geburt). *Capacità giuridica* und Rechtssubjektivität *(soggettività giuridica)* sind Synonyme (*Caterina,* Le persone fisiche[2], S. 1). Die *capacité de jouissance* des französischen Rechts ist die „aptitude à être sujet de droits et d'obligations" (*Brusorio Aillaud,* Droit des personnes et de la famille[9], S. 101 Rdnr. 151). Die *personnalité juridique* wird ganz ähnlich definiert als die „aptitude à acquérir et à exercer des droits et des

§ 2   §2: Privatrecht unter menschen- und grundrechtlichem Einfluss

die (abstrakte, passive) Fähigkeit, Träger von Rechten und Pflichten zu sein[88], Geschäftsfähigkeit die (konkrete, aktive) Fähigkeit, durch eigenes rechtsgeschäftliches Handeln Rechte zu erwerben und über sie zu verfügen, außerdem, sich aus eigenem Willen durch die Übernahme von Vertragspflichten selbst zu binden.[89] Oft wird noch weiter zwischen der allgemeinen und den „besonderen" Geschäftsfähigkeiten differenziert.[90] Nach unserer

---

obligations, à être un sujet de droit actif et passif et à posséder un patrimoine" (*Buffelan-Lanore* und *Larribau-Terneyre*, Droit civil, Introduction[16], S. 279 Rdnr. 735) oder einfach als die „aptitude à devenir sujet de droit" (*Cornu*, Introduction[12], S. 213). Die beiden Begriffe, so *Cornu* a. a. O. S. 214 Rdnr. 473, seien jedoch nicht identisch. Denn die *capacité juridique* gliedere sich in die *capacité de jouissance* und die *capacité d'exercice*. Die *personnalité juridique* stehe zu diesen Konzepten in einem anderen Verhältnis. Im Übrigen könne man auch zwischen der *capacité politique* und der *capacité civile* unterscheiden.

[87] Unter deutschem Recht bedeutet „Geschäftsfähigkeit" (siehe die Titelüberschrift über den §§ 104–113 dt. BGB) „die Fähigkeit rechtsfähiger Menschen (also nur natürlicher Personen), allgemein zulässige Rechtsgeschäfte selbständig vollwirksam vornehmen zu können" (*Spickhoff* a. a. O. § 104 Rdnr. 2). Die *capacité d'exercice* des französischen Rechts ist breiter; es geht um die *aptitude à faire valoir ses droits* (*Brusorio Aillaud* a. a. O. S. 101 Rdnr. 151), also die Fähigkeit, eigene Rechte geltend zu machen. Die *incapacité d'exercice*, also die *inaptitude d'une personne titulaire de droits à les exercer seule*, bedeute, dass dem Betroffenen geholfen werden *(assistée)* oder dass er vertreten sein müsse. Die *capacità d'agire* des italienischen Rechts wird mit der Volljährigkeit (Vollendung des achtzehnten Lebensjahres) erworben. Es handelt sich unter Art. 2 ital. CC um die Fähigkeit, alle Rechtshandlungen vorzunehmen, für die nicht ein anderes Alter vorgeschrieben ist. Italien unterscheidet nicht zwischen Handlungs- und Geschäftsfähigkeit.

[88] Z. B. § 7(1) estn. ZGB AT („Passive legal capacity of a natural person (human being) is the capacity to have civil rights and perform civil obligations. All natural persons have uniform and unrestricted passive legal capacity"); für Griechenland *Triantos*, AK, Art. 4, S. 11 Rdnr. 2 (zur Rechtsfähigkeit [*Ikanóteta Dikaíou*] wird außerdem üblicherweise die prozessuale Parteifähigkeit gezählt: Berufungsgericht Athen 334/1988, EllDni 1990 S. 577, *Triantos* a. a. O., Art. 5, S. 12 Rdnr. 11); Art. 2.74(1) lit. ZGB („Private legal persons may be in possession of or achieve any civil rights and assume duties except those, which may emerge only when such characteristics of a natural person as gender, age and consanguinity are in place"); für die *capacità giuridica* des italienischen Rechts, also der vom Gesetz vorgesehenen Eigenschaft, Träger von Rechten und Pflichten sein zu können, z. B. *Galgano*, Le insidie del linguaggio giuridico, S. 25; für Schweden *Grauers*, Person och avtal[4], S. 17 (Ein Rechtssubjekt [*rättsubjekt*] habe die Fähigkeit, Inhaber von Vermögen [*tillgångar*] und Schulden zu sein, außerdem eine ihm zu diesem Zweck zugeschriebene prozessuale Parteifähigkeit. Die natürliche Person [*fysisk person*] sei folglich ein Rechtssubjekt [*rättsubjekt*]. Der Begriff *rättsubjekt* knüpfe an die Person an, die Rechtsfähigkeit [*rättskapacitet*] sei eine Eigenschaft der Person; es handele sich um die zwei Seiten desselben rechtlichen Verhältnisses); § 7(1) slowak. ZGB („Die Fähigkeit einer natürlichen Person, Träger der Rechte und Pflichten zu sein (Rechtsfähigkeit), entsteht mit der Geburt. Diese Fähigkeit hat auch ein gezeugtes Kind, wenn es lebend geboren wird") und dazu *Fekete*, Občiansky zákonník I, S. 35–36; für Spanien *Díez-Picazo* und *Gullón*, Sistema de Derecho Civil I[12], S. 202 (Die *capacidad jurídica* sei die Fähigkeit aber Eignung, Träger von Rechten und Pflichten zu sein. Jede Person habe allein durch die Tatsache, eine Person zu sein, Rechtsfähigkeit. In diesem Sinn sei die Rechtsfähigkeit einer Person ein Reflex ihrer Würde); für Portugal *Menezes Cordeiro*, Direito civil português I(3)[2], S. 517–533 und *Nóbrega*, Entwicklung des portugiesischen Sachenrechts, S. 181–183 (Der portugiesische Código Civil nutze die Konzepte der Rechtspersönlichkeit [*personalidade jurídica*], der Rechtsfähigkeit [*capacidade jurídica* bzw. *capacidade de gozo de direitos*] bzw. der Rechtsausübungsfähigkeit [*capacidade de exercício de direitos*] und der Unfähigkeit [*incapacidade*]) und für Tschechien § 15(1) tschech. BGB („Rechtsfähigkeit ist die Fähigkeit, in den Schranken der Rechtsordnung Träger von Rechten und Pflichten zu sein").

[89] Z. B. § 8(1) estn. ZGB AT („Active legal capacity of a natural person is the capacity to enter independently into valid transactions"); für Griechenland *Triantos* a. a. O., Art. 7, S. 13 Rdnr. 1 (der griechische Begriff *Ikanóteta Dikaiopraxias* enthält das Wort *Dikaiopraxia*, Rechtsgeschäft, und umschließt Verträge, einseitige Rechtsgeschäfte sowie Quasiverträge); Art. 2.5(1) lit. ZGB („On attaining full age, i. e. when a natural person is eighteen years of age, he, by his acts, shall have full exercise of all his civil rights and shall assume civil obligations"); für Schweden *Grauers* a. a. O. S. 22 (*Rättshandlingsförmåga* [wörtlich: Rechtshandlungsfähigkeit], manchmal auch *rättshabilitet*, sei die rechtliche Fähigkeit, selbst, ohne Mitwirkung von jemand anderem, Rechtsgeschäfte [*rättshandlingar*] unterschiedlicher Art vorzunehmen); § 8(1) slowak. ZGB (Die Fähigkeit einer natürlichen Person, Rechte zu erwerben und Pflichten zu übernehmen [Geschäftsfähigkeit], entsteht vollständig mit dem Erreichen der Volljährigkeit); § 15(2) tschech. BGB („Geschäftsfähigkeit ist die Fähigkeit, sich selbst durch eigene Rechtshandlungen eigene Rechte zu erwerben und sich zu verpflichten [Rechtsgeschäfte vorzunehmen]"). Der port. CC handelt statt von Geschäftsfähigkeit *(capacidade negocial)* bzw. Geschäftsunfähigkeit *(incapacidade negocial)* von der Rechtsausübungsfähigkeit bzw. -unfähigkeit [*capacidade de exercício de direitos*]; s. die vorige Fn.).

[90] Spanien z. B. kennt neben der *capacidad jurídica* und der *capacidad de obrar* die Kategorien der *capacidades especiales* und der *prohibiciones legales* (*Díez-Picazo* und *Gullón* a. a. O. S. 202–203). Solche „Sonderfähig-

II. Die Gewährleistung der Rechtssubjektivität § 2

Einschätzung ist (sind) die Geschäftsfähigkeit(en) aber nur ein Unterfall einer größeren Gruppe von Fähigkeiten der natürlichen Person. Sie lassen sich unter dem Oberbegriff der **Handlungsfähigkeiten** zusammenfassen[91], ein Ausdruck allerdings, der seinerseits bislang keinen gemeineuropäisch gesicherten Inhalt hat.[92] Handlungsfähigkeiten, die keine Geschäftsfähigkeiten sind, die Person aber dennoch instand setzen, durch selbstbestimmtes Verhalten Rechte zu erwerben, betreffen z. B. Besitzbegründung und Ersitzung sowie die Übernahme einer auftragslosen Geschäftsführung. Handlungsfähig ist nach unserem Verständnis aber auch, wer ein einmal erworbenes Recht oder seinen Körper und seine Würde verteidigen darf. Denn dabei geht es um eine spezifische Form der Rechtsausübung unter Einschluss der Möglichkeit, in die Beschädigung einer Sache oder die Verletzung der eigenen körperlichen Integrität einzuwilligen. Wer dagegen ein Delikt begeht, nimmt keine

---

keiten" setzen typischerweise ein erhöhtes Alter voraus (z. B. Art. 175(1) Satz 1 span. CC: adoptieren kann nur, wer das 25. Lebensjahr vollendet hat). In Frankreich versteht man unter einer *incapacité de jouissance spéciale* das, was in Spanien zu den *prohibiciones legales* zählen würde, etwa die Unwirksamkeit von Verfügungen zugunsten des letztbehandelnden medizinischen und pharmazeutischen Personals (Art. 909 franz. CC; dazu *Cornu* a. a. O. S. 215 Rdnr. 476). In Deutschland gehören z. B. die Testierfähigkeit (§ 2229(1) dt. BGB) und die Ehefähigkeit (die sich wiederum aus der Ehemündigkeit und der Ehegeschäftsfähigkeit zusammensetzt: MünchKomm [-*Wellenhofer*], BGB⁷, § 1303 Rdnr. 1) zu den besonderen Geschäftsfähigkeiten.

[91] In diesem Sinne für Spanien auch *Díez-Picazo und Gullón* a. a. O. (*capacidad de obrar,* Handlungsfähigkeit, sei die Befähigung, wirksame Rechtshandlungen zu tätigen, d. h. die Fähigkeit, Rechte zu erwerben oder auszuüben und Pflichten einzugehen). Dem entspricht in Italien die *capacità di agire* (Art. 2 ital. CC) und in Frankreich die *capacité d'exercice* (Fn. 87). Es ist nicht einfach, in diesem Begriffshimmel auch noch die *capacidade de exercício de direitos* des portugiesischen Rechts (Fn. 88) unterzubringen. Sie findet sich z. B. in Art. 130 port. CC (Volljährigkeit). *Mota Pinto,* Teoria geral do direito civil⁴, S. 221 meint, der Begriff habe in der portugiesischen Rechtssprache eine solide Tradition; besser sei allerdings *capacidade de agir,* was der deutschen *Handlungsfähigkeit* entspräche. Denn *capacidade de exercício de direitos* suggeriere fälschlicherweise, dass es lediglich um die Fähigkeit zur Ausübung von Rechten ginge (und nicht auch um die Erfüllung von Schulden, den Erwerb von Rechten und die Übernahme von Pflichten).

[92] Das deutsche Gesetzesrecht kennt das Wort „Handlungsfähigkeit" nur in einer einzigen Vorschrift seines Internationalen Privatrechts (Artt. 12 dt. EGBGB), wo die Bedeutung dieses Begriffs allerdings unklar ist. (Art. 29(1) tschech. IPR-Gesetz handelt nur von der Rechts- und der Geschäftsfähigkeit; die Handlungsfähigkeit findet keine Erwähnung. In der deutschsprachigen Fassung der Artt. 1(2)(a) und 13 Rom I-VO und Art. 1(2)(a) Rom III-VO wird die Handlungsfähigkeit ebenfalls erwähnt, in den jeweiligen Eingangsartikeln allerdings nur zu dem Zweck, sie aus dem Anwendungsbereich der Verordnungen herauszunehmen. Eine entsprechende Vorschrift in der Rom II-VO fehlt, was sich wohl als Bestätigung dafür deuten lässt, dass jedenfalls die „Deliktsfähigkeit" (ein unglückliches und zugleich zu enges Wort für die Fähigkeit, sich durch tatsächliches Handeln selbst zu verpflichten) in der Rom II-VO als eine Sonderform der Handlungsfähigkeit gedeutet wird (*von Bar und Mankowski,* IPR II², § 6 Rdnrn. 22–23). In Art. 13 Rom I-VO (und in Art. 12 dt. EGBGB) muss „Handlungsfähigkeit" allerdings etwas ganz anderes meinen. Vermutlich wollte man die *capacità di agire* des italienischen bzw. die *capacidad de obrar* des spanischen Rechts (vorige Fn.) einfangen (*von Bar,* Festschrift Derbis, S. 681, 683 Fn. 4). Im inneren deutschen Privatrecht versteht man unter „Handlungsfähigkeit" meistens die Fähigkeit, irgendwelche Rechtshandlungen wirksam vornehmen zu können. Das dt. BGB regelt, ohne den Begriff zu verwenden, nur einzelne Facetten der Handlungsfähigkeit, darunter die Fähigkeit, sich durch eine unerlaubte Handlung (§§ 827–829 dt. BGB) oder durch eine auftragslose Geschäftsführung (§ 682 dt. BGB) selbst zu verpflichten. Nicht geregelt ist z. B. die Einwilligungsfähigkeit. *Georgiades und Stathopoulos,* Genikai Archai, Art. 34 gr. ZGB S. 63 Rdnr. 5 deuten die Handlungsfähigkeit (*Ikanótēta pros to prattein*) als die rechtliche Fähigkeit, durch eigenes Verhalten bestimmte Rechtsfolgen herbeiführen zu können. Das griechische ZGB regele ausdrücklich nur die Geschäfts- und die Deliktsfähigkeit. Handlungsfähig sei, wer sein Verhalten durch seinen Willen steuern kann. Ein Säugling, ein Schlafender und ein Bewusstloser seien nicht handlungsfähig. Die Deliktsfähigkeit setze neben der Handlungs- auch noch die sog. Zurechnungsfähigkeit (*Ikanótēta pros katalogismó*) voraus. Das italienische Recht unterscheidet von der Rechtsfähigkeit nicht nur die Handlungs- (Art. 2 ital. CC), sondern auch die Delikts- (Artt. 2046 und 2047 ital. CC) und die Arbeitsfähigkeit (Beginn ab Vollendung des 15. Lebensjahres, Einzelheiten bei *Ghera / Garilli / Garofalo,* Diritto del lavoro, S. 85). Handlungsfähigkeit (*capacità di agire*) ist unter Art. 2 a. a. O. die Fähigkeit, alle Rechtshandlungen vorzunehmen, für die nicht ein anderes Alter vorgeschrieben ist. Man erwirbt die Handlungsfähigkeit mit der Volljährigkeit. Sondergesetze regeln die Arbeitsleistungen der Minderjährigen". In der personenrechtlichen Literatur Schwedens wird dagegen überhaupt nicht zwischen der (oder den) Geschäftsfähigkeit(en) und der Handlungsfähigkeit unterschieden (Letztere findet z. B. weder bei *Grauers,* Person och avtal⁴ noch bei *Agell/Malmström/Ramberg/Sigeman,* Civilrätt²⁵ Erwähnung).

65

ihm freistehende Handlungsoption wahr; er handelt gerade nicht unter dem Schutz einer Handlungs‚fähigkeit'.

56 Das **englische Recht** differenziert nach grundsätzlich anderen Kriterien.[93] Sein Privatrecht misst nicht einmal dem Wort *legal capacity* eine irgendwie erkennbare systematische Bedeutung bei. Von *capacity* oder *incapacity* ist stets nur in dem spezifischen Kontext einer privatrechtlichen Teilmaterie die Rede. *Capacity* oder *incapacity* werden deshalb sprachlich immer mit einem auf das jeweilige Rechtsgebiet hindeutenden Adjektiv oder Verb kombiniert (*testamentary capacity, contractual capacity, capacity to marry* etc.). Rechts- und Geschäftsfähigkeit werden nicht klar unterschieden; teilweise werden *legal capacity* und *capacity to contract* (i. S. v. *capacity to enter into legal relations*) synonym verwendet. Im Mittelpunkt steht die *capacity to contract*. Ausgangspunkt ist die widerlegliche Vermutung, dass jedermann „geschäftsfähig" ist[94]; Besonderheiten gelten nur für Minderjährige, Geisteskranke und Betrunkene. Die Altersgrenze für den Erwerb der *capacity to contract* wurde schon durch sec. 1 Family Law Reform Act 1969 auf 18 Jahre gesenkt. Verträge, die ein Minderjähriger schließt, sind allerdings weder grundsätzlich nichtig noch bedürfen sie der Zustimmung eines (gesetzlichen) Vertreters. Unter dem Common Law ist vielmehr zwischen schwebend wirksamen Verträgen, die der Minderjährige nach Erreichen der Volljährigkeit innerhalb eines angemessenen (*reasonable*) Zeitraums noch „anfechten" (daher *voidable contracts*) kann, und schwebend unwirksamen Verträgen zu unterscheiden, die durch eine Bestätigung (*ratification*) des Minderjährigen nach Eintritt der Volljährigkeit konvaleszieren.[95] Zur ersten Kategorie gehören insbesondere Verträge zum Erwerb dinglicher Rechte (*property*) sowie *marriage settlements*. Schließt ein Minderjähriger z. B. einen Vertrag über einen *lease*, ist er als *lessee* zur Zahlung der *rent* verpflichtet; desgleichen zur Übertragung von ihm erworbener Aktien an denjenigen, dem er eine Kaufoption eingeräumt hat.[96] Die „Anfechtung" (*repudiation*) durch den Minderjährigen entfaltet keine Rückwirkung. Der Minderjährige muss also die rückständige *rent* zahlen, bereits bewirkte Leistungen kann er nicht kondizieren. Es entsteht auch kein Rückabwicklungsschuldverhältnis (weshalb sich *repudiation* auch nicht mit Rücktritt oder Widerruf übersetzen lässt). Der Grundsatz, dass Verträge über den Erwerb von *property* schwebend wirksam sind, gilt aber in Bezug auf *land* ausnahmslos nur für den Verpflichtungsvertrag und jedenfalls nicht für den Erwerb eines *legal estate* in *land* (sec. 1(6) LPA 1925). Die meisten Vertragstypen findet man in der Gruppe der „ratifizierbaren" Verträge, unter ihnen vor allem der Warenverkauf durch einen Minderjährigen. Eine wichtige Gegenausnahme betrifft alle Verträge über Waren und Dienstleistungen, die für den Minderjährigen „notwendig" (*necessary*) sind. Der Begriff der „Notwendigkeit" wird tendenziell weit ausgelegt.[97] Teilweise ist die Bindungswirkung solcher Verträge auch zuungunsten des Minderjährigen gesetzlich geregelt; am wichtigsten dürfte sec. 3 SGA 1979 sein.

57 Die kontinentale Unterscheidung zwischen Rechts- und Handlungsfähigkeit, Letztere wiederum mit ihren je nach Rechtsordnung mehr oder weniger scharf gegeneinander abgegrenzten eigenen Untergruppen, ist in der Tat nicht unproblematisch. Die privatrechtsinterne Dogmatik muss sich an den Grundrechten ausrichten, nicht diese an ihr. Zwar kann geschäftsfähig nur sein, wer rechtsfähig ist, während nicht jeder, der rechtsfähig ist, deshalb auch schon geschäftsfähig ist.[98] Auch vollzieht sich der verfassungsrechtliche Schutz

---

[93] Siehe schon oben Rdnr. 29.
[94] Chitty (-*Whittaker*) on Contracts, Vol I[32], Rdnr. 9-001.
[95] *Whittaker* a. a. O. Rdnr. 9-007.
[96] Grundlegend *North Western Ry Co v. M'Michael* (1859) 5 Exch. 114; neuere Rechtsprechung bei *Whittaker* a. a. O. Rdnr. 9–036.
[97] Nicht *necessary* war nach *Nash v. Immam* [1908] 2 K. B. 114 aber immerhin der Kauf von 11 (!) edlen Strickwesten durch einen Cambridger Undergraduate.
[98] Das gilt natürlich auch für die *capacità di agire* und die *capacité d'exercice*. Sie setzen *personnalité juridique* bzw. *soggettività giuridica* voraus, aber das gilt nicht auch umgekehrt (*Cornu* a. a. O. [Fn. 86] S. 214 Rdnr. 475). Noch deutlicher wird das bei den juristischen Personen. Sie haben Rechts-, aber keine Geschäftsfähigkeit (z. B. *Spickhoff* a. a. O. [Fn. 87] und *Köhler*, BGB AT[3], § 10 Rdnr. 1).

II. Die Gewährleistung der Rechtssubjektivität § 2

der Geschäftsfähigkeit schwerpunktmäßig über das Grundrecht der allgemeinen Handlungsfreiheit.[99] Das ist nicht nur deshalb nachvollziehbar, weil die Geschäftsfähigkeit in der Konzeption vieler Privatrechtssysteme ein Teil der Handlungsfähigkeit ist. Vielmehr ist die Geschäftsfähigkeit i. S. d. kontinentalen Rechts eng mit der konkreten geistig-seelischen Entwicklung des individuellen Menschen verknüpft. Das könnte ein weiterer Grund dafür sein, warum sich die meisten Verfassungen davor scheuen, die (engere) Geschäftsfähigkeit auch in einer selbständigen, aus der allgemeinen Handlungsfreiheit isolierten Grundrechtsgewährleistung einzufangen.[100]

58 Die Trennung zwischen der Rechts- und (mindestens) der Geschäftsfähigkeit will aber verfassungsrechtlich kontrolliert vollzogen sein. Ihr Vorzug – es bleibt gewissermaßen noch etwas „übrig", auch wenn ein Mensch nicht geschäftsfähig ist –, darf nicht ins Gegenteil umschlagen. Die strikte Trennung zwischen der Innehabung und der Ausübung von Rechten ist kein Alibi dafür, einen Menschen faktisch rechtlos zu stellen. Rechtsfähigkeit darf nicht zu einer leeren Hülle denaturieren. Es ist deshalb wichtig, sich daran zu erinnern, dass es nicht nur um bloße Eigenschaften einer Person, sondern auch und vor allem um ihre **Rechte *auf* Rechts- und Geschäftsfähigkeit** geht. Das Recht des Menschen darauf, von der Rechtsordnung als Träger von Rechten und Pflichten anerkannt zu werden, hat seinerseits seinen letzten Grund im Schutz seiner Würde, auch wenn sich dieser Schutz in im Einzelnen konkretere Grundrechtsgewährleistungen auffächern mag.[101] Das Recht auf

---

[99] Z. B. Art. 2(1) dt. GG („Jeder hat das Recht auf die freie Entfaltung seiner Persönlichkeit, soweit er nicht die Rechte anderer verletzt und nicht gegen die verfassungsmäßige Ordnung oder das Sittengesetz verstößt") und Art. 5 gr. Verf. („Jeder hat das Recht, seine Persönlichkeit frei zu entfalten und am sozialen, wirtschaftlichen und politischen Leben des Staates teilzunehmen, sofern dies nicht die Rechte anderer verletzt und nicht gegen die Verfassung oder die guten Sitten verstößt"). Ähnlich Artt. 2 und 3 der ital. Verf. Besondere Geschäftsfähigkeiten können allerdings auch verfassungsrechtlich ihren „besonderen" Platz haben, z. B. die Ehefähigkeit in der Eheschließungsfreiheit, Art. 6(1) dt. GG) oder die Testierfähigkeit in der verfassungsrechtlichen Garantie des Erbrechts (z. B. Art. 14(1) Satz 1 dt. GG). Zudem ist mit *Canaris*, JZ 1987, S. 993, 996 zu bedenken, dass die Vorschriften über die Beschränkung der Geschäftsfähigkeit nicht nur die allgemeine Handlungsfähigkeit, sondern auch das Persönlichkeitsrecht des Betroffenen tangieren. Staudinger (-*Klumpp*), BGB (2017), Vorb. §§ 104 ff., Rdnr. 14 ergänzt, dass Einschränkungen der Geschäftsfähigkeit letztlich für jedes Grundrecht relevant werden könnten; „man denke nur daran, dass zur Durchführung einer politischen Veranstaltung Räume gemietet werden müssen".

[100] Besonders bemerkenswert allerdings Art. 19(6) der port. Verf. (Aussetzung der Ausübung von Rechten): „Das Recht auf Leben, das Recht auf persönliche Unversehrtheit, das Recht auf persönliche Identität, das Recht auf bürgerliche Geschäftsfähigkeit *(capacidade civil)*" und einige weitere Rechte „dürfen in keinem Fall durch die Ausrufung des Belagerungs- oder Ausnahmezustandes beeinträchtigt werden". Art. 26 port. Verf. (Andere persönliche Rechte) stellt dann die Geschäftsfähigkeit aber doch wieder in einen Zusammenhang mit der allgemeinen Handlungsfähigkeit: „(1) Das Recht eines Jeden auf die Identität der Person, auf die Entfaltung der Persönlichkeit, auf die bürgerliche Geschäftsfähigkeit, auf die Staatsbürgerschaft, auf persönliche Ehre, den guten Namen und Ruf, am eigenen Bild, am eigenen Wort und auf die Achtung des privaten und familiären Lebensbereichs sowie auf den Schutz gegen jede Form der Diskriminierung wird anerkannt". (4) „Eine Aberkennung der Staatsbürgerschaft und Einschränkungen der bürgerlichen Geschäftsfähigkeit können nur in den Fällen und nach Maßgabe der gesetzlichen Vorschriften erfolgen und dürfen nicht auf politische Beweggründe gestützt sein". Art. 36(3) port. Verf. (Familie, Eheschließung und Abstammung) schließlich lautet: „Hinsichtlich ihrer Geschäftsfähigkeit und ihrer politischen Rechte sowie hinsichtlich der Versorgung und Erziehung ihrer Kinder haben beide Ehegatten dieselben Rechte und Pflichten". Der Ausdruck *capacidade civil* ist freilich nicht besonders scharf, weil sich im Grunde gar nicht genau sagen lässt, ob er nicht in Wahrheit einen verfassungsrechtlichen Oberbegriff für Rechts- und Geschäftsfähigkeit geschaffen hat oder gar tatsächlich doch nur die Rechtsfähigkeit im Blick hat (unten Fn. 121).

[101] Dass es um einen „Anspruch auf Rechtsfähigkeit" geht, erkannte schon *v. Gierke*, Die Genossenschaftstheorie und die deutsche Rechtsprechung, S. 23 („Doch hat schon heute das Postulat der Rechtsidee, dass jedes menschliche Individuum als Person anerkannt werde, die Kraft eines für den Gesetzgeber thatsächlich unverbrüchlichen Princips erlangt. Den menschlichen Verbänden ist ein gleicher sakrosankter Anspruch auf Persönlichkeit ... noch nicht zuerkannt"). *v. Savigny*, System Bd. 2, S. 2 formulierte: „Alles Recht ist vorhanden um der sittlichen, jedem einzelnen Menschen inwohnenden Freyheit willen [...]. Darum muß der ursprüngliche Begriff der Person oder des Rechtssubjects zusammen fallen mit dem Begriff des Menschen, und diese ursprüngliche Identität beider Begriffe lässt sich in folgender Formel ausdrücken: Jeder einzelne Mensch, und nur der einzelne Mensch, ist rechtsfähig". *Schirmer*, JZ 2019

Rechtsfähigkeit wäre aber weithin substanzlos, wenn es lediglich beinhalten würde, dass die natürliche Person nur einige wenige, vielleicht sogar nur ein einziges, aber nicht **grundsätzlich** *alle* von der Privatrechtsordnung zur Verfügung gestellten subjektiven **Rechte** innehaben könnte. Zwar wäre ein Konzept denkbar, unter dem schon rechtsfähig ist, wer auch nur ein einziges Recht sein Eigen nennen darf.[102] Das würde jedoch zu nichts führen. Schon ein herrschendes Grundstück, mit dem untrennbar eine Grunddienstbarkeit verknüpft ist, wäre dann in die Nähe einer „rechtsfähigen Sache" (ohnehin ein Widerspruch in sich[103]) gerückt. Aber das ist nur ein Gedankenspiel. Entscheidend ist, dass das einfache Recht unter dem ebenfalls verfassungsrechtlich garantierten Gleichheitssatz nicht bestimmte Personengruppen „rechtsfähiger" machen darf als andere[104]; jedenfalls muss ein solcher Schritt das Willkürverbot und das korrespondierende Verhältnismäßigkeitsprinzip beachten. Mit einem sich aus dem Schutz der Menschenwürde speisenden Recht auf Rechtsfähigkeit korrespondiert notwendig auch eine Institutsgarantie. Das subjektive Recht muss m. a. W. mit Inhalt gefüllt werden, und das bedeutet, dass jeder Mensch mit der Fähigkeit auszustatten ist, *substanziell* am Rechtsleben teilzuhaben. Ob man ihm das privatrechtsdogmatisch auf der Ebene der Rechts-, der Geschäfts- oder der Handlungsfähigkeit verweigert, macht grundrechtlich keinen Unterschied. Ihr Recht auf Rechtsfähigkeit wäre nicht erst dann verletzt gewesen, wenn der Gesetzgeber nach einem Vorschlag von *Larenz* Juden gleich ganz aus dem Kreis der „Rechtsgenossen" ausgeschlossen hätte[105], es war (u.a.) „schon" dadurch verletzt, dass die NS-Gesetzgebung ihnen das Recht nahm, von einem Nichtjuden zu erben.[106] Es ist natürlich denkbar, eine solche Beschränkung auch, ja

---

S. 711, 713 bemerkt richtig, dass der Anspruch auf Rechtsfähigkeit früher aus einem vorpositiven Freiheitsideal abgeleitet wurde, heute dagegen aus der verfassungsrechtlich gewährleisteten Menschenwürde. Etwas andere Akzente setzt *Safjan (-Pazdan)*, System Prawa Prywatnego I², S. 1022 Rdnr. 4. Die Rechtsfähigkeit sei eine grundlegende und untrennbare Eigenschaft von natürlichen und juristischen Personen. Sie stelle die normative Qualifikation der Subjekte der zivilrechtlichen Verhältnisse dar. Sie sei eine rechtliche Eigenschaft und kein subjektives Recht.

[102] Anders wohl *Lehmann*, AcP 198 (1998) S. 225, 234–235. Er neigt im Gegensatz zu *Fabricius*, Relativität der Rechtsfähigkeit, S. 109, dem er (aus unserer Sicht vorschnell) eine unzulässige „Vermischung zwischen der Fähigkeit zu rechtserheblichem Handeln und der Rechtssubjektivität" vorwirft, zu der Auffassung, dass man entweder fähig sei, Rechte zu haben, oder man sei es nicht, *tertium non datur*. In Wahrheit sei auch die sog. „(Teil-)Rechtsfähigkeit" bereits volle Rechtsfähigkeit. Denn bestehe die Rechtsfähigkeit auch nur in einem Teil des Rechts, dann sei damit zugleich gesagt, dass die Person als taugliches Subjekt der Zuordnung von Rechten und Pflichten angesehen werde.

[103] Nicht einmal das (dass nämlich Sachen keine Rechte halten könnten) ist heute freilich noch völlig unbestritten. Siehe näher noch unten Rdnr. 179 und vorerst nur *Kurki*, in: Kurki und Pietrzykowski (Hrsg.), Legal Personhood: Animals, Artificial Intelligence and the Unborn, S. 69–89.

[104] Mit Recht bemerkt Staudinger (-*Kannowski*), BGB (2018), Vorbem. zu § 1, Rdnr. 3, dass „der Gleichheitssatz fordert, dass grundsätzliche *alle* Menschen rechtsfähig sind" (Hervorhebung im Original).

[105] *Larenz*, in Larenz (Hrsg.), Grundfragen der neuen Rechtswissenschaft (1935) S. 225, 241 (wohl auf der Grundlage des Parteiprogramms der NSDAP) eine Änderung des § 1 dt. BGB vorgeschlagen: „Rechtsgenosse ist nur, wer Volksgenosse ist; Volksgenosse ist, wer deutschen Blutes ist". Diesen Satz wollte er „an die Spitze unserer Rechtsordnung gestellt" sehen. „Wer außerhalb der Volksgemeinschaft steht, steht auch nicht im Recht, ist nicht Rechtsgenosse. Allerdings kann und wird der Fremde in vielen Beziehungen als Gast dem Rechtsgenossen gleichgestellt". Juden sah er aber als „Rassefremde", nicht als „Gäste" an. Es ist aus heutiger Sicht schier unglaublich, wie weit sich ein sog. *Rechts*wissenschaftler von seinem Gegenstand entfernen konnte. Beschränkungen der Rechtsfähigkeit von „Nichtariern" (schon in sich ein fürchterlicher Ausdruck) existierten zudem auch in Italien (näher *Rondinone*, Storia inedita della codificazione civile, S. 156–159 und *Teti*, Riv.dir.civ. 1998 S. 355). Die ursprüngliche Fassung von Art. 1 (3) ital. CC lautete: „Die Beschränkungen der Rechtsfähigkeit, die sich aus der Zugehörigkeit zu bestimmten Rassen ergeben, werden durch besondere Gesetze festgelegt". Art. 22 der ital. Verf. verbietet es vor diesem Hintergrund, jemandem die Rechtsfähigkeit aus politischen Gründen abzuerkennen.

[106] Durch die §§ 1 und 2 der Elften Verordnung zum Reichsbürgergesetz vom 25.11.1941 (RGBl. I S. 722) war Juden mit gewöhnlichem Aufenthalt im Ausland die deutsche Staatsangehörigkeit entzogen worden. Damit fiel ihr Vermögen (auch im Falle der Deportation) an das Deutsche Reich (§ 3 a. a. O.; eingehend *Buchheim und Basta*, DStR 2016, S. 705). § 4(1) a. a. O. bestimmte sodann: „Personen, deren Vermögen gemäß § 3 dem Reich verfallen ist, können von einem deutschen Staatsangehörigen nichts von Todes wegen erwerben". Das war eine Beschränkung der Erbfähigkeit (vgl. § 1923 dt. BGB), die ihrerseits Teil und Ausfluss der allgemeinen Rechtsfähigkeit ist.

II. Die Gewährleistung der Rechtssubjektivität **§ 2**

vielleicht sogar vorwiegend an der Eigentumsgarantie scheitern zu lassen (ähnlich, wie man ein staatliches Gesetz, das Mönchen und Priestern den Zugang zur Ehe versperrt, an der Eheschließungsfreiheit scheitern lassen würde[107]), aber das ändert an der Substanz nichts.

Das Recht des Menschen auf Rechtsfähigkeit besteht aber, auch wenn das vielfach anders beurteilt wird[108], **nicht schrankenlos.** Es kann, wie jedes andere Grundrecht eingeschränkt werden.[109] Das geschieht dann auch vielfach, wird aber eben erst sichtbar, wenn man die These teilt, dass das Recht auf Rechtsfähigkeit prinzipiell den Zugang zu jedem von der Privatrechtsordnung (nur von ihr ist hier die Rede) zur Verfügung gestellten Recht beinhaltet. Jede Ausnahme von dieser Grundregel bedarf der Rechtfertigung, es sei denn, es fehlt im Einzelfall schon deshalb an einer Grundrechtseinschränkung, weil der Gesetzgeber das genaue Gegenteil, nämlich eine *Stärkung* des Grundrechtsschutzes anstrebe und erreichte. Ein Beispiel findet sich in § 1629a dt. BGB, eine Regelung, die ihrerseits durch die Rechtsprechung des deutschen Bundesverfassungsgerichts erzwungen wurde.[110] Die Vorschrift läuft darauf hinaus, dass Minderjährige durch ihre Eltern nicht mit höheren Schulden belastet werden können, als die Jugendlichen mit dem wirtschaftlichen Wert ihres Vermögens im Zeitpunkt des Erreichens der Volljährigkeit begleichen können. Das ist „technisch" zwar eine bloße Haftungsbeschränkung, keine Beschränkung der abstrakten Fähigkeit, Pflichten zu tragen, kommt ihr im praktischen Ergebnis aber doch nahe. Entscheidend ist, dass sie dem Recht junger Menschen dient, ihre Persönlichkeit als Erwachsene frei entfalten zu können. Schon wieder etwas anders liegt es bei der Regel des deutschen Rechts, dass nur juristische, nicht aber auch natürliche Personen ein übertragbares Nieß-

59

---

[107] Dieses Eheverbot bestand in Griechenland (Art. 1364 gr. ZGB a.F.: „Die Ehe der Geistlichen ohne Rücksicht auf die Stufe und der Mönche der griechisch-orthodoxen Kirche ist verboten") bis zu seiner Aufhebung durch das Gesetz 1250/1982.

[108] In diese Richtung (wenn auch jeweils mit Bezug auf „die" Rechtsfähigkeit und nicht auf das Recht auf Rechtsfähigkeit) *Cornu*, Introduction[12], S. 215 Rdnr. 476 (die *capacité de jouissance* sei *divisible*, die *personnalité juridique* nicht); *Miranda und Medeiros*, Constituição Portuguesa anotada I, S. 292, Anm. VII zu Art. 26 (die Rechtsfähigkeit könne nicht eingeschränkt werden); *Fekete*, Občiansky zákonník I, S. 35–36 (der einzige Umstand, der die Rechtsfähigkeit heute noch entfallen lässt, sei der Tod) und § 7(1) estn. ZGB AT („Passive legal capacity of a natural person (human being) is the capacity to have civil rights and perform civil obligations. All natural persons have uniform and unrestricted passive legal capacity"). *Lavický* (*-Dobrovolná*), Občanské právo I, S. 179 erläutert für Tschechien, dass die bürgerlichrechtliche Rechtsfähigkeit (die von anderen Rechtsfähigkeiten, etwa der arbeits- oder der wahlrechtlichen zu unterscheiden sei) nicht eingeschränkt werden könne. Die Rechtspersönlichkeit (Rechtsfähigkeit) sei eine immanente Eigenschaft der menschlichen Existenz und Ausdruck der menschlichen Würde. Daher dürfe sie weder eingeschränkt werden, noch könne der Mensch auf sie verzichten. Für Griechenland meinen *Triantos*, AK, Art. 34 gr. ZGB, S. 50 Rdnr. 3 sowie *Georgiades und Stathopoulos*, Genikai Archai, Art. 34 gr. ZGB, S. 63 Rdnr. 3, dass sich die „allgemeine" Rechtsfähigkeit (Art. 34 gr. ZGB) diskriminierungslos auf alle Rechtsverhältnisse und rechtliche Situationen beziehe. Es gebe daneben auch besondere Rechtsfähigkeiten, und zwar so viele, wie es Typen von Rechtsverhältnissen gebe. Die allgemeine Rechtsfähigkeit sei ein unantastbares Grundrecht und könne als solches nicht vom Gesetzgeber eingeschränkt werden. Denn das würde auf eine Verletzung von Art. 2(1) (Schutz der Menschenwürde) und Art. 5(1) gr. Verf. (Schutz der freien Persönlichkeitsentfaltung) hinauslaufen. Genau darin liege der Sinn der Unterscheidung zwischen der allgemeinen und den besonderen Rechtsfähigkeiten. Nur Letztere könnten durch einfaches Gesetz unter Beachtung des Gleichbehandlungsgrundsatzes und des Verhältnismäßigkeitsprinzips eingeschränkt werden.

[109] So richtig Art. 2.74(1) lit. ZGB („Private legal persons may be in possession of or achieve any civil rights and assume duties except those, which may emerge only when such characteristics of a natural person as gender, age and consanguinity are in place") und Art. 67 port. CC („As pessoas podem ser sujeitos de quaisquer relações jurídicas, salvo disposição legal em contrário: nisto consiste a sua capacidade jurídica") („Die Personen können vorbehaltlich entgegenstehender gesetzlicher Bestimmung Träger von beliebigen Rechtsverhältnissen sein; hierin besteht ihre *capacidade jurídica*"). Beide Vorschriften stellen zudem klar, dass sich die Rechtsfähigkeit auf alle beliebigen (*quaisquer*) Rechte bezieht. *Pires de Lima* und *Antunes Varela*, Código Civil Anotado I[4], Anm. 1–2 zu Art. 67, S. 102 bemerken deshalb, dass die allgemeine Möglichkeit aller Rechtsverhältnisse Träger zu sein, welche aufgrund von Alter, Status, Beruf etc. nicht ausdrücklich ausgenommen seien, das sei, was das Gesetz *capacidade jurídica* bzw. *capacidade de gozo de direitos* nenne. Die allgemeine Rechtsfähigkeit werde indirekt oder negativ definiert. Vorschriften, die die Rechtsfähigkeit bezüglich bestimmter Rechte (wie z. B. im Ehe-, Erb- und Abstammungsrecht) einschränkten, hätten folglich Ausnahmecharakter.

[110] BVerfG 13.5.1986, BVerfGE 72 S. 155; NJW 1986 S. 1859.

brauchrecht innehaben können (§§ 1059, 1059a dt. BGB). Das jedenfalls ist eine Rechtsfähigkeitsbeschränkung. Sie lässt sich aber durchaus rechtfertigen, weil bei natürlichen Personen zwischen Nießbraucher und Eigentümer typischerweise ein besonderes Vertrauensverhältnis besteht, wohingegen es bei juristischen Personen darum geht, die besonderen Umstände einer Unternehmensnachfolge zu bedenken, auch das volkswirtschaftliche Interesse daran, Unternehmenswerte zu erhalten.

60   Wesentlich problematischer erscheint dagegen die Regel des englischen Rechts, dass **Minderjährige keine Grund'eigentümer'** sein können.[111] Zwar findet sich in dem UN-Übereinkommen über die Rechte des Kindes[112] nichts zum Schutz seiner Teilhabe an den Rechten des Privatrechts, aber es kann doch kein Zweifel daran bestehen, dass der Ausschluss von einem so wichtigen Recht wie dem Grundeigentum[113] einen Eingriff in das Recht auf Rechtsfähigkeit beinhaltet. Die Frage ist deshalb nur, ob er sich grundrechtlich überzeugend rechtfertigen lässt; bloße Tradition reicht dafür nicht. Tatsächlich ist die Regel, dass ein Minderjähriger nicht Inhaber eines *legal estate in land* sein kann, sogar vergleichsweise jungen Datums. Das (alte) Common Law kannte für Kinder keine Beschränkung ihrer Sachenrechtszuständigkeit (sondern nur für verheiratete Frauen, Straftäter und Ausländer[114]). Das hat sich mit sec. 1(6) LPA 1925 erst seit 1926 geändert; die Vorschrift bezieht sich zudem sowohl auf *registered* wie auf *unregistered land*. Auch wenn der Verfügungserfolg *at law* nicht bewirkt werden kann, ist das Verfügungsgeschäft selbst doch nicht gänzlich wirkungslos. Bis zum Inkrafttreten des TLATA 1996 wurde die Verfügung kraft Gesetzes in einen Verpflichtungsvertrag zur Einräumung eines *settlement* zugunsten des Minderjährigen i. S. d. SLA 1925 umgedeutet (sec. 19(1) LPA 1925); in der Schwebezeit (bis zur Erfüllung dieses Vertrages) hielt der Veräußerer das *land* als *trustee* für den Minderjährigen. Mit der (weitgehenden) Abschaffung und Ersetzung des Rechtsinstituts des *settled land* durch den einheitlichen sog. *trust of land* durch den TLATA 1996 hat sich zwar regelungstechnisch viel, substanziell aber im Hinblick auf die Rechtsstellung des Minderjährigen kaum etwas geändert.[115] Die Verfügung wird seither in eine *trust declaration* (sec. 2 (6), sch. 1 para. 1(1) TLATA 1996) umgedeutet; der Veräußerer hält das Grundstück also wiederum treuhänderisch für den Minderjährigen.[116] Eine weitere Folge von sec. 1(6) LPA 1925 besteht zwangsläufig darin, dass ein Minderjähriger einen *legal estate in land* auch nicht als *legal mortgagee* oder als *trustee* halten kann.[117] Entsprechendes gilt für den Erwerb eines *lease*. Zwar ist der Verpflichtungsvertrag wirksam, solange der Minderjährige diesen nicht anficht.[118] Einen sachenrechtlichen *legal term of years absolute* kann der Minderjährige aber nicht erwerben; er bleibt auf den Erwerb eines *equitable lease* reduziert.[119] Die sachliche Rechtfertigung für sec. 1(6) LPA 1925 wird erstaunlicherweise kaum debattiert. Die Regelung scheint in der Praxis bislang keine besonderen Schwierigkeiten verursacht zu haben. Der Minderjährige ist in der Tat nicht von allen dinglichen Rechten an *land* ausgeschlossen. Sie stehen ihm aber nur in *equity,* nicht *at law* zu. Die Wirkungen von sec. 1

---

[111] Oben § 1 Fn. 94. Die Regel ist bemerkenswerterweise aus der Sicht des Rechts (des *estate*), nicht aus der Sicht des Kindes formuliert (sec. 1(6) LPA 1925: „A legal estate is not capable of... being held by an infant"), doch würde sich der Inhalt nicht ändern, wenn man sie umkehren und schreiben würde, „an infant is not capable of holding a legal estate").

[112] Oben Rdnr. 45 mit Fn. 33.

[113] Von „Grundeigentum" zu sprechen, ist natürlich nicht ganz korrekt, weil es um den *legal estate* geht. In der Substanz lassen sich die beiden aber kaum unterscheiden, näher *von Bar,* Gemeineuropäisches Sachenrecht II, Rdnr. 7.

[114] Sie sind natürlich längst obsolet: Megarry and Wade (-*Harpum/Bridge/Dixon*), Real Property[7], Rdnrn. 36-001-36-003.

[115] Näher in deutscher Sprache *Rieländer,* Mehrstufige Belastungen I, S. 499, 516.

[116] Wird dagegen gemeinschaftlich sowohl an einen Minderjährigen als auch an einen Volljährigen verfügt, so erwirbt der Volljährige den *legal estate* und hält ihn sowohl für sich als auch für den Minderjährigen als *trustee* (sch. 1 para. 1(2) TLATA 1996).

[117] *Harpum/Bridge/Dixon* a. a. O. Rdnrn. 36-007 und 36-009.

[118] Vorher Rdnr. 56.

[119] *Harpum/Bridge/Dixon* a. a. O. Rdnr. 36-019.

(6) LPA 1925 sind also milder als sie es bei sonst gleicher Rechtslage unter einem kontinentalen System wären. Gleichwohl hat man es mit einem Eingriff in das durch Art. 1 (1) des ersten Zusatzprotokolls zur EMRK auch im Vereinigten Königreich geschützte Eigentumsgrundrecht zu tun. Die Frage ist deshalb, ob das Verhältnismäßigkeitsprinzip gewahrt ist. Das Ziel der Regelung besteht darin, im Interesse einer gesamtwirtschaftlich sinnvollen Ressourcenallokation die Verkehrsfähigkeit von Grundstücksrechten dadurch zu sichern, dass nur volljährige Personen *legal estates in land* halten und veräußern können. So nachvollziehbar das ist, so zweifelhaft ist es jedoch, ob ein dinglich wirkendes gesetzliches Erwerbsverbot wirklich erforderlich ist. Denn es lassen sich mildere Mittel denken, z. B. ein gerichtlicher Zustimmungsvorbehalt. Auch er würde die Leichtigkeit und Sicherheit des Rechtsverkehrs mit Grundstücken zwar beschränken, aber das erscheint hinnehmbar. Allerdings ist zu erwarten, dass ein englisches Gericht, würde ihm jemals ein Gesuch auf Feststellung der Unvereinbarkeit von sec. 1(6) LPA 1925 mit dem HRA 1998 vorgelegt werden, auf die weite Einschätzungsprärogative des Gesetzgebers verweisen würde. Es würde das Gesuch vermutlich mit der Begründung zurückweisen, dass sich der Gesetzgeber ja im Wege praktischer Konkordanz um einen Ausgleich zwischen Verkehrsschutz und Eigentumsgewährleistung bemüht habe. Das Kind habe die Rechte, der *trustee* sei gehalten, sie in seinem Namen auszuüben. Es bleibt indes der Einwand, dass das Kind Rechte eben nur *in equity* hat, und das ist *at law* eine Rechtsfähigkeitsbeschränkung.

Das slowakische und das tschechische Verfassungsgericht haben betont, dass die grund- und menschenrechtliche Garantie der Rechtsfähigkeit nicht zu einer substanzlosen Hülle verkommen dürfe, was immer dann drohe, wenn man die Innehabung von Rechten strikt von ihrer Ausübung trennt.[120] Das ist richtig, weil die Fähigkeit, ein Recht zu „haben", ohne die sie flankierenden rechtlichen Fähigkeiten, dieses Recht zu nutzen und zu verteidigen, hohl bleibt. Die Unterscheidung zwischen der Innehabung und der Ausübung von Rechten hat zwar den Vorzug, dass sich auf ihrer Grundlage ein abgestufter Schutz Dritter ausbilden lässt. Aber ihr wohnt kein Selbstwert inne. Das erklärt, warum sich das Verfassungsrecht gelegentlich deutlich von der privatrechtlichen Terminologie löst.[121] Aus grund- und menschenrechtlicher Sicht kommt es am Ende auf die privatrechtlichen Binnendifferenzierungen gar nicht an, sondern nur darauf, dass die Menschenwürde, die jeweils spezielleren Grundrechte und das Verhältnismäßigkeitsprinzip geachtet bleiben.[122] Die privatrechtliche Unterscheidung zwischen der Rechts-, der Geschäfts- und

---

[120] Oben Fn. 80.
[121] Das lässt sich gut in Portugal beobachten. Dem dortigen CC ist der Begriff der *capacidade civil* (mit einer Ausnahme in Art. 1596 port. CC: die katholische Ehe kann nur von jemandem geschlossen werden, der die zivilrechtlich erforderliche Ehefähigkeit besitzt) fremd; die Verfassung dagegen verwendet ihn gleich in einer ganzen Reihe von wichtigen Grundrechtsgewährleistungen (Fn. 100). *Gomes Canotilho und Vital Moreira*, Constituição da República Portuguesa anotada I⁴, S. 465, Anm. V zu Art. 26 meinten zwar noch, mit der *capacidade civil* sei das Recht gemeint, „Rechtsperson" (*pessoa jurídica*, nicht zu verwechseln mit den juristischen Personen, den *pessoas coletivas*), d. h. Subjekt von Rechtsverhältnissen (*sujeito de relações jurídicas*) zu sein und verwiesen daher auf Art. 67 port. CC (Rechtsfähigkeit; *capacidade jurídica*). Das überzeugt indes nicht recht, weil die Verfassung in ihrer seit 1982 gültigen Fassung (auch Art. 26(4) geht erst auf die seinerzeitige Verfassungsreform zurück) ausdrücklich hervorhebt, dass alle gesetzlichen Einschränkungen der bürgerlichen Geschäftsfähigkeit einen Rechtfertigungsgrund voraussetzen und weder diskriminierend (Art. 13 port. Verf.) noch arbiträr sein dürfen (Art. 18(2) port. Verf.: „Die Rechte, Freiheiten und Garantien können in den in der Verfassung ausdrücklich vorgesehenen Fällen durch Gesetz eingeschränkt werden, wobei solche Einschränkungen sich auf das zur Wahrung anderer verfassungsrechtlich geschützter Rechte oder Interessen Notwendige beschränken müssen". Das spricht mehr dafür, *capacidade civil* als Oberbegriff für Rechts-, Geschäfts- und alle sonstigen Handlungsfähigkeiten zu lesen.
[122] Mit Recht fasst Art. 10 der span. Verf. alle diese Fähigkeiten in einer Grundrechtsgewährleistung zusammen („1. Die Würde des Menschen, die ihm zustehenden unverletzlichen Menschenrechte, die freie Entfaltung der Persönlichkeit, die Achtung des Gesetzes und der Rechte anderer sind Grundlage der politischen Ordnung und des sozialen Friedens. 2. Die auf die in der Verfassung anerkannten Grundrechte und -freiheiten bezüglichen Normen werden in Übereinstimmung mit der Allgemeinen Erklärung der Menschenrechte und den von Spanien ratifizierten internationalen Verträgen und Abkommen über die gleiche Materie ausgelegt"). Im Geist dieser Gewährleistung und unter dem Eindruck der UN-Kinderrechtekonvention hat Spanien z. B. seine traditionelle Regel abgeschafft, unter der ein Kind nach der

der Handlungsfähigkeit ist m. a. W. solange, aber auch nur solange unproblematisch, wie sich mit ihr keine grundrechtlich bedenklichen Folgen verknüpfen; als solche aber rechtfertigt sie verfassungsrechtlich rein gar nichts. Keine Maßnahme, gleich, in welchen Kontext sie das Privatrecht stellt, darf auf den „Rechtstod" eines Menschen hinauslaufen[123], weder *de jure* noch *de facto*. Die Rechtsfähigkeit des Menschen begründet eine Vermutung für seine Handlungs- und Geschäftsfähigkeit.[124] Diese wiederum darf nur aus schwerwiegendem Grund und nur durch Gesetz bzw. aufgrund eines Gesetzes in einer die Würde des Menschen und seine sonstigen Grundrechte beachtenden Weise eingeschränkt und, sobald sie einmal erlangt ist, nur unter noch engeren Voraussetzungen wieder entzogen werden.

2. Sklaverei

62 Eine unmittelbare Folge des Rechts auf Rechtsfähigkeit ist natürlich das uns Heutigen völlig selbstverständlich erscheinende **Verbot der Sklaverei.**[125] Es gehört zum unverzichtbaren Kernbestand aller Menschen- und Grundrechtsgewährleistungen. Rein tatsächlich existiert Sklaverei zwar bis heute; man spricht dann von *modern slavery*. Ihre grausamen Erscheinungsformen müssen aber vor allem mit den Mitteln des Strafrechts bekämpft werden.[126] „Es ist Aufgabe der Republik, die Hindernisse wirtschaftlicher und sozialer Art zu beseitigen, die durch faktische Einschränkung der Freiheit und Gleichheit der Staatsbürger, der vollen Entfaltung der Person und der wirksamen Teilnahme aller arbeitenden Menschen an der politischen, wirtschaftlichen und sozialen Gestaltung des Landes im Wege stehen" (Art. 3(2) ital. Verf.). Insbesondere sind „die Ausnutzung von Minderjährigen, deren Benutzung in Tätigkeiten, die ihrer Gesundheit oder ihrer Moralität schaden würden

---

Vollendung der Geburt mindestens 24 Stunden gelebt haben musste, um Rechtsfähigkeit zu erlangen (oben Rdnr. 13 mit Fn. 43).

[123] So schon slowak. VerfG 28.11.2012 a. a. O. (Rdnr. 53); außerdem (zur rechtlichen Beistandschaft, *Dikastiké Symparástase*) *Panagopoulos*, Digesta 2016 S. 8 sowie *Georgiades* und *Stathopoulos* (-*Koutsourades*), ZGB, Artt. 1666–1668 S. 842–843 Rdnr. 13, der hinzufügt, dass Einschränkungen der Geschäftsfähigkeit nur erlaubt seien, wenn gleichzeitig gewährleistet wird, dass der rechtliche Beistand des Betroffenen für ihn ungehindert Rechtsgeschäfte tätigen könne. Alles andere liefe auf eine *capitis deminutio* hinaus, die gegen Art. 2(1) gr. Verf. (Menschenwürde) verstoßen würde. Zudem ist unverzichtbar, dass der Beistand darauf verpflichtet wird, die Interessen des Betroffenen wahrzunehmen.

[124] Überzeugend (wenn auch natürlich noch zum alten Recht) *Díez-Picazo und Gullón,* Sistema de Derecho Civil I[12], S. 202 (Die Vermutung der vollständigen Geschäftsfähigkeit habe ihren Grund in dem verfassungsrechtlichen Schutz der freien Entfaltung der Persönlichkeit. Alle Einschränkungen müssten durch Gesetz oder Urteil ausdrücklich festgestellt sein; im Zweifelsfall seien sie, worauf schon TS 6.7.1987, RAJ 1987 Nr. 5180 S. 4939 hingewiesen hatte, eng auszulegen. Das spanische Recht anerkenne ohnehin nur zwei Einschränkungen der Geschäftsfähigkeit, nämlich die Minderjährigkeit und die fehlende Befähigung einer Person, ihr Vermögen selbst zu verwalten. Daraus resultierten die Zivilstände der Minderjährigkeit und der Unfähigkeit *(incapacitación)*.

[125] Man kann freilich leicht übersehen, dass Preußisches ALR in Teil II, Titel 5 § 198 vorgesehen hatte, dass „Fremde, die sich nur eine Zeitlang in Königlichen Landen befinden, … ihre Rechte über die mitgebrachten Sklaven" behalten. Das soll (ein Primärnachweis hat sich nicht finden lassen) noch im Jahre 1854 das Stadtgericht Berlin in dem Rechtsstreit Marcellino gegen Dr. Ritter dazu veranlasst haben, gegen einen Sklaven zu entscheiden. Sklaven wurden bei Betreten preußischen Bodens erst im Jahre 1857 frei (*Stammler,* Deutsches Rechtsleben in alter und neuer Zeit II, S. 265).

[126] Dazu eindrücklich ECHR 26.10.2005, 73316/01, *Siliadin vs France,* NJW 2007 S. 41. Die Beschwerdeführerin, eine Minderjährige aus Togo, die in Frankreich von ihrem Arbeitgeber auf übelste Weise ausgebeutet und unter Wegnahme ihres Passes wie eine Sklavin behandelt worden war, hatte Klage darüber geführt, dass ihr das französische Strafrecht keinen ausreichenden Schutz gewährte. Der Gerichtshof entschied, dass es sich nicht um Sklaverei i. S. v. Art. 4(1) EMRK, sondern um Zwangsarbeit i. S. v. Art. 4(2) EMRK und um Leibeigenschaft gehandelt habe. Frankreich habe Art. 4 EMRK verletzt, weil es den Arbeitgeber nicht bestraft hatte. Der EGMR verweist mehrfach auf das Genfer Übereinkommen vom 25.9.1926 über die Sklaverei i. d. F. des New Yorker Änderungsprotokolls vom 7.12.1953 (UNTS 212 S. 17, dt. BGBl. 1972 II S. 1473) und das Zusatzabkommen vom 7.9.1956 über die Abschaffung der Sklaverei, des Sklavenhandels und sklavereiähnlicher Einrichtungen und Praktiken (UNTS 266 S. 3, dt. BGBl. 1958 II S. 203).

oder welche ihr Leben oder ihre normale Entwicklung gefährden würden, … verboten" (Art. 49(3) rumän. Verf.). Aus der Sicht des Privatrechts geht es um Würdeverletzungen. Sie können nicht Gegenstand eines (wirksamen) Vertrages sein. Zur Realisierung von außervertraglichen Schadensersatz- und Bereicherungsansprüchen kommt es darauf an, den Opfern bessere Klagemöglichkeiten gegen Großunternehmen zu geben, die ihre Subunternehmen in Niedriglohnländern nicht angemessen kontrollieren[127], außerdem darauf, den Ausgebeuteten zügige und wirksame Prozesskostenhilfe zu gewähren.[128]

3. Verheiratete Frauen und Kinder

63 Es ist schon peinlich genug, im Kontext der Rechtssubjektivität überhaupt eine Überschrift „Frauen" einzuziehen. Aber man versteht modernes Menschenrecht nur, wenn man sich des Umstandes erinnert, dass die **Rechtssubjektivität der verheirateten Frau** bis in die Neuzeit hinein in geradezu dramatischer Weise eingeschränkt war.

In *William Blackstones* Commentaries liest man im Jahre 1765: „By marriage, the husband and wife are one person in law: that is, the very being or legal existence of the woman is suspended during the marriage, or at least is incorporated and consolidated into that of the husband; under whose wing, protection, and cover, she performs every thing; and is therefore called in our law-French a feme-covert, foemina viro co-operta; is said to be covert-baron, or under the protection and influence of her husband, her baron, or lord; and her condition during her marriage is called her coverture. Upon this principle, of a union of person in husband and wife, depend almost all the legal rights, duties, and disabilities, that either of them acquire by the marriage. I speak not at present of the rights of property, but of such as are merely personal. For this reason, a man cannot grant anything to his wife, or enter into covenant with her: for the grant would be to suppose her separate existence; and to covenant with her, would be only to covenant with himself: and therefore it is also generally true, that all compacts made between husband and wife, when single, are voided by the intermarriage. (…) But though our law in general considers man and wife as one person, yet there are some instances in which she is separately considered; as inferior to him, and acting by his compulsion. And therefore any deeds executed, and acts done, by her, during her coverture, are void; except it be a fine, or the like manner of record, in which case she must be solely and secretly examined, to learn if her act be voluntary. She cannot by will devise lands to her husband, unless under special circumstances; for at the time of making it she is supposed to be under his coercion".[129]

64 Zu welchen absurden Folgen das führen konnte, zeigt u. a. die offenbar bis zum Beginn des 20. Jahrhunderts in „unteren Bevölkerungsschichten" geübte Praxis, die eigene Ehefrau und manchmal auch ihre Kinder höchstbietend auf einem Markt zu „versteigern". Damit sollte, wenn auch ohne jede Grundlage im geltenden Recht und vielfach wohl im Ein-

---

[127] Frankreich hat dazu mit Gesetz Nr. 2017-399 vom 27.3.2017 relative au devoir de vigilance des sociétés mères et des entreprises donneuses d'ordre (der sog. *loi de vigilance*) einen bedeutenden Schritt unternommen; näher *Nasse*, ZEuP 2019 S. 773–801. Zur Haftung österreichischer Unternehmen für Menschenrechtsverletzungen in Lieferketten näher *Murko*, ÖJZ 2022 S. 877. Die deutsche Rechtslage ist weiterhin unbefriedigend, weil § 3(3) Satz 1 dt. Lieferkettensorgfaltspflichtengesetz zivilrechtliche Schadensersatzansprüche für Verletzungen dieser spezifischen Sorgfaltspflichten ausdrücklich ausschließt und es deshalb bei den allgemeinen haftungsrechtlichen Regeln verblieben ist (näher Wagner/Ruttloff/Wagner [-*S. Wagner*], Lieferkettensorgfaltspflichtengeset, Rdnr. 1796). Neue Entwicklungen verspricht der Vorschlag der Europäischen Kommission vom 23.2.2022 für eine Richtlinie des Europäischen Parlaments und des Rates über die Sorgfaltspflichten von Unternehmen im Hinblick auf Nachhaltigkeit und zur Änderung der Richtlinie 2019/1937/EU, COM(2022) 71 (final). Art. 22(1) verpflichtet die Mitgliedstaaten zur Einrichtung eines zivilrechtlichen Haftungsregimes aus widerleglich vermuteter Sorgfaltspflichtverletzung.
[128] Einige der wenigen gesetzlichen Bestimmungen, die sich ausdrücklich mit diesem Punkt befassen, ist sec. 47 des UK Modern Slavery Act 2015. Die Vorschrift führte zu para. 32A schedule 1 to the Legal Aid, Sentencing and Punishment of Offenders Act 2012.
[129] Vol. 1 S. 442. Die Absurdität der Position des englischen Rechts des 18. Jahrhunderts hat der irische Schriftsteller *Richard Steele* (1672–1729) in einer „Definition der Frau" zusammengefasst: „A woman is a daughter, a sister, a wife and a mother, a mere appendage of the human race" (hier zit. nach *Zemon Davis und Farge*, A History of Women in the West. III. Renaissance and Enlightenment Paradoxes, S. 15).

vernehmen aller Beteiligten, das strenge Scheidungsrecht der Zeit umgangen werden.[130] Eine Ehefrau konnte ihrem Mann gegenüber nicht in Notwehr handeln; tötete sie ihn, war das (sprachlich angelehnt an den *high treason*, Hochverrat) *petty treason*, der „kleine Verrat" durch eine in einem Unterwürfigkeitsverhältnis stehende Person.[131] Noch im Jahre 1929 musste sich der Londoner Privy Council mit der Frage befassen, ob Frauen i. S. d. kanadischen Wahlgesetzgebung „Personen" waren, die in den Senat gewählt werden konnten.[132] Die Vorstellung, dass die Person der Ehefrau sozusagen in der Person ihres Mannes „verschwand", hat auch andernorts lange nachgewirkt. In Schweden und Finnland stand die verheiratete Frau bis Mitte 1920 (in Altehen sogar bis 1950) unter der Vormundschaft ihres Mannes[133], war oberflächlich betrachtet also zwar „nur" in ihrer Geschäftsfähigkeit beschränkt, in der Substanz aber auch in ihrer Rechtsfähigkeit beeinträchtigt. In Italien führte das Rechtsinstitut der „eherechtlichen Genehmigung" *(autorizzazione maritale)* unter dem CC von 1865 zu demselben Ergebnis. Ohne Genehmigung ihres Mannes war die verheiratete Frau unfähig, Rechtshandlungen vorzunehmen, wenn auch die Genehmigung widerleglich vermutet wurde.[134] Volle Handlungsfähigkeit erlangte die verheiratete Frau erst im Jahre 1919.[135] In England hat sich die Vorstellung, dass eine Ehefrau von Rechts wegen das *domicile* ihres Mannes teilt, bis in die Zeit nach dem Zweiten Weltkrieg erhalten; das *dependent domicile* der Frau wurde erst im Jahre 1973 zum 1.1.1974 abgeschafft.[136] Bis heute wirkt die ehemalige Rechtsfähigkeitsbeschränkung der Ehefrau in einigen Staaten der USA in dem *tort of alienation of affections* fort. Unter ihm kann ein Mann auf Schadensersatz verklagt werden, der mit der Ehefrau des Klägers Geschlechtsverkehr hatte. Diese Regeln haben ihren Ursprung in dem (diesmal dem alten englischen Recht aber oft zu Unrecht zugeschriebenen[137]) Gedanken, dass die Ehefrau zum Besitz, geradezu zum Eigen-

---

[130] Näher *Bryce,* Studies in history and jurisprudence. Vol. II (1901) S. 819 (es habe dafür zwar keine rechtliche Grundlage gegeben, aber „everybody has heard of the odd habit of selling a wife, which still occasionally recurs among the humbler classes in England").

[131] *Petty treason* wurde erst durch den Offences Against the Person (England) Act 1828 (9 Geo. IV. c. 31) abgeschafft. Näher *Lockwood,* Journal of Legal History 34 (2013) S. 31–49.

[132] *Edwards v Canada (Attorney General)* [1930] A. C. 124; [1930] 1 DLR 98, 99 und 113 („Their Lordships are of opinion that the word 'persons' in s. 24 does include women, and that women are eligible to be summoned to and become members of the Senate of Canada").

[133] Die *Edusmiehyys* (Finnland) bzw. *Målsmanskap* (Schweden) des Ehemannes endete erst mit Einführung des Ehegesetzbuches (Giftermålsbalk) vom 11.6.1920 (1920:405). Für Ehen, die vor dem Jahre 1921 geschlossen worden waren, blieb die Vormundschaft des Mannes unter § 15 Giftermålsbalk 1920 bis 1950 bestehen. Näher *Niskanen,* in: Melby/Pylkkänen/Rosenbeck/Carlsson Wetterberg (Hrsg.), The Nordic Model of Marriage and the Welfare State, S. 69.

[134] Näher *Fioravanzo,* Sull'autorizzazione maritale: ricerche intorno alla condizione giuridica della donna nell'Italia unita, passim, und *Scialoja,* Studi giuridici III, S. 132–136.

[135] Durch das Gesetz vom 17.7.1919, Nr. 1176, Norme circa la capacità giuridica della donna. Es sah in Art. 8 zusätzlich vor, dass „Handlungen, die die verheiratete Frau vor dem Tag des Inkrafttretens dieses Gesetzes vorgenommen hat, nicht mangels ehelicher oder gerichtlicher Genehmigung angefochten werden können, wenn die entsprechende Klage nicht vor diesem Tag erhoben wurde" (näher *Guida,* Rivista internazionale di scienze sociali e discipline ausiliarie, 85 [1920] S. 260).

[136] Nämlich durch sec. 1(1) Domicile and Matrimonial Proceedings Act 1973. Das abhängige *domicile* der Ehefrau hatte seine Grundlage im Common Law, wo es auf dem Gedanken der rechtlichen Einheit von Mann und Frau beruhte. Auf diese Weise konnte eine Frau rechtlich in Queensland domiziliert sein (wohin ihr Ehemann ausgewandert war und wo er noch dazu eine bigamische Ehe eingegangen war), obwohl sie selbst nie nach Australien gereist war (*Lord Advocate v Jaffery* [1921] 1 AC 146). Im deutschen Recht spielt der Wohnsitz eine ganz andere Rolle als das *domicile* des englischen Rechts. Aber es ist nicht zu übersehen, dass auch § 10 dt. BGB in seiner ursprünglichen Fassung mit dem (freilich schon damals ein wenig „abgemilderten") Konzept des abhängigen Wohnsitzes operierte („(1) Die Ehefrau theilt den Wohnsitz des Ehemanns. Sie theilt den Wohnsitz nicht, wenn der Mann seinen Wohnsitz im Ausland an einem Orte begründet, an den die Frau ihm nicht folgt und zu folgen nicht verpflichtet ist. (2) Solange der Mann keinen Wohnsitz hat oder die Frau seinen Wohnsitz nicht theilt, kann die Frau selbständig einen Wohnsitz haben").

[137] Lord Denning in *Gottlieb v Gleiser* [1958] 1 Q. B. 267, 268: „In most of the States of the United States of America [das sind derzeit noch North Carolina, Hawaii, Mississippi, New Mexico, South Dakota und Utah: https://nypost.com/2019/10/03/north-carolina-man-wins-750000-in-suit-against-his-ex-wifes-lover/] they allow an action to be brought for what is called „alienation of affections". We know no such

tum des Ehemannes gehöre.[138] Im griechischen Thrakien wurde die muslimische Minderheit bis in die neueste Zeit hinein gezwungen, ihre ehe-, scheidungs- und erbrechtlichen Streitigkeiten mit allen damit für die Ehefrauen verbundenen Ungleichbehandlungen vor den Scharia-Gerichten auszutragen. Der EGMR hat das erst im Jahre 2018 als menschenrechtswidrige Diskriminierung qualifiziert.[139]

Rechtsfähigkeit kommt selbstverständlich auch **Kindern** zu. Von dem Sonderproblem des englischen Rechts, das Minderjährigen den Zugang zum Immobiliarsachenrecht versperrt, war schon die Rede.[140] Im übrigen Europa gibt es umfassende Rechtsfähigkeitsbeschränkungen nur noch bei zwar lebend, aber **nicht lebensfähig geborenen** Kindern. Alle anderen Kinder können Träger aller subjektiven Privatrechte sein; Letztere müssen aber natürlich durch andere, die dazu vom oder aufgrund eines Gesetzes ermächtigt sind, ausgeübt werden. Nicht lebensfähig geborenen Kindern spricht, wie ebenfalls bereits dargelegt, das französische Recht die Fähigkeit ab, durch Schenkung oder von Todes wegen zu erwerben.[141] Rechtsprechung, die den Begriff der Lebensfähigkeit näher definiert, scheint es nicht zu geben. Man wird aber kaum noch sagen können, dass ein Kind dann nicht lebensfähig ist, wenn es ein lebenswichtiges Organ oder eine zu seiner Steuerung unverzichtbare Gehirnfunktion nicht ausgebildet hat. Eine darauf aufbauende Rechtsfähigkeitsbeschränkung wäre unter den Bedingungen der modernen Intensivmedizin nicht mehr zu rechtfertigen.[142] Nicht lebens- und damit weithin nicht rechtsfähig wäre dann schon ein Kind, das infolge einer Unterbrechung der Sauerstoffzufuhr unter der Geburt eine irreversible Schädigung des zerebralen Atem- oder Schluckzentrums erlitten hat. Solche Kinder können aber mit der Hilfe von Maschinen wochenlang am Leben erhalten werden. Der Grundrechtsschutz des Neugeborenen verlangt jedenfalls eine deutlich restriktivere Auslegung des Begriffs der Lebensfähigkeit.[143] Selbst dann bleibt allerdings frag-

---

action in this country, nor is it to be desired. If a husband is to keep the affection of his wife he must do it by the kindness and consideration which he himself shows to her. He must put his faith in her, trusting that she will be strong enough to thrust away both the possessiveness of her parents and the designs of would-be lovers. If she is weak and false to her trust, the harm done cannot be righted by recourse to law; nor is money any compensation. The only thing for the husband to do is to set to work as best he can to mend his broken life, a task in which these courts cannot help him".

[138] Siehe dazu schon oben Rdnr. 17. Genau aus diesem Grund hat der Supreme Court of Louisiana in *Moulin v. Montelone* 165 La. 169, 176; 115 So. 447 (und unter Hinweis auf Art. 2315 des Louisiana CC) den *tort of alienation of affection* für den Bundesstaat Louisiana verworfen („At common law, the right of action for damages for alienation of a wife's affections is in some measure based upon the same obsolete idea that the wife is one of the husband's chattels, and that her companionship, her services and her affections are his property, for the loss of which, by wrongful inducement on the part of another man, the husband ought to be compensated with money. 3 Blackstone, p. 143, explains that that is why, at common law, the wife has no such right of action for alienation of the affections of her husband, viz.... It is just as true that a man can have no kind of property in the company, care or assistance of one who is, in every sense, his equal in the eyes of the law").

[139] EGMR 19.12.2018, 20452/14, *Molla Salia v. Greece*. Der griechische Gesetzgeber hatte auf dieses Verfahren allerdings schon vor seinem Abschluss mit Gesetz vom 15.1.2018 reagiert. Das Verfahren vor den Scharia-Gerichten ist seither optional.

[140] Vorher Rdnr. 60.

[141] Oben Rdnr. 13 mit Fn. 41.

[142] Auch im französischen Schrifttum unterliegt die Regelung zu den lebend, aber nicht lebensfähig geborenen Kindern heute erheblicher Kritik. Es ist nicht nur nicht abschließend geklärt, was die fehlende *viabilité* rechtlich genau bewirkt, vielmehr steht die Unschärfe des Begriffs auch in einem bedrückenden Missverhältnis zu den tatsächlich dramatischen Rechtsfähigkeitseinschränkungen (um die es sich richtiger Ansicht nach handelt) (*Philippe*, D. 1999 Chron. S. 29: „Si la vie est relativement aisée à constater il n'en va pas de même de la viabilité; pour cette seule raison faire produire des effets juridiques à une notion au contenu aussi incertain paraît peu judicieux. Plus grave encore, aucune considération d'ordre juridique ne justifie que l'on refuse la personnalité juridique... à l'enfant né vivant mais non viable").

[143] Man könnte vielleicht, wenn man überhaupt an dem Kriterium der Lebensfähigkeit festhalten will, mit einer auf einer Empfehlung der Weltgesundheitsorganisation beruhenden *Circulaire du Ministère de la Santé* vom 22.7.1993 (zu beiden – kritisch – *Philippe* a. a. O.) unter Ausschluss aller anderen Kriterien darauf abstellen, dass die Menstruation weniger als 22 Wochen ausgeblieben ist (Amenorrhoe) und das Kind das Mindestgewicht von 500 Gramm nicht erreicht hat.

lich, ob der erbrechtliche Hintergrund der entsprechenden Regeln[144] (das Kind wird so angesehen, als ob es nie geboren wäre; es hat deshalb keinen Einfluss auf die Erbfolge) ein grundrechtlich akzeptabler Rechtfertigungsgrund für die Rechtsfähigkeitsbeschränkung eines (wenn auch nur kurz) lebenden Kindes ist. In den meisten Fällen hat die Frage zwar keine praktische Bedeutung, weil das Vermögen, auch wenn das schwerstbehinderte Kind als rechtsfähig angesehen würde, ohnehin an die Eltern zurückfällt. Wenn allerdings ein Elternteil im Zeitpunkt des Todes des Kindes bereits vorverstorben ist (z. B. die Mutter unter der Geburt), dann kann es in den Beziehungen zwischen dem überlebenden Elternteil und den Geschwistern des kranken Babys durchaus auf dessen selbständige Erbfähigkeit ankommen. Außerdem spielt sie eine Rolle, wenn das Kind (z.B.) von der zwischenzeitlich verstorbenen Großmutter schon zu einer Zeit bedacht worden ist, als es entweder noch gar nicht gezeugt oder jedenfalls noch nicht geboren war. Das ihm zugedachte Vermögen würde den Erben des jeweiligen Großelternteils zufallen, nicht den Erben des Babys. Vermögensinteressen Dritter sind indes ein grundrechtlich denkbar schwacher Rechtfertigungsgrund für eine derart substanzielle Rechtsfähigkeitsbeschränkung. Das eine hat mit dem anderen nichts zu tun. Denn auch eine noch so schwere körperliche Behinderung eines Neugeborenen erklärt nicht, warum statt des einen Verwandten ein anderer von einem Vermögenszuwachs profitieren sollte.

4. Ungeborene Kinder

66 Das **Kind im Mutterleib** (der *Nasciturus*) mag – diese Ansicht muss man nicht teilen – im verfassungsrechtlichen Sinn schon „Mensch" (und nicht nur ein „werdender Mensch") sein[145] und deshalb ab der Nidation bereits einzelne (aber natürlich nicht alle) Grundrechte innehaben, z. B. das im Kontext des Schwangerschaftsabbruchs mit dem Selbstbestimmungsrecht der Mutter kollidierende Recht auf Leben. Für das Privatrecht gilt Vergleichbares jedoch nicht; die Fähigkeit, aus dem Privatrecht verpflichtet werden zu können und Träger seiner subjektiven Rechte zu sein, beginnt erst mit der Vollendung der Geburt.[146] Ein „lebender Nasciturus" ist aus der Sicht des Privatrechts noch nicht rechtsfähig. Er wird es ausnahmslos erst, wenn er lebend geboren wurde[147], mag er zu

---

[144] Art. 23(2) lit. c der EuErbVO qualifiziert deshalb die „Erbfähigkeit" für die Zwecke des Internationalen Privatrechts gleich als ein Stück Erb- und nicht als ein Stück Personenrecht.
[145] So dt. BVerfG 28.5.1993, NJW 1993, S. 1751, 1753 (oben Fn. 84) und ungar. VerfG 17.12.1991, 64/1991, ABH 1991 S. 297, eine Entscheidung, auf die in der Sache Art. 2 ungar. Verfassung Bezug nimmt („Die Würde des Menschen ist unantastbar. Jeder Mensch hat das Recht auf Leben und auf Menschenwürde, wobei das ungeborene Leben von der Empfängnis an unter Schutz steht"). Siehe auch *Naffine*, Australian Journal of Legal Philosophy 2010 S. 111 („For example, it is often asked whether the foetus has the right characteristics to be thought of as a legal person. ... When engaged in this matching exercise, judges and law makers seem to draw from a particular repertoire of persons. This includes the person as natural human being (a biological species use), the person as moral agent (a philosophical use) and the person as sacred being (a religious usage). Thus foetuses may be regarded as little souls, as undeveloped humans, as future reasoners or as potential rights holders – say as beneficiaries of wills").
[146] Zum Begriff der „Vollendung der Geburt" (vollständiger Austritt aus dem Mutterleib) näher unten Rdnr. 193. Bemerkenswert ist, dass Straf- und Privatrecht in dieser Frage voneinander abweichen können. Unter deutschem Recht ist z. B. die „Leibesfrucht" Angriffsobjekt einer strafbaren Abtreibung. Eine Leibesfrucht entsteht mit der Einnistung des befruchteten Eis in der Gebärmutter (Nidation; § 218(1) Satz 2 dt. StGB) und endet mit dem Beginn der Geburt, der seinerseits auf den Zeitpunkt des Einsetzens der Eröffnungswehen fixiert wird (MünchKomm [-*Gropp*], StGB³, § 218 Rdnr. 5). Ab dem Einsetzen der Eröffnungswehen handelt es sich strafrechtlich um einen Menschen, an dem Tötungsdelikte (§§ 212 ff dt. StGB) verübt werden können (BGH 7.12.1983, NJW 1984 S. 674). Bei einem Kaiserschnitt beginnt das Menschsein mit der Öffnung des Uterus (*Rengier*, Strafrecht BT II²¹, § 3 Rdnr. 3). Der Begriff der „Leibesfrucht" wird allerdings kritisiert. *Gropp* plädiert a. a. O. dafür, von einem „ungeborenen Menschen" zu sprechen, da der Begriff „Frucht" den Eindruck erwecke, ein ungeborener Mensch sei von Natur aus etwas anderes, als ein geborener Mensch. Das dt. BGB hat den Begriff der „Leibesfrucht" inzwischen durch das „bereits gezeugte Kind" ersetzt.
[147] „There is an ancient (but still sound and relevant) doctrine in the civilian systems summed in the brocard, *„nasciturus pro iam nato habeetur quamdiu agitur de eius commodo"*. This means that „one who is about to be

II. Die Gewährleistung der Rechtssubjektivität §2

seinem Vorteil ab diesem Zeitpunkt in mancher Beziehung auch so angesehen werden, als wäre er schon früher lebend geboren worden. Wo man in Europa überhaupt mit dem Konzept der Rechtsfähigkeit arbeitet, ist beides anerkannten Rechts.[148] Erst ab der Geburt gibt es (mit Mutter und Kind) *zwei* Personen; bis dahin, je nach Sichtweise, zwar zwei Menschen, aber nur *eine* Person, nämlich die Mutter. Das ist auch verfassungsrechtlich unbedenklich. Denn ein Nasciturus kann noch nicht in einer für die Zuordnung von Privatrechten zureichenden Weise als selbständiger Träger von Rechten (und schon gar nicht von Pflichten[149]) identifiziert werden, trägt keinen Namen, hat kein sicher fixierbares Alter, kann nicht Vertragspartner[150], Gläubiger[151], Schuldner oder Eigentümer sein,

---

born is to be treated as already born whenever that is to her or his advantage" (*MacCormick,* Institutions of Law, S. 79).

[148] Art. 1 des bulgar. Gesetzes über die Personen und die Familie; § 91(1) dän. Arveloven (Erbfähigkeit des *nasciturus* unter der Voraussetzung, dass er lebend geboren wurde); § 1923(2) dt. BGB („Wer zur Zeit des Erbfalls noch nicht lebte, aber bereits gezeugt war, gilt als vor dem Erbfall geboren"; diese Erbfähigkeit setzt aber Lebendgeburt voraus, weil es sonst unter § 1 dt. BGB an Rechtsfähigkeit fehlt); § 7(3) estn. AT ZGB („In the cases provided by law, a nasciturus has passive legal capacity from conception if the child is born alive"); Kap. 1 § 1 finn. Perintökaari (gezeugte Kinder sind erbfähig, falls sie lebend geboren werden): Art. 906(3) franz. CC („Néanmoins, la donation ou le testament n'auront leur effet qu'autant que l'enfant sera né viable"); Artt. 35 und 36 gr. ZGB („Eine Person beginnt mit dem Zeitpunkt zu existieren, in dem sie lebend geboren wurde, und endet mit ihrem Tode". „Der Erzeugte gilt in Ansehung der ihm zufallenden Rechte als geboren, wenn er lebend geboren wird"); Art. 1 ital. CC („Die Rechtsfähigkeit wird zum Zeitpunkt der Geburt erworben. Die Rechte, die das Gesetz dem bereits empfangenen Kind zuerkennt, hängen von der tatsächlichen Geburt ab") i. V. m. Art. 462 ital. CC („Erbfähig sind alle, die im Zeitpunkt der Eröffnung der Erbfolge geboren oder empfangen sind"); Art. 1:2 ndl. BW („If it is in the interest of the child of whom the woman is pregnant, it will be regarded as already born. If it is born dead, it is considered never to have existed at all"); § 22 österr. ABGB („Selbst ungeborne Kinder haben von dem Zeitpunkt ihrer Empfängnis an einen Anspruch auf Schutz der Gesetze. Insoweit es um ihre und nicht um die Rechte eines Dritten zu tun ist, werden sie als Geborne angesehen; ein totgebornes Kind aber wird in Rücksicht auf die ihm für den Lebensfall vorbehaltenen Rechte so betrachtet, als wäre es nie empfangen worden"); Art. 8 § 1 i. V. m. Art. 927 § 2 poln. ZGB (Erwerb der Rechtsfähigkeit mit der Geburt, ein im Zeitpunkt des Erbfalls schon gezeugtes Kind kann Erbe sein, wenn es lebend geboren wird); Art. 66(2) port. CC („Die Rechte, die das Gesetz den noch nicht Geborenen zuerkennt, hängen von ihrer Geburt ab"); Artt. 36 („Die Rechte des Kindes sind von seiner Empfängnis anerkannt, aber nur, wenn es lebend geboren wird. Die Vorschriften des Art. 412 bezüglich der gesetzlichen Empfängniszeit sind anwendbar"); Art. 957(1) rumän. CC („Eine Person kann erben, wenn sie zur Zeit des Erbfalls existiert. Die Bestimmungen der Art. 36, 53 und 208 sind anwendbar"); Kap. 1 § 1 schwed. Ärvdabalk (gezeugte Kinder können testamentarisch unter der Bedingung erben, dass sie lebend geboren werden); § 7(1) slowak. ZGB („Die Rechtsfähigkeit einer natürlichen Person entsteht mit ihrer Geburt. Diese Fähigkeit hat auch ein gezeugtes Kind, wenn es lebend geboren wird"); Art. 29 („Die Geburt hat die Rechtsfähigkeit zur Folge; aber die Leibesfrucht gilt hinsichtlich aller für sie vorteilhaften Rechtsfolgen als geboren, sofern sie unter den Voraussetzungen geboren wird, die der folgende Artikel nennt") i. V. m. Art. 30 span. CC („Die Rechtspersönlichkeit wird im Zeitpunkt der lebendigen Geburt erworben, sobald die vollständige Trennung vom Mutterbauch vollzogen ist"); § 25 tschech. BGB („Ein gezeugtes Kind ist als bereits geboren anzusehen, wenn dies dem Kindeswohl entspricht. Es wird vermutet, dass das Kind lebend geboren wurde. Wird das Kind jedoch nicht lebend geboren, so ist es so anzusehen, als wäre es nie gewesen") und § 2:2(1) ungar. ZGB („Die Rechtsfähigkeit steht dem Menschen, wenn er lebend geboren wird, vom Zeitpunkt der Empfängnis an zu").

[149] Das bringen auch die meisten der in Fn. 148 zitierten Vorschriften deutlich zum Ausdruck, und zwar dadurch, dass sie nur von den Rechten des Ungeborenen handeln, mithin Rechte Dritter *gegen* den Nasciturus (explizit oder implizit) ausschließen. Mit Art. 1114(2) rumän. CC hat der Gesetzgeber gemeint, das Prinzip des *infans conceptus pro nato habentur quoties de commodis eius agitur* dadurch absichern zu müssen, dass „die gesetzlichen Erben und die universellen Vermächtnisnehmer oder die Vermächtnisnehmer eines Bruchteils des Vermögens entsprechend ihrem jeweiligen Anteil ... nur mit den Gegenständen des Nachlasses verantwortlich" sind. Genau besehen hat das eine mit dem anderen freilich nichts zu tun. Denn eine Haftungsbeschränkung kann ihrer Natur nach nur eine Person, also ein lebend geborenes Kind, schützen.

[150] Anders zu Unrecht OLG Celle 15.12.1954, VersR 1955 S. 408 mit zust. Anm. *Weimar,* Ein Nasciturus mag in den Schutzbereich eines mit seiner Mutter geschlossenen Vertrages einbezogen sein, aber das ändert an der Grundregel nichts, weil das Kind die daraus erwachsenden Ansprüche wiederum erst mit Vollendung seiner Geburt erwerben und geltend machen kann.

[151] Nur scheinbar anders tschechoslowakisches OG 26.5.1933, in: Vážný (Hrsg.), Rozhodnutí nejvyššího soudu československé republiky ve věcech občanských, Bd. 15, Nr. 12640, S. 685 („Ein noch nicht

hat noch keine vertretungsberechtigten Eltern[152], Vormünder oder Pfleger[153], kann nicht erben[154] oder ein Recht auf Schadensersatz geltend machen. Kommt es durch einen Unfall zu einer Tötung der Leibesfrucht, steht der Schadensersatzanspruch der an *ihrem* Körper verletzten Mutter zu, nicht dem Kind.[155] Eine andere Regelung wäre privatrechtlich gar nicht möglich, weil Mutter und Nasciturus eine Einheit bilden. Hielte man ein Kind im Mutterleib bereits für rechtsfähig, würde das zu privatrechtlich nicht mehr beherrschbaren Folgen führen.

67 Entgegen einer weit verbreiteten Auffassung ist ein Kind im Mutterleib auch **nicht** schon **teilrechtsfähig.** Auch ist ein Kind im Mutterleib, umgekehrt formuliert, nicht etwa in seiner Rechtsfähigkeit beschränkt. Denn rechtsfähig ist nur, wer lebend geboren wird. Ein Kind, das nicht lebend zur Welt kommt, war in der Wahrnehmung des Privatrechts nie rechtsfähig. Es war Mensch, hatte aber nie eine Person. Das schließt natürlich nicht aus, dass das Privatrecht dem lebend geborenen Kind im Zeitpunkt seiner Geburt Rechte zuordnet, deren Entstehungsgrund in eine frühere Zeit fällt, auch übrigens in eine Zeit vor der

---

geborenes, aber bereits gezeugtes Kind, wird für als geboren angesehen, wenn es seine eigenen Rechte betrifft. Ein Kind, das zum Zeitpunkt des Todes seines unehelichen Vaters bereits gezeugt war, gehört zu den Personen, für welche der Getötete – angenommen, er war Vater des Kindes – nach dem Gesetz sorgen sollte […] und welchen das ersetzt werden muss, was ihnen durch den Tod des Ernährers an gesetzlichem Unterhalt entging. Vom [Gesetz] wird nicht verlangt, dass der Getötete zum Zeitpunkt seines Todes den Unterhalt tatsächlich leistete"). Unterhaltsberechtigt ist also nur das lebend geborene Kind, nicht schon der Nasciturus, und der Unterhaltsersatzanspruch entsteht auch nicht rückwirkend ab dem Zeitpunkt der Tötung des Vaters, sondern erst im Zeitpunkt der Geburt des Kindes.

[152] Es ist deshalb völlig konsequent, wenn in der griechischen Rechtslehre gesagt wird, dass eine Schenkung an einen Nasciturus vor seiner Geburt nicht möglich sei. Denn diejenigen, die seine Interessen wahrnehmen, hätten gerade keine gesetzliche Vertretungsmacht (*Triantos,* AK, Art. 36 gr. ZGB, S. 52 Rdnr. 4; Georgiades und Stathopoulos [-*Karakatsanis*], AK I, Art. 36 gr. ZGB S. 67–68 Rdnr. 11). Art. 320 ital. CC allerdings formuliert: „Die geborenen und ungeborenen Kinder werden bei allen zivilrechtlichen Handlungen bis Erreichen der Volljährigkeit oder bis zur Entlassung aus der elterlichen Verantwortung von den Eltern gemeinsam oder vom Elternteil vertreten, der die elterliche Verantwortung allein ausübt; in dieser Zeit verwalten die Eltern beziehungsweise verwaltet der Elternteil auch das Vermögen der Kinder. Jeder Elternteil kann allein Rechtshandlungen der ordentlichen Verwaltung vornehmen, nicht jedoch Verträge schließen, durch welche persönliche Nutzungsrechte eingeräumt oder erworben werden". Und aus Art. 784 ital. CC ergibt sich: „Die Schenkung kann auch zugunsten eines erst empfangenen Kindes oder zugunsten der noch nicht einmal empfangenen Kinder einer bestimmten, zum Zeitpunkt der Schenkung lebenden Person vorgenommen werden. Die Annahme der Schenkung zugunsten ungeborener Kinder, selbst wenn sie noch nicht empfangen worden sind, wird durch die Bestimmung der Artikel 320 und 321 geregelt".

[153] Unter § 1912(1) dt. BGB erhält zwar „eine Leibesfrucht … zur Wahrnehmung ihrer künftigen Rechte, soweit diese der Fürsorge bedürfen, einen Pfleger" (§ 1810 Satz 1 n. F. ersetzt den Begriff der „Leibesfrucht" durch den des „bereits gezeugten Kindes"), und unter § 1912(2) dt. BGB steht „die Fürsorge … den Eltern insoweit zu, als ihnen die elterliche Sorge zustünde, wenn das Kind bereits geboren wäre". (§ 1912(2) hat keinen Eingang in die Neufassung des Gesetzes ab 1.1.2023 gefunden; eine inhaltliche Änderung dürfte damit aber nicht bezweckt sein). Aber das ist, da es immer um die zukünftigen Rechte bzw. um den Vergleich mit der erst nach der Lebendgeburt des Kindes eintretenden elterlichen Sorge geht, gerade keine vertretungsrechtliche Regelung. Man kann nicht „im Namen" eines Kindes handeln, das eine bestimmte Mutter unter ihrem Herzen trägt. Es ist auch möglich, als Vormund (§ 2:3 ungar. ZGB) und im Namen eines Nasciturus gegen die Mutter vorzugehen, die einen Schwangerschaftsabbruch anstrebt (Komitatsgericht Bács-Kiskun, Pf. 20.532/1998, BH1998 S. 372). Der Pfleger für eine Leibesfrucht hat mithin die Rechtsstellung eines Treuhänders, der Gefahren für zukünftige Rechte abwenden soll, strukturell nicht unähnlich einem Pfleger für herrenlose Sachen. Der Pfleger wird zur Partei kraft Amtes, von deren Maßnahmen die künftige Person profitiert. In Schweden sieht man das genauso. Der Eigentumserwerb durch Auseinandersetzung *(arvskifte)* des Nachlasses *(dödsbo;* seinerseits eine juristische Person) findet erst statt, nachdem die Lebendgeburt des Nasciturus festgestellt worden ist *(Perselli,* Fostersyn i svensk rätt, S. 209). Auch bei testamentarischen Zuwendungen kommt es frühestens mit der Lebendgeburt zu einem Eigentumserwerb (SOU 1929:22, S. 112). Für den Nasciturus kann wie in Deutschland ein Treuhänder *(god man)* eingesetzt werden (Kap. 11 § 2 schwed. Föräldrabalk; SOU 1987:11, S. 25–26).

[154] Die Erbfähigkeit setzt, wie dargelegt, Lebendgeburt voraus (Fn. 148). Das Kind im Mutterleib ist folglich nicht erbfähig.

[155] Näher *von Bar,* Gemeineuropäisches Deliktsrecht II, Rdnr. 58. Auch die Verursachung der Schwangerschaft einer Frau gegen ihren Willen stellt im Übrigen eine an der Frau begangene Körperverletzung dar.

II. Die Gewährleistung der Rechtssubjektivität § 2

Zeugung des Kindes.[156] Wie weit eine Privatrechtsordnung diesen Zeitraum „nach vorne" verlegt, steht prinzipiell in ihrem freien Belieben.[157] Grundrechte kommen erst ins Spiel, wenn dem zwar lebend geborenen, aber durch ein vor seiner Geburt liegendes Ereignis schwer geschädigten Kind Rechte mit der Begründung abgesprochen werden, es sei niemals gesund auf die Welt gekommen und deshalb nie Opfer eines Delikts geworden. So zu argumentieren hieße, Menschen mit einem Produkt zu vergleichen, dessen Fehlerhaftigkeit keine Eigentumsverletzung darstellt, weil es der Erwerber nie mangelfrei erwarb.[158] Die Rückwirkung kann im Übrigen auch so weit gehen, dass dem lebend geborenen Kind Rechte „ex tunc", also bezogen auf den Zeitpunkt ihrer Zuwendung zugeordnet werden.[159] Mit seiner Rückwirkungsdogmatik kommt das Bürgerliche Recht dem Verfas-

---

[156] Das ist z. B. der Fall, wenn ein Kind geschädigt zur Welt kommt, weil seiner Mutter schon geraume Zeit vor der Schwangerschaft mit Lues infiziertes Blut infundiert worden war (BGH 20.12.1952, BGHZ 8 S. 243; siehe auch Art. 446¹ poln. ZGB, wonach ein Kind nach seiner Geburt eine Entschädigung für vor der Geburt verursachte Schäden verlangen kann). Das geläufige Beispiel findet sich aber in der Regel dass, das ein noch nicht gezeugtes Kind (ein sog. *nondum conceptus*) bereits Zuwendungsempfänger einer Schenkung bzw. einer letztwilligen Verfügung sein kann, sofern es später tatsächlich lebend geboren wird. Siehe statt vieler nur Kap. 9 § 2(1) und (2) finn. Perintökaari; Kap. 9 § 2(2) schwed. Ärvdabalk i. V. m. dem schwed. Lag om vissa rättshandlingar till förmån för ofödda vom 30.4.1930 (1930:106) (Gesetz über gewisse Rechtshandlungen zugunsten Ungeborener). Auch unter Art. 952(1) port. CC können die *nascituros não concebidos* durch Schenkung und unter Art. 2033(2)(a) port. CC auch durch testamentarische oder vertragliche Erbfolge erwerben, sofern sie Kinder einer bestimmten Person sind, welche zur Zeit der Willenserklärung des Schenkers oder zur Zeit der Eröffnung der Erbschaft lebt. Unter Art. 2033(1) i. d. F. des Gesetzes 72/2021 vom 12.11.2021 *(Inseminação post mortem)* sind erbfähig auch die Personen, die im Rahmen eines Verfahrens der postmortalen Insemination gezeugt wurden. Liegt die Einwilligung zur Möglichkeit einer postmortalen Insemination vor, so ruht der Nachlass des verstorbenen Elternteils für drei Jahre; die Frist verlängert sich bis zur vollständigen Lebendgeburt des Nasciturus, wenn ein nach dem Gesetz zulässiges Inseminationsverfahren anhängig ist (Art. 2046(1) port. CC; Art. 23(5) port. Gesetz 32/2006). Unter Art. 1999 gr. ZGB gilt, dass, wenn „der Vermächtnisnehmer zur Zeit des Todes des Erblassers noch nicht gezeugt (ist) oder seine Persönlichkeit durch ein erst nach dem Tode des Erblassers eintretendes Ereignis bestimmt (wird), der Anfall des Vermächtnisses im ersteren Falle mit der Geburt, im letzteren mit dem Eintritt des Ereignisses" eintritt. Dem entsprechen Artt. 462 und 784 ital. CC.

[157] Das gilt, sofern dieser Zeitpunkt angesichts der Regeln über die *nondum concepti* überhaupt näher bestimmt werden muss (was im Kontext der Rückwirkungsfiktionen der Fall sein kann), auch für die Frage, ab welchem Zeitpunkt man es bereits mit einem *nasciturus* zu tun hat. Das Privatrecht ist bei der Bestimmung dieses Zeitpunktes nicht an die für verfassungsrechtliche Zwecke zur Prüfung der Zulässigkeit eines Schwangerschaftsabbruches entwickelten Vorstellungen gebunden. Es wird i. d. R. auf die Verschmelzung von Eizelle und Spermium abstellen, nicht auf die Nidation (österr. OGH 16.12.1996, SZ 69/279).

[158] Näher *von Bar* a. a. O. (Fn. 155). BGH 20.12.1952 a. a. O. (Fn. 156) bemerkte völlig zu Recht: „Gegenstand des Rechtsstreits ist also nicht der Schaden einer Leibesfrucht oder eines nicht erzeugten Kindes, sondern der Schaden, den die Kl. dadurch erlitten hat, daß sie als kranker, luesbehafteter Mensch geboren worden ist". BGH 11.1.1972, NJW 1972 S. 1126 formulierte etwas zurückhaltender: „Der vorliegende Fall nötigt nicht zur Prüfung der Frage, ob, wenn die Leibesfrucht verletzt worden ist, die Gesundheit und die körperliche Unversehrtheit des (später) lebenden Menschen als das verletzte Rechtsgut anzusehen ist, oder ob ein Recht der Leibesfrucht auf Unversehrtheit und auf Gesundheit anzuerkennen ist (…). Denn hier geht es nicht um Ersatz des Schadens, den die Leibesfrucht – etwa auf Grund einer ihr zuzubilligenden beschränkten Rechtsfähigkeit (…) – erlitten hat, sondern um den Schaden an Gesundheit, den das zur Welt gekommene, aber kranke Kind erleidet".

[159] Siehe z. B. für Griechenland *Triantos*, AK, Art. 1999 gr. ZGB, S. 2148 Rdnr. 1 (Wenn der Erbe im Todeszeitpunkt des Erblassers bereits gezeugt war, finde Art. 1999 gr. ZGB [Fn. 156] keine Anwendung. In diesem Fall gehe das Erbe im Todeszeitpunkt des Erblassers auf den später lebend geborenen Nasciturus über). Siehe auch *dens.*, a. a. O. Art. 36 gr. ZGB, S. 52 Rdnrn. 2 und 5 sowie Georgiades und Stathopoulos (-*Karakatsanis*) AK I, Art. 36, S. 68 Rdnr. 14) (Rechte aus dem Erbrecht würden rückwirkend bereits ab dem Erbfall erworben; komme es nicht zu einer Lebendgeburt, würden die erworbenen Rechte rückwirkend erlöschen). Die praktische Bedeutung dieser auf die Artt. 1711(2), 1846, 1856 und 1863 gr. ZGB gestützten Rückwirkung soll sich insbesondere bei den bis zur Lebendgeburt gezogenen Vorteilen zeigen. Unter Art. 2237(1) port. CC wird, wenn der Erbe unter einer aufschiebenden Bedingung eingesetzt wurde, die Erbschaft unter Verwaltung gestellt, bis sich die Bedingung erfüllt oder sicher ist, dass sie sich nicht erfüllen kann. Unter Art. 2240(2) port. CC steht die Verwaltung des für den Nasciturus bestimmten Vermögens demjenigen zu, dem sie auch oblägt, wenn das Kind bereits geboren wäre. Aus Art. 2250(1) port. CC folgt sodann, dass Eigentum und Besitz an den Erbschaftsgütern durch Annahme (und unabhängig von der Besitzergreifung) erworben werden. „Die Wirkungen der Annahme beziehen sich auf den Zeitpunkt der Eröffnung der Erbschaft zurück" (Art. 2250(2) a. a. O.). Unter § 1923(2) dt.

sungsrecht gewissermaßen „entgegen". Aber dadurch entsteht keine partielle Rechtsfähigkeit, auch keine (aufschiebend durch die Lebend- oder auflösend durch die Totgeburt) bedingte Teilrechtsfähigkeit, Letztere verstanden als die Fähigkeit, einige, aber keineswegs alle Rechte innehaben zu können.[160] Anders als im Gesellschaftsrecht[161] ist „Teilrechtsfähigkeit" im Recht der natürlichen Person ein überflüssiges Konzept, genauso überflüssig wie der Versuch, die Stellung des Kindes im Mutterleib mit dem Inhaber eines Anwartschaftsrechts zu vergleichen.[162] Es bedarf weder der einen noch der anderen Lehre, um verfassungsrechtlichen Vorgaben zu genügen oder um ein theoretisches Gerüst zur Erklärung des geltenden Rechts in die Hand zu bekommen. Rechtsfähig ist aus der Sicht des Privatrechts nur der lebend geborene Mensch.

III. Der verfassungsrechtliche Rahmen der Unverfügbarkeit von Würde und Körper

1. Einvernehmlich bewirkte Würdeverletzungen

68 Wenn man die Unterscheidung zwischen Vertrags- und Deliktsrecht auf einen einfachen Nenner bringen will, könnte man vielleicht sagen, dass ein Vertrag etwas grundsätzlich Gutes, ein Delikt etwas grundsätzlich Schlechtes sei. Deliktisches Handeln verletzt die Rechte anderer; vertragliches Handeln beruht auf dem Einvernehmen der Beteiligten. Der

---

BGB kommt es bezüglich des Anfalls der Erbschaft zu einer Rückwirkung, da der *nasciturus* als vor dem Erbfall geboren gilt (MünchKomm [-*Leipold*], BGB[7], § 1923 Rdnr. 27). Die Rückwirkung gilt auch für das Vermächtnis (MünchKomm [-*Rudy*], BGB[8], § 2178 Rdnr. 2); das Vermächtnis für einen *nondum conceptus* fällt dagegen unter § 2178(2) dt. BGB erst mit der Geburt an. Entsprechend liegt es bei Verträgen zugunsten eines *nasciturus* (OLG Hamm 16.3.1973, VersR 1973 S. 810). Bis zur Geburt des *nasciturus* ist der Erbe richtiger Ansicht nach treuhänderisch gebundener Anspruchsinhaber (näher MünchKomm [-*Gottwald*], BGB[8], § 331 Rdnr. 13). Für Frankreich legen *Voirin* und *Goubeaux*, Droit civil I[32], S. 54 Rdnr. 85 dar, dass „la personnalité de l'enfant né et viable, rétroagit, dans son intérêt, à la date de la conception". Ein Nasciturus, dessen Vater vor der Geburt stirbt, kann ebenso erben. *Bernard-Xémard,* Cours de droit des personnes et de la famille[4], S. 46 Rdnr. 71 sieht das ebenso. „Un être humain accède à la personnalité juridique à l'instant où il naît vivant et viable. Le point de départ de la personnalité juridique est donc la naissance dès lors que l'enfant naît vivant et viable". Der Nasciturus könne zwar Rechte erwerben, jedoch nur unter der Voraussetzung, dass es lebend und rechtsfähig zur Welt kommt. Er „peut en conséquence se voir ouvrir, de manière rétroactive, des droits dès l'instant de sa conception" (S. 48 Rdnr. 76). Dem entspricht die Rechtslage unter Artt. 462 und 643 ital. CC. Wiederum gilt, dass die Erbfähigkeit des *nasciturus* von seiner Geburt abhängt (*Bonilini,* Trattato di diritto delle successioni e donazioni I, S. 890).

[160] Das freilich wird vielfach anders gesehen, insbesondere in Deutschland (z.B. MünchKomm [-*Leipold*], BGB[7], § 1923 Rdnr. 29; OLG Schleswig 15.12.1999, NJW 2000 S. 1271, 1272 und OLG München 13.4.2016, NJW-RR 2016 S. 902); Griechenland (*Triantos* a. a. O., der von einer unvollständigen Rechtsfähigkeit spricht, da es im Wesentlichen um den Erwerb von Rechten ginge; allerdings könne der Nasciturus auch Träger von Pflichten sein, wenn sie mit einem Recht verbunden seien); Italien (*Bianca,* Diritto civile I[2], S. 221: partielle Rechtsfähigkeit, die bis zur Geburt bedingt ausgesetzt sei); Tschechien (*Lavický* [-*Dobrovolná*], Občanský zákoník I, S. 184: der Nasciturus genieße eine bedingte und eingeschränkte Rechtsfähigkeit, bedingt durch die Lebendgeburt und eingeschränkt deshalb, weil er nur Inhaber von Rechten, nicht aber von Pflichten sein könne) und Ungarn (*Vékás* und *Gárdos* [-*Lenkovics*], Kommentár a Polgári Törvénykönyvhöz I (2018), § 2:2 ung. ZGB: Der Foetus sei zivilrechtlich zwar kein Rechtssubjekt, ihm komme aber eine bedingte Rechtssubjektsqualität zu). Für Frankreich erläutert *Cornu,* Introduction. Les Personnes. Les biens[12], S. 210 Rdnr. 466 (freilich ohne Beispiele zu geben) die theoretische Möglichkeit einer *incapacité spéciale de jouissance. Teyssié,* Droit des personnes[20], S. 381 Rdnr. 640 arbeitet ebenfalls mit dem Konzept der partiellen *incapacité de jouissance,* nennt in diesem Zusammenhang aber u. a. Minderjährige unter 16 Jahren (die gemäß Art. 903 franz. CC noch nicht unentgeltlich über ihr Vermögen verfügen können). „Teilrechtsfähigkeit" i. S. d. deutschen und *incapacité spéciale de jouissance* i. S. d. französischen Lehre sind also nicht dasselbe.

[161] Im Gesellschaftsrecht ist das Konzept vor allem deshalb hilfreich, weil es eine Erklärung dafür anbietet, warum Gesellschaften, die keine juristischen Personen sind, Verträge schließen und Eigentum erwerben können.

[162] So allerdings *Fekete,* Občiansky zákonník, S. 36 und *Triantos* a. a. O. (Fn. 160).

III. Der verfassungsrechtliche Rahmen der Unverfügbarkeit von Würde und Körper   § 2

rechtlichen Relevanz eines solchen Einvernehmens sind freilich Grenzen gesetzt. Vertragsrechtsintern drückt man das oft dahingehend aus, dass gesetz- und sittenwidrige Verträge nichtig sind.[163] Diese vertragsrechtliche Binnenperspektive stammt freilich noch aus einer Zeit, in der Grund- und Menschenrechte noch keine oder eine bestenfalls politischprogrammatische Rolle spielten. Heute ist das grundsätzlich anders. Der Vorrang gebührt dem Verfassungs-, nicht dem Vertragsrecht. Es ist deshalb im Kern völlig einerlei, wie das Vertragsrecht aus sich heraus auf Grund- und Menschenrechtsverletzungen reagiert, auch, ob es die einschlägigen Verfassungsartikel zu den „Gesetzen" bzw. den „guten Sitten" zählt, die die einfachrechtliche Nichtigkeitssanktion auslösen. Es kommt allein darauf an, den Wirkungsrahmen zu bestimmen, den das Verfassungs- dem Vertragsrecht des Privatrechts zuweist. Das betrifft insbesondere das Recht der Würdeverletzungen. Soweit es sich bei einem würdeverletzenden Verhalten systematisch um Deliktsrecht handelt, ist das Letztere mancherorts schon heute zu einem Stück echtem Verfassungsprivatrecht aufgestiegen.[164] Das Vertragsrecht sollte das nachvollziehen. Menschenwürde ist eine so fundamentale Kategorie, dass sie nicht auf Hilfsargumente angewiesen ist, etwa des Inhalts, dass men-

---

[163] Z. B. Art. 1131 belg. CC („L'obligation sans cause, ou sur une fausse cause, ou sur une cause illicite, ne peut avoir aucun effet"); §§ 134 und 138 dt. BGB (gesetz- und sittenwidrige Verträge nichtig); § 86(1) estn. AT ZGB („A transaction which is contrary to good morals or public order is void"); Artt. 1343, 1418 ital. CC (Verträge mit einem unerlaubten Grund, einer *causa illecita*, d. h. Verträge, die gegen zwingende Vorschriften, die Grundwertungen der Rechtsordnung oder die guten Sitten verstoßen, sind nichtig); Art. 1162 franz. CC („Le contrat ne peut déroger à l'ordre public ni par ses stipulations, ni par son but, que ce dernier ait été connu ou non par toutes les parties"); Artt. 178 und 179 gr. ZGB (Nichtigkeit sittenwidriger und gesetzwidriger Rechtsgeschäfte); Art. 1592 lett. ZGB („No contract which encourages anything illegal, immoral or dishonest shall be binding"); Art. 1.81(1) lit. ZGB („A transaction that is contrary to public order or norms of good morals shall be null and void"); Art. 280(2) port. CC (Rechtsgeschäfte, die gegen die öffentliche Ordnung oder die guten Sitten verstoßen, sind nichtig); Art. 11 rumän. CC („Es darf nicht durch Verträge oder durch einseitige Rechtsakte von den Gesetzen, die die öffentliche Ordnung oder die guten Sitten betreffen, abgewichen werden"); Art. 1236 (rechts- und sittenwidriger Vertragsgrund) und Art. 1238(2) rumän. CC (absolute Vertragsnichtigkeit bei Kenntnis oder fahrlässiger Unkenntnis beider Parteien über den rechts- bzw. sittenwidrigen Vertragsgrund); § 39 slowak. ZGB („Ein Rechtsgeschäft, das mit seinem Inhalt oder seinem Zweck dem Gesetz zuwiderläuft oder dieses umgeht oder gegen die guten Sitten verstößt, ist nichtig"); Art. 1255 span. CC („Die Vertragschließenden können die Vereinbarung, Klauseln und Bedingungen aufstellen, die sie für angebracht halten, vorausgesetzt, sie verstoßen nicht gegen die Gesetze, die Moral oder die öffentliche Ordnung"), Art. 1271 Satz 3 span. CC („Dienste können Vertragsgegenstand sein, wenn sie weder den Gesetzen noch den guten Sitten widersprechen") sowie Art. 1328 span. CC („Jegliche Vereinbarung, die gegen die Gesetze oder die guten Sitten verstößt, die jedem Ehegatten zustehende Rechtsgleichheit beschränkt, ist nichtig"); § 580(1) tschech. BGB („Nichtig ist ein Rechtsgeschäft, das sittenwidrig oder gesetzwidrig ist, wenn der Sinn und der Zweck des Gesetzes dies erfordern"); § 6:96 ungar. ZGB („Der Vertrag ist nichtig, der offensichtlich gegen die guten Sitten verstößt"). In Schweden allerdings fehlt eine allgemeine Regel. Die Nichtigkeitsfolge ergibt sich entweder unmittelbar aus dem Verbotsgesetz selbst, oder sie wird aus dem Zweck des Gesetzes abgeleitet. Vereinbarungen, die gegen die guten Sitten verstoßen, können in Anwendung „allgemeiner Rechtsgrundsätze" (*allmänna rättsgrundsatser*) als nichtig angesehen, aber auch angepasst werden. Da es schwierig sei, der „Sittlichkeit" heute noch einen einheitlichen Inhalt beizumessen, finde das *pactum turpe*-Institut nur noch sehr selten Anwendung (*Ramberg und Ramberg*, Allmän avtalsrätt[10], Kap. 12:4; siehe aber auch *Agnafors*, SvJT 2019 S. 956).

[164] Besonders deutlich wird das in der deutschen Rechtsprechung zum Ausgleich immaterieller Schäden bei Verletzungen des sog. „allgemeinen Persönlichkeitsrechts". Dieser Anspruch hat im bürgerlichen Recht (§ 253(2) dt. BGB) keine Grundlage; er gründet sich allein auf die Artt. 2 und 1 dt. GG (BGH 15.11.1994, BGHZ 128 S. 1, 15). Die hiesige Sicht findet Unterstützung auch in rumän. VerfG 18.7.2019, Nr. 464, 2086A/2/2019, ABl. Nr. 646 vom 5.8.2019. Es ging zwar um einen ganz anderen Gegenstand, nämlich um die Verfassungswidrigkeit eines Gesetzes, das Personen, die wegen einer vorsätzlichen Straftat verurteilt worden waren, von dem passiven Wahlrecht ausschließen wollte. Das Gericht nahm das aber zum Anlass, allgemeine Ausführungen zur Grundrechtssystematik zu machen (a. a. O. Rdnr. 20). Aus dem Auftrag zum Schutz der Menschenwürde folgten „von Rechts wegen Verbote von verfassungsrechtlicher Natur". Die Menschenwürde kenne keine Beschränkungen, sie sei unantastbar (a. a. O. Rdnr. 45). Die Verfassungsordnung müsse „als ein kohärentes und einheitliches System angesehen werden, welches auf der Menschenwürde beruht". Das Konzept der Menschenwürde besitze einen eigenen normativen Wert. Alle Handlungen und Unterlassungen, die auf die mutwillige Missachtung der menschlichen Existenz des Individuums, seine Demütigung, Stigmatisierung, Verfolgung, Ächtung oder abschätzige Behandlung abzielten oder sie bewirkten, stellten eine Würdeverletzung dar.

schenverachtende Verträge „sittenwidrig" sind, und zwar auch dann, wenn eine der Parteien ihrer eigenen Entwürdigung zugestimmt hat.[165] Genau besehen hat man es in solchen Fällen überhaupt nicht mit einem innervertragsrechtlichen, sondern mit einem rein tatsächlichen Geschehen zu tun, das sich außerhalb rechtlich möglicher Lebensgestaltung zuträgt, nicht, weil es sitten- oder gesetzwidrig ist, sondern deshalb, weil das Verfassungsrecht den Beteiligten den Zugang zu dem Regelwerk des Vertragsrechts verschließt. Die in der Lehre von der „Drittwirkung" der Grundrechte zentrierende Vorstellung, dass sich Grund- und Menschenrechte ihren Weg in das Vertragsrecht über dessen „Generalklauseln" (Sittenwidrigkeit, Treu und Glauben etc.) bahnen[166], geht jedenfalls im Recht der Würdeverletzungen an dem maßgeblichen Punkt vorbei. Das Privatrecht hat gar keine Befugnis zu entscheiden, ob es ihm wesensferne externe Wertungen in sich aufnimmt; es hat, abgesehen vielleicht von spezifischen Folgeabschätzungen (z. B. bereicherungsrechtlicher Art) überhaupt keine eigene Sachkompetenz mehr. Dass ein würdeverletzendes Einvernehmen keinen Vertrag konstituiert, folgt m. a. W. nicht aus dem Vertrags-, sondern unmittelbar aus dem Verfassungsrecht. Das neue tschechische BGB hat das in den Absätzen (1)[167] und (3)[168] seines § 2 vorbildlich zum Ausdruck gebracht.[169]

---

[165] Dazu *Magri*, Dallo scambio immorale allo scambio illecito, S. 107. Nicht unproblematisch sind deshalb Vorschriften vom Typ des § 2:42(3) ungar. ZGB, wonach „die Persönlichkeitsrechte ... nicht durch ein Verhalten verletzt (werden), dem die betroffene Person zugestimmt hat". Solche Regeln müssen dann wieder unter Rückgriff auf die Vorschriften ausgelegt werden, unter denen gesetz- und sittenwidrige Verträge nichtig sind.

[166] Diese Sichtweise ist insbesondere in Deutschland weit verbreitet. Zwar entfalten nicht alle Grundrechte in jeder Situation Drittwirkung (z. B. der allgemeine Gleichheitssatz: nein, wenn ein Hotel dem Angehörigen einer rechtsradikalen Organisation ein Hausverbot erteilt [BVerfG 27.8.2019, JZ 2019 S. 1103 m. Anm. *Grünberger und Washington*], dagegen ja, wenn ein Fußballverband ohne sachliche Rechtfertigung gegen eine bestimmte Personengruppe ein allgemeines Stadionverbot verhängt [BVerfG 11.4.2018, NJW 2018 S. 1667, 1668]). Außerdem ist zwischen der sog. mittelbaren Drittwirkung über die Wege über die Generalklauseln des Privatrechts (grundlegend schon BVerfG 15.1.1958, BVerfGE 7 S. 198 [*Lüth*-Urteil: Auslegung des Sittenwidrigkeitsbegriffs des § 826 dt. BGB im Lichte der Meinungsfreiheit aus Art. 5(1) dt. GG bei einem Boykottaufruf gegen einen Film]) und der sog. unmittelbaren Drittwirkung, die in der Sache keines privatrechtlichen „Einfallstors" bedarf (z. B. BAG 10.5.1957, NJW 1957 S. 1688 [Unwirksamkeit der Zölibatsklausel in einem Arbeitsvertrag]). Als ein „objektives Verfassungsprinzip" (BVerfG 27.8.2019 a. a. O.) entfaltet jedenfalls der Schutz der Menschenwürde unmittelbar Drittwirkung. Diese Lehren finden längst auch anderorts viel Zustimmung. S. z. B. für Griechenland *Chrysogonos*, Atomiká kai Koinoniká Dikaiómata, passim (genau besehen ist eine Drittwirkung der Grundrechte bereits aus Art. 5(1) gr. Verfassung ablesbar, der lautet: „Jeder hat das Recht, seine Persönlichkeit frei zu entfalten und sich an dem sozialen, wirtschaftlichen und politischen Leben des Landes zu beteiligen, solange er die Rechte anderer nicht verletzt und nicht gegen die guten Sitten verstößt"); für Portugal Carvalho Fernandes und Brandão Proença (-*Vaz de Sequeira*), Comentário ao Código Civil I, Anm. 8 zu Art. 280, S. 695 und für Tschechien die nachfolgenden Fußnoten.

[167] „Jede der Bestimmungen des Privatrechts kann nur in Übereinstimmung mit der Charta der grundlegenden Rechte und Freiheiten und der verfassungsmäßigen Ordnung überhaupt ausgelegt werden, mit den Grundsätzen, auf denen dieses Gesetz beruht, sowie mit ständiger Hinsicht auf die Werte, die dadurch geschützt werden. Weicht die Auslegung einer einzelnen Bestimmung lediglich im Hinblick auf deren Wortlaut von diesem Verbot ab, so ist das Verbot maßgebend". Der Begründungsbericht erklärt: „Es wird festgestellt, dass das Recht nicht selbstzweckmäßig ist, sondern sich an bestimmte Werte bindet, die ihren Ausdruck im Einklang mit unserer Verfassung vor allem mit den Grundsätzen des Naturrechts finden. Der Hauptsinn dieser Konzeption ist, dass das Naturrecht eine Grenze für das Gesetz darstellt und nicht *vice versa*. Deswegen wurde eine ausdrückliche Regel formuliert, dass die Interpretation des Gesetzes ... nur dann richtig sein kann, wenn es sich um eine Interpretation handelt, die verfassungskonform ist und allgemeine Rechtsregeln respektiert" (*Eliáš* et al., Nový občanský zákoník, S. 62–63). Lavický (-*Lavický*), Občanský zákoník I, S. 39–41 hält die Vorschrift (m. E. zu Unrecht) sogar für „überflüssig", weil jede Auslegung ohnehin verfassungskonform vorzunehmen sei.

[168] „Die Auslegung und Anwendung einer Rechtsvorschrift darf nicht sittenwidrig sein und darf weder zu Härte noch zu Rücksichtslosigkeit führen, die das normale menschliche Gefühl verletzen". Diese Vorschrift wird in der Kommentarliteratur auch auf die Rechtsgeschäfte und, noch allgemeiner, auf die Rechtsausübung bezogen (*Lavický* a. a. O. S. 45).

[169] Zur Entstehung und zur Theorie der Drittwirkung der Grundrechte in Tschechien eindrücklich *Tichý*, in: Časopis pro právní vědu a praxi, Nr. 1/2010, S. 10. Tschech. VerfG 2.11.2009, II. ÚS 2048/09, Sbírka nálezů a usnesení Ústavního soudu Bd. 55 Nr. 232 S. 181 hatte bereits anhand eines Falles, in dem es um die Privatsphäre eines neugewählten Bürgermeisters ging, ausgeführt, dass „in einem materiellen Rechts-

III. Der verfassungsrechtliche Rahmen der Unverfügbarkeit von Würde und Körper § 2

Einvernehmlich realisierte Würdeverletzungen kommen natürlich wesentlich seltener 69 vor, als fremdveranlasste. Man kann **zwei Grundformen** unterscheiden. In der einen Gruppe hat man es gleichzeitig mit Eingriffen in den Körper, in der anderen mit Herabwürdigungen zu tun, welche die körperliche Integrität des Betroffenen unberührt lassen. Beispiele aus der zweiten Gruppe haben wir an früherer Stelle schon gegeben.[170] Erinnert sei an das schaurige Spektakel des „Zwergenweitwurfs"[171], an die menschenrechtlich gewährleistete Nichtigkeit aller Verträge, die auf die Einschränkung der Rechtsfähigkeit der Frau gerichtet sind[172], an die Unverbindlichkeit von Verabredungen der Partner einer Lebensgemeinschaft zur kontinuierlichen Einnahme empfängnisverhütender Mittel[173] oder an Arbeitsverträge, die unter die auflösende Bedingung gestellt werden, dass die Arbeitnehmerin schwanger wird.[174] Unmittelbar unter Bezugnahme auf Art. 1 dt. GG und ohne den „Umweg" über § 138 dt. BGB (sittenwidrige Verträge) hat mit Recht das LAG Düsseldorf auch die sog. „Ethikrichtlinien" einer amerikanischen Kaufhauskette für unwirksam angesehen, die private Liebesbeziehungen zwischen ihren Angestellten verbieten wollte, wenn sie sich „auf die Arbeitsbedingungen auswirken".[175] In Frankreich hatten mehrere Interessenverbände gegen das strafbewehrte Verbot der Inanspruchnahme sexueller Dienstleistungen[176] geklagt. Der Conseil constitutionnel beschied die ihm vorgelegte *question prioritaire de constitutionnalité* negativ.[177] Das Gesetz verstoße weder gegen das Recht auf Achtung des Privatlebens noch gegen das Recht auf persönliche Autonomie, auch nicht gegen die Unternehmens- oder die Vertragsfreiheit. Denn es schütze die „dignité de la personne humaine".[178] Der Rückgriff auf das Konzept der Würde des Menschen muss freilich mit Bedacht erfolgen, weil es mit jeder Entscheidung, die vorschnell darauf zurückgreift, durch Banalisierung geschwächt wird.[179] In den Fokus der neueren Diskussion über die Bedeu-

---

staat, der auf dem Gedanken der Gerechtigkeit basiert, die Grundrechte ein Korrektiv sowohl des Inhalts der Rechtsnormen als auch von deren Interpretation und Applikation (darstellen). Deswegen ist es die Aufgabe des Richters, in den Bedingungen eines materiellen Rechtsstaates die Lösung zu finden, die eine maximale Realisation der Grundrechte der Prozessbeteiligten gewährleistet".

[170] Oben Rdnr. 17.
[171] Oben § 1 Fn. 66.
[172] Oben Rdnr. 45 und vorher Fn. 163 (Art. 1328 span. CC).
[173] Oben § 1 Fn. 62.
[174] Oben § 1 Fn. 63. Vgl. auch Cass. 3.7.2015, n. 13692, Foro it. 2015, 9, I, 2708 (Kündigung einer schwangeren Arbeitnehmerin nichtig, auch wenn sie ihren Arbeitgeber bei Einstellung nicht über ihren Zustand informiert hat). Italien hat durch gesetzgeberische Intervention (Gesetzverordnung Nr. 151/2015 zur Durchführung der Gesetzverordnung Nr. 183/2014, dem sog. *Jobs Act*) auch der Praxis mancher Arbeitgeber einen Riegel vorgeschoben, die sich schon bei der Einstellung von Arbeitnehmerinnen eine von ihnen unterschriebene Blankokündigung *(dimissioni in bianco)* aushändigen ließen, um das Kündigungsschreiben zu verwenden, wenn die Arbeitnehmerin schwanger wurde.
[175] LAG Düsseldorf 14.11.2005, NZA-RR 2006 S. 81, 87.
[176] Oben § 1 Fn. 61 a. E.
[177] Cons. const. 1.2.2019, Nr. 2018-761, https://www.conseil-constitutionnel.fr/decision/2019/2018761QPC.htm.
[178] „[E]n faisant le choix par les dispositions contestées de pénaliser les acheteurs de services sexuels, le législateur a entendu, en privant le proxénétisme de sources de profits, lutter contre cette activité et contre la traite des êtres humains aux fins d'exploitation sexuelle, activités criminelles fondées sur la contrainte et l'asservissement de l'être humain. Il a ainsi entendu assurer la sauvegarde de la dignité de la personne humaine contre ces formes d'asservissement et poursuivi l'objectif de valeur constitutionnelle de sauvegarde de l'ordre public et de prévention des infractions".
[179] Man denke z. B. an die Vereinbarungen mancher sog. *poor quality reality shows* mit ihren Darstellern. Solche Vereinbarungen sind geschmacklos, aber im Gegensatz zu Sendekonzepten, die die verminderte geistige Kapazität ihrer Darsteller ausnutzen, um sie, getarnt durch den angeblichen Willen, ihnen zu helfen, zu erniedrigen, aus der Sicht der Menschenwürde kein Problem. Auf sie greift nach einem Bericht in der allgemeinen Presse (http://www.ziare.com/ziare-iasi/stiri-actualitate/bancile-pot-fi-invinse-3046717; genauere Angaben haben sich nicht ermitteln lassen) vorschnell auch ein Gericht im rumän. Suceava in einem Fall zurück, in dem die Klägerin mit der beklagten Bank zwei Kreditverträge geschlossen hatte, mit denen eine nicht individuell verhandelbare sog. „Risikogebühr" verbunden war. Sie wurde während der Laufzeit der beiden Verträge durch ein sog. Notstandsgesetz (OUG Nr. 50/2010) verboten. Die Bank teilte ihren Kunden daraufhin mit, sie würde nun statt der ehemaligen „Risikogebühr" eine „Verwaltungsgebühr" verlangen, was der Sache nach nur ein neuer Name war. Die Klägerin, selbst eine

tung des Verfassungsrechts für die Privatautonomie sind im Übrigen ohnehin Vereinbarungen gerückt, in denen es entweder um Sterbehilfe oder sonst um sich auf den Körper des Menschen auswirkende Verträge geht: Ersatzmutterschaft, Organhandel, Geschlechtsänderung.

2. Assistiertes Sterben

a. Terminologisches

70 Assistiertes Sterben ist ein denkbar sensibles Thema. Man begreift es am besten als eine eigene Fallgruppe, die zwar der Fremdtötung näher steht als der Selbsttötung, aber doch durch die Besonderheit gekennzeichnet ist, dass es um Menschen geht, die selbstbestimmt aus dem Leben scheiden wollen, diesen Wunsch jedoch nicht (mehr) durch eigenes Verhalten verwirklichen können. Sie sind auf fremde Hilfe angewiesen. Bei einer **Selbsttötung** liegt die Tatherrschaft bei dem zum Sterben Entschlossenen. Eine Mutter, die ihrer schwerstkranken Tochter die tödliche Tablette in den Mund legt und das Getränk auf den Nachttisch stellt, begeht keine Fremdtötung, wenn die Tochter die Flüssigkeit noch selbst ergreift und mit ihr die Tablette schluckt.[180] Anders kann es sich dagegen, je nach den weiteren Umständen des Einzelfalls, verhalten, wenn eine Ehefrau ihrem schwerstkranken Mann die tödlichen Medikamente besorgt und ihm spritzt.[181] Die (versuchte) Selbsttötung stellt heute nirgendwo in der EU noch eine Straftat dar.[182] Ihre Straflosigkeit wird gelegentlich mit dem verfassungsgeleiteten Argument bekräftigt, dass zwar ein Recht auf Leben existiere, es aber keine Pflicht zu leben gebe.[183] Das spanische Verfassungsgericht kommt

---

Richterin, begehrte die Nichtigerklärung der alten und der neuen Vertragsklauseln, Rückzahlung der Gebühren und umgerechnet ca. 10.000,- € zum Ausgleich ihrer moralischen Schäden, die sie als Folge einer Würdeverletzung erlitten haben wollte. Das Gericht folgte diesem Antrag, wenn auch in geringerer Höhe. Das sachlich unbegründete Verhalten der Bank habe die Klägerin entwürdigt und nur den Zweck gehabt, sich ihr Geld zu ergaunern.

[180] Svea Hovrätt 27.3.1996, RH 1996:69.

[181] Gerade an diesem Beispiel zeigt sich freilich ein zwischenzeitliches Umdenken. Schwed. HD 23.9.1979, NJA 1979 S. 802 hatte noch angenommen, dass die Tatherrschaft über den lebensbeendenden Akt bei der Frau gelegen habe; das Gericht verurteilte sie wegen Totschlags und den das Ehepaar begleitenden Arzt wegen Beihilfe zum Totschlag. Anders jetzt aber BGH 28.6.2022, BeckRS 2022, 19742, JZ 2022 S. 1113, Anm. *Franzke und Verrel*. Die Ehefrau hatte ihrem schwerstkranken und unter sehr starken Schmerzen leidenden Mann zunächst eine Überdosis Medikamente gereicht, die er selbstständig einnahm. Sodann hatte sie ihrem Mann auf dessen Aufforderung hin sechs schnell wirkende Insulinspritzen mit jeweils 100 Einheiten verabreicht. Der Mann konnte sich das Insulin aufgrund seiner Arthrose nicht mehr selbst spritzen. Er schlief ein und starb an Unterzuckerung infolge des injizierten Insulins. Die eingenommenen Medikamente waren zwar ebenfalls geeignet, den Tod herbeizuführen, jedoch erst zu einem späteren Zeitpunkt. Das Gericht bejahte eine straflose Beihilfe zur Selbsttötung. Es habe sich nicht um eine strafbare Tötung auf Verlangen gehandelt, weil die Tatherrschaft bei dem Mann gelegen habe.

[182] Das war nicht immer so. Unter dem auch in den Erbländern gültigen alten österreichischen Strafgesetzbuch vom 13.1.1787 (JGS 611) war der Suizidversuch strafbar (§§ 123–125 a. a. O.). Der Täter wurde so lange eingesperrt, „bis er durch Unterricht vernommen, dass die Selbsterhaltung gegen Gott, den Staat und ihn selbst Pflicht ist, eine vollkommene Reue zeigt und Besserung erwarten lässt" (§ 125 a. a. O.). Seit 1803 fiel der Suizidversuch nicht mehr unter das Strafrecht, war aber immer noch eine „schwere polizeiliche Übertretung". Das Ergebnis blieb dasselbe. Der Depressive wurde solange der Freiheit beraubt, „bis er durch sittliche, und physische Heilmittel zur Vernunft, und dem Erkenntnisse seiner, dem Schöpfer, dem Staate und sich selbst schuldigen Pflicht zurückgeführet, über das Begangene Reu zeiget, und für die Zukunft dauerhafte Besserung erwarten läßt" (§ 91 des Gesetzbuches über Verbrechen und schwere Polizei-Übertretungen vom 3.9.1803). Diese Bestimmung wurde erst 1852 aufgehoben. Wesentlich länger hat sich die aus heutiger Sicht geradezu abwegig anmutende Auffassung von der Strafbarkeit des Suizidversuchs in England gehalten. Im Gegensatz zum schottischen Recht war der versuchte Suizid nach Common Law in England und Wales strafbar. Das hat sich erst mit dem Suicide Act (SA) 1961 geändert. Sec. 1 SA 1961 hat die Regel des Common Law ausdrücklich abgeschafft. Der versuchte Suizid ist seither auch in England und Wales straflos.

[183] So, möglicherweise vor dem Hintergrund der böhmischen Rechtsgeschichte, *Boguszak, Čapek und Gerloch*, Teorie práva, S. 121. Auch *Klíma*, Komentář k Ústavě a Listině, S. 637 teilt die Auffassung, dass jeder das Recht habe, über sein eigenes Leben zu entscheiden, auch wenn er dieses Recht nicht auf andere

III. Der verfassungsrechtliche Rahmen der Unverfügbarkeit von Würde und Körper § 2

(wenngleich im Zusammenhang mit der Zwangsernährung in den Hungerstreik getretener Häftlinge) allerdings zu dem Ergebnis, dass das Recht auf Leben unter Art. 15 der span. Verfassung kein Recht auf Sterben einschließe.[184] Ob die **Beihilfe** zu einer (vollendeten) Selbsttötung eine Straftat darstellt, wird unterschiedlich beurteilt. Beihilfe zur Selbsttötung kann mangels strafbarer Haupttat als straflos angesehen[185], kann aber, weil nun notwendig eine zweite Person ins Spiel kommt und die Lebensbeendigung dadurch zu einer gesellschaftlich relevanten Tat wird, auch als selbständiges Delikt begriffen werden und deshalb unter Strafe gestellt sein.[186] Letzteres verstößt nach der Rechtsprechung des EGMR nicht gegen die EMRK.[187] In der griechischen Lehre wird sogar, gewissermaßen genau „umge-

---

übertragen könne. Der Suizidversuch falle nicht unter Art. 6(2) der tschech. Charta der Grundrechte und Grundfreiheiten („Niemand darf des Lebens beraubt werden"). Seine Straflosigkeit ergebe sich aus Art. 6 (4) a. a. O., wonach es keine Rechtsverletzung darstellt, wenn jemand im Zusammenhang mit Taten, die dem Gesetz nach nicht strafbar sind, seines Lebens beraubt wurde.

[184] TC 27.6.1990, 120/1990, ECLI:ES:TC:1990:120. Art. 15 der span. Verf. („Alle haben das Recht auf Leben und körperliche und moralische Unversehrtheit, und niemand darf jemals der Folterung oder unmenschlichen und entwürdigenden Strafen oder Behandlungen ausgesetzt werden") habe ausschließlich einen positiven Inhalt. Es fehle deshalb an einer verfassungsrechtlichen Begründung für die Behauptung, es existiere ein *derecho a la propia muerte*. *Torres del Moral*, Principios de derecho constitucional español I[5], S. 339–340 legt dar, dass die spanische Rechtsordnung für Euthanasie nur wenig Raum lasse. Manches würde rein faktisch „durch eine diskrete Konversation zwischen den Ärzten und den Familienangehörigen gelöst". *Díez-Picazo*, Sistema de Derechos Fundamentales[2], S. 224–225 legt dar, dass es auf verfassungsrechtlicher Ebene schwer wäre zu begründen, dass die Pflicht des Staates, Angriffe auf das menschliche Leben zu bestrafen, auch solche Fälle umfasse, in denen auf Wunsch eines unheilbaren Kranken der Natur in ihrem freien Lauf gehindert wird. Das betreffe zumindest die passive Euthanasie. Dagegen könne die aktive Euthanasie (auch angesichts der Entscheidung TC 120/1990) als eine Kollision von zwei von der Verfassung geschützten Rechtsgütern verstanden werden, nämlich dem menschlichen Leben und der freien Entfaltung der Persönlichkeit. Dem hält *Husabø*, Rett til sjølvvalt livsavslutning?, S. 612 entgegen, dass sich ein Recht zu sterben schon deshalb nicht aus den Menschenrechten ableiten lasse, weil es in eine Verpflichtung des Staates münden würde, das Sterberecht sicherzustellen. Das würde der grundlegenden Idee der Menschenrechte widersprechen.

[185] So verhält es sich u. a. unter § 27(1) dt. StGB; Kap. 5 § 6(1) finn. Rikoslaki und Kap. 23 § 4(2) schwed. BrB. Auch in Schottland ist (anders als in England) die Beteiligung an der Selbsttötung straflos; sec. 2 SA 1961 gilt in Schottland nicht (sec. 3(3) SA 1961). Ein Gesetzesentwurf zur Einführung einer speziellen Beteiligungsstrafbarkeit (Assisted Suicide (Scotland) Bill) ist 2015 gescheitert. Österr. VfGH 11.12.2020, G 139/2019-71, RIS-Justiz m. Aufs. Burda, ÖJZ 2021 S. 220) hat § 78 österr. StGB a. F. (Mitwirkung am Selbstmord) insoweit für verfassungswidrig erklärt, als die Vorschrift die Beihilfe zum Selbstmord unter Strafe stellte. Strafbar ist (neben der Tötung auf Verlangen: § 77 österr. StGB) aber weiterhin die Verleitung zum Selbstmord (§ 78 n.F; siehe noch unten Fn. 191).

[186] So verhält es sich u. a. unter § 240 dän. Lov om ikrafttraeden af borgerlig straffelov; Art. 301 gr. StGB; Art. 134 lit. StGB; Art. 294(2) ndl. Sr (unter Art. 294(1) a. a. O. ist auch die Anstiftung strafbar); Art. 135 port. CP (Anstiftung und Beihilfe; Strafschärfungen bei Minderjährigen und Personen mit erheblich vermindertem Urteils- oder Selbstbestimmungsvermögen; § 154 slowak. StGB; Art. 143 span. CP; § 144 tschech. StGB (wie in der Slowakei mit Strafschärfungen für den Fall, dass es sich um einen Minderjährigen, eine Schwangere oder um eine geistig behinderte Person handelt); § 162 ungar. StGB (Strafbarkeit von Beihilfe und Anstiftung; Strafschärfung, wenn die Tat zum Nachteil Minderjähriger begangen wird) und unter englischem Recht (sec. 2(1) SA 1961). Hiernach sind sowohl die Anstiftung als auch die aktive Beihilfe strafbar. Nicht strafbar ist nur das bloße Nichteinschreiten gegen eine Selbsttötung. (Nordirland hat die secs. 1, 2 SA 1961 in secs. 12, 13 Criminal Justice Act (Northern Ireland) 1966 wörtlich übernommen). Die Beteiligung am Suizid wird allerdings nur mit Genehmigung des Director of Public Prosecutions (DPP), dem Behördenleiter des für die Verfolgung bestimmter schwerwiegender Straftaten zuständigen Crown Prosecution Service, verfolgt (sec. 2(4) SA 1961). Die Strafverfolgung muss im öffentlichen Interesse liegen (*R (on the application of Purdy) v Director of Public Prosecutions* [2009] UKHL 45 [44], Lord *Hope*). Der DPP hat dazu allgemeine Leitlinien erlassen (abrufbar unter https://www.cps.gov.uk/legal-guidance/suicide-policy-prosecutors-respect-cases-encouraging-or-assisting-suicide). Hiernach ist eine Strafverfolgung kontraindiziert, wenn ein volljähriger und uneingeschränkt geschäftsfähiger Suizident eindeutig und freiverantwortlich in Kenntnis aller Umstände zur Selbsttötung entschlossen war und der Teilnehmer ausschließlich aus Mitleid gehandelt hat. Demgegenüber spricht das öffentliche Interesse für eine Strafverfolgung, wenn der Suizident minderjährig oder geschäftsunfähig oder nicht unzweideutig und freiverantwortlich zur Selbsttötung entschlossen war. Auch ein gewerbsmäßiges Handeln sowie die professionelle Suizidhilfe sind Umstände, die für eine Strafverfolgung streiten.

[187] EGMR 29.4.2002, 2346/02, *Pretty vs. Großbritannien und Nordirland*, NJW 2002 S. 2851 (Die an einer unheilbaren schweren Erkrankung des zentralen Nervensystems und infolgedessen u. a. an schwerer

kehrt", vorgetragen, dass die Beihilfe zur Selbsttötung als eine Form der „Euthanasie" gegen die Menschenwürde verstoße. Es gebe, da ist das alte Argument wieder, nur ein Recht zu leben, aber kein Recht zu sterben.[188] In Frankreich, Italien (hier hat das Verfassungsgericht interveniert) und Schweden ist zwar nicht die Beihilfe, aber die Anstiftung zur Selbsttötung strafbar[189], in England, Griechenland, den Niederlanden, Portugal, Rumänien, Spanien, der Slowakei, Tschechien und Ungarn[190] beides; unter infolge der Entscheidung des dortigen Verfassungsgerichtshofs vom 11.12.2020 inzwischen präzisierten Voraussetzungen weiterhin auch in Österreich.[191] Um eine selbständige Haupttat (und

---

Atemnot leidende Beschwerdeführerin wollte erreichen, dass ihr Mann nicht strafrechtlich belangt werde, wenn er ihr beim Sterben helfe und sie so vor einem qualvollen Tod bewahre. Sie war nicht mehr in der Lage, sich selbst das Leben zu nehmen. Das Gericht lehnte den Antrag ab; das englische Recht (vorige Fn.) verletze weder die Artt. 2, 3, 8 und 9 noch 14 EMRK. Das Recht auf Leben (Art. 2) schließe nicht das Recht ein zu sterben. Art. 3 (Verbot der erniedrigenden Behandlung) müsse in Einklang mit Art. 2 ausgelegt werden. Das Selbstbestimmungsrecht aus Art. 8 diene dem Schutz des Lebens; das generelle Verbot der Suizidhilfe sei nicht unverhältnismäßig. Der Fall habe keinen Bezug zur Glaubensausübung (Art. 9), und es handele sich auch nicht um eine Diskriminierung (Art. 14), weil es gerechtfertigt sei, wenn das Gesetz nicht zwischen Personen unterscheide, die körperlich in der Lage sind, Selbstmord zu begehen, und jenen, die dies nicht können. Die Grenze zwischen diesen Kategorien sei nämlich oft sehr schmal, und eine gesetzliche Ausnahme für diejenigen, die nicht in der Lage sind, sich das Leben zu nehmen, würde den von dem beanstandeten Gesetz angestrebten Schutz des Lebens aushöhlen. Kritisch zu der Entscheidung *Sperlich,* Suizidbeihilfe in der Rechtsprechung des EGMR, Rdnrn. 174–210 S. 144–180. Auch in *R (on the application of Nicklinson and another) (Appellants) v Ministry of Justice (Respondent)* [2014] UKSC 38, [2014] 3 WLR 200 blieb der Antrag eines Suizidwilligen, die Unvereinbarkeit der Strafbarkeit wegen Beteiligung am Suizid mit dem Recht auf Achtung des Privatlebens gem. Art. 8 EMRK festzustellen, vor dem Supreme Court ohne Erfolg. Der aufgrund eines Hirnschlags schwerbehinderte Antragsteller wollte mit einem Begleiter in die Schweiz reisen, um sein Leben mittels der dort zulässigen aktiven Sterbehilfe beenden zu lassen. Der Antragsteller wollte erwirken, dass die Unvereinbarkeit der Strafbarkeit seines Begleiters mit Art. 8 EMRK festgestellt werde. Wenngleich die Mehrheit der Supreme Court Justices einen Verstoß gegen Art. 8 EMRK ablehnte, forderten sie aber doch den Gesetzgeber dazu auf, die Rechtslage zu überprüfen.

[188] *Manoledakis,* Poiniká Chroniká 2004 S. 577. A. A. aber *Bidales,* Biodikaio: To prosopo, S. 107–110. Er bezieht sich zwar ebenso auf die Artt. 2(1) und 5(2) der gr. Verf., kommt aber zu dem genau gegenteiligen Ergebnis, dass die griechische Verfassung die Euthanasie grundsätzlich akzeptiere.

[189] Art. 223-13 franz. CP („Le fait de provoquer au suicide d'autrui est puni de trois ans d'emprisonnement et de 45 000 euros d'amende lorsque la provocation a été suivie du suicide ou d'une tentative de suicide"). Zu einer Strafverschärfung kommt es, wenn es sich bei dem Suizidenten um einen Minderjährigen unter 15 Jahren handelt. Schweden hat einen entsprechenden Tatbestand mit Kap. 4 § 7a(1) schwed, StGB zum 1.5.2021 eingeführt („Wer eine Person zur Selbsttötung anstiftet [*uppmanar*] oder sonst psychisch beeinflusst, wird wegen Anstiftung zur Selbsttötung [*uppmaning till självmord*] mit Freiheitsstrafe bis zu zwei Jahren bestraft, wenn die Tat geeignet ist, eine nicht unbeträchtliche Gefahr [*inte obetydlig fara*] zur Selbsttötung herbeizuführen"). Kap. 4 § 7a(2) a. a. O. lautet: „Wer eine in Kap. 4 § 7a(1) genannte Handlung begeht und nicht vorsätzlich, sondern fahrlässig die Umstände verursacht, die eine nicht unerhebliche Gefahr der Selbsttötung herbeiführen, wird wegen fahrlässiger Anstiftung zur Selbsttötung *(oaktam uppmaning till självmord)* zu einer Geldstrafe oder zu einer Freiheitsstrafe bis zu sechs Monaten verurteilt". Und Kap. 4 § 4b(9) verschärft: „Wer eine Person durch strafbare Handlungen verfolgt, die den Tatbestand der Anstiftung zur Selbsttötung oder der fahrlässigen Anstiftung zur Selbsttötung gemäß Kap. 4 § 7a(2) ausmacht, wird, wenn jede der Handlungen Teil einer wiederholten Verletzung der Integrität der Person war, wegen widerrechtlicher Verfolgung *(olaga förföljelse)* zu einer Freiheitsstrafe von höchstens vier Jahren verurteilt". Der Straftatbestand der „widerrechtlichen Verfolgung" hat Anwendungsvorrang (Prop. 2020/21:74, S. 26). Auch unter Art. 580 ital. CC ist heute nur noch die *istigazione al suicidio* strafbar. Bis 2019 erfasste dieser Tatbestand zwar auch die Beihilfe zum Suizid, doch hat C. Cost. 22.11.2019, Nr. 242, Rivista Italiana di Diritto e Procedura Penale 2019 S. 2158 diesen Teil des Gesetzes für verfassungswidrig und nichtig erklärt.

[190] Art. 191 rumän. StGB (mit Strafschärfungen, soweit es sich um Minderjährige verschiedener Altersstufen oder um geistig eingeschränkte Menschen handelt; auch ein ärztlich assistierter Selbstmord fällt unter diese Bestimmung. Siehe im Übrigen vorher Fn. 186.

[191] Unter § 78 österr. StGB a. F. („Wer einen anderen dazu verleitet, sich selbst zu töten, *oder ihm dazu Hilfe leistet*, ist mit Freiheitsstrafe von sechs Monaten bis zu fünf Jahren zu bestrafen") war auch die Hilfeleistung strafbar. Der kursivierte Text wurde aber von österr. VfGH 11.12.2020, G 139/2019-71 für verfassungswidrig erklärt. Die Formulierung sei zu weit und undifferenziert, weil sie ausnahmslos jede Form der Hilfeleistung unter Strafe stelle. Seit dem 1.1.2022 ist grundsätzlich nur noch die Verleitung zur Selbsttötung strafbar (§ 78 n.F.). Strafbar ist aber weiterhin die „physische Hilfeleistung" zur Selbsttötung

III. Der verfassungsrechtliche Rahmen der Unverfügbarkeit von Würde und Körper   § 2

nicht mehr um eine akzessorische Beihilfe) handelt es sich bei der strafbaren Werbung für Mittel und Methoden zur Selbsttötung und bei der geschäftsmäßigen Suizidhilfe.[192] Das deutsche Bundesverfassungsgericht hat die entsprechende Regelung in § 217 dt. StGB allerdings für verfassungswidrig und nichtig erklärt.[193] Das allgemeine Persönlichkeitsrecht umfasse „als Ausdruck persönlicher Autonomie ein Recht auf selbstbestimmtes Sterben". Es schließe die Freiheit ein, sich das Leben zu nehmen, und diese Freiheit wiederum umfasse „auch die Freiheit, hierfür bei Dritten Hilfe zu suchen und Hilfe, soweit sie angeboten wird, in Anspruch zu nehmen". Das Verbot der geschäftsmäßigen Förderung der Selbsttötung verenge die Möglichkeit einer assistierten Selbsttötung in einem solchen Umfang, dass dem Einzelnen faktisch kein Raum zur Wahrnehmung seiner verfassungsrechtlich geschützten Freiheit verbleibe. Ein entsprechender Vertrag ist deshalb nach den allgemeinen Regeln nicht länger nichtig.

Bei einer **Fremdtötung** wird gewöhnlich zwischen einerseits Mord bzw. Totschlag und andererseits Tötung auf Verlangen unterschieden. Immer liegt die Tatherrschaft beim Tötenden, auch bei der Tötung auf Verlangen. Die Tötung erfolgt hier aber auf das ausdrückliche und ernsthafte Drängen des Betroffenen.[194] Die Abgrenzung zwischen der Tötung auf Verlangen und der Beihilfe zur Selbsttötung wird freilich einigermaßen artifiziell und unscharf, sobald man annimmt, dass eine Tötung auf Verlangen auch durch das Unterlassen von Wiederbelebungsmaßnahmen begangen werden kann.[195] Die Unterschie-   **71**

Minderjähriger und nicht schwer erkrankter Erwachsener, außerdem die physische Hilfeleistung aus einem „verwerflichen Beweggrund".

[192] Obwohl die Beihilfe zum Suizid in Deutschland grundsätzlich straflos ist, war die „geschäftsmäßige" Suizidhilfe unter § 217 dt. StGB a. F. lange Zeit strafbar. „Die Geschäftsmäßigkeit (unterschied) sich … von der – hier nicht geforderten – Gewerbsmäßigkeit dadurch, dass sie nicht auf die fortlaufende Erzielung eines nicht nur unerheblichen Gewinns gerichtet sein muss. … Geschäftsmäßig im Sinne der Vorschrift handelt(e) daher, wer die Gewährung, Verschaffung oder Vermittlung der Gelegenheit zur Selbsttötung zu einem dauernden oder wiederkehrenden Bestandteil seiner Tätigkeit macht, unabhängig von einer Gewinnerzielungsabsicht und unabhängig von einem Zusammenhang mit einer wirtschaftlichen oder beruflichen Tätigkeit" (BT-Drs. 18/5373 S. 17). Art. 223-14 franz. CP und Art. 139 port. CP stellen die „Propaganda" (Werbung) für Mittel und Methoden zur Selbsttötung unter Strafe.

[193] BVerfG 26.2.2020, NJW 2020 S. 905. Dazu *Leitmeier*, NJW 2020 S. 2844 und *Hörnle*, JZ 2020 S. 872, 877. Ähnlich, wenn auch in anderem Zusammenhang, BVerfG 7.4.2022, FamRZ 2023 S. 157.

[194] Z. B. § 216 dt. StGB; Art. 300 gr. StGB; Art. 293(1) ndl. Sr (absichtliche Lebensbeendigung aufgrund des „ausdrücklichen und schwerwiegenden Wunsches" des Getöteten); Art. 579 ital. CC *(omicidio del consenziente);* Art. 293(1) ndl. Sr; § 77 österr. StGB; Art. 134 port. CP; Art. 346(4) span. CP und, besonders eindrucksvoll, Art. 190 rumän. StGB („Die Tötung, die auf ausdrücklichen, ernsten, bewussten und wiederholten Antrag des Opfers verübt wurde, das an einer unheilbaren Krankheit oder unter einer schweren, ärztlich bescheinigten Behinderung litt, die als Folge dauerhafte und schwer ertragbare Schmerzen hatte, wird mit einer Haftstrafe von 1 bis 5 Jahren bestraft"). Auch in England ist die (einverständliche) Fremdtötung von der Beteiligung an der Selbsttötung zu unterscheiden. Die Abgrenzung richtet sich auch hier nach dem Kriterium der (objektiven) Tatherrschaft über den unmittelbar lebensbeendenden Akt. Je nach Fallumständen ist die einverständliche Fremdtötung als *manslaughter* oder *murder* strafbar (i. d. R. dürfte *manslaughter* vorliegen, den man auch bei einem gemeinschaftlich vereinbarten Suizid vor sich hat, den einer der Beteiligten überlebt). S. bereits oben Fn. 186.

[195] BGH 3.7.2019, NStZ 2019 S. 666 z. B. betraf eine Frau, die seit ihrer Jugend unter einer zwar nicht lebensbedrohlichen, aber starke krampfartige Schmerzen verursachenden Darmerkrankung, einer nicht behandelbaren Harnwegsinfektion, Analfisteln und schweren psychischen Auffälligkeiten gelitten hatte. Ihr erschien ihr Leben nicht mehr lebenswert. Mehrere Suizidversuche waren gescheitert. Der Arzt versorgte sie mit den für einen Suizid notwendigen Tabletten, die sie selbst schluckte. Darüber informierte sie den Arzt per SMS. Er unternahm, als er sie zuhause komatös, aber noch lebend antraf, keinen Rettungsversuch mehr. Der BGH verneinte eine durch Unterlassen begangene Tötung auf Verlangen: „Die Garantenstellung des Arztes für das Leben seines Patienten endet, wenn er vereinbarungsgemäß nur noch dessen freiverantworteten Suizid begleitet". BGH 3.7.2019, NStZ 2019 S. 662, JZ 2019 S. 1042, Anm. *Hillenkamp,* also eine Entscheidung vom selben Tage, betraf eine Suizidbegleitung durch einen Arzt, der für die zwei zum Selbstmord entschlossenen Frauen ein entgeltliches Gutachten über die Ernsthaftigkeit ihres Suizidwunsches und ihre uneingeschränkte Einsichtsfähigkeit erstellt hatte. Das Gutachten hatten sie kurz vor ihrem Tod noch bezahlt. Es waren geistig rege Patientinnen, die mit einem für sie nicht mehr lebenswerten Lebensende rechnen mussten (drohende Erblindung u. a. m.). Sie zerkleinerten die Medikamente, die sie sich selbst besorgt hatten, und lösten sie mit der Hilfe des Arztes auf. Dann tranken sie die Flüssigkeit und schliefen ein. Der Arzt unternahm keine Rettungsbemühungen, auch

de zwischen den nationalen Strafrechtsordnungen sind offenbar geringer, als es auf der Oberfläche der Regelbildung scheint. Wer nicht mehr von eigener Hand sterben kann, ist eben auf die Hilfe einer fremden Hand angewiesen.[196] Das italienische Verfassungsgericht erlaubt es einem solchen Patienten, einen Antrag auf medizinisch unterstützten Selbstmord *(suicidio medicalmente assistito)* zu stellen und erlaubt damit die indirekte ärztliche Sterbehilfe, wenn der Patient in der Lage ist zu verstehen und einen freien Willen zu fassen und zu äußern und es sich um eine irreversible Erkrankung handelt, die zu schweren körperlichen oder geistigen Leiden führt.[197] Vor diesem Hintergrund erklärt sich auch der uneinheitliche Gebrauch des Wortes **Euthanasie.** Sprachlich steht es für eine Erleichterung des Sterbens, für einen schönen oder „guten Tod".[198] Die zynischen NS-Schergen der Mitte des 20. Jahrhunderts hatten es allerdings zur Verdeckung ihrer Morde benutzt: der Morde an kranken Menschen. Die Artt. 1 und 2(2) dt. GG sind eine direkte Antwort auch auf dieses Geschehen. Die Würde jedes Menschen ist unverletzlich; es ist Aufgabe aller staatlichen Gewalt, jede Erscheinungsform menschlichen Lebens zu schützen. Personsein hängt nicht vom Gesundheitszustand ab. Der Staat hat sowohl für die Würde als auch für das Leben der in seinem Einflussbereich lebenden Menschen eine Schutzpflicht; folglich sind beide, Würde und Leben, nicht nur staatlicher, sondern auch privater Willkür entzogen.[199] Niemand darf sich zum Herrn über Leben und Tod eines anderen aufwerfen, auch nicht mit dessen Einwilligung oder als dessen „Vertreter", und es spielt auch keine Rolle, ob es sich um einen gesunden Erwachsenen oder um ein krankes Neugeborenes handelt.[200] Das

---

deshalb nicht, weil er wusste, dass sie bestenfalls mit einer schweren Hirnschädigung noch hätten überleben können. Alle Schritte waren schriftlich dokumentiert. Der BGH verneinte erneut eine Strafbarkeit wegen einer durch Unterlassen begangenen Tötung auf Verlangen: „Angesichts der gewachsenen Bedeutung der Selbstbestimmung des Einzelnen auch bei Entscheidungen über sein Leben kann in Fällen des freiverantwortlichen Suizids der Arzt, der die Umstände kennt, nicht mit strafrechtlichen Konsequenzen verpflichtet werden, gegen den Willen des Suizidenten zu handeln".

[196] In *Pretty vs. Großbritannien und Nordirland* (Fn. 187) z. B. könnte es sich sowohl um die Freigabe der Beihilfe zur Selbsttötung als auch um die Freigabe einer Tötung auf Verlangen gehandelt haben. Das Letztere ist sogar wahrscheinlicher, weil die kranke Antragstellerin sich nicht mehr selbst aus ihrer Notlage befreien konnte.

[197] Corte Cost. 22.11.2019, Nr. 242, Guida al diritto 2020, 3, S. 54. Siehe dazu *Carapezza Figlia*, Rass.dir.civ. 2019 S. 580; *Gentile*, Foro it. 2019 S. 1888 und *Falletti*, Famiglia e diritto 2019 S. 229. Siehe ferner Trib. Ancona 9.6.2021, De Jure Datenbank (Anspruch gegen die zuständige öffentliche Gesundheitseinrichtung bejaht, unter Einschaltung der Ethikkommission eine Überprüfung und ggf. Bestätigung der Voraussetzungen für die Verschreibung eines schnell und schmerzfrei wirkenden tödlichen Medikaments zu erhalten; liegt die Bestätigung vor, handelt es sich bei der Verschreibung des Medikaments nicht um eine strafbare Beihilfe zur Selbsttötung).

[198] Euthanasie leitet sich ab aus griech. ευθανασία (euthanasía) (eu: gut, schön, und Θάνατος [thánatos]: Tod).

[199] Statt vieler BVerfG 8.8.2019, NJW 2019 S. 2995 (hier sogar mit dem Ergebnis, dass „die grundrechtliche Schutzpflicht aus Art. 2(2) Satz 1 GG … dazu führen (kann), dass ein Zwangsversteigerungsverfahren … eingestellt wird, wenn die ernsthafte Gefahr besteht, dass der Vollstreckungsschuldner sich wegen des Eigentumsverlusts an dem Grundstück umbringt").

[200] Eindrucksvoll LG Berlin 19.11.2019, 532 Ks 7/16. Zwei Gynäkologen hatten in einer Kaiserschnittgeburt einen gesunden eineiigen Zwilling entbunden, die kranke Zwillingsschwester aber anschließend im geöffneten Mutterleib mit Kaliumchlorid getötet. Die Föten hatten sich eine Plazenta teilen müssen (sog. fetofetales Transfusionssyndrom). Bei dem Mädchen lag eine schwere Gehirnschädigung vor, weshalb die Mutter es schon früh hatte abtreiben lassen wollen, was aber wegen des damit verbundenen Risikos für den gesunden Zwilling nicht möglich gewesen war. Von dem Mädchen ging zu keiner Zeit eine Gefahr für den Jungen aus. Zwar ist unter § 218a(2) dt. StGB ein Schwangerschaftsabbruch noch bis kurz vor der Geburt erlaubt, wenn ein Arzt zu der Überzeugung gelangt, dass die Schädigung des Kindes eine unzumutbare physische oder psychische Belastung für die Mutter darstellt. Letzteres hatten die Ärzte bejaht. Je später ein selektiver Fetozid erfolgt, umso geringer ist die Gefahr für den gesunden Zwilling. Hier aber handelte es sich nach Überzeugung des Gerichts nicht mehr um eine „Leibesfrucht" (der Umstand, dass die Geburt noch nicht vollendet war, ist für die strafrechtliche Beurteilung nicht wichtig, weil es für sie auf das Einsetzen der Eröffnungswehen ankommt: BGH 7.12.1983, NJW 1984 S. 674). Folglich verurteilte das Gericht die Angeklagten wegen gemeinschaftlich begangenen Totschlags. BGH 11.11.2020, BeckRS 2020, 36848 hat die Entscheidung des LG Berlin bestätigt. Damit wurde zum ersten Mal höchstrichterlich geklärt, wann bei einem Kaiserschnitt die Geburt und damit im strafrechtlichen Sinn das Leben beginnt, nämlich dann, wenn die Gebärmutter zu dem Zweck geöffnet wird, den Foetus

Wort „Euthanasie" hat allerdings bis heute eine oft negative Konnotation beibehalten. Dann wird es i. S. einer sog. „aktiven Sterbehilfe" verwandt, also als Ausdruck für ein strafbares Tötungsdelikt, gleich, ob es im Näheren als Mord, Totschlag oder Tötung auf Verlangen zu qualifizieren ist.

So verhält es sich insbesondere in Dänemark, Finnland, Schweden und Griechenland. In allen drei nordischen Ländern ist die *eutanasi* als Tötungsdelikt strafbar: § 237 dän. Lov om ikrafttraeden af borgerlig straffelov; Kap. 21 §§ 1 und 2 finn. Rikoslaki und Kap. 3 §§ 1 und 2 schwed. BrB. Auch in Griechenland fällt die „aktive" Euthanasie unter den Straftatbestand der Menschentötung mit Vorsatz (Art. 299 gr. StGB). Jedermann, auch einem Arzt, ist die aktive Sterbehilfe untersagt, auch wenn sie mit Zustimmung des Patienten erfolgt.[201] In England und Wales liegt es ebenso. Die (einverständliche) Fremdtötung ist entweder als *manslaughter* oder als *murder* strafbar. Das gilt auch für die Euthanasie, mit der im englischen Sprachgebrauch gemeinhin die Fremdtötung zwecks Beendigung eines (irreversiblen) Leidens des Getöteten assoziiert wird. Sowohl die einverständliche als auch die nicht einverständliche Euthanasie (z. B. bei Patienten in dauerhaft komatösem Zustand) sind strafbar.[202] Für Frankreich und Belgien definiert *Leleu* Euthanasie als „le fait d'administrer intentionnellement la mort à autrui à sa demande".[203] Euthanasie wäre dann nur ein anderes Wort für eine Tötung auf Verlangen. Ähnlich deutet man das Wort im strafrechtlichen Schrifttum Portugals.[204]

Will man sich nicht von diesem betont engen und zugleich historisch belasteten Verständnis von Euthanasie irritieren lassen, benutzt man besser **Sterbehilfe,** wenn man ein Wort für Assistenz bei einem eigenverantworteten, nicht fremder Hand zurechenbaren Sterben sucht.[205] Auch dann kann man es aber immer noch mit einer großen Bandbreite von Sachverhalten zu tun haben. Vergleichsweise unproblematisch ist (i) die Form der (indirekten) Sterbehilfe, bei der es sich um eine bloße **Schmerzbehandlung** in der Palliativmedizin handelt, die einem Sterbenden das „Hinüberdämmern" erleichtern soll und deshalb auch dann erlaubt wird, wenn mit ihr als unbeabsichtigte, aber unvermeidliche Nebenfolge eine Lebensverkürzung einhergeht.[206] Einen zwingenden Grund, diese Form

72

---

dauerhaft vom Mutterleib zu trennen (also nicht, wenn der Uterus zu dem Zweck geöffnet wird, den Foetus chirurgisch zu behandeln und den Uterus anschließend wieder zu verschließen).

[201] *Bidalis*, Biodikaio I: To prosopo, S. 102. (In der griechischen Rechtsprechung findet der Begriff Euthanasie bislang sogar ausschließlich für Fälle des Einschläferns von Tieren Verwendung).

[202] Vorher Fn. 187.

[203] *Leleu,* Droit des personnes et de la famille³, S. 133 Rdnr. 109. Das entspricht dem Wortlaut von Art. 2 des belg. Gesetzes vom 28.5.2002 (Loi du 28 mai 2002 relative à l'euthanasie, Belgisches Amtsblatt 22.6.2002, Nr. 28515) („il y a lieu d'entendre par euthanasie l'acte, pratiqué par un tiers, qui met intentionnellement fin à la vie d'une personne à la demande de celle-ci").

[204] Figueiredo Dias (-*Figueiredo Dias*), Comentário Conimbricense do CP, Anm. § 11 zu Art. 133, S. 52. Der Autor verweist auf die Sonderregeln zur Tötung auf Verlangen (Art. 134 port. CP) und insbesondere zu der sog. „privilegierten Tötung" in Art. 133 port. CP („Wer unter dem Einfluss einer nachvollziehbaren starken Emotion, aus Mitleid, Verzweiflung oder aus einem sozial oder moralisch wertvollen Grund eine andere Person tötet, wird, wenn diese Umstände seine Schuld erheblich mindern, mit Freiheitsstrafe von einem Jahr bis 5 Jahren bestraft").

[205] Statistisches Material zur Sterbehilfe in den europäischen Ländern findet sich auf der Internetseite des Europarates: https://www.coe.int/en/web/bioethics/end-of-life.

[206] Das kommt sehr deutlich in der Empfehlung Nr. 1418/1999(1) der europäischen Parlamentarischen Versammlung betr. den Schutz der Menschenrechte und der Würde todkranker und sterbender Menschen zum Ausdruck (Official Gazette of Europe, Juni 1999, S. 36–39). Art. 9(a)(viii) lautet: „Aus diesem Grund empfiehlt die parlamentarische Versammlung dem Ministerrat, die Mitgliedstaaten des Europarates dazu anzuhalten, die Würde von Todkranken oder Sterbenden in jeder Hinsicht zu achten und zu schützen" durch die „Sicherstellung, dass todkranke oder sterbende Personen, außer wenn sie es anders wünschen, angemessene Schmerzlinderung und Palliativpflege erhalten, selbst wenn diese beim betreffenden Individuum zu einer Lebensverkürzung beitragen". Vielfach ist in diesem Zusammenhang auch von „indirekter Sterbehilfe" die Rede. Gemeint ist die Behandlung mit Schmerzmitteln, deren Nebenwirkung in einer Verkürzung des Lebens des Patienten besteht. Sie darf nach einem Gutachten des staatlichen Medizinethikrates des Königreichs Schweden (Statens medicinsk-etiska råd, *Smer*) das Leben des Patienten verkürzen, wenn die Behandlung im Einklang mit Forschung und bewährter Praxis steht, das Risiko der Lebensverkürzung in einem hinnehmbaren Verhältnis zu dem angestrebten Behandlungsziel steht und eine Schmerzbehandlung auf andere Weise nicht zu erreichen ist. Die Lebensverkürzung darf nicht das Ziel der Behandlung sein; es muss sich um eine unvermeidliche Risikoverwirklichung handeln. Kräftige

der Sterbehilfe medizinischem Personal oder gar Ärzten vorzubehalten, gibt es, genau besehen, nicht.[207] Es geht immer nur darum, Missbrauch und Beweisschwierigkeiten zu vermeiden. (ii) Sterbehilfe in Gestalt einer **Sterbebegleitung** liegt vor, wenn ein Arzt oder eine dem Suizidenten nahestehende Person bis zur letzten der für die Selbsttötung erforderlichen Handlung an der Seite des Betroffenen bleibt, aber nicht interveniert und seinen Wunsch respektiert, nicht mehr wiederbelebt zu werden. Der Leidende beschleunigt seinen eigenen Tod, und der Arzt akzeptiert diesen Entschluss. Auch das ist nach richtiger Ansicht straflos, weil es das seine Würde prägende Selbstbestimmungsrecht des Patienten stärkt.[208] (iii) Sterbehilfe in Gestalt eines **Behandlungsabbruchs** wird oft ungenau „passive Sterbehilfe" genannt. Ein Behandlungsabbruch ist auf Wunsch des Patienten grundsätzlich jederzeit möglich; niemand, der sich rechtsgeschäftlich verbindlich äußern kann, darf außerhalb besonderer Gewaltverhältnisse gegen seinen Willen behandelt werden.[209] Alles andere wäre eine Verletzung des Selbstbestimmungsrechts des Patienten und seines Rechts auf Pri-

---

Überdosierungen sind zu vermeiden (*Smer,* Dödshjälp – En kunskapssammanställning, Rapport 2017:2 [Bericht über assistiertes Sterben], http://www.smer.se/wp-content/uploads/2017/11/Smer-2017.2-D%C3%B6dshj%C3%A4lp-En-kunskapssammanst%C3%A4llning.pdf. Näher dazu *Rynning,* in: Rynning (Hrsg.), Liv och död; livsuppehållande behandling från början till slut, S. 86, 111–112. BGH 25.6.2010, BGHSt 55 S. 191 kommt im Wesentlichen zu demselben Ergebnis (zu Unrecht kritisch dazu *Ehmann,* Die strafrechtliche Bewertung der Sterbehilfe im deutsch-ungarischen Vergleich, S. 41–45, der für das ungarische Recht unter Hinweis auf § 129 des ungar. Gesundheitswesengesetzes aber zu demselben Ergebnis kommt wie der BGH: *Ehmann,* JURA 2016 S. 25).

[207] Ähnlich BGH 26.5.2020, JR 2021 S. 453, m. Anm. *Valerius:* „Die Grundsätze der Rechtfertigung von Maßnahmen zur Ermöglichung eines schmerzfreien Todes sind nicht ausnahmslos auf Handlungen durch einen Arzt oder aufgrund ärztlicher Anordnung beschränkt". Der Fall betraf einen Altenpfleger, der einem an Lungenkrebs im Endstadium leidenden Patienten, mit dessen Sterben jederzeit zu rechnen war, zur Linderung seiner Qualen eine höhere Dosis Morphin gespritzt hatte, als ärztlich verschrieben. Der Patient verstarb dreieinhalb Stunden später an seinem Krebsleiden. Die Morphininjektion war nicht todesursächlich. Der BGH rügte, dass es die Strafkammer unterlassen habe zu prüfen, ob die Körperverletzung durch eine mutmaßliche Einwilligung gerechtfertigt war.

[208] BGH 3.7.2019, NStZ 2019 S. 662, JZ 2019 S. 1042 (oben Fn. 195).

[209] Das folgt z. B. aus Art. 5(1) der Oviedo Konvention (Fn. 35) und aus Art. 8(1) EMRK (Privatleben), der einer Person auch das Recht geben soll zu entscheiden, wie und zu welchem Zeitpunkt ihr Leben beendet werden soll (EGMR 19.7.2012, 497/09, *Koch vs. Deutschland,* NJW 2013 S. 2953, 2955 Rdnr. 52), außerdem aus mehreren nationalen Gesetzen, z. B. aus Art. 2(4) des span. Gesetzes 41/2002 über die Autonomie des Patienten und über Rechte und Pflichten im Bereich der klinischen Information und Dokumentation (BOE 274 vom 15.11.2002). Abgesehen von den im Gesetz bestimmten Fällen hat jeder Patient das Recht, die Behandlung abzulehnen. Die Ablehnung soll schriftlich erfolgen. Unter Art. 36(2) des span. Verhaltenskodex für Mediziner (Código de Deontología Médica, www.cgcom.es) soll der Arzt keine diagnostischen oder therapeutischen Handlungen durchführen, die dem Patienten nicht nützlich sind und keine Besserung erhoffen lassen. Der Arzt soll auch den Willen des Patienten berücksichtigen, nicht behandelt zu werden, obwohl die Behandlung die Lebensdauer verlängern kann. Schließlich soll der Arzt, wenn der Patient infolge seines Zustands nicht mehr entscheiden kann, frühere Aussagen des Patienten sowie die Meinung der für ihn verantwortlichen Personen beachten. Unter Art. 36(3) a. a. O. bleibt es dem Arzt aber untersagt, absichtlich den Tod eines Patienten zu verursachen, selbst auf sein ausdrückliches Verlangen. Das Recht auf Ablehnung einer Behandlung ist auch in § 20 des ungar. Gesetzes über das Gesundheitswesen geregelt. Ausnahmen betreffen Situationen, in denen ein Behandlungsabbruch das Leben oder die körperliche Integrität Dritter gefährden würde. Die Entscheidung über den Behandlungsabbruch soll allerdings, wenn er schwerwiegende gesundheitliche Konsequenzen hat, schriftlich, am besten in notarieller Urkunde festgelegt, andernfalls vor zwei Zeugen erklärt werden. Der Abbruch lebenswichtiger Behandlungen soll nur erlaubt sein, wenn es sich um eine unheilbare Krankheit handelt, die in kurzer Zeit zum Tode führt, und wenn drei Ärzte die Entscheidung des Patienten für den Behandlungsabbruch dokumentieren und der Patient noch drei Tage darauf wiederholt und in Anwesenheit zweier Zeugen auf einem Behandlungsabbruch besteht. Das ist angesichts der denkbar schwierigen Umstände einer solchen Situation ein geradezu inhumaner bürokratischer Aufwand. Sehr bedenklich ist die Regel in § 20(6) a. a. O., wonach eine Schwangere keinen Abbruch lebenserhaltender Maßnahmen verlangen kann, wenn von ihr erwartet wird, dass sie das Kind noch austragen kann. Unter § 1906a dt. BGB (§ 1832 n. F.) kommt eine Zwangsbehandlung gegen den „natürlichen" (im Gegensatz zu dem Geschäftsfähigkeit voraussetzenden rechtsgeschäftlich verbindlichen) Willen eines Patienten nur nach Einwilligung des Betreuers [unter engen Voraussetzungen auch des Bevollmächtigten] und grundsätzlich nur aufgrund einer Genehmigung des Betreuungsgerichts in Betracht. In Schweden kann ein Patient jederzeit in einen Behandlungsabbruch einwilligen (Prop. 1981/82:97, S. 118 und Prop. 2013/14:106,

vatleben.²¹⁰ Es macht keinen Unterschied, ob er zur Verlängerung seines Lebens auf die Behandlung angewiesen ist, auch nicht, ob er an einer Erkrankung leidet, die heilbar ist. Problematisch ist ein Behandlungsabbruch nur, wenn ein Patient ihn seines aktuellen Gesundheitszustandes wegen nicht mehr erzwingen kann. Hier muss man wiederum unterscheiden. Entweder liegen überhaupt keine Informationen über den Patientenwillen vor, oder sie datieren auf einen früheren Zeitpunkt zurück. Im besten Falle hat der Patient seinen Willen bereits vor dem Eintritt der Notlage schriftlich fixiert. Dann spricht man von einer **Patientenverfügung.** Das Wort ist allerdings unglücklich gewählt, weil eben niemand über seinen Körper oder gar sein Leben „verfügen" kann.

Besonders ausführlich geregelt ist das Recht der Patientenverfügung in **Deutschland.** Unter § 1901a BGB (§ 1827 i. d. F. ab 1.1.2023)²¹¹ prüft der Betreuer, ob eine schriftliche Festlegung, die ein einwilligungsfähiger Volljähriger für den Fall seiner Einwilligungsunfähigkeit getroffen hat, auf die aktuelle Lebens- und Behandlungssituation zutrifft. Ist dies der Fall, hat der Betreuer dem Willen des Betreuten Ausdruck und Geltung zu verschaffen. Fehlt eine Patientenverfügung oder treffen ihre Festlegungen nicht auf die aktuelle Lebens- und Behandlungssituation zu, „hat der Betreuer die Behandlungswünsche oder den mutmaßlichen Willen des Betreuten festzustellen und auf dieser Grundlage zu entscheiden, ob er in eine ärztliche Maßnahme … einwilligt oder sie untersagt. Zu berücksichtigen sind insbesondere frühere mündliche oder schriftliche Äußerungen, ethische oder religiöse Überzeugungen und sonstige persönliche Wertvorstellungen des Betreuten". Die Patientenverfügung kann sowohl als Sonderform einer Einwilligung als auch als Untersagung formuliert sein, die den Betreuer (oder eine bevollmächtigte Person: § 1901a(6) dt. BGB²¹², § 1827(6) n. F.) dazu verpflichten, ihrem Prüfauftrag nachzukommen. Das betrifft auch die Ablehnung lebenserhaltender Maßnahmen. Denn das ist geradezu der Normalfall einer Patientenverfügung²¹³ und lässt sich auch an § 1901a(3) dt. BGB (§ 1827(3) n. F.) ablesen, wonach die getroffenen Regelungen „unabhängig von Art und Stadium einer Erkrankung des Betreuten" gelten. Die Willensäußerung muss sich auf „bestimmte" medizinische Maßnahmen und Erkrankungen beziehen, was dazu führt, dass allgemein gehaltene Erklärungen („Ich wünsche keine intensivmedizinischen Maßnahmen") nicht genügen.²¹⁴ Allerdings kann nur vorausgesetzt werden, „dass der Betroffene umschreibend festlegt, was er in einer bestimmten Lebens- und Behandlungssituation will und was nicht. Maßgeblich ist nicht, dass der Betroffene seine eigene Biografie als Patient voraussieht und die zukünftigen

73

S. 56–57) Das folgt aus dem verfassungsrechtlich gewährleisteten Selbstbestimmungsrecht (Kap. 2 § 6 schwed. RF). In der offenen Gesundheitsversorgung ist eine Zwangsbehandlung nicht gestattet.

[210] *Husabø*, Rett til sjølvvalt livsavslutning?, S. 612 (es ginge in einer solchen Situation nicht um ein vermeintliches Recht zu sterben, sondern um die Sicherstellung der Autonomie und der Integrität des Privatlebens).

[211] § 1901a BGB wurde eingefügt durch das Dritte Gesetz zur Änderung des Betreuungsrechts vom 29.7.2009, BGBl. I S. 2286. BGH 17.3.2003, NJW 2003, S. 1588, 1591 hatte allerdings die Patientenverfügung schon vorher anerkannt („Liegt eine solche Willensäußerung, etwa – wie hier – in Form einer so genannten „Patientenverfügung", vor, bindet sie als Ausdruck des fortwirkenden Selbstbestimmungsrechts, aber auch der Selbstverantwortung des Betroffenen den Betreuer; denn schon die Würde des Betroffenen (Art. 1 I GG) verlangt, dass eine von ihm eigenverantwortlich getroffene Entscheidung auch dann noch respektiert wird, wenn er die Fähigkeit zu eigenverantwortlichem Entscheiden inzwischen verloren hat"). Ab 1.1.2023 handelt es sich ohne inhaltliche Änderungen um § 1827 dt. BGB i. d. F. des Gesetzes vom 4.5.2021 zur Reform des Vormundschafts- und Betreuungsrechts (siehe dazu BT-Drs. 19/24445 S. 260).

[212] Mit Recht bemerkt MünchKomm (-*Schwab*), BGB⁷, § 1901a Rdnr. 2, dass es sich bei der Patientenverfügung um eine Materie des „allgemeinen Persönlichkeits- und Medizinrechts" handele. Sie mag zwar meistens im Kontext einer Betreuung relevant werden, ist aber nicht einmal darauf beschränkt, weil sie eben auch für Fälle einer Bevollmächtigung gedacht ist. Der Standort der Regelung ist ein weiterer Beleg dafür, dass im dt. BGB eine kohärente Regelung des allgemeinen Personenrechts fehlt.

[213] *Schwab* a. a. O. Rdnr. 24: „Darin liegt in der Regel der eigentliche Sinn der Patientenverfügung, die auf die Vermeidung sinnlosen Leidens durch die technischen Möglichkeiten der modernen Medizin ausgerichtet zu sein pflegt".

[214] BT-Drs. 16/8442 S. 15; BGH 6.7.2016, DNotZ 2017 S. 199, 208 Rdnr. 47.

Fortschritte in der Medizin vorwegnehmend berücksichtigt".[215] Eine Untersagung setzt (anders als eine Einwilligung) zu ihrer Wirksamkeit keine vorherige ärztliche Aufklärung voraus.[216] Ohne Genehmigung des Familiengerichts ist unter § 1904(4) dt. BGB (§ 1829(4) n. F.) ein Behandlungsabbruch nur möglich, wenn zwischen Betreuer bzw. Bevollmächtigtem und dem behandelnden Arzt Einvernehmen darüber besteht, dass der Behandlungsabbruch dem Willen des Betreuten entspricht. Der Arzt kann in Zweifelsfällen mithin einen „künstlichen Dissens" herbeiführen, um eine Überprüfung durch das Familiengericht einzuleiten.[217] Handelt ein Arzt gegen den in einer Patientenverfügung geäußerten Willen und setzt die künstliche Ernährung eines unheilbar kranken Menschen fort, so begründet das möglicherweise (die Frage ist nicht abschließend entschieden) eine Pflichtverletzung, aber in Ermangelung eines Schadens weder einen Anspruch auf materiellen noch auf immateriellen Ersatz.[218] Ob vor einer Entscheidung über eine Maßnahme zwingend ein Betreuer bestellt werden muss, ist umstritten.[219] Unter dem Gesichtspunkt des Würde- und des Lebensschutzes ist nicht zuletzt § 1901a(5) dt. BGB (§ 1827(5) n. F.) relevant, wonach niemand zur Errichtung einer Patientenverfügung verpflichtet und wonach das Vorhandensein einer Patientenverfügung auch nicht zur Bedingung eines Vertragsschlusses gemacht werden kann. So wird z. B. verhindert, dass Krankenversicherungen oder Altenheime günstigere Tarife für Personen mit Patientenverfügung anbieten.[220]

74 Eine ähnliche, aber keineswegs in allen Einzelheiten identische Regelung findet sich in § 22 des **ungarischen** Gesetzes über das Gesundheitswesen. „A person with full disposing capacity may refuse in a public deed, for the event of his eventual subsequent incapacity, (a) certain examinations and interventions defined in Subsection (1) of § 20, (b) interventions defined in Subsection (3) of § 20, and (c) certain life-supporting or life-saving interventions if he has an incurable disease and as a consequence of the disease is unable to care for himself physically or suffers pain that cannot be eased with appropriate therapy. (2) A person with full disposing capacity may name in a public deed, for the event of his eventual subsequent incapacity, the person with full disposing capacity who shall be entitled to exercise the right defined in Subsection (1) in his stead. (4) In the case of a declaration of refusal of a medical intervention made by a person with full disposing capacity in keeping with Subsection (2), the committee defined in Subsection (4) of § 20 shall make a declaration on (a) whether the conditions set out in Subsection (1) exist, and (b) whether the person defined in Subsection (2) has made the decision in cognizance of its consequences". Das **tschechische** Gesetz über die Gesundheitsdienste und die Bedingungen für deren Gewährleistung[221] nennt die Patientenverfügung *dříve vyslovené přání,* den „früher ausgesprochenen Wunsch". Er muss nicht nur in schriftlicher Form vorliegen, vielmehr muss auch die Unterschrift des Patienten amtlich beglaubigt sein. Die Möglichkeit, einen frühen Wunsch auszusprechen, steht nur einem geschäftsfähigen Erwachsenen offen (§ 36(6) a. a. O.). Nötiger Bestandteil der Patientenverfügung ist eine gleichfalls unterschriebene hausärztliche Belehrung (§ 36(3) a. a. O.). Nicht (mehr) wirksam ist die Patientenverfügung unter § 36(5) a. a. O. u. a. dann, wenn sie vor sehr langer Zeit verfasst wurde, die Medizin rasche Fortschritte gemacht hat und man vermuten kann, dass der Patient der neueren Behandlungsmethode zugestimmt hätte, außerdem dann, wenn die Patientenverfügung den Arzt zu einer aktiven Tötung veranlassen soll oder Dritte in Gefahr bringen könnte. Nicht wirksam sind auch pauschale Wünsche („keine Reanimation", „keine Medikamente").[222]

---

[215] BGH 17.9.2014, NJW 2014 S. 3572, 3576 Rdnr. 29.
[216] BT-Drs. 16/8442 S. 14.
[217] Spickhoff (-*Spickhoff*), Medizinrecht³, BGB § 1901a Rdnr. 14.
[218] BGH 2.4.2019, NJW 2019 S. 1741 (oben § 1 Fn. 102), bestätigt durch BVerfG 7.4.2022, FamRZ 2023 S. 157.
[219] Einzelnachweise bei *Schwab* a. a. O. Rdnr. 35. Siehe auch *Gabriele Müller*, DNotZ 2010 S. 169, 174.
[220] *Spickhoff* a. a. O. Rdnr. 18; BT-Drs. 16/13314 S. 20.
[221] Zákon o zdravotních službách a podmínkách jejich poskytování; Gesetz Nr. 372/2001 Gbl.
[222] Lavický (-*Tůma*), Občanský zákoník I, S. 572.

III. Der verfassungsrechtliche Rahmen der Unverfügbarkeit von Würde und Körper § 2

Die schwierigste und zugleich umstrittenste Situation ist (iv) die, in der ein (z. B. durch 75 weit fortgeschrittene Demenz) willensbildungsunfähig gewordener Patient medizinisch gar nicht mehr „behandelt", sondern nur noch gepflegt werden kann, aber unheilbar an unerträglichen Zuständen leidet und genau für diese Situation noch in freier Selbstbestimmung vorsorgend und eindringlich seinen Sterbewillen bekundet hat, ihn aber nun nicht mehr in die Tat umsetzen kann. Den letzten Schritt muss ein Arzt gehen, der sich zuvor sorgfältig mit anderen Ärzten und den nahen Angehörigen beraten hat.[223] Man hat es dann mit einem Spezialfall der Tötung auf Verlangen zu tun. Es geht nicht um einen Behandlungs- sondern um einen Pflegeabbruch. Er vollzieht sich zwar durch aktives Töten, dient aber unter Beachtung von Verfahrens- und Sorgfaltsnormen der Beendigung von schwerstem Leid. Man hat es, anders als in der Grundform der Tötung auf Verlangen, mit einem Akt ärztlicher Fürsorge zu tun. Der Patient nutzt seine Situation nicht dazu, andere zum Werkzeug seines Todeswunsches zu machen; dazu ist er gar nicht mehr in der Lage, auch wenn er es sich in noch gesundem Zustand erhofft hat. Der früher geäußerte Sterbenswunsch ist jetzt nur noch ein Indikator dafür, dass das Leiden wirklich unerträglich geworden ist. Einer solchen Situation wird man nicht gerecht, wenn man sie auf den Disput über das Vorhandensein oder die Abwesenheit eines „Rechts auf Sterben" reduziert. Leben und Sterben sind keine Bezugspunkte subjektiver Privatrechte, die der Verfügungsmacht des Einzelnen unterliegen. Der Suizident handelt, wenn und soweit kein anderer beteiligt ist, nicht in Wahrnehmung eines subjektiven Rechts, sondern gänzlich außerhalb der Rechtsordnung. Denn eine Rechtsregel setzt immer das Vorhandensein von wenigstens zwei Personen voraus. Frühere Normen, die auch den Suizid unter Strafe stellten, mussten ihn deshalb immer erst künstlich „in die Rechtsordnung hineinholen", indem sie eine Lebenspflicht gegenüber der Krone, dem Staat oder gar gegenüber Gott erfanden.[224] Heute ist der Suizid nur noch und bestenfalls dann ein rechtlich relevantes Geschehen, wenn ein Anstifter oder ein Gehilfe an ihm beteiligt ist. Im Recht des assistierten Sterbens bewegt man sich aus demselben Grunde innerhalb der Rechtsordnung; auch hier ist notwendig ein zweiter Mensch beteiligt. Auch er „verfügt" aber nicht über Leben, weil ein verfügungsfähiges subjektives Privatrecht dieses Inhalts gar nicht existiert. Ob das Leben überhaupt ein absolut geschütztes Gut (oder Recht) des Privatrechts ist, ist ohnehin offen. Deliktsrechtlich ist es das i. d. R. nicht[225], und für das Recht des vorbeugenden Rechtsschutzes wird es so gut wie nie benötigt.[226] Für unsere Zwecke ist das aber unerheblich. Denn Leben, auch das eigene Leben, ist jedenfalls kein disponibles subjektives Recht, schon gar nicht des Privatrechts. Folglich führen alle Erörterungen, ob aus dem verfassungs- und menschenrecht-

---

[223] HR 21.4.2020, ECLI:NL:HR:2020:712, NJB 2020 S. 1151 (dazu in deutscher Sprache *Hörnle*, JZ 2020 S. 872 und *Hillgruber*, JZ 2020 S. 1159) hat in dieser Situation die Ärztin freigesprochen. Die Patientin hatte, solange sie nach ihrer eigenen Formulierung noch *wilsbekwaam* (willensbildungsfähig) war, schriftlich und begründet niedergelegt, im Falle ihrer Demenz unter keinen Umständen in ein Pflegeheim eingeliefert zu werden. Sie hatte später immer wieder, bis zu zwanzigmal täglich, betont, sterben zu wollen, und sie litt am Ende den Großteil des Tages an Unruhe, Stress, Angst, Traurigkeit, Wut und Panik. Die Ärztin, die den Sterbewillen der Patientin vollzogen hatte, hatte allen Anforderungen des niederländischen Gesetzes über die Sterbehilfe (Wtl) entsprochen.

[224] Oben Fn. 182. Völlig vom Tisch sind Argumente in diese Richtung bemerkenswerter Weise aber immer noch nicht. *Manoledakis*, PoinChr. 2004 S. 577 rechtfertigt die sehr strikte Haltung des griechischen Rechts gegen jede Form der Sterbehilfe mit der (m. E. schon in sich verfehlten) Begründung, es dürfe kein Recht zum Sterben geben, weil die Rechtsordnung ein Interesse an der Beibehaltung des Lebens habe. Denn wenn die Menschen aufhörten zu existieren, hörte auch die Gesellschaft auf zu existieren. Eine Person dürfe ihr Leben folglich nicht vernichten. Ähnlich sogar *Apostolos S. Georgiades*, To dikaioma ston thanato, S. 116. Der Inhalt eines Rechts auf einen würdigen Tod sei unklar und zweifelhaft. Ein „Recht zur Selbstzerstörung" würde „offensichtlich" dem sozialen, wirtschaftlichen und politischen Zweck des Rechts widersprechen.

[225] Näher *von Bar*, Gemeineuropäisches Deliktsrecht II, Rdnr. 47 (mit Hinweisen auf die von der Grundregel abweichende Rechtslage in Portugal).

[226] Genau besehen reicht hier der Schutz der körperlichen Integrität. Denn ein vorbeugender Rechtsschutz zum Schutz des eigenen Lebens ist nicht nur unpraktikabel, sondern auch theoretisch kaum zu fassen, weil er ohne gleichzeitigen Körper- bzw. Gesundheitsschutz nahezu stets auf unsicheren Füßen stünde.

lich geschützten Recht „auf" Leben ein komplementäres Recht „auf" Sterben folge, in die
Irre. Im Recht des assistierten Sterbens geht es weder um das eine noch um das andere,
sondern um das objektive Recht des Lebens und des Sterbens[227], nicht um das *right to live
and die,* sondern um das *law of life and dying.*

b. Objektives Lebens- und Sterbensrecht

76 Seine Hauptschwierigkeit besteht darin, ein Regelwerk für Menschen zu entwickeln, die
selbstbestimmt aus dem Leben scheiden wollen, diesen Wunsch aber nicht (mehr) durch
eigenes Verhalten realisieren können. Sie sind auf fremde Hilfe angewiesen, was zugleich
bedeutet, dass es nicht nur um die Würde des Kranken, sondern auch um die Würde seiner
Familienangehörigen und des ihn begleitenden medizinischen und pharmazeutischen Personals geht. Ein subjektives Recht auf Leben kann in einem solchen Abwägungsprozess gar
nicht in Stellung gebracht werden.[228] Verfassungsrechtlich spielt dagegen das öffentliche
Interesse an der Verhinderung von Missbräuchen, auch des Missbrauchs der elterlichen
Sorge[229], eine erhebliche Rolle, weil dem Staat nun einmal eine Schutzpflicht für das Leben
der seiner Gewalt unterworfenen Personen obliegt. Auf diese Schutzpflicht koppelt das
Verbot des intendierten Tötens zurück, mit der Folge, dass es verfassungsrechtlich möglich
bleibt, auch die Tötung auf Verlangen sowie die Anstiftung zur Selbsttötung zu bestrafen.[230]
Andererseits lässt sich aus keinem Verfassungstext ableiten, dass es ein öffentliches Interesse
an der Verhinderung von Sterben (an einem „Verlust von Staatsbürgern") gibt, so dass das
Leiden eines Menschen auch gegen seinen Willen um jeden Preis erhalten werden müsste.
Deshalb ist es verfassungsrechtlich unbedenklich, im Einvernehmen und Interesse des
Patienten seine Schmerzen auch auf die Gefahr hin zu lindern, dass die Behandlung seine
Lebenszeit verkürzt. Ein objektives Sterbensrecht muss der Selbstbestimmung des Patienten,
aber auch den subjektiv öffentlichen Rechten der in seinen Sterbensprozess involvierten

---

[227] Ähnlich, wenn auch ohne konsequente Unterscheidung zwischen objektivem und subjektivem Recht *Manoledakis,* PoinChr. 2004 S. 577 (Das Recht des Sterbens und der Euthanasie seien Teile des allgemeinen Rechts zu Leben und Tod. Das Recht zum Tod sei umfangreicher als die Euthanasie. Zu ihm gehöre auch das Recht der Selbsttötung, welches ein Teil des Rechts der persönlichen Freiheit sei). Vgl. aus dem griechischen Schrifttum außerdem *Karampelas,* I euthanasia kai to dikaioma sti zoé kai ston thanato, S. 16.

[228] Das ist bestenfalls dann anders, wenn der eigene Tod andere in ihrem Leben gefährdet, aber dann geht es um deren Lebensrecht. Das könnte der Gedanke sein, der hinter der ungarischen Regel steht, dass die Frau kein Recht auf einen Behandlungsabbruch haben soll, wenn sie schwanger ist. „Ist ein Patient in einem präfinalen Zustand und geschäftsfähig, gibt es einen einzigen Fall, indem sie die Behandlung dennoch nicht zurückweisen kann, und zwar wenn sie schwanger ist und voraussichtlich das Kind austragen kann. In diesem Fall kann man selbst bei Beachtung der formellen Erfordernisse nicht zu einer Entscheidung gelangen, demnach der Patient die mögliche lebenserhaltende Behandlung nicht erhält (z. B. die Bluttransfusion oder die Operation, die auf die Abwendung eines akuten Verschlusses gerichtet ist). Es gilt aber auch in diesem Fall, dass die Anwendung von Zwang gegenüber der Patientin nicht möglich ist" (*Dósa/Hanti/Kovácsy,* Kommentár az egészségügyről szóló 1997. évi CLIV. § 20 törvényhez). Recht betrachtet geht es also nicht so sehr um das Kind im Mutterleib, sondern um die behandelnden Ärzte. Das von ihnen im Falle eines Behandlungsabbruchs erwartete Verhalten ist zwar Gegenstand aufwändiger Regelungen der Durchführungsverordnung zu § 20 des ungar. GesundheitswesenG (RegierungsVO 117/1998 (16. April) über die Details der Zurückweisung von einigen Gesundheitsdienstleistungen (117/1998. (VI. 16.) Kormányrendelet egyes egészségügyi ellátások visszautasításának részletes szabályairól). Der Sonderfall eines Behandlungsabbruchs bei Schwangeren ist darin aber nicht näher geregelt.

[229] Tschech. Verfassungsgericht III. ÚS 459/03 vom 20.8.2004, Sbírka nálezů a usnesení Ústavního soudu Band 34 S. 223 unter Nr. 117 betraf Eltern, die ihre Zustimmung dazu verweigert hatten, dass ihrem krebskranken Kind Blutderivate zugeführt wurden und dass es eine Chemotherapie bekam. Sie beriefen sich (als Angehörige der sog. Zeugen Jehovas) auf religiöse Gründe. Das zuständige Kreisgericht hatte einen Pfleger bestellt. Das Verfassungsgericht wies die gegen diesen partiellen Entzug der elterlichen Sorge gerichtete Verfassungsbeschwerde zurück. Der Schutz der Gesundheit und des Lebens des Kindes sei ein „mehr als ausreichender Grund" für den Eingriff in die Elternrechte und die Einschränkung der Religionsfreiheit.

[230] Für die Beihilfe zur Selbsttötung wird das, wie die Rechtsprechung des ital. Verfassungsgerichts (vorher Fn. 189) zeigt, aber unterschiedlich beurteilt.

III. Der verfassungsrechtliche Rahmen der Unverfügbarkeit von Würde und Körper § 2

Personen Rechnung tragen. Es geht auch um ihre Würde, ihr Recht auf Schutz des Familienlebens, ihre Freiheit vor Strafverfolgung und, bei Ärzten, um ihre Berufsfreiheit und ihren Ethos.

Das Recht des assistierten Sterbens sollte dennoch in erster Linie auf die Notlage des Betroffenen ausgerichtet sein. Er steht im Mittelpunkt. Sicher gibt es Grenzen, die sich in der Tötung auf Verlangen abzeichnen, die überall strafbar ist, wenn sie sich außerhalb medizinischer Betreuung schwerstleidender Patienten zuträgt. Die Situation, in der sich ein solcher Mensch befindet, ist aber nicht mit der zu vergleichen, in der ein des Lebens überdrüssiger Mensch andere durch sein Tötungsverlangen in seine eigene Not hineinzieht. Die Redeweise vom Recht auf Leben bzw. auf Sterben verstellt den Blick auf einen unerlässlichen Abwägungsprozess. Sie bewirkt letztlich nur eine unnötige Verhärtung des objektiven Rechts in einer Extremsituation menschlicher Existenz, in der der Betroffene auf Zuwendung angewiesen ist. Es gibt weder einen „Gläubiger" noch einen „Schuldner" eines vermeintlichen subjektiven „Privatrechts" auf Sterben.[231] Aber das ändert nichts daran, dass selbstbestimmtes Ausscheiden aus dem Leben je nach Kontext Implikationen für subjektiv öffentliche Rechte derer mit sich bringt, die dem Umstand gerecht werden wollen, dass Selbstbestimmung des Kranken nur noch mit ihrer Hilfe möglich ist.[232] Beide Positionen müssen in einem objektiven Rahmen, der mit Missbrauch rechnet, zu praktischer Konkordanz geführt werden. Das gelingt nicht durch die traditionellen Distinktionen

77

---

[231] Eine andere Frage ist, ob ein schwer und unheilbar kranker Patient einen öffentlichrechtlichen Anspruch gegen die zuständige Genehmigungsbehörde auf Gestattung des Erwerbs eines zum Tode führenden Mittels hat. Trib. Ancona 9.6.2021 hat das im Ergebnis bejaht, aber mit Recht hinzugefügt, dass aus dem Umstand, dass das ital. Verfassungsgericht die Strafbarkeit der Beihilfe zum Suizid aufgehoben hat, nicht auch geschlossen werden dürfe, dass ein Patient ein Recht darauf habe, dass ihm das medizinische Personal bei der Durchführung der Selbsttötung hilft. In der deutschen Rechtsprechung ist ein Anspruch gegen die Genehmigungsbehörde gleichfalls, aber erst nach einem Verfahren vor dem EGMR bejaht worden. Die deutschen Gerichte hatten zunächst entschieden, dass der (gesunde) Ehemann nicht selbst klagebefugt sei, um den Erwerb des Mittels für seine zum Sterben entschlossene schwerstkranke Frau zu erzwingen (VG Köln 21.2.2006, BeckRS 2006, 22244; OVG Münster 22.6.2007, NJW 2007 S. 3016; BVerfG 4.11.2008, NJW 2009 S. 979). EGMR 19.7.2012, 497/09, *Koch vs. Deutschland*, NJW 2013 S. 2953 hat (in derselben Sache) die Frage, ob die (schon vor der erstinstanzlichen Entscheidung des VG Köln verstorbene) Frau einen Genehmigungsanspruch gehabt hätte, ebenfalls unentschieden gelassen, aber geurteilt, dass der Ehemann durch die Weigerung der Gerichte, in der Sache zu entscheiden, selbst in seinem Recht aus Art. 8 EMRK verletzt worden sei. Der EGMR hat darauf hingewiesen, dass den Konventionsstaaten mangels eines Konsenses bezüglich der Frage, ob Mittel für die Selbsttötung herauszugeben seien, ein erheblicher Ermessensspielraum zukomme (a. a. O. Rdnr. 70). Das hat er in EGMR 20.1.2011, *Haas vs. Schweiz*, NJW 2011 S. 3773 aufgegriffen und geurteilt, dass die Staaten nicht verpflichtet seien, die Herausgabe verschreibungspflichtiger Mittel zur Selbsttötung zu genehmigen (Herr Haas litt seit über zwanzig Jahren an einer manisch-depressiven Störung und hatte bereits zwei Suizidversuche unternommen). Anschließend hat in der Sache *Koch* nach erneut abweisenden Entscheidungen der Instanzgerichte (VG Köln 13.5.2014, BeckRS 2014, 52372; OVG Münster 19.8.2015, Beck RS 2015, 53907) BVerwG 2.3.2017, NJW 2017 S. 2215 geurteilt, dass das allgemeine Persönlichkeitsrecht auch das Recht eines schwer und unheilbar kranken Menschen umfasse zu entscheiden, wie und zu welchem Zeitpunkt sein Leben enden solle. Der Erwerb eines Betäubungsmittels für eine Selbsttötung sei deshalb ausnahmsweise mit dem Zweck des § 5(1) Nr. 6 dt. BtMG, die notwendige medizinische Versorgung der Bevölkerung sicherzustellen, vereinbar, wenn sich der suizidwillige Erwerber wegen einer schweren und unheilbaren Erkrankung in einer extremen Notlage befinde. Die Schutzpflicht des Staates aus Art. 2(2) Satz dt. GG zugunsten des Lebens trete dann hinter dem Allgemeinen Persönlichkeitsrecht zurück. Frau Koch hätte sich in einer solchen Notlage befunden. Gleichwohl und obwohl BVerwG 28.5.2019, NJW 2019 S. 2789 seine Rechtsprechung noch einmal bestätigt hat, scheinen nach Berichten in der Tagespresse solche Genehmigungen bislang nicht erteilt worden zu sein. Inzwischen hatte EGMR 30.9.2014, *Gross vs. Schweiz*, NJW 2016 S. 141, eine Beschwerde gegen die Schweiz als unzulässig abgewiesen. Ihr vorausgegangen war in derselben Sache ein Urteil, in dem ein Verstoß gegen Art. 8 EMRK festgestellt worden war, weil die Schweiz die Strafbarkeitsvoraussetzungen der Beihilfe zum Suizid nicht ausreichend klar bestimmt hatte.

[232] Österr. VfGH 11.12.2020 (oben Fn. 191) betonte deshalb, dass das Recht auf Selbstbestimmung nicht nur das Handeln des Suizidenten selbst, sondern auch das Recht auf Inanspruchnahme der Hilfe eines Dritten umfasse. In dieselbe Richtung wies kurz zuvor schon BVerfG 26.2.2020 (oben Fn. 193) mit der Bemerkung, dass das Recht auf ein selbstbestimmtes Sterben die Freiheit umfasse, „hierfür bei Dritten Hilfe zu suchen und Hilfe, soweit sie angeboten wird, in Anspruch zu nehmen".

zwischen Tun und Unterlassen, durch die Unterscheidung zwischen „aktiver" und „passiver" oder „direkter" und „indirekter" Sterbehilfe, auch nicht überzeugend durch das Merkmal der Tatherrschaft. Es geht vielmehr um eine an den Prinzipien der Würde und der Verhältnismäßigkeit ausgerichtete Bestimmung der Schranken der staatlichen Schutzpflicht für das Leben. Dazu bedarf ein Gesetzgeber eines weiten Gestaltungsspielraums, aber auch der Kraft, sich ohne Verlust an Rechtssicherheit von holzschnittartig zugespitzten Vereinfachungen früherer Zeiten zu lösen. Die Schlüsselfrage, um die es am Ende immer geht, lautet, ob der Tod eines Menschen fremder Hand und fremdem Willen zuzurechnen ist, oder ob es sich um die Verwirklichung des Selbstbestimmungsrechts eines Patienten handelt, der sich nicht selbst helfen kann. Das lässt sich stets nur unter Auswertung aller Umstände des Einzelfalls klären.

78 Zu den Gesetzen, denen dieser Balanceakt im Geist der Oviedo Konvention[233] besonders gut gelungen ist, gehört das **belgische** Gesetz vom 28.5.2002 über die Euthanasie.[234] Das Gesetz definiert Sterbehilfe als „die von einer Drittperson ausgeführte Handlung, … durch die dem Leben einer Person auf deren Bitte hin vorsätzlich ein Ende gesetzt wird" (Art. 2) und fügt in Art. 3 § 1 hinzu, dass ein Arzt, der Sterbehilfe leistet, „keine Straftat" begeht, wenn er sich vergewissert hat, dass der Patient volljährig oder emanzipiert und im Zeitpunkt der Bitte „handlungsfähig und bei Bewusstsein ist, dass die Bitte freiwillig, überlegt und wiederholt formuliert worden ist und nicht durch Druck von außen zustande gekommen ist, dass der Patient sich in einer medizinisch aussichtslosen Lage befindet und sich auf eine anhaltende, unerträgliche körperliche oder psychische Qual beruft, die nicht gelindert werden kann und die Folge eines schlimmen und unheilbaren unfall- oder krankheitsbedingten Leidens ist, und die durch vorliegendes Gesetz vorgeschriebenen Bedingungen und Vorgehensweisen beachtet". Der Arzt muss einen unabhängigen Kollegen konsultieren, den Patienten umfassend beraten und mit ihm zu der Überzeugung gelangt sein, dass es „keine andere vernünftige Lösung gibt". Der Patient muss die Gelegenheit haben, „mit den Personen, denen er zu begegnen wünscht, über seine Bitte zu reden" (Art. 3 § 2). Besondere Vorsichtsmaßnahmen gelten für den Fall, dass der Tod offensichtlich nicht in absehbarer Zeit eintreten wird (Art. 2 § 3). Der Wille des Patienten ist schriftlich festzuhalten und jederzeit widerruflich (§ 4). In einem eigenen Kapitel regelt das Gesetz die Patientenverfügung, die es überzeugend „vorgezogene Willenserklärung" nennt (Art. 4 § 1). In ihr kann „jeder handlungsfähige Volljährige oder für mündig erklärte Minderjährige für den Fall, dass er seinen Willen nicht mehr äußern könnte, in einer Erklärung schriftlich seinen Willen kundgeben, ein Arzt möge ihm" unter im Einzelnen genau beschriebenen Umständen „Sterbehilfe leisten". Ein Arzt, der sich an diese vorgezogene Willenserklärung hält, begeht unter den in Art. 4 § 2 spezifizierten Umständen wiederum keine Straftat. Eine sechzehnköpfige Föderale Kontroll- und Bewertungskommission erstellt nachträglich u. a. ein Registrierungsdokument und überprüft auf seiner Grundlage die Rechtmäßigkeit der ärztlichen Maßnahmen (Artt. 6–13). Das Gesetz stellt einen großen Gewinn für das humane Sterben dar. Es hat die sog. Euthanasie entkriminalisiert, weil der Gesetzgeber der Autonomie des Patienten Vorrang vor der Verteidigung des Lebens um jeden Preis einräumen wollte.[235]

79 Die belgische Gesetzgebung lehnt sich weitgehend an das um ein Jahr ältere **niederländische Gesetz** über die Sterbehilfe (Wtl) an.[236] Eine Tötung auf Verlangen ist unter Art. 293(2) ndl. Sr nicht strafbar, wenn sie von einem Arzt unter den Voraussetzungen von

---

[233] Oben Fn. 35.
[234] Loi du 28 mai 2002 relative à l'euthanasie, Monit. Belge 22.6.2002, Nr. 28515. Offizieller deutscher Text in Mon. Belge 12.6.2003, Nr. 31821. Siehe schon oben Fn. 203. Luxemburg hat sich ein ähnliches Gesetz gegeben: Loi du 16 mars 2009 sur l'euthanasie et l'assistance au suicide (Mémorial A46 16.3.2009).
[235] *Leleu*, Droit des personnes et de la famille[3], S. 133 Rdnr. 109: „Le respect de l'autonomie du malade doit primer sur la défense de la vie à tout prix, celle-ci ne s'entendant pas seulement en termes biologiques mais aussi d'un point de vue qualitatif".
[236] Wet toetsing levensbeëindiging op verzoek en hulp bij zelfdoding vom 12.4.2001, Gesetz über die Beendigung des Lebens auf Antrag und assistierte Selbsttötung, Wtl.

Art. 2 ndl. Wtl begangen wird. Dazu gehören eine „freiwillige und informierte Anfrage des Patienten, hoffnungsloses und unerträgliches Leiden, die Abwesenheit einer vernünftigen Alternative, die Konsultation eines weiteren Arztes, die Beachtung der medizinischen Sorgfalt und die nachfolgende Benachrichtigung eines Gerichtsmediziners unter Art. 7 des Bestattungsgesetzes (Wet op de lijkbezorging). Eine Kommission medizinischer Sachverständiger beurteilt das Vorgehen. Der Hoge Raad hat in einem Aufsehen erregenden Urteil entschieden, dass auch eine fortgeschrittene Demenz ein hoffnungsloses und unerträgliches Leiden begründen könne.[237] Auch **Spanien** hat im März 2021 sowohl die sog. passive als auch die aktive Sterbehilfe gesetzlich geregelt und unter engen Voraussetzungen erlaubt.[238] Das **französische** Gesetz vom 22.4.2005 über die Rechte der Kranken am Ende des Lebens[239] beschränkt sich dagegen auf eine Regelung des Behandlungsabbruchs. Es geht nur um das *laisser mourir*. Die palliative Versorgung des Patienten soll gefördert, das Verbot der „aktiven Euthanasie" bestätigt und die „passive Euthanasie" rechtlich besser gefasst werden, indem der Arzt an einer „unangemessenen Hartnäckigkeit" *(obstination déraisonnable)*[240] bei der Lebensverlängerung, an einem *acharnement thérapeutique,* gehindert wird.[241] Diese Regelung verstößt nicht gegen die EMRK.[242] Das **portugiesische** Gesetz vom

---

[237] HR 21.4.2020 a. a. O. (oben Fn. 223).

[238] Unter Art. 5(1) des Organgesetzes 3/2021 vom 24.3.2021 (Ley Orgánica de regulación de la eutanasia, BOE Nr. 72 vom 25.3.2021) muss die betroffene Person (a) spanischer Staatsangehöriger sein oder ihren gewöhnlichen Aufenthalt in Spanien haben, volljährig, geschäftsfähig und bei Bewusstsein sein, (b) über schriftliche Informationen über ihren medizinischen Prozess sowie die Alternativen und Handlungsmöglichkeiten verfügen, einschließlich des Zugangs zu einer umfassenden Palliativversorgung, (c) im Abstand von fünfzehn Tagen zwei Anträge freiwillig und schriftlich oder auf ein Weise gestellt haben, die eine Aufzeichnung ermöglicht (der Zeitraum kann abgekürzt werden, wenn der Verlust der Einwilligungsfähigkeit unmittelbar bevorsteht), (d) an einer schweren und unheilbaren Krankheit oder einem schweren, chronischen und behindernden Zustand leiden, der vom zuständigen Arzt bescheinigt wird, und (e) eine informierte Einwilligung *(consentimiento informado)* erklärt haben. Die Voraussetzungen unter (b), (c) und (e) entfallen, wenn der verantwortliche Arzt bescheinigt, dass der Patient nicht im vollen Gebrauch seiner [geistigen] Kräfte *(pleno uso de sus facultades)* ist und keine freie, freiwillige und bewusste Zustimmung zu den Anträgen geben kann, jedoch in einer Patientenverfügung seinem Sterbewillen Ausdruck verliehen hat. Hat der Patient darin einen Vertreter benannt, ist er der maßgebliche Gesprächspartner für den zuständigen Arzt (Art. 5(2) a. a. O.). Art. 3(a) a. a. O. definiert *consentimiento informado* als die freie, willentliche und bewusste Zustimmung des Patienten, die er im vollen Gebrauch seiner Fähigkeiten nach Erhalt angemessener Informationen gegeben hat, dass eine der unter Art. 3(g) beschriebenen Handlungen auf seinen Wunsch durchgeführt wird. Art. 3(g) a. a. O. wiederum definiert Sterbehilfeleistung *(prestación de ayuda para morir)* als die Handlung, die sich aus der Bereitstellung der erforderlichen Mittel für eine Person ergibt, welche die Voraussetzungen dieses Gesetzes erfüllt und ihren Sterbewunsch geäußert hat. Diese Leistung kann auf zwei Arten erbracht werden: (1) Die direkte Verabreichung einer Substanz durch die zuständige medizinische Fachkraft, und (2) die Verschreibung oder Abgabe einer Substanz durch die zuständige medizinische Fachkraft an den Patienten in der Weise, dass er sie sich selbst verabreichen kann, um seinen eigenen Tod herbeizuführen.

[239] Loi no. 2005-370 du 22 avril 2005 relative aux droits des malades et à la fin de vie, JO Nr. 95 vom 23.4.2005, S. 7089.

[240] Die Formulierung findet sich jetzt in Art. L 1110-5-1 des Code de la santé publique („Les actes mentionnés à l'article L. 1110-5 ne doivent pas être mis en œuvre ou poursuivis lorsqu'ils résultent d'une obstination déraisonnable. Lorsqu'ils apparaissent inutiles, disproportionnés ou lorsqu'ils n'ont d'autre effet que le seul maintien artificiel de la vie, ils peuvent être suspendus ou ne pas être entrepris, conformément à la volonté du patient et, si ce dernier est hors d'état d'exprimer sa volonté, à l'issue d'une procédure collégiale définie par voie réglementaire. La nutrition et l'hydratation artificielles constituent des traitements qui peuvent être arrêtés conformément au premier alinéa du présent article. Lorsque les actes mentionnés aux deux premiers alinéas du présent article sont suspendus ou ne sont pas entrepris, le médecin sauvegarde la dignité du mourant et assure la qualité de sa vie en dispensant les soins palliatifs mentionnés à l'article L. 1110-10").

[241] *Leleu* a. a. O. S. 134, Fn. 50 („Un équilibre est aussi recherché entre le fait d'éviter des souffrances inutiles à un patient qu'on estime voué à la mort et celui de le maintenir en vie").

[242] EGMR 5.6.2015, 46034/14, *Lambert vs. Frankreich*, NJW 2015 S. 2715 (Entscheidung eines Arztes rechtmäßig, das jahrelange Wachkoma eines Patienten, dessen Zustand sich nicht mehr ändern konnte, durch Behandlungsabbruch zu beenden; es läge keine Verletzung von Artt. 2, 3 und 8 EMRK vor. Ein Behandlungsabbruch sei kein aktives Töten. Bei der Regelung der Sterbehilfe käme den Staaten ein weiter Ermessensspielraum zu. Wenn der Patient nicht mehr gefragt werden könne, sei auch auf Erklärungen der Familie und alle übrigen Umstände des Einzelfalls Rücksicht zu nehmen. Im konkreten Fall hätte der

29.1.2021 brachte den erneuten Versuch, eine spezielle Regelung zum assistierten Sterben zu verabschieden.[243] Es wurde jedoch vom port. Verfassungsgericht in einem Präventivverfahren für teilweise verfassungswidrig erklärt und anschließend zwar neu formuliert, doch scheiterte die neue Fassung im November 2021 an dem Veto des Präsidenten der Republik.[244] Erst am 9.12.2022 hat das portugiesische Parlament das Gesetz erneut verabschiedet.[245] Bis zu seinem Inkrafttreten bleibt es vorübergehend noch bei der bisherigen Rechtslage unter dem port. Gesetz 31/2018 über die Rechte der Menschen im Kontext von fortgeschrittener Krankheit und am Lebensende *(Direitos das pessoas em contexto de doença avançada e em fim de vida)*. Es hatte sich, ähnlich wie Frankreich, mit einer Untersagung von Dysthanasie (der künstlichen Lebensverlängerung ohne Rücksicht auf den Zustand des Patienten) begnügt. Die betroffenen Menschen haben darunter das ausdrückliche *direito... a não ser alvo de distanásia*. Sie dürfen nicht zum Ziel von Maßnahmen werden, die ihre Leiden unverhältnismäßig verlängern oder gar verschärfen (Art. 4 a. a. O.). Die Betroffenen können erklären, auf die künstliche Erhaltung der lebenswichtigen Funktionen ihres Körpers sowie auf eine unverhältnismäßige Weiterbehandlung zu verzichten, nachdem sie von dem zuständigen Arzt und einem multidisziplinären Team über die Folgen ihrer Option unterrichtet wurden (Art. 5 a. a. O.). Wenigstens das stand bereits in einem wohltuenden Gegensatz zu manchen Formulierungen der (rechtlich allerdings nicht immer verbindlichen) medizinischen deontologischen Kodices einiger Länder.[246] In **Schweden**

Conseil d'État aufgrund der vorgetragenen Erklärungen davon ausgehen dürfen, dass Herr Lambert den Behandlungsabbruch wünschte).

[243] Decreto n.º 109/XIV da Assembleia da República, Regula as condições em que a morte medicamente assistida não é punível e altera o Código Penal. Zuvor waren zahlreiche andere Gesetzesinitiativen ebenfalls bereits gescheitert (einen Überblick über sie gibt das portugiesische Parlament unter www.parlamento.pt/Paginas/2018/maio/MorteAssistida.aspx).

[244] TC 15.3.2021, 123/2021, DR 70/2021 I vom 12.4.2021, https://data.dre.pt/eli/actconst/123/2021/04/12/p/dre bzw. Veto des Präsidenten der Republik (unter Art. 136(1) port. Verf) vom 29.11.2021 gegen das Decreto n.º 199/XIV da Assembleia da República vom 5.11.2021.

[245] Projeto de Lei 74/XV/1 Regula as condições em que a morte medicamente assistida não é punível, e altera o Código Penal 2022-12-09. Votação final global em 2022-12-09 na Reunião Plenária n.º 63, Texto Final apresentado pela Comissão de Assuntos Constitucionais, Direitos, Liberdades e Garantias relativo aos Projetos de Lei n.ºs 5/XV/1.ª (BE); 74/XV/1.ª (PS); 83/XV/1.ª (PAN); e 111/XV/1.ª (IL) Aprovado https://www.parlamento.pt/ActividadeParlamentar/Paginas/DetalheIniciativa.aspx?BID=121467 (noch nicht im Amtsblatt). Umstritten war in den Debatten vor allem die Definition von „morte medicamente assistida", die nun lautet: „der Tod, der durch die eigene Entscheidung der Person eintritt, in Ausübung des Grundrechts auf Selbstbestimmung und freie Entfaltung der Persönlichkeit, wenn der Tod vom medizinischen Fachpersonal durchgeführt oder unterstützt wird".

[246] Der griechische ärztliche deontologische Kodex ist Teil des Gesetzes 3418/2005 (FEK A/287/28.11.2005). Die Artt. 1 und 22 dieses Kodex lauten: „Art. 1 (Zweck und Umfang des medizinischen Berufs) Die ganze berufliche Tätigkeit des Arztes ist lediglich der Verteidigung des Lebens, der Gesundheit und der körperlichen und psychischen Unversehrtheit eines menschlichen Wesens gewidmet. Art. 22 (Nicht deontologische Aktionen und Taten) Insbesondere folgende Aktionen widersprechen den Grundsätzen des medizinischen Berufs: (a) die Ausübung der Sterbehilfe und der Eugenik". Art. 29 fügt hinzu: „Dem Arzt muss bewusst sein, dass der Wunsch eines Patienten, im Endstadium zu sterben, keine rechtliche Rechtfertigung für die Durchführung von Handlungen zur Beschleunigung des Todes darstellt". Zu dem spanischen medizinischen deontologischen Kodex siehe bereits oben Fn. 209. Der portugiesische medizinische deontologische Kodex (Código Deontológico da Ordem dos Médicos; Regulamento 707/2016, DRE 139/2016 II vom 21.7.2016) ist zwar im Gesetzblatt veröffentlicht (https://dre.pt/application/conteudo/75007439), aber gleichfalls rechtlich unverbindlich. Art. 65(2) untersagt die Beihilfe zum Suizid, Euthanasie und Dysthanasie. Der französische Kodex ist allerdings in den Code de la santé publique (CSP) als Code de déontologie médicale eingearbeitet (Art. R4127-1 ff CSP). Unter Art. R4127-2 „le médecin, au service de l'individu et de la santé publique, exerce sa mission dans le respect de la vie humaine, de la personne et de sa dignité." Der CSP sagt in Art. R4127-38 CSP lediglich: „Le médecin doit accompagner le mourant jusqu'à ses derniers moments, assurer par des soins et mesures appropriés la qualité d'une vie qui prend fin, sauvegarder la dignité du malade et réconforter son entourage. Il n'a pas le droit de provoquer délibérément la mort". Allerdings positioniert er sich in Art. R4127-37 CSP deutlich gegen den *acharnement thérapeutique:* „En toutes circonstances, le médecin doit s'efforcer de soulager les souffrances du malade par des moyens appropriés à son état et l'assister moralement. Il doit s'abstenir de toute obstination déraisonnable et peut renoncer à entreprendre ou poursuivre des traitements qui apparaissent inutiles, disproportionnés ou qui n'ont d'autre effet que le seul

gilt, dass der Arzt auf eine lebenserhaltende oder lebensrettende Behandlung verzichten oder sie abbrechen darf, wenn ein Patient todkrank und keiner Heilbehandlung mehr zugänglich ist. Der Behandlungsabbruch muss in Abwägung zwischen dem möglichen Behandlungseffekt und dem Unwohlsein, dem Schmerz, dem Leiden und den Komplikationen in Einklang mit der aktuellen Forschung und bewährter Praxis erfolgen.[247] In **Tschechien** fehlt ein Gesetz über die Sterbehilfe. In der verfassungsrechtlichen Literatur findet sich nur die Bemerkung, dass Artikel 6(4) der tschech. Charta der Grundrechte und Grundfreiheiten[248] ein solches Gesetz durchaus ermöglichen würde.[249] Auch in **Deutschland** musste die Rechtsprechung das Recht der Sterbehilfe ohne spezialgesetzliche Grundlage fortentwickeln. Mehr als die üblichen Straftatbestände stand (und steht) ihr dafür nicht zur Verfügung. Die sog. „aktive Sterbehilfe", bei der der Tod nicht nur eine Nebenfolge der Behandlung, sondern ihr Ziel ist, ist zwar im Grundsatz weiterhin strafbar (§ 216 dt. StGB).[250] Allerdings hat die jüngere Rechtsprechung die strafbare Tötung auf Verlangen und die straffreie Beihilfe zu einem Suizid nach neuen Kriterien gegeneinander abgegrenzt. Sofern der Patient im Zusammenhang mit der medizinischen Behandlung einen Behandlungsabbruch verlangen kann, soll er auch um ein aktives Tun bitten können, weil das „aus Art. 1 I, 2 I GG abgeleitete Selbstbestimmungsrecht des Einzelnen … die Person zur Abwehr gegen nicht gewollte Eingriffe in ihre körperliche Unversehrtheit und in den unbeeinflussten Fortgang ihres Lebens und Sterbens (legitimiert); es gewährt ihr aber kein Recht oder gar einen Anspruch darauf, Dritte zu selbstständigen Eingriffen in das Leben ohne Zusammenhang mit einer medizinischen Behandlung zu veranlassen. Eine Rechtfertigung durch Einwilligung kommt daher nur in Betracht", so der BGH noch 2010, „wenn sich das Handeln darauf beschränkt, einen Zustand (wieder-)herzustellen, der einem bereits begonnenen Krankheitsprozess seinen Lauf lässt, indem zwar Leiden gelindert, die Krankheit aber nicht (mehr) behandelt wird, so dass der Patient letztlich dem Sterben überlassen wird. Nicht erfasst waren dagegen bislang Fälle eines gezielten Eingriffs, der die Beendigung des Lebens vom Krankheitsprozess abkoppelt".[251] Das Behandlungsziel des Arztvertrages kann sich von Lebensverlängerung und -erhaltung zu einer palliativmedizinischen Versorgung wandeln.[252] Inzwischen ist der BGH aber in begrüßenswerter Weise noch einen Schritt weitergegangen.[253] Ein schwerstleidender todkranker Mann hatte sich von seiner Frau eine Überdosis Medikamente reichen lassen und sie selbständig einge-

---

maintien artificiel de la vie". Deutschland verfügt nicht über einen medizinischen deontologischen Kodex. Ihm nahe kommen allerdings die Berufsordnungen der Länder für Ärzte, die ihrerseits i. d. R. auf der bundesweiten Musterberufsordnung für Ärzte beruhen, deren § 16 lautet: „(Beistand für Sterbende) Ärztinnen und Ärzte haben Sterbenden unter Wahrung ihrer Würde und unter Achtung ihres Willens beizustehen. Es ist ihnen verboten, Patientinnen und Patienten auf deren Verlangen zu töten. Sie dürfen keine Hilfe zur Selbsttötung leisten".

[247] Kap. 6 §§ 1 und 7 Patientsäkerhetslag vom 17.6.2010 (2010:659) [Gesetz über Patientensicherheit]; SOSFS 2011:7 S. 32 (Bericht des Zentralamts für Gesundheits- und Sozialwesen, *Socialstyrelsen*).

[248] Danach ist es keine Rechtsverletzung, wenn jemand „im Zusammenhang mit Taten, die dem Gesetz nach nicht strafbar sind, seines Lebens beraubt wurde".

[249] *Klíma*, Komentář k Ústavě a Listině, S. 641, der für den Fall einer Legalisierung der Sterbehilfe allerdings zu einer Überarbeitung von Art. 6 a. a. O. rät. Tschechien hat eine Vielzahl von Gesetzesentwürfen zur Sterbehilfe erlebt, von denen aber keiner verabschiedet wurde. Siehe zu dem vorerst letzten Entwurf (der „Piratenpartei") die Stellungnahme der Regierung vom 29.7.2020 auf https://www.psp.cz/sqw/text/orig2.sqw?idd=180299.

[250] Laufs/Katzenmeier/Lipp (-*Lipp*), Arztrecht[7], VI. Rdnr. 99.

[251] BGH 25.6.2010, NJW 2010 S. 2963, 2966–2967 mit der zusätzlichen Beobachtung, dass die ältere Rechtsprechung in einem „dogmatisch unzulässigen Kunstgriff" aktive Handlungen oft als „normativ verstandenes Unterlassen" eingestuft hätte, um das Ergebnis (Straffreiheit) begründen zu können.

[252] *Lipp* a. a. O. Rdnr. 104. In diesem Sinn wohl auch BGH 3.7.2019, NJW 2019 S. 3089, 3091 Rdnr. 26. Auch die niederländische Regelung darf man in diesem Sinne lesen. Privatrechtlich handelt es sich bei der rchtmäßigen Tötung auf Verlangen durch einen Arzt um die Erfüllung eines Behandlungsvertrages i. S. d. Artt. 7:446 ff ndl. BW. Das Gesetz über die Lebensbeendigung auf Verlangen verweist z. B. in Art. 1 auf das BW und die dort verwendete Terminologie. Es wird allerdings betont, dass der Arzt nicht verpflichtet ist, eine Tötung auf Verlangen vorzunehmen. Der Patient hat darauf keinen Anspruch.

[253] BGH 28.6.2022, BeckRS 2022, 19742, JZ 2022 S. 1113 (oben Fn. 181).

nommen. Anschließend hatte sie ihm auf seinen Wunsch eine tödliche Menge Insulin gespritzt, weil er sich die Spritzen nicht mehr selbst setzen konnte. Auch die Medikamente wären tödlich gewesen; das Insulin wirkte aber schneller. Der BGH bejahte eine straflose Suizidbeihilfe. Es habe sich auch nicht um eine Tötung durch das Unterlassen von Hilfsmaßnahmen gehandelt, weil der Mann sie gerade abgelehnt hatte.

3. Ersatzmutterschaft

80 Die Ansichten über die Verbindlichkeit, ihre Voraussetzungen und die Wirkung von Vereinbarungen, unter denen sich eine Frau bereit erklärt, für eine andere Frau als *surrogate mother* ein Kind auszutragen und ihr nach Vollendung der Geburt das Kind zu eigener Mutterschaft zu überlassen, gehen auf der Welt weit auseinander. Auch in den Mitgliedstaaten der Europäischen Union herrscht in dieser Frage kein Einvernehmen. Zwar werden entgeltliche Vereinbarungen über Surrogationsmutterschaften („Mietmutterschaftsverträge") durchweg als unwirksam angesehen, unentgeltliche „Leihmutterschaftsverträge" aber unter wenn auch engen und wiederum keineswegs einheitlichen Wirksamkeitsvoraussetzungen gelegentlich erlaubt.[254] Unterschiedlich eingeschätzt wird zudem, ob und in welchem Maße das jeweils geltende Recht verfassungsinduziert ist. Davon hängt auch der politische Ermessensspielraum für Reformvorhaben ab.[255] Die Frage, ob eine Ersatzmutter bindende vertragliche Pflichten hinsichtlich ihrer eigenen Lebensführung während der Schwangerschaft eingehen kann, müssen nur Rechtsordnungen beantworten, die Leihmutterschaftsverträge ermöglichen. Dasselbe gilt für die Frage, wodurch genau (durch Vertrag, Gesetz oder gerichtlichen Beschluss) und ab welchem Zeitpunkt (unmittelbar mit der Vollendung der Geburt oder erst nach Verstreichen einer zusätzlichen Bedenkfrist) die rechtliche Mutterschaft der Wunschmutter (bzw., bei gleichgeschlechtlichen Paaren, die rechtliche Elternschaft des oder der Wunschelter) entsteht. Umgekehrt müssen sich die Rechtsordnungen, die Leihmutterschaftsverträge für unwirksam halten, zu der Frage positionieren, ob und wie sie eine unterschiedliche Behandlung inner- und drittstaatlicher Ersatzmutterschaften rechtfertigen können. Alle diese Fragen sind zwischen zwei Polen angesiedelt: dem strikten Verbot des Kinderhandels und dem legitimen Wunsch (nach Meinung mancher sogar dem verfassungsrechtlich geschützten Recht[256]) einer Einzelperson oder eines Paares (ggf. auch eines gleichgeschlechtlichen Paares), sich medizinisch assistiert fortzupflanzen. Eine Übersicht über den Rechtsraum der EU ergibt folgendes Bild.

a. Ersatzmutterschaftsverträge unwirksam

81 In die Gruppe der Rechtsordnungen, die Leihmutterschaftsverträge grundsätzlich für unwirksam halten, gehört Frankreich. Unter Art. 16-7 **franz. CC**[257] ist „toute convention portant sur la procréation ou la gestation pour le compte d'autrui ... nulle". Der Kassationshof hatte schon 1991 entschieden, dass ein Vertrag, der auf eine *gestation pour autrui* zielt, auch dann unwirksam sei, wenn ein Kind unentgeltlich für eine andere Frau ausgetragen

---

[254] Knappe, aber z. T. veraltete Bestandsaufnahme schon bei *Lagarde*, ZEuP 2015 S. 233. Eine ältere „Zusammenfassung der Begriffsbestimmungen" und einen „Überblick über die rechtlichen Ansätze in den EU-Mitgliedstaaten" gibt auch der Bericht des Europäischen Parlaments aus dem Jahr 2013 „Das System der Leihmutterschaft in den EU-Mitgliedstaaten". Siehe ferner *Behrentin und Grünenwald*, NJW 2019 S. 2057. Weit über die Länder der Europäischen Union hinaus geht die in BT-Drucks. 11/5460 S. 1 veröffentlichte auslandsrechtliche Dokumentation des wissenschaftlichen Dienstes des Deutschen Bundestages.
[255] Dazu für Deutschland und auf dem Hintergrund des Koalitionsvertrages 2021–2025 der Regierungsparteien *Hoven*, JZ 2022 S. 482 sowie *Gössl und Sanders*, JZ 2022 S. 492.
[256] In diesem Sinn *Hillgruber*, JZ 2020 S. 13, 20.
[257] Eingefügt durch die Loi n° 94–653 vom 29.7.1994 relative au respect du corps humain (JO Nr. 175 vom 30.7.1994, S. 11056).

werden soll.²⁵⁸ Zur Begründung verwies die *Assemblée plénière* auf die Unverfügbarkeit des menschlichen Körpers und auf die Unverfügbarkeit des Personenstandes: „Attendu que, la convention par laquelle une femme s'engage, fût-ce à titre gratuit, à concevoir et à porter un enfant pour l'abandonner à sa naissance contrevient tant au principe d'ordre public de l'indisponibilité du corps humain qu'à celui de l'indisponibilité de l'état des personnes". In **Belgien** ist die Rechtslage hinsichtlich der *maternité de substitution*²⁵⁹ angesichts des Fehlens einer gesetzlichen Regelung²⁶⁰ nicht ganz so eindeutig. Es scheint, dass eine Leihmutterschaft zwar vertraglich gültig vereinbart werden kann, weil die „mère de substitution est maître de son corps".²⁶¹ Es gibt aber auch Stimmen, die der französischen Rechtsauffassung (Nichtigkeit, weil Körper und Zivilstand unverfügbar seien) zuneigen.²⁶² Im Wesentlichen besteht freilich Einigkeit, dass nämlich die Leihmutter das Recht hat, der Herausgabe des Kindes zu widersprechen, und dass vertragliche Regelungen, die darauf abzielen, die Wunschmutter im Zeitpunkt der Vollendung der Geburt als rechtliche Mutter zu etablieren, unwirksam sind.²⁶³ Die Rechtslage beider Länder ist mit der EMRK vereinbar.²⁶⁴ Art. 10 des **spanischen** Gesetzes 14/2006 vom 26.5.2006²⁶⁵ erteilt der *gestación por sustitución* eine deutlichere Absage: „(1) Es ist von Rechts wegen nichtig der Vertrag zur Vereinbarung einer Gestation, mit oder ohne Entgelt, zur Beauftragung einer Frau, die auf die mütterliche Abstammung zugunsten eines Kontrahierenden oder eines Dritten verzichtet. (2) Die Abstammung der durch Ersatzgestation geborenen Kinder wird durch die Geburt bestimmt. (3) Vorbehalten ist die mögliche Vaterschaftsanerkennungsklage des biologischen Vaters gemäß den allgemeinen Bestimmungen". Die Mutterschaft wird durch die Geburt bestimmt (Art. 10(2) des Gesetzes 14/2006).²⁶⁶ Das spanische Recht scheint es allerdings einem spanischen Mann zu ermöglichen, seine auf einer ausländischen Ersatzgestation beruhende Vaterschaft gegenüber einem spanischen Auslandskonsulat anzuerkennen, falls das Kind im Ausland geboren wird.²⁶⁷ Auch in **Italien** ist die Ersatzmutterschaft unter Art. 12(6) des Gesetzes Nr. 40 vom 19.2.2004²⁶⁸ bei Strafe verboten²⁶⁹; Leih- und Miet-

---

[258] Cass. Ass. plén. 31.5.1991, Bull. A. P. Nr. 4 S. 5. S. ferner Cass. civ. 17.12.2008, Bull. civ. 2008, I, Nr. 289; RTD civ. 2009 S. 106, Anm. *Hauser*: „Qu'en se déterminant par ces motifs, alors qu'il ressort de ses propres constatations que les énonciations constituant des actes d'état civil ne pouvaient résulter que d'une convention portant sur la gestation pour autrui, de sorte que le ministère public justifiait d'un intérêt à agir en nullité des transcriptions, la cour d'appel a violé les textes susvisés".
[259] Ausdruck nach *Leleu*, Droit des personnes et de la famille³, S. 161 Rdnr. 119.
[260] Auch die Loi relative à la procréation médicalement assistée et à la destination des embryons surnuméraires et des gamètes (JO 17.7.2007, nr. 2007023090 S. 38575) enthält kein ausdrückliches Verbot.
[261] So *Leleu* a. a. O. S. 162 Rdnr. 119.
[262] *Gallus*, Le droit de la filiation, S. 357.
[263] *Leleu* a. a. O. S. 164 Rdnr. 119 („Comme la maîtrise de la mère de substitution ne concerne que son corps, rien ne permet de la contraindre à remettre l'enfant au couple d'accueil. [...] Seraient donc nulles les clauses d'une convention de gestation pour autrui portant sur la remise de l'enfant et, dans l'état actuel de la législation, sur l'établissement de la filiation ou une adoption à intervenir").
[264] EGMR 26.6.2014, 65192/11, *Mennesson vs. France and Labassee vs. France*, NJW 2015 S. 3211 (allerdings Verstoß gegen Art. 8 EMRK in der Person des Kindes bejaht, das in den USA Gegenstand eines legalen Leihmutterschaftsvertrages gewesen war) und EGMR 8.7.2014, 29176/13, *D. and Others v. Belgium* (keine Einreise für ein Kind, das unter ukrainischer Leihmutterschaft geboren worden war; die Beschwerde wurde als teilweise unzulässig verworfen).
[265] Ley sobre técnicas de reproducción humana asistida (BOE Nr. 126 vom 27.5.2006).
[266] Näher *Casado und Navarro-Michel*, Document sobre gestació per substitució. Documento sobre gestación por sustitución. Document on surrogacy, S. 47 („[In Spain] there is no express prohibition [of surrogacy] but a declaration of nullity of the contract, thus making the woman who gives birth the mother for all legal purposes").
[267] Näher unten Rdnr. 97.
[268] Norme in materia di procreazione medicalmente assistita; Regeln für die medizinisch unterstützte Zeugung (Gazz. Uff. Nr. 45 vom 24.2.2004). Der Text lautet: „Diejenigen, die in irgendeiner Form die Vermarktung von Gameten oder Embryonen oder die Leihmutterschaft durchführen, organisieren oder bewerben, werden mit einer Gefängnisstrafe von drei Monaten bis zu zwei Jahren und einer Geldstrafe von 600.000 bis zu einer Million Euro bestraft".
[269] Eingehend *Varano*, Famiglia e diritto 2017 S. 825; *Grimaldi*, Familia 2017 S. 323; *Lucchini Guastalla*, NGCC 2017 S. 1722.

mutterschaftsverträge sind wegen der Rechtswidrigkeit der *causa* nichtig (Art. 1343 ital. CC).[270]

82 Das **ungarische** Gesetz über das Gesundheitswesen vom 23.12.1997 hatte in seinen §§ 183–184 (zur sog. „betreuten Schwangerschaft"; *Dajkaterhesség*) eine Freigabe der Leihmutterschaftsverträge angestrebt, doch ist sie nie in Kraft getreten. Sie hätte Leihmutterschaftsverträge bei entsprechender ärztlicher Indikation und nach vorheriger behördlicher Erlaubnis zugelassen, sofern zwischen der Ersatzmutter und dem Kind keine genetische Verbindung besteht, die Ersatzmutter eine nahe Verwandte der Wunschmutter ist, bereits ein eigenes Kind hat, das 25., aber noch nicht das 40. Lebensjahr vollendet hat und sofern der Embryo mit den Geschlechtszellen der Wunscheltern erzeugt worden ist.[271] Eine Gegenleistung sollte ausgeschlossen sein, desgleichen jegliche Werbung dafür, sich als Leihmutter zur Verfügung zu stellen. Das geltende Recht definiert als Mutter eines Kindes weiterhin die Frau, die es geboren hat (§ 4:115(1) ungar. ZGB). Würde eine andere als diese Frau im Geburtenregister als Mutter eingetragen, so würde das den Straftatbestand der Verletzung des Familienstandes (§ 213 ungar. StGB) erfüllen. So bleibt nur der Weg über die sog. „offene Adoption", mit der sich freilich häufig recht ähnliche Ergebnisse erzielen lassen.[272] Auch der **rumänische** CC regelt den sog. Mutterschaftsvertrag bislang nicht. Im Schrifttum wird manchmal hässlich von einer „Gebärmuttermiete" gesprochen, wenn die Tragemutter ein Embryo der Wunschmutter austragen und ihr das Kind nach der Geburt übergeben soll.[273] Nach dem Vorbild des französischen Rechts sollte in den rumänischen CC ursprünglich eine Regelung aufgenommen werden, dass alle Vereinbarungen über die Zeugung oder die Schwangerschaft für jemand anderen nichtig sind. In der parlamentarischen Debatte konnte darüber aber keine Einigkeit erzielt werden. Deshalb gilt bis heute der Grundsatz, dass sich Mutterschaft auf die Tatsache der Geburt stützt[274], auch wenn es in der Rechtsprechung widersprüchliche Entscheidungen zu dieser Frage gibt.[275] Unter Art. 441(1) rumän. CC führt die medizinisch assistierte menschliche Reproduktion mit einer Drittspende nicht zu einer Abstammungsbeziehung zwischen Kind und Spender.

83 Unter § 775 **tschechisches** BGB gilt ebenfalls, dass die Frau Mutter eines Kindes ist, die es geboren hat. Das ist *jus cogens;* ein Vertrag, dessen Objekt der Status eines Kindes ist, ist

---

[270] Siehe bereits App. Salerno 15.11.1991, Dir. famiglia 1992 S. 1052. Die Nichtigkeit von Miet- und Leihmutterschaftsvereinbarungen folgt auch aus Artt. 1418(2) und 1346 ital. CC, weil nicht nur der Grund, sondern auch das Objekt des Vertrages unrechtmäßig ist. Denn weder sind Körperteile, noch das ungeborene Kind, noch sein Status ein Gut *(bene).* Folglich können sie nicht Gegenstand privatautonomer Gestaltung sein. Entsprechende Vereinbarungen gelten unter Art. 1344 ital. CC als rechtsmissbräuchliche Verträge. Zudem wohnt der Vereinbarung die unrechtmäßige Absicht inne, das Adoptionsrecht zu umgehen, was die Nichtigkeitssanktion der Artt. 1343 und 1418 auslöst. Cass. sez. un. 30.12.2022, nr. 38162, Guida al diritto 2023 S. 115 bekräftigt, dass auch die unentgeltliche Ersatzmutterschaft immer sei, „die Würde der Frau in unerträglicher Weise verletzt und die menschlichen Beziehungen zutiefst untergräbt".

[271] *Navratyil,* A varázsló eltöri pálcáját, S. 162.

[272] *Navratyil* a. a. O. Unter § 4:125(1) ungar. ZGB spricht man „von einer offenen Adoption, wenn die leiblichen Eltern bezüglich bestimmter, ihnen bekannter Adoptierender der Adoption zustimmen. (2) Die Eltern können ihre Zustimmungserklärung innerhalb von sechs Wochen nach der Geburt des Kindes – zur Erziehung des Kindes durch die Eltern oder einen anderen Angehörigen des Kindes – widerrufen. Auf die Möglichkeit des Widerrufs sind die Eltern hinzuweisen. (3) Im Falle der Zustimmung zur Adoption erlischt das Sorgerecht der Eltern, wenn das Kind das Alter von sechs Wochen erreicht hat. Das Erlöschen der elterlichen Sorge wird von der Vormundschaftsbehörde festgestellt. (4) Eine offene Adoption darf – mit Ausnahme der Adoption durch Verwandte und den Ehegatten eines Elternteils – auch bei einer elterlichen Zustimmung unter Mitwirkung des regionalen Fachdienstes des Jugendamts oder der Organisation zur Unterstützung der Adoption zustande kommen".

[273] *Avram,* Familia, S. 401 Fn. 1. *Florian,* Revista română de drept privat 3/2018 S. 117, 124 Fn. 17.

[274] *Avram* a. a. O.; *Florian* a. a. O. Fn. 18; *dies.,* Studia UBB, Nr. 4/2013, S. 101, 102.

[275] Siehe einerseits Curtea de Apel Timişoara Nr. 1196/26.9.2013, https://www.juridice.ro/311847/cateva-consideratii-privind-implicatiile-juridice-ale-tehnicilor-de-reproducere-umana-asistata-medical-ru-am.html (nicht die Tragemutter, sondern die Wunschmutter sei die rechtliche Mutter, weil sie die „biologische" Mutter der Zwillinge gewesen sei), und andererseits Tribunalul Gorj Nr. 708/29.5.2015 (https://legeaz.net/spete-civil-curtea-de-apel-craiova-2016/stabilire-maternitate-decizia-1048-17-02–2016-4iy) (rechtliche Mutter sei die Tragemutter).

ex lege nichtig (§§ 1(2) und 588 tschech. BGB[276]). Es soll jede Unsicherheit hinsichtlich der rechtlichen Stellung des Kindes vermieden werden, z. B. dann, wenn es sich um ein behindertes Kind handelt, das von beiden Frauen abgelehnt wird.[277] Gegen die Leihmutterschaft wird ferner vorgebracht, dass ein menschliches Wesen nicht Leistungsgegenstand eines privatrechtlichen Vertrages sein dürfe.[278] Der einzige Weg zur „Umgehung" des Verbots der Leihmutterschaft ist also die Adoption, was sich (etwas versteckt) in § 804 Satz 2 tschech. BGB andeutet, wonach das Verbot der Adoption zwischen Personen, die miteinander in gerader Linie verwandt sind, bei einer Ersatzmutterschaft nicht gilt. Adoption und Ersatzmutterschaft sind aber natürlich nicht dasselbe, weil die Wunscheltern nach der Geburt des Kindes immer noch davon absehen können, den Adoptionsantrag zu stellen.

Der Mann der Wunschmutter kann der (ledigen) Ersatzmutter sein Sperma zu dem Zweck zur Verfügung stellen, es zu ihrer Befruchtung zu nutzen. Er wird dann als Kindesvater vermutet (§ 778 tschech. BGB). Der Mann kann mit seinem Einverständnis auch schon vorgeburtlich von der Ersatzmutter durch Erklärung gegenüber dem Bürgeramt als Vater bestimmt werden (§ 779(1) a. a. O.). Nach der Geburt des Kindes (aber erst nach Ablauf von sechs Wochen) erklärt die Tragemutter bei Gericht ihre Zustimmung zur Adoption des Kindes (§ 809 tschech. BGB). Das Wunschelternpaar stellt seinerseits den Adoptionsantrag, nimmt das Kind für mindestens sechs Monate in seine Obhut und kann nach Ablauf dieser Zeit mit einer Entscheidung des Gerichts rechnen (§ 829 tschech. BGB). Bei verheirateten heterosexuellen Ehepaaren scheint sich dies um eine staatlich tolerierte Praxis zu handeln.[279] Es ist aber darauf zu achten, dass die Wunschmutter der Mutter des Adoptivkindes kein Entgelt zukommen lässt; Letztere würde sich unter § 169(1) tschech. StGB strafbar machen.[280] Unproblematisch ist dagegen ein Kostenersatz durch den Vater (§ 940 tschech. BGB).

In **Dänemark** ist Ersatzmutterschaft durch medizinische assistierte Reproduktion ausdrücklich verboten und strafbar.[281] Leihmutterschaftsverträge sind nichtig.[282] Verboten ist auch eine Vermittlertätigkeit sowie Werbung für sie.[283] Ebenso verhält es sich in **Finnland.**[284] Eine Leihmutterschaftsvereinbarung verstößt gegen die Adoptionsvorschriften und ist damit nichtig.[285] In **Schweden** ist eine Leihmutterschaft durch medizinisch assistierte Reproduktion implizit ausgeschlossen.[286] *Mater in jure semper certa est* gilt auch bei einer Schwangerschaft mit einer gespendeten Eizelle.[287] Ein informelles Leihmutterschaftsarrangement lässt sich nur auf dem Wege über die Adoption realisieren. Vor der Geburt kann die Tragemutter nicht rechtlich gültig einer Adoption zustimmen.[288]

---

[276] § 1(2): „Wenn dies das Gesetz nicht ausdrücklich verbietet, können die Personen ihre Rechte und Pflichten abweichend vom Gesetz vereinbaren; verboten sind Vereinbarungen, die gegen gute Sitten, die öffentliche Ordnung oder das Recht betreffend die Stellung von Personen, einschließlich des Rechts auf Persönlichkeitsschutz verstoßen". § 588: „Das Gericht berücksichtigt auch ohne Antrag die Nichtigkeit eines Rechtsgeschäfts, das offensichtlich sittenwidrig oder gesetzwidrig ist und offensichtlich die öffentliche Ordnung stört. Dies gilt auch im Falle, dass das Rechtsgeschäft zu einer von Anfang an unmöglichen Leistung verpflichtet".
[277] Hrušáková (-*Králíčková*), Občanský zákoník II, S. 515 und 519. Melzer und Pert Tėgl (-*Zemandlová*), Občanský zákoník: velký komentář, S. 1093 allerdings hält den Surrogationsvertrag nicht schon per se für nichtig, sondern meint, es müsse der Inhalt jedes einzelnen Vertrages gesondert geprüft werden.
[278] *Králíčková* a. a. O. S. 515.
[279] Šínová/Šmíd/Juráš, Aktualní problémy rodinněprávní regulace: rodičovství, výchova a výživa nezletilého, S. 112.
[280] „Wer ein Kind für Bezahlung der Macht von jemandem anderen zu dem Ziel der Adoption oder für einen ähnlichen Zweck anvertraut, wird mit Freiheitsstrafe von drei Jahren oder mit Tätigkeitsverbot bestraft".
[281] Kap. 3 § 13 und Kap. 8 § 29 Lov om assisteret reproduktion i forbindelse med behandling, diagnostik og forskning m. v. vom 12.4.2019 (Nr. 514).
[282] § 31 Børneloven (Kindergesetz) vom 7.6.2001 (Nr. 460).
[283] § 33 Adoptionsloven vom 25.5.1956 (Nr. 140). Auch dieses Verbot ist strafbewehrt (§ 34 a. a. O.).
[284] § 8 Laki hedelmöityshoidoista vom 22.12.2006 (Nr. 1237).
[285] Prop. 3/2006 S. 17–18.
[286] Kap. 6 und 7 Lagen om genetisk integritet m. m. vom 18.5.2006 (2006:351).
[287] Kap. 1 § 7 schwed. FB. Die Regel verhindert mithin Leihmutterschaften (Prop. 2001/02:89 S. 55).
[288] Kap. 4 § 5a(1) FB. Eine Zustimmungserklärung wäre nach allgemeinen Rechtsgrundsätzen *(allmänna rättsgrundsatser)* nichtig (Statens Offentliga Utredning [SOU] 2016:11 S. 430).

Das geltende Recht geht auf Empfehlungen einer staatlichen Kommission aus dem Jahre 2016 zurück, die verschiedene Aspekte sowohl der *kommersiellt surrogatmoderskap* als auch der *altruistiskt surrogatmoderskap* untersucht und sich gegen beide ausgesprochen hat.[289] Gegen die Mietmutterschaft *(kommersiellt surrogatmoderskap)* sprächen bereits Kap. VII, Artt. 21 und 22 der Oviedokonvention.[290] Außerdem könnten bei einem Mietmutterschaftsarrangement die Mietmutter bzw. das Kind als Objekt des Handels angesehen werden, was potentiell gegen Art. 1 und Art. 2 des Fakultativprotokolls zur UN-Kinderrechtekonvention[291] bzw. Art. 6 der UN-Frauenkonvention[292] verstoße.[293] Außerdem bestünde das Risiko eines Verstoßes gegen die Menschenwürde der Tragemutter (Art. 1 der Charta der Grundrechte und Grundfreiheiten), weil verhindert werden müsse, dass sie zum bloßen Objekt der Wunscheltern degradiert werde.[294] Was die altruistische Surrogationsmutterschaft anlangt, seien zwar Organ- und Eizellenspenden erlaubt.[295] Leihmutterschaft sei aber eine andauernde Leistung mit absehbaren physischen, psychischen und psychosozialen Folgen. Bislang gebe es keine zureichenden Erkenntnisse über negative Konsequenzen für die Ersatzmutter, das Kind und die übrigen Kinder der Ersatzmutter.[296] Auch bei der Leihmutterschaft gebe es zudem Grund zur Sorge vor einer Verletzung der Würde der Leihmutter und des Kindes, auch wenn die Ausgangslage eine andere sei.[297] Die Kommission riet deshalb und auch unter Hinweis auf Art. 3(1) der UN-Kinderrechtekonvention[298] von einer Einführung des Rechtsinstituts der Leihmutterschaft ab.[299]

85 Auch unter § 1591 des **deutschen BGB** ist die Frau Mutter eines Kindes, die es geboren hat. Eine Zuweisung der rechtlichen Elternschaft an die Wunschmutter ist also derzeit nicht möglich.[300] Es ist unter § 1(1) Nr. 7 dt. EmbryonenschutzG sogar strafbar, bei einer Frau, welche bereit ist, ihr Kind nach der Geburt Dritten auf Dauer zu überlassen (Ersatzmutter), eine künstliche Befruchtung durchzuführen oder auf sie einen menschlichen Embryo zu übertragen. Strafbar ist außerdem die (entgeltliche oder unentgeltliche) Ersatzmuttervermittlung (§ 14b dt. AdVermiG).[301] In beiden Fällen sind allerdings weder die Ersatz- noch die Wunschmutter (sondern nur der Vermittler) strafbar. Das von diesen Vorschriften geschützte Rechtsgut ist das Wohl des Kindes.[302] Der Gesetzgeber wollte dem Konfliktpotential, das aus einer Ersatzmutterschaft erwachsen kann, vorbeugen.[303] Es widerspräche dem Kindeswohl, wenn die psychosozialen Beziehungen zwischen der austragenden Frau und dem Kind unberücksichtigt blieben. Das könne schon die Entwicklung des Kindes im Mutterleib beeinträchtigen. Das Auseinanderfallen zwischen austragender und sozialer Mutter könne zudem die Identitätsfindung des Kindes erheblich erschweren. Diese Gefahr bestehe auch bei einer altruistischen Ersatzmutterschaft. Da sie in der Regel innerhalb der

---

[289] SOU 2016:11.
[290] A. a. O. S. 381.
[291] Art. 1 des Fakultativprotokolls zu dem Übereinkommen über die Rechte des Kindes (oben Rdnr. 46), betreffend den Verkauf von Kindern, die Kinderprostitution und die Kinderpornographie (dt. BGBl 2008 II S. 1223) lautet: „Die Vertragsstaaten verbieten den Verkauf von Kindern, die Kinderprostitution und die Kinderpornographie nach Maßgabe dieses Protokolls". Art. 2 a. a. O. definiert: „'Verkauf von Kindern' (als) jede Handlung oder jedes Geschäft, mit denen ein Kind gegen Bezahlung oder für eine andere Gegenleistung von einer Person oder Personengruppe an eine andere übergeben wird".
[292] Oben Fn. 31.
[293] SOU 2016:11 S. 382.
[294] A. a. O. S. 384.
[295] § 6 Lag om transplantation m. m. vom 8.6.1995 (1995:831) bzw. Kap. 7 § 2 Lagen om genetisk integritet m. m. vom 18.5.2006 (2006:351).
[296] SOU 2016:11 S. 414–422.
[297] A. a. O. S. 432 und 433.
[298] Oben Fn. 33. („Bei allen Maßnahmen, die Kinder betreffen, … ist das Wohl des Kindes ein Gesichtspunkt, der vorrangig zu berücksichtigen ist").
[299] SOU 2016:11 S. 445.
[300] Es gibt politische Bestrebungen, diese Rechtslage zu ändern (vorher Fn. 255), aber sie sind noch nicht konkretisiert.
[301] § 13a dt. AdVermiG definiert: „Ersatzmutter ist eine Frau, die auf Grund einer Vereinbarung bereit ist, 1. sich einer künstlichen oder natürlichen Befruchtung zu unterziehen oder 2. einen nicht von ihr stammenden Embryo auf sich übertragen zu lassen oder sonst auszutragen und das Kind nach der Geburt Dritten zur Annahme als Kind oder zur sonstigen Aufnahme auf Dauer zu überlassen".
[302] Spickhoff (-*Müller-Terpitz*), Medizinrecht³, EschG § 1 Rdnr. 20.
[303] BT-Drs. 11/5460 S. 9.

III. Der verfassungsrechtliche Rahmen der Unverfügbarkeit von Würde und Körper   § 2

Verwandtschaft oder im engeren Freundeskreis vereinbart werde, könnte die Gefahr schwerer psychischer Konflikte hier sogar noch größer sein als bei der entgeltlichen Ersatzmutterschaft.[304] „Ersatzmutterschaften werden von der Rechtsordnung mißbilligt, weil sie der Werteordnung des Grundgesetzes widersprechen und zu psychischen und sozialen Konflikten für alle Beteiligten führen können. Sie sollen über die zivilrechtliche Nichtigkeit entsprechender Vereinbarungen und über das geltende Adoptionsvermittlungsgesetz hinaus durch Verbots- und Sanktionsnormen verhindert werden".[305]

b. Ersatzmutterschaftsverträge unter engen Voraussetzungen wirksam

Unter engen Voraussetzungen sind Leihmutterschaftsverträge dagegen in **Portugal** wirksam. Art. 8 des Gesetzes 32/2006 vom 26.7.2006[306] definiert: „Unter *gestação de substituição* wird jede Situation verstanden, in der sich eine Frau zur Verfügung stellt, eine Schwangerschaft auf Rechnung eines anderen zu tragen und das Kind nach der Geburt unter Verzicht auf die der Mutterschaft eigenen Rechte und Pflichten abzugeben". Das Rechtsgeschäft muss unentgeltlich sein, und die Wunschmutter darf keine oder keine funktionsfähige Gebärmutter haben (sodass eine eigene Schwangerschaft „absolut und definitiv" unmöglich ist und ein klinischer Zustand vorliegt, der das Rechtsgeschäft rechtfertigt: Art. 8(2) a. a. O.). Das Rechtsgeschäft bedarf der vorherigen Erlaubnis der zuständigen Behörde (Art. 8(4) a. a. O.). Die Vertragspartner dürfen in keinem Dienst- oder Arbeitsverhältnis zueinander stehen (Art. 8(6) a. a. O.). Nicht erlaubt sind aber Verhaltenseinschränkungen der Leihmutter und sonstige Verabredungen, die ihre Rechte, ihre Freiheit oder ihre Würde verletzen (Art. 8(11) a. a. O.). Rechtsgeschäfte, die gegen die Voraussetzungen des Art. 8 a. a. O. verstießen, waren unter Art. 8(12) a. a. O. nichtig. Das Gesetz hatte der Leihmutter das Recht, ihre Zustimmung zu widerrufen, nur bis zum Beginn der medizinisch assistierten Gestation einräumen wollen (Artt. 8(8) und 14(5) a. a. O.), doch hat das portugiesische Verfassungsgericht beide Bestimmungen in zwei Urteilen für verfassungswidrig und nichtig erklärt. Das Widerrufsrecht erlösche erst mit der tatsächlichen Herausgabe des Kindes.[307] Unter der zum 1.1.2022 in Kraft getretenen Artt. 8(14) und 13-A(2) des Gesetzes dürfen Rechtsgeschäfte über eine Leihmutterschaft der Leihmutter keine Pflichten auferlegen, die ihren Rechten zuwiderlaufen (Art. 8(14) a. a. O.). Das betrifft vor allem die sozialen und arbeitsrechtlichen Rechte schwangerer Frauen. 86

Die **griechische** Gesetzgebung hat sich dem Thema Ersatzmutterschaft (wörtlich: „dazwischen liegende Mutterschaft", *parénthete metróteta*) schon früh in Art. 8 des Gesetzes 3089/2002, den Artt. 2–4 und 13 des Gesetzes 3305/2005 sowie in den Artt. 1458[308] und 1464 gr. ZGB[309] (beide i. d. F. seit dem 23.12.2002) zugewandt. Sie konkretisieren das 87

---

[304] A. a. O. S. 15–16.
[305] BT-Drs. 11/4154 S. 1.
[306] I. d. F. des Gesetzes 58/2017 vom 25.7.2017, Lei da procriação medicamente assistida, zuletzt geändert durch das Gesetz 90/2021 vom 16.12.2021. Näher zur gesetzlichen Entwicklung *Vale e Reis*, Procriação medicamente assistida, S. 219.
[307] TC 7.5.2018, www.tribunalconstitucional.pt, Acórdão 225/2018 und TC 18.9.2019, www.tribunalconstitucional.pt, Acórdão 465/2019) (es verstoße gegen das Recht der Leihmutter auf freie Entfaltung ihrer Persönlichkeit, auf Schutz ihrer Würde und ihr Recht auf die Gründung einer Familie, wenn sie der Herausgabe des Kindes nicht bis zu dessen tatsächlicher Abgabe widersprechen könne.
[308] „Die Übertragung von befruchteten Eizellen in den Körper einer anderen Frau, welcher diese Eizellen fremd sind, und die Schwangerschaft durch diese Übertragung, sind mit vor der Übertragung erteilter gerichtlicher Genehmigung gestattet, vorausgesetzt, es besteht eine schriftliche und unentgeltliche Vereinbarung zwischen den Personen, die ein Kind haben möchten, und der Frau, welche das Kind austrägt, sowie ihres Ehemannes, wenn sie verheiratet ist. Die gerichtliche Erlaubnis wird auf Antrag der Frau mit dem Kinderwunsch gewährt, wenn nachgewiesen ist, dass es für sie medizinisch unmöglich ist, schwanger zu werden bzw. das Kind austragen zu können und dass die Frau, welche sich zum Austragen des Kindes anbietet, nach ihrem Gesundheitszustand schwanger werden kann".
[309] „Bei künstlicher Befruchtung, wenn die Austragung von einer anderen Frau nach den Bedingungen des Artikel 1458 durchgeführt wurde, wird als Mutter des Kindes die Frau vermutet, der die entsprechende gerichtliche Genehmigung erteilt wurde. Diese Vermutung wird mit Mutterschaftsanfechtungsklage auf-

Fortpflanzungsrecht, das seinerseits aus dem Grundrecht auf freie Entfaltung der Persönlichkeit (Art. 5(1) gr. Verf.) abgeleitet wird. Die Wunschmutter darf aus medizinischen Gründen nicht in der Lage sein, ein Kind auszutragen. Sie gilt als rechtliche Mutter, sofern die Leihmutterschaftsvereinbarung durch das zuständige Landgericht vor dem Embryotransfer genehmigt wurde. Die befruchtete Eizelle darf nicht von der Leihmutter stammen. Es muss sich entweder um eine Eizelle der genetischen Mutter (der Wunschmutter) oder um die Eizelle einer dritten Frau handeln. Auch das Sperma darf von jemand anderem als dem Ehemann der Wunschmutter stammen. Die entgeltliche Ersatzmutterschaft ist strafbar, was aber bei unentgeltichen Ersatzmutterschaften den Ersatz der mit der Schwangerschaft, dem Einkommensverlust und dem Wochenbett verbundenen Kosten der Tragemutter nicht ausschließt.[310] Der Entschädigungsbetrag wird von der zuständigen Behörde, nicht von den Parteien festgesetzt und soll 10.000,– € nicht überschreiten.[311] Das Ziel der Regelung besteht darin, das Wohl des Kindes dadurch zu schützen und zu fördern, dass es rechtlich mit der Mutter verbunden wird, die sich das Kind wünscht.[312] Auf diese Weise ist ein neues Verwandtschaftsrecht entstanden.[313] Die mütterliche Verwandtschaft wird entweder durch die Geburt (Art. 1463(1) gr. ZGB) oder durch ein Willenskriterium, ein gesellschaftlich-emotionales Element begründet. Unter Art. 1464(1) gr. ZGB wird bei einer gerichtlich genehmigten Leihmutterschaft die Wunschmutter als rechtliche Mutter des Kindes vermutet. Für gleichgeschlechtliche Paare steht das Konzept der Leihmutterschaft nicht zur Verfügung.

88 Eine Leihmutterschaftsbeziehung beruht auf einer (an einen Vorvertrag erinnernden) schriftlichen Einigung, die der gerichtlichen Genehmigung bedarf.[314] Erst dann darf die befruchtete Eizelle transplantiert werden. Unter Art. 8 des Gesetzes 3089/2002 finden die Artt. 1458 und 1464 gr. ZGB nur Anwendung, wenn sowohl die beantragende als auch die austragende Frau ihren Wohnort in Griechenland haben.[315] Die Rechtsprechung hat Leihmutterschaften in Gestalt der Transplantation befruchteter Eizellen inzwischen vielfach anerkannt bzw. genehmigt.[316] Der Vertrag wird zwischen den Wuncheltern (die nicht verheiratet sein müssen), der Leihmutter und, falls sie verheiratet ist, auch mit ihrem Ehemann geschlossen.[317] Wunschmutter ist die Frau, die den entsprechenden Antrag stellt (Art. 1456 gr. ZGB). Ein alleinstehender (unverheirateter) Mann darf eine Leihmutterschaft

---

gehoben, welche innerhalb der Frist von 6 Monaten nach der Entbindung erhoben wird, entweder von der mutmaßlichen Mutter oder von der austragenden Frau, wenn sich herausstellt, dass das Kind biologisch von der Letzteren stammt. Die Anfechtungsklage wird von der berechtigten Frau persönlich oder von ihrem Sonderbeauftragten oder nach Erlaubnis des Gerichts von ihrem gesetzlichen Vertreter erhoben. Mit Rechtskraft des Urteils, welches der Mutterschaftsanfechtungsklage stattgibt, hat das Kind als Mutter rückwirkend seit seiner Geburt die Frau, welche es ausgetragen hat".

[310] Art. 13(4)(a) und (b) gr. Gesetz 3305/2005.
[311] Art. 4 der Entscheidung 36 der nationalen Behörde zur medizinisch assistierten Fortpflanzung (FEK 670/B/2008).
[312] Präambel zum Gesetz 3089/2002, Kodikas NoB 2002 S. 2623; *Kounougeri-Manoledaki,* Techneté Gonimopoiese kai Oikogeneiakó Dikaio, S. 3–5, 43–45, 87, 90; LG Chania in Kammer 122/2008, NoB 57 (2009) S. 2136.
[313] Berufungsgericht Athen 3357/2010, NoB 60 (2012) S. 1437.
[314] Eine notariell beurkundete schriftliche Einigung ist nur bei unverheirateten Paaren oder bei alleinstehenden Frauen nötig; bei Eheleuten reicht eine Privaturkunde aus (Berufungsgericht Athen 3357/2010, NoB 60 [2012] S. 1437).
[315] Dazu LG Herakleion 678/2003, NoB 52 (2004) S. 274.
[316] Siehe z. B. noch LG Thessaloniki 27035/2003, Arm. 2004 S. 225; LG Thessaloniki 60/2019; LG Athen 465/2018 (beide Isokrates-Datenbank); LG Patras 398/2018, NoB 67 (2019) S. 455, LG Patras in Kammer 248/2016; LG Thessaloniki in Kammer 2560/2016; LG Thessaloniki in Kammer 3469/2016; LG Thessaloniki in Kammer 3470/2016; LG Thessaloniki in Kammer 3529/2016; LG Thessaloniki in Kammer 4966/2016; LG Thessaloniki in Kammer 6691/2016; LG Thessaloniki in Kammer 197/2016; LG Thessaloniki 930/2016; LG Thessaloniki 3922/2015; LG Thessaloniki 6531/2015; LG Thessaloniki 17721/2015; LG Thessaloniki 14851/2014 (alle Isokrates-Datenbank); LG Rodope-Komotene 400/2007, Arm. 2008 S. 1046; LG Katerine 408/2006, Arm. 2007 S. 863; LG Athen 1166/2005; LG Pyrgos 106/2004 und LG Athen 760/2004 (alle Isokrates-Datenbank).
[317] *Triantos,* AK, Art. 1458 S. 1625 Rdnr. 2.

III. Der verfassungsrechtliche Rahmen der Unverfügbarkeit von Würde und Körper **§ 2**

nicht beantragen.[318] Eine analoge Anwendung der für gebärunfähige Frauen geschaffenen Regelung auf Männer kommt nicht in Betracht.[319] Es soll keine Kinder ohne Mutter geben.[320] Die unterschiedliche Behandlung der beiden Geschlechter wird mit den biologischen Gegebenheiten begründet.[321] Das beantragende Paar darf außerdem nicht gleichgeschlechtlich sein.[322]

Seit 2008 ist die Leihmutterschaft durch sec. 54 Human Fertilisation and Embryology Act 2008 (HFEA 2008) auch im **Vereinigten Königreich** gestattet. Sec. 33(1) HFEA 2008 bestätigt zwar, dass Mutter eines Kindes die Frau ist, die es geboren hat. Diese Grundregel gilt auch für die Leihmutterschaft, und zwar unabhängig davon, ob es sich um eine *gestational surrogacy* oder um eine eine *traditional surrogacy*[323] handelt. Rechtliche Mutter ist mithin die Leihmutter, nicht die Wunschmutter, und dies auch dann nicht, wenn sie ihre eigene Eizelle zur Verfügung gestellt hat. Sec. 54 HFEA 2008 ermöglicht jedoch eine postnatale Übertragung der Elternschaft durch Gerichtsbeschluss (sog. *parental order*). Die *ex post* und mit Wirkung *ex nunc* begründete Elternschaft des bestellenden Paares beruht also nicht auf einem Rechtsgeschäft mit der Leihmutter, sondern auf einer gerichtlichen Entscheidung. Der Antrag auf Übertragung der Mutter- und Vaterschaft kann grundsätzlich nur von zwei Personen gemeinschaftlich (sec. 54(1) a. a. O.), mithin von den Wunscheltern gestellt werden, und dies auch nur innerhalb einer mit der Geburt des Kindes beginnenden sechsmonatigen Frist (sec. 54(3) a. a. O.).[324] Die Wunscheltern müssen volljährig und miteinander verheiratet oder verpartnert sein oder in einer dauerhaften nichtehelichen Lebensgemeinschaft leben (sec. 54(2) a. a. O.) und ihr *domicile* im Zeitpunkt sowohl der Antragstellung als auch der gerichtlichen Entscheidung im Vereinigten Königreich haben (sec. 54 (4)(b) a. a. O.). Zudem muss das *domicile* des Kindes im Zeitpunkt der Antragstellung und der gerichtlichen Entscheidung mit dem der Antragsteller übereinstimmen (sec. 54(4)(a) HFEA 2008). Erforderlich ist zudem eine genetische Verbindung des Kindes mit zumindest einem designierten Elter (sec. 54(1)(b) a. a. O.). Das Gericht muss sich weiter davon überzeugen, dass die Leihmutter und jeder andere aktuelle Elter freiverantwortlich und in voller Kenntnis der Konsequenzen dem Antrag der Bestelleltern vorbehaltlos zugestimmt haben (sec. 54(6) a. a. O.), wobei die Zustimmung der Leihmutter nicht wirksam vor Ablauf einer mit dem Tag der Geburt beginnenden sechswöchigen Frist erteilt werden kann (sec. 54(7) a. a. O.). Gestattet ist wiederum nur die nichtkommerzielle Ersatzmutterschaft. Mit Ausnahme eines „angemessenen Aufwendungsersatzes" bedürfen Entgeltleistungen an die Tragemutter der Genehmigung des Gerichts (sec. 54(8) HFEA 2008).

Englische Gerichte wenden in dieser Frage stets nur die *lex fori* an; erkennen außerdem (anders als z. B. deutsche Gerichte unter §§ 108, 109 dt. FamFG) auch keine ausländischen Entscheidungen an, die den Wunscheltern unter dem dortigen Recht die Elternschaft zuweisen. Maßgeblich ist stets sec. 54 HFEA 2008.[325] Allerdings hat die Rechtsprechung

89

90

---

[318] Berufungsgericht Athen 3357/2010, NoB 60 (2012) S. 1437.
[319] Berufungsgericht Athen a. a. O.; LG Thessaloniki 8641/2017, Isokrates-Datenbank; LG Thessaloniki 27035/2003, Arm. 2004 S. 225.
[320] LG Thessaloniki 8641/2017, Isokrates-Datenbank.
[321] Berufungsgericht Athen a. a. O.
[322] *Triantos* a. a. O.
[323] Bei einer *gestational surrogacy* wird der Embryo mit dem genetischen Potential der Wunscheltern einer als Tragemutter fungierenden Frau in die Gebärmutter implantiert. Bei einer *traditional surrogacy* ist die Leihmutter sowohl die genetische als auch die austragende Mutter; ihre Eizelle wird mit dem Sperma eines (bekannten oder unbekannten) Mannes befruchtet.
[324] In Auslandsfällen erlaubt die Rechtsprechung aber Ausnahmen von dieser Sechsmonatsfrist. In *X v Z (Parental Order Adult)* [2022] EWFC 26; [2022] 4 WLUK 120 erließ das Familiengericht eine *parental order* sogar noch im Hinblick auf eine Person, die nach einer Ersatzmutterschaft in den USA geboren worden, inzwischen aber erwachsen war. Die Wunscheltern waren von einem amerikanischen Gericht im Jahre 1998 als rechtliche Eltern anerkannt worden. Sie waren aber erst im Jahre 2021 darauf aufmerksam geworden, dass das für eine rechtliche Elternschaft unter englischem Recht nicht genügte. Der Fall zeigt zudem die überragende Bedeutung der *parental order*.
[325] *Fenton-Glynn,* JPrivIntL 2017 S. 546, 550.

die engen gesetzlichen Vorschriften inzwischen sowohl für die Inlands- als auch für die Auslandsleihmutterschaft deutlich aufgeweicht.[326] Denn bei der Entscheidung über den Erlass einer *parental order* ist das Kindeswohl die *paramount consideration*. Die Rechte des Kindes aus Art. 8 EMRK sowie aus Art. 7 UN-Kinderrechtekonvention führen praktisch immer zur Zuweisung der Elternschaft an die ohnehin als faktische Eltern agierenden Wunscheltern, und dies selbst dann, wenn die Voraussetzungen von sec. 54 HFEA 2008 genau besehen nicht erfüllt sind. Das Problem ist z. B. bei der Frage der Entgeltlichkeit virulent.[327] Methodisch wird bei der Prüfung, ob die vereinbarte Gegenleistung gem. sec. 54(8) a. a. O. genehmigungsfähig ist, in Inlandsfällen geprüft, ob sie zu einer zulässigen moderaten Aufwandsentschädigung im Verhältnis steht; in Auslandsfällen hingegen bilden die im Ausland üblichen Gegenleistungen den Vergleichsmaßstab. Die im Licht des Kindeswohlprinzips durchzuführende Verhältnismäßigkeitsprüfung fällt hier in der Praxis regelmäßig so aus, dass die Gegenleistung als (noch) angemessen eingestuft wird. So wurden z. B. Zahlungen an die Leihmutter, an Leihmutterschaftsagenturen und andere Vermittler i. H. v. US-$ 53.000 (Kalifornien), £ 3.000 (Indien), £ 9.000 (Russland) und € 25.000 (Ukraine) gebilligt.[328] Auch wenn die Höhe der Zahlungen Zweifel an der nach sec. 54(6) HFEA 2008 erforderlichen freiverantworteten Zustimmung der Leihmutter aufwerfen, steht auch dies einer positiven Zuweisungsentscheidung an die Wunscheltern letztlich nicht entgegen. In Auslandsfällen kann die von Amts wegen durchzuführende Ermittlung der Leihmutter und erst recht die Frage, ob sie aus eigener freier Verantwortung zugestimmt hat, ohnehin auf erhebliche Probleme stoßen; es gab Situationen, in denen das Gericht nicht einmal wusste, wer die Leihmutter war.[329] Der Antrag auf Zuweisung der Elternschaft wurde zudem auch nicht bei bewusst unrichtigen Angaben über die Leihmutter oder bei verspäteter Antragstellung zurückgewiesen. Schließlich ließ die Rechtsprechung auch einseitige Anträge durch einen designierten Elter zu, selbst wenn die erforderliche genetische Verbindung mit dem Kind nicht festgestellt werden konnte, weil der andere Wunschelter zwischenzeitlich verstorben war.[330] Grundrechtliche Garantien (Art. 8 EMRK, Art. 7 UN-Kinderrechtekonvention[331]) bewirkten eine richterrechtliche Rechtsfortbildung praeter,

---

[326] Eingehend *Fenton-Glynn,* [2015] CFLO S. 83.
[327] Den Widerspruch zwischen der Durchsetzung des Verbots der kommerziellen Leihmutterschaft und dem Kindeswohlprinzip i. R. d. Prüfung der Angemessenheit von Gegenleistungen gem. sec. 54(8) HFEA 2008 akzentuiert Hedley J in *Re X and Y (Foreign Surrogacy)* [2008] EWHC 3030 (Fam), [2009] 1 FLR 733 [24]: „I feel bound to observe that I find this process of authorisation most uncomfortable. What the court is required to do is to balance two competing and potentially irreconcilably conflicting concepts. Parliament is clearly entitled to legislate against commercial surrogacy and is clearly entitled to expect that the courts should implement that policy consideration in its decisions. Yet it is also recognised that as the full rigour of that policy consideration will bear on one wholly unequipped to comprehend it let alone deal with its consequences (ie the child concerned) that rigour must be mitigated by the application of a consideration of that child's welfare. That approach is both humane and intellectually coherent. The difficulty is that it is almost impossible to imagine a set of circumstances in which by the time the case comes to court, the welfare of any child (particularly a foreign child) would not be gravely compromised (at the very least) by a refusal to make an order". Siehe auch *Re L (Commercial Surrogacy)* [2010] EWHC 3146 (Fam), [2011] 1 FLR 1423 [10] (ebenfalls Hedley J).
[328] Siehe dazu Theis J in *Re PM (Parental Order: Payments to Surrogacy Agency)* [2013] EWHC 2328 (Fam), [2014] 1 FLR 725 [19]: „[T]he level of profit is unlikely, in circumstances such as here where it is in compliance with the legal framework in the country that it is entered into [to] be a reason for refusing to make an order, save in the most exceptional case. The reality is there is a legal commercial framework which is driven by supply and demand". Zur Kasuistik näher *Fenton-Glynn* [2015] CFLQ 83.
[329] *Re D (A Child)* [2014] EWHC 2121 (Fam) (unter der angegebenen Adresse der Leihmutter in Georgien wohnten drei Frauen, die alle in Abrede stellten, das Kind ausgetragen zu haben).
[330] *A v P (Surrogacy: Parental Order: Death of Applicant)* [2011] EWHC 1738, [2012] 3 WLR 369. Siehe ferner *Y v Z* [2020] EWFC 39 (Fam) (Wunschvater und zugleich Samenspender und damit biologischer Vater verstirbt plötzlich und unerwartet während der Schwangerschaft der verheirateten Ersatzmutter. Beide Paare hatten vereinbart, dass die Wunscheltern nach der Geburt eine *parental order* beantragen würden. Obwohl sie nach dem Gesetzeswortlaut grundsätzlich Wunschelternpaaren vorbehalten ist, führte in diesem Sonderfall zum Wohl des Kindes eine EMRK-konforme Auslegung von sec. 54 HFEA dazu, die *parental order* zugunsten der inzwischen verwitweten Wunschmutter zu erlassen).
[331] Dazu Theis J in *A v P* a. a. O.

wenn nicht sogar contra legem. *De facto* hat sich auf diesem Hintergrund sogar die kommerzielle Leihmutterschaft durchgesetzt. Das Recht des Kindes auf eine auch rechtliche Anerkennung der Elternschaft seiner tatsächlichen Sorgeeltern setzt sich letztlich gegenüber allen anderen vom Gesetzgeber als schützenswert eingestuften öffentlichen Belangen durch, am Ende sogar gegen die beabsichtigte Vermeidung eines Kindeshandels.

c. Faktische Elternschaft und Kindeswohl

Während das griechische und das portugiesische Recht auf eine vorgeburtliche gerichtliche 91 bzw. behördliche Genehmigung eines Vertrages setzen und der Wunschmutter die rechtliche Mutterschaft entweder ab der Geburt (Griechenland) oder aus verfassungsrechtlichen Gründen ab der tatsächlichen Übergabe des Kindes (Portugal) zuordnen, setzt das englische Recht auf eine postnatale gerichtliche Zuweisung der Elternschaft. So bleibt der Tragemutter wenigstens eine Überlegungsfrist. Gleichwohl: Das Verbot der entgeltlichen Ersatzmutterschaft gerät umso mehr ins Wanken, je großzügiger der Aufwendungsersatz ausfällt. Das rüttelt an dem Verbot des Kinderhandels, das seinerseits im Kindeswohl und in der Kindeswürde zentriert. Auch Verhaltensregeln für eine Leihmutter sind um des Schutzes ihrer Würde willen inakzeptabel. Schon die gesundheitlichen und psychologischen Untersuchungen, denen sich eine Tragemutter unter Art. 8 des griechischen Gesetzes 3305/2005 aussetzen muss, sind schwer erträglich, weil sie an Zucht erinnern. Die Idee, dass sich das Recht auf freie Entfaltung der Persönlichkeit in der Realisierung des Kinderwunsches manifestiere, ist gleichfalls von den Eltern, nicht (prognostisch) vom Kind her gedacht. Das Recht, Kinder haben zu dürfen, darf man nicht mit dem Recht „auf" ein von einer anderen Frau auszutragendes individuelles Kind verwechseln; dafür gibt es nirgendwo eine grundrechtliche Basis. Kindeswohl und Leihmutterschaft lassen sich, wie die deutsche und die schwedische Expertise zeigen, nicht konfliktfrei ausgestalten. Die Freigabe der Leihmutterschaft kann heute nicht einmal mehr damit gerechtfertigt werden, dass eine Wunschmutter aus biologischen Gründen nicht selbst gebären kann. Denn es geht nicht um sie, sondern um das Kind, ganz abgesehen davon, dass dieser Ansatz notwendig geschlechtsdiskriminierend wirkt. Denn er kann nicht erklären, warum gleichgeschlechtliche Männerehepaare aus dem Recht der Leihmutterschaft ausgeblendet werden. Der Gedanke, dass ein Kind eine Mutter haben soll, bestätigt nur, dass das (auch in diesem Fall prognostizierte) Kindeswohl im Vordergrund steht. Gleichzeitig bricht er sich aber an dem Gebot, die einschlägigen Regeln geschlechtsneutral zu formulieren. Aus seiner Sicht müsste er lauten, dass das Kind zwei Wunscheltern haben soll. Aber es dürfte nicht darauf ankommen, dass einer der beiden weiblich ist. Entscheidend wäre allein, dass das Kind Eltern hat.

Diese Probleme verschärfen sich wie unter einem Brennglas in **Auslandssachverhal-** 92 **ten.**[332] So gut wie überall (Ausnahme bislang: Italien[333]), auch in Ländern, die Leihmutter-

---

[332] Einen Überblick über die Anerkennung drittstaatlicher Leihmutterschaftsbeziehungen findet man in par. 24 der *Advisory opinion* EGMR 10.4.2019, Nr. P16-2018-01, FamRZ 2019 S. 887, m. Anm. *Ferrand* und Aufsatz *Helms,* IPRax 2020 S. 379.
[333] Cass. sez. un. 8.5.2019, n. 12193, Riv.dir.int. 2019 S. 1225 entschied, dass die Nichtanerkennung des Elternverhältnisses zwischen dem im Ausland durch (*in casu* offenbar entgeltliche) Ersatzmutterschaft geborenen Kind und dem Wunschelternteil nicht im Widerspruch zu den internationalen Konventionen zum Schutz der Kinderrechte stehe. Diese Rechtsquellen gewährleisteten den größtmöglichen Schutz des Kindes, indem sie die Staaten verpflichteten, die Identität des Kindes zu wahren und die familiären Beziehungen zu respektieren und das Wohl des Kindes als das Hauptkriterium zu bestimmen. Das bedeute aber nicht, dass der Schutz des Kindeswohls über allen anderen wesentlichen und unveräußerlichen Werten der Rechtsordnung stünde. Vielmehr verstoße die Anerkennung einer Ersatzmutterschaft gegen den italienischen *ordre public.* Der Kassationshof hat a. a. O. aber klargestellt, dass es den Wunscheltern unbenommen bleibe, das Kind zu adoptieren (darauf stützt sich z.B. Trib. dei minorenni Genova 13.6.2019, nr. 640, Dir.fam.pers. 2019 S. 1678). Näher *Recinto,* Diritto delle successioni e della famiglia 2019 S. 347 und *Perlingieri,* Diritto delle successioni e della famiglia 2019 S. 337. Cass. 29.4.2020, nr. 8325, Il corriere giuridico 2020 S. 902 m. Aufs. *Salanitro* a. a. O. S. 910 kommt allerdings zu dem Ergebnis, dass die Artt. 12(6) Gesetz Nr. 40 aus 2004, 18 Dekret des Staatspräsidenten Nr. 396 aus 2000

schaftsvereinbarungen grundsätzlich verwerfen und auch keine hoheitliche Alternative zu ihnen vorsehen, werden Auslandsleihmutterschaften anerkannt, und dies auch zugunsten homosexueller Wuncheltern. Das betrifft vielfach Fälle mit Bezug zu einzelnen Gliedstaaten der USA, aber auch zu Russland und zur Ukraine.[334] Der entscheidende Unterschied zu den Inlandssachverhalten liegt darin, dass, wenn ein Auslandssachverhalt erst einmal vor Gericht kommt, in aller Regel bereits eine faktische Eltern-Kind-Beziehung zwischen den Wuncheltern und dem Kind entstanden ist, die auseinanderzureißen dem Wohl des Kindes in seiner derzeitigen Lebenssituation widersprechen kann. Nur wenn es noch an einer stabilen Beziehung der Wuncheltern zu dem Kind fehlt, bleibt Raum für den anerkennungsrechtlichen *ordre public international*. Zu bedenken ist außerdem, dass eine zu restriktive Anerkennungspraxis unter dem Aspekt der Freizügigkeit auch zu einem innereuropäischen Problem würde.

93   Aus menschenrechtlicher Sicht spielen bei der Anerkennung von Auslandsleihmutterschaften vor allem das Recht der Wuncheltern auf Achtung ihres sowie das Recht des Kindes auf Achtung seines Familien- und Privatlebens (jeweils Art. 8 EMRK) eine Rolle. In **Mennesson vs. Frankreich** hatte sich der EGMR mit der Weigerung französischer Gerichte[335] zu befassen, eine in Kalifornien über eine Leihmutterschaft begründete Abstammungsbeziehung zu den Wuncheltern anzuerkennen.[336] Die Beschwerdeführer, ein französisches Paar, hatten einen nach kalifornischem Recht zulässigen Leihmutterschaftsvertrag geschlossen, der abredekonform ausgeführt wurde. Im kalifornischen Geburtenregister wurden die Beschwerdeführer als Mutter und Vater der von der Leihmutter geborenen beiden Kinder, die ebenfalls als Beschwerdeführer vor dem EGMR auftraten, eingetragen. Das französische Konsulat lehnte eine Übernahme der Einträge in das französische Personenstandsregister ab, gab zudem die Akten wegen des Verdachts einer strafbaren Leihmutterschaftsvereinbarung an die Staatsanwaltschaft weiter. Die amerikanischen Bundesbehörden stellten den Kindern indes Reisepässe aus, so dass die neue Familie gemeinsam nach Frankreich einreisen konnte. Das Strafverfahren wurde später eingestellt, auch wurden die Wuncheltern vorübergehend doch als Eltern in das französische Personenstandsregister eingetragen, der Eintrag aber alsbald wieder gelöscht. Der Kassationshof stellte letztinstanzlich fest, dass der kalifornischen Leihmutterschaftsvereinbarung wegen des Prinzips der

---

und 64(1)(g) Gesetz Nr. 218 aus 1995 insoweit verfassungswidrig wären, als sie auch die Anerkennung einer unentgeltlichen Ersatzmutterschaft unter Rückgriff auf den italienischen ordre public verhinderten. Die endgültige Entscheidung des Verfassungsgerichts steht aus.

[334] Unter Art. 123(2) des ukrainischen FamGB gilt, dass dann, wenn der Embryo, der von dem Ehepaar durch assistierte Reproduktionstechnik gezeugt wurde, in den Körper einer anderen Frau übertragen wurde, die Eheleute Eltern des Kindes werden. Eine Anfechtung der mütterlichen Abstammung ist in diesem Falle nicht erlaubt (Art. 139(2) Satz 2 a. a. O.). Unter der vom Gesundheitsministerium erlassenen „Instruction on Procedures for Assisted Reproductive Technologies" (http://www.fertilitysolutionsinternational.com/wp-content/uploads/2015/09/Legal-Position-On-Fertility-Treatment-in-Ukraine.pdf) bedarf es einer medizinischen Untersuchung der Wuncheltern und einer ärztlichen Bescheinigung über die Erforderlichkeit einer In-Vitro-Behandlung. Die Wuncheltern müssen verheiratet, die Leihmutter muss volljährig und bereits Mutter eines eigenen und gesunden Kindes sein. Sind diese Voraussetzungen erfüllt, kann eine Ersatzelternschaft vereinbart werden. Der Vertrag kann neben Aufwendungsersatz auch eine Entlohnung der Ersatzmutter für die Schwangerschaft und die „delivery of a child" vorsehen (http://www.fertilitysolutionsinternational.com/wp-content/uploads/2015/09/Legal-Position-On-Fertility-Treatment-in-Ukraine.pdf); Mietmutterschaft ist also erlaubt. Zusätzlich zu dem Vertrag mit der Ersatzmutter wird ein Vertrag mit der Klinik zur Durchführung der Befruchtung und der Implantation des Embryos geschlossen (http://www.fertilitysolutionsinternational.com/wp-content/uploads/2015/09/Legal-Position-On-Fertility-Treatment-in-Ukraine.pdf). Die ukrainische Regelung ermöglicht es mithin den genetischen Eltern, als Eltern des Kindes registriert zu werden. Voraussetzung dafür ist aber die notariell beurkundete Einwilligung der Ersatzmutter (http://www.fertilitysolutionsinternational.com/wp-content/uploads/2015/09/Legal-Position-On-Fertility-Treatment-in-Ukraine.pdf).

[335] Cass. civ. 17.12.2008, Bull. civ. 2008, I, Nr. 289; RTD civ. 2009 S. 106, Anm. *J. Hauser* (Kalifornien; Anerkennung verweigert); Cass. civ. 6.4.2011, Bull. civ. 2011, I, Nrn. 70, 71 und 72 (dsgl.; Bestätigung des Prinzips der Unverfügbarkeit des Personenstands, das *d'ordre public* sei); Cass. civ. 13.9.2013, Bull. civ. 2013, I, Nr. 176 (auch das Wohl des Kindes stehe einer Nichtanerkennung nicht entgegen).

[336] EGMR 26.6.2014, 65192/11, NJW 2015 S. 3211.

Unverfügbarkeit des Personenstandes[337] in Frankreich keine Wirkung verschafft werden könne. Der EGMR verneinte eine Verletzung der Wunscheltern in ihrem Recht aus Art. 8 EMRK. Den Konventionsstaaten stehe bei der Anerkennung einer im Ausland durchgeführten Leihmutterschaftsvereinbarung ein weiter Ermessensspielraum zu, da es in diesem moralisch-ethisch sensiblen Bereich keinen europäischen Konsens gebe. Der französische Staat dürfe das Ziel verfolgen, seine Bürger zu entmutigen, sich im Ausland einer Fortpflanzungsmethode zu bedienen, die im Inland verboten sei. Entscheidend sei, dass die Beschwerdeführer nicht daran gehindert seien, in Frankreich miteinander zusammenzuleben. Es sei jedoch das Recht *der Kinder* auf Achtung ihres Privatlebens verletzt.[338] Das Gericht verwies darauf, dass die Kinder biologisch von dem Mann des Wunschelternpaares abstammten.[339] Es entspreche nicht dem Interesse eines Kindes, dass ihm eine rechtliche Verbindung genommen werde, die biologisch feststehe, sofern sowohl das Kind als auch der betreffende Elternteil ihre volle Anerkennung fordern. Von besonderer Bedeutung sei insoweit, dass nicht einmal sicher sei, dass die Kinder die französische Staatsbürgerschaft erhalten könnten, obwohl feststehe, dass der Mann der Wunschmutter der leibliche Vater sei. Die Staatsbürgerschaft sei aber ein Bestandteil der konventionsrechtlich geschützten Identität der Person. Zudem wirke sich die Nichtanerkennung der Abstammung auf das Erbrecht aus. In **Campanelli und Paradiso vs. Italien**[340] hatten die Beschwerdeführer, ein italienisches Paar, mit der beauftragten russischen Leihmutterschaftsagentur vereinbart, dass das Wunschkind mit dem Spendermaterial des Mannes und einer anonym gespendeten Eizelle gezeugt werden solle. Das in Russland von einer Ersatzmutter ausgetragene und zur Welt gebrachte Kind wurde dem Paar übergeben. In der von den russischen Behörden ausgestellten Geburtsurkunde waren die Wunscheltern als Eltern des Kindes eingetragen. Aufgrund eines DNA-Tests stellte sich später indes heraus, dass das Kind tatsächlich nicht von dem Bestellvater abstammte. Mit Rücksicht auf das generelle Verbot der Leihmutterschaft in Italien verweigerten die italienischen Behörden nicht nur die Anerkennung der rechtlichen Elternschaft der Bestelleltern. Sie entzogen den Beschwerdeführern auch das Kind und gaben es zur Adoption frei, obwohl es bereits acht Monate mit den Beschwerdeführern zusammengelebt hatte. In der Individualbeschwerde ging es nicht um die Nichtanerkennung der ausländischen Geburtsurkunde und der Abstammung, sondern um die von den italienischen Behörden und Gerichten getroffenen Maßnahmen, die die endgültige Trennung des Kindes von den Beschwerdeführern zur Folge hatten. Vor der zweiten Sektion des EGMR hatte ihre auf Art. 8 EMRK gestützte Rüge Erfolg. Die Wunscheltern hätten sich liebevoll um das Kind gekümmert; die Maßnahmen der Behörden seien unverhältnismäßig gewesen. Die Große Kammer des EGMR entschied in die entgegengesetzte Richtung. Art. 8 EMRK sei unter keinem rechtlichen Gesichtspunkt verletzt. Der Schutzbereich des Rechts auf Achtung des Familienlebens sei nicht berührt, weil es an einer leiblichen Beziehung der Wunscheltern zu dem Kind gefehlt habe und weil die Beziehung der Wunscheltern zu dem Kind nur von kurzer Dauer gewesen sei. Trotz der emotionalen Bindung und der angestrebten Elternschaft sei auch *de facto* noch keine Familie entstanden.[341] Berührt sei folglich nur das Recht auf Achtung des Privatlebens, in das aber unter weniger strengen Voraussetzungen eingegriffen werden dürfe. Die italienischen Behörden hätten gerechtfertigt gehandelt. Die Große Kammer betonte erneut, dass den Konventionsstaaten in den Bereichen der Adoption, Unterbringung von Kindern, künstlichen Befruchtung und Leihmutterschaft ein weiter Ermessensspielraum zustünde.[342] Er sei nicht überschritten worden. Dem Interesse an der Fortsetzung der Beziehung zu dem Kind sei hier

---

[337] Vorher Rdnr. 81.
[338] EGMR 26.6.2014 a. a. O. Rdnr. 97.
[339] A. a. O. Rdnr. 99.
[340] EGMR, Große Kammer, 24.1.2017, 25358/12, NJW 2017 S. 941; dazu *Uerpmann-Wittzack und Prechtl*, FamRZ 2020 S. 469, 470.
[341] A. a. O. Rdnr. 157.
[342] A. a. O. Rdnr. 194.

nur geringes Gewicht beizumessen. Außerdem sei nicht dargetan, dass dem Kind durch die Trennung ein schwerer oder irreparabler Schaden drohe. Das öffentliche Interesse sei dagegen von besonderem Gewicht. Denn wenn das Kind bei den Beschwerdeführern belassen würde, vielleicht sogar mit der Möglichkeit, dass sie seine Adoptiveltern werden, würde eine unter Verletzung wesentlicher Vorschriften des italienischen Rechts herbeigeführte Situation legalisiert.[343]

94 Die Rechtsprechung der **nationalen Gerichte** hat sich weitgehend an der Rechtsprechung des EGMR ausgerichtet. Für **Italien** hat das Berufungsgericht in Venedig[344] trotz der tendenziell gegenläufigen Rechtsprechung des Kassationshofes[345] entschieden, dass ein ausländisches Urteil, mit dem das Bestehen einer elterlichen Beziehung zu einem homosexuellen Paar festgestellt wird, nicht den Grundsätzen des italienischen *ordre public* widerspreche. Es müsse daher in Italien transkribiert werden, auch wenn das Kind im Wege medizinisch unterstützter Fortpflanzung gezeugt wurde. Die Geburtsurkunde sei durch die Angabe beider gesetzlicher Elternteile *(genitori legali)* zu ergänzen. Der **französische** Kassationshof hat in zwei Entscheidungen seiner *Assemblée plénière* ausländische Leihmutterschaften anerkannt und die Eintragung der Wunschmutter unter der Voraussetzung angeordnet, dass die ausländischen Personenstandsurkunden nicht unrechtmäßig oder gefälscht sind und der Realität entsprechen.[346] Allerdings sollte es ein Anerkennungshindernis bleiben, wenn die Wunschmutter bereits in der ausländischen Geburtsurkunde als Mutter eingetragen ist; das entspräche eben nicht der „Realität".[347] Das Problem hat sich erst durch eine Vorlagefrage an den EGMR[348] erledigt.[349] Der **deutsche** Bundesgerichtshof hat entschieden, dass die auf einer vertraglichen Leihmutterschaft beruhende Elternschaft eines Wunschelternpaares und die entsprechende ausländische Geburtsurkunde mindestens dann anerkannt werden können, wenn ein Wunschelternteil im Unterschied zur Leihmutter mit dem Kind genetisch verwandt ist.[350] Das hat er vier Jahre später im Hinblick auf eine entgeltliche Ersatzmutterschaft aus Colorado bestätigt.[351] In die Abwägung seien der Schutz der Würde der Ersatzmutter und die Rechte der Wunsch- oder Bestelleltern aus Art. 2(1) (freie Entfaltung der Persönlichkeit) und Art. 6(1) dt. GG (Familie) bzw. Art. 8(1) EMRK einzubeziehen, auf Seiten des Kindes sein Recht auf Gewährleistung elterlicher Pflege und

---

[343] A. a. O. Rdnr. 215.
[344] Corte d'appello Venezia 16.7.2018, Dir.fam.pers. 2019, 1, I, 149.
[345] Oben Fn. 333.
[346] Cass. Ass. plén. 3.7.2015, ECLI:FR:CCASS:2015:AP00619 und ECLI:FR:CCASS:2015:AP00620 („Ayant constaté que l'acte de naissance, établi en Russie, d'un enfant né dans ce pays, désignant l'homme de nationalité française l'ayant reconnu, en qualité de père, et la ressortissante russe en ayant accouché, en qualité de mère, n'était ni irrégulier ni falsifié et que les faits qui y étaient déclarés correspondaient à la réalité, une cour d'appel en a déduit à bon droit que la convention de gestation pour autrui conclue entre les parents ne faisait pas obstacle à la transcription de l'acte de naissance").
[347] Cass. civ. 1.11.2017, ECLI:FR:CCASS:2017:C101238; Cass. civ. 5.7.2017, ECLI:FR:CCASS:2017:C100825; Cass. civ. 14.3.2018, ECLI:FR:CCASS:2018:C100304.
[348] Cass. Ass. plén. 5.10.2018, ECLI:FR:CCASS:2018:AP00638.
[349] Cass. Ass. plén. 4.10.2019, ECLI:FR:CCASS:2019:AP00648; Cass. civ. 18.12.2019, n. 1111 (18-11.815) und n. 1112 (18.-12.327); eingehend dazu in deutscher Sprache *Schlürmann*, ZEuP 2020 S. 691. EGMR 16.7.2020, 11288/18, *D. vs. Frankreich,* FamRZ 2020 S. 1475, Anm. *von Bary,* ist zwar jüngeren Datums, bezieht sich aber auf die ältere französische Rechtslage. Das Gericht sieht hier keine Menschenrechtsverletzung in der Nichtanerkennung der Mutterschaft einer mit dem Kind genetisch verwandten Wunschmutter, wenn ihr die Möglichkeit bleibt, das Kind zu adoptieren.
[350] BGH 10.12.2014, BGHZ 203 S. 350; NJW 2015 S. 479; FamRZ 2015 S. 240. Selbst dann scheidet eine Anerkennung der Wunschmutter als rechtliche Mutter allerdings aus, wenn das Kind seinen gewöhnlichen Aufenthalt im Geburtszeitpunkt im Inland hatte. Das soll auch dann der Fall sein, wenn das im Ausland geborene Kind entsprechend dem übereinstimmenden Willen aller an der Leihmutterschaft beteiligten Personen alsbald nach der Geburt rechtmäßig nach Deutschland verbracht wird. „Ein vorheriger gewöhnlicher Aufenthalt im Geburtsland bestand dann nicht" (BGH 20.3.2019, BGHZ 221 S. 300). Der Fall ist auch deshalb bemerkenswert, weil es hier um eine rein materiellrechtliche, also allein auf der Anwendung des deutschen IPR (Art. 19 dt. EGBGB) beruhende Entscheidung ging, nicht um eine verfahrensrechtliche Anerkennungsentscheidung, bei der sich die deutsche Rechtsprechung größerer Zurückhaltung in der Anwendung der ordre public-Klausel (§ 109(1) Nr. 4 dt. FamFG) auferlegt.
[351] BGH 5.9.2018, NJW-RR 2018 S. 1473, 1474 Rdnr. 16; JR 2019 S. 509.

Erziehung. In die Kindesrechte werde, wie schon das dt. Bundesverfassungsgericht dargelegt hatte[352], eingegriffen, wenn eine bestehende rechtliche Eltern-Kind-Zuordnung als Statusverhältnis beseitigt werde. Das gelte auch, wenn einem Kind die statusrechtliche Zuordnung zu einem Wunschelternteil versagt werde.[353] „Das Kindeswohl ist schließlich nach Art. 3(1) der UN-Kinderrechtekonvention bei allen das Kind betreffenden Maßnahmen vorrangig zu berücksichtigen (ebenfalls nach Art. 24 II EU-Grundrechtecharta)."[354] Allein durch den Umstand, dass eine Leihmutterschaft durchgeführt wurde, sei im konkreten Fall die Menschenwürde der Ersatzmutter nicht verletzt worden. Die Menschenwürde der Ersatzmutter könne nur verletzt sein, wenn die Freiwilligkeit ihrer Mitwirkung nicht gewährleistet sei oder wesentliche Umstände im Unklaren blieben, etwa Angaben zur Person der Ersatzmutter, zu den Bedingungen, unter denen sie sich zum Austragen des Kindes bereit erklärt hat, zu dem Inhalt einer getroffenen Vereinbarung[355] oder wenn im ausländischen Gerichtsverfahren grundlegende verfahrensrechtliche Garantien außer Acht gelassen worden seien.[356] Die Freiwilligkeit der Mitwirkung werde nicht dadurch infrage gestellt, dass die Ersatzmutter Geld erhalte oder dass zwischen ihr und den Wunsch- bzw. Bestelleltern ein soziales Gefälle bestehe.[357] In Deutschland können mithin auch ausländische Mietmutterschaften verfahrensrechtlich anerkannt werden; nach jüngerer instanzgerichtlicher Rechtsprechung selbst dann, wenn zwischen dem Kind und den Wunscheltern keine genetische Verwandtschaft besteht, ja selbst dann, wenn es nur einen einzigen „Wunschelter" gibt.[358] Das deutsche Anerkennungsrecht kann in diesem Punkt ohne Weiteres großzügiger sein als der EGMR in seinen Entscheidungen zu der Frage, ob eine Nichtanerkennung gegen die EMRK verstoße. Genetische Abstammung ist indes nicht mehr als ein zusätzliches Indiz für eine besonders starke Eltern-Kind-Bindung. Bedenkt man die Argumentation des deutschen Gesetzgebers gegen die Freigabe der Leihmutterschaft, in der dem Umstand maßgebliches Gewicht beigemessen wurde, dass schon die kindliche Entwicklung im Mutterleib durch eine Leihmutterschaftsvereinbarung gestört sein kann[359], sieht man, dass nicht die fehlende genetische Abstammung der entscheidende Punkt ist, sondern die durch das Heranreifen im Mutterleib geschaffene tatsächliche Verbindung. Ist sie aber durch Übergabe des Kindes erst einmal auseinandergerissen und eine neue reale Verbindung geschaffen, spielt für Letztere aus der Sicht des Kindes die biologische Beziehung derzeit überhaupt keine Rolle mehr und später, wenn es das für solche Fragen erforderliche Bewusstsein ausgebildet hat, unterscheidet es sich nicht von einem Adoptivkind.

Das **griechische** Leihmutterschaftsrecht gilt zwar nur für Personen mit griechischem Personalstatut[360], doch ermöglicht die Rechtsprechung jedenfalls die Adoption eines im Ausland nach dortigem Leihmutterschaftsrecht geborenen Kindes.[361] Über die Anerkennung ausländischer Leihmutterschaftsvereinbarungen als solche scheint bislang nicht entschieden zu sein. Das **tschechische** Verfassungsgericht hatte es mit einem dänischen und einem tschechischen Mann zu tun, die in einem gemeinsamen Haushalt lebten und nach kalifornischem Recht (aber nicht nach tschechischem: § 655 tschech. BGB) wirksam ver-

---

[352] BVerfG 17.12.2013, NJW 2014, S. 1364; FamRZ 2014 S. 449 Rdnr. 102–103.
[353] So bereits BVerfG 19.2.2013, NJW 2013 S. 847; FamRZ 2013 S. 521 Rdnr. 44–45.
[354] Das Gericht verweist auf BGH 10.12.2014, NJW 2015 S. 479, 482 Rdnr. 41.
[355] Siehe dazu bereits BVerfG 22.8.2012, NJW-RR 2013 S. 1, 2 Rdnr. 15.
[356] BGH 10.12.2014 a. a. O. Rdnr. 51; BGH 5.9.2018, NJW-RR 2018 S. 1473, 1475 Rdnr. 18.
[357] BGH 5.9.2018 a. a. O. Rdnr. 19.
[358] Das war in der Folge von BGH 10.12.2014, BGHZ 203 S. 350 (vorher Fn. 350) längere Zeit ein Problem (*Behrentin und Grünenwald*, NJW 2019 S. 2057, 2059). Es könnte sich aber durch KG 21.1.2020, FamRZ 2020 S. 607, Anm. *v. Bary* gelöst haben. Es ging um eine in Kalifornien ausgetragene Ersatzmutterschaft zugunsten eines alleinstehenden deutschen Wunschvaters, der auch nicht der Samenspender war. Die ihn als Vater und alleinigen Elter einstufende kalifornische Entscheidung wurde anerkannt.
[359] Oben Rdnr. 85.
[360] Art. 8 griech. Gesetz 3089.
[361] LG Chania in Kammer 122/2008, NoB 57 (2009) S. 2136; LG Thessaloniki 7013/2013, Arm. 67 (2013) S. 1291.

heiratet waren.³⁶² Sie besuchten Tschechien regelmäßig. Im Jahre 2012 schlossen sie einen Leihmutterschaftsvertrag mit einer Frau, die im Jahre 2013 ein Kind zur Welt brachte. Es war aus der Eizelle einer anonymen Spenderin hervorgegangen, die mit dem Sperma beider Männer inseminiert worden war; sie wissen nicht, wer der biologische Kindesvater ist. Ein kalifornisches Gericht entschied, dass die Leihmutter kein rechtlicher Elternteil des Kindes sei; Eltern seien vielmehr die beiden Männer, die auch in die Geburtsurkunde des Kindes als Eltern eingetragen wurden. Die Männer beantragten daraufhin in Prag für das Kind die Ausstellung eines tschechischen Staatsangehörigkeitszeugnisses. Es wurde zunächst verweigert, nach einem Verfahren vor dem Obersten Gericht, das die Anerkennung der kalifornischen Entscheidung im Hinblick auf den tschechischen Mann für *ordre public*-konform ansah, dann aber zusammen mit einer tschechischen Geburtsurkunde doch erteilt. In diese Geburtsurkunde wurde als Vater der tschechische Staatsbürger eingetragen; die Spalte „Mutter" blieb jedoch leer. Das tschechische Oberste Gericht lehnte auf erneuten Antrag die volle Anerkennung der kalifornischen Elternschaft unter Hinweis auf den tschechischen *ordre public* ab. Die Anerkennung liefe faktisch darauf hinaus, den beiden Männern die Adoption zu gestatten, was aber Ehegatten vorbehalten sei. Das Verfassungsgericht bejahte unter Rückgriff auf die Rechtsprechung des EGMR das Vorhandensein eines Familienlebens i. S. von sowohl Art. 10(2) der tschechischen Charta der Grundrechte und Grundfreiheiten³⁶³ als auch von Art. 8 EMRK. Das Gericht betonte die Unterschiede zwischen Leihmutterschaft, Adoption und natürlicher Kindschaft. Bei einer Leihmutterschaft hätten rechtlich nie andere Eltern als die Vertrags- oder Wunscheltern existiert. Bei der Adoption dagegen trete das adoptierende Ehepaar an die Stelle der ursprünglichen Eltern. Bei der Leihmutterschaft hätten die Eltern die Kontrolle über das genetische Material, bei der Adoption nicht. Die Leihmutterschaft sei ein dritter Weg zur Elternschaft. Sie könne nur dann in einen Widerspruch zur tschechischen öffentlichen Ordnung treten, wenn die Ersatzmutter ausgebeutet oder auf andere Weise unmenschlich behandelt werde, was unter der kalifornischen Rechtslage nicht zu besorgen sei. Die Entscheidung des OG sei im Übrigen schon deshalb nicht zu halten, weil sie sich nicht mit dem Wohl des Kindes auseinandergesetzt habe. Abstrakte Prinzipien müssten dem Wohl des Kindes weichen. Dafür sei es wichtig, dass auch der zweite Elternteil in Tschechien als Elter anerkannt werde. Das OG habe nicht einmal erklärt, worin die öffentliche Ordnung bedroht wäre, wenn auch das Eltern-Kind-Verhältnis zu dem zweiten Ehemann anerkannt würde. Schon jetzt seien, z. B. nach einer Geschlechtsänderung, gleichgeschlechtliche Elternschaften möglich. Auch der dänische Mann, nicht nur das Kind, sei in seinem Recht auf Schutz des Familienlebens verletzt, wenn man seine faktische Elternstellung nicht auch rechtlich anerkenne. Das Kind genieße ohnehin den Schutz von Art. 3(1) des UN-Übereinkommens über die Rechte des Kindes.

Tschech. VerfG 15.12.2020³⁶⁴ allerdings hat es in einer sehr umstrittenen Mehrheitsentscheidung abgelehnt, § 63(1) des tschech. IPR-Gesetzes für verfassungswidrig zu erklären, wonach eine Auslandsadoption nur anerkannt wird, wenn die Adoption auch nach materiellem tschechischem Recht zulässig wäre. Zwei in registrierter Partnerschaft lebende Männer, ein Tscheche und ein Mann aus Trinidad und Tobago, hatten erfolglos die Anerkennung einer Entscheidung aus New Jersey beantragt, durch die sie Eltern zweier US-amerikanischer Kinder geworden waren. Unter tschechischem Recht sei die Kindesadoption aber Ehepaaren vorbehalten. Mit der Nichtanerkennung greife der tschechische Staat weder aktiv in das Privatleben der Kinder noch der gleichgeschlechtlichen Partner ein. Das Kindeswohl müsse nicht immer und in jedem Einzelfall das maßgebliche Entscheidungskriterium sein. Tschechien sei ein souveräner Staat mit einer eigenen Rechtsordnung, die die Einzigartigkeit dieses Staates reflektiere. Die beiden Entscheidungen betreffen zwar unterschiedliche Sachverhalte (Ersatzmutter-

---

³⁶² Tschech. VerfG 29.6.2017, I. ÚS 3226/16, Soubor rozhodnutí Ústavního soudu Nr. 116, Band 85 S. 879. Das Verfahren wurde abgeschlossen durch tschech. OG 24.4.2018, Nr. 28 Ncu 23/2018-8, mit dem die kalifornische Entscheidung rechtskräftig anerkannt wurde.

³⁶³ „Jedermann hat das Recht auf Schutz vor unberechtigten Eingriffen in sein persönliches oder Privatleben".

³⁶⁴ Pl. ÚS 6/20, ECLI:CZ:US:2020:Pl.US. 6.20.1.

III. Der verfassungsrechtliche Rahmen der Unverfügbarkeit von Würde und Körper § 2

schaft dort, Adoption hier), doch ist der Kontrast dennoch scharf. Der Sinneswandel trägt politische Züge. Die wiederholten Hinweise auf die Souveränität des tschechischen Staates wirken jedenfalls deplatziert. Sie könnten auch darauf zurück gehen, dass der österr. VfGH einige Jahre zuvor § 191(2) Satz 1 ABGB a. F. als verfassungswidrig aufgehoben hatte, wonach gleichgeschlechtlichen Paaren die Fremdkindadoption ebenfalls untersagt war.[365] Eine Minderheit der tschechischen Verfassungsrichter verwies jedenfalls zutreffend darauf, dass die Mehrheitsentscheidung in deutlichem Widerspruch zu der Rechtsprechung des EGMR steht.

Den generell anerkennungsfreundlichen Trend der europäischen Gerichte bestätigt auch **schwedischer** HD 13.6.2019.[366] Es ging um die Anerkennung der Mutterschaft einer Frau, die mit dem Kind leiblich nicht verwandt war und mit dem Samenspender in eheähnlicher Gemeinschaft *(sambo)* gelebt hatte. Die Eizelle stammte von einer Drittspenderin. Die kalifornische Ersatzmutter hatte den Embryo vertragsgemäß ausgetragen, war von ihrer Mutterschaft zurückgetreten, und es war in Kalifornien die Wunschmutter als Kindesmutter und alleiniger sorgeberechtigter Elter registriert worden. Das Gericht erster Instanz *(Tingsrätt)* erkannte die Vaterschaft des Samenspenders und Wunschvaters an, lehnte aber den Adoptionsantrag der Wunschmutter mit der Begründung ab, dass sich die Eltern inzwischen getrennt hatten, so dass die Adoption unter Kap. 4 §§ 21 und 22 schwed. FB zum Erlöschen der Vaterschaft des Wunschvaters führen würde. Das wiederum würde dem Interesse des Kindes (Kap. 1 § 2(5) schwed. RF; Art. 3 UN-Kinderrechtekonvention) widersprechen. Das Gericht lehnte auch den Antrag der Mutter auf Anerkennung der kalifornischen Entscheidung ab. Der *Högsta domstolen* konzentrierte sich auf die Frage des anerkennungsrechtlichen *ordre public*. Er wies darauf hin, dass ausländische Vaterschaftsentscheidungen in Schweden grundsätzlich anerkannt würden.[367] Das betreffe auch die Vaterschaft in Fällen medizinisch mit dem Samen von Drittspendern assistierter Reproduktion. Die Anerkennung ausländischer Entscheidungen zur Mutterschaft sei dagegen gesetzlich nicht geregelt.[368] Das Gericht lässt sich in seiner Entscheidungsfindung von *Mennesson vs. Frankreich*[369] und der *Advisory opinion* des EGMR vom 10.4.2019[370] leiten. Sie war auf eine Vorlagefrage des französischen Kassationshofes[371] unter dem Protokoll Nr. 16 zur EMRK[372] ergangen, die u. a. durch das Problem ausgelöst worden war, ob eine Mutterschaft der Wunschmutter auch ohne biologische Verwandtschaft mit dem Wunschkind anzuerkennen sei. Das vorlegende Gericht wollte außerdem wissen, ob die Wunschmutter auf den Weg der Adoption verwiesen werden könne. Das Gutachten des EGMR hatte festgehalten, dass durch eine Anerkennungsverweigerung sowohl das Recht der Wunschmutter als auch das Recht des Kindes aus Art. 8 EMRK verletzt würden, außerdem das Recht des Kindes aus Art. 3 der UN-Kinderrechtekonvention, Streitigkeiten in seinem Interesse zu entscheiden. Die Nichtanerkennung würde hinsichtlich der Abstammung des Kindes rechtliche Unsicherheit provozieren. Dem Wohl des Kindes würde zwar auch eine Adoption genügen können, doch sei das nur dann der Fall, wenn sie effektiv und zügig erfolge.[373] Der schwed. HD hob entscheidend auf die dem Wohle des Kindes widersprechende rechtliche Unsicherheit ab, zu der es kommen müsse, wenn man eine Übergangszeit akzeptieren würde. Im konkreten Fall sei eine Adoption durch die Wunschmutter ohnehin nicht mit dem Interesse des Kindes zu vereinbaren, weil sich dadurch die rechtliche Verbindung des Vaters zu ihm lösen würde. Zu der Anerkennung der Wunschmutter

96

---

[365] Österr. VfGH 11.12.2014, G 119–120/2014-12.
[366] HD 13.6.2019, NJA 2019 S. 504.
[367] Das folgt aus § 3a Lag om internationella faderskapsfrågor (Gesetz über internationale Vaterschaftsfragen) vom 30.5.1985 (1985:367) i. d. F. vom 20.6.2018.
[368] Das Gericht verweist auf Prop. 2017/18:155 S. 41–42, 44.
[369] Vorher Fn. 336.
[370] Vorher Fn. 332.
[371] Vorher Fn. 348.
[372] Sechzehntes Zusatzprotokoll zur EMRK. In Kraft ab dem 1.8.2018. Das Protokoll ist bislang weder von Schweden noch von Deutschland ratifiziert worden. Der HD hat es gleichwohl intensiv ausgewertet.
[373] § 52 des EGMR-Gutachtens.

als Mutter gebe es im schwedischen Recht aus der Sicht des Kindeswohls auch sonst keine gleichwertigen Alternativen. Es könne keine Rede davon sein, dass eine Anerkennung der Wunschmutterschaft gegen grundlegende Prinzipien der schwedischen Rechtsordnung verstoße. Das folge aus der Fortentwicklung der Medizin auf dem Gebiet der menschlichen Reproduktion und aus den veränderten Wertvorstellungen auf diesem Gebiet. Die Wunschmutter sei deshalb in Anerkennung der kalifornischen Entscheidung als rechtliche Mutter einzutragen.

97 Erbitterte Auseinandersetzungen um die Anerkennung ausländischer Ersatzmutterschaften hat es schließlich auch in **Spanien** gegeben.[374] Es ging um den Antrag zweier spanischer Männer, als Eltern zweier in den USA durch Ersatzgestation *(gestación por sustitución)* geborenen Kinder in das spanische Konsularzivilregister eingetragen zu werden. Die beiden Männer hatten alle Rechtsmittel ausgeschöpft, waren aber vor den Gerichten gescheitert, welche die Eintragung in das Register unter Bezugnahme auf Art. 10(1) des span. Gesetzes 14/2006[375] für nichtig ansahen, obwohl die unter der Aufsicht des Justizministeriums entstandenen Instruktionen (DGRN) die Möglichkeit der Geburtseintragung vorsehen.[376] Unter spanischem Recht ist Mutter eines Kindes die Frau, die es geboren hat; das gilt auch und gerade für die durch Ersatzgestation geborenen Kinder (Art. 10(2) a. a. O.).[377] Gleichwohl hat die DGRN auf Beschwerde durch die beiden Männer ihre Eintragung als Eltern angeordnet.[378] Die Gerichte indes erklärten die Resolution und damit auch die Eintragung für nichtig.[379] Ob es sich um eine gleich- oder eine verschiedengeschlechtliche Ehe, um eine Partnerschaft oder um eine Einzelperson handele, mache keinen Unterschied.[380] Die DGRN reagierte mit einer Instruktion vom 18.2.2019, in der sie ihre Instruktion aus dem Jahre 2010 in offener Auflehnung gegen den Tribunal Supremo bekräftigte.[381] Dieser hat sich im Jahre 2022 aber erneut gegen die Eintragung einer spanischen Wunschmutter ausgesprochen, diesmal mit der Begründung, dass der Eintragung in das mexikanische Zivilregister eine „kommerzielle Leihmutterschaft" vorausgegangen war. Allerdings könne die Wunschmutter das Kind, mit dem sie auch genetisch nicht verwandt war, adoptieren.[382]

---

[374] *Durán Ayago,* Cuadernos de Derecho Transnacional 2019 S. 581 spricht von *„esquizofrenia jurídica",* und plädiert für eine Reform des materiellen spanischen Rechts. Siehe zur Rechtslage in Spanien (bis 2013) ausführlich auch den Bericht des Europäischen Parlaments (oben Fn. 254).

[375] Oben Rdnr. 81.

[376] Das folgte ursprünglich aus der Instruktion DGRN vom 5.10.2010 (BOE Nr. 243 vom 7.10.2010) des span. Justizministeriums durch seine Generaldirektion der Register und der Notariate *(Dirección General de los Registros y del Notariado,* DGRN). Für die Eintragung der Geburt eines Minderjährigen, der im Ausland durch Ersatzgestation geboren wurde, ist hiernach neben dem Antrag eine Resolution des zuständigen Gerichts erforderlich, wonach die Abstammung des Geborenen feststeht. Dabei wird u. a. vorausgesetzt, dass das (ranghierarchisch höhere) Interesse des Minderjährigen sowie die Rechte der schwangeren Mutter nicht beeinträchtigt wurden. Insbesondere soll festgestellt werden, dass ihre Zustimmung freiwillig und frei von Irrtum, Vorsatz oder Gewalt geschah und dass sie über Geschäftsfähigkeit verfügte. Außerdem sind für die Geburtseintragung weder eine ausländische Geburtseintragung noch eine einfache Deklaration mit einer medizinischen Bestätigung über die Geburt, in der die Identität der schwangeren Mutter nicht beinhaltet ist, ausreichend. Diese Resolution steht zwar in einem deutlichen Spannungsverhältnis zu TS vom 6.2.2014, 247/2014, ECLI:ES:TS:2014:247, doch ist sie durch die Instruktion DGRN vom 18.2.2019 (BOE Nr. 45 vom 21.2.2019) („Aktualisierung des registerrechtlichen Regimes der Abstammung von durch Ersatzgestation Geborenen") bestätigt worden. *Lamm,* Gestación por sustitución, S. 89 geht deshalb sogar so weit zu behaupten, dass die Ersatzgestation *de facto* anerkannt sei.

[377] Näher *Casado und Navarro-Michel,* Document sobre gestació per substitució. Documento sobre gestación por sustitución. Document on surrogacy, S. 47.

[378] Einzelheiten bei *Díaz Fraile,* Revista de Derecho Civil VI (2019) 53, 72.

[379] Trib. Valencia 15.9.2010, ECLI:ES:JPI:2010:25; AP Valencia 23.11.2011, ECLI:ES:APV:2011:5738; TS 6.2.2014, 247/2014, ECLI:ES:TS:2014:247 (Fn. 376).

[380] TS 6.2.2014 a. a. O.

[381] Vorher Fn. 376.

[382] TS 31.3.2022, ECLI:ES:TS:2022:1153. Das liegt zumindest teilweise auf der Linie von *García San José,* Revista Española de Derecho Constitucional 113 (2018) S. 129, der gemeint hatte, „that new models of family and subsidiaries relationships generated by international surrogacy contracts are guaranteed in the rights to private and family life under art. 8 of the European Convention of Human Rights *provided a*

4. Vereinbarungen über Material mit menschlicher DNA

a. Rechtlich unverbindliche Vereinbarungen

Vereinbarungen, durch die jemand einem anderen Material mit eigener oder fremder menschlicher DNA verspricht, bewegen sich ausnahmslos außerhalb des Vertragsrechts, solange das Material noch Teil eines lebenden Menschen ist. Seine Organe und sein sonstiges Zellmaterial („Gewebe") können weder rechtlich bindend verkauft, noch getauscht noch verschenkt werden. Sie sind keine Gegenstände des Rechtsverkehrs[383], sondern Teil des unverfügbaren Körpers des Menschen.[384] Wer eine Nierenspende zusagt, ist kein Schenker; er verspricht niemandem, ihm etwas „aus seinem Vermögen" (§ 516(1) dt. BGB) zuzuwenden.[385] Das gilt auch im Falle naher Angehöriger, auf die man zur Vermeidung jeglichen Missbrauchs die Lebendorganspende sinnvollerweise beschränkt. Nicht einmal Körperhaare und -nägel sind vor ihrer Trennung mögliche Objekte eines auf Übereignung zielenden Vertrages.[386] Das Problem des Organ- und Gewebehandels taucht immer erst auf, *nachdem* Material mit menschlicher DNA aus dem Körper eines lebenden Menschen entfernt wurde oder nachdem der Mensch verstorben ist. In beiden Fällen hat man es mit einem personenrechtlich überformten Teil sowohl des Vertrags- als auch des Sachenrechts zu tun.[387] Gewöhnlich überwiegt der personenrechtliche Aspekt mit der Folge, dass auch Vereinbarungen über bereits aus dem (lebenden oder toten) Körper gelöste Organe und Gewebe dem Regime des vertragsbasierten Vermögensrechts mindestens solange entzogen sind, wie sie noch (wenngleich im Körper eines anderen) funktionsfähig bleiben. Die Regelungstechniken sind vielfältig[388]; das Ergebnis ist immer dasselbe. Ausnahmen gelten nur für Körperbestandteile eines lebenden Menschen, deren Ablösung keine bleibende Minderung seiner körperlichen Unversehrtheit verursacht hat; die erwähnten Kopfhaare etwa, außerdem Muttermilch und in Konserven haltbar und wiederverwendbar gemachtes Blut. In jedem Fall zu verhindern sind (rechtlich ohnehin unverbindliche, aber rein faktisch wirkmächtige) Vereinbarungen über den „Kauf" von Organen, weil sie den Ärmsten der Armen einen Anreiz bieten könnten, sich verstümmeln zu lassen.

98

---

biological link exists among the people concerned (father of intention and children so conceived)" (Hervorhebung hinzugefügt).
[383] Eingehend bereits *von Bar*, Gemeineuropäisches Sachenrecht I, Rdnrn. 89–92.
[384] Oben Rdnr. 15.
[385] Man kann natürlich auch viel grundsätzlicher argumentieren und behaupten, dass alle Körperteile dem rechtlichen Verkehr entzogen seien, auch dem unentgeltlichen (so Lavický [-*Koukal*], Občanský zákoník I, S. 1745; ähnlich Art. 144 des rumänischen Gesundheitsreformgesetzes [Gesetz Nr. 95/2006 bezüglich der Reform im Bereich der Gesundheit, Legea nr. 95/2006 privind reforma în domeniul sănătății, ABl. Nr. 652 vom 26.8.2015]). Bemerkenswert in diesem Zusammenhang auch tschech. OG 15.12.2005, 22 Cdo 2773/2004, ECLI:CZ:NS 2005.22.CDO.2773.2004.1. Der Kläger verlangte von seiner Tante Zustimmung zur Umbettung seiner Eltern. Sie lagen in einer Gruft, die der Tante gehörte; der Kläger meinte, nach den Regeln des Auftragsvertrages einen Herausgabeanspruch zu haben; die sterblichen Überreste seiner Eltern wären bewegliche Sachen. Das Gericht wies das zurück. Die sterblichen Überreste könnten nicht Gegenstand eines Schuldverhältnisses sein.
[386] Dem Wortlaut nach nicht ganz eindeutig Art. 5 ital. CC. Verfügungen über den eigenen Körper kommen gleichwohl, auch wenn sie keine bleibende Minderung der körperlichen Unversehrtheit bewirken, nicht schon in Betracht, wenn das jeweilige Objekt noch nicht vom Körper getrennt worden ist. Eine junge Dame, die ihr Kopfhaar einem Puppenhersteller verkaufen möchte, kann sich also bestenfalls heute schon verpflichten, das in der Zukunft abgeschnittene Haar zu verkaufen. Eine Verpflichtung, das Haar für Verkaufszwecke abzuschneiden, ist dagegen richtiger Ansicht nach unwirksam. Klarer deshalb Art. 16-1 (3) franz. CC („Le corps humain, ses éléments et ses produits ne peuvent faire l'objet d'un droit patrimonial") und Art. 16-5 franz. CC („Les conventions ayant pour effet de conférer une valeur patrimoniale au corps humain, à ses éléments ou à ses produits sont nulles").
[387] *von Bar* a. a. O. Rdnr. 88. Unter § 493 tschech. BGB gilt sogar: „Weder der menschliche Körper noch dessen Teile, auch wenn sie vom Körper abgetrennt wären, sind eine Sache".
[388] Auch dazu näher *von Bar* a. a. O. Rdnr. 90 und im Übrigen oben Fn. 97.

b. Die Oviedo-Konvention und die EMRK

99 Organhandel ist natürlich auch, vielleicht sogar in erster Linie, mit den Mitteln des Strafrechts zu bekämpfen. Dem dient die bereits erwähnte Europäische Konvention gegen den Organhandel vom 25.3.2015.[389] Ihr zeitlich vorausgegangen war die (leider in anderer Beziehung nicht gänzlich unproblematische[390]) **Europäische Biomedizin-Konvention von Oviedo** vom 4.4.1997.[391] Ihre für unsere Zwecke zentrale, auf den Grundsatz des Schutzes der Menschenwürde rückkoppelnde[392] Vorschrift ist der Art. 21, wonach „der menschliche Körper und Teile davon … als solche nicht zur Erzielung eines finanziellen Gewinns verwendet werden" dürfen. Ein Zusatzprotokoll vom 24.1.2002[393] konkretisiert in seinem Art. 21(1), dass das Gewinnerzielungsverbot einerseits auch „vergleichbare Vorteile" umfasst, andererseits aber nicht für Zahlungen gilt, „die keinen finanziellen Gewinn oder vergleichbaren Vorteil darstellen". Dazu zählen insbesondere die Entschädigung lebender Spender für Verdienstausfall und für sonstige berechtigte Ausgaben, die durch die Entnahme oder die damit verbundenen medizinischen Untersuchungen verursacht wurden, die Zahlung einer berechtigten Gebühr für rechtmäßige medizinische oder damit verbundene technische Leistungen, die im Rahmen der Transplantation erbracht wurden, sowie die Entschädigung im Falle eines in ungerechtfertigter Weise erlittenen Schadens infolge der Entnahme von Organen und Gewebe bei lebenden Spendern. Gleichzeitig findet sich in Art. 21(2) des Zusatzprotokolls ein Werbeverbot „hinsichtlich des Bedarfs an Organen oder Geweben oder deren Verfügbarkeit, um einen finanziellen Gewinn oder vergleichbaren Vorteil anzubieten oder zu erlangen". Art. 22 a. a. O. hält sodann kurz und knapp fest, dass der Handel mit Organen und Gewebe verboten ist. Mit der Zulassung von Entschädigungsleistungen könnte sich freilich (wie schon bei der Leihmutterschaft[394]) eine Tür in eine Vielzahl von Abgrenzungsschwierigkeiten geöffnet haben. Rechtmäßiger Gegenstand eines Vertrages können nach dem erläuternden Bericht jedenfalls Probenahmen, die Durchführung von Tests, die Konservierung, der Ansatz von Kulturen und der Transport sein. Nicht untersagt ist auch der Verkauf von Gewebeteilen, die Bestandteil einer medizinischen Vorrichtung sind oder Herstellungsprozessen unterlagen, solange das Gewebe nicht als solches verkauft wird. „Auch hindert dieser Artikel niemanden, dem ein Organ oder Gewebe entnommen worden ist, an der Entgegennahme einer Entschädigung, die zwar keine Entlohnung darstellt, ihn aber gerecht für entstandene Kosten oder Einkommensverluste (z. B. als Folge eines Krankenhausaufenthalts) entschädigt".[395]

100 Den **EGMR** haben zwei Sachverhalte beschäftigt, in denen es um die lettische „Widerspruchslösung" zur **postmortalen Organentnahme** ging. In *Petrova vs. Lettland*[396] war ein bei einem Autounfall schwer verletzter Mann in ein Krankenhaus eingeliefert worden, wo er nicht mehr gerettet werden konnte. Unmittelbar nach seinem Tode entfernten die Ärzte

---

[389] Zu dieser Council of Europe Convention against Trafficking in Human Organs vom 25.3.2015, ETS Nr. 216, bereits oben Fn. 36.
[390] Deutschland hat die Oviedo-Konvention wegen Bedenken gegen ihren Art. 17 (Forschung an einwilligungsunfähigen Personen) nicht ratifiziert (BT-Drs. 19/10411 S. 6; BT-Drs. 13/9577). Das Verbot des Organhandels spielte für die Nichtratifizierung dagegen keine Rolle (*Schwarzburg*, Die Menschenwürde im Recht der Europäischen Union, S. 177).
[391] Oben Fn. 35.
[392] Explanatory Report ETS Nr. 164 to the Convention for the protection of Human Rights and Dignity of the Human Being with regard to the Application of Biology and Medicine: Convention on Human Rights and Biomedicine, Rdnr. 131 („This article applies the principle of human dignity set forth in the preamble and in Article 1").
[393] Zusatzprotokoll zum Übereinkommen über Menschenrechte und Biomedizin bezüglich der Transplantation von menschlichen Organen und Gewebe vom 24.1.2002, ETS Nr. 186 (inoffizielle und auch nicht in jeder Beziehung gelungene deutsche Übersetzung unter https://www.coe.int/en/web/conventions/full-list/-/conventions/rms/090000168008157b).
[394] Oben Rdnr. 90.
[395] Explanatory Report a. a. O. (Fn. 392).
[396] EGMR 24.6.2014, 4605/05.

seine beiden Nieren und die Milz für Transplantationszwecke. Die Mutter des Verstorbenen führte, gestützt auf die Artt. 3 und 8 EMRK, Beschwerde mit der Begründung, dass sie weder über den Zustand ihres Sohnes noch über die beabsichtigte Organentnahme informiert worden sei, so dass sie ihr gar nicht habe widersprechen können. Der EGMR stellte eine Verletzung von Art. 8 EMRK (Privat- und Familienleben) durch das lettische Recht fest. Das lettische Gesetz stelle keinen Mechanismus bereit, welcher sicherstelle, dass die Angehörigen ihr Widerspruchsrecht auch tatsächlich ausüben könnten. Das Gesetz sei nicht hinreichend bestimmt und biete keinerlei rechtlichen Schutz gegen Willkür. In der Tat hatten die Ärzte den Körper des Verstorbenen einfach ausgeschlachtet. Dem *Petrova*-Fall gleicht *Elberte vs. Lettland..*[397] Wieder ging es um einen Verkehrstoten. Die Ärzte entnahmen ihm die Hirnhaut, ohne seine Frau zu informieren. Erneut handelte es sich um eine Verletzung von Art. 8 EMRK.

c. Unionsrecht

Das **Primärrecht** der Europäischen Union greift in Art. 3(2)(c) der Grundrechtecharta[398] die Oviedo-Konvention auf und bestätigt „das Verbot, den menschlichen Körper und Teile davon als solche zur Erzielung von Gewinnen zu nutzen". Organe und andere Körperteile sind richtiger Ansicht nach auch keine „Waren" i. S. v. Art. 28 AEUV. Denn sie können gerade nicht Gegenstand von Handelsgeschäften sein.[399] Unter Art. 168(4)(a) AEUV tragen die Europäischen Gesetzgebungsorgane dazu bei, Maßnahmen zur Festlegung hoher Qualitäts- und Sicherheitsstandards für Organe und Substanzen menschlichen Ursprungs sowie für Blut und Blutderivate zu ergreifen. **101**

Letzteres ist die Ermächtigungsgrundlage für die Richtlinie 2004/23/EG (Gewebespende)[400] und die Richtline 2010/45/EU (Organspende).[401] Beide verbieten noch einmal den Gewebe- und den Organhandel. Art. 12 der **Geweberichtlinie** will die freiwillige und unentgeltliche Spende von Geweben und Zellen erleichtern. Spender können aber eine Entschädigung erhalten, die streng auf den Ausgleich der in Verbindung mit der Spende entstandenen Ausgaben und Unannehmlichkeiten beschränkt ist. Die Mitgliedstaaten haben alle drei Jahre über die Bedingungen dieser Entschädigung zu berichten. Sie haben unter Abs. (2) a. a. O. auch Werbung zu unterbinden, „damit der Bedarf an menschlichen Geweben und Zellen oder deren Verfügbarkeit nicht in der Absicht bekannt gegeben werden, finanziellen Gewinn oder vergleichbare Vorteile in Aussicht zu stellen oder zu erzielen". Art. 13 der **Organspenderichtlinie** wiederholt diese Prinzipien. Der Grundsatz der Unentgeltlichkeit steht einer Entschädigung für den Lebendspender nicht entgegen, sofern diese Entschädigung auf einen Ausgleich der mit der Spende verbundenen Ausgaben und Einkommensausfälle beschränkt bleibt. Es ist sicherzustellen, dass für potenzielle Spender keinerlei finanzielle Anreize oder Vorteile bestehen und dass die Bereitstellung von Organen auf nichtkommerzieller Grundlage erfolgt. In diesem Rahmen ist auch Werbung zu verbieten. Zu den inakzeptablen Methoden bei der Organspende und -transplantation gehöre der Organhandel, „der mitunter mit Menschenhandel zum Zweck der Organentnahme verbunden ist, der eine schwere Verletzung der Grundrechte und insbesondere der Menschenwürde und der körperlichen Unversehrtheit" darstelle.[402] Flankiert werden diese Regelungen durch Art. 5 der Richtlinie 98/44/EG **(biotechnologische** **102**

---

[397] EGMR 13.1.2015, 61243/08.
[398] ABl. EU 2007 C 303 S. 18.
[399] Richtig *Schwarzburg*, Die Menschenwürde im Recht der Europäischen Union, S. 181.
[400] Richtlinie 2004/23/EG des Europäischen Parlaments und des Rates vom 31.3.2004 zur Festlegung von Qualitäts- und Sicherheitsstandards für die Spende, Beschaffung, Testung, Verarbeitung, Konservierung, Lagerung und Verteilung von menschlichen Geweben und Zellen (ABl. EG Nr. L 102 S. 48).
[401] Richtlinie 2010/45/EU des Europäischen Parlaments und des Rates vom 7.7.2010 über Qualitäts- und Sicherheitsstandards für zur Transplantation bestimmte menschliche Organe (ABl. EU Nr. L 207 S. 14).
[402] Erwägungsgrund 7.

Erfindungen).[403] Er entzieht den „menschliche(n) Körper in den einzelnen Phasen seiner Entstehung und Entwicklung sowie die bloße Entdeckung eines seiner Bestandteile, einschließlich der Sequenz oder Teilsequenz eines Gens" dem Patentschutz, es sei denn, der Aufbau der Sequenz ist mit dem Aufbau eines natürlichen Bestandteils identisch. Auch dann noch muss aber die „gewerbliche Anwendbarkeit einer Sequenz oder Teilsequenz eines Gens ... in der Patentanmeldung konkret beschrieben werden".

d. Nationales Recht der Mitgliedstaaten

103 **Verfassungsrechtsprechung** zu Fragen der Organspende (und damit mittelbar auch zu Fragen des Organhandels) ist bislang auffällig selten.[404] Abgesehen von den beiden EGMR-Entscheidungen zur Entnahme von Organen aus dem Körper eines Verstorbenen[405] liegt vor allem eine Entscheidung des dt. Bundesverfassungsgerichts zur Lebendorganspende vor.[406] Sie erging auf dem Hintergrund von § 8(1)(2) dt. TPG, wonach die Entnahme einer Niere, des Teils einer Leber oder anderer nicht regenerierungsfähiger Organe nur zulässig ist „zum Zwecke der Übertragung auf Verwandte ersten oder zweiten Grades, Ehegatten, eingetragene Lebenspartner, Verlobte oder andere Personen, die dem Spender in besonderer persönlicher Verbundenheit offenkundig nahestehen". Einer der Beschwerdeführer litt an einer Niereninsuffizienz, die ohne zeitnahe Nierenspende einen tödlichen Verlauf nehmen würde. Er hatte zwar einen potentiellen Spender gefunden, hatte aber keine für eine Spende geeigneten Angehörigen. Das Gericht wies die Verfassungsbeschwerde als unbegründet ab. Zwar sei der Schutzbereich von Art. 2(2) dt. GG (Leben und körperliche Unversehrtheit) betroffen, der Eingriff jedoch gerechtfertigt, weil die Regelung in § 8(1)(2) dt. TPG nicht unverhältnismäßig sei. Sie verfolge ausweislich der Gesetzesbegründung[407] drei legitime Zwecke. Die postmortale Organentnahme solle

---

[403] Richtlinie 98/44/EG des Europäischen Parlaments und des Rates vom 6. Juli 1998 über den rechtlichen Schutz biotechnologischer Erfindungen (ABl. EG Nr. L 213 S. 13).

[404] Das dt. BVerfG hat kurz nach dem Inkrafttreten des dt. Transplantationsgesetzes mehrere Verfassungsbeschwerden gegen die Zustimmungsregeln des § 4 dt. TPG als unzulässig verworfen; die Beschwerdeführer waren nicht unmittelbar in ihren Grundrechten beeinträchtigt (BVerfG 14.10.1998, NJW 1999 S. 858; BVerfG 28.1.1999, FamRZ 1999 S. 777; BVerfG 18.2.1999, NJW 1999 S. 3403). Nach § 4(1) kann eine postmortale Organentnahme mit der Zustimmung eines der nächsten Angehörigen (§ 1a Nr. 5 TPG stellt eine Rangfolge auf) erfolgen, wenn von der verstorbenen Person selbst weder eine schriftliche Einwilligung noch ein schriftlicher Widerspruch vorliegt (S. 1 und 2). Ein solcher Angehöriger muss in den letzten zwei Jahren vor dem Tod persönlichen Kontakt zu der verstorbenen Person gehabt haben (§ 4 (2)(1) TPG). Die Entscheidung muss nach dem mutmaßlichen Willen der verstorbenen Person erfolgen (§ 4(1)(4) TPG). Die Beschwerdeführer haben teilweise gerügt, dass sie jederzeit durch einen Unfall versterben könnten, sodass sie keinen schriftlichen Widerspruch mehr gegen die Organentnahme einlegen könnten. Sie haben behauptet, dass es verfassungswidrig sei, dann über die Organentnahme entscheiden müssten. Teilweise wurde auch gerügt, dass der Zwang zu lebzeitiger Entscheidung über die Organentnahme Grundrechte verletze. Das BVerfG hat die Verfassungsbeschwerden mangels unmittelbarer Betroffenheit der Beschwerdeführer verworfen. Sie hätten es durch einen Widerspruch nach § 3(2) Nr. 1 TPG selbst in der Hand, mögliche drohende Grundrechtsverletzungen abzuwenden. Eine Grundrechtsverletzung durch den Zwang zu einer Entscheidung zu Lebzeiten sei nicht ersichtlich.

[405] Vorher Rdnr. 100.

[406] BVerfG 11.8.1999, NJW 1999 S. 3399.

[407] BT-Drs. 13/4355, S. 20–21: „Die Vorschrift unterwirft die Spende nicht regenerierungsfähiger Organe und Organteile, wie z.B. Nieren, Lungenlappen oder Teile der Bauchspeicheldrüse, einer zusätzlichen Einschränkung hinsichtlich der möglichen Empfänger, um die Freiwilligkeit der Organspende zu sichern und der Gefahr des Organhandels zu begegnen. Eine allgemeine „Freigabe" der Lebendspende würde die Gefahr des Organhandels in letztlich nicht mehr kontrollierbarer Weise erhöhen. Die Regelung geht davon aus, daß grundsätzlich eine verwandtschaftliche oder vergleichbare enge persönliche Beziehung die beste Gewähr für die Freiwilligkeit der Organspende bietet und durch die Beschränkung auf Verwandte der Gefahr eines (verdeckten) Organhandels entgegengewirkt werden kann. Eine besondere persönliche und sittliche Verbundenheit kann z.B. zwischen Partnern einer auf Dauer angelegten, d.h. nicht nur befristeten oder zufälligen, häuslichen Lebensgemeinschaft bestehen. ... Die Motivation des Spenders soll in einem aus der persönlichen Verbundenheit erwachsenden, innerlich akzeptierten Gefühl der sittlichen Pflicht liegen. An einer entsprechenden besonderen persönlichen und sittlichen Verbundenheit fehlt es, wenn die Verbundenheit durch vermögenswerte Vorteile bestimmt ist".

III. Der verfassungsrechtliche Rahmen der Unverfügbarkeit von Würde und Körper § 2

Vorrang gegenüber der Lebendspende haben, die Freiwilligkeit der Organspende solle sichergestellt und es solle jeder Form des Organhandels vorgebeugt werden. Es sei zudem ein legitimes Gemeinwohlanliegen, Menschen davor zu bewahren, sich selbst einen größeren persönlichen Schaden zuzufügen.[408] Auch die sog. Crossover-Lebendspende, bei der sich zwei Paare „überkreuz" gegenseitig aushelfen (Spender und Empfänger gehören jeweils zu dem anderen Paar, sind einander aber nicht persönlich verbunden), dürfte damit weiterhin unzulässig sein.[409]

Das Verbot des entgeltlichen Organ- und Gewebehandels gehört heute zum Kernbestand **104** aller **nationalen Personenrechte.** Gleichzeitig bleiben oft aber bestimmte Entschädigungsleistungen möglich. Die einschlägigen Spezialgesetze setzen i. d. R. die EU Gewebe- und die Organspenderichtlinie[410] um. Dazu gehört das **deutsche** Transplantationsgesetz (TPG)[411], das sowohl für Organe als auch für Gewebe gilt. Ein Sondergesetz, das Transfusionsgesetz (TFG)[412], regelt den Umgang mit Blut- und Blutbestandteilen[413], ein weiteres, das Embryonenschutzgesetz[414], stellt zum Schutz ihrer Würde[415] die missbräuchliche Verwendung menschlicher Embryonen unter Strafe.[416] Unter § 17(1) dt. TPG ist es „verboten, mit Organen oder Geweben, die einer Heilbehandlung eines anderen zu dienen bestimmt sind, Handel zu treiben". Erlaubt ist nur ein Entgelt für die Heilbehandlung und für Arzneimittel, die aus oder unter Verwendung von Organen oder Geweben hergestellt sind. Zuwiderhandlungen sind strafbar, auch für den Empfänger (§ 18 a. a. O.). Das Gesetz will der Gefahr vorbeugen, „aus eigensüchtigen wirtschaftlichen Motiven die gesundheitliche Notlage lebensgefährlich Erkrankter" auszunutzen. Gleichzeitig sollen finanzielle Anreize an potentielle Lebendspender unterbunden werden. Schutzobjekt der Regelung sei der Schutz der Menschenwürde, auch der postmortalen.[417] „Handeltreiben" umfasst insbesondere die gewerbliche Organvermittlung; es ist nicht erforderlich, dass das Organ, Organteil oder Gewebe tatsächlich in die Hand eines anderen gelangt.[418] Der Empfänger des Organs bleibt straflos.[419]

Frankreich folgt im Recht der postmortalen Organentnahme der Widerspruchslösung. **105** Man kann seinen Widerspruch insbesondere in dem *registre national automatisé des refus de*

---

[408] A. a. O. S. 3401.
[409] BSG 10.12.2003, NZS 2004 S. 531, 534–536, Rdnrn. 15–27 (mit dem Zusatz, im Laufe der Zeit könne eine solche persönliche Verbundenheit auch zu dem Empfänger der Spende entstehen).
[410] Vorher Rdnr. 102.
[411] Gesetz über die Spende, Entnahme und Übertragung von Organen und Geweben (Transplantationsgesetz – TPG) in der Fassung der Bekanntmachung vom 4. September 2007 (BGBl. I S. 2206), zuletzt geändert durch Gesetz vom 20.11.2019 (BGBl. I S. 1626).
[412] Gesetz vom 5.11.1997 (BGBl. I S. 2631) zur Regelung des Transfusionswesens (Transfusionsgesetz – TFG) i. d. F. der Bekanntmachung vom 28.8.2007 (BGBl I. S. 2169), zuletzt geändert durch Gesetz vom 20.11.2019 (BGBl. I S. 1626).
[413] Unter § 10 a. a. O. soll die Spendeentnahme unentgeltlich erfolgen; eine Aufwandsentschädigung ist allerdings möglich. „Der Grundsatz der Unentgeltlichkeit der Spendeentnahme folgt vor allem Sicherheitserwägungen. Es sollen keine unerwünschten Spendewilligen angelockt werden. Außerdem eignen sich der menschliche Körper und seine Bestandteile nicht als Handelsobjekte. Diese Auffassung folgt einem ethischen Grundsatz des Europarates und der Europäischen Union" (BT-Drs. 13/9594, S. 20). Unentgeltlich muss allerdings nur die eigentliche Blutspende sein. „Ein gewinnorientierter Umgang mit menschlichem Blut und Blutbestandteilen ist nicht allgemein verboten" (MünchKomm [-*Tag*])³, TFG § 10 Rdnr. 1).
[414] Gesetz zum Schutz von Embryonen (Embryonenschutzgesetz – ESchG) vom 13.12.1990, BGBl. I S. 2746, zuletzt geändert durch Gesetz vom 21.11.2011, BGBl. I S. 2228.
[415] Spickhoff (-*Müller-Terpitz*), Medizinrecht³, ESchG § 2 Rdnr. 1 („Die Bestimmung verwirklicht im besonderen Maße den Würdeschutz des Embryos [...]: Dieser darf nicht zum bloßen Objekt fremdnütziger Interessen – seien sie kommerzieller, wissenschaftlicher oder sonstiger Natur – degradiert werden").
[416] § 2(1) a. a. O.: „Wer einen extrakorporal erzeugten oder einer Frau vor Abschluß seiner Einnistung in der Gebärmutter entnommenen menschlichen Embryo veräußert oder zu einem nicht seiner Erhaltung dienenden Zweck abgibt, erwirbt oder verwendet, wird mit Freiheitsstrafe bis zu drei Jahren oder mit Geldstrafe bestraft".
[417] BT-Drs. 13/4355, S. 29.
[418] A. a. O. S. 30.
[419] A. a. O.

prélèvement eintragen lassen[420]. Die Lebendspende ist Gegenstand von Art. L1211-1 des Code de la santé publique und Art. 16-1 franz. CC.[421] Der menschliche Körper, seine Bestandteile und seine Erzeugnisse können nicht Gegenstand eines Vermögensrechts sein. Tätigkeiten, die die Bestandteile und Erzeugnisse des menschlichen Körpers betreffen, einschließlich ihrer Ein- und Ausfuhr, müssen unter Art. L1211-1 a. a. O. einem medizinischen oder wissenschaftlichen Zweck dienen oder im Rahmen eines Verfahrens durchgeführt werden. Art. L1211-2 a. a. O. präzisiert, dass die Entnahme von Bestandteilen des menschlichen Körpers und die Sammlung seiner Erzeugnisse nur mit vorheriger (und jederzeit widerruflicher) Zustimmung des Spenders erfolgen dürfen. Unter Art. L1231-1 a. a. O. darf die Entnahme des Spenderorgans einer lebenden Person nur im direkten therapeutischen Interesse eines Empfängers erfolgen. Wie in Deutschland kommen nur nahe Angehörige als Spender in Betracht. Es muss sich um die Eltern des Empfängers handeln, seine Geschwister oder Kinder, seine Großeltern, Tanten und Onkel oder seine Vettern und Cousinen „ersten Grades". Nur sie können gerichtlich ermächtigt werden, sich im unmittelbaren therapeutischen Interesse des Empfängers einer Organentnahme zu unterziehen. Als Spender kommen ferner Personen in Betracht, die eine enge und stabile affektive Beziehung von mindestens zwei Jahren mit dem Empfänger nachweisen. Jeder Spender muss seine Zustimmung nach vorheriger Risikoaufklärung gegenüber einem Richter erklären.

106 **Griechenland** ist im Jahre 2019 zur freiwilligen postmortalen Organspende („opt-in") zurückgekehrt.[422] Spender *(dorétes)* ist, wer sich in das Register der Nationalen Transplantationsanstalt (EOM) hat eintragen lassen und erklärt hat, seine Organe nach Feststellung des irreversiblen Hirntodes zur Verfügung stellen zu wollen. Auch der Organspenderausweis ist wieder eingeführt worden. Das Gesetz erlaubt zudem Lebendspenden durch einen sog. „Gefühlsspender" *(synaisthematikós dótis)*, also durch jemanden, der dem Empfänger zwar nahesteht, mit ihm aber nicht verwandt ist. Vorausgesetzt wird dabei eine langjährige emotionale Bindung zwischen den Beteiligten, welche von einem Ausschuss des Gesundheitsministeriums überprüft wird. Er besteht aus zwei Richtern, zwei Psychologen und zwei Soziologen. Sie sollen sicherstellen, dass der Spender aus freiem Willen und nicht zu wirtschaftlichen Zwecken handelt. Unter dem **italienischen** Gesetz Nr. 91 vom 1.4.1991[423] setzt die postmortale Organspende eine ausdrückliche Willenserklärung voraus. Theoretisch ist unter Art. 4 a. a. O. zwar auch eine „stille Zustimmung" *(silenzio assenso)* denkbar, aber dafür bedarf es auch nach dem Inkrafttreten der Durchführungsverordnung des Gesundheitsministeriums vom 20.8.2019 immer noch der Einrichtung eines entsprechenden Benachrichtigungssystems und der Schaffung eines nationalen Bevölkerungsregisters. Deshalb ist für die postmortale Organentnahme vorerst weiterhin entweder ein Spenderausweis (blaue Karte), die Registrierung der Willenserklärung bei den zuständigen Gesundheitsbehörden und Gemeinden, eine schriftliche, datierte und unterzeichnete Wil-

---

[420] Art. L1232-1 Code de la santé publique („Le prélèvement d'organes sur une personne dont la mort a été dûment constatée ne peut être effectué qu'à des fins thérapeutiques ou scientifiques. [...] Ce prélèvement peut être pratiqué sur une personne majeure dès lors qu'elle n'a pas fait connaître, de son vivant, son refus d'un tel prélèvement, principalement par l'inscription sur un registre national automatisé prévu à cet effet") und Art. R1323-4–4 a. a. O. („Une personne peut refuser qu'un prélèvement d'organes soit pratiqué sur elle après son décès, à titre principal en s'inscrivant sur le registre national automatisé des refus de prélèvement dans les conditions prévues à la sous-section 2 de la présente section").

[421] „Le corps humain, ses éléments et ses produits ne peuvent faire l'objet d'un droit patrimonial".

[422] Art. 9 des griech. Gesetzes 3984/2011 hatte noch mit der widerleglichen Vermutung einer Zustimmung zur postmortalen Organentnahme operiert. Nach vielfältigem öffentlichem Protest war diese Regelung durch Art. 55 griech. Gesetz 4075/2012 zunächst dahin geändert worden, dass die Organentnahme der „Zustimmung der Familie" unterliegen solle. Das galt in bestimmten Fällen sogar bei Lebendspenden. Das Gesetz 3894/2011 wurde dann im Jahre 2018 durch Art. 260(2) des Gesetzes 4512/2018 sowie durch Art. 9(1)-(6) des Ministeriellen Beschlusses 76110/2018 zugunsten der Opt-in-Lösung erneut geändert (FEK/B/4695/19/19.10.2018).

[423] Disposizioni in materia di prelievi e di trapianti di organi e di tessuti (Bestimmungen zur Organ- und Gewebebeschaffung und Transplantation), Gazz. Uff. n. 87 vom 15.4.1999.

lenserklärung oder die Mitgliedskarte des italienischen Verbandes der Organspender (A. I. D.O.) erforderlich. Es ist beabsichtigt, dass Familienmitglieder (Ehe- und Lebenspartner, volljährige Kinder oder Eltern) während der Überprüfung des Todeseintritts der Entnahme im Falle einer stillen Zustimmung schriftlich widersprechen können (Art. 23 Gesetz vom 1.4.1991). Oberstes Prinzip der Lebendspende (auch von Blut) ist die absolute Unentgeltlichkeit (Art. 1(1) Gesetz Nr. 458/1967; Art. 4 Gesetz Nr. 219/2005). Jede private Vereinbarung, die dagegen verstößt, ist nichtig (Art. 6 Gesetz 458/1967); Kostenerstattungen bleiben erlaubt. Transplantationen dürfen nur in speziell zertifizierten Gesundheitszentren durchgeführt werden (Art. 3 a. a. O.). Durch Gesetzdekret Nr. 16/2010 wurde eine Kommission eingerichtet, die die Ernsthaftigkeit des Spenderwillens überprüft. Der Spender muss volljährig sein; Ausnahmen gelten nur für Blutspenden (Art. 3, Gesetz Nr. 219/2005). Lebendspenden unterliegen einem richterlichen Genehmigungsvorbehalt (Art. 4 Gesetz Nr. 458/1967).[424] Organtransplantationen unter Lebenden durch Personen außerhalb der engsten Familie sind möglich, wenn sich in ihr kein geeigneter Spender findet (Art. 1(2) a. a. O.). In **Portugal** regelt das Gesetz 12/93 die Entnahme und Transplantation von Organen, Geweben und Zellen menschlichen Ursprungs für therapeutische Zwecke.[425] Ausgenommen (weil Gegenstand von Sondergesetzen) sind Bluttransfusionen, Ei- und Samenzellen, Manipulation von Embryonen sowie die Spende von biologischem Material für wissenschaftliche Zwecke. In seiner ursprünglichen Fassung unterschied das Gesetz 12/93 zwischen der Transplantation von erneuerbaren und von nichterneuerbaren Substanzen. Die *substâncias não regeneráveis* durften nur zwischen Verwandten bis zum dritten Grad transplantiert werden (Art. 6(2) des Gesetzes 12/93 a.F.), so dass eine Transplantation zwischen Eheleuten, Freunden oder anonymen Personen ausgeschlossen war. Das war im Schrifttum auf erhebliche verfassungsrechtliche Kritik gestoßen, weil man in dieser Regelung einen Verstoß gegen das Verhältnismäßigkeitsprinzip, das allgemeine Persönlichkeitsrecht und das Recht auf bioethische Selbstbestimmung erblickte.[426] In Umsetzung der RL 2004/23/EG wurde das portugiesische Recht durch Gesetz 22/2007 reformiert. Zulässig sind nun die unentgeltlichen Transplantationen für therapeutische Zwecke (Artt. 5 und 6(1) des Gesetzes 12/93) auf der Grundlage von freien, aufgeklärten und unmissverständlichen Einwilligungen von Spender und Empfänger. Bei nichterneuerbaren Organen oder Geweben bedarf es eines Gutachtens der zuständigen Behörde (Art. 6 (3) des Gesetzes 12/93). Bei Minderjährigen und Geschäftsunfähigen ist eine Entnahme nicht erlaubt (Art. 6(4) des Gesetzes 12/93). Für die postmortale Organspende gilt das opt-out-Modell. Potentielle Spender sind alle portugiesischen Bürger, Staatenlose sowie in Portugal ansässige Ausländer, die sich nicht gegen ihre Eigenschaft als Spender geäußert haben (Art. 10 des Gesetzes 12/93). Für diesen Zweck wurde ein nationales Register für Nichtspender errichtet.[427] Die **spanische** Lehre diskutiert das Thema der Transplantation menschlicher Organe vor dem Hintergrund von Art. 15 span. Verf. („alle haben das Recht auf... körperliche Unversehrtheit"). Das *derecho a la integridad física* stehe regelkonform durchgeführten Organtransplantationen nicht entgegen.[428] Relevant sind das Gesetz 30/1979 über Entnahme und Transplantation von Organen[429] und das Real Decreto 1723/2012.[430] Organtransplantationen müssen einem therapeutischen Zweck dienen, sind ohne jede Art von finanziellem Ausgleich und nur in autorisierten Gesundheitszentren durch-

---

[424] Näher *D'Arrigo,* Dir. fam. pers. 2001 S. 1184, 1216 f.
[425] Gesetz 12/93 vom 22.4.1993. Colheita e transplante de órgãos e tecidos e células de origem humana i. d. F. des Gesetzes 22/2007 vom 29.6.2007.
[426] *Dias Pereira,* Consentimento informado, S. 181 mit Verweis auf *Pinto Oliveira,* Scientia Iuridica 49 (2000) S. 249–262.
[427] Registo Nacional de não Dadores, näher geregelt durch DL 244/94 vom 26.9.1994, DR 223/1994 I-A.
[428] *Díez-Picazo und Gullón,* Sistema de Derecho Civil I[12], S. 332–334.
[429] Gesetz 30/1979 vom 27.10.1979, Ley sobre extracción y transplante de órganos.
[430] Real Decreto 1723/2012 vom 28.12.2012 über die Reglementierung der Aktivitäten der Entnahme, klinischen Nutzung und territorialen Koordination der zur Transplantation bestimmten menschlichen Organe sowie über die Voraussetzungen von Qualität und Sicherheit (Real Decreto 1723/2012, por el

zuführen (Artt. 1–3 des Gesetzes 30/1979). Ein lebender Spender muss volljährig sein und in voller Kenntnis seiner Entscheidung handeln. Die Einwilligung muss freiwillig erfolgen, ausdrücklich sein und schriftlich dokumentiert werden. Außerdem muss der Empfänger bestimmt sein (Art. 4 des Gesetzes 30/1979; Art. 8 RD 1723/2012). Unter Hinweis auf das UN Übereinkommen über die Rechte von Menschen mit Behinderungen[431] wird es auch behinderten Menschen ermöglicht, Spender zu sein, sofern die nötigen Auskünfte und Einwilligungen der Behinderung angepasst werden (Art. 4(e) des Gesetzes 30/1979 i. d. F. des Art. 5(1) des Gesetzes 26/2011). Die Entnahme von Organen oder von anderen anatomischen Teilen eines Verstorbenen ist für therapeutische und wissenschaftliche Zwecke möglich, vorausgesetzt, dass der Verstorbene keine ausdrückliche Erklärung gegen die Organentnahme hinterlassen hat (Art. 5(1) und (2) des Gesetzes 30/1979; Art. 9 RD 1723/2012). Art. 144 des **rumänischen** Gesundheitsreformgesetzes[432] begnügt sich mit einer notariell beurkundeten Zustimmung. Die Urkunde muss die Erklärung beinhalten, dass die Spende für rein humanitäre Zwecke durchgeführt wird und einen uneigennützigen Charakter hat. Eine Beschränkung der Spender auf einen bestimmten Personenkreis fehlt. Die entgeltliche Organisation von Organ-, Gewebe- und Zellentnahmen ist strafbar (Art. 157 a. a. O.). Unter § 111 **tschechisches** BGB hat der Spender das Recht zu erfahren, was mit seiner Spende geschehen ist. Für die Zwecke von Forschung und Wissenschaft darf Material mit menschlicher DNA nur mit besonderer Zustimmung des Spenders verwandt werden. Unter § 112 tschech. BGB dürfen Körperbestandteile zwar einem anderen überlassen werden, aber nur nach besonderer Rechtsvorschrift. Alle anderen Verfügungen sind absolut nichtig (§ 588 a. a. O.). Damit wird auf das Gesetz über die Gesundheitsdienste[433] (Organentnahme für wissenschaftliche Zwecke) und auf das Transplantationsgesetz[434] verwiesen, das in seinem § 28(4) den Organhandel ausdrücklich verbietet. Ebenso verboten ist die Werbung für Organe (§ 28(3) a. a. O.). Der Spender hat keinerlei Ansprüche gegen den Organempfänger (§ 28 (2) a. a. O.). Hinsichtlich der Organentnahme bei Verstorbenen folgt Tschechien dem Widerspruchsmodell (§ 10 Transplantationsgesetz). Wie in Frankreich existiert ein nationales Register, das allerdings nur den Bürgern Tschechiens offensteht (§ 16 (1)(a) Transplantationsgesetz). Ein Widerspruch ist auch zum Vermerk in der eigenen Krankenhausakte möglich (§ 16(1)(b) a. a. O.). Selbstverständlich verboten ist die entgeltliche Organ- oder Gewebespende auch unter § 207(1) des **ungarischen** Gesetzes CLIV über das Gesundheitswesen aus dem Jahre 1997. Menschliche Organe sind eben keine Ware.[435]

107   Die Voraussetzungen und Rechtsfolgen der Entnahme, Lagerung und Verwendung menschlicher Organe und sonstigen humanbiologischen Materials *(humanbiologiskt material)* sind auch Gegenstand mehrerer **schwedischer Gesetze,** nämlich des Transplantationsgesetzes[436], der Gesetze über Qualitäts- und Sicherheitsstandards im Umgang mit menschlichem Gewebe und Zellen[437] und Organen[438] und des Gesetzes über genetische Integri-

---

que se regulan las actividades de obtención, utilización clínica y coordinación territorial de los órganos humanos destinados al trasplante y se establecen requisitos de calidad y seguridad).

[431] Oben Rdnr. 45 mit Fn. 34.
[432] Oben Fn. 385.
[433] Gesetz vom 8.12.2011 über die Gesundheitsdienste und über die Bedingungen für deren Gewährung, Gesetz Nr. 372/2011 Gbl. (Zákon o zdravotních službách a podmínkách jejich poskytování (zákon o zdravotních službách)).
[434] Gesetz vom 30.5.2002 über die Spende, Entnahme und Transplantation von Gewebe und Organen (Transplantationsgesetz), Gesetz Nr. 285/2002 Gbl. (Zákon o darování, odběrech a transplantacích tkání a orgánů a o změně některých zákonů (transplantační zákon)).
[435] *Dósa/Hanti/Kovácsy,* Kommentár az egészségügyről szóló 1997. évi CLIV. Törvényhez, Kommentierung unter Art. 207.
[436] Lag om transplantation m. m. vom 8.6.1995 (1995:831).
[437] Lag om kvalitets- och säkerhetsnormer vid hantering av mänskliga vävnader och celler vom 15.5.2008 (2008:286).
[438] Lag om kvalitets- och säkerhetsnormer vid hantering av mänskliga organ med tillhörande förordning vom 16.5.2012 (2012:263). Die beiden Gesetze setzen die Richtlinie 2010/45/EU (oben Fn. 401) und die nachfolgende Durchführungsrichtlinie 2012/25/EU um.

tät[439], in dessen Kap. 8 § 6 sich das Verbot des Handels mit Organen und sonstigem biologischen Material findet. Untersagt sind die gewinnorientierte Übergabe, der Empfang und die Vermittlung von *humanbiologiskt material* von einem lebenden oder einem gestorbenen Menschen und von einem abgetriebenen Foetus. Von jemandem, der für sich oder nahe Angehörige Transplantationsgut erwirbt, wird vermutet, dass er ohne Gewinnabsicht handelt.[440] Untersagt und strafbar ist auch die unentgeltliche Weitergabe biologischen Materials, von dem man weiß, dass es zuvor Gegenstand eines Umsatzgeschäftes war (Kap. 8 § 6(1)(2) Lag om genetisk integritet). Zum *humanbiologiskt material* zählen Organe, Gewebe, Zellen, Zelllinien und Teile davon[441], nicht aber Blut, Haare, Muttermilch und Zähne (Kap. 8 § 6(2) a. a. O.), außerdem nicht anonymisierte Zelllinien von befruchteten Eizellen (Kap. 8 § 6(3) a. a. O.). Man wollte die Kommerzialisierung von Stammzelllinien ermöglichen, um den potenziell hohen Entwicklungskosten einer klinischen Zelltherapie zu begegnen.[442] Lebende Spender dürfen für Verdienstausfall und berechtigte Ausgaben entschädigt werden.[443] Unter dem Transplantationsgesetz darf einem Verstorbenen *biologiskt material* grundsätzlich nur mit seiner zu Lebzeiten erteilten Einwilligung (Organspendeausweis oder sonstige Mitteilung[444]) entnommen werden. Gleichwohl dürfen Organe auch dann entnommen werden, wenn keine Anzeichen für eine ablehnende Haltung des Verstorbenen vorliegen und die Angehörigen nicht von ihrem Vetorecht Gebrauch machen (§ 4 schwed. Transplantationsgesetz). Lebendspenden sind untersagt, wenn ihnen eine ernsthafte Gefahr für das Leben oder die Gesundheit, auch die seelische Gesundheit des Spenders innewohnt (§ 5 a. a. O.). Bei der Transplantation nichtgenerativer Organe muss zwischen Spender und Empfänger auch in Schweden ein besonderes persönliches Näheverhältnis vorliegen; „besondere Umstände" *(särskilda skäl)* können aber eine Ausnahme rechtfertigen (§ 7 a. a. O.). Was das genau bedeutet, ist richterlich bislang nicht geklärt. Ein Sondergesetz regelt die Entnahme biologischen Materials zu Forschungszwecken.[445] Organspenden durch Minderjährige und Menschen, die aufgrund einer psychischen Störung nicht einwilligungsfähig sind, setzen ein nahes Verwandtschaftsverhältnis und außerdem einen wichtigen Grund und die Unmöglichkeit voraus, geeignetes biologisches Material von einem Dritten zu erlangen. Die Sorgeberechtigten *(vårdnadshavare)* und (falls es sich z. B. um eine Geschwisterspende handelt) ein *god man* sowie das Zentralamt für Gesundheits- und Sozialwesen *(Socialstyrelsen)* müssen zustimmen.[446] Der Eingriff darf auch dann nicht gegen den Willen des Spenders vorgenommen werden (§ 9 a. a. O.).

Im **Vereinigten Königreich** ist die Rechtslage unübersichtlich. In *England und Nordirland* sind die Voraussetzungen und Rechtsfolgen der Entnahme, Lagerung, Verwendung und Beseitigung menschlicher Organe und sonstigem *bodily material* (i. S. v. sec. 45(5) HTA 2004) abschließend im Human Tissue Act 2004 geregelt. Sec. 3 dieses Gesetzes wurde aber durch den Organ Donation (Deemed Consent) Act 2019 nur für England, nicht für Nordirland geändert, so dass in England, vereinfacht gesagt, heute ein „opt-out" und in Nordirland weiterhin ein reines „opt-in" System gilt. Im Grundsatz bedürfen sowohl die Entnahme als auch jede Verwendung von Organen, Körperteilen oder Gewebeproben des Einverständnisses der Person, um deren Körperteile es geht. Das gilt sowohl für verstorbene als auch für lebende Personen. Bei verstorbenen Personen, die sich nicht vor ihrem Tod gegen eine Organentnahme entschieden und auch keine andere Person mit der Entscheidung betraut haben, gilt nun für England unter sec. 3(6)(ba) und (6B) HTA 2004 aber die

108

---

[439] Lag om genetisk integritet m. m. vom 18.5.2006 (2006:351).
[440] Prop. 1994/95:148, S. 88 (Gesetzesmaterialien zum Transplantationsgesetz) vom 8.6.1995 (1995:831).
[441] Prop. 2005/06:64, S. 210 (Gesetzesmaterialien zum Gesetz über genetische Integrität).
[442] A. a. O. S. 180–181.
[443] Prop. 1994/95:148, S. 52 und S. 88.
[444] § 3(2) schwed. Transplantationsgesetz; Prop. 1994/95:148, S. 175 (Die Einwilligung könne generell abgefasst oder auf einen bestimmten Zweck begrenzt sein).
[445] Lag om etikprövning av forskning som avser människor (Gesetz über die ethische Prüfung der Forschung in Bezug auf Menschen) vom 5.6.2003 (2003:460).
[446] Prop. 1994/95:148, S. 82

Regel, dass die Einwilligung des Verstorbenen vermutet werde. Die Vermutung kann widerlegt werden, wenn eine nahe Bezugsperson unmittelbar nach dem Eintritt des Todes glaubhaft macht, dass der Verstorbene mit der Entnahme nicht einverstanden gewesen wäre. Flankierend gilt unter dem HTA 2004 ein präventives Verbot mit (hoheitlichem) Erlaubnisvorbehalt: Jede Verwendung menschlicher Organe bedarf einer Erlaubnis durch die aufgrund des HTA 2004 eingesetzte Human Tissue Authority (sec. 16 HTA 2004). Die zulässigen Zwecke der Nutzung menschlicher Körperteile sind abschließend in sch. 1 HTA 2004 normiert: (i) Obduktion zur anatomischen Untersuchung, (ii) Obduktion zwecks Ermittlung der Todesursache, (iii) Ermittlung medizinischer Daten, die für andere Personen von Relevanz sind (DNA-Tests zwecks Ermittlung der Verwandtschaft), (iv) Öffentliche Ausstellung von Körperteilen verstorbener Personen und (v) Krankheitsursachen- und Therapieforschung. Die Verwendung menschlicher Organe zu anderen Zwecken ist untersagt und unter Strafe gestellt (secs. 5, 8 HTA 2004). Desgleichen ist jede Verwendung ohne die erforderliche Erlaubnis strafbar. Ausdrücklich untersagt und unter Strafe gestellt sind prinzipiell alle kommerziellen Aktivitäten zu Transplantationszwecken, insbesondere der Organhandel (sec. 32 HTA 2004). Zwar sieht sec. 32(3) a. a. O. die Möglichkeit einer Gestattung durch die Human Tissue Authority vor. Die Gestattung steht jedoch unter dem Vorbehalt der Vereinbarkeit mit der RL 2004/23/EG[447] (sec. 32(3A) HTA 2004). Strafbar ist auch der sog. *DNA theft*, d. h. der Gewahrsam menschlichen Gewebes in der Absicht, die DNA ohne Einwilligung der betroffenen Person untersuchen zu lassen (sec. 45 a. a. O.). Das Gesetz ordnet die Nichtigkeit der gegen die Verbotsgesetze verstoßenden Verträge nicht ausdrücklich an. Verträge, die Verbotsgesetze oder Straftatbestände verletzen, sind jedoch nach allgemeinen Regeln zumindest *unenforceable*[448], und sie sind nichtig, wenn der Vertragsschluss (ausdrücklich oder) *by implication* gesetzlich verboten ist.[449] Das dürfte jedenfalls beim Organkauf der Fall sein.

Der HTA 2004 gilt zwar im Grundsatz auch für *Wales*, ist dort jedoch seit Inkrafttreten des Human Transplantation (Wales) Act 2013 weitgehend obsolet geworden. Das Gesetz bringt für Wales ein „opt-out"-System. Es vermutet, dass Verstorbene, die bei Eintritt des Todes volljährig und für mindestens 12 Monate in Wales domiziliert waren, zur Organspende bereit sind, wenn sie dies nicht ausdrücklich ausgeschlossen haben (sec. 4 Human Transplantation (Wales) Act 2013). Im Übrigen bleibt jede nicht gestattete *transplantation activity* strafbar (sec. 10 a. a. O.). Das Verbot des Organhandels gilt auch in Wales; aus dem Human Transplantation (Wales) Act 2013 lässt sich nicht entnehmen, dass sec. 32 HTA 2004 in Wales keine Anwendung finden solle. In *Schottland* gilt der HTA 2004 nicht; anwendbar ist der Human Tissue (Scotland) Act 2006. Seit Inkrafttreten des Human Tissue (Authorisation) (Scotland) Act 2019 gilt nunmehr wie in Wales auch in Schottland ein „opt-out"-System (sec. 6D Human Tissue (Scotland) Act 2006). Der Organhandel ist ausdrücklich unter Strafe gestellt (sec. 20 a. a. O.).

IV. Verfassungsrechtliche Vorgaben für das Recht der Zuordnung zu einem Geschlecht

1. Erforderlichkeit einer geschlechtlichen Zuordnung

109 Jede europäische Rechtsordnung knüpft in einer Vielzahl von Regelungen an das Geschlecht des Menschen an.[450] Typischerweise bleibt dabei aber die letztlich entscheidende

---

[447] Oben Fn. 400. Der Text von sec. 32 HTA 2004 ist, soweit ersichtlich, durch den Austritt des Vereinigten Königreichs aus der Europäischen Union unberührt geblieben.
[448] Anson's Law of Contract (-*Beatson, Burrows, Cartwright*)[30], S. 416.
[449] *Beatson, Burrows, Cartwright* a. a. O. S. 442.
[450] Bemerkenswerterweise gibt es aber auch mehrere Rechtssprachen, in denen das Wort für „Mensch" und „Mann" Synonyme sind, so dass man in jeder einzelnen Vorschrift prüfen muss, in welcher Bedeutung das Wort Verwendung findet. Port. *homem* z. B. bedeutet beides, Mann und Mensch (siehe bereits § 1 Fn. 80). *Mulher* andererseits bedeutet sowohl Frau als auch Ehefrau. *Direitos do homem* sind Menschenrechte (z. B. Artt. 7 und 16 port. Verf.). Um „Menschen" geht es auch in Artt. 362, 1320, 1326, 1351, 1563 und 1570

IV. Verfassungsrechtliche Vorgaben für das Recht der Zuordnung zu einem Geschlecht § 2

Frage offen, ob das Geschlecht als eine **rein tatsächliche oder** als eine **rechtlich überformte Kategorie** des Personenrechts zu denken ist.[451] Wird das Geschlecht als ein bloßes Faktum gedeutet, auf das das jeweilige Teilrechtsgebiet für seine Zwecke, aber ohne personenrechtlichen Gestaltungsanspruch reagiert, liegt dem in aller Regel das binäre „biologische" Grundschema männlich/weiblich zugrunde. Das gilt selbst für das Verfassungsrecht mit seinen zahlreichen Vorschriften zur Gleichberechtigung von „Männern" und „Frauen".[452] Man sollte diese zuletzt genannten Vorschriften aber nicht dahin missverstehen, dass sie verlangten, alle natürlichen Personen entweder dem männlichen oder dem weiblichen Geschlecht zuzuordnen.[453] „Männer und Frauen sind gleichberechtigt" bedeutet weder, dass alle natürlichen Personen entweder des einen oder des anderen Geschlechts sein müssten, noch dass die Zugehörigkeit zu einem bestimmten Geschlecht

---

port. CC (z. B. Art. 1351(1) port. CC: „Die tiefer gelegenen Grundstücke sind dazu verpflichtet, das auf natürliche Weise und ohne menschliches Einwirken [*obra do homem*] fließende Wasser ... aufzunehmen"), um „Männer" in Art. 9(h) port. Verf. (Gleichheit zwischen Mann und Frau). *Homem* i. S. v. „Mann" findet sich im aktuellen CC nicht mehr, *mulher* i. S. v. Ehefrau *(mulher casada)* dagegen häufig (Artt. 56(2), 60(2), 1832(1), 1836, 1840(a) port. CC; z. B. Art. 1832(1): „Die verheiratete Frau kann die Geburt unter der Angabe anzeigen, dass das Kind nicht das des Ehemannes sei"). Die *diritti dell'uomo* stehen natürlich auch Frauen zu. In Italien ist inzwischen aber zunehmend von den *diritti umani* (Menschenrechte) die Rede, ein Begriff mit neutralerer Konnotation.

[451] Das Gewicht dieser Frage zeigt sich z. B. an tschech. VfGH 9.11.2021, Pl. ÚS 2/20. Auf dem Gebiet der Tschechischen Republik seien die Menschen in Frauen und Männer unterteilt. Dieses binäre Verständnis der menschlichen Gattung ginge gerade nicht auf den Willen des Staates im Sinne des Willens der öffentlichen Macht zurück. Denn die öffentliche Macht habe sie lediglich als gesellschaftliche Realität akzeptiert. Das sehe man auch daran, dass das Geschlecht selbst im tschechischen Rechtssystem nicht einmal ausdrücklich definiert worden sei. Es werde auch nicht ausdrücklich bestimmt, dass es in der Tschechischen Republik nur zwei Geschlechter gebe, nämlich männlich und weiblich. Das sei auch unnötig. Denn es folge bereits aus dem Wort „Geschlecht", wie es in der tschechischen Sprache gemeinhin verstanden werde. Aus demselben Grund sei nicht einmal festgelegt, welche Merkmale einen Mann und welche eine Frau definierten. Denn die Begriffe „Mann" und „Frau" seien an sich schon ausreichend verständlich, und für die meisten Menschen sei die Einteilung in diese beiden Kategorien, die unmittelbar nach der Geburt erfolgt, mit keinerlei Schwierigkeiten verbunden. Aus demselben Grunde sei es beispielsweise auch nicht notwendig, den „Menschen" zu definieren. Jedenfalls sei kein Raum dafür, der beschwerdeführenden Person, die sich weder als Mann noch als Frau fühlte, die Wahl eines dritten Geschlechts zu ermöglichen. In der Sache stand dieses Ergebnis bereits fest, als man sich dazu entschieden hatte, das Geschlecht eines Menschen als ein bloßes Faktum zu deuten, oder anders formuliert: als man die Vorstellung eines rechtlichen Geschlechts verworfen hatte. Genau das ist aber das eigentliche Problem.

[452] Z. B. Art. 3(2) Satz 1 dt. GG; Artt. 3 (Gleichberechtigung vor dem Gesetz „ohne Unterschied des Geschlechts"), 37 (erwerbstätige „Frauen" haben bei gleicher Arbeit gleiche Rechte wie „Männer") und 51 ital. Verf. („alle Staatsbürgern beider Geschlechter"); Art. 9h port. Verf. (wonach die Förderung der Gleichheit zwischen Mann und Frau eine wesentliche Aufgabe des Staates ist) (siehe auch Art. 109 port. Verf., wonach „die direkte und aktive Partizipation der Männer und Frauen am politischen Leben Voraussetzung und wesentliches Mittel für die Festigung der demokratischen Ordnung" ist); Art. 29(1) tschech. Charta der Grundrechte und Grundfreiheiten („Frauen, Jugendliche und Behinderte haben das Recht auf erhöhten Schutz ihrer Gesundheit bei der Arbeit und auf besondere Arbeitsbedingungen") und Art. XV(3) und (5) ungar. Verf. („Ungarn schützt Familien, Kinder, Frauen, ältere Menschen und Behinderte durch besondere Maßnahmen"). Ausdrücklich auf die Binarität des Geschlechts stellen außerdem Verfassungsartikel ab, die die Ehe Verbindungen zwischen einem Mann und einer Frau vorbehalten, darunter Art. 46 der bulgar. Verf., Art. 110 der lett. Verf., Art. 38 der lit. Verf. und Art. 18 der poln. Verf.

[453] Das sieht man auch daran, dass eine Reihe von nationalen Verfassungen Ungleichbehandlungen „wegen des Geschlechts" (z. B. Art. 13 port. Verf., Art. 14 span. Verf., Art. 3(1) tschech. Charta der Grundrechte und Grundfreiheiten sowie Art. XV(2) ungar. Verf.) und anderer Merkmale, darunter unter Art. 13 port. Verf. auch die sexuelle Orientierung, verbieten. Ein Diskriminierungsverbot „wegen des Geschlechts" ist eben nicht dasselbe wie das Verbot der Diskriminierung von „Männern oder Frauen". Sobald eine Rechtsordnung ein drittes (oder weitere) Geschlecht(er) anerkennt, bezieht sich das Diskriminierungsverbot auch auf diese Geschlechter. Siehe auch Art. 3 des span. Organgesetzes 3/2007 vom 22.3.2007 zur effektiven Gleichstellung von Frauen und Männern (Ley Orgánica 3/2007, para la igualdad efectiva de mujeres y hombres). Das Gesetz hält fest, dass das Prinzip der Gleichbehandlung von Männern und Frauen die Abwesenheit jeder Art von direkter oder indirekter Diskriminierung aufgrund des Geschlechts voraussetzt und insbesondere von Diskriminierungen, die sich aus der Mutterschaft, der Übernahme von familiären Verpflichtungen und dem Zivilstand ergeben.

notwendiger Bestandteil der Person eines Menschen ist. Der Mensch bleibt natürliche Person auch dann, wenn er in einem biologischen Sinn weder eindeutig Mann noch eindeutig Frau ist, desgleichen dann, wenn seine geschlechtliche Selbstwahrnehmung nicht mit seinen körperlichen Gegebenheiten übereinstimmt, ja selbst dann, wenn er Geschlechtlichkeit als kein sein Dasein prägendes und deshalb ihn unangemessen charakterisierendes Merkmal empfindet.[454] Die Personqualität eines Menschen hängt nicht davon ab, dass er überhaupt irgendeinem rechtlichen Geschlecht angehört.[455] Das Prinzip der Gleichberechtigung von Mann und Frau kann also nur bedeuten, dass eine Diskriminierung auf der Grundlage eines tatsächlichen körperlichen Merkmals, in diesem Fall des rein biologischen Weiblichseins, verboten ist. Das auszudrücken ist auch der Sinn der UN-Frauenkonvention.[456] Auch wenn die Rechtsordnung die Person eines Menschen ohne Rückgriff auf sein Geschlecht beschriebe, wären „biologische" Männer und Frauen immer noch gleichberechtigt, nicht anders als Menschen unterschiedlicher Hautfarbe oder sonst unterschiedlicher körperlicher Konstitution. Auch würde der Verfassungsauftrag, für Lebensbedingungen zu sorgen, unter denen „Menschen" nicht diskriminiert werden, nicht einfach ins Leere laufen, nur weil das rechtliche Geschlecht aus der Person eines Menschen herausgelöst würde. Letzteres geschieht bislang zwar (noch) nicht, doch ändert das nichts daran, dass das Geschlecht in Wahrheit das Ergebnis einer **rechtlichen Zuschreibung** ist. Das war in leidvoller Zeit mit der „Rasse" durchaus ähnlich. Modernes Recht schreibt einer Person eben keine Rasse mehr zu. Es müsste sie zu diesem Zweck im Übrigen auch definieren, seinerseits ein inakzeptables Unterfangen. Aber natürlich hebt das die rein äußerlichen Unterschiede zwischen Menschen verschiedenen Aussehens nicht auf. Es läge übrigens nicht anders, wenn man „Vater" und „Mutter" *rechtlich* durch „Elter" ersetzen würde. Kinder würden und müssten deshalb nicht aufhören, von „Papa" und „Mama" zu sprechen.

110 Im Sinne des Personenrechts ist auch das Geschlecht das **rechtliche Geschlecht** eines Menschen. Deshalb stellen sich in diesem Zusammenhang verfassungsrechtlich gleich mehrere, obschon miteinander eng verwobene Fragen. Ist die rechtliche Zuschreibung eines Geschlechts zu der Person eines Menschen verfassungsrechtlich geboten? Ist sie, falls nein, wenigstens gestattet? Wie viele rechtliche Geschlechter sind, wenn man an ihnen festhält, nötig, um Menschen mit einer vom statistischen Normalfall abweichenden Variante der biologischen Geschlechtsentwicklung Würde und Lebensentfaltung zu garantieren? Besteht ein Anspruch auf Ablegung oder wenigstens auf Wechsel des einmal durch Zuschreibung erworbenen rechtlichen Geschlechts und welche Anforderungen darf das sog. „einfache" (nichtkonstitutionelle) Recht an einen solchen Wechsel stellen?

111 Die Antwort auf die **Grundfrage**, ob die Zuschreibung eines Geschlechts zu der Person eines Menschen verfassungsrechtlich geboten ist, scheint auf den ersten Blick davon abzuhängen, in welchem Zusammenhang Verfassungstexte bestimmte Grundrechte daran knüpfen, dass jemand „Mann" oder „Frau" ist. Außerhalb der Verfassungsartikel, die Männern und Frauen die gleichen Rechte einräumen, begegnet dieses Phänomen z. B. im Grundrechtsschutz der Ehe. Art. L(1) der ungar. Verf. lautet: „Ungarn schützt die Institution der Ehe als Lebensgemeinschaft, die aufgrund einer freiwilligen Entscheidung zwischen Mann und Frau zustande kommt, sowie die Familie als Basis des Fortbestandes der Nation". Ähnliche Formulierungen enthalten auch andere Verfassungen.[457] Ein anderes Beispiel, in dem ein Verfassungstext ausdrücklich auf ein bestimmtes Geschlecht abstellt, findet sich in

---

[454] OLG Düsseldorf 11.6.2019, FamRZ 2019 S. 1663 gestattete demgemäß einem Menschen mit eindeutig weiblichen Geschlechtsmerkmalen, der sich jedoch keinem Geschlecht zugehörig fühlte, die Streichung der Geschlechtsangabe „weiblich" im Personenstandsregister, ohne sie durch eine andere ersetzen zu müssen.
[455] Ähnlich BVerfG 10.10.2017, NJW 2017 S. 3643, 3646 Rdnr. 50. Siehe schon oben Rdnr. 48.
[456] Oben Fn. 31.
[457] Vorher Fn. 452. Vgl. außerdem auch Art. 29 ital. Verf. („Die Republik erkennt die Rechte der Familie als eine auf der Ehe begründete natürliche Gesellschaft an") und Art. 32(1) span. Verf. („Mann und Frau haben das Recht, in voller Gleichberechtigung die Eheschließung zu begehen").

IV. Verfassungsrechtliche Vorgaben für das Recht der Zuordnung zu einem Geschlecht   § 2

Art. 29(1) tschech. Charta der Grundrechte und Grundfreiheiten. Danach haben (kurioserweise neben Jugendlichen und Behinderten) „Frauen" das Recht auf erhöhten Schutz ihrer Gesundheit bei der Arbeit und auf besondere Arbeitsbedingungen.[458] Unter Art. 12a(1) dt. GG können „Männer" zum Dienst in den Streitkräften und unter Art. 12a(4) dt. GG „Frauen" im Verteidigungsfall zu Sanitätsdiensten verpflichtet werden. Indes wird man auch solchen Verfassungsartikeln nicht die Vorgabe entnehmen können, dass jeder Mensch als Person entweder Mann oder Frau sei. Im ersten Fall geht es „nur" darum, das Rechtsinstitut der Ehe gleichgeschlechtlichen Paaren vorzuenthalten, im zweiten darum, Ausbeutungen von im Arbeitsleben benachteiligten Menschen vorzubeugen, im dritten darum, nicht allen Personen den Dienst an der Waffe aufzuzwingen. Dass eine Person ein rechtliches Geschlecht haben *muss*, ergibt sich nirgendwo aus dem Wortlaut eines Verfassungstextes; ebensowenig, dass, wenn sie einem Geschlecht zugeordnet wird, dieses Geschlecht entweder das männliche oder das weibliche sein müsse.

Die Zuordnung von Personen zu einem Geschlecht beruht folglich auf einer Entscheidung des jeweils „einfachen" (nichtkonstitutionellen) Rechts. Sie wiederum bleibt nach bisherigem europäischem Verfassungsverständnis möglich, auch wenn sie nicht zwingend geboten ist. Bislang hat sich allerdings kein nationaler Gesetzgeber zu der Entscheidung durchringen können, auf das rechtliche Geschlecht als Merkmal der natürlichen Person ganz zu verzichten. Das ist nachvollziehbar. Denn ein solcher Schritt hätte zumindest beim jetzigen Stande der Rechtsentwicklung in der Tat weitreichende, schwer kalkulierbare und für viele nationale Rechtsordnungen ebenso unerwünschte wie unbeherrschbare Folgen. Zwar sind ausdrückliche gesetzliche Regeln, auf denen die Zuschreibung eines Geschlechts beruht, auffällig selten. Für die erstmalige personenstandsrechtliche Registrierung eines Kleinkindes gibt es sie nur in Ungarn und in Polen.[459] Im übrigen Europa existieren sie nur (und bestenfalls) im Kontext der Transsexualität, wo sie der gerichtlichen Überprüfung eines Geschlechtswechsels dienen.[460] Die mitgliedstaatlichen Rechtsordnungen begnügen   112

---

[458] Dem ähnelt Art. 59(2)(c) port. Verf. (Schutz der Arbeiterrechte, insbesondere Schutz von Frauen während der Schwangerschaft und nach der Entbindung, Schutz der Arbeit von Minderjährigen und Behinderten sowie derjenigen, die besonders schwere Arbeit leisten oder unter gesundheitsgefährdenden oder gefährlichen Bedingungen oder mit Giftstoffen arbeiten). Art. 32(2) der tschech. Charta der Grundrechte und Grundfreiheiten ergänzt: „Während der Schwangerschaft werden der Frau besondere Pflege, Arbeitsschutz und entsprechende Gesundheitsbedingungen gewährleistet".

[459] Ungarn hat sich durch 3 lit. x des Gesetzes I aus dem Jahre 2010 über das Personenstandsregisterverfahren (eingefügt durch am 28.5.2020 verkündeten § 33 des Gesetzes XXX aus dem Jahre 2020 über die Änderung ausgewählter Gesetze aus dem Bereich der öffentlichen Verwaltung sowie über die unentgeltliche Vermögenszuwendung [2020. évi XXX. törvény egyes közigazgatási tárgyú törvények módosításáról, valamint ingyenes vagyonjuttatásról, Magyar Közlöny 125/2020, S. 2901]) ein normativ definiertes Geburtsgeschlecht gegeben und dieses Konzept inzwischen sogar in die Verfassung aufgenommen (Art. XVI (1) Satz 2 ungar. Verf. i. d.F. vom 23.12.2020: „Ungarn schützt das Recht der Kinder auf Selbstidentität entsprechend ihrem Geburtsgeschlecht"). Geburtsgeschlecht ist das nach den primären Geschlechtsmerkmalen sowie aufgrund der Chromosomen bestimmte biologische Geschlecht. Die Angabe über das Geburtsgeschlecht ist unter § 69/B(3) des Gesetzes über das Personenstandsregisterverfahren nicht veränderbar und macht damit einen Geschlechtswechsel rechtlich unmöglich. In Polen beruht die Geschlechtsbestimmung auf dem sog. „metrischen Geschlecht". Unter Art. 60(3) poln. ZivilstandsregisterG *(Ustawa o aktach stanu cywilnego)* ist das Geschlecht auf der Geburtsurkunde einzutragen. Es wird durch einen Arzt nach den äußeren Geschlechtsmerkmalen des Kindes bestimmt (näher Rozp. Min. Zdrowia z 12.1.2015 r. w sprawie wzorów karty urodzenia i karty martwego urodzenia, Dz.U. z 2015 r. poz. 171 [Verordnung des Gesundheitsministers vom 12.1.2015 zu den Mustern für Geburts- und Totgeburtenkarten] sowie Czajkowska und Pachniewska [-*Czajkowska*], Prawo o aktach stanu cywilnego[5], Art. 40 Rdnr. 23). Die Eintragung ist auch für den Standesbeamten, vor dem eine Ehe geschlossen werden soll, verbindlich (Art. 3 ZivilstandsregisterG).

[460] In Art. 2(1) des gr. Gesetzes 4491/2017 über die Folgen der Registereintragung ist festgehalten, dass unter „Geschlechtsidentität" die Innenwahrnehmung und die Art gemeint sei, in der eine Person ihr Geschlecht erlebe, und zwar unabhängig davon, welchem Geschlecht die Person bei ihrer Geburt nach ihren biologischen Merkmalen zugeordnet wurde. Die Geschlechtsidentität enthalte das persönliche Empfinden des eigenen Körpers sowie den gesellschaftlichen Außenausdruck des Geschlechts, welche dem Willen der Person entspricht. Das persönliche Empfinden des Körpers kann auch auf medikamentösen Einstellungen und freiwilligen ärztlichen Eingriffen beruhen. Art. 2(2) a. a. O. rechnet zu den Geschlechtsmerkmalen

sich nahezu ausnahmslos mit Ersteintragungen in den Personenstandsregistern, die auf den Angaben der Eltern oder der Geburtsstationen beruhen. Die Eintragungen sind zudem i. d. R. deklaratorisch, nicht konstitutiv.[461] Man ist richtiger Ansicht nach nicht männlich oder weiblich, weil man im Personenstandsregister mit dieser Charakterisierung eingetragen wurde, sondern man wird dort als männlich oder weiblich (etc.) registriert, weil man nach den (obschon stillschweigend vorausgesetzten) Regeln des materiellen Rechts dem einen oder anderen Geschlecht zugeordnet ist. Entsprechendes gilt, falls vom materiellen Recht anerkannt, für die Verlautbarung der Zugehörigkeit zu einem dritten (oder weiteren) rechtlichen Geschlecht(ern).[462]

113 Konstitutiv, also die materielle Rechtslage gestaltend, wirken mancherorts nur Registereintragungen über einen Geschlechtswechsel.[463] Aber selbst die bloß deklaratorischen

---

chromosomatische, genetische und anatomische Gegebenheiten der Person, darunter die primären Geschlechtsmerkmale und die Reproduktionsorgane, aber auch Sekundärmerkmale wie die Muskelmasse, das Brustwachstum und den Haarwuchs. Sec. 2 des maltesischen Gender Identity, Gender Expression and Sex Characteristics Act, Ch. 540, aus dem Jahre 2015 definiert: „'gender identity' refers to each person's internal and individual experience of gender, which may or may not correspond with the sex assigned at birth, including the personal sense of the body (which may involve, if freely chosen, modifications of bodily appearance and, or functions by medical, surgical or other means) and other expressions of gender, including name, dress, speech and mannerisms". Und „'sex characteristics' refers to the chromosomal, gondal and anatomical features of a person, which include primary characteristics such as reproductive organs and genitalia and, or chromosomal structures and hormones; and secondary characteristics such as muscle mass, hair distribution, breasts, and or structure". Siehe dazu Scherpe/Dutta/Helms (-*Mhuirthile*), The Legal Status of Intersex Persons, S. 357–367). Spürbar geringere Anforderungen an die Zuschreibung eines (neuen) rechtlichen Geschlechts stellt der mit Gesetz Nr. 2016-1547 vom 18.11.2016 eingeführte Art. 61-5 franz. CC („Toute personne majeure ou mineure émancipée qui démontre par une réunion suffisante de faits que la mention relative à son sexe dans les actes de l'état civil ne correspond pas à celui dans lequel elle se présente et dans lequel elle est connue peut en obtenir la modification. Les principaux de ces faits, dont la preuve peut être rapportée par tous moyens, peuvent être : 1° Qu'elle se présente publiquement comme appartenant au sexe revendiqué ; 2° Qu'elle est connue sous le sexe revendiqué de son entourage familial, amical ou professionnel ; 3° Qu'elle a obtenu le changement de son prénom afin qu'il corresponde au sexe revendiqué"). Es kommt also im Wesentlichen darauf an, dass sich die Person öffentlich als dem angegebenen Geschlecht zugehörig präsentiert; dass sie in ihrer Familie, bei Freunden oder in ihrem beruflichen Umfeld unter dem angegebenen Geschlecht bekannt ist; und dass sie eine Änderung ihres Vornamens erwirkt hat, so dass er dem beanspruchten Geschlecht entspricht.

461 Siehe bereits oben Rdnr. 42. Unter § 54(1) dt. PStG beweisen „die Beurkundungen in den Personenstandsregistern Eheschließung, Begründung der Lebenspartnerschaft, Geburt und Tod und die darüber gemachten näheren Angaben sowie die sonstigen Angaben über den Personenstand der Personen, auf die sich der Eintrag bezieht". Es kommt also auch der Registrierung des Geschlechts keine rechtsgestaltende, sondern nur eine deklaratorische Bedeutung zu. Die Folge ist, dass auch ausländische Registereinträge grundsätzlich keine anerkennungsfähigen „Entscheidungen" sind (BGH 20.3.2019, NJW 2019 S. 1608, 1609 [allerdings zu einer Eintragung im ukrainischen Geburtenregister und einer auf ihrer Grundlage ausgestellten Geburtsurkunde]). Nicht ganz so deutlich liegen die Dinge in Schweden (allgemein zu der Bedeutung von Angaben des Personenstandsregisters dort schon oben Rdnr. 42 mit Fn. 11). Alle neugeborenen Kinder werden, basierend auf dem biologischen Geschlecht, einem rechtlichen Geschlecht zugeordnet. Das rechtliche Geschlecht *(juridiskt kön)* ist das in das Personenstandsregister *(folkbokföringen)* eingetragene Geschlecht (SOU 2004:91, S. 54). Das Geschlecht folgt aus der *personnummer*, die aus zehn Ziffern besteht, unter ihnen das Geburtsdatum und eine weitere Zahl für männlich und eine gerade für weiblich) (§ 18 schwed. Folkbokföringslag; s. bereits oben § 1 Fn 97).

462 In Deutschland wird überwiegend vertreten, das Geschlecht eines Kindes personenstandsrechtlich wie seinen Vornamen zu behandeln (*Bruns*, StAZ 2019 S. 97, 98; *Reuß*, StAZ 2019 S. 42, 45). Demgemäß legt die Erklärung der Eltern gegenüber dem Standesamt das Geschlecht des Kindes konstitutiv fest und die Eintragung ist deklaratorisch, auch die Eintragung „divers".

463 So verhält es sich in Spanien und wohl auch in Griechenland und Schweden, nicht aber in Deutschland. Unter Art. 18 des span. Ley del Registro Civil hat die Eintragung im Zivilregister nur in den vom Gesetz vorgesehenen Fällen konstitutive Wirkung. Das wichtigste Beispiel ist die Resolution über die registerrechtliche Berichtigung des Geschlechts. Sie hat ab dem Zeitpunkt der Eintragung im Zivilregister konstitutive Wirkung (Art. 5(1) des Gesetzes 3/2007 vom 15.3.2007 zur Reglementierung der registerrechtlichen Berichtigung der Bezeichnung bezüglich des Geschlechts der Personen, Ley reguladora de la rectificación registral de la mención relativa al sexo de las personas). Art. 91(2) Ley del Registro Civil bestätigt das: „Die registerrechtliche Bezeichnung *(mención registral)* des Namens und des Geschlechts der Personen, wenn die Voraussetzungen des Art. 4 des Gesetzes 3/2017 erfüllt sind, wird durch Registerverfahren berichtigt. In solchen Fällen hat die Eintragung konstitutive Wirkung". Auch aus Art. 5(1) des

IV. Verfassungsrechtliche Vorgaben für das Recht der Zuordnung zu einem Geschlecht § 2

Registerangaben haben wegen der ihnen innewohnenden Beweiskraft eine erhebliche Bedeutung. Sie weisen weit über das Personenstandsregisterwesen hinaus. Ein geschlechtslos operierendes Personenstandsregister wäre, für sich genommen, noch ein vergleichsweise geringes Problem. Wichtiger ist, dass mit einem solchen Register auch die beweisrechtliche Basis aller anderen an das Geschlecht anknüpfenden Regeln entfiele. Das ließe sich derzeit nur schwer beherrschen. Selbst im engeren Bereich des Privatrechts müsste, auch wenn hier in den vergangenen Jahrzehnten bereits viel geschehen ist[464], immer noch eine Reihe von Rechtsmaterien neu konzipiert werden. Man denke etwa an das Namensrecht, je nach Rechtsordnung auch an das Eheschließungs- und an das Abstammungsrecht[465] und an das Arbeits- und Gesellschaftsrecht mit seinen Vorschriften zur Nichtdiskriminierung von Frauen bei der Einstellung bzw. zur Förderung des Frauenanteils in Vorständen und anderen Gremien. Genau besehen entzöge die Aufgabe des Geschlechts als ein die Person des Menschen qualifizierendes Merkmal aber vor allem einer Vielzahl nichtprivatrechtlicher Regeln die Grundlage, den zunehmend Verbreitung findenden Identifikationsnummern[466]

gr. Gesetzes 4491/2017 über die Folgen der Registereintragung folgt, dass eine Eintragungsberichtigung gegen alle gilt. Ab der Berichtigung der Geschlechtseintragung im Personenregister erstellt das Registeramt eine neue Personenstandsurkunde. Alle Behörden sind verpflichtet, die Geschlechtsänderung in ihren Registern nachzuvollziehen und neue berichtigte Urkunden auszustellen. In den neuen Urkunden und den neuen Eintragungen darf aber nicht erwähnt werden, dass eine Berichtigung stattgefunden hat (Art. 4 (3) a. a. O.). Zu Schweden s. bereits oben Fn. 11. Die Eintragung einer Geschlechtsänderung geht über die Dokumentation eines „Ereignisses" hinaus. Dass die Änderung einer bloß deklaratorischen Eintragung konstitutiv wirken soll, ist allerdings nicht einfach zu verstehen. Konsequenter wirkt es, zwar der gerichtlichen Entscheidung über den Wechsel des Vornamens (§ 1(1) dt. TSG) bzw. des Geschlechts (§ 10(1) dt. TSG) konstitutive Bedeutung beizumessen, die nachfolgende Registerverlautbarung aber nur für deklaratorisch, wenn auch mit Beweiskraft ausgestattet anzusehen (oben Fn. 7). Vor Inkrafttreten des dt. TSG hatte BVerfG 11.10.1979, NJW 1979 S. 595 allerdings bemerkt: „Soweit der Zeitpunkt zu bestimmen ist, von dem an die Geschlechtsumwandlung rechtliche Geltung erlangt hat, muß im Blick auf die verfassungsrechtliche Lage an der Auffassung, daß Eintragungen im Personenstandsregister nur deklaratorische Wirkungen haben könnten, nicht festgehalten werden. Verfassungsrechtlich unbedenklich wäre etwa eine Lösung, nach der bei Änderungen der Eintragung über Geschlechtsumwandlungen einer Person nach der Geburt der Beischreibungsvermerk ex-nunc-Wirkung hat und insoweit konstitutiv ist. Hierüber zu entscheiden, ist jedoch nicht Aufgabe des Bundesverfassungsgerichts" (a. a. O. S. 596).

[464] Eindrucksvoll z. B. die Entwicklung in Spanien. Vor und nach dem Inkrafttreten der span. Verfassung von 1978 und deren Verbot der Diskriminierung aufgrund des Geschlechts (Art. 14) wurden zahlreiche Vorschriften aufgehoben oder ggf. sprachlich angepasst. Besonders bemerkenswert ist das Gesetz 11/1990 vom 15.10.1990 zur Reform des Zivilgesetzbuchs durch Anwendung des Prinzips von Nichtdiskriminierung aufgrund des Geschlechts (Ley 11/1990, sobre Reforma del Código Civil, en aplicación del principio de no discriminación por razón de sexo). Es brachte zahlreiche auch rein sprachliche Korrekturen, z. B. mit Art. 5(2) a. a. O. („In Artt. 648(2) und 1924(2)(b) des Código Civil wird der Terminus ‚mujer' durch [das im Spanischen geschlechtsneutrale Wort] ‚cónyuge' [Ehegatte/Ehegattin] ersetzt").

[465] Im Abstammungsrecht kommen Bezugnahmen auf „Männer" und „Frauen" naturgemäß besonders häufig vor, etwa in Formulierungen zur Anfechtung der Mutterschaft (z. B. Art. 139 span. CC) oder in Formulierungen wie „Mutter eines Kindes ist die Frau, die es geboren hat", „Der Ehemann ist Vater des während der Ehe empfangenen oder geborenen Kindes" (Art. 231 ital. CC) oder „Vater eines Kindes ist der Mann, der..." (§§ 1591 und 1592 dt. BGB). Das hat in Deutschland prompt zu der Frage geführt, ob „Vater" eines Kindes auch die Frau sein kann, die mit der Mutter in gleichgeschlechtlicher Ehe lebt. BGH 10.10.2018, FamRZ 2018 S. 1919, Anm. *Coester-Waltjen* hat das verneint („Die Ehefrau der ein Kind gebärenden Frau wird weder in direkter noch in entsprechender Anwendung des § 1592 Nr. 1 BGB [wonach der Mann Vater eines Kindes ist, der zum Zeitpunkt der Geburt mit der Mutter des Kindes verheiratet ist] Mit-Elternteil des Kindes"). KG 24.3.2021, FamRZ 2021 S. 854 hat sich dieser Auslegung zwar angeschlossen, das Verfahren aber ausgesetzt und dem BVerfG die Frage vorgelegt, ob das geltende Recht mit den Grundrechten des Kindes und der Ehefrau vereinbar sei. Im Übrigen ist es in Transsexualitätskonstellationen denkbar, dass ein Mann, der noch als Frau ein Kind geboren hat, „Mutter" des Kindes und dass eine Frau, die im Geburtszeitpunkt noch Mann war, „Vater" des Kindes ist (BGH 29.11.2017, NJW 2018 S. 471 [Mann als Mutter] und BGH 6.9.2017, NJW 2017 S. 3379 [Frau als Vater]).

[466] Siehe für Schweden schon oben § 1 Fn. 97. Auch unter (§ 13(3) des tschech. Melderegistergesetzes Nr. 133/2000 Gbl. (Zákon o evidenci obyvatel a rodných číslech a o změně některých zákonu) erhält jeder Bürger zum Zeitpunkt der Geburt eine Geburtsurkunde und eine Geburtsnummer (*rodné číslo*). Sie ist je nach Geschlecht unterschiedlich aufgebaut. Bei einer weiblichen Person wird die Geburtsnummer (der Monat) um 50 Einheiten vergrößert. Damit kann anhand der Geburtsnummer auf den ersten Blick

z.B., großen Teilen des übrigen Registerwesens⁴⁶⁷, dem Sozialversicherungsrecht mit seinen gelegentlich nach Geschlecht differenzierenden Renteneintrittsaltern, dem Baurecht oder, wenn auch in spürbar abnehmendem Maße, bestimmten Tatbeständen des Sexualstrafrechts. Es bleibt zwar das Problem, dass praktisch alle diese Regelungen auf einer binären Geschlechterdifferenzierung aufbauen. Aber sie ist nun einmal der statistische Regelfall. Eine tripolare Geschlechterdifferenzierung nötigt nur zu Anpassungen im Einzelfall, erzwingt aber keine großflächige Rechtsbereinigung. Letztere wäre angesichts der geringen Fallzahlen kaum zu rechtfertigen.

2. Zuordnung zu welchem Geschlecht?

114 Die meisten europäischen Rechtsordnungen sind allerdings ohnehin nach wie vor der Auffassung, dass (i) keine Person ohne Geschlecht ist und dass (ii) jede Person entweder dem männlichen oder dem weiblichen Geschlecht angehört. Ein Wechsel zwischen diesen beiden Geschlechtern ist i. d. R. möglich⁴⁶⁸, eine ersatzlose Aufgabe des rechtlichen Geschlechts ist es außerhalb Deutschlands⁴⁶⁹ und Österreichs⁴⁷⁰ nicht. Auch die Möglichkeit, ein Kind am Beginn seines Lebens ohne Geschlechtsangabe zu registrieren, besteht nur in Deutschland, Österreich, Malta und den Niederlanden.⁴⁷¹ Und ein drittes Geschlecht

---

ermittelt werden, ob es sich um einen Mann oder eine Frau handelt. Eine nachträgliche Änderung der Nummer ist nur in den gesetzlich vorgesehenen Fällen möglich, wozu u. a. zählt, dass das Geschlecht einer Person aufgrund einer Geschlechtsumwandlung geändert wird. Die geschlechtsspezifische Fassung der Geburtennummer ist allerdings verfassungsrechtlich umstritten. Der Senat des Verfassungsgerichts hat vorgeschlagen, § 13(3) a. a. O. insoweit aufzuheben, als die Bestimmung die Aufwertung um 50 Einheiten für das weibliche Geschlecht vorschreibt (unten Fn. 482).

⁴⁶⁷ Zusammenstellung der wichtigsten deutschen Register, die eine Geschlechtsangabe verlangen, bei *Gössl,* Anm. unter BVerfG 10.10.2017, NJW 2017 S. 3643, 3648.

⁴⁶⁸ Näher unten Rdnrn. 116 ff.

⁴⁶⁹ Unter § 22(3) dt. PStG können intersexuelle Menschen bei der Geburt richtiger Ansicht nach als „weiblich", „männlich" „divers" oder „ohne Angabe" in das Personenstandsregister eingetragen werden (*Bruns,* StAZ 2019 S. 97; *Gössl/Dannecker/Schulz,* NZFam 2020 S. 145, 147 [mit Hinweis auf die teilweise abweichende Praxis der Standesämter]). Diese Wahl zwischen den vier Optionen besteht unter § 45b PStG auch bei nachträglicher Geschlechtsänderung. Es kann also auch die Wahl getroffen werden, dass keines der benannten Geschlechter vorliegt. Ob die Möglichkeit, sich ohne Angabe des Geschlechts registrieren zu lassen, auch für transsexuelle Personen gilt, hängt davon ab, ob sie als Personen mit „Varianten der Geschlechtsentwicklung" zu qualifizieren sind. Das wird man mit einem Rundschreiben des Bundesinnenmisteriums vom 10.4.2019, V II 1 – 20103/27#17 (https://www.personenstandsrecht.de/SharedDocs/kurzmeldungen/Webs/PERS/DE/rundschreiben/2019/0122-aenderung-geburtenregister.html) und OLG Nürnberg 3.9.2019, FamRZ 2019 S. 1948 verneinen müssen. Gegenstand des dt. PStG ist nur die Intersexualität; Transsexualität ist Gegenstand des dt. TSG. A. A. allerdings *Bruns,* StAZ 2019 S. 97, 99 und *Jäschke,* NZFam 2019 S. 895, 899. Die Rechtslage ist kompliziert, weil es möglich scheint, mit OLG Düsseldorf 11.6.2019, FamRZ 2019 S. 1663 (oben Fn. 454) auch Transsexuellen die Streichung der Geschlechtsangabe zu gestatten. BGH 22.4.2020, NJW 2020 S. 1955 hält § 45b dt. PStG für unanwendbar, wenn es um Personen mit einer „lediglich empfundenen Intersexualität" geht. Sie könnten aber „entsprechend § 8(1) TSG erreichen, dass ihre auf ‚weiblich' oder ‚männlich' lautende Geschlechtsangabe in Geburtenregister gestrichen oder durch ‚divers' ersetzt wird".

⁴⁷⁰ Das war zeitweilig nicht ganz klar, weil zwar österr. VfGH 15.6.2018, ECLI:AT:VFGH:2018:G77.2018 FamRZ 2018 S. 1437 (oben § 1 Fn. 69 und Fn. 77) unter Rückgriff auf Art. 8 EMRK entschieden hatte, dass es Menschen mit Varianten der Geschlechtsentwicklung nicht nur möglich sein müsse, ihr Geschlecht als ein drittes neben weiblich und männlich festzulegen, sondern „angesichts der vielfältigen Formen der Geschlechtsentwicklung und der heiklen gesellschaftlichen Stellung der Betroffenen" auch, ihr Geschlecht offenzulassen. Ein Erlass des österr. Bundesinnenministeriums hatte zwar kurze Zeit später einen Wechsel zu „offen" immer noch für unzulässig gehalten, doch ist er im Jahre 2020 durch einen neueren Erlass ersetzt worden (https://vimoe.at/wp-content/uploads/2020/10/2020-09-ErlassGeschlechtseintragNeu.pdf). Es kommt hinzu, dass inzwischen auch das Melderecht die Möglichkeit eröffnet hat, das Geschlecht nicht nur mit „offen" anzugeben, sondern von jeder Geschlechtsangabe abzusehen (oben Rdnr. 18 mit Fn. 69).

⁴⁷¹ § 22(3) dt. PStG; Art. 278(1) Satz 2 malt. CC; Art. 1:19d(1) und (3) ndl. BW. In Österreich findet sich bislang keine eindeutige gesetzliche Regelung. Denn § 2(2) Nr. 3 österr. PStG 2013 lautet nur: „Allgemeine Personenstandsangaben sind ... das Geschlecht". Die einzige konkrete Quelle bleibt deshalb österr. VfGH 15.6.2018 a. a. O., wo es unter Rdnr. 43 heißt, dass das Gesetz dahin auszulegen sei, dass „Menschen mit einer Variante der Geschlechtsentwicklung gegenüber männlich oder weiblich insbeson-

akzeptieren beim derzeitigen Stande der Rechtsentwicklung wiederum nur Deutschland und Österreich. Allerdings dürfte sich ihnen Belgien demnächst anschließen.[472] Malta erkennt zudem das von anderen Staaten ihren Angehörigen eröffnete dritte Geschlecht ausdrücklich an.[473] Dieses dritte Geschlecht ist nicht positiv umschrieben; „divers" (verschieden) ist nur ein Sammelbegriff für in sich durchaus unterschiedliche Varianten der Geschlechtsentwicklung. Österreich und Deutschland haben sich für die Einführung eines dritten Geschlechts entschieden, weil sie dazu von ihren Verfassungsgerichten gezwungen wurden; Belgien befindet sich in derselben Lage.[474] Da sich der EGMR bis in die jüngste Zeit nur zur Frage des Geschlechtswechsels, nicht aber zu den Fragen des erstmaligen Erwerbs und des ersatzlosen Verlustes des rechtlichen Geschlechts geäußert hatte[475], haben die übrigen Staaten der Europäischen Union bislang keinen Anlass gesehen, auch ihren Bürgern ein drittes Geschlecht zu eröffnen. Sie sind darin soeben vom EGMR bestätigt worden.[476] Die Diskussion über das dritte Geschlecht hat vielfach noch gar nicht begonnen. Das gilt z. B. für Polen, Ungarn und Bulgarien, und auch in Rumänien scheint man sich ihr zu verweigern.[477] Selbst die sonst so liberalen Rechtsordnungen Skandinaviens und die Niederlande haben bisher an ihrem binären Geschlechterverständnis festgehalten.[478] Das

---

dere im Kindesalter die Geschlechtsangabe offenlassen oder auch korrigieren und auch ein allfälliges weibliches oder männliches Geschelchtszugehörigkeitsempfinden personenstandsrechtlich durch entsprechende Zuordnung durchsetzen können". Die Durchführungsanleitung für die standesamtliche Arbeit (DA), eine reine Verwaltungsvorschrift, sieht auf dem Stand ab September 2020 (Zl.: 2020-0.571.947, Abschnitt 1.1.2.1.a3 – Geschlecht) vor: „In der Regel wird das Geschlecht beim Geburtseintrag eingetragen. Die Eintragung des Geschlechts erfolgt grundsätzlich auf Basis einer fachlichen Feststellung eines Arztes oder einer Hebamme in der Anzeige der Geburt. Konnte das Geschlecht medizinisch noch nicht eindeutig bestimmt werden, ist das Geschlecht bei der Gebutseintragung mit dem Vermerk ‚offen' einzutragen".

[472] Belgischer Verfassungsgerichtshof 19.6.2019, Nr. 99/2019, https://www.const-court.be/public/d/2019/2019-099d.pdf#search=6813 hat entschieden, dass die Regelung des belgischen Transsexuellengesetzes (Gesetz vom 25.6.2017 réformant des régimes relatifs aux personnes transgenres en ce qui concerne la mention d'une modification de l'enregistrement du sexe dans les actes de l'état civil et ses effets), wonach ein Geschlechtswechsel nur in entweder das männliche oder das weibliche Geschlecht möglich ist, verfassungswidrig sei. Das aufgehobene Gesetz enthalte „aufgrund der Beschränkung der Änderung der Registrierung des Geschlechts in der Geburtsurkunde auf eine binäre Wahl eine Lücke, die den Gleichheitsgrundsatz in Verbindung mit dem Recht auf Selbstbestimmung verletzt". Der Gesetzgeber hat bislang nicht reagiert. Man wird das Urteil so verstehen müssen, dass es die Einführung eines dritten Geschlechts verlangt.

[473] Sec. 9(2) des maltesischen Gender Identity, Gender Expression and Sex Characteristics Act, Ch. 540, aus dem Jahre 2015 („A gender marker other than male or female, or the absence thereof, recognised by a competent foreign court or responsible authority acting in accordance with the law of that country is recognised in Malta").

[474] Österr. VfGH a. a. O. (Fn. 470); dt. BVerfG 10.10.2017, NJW 2017 S. 3643; belg. VfGH 19.6.2019 a. a. O. (Fn. 473).

[475] Knappe Zusammenstellung auf dem Stand vom Oktober 2019 auf https://www.echr.coe.int/Documents/FS_Gender_identity_ENG.pdf; näher unten Rdnr. 116.

[476] EGMR 31.1.2023, 76888, *Y vs. Frankreich* (Die Konventionsstaaten sind durch Art. 8 EMRK nicht verpflichtet, in ihrem Rechtssystem ein drittes Geschlecht anzuerkennen).

[477] Das rumänische Gesetz Nr. 196/1996 bezüglich der Personenstandsurkunden (Lege nr. 119/1996 cu privire la actele de stare civilă, neu veröffentlicht in Monitorul Oficial nr. 339 vom 18.5.2012) sieht zwar nicht ausdrücklich vor, dass es nur ein „weibliches" und ein „männliches" Geschlecht gebe, aber es sieht auch nicht die Möglichkeit eines dritten Geschlechts vor. In der personenstandsrechtlichen Praxis wird deshalb immer entweder das eine oder das andere Geschlecht eingetragen. Nach Berichten in der allgemeinen Presse wurde 2011 eine intersexuelle Person als „weiblich" registriert, weil das Kind nach Einschätzung der Ärzte mehr weibliche als männliche Eigenschaften aufgewiesen hätte (https://www.libertatea.ro/stiri/la-bacau-s-a-nascut-un-bebelus-hermafrodit-554140). *Ungureanu und Munteanu*, Drept civil. Persoanele³, S. 297 begrüßen das mit der Begründung, dass „Mann und Frau, männlich und weiblich, die Welt in zwei Geschlechter teilen, die sich gegenseitig ergänzen. Seit der Antike gibt es keinen Platz für ein drittes Geschlecht. ... Jede Person, auch wenn sie organische Anomalien aufweist, muss unbedingt einem der zwei Geschlechter zugeordnet werden". Das Gesetz Nr. 196/1996 erlaubt es auch nicht, bei Neugeborenen die Geschlechtsangabe offen zu lassen.

[478] § 18 schwed. Folkbokföringslag und SOU 2014:91 S. 54; § 4 i. V. m. Anhang 1 dän. Lov om det centrale personregister [Gesetz über das zentrale Personenregister] vom 3.3.2004 (878) und § 11(2) finn. Laki

italienische Verfassungsgericht hat entschieden, dass das binäre Geschlechtsverständnis des einfachen italienischen Rechts verfassungskonform sei. Die Unterscheidung zwischen Männern und Frauen – da ist das alte, aber auf eine *petitio principii* hinauslaufende Argument wieder – sei eine dem Recht vorgelagerte biologische Realität.[479]

115 Auch in Tschechien ist die die Einführung eines dritten Geschlechts an ihm gescheitert. Schon das Oberste Verwaltungsgericht hatte strikt an dem binären Verständnis des rechtlichen Geschlechts festgehalten.[480] Das tschechische Verfassungsgericht war zwar in erster Linie angerufen worden, um über einen Antrag auf Aufhebung des transsexuell geprägten Menschen betreffenden § 29(1) tschech. BGB[481] zu entscheiden, und erst in zweiter Linie, um eine Entscheidung zu dem Phänomen der Intersexualität zu treffen.[482] Es ging sowohl vor dem Obersten Verwaltungsgericht als auch vor dem Verfassungsgericht um einen Mann, der vom Innenministerium die Änderung der Geschlechtsangabe in seinem Personalausweis in „weiblich" oder „neutral" ohne vorherige geschlechtsumwandelnde Operation und außerdem die entsprechende Änderung seiner Geburtsnummer verlangt hatte. Das Oberste Verwaltungsgericht hatte das Begehren zurückgewiesen. Es hielt die geltende Regelung für angemessen. Die Wahl, vor welche der Einzelne durch die tschechische Rechtsordnung gestellt werde, wenn er zwischen seinem rechtlichen und seinem subjektiv empfundenen Geschlecht eine Disharmonie fühle, halte sich im Rahmen dessen, was man von dem Einzelnen heute verlangen könne. Im Gegensatz zum EGMR und zum dt. BVerfG hielt das Gericht daran fest, dass das „Rechtsgeschlecht" binär und objektiv zu verstehen sei. Das sei deshalb notwendig, weil dadurch ein Rahmen geschaffen und aufrechterhalten werde. Es sei nicht Aufgabe des Gerichts, gesellschaftliche Entwicklungen durch seine Judikatur zu beschleunigen. Das Oberste Verwaltungsgericht hatte keinen Raum für die Änderung der Vorschriften über das Rechtsgeschlecht gesehen. Sie seien Ausdruck eines tatsächlichen und legitimen Konsensus der tschechischen Gesellschaft. Das Gericht sah vor allem „keinen Grund, warum es durch seine Entscheidung zur Erosion des binären und objektiven Verständnisses des Rechtsgeschlechts beitragen" sollte. Insgesamt handelte es sich um eine erstaunlich politisch argumentierende Entscheidung, die noch dazu dem Begehren des Klägers nicht gerecht wird, weil bei einem Wechsel zu „weiblich" die Frage um die Zulässigkeit eines dritten Geschlechts gar nicht erst in den Blick geraten wäre. Gleichwohl schwenkte auch der Verfassungsgerichtshof auf diese Argumentationslinie ein. Er lehnte es ab, sich überhaupt mit der Verfassungsmäßigkeit von § 29(1) tschech. BGB zu befassen. Der Fall habe dazu keinen Anlass gegeben, weil es sich um eine Person handelte, die sich weder als Mann noch als Frau fühlte. Sie habe in Wirklichkeit gar nicht angestrebt, ihr Geschlecht von männlich in weiblich zu ändern. Nicht einmal die Aufhebung von § 29 tschech. BGB würde aber zur Entstehung eines „völlig neuen, dritten Geschlechts" führen. Geschlecht sei etwas Faktisches. Insofern blieb der Verfassungsgerichtshof sogar hinter dem Obersten Verwaltungsgerichtshof zurück, der immerhin noch bereit gewesen war, in der Kategorie eines „Rechtsgeschlechts" zu denken.

---

väestötietojärjeststelmästä ja Väestöreikeskuksen varmennepalveluista (Gesetz über das EDV-System der Bevölkerungsdateien und die Zertifikatdienste der Bevölkerungsregisterzentrale vom 21.8.2009). Zur Diskussion in den Niederlanden *Kersten*, Ars Aequi 2021 Nr. 0018 und *Schulz*, ZEuP 2021 S. 64, 72.

[479] Corte Cost. 21.6.2017, Nr. 185/2017, *Consultaonline*.
[480] Oberstes tschech. Verwaltungsgericht vom 30.5.2019, 2 As 199/2018 – 37 (siehe schon oben § 1 Fn. 106).
[481] „Die Geschlechtsumwandlung eines Menschen tritt mit einem chirurgischen Eingriff ein, bei gleichzeitiger Aufhebung der Zeugungsfähigkeit und Umwandlung der Geschlechtsorgane. Es wird vermutet, dass der Tag der Geschlechtsumwandlung der in der vom Gesundheitsdienstleister ausgestellten Bescheinigung angeführte Tag ist".
[482] Vorher Fn. 451.

3. Voraussetzungen eines Wechsels zwischen den Geschlechtern

a. Die Rechtsprechung des EGMR

Kein anderer Problemkomplex aus dem Recht der natürlichen Person hat die europäische Verfassungsrechtsprechung bislang so intensiv beschäftigt wie das Recht des Geschlechtswechsels transsexueller Menschen, also des Wechsels von „männlich" zu „weiblich" und umgekehrt von „weiblich" zu „männlich". Der Europäische Gerichtshof für Menschenrechte hat sich mit dem Thema seit 1986 in etwa 20 Entscheidungen auseinandergesetzt. Bis zur Jahrhundertwende hat er in hauptsächlich gegen das Vereinigte Königreich angestrengten Individualbeschwerden daran festgehalten, dass die Konventionsstaaten nicht verpflichtet seien, das von transsexuellen Menschen empfundene Geschlecht rechtlich anzuerkennen. Der Gerichtshof hat jedoch früh betont, dass die EMRK dynamisch auszulegen sei, mit der Folge, dass wissenschaftliche, gesellschaftliche und rechtliche Neuerungen, darunter ein wachsender Konsens zwischen den Konventionsstaaten, dazu führen könnten, dass das von transsexuellen Menschen empfundene Geschlecht anerkannt werden müsse.[483] Das war der Hintergrund dafür, warum die seinerzeitige Rechtslage im Vereinigten Königreich über die Jahre mehrfach im Wege von Individualbeschwerden angegriffen wurde. Sie blieben indes vorerst durchweg erfolglos.[484] In *B. vs. Frankreich*[485] hatte der Gerichtshof zwar eine Verletzung von Art. 8 EMRK durch die französische Republik

116

---

[483] So bereits EGMR 17.10.1986, 9532/81, *Rees vs. Vereinigtes Königreich*. Der Beschwerdeführer, der Brite Mark Rees, war mit weiblichen Geschlechtsmerkmalen geboren worden, fühlte sich jedoch dem männlichen Geschlecht zugehörig. Er unterzog sich einer Hormonbehandlung und ließ seinen Namen ändern (er hatte zuvor Brenda Margaret Rees geheißen). Dann unterzog er sich einer geschlechtsangleichenden Operation. Sein Antrag, ihn als „männlich" in das Geburtenregister einzutragen, wurde abgelehnt. Im Gegensatz zur Europäischen Kommission für Menschenrechte verneinte der EGMR eine Verletzung von Art. 8 EMRK. Da (1986) kein Konsens der Konventionsstaaten darüber bestehe, ob und unter welchen Voraussetzungen Transsexuelle ihr Geschlecht ändern können, bestehe für die Staaten ein weiter Beurteilungsspielraum in diesen Fragen. Es sei nicht zu beanstanden, wenn das Vereinigte Königreich die Geschlechtsänderung oder auch nur eine Anmerkung über den Geschlechtswechsel im Geburtenregister nicht erlaube, damit das Register eine möglichst zuverlässige Dokumentation tatsächlicher Vorgänge bleibe. Allerdings sei die Konvention im Lichte der gesellschaftlichen Verhältnisse auszulegen, sodass weitere wissenschaftliche und gesellschaftliche Entwicklungen beobachtet werden müssten. Art. 12 EMRK sei ebenfalls nicht verletzt, da Männern und Frauen nicht verboten werde zu heiraten. Das Gericht behandelte den Beschwerdeführer m. a. W. nicht als „Mann" i. S. v. Art. 12 EMRK.

[484] EGMR 27.9.1990, 10843/84, *Cossey vs. Vereinigtes Königreich*, lehnte die Individualbeschwerde im Wesentlichen mit der Begründung ab, dass seit der *Rees*-Entscheidung keine neuen Entwicklungen zugetragen hätten. Es ging um eine Mann-zu-Frau Transsexuelle, deren neues weibliches Geschlecht trotz Vornamensänderung, Hormontherapie und geschlechtsangleichender Operation nicht anerkannt und deren Eheschließung mit einem Mann vom High Court für nichtig erklärt worden war. Der EGMR verneinte wiederum eine Verletzung von Artt. 8 und 12 EMRK, betonte aber, dass die Rechtslage weiterhin beobachtet werden müsse. EGMR 30.7.1998, 22985/93 und 23390/94, *Sheffield und Horsham vs. Vereinigtes Königreich*, hielt an dieser Rechtsauffassung fest. Wiederum ging es in dem *Sheffield*-Verfahren um eine Mann-zu-Frau Transsexuelle, die mehreren Repressalien ausgesetzt war und u. a. ihren Arbeitsplatz als Pilotin verloren hatte. Auch wurde ihr nach ihrer Scheidung von ihrer Ehefrau das Umgangsrecht mit ihrer Tochter mit der Begründung entzogen, dass der Umgang mit einer Transsexuellen nicht im Interesse des Kindes sei. In der Parallelsache *Horsham* wollte die nunmehrige Frau in den Niederlanden einen Mann heiraten, was nach dortigem, jedoch nicht nach dem Recht des Vereinigten Königreichs möglich war. Die Beschwerdeführerin fühlte sich, als würde sie in den Niederlanden „im Asyl" leben. Beide Individualbeschwerden wurden abgewiesen. Es gebe keine neuen Entwicklungen.

[485] EGMR 25.3.1992, 13343/87, *B. vs. Frankreich*. Die Beschwerdeführerin, eine französische Staatsbürgerin, wurde mit männlichen Geschlechtsmerkmalen geboren, fühlte sich jedoch dem weiblichen Geschlecht zugehörig. Sie unterzog sich einer Hormontherapie und hatte eine geschlechtsangleichende Operation durchführen lassen. Seither lebte sie in einer Beziehung mit einem Mann. Die französischen Gerichte hatten die Anerkennung ihres Geschlechts als weiblich und auch nur eine Änderung ihres Vornamens in einen weiblichen Vornamen in allen Instanzen abgelehnt (ein neutraler Vorname wie Claude, Dominique oder Camille wäre dagegen wohl möglich gewesen). Der EGMR bejahte hinsichtlich der Namensführung eine Verletzung von Art. 8 EMRK. Das sei mit *Rees* und *Cossey* vereinbar, weil in England eine Vornamensänderung möglich sei. Die Rechtslage in Frankreich sei für Transsexuelle deshalb vergleichsweise belastender.

festgestellt, unter deren damaligem Recht nicht einmal der Vorname eines Transsexuellen geändert werden konnte und wo alle öffentlichen Dokumente eine Person mit ihrem angeborenen Geschlecht verlautbarten. Noch im Jahre 1997 verneinte der Gerichtshof aber einen Konventionsverstoß durch das Vereinigte Königreich, das sich geweigert hatte, einen Frau-zu-Mann Transsexuellen, dessen Partnerin mithilfe einer Samenspende ein Kind zur Welt gebracht hatte, als rechtlichen Vater des Kindes anzuerkennen.[486]

117 Der EGMR brauchte bis in das Jahr 2002, um diese wenig ruhmreiche Rechtsprechung endlich zu beenden, und zwar mit *Goodwin vs. Vereinigtes Königreich*[487] und (bei nahezu gleichlautender Begründung) mit *I. vs. Vereinigtes Königreich*.[488] Der Gerichtshof stellte nun endlich fest, dass die Nichtanerkennung des empfundenen Geschlechts eines transsexuellen Menschen gegen Art. 8 EMRK und ggf. auch gegen Art. 12 EMRK, also gegen die Eheschließungsfreiheit verstoße. (Eine gleichgeschlechtliche Ehe gab es im Vereinigten Königreich zu diesem Zeitpunkt noch nicht.[489]) In *Grant vs. Vereinigtes Königreich*[490] und in

---

[486] EGMR 22.4.1997, 21830/93. Einem Frau-zu-Mann Transsexuellen (X) wurde die Eintragung als Vater in die Geburtsurkunde der Z (ein Kind der Y, das während des Zusammenlebens von X und Y mithilfe von Spendersamen gezeugt worden war) verweigert, obwohl X die Vaterschaft unter sec. 28(3) Human Fertility and Embryology Act 1990 anerkannt hatte. Nur ein „biological man" könne als Vater registriert werden. Der EGMR verneinte erneut eine Verletzung von Art. 8 EMRK. Zwar komme es für den Begriff des „Familienlebens" auf die soziale Realität und nicht auf den rechtlichen Status an. Den Konventionsstaaten stehe jedoch bei der Frage, ob und unter welchen Voraussetzungen Transsexuelle als Elternteil anerkannt werden, ein erheblicher Beurteilungsspielraum zu. Zwar könnten in dem Kind mangels rechtlichen Vaters Gefühle fehlender Sicherheit in der Familie entstehen. Es könnten auch Stresssituationen entstehen, wann immer das Kind eine vollständige Geburtsurkunde vorlegen muss. Zudem würde Z nach der gesetzlichen Erbfolge kein Erbe des X sein. Allerdings werde X nicht daran gehindert, die soziale Rolle des Vaters einzunehmen, sodass unklar sei, ob Z durch das Fehlen des rechtlichen Vaters emotionale Nachteile entstünden. Eine vollständige Geburtsurkunde müsse selten vorgelegt werden. Im Übrigen sei das Fehlen eines rechtlichen Vaters nach außen hin nicht erkennbar. Erbrechtlich könne Z in einem Testament bedacht werden. Auch sei es für X möglich, die *parental responsibility* für Z zu erlangen, da X und Z eine *joint residence* hätten.

[487] EGMR 11.7.2002, 28957/95, *Goodwin vs. Vereinigtes Königreich*, NJW-RR 2004 S. 289. Der Gerichtshof wies ausdrücklich darauf hin, dass er seine Rechtsprechung dahin ändere, dass die Konventionsstaaten verpflichtet seien, das empfundene Geschlecht einer transsexuellen Person anzuerkennen; andernfalls verletzten sie Artt. 8 und 12 EMRK. Es ging um eine britische Mann-zu-Frau Transsexuelle, der trotz Hormontherapie (1985) und geschlechtsangleichender Operation (1990) der Eintrag als „weiblich" verweigert worden war. Zwar wurden ihr Dokumente wie Pass und Führerschein ausgestellt, welche sie als Frau auswiesen. Im Geburtenregister wurde sie jedoch als Mann geführt und in Rechtsmaterien, die zwischen Männern und Frauen differenzierten, wurde sie als Mann behandelt, z. B. beim Rentenalter. Art. 8 EMRK, so der EGMR nun, sei dadurch verletzt, dass die Beschwerdeführerin rechtlich als Mann angesehen werde. Die EMRK sei dynamisch und evolutiv „im Lichte der heutigen gesellschaftlichen Verhältnisse" auszulegen und anzuwenden. Ein sich in den Konventionsstaaten entwickelnder Konsens über ein bestimmtes Rechtsschutzniveau sei zu berücksichtigen. Ein europäischer Konsens über den rechtlichen Umgang mit Transsexuellen bestehe zwar nicht. Bedeutsamer sei jedoch die klare und unbestrittene internationale Entwicklung nicht nur hin zu einer wachsenden gesellschaftlichen Akzeptanz von Transsexuellen, sondern zu einer rechtlichen Anerkennung der neuen sexuellen Identität von postoperativen Transsexuellen. Die unbefriedigende Lage, in der postoperative Transsexuelle in einem Grenzbereich als weder dem einen noch dem anderen Geschlecht ganz zugehörig leben, sei im 21. Jahrhundert nicht länger erträglich. Zwar bringe die Anerkennung des Geschlechts von Transsexuellen Probleme für einige Rechtsbereiche (Registerrecht, Familienrecht, Erbrecht, Arbeitsrecht, Sozialrecht, Strafvollzug), diese Probleme seien jedoch nicht unüberwindbar. Eine Änderung des Geschlechtseintrags sei mit einer Änderung der Abstammung bei der Adoption vergleichbar und wirke sich nicht schwer auf das System des Geburtenregisters aus. Auch müsse man von der Gesellschaft erwarten können, dass sie gewisse Unannehmlichkeiten hinnimmt, um dem Einzelnen zu ermöglichen, in Würde und Achtung zu leben, in Übereinstimmung mit der sexuellen Identität, die er selbst gegen einen hohen Preis gewählt hat. Zudem sei Art. 12 EMRK verletzt, da die Beschwerdeführerin als rechtlich gesehen männliche Person ihren männlichen Partner nicht heiraten könne. Auch insofern weicht der EGMR von seiner vorherigen Rechtsprechung ab. Die Begriffe „Männer" und „Frauen" seien nicht nach rein biologischen Kriterien zu bestimmen, sodass auch Transfrauen wie die Beschwerdeführerin als „Frau" in diesem Sinne aufzufassen seien.

[488] EGMR 11.7.2002, 25680/94, *I. vs. Vereinigtes Königreich*.
[489] Siehe bereits oben § 1 Fn. 83.
[490] EGMR 23.5.2006, 32570/03, *Grant vs. Vereinigtes Königreich*. Der Gerichtshof bejahte einen Verstoß gegen Art. 8 EMRK, weil einer britischen Mann-zu-Frau Transsexuellen verweigert worden war, ab

L. vs. Litauen[491] setzte der Gerichtshof seine neue Rechtsprechungslinie konsequent fort. Die Flut von Individualbeschwerden aus dem Vereinigten Königreich wurde durch den Gender Recognition Act 2004 eingedämmt, welcher die Anerkennung des empfundenen Geschlechts ermöglichte.[492] Allerdings mussten Transsexuelle vor der Anerkennung des empfundenen Geschlechts ihre Ehe scheiden lassen; als „Ersatz" wurde ihnen eine *civil partnership* angeboten. Erstaunlicherweise hielt der EGMR diese Rechtslage in *Parry vs. Vereinigtes Königreich*[493] für konventionskonform[494], ein Standpunkt, den er in *Hämäläinen vs. Finnland*[495] bekräftigte. Erfolgreich waren dagegen Individualbeschwerden, in denen es sich darum handelte, dass sich die zuständige Krankenkasse einem Kostenersatz für die geschlechtsangleichende Operation verweigerte.[496]

Vollendung des Renteneintrittsalters für Frauen (60 statt 65 Jahre) Rente zu beziehen (*Bellinger v. Bellinger* [2003] UKHL 21; [2003] 2 WLR 1174). Eine Geschlechtsänderung sah ab 2005 erst der neu eingeführte Gender Recognition Act 2004 vor. Der Gerichtshof entschied, dass die Verletzung von Art. 8 EMRK zwar mit dem Inkrafttreten des Gender Recognition Act 2004 ende, aber nicht rückwirkend entfalle.

[491] EGMR 11.9.2007, 27527/03, *L. vs. Litauen*. Der Beschwerdeführer, ein Frau-zu-Mann Transsexueller, hatte sich einer Hormontherapie und einer Brustamputation unterzogen. Unter Art. 2.27(1) lit. ZGB hat zwar „an unmarried natural person of full age ... the right to the change of designation of sex in cases when it is feasible from the medical point of view", doch fehlte es an dem unter Art. 2.27(2) zur Regelung der Einzelheiten notwendigen Ausführungsgesetz. Der EGMR bejahte eine Verletzung von Art. 8 EMRK. Der Geschlechtswechsel von postoperativen Transsexuellen müsse anerkannt werden. Solange die Gesetzeslücke nicht geschlossen sei, würden Krankenhäuser die geschlechtsangleichende Operation nicht durchführen. Der Beschwerdeführer werde solange weiterhin als Frau angesehen. Die Situation führe zu einer Ungewissheit, die ihrerseits unter dem Blickwinkel von Art. 8 a. a. O. inakzeptabel sei.

[492] Oben Rdnr. 29 a. E.

[493] EGMR 28.11.2006, 42971/05, *Parry vs. Vereinigtes Königreich*. Die Beschwerdeführer waren seit 46 Jahren verheiratet und wollten es bleiben. Der Ehemann hatte vor 38 Jahren begonnen, als Frau zu leben, sich einer geschlechtsangleichenden Operation und einer Hormonbehandlung unterzogen und ihren Namen geändert. Sie beantragte unter dem Gender Recognition Act 2004 ein *gender recognition certificate*, um sich rechtlich als Frau anerkennen zu lassen. Ihr wurde jedoch nur ein vorläufiges Zertifikat (*interim gender recognition certificate*) ausgestellt, damit die Ehe aufgehoben und ein endgültiges *gender recognition certificate* ausgestellt werden könne. Eine gleichgeschlechtliche Ehe war zu diesem Zeitpunkt noch nicht möglich; der Civil Partnership Act 2004 hatte ab dem 5.12.2005 nur für eine gleichgeschlechtliche Partnerschaft Vorsorge getroffen. Der EGMR sah Art. 8 EMRK nicht verletzt. Zwar bringe die Rechtslage Transsexuelle in die Zwangssituation, zwischen der Anerkennung ihres empfundenen Geschlechts und dem Weiterführen ihrer Ehe wählen zu müssen. Das sei aber hinnehmbar, weil die Eheleute nach der Scheidung eine *civil partnership* begründen könnten, aus der fast die gleichen Rechte und Pflichten wie aus der Ehe folgen. Art. 12 EMRK verpflichte die Konventionsstaaten nicht zur Anerkennung einer gleichgeschlechtlichen Ehe.

[494] BVerfG 27.5.2008, NJW 2008 S. 3117 entschied dagegen, dass eine Regelung, welche für die Geschlechtsänderung die Scheidung einer bestehenden Ehe vorsieht, verfassungswidrig sei. Zulässig wäre nur eine *automatische* Umwandlung in eine eingetragene Lebenspartnerschaft oder eine gänzliche Streichung der Voraussetzung der Ehelosigkeit (wie später in § 8(1) Nr. 2 dt. TSG geschehen). Das BVerfG hatte auch darauf hingewiesen, dass die Ehe ja keineswegs notwendig gescheitert sei und in diesem Fall gar nicht geschieden werden könne.

[495] EGMR (4. Sektion) 13.11.2012, 37359/09, *Hämäläinen vs. Finnland*, BeckRS 2013, 5181 (eine Regelung, welche zur Verhinderung einer gleichgeschlechtlichen Ehe mit dem Geschlechtswechsel eine Ehe in eine registrierte Partnerschaft umwandele, sei konventionskonform, und zwar auch dann, wenn der Ehepartner zustimmen müsse; im Ergebnis weithin ähnlich BVerfG 27.5.2008, NJW 2008 S. 3117) und EGMR (Große Kammer) 16.7.2014, 37359/09, *Hämäläinen vs. Finnland*, NJW 2015 S. 3703 (Entscheidung in derselben Sache nach antragsgemäßer Verweisung an die Große Kammer, die Entscheidung der 4. Sektion bestätigte). Es gebe keinen Konsens zwischen den Mitgliedstaaten zu der Frage, ob die Ehe mit der Geschlechtsumwandlung weiterbestehe. Es handele sich um eine heikle moralische und ethische Frage und um eine Abwägung von privaten und öffentlichen Interessen. Damit komme den Konventionsstaaten ein weiter Beurteilungsspielraum zu.

[496] EGMR 12.6.2003, 35968/97, *van Kück vs. Deutschland*, NJW 2004 S. 2505 (Verletzung von Art. 6(1) [fair trial] und Art. 8 EMRK dadurch, dass einem Transsexuellen im Rahmen der Kostenerstattung die Beweislast für die Notwendigkeit geschlechtsangleichender Maßnahmen aufgebürdet wurde) und EGMR 9.1.2009, 29002/06, *Schlumpf vs. Schweiz* (die Übernahme der Kosten geschlechtsangleichender Maßnahmen durch eine Krankenkasse darf nicht pauschal davon abhängig gemacht werden, dass ein Transsexueller vor dem Eingriff zwei Jahre in seinem empfundenen Geschlecht gelebt hat).

Die in **Ungarn** am 28.5.2020 verkündete Reform des Gesetzes über das Personenstandsregisterverfahren, das durch Einführung eines unwandelbaren „Geburtsgeschlechts" die rechtliche Geschlechtsumwandlung wieder unmöglich macht, ist also evident menschenrechtswidrig. Der Versuch, das dadurch zu übertünchen, dass man das Geburtsgeschlecht auch noch zu einem Konzept des Verfassungsrechts überhöht hat, ändert daran nichts.[497] Nicht mit der EMRK zu vereinbaren ist auch die jüngere Rechtsprechung des **bulgarischen** Verfassungsgerichtshofes, wonach mit „Geschlecht" immer das „biologische" Geschlecht gemeint und ein Geschlechtswechsel deshalb ausgeschlossen sei.[498] Es ginge nicht primär darum, „ob die Selbstbestimmung des Menschen die Wahl eines anderen Geschlechts umfasst oder nicht, sondern ob der Staat dazu verpflichtet sei, diese Wahl anzuerkennen". Letzteres verneinte das Gericht mit der erstaunlichen Begründung, dass „Geschlecht" im Zusammenhang mit der Ehe, der Mutterschaft und der Familie verstanden werden müsse. Das entspräche den Traditionen des bulgarischen Volkes. Die Ehe sei ein Bund zwischen einem Mann und einer Frau. Die Verfassung hindere den Gesetzgeber zwar nicht daran, das Selbstbestimmungsrecht in Bezug auf die Wahl eines Geschlechts zu akzeptieren. Die Verfassung verpflichte den Gesetzgeber aber auch nicht zu einem solchen Schritt. Die Wahl eines anderen Geschlechts könne nur dann in das Personenstandsregister einzutragen sein, wenn der Antragsteller Merkmale beider biologischen Geschlechter aufweise, mithin eine sog. Intersexualität festzustellen sei. Wenn dies auf der Grundlage der aktuellen Gesetzgebung nicht vollzogen werden könne, müsste der Gesetzgeber aktiv werden und die Kriterien für einen solchen Geschlechtswechsel festlegen. Einer äußerlich sichtbaren Zwischengeschlechtlichkeit soll also rechtlich Ausdruck gegeben werden, einer „nur" psychologisch begründeten Transsexualität nicht. Das ist nicht zu halten und ist inzwischen auch schon wieder vom EGMR zumindest insoweit gerügt worden, als es um das Verständnis der Ehe als einer notwendig Verschiedengeschlechtlichkeit voraussetzende Verbindung zweier Menschen geht.[499]

118 Der EGMR hat sich (neben der Ehelosigkeit) auch noch mit weiteren Voraussetzungen befasst, von denen einzelne Konventionsstaaten einen Geschlechtswechsel abhängig mach(t)en. In *Y. Y. vs. Türkei*[500] sah er es als Verstoß gegen Art. 8 EMRK an, dass das türkische Recht für eine geschlechtsangleichende Operation eine gerichtliche Erlaubnis verlangte und sie wiederum von dem Nachweis der Sterilisation des Betroffenen abhängig machte. Es gebe keinen sachlichen Grund dafür, dass sich Transsexuelle schon vor der Operation sterilisieren lassen müssten. *S. V. vs. Italien*[501] betraf eine italienische Mann-zu-Frau Transsexuelle, der ein italienisches Gericht die Genehmigung zu einer geschlechtsangleichenden Operation erteilt hatte. Die Wartezeit bis zur Operation betrug jedoch vier

---

[497] Unter § 3 lit. x des Reformgesetzes ist das „Geburtsgeschlecht: das nach den primären Geschlechtsmerkmalen bzw. aufgrund der Chromosomen bestimmte biologische Geschlecht". Diese Angabe ist unter § 69B(3) unveränderbar und macht damit eine rechtliche Geschlechtswechsel unmöglich. Siehe im Übrigen schon oben Fn. 459. Die Phobie gegenüber jeder Form des Geschlechtswechsels zeigt sich zudem in Art. L(1) ungar. Verf. („Ungarn schützt die Institution der Ehe als eine aufgrund einer freiwilligen Entscheidung zwischen einem Mann und einer Frau zustande gekommene Lebensgemeinschaft, sowie die Familie als Grundlage des Fortbestehens der Nation. Die Grundlage des Familienverhältnisses ist die Ehe beziehungsweise die Eltern-Kind-Beziehung. *Die Mutter ist eine Frau, der Vater ist ein Mann*") (Kursivierung hinzugefügt).
[498] Bulgar. VerfGH 26.10.2021, Entscheidung Nr. 15, https://www.constcourt.bg/bg/Cases/Details/591.
[499] Sogleich Fn. 502.
[500] EGMR 10.3.2015, 14793/08, *Y. Y. vs. Türkei*, NJOZ 2017 S. 335. Ein Frau-zu-Mann Transsexueller hatte eine gerichtliche Erlaubnis für eine geschlechtsumwandelnde Operation beantragt; die Erlaubnis wurde verweigert, weil die endgültige Unfruchtbarkeit des Anspruchstellers (Art. 40 türkisches ZGB) nicht nachgewiesen war. Im Jahre 2013 wurde dem Antrag nach Brustamputation und der Einnahme von Hormonen zur Erhöhung des Testosteronspiegels stattgegeben, obwohl immer noch keine endgültige Unfruchtbarkeit gegeben war. Der EGMR bejahte gleichwohl einen Verstoß gegen Art. 8 EMRK. Der Beschwerdeführer sei eine in seinen Rechten verletzte Person (ein *victim of a violation*), da er mehr als fünf Jahre und sieben Monate durch die ablehnende Entscheidung beeinträchtigt worden sei. Die Ablehnung der Erlaubnis verletze Art. 8 EMRK, welcher auch das Recht schütze, über den eigenen Körper zu bestimmen. Die Regelung des türkischen Rechts sei unverhältnismäßig. Sie sei zum Schutz der Gesundheit von Transsexuellen nicht erforderlich. Es sei unverständlich, warum die Fortpflanzungsunfähigkeit einer Person, die eine geschlechtsumwandelnde Operation anstrebt, festgestellt werden müsse, bevor mit der körperlichen Veränderung des Geschlechts begonnen werden könne. Die Achtung der körperlichen Unversehrtheit des Beschwerdeführers lasse es nicht zu, ihn in dieser Situation dazu zu zwingen, sich einem Verfahren zur Sterilisierung zu unterwerfen.
[501] EGMR 11.10.2018, 55216/08, *S. V. vs. Italien*, NVwZ-RR 2019 S. 489; FamRZ 2018 S. 1947.

Jahre. Deshalb beantragte sie eine Vornamensänderung, die ihr mit der Begründung verwehrt wurde, sie sei noch nicht operiert worden. Zweieinhalb Jahre später erlaubte ein Gericht die Vornamensänderung dann doch. Der EGMR sah das Verfahren als konventionswidrig an. Der Antrag der Beschwerdeführerin sei aus rein formalen Gründen ohne Berücksichtigung ihrer konkreten Lage abgelehnt worden. Es hätte kein öffentliches Interesse daran bestanden, die Beschwerdeführerin in einer solchen Übergangssituation zweieinhalb Jahre zu zwingen, ihren männlichen Vornamen beizubehalten.

Vorangegangen war *A.P., Garçon und Nicot vs. Frankreich*[502], die aus gesamteuropäischer Perspektive vielleicht wichtigste Entscheidung des EGMR zur Transsexualität. Hiernach verstößt es gegen Art. 8 EMRK, eine Geschlechtsänderung von einer vorherigen operativen Veränderung des äußeren Erscheinungsbildes der antragstellenden Person und/oder ihrer Sterilisation abhängig zu machen. Nicht konventionswidrig sei es dagegen, einen Nachweis über das Vorliegen von Transsexualität zu verlangen. **119**

Die Mann-zu-Frau transsexuellen französischen Beschwerdeführerinnen A. P., Emile Garçon und Stéphane Nicot begehrten die Änderung ihrer Vornamen und ihres Geschlechtseintrags im Personenstandsregister. A. P. hatte sich zuvor in Thailand einer geschlechtsangleichenden Operation unterzogen, was sie mit mehreren ärztlichen Zertifikaten belegte. Die französischen Gerichte beharrten indes auf kostenpflichtigen weiteren Sachverständigengutachten, wie sie in Frankreich seinerzeit üblich waren. Die Beschwerdeführerin empfand die dafür nötigen Untersuchungen jedoch als erniedrigend und verweigerte sich ihnen. Daraus schlossen die Gerichte, es läge überhaupt keine Transsexualität vor. Garçon und Nicot wurde der Eintrag als „weiblich" mit der Begründung versagt, dass sie ihr äußeres Erscheinungsbild nicht unumkehrbar geändert hatten. Beide lehnten eine Sterilisation ab. Garçon machte zudem geltend, dass auch der Nachweis der Transsexualität als Voraussetzung für den Geschlechts- und Vornamenswechsel gegen Art. 8 EMRK verstoße, weil diese Voraussetzung impliziere, dass Transsexualität eine Krankheit sei. Zum Zeitpunkt der Entscheidung des EGMR sah das französische Recht die dauerhafte Veränderung des äußeren Erscheinungsbildes zwar schon nicht mehr vor.[503] Der EGMR stellte aber auf die bisherige Rechtslage ab. Eine Regelung, welche die unumkehrbare Veränderung des äußeren Erscheinungsbildes zur Voraussetzung für den Geschlechtswechsel macht, verstoße gegen Art. 8 EMRK *(Garçon und Nicot)*. Frankreich sei verpflichtet, ein Verfahren zur Anerkennung der sexuellen Identität zu schaffen, ohne auf der unumkehrbaren Änderung des äußeren Erscheinungsbildes (und mit ihr auf der Sterilisation) zu beharren. Da es um einen besonders wichtigen Aspekt der menschlichen Existenz gehe[504], sei der Beurteilungsspielraum der Konventionsstaaten

---

[502] EGMR 6.4.2017, 79855/12, 52471/13, 52596/13, *A.P., Garçon und Nicot vs. Frankreich*, NJOZ 2018 S. 1672. Die Entscheidung wurde mehrfach bestätigt, u. a. in EGMR 19.1.2021, 2145/16 und 20607/16, *X und Y vs. Rumänien* (es verstoße gegen Art. 8 EMRK, dass Rumänien die Anerkennung der männlichen Identität des Antragstellers mit der Begründung verweigere, dass er sich keiner geschlechtsangleichenden Operation unterziehen wolle), in EGMR 27.9.2022, 46509/20, *P. H. vs. Bulgaria* (die Rechtsprechung des bulgar. Kassationsgerichtshofs, wonach eine Geschlechtsänderung nur nach geschlechtsangleichender Operation in Betracht komme, verstoße gegen Art. 8 EMRK) und in EGMR 1.12.2022, 57864/17, 79087/17 and 55353/19, *A. D. vs. Georgien* (Verstoß gegen Art. 8 EMRK durch Festhalten an dem Erfordernis eines chirurgischen Eingriffs und durch einen zu ungenauen Rechtsrahmen).

[503] Unter Art. 61-6(3) Code civil (eingefügt durch loi n. 2016-1547 vom 18.11.2016) gilt: „Le fait de ne pas avoir subi des traitements médicaux, une opération chirurgicale ou une stérilisation ne peut motiver le refus de faire droit à la demande".

[504] Das hat, wenn auch in ganz anderem Zusammenhang, EGMR 8.11.2011, 18968/07, *V. C. vs. Slowakei*, Rdnrn. 12–16 scharf herausgestrichen. Eine zur Ethnie der Roma gehörige Slowakin war im Alter von 21 Jahren zu ihrer zweiten Geburt, einer Kaiserschnittentbindung, ins Krankenhaus gekommen. Die Patientin wurde nach der Geburt sterilisiert. Sie war vom Arzt gefragt worden, ob sie künftig noch Kinder haben wolle. Er hatte sie darauf aufmerksam gemacht, dass eine weitere Schwangerschaft für sie oder das Kind tödlich enden würde. Sie sagte daraufhin weinend, sie sollten machen, was sie wollen. Sie habe aber das Wort Sterilisation gar nicht verstanden und nur unterschrieben, weil sie Angst um ihr Leben hatte. Infolge der Sterilisation litt die Beschwerdeführerin an Depressionen; ihre Ehe zerbrach. Ihre Klage aus § 11 slowak. ZGB (damals noch das tschechoslowakische ZGB) wurde von den Gerichten unter Hinweis auf ihre Einwilligung abgewiesen; eine Beschwerde vor dem Verfassungsgericht blieb erfolglos. Der EGMR bejahte eine Verletzung von Art. 3 EMRK (Folterverbot). Bei der Sterilisation habe es sich nicht um einen lebensrettenden Eingriff gehandelt. Es habe auch kein Notstand vorgelegen. Deshalb sei es unerlässlich gewesen, die informierte Einwilligung der Patientin einzuholen. Ihre Gesundheit wäre erst durch eine erneute Schwangerschaft gefährdet gewesen. Die Umstände, unter denen man die Einwil-

beschränkt. Die (alte) Regelung führe zu einem „unlösbaren Dilemma": Entweder werde die körperliche Unversehrtheit beeinträchtigt, oder die Betroffenen müssten auf die Anerkennung ihrer Geschlechtsidentität verzichten.[505] Eine Regel, welche den Nachweis der Transsexualität zur Voraussetzung für den Geschlechtswechsel macht *(Garçon)*, verstoße dagegen nicht gegen Art. 8 EMRK. Das Gericht ließ offen, ob Transsexualität eine Krankheit sei. Jedenfalls werde die körperliche Unversehrtheit durch das Nachweiserfordernis nicht unmittelbar beeinträchtigt. Frankreich habe auch nicht deshalb gegen seine Pflicht aus Art. 8 EMRK zur Achtung der Geschlechteridentität verstoßen, weil die Gerichte weitere Sachverständigengutachten verlangt hätten *(A.P.)*. Beweiserhebung sei Aufgabe der Gerichte, und da die geschlechtsangleichende Operation im Ausland durchgeführt worden war, sei auch keine Willkür ersichtlich.

b. Nationale Verfassungsrechtsprechung

120 Da die EMRK in der nationalen Quellenhierarchie einen sehr unterschiedlichen Rang einnimmt[506], schwankt natürlich auch die verfassungsrechtliche Bedeutung der Rechtsprechung des EGMR. Sie hat gleichwohl zu zahlreichen gesetzlichen Änderungen geführt, teils in dem Sinne „direkt", dass sie eine Intervention des jeweiligen nationalen Gesetzgebers initiierte[507], teils in dem Sinne „indirekt", dass sie von der nationalen Verfassungsrechtsprechung berücksichtigt und weitergeführt wurde. Dann kam es auf diesem „Umweg" zu einer Modernisierung der nationalen Regeln, die die Anerkennung des von transsexuellen Menschen empfundenen Geschlechts noch immer unverhältnismäßig behinderten. Der **belgische** Verfassungsgerichtshof hat die Bestimmungen des dortigen Transsexuellengesetzes wegen eines Verstoßes gegen den Gleichheitssatz für nichtig erklärt, unter denen die Registrierung des neuen Geschlechts und des neuen Namens unwiderruflich waren und also nur einmal zugelassen werden sollten.[508] Es sei „sachlich ungerechtfertigt, dass Personen mit einer fließenden Geschlechtsidentität im Gegensatz zu Personen mit einer nicht-fließenden binären Geschlechtsidentität verpflichtet werden, eine Registrierung hinzunehmen, die nicht mit ihrer Geschlechtsidentität übereinstimmt, und einem besonderen Verfahren vor dem Familiengericht unterworfen werden, wenn sie die Registrierung des Geschlechts in ihrer Geburtsurkunde mehr als einmal ändern wollen". Das **italienische** Verfassungsgericht setzte unter dem Eindruck der *Garçon*-Rechtsprechung und unter Hinweis auf die Artt. 2, 3 und 32 der it. Verfassung durch, dass das Geschlecht auch ohne einen

---

ligung der Patientin eingeholt habe, seien mit der Würde und der Entscheidungsfreiheit der Patientin unvereinbar gewesen. Die Sterilisation habe grob in die körperliche Integrität der Beschwerdeführerin eingegriffen. Außerdem sah der EGMR Art. 8 EMRK als verletzt an. Der Staat habe seine Pflicht verletzt, Mechanismen zum Schutz der Roma Frauen einzuführen. Der Beschwerdeführerin wurde Ersatz ihres immateriellen Schadens in Höhe von € 31.000 zuerkannt.

[505] Ganz ähnlich BVerfG 11.1.2011, NJW 2011 S. 909. Die Erfordernisse der Sterilisation und des operativen Eingriffs (§ 8(1) Nrn. 3 und 4 dt. TSG a.F.) seien verfassungswidrig. Man dürfe Transsexuelle nicht vor die Alternative stellen, entweder einen schweren Eingriff in die körperliche Unversehrtheit oder eine Nichtanerkennung ihrer Geschlechtsidentität zu akzeptieren.

[506] Oben Rdnrn. 47–49.

[507] So verhielt es sich z.B. in England (vorher Rdnr. 117), in Frankreich (vorher Fn. 503), in Griechenland (das sich mit dem Gesetz 4491/2017 [FEK 152/A/13.10.2017] ein modernes, sich weitgehend an die Rechtsprechung des EGMR anlehnendes Recht des Geschlechtswechsels gegeben hat; siehe noch unten § 7) und in Malta (vorher Fn. 474). In Spanien ist die Entwicklung etwas anders verlaufen. TS 17.9.2007, 929/2007, ECLI:ES:TS:2007:5818 hatte noch darauf hingewiesen, dass das Erfordernis eines operativen Eingriffs als Voraussetzung für die Namensänderung und die Umschreibung des Geschlechts im Zivilstandsregister mit *Goodwin* (EGMR 11.7.2002, oben Fn. 487) in Einklang stünde. Der spanische Gesetzgeber hatte inzwischen allerdings von sich aus reagiert und das Erfordernis mit Art. 4(2) des Gesetzes 3/2007 vom 15.3.2007 (Ley reguladora de la rectificación registral de la mención relativa al sexo de las personas, oben Fn. 463) abgeschafft. Es kommt seither nur darauf an, dass bei der interessierten Person eine Geschlechtsdysphorie *(disforía de género)* diagnostiziert und eine medizinische Behandlung mit einer Mindestdauer von zwei Jahren zur Anpassung der physischen Merkmale zu dem jeweiligen anderen Geschlecht attestiert wurden (Art. 4(1) a. a. O.). In Übereinstimmung mit dieser erst während des Verfahrens neu geschaffenen Rechtslage gab der TS dem Rechtsmittel des Transsexuellen statt.

[508] Belg. Verfassungsgerichtshof 19.6.2019 a. a. O. (oben Fn. 473; dort auch Angaben zu dem Gesetz).

chirurgischen Eingriff gewechselt werden kann. Es ginge darum, die Gesundheit und die Lebensbedingungen der betroffenen Person zu verbessern. Grundlegend bleibe freilich eine „strenge Bewertung der Ernsthaftigkeit und der Eindeutigkeit des Willens sowie der objektiven Geschlechtsveränderung, die sich auf dem Lebensweg der betreffenden Person gezeigt hat".[509] Im Verständnis des it. Verfassungsgerichts kommt es für eine Geschlechtsänderung also nicht entscheidend auf das äußere Erscheinungsbild der Person, sondern auf das empfundene Geschlecht an. Das betrifft auch die Änderung des Vornamens einer transsexuellen Person.[510] Der **österreichische** Verfassungsgerichtshof hat die gegenseitige Ausschließlichkeit von verschiedengeschlechtlicher Ehe und gleichgeschlechtlicher Partnerschaft beanstandet.[511] Der **portugiesische** Tribunal Constitucional[512] hat unter Rekurs auf *Goodwin vs. Vereinigtes Königreich*[513] Art. 1577 port. CC, wonach das Rechtsinstitut der Ehe nur verschiedengeschlechtlichen Partnern offenstand, für verfassungskonform gehalten[514], aber ein Jahr später auch die Öffnung der Ehe für gleichgeschlechtliche Paare passieren lassen.[515] Portugal setzt inzwischen darauf, dass Transsexuelle die rechtliche Anerkennung ihrer Geschlechtsidentität mit entsprechender Berichtigung des Namens und des Geschlechtseintrags durch Antrag bei der Zivilregisterbehörde herbeiführen können (Art. 8 des Gesetzes 38/2018 vom 7.8.2018). Bei Minderjährigen zwischen 16 und 18 Jahren wird ein ärztliches oder psychologisches Gutachten über die Entscheidungsfähigkeit *(capacidade de decisão)* verlangt (Art. 7(2) a. a. O.). Im Übrigen aber ist es gesetzlich ausdrücklich untersagt, von der antragstellenden Person medizinische Beweise über Geschlechtsumwandlungschirurgie, Sterilisierung, Hormontherapie oder psychologische oder psychiatrische Behandlungen zu verlangen (Art. 9(2) a. a. O.). Das **slowenische** Verfassungsgericht hat die Ehevoraussetzung der Geschlechtsverschiedenheit als verfassungsrechtlich unhaltbar verworfen.[516] Das **spanische** Verfassungsgericht[517] hat Art. 1(1) des Gesetzes 3/2007[518] insoweit für verfassungswidrig erklärt, als es auch Minderjährige mit „genügender Reife" *(madurez suficiente)*, die sich in einer „stabilen Lage der Transsexualität" befinden, aus seinem persönlichen Anwendungsbereich ausschloss. Das **ungarische** Verfassungsgericht[519] hatte es mit einem Flüchtling zu tun, dem deshalb die Anerkennung gewährt worden war, weil er in seinem Heimatland wegen seiner Transsexualität verfolgt wurde. Der Frau-zu-Mann Transsexuelle begehrte von der ungarischen Einwanderungsbehörde die Änderung seines Namens in allen von ihr ausgestellten Dokumenten in einen männlichen Namen. Das war unter dem damaligen ungarischen Recht nicht möglich, weil es

---

[509] C.Cost. 13.7.2017, nr. 180, Giur. Cost. 2017 S. 1668; C.Cost. 13.7.2017, nr. 185, Giur. Cost. 2017 S. 1724 und ähnlich bereits C.Cost. 5.11.2015, nr. 221, Giur. Cost. 2016 S. 261 sowie Cass. 20.7.2015, nr. 15138, Foro it. 2015, I, 3137.
[510] Cass. 17.2.2020, nr. 3877, Guida al diritto 2020, 22, 86 (Änderung von „Alessandro" in „Alexandra" auf Grundlage des Gesetzes Nr. 164/1982).
[511] Österr. VfGH 4.12.2017, G 258–259/2017-9 1, VfSlg. 20225.
[512] Einen Überblick über die Rechtsprechung des STJ und anderer Instanzen zu der Rechtslage von Transsexuellen gibt *Menezes Cordeiro,* Tratado de Direito Civil IV[5], S. 433–435.
[513] Oben Rdnr. 117 mit Fn. 487. Der port. TC bezog sich insbesondere auf die Rdnr. 100: „(T)here have been major social changes in the institution of marriage since the adoption of the Convention as well as dramatic changes brought about by developments in medicine and science in the field of transsexuality".
[514] TC 9.7.2009, 359/2009, Processo 779/07.
[515] TC 8.4.2010, 121/2010, Processo 192/2010.
[516] Slowen. Verfassungsgericht 16.6.2022, verbundene Rechtssachen U-I-486/20-14 und Up-572/18–36, slowen. ABl. vom 13.7.2022 Nr. 94/2022.
[517] TC 18.7.2019, 99/2019, ECLI:ES:TC:2019:99.
[518] „Art. 1. Legitimación. 1. Toda persona de nacionalidad española, mayor de edad y con capacidad suficiente para ello, podrá solicitar la rectificación de la mención registral del sexo. La rectificación del sexo conllevará el cambio del nombre propio de la persona, a efectos de que no resulte discordante con su sexo registral". („Jede volljährige Person mit spanischer Staatsangehörigkeit, die dazu ausreichend befähigt ist [*capacidad suficiente* hat], kann die Berichtigung des registerrechtlichen Geschlechtseintrags beantragen. Die Berichtigung des Geschlechts führt zu einer Vornamensänderung, so dass der Vorname nicht im Widerspruch zu dem registerrechtlichen Geschlecht steht").
[519] Ungar. VerfG 19.6.2018, 6/2018, (VI.27) http://public.mkab.hu/dev/dontesek.nsf/0/c69d7f599b3ce25dc12580e3005e784b/$FILE/6_2018_EN_final.pdf.

dazu einer Verlautbarung im Personenstandsregister bedurft hätte, für den Flüchtling in Ungarn aber gar kein Personenstandsregister geführt wurde und die Einwanderungsbehörde auch nicht das Recht hatte, die Anlegung eines Registers zu beantragen. Die Verwaltungsgerichte bestätigten die ablehnende Entscheidung der Einwanderungsbehörde. Das Verfassungsgericht forderte das Parlament *ex officio* auf, die entstandene rechtliche Lücke zu schließen. Die bestehende Rechtslage verstoße gegen die Menschenwürde (Art. II ungar. Verf.) und das allgemeine Diskriminierungsverbot (Art. XV(2) a. a. O.). Es wäre absurd, den Flüchtling auf eine Änderung des Personenstandsregisters in seinem Heimatland zu verweisen, wo er ja gerade wegen seiner Transsexualität verfolgt wurde.

121 Kein europäisches Verfassungsgericht hat sich so oft und so intensiv mit den Rechtsproblemen der Transsexualität auseinandergesetzt wie das **deutsche** Bundesverfassungsgericht. Es hat dem dt. Grundgesetz ein spürbar höheres Schutzniveau entnommen als der EGMR der EMRK, was nicht zuletzt damit zusammenhängt, dass ein nationales Gericht weit weniger Rücksicht auf rechtsvergleichend erhobene Daten nehmen muss als ein internationales. Schon der bloße Umstand, dass Deutschland überhaupt über ein Transsexuellengesetz (TSG) verfügt[520], geht auf eine Anregung des BVerfG zurück.[521] Es hatte über den Fall einer Mann-zu-Frau Transsexuellen zu entscheiden, die ihr äußeres Erscheinungsbild durch Hormonbehandlungen und Operationen dem einer Frau angepasst hatte. Ihr Antrag, ihren Namen (von „Helge" in „Helga") und ihren Geschlechtseintrag im Geburtenbuch (von „männlich" in „weiblich") zu ändern, war in allen Instanzen abgelehnt worden.[522] Ihre Verfassungsbeschwerde hatte Erfolg. Die Beschwerdeführerin sei in ihrem allgemeinen Persönlichkeitsrecht aus Art. 2(1) i. V. m. Art. 1(1) GG verletzt. Eine Berichtigung des Geschlechts im Geburtenbuch sei jedenfalls dann durchzuführen, wenn es sich um einen irreversiblen Fall von Transsexualität handle und eine geschlechtsanpassende Operation durchgeführt worden sei. „Die Menschenwürde und das Grundrecht auf freie Persönlichkeitsentfaltung gebieten …, den Personenstand des Menschen dem Geschlecht zuzuordnen, dem er nach seiner psychischen und physischen Konstitution zugehört".[523] Der Gesetzgeber reagierte, wie man damals mit unangemessen ironischem Unterton sagte, mit einer „kleinen" (bloße Vornamensänderung ohne Änderung des rechtlichen Geschlechts) und einer „großen Lösung" (echte Geschlechtsänderung). Nach der ursprünglichen gesetzlichen Konzeption sollte die „große Lösung" von strengeren Voraussetzungen abhängen, insbesondere von einem die äußeren Geschlechtsmerkmale verändernden operativen Eingriff (§ 8 Nr. 4 dt. TSG a. F.) und dauernder Fortpflanzungsunfähigkeit (§ 8 Nr. 3 a. a. O.), mithin einer Sterilisation. Nichts davon hat in späteren Jahren vor dem BVerfG standgehalten. Es hat das Gesetz unter Bezugnahme auf das allgemeine Persönlichkeitsrecht, den Gleichheitsgrundsatz und den verfassungsrechtlichen Eheschutz Entscheidung für Entscheidung in eine „Ruine" verwandelt.[524]

122 In einem ersten Schritt verwarf das BVerfG das für die Vornamensänderung und die Geschlechtsänderung vorgesehene Mindestalter von 25 Jahren.[525] Die Beschwerdeführerin, eine Mann-zu-Frau Transsexuelle, hatte sich bereits seit ihrer Pubertät als Frau gefühlt

---

[520] Gesetz über die Änderung der Vornamen und die Feststellung der Geschlechtszugehörigkeit in besonderen Fällen (Transsexuellengesetz – TSG) vom 10.9.1980 (BGBl 1980 I S. 1654).
[521] BVerfG 11.10.1978, NJW 1979 S. 595, 596: „Gewiß erscheint es im Interesse der Rechtssicherheit geboten, daß der Gesetzgeber die personenstandsrechtlichen Fragen einer Geschlechtsumwandlung und deren Auswirkungen regelt". Das hat der Gesetzgeber mit dem TSG aufgegriffen (BT-Drs. 8/2947, S. 1).
[522] Letztinstanzlich durch BGH 21.9.1971, NJW 1972 S. 330.
[523] A. a. O. (Fn. 521); ebenso BVerfG 15.8.1996, NJW 1997 S. 1632, 1633.
[524] *Jäschke*, NZFam 2019 S. 895.
[525] BVerfG 16.3.1982, NJW 1982 S. 2061. Das Gericht hat sich in BVerfG 7.12.2017, FamRZ 2018 S. 266, Anm. *Hammer* noch einmal zu dem Alterserfordernis geäußert und entschieden, dass eine Sorgerechtsentscheidung zugunsten des Vaters eines sechsjährigen Jungen, welcher sich dem weiblichen Geschlecht zugehörig fühlte, wegen Verletzung des Kindeswohls verfassungswidrig gewesen sei. Die Mutter wollte dem Wunsch des Kindes, Mädchenkleidung zu tragen, entsprechen; der Vater wollte das verbieten. Das OLG habe seine Entscheidung nicht mit Erwägungen zum Kindeswohl begründet; das Gericht sei selbst davon ausgegangen, dass sich der Vater gegen den Willen des Kindes durchsetzen werde.

und im Alter von 20 und 21 Jahren irreversible Operationen zur äußerlichen Geschlechtsangleichung durchführen lassen. Das Gericht erkannte zwar an, dass der mit der Altersgrenze verfolgte Zweck, junge Menschen vor einer voreiligen und nicht korrigierbaren Entscheidung zu bewahren, legitim sei. Die Operation selbst war jedoch nicht von einem bestimmten Alter abhängig gemacht worden, und so kam es nach Einschätzung des Gerichts zu einer verfassungswidrigen Ungleichbehandlung aufgrund des Alters.[526] Dasselbe hat das Gericht dann später auch für die Vornamensänderung entschieden.[527] Es gebe keine Gründe, welche die Ungleichbehandlung von Personen unter und über 25 Jahren rechtfertigen könnten. Im Übrigen seien Transsexuelle schon nach einer bloßen Vornamensänderung ihrem neuen Vornamen entsprechend als „Herr" oder „Frau" anzusprechen, und zwar auch im Strafvollzug.[528] Die Vornamensänderung entfalte in Bezug auf die Anrede eine Vorwirkung zu der das Geschlecht im Rahmen der „großen Lösung" konstitutiv ändernden gerichtlichen Entscheidung. Verfassungswidrig sei, so eine weitere Entscheidung[529], auch die Regelung in § 7(1) Nr. 3 TSG a.F., wonach eine Vornamensänderung mit der Eheschließung unwirksam werden sollte. Der Gesetzgeber hatte angenommen, dass eine Person, die heirate, sich wieder dem ihrem Geburtseintrag entsprechenden Geschlecht zugehörig fühlen werde.[530] In dem dem BVerfG vorliegenden Fall hatte eine Mann-zu-Frau Transsexuelle nach Namens-, aber ohne Geschlechtsänderung eine Frau geheiratet, was möglich war, weil die Transsexuelle rechtlich nach wie vor ein Mann war. Nach ihrem Selbstverständnis handelte es sich allerdings um eine lesbische Beziehung. Nach dem Gesetz änderte sich ihr Vorname gleichwohl wieder in ihren früheren männlichen Vornamen. Ein Antrag auf erneute Vornamensänderung scheiterte. Das Verfassungsgericht entschied, dass das allgemeine Persönlichkeitsrecht den Vornamen eines Menschen sowohl als Mittel der Identitätsfindung und -entwicklung als auch als Ausdruck der erfahrenen oder gewonnenen geschlechtlichen Identität schütze. Eine transsexuelle Person dürfe nicht vor die Wahl gestellt werden, entweder auf die Ehe oder auf geschlechtliche Namensidentität zu verzichten. Außerdem sei die Annahme, dass mit der Heirat eine Rückkehr zu der angeborenen geschlechtlichen Identität gewünscht sei, falsch.

Vier weitere Entscheidungen sind noch bemerkenswert. BVerfG 18.7.2006[531] entschied, **123** dass es verfassungsrechtlich geboten sei, das dt. TSG auch auf Ausländer anzuwenden, die sich rechtmäßig und nicht nur vorübergehend in Deutschland aufhalten und deren Heimatrecht keine dem deutschen Recht vergleichbaren Regelungen vorsieht.[532] Einer Mann-zu-Frau transsexuellen Thailänderin war die Geschlechts-, einem Frau-zu-Mann transsexuellen Äthiopier die Vornamensänderung versagt worden. Das habe in beiden Fällen gegen den Gleichheitssatz (Art. 3(1) GG) und das allgemeine Persönlichkeitsrecht der Betroffenen verstoßen. Der Zweck der Regelung, die Rechtsordnungen anderer Staaten und deren Entscheidung über Namen und Geschlechtszugehörigkeit zu respektieren, sowie Rechtsunsicherheiten durch unterschiedliche Geschlechtszuordnung und Namensgebung zu vermeiden, sei zwar legitim. In Bezug auf Ausländer, die sich rechtmäßig und nicht nur vorübergehend in Deutschland aufhalten, sei die Regelung jedoch unverhältnismäßig.

---

[526] Der Gesetzgeber hat inzwischen zwar mit § 1631e dt. BGB reagiert. Unter Abs. (1) a.a.O. umfasst die Personensorge „nicht das Recht, in eine Behandlung eines nicht einwilligungsfähigen Kindes mit einer Variante der Geschlechtsentwicklung einzuwilligen oder selbst diese Behandlung durchzuführen, die, ohne dass ein weiterer Grund für die Behandlung hinzutritt, allein in der Absicht erfolgt, das körperliche Erscheinungsbild des Kindes an das des männlichen oder des weiblichen Geschlechts anzugleichen". Die Vorschrift befasst sich aber nur mit intergeschlechtlichen, nicht mit transgeschlechtlichen Kindern.
[527] BVerfG 26.1.1993, NJW 1993 S. 1517.
[528] BVerfG 15.8.1996, NJW 1997 S. 1632. Die Beschwerdeführerin, eine Mann-zu-Frau Transsexuelle, verbüßte eine lebenslange Freiheitsstrafe.
[529] BVerfG 6.12.2005, FamRZ 2006 S. 182.
[530] BT-Drs. 8/2947 S. 14.
[531] NJW 2007 S. 900.
[532] Art. 1(1) Nr. 1 TSG a.F. war demgemäß verfassungswidrig. Der Gesetzgeber hat der Entscheidung des BVerfG durch § 1(1) Nr. 3 dt. TSG Rechnung getragen.

Grundsätzlicher noch entschied BVerfG 27.5.2008[533] sodann, dass die Geschlechtsänderung einer transsexuellen Person nicht (wie in § 8(1) Nr. 2 dt. TSG a. F. vorgesehen) davon abhängig gemacht werden dürfe, dass sie unverheiratet sei.[534] Es ging um eine Mann-zu-Frau Transsexuelle, die seit 56 Jahren verheiratet und Vater von drei Kindern war. Das Paar wollte unbeschadet der bereits durchgeführten geschlechtsangleichenden Operation und der Namensänderung weiterhin verheiratet bleiben. Das Gericht sah das allgemeine Persönlichkeitsrecht der Transsexuellen und das Ehegrundrecht beider Eheleute als verletzt an. Die Begründung ist allerdings nicht unproblematisch, weil sie deutlich betont, dass das Ziel des Gesetzes, gleichgeschlechtliche Ehen zu verhindern, legitim sei, da eine Ehe i. S. v. Art. 6(1) dt. GG eine Verbindung von Mann und Frau sei. Man kann das leicht dahin verstehen, dass das Gericht gleichgeschlechtliche Ehen missbilligen wollte. Indes stützt die Entscheidung diese Einschätzung nicht. Denn das Gericht hielt die gesetzliche Regelung für unverhältnismäßig. Es stellte maßgeblich darauf ab, dass man transsexuelle Menschen nicht vor die Alternative stellen dürfe, entweder ehelos zu sein oder auf die rechtliche Anerkennung ihres empfundenen Geschlechts zu verzichten. Im konkreten Fall kam hinzu, dass die Ehe nicht i. S. v. § 1565 dt. BGB gescheitert war und deshalb, genau besehen, auch gar nicht geschieden werden konnte. Ein transsexueller Mensch „gerät in tiefen inneren Konflikt, weil er vor eine Alternative gestellt wird, die, gleich, wie er sich entscheidet, ihm aufzwingt, auf etwas zu verzichten, was für sein Leben existenziell ist".[535] Die Eheleute stünden auch nicht deshalb außerhalb des verfassungsrechtlichen Eheschutzes, weil ein Ehegatte durch den Geschlechtswechsel die Gleichgeschlechtlichkeit seiner Ehe herbeiführe. BVerfG 11.1.2011[536] schließlich hat die wohl gravierendsten Grundrechtseingriffe beseitigt, die unter § 8(1) Nrn. 3 und 4 dt. TSG[537] darin bestanden hatten, dass eine Geschlechtsänderung von einem geschlechtsangleichenden operativen Eingriff und von dauernder Fortpflanzungsunfähigkeit abhängig war, mithin oft eine Sterilisation voraussetzte. Eine Mann-zu-Frau Transsexuelle, die sich zu Frauen hingezogen fühlte und sich selbst als homosexuell verstand, hatte ihren Vornamen in einen weiblichen Namen ändern lassen, sich aber gegen eine geschlechtsangleichende Operation entschieden.[538] Sie wollte daraufhin, diese Rechtseinrichtung gab es seinerzeit noch, mit einer anderen Frau eine eingetragene Lebenspartnerschaft eingehen, was der Standesbeamte ablehnte: Die Beschwerdeführerin und ihre Braut könnten wegen ihres unterschiedlichen Geschlechts zwar eine Ehe, aber keine eingetragene Lebenspartnerschaft schließen. Daraufhin heiratete das Paar zwar, doch verfolgte die Beschwerdeführerin ihr eigentliches Ziel weiter. Ihre Verfassungsbeschwerde hatte Erfolg. Das Gericht entschied, dass es mit dem allgemeinen Persönlichkeitsrecht unvereinbar sei, Transsexuelle mit gleichgeschlechtlicher Orientierung zur rechtlichen Absicherung ihrer Verbindung entweder auf die für heterosexuelle Menschen konzipierte Ehe oder darauf zu verweisen, sich zur Eingehung einer gleichgeschlecht-

---

[533] NJW 2008 S. 3117. Für Österreich hatte das zwei Jahre zuvor auch schon österr. VfGH 8.6.2006, VfSlg. 17849 so entschieden.
[534] Das Gericht sah mehrere Möglichkeiten, den verfassungswidrigen Zustand zu beenden, darunter wohl auch, die Ehe *ex lege* in eine eingetragene Lebenspartnerschaft umzuwandeln, und setzte dem Gesetzgeber deshalb eine Frist bis zum 1.8.2009. Er hat § 8(1) Nr. 2 TSG a. F. mit Gesetz vom 17.7.2009 (BGBl. I S. 1978) zum 23.7.2009 einfach aufgehoben.
[535] A. a. O. S. 3117, 3119 Rdnr. 53.
[536] NJW 2011 S. 909.
[537] Die Vorschriften stehen unverändert im dt. TSG, dürfen aber natürlich nicht mehr angewandt werden.
[538] Eine solche Operation stellte (und stellt noch immer) einen sehr schweren Einriff dar. Bei Mann-zu-Frau Transsexualität wurden Penis und Hoden entfernt, was gleichzeitig Fortpflanzungsunfähigkeit nach sich zog. Die Herstellung einer Vulva wurde als „wohl erforderlich" angesehen. Andere kosmetische Eingriffe wie die Vergrößerung der Brustdrüsen und die Korrektur des Kehlkopfes wurden nicht für notwendig erachtet. Bei Frau-zu-Mann Transsexualität wurde die Gebärmutter entfernt und die weibliche Brust verkleinert. Eine plastisch-chirurgische Herstellung eines Penisäquivalents und eine Scheidenverschlussoperation wurden dagegen wegen einer zu hohen Komplikationsrate und der zu geringen technischen Ausreifung des Eingriffs nicht verlangt (Spickhoff [-*Spickhoff*], Medizinrecht³, TSG § 8 Rdnrn. 5 und 7).

IV. Verfassungsrechtliche Vorgaben für das Recht der Zuordnung zu einem Geschlecht § 2

lichen Partnerschaft einer geschlechtsangleichenden Operation zu unterziehen. Keine dieser Alternativen trage dem Recht auf sexuelle Selbstbestimmung in zumutbarer Weise Rechnung. Zwar verfolge der Gesetzgeber ein berechtigtes Anliegen, wenn er sicherstellen möchte, dass rechtlich männliche Personen keine Kinder gebären und rechtlich weibliche Personen keine Kinder zeugen. Diese Situation sei jedoch sehr selten. Auch um nachzuweisen, dass die Transsexualität ernsthaft und dauerhaft sei, bedürfe es keines operativen Eingriffs. Er sei unzumutbar. Es genüge, dass eine transsexuelle Person ihr empfundenes Geschlecht lebe und sich in ihm angekommen fühle. BVerfG 17.10.2017[539] schließlich hielt § 4(3) dt. TSG für verfassungskonform, der einen Geschlechtswechsel weiterhin nur bei Vorlage von zwei Sachverständigengutachten erlaubt. Eine Grundrechtsverletzung könne sich nur dann ergeben, wenn im Rahmen der Begutachtung versucht werde, die Transsexualität therapeutisch zu behandeln.

4. Offenlegung der sexuellen Orientierung

Der der zuletzt genannten Entscheidung des dt. BVerfG zugrundeliegende Sachverhalt **124** führt zu der Frage, ob und unter welchen Voraussetzungen sich wenigstens die Zweispurigkeit aus Ehe und rechtlich überformter (und deshalb meistens in ein Personenstandsregister „eingetragener") Lebenspartnerschaft grundrechtlich halten lässt. Das Problem taucht auf, wenn sich Menschen zwischen diesen beiden Formen der rechtlichen Absicherung ihrer Lebens- und Geschlechtsgemeinschaft um den Preis entscheiden müssen, ihre sexuelle Orientierung der Öffentlichkeit gegenüber offenzulegen. Das Signal genügt; auf die tatsächlich gelebte Sexualität kommt es nicht an. Denn die Partner einer Lebensgemeinschaft müssen nicht notwendig homosexuell geprägt sein, auch wenn sie demselben Geschlecht angehören. Man denke etwa an zwei alleinstehende ältere Damen, die sich aus rein pragmatischen Gründen entschließen, ihre Beziehung auf eine rechtlich gesicherte Grundlage zu stellen. Bedenklich wird es jedenfalls, wenn eine Rechtsordnung die Ehe ausschließlich heterosexuellen und die eingetragene Lebenspartnerschaft ausschließlich homosexuellen Paaren vorbehält. Denn darin liegt nicht nur eine sachlich nicht gerechtfertigte Ungleichbehandlung. Vielmehr zwingt eine solche Zweigleisigkeit die Partner gewöhnlich auch dazu, jedermann ihre sexuelle Prägung und damit einen denkbar intimen Bereich ihrer Persönlichkeit zu offenbaren. Das führt unausweichlich zu einer Diskriminierung. Akzeptabel ist nur, entweder die Ehe auch Personen des gleichen und die (wie auch immer rechtlich zugeschnittene) Lebenspartnerschaft auch Personen verschiedenen Geschlechts zu öffnen oder sich generell mit nur einer einzigen Form der rechtlich abgesicherten Lebensgemeinschaft zu begnügen, sie aber geschlechtsneutral auszugestalten. Bei dieser Rechtsform muss es sich dann allerdings um die Ehe handeln. Denn sie ist durchgängig auch als Institution (und nicht nur als die lebenslange Gemeinschaft zweier individueller Menschen) von Verfassungs wegen geschützt und kann deshalb beim jetzigen Stande des Verfassungsrechts nicht vollständig durch eine anders beschaffene Lebensform abgelöst werden.

Die gleichgeschlechtliche Ehe ist heute in etwa der Hälfte der europäischen Staaten **125** erlaubt[540] und in der anderen Hälfte ausgeschlossen.[541] Rechtsordnungen, welche die gleichgeschlechtliche Ehe untersagen, sind nach der Rechtsprechung des EGMR gehalten, den von dieser Regelung betroffenen Paaren eine angemessene rechtsförmige Alternative

---

[539] NJW 2018 S. 222. Vorausgegangen waren AG Dortmund 31.8.2016, BeckRS 2016, 127899 und OLG Hamm 22.2.2017, FamRZ 2017 S. 1185.
[540] Belgien, Dänemark, Deutschland, Finnland, Frankreich, Irland, Luxemburg, Malta, Niederlande, Österreich, Portugal, Schweden, Slowenien, Spanien, Vereinigtes Königreich (Einzelnachweise oben Rdnr. 19 mit Fn. 82).
[541] Bulgarien, Estland, Griechenland, Italien, Kroatien, Lettland, Litauen, Polen, Rumänien, Slowakei, Tschechien, Ungarn, Zypern (Einzelnachweise gleichfalls oben Rdnr. 19 mit Fn. 82; siehe außerdem Fn. 1).

bereitzustellen.⁵⁴² Das ist heute leider immer noch nicht überall geschehen⁵⁴³, auch wenn die Bereitschaft, sich wenigstens der eingetragenen Partnerschaft zu öffnen, auch in diesen Teilen Europas gestiegen ist.⁵⁴⁴ Die „Abstände" zwischen der Ehe und der rechtlich geordneten Lebenspartnerschaft sind allerdings immer noch unterschiedlich stark ausgeprägt.⁵⁴⁵ Wo dagegen die Ehe nicht von Verschiedengeschlechtlichkeit abhängt, besteht keine grund- oder menschenrechtliche Notwendigkeit mehr, an der Rechtsform der eingetragenen Lebenspartnerschaft festzuhalten. Sie wird dann verzichtbar. Einige Rechtsordnungen haben sie folglich (von Altfällen abgesehen) inzwischen ganz abgeschafft.⁵⁴⁶ Andere,

---

⁵⁴² Ein Mitgliedstaat ist also zwar menschenrechtlich nicht verpflichtet, gleichgeschlechtlichen Paaren die Ehe zu öffnen (*Parry*, aber er darf sie ihnen nur verweigern, wenn er den Partnern eine stabile andere Rechtsform anbietet (EGMR 21.7.2015, 18766/11, *Oliari vs. Italien*, FamRZ 2015 S. 1785 [oben § 1 Fn. 16]; EGMR (5. Sektion) 9.6.2016, 40183/07, *Chapin und Charpentier vs. France*; EGMR 26.10.2017, 26431/12, *Orlandi vs. Italien*, FamRZ 2018 S. 249 und EGMR 16.7.2019, 12200/08, *Zhdanov vs. Russland*). Siehe auch schon die *Goodwin* (oben Rdnr. 117) und die *Schalk*-Entscheidung (unten Fn. 545).

⁵⁴³ Gesetzgebung zu Alternativen zur Ehe, insbesondere zur eingetragenen Lebenspartnerschaft, fehlt bislang in Bulgarien, Lettland, Litauen, Polen, Rumänien und der Slowakei (https://europa.eu/youreurope/citizens/family/couple/registered-partners/index_de.htm).

⁵⁴⁴ Estland (Gesetz über die eingetragene Partnerschaft, Gesetz vom 9. Oktober 2014, Nr. RT I, 16.10.2014, 1, Kooseluseadus); Griechenland (Gesetz 3719/2008 über die eingetragene Lebenspartnerschaft, FEK 241/A/26.11.2008 i. d. F. des Gesetzes 4356/2015, FEK 181/A/181/24.12.2015); Italien (Gesetz vom 20.5.2016; *Legge* nr. 76, Regolamentazione delle unioni civili tra persone dello stesso sesso e disciplina delle convivenze, sog. *Legge Cirinnà*, Regulierung von gleichgeschlechtlichen Partnerschaften und von Partnerschaftsbeziehungen); Kroatien (Gesetz vom 15.8.2014, Nr. NN 92/14, 98/19; Zakon o životnom partnerstvu osoba istog spola); Slowenien (Gesetz über die zivile Partnerschaft vom 21.4.2016, *Zakon o partnerski zvezi*, Uradni list RS, Nr. *33/16*); Tschechien (Gesetz Nr. 115/2006 Gbl. vom 3.4.2006 über die eingetragene Partnerschaft, Zákon o registrovaném partnerství); Ungarn (Gesetz XXIX vom 8.5.2009 über die eingetragene Lebenspartnerschaft und in Verbindung damit über die Änderung einzelner Gesetze zur Erleichterung des Nachweises einer Lebenspartnerschaft, 2009. évi XXIX. törvény a bejegyzett élettársi kapcsolatról, az ezzel összefüggő, valamint az élettársi viszony igazolásának megkönnyítéséhez szükséges egyes törvények módosításáról); Zypern (Gesetz über das „politische Zusammenleben" [*politiké symbíose*], Nr. 184 (I), in Kraft ab 9.12.2015. Es handelt sich um einen registrierten zivilrechtlichen Vertrag, der sowohl homo- als auch heterosexuellen Paaren offensteht, näher *Christodoulou*, Kypriako Oikogeneiako Dikaio 2017 S. 43).

⁵⁴⁵ Führt ein Mitgliedstaat für gleichgeschlechtliche Paare ein eigenes Rechtsinstitut ein, so ist er nicht verpflichtet, den Rechtsstatus in jeder Hinsicht entsprechend der Ehe auszugestalten (EGMR (1. Sektion), 24.6.2010, 30141/04, *Schalk und Kopf vs. Österreich*, NJW 2011 S. 1421; ÖJZ 2010 S. 1089). Darauf beruft sich u. a. tschech. VfGH 15.6.2021, Pl. ÚS 28/19. Tschech. VfGH 14.6.2016, Pl. ÚS 7/15, Amtliche Sammlung Bd. 81 Nr. 110 S. 729 hat es aber für verfassungswidrig gehalten, dass grundsätzlich nur Ehepaare, nicht aber die Partner einer eingetragenen Lebenspartnerschaft ein Kind adoptieren konnten. Auffällig ist, dass Deutschland, das die „Ehe für alle" eingeführt und die eingetragene Lebenspartnerschaft abgeschafft hat, auf der Ebene des Internationalen Privatrechts weiterhin zwischen der heterosexuellen Ehe einerseits und der eingetragenen Lebenspartnerschaft gleichgeschlechtlichen Ehe andererseits unterscheidet (Art. 17b dt. EGBGB). Den besonderen Anknüpfungsregeln für gleichgeschlechtliche Ehen unterliegt auch der Fall, dass mindestens einer der Ehepartner weder dem männlichen noch dem weiblichen Geschlecht angehört.

⁵⁴⁶ So verhält es sich in Deutschland (oben Rdnr. 34 mit Fn. 148) und in allen drei nordeuropäischen Rechtsordnungen. Dänemark, Finnland und Schweden hatten eingetragene Partnerschaften gleichgeschlechtlichen Paaren vorbehalten. Mit der Einrichtung der geschlechtsneutralen Ehe (Dänemark 12.6.2012; Finnland 20.2.2015; Schweden 1.5.2009) wurden die Gesetze über eingetragene Partnerschaften aufgehoben; sie finden nur noch auf Altfälle Anwendung (§ 4 dän. Retsplejeloven og om ophaevelse av lov om registreret partnerskab vom 12.6.2012 [Gesetz Nr. 532 über die Aufhebung des Gesetzes über eingetragene Partnerschaft]; § 1a finn. Avioliittolaki [Ehegesetz vom 13.6.1929, Nr. 411]; § 2 schwed. Lagen om upphävande av lagen om registrerat partnerskap [Gesetz über die Aufhebung des Gesetzes über eingetragene Partnerschaft] vom 2.4.2009 [2009:260]). Die Partnerschaft kann sowohl durch Eheschließung als auch durch Antrag bei der zuständigen Behörde in eine Ehe umgewandelt werden (§ 5 dän. Retsplejeloven og om ophaevelse av lov om registreret partnerskab; § 1a finn. Avioliittolaki; § 3 schwed. Lagen om upphävande av lagen om registrerat partnerskap. (Im gesamtspanischen Recht sind zwar die Voraussetzungen und die Wirkungen aller Ehen identisch, gleich, ob die Eheleute demselben oder verschiedenen Geschlechtern angehören: Art. 44 Satz 2 span. CC, eingefügt durch das Gesetz 13/2005 vom 1.7.2005. Es hat aber nie Alternativen zur Ehe entwickelt. Sie finden sich nur auf regionaler Ebene: Fast jede *Comunidad Autónoma* verfügt über Gesetzgebung zu den *parejas de hecho*, den faktischen Lebenspartnerschaften. Siehe noch unten Rdnr. 127).

darunter Belgien, Frankreich, Österreich, Portugal, das Vereinigte Königreich und eine Reihe der Autonomen Gemeinschaften Spaniens, haben dagegen ihre Alternativen zur Ehe beibehalten.[547] Sie sahen keinen Anlass, heterosexuellen Paaren die Eingehung einer rechtsförmigen Lebenspartnerschaft zu verweigern. Die Lösung konnte bei dieser Maßgabe nur darin bestehen, allen Menschen unabhängig von ihrem Geschlecht die Wahl zwischen Ehe und Lebenspartnerschaft zu überlassen. Damit erledigt sich für diese Länder auch das hier angesprochene Problem: der gewählten Rechtsform wohnt keinerlei Botschaft über die sexuelle Orientierung der Partner mehr inne. Das ist nicht anders, wenn zwei oder mehr Personen jedweden Geschlechts noch für eine dritte, wiederum ein Stück weniger verbindliche Rechtsform für ihr Zusammenleben optieren können. Wo Ehe und Lebenspartnerschaft(en) unabhängig vom Geschlecht konzipiert sind, erübrigt sich auch die Frage, welche ehewirkungsrechtlichen Elemente das Lebenspartnerschaftsrecht unter menschenrechtlichen Gesichtspunkten aufgreifen muss. Diese Entscheidung steht dann im freien rechtspolitischen Ermessen des jeweiligen Gesetzgebers.

Der **französische CC** kennt den *pacte civil de solidarité* (PACS) (Artt. 515-1 bis 515-7 CC) und den *concubinage* (Art. 515-8 CC). Beide gehen auf das Gesetz Nr. 99–944 vom 15.11.1999 *relative au pacte civil de solidarité* zurück. Unter Art. 515-1 a. a. O. ist „[u]n pacte civil de solidarité... un contrat conclu par deux personnes physiques majeures, de sexe différent ou de même sexe, pour organiser leur vie commune", also ein Vertrag, der von zwei volljährigen natürlichen Personen verschiedenen oder gleichen Geschlechts zu dem Zweck geschlossen wird, ihr gemeinsames Leben zu organisieren. Der PACS ist zwar in erster Linie für gleichgeschlechtliche Paare geschaffen worden, steht aber auch heterosexuellen Paaren offen und erfreut sich bei ihnen großer Beliebtheit. Er ist flexibler als die Ehe, aber rechtsförmiger als der *concubinage*.[548] Der *concubinage* ist nicht wirklich „geregelt"; Art. 515-8 franz. CC begnügt sich mit einer bloßen Definition. Es handele sich um eine „union de fait, caractérisée par une vie commune présentant un caractère de stabilité et de continuité, entre deux personnes, de sexe différent ou de même sexe, qui vivent en couple". Das gesamtspanische Recht kennt zwar nur die (hetero- oder homosexuelle) Ehe. Das bedeutet aber nicht, dass es keine (gleichfalls hetero- oder homosexuelle) Lebenspartnerschaften gäbe. Die Besonderheit besteht nur darin, dass diese Formen rechtlich gesicherter Lebensgemeinschaften Gegenstand regionaler Gesetzgebung sind. Die meisten Autonomen Gemeinschaften stellen Paaren unabhängig vom Geschlecht der Partner mindestens eine (manchmal auch zwei) Alternative zur Ehe zur Verfügung. Man kann das gut in **Katalonien** studieren. Das katalanische Recht war das erste, das mit dem Gesetz 10/1998 vom 15.7.1998, der *Ley de uniones estables de pareja*, stabile Partnerschaftsunionen eingeführt und geregelt hat; die übrigen Autonomen Gemeinschaften sind dem fast durchweg gefolgt. Mit dem Gesetz 19/1998 vom 28.12.1998 über Koexistenzsituationen gegenseitiger Hilfe (*Ley sobre situaciones convivenciales de ayuda mutua*) hat Katalonien außerdem eine Regelung zum Schutz von zwei oder mehr Personen geschaffen, die sich, ohne einen Familienkern zu begründen, gegenseitiger Hilfe versichern wollen. Beide Gesetze sind inzwischen aufgehoben. Man hat sie 2010 in das Personen- und Familienrecht des katal. CC überführt (Artt. 234-1 bis 234-14 [*pareja estable*] und Artt. 240-1 bis 240-7 katal. CC [*relaciones convivenciales de ayuda mutua*]). Außerdem wurde durch das katal. DL 3/2015 vom 6.10.2015 für

126

---

[547] Zu Frankreich, Katalonien und Portugal sogleich Rdnr. 126 und zu Österreich und dem Vereinigten Königreich Rdnr. 128. Belgien kennt neben der Ehe die *cohabitation légale*, das „gesetzliche Zusammenleben (Artt. 1475–1479 belg. CC). Sie ist 1998 eingeführt worden, um (wenn auch sehr unvollständig) den Rechtsschutzbedürfnissen gleichgeschlechtlicher Paare gerecht zu werden (*Leleu*, Droit des personnes et de la famille[3], S. 430 Rdnr. 400). Art. 1475 belg. CC beschreibt sie allerdings als „la situation de vie commune de deux personnes ayant fait une déclaration au sens de l'article 1476" (der die „déclaration de cohabitation légale" regelt). Nach dem Gesetzeswortlaut steht diese Form des Zusammenlebens also auch heterosexuellen Paaren offen, für die sie zunehmend attraktiv geworden zu sein scheint (*Leleu* a. a. O. S. 431 und S. 435–442).

[548] *Brusorio Aillaud*, Droit des personnes et de la famille[9], S. 253 Rdnr. 444 (mit dem Zusatz, in Frankreich kämen heute statistisch auf drei Ehen zwei PACS: www.ined.fr).

Publizitätszwecke ein Partnerschaftsregister *(Registro de parejas estables)* eingeführt. In **Portugal,** wo die Ehe gleichfalls nicht von der Verschiedengeschlechtlichkeit der Partner abhängt (Art. 1577 port. CC), verbietet bereits die Verfassung jede Diskriminierung einer Person aufgrund ihrer sexuellen Orientierung (Art. 13(2) port. Verf.). Demgemäß sind auch die Alternativen zur Ehe geschlechtsneutral konzipiert.[549] Es gibt derer wiederum zwei, die faktischen Lebenspartnerschaften *(uniões de facto)* und die wirtschaftlichen Hausgemeinschaften (wörtlich „gemeinsame Wirtschaft", *economia comum).* Unter Art. 1(2) des Gesetzes 7/2001 über die faktischen Lebenspartnerschaften[550] handelt es sich bei einer *união de facto* um „die Rechtsstellung von zwei Personen, die unabhängig vom Geschlecht seit mehr als zwei Jahren in Eheleuten ähnlichen Verhältnissen leben". Und unter Art. 2 des Gesetzes 6/2001 über die wirtschaftlichen Hausgemeinschaften[551] ist eine *economia comum* „die Rechtsstellung von Personen, die seit mehr als zwei Jahren Tisch und Wohnung teilen und in einer Lebensgemeinschaft leben, um sich gegenseitig Hilfe zu leisten oder finanzielle Mittel zu teilen". Das Gesetz ist auf Gruppen von zwei oder mehreren Personen anwendbar, sofern zumindest eine dieser Personen volljährig ist.

127 Die Koexistenzsituationen des katalanischen und die wirtschaftlichen Hausgemeinschaften des portugiesischen Rechts sind freilich nicht in erster Linie für „Geschlechtsgemeinschaften" konzipiert, und die faktische Lebensgemeinschaft des portugiesischen Rechts ist gerade keine in ein Personenstandsregister „eingetragene" Lebenspartnerschaft. Sie ähneln darin den eheähnlichen (faktischen) Gemeinschaften des ungarischen und des schwedischen Rechts.[552] Die Partner haben unter dem neu eingefügten Art. 2A des port. Gesetzes 7/2001 aber immerhin die Möglichkeit erhalten, sich vom Gemeindeamt eine amtliche Bestätigung ausstellen zu lassen. Für sie genügt die Selbsterklärung des Paares, seit zwei Jahren in einer *união de facto* zu leben. In Ermangelung einer Registereintragung gibt es keine andere Möglichkeit, die Existenz einer faktischen Lebensgemeinschaft förmlich nachzuweisen. Der PACS des französischen Rechts ist dagegen eine Personen jedweden Geschlechts zur Verfügung stehende eingetragene Lebenspartnerschaft. Unter Art. 515-3 franz. CC gilt, dass der „officier de l'état civil enregistre la déclaration et fait procéder aux formalités de publicité". Der Zivilstandsbeamte trägt also die Erklärung ein (der *enregistrement* gibt dem Vertrag allerdings nur eine *date certaine*[553]). Die *publicité* folgt unter Art. 515-3-1 franz. CC daraus, dass die Erklärung des PACS am Rand der Geburtsurkunde jedes Partners unter Angabe der Identität des anderen Partners vermerkt wird.

128 Der französische und der portugiesische Gesetzgeber haben damit schon aus eigenem Gestaltungswillen einen Weg beschritten, der andernorts erst vom Verfassungsgericht er-

---

[549] Siehe schon oben Rdnr. 6 mit Fn. 18 a. E. Es scheint allerdings, dass gleichgeschlechtliche Paare inzwischen überwiegend für die Ehe optieren. Im Jahre 2019 wurden 358 gleichgeschlechtliche Ehen zwischen Männern und 319 gleichgeschlechtliche Ehen zwischen Frauen gezählt. Im Jahr darauf waren es 236 bzw. 209 Ehen (https://www.cig.gov.pt/wp-content/uploads/2021/11/9_LGBTI.pdf).

[550] Lei das Uniões de Facto. Medidas de protecção das uniões de facto (Gesetz über Schutzmaßnahmen der faktischen Lebenspartnerschaften), Gesetz 7/2001 vom 11.5.2001 i. d. F. des Gesetzes 23/2010 vom 30.8.2010.

[551] Lei da Economia Comum. Medidas de protecção das pessoas que vivam em ecomomia comum (Gesetz über Schutzmaßnahmen der Personen, die in einer wirtschaftlichen Hausgemeinschaft leben), Gesetz 6/2001 vom 11.5.2001.

[552] Die §§ 6:514–517 des ungar. ZGB regeln die vermögensrechtlichen Wirkungen des faktischen Zusammenlebens. *Sambor* ist unter schwedischem Recht eine Gemeinschaft von zwei Personen jedweden Geschlechts, die dauerhaft *(stadigvarande)* als Paar zusammenwohnen und einen gemeinsamen Haushalt führen (§ 1(1) Sambolag [Gesetz über Lebensgefährten] vom 12.6.2003 (2003:376)). Eine solche eheähnliche Gemeinschaft entsteht formlos (Prop. 2002/03:80 S. 27–28 [Gesetzesmaterialien zum Sambolag]). Das Gesetz trifft nur Regelungen zur gemeinsamen Wohnung und zum Hausrat. Auf eine Registereintragung wurde bewusst verzichtet, um niemanden von dem Schutz des Gesetzes auszuschließen (a. a. O. S. 27). Die Gemeinschaft endet, wenn einer der Partner aus der Wohnung auszieht oder stirbt, außerdem dann, wenn er einen Antrag auf Bestellung eines Vermögensverwalters *(förordnande av bodelningsförrättare)* stellt oder ein Klageverfahren zur Regelung der Verhältnisse an der Wohnung initiiert (§ 2 Sambolag). In Dänemark und Finnland gibt es keine entsprechende Gesetzgebung.

[553] *Brusorio Aillaud* a. a. O. (Fn. 548) Rdnr. 452.

zwungen werden musste. So hat es sich in **Österreich** verhalten, wo österr. VfGH 4.12.2017[554] die gegenseitige Ausschließlichkeit von (heterosexueller) Ehe und (homosexueller) eingetragener Partnerschaft als Verstoß gegen den Gleichheitsgrundsatz verworfen und entschieden hat, dass die entsprechenden Vorschriften mit Ablauf des Jahres 2018 außer Kraft traten. Der Gesetzgeber reagierte zum 1.1.2019 mit der Öffnung der Ehe für gleichgeschlechtliche Paare (§ 44 österr. ABGB n.F.); die Öffnung der eingetragenen Partnerschaft für verschiedengeschlechtliche Paare folgt seit dem 1.1.2019 nach Aufhebung der bisherigen Restriktionen unmittelbar aus den §§ 1–5 österr. EPG. Der Supreme Court des **Vereinigten Königreichs** hat die Lage ähnlich eingeschätzt. Es gehe nicht an, zwar homosexuellen Paaren die Ehe zu öffnen, aber die *civil partnership* heterosexuellen Paaren zu verweigern.[555] Denn das Unterscheidungskriterium wäre in diesem Fall nicht das Geschlecht, sondern allein die sexuelle Orientierung, eine Diskriminierung, die vor Artt. 8 und 14 EMRK keinen Bestand haben könne und beseitigt werden müsse. Der Gesetzgeber hat Ende 2019 reagiert und die Lebenspartnerschaft auch heterosexuellen Partnern zur Verfügung gestellt.[556] Die gewissermaßen genau „umgekehrte" Situation, auf die man in **Griechenland** trifft – hier ist die Ehe heterosexuellen Paaren vorbehalten, die ursprünglich gleichfalls nur für heterosexuelle Paare vorgesehene eingetragene Lebenspartnerschaft dagegen seit 2015 auch für gleichgeschlechtliche Paare geöffnet worden[557] – dürfte dagegen trotz ihres offenkundigen Diskriminierungspotentials mit der EMRK vereinbar sein.[558]

Die aktuelle Rechtslage bleibt aber in mehreren Mitgliedstaaten der EU weiterhin unbefriedigend. Sie zu bereinigen, ist dort besonders schwierig, wo sich ausgerechnet das jeweilige Verfassungsgericht einem diskriminierungsfreien Ehe- und Lebenspartnerschaftsrecht in den Weg gestellt hat. Das hat zu beträchtlichen Verhärtungen in der innereuropäischen Meinungsbildung geführt. Der **italienische** Verfassungsgerichtshof hat im Jahre 2010 (im Kontext der Frage, ob eine Geschlechtsänderung eine bestehende Ehe unberührt lasse) entschieden, dass die Ehe aufgrund einer tausendjährigen Tradition und aufgrund des im italienischen Recht akzeptierten Familienbegriffs heterosexuellen Beziehungen vorbehalten bleiben müsse. Homosexuelle Partnerschaften könnten nicht mit der Ehe zwischen Mann und Frau verglichen werden.[559] Das macht es beim jetzigen Stande der Rechtsentwicklung nahezu unmöglich, auch eingetragene Lebenspartnerschaften für heterosexuelle Paare zu öffnen. Denn das wäre eine offene Diskriminierung homosexueller Paare, denen (anders als heterosexuellen Paaren) nur eine einzige rechtlich gesicherte Lebensform angeboten würde. Immerhin verfügt Italien wenigstens über ein Gesetz über eingetragene gleichgeschlechtliche Lebenspartnerschaften (die sog. *Legge Cirinnà*[560]), und dieses Gesetz hat zudem Regelungen für faktische Lebensgemeinschaften, d. h. für Paare geschaffen, die so zusammenleben, als wären sie verheiratet. Für diese (aber auch nur für diese) Lebensgemeinschaften kommt es nur auf die emotionale Bindung und gegenseitige Unterstützung als Paar,

129

---

[554] Österr. VfGH 4.12.2017, G 258–259/2017-9 1, VfSlg. 20225 (oben Rdnr. 6 mit Fn. 17 und 18). Eingehend dazu und mit Vorschlägen zur Modernisierung und Diversifizierung des österreichischen Partnerschaftsrechts *Tritremmel*, ÖJZ 2020 S. 197.
[555] *R (on the application of Steinfeld and Keidan) v Secretary of State for International Development (in substitution for the Home Secretary and the Education Secretary)* [2018] UKSC 32 (oben Rdnr. 6 mit Fn. 18).
[556] Das Merkmal „of the same gender" in sec. 1 Civil Partnership Act ist durch den Civil Partnerships, Marriages and Deaths (Registration etc) Act 2019, der in sec. 2 eine entsprechende Ermächtigungsgrundlage für den *Secretary of State* geschaffen hat, und der darauf gestützte Regulation zum 2.12.2019 aufgehoben worden. In England und Wales sowie in Nordirland besteht seither neben der „Ehe für alle" auch die „Lebenspartnerschaft für alle". Schottland hat die *civil partnership* mit sec. 1(2) Civil Partnership (Scotland) Act 2020 (2020 asp 15) für verschiedengeschlechtliche Paare geöffnet.
[557] Das gr. Gesetz 3719/2008 hatte die eingetragene Lebensgemeinschaft noch Personen verschiedenen Geschlechts vorbehalten. Art. 1 gr. Gesetz 4356/2015 erlaubte dann jedoch die Begründung einer eingetragenen Lebensgemeinschaft unabhängig vom Geschlecht der Partner (oben Fn. 544).
[558] Oben Fn. 542.
[559] Corte Cost. 15.4.2010, nr. 138, Giur. cost. 2010 S. 1604 (oben Rdnr. 19 Fn. 82).
[560] Gesetz vom 20.5.2017, nr. 76, Regolamentazione delle unioni civili tra persone dello stesso sesso e disciplina delle convivenze.

nicht jedoch auf Gleich- oder Verschiedengeschlechtlichkeit an. Wie in Portugal können die Partner ihr Zusammenleben der Wohngemeinde anzeigen und sich von ihr bestätigen lassen. Das Zusammenleben gewährt u. a. einige gegenseitige Vertretungsrechte, unter bestimmten Voraussetzungen einen Unterhaltsanspruch und außerdem das Recht, nach dem Tod des Partners in der gemeinsamen Mietwohnung zu verbleiben.

130 Wesentlich dramatischer verhalten sich die Dinge in Ungarn, Rumänien und in Polen, die sich deutlich vom europäischen Trend abheben. Das **ungarische** Verfassungsgericht[561] hat den Gesetzgeber genötigt, die Öffnung der eingetragenen Lebenspartnerschaft für heterosexuelle Paare wieder zurückzunehmen. Das Gesetz CLXXXIV von 2007[562] hatte diese Rechtsform ursprünglich auch solchen Paaren angeboten (§ 1(1) a. a. O.), konnte aber nicht in Kraft treten, weil es vom Verfassungsgericht annulliert wurde. Das Gericht gelangte zu der wenig überzeugenden und im übrigen Europa inzwischen vielfach widerlegten Auffassung, dass die eingetragene Lebenspartnerschaft nur als Alternative zur Ehe bestehen dürfe, weil sie andernfalls die durch die Verfassung geschützte Institution der Ehe aushöhlen würde. Die Ehe wiederum ist nach dem eindeutigen Text von Art. L der ungar. Verfassung und § 4:5 ungar. ZGB eine Lebensgemeinschaft „zwischen Mann und Frau". Der Gesetzgeber sah sich so genötigt, ein neues Gesetz über die eingetragene Lebenspartnerschaft zu verabschieden und sie volljährigen Personen „gleichen Geschlechts" vorzubehalten.[563]

131 Noch restriktiver verhalten sich die Dinge in **Rumänien** und in Polen. Unter Art. 277 (1) rumän. CC ist die Ehe zwischen gleichgeschlechtlichen Personen ausdrücklich verboten. Selbst im Ausland geschlossene gleichgeschlechtliche Ehen werden in Rumänien nicht anerkannt (Abs. (2)), und dasselbe gilt für zivilrechtliche Partnerschaften gleichen oder unterschiedlichen Geschlechts (Abs. (3) a. a. O.). Allerdings sind die Vorschriften des europäischen Freizügigkeitsrechts zu beachten (Abs. (4) a. a. O.). Nach einem Vorlageverfahren beim EuGH[564] hat das rumänische Verfassungsgericht zumindest entschieden, dass es nicht verfassungswidrig sei, einem homosexuellen rumänisch/amerikanischen Paar, das in Belgien geheiratet hatte, in Rumänien ein Aufenthaltsrecht zu gewähren.[565] Im Übrigen gilt die bisherige menschenrechtswidrige Rechtslage fort.[566] Das Problem, dass Menschen durch die Wahl der Rechtsform ihres Zusammenlebens genötigt werden, ihre sexuelle Orientierung offenzulegen, taucht auch in **Polen** gar nicht erst auf. Dass es nicht in das Bewusstsein der Fachöffentlichkeit gerät, liegt aber auch hier nur daran, dass Polen unter Verstoß gegen die EMRK seinen Bürgerinnen und Bürgern jede rechtsförmige Alternative zur Ehe verweigert und die Ehe gleichzeitig ausschließlich heterosexuellen Partnern vorbehält (Art. 18 poln. Verfassung, Art. 1 § 1 poln. FVGB).[567] Art. 18 der poln. Verf. ist eine ausgesprochen politische Vorschrift, die über ihren Wortlaut hinaus dahin gelesen wird, dass sie jede Verrechtlichung anderer Lebensbeziehungen verhindern solle. Selbst die Einfüh-

---

[561] Ungar. VerfG 154/2008. (XII. 17.) Alkotmánybíróság Határozatai XVII (2008/12) S. 1655.
[562] 2007. évi CLXXXIV. törvény a bejegyzett élettársi kapcsolatról.
[563] § 1(1) Gesetz XXIX vom 8.5.2009 über die eingetragene Lebenspartnerschaft und in Verbindung damit über die Änderung einzelner Gesetze zur Erleichterung des Nachweises einer Lebenspartnerschaft (2009. évi XXIX. törvény a bejegyzett élettársi kapcsolatról, az ezzel összefüggő, valamint az élettársi viszony igazolásának megkönnyítéséhez szükséges egyes törvények módosításáról): „Eine eingetragene Lebenspartnerschaft kommt dann zustande, wenn vor einem/einer Standesbeamten/*in zwei gleichzeitig anwesende, das 18. Lebensjahr vollendet habende Personen gleichen Geschlechts persönlich erklären, dass sie miteinander eine eingetragene Lebenspartnerschaft einzugehen wünschen".
[564] EuGH 5.6.2018, C–673/16, *Coman u.a.*, ÖJZ 2018 S. 682.
[565] Rumän. VerfG 18.7.2018, Nr. 534/2018.
[566] Näher *Nicolescu*, Revista Română de Drept Privat 2018 S. 340, 351. In EGMR 1.6.2021, 19237/16, *Association Accept and others vs. Romania* wurde Rumänien verurteilt, weil die Polizei Angriffe gegen eine Demonstration Homosexueller nicht unterbunden hatte. Die Verurteilung stützte sich auf eine Verletzung der Artt. 14 (Diskriminierungsverbot), 8 (Schutz des Privat- und des Familienlebens) und auf Art. 14 EMRK (Versammlungsfreiheit).
[567] Geschlechtsandersartigkeit ist folglich auch nach Auffassung des poln. Verfassungsgerichts eine Voraussetzung für die Eheschließung (TK 9.10.2010, SK 10/08, OTK-A 2010, Nr. 9, poz. 99; ebenso Berufungsgericht Kattowitz 13.6.2017, V Acz 496/17; Safjan und Bosek [-*Bosek*], Konstytucja RP, Art. 18 Rdnr. 113 und Osajda [-*Domański*], Kodeks Rodzinny i Opiekuńczy, Art. 1 Rdnr. 39).

rung eingetragener gleichgeschlechtlicher Lebensgemeinschaften wird für verfassungswidrig gehalten.[568] In der Tat wurde die verfassungsrechtliche Definition einer Ehe als „Vereinigung einer Frau und eines Mannes" in Reaktion darauf formuliert, dass es „im Ausland" Regelungen gebe, die die Vereinigung von Personen desselben Geschlechts Vorschriften unterwürfen, die der Ehe ähnelten oder sich ihr zumindest annäherten. Dagegen sollte Polen abgeschottet werden.[569] Das poln. Verfassungsgericht hat daraus geschlossen, dass es ohne Verfassungsänderung nicht möglich sei, anderen als ehelichen Gemeinschaften einen dem der Ehe ähnelnden rechtlichen Status zu verleihen.[570] Im Schrifttum wird das durch die Behauptung ergänzt, dass es verfassungsrechtlich verboten sei, Vereinigungen zweier natürlicher Personen zu registrieren, wenn es sich nicht um eine Eheschließung handele.[571]

Die Homophobie ging so weit, dass selbst rein faktischen monosexuellen Beziehungen zeitweilig sogar im Mietrecht jede Form der Anerkennung verweigert wurde.[572] Unter Art. 691 § 1 poln. ZGB treten im Fall des Todes des Mieters von Wohnraum neben bestimmten Familienangehörigen auch Personen in den Mietvertrag ein, die mit dem Mieter „tatsächlich ein gemeinsames Leben führen". Homosexuelle Lebensgemeinschaften sollten nach der älteren Rechtsprechung des Obersten Gerichts nicht darunter fallen. Der Begriff des „gemeinsamen Lebens" könne nur im Sinne eines eheähnlichen Lebens verstanden werden.[573] Es komme darauf an, dass die Personen wie Eheleute zusammenlebten.[574] Im Jahre 2012 hat der poln. OG dann aber entschieden, dass Art. 691 § 1 poln. ZGB von Personen handele, die dem Mieter durch eine emotionale, physische und wirtschaftliche Beziehung verbunden seien; das treffe auch auf eine Person desselben Geschlechts zu.[575] Das Berufungsgericht Warschau hat sich dem angeschlossen. Es gebe keine überzeugenden Argumente, mietrechtlich zwischen den Wirkungen eines heterosexuellen und eines homosexuellen Zusammenlebens zu unterscheiden; die emotionalen und wirtschaftlichen Bindungen seien in beiden Fällen identisch.[576]

V. Das Namensrecht unter grundrechtlichem Einfluss

1. Recht auf einen Namen

Auch in das bürgerlichrechtliche Namensrecht wirkt das Verfassungsrecht auf vielfältige Weise ein. Jede natürliche Person hat, wie Art. 50(1) span. LRC formuliert, von Geburt an ein Recht auf einen Namen. Er setzt sich mindestens aus einem Vor- und einem Nachnamen zusammen[577]; gelegentlich kommen noch Zwischennamen (insbesondere) in Gestalt

132

---

[568] *Pawliczak,* Zarejestrowany związek partnerski a małżeństwo, S. 346; *Banaszkiewicz,* KPP 2013 S. 627–628.
[569] Näher *Mączyński,* FS Zolla, S. 772 sowie *Garlicki und Zubik,* Konstytucja Rzeczypospolitej Polskiej², Art. 18 Rdnr. 5. *Banaszkiewicz,* KPP 2013 S. 640 betont, es gebe keinen anderen Grund für die Neufassung von Art. 18 der poln. Verf.
[570] TK 11.5.2005, K 18/04, OTK-A 2005, Nr. 5, Ziff. 49.
[571] Safjan und Bosek (-*Borysiak*), Konstytucja RP, Art. 18 Rn. 115; siehe auch *Banaszak,* Konstytucja Rzeczypospolitej Polskiej², Art. 18 Rdnr. 1.
[572] Pietrzykowski (*Pietrzykowski*), Kodeks Rodzinny i Opiekuńczy, Art. 1 Rdnr. 6.
[573] OG 21.5.2002, III CZP 26/02, OSNC 2003, Nr. 2, poz. 20.
[574] OG 20.11.2009, III CZP 99/09, OSNC 2010, Nr. 5, poz. 74.
[575] OG 28.11.2012, III CZP 65/12, OSNC 2013, Nr. 5, poz. 57.
[576] Berufungsgericht Warschau 26.6.2014, I ACa 40/14, Legalis.
[577] Z. B. Kap. 1 § 1 und Kap. 3 § 12 dän. Navnelov; § 3(1) estn. Namensgesetz; Kap. 1 § 1 und Kap. 2 § 4 finn. Eti- ja sukunimilaki; Art. 22 ital. Verf. („Niemandem darf aus politischen Gründen die Rechtsfähigkeit, die Staatsangehörigkeit oder der Name entzogen werden"); Art. 2.20(1) lit. ZGB; Artt. 102(1)(a) und 103(2) port. CC; §§ 4 und 26 schwed. Lag om personnamn; Art. 50(2) span. LRC; § 77(1) tschech. BGB; § 44(1) Satz 2 ungar. Gesetz über das Personenstandsregisterverfahren. Das deutsche Recht setzt an verschiedenen Stellen voraus, dass es neben einem Nachnamen (§§ 1616–1618 dt. BGB; dazu OLG Karlsruhe 19.2.2016, NJOZ 2016 S. 1359, 1360) auch Vornamen gibt (z. B. § 1757(3) Nr. 1 BGB [Änderung des Vornamens bei Adoption]; § 2247(3)(1) BGB [Unterschrift unter Testament mit Vor- und Nachnamen]; § 45b(1) Satz 3 dt. PStG [Vornamensänderung bei Varianten der Geschlechtsentwicklung] und § 1 dt. TSG [Vornamensänderung bei Transsexualität]). Die Regelung in Art. 6(4) und (5) des gr. Gesetzes 2086/1992, wonach der letzte griechische König und die Angehörigen seiner Familie neben einem Vor- auch einen Nachnamen tragen müssen (andernfalls erhalten sie keine griechische Staats-

§ 2   § 2: Privatrecht unter menschen- und grundrechtlichem Einfluss

von Vatersnamen hinzu.⁵⁷⁸ Das Recht auf einen Namen genießt verfassungsrechtlichen Schutz.⁵⁷⁹ Der Mensch soll nicht namenlos sein; der Name darf nicht durch eine bloße Nummer oder ein anderes Symbol ersetzt werden.⁵⁸⁰ Der individuelle Name, auch der Vorname, ist Ausdruck und Bestandteil des allgemeinen Persönlichkeitsrechts des Namensträgers.⁵⁸¹ Deshalb ist der Name unveräußerlich.⁵⁸² Mancherorts genießt er von Verfassungs wegen Bestandsschutz selbst dann, wenn er, obwohl ursprünglich *contra legem* erworben, über Jahre hinweg ohne Einwände der staatlichen Stellen geführt wurde.⁵⁸³ Das läuft im praktischen Ergebnis auf das gleiche hinaus wie die französische Lösung, unter der man jedenfalls einen Nachnamen ersitzen kann.⁵⁸⁴ Herrschende europäische Rechtsauffassung ist bislang allerdings weder das eine noch das andere.⁵⁸⁵

---

angehörigkeit und damit auch keinen griechischen Pass) verstößt nicht gegen die EMRK (EGMR 21.10.1999, 25701/94, *The former King of Greece, Princess Irene and Princess Ekaterini vs. Greece*).

⁵⁷⁸ Näher unten Rdnr. 510.

⁵⁷⁹ Art. 7(1) der UN-Kinderrechtekonvention (oben Fn. 33) lautet: „Das Kind ist unverzüglich nach seiner Geburt in ein Register einzutragen und hat das Recht auf einen Namen von Geburt an, das Recht, eine Staatsangehörigkeit zu erwerben, und soweit möglich das Recht, seine Eltern zu kennen und von ihnen betreut zu werden". Siehe auch schon Art. 24(2) IPBPR (oben Fn. 30): „Jedes Kind muss unverzüglich nach seiner Geburt in ein Register eingetragen werden und einen Namen erhalten". Die EMRK enthält zwar keine ausdrückliche Regelung über den Schutz von Namen. Sie schützt den Namen jedoch als Teil des Privat- und Familienlebens über Art. 8(1) EMRK (EGMR 22.2.1994, 16213/90, *Burghartz vs. Schweiz*, ÖJZ 1994, S. 559). Siehe außerdem z.B. STJ 12.11.2009, Processo 3231/08.1TVLSB.L1-2. Das Gericht lehnte das Begehren des Beschwerdeführers ab, seinem Nachnamen den Spitznamen (*alcunha*) väterlicherseits hinzuzufügen. Zwar sei das Recht auf einen Namen ein unter Art. 26(1) port. Verf. als *direito à identidade pessoal* geschütztes Persönlichkeitsrecht. Die Hinzufügung des Spitznamens in Form eines Nachnamens widerspreche jedoch Art. 103(2)(e) port. CRC. Dem Beschwerdeführer fehle kein Nachname; er wolle lediglich einen weiteren Nachnamen erhalten.

⁵⁸⁰ Siehe bereits oben Rdnrn. 19 und 42. Ungar. VerfG 7.12.2001, 58/2001, Alkotmánybíróság Határozatai XX (2001) S. 527, bekräftigt durch ungar. VerfG 21.7.2015, 27/2015, Alkotmánybíróság Határozatai 17/2015 S. 1114, betont, dass das Recht auf einen eigenen Namen ein aus der Menschenwürde abgeleitetes Grundrecht sei. Es sei unveräußerlich, unantastbar und der Verfügungsmacht des Staates entzogen. Jeder Mensch müsse einen eigenen Namen haben, und dieser Name könne weder durch eine Nummer, einen Code oder ein anderweitiges Symbol ersetzt werden. Der Name sei ein grundlegendes Definitionsmerkmal der Identität einer Person; er sei Ausdruck der einmaligen, unersetzbaren Eigenschaft einer Person. Ebenso geschützt sei das Recht auf die Führung des eigenen Namens. Niemandem dürfe sein bestehender, durch den Staat registrierter Name genommen werden. „Auch das Recht auf Führung des eigenen Namens ist ein uneinschränkbares Grundrecht". Auch für Spanien bemerken *Díez-Picazo und Gullón*, Sistema de Derecho Civil I¹², S. 360, dass das Recht auf einen Namen eines der Grundrechte der Person sei. Es handele sich um ein unausweichliches Bedürfnis sowohl individueller als auch öffentlicher Natur. Denn durch ihren Namen werde eine Person in ihrer Individualität gekennzeichnet und für staatliche Zwecke identifizierbar.

⁵⁸¹ Dt. BVerfG 6.12.2005, BVerfGE 115 S. 1; FamRZ 2006 S. 182. In Schweden leitet man das Recht auf einen Namen aus den Gesetzen ab, die die EMRK und die Kinderrechtekonvention in das dortige autonome Recht überführt haben (Lag om den europeiska konventionen angående skydd för de mänskliga rättigheterna och de grundläggande friheterna vom 5.5.1994 (1994:129) und Lagen om Förenta nationernas konvention om barnets rättigheter vom 20.6.2018 (2018:1197)). Die Gesetzesmaterialien zum Namensgesetz (Lag om personnamn vom 17.11.2016 (2016:1013) streichen heraus, dass der Name vor allem für die Person selbst von Bedeutung sei. Seine Bedeutung als Identifizierungsmerkmal sei dagegen schwächer geworden. Denn dafür stehe heute im Wesentlichen die *personnummer* zur Verfügung (Prop. 2015:16, S. 21).

⁵⁸² Oben Rdnr. 22 mit Fnen. 96, 109 und 110.

⁵⁸³ Dt. BVerfG 11.4.2001, StAZ 2001 S. 207 (Der Beschwerdeführer hatte jahrelang unbeanstandet den Namen „Singh" geführt; das Gericht hielt es für verfassungsrechtlich geboten, diesen Namen anzuerkennen, obwohl er nach den Regeln des deutschen Namensrechts ursprünglich nicht rechtmäßig war). Im Ergebnis ebenso EGMR 17.1.2023, 19475/20, *Künsberg Sarre vs. Österreich*.

⁵⁸⁴ Unter französischem Recht sind sowohl der Besitz als auch die Ersitzung eines Namens möglich (Cass. civ. 25.5.1992, Bull. civ. 1992, I, Nr. 158 und Cass. civ. 30.9.2003, Bull. civ. 2003, I, Nr. 195). Ein einmal ersessener Name muss dann allerdings auch geführt werden und darf nicht zugunsten eines früher von der Familie geführten Namens wieder abgelegt werden. Henri d'Orléans, Comte de Paris und direkter Nachfahre der letzten Bourbonenkönige, blieb es deshalb verwehrt, wieder den Namen „Bourbon" anzunehmen (*von Bar*, Gemeineuropäisches Sachenrecht II, Rdnr. 3 mit Fn. 17 und Rdnr. 51).

⁵⁸⁵ Mit Blick auf Art. 109 span. CC (wonach der Nachname durch Abstammung erworben wird) legen *Díez-Picazo und Gullón*, Sistema de Derecho Civil I¹², S. 360–361 dar, dass der Name nicht nur unveräußerlich,

2. Elternrecht, Kindeswohl und öffentliche Interessen

Der **Vorname** einer Person ist zudem Ausdruck ihrer geschlechtlichen Identität[586], was, wie dargelegt, zu einer umfangreichen Rechtsprechung der Verfassungsgerichte zur Änderung der Vornamen von transsexuell geprägten Personen geführt hat.[587] Bei ihnen ist auch dem Wunsch nach einem Namen Rechnung zu tragen, der beide Geschlechter vertritt. Die Bestimmung des Vornamens von Neugeborenen ist das Recht und die Pflicht ihrer sorgeberechtigten Eltern.[588] Sie dürfen in der Ausübung dieses gleichfalls grundrechtlich

133

---

sondern auch unverjährbar sei und begründen das damit, dass niemand einen nicht zu ihm gehörigen Namen durch dauerhafte Nutzung erwerben (und durch dauerhafte Nichtnutzung verlieren) könne. Prinzipiell sei der Name in Spanien zudem unveränderlich, auch wenn jede Person mit Erreichen der Volljährigkeit die Reihenfolge ihrer Nachnamen ändern kann (Art. 109(4) span. CC). Auch in Griechenland gilt, dass der ununterbrochene und ständige Gebrauch eines Nachnamens keinen Erwerbstatbestand begründet (*Triantos*, AK, Art. 58 Rdnr. 5 S. 78). Der Erwerb bzw. die Änderung eines Namens ist in solchen Fällen nur durch verwaltungsbehördliche Entscheidung möglich (StE 1810/1987, EllDni 30 [1989] S. 654; LG Dramas 68/1972, Arm. 27 [1973] S. 780). Ebenso verhält es sich in Polen. Hat jemand allerdings über einen längeren Zeitraum tatsächlich einen anderen Namen geführt, so ist das ein ausreichender Grund für eine öffentlichrechtliche Namensänderung (Art. 4(1) (2) poln. Gesetz über Vor- und Nachnamenänderung).

[586] Das tschech. „ová", ein geschlechtsspezifisch abgeänderter *Familien*name, wird zwar zunehmend als diskriminierend empfunden, weil die Movierung ein Besitzverhältnis andeutet (die „von Barsche"). Sie ist aber hauptsächlich eine Folge der tschechischen Grammatik, nach deren Regeln der Nachname einer verheirateten oder verpartnerten Frau gebildet wird (§ 69(1) tschech. PStG). Das Gesetz sieht in Abs. (2) a. a. O. allerdings mehrere Fälle vor, in denen Frauen ihren Familiennamen auch in der männlichen Form tragen können (weil sie Ausländerinnen sind, im Ausland leben oder mit einem Ausländer verheiratet sind). Unter denselben Voraussetzungen kann auch einem Mädchen bei der Geburt ein Nachname in männlicher Form gegeben werden (§ 69(3) a. a. O.). In Griechenland bildet sich die weibliche Version eines Nachnamens aus der männlichen Version des Nachnamens im Genitiv (zu den historischen Hintergründen dafür *Mcdowell*, To dikaio sten Athena ton klassikon chronon, S. 133–136). Die Frau, die Mutter, die Schwester und die Tochter von Herrn Papadópoulos heißen also Papadopoulou („die des Papadópoulos"). Auch die auf der Grammatik der lettischen und der litauischen Sprache beruhende Hinzufügung eines „a" für Personen weiblichen Geschlechts beeinträchtigt den Namensträger nicht erheblich genug, um Art. 8(1) EMRK zu verletzen: EGMR 7.12.2004, 71557/01, *Kuharec alias Kuhareca vs. Lettland* und EGMR 7.12.2004, 71074/01, *Mentzen alias Mencena vs. Litauen*. Das alles ändert freilich nichts daran, dass auch Regeln der Grammatik oft geschlechtsspezifische Diskriminierungen tradieren. Sie werden jedoch rechtlich bislang hingenommen (z. B. zum generischen Maskulinum der deutschen Sprache BGH 13.3.2018, JR 2019 S. 450 [„Kontoinhaber", nicht auch „Kontoinhaberin"] und für England sec. 33(1) Interpretation Act 1985 [„Words importing female persons include male persons and corporations and words importing male persons include female persons and corporations"]). Das deutsche Bundesjustizministerium stieß im Oktober 2020 mit dem Entwurf eines Gesetzes zur Fortentwicklung des Sanierungs- und Insolvenzrechts (https://www.bmjv.de/SharedDocs/Gesetzgebungsverfahren/Dokumente/RefE_SanInsFoG.pdf?__blob=publicationFile&v=4) auf viel politischen Widerstand, weil es ein der deutschen Sprache unbekanntes generisches Femininum zu entwickeln trachtete, also z. B. durchweg statt von „Geschäftsleitern" von „Geschäftsleiterinnen" und statt von „Gläubigern" von „Gläubigerinnen" sprach.

[587] Oben Rdnrn. 113, 115 und 117–120. Ungar. VerfG 27.6.2018, 6/2018, Alkotmánybíróság Határozatai 21/2018, S. 1224 bekräftigt, dass das Gericht die Regelung der Namensänderung weiterhin als grundrechtliche Frage auffasse. Die Grundlage eines Namenswechsels in Verbindung mit einer Geschlechtsumwandlung sei die Identität des Menschen und die Unantastbarkeit seiner Würde. Jedermann habe ein Recht darauf, dass sein Name seinem Geschlecht entspreche; es bestehe sogar eine Pflicht, seinen Namen dem Geschlecht entsprechend in die Register eintragen zu lassen.

[588] Z. B. Kap. 3 § 12(2) dän. Navnelov; § 1626(1) dt. BGB (allgemeine Regel zur elterlichen Sorge, die auch das Recht zur Vornamensgebung einschließt: BVerfG 5.12.2008, NJW 2009, S. 663 Rn. 12; OLG Nürnberg 29.3.2018, FamRZ 2018 S. 1908); Kap. 3 § 22 finn. Eti- ja sukunimilaki; Art. 57(2) franz. CC (in Belgien fehlt eine entsprechende gesetzliche Vorschrift, die Regel ist aber dieselbe: *Leleu*, Droit des personnes et de la famille³, S. 102 Rdnr. 83); Art. 3.166(1) lit. ZGB; Art. 57(2) luxemb. CC; Art. 1875 (2) port. CC (Wahl sowohl von Vor- als auch von Nachnamen); §§ 26 und 43 schwed. Lag om personnamn; Art. 156(1) span. CC (allgemeine Regelung der elterlichen Sorge; keine Spezialregelung zur Vornamensgebung); § 860(2) tschech. BGB; §§ 4:146(2); § 4:150(6) ung. ZGB und für Polen Safjan (-*Pazdan*), System Prawa Prywatnego I², S. 1106 Rndr. 81. Nach heutigen Maßstäben evident verfassungswidrig wäre also die bis in die achtziger Jahre des vergangenen Jahrhunderts angewandte Regel des griechischen Rechts, wonach das Recht der Vornamensgebung Teil der väterlichen Macht war (z. B. Areopag 982/1983, Isokrates-Datenbank [Registerberichtigung selbst dann, wenn der Mutter, die den

geschützten Rechts nicht unverhältnismäßig beschränkt werden[589], es aber auch nicht unter Verletzung des Kindeswohls missbrauchen[590], beispielsweise dadurch, dass sie Geschwistern dieselben Vornamen geben. Darüber, was eine unverhältnismäßige Beschränkung des Namensgebungsrechts der Eltern konstituiert, herrscht nicht in jeder Beziehung Einvernehmen. Man kann das gut an der Frage studieren, ob Eltern bei der Vornamensgebung rechtlich (und nicht nur kraft Tradition[591]) an die **im Inland gebräuchlichen Vornamen** gebunden sind. In Ungarn ist das der Fall. In das dortige Geburtenregister dürfen nur Vornamen eingetragen werden, die in dem ungarischen Vornamensbuch (einer amtlichen Liste der zulässigen Vornamen) aufgeführt sind; außerdem darf niemand mehr als zwei Vornamen erhalten.[592] Auch Portugal führt eine offizielle Namensliste[593], und die Rechtsprechung ist keineswegs frei davon, fremdsprachige, nicht portugiesisch klingende Vornamen zurückzuweisen.[594] Denn unter Art. 103(2)(a) port. CRC sollen „die Vornamen ... portugiesisch sein, aus den in der nationalen Onomastik aufgeführten oder graphisch und phonetisch an die portugiesische Sprache angepassten Vornamen" gewählt werden und „keine Zweifel über das Geschlecht des Registrierten aufkommen lassen". Unter Art. 103 (2)(b) und (c) port. CRC werden allerdings ausländische Vornamen in der Originalform

---

Vornamen bestimmt hatte, die elterliche Gewalt zugesprochen worden war], und Areopag in Kammer 99/1985, EllDni 52 [1985] S. 423 [dsgl., allerdings schon mit abweichender Mindermeinung]). Spätestens seit 1993 hat der Areopag dann diese Rechtsprechung jedoch aufgegeben und entschieden, dass das Recht der Vornamensgebung Ausfluss der elterlichen Sorge sei und deshalb beiden Eltern gemeinsam zustehe; können sie sich nicht einigen, entscheidet das Gericht (u. a. Areopag 1321/1992, EllDni 35 [1994] S. 375; Areopag 417/2005, EllDni 46 [2005] S. 1073; Areopag 945/2009, NoB 57 [2009] S. 2179 und Areopag 494/2017, NoB 66 [2018] S. 276). Die Regelungen zur Bestimmung von Vor- und Nachnamen sind *d'ordre public* und deshalb der Privatautonomie entzogen (Areopag 1165/2004 EEN 2005 S. 99).

[589] Tschech. VerfG 24.4.2018, I. ÚS 1676/17, https://nalus.usoud.cz:443/Search/GetText.aspx?sz=1–1676-17_1 (Staatshaftung bejaht, weil das Personenstandsregisteramt mit Billigung der Verwaltungsgerichte die Eintragung des Vornamens „Thymian" für einen Jungen verweigert hatte. Den Hintergrund bildete § 62 (1) Satz 4 des tschech. Gesetzes über das Personenstandsregister, wonach der Bürger verpflichtet ist, das Gutachten eines Fachmannes vorzulegen, wenn „Zweifel über die Existenz des Namens oder über seine richtige Schreibweise" bestehen. Das Amt hatte sich darauf zurückgezogen, die richtige Schreibweise von „Thymian" nicht beurteilen zu können. Das (und der Umstand, dass es in Tschechien überhaupt nur zwei Namensgutachter gab) hatte dazu geführt, dass das Kind für mehr als drei Jahre keinen Vornamen hatte. Das Verfassungsgericht entschied, dass den Beteiligten ein faires Verfahren vorenthalten geblieben sei).

[590] Dt. BVerfG 3.11.2005, NJW 2006 S. 1414 (Art. 6(2)(1) dt. GG schütze die Vornamenserteilung durch die Eltern, die bis zur Grenze einer Kindeswohlgefährdung in ihrer Entscheidung frei seien. Wenn eine Kindeswohlgefährdung nicht zu besorgen sei, verletze eine Beschränkung des Vornamensbestimmungsrechts der Eltern auch das allgemeine Persönlichkeitsrecht des Kindes).

[591] Solche Traditionen sind natürlich in vielen Ländern wirkmächtig, am stärksten vielleicht in Griechenland. In den meisten Fällen werden die Eltern (erst) direkt nach der Taufe die Vornamensgebung gegenüber dem Register verlautbaren (mag das nach den Maßstäben der UN-Kinderrechtekonvention auch zu spät sein). Das hängt damit zusammen, dass ein orthodoxer Christ seinen Vornamen durch die Taufe erhielt. Nicht wenige Griechen meinen bis heute, dass die *Onomatodosia,* die Namenseintragung im Register, von der Taufe abhinge. Als Taufnamen bietet die griechisch-orthodoxe Kirche aber nur die Namen von Heiligen *(Hagios)* und von verschiedenen „Heiligen zweiten Grades" *(Osios)* an. Letztere tragen häufig antike griechische Namen.

[592] Unter § 4:150(6) ungar. ZGB wird zwar der Vorname des Kindes durch die Eltern festgelegt. Unter § 44 (3) des ungar. Gesetzes über das Personenstandsregisterverfahren können in das Geburtenregister aber höchstens zwei, dem Geschlecht des Kindes entsprechende und von den Eltern aus der Vornamensliste des Forschungszentrums für Geisteswissenschaften ausgewählte Vornamen eingetragen werden. Dieses Vornamensbuch wird auf der Webseite des Forschungszentrums Geisteswissenschaften der Ungarischen Akademie der Wissenschaften veröffentlicht (http://www.nytud.mta.hu/oszt/nyelvmuvelo/utonevek/index.html). „Christian" wäre danach kein erlaubter Vorname. Er wäre bestenfalls nach vorheriger positiver Stellungnahme des genannten Forschungszentrums (§ 44(3) a. a. O.) eintragungsfähig. Sonderregeln bestehen allerdings für die Angehörigen ethnischer Minderheiten (§ 46(1) Gesetz über das Personenstandsregisterverfahren).

[593] Abrufbar unter https://www.irn.mj.pt/IRN/sections/irn/a_registral/registos-centrais/docs-da-nacionalidade/vocabulos-admitidos-e/

[594] *Menezes Cordeiro,* Tratado de Direito Civil IV[5], S. 234 unter Hinweis auf STJ 27.1.2004, CJ(ST) XII (2004-1) S. 4: „Fitz" unzulässig, weil der Staat ein Interventionsrecht habe, um Vornamen zu verhindern, die keine Bindung an die nationale Namensgebung und in ihr auch kein Äquivalent hätten.

zugelassen, wenn der Registrierte oder ein Elternteil Ausländer ist und einen Namen erhält, der in seinem Heimatland zugelassen ist. Die erwähnte Namensliste ist zudem nicht formal abschließend[595], und sie lässt auch eine viel größere Bandbreite an ausländischen Vornamen zu als die ungarische.[596] Unter dem italienischen Präsidialdekret 396/2000 müssen ausländische Namen in den Buchstaben des lateinischen Alphabets geschrieben werden. Eine offizielle Namensliste wird auch in Dänemark geführt[597], und in Finnland muss der Vorname in Bezug auf Form, Inhalt und Schreibweise dem dortigen nationalen Namensgebrauch entsprechen.[598] Das deutsche Bundesverfassungsgericht ist liberaler. Nach seiner Rechtsprechung sind Eltern nicht an die im Inland gebräuchlichen Vornamen gebunden.[599] Das französische[600], das polnische (Art. 59(3) poln. GRZSA) und das schwedische Recht[601] sehen das ebenso. Sie stellen das grundrechtlich geschützte Elternrecht über das Bestreben anderer Staaten, eine Art „völkische Identität" aufzubauen und aufrechtzuerhalten. Richtig ist allerdings auch, dass der EGMR die Abwägungsfrage anders entscheidet, wenn die Beschränkung der Freiheit der Namenswahl gesetzlich normiert ist und dem Schutz einer besonderen Sprache dient. Wie meistens in der Rechtsprechung des EGMR zu Art. 8(1) EMRK bleibt allerdings unklar, welchem der in Art. 8(2) EMRK genannten Ziele diese Beschränkung zugeordnet werden kann („Aufrechterhaltung der Ordnung"?). Die *Johansson*-Entscheidung erschöpft sich deshalb darin, für den konkreten Fall die Verhältnismäßigkeit („in einer demokratischen Gesellschaft notwendig") der Namensablehnung zu verneinen.[602] Sprachenschutz ist auch in Spanien ein wichtiges Thema. Art. 3 span. Verf., der

---

[595] *Máximo Mocica und Serrano*, Código do Registo Civil anotado, Anm. 1 zu Art. 103, S. 165.

[596] Die Liste enthält z. B. neben „Cristiano" auch „Christiaan", „Christian", „Christiano", „Cristhian", „Cristian" und „Cristianno".

[597] Kap. 3 § 14(1) und (2) Navnelov (Namensgesetz) vom 24.6.2005 (Nr. 524). Findet sich der gewünschte Name nicht auf der Liste, kann er auf Antrag bewilligt werden, wenn er Vornamenscharakter hat, als Vorname in Dänemark nicht ungeeignet ist und weder unpassend noch Anstoß erregen kann (Abs. (3) a. a. O.). Die Liste wird nach einer Einzelfallbewilligung jeweils um sie ergänzt (Abs. (1) a. a. O.).

[598] Kap. 1 §§ 1–3 Eti- ja sukunimilaki (Namengesetz) vom 19.12.2017 (946). Ein Vorname darf keinen Anstoß erregen, dem Träger Unannehmlichkeiten bereiten oder als Vorname offenbar ungeeignet sein. Er muss nach Form, Inhalt und Schreibweise dem nationalen Namensgebrauch entsprechen, für das Geschlecht des Antragstellers anerkannt sein und nicht offenbar an einen Nachnamen erinnern (§ 2(1) a. a. O.). Ausländische Vornamen dürfen eingetragen werden, wenn das Kind eine zureichend enge Verbindung zu dem betreffenden Staat hat und der Name dort anerkannt ist (§ 3 a. a. O.).

[599] BVerfG 3.11.2005 a. a. O. (Fn. 590) (Die Eltern hatten ihrem Kind die Vornamen „Anderson Bernd Peter" geben wollen. „Anderson" ist in Deutschland zwar nur als Nach-, nicht als Vorname gebräuchlich, aber das sei kein guter Grund, ihn abzulehnen. Von einer Gefährdung des Kindeswohls könne keine Rede sein). Ähnlich Högsta förvaltningsdomstolen 5.12.2019, HFD 2019 ref. 57 (I) („Ford" als Vorname für einen neugeborenen Sohn zulässig. Der Name sei in Schweden zwar ungewöhnlich, komme aber sowohl als Vor- wie als Nachname und auch als Nachsilbe einiger anderer Namen vor und habe deshalb in Schweden nicht offensichtlich den Charakter eines Nachnamens) und Högsta förvaltningsdomstolen 5.12.2019, HFD 2019 ref. 57 (II) („Prins" als Vorname für einen Knaben zulässig).

[600] Das Gesetz vom 11. germinal an XI (1.4.1803) relative aux prénoms et changements de noms sah vor, dass „les noms en usage dans les différents calendriers et ceux des personnages connus de l'histoire ancienne pourront seuls être reçus comme prénoms sur les registres de l'état civil destinés à constater la naissance des enfants". Nur bestimmte Vornamen waren also erlaubt. Das Gesetz vom 8.1.1993 modifiant le code civil relative à l'état civil, à la famille et aux droits de l'enfant et instituant le juge aux affaires familiales hat dieses Gesetz aufgehoben. Die Eltern sind seither in der Vornamenswahl frei. Nur „wenn diese Vornamen oder einer von ihnen allein oder in Verbindung mit den anderen Vornamen oder mit dem Namen ... dem Wohl des Kindes oder dem Recht Dritter auf Schutz ihres Familiennamens zuwiderlaufen, unterrichtet der Standesbeamte unverzüglich den Staatsanwalt der Republik. Dieser kann das Familiengericht anrufen". Das Familiengericht kann unter Art. 57(3) und (4) franz. CC die Löschung des oder der Namen aus den Zivilregistern anordnen und gegebenenfalls einen anderen Namen vergeben. Das Entscheidungskriterium ist das Kindeswohl.

[601] Regeringsrätten (Schwed. Oberster Verwaltungsgerichtshof, heute Högsta förvaltningsdomstolen) 25.2.1987, RÅ 1987 ref. 9 („Twilight" zulässig, weil ein Name als Vorname nicht schon deshalb offenbar ungeeignet sei, weil er aus einem englischen Wort bestehe, bei dessen Aussprache es im täglichen Leben zu Unsicherheiten kommen könne).

[602] EGMR 6.12.2007, 10163/02, *Johansson vs. Finnland* (Eltern hatten für ihren neugeborenen Sohn als Vornamen „Axl" beantragt. Die finnische Namensbehörde hatte abgelehnt, weil die Schreibweise nicht mit dem finnischen Namensgebrauch vereinbar sei; der Name müsse „Axel" geschrieben werden. Der

ihn über das Kastilische hinaus für die Regionalsprachen garantiert, wirkt sich namensrechtlich in Art. 50(4) span. LRC aus, wonach der Standesbeamte „auf Antrag der interessierten Person oder ihres gesetzlichen Vertreters den Vornamen durch einen entsprechenden Vornamen in einer der spanischen Sprachen" ersetzt. (Eine entsprechende Regelung besteht auch für den Nachnamen: Art. 53(4) span. LRC.)

134 Das Kindeswohl ist gefährdet, wenn die Namensgebung die Würde des Kindes verletzt oder zu verletzen droht, z. B. deshalb, weil es durch den Namen der Lächerlichkeit preisgegeben würde.[603] Das Wohl des Kindes ist auch verletzt oder zumindest gefährdet, wenn es durch seinen Vornamen mit Verbrechern[604] oder mit anderen in der Gesellschaft eindeutig negativ besetzten Personen oder Ereignissen in Verbindung gebracht werden würde.[605] Eine Gefährdung des Kindeswohls kann zudem darin liegen, dass einem Baby verniedlichende Formen etablierter Vornamen gegeben werden.[606] Der Vorname muss zwar das Geschlecht eines Kindes nicht überall eindeutig offenbaren, darf seine Identifizie-

---

EGMR sah Art. 8 EMRK als verletzt an. Es sei zwar legitim, Kinder vor Namen zu schützen, die als lächerlich oder eigentümlich angesehen werden können. Auch sei es legitim, einen nationalen Namensgebrauch zu bewahren, wenn er dem Schutz einer besonderen Sprache diene. Das sei hier jedoch nicht der Fall, weil „Axl" nicht wesentlich von dem in Finnland häufigen „Axel" abweiche und weder als lächerlich noch als eigentümlich angesehen werden könne. Siehe aber auch EGMR 11.9.2007, 59894/00, *Bulgakov vs. Ukraine* (Der Schutz und die Förderung einer Amtssprache dienten dem Schutz der Personen, die diese Sprache sprechen, sodass der Schutz der Rechte und Freiheiten anderer i. S. d. Art. 8 (2) EMRK als Rechtfertigung dienen könne).

[603] Z. B. Art. 59(2) poln. GRZSA (abgelehnt wurden im Jahre 2019 z. B. Joint, Koka, Pipa, Nutella, Rambo, Nirvana und Batman: https://mojekatowice.pl/i,jan-i-zuzanna-to-najczesciej-nadawane-imiona-w-2019-roku-w-katowicach,200274,883593.html). In Frankreich wurden auf der Grundlage von Art. 57(3) und (4) franz. CC z. B. abgelehnt „Assedic" (der Name der früheren Arbeitslosenversicherung), „Exocet" (ein militärischer Flugkörper), „Babord und Tribord" (Backbord und Steuerbord für Zwillinge), „Aude" i. V. m. dem Nachnamen „Vaisselle" (eau de vaisselle, Spülwasser) (*Malaurie*, Droit des personnes[10], S. 61 Fn. 19), „Lydie" i. V. m. dem Nachnamen „Hotte" (Lydie Hotte, l'idiote) (*Teyssié*, Droit des personnes[20], S. 300 Rdnr. 462) und „Titeuf" (eine Comicfigur) (Versailles 7.10.2010, Sem.Jur. éd. G 2010 Jur. Nr. 1141: „Le nom de ce préadolescent naïf et maladroit risque de créer un réel handicap pour l'enfant devenu adolescent, puis adulte"). Deutlich weniger verletzende Beispiele aus Italien sind „Venerdi" („Freitag") (Corte d'appello Genova 10.11.2007, Foro it. 2009, I, 163: es handele sich um den Namen eines Wochentags, der oft mit Unglück und Pech verbunden werde), aus Spanien „Mandarina" (abgelehnt durch Resolution DGRN vom 7.9.2001; weitere Fälle bei *Echevarría de Rada*, Boletín del Ministerio de Justicia 58 [2004] S. 4303) und aus Deutschland „Waldmeister" (OLG Bremen 20.6.2014, NJW-RR 2014 S. 1156) sowie „Moewe" (BayObLG 16.5.1986, BayObLG 1986 S. 171). EGMR 24.10.1996, 22500/93, *Guillot vs. Frankreich* hält die Zurückweisung des Vornamens „Fleur de Marie", die Europäische Menschenrechtskommission (2.7.1997, 27868/95, *Salonen vs. Finnland*, https://hudoc.echr.coe.int/eng#{%22itemid%22:[%22001-3751%22]}) die Zurückweisung des Vornamens „Ainut Vain Marjaana" („The One and Only Marjaana") zum Schutz der Interessen eines Kindes für erlaubt. Aus Brasilien berichtet *Vago Matieli*, Revista Brasileira de Direito Civil 7 (2016) 107 von „Ava Gina" (zwar im Gedenken an Ava Gardner und Gina Lollobrigida, jedoch portugiesisch wie „a vagina" klingend).

[604] Z. B. Areopag 570/1981, EEN 49 S. 323 und Areopag 573/1981, NoB 29 S. 901 (wonach sogar ein schon gewählter Vorname auf Antrag behördlich wieder geändert werden kann, wenn er einen schlechten Klang hat, weil es sich um den Namen eines Verbrechers handelt. In Deutschland wurde nach einem Bericht in der allgemeinen Presse die Eintragung von „Osama-bin-Laden" abgelehnt (https://www.spiegel.de/panorama/namensfindung-koelner-baby-heisst-nicht-osama-bin-laden-a-213292.html), desgleichen „Heydrich" (AG Traunstein 10.2.1994, StAZ 1994 S. 317). Erstaunlicherweise zulässig soll allerdings „Djehad" sein (KG 30.6.2009, StAZ 2009 S. 291). Bordeaux 22.10.2009 (zit. bei *Bernard-Xémard*, Cours de droit des personnes et de la famille[4], S. 99 Rdnr. 285) hat dagegen „Canta" zugelassen, ein Name mit Bezug zu dem Sänger Bertrand Cantat, der wegen der Tötung seiner Freundin verurteilt worden war.

[605] In Spanien werden nicht einmal „Judas" (Resolution DGRN vom 31.10.1994) und „Caín" (Resolution DGRN vom 1.12.1990) zugelassen, weil sie unvorteilhafte Assoziationen zu biblischen Namen wecken (*Echevarría de Rada* a. a. O.). In Deutschland blieb „Judas" unbeanstandet, „Verleihnix" wurde aber zurückgewiesen (AG Krefeld 19.10.1989, StAZ 1990 S. 200).

[606] So ausdrücklich Art. 59(2) poln. GRZSA (siehe dazu Woiwodschaftsverwaltungsgericht Warschau 29.9.2015, IV SA/Wa 1569/15, http://orzeczenia.nsa.gov.pl: „Sasanka" keine unzulässige Verniedlichung von „Suzanna"). Nicht zulässig sind in Spanien z. B. „Paco" statt Francisco (Resolution DGRN vom 6.10.2003) oder „Quica" statt Francisca (Resolution DGRN vom 6.2.2003). „Pepa" statt Josefa soll dagegen erlaubt sein, weil es sich dabei heute um einen Vornamen „mit voller Würde" handele (*Echevarría de Rada* a. a. O. m. w. N.). In das tschech. Personenstandsregister können unter § 62(1) tschech. Personen-

V. Das Namensrecht unter grundrechtlichem Einfluss § 2

rung mit seinem Geschlecht aber auch nicht unmöglich machen.[607] Zweitnamen aus dem jeweils anderen Geschlecht blockiert diese Regel aber nicht, und sie tritt auch dann in den Hintergrund, wenn ein Erwachsener von einer ihm nach seinem Heimatrecht zustehenden Möglichkeit Gebrauch macht, einen als Kind erworbenen Vornamen zu ändern bzw. zu ergänzen.[608] Verfassungsrechtlich möglich, aber nicht zwingend geboten ist es aus der Sicht des deutschen Verfassungsgerichts auch, die Vornamen eines Babys auf eine angemessene Zahl (fünf) zu begrenzen.[609] Wichtiger ist, dass jedes Kind ein Recht auf einen Namen, auch auf einen Vornamen hat.[610] Lassen sich die Eltern eines Kindes nicht ermitteln, sind deshalb die zuständigen Behörden verpflichtet, dem Kind einen Namen zu geben.[611]

---

standsregistergesetz weder verstümmelte Vornamen, noch Vornamen in Verkleinerungsform und häusliche Vornamen eingetragen werden.

[607] In diesem Sinn dt. BVerfG 5.12.2008, NJW 2009 S. 663 (Die deutsche Mutter und der indische Vater hatten ihre Tochter „Kiran" nennen wollen. Das Standesamt und die Gerichte hatten abgelehnt, weil dieser Vorname Zweifel über das Geschlecht aufkommen lasse. Ohne einen weiteren, eindeutig weiblichen Vornamen sei der Name „Kiran" unzulässig. Das BVerfG sah darin sowohl eine Verletzung des Eltern- als auch eine Verletzung des allgemeinen Persönlichkeitsrechts des Kindes. Dem von Art. 6(2) GG geschützten Recht der Eltern, dem Kind einen Vornamen zu geben, seien nur durch das Kindeswohl Grenzen gesetzt. Das Elternrecht sei wesentlich ein Recht im Interesse des Kindes und deshalb ein treuhänderisches Recht. Der Entscheidung der Eltern komme für die Persönlichkeit des Kindes deswegen Bedeutung zu, weil der Name ihm dabei helfe, seine Identität zu finden und seine Individualität zu entwickeln. Der Gesetzgeber habe nirgends geregelt, dass der Vorname über das Geschlecht des Kindes informieren müsse. Zu einer Gefährdung des Kindeswohls komme es allenfalls dann, „wenn der gewählte Vorname dem Kind offensichtlich und nach keiner Betrachtungsweise die Möglichkeit bietet, sich anhand des Vornamens mit seinem Geschlecht zu identifizieren". Das sei hier nicht der Fall. Es trügen sowohl männliche als auch weibliche Personen den Vornamen Kiran. Eine geschlechtsspezifische Identifikation sei ohne weiteres möglich. Unter § 62(1) tschech. Personenstandsregistergesetz darf für eine natürliche Person männlichen Geschlechts kein weiblicher und für eine Person weiblichen Geschlechts kein männlicher Vorname eingetragen werden. Auch Polen (Art. 59(4) poln. GRZSA) und Italien verbieten die Vergabe von Namen des anderen Geschlechts. „Andrea" allerdings kann auch für Jungen vergeben werden (Cass. 20.11.2012, nr. 20385, Foro it. 2013, I, 529), und „Maria" jedenfalls als Zweitname für Jungen (Basior, Czajkowska und Sorbian [-*Sorbian*], Prawo o aktach stanu cywilnego, Art. 59 Rndr. 2).

[608] Regeringsrätten 28.9.2009, RÅ 2009 ref. 55 (III) („Madeleine" als zusätzlicher Vorname für Herrn Jan Olof gestattet, der als Erwachsener eine entsprechende Namensänderung beantragt hatte; es gebe kein gesetzliches Verbot, einen mit dem Geschlecht nicht übereinstimmenden Vornamen zu führen, wenn er im Einzelfall nicht offensichtlich ungeeignet i. S. v. § 28 Lag om peronnamn [bis 2017 § 34 Namnlag] sei. Das war hier nicht der Fall, weil Jan-Olof Madeleine als Transvestit auftrat). Ebenso mit Blick auf § 28 Lag om personnamn (wonach nur Vornamen abgelehnt werden dürfen, die Anstoß erregen oder dem Träger Unannehmlichkeiten bereiten können oder aus anderem Grund ungeeignet sind) Regeringsrätten 28.2.1985, RÅ 1985 ref. 2:8 („Bent Mohamed Moncef" als weitere Vornamen für die Tochter „Nadja" zulässig, weil es sich um Namen handelte, die einen Bezug zur Türkei, dem Herkunftsland der Eltern, hatten).

[609] BVerfG 28.1.2004, NJW 2004 S. 1586 (Die Erteilung von zwölf Vornamen dürfe im Interesse des Kindeswohls abgelehnt werden. Die Entscheidung der OLG, das nur fünf Vornamen zugelassen hatte, sei verfassungsrechtlich nicht zu beanstanden. Das Verfassungsgericht nahm die dagegen gerichtete Verfassungsbeschwerde gar nicht erst zur Entscheidung an, weil die Sache weder grundsätzliche Bedeutung habe noch eine Grundrechtsverletzung besorgen lasse. Den Instanzgerichten stünde ein eigenes Ermessen zu. Das OLG hatte argumentiert, dass es für ein Kind schwierig sei, sich weitere, im konkreten Fall noch dazu ungewöhnliche Vornamen in der richtigen Reihenfolge und mit der richtigen Schreibweise zu merken. Im späteren Leben würde es bei der Ausstellung von Urkunden immer wieder auffallen. Auch würde die staatlich-gesellschaftliche Kennzeichnungsfunktion des Namens und auch sein Wert für die Selbstidentifikation mit zunehmender Vornamenszahl vermindert. Unter dem ital. Präsidialdekret 396/2002 können einem Kind maximal drei Vornamen gegeben werden; alle weiteren Vornamen sind rechtlich unbeachtlich. Unter Art. 59(1) poln. GRZSA sind es sogar nur zwei Vornamen.

[610] Art. 7 UN-Kinderrechtekonvention (oben Rdnr. 45 mit Fn. 33).

[611] Z. B. §§ 24(2) und 25 dt. PStG (Namenserteilung durch die zuständige Verwaltungsbehörde); Art. 57(2) franz. CC (wonach, wenn die Eltern des Kindes nicht bekannt sind, der Standesbeamte drei Vornamen auswählt, von denen der letzte an die Stelle des Nachnamens des Kindes tritt); Art. 24(4) gr. Gesetz 344/1978, FEK A/143/11.6.1976 (Namenserteilung durch den Standesbeamten); Art. 3.166(4) lit. ZGB (Namenserteilung durch die Kinderschutzbehörde); Art. 38 ital. Präsidialdekret 396/2002 (Namenserteilung durch den Standesbeamten): Art. 62 poln. GRZSA (Namenserteilung durch das Vormundschaftsgericht); Artt. 103(2)(f) i. V. m. 108 port. CRC (Der *conservador*, der Leiter des Zivilregisters, weist dem Kind einen vollständigen Namen zu. Der Name soll gebräuchlich sein oder sich aus einem spezifischen

Staatlicher Intervention bedarf es auch dann, wenn sich gemeinsam sorgeberechtigte Eltern nicht auf den oder die Vornamen ihres Kindes einigen können.⁶¹² Hat eine Person unter dem Recht eines ausländischen (d. h. in der Sache: eines nicht der EU angehörigen) Staates nur einen einzigen (wenngleich ggf. mehrgliedrigen) Namen erhalten und lebt sie fortan unter deutschem Recht, kann sie diesen Namen in einen Vor- und einen Familiennamen trennen oder ihn nach ihrer Wahl um den jeweils fehlenden Namensbestandteil ergänzen (Art. 47(1) Nr. 2 dt. EGBGB).

3. Gleichberechtigung der Geschlechter

a. Eheleute

135 Die verfassungsrechtlichen Fragen der **Nachnamensbildung** hängen nahezu alle in der einen oder anderen Weise mit dem Prinzip der Gleichberechtigung der Geschlechter zusammen.⁶¹³ Seine verfassungsrechtliche Absicherung hat in vielen Rechtsordnungen tiefgreifende Änderungen bewirkt. Das betrifft zum einen die Namensführung in der Ehe bzw. der eingetragenen Lebenspartnerschaft, und zum anderen die Namen von Kindern. Es ist heute gemeineuropäischer Konsens, dass (i) die verheiratete Frau nicht mehr, wie es früher die Regel war⁶¹⁴, von Rechts wegen den Namen ihres Mannes erhält⁶¹⁵, (ii) dass

---

Merkmal oder einem eventuell beim Kind vorgefundenen schriftlichen Hinweis oder aus dem Ort ergeben, an dem das Kind verlassen wurde); § 40(3) slowak. FamG (Bestimmung von Vor- und Nachnamen durch das Gericht); Art. 50(3) span. LRC (Der *Encargado*, der Standesbeamte, weist dem Neugeborenen einen gebräuchlichen Vor- und Nachnamen zu. Dasselbe gilt, wenn diejenigen, die den Namen festlegen müssen, sich nicht innerhalb von drei Tagen erklären); § 864 tschech. BGB (Ist keiner der Eltern bekannt, so bestimmt das Gericht [nach entsprechender Unterrichtung durch das Personenstandsregister: § 18(4)(d) tschech. PStG] den Vornamen und Familiennamen des Kindes. Kommt es später zu einer Adoption, erhält das Kind von den Adoptiveltern gewählten Vor- und ihren Nachnamen).

⁶¹² In Deutschland überträgt in einem solchen Fall das Familiengericht die Entscheidung auf Antrag einem Elternteil (§ 1628 dt. BGB; dazu OLG Karlsruhe 30.6.2016, FamRZ 2017 S. 40); in Litauen (Art. 3.166 (3) lit. ZGB) und der Slowakei (§ 40(3) slowak. FamG) gilt dasselbe; in Spanien entscheidet der Standesbeamte (vorige Fn.); in Griechenland (Areopag 1197/1993, EllDni 35 [1994] S. 1266 [Vorname der Großmutter väterlicherseits] und Areopag 716/1993, EllDni 35 (1994) S. 1265 [Doppelname aus den Vornamen beider Großväter]; in Portugal (Art. 1875(2) port. CC i. V. m. Art. 3(j) des Gesetzes 141/2015 vom 8.9.2015, Regime Geral do Processo Tutelar Cível) und in Tschechien (§ 19(6) tschech. PStG) wieder das Familiengericht. In Frankreich dürfte das ebenso sein, auch wenn sich nur bei *Bernard-Xémard*, Cours de droit des personnes et de la famille⁴, S. 97 Rdnr. 279 wenigstens die Bemerkung findet, dass bei Uneinigkeit der Eltern keinem der beiden Vorrang eingeräumt werde. Auch in Belgien fehlt es an einer gesetzlichen Regelung. Der Elternstreit dürfte aufgrund der Dringlichkeit im Wege einer einstweiligen Anordnung des Familiengerichts (Art. 1253*ter*/4(1) Code judiciaire) entschieden werden (*Leleu*, Droit des personnes et de la famille³, S. 102 Rdnr. 83). Die schwedische Namensbehörde (*Skatteverket*, zugleich Steuerbehörde, zentrales Einwohnermeldeamt und Standesamt) vergibt nicht selbst Namen. Sie kann Eltern, die für ihr Kind nicht innerhalb von drei Monaten einen Namen beantragt haben, mittels Zwangsgeldbescheids zur Beantragung eines Namens auffordern (§§ 26 und 43 Lag om personnamn). In Ungarn entscheidet die Vormundschaftsbehörde, wenn die Eltern kein Einvernehmen erzielen (§ 4:150 ungar. ZGB).

⁶¹³ Entwürdigend klingende Nachnamen müssen i. d. R. im Wege des öffentlichrechtlichen Namensänderungsverfahrens geändert werden. Kurioserweise können solche Probleme aber auch im Passwesen entstehen. EGMR 8.11.2001, 59727/00, *Šiškina und Šiškins vs. Lettland* betraf zwei in Lettland lebende Personen russischer Herkunft, Frau Šiškina und ihren Sohn, Herrn Šiškins. In dem maschinenschriftlich lesbaren Teil des Passes wurden ihre Namen korrekt mit diakritischen Zeichen geschrieben, also „Siskina" und „Siskins". Auf diese Weise wurde im Russischen allerdings das „Tannenzapfen" „Brust" und „Euter". Der EGMR hielt die eingereichte Beschwerde für offensichtlich unbegründet und deshalb bereits für unzulässig. Nicht um ein Gleichberechtigungsproblem ging es auch in EGMR 6.12.2001, 31178/96, *Petersen vs. Deutschland*. Der Vater eines nichtehelich geborenen Kindes, das bei seiner Mutter lebte und deren Namen trug, wandte sich erfolglos gegen eine Einbenennung unter § 1618 Satz 1 dt. BGB, wonach die Mutter und ihr jetziger Ehemann, die beide seinen Namen zum Ehenamen gewählt hatten, den Kindesnamen entsprechend ändern wollten.

⁶¹⁴ So verhielt es sich in einer großen Zahl von Ländern, darunter Deutschland (§ 1355 dt. BGB a.F.; aufgehoben durch das Erste Gesetz zur Reform des Ehe- und Familienrechts (1. EheRG) vom 14.6.1976 (BGBl. I, S. 1421); Griechenland (Art. 1388 ZGB a. F. ist erst durch das Gesetz 1329/1983 aufgehoben

beide Eheleute die Freiheit haben, in der Ehe ihren bisherigen Namen beizubehalten[616] (in Rechtsordnungen, die keinen gemeinsamen Ehenamen kennen, ist das ohnehin die Grundregel[617]) und dass sie (iii), wenn sie sich entscheiden, einen gemeinsamen Ehenamen zu tragen, zwischen dem Namen des Mannes und dem Namen der Frau wählen können.[618] Das Namensrecht von Eheleuten ist nicht mehr primär Familien-, sondern inzwischen primär Personenrecht, mag auch der Standort der einschlägigen Regeln oft weiterhin im Eherecht zu finden sein.[619] Den personenrechtlichen Schwerpunkt des Namensrechts von Eheleuten verstärken eine Reihe weiterer Regeln. Zu ihnen zählt, dass Eheleute, die sich für einen gemeinsamen Ehenamen entscheiden, ihren bisherigen Namen durch einen Namenszusatz bewahren können[620], dass neben dem Geburtsnamen i. d. R. auch ein in

---

worden); Polen (Art. 25 § 1 poln. FVGB i.d.F v. 1.1.1965: Die Frau durfte zwar erklären, ihren Namen beizubehalten, führte aber ohne Erklärung automatisch den Namen des Mannes; unter Art. 25 § 3 FVGB i. d. F. von 1998 führt ohne Erklärung jeder Ehepartner seinen Namen weiter) und Portugal (Art. 1677(1) port. CC ist die Folge der Familienrechtsreform aus dem Jahre 1977). Frankreich kannte nur den (in Art. 264(1) franz. CC): „À la suite du divorce, chacun des époux peut conserver l'usage du nom de son conjoint" implizierten) Brauch, dass eine Frau den Namen ihres Mannes tragen durfte und trug. Seit dem Gesetz Nr. 2013-404 vom 17.5.2013 ouvrant le mariage aux couples de personnes de même sexe haben nun ausdrücklich beide Ehegatten dieses Nutzungsrecht. Die erste zentraleuropäische Rechtsordnung, die es verheirateten Frauen ermöglichte, ihren Mädchennamen beizubehalten, war die tschechoslowakische (§ 17(2) Gesetz über das Familienrecht Nr. 265/1949, Zákon o právu rodinném, in Kraft ab 1.1.1950).

[615] Dass eine Ehefrau den Namen des Ehemannes annehmen muss, verstößt auch gegen Art. 14 i. V. m. Art. 8 EMRK (EGMR 16.11.2004, 29865/96, *Ünal Tekeli vs. Türkei*, FamRZ 2005, S. 427).

[616] Art. 12 bulgar. FamGB; Kap. 1 § 5 dän. Navnelov; § 1355(1) Satz 3 dt. BGB; § 10(1) estn. Familiengesetz; Kap. 2 § 9 finn. Eti- ja sukunimilaki; Art. 1388 gr. ZGB; Art. 86 Satz 2 lett. ZGB; Art. 3.31 lit. ZGB; § 93(1)(2) österr. ABGB; Art. 25 § 1 poln. FVGB; Art. 1677(1) port. CC; Artt. 281, 282 rumän. CC; § 12 schwed. Lag om personnamn; § 6(3) slowak. Familiengesetz; § 660(b) tschech. BGB; § 4:27(1)(a) und (2)(a) ungar. ZGB (jeder Ehegatte führt nach eigener Wahl seinen Geburtsnamen oder den unmittelbar vor der Eheschließung geführten Namen). Eine Diskriminierung aufgrund des Geschlechts (Art. 14 i. V. m. Art. 8 EMRK) liegt auch vor, wenn bei einer Ehe zwischen zwei Personen unterschiedlicher Staatsangehörigkeit die Ehefrau ihren Geburtsnamen in der Ehe weiterführen darf, der Ehemann jedoch nur einen aus seinem Geburts- und dem Familiennamen zusammengesetzten Namen (EGMR 9.11.2010, 664/06, *Losonci Rose und Rose vs. Schweiz*).

[617] Dazu gehören u. a. Portugal und Spanien, ferner Frankreich. Frankreich akzeptiert nur ein gegenseitiges Namensnutzungsrecht (Fn. 614), das aber den bürgerlichen Namen unberührt lässt (*Teyssié, Droit des personnes*[20], S. 266 Rdnr. 404). Auch unter Art. 1388(1) und (2) gr. ZGB ändert sich der bürgerlichrechtliche Name der Ehegatten durch die Eheschließung nicht (dazu Areopag 1165/2004, EEN 2005 S. 99 und StE 2906/1996, NoB 1998 S. 1355). In den „gesellschaftlichen Verhältnissen" (nicht in den „rechtlichen Verhältnissen") darf jedoch jeder Ehegatte mit Zustimmung des anderen dessen Nachnamen benutzen oder ihn zusätzlich zu seinem eigenen Namen verwenden." Unter Abs. (3) a. a. O. darf zudem jeder Ehegatte den Namen des anderen seinem Namen durch Erklärung gegenüber dem Registerbeamten hinzufügen. Unter Art. 1:9(1) ndl. BW ist eine verheiratete oder verpartnerte Frau immer berechtigt, nur den Nachnamen ihres Mannes oder Partners zu gebrauchen, auch in Verbindung mit ihrem eigenen Nachnamen. Erstaunlicherweise gilt das nicht für den Ehemann.

[618] Art. 12 bulgar. FamGB; Kap. 1 § 5 dän. Navnelov; 1355(2) dt. BGB; § 10(2) Nr. 1 estn. Familiengesetz; Kap. 2 §§ 10 und 11 finn. Eti- ja sukunimilaki; Art. 86 Satz 1 lett. ZGB; Art. 3.31 lit. ZGB; § 93(2)(1) österr. ABGB; Art. 25 § 2 poln. FVGB; Artt. 281 und 282 rumän. CC; § 12(1) schwed. Lag om personnamn; § 6(3)(a) slowak. Familiengesetz; § 660(a) tschech. BGB; § 4:27(1)(d) und (2)(b) ungar. ZGB.

[619] Das ist z. B. der Fall in Deutschland (§ 1355 dt. BGB); in Österreich (das Namensrecht ist im Familienrecht geregelt; der Ehename also im Ehe- und der Name des Kindes im Kindschaftsrecht); in Polen (Art. 25 FVGB; die Vorschrift impliziert allerdings einen personenrechtlichen Charakter, weil sie auf die Erklärung jedes der Ehegatten abstellt); in Portugal (*Menezes Cordeiro*, Tratado de Direito Civil IV[5], S. 230) und in Tschechien (§§ 660–662 tschech. BGB). In Schweden wird das dortige Namensgesetz dem öffentlichen Recht zugeordnet (oben Rdnr. 30 mit Fn. 136).

[620] Art. 12 bulgar. FamGB; Kap. 1 §§ 5 und 8 dän. Navnelov; § 1355(4) dt. BGB; § 10(2) Nr. 2 estn. Familiengesetz; Kap. 2 §§ 10 und 11 finn. Eti- ja sukunimilaki; Art. 1:9(1) ndl. BW (Fn. 617); § 93(3) österr. ABGB (Die frühere Regelung, wonach nur die Frau ihren Geburtsnamen dem Familiennamen hinzufügen konnte, war verfassungswidrig: österr. VfGH 5.3.1985, G174/84, VfSlg. 10442/1985; unter § 93(2)(3) ABGB kann nun aber ohnehin ein Doppelname als Familienname gewählt werden; Doppelnamen werden in jedem Fall durch einen Bindestrich verbunden: § 93(4) ABGB); Art. 25 § 2 poln. FVGB; Art. 282 rumän. CC (einer oder beide Eheleute können einen aus ihrer beider Namen zusammengesetzten Doppelnamen tragen); § 12(2) schwed. Lag om personnamn; Art. 86 Satz 3 lett. ZGB;

einer früheren Ehe erworbener Name zum neuen Ehenamen bestimmt werden kann[621] und dass geschiedene Eheleute gewöhnlich ihren Ehenamen behalten, sofern sie das wünschen.[622] Mit dem Grundsatz der Gleichberechtigung der Geschlechter verbindet sich ein fundamentaler Freiheitsgedanke.[623] Jeder soll für sich selbst oder im Zusammenwirken mit seinem Partner entscheiden können, welchen Namen er oder sie in der Ehe führen möchte. Die Wahlfreiheit ist aber in allen Rechtsordnungen, die nicht der Vorstellung anhängen, dass jedermann ohnehin jeden Namen seiner Wahl tragen kann, auf die rechtsförmig gebildeten Namen der Beteiligten beschränkt. Das Gleichberechtigungsprinzip liegt auch Art. 225-1 franz. CC[624] zugrunde, der jedem Ehegatten das Recht gewährt, den Namen des anderen im Alltag zu benutzen, indem er seinen eigenen Namen in der von ihm gewählten Reihenfolge ersetzt oder ergänzt. Und natürlich dient auch Art. 16(1)(g) der UN-Frauenrechtekonvention der Gleichberechtigung, wenn er die Staaten verpflichtet,

---

Art. 3.31 lit. ZGB; § 6(3)(c) slowak. Familiengesetz; § 660(c) tschech. BGB; § 4:27(1)(b) ungar. ZGB (die Regel gilt allerdings – gleichberechtigungsrechtlich unhaltbar und zugleich menschenrechtswidrig: EGMR 22.2.1994, 16213/90, *Burghartz vs. Schweiz*, ÖJZ 1994 S. 559 – nur für Frauen).

[621] Art. 53 bulgar. FamGB; Kap. 1 §§ 5 und 8 dän. Navnelov; § 1355(2) dt. BGB (dazu BVerfG 18.2.2004, BVerfGE 109 S. 256: die bis dahin geltende Regel, dass ein in einer Ehe erworbener Name nicht in eine weitere Ehe als Ehename eingebracht werden kann, verstoße gegen das allgemeine Persönlichkeitsrecht); §§ 93(1)(1) und 93a(2) estn. ABGB; Art. 25 § 2 poln. FVGB; § 12(2) schwed. Lag om personnamn (mit Begründung in Prop. 2015/16:180, S. 38); § 4:27(1)(a) und (2)(a) i. V. m. § 4:28(3) ungar. ZGB. Unter Kap. 2 § 13 finn. Eti- ja sukunimilaki, Art. 1:9(1) Satz 2 ndl. BW und unter Art. 1677(2) port. CC kann dem beibehaltenen Namen der Name des anderen Ehegatten allerdings dann nicht hinzugefügt werden, wenn es sich bei dem beibehaltenen Namen um einen Namen aus früherer Ehe handelt. In Rumänien ist die Rechtslage umstritten, obwohl aus dem Text von Art. 282 rumän. CC keinerlei Einschränkungen folgen (das betonen *Bacaci/Dumitrache/Hageanu*, Dreptul familiei[7], S. 41 und *Reghini/Diaconescu/Vasilescu*, Introducere în dreptul civil, S. 266–267). Allerdings bestimmt Art. 383 rumän. CC, dass sich die Eheleute im Scheidungsfall einigen können, den während der Ehe getragenen Namen zu behalten und dass in Ermangelung einer Einigung nur das Gericht und zwar nur aus wichtigem Grund eine Namensfortführung gestatten kann. Problematisch ist vor diesem Hintergrund zudem, ob der in der Erstehe erworbene und mit Einwilligung der anderen Seite oder mit gerichtlicher Gestattung fortgeführte Name auch in einer zweiten oder einer weiteren Ehe zum Ehenamen bestimmt werden kann (näher *Ungureanu und Munteanu*, Drept civil. Persoanele[3], S. 259).

[622] Art. 53 bulgar. FamGB; § 10 dän. Navnelov; § 1355(5) dt. BGB; § 11 estn. Namensgesetz; 33 finn. Eti-ja sukunimilaki; Art. 1388 gr. ZGB; Art. 82 lett. ZGB (allerdings mit Widerspruchsrecht des unschuldig geschiedenen anderen Ehegatten); Art. 3.69(1) lit. ZGB; Art. 1:9(3) ndl. BW (ebenfalls mit Widerspruchsrecht des geschiedenen Ehegatten gegen die weitere Nutzung seines Namens); § 93a(2) österr. ABGB („Wird die Ehe aufgelöst, so können die Ehegatten jeden früher rechtmäßig geführten Familiennamen wieder annehmen"); Art. 59 poln. FVGB (der geschiedene Ehegatte kann zwar innerhalb von drei Monaten nach der Scheidung seinen früheren Namen wieder annehmen, muss das aber nicht); Artt. 69(1) (p), 104(6) port. CRC (unter Art. 1677-B port. CC darf ein geschiedener Ehegatte den Namen des anderen Ehegatten aber nur mit dessen Zustimmung oder auf Grundlage eines gerichtlichen Beschlusses beibehalten); Art. 383 rumän. CC (Namensfortführung aber nur bei Einigung oder aufgrund gerichtlicher Entscheidung; der Grundregel nach muss also der frühere Name wieder angenommen werden); § 21 schwed. Lag om personnamn; § 759(1) tschech. BGB (Wiederannahme des früheren Namens innerhalb von sechs Monaten möglich); § 4:28(1) ungar. ZGB (in Ausnahmesituationen mit Widerspruchsrecht des Ehemannes hinsichtlich des mit dem auf die Ehe verweisenden Zusatz beibehaltenen Ehenamens). Da es in Frankreich keinen Ehenamen gibt, stellt sich die Frage hier nicht. Allerdings geht mit der Scheidung das gegenseitige Namensnutzungsrecht verloren. Es bleibt nur erhalten, wenn der bisherige Ehegatte zustimmt oder das Gericht bei Nachweis eines besonderen Interesses, auch eines besonderen Interesses der Kinder, die weitere Namensnutzung gestattet (Art. 264 franz. CC). Diese Regelung verstößt nach EGMR 20.3.2001, 50614/99, *Taïeb genannt Halimi vs. Frankreich* nicht gegen die EMRK. Grundrechtlich sehr problematisch ist Art. 5.2 der ital. Disziplinarordnung für Fälle der Auflösung der Ehe (Disciplina dei casi di scioglimento del matrimonio, Gazz. Uff. 3.12.1970, nr. 306), wonach die Ehefrau im Fall der Scheidung den Familiennamen ihres Mannes verliert, den sie nach der Eheschließung ihrem eigenen Namen hinzugefügt hatte. Sie kann nur bei Gericht beantragen, dass sie den Namen ihres Mannes zusätzlich zu ihrem eigenen Namen weiterführen darf und dafür ein schutzwürdiges Interesse darlegt. Die Ehefrau behält lediglich im Trennungsfalle (und wiederum vorbehaltlich einer entgegenstehenden richterlichen Verfügung) den Namen ihres Mannes (Art. 156*bis* ital. CC).

[623] *Malaurie*, Droit des personnes[10], S. 66 Rdnr. 129.

[624] Eingefügt durch Gesetz Nr. 2013-404 vom 17.5.2013 *ouvrant le mariage aux couples de personnes de même sexe*.

V. Das Namensrecht unter grundrechtlichem Einfluss § 2

Ehefrauen „das gleiche Recht auf Wahl des Familiennamens" einzuräumen wie Männern.[625] Damit kaum zu vereinbaren ist offenbar Art. 143*bis* ital. CC, wonach „die Frau … ihrem eigenen Zunamen jenen des Ehemannes hinzufügt" (und ihn „während des Witwenstandes beibehält, bis sie sich wieder verheiratet), nicht aber umgekehrt auch der Mann den Namen der Frau. Die Vorschrift ist immer noch geltendes Recht. Angesichts der neueren Rechtsprechung des Verfassungsgerichts zum Vorrang des Mannes bei der Übertragung des Familiennamens auf die Kinder[626] wäre es aber wenig überraschend, wenn auch dieser Zopf der ehedem patriarchalischen Gesellschaft demnächst abgeschnitten würde. Das Verfassungsgericht hatte bislang keine Gelegenheit, die Vorschrift zu überprüfen. Außerdem scheint Art. 143*bis* ital. CC inzwischen „totes Recht" geworden zu sein. Unbeanstandet durch die Behörden behalten italienische Frauen in der Praxis ihren Nachnamen. Sie fügen ihm fast nie mehr den Namen ihres Mannes hinzu.

Gleichheit und Freiheit haben sich im ehelichen Namensrecht erst mühsam durchsetzen **136** müssen. Das deutsche Bundesverfassungsgericht hat es anfangs noch passieren lassen, dass die von einer Frau adoptierten Kinder anderen namensrechtlichen Regeln unterlagen als die Adoptivkinder eines Mannes.[627] Nicht einmal die im früheren deutschen Recht vorgesehene Pflicht, einen einheitlichen Ehenamen zu führen, sollte gegen den Grundsatz der Gleichberechtigung der Geschlechter (auf den allein sich das Urteil konzentrierte) verstoßen, weil die Gleichberechtigung von der Frage zu trennen sei, wessen Name zum Ehenamen werde. Dass das damals noch der Name des Ehemannes war, beeinflusste das Ergebnis nicht; das Gericht ließ die Verfassungskonformität dieser Regel zunächst einfach offen.[628] Erst fünfzehn Jahre später stellte es klar, dass sie verfassungswidrig und nichtig sei. Auch der Name der Frau müsse zum Ehenamen bestimmt werden können, und zwar nachträglich auch in Altehen.[629] Damit war aber das Problem noch nicht vom Tisch, dass das deutsche Prinzip des gemeinsamen Ehenamens immer einen der Ehegatten zwang, seinen Geburtsnamen aufzugeben. Das Bundesverfassungsgericht sah darin erstaunlicherweise keine Verletzung des allgemeinen Persönlichkeitsrechts des betroffenen Ehegatten, fügte allerdings hinzu, dass der Gesetzgeber auch nicht gezwungen sei, auf einem einheitlichen Ehenamen zu bestehen.[630] Erst BVerfG 5.3.1991 entschied, dass die seinerzeitige Regelung, wonach Eheleute, die sich nicht auf einen Ehenamen einigen, den Namen des Ehemannes tragen, verfassungswidrig war.[631] Was für viele Länder kein Problem ist[632], aber

---

[625] Oben Rdnr. 45.
[626] C. Cost. 31.5.2022, nr. 131 (unten Rdnr. 137).
[627] Wenig aussagekräftig zwar BVerfG 25.7.1963, BVerfGE 17 S. 99 (hier hatten sich alle maßgeblichen Teile des Sachverhaltes noch vor dem Inkrafttreten von Art. 3(2) dt. GG zugetragen), doch entschied kurze Zeit später BVerfG 16.11.1965, BVerfGE 19 S. 177, dass es nicht gegen Art. 3(2) GG verstoße, dass eine Ehefrau bei einer Adoption für die Weitergabe des Ehenamens der Zustimmung des Ehemannes bedurfte. Das sei deshalb nicht gravierend, weil die fehlende Zustimmung des Ehemannes i.d.R. durch das Vormundschaftsgericht ersetzt werde. Wo, wie bei der Volljährigenadoption, eine solche Ersetzung nicht möglich sei, verstoße der Zustimmungsvorbehalt allerdings gegen das Prinzip der Gleichberechtigung der Geschlechter.
[628] BVerfG 26.11.1963, BVerfGE 17 S. 168.
[629] BVerfG 31.5.1978, BVerfGE 48 S. 327.
[630] BVerfG 8.3.1988, NJW 1988 S. 1577. Es ging um § 1355(1) und (2) dt. BGB in der Fassung des Ersten Gesetzes zur Reform des Ehe- und Familienrechts (1. EheRG) v. 14.6.1976 (BGBl. I, S. 1421). Hiernach war ein gemeinsamer Familienname von Ehegatten noch immer obligatorisch. Ob § 1355(2)(2) BGB a. F. (wonach im Zweifel der Geburtsname des Ehemannes zum Ehenamen wurde) gegen Art 3(2) GG verstoße, sei „zweifelhaft, jedoch nicht Gegenstand des vorliegenden Verfahrens".
[631] BVerfGE 84 S. 9. Der Gesetzgeber reagierte mit dem Gesetz zur Neuordnung des Familiennamensrechts (FamNamRG) v. 16.12.1993 (BGBl. I, S. 2054) und ging zu der Regel über, dass Ehegatten im Zweifel ihren Geburtsnamen behalten. Die zwischenzeitlich möglichen Doppelnamen für Kinder wurden wieder abgeschafft.
[632] Unter Art. 86(3) lett. ZGB (joint double surname) z. B. gilt: „Upon entering into marriage, one of the spouses may add to his or her surname the surname of the other spouse, except in cases where one of the spouses already has a double surname, or also the spouses may make a joint double surname from the premarital surnames of both spouses". Art. 3.31 lit. ZGB formuliert: „Both spouses shall have the right to retain their respective surnames or to choose the surname of the other spouse as their common surname or

in Deutschland bislang verneint wird, ist die Frage, ob Eheleute einen aus ihren beiden Nachnamen geformten **Ehedoppelnamen** tragen dürfen. BVerfG 7.2.2002 hat die strikt ablehnende Haltung des Gesetzgebers für verfassungskonform gehalten.[633] Der Gesetzgeber könne sich aber auch dazu entscheiden, der Gefahr der sich über die Generationen jeweils verdoppelnden Kettennamen durch die generelle Beschränkung der Anzahl der Nachnamen auf zwei zu begegnen.[634]

b. Nachnamensrecht der Kinder

137 Der Grundsatz der Gleichberechtigung der Geschlechter hat natürlich Bedeutung auch für das Nachnamensrecht der Kinder. Kaum noch zu rechtfertigen sind die unter dem Einfluss der griechisch-orthodoxen Kirche erhalten gebliebenen **Patronyme,** also die auf die nächste Generation *ex lege* übergegenden Vatersnamen. Man kann nur mit Staunen zur Kenntnis nehmen, dass es in Bulgarien bis heute keinerlei Debatte über sie zu geben scheint.[635] Im Übrigen verstößt natürlich aus heutiger Sicht auch die früher verbreitete Regel, dass der **Familienname der Mutter nicht auf** in der Ehe geborene **Kinder** übergehen konnte, eindeutig gegen die rechtliche Gleichheit von Mann und Frau. In Spanien, das sein Namensrecht zwar längst auf gleichberechtigungskonform formulierte Regeln umgestellt hat[636], klingt das alte Recht noch immer darin nach, dass der dortige

---

to have a double surname by adjoining the surname of the other spouse to one's own surname". Ähnlich verhält es sich unter Art. 25 poln. FVGB. Art. 1677 port. CC lautet: „(1) Jeder der Ehegatten behält seine eigenen Nachnamen, aber er kann ihnen die Nachnamen des anderen bis höchstens deren zwei hinzufügen. (2) Die im zweiten Teil des vorhergehenden Absatzes erteilte Berechtigung kann nicht von dem ausgeübt werden, der die Nachnamen des Ehegatten einer früheren Ehe beibehält". Das portugiesische Recht erlaubt auf diese Weise Namensketten, die bis zu acht (!) Vokabeln erlauben, was damit zusammenhängt, dass ein Name bei der Eintragung im Zeitpunkt der Geburt aus höchstens vier Vokabeln (zwei für die Vor-, vier für die Nachnamen) bestehen kann (Art. 103(2) port. CRC). (Bindewörter wie „de" oder „dos" zählen nicht mit). Da derart lange (sechsgliedrige) Nachnamen im täglichen Rechtsleben aber häufig unpraktisch sind, erlaubt Art. 72(1) port. CC ausdrücklich eine Namensabkürzung („Jede Person hat das Recht, ihren vollständigen oder abgekürzten Namen zu nutzen und sich dagegen zu wehren, dass jemand anders ihn unrechtmäßig zu seiner Identifizierung oder zu anderen Zwecken nutzt").

[633] FamRZ 2002 S. 530. Siehe auch schon BVerfG 30.1.2002, BVerfGE 104 S. 373 und BVerfG 4.7.1991, NJW 1991 S. 2822. Die Sorge vor Kettennamen liegt auch § 1355(4) Satz 2 und 3 dt. BGB zugrunde (Doppelname als Begleitname und Begleitname zu einem Doppelnamen unzulässig); auch diese Regelungen sind verfassungskonform: BVerfG 5.3.1991, BVerfGE 84 S. 9 und BVerfG 5.5.2009, BVerfGE 123 S. 90. Diese Rechtsprechung stimmt mit EGMR 6.5.2008, 33572/02, *von Rehlingen u. a. vs. Deutschland* überein.

[634] Es ist denkbar, dass die weitere rechtspolitische Entwicklung tatsächlich in diese Richtung verläuft. Das Eckpunktepapier der Bundesregierung vom 26.3.2020 zur Reform des Namensrechts (oben Rdnr. 34 mit Fn. 146) formuliert auf S. 1 als eine der zentralen Empfehlungen: „Die Möglichkeit zur Wahl eines echten Doppelnamens, etwa als gemeinsamer Name eines Ehepaares oder eines gemeinsamen Kindes, sollte eröffnet werden. Namensketten sollten dagegen weiterhin nicht ermöglicht werden". Die Nachfolgeregierung strebt nach ihrem Koalitionsvertrag dasselbe Ziel an (unten Rdnr. 507). Ehedoppelnamen sind schon heute außerhalb Deutschlands vielfach erlaubt, z. B. unter § 93(2) österr. ABGB und Art. 25 § 2 poln. FVGB („Die Ehegatten können einen gemeinsamen Nachnamen führen, der der bisherige Name eines der Ehegatten ist. Jeder der Ehegatten kann auch seinen bisherigen Nachnamen beibehalten oder den bisherigen Namen des anderen Ehegatten mit diesem verbinden. Ein durch Verbindung gebildeter Nachname kann aus maximal zwei Gliedern bestehen").

[635] Dazu noch unten Rdnr. 511. Dazu, dass aus dem Vornamen des Vaters und einem geschlechtsspezifischen Zusatz gebildete Zwischennamen auch menschenrechtlich alles andere als unproblematisch sind, schon EGMR 16.5.2013, 20390/07, *Garnaga vs. Ukraine.*

[636] Unter Art. 109 span. CC i. d. F. des Gesetzes 40/1999 vom 5.11.1999 über Vornamen und Nachnamen und deren Reihenfolge *(Ley sobre nombre y apellidos y orden de los mismos)* können, wenn die Abstammung durch beide Verwandtschaftslinien bestimmt ist, der Vater und die Mutter vor der Registereintragung im gemeinsamen Einvernehmen über die Reihenfolge der Übertragung ihres jeweils ersten Nachnamens entscheiden. Nur wenn die Eltern von dieser Wahlmöglichkeit keinen Gebrauch machen, gelten die gesetzlichen Bestimmungen. Die eingetragene Reihenfolge der Nachnamen des ältesten Kindes bestimmt spätere Geburtseintragungen aus derselben Verbindung. Das Kind kann mit Erreichen der Volljährigkeit die Änderung der Reihenfolge seiner Nachnamen beantragen. Das war, wie die Gesetzesbegründung (BOE 266 vom 6.11.1999) betonte, eine überfällige Reform. Die bis dahin geltende Regel, wonach der

V. Das Namensrecht unter grundrechtlichem Einfluss   § 2

Namenspool, genau besehen, nur Vatersnamen tradiert.[637] Das italienische Zivilgesetzbuch regelt bis auf den heutigen Tag nur den Nachnamen eines außerhalb einer Ehe geborenen Kindes. Es erhielt noch bis in die jüngste Vergangenheit unter Art. 262 ital. CC den Nachnamen des Elternteils, der es als erster anerkannt hat. „Erkennen beide Elternteile das Kind gleichzeitig an, so erhält es den Nachnamen des Vaters". Das Verfassungsgericht hat das nicht akzeptiert. Die automatische Übertragung des väterlichen Familiennamens sei verfassungswidrig.[638] Das Kind müsse im Fall der gleichzeitigen Anerkennung durch beide Elternteile die Nachnamen der Eltern in der von ihnen vereinbarten Reihenfolge erhalten, es sei denn, sie einigten sich auf einen ihrer Namen. Das Gericht erklärte gleichzeitig Art. 299(3) ital. CC (Vatersname als Name des Adoptivkindes), Art. 27(1) ital. Gesetz Nr. 184 aus dem Jahre 1983 (ebenfalls Name nach Adoption) und Art. 34 DPR Nr. 396 vom 3.11.2000 für verfassungswidrig. Nach der zuletzt genannten Bestimmung trägt ein eheliches Kind den Nachnamen des Vaters, nicht, wie es nach Einschätzung des Verfassungsgerichts korrekt wäre, die Nachnamen der Eltern in der von ihnen vereinbarten Reihenfolge, es sei denn, sie haben sich bei der Geburt auf den Namen eines von ihnen geeinigt. Der Familienname des Kindes ist daher nunmehr aus dem Namen des Vaters und der Mutter zu bilden. Sie können sich aber darauf einigen, nur einen dieser Namen an ihre Kinder weiterzugeben.

Diese Entscheidung ist ein gutes, wenn auch spätes Beispiel dafür, dass (neben der **138** Dominanz des männlichen Ehenamens) auch die Dominanz des väterlichen Kindesnamens vielerorts erst durch die Verfassungsgerichte gebrochen worden ist. Das Verbot, den Nachnamen der Mutter zum Familien- und damit auch zum Kindesnamen zu bestimmen, widerspricht den Artt. 14 i. V. m. 8 EMRK.[639] Die italienische Zivilstandsverwaltung hat es lange Zeit sogar abgelehnt, mütterliche Nachnamen, die im Ausland bereits registriert

---

väterliche Name stets der erste (und der mütterliche der zweite) war, hätte bereits mit der Reform des Zivilgesetzbuches durch Gesetz 11/1981 vom 13.5.1981 geändert werden sollen, und zwar in Übereinstimmung mit dem Gleichbehandlungsprinzip der span. Verf. und auch angesichts von Art. 16 der UN-Frauenrechtskonvention. Der span. Gesetzgeber wollte außerdem EGMR 22.2.1994, 16213/90, *Burghartz vs. Schweiz,* ÖJZ 1994 S. 559 Rechnung tragen. Beide Eltern müssten einvernehmlich über die Namensreihenfolge entscheiden können. Mit den in Art. 109 span. CC erwähnten „gesetzlichen Bestimmungen" ist vor allem Art. 194 span. RRC gemeint, wonach sich der Nachname des Kindes aus den entsprechenden ersten Nachnamen des Vaters und der Mutter bildet. Unter Art. 49(2) LRC besteht allerdings auch die Möglichkeit, dass die Eltern oder, nach Ablauf einer dreitägigen Frist der *Encargado,* die Reihenfolge der Nachnamen des Kindes in dessen Interesse festlegt.

[637] Oben Rdnr. 19 mit Fn. 81.
[638] C. Cost. 31.5.2022, nr. 131. Das Verfassungsgericht erklärte Artikel 262, Abschnitt I, des Zivilgesetzbuches für verfassungswidrig, soweit er für den Fall der gleichzeitigen Anerkennung durch beide Elternteile vorsieht, dass das Kind den Familiennamen des Vaters annimmt, anstatt vorzusehen, dass das Kind die Familiennamen der Eltern in der von ihnen vereinbarten Reihenfolge annimmt, unbeschadet der Vereinbarung zum Zeitpunkt der Anerkennung, nur einem von ihnen den Familiennamen zuzuweisen; der Regel, die sich aus Artikel 262, Abschnitt I, und 299, Abschnitt III, des Zivilgesetzbuches ergibt, 27, Abschnitt 1, Gesetz Nr. 184/1983 („Recht des Kindes auf eine Familie") und 34 Präsidialerlass Nr. 396/ 2000 (Verordnung zur Überarbeitung und Vereinfachung des Personenstandswesens gemäß Artikel 2, Absatz 12, Gesetz Nr. 127/1997), in dem Teil, in dem vorgesehen ist, dass ein eheliches Kind den Nachnamen des Vaters annimmt, anstatt dass das Kind die Nachnamen der Eltern in der von ihnen vereinbarten Reihenfolge annimmt, unbeschadet der Vereinbarung, bei der Geburt nur einem von ihnen den Nachnamen zu geben; Artikel 299 Absatz 3 des Zivilgesetzbuches, soweit er vorsieht, dass „die Angenommene den Familiennamen ihres Ehemannes annimmt", anstatt vorzusehen, dass die Angenommene die Familiennamen der Adoptiveltern in der von ihnen vereinbarten Reihenfolge annimmt, vorbehaltlich der im Adoptionsverfahren getroffenen Vereinbarung, nur einem von ihnen den Familiennamen zu geben; Artikel 27 Absatz 1 des Gesetzes Nr. 184/1983, soweit darin vorgesehen ist, dass der Angenommene den Nachnamen des Adoptivvaters annimmt, anstatt den Nachnamen des Adoptivvaters und der Adoptivmutter in der von den Adoptiveltern vereinbarten Reihenfolge annimmt, unbeschadet der während des Adoptionsverfahrens getroffenen Vereinbarung, nur einem von ihnen den Nachnamen zu geben
[639] EGMR 22.2.1994, 16213/90, *Burghartz vs. Schweiz* a. a. O. (Familienname des Mannes unter schweizerischem Recht); EGMR 7.1.2014, 77/07, *Cusan und Fazzo vs. Italien* (Ablehnung des Namens der Mutter als Kindesname durch die italienischen Behörden).

worden waren, in die italienischen Register einzutragen.⁶⁴⁰ Auch das verstieß natürlich gegen die EMRK.⁶⁴¹ Das italienische Verfassungsgericht hat im Jahre 2016 festgestellt, dass das Verbot, den mütterlichen Nachnamen zum Nachnamen des Kindes zu bestimmen, dessen Recht auf persönliche Identität untergrabe und gleichzeitig eine unangemessene Ungleichbehandlung der Ehepartner darstelle. Sie sei nicht durch das Bestreben zu rechtfertigen, namensrechtlich die Einheit der Familie zu betonen.⁶⁴² Obwohl eine gesetzliche Regelung weiterhin fehlt, ist es nach geltendem Recht inzwischen also auch in Italien möglich, den mütterlichen Namen zum Familiennamen zu bestimmen.⁶⁴³

139 Dass Kinder, deren sorgeberechtigte Eltern keinen gemeinsamen Ehenamen tragen, nicht *ex lege* den Namen des Vaters, vielmehr nach Wahl der Eltern entweder den väterlichen oder den mütterlichen Namen erhalten können, ist heute ein in nahezu der ganzen Europäischen Union akzeptierter Grundsatz.⁶⁴⁴ Auch darf richtiger Ansicht nach weder dem Vater- noch dem Mutternamen die Rolle eines subsidiären Namens für den Fall zugesprochen werden, dass sich Eltern, bei denen das gemeinsame Bestimmungsrecht liegt, nicht einigen können.⁶⁴⁵ Dann bedarf es zwar staatlicher Intervention, doch muss auch sie

---

⁶⁴⁰ Näher *Fabbricotti*, Il diritto al cognome materno, passim.
⁶⁴¹ *Corzani*, Giur. it. 2014 S. 2670.
⁶⁴² C. Cost. 21.12.2016, Nr. 286, Gazz. Uff. 28.12.2016, nr. 52; Resp. Civ. e prev. 2017 S. 588; Il Corriere giuridico 2017 S. 165 m. Anm. *Carbone*.
⁶⁴³ *Carbone*, Il Corriere giuridico 2017 S. 173.
⁶⁴⁴ §§ 1617(1) und 1617b(1) dt. BGB; § 8 estn. Namensgesetz (Nachname der Mutter oder des Vaters, kein Doppelname); Art. 311-21 franz. CC (eingefügt durch Gesetz Nr. 2002-304 vom 4.3.2002 relative au nom de famille, mit dem der Gesetzgeber der väterlichen Vorherrschaft ein Ende setzen wollte: *Malaurie*, Droit des personnes¹⁰, S. 66 Rdnr. 131); Art. 1505 gr. ZGB (Namenserklärung durch die Eltern schon vor der Eheschließung; zum Namen können der Name jedes der Eheleute, aber auch ein aus beiden Namen zusammengesetzter Bindestrichname bestimmt werden); Art. 151 lett. ZGB (Nachname der Mutter oder des Vaters, kein Doppelname); Art. 3.167(2) lit. ZGB (desgl.); Art. 1:5(4) ndl. BW (Name des Vaters oder der Mutter, zu erklären spätestens bei der Anmeldung zum Personenstandsregister); § 156(1) österr. ABGB; Artt. 88 § 1 und 89 § 1 poln. FVGB; Art. 1875(2) port. CC (Namenswahl durch die Eltern); Art. 449(2) rumän. CC (Nachname eines Elternteils oder zusammengesetzter Name); Artt. 109 und 156(1) span. CC; Art. 1875(1) (wonach das Kind die Nachnamen des Vaters und der Mutter oder nur eines ihnen führt) und (2) port. CC (wonach die Eltern die Entscheidung treffen); § 661 tschech. BGB und § 19 tschech. Personenstandsregistergesetz (Kind trägt den bei der Eheschließung seiner Eltern für die gemeinschaftlichen Kinder bestimmten Familiennamen; andernfalls wählen die Eltern einen ihrer Namen für das Kind; kein Doppelname); § 4:150(1) ung. ZGB („Das Kind führt – der Übereinkunft seiner Eltern entsprechend – den Geburtsnamen oder mit der Eheschließung erworbenen Familiennamen seines Vaters oder seiner Mutter". Die späteren Eltern sollen über den Namen ihrer Kinder schon im Rahmen des sog. Verfahrens vor der Eheschließung entscheiden: § 21(1) ungar. Gesetz über das Personenstandsregisterverfahren; dazu Vékás und Gárdos [-*Szeibert*], Kommentár a Polgári Törvénykönyvhöz I², § 4:150). Grundrechtlich höchst problematisch ist allerdings Art. 14(1) des bulgar. Gesetzes über die Zivilregistrierung, wonach jedes Kind den Familiennamen des Vaters (oder auf dessen Wunsch den Vatersnamen des Vaters) trägt. Das ist ein klarer Verstoß gegen das Prinzip der Gleichberechtigung der Geschlechter. Die englische Rechtslage entspricht zwar insoweit der Rechtslage in den meisten EU-Staaten, als die Eltern den Nachnamen des Kindes bestimmen, weil die Namenswahl ein zur elterlichen Sorge (section 3(1) Children Act 1989) gehöriges Recht ist (Lady Justice King in *Re C (Children)* [2016] EWCA Civ 374 at para 54: „In my judgment: i) the choosing of a name (forename and surname) for a child by a parent with parental responsibility and ii) thereafter the act of complying with the duty of the mother and the father to give to the registrar information the particulars required to be registered concerning the birth, and in the presence of the registrar to sign the register [section 2(1) BDRA 1953] are each acts of parental responsibility"). In Ermangelung gesetzlicher Regeln zum Namensrecht ist die Namenswahl aber nicht auf die Nachnamen eines Elternteiles beschränkt.
⁶⁴⁵ Richtig BVerfG 4.7.1991, NJW 1991 S. 2822 (Der Name eines Kindes, dessen Eltern keinen gemeinsamen Familiennamen haben, darf nicht im Zweifel nach dem Namen des Mannes bestimmt werden. Die Eltern hatten einen aus ihrer beider Namen zusammengesetzten Namen für das Kind beantragt, waren damit aber gescheitert; stattdessen war der Name des Vaters als Nachname des Kindes eingetragen worden. Die Verfassungsbeschwerde hatte Erfolg, da die Mutter in ihrem Grundrecht aus Art. 3(2) dt. GG (Gleichberechtigung der Geschlechter) verletzt worden sei. Die Mutter sei in ihrer Möglichkeit, ihren Namen auf das Kind zu übertragen, benachteiligt worden. Das Gericht fügte in einem *obiter dictum* allerdings hinzu, dass sich aus dem verfassungsrechtlich geschützten Elternrecht kein Anspruch darauf ergebe, dem Kind einen aus den Namen beider Eltern zusammengesetzten Doppelnamen zu geben).

V. Das Namensrecht unter grundrechtlichem Einfluss **§ 2**

frei von geschlechtsspezifischer Diskriminierung erfolgen.[646] Denn die Familiennamen beider Elternteile sind, wie es das Oberste Gericht Ungarns ausgedrückt hat, „gleichwertig".[647] Verfassungsrechtlich nicht zu beanstanden ist dagegen die Regel, dass gemeinsam sorgeberechtigte Eltern mehrerer Kinder nicht die Möglichkeit haben, ihnen jeweils verschiedene Nachnamen zu geben, also z. B. abwechselnd ein Kind nach dem Vater und ein Kind nach der Mutter zu nennen. Die Wahl des Nachnamens für das erste Kind legt in aller Regel auch die Nachnamen für die nachgeborenen Kinder fest.[648] Die Wahrung der Familieneinheit rechtfertigt es nach der Rechtsprechung des EGMR auch, dass einem Kind nicht ein von dem gemeinsamen Familiennamen abweichender Geburtsname eines Ehegatten gegeben werden kann.[649] Uneinheitlich beurteilt wird dagegen wieder die Frage, ob **Doppelnamen,** also Kindesnamen, die aus beiden Nachnamen der Eltern gebildet werden, zulässig sind. Regelungen, die diese Gestaltung untersagen, verstoßen nach der Recht-

---

Gemessen an dieser Entscheidung wäre unter deutschem Recht also auch die Regel des Art. 1505 gr. ZGB verfassungswidrig, wonach das Kind, wenn die Eltern keine Namenswahl getroffen haben, den Nachnamen des Vaters erhält. Dasselbe gilt für die genau entgegengesetzte Regel des § 155(3) österr. ABGB, wonach das Kind mangels einer Namensbestimmung durch die Eltern den Familiennamen der Mutter erhält (auch wenn es sich dabei um einen Doppelnamen handelt). Problematisch aus deutscher Sicht ist zudem C. Cost. 21.12.2016, nr. 286 (vorher Fn. 642), wonach die Eltern im Zeitpunkt der Geburt das Neugeborene zwar mit doppeltem Nachnamen registrieren lassen können, aber der Name der Mutter dem Namen des Vaters folgt, und wonach in Ermangelung einer gemeinsamen Erklärung weiterhin nur der Nachname des Vaters anzugeben war. Erstaunlicherweise sollte das auch kein Verstoß gegen die EMRK sein. Zwar handele es sich dabei, dass bei Eltern ohne gemeinsamen Nachnamen der Nachname des Vaters im Zweifel zum Nachnamen des Kindes werde, um eine Ungleichbehandlung aufgrund des Geschlechts, doch sei die Regel gerechtfertigt, weil sie verhindere, dass das Kind gar keinen Nachnamen trägt (EGMR 27.4.2000, 42973/98, *Bijleveld vs. Niederlande).*
[646] § 1617(2) dt. BGB (Gericht überträgt die Namensbestimmung einem Elternteil, dessen Name automatisch zum Kindesnamen wird, wenn er oder sie diese nicht fristgerecht entscheidet); Art. 1875(2) port. CC („Die Wahl des Eigennamens [*nome próprio*] und der Rufnamen [*apelidos*] des minderjährigen Kindes obliegt den Eltern; bei fehlendem Einverständnis entscheidet der Richter in Übereinstimmung mit dem Interesse des Kindes"); § 860(2) tschech. BGB (Bestimmung des Familiennamens durch das Gericht, wenn sich die Eltern nicht einigen); § 451(1)(a) ungar. ZGB (Namensfestlegung durch die Vormundschaftsbehörde). Unter Artt. 88 § 2 Satz 2 und 89 § 1 S. 3 poln. FVGB tragen Kinder, deren Eltern keine Erklärung über die Namensführung abgegeben haben, den aus der Verbindung des Namens der Mutter und des Vaters entstandenen Namen. Unter Art. 449(2) rumän. CC entscheidet das Vormundschaftsgericht.
[647] Legf. Bír. Pfv. II. 20.141/2008, EBH2008.1773. Zwischen den Parteien bestand eine vorübergehende Liebesbeziehung, aus der ein Kind hervorging. Die Eltern einigten sich für das Kind privatschriftlich zunächst auf den Familiennamen der Mutter. Der Vater gab der Vormundschaftsbehörde gegenüber, vor der er seine Vaterschaft anerkannt hatte, jedoch seinen Namen als Namen des Kindes an. Die Mutter stimmte der Anerkennung zu. Vor der Zivilstandsbeamtin stritten sich die Eltern jedoch über den Namen. Der Vater, der auf die Notwendigkeit einer Gerichtsentscheidung hingewiesen worden war, lenkte telefonisch ein, verweigerte aber die Unterschrift, so dass die Sache dann doch zu Gericht ging. Die Instanzgerichte entschieden zugunsten des väterlichen Namens, um das Kind vor „Vorurteilen" zu bewahren, die es zwingen könnten, sich zu rechtfertigen. Der OGH gab der Revision der Mutter statt. Die Gerichte hätten die privatschriftliche Vereinbarung der Eltern nicht berücksichtigt. Keinem der beiden elterlichen Namen komme irgendein Vorrang zu. Der OGH bestimmte den Namen der Mutter zum Namen des Kindes.
[648] Z. B. Art. 14(3) bulgar. Gesetz über die Zivilregistrierung; § 1617(1) Satz 3 dt. BGB (dazu BVerfG 18.3.2002, NJW 2002 S. 2861: die geltende Rechtslage sei verfassungsrechtlich unbedenklich); Art. 311-21(3) franz. CC („Lorsqu'il a déjà été fait application du présent article ou du deuxième alinéa de l'article 311-23 à l'égard d'un enfant commun, le nom précédemment dévolu ou choisi vaut pour les autres enfants communs"); Art. 1505 gr. ZGB; Art. 1:5(8) ndl. BW; Art. 89¹ poln. FVGB; Art. 109(3) span. CC; § 4:150(2) ungar. ZGB (Alle während des Bestehens der Ehe geborenen gemeinsamen Kinder von in einer Ehe lebenden Eltern dürfen ausschließlich den gleichen Familiennamen haben, es sei denn, dass die Eltern ihren Familiennamen während des Bestehens der Ehe geändert haben). Da sich das elterliche Namenswahlrecht in England nicht einmal auf einen der elterlichen Namen beschränkt, die Wahlrechte sowohl die Vor- als auch den Nachnamen umfasst und da es an gesetzlichen Einschränkungen fehlt, können dort allerdings selbst vollbürtige Geschwister verschiedene Nachnamen tragen (vorher Fn. 644). Ebenso verhält es sich in Rumänien. Die Namenswahl der Eltern für ein Kind soll kein Präzendenzfall für die weiteren Kinder sein (*Reghini, Diaconescu und Vasilescu,* Introducere în dreptul civil, S. 255).
[649] EGMR 27.9.2001, 36797/97, *G. M. B. und K. M. vs. Schweiz.*

sprechung des EGMR nicht gegen die EMRK.[650] Die deutsche Rechtslage, die diese Option gleichfalls verhindert (§ dt. 1617(1) dt. BGB), ist auch nach Einschätzung des Bundesverfassungsgerichts verfassungskonform. Das Gericht hat allerdings ausdrücklich hinzugefügt, dass es verfassungsrechtlich auch zulässig wäre, Doppelnamen zuzulassen und Namensketten dadurch zu vermeiden, dass die Zahl der Nachnamen auf zwei begrenzt wird.[651] Andere Länder haben das Problem bereits auf genau diese Weise gelöst[652], dabei auch bedacht, dass die Namensreihenfolge von den Eltern, nicht vom Gesetz festgelegt werden sollte.[653] Unter besonderen Umständen können heute schon auch deutsche Staatsbürger von dieser Rechtslage profitieren. Denn der EuGH hat entschieden, dass im Ausland nach der dortigen Domizil- bzw. Aufenthaltsanknüpfung registrierte Doppelnamen nach einem Umzug ins Inland auch hier anerkannt werden müssen, um dem Freizügigkeitsgrundrecht Genüge zu tun[654], und der deutsche Gesetzgeber hat dem mit Art. 48 EGBGB Rechnung getragen.

VI. Unverhältnismäßige Beschränkungen der Handlungsfähigkeiten

1. Geschäftsunfähigkeit von Rechts wegen

140 Auch das Recht jeder natürlichen Person, durch eigenes Handeln am bürgerlichen Rechtsleben teilzunehmen, genießt verfassungsrechtlichen Schutz.[655] „Die Privatautonomie ist …

---

[650] EGMR 29.6.1999, 41843/98, *Szokoloczy-Syllaba und Palffy de Erdoed Szokoloczy-Syllaba vs. Schweiz* (Die Änderung eines Familiennamens zu einem aus den Namen der Ehegatten zusammengesetzten Doppelnamen darf verweigert werden, auch wenn dadurch der Name eines Ehegatten „ausstirbt").

[651] BVerfG 30.1.2002, BVerfGE 104 S. 373. Es sei verfassungsrechtlich nicht zu beanstanden, dass der Gesetzgeber in den Blick genommen habe, dass sich aus der Bildung von Doppelnamen in der Generationenfolge ergeben können. Mit dem Anwachsen der Namenszahl drohe die identitätsstiftende Funktion des Namens verloren zu gehen. Auch die Europäische Menschenrechtskommission (12.4.1996, 22940/93, *Fornaciarini, Gianettoni und Fornaciarini vs. Schweiz*) sieht in der Ablehnung von aus den Namen beider Eltern gebildeten Doppelnamen keinen Verstoß gegen Art. 8(1) EMRK.

[652] Z. B. Art. 335 § 1(1) belg. CC („Das Kind, für das Vaterschaft und Elternschaft gleichzeitig festgestellt werden, trägt entweder den Namen seines Vaters, den Namen seiner Mutter oder die beiden Namen, die in der von ihnen gewählten Reihenfolge bis zu einem Namen für jeden von ihnen zusammengesetzt sind"); Kap. 1 §§ 1 und 20 dän. Navnelov (Der Kindesname kann aus einer Bindestrichkombination beider Elternnamen bestehen, muss aber auf zwei Nachnamen begrenzt sein); Kap. 2 §§ 5 und 6 finn. Etija sukunimilaki (desgl.); Art. 311-21(1) franz. CC („Lorsque la filiation d'un enfant est établie à l'égard de ses deux parents au plus tard le jour de la déclaration de sa naissance ou par la suite mais simultanément, ces derniers choisissent le nom de famille qui lui est dévolu: soit le nom du père, soit le nom de la mère, soit leurs deux noms accolés dans l'ordre choisi par eux dans la limite d'un nom de famille pour chacun d'eux"); Art. 1505 gr. ZGB (der Kindesname kann auch aus einer Bindestrichkombination beider Elternnamen bestehen, muss aber auf zwei Nachnamen begrenzt sein); § 155(2)(3) österr. ABGB („Es kann auch ein aus den Familiennamen beider Elternteile gebildeter Doppelname bestimmt werden; dabei dürfen aber höchstens zwei Teile dieser Namen verwendet werden"); Art. 90 poln. FVGB; Art. 449(2) rumän. CC; § 4:150(1) Satz 3 ung. ZGB (Das Kind darf als Familiennamen auch einen verbundenen Familiennamen seiner Eltern führen, selbst dann, wenn die Eltern nach der Eheschließung ihren Familiennamen nicht verbunden haben oder die Eltern keine Ehe geschlossen haben. Der Familienname des Kindes darf aus höchstens zwei Teilen bestehen); §§ 4(3) und 20 schwed. Lag om personnamn (Bindestrichkombination beider Elternnamen; nicht mehr als zwei Nachnamen) und § 44(2) ungar. Gesetz über das Personenstandsregisterverfahren („Der Geburts-Familienname ist ein- oder zweigliedrig"). Weitere Nachweise oben in Fn. 644.

[653] Herr X-Y und Frau N-Z haben unter Art. 311-21(1) franz. CC gleich acht Möglichkeiten der Namensbestimmung für ihr Kind: X-N, X-Z, Y-N und Y-Z bzw. N-X, Z-X, N-Y und Z-Y (*Teyssié*, Droit des personnes[20], S. 253 Rdnr. 382).

[654] EuGH 14.10.2008, Rs. C-353/06, NJW 2009 S. 135 *(Grunkin/Paul)*. Siehe zu einem Fall unter belgischem Recht auch EuGH 2.10.2003, Rs. C-148/02, IPrax 2004 S. 339 *(Carlos Garcia Avello)* (beide schon oben Rdnr. 2 mit Fn. 4).

[655] Z. B. Art. 36(3) port. Verf. (der die mit der *capacidade política* kontrastierte *capacidade civil* ausdrücklich als ein Grundrecht qualifiziert). Im portugiesischen Schrifttum wird betont, dass die traditionelle Unterscheidung zwischen Rechtsfähigkeit *(capacidade de gozo)* und Geschäftsfähigkeit *(capacidade de exercício)* für verfassungsrechtliche Zwecke unbrauchbar sei, weil die Inhaberschaft von Grundrechten nicht von der

VI. Unverhältnismäßige Beschränkungen der Handlungsfähigkeiten § 2

ein elementares Mittel zur freien Entfaltung der Persönlichkeit", und sie steht in einem „engen Zusammenhang mit der Wahrung der Würde des Menschen".[656] Aus den übrigen Handlungsfähigkeiten ragt wiederum die Fähigkeit zum Abschluss von Verträgen heraus. Sie gehört zu den wesentlichen Inhalten der vielerorts **Geschäftsfähigkeit** genannten *active legal capacity*[657], die ihrerseits eine notwendige Folge der sog. Rechtsfähigkeit (oder *passive legal capacity*) ist. Denn die Befähigung, ein Recht zu „haben", verliert in dem Maße an Substanz, in dem sie von den Befähigungen gelöst wird, es selbstbestimmt zu erwerben, auszuüben oder zu übertragen. Jede Abkopplung der einen von der anderen bedarf besonderer Rechtfertigung. Das betrifft sowohl die Voraussetzungen als auch die Rechtsfolgen einer Regelung, die einer natürlichen Person die eigenständige Teilhabe an privatrechtlich organisierter Lebensgestaltung verwehrt. Der Grund solcher Einschränkungen darf aus der Sicht des Personenrechts nur darin bestehen, dass die geistige Disposition des Betroffenen nicht den Grad an Selbstbestimmung zulässt, den das jeweilige Geschäft seinem Wesen nach erfordert. Es handelt sich m. a. W. keineswegs um eine reine Tatsachenfrage. Vielmehr geht es um mit ihr wechselwirkende Rechtsregeln. Bei ihnen ist besonders darauf zu achten ist, dass sie nicht in grund- und menschenrechtlich unzulässiger Weise von den Umständen des Einzelfalls abstrahieren.

Bei **Volljährigen** ist unter der Herrschaft des verfassungsrechtlichen Übermaßverbotes 141
zu prüfen, wie weit ihre Unfähigkeit *im Einzelfall* reicht. Es kann das Übermaßverbot verletzen, Menschen mit einer nur schach ausgeprägten Befähigung zu freier Selbstbestimmung gleich jeglichen Zugang zum Rechtsverkehr zu verschließen, ihnen also z. B. selbst noch die Möglichkeit zu verwehren, eigenständig Kleinigkeiten des täglichen Bedarfs zu kaufen, obwohl der oder die Betroffene dazu lebenstatsächlich noch in der Lage ist. Deshalb sind Vorschriften vom Typ des § 105a dt. BGB unverzichtbar, um den Anforderungen der UN-Behindertenkonvention[658] zu entsprechen.[659] Unter § 105a dt. BGB gilt ein Vertrag als wirksam, wenn ein volljähriger Geschäftsunfähiger mit ihm ein Geschäft des täglichen Lebens tätigt, das mit geringwertigen Mitteln bewirkt werden kann, sofern „Leistung und Gegenleistung bewirkt sind" und weder der Person noch dem Vermögen des Geschäftsunfähigen eine erhebliche Gefahr droht.[660] Allerdings schließt es diese Regelung in grundrechtlich durchaus bedenklicher Weise immer noch aus, geschäftsunfähigen Erwachsenen wertvolle Gegenstände zu schenken. Das Übermaßverbot kann zudem auch gebieten, zwischen vertraglichen und nichtvertraglichen Konsequenzen einer diagnostizierten Geschäftsunfähigkeit zu unterscheiden. Wer nicht die Fähigkeit besitzt, für sich die Folgen eines Vertragsschlusses zu überblicken, kann nach seinen individuellen Fähigkeiten immer noch in der Lage sein, die Folgen einer Eheschließung einzuschätzen, und im Besitz der lebenspraktischen Fertigkeiten zu Selbstversorgung und Versorgung des

---

Möglichkeit getrennt werden könne, sie auszuüben (Carvalho Fernandes und Brandão Proença [-*Sottomayor*], Comentário ao Código Civil I, Anm. 3 zu Art. 123, S. 268 unter Verweis auf *Gomes Canotilho und Vital Moreira*, Constituição da República Portuguesa anotada I⁴, S. 331, Anm. V zu Art. 12). Siehe im Übrigen schon oben Rdnrn. 54–55.
[656] *Canaris*, JZ 1987 S. 993, 994.
[657] Zu der schwierigen Terminologie in diesem Bereich schon oben Rdnr. 55.
[658] Oben Rdnr. 45 mit Fn. 34.
[659] *Lachwitz*, KJ 2012 S. 385, 397 meint sogar, dass schon die hinter § 105a dt. BGB liegende Grundregel des § 104 Nr. 2 dt. BGB („Geschäftsunfähig ist, wer sich in einem die freie Willensbestimmung ausschließenden Zustand krankhafter Störung der Geistestätigkeit befindet, sofern nicht der Zustand seiner Natur nach ein vorübergehender ist") einen Verstoß gegen Art. 12(2) der Behindertenkonvention darstelle. Das ist nicht ganz von der Hand zu weisen. Gleichwohl beseitigt § 105a dt. BGB die problematischsten Folgen. Zudem ist nicht jede Ungleichbehandlung von Menschen mit und ohne geistige Behinderung schon *per se* konventionswidrig. Das folgt auch aus Art. 12(4) der Behindertenkonvention, der zum Ausdruck bringt, dass Geschäftsfähigkeitsbeschränkungen zum Schutz gegen Interessenkonflikte, Missbrauch und Missachtung erlaubt sind, wenn sie die Verhältnismäßigkeit wahren (BVerfG 26.7.2016, BVerfGE 142 S. 313, 345 Rn. 88 und bereits BVerfG 23.3.2011, BVerfGE 128 S. 282, 307, beide allerdings im Zusammenhang mit der ärztlichen Zwangsbehandlung untergebrachter Personen).
[660] Näher *Löhnig und Schärtl*, AcP 204 (2004) S. 25.

Haushaltes sein. Das darf auch dann nicht unbeachtet bleiben, wenn „Geschäftsunfähigkeit" aus der Sicht der jeweiligen Rechtsordnung zugleich bedeutet, keine Ehe eingehen zu können.[661]

142 Auch jede **Kindern** normativ auferlegte Beschränkung der Teilhabe am Privatrechtsverkehr ist grundrechtsrelevant und muss sich deshalb an dem verfassungsrechtlichen Verhältnismäßigkeitsprinzip messen lassen. Besonders problematisch sind vor diesem Hintergrund die §§ 104 Nr. 1 i. V. m. 105(1) dt. BGB mitsamt den ihnen nachgebildeten und sie sogar noch verschärfenden Artt. 128 Nr. 1 i. V. m. 130 gr. ZGB. Unter § 105(1) dt. BGB und Art. 130 gr. ZGB ist die Willenserklärung eines Geschäftsunfähigen absolut und damit unheilbar nichtig.[662] Gleichzeitig werden Kinder bis zur Vollendung des siebenten (Deutschland) bzw. des zehnten Lebensjahres (Griechenland) automatisch den geschäftsunfähigen Personen zugeordnet (§ 104 Nr. 1 dt. BGB; Art. 128 Nr. 1 gr. ZGB). Unter einem solchen Regime kann sich ein Kind vor Erreichen der Altersschwelle nicht rechtsgeschäftlich relevant verhalten, weder ein Eis kaufen noch ein Spielzeug tauschen, nichts zu seinem wirtschaftlichen oder rechtlichen Vorteil tun, ja nicht einmal eine Schenkung annehmen, weil und soweit auch Schenkungen als Verträge gedeutet werden. (In Deutschland stellten zeitweilig selbst Schenkungen durch die eigenen Eltern eine methodische Herausforderung dar[663]). Da die Willenserklärung des Kindes absolut nichtig ist, kann es sie weder später selbst nachholen, noch können die Eltern in die Erklärung des Kindes einwilligen oder sie genehmigen. Sie können ihr Kind zwar vertreten; aber das Kind selbst steht gänzlich außerhalb des Vertragsrechts. Diese völlig schematische Betrachtungsweise ist indes zum Schutz von Kindern vor Vollendung des siebenten bzw. des zehnten Lebensjahres weder geeignet noch erforderlich. Denn die vollständige und ausnahmslose Vorenthaltung jeder Form von Geschäftsfähigkeit und die damit einhergehende Sanktion absoluter Nichtigkeit dienen, wenn keine nennenswerte eigene Belastung des Kindes droht, weder seinem noch irgendeinem schutzwürdigen Interesse des Rechtsverkehrs. Die gewählte Regelung ist deshalb, worauf früh schon *Canaris* hingewiesen hat, in der Tat unverhältnismäßig.[664]

---

[661] So verhält es sich z. B. unter § 1304 dt. BGB. BVerfG 18.12.2002, NJW 2003 S. 1382 hat sich zwar nicht nur jeder grundsätzlichen Kritik des deutschen Geschäftsfähigkeitsrechts enthalten, vielmehr sogar eine Vorlage des AG Köln zu § 1304 a. a. O. als unzulässig verworfen. In dem Verfahren vor dem AG Köln hatte ein Sachverständiger bestätigt, dass die Betroffene „geschäftsunfähig" sei. Sie könne aber einen Haushalt versorgen und im Rahmen einer natürlichen Willensbildung dezidiert Wünsche äußern und auf die Erfüllung von Bedürfnissen hinwirken. Das BVerfG hielt die Vorlage deshalb für unzulässig, weil sie möglicherweise nicht entscheidungserheblich war. Denn im Rahmen von § 104 Nr. 2 dt. BGB sei auch eine partielle Geschäftsfähigkeit für einen bestimmten Kreis von Angelegenheiten denkbar. Es müsse deshalb unter weiterer Aufklärung des Sachverhalts geprüft werden, ob eine partielle Ehefähigkeit vorliege. Erst wenn das verneint würde, komme es auf die Verfassungsmäßigkeit von § 1304 a. a. O. an. EGMR 25.10.2018, 37646/13, *Delecolle vs. Frankreich* hat es als mit Art. 12 EMRK vereinbar angesehen, dass eine unter *curatelle* stehende Person nur heiraten darf, wenn *curateur* einwilligt.
[662] BGH 1.7.1991, BGHZ 115 S. 78; Jürgens (-*Jürgens*), Betreuungsrecht[6], BGB § 105 Rn. 1 (beide allerdings zu geschäftsunfähigen Erwachsenen); Berufungsgericht Athen 11989/1987, EllDni 30 (1989) S. 106; Berufungsgericht Athen 985/1976, NoB 24 (1976) S. 736; *Triantos*, AK, Art. 130 gr. ZGB, S. 162 Rdnr. 1.
[663] Das hängt damit zusammen, dass Eltern, die ihrem Kind etwas schenken, zugleich für sich und als dessen gesetzliche Vertreter (§ 1629 dt. BGB) handeln, also ein unter § 181 dt. BGB grundsätzlich unwirksames In-Sich-Geschäft tätigen. Das Problem wurde durch eine teleologische Reduktion aus der Welt geschafft. Bei Geschäften, die einem Minderjährigen lediglich einen rechtlichen Vorteil bringen, soll § 181 dt. BGB nicht anwendbar sein (BGH 27.9.1972, BGHZ 59 S. 236; BGH 25.4.1985, BGHZ 94 S. 232). Für Tschechien entschied OG 4.2.2010, 28 Cdo 3429/2008, Soubor civilních rozhodnutí a stanovisek Nejvyššího soudu, Nr. C 8402 (12/2010), dass „regelmäßige Zahlungen, die aus den finanziellen Quellen der Eltern auf das Konto eines minderjährigen Kindes, das bei einer Bausparkasse geführt wird, geleistet werden, ... in der Regel den Charakter einer Schenkung (haben). Zur Annahme eines solchen Geschenkes sind die Kinder in der Regel fähig".
[664] *Canaris*, JZ 1987 S. 993, 996. A. A. aber *Ramm*, JZ 1988 S. 489 und *Wieser*, JZ 1988 S. 493.

Die ganz überwiegende Zahl der europäischen Rechtsordnungen verfolgt denn auch im **143** Interesse des Kindes einen deutlich nuancenreicheren Ansatz. **Frankreich** verzichtet auf fixe Altersgrenzen und entscheidet danach, ob der konkrete Minderjährige über Urteilsfähigkeit *(discernement)* verfügt oder nicht. Nur die Rechtshandlungen von Personen, die sich dessen, was sie tun, nicht bewusst sind, sind absolut nichtig.[665] Bei Rechtshandlungen urteilsfähiger Minderjähriger wird differenziert. Rechtshandlungen, die ein Minderjähriger vorgenommen hat, obwohl sie nur von einem hierzu speziell befugten Vertreter (also nicht allein durch die Eltern) ordnungsgemäß vorgenommen werden können (wie der Verkauf einer Immobilie oder die Aufnahme eines Darlehens), können gerichtlich für nichtig erklärt werden. Da es allein um den Schutz des Minderjährigen geht, handelt es sich aber nur um eine sog. *nullité relative:* Nur das Kind (sobald es volljährig geworden ist) oder sein Vertreter sind befugt, Nichtigkeitsklage zu erheben.[666] Handelt es sich um Rechtshandlungen, die nicht einem speziellen Vertreter vorbehalten sind (weil es sich um *actes de la vie courante* handelt), dann sind sie auch dann grundsätzlich wirksam, wenn der Minderjährige allein gehandelt hat. Solche Rechtshandlungen können nur im Wege der *rescision pour lésion* aufgehoben werden, also nur deshalb, weil der Minderjährige übervorteilt wurde.[667] Unter Art. 1425 des **italienischen** CC ist der Vertrag eines Minderjährigen nicht *nullo,* sondern *annullabile,* also nicht absolut nichtig, aber vernichtbar. Das gilt unter den Voraussetzungen von Art. 428 a. a. O. auch für die Verträge unzurechnungsfähiger Personen. Die Eltern und der Minderjährige ab Erreichen der Volljährigkeit haben für die Annullierung fünf Jahre Zeit (Art. 1442 a. a. O.); die andere Vertragspartei kann den Vertrag nicht annullieren. Hat ein Minderjähriger seine Minderjährigkeit täuschend verheimlicht, entfällt das Annullierungsrecht; „die bloße von ihm abgegebene Erklärung, volljährig zu sein, ist jedoch kein Hindernis für die Anfechtung des Vertrages" (Art. 1426 a. a. O.). Das **portugiesische** Recht folgt einem ähnlichen Modell. Die von einem Minderjährigen (dem unter Art. 123 port. CC die Fähigkeit zur Ausübung von Rechten fehlt) ohne Zustimmung der Eltern (Art. 124 a. a. O.) vorgenommenen Rechtsgeschäfte sind innerhalb eines Jahres nach Wegfall des Mangels (Art. 287(1) a. a. O.) anfechtbar, nicht nichtig, und zwar auf Klage der Eltern oder des zwischenzeitlich volljährig gewordenen Minderjährigen, aber grundsätzlich nicht auf Klage Dritter (Art. 125(1) a. a. O.). Andererseits heilt eine Bestätigung nach Erreichen der Volljährigkeit die Anfechtbarkeit (Art. 125(2) a. a. O.). Unter Art. 127(1)(b) a. a. O. sind die „dem gewöhnlichen Leben des Minderjährigen eigentümlichen Rechtsgeschäfte, die im Bereich seiner natürlichen Fähigkeiten liegen und lediglich Ausgaben oder Vermögensverfügungen von geringer Bedeutung ausmachen", wirksam. Das Schenkungsrecht unterscheidet zwischen der aktiven (Art. 948 a. a. O.) und der passiven Schenkungsfähigkeit; Letztere steht allen zu, die vom Gesetz nicht besonders ausgeschlossen werden (Art. 950 a. a. O.). Unter Art. 951(1) a. a. O. können Geschäftsunfähige durch eigenes Verhalten nur solche Schenkungen nicht annehmen, mit denen eine Belastung verbunden ist. Unter Absatz (2) a. a. O. sind unbelastete Schenkungen aber wirksam, wenn sie dem Geschäftsunfähigen zugutekommen. Dazu gehört auch der Eigentumserwerb, der seinerseits eine der wesentlichen Folgen des Schenkungsvertrages ist (Art. 954(a) a. a. O.). Der Grundregel nach sind Geschäfte, die für Minderjährige vorteilhaft sind, also wirksam und unvorteilhafte durch sie anfechtbar, sofern sie nicht arglistig gehandelt haben (Art. 126 a. a. O.). Man wollte das deutsche Nichtigkeitsmodell ganz bewusst vermeiden.[668]

Die unnötige Härte des deutschen Rechts lässt sich auch noch an einer Vielzahl weiterer **144** Rechtsordnungen demonstrieren. Unter Art. 1913 des **lettischen** ZGB kann jedermann, der die allgemeine Rechtsfähigkeit hat, eine Schenkung akzeptieren. Unter Art. 12 des **polnischen** ZGB sind zwar sogar alle Personen geschäftsunfähig, die das dreizehnte Lebensjahr noch nicht vollendet haben. Auch sind die von ihnen vorgenommenen Rechts-

---

[665] *Malaurie,* Droit des personnes[10], S. 296 Rdnr. 605.
[666] *Teyssié,* Droit des personnes[20], S. 388, Rdnr. 647.
[667] Zu den Schwierigkeiten, dieses Konzept zu konturieren, vorerst nur *Teyssié* a. a. O. S. 389 Rdnr. 648.
[668] *Menezes Cordeiro,* Tratado de Direito Civil IV[5], S. 492.

geschäfte nichtig (Art. 14 § 1 a. a. O.), doch besteht der entscheidende Unterschied darin, dass der von einem Geschäftsunfähigen geschlossene Vertrag durch Erfüllung wirksam wird, sofern er kleine laufende Angelegenheiten des täglichen Lebens betrifft und den Geschäftsunfähigen nicht gröblich benachteiligt (Art. 14 § 2 a. a. O.). Unter § 31 des **tschechischen** BGB wird vermutet, dass jeder Minderjährige zur Vornahme von Rechtsgeschäften fähig ist, die nach ihrer Natur dem Verstand und der Willensreife von Minderjährigen seines Alters gemäß sind. Geschäftsfähigkeit wird also kontinuierlich hinzugewonnen. Die Eltern können „in Übereinstimmung mit den Gewohnheiten des Privatlebens" zustimmen, auch wenn das Geschäft unter § 581 tschech. BGB andernfalls absolut nichtig wäre. Denn durch die Zustimmung und in ihrem Rahmen wird der Minderjährige geschäftsfähig (§ 32(1) a. a. O.).[669] **Schweden** verzichtet ganz auf Generalisierungen. Eine Person, die das achtzehnte Lebensjahr noch nicht vollendet hat und deshalb als unmündig *(omyndig)* gilt, kann zwar nicht frei über ihr Eigentum verfügen (Kap. 9 § 1 schwed. FB). Ein Minderjähriger kann aber innerhalb des gesetzlichen Rahmens Verpflichtungen eingehen oder sich Bedingungen im Zusammenhang mit dem Erwerb einer Schenkung oder einer testamentarischen Zuwendung unterwerfen. Minderjährige werden deshalb als beschränkt geschäftsfähig angesehen.[670] Kap. 9 § 1 FB statuiert jedenfalls keine Unfähigkeit, Rechte zu erwerben. Der Minderjährige ist in dieser Beziehung nicht generell geschäftsunfähig.[671] Er darf Schenkungen, die kein finanzielles Risiko bergen, allein annehmen. Er muss nur die zum Verständnis der Bedeutung seiner Annahme ausreichenden psychischen Eigenschaften besitzen.[672] Seine Geschäftsfähigkeit nimmt mit zunehmendem Alter graduell zu.[673] Das **Common Law** verleiht Minderjährigen traditionell ohnehin vergleichsweise weite Handlungsoptionen.[674] Viele Geschäfte sind zwar *voidable*. Der Minderjährige kann sie also noch innerhalb eines angemessenen *(reasonable)* Zeitraums nach Erreichen der Volljährigkeit „anfechten". Vorbehaltlich der Anfechtung sind sie jedoch wirksam.[675] Umgekehrt können schwebend unwirksame Verträge nach Erreichen der Volljährigkeit bestätigt werden (sog. *ratification*). Wenn sie fremde Dienstleistungen in Anspruch nehmen oder Waren kaufen, wird der Handlungsspielraum Minderjähriger außerdem durch die tendenziell großzügige Handhabung der *necessaries*-Doktrin erweitert. Das elterliche Sorgerecht *(parental responsibility)* steht unter dem Vorbehalt, dass das Kind nach seinem individuellen Reifegrad nicht schon selbst (partiell oder vollständig) *capacity* erlangt hat.[676] Soweit die Reife eines Kindes im Hinblick auf das konkrete Geschäft ausreichend ausgebildet ist, verdrängt seine eigene die Entscheidungsbefugnis seiner Eltern.

2. Gerichtlich verfügte Geschäftsfähigkeitsbeschränkungen

145 Ein wesentlich drängenderes Problem ist die **Entmündigung**. Zwar ist sie in einer Reihe von europäischen Staaten inzwischen abgeschafft worden, unter ihnen Belgien[677], Deutsch-

---

[669] Näher Lavický (-*Dobrovolná*), Občanský zákoník I, S. 198.
[670] Prop. 1993/94:251, S. 111.
[671] Prop. 2007/08:150, S. 39.
[672] Prop. 1993/142, S. 39.
[673] Prop. 1993/142, S. 43.
[674] Siehe schon oben Rdnr. 56.
[675] Näher Chitty (-*Whittaker*), Contract, Vol. I³², Rdnrn. 9-007 ff.
[676] *Gillick v West Norfolk and Wisbech AHA* [1985] UKHL 7, [1985] 3 WLR 830. Die Entscheidung betraf zwar die Einwilligungsfähigkeit in eine medizinische Maßnahme, doch haben die Grundsätze der sog. *Gillick competence* allgemeine Bedeutung.
[677] Belgien hat mit Gesetz vom 17.3.2013 réformant les régimes d'incapacité et instaurant un nouveau statut de protection conforme à la dignité humaine die alten Artt. 489–512 belg. CC zur *interdiction* aufgehoben. Seither existiert ein einheitliches Rechtsschutzsystem für gefährdete Erwachsene. Dem Gesetzgeber ging es darum, das belgische Recht mit den Prinzipien der Notwendigkeit, der Subsidiarität und der Verhältnismäßigkeit des Schutzstatus in Einklang zu bringen und das innerstaatliche Recht auf diese Weise an die „supranationalen Instrumente" anzupassen (*Leleu*, Droit des personnes et de la famille³, S. 212 Rdnr. 160).

land⁶⁷⁸, Frankreich (jedenfalls in Gestalt der *interdiction*)⁶⁷⁹, Griechenland⁶⁸⁰, Lettland⁶⁸¹, Österreich⁶⁸² Portugal⁶⁸³, Schweden⁶⁸⁴, Spanien⁶⁸⁵ und Tschechien⁶⁸⁶. Aber es gibt sie doch

---

678 Gesetz zur Reform des Rechts der Vormundschaft und Pflegschaft für Volljährige (Betreuungsgesetz, BtG) vom 12.9.1990, BGBl. 1990 I 2002 (seinerzeit als „Jahrhundertreform des deutschen Erwachsenenschutzrechts" gefeiert: *Lipp*, FamRZ 2012 S. 669). Die geschäftsfähigkeitsrechtlich schärfste Regelung des neuen Rechts bestand in der Anordnung eines Einwilligungsvorbehalts (§ 1903 dt. BGB; jetzt § 1825 n.F.), durch den eine betreute Person vermögensrechtlich einem beschränkt geschäftsfähigen Minderjährigen gleichgestellt wurde (und wird), „soweit dies zur Abwendung einer erheblichen Gefahr für die Person oder das Vermögen des Betreuten erforderlich ist". Ein unter einem Einwilligungsvorbehalt stehender Betreuter kann nicht einmal mehr etwas allein verschenken; er bedarf auch für Gelegenheitsgeschenke der Zustimmung seines Betreuers, und dieser bei Geschenken, die über Gelegenheitsgeschenke hinausgehen, unter neuem Recht (§ 1854 Nr. 5 n. F. dt. BGB n.F.) der Genehmigung des Betreuungsgerichts.
679 Die *interdiction judiciaire* war Gegenstand von Art. 489 franz. CC a. F. („Le majeur qui est dans un état habituel d'imbécillité, de démence ou de fureur, doit être interdit, même lorsque cet état présente des intervalles lucides"). Der Betroffene musste sich im Zustand des Schwachsinns (in aktueller Schreibweise der *imbécilité*), der Demenz oder der Wut *(fureur)* befinden. Die Entmündigung versetzte einen Erwachsenen auf die Stufe eines nicht emanzipierten Minderjährigen zurück *(Laroche-Gisserot*, Leçons de droit civil I(2)⁸, Rdnr. 711). Frankreich hat das alte Entmündigungsrecht bereits mit Gesetz vom 3.1.1968 portant réforme du droit des incapables majeurs aufgehoben. Frankreich kennt aber bis heute die *tutelle* (Art. 440 (3) franz. CC). Sie trägt immer noch wesentliche Züge einer Entmündigung, weil ein Volljähriger, der unter „Vormundschaft" gestellt wurde, bis auf wenige Ausnahmen als allgemein geschäftsunfähig angesehen wird; er muss „ständig vertreten" werden.
680 Die griechische Reform trägt allerdings kaum mehr als kosmetische Züge. Unter Art. 128 gr. ZGB a. F. war geschäftsunfähig, wer gerichtlich oder kraft Gesetzes entmündigt ist. Unter Art. 128 gr. ZGB i. d. F. des Gesetzes 2447/1996 ist heute geschäftsunfähig, wer unter „voll entziehender gerichtlicher Betreuung" steht. Wer unter nur teilentziehender gerichtlicher Betreuung steht, ist beschränkt geschäftsfähig (Artt. 133–134 gr. ZGB). Das erinnert in den Grundstrukturen doch stark an das traditionelle Entmündigungsrecht. Dieser Eindruck wird durch Art. 1666 gr. ZGB verstärkt, der die „Zügellosigkeit" (Verschwendungssucht) zu den Gründen rechnet, die die Anordnung einer gerichtlichen Betreuung rechtfertigen.
681 Lettland hat die alte Entmündigungsregel in Art. 358 lett. ZGB zum 29.11.2012 aufgehoben und durch Art. 358¹ lett. ZGB n.F. ersetzt, der nur noch Beschränkungen der Geschäftsfähigkeit erlaubt („The capacity to act for a person with health disorders of mental nature or other may be restricted to such extent in which he or she cannot understand the meaning of his or her activity or cannot control his or her activity. A court, when assessing the abilities of a person, at first shall determine whether and to what extent a trustee with a person under trusteeship act together and only after that whether and to what extent the trustee acts independently").
682 Österreich hat die Entmündigung schon 1984 abgeschafft und sie mit Bundesgesetz vom 2.2.1983 über die Sachwalterschaft für behinderte Personen (österr. BGBl. 136/1983 vom 4.3.1983) durch eine Sachwalterschaft ersetzt, die ihrerseits im Jahre 2018 durch die gerichtliche Erwachsenenvertretung abgelöst wurde (2. ErwSchG, österr. BGBl. I 59/2017 vom 25.4.2017).
683 Portugal hat die Entmündigung mit Artt. 138–156 port. CC (eingefügt durch Gesetz 49/2018 vom 14.8.2018) durch das *Regime jurídico do maior acompanhado*, also durch ein Betreuungsrecht ersetzt *(Menezes Cordeiro*, Tratado de Direito Civil IV⁵, S. 554). Das bis dahin gültige Entmündigungsrecht unterschied zwischen der „völligen" *(interdições)* und der „eingeschränkten" Entmündigung *(inabilitações)*. Art. 138(1) port. CC a. F. (völlige Entmündigung) lautete: „Wer sich infolge von geistig-seelischer Abartigkeit, Taubstummheit oder Blindheit zur Sorge für seine Person und sein Vermögen als unfähig erweist, dem kann die Ausübung seiner Rechte entzogen werden", und Art. 152 port. CC a.F (Teilentmündigung): „Die Personen, deren geistig-seelische Abartigkeit, Taubstummheit oder Blindheit trotz ihrer dauernden Natur nicht so schwerwiegend ist, dass sie ihre völlige Entmündigung rechtfertigten, können eingeschränkt entmündigt werden, ebenso wie diejenigen, welche sich durch gewohnheitsmäßige Verschwendung oder durch Missbrauch alkoholischer Getränke oder Rauschmittel zur angemessenen Sorgetragung für ihr Vermögen als unfähig erweisen". Art. 138 port. CC n. F. setzt nun ganz anders an: „Der Volljährige, der aufgrund seines Gesundheitszustands, Behinderung oder seines Verhaltens daran gehindert ist, seine Rechte in vollem Umfang, persönlich und gewissenhaft auszuüben oder unter den gleichen Bedingungen seine Pflichten zu erfüllen, wird mit in diesem Gesetzbuch vorgesehenen Betreuungsmaßnahmen begünstigt".
684 Schweden hat die Entmündung zum 1.1.1999 durch ein Sachwalterschaftssystem *(förvaltarskap)* ersetzt. Die betroffene Person muss aufgrund von Krankheit, psychischer Störung, geschwächtem Gesundheitszustand oder ähnlichen Umständen außerstande sein, für sich selbst oder ihr Eigentum zu sorgen (Kap. 11 § 7 schwed. FB). Das Gericht passt die Aufgaben des Sachwalters an die individuellen Bedürfnisse des Betroffenen an, der in diesem Rahmen durch den Sachwalter vertreten wird (Kap. 11 § 9 FB). In minderschweren Fällen wird eine Vertrauensperson *(god man)* bestellt (Kap. 11 § 4 FB).
685 Art. 200 span. CC a. F. nannte als Entmündigungsgründe Krankheiten oder fortgesetzte Einschränkungen körperlicher oder psychischer Art, die es der Person unmöglich machen, sich selbst zu

immer noch in einer signifikanten Zahl der Mitgliedstaaten, und zwar auch in solchen, die die UN-Behindertenkonvention ratifiziert haben.[687] In Bulgarien[688], Dänemark[689], Finnland[690],

---

führen. *Incapacitados* unterstanden gerichtlich angeordneter Vormundschaft (Art. 222(2) span. CC a.F.), die erst mit Aufhebung oder Änderung des Entmündigungsurteils *(sentencia de incapacitación)* endete. Das Entmündigungsurteil bestimmte den Umfang und die Grenzen der Entmündigung (Art. 760 span. LEC a.F.). Schon seit 2008 wurde in Spanien aber eine Anpassung an das Konventionsrecht erwogen (Anteproyecto de Ley por la que se reforma la legislación civil y procesal en materia de discapacidad, RDC V (2018-3) S. 247–310, https://nreg.es/ojs/index.php/RDC/article/view/375). Den Reformbedarf erörterte bereits *Pacheco Jiménez,* in: Morcillo Moreno (Hrsg.), Discapacidad intelectual y capacidad de obrar, S. 39. Allerdings hat TS 29.4.2009, 2362/2009, ECLI:ES:TS:2009:2362 noch ein Jahr nach der Ratifizierung der Konvention das damalige Regime gerechtfertigt. Die Auslegung der Artt. 199 und 200 span. CC a. F. stünde im Einklang mit der Konvention, auch wenn der span. Gesetzgeber an dem Begriff der Entmündigung *(incapacitación)* festgehalten habe. Insbesondere sei die Zahl der Entmündigungsgründe deutlich reduziert worden (entfallen waren unter Art. 200 span. CC a. F. die Entmündigungsgründe der Demenz, der mit der Unfähigkeit zu lesen und zu schreiben verbundenen Taubstummheit und der Verschwendungssucht, außerdem die Strafentmündigung, die *pena de interdicción civil*). Das alles ist seit der Abschaffung der Entmündigung zum September 2021 aber Rechtsgeschichte (näher noch unten Rdnr. 329).

[686] Bis zum 31.12.2013 war unter § 10(1) tschech. BGB [1964] eine volle Entmündigung möglich. Unter § 56(1) tschech. BGB [2014] ist nur noch eine zeitlich limitierte gerichtliche Beschränkung der Geschäftsfähigkeit gestattet. Unter § 59(1) a. a. O. kann das Gericht „die Geschäftsfähigkeit im Zusammenhang mit einer bestimmten Angelegenheit auf die für deren Erledigung notwendige Zeit oder auf eine anders bestimmte Zeit beschränken, längstens jedoch für drei Jahre; mit Ablauf der Zeit erlöschen die Rechtswirkungen der Beschränkung. Wird jedoch innerhalb dieser Zeit ein Verfahren über die Verlängerung der Beschränkungsdauer eingeleitet, so dauern die Rechtswirkungen der ursprünglichen Entscheidung bis zum Erlass der neuen Entscheidung fort, längstens jedoch ein Jahr". Eine Beschränkung der Geschäftsfähigkeit kommt nur „im Interesse des Menschen (in Betracht), den sie betrifft, nach dessen Inaugenscheinnahme und mit voller Anerkennung seiner Rechte und seiner persönlichen Einzigartigkeit. Dabei sind eingehend sowohl der Umfang als auch der Grad der Unfähigkeit des Menschen, eigene Angelegenheiten zu besorgen, zu berücksichtigen" (§ 55(1) a. a. O.).

[687] Das betraf lange auch Spanien. Spanien hat die Konvention schon im Jahre 2008 ratifiziert (BOE 21.4.2008). Die Präambel des Gesetzes 26/2011 vom 1.8.2011 stellt zwar ausdrücklich fest, dass die Konvention Teil der innerstaatlichen spanischen Rechtsordnung geworden sei. Gleichwohl blieb das zivilrechtliche Regime über die Vormundschaft *(tutela)* in Artt. 222–285 span. CC a. F. jahrelang unberührt, und dasselbe galt für die in Artt. 199–201 span. CC a. F. geregelte Entmündigung *(incapacitación)*. Sie ist erst 2021 abgeschafft worden.

[688] Art. 5 bulgar. Gesetz über die Personen und Familie. Bulgarien verfügt inzwischen zwar über ein Betreuungsregime. Bulgar. VerfG Nr. 12 vom 17.7.2014 hat sich aber nicht dazu durchringen können, die Entmündigung für verfassungswidrig zu erklären. Der beschwerdeführende Ombudsmann sei nicht befugt, eine Verletzung der UN-Behindertenkonvention zu rügen; außerdem müsse das Parlament, nicht das Gericht die Lücke schließen, die durch die Erklärung der Nichtigkeit des Entmündigungsregimes entstünde. Das geltende Recht müsse aber eng dahin ausgelegt werden, dass die Entmündigung nur Rechtshandlungen betrifft, die die Interessen des Geschäftsunfähigen gefährden könnten.

[689] Kap. 2 § 6 Værgemålsloven (Gesetz über Vormundschaft) vom 14.6.1995. Eine Entmündigung kommt nur bei gleichzeitiger Bestellung eines Vormunds in Betracht. Durch die Entmündigung erlischt die rechtliche Handlungskompetenz, die *retlige handleevne* (Kap. 2 § 6(2) a. a. O.). Eine teilweise Beschränkung der Geschäftsfähigkeit durch Entmündigung ist nicht vorgesehen. Entmündigungen werden jährlich nur in ca. 50 Fällen ausgesprochen (SOU 2004:112 S. 386).

[690] Finnland operiert allerdings mit einem differenzierten System der gerichtlichen Beschränkung der „Handlungskompetenz" *(Toimintakelpoisuuden)* von Volljährigen (Kap. 3 § 18 Laki holhoustoimesta). Es schließt die *edunvalvoja*, die „Interessenaufsicht" ein, die vor allem die Befähigung zur Verfügung über bestimmtes Eigentum an die Zustimmung des Sachwalters knüpft (Abs. (1) a. a. O.). Daneben ist in vergleichbarem Umfang eine Art Teilentmündigung möglich (Abs. (2) a. a. O.). Die eigentliche Entmündigung *(julistettu vajaavaltaiseksi)* entzieht dem Betroffenen die Handlungsfähigkeit (Abs. (3) a. a. O.). Allerdings kann der Entmündigte unter Kap. 4 § 23 a. a. O. noch einige Rechtshandlungen vornehmen. Dazu gehören die Verfolgung persönlicher Angelegenheiten, sofern er ihre Bedeutung versteht, außerdem alltägliche Geschäfte von geringer Bedeutung (Kap. 4 § 24(1) a. a. O.). Schenkungen beweglicher Sachen an einen Entmündigten, der versteht, dass es sich um eine Schenkung handelt, sind für den Schenker verbindlich (Kap. 4 § 24(2) a. a. O.). Rechtshandlungen, die ohne die erforderliche Einwilligung des Vormunds vom Entmündigten selbst vorgenommen werden, sind nicht grundsätzlich nichtig, sondern schwebend unwirksam. Bis zur Genehmigung und zur Vertragserfüllung kann die andere Seite vom Vertrag zurücktreten (Kap. 4 §§ 26 und 27 a. a. O.).

VI. Unverhältnismäßige Beschränkungen der Handlungsfähigkeiten **§ 2**

Italien[691], Litauen[692], Polen[693] und Ungarn[694] können Menschen auch heute noch ganz oder teilweise entmündigt werden. Das slowakische ZGB sieht die Entmündigung zwar gleichfalls weiter vor, doch wird sie nicht mehr praktiziert.[695] In Rumänien hat das dortige Verfassungsgericht das ehemalige Entmündigungsrecht im Jahre 2020 für verfassungswidrig erklärt, was auch damit zusammenhängt, dass Rumänien zu den Mitgliedstaaten der UN-Behindertenkonvention gehört. Der Gesetzgeber hat inzwischen mit einer Neufassung der Artt. 164–177 rumän. CC reagiert.[696]

Einer Entmündigung liegt das Konzept einer abstrakten Geschäftsfähigkeit zugrunde, die **146** durch gerichtliche Entscheidung aberkannt werden kann. Ist sie gesetzlich nach Graden (Geschäftsunfähigkeit, beschränkte und volle Geschäftsfähigkeit) gestaffelt, bewirkt die Entmündigung je nach ihrem Grund den Entzug eines oder beider bereits erreichter Geschäftsfähigkeitsgrade.[697] Eine Entmündigung ist also sogar bei beschränkt geschäftsfähigen Heranwachsenden denkbar[698], hat ihren Schwerpunkt aber natürlich bei Volljäh-

---

[691] Artt. 414 (volle Entmündigung) und 415 ital. CC (Teilentmündigung).
[692] Art. 2.10(1) lit. ZGB („Natural person who as a result of mental illness or imbecility is not able to understand the meaning of his actions or control them may be declared incapable. The incapable person shall be placed under guardianship").
[693] Artt. 13 (volle Entmündigung) und Art. 16 poln. ZGB (Teilentmündigung). In Polen ist die Entmündigung weiterhin ein Alltagsphänomen. Im Jahre 2018 wurden 9.177 Personen voll- und 841 Personen teilentmündigt (https://isws. ms. gov.pl/pl/baza-statystyczna/opracowania-wieloletnie/download,2853,54.html).
[694] §§ 2:19 und 2:20 ungar. ZGB (teilweise Beschränkung der Geschäftsfähigkeit) und §§ 2:21-2:23 ungar. ZGB (vollständige Beschränkung der Geschäftsfähigkeit eines Volljährigen).
[695] Der aus dem früheren tschechoslowakischen BGB von 1964 stammende § 10(1) slowak. ZGB, der die Entmündigung ermöglicht, ist formal immer noch in Kraft. Tatsächlich kommt heute aber nur noch die Einschränkung der Geschäftsfähigkeit unter § 10(2) slowak. ZGB in Betracht, weil das slowak. Gesetz vom 17.7.2015 über die unstreitige Gerichtsbarkeit (Gesetz Nr. 161/2015 Gbl.; Civilný mimosporový poriadok, Zákon č. 161/2015 Z. z.) nur für Verfahrensvorschriften enthält (§§ 247–251 a. a. O.). Vor allem aber steht einer vollständigen Entmündigung slowak. Verfassungsgericht 28.11.2012 (oben Rdnr. 53 mit Fn. 75) entgegen.
[696] Die UN-Behindertenkonvention wurde schon durch rumän. Gesetz Nr. 221/2010 vom 11.11.2010 angenommen (Monitorul Oficial Nr. 792 vom 26.11.2010). Gleichwohl behielt der neue rumän. CC von 2011 das Entmündigungsrecht zunächst bei (Artt. 164–177 a.F.). Die Verfassungsbeschwerde richtete sich gegen Art. 164(1) a. a. O. („Eine Person, die wegen psychischer Entfremdung oder geistiger Debilität kein Urteilvermögen besitzt, um sich um ihre Interessen zu kümmern, wird entmündigt"). Sie war erfolgreich (rumän. VerfG 16.7.2020, Nr. 601/16.7.2020, Monitorul Oficial Nr. 88 vom 27.1.2021). Das Gericht bejahte eine Verletzung der Menschenwürde, des Gleichberechtigungsgrundsatzes und der Rechte behinderter Menschen (Art. 50 rumän. Verf.) und verwies in diesem Zusammenhang auch auf Art. 12 der UN-Behindertenkonvention. Wer entmündigt sei, bleibe ohne jede Geschäftsfähigkeit und sei von einem Vertreter abhängig. Art. 164 rumän. CC a. F. verstoße gegen das Übermaßverbot; es fehle an der erforderlichen Differenzierung je nach der Erkrankung und ihrem Verlauf, an regelmäßigen Überprüfungen der Entscheidung und weiteren Garantien zur Sicherung der Menschenrechte. Der Gesetzgeber habe unter Art. 147 rumän. Verf. ab Veröffentlichung des Urteils 45 Tage Zeit, das suspendierte Entmündigungsrecht verfassungskonform auszugestalten; andernfalls wird es aufgehoben. Der Gesetzgeber ist zwar innerhalb dieser Frist nicht tätig geworden, hat aber im Mai 2022 mit Gesetz Nr. 140/17 2022 bezüglich einiger Schutzmaßnahmen für Personen mit geistigen und psychosozialen Behinderungen und die Veränderung und Ergänzung einiger Rechtsakte (Monitorul Oficial Nr. 500 vom 20.5.2022) das alte Entmündigungsrecht durch die betreuungsähnlichen Instrumente der „Rechtsberatung" und der „besonderen Vormundschaft" ersetzt (Artt. 164–177 rumän. CC n.F.).
[697] Unter § 6 dt. BGB i. d. F. des Gesetzes zur Neuregelung des Volljährigkeitsalters vom 31.7.1974 (BGBl. I S. 1713) musste zwischen mehreren Entmündigungsgründen unterschieden werden. (Geisteskrankheit, Geistesschwäche, Verschwendung, Trunk- und Rauschgiftsucht). Wer wegen Geisteskrankheit entmündigt wurde, war geschäftsunfähig (§ 104 Nr. 3 dt. BGB a.F.); alle übrigen Entmündigten standen einem beschränkt geschäftsfähigen Minderjährigen gleich (§ 114 dt. BGB a.F.), konnten aber kein Testament errichten (§ 2229(3) dt. BGB a.F.). Geisteskrankheit und Geistesschwäche unterschieden sich nach der Intensität der geistigen Anomalie.
[698] Z. B. kann unter Art. 13 § 1 poln. ZGB auch heute noch „eine Person, die das dreizehnte Lebensjahr vollendet hat, ... entmündigt werden, wenn sie wegen einer Geisteskrankheit, Geistesschwäche oder einer anderen Art psychischer Störung, insbesondere Trunk- oder Rauschgiftsucht, nicht imstande ist, ihre Handlungsweise selbst zu bestimmen". Bis zum Erreichen der Volljährigkeit bleibt eine solche Person unter elterlicher Sorge; es wird also kein Vormund bestellt (§ 2 a. a. O.). Unter Art. 201 span. CC a. F.

rigen. Sie werden auf den Status von Minderjährigen zurückgestuft; die Betroffenen verlieren ganz oder überwiegend das Recht, ihr Leben privatautonom zu gestalten. Vollständig entmündigte Personen erhalten einen meistens „Vormund" genannten gesetzlichen Vertreter, der für sie wie Eltern für ihre Kleinkinder alle rechtlich relevanten Erklärungen abgibt[699], teilentmündigte Erwachsene i. d. R. einen Pfleger, ohne den sie selbst nur das wirksam erklären können, was auch ein Heranwachsender wirksam erklären kann.[700] Einer entmündigten Person wird durch gerichtliche Entscheidung und ggf. nach deren Maßgaben die Befähigung abgesprochen, einen rechtlich relevanten Willen zu bilden, und zwar dauerhaft bis zur Aufhebung der Entscheidung und ohne Ansehen der konkreten Umstände des einzelnen Geschäfts. Diese Entrechtung beruht indes (mit Ausnahme vielleicht der „Verschwendungssucht" bzw. der „Zügellosigkeit": Art. 1666 gr. ZGB) durchweg auf Krankheit und Leiden, und dies gilt auch dort, wo die Krankheitsursache in einer möglicherweise selbst verschuldeten Abhängigkeit liegt, also nicht in „Geisteskrankheit" oder „Geistesschwäche", sondern in einer „psychischen Störung, insbesondere Trunk- oder Rauschgiftsucht".[701]

147 Das Recht der Entmündigung setzt auf Paternalismus durch Stellvertretung und Fremdbestimmung. Da die Staaten, die die UN-Behindertenkonvention ratifiziert und in innerstaatliches Recht überführt haben, „anerkennen, dass Menschen mit Behinderungen in allen Lebensbereichen gleichberechtigt mit anderen Rechts- und Handlungsfähigkeit genießen" (Art. 12(2) a. a. O.), ist das Festhalten an einem Entmündigungssystem ein Verstoß gegen die Konvention. Sie stellt sich gegen geschäftsfähigkeitsrechtliche Entweder-Oder-Entscheidungen, verlangt vielmehr „geeignete Maßnahmen, um Menschen mit Behinderungen Zugang zu der Unterstützung zu verschaffen, die sie bei der Ausübung ihrer Rechts- und Handlungsfähigkeit gegebenenfalls benötigen" (Art. 12(3) a. a. O.). Es ist sicherzustellen, dass „der Wille und die Präferenzen der betreffenden Person geachtet werden, … dass die Maßnahmen verhältnismäßig und auf die Umstände der Person zugeschnitten" und „dass sie von möglichst kurzer Dauer sind" (Art. 12(4) a. a. O.). Das ist ein völlig anderer Ansatz als der des herkömmlichen Entmündigungsrechts. Angemahnt

---

konnten Minderjährige entmündigt werden, „wenn bei ihnen Entmündigungsgründe vorliegen und vernünftigerweise vorauszusehen ist, dass diese auch nach Erreichen der Volljährigkeit fortbestehen werden".

[699] Art. 12 poln. ZGB („Geschäftsunfähig sind Personen, die das dreizehnte Lebensjahr nicht vollendet haben, sowie Personen, die in vollem Umfang entmündigt sind").

[700] Art. 15 poln. ZGB („Beschränkt geschäftsfähig sind Minderjährige, die das dreizehnte Lebensjahr vollendet haben, sowie Personen, die teilweise entmündigt wurden"). Das Minderjährigenrecht entscheidet also auch über die Wirkungen, die einem von einer entmündigten Person getätigten Rechtsgeschäft verbleiben. Unter Art. 1.84(2) lit. ZGB z. B. ist es anfechtbar. Die Anfechtung des Rechtsgeschäfts liegt aber nicht in der Kompetenz des Entmündigten, sondern seines Vormunds oder des Staatsanwalts (Art. 1.84(4) a. a. O.). Ein Rechtsgeschäft, das dem Entmündigten zum Vorteil gereicht, kann von seinem Vormund nachträglich bestätigt werden.

[701] So Artt. 13 § 1 und 16 § 1 poln. ZGB. Kap. 2 § 5(1) dän. Værgemålsloven stellt auf eine psychische Störung, darunter schwere Fälle von Demenz, einen geschwächten Gesundheitszustand oder ähnliche Umstände ab, die es dem Betroffenen unmöglich machen, sich selbst um seine ökonomischen bzw. persönlichen Angelegenheiten zu kümmern; weniger einschneidende Maßnahmen dürfen zum Schutz des Betroffenen nicht genügen (Kap. 2 § 6(1) a. a. O.). Dem gleicht das finnische Recht (Kap. 3 § 18(2) Nr. 3 und (3) finn. Laki holhoustoimesta). Art. 2.10 lit. ZGB nennt als Entmündigungsgründe nur „Geisteskrankheit" und „Geistesschwäche". Unter Art. 2:19(2) ungar. ZGB kommt es zu einer teilweisen Entmündigung (wörtlich: zu einer Betreuung stellung), wenn die Erledigung seiner Angelegenheiten erforderliche Einsichtsvermögen eines Volljährigen mit Rücksicht auf seine familiären Beziehungen und sozialen Kontakte dauerhaft oder periodisch wiederkehrend in hohem Maße vermindert ist. Unter § 2:21(2) ungar. ZGB entmündigt das Gericht einen Volljährigen unter völliger Beschränkung seiner Geschäftsfähigkeit, wenn ihm das zur Erledigung seiner Angelegenheiten erforderliche Einsichtsvermögen infolge einer mentalen Störung dauerhaft und vollkommen abhandengekommen ist. Das Gleiche gilt in Bulgarien. Gründe für eine vollständige Entmündigung sind eine Geisteskrankheit und eine Geistesschwäche (Art. 5(1) bulgar. Gesetz über die Personen und Familie). Zu einer Teilentmündigung kommt es, wenn in begrenztem Umfang noch die Fähigkeit besteht, sich um die Erledigung der eigenen Angelegenheiten zu kümmern (Art. 5(2) a. a. O.). Zu Art. 200 span. CC a. F. schon oben Fn. 685, zu Artt. 414 und 415 ital. CC unten Rdnr. 148.

werden durch die UN-Behindertenkonvention Betreuungs- und Fürsorgemechanismen, die die Geschäftsfähigkeit des Betreuten abgesehen von gesondert angeordneten, begründeten und gegenständlich begrenzten Einwilligungsvorbehalten unberührt lassen. Ganz im Geist der UN-Konvention formuliert also Art. 415 franz. CC, dass „[l]es personnes majeures reçoivent la protection de leur personne et de leurs biens que leur état ou leur situation rend nécessaire selon les modalités prévues au présent titre. Cette protection est instaurée et assurée dans le respect des libertés individuelles, des droits fondamentaux et de la dignité de la personne. Elle a pour finalité l'intérêt de la personne protégée. Elle favorise, dans la mesure du possible, l'autonomie de celle-ci. Elle est un devoir des familles et de la collectivité publique". Das Haager Übereinkommen über den internationalen Schutz von Erwachsenen vom 13.1.2000[702], das das alte Haager Entmündigungsabkommen vom 17.7.1905[703] abgelöst hat, verlangt in seiner Präambel, das „Wohl des Erwachsenen und die Achtung seiner Würde und Selbstbestimmung" vorrangig zu berücksichtigen. Das slowakische Verfassungsgericht hat schon im Jahre 2012 unter ausdrücklichem Rekurs auch auf die Behindertenkonvention ein deutliches Votum gegen die von ihm als „Rechtstod" beschriebene Entmündigung abgegeben.[704] Man dürfe einen geistig erkrankten Mann auch dann nicht ohne Berücksichtigung anderer Mittel und Wege entmündigen, wenn er infolge seiner Erkrankung zu Gewalt neige. Eine Entmündigung komme nicht in Frage, wenn die betroffene Person in nicht unwesentlichen Lebensbereichen noch immer fähig sei, die Folgen eines Geschäfts zu verstehen. Dann sei nur eine gerichtliche Einschränkung der Geschäftsfähigkeit denkbar.

148 Das liegt rechtspolitisch durchaus auf der Linie des italienischen Rechts, ändert aber nichts daran, dass die Zielrichtung eines Entmündigungsregimes schon im Ansatz mit der Zielrichtung der Behindertenkonvention unvereinbar bleibt. Der **italienische** Gesetzgeber hat, wie gesagt, an dem Rechtsinstitut der Entmündigung festgehalten, im Jahre 2006 aber mit der Einführung der Sachwalterschaft *(amministrazione di sostegno)* eingegriffen, um wenigstens die Zahl der Fälle zu reduzieren, in denen es zu einer Entmündigung kommt.[705] Damit dürfte er nach dem jetzigen Stande der Rechtsprechung des EGMR wohl auch den Anforderungen von Art. 8 EMRK genügen.[706] Unter Art. 414 ital. CC können im Wege der *interdizione* nur Personen vollständig entmündigt werden, „die an einer dauernden Geisteskrankheit leiden, die sie unfähig macht, die eigenen Interessen wahrzunehmen", und dies auch nur, „wenn dies notwendig ist, um ihnen einen angemessenen Schutz zu gewährleisten". Beschränkt entmündigt werden unter Art. 415 ital. CC Volljährige, die an einer Geisteskrankheit leiden, die nicht so schwer ist, dass sie eine volle Entmündigung erfordert. Immer noch können aber auch Personen beschränkt entmündigt werden, „die aus Verschwendungssucht oder infolge des andauernden Missbrauchs von alkoholischen Getränken oder von Rauschgiften sich selbst oder ihre Familie schweren wirtschaftlichen

---

[702] BGBl. 2007 II S. 323.
[703] RGBl. 1912 S. 463; BGBl. 1992 II S. 272.
[704] Oben Rdnr. 53 mit Fn. 75.
[705] Gesetz vom 9.1.2004, Nr. 6 „Einführung in das erste Buch, Titel XII des Bürgerlichen Gesetzbuches, Kapitel I über die Einrichtung der Sachwalterschaft und die Änderung der Artikel 388, 414, 417, 418, 424, 426, 427 und 429 des codice civile in Bezug auf die volle und beschränkte Entmündigung, sowie deren Durchführungs-, Koordinierungs- und Schlussbestimmungen" (Gazz. Uff. Nr. 14 vom 19.1.2004).
[706] EGMR 27.6.2008, 44009/05, *Shtukarov vs. Russia* (dt. Übersetzung in FamRZ 2008 S. 1734) betraf zwar einen besonders dramatischen Fall, weil der Beschwerdeführer nach den Regeln des russischen Rechts ohne sein Wissen und seine Beteiligung vollständig entmündigt und in eine psychiatrische Anstalt eingewiesen worden war. In Rdnr. 95 der Urteilsgründe stellte das Gericht aber entscheidend auf die Unverhältnismäßigkeit des russischen Rechts ab. „The Russian Civil Code distinguishes between full capacity and full incapacity, but it does not provide for any "borderline" situation other than for drug or alcohol addicts. The Court refers in this respect to the principles formulated by Recommendation No. R (99) 4 of the Committee of Ministers of the Council of Europe .... Although these principles have no force of law for this Court, they may define a common European standard in this area. Contrary to these principles, Russian legislation did not provide for a „tailor-made response". As a result, in the circumstances the applicant's rights under Article 8 were restricted more than was strictly necessary".

Nachteilen aussetzen", außerdem bedrückenderweise auch „Taube oder Blinde, deren Gebrechen von Geburt an oder seit ihrer frühen Kindheit besteht, sofern sie nicht eine ausreichende Ausbildung erhalten haben; es kommt jedoch Artikel 414 zur Anwendung, wenn sich ergibt, dass sie zur Wahrnehmung der eigenen Interessen gänzlich unfähig sind". Die Entmündigung wird, auch das entwürdigend, am Rande der Geburtsurkunde des Betroffenen vermerkt (Art. 423 ital. CC). Immerhin kann das Entmündigungsurteil vorsehen, dass dem Entmündigten einzelne Rechtshandlungen der ordentlichen Verwaltung verbleiben; außerdem sind die Handlungen des Entmündigten nicht *per se* nichtig, sondern vernichtbar (Art. 427 a. a. O.). Die Alternative zur Entmündigung besteht unter Art. 404 a. a. O. in der Anordnung einer Sachwalterschaft, von der eine Person profitieren kann, die aufgrund eines Gebrechens oder einer körperlichen oder geistigen Beeinträchtigung, auch nur teilweise oder vorübergehend, nicht in der Lage ist, für ihre eigenen Interessen zu sorgen. Die Beeinträchtigung darf aber nicht so schwerwiegend sein, dass sie eine Entmündigung erforderlich macht. Es geht z. B. auch um Alkoholiker und Spielsüchtige. Ein Verwalter soll sie bei der Lösung konkreter Probleme unterstützen.[707] Die Reform ist bei den höheren Gerichten auf viel Zustimmung gestoßen.[708] Sie hat die Entmündigung auf einen residualen Notbehelf reduziert. Ein Betroffener kann für den Fall seiner späteren Unfähigkeit selbst einen Sachwalter auswählen (Art. 408 a. a. O.). In jedem Fall kann der durch die Sachwalterschaft Begünstigte „jene Rechtshandlungen vornehmen, die zur Befriedigung der Bedürfnisse des täglichen Lebens erforderlich sind" (Art. 409 Satz 2 a. a. O.). Gleichwohl ist man sich der Notwendigkeit weiterer Reformen durchaus bewusst.[709] **Spanien** dagegen hat die Entmündigung abgeschafft. Es kennt heute nur noch die Instrumente zum Schutz des Vermögens von Menschen mit einer Behinderung, die das 2021 reformierte Gesetz 41/2003 vom 18.11.2003 (Ley de protección patrimonial de las personas con discapacidad) vorsieht. Das Gesetz hat Vorrang vor dem Zivilgesetzbuch (Art. 1(2) a. a. O.). Das Gesetz begünstigt Menschen, die von den in ihm näher beschriebenen Behinderungsgraden betroffen sind. Menschen mit Behinderung werden als Personen definiert, die mit einer geistigen Behinderung von 33 Prozent oder mehr oder von einer körperlichen oder sensorischen Behinderung von 65 Prozent oder mehr betroffen sind (Art. 2(2) a. a. O.).

149 Der **EGMR** hat den hoheitlichen (gerichtlichen) Entzug der Geschäftsfähigkeit eines Menschen zwar nie pauschal als menschenrechtswidrig qualifiziert, vielmehr akzeptiert, „that depriving someone of his legal capacity and maintaining that status may pursue a number of legitimate aims, such as to protect the interests of the person affected by the measure. In deciding whether legal capacity may be restored, and to what extent, the national authorities have a certain margin of appreciation".[710] Gleichwohl hat er einzelne Regelungen des Entmündigungsrechts mehrerer Europaratsstaaten, unter ihnen auch EU-Mitgliedstaaten, mehrfach und zunehmend auch unter Bezugnahme auf die UN-Behindertenrechtskonvention scharf kritisiert. Der EGMR hat deutlich gemacht, dass aus der Perspektive der EMRK ein Entzug der Geschäftsfähigkeit nur als *ultima ratio*[711] und überdies nur bei Wahrung zureichender verfahrensrechtlicher Standards in Betracht komme. Der zu

---

[707] Näher *Bonilini* und *Tommaseo,* Dell'amministrazione di sostegno, S. 60.
[708] C. Cost. 9.12.2005, nr. 440, Giur. cost. 2005 S. 4746; Cass. 12.6.2006, nr. 13584, Riv. not. 2007 S. 485; Cass. 22.4.2009, nr. 9628, Giust. civ. 2010 S. 395.
[709] In der jüngeren Diskussion spielt insbesondere die Idee eines „Schutzauftrages" eines *mandato di protezione,* eine Rolle (*Girolami,* Riv. dir. civ. 2021 S. 854). Man soll dadurch privatautonom für den Fall späterer Geschäftsunfähigkeit einen Bevollmächtigten mit der Verwaltung seines Vermögens und der Betreuung der persönlichen Angelegenheiten beauftragen können. Der Schutzauftrag würde auch die Nachlassverwaltung umfassen. Beauftragter sollen sowohl natürliche auch als juristische Personen sein können.
[710] EGMR 22.1.2013, 33117/02, *Lashin vs. Russland.*
[711] EGMR 18.9.2014, 13006/13, *Ivinović vs. Kroatien* („Deprivation, even partial, of legal capacity should be a measure of last resort, applied only where the national authorities, after carrying out a careful consideration of possible alternatives, have concluded that no other, less restrictive, measure would serve the purpose or where other, less restrictive measure, have been unsuccessfully attempted".

VI. Unverhältnismäßige Beschränkungen der Handlungsfähigkeiten § 2

Entmündigende muss also angehört werden und für das Verfahren Prozessfähigkeit genießen[712]; er muss außerdem die Möglichkeit haben, selbst bei Gericht die Wiederherstellung seiner Geschäftsfähigkeit zu beantragen.[713] Eine Verletzung von Art. 6(1) EMRK kann auch darin bestehen, dass der bestellte Vormund in einem Interessenkonflikt zu dem Entmündigten steht.[714] In der Substanz stellt jeder Entzug der Geschäftsfähigkeit einen Eingriff in Art. 8(1) EMRK (Privatleben) dar, der besonderer Rechtfertigung bedarf. Die Entscheidung muss jeweils auf den konkreten Fall zugeschnitten sein. Selbst eine schwere Geisteskrankheit stellt für sich genommen noch keinen zureichenden Entmündigungsgrund dar. Sie muss vielmehr Auswirkungen haben, die eine Entmündigung erfordern. Es genügt nicht, durch ein ärztliches Gutachten zu beweisen, dass die betroffene Person ihre Handlungen nicht verstehen und kontrollieren kann.[715] Vielmehr ist das im Näheren darzulegen. Dazu gehört z. B. eine genaue Analyse der Herkunft der Schulden, wenn behauptet wird, der Betroffene sei unfähig, das eigene Vermögen zu verwalten.[716] Zudem darf dem Betroffenen nicht pauschal die Geschäftsfähigkeit in allen Lebensbereichen entzogen werden. Es muss vielmehr für eine abgestufte, auf seine konkrete Situation zugeschnittene Lösung gesorgt werden. Vorrangig gehe es darum, die Geschäftsfähigkeit unangetastet zu lassen und der betroffenen Person stattdessen Hilfe bei ihren Geschäften zur Verfügung zu stellen.[717] Auch darf die Geschäftsfähigkeit nicht zeitlich unbeschränkt entzogen werden. Sie muss vielmehr, mindestens auf Antrag des Betroffenen, periodisch überprüft werden.[718] Der gesetzliche Vertreter darf diese Überprüfung nicht dauerhaft verhindern können.[719]

---

[712] EGMR 27.3.2008, 44009/05, *Shtukaturov vs. Russland* (Fn. 706) („Further, the Court notes that the applicant played a double role in the proceedings: he was an interested party, and, at the same time, the main object of the court's examination. His participation was therefore necessary not only to enable him to present his own case, but also to allow the judge to form her personal opinion about the applicant's mental capacity"). Ebenso absurd verhielt es sich zeitweilig in Deutschland, wenn ein Entmündigter gerichtlich gegen seinen Vormund vorgehen wollte, was „an sich" gar nicht möglich war, weil dem Entmündigten dafür die an die Geschäftsfähigkeit gekoppelte Prozessfähigkeit fehlte. Das hat BVerfG 10.2.1960, NJW 1960 S. 811 schon früh dazu veranlasst, eine Anstaltsunterbringung von einer gerichtlichen Entscheidung abhängig zu machen. Mindestens insoweit war also Prozessfähigkeit zu gewähren.
[713] EGMR 17.1.2012, 36760/06, *Stanev vs. Bulgarien*; EGMR 22.1.2013, 33117/02, *Lashin vs. Russland*; EGMR 31.5.2016, 17280/08, *A. N. vs. Litauen*. Siehe außerdem EGMR 27.3.2008 a. a. O.
[714] EGMR 3.10.2019, 74438/14, *Nikolyan vs. Armenien* (die Ehefrau und der Sohn des Beschwerdeführers, die mit ihm in einer Wohnung lebten, hatten die Scheidung und die Räumungsklage des Beschwerdeführers verhindert, indem sie ihn entmündigen ließen; der Sohn war als Vormund eingesetzt worden). Siehe in diesem Zusammenhang auch Art. 12(4)(ii) der UN-Behindertenrechtskonvention (Vermeidung von Interessenkonflikten).
[715] EGMR 27.3.2008 a. a. O. (Fn. 706). (Zehnminütige Verhandlung, in der ein medizinisches Gutachten den Ausschlag gegeben hatte. Es war anlässlich einer Untersuchung in einem psychiatrischen Krankenhaus angefertigt worden. Dass es bei Gericht Verwendung finden würde, wusste der Beschwerdeführer nicht; er war zudem über das gegen ihn von seiner Mutter angestrengte Entmündigungsverfahren überhaupt nicht informiert worden).
[716] EGMR 18.9.2014, 13006/13, *Ivinović vs. Kroatien*.
[717] EGMR 18.9.2014 a. a. O.
[718] EGMR 22.1.2013, 33117/02, *Lashin vs. Russland*.
[719] EGMR 17.1.2012, 36760/06, *Stanev vs. Bulgarien*.

§ 3: Rechtsfähigkeit

Weiteres Schrifttum:
Alberto Artosi, Bernardo Piero und Giovanni Sartor (Hrsg.), Leibniz: Logico-Philosophical Puzzles in the Law – Philosophical Questions and Perplexing Cases in the Law (Dordrecht 2013); *Britta Van Beers,* The Changing Nature of Law's Natural Person: The Impact of Emerging Technologies on the Legal Concept of the Person, German Law Journal 2017 S. 559–593; *Jessica Wilen Berg,* Of elephants and embryos: a proposed framework for legal personhood, Hastings Law Journal 2007 S. 369–407; *Marcel Bisges* (Hrsg.), Handbuch Urheberrecht (München 2016); *Davide Melano Bosco,* Sul danno non patrimoniale da perdita dell'animale di affezione, Giur. it. 2017 S. 1076–1078; *Franz Bydlinski,* Die „Person" im Recht, in: Festschrift für Peter Doralt (Wien 2004) S. 77–94; *Luís Cabral de Moncada,* Lições de Direito Civil (4. Aufl. Coimbra 1962, Reprint 1995), *Cormac Cullinan,* Wild Law: A Manifesto for Earth Justice (Devon 2003); *Reinhard Damm,* Personenrecht: Klassik und Moderne der Rechtsperson, AcP 202 (2002) S. 841–879; *Françoise Dekeuwer-Défossez,* La notion de personne: tentative de synthèse, D. 2017 S. 2046–2048; *Raphaël Dierkens,* De biologische mens in het recht, Tijdschrift voor Privaatrecht 1972 S. 183–203; *Massimo Dogliotti,* Persone fisiche: Capacità, status, diritti, in: Mario Bessone, Trattato di diritto privato, Band II (Turin 2014) S. 42; *Gabriel Eckstein, Ariella D'Andrea, Virginia Marschall, Erin O'Donnell, Julia Talbot-Jones, Deborah Curran Katie O'Bryan,* Conferring legal personality on the world's rivers: A brief intellectual assessment 44 (2019) S. 804–829; *Fritz Fabricius,* Relativität der Rechtsfähigkeit (München und Berlin 1963); *Thérèse Fridström Montoya,* Homo juridicus: den kapabla människan i rätten (Stockholm 2017); *János Frivaldszky,* A jogalanyiság és a jog mint egyetemes elismerő viszony. A legújabb olasz jogfilozófiai eredmények tükrében (Die Rechtssubjekt-Qualität und das Recht als universelles Anerkennungsverhältnis. Im Spiegel der Ergebnisse der neueren italienischen Rechtsphilosophie), Iustum Aequum Salutare V (2009), Heft 2, S. 11–54; *Francesco Galgano,* Le insidie del linguaggio giuridico (Bologna 2010); *Edoardo Ghera, Alessandro Garilli und Domenico Garofalo,* Diritto del lavoro (Turin 2013); *Christos Giannaras,* To prosopo kai o Eros (Athen 1987); *Per Henning Grauers,* Person och avtal – en kortfattad inledning till person- och avtalsrätten (4. Aufl. Stockholm 2017); *Eduardo Gudynas und Almut Schilling-Vacaflor,* Politische Ökologie in den Verfassungen von Bolivien und Ecuador, Juridikum 2009 S. 214–217; *Philipp Hacker,* Europäische und nationale Regulierung von Künstlicher Intelligenz, NJW 2020 S. 2142–2147; *Christian Hattenhauer,* Der Mensch als solcher ist rechtsfähig. Von der Person zur Rechtsperson, in: Eckart Klein und Christoph Menke (Hrsg.), Der Mensch als Person und Rechtsperson: Grundlage der Freiheit (Berlin 2011) S. 39–68; *Georg Wilhelm Friedrich Hegel,* Grundlinien der Philosophie des Rechts oder Naturrecht und Staatswissenschaft im Grundrisse (Berlin 1821); *Hellen Hetterich,* Mensch und „Person" – Probleme einer allgemeinen Rechtsfähigkeit: Schriften zur Rechtsgeschichte Band 174 (Berlin 2016); *César Hornero Méndez,* Las personas jurídicas, in: Francisco Oliva Blázquez und Lucía Vázquez-Pastor Jiménez (Hrsg.), Derecho Civil I – Parte General y Derecho de la persona (Valencia 2019) S. 187–224; *Immanuel Kant,* Die Metaphysik der Sitten, Bd. 1: Einleitung in die Metaphysik der Sitten und in die Rechtslehre (1797; Nachdruck Berlin 1968); *Marianos D. Karasis,* Biotechnologia kai Dikaio, EllDik 42 (2001) S. 1198–1222; *Stefan Klingbeil,* Der Begriff der Rechtsperson, AcP 217 (2017) S. 849–885; *Visa AJ Kurki,* A Theory of Legal Personhood (Oxford 2019); *ders.,* Why Things Can Hold Rights; Reconceptualizing of the Legal Person, in: Visa A. J. Kurki und Tomasz Pietrzykowski (Hrsg.), Legal Personhood: Animals, Artificial Intelligence and the Unborn (Berlin 2017) S. 69–90; *Markus Lackermair,* Hybride und Chimären. Die Forschung an Mensch-Tier-Mischwesen aus verfassungsrechtlicher Sicht (Tübingen 2017); *Jacques Larrieu,* Androïdes, exosquelettes, prothèses et corps humain: Une tentative de définition d'un statut de robots (en droit français), Osaka Law Review 2015 S. 73–84; *Martin Lipp,* Persona Moralis, Juristische Person und Personenrecht – Eine Studie zur Dogmengeschichte der Juristischen Person im Naturrecht und frühen 19. Jahrhundert, Quaderni Fiorentini – per la storia del pensiero giuridico moderno 1982-83 S. 217–262; *Francesca Loffredo,* Le persone giuridiche e le organizzazioni senza personalità giuridica (3. Aufl. Mailand 2010); *Neil MacCormick,* Persons as Institutional facts, in: Ota Weinberger und Werner Krawietz (Hrsg.), Reine Rechtslehre im Spiegel ihrer Fortsetzer und Kritiker (Dordrecht 1988) S. 371–393; *Jürgen Thomas Mahr;* Der Beginn der Rechtsfähigkeit und die zivilrechtliche Stellung ungeborenen Lebens: eine rechtsvergleichende Betrachtung (Frankfurt a. M. 2007); *Carlos Martínez de Aguirre Aldaz,* in: Pedro de Pablo Contreras (Hrsg.), Curso de derecho civil. Bd. I Derecho Privado. Derecho de la persona (4. Aufl. Madrid 2011); *Marie-Laure Mathieu-Izorche,* Droit civil. Les biens (Paris 2006); *Reinhard Merkel,* Personale Identität und die Grenzen strafrechtlicher Zurechnung, JZ 1999 S. 502–509; *Theodor Mommsen,* Römische Geschichte. Band 1: Bis zur Schlacht von Pydna (Leipzig 1854); *Rachel Mortiaux,* Righting Aotearoa's coastal marine area: a case for legal personhood to enhance environmental protection, Griffith Law Review 30 (2021) S. 413–437; *Teodóra Nagy,* A jövő kihívásai: robotok és mesterséges intelligencia az alapjogi jogalanyiság tükrében (Herausforderungen der Zukunft: Roboter und künstliche Intelligenz im Spiegel der grundrechtlichen Rechtssubjekt-Qualität), MTA Law Working Papers 2020/6 S. 7–8 (https://jog.tk.mta.hu/en/mtalwp/a-jovo-kihivasai-robotok-es-mesterseges-intelligencia-az-alapjogi-jogalanyisag-tukreben); *Jörg Neuner,* Der nondum conceptus im Privatrecht, JuS 2019 S. 1–6; *ders.,* Allgemeiner Teil des Bürgerlichen Rechts (12. Aufl. München 2020); *Chrispas Nyombi,* The gradual erosion of the ultra vires doctrine in English company law, International Journal of Law

and Management 56 (2014) S. 347–362; *Erin O'Donnell,* Rivers as living being: rights in law, but no rights to water, Griffith Law Review 29 (2020) S. 643–668; *Erin O'Donnell und Julia Talbot-Jones,* Creating legal rights for rivers: lessons from Australia, New Zealand, and India, Ecology and Society 23 (2018) S. 7–17; *Erin O'Donnel und Elizabeth Macpherson,* Voice, power and legitimacy: the role of the legal person in river management in New Zealand, Chile and Australia, Australasian Journal of Water Resources 23 (2019) S. 35–44; *Erin O'Donnell, Anne Poelina, Allessandro Pelizzon, Cristy Clark,* Stop Burying the Lede: The Essential Role of Indigenous Law(s) in Creating Rights of Nature, Transnational Environmental Law 9 (2020) S. 403–427; *Rolf Ostheim,* Zur Rechtsfähigkeit von Verbänden im österreichischen bürgerlichen Recht (Wien und New York 1967); *Muireann Quigley und Semanda Ayihongbe,* Everyday Cyborgs: On Integrated Persons and Integrated Goods, Medical Law Review 26 (2018) S. 276–308; *Ramos,* O animal: coisa ou *tertium genus,* O Direito 141 (2009) S. 1071–1104; *Filippo Ranieri,* Die Rechtskategorie „Juristische Person" als Schöpfung von Doktrin und Gesetzgebung im 19.-20. Jahrhundert. Zugleich ein Kapitel aus der neueren Geschichte des kontinentalen Zivil- und Handelsrechts, Liber amicorum Giuseppe B. Portale (Baden-Baden 2019) S. 109–212; *Gille Raoul-Cormeil und Quentin Le Pluard,* L'incapacité de recevoir à titre gratuit du professionnel de la santé et l'existence de la maladie létale, D. 2021 S. 509–514; *Sarah Reardon,* Pig Brains kept alive outside body for hours after death, Nature 568 (2019) S. 283–284; *Rouček und Sedláček,* Komentář k československému obecnému zákoníku občanskému a občanské právo platné na Slovensku a v Podkarpatské Rusi, Bd. 1 (Prag 1935); *Lars Rühlicke,* Gesamthand, rechtsfähige Personengesellschaft, juristische Person und Wohnungseigentümergemeinschaft – Ein Beitrag zur Dogmatik der Rechtsfähigkeit, ZWE 2007 S. 261–271; *Friedrich Carl von Savigny,* System des heutigen römischen Rechts Bd. 2 (Berlin 1840); Horst Heinrich Jakobs und Werner Schubert (Hrsg.), Die Beratung des Bürgerlichen Gesetzbuchs in systematischer Zusammenstellung der unveröffentlichten Quellen. Allgemeiner Teil: §§ 1–240, Bd. 1 (Berlin 1985); *Fredrik Schrevelius,* Lärobok i Sveriges allmänna nu gällande civil-rätt, första delen – Inledning eller allmänna pränotioner (2. Aufl. Lund 1854); *Franco Gaetano Scoca,* Sul danno all'immagine della pubblica amministrazione, Giur. cost. 2019 S. 2177–2183; *Christopher D. Stone,* Should Trees have Standing?, Toward Legal Rights for Natural Objects, Southern California Law Rev. 45 (1972) S. 450–501; *David Takacs,* We are the river, University of Illinois Law Review (2021) S. 545–606; *Tomasz Targosz,* Nadużycie osobowości prawnej II (Warschau 2004); *Franco Todescan,* Dalla «Persona ficta» alla «Persona moralis». Individualismo e matematicsmo nelle teorie della persona giuridica del sec. XVII, Quaderni fiorentini per la storia del pensiero giuridico moderno, (11,12) 982/83, Bd. 1 S. 59–93; *Imke Tuma-Koch,* Die Sonderstellung von Tieren im Zivilrecht (Diss. Osnabrück 2020); *Beatriz Verdera Izquierdo,* Un nuevo contexto en Derecho de familia y Derecho de persona, in: Aránzazu Roldán Martínez (Hrsg.), La persona en el S. XXI. Una visión desde el derecho (Cizur Menor 2019) S. 41–61; *Franz v. Zeiller,* Das Natürliche Privatrecht (Wien 1802, 3. Aufl. 1819; Nachdruck Berlin 2010).

Schrifttum zur künstlichen Intelligenz unten vor Rdnr. 184.

I. Die Person des Menschen und die Personen der Schöpfungen des Rechts

1. Person und Rechtssubjektivität

150 Das Wort „Person" ist mehrdeutig. Denn jemand kann eine Person haben und eine Person sein. Auf den Menschen trifft beides zu; die sog. „juristischen Personen" erschöpfen sich dagegen in ihrem Personsein. Das Einzige, was sie mit einem Menschen verbindet, ist, dass sie wie er keine Objekte von Rechten, sondern deren Inhaber sind. Menschen und juristische Personen sind m. a. W. beide „Rechtssubjekte". Die Person des Menschen setzt sich aber aus mehr zusammen als die Person von Gesellschaften (etc.). Die Person des Menschen besteht aus oft vielschichtig ausdifferenzierten rechtlichen Fähigkeiten, aus der Unverfügbarkeit seines Körpers und seiner Würde, aus seinem rechtlichen Geschlecht und aus seinem rechtlichen Namen. In dem Begriff der Person des Menschen bündelt sich das, worüber er seiner Würde wegen nicht verfügen kann.[1] Die Person von Gesellschaften (etc.) ist dagegen ohne Würde. Sie sind auf das Maß an Rechtssubjektivität kalibriert (und i. d. R. reduziert), das ihnen die Rechtsordnung ausdrücklich zugesteht. Gesellschaften sind personenrechtlich, was sie haben, und sie haben, was sie sind, mehr nicht. Person und Rechtssubjektivität (oder Rechtsfähigkeit) sind bei ihnen nur die zwei Seiten ein und derselben Medaille.

---

[1] Oben Rdnrn. 22–26.

I. Die Person des Menschen und die Personen der Schöpfungen des Rechts § 3

Es gibt viele Rechtssubjekte, die keine Menschen sind. Aber es gibt aus europäischer 151 Sicht keine Menschen mehr, die keine Person haben und deshalb keine Rechtssubjekte wären.[2] Menschen haben eine Person, sobald und solange sie leben und mit anderen Personen in irgendeiner Form privatrechtlich interagieren.[3] Seine Würde und mit ihr seine Rechtsfähigkeit kann einem Menschen nicht entzogen werden, in der Europäischen Union auch nicht durch eine politische Entscheidung (Verbannung) oder als Nebenfolge einer Todesstrafe, gewissermaßen als erster Schritt ihrer Vollstreckung. Was menschliches „Leben" heißt, wann es beginnt und wann es endet, das wirft zwar seinerseits Rechtsfragen auf.[4] Aber das ändert an dem Ausgangspunkt nichts. Seine Person und, in sie eingebettet, seine Rechtssubjektivität, werden dem lebenden Menschen bereits durch die Verfassungsrechtsordnung zugeschrieben und garantiert. Und da Rechtsordnungen von Menschen für Menschen gemacht sind, gilt Leben auch nur für Menschen als Entstehungsgrund ihrer Person, nicht jedoch für ihre Mit-Lebewesen. Tiere mögen nach heutigem Verständnis keine Sachen (mehr) sein, aber deshalb wächst ihnen noch lange nicht die Fähigkeit zu, etwas zu kaufen oder zu Eigentum zu haben. Ganze Lebensräume (Ökosysteme, auch manche Flüsse) mögen in der Vorstellung indigener Menschen ebenfalls „leben", und es mag auch sein, dass staatliche Rechtsordnungen das in Gestalt von Rechtspersonen abbilden, aber solche Gebilde entstehen weder durch Geburt noch erlöschen sie durch einen physischen Tod.[5]

Dass der einzelne Mensch mit einer Person ausgestattet wird, ist keine Frage seines 152 Verstandes, seiner Freiheit, Moral oder Vernunft.[6] Es ist ein normativ durch das Konzept der Würde abgesichertes Axiom[7], das allein daran anknüpft, dass der jeweilige Mensch schon oder noch **eigenständige Lebenszeichen** zeigt. Eine Betreuung kann deshalb richtiger Ansicht nach auch noch für eine hochschwangere Frau angeordnet werden, deren kognitive Hirnfunktionen nach einem Unfall irreversibel ausgefallen sind, die aber noch selbständig atmet und keines der sicheren Todeszeichen (Leichenflecke, Leichenstarre, einsetzende Verwesung) trägt.[8] Auch bleibt ein Verletzter, der durch einen Unfall jede Bewusstseins- und Wahrnehmungsfähigkeit verloren hat, dessen Herz aber noch schlägt und dessen vegetatives Nervensystem intakt ist, Person.[9] Sein Körper ist noch keine Leiche, noch keine Sache. Der Mensch hat auch dann noch eine Person, wenn (wie bei einem Demenzkranken) in seinem Körper nicht mehr dasselbe oder (wie bei einem Appaliker)

---

[2] Siehe bereits oben Rdnrn. 4, 12 und 54. Unter dem gr. Gesetz 3414/1909 über den Allgemeinen Kirchenfonds behalten auch Mönche und Nonnen die Rechts- und Geschäftsfähigkeit und können demgemäß unter rechtliche Betreuung gestellt werden (LG Thessalonike 6007/2014, Isokrates-Datenbank).
[3] Letzteres klingt richtig in Art. 1 poln. ZGB an, der lautet: „Dieses Gesetzbuch regelt die zivilrechtlichen Verhältnisse zwischen physischen und juristischen Personen". Der Text wirkt allerdings etwas verunglückt, weil es sich nicht nur um die Rechtsbeziehungen „zwischen physischen (natürlichen) und juristischen Personen" handelt, sondern ganz genauso um die Beziehungen zwischen Personen aus jeweils derselben Gruppe.
[4] Näher unten § 4.
[5] Unten Rdnrn. 179–183.
[6] Daran ändert auch der „naturrechtliche" Begründungsansatz in § 16 Satz 1 österr. ABGB nichts („Jeder Mensch hat angeborne, schon durch die Vernunft einleuchtende Rechte und ist daher als eine Person zu betrachten"). Mit Blick auf § 16 tschech. BGB („Niemand kann auf seine Rechtsfähigkeit oder Geschäftsfähigkeit ganz oder teilweise verzichten; wenn er dies tut, wird dies nicht berücksichtigt") meint Lavický (-*Hurdík*), Občanský zákoník I, S. 140–141, dass die Rechts- und die Geschäftsfähigkeit zusammen mit den „natürlichen Rechten" zu der „prärechtlichen Freiheit eines Menschen" gehörten.
[7] Oben Rdnr. 54.
[8] AG Würzburg 13.2.2018, FamRZ 2019 S. 1821. Es handelt sich allerdings um einen Grenzfall. Wäre es nicht darum gegangen, das Kind dadurch zu retten, dass man die Lebensfunktionen der Frau maschinell aufrecht erhielt, sondern um die Frage, ob der Frau für Transplantationszwecke bereits ein Organ entnommen werden durfte, wäre sie möglicherweise (der Sachverhalt ist insoweit nicht ganz eindeutig) schon als verstorben anzusehen gewesen.
[9] Z. B. BGH 13.10.1992, BGHZ 120 S. 1 (schwerst unfallverletztes Kind).

möglicherweise gar kein „Ich" mehr steckt.[10] Und selbstverständlich ist und hat auch ein neugeborenes Baby eine Person.

2. Mensch

153 Da sich die Privatrechtsordnungen ganz auf die Person des Menschen konzentrieren, lassen die Kodifikationen die Vorfrage, was oder wer eigentlich ein „Mensch" ist, durchweg unbeantwortet.[11] Versucht man es trotzdem, wird man sagen können, dass Mensch im Sinne des privaten Personenrechts jeder ist, der lebend von einem anderen Menschen geboren wurde und noch nicht verstorben ist. Ob der Elternteil auch rechtlich noch dem weiblichen Geschlecht zugehört oder wenigstens im Zeitpunkt der Geburt zugehörte, macht keinen Unterschied, auch nicht, ob die niedergekommene Frau die rechtliche Mutter des Kindes ist. Außerhalb des Mutterleibes können sich derzeit noch keine Menschen entwickeln, die den Bezugspunkt einer Person zu bilden vermöchten. Erst wenn eines Tages Embryonen auch in künstlichen Gebärmüttern ausreifen können, wird man den Begriff der Geburt neu überdenken oder ergänzen müssen. Durch Geburt und Genom wird der Einzelne zum Angehörigen der Unterspezies *homo sapiens sapiens*[12] und bleibt es bis zu seinem Tode. Nur innerhalb dieser Spezies herrscht potentielle Fortpflanzungsgemeinschaft. Die Lebendgeburt genügt. Ob der Geborene die hervorstechendsten Merkmale seiner Mitmenschen teilt oder nicht, ist für seine Zugehörigkeit zu ihnen ohne rechtlichen Belang. Das private Personenrecht schließt ihn gerade nicht deshalb aus, weil er nie sprechen, aufrecht gehen oder über sich und andere nachdenken können wird; es fragt auch nicht, ob er diese in seinem früheren Leben schon einmal erworbenen tatsächlichen Fähigkeiten noch immer besitzt. Der einzelne Mensch ist und hat eine Person nicht weil (und soweit) er kraft seiner Vernunft zu moralischem Handeln fähig ist, sondern weil er geboren wurde. Es begründet auch keinen Unterschied, ob ein Kind mit körperlichen Missbildungen zur Welt kommt.[13] Entscheidend ist der Umstand der Lebendgeburt. Ein

---

[10] Dazu aus strafrechtlicher Sicht *Merkel*, JZ 1999 S. 502.
[11] Durchaus typisch z. B. Art. 25(2) rumän. CC: „Die physische Person ist der Mensch, als einzelner gesehen, als Inhaber von bürgerlichen Rechten und Pflichten". Das Privatrecht nimmt den Menschen gewissermaßen nur als Person wahr. In der englischen und den romanischen Sprachen fehlt, genau genommen, sogar das Wort „Mensch" (*Menezes Cordeiro*, Tratado de Direito Civil IV[5], S. 29). Man muss deshalb auf *human being, ser humano* und dergleichen zurückgreifen, gelegentlich auch einfach auf *persona*. Die spanische Übersetzung der Allgemeinen Erklärung der Menschenrechte z. B. verwendet dort, wo der englische Text *human beings* oder *everyone* Rechte gewährt und wo die deutsche Übersetzung „alle Menschen" oder „jeden" anspricht, teils *todos los seres humanos*, teils *toda persona*.
[12] Menezes Cordeiro (-*Menezes Cordeiro*), Código Civil Comentado I, vor Art. 66 S. 242 Rdnr. 1 erinnert daran, dass das menschliche Wesen, taxonomisch gesehen, ein Tier (Reich), Chordata (Stamm), Wirbeltier (Unterstamm), Säugetier (Klasse), Primat (Ordnung), Anthropoide (Unterordnung), Hominoid (Überfamilie), Homid (Familie), Homo (Gattung), Homo sapiens (Spezies) und Homo sapiens sapiens (Unterspezies) ist. Er macht gleichzeitig darauf aufmerksam, dass es keine wissenschaftliche Grundlage gibt, um verschiedene menschliche Rassen anatomisch oder geistig zu unterscheiden. Denn alle hätten identische Eigenschaften: Bipädie, entwickelter Schädel, Fähigkeit zum logischen Denken, Werkzeugsteuerung, Sprache und aufrechter Gang. Der Mensch verfüge über ein Genom von 27000 Genen in 23 Chromosomenpaaren.
[13] Auch lebende, aber körperlich missgestaltete Babys sind Personen; ihre Rechtsfähigkeit hängt richtiger Ansicht nach nicht davon ab, dass sie eine „menschliche Gestalt" haben. Die entsprechende Formulierung in Art. 30 span. CC a. F. („Hinsichtlich der zivilrechtlichen Folgen wird nur diejenige Leibesfrucht als geboren erkannt, die eine *figura humana* aufweist und nach der vollständigen Trennung vom Mutterleib vierundzwanzig Stunden gelebt hat") wurde aufgehoben. Art. 30 span. CC n. F. sagt nun nur noch, dass die *personalidad* „im Zeitpunkt der Geburt *con vida* erworben wird, sobald die vollständige Trennung vom Mutterbauch vollzogen ist". Die Geburt hat unter Art. 29 a. a. O. den Erwerb der Rechtspersönlichkeit (das Personsein) zur Folge; sie *determinará la personalidad*. Nach seinem Wortlaut gilt dasselbe auch unter Art. 35 gr. ZGB („Eine Person beginnt mit dem Zeitpunkt zu existieren, in dem sie geboren wurde, und endet mit ihrem Tode"). Gleichwohl wird immer noch diskutiert, ob das Kind „eine menschliche Form" haben müsse. Ein „*Monster*" *(teras)* sei lange Zeit nicht als natürliche Person angesehen worden (*Triantos*, AK, Art. 35 gr. ZGB, S. 51 Rdnr. 2; *Georgiades und Stathopoulos*, AK I, Art. 35 gr. ZGB S. 64 Rdnr. 5). gr. ZGB S. 51 Rdnr. 2). Sie habe vorausgesetzt, dass das Kind nach dem Austritt aus dem Mutterleib die

I. Die Person des Menschen und die Personen der Schöpfungen des Rechts **§ 3**

Nasciturus mag auch aus der Sicht des Privatrechts (und nicht nur aus der Sicht des Verfassungsrechts) ein Mensch sein, aber das bleibt personenrechtlich ohne Folgen. Denn das Kind im Mutterleib ist bzw. wäre bis zur Geburt ein Mensch ohne Person. Seine Person erwirbt der Mensch (wenn auch in einzelnen Beziehungen rückwirkend) immer erst durch die Vollendung der Geburt.[14]

Einmal erworben, geht die Person bis zum Tod nicht mehr verloren.[15] Mit ihm erlischt **154** sie allerdings definitiv; sie dauert nicht über ihn hinaus.[16] Das sog. postmortale Persönlich-

---

„Grundform eines Menschen" habe. Person, so *Georgiades* und *Stathopoulos* a. a. O., sei nach diesem Kriterium sogar (!) der Hermaphrodit. Inzwischen wird jedoch in Anbetracht der verfassungsrechtlichen Bestimmungen zu Persönlichkeit und Menschenwürde sowie zum Schutz des menschlichen Lebens überwiegend angenommen, dass alles, was menschlichen Ursprungs ist, ungeachtet von Fehlbildungen als Mensch und damit als Person anzusehen sei (*Triantos* a. a. O.). Das dt. BGB hat die Regel des römischen Rechts (D.1.5.14), dass es sich nicht um ein „Monstrum" handeln dürfe, bewusst nicht übernommen. Aus seiner Sicht hängt Menschsein nicht von der Gestalt ab. Zudem sei „die Grenze zwischen Mißgeburt und *monstrum*, deren Bestimmung ärztlicher Beurteilung überlassen werden müßte, eine viel zu unsichere, als daß darauf eine so verhängnißvolle Unterscheidung gebaut werden könnte" (*Mugdan*, Motive I, S. 371). Unter D.1.5.14 „[n]on sunt liberi, qui contra formam humani generis converso more procreantur: veluti si mulier monstrosum aliquid aut prodigiosum enixa sit. Partus autem, qui membrorum humanorum officia ampliavit, aliquatenus videtur effectus et ideo inter liberos connumerabitur". „Diejenigen, welche ohne menschliche Gestalt und unnatürlich gebildet geboren werden", wurden also „nicht für Kinder gehalten, z. B. wenn ein Weib eine Missgeburt oder Mondkalb zur Welt bringt; diejenige Geburt aber, welche mit mehreren menschlichen Gliedmassen versehen ist, wird für theilweise ausgebildet angesehen und daher den Kindern beigezählt". In Schweden begnügt man sich gleichfalls mit der Feststellung, dass der Mensch mit der Geburt Rechtsfähigkeit *(rättskapacitet)* erlange und damit als Rechtssubjekt *(rättssubjekt)* auftrete (*Agell/Malmström/Ramberg/Sigeman*, Civilrätt[25] S. 54). Die Frage nach der „menschlichen Gestalt" wird nicht mehr erörtert. Sie scheint schon seit der Mitte des 19. Jahrhunderts keine Rolle mehr gespielt zu haben. *Schrevelius*, Lärobok i Sveriges allmänna nu gällande civil-rätt[2], § 20 S. 59 hatte an dem Erfordernis, dass es sich nicht um ein „Monstrum" handeln dürfe, zwar noch festgehalten, es aber schon im Jahre 1854 als eine Kuriosität ohne praktische Anwendung abgetan. Auch Kinder mit Anenzephalie sind Rechtssubjekte (*Berg*, Hastings Law Journal 2007 S. 369, 377–379).

14 Oben Rdnrn. 54 und 66. Der Nasciturus wird zwar immer wieder einmal als Rechtssubjekt qualifiziert (z. B. durch Cass. 11.5.2009, nr.10741, Foro it. 2010, 1, I, 141), gelegentlich selbst durch das Gesetz (z. B. Art. 8 § 2 poln. ZGB in der zwischen dem 16.3.1993 und 4.1.1997 gültigen Fassung [dazu Safjan (-*Pazdan*), System Prawa Prywatnego I[2], S. 1049 Rdnr. 8], wonach ein gezeugtes Kind rechtsfähig sei). Aber das ändert nichts daran, dass einem Nasciturus nirgendwo schon vor der Geburt die aktuelle Fähigkeit zugestanden wird, Eigentümer zu sein oder vertragliche Rechte innezuhaben. Vorausgesetzt ist immer eine Lebendgeburt; ohne sie scheidet jede Rückdatierung des Erwerbs von Rechten aus (z. B. Art. 1(2) ital. CC und Art. 1 bulgar. Gesetz über die Person und die Familie). Der aktuelle Art. 8 poln. ZGB beläßt es deshalb wieder bei der gängigen Formulierung, dass jeder Mensch seit seiner Geburt rechtsfähig ist. Auch die Befähigungen zum Bezug von Leistungen aus einer Lebensversicherung des Vaters (poln. OG 7.10.1971, III CRN 255/71, OSNCP 1972 Nr. 3, Poz. 59; Legalis-Nr. 15729) oder zum Erwerb einer Schenkung (poln. OVG 28.11.1985, III SA 1183/85, Legalis-Nr. 35782) sind nicht unmittelbar dem Kind im Mutterleib, sondern erst dem lebend geborenen Kind zugeordnet. Die einzige Besonderheit besteht darin, dass ihm die jeweiligen Rechte auch dann zugeordnet werden, wenn er in dem Zeitpunkt, in dem ihnen der Grund gelegt wurde, noch nicht geboren, aber schon empfangen war. In diesem Fall wachsen dem Geborenen auch Vermögensvorteile zu, die sich in der Zwischenzeit angesammelt haben.

15 *Dogliotti*, in: Bessone, Trattato di diritto privato II, S. 42. Die Rechtsfähigkeit geht auch nicht dadurch unter, dass ein Lebender irrtümlich für tot erklärt wird (*Švestka* und *Dvořák*, Občanské právo hmotné, S. 162). Andere Merkmale der Person können sich im Verlauf eines Lebens allerdings ändern, z. B. die Geschlechtszugehörigkeit, die Geschäftsfähigkeit und der Name. Stets stabil bleibt nur die Rechtsfähigkeit.

16 An Bemühungen, wenigstens die geistig-seelische Identität eines Menschen über seinen körperlichen Tod hinaus zu erhalten, fehlt es zwar nicht. Die allgemeine Presse berichtet von Bestrebungen, die Erinnerungen, das Bewusstsein und die „Persönlichkeit" von Menschen in einem Avatar zu speichern, so dass sie nach ihrem Tod als „digital humans" mit lebenden Personen interagieren können (https://www.washingtonpost.com/technology/2019/08/29/hey-google-let-me-talk-my-departed-father/?noredirect=on). Ganz abgesehen davon, dass solche Vorstellungen noch nichts mit der Realität zu tun haben, würden sie sich hier erneut die Trennung zwischen Mensch und Person bewähren, weil solchen Speichereinheiten die Personqualität abgeht. Im Übrigen werden die entsprechenden Speicherdienstleistungen nur gegen eine monatliche Miete angeboten. Andere Forschungsrichtungen versuchen, in einem ersten Schritt Gehirne von Tieren unabhängig von deren Körpern selbständig am Leben zu erhalten (*Reardon*, Nature 568 [2019] S. 283).

keitsrecht hinterlässt Spuren im Deliktsrecht, nicht im Privatrecht der Person des Menschen. In dem Verstorbenen wirkt also zwar in einzelnen Beziehungen noch immer ein Stück der Würde des ehemaligen Menschen fort.[17] Nicht einmal seinen leblosen Körper wird man einschränkungslos den für Sachen entwickelten Vorschriften unterwerfen.[18] Aber der Verstorbene ist eben kein Mensch mehr, der noch eine Person tragen könnte. Keine Menschen sind auch hybride, im Labor unter Verwendung von menschlicher und tierischer oder pflanzlicher DNA gezüchtete lebende Zellen.[19] Sie tragen folglich gleichfalls keine privatrechtlich relevante Person. Ob die Schaffung solcher Mischwesen rechtlich zulässig ist, macht keinen Unterschied.[20] *Chimären* sind Organismen, in deren Körper Zellen genetisch verschiedener Lebewesen interagieren, intraspezies, wenn es sich um Zellen oder ganze Organe einer fremden, interspezies, wenn es sich um Zellen oder Organe von Lebewesen derselben (durch potentielle Fortpflanzungsgemeinschaft definierten) Spezies handelt. Bei Menschen begegnet beides, berührt aber ihre Menschqualität nicht.[21] Umgekehrt werden Tiere nicht zu Menschen, nur weil jemand menschliche Zellen auf sie überträgt. *Cyborgs,* gelegentlich als „Hybride" aus Mensch und Maschine beschrieben, haben als solche kein eigenes rechtliches Dasein. Wenn ein in den Körper implantiertes, aber mit einem sich außerhalb des Körpers befindlichen Computer vernetztes technisches Gerät die Steuerung bestimmter Körperfunktionen übernimmt, dann ändert das an der Personqualität des Menschen nichts, dem diese Form der Hilfe zugutekommt.[22] Es kann nur sein, dass die Prothese ihre Sachqualität verliert und als Teil des menschlichen Körpers angesehen wird.[23] *Androide,* also nach einem Menschen modellierte Roboter, sind Sachen.

---

[17] Der in das Recht der natürlichen Personen eingestellte Art. 57(1) Satz 2 gr. ZGB handelt deshalb ausdrücklich von Beeinträchtigungen der „Persönlichkeit eines Verstorbenen" und regelt, wer die zu ihrer Verteidigung gewährten Rechtsbehelfe geltend machen darf. In Deutschland fehlt es zwar an einer entsprechenden gesetzlichen Regelung, doch haben BGH 26.11.1954, BGHZ 15 S. 249 und BGH 20.3.1968, BGHZ 50 S. 133 das postmortale Persönlichkeitsrecht früh akzeptiert. Darüber, wie man es theoretisch zu deuten habe, besteht freilich keine Einigkeit; die Diskussion hat andererseits aber auch keine erkennbaren praktischen Folgen. MünchKomm (-*Spickhoff*), BGB[8], § 1 Rdnr. 6 deutet das postmortale Persönlichkeitsrecht als Anwendungsfall der Lehre von der Teilrechtsfähigkeit; *Neuner,* BGB AT[12], § 11 Rdnr. 28 meint, es werde von den Angehörigen treuhänderisch geltend gemacht.
[18] Näher *von Bar,* Gemeineuropäisches Sachenrecht I, Rdnr. 92.
[19] Es geht also, genauer formuliert, um interspezies Hybride (im Gegensatz zu den intraspezies Hybriden, die wir alle sind, weil wir die DNA beider Elternteile in uns tragen). Man denke z. B. an menschliches Erbgut, das in die Eizellen von Kühen übertragen wurde (https://www.welt.de/wissenschaft/article1863011/Mischwesen-aus-Mensch-und-Tier-erschaffen.html), oder an im Labor gezüchtete Mensch-Schaf-Hybride (https://www.nationalgeographic.de/wissenschaft/2018/02/mensch-schaf-hybride-labor-gezuechtet). Es handelt sich bei diesen Hybriden zwar noch nicht um außerhalb des Labors lebensfähige Organismen. Aber die Entwicklung schreitet voran. Das Magazin Nature (News 26 July 2019, https://www.nature.com/articles/d41586-019-02275-3) berichtet, dass „a Japanese stem-cell scientist [*Hiromitsu Nakauchi*] is the first to receive government support to create animal embryos that contain human cells and transplant them into surrogate animals since a ban on the practice was overturned earlier this year". Langfristiges Ziel soll es sein, Mischwesen aus Mensch und Tier herzustellen, aus denen für Transplantationszwecke menschliche Organe gewonnen werden können.
[20] Unter § 7 dt. Embryonenschutzgesetz steht die Chimären- und Hybridenbildung grundsätzlich unter Strafe. Das soll dem Schutz der Menschenwürde (besser wäre: dem Schutz des Menschengeschlechts) dienen (BT-Drucks. 11/5460 S. 12). Strafbar ist auch das Klonen von Menschen (§ 6 a. a. O.). Sollte es eines Tages dennoch geklonte Menschen geben, dann genössen sie aber selbstverständlich nicht weniger Rechtsfähigkeit als andere Menschen.
[21] Näher *Lackermair,* Hybride und Chimären, S. 22–23 und S. 80 (dort zu Bemühungen, Menschen ganze Organe von Schweinen zu transplantieren, um dem Mangel an menschlichen Spenderorganen auszugleichen). Für Diabetiker hat man schon früh Insulin aus Schweinen gewonnen. (Die mythische *Chimära* war ein Mischwesen aus einer weiblichen Wildziege [altgr. *Chimaira*], einem Löwen und einem Drachen).
[22] Näher und mit vielen praktischen Beispielen solcher „everyday cyborgs" *Quigley und Ayihongbe,* Medical Law Review 26 (2018) S. 276.
[23] Näher *von Bar,* Gemeineuropäisches Sachenrecht I, Rdnr. 93.

3. Person und Substrat

Das objektive Recht schreibt eine Person mithin Menschen (und nur Menschen) schon **155** allein aufgrund ihrer biologischen Existenz zu. Alle übrigen Privatrechtssubjekte verdanken ihre – auf ihre Rechtsfähigkeit reduzierte – Person anderen Gründen, etwa einer Eintragung in ein dafür vorgesehenes Register oder einem Gesetz, das das jeweilige Gebilde mit einer zwar normativ aufgeladenen, im Übrigen aber rein gedanklichen Operation künstlich in die Welt des Rechts hebt. Solchen Personen liegt vielfach (aber keineswegs notwendig) ein gesellschaftsrechtlich organisierter Zusammenschluss zugrunde, was erklärt, warum sie in Portugal als „kollektive" Personen den „individuellen" gegenübergestellt werden.[24] Meistens werden Personen jedoch in einerseits „physische"[25] oder (und seltener) „natürliche"[26] und andererseits „rechtliche" oder „juristische" eingeteilt.[27] Die ältesten

---

[24] Das Gesetz unterscheidet ausdrücklich zwischen den *pessoas singulares* (Artt. 66–156 port. CC) und den *pessoas coletivas* (Artt. 157–194 port. CC) (siehe schon oben Rdnr. 35). Die Verwendung des Ausdrucks „kollektive" Person hat ihre eigene Geschichte (näher *Cabral de Moncada*, Lições de Direito Civil[4], S. 322). Der Código de Seabra benutzte in seiner ursprünglichen Fassung *pessoas morais* (Artt. 32–39 port. CC [1867]). Infolge des Dekrets 19126 vom 16.12.1930 wurde die Formulierung des Art. 37 port. CC [1867] auf *pessoas morais ou coletivas* umgestellt. *Cabral de Moncada* a. a. O. verteidigte die *pessoas coletivas* mit der Begründung, dass kollektive Personen i. d. R. materielle und gerade nicht moralische Interessen verfolgten. Andererseits seien die kollektiven Personen genauso „juristisch" wie die einzelnen Personen. Zudem handele es sich bei kollektiven Personen nicht um Fiktionen. „Kollektive Personen" stelle klar, dass es sich um die Personifizierung von kollektiven Interessen und Zwecken handele. Der Ausdruck *pessoa colectiva* (alte Rechtschreibung) geht in Portugal auf *Guilherme Moreira* (1907) zurück (*Menezes Cordeiro* [-*Menezes Cordeiro*], Código Civil Comentado I, Art. 157 S. 410 Rdnr. 3), hat aber eine viel ältere Tradition. Er bleibt gleichwohl problematisch, weil eine Person immer „singular" ist. Auch eine rechtsfähige Gesellschaft steht für sich selbst; sie besteht nicht aus einem Personenkollektiv. *Carvalho*, Teoria geral do direito civil[3], S. 188 bevorzugt *pessoas humanas / pessoas jurídicas*. Der Ausdruck *pessoas físicas* reduziere den Menschen auf sein physisches Substrat. *Ferreira de Almeida*, Contratos II, S. 33–34 kritisiert, dass in der gängigen portugiesischen Terminologie ideologische Unterstellungen wirksam würden und schlägt deshalb in Anlehung an andere europäische Rechtsordnungen *pessoas físicas / pessoas jurídicas* vor.

[25] Der franz. CC verwendet durchweg *personne physique* und stellt ihr die *personne morale* gegenüber (z. B. in Artt. 9-1(2), 900-1, 911 und 1145 franz. CC). Anders als in den jüngeren Gesetzbüchern findet sich aber für keine dieser Personengruppen ein ihre Merkmale zusammenfassender Abschnitt. Für „physische" Personen haben sich auch das bulg. Gesetz über die Personen und die Familie (Abschnitt I: *fizicheski lica*), der estn. AT ZGB (vor § 7: *füüsilised isikud*), das gr. ZGB (Buch 1, Kapitel 3: *physikó prósopo*), Art. 1 poln. ZGB *(fizyczne)*, das slowak. ZGB (z. B. die Überschrift vor § 7), Art. 25(2) rumän. CC *(persoana fizică)* und das tschech. BGB (z. B. die Überschrift vor § 23) *(fyzické osoby)* entschieden. Die italienische Kodifikation stellt die *persone fisiche* (z. B. die Überschrift vor Art. 1 ital. CC) den *persone giuridiche* (Überschrift vor Art. 11 ital. CC) gegenüber. *Galgano*, Le insidie del linguaggio giuridico, S. 25 meint, Letztere würden aufgrund einer *fictio iuris* als physische Person anerkannt.

[26] Von ihnen ist z. B. in den Überschriften vor § 1 dt. BGB *(natürliche Personen)* und vor Art. 29 span. CC *(de las personas naturales)* die Rede. Auch das ungar. ZGB operiert an zahlreichen Stellen mit den „natürlichen" Personen *(természetes személy)*. In Spanien ist die Terminologie aber uneinheitlich. Denn das Ley del Registro Civil (2011) sowie das überwiegende spanische Schrifttum bevorzugen *persona física* (z. B. *Albaladejo*, Derecho civil I(1)[14], S. 212–213; *O'Callaghan*, Compendio de derecho civil I[3], S. 231; *Martínez de Aguirre Aldaz*, in: de Pablo Contreras (Hrsg.), Curso de derecho civil I[4], S. 321) oder einfach „persona" *(Díez-Picazo und Gullón*, Sistema de Derecho Civil I[12], S. 201; *Lete del Río*, Derecho de la persona[2], S. 19). Ein objektives Personenrecht existiert, soweit es um die Foralrechte geht, nur in Aragonien, Katalonien und Navarra. Auch hier ist entweder von *persona física* oder einfach nur von *persona* die Rede, in Navarra außerdem von *persona individual* (z. B. die Überschrift zu Ley 47 der Compilación del Derecho Civil Foral de Navarra, Ley 1/1973 vom 1.3.1973).

[27] Z. B. die Überschriften vor § 21 dt. BGB *(juristische Personen)*, vor § 24 estn. AT ZGB *(juriidilised isiku)*, vor Art. 2.33. lit. ZGB *(juridiniai asmenys)*, vor § 18 slowak. ZGB und § 118 tschech. BGB *(právnické osoby)*, Art. 25(1) rumän. CC *(persoanele juridice)* und Art. 35 span. CC *(personas jurídicas)*. S. außerdem Art. 1 poln. ZGB und Art. 11 ital. CC (Fn. 25). Art. 61 gr. ZGB spricht einer *Nomikó Prósopo*, einer rechtlichen Person, „unter Beachtung der im Gesetze vorgeschriebenen Bedingungen Persönlichkeit" zu. Zwar zählt auch das schwedische Schrifttum die mit Rechtsfähigkeit ausgestatteten Gesellschaften zur Klasse der juristischen Personen (*Grauers*, Person och avtal[4], S. 19). Es gibt aber im autonomen schwedischen Gesetzesrecht keine Regelung, die das Konzept der *juridisk person* allgemein erläutert und benutzt. Man begnügt sich mit Spezialgesetzen, aus denen sich jeweils das Nähere ergibt (z. B. § 4 schwed. Stiftelselag und Kap. 1 § 4 schwed. Lag om handelsbolag och enkla bolag). Für die Zwecke des Ver-

Gesetzbücher bedienen sich immer noch der naturrechtlich geprägten[28] „moralischen" Personen.[29] Im Unionsprivatrecht findet sich das alles wieder; es kommt nur darauf an, auf welche Sprachfassung man zugreift.[30] Im autonomen schwedischen[31] und englischen Gesetzesrecht ist es unüblich, von „rechtlichen" oder „juristischen" Personen zu handeln. Die Gesetze nehmen die einzelnen Gesellschaften in den Blick, bilden aber keinen Oberbegriff.[32] Allgemeine Regeln über *„legal persons"* gibt es nicht; der Ausdruck findet, soweit ersichtlich, nur in den englischen Übersetzungen kontinentaler und den englischen Sprachfassungen europäischer Rechtstexte Verwendung. In der Rechtsprechung ist häufig von einer *artificial person* die Rede, wenn ein Gegenbegriff zur *natural person* benötigt wird.[33] Die

---

fahrensrechts listet Kap. 11 § 2 schwed. RB die Gesellschaften auf, die Parteifähigkeit *(partshabilitet)* genießen).

[28] Eingehend zu der naturrechtlichen Lehre der *persona moralis,* ihren Ursprüngen und ihrer Übernahme durch das französische Recht *Ranieri,* Liber Amicorum Portale, S. 109, 119–131. Das Konzept der „moralischen" Person war anfangs keineswegs mit dem modernen Begriff der „juristischen" Person identisch (mit dem er heute aber auch in Frankreich und in Österreich meistens ineins gesetzt wird). Es ging um Personengemeinschaften aller Art, um die Ehe ebenso wie um den Staat (*Ostheim,* Zur Rechtsfähigkeit von Verbänden, S. 44), um eine Mehrheit von Menschen, die „durch ein moralisches Band ... zu einem Ordnungssystem verbunden sind" (*Ostheim* a. a. O. S. 44). Denn im Kern erkannte das Naturrecht Personen (zweigeteilt in *personae morales simpliciter* und *compositae*) nur daran, dass sie der Moral bzw. der Vernunft fähig waren. Das wirkt auf vielen Gebieten nach, z. B. wenn Le Nouveau Petit Robert. Dictionnaire alphabétique et analogique de la langue française. Dictionnaires Le Robert (Paris 2017 S. 1634) *moral* u. a. als „relatif à l'esprit, à la pensée (opposé à *matériel, physique*)" definiert und die *sciences morales* als die Wissenschaften, „qui étudient l'homme sur le plan spirituel (psychologie, sociologie, morale, histoire) (cf. Mod. Sciences humaines)". Eine juristische Person *wird* im Gegensatz hierzu *gedacht*. Ihr liegt ein geistiges Konzept zugrunde, aber sie ist von ihren Gesellschaftern abstrahiert. Sie „denkt nicht selbst". *Carbonnier,* Droit civil I, S. 693 Rdnr. 353 meint, dass die *personnes morales* „moralisch" sind, weil sie keinen Körper haben, und benutzt für das moderne Recht *personnes morales* und *personnes juridiques* als Synonyme. Auch das moderne österreichische Schrifttum handelt durchweg von „juristischen" Personen. Der Begriff ist dem ABGB zwar fremd, ist aber seit etwa der Mitte des 19. Jahrhunderts gebräuchlich. Der Übergang vom *homo moralis* zur *persona moralis* war von *Kant,* Metaphysik der Sitten I, IV 28 angeregt und dann von *v. Zeiller,* Das Natürliche Privatrecht, § 2 für die Zwecke des ABGB übernommen worden (näher *Chr. Hattenhauer,* in: Klein und Menke [Hrsg.], Der Mensch als Person und Rechtsperson, S. 57 und Klang [-*Benke* und *Steindl*], ABGB³, § 26 Rdnr. 18).

[29] So z. B. die Überschrift über § 26 österr. ABGB und der franz. CC (Fn. 25). In §§ 1170b(3) und 1396a(3) ABGB findet sich inzwischen aber auch die „juristische Person" (des öffentlichen Rechts).

[30] Besonders deutlich wird das in den nationalen Sprachfassungen der Definition eines Unternehmers in Art. 2 Nr. 2 der Verbraucherrechterichtlinie (RL 2011/83/EU) (deutsch: *natürliche oder juristische Person;* englisch: *natural or legal person;* französisch: *personne physique ou morale;* italienisch: *persone giuridiche* und *persone fisiche;* portugiesisch: *pessoa singular ou coletiva;* schwedisch: *fysisk eller juridisk person;* spanisch: *persona física o jurídica).*

[31] Zu Schweden schon Fn. 27. Auch „physische Person" kommt in den Gesetzestexten nicht vor. Kap. 11 § 1 schwed. RB gewährt „jedem" *(envar)* Parteifähigkeit. Wo es zwar um den Menschen als Rechtssubjekt geht, aber seine Rechtsfähigkeit keine Rolle spielt, wird manchmal einfach nur *människa* benutzt (z. B. Kap. 1 § 2 schwed. Lag om personnamn). Die Verfassung spricht von „jedem Einzelnen" *(var och en)* als Inhaber der verfassungsrechtlichen Freiheiten und Rechte (Kap. 2 § 1 schwed. RF).

[32] Z. B. sec. 61(b) LPA 1925 („In all deeds, contracts, wills, orders and other instruments executed, made or coming into operation after the commencement of this Act, unless the context otherwise requires – (b) ‚Person' includes a corporation"). Siehe außerdem sec. 16 Companies Act 2006 und sec. 1 LLPA (200) („body corporate").

[33] Z. B. *Petrodel Resources Ltd v Prest* [2013] UKSC 34, [2013] 2 AC 415, para 18 (Lord Sumption) („One of these principles is that the law defines the incidents of most legal relationships between persons (natural or artificial) on the fundamental assumption that their dealings are honest"); *Deutsche Genossenschaftsbank v Burnhope* [1995] 1 WLR 1580, 1588 (Lord Steyn) und dazu *Birks,* English Private Law I, S. 141 („the ordinary meaning of the word [person] in a contractual stipulation in a commercial contract is therefore not its everyday meaning ('human being'), but its legal meaning ('natural or artificial entity having rights and duties recognized by the law'); *Gas Lighting Improvement Co Ltd v Commissioners of Inland Revenue* [1923] AC 723, 741 (Lord Sumner) („Between the investor, who participates as a shareholder, and the undertaking carried on, the law interposes another person, real though artificial, the company itself, and the business carried on is the business of that company, and the capital employed is its capital and not in either case the business or the capital of the shareholders"); *Welton v Saffrey* [1897] AC 299 S. 305 (Lord Halsbury LC) („a registered company is an 'artificial creature' to be dealt with 'as an artificial creation"). *Birks,* English Private Law I, S. 141 fasst zusammen: „The word 'person' is now generally used in English

I. Die Person des Menschen und die Personen der Schöpfungen des Rechts § 3

deutsche Kodifikation wechselt je nach Kontext bewusst zwischen „Mensch" und „natürlicher" Person[34]; die französische spricht, wenn sie eine „physische" Person meint, der Einfachheit halber gelegentlich auch nur von einer *personne*.[35] Den Verfassern des neuen tschechischen BGB galten „physische Person" *(fyzická osoba)* und „Mensch" *(člověk)* als Synonyme.[36] Alle Gesetzbücher benutzen „Person" aber zugleich als Oberbegriff für natürliche (physische etc.) und juristische (rechtliche, kollektive, moralische) Personen.[37] In der rechtswissenschaftlichen Theorie verhält sich das ebenso[38]; vielen Autoren ist aber wichtig, dem Begriff der Person für den Menschen eine vorrechtliche Dimension zu geben.[39] „Physische" Person ist selbsterklärend. Eine juristische Person hat keine körperliche Beschaffenheit. „Ein solches Subject nennen wir eine juristische Person", weil es sich um „eine Person [handelt], welche blos zu juristischen Zwecken angenommen wird."[40] Die Person des Menschen erscheint demgegenüber „natürlich" entweder, weil er ein Phänomen der natürlichen Welt ist, oder deshalb, weil ihm schon von der „Natur" oder von Gott (und nicht erst vom positiven Recht) her Personqualität zukommen soll.[41]

Allen diesen Ausdrücken ist gemein, dass sie nicht zwischen der Person und ihrem **156** Substrat (ihrem Bezugspunkt) unterscheiden. Damit kann man leben; über jeden Zweifel erhaben ist es aber nicht. Denn auch auf die Gefahr hin, sich in Sprachspielen zu verlieren, muss man sich des Umstandes bewusst bleiben, dass es nicht darum geht, den Menschen in seiner Fülle, sondern allein in seiner rechtlichen Außengestalt (seiner Fassade) zu verstehen und zu beschreiben. Sie, seine Person, „ist" und „hat" er. Er „ist" Person, weil er keine Sache, jedenfalls kein Gegenstand des Rechtsverkehrs, sondern Rechtssubjekt ist. Er „hat" eine Person, weil ihm ein ganzes Bündel von weiteren rechtlichen Fähigkeiten und Eigenschaften zugeordnet wird. Genauer müsste man deshalb von der **juristischen Person**

---

to denote a human being, but the word is also used in a technical legal sense, to denote a subject of legal rights and duties. English law recognizes two categories of persons in this legal sense: 'natural persons' and 'artificial persons'. Natural persons are those animate beings which possess a capacity to own legal rights and to owe legal duties; artificial persons are those inanimate entities which possess such a capacity".

[34] So beginnt z. B. unter § 1 dt. BGB die Rechtsfähigkeit des „Menschen" mit der Vollendung der Geburt, wohingegen § 13 dt. BGB einen „Verbraucher" als „natürliche Person" definiert. Beides ist im Ansatz deshalb richtig, weil (i) ein Mensch Rechtsfähigkeit hat, während die Person des Menschen Rechtsfähigkeit umfasst, und (ii) weil sich ein Verbraucher nur relativ zu anderen Personen (in diesem Fall Unternehmern) definieren lässt. Weniger sprachliche Disziplin herrscht in Art. 1271(1) span. CC, der im Zusammenhang mit den *res intra commercium* Menschen und Sachen (statt Personen und Sachen) einander gegenüberstellt („Vertragsgegenstand können alle Sachen sein, die unter Menschen nicht verkehrsunfähig sind, auch die zukünftigen").

[35] Z. B. Art. 16 franz. CC („La loi assure la primauté de la personne").

[36] „Weil die physische Person identisch mit einem Menschen ist, benutzt der Entwurf den Begriff „Mensch" (*Eliáš* et al., Nový občanský zákoník, S. 76). Das ist freilich nicht auf den Beifall der jüngeren Kommentarliteratur gestoßen (z. B. Švestka/Dvořák/Fiala [-*Hurdík*], Občanský zákoník I, S. 97). Physische Personen seien als schematisches Abbild des Menschen in den Rechtsverhältnissen, m. a. W. ein menschliches Lebewesen in abstrakter Form (a. a. O. S. 132).

[37] So neben dem dt. BGB (Überschrift des 1. Abschnitts des Allgemeinen Teils: *Personen*) z. B. auch der estn. AT ZGB (Überschrift des 2. Abschnitts des Allgemeinen Teils vor § 7: *Isikud*), das gr. ZGB (Überschriften des dritten und des vierten Kapitels des ersten Buches; *Prósopo*), der port. CC (Überschrift des ersten Untertitels im Titel II des ersten Buches: *Das pessoas*), der rumän. CC (Überschrift des ersten Buches: *Despre persoane*), der span. CC (Überschrift des ersten Buches: *De las personas*) und das tschech. BGB (Überschrift des 2. Abschnitts des Allgemeinen Teils vor § 15: *Osoby*).

[38] Statt vieler Ciszewski (-*Nazaruk*), Kodeks cywilny, Art. 1 Rdnr. 6: „Die Subjekte des Zivilrechts sind die in den zivilrechtlichen Normen bestimmten und in den Rechtsnormen genannten Personen".

[39] Einen instruktiven Überblick über die Ideengeschichte zum Verhältnis zwischen Mensch und Person gibt *Chr. Hattenhauer*, in: Klein und Menke (Hrsg.), Der Mensch als Person und Rechtsperson, S. 39.

[40] *von Savigny*, System des heutigen römischen Rechts II, S. 236.

[41] Näher und unter Rückgriff auf Grotius und Leibniz *Kurki*, A Theory of Legal Personhood, S. 38, dort mit der Beobachtung, dass wohl „Leibniz was the first to associate (legal) personhood with right-holding *and* duty-bearing, even if nonpersons could occasionally be the subjects of rights. Leibniz's systematic approach greatly influenced the natural- law school that would come to dominate German jurisprudence for most of the eighteenth century". Näher zu Leibniz' Begründung der Personenqualität des Menschen auch *Artosi, Piero und Sartor* (Hrsg.), Leibniz: Logico-Philosophical Puzzles in the Law, S. 18–21.

des Menschen sprechen[42], und man läge nicht falsch, auch von den juristischen Personen der Gesellschaften, Vereine, Stiftungen, Parteien, Kommunen und aller weiteren mit Rechtspersönlichkeit ausgestatteten Einrichtungen des Rechts zu reden. „Natürlich" und von physischer Beschaffenheit ist allemal nur der Mensch, nicht seine Person. Sie ist sogar noch stärker rechtlich überhöht als die Personen der nach ihren je eigenen Regeln verfassten Gesellschaften. Bei Letzteren kann mit der sog. „Rechtsfähigkeit" ein und dasselbe Element Existenzvoraussetzung und -folge zugleich sein. Deshalb ist es so schwer, Distanz zu der eingeschliffenen Redeweise von den „juristischen Personen" aufzubauen. Dass (auch) sie das Substrat (den Zusammenschluss oder ein Vermögen) und die auf es aufsattelnde Person vermengt, dringt nicht in das Bewusstsein. Es lohnt sich gewissermaßen nicht mehr, auf der These zu beharren, dass eine Person immer „juristisch" sei und die Frage nur laute, ob sie einem Phänomen der Natur (der Biologie, der Physik) oder, gewissermaßen doppelstöckig, einem auch in sich rein rechtlich konzipierten Phänomen zugeschrieben wird. Es handelt sich bei Letzterem um eine Person, weil dem Gebilde Rechtsfähigkeit zukommt, und seine Person besteht aus nichts anderem als eben dieser Rechtsfähigkeit.

157 Menschen sind, religiös formuliert, göttliche, Gesellschaften, Stiftungen, Vereine etc. menschliche Schöpfungen. Ihre Person knüpft nicht an etwas körperlich Anfassbares an, sondern an eine bloße Idee, mag sie auch wirkmächtig das reale gesellschaftliche Leben gestalten. Zugleich eröffnet die Gewährung von Rechtsfähigkeit und Person Gestaltungsspielräume. Person ist nicht gleich Person, Rechtsfähigkeit nicht gleich Rechtsfähigkeit. Denn beide stehen notwendig in einer Wechselbeziehung zu ihrem Substrat. Deshalb gibt es zwar „unerlaubte Gesellschaften", die „als solche keine Rechte" haben[43], aber es gibt keine unerlaubten (auch keine illegitimen) Menschen (mehr). Aus demselben Grund ist die Person des „natürlichen" Menschen mit mehr Inhalten gefüllt als die Personen der „juristischen" Gesellschaften (etc.), und selbst die Personen der Letzteren können in sich und je nach Rechtsordnung verschieden zugeschnitten sein. Man denke nur an die mancherorts noch immer aus der *ultra vires*-Lehre folgenden Zugangsbeschränkungen zu Geschäften, die außerhalb des (i. d. R. in der Satzung fixierten) Gesellschaftszwecks liegen[44], oder daran,

---

[42] „The so-called ‚natural person' is in its legal personhood necessarily as juristic as the so called ‚juristic person'. Natural personhood as a legal category depends on legal decisions just as much as artificial personhood" (*MacCormick*, in: Weinberger und Krawietz (Hrsg.), Reine Rechtslehre im Spiegel ihrer Fortsetzer und Kritiker, S. 371). *Berg*, Hastings Law Journal 2007 S. 369, 373 ergänzt: „Natural person" is the term used to refer to human beings' legal status. Certain legal rights adhere automatically upon birth, and the designation of „natural person" may be taken as shorthand for identifying entities that are entitled to the maximum protection under the law". Siehe auch *Cabral de Moncada* a. a. O. (vorher Fn. 24) sowie *Stathopoulos und Georgiades*, AK I, Art. 34 gr. ZGB, S. 62 Rdnr. 1 m. w. N. (die ‚natürliche Person' sei eigentlich eine juristische, eine Rechtsperson. In dieselbe Richtung zielt *Lipp*, Quaderni Fiorentini – per la storia del pensiero giuridico moderno 1982-83, S. 217, 260 („Die Rechtsfähigkeit ist ein ausschließlich rechtlicher Begriff. Dieser eigenständigen Bedeutung wegen kann sie auch als von der natürlichen Person unabhängig gedacht werden").

[43] So § 26 österr. ABGB. Ganz ähnlich auch § 3:1(4) ungar. ZGB („Die juristische Person kann in der gesetzlich festgelegten Art zur Betreibung einer nicht durch ein Gesetz verbotenen Tätigkeit und zum Erreichen eines Ziels gegründet und betrieben werden; ein gegen diese Bestimmung verstoßendes Gründungsdokument ist nichtig").

[44] Die *personnes morales* des franz. Rechts z. B. unterliegen dem Prinzip der Spezialität. Sie verfügen deshalb nicht über die natürlichen Personen vorbehaltene „volle" Rechtsfähigkeit. Eine juristische Person bleibt von Handlungen ausgeschlossen, die ihrem satzungsmäßig definierten Zweck nicht entsprechen. Das ausführende Organ würde in einem solchen Fall ohne Befugnis handeln (*Laroche-Gisserot*, Leçons de droit civil I(2)⁸, S. 352 Rdnr. 352; *Cornu*, Introduction¹², S. 361 Rdnr. 790 [„La finalité bornée de la personne morale n'a rien de comparable avec la plénitude de vocation de la personne physique"]). In Portugal ergibt sich das Prinzip der Spezialität im Umkehrschluss aus Art. 160(1) port. CC, wonach „die Fähigkeit der juristischen Personen alle Rechte und Pflichten (umfasst), die zum Erreichen ihrer Ziele notwendig oder angebracht sind"; dazu *Mota Pinto*, Teoria geral do direito civil⁴, S. 319. Unter Art. 37 span. CC richtet sich die *capacidad civil* der Körperschaften nach den Gesetzen, aufgrund derer sie geschaffen und anerkannt wurden; die der Vereine nach ihrer Satzung; und die der Stiftungen nach den Regeln ihrer Errichtung, die, sofern, notwendig, ordnungsgemäß durch Verwaltungsakt genehmigt wurden. Art. 38 span. CC fügt hinzu, dass die juristischen Personen im Einklang mit den Gesetzen und ihren Gründungsregeln Güter

I. Die Person des Menschen und die Personen der Schöpfungen des Rechts § 3

dass einzelne Aktivitäten auf dem Kapitalmarkt rechtsfähigen Gesellschaften eines bestimmten Typs vorbehalten sein können.⁴⁵

Die *capacity* von *artificial persons* **englischen Rechts** ist Gegenstand einer langen und komplizierten Geschichte. Sie beginnt mit *Sutton's Case*, der die *capacity* der durch *royal charter* gegründeten Körperschaften *(charter companies)* anerkannte.⁴⁶ Anderes galt aber für öffentliche Versorgungsunternehmen, die durch oder aufgrund eines Parlamentsgesetzes zu bestimmten Zwecken errichtet wurden *(statutory companies)*. Man befürchtete wohl, dass es sonst zu leicht zu Enteignungen kommen könnte.⁴⁷ Vor diesem Hintergrund setzte sich später die *ultra-vires*-Doktrin durch. Unter dem Joint-Stock-Act 1856 bedurfte es zur Regelung der Gesellschaftsverfassung eines *memorandum of association* und der *articles of association*. Das *memorandum* enthielt die *objects clause*, die den Umfang der *contractual capacity* der Gesellschaft festlegte. Einer Gesellschaft war fortan alles untersagt, was nicht ausdrücklich oder *by necessary implication* erlaubt war.⁴⁸ Alle nicht von der *objects clause* gedeckten Geschäfte waren absolut unwirksam. In Reaktion auf das sich nun einstellende *exhaustive list syndrome* entwickelte die Rechtsprechung die sog. *ejusdem-generis-rule,* wonach nur solche Rechtsgeschäfte von der *objects clause* gedeckt waren, die dem durch Auslegung zu ermittelnden Hauptgegenstand der Gesellschaft dienten. Die geschäftshemmende Tendenz der *ultra-vires*-Doktrin wurde zusätzlich durch die sog. *constructive notice*-Doktrin verschärft, unter der fingiert wurde, dass der Geschäftspartner Kenntnis von der *objects clause* hatte.⁴⁹ Im 20. Jahrhundert setzte eine Gegenbewegung ein. Die Gerichte akzeptierten schrittweise Ausnahmen von der *constructive-notice*-Doktrin und legten auch die *objects clause* weniger eng aus als zuvor.⁵⁰ Die *ejusdem-generis-rule* wurde schon in *Cotman v Brougham* aufgegeben.⁵¹ Mit dem Companies Act 1989 wurde die *constructive-notice*-Doktrin abgeschafft. Endgültig zu Grabe getragen wurde die *ultra-vires*-Doktrin dann durch den Companies Act 2006. Seither bedarf es keiner *objects clause* mehr; eine Gesellschaft hat nur dann keine *capacity*, wenn der Gesellschaftsvertrag eine solche Ausnahme vorsieht (sec. 31(1) CA 2006). Abgeschafft wurde auch das Recht der Gesellschafter, mittels *injunction* ein Rechtsgeschäft der Gesellschaft wegen mangelnder *capacity* anzufechten (sec. 39 (1) CA 2006). Ältere Gesellschaften, die immer noch eine *objects clause* haben, können seit der Reform auf sie verzichten (sec. 21(1) CA 2006). Die Vertretungsmacht der Direktoren ist zugunsten der Vertragspartner der Gesellschaft „deemed to be free of any limitation under the company's constitution" (sec. 40 a. a. O.).

Ein Mensch ist viel „mehr", in seiner Individualität unermesslich viel reicher und **158** komplexer als seine ihm rechtlich zugeschriebene und „natürlich" (etc.) *genannte* Person.

---

aller Art erwerben und besitzen sowie Verbindlichkeiten eingehen und Zivil- oder Strafklagen erheben können. Deutschland folgt der *ultra vires*-Lehre grundsätzlich nicht. Es kommt ihr nur bei den juristischen Personen des öffentlichen Rechts nahe (BGH 28.2.1956, BGHZ 20 S. 119, 126; dazu MünchKomm [-*Leuschner*], BGB⁸, vor § 21 Rdnr. 41). Eine Annäherung an sie findet sich zudem in § 10(6)(1) dt. WEG, wonach die Gemeinschaft der Wohnungseigentümer „im Rahmen der gesamten Verwaltung des gemeinschaftlichen Eigentums" gegenüber Dritten und den Wohnungseigentümern Rechte erwerben und Pflichten eingehen kann, eine Regelung, die auf BGH 2.6.2005, BGHZ 163 S. 154, 177 und BGH 18.3.2016, NJW 2016 S. 2177, 2179 zurückgeht. Sie soll die „Teilrechtsfähigkeit" der Wohnungseigentümergemeinschaft zum Ausdruck bringen (BT-Drs. 16/887 S. 56). § 20(1) tschech. BGB spricht sich klar gegen die *ultra vires*-Lehre aus. Auch in Italien (*Bianca*, Diritto civile I², S. 322) und der Slowakei (*Fekete*, Občiansky zákonník I, S. 160) wird sie abgelehnt. In Polen galt die *ultra vires*-Doktrin nur bis 1990. Art. 36 a. F. poln. ZGB, wonach die Rechtsfähigkeit einer juristischen Person keine Rechte und Pflichten umfasst, welche mit ihren Aufgaben nicht in Einklang stehen, wurde durch Art. 1(5) des Gesetzes vom 28.7.1990 über die Änderung des Zivilgesetzbuches aufgehoben.

45 Oben Rdnr. 20 mit Fn. 89. Ein weiteres Beispiel findet sich in § 1(1) des tschech. Bankgesetzes, wonach lediglich Aktiengesellschaften eine Banklizenz erwerben können.
46 *Sutton's Hospital* (1612) 10 Co. Rep. 1a, 23a; 77 E. R. 960. Thomas Sutton, ein wohlhabender Geschäftsmann, hatte zu Lebzeiten eine Schule und ein Krankenhaus unter einer *charity* errichtet und ihr später von Todes wegen einen Großteil seines Nachlasses zugewendet. Die anderen Erben bestritten die Wirksamkeit dieser Zuwendung; die *charity* könne nicht testamentarisch bedacht werden. Die King's Bench wies die Klage ab und bestätigte damit zumindest inzident die Fähigkeit einer *charity*, Rechte durch Erbfall zu erwerben.
47 *Nyombi*, International Journal of Law and Management 56 (2014) S. 347, 348.
48 *Ashbury Railway Carriage and Iron Co Ltd v Riche* (1875) LR 7 HL 653.
49 *Nyombi* a. a. O. S. 352.
50 Z. B. *Bell Houses Ltd.* v *City Wall Properties* (1966) 2 QBD 656.
51 *Cotman v Brougham* (1918) AC 514 (HL).

Der einzelne Mensch lässt sich nicht fassen, seine Person schon.[52] Das ist der wesentliche Vorteil der Unterscheidung zwischen beiden. In dem Begriff der **Person** des Menschen steckt eine beachtliche **Vereinfachungsleistung des Rechts.**[53] Es bündelt in ihm mehrere, obschon in ihrer Summe immer noch überschaubare Regeln. Die Person des Menschen besteht andererseits aus deutlich mehr Komponenten als die Personen von Gesellschaften, Vereinen, Stiftungen usw. Deren Personen reduzieren sich auf die Fähigkeit, Zuordnungssubjekt von Schuld- und Sachenrechten und der mit ihnen korrespondierenden Pflichten zu sein. Materiellrechtlich (verfahrensrechtlich kommt die Parteifähigkeit hinzu) ist das gewissermaßen schon alles. Viele Rechtsgebiete sind solchen Schöpfungen der Rechtsordnungen von vornherein verschlossen, andere bleiben ihnen zumindest teilweise versperrt.[54] Verschlossen ist ihnen z. B. das Familienrecht. Juristische Personen haben nicht die Rechtspersönlichkeit, die man zur Nutzung seiner Einrichtungen braucht. Weil sie keine Familie gründen können, können sie auch keine originär *aus* der Eingehung einer Ehe oder aus der Begründung eines Verwandtschaftsverhältnisses erwachsenden Rechte erwerben, sich nicht aus Eheverträgen verpflichten oder, wie Eheleute im Scheidungsfall, einen Versorgungsausgleich beanspruchen. Die Einrichtungen des Erbrechts kommen juristischen Personen im Wesentlichen nur zugute, wenn es um den gewillkürten Erwerb von Vermögen geht.[55] Denn sie sind mit einer Person ausstaffiert, obwohl sie nicht sterben. Man könnte vielleicht sagen, sie seien zwar Personen, hätten aber keine umfassende Rechtspersönlichkeit. Nur

---

[52] Das erklärt, warum sich alle Gesetzestexte einer Definition des Menschen enthalten und stattdessen zu definieren versuchen, was eine natürliche Person ist (z. B. Art. 25(2) rumän. CC: „Die natürliche Person ist der Mensch, als einzelner gesehen, als Inhaber von bürgerlichen Rechten und Pflichten"). „Das Individuum ist der Mensch, und für die Rechtswissenschaft bedeutet Mensch Person" (*Nicolae, Bîcu, Ilie und Rizoiu*, Drept civil, S. 26). Ungar. VerfG 17.12.1991, 64/1991 (XII. 17), ABH 1991 S. 297 allerdings meint, dass „nachdem die Rechtsfähigkeit aller Menschen, die Personqualität, anerkannt wurde, ‚Mensch', ‚Rechtssubjekt', ‚Jeder' und ‚Person' rechtlich zu Synonymen geworden sind. Dadurch wurde der Mensch zum normativen Begriff. Die Rechtsfähigkeit ist eine derart extreme Abstraktion, dass sie nichts mehr ausschließlich Menschliches enthält. Die Rechtsfähigkeit ist eine formale Qualität. Alle Menschen müssen rechtsfähig sein, aber rechtsfähig kann nicht nur der Mensch sein. Das Recht kann auch außer den Menschen beliebig alles zum Rechtssubjekt, zur Person deklarieren. Hiervon ist die rechtliche Eigenschaft des grundlegenden rechtlichen Status des Menschen zu unterscheiden: Gleich, welche Eigenschaften ein Mensch hat, seine Rechtsfähigkeit ist davon unabhängig. Dies gilt grundsätzlich auch mit Blick auf das Recht auf Leben und Menschenwürde".

[53] Man kann deshalb sagen, Träger von Rechten sei die Person, nicht das Individuum. Denn es ginge darum, eine „funktionelle Parallelkoexistenz" mit anderen Trägern von Rechten herzustellen (*Giannaras*, To prosopo kai o Eros, S. 26; s. auch *Karasis*, EllDik 2001 S. 1198, 1208). Das Konzept der Person löst nebenbei auch noch das Identitätsproblem der klassischen griechischen Philosophie (Aristoteles, Heraklit, Plutarch). Ob der alte Mensch noch derselbe ist wie der junge, spielt im Recht keine Rolle, weil die Person ein gleichbleibendes Kontinuum ist.

[54] Nicht wenige Kodifikationen bringen das in Formulierungen zum Ausdruck, die auf die inhaltlich eingeschränkte Rechtsfähigkeit juristischer Personen hinweisen, z. B. § 26(1) estn. AT ZGB AT („The passive legal capacity of a legal person is the capacity to have civil rights and perform civil obligations. A legal person may have all civil rights and obligations, except those intrinsically human"), Art. 62 gr. ZGB („Die Rechts- und Geschäftsfähigkeit der juristischen Person erstreckt sich nicht auf Rechtsverhältnisse, die Eigenschaften einer natürlichen Person voraussetzen"), Art. 3:1(2) ungar. ZGB („Die Rechtsfähigkeit der juristischen Person erstreckt sich auf alle die Rechte und Pflichten, die infolge ihres Charakters nicht nur an Menschen gebunden werden können") und § 20(1) tschech. BGB („Juristische Person ist ein organisiertes Gebilde, für das das Gesetz festlegt, dass es rechtsfähig ist, oder dessen Rechtsfähigkeit gesetzlich anerkannt wird. Juristische Personen können ungeachtet ihres Tätigkeitsgegenstandes Rechte und Pflichten haben, die in Einklang mit ihrer Rechtsnatur stehen"). Im deutschen Gesetzesrecht findet sich eine vergleichbare Formulierung nur in Art. 19(3) GG, wonach die Grundrechte auch für inländische juristische Personen gelten, „soweit sie ihrem Wesen nach auf diese anwendbar sind"). Die spanische Rechtslehre beklagt, dass eine entsprechende Regel in Spanien fehlt (*Hornero Méndez*, in: Oliva Blázquez und Vázquez-Pastor Jiménez (Hrsg.), Derecho Civil I, S. 187, S. 169–199).

[55] Juristische Personen können also zwar durch Testament erwerben (Areopag 1128/1974, Dni 1975 S. 573; Areopag 915/1976, EEN 14 S. 169) und durch ein Vermächtnis begünstigt werden (LG Thessaloniki 4745/1997, Arm. 51 (1997) S. 1128, Areopag 633/2002 PoinDik 2002 S. 991, Areopag 1327/2001 Synegoros 6 (2002) S. 100), sie können – mit Ausnahme des Staates – aber nichts im Wege der gesetzlichen Erbfolge erlangen.

deshalb gibt es auch überall einen *numerus clausus* der rechtsfähigen Gesellschaften.⁵⁶ Bei Menschen ist etwas Vergleichbares nach heutigen Maßstäben undenkbar.

Man kann zwar die rechtsfähigkeitsrechtlichen Unterschiede zwischen natürlichen und juristischen Personen dadurch reduzieren, dass man „die" Rechtsfähigkeit schon von vornherein und ganz generell auf die Fähigkeit zur Inhaberschaft von Vermögensrechten beschränkt.⁵⁷ Aber dann muss man immer noch zwischen dem derivativen Zweit- und dem gesetzlichen Ersterwerb differenzieren. Eine juristische Person kann z. B. nicht originärer Unterhaltsgläubiger oder Gläubiger einer Zugewinnausgleichsforderung sein. Sie kann solche Forderungen nur im Wege des Zweiterwerbs erlangen, wenn und soweit sie abtretbar sind. Juristische Personen haben zudem keine nach Alter und Verstandesreife abgestuften Handlungsfähigkeiten.⁵⁸ Die Person einer Gesellschaft beinhaltet insbesondere keine Geschäftsfähigkeit.⁵⁹ Denn ohne die Hilfe einer natürlichen Person kann auch eine zur

159

---

⁵⁶ Art. 33 poln. ZGB z. B. formuliert: „Juristische Personen sind der Fiskus und organisatorische Einheiten, die durch Sondervorschriften mit Rechtspersönlichkeit ausgestattet sind"; für Spanien listet Art. 35 span. CC die dortigen juristischen Personen abschließend auf.

⁵⁷ In diesem Sinn wird Rechtsfähigkeit (dänisch *retsevne;* finnisch *oikeuselpoisuus;* schwedisch *rättskapacitet*) von der skandinavischen Rechtslehre definiert. Sie bezeichnet die Fähigkeit eines Subjekts, Träger vermögensrechtlicher Rechte und Pflichten und Partei in einem Prozess zu sein (näher *Grauers,* Person och avtal, S. 17, 20; zum Ende der Rechts- und Parteifähigkeit einer Aktiengesellschaft in Liquidation auch HD 28.3.2000, NJA 2000 S. 144).

⁵⁸ Das gilt unter deutschem Recht auch für die sog. „Vorgesellschaften" zu Kapitalgesellschaften. Jene sind rechtsfähig, ohne selbst bereits juristische Personen zu sein (BGH 16.3.1992, BGHZ 117 S. 323, 326; BGH 29.1.2001, BGHZ 146 S. 341, 347). Eine Vorgesellschaft entsteht mit dem Abschluss des Gesellschaftsvertrags und endet mit der Registereintragung. Ab diesem Zeitpunkt wird die neu entstehende Kapitalgesellschaft Träger der Rechte und Pflichten der Vorgesellschaft (BGH 16.3.1992 a. a. O.). In Tschechien behandelt man juristische Personen *in statu nascendi* dagegen als teilrechtsfähige Gebilde. Wer für eine juristische Person und in ihrem Namen schon vor ihrer Entstehung handelt, ist daraus allein berechtigt und verpflichtet, doch kann die juristische Person diese Rechte – und dann auch die Pflichten – innerhalb von drei Monaten ab ihrer Entstehung übernehmen (§ 127 tschech. BGB).

⁵⁹ Siehe z. B. § 151(1) tschech. BGB (wonach das Gesetz bzw. die Gründungsurkunde bestimmt, „in welcher Weise und in welchem Umfang die Mitglieder der Organe der juristischen Person für sie beschließen und ihren Willen ersetzen") und dazu Lavický (-*Hurdík*), Občanský zákoník I, S. 148 und 777. Im Gegensatz dazu bestimmt allerdings § 19a(1) slowak. ZGB, dass die „Geschäftsfähigkeit" einer juristischen Person lediglich durch ein Gesetz eingeschränkt werden könne. Unter Art. 38 poln. ZGB ist die „juristische Person … über ihre Organe tätig, so, wie es im Gesetz bzw. in der auf der Grundlage des Gesetzes erlassenen Satzung vorgesehen ist". Gleichwohl ist im Schrifttum von der Geschäftsfähigkeit, sogar von der vollen Geschäftsfähigkeit von juristischen Personen die Rede. Es werde nur die „Ausübung" der Geschäftsfähigkeit den Organen anvertraut (Gniewek [-*Gniewek*], Kodeks cywilny⁹, Art. 33 Rdnr. 5–6). In Deutschland gilt, dass juristische Personen zwar rechts- aber nicht geschäftsfähig sind, da sie keinen unabhängigen und eigenen Willen bilden können (Staudinger [-*Klumpp*], BGB (2017), Vorb. §§ 104 ff. Rdnr. 35). Vorsicht geboten ist gegenüber manchen deutschsprachigen Übersetzungen ausländischer Kodifikationen. Art. 62 gr. ZGB z. B. handelt nicht wirklich von dem Umfang der „Rechts- und Geschäftsfähigkeit der juristischen Person", sondern von dem Umfang ihrer „Fähigkeit" *(Ektase tes Ikanotetas.* In der Rechtsprechung ist allerdings in der Tat nicht nur von der Rechtsfähigkeit (z. B. Areopag 1325/2002, EEmpD 2002 S. 822), sondern auch von der Geschäftsfähigkeit der juristischen Person die Rede. (Berufungsgericht Piräus 606/2001, END 2002 S. 109). Art. 37 span. CC bezieht sich auf die *capacidad civil,* was wiederum oft ungenau mit „Geschäftsfähigkeit" übersetzt wird. Unter Art. 37 span. CC richtet sich die *capacidad civil* der Körperschaften nach den Gesetzen, aufgrund derer sie geschaffen und anerkannt wurden; die der Vereine nach ihrer Satzung; und die der Stiftungen nach den Regeln ihrer Errichtung, die, sofern notwendig, ordnungsgemäß durch Verwaltungsakt genehmigt wurden. Und Art. 38 span. CC fügt hinzu, dass die juristischen Personen im Einklang mit den Gesetzen und ihren Gründungsregeln Güter aller Art erwerben und besitzen können, sowie Verbindlichkeiten eingehen und Zivil- oder Strafklagen erheben. *Díez-Picazo und Gullón,* Sistema de Derecho Civil I¹², S. 515 meint, dass es sich bei der *capacidad civil* in Art. 37 a. a. O. um die *capacidad jurídica* (die Rechtsfähigkeit) handele. Aus Art. 38 span. CC soll sich dagegen die *capacidad plena* bzw. *capacidad general de las personas jurídicas,* die „vollständige, allgemeine Fähigkeit der juristischen Personen" ergeben (Ministerio de Justicia [-*Caffarena Laporta*], Comentario del Código Civil I², S. 243, Anm. I-II zu Art. 38). Die *personalidad* in Art. 35 span. CC meint dagegen die „Rechtspersönlichkeit", nicht die „Rechtsfähigkeit" der juristischen Personen. Auch Art. 15(1) tschech. BGB handelt, genau besehen, nicht von der Rechtsfähigkeit, sondern von der Rechtspersönlichkeit *(právní osobnost).* Für Portugal bestätigt Menezes Cordeiro (-*Menezes Cordeiro*), Código Civil Comentado I, Art. 160 S. 460 Rdnr. 13 unter Hinweis auf die unterschiedlichen Formulierungen von Artt. 67 und 160 port. CC (unten Fn. 94), dass die Kategorie der Geschäftsfähigkeit für

Inhaberschaft von Rechten und Pflichten befugte Gesellschaft keinen Vertrag schließen oder eine Erklärung abgeben; sie bedarf dazu immer eines für sie handelnden Vertreters. Man mag eine juristische Person zwar vielleicht so ansehen, als träte sie durch ihre Organe *selbsthandelnd* am Markt auf[60], aber nicht einmal das würde die Unterschiede einebnen. Denn es gibt keine Zeitspanne, in der sich das Potential, ein auf den Erwerb oder die Übertragung eines Rechts gerichtetes Rechtsgeschäft zu schließen, noch zu voller Reife entfalten könnte oder müsste.[61] Da juristische Personen keine eigenen Gedanken entwickeln, können sie außerdem (z.B.) keine persönlichen geistigen Schöpfungen erbringen, folglich auch nicht als Urheber eines Werks in Erscheinung treten.[62] Sie sind insoweit nicht handlungsfähig. Die Rechtspersönlichkeit einer natürlichen Person reicht in aller Regel weiter als die Rechtsfähigkeit einer juristischen Person. Es ist, in Ausnahmefällen, freilich denkbar, dass Sonderregeln juristischen Personen ein Tätigkeitsfeld eröffnen, es aber natürlichen verschließen.[63]

4. Teilrechtsfähigkeit?

160 Vielfach wird behauptet, es gäbe „teilrechtsfähige" Gesellschaften und Gemeinschaften.[64] (In Polen spricht man sogar von „hinkenden" juristischen Personen.[65]) Auch das ist eine

---

juristische Personen irrelevant sei. Denn die Regeln über die *capacidade de exercício* seien nur auf natürliche Personen anwendbar, wo sie den Problemen der Minderjährigen und betreuten Erwachsenen Rechnung trügen. Im Recht der juristischen Personen entfalle die Gegenüberstellung von *capacidade de gozo* und *capacidade de exercício*: es gebe nur die *capacidade*.

[60] Das rührt natürlich an einen uralten Streit, der bis heute fortwirkt, z. B. einerseits in der Aussage, eine juristische Person habe praktisch die gleiche *capacité juridique* wie eine natürliche Person. „Sie kann Verträge unterzeichnen, Schenkungen entgegennehmen, vor Gericht klagen oder vor Gericht verklagt werden. [...] Zwar wird sie über ihre Geschäftsführer tätig, aber es ist die juristische Person, die als solche handelt" (*Bellivier*, Droit des personnes, S. 36 Rdnr. 24). Ähnlich für Italien *Loffredo*, Le persone giuridiche e le organizzazioni senza personalità giuridica³, S. 65. Andererseits wird aber – genau entgegengesetzt – z. B. im juristischen Schrifttum Polens vertreten, eine juristische Person könne keinen Teil am Recht des gutgläubigen Erwerbs haben, weil sie eben nicht zwischen Gut und Böse unterscheiden könne (*Targosz*, Nadużycie osobowości prawnej II, Einl. zu Kap. IV). Die Frage ist aber hoch umstritten (näher Osajda [-*Górniak*], Kodeks cywilny²⁶, Art. 169 Rdnr. 453).

[61] *Salomon v A Salomon and Co Ltd* [1897] AC 22, 51 (Lord Macnaghten: „The company attains maturity on its birth. There is no period of minority – no interval of incapacity.... The company is at law a different person altogether from the subscribers to the memorandum; and, though it may be that after incorporation the business is precisely the same as it was before, and the same persons are managers, and the same hands receive the profits, the company is not in law the agent of the subscribers or trustee for them").

[62] „Werke" i. S. d. § 2(2) dt. UrhG sind persönliche geistige Schöpfungen. Deshalb kann eine juristische Person kein Urheber eines Werks (§ 7 a. a. O.) sein. Unter § 29(1) a. a. O. kann ein Urheberrecht zudem unter Lebenden grundsätzlich nicht übertragen werden; es können nur Nutzungsrechte eingeräumt werden. Auch teilrechtsfähige Gesellschaften können unter § 30 a. a. O. nur durch Erbschaft Inhaber eines Urheberrechts werden (Bisges [-*Reinke*], Handbuch Urheberrecht, Kap. 9 Rdnr. 103).

[63] Oben Rdnr. 20 mit Fn. 89.

[64] Palandt (-*Ellenberger*), BGB⁷⁹. Einleitung vor § 1 Rdnr. 1 konstatiert sogar ein „Einverständnis" dahin, dass es in Deutschland die Teilrechtsfähigkeit als Zwischenform von Rechtsfähigkeit und Rechtsunfähigkeit gebe. BGH 2.6.2005, BGHZ 163, S. 154 spricht einer Wohnungseigentümergemeinschaft „Teilrechtsfähigkeit" zu und verwendet synonym „Teilrechtssubjektivität" und „teilrechtsfähiges Subjekt". Ähnliche Formulierungen finden sich zu der nach außen wirksamen Gesellschaft bürgerlichen Rechts (BGH 29.1.2001, BGHZ 146 S. 341, 343; BGH 4.12.2008, BGHZ 179 S. 102; BGH 14.12.2016, BGHZ 213 S. 136; BGH 20.3.2017, BGHZ 214 S. 235). Ein einheitliches Konzept scheint dahinter aber nicht auf (*Rühlicke*, ZWE 2007 S. 261, 264). Die oHG und die KG hat der BGH dagegen, soweit ersichtlich, nie als „teilrechtsfähig" qualifiziert. BGH 20.3.2017, BGHZ 214 S. 235, 251 Rdnr. 39 hat sogar ausdrücklich formuliert, dass die offenen Handelsgesellschaften und die Partnerschaftsgesellschaften nicht lediglich teilrechtsfähig seien.

[65] Z. B. Pietrzykowski (-*Pietrzykowski*), Kodeks cywilny I¹⁰, Art. 1 Rdnr. 5. Gemeint sind „organisatorische Einheiten, die keine juristische Personen sind, denen das Gesetz (aber gleichwohl) die Rechtsfähigkeit gewährt" (Art. 33¹ § 1 poln. ZGB). Es geht also um offene Handelsgesellschaften, Kommanditgesellschaften, Partnergesellschaften, Kommanditgesellschaften auf Aktien, Wohnungsbaugenossenschaften und dgl. Die Besonderheit besteht unter § 2 a. a. O. darin, dass für die Verpflichtungen dieser organisatorischen Einheit subsidiär auch ihre Mitglieder verantwortlich sind. Ob es sich bei diesen organisatorischen

problematische Idee, und sie wird noch problematischer, wenn man sie mit bestimmten Regelungen aus dem Recht der Person des Menschen auf eine Stufe zu stellen versucht.[66] Denn die sog. teilrechtsfähigen unterscheiden sich von den „vollrechtsfähigen" Gesellschaften gerade nicht oder bestenfalls marginal im Umfang ihrer jeweiligen Fähigkeit, Rechte zu haben und Pflichten zu tragen, sondern im Wesentlichen darin, dass sie anderen Entstehungsbedingungen und anderen vertretungsrechtlichen Regeln unterliegen und jedenfalls nicht allen ihren Gesellschaftern Schutz vor Inanspruchnahme durch die Gläubiger der Gesellschaft bieten.[67] Es schiebt sich nur haftungsrechtlich keine weitere Person zwischen die Gläubiger der Gesellschaft und deren Gesellschafter.[68] Anders als die konstitutiv auf Eintragung oder Gesetz beruhenden Gesellschaften entstehen die vorgeblich „teilrechtsfähigen" Gesellschaften i. d. R. durch tatsächliches Handeln, etwa durch die Aufnahme einer geschäftlichen Tätigkeit.[69] Man kann also zwar sagen, dass bei ihnen die Erlangung der Rechtsfähigkeit eine Folge, kein ihre Existenz begründendes Merkmal ist. Aber deshalb allein unterscheiden sie sich nicht im Maß ihrer Rechtsfähigkeiten. Das deutsche BGB hat folglich gut daran getan, neuerdings ganz einfach von „rechtsfähigen" (und nicht von teilrechtsfähigen) Personengesellschaften zu sprechen und sie im Rahmen der Definition eines „Unternehmers" den „natürlichen" und den „juristischen" Personen an die Seite zu stellen.[70] Noch weniger überzeugend wirkt es vor diesem Hintergrund,

---

Einheiten um eine separate Kategorie der zur Teilhabe am Rechtsleben berechtigten Personen handelt, ist theoretisch umstritten (näher Załucki [-*Doliwa*], Kodeks cywilny, Art. 1 Rdnr. 3), doch scheinen die verschiedenen Sichtweisen keine praktischen Konsequenzen zu haben.

[66] *Fabricius*, Relativität der Rechtsfähigkeit, S. 60–61 z. B. führt den Begriff der „Vollrechtsfähigkeit" ein. Sie bedeute, dass ein Subjekt in die gesamte Rechtsordnung hineingestellt werde und damit grundsätzlich alle Rechte erwerben könne. Dagegen bedeute „Teilrechtsfähigkeit", dass das Subjekt nur in einen eingeschränkten Teil der Rechtsordnung hineingestellt werde und deshalb von vornherein nicht Träger aller Rechte und Pflichten sein könne. Weder Voll- noch Teilrechtsfähigkeit bedeuteten aber, dass das konkrete Subjekt tatsächlich Träger dieser Rechte sei. Dazu müsse die für den jeweiligen Aspekt der Rechtsfähigkeit bestehenden Voraussetzungen erfüllen, was wiederum nicht bei allen Rechtssubjekten gleichermaßen der Fall sei.

[67] Bei dieser Vereinfachung muss es hier sein Bewenden haben. Denn es gibt mit der Kommanditgesellschaft auf Aktien (KGaA) unter deutschem Recht eine juristische Person, die ihrem Komplementär gerade keinen Haftungsschutz bietet (§ 278(1) dt. AktG). Außerdem kennen viele Rechtsordnungen unter besonderen Umständen einen Haftungsdurchgriff auf Gesellschafter juristischer Personen. Denn ihnen wird Rechtsfähigkeit gesetzlich allein aus Zweckmäßigkeitsgründen verliehen, so dass eine Missbrauchskontrolle angezeigt ist.

[68] Aus einem etwas anderen Blickwinkel formuliert Art. 33¹ § 1 poln. ZGB, dass auf die organisatorischen Einheiten, die keine juristischen Personen sind, denen das Gesetz aber die Rechtsfähigkeit gewährt, die Vorschriften über juristische Personen sinngemäß angewandt werden. Und § 2 a. a. O. fügt hinzu: „Sofern dies durch eine gesonderte Vorschrift nicht anderweitig geregelt ist, sind für die Verpflichtungen der in § 1 genannten organisatorischen Einheit ihre Mitglieder subsidiär verantwortlich; diese Haftung entsteht mit dem Zeitpunkt, in dem die organisatorische Einheit zahlungsunfähig geworden ist". Eine organisatorische Einheit, die keine juristische Person war, aber der das Gesetz auch keine Rechtsfähigkeit gewährte, waren z. B. die regionalen Komsomolzenorganisationen in Bulgarien. Für Delikte ihrer jugendlichen Mitglieder haftete deshalb nur die Dachorganisation (bulgar. OG 8.12.1972, Nr. 1327/ 1972, I. Zivilkammer).

[69] So verhält es sich z. B. unter §§ 105, 123(2) dt. HGB (ab 1.1.2024 § 123(1)(2) dt. HGB n.F.) bei der sog. offenen Handelsgesellschaft (oHG), während die Haftungsbeschränkungen zugunsten der Kommanditisten einer Kommanditgesellschaft (KG; § 161 dt. HGB) Dritten gegenüber nur mit der Eintragung im Handelsregister wirksam werden (§§ 171, 176 a. a. O.). Auch die Partnerschaftsgesellschaft entsteht unter § 7(1) dt. PartGG Dritten gegenüber erst mit Eintragung im Partnerschaftsregister.

[70] § 14(1) und (2) dt. BGB. Auch § 7 dt. MarkenG sagt, dass natürliche Personen, juristische Personen und „rechtsfähige Personengesellschaften" Inhaber einer Marke sein können. In § 705(2) dt. BGB i. d. F. des Personengesellschaftsrechtsmodernisierungsgesetzes wird mit Wirkung ab 1.1.2024 BGH 29.1.2001, BGHZ 146 S. 341 (vorher Fn. 64) kodifiziert (BT-Drs. 19/27635 S. 100, 125), der Begriff der Teilrechtsfähigkeit aber vermieden. Der Text lautet: „Die Gesellschaft kann entweder selbst Rechte erwerben und Verbindlichkeiten eingehen, wenn sie nach dem gemeinsamen Willen der Gesellschafter am Rechtsverkehr teilnehmen soll (rechtsfähige Gesellschaft), oder sie kann den Gesellschaftern zur Ausgestaltung ihres Rechtsverhältnisses untereinander dienen (nicht rechtsfähige Gesellschaft)". Unter Art. 43¹ poln. ZGB sind „Unternehmer" natürliche und juristische Personen sowie organisatorische Einheiten nach Art. 33¹ § 1, die im eigenen Namen eine Wirtschafts- oder Berufstätigkeit ausüben.

einen Nasciturus als gleichfalls „teilrechtsfähig" zu beschreiben. Eine Gesellschaft bürgerlichen Rechts, eine offene Handelsgesellschaft, eine Kommanditgesellschaft und dergleichen haben mit einem Nasciturus nicht einmal rechtsfähigkeitsrechtlich etwas gemein. Denn er kann eben bis zur Geburt gar nichts zu Eigentum haben, keinen Schadensersatz verlangen oder zu irgendetwas verpflichtet werden.[71]

5. Personenstand, Name, Körper, Würde

161 Ausschließlich in den Denkzusammenhang der Person des Menschen gehört sein Personenstand[72], darunter sein Name. Die **Firma** einer Handelsgesellschaft ist kein Name i. S. d. bürgerlichen Rechts, mag sie vom Gesetz auch manchmal als der „Name", unter dem ein Kaufmann seine Geschäfte betreibt[73], definiert werden.[74] In Wahrheit unterliegt eine Firma vollständig anderen Regeln als der Name eines Menschen. Die Firma eines Unternehmens muss sich von den Firmen anderer auf demselben Markt tätigen Unternehmen ausreichend unterscheiden (z. B. §§ 18(2) und 30 dt. HGB sowie Art. 43^3 § 1 poln. ZGB). Sie kann zusammen mit dem Unternehmen übertragen werden[75], entwickelt haftungsrechtliche Relevanz[76] und kann sogar zu den Entstehungsvoraussetzungen einer Gesellschaft gehö-

---

[71] Wird ein Kind vorgeburtlich noch im Mutterleib geschädigt, muss man unterscheiden. Kommt es infolge der Schädigung zu einer Totgeburt, hat man eine Körperverletzung zum Nachteil der Mutter vor sich. Wird das Kind lebend geboren, ist es selbst als in seinem Körper oder seiner Gesundheit verletzt anzusehen und kann dann auch den entsprechenden Schadensersatzanspruch selbst geltend machen (BGH 11.1.1972, BGHZ 58 S. 48; BGH 20.12.1952, BGHZ 8 S. 243). Unter Art. 111 span. LRCSCVM wird der unfallbedingte Verlust eines Foetus mit einem festen Betrag entschädigt. Die schwangere Frau, die den Foetus verliert, hat einen Anspruch auch auf Ersatz ihres immateriellen Schadens. Wer einen Unfall verursacht, in dessen Folge eine Schwangere ein totes Kind gebiert, begeht kein Tötungsdelikt (Cass. Ass. plén. 29.6.2001, Bull. crim. 2001, Nr. 165 S. 546; Cass. crim. 4.5.2004, Bull. crim. 2004, Nr. 108 S. 418). „The first question is whether this plaintiff has a right at all. The foetus cannot, in English law, in my view, have any right of its own at least until it is born and has a separate existence from the mother. That permeates the whole of the civil law of this country (I except the criminal law, which is now irrelevant), and is, indeed, the basis of the decisions in those countries where law is founded on the common law, that is to say, in America, Canada, Australia, and, I have no doubt, in others" (*Paton v British Pregnancy Advisory Service Trustees and another* [1979] QB 276; Sir George Baker P). „There are cases not in any way in doubt on this appeal which establish the general proposition that a foetus enjoys, while still a foetus, no independent legal personality – a foetus cannot, while a foetus, sue and cannot be made a ward of court (*Dillon LJ in Burton v Islington Health Authority* [1993] QB 204). Siehe außerdem *Re F (In Utero)* [1988] Fam 122 und *C v S* [1988] Q. B. 135.

[72] Darauf legt man u. a. in Spanien großen Wert. „*Estado civil*" bedeutet sowohl Zivil- oder Familienstand (ob eine Person ledig, verheiratet etc., minderjährig oder entmündigt ist) als auch „die stabile Eigenschaft einer Person, die das Gesetz in Betracht zieht, um ihr bestimmte Rechtswirkungen zu verleihen". Historisch bezog sich der *estado civil* auf die Geschäftsfähigkeit. Er wurde zugleich als Quelle von Rechten und Pflichten im Kontext der *Partidas* angesehen (Cobacho Gómez und Leciñena Ibarra [-*Roca Guillamón*], Comentarios a la Ley del Registro Civil, S. 96, Anm. 2.2. zu Art. 2 LRC). Unter Artt. 2(2) span. LRC 2011 (das LRC ersetzte die Artt. 325–332 span. CC) soll das Zivilregister die Umstände und Vorgänge der Personen, die sich auf den Personenstand beziehen, festhalten). Juristische Personen haben keinen *estado civil*.

[73] Z.B. § 17(1) dt. HGB und Art. 43^5 poln. ZGB. Juristische Personen haben keinen bürgerlichrechtlichen Namen. Sie haben, wenn sie ein Handelsgeschäft betreiben, eine *denominação* oder *firma* (Menezes Cordeiro, Tratado de Direito Civil IV^5, S. 230). Nur bei einem Einzelkaufmann (*comerciante individual*) können (Vor- und Nach-)Name und Firma übereinstimmen (z.B. Art. 38(1) port. DL 129/98 vom 13.5.1998 (RNPC) und Art. 43^4 poln. ZGB).

[74] Da nicht alle juristischen Personen schon ihrer Rechtsform wegen zu den Kaufleuten gehören (§ 6 dt. HGB), gibt es unter deutschem Recht auch juristische Personen, die keine Firma, sondern nach dem Gesetz einen „Namen" haben (z. B. Vereine [§§ 57, 65 dt. BGB] und Stiftungen [§ 81(2) Nr. 1 a. a. O.]). Auch diese Namen sind indes keine Namen i. S. d. Rechts der natürlichen Personen, wie z. B. das Abstandsgebot des § 57(2) dt. BGB zeigt.

[75] Z. B. §§ 22 und 23 dt. HGB; Art. 2565 ital. CC; Artt. 43^8 § 3, 55^2 poln. ZGB (Ohne gleichzeitige Übertragung des Unternehmens ist die isolierte Übertragung einer Firma aber stets untersagt; als solche steht sie *extra commercium*: Art. 43^7 poln. ZGB und dazu Pietrzykowski [-*Popiołek*], Kodeks cywilny I^{10}, Art. 43^9 Rdnr. 1).

[76] Wer ein unter Lebenden erworbenes Handelsgeschäft unter der bisherigen Firma fortführt, haftet für die betrieblichen Schulden des früheren Inhabers z. B. unter § 25 dt. HGB und Art. 55^4 poln. ZGB.

I. Die Person des Menschen und die Personen der Schöpfungen des Rechts §3

ren.⁷⁷ Eine Gesellschaft hat natürlich auch keinen Körper. Dass man gern von „Korporationen" und „Körperschaften" spricht, zeigt nur, dass die Rechtsordnung angestrengt nach Parallelen zum Menschen sucht, um juristischen Personen ein Stück Anschaulichkeit einzuhauchen.⁷⁸ Letztere können zudem, obschon selbst keine Eigentumsobjekte⁷⁹, in dem Sinne verkauft werden, dass ihre Anteile oder ihr gesamtes Vermögen übertragen werden. Wenn man also Gesellschaften überhaupt etwas der Würde des Menschen wenigstens von Ferne Ähnelndes beimessen will, dann hat es jedenfalls keine personenrechtliche Relevanz. Es geht bestenfalls um einen deliktsrechtlich organisierten Diffamierungsschutz.⁸⁰ Aber ihm wohnt keine Übertragungssperre inne. Nur der Mensch ist daran gehindert, über sich zu verfügen, sich würdeverletzenden Verträgen zu unterwerfen oder sich in unbegrenzte Abhängigkeit zu begeben. Eine Gesellschaft dagegen kann sich durch Einordnung in einen Konzern fremder Leitung unterordnen, ja sich – das Nähere ist freilich umstritten – schuldvertraglich Dritten gegenüber sogar zu ihrer eigenen Auflösung verpflichten.⁸¹ Die Rechts-

---

77 Das gilt in Sonderheit für Gesellschaften, deren Rechtsfähigkeit mit der Registereintragung entsteht, die ihrerseits wiederum von der Festlegung einer Firma abhängt. Siehe z. B. §§ 3(1) Nr. 1, 8(1) und 11 dt. GmbHG; § 30 estn. AT ZGB AT („A legal person shall have a name which must distinguish it from other persons"); Art. 2.33(1) lit. ZGB; Artt. 37, 43³ poln. ZGB; §§ 120(1) sowie § 123(1) tschech. BGB; § 19b (1) slowak. ZGB; § 3:1(5) ungar. ZGB (die juristische Person muss über einen eigenen Namen verfügen). Trotz des Wortlauts des § 105(1) dt. HGB gehört die Bildung einer Firma dagegen der Regel nach nicht zu den Entstehungsvoraussetzungen einer offenen Handelsgesellschaft (MünchKomm [-*Schmidt*], HGB⁴, § 105 Rdnrn. 43). Anders ist das nur in den Fällen des § 105(2) dt. HGB (§ 107(1) dt. HGB i. d. F. ab 2024) („Eine Gesellschaft, deren Gewerbebetrieb nicht schon nach § 1(2) Handelsgewerbe ist oder die nur eigenes Vermögen verwaltet, ist offene Handelsgesellschaft, wenn die Firma des Unternehmens in das Handelsregister eingetragen ist"). Die *société en nom collectif* (SNC) französischen Rechts erlangt dagegen Rechtsfähigkeit nur durch Eintragung (Art. L210-6 franz. Ccom), für die es wiederum der Angabe einer *dénomination sociale* (Artt. L221-2 und L210-2 a. a. O.) bedarf.
78 In Wahrheit ist eine Körperschaft aber eine „unsichtbare Person", eine *persona invisibilis* (der Ausdruck soll auf *Paolo di Castro* zurückgehen: *Todescan,* Quaderni fiorentini per la storia del pensiero giuridico moderno, Bd. 1 S. 59, 64).
79 *Macaura v Northern Assurance Co Ltd* [1925] AC 619, 626–627 (Lord Buckmaster) („no shareholder has any right to any item of property owned by the company, for he has no legal or equitable interest therein. He is entitled to a share in the profits while the company continues to carry on business and a share in the distribution of the surplus assets when the company is wound up") und *Petrodel Resources Ltd v Prest* [2013] UKSC 34, [2013] 2 AC 415, para 8 (Lord Sumption) („Subject to very limited exceptions, most of which are statutory, a company is a legal entity distinct from its shareholders. It has rights and liabilities of its own which are distinct from those of its shareholders. Its property is its own, and not that of its shareholders").
80 Unter deutschem Recht genießt eine Gesellschaft zivilrechtlichen Ehrenschutz, soweit ihr sozialer Geltungsanspruch in ihrem Aufgabenbereich betroffen wird. Sie kann allerdings kein sog. „Schmerzensgeld" verlangen; dies kommt bestenfalls einer hinter der Gesellschaft stehenden natürlichen Person zu (BGH 8.7.1980, NJW 1980 S. 2807). Für Frankreich entschied Cass. crim. 22.3.1966, JCP G 1967.II.15067, dass „une société commerciale peut … obtenir réparation de l'atteinte qui pourrait être portée à sa considération professionnelle par des imputations ou des allégations diffamatoires". Eine *personne morale* soll sogar ein *droit à l'image* haben, wenn auch nur im Sinne eines *droit à l'image de marque* (Cass. civ. 30.5.2006, Bull. 2006, I, Nr. 275 S. 240). Das sieht man in Italien ähnlich, wo bei einer Verletzung des *diritto all'immagine* auch Ersatz eines immateriellen Schadens gewährt wird (Cass. 10.5.2017, nr. 11446; Trib. Reggio Calabria 6.11.2018, nr. 1610; Trib. Terni 13.3.2018, nr. 216, alle in De Jure Datenbank). Auch die span. Rechtsprechung akzeptiert einen Ehrenschutz juristischer Personen (TS 11.11.2015, ECLI:ES:TS:2015:4542), allerdings mit Ausnahme von juristischen Personen des öffentlichen Rechts (TS 15.6.2016, ECLI:ES:TS:2016:2775), dazu *Hornero Méndez,* in: Oliva Blázquez und Vázquez-Pastor Jiménez (Hrsg.), Derecho Civil I, S. 187, 198 und aus ital. Sicht *Scoca,* Giur. cost. 2019 S. 2177). Unter § 135 (2) tschech. BGB soll eine juristische Person nicht nur in ihrem guten Ruf, sondern sogar in ihrer Privatspäre geschützt sein. „Es geht vor allem um den Schutz vor der Verbreitung von unrichtigen Informationen über eine konkrete juristische Person"; ein Ausgleich immaterieller Schäden ist möglich (tschech. OG 18.3.2008, 30 Cdo 1385/2006, Právní rozhledy 12 (2008) S. 456, allerdings noch zum alten Recht). Unter Art. 43 poln. ZGB sind die Vorschriften über den Persönlichkeitsgüterschutz der natürlichen Personen entsprechend auf die juristischen Personen anzuwenden (näher dazu poln. OG 14.11.1986, II CR 295/86, OSNCP 1988 Nr. 2–3, Poz. 40 und poln. OG 26.10.2006, I CSK 169/06, Legalis Nr. 161060). Das gilt auch unter Art. 3:1(3) ungar. ZGB, „außer, wenn der Schutz seines Charakters wegen nur dem Menschen zustehen kann".
81 Das Problem liegt vor allem darin, ob ein gesetzlicher Vertreter einer juristischen Person diese kraft seiner organschaftlichen Vertretungsmacht nach außen wirksam zu etwas verpflichten kann, was (wie die Auflösung) im Innenverhältnis die Zustimmung eines anderen Organs voraussetzt (näher für Deutschland

persönlichkeit des Menschen ist aufs engste mit seiner Würde verknüpft, die ihrerseits seine Person ausmacht und ihre Elemente verzahnt. Die Rechtspersönlichkeit der Gesellschaften erschöpft sich in einer Rechtsfähigkeit, die aus reinen Zweckmäßigkeitserwägungen folgt.

II. Die Lehre von der Rechtsfähigkeit des Menschen

1. Regelungen zur Teilhabe am Rechtsverkehr

162 **„Person"** wird von den europäischen Rechtsordnungen mit **mehreren Aufgaben** befrachtet. Das Wort dient (i) zur Beschreibung der rechtlichen Merkmale eines Menschen, (ii) zur Beschreibung einer Gemeinsamkeit von „natürlichen" (physischen, singulären) und „juristischen" (moralischen, kollektiven, künstlichen) Personen sowie „rechtsfähigen Personengesellschaften", und (iii) zur Fixierung eines Gegenpols zu den „Sachen", verstanden im weiten Sinn des österreichischen Rechts („Alles, was von der Person unterschieden ist, und zum Gebrauche des Menschen dient, wird im rechtlichen Sinne eine Sache genannt", §§ 285 österr. ABGB, 489 tschech. BGB).[82] Unter diesen drei dem Wort „Person" zugeschriebenen Aufgaben kommt es allerdings zu Bedeutungsverschiebungen. Insbesondere setzt die zweite Aufgabe, die Bildung eines für gesetzgeberische und beschreibende Zwecke tauglichen Oberbegriffs für natürliche und juristische Personen, die Möglichkeit voraus, überhaupt ein Merkmal zu bestimmen, das beiden Personenarten zugleich zukommt. Es zu identifizieren, ist kein einfaches Unterfangen. Denn es kann nur auf einer sehr hohen, für die praktische Rechtsanwendung möglicherweise aber schon wieder zu hohen Abstraktionsstufe gelingen. Das ist mitverantwortlich für die auffällige „Blutleere" der gängigen Lehren von der Rechtsfähigkeit.[83]

163 Im Kern geht es darum, die Fähigkeit zur Teilhabe am Rechtsverkehr zu fixieren und zu beschreiben. Wer darf die Einrichtungen des Privatrechts nutzen? Warum, in welcher Weise und in welchem Umfang darf er das? Gibt es verschiedene Erscheinungsformen dieser Teilhabebefugnis und wie wären sie zu fassen? Handelt es sich nur um quantitative Stufungen oder um kategoriale Unterscheidungen und was hinge von der Antwort ab? Die zivilistischen Systeme[84] haben sich praktisch ausnahmslos dazu entschieden, wenigstens

---

z.B. MünchKomm [-*Leuschner*], BGB[8], § 26 Rdnr. 26. 2). Liegt diese Zustimmung aber bereits vor, spicht nichts gegen die Wirksamkeit der Übernahme einer Auflösungsverpflichtung. Eine andere Frage ist es, inwieweit sich eine juristische Person in der eigenen Satzung Dritten gegenüber verpflichten oder ihnen ein Auflösungsrecht gewähren kann (auch dazu und m. w. N. *Leuschner* a. a. O. § 25 Rdnrn. 34–35). Nur das Innenverhältnis ist demgegenüber betroffen, wenn der Gesellschaftsvertrag einzelnen Gesellschaftern eine Kündigungsoption einräumt (z. B. §§ 60(2) dt. und 84(2) österr. GmbHG). Unter § 16 tschech. BGB kann zwar eine physische Person weder auf ihre Rechts- noch auf ihre Geschäftsfähigkeit verzichten; für die juristischen Personen findet sich ein vergleichbares Verbot jedoch gerade nicht (§ 135 a. a. O.).

[82] *Hegel*, Grundlinien der Philosophie des Rechts, § 40 erläuterte den naturrechtlichen Kern eines so weiten Sachbegriffs mit den Worten: „Hier erhellt schon so viel, daß nur die Persönlichkeit ein Recht an Sachen gibt und daher das persönliche Recht wesentlich Sachenrecht ist – Sache im allgemeinen Sinne als das der Freiheit überhaupt Äußerliche, wozu auch mein Körper, mein Leben gehört". „The 'right of personality' is thus the capacity to hold rights to things, and things are anything external to persons" (*Kurki*, A Theory of Legal Personhood, S. 42).

[83] *Bydlinski*, FS Doralt S. 77, 92 (das Gemeinsame der natürlichen und der juristischen Person bestehe vor allem aus der hochabstrakten Eigenschaft der Rechtsfähigkeit).

[84] Das Common Law kennt diese scharfe Unterscheidung nicht. Das Konzept der *(legal) capacity* fügt sich nicht bruchlos in die kontinentalen Darstellungsgewohnheiten und systemleitenden Theorien ein (siehe schon oben Rdnr. 29). Denn *capacity* bedeutet je nach Kontext Rechts-, Vertrags-, Testier-, Handlungs- oder Deliktsfähigkeit, steht also für eine Variable für alle denkbaren Möglichkeiten der Teilnahme einer natürlichen oder juristischen Person am Rechts- und Geschäftsverkehr. *Birks*, English Private Law I, S. 141 z. B. handelt in kontinentaler Terminologie von Rechtsfähigkeit, wenn er definiert: „Natural persons are those animate beings which possess a capacity to own legal rights and to owe legal duties". Sec. 2(1) Mental Capacity Act 2005 („For the purposes of this Act, a person lacks capacity in relation to a matter if

II. Die Lehre von der Rechtsfähigkeit des Menschen **§ 3**

zwischen der Fähigkeit, Rechte und Pflichten zu erlangen und zu „haben", und der Fähigkeit zu unterscheiden, solche Rechte und Pflichten *durch eigenes rechtsgeschäftliches Handeln,* im Wesentlichen also durch die Eingehung von Verträgen zu begründen und zu übertragen. Die erste Fähigkeit nennen viele Kodifikationen die **„Rechtsfähigkeit"**, die zweite die **„Geschäftsfähigkeit"**. Ob das eine hilfreiche Differenzierung ist, will allerdings genauso erwogen sein wie die Frage, ob sie ausreicht. Denn sie könnte auch eine Lücke reißen, weil man noch weitere Fähigkeiten (z. B. in Gestalt der Handlungsfähigkeit) auf den Begriff bringen möchte. Die Antwort hängt jeweils davon ab, was *genau* man unter Rechtsfähigkeit verstehen will. Gesetzliche Definitionen der Rechtsfähigkeit (und der Geschäftsfähigkeit[85]) des Menschen[86] sind vielerorts erst vergleichsweise spät in die Kodifikationen aufgenommen worden.[87] Bis dahin wähnte man sich dieser Konzepte, insbesondere des Konzepts der Rechtsfähigkeit, zu sicher, um sie gesetzlich näher auszuformen.[88]

---

at the material time he is unable to make a decision for himself in relation to the matter because of an impairment of, or a disturbance in the functioning of, the mind or brain") benutzt *capacity* sowohl i. S. v. Handlungs- als auch Geschäftsfähigkeit, lässt aber die allgemeinen Regeln zur *capacity to contract* unberührt. Um eine Frage der *capacity* geht es außerdem z. B. auch, wenn einem Schuldner nach Eröffnung des Insolvenzverfahrens die Verfügungsbefugnis über sein Vermögen aberkannt wird.

[85] Gesetzliche Definitionen der Geschäftsfähigkeit finden sich in Art. 2 Satz 2 ital. CC („Mit der Volljährigkeit wird die Fähigkeit erworben, alle Rechtshandlungen vorzunehmen, für die nicht ein anderes Alter vorgeschrieben ist"; das Gesetz spricht allerdings nicht von Geschäfts-, sondern von Handlungsfähigkeit); Art. 2.5(1) lit. ZGB („On attaining full age, i. e. when a natural person is eighteen years of age, he, by his acts, shall have full exercise of all his civil rights and shall assume civil obligations"); § 865(1) österr. ABGB („Geschäftsfähigkeit ist die Fähigkeit einer Person, sich durch eigenes Handeln rechtsgeschäftlich zu berechtigen und zu verpflichten. Sie setzt voraus, dass die Person entscheidungsfähig ist und wird bei Volljährigen vermutet; bei Minderjährigen sind die §§ 170 und 171, bei Volljährigen ist der § 242 Abs. 2 zu beachten"); Art. 37 rumän. CC („Die Geschäftsfähigkeit ist die Fähigkeit der Person, selbst bürgerliche Geschäfte zu schließen"); § 2:8(2) ungar. ZGB („Wer geschäftsfähig ist, kann selbst Verträge schließen oder andere Rechtserklärungen abgeben") und § 15(2) tschech. BGB („Geschäftsfähigkeit ist die Fähigkeit, für sich selbst durch eigene Rechtshandlungen [*právní jednání*] Rechte zu erwerben und sich zu verpflichten"). (Nicht definiert ist aber die „Rechtshandlung"; nach *Tichý*, Obecná část občanského práva, S. 139 „eine Abstraktion aller im Rahmen der gegebenen Rechtsordnung existierenden Typen von Handlungen, die ihrem Inhalt nach auf die Begründung, die Änderung oder die Aufhebung eines Rechtsverhältnisses durch den Willen des Handelnden zielen").

[86] Anders verhält sich das typischerweise bei den juristischen Personen und rechtsfähigen Gesellschaften. Ihre Rechtsfähigkeit wird in aller Regel durch Spezialgesetze fixiert; die Kodifikationen äußern sich nur selten genauer. In § 3:1(1) ungar. ZGB z. B. ist festgehalten, dass eine juristische Person Rechte besitzen und Verbindlichkeiten eingehen kann, und in § 20(1) tschech. BGB, dass eine juristische Person ein organisiertes Gebilde sei, „für das das Gesetz festlegt, dass es rechtsfähig ist, oder dessen Rechtsfähigkeit gesetzlich anerkannt wird. Juristische Personen können ungeachtet ihres Tätigkeitsgegenstandes Rechte und Pflichten haben, die im Einklang mit ihrer Rechtsnatur stehen".

[87] Die bedeutendste Ausnahme unter den alten Kodifikationen ist § 18 österr. ABGB („Jedermann ist unter den von den Gesetzen vorgeschriebenen Bedingungen fähig, Rechte zu erwerben"), was Art. 34 gr. ZGB um die passive Seite ergänzte („Jeder Mensch ist fähig, Rechte und Pflichte zu haben"). In den Nachkriegskodifikationen finden sich dann durchweg ähnliche, die Kernaussage aber oft noch verstärkende Formulierungen, u. a. in Art. 1 bulg. Gesetz über die Person und die Familie („Jede Person erwirbt mit der Geburt die Fähigkeit, Träger von Rechten und Pflichten zu sein"), § 7(1) estn. AT ZGB („Passive legal capacity of a natural person (human being) is the capacity to have civil rights and perform civil obligations. All natural persons have uniform and unrestricted passive legal capacity"); Art. 2.4(1) lit. ZGB („According to law, natural persons shall be entitled to property as the object of private ownership and shall enjoy the right to engage in commercial activities, establish enterprises or other legal entities, inherit property and bequeath it, choose a sphere of activities and residence, to have invention or industrial sample rights as well as other property and individual non-property rights, which are protected by the civil law"); Art. 67 port. CC („Die Personen können vorbehaltlich entgegenstehender gesetzlicher Bestimmung Träger von beliebigen Rechtsverhältnissen sein; hierin besteht ihre Rechtsfähigkeit [*capacidade jurídica*]"); Art. 34 rumän. CC („Die Rechtsfähigkeit ist die Fähigkeit der Person, Träger von Rechten und Pflichten zu sein"); § 15(1) tschech. BGB („Rechtspersönlichkeit [*právní osobnost*] ist die Fähigkeit, in den Schranken der Rechtsordnung Träger von Rechten und Pflichten zu sein") und § 2:1(1) ungar. ZGB („Jeder Mensch ist rechtsfähig: er kann Rechte und Pflichten haben").

[88] Das poln. ZGB z. B. hat den Begriff der Rechtsfähigkeit nicht näher definiert, weil er als anerkannt und unumstritten galt bzw. gilt. Die Rechtsfähigkeit wird als eine normative Kategorie ohne umgangssprachliche Bedeutung verstanden (Ciszewski [-*Nazaruk*], Kodeks cywilny, Art. 8 Rdnr. 2). Es handele sich aber

§ 3   *§ 3: Rechtsfähigkeit*

Auch das deutsche, das italienische und das österreichische Schrifttum beschreiben Rechtsfähigkeit durchweg als die „Fähigkeit einer Person, Träger von Rechten und Pflichten zu sein".[89]

2. Bezugsgrößen

a. Subjekt versus Objekt; natürliche versus juristische Person

164 „Rechtsfähigkeit" ist indes zwangsläufig ebenso mehrpolig wie „Person". Die Deutung der Rechtsfähigkeit als Fähigkeit einer Person, Träger von Rechten und Pflichten zu sein, erschöpft sich, genau besehen, in einem Pleonasmus. In der Substanz geht es um nicht mehr als darum, die Welt in Personen und Sachen einzuteilen.[90] Aus der Sicht des Privatrechts wohnt dem aber nur ein geringer normativer Gehalt inne, bestenfalls der zu verhindern, dass Menschen (durch sich oder andere) ihrer Würde entkleidet und auf den Status von Rechtsobjekten herabgestuft werden. Juristische Personen verdanken ihre Rechtssubjektivität dem einfachen Recht, natürliche den Grund- und Menschenrechten. In der Gegenüberstellung von Person und Sache könnte außerdem – aber das will eigens bedacht sein – mitschwingen, dass es neben Personen und Sachen keine dritte Kategorie, kein *tertium* geben soll.[91] Im Übrigen jedoch gilt: Was Sache ist, trägt keine Rechte[92], wer Rechte trägt, ist keine Sache. Damit ist aber nur gesagt, dass ausschließlich Personen die Einrichtungen des Privatrechts nutzen dürfen. Das „Wie" und das Maß bleiben völlig offen. Darüber lässt sich nur etwas in Erfahrung bringen, wenn man nicht Personen und Sachen sondern einerseits natürliche und juristische und andererseits rechts- und geschäftsfähige Personen einander gegenüberstellt.

165 In der **Gegenüberstellung zu den Sachen** ist Rechtsfähigkeit der Personen ein Kontinuum, absolut, gleichbleibend, abstrakt – und innerprivatrechtlich weithin inhaltsleer. Es macht in dieser (aber nur in dieser) Perspektive nicht einmal einen Unterschied, ob man juristische oder natürliche Personen in den Blick nimmt. Beide sind keine Sachen, insbesondere keine eigentums- oder sonst sachenrechtsfähigen Objekte (man kann eben auch keinen Nießbrauch an einer Gesellschaft, sondern bestenfalls an Gesellschaftsanteilen). Mehr aber erfährt man nicht. Selbst die verbreitete These, dass „die" Rechtsfähigkeit unbeschränkbar sei[93], bleibt unter diesem Blickwinkel ohne konkrete Folgen. Denn eine Person wird nicht dadurch zur Sache, dass man ihr (der Person) den Zugang zu einzelnen oder gar zu ganzen Gruppen von subjektiven Rechten versperrt. Nur weil jemand von dem Erwerb von land- und forstwirtschaftlichem Grundeigentum oder von sonstigen Rechten an Land, von der Teilhabe am Recht der Ersitzung oder des gutgläubigen Erwerbs oder

---

    nur um die Möglichkeit, Rechte und Pflichten des Zivilrechts zu haben. Die Geschäftsfähigkeit beinhalte demgegenüber die Fähigkeit, diese Rechte und Pflichten durch eigene Rechtsgeschäfte zu erwerben (Osajda [-*Księżak*], Kodeks cywilny[26], Art. 8 Rdnr. 1). Geschäftsfähigkeit sei aktiv, Rechtsfähigkeit passiv (Safjan [-*Pazdan*], System Prawa Prywatnego I[2], S. 1023 Rdnr. 4).

[89] Statt vieler und m. w. N. Staudinger (-*Weick*), BGB (2004), § 1 Rdnr. 1; *Caterina,* Le persone fisiche[3], S. 1 sowie Klang (-*Meissel*), ABGB[3], § 16 Rdnr. 3 (die „allgemeine Rechtsfähigkeit" sei die „Fähigkeit, überhaupt Träger von Rechten und Pflichten zu sein").

[90] *Rouček und Sedláček,* Komentář k československému obecnému zákoníku občanskému a občanské právo platné na Slovensku a v Podkarpatské Rusi I, S. 208 kommentierten das alte tschechische Allgemeine Bürgerliche Gesetzbuch mit der trockenen Bemerkung: „Rechtsfähigkeit bedeutet schlicht, dass die Person eine Person ist".

[91] Dazu unten Rdnr. 177.

[92] Das gilt auch für Grunddienstbarkeiten. Obwohl sie einem herrschenden Grundstück zugeordnet sind, ist nicht dieses Grundstück, sondern sein jeweiliger Eigentümer Inhaber der Grunddienstbarkeit. Anders verhält es sich naturgemäß bei persönlichen Dienstbarkeiten. Unter österreichischem Recht stößt man dazu auf die Besonderheit, dass eine persönliche Dienstbarkeit sogar „jedermann" zum Begünstigten haben kann (OGH 12.3.1968, SZ 41/29: Bestellung eines Kurators zur Wahrnehmung der Rechte aus einer für „jedermann" bestellten Dienstbarkeit mit dem Inhalt, Wasser zum eigenen Gebrauch aus einer umbauten Mineralquelle in unverkorkten Gefäßen zu holen; das Recht war allerdings verjährt).

[93] Unten Rdnr. 175.

II. Die Lehre von der Rechtsfähigkeit des Menschen § 3

von der Befähigung, bestimmte Schenkungen anzunehmen, ausgeschlossen bleibt, wird er nicht zu einem Objekt des Rechtsverkehrs. Das Bild verschiebt sich aber schon, wenn man Rechtsfähigkeit aus dem **Gegensatzpaar natürliche und juristische Person** zu verstehen sucht. Denn dann sieht man nicht nur, dass Rechtsfähigkeit bei ihnen ganz verschiedene Entstehungsgründe hat. Man sieht auch, dass diese unterschiedlichen Entstehungsgründe – die Würde des Menschen auf der einen Seite, die einfach- und deshalb typischerweise spezialgesetzliche Verleihung auf der anderen – zu auf die Art der jeweiligen Person zugeschnittenen Differenzierungen einlädt.[94] Natürliche Personen tragen nicht notwendig dieselben Rechte wie juristische. Und die Rechtsordnung ist viel freier, den Umfang der Rechtsfähigkeiten der einzelnen juristischen Personen zu begrenzen als den Umfang der Rechtsfähigkeit der natürlichen. Man mag zwar darüber streiten, ob es korrekt ist, von einem Menschen, der noch keinerlei Vermögen hat, zu sagen, er sei bereits rechtsfähig[95], aber anders als die reinen Schöpfungen des Rechts muss ein Mensch zur Erlangung der Rechtsfähigkeit jedenfalls kein bestimmtes Anfangsvermögen nachweisen. Bei Überschuldung droht nur juristischen Personen die Auflösung und mit ihr schlussendlich der Verlust ihrer Rechtsfähigkeit. Es kann sogar sein, dass das Substrat einer juristischen Person aus nichts anderem als aus einem Vermögen besteht.[96]

b. Rechtsfähigkeit versus Geschäftsfähigkeit

Kontrastiert man dagegen die Rechtsfähigkeit mit der sog. Geschäftsfähigkeit, dann erscheint jene plötzlich **nicht** mehr als ein **Aliud, sondern** als eine Voraussetzung[97] und, bezogen auf die Summe der Möglichkeiten zur Teilhabe am Rechtsverkehr, als eine ihrem Umfang nach **geringere Fähigkeit als die Geschäftsfähigkeit.** „Rechtsfähigkeit" lässt sich jetzt inhaltlich präziser fassen. Denn man sieht nun, dass rechtsfähig, aber nicht geschäftsfähig ist, wem Rechte *ausschließlich* aufgrund eines gesetzlichen Erwerbstatbestandes[98], einer gerichtlichen oder behördlichen Verfügung oder aufgrund des rechtmäßigen Handelns einer anderen Person zugewiesen werden, und wer deshalb auch Pflichten nur unterworfen sein kann, wenn ihn wiederum das Gesetz, ein Gericht, eine Behörde oder eine andere Person wirksam mit ihnen belasten.[99] Rechts- *und* geschäftsfähig ist demgegen-

166

---

[94] Der port. CC unterscheidet demgemäß zwischen der Rechtsfähigkeit der natürlichen und der Fähigkeit der juristischen Person. Unter Art. 67 port. CC *(capacidade jurídica)* können die *pessoas singulares* „vorbehaltlich entgegenstehender gesetzlicher Bestimmung Träger von beliebigen Rechtsverhältnissen sein; hierin besteht ihre Rechtsfähigkeit". Unter Art. 160 port. CC *(capacidade)* umfasst die „Fähigkeit der *pessoas coletivas* … alle Rechte und Pflichten, die zum Erreichen ihrer Ziele notwendig oder angebracht sind. Ausgenommen werden die vom Gesetz untersagten Rechte und Pflichten oder die, die von der *personalidade singular* untrennbar sind". In Österreich wird dagegen unter dem Stichwort „Gleichstellungsgrundsatz" einer „wenn auch nicht vollständigen Kongruenz" der Rechts- und Handlungsfähigkeit natürlicher und juristischer Personen das Wort geredet (Klang [-*Benke und Steindl*], ABGB³, § 26 Rdnr. 40).

[95] Die These von *Dekeuwer-Défossez,* D. 2017 S. 2046–2048, dass die Beziehung zu einem Vermögen *(patrimoine)* eines der Kriterien zur Bestimmung einer physischen Person sei und dass es deshalb keine Person ohne Vermögen gebe, ist zwar auf den ersten Blick überraschend. Sie lässt sich aber dazu halten, wenn man scharf zwischen Rechtspersönlichkeit und Rechtsfähigkeit unterscheidet; siehe dazu noch unten Rdnr. 169.

[96] Z. B. Art. 61 gr. ZGB („Eine Personenvereinigung zur Verfolgung eines bestimmten Zweckes sowie ein Vermögen, welches als Ganzes zur Verwirklichung eines bestimmten Zweckes bestimmt wurde, können unter Beachtung der im Gesetze vorgeschriebenen Bedingungen Persönlichkeit erlangen (juristische Person)" oder § 4 schwed. Stiftelselag („Eine Stiftung kann Rechte erwerben und Schulden eingehen sowie Partei im Gerichtsverfahren oder bei einer Behörde sein").

[97] Geschäfts- ohne Rechtsfähigkeit wird bislang durchweg für undenkbar gehalten (z. B. *Cornu,* Introduction¹², S. 214 Rdnr. 473). Die Geschäftsfähigkeit gehe, wie griechische Autoren formulieren, aus dem erweiterten Begriff der Rechtsfähigkeit hervor (*Georgiades,* Genikes Arches Astikou Dikaiou, S. 130).

[98] Dazu gehört auch das Erbrecht, sofern es dem Grundsatz der Universalsukzession folgt, unter dem der Nachlass *ex lege* und *ipso jure* den Erben zufällt.

[99] Bei dieser anderen Person handelt es sich im Regelfall natürlich um einen Vertreter. Verpflichtungen, die durch das Fehlverhalten eines Erfüllungs- oder Verrichtungsgehilfen ausgelöst werden, entstehen schon

über nur, wer seine privatrechtlichen Angelegenheiten in dem jeweils angestrebten Umfang aus eigenen Stücken frei gestalten kann, auch dadurch, dass er freiwillig einen Vertreter bestellt (statt ohne eigene Zustimmung einen Vertreter gestellt zu bekommen). „Person" sind bzw. besitzen beide, sowohl die nur rechtsfähigen als auch die auch geschäftsfähigen Personen. Geschäftsfähigkeit ist aber kein notwendiges Merkmal der Person, auch nicht der Person des Menschen. Denn Menschen können geschäftsunfähig sein oder werden. Eine ganz andere Frage ist, ob es denkbar wäre, eines Tages eine Art Geschäftsfähigkeit zu entwickeln, die nicht mit einer Rechtsfähigkeit unterlegt ist. So etwas könnte im Kontext der sog. künstlichen Intelligenz in Reichweite geraten, z. B. dann, wenn man bestimmte „autonome" elektronische Systeme wie Stellvertreter behandeln würde, ohne sie gleichzeitig mit der Fähigkeit zu versehen, Eigentümer, Gläubiger oder Schuldner zu sein.[100]

167 Die zivilistische Unterscheidung zwischen Rechts- und Geschäftsfähigkeit erweist sich mit dieser Maßgabe als durchaus leistungsfähig. Dass es im Common Law für sie weder eine sachliche noch eine sprachliche Parallele gibt[101], genügt zum Beweis des Gegenteils nicht. Auch wenn noch immer Randunschärfen verbleiben, erlaubt es die Trennung zwischen Rechts- und Geschäftsfähigkeit, die Befugnisse des Menschen zur Teilhabe am Rechtsverkehr nach plausiblen Kriterien zu stufen und daran Rechtsfolgen zu knüpfen. Weniger wichtig ist es allerdings, dass es die Trennung erlaubt, „Person" als Oberbegriff für „natürliche" und „juristische" Personen zu nutzen. Das gelingt ohnehin nur sektorial. Denn juristische Personen teilen mit den natürlichen die Geschäftsfähigkeit gerade nicht. Natürliche Personen sind der Regel nach sowohl rechts- als auch geschäftsfähig, juristische Personen immer nur „fähig"; eine darüber hinaus gehende Binnendifferenzierung ist bei ihnen ausgeschlossen.

168 *Personnes* werden auch in **Frankreich** in *personnes physiques* und *personnes morales* gegliedert. Beide, so sagt man, sind *personnes juridiques,* mithin „Rechtspersonen". Die abstrakte Eignung, Subjekt eines Rechts zu sein, ist Inhalt der *personnalité juridique,* der Rechtspersönlichkeit.[102] *Personnes juridiques* wiederum haben eine *capacité juridique,* und wer *capacité juridique* hat, ist eine *personne juridique.* Die *capacité juridique* scheint aber weiter zu reichen als die *personnalité juridique.* Denn jene, so jedenfalls *Cornu,* umfasse neben der *aptitude à devenir sujet de droit* auch die *aptitude à devenir titulaire de droits ou d'obligations et à les exercer,* die *personnalité juridique* dagegen nur die Eignung, Träger eines Rechts zu werden.[103] Die *capacité juridique* wiederum gliedert sich in die *capacité de jouissance* und die *capacité d'exercice.* Man stellt in diesem Zusammenhang also die Fähigkeit zur Nutznießung der Fähigkeit zur Ausübung von Rechten gegenüber, nicht *personnes juridiques* und *biens.* Die Ausübungsfähigkeit wiederum umfasst, auch wenn sich das nicht unmittelbar aus dem Wortsinn erschließt, auch die in Deutschland sog. Geschäftsfähigkeit. Denn die *capacité de jouissance* ist die *aptitude à être sujets de droits et d'obligations*[104], die *capacité d'exercice* die Fähigkeit, selbst ein Recht auszuüben. Die *incapables* (Minderjährige, unfähige Erwachsene) haben zwar die *capacité de jouissance.* Sie unterliegen jedoch in mancher Beziehung einer *incapacité d'exercice,*

---

aus Gesetz. Die Einzelheiten spielen hier aber keine Rolle, auch nicht die Besonderheiten, die in Trust- und Ermächtigungsverhältnissen begegnen.

[100] Dazu unten Rdnr. 184.
[101] Immer wieder wird versucht, Rechtsfähigkeit mit *passive* und Geschäftsfähigkeit mit *active capacity* zu übersetzen, aber dabei handelt es sich weder um *terms of art* noch ist die Unterscheidung zwischen passiv und aktiv sonderlich scharf. *Kurki,* in: Kurki und Pietrzykowski (Hrsg.), Legal Personhood: Animals, Artificial Intelligence and the Unborn, S. 69, S. 83–84 bevorzugt *legal personhood,* die sie in vier Kategorien untergliedert: (i) substantive passive incidents, (ii) remedy incidents, (iii) legal competences und (iv) onerous legal personhood. Das greift auf das Modell von *MacCormick,* in: Weinberger und Krawietz (Hrsg.), Reine Rechtslehre im Spiegel ihrer Fortsetzer und Kritiker, S. 371 zurück, der unterschied zwischen (i) *pure passive capacity,* (ii) *passive transactional capacity,* (iii) *capacity responsibility* und (iv) *transactional capacity.*
[102] *Cornu,* Introduction[12], S. 213 Rdnr. 469.
[103] A. a. O. S. 214 Rdnr. 473.
[104] *Brusorio Aillaud,* Droit des personnes et de la famille[9], S. 101 Rdnr. 151.

verstanden als die *inaptitude d'une personne titulaire de droits à les exercer seule*. Die *capacité de jouissance* und die *personnalité juridique* werden letztlich nur zu dem Zweck getrennt, zwischen einer *capacité politique* (der *aptitude à jouir des droits politiques*) und einer *capacité civile* (der *aptitude à jouir des droits civils*) unterscheiden zu können. Die *capacité de jouissance* sei *divisible*, teilbar und der Untergliederung zugänglich, die *personnalité juridique* dagegen sei *indivisible*.[105] Die französische Terminologie ist nicht leicht eingängig, findet sich mit kleineren Abweichungen aber auch in anderen Rechtsordnungen, darunter die rumänische. **Rumänien** unterscheidet mehrere Fähigkeitsarten. *Capacitate juridică* dient als Gattungsbegriff. Aus ihm leitet man rechtsgebietsspezifische Fähigkeiten ab, z. B. eine bürgerliche, eine arbeitsrechtliche und eine verfassungsrechtliche Fähigkeit.[106] Die *capacitate juridică* schließt die *capacitate de folosință* ein, die „Rechtsfähigkeit" i. S. v. *capacité de jouissance*.[107] Die bürgerliche Fähigkeit gliedert sich in eben diese *capacitate de folosință* und in die *capacitate de exercițiu*, die Geschäftsfähigkeit (Art. 28 rumän. CC).

3. Rechte und Rechtspersönlichkeit

Alle Definitionen, in denen die Rechtsfähigkeit des Menschen als die Fähigkeit aufscheint, Träger (oder Subjekt) von Rechten (und Pflichten) zu sein, lassen offen, was genau sie unter „Rechten" verstehen. Aus der engeren Sicht des Privatrechts sollte die Antwort lauten, dass es sich um subjektive Rechte handelt, die die Privatrechtsordnung Personen gegenüber anderen Personen einräumt. Ein Recht „auf" Verlobung oder Eheschließung[108], auf Adoption, auf Gründung einer Gesellschaft oder, von wenigen Ausnahmen abgesehen, auf den Abschluss eines Vertrages[109], ist in diesem Sinne kein subjektives Privatrecht und deshalb richtiger Ansicht nach auch kein Bestandteil der privatrechtlichen Rechtsfähigkeit.[110] Es besteht im Verhältnis zum Staat und wurzelt nach heutigem Verständnis im Verfassungs-, nicht im Privatrecht. Das moderne Privatrecht bedarf solche Freiheitsrechte nicht; es ist nicht mehr darauf angewiesen, den früheren Mangel an Grund- und Menschenrechten aus sich heraus zu kompensieren und abzuwehren. Niemand hat einen Anspruch darauf, dass ein anderer ihn heirate, sich von ihm adoptieren lasse oder mit ihm kontrahiere. Privatrechtliche Rechtsfähigkeit bedeutet, so gesehen, bestenfalls, Rechte (um die Beispiele aufzugreifen) „aus" einer Ehe, Adoption oder aus einem Vertrag haben zu können. Die abstrakte Eheschließungs- oder Vertragsfreiheit sind der Rechtsfähigkeit vorgelagert, wohnen ihr aber nicht inne. Zwar kann ich einen Vertrag (eine Ehe etc.) nur schließen, weil ich rechtsfähig bin. Aber Rechtsfähigkeit garantiert mir nicht, dass ich einen bestimmten Vertrag schließen oder eine bestimmte Person heiraten werde. Rechtsfähigkeit garantiert mir nur, dass mir, *wenn* ich den Vertrag (etc.) geschlossen habe, die in ihm wurzelnden Forderungen (und Schulden) zuwachsen. Für die vorgelagerte Ebene, die Eignung, *vielleicht* heiraten, jemanden adoptieren oder mit irgendwem einen Vertrag zu schließen, fehlt ein in Europa allgemein anerkannter Ausdruck. Aus unserer Sicht eignet sich **„Rechtspersönlichkeit"** am besten. Die Verfasser des deutschen BGB haben diesen

---

[105] *Cornu* a. a. O. S. 215 Rdnr. 476.
[106] *Reghini/Diaconescu/Vasilescu*, Introducere în dreptul civil, S. 84.
[107] *Nicolae/Bîcu/Ilie/Rizoiu*, Drept civil, S. 135.
[108] Selbst dort, wo es noch ein Verlöbnisrecht gibt, begründen eine Verlobung bzw. ein Eheversprechen kein einklagbares Recht auf Eheschließung, siehe nur § 1297 dt. BGB, Art. 79 ital. CC, Art. 1591 port. CC und Art. 42 span. CC.
[109] Ein Recht auf den Abschluss eines Vertrages gibt es nur dort, wo entweder ein Kontrahierungszwang besteht (z. B. im Personenbeförderungsrecht oder im Bereich der Grundversorgung mit Wasser und Energie) oder wo die Parteien einen auf den Abschluss eines weiteren Vertrages gerichteten Vorvertrag geschlossen haben.
[110] Das sehen viele Autoren allerdings anders, was sich daraus erklärt, dass sie Rechtspersönlichkeit und Rechtsfähigkeit nicht unterscheiden. „Die Rechtsfähigkeit bestimmt die Möglichkeit, ein Subjekt der zivilrechtlichen Berechtigungen und Pflichten zu sein, ein Subjekt der zivilrechtlichen Verhältnisse" (Gniewek und Machnikowski [-*Strugała*], Kodeks cywilny[9], Art. 8 Rdnr 1).

Begriff dereinst zwar ausdrücklich verworfen[111], aber er hat sich später gleichwohl in mehreren kontinentaleuropäischen Rechtsordnungen durchgesetzt.[112] Natürlich könnte man es – wir bewegen uns ja nur auf dem Feld der Terminologie – auch dabei belassen, die Konzepte der *capacité de jouissance* oder der Rechtsfähigkeit einfach mit doppeltem Inhalt zu füllen: als „allgemeine" oder potentielle Fähigkeit, Nutzen aus den Einrichtungen des objektiven Privatrechts und als „besondere" oder aktuelle Fähigkeit, Nutzen aus einzelnen subjektiven Privatrechten zu ziehen. Und umgekehrt lassen sich auch *personalidad* oder *právní osobnost* zweistufig fassen. Aber die sachlichen Unterschiede verschwinden dadurch nicht. Denn im einen Fall wird „Rechtsfähigkeit" (besser wäre, wie gesagt, Rechtspersönlichkeit) vom potentiellen Träger des Rechts (dem „Rechtssubjekt"[113]) her gedacht, im anderen von dem jeweiligen subjektiven Recht her, das er innehat. Nur wenn sich diese beiden Perspektiven treffen, steht einem konkreten Rechtssubjekt ein konkretes subjektives Recht zu. Das legt es nahe, den Gedanken aufzugreifen, dass es bei der Rechtsfähigkeit (i. e. S.) nur um die Fähigkeit gehe, Träger von **Vermögensrechten** und der mit ihnen

---

[111] Der in den Beratungen gestellte Antrag, in § 1 dt. BGB statt von „Rechtsfähigkeit" umfassender von „Rechtspersönlichkeit" zu sprechen („Jeder Mensch besitzt Rechtspersönlichkeit; diese Persönlichkeit beginnt mit der Vollendung der Geburt und währt bis zum Tode": Jakobs und Schubert, Die Beratung des Bürgerlichen Gesetzbuchs I, S. 17) wurde abgelehnt. Auch außerhalb des BGB (in dem das Wort nicht vorkommt) ist „Rechtspersönlichkeit" kein gesicherter Begriff. So lautet zwar z. B. § 1(1) Satz 1 dt. AktG, dass „die Aktiengesellschaft ... eine Gesellschaft mit eigener Rechtspersönlichkeit" ist. Schon § 13(1) dt. GmbHG formuliert dagegen, dass „die Gesellschaft mit beschränkter Haftung als solche ... selbständig ihre Rechte und Pflichten (hat); sie kann Eigentum und andere dingliche Rechte an Grundstücken erwerben, vor Gericht klagen und verklagt werden".

[112] Die „Rechtspersönlichkeit" gehört in Gestalt der *personalidad civil* zum festen Bestand des spanischen (Artt. 29 und 30 span. CC) und in Gestalt der *personalidade jurídica* zum festen Bestand des portugiesischen Rechts. Das spanische Recht kannte in Art. 32(2) span. CC a. F. *restricciones de la personalidad jurídica* (Minderjährigkeit, Schwachsinn, Taubstummheit etc.), die aber die Fähigkeit zur Innehabung von Rechten unberührt ließen. Die Vorschrift, die auch Anlass zu erheblicher terminologischer Verwirrung gab, ist jedoch schon durch Gesetz 13/1983 vom 24.10.1983 zur Reform des Código Civil betr. Pflegschaft (Ley de Reforma del Código Civil en materia de tutela) ersatzlos gestrichen worden. Unter Art. 66(1) port. CC verfügen alle Menschen, die lebend geboren sind, über Rechtspersönlichkeit. Sie wird im Zeitpunkt der Vollendung der Geburt erworben. Die Rechtsfähigkeit wird erst in Art. 67 port. CC definiert („Die Personen können vorbehaltlich entgegenstehender gesetzlicher Bestimmung Träger [*sujeitos*] von beliebigen Rechtsverhältnissen sein; hierin besteht ihre Rechtsfähigkeit [*capacidade jurídica*]"). Die Rechtspersönlichkeit kennt also im Gegensatz zur Rechtsfähigkeit keine Einschränkungen. Nur die Rechtspersönlichkeit hat keine Gradation; die Rechtsfähigkeit dagegen hat eine quantitative Dimension (*Hörster und Moreira da Silva*, Parte Geral[2], S. 335). Rechtspersönlichkeit bringt Rechtsfähigkeit mit sich, auch bei den juristischen Personen (Art. 160 port. CC) (*Mota Pinto*, Teoria geral do direito civil[4], S. 194, 318). Auch § 15(1) tschech. BGB handelt von der Rechtspersönlichkeit (*právní osobnost*). In der ungarischen Theorie wird neuerdings, was sachlich wohl auf dasselbe hinausläuft, zwischen „Rechtssubjektivität" und Rechtsfähigkeit unterschieden. Rechtsfähigkeit werde dem Staat verliehen, die Rechtssubjektsqualität folge dagegen aus der Menschenwürde. Rechtsfähigkeit sei das aus der Rechtssubjektsqualität hervorgehende Recht, Subjekt von Rechtsverhältnissen und Adressat von Verpflichtungen zu sein (*Nagy*, MTA Law Working Papers 2020/6, S. 7–8; *Frivaldszky*, Iustum Aequum Salutare V (2009), Heft 2, S. 11, 19 und 27).

[113] Mit der Redeweise vom „Rechtssubjekt" tun sich, genau besehen, noch einmal neue Verwerfungen auf. Rechtssubjektivität wird teils als Synonym für Rechtspersönlichkeit gedacht (siehe für Ungarn die vorige Fn. und für Polen die Nachweise bei Osajda [-*Księżak*], Kodeks cywilny[26], Art. 8 Rdnr. 5.1). In Polen wird aber auch vertreten, es handele sich um einen Oberbegriff für Rechts- und Geschäftsfähigkeit (Ciszewski [-*Nazaruk*], Kodeks cywilny, Art. 8 Rdnr. 1). Safjan *(-Pazdan)*, System Prawa Prywatnego I[2], S. 1024 Rdnrn. 9–10 meint dagegen, die Rechtsfähigkeit entscheide über die Rechtssubjektivität. *Księżak* a. a. O. Rdnr. 6.2 erläutert, dass die Annahme, dass die Rechtssubjektivität breiter als die Rechtsfähigkeit sei, die Analyse und Beschreibung der Rechtsstellung eines *nasciturus* erleichtere. Er sei zwar Rechtssubjekt, aber nicht rechtsfähig. Die Trennung der Rechtsfähigkeit von der Rechtssubjektivität soll auch den Vorteil haben, die besondere Stellung mancher Tiere im Recht zu beschreiben. Sie bedürften jedenfalls nicht der Rechtsfähigkeit (*Pazdan* a. a. O. S. 1049 Rdnr. 5). In Schweden wiederum, wo Rechtsfähigkeit *(rättskapacitet)* schon von vornherein auf vermögensrechtliche Rechte und Verpflichtungen bezogen wird (oben Rdnr. 159 mit Fn. 57), ist ein Rechtssubjekt *(rättssubjekt)* nur, wer „Vermögen" *(tillgångar)* und „Schulden" *(skulder)* haben und im Verfahren als Partei auftreten kann.

korrespondierenden Pflichten zu sein.¹¹⁴ Wir meinen, dass dieser Ansatz in der Tat viel zum Verständnis des Personenrechts beiträgt, vorausgesetzt nur, dass es gelingt, „Vermögensrechte" zuverlässig zu bestimmen. Das ist möglich, wenn man sie, einmal entstanden, als übertragbare (veräußerliche) subjektive Rechte begreift. Die unveräußerlichen „Rechte" wären konsequenterweise an der Rechtspersönlichkeit, nicht an der Rechtsfähigkeit festzumachen. Das betrifft auch die Rechtsfähigkeit selbst. Denn das Recht auf Rechtsfähigkeit ist nicht nur nicht übertragbar; es kann auch nicht aus der Rechtsfähigkeit folgen.

Zu den Vermögensrechten gehören selbstverständlich auch die **subjektiven Sachen-** **170** **rechte.** Wer rechtsfähig ist, dem können sie aus jedem gültigen Grund, aus Vertrag, *trust*, Besitz, Gesetz oder behördlicher oder gerichtlicher Verfügung, zuwachsen. Sobald das geschehen ist, stehen dem Rechtsfähigen auch alle späteren Erweiterungen zu, die *ex lege* und *ipso jure* mit dem jeweiligen subjektiven Sachenrecht verbunden sind. Dem Eigentümer einer Sache gebühren z.B. ihre Früchte und die sonstigen von seiner Muttersache abgetrennten Bestandteile, das *equitable interest* eines *beneficiary* erstreckt sich auf den vom *trustee* erzielten Veräußerungserlös.¹¹⁵ Der Erwerb des Eigentums an der oder den neuen Sachen folgt allein aus dem Eigentum an der bisherigen Sache; sein Inhaber muss keinen „Intelligenztest" bestehen. Die bloße Rechtsfähigkeit ermöglicht desgleichen den Erwerb fremden Eigentums durch Verbindung und Verarbeitung, weil (und soweit) die Tätigkeiten des „Verbindens" und des Verarbeitens nicht von dem Begünstigten selbst oder auf seine Weisung vorgenommen werden müssen.¹¹⁶ Wer rechtsfähig ist, kann solange Sachenrechte aller Art auch von todeswegen ohne jede fremde Hilfe erwerben, wie dieser Erwerb nicht seinerseits eine rechtsverbindliche Annahmeerklärung voraussetzt.¹¹⁷ Selbst (fiktiver) Erbenbesitz ist möglich, weil sich seine Erlangung anders als der gewöhnliche Besitzerwerb wissens- und willensunabhängig vollzieht.¹¹⁸ Es bedarf in diesem Ausnahmefall keines besitzindizierenden *animus*. Umgekehrt muss ein Grundeigentümer unabhängig von jeder geistigen Fähigkeit die Zwangsvollstreckung in sein Grundstück aus einer Hypothek oder einer Grundschuld dulden, und wer rechtsfähig ist, muss auch dulden, aus einem für ihn von jemand anderem geschlossenen Vertrag auf Erfüllung in Anspruch genommen zu werden. Setzt die Erfüllungshandlung (beispielsweise die Eigentumsverschaffung) ihrerseits eine Willenserklärung voraus, wird sie, wenn sich der Vertreter weigert, sie abzugeben, nötigenfalls durch die Rechtskraft des zusprechenden Urteils ersetzt.

Deutlich schwieriger zu bestimmen ist dagegen das Verhältnis zwischen **Rechtsnutzie-** **171** **ßungs- und Rechtsausübungsfähigkeit.** Der Nutzen eines subjektiven Sachenrechts besteht in einer Vielzahl von Gestaltungsmöglichkeiten und Rechtsbehelfen. Es gibt, so betrachtet, keinen wirklich substantiellen Unterschied zwischen *jouissance* und *exercice*.¹¹⁹ Zu den Klassikern der Eigentumsdogmatik gehört das Triumvirat aus *usus, fructus* und *abusus*. Jede Ausübung dieser Eigentümerbefugnisse setzt ihrerseits eine durch „Rechts-

---

[114] A.a.O. (oben Rdnr. 159 mit Fn. 57). Entschieden anders aber die polnische Lehre, wonach sich die Rechtsfähigkeit auf alle Arten von Rechten beziehe, auf Vermögensrechte ebenso wie auf immaterielle Rechte (*Księżak* a.a.O. Art. 8 Rdnr. 1; *Pazdan* a.a.O. S. 1049 Rdnr. 8).
[115] Näher *von Bar*, Gemeineuropäisches Sachenrecht II, Rdnr. 450.
[116] Näher *von Bar*, Gemeineuropäisches Sachenrecht I, Rdnr. 300.
[117] Wo der Nachlass (wie in Österreich und in Schweden [Kap. 18 § 1 schwed. ÄB]) vorübergehend selbst als juristische Person angesehen wird, gilt Entsprechendes für diese juristische Person. Diese Konstruktion begegnet aber nur vergleichsweise selten. Der *trust* des englischen Rechts ist gerade keine juristische Person, die Systeme der Universalsukzession machen die Zwischenschaltung einer juristischen Person überflüssig, und in Tschechien gilt, dass auch der ruhende Nachlass, dessen Erben erst noch ermittelt werden müssen *(hereditas iacens)* weder als natürliche noch als juristische Person anzusehen und deshalb weder rechts- noch partei- oder geschäftsfähig ist (OG 27.3.2002, 30 Cdo 1093/2001, Soubor civilních rozhodnutí a stanovisek NS, 15/2002, Nr. C 1111; *in casu* ging es um den Versuch einer adeligen Familie, enteigneten Grundbesitz zurückzuerlangen).
[118] Näher *von Bar*, Gemeineuropäisches Sachenrecht II, Rdnr. 98.
[119] *Mota Pinto*, Teoria geral do direito civil⁴, S. 221 hält *capacidade de exercício de direitos* für zu eng, weil die Formulierung fälschlicherweise suggeriere, dass es nur um die Fähigkeit zur Ausübung von Rechten und nicht auch um die Erfüllung von Schulden, den Erwerb von Rechten und die Übernahme von Pflichten ginge.

fähigkeit" gerade nicht gewährleistete geistige Mindestkapazität voraus. Dasselbe gilt für die Teilhabe an den Vergünstigungen der meisten Tatbestände des gesetzlichen Eigentumserwerbs. Man denke etwa an das Recht der Ersitzung und der Aneignung, aber auch an das Recht des gutgläubigen Erwerbs von einem Scheinberechtigten. Wer nicht zwischen Gut und Böse unterscheiden kann, wird von der Möglichkeit, ohne fremde Hilfe von einem Scheinberechtigten zu erwerben, ganz unabhängig davon ausgeschlossen, dass dem potentiellen Erwerber in einer solchen Lage auch die Geschäftsfähigkeit fehlen dürfte.

172 Es bleibt nichts anderes übrig, als noch einmal eine Zwischenebene einzuziehen. Dass jedermann *in abstracto* von dem Recht der Aneignung und der Ersitzung (etc.) Gebrauch machen kann, deutet man genauso wie die allgemeine Vertragsfreiheit am besten wiederum als Ausdruck der Rechtspersönlichkeit des Menschen. Dass jedermann *infolge* einer Aneignung oder Ersitzung oder aus einem beliebigen sonstigen Grund das Eigentum an einer bestimmten Sache erlangen konnte, ist Ausdruck und Teil seiner Rechtsfähigkeit. Die zu einem Vertragsschluss oder einer sachenrechtlich relevanten Einigung führenden Verhaltensweisen bestehen aus Willenserklärungen, für die es der Geschäftsfähigkeit bedarf. Die zu einer Besitzergreifung, Aneignung oder Ersitzung führenden Verhaltensweisen (in der Terminologie des deutschen Rechts: die Realakte[120]) verlangen eine solche Geschäftsfähigkeit gerade nicht. Denn bei ihnen geht es nicht um Willenserklärungen. Gleichwohl können den Willen und das Wissen, die solchen „Realakten" erst ihren rechtlichen Sinn verleihen, nur Personen entwickeln, die unter den konkreten Umständen des jeweiligen Einzelfalls genug Willens- und Verstandeskräfte aufbringen, um etwas „zu eigen" zu haben oder „für sich" zu besitzen.[121] Entsprechendes gilt für manche Formen der Ausübung bereits erworbener Rechte, etwa ihre Verteidigung oder die Einwilligung in ihre Verletzung.

173 Die Frage ist, ob sich für diese Zwischenstufe (vielleicht sogar: für diese Zwischenstufen) zwischen Rechts- und Geschäftsfähigkeit ein europatauglicher Oberbegriff finden lässt. Man kann von der Fähigkeit sprechen, einen „natürlichen" Willen zu bilden[122], vielleicht auch von dem *discernement,* der Fähigkeit, zwischen Gut und Böse zu unterscheiden.[123] Aber zumindest das Letztere trifft es nicht genau. Selbst der Begriff der Handlungsfähigkeit bleibt problembehaftet[124], weil er national vorgeprägt ist.[125] Der mit § 24(2) österr. ABGB

---

[120] Von Realakten (wie der Begründung von Besitz) wird gern gesagt, sie setzten nur einen „natürlichen Willen" (unten Fn. 122) voraus (*Rüthers und Stadler,* BGB AT[19], § 16 Rdnr. 34; *Neuner,* BGB AT[12], § 12 Rdnr. 6).

[121] Es ist zwar richtig, dass auch ein Geschäftsunfähiger besitzen kann (Osajda [-*Lackoroński*], Kodeks cywilny[26], Art. 336 Rdnr. 42). Aber es geht zu weit zu behaupten, ersitzen könnten alle Rechtssubjekte, welche über Rechtsfähigkeit verfügen (so Załucki [-*Mysiak*], Kodeks cywilny, Art. 172 Rdnr. 19). Ein Kleinkind ist rechtsfähig, aber es kann nicht den für eine Ersitzung erforderlichen Besitzwillen ausbilden. Ein Minderjähriger kann erst ersitzen, wenn er die Fähigkeit zu verstehen und zu wollen erlangt hat (Cass. 18.6.1986, nr. 4072, Foro it. 1986, I, 2119).

[122] Das ist die Lösung des dt. BGB. Es operiert in § 1906a(1) (§ 1832(1) n.F.) (ärztliche Zwangsmaßnahme) mit dem „natürlichen Willen", desgleichen in § 1830(1)(1) n. F. (Sterilisation eines Betreuten) (§ 1905(1) (1) bezog sich bislang nur auf „den Willen"). § 1896(1a) dt. BGB (§ 1814(2) n.F.) (Bestellung eines Betreuers) stellt dem den „freien Willen" gegenüber, dem in §§ 104 Nr. 2 und 827 S. 1 (Geschäfts- und Deliktsunfähigkeit) die „freie Willensbestimmung" entspricht. Der „natürliche Wille" soll weder Einsichts- noch Steuerungsfähigkeit voraussetzen (*Neuner,* BGB AT[12], § 12 Rdnrn. 2–4; BT-Drucks. 15/2494 S. 28: „Betätigt der an einer Erkrankung im Sinne des § 1896 Abs. 1 BGB leidende Betroffene seinen Willen, mangelt es jedoch an der Einsichtsfähigkeit oder an der Fähigkeit, nach dieser Einsicht zu handeln, so liegt ein lediglich natürlicher Wille vor. Der natürliche Wille ist damit jede Willensäußerung, der es krankheitsbedingt an einem der beiden Merkmale fehlt"). Natürlicher Wille ist aber nicht in jeder Beziehung gleichbedeutend mit Entscheidungsfähigkeit, weil auch Menschen mit starker geistiger Behinderung und Kleinkinder einen natürlichen Willen bilden können.

[123] Dazu *von Bar,* Gemeineuropäisches Deliktsrecht I, Rdnr. 67.

[124] Zu welchen Schwierigkeiten die zahlreichen terminologischen Unsicherheiten auf diesem Feld führen können, zeigt sich exemplarisch an der deutschen Fassung von Art. 13 der Rom I Verordnung über das auf vertragliche Schuldverhältnisse anwendbare Recht („Bei einem zwischen Personen, die sich in demselben Staat befinden, geschlossenen Vertrag kann sich eine natürliche Person, die nach dem Recht dieses Staates rechts-, geschäfts- und handlungsfähig wäre, nur dann auf ihre sich nach dem Recht eines

II. Die Lehre von der Rechtsfähigkeit des Menschen § 3

im Jahre 2018 eingeführte Begriff der **Entscheidungsfähigkeit** liegt auf einer anderen Ebene. „Entscheidungsfähig ist, wer die Bedeutung und die Folgen seines Handelns im jeweiligen Zusammenhang verstehen, seinen Willen danach bestimmen und sich entsprechend verhalten kann. Dies wird im Zweifel bei Volljährigen vermutet". Denn das österreichische Recht hat die „Entscheidungsfähigkeit" lediglich zu dem Zweck umschrieben, ein Element der „Handlungs- und der Geschäftsfähigkeit" zu definieren.[126] Es geht also um ein Querschnittselement, um ein anderes Wort für die Willensbildungsfähigkeit. Man hat aber weiterhin daran festgehalten, die Handlungsfähigkeit als einen Oberbegriff für die Geschäfts- und die Deliktsfähigkeit zu deuten.[127]

Beim derzeitigen Stand der europäischen Rechtswissenschaft gibt es keine glatte Lösung. **174** Wir halten es für erwägenswert, ein **Stufenverhältnis** zu entwickeln, das einer sich Schicht für Schicht verjüngenden Pyramide ähnelt. Die *Rechtspersönlichkeit* ist die Grundvoraussetzung, aus der sich alles entwickelt. Die *Rechtsfähigkeit* bildet die zweite, die *Handlungsfähigkeit* die oberste, sich aber in sich noch weiter verjüngende Schicht.[128] Alle Erschei-

---

anderen Staates ergebende Rechts-, Geschäfts- und Handlungsunfähigkeit berufen, wenn die andere Vertragspartei bei Vertragsschluss diese Rechts-, Geschäfts- und Handlungsunfähigkeit kannte oder infolge von Fahrlässigkeit nicht kannte"). Die englische Fassung belässt es bei *capacity* bzw. *incapacity,* die französische bei *capable* bzw. *incapacité.* Was „Handlungsfähigkeit" in der deutschen Version der Vorschrift bedeutet, ist völlig unklar. Sicher ist nur, dass es auf der Ebene des Vertragskollisionsrechts weder um sachenrechtliche Erwerbsfähigkeiten noch um deliktsrechtliche Haftungsvoraussetzungen gehen kann.

[125] Die *capacità di agire* taucht in der Überschrift zu Art. 2 ital. CC auf, wird aber in seinem Text nicht noch einmal ausdrücklich aufgegriffen. Gemeint ist a. a. O. die Fähigkeit, alle Rechtshandlungen vorzunehmen, für die nicht ein anderes Alter als die Volljährigkeit vorgesehen ist. Zur Handlungsfähigkeit gehört z. B. die Arbeitsfähigkeit, die mit Vollendung des fünfzehnten Lebensjahres erworben wird (näher *Ghera/Garilli/Garofalo,* Diritto del lavoro, S. 85). Unter § 24(1) österr. ABGB ist „Handlungsfähigkeit … die Fähigkeit einer Person, sich im jeweiligen rechtlichen Zusammenhang durch eigenes Handeln zu berechtigen und zu verpflichten. Soweit nichts anderes bestimmt ist, setzt sie Entscheidungsfähigkeit voraus; im jeweiligen Zusammenhang können noch weitere Erfordernisse vorgesehen sein". Das deutsche BGB und der port. CC enthalten keinen Hinweis auf die Handlungsfähigkeit bzw. auf die *capacidade de agir.* Im deutschen Sachrecht begegnet nur die Fähigkeit zur Vornahme von Verfahrenshandlungen (z. B. § 11 dt. SGB X). In der verfassungsrechtlichen Literatur Ungarns wird betont, dass zwar jedem Menschen die Rechtsfähigkeit *(jogképesség)* zukomme, das jedoch nicht bedeute, dass jeder Mensch seine Rechte unter identischen Bedingungen ausüben könne. Das Nähere werde durch die zivilrechtliche Handlungsfähigkeit *(cselekvőképesség)* bestimmt (Jogtár-Online-Kommentar zu Art. XV der ungar. Verfassung). In Griechenland werden Rechts-, Geschäfts- (Artt. 127– 137 gr. ZGB), Schuld- und Handlungsfähigkeit *(Ikanóteta pros to prattein))* unterschieden *(Georgiades und Stathopoulos,* AK I, Art. 34 gr. ZGB, S. 63 Rdnr. 5). In Spanien laufen Handlungs- und Geschäftsfähigkeit in der *capacidad de obrar* (wörtlich: Handlungsfähigkeit) zusammen (Artt. 239, 240, 246 und 247 span. CC). Zum Begriff der „Rechtshandlung" im tschech. Recht siehe schon oben Fn. 85.

[126] In diese Richtung weisen sowohl der Aufbau von § 24 österr. ABGB als auch die Erläuterungen zum Ministerialentwurf des 2. (österr.) Erwachsenenschutz-Gesetzes (222/ME XXV. GB, www.parlament.gv.at), die unter 4.4 (S. 5) darlegen, dass der bisherige Begriff der „Einsichts- und Urteilsfähigkeit zur Kennzeichnung der … erforderlichen Handlungsfähigkeit" (bei der es „nicht auf die starren Grenzen der Geschäftsfähigkeit ankommen soll", vielmehr eine „Betrachtung im Einzelfall" nötig sei) das erforderliche Handlungsvermögen „nicht völlig zutreffend" beschreibe. Auch werde ‚Einsichts- und Urteilsfähigkeit' „in der Lehre und Rechtsprechung uneinheitlich verwendet", nämlich „teils als Unterform der Geschäftsfähigkeit, teils als allgemeine Handlungsfähigkeit". Daher solle der Begriff der „Entscheidungsfähigkeit" eingeführt werden. „Sie kann als die zentrale Fähigkeit einer Person bezeichnet werden, sich durch eigenes Handeln zu berechtigen und zu verpflichten".

[127] So jedenfalls Koziol und Welser (-*Koziol*), Bürgerliches Recht I[14], Rn. 186, der zugleich erwägt, dass noch eine „Handlungsfähigkeit in persönlichen Angelegenheiten" nötig sein könne, um das sog. „Sporthaftungsprivileg" zu begründen. Andere Autoren erwägen im Hinblick auf § 18 österr. ABGB noch eine „Erwerbsfähigkeit", die sie mit der „Handlungsfähigkeit jedes Menschen" gleichsetzen (Klang [-*Meissel*], ABGB[3], § 18 Rdnr. 1). Gelungener wirkt eine Formulierung von Rummel und Lukas (-*Aicher*), ABGB[4], § 16 Rdnr. 6, wonach „Handlungsfähigkeit … nicht mit der Geburt beginnt und … vom Erreichen bestimmter Altersstufen und von der Fähigkeit ab(hängt), seinen Willen frei von geistiger Behinderung oder psychischer Krankheit zu bilden". Die österreichische Ministerialerläuterung meint a. a. O. (vorige Fn.) allerdings erneut, dass Entscheidungs- und Deliktsfähigkeit „gemeinsam... die ‚Handlungsfähigkeit' einer Person" abbilden.

[128] Nicht unähnlich *Hörster und Moreira da Silva,* Parte Geral[2], S. 334–343, insbesondere S. 342. Sie unterscheiden (i) die Persönlichkeit und die Rechtsfähigkeit *(a personalidade e a capacidade jurídica),* (ii) die Geschäftsfähigkeit zum Genuss oder zur Ausübung *(a capacidade negocial, de gozo e de exercício),* (iii) die

205

nungsformen der Handlungsfähigkeit setzen *Entscheidungsfähigkeit* voraus. Deren Inhalt hängt aber von dem Kontext ab, in dem sie einem Menschen abverlangt wird. Für bestimmte Zwecke kann ein Mensch schon handlungsfähig sein, wenn er über nichts mehr verfügt als die Fähigkeit, den natürlichen Willen zu bilden, das angestrebte Ziel zu verwirklichen. Dazu gehört z. B. der Wille, den Besitz einer Sache zu ergreifen. Sodann gibt es eine Reihe von Fällen, in denen der bloße natürliche Wille zwar nicht mehr ausreicht, andererseits aber auch nicht verlangt wird, dass der Betroffene in der Lage ist, sich selbst durch Vertrag zu binden. Das wichtigste Beispiel ist die Einwilligungsfähigkeit, z. B. in Gestalt der Fähigkeit zu wirksamer Einwilligung in eine Operation. Über ein Mindestmaß an Handlungsfähigkeit muss außerdem verfügen, wer außergerichtlich einen Anspruch, etwa einen Erfüllungs- oder Schadensersatzanspruch, aus einem ihn berechtigenden Vertrag geltend machen will. Denn als Anspruchsteller kann nur jemand auftreten, der wenigstens versteht, dass und welches Recht er da geltend macht.[129] Die höchste Stufe ist mit der Fähigkeit zu rechtsgeschäftlichem Handeln erreicht. Sie nennen wir *Geschäftsfähigkeit*. Das Wort ist zwar mehrdeutig, aber das lässt sich nicht vermeiden. Es kann (wie die Handlungsfähigkeit auch) einen abstrakten Status bezeichnen, aber auch eine individuelle geistige Disposition und die nicht an Volljährigkeit gebundene Kompetenz, wenigstens auf einem abgegrenzten Tätigkeitsfeld „Geschäfte" zu tätigen, und seien es auch nur Verträge zur Deckung spezifischer Bedürfnisse des Handelnden. Das Maß der für die Teilhabe am Vertragsgeschehen erforderlichen Willensbildungskraft geht meistens über dasjenige hinaus, welches für die rudimentäreren Erscheinungsformen der Handlungsfähigkeit verlangt wird. Nicht jeder, der eine bewusste Entscheidung für oder gegen etwas fällen kann, ist, ist auch schon in der Lage, Gegenstände jeder Art zu kaufen. Besondere Einschränkungen der Willensbildungsfähigkeit vorbehalten, setzen alle Handlungsfähigkeiten aber spätestens mit Erreichen der Volljährigkeit ein. Die oft höheren Altersgrenzen, die Wahleltern erreicht haben müssen, um ein Kind zu adoptieren[130], sind kein Gegenbeispiel, weil die Zeiten der Vertragsadoptionen

---

natürliche Fähigkeit und die Einwilligungsfähigkeit *(a capacidade natural e de consentir)* sowie (iv) die Deliktsfähigkeit *(a capacidade delitual)*. Letztere begreifen die Autoren S. 340 allerdings zusammen mit der *capacidade negocial* als Unterfall der *capacidade de agir*, wodurch ein beträchtlicher Vorteil ihres Ansatzes wieder verloren geht. *Carvalho*, Teoria geral do direito civil[3], S. 191–194 begreift *personalidade jurídica* und *subjetividade jurídica* als Beschreibungen der abstrakten Eignung *(suscetibilidade abstrata)*, Inhaber von Rechten und Pflichten zu sein. Die Rechtspersönlichkeit begründe als Projektion der menschlichen Persönlichkeit ein *esse*, die Rechtssubjektivität das abstrakte *posse*, Inhaber von Rechten und Pflichten zu sein – im Gegensatz zu dem konkreten *posse*, Inhaber des Rechts A oder B zu sein. Die *subjetividade jurídica* unterscheide sich von der *capacidade jurídica*, weil diese ein konkretes *posse* bezüglich konkreter Rechte beinhalte. Die Rechtssubjektivität sei eine von der Rechtspersönlichkeit direkt abhängige Eigenschaft, hänge aber nicht von den Rechten und Pflichten ab, die einem Individuum zuerkannt werden. Die Rechtssubjektivität sei ein unentbehrliches *posse*: niemand sei eine Rechtsperson, wenn er nicht die abstrakte Eignung habe, Inhaber von Rechten und Pflichten zu sein. Die Rechtssubjektivität bedürfe der Rechtsfähigkeit, der konkreten Eignung, Inhaber von bestimmten Rechten und Pflichten zu sein. Rechtsfähigkeit sei ein konkretes *posse*, nämlich die Anerkennung der Möglichkeit, das Recht A oder B innezuhaben. Das entspreche der Unterscheidung zwischen der *capacidade de direitos* und der *capacidade de gozo de direitos*. Bei der Handlungsfähigkeit *(capacidade de agir)* (oder der Rechtsausübungsfähigkeit: *capacidade de exercício de direitos*) handele es sich dagegen um die Fähigkeit, persönlich (für sich selbst oder durch einen Bevollmächtigten) in den Erwerb, die Änderung oder das Erlöschen eines Rechtsverhältnisses zu intervenieren – eine Fähigkeit, die die Bedingungen der freien und luziden Manifestation postuliere, die bei bestimmten Kategorien von Individuen nicht vorliegen (entweder weil sie die persönliche Reife noch nicht erreicht oder weil sie wieder verloren haben).

[129] Für ein (obschon verwaltungsrechtliches) Beispiel siehe Sächsisches OVG Bautzen 28.7.2010, 4 A 303/08. Der volljährige aber geistig schwerbehinderte Kläger hatte die Gewährung von Sozialhilfe beantragt, indem er den von seiner Mutter handschriftlich ausgefüllten Vordruck eigenhändig unterschrieben hatte. Der Antrag enthielt jedoch unrichtige Angaben über die Vermögensverhältnisse des Klägers. Das Gericht entschied, er habe selbst gehandelt; seine Mutter sei nicht Vertreterin gewesen. Er habe auch verstanden, dass es um einen Antrag ging. Er habe aber die Falschangaben nicht verschuldet, weil er an einem Hirnschaden litt, der es ihm unmöglich machte, den Inhalt zu verstehen.

[130] Klang (-*Meissel*), ABGB[3], § 16 Rdnr. 5 meint allerdings, bei § 193 österr. ABGB (wonach die Wahleltern das fünfundzwanzigste Lebensjahr vollendet haben und älter sein müssen, als das Wahlkind) handele es sich um eine Frage der Rechtsfähigkeit, nämlich der „spezifischen" oder „besonderen" Rechtsfähigkeit.

vorbei sind. Um etwas grundsätzlich anderes geht es bei der Frage, ob jemand trotz seines kindlichen Alters oder eines durch Krankheit entstandenen Gebrechens durch eigenes Verhalten in eine außervertragliche Schadensersatzhaftung geraten kann. Gelegentlich wird zwar auch hier von einer „Fähigkeit" gesprochen, nämlich von der sog. „Deliktsfähigkeit", und diese wiederum als ein Beispiel für „Handlungsfähigkeit" gedeutet.[131] Das wirkt indes sprachlich wie sachlich schief. Denn dass jemand wegen eines verbotenen Tuns haftet, ist weder eine Ausprägung eines abstrakten Teilhaberechts noch die Folge der Ausübung eines konkreten subjektiven Privatrechts. Es entsteht auch keine „Bereicherungsfähigkeit", wenn jemand auf die Rückgewähr rechtswidrig erlangten Vermögens in Anspruch genommen werden kann.

Rechtsfähigkeit geht nicht über die Befähigung zur Innehabung des jeweiligen **Stammrechts** hinaus. Im Schuldrecht ist (oder sind) das die jeweilige(n) Forderung(en) und ihre Zinsen. Im Sachenrecht geht es um die Befähigung zur Innehabung des jeweiligen absoluten Rechts, also z. B. des Eigentums, einer Hypothek oder eines Nießbrauchs, und seiner sich *ex lege* vollziehenden Erweiterungen auf andere Sachen. Der Rechtsfähige hat außerdem wenigstens in dem Sinn teil an der seinem Sachenrecht zukommenden Drittwirksamkeit, als es von jedermann geachtet werden muss, und zwar auch dann, wenn der Rechtsinhaber gänzlich unfähig ist, einen eigenen Willen zu bilden. Rechtsfähigkeit beinhaltet bestenfalls das *Potential*, das jeweilige Stammrecht selbst zu nutzen. Denn für jede konkrete Nutzungshandlung muss noch eine weitere Fähigkeit hinzukommen. Geht es um das einem Stammrecht innewohnende Recht, es durch Übertragung oder Belastung, also z. B. durch Zession, Übereignung oder Bestellung eines Pfandrechts selbst zu verwerten, bedarf sein Inhaber der Geschäftsfähigkeit. Geht es um eigenverantwortete Bestandswahrung (um Rechts- und Besitzverteidigung, um deren Wiedererlangung und die Einwilligung in ihre Verletzung) muss er, je nach den Umständen, zwar nicht notwendig geschäftsfähig, aber doch in der Lage sein, einen eigenen Willen zu bilden.

175

4. Beschränkungen der Fähigkeit zum Erwerb von Vermögensrechten

Viele der neueren mittelosteuropäischen Kodifikationen[132] schließen in Übereinstimmung mit einem weitverzweigten gesamteuropäischen Schrifttum[133] ausdrücklich aus, dass die

176

---

[131] Z. B. *Hörster und Moreira da Silva*, das österr. Justizministerium a. a. O. (Fn. 128) und für Deutschland Staudinger (-*Kannowski*), BGB (2018) § 1 Rdnr. 2 (Handlungsfähigkeit umfasse Geschäfts- und Deliktsfähigkeit, weil es sich darum handele, durch eigenes Verhalten Rechtswirkungen hervorzubringen). In Italien wird zwischen der Fähigkeit zu handeln *(capacità di agire)* und der Fähigkeit unterschieden, zu verstehen und zu wollen *(capacità d'intendere e di volere)*. Letztere spielt insbesondere im Deliktsrecht (Art. 2046 ital. CC) eine Rolle. Die Deliktsfähigkeit ist also gerade keine Handlungsfähigkeit. Das dt. BGB kennt den Begriff der Handlungsfähigkeit nicht.

[132] Z. B. § 7(1) estn. AT ZGB („Passive legal capacity of a human being is the capacity to have civil rights and perform civil obligations. All natural persons have uniform and unrestricted passive legal capacity"); Art. 29 rumän. CC ([1] „Niemand kann in seiner Rechtsfähigkeit eingeschränkt […] werden […]. [2] Niemand kann ganz oder teilweise auf seine Rechtsfähigkeit oder seine Geschäftsfähigkeit verzichten"); § 19(2) tschech. BGB („Mit der Persönlichkeit des Menschen verbundene natürliche Rechte können weder veräußert werden noch kann man auf sie verzichten") und § 2:1(2) ungar. ZGB („Eine Rechtserklärung zur Beschränkung der Rechtsfähigkeit ist nichtig"). Diesen Vorschriften wohnt auch eine entschiedene Absage an die frühere sowjetische Lehre inne, die versucht hatte, eine „dynamische" Theorie der Rechtsfähigkeit zu entwickeln, wonach Rechtsfähigkeit nur im Kontext rechtlicher Gewährleistungen bestehen sollte (dazu aus bulgarischer Sicht *Vassilev*, Grajdansko pravo. Obsta chast, S. 99). Art. 2.6(1) lit. ZGB allerdings bestimmt, dass „restrictions on the passive or active civil capacity may not be imposed on anyone in any other manner except by express provision of law". Gesetzliche Einschränkungen der Rechtsfähigkeit werden also offenbar für möglich gehalten. Unter § 14(2) dt. BGB ist eine „rechtsfähige Personengesellschaft… eine Personengesellschaft, die mit der Fähigkeit ausgestattet ist, Rechte zu erwerben und Verbindlichkeiten einzugehen". Das kann man für eine „versteckte" Definition der Rechtsfähigkeit halten (*Neuner*, BGB AT[12], § 11 Rdnr. 1).

[133] Z. B. Osajda (-*Księżak*), Kodeks cywilny[26], Art. 8 Rdnr. 3; Ciszewski (-*Nazaruk*), Kodeks cywilny, Art. 8 Rdnr. 9; Lavický et. al (-*Dobrovolná*), Občanský zákoník I, S. 179; *Fekete*, Občiansky zákonník, Veľký komentár I, S. 76); *Triantos*, AK, Art. 34 gr. ZGB S. 50 Rdnr. 3; Palandt (-*Ellenberger*), BGB[79], Überblick

§ 3

Rechtsfähigkeit der natürlichen Person beschränkt oder erweitert werden könne. Das ist richtig, wenn man „Rechtsfähigkeit" aus der Person des Rechtssubjekts denkt, um es auf diese Weise den Sachen gegenüberzustellen. Es ist also die Rechtspersönlichkeit (oder die „allgemeine" Rechtsfähigkeit[134]), die nicht beschränkt werden kann.[135] Rechtsfähigkeit im Sinne der **Befähigung zum Erwerb** und der Inhaberschaft einzelner konkreter Vermögensrechte ist demgegenüber nicht nur theoretisch beschränkbar[136]; sie wird auch tatsächlich vielfach beschränkt. Bei juristischen Personen ist das mehr oder weniger selbstverständlich. Der Gesetzgeber unterliegt bei der Bestimmung des Umfanges ihrer Rechtsfähigkeit grundrechtlichen Vorgaben bestenfalls deshalb, weil die Vereinigungsfreiheit zu den Grundrechten der natürlichen Person gehört. Deren Rechtsfähigkeit folgt aber aus ihrer Würde und tendiert deshalb zu Allumfänglichkeit.[137] Rechtsfähigkeits- bzw. Erwerbsbeschränkungen sind auch bei ihnen möglich, bedürfen aber besonderer Rechtfertigung. Sie unterliegen einer scharfen Verhältnismäßigkeitskontrolle.[138]

177 Die französische Rechtssprache fasst solche Rechtsfähigkeitsbeschränkungen geschickt in einer negativen Formulierung zusammen. Es geht nicht um besondere Rechtsfähigkeiten, sondern um besondere Rechtsunfähigkeiten, um *incapacités spéciales.* Ein Beispiel findet sich in der (mit regionalen Varianten auch andernorts anzutreffenden[139]) Regelung von

---

vor § 1 Rdnr. 1; *Neuner* a. a. O. Im schwedischen Schrifttum werden die Reichweite von *rättsubjektivitet* (Rechtssubjektivität), *rättsförmåga* (Rechtsfähigkeit) oder *rättskapacitet* allerdings nicht weiter erörtert. Manchmal ist aber von *allmän rättsubjektivitet* im Zusammenhang mit den Grund- und Menschenrechten und von „besonderer Rechtssubjektivität" *(särskild rättsubjektivitet)* im Zusammenhang mit dem Rahmen die Rede, in den die nationale Rechtsordnung die Rechtssubjekte stellt (*Fridström Montoya*, Homo juridicus, S. 49).

[134] In Frankreich wird zwar gelehrt, dass die *„capacité de jouissance"* verschiedene Grade erreichen könne. Denn es gebe Ausnahmen in Gestalt der *incapacités spéciales de jouissance* (das Standardbeispiel ist Art. 909 franz. CC). Solche besonderen *incapacités de jouissance* machten innerhalb ihrer Grenzen die Rechtspersönlichkeit zunichte. Das betreffe aber nicht die generische Fähigkeit, Rechtssubjekt zu sein. Sie sei unveränderlich. Denn auch *les personnes frappées d'une incapacité de jouissance* seien nach wie vor Rechtssubjekte, auch wenn ihnen ausnahmsweise bestimmte gesetzlich festgelegte Rechte vorenthalten würden (*Cornu*, Introduction[12], S. 215 Rdnr. 477). Eine *incapacité de jouissance générale* kennt das französische Recht nicht mehr. Vielmehr gilt unter Art. 8 franz. CC, dass „[t]out français jouira des droits civils". Auch in Griechenland gilt, dass die (in Art. 34 gr. ZGB geregelte) „allgemeine" Rechtsfähigkeit für alle Menschen denselben Inhalt hat. Sie könne auch vom Gesetzgeber nicht eingeschränkt werden. Begrenzt werden könnten unter Beachtung des Gleichheitssatzes nur die „besonderen" Rechtsfähigkeiten (*Triantos* a. a. O. [vorige Fn.]).

[135] Sehr deutlich Art. 66 port. CC (wohingegen die „Rechtsfähigkeit" unter Art. 67 a. a. O. nur „vorbehaltlich entgegenstehender gesetzlicher Bestimmung" gewährleistet ist, näher *Hörster und Moreira da Silva*, Parte Geral[2], S. 335 m. w. N.). Eventuelle Limitationen der *capacidade jurídica* sollen also die *personalidade* unberührt lassen.

[136] In Ungarn wird betont, dass sich die abstrakte Rechtsfähigkeit des Menschen in einzelnen Rechts- und Lebensverhältnissen der individuellen Bürger verwirkliche. Rechtsfähigkeit konkretisiere und realisiere sich erst *durch* Rechtsverhältnisse. Auf dieser konkreten Ebene erscheine die abstrakte Rechtsfähigkeit als Erwerbsfähigkeit. Die Erwerbfähigkeit könne mit Blick auf bestimmte Rechtsgüter im Verhältnis zwischen bestimmten Personen beschränkt werden (wie z. B. der Erwerb von landwirtschaftlichem Boden durch Ausländer). Durch Beschränkungen der Erwerbsfähigkeit werde aber die abstrakte Rechtsfähigkeit nicht geschmälert; es werde „nur" der Umfang der autonomen Handlungsfreiheit verengt (*Vékás und Gárdos* [*-Székely*], Kommentár a Polgári Törvénykönyvhöz I, unter § 2:1 ung. ZGB).

[137] Das bedeutet freilich nicht, dass natürliche Personen über das Maximum an Rechtsfähigkeit verfügten, also immer „mehr" Rechtsfähigkeit besäßen als juristische Personen und rechtsfähige Gesellschaften (in diese Richtung aber wohl *Kurki*, Theory of Legal Personhood, S. 121). Tatsächlich können sich die Rechtsfähigkeiten natürlicher und juristischer Personen auch kreuzen, so dass im Einzelfall juristische Personen auf Geschäftsfeldern tätig sein können, die natürlichen Personen verschlossen bleiben (*Safjan* [*-Pazdan*], System Prawa Prywatnego I[2], S. 1024 Rdnrn. 7–8).

[138] *Georgiades und Stathopoulos*, AK I, Art. 34 gr. ZGB S. 63 Rdnr. 3.

[139] Z. B. Art. 6.470(4) und (5) lit. ZGB (keine Geschenke an die Angestellten einer Gesundheitseinrichtung, Politiker und Beamte und deren nahe Angehörigen); Art. 990 rumän. CC (keine unentgeltlichen Zuwendungen an Ärzte, Apotheker und andere Personen, die Menschen mit einer tödlichen Krankheit pflegen); § 2067(1) tschech. BGB (keine Schenkung an Einrichtungen der Gesundheitsvorsorge, solange sich der Schenker in ihrer Obsorge befindet oder ihre Dienste in Anspruch nimmt). Unter § 14(1) und (5) dt. HeimG dürfen Heimärzte keine unentgeltlichen Zuwendungen annehmen, die über Bagatellgeschen-

Art. 909 franz. CC, wonach der letztbehandelnde Arzt und die ihm gleichgestellten Personen[140] weder durch Schenkung noch durch Verfügung von Todes wegen Vermögen ihres Patienten erwerben können. Das ist in der Tat eine besondere Rechtsunfähigkeit (und nicht etwa eine besondere Geschäftsunfähigkeit). Denn sie kann nicht durch die Zwischenschaltung eines Vertreters behoben werden. Sie ist zugleich ein Beispiel für eine Erwerbsbeschränkung, der Hauptanwendungsfall von besonderen Rechtsunfähigkeiten.[141] Im Sachenrecht begegnen sie z. B. in Regelungen, die Kindern die Innehabung von Grundeigentum vorenthalten[142], oder in Regelungen, die es Ausländern oder Nichtlandwirten unmöglich machen, inländische landwirtschaftliche Flächen zu erwerben.[143] Ein anderes Beispiel sind Vorschriften, unter denen man einen Nießbrauch derivativ nur von einer juristischen, nicht aber von einer natürlichen Person erlangen kann.[144] Denn das bedeutet, dass natürliche Personen von der Innehabung eines übertragbaren Nießbrauchrechts ausgeschlossen bleiben. Keine dieser Regelungen beeinträchtigt die Rechtspersönlichkeit des Menschen; jede von ihnen beeinträchtigt aber die Fähigkeit, Träger eines konkreten subjektiven Privatrechts zu sein, obwohl andere ohne weiteres Zugang zu ihm haben.[145]

Rechtsfähigkeitsbeschränkungen zum Nachteil natürlicher Personen werden „von außen" an die Person des Menschen herangetragen. Rechtsfähigkeitsbeschränkungen juristischer Personen sind dagegen nicht nur extrinsisch, sondern auch intrinsisch, weil sie sich

178

---

ke hinausgehen. Der Heimträger kann aber unter besonderen Voraussetzungen durch die Angehörigen eines Heimbewohners als dessen Nacherbe eingesetzt werden (BGH 26.10.2011, NJW 2012 S. 155). Man sieht an diesem Beispiel zudem, dass es praktisch keinen Unterschied macht, ob bestimmte Geschäfte wegen eines gesetzlichen Annahmeverbots oder wegen einer partiellen Rechtsunfähigkeit für unwirksam angesehen werden.

[140] Dazu Cass.civ. 16.9.2020 (19-15.818), D. 2020 S. 2214, Anm. *Gille Raoul-Cormeil* und *Quentin Le Pluard*, D. 2021 S. 509 (Die Verstorbene hatte ihrer langjährigen Freundin, einer Krankenschwester, die sie bis zum Schluss gepflegt hatte, in dem Sterbebett errichteten Testament ein Vermächtnis ausgesetzt. Der Kassationshof hob die Entscheidung des Berufungsgerichts auf, das gemeint hatte, die Verfügung müsse schon deshalb wirksam sein, weil die Diagnose über die tödliche Erkrankung erst nach der Errichtung des Testaments gestellt worden war. Darauf, so der Kassationshof, komme es nicht an; die Aussetzung des Vermächtnisses sei unter Art. 909 franz. CC unwirksam. Auf die Freundschaft zwischen den Beteiligten ging das Gericht nicht ein).

[141] Solche Regelungen begegnen in ganz verschiedener Gestalt; oft dienen sie auch der Vermeidung von Interessenkonflikten im Verhältnis zwischen einem Vertreter und dem seinem Schutz anempfohlenen Vertretenen, siehe z. B. Art. 988(2) rumän. CC (kein Erwerb durch Schenkung des vertretenen Minderjährigen an den gesetzlichen Fürsorger); Art. 1654(1) a. a. O. (Verbot des Selbsteintritts bei Gegenständen, die bestimmte Vermögensverwalter verkaufen sollen; keine Veräußerung eigener Sachen, wenn die Zahlung aus dem verwalteten Vermögen stammen soll); Art. 1653 a. a. O. (Unfähigkeit von Justizpersonal, Sachen zu kaufen, die in dem Bezirk Gegenstand eines Verfahrens sind) sowie Artt. 991 und 999 a. a. O. (entsprechende Regelung für Notare und Testamentszeugen).

[142] Oben Rdnr. 60.

[143] Eine solche Regelung hat in Bulgarien (Art. 22(1) bulg. Verf.: „Fremde Bürger und ausländische juristische Personen können Eigentum an Grundstücken nur unter den Bedingungen des Beitritts Bulgariens zur Europäischen Union, kraft eines internationalen Vertrags oder als gesetzliche Erben erwerben") und Rumänien (Art. 44 rumän. Verf.: „Fremde Bürger und Staatslose können Eigentum an Grundstücke nur unter den Bedingungen des Beitritts Rumäniens zur Europäischen Union, aufgrund internationaler Verträgen auf der Grundlage der Gegenseitigkeit [...] erwerben") sogar Verfassungsrang. Ung. VerfG 10.10.2017, 24/2017. (X. 10.), AB határozat, ABK 2017/26, S. 1489 hatte die Verfassungsmäßigkeit der §§ 5, 10 und 34 des Gesetzes CXXII von 2013 zum Gegenstand, das Nichtlandwirte von dem Erwerb landwirtschaftlicher Nutzflächen ausschloss. Der Beschwerdeführer war der testamentarisch eingesetzte Erbe eines Landwirts. Gesetzliche Erben gab es nicht. Das zuständige Verwaltungsamt verweigerte die Erwerbsgenehmigung, weil der Beschwerdeführer bereits Eigentümer von über einem Hektar Agrarfläche, aber beruflich nicht als Landwirt qualifiziert war. Erbe wurde auf diese Weise der Staat als Noterbe. Das Verfassungsgericht wies die Beschwerde mit der Begründung ab, dass es sich bei der Entscheidung des Gesetzgebers um eine rechtspolitische Entscheidung handele. Sie begründe zwar eine Grundrechtseinschränkung, bleibe aber im Rahmen des gesetzgeberischen Ermessens. Der Staat müsse allerdings für eine Entschädigung sorgen.

[144] Näher *von Bar*, Gemeineuropäisches Sachenrecht I, Rdnr. 333 mit Fn. 126.

[145] Osajda (-*Księżak*), Kodeks cywilny[26], Art. 8 Rdnr. 3.1 (mit der Begründung, dass man die Rechtsfähigkeit andernfalls steigern könnte; sie wäre dann individuell bestimmt und relativ, was inakzeptabel sei). Siehe aber auch Safjan (-*Pazdan*), System Prawa Prywatnego I[2], S. 1023 Rdnr. 6.

aus deren rechtlicher Natur ergeben können. Entscheidungsunfähigkeiten natürlicher Personen (juristische Personen als solche besitzen ohnehin keine Entscheidungsfähigkeit) haben nahezu ausnahmslos faktische (biologische) Gründe.[146] Entscheidungsunfähig ist, wer seinem Tun oder Unterlassen infolge eines Verstandesdefizits keinen Sinn beimessen kann, der es erlauben würde, sein Verhalten rechtlich näher zu qualifizieren. Entscheidungsfähigkeit ist kein von den individuellen Lebensumständen des Menschen absehendes abstraktes Konzept. Es gibt folglich auch keine extrinsischen Einsichtsfähigkeitsbeschränkungen. Die Handlungs- und die Geschäftsfähigkeit dagegen kennen, je nach anwendbarem Recht, beides. Soweit sie ohne Rückgriff auf eine generalisierende Aussage allein auf die konkrete geistige Disposition eines Menschen abstellt, ist die Geschäftsfähigkeit intrinsisch, aber nicht extrinsisch reduziert. „Wer sich in einem die freie Willensbestimmung ausschließenden Zustand krankhafter Störung der Geistestätigkeit befindet", ist unter § 104 Nr. 2 dt. BGB völlig unabhängig von jedem anderen Kriterium, insbesondere von seinem Alter, geschäftsunfähig. Er ist dagegen im Rahmen von § 105a dt. BGB (geringwertige Geschäfte des täglichen Lebens) unter der Voraussetzung handlungsfähig, dass er volljährig ist. Handlungsfähigkeit ist eine erweiterte Entscheidungs-, Geschäftsfähigkeit eine erweiterte Handlungsfähigkeit. Handlungs- und Geschäftsfähigkeit werden aber nicht nur durch biologische Faktoren eingeschränkt, sie werden auch extrinsisch, „von außen", beschränkt. Das ist der Fall, wo sie einem Menschen nicht primär zu seinem Schutz, sondern primär im Interesse des Rechtsverkehrs vorenthalten werden, *obwohl* der Betroffene verstandesmäßig sehr wohl in der Lage sind, die Bedeutung seiner Erklärungen und deren Folgen zu erfassen. Es liegt nicht fern, darin den eigentlichen Kern aller **schematisch nach Altersstufen** abschichtenden Regelungen zur Handlungs- und (und vor allem) zur Geschäftsfähigkeit zu sehen. Ohne solche extrinsischen Grenzziehungen lässt sich insbesondere „Geschäftsfähigkeit" überhaupt nicht als ein selbständiges, aus dem Kontext des jeweils konkreten Vertragsgeschehens herausgelöstes rechtliches Konzept fassen.[147] Unter den Systemen des Zivilrechts ist die Geschäftsfähigkeit eines Heranwachsenden m. a. W. nicht nur deshalb „beschränkt", weil er sein Tun im Einzelfall noch nicht gänzlich überblicken kann. Sie *wird* vielmehr auch beschränkt. Denn es spielt keine Rolle, ob sein geistiges Vermögen und seine Befähigung, sein Handeln danach auszurichten, in der konkreten Situation bereits mit Erwachsenen mithalten können, ja ihnen vielleicht sogar überlegen sind. Der Heranwachsende darf auch dann nicht alle Geschäfte tätigen, die Erwachsene selbständig erledigen dürfen. Solche extrinsischen Geschäftsfähigkeitsbeschränkungen sind grund- und menschenrechtlich nicht unbedenklich; sie lassen sich nur mit den Interessen der Vertragspartner von Minderjährigen rechtfertigen: Ein Blick in den Ausweis genügt, um Handlungs- oder Geschäftsfähigkeit zu prüfen. Bei Erwachsenen verfangen solche schematischen Lösungen dagegen nicht mehr. Zumindest die schlimmste

---

[146] In § 24(2) Satz 2 österr. ABGB findet sich insoweit eine Ausnahme, als danach von einem Volljährigen widerleglich vermutet wird, dass er entscheidungsfähig sei.

[147] Das ist, wie oben Rdnrn. 29 und 56 bereits skizziert, der Grundansatz des Common Law. „In the case of human beings, English law assigns them 'status' or standing in law, according to their individual attributes and characteristics, and a human being's legal rights and duties are then determined on a case-by-case basis by reference to relevant aspects of his status' (*Birks,* English Private Law I, S. 142). „At common law, the understanding and competence required to uphold the validity of a transaction depend on the nature of the transaction. There is no fixed standard of mental capacity which is requisite for all transactions" (Chitty [-*Beale*], On Contracts[31], para 8–070; siehe auch *Fehily v Atkinson* [2016] EWHC 3069 (Ch)). *Legal capacity* begegnet im Vereinigten Königreich als technischer Begriff nur in dem Age of Legal Capacity (Scotland) Act 1991 (Sec. 1(1): „As from the commencement of this Act a person under the age of 16 years shall, subject to section 2 below, have no legal capacity to enter into any transaction; a person of or over the age of 16 years shall have legal capacity to enter into any transaction". Sec. 2(1): „A person under the age of 16 years shall have legal capacity to enter into a transaction (a) of a kind commonly entered into by persons of his age and circumstances, and (b) on terms which are not unreasonable"). Für Schottland kann man also sagen, Minderjährige seien ab Vollendung des 16. Lebensjahres geschäfts- und zuvor in Bezug auf kleinere Geschäfts des alltäglichen Lebens bereits handlungsfähig.

Form einer echten Geschäftsfähigkeitsbeschränkung, die Entmündigung, ist inzwischen menschenrechtlich geächtet.[148]

III. Die Rechtsunfähigkeit von Sachen

1. Personen, Gegenstände, Sachen, Tiere und Lebensräume

a. Gegenstände und Sachen

Subjektive Privatrechte haben einen Inhaber und einen Bezugspunkt. Oft wird deshalb gesagt, Privatrecht drehe sich um Rechts'subjekte' und Rechts'objekte'.[149] Es handelt von den gegenseitigen Rechten und Pflichten von Personen[150], darunter vor allem Rechte in Bezug auf Gegenstände und Sachen.[151] Personen genießen Rechtsfähigkeit, Objekte (Sachen) nicht.[152] Eine Sache ist eben „von der Person unterschieden" (§§ 285 ABGB, 489 tschech. BGB). Das Personenrecht bringt nach einer Formulierung von *Mathieu-Izorche* „les règles indispensables à l'être" und das Recht der Gegenstände „les règles essentielles à l'avoir".[153] Das bewahrt aber nicht vor der Frage, ob es die Moderne bei dieser tradierten Zweiteilung belassen oder ob sie etwas Drittes zulassen sollte, „hybride" Konzepte, in dem Bausteine aus beiden Welten zusammengeführt und rechtlich zu etwas Eigenem überformt

179

---

[148] Oben Rdnrn. 45, 53 und 145.
[149] Die Binarität von Personen und Sachen betonen z. B. *Bernard-Xémard,* Cours de droit des personnes et de la famille⁴, S. 27 Rdnr. 3 und *Leleu,* Droit des personnes et des familles³, S. 39 Rdnr. 11. *Zenati-Castaing und Revet,* Les biens³, Rdnr. 2 S. 18 definieren Sachen als Gegenstände, die unabhängig von einer Person existieren. *Malaurie,* Droit des personnes¹⁰, S. 23 stellt dem Rechtssubjekt das Rechtsobjekt gegenüber. Dazu, dass selbst „Rechtssubjekt" zu einem problematischen Wort werden kann, siehe allerdings schon oben Fn. 113.
[150] Richtig § 1(1) tschech. BGB („Die Bestimmungen der Rechtsordnung zur Regelung der gegenseitigen Rechte und Pflichten von Personen bilden im Ganzen das Privatrecht"). Ähnlich Art. 2 rumän. CC („Die Bestimmungen dieses Gesetzbuches regeln die vermögensrechtlichen und die nichtwirtschaftlichen Verhältnisse zwischen Personen, gesehen als Rechtssubjekte").
[151] Dazu und zur Unterscheidung zwischen einerseits Person und andererseits Gegenstand, Gegenstand des Rechtsverkehrs und Sache näher *von Bar,* Gemeineuropäisches Sachenrecht I, Rdnrn. 1 und 83 ff. Im Gegensatz zu Sachen sind allerdings Forderungen keine Objekte, die ohne einen Inhaber gedacht werden könnten. Denn es gibt keine gläubigerlosen Forderungen. *Menyhárd,* Dologi jog, S. 17 und Vékás und Gárdos (-*Menyhárd*), Kommentár a Polgári Törvénykönyvhöz I, unter § 5:14 ung. ZGB zählt die Abgrenzung zwischen Person und Sache zu den großen Herausforderungen an das Privatrecht. Der abstrakte Bezug dieser Unterscheidung sei der Unterschied zwischen Person und Eigentum.
[152] Wenig glücklich wirkt es, wenn dem Begriff des Rechtsobjekts und mit ihm dem Begriff der Sache eine Doppelbedeutung in dem Sinne beigemessen wird, dass in bestimmten Zusammenhängen auch Menschen Objekte sein sollen. Der zweite Titel des Allgemeinen Teils des portugiesischen CC handelt von den „Rechtsverhältnissen" und greift damit die von *Manuel de Andrade* entwickelte allgemeine Theorie der Rechtsverhältnisse auf (*Andrade,* Teoria Geral da Relação Jurídica, Bd. I [Coimbra, Neudruck 1964] und Bd. II [Coimbra 1960]). Unter dieser *Teoria Geral da Relação Jurídica* soll ein Rechtsverhältnis aus vier Elementen bestehen: einem Subjekt, einem Objekt, einer juristischen Tatsache und einer Garantie (*Mota Pinto,* Teoria geral do direito civil⁴, S. 178). Das stellt die Grundunterscheidung zwischen Person und Sache deshalb in Frage, weil Personen hiernach sowohl Subjekte als auch Objekte von Rechtsverhältnissen sein können und weil man unter Art. 202(1) port. CC „Sache alles nennt, was Objekt von Rechtsverhältnissen sein kann". *Relação jurídica* (lato sensu) sei jedes rechtlich relevante soziale Verhältnis; *relação jurídica* (stricto sensu) sei ein soziales Verhältnis, aus dem einer bestimmten Person ein bestimmtes subjektives Recht und einer anderen eine bestimmte Verpflichtung erwachse. Eine *relação jurídica abstrata* brächten z. B. die Vorschriften des objektiven Mietrechts. Dass Vermieter A von Mieter B 500,-€ verlangen kann, begründe eine *relação jurídica concreta.* (*Mota Pinto* a. a. O. S. 177). Objekt eines Rechtsverhältnisses ist, worauf das subjektive Recht des Inhabers bezogen ist. Objekte von Rechtsverhältnissen sollen deshalb auch Menschen sein können. Das verstoße nicht gegen die *dignidade da pessoa humana,* weil es (wie z. B. auch bei der elterlichen Sorge) nicht um gewöhnliche subjektive Rechte, sondern um pflichtgebundene oder funktionale Ermächtigungen (*poderes-deveres, poderes funcionais*) ginge. Die Verantwortlichkeiten der Eltern hätten das Kind zum *quid,* zum Objekt, wodurch es, nähme man Art. 202(1) port. CC wörtlich, einer „Sache" gleichgestellt würde.
[153] *Mathieu-Izorche,* Les biens, S. 2.

§ 3

werden.[154] Die Lehren von der Rechtspersönlichkeit und der Rechtsfähigkeit des Menschen würden davon zwar nicht unmittelbar tangiert. Auch die Einrichtung der „juristischen" Personen hat die Rechtsfähigkeit des Menschen nur marginal, d. h. nur dort geschmälert, wo ihn jene aus einzelnen Geschäftsfeldern verdrängt haben. Jeder weitere Schritt, jedes Bemühen, noch eine dritte Gruppe von Personen zu erfinden, könnte allerdings die verfassungsrechtlich gewährleistete Vorrangstellung des Menschen gefährden. Diese Gefahr wäre vor allem dann zu besorgen, wenn die Rechtsordnung den natürlichen und den von ihnen kontrollierten juristischen deshalb noch weitere Personen zugesellen würde, weil diese sich, als „E-Personen", (angeblich oder wirklich) der Beherrschbarkeit durch den Menschen entziehen.[155]

180 Der Mensch steht im Fadenkreuz von Person und Gegenstand sowie von Leben und Tod. Denn der Mensch hat nur solange eine Person, wie sein Körper lebt. Die Körper Verstorbener mutieren unter Beachtung einer gewissen Übergangszeit zu Gegenständen; ebenso verhält es sich bei dauerhaft abgetrennten Körperteilen eines noch lebenden Menschen.[156] Umgekehrt verliert ein unbelebter Gegenstand seine Sachqualität, wenn er in einen lebenden menschlichen Körper implantiert wird.[157] Und natürlich gibt es Fälle, in denen europäische Rechtsordnungen verschieden darüber denken, ob man es noch mit einem Teil des menschlichen Körpers, schon mit einer eigentumsfähigen Sache[158] oder mit einem Gegenstand zu tun hat, der zwar durch sein physisches Substrat gekennzeichnet ist, aber gleichwohl dem Sachenrechtsregime entzogen bleiben soll.[159] All das lässt aber die grundsätzliche Unterscheidung zwischen Person und Sache unberührt; die Grenzen fließen unterhalb des Horizonts der Rechtsfähigkeit. Es geht lediglich um **Ausstrahlungen des Personen- auf das Sachenrecht.** Sie werden ausschließlich bei der Frage wirksam, ob und unter welchen Voraussetzungen Organe, Körperflüssigkeiten, Leichen und anderes

---

[154] In diese Richtung z. B. *Schirmer,* JZ 2019 S. 711, 716–717, der meint, autonome elektronische Systeme seien sowohl Rechtsobjekte als auch teilrechtsfähige Rechtssubjekte. Sie könnten einen Subjektstatus als fremdnützige Hilfskraft – zum Beispiel als rechtsgeschäftlicher Stellvertreter, Erfüllungsgehilfe oder Besitzdiener – erlangen.

[155] Dazu noch unten Rdnr. 184.

[156] Anders kann es sich bei vom Menschen abgelösten Organen verhalten, die weiterhin Teil seiner Persönlichkeit sind (z. B. § 111 tschech. BGB, nach dessen Abs. (3) „für alles, was seinen Ursprung im menschlichen Körper hat, ... das entsprechend gilt, was für die menschlichen Körperteile gilt"). Gegenausnahmen betreffen Körperteile, die schmerzlos ohne Betäubung abgenommen werden können und die sich auf natürliche Weise erneuern (§ 112 a. a. O.).

[157] Auch dazu eingehend *von Bar,* Gemeineuropäisches Sachenrecht I, Rdnrn. 88–93. Mit dem Verlust der Sachqualität geht in solchen Fällen ein Untergang des Eigentums einher. Vorbehaltseigentum lebt auch nicht wieder auf, wenn der Träger des Implantats verstirbt. Ein Krematoriumsmitarbeiter, der im Anschluss an eine Einäscherung Zahngold des Verstorbenen an sich nimmt, begeht folglich unter deutschem Recht keinen Diebstahl; das Zahngold ist herrenlos (BGH 9.11.1993, BGHZ 124 S. 52, 56; OLG Bamberg 29.1.2008, NJW 2008 S. 1543, 1547). Es gehörte als Teil des menschlichen Körpers auch nicht dem Träger des Implantats (BGH 30.6.2015, NJW 2015 S. 2901, 2903). Anders ist das aber, wenn sich der Goldzahn eines lebenden Menschen löst. Dann wandelt sich der Zahn in ein Eigentumsobjekt.

[158] Spektakuläre Fälle handeln von der Vernichtung tiefgefrorenen Spermas, das noch für Fortpflanzungszwecke Verwendung finden sollte. BGH 9.11.1993, BGHZ 124 S. 52 qualifizierte die Vernichtung als Körperverletzung, *Yearnworth v North Bristol NHS Trust* [2009] EWCA Civ 37, [2010] QB 1 als Sachbeschädigung. OLG München 22.2.2017, FamRZ 2017 S. 904 verweigerte einer Witwe die Vindikation kryokonservierter Spermaproben ihres verstorbenen Mannes allerdings nicht mit der Begründung, dass es sich dabei nicht um eine eigentumsfähige Sache handele, sondern mit der Begründung, dass die Herausgabe verboten und damit rechtlich unmöglich sei. Österr. OGH 16.12.1996, JBl 1997,304 lehnte die Bestellung eines Kurators für kryokonservierte Spermata und für in vitro fertilisierte Embryonen ab, die einer Frau zwar implantiert worden waren, aber nicht zu einer Schwangerschaft geführt hatten.

[159] Das betrifft z. B. die Leiche eines frisch Verstorbenen. Sein Körper ist zwar der nicht personifizierte Überrest einer natürlichen Person, aber keine Sache und damit kein Sachenrechtsobjekt (so für Polen *Safjan* [-*Pazdan*], System Prawa Prywatnego I², S. 1068 Rdnr. 29). Ähnlich kann es bei zur Transplantation entnommenen Organen liegen, siehe z. B. das Sanktionensystem des span. Gesetzes 30/1979 vom 27.10.1979 über Extraktion und Transplantation von Organen (Ley sobre extracción y trasplante de órganos) und dessen Ausführungsregeln im Real Decreto 1723/2012 vom 28.12.2012.

III. Die Rechtsunfähigkeit von Sachen § 3

Material mit menschlicher DNA zum Bezugspunkt drittwirksamer Vermögensrechte werden können.

b. Tiere

Dass manche Kodifikationen inzwischen dazu übergegangen sind, Tiere ausdrücklich **nicht mehr** zu den **Sachen** zu zählen[160], wirft, genau besehen, nur unnütze Fragen auf. Man erfährt zwar, dass Tiere keine Sachen „sind", aber das stünde besser in einer philosophischen Abhandlung als in einem Gesetzestext. Denn man erfährt nicht, was Tiere stattdessen „sind". Die lapidare Antwort dürfte lauten, Tiere sind eben Tiere. Die betroffenen Rechtsordnungen schaffen also zwar eine neue Unterkategorie der Rechtsobjekte, nicht jedoch eine neue Kategorie der Rechtssubjekte. Denn alle Gesetze, die in der genannten Weise danach trachten, Tieren einen eigenen Stellenwert zu geben, beeilen sich im selben Atemzug, nachdrücklich zu betonen, dass man Tiere immer noch verkaufen und zu Eigentum haben kann.[161] Was man zu Eigentum haben kann, kann aber nicht selbst Eigentümer von sich oder etwas anderem sein. Deshalb sind auf Tiere auch nicht etwa die für Personen, sondern es sind – wenn auch nur, „soweit nicht etwas anderes bestimmt ist" – die „für Sachen geltenden Vorschriften entsprechend anzuwenden" (§ 90a Satz 3 dt. BGB). Privatrechtlich endet das in einem *l'art pour l'art*. Dass Tiere als Lebewesen wahrgenommen werden sollen, ist gewiss richtig und wichtig. Aber ein tiergerechtes Vertrags-, Eigentums- und Schadensersatzrecht[162] hängt nicht an der Aussage, dass Tiere keine Sachen seien. Der Ausdruck „Sache" bekommt hier vielmehr eine außerrechtliche Konnotation. Er meint nicht etwa einen sachenrechtsfähigen Gegenstand des Rechtsverkehrs. Denn das sind Tiere ja ausdrücklich geblieben. Er meint vielmehr, dass Tiere nichts Sächliches, keine realen Sachen im Sprachgebrauch des Alltags sind („Tiere sind keine Autos").[163] Denn auf den Gedanken, dass Tiere keine Grundstücke sind, wäre man auch ohne die Hilfe des Gesetzgebers gekommen.

Da Tiere eigentumsfähige Objekte bleiben, kommt ihnen keine Rechtsfähigkeit zu; **182** Hunde (und Flöhe!) haben, auch wenn das sehr vereinzelt anders gesehen wird[164], keine

181

---

[160] § 90a Satz 1 dt. BGB; Art. 511-1(3) Satz 1 katal. CC; § 285a Satz 1 österr. BGB; Art. 1(1) poln. TierschutzG; Art. 201-B port. CC; Art. 333*bis* span. CC (i.d.F. des Gesetzes 17/2021 vom 15.12.2021); § 494 Satz 2 tschech. BGB. Portugal hat sogar in die Systematik seines CC eingegriffen und in das Buch I nach dem Untertitel I (Personen) einen Untertitel I-A (Tiere) eingefügt. Die meisten europäischen Rechtsordnungen haben es aber bei der herkömmlichen Einordnung der Tiere bei den Sachen belassen (Nachweise bei *von Bar*, Gemeineuropäisches Sachenrecht I, Rdnr. 171). Auch in Italien ist das bislang so. Die Rechtsprechung deutet auch den Schutz der Zuneigungstiere unverändert als eine Form des Eigentumsschutzes. Die Tötung eines Haustiers soll allerdings zum Ersatz der damit für den Eigentümer verbundenen immateriellen Schäden berechtigen (Trib. Pavia 16.9.2016, nr. 1266, Anm. *Bosco*, Giur. it., 2017 S. 1076–1078; ebenso Art. 493-A(3) port. CC). Art. 201-B port. CC, Art. 333*bis* span. CC und Art. 515-14 franz. CC betonen, Tiere seien „seres vivos dotados de sensibilidade", „seres vivos dotados de sensibilidad", „êtres vivants doués de sensibilité".
[161] § 90a Satz 3 dt. BGB; Art. 511-1(3) Satz 2 katal. CC; § 285a Satz 2 österr. BGB; Art. 1(2) poln. TierschutzG; Artt. 201-D und 1302(2) port. CC; § 494 Satz 2 tschech. BGB. Ebenso § 49(3) estn. ZGB AT; §§ 118(1) und 119(3) Satz 2 slowak. ZGB und Art. 4.41 lit. ZGB.
[162] Am prominentesten sind die §§ 1332a österr. ABGB und 251(2) Satz 2 dt. BGB sowie Art. 493-A(2) port. CC. DCFR VI.-6:101(3) Satz 2 greift diese Regelungen in leicht modifizierter Form auf. Voraussetzung für den Anspruch auf Ersatz angemessener Heilbehandlungskosten bleibt freilich meistens, dass der Gläubiger einen Eigentumstitel an dem Tier hat. Unter Art. 493-A(1) port. CC sind allerdings auch „die Individuen oder Entitäten, die sich um die Rettung [des Tieres] bemüht haben", zum Ersatz der Behandlungskosten berechtigt.
[163] *Malaurie*, Droit des personnes[10], S. 21 Rdnr. 1 deutet das dahin, dass Tiere „mehr" seien als nur Sachen, aber Güter *(biens)* blieben und nicht etwa zu Rechtssubjekten würden. Safjan (-*Pazdan*), System Prawa Prywatnego I[2], S. 1043 Rdnrn. 42–43 bemerkt, Tiere sollten durch das Gesetz nicht personifiziert werden. Folglich gebe es keinen Grund, für Tiere subjektive Privatrechte zu schaffen.
[164] Z.B. *von Ramos*, O Direito 141 (2009) S. 1071; gegen ihn aber die ganz herrschende portugiesische (Menezes Cordeiro [-*Menezes Cordeiro*], Código Civil Comentado I, Art. 201-B S. 552 Rdnr. 11) und darüber hinaus die ganz herrschende europäische Rechtsauffassung.

Person. Daran ändert auch der Umstand nichts, dass Stiftungen zu dem Zweck eingerichtet werden können, die Existenzbedingungen von Tieren zu verbessern.[165] Der Schutz des Tierwohls (im Gegensatz zum Schutz des Affektionsinteresses des Menschen an einem bestimmten, ihm gehörenden Tier[166]) ist gleichfalls nicht darauf kalibriert, Tieren eigene Rechte zu geben. Tiere werden geschützt, weil Tierquälerei verächtlich ist. Selbst wenn man Tierwohl nicht anthropozentrisch, sondern aus der Sicht des Tieres denken will, wächst einem Tier weder Rechtsfähigkeit noch Rechtspersönlichkeit zu, Rechtsfähigkeit nicht, weil kein Tier ein Vermögensrecht haben kann, Rechtspersönlichkeit nicht, weil kein Tier Zugang zu der menschlichen Rechtsordnung hat.[167] Halter eines Tieres ist, wer über sein Wohl und Wehe und damit über sein Weiterleben entscheidet; das schließt aus, dass Haus- und Nutztiere ein „Recht" auf Leben haben.[168] Aber auch für streunende Tiere[169] und Wildtiere[170] gilt nichts anderes. Dass das Europäische Übereinkommen zum Schutz von Heimtieren[171] *pet animals* vor Tierquälerei, willkürlicher und schmerzhafter Tötung schützt, schränkt die Eigentümerbefugnisse an ihnen ein, kann rechtspolitisch außerdem weitere Konsequenzen zeitigen, z.B., dass Hunde, Katzen und Frettchen nicht mehr der gerichtlichen Pfändung unterliegen.[172] Aber das alles gibt ihnen keinen eigenen

---

[165] *Triantos*, AK, Art. 34 gr. ZGB S. 50 Rdnr. 2. Einem Tier kann aber niemand etwas schenken (Lavický [-*Koukal*], Občanský zákoník I, S. 1730).

[166] Zu dieser Unterscheidung eingehend *Tuma-Koch*, Die Sonderstellung von Tieren im Zivilrecht, S. 72 ff.

[167] *Teyssié*, Droit des personnes[20], S. 1 Rdnr. 2 (Tierschutzrecht schafft Verpflichtungen für den Menschen, aber keine Rechte für ein Tier). Siehe ferner z. B. *Ungureanu und Munteanu*, Drept civil. Persoanele[3], S. 14 und *Reghini/Diaconescu/Vasilescu*, Introducere în dreptul civil, S. 82.

[168] Tierschützer haben immer wieder versucht, eine gegenläufige Rechtsansicht zu formulieren. Am bekanntesten dürfte die (rechtlich allerdings völlig wertlose) „Universelle Erklärung der Tierrechte" sein, die eine Arbeitsgruppe der UNESCO am 27.1.1978 in Brüssel in der Erwägung „verkündet" hat, dass alle Tiere Rechte hätten (Art. 1: „Alle Tiere werden dem Leben gegenüber gleich geboren und haben die gleichen Existenzrechte"; Art. 2(1)-(3): „Jedes Tier hat das Recht, geachtet zu werden. Der Mensch darf die anderen Tiere nicht vernichten oder ausnutzen; er muss den Tieren mit seinen Kenntnissen dienen. 3. Jedes Tier hat ein Recht auf Aufmerksamkeit, Pflege und Schutz von Seiten des Menschen") (http://www.animalpastor.eu/dok/unesco_d.pdf).

[169] Für sie hat Italien mit dem Rahmengesetz Nr. 281 vom 14.8.1991 zum Schutz von Haustieren und zur Verhinderung streunender Tiere (Legge quadro in materia di animali di affezione e prevenzione del randagismo, Gazz. Uff. n. 203 vom 30.8.1991) nach Einschätzung des ital. Gesundheitsministeriums „als erstes Land der Welt" das Recht streunender Hunde und Katzen auf Leben anerkannt (http://www.salute.gov.it/portale/temi/p2_6.jsp?lingua=italiano&id=205&area=cani&menu=benessere). Es gilt nicht für Tiere im Allgemeinen, sondern nur für streunende Tiere. Sachlich geht es um an den Menschen adressierte tierschutzrechtliche Pflichten, nicht darum, Tiere mit Teilhaberechten an der menschlichen Rechtsordnung auszustatten. Streunende Tiere werden zwar häufig zugleich verlassene und damit herrenlose Tiere sein, unterliegen dann aber wieder dem Recht der Eigentumsaufgabe und der Aneignung und damit der Sachenrechtsordnung (z. B. poln. OG 3.11.2011, II OSK 1628/11, Legalis-Nr. 825599).

[170] Nicht einmal das ist heute aber noch über jeden Zweifel erhaben. Der US District Court for the Southern District of Ohio hat am 15.10.2021 in *Community of Hippopotamuses Living in the Magdalena River v. Ministerio de Ambiente y Desarrollo Sostenible et al*, 1:2021mc00023, https://www.advocates-for-animals.com/post/community-of-hippopotamuses-living-in-the-magdalena-river-v-ministerio-de-ambiente-y-desarrollo-sos in Würdigung kolumbianischer Verfassungsrechtsprechung zur „Rechtsfähigkeit" (*standing*) von Tieren (grundlegend schon kolumb. VerfG 30.8.2010, Sentencia C-666/10, https://www.animallaw.info/case/sentencia-c-666-2010) die „Parteifähigkeit" (*standing to file a lawsuit*) einer Gruppe von Flusspferden anerkannt, die einem kolumbianischen Drogenbaron gehört, sich später aber wieder ausgewildert hatte. Es ging um die Frage, ob ihre weitere Vermehrung verhindert werden dürfe, wogegen schon in Kolumbien die „Gemeinschaft der Flusspferde" (in Wahrheit natürlich Tierschützer) aktiv geworden war(en).

[171] European Convention for the Protection of Pet Animals, ETS No. 125. Text u. a. auch in österr. BGBl. III Nr. 137/2000 und in Gazz.Uff., Serie Generale, nr. 283 vom 3.12.2010. Sec. 1(1) definiert: „By pet animal is meant any animal kept or intended to be kept by man, in particular in his household, for private enjoyment and companionship".

[172] So verhält es sich u. a. unter Artt. 2(4) i. V. m. 3(b) katal. Tierschutzgesetz und unter Art. 736(g) port. CPC. Heimtiere (*animales de compañía*) „können in keinem gerichtlichen Verfahren Gegenstand der Beschlagnahme/Pfandverwertung [*objeto de embargo*] werden". Das sagt aber weder etwas über andere Tiere, noch schließt es aus, dass Tiere jeder Art den Vorschriften über natürliche Früchte, Fund, Nießbrauch und Ersitzung unterliegen, landwirtschaftliche Tiere außerdem Grundstückszubehör werden (dazu aus griechischer Sicht *Triantos*, AK, Art. 34 gr. ZGB S. 50 Rdnr. 2).

III. Die Rechtsunfähigkeit von Sachen § 3

Zugang zu den Rechtsordnungen des Menschen. Es gibt kein speziesübergreifendes Recht. Daran ändert auch Art. 13 AEUV nichts, wonach „die Union und die Mitgliedstaaten den Erfordernissen des Wohlergehens der Tiere als fühlende Wesen in vollem Umfang Rechnung" tragen.

c. Lebensräume

In der Struktur ähnlich liegt es, wenn erwogen wird, einen ganzen **Lebensraum**, insbesondere ein spezifisches Ökosystem zum Träger von eigenen Rechten aufzuwerten. Die Ursprünge dieser Idee wurzeln in Anschauungen indigener Glaubensgemeinschaften außerhalb Europas. Ihre in der Kolonialzeit durch europäische Mächte unterdrückten Traditionen werden heute vielerorts neu bewertet, in staatliches Recht übernommen und von ihm in seine Sprache übersetzt. Es geht vorwiegend um **heilige Flusslandschaften.** Einer der Vorreiter war Neuseeland. Es gab schon 2014 dem Te Urewera Nationalpark und dann 2017 der Whanganui-Flusslandschaft den Status einer *legal person*.[173] Zwar ging es auch darum, sie vor Umweltverschmutzern und respektlosen Touristen zu schützen, aber Umweltschutz stand nicht im Mittelpunkt. Es handelte sich vielmehr in erster Linie darum, die Machtverhältnisse zwischen der britischen Krone und der indigenen Bevölkerung neu zu ordnen. Nicht einmal der Krone sollte der Fluss als Ganzes gehören können. Ähnliche Entwicklungen haben sich – wenngleich mit mannigfachen Unterschieden in der Zielsetzung und in den Details[174] – auch in Australien[175], Indien[176] und Bangladesch[177] zugetragen, außerdem in Ecuador[178] und in Kolumbien.[179] Inzwischen manifestieren sich vergleichbare Ansätze aber auch schon innerhalb der Europäischen Union. Nur ist der Hintergrund hier rein säkular; es geht ausschließlich um Umweltschutz. **Spanien** hat mit Art. 1 Gesetz 19/2022 vom 30.9.2022 „die Rechtspersönlichkeit der Lagune Mar Menor und ihres Einzugs-

183

---

[173] Te Urewera Act 2014 und Te Awa Tupua (Whanganui River Claims Settlement) Bill, Government Bill 2016/129-2 vom 20.3.2017. Das von 2017 Gesetz sieht in dem Whanganui-Fluss „ein unteilbares und lebendiges Ganzes, das den Whanganui-Fluss von den Bergen bis zum Meer umfasst und alle seine physischen und metaphysischen Elemente einschließt". „Tupua te Kawa" drückt die „inneren Werte (aus), die das Wesen des Flusses darstellen" (näher *O'Donnel und Macpherson,* 23 [2019] S. 35, 41–42). Unter sec. 14(1) a. a. O. „Te Awa Tupua is a legal person and has all the rights, powers, duties, and liabilities of a legal person". Durch das Gesetz wurde die Position eines Vertreters (oder Hüters) *(Te Pou Tupua)* geschaffen, der das menschliche Gesicht des Flusses ist und in seinem Namen handelt und spricht.

[174] Näher *O'Donnell und Talbot-Jones,* Ecology and Society 23 (2018) S. 7.

[175] Der australische Staat erkannte 2016 und 2017 den Fitzroy River und sein Einzugsgebiet sowie den Yara River und seine Einzugsgebiete als „lebende Vorfahren" *(living ancestral beings)* und als „lebende und integrierte natürliche Lebenseinheit" *(one living and integrated natural living entity)* an. Dem Fluss wurde jedoch keine Rechtspersönlichkeit zuerkannt (näher *O'Donnell,* Griffith Law Review 29 [2020] S. 643, 655 und *Takacs,* Illinois Law Review [2021] S. 545, 588).

[176] Hier hat nach den Angaben bei *Takacs* a. a. O. S. 596 das Oberste Gericht des Bundesstaates Uttarakhand (die Entscheidung ist mir nicht zugänglich) ein Ökosystem aus Gletschern, Seen, Wäldern und Feuchtgebieten sowie die Flüsse Ganges und Yamuna als *legal persons* anerkannt. Idole oder Gottheiten sollen sogar Eigentum besitzen können. *Mortiaux,* Griffith Law Review 30 (2021) S. 413, 425 berichtet von der Sorge der Regierung, nun möglicherweise auch für *durch* diese Flüsse verursachte Schäden verantwortlich gemacht werden zu können. Vielleicht ist es nicht allzu weit hergeholt, in diesem Zusammenhang auch zu erwähnen, dass in archaischer Zeit in Rom die Vorstellung vorgeherrscht haben soll, man könne mit den Göttern regelrechte beidseitig verpflichtende Verträge schließen (näher *Mommsen,* Römische Geschichte I, S. 171).

[177] Der Supreme Court hat nach den Angaben von *Takacs* a. a. O. S. 597 allen Flüssen des Landes im Jahre 2019 „volle Rechtspersönlichkeit" attestiert, um ein Mittel gegen ihre Verschmutzung in die Hand zu bekommen und so ihr „Existenzrecht" zu verteidigen.

[178] Art. 72 der Verfassung: „Die Natur oder *Pachamama,* in der sich das Leben reproduziert und existiert, hat das Recht zu existieren, zu überdauern und ihre Lebenszyklen, ihre Struktur, ihre Funktionen und ihre evolutionären Prozesse zu erhalten und zu regenerieren". Näher *Gudynas und Schilling-Vacaflor,* Juridikum 2009 S. 214.

[179] Auch dazu und insbesondere zur Rechtsprechung des kolumbianischen Verfassungsgerichtshofes *Takacs* a. a. O. S. 583 sowie *Mortiaux* a. a. O. S. 425.

gebiets ... erklärt, die als Rechtssubjekt anerkannt wird".[180] Was hier mit „Rechtspersönlichkeit" *(personalidad jurídica)* gemeint ist, ist noch nicht in jeder Beziehung klar. Es scheint, dass es um eine Vorstufe zu der bürgerlichrechtlichen Rechtsfähigkeit geht. Bestenfalls ließe sich sagen, dem genannten Lebensraum werde eine „hinkende Rechtsfähigkeit" zugeschrieben. Denn die spanische Gesetzgebung hat ein „Rechtssubjekt" geschaffen, dass zwar Rechte, aber keine Pflichten hat. Dem „Kleinen Meer" steht unter Art. 2(d) a. a. O. u. a. ein „Recht auf Wiederherstellung" zu. Aber es ist nicht ersichtlich, dass die Lagune ein Konto führen oder sonst Tätigkeiten nachgehen könnte, mit denen sich Schulden verknüpfen. Das Ziel ist und bleibt der Naturschutz, dem auch die durch Art. 6 a. a. O. eröffnete Popularklage dient.[181] Ob dieses Konzept verfassungsgerichtlicher Überprüfung standhalten kann, ist offen.[182] Allein übergeordneten politischen Zielen (dort neben dem Schutz der Natur auch die Würdigung indigener Lebensanschauungen) dient es in den außereuropäischen Systemen auch, Flüsse und Landschaften als „lebende" Entitäten zu würdigen. Rechtsfähigkeit wird gegen die Sachlogik des Privatrechts zu einem gefühlligen Instrument verformt. Schon das neuseeländische Recht mochte nicht darauf verzichten, alle *private property rights in the Whanganui River* und *any rights to, or interests in, water* unberührt zu lassen.[183] Es sind auch nicht die dort lebenden Tiere (und schon gar nicht ein einzelnes Tier), die zum Träger von Rechten und Pflichten erklärt wurden, sondern es ist *Te Awa Tupua,* die als spirituelle und physische Einheit gedachte und nun zu einer gänzlich neuen juristischen Person verdichtete Gesamtheit aus Wasserlauf, Fauna, Flora und den sich mit ihnen verbunden fühlenden Maori. Der Staat gab damit der Auffassung der Maori Raum, dass diese außergewöhnlich schöne und vielfältige Flusslandschaft ein eigenes Lebewesen sei, in dem Volk und Fluss ein und dasselbe werden. Das hat viel mit religiöser Toleranz zu tun, aber nichts mit bürgerlichem Recht.

2. E-Personen?

Schrifttum:

Tom Allen und Robin Widdison, Can Computers Make Contracts? Harvard Journal of Law & Technology 9 (1996) S. 25–52; *Francisco Andrade, Paulo Novais, José Machado und José Neves,* Contracting agents: legal personality and representation, Artif. Intell. Law 15 (2007) S. 357–373; *Marietta Auer,* Der privatrechtliche Diskurs der Moderne (Tübingen 2014); *Katarzyna Biczysko-Pudełko und Dariusz Szostek,* Koncepcje osobowości prawnej robotów- zagadnienia wybrane, Prawo Mediów Elektronicznych 2/2019 S. 9–15; *Georg Borges,* Rechtliche Rahmenbedingungen für autonome Systeme, NJW 2018 S. 977–982; *Joanna J. Bryson, Mihailis E. Diamantis und Thomas D. Grant,* Of, for, and by the people: the legal lacuna of synthetic persons, Artif. Intell. Law 25 (2017) S. 273–291; *Volker Boehme-Neßler,* Unscharfes Recht. Überlegungen zur Relativierung des Rechts in der digitalisierten Welt (Berlin 2008); *Norbert Campagna,* Person, in: Eric Hilgendorf und Jan Joerden (Hrsg.), Handbuch Rechtsphilosophie (Stuttgart 2017) S. 373–378; *Simon Chesterman,* Arificial Intelligence and the Limits of Legal Personality, ICLQ 69 (2020) S. 819–844; *Aleksander Chłopecki,* Sztuczna inteligencja – szkice prawnicze i futurologiczne (Warschau 2018); *Samir Chopra und Laurence White,* A Legal Theory for Autonomous Artificial Agents (Ann Arbor 2011); *Horst Eidenmüller,* The Rise of Robots and the Law of Humans, https://papers.ssrn.com/sol3/papers. cfm?abstract_id=2941001 11; *Javier Ercilla García,* Normas de derecho civil y robótica. Robots inteligentes, personalidad jurídica, responsabilidad civil y regulación (Cizur

---

[180] Gesetz zur Anerkennung der Rechtspersönlichkeit der Lagune Mar Menor und ihres Einzugsgebiets, BOE 237 vom 3.10.2022 („Se declara la personalidad jurídica de la laguna del Mar Menor y de su cuenca, que se reconoce como sujeto de derechos").

[181] „Jede natürliche oder juristische Person hat das Recht, das Ökosystem des Mar Menor zu verteidigen, und kann die Rechte und Verbote dieses Gesetzes und der Bestimmungen, die es weiterentwickeln, durch eine Klage vor dem entsprechenden Gericht oder der öffentlichen Verwaltung geltend machen. Eine solche Klage wird im Namen des Ökosystems Mar Menor als der eigentlichen interessierten Partei erhoben. Die Person, die eine solche Klage erhebt, hat, wenn ihr stattgegeben wird, Anspruch auf Erstattung der gesamten Kosten des Rechtsstreits, insbesondere der Anwalts-, Notar-, Sachverständigen- und Zeugenhonorare. Sie ist von den Verfahrenskosten und den Kautionen im Falle von Vorsorgemaßnahmen befreit".

[182] Das spanische Verfassungsgericht hat am 7.2.2023 eine Verfassungsbeschwerde gegen das Gesetz 19/2022 zugelassen (BOE 40 vom 16.2.2023).

[183] Sec. 6(a)-(c) Te Awa Tupua (Whanganui River Claims Settlement) Bill.

Menor 2018); *Christian Ernst,* Algorithmische Entscheidungsfindung und personenbezogene Daten, JZ 2017 S. 1026–1036; *Florian Faust,* Digitale Wirtschaft – Analoges Recht: Braucht das BGB ein Update? Gutachten zum 71. Deutschen Juristentag (München 2016); *Rotraud Gitter,* Softwareagenten im elektronischen Geschäftsverkehr. Rechtliche Vorgaben und Gestaltungsvorschläge (Baden-Baden 2007); *Malte Grützmacher und Jörn Heckmann,* Autonome Systeme und KI- vom vollautomatisierten zum autonomen Vertragsschluss? Die Grenzen der Willenserklärung, CR 2019 S. 553–561; *Stefan Grundmann und Philipp Hacker,* Digital Technology as a Challenge to European Contract Law – From the Existing to the Future Architecture, European Rev. of Contract Law 13 (2017) S. 255–293; *Philipp Hacker,* Europäische und nationale Regulierung von Künstlicher Intelligenz, NJW 2020 S. 2142–2147; *Mireille Hildebrandt,* Prefatory Remarks on Human Law and Computer Law, in: Mireille Hildebrandt und Jeanne Gaaker (Hrsg.), Human Law and Computer Law: Comparative Perspectives (Dordrecht 2013) S. 1–9; *Robert van den Hoven van Genderen,* Does Future Society Need Legal Personhood for Robots and AI?, in: Erik R. Ranscheart, Sergey Morozov und Paul R. Algra (Hrsg.), Artificial Intelligence in Medical Imaging (Cham 2019) S. 257–290; *Lisa Käde und Stephanie von Maltzan,* Towards a Demystification of the Black Box – Explainable AI and Legal Ramifications, Journal of Internet Law 2019 S. 3–13; *Argyro Karanasiou und Dimitris Pinotsis,* Towards a Legal Definition of Machine Intelligence: The Argument for Artificial Personhood in the Age of Deep Learning, Conference Paper, International Conference on Artificial Intelligence and Law (ICAIL) 2017, https://www.researchgate.net/publication/316789688_Towards_a_Legal_Definition_of_Machine_Intelligence_The_Argument_for_Artificial_Personhood_in_the_Age_of_Deep_Learning; *Jens Kersten,* Menschen und Maschinen. Rechtliche Konturen instrumenteller, symbiotischer und autonomer Konstellationen, JZ 2015 S. 1–8; *Stefan Kirn und Claus Müller-Hengstenberg,* Intelligente (Software-) Agenten. Eine neue Herausforderung unseres Rechtssystems, MMR 2014 S. 307–313; *Stavros Kitsakis,* Techneté Noemosyne kai symbatiké diadikasia (Künstliche Intelligenz und Vertragsprozess), EfAD 6 (2018) S. 601–610; *Stefan Klingbeil,* Schuldnerhaftung für Roboterversagen. Zum Problem der Substitution von Erfüllungsgehilfen durch Maschinen, JZ 2019 S. 718–725; *Linda Kolaříková,* Odpovědnost (za) robota aneb právo umělé inteligence, Bulletin advokacie 3 (2018) S. 11–19; *Bert-Jaap Koops, Mireille Hildebrandt und David-Olivier Jacquet-Chifelle,* Bridging the Accountability Gap: Rights for New Entities in the Information Society?, Minnesota Journal of Law, Science & Technology (2010) S. 497–561; *Anne Lauber-Rönsberg,* Autonome „Schöpfung" – Urheberschaft und Schutzfähigkeit, GRUR 2019 S. 244–253; *Manuela Lenzen,* Künstliche Intelligenz (München 2020); *Dimitrios Linardatos,* Autonome und vernetzte Aktanten im Zivilrecht (Tübingen 2021); *Grégoire Loiseau,* La personnalité juridique des robots: une monstruosité juridique, JCP G 2018, 597, S. 1039–1042; *Andreas Matthias,* Automaten als Träger von Rechten. Plädoyer für eine Gesetzesänderung (2. Aufl. Berlin 2010); *Alexandra Mendoza-Caminade,* Le droit confronté à l'intelligence artificielle des robots: vers l'émergence de nouveaux concepts juridiques?, D. 2016 S. 445–448; *Rafal Michalczak,* Animals' Race Against the Machines, in: Visa A. J. Kurki und Tomasz Pietrzykowski (Hrsg.), Legal Personhood: Animals, Artificial Intelligence and the Unborn (Berlin 2017) S. 91–101; *Mafalda Miranda Barbosa,* Inteligência artificial, e-pessoas e direito: desafios e perspetivas, in: Estudos do Direito do Consumidor 16 (2020) S. 57–90 Edição especial – Direito e robótica, https://www.fd.uc.pt/cdc/pdfs/rev_16_completo.pdf; *Stephan Ory und Christoph Sorge,* Schöpfung durch Künstliche Intelligenz?, NJW 2019 S. 710–713; *Ugo Pagallo,* What Robots Want: Autonomous Machines, Codes and New Frontiers of Legal Responsibility, in: Mireille Hildebrandt und Jeanne Gaaker (Hrsg.), Human Law and Computer Law: Comparative Perspectives (Dordrecht 2013) S. 47–65; *Frank Pasquale,* The Black Box Society (Cambridge, Mass. und London 2015); *Tomasz Pietrzykowski,* The Idea of Non-personal Subjects of Law, in: Visa A. J. Kurki und Tomasz Pietrzykowski (Hrsg.), Legal Personhood: Animals, Artificial Intelligence and the Unborn (Berlin 2017) S. 49–67; *Thomas Riehm und Stanislaus Meier,* in: Veronika Fischer, Peter J. Hoppen und Jörg Wimmers (Hrsg.), DGRI Jahrbuch 2018 (Köln 2019), Künstliche Intelligenz im Zivilrecht; *Jan-Erik Schirmer,* Von Mäusen, Menschen und Maschinen. Autonome Systeme in der Architektur der Rechtsfähigkeit, JZ 2019 S. 711–718; *Thomas Schulz,* Verantwortlichkeit bei autonom agierenden Systemen. Fortentwicklung des Rechts und Gestaltung der Technik (Baden-Baden 2015); *Louisa Specht und Sophie Herold,* Roboter als Vertragspartner?, MMR 2018 S. 40–44; *Gerald Spindler,* Digitale Wirtschaft – analoges Recht: Braucht das BGB ein Update?, JZ 2016 S. 805–816; *ders.,* Privatrechtsdogmatik und Herausforderungen der IT-Revolution, in: Festschrift für Claus-Wilhelm Canaris zum 80. Geburtstag (Berlin und Boston 2017) S. 709–738; *Achim Stephan und Sven Walter* (Hrsg.), Handbuch Kognitionswissenschaft (Stuttgart und Weimar 2013); *Gunther Teubner,* Digitale Rechtssubjekte? Zum privatrechtlichen Status autonomer Softwareagenten, AcP 218 (2018) S. 155–205; *Steffen Wettig und Eberhard Zehendner,* The Electronic Agent: A Legal Personality under German Law? http://www.wettig.info/biometrie_uni_jena-s/el_agent-legal-personality_under_german_law20030624.pdf; *Andreas Wiebe,* Die elektronische Willenserklärung (Tübingen 2003); *Wolfgang Zankl,* Künstliche Intelligenz und Immaterialgüterrecht bei Computerkunst, ecolex 2019 S. 244–246; *Herbert Zech,* Künstliche Intelligenz und Haftungsfragen, ZfPW 2019 S. 198–219; *ders.,* Entscheidungen digitaler autonomer Systeme: Empfehlen sich Regelungen zu Verantwortung und Haftung?, Gutachten A zum 73. Deutschen Juristentag (München 2020) S. A 1-A 112.

Auch im Personenrecht herrscht ein *numerus clausus*.[184] Dass sich die Gerichte mancherorts für befugt gehalten haben, einzelne Kollektive unter Weitung des gesetzlichen Rahmens mit

---

[184] Gelegentlich steht dieser Grundsatz sogar unmittelbar im Gesetz, z. B. in Art. 25 rumän. CC ([1] „Die zivilrechtlichen Subjekte sind die natürlichen und die juristischen Personen". [3] „Die juristische Person

der Befähigung zu versehen, Dritten gegenüber als Träger von Rechten und Pflichten aufzutreten[185], ändert an dem Ausgangspunkt nichts.[186] Deshalb bewegt sich die in neuerer Zeit anschwellende Diskussion um die Anerkennung „elektronischer Personen" ausschließlich im Rechtspolitisch-Spekulativen. Bezüge zum geltenden Recht hat sie nur, weil die Schaffung künstlicher neuronaler Netze das Vertrags-, das Haftungs- und das Sachenrecht vor neue Fragen gestellt hat. Sie haben ihre Ursache im Wesentlichen darin, dass solche Netze eine so große Zahl nichtlinearer Gleichungen berechnen können, dass sich die einzelnen Operationen durch Menschen derzeit weder vorhersagen noch nachvollziehen lassen.[187] Der Weg zum Ergebnis bleibt in einer (intellektuellen) *black box* verborgen[188]; er ist folglich auch bei Anwendung der im Verkehr erforderlichen Sorgfalt nicht mehr zur Gänze überprüf- und beeinflussbar. Solche Netze haben sich längst weite praktische Anwendungsfelder erobert, von der Bilderkennung über die Krankenbetreuung, die automatisierte Vorprüfung von Kreditvergaben und die Erhebung von Mautgebühren bis hin zum Manövrieren von Fahrzeugen im öffentlichen Verkehr.[189] Die Technik entwickelt sich dynamisch.

185 Zu den Gebieten, auf denen künstliche neuronale Netze zum Einsatz kommen können, gehört auch alltägliches Marktgeschehen, etwa der Hochfrequenzhandel mit Finanzinstrumenten.[190] Roboter, die in kürzester Zeit Transaktionen einleiten und abwickeln, wirken, als wären sie zu „unabhängiger Entscheidungsfindung" befähigt worden. Das, so sehen es manche, trüge Züge einer Eigenschaft, die das Vertragsrecht bislang ausschließlich dem Menschen zuschriebe. Folglich wird erwogen, ob mit „künstlicher Intelligenz" und „lernender Autonomie" ausgestattete datengefütterte Systeme einen neuen Standort innerhalb der Rechtsordnung zugewiesen bekommen sollten. Sie könnten insbesondere von bloßen Gegenständen des Rechtsverkehrs, ihrem gegenwärtigen Status, nicht nur zu Bezugspunkten von Sachenrechten und damit sogar zu „Sachen" i. S. d. Mobiliareigentumsrechts

---

ist jegliche Form von Vereinigung, welche, im Einklang mit den Rechtsvorschriften, Inhaber von bürgerlichen Rechten und Pflichten ist") und in § 18 tschech. BGB („Es gibt natürliche Personen oder juristische Personen"); *tertium non datur* (Lavický [-*Hurdík*], Občanský zákoník I, S. 148). Er liegt auch § 4 (2) slowak. ZGB zugrunde („Das Zivilgesetzbuch regelt Vermögensverhältnisse von natürlichen und juristischen Personen [und] Vermögensverhältnisse zwischen diesen Personen […]"). Das schwedische, das spanische und das portugiesische Schrifttum sind sich darüber einig, dass die juristischen Personen einem Typenzwang unterliegen. Er folgt auch aus Art. 35 span. CC. Näher *Grauers,* Person och avtal[4], S. 19; *Díez-Picazo und Gullón,* Sistema de Derecho Civil I[12], S. 514 sowie *Hörster und Moreira da Silva,* Parte Geral[2], S. 402. Eine Diskussion über „E-Personen" hat in Portugal und Spanien gerade erst begonnen (*Miranda Barbosa,* EDC 16 [2020] 58; *Ercilla García,* Normas de derecho civil y robótica, passim).

[185] Zu Deutschland oben Fn. 64.
[186] Richtig *Riehm und Meier,* DGRL Jahrbuch 2018, Rdnr. 35. *Teubner,* AcP 218 (2018) S. 155, 182 betont zwar das Potential richterrechtlicher Rechtsfortbildung, doch kommt *de lega lata* die Anerkennung einer Rechtsfähigkeit elektronischer Systeme unter keinem Gesichtspunkt in Betracht.
[187] *Lenzen,* Künstliche Intelligenz, S. 49 (mit der Bemerkung, man habe es mit „subsymbolischen Verfahren" zu tun).
[188] Die sog. „autonomen" Systeme sind m. a. W. in der Lage, ihren Steuerungsalgorithmus und damit ihr „Verhalten" ohne menschliche Intervention selbst zu ändern *(„machine learning")*. Wie das geschieht und welche Ergebnisse damit erzielt werden, kann oft weder der Entwickler noch der Nutzer nachvollziehen bzw. vorhersagen (*Hildebrandt,* in: Hildebrandt und Gaaker (Hrsg.), Human Law and Computer Law, S. 1, 6, Fn. 5 [„Even the designers and engineers who develop neural networks, cannot tell what operations the net performed to produce its output"]; *Zech,* ZfPW 2019 S. 198, 200; *Riehm und Meier,* DGRL Jahrbuch 2018, Rdnr. 5; *Pietrzykowski,* in: Kurki und Pietrzykowski (Hrsg.), Legal Personhood, S. 49, 64–65; *Käde und von Maltzan,* Journal of Internet Law 2019 S. 3, 7).
[189] Derzeit ist völlig autonomes Fahren, bei dem es keinen Fahrzeugführer mehr gibt, noch verboten. Unter § 1a dt. StVG z. B. ist nur das hoch- und vollautomatisierte Fahren zulässig, bei dem der Fahrzeugführer bei Bedarf aufgefordert wird, die Führung zu übernehmen (Deutscher Bundestag. Wissenschaftliche Dienste, Autonomes und automatisiertes Fahren auf der Straße – rechtlicher Rahmen, WD 7 – 3000 – 111/18, S. 4). In Schweden liegt seit 2018 ein Gesetzesentwurf über den Verkehr mit autonom gesteuerten Fahrzeugen vor (SOU 2018:16, Vägen till självkörande fordon – introduktion).
[190] Auch bei ihm, bei dem durch Algorithmen innerhalb von Sekunden zahlreiche Wertpapiergeschäfte durchgeführt werden, handelt es sich freilich oft um automatisierte, nicht um autonome Systeme. Die Zulässigkeit dieser Form des Wertpapierhandels unterliegt speziellen Regelungen (z. B. §§ 2(8)(1) Nr. 2 (d), 2(44), 80(2) dt. WpHG).

III. Die Rechtsunfähigkeit von Sachen § 3

mutieren.¹⁹¹ Sie würden vielmehr selbst diesen schon in sich rechtlich nur schwer zu beherrschenden Schritt einfach überspringen und gewissermaßen gleich zu einer speziellen Gruppe von „Personen" aufsteigen. Wie genau das zu organisieren wäre (z. B. auf der Grundlage einer Registereintragung), ist bislang noch nicht schlüssig durchdacht. Auch wirkt es schlichtweg absurd, ein künstliches neuronales Netz zu verklagen oder gar von ihm verklagt zu werden. Dessen ungeachtet werden seit einiger Zeit im juristischen Schrifttum Stimmen laut, die solchen Netzen entweder „ein Stück" Rechtsfähigkeit beimessen oder sie doch jedenfalls so ansehen möchten, als könnten sie als Stellvertreter, Erfüllungsgehilfen oder in anderer Rolle als Hilfspersonen agieren.¹⁹² Die Intelligenzforschung scheint noch nicht genau zu verstehen, was die von ihr geschaffenen und trainierten, ja sogar zu Selbsttraining in die Lage versetzten Maschinen im Verbund mit der zwischen ihnen zirkulierenden Elektrizität „eigentlich machen", aber sie erhofft sich auf genau diese Weise bessere Einsichten in die Funktionsweise des menschlichen Gehirns. Das ist ein faszinierendes Thema – aber es liegt weit außerhalb des Erkenntnisinteresses des Rechts. Dieses alloziert Befugnisse und Verantwortlichkeiten, und für beide bedarf es Beteiligte, die eine Zukunft erwarten, sich einer Vergangenheit bewusst¹⁹³ und in der Lage sind, Empathie auszubilden.¹⁹⁴ Künstliche neuronale Netze bleiben von alledem ausgeschlossen. Darüber darf auch die sich an den Fähigkeiten des Menschen ausrichtende umgangssprachliche Vereinfachung nicht hinwegtäuschen, die in dem Wort von der „künstlichen Intelligenz" kulminiert.

Unter anderem „in der Erwägung, dass letzten Endes die Möglichkeit besteht, dass die KI **186** [künstliche Intelligenz] langfristig die intellektuellen Fähigkeiten des Menschen überflügeln könnte", hat das **Europäische Parlament** in einer Entschließung vom 16.2.2017 der Europäischen Kommission empfohlen, „zivilrechtliche Regelungen im Bereich der Robo-

---

¹⁹¹ Zu der Komplexität des Sachbegriffs und zum Verhältnis von Sache und Eigentum eingehend *von Bar,* Gemeineuropäisches Sachenrecht I, Rdnrn. 108 ff und 164 ff. Der Körperlichkeit bedarf eine Sache nur in Relation zum Mobiliareigentum. In der Gegenüberstellung zu den Personen und in Relation zu anderen subjektiven Sachenrechten sowie zum Vertragsrecht erweitert sich der Sachbegriff. Deshalb ist z. B. unter § 489 tschech. BGB ein Computer eine körperliche und die auf ihm laufende Software eine unkörperliche Sache (*Kolaříková,* Bulletin advokacie 3 [2018] S. 11, 14). In Schweden sieht man das ebenso (Prop. 1990/91:197 S. 93). Auch in Deutschland gibt es inzwischen erste Ansätze, den engen Sachbegriff des § 90 dt. BGB (körperliche Gegenstände) unter dem Druck der technischen Entwicklungen zu erweitern. § 2(3) dt. Gesetz zur Einführung von elektronischen Wertpapieren vom 9.6.2021 bestimmt: „Ein elektronisches Wertpapier gilt als Sache im Sinne des § 90 des Bürgerlichen Gesetzbuchs".

¹⁹² So z. B. (und mit kleineren Abweichungen im Detail) *Specht und Herold,* MMR 2018 S. 40, 43; *Teubner,* AcP 218 (2018) S. 155, 182 (Vertreter; der „vertretene" Nutzer kontrolliere zwar noch die technischen Rahmenbedingungen, habe aber kein Erklärungsbewusstsein mehr); *Kersten,* JZ 2015 S. 1, 7 (Vertreter); *Zech,* ZfPW 2019 S. 198, 211 (Verrichtungsgehilfe); *Robert van den Hoven van Genderen,* in: Ranscheart, Morozov und Algra (Hrsg.), Artificial Intelligence in Medical Imaging, S. 257, 272, Fn. 72 (Erfüllungsgehilfe); *Teubner* a. a. O. S. 186–189 (Erfüllungsgehilfe); *Schirmer* a. a. O. (oben Fn. 154) S. 717 schlägt die Einführung eines neuen § 90b dt. BGB mit dem Wortlaut vor: „Autonome Systeme sind keine Personen. Auf sie sind die für Hilfspersonen geltenden Vorschriften entsprechend anzuwenden, soweit nicht etwas anderes bestimmt ist". *Linardatos,* Autonome und vernetzte Aktanten im Zivilrecht, S. 566 spricht sich für ein Konzessionssystem aus. Einem „autonomen Aktanten" soll nach seinem Vorschlag „durch die zuständige Behörde die Rechtsfähigkeit verliehen werden" können.

¹⁹³ *Campagna,* in: Hilgendorf und Joerden (Hrsg.), Handbuch Rechtsphilosophie, S. 373, 376 („Bislang haben wir die Rechtsperson nur als ein Wesen betrachtet, das um seiner selbst willen schützenswert ist, und wir haben diese intrinsische Schutzwürdigkeit an der Fähigkeit eines Wesens festgemacht, sich selbst in die Zukunft projizieren zu können und sich somit als ein einheitliches Selbst zu begreifen. Man kann nun aber auch, statt in die Zukunft, in die Vergangenheit blicken. Wenn die Möglichkeit, sich in die Zukunft zu projizieren, wichtig ist für die Bestimmung eines Wesens als Person überhaupt, so spielt die Möglichkeit, sich mit etwas Vergangenem identifizieren zu können, eine große Rolle bei der Frage nach der Verantwortung").

¹⁹⁴ *Dekeuwer-Défossez,* D. 2017 S. 2046 (Neben der Würde spiele die Empathie, d. h. die Fähigkeit, das Leid anderer zu spüren, eine entscheidende Rolle bei der Abgrenzung zwischen Personen und Nicht-Personen) und *Teyssié,* Droit des personnes²⁰, S. 1 Rdnr. 1 („Qu'un animal soit doué de sensibilité, qu'un robot agisse, que les eaux d'un fleuve soient sacrées ne justifie pas de leur reconnaître une identique dignité"). Unter französischem Recht bleibt ein Roboter mithin eine Sache. „Wie intelligent sie auch sein mag, eine Maschine, eine materielle Schöpfung des Menschen, ist eine Sache, die man zerstören, verkaufen oder vermieten kann" (*Bellivier,* Droit des personnes, S. 57 Rdnr. 41). Siehe auch *Koops, Hildebrandt und Jacquet-Chifelle,* Minnesota Journal of Law, Science & Technology (2010) S. 497, 527.

tik" zu entwickeln und vorzuschlagen.¹⁹⁵ Es sei angezeigt, mit Fragen der zivilrechtlichen Haftung zu beginnen.¹⁹⁶ Die Autonomie eines Roboters könne als die Fähigkeit definiert werden, „Entscheidungen zu treffen und diese in der äußeren Welt unabhängig von externer Steuerung oder Einflussnahme umzusetzen".¹⁹⁷ Es stelle sich die Frage nach der Rechtsnatur eines solchen Roboters und damit zugleich die Frage, „ob eine neue Kategorie mit eigenen speziellen Merkmalen und Implikationen geschaffen werden sollte".¹⁹⁸ Das Parlament hatte weiter erwogen, „dass in dem Szenario, in dem ein Roboter eigenständig Entscheidungen treffen kann, die herkömmlichen Regeln nicht mehr ausreichen werden, um eine Haftung für verursachte Schäden auszulösen, weil sie es nicht möglich machen würden, den Beteiligten zu ermitteln, der für den Ausgleich des Schadens verantwortlich ist, und diesem Beteiligten dann vorzuschreiben, den von ihm verursachten Schaden zu ersetzen".¹⁹⁹ Außerdem hielt es „Defizite des derzeit geltenden Rechtsrahmens auf dem Gebiet der Vertragshaftung insofern" sogar für „offensichtlich, als Maschinen, die dazu konzipiert sind, ihr jeweiliges Gegenüber auszuwählen, vertragliche Bedingungen auszuhandeln, Verträge abzuschließen und zu entscheiden, ob und wie sie diese Verträge umsetzen, die herkömmlichen Regeln unanwendbar machen, was die Notwendigkeit für neue, wirksame und aktuelle Regeln unterstreicht, die den kürzlich auf dem Markt erschienenen und verwendeten technologischen Entwicklungen und Innovationen entsprechen müssen".²⁰⁰ Das Parlament tendierte zu der Einführung einer strikten Haftung für näher beschriebene „Roboter" (Nr. 54), die mit einer Pflichtversicherung abzudecken sei (Nr. 56). Erst ganz am Ende (Nr. 59(f)) findet sich dann die Formulierung, die das meiste Aufsehen erregt hat, die Aufforderung nämlich, die Kommission möge „langfristig einen speziellen rechtlichen Status für Roboter ... schaffen, damit zumindest für die ausgeklügeltsten autonomen Roboter ein Status als *elektronische Person* festgelegt werden könnte, die für den Ausgleich sämtlicher von ihr verursachten Schäden verantwortlich wäre, sowie möglicherweise die Anwendung einer elektronischen Persönlichkeit auf Fälle, in denen Roboter eigenständige Entscheidungen treffen oder anderweitig auf unabhängige Weise mit Dritten interagieren". In einer Nachfolgeentschließung vom 20.10.2020 ist das Parlament auf diesen Punkt freilich schon nicht mehr zurückgekommen.²⁰¹ Das dürfte als ein „beredtes Schweigen" dahin zu deuten sein, dass das Parlament an diesem extravaganten Vorschlag zu jenem Zeitpunkt nicht einmal selbst noch länger festhalten mochte. Die Kommission hat inzwischen mit einem Richtlinienvorschlag zur außervertraglichen Haftung für den Einsatz von künstlicher Intelligenz reagiert.²⁰² Auch in ihr taucht das Konzept einer „E-Person" nicht mehr auf.

187 Juristen mögen generell dazu neigen, Vorschläge zur Schaffung neuer Personen reflexartig zurückzuweisen.²⁰³ Das ist auch im Feld der künstlichen Intelligenz nicht anders. Hier aber ist

---

¹⁹⁵ Dokument P8_TA(2017)0051, Empfehlungen an die Kommission zu zivilrechtlichen Regelungen im Bereich Robotik, http://www.europarl.europa.eu/doceo/document/TA-8-2017-0051_DE.html?redirect#title1), Einleitung unter P.
¹⁹⁶ A. a. O. („Einleitung" unter Y).
¹⁹⁷ A. a. O. („Haftung" unter AA).
¹⁹⁸ „Haftung" unter AC.
¹⁹⁹ „Haftung" unter AF.
²⁰⁰ „Haftung" unter AG.
²⁰¹ Entschließung des Europäischen Parlaments vom 20.10.2020 (P9_TA(2020)0276) mit Empfehlungen an die Kommission für eine Regelung der zivilrechtlichen Haftung beim Einsatz künstlicher Intelligenz (2020/2014(INL).
²⁰² Proposal for a directive of the European Parliament and of the Council on adaption non-contractual civil liability rules to artificial intelligence (AI Liability Directive)" (KOM [2022] 496 final) vom 28.9.2022.
²⁰³ *Stone*, Southern California Law Review 45 (1972) S. 450, 455–456, der offenbar ahnte, welche Reaktionen sein Vorschlag, selbst Bäume mit Rechten zu versehen, auslösen würde, verwahrte sich gegen Kritik schon vorab auf Sätzen, die auf die damals noch weit entfernte Entwicklung einer „E-Person" bezogen wissen wollte: „The fact is, that each time there is a movement to confer rights onto some new 'entity', the proposal is bound to sound odd or frightening or laughable. This is partly because until the rightless thing receives its rights, we cannot see it as anything but a thing for the use of „us"-those who are holding rights at the time. ... There is something of a seamless web involved: there will be resistance to giving the thing 'rights' until it can be seen and valued for itself; yet, it is hard to see it and

III. Die Rechtsunfähigkeit von Sachen §3

Standfestigkeit gegenüber der Idee einer „elektrischen Person" tatsächlich besonders wichtig. Wo man sich mit ihr überhaupt befasst (in Europa ist das außerhalb Deutschlands und Frankreichs bislang nur selten der Fall), stößt sie denn auch zu Recht ganz überwiegend auf strikte Ablehnung.[204] Zwischen den Vor- und den Nachteilen einer solchen Konstruktion besteht kein ausgewogenes Verhältnis; die Nachteile überwiegen beträchtlich. Auf tatsächlicher Ebene ist zu bedenken, dass die Redeweise von der *black box* einfach nur den derzeitigen Forschungsstand wiedergibt. Schließlich hat noch niemand bewiesen, dass ihre Entschlüsselung *grundsätzlich* ausgeschlossen ist; an ihr wird im Gegenteil intensiv gearbeitet. Je schneller das substanzielle Erfolge zeitigt[205], desto früher wird die Diskussion um die Personifizierung von Robotern ohnehin in sich zusammenbrechen. Aber selbst wenn man sich vorerst auf sie einlässt, zeichnet sich in der Lehre von den E-Personen nicht nur eine ethische Verflachung des Privatrechts, sondern auch eine beträchtliche Schwächung seiner Statik ab.[206] Denn es handelt sich ja nicht um die Neuschöpfung irgendeiner beliebigen juristischen Person, sondern darum, eine völlig neue Personenart zu schaffen, die „zwischen" Mensch und Maschine angesiedelt wäre. Das gründet aber teils auf der unbewiesenen Behauptung von der Nichtentschlüsselbarkeit der *black box*, teils auf einem viel zu unscharfen und deshalb subsumtionsunfähigen Autonomiebegriff.[207] Zur Neuschöpfung einer Person des Rechts genügt der Gedanke nicht, dass diese Person, weil angeblich zu eigener Entscheidungsfindung in der Lage, nicht mehr kontrollierbar sei. Bei der Anerkennung aller bisherigen juristischen Personen hat weder das Eine noch das Andere je eine Rolle gespielt. Sie unterliegen ja menschlicher Kontrolle und sind eben deshalb gerade *nicht* mit eigener Geschäfts- oder wenigstens Entscheidungsfähigkeit ausgestattet. Sie nehmen immer nur durch Menschen am Rechtsverkehr teil. E-Personen dagegen wären Personen, die, da als selbsthandelnd und -entscheidend gedacht, gerade keines sie vertretenden Menschen mehr bedürften. Eine E-Person würde einen Menschen, eine juristische oder gar eine andere E-Person[208] „vertreten", nicht etwa umgekehrt ein Mensch die E-Person. Es würde nicht sein Verhalten ihr, sondern ihr „Verhalten" ihm zugerechnet werden. Das stellt alles bisher Dagewesene auf den Kopf. Undurchdacht wirkt zudem das Verhältnis von Gegenstand (bzw. Sache) und Person. Künstliche neuronale Netze sollen ja weiter handelbar bleiben. Andernfalls würde man Unternehmen, die sich die Entwicklung entsprechender Technik nicht selbst leisten können, von ihrem Erwerb ausschließen. Eine Person, die Bezugspunkt von Rechten anderer Personen ist, bleibt aber nun einmal ein Widerspruch in sich. Niemand scheint zudem bislang eine Antwort auf die Frage anbieten zu können, was angesichts fehlender räumlicher und rechtlicher Konturen

---

value it for itself until we can bring ourselves to give it 'rights'-which is almost inevitably going to sound inconceivable to a large group of people".

[204] Das gilt in besonderem Maße für Frankreich. *Malaurie,* Droit des personnes[10], S. 24 Rdnr. 2 hält die Idee für ein Beispiel „rechtlicher Pathologie". Es wäre völlig verfrüht, „pour établir un statut juridique des robots et de l'intelligence artificielle, car on n'en connaît pas les besoins, la nature et les effets"). *Loiseau,* JCP G 2018, 597, S. 1039 hält die *personnalité juridique des robots* u. a. deshalb für eine *monstruosité juridique,* weil ein Roboter auf diese Weise gleichzeitig Rechtssubjekt und Rechtsobjekt würde. *Mendoza-Caminade,* D. 2016 S. 445 zieht es vor, unter Beibehaltung der Qualifikation als Sache eine besondere rechtliche Regelung für intelligente Roboter zu schaffen, ähnlich der, die für Tiere gilt.

[205] Erste Schritte zur Visualisierung der Kriterien der Entscheidungsfindung sind nach Berichten in der allgemeinen Presse mit der Entwicklung der sog. Spektralen Relevanzanalyse (SpRAy) bereits getan (https://www.sueddeutsche.de/wissen/ki-machinelles-lernen-neuronale-netze-informatik-erklaerbarkeit-1.5109715).

[206] Auch darauf ist mehrfach hingewiesen worden, in Spanien z. B. von *Verdera Izquierdo,* in: Roldán Martínez (Hrsg.), La persona en el S. XXI, S. 41, 54 und in Frankreich von *Loiseau* a. a. O., S. 1040 (die Rechtsfähigkeit von Robotern würde die *summa divisio* von Personen und Sachen in Frage stellen; man schüfe eine Chimäre, halb Person, halb Ding, was auf eine Perversion der bisherigen Werteordnung hinausliefe).

[207] Auch der Autonomiebegriff der Intelligenzforschung ist bislang viel zu unscharf, um ihn für rechtliche Zwecke übernehmen zu können. Näher Stephan und Walter (-*Birbaumer und Matuz*), Handbuch Kognitionswissenschaft, S. 230–247 und *Pagallo,* in: Hildebrandt und Gaaker (Hrsg.), Human Law and Computer Law: Comparative Perspectives, S. 47, 61.

[208] Wie eine solche „Vertretung" einer E-Person durch eine andere (auf die *Chłopecki,* Sztuczna inteligencja, Kap. 2 aufmerksam macht) zu denken wäre, ist vollständig unklar.

eigentlich *genau* das Substrat der E-Person ausmachen soll.[209] Ein gangbarer Weg, mit dem Europäischen Parlament zwischen nur „ausgeklügelten" und den „ausgeklügeltsten" autonomen Robotern zu unterscheiden, ist ohnehin nicht absehbar. Innerhalb weniger Jahre würden die Letzteren schon wieder zu Ersteren gehören.

188 Selbst wenn es (worauf es derzeit noch keine Hinweise gibt) tatsächlich gelänge, das jeweilige Netz sprachlich in einer für bürgerlich- und registerrechtliche Zwecke tauglichen Weise zu fassen, würde es vollauf genügen, ihm einen eigenen Platz unter den Gegenständen des Rechtsverkehrs zuzuweisen. Die Theorie von den elektrischen Personen ist nicht nur falsch, sie ist auch unnütz. Denn die personenrechtliche böte nicht einmal im Vergleich zu der gegenstandsrechtlichen Lösung irgendwelche Vorteile. Es geht um Dienstleistungen, nicht um Sachen und schon gar nicht um Personen. Für die Zwecke des außervertraglichen Haftungsrechts kommt es nur darauf an, Kriterien zu formulieren, die es erlauben, das Netz einem Halter oder Betreiber, in der Sache also einem *gardien* zuzuordnen.[210] Nötig wird wohl auch die Schließung einiger produkthaftungsrechtlicher Lücken werden, etwa im Hinblick auf die betroffenen Rechtsgüter, den Produktbegriff und auf die Haftung für Entwicklungsrisiken. Denn für die Einführung einer strikten Haftung, auch in Bezug auf Persönlichkeitsverletzungen, Diskriminierungen[211] und Urheberrechtsverletzungen an den verarbeiteten Daten[212], lassen sich in der Tat gute Gründe anführen. Wenn und solange nämlich die Begründung zutrifft, dass bestimmte (genauer: noch zu bestimmende) Erscheinungsformen der künstlichen Intelligenz auch bei Aufbietung angemessener Sorgfalt nicht kontrollierbar sind, dann ist es ein Gebot der Gerechtigkeit, dieses Defizit mit einer verschuldensunabhängigen Haftung zu kompensieren. Der Richtlinienentwurf der Europäischen Kommission[213] wirkt, für sich betrachtet, in dieser Beziehung zwar recht zurückhaltend. Er muss aber vor dem Hintergrund der Pläne zu einer Neufassung der Produkthaftungsrichtlinie gelesen werden.[214] Sie weist in die richtige Richtung: Etwas, dessen Risiko sich nicht ausschließen lässt, darf eben, selbst wenn es wirtschaftspolitisch erwünscht ist, nur dann in die Welt gesetzt werden, wenn Vorsorge dafür getroffen wurde, dass Schäden, in denen sich das jeweilige Risiko verwirklicht, ausgeglichen werden.

189 Auch der Gedanke, dass künstliche neuronale Netze und sonstige Errungenschaften der Datenbeschaffungs- und -auswertungstechnik im Rechtsverkehr menschenähnlich als „Stell-

---

[209] Davon legt das vielbeschworene „Vernetzungsrisiko" reichlich Zeugnis ab, das die haftungsrechtliche Lehre von der Kausalität neuen Herausforderungen unterwirft (z. B. *Zech*, ZfPW 2019 S. 198, 208). Bei global vernetzten Systemen ist eine Abgrenzung schon heute nicht mehr möglich (*Biczysko-Pudełko und Szostek,* Prawo Mediów Elektronicznych, 2/2019 S. 9). *Zech,* Gutachten 73. DJT, S. A 97 meint, dass, da es in Zukunft „digitale Systeme unterschiedlichster Größe und Risikostufe" geben werde, „eine Anerkennung als eigenes Haftungssubjekt allenfalls für ganz bestimmte Systeme möglich" erscheine.

[210] Insoweit herrscht in nicht wenigen europäischen Rechtsordnungen in der Tat Reformbedarf. Warum ihm allerdings mit einer erweiterten Gehilfenhaftung (so *Teubner,* AcP 218 [2018] S. 155, 192–196) statt mit einer gewöhnlichen Haftung entweder für gefährliches Tun oder für gefährliche Gegenstände begegnet werden sollte, bleibt unverständlich. Unter französischem Recht dürften schon heute die allgemeinen Regeln über die *gardien*-Haftung (Art. 1242 franz. CC) und die besonderen Regeln zur Produkthaftung (Art. 1245 franz. CC) genügen (*Mendoza-Caminade,* D. 2016 S. 445–448; *Loiseau,* JCP G 2018, 597, S. 1039).

[211] Siehe dazu u. a. die „Strategie Künstliche Intelligenz" der deutschen Bundesregierung, S. 38–40 (https://www.bmbf.de/files/Nationale_KI-Strategie.pdf). Ein anschauliches Beispiel für das Risikopotential, um das es hier geht, liefert der von Microsoft entwickelten Chatbot „Tay", mit dem Twitter-Nutzer kommunizieren konnten und der schon nach 16 Stunden wieder deaktiviert werden musste, weil er eine Vielzahl rassistischer und antisemitischer Äußerungen „erlernt" hatte (https://www.faz.net/aktuell/wirtschaft/netzwirtschaft/was-microsoft-mit-dem-bot-tay-von-der-netzgemeinde-gelernt-hat-14146188.html).

[212] Eine davon zu trennende (und zu verneinende) Frage lautet, ob durch „künstliche Intelligenz" hervorgebrachte Bilder und Musikstücke als „geistige Schöpfungen" einem Urheberrecht unterliegen (dazu u. a. *Lauber-Rönsberg,* GRUR 2019 S. 244; *Ory und Sorge,* NJW 2019 S. 710 sowie *Zankl,* ecolex 2019 S. 244).

[213] Vorher Fn. 202.

[214] Die Europäische Kommission hat am 28.9.2022 gleichzeitig mit dem Richtlinienvorschlag zur Künstlichen Intelligenz den „Proposal for a directive of the European Parliament and of the Council on liability for defective products" (KOM[2022], 495 final) vorgelegt. Der Vorschlag zielt darauf, die Produkthaftungsrichtlinie (85/374/EWG) zu ersetzen. Künstliche Intelligenz soll hiernach ebenfalls als ein Produkt anzusehen (Art. 4(1) der Vorschlags, für das folgerichtig verschuldensunabhängig gehaftet wird.

vertreter", „Erfüllungsgehilfen" oder Hilfspersonen anderer Art behandelt werden sollten[215], trägt nicht. Der Einwand dagegen lautet, dass auch „Hilfsperson" nur sein kann, wer selbst Rechte und Pflichten trägt, mithin rechtsfähig ist. Besonders deutlich wird das bei der Stellvertretung. Die Idee, man könne den Einwand dadurch entkräften, dass man die Rechtsfähigkeit eines autonomen Systems auf die Fähigkeit reduziert, jemanden zu vertreten, gehört in ein Kuriositätenkabinett. Denn das Eine bestünde ja nur aus dem Anderen. Außerdem ist nicht klar, *wen* ein autonomes System dann eigentlich vertreten können sollte: warum nicht auch ein anderes System? Damit entstünde schnell die weitere Frage, wer von beiden eigentlich als das „autonomere" anzusehen wäre. Eine auf die Fähigkeit zur Stellvertretung reduzierte Rechtsfähigkeit wäre noch dazu eine praktisch nutzlose Erfindung. Denn jedes Vertretungsrecht muss seinerseits sicherstellen, dass ein vollmachtloser Vertreter gutgläubigen Dritten gegenüber selbst haftet.[216] Ohne Rechtsfähigkeit kann ein *falsus procurator* aber kein eigenes Vermögen haben, das die Grundlage einer solchen Haftung wäre. Zudem bräuchte man immer noch eine Zurechnungsebene, also neben einer Art „Vollmacht" und der Möglichkeit, den jeweiligen Vollmachtgeber zu identifizieren, auch ein Regelwerk, das eine Entscheidung darüber erlaubt, in wessen Namen der Roboter „gehandelt" hat. Das alles mündet in vollkommen unnötigen Komplikationen. Ein autonomes System „erklärt" nichts, schon gar nicht einen „Willen". Es handelt sich aus der Sicht des Vertragsrechts immer um eine Erklärung des Betreibers; das ist das Einzige, was einer gesetzgeberischen Klarstellung bedürfen mag.[217] Bei automatisierten Systemen (also Systemen, die Regeln folgen, die ein Entwickler ihnen vorgegeben hat) gilt in den Worten des dt. Bundesgerichtshofes: „Nicht das Computersystem, sondern die Person (oder das Unternehmen), die es als Kommunikationsmittel nutzt, gibt die Erklärung ab oder ist Empfänger der abgegebenen Erklärung".[218] Warum das bei autonomen Systemen, denen zwar kein bestimmter Algorithmus, dafür aber eine ausreichend große Zahl von Daten und ein erwünschtes Ergebnis vorgegeben wird[219], nur deshalb anders sein sollte, weil der auf dieser Basis von dem System „erlernte" Algorithmus derzeit noch nicht vollständig nachvollziehbar ist, ist nicht dargetan. Zudem können offenbar auch herkömmlich algorithmisch strukturierte Systeme, die mit Wenn-Dann Strukturen arbeiten, inzwischen einen solchen Komplexitätsgrad erreichen, dass auch ihr Verhalten nicht mehr vollständig nachvollziehbar ist.[220] Es existieren keine elektrischen Personen, und es besteht auch kein Grund, sie zu schaffen.

---

[215] Vorher Fn. 192. Die Idee, man könne Roboter wie Vertreter behandeln, geht wohl zurück auf *Chopra and White*, A Legal Theory for Autonomous Artificial Agents, S. 23 („The legally perspicuous, economically efficient, and philosophically coherent strategy to accomodate the presence of artificial agents in our socioeconomic domain is to take the „agent" metaphor seriously, and to consider a wide variety of artificial agents as legal agents of their human or corporate principals. Such a treatment is the most coherent way to fit them into existing legal schemas without extensive doctrinal change"). Der Rückgriff auf das Recht der Haftung für Erfüllungs- und Verrichtungsgehilfen ist versperrt, weil sich ein autonomes System nicht „verhalten" kann, schon gar nicht rechtswidrig und noch dazu schuldhaft. *Klingbeil*, JZ 2019 S. 718, 723 sieht den Ausweg in einer Regel, die lauten soll: „Bedient sich der Schuldner bei der Erfüllung seiner Verbindlichkeit statt einer Person einer selbstständig arbeitenden Maschine, so gilt eine Maschinenoperation als Verhalten des Schuldners, wenn ihm ein entsprechendes Gehilfenverhalten zuzurechnen wäre. Ein Verschulden des Schuldners gilt als gegeben, wenn ein dem Maschinenversagen entsprechendes Fehlverhalten eines Erfüllungsgehilfen typischerweise als schuldhaft anzusehen wäre". Wie aber will man ein Maschinenversagen mit menschlichem Verschulden vergleichen?
[216] Siehe statt vieler nur DCFR II.-6:107(2) und (3).
[217] Der § 17(2) tschech. BGB liest sich schon heute als Vorwegnahme dieses Punktes: „Wird gegenüber jemandem, der keine Person ist, ein Recht bestellt oder eine Pflicht auferlegt, so ist das Recht oder die Pflicht derjenigen Person zuzurechnen, der von der Natur des Rechtsfalles her dieses Recht oder die Pflicht zusteht".
[218] BGH 16.10.2012, BGHZ 195, S. 126, 131 Rdnr. 17 (*in casu* ging es um die automatische Bestätigung der Buchung eines Fluges). Ebenso im Ergebnis für Schweden SOU 1996:40 S. 121–122.
[219] Statt vieler *Specht und Herold*, MMR 2018 S. 40, 41.
[220] So bereits *Riehm und Meier*, DGRL Jahrbuch 2018, Rdnr. 7.

§ 4: Der Beginn und das Ende der Rechtsfähigkeit des Menschen

Weiteres Schrifttum:
Andrew Bainham (Hrsg.), The International Survey of Family Law (The Hague 1997); *Christian von Bar,* Benevolent Intervention in Another's Affairs (Principles of European Law, Study Group on a European Civil Code; München und Oxford 2006); *Melanie Berkl,* Todeserklärung und gerichtliche Feststellung der Todeszeit im Personenstandsrecht, StAZ 2013 S. 46–59; *Britta Chongkol van Beers,* Persoon en lichaam in het recht (Amsterdam 2009); *Dieter Birnbacher,* Tod (Berlin 2017); Deutscher Ethikrat, Stellungnahme des Deutschen Ethikrates: Hirntod und Entscheidung zur Organspende, BT-Drucksache 18/4256 vom 24.2.2015; *Stéphane Brezillon,* JCl. Civil Code, Art. 78 à 92: fasc. 10, Actes de l'état civil. Actes de décès. Établissement (Paris 2019); *Guido Capozzi,* Successioni e donazioni, Band I (3. Aufl. Mailand 2009); *Antonio Cicu,* Successioni per causa di morte: parte generale, divisione ereditaria (Mailand 1993); *Erwin Deutsch und Andreas Spickhoff,* Medizinrecht (7. Aufl. Heidelberg 2014); *Peter Dorner,* Wann ist der Mensch tot? Medizinische, ethische und rechtliche Aspekte (Graz 2009); *Luigi Cariota Ferrara,* Le successioni per causa di morte, Parte generale (Neapel 1955); *Paolo Ferretti,* Nasciturus pro iam nato habetur si de eius commodo agitur: storia di un principio, in: Reinoso Barbero (Hrsg.), Principios generales del derecho. Antecedentes historicos y horizonte actual (Madrid 2014) S. 685–706; *Luigi Ferri,* Successioni in generale: Dell'apertura della successione, della delazione e dell'acquisto dell'eredità, della capacità di succedere, dell'indegnità, della rappresentazione, dell'accettazione dell'eredità (Bologna 1972); *Thorsten Finger und Philipp Müller,* „Körperwelten" im Spannungsfeld von Wissenschaftsfreiheit und Menschenwürde, NJW 2004 S. 1073–1077; *Yvan Flavier,* Rép. Civ. Dalloz, V° Actes de l'état civil (Paris 2016); *Jan-Robert Funck,* Der Todeszeitpunkt als Rechtsbegriff, MedR 1992 S. 182–189; *Berthold Gaaz, Heinrich Bornhofen und Thomas Lammers,* Personenstandsgesetz. Handkommentar (5. Aufl. Frankfurt/Main 2020, 6. Aufl. 2022); *Michele Giorgianni,* La dichiarazione di morte presunta (Neapel 1978); *Konstantinos Hatzikostas,* O nomos 2737/1999 kai oi ‚post mortem' metamoscheuseis [Das Gesetz 2737/1999 und die ‚post mortem' Transplantationen], PoinChr. 55 (2005) S. 388–407; *Werner Heun,* Der Hirntod als Kriterium des Todes des Menschen – Verfassungsrechtliche Grundlagen und Konsequenzen, JZ 1996 S. 213–219; *Wolfram Höfling,* Transplantationsmedizin und dead donor rule, MedR 2013 S. 407–412; *I. Jansen,* Wet op de orgaandonatie, Ars Aequi 1996 S. 625–633; *Erwin J. O. Kompanje,* In het ene land dood, maar in het andere niet, Critical Care 6/2011 S. 12–13; *Max Kaser,* Handbuch der Altertumswissenschaft. Das römische Privatrecht, Abschnitt 1 (2. Aufl. München 1971); *Florence Laroche-Gisserot,* Rép. civ. Dalloz, V° Absence (Paris 2016); *Anne-Marie Leroyer,* La perte d'un père est pour l'enfant un préjudice moral, même s'il ne l'a pas connu, RTD civ. 2018 S. 92–93; *Chrestos Lynteres,* To poiniko dikaio ton metamoscheuseon [Das Strafrecht der Transplantation] (Athen 2004); *Burkhard Madea und Reinhard Dettmeyer,* Basiswissen Rechtsmedizin (Berlin und Heidelberg 2007); *Denis Mazeaud,* Une application inédite par la Cour de cassation de l'adage *Infans conceptus pro nato habetur quoties de commodis ejus habetur,* RTD civ. 2018 S. 72–74; *Marianne Meinhart,* D. 50,16,231. Ein Beitrag zur Lehre vom Intestaterbrecht des ungeborenen Kindes, ZRG RA 82 (1965) S. 188–210; *Reinhard Merkel,* Hirntod und kein Ende – zur notwendigen Fortsetzung einer unerledigten Debatte, Jura 1999 S. 113–122; *Frank Ulrich Montgomery und Peter Christian Scriba,* Zur Bedeutung des irreversiblen Hirnfunktionsausfalls als sicheres Todeszeichen, DÄBl 2018 S. 675–681; *Sónia Moreira,* O direito do nascituro à compensação por morte de um dos progenitores: Anotação ao Acórdão do STJ de 3.4.2014, Proc.436/07, CDP 50 (2015) S. 63–88; *Jörg Neuner,* Der nondum conceptus im Privatrecht, JuS 2019 S. 1–6; *Daniela Norba,* Rechtsfragen der Transplantationsmedizin aus deutscher und europäischer Sicht. Schriften zum Gesundheitsrecht Band 15 (Berlin 2009); *Antonio Palazzo,* I singoli contratti, Band 2, Atti gratuiti e donazioni, in: Rodolfo Sacco, Trattato di diritto civile (Turin 2000); *Paolo Papanti-Pelletier,* Assenza, scomparsa e morte presunta, Enciclopedia Giuridica (Rom 1988); *Federico Pizzetti,* La morte e la legge. La disciplina sulla definizione di morte e l'accertamento della morte legale dall'Unità d'Italia ad oggi (e a domani), in: Francesco Paolo de Ceglia (Hrsg.), Storia della definizione di morte (Mailand 2014) S. 391–414; *Stephan Rixen,* Euthanasie oder Behandlungsabbruch?, in: Franz Josef Borgmann (Hrsg.), Lebensbeendende Handlungen (Berlin 2017) S. 683–699; Stephanie Rohlfing-Dijoux und Uwe Hellmann (Hrsg.), Perspectives of law and culture on the end-of-life-legislations in France, Germany, India, Italy and United Kingdom (Baden-Baden 2019); *Martina Roller,* Die Rechtsfähigkeit des Nasciturus (Berlin 2013); *Klaus Saerbeck,* Beginn und Ende des Lebens als Rechtsbegriffe (Berlin 2016); *Francesco Santoro-Passarelli,* Dottrine generali del diritto civile (Neapel 2012); *Ben Sarbey,* Definitions of death: brain death and what matters in a person, Journal of Law and the Biosciences 3 (2016) S. 743–752; *Heimo Schack,* Weiterleben nach dem Tode – wie lange? Postmortale Begrenzungen subjektiver Rechte, JZ 2019 S. 864–872; *Johann Friederich Spittler,* Der menschliche Körper im Hirntod, ein chaotischer Zustand zwischen lebendem Menschen und Leichnam?, JZ 1997 S. 747–751; *Elisavet Symeonidou-Kastanidou,* Egklemata kata tes zoes [Verbrechen gegen das Leben] (2. Aufl. Athen und Thessaloniki 2001); *Bernard Teyssié,* J.-Cl. Civil Code, Art. 112 à 132, Absence (Paris 2020).

I. Zur Welt kommen, Geburt, Sterben und Tod

190 „Mensch" i. S. d. privaten Personenrechts ist, wer von einem anderen Menschen abstammt und lebt.[1] Wie der Mensch selbst, so unterliegen auch die Bausteine seiner Person zeitlichen Grenzen. „Mensch" mag schon der Embryo sein und deshalb „Rechtspersönlichkeit" haben; „rechtsfähig" aber ist nur, wer geboren ist. Zudem gelten nicht für alle Bestandteile der Person dieselben Eckdaten. Mit der Vollendung der Geburt wird der Mensch nicht nur rechtsfähig. Vielmehr sind auch seine Würde und sein Körper von Anfang an der Verfügung durch andere entzogen. Im Zeitpunkt der Vollendung der Geburt ist der Mensch aber noch nicht entscheidungs-, geschäfts- oder sonst handlungsfähig. Auch sind ihm noch nicht notwendig bereits ein Geschlecht und ein (vollständiger) Name zugeordnet.[2] Die Rechtsfolgen des Todes sind radikaler. Personenrechtlich markiert er das absolute Ende. Zwar gebietet es die Würde des *noch lebenden* Menschen, nicht in der Sorge sterben zu müssen, dass sein Leichnam geschändet oder sein Ruf demnächst beliebig in den Schmutz gezogen werden könnte. Aber die dafür geschaffenen Regelungen bilden richtiger Ansicht nach einen Teil des Straf-, des Verwaltungs-, des Sachen- und des Deliktsrechts, nicht des Personenrechts.[3] Denn alle Rechtsstreitigkeiten um einzelne Facetten des postmortalen Persönlichkeitsrechts müssen unter den Lebenden ausgetragen werden. Der Tote hat keine Person mehr, keine Rechts- und keine Geschäftsfähigkeit, kein Geschlecht, keinen Körper und keinen Namen[4], nicht einmal mehr eine ihm selbst zustehende Würde. Für einen Verstorbenen kann sich nichts mehr situativ entfalten.

---

[1] Oben Rdnrn. 153–154.
[2] Näher unten Rdnr. 448 und 539.
[3] Im System des französischen Rechts wird das vor dem Hintergrund des zum Personenrecht gehörigen Art. 16-1-1(1) franz. CC („Le respect dû au corps humain ne cesse pas avec la mort") aber wohl anders beurteilt. Eindrucksvoll dazu Cass. civ. 16.9.2010, Bull. civ. 2010, I, Nr. 174; Les grandes décisions du droit des personnes et de la famille², Anm. *Thibault Douville*, S. 133; D. 2010, Anm. *Loiseau*, S. 2750 und *Edelmann*, S. 2754; RTD civ. 2010 S. 760, Anm. *Hauser*. Es ging um Leichen, die in einer Ausstellung als Plastinate gezeigt wurden. Das Gericht gab dem Unterlassungsbegehren zweier Verbände (über die man nichts Näheres erfährt) statt. Es stützte die Entscheidung vor allem darauf, dass die Ausstellung kommerzielle Zwecke verfolgt habe. Die Körper der Verstorbenen seien deshalb nicht „traités avec respect, dignité et décence". Für die Instanzgerichte hatte außerdem die unklare Herkunft der Leichen und der fehlende Nachweis einer Einwilligung in die postmortale Persönlichkeitsverletzung eine Rolle gespielt (TGI Paris, ord. réf., 21.4.2009, Nr. 09/53100, JurisData Nr. 2009–002176; JCP 2009, actualités Nr. 225 S. 11., Anm. *Loiseau*). In Deutschland hat die (hier als „Körperwelten" bekannt gewordene) Ausstellung vor allem die Verwaltungsgerichte beschäftigt (VG Köln 19.3.2010, BeckRS 2011, 53624; OVG Bremen 19.4.2010, BeckRS 2010, 48383; OVG Berlin-Brandenburg 10.12.2015, BeckRS 2016. 40314); siehe außerdem *Finger und Müller*, NJW 2004 S. 1073. Die Ausstellung ist zunächst regelmäßig untersagt worden, konnte letztlich aber durchgeführt werden, weil es den Veranstaltern noch gelang, die erforderlichen Einwilligungen beizubringen (https://www.lto.de/recht/nachrichten/n/menschen-museum-leichen-ausstellung-bestattung-koerperwelten/).
[4] Ein Toter wird also zwar mit dem Namen identifiziert, den er zu Lebzeiten trug, aber ihm selbst ist kein bürgerlichrechtlicher Name mehr zugeordnet. Man kann das gut am System des spanischen Personenstandsrechts nachvollziehen. Zu den Rechten einer Person gegenüber dem Zivilregister gehören das Recht auf einen Namen und das Recht, durch Eröffnung eines individuellen Registers und Zuweisung eines persönlichen Codes registriert zu werden (Art. 11(a) span. LRC). Die Eintragung des Todesfalls in das Zivilstandsregister enthält Angaben über die Identität des Verstorbenen (Art. 62(1) span. LRC). Mit der Eintragung des Todesfalls wird der *registro individual* geschlossen. Der persönliche Code (*código personal*) darf nicht neu zugewiesen werden. Nur dieser Code bleibt also zur Identifizierung des Verstorbenen erhalten (Art. 62(4) span. LRC; vgl. bereits Rdnr. 22 mit Fn. 97). Das Recht auf einen Namen zählt zu den Persönlichkeitsrechten (z. B. Artt. 70–81 port. CC), die mit dem Tod ihres Inhabers erlöschen. Geschwistern darf beispielsweise nur dann der gleiche Vorname gegeben werden, wenn eins von ihnen bereits verstorben ist (Art. 103(2)(d) port. CRC). Ein Name ist „l'appellation par laquelle on désigne une personne" (*Laroche-Gisserot*, Leçons de droit civil I(2)⁸, S. 98 Rdnr. 531); ein Verstorbener ist keine Person und hat folglich auch keinen Namen mehr. Der Schutz des postmortalen Persönlichkeitsrechts bewirkt nur, dass der gute Ruf des Verstorbenen eine Zeit lang geschützt bleibt. Ohne Namensnennung ist eine Rufschädigung zwar praktisch kaum denkbar, aber in diesem Zusammenhang geht es erneut nur um die Identifizierung des Verstorbenen, m. a. W. um seinen früheren, aber nicht um einen aktuellen

Geburt und Tod verhalten sich also keineswegs in jeder Beziehung zueinander wie **191** entgegengesetzte Pole mit umgekehrten Vorzeichen. Dass das häufig anders gesehen wird, liegt an dem Merkmal der Rechtsfähigkeit. Sie endet mit dem Tod und beginnt mit der Vollendung der Geburt. Es gibt keine Rechtsfähigkeit nach dem Tod und vor der Geburt; es kann nur (und selbst das höchst ausnahmsweise) vorkommen, dass ein Mensch spezifische Rechte erst Jahre nach der Geburt (z. B. bei Eintritt der Volljährigkeit) erwerben darf.[5] Das ändert aber nichts daran, dass die Rechtsfähigkeit das Gebiet ist, in dem *alle* Rechtsfragen, die sich um Geburt und Tod drehen, Bedeutung erlangen. Deshalb liegt es nahe, Geburt und Tod im Kontext eben dieser Rechtsfähigkeit zu erörtern, außerdem deshalb, weil sie eine notwendige (wenn auch keine zureichende) Voraussetzung für alle weiteren Fähigkeiten ist, die dem Menschen die Teilhabe am Privatrechtsverkehr ermöglichen. Nicht das Zur-Welt-Kommen und das Sterben bestimmen die Eckdaten der Person, sondern **Geburt und Tod.** Das Zur-Welt-Kommen und das Sterben sind biologische und im Regelfall zeitlich gestreckte Vorgänge. Geburt und Tod sind dagegen im Privatrecht normativ gefasst. Sie stehen aus seiner Sicht für punktuelle Ereignisse, nicht für Prozesse. Wo sie sich ernsthaft stellen, handeln die Fragen, ob jemand schon geboren ist oder noch lebt, nicht von bloßen Tatsachen, sondern von Problemen des Rechts.[6] Denn von ihrer sachlichen (die emotionale Seite ausblendenden[7]) Lösung hängen wiederum nur Rechtsfolgen ab, im Privatrecht, wie gesagt, vor allem der Erwerb und der Verlust der Rechtsfähigkeit. Eine Rechtsordnung jedenfalls, die sich der Begriffe „Geburt" und „Tod" bedient, fixiert mit ihnen Punkte in der Zeit. Sie dienen dazu, den Beginn und das Ende der Spanne zu markieren, in der der Mensch rechtsfähig ist und damit zumindest *potentiell* als Inhaber weiterer Fähigkeiten in Betracht kommt. Dabei muss es so präzise wie möglich zugehen. Nur wenn die Rechtsordnung Geburt und Tod auf ein schmales Zeitfenster, am besten auf einen Augenblick reduziert, kann sie den Rechtsverkehr vor unklaren Verhältnissen schützen.

1. Der Beginn der Rechtsfähigkeit durch Vollendung der Geburt

Unter dem Recht nahezu aller Mitgliedstaaten beginnt die Rechtsfähigkeit des Menschen **192** mit der Vollendung seiner Geburt[8]; ein Mindestgeburtsgewicht wird nicht verlangt. Als

---

Namen. Denn „das Namensrecht einer Person [...] erlischt mit dem Tod des Namensträgers [...]. Ein Toter ist nicht mehr Rechtssubjekt und kann daher nicht mehr Träger des Namensrechts sein" (BGH 5.10.2006, BGHZ 169 S. 193; GRUR 2007 S. 168, 169 Rdnr. 8). Das schließt aber nicht aus, dass die Angehörigen eines verstorbenen Künstlers die Verwendung seines Namens noch für einen angemessenen Zeitraum nach seinem Tod unterbinden können (BGH a. a. O. S. 170 Rdnr. 18). Entsprechend verhält es sich bei dem Respekt, den man dem Leichnam eines Verstorbenen schuldet (Art. 16-1-1 franz. CC, vorige Fn).

[5] Zur Rechtsstellung des Nasciturus schon oben Rdnrn. 54, 66 und 153, außerdem unten Rdnr. 195; zu der damit teilweise verknüpften Lehre von der Teilrechtsfähigkeit oben Rdnr. 160 und zu Rechtsfähigkeitsbeschränkungen in Gestalt von Erwerbsbeschränkungen oben Rdnr. 176.

[6] *Rixen,* in: Borgmann, Lebensbeendende Handlungen, S. 683–699.

[7] Um Paaren, deren Kind tot oder nicht lebensfähig geboren wurde, beizustehen, haben Belgien (Art. 58 belg. CC) und Frankreich (Gesetz Nr. 93-22 vom 8.1.1993 modifiant le code civil relative à l'état civil, à la famille et aux droits de l'enfant et instituant le juge aux affaires familiales, JO Nr. 7 vom 9.1.1993, S. 495) die Möglichkeit geschaffen, Eltern ein spezielles Dokument auszustellen, den *acte d'enfant sans vie* (Art. 79-1 franz. CC). Der *enfant sans vie* ist zwar nicht rechtsfähig (Art 58(3) belg. CC), in der Urkunde kann jedoch ein Vorname vermerkt und das Kind kann in das Familienbuch eingetragen werden (Art. 59 (5) belg. CC). Die Eltern dürfen den leblosen Körper beerdigen (Art. R1112-75 franz. Code de la santé publique). Ein *acte d'enfant sans vie* kann aber weder bei einer vorzeitigen Fehlgeburt noch bei einem Schwangerschaftsabbruch angelegt werden, näher *Bernard-Xémard,* Cours de droit des personnes et de la famille[4], S. 51 Rdnr. 91. Zu Spanien siehe noch unten Fn. 10.

[8] Z. B. Art. 1 des bulg. Gesetzes über Personen und Familie („Jede Person erlangt mit der Geburt die Möglichkeit, Träger von Rechten und Pflichten zu sein"); § 1 dt. BGB („Die Rechtsfähigkeit des Menschen beginnt mit der Vollendung der Geburt"); § 7(2) estn. AT ZGB („Passive legal capacity begins with the live birth of a human being and ends with his or her death"); Art. 35 gr. ZGB („Eine Person

selbstverständlich vorausgesetzt (und deshalb nicht von allen Kodifikationen eigens betont[9]) wird, dass es sich um eine **Lebendgeburt** handelt. Denn obwohl sie nie im Leben standen, sind auch totgeborene Kinder „Tote" und folglich nicht rechtsfähig.[10] Spanien hat seine frühere Regel, unter der nach der Geburt zur Erlangung der „Rechtspersönlichkeit" (in unserer Terminologie: der „Rechtsfähigkeit") noch eine 24-stündige Karenzzeit abzuwarten war, bereits im Jahre 2011 abgeschafft.[11] In Frankreich, Belgien und Luxemburg hängen die Fähigkeit zu erben und etwas geschenkt zu bekommen, zwar immer noch von dem Kriterium der Lebensfähigkeit ab.[12] Ein Anencephalus, bei dem das Schädeldach, sowie das

---

beginnt mit dem Zeitpunkt zu existieren, in dem sie lebend geboren wurde, und endet mit ihrem Tode"); Art. 1(1) ital. CC („Die Rechtsfähigkeit wird zum Zeitpunkt der Geburt erworben"); Art. 211-1(1) katal. CC („Die *personalidad civil* wohnt der physischen Person seit der Geburt inne"); Art. 2.2(1) lit. ZGB („Passive civil capacity of a natural person shall begin at the moment of his birth and end at the moment of his death"); Art. 8 § 1 poln. ZGB („Jeder Mensch ist vom Zeitpunkt seiner Geburt an rechtsfähig"); Art. 66(1) port. CC („Die *personalidade* wird im Zeitpunkt der vollendeten Lebendgeburt erworben"); Art. 35 rumän. CC („Die Rechtsfähigkeit beginnt mit der Geburt und endet mit dem Tod der Person"); § 7(1) slowak. ZGB („Die Rechtsfähigkeit [die Fähigkeit, Träger der Rechte und Pflichten zu sein] einer natürlichen Person entsteht durch die Geburt"); Art. 29 span. CC („Die Geburt hat die *personalidad* zur Folge") und Art. 30 span. CC (i. d. F. von 2011) („Die *personalidad* wird im Zeitpunkt der lebendigen Geburt erworben, sobald die vollständige Trennung vom Mutterleib vollzogen ist"); § 23 tschech. BGB („Der Mensch ist rechtsfähig von der Geburt bis zum Tod"). Ausdrücklich anders zwar § 2:2(1) ungar. ZGB („Die Rechtsfähigkeit steht dem Menschen, wenn er lebend geboren wird, vom Zeitpunkt der Empfängnis an zu"), doch dürfte hier mit „Rechtsfähigkeit" Rechtspersönlichkeit gemeint sein.

[9] Die ausdrückliche Klarstellung, dass die Rechtsfähigkeit eine Folge der Geburt ist, haben der franz. CC und das österr. ABGB noch für überflüssig gehalten; sie haben sich stattdessen auf die Regelung einiger Spezialfragen beschränkt (dazu sogleich im Text). Eine den in der vorigen Fn. genannten Vorschriften entsprechende Regelung fehlt auch in Schweden und England. In der Substanz aber gilt dort dasselbe wie in Zentraleuropa. Das schwedische Schrifttum bestätigt, dass der Mensch mit der Geburt Rechtsfähigkeit (*rättskapacitet*) erlangt und „spätestens" nach der Geburt als Rechtssubjekt (*rättssubjekt*) auftritt (*Grauers*, Person och avtal[4], S. 17). In England ist das Prinzip in einer Vielzahl von Entscheidungen bestätigt worden, z. B. *Paton v British Pregnancy Advisory Service Trustees and another* [1979] QB 276 (Sir George Baker P: „The foetus cannot, in English law, in my view, have any right of its own at least until it is born and has a separate existence from the mother"); *Burton v. Islington Health Authority* [1993] QB 204, Lord Justice Dillon: „There are cases not in any way in doubt on this appeal which establish the general proposition that a foetus enjoys, while still a foetus, no independent legal personality"); ferner *In Re F (In Utero)* [1988] Fam 122 und *C v S* [1988] Q. B. 135. Was *genau* „separate existence" bedeutet, scheint für privatrechtliche Zwecke bislang aber nicht abschließend entschieden zu sein. Die Gerichte haben sich unter sec. 23 Offences Against the Person Act 1861 zwar mit der Frage befasst, was mit „any other person" gemeint ist, siehe z. B. *CP (A Child) v First-tier Tribunal (Criminal Injuries Compensation) (British Pregnancy Advisory Service/Birthrights and another intervening)* [2014] EWCA Civ 1554 (keine Verantwortung der alkoholkranken Mutter für Schädigungen ihres Fötus) und *Attorney General's Reference (No 3 of 1994)* [1998] A. C. 245 (Fötus ist nicht „another person"). Aber eine ausdrückliche Klarstellung, was „Vollendung der Geburt" im Einzelnen bedeutet, scheint es bislang nicht zu geben.

[10] Das spanische Recht spricht dann nicht von einem „Kind", sondern von einer Kreatur, einer *criatura nace muerta* bzw. einer *criatura abortiva*, einer totgeborenen Kreatur bzw. einer lebensunfähigen Frühgeburt. Sie ist nicht erbfähig (Art. 745 span. CC). Gemeint sind alle, die nicht die Voraussetzungen von Art. 30 span. CC erfüllen (Art. 171 span. RRC). *Criaturas abortivas* werden unter Artt. 171–174 span. RRC in einer besonderen Erklärungsfolie, einer Art Abtreibungsregister, erfasst. Alle Todesfälle ab Vollendung des sechsten Schwangerschaftsmonats werden in einer Akte des Zivilstandsregisters (*un archivo del Registro Civil, sin efectos jurídicos*) vermerkt (Ergänzende Bestimmung Nr. 4 des span. LRC). Die Eltern können einen Namen angeben.

[11] Oben Rdnr. 13 mit Fn. 43. Art. 30 span. CC lautet nun nur noch: „Die Rechtspersönlichkeit wird im Zeitpunkt der lebendigen Geburt erworben, sobald die vollständige Trennung vom Mutterbauch vollzogen ist".

[12] Artt. 725 und 906 belg., franz. und luxemb. CC. „Technisch gesprochen" handelt es sich dabei zwar möglicherweise nur um besondere Erwerbsbeschränkungen. Da man sich aber nicht vorstellen kann, wie anders als durch Erbschaft oder Schenkung ein Neugeborenes Vermögen erlangen kann, laufen die genannten Vorschriften am Ende doch auf echte Rechtsfähigkeitsverweigerungen hinaus. Die Verfasser des dt. BGB haben auf das Kriterium der Lebensfähigkeit bewusst verzichtet. Es sei nicht sicher feststellbar, ob ein Kind lebensfähig ist (Motive I, S. 28). Auch unter österreichischem und rumänischem Recht genügt es, dass das Kind nach der Geburt wenigstens kurz gelebt hat; Lebensfähigkeit wird nicht verlangt (Rummel und Lukas [-*Aicher*], ABGB[4], § 16 Rdnr. 4; *Nicolae, Bîcu, Ilie, Rizoiu*, Drept civil, S. 147; *Reghini, Diaconescu, Vasilescu*, Introducere în dreptul civil, S. 97).

I. Zur Welt kommen, Geburt, Sterben und Tod § 4

Groß- und das Zwischenhirn weitestgehend fehlen, jedoch ein Stammhirn vorhanden ist, so dass unmittelbar nach der Trennung vom Mutterleib noch Atmung, Kreislauf, Herzschlag und Reflexe festgestellt werden können, ist also zwar unter deutschem Recht rechtsfähig[13]; er ist aber nicht lebensfähig geboren. Das Fehlen jeglicher veröffentlichter französischer Rechtsprechung zu Fragen der Lebensfähigkeit indiziert allerdings, dass die entsprechenden Vorschriften nie eine nennenswerte praktische Bedeutung erlangt haben. Sie unterliegen heute nicht geringen menschenrechtlichen Bedenken.[14]

Dass die Rechtsfähigkeit des Menschen nicht schon mit dem Einsetzen der Eröffnungswehen[15], sondern erst mit der **Vollendung der Geburt** beginnt[16], hat zwei Gründe. Zum einen ist dieser Zeitpunkt leicht zu fixieren, zum anderen entsteht erst in ihm ein neuer Mensch, ein Mensch außerhalb des Mutterleibs. Die Geburt ist deshalb vollendet, sobald das Kind den Mutterleib vollständig verlassen hat, entweder auf natürlichem Wege oder, bei einer Kaiserschnittgeburt, zu dem Zeitpunkt, in dem der Arzt das Kind aus der Gebärmutter nimmt.[17] Auf die Trennung der Nabelschnur kommt es, auch wenn das gelegentlich anders gesehen wird, richtiger Auffassung nach nicht an.[18] Denn auch ein Kind, das noch an der Nabelschnur hängt, kann bereits selbständig atmen und schreien. Daran zeigt sich, dass es bereits lebend geboren wurde. Und im Übrigen ist das Pulsieren

193

---

[13] MünchKomm (-*Spickhoff*), BGB[8], § 1 Rdnr. 17. Siehe auch Palandt (-*Ellenberger*), BGB[79], § 1 Rdnr. 2 (bei der Vollendung der Geburt müsse das Kind leben, selbst wenn es gleich darauf verstirbt).

[14] Siehe dazu schon oben Rdnr. 13 und Rdnr. 65.

[15] Auf das Einsetzen der Eröffnungswehen stellt häufig das Strafrecht ab; aus seiner Sicht liegt dann bereits zu diesem Zeitpunkt ein Mensch vor. Das wird kriminalpolitisch begründet. Fahrlässig handelnde Geburtshelfer sollen bestraft werden können, obwohl die fahrlässige Abtreibung nicht strafbar ist. Siehe für Deutschland BGH 7.12.1983, BGHSt 32 S. 194; BGH 22.4.1983, BGHSt 31 S. 348 und MünchKomm (-*Schneider*), StGB[3], Vorb. § 211 Rdnr. 8; für Griechenland *Georgiades und Stathopoulos*, AK, Art. 35 gr. ZGB Rdnr. 4 und für Portugal *Figueiredo Dias* (-*Figueiredo Dias*), Comentário Conimbricense do CP, Anm. § 6 zu Art. 136, S. 102 (es komme in Artt. 136 [Kindstötung] und 140 port. CP [Abtreibung] jeweils auf den *início do nascimento* an). In Frankreich ist bislang nur entschieden worden, dass zum Nachteil eines Nasciturus keine fahrlässige Tötung begangen werden kann (Cass. Ass. plén. 29.6.2001, Nr. 99–85973, Bull. A. P. 2001, Nr. 8 S. 19), nicht, wann *genau* aus einem Nasciturus ein Mensch wird. Ebenso verhält es sich in England. Unter englischem Recht ist nur gesichert, dass Schädigungen des Foetus zwar unter einigen gesetzlichen Sonderregeln (sec. 1 Infant Life (Preservation) Act 1929; sec. 1 Abortion Act 1967) „an embryo or foetus in utero cannot be the victim of a crime of violence. In particular, violence to the foetus which causes its death in utero is not a murder" (*Attorney General's Reference No.3 of 1994* [1998] AC 245, 254, Lord Mustill). Stirbt das lebend geborene Kind infolge einer während der Schwangerschaft vorsätzlich zugefügten Verletzung, kommt *manslaughter* in Betracht (Lord Hope a. a. O. S. 274). Für verfassungsrechtliche Zwecke kommt es unter deutschem Recht auf eine zeitlich präzise Fixierung letztlich deshalb nicht an, weil schon das Kind im Mutterleib Träger einzelner Grundrechte ist (BVerfG 28.5.1993, BVerfGE 88 S. 203).

[16] Siehe schon oben Rdnr. 66 mit Fnen. 146–148 und Rdnr. 192 mit Fn. 8; außerdem für Österreich *Aicher* a. a. O. (Fn. 12) und für die Slowakei *Fekete*, Občiansky zákonník, Veľký komentár I, S. 76. In Tschechien findet sich die entsprechende Regel an sehr versteckter Stelle in Punkt 16 der Anlage der VO des Gesundheitsministeriums Nr. 297/2012 Gbl. vom 13.9.2012 über die Anforderungen an die Urkunde über die Leichenschau etc.

[17] *Madea und Dettmeyer*, Basiswissen Rechtsmedizin, S. 24.

[18] Siehe für Deutschland schon Mot. I, S. 28; für Griechenland *Georgiades und Stathopoulos* a. a. O. Rdnr. 3 sowie *Triantos*, AK, Art. 35 gr. ZGB Rdnr. 2; für Polen Safjan (-*Pazdan*), System Prawa Prywatnego I[2], S. 1050 Rdnr. 10 und für Tschechien Fn. 16. Auf die Trennung der Nabelschnur scheint aber weiterhin unter Art. 30 span. CC abzustellen zu sein, so dass es in diesem Punkt bei der bisherigen Rechtslage verblieben wäre (oben Rdnr. 13 mit 43 und Rdnr. 66 mit Fn. 148). Denn das Kriterium der „vollständigen Trennung vom Mutterleib" (*entero desprendimiento del seno materno*) ist in Art. 30 span. CC n. F. erhalten geblieben, und damit war unter der alten Fassung die Trennung der Nabelschnur gemeint (Ministerio de Justicia [-*Roca Trias*], Comentario del Código Civil I[2], S. 229, Anm. I zu Art. 30). Menezes Cordeiro [-*Menezes Cordeiro*], Código Civil Comentado I, Art. 66 Rdnr. 16 sowie *ders.*, Tratado de Direito Civil IV[5], S. 377 kritisiert die Formulierung von Art. 66(1) port. CC, weil nicht klar sei, was unter *nascimento completo* zu verstehen sei und empfiehlt, die Vorschrift im Einklang mit dem port. CP (vorher Fn. 15) auszulegen, also auf das Einsetzen der Geburtswehen abzustellen. Dass die Geburt erst mit der Trennung der Nabelschnur vollendet sei, vertritt für Frankreich *Carbonnier*, Droit civil I, S. 394 Rdnr. 205.

der Nabelschnur schon in sich ein ausreichendes Lebenszeichen.[19] Bleibt bei einem kurz nach der Geburt verstorbenen Baby unklar, ob es gelebt hat, helfen einige Kodifikationen mit einer (widerleglichen) **Lebensvermutung**.[20] In Deutschland muss die Lebendgeburt (und bei Mehrlingsgeburten ihre Reihenfolge) von jedem bewiesen werden, der daraus Rechte herleitet[21]; ist allerdings im Personenstandsregister (Geburtenbuch) die Tatsache der Geburt vermerkt, knüpft sich an den Registereintrag eine (gleichfalls widerlegliche) Lebensvermutung (§§ 21 und 54 dt. PStG). Die aufgehobene 24-Stunden-Frist des früheren spanischen Rechts war auch deshalb so ungewöhnlich, weil sie faktisch auf das Gegenteil hinauslief, also zu einer Art Totgeburtvermutung führte, wenn das Kind vor Ablauf eines Tages starb.[22]

194 Ein Kind, das ohne äußerlich sichtbare Lebenszeichen zur Welt kommt, aber noch erfolgreich reanimiert wird, ist lebend geboren worden. Eine Frau, die sich einer **Schwangerschaftsunterbrechung** (Abtreibung) unterzieht, bringt selbst dann, wenn sie den Embryo bei vollem Bewusstsein gebären muss, so gut wie ausnahmslos kein lebendes Kind zur Welt. Innerhalb der ersten zwölf Schwangerschaftswochen führt der medikamentöse Schwangerschaftsabbruch zu einer Fehlgeburt; der Fötus kann ohne Versorgung durch den mütterlichen Organismus nicht weiterleben und stirbt ab, bevor er mit Schleimhaut und Blutungen ausgestoßen wird. Auch eine Ausschabung, bei der der Fötus operativ aus der Gebärmutter entfernt wird, bewirkt seinen sofortigen Tod. Bei einem (medizinisch indi-

---

[19] Das ergibt sich gelegentlich unmittelbar aus dem personenstandsrechtlichen Verordnungsrecht. Der § 31 (1) dt. PStVO stellt klar, dass eine Lebendgeburt vorliegt, „wenn bei einem Kind nach der Scheidung vom Mutterleib entweder das Herz geschlagen oder die Nabelschnur pulsiert oder die natürliche Lungenatmung eingesetzt hat". Die VO betrifft allerdings nur die Eintragung im Personenstandsregister als solche, d.h., die VO definiert nicht abschließend, wann ein Mensch lebt. Es genügt mithin auch der Nachweis anderer Lebenszeichen (wie z. B. Hirnströme: Palandt [-*Ellenberger*], BGB[79], § 1 Rdnr. 2). Unter Pkt. 3 Anhang 1 der poln. VO des Ministers für Gesundheit vom 6.4.2020 über Arten, Umfang und Muster der medizinischen Dokumentation sowie der Art ihrer Verarbeitung (Dz.U.2020.666) bedeutet „Lebendgeburt", dass das Kind nach der Geburt atmet oder irgend ein anderes Lebenszeichen zeigt, unabhängig davon, ob das Kind abgenabelt oder von Mutterkuchen getrennt wurde. Art. 1 rumän. Erlass Nr. 359/2012 des Ministers für Gesundheit bezüglich der Kriterien für die Eintragung und Meldung der Neugeborenen (ABl. Nr. 237/9.4.2012) stellt alternativ auf spontane Atmung, „Herzaktivität (Pulsschläge der Nabelschnur) und die freiwillige Kontraktion eines Muskels" ab.

[20] Dazu gehören § 23 österr. ABGB („In zweifelhaftem Falle, ob ein Kind lebendig oder tot geboren worden sei, wird das erste vermutet. Wer das Gegenteil behauptet, muss es beweisen"); Art. 9 poln. ZGB („Wird ein Kind geboren, wird vermutet, dass es lebend zur Welt gekommen ist") und § 25 Satz 2 tschech. BGB („Es wird vermutet, dass das Kind lebend geboren wurde"). Im französischen CC findet sich eine solche ausdrückliche Lebensvermutung zwar nicht. Sie wird aber im Umkehrschluss aus Art. 725 franz. CC und – die Einzelheiten werden nicht ganz klar – aus der Geburtsurkunde abgeleitet (*Malaurie*, Droit des personnes[10]. S. 36 Rdnr. 11 („la vie est présumée chez celui qui est né, étant induite de l'acte de naissance").

[21] *Ellenberger* a. a. O. (Fn. 13). In Griechenland wird für den Fall, dass die Entbindungsreihenfolge nicht bewiesen werden kann, eine analoge Anwendung der Artt. 711 (Auslobung) und 1793 gr. ZGB (die vom Erblasser gewählte Bezeichnung des Bedachten passt auf mehrere Personen) erwogen. Die Kinder würden beide zu gleichen ideellen Anteilen Erbe werden (*Georgiades und Stathopoulos*, AK I, Art. 35, S. 65 Rdnr. 6; *Triantos*, AK, Art. 35, S. 51 Rdnr. 3).

[22] So hatte z. B. DGRN 3.9.1996, RAJ 1997 Nr. 1846 S. 2822 unter der Geltung von Art. 30 span. CC a. F. die Inskription eines Kindes in das Geburtenbuch abgelehnt und stattdessen eine Eintragung in die Abtreibungsakte *(incorporación al legajo de abortos)* verfügt. Das 1994 geborene Kind war innerhalb der ersten sechs Stunden nach der Geburt verstorben. Art. 30 span. CC (a.F.) solle Zweifel und Rechtsstreitigkeiten darüber vermeiden, ob der Fötus lebendig oder tot geboren wurde, außerdem eine unbegründete Änderung der Erbfolge in den Familienbesitz verhindern. Die unterschiedliche Behandlung von Kindern, die außerhalb des Mutterleibs mehr als 24 Stunden leben, und jenen, die zuvor sterben, sei rechtens und folge objektiven Kriterien. Die UN Kinderrechtekonvention (Ratifizierung BOE 31.12.1990) dürfe nicht in die Voraussetzungen eingreifen, die ein nationales Gesetz dafür festlegt, dass die Geburt die *personalidad civil* zur Folge habe. Rechtsvergleichende Argumente seien ohne Bedeutung. Jedes Land entscheide für sich und autonom, ob es auf die *viabilidad propria* (den Reifegrad des Fötus), die *viabilidad impropria* (die Überlebensfähigkeit des Fötus) oder auf die *viabilidad legal o plazo de vida* (die rechtliche Lebensfähigkeit bzw. die Lebensdauer, d. h. das [alte] System des span. CC) abstellen wolle.

I. Zur Welt kommen, Geburt, Sterben und Tod § 4

zierten) Spätabbruch wird der Fötus im Mutterleib durch eine Injektion getötet, die den Stillstand seines Herzens verursacht.[23]

2. Erwerb vorgeburtlich begründeter Rechte

Dass die Rechtsfähigkeit des Menschen mit seiner Geburt beginnt, bedeutet auch, dass er zu diesem Zeitpunkt bereits *ex lege* Rechte erwerben kann. Genau das ist ja der praktisch wichtigste Inhalt seiner Rechtsfähigkeit.[24] *Ex lege* erwirbt ein neugeborenes Kind Rechte, die auf einem Titel beruhen, dessen Grund bereits zu einer Zeit gelegt wurde, als es noch nicht geboren war. Welche Zeitpunkte und welche Titel dafür in Betracht kommen, hängt von der jeweiligen *lex causae*, nicht vom Recht der natürlichen Person ab. Vor allem für einzelne erbrechtliche Zwecke kann dieser Zeitpunkt auch schon vor der Empfängnis liegen. Vielfach ist dann von Zuwendungen an einen *nondum conceptus* die Rede[25], was freilich wenig glücklich ist, weil es die Vorstellung nährt, dass die Rechtsordnung auch reine Phantasiepersonen als „Rechtspersonen" akzeptiert.[26] In den meisten Fällen betrifft der gesetzliche Erwerb aber Rechte, deren Erwerbsgrund in die Zeit der Schwangerschaft der Mutter fällt. Das spätere Kind war zu dieser Zeit bereits ein sog. *nasciturus*. Ein Nasciturus selbst ist zwar gleichfalls kein Inhaber privater Vermögensrechte, aber das schließt nicht aus, dass andere Menschen für ein zukünftiges Kind schon heute, noch vor seiner Geburt, vorsorgend Vermögen aufbauen, um der nachfolgenden Generation einen guten Einstieg in ihr Leben zu ermöglichen. Ein neugeborenes Kind soll jedoch nicht mit Schulden, jedenfalls nicht mit Passiva auf die Welt kommen, die seine Aktiva übersteigen. Es mag zwar sein, dass es, wenn es mit seiner Geburt einen Nachlass erwirbt, in seiner Rolle als Erbe (und je nach dem anwendbaren Erbrecht) auch die Nachlassverbindlichkeiten tragen muss.[27] Aber dann sorgt das Erbrecht dafür, dass das Neugeborene nicht schon vor

195

---

[23] Angaben nach https://www.familienplanung.de/lexikon/spaetabbruch/ und nach https://www.netdoktor.de/schwangerschaft/abtreibung/.

[24] Oben Rdnr. 170.

[25] Oben Rdnr. 67 mit Fn. 156. Näher zu der Rechtsfigur des *nondum conceptus* im deutschen Recht *Neuner*, JuS 2019 S. 1; zu Portugal *Pais de Vasconcelos*, Teoria Geral do Direito Civil[7], S. 64, 74 (insb. zur Unterscheidung zwischen *nascituros* und *concepturos*) und zu Spanien *Lete del Río*, Derecho de la persona[2], S. 50 (ebenfalls zu *concebidos* und *no concebidos*). Auffällig ist freilich das geringe Interesse, das man dem Thema in Belgien und in Frankreich entgegenbringt. Die Standardliteratur schweigt dazu. Nur *Teyssié*, Droit des personnes[20], S. 21 Rdnr. 28 weist darauf hin, dass *enfants non encore conçus* (das Gesetz spricht von *enfants nés ou à naître*) unter Art. 132-8(3) franz. Code des assurances als Begünstigte eines Lebensversicherungsvertrages eingesetzt werden können.

[26] So in der Tat RG 14.10.1905, RGZ 61 S. 355, 356 und RG 9.3.1907, RGZ 65 S. 277, 280 (der *nondum conceptus* sei, wie sich u. a. an §§ 331(2), 1913 S. 2, 2101 und 2178 dt. BGB ablesen lasse, eine „fingierte Rechtsperson". In der Gegenwartsliteratur ist das zwar umstritten (ablehnend u. a. Palandt [-*Ellenberger*], BGB[79], § 1 Rdnr. 9 und *Neuner*, JuS 2019 S. 16), doch stößt diese alte Lehre auch immer noch auf Zustimmung (z. B. bei Staudinger [-*Avenarius*], BGB (2019), § 2101 Rdnr. 10 und MünchKomm [-*Spickhoff*], BGB[8], § 1 Rdnr. 49). In Griechenland scheint dagegen Einigkeit darüber zu herrschen, dass der noch nicht Erzeugte kein Rechtssubjekt ist, auch kein fingiertes. Wenn ein Erblasser eine im Zeitpunkt seines Todes noch nicht gezeugte Person als Erbe einsetze, sei das unwirksam. Eine solche Verfügung könne allerdings in eine Treuhand (Art. 1911, 1924(1) gr. ZGB) umgedeutet werden (*Georgiades und Stathopoulos*, AK I, Art. 36 gr. ZGB S. 69 Rdnr. 17). Nicht um eine „Person" handelt es sich auch bei kryokonservierten Embryonen. Für sie kommt keine Vaterschaftsfeststellung in Betracht (BGH 24.8.2016, NJW 2016 S. 3174). Der Gedanke, man könne für solche Embryonen wenigstens einen Pfleger bestellen, wirkt jedenfalls dann wie ein Widerspruch in sich, wenn es dem Antragsteller bzw. der Antragstellerin in Wirklichkeit darum geht, sich ein Verfügungsrecht über die Embryonen zu sichern. Denn er oder sie begehrt dann ausgerechnet zu diesem Zweck ihre Anerkennung als Rechtssubjekte (OLG Düsseldorf 31.7.2015, FamRZ 2015 S. 1979 m. Anm. *Mankowski* und *Coester-Waltjen*). Es ist also weder für einen *in vitro* fertilisierten Embryo, der nach seiner Implantierung zu keiner Schwangerschaft führte, noch und schon gar nicht für Spermata, die für eine künstliche Befruchtung vorgesehen sind und deshalb kryokonserviert wurden, aber keine „befruchtungsfähigen Zellen" darstellen, ein Kurator (§§ 22 und 274 österr. ABGB) zu bestellen (OGH 16.12.1996, JBl 1997,304).

[27] Eine besondere Konstellation ist Gegenstand der Regelung in Art. 1867 gr. ZGB. Danach kann die Mutter, wenn der Erbe zur Zeit des Todes des Erblassers bereits gezeugt und die Mutter außerstande ist, sich selbst zu unterhalten, bis zur Entbindung aus dem dem Kind zugedachten Erbteil Unterhalt verlangen.

seiner Geburt der Möglichkeit beraubt wird, seine Haftung nötigenfalls auf den Nachlass zu begrenzen oder ihn auszuschlagen.[28] **Personenrechtlich** jedenfalls soll jedes **Leben schuldenfrei beginnen.** Ein Neugeborenes wird deshalb *uno actu* mit der Vollendung der Geburt nur mit solchen Pflichten belastet, die von Gesetzes wegen in einem untrennbaren Zusammenhang mit der erb- bzw. sachenrechtlichen Rechtsstellung stehen, in die es in diesem Zeitpunkt einrückt.[29] Es ist dagegen nicht möglich, zum Nachteil eines Neugeborenen schon vor seiner Geburt rechtsgeschäftliche Pflichten zu begründen, weder einseitige noch solche, die aus einem synallagmatischen Verhältnis herrühren. Und da die Rechtsfähigkeit erst mit der Vollendung der Geburt beginnt, stehen dem Kind auch die Zinsen und andere Früchte seiner Rechte erst ab diesem Zeitpunkt zu. Der Moment, von dem ab solche Zinsen zu berechnen sind, richtet sich nach den allgemeinen Regeln. Verzugs- und Prozesszinsen z. B. können zugunsten eines Neugeborenen noch nicht aufgelaufen sein, weil es noch keine Mahnung aussprechen oder eine Leistung einklagen konnte.[30]

196   Nimmt ein Fötus durch das Verhalten eines „Dritten" (nicht der Mutter) bereits im Mutterleib einen **Schaden,** steht erst dem lebend geborenen Kind ein eigener Schadensersatzanspruch zu, und dies auch nur, wenn der Schaden nach der Geburt fortwirkt.[31] Der Anspruch hängt m. a. W. davon ab, dass das lebende Kind selbst unter der Beeinträchtigung

---

Die Unterhaltsschuld ist aber eine Schuld, die nur den Erbteil des Nasciturus belastet (*Georgiades und Stathopoulos* a. a. O., Art. 1867 Rdnr. 3).

[28] Unter deutschem Recht können demgemäß die Eltern, denen die Fürsorge für das Vermögen ihres zukünftigen Kindes obliegt (§ 1912(2) dt. BGB; § 1810 Satz 1 BGB n. F. verzichtet für diese Klarstellung), die ihm schon als Nasciturus zugedachte Erbschaft zwar ausschlagen, aber noch nicht mit der Wirkung annehmen, dass das Ausschlagungsrecht unter § 1943 dt. BGB erlischt (Palandt [-*Weidlich*], BGB[79], § 1943 Rdnr. 4). Die Lösung von Art. 1114(2) rumän. CC besteht darin, die Haftung schon von vornherein auf den Nachlass bzw. den Anteil am Nachlass zu begrenzen. Damit wird das Prinzip gewahrt, dass *infans conceptus pro nato habentur quoties de commodis eius agitur.*

[29] Das folgt vielfach schon unmittelbar aus den gesetzlichen Bestimmungen (z. B. aus Art. 36 gr. ZGB und aus Art. 29 span. CC [„todos los efectos que le sean *favorables*"] und dazu Albaladejo und Díaz Alabart [-*Cabanillas Sánchez*], Comentarios al CC y Compilaciones Forales I(3)[2], Anm. 4 zu Art. 29, S. 777; weitere Nachweise unten in Rdnr. 196), entspricht aber auch dort der herrschenden Rechtsauffassung, wo eine gesetzliche Klarstellung fehlt. Siehe für Frankreich z. B. *Mazeaud,* RTD civ. 2018 S. 72. Für das griechische Recht präzisieren *Georgiades und Stathopoulos,* AK, Art. 36 gr. ZGB Rdnr. 5 und *Triantos,* AK, Art. 36 gr. ZGB Rdnr. 4, ein Neugeborener trage bereits die Schulden aus dem ihm anfallenden Vermögen und (und in Anwendung der Vorschriften über die Geschäftsführung ohne Auftrag) seiner Verwaltung. Das ändert aber an dem Prinzip nichts, dass die „Rechtsfähigkeit" des Nasciturus nur den Erwerb von Rechten und nicht den Erwerb von Pflichten umfasst (Areopag 583/1997, EllDni 39 S. 88; Areopag 1153/1993, EllDni 36 S. 321).

[30] Zwar kann in bestimmten Fällen eine werdende Mutter für ihr Kind bereits eine Beistandsschaft beantragen, was es dem Beistand wiederum ermöglicht, ein Vaterschaftsfeststellungsverfahren und ein Verfahren auf Unterhaltssicherung einzuleiten (§§ 1712(1) und 1713(2) dt. BGB; dazu OLG Schleswig 15.12.1999, NJW 2000 S. 1271 und OLG München 13.4.2016, NJW-RR 2016 S. 902), doch bezieht sich auch das nur auf die Vaterschaft zu dem zukünftigen Kind bzw. seine zukünftigen Unterhaltsansprüche. Ein Nasciturus hat noch keinen Unterhaltsanspruch und keinen Vater im Rechtssinne. Die vorgeburtliche Vaterschaftsanerkennung wird folglich erst mit der Geburt des Kindes wirksam (BeckOK [-*Hahn*], BGB 51. Ed. 1.8.2019, § 1594 Rdnr. 8).

[31] Z. B. *CP (A Child) v First-tier Tribunal (Criminal Injuries Compensation) (British Pregnancy Advisory Service/ Birthrights and another intervening)* [2014] EWCA Civ 1554 (keine Verantwortung der alkoholkranken Mutter für Schädigungen ihres Fötus mit der Gegenausnahme einer Haftung für die Folgen eines Verkehrsunfalls unter dem Congenital Disabilities (Civil Liability) Act 1976, dessen sec. 1(1) ausdrücklich auch eine Haftung Dritter für fahrlässig bereits während der Schwangerschaft verursachte Schäden eines später lebend geborenen Kindes begründet). Auch Art. 446¹ poln. ZGB stellt klar, dass ein Kind nach seiner Geburt Ersatz für Schäden verlangen kann, die vor seiner Geburt verursacht wurden. Der dt. BGH hat betont, dass es nicht um eine beschränkte Rechtsfähigkeit der Leibesfrucht, sondern um eine Gesundheitsverletzung bei dem später geborenen Kind gehe. Dass die Schädigung schon im Mutterleib und damit „vor Existenz des Menschen und vor Beginn seiner Rechtsfähigkeit" zugefügt wurde, hindere einen Anspruch nicht (BGH 11.1.1972, BGHZ 58 S. 51). Die Feststellung einer Verletzung von Körper und Gesundheit erfolgt also nicht durch den Vergleich mit dem Zustand bei der Geburt (dem Entstehen der rechtsfähigen Person), sondern durch Vergleich mit dem Zustand, der ohne Infektion im Mutterleib gegeben wäre.

seines Körpers bzw. (und soweit dafür nach den allgemeinen Regeln überhaupt ein Ersatz in Betracht kommt) seiner emotionalen Stabilität leidet.[32] Entsprechend verhält es sich, wenn ein Kind dadurch einen Unterhaltsschaden erleidet, dass sein Vater und Versorger schon während der Schwangerschaft der Mutter getötet wurde.[33] Wird dagegen der Fötus infolge eines Unfalls der Mutter (oder einer gegen sie gerichteten Straftat) tot geboren, steht nur der Mutter, nicht auch dem Fötus selbst ein Schadensersatzanspruch wegen der erlittenen Verletzung zu, und zwar auch dann nicht, wenn eine Rechtsordnung (wie die portugiesische) den *dano-morte* als eigene Schadenskategorie anerkennt.[34] Der Anspruch auf

---

[32] Z. B. Cass. civ. 14.12.2017, Bull. 2017, II, Nr. 235; Anm. *Mazeaud*, RTD civ. 2018 S. 72; D. 2018 S. 386, Anm. *Bacache*. Das Gericht gewährte einem Kind einen immateriellen Schadensausgleich dafür, dass es ohne Vater aufwachsen musste. Der Vater war durch einen von seinem Arbeitgeber verschuldeten Arbeitsunfall zu Tode gekommen, als das Kind zwar schon empfangen, aber noch nicht geboren war. *Leroyer*, RTD civ. 2018 S. 92, 93 meint, der Kassationshof habe das Konzept des *préjudice d'affection* erweitert. Da das Kind seinen Vater nicht kannte, habe zu ihm kein *lien d'affection* bestanden. Vielmehr begründe allein schon der Umstand, dass das Kind seinen Vater nicht kenne, einen *préjudice objectivement réparable*. Das erste europäische Gericht, das schon 1962 in diesem Sinne entschieden hatte, ist aber (der Sachverhalt war sehr ähnlich) bulgar. OG 19.3.1962, Nr. 176/1962, IV. Zivilkammer. Der immaterielle Schaden des erst nach dem Unfall geborenen Kindes sei kausal auf ihn zurück zu führen. Der gr. Areopag (A. P. 911/2003, EllDne 45 [2004] S. 1606; A. P. 1641/2003, EllDne 45 [2004] S. 717; A. P. 1652/2002, EllDne 44 [2003] S. 1562) stellt darauf ab, ob bereits dem Kind im Mutterleib ein psychischer Schaden entstand, was möglich sei. Berufungsgericht Larissa 205/2010, Isokrates-Datenbank erklärt freilich, dass der ganze Sinn dieser Rechtsprechung darin liege, dass später lebend geborene Kind dafür zu entschädigen, dass es ohne Vater aufwachsen müsse. STJ 17.2.2009, Processo 08A2124 lehnte einen Ersatzanspruch zunächst noch ganz ab. Der Vater war bei einem Autounfall zu einem Zeitpunkt zu Tode gekommen, in dem die Mutter mit dem späteren Kind schwanger war. Einen Ersatzanspruch unter Art. 496(2) port. CC (Angehörigenschmerzensgeld) hätten nach dem Wortlaut des Gesetzes nur „Kinder", und ein Nasciturus sei noch kein Kind. Das Gericht begründet seine Entscheidung auch mit Art. 66(2) port. CC. Auch wenn das Kind nach seiner Geburt Rechtspersönlichkeit erworben habe, habe es an ihr im Zeitpunkt des Unfalls noch gefehlt. STJ 3.4.2014, Processo 436/07.6TBVRL.P1.S 1 m. Anm. *Moreira*, CDP 50 (2015) S. 63–88 ist von dieser Entscheidung zu Recht abgerückt. Es lasse sich kein Sachgrund dafür finden, warum zwei Geschwister, die den Verlust desselben Elternteils erleiden, nur deshalb unterschiedlich behandelt werden müssten, weil das eine im Unfallzeitpunkt bereits gelebt, das andere aber erst 18 Tage nach dem Unfall geboren worden war. Beide Kinder seien betroffen; dem jüngeren Geschwisterteil wurden 20.000,-€ für den erlittenen immateriellen Schaden zugesprochen. (Der Umstand, dass es sich in STJ 17.2.2009 um das bis dahin einzige Kind der Eltern handelte, kann keinen Unterschied machen; das sieht im Ergebnis auch *Menezes Cordeiro*, Tratado de Direito Civil IV[5], S. 384 so). *Bianca*, Diritto civile I[2], S. 221 begründet seine Ansicht, dass der Nasciturus bereits eine partielle, durch die Geburt bedingt ausgesetzte Rechtsfähigkeit besitze, damit, dass der Nasciturus bereits ein Erbrecht und einen Anspruch auf Ersatz für biologische und moralische Schäden habe. Unter § 844(3) dt. BGB, der gleichfalls „ein Kind des Getöteten" als Anspruchsberechtigten nennt, ist ein entsprechender Fall noch nicht entschieden worden. Der Anspruch sollte auch unter deutschem Recht nicht daran scheitern, dass dieses Kind im Zeitpunkt des Unfalls noch nicht geboren war. Man könnte den Anspruch höchstens daran scheitern lassen, dass das Kind nie in einem besonderen persönlichen Näheverhältnis zu seinem Vater stand, aber das erscheint als ein schwaches Argument.

[33] Richtig m. E. Tschechoslowakisches OG 26.5.1933, R II 144/33, Vážný (Hrsg.), Rozhodnutí nejvyššího soudu československé republiky ve věcech občanských, Bd. 15, Nr. 12640 S. 685. Der Vater des Kindes war schon während der Schwangerschaft der Mutter bei einem Autounfall getötet worden. Sie klagte unter Hinweis auf § 168 ABGB a. F. („Schon vor der Geburt des Kindes kann das Gericht auf Antrag der Mutter, wenn sie dessen bedürftig ist, und nicht einen unzüchtigen Lebenswandel führt, denjenigen, dessen Vaterschaft … glaubhaft gemacht wird, dazu verhalten, dass er den Betrag des dem Kinde zu gewährenden Unterhaltes für die ersten drei Monate … bei Gericht erlege") erfolgreich gegen den Unfallverursacher auf Ersatz des für das Kind bestimmten Unterhaltsvorschusses.

[34] STJ 9.10.2008, Processo 07B4692. Das Gericht entschied gleichzeitig, dass die Regelung des Art. 66(1) port. CC („Die Persönlichkeit wird im Zeitpunkt der vollständigen Geburt als lebendes Kind erworben") verfassungskonform sei. Es setzte sich eingehend mit *Pais de Vasconcelos*, Teoria Geral do Direito Civil[7], S. 65–66 auseinander, folgte seinen Thesen jedoch nicht. Jedenfalls sei die *perda do direito à vida de um feto* schadensrechtlich nicht gesondert auszugleichen; einen eigenen Schadensersatzanspruch habe nur die Mutter. Denkbar ist allerdings, dass beiden Elternteilen, der Schwangeren und ihrem Ehepartner, ein *immaterieller* Schadensausgleich wegen des Verlustes ihres Kindes zugesprochen wird (Areopag 10/2013, NoB 61 [2013] S. 1191, 1268). Das gilt namentlich auch für Eltern, die ihr Kind infolge einer gegen die schwangere Ehefrau gerichteten Straftat verlieren (Appellationsgericht Bourgas 14.7.2020, Beschluss Nr. 218 in der Strafsache Nr. 164/2020. Das Gericht verweist u. a. auf Art. 1 der Richtlinie 2012/29/EU des Europäischen Parlaments und des Rates vom 25.10.2012 über Mindeststandards für die Rechte, die

den Ausgleich vorgeburtlich *verursachter* Schäden ist ein Anspruch, der erst mit der Geburt entsteht; er gleicht keine *vorgeburtlichen* Schäden aus. Deshalb wird er nicht aus einem Titel erworben, aus dem das Neugeborene *qua* Geburt berechtigt wird. Er wird erworben, weil ein inzwischen rechtsfähiger Mensch in seinen Unterhaltsrechten, an seinem Körper oder an seiner Seele beschädigt ist. Der Zeitpunkt, zu dem sich das haftungsbegründende Ereignis zutrug, d. h. die Frage, ob es sich damals noch um einen *nondum conceptus* oder schon um einen *nasciturus* handelte, spielt haftungsrechtlich nur deshalb eine Rolle, weil ein *nondum conceptus* eben noch gar nicht gezeugt ist und ihm deshalb kein Vater verloren gehen kann. Dem späteren Kind entgehen durch die Tötung des ehemaligen Partners der Mutter weder dessen Fürsorge noch dessen Unterhalt[35]; es hat schließlich einen anderen Mann zum Vater.[36] Geht es dagegen um Gesundheitsschäden des lebend geborenen Kindes, kann sich das Fehlverhalten des Anspruchsgegners schon Jahre vor der Zeit zugetragen haben, in der die spätere Mutter begann, sexuell aktiv zu werden.[37]

197 Die Vorstellung, dass es schon vor Vollendung der Geburt eine nicht nur mit Rechtspersönlichkeit, sondern bereits mit einer Rechtsfähigkeit *en miniature* ausgestattete Person gebe, geht auf eine Fiktion zurück. Sie läuft darauf hinaus, den Zeitpunkt der Geburt gedanklich vorzuverlegen. Diese **fiktive Vordatierung** kommt aber nur zum Zuge, wenn es inzwischen tatsächlich zu einer Lebendgeburt gekommen ist, und der Zweck jener Fiktion besteht ausschließlich darin zu erklären, warum ein Kind mit Rechten ins Leben treten kann, aber zu diesem Zeitpunkt noch von Pflichten verschont bleiben soll, die gesetzlich nicht unmittelbar mit diesen Rechten zusammenhängen. Die Wertung ist ohne weiteres nachvollziehbar; die theoretische Konstruktion ist es nicht. Sie läuft in wundersamer Weise auf eine gleichzeitig aufschiebende und auflösende Rechtsbedingung hinaus. Man deutet die Rechtslage vielfach dahin, dass das Recht zwar anfalle, sein Erwerb aber bis zur Lebendgeburt aufgeschoben bleibe, und dass beides im Falle der Totgeburt wieder entfalle.[38]

Unter § 22 österr. ABGB z. B. haben „selbst ungeborene Kinder ... von dem Zeitpunkte ihrer Empfängnis an einen Anspruch auf den Schutz der Gesetze. Soweit es um ihre und nicht um die Rechte eines Dritten zu tun ist, werden sie als Geborene angesehen; ein totgeborenes Kind aber wird in Rücksicht auf die ihm für den Lebensfall vorbehaltenen Rechte so betrachtet, als wäre es nie empfangen worden". Für den Fall der Lebendgeburt soll die gezeugte Leibesfrucht hinsichtlich ihrer Rechte einem schon tatsächlich lebend geborenen Kinde gleichgestellt sein.[39] Das ist ein Kniff, auf den in der einen oder anderen Weise praktisch alle europäischen Rechtsordnungen zurückgreifen. Manche haben ihn, wie Österreich, zum Gegenstand einer allgemeinen Regelung gemacht[40], andere haben ihn

---

Unterstützung und den Schutz von Opfern von Straftaten und legt dar, dass „Eltern" i. S. d. Vorschrift auch die Eltern eines tot geborenen Kindes seien).

[35] Unter § 844(2) dt. BGB entsteht demgemäß ein schadensrechtlicher Unterhaltsersatzanspruch nur, wenn der Getötete zur Zeit der Verletzung zu einem „Dritten" in einem Verhältnis gestanden hat, „vermöge dessen er diesem gegenüber kraft Gesetzes unterhaltspflichtig ... werden konnte". Die Regel gilt also nur für Kinder, die im Unfallzeitpunkt bereits gezeugt waren (MünchKomm [-*Spickhoff*], BGB[8], § 1 Rdnrn. 49–51). Und da Kinder erst ab der Geburt bedürftig i. S. d. Unterhaltsrechts werden, entsteht der Anspruch auch erst mit der Geburt (*Roller*, Die Rechtsfähigkeit des Nasciturus, S. 121).

[36] Das kann nur dann anders sein, wenn die Mutter nach dem Tod des Vaters künstlich mit seinen Spermien befruchtet wurde (Art. 1457 gr. ZGB). Aber auch in diesem Fall fehlt es an einer Kausalität zwischen dem Versterben des Vaters und dem möglicherweise eintretenden seelischen Leid des später geborenen Kindes.

[37] Z. B. BGH 20.12.1952, BGHZ 8 S. 243 (Schadensersatzanspruch eines Kindes bejaht, das deshalb geschädigt zur Welt kam, weil seiner Mutter schon geraume Zeit vor der Schwangerschaft mit Lues infiziertes Blut infundiert worden war). Unter Art. 446[1] poln. ZGB wäre das Ergebnis dasselbe. Die Vorschrift hält (wenn auch sprachlich etwas ungenau) fest, dass ein Kind ab dem Zeitpunkt seiner Geburt Ersatz für vorgeburtlich erlittene Schäden verlangen kann.

[38] Die Bedeutung des Gedankens, dass es sich um eine Rechtsbedingung handele, erläutern *Georgiades und Stathopoulos*, AK, Art. 36 gr. ZGB Rdnr. 14.

[39] Schwimann und Kodek (-*Posch*), ABGB[4], § 22 Rdnr. 2.

[40] Dazu gehören u. a. Art. 36 gr. ZGB („Der Erzeugte gilt in Ansehung der ihm anfallenden Rechte als geboren, wenn er lebend geboren wird"); Art. 1(1) und (2) ital. CC („Die Rechtsfähigkeit wird zum Zeitpunkt der Geburt erworben. Die Rechte, die das Gesetz dem bereits empfangenen Kind zuerkennt,

I. Zur Welt kommen, Geburt, Sterben und Tod § 4

nur in erbrechtlichem Kontext eingesetzt[41] (und es der Rechtsprechung überlassen, auf ihn in zahllosen anderen Zusammenhängen ebenfalls zuzugreifen), dritte ihn im Erbrecht noch einmal eigens wiederholt[42], und vierte sehen in ihm einen zwar nicht ausdrücklich kodifizierten, aber doch allgemein akzeptierten Bestandteil ihrer Tradition: *Infans conceptus pro nato habetur quoties de commodis ejus habetur.*[43]

Rechtssätze, die sich mit der vermögensrechtlichen Vorsorge für das Wohlergehen einer **198** kommenden Generation befassen, sind indes keine Rechtssätze des Personen-, sondern des Vermögensrechts. Sie gehören in den **Sachzusammenhang** der Materie, in der sie sich entfalten sollen, kollisionsrechtlich gesprochen nicht zum Personal- sondern zum **Wirkungsstatut.** Denn sie betreffen die Gestaltungsmöglichkeiten der Lebenden in Bezug auf die noch nicht Geborenen. Man hat es je nach Lage des Einzelfalls und des jeweiligen Spezialregimes mit einem Stück Erb-, Sachen-, Vertrags- oder Schenkungsrecht zu tun, nicht mit Angelegenheiten, zu denen sich das Recht der natürlichen Person verhalten muss.[44] Es ist also privatrechtlich weder angezeigt noch möglich, die Rechtsstellung eines

---

hängen von der tatsächlichen Geburt ab"); Art. 1:2 ndl. BW (wenn es im Interesse des Kindes ist, mit dem die Frau schwanger ist, wird das Kind als schon geboren angesehen); Art. 36 rumän. CC („Die Rechte des Kindes sind von seiner Empfängnis an anerkannt, aber nur, wenn es lebendig geboren wird. Die Vorschriften des Art. 412 bezüglich der gesetzlichen Empfängniszeit sind anwendbar"); § 7(1) slowak. ZGB („Die Rechtsfähigkeit einer natürlichen Person entsteht mit ihrer Geburt. Diese Fähigkeit hat auch ein gezeugtes Kind, wenn es lebend geboren wird"); § 25 tschech. BGB („Ein gezeugtes Kind ist als bereits geboren anzusehen, wenn dies dem Kindeswohl entspricht. Es wird vermutet, dass das Kind lebend geboren wurde. Wird das Kind jedoch nicht lebend geboren, so ist es so anzusehen, als wäre es nie gewesen"); Art. 29 span. CC (wonach die Geburt die *personalidad* zur Folge hat, die Leibesfrucht aber hinsichtlich aller für sie vorteilhaften Rechtsfolgen als geboren gilt, sofern sie lebend geboren wird) und § 2:2(1) ungar. ZGB („Die Rechtsfähigkeit steht dem Menschen, wenn er lebend geboren wird, vom Zeitpunkt der Empfängnis an zu"). Bemerkenswert vorsichtiger formuliert dagegen Art. 66(2) port. CC, dass „die Rechte, die das Gesetz den noch nicht Geborenen zuerkennt, ... von ihrer Geburt ab[hängen]"). Es will also jeweils genau geprüft sein, *welche* Rechte das Gesetz *welchen* noch nicht Geborenen zuerkennt; siehe dazu bereits oben Fn. 32 (STJ 17.2.2009).

[41] Z. B. § 1923 dt. BGB „(1) Erbe kann nur werden, wer zur Zeit des Erbfalls lebt. (2) Wer zur Zeit des Erbfalls noch nicht lebte, aber bereits gezeugt war, gilt als vor dem Erbfall geboren"); § 5(4) estn. Erbgesetz („A child born alive after the opening of a succession shall be deemed to have succession capacity at the time of opening of the succession if the child was conceived before the opening of the succession"); Art. 725 franz. CC („Pour succéder, il faut exister à l'instant de l'ouverture de la succession ou, ayant déjà été conçu, naître viable"); Art. 386 lett. ZGB („A natural person has the capacity to inherit if, at the time the succession is opened, such person has been conceived, but has not yet been born"). Art. 5.5.1 Nr. 1 und 2 lit. ZGB („children of the bequeather who were born after his death"; „those who were conceived while the testator was still alive and were born after his death"); Art. 927 §§ 1 und 2 poln. ZGB (ein im Zeitpunkt des Erbfalls schon gezeugtes Kind kann Erbe sein, wenn es lebend geboren wird) und Kap. 1 § 1 schwed. Ärvdabalk (gezeugte Kinder können testamentarisch unter der Bedingung erben, dass sie lebend geboren werden).

[42] Z. B. regelt zusätzlich zu Art. 36 gr. ZGB (Fn. 40) Art. 1711 Satz 1 gr. ZGB noch ausdrücklich, dass „Erbe ... nur derjenige sein (kann), der zur Zeit des Anfalls der Erbschaft lebt oder wenigstens erzeugt ist". *Triantos,* AK, Art. 36 gr. ZGB Rdnr. 2 und *Georgiades und Stathopoulos,* AK, Art. 36 gr. ZGB Rdnrn. 3 und 14 sehen den Zweck dieser speziellen Regelung darin, im Falle der Lebendgeburt den Zeitpunkt des Rechtserwerbs auf den Zeitpunkt des Rechtsanfalls zurückzudatieren. Ebenso verfahren Art. 462 ital. CC („Erbfähig sind die zum Zeitpunkt der Eröffnung der Erbfolge geborenen oder empfangen sind") und Art. 957(1) rumän. CC („Eine Person kann erben, wenn sie zur Zeit des Erbfalls existierte. Die Bestimmungen der Art. 36, 53 und 208 sind anwendbar").

[43] Siehe z. B. für Polen *Safjan (-Pazdan),* System Prawa Prywatnego I², S. 1055 Rdnr. 16 und für Frankreich *Mazeaud,* RTD civ. 2018 S. 72. Die lateinische Redewendung wurde aus D. 38.16.7, D. 50.16.231 (dazu *Meinhart,* ZRG RA 82 [1965] S. 188, 208), D. 1.5.26 und D. 1.5.7 abgeleitet (*Kaser,* Das römische Privatrecht², S. 272 Fn. 21; *Ferretti,* in: Barbero, Principios generales del derecho, S. 685).

[44] Das vollziehen denn auch praktisch alle Kodifikationen dadurch nach, dass sie die einzelnen Regelungen nicht zum Personenrecht, sondern zu den vermögensrechtlichen Spezialregimen stellen, abgesehen manchmal nur von einer darauf verweisenden allgemeinen Regel (z. B. Art. 66(2) port. CC). Die Motive zum dt. BGB (Mot. I, S. 29) bemerken bereits, dass, „soweit privatrechtliche Interessen desjenigen, der empfangen, aber noch nicht geboren ist, zu wahren sind", dies „am geeignetsten durch besondere Bestimmungen" geschehe. „In der Hauptsache handelt es sich um eine Fürsorge auf dem Gebiete des Erbrechts". § 1923(2) dt. BGB sei so zu verstehen, dass „der Anfall, der erst mit der Geburt eintritt, in seinen rechtlichen Wirkungen auf die Zeit des Erbfalls zurückbezogen wird" (a. a. O.). Das legt nahe, dass auch der Gesetzgeber davon ausging, dass dem Nasciturus keine Rechtsfähigkeit zukomme. Die Verfasser

lebend geborenen Menschen mit der „Rechtsstellung" der noch nicht Geborenen zu vergleichen (und in der Gruppe der Letzteren wiederum zwischen der „Rechtsstellung" der noch nicht und der schon Gezeugten zu unterscheiden).[45] Es ist nur angezeigt und möglich, die Frage zu analysieren, wie natürliche Personen unter sich für dereinstige Kinder sorgen können. Die rechtsfähigkeits- und damit personenrechtlich gedachte Steigerung *nondum conceptus – nasciturus –* Kind[46] überzeugt nicht.[47] Träger von Vermögensrechten ist nur das neugeborene Kind; weder ist ein Nasciturus im Vergleich zu ihm noch ein Nondum conceptus im Vergleich zu einem Nasciturus jeweils „ein bisschen" weniger rechtsfähig.

199   Eine Phantasieperson hat keine Rechte. Trotzdem kann für sie vielfach in derselben Weise vorgesorgt werden, wie für einen Nasciturus. Weder hängen die Wirksamkeit eines Vermächtnisses[48], noch die Wirksamkeit eines Vertrags zugunsten Dritter[49] davon ab, dass der Letztbegünstigte im Zeitpunkt der Vornahme dieser Rechtsgeschäfte bereits gezeugt war. Dasselbe gilt für seine Einsetzung zum Nacherben[50], zum Bezugsberechtigten aus

---

des dt. BGB haben allerdings selbst keine klare Linie verfolgt, weil sie an anderer Stelle ausdrücklich bejahten, dass zugunsten ungeborener Kinder eine Hypothek bestellt werden könne (Mot. III, S. 641).

[45] Anders aber erhebliche Teile vor allem des deutschen Schrifttums. Die „Rechtsstellung" des *nondum conceptus* wird mit Verweis auf § 1923(2) (kein Erbrecht) und § 844(2)(2) dt. BGB (kein schadensrechtlicher Unterhaltsersatz) oft als schwächer als die des *nasciturus* angesehen (Gsell/Krüger/Lorenz/Reymann [-*Behme*], Beck OGK 1.9.2020, § 1 BGB Rdnr. 27; Staudinger [-*Kannowski*], BGB [2018], § 1 Rdnr. 25).

[46] Sie lässt sich auch in der deutschen Rechtsprechung nachweisen. Denn das RG (bislang aber nicht der BGH) hatte auch den *nondum conceptus* mit Blick auf §§ 331(2) (Vertrag zugunsten Dritter), 1913 S. 2 (§ 1822 S. 2 n.F.) (Pflegschaft für noch nicht gezeugten Nacherben), 2101 (Einsetzung eines *nondum conceptus* als Erbe bedeutet Einsetzung als Nacherbe) und 2178 dt. BGB (Anfall eines Vermächtnisses zugunsten eines noch nicht gezeugten Kindes erst bei seiner Geburt) als „fingierte Rechtsperson" bezeichnet (RG 14.10.1905, RGZ 61 S. 355, 356; RG 9.3.1907, RGZ 65 S. 277, 280). Und in der Instanzgerichtsbarkeit ist dem *nasciturus* mehrfach eine „beschränkte Rechtsfähigkeit" attestiert worden (z. B. OLG Schleswig 15.12.1999, NJW 2000 S. 1271 und OLG München 13.4.2016, NJW-RR 2016 S. 902, 903 Rdnrn. 11–14). Näher *Roller*, Die Rechtsfähigkeit des Nasciturus, S. 102–122. Cass. 11.5.2009, nr. 10741, Foro it. 2010, I, I, 141 qualifiziert das bereits empfangene Kind als Rechtssubjekt. In der ital. Lehre wird jedoch gestritten, ob die Erbfähigkeit des *conceptus* und des *nasciturus* bedeute, das ungeborene Kind durch sie eine vorweggenommene bzw. vorläufige Rechtsfähigkeit erlange (*Cicu*, Successioni per causa di morte, S. 70), ob es teilrechtsfähig sei (*Ferrara*, Le successioni per causa di morte, S. 154) oder ob der *nasciturus* vom *conceptus* zu unterscheiden sei. Erbfähig sei nur der *nasciturus*, nicht der *conceptus* (*Ferri*, Successioni in generale, Art. 456–511; *Bianca*, Diritto civile II, S. 490).

[47] Zu einer besonders kuriosen Situation ist es zeitweilig in Polen gekommen. Unter Art. 8 § 2 poln. ZGB war vorübergehend auch ein gezeugtes Kind bereits als rechtsfähig anzusehen. Nur vermögensrechtliche Rechte und Pflichten sollte es erst mit der Lebendgeburt erlangen. Die Vorschrift war vom 16.3.1993 (Dz.U.1993.17.78) bis zum 4.1.1997 in Kraft (Dz.U.1996.139.646). Unter ihr war der Nasciturus in Bezug auf seine immateriellen Rechte unbedingt und in Bezug auf seine materiellen Rechte bedingt rechtsfähig (Safjan [-*Pazdan*], System Prawa Prywatnego I², S. 1049 Rdnr. 8). Das führte dazu, dass dem Nasciturus ab 1997 die Rechtsfähigkeit wieder entzogen wurde. Dennoch sollte er einmal erworbene Rechte beibehalten; es kam also vorübergehend zu einem Rechtsinhaber, der nicht rechtsfähig war (poln. VerfG 28.5.1997, K 26/96, OTK 1997 nr. poz. 19).

[48] Z. B. § 2162(2) dt. BGB (das Vermächtnis wird aber dreißig Jahre nach dem Erbfall unwirksam); Artt. 1999 und 2011 gr. ZGB; Art. 2240 port. CC (Verwaltung der Erbschaft oder des Vermächtnisses zugunsten eines noch nicht und eines bereits empfangenen Nasciturus).

[49] Z. B. § 331(2) dt. BGB und dazu BGH 3.5.1995, BGHZ 129 S. 297, 305 sowie BGH 23.9.2015, BGHZ 207 S. 135 (Vertrag zugunsten *nondum conceptus* möglich, ihm könnten „für den Fall seiner Lebendgeburt Rechte zugewendet werden"). LG Passau 20.3.2003, MittBayNot 2004 S. 362 hält sogar die Eintragung einer Auflassungsvormerkung aufgrund eines Vertrages zugunsten eines *nondum conceptus* für zulässig; zulässig ist zudem ein Vertrag zugunsten eines *nasciturus*: OLG Hamm 16.3.1973, VersR 1973 S. 810); Art. 132-8(3) franz. C.assur. (vorher Fn. 25) (Lebensversicherung); poln. OG 7.10.1971, III CRN 255/71, OSNCP 1972 Nr. 3, Poz. 59, Legalis-Nr. 15729 (Lebensversicherung zugunsten eines *nasciturus*) und *Rouček und Sedláček*, Komentář IV, S. 178 (Vertrag zugunsten eines *nondum conceptus*).

[50] Z. B. §§ 2101, § 2106(2)(1) dt. BGB (Einwilligungen in eine Verfügung des Vorerben erklärt ein Pfleger: §§ 1913 (§ 1882 n.F.), 2120 dt. BGB); Artt. 1924 und 1711(2) gr. ZGB (hat der Erblasser eine zur Zeit seines Todes noch nicht gezeugte Person als Erbe eingesetzt, gilt der Eingesetzte als Nacherbe; siehe dazu Berufungsgericht Athen 2493/1994, NoB 42 [1994] S. 1177).

einem Treuhandfonds[51] und seine Begünstigung durch eine Hypothek.[52] Schon diese weitgehende Übereinstimmung zeigt an, dass sich rechtsfähigkeitsrechtlich nicht zwischen einem Nondum conceptus und einem Nasciturus unterscheiden lässt. Keinem von ihnen werden Vermögensrechte zugeordnet, weder Sachen- noch Schuldrechte.[53] Die Rückdatierungsfiktion lässt ja (übrigens genauso wie eine Unterbrechung des Nachlassverfahrens bis zur Geburt[54]) die Frage unbeantwortet, wem eine Sache oder eine Forderung gehören, die einem Kind im Mutterleib zugedacht ist. In diesem Zeitpunkt ist schließlich noch unklar, ob der Fötus am Ende der Schwangerschaft lebend (vielleicht auch nur kurzzeitig lebend) oder tot geboren werden wird. Es darf aber die Rechtslage nicht über die ganze Schwangerschaftszeit hinweg ungewiss bleiben.[55] Folglich gibt es nur die Möglichkeit, das dem späteren Kind zugedachte Gut bis zur Geburt weiterhin dem Zuwendenden oder einem Treuhänder zuzuordnen.[56] Letzteres führt aber stets zu komplizierten (und vermeidbaren) Folgeproblemen. Denn zwar rückt das Kind, wenn es lebend geboren wird, *ex lege* in die für es vorbereitete Rechtsposition ein. Wird es jedoch tot geboren, wäre es interessewidrig, das Gut sachenrechtlich weiterhin dem Treuhänder zuzuordnen, von dem es erst mühsam wieder kondiziert werden müsste.

Die wenigen Unterschiede zwischen den Vorsorgemöglichkeiten für nur erhoffte und schon gezeugte Kinder erklären sich durchweg daraus, dass der **zeitliche Unsicherheitsfaktor** bei jenen viel größer ist als bei diesen. Dass mancherorts nur ein Kind im Mutterleib, aber noch nicht ein dereinst möglicherweise empfangenes oder gezeugtes Kind als Erbe

200

---

[51] Im Rahmen eines Treuhandfonds *mortis causa* (§ 1448(1) tschech. BGB) kann der Erblasser auch Begünstigte benennen, die noch nicht existieren, auch Begünstigte, die noch nicht gezeugt sind (Spáčil [-*Pihera*], Občanský zákoník III, S. 1205). In der Regel wird neben dem *nondum conceptus* noch ein Dritter zum Begünstigten für den Fall eingesetzt, dass Nachkommen ausbleiben. Denn andernfalls müsste das Gericht den Treuhandfonds aufheben, weil die Erfüllung der unter ihm begründeten Verpflichtungen unmöglich geworden ist (§ 1469 a. a. O.). Auch unter Artt. 1924(1), 1935(1), 1936(1) und 1999 gr. ZGB darf nicht nur ein *nasciturus*, sondern auch ein *nondum conceptus* als Begünstigter einer Treuhand eingesetzt werden. Unter sec. 1(d) Variation of Trusts Act 1958 kann ein Gericht die Befugnisse eines *trustee* nach Ermessen ändern, „where property, whether real or personal, is held on trusts arising […] under any will, settlement or other disposition, […] if it thinks fit by order approve on behalf of […] any person unborn". Das Gericht soll allerdings „not approve an arrangement on behalf of any person unless the carrying out thereof would be for the benefit of that person".
[52] So für Deutschland RG 14.10.1905, RGZ 61 S. 355, 357 und RG 9.3.1907, RGZ 65 S. 277. Berufungsgericht Kerkyra (Korfu) 107/2013, NoB 62 (2014) S. 152 entschied, dass jedenfalls ein Nasciturus auch Begünstigter eines Nießbrauchs sein könne.
[53] Um Missverständnisse zu vermeiden: dass ein Nasciturus nicht rechtsfähig ist, bedeutet nicht, dass ihm nicht auch Rechtspersönlichkeit i. S. eines verfassungsgeleiteten Würdeschutzes zukäme (oben Rdnrn. 169, 172 und 174), was z. B. bedeutet, dass über den Körper eines Nasciturus nicht verfügt werden kann. Außerdem können Schutzmaßnahmen für das persönliche Wohlergehen eines Kindes schon zu dem Zeitpunkt getroffen werden, in dem es noch nicht geboren ist, in dramatischen Situationen selbst ein Sorgerechtsentzug (OLG Hamm 25.2.2020, FamRZ 2020 S. 1355 m. Anm. *Hammer*).
[54] Das ist die Lösung des tschechischen Rechts (Švestka/Dvořák/Fiala [-*Frinta*], Občanský zákoník I, S. 137).
[55] *Mota Pinto/Pinto Monteiro/Mota Pinto,* Teoria geral do direito civil[4], S. 203 bemerken treffend, man stehe vor dem Problem, dass man es bis zur Geburt mit Rechten zu tun habe, die keinem Subjekt zugeordnet sind.
[56] Wie unterschiedlich diese Problematik bewältigt wird, zeigt sich u. a. an einem Vergleich des spanischen mit dem portugiesischen Recht. Unter Art. 801(1) span. CC werden, wenn der Erbe unter einer aufschiebenden Bedingung eingesetzt worden ist, die Nachlassgüter unter Verwaltung gestellt, bis die Bedingung eintritt oder Gewissheit besteht, dass sie nicht erfüllt werden kann. Unter Art. 802 span. CC wird die Verwaltung dieser Güter i. d. R. dem oder den ohne Bedingung eingesetzten Erben anvertraut; dasselbe gilt für Vermächtnisnehmer. Siehe dazu DGRN 29.1.1988, RAJ 1988 Nr. 316 S. 302, wonach sowohl die bereits existierenden als auch die noch nicht empfangenen Enkelkinder als Erben anzuerkennen sind. Die bereits existierenden Enkelkinder seien Vermächtnisnehmer und Verwalter des Rechts aller weiteren Enkelkinder aus dem Vermächtnis. Unter den schenkungsrechtlichen Vorschriften des Art. 952 port. CC können sowohl gezeugte als auch noch nicht gezeugte „Nascituri" *(os nascituros concebidos ou não concebidos)* durch Schenkung als Kinder einer bestimmten Person erwerben, die zum Zeitpunkt der Willenserklärung des Schenkers lebte. Im Falle der Schenkung an Nascituri wird jedoch vermutet, dass sich der Schenker bis zur Geburt des Beschenkten den Nießbrauch an den geschenkten Gütern vorbehalte.

eingesetzt werden kann[57], hat nichts mit Rechtsfähigkeit, sondern damit zu tun, dass man unbeherrschbare Schwebezustände vermeiden will. Die Erben müssten auf unbestimmte Zeit damit rechnen, den ihnen angefallenen Nachlass ganz oder teilweise wieder einzubüßen. Umgekehrt spricht wenig(er) dagegen, sie mit einem Vermächtnis zu beschweren, das ihre Dispositionsbefugnis unberührt lässt.[58] Unterschiedlich beurteilt wird, ob eine **Schenkung** voraussetzt, dass der Begünstigte im Zeitpunkt der Schenkung lebt[59], wenigstens schon als Nasciturus existiert[60] oder ob es nicht einmal darauf ankommt, dass er bereits gezeugt war.[61] Das ist deshalb ein vielschichtiges Problem, weil es kein einheitliches

---

[57] So sowohl das deutsche (Umkehrschluss aus § 1923(2) BGB; dazu *Neuner*, JuS 2019 S. 1, 2) als auch das polnische Recht. Unter Art. 927 § 1 poln. ZGB können natürliche Personen, die bei Anfall der Erbschaft nicht leben, nicht Erbe sein. Unter § 2 a. a. O. kann jedoch ein Kind Erbe sein, welches bei Anfall der Erbschaft schon empfangen ist, sofern es lebend geboren wird. Portugal und Italien unterscheiden zwischen der gesetzlichen und der testamentarischen Erbfolge. Unter Art. 2033(1) port. CC besitzen die Erbfähigkeit nur alle im Zeitpunkt der Eröffnung der Erbschaft geborenen oder gezeugten Personen. Unter Abs. (2) a. a. O. besitzen in der testamentarischen oder vertraglichen Erbfolge jedoch auch die nicht empfangenen Nascituri die Erbfähigkeit, welche Kinder einer bestimmten Person sind, die zur Zeit der Eröffnung der Erbschaft lebt. Dieselben Regelungen finden sich in Art. 462(1) und (3) ital. CC; siehe dazu schon Fn. 46. Das Gesetz behandelt die Empfängnis als Geburt (Art. 462(1) a. a. O.) und räumt den Eltern des Nasciturus das Recht ein, das Vermögen zu verwalten (Art. 643(2) a. a. O.). Im Falle eines Conceptorus besteht dieses Recht nicht. Unter sec. 55(2) Administration of Estates Act 1925 gilt auf dem Gebiet der Intestaterbfolge, dass „references to a child or issue living at the death of any person include a child or issue enventre sa mère at the death".

[58] Demgemäß kann ein Nasciturus auch unter Artt. 927 § 2 i. V. m. 972 poln. ZGB als Vermächtnisnehmer eingesetzt werden.

[59] Unter griechischem Recht ist eine Schenkung an einen Nasciturus nicht möglich (*Triantos*, AK, Art. 36 gr. ZGB S. 52 Rdnr. 4). Nach seiner Geburt soll dem Kind aber das Recht anfallen, den Schenkungsvertrag anzunehmen; es wird dabei von seinen Eltern vertreten (*Georgiades und Stathopoulos*, AK I, Art. 36 gr. ZGB S. 67 Rdnr. 11). In Deutschland ist die Rechtslage unübersichtlich, weil zwar selbst zugunsten eines noch nicht gezeugten Kindes ein Vertrag zugunsten Dritter möglich sein soll (vorher Fn. 49) und diesem typischerweise eine Schenkung zugrundeliegen wird, es aber gleichwohl an einer schenkungsrechtlichen Klarstellung fehlt. Die Möglichkeit einer Schenkung zugunsten eines Nasciturus bejaht MünchKomm (-*Leipold*), BGB[8], § 1923 Rdnr. 32. OLG Celle 30.1.2018, ZEV 2018 S. 470 lehnte die Eintragung eines noch ungeborenen Kindes als Kommanditist in das Handelsregister ab. Eine Mutter wollte ihrem noch nicht geborenen Kind ihre Stellung als Kommanditistin übertragen. Bei dem zugrundeliegenden Verpflichtungsgeschäft konnte es sich um einen Schenkungsvertrag handeln; die Verfügung hätte sich unter §§ 413, 398 dt. BGB durch Zession vollziehen müssen. „Für die Erbfähigkeit der ungeborenen Leibesfrucht gem. § 1923 BGB ist anerkannt, dass, kommt es zum Erbfall vor der Geburt, in der Zeit zwischen Erbfall und Geburt ein Schwebezustand eintritt, weil die Lebendgeburt Bedingung für den Rechtseintritt ist. … Genauso liegt es im Streitfall. Ein etwaiger Rechtserwerb der [Leibesfrucht] kann nur dann eintreten, wenn und falls sie lebend geboren wird".

[60] Für das poln. Recht hat poln. OVG 28.11.1985, III SA 1183/85, Legalis-Nr. 35782 bislang nur entschieden, dass jedenfalls ein Nasciturus eine Schenkung erhalten kann. Eine Schenkung zugunsten eines noch nicht empfangenen Kindes ist nach h. M. auch unter spanischem Recht nicht möglich, weil unter Art. 750 span. CC jede Verfügung zugunsten einer unbestimmten Person nichtig ist, falls sie nicht durch irgendein Ereignis als bestimmt erweisen kann (Domínguez Luelmo [-*Nieto Alonso*], Comentarios al Código Civil, S. 738, Anm. zu Art. 627). Auch das tschechische Recht ermöglicht nur Schenkungen an Nascituri. Wird der Nasciturus später tot geboren, soll es sich unter §§ 551, 554 tschech. BGB um ein unbeachtliches Scheingeschäft handeln (Švestka/Dvořák/Fiala [-*Frinta*], Občanský zákoník I, S. 137). In der Slowakei verhält es sich ebenso. Großeltern z. B. können ihrem bereits gezeugten Enkelkind Schmuck schenken. Das Kind wird in diesem Fall in analoger Anwendung der §§ 853 slowak. ZGB, § 31(1) slowak. Familiengesetz durch seine Eltern vertreten (*Fekete*, Občiansky zákonník, Veľký komentár II, S. 77). In England wird eine Schenkung an einen Nasciturus *(a child enventre sa mère)* für möglich gehalten, wenn sie dem Willen des Schenkers entspricht, das Kind lebend geboren wird und durch die Schenkung keine Nachteile erleidet (*Elliot v Lord Joicey and others* [1935] AC 209).

[61] Unter Art. 784(1) ital. CC kann „die Schenkung … auch zugunsten eines erst empfangenen Kindes oder zugunsten der noch nicht einmal empfangenen Kinder einer bestimmten, zum Zeitpunkt der Schenkung lebenden Person vorgenommen werden". Die Annahme der Schenkung unterliegt unter Art. 784(2) a. a. O. den Regeln über die gesetzliche Vertretungsmacht der Eltern (Artt. 320 und 321 a. a. O.). Das Rechtsgeschäft wird vor der Geburt fertiggestellt, aber der Erwerb findet erst statt, wenn der Beschenkte geboren wird. Auch unter Art. 952 port. CC können gezeugte oder nichtgezeugte Nascituri *(os nascituros concebidos ou não concebidos)* durch Schenkung als Kinder einer bestimmten Person erwerben, die zum Zeitpunkt der Willenserklärung des Schenkers lebte. In beiden Fällen wird jedoch vermutet, dass sich der Schenker bis zur Geburt des Beschenkten den Nießbrauch an den Gütern reserviert. Solange es sich noch

I. Zur Welt kommen, Geburt, Sterben und Tod   § 4

europäisches Verständnis von der Rechtsnatur und den Rechtswirkungen einer Schenkung gibt. Auf der Hand liegt, dass jedenfalls der translative Effekt einer Schenkung erst mit der Vollendung der Geburt eintreten kann.[62] Wo eine Schenkung als Vertrag konstruiert ist, bleibt aber noch die Frage, wie die zustimmende Willenserklärung des Begünstigten zu denken sei. Vielfach wird angenommen, es könne (u.a.) zu diesem Zweck selbst schon ein Foetus vertreten werden, insbesondere durch seine Eltern.[63] Auch bei diesen Regeln hat man es freilich mit einer Fiktion zu tun.[64] Denn vertreten werden können nur rechtsfähige Personen, und ein Fötus kann weder Inhaber eines Erfüllungsanspruches aus einer Schenkung sein, noch kann sie ihm gegenüber durch Besitzverschaffung vollzogen werden. Man hat es also mit einer verkürzten Ausdrucksweise zu tun. In Wirklichkeit wird nicht der Fötus, sondern es wird das zukünftige Kind vertreten. Es geht um seine, nicht um die Interessen des Fötus. Der Vertreter kann seine Willenserklärung zwar schon abgeben, bevor das Kind geboren wurde. Aber sie entfaltet erst mit der Lebendgeburt Bindungskraft. Ohne Lebendgeburt gibt es keinen Rechtsträger, der vertreten werden könnte. Vertretungsrechtlich macht es m. a. W. keinen Unterschied, ob die Schwangerschaft noch andauert oder mit einer Fehl- oder Totgeburt geendet hat.

---

um eine rechts- und geschäftsunfähige Leibesfrucht handelt, wird auf die Regeln des Art. 951 port. CC über die Annahme von Schenkung durch Geschäftsunfähige abgestellt. Unter Art. 951(2) a. a. O. entfalten reine Schenkungen an Geschäftsunfähige unabhängig von der Annahme Wirkungen in allem, was dem Beschenkten zugutekommt. Prata (-*Teixeira Pedro*), Código Civil anotado I, Anm. 2 zu Art. 952, S. 1177 ergänzt, dass es im Falle einer Schenkung unter Auflagen neben der elterlichen Vertretung und der dazu nötigen gerichtlichen Ermächtigung (Art. 1878 port. CC) noch der Autorisierung durch die Staatsanwaltschaft bedarf (Art. 1889(1)(1) a. a. O. i. V. m. Art. 4 DL 272/2001 vom 13.10.2001 [Gesetz über Zuständigkeit der Staatsanwaltschaft und Zivilregisterbehörde]). Die Schenkung kaduziert, wenn sicher ist, dass die Lebendgeburt nicht eintreten kann (Art. 66(2) port. CC).

62 Das wird deutlich an Art. 784(4) ital. CC, wonach „vorbehaltlich einer abweichenden Verfügung des Schenkers ... die Verwaltung der geschenkten Güter dem Schenker oder seinen Erben zu(steht), die dazu verpflichtet werden können, eine geeignete Sicherstellung zu leisten. Die vor der Geburt abgereiften Früchte sind dem Beschenkten vorbehalten, wenn die Schenkung zugunsten eines bereits empfangenen Ungeborenen vorgenommen wird. Wenn sie zugunsten eines noch nicht empfangenen Kindes vorgenommen wird, sind die Früchte bis zum Zeitpunkt der Geburt des Beschenkten dem Schenker vorbehalten". Dementsprechend geht die herrschende Lehrmeinung davon aus, dass die Eigentumsübertragung noch nicht realisiert ist. Das geschenkte Gut gehört also weiterhin dem Schenker, der jedoch nicht mehr Inhaber eines „vollen Rechts" sei, weil er nicht mehr über das Gut verfügen dürfe. Wer von ihm kaufe, erwerbe *a non domino* ((*Palazzo*, I singoli contratti II, S. 496). Siehe auch OLG Celle 30.1.2018 a. a. O. (vorher Fn. 59).

63 So ausdrücklich Art. 1878(1) port. CC, Art. 784 ital. CC (vorher Fn. 61) und Art. 627 span. CC. Unter § 2:3 ungar. ZGB bestellt (u. a. auf Antrag der Eltern) die Vormundschaftsbehörde für den Fötus einen Vormund, wenn dies zum Schutz der Rechte des Fötus notwendig ist. Zu Griechenland siehe Berufungsgericht Athen 1003/1972, EEN 39 (1972) S. 317 und LG Athen in Kammer 6010/1986, ArchN 38 (1987) S. 205 (Der Vormund vertrete nicht einen bestimmten Erben, sondern unpersönlich den zukünftigen und ungewissen Erben).

64 *Capozzi*, Successioni e donazioni I[3], S. 163 (Auch bei der Erbfähigkeit des ungeborenen Kindes, sowohl des *concepturus* als auch des *nasciturus*, handele es sich um eine bloße *fictio iuris*. Der Erwerb des Erbes hänge eben immer von der Geburt ab). § 1912(1) (§ 1810 n.F.) dt. BGB sagt ausdrücklich, dass eine Leibesfrucht (ein bereits gezeugtes Kind) „zur Wahrung ihrer (seiner) künftigen Rechte" einen Pfleger (i. d. R. die zukünftigen Eltern) erhält, wenn diese Rechte der Fürsorge bedürfen. Mot. IV S. 1263 bemerkten dazu treffend:"Wenngleich der Entwurf grundsätzlich davon ausgeht, daß die Rechtsfähigkeit eines Menschen erst mit dessen Geburt beginnt, der nasciturus mithin Rechtssubjekt nicht ist [...], so kann doch mit Rücksicht auf solche Fälle, in welchen das Gesetzbuch ausnahmsweise [...] künftige Rechte des nasciturus anerkennt und nach den obwaltenden Umständen das Bedürfniß der Sicherstellung dieser Rechte vorliegt, die Möglichkeit der Pflegschaft für eine Leibesfrucht zur Wahrung der künftigen Rechte der letzteren nicht entbehrt werden". Das verträgt sich mit der Vorstellung, dass schon der Nasciturus selbst teilrechtsfähig wäre. Denn dann würde der Pfleger auch gegenwärtige „Rechte" der Leibesfrucht wahren (wie wohl MünchKomm [-*Schwab*], BGB[7], § 1912 Rdnr. 1; Erman [-*Roth*], BGB[15], § 1912, Rn. 1 sowie *Gernhuber und Coester-Waltjen*, Familienrecht[6], § 75 III Rdnr. 18 meinen). *Gernhuber und Coester-Waltjen* haben aber a. a. O. in erster Linie die Rechtspersönlichkeit, nicht die Rechtsfähigkeit im Sinn. Denn sie nennen beispielhaft das Recht auf Leben und auf körperliche Unversehrtheit.

3. Das Ende der Person durch den Tod

a. Das sog. postmortale Persönlichkeitsrecht

201 Die Person des Menschen und mit ihr seine Rechtsfähigkeit erlöschen durch seinen Tod. Ein Verstorbener hat keinen Zugang mehr zu den Gestaltungsformen des Privatrechts, keine Rechte und keine Rechtspersönlichkeit.[65] Was ihn vor seinem Tode ausmachte, existiert nun rechtlich nur noch in der Wahrnehmung der Lebenden. Das sog. postmortale Persönlichkeitsrecht ist, anders als das Wort suggeriert, **kein** (immaterielles) **„Recht" eines Toten.**[66] Es steht vielmehr für die Summe der Verhaltensmaßstäbe, an die sich die Lebenden um ihrer eigenen Sittlichkeit willen halten müssen.[67] Sie schulden dem Andenken an einen Verstorbenen und seinem Leichnam Achtung, weil jeder Mensch in der Erwartung leben und sterben können soll, dass seinem Schicksal und seiner Lebensleistung für einen je nach den Umständen angemessenen Zeitraum[68] mit Respekt begegnet wird

---

[65] Siehe schon oben Rdnr. 190.
[66] Das wird freilich nicht einheitlich beurteilt. So wird z. B. in Deutschland darüber gestritten, ob das von der Rechtsprechung (u. a. BGH 26.11.1954, BGHZ 15 S. 249 und BGH 20.3.1968, BGHZ 50 S. 133) anerkannte postmortale Persönlichkeitsrecht voraussetzt, dass dem Verstorbenen eine Teilrechtsfähigkeit zugestanden werden müsse, die sich auch in der Innehabung eben dieses Rechts erschöpfen (bejahend MünchKomm [-*Spickhoff*], BGB⁸, § 1 Rdnr. 6; verneinend *Neuner*, BGB AT¹², § 11 Rdnr. 28; siehe schon oben Rdnr. 154 mit Fn. 17). Für Polen vertritt Osajda (-*Księżak*), Kodeks cywilny²⁶, Art. 8 Rdnr. 8, dass es nicht richtig sein könne, von Persönlichkeitsrechten eines Verstorbenen zu sprechen. Die Persönlichkeitsrechte, welche der Verstorbene zu Lebzeiten hatte, seien nicht mit den Rechten der Angehörigen identisch. Denn sie seien eben andere Personen. Im Übrigen muss man ohnehin zwischen verschiedenen Positionen unterscheiden. Cass. civ. 14.12.1999, Bull. 1999, I, Nr. 345 entschied völlig zurecht, dass „le droit d'agir pour le respect de la vie privée s'éteint au décès de la personne concernée, seule titulaire de ce droit". Das ändert aber nichts daran, dass „les proches d'une personne peuvent s'opposer à la reproduction de son image après son décès, dès lors qu'ils en éprouvent un préjudice personnel en raison d'une atteinte à la mémoire ou au respect dû au mort" (Cass. civ. 1.7.2010, Bull. 2010, I, Nr. 151).
[67] Ähnlich *Georgiades* und *Stathopoulos*, AK I, Art. 35 gr.ZGB S. 65 Rdnr. 7. Um einen in den Augen des Gerichts „sinnlosen Konflikt" zwischen den getrennt lebenden Eltern ihres verstorbenen 20-jährigen Sohnes ging es in STJ 28.1.2003, Processo 03B2523. Der Vater wollte den Leichnam seines zunächst in Coimbra beerdigten Sohnes nach Figueiró dos Vinhos, dem Lebensmittelpunkt des Vaters, überführen lassen. Der Sohn hatte in Coimbra, wo auch die Mutter und viele weitere Familienmitglieder wohnten, studiert. Auf dem dortigen Friedhof war auch bereits eine Schwester des Verstorbenen beerdigt. Er hatte keine testamentarische Verfügung zu der Frage hinterlassen, wo er beerdigt werden möchte, sich aber nach der Behauptung des Vaters zu Lebzeiten für das väterliche Familiengrab ausgesprochen. Der STJ nahm den Fall zum Anlass für einige grundsätzliche Erwägungen. Es sei richtig, dass die Persönlichkeit mit dem Tod ende (Art. 68(1) port. CC). Es bleibe jedoch eine *personalidade „moral"*, deren Rechte auch nach dem Tod ihres Inhabers Schutz genössen (Art. 71(1) port. CC). Hier ginge es um eine Frage zur *personalidade moral* eines Verstorbenen. Er sei keine Person mehr, aber auch keine Sache und dürfe nicht wie eine Sache behandelt werden. Der Wunsch des Sohnes, in Figueiró dos Vinhos beerdigt zu werden, hätte Respekt verdient, sei aber nicht bewiesen. Im vorliegenden Fall würde der Elternstreit den Schutz der Persönlichkeit des Verstorbenen geradezu pervertieren. Rechte hätten nur die Lebenden. Sie müssten die Verteidigung der moralischen Persönlichkeit derer garantieren, die keine Personen mehr seien. Der Ort des Andenkens an den Verstorbenen sei die Stadt Coimbra, wo er gelebt und studiert habe.
[68] Bei Rufschädigungen gilt z. B. unter Kap. 27 § 267(1) dän. StGB der Hauptregel nach ein Zeitraum von 20 Jahren nach dem Tode des Verstorbenen als angemessen. Kap. 24 § 9(3) finn. StGB (Rikoslaki) stellt auf die Lebenszeit der Menschen ab, die dem Verstorbenen besonders nahestanden. In Portugal lehnt man sich an Art. 185(3) port. CP (Verunglimpfung des Andenkens Verstorbener) an (50 Jahre nach dem Tode des Verstorbenen: Prata [-*Neto*], Código Civil anotado I, Anm. 6 zu Art. 71, S. 111). In Schweden hält man eine feste Zeitspanne für willkürlich; auch hier kommt es auf die Lebensspanne der dem Verstorbenen nahestehenden Hinterbliebenen an (Kap. 5 § 4 schwed. BrB; Prop. 1962:10, Teil B, S. 150). In Spanien kann sich der sog. postmortale Schutz auf bis zu 80 Jahre (Art. 4 LO 1/1982 vom 5.5.1982) ausdehnen. In Deutschland gibt § 22 Satz 3 KUrhG (zehn Jahre nach dem Tod des Abgebildeten) bestenfalls einen ersten Anhaltspunkt; näher *Schack*, JZ 2019 S. 864 und MünchKomm (-*Rixecker*), BGB⁸, Anhang zu § 12 Rdnr. 56). Man hat zwischen vermögenswerten und idealen Bestandteilen des postmortalen Persönlichkeitsrechts zu unterscheiden (ebenso für Tschechien Lavický [-*Tůma*], Občanský zákoník I, S. 489). Davon hängt auch ab, ob Schadensersatz verlangt werden kann. Ist ein vermögensrechtlicher Bestandteil des postmortalen Persönlichkeitsrechts verletzt worden, soll innerhalb von zehn Jahren Schadensersatz verlangt werden können (BGH 5.10.2006, BGHZ 169 S. 193 [Nutzung des Pseudonyms

I. Zur Welt kommen, Geburt, Sterben und Tod § 4

und dass sein Körper davor bewahrt bleibt, wie ein Tierkadaver behandelt zu werden.[69] Diesen Respekt fordert ein Lebender von einem anderen Lebenden ein, nicht „im Namen" des Verstorbenen, sondern im eigenen Namen, nicht zum Schutz der Würde des Verstorbenen, sondern zum Schutz der eigenen, durch die Verbundenheit mit dem Verstorbenen geprägten Würde.[70] Anspruchsteller kann deshalb nur sein, wer durch das Verhalten des Anspruchsgegners selbst schwer betroffen ist, i. d. R. deshalb, weil es sich um einen nahen Angehörigen des Verstorbenen handelt, in Ausnahmesituationen auch deshalb, weil sich der Anspruchsteller dem Verstorbenen durch besonders prägnante persönliche Merkmale oder ein gemeinsames Schicksal verbunden weiß.[71] Sehr problematisch ist vor diesem Hintergrund die Auffassung, dass Verletzungen des postmortalen Persönlichkeits'rechts' in Gestalt von Verleumdungen nur mit Unterlassungs- und Beseitigungsansprüchen, nicht aber mit Schadensersatzansprüchen begegnet werden könne.[72] Natürlich ist es unmöglich, einen Toten schadlos zu halten, aber darum handelt es sich auch nicht. Es geht vielmehr um die Intensität der immateriellen Beeinträchtigung derer, die ihm nahestanden. Eine allgemeine Regel, dass (z. B.) eine Veröffentlichung, die sich in Wort, Bild oder Ton in unanständiger Weise mit einem Verstorbenen befasst, niemals ausreichen könne, um einen nahen Angehörigen in schmerzensgeldbewehrter Intensität zu verletzen, gibt es nicht. Es

---

eines verstorbenen Künstlers in einem Domainnamen; Klage abgewiesen, weil der Künstler bereits mehr als zehn Jahre tot war]). Die sog. „idealen" Bestandteile des postmortalen Persönlichkeitsrechts sollen dagegen auch nach Ablauf dieser Zeitspanne noch fortbestehen können (BGH a. a. O.).

[69] Besonders deutlich bringt das Art. 16-1-1 franz. CC zum Ausdruck („Le respect dû au corps humain ne cesse pas avec la mort. Les restes des personnes décédées, y compris les cendres de celles dont le corps a donné lieu à crémation, doivent être traités avec respect, dignité et décence"). Zuwiderhandlungen sind sogar strafbar, und dasselbe gilt für Grabschändungen (Art. 225-17 franz. CP: „Toute atteinte à l'intégrité du cadavre, par quelque moyen que ce soit, est punie d'un an d'emprisonnement et de 15000 euros d'amende. La violation ou la profanation, par quelque moyen que ce soit, de tombeaux, de sépultures ou de monuments édifiés à la mémoire des morts est punie d'un an d'emprisonnement et de 15000 euros d'amende").

[70] Das gilt, wie in Polen betont wird, auch für den Totenkult. Er ist zwar in der Liste der Persönlichkeitsgüter des Art. 23 poln. ZGB nicht ausdrücklich erwähnt, wird aber als separates persönliches Rechtsgut der Nahestehenden eines Verstorbenen angesehen (Pietrzykowski [-*Pazdan*], Kodeks cywilny[10], Art. 23 Rdnr. 60). Auch Art. 448 poln. ZGB (immaterieller Ersatz bei Persönlichkeitsverletzungen) begründet bei Verletzungen des Andenkens an einen Verstorbenen ein persönliches Rechtsgut der Hinterbliebenen, das aus ihrer emotionalen Bindung an den Verstorbenen erwächst (Gniewek [-*Strugała*], Kodeks cywilny[9], Art. 448 Rdnr. 14; Osajda [-*Sobolewski*], Kodeks cywilny[27], Art. 448 Rdnr. 14–15; Pietrzykowski [-*Safjan*], Kodeks cywilny[10], Art. 448 Rdnr. 21). Keinen postmortalen Schutz gewährt dagegen tschech. OG 30.11.2005, 30 Cdo 1701/2005 den medizinischen Akten eines Verstorbenen. Seine Witwe habe keinen Anspruch auf Herausgabe einer Kopie.

[71] Um einen solchen Ausnahmefall ging es in BGH 18.9.1979, NJW 1980, Anm. *Deutsch* (Auf dem Grundstück des Beklagten hatte sich eine Plakatwand mit der Aufschrift befunden, die Ermordung von Millionen Juden im Deutschen Reich sei ein zionistischer Schwindel. Der BGH gab dem Unterlassungsbegehren mit der Begründung statt, der Kläger sei in seinem *eigenen* Persönlichkeitsrecht auf Anerkennung des Verfolgtenschicksals verletzt).

[72] So sehen es (mit Ausnahme von OLG München 9.8.2002, GRUR-RR 2002 S. 341: Schadensersatz für die Tochter von Marlene Dietrich wegen der Veröffentlichung eines Nacktbildes ihrer verstorbenen Mutter) insbesondere die deutsche (OLG München 26.1.1994, NJW-RR 1994 S. 925 und BGH 6.12.2005, BGHZ 165 S. 203 [Kamerateam filmt den teilweise entkleideten Leichnam einer Ermordeten. Die Bilder werden im Fernsehen gesendet. Kein Schmerzensgeld zugunsten des Sohnes, weil der Toten keine Genugtuung mehr geleistet werden könne]) und die portugiesische Rechtsprechung. Relação de Évora 16.12.2008, CJ XXXIII [2008-5] S. 260 (dazu *Menezes Cordeiro*, Tratado de Direito Civil IV[5], S. 605 mit Fn. 2069) entschied, Art. 71 port. CC gewähre den betroffenen Personen – dem überlebenden Ehegatten und einigen Verwandten – kein Recht auf Schadensersatz, legitimiere sie vielmehr nur, unter Art. 70(2) port. CC Unterlassung bzw. Beseitigung zu verlangen. Denn die Antragstellerinnen seien durch die Verletzung des guten Rufs des Verstorbenen nicht direkt beeinträchtigt. Schwed. HD 14.12.1966, NJA 1966 S. 655 gewährte dagegen in einer 3:2 Entscheidung dem Bruder und einzigen noch lebenden Verwandten des bei einem Flugzeugunglück zu Tode gekommenen früheren UN-Generalsekretärs Dag Hammarskjöld Schadensersatz wegen über Verleumdungen des Verstorbenen durch eine schwedische Zeitung. Der Artikel war vier Jahre nach dem Flugzeugunglück erschienen. Die wohl überwiegende europäische Rechtsauffassung entscheidet ebenso (*von Bar*, Gemeineuropäisches Deliktsrecht II, Rdnr. 116 mit Fn. 779).

mag nur rein tatsächlich so liegen, dass die Erheblichkeitsschwelle, die zur Gewährung eines Ausgleichs für eigene immaterielle Schäden der Angehörigen überschritten sein muss, im Einzelfall nicht erreicht wird. Der Umstand dagegen, dass es je nach den Umständen mehrere betroffene Angehörige geben kann, ist kein Grund, den Täter zu entlasten.

b. Der Beweis des Todes

202 Dass jemand tot ist, muss **im streitigen Verfahren** beweisen, wer daraus für sich Rechte ableitet.[73] Personenstandsregister (Sterberegister) erleichtern die Beweisführung. Die Vorlage des entsprechenden Registerauszugs (der Sterbeurkunde) genügt, lässt aber die Möglichkeit eines Gegenbeweises unberührt.[74] Gelegentlich verhält es sich sogar so, dass der Beweis des Todes einer Person grundsätzlich erst nach dessen Registrierung geführt werden kann[75] und dass, wenn der Tod registriert worden ist, er nun auch nur noch durch Vorlage der entsprechenden Personenstandsurkunde bewiesen werden kann.[76] Solche Ausschließlichkeitsregeln wirken freilich nicht sehr geschickt, und sie sind auch die Ausnahme, ganz abgesehen davon, dass die gewöhnlichen Beweismittel, auch der Zeugenbeweis, ohnehin zugelassen bleiben müssen, wenn das Register durch Zerstörung oder auf andere Weise verloren gegangen ist.[77] In Deutschland ist der Eintrag im Sterberegister das praktisch

---

[73] Z. B. Art. 37 gr. ZGB („Wer zur Ausübung eines Rechts sich darauf beruft, dass eine Person lebe oder gestorben sei oder zu einer bestimmten Zeit lebte oder eine andere Person überlebt habe, hat hierfür den Beweis zu erbringen"); Art. 342(1) port. CC („Wer sich auf ein Recht beruft, muss die konstitutiven Tatsachen des behaupteten Rechts beweisen") und für Deutschland *Berkl*, StAZ 2013 S. 46 sowie Staudinger (-*Fritzsche*), BGB (2018), Vorbem. zu § 1 VerschG, Rdnr. 2.

[74] Z. B. §§ 31 (Eintragung in das Sterberegister) und 54(1) und (3) dt. PStG („Die Beurkundungen in den Personenstandsregistern beweisen ... [den] Tod"; der Gegenbeweis bleibt jedoch zulässig). Unter Art. 79 franz. CC ermöglicht die Sterbeurkunde (*l'acte de décès*) den Nachweis des Todes gegenüber Dritten und den Behörden (*Brezillon*, JCl. Civil Code, Art. 78 à 92, fasc. 10, S. 2 Rdnr. 1). Die Urkunde begründet aber nur eine einfache Vermutung; wer sie anficht, muss das Gegenteil beweisen (*Flavier*, Rép. Civ. Dalloz, V° Actes de l'état civil, S. 33 Rdnr. 174; Cass. civ. 28.1.1957, Bull. civ. 1957, I, Nr. 43). Unter Artt. 450 und 451 ital. CC dient die auf der Grundlage des Sterbezeugnisses bzw. einer Todeserklärung ausgestellte Sterbeurkunde (*certificato di morte*) vor allem der Annahme der Erbschaft; die dem Zivilstandsregister gegenüber gemachten Angaben gelten bis zum Beweise des Gegenteils als wahr, dsgl. die Personenstandsurkunden selbst). Unter Kap. 4 § 3(1) schwed. Begravningslag und § 15 Begravningsförordning ist der Tot zwingend registrierungspflichtig. Als Beweismittel gilt ein Todeszeugnis (*dödsfallsintyg*), das vom Skatteverket ausgestellt wird. Unter Art. 62 span. CC (Ley 20/2011) ist die Eintragung des Todesfalls (*defunción*) in das Zivilregister obligatorisch. Sie beglaubigt (*hace fe*) den Tod einer Person, desgleichen Datum, Uhrzeit und Sterbeort. Die Eintragung in das Zivilregister begründet den vollen Beweis der eingetragenen Tatsachen, sodass andere Beweismittel als die Eintragung nur ausnahmsweise zugelassen sind (Art. 17(1) und (2) a. a. O.). Wer den Inhalt des Registers in Frage stellt, trägt die Beweislast (Cobacho Gómez und Leciñena Ibarra [-*Cremades García*], Comentarios a la Ley del Registro Civil, S. 344, Anm. 1 zu Art. 17 LRC).

[75] Unter Art. 1(1)(p) port. CRC ist der Tod zwingend registrierungspflichtig, und unter Art. 2 port. CRC „können die Tatsachen, deren Registrierung zwingend vorgeschrieben ist, erst nach der entsprechenden Registrierung geltend gemacht werden". Auch kann unter Art. 4 a. a. O. „der Beweis von Tatsachen, deren Registrierung zwingend vorgeschrieben ist, nur durch die in dem Zivilregistergesetz vorgesehenen Beweismittel" geführt werden. Als Beweismittel gelten Urkunden in gedruckter oder elektronischer Form (Art. 211 port. CRC). Dazu gehören natürlich Registerauszüge, aber auch der Zugriff auf die elektronische Datenbank des Zivilregisters (Art. 211(1) port. CRC). Die ärztliche Todesbescheinigung oder der sie ersetzende Verwaltungsakt (unten Fn. 84) sind Dokumente, die dem Zivilregister einzureichen sind. Sie dienen der Bestätigung der (mündlichen) Anmeldung des Todesfalls (Artt. 192(1), 194(1) und 195(1) a. a. O.).

[76] So verhält es sich unter Art. 3 des poln. PersonenstandsregisterG. Die Nichtübereinstimmung des Registers mit der Wahrheit kann ausschließlich in einem gerichtlichen Verfahren bewiesen werden (Art. 3. poln. PersonenstandsregisterG).

[77] So für Griechenland Berufungsgericht Athen 7338/1975, Arm. 30 (1976) S. 292; Berufungsgericht Athen 5769/1976, EllDni 18 (1977) S. 241 und Areopag 1165/1975, NoB 24 (1976) S. 429 (Geburt und Tod werden durch registeramtliche Eintragungen bewiesen. Ist die Eintragung unterblieben oder sind die Registerbücher zerstört, kann der Tod durch jedes legale Beweismittel bewiesen werden, auch durch Zeugen). Unter Art. 17(2) span. LRC (Ley 20/2011) sind andere Beweismittel nur zugelassen, wenn eine Eintragung fehlt oder wenn es unmöglich ist, sie zu beweisen.

wichtigste, aber nicht das einzige Mittel der Beweisführung. Der Beweis des Todes einer Person kann insbesondere auch durch eine Todesbescheinigung („Totenschein", „Leichenschauschein") genannte öffentliche Urkunde geführt werden, „die von einem Arzt ausgestellt wird und insbesondere Angaben zur Identifikation des Verstorbenen, zu Sterbeort und -zeit sowie Todesursache und -art enthält".[78] Das entwertet das Sterberegister nicht. Zwar hat die Führung der Personenstandsregister den Zweck, beweiskräftige Unterlagen über den Personenstand einer Person zur Verfügung zu stellen.[79] Aber Personenstandsregister sollen die Beweisführung nur erleichtern. Sie sollen niemandem die Möglichkeit abschneiden, den tatsächlich bestehenden Personenstand auch mit anderen Mitteln zu beweisen.

Dem registerführenden **Zivilstandsbeamten gegenüber** wird der Tod eines Menschen, dessen Leichnam beschaut werden konnte, grundsätzlich durch Vorlage einer ärztlichen Bescheinigung[80] nachgewiesen.[81] Denn „Eintragungen im Personenstandsregister und sonstige Beurkundungen dürfen erst vorgenommen werden, wenn der zugrunde liegende Sachverhalt ermittelt und abschließend geprüft worden ist" (§ 5 dt. PStV). Der Zivilstandsbeamte soll auch den Todeszeitpunkt möglichst genau angeben und sich dabei an der ärztlichen Todesbescheinigung orientieren.[82] In Deutschland ordnen landesrechtliche Bestimmungen sogar für jede Leiche eine amtliche ärztliche Leichenschau an.[83]

203

---

[78] *Berkl*, StAZ 2013 S. 46. Siehe auch MünchKomm (-*Leipold*), BGB[8], § 1922 Rdnr. 14 und Staudinger (-*Kunz*), BGB (2017), § 1922 Rndr. 45. Auch unter § 26(1) tschech. BGB wird der Tod eines Menschen nach der Grundregel nach „mit einer öffentlichen Urkunde bewiesen, die nach Besichtigung der Leiche in der festgelegten Weise ausgestellt wird".

[79] Gaaz/Bornhofen/Lammers (-*Bornhofen*), Personenstandsgesetz[5], § 54 Rdnr. 9.

[80] Im deutschen Sprachraum ist dann zumindest umgangssprachlich oft von dem sog. „Totenschein" die Rede (z. B. für Österreich Welser und Kletečka [-*Koziol*], Bürgerliches Recht I[14], Rdnr. 177: „Der Beweis des Todes erfolgt regelmäßig durch einen ärztlichen Totenschein"). In Tschechien ist „Totenschein" (*úmrtní list*, §§ 25(5), 31 tschech. PersonenstandsregisterG) freilich die standesamtliche Sterbeurkunde.

[81] Unter § 38 S. 1 Nr. 4 dt. PStVO soll das Standesamt zum Beweis des Sterbefalls vor der Eintragung eine ärztliche Bescheinigung über den Tod verlangen. Unter englischem Recht ist der Tod eines Menschen innerhalb von fünf Tagen dem *Registrar of Births and Deaths* anzuzeigen und von ihm zu registrieren (sec. 15 Births and Deaths Registration Act 1953). Dem Registrar ist ein ärztliches *certificate of cause of death* vorzulegen (sec. 22 a. a. O.). Anschließend stellt der Registrar ein *death certificate* aus (sec. 24 a. a. O.). Es hat vor allem den Zweck, den den Nachlass verwaltenden *trustee* im Wege eines amtlichen *grant of probate* bzw. eines *letter of administration* in seine Funktion einsetzen zu können. Die Sterbeurkunde französischen Rechts wird nur ausgestellt, wenn der Tod bewiesen ist, was neben der Richtigkeitsversicherung der Erklärenden in der Regel ein *certificat médical* voraussetzt (*Brezillon*, JCl. Civil Code, Art. 78 à 92, fasc. 10, S. 5 Rdnr. 19). Art. 32 des gr. Gesetzes 344/1976 bestimmt, dass die ärztliche Todesfeststellung eine Untersuchung der Leiche voraussetzt. In Italien muss die beim örtlichen Zivilstandsamt einzureichende Todesanzeige von einer Todesmitteilung (*avviso di morte*) begleitet sein, die der Hausarzt oder das Krankenhaus ausgestellt hat. Daraufhin stellt der Standesbeamte das Sterbezeugnis (*atto di morte*) aus (Art. 73 ital. DPR 396/2000). Art. 3 des port. Gesetzes 141/99 vom 28.8.1999 über die Festlegung der Prinzipien zur Todesfeststellung legt die Feststellung des Todes in die Zuständigkeit der Ärzte. Die Ärztekammer ist für die Festlegung, Aktualisierung und Verbreitung der medizinischen, technischen und wissenschaftlichen Kriterien für die Feststellung des Todes verantwortlich. Der *registo da verificação da morte* ist ein Eintrag in die klinische Akte einer öffentlichen oder privaten Gesundheitseinrichtung; außerhalb solcher Einrichtungen erfolgt die Todesverifikation gewöhnlich auf dem Briefkopf des Arztes, der die Leiche in Augenschein genommen hat (Art. 4(2) und (3) port. Gesetz 141/99 vom 28.8.1999; sog. *certificado de óbito*). Unter § 2 schwed. Lag om kriterier för bestämmande av människans död ist ein Arzt dafür verantwortlich, den Eintritt des Todes in Einklang mit der Wissenschaft und der bewährten Erfahrung festzustellen. Der Arzt hat unverzüglich nach dem Tod einen „Todesbeweis" (*dödsbevis*) und eine Urkunde über die Todesursache (*intyg om dödsorsaken*) auszustellen (Kap. 4 § 2(1) Begravningslag) und dem Skatteverket zu übermitteln (Kap. 4 § 3(1) a. a. O. i. V. m. § 15 Begravningsförordning). Unter Art. 66 span. LRC darf die Eintragung des Todesfalles der Grundregel nach nicht ohne ärztliches Attest erfolgen. Der tschechische Zivilstandsbeamte trägt den Tod aufgrund einer ärztlichen Urkunde über die Leichenschau (*list o prohlídce zemřelého*) (§ 21(2)(a) tschech. PersonenstandsregisterG) oder aufgrund einer Gerichtsentscheidung (§ 21(2)(b) a. a. O.) in das Totenbuch (*kniha úmrtí*) ein und stellt den Totenschein aus (Fn. 80).

[82] Unter § 31(1) Nr. 4 dt. PStG soll der Todeszeitpunkt grundsätzlich sogar auf die Minute genau angegeben werden. Nur wenn das nicht möglich ist, ist der ungefähre Todeszeitpunkt oder ein Zeitraum zu verlaut-

204 Erlauben die Umstände keine ärztliche Leichenschau, kann also keine öffentliche Urkunde, keine ärztliche Todesbescheinigung vorgelegt werden, bedarf es i. d. R. eines Ersatzes in Gestalt einer gerichtlichen Todesfeststellung oder einer gerichtlichen Todeserklärung.[84] Ihre Erscheinungsformen und Strukturen sind deshalb nicht ganz leicht abzubilden, weil nicht nur die Verfahren, sondern auch die Terminologien beträchtliche Unterschiede aufweisen. Problematisch ist insbesondere der Begriff der **Verschollenheit**. Unter deutschem und einigen ihm nachgebildeten Recht(en) ist „verschollen", wessen Aufenthalt für längere Zeit unbekannt ist. Zugleich dürfen über sein Fortleben oder Versterben keine Nachrichten vorliegen, es müssen jedoch ernstliche Zweifel an seinem Fortleben begründet sein.[85] „Verschollen ist (dagegen) nicht, wessen Tod nach den Umständen nicht zweifelhaft ist" (§ 1(2) dt. VerschG).[86] In einem solchen Fall kann der Tod vom Standesbeamten auch ohne Zwischenschaltung eines gerichtlichen Feststellungsverfahrens im Register verlautbart werden.[87] Erfolgt keine Eintragung, bleibt der Weg für eine gerichtliche Todes- und Todeszeitfeststellung offen (§§ 39–41 dt. VerschG). Das österreichische Recht operiert mit demselben Verschollenheitsbegriff wie das deutsche; insbesondere ist niemand verschollen, dessen Tod nicht zweifelhaft ist (§ 1(2) österr. TEG). Desgleichen gilt unter § 21(1) a. a. O., dass, „wenn der Beweis des Todes eines Verschollenen nicht durch öffentliche Urkunden herzustellen ist, ... bei dem ... Gerichte der Beweis des Todes geführt und der Ausspruch erwirkt werden (kann), daß dieser Beweis als hergestellt anzusehen ist". Das Lehrbuchbeispiel handelt von jemandem, der vor mehreren Zeugen ins Meer gefallen und ertrunken ist. Erst der Beschluss des Gerichtes ersetzt also solchenfalls den Totenschein.[88] In Griechenland[89] und Tschechien[90] trifft man auf dieselbe Rechtslage.

205 „Verschollenheit" ist unter einer Reihe von Rechtsordnungen, darunter wiederum die deutsche, nicht mit dem Beweis des Todes einer Person verknüpft, sondern tatbestandliche Voraussetzung für eine „Todeserklärung" genannte gerichtliche Entscheidung, die ihrer-

---

baren, in dem der Tod eingetreten ist (§ 40(3) dt. PStV, vgl. auch Nr. 31.2 dt. PStG-VwV und für ein praktisches Beispiel im Kontext einer Kommorientenvermutung OLG Celle 4.10.2011, NJOZ 2011 S. 2073, BeckRS 2011, 24576). Die Angaben folgen i. d. R. der ärztlichen Todesbescheinigung (Gaaz/Bornhofen/Lammers [-*Lammers*], Personenstandsgesetz[5], § 31 Rdnr. 25). Auch unter Art. 95(1) Pkt. 4 poln. PersonenstandsregisterG, Art. 201 port. CRC, § 13(1) und (3) schwed. Begravningsförordningen und Art. 62(1) span. LRC sind neben Datum und Ort die Uhrzeit des Versterbens (sonst des Auftauchens der Leiche) anzugeben. Art. 79(1) franz. CC verlangt die Angabe der Todesstunde. Die Angaben folgen durchweg der ärztlichen Todesbescheinigung, dem *certificado médico de la defunción* (Art. 62(2) span. LRC).

[83] Z. B. § 3(1)(1) nds. BestattG. Der Arzt hat unverzüglich nach Beendigung der Leichenschau eine Todesbescheinigung auszustellen (§ 6(1)(1) a. a. O.).

[84] Artt. 194–195 port. CRC sehen außerdem die Möglichkeit vor, den *certificado médico de óbito* durch einen Verwaltungsakt zu ersetzen, wenn ein ärztliches Attest nicht ausgestellt werden konnte.

[85] § 1(1) dt. VerschG. Ebenso u. a. § 22 estn. ZGB AT; Art. 377 lett. ZGB; Art. 2.28(1) lit. ZGB; § 1(1) österr. TEG und § 66(1) tschech. BGB.

[86] Der Tod muss zweifelsfrei feststehen; es genügt nicht, dass der Betreffende „mit größter Wahrscheinlichkeit" verstorben ist (Gaaz/Bornhofen/Lammers [-*Lammers*], Personenstandsgesetz[5], § 28 Rdnr. 7).

[87] Das ist mit § 38 dt. PStV vereinbar, weil der Standesbeamte hiernach nur eine ärztliche Bescheinigung verlangen „soll". Davon sind Ausnahmen möglich, wenn die Leiche nicht gefunden wurde, die Person aber nachweislich (z. B. bei einem Brandunglück oder einem Flugzeugabsturz) ums Leben gekommen ist (*Lammers* a. a. O.).

[88] Wenn in Ermangelung zureichender Beweise auch ein solcher Beschluss nicht erwirkt werden kann, kommt nur noch eine Todeserklärung in Betracht (Welser und Kletečka [-*Koziol*], Bürgerliches Recht I[14], Rn. 177).

[89] Ausgangspunkt ist hier die materiellrechtliche Todesvermutung in Art. 39 gr. ZGB („Der Tod einer Person, deren Leiche nicht gefunden wurde, wird als erwiesen angesehen, sofern diese Person unter Umständen verschwunden ist, die ihren Tod als sicher erscheinen lassen"). Sie ermöglicht Anträge, den Tod des Verschwundenen feststellen zu lassen. Die Vorschrift hat durch das Flüchtlingsgeschehen im östlichen Mittelmeer eine unerwartete Aktualität erlangt (z. B. Amtsgericht Samos 85/2016, Isokrates-Datenbank). Sie findet nur Anwendung wenn der Tod sicher ist; eine bloße Wahrscheinlichkeit des Todes genügt nicht (LG Piräus 593/2019, Isokrates-Datenbank; Amtsgericht Samos a. a. O.).

[90] Wenn eine Leichenschau (§ 26(1) tschech. BGB) unmöglich, der Tod des Betroffenen aber nicht zweifelhaft ist, erklärt ihn das Gericht für tot (§ 26(2) a. a. O.).

I. Zur Welt kommen, Geburt, Sterben und Tod § 4

seits nur eine (widerlegliche) **Todesvermutung** begründet.[91] Es gibt in Deutschland keine Todesvermutung ohne Verfahren.[92] Auch wird nur von Verschollenen vermutet, dass sie, solange sie nicht für tot erklärt worden sind, bis zu einem näher fixierten Zeitpunkt noch gelebt haben (§ 10 dt. VerschG).[93] Andere, insbesondere die romanischen Rechtsordnungen operieren dagegen mit der Grundunterscheidung zwischen dem „Verschwinden" und der „Abwesenheit" einer Person, was bei Übersetzungen in die deutsche Sprache zu dem Problem führt, dass in ihr beides unter den Begriff der „Verschollenheit" fällt.[94]

Unter Art. 68(3) **portugiesischer** CC gilt „eine Person, deren Leiche nicht gefunden 206 oder erkannt wurde, ... als verstorben, wenn das Verschwinden *(desaparecimento)* unter Umständen erfolgt ist, die keinen Zweifel an ihrem Tode erlauben". Eine solche Person ist zwar unter portugiesischem, aber gerade nicht unter deutschem oder österreichischem Recht „verschollen". Zur Festellung des *desaparecimento* ist eine gerichtliche Entscheidung notwendig (Art. 233 port. CRC). Unter Art. 233(1) a. a. O. bedarf es für sie eines *processo de justificação judicial*. Es geht um Todesfälle beim Sturz ins Wasser oder in den Luftraum (Art. 204(2) und (3) a. a. O.), außerdem um Leichen, die infolge eines Brandes, eines Einsturzes, einer Explosion, Überschwemmung, eines Erdbebens, Schiffbruchs oder eines ähnlichen Unfalls nicht gefunden oder nicht mehr individualisiert werden können (Artt.

---

[91] § 9(1) dt. VerschG; § 19(1) estn. ZGB AT; Art. 48 gr. ZGB (dazu Berufungsgericht Athen 2311/1986, EllDni 27 [1988] S. 1138 und 4381/1986, EllDni 27 [1988] S. 1337); Art. 377 lett. ZGB; Art. 2.31(1) lit. ZGB (einer vorherigen Verschollenheitserklärung bedarf es nicht: Art. 2.31(3) a. a. O.); § 9(1) österr. TEG („Die Todeserklärung begründet die Vermutung, daß der Verschollene in dem im Beschluß festgestellten Zeitpunkt gestorben ist"; siehe aber auch § 2 TEG [oben Rdnr. 204]); Art. 31 § 1 poln. ZGB; § 7(2) slowak. ZGB und §§ 71 und 72 tschech. BGB.

[92] Die sog. Kommorientenvermutungen sind keine Todesvermutungen, sondern relative Todeszeitmutungen. Ein „gleichzeitiges" Versterben liegt allerdings auch dann vor, wenn sich die Zeiträume, in denen die Betroffenen mit Sicherheit verstorben sind, nur geringfügig überlappen (OLG Celle NJOZ 2011 S. 2073, BeckRS 2011, 24576). Außerdem reicht der Anwendungsbereich von Kommorientenvermutungen weit über die Fälle der Verschollenheit hinaus (*Bydlinski*, Bürgerliches Recht AT[8], Rdnr. 2/11).

[93] Ebenso verhält es sich unter Art. 195 Satz 1 span. CC („Durch die Todeserklärung [*declaración de fallecimiento*] endet der Zustand der Verschollenheit [*ausencia legal*], aber solange diese Vermutung nicht ausgesprochen wird, gilt vorbehaltlich gegenteiliger Nachforschungen die Vermutung, dass der Verschollene [*ausente*] bis zu dem Zeitpunkt gelebt hat, in dem sein Tod als eingetreten zu gelten hat"). Zeitlich weniger ausdifferenziert, aber in der Substanz ebenso das französische und das polnische Recht. In Frankreich wird auch von einer Person, die als *absente* gilt, vermutet, dass sie noch lebt (*Malaurie*, Droit des personnes[10], S. 45 Rdnr. 22 [„Toute personne est présumée vivante, même quand elle est présumée absente"] und Cass. soc. 19.2.1998, Bull. civ. 1998, V, Nr. 97 [„que le litige ne concerne que le paiement à un disparu de sa pension de vieillesse, l'arrêt retient à bon droit que M. X., disparu de son domicile le 14 juin 1984 et déclaré présumé absent le 27 septembre 1985, doit être tenu pour vivant"]). Die Lebensvermutung wird im Wege des Umkehrschlusses aus Art. 128 franz. CC gewonnen und lässt sich auch aus Art. 725 a. a. O. ableiten, weil der *présumé absent* erben kann. Unter Art. 31(1) poln. ZGB wird vermutet, dass der Verschollene in dem Zeitpunkt gestorben ist, der in der Todeserklärung bestimmt wurde. Daraus wird auf das Überleben bis zu diesem Zeitpunkt geschlossen. Der Tod des Verschollenen könne nur aufgrund der Vorschriften über die Todeserklärung (Artt. 29–32 poln. ZGB) vermutet werden (poln. OG 24.1.2001, II UKN 195/00, Legalis-Nr. 54396). Der Umkehrschluss ist allerdings nicht zwingend. Areopag 273/1969, NoB 17 (1969) S. 1091 entschied deshalb, dass die griechische Verschollenheitserklärung nur den Tod des Verschollenen belege; aus ihr lasse sich keine Lebensvermutung für die zurückliegende Zeit ableiten. Wer behauptet, dass der Verschollene bis zum Erlass der Verschollenheitserklärung lebte, ist dafür beweispflichtig (Berufungsgericht Nafplio 3771967, EEN 34 [1967] S. 564).

[94] Man kann dieses terminologische Problem gut an der Übersetzung von Art. 198 span. CC durch *Sohst*, Spanisches Bürgerliches Gesetzbuch[6] studieren. „En el Registro Civil se harán constar las declaraciones de desaparición, ausencia legal y de fallecimiento" wird in Ermangelung einer guten Alternative zu: „Im Personenstandsregister werden die Verschollenheitserklärungen und die gesetzlichen Todeserklärungen ... vermerkt". Das neue span. LRC kennt allerdings die *declaración de desaparación*, die „Verschwindenserklärung", nicht mehr; sie ist also zumindest nicht mehr eintragungsfähig. Art. 198 span. CC wurde zwar nicht ausdrücklich, gilt aber heute als durch das neue span. LRC implizit aufgehoben (Cobacho Gómez und Leciñena Ibarra [-*Roca Guillamón* und *De Las Heras García*], Comentarios a la Ley del Registro Civil, S. 172, Anm. zu Art. 4(14) LRC). Eingetragen wird (neben der Abwesenheits- und der Todeserklärung, der *declaración de ausencia y fallecimiento*: Art. 78 LRC) nur die Vertretung des Abwesenden (*representación del ausente*), Art. 74(1) LRC.

207–208 a. a. O.). Am Ende des Verfahrens steht ein „gerichtlich begründeter Tod" *(morte judicialmente justificada)*. Manchmal ist auch von dem „erklärten Tod" *(morte declarada)* die Rede. Das Verfahren kann durch den *Conservador,* die Staatsanwaltschaft und jeden initiiert werden, der an der Feststellung ein berechtigtes Interesse hat (Art. 234 a. a. O.). Von dem gerichtlich begründeten ist der „vermutete Tod" *(morte presumida,* Artt. 114–119 port. CC) zu unterscheiden.[95] Es geht nun um Personen, die seit längerer Zeit von ihrem Domizil abwesend sind, jedoch zurückkehren könnten. „Sind zehn Jahre seit dem Tag der letzten Nachrichten abgelaufen oder fünf Jahre vergangen, wenn der Abwesende [*o ausente*] unterdessen das 80. Lebensjahr vollendet hat, können die Personen", die daran ein rechtliches Interesse haben, „die Erklärung des vermutlichen Todes beantragen" (Art. 114(1) port. CC). Die Erklärung des vermuteten Todes hat grundsätzlich dieselben Rechtswirkungen wie der Tod (Art. 115 port. CC). Auch das **französische Recht** unterscheidet zwischen der *disparition* (Artt. 88–92 franz. CC) und der *absence* (Artt. 112–142 a. a. O.). Die *disparition* betrifft Fälle, in denen der Tod einer Person als sicher oder sehr wahrscheinlich erscheint, obwohl ihre Leiche nicht gefunden wurde.[96] Unter Art. 88 a. a. O. kann eine solche Person für tot erklärt werden, wenn sie unter lebensbedrohlichen Umständen verschwunden (Abs. (1)) oder ihr Tod sicher ist (Abs. (3)). Die Todeserklärung ist dann bereits aufgrund einer einfachen Todesvermutung möglich.[97] Die *absence* ist Gegenstand der Artt. 112–142 CC. Das Gericht kann die Vermutung der Abwesenheit einer Person feststellen, wenn sie nicht mehr an ihrem Wohnsitz oder Wohnort erschienen ist, man keine Nachricht von ihr hat und kein besonderer Grund besteht, ihren Tod zu vermuten (Artt. 112 belg. und franz. CC).[98] Der Zweck dieser gerichtlich bestätigten Abwesenheitsvermutung erschöpft sich darin, eine Vermögensverwaltung zu organisieren. Der Richter ernennt unter Art. 113 franz. CC einen oder mehrere Vermögensverwalter. Denn die abwesende Person wird als lebend angesehen. Die Vermögensverwaltung endet, wenn die abwesende Person wieder auftaucht (Art. 118 a. a. O.); das Abwesenheitsurteil wird aufgehoben, wenn ihr Tod bewiesen wird. Von der Abwesenheitsvermutung ist die Abwesenheitsfeststellung (die *déclaration d'absence* unter Artt. 122–132 a. a. O.) zu unterscheiden. Ein solches Urteil kann zehn Jahre nach der Feststellung der Abwesenheitsvermutung ergehen, andernfalls erst zwanzig Jahre nach dem Zeitpunkt, zu dem zuletzt Nachrichten von der abwesenden Person vorlagen (Art. 122 a. a. O.). Es hat unter Art. 128 a. a. O. alle Wirkungen, die eine Todeserklärung gehabt hätte. In **Italien** trifft man auf ein ähnliches, in Einzelheiten aber wiederum abgewandeltes System. Ist eine Person nicht mehr am Ort ihres letzten Domizils erschienen und fehlt es an Nachrichten, kann das Gericht unter Art. 48 ital. CC auf Antrag einen Kurator bestellen, der das Vermögen des Vermissten verwaltet, wenn er nicht ohnehin einen Bevollmächtigten oder einen gesetzlichen Vertreter hat. Nach Ablauf von zwei Jahren ab dem Tag der letzten Nachricht können Personen, die ein rechtliches Interesse daran haben, eine gerichtliche Abwesenheitserklärung beantragen, eine *dichiarazione di assenza* (Art. 49 a. a. O.). Zehn Jahre nach dem Verschwinden kann das Gericht, wiederum auf Antrag, durch Urteil den Tod des Vermissten erklären; als Todestag ist der

---

[95] Diese terminologische Unterscheidung ist freilich nicht über jeden Zweifel erhaben. Denn auch das Abwesenheitsregime des port. CC spricht ausdrücklich von einer *declaração de morte presumida,* also von der Erklärung des vermuteten Todes (Art. 115 port. CC). Berufungsgericht Lissabon 9.6.1994, CJ XIX (1994-3) S. 118 erläutert, dass die bislang fehlende Registereintragung im Rahmen eines *processo de justificação* zu beantragen ist. Für dieses Verfahren muss der Tod sicher sein. Bestehen Zweifel über das Versterben, ist eine Erklärung des vermuteten Todes im Wege einer *ação de estado* zu beantragen. Das davon unterschiedene Verfahren zur Begründung der Abwesenheit *(processo de justificação da ausência)* ist Gegenstand der Artt. 881–890 port. CPC. Es bezweckt primär die dauerhafte Pflegschaft für das Vermögen des Abwesenden *(curadoria definitiva dos bens do ausente).* Es kann aber auch eingeleitet werden, wenn es den Personen, die daran ein rechtliches Interesse haben, unabhängig von der Vermögenspflegschaft darum geht, eine Erklärung des vermuteten Todes zu erlangen.
[96] *Bernard-Xémard,* Cours de droit des personnes et de la famille[4], S. 61 Rdnr. 137.
[97] *Malaurie,* Droit des personnes[10], S. 48 Rdnr. 28.
[98] Die Texte sind nicht vollkommen identisch, weil nur Belgien eine Abwesenheit von mehr als drei Monaten verlangt.

I. Zur Welt kommen, Geburt, Sterben und Tod § 4

Tag des Verschwindens anzugeben. Die Todeserklärung *(denuncia di morte)* kann aber auch dann ausgesprochen werden, wenn bislang noch keine Abwesenheitserklärung ergangen ist (Art. 58 a. a. O.). Kürzere Fristen gelten für Gefahrverschollenheiten (Art. 60 a. a. O.). Die unter Art. 72 ital. DPR 396/2000 in das Personenstandsregister einzutragende Todeserklärung bewirkt, dass diejenigen, die bereits in den Besitz des Vermögens eingewiesen sind, nunmehr frei über das Vermögen verfügen können (Art. 63 ital. CC). Ein vereinfachtes Verfahren gilt in Fällen, in denen der Tod des Betroffenen zwar keinem Zweifel unterliegt, seine Leiche jedoch nicht gefunden oder identifiziert werden konnte. Die Staatsanwaltschaft ist unter Art. 78 ital. DPR 396/2000 verpflichtet, einen Bericht über das Vorkommnis zu verfassen. Das Sterbezeugnis wird dann im Wege des Berichtigungsverfahrens auf der Grundlage eines vom Gericht auf Antrag des Staatsanwalts erlassenen Dekrets ausgestellt.

4. Der Rechtsbegriff des Todes

Mit dem Tod eines Menschen sind zahllose Rechtsfolgen verknüpft, im Privatrecht insbesondere das Ende der Rechtsfähigkeit und der auf ihr aufbauenden Optionen zur Teilhabe am Rechtsleben, und im Prozessrecht das Ende der Partei- und der Prozessfähigkeit.[99] Dadurch wird der Tod (auch) zu einem Begriff des Rechts. Der Rechtsbegriff des Todes muss sich wiederum mit dem Umstand auseinandersetzen, dass sich das Sterben eines Menschen je nach den Umständen und dem Kriterium, mit dem man den Eintritt des Todes bestimmt, über mehrere Stunden oder sogar über noch längere Zeiträume hinziehen kann.[100] Dann wird es nötig, das rechtlich für den Eintritt des Todes maßgebliche biologische Geschehen zu bestimmen. **Sterben** ist ein rechtlich nicht gefasster und wohl auch gar nicht fassbarer Prozess, wohingegen der Rechtsordnung, wenn sie auf den **Tod** eines Menschen abstellt, ein punktuelles Ereignis vorschwebt. Das Problem ist, dass es, wenn es sich nicht um ein plötzliches Unfallgeschehen handelt, einen solchen Zeitpunkt in der realen Welt meistens gar nicht gibt, jedenfalls nicht in dem Sinne, dass sich der Eintritt des Todes direkt beobachten ließe. Man muss deshalb auf ein Geschehnis ausweichen, das den menschlichen Sinnen zugänglich ist. Grund und Folge drehen sich um. Das Kriterium ist nicht der Tod als solcher, sondern ein Umstand, der es erlaubt, auf den Eintritt des Todes zu schließen. Der Mensch „ist" m. a. W. nicht deshalb tot, weil auf dem EEG die Nulllinie erscheint, sondern er wird für tot gehalten, (i) wenn und soweit sie als ein plausibles Todesindiz angesehen wird und (ii) weil sie abgelesen werden kann. Jedenfalls muss die Rechtsordnung äußerlich wahrnehmbare Kriterien entwickeln, damit die Überlebenden wissen, worauf sie die Entscheidung stützen können, dass ein sterbender Mensch gestorben ist. Das wird umso relevanter, wie es für rechtliche Zwecke, etwa für das Erbrecht, den Fortbestand der Ehe, den Eintritt eines Versicherungsfalls und (und insbesondere) für das Recht der Organtransplantation darauf ankommt, ein möglichst enges Zeitfenster abzuste-

---

[99] Areopag 868/2001, Isokrates-Datenbank; Areopag 1493/1998, EllDni 40 (1999) S. 1033. Eine verkündete Entscheidung zum Vor- oder Nachteil einer bereits verstorbenen Prozesspartei ist absolut nichtig; die Entscheidung wird als inexistent angesehen (Areopag 937/2002, Isokrates-Datenbank). Absolut nichtig ist auch die Festsetzung eines Bußgeldes gegen einen Verstorbenen (Gutachten des juristischen Rates des griechischen Staates [Nomikó Symbúlio tou Kratous], www.nsk.gr 591/2002).

[100] Es ist z. B. möglich, die Atmung und den Blutkreislauf eines Menschen künstlich aufrechtzuerhalten, so dass man, je nachdem, wie man diese Worte verwendet, einen zwar hirntoten, aber noch nicht klinisch toten Menschen vor sich haben kann. Dass sich der Hirntod vor dem klinischen Tod zutragen kann, hängt auch damit zusammen, dass die Zeit, in der das Gehirn künstlich reanimiert werden kann, wesentlich kürzer ist als die Zeit, in der anderer Organe, auch das Herz, reanimiert werden können (*Symeonidou-Kastanidou*, Egklemata kata tes zoes², S. 118; Staudinger [-*Fritzsche*], BGB (2018), Vorbem. zu § 1 VerschG Rdnr. 3). Umgekehrt ist aber auch ein klinisch toter Mensch noch nicht notwendig hirntot. Kann der Herzschlag, durch den das Gehirn mit Blut versorgt wird, nicht künstlich aufrechterhalten werden, kommt es spätestens vier Minuten später zum Hirntod. Hirntote Menschen wiederum sind noch nicht biologisch tot. Es kann sein, dass sie noch schwitzen und metabolisieren (durch Enzyme Substanzen ab- und umbauen), dass ihre Wunden heilen, Blutdruck und Puls steigen, und außerdem ist selbst noch die Fortsetzung einer Schwangerschaft über mehrere Wochen denkbar (*Hatzikostas*, PoinChr. 55 [2005] S. 388, 397; *Lynteres*, To poiniko dikaio ton metamoscheuseon, S. 65; siehe auch die nachfolgende Fn.).

cken. Hat es sich nach dem jeweils maßgeblichen Kriterium geschlossen, darf angenommen werden, dass der Sterbende von jetzt ab als verstorben anzusehen ist. Es ist sogar denkbar, das Ende dieses Zeitfensters je nach den Umständen des Einzelfalls und dem rechtlichen Kontext, in dem sich die Frage stellt, anders zu bestimmen.[101] Die Aussage jedenfalls, dass ein Mensch zu einem bestimmten Zeitpunkt gestorben sei, ist das Ergebnis einer rechtlichen Wertung.[102]

208 Man unterscheidet vor diesem Hintergrund zwischen verschiedenen Todesbegriffen und zwischen sicheren und unsicheren Todeszeichen. Zu den **sicheren Todeszeichen** gehören die etwa eine halbe Stunde nach dem Tod auftretenden Totenflecken, die nach ca. zwei Stunden einsetzende vorübergehende Totenstarre und natürlich die Leichenzersetzung, die anschließend beginnt. In Fällen, in denen ein Mensch seine letzte Stunde in einer Umgebung verlebt, in der es keinen Zugang zu medizintechnischem Gerät und Notfallversorgung gibt oder ihr Einsatz wegen des Alters oder der Erkrankung des Sterbenden aussichtslos wäre, werden die Anwesenden den Eintritt des Todes zwar schon aus dem Stillstand der Atmung und des Kreislaufs folgern. Dieser sog. **klinische Tod** ist einfach wahrzunehmen, aber er ist in sich auch nur ein Todesindiz, und er ist noch dazu ein **unsicheres Todeszeichen.** (Verstorbene werden deshalb – und nicht nur aus Pietät – auch in Krankenhäusern nicht sofort nach Eintritt des klinischen Todes aus ihrem Bett in einen Leichenraum verlegt, und im Recht der Transplantationsmedizin kann eine sog. *no touch time* vorgeschrieben sein.[103]) Denn klinisch tote Menschen können unter günstigen Umständen reanimiert werden; im Rechtssinne waren sie dann nie tot. Es wird z. B. durch den Einsatz eines Kompressors der Blutzufluss zum Gehirn aufrechterhalten, und es wird gleichzeitig eine verstopfte Arterie operativ geöffnet.[104] Nach Berichten in der allgemeinen Presse soll es einem Wiener Notfallmediziner sogar gelungen sein, jemanden, der sechs Stunden

---

[101] Dramatische Fälle, an denen sich das zeigen lässt, waren Gegenstand von AG Hersbruck 16.10.1992, NJW 1992 S. 3245 und AG Würzburg 13.2.2018, FamRZ 2019 S. 1821, Anm. *Schneider.* Die behandelnden Ärzte hatten den Herz- und Kreislaufstillstand einer hirntoten schwangeren Frau verhindert, um die Geburt des Kindes zu ermöglichen. Beide Gerichte hielten die Bestellung eines Betreuers für die Frauen für möglich. Das setzte aber voraus, dass die Mütter noch nicht als verstorben anzusehen waren (so im Ergebnis auch AG Würzburg a. a. O. sowie *Neuner,* BGB AT[12], § 11 Rdnr. 11).
[102] Richtig MünchKomm (-*Tag*), StGB[3], § 3 TPG Rdnr. 19.
[103] Das ndl. Wet op de orgaandonatie vom 24.5.1996 kannte in Art. 22(3) die Regel, dass dann, wenn keine Patientenverfügung vorliegt und der Betroffene nicht künstlich beatmet werde, „ab fünf Minuten nach dem irreversiblen Herzstillstand, solange das Verfahren zur Einholung der nach diesem Gesetz erforderlichen Zustimmung zur Organentnahme nicht zu deren Verweigerung geführt hat, die zur Vorbereitung der Implantation erforderlichen Untersuchungen durchgeführt und Maßnahmen zur Erhaltung von für die Implantation geeigneten Organen getroffen werden" dürfen. In dem zum 1.7.2020 in Kraft getretenen neuen Wet op de orgaandonatie findet sich diese fünfminütige *no touch time* nicht mehr. Das Gesetz regelt nur, welche Maßnahmen nach Feststellung des Todes (sie ist Gegenstand der Artt. 14 und 15) bereits getroffen werden dürfen, solange das Verfahren zur Einholung der Zustimmung zur Organentnahme noch nicht zu deren Verweigerung geführt hat (Art. 9(2) a. a. O.). Die Beachtung der Fünfminutenfrist soll aber nach der Gesetzesbegründung schon im Protokoll des Herztodes nachgewiesen sein (https://www.njb.nl/wetgeving/staatsbladen/diverse-wijzigingen-wet-op-de-orgaandonatie/): „Een verdere aanpassing die deze wet met zich meebrengt ziet op de zgn. 'no touch tijd' bedoeld in artikel 22 lid 3 en 4 Wod. De leden hebben beide betrekking op de toelaatbaarheid van voorbereidende handelingen na het vaststellen van de dood van een betrokkene. Het verschil tussen beide leden is dat het derde lid betrekking heeft op een betrokkene die niet wordt beademd en het vierde lid op een betrokkene die wel wordt beademd. In de eerste plaats wordt op advies van de Gezondheidsraad de observatieperiode van vijf minuten na de vaststelling dat sprake is van een circulatiestilstand waarbij niet mag worden geïntervenieerd, geschrapt. Uit de geldende protocollen […] blijkt dat de vaststelling van de dood het in acht nemen van een no-touch tijd van vijf minuten reeds omvat. Het is niet de bedoeling dat daarna nogmaals vijf minuten wordt afgewacht"). Außerdem hat die Gesundheitsverwaltung unter Art. 15 des Gesetzes Richtlinien zu den medizinischen Kriterien der Todesfeststellung zu erlassen. In dem entsprechenden *Besluit* (https://wetten.overheid.nl/BWBR0008776/2020-07-01) findet sich die *no touch* Regel in der Anlage A LIT. A (Todesfeststellung aufgrund von Kreislaufkriterien, wenn der Tod erwartet wurde) und LIT. B (Todesfeststellung aufgrund von Kreislaufkriterien, wenn der Tod unerwartet eintrat).
[104] https://www.welt.de/gesundheit/article119163532/Australierin-war-42-Minuten-lang-klinisch-tot.html.

klinisch tot war, erfolgreich zu reanimieren.¹⁰⁵ Während der klinische Tod exakt beobachtet werden kann, aber kein zwingendes Todesindiz begründet, verhält es sich bei dem sog. **biologischen Tod** genau umgekehrt. Vom biologischen Tod spricht man, wenn alle Organ- und Zellfunktionen geendet haben. Das lässt sich allerdings zeitlich nicht zureichend präzise fixieren. Auf den biologischen Tod als maßgebliches Todeskriterium abzustellen, wäre für rechtliche Zwecke außerdem deshalb unvernünftig, weil er erst zu einem Zeitpunkt eintritt, zu dem bereits die ersten sicheren Todeszeichen vorliegen. Dann aber wären eine ganze Reihe wichtiger Transplantationen schon nicht mehr möglich.

Die Rechtsordnungen bemühen sich deshalb um eine Kompromisslösung. Sie läuft im Kern darauf hinaus, den irreversiblen Ausfall des wichtigsten Organs des Menschen, seines Gehirns, als den maßgeblichen Todesindikator anzusehen. Wessen Gehirn unumkehrbar ausgefallen ist, wer also den sog. **Hirntod** erlitten hat, ist im Rechtssinne verstorben. Das ist zwar eine gleichfalls nicht über jeden Zweifel erhabene Position.¹⁰⁶ Sie hat sich in Europa aber weithin durchgesetzt.¹⁰⁷ Mehrere gesetzliche Bestimmungen greifen inzwischen (mit kleineren Unterschieden in den Details) ausdrücklich auf diesen Todesbegriff zurück und geben ihm sogar eine auf die gesamte Rechtsordnung ausstrahlende Bedeutung¹⁰⁸, andere verwenden ihn – mit manchmal sehr in die Einzelheiten gehenden Vorschriften¹⁰⁹ –

209

---

¹⁰⁵ https://www.focus.de/gesundheit/ratgeber/gehirn/therapie/kaelte-gegen-hirnzerfall-hypothermie-verschiebt-grenze-zwischen-leben-und-tod_id_4468414.html.

¹⁰⁶ Zur Diskussion in Deutschland näher *Roller*, Die Rechtsfähigkeit des Nasciturus, S. 184–189 und Staudinger (-*Fritzsche*), BGB (2018), Vorbem. zu § 1 VerschG, Rdnrn 6–8.

¹⁰⁷ Siehe z. B. für England neben *Re A (A Child)* [2015] EWHC 11 und *King's College Hospital NHS Foundation Trust v T & others* [2014] EWHC 15 vor allem *Airedale NHS Trust v Bland* [1993] 1 All ER 821, 859 („In the eyes of the medical world and of the law a person is not clinically dead so long as the brain stem retains its function" (Lord Keith) und S. 865 („as a result of developments in modern medical technology, doctors no longer associate death exclusively with breathing and heart beat, and it has come to be accepted that death occurs when the brain, and in particular the brain stem, has been destroyed" (Lord Goff); für Deutschland *Deutsch und Spickhoff*, Medizinrecht⁷, Rdnr. 1033; für Frankreich *Malaurie*, Droit des personnes¹⁰, S. 40 Rdnr. 15 (das Hirntodkriterium habe den klinischen Tod abgelöst); für Griechenland *Georgiades* Genikai Archai, S. 108 sowie *Triantos*, AK, Art. 35 gr. ZGB, S. 51 Rdnr. 5; für Österreich *Bydlinski*, Bürgerliches Recht AT⁸, Rn. 2/10 und für Rumänien *Chirică*, Drept civil. Succesiunile și liberalitățile², S. 12 Rdnr. 36.

¹⁰⁸ Unter den ital. Regeln für die Überprüfung und Feststellung des Todes (Gesetz Nr. 578 vom 29.12.1993, Gazz.Uff. Nr. 5 vom 8.1.1994) tritt der Tod mit dem irreversiblen Erlöschen aller Funktionen des Gehirns ein. Das nennt man auch in Italien den *morte cerebrale*. Näher zu ihm *Pizzetti*, in: Ceglia (Hrsg.), Storia della definizione di morte, S. 391. Art. 2 port. Gesetz 141/99 vom 28.8.1999 (Festlegung der Prinzipien zur Todesfeststellung) definiert: „Der Tod korrespondiert der unwiderruflichen Einstellung der Funktionen des Hirnstamms" („*A morte corresponde à cessação irreversível das funções do tronco cerebral*"). Unter § 1 des schwed. Gesetzes über die Kriterien der Feststellung des Todes von Menschen vom 21.5.1987 (1987:269) gilt bei „der Anwendung der Vorschriften in diesem Gesetz oder in einem anderen Gesetz, in dem dem Tod des Menschen rechtliche Bedeutung beigemessen wird, dass ein Mensch tot ist, wenn alle Funktionen des Gehirns völlig und unwiderruflich ausgefallen sind".

¹⁰⁹ Ein Beispiel gibt das vorgenannte schwed. Gesetz über die Kriterien der Todesfeststellung beim Menschen. Die Todesfeststellung obliegt dem Arzt. Sie soll erfolgen, wenn Atmung und Blutkreislauf so lange zum Stillstand gekommen sind, dass mit Sicherheit festgestellt werden kann, dass alle Funktionen des Gehirns vollständig und irreversibel ausgefallen sind. Werden Atmung und Blutkreislauf künstlich aufrechterhalten, muss eine Untersuchung des Gehirns zu demselben Ergebnis führen (§ 2 a. a. O.). Nach Feststellung des Todes dürfen medizinische Maßnahmen für 24 Stunden (§ 2a a. a. O.; Ausnahme bei Vorliegen besonderer Gründe) zur Durchführung einer Organtransplantation durchgeführt werden; Sonderregeln gelten für Schwangere, für deren Foetus noch Hoffnung auf Rettung besteht. Weitere Einzelheiten sind Gegenstand der Richtlinien des Zentralamts für Gesundheits- und Sozialwesen zur Feststellung des Todes eines Menschen (SOSFS 2005:10). Sie unterscheiden im Wesentlichen zwischen indirekten und direkten Todeskriterien. Zu den indirekten Kriterien gehört der klinische Tod, der inzwischen zu einem totalen Hirninfarkt *(total hjärninfarkt)* geführt haben muss (Kap. 3 § 1 SOFS). Der totale Hirninfarkt selbst ist ein direktes Kriterium. Unabhängig von seiner Ursache soll er während einer laufenden maschinellen Beatmung durch mindestens zwei klinisch-neurologischen Untersuchungen festgestellt werden (Kap. 4 § 1 SOFS). Der Patient muss bewusstlos sein und darf nicht mehr auf Anrede, auf Berührungen oder auf Schmerzen im Bereich des Hirnnervs *(kranialnervsinnervat område)* reagieren; Wirbelsäulenreflexe können dagegen noch vorhanden sein. Es dürfen keine spontanen Augenbewegungen oder Bewegungen des Kiefers, des Gesichts, der Zunge oder des Rachens mehr vorliegen. Die Pupillen müssen lichtstarr sein. Hornhaut-, Blinzel- und Schluckreflexe sowie reflektorische Augenbewegungen

jedenfalls für die Zwecke der Transplantationsmedizin.[110] In Polen[111] und Deutschland fehlt, genau besehen, eine gesetzliche Todesdefinition. Sie lässt sich auch nicht ohne Weiteres aus dem deutschen Transplantationsrecht ablesen.[112] Denn zwar ist unter § 3(2) Nr. 2 dt. TPG „die Entnahme von Organen oder Geweben ... unzulässig, wenn nicht vor der Entnahme bei dem Organ- oder Gewebespender der endgültige, nicht behebbare Ausfall der Gesamtfunktion des Großhirns, des Kleinhirns und des Hirnstamms nach Verfahrensregeln, die dem Stand der Erkenntnisse der medizinischen Wissenschaft entsprechen, festgestellt ist". Das Gesetz setzt aber (anders als z. B. Art. 9(1) des schweizerischen Transplantationsgesetzes[113]) Tod und Hirntod gerade nicht ausdrücklich ineins. Das ist kein Zufall. Denn über den Hirntod als ausschließliches Todeskriterium konnte im Gesetzgebungsverfahren keine Einigkeit erzielt werden. Das Gesetz sollte durch diesen Streit aber nicht gefährdet werden.[114] Unter § 5(1)(2) dt. TPG genügt zur Todesfeststellung zudem auch der dreistündige Stillstand von Herz und Kreislauf, eine Zeitspanne indes, nach deren Ablauf viele Organe nicht mehr explantiert werden können.[115] Im Übrigen liegen zu diesem Zeitpunkt schon die ersten sicheren Todeszeichen (Totenflecke, Totenstarre) vor, und natürlich ist auch der Hirntod längst eingetreten. Die These, dass das dt. TPG – ähnlich wie das rumänische, das tschechische und das ungarische Recht[116] – mit zwei Todes-

---

beim Kopfdrehen müssen ausgefallen sein. Druck auf den Augapfel darf sich nicht auf den Herzrhythmus auswirken. Die Spontanatmung muss ausgefallen sein. Die Prüfung aller dieser Kriterien muss (frühestens) nach zwei Stunden wiederholt werden. Die Untersuchungen sind unter bestimmten zusätzlichen Voraussetzungen durch eine konventionelle Angiographieuntersuchung mit Kathetertechnik der Blutgefäße des Gehirns zu bestätigen. Die deutsche Praxis greift für die Zwecke der Transplantationsmedizin (§ 16(1) Nr. 1 dt. TPG) auf eine Richtlinie der Bundesärztekammer aus dem Jahre 2015 zurück, in der sich unter zahlreichen Details die Formulierung findet, dass der irreversible Hirnausfall der „naturwissenschaftlich-medizinische Tod des Menschen" sei (DÄBl. 30.3.2015, S. 1).

[110] Art. R 1232-1 franz. Code de la santé publique z. B. sieht vor, dass, wenn eine Person einen anhaltenden Herz- und Atemstillstand erleidet, ihr Tod nur festgestellt werden kann, wenn gleichzeitig drei weitere Kriterien vorliegen: (i) die völlige Abwesenheit von Bewusstsein und spontaner motorischer Aktivität, (ii) das Ende aller Hirnstammreflexe und (iii) die Abwesenheit jeglicher spontaner Atmung. Art. R 1232-2 a. a. O. verlangt außerdem, dass die Irreversibilität des Gehirnausfalls entweder durch zwei Null- und areaktive Elektroenzephalogramme oder durch ein das Ende der Gehirndurchblutung dokumentierendes Angiogramm objektiviert wird. *Malaurie* a. a. O. (Fn. 107) präzisiert, dass die Hirntoddiagnose die Entnahme lebenswichtiger Organe ermöglichen soll. Denn Art. R 1232-1 a. a. O. handelt nur von der Entnahme eines Organs eines Verstorbenen. Die Regel hat ihren systematischen Standort in Buch II *(Don et utilisation des éléments et produits du corps humain)*, Titel III *(Organes)*, Kapitel II *(Prélèvement sur une personne décédée)* des Code de la santé publique. Unter dem gr. Gesetz 3894/2011 über Organschenkung und Organtransplantation sowie andere Vorschriften (FEK A/150/27.6.2011) erfolgt die Entnahme von Organen aus einem verstorbenen Spender nach dem Ausfall des Hirnstamms. Er wird in der Kammerentscheidung Nr. 9 vom 20.3.1985 des zentralen Gesundheitsrats des Gesundheitsministeriums (KESY) zur Diagnose des Hirntodes näher definiert (S. 5). Der Ausfall des Hirnstamms sei eine zugleich zureichende wie notwendige Bedingung dafür, das gesamte Gehirn als tot zu charakterisieren. Deshalb sei die Diagnose des Hirnstammtodes gleichbedeutend mit der Diagnose des Todes des menschlichen Körpers. Hat der behandelnde Arzt das Absterben des Gehirnstamms diagnostiziert, ist er verpflichtet, zusammen mit einem Neurologen die Sterbeurkunde zu verfassen (Art. 12(6) gr. G. 2737/1999).
[111] Das maßgebliche Kriterium ist auch hier der Hirntod; im ZGB gibt es dazu aber keine Regelung (Safjan [-*Pazdan*], System Prawa Prywatnego I², S. 1064 Rdnr. 25; Osajda [-*Księżak*], Kodeks cywilny²⁶, Art. 8 Rdnr. 9).
[112] So aber Palandt (-*Ellenberger*), BGB⁷⁹, § 1 Rdnr. 3 und Erman (-*Saenger*), BGB¹⁷, § 1 Rdnr. 5 (für den allgemeinen Todesbegriff könnten die Maßstäbe des Transplantationsgesetzes übernommen werden).
[113] Schweiz. Bundesgesetz über die Transplantation von Organen, Geweben und Zellen (Transplantationsgesetz) vom 8.10.2004, AS 2007 1935: „Der Mensch ist tot, wenn die Funktionen seines Hirns einschliesslich des Hirnstamms irreversibel ausgefallen sind".
[114] *Höfling*, MedR 2013 S. 407; AG Würzburg 13.2.2018, FamRZ 2019 S. 1821, 1822.
[115] Einige wenige Organe, Organteile und Gewebe können allerdings auch noch nicht mehr durchbluteten Toten entnommen werden, darunter die Augenhornhaut und Knochen (Spickhoff [-*Scholz und Middel*], Medizinrecht³, § 5 TPG Rdnr. 2).
[116] Art. 147 rumän. Gesetz Nr. 95/2006 bezüglich der Gesundheitsreform unterscheidet zwischen einem toten Spender ohne und mit Herzfunktion. Ein toter Spender ohne Herzfunktion hat einen nicht reanimierbaren, mithin irreversiblen Herzstillstand erlitten, der von zwei Ärzten bestätigt werden muss, nachdem ein Wiederbelebungsversuch gescheitert ist oder offensichtlich zwecklos war. Ein toter Spender

I. Zur Welt kommen, Geburt, Sterben und Tod   **§ 4**

begriffen arbeite[117], ist deshalb nicht zwingend. Bestenfalls kann man sagen, dass das dt. TPG gar keine allgemeingültige Todesdefinition geben wolle.[118] Für die Rechtsprechung ist das TPG allerdings die einzige gesetzliche Quelle, auf die sie in Problemfällen zurückgreifen kann. Deshalb stellen die Gerichte, soweit ersichtlich, nahezu ausnahmslos auf den Hirntod ab.[119]

Hirntod bedeutet hiernach **Ausfall des Gesamthirns**, d. h. des Groß- und des Stamm- **210** hirns (des Hirnstamms und des Kleinhirns). Ein Anencephalus und ein Apalliker leben also noch.[120] Sie haben zwar schon den sog. Kortikaltod erlitten. Bei ihnen sind die Großhirnfunktionen ausgefallen. Aber der Hirnstamm, das Zwischenhirn und die Brücke zum Rückenmark leben noch. Erst mit dem Ausfall des Gesamthirns sind das Lebenszentrum des Menschen und mit ihm seine Individualität unwiederbringlich erloschen.[121] Dass der Hirntod bei Menschen, die zuhause sterben, mangels medizinischer Apparatur nicht beobachtet werden kann, steht der Leistungsfähigkeit dieses Todeskriteriums nicht entgegen. Der Hirntod tritt in solchen Fällen immer in kürzester Zeit, spätestens vier Minuten nach dem klinischen Tod ein. Andererseits wird aber auch der Eintritt des klinischen Todes nur dann bemerkt, wenn andere Menschen am Sterbebett sitzen. Statistisch gesehen verringert die Entscheidung für den einen oder den anderen Todesbegriff den zeitlichen Unsicherheitsfaktor also nicht; er ist bei der Vielgestaltigkeit der tatsächlichen Todesumstände unvermeidlich.[122] Die Alternative, die im Wesentlichen darin besteht, je nach Kontext mit dem einen oder dem anderen Todesbegriff (klinischer Tod, Hirntod) zu arbeiten[123], hat nur selten einen Vorteil[124]; i. d. R. ist sie unpraktikabel und missbrauchsanfällig.[125]

Ein anschauliches **Beispiel** findet sich in OLG Frankfurt a. M. 11.7.1997.[126] Eine Ehefrau hatte die Scheidung von ihrem Ehemann beantragt. Sie lebten im Güterstand der Zugewinngemeinschaft, der

---

mit Herzfunktion ist eine Person, bei der der irreversible Stillstand aller Gehirnfunktionen festgestellt wurde. § 2 lit.e tschech. Transplantationsgesetz versteht unter dem Tod einer Person den unumkehrbaren Verlust der Funktionen des ganzen Gehirns, des Hirnstammes und das unumkehrbare Versagen des Kreislaufsystems. § 202 ungar. Gesetz über das Gesundheitswesen unterscheidet in lit. (f) und (g) zwischen dem „Gehirntod" und dem „Tod" Als Gehirntod wird definiert: „entire, permanent, and irreversible cessation of functions of the brain, including the brain stem", und als Tod „beginning of irreversible autolysis of the organism due to entire cessation of respiration, circulation and brain functions". Daran wird deutlich, dass auch der Hirntod noch als ein unsicheres Todeszeichen angesehen wird.

[117] So *Deutsch und Spickhoff*, Medizinrecht⁷, Rdnr. 1247.
[118] So AG Würzburg 13.2.2018, FamRZ 2019 S. 1821.
[119] BayObLG 15.1.1999, NJW-RR 1999 S. 1309, 1311; OLG Frankfurt a. M. 11.7.1997, NJW 1997 S. 3099, 3100; OLG Köln 24.2.1992, NJW-RR 1992 S. 1480, 1481; AG Hersbruck 16.10.1992, NJW 1992 S. 3245 (oben Fn. 101). Anders aber wohl AG Würzburg 13.2.2018 a. a. O. (ebenfalls schon Fn. 101).
[120] *NHS Trust A v M; NHS Trust B v H* [2001] 1 All ER 801, 807, para 17 (Dame Butler-Sloss): „Is a patient diagnosed as in a permanent vegetative state alive? The answer to question 1 is clearly yes from the description of permanent vegetative state in the report of the college. The brain stem of the patient remains intact. All the judges in *Bland*'s case, supported by the medical experts, accepted that he was alive despite the diagnosis that he was suffering from persistent vegetative state, as it was then described". Ebenso MünchKomm (-*Tag*), StGB³, § 3 TPG Rdnr. 15.
[121] OLG Frankfurt a. M. 11.7.1997, NJW 1997 S. 3099, 3100.
[122] MünchKomm (-*Leipold*), BGB⁸, § 1922 Rdnr. 12 meint allerdings, es brächte keinen Zuwachs an Gerechtigkeit, den Zeitpunkt des Herztodes festzustellen und eine der medizinischen Erfahrung entsprechende Zeitspanne hinzurechnen.
[123] In diesem Sinn u. a. Erman (-*H. P. Westermann*), BGB¹⁰ (2000), § 1 Rdnr. 5 sowie *Deutsch und Spickhoff*, Medizinrecht⁷, Rdnr. 1036. Mit dem Argument, dass die Voraussetzungen für den Tod nur erfüllt sein könnten, wenn die Voraussetzungen für den Lebensbeginn nicht mehr vorliegen, Hirnaktivitäten aber keine Voraussetzung für den Lebensbeginn seien, meint *Neuner*, BGB AT¹², § 11 Rdnr. 11, dass es für den Tod auf den gemeinsamen Ausfall von Herz, Lunge und Gehirn ankomme, muss aber einräumen, dass die Organtransplantation unter dieser Prämisse bereits bei Lebenden möglich wäre.
[124] Eine Ausnahme stellt vielleicht der Fall einer Pflegerbestellung für eine hirntote Schwangere dar. Aber hier geht es in der Sache um das Kind, nicht um die Frau (oben Fn. 101).
[125] OLG Frankfurt a. M. 11.7.1997, NJW 1997 S. 3099, 3100; OLG Köln 24.2.1992, NJW-RR 1992 S. 1480, 1481.
[126] Wie vorige Fn.

gesetzliche Güterstand des deutschen Rechts. Da der Ehemann der Scheidung zugestimmt hatte, hatte die Ehefrau unter § 1933 S. 1 dt. BGB bereits vor der Scheidung ihr Ehegattenerbrecht (§§ 1931(1) (1), (3), 1371(1) dt. BGB) verloren. Der Mann erlitt einen Unfall; es trat der Hirn-, aber noch nicht der Herz-Kreislauf-Tod ein, weil der Mann noch künstlich beatmet wurde. Die Ehefrau witterte nun offenbar eine Chance. Sie nahm den Scheidungsantrag zurück. Erst danach trat bei dem Mann der Herz-Kreislauf-Tod ein. Das OLG Frankfurt a. M. sah die Frau nicht als Erbin an. Es stellte auf den Hirntod ab. Die Rücknahme des Scheidungsantrages habe keine erbrechtlichen Wirkungen mehr entfalten können.

II. Ungewissheit über den Tod oder den Todeszeitpunkt eines Menschen

1. Überblick

211 Die Frage, auf welches innerkörperliche Geschehen für die rechtliche Entscheidung abzustellen ist, dass ein Mensch verstorben ist, stellt sich nur, wenn der Sterbensprozess beobachtet und ggf. dokumentiert wird. Stirbt ein Mensch einsam (oder lässt sich ein evtl. anwesender Zeuge nicht ermitteln), werden die sterblichen Überreste aber später gefunden, entsteht zwar manchmal noch die primär mit den Mitteln der forensischen Medizin zu überwindende Schwierigkeit, den Todeszeitpunkt zu bestimmen. Aber für diese Todeszeitbestimmung spielt die Unterscheidung zwischen dem Herz- und den einzelnen Erscheinungsformen des Hirntodes aus rein praktischen Gründen keine Rolle mehr. Zwar müsste man theoretisch auch hier fragen, wann der Hirntod eingetreten ist, doch wird dafür so gut wie immer nur eine vergleichsweise ungenaue Zeitspanne angegeben werden können, in die auch der Herztod fällt. Das gilt bereits ab dem Auftreten der ersten sicheren Todeszeichen, und es gilt natürlich erst recht, wenn inzwischen längere Zeiträume verstrichen sind. Die Hauptschwierigkeit besteht indes darin, mit Situationen umzugehen, in denen **keine Leiche** aufgetaucht ist, es aber gleichwohl gute Gründe für die Annahme gibt, dass der Betroffene nicht mehr lebt. Dann sind zwei Konstellationen zu unterscheiden. In einer ersten Gruppe von Fällen ist der Körper einer Person unter Umständen verschwunden, die ihren Tod als sicher erscheinen lassen. In einer zweiten Gruppe ist der Tod einer Person dagegen zwar wahrscheinlich, aber nicht gewiss. Um eine Schwierigkeit ganz anderer Art geht es, wenn zwei oder mehr Menschen unter Umständen (z. B. in gemeinsamer Gefahr) umkommen, die es nicht erlauben zu beweisen, dass der eine den anderen überlebt hat. Dann muss die Rechtsordnung entscheiden, ob sie die Umgekommenen als zur selben Zeit oder (und wenn ja, nach welchen Kriterien) als nacheinander verstorben ansehen will. Diese Fälle decken sich deshalb nicht mit den zuvor beschriebenen Situationen, weil die Notwendigkeit, relative Todeszeitpunkte zu bestimmen, unabhängig davon auftaucht, ob die Leichen der Verstorbenen geborgen werden konnten oder verschwunden bleiben; auch kann es im Einzelfall so liegen, dass von zwei oder mehreren Leichen nur eine gefunden wird.[127] Zu bedenken ist endlich noch, was zu geschehen hat, wenn es weder Hinweise auf das Versterben noch Hinweise auf das Überleben einer Person gibt. Man hat einfach keine Nachrichten von ihr, doch ist noch nicht so viel Zeit verstrichen, dass man allein aus dem Zeitablauf auf den zwischenzeitlichen Eintritt des Todes schließen kann. Gleichwohl muss sich jemand um das Vermögen des nachrichtenlos Verschwundenen kümmern. In dieser letzten Fallgruppe geht es also im strengen Sinn nicht um das Ende der Rechtsfähigkeit

---

[127] In OLG Celle 4.10.2011, NJOZ 2011 S. 2073, BeckRS 2011, 24576 war ein Ehepaar zu Tode gekommen. Ihr Motorboot war in schwerer See gekentert. Die Leiche der Frau wurde im Bootsinnern gefunden; die Leiche des Mannes war durch die Strömung abgetrieben worden. Seine Leiche tauchte zwar zehn Tage später wieder auf, doch hätte sich die Frage des gleichzeitigen Versterbens (die das Gericht bejahte) auch dann gestellt, wenn die Leiche des Mannes verschwunden geblieben wäre. Siehe auch Berufungsgericht Piräus 1150/1979, END 1980 S. 246 sowie Georgiades und Stathopoulos (-*Karakatsanes*), AK, Art. 39 gr. ZGB Rdnr. 5.

eines Menschen.¹²⁸ Es gibt aber Verknüpfungen. Insbesondere kann es sein, dass eine gerichtliche Entscheidung, durch die das Verschwinden einer Person förmlich festgestellt wird, die Frist bis zu dem Zeitpunkt abkürzt, zu dem diese Person, wiederum förmlich, für tot erklärt werden kann.

Nennenswerte **internationale Instrumente** zum Recht der Todesfeststellung und der Todeserklärung gibt es nicht. Die UN-Konvention über die Todeserklärung Verschollener vom 6.4.1950 ist seit dem 25.1.1972 außer Kraft.¹²⁹ Das Athener CIEC-Übereinkommen Nr. 10 v. 14.9.1966 über die Feststellung gewisser Todesfälle¹³⁰ regelt nach seinen Artt. 1 und 2 nur die internationale Zuständigkeit für Todesfeststellungen bei wahrscheinlichem oder sicherem Tod. Eine Empfehlung des Ausschusses der Minister der Mitgliedstaaten des Europarates hat zwar „Grundsätze betreffend abwesende Personen und die Präsumtion des Todes" aufgestellt¹³¹, doch handelt es sich dabei lediglich um unverbindliche Empfehlungen. Sie behandeln drei Situationen und ordnen ihnen, abgestuft nach der Todeswahrscheinlichkeit, unterschiedlich lange Wartefristen zu. Principle 4 (Waiting period for lodging the request) lautet: „1.Where, in the light of all the circumstances, the death of the missing person can be taken as certain, the lodging of the request mentioned under Principle 3 should preferably be possible without a waiting period. 2.Where the circumstances of disappearance of the missing person are such that it is reasonable to conclude that his or her death is likely, the time which must have elapsed from the disappearance, or from the receipt of the last news that the person was alive, for lodging the request should preferably be one year at the most. 3.Where the death of the missing person is uncertain, the time which must have elapsed from the disappearance, or from the receipt of the last news that the person was alive, for lodging the request should preferably be seven years at the most". Einflüsse des englischen Rechts sind unverkennbar. 212

2. Todes- und Todeszeitfeststellung

Todesfeststellung und Todeserklärung sind, auch wenn sie nicht überall scharf geschieden werden¹³², nicht dasselbe.¹³³ In beiden Fällen kann zwar die Leiche des Betroffenen nicht in 213

---

¹²⁸ Daran ändert der Umstand nichts, dass es möglich ist, ein einheitliches Abwesenheitsregime zu entwickeln, in dessen Rahmen die Todeserklärung als die maximale Folge der Abwesenheit gedeutet wird. So verhält es sich in Portugal (*Hörster und Moreira da Silva*, Parte Geral², S. 397). Das dortige Abwesenheitsrecht kennt drei Maßnahmen zur Verwaltung des Vermögens des Abwesenden, nämlich die Bestellung einer vorläufigen (*curadoria provisória*, Artt. 89–98 port. CC) und der endgültigen Pflegschaft (*curadoria definitiva*, Artt. 99–113 port. CC) und die Beantragung der Todeserklärung (*declaração de morte presumida*, Artt. 114–119 port. CC). Diese Maßnahmen sind voneinander unabhängig. Sie richten sich nach der Wahrscheinlichkeit des Fortlebens bzw. des Todes (*Mota Pinto*, Teoria geral do direito civil⁴, S. 265).
¹²⁹ Text (englisch, französisch, deutsch) u. a. in dt. BGBl 1955, II, 706.
¹³⁰ http://www.ciec1.org/SITECIEC/PAGE_Conventions/ICYAAEYkDS9rQnRZSHVUVEJLdgI. Das Übereinkommen gilt für Griechenland, die Niederlande, Portugal (unten Fn. 133), Spanien und die Türkei.
¹³¹ CM/Rec (2009)12.
¹³² Daran kann es auch verfahrensrechtlich fehlen. Obwohl Todesfeststellung und -erklärung in Polen unterschiedliche Instrumente sind, entschied poln. OG 20.3.1957, 1 CR 119/57, OSNCK 1958 Nr. 1 Pos. 27, dass ein Antrag auf Todesfeststellung mit einer Todeserklärung beschieden werden könne.
¹³³ Sprachlich ein wenig verwirrend, in der Sache aber klar unterscheidet die port. Lehre zwischen dem *desaparecimento sem notícias* i. S. d. Abwesenheitsregimes der Artt. 89–121 port. CC (besonders deutlich Artt. 89(1) und 114 a. a. O.) und dem *desaparecimento* i. S. d. Art. 68(3) a. a. O. („Eine Person, deren Leiche nicht gefunden oder erkannt wurde, gilt als verstorben, wenn das Verschwinden unter Umständen erfolgt ist, die keinen Zweifel an ihrem Tode erlauben") (näher *Mota Pinto*, Teoria geral do direito civil⁴, S. 264–265 mit Fn. 298). Berufungsgericht Porto 23.11.2017, Processo 979/16.0T8PVZ.P1 verdeutlicht den Unterschied zwischen der *declaração de morte presumida do ausente* und der Todesfeststellung, der *declaração de morte* (Art. 68(3) a. a. O.). Ein Fischer, der sich auf einem Fischerboot befand, wurde in irischen Gewässern von einer großen Welle erfasst und ins offene Meer gezogen. Aufwändige Rettungsaktionen blieben erfolglos; der Mann wurde nicht gefunden. Das Gericht sah seinen Tod als bewiesen an. Deshalb müsse die Frist für eine Todeserklärung nicht abgewartet werden. Der Tod könne festgestellt werden. Das Gericht erster Instanz hatte den auf Todeserklärung gerichteten Antrag noch abgewiesen, weil die zehnjährige Wartefrist (Art. 114(1) port. CC) noch nicht abgelaufen war. Das Berufungsgericht machte

Augenschein genommen werden. Grundlage einer gerichtlichen Todes- und Todeszeitfeststellung ist aber ein gleichwohl **nachgewiesener,** Grundlage einer Todeserklärung ein lediglich (wenn auch hoch) wahrscheinlicher **Tod.** Das gerichtliche Todesfeststellungsverfahren kann sogar verzichtbar sein, wenn der Zivilstandsbeamte die ihm vorgelegten Nachweise akzeptiert[134], ist aber auch dort, wo es als unabdingbare Voraussetzung der registerrechtlichen Todesverlautbarung angesehen wird, das bedeutend einfachere und schnellere Verfahren als das Todeserklärungsverfahren. Denn es sind nach dem Verschwinden des Betroffenen **keine Wartefristen** zu beachten. Eine separate Todeszeitfeststellung ist möglich und sinnvoll, weil sie eine Todeszeitvermutung nach sich zieht.[135] Als Todeszeit bestimmt das Gericht (ggf. die Behörde) den wahrscheinlichsten Todeszeitpunkt, der in der Regel wiederum dem Zeitpunkt der Gefahr entsprechen wird.[136] Eine separate Todeszeiterklärung wäre dagegen kein taugliches Instrument. Denn eine Todeserklärung ohne Angaben zur Todeszeit würde die der Erklärung zugedachten Aufgaben verfehlen. Folglich nennt „jede Todeserklärung das Datum, an dem der Tod als eingetreten gilt" (Art. 195(2) span. CC). Die Todeserklärung begründet eine (widerlegliche) Todesvermutung; die Todesfeststellung ist das Ergebnis der Würdigung der dem Gericht vorgelegten Todesbeweise. Es geht um den Ausspruch, „dass der Beweis des Todes als hergestellt anzusehen ist" (§ 21 österr. TEG; ähnlich § 26(2) tschech. BGB). Allerdings muss auch eine Todesfeststellung aufhebbar bleiben, weil selbst hohe Beweisanforderungen keine absolute Garantie für Fehlerfreiheit bieten.[137] Die Todesfeststellung begegnet (als gerichtliche Todesfeststellung) in den meisten Systemen des Zivilrechts[138] sowie (teilweise als behördliche Todesfeststellung) in den drei nordischen Staaten, wo sie allerdings nicht deutlich gegen die Todeserklärung abgegrenzt wird.[139] In Lettland und Litauen verhält es

---

deutlich, dass in diesem Fall gar keine Wartefrist zu beachten war. Allerdings waren die portugiesischen Gerichte für die Todesfeststellung nicht international zuständig; das waren unter Art. 2 des Athener CIEC-Übereinkommens [Fn. 130] die spanischen Gerichte. Deshalb sollten die Antragsteller erst in Spanien um eine *declaración de fallecimiento* nachsuchen. Sie könnte dann später als *declaração de óbito*" im portugiesischen Zivilregister eingetragen werden (Art. 6(1) port. CRC).

[134] Oben Rdnr. 204. Wo die Todeserklärung (wie in Schweden) Sache der Verwaltungsbehörden ist, liegen die Dinge natürlich schon im Ausgangspunkt anders. Hier ist demgemäß auch die Verwaltungsgerichtsbarkeit für die Überprüfung der entsprechenden Entscheidungen zuständig.

[135] Für Deutschland meint zwar Staudinger (-*Fritzsche*), BGB (2018), Vorbemerkung §§ 13–45 VerschG, Rdnr. 16, dass die Todeszeitvermutung auch eine Todesvermutung in sich trage, weil das Verfahren über die Feststellung der Todeszeit nicht nur auf das Problem reagiere, dass der Todeszeitpunkt unklar ist, sondern auch darauf, dass sich das Standesamt weigere, den Eintritt des (sicheren) Todes zu beurkunden, doch überzeugt das nicht. Denn wenn der Tod sicher ist, dann ist für eine Todesvermutung kein Raum mehr.

[136] Z. B. §§ 44 i. V. m. 9(2) dt. VerschG; Art. 538 poln. ZPO; Artt. 71 i. V. m. 201(4) port. CC; § 8(2) schwed. Lag om dödförklaring; § 26(2) Satz 2 tschech. BGB und für Griechenland *Triantos*, AK, Art. 39 gr. ZGB S. 55 Rdnr. 3.

[137] Z. B. §§ 40, 32 dt. VerschG; § 22 estn. ZGB AT; Art. 39 i. V. m. Artt. 50 und 1883 gr. ZGB (näher *Spyridakes*, Genikes Arches, S. 183); Art. 2.32(1) lit. ZGB; § 25 i. V. m. §§ 23 und 24 österr. TEG; Artt. 535–543 poln. ZPO; Art. 240 port. CRC; Art. 179 span. RRC (zur *declaración de fallecimiento*) und § 76 (2) tschech. BGB. Für Frankreich siehe *Brezillon*, JCl. Civil Code, Art. 78 à 92, fasc. 10, S. 7 Rdnr. 27, wonach jede Sterbeurkunde nur solange eine Richtigkeitsvermutung genießt, bis sie durch die *inscription de faux* berichtigt wurde. Es kann also die Fehlerhaftigkeit und mit ihr die Nichtigkeit der Verlautbarung bewiesen werden.

[138] §§ 39, 41 dt. VerschG (vgl. auch Art. 9 dt. EGBGB); § 22 estn. ZGB AT; Art. 88(3) franz. CC; Art. 39 gr. ZGB; Art. 67 ital. CC (siehe auch Art. 57 a. a. O.: Beweis des Todes eines Verschollenen); § 21(1) österr. TEG; Artt. 535–538 poln. ZPO (Todeszeitfeststellung bei Personen, deren Tod trotz Fehlens der Sterbeurkunde unzweifelhaft ist); Art. 68(3) port. CC i. V. m. 233 port. CRC; § 7(2) slowak. ZGB; § 26 (2) tschech. BGB; siehe außerdem schon oben Rdnr. 206. Spanien allerdings unterscheidet (wie die nordischen Staaten (nachfolgende Fn.) nicht scharf zwischen der Todesfeststellung und der Todeserklärung. Die *declaración de fallecimiento* (Artt. 193–197 span. CC, Artt. 67(1), 78(2) span. LRC und Art. 179 span. RRC) meint beides.

[139] Terminologisch differenziert das schwed. Lag om dödförklaring (Gesetz über Todeserklärung vom 17.3.2005 [2005:130]) zwar nicht zwischen der Todesfeststellung und der Todeserklärung. In der Substanz ist die Unterscheidung aber deutlich angelegt. Unter § 1 a. a. O. kann jemand für tot erklärt werden, der verschwunden ist und dessen Tod befürchtet werden muss. „Wenn (jedoch) festgestellt wird, dass die

II. Ungewissheit über den Tod oder den Todeszeitpunkt eines Menschen **§ 4**

sich ebenso.[140] Auch das Vereinigte Königreich kennt nur eine *declaration that the missing person is presumed to be dead* (sec. 1(2) Presumption of Death Act 2013[141]). Sie ergeht allerdings nicht nur, wenn „a person who is missing has not been known to be alive for a period of at least 7 years", sondern auch „if [the court] is satisfied that the missing person has died" (sec. 2(1)(b) und (a) a. a. O.).

Zu einer Todesfeststellung kommt es nur, wenn das **Versterben** einer Person, deren **214** Leiche nicht gefunden oder identifiziert werden konnte, in dem Sinne „**sicher**" ist, dass keine andere Erklärung in Betracht kommt. Die Person muss einer Gefahr ausgesetzt gewesen sein, und das Verschwinden muss in einer zeitlichen und kausalen Verbindung zu dieser Gefahr stehen. Es geht also z. B. um Flugzeugabstürze, bei denen niemand eine Überlebenschance hatte, sofern der Absturz und der Umstand bewiesen sind, dass der Betroffene in der Maschine saß[142], um Menschen, die auf hoher See ins Wasser stürzten[143], um Personen, die spurlos in einem vollständig ausgebrannten Gebäude zurückgeblieben sind[144], um Opfer von Explosionen, Naturkatastrophen, Terroranschlägen und Raubtierangriffen, und um Menschen, die in einer Umwelt verschwanden, in der ein Überleben nicht möglich ist.

Ein eindrucksvolles **Beispiel** findet sich in Amtsgericht Samos 85/2016. Der Antragsteller, ein in Schweden lebender Syrer, war am 20.7.2013 mit seiner Frau, seinem 4-jährigen Sohn, seiner 7 1/2 Monate alten Tochter und zwei anderen syrischen Flüchtlingen vom türkischen Kusadasi aus mit einem Boot nach Samos übergesetzt. Sie landeten an einem felsigen Strand im Nordosten der Insel, wo sie per Mobilfunk noch die örtliche Notrufnummer anrufen konnten. Der Rettungsdienst erschien jedoch nicht. Die Flüchtlinge, die seit Stunden ohne Trinkwasser festsaßen, machten sich durch den strandnahen Wald auf die Suche nach einem Dorf. Die Familie musste entkräftet und dehydriert in Richtung Strand umkehren. Die beiden anderen Männer setzten ihre Suche fort, fanden eine kleine Kapelle und wurden dort später gerettet. Der Familienvater (der spätere Antragsteller) versuchte, am Strand entlang eine Siedlung zu finden. Die Mutter und die beiden Kinder blieben in Strandnähe im Wald zurück. Die Männer hatten sie morgens um 7 Uhr zum letzten Mal gesehen. Gegen 15.00 Uhr brach ein Waldbrand aus. Später wurden die verkohlten Leichen der Mutter und des Babys, außerdem ihre Goldsachen gefunden. Die Leichen konnten durch DNA-Untersuchungen identifiziert werden. Nicht gefunden wurde der vierjährige Sohn. Das Gericht lehnte es ab, unter Art. 39 gr. ZGB den Tod des

---

verschwundene Person tot ist, kann sie sofort für tot erklärt werden" (§ 2 a. a. O.). In Dänemark kann, wenn der Tod einer Person nachgewiesen, aber noch keine Sterbeurkunde ausgestellt wurde, das Gericht den Tod dieser Person feststellen (SOU 1998:10 S. 311). Die Vorschriften über die Todesvermutung (Kap. 2 § 5 Lov om bortblevne [Gesetz über vermisste Personen vom 1.9.1986, Nr. 587]) finden bei nachgewiesenem Tod keine Anwendung. Auch Finnland kennt für solche Fälle eine „Todeserklärung ohne Wartefrist" (Kap. 2 § 3 Laki kuolleeksi julistamisesta).

[140] Art. 2.31(1) lit. ZGB (Todeserklärung sowohl bei dreijähriger nachrichtenloser Abwesenheit vom Wohnsitz als auch dann, wenn anzunehmen ist, dass die verschwundene Person tot ist und von ihr seit sechs Monaten Nachrichten fehlen). Unter Artt. 370–381 lett. ZGB ist für einen Abwesenden grundsätzlich eine treuhänderische Vermögensverwaltung zu organisieren. Sie endet, wenn das Gericht den Abwesenden für tot erklärt (Art. 375(3) a. a. O.) oder „when definite information as to his or her death has been received" (Art. 375(2) a. a. O.).

[141] Das Gesetz gilt nach seiner sec. 23 nur in England und Wales. Schottland (Presumption of Death (Scotland) Act 1977) und Nordirland (Presumption of Death Act (Northern Ireland) 2009) haben eigene Gesetze, die aber im materiellrechtlichen Grundlagen dem englischen Text gleichen.

[142] Andernfalls hat man eine sog. Luftverschollenheit vor sich, die i. d. R. schon nach kurzer Zeit eine Todeserklärung ermöglicht, siehe vorerst § 6 dt. VerschG und Art. 42 gr. G. 5017/1931 und dazu *Triantos*, AK, Art. 39 gr. ZGB, S. 55 Rdnr. 3. Die Gesetzesmaterialien zum schwed. Lag om dödförklaring bemerken, dass Passagierlisten in der Regelfall (d.h., wenn nicht besondere Umstände ihre Glaubwürdigkeit in Frage stellen) eine zuverlässige Entscheidungsgrundlage darstellen (Prop. 2004/05: 88, S. 18).

[143] Berufungsgericht Porto 23.11.2017, Processo 979/16.0T8PVZ.P1; Cass. civ. 14.3.1995, Bull. civ. 1995, I, 1995, Nr. 125 S. 89 (Sturz von einem Schiff ins offene Meer bei rauer See und 9° Wassertemperatur; die Cour d'appel habe die *disparition* [Art. 88 franz. CC] souverän feststellen können).

[144] Beispiel aus einem Gutachten des Staatsanwalts beim Areopag 30/1962, EEN 30 (1963) S. 667.

Vierjährigen festzustellen. Die Umstände seines Verschwindens ließen seinen Tod zwar als sehr wahrscheinlich, aber nicht als völlig sicher erscheinen. Letzteres wäre nur dann der Fall gewesen, wenn sich das Verschwinden des Jungen auf keine andere Weise erklären ließe. Der Brand sei in einem offenen Wald, nicht in einem geschlossenen Gebäude ausgebrochen. Außerdem sei der Junge bereits etwas eigenständiger gewesen als das vollständig auf seine Mutter angewiesene Baby. Da die Zeugen ihn zuletzt Stunden vor dem Ausbruch des Brandes gesehen hatten, könne nicht völlig ausgeschlossen werden, dass der Junge dem Feuer vielleicht doch entkommen sei. Deshalb könne der Vater sein Kind unter den Artt. 40–50 gr. ZGB nur für verschollen erklären lassen.

215 Ob eine Todesfeststellung eigene **Rechtsfolgen** hat, ist zweifelhaft. Denn sie dient ja nur dem Beweis des Todes. Es treten also *seine* personen-, familien-, und erbrechtlichen Folgen ein. Allerdings kann eine (wenn auch denkbar minimale) Wahrscheinlichkeit verbleiben, dass eine Todesfeststellung zu Unrecht erfolgte, der Betroffene also wider alles Erwarten doch überlebte und die Feststellung seines Todes aufgehoben werden muss. Dann liegt es nahe, die Regeln entsprechend anzuwenden, die gelten, wenn jemand noch lebt, der für tot erklärt wurde.[145]

3. Todeserklärungen

216 Das Fehlen einer einheitlichen Terminologie stellt alle Teilbereiche des europäischen Privatrechts vor erhebliche Herausforderungen. Das Recht der „Todeserklärungen" macht davon keine Ausnahme. Wir zählen dazu im Folgenden alle Regeln, die darauf reagieren, dass der Tod eines Menschen zwar wahrscheinlich, aber eben nicht so „sicher" ist, dass er gerichtlich festgestellt werden könnte. Dabei ist aber mitgedacht, dass einige Rechtsordnungen nicht scharf zwischen der Todesfeststellung (dem Todesbeweis) und der Todeserklärung unterscheiden[146], außerdem, dass eine Todeserklärung auch unter der Bezeichnung „Verschollenheitserklärung" begegnen kann[147] und dass „Verschollenheit" nicht überall auf Situationen verengt wird, in denen man gerade nicht positiv weiß, dass der Verschwundene verstorben ist.[148] Einen Menschen für tot *erklären,* kann ein Gericht (oder eine Behörde) indes schon vom Wortsinn her nur, wenn der Tod gerade nicht bewiesen ist, vielmehr Zweifel verbleiben. Sie sind das eigentliche Problem, auf das das materielle und das Verfahrensrecht in Abwägung der Schutzbedürfnisse aller Beteiligten reagieren müssen. Es geht um den Verschwundenen selbst, aber es geht auch um die Zurückgebliebenen und um den Rechtsverkehr, also insbesondere um die Gläubiger, Schuldner, Mitgesellschafter und die potentiellen Rechtsnachfolger des wahrscheinlich Verstorbenen. Für tot erklärt wird ein Mensch deshalb nur unter drei kumulativen Voraussetzungen. Er muss (i) in dem Sinne „verschwunden" sein, dass es keine Nachrichten mehr von oder über ihn gibt, er muss (ii) in dem Sinne „verschollen" oder „abwesend" sein, dass das Verschwinden ernstliche Zweifel an seinem Überleben begründet, und es müssen diese Zweifel (iii) durch den Ablauf von so viel Zeit verstärkt werden, dass die Rechtsordnung

---

[145] Unter Art. 3 § 1(1) dt. VerschÄndG gilt das ausdrücklich auch für die Regeln über die Aufhebung einer neuen und die Auflösung der bisherigen Ehe (§§ 1319, 1320 dt. BGB). In Schweden, das zumindest terminologisch nicht zwischen der Todesfeststellung und der Todeserklärung unterscheidet (Fn. 139), folgt die Gleichbehandlung beider Konstellationen ausdrücklich aus §§ 11a und 12 Lag om dödförklaring. In Griechenland ist die Rechtslage deshalb komplizierter, weil die Ehe zwar nach einer Todesfeststellung *ipso iure* aufgelöst wird, nach einer Verschollenheitserklärung (einer Todeserklärung) aber nur eine Scheidung in Betracht kommt (Art. 1440 gr. ZGB; näher u. a. *Triantos,* AK, Art. 48 gr. ZGB, S. 62 Rdnr. 5).

[146] Oben Rdnr. 212 a. E.

[147] So verhält es sich in Griechenland. Unter Art. 48(1) gr. ZGB können aus einer Verschollenheitserklärung „alle aus dem Tode des Verschollenen abgeleiteten Rechte geltend gemacht werden, wie wenn der Tod bewiesen wäre". Man hat es also mit einer widerleglichen Todesvermutung zu tun (Berufungsgericht Athen 2311/1986, EllDne 27 [1986] S. 1138; Berufungsgericht Athen 4381/1986, EllDne 27 [1986] S. 1337).

[148] Vorher Rdnr. 206.

unter Bedachtnahme auf die Umstände des Verschwindens und das Alter des Betroffenen seinen Tod als indiziert ansieht. Eine Todeserklärung begründet demgemäß immer nur eine **widerlegliche Todesvermutung.** Es handelt sich um eine *declaration of presumed death* (sec. 2 Presumption of Death Act 2013), um eine *declaración por la que se establece la muerte presunta de una persona*.[149] Ihr kommen (anders als einer Todesfeststellung) notwendig eigene Rechtsfolgen zu. Denn es ist ja gerade nicht sicher, dass die Todesvermutung auf Dauer Bestand haben wird. Über allem schwebt eine Restunsicherheit, die sich zwar Tag für Tag weiter abschwächt, aber erst dann wirklich endet, wenn entweder doch noch der Leichnam gefunden wird oder die äußerste biologische Lebensspanne eines Menschen überschritten ist.[150]

a. Voraussetzungen

(1) Nachrichtenloses Verschwinden

Die erste Voraussetzung einer Todeserklärung ist das Verschwinden (die *non-présence,* nicht die *disparition*[151]) des Betroffenen. Eine Person ist verschwunden, wenn sie „nicht da ist, wo sie sein sollte"[152], d.h., wenn sie nicht mehr an ihrem letzten bekannten Lebensmittelpunkt angetroffen wird, unbekannten Aufenthalts ist und die Menschen, die nach dem normalen Verlauf der Dinge über ihren Verbleib unterrichtet wären – Familie, Partner, Mitbewohner, Bekannte, Arbeitskollegen, Reisebegleiter etc. – keine Nachrichten mehr von ihr oder über sie haben.[153] Der Verschwundene muss nicht notwendig seinen Wohnsitz verlassen haben; untertauchen kann man auch in derselben Großstadt. Von wem die Nachrichten stammen, vom Betroffenen selbst oder von Dritten, z. B. von der Polizei, macht keinen Unterschied. Haben zwar die Verwandten und Bekannten keine Kenntnis über den Aufenthaltsort, sind jedoch die Behörden unterrichtet (verdeckte Ermittler, Zeugenschutzprogramm), ist der Verschwundene nicht unbekannten Aufenthalts.[154] Es muss sich aber um belastbare Nachrichten handeln, was angesichts der Manipulationsanfälligkeit der modernen Kommunikationsmedien zu sorgfältiger Prüfung nötigen kann. Kann eine Person für einen gewissen Zeitraum keine Nachrichten über ihren Verbleib geben, ist sie erst dann *non-présent,* wenn der Kommunikationsabbruch den Zeitpunkt überdauert, zu dem von ihr neue Informatio-

217

---

[149] Real Academia Española, Diccionario panhispánico del español jurídico (on-line), https://dpej.rae.es/lema/declaración-de-fallecimiento, definiert: „Declaración de fallecimiento – Declaración por la que se establece la muerte presunta de una persona, en el marco de un procedimiento de jurisdicción voluntaria en el que interviene el Ministerio Fiscal". (Todeserklärung – Erklärung zur Feststellung des vermuteten Todes einer Person, im Rahmen eines Verfahrens der freiwilligen Gerichtsbarkeit unter Beteiligung der Staatsanwaltschaft). In Portugal geht es entsprechend um eine *declaração de morte presumida* (Art. 114 port. CC).

[150] In OLG Oldenburg 11.5.2017, FamRZ 2017 S. 1773, 1775 ging es um eine 100 Jahre alte Person, von der bzw. über die es keine Nachrichten mehr gegeben hatte. Das allein hätte für eine Todes*feststellung* noch nicht gereicht. Das Gericht hielt ihr Versterben aber für hinlänglich wahrscheinlich und *erklärte* sie deshalb für tot.

[151] Zu ihr schon oben Rdnr. 206. Die *disparition* setzt eine an Sicherheit grenzende Todeswahrscheinlichkeit voraus. Ist jemand nur *non-présent,* fehlen Indizien, die das Schlimmste vermuten lassen. Ist jemand *absent,* überwiegt die Todeswahrscheinlichkeit; es bleiben aber Zweifel offen (*Cornu,* Introduction[12], S. 330, S. 710).

[152] *Cornu* a. a. O. („C'est le fait de ne pas être présent là où l'on serait censé l'être (chez soi, à un rendez-vous, devant un tribunal ou un notaire, etc.")).

[153] Z. B. § 1 dt. VerschG (unbekannter Aufenthalt ohne Nachricht, ob die Person noch lebt oder gestorben ist); § 17 estn. ZGB AT („no information concerning his or her whereabouts, or whether he or she is dead or alive"); Art. 112 franz. CC („une personne a cessé de paraître au lieu de son domicile ou de sa résidence sans que l'on ait eu de ses nouvelles"); Areopag 2098/1969, ArchN 21 (1970) S. 381; LG Athen in Kammer 12585/1968, ArchN 20 (1969) S. 51; Art. 181 span. CC („in dem eine Person von ihrem Wohnsitz [*domicilio*] oder vom Ort ihres letzten Aufenthaltes [*residencia*] verschwunden ist, ohne dass es an diesem weitere Nachrichten gegeben hat"); § 74 tschech. BGB („Wer seinen Wohnsitz verlassen hat, von sich keine Nachricht gegeben hat, dessen Aufenthaltsort unbekannt ist und seitdem verschollen ist").

[154] Richtig Staudinger (-*Fritzsche*), BGB (2018), Vorbemerkung § 1 VerschG, Rdnr. 4.

nen zu erwarten gewesen wären.¹⁵⁵ Das kann z. B. das Ende einer Reise oder eines dienstlichen Einsatzes sein, bei einer Entführung auch das Ausbleiben jeglicher Nachrichten durch den oder die Täter.¹⁵⁶ Mit dem Verschwinden einer Person allein verbinden sich noch keine Überlebenszweifel; das ändert sich erst, wenn sie verschollen oder *absent* ist.¹⁵⁷ *Carbonnier* unterscheidet anschaulich drei Gruppen von *non-présents*: die *taisants* (die Schweigenden; Personen, die auf Briefe und Vorladungen hartnäckig nicht reagieren), die *introuvables* (die Unauffindbaren; Personen, die ständig ihre Adresse ändern oder ein von ihnen organisiertes Verschwinden vortäuschen) und die *éloignés par force majeure,* also diejenigen, die gegen ihren Willen zu *non-présents* wurden (Geiseln, Entführte).¹⁵⁸

218 Wer berechtigt ist, die Todeserklärung eines anderen zu beantragen – das sind neben der Staatsanwaltschaft und anderen Behörden¹⁵⁹ i. d. R. die Ehe- und Lebenspartner sowie die Eltern und Abkömmlinge¹⁶⁰, außerdem diejenigen, die aus anderen Gründen ein rechtliches Interesse an der Todeserklärung des Verschwundenen haben¹⁶¹ – muss die zur Begründung seines Antrages erforderlichen Angaben wenigstens glaubhaft machen¹⁶², be-

---

¹⁵⁵ BGH 16.10.1951, BGHZ 3 S. 230. *Teyssié,* J.-Cl. Civil Code, Art. 112 à 132, Rdnr. 22 meint, *non-présent* sei derjenige, von dem bekannt sei, dass er lebt, der aber nicht in der Lage sei, sich zu äußern. *Laroche-Gisserot,* Rép. Civ. Dalloz, Vᵒ Absence, Rdnrn. 3–9 ergänzt, man solle nur dann von der *absence* einer Person, von der man keine Nachricht habe, sprechen, wenn die Unkenntnis über ihr aktuelles Schicksal so weit reiche, dass sie zur Ungewissheit über ihr Überleben gesteigert sei.
¹⁵⁶ Siehe z. B. zu einer Geiselnahme im Jemen *Re AB (Presumed Death)* [2019] EWHC 2785 (Ch).
¹⁵⁷ Sogleich Rdnr. 219.
¹⁵⁸ *Carbonnier,* Droit civil I, Rdnr. 213 S. 411.
¹⁵⁹ § 16(2)(a) dt. VerschG; Artt. 112 (zur *présomption d'absence*) und 122 franz. CC (zur *déclaration d'absence*); Art. 58 ital. CC; Art. 377 lett. ZGB; § 20 österr. TEG; Art. 74(2) span. LJV und Art. 182(1) Nr. 3 span. CC. Unter griechischem Recht ist die Staatsanwaltschaft nicht antragsberechtigt. Unter finnischem Recht kann eine verschwundene Person nicht nur durch eine Gerichtsentscheidung, sondern auch durch eine Entscheidung der Behörde für Digitalisierung und Bevölkerungsdaten *(tuomio tai Digi- ka väestötietoviraston päätöksellä)* für tot erklärt werden (Kap. 1 § 1 finn. Laki kuolleeksi julistamisesta [Gesetz über Todeserklärung] vom 4.3.2005 (127)). Unter § 5 schwed. Lag om dödförklaring ist das Skatteverket für die Todeserklärung zuständig. In Portugal ist die Staatsanwaltschaft nicht zur Antragstellung berechtigt. Sie kann bestenfalls in Vertretung von Geschäftsunfähigen tätig werden (Art. 9 des Gesetzes 68/2019 vom 27.8.2019, *Estatuto do Ministério Público*).
¹⁶⁰ § 16(2)(c) dt. VerschG (unter lit. (b) gehören auch die gesetzlichen Vertreter zu den Antragsberechtigten, bedürfen für die Antragstellung aber gerichtlicher Genehmigung); sec. 1(4) Presumption of Death Act 2013; Art. 58 i. V. m. 50 ital. CC; Art. 377 lett. ZGB (antragsberechtigt ist zudem der gerichtlich bestellte Vermögensverwalter); Art. 527 § 1 poln. ZPO (antragsberechtigt ist „jeder Betroffene"); Artt. 114(1) i. V. m. 100 port. CC (nicht getrennte Ehegatten und Erben [dazu Berufungsgericht Lissabon 20.9.2018, Processo 207/18.4T8AMD.L1-2], aber nicht Partner in faktischer Lebensgemeinschaft, also z. B. nicht die neue Frau, die mit dem inzwischen verstorbenen Ehemann der verschwundenen und wahrscheinlich vorverstorbenen Frau zusammenlebte: STJ 22.11.2001, Processo 01B3324; Berufungsgericht Lissabon 7.6.2001, Processo 0022456 [die Vorinstanz]; inzwischen hat sich die unterhaltsrechtliche Stellung des überlebenden Partners einer faktischen Lebensgemeinschaft mit Art. 2020(1) verbessert); § 5 schwed. Lag om dödförklaring (auch Personen, die mit dem Verschwundenen in ehelicher Gemeinschaft lebten, und Erben); Art. 182(1) Nrn. 1 und 2 span. CC (antragsberechtigt sind nicht gesetzlich getrennte Ehegatten und Blutsverwandte bis zum vierten Grad).
¹⁶¹ § 16(2)(c) dt. VerschG; § 19(1) estn. ZGB AT; secs. 1(2) and (5) Presumption of Death Act 2013 („any person", however, „the court must refuse to hear the application if (a) the application is made by someone other than the missing person's spouse, civil partner, parent, child or sibling, and (b) the court considers that the applicant does not have a sufficient interest in the determination of the application"); Artt. 112 und 122 franz. CC (jede betroffene Person); Art. 46 gr. ZGB (jeder, der ein rechtliches Interesse hat, gleich ob persönlich oder vermögensrechtlicher Natur: LG Larissa 292/1966, ArchN 18 [1967] S. 286); Art. 58 i. V. m. 50 ital. CC; Artt. 377 lett. ZGB; Art. 527 § 1 poln. ZPO (vorige Fn.); Art. 114(1) i. V. m. 100 port. CC („alle, die über das Vermögen des Abwesenden ein von der Bedingung seines Todes abhängiges Recht haben"); § 5 schwed. Lag om dödförklaring (jeder, dessen Recht von der Todeserklärung abhängen kann; Gegenausnahme bei Naturkatastrophen und schweren Unfällen); Art. 182(2) span. CC („jegliche Person, die vernünftiger Weise der Auffassung ist, am Vermögen des Verschollenen irgendein Recht zu haben, das zu Lebzeiten desselben ausgeübt werden kann oder das von seinem Tod abhängt"); § 71(1) tschech. BGB.
¹⁶² § 18 dt. VerschG; Art. 527 § 2 poln. ZPO; Artt. 886 i. V. m. 881 port. CPC (wer eine Todeserklärung beantragt, hat die *factos que caracterizam a ausência*" nachzuweisen, nämlich die Nachrichtenlosigkeit und den Zeitablauf gemäß Art. 114 port. CC). In Frankreich ist Nachrichtenlosigkeit (wie das

II. Ungewissheit über den Tod oder den Todeszeitpunkt eines Menschen **§ 4**

vor das Verfahren und mit ihm die amtliche Untersuchung (z. B. § 15(1) österr. TEG) eingeleitet werden. „Nachrichtenlosigkeit" ist allerdings ein negatives Tatbestandsmerkmal, an dessen Glaubhaftmachung keine übertriebenen Anforderungen gestellt werden dürfen (und zu dem es überraschend wenig Rechtsprechung gibt). Entscheidend sind die Informationen, die sich mit zumutbaren Mitteln am bisherigen Lebensmittelpunkt der verschwundenen Person beschaffen lassen. Dazu gehören neben Befragungen der Menschen, die nach dem normalen Verlauf der Dinge von dem Verschwundenen kontaktiert worden wären[163], auch Internetrecherchen und Nachfragen bei den Meldebehörden.[164] Mehr kann man nicht verlangen. Das Risiko einer vorschnellen Verfahrenseinleitung bleibt gleichwohl tolerabel, weil der Antragsteller nicht nur die Nachrichtenlosigkeit glaubhaft machen muss, sondern auch, dass die verschwundene Person wahrscheinlich tot ist und dass das Ereignis, auf dem diese Annahme fußt, bereits längere Zeit zurückliegt. Die materiellrechtlichen Voraussetzungen einer Todeserklärung sind m. a. W. gegenseitig verschränkt, außerdem ohnehin noch einmal amtswegig zu überprüfen. Verfahrensrechtlich kommt aber vor allem hinzu, dass einer Todeserklärung regelmäßig ein **Aufgebotsverfahren** vorausgeht. In ihm wird nicht nur die verschwundene Person vom Gericht öffentlich (z. B. in einer Tageszeitung, aber nötigenfalls auch in den sozialen Netzwerken[165]) aufgefordert, sich bis zu einem bestimmten Zeitpunkt zu melden, andernfalls sie für tot erklärt werde. Die Aufforderung richtet sich vielmehr auch an alle, die über den Verbleib des Abwesenden Auskunft geben können, und geht dahin, ihr Wissen dem Gericht oder einem von ihm für den Verschollenen bestellten Kurator mitzuteilen.[166]

(2) Ernstliche Zweifel am Überleben (Abwesenheit, Verschollenheit)

Niemand sollte für tot erklärt werden, nur weil er nachrichtenlos verschwunden ist. Für tot erklärt werden darf nur, wer auf eine Weise verschwunden ist, dass sein Tod nach den Umständen wahrscheinlich ist. Erst dann ist ein Mensch im technischen Sinn „abwesend"

219

Verlassen des Wohnsitzes) ein *fait matériel,* der mit allen Mitteln bewiesen werden kann, insbesondere durch Zeugen (*Laroche-Gisserot,* Rép. civ. Dalloz, V° Absence, Rdnrn. 48–49). Mit Blick auf die Feststellung der *présomption d'absence* ergänzt *Teyssié,* J.-Cl. Civil Code, Art. 112 à 132, dass der Nachweis durch jedes Mittel erbracht werden kann. Im Allgemeinen werde sechs Monate nach der Verschwindenserklärung eine Bescheinigung über die „vergebliche Suche" ausgestellt. Ihr Gegenstand war ein Suchantrag der Angehörigen. Darüber hinaus kann aber auch der Richter eine polizeiliche Untersuchung veranlassen.

[163] Marciniak (-*Czech*), Kodeks postępowania cywilnego III, Art. 529 Rdnr. 2; poln. OG 17.12.1949, Wa C 186/49, OSNC 1950 Nr. 2 Pos. 35. Unter Art. 533 poln. ZPO hat auch das Gericht „vor Erlass des Beschlusses über die Todeserklärung des Verschollenen … nach Möglichkeit die Angehörigen des Verschollenen anzuhören".

[164] Unter bulgarischem Recht entschied Amtsgerichts Rousse 9.5.2016, Zivilsache 3087/2015, dass es für eine Abwesenheitserklärung nicht genüge, nur die Aussagen der nahestehenden Personen des Verschollenen vorzulegen. Das Gericht müsse *ex officio* feststellen, dass die Person bei der Polizei als verschollen gemeldet ist und keine Hinweise auf den gegenwärtigen Aufenthaltsort vorliegen. Unter § 6 schwed. Lag om dödförklaring hat das Skatteverket „eine Stellungnahme des Ehepartners oder Lebensgefährten und der nahen Verwandten der verschwundenen Person einzuholen, sofern nicht besondere Gründe dagegen sprechen. Eine Stellungnahme kann auch von einer anderen Person eingeholt werden, von der angenommen werden kann, dass sie Information über die verschwundene Person hat, außerdem von der Polizeibehörde". OLG Schleswig 12.11.2014, FamRZ 2015 S. 691, ZEV 2015 S. 350, 353 Rdnr. 30 wies einen Antrag auf Todeserklärung mit der Begründung ab, die Antragstellerin habe nicht zureichend recherchiert. „Obwohl eine Vielzahl weiterer Ermittlungsmöglichkeiten besteht, ist offensichtlich keine davon genutzt worden. Dabei hätte es sehr nahe gelegen, zumindest auf dem ohne Schwierigkeiten zugänglichen Weg über das Internet Informationen einzuholen, um etwas über das Schicksal des B zu erfahren. Ohne dass es für die Entscheidung darauf ankommt, weist der Senat darauf hin, dass sich bei einer Internetrecherche über Suchmaschinen innerhalb weniger Minuten etliche vielversprechende Ermittlungsansätze zum Auffinden des B oder zur Klärung seines Verbleibs ergeben".

[165] Z. B. Art. 531 poln. ZPO und § 53 tschech. Gesetz über besondere Gerichtsverfahren.

[166] §§ 19 und 20 dt. VerschG; Art. 43 gr. ZGB; §§ 2, 17(2) und 18 österr. TEG; Art. 530 § 2 Nrn. 3 und 4 poln. ZPO; Artt. 886 i. V. m. 881(2) port. CPC; § 7 Lag om dödförklaring (öffentliche Bekanntmachung); Artt. 70–73 span. LJV.

(absent)¹⁶⁷ oder „verschollen"¹⁶⁸. Es müssen „ernstliche Zweifel" an seinem Fortleben bestehen (§ 1 dt. VerschG, § 1 österr. TEG), sein Tod muss zu „befürchten" (§ 1 schwed. Lag om dödförklaring), ja „höchst wahrscheinlich" (Art. 40 gr. ZGB) sein¹⁶⁹, es muss „in Hinsicht auf alle Umstände angenommen werden können, dass die Person nicht mehr lebt" (§ 7(2) slowak. ZGB), ihr Tod muss angesichts ihres Verschwindens *(desaparición)* zu vermuten sein (Artt. 193–194 span. CC). Es genügt also nicht, dass man nicht weiß, wo sich eine Person aufhält. Auch Nachrichtenlosigkeit allein genügt nicht. Wer bewusst „untertaucht" oder auswandert oder auf lange Zeit im Ausland einer Arbeit nachgeht, ohne sich von seinem bisherigen Lebensumfeld zu verabschieden oder es sonst über seine Lebensplanung zu unterrichten, ist zwar „verschwunden", aber ohne das Hinzutreten weiterer Umstände noch nicht in dem Sinne „verschollen" *(absent),* dass ernstliche Zweifel an seinem Fortleben begründet wären.¹⁷⁰

---

[167] *Leleu,* Droit des personnes et des familles³, S. 51 Rdnr. 25 formuliert zwar, dass „l'absent est celui dont les proches n'ont plus reçu de nouvelles et dont ils ignorent s'il est vivant ou mort parce que rien ne permet de présumer son décès", doch rechnet die neuere Lehre die Todeswahrscheinlichkeit praktisch durchweg zu den Voraussetzungen einer *absence* (vorher Fn. 151; nachfolgende Fn.). *Laroche-Gisserot.* Rép. civ. Dalloz, V° Absence, Rdnrn. 3–9 weist auf jüngere Entwicklungen im Verständnis der *absence* hin und ergänzt die klassische Definition („l'état d'une personne physique qui a cessé de paraître à son domicile ou à sa résidence sans que l'on ait reçu de nouvelles de sorte que son existence est incertaine" um die Worte „de sorte que son existence est incertaine et qu'on doit présumer d'abord sa survie et ensuite son décès, le jugement déclaratif d'absence [...] marquant la limite du domaine de ces présomptions successives". Ob jemand *absent* ist, gilt seit langem als Tatsachenfrage, über die die Instanzgerichte souverän entscheiden (Cass. req. 21.11.1887, DP 1888, 1, S. 165; Cass. req. 23.11.1891, S. [Sirey] 1892, 1, S. 16 [hier hatte die Mutter des seit 1884 verschwundenen Sohnes die gerichtliche Bestellung eines Notars als Vertreter für ihren Sohn beantragt. Da sie dieses Verfahren nicht abgebrochen hatte, impliziere es den Gedanken, dass ihr Sohn weder *absent* noch *présumé absent* sei]).

[168] Wiederum ist die Terminologie problematischer als die Substanz. Denn es gibt Systeme, die mit einer in einem separaten Verfahren ergehenden gerichtlichen „Abwesenheits"- bzw. „Verschollenheitserklärung" arbeiten, die als solche weder eine Todeswahrscheinlichkeit voraussetzt noch eine Todesvermutung begründet. Es handelt sich dann in der Sache um eine Verschwindensfeststellung. Das tschechische BGB verwendet indes für beide Situationen den Ausdruck *nezvěstný* (verschollen). Ohne gerichtliche „Verschollenheitserklärung" kann eine Person der Grundregel nach erst nach Ablauf von sieben Jahren seit dem Zeitpunkt für tot erklärt werden, zu dem die letzten Nachrichten von ihr vorlagen (§ 74(1) a. a. O.). Unter § 66(1) a. a. O. kann eine Person dagegen ohne Beachtung einer besonderen Wartefrist für „verschollen" erklärt werden, wenn sie unbekannten Aufenthalts ist, ihren Wohnsitz verlassen und von sich keine Nachricht gegeben hat. Dieses sog. Verschollenheitsverfahren kann gleich nach dem Verschwinden der Person eröffnet werden. Es beruht auf einem Aufgebotsverfahren, das auf Antrag eingeleitet wird. Die Verschollenheitserklärung ergeht, nachdem die im Aufgebot genannte Frist verstrichen ist. In Frankreich ist zwischen der gerichtlich deklarierten Abwesenheitsvermutung *(présomption d'absence,* Artt. 112–121 franz. CC) und der gerichtlichen Abwesenheitserklärung (dem *jugement déclaratif d'absence,* Artt. 122–132 franz. CC) zu unterscheiden. In der ersten Phase gilt der Verschwundene als lebend; erst in der zweiten, die mit der Abwesenheitserklärung beginnt, als wahrscheinlich verstorben. Das wird mit der extremen Seltenheit der Fälle begründet, in denen eine *personne déclarée absente* wieder auftaucht *(Laroche-Gisserot* a. a. O., Rdnr. 15). Kommt es dazu, ist der *jugement déclaratif d'absence* natürlich aufzuheben *(Malaurie,* Droit des personnes¹⁰, S. 47 Rdnr. 27). Die spanische Abwesenheitserklärung wiederum betrifft eine nachrichtenlos verschwundene, die Todeserklärung eine „verschollene" Person. Nach einem Aufgebotsverfahren (Artt. 70–73 span. LJV) ergeht die sog. legale Abwesenheitserklärung mit Ernennung eines Kurators, der u. a. mit der „Suche nach der Person des Abwesenden" beauftragt ist (Artt. 184 span. CC, 71 span. LJV; ebenso u. a. § 17(2) österr. TEG). Die Todeserklärung (Art. 74(1) und (2) span. LJV) spaltet sich wieder auf in die Todesfeststellung bei Unglücksfällen, bei denen „es keine vernünftigen Gründe für die Annahme von Überlebenden" gibt (Art. 194(2) span. CC), und die Todeserklärung von abwesenden Personen, die nachrichtenlos verschwunden und wahrscheinlich verstorben sind, auch in Gefahrverschollenheit. Mit der Todeserklärung wird die Beendigung der Situation der legalen Abwesenheit verbunden. Auch das italienische Recht unterscheidet zwischen einer Abwesenheitserklärung *(dichiarazione di assenza,* Art. 49 ital. CC) und einer Erklärung des vermuteten Todes *(dichiarazione di morte presunta dell'assente,* Art. 58 ital. CC).

[169] Dazu LG Thessaloniki 48/1992, EllDni 35 (1994) S. 712.

[170] OLG Schleswig 12.11.2014, FamRZ 2015 S. 691 (Ein 1958 geborener Mann war 1984 in die USA ausgewandert. Seine deutschen Angehörigen hatten seitdem nichts mehr von ihm gehört. Das Gericht hielt ihn nicht für verschollen); OLG Düsseldorf 27.6.2001, FamRZ 2002 S. 339, 340 (Ein Mann hatte seine Familie verlassen, jeden Kontakt zu ihr abgebrochen und sich nach Kolumbien abgesetzt. Er konnte nicht mehr aufgefunden werden. Das allein begründe keine ernsthaften Zweifel an seinem Weiterleben);

Berufungsgericht Lissabon 20.9.2018, Processo 207/18.4T8AMD.L1-2, betraf einen am 3.1.1985 geborenen Portugiesen. Seine Mutter war mit ihm nach dem Tode des Vaters im Jahre 1989 nach Frankreich ausgewandert. Von beiden hatte man nichts mehr gehört. Die Antragstellerin, die Schwester des Vaters, hatte aber erfahren, dass ihr inzwischen 19-jähriger Neffe im Jahre 2004 nach Portugal gekommen war, dort einen Personalausweis erhalten und eine Adresse in den USA hinterlassen hatte. Mit der Familie hatte er keinen Kontakt aufgenommen, auch nicht mit der Tante. Das Berufungsgericht hielt sie unter Artt. 114(1), 100 port. CC zwar für antragsberechtigt. Sie habe nach ihren vorverstorbenen Eltern, den Großeltern des Neffen, als mögliche Erbin ein rechtliches Interesse an seiner Todeserklärung. Auch sei der Neffe nachrichtenlos verschwunden. Es deute aber nichts auf seinen zwischenzeitlichen Tod hin, weder, dass der inzwischen 33-jährige Neffe keinen Kontakt mit der väterlichen Familie aufgenommen hat, noch der Umstand, dass er unter der Adresse in den USA nicht auffindbar ist. Der Neffe habe wahrscheinlich keinen Kontakt zu der Familie haben wollen und sei möglicherweise innerhalb der USA umgezogen, „ein Land in der Neuen Welt, wo es bekanntlich viele Faktoren gibt, die eine starke geographische Mobilität begünstigen". Es fehle im technischen Sinn an einer *ausência*. Mit 33 Lebensjahren habe der Betroffene die durchschnittliche Lebenserwartung eines Portugiesen noch lange nicht erreicht. Bulgar. Amtsgericht Rousse 9.5.2016, Zivilsache 3087/ 2015, hatte es mit einem verschwundenen Mann zu tun, der seine Autoschlüssel, Geld, Ausweise und alle sonstigen wichtigen Unterlagen in seiner Wohnung hinterlassen hatte. Er war zuletzt von einem Nachbarn vor seinem Wohnblock gesehen worden. Der Verschwundene hatte kein Geld mehr abgehoben. Es gab allerdings keinen Abschiedsbrief oder sonstige Hinweise auf einen Suizid. Inzwischen waren fünf Jahre (die reguläre Wartefrist unter Art. 14 bulgar. Gesetz über die Personen und die Familie) verstrichen. Das genügte dem Gericht für die Erklärung des bürgerlichen Todes. Das Ergebnis erscheint zweifelhaft. Denn es gibt keinen konkreten Hinweis darauf, dass der Tod des Mannes wahrscheinlicher war als sein Fortleben.

Ernstliche Zweifel an dem Fortleben einer verschwundenen Person gründen sich **nicht allein** auf den **Zeitraum,** der von Gesetzes wegen seit dem Zeitpunkt verstrichen sein muss, zu dem der Betroffene nach den letzten Nachrichten noch gelebt hat. Das ist nach vorzugswürdiger Ansicht auch dann nicht anders, wenn das Gesetz formuliert, dass jemand nach Ablauf einer bestimmten Zahl von Jahren für tot erklärt werden „kann" oder „muss" und dieser Zeitraum inzwischen verstrichen ist.[171] Denn die verschwundene muss auch in diesem Fall eine verschollene, d. h. eine vermutlich verstorbene Person sein. Die Todeswahrscheinlichkeit ist also separat zu prüfen.[172] Sie kann sich allerdings bei Menschen, von denen man während der Wartefrist nichts mehr gehört hat, aus dem außergewöhnlich hohen Alter ergeben, das sie, würden sie noch leben, inzwischen erreicht haben müssten[173], außerdem aus einer schweren Erkrankung (etwa einer Krebs- oder Alzheimererkrankung in fortgeschrittenem Stadium[174]), die innerhalb der Wartefrist mit Wahrscheinlichkeit zum

220

OLG Düsseldorf 5.7.2011, MDR 2011 S. 1046 (Eine Frau hatte nach einem Streit mit ihrem Ehemann, zu dem bereits ein angespanntes Verhältnis bestand, den gemeinsamen Haushalt verlassen und war nicht mehr zurückgekehrt. Sie hatte zuvor schon heimlich Gegenstände aus dem Haushalt entfernt. Das OLG kam zu dem Schluss, dass die Frau wahrscheinlich ihre bisherigen Lebensverhältnisse hinter sich lassen wollte. Dass sie sich seit Jahren nicht mehr bei ihrem Ehemann gemeldet hatte, sei kein Indikator für ihren Tod.)

[171] Das ist allerdings nicht immer über jeden Zweifel erhaben. In sec. 2(1) des englischen Presumption of Death Act 2013 heißt es z.B., dass „on an application under section 1, the court must make the declaration if it is satisfied that the missing person—(a) has died, or (b) has not been known to be alive for a period of at least 7 years". Und Absatz (4) fügt hinzu, dass „where the court—(a) is satisfied that the missing person has not been known to be alive for a period of at least 7 years, but (b) is not satisfied that the missing person has died, the finding must be that the missing person is presumed to have died at the end of the period of 7 years beginning with the day after the day on which he or she was last known to be alive". Das könnte (Rechtsprechung fehlt) auch so zu lesen sein, dass allein der Zeitablauf für die Todeserklärung genügt.

[172] OLG Düsseldorf 5.7.2011, MDR 2011 S. 1046; OLG Schleswig a. a. O. S. 693; Staudinger (-*Fritzsche*), BGB (2018), § 1 VerschG, Rdnr. 6.

[173] OLG Oldenburg 11.5.2017 a. a. O. (vorher Fn. 150) (100 Jahre).

[174] OLG Hamm 7.2.2014, StAZ 2015, 109, BeckRS 2014, 19684 (bei einem 72 Jahre alten Mann mit fortgeschrittener Alzheimererkrankung, der plötzlich verschwand, ohne dass seine Leiche je aufgefunden wurde, bestünden ernstliche Zweifel an seinem Fortleben).

Tode geführt hat. Denn das Lebensalter und der Gesundheitszustand des Betroffenen gehören zu den Umständen, die in die Prüfung einfließen, ob sein Fortleben ernstlich zweifelhaft ist.[175] Immer bedarf es im Zeitpunkt des nachrichtenlosen Verschwindens einer „schlechten Ausgangslage", eines konkreten Umstandes, der das Versterben des Verschwundenen innerhalb der einschlägigen Wartefrist nahelegt.[176] Es ist nicht falsch, aber kaum präzise umsetzbar, eine Todeswahrscheinlichkeit von mehr als 50% zu verlangen.[177] Entscheidend bleibt, dass konkrete Indizien für das Versterben vorliegen. Es genügt z. B. nicht, glaubhaft zu machen, dass sich die verschwundene Person zu dem letzten Zeitpunkt, zu dem man Nachrichten von ihr hatte, in gewaltbereiten kriminellen Kreisen bewegt hat, wenn man nichts von einer bestimmten Gewalttat weiß, in die der Verschwundene involviert war.[178] In dem vorerwähnten Fall des AG Samos[179] gibt es angesichts des Waldbrandes, der völligen Erschöpfung und Dehydrierung des vierjährigen Jungen, der Abwesenheit von Hinweisen auf örtliche Hilfe und des Umstandes, dass der Junge in dem körperlichen Zustand, in dem er sich befand, das nächstgelegene Dorf aus eigener Kraft höchstwahrscheinlich nicht mehr erreichen konnte, ausreichend Hinweise auf seine Verschollenheit. Es handelte sich um eine sog. Gefahrverschollenheit, bei der sich die Frist, ab der eine Todeserklärung möglich ist, regelmäßig verkürzt, in Griechenland (und sofern im konkreten Fall überhaupt griechisches Recht anwendbar war) auf ein Jahr (Art. 40 gr. ZGB). Eine Gefahrverschollenheit liegt vor, wenn allein schon die äußeren Umstände, unter denen jemand nachrichtenlos verschwunden ist, seinen Tod nahelegen.

(3) Wartefristen

221 Obwohl an dem Fortleben des nachrichtenlos Verschwundenen ernsthafte Zweifel bestehen, ist sein Tod gerade nicht sicher. Deshalb kommt eine Todeserklärung (eine Erklärung des vermuteten Todes) erst nach dem Ablauf bestimmter gesetzlicher Wartefristen in Betracht. Sie variieren, nicht nur von Rechtsordnung zu Rechtsordnung, sondern auch innerhalb der Rechtsordnungen nach den konkreten Umständen, unter denen jemand verschwunden ist. Je höher die anfängliche Todeswahrscheinlichkeit, desto kürzer sind die Wartefristen (und umgekehrt). Diese Wechselbezüglichkeit kann sich auch auf den Beginn der jeweiligen Frist auswirken. Es lassen sich im Kern zwei (in sich allerdings wiederum gestaffelte) Fristen unterscheiden: eine kurze und eine lange. Die kurze ist für Fälle konzipiert, in denen das nachrichtenlose Verschwinden mit einem lebensbedrohlichen Unglücksfall *(infortunio,* Art. 60(3) ital. CC) zusammenfällt und wahrscheinlich auf ihm beruht,

---

[175] *Fritzsche* a. a. O. (Fn. 172) Rdnr. 7.
[176] OLG Freiburg 13.3.1951, NJW 1951 S. 661 (zur Verschollenheit eines „Ostvermissten" nach dem Zweiten Weltkrieg).
[177] So wohl OLG Düsseldorf 9.1.2020, FamRZ 2020 S. 1685 (wo eine „größere" Wahrscheinlichkeit des Todes als des Überlebens verlangt wird) und BayObLG 28.7.1999, MDR 1999 S. 1270 (Ein selbstmordgefährdeter Mann hatte den Haushalt, den er mit seiner Tochter teilte, verlassen und blieb spurlos verschwunden. Er nahm einen Fernsehapparat, ein Videogerät und einen Koffer mit persönlichen Papieren mit. Er hatte noch gesagt, er werde „dahin gehen, woher er gekommen" sei. Das, so das Gericht, konnte sowohl bedeuten, dass er in sein Geburtsland Tschechien zurückkehren wollte, als auch, dass er seinen Suizid ankündigen wollte. Der Tod des Verschwundenen sei jedenfalls nicht überwiegend wahrscheinlich. Das Gericht verwies die Sache an die Vorinstanz mit dem Hinweis zurück, dass näher untersucht werden müsse, ob der Mann nach Tschechien ausgewandert sei. BGH 16.10.1951, BGHZ 3 S. 230, 235 formulierte um Nuancen vorsichtiger („Das Gesetz gibt dem Richter keine festen Richtlinien dafür, wann ernste Zweifel an dem Fortleben des Vermißten anzunehmen sind. Verschollenheit kann daher nur angenommen werden, wenn unter Berücksichtigung aller Umstände des Falles vom Standpunkt des vernünftig denkenden Menschen ernste Zweifel an dem Fortleben des Vermißten bestehen"). In der Sache aber ergibt sich kein Unterschied. Es ging um eine Kriegsverschollenheit in russischer Gefangenschaft nach dem Zweiten Weltkrieg. Ob ernstliche Zweifel am Fortleben des Kriegsgefangenen begründet waren, musste die Vorinstanz nach Auffassung des BGH durch weitere Sachverhaltsklärung weiter ermitteln).
[178] LG Piräus 593/2019, Isokrates-Datenbank.
[179] Oben Rdnr. 213 a. E.

die lange für alle sonstigen Fälle, in denen das zwischenzeitliche Versterben aus anderen Gründen zu vermuten ist.

Die **lange Frist** ist in der Sache eine Residualfrist, deren praktische Relevanz davon 222 abhängt, wie weit der Kreis der Fälle gezogen wird, die als Fälle der Gefahrverschollenheit i. S. eines Verschwindens in akuter Lebensgefahr qualifiziert werden. Eines den Tod des Verschwundenen indizierenden Umstandes bedarf es schließlich immer, weshalb für die lange Frist und mit ihr für die im deutschen Sprachraum sog. **allgemeine Verschollenheit** nur die vergleichsweise seltenen Situationen übrig bleiben, in denen das Fortleben zwar ernstlich zweifelhaft ist, man aber keine Kenntnis von einer bestimmten lebensbedrohlichen Lage hat, aus der der Betroffene nicht wieder aufgetaucht ist.[180] Die lange Frist kommt deshalb z. B. dann zum Zuge, wenn die ernstlichen Überlebenszweifel auf einer unter normalen Umständen gut behandelbaren Krankheit (z. B. einem insulinpflichtigen Diabetes), auf Altersschwäche[181], Verwirrung[182], der unspezifischen Ankündigung eines Suizids, Gewaltandrohungen in sozialen Netzwerken, dem Fernbleiben nach einer Entführung[183] oder der Selbstverpflichtung bei einer Miliz[184], dem nachrichtenlosen Verschwinden nach einer Berg- oder Paddeltour, einer Fahrt auf einem Binnengewässer[185] oder einer Wanderung durch unübersichtliches Terrain beruhen und sich die fehlenden Nachrichten nicht anders erklären lassen, insbesondere kein Grund dafür ersichtlich ist, warum alle Kontakte plötzlich endeten.[186] So kann es z. B. liegen, wenn eine ältere, in ihrem Heimatort bestens integrierte Dame von einem Friedhofsbesuch nicht heimkehrt und das letzte, was auf sie hindeutet, eine Lache mit ihrem Blut am Grabe ihres Mannes ist. Die Trennlinie

---

[180] Die Gefahr muss über „das allgemeine Lebensrisiko" hinausgegangen sein; nur dann liegt jedenfalls eine „Lebensgefahr" i. S. v. § 7 dt. VerschG vor (OLG Brandenburg 3.3.2020, BeckRS 2020, 10730 Rdnr. 27; ähnlich BayObLG 24.7.1986, BayObLGZ 1986 S. 301, 304). Das schwedische Recht operiert anschaulich mit dem Oberbegriff des „befürchteten Todes" und untergliedert ihn in Fälle, in denen (i) der Tod festgestellt wurde (§ 2 Lag om dödförklaring; (ii) „hoch wahrscheinlich" ist (§ 3(1) und (2) a. a. O.) und alle sonstigen Fälle des befürchteten Todes, in denen zwar der Grad der Überlebenszweifel nicht festgestellt werden konnte, der Tod aber jedenfalls nicht „hoch" wahrscheinlich ist (§ 4 a. a. O.).

[181] Tschech. OG 28.3.2012, 30 Cdo 762/2011, ECLI:CZ:NS:2012:30.CDO.762.2011.1 (in ihrer Summe machten das hohe Alter der verschollenen Person, das Ausbleiben jeglicher Nachrichten, das Fehlschlagen der umfänglichen erstinstanzlichen Nachforschungen und der ergebnislose Ablauf des einjährigen Aufgebotsverfahrens den Tod wahrscheinlich) und OLG Oldenburg 11.5.2017, FamRZ 2017 S. 1773 (der Betroffene wäre inzwischen über 100 Jahre alt und sei auch deshalb wahrscheinlich verstorben).

[182] OLG Hamm 7.2.2014, BeckRS 2014, 19684, StAZ 2015 S. 109 (ein demenzkranker 72 Jahre alter Mann war plötzlich verschwunden; das Gericht wies auch auf die Gefahren der urbanen Umwelt und der cerebralen Degeneration hin; dass der Mann in einer städtischen Einrichtung untergekommen wäre, ohne dass man von ihm gehört hätte, sei unwahrscheinlich).

[183] LG Thessaloniki 48/1992, EllDne 35 (1994) S. 712 (Gefangenschaft des Abwesenden) und *Re AB (Presumed Death)*, [2019] EWHC 2785 (Ch, Chief Master Marsh) (Der Fall betraf allerdings eine Situation, in der das Gericht von dem Tod des Vermissten überzeugt war, so dass es nur um die Bestimmung der Todeszeit ging. AB war 2009 mit seiner Frau in den Jemen gereist, um dort für eine NGO arbeitete. Dort war AB entführt worden; dem Foreign and Commonwealth Office (FCO) sollen Beweise vorgelegen haben, dass AB ab 2010 tot war. Diese Informationen waren aber als geheim eingestuft und wurden deshalb in der Entscheidung nicht wiedergegeben. Das Gericht legte den Todeszeitpunkt auf den Zeitpunkt der mündlichen Verhandlung fest.

[184] Österr. OGH 16.3.2016, JBl 2016 S. 377 (Flug nach Syrien, um dort an Kampfhandlungen teilzunehmen; weder Kriegsverschollenheit noch allgemeine Gefahrverschollenheit, da keine Nachrichten von einem konkreten Kampfgeschehen vorlagen, in das der Mann involviert war).

[185] BayObLG 24.7.1986, BayObLGZ 1986 S. 301, 304 (Ein Mann hatte angekündigt, auf seinem Kajütenmotorboot zu übernachten. Es wurde zwei Tage später bei laufendem Motor auf dem Bodensee treibend gefunden; er selbst war und blieb jedoch unauffindbar. Seine Ehefrau stellte etwa sechs Monate später den Antrag auf Todeserklärung. Da es sich um ein Binnengewässer handelte, lag keine „Seeverschollenheit" (§ 5(1) dt. VerschG) vor. Das Gericht verneinte auch eine Verschollenheit in Lebensgefahr (§ 7 a. a. O.). Das Boot sei intakt gewesen; auch gab das Wetter keinen Anlass, ein Unglück anzunehmen. Dass der Mann, wie vorgetragen, die Angewohnheit hatte, unabgekühlt ins Wasser zu springen, begründe nur die Möglichkeit, dass er auf diese Weise in Lebensgefahr geraten war. Verlässliche Hinweise auf einen Suizid fehlten).

[186] Tschech. OG 11.3.2010, 30 Cdo 4326/2008, ECLI:CZ:NS:2010:30.CDO.4326.2008.1 (neben den üblichen Anforderungen – Nachrichtenlosigkeit etc. – könne bereits eine vierjährige Abwesenheit einer Person als Indiz für ihren Tod gewertet werden).

bleibt freilich oft unscharf, was wiederum die Unterscheidung zwischen der langen und der (oder den) kurzen Frist(en) in Miskredit bringt. Denn jedenfalls ein exorbitant hohes Infektionsrisiko[187] soll jemanden genauso in akute Lebensgefahr stürzen können wie eine schwere exogene Depression[188] oder das Unternehmen einer nächtlichen Wanderung durch vulkanisches Gelände ohne Ortskenntnisse und angemessene Bekleidung.[189] Auch unter den Bedingungen moderner Kommunikationstechnik bleibt es freilich möglich, dass jemand, der sich auf die Gefahren seiner Unternehmung vorbereitet hat und ihnen bei normalem Verlauf der Dinge gewachsen wäre (so dass er sich anfangs gerade nicht in Lebensgefahr befand), diesen Gefahren in einem unbedachten oder nicht vorhersehbaren Moment erliegt: die Ausrüstung versagt, ein Unfall macht das Fortkommen in unwirtlicher Gegend unmöglich, Medikamente gehen verloren und lassen sich an dem wahrscheinlichen Aufenthaltsort nicht wiederbeschaffen, eine Demonstration wächst sich zu einem politischen Umsturz aus, den eine entfesselte Polizei mit der willkürlichen Festnahme vieler Teilnehmer unterdrückt, von denen sie, wie man später erfährt, manche foltert und verschwinden lässt.[190]

223 In schwed. Regeringsrätten 8.4.2010[191] hatte die Ehefrau beim Skatteverket schon ein Jahr nach dem Verschwinden ihres Mannes unter § 3(1) Lag om dödförklaring beantragt, ihn für tot zu erklären. Ihr Mann sei i. S. d. Bestimmung „höchst wahrscheinlich" verstorben; deshalb sei die verkürzte Wartefrist anwendbar. Der Mann war wegen seiner Depression in Behandlung gewesen. Sein Auto wurde am Hafen von Helsingborg verlassen aufgefunden. Er hatte mehrfach zum Ausdruck gebracht, nicht mehr leben zu wollen und einen Abschiedsbrief hinterlassen. Der schwedische Mobilfunkbetreiber bestätigte, dass sich der Mann am Abend seines Verschwindens in das dänische Mobilnetz eingeloggt hatte; der dänische Festland-Mobilfunkbetreiber hatte dagegen kein Einloggen registriert. Die Ehefrau schloss daraus, dass ihr Mann von der Fähre nach Dänemark gesprungen sein müsse und also ums Leben gekommen sei. Das Skatteverket und das Verwaltungsgericht erster Instanz lehnten den Antrag ab; es könne nicht ausgeschlossen werden, dass der Mann das Land auf anderem Wege verlassen habe. Es könne zwar „befürchtet werden", dass er tot sei, aber das sei nicht höchst wahrscheinlich. Deshalb gelte die lange fünfjährige (§ 4 a. a. O.), nicht die kurze einjährige Wartefrist. Das Berufungsgericht hob auf, das Regeringsrätten bestätigte diese Aufhebung. Die Umstände deuteten stark auf den Tod der verschwundenen Person hin. Es gäbe keine plausible andere Erklärung. Deshalb könne der Verschwundene bereits nach einem Jahr Wartefrist für tot erklärt werden. In poln. OG 26.7.2006[192] war ein verheirateter Familienvater („Adam") am 3.2.2001 von unbekannten Tätern vermutlich entführt worden. Er hatte noch mehrfach bei seiner Frau und bei Freunden angerufen, zuletzt am Tag der Lösegeldübergabe, dem 6.2.2001. Seither hatte man von ihm trotz umfangreicher Nachforschungen durch die Polizei und durch Detektive, Zeitungsanzeigen (und der Beauftragung von Hellsehern!) keine Nachrichten mehr. Die Kinder beantragten, Adam unter der kurzen Frist von Art. 30 § 3 poln. ZGB (die Zehnjahresfrist von Art. 29 § 1 poln. ZGB war ja noch nicht verstrichen) für tot zu erklären. Die Instanzgerichte hatten

---

[187] AG Berlin-Mitte 17.6.1949, JR 1950 S. 371, Anm. *Völker* (Flecktyphus im kriegszerstörten ehemaligen Königsberg 1945. *In casu* verneinte das Gericht allerdings eine Lebensgefahr i. S. v. § 7 dt. VerschG, weil die Frau die Krankheit hätte überstehen können).

[188] Von der Ankündigung eines Suizids bis zur Tat ist es immer noch ein großer Schritt. Deshalb müssen besondere Gründe für die Gefährlichkeit der Depression oder für die Ausweglosigkeit sprechen, in der sich der Verschwundene wähnte (BayObLG 28.7.1999, MDR 1999 S. 1270).

[189] OLG Brandenburg 3.3.2020 a. a. O. (oben Fn. 180).

[190] Siehe zu einer politischen Umsturzsituation Berufungsgericht Athen 1751/1947, EEN 15 (1948) S. 109. Unter Art. 193(3) span. CC gilt die Vermutung einer lebensgefährlichen Gewaltanwendung allerdings schon, „wenn eine Person bei einem politischen oder gesellschaftlichen Umsturz verschollen ist, ohne dass man [während eines Jahres] weiter von ihr hörte, jedoch nur, wenn nach Beendigung des Umsturzes sechs Monate vergangen sind".

[191] Regeringsrätten 8.4.2010, RÅ 2010 ref. 25. „Regeringsrätten" war bis 2011 die Bezeichnung des obersten schwedischen Verwaltungsgerichts.

[192] IV CSK 67/06 OSNC 2007 nr 4, poz. 62, S. 8

das abgelehnt; es gebe keinen Hinweis darauf, dass sich Adam in akuter Lebensgefahr befunden habe. Es sei zwar wahrscheinlich, aber nicht einmal definitiv klar, dass Adam überhaupt entführt worden war. Das Kassationsgericht hob auf und verwies die Sache antragsgemäß an die Vorinstanz zurück. Die getroffenen Feststellungen seien unzureichend, die daraus gezogenen Schlüsse widersprüchlich. Das Gericht habe nicht einerseits von einer Entführung ausgehen und andererseits bezweifeln dürfen, dass es sich überhaupt um eine Entführung handelte. Das Gericht habe keine ausreichende Grundlage für die Entscheidung gehabt, ob sich Adam nun in Lebensgefahr befunden habe oder nicht. Die bloße Feststellung, dass Adam, „falls zutreffend", im Zusammenhang mit seiner Entführung verschwunden sei, rechtfertige die Annahme nicht, dass das Verschwinden nicht mit einer unmittelbaren Lebensgefahr zusammengehangen habe. Art. 30 § 3 poln. ZGB beziehe sich zwar nur auf Ereignisse, bei denen (wie z.B. bei Überschwemmung, Erdbeben, Lawinen, Bränden und Gebäudekatastrophen) eine reale Lebensgefahr bestanden habe. Dazu könne aber auch eine Entführung mit Lösegeldforderung gehören, z. B. dann, wenn der Entführte die Entführer erkannt habe, oder wenn es sich um besonders rücksichtslose Täter handele. Auch stütze der Hinweis des Bezirksgerichts darauf, dass die vermuteten Täter ihre Geiseln nach Zahlung des Lösegeldes bislang noch immer frei gelassen hätten, nicht die Behauptung, Adam hätte sich nicht in Lebensgefahr befunden. Die Abwesenheit jeden Hinweises darauf, dass Adam *nicht* das Opfer einer Entführung geworden oder unabhängig von ihr verschwunden sei, sei ein starkes Argument dafür, dass er sich in Lebensgefahr befunden habe.

Die lange Frist beträgt in Frankreich **zwanzig** Jahre. Sie läuft ab dem (nach so langer 224 Zeit freilich nur noch schwer zu bestimmenden) Zeitpunkt des nachrichtenlosen Verschwindens und betrifft lediglich die Situationen, in denen es an einer gerichtlich festgestellten Abwesenheitsvermutung, einer *présomption d'absence* (Art. 112 franz. CC) fehlt.[193] Einer der Anreize dafür, sie zu beantragen, besteht eben gerade darin, die bis zu einer Todeserklärung zu beachtende Wartefrist auf zehn Jahre nach dem Urteil zu verkürzen (Art. 122(1) franz. CC). **Zehn** Jahre dauert die reguläre Wartefrist in den meisten übrigen Ländern, darunter Deutschland, Italien, Lettland, Österreich, Polen, Portugal und Spanien.[194] Die Frist beginnt teils ab dem Zeitpunkt der letzten Nachricht (Italien, Lettland, Spanien), teils erst mit dem Ablauf des Kalenderjahres, in dem der Verschwundene nach der letzten Nachricht noch gelebt hat (Deutschland, Österreich, Polen). Die Frist verlängert sich bei jungen[195] und verkürzt sich bei älteren Menschen.[196] Zum Lebensende hin ist manch einer eben doch geneigt, sich noch einmal bei seiner Familie zu melden. Im Vereinigten Königreich ist eine Todeserklärung bereits nach Ablauf von **sieben** Jahren möglich[197], in Tschechien sind es gleichfalls sieben Jahre, allerdings nur, wenn der beantragten Todeserklärung keine Abwesenheitserklärung („Verschollenheitserklärung") vorausgegangen ist.[198] Bulgarien, Dänemark, Finnland, Griechenland, Schweden und Ungarn

---

[193] *Laroche-Gisserot.* Rép. civ. Dalloz, V° Absence, Rdnr. 176.
[194] § 3(1) dt. VerschG; Art. 58 ital. CC (keine Abwesenheitserklärung erforderlich: Art. 58(3) a. a. O.); Art. 377 lett. ZGB; § 3(1) österr. TEG; Art. 29 § 1 poln. ZGB; Art. 114(1) port. CC (keine vorherige Abwesenheitspflegschaft erforderlich: Art. 114(3) a. a. O.); Art. 193(1) span. CC.
[195] § 3(2) dt. VerschG (keine Todeserklärung nach § 3(1) vor Vollendung des 25. Lebensjahres); Art. 58 ital. CC (neun Jahre nach Erreichen der Volljährigkeit); § 3(2) österr. TEG (nicht vor Vollendung des 25. Lebensjahres); Art. 29 § 2 poln. ZGB (keine Todeserklärung vor Vollendung des 23. Lebensjahres); Art. 114(2) port. CC (fünf Jahre nach Erreichen der Volljährigkeit); § 74(2) tschech. BGB (nicht vor Vollendung des 25. Lebensjahres, wenn die Verschollenheit vor der Vollendung des 18. Lebensjahres eintrat).
[196] § 3(1) dt. VerschG (fünf Jahre, hätte der Verschollene im Zeitpunkt der Todeserklärung das 80. Lebensjahr vollendet); § 3(1) österr. TEG (fünf/80 Jahre); Art. 377 Satz 2 lett. ZGB (fünf/70 Jahre); Art. 29 § 1 poln. ZGB (fünf/70 Jahre); Art. 114(1) port. CC (fünf/80 Jahre); Art. 193(2) span. CC (fünf/75 Jahre).
[197] Sec. 1(1)(b) Presumption of Death Act 2013. Dasselbe gilt in Schottland und Nordirland.
[198] § 74(1) tschech. BGB (sieben Jahre ab der letzten Nachricht, unter § 73 a. a. O. allerdings nur fünf Jahre ab dem Ende des Jahres, in dem eine Abwesenheitserklärung ergangen ist).

begnügen sich mit **fünf** Jahren nach dem Eingang der letzten Nachricht[199], Litauen sogar mit nur **drei** Jahren.[200] Der Gedanke, einen Zusammenhang zwischen der abwesenheitsrechtlichen Warte- und der sachenrechtlichen Ersitzungsfrist herzustellen, liegt nicht fern, lässt sich aber nicht untermauern, auch nicht für die Zehnjahresfrist, die, wo sie in beiden Rechtsgebieten auftaucht[201], eher zufällig koinzidiert. Was das Recht der Todeserklärung anlangt, wirkt sie zudem inzwischen veraltet. Denn es ist heute wesentlich einfacher geworden, nach verschwundenen Personen zu suchen und mit Menschen Kontakt zu halten, die in abgelegenen Gegenden leben. Gleichzeitig ist es wesentlich schwieriger geworden, ohne Kenntnis der Behörden in ein anderes Land auszuwandern oder die eigene Identität zu ändern. Rechtspolitisch spricht deshalb viel dafür, die traditionelle Zehnjahresfrist auf die Hälfte zu reduzieren.[202]

225 Die Residualfrist kommt im praktischen Rechtsleben ohnehin desto seltener zum Tragen, je länger sie ist. Das hängt zum Teil mit den erwähnten Fristverkürzungen bei älteren Menschen zusammen[203], bei Menschen also, die von dem Risiko des nachrichtenlosen Verschwindens besonders betroffen sind. Vor allem aber halten einige Länder beträchtlich **kürzere Wartefristen** für den Fall vor, dass ein gefahrträchtiges Geschehen einen vorzeitigen Tod besonders nahelegt. Die Spezialvorschriften zur Todeserklärung von Personen, die im Zusammenhang mit Ereignissen des Zweiten Weltkrieges vermisst wurden (z. B. Art. 2 §§ 1 ff dt. VerschÄndG), sind zwar inzwischen obsolet. Noch immer aber bringen **Kriege und kriegsähnliche Unternehmen** Soldaten und Zivilpersonen, die sich bei ihnen aufgehalten haben (z. B. *embedded journalists*), in Gefahr. Wenn sie im Gefahrgebiet vermisst werden, können sie deshalb unter einigen Rechtsordnungen schon nach Ablauf eines Jahres für tot erklärt werden, wobei die Frist je nachdem, ob eine akute Lebensgefahr nachgewiesen ist oder nicht, entweder schon mit dem Ende der konkreten Kampfhandlung oder erst mit dem allgemeinen Waffenstillstand beginnt.[204] Kriegsähnliche Unternehmen sind z. B. militärische Einsätze zur Bekämpfung und Abschreckung regionaler Terrormilizen; „besondere Einsätze" i. S. von § 4(1) österr. TEG sind auch die sog. „Blauhelmeinsätze" unter Führung der Vereinten Nationen. Nicht in einem „Einsatz" begibt sich dagegen ein junger Mann, der von Österreich nach Syrien fliegt, um dort auf unbekannter Seite an Kampfhandlungen teilzunehmen; er ist keinem Kontrollsystem einer regulären soldatischen Einheit unterworfen, die das Vermisstsein eines ihrer Angehörigen einwandfrei feststellt.[205] Vielfach gesondert geregelt sind ferner die sog. **See- und** die sog. **Luftverschollenheit,** beides Fälle, in denen die Umstände aber oft so sein werden, dass statt einer Todeserklärung bereits eine Todesfeststellung beantragt werden kann[206], es also überhaupt keiner Wartefrist bedarf. Letzteres ist z. B. dann der Fall, wenn überlebende

---

[199] Art. 14 bulgar. Gesetz über die Personen und die Familie; Kap. 2 § 6 dän. Lov om bortblevene; Kap. 2 § 4 finn. Laki kuolleeksi julistamisesta; Art. 41 gr. ZGB (zum Fristbeginn – Eingang der letzten mündlichen oder schriftlichen Nachricht – LG Athen 12585/1968, ArchN 20 [1969] S. 51); § 4 schwed. Lag om dödförklaring (der letzte Tag des Monats, in dem die Fünfjahresfrist abgelaufen ist, gilt als Tag des Todes: § 8(2) a. a. O.); § 2:5(1) ungar. ZGB.
[200] Art. 2.31(1) lit. ZGB.
[201] Nachweise zu den Ersitzungsfristen bei *von Bar*, Gemeineuropäisches Sachenrecht II, Rdnrn. 158 und 159.
[202] So die Begründung für die schwedische Lösung: Prop. 2004/05: 88, S. 19.
[203] Vorher Fn. 196.
[204] § 4 dt. VerschG und § 4 österr. TEG. Unter den baltischen Rechtsordnungen (§ 19(4) estn. ZGB AT; Art. 378(1) lett. ZGB und Art. 2.31(2) lit. ZGB) sowie unter Art. 194(1) span. CC beträgt die Wartefrist allerdings zwei Jahre, unter Art. 60(1) und (2) ital. CC sogar drei Jahre.
[205] Österr. OGH 16.3.2017, 7 Ob 24/15b; siehe auch schon OGH 15.12.1948, SZ 21/168.
[206] Siehe schon oben Rdnr. 206 (Art. 204(2) und (3) port. CRC: Todesfälle beim Sturz ins Wasser oder in den Luftraum). Unter sec. 2(1)(a) Presumption of Death Act 2013 hat man es der Regel nach mit Fällen zu tun, in denen das Gericht von dem Tod des Verschwundenen überzeugt (*satisfied*) sein wird. Unter Art. 194(3) span. CC müssen acht Tage nach dem Untergang des Schiffes im Meer oder nach dem Flugunfall vergangen sein. Schweden und Finnland operieren in solchen Fällen mit einer „Todeserklärung ohne Wartefrist" (§ 2 schwed. Lag om dödförklaring mit Prop. 2004/05: 88, S. 18; Kap. 2 § 3 finn. Laki kuolleeksi julistamisesta; siehe schon oben Fn. 139).

Schiffbrüchige das Ertrinken eines Schicksalsgenossen bezeugen[207], Ersteres dann, wenn der Verschwundene auf hoher See noch in einem abdriftenden Rettungsboot gesichtet wurde, aus dem keine Notsignale mehr aufgefangen werden konnten. Wird eine Maschine der zivilen Luftfahrt in großer Höhe abgeschossen oder steuert ihr Pilot sie bewusst in ein Hochhaus oder gegen eine Bergwand, hatten also keiner der Insassen eine Überlebenschance, wird ihr Tod festgestellt. Verschwindet eine Maschine über dem Meer vom Radar der Flugsicherheit, können aber weder die Blackbox noch Wrackteile gefunden werden, liegt ein Fall der Luftverschollenheit vor. Die Wahrscheinlichkeit des Todes aller Insassen ist um eine Nuance geringer. Flüchtlinge aus Nordafrika, deren seeuntüchtiges Boot sein Ziel im südlichen Europa nicht erreicht, sind seeverschollen. Die Frist für eine Todeserklärung reduziert sich im Falle der Seeverschollenheit meistens auf sechs[208], im Falle der Luftverschollenheit auf drei (andernfalls gleichfalls auf sechs) Monate.[209]

Es operieren freilich nicht alle europäischen Rechtsordnungen mit Spezialvorschriften zu den Fällen der Kriegs-, See- und Luftverschollenheit. Letztere fallen dann, wenn sie nicht dem Regime der Todesfeststellung zugeordnet sind[210], unter eine Generalnorm des Rechts der Todeserklärung für alle Situationen, in denen jemand in eine **lebensgefährliche Situation** geraten war, die er oder sie wahrscheinlich nicht überlebt hat.[211] Einen solchen Auffangtatbestand kennen die meisten zivilistischen Systeme.[212] Im Mittelpunkt stehen

226

---

[207] Komplizierter lag es in poln. OG 28.9.2005, I CK 114/05. Ein polnischer Seemann war während der Durchfahrt durch den Ärmelkanal verschwunden und nicht wieder aufgetaucht. Die Besatzung des Handelsschiffes bemerkte sein Verschwinden nicht sofort. Gegenstand der Entscheidung war nicht sofort ein Antrag auf Todeserklärung noch Antrag auf Todesfeststellung. Es ging vielmehr um eine Unfall- und Lebensversicherung. Der Auszahlungsbetrag war deutlich höher, wenn es sich um einen Tod infolge eines „Unfalls" handelte. Diesen Unfall hatten die Kläger zu beweisen. Das OG verwies auf Art. 231 poln. ZPO. Es sei unklar, welche Tatsachen, aus denen man auf einen Unfall rückschließen könne, von den Tatsacheninstanzen als bewiesen angesehen worden waren. Deshalb verwies das OG die Sache an das Appellationsgericht zurück. Auf Art. 30 § 1 poln. ZGB komme es nicht an, weil er in diesem Verfahren gar nicht anwendbar gewesen sei.

[208] §§ 5 dt. VerschG und 5 österr. TEG (Die Frist beginnt aber, wenn der „Untergang des Schiffes, der die Verschollenheit begründet haben soll, nicht feststellbar" ist, „erst ein Jahr nach dem letzten Zeitpunkt, zu dem das Schiff nach dem letzten noch vorhandenen Nachrichten noch nicht untergegangen war"; das Gericht kann diesen Zeitraum aber auf drei Monate senken). Art. 30 §§ 1 und 2 poln. ZGB unterscheiden je nachdem, ob es sich um eine Luftschiffs- bzw. Schiffskatastrophe (Flugzeugabsturz; Schiffsuntergang: Osajda [-*Sobolewski*], Kodeks cywilny[27], Art. 30 Rdnr. 1) handelt oder ob es an einer solchen „Katastrophe" fehlt. Im ersten Fall beträgt die Frist sechs Monate ab dem Zeitpunkt der Katastrophe, im zweiten Fall sechs Monate ab dem Ablauf des Jahres, in dem das Flugzeug bzw. das Schiff den Zielhafen erreichen sollte, hilfsweise nach Ablauf von zwei Jahren ab der letzten Nachricht über das Flugzeug oder das Schiff.

[209] § 6 dt. VerschG; Art. 42 gr. Gesetz 5017/1931 perí politikés aeroporias (Art. 39 gr. ZGB [Todesfeststellung] bleibt davon aber unberührt); Art. 378(2) lett. ZGB (sechs Monate); § 6 österr. TEG; Art. 30 poln. ZGB (sechs Monate, vorige Fn.). Unter Art. L 6132-3 franz. Code des transports beantragt die zuständige Behörde bei Gericht die Todesfeststellung, sobald nach dem nachrichtenlosen Verschwinden des Luftfahrzeugs ein Monat verstrichen ist.

[210] Art. 126 belg. CC sieht lediglich vor, dass das Familiengericht auf Antrag einer betroffenen Person oder des Staatsanwalts den Tod einer Person feststellen kann, die unter Umständen verschwunden ist, die geeignet sind, ihr Leben zu gefährden, wenn ihre Leiche nicht aufgefunden wurde oder nicht identifiziert werden konnte und ihr Tod in Anbetracht der Umstände als sicher angesehen werden kann.

[211] Eine Entsprechung zu Art. 42 gr. Gesetz 5017/1931 (Luftverschollenheit) für die Seeverschollenheit gibt es nicht; Schiffsunglücke fallen unter Art. 40 gr. ZGB (Verschwinden in Lebensgefahr) (LG Mytilene 58/1996, ArchN 46 [1997] S. 664; LG Mytilene 358/1996, ArchN 46 [1997] S. 664; Areopag 30/1962, EEN 30 [1963] S. 667). Dasselbe gilt für ein Verschwinden im Krieg oder bei einer kriegsähnlichen Handlung (LG Larisa 292/1966, ArchN 18 [1967] S. 286). Art. 60(1) und (2) ital. CC handeln nur von der Kriegsverschollenheit; § 75 tschech. BGB begnügt sich mit einer allgemeinen Regel zu Ereignissen, bei denen mehrere Personen in Lebensgefahr geraten sind.

[212] Unter sec. 16(1) des engl. Presumption of Death Act 2013 kann eine Todeserklärung dann nicht mehr nach anderen Rechtsvorschriften beantragt werden, wenn sie auch unter dem PDA 2013 beantragt werden kann. Wenn ein Gericht nach anderen Vorschriften (die unter sec. 16(4) PDA 2013 fortgelten) verfährt, hat es sich, soweit es um das Todesdatum und die Uhrzeit des Todes geht, gleichwohl an die Regeln des PDA 2013 zu halten (sec. 16(2) a. a. O.). Zu diesen „anderen Vorschriften" gehören sec. 1 Coroners Act 2009, Nr. 53 der Non-Contentious Probate Rules 1987 (SI 1987/2024) sowie secs. 37 und 222 Civil Partnership Act 2004.

Naturkatastrophen[213] (z. B. der Tsunami im Jahre 2004, aber auch Waldbrände, Erdbeben und Erdrutsche) und schwere Unfälle.[214] Auch Terroranschläge mit einer Vielzahl von Opfern, deren Leichen nicht gefunden oder identifiziert werden konnten, fallen darunter.[215] Die Wartefrist verkürzt sich nun mancherorts schon auf sechs Monate[216], meistens jedoch auf ein[217], gelegentlich aber auch nur auf zwei oder drei Jahre.[218] Je weiter man den Kreis der Situationen zieht, die unter die Auffangregel für in Lebensgefahr verschwundene Personen fällt, desto problematischer wird freilich die Abgrenzung zu der langen (zehnjährigen) Residualfrist. Das eindrücklichste Beispiel dafür bildet der Umgang der deutschen Lehre und Rechtsprechung mit dem Problem des Verschwindens suizidgefährdeter Personen.[219] Hier liegt eben, genau besehen, gerade kein Unglücksfall vor. Die ungewöhnlich weite Auslegung von § 7 dt. VerschG ist letztlich nur ein weiterer Hinweis darauf, dass die Zehnjahresfrist heute deutlich zu lang ist.

b. Die Todesvermutung

227 Mit einer „Todeserklärung" bringt ein Gericht (oder eine Behörde), das einen Menschen für tot erklärt, nur zum Ausdruck, dass es ihn für tot hält, nicht, dass er nicht mehr am Rechtsleben teilhaben dürfe, weil er von jetzt an als tot anzusehen sei, auch wenn er noch lebt. Eine Todeserklärung ist eine hoheitliche Erklärung des Inhalts, dass das Versterben eines Menschen vermutet werde. Es handelt sich um eine *declaration that the missing person is presumed to be dead,* um eine *dichiarazione di morte presunta* (Art. 58 ital. CC).[220] Darüber ist man sich überall einig: Die wichtigste Rechtsfolge einer Todeserklärung besteht darin, dass von der für tot erklärten Person (widerleglich) vermutet wird, dass sie verstorben ist[221], und zwar zu dem Zeitpunkt, der in der Erklärung angegeben ist.[222] Die Entscheidung des

---

[213] § 19(4) estn. ZGB AT; Trib. Novara 15.11.2018, De Jure Datenbank (zu Art. 60(3) ital. CC); Pietrzykowski (-*Pazdan*), Kodeks cywilny I[10], Art. 30 Rdnr. 2. Schweden verzichtet ganz auf eine Wartefrist, wenn sich das Verschwinden „im Zusammenhang mit einer Naturkatastrophe oder einem schweren Unfall oder ähnlichen Umständen" ereignet hat und die Wahrscheinlichkeit, dass die vermisste Person tot ist, „sehr hoch ist" (§ 3(2) schwed. Lag om dödförklaring; Prop. 2004/05: 88, S. 19).
[214] LG Larissa 292/1966, ArchN 18 (1967) S. 286 (Explosion einer Fabrik).
[215] Art. 193(3) span. CC („Gewalttat gegen das Leben"). Die Vorschrift handelt in Satz 2 außerdem von der Lebensgefahr, durch die jemand infolge eines politischen oder gesellschaftlichen Umsturzes geraten ist (oben Fn. 190).
[216] Kap. 2 § 6(2) dän. Lov om bortebleven; § 19(3) estn. ZGB AT; § 40 gr. ZGB; Art. 378(2) lett. ZGB; Art 2.31(1) lit. ZGB (Verschwinden unter Umständen, die praktisch tödlich sind).
[217] § 7 dt. VerschG; Kap. 2 § 4(2) finn. Laki kuolleeksi julistamisesta; Art. 41 gr. ZGB; Art. 60(3) ital. CC; § 7 österr. TEG; Art. 30 § 3 poln. ZGB; § 3(2) schwed. Lag om dödförklaring; Art. 193(3) span. CC.
[218] § 19(4) estn. ZGB AT (zwei Jahre); § 75 tschech. BGB (drei Jahre ab der letzten Nachricht, wenn jemand Teilnehmer eines Ereignisses war, bei dem mehrere Personen in Lebensgefahr geraten sind).
[219] Vorher Rdnrn. 222 und 223.
[220] Siehe schon oben bei Fn. 149.
[221] § 9(1) dt. VerschG (Vermutung, dass der Verschollene zu dem in dem Beschluss angegebenen Zeitpunkt verstorben ist); § 19(5) estn. ZGB AT (dsgl.); Art. 48(1) gr. ZGB (es können, sofern das Gesetz nichts anderes bestimmt, aus dem Tod des Verschollenen abgeleitete Rechte geltend gemacht werden, wie wenn der Tod bewiesen wäre); Art. 377 lett. ZGB (Todesvermutung); Art. 31 § 1 poln. ZGB (Todesvermutung); Art. 115 port. CC („Die Feststellung des vermuteten Todes führt dieselben Wirkungen herbei wie der Tod, jedoch löst sie die Ehe nicht auf [...]"); § 8(1) schwed. Lag om dödförklaring (der Verschollene wird „als tot angesehen"); Art. 195(1) span. CC („Durch die Todeserklärung endet der Zustand der Verschollenheit"); § 71(2) tschech. BGB („Der für tot erklärte Mensch ist so anzusehen, als wäre er gestorben. Durch die Todeserklärung eines Ehegatten wird die Ehe an dem Tag aufgelöst, als Tag seines Todes gilt; dasselbe gilt für die eingetragene Lebenspartnerschaft"); § 2:5(2) ungar. ZGB („Die für tot erklärte Person ist bis zum Nachweis des Gegenteils als tot zu betrachten"). In Frankreich ist seit der Reform aus dem Jahre 1977 (Gesetz Nr. 77–1447 vom 28.12.1977 portant réforme du titre IV du livre Ier du code civil: Des absents) zu unterscheiden. In der (ersten) Phase der *absence* (Artt. 112–121 franz. CC: „De la présomption d'absence") wird das Fortleben des *absent* vermutet, in der zweiten, die mit der *déclaration d'absence* (Art. 122–132 franz. CC) beginnt, sein Tod (*Laroche-Gisserot,* Rép. civ. Dalloz, V° Absence, Rdnrn. 18 und 107).
[222] Zu der Frage, welcher Zeitpunkt in der Todeserklärung anzugeben ist, existiert wiederum eine umfangreiche, oft sehr in die Details gehende Gesetzgebung. Die Grundregel lautet, dass es auf den wahr-

Gerichts bewirkt, dass sich die Fortlebenszweifel so verdichten, dass von jetzt an grundsätzlich jedermann, der sich auf den Tod eines Menschen beruft, von der Last befreit ist, seinen Tod zu beweisen. Materiellrechtlich hat man es also in erster Linie mit einer tatbestandlich an ein Urteil (Frankreich, Italien) bzw. einen Beschluss (Deutschland, Österreich) geknüpften **Umkehr der Beweislast** zu tun. Ihre Besonderheit besteht darin, dass sich jedermann auf sie berufen kann, nicht nur der Antragsteller, sondern alle, die mit dem für tot Erklärten in einer persönlichen oder geschäftlichen Beziehung standen. Die Vermutung wirkt m. a. W. auch gegen den Antragsteller selbst. Wer eine Todeserklärung zu dem Zweck beantragt und erreicht hat, sein Erbe anzutreten, darf nun zwar über die Nachlassgegenstände verfügen (z. B. Art. 63(1) ital. CC), wird aber, wenn es um die Nachlassschulden geht, auch nicht damit gehört, dass der Gläubiger den Erbfall nicht bewiesen habe.[223] Wer mit dem für tot Erklärten in einer auf Lebenszeit vereinbarten vertraglichen Beziehung stand, kann aus ihr keine Rechte mehr geltend machen, ohne dass der Erbe beweisen muss, dass der Vertrag ausgelaufen ist. Unterhaltsansprüche und –verbindlichkeiten (Art. 63(3) ital. CC) erlöschen; Mietverhältnisse über Wohnraum gehen über (§ 2279 tschech. BGB). Eine Lebensversicherung wird zahlungspflichtig, ohne dass der Begünstigte den Tod des Versicherungsnehmers beweisen muss; die Zahlung wird im Ergebnis so angesehen, als wäre sie mit Rechtsgrund erfolgt. Das Grundbuch, das zugunsten des für tot Erklärten ein Nießbrauchrecht verlautbart, wird unrichtig, etc. Im deutschen **Erbrecht** entfaltet eine Todeserklärung sogar Wirkungen, die denen eines gerichtlichen Nachlasszeugnisses („Erbschein") gleichen (§ 2370 dt. BGB). Man kann deshalb sagen, dass der Todeserklärung insoweit **öffentlicher Glaube** zukommt. Ihr wohnt zugunsten derjenigen, die von dem (ggf. vermeintlichen) Erben einen Nachlassgegenstand erworben haben, eine Richtigkeitsfiktion inne. Sie steht nur unter dem doppelten Vorbehalt, dass der jeweilige Erwerber Kenntnis von dem Fortleben des für tot Erklärten hatte und dass der Beschluss des Gerichts nicht zwischenzeitlich aufgehoben wurde.

Im Kern ist das alles auch bei einer Todesfeststellung nicht anders. Der Hauptunterschied zwischen ihr und einer Todeserklärung liegt in der Zügigkeit des Verfahrens. Allerdings kann es im Bereich des **Eherechts** auch zu materiellrechtlichen Divergenzen kommen. Denn wenn der Tod eines Menschen „sicher" ist, endet notwendig auch seine Ehe. Wird dagegen der Tod eines Menschen nur vermutet, eröffnet sich einer Rechtsordnung der Möglichkeit, das Band einer bestehenden Ehe aus dem Anwendungsbereich dieser Vermutung herauszulösen. Die bisherige Ehe bleibt dann bei Bestand, wenn sie nicht auf Antrag des Zurückgebliebenen geschieden wird. Das ist die Lösung des griechischen

228

---

scheinlichsten Todeszeitpunkt ankommt (§ 9(2) dt. VerschG; § 9(2) österr. TEG; Art. 31 § 2 poln. ZGB; § 8(2) schwed. Lag om dödförklaring. Für den Fall, dass sich ein solcher Zeitpunkt nicht feststellen lässt, gibt es eine Vielzahl von Einzelregeln, die teils auf das Ende der Wartefrist (§ 8(2) schwed. Lag om dödförklaring; Art. 195(2) span. CC), teils auf den Zeitpunkt des Verschwindens (Art. 48(2) gr. ZGB; Art. 58 ital. CC), teils auf den Zeitpunkt der Gefahr abstellen; bei älteren Menschen kann der zu erklärende Todeszeitpunkt auch in die (inzwischen abgelaufene) Wartefrist vorzuverlegen sein (§ 9(3)(a) dt. VerschG).

[223] In tschech. OG 27.6.2006, 33 Odo 240/2005, Soubor civilních rozhodnutí a stanovisek Nejvyššího soudu, Nr. C 4553 (4/2007) hatte der Kläger mit Klage vom 8.2.2002 Rückzahlung eines Geldbetrages aus einer Leihe mit dem Beklagten verlangt, der nicht zu den vereinbarten Terminen geleistet hatte. Bei dem Gericht erster Instanz war aber auch ein Verfahren anhängig, in dem der Beklagte für tot erklärt werden sollte. Das geschah am 1.3.2004; das Urteil wurde am 25.3.2004 rechtskräftig. Es legte den 1.5.2000 als Todestag fest. Das Bezirksgericht meinte, der Beklagte habe ab diesem Tage seine Rechtsfähigkeit und mit ihr seine Parteifähigkeit verloren; deshalb stellte es das Verfahren ein. Das OG hob auf. Eine Todeserklärung wirke *ex nunc*. Davon bilde nur das Erbrecht eine Ausnahme, weil die Rechte und Pflichten des Erblassers unmittelbar mit seinem Tode auf den Erben übergingen. Die Erklärung des vermuteten Todes habe dieselben Wirkungen. Als die Zahlungsklage (am 8.2.2002) erhoben wurde, war der Beklagte noch nicht für tot erklärt worden. Deshalb sei er noch parteifähig gewesen. Er habe seine Parteifähigkeit erst am 25.3.2004 (Rechtskraft der Todeserklärung) verloren. Das ändere aber nichts daran, dass die Erben den Nachlass bereits zum 1.5.2000 (dem in der Todeserklärung bestimmten Todestag) erworben hätten. Erbrechtlich wirke die Todeserklärung *ex tunc*. Die Zahlungsklage konnte deshalb gegen die Erben fortgesetzt werden.

Rechts (Art. 1440 gr. ZGB).[224] Auch Art. 115 port. CC bestimmt, dass die Todeserklärung (die „Erklärung des vermutlichen Todes") die Ehe des Verschollenen nicht auflöst. Unter Art. 116 port. CC „gilt" diese Ehe jedoch von Rechts wegen als zum Zeitpunkt der Todeserklärung geschieden, wenn der zurückgebliebene Ehegatte (was ihm a. a. O. ausdrücklich gestattet wird) eine neue Ehe eingeht. Es bedarf hierfür also keines Scheidungsantrags, obwohl er möglich bleibt, wenn der *cônjuge presente* keine neue Ehe eingegangen, die Trennungszeit aber abgelaufen ist.[225] Im Falle der Wiederverheiratung seines bisherigen Ehepartners gilt auch der Verschollene als geschieden, sollte er zurückkehren.[226] Eine zweite Gruppe von Rechtsordnungen verbindet mit der rechtskräftigen Todeserklärung *ex lege* die Auflösung der bisherigen Ehe (bzw. einer eingetragenen Partnerschaft). Dazu gehören Bulgarien, Frankreich, England, Litauen, Spanien und Tschechien.[227] Die Ehe bleibt auch dann aufgelöst, wenn der für tot Erklärte zurückkehrt.[228] Seinem bisherigen Ehegatten bleibt, wenn er sich mit ihm versöhnt (vgl. Art. 88(2) span. CC), nur die Möglichkeit, sich von seinem neuen Ehegatten scheiden zu lassen. In Frankreich steht das zwar nicht explizit im Gesetz, doch leiten Rechtsprechung und Lehre dieses Ergebnis aus einer Gesamtschau der übrigen Regelungen ab.[229] Nicht ganz eindeutig ist die Rechtslage in Italien. Denn einerseits darf der zurückgebliebene Ehegatte nach der Rechtskraft der Todeserklärung eine neue Ehe eingehen (Art. 65 ital. CC), doch ist sie unter Art. 68(1) ital. CC nichtig, wenn die für tot erklärte Person zurückkehrt oder ihr Fortleben festgestellt

---

[224] Der Scheidungsantrag ist gegen den Verschollenen zu richten und wird ihm zugestellt, wie wenn er unbekannten Wohnorts wäre (LG Thessaloniki 579/1970, Arm. 24 [1970] S. 657). Das Scheidungsgericht ist allerdings an die Verschollenheitserklärung gebunden und darf deshalb keinen weiteren Sachvortrag und keine weiteren Beweise anfordern. Kehrt der Verschollene wider Erwarten zurück, bleibt die Ehe aufgelöst. Eine evtl. neu geschlossene Ehe des Zurückgebliebenen ist nicht bigamisch; eine neue Ehe des für tot Erklärten jedoch dann, wenn sie vor dem Scheidungsurteil geschlossen wurde (*Triantos*, AK, Art. 48 gr. ZGB Rdnr. 5; *Georgiades und Stathopoulos*, AK I, Art. 48 gr. ZGB Rdnr. 5).

[225] So Berufungsgericht Évora 17.4.2008, Processo 2670/07. Das erstinstanzliche Gericht hatte noch gemeint, dass es rechtlich unzulässig sei, gegen den für tot erklärten Ehemann Scheidungsklage einzureichen, weil die Todeserklärung die Ehe nicht auflöse (Art. 115 port. CC) und weil Art. 116 a. a. O. nur gelte, wenn der zurückgebliebene Ehegatte eine neue Ehe eingehe. Die Ehe war am 30.9.1961 geschlossen worden. Der Mann hatte das Familienhaus im Jahr 1976 nachrichtenlos verlassen. Er war 1995 für tot erklärt worden, und zwar bereits ab 1980. Die Antragstellerin hatte im Scheidungsverfahren erklärt, dass sie im März 2007 von dem Verbleiben des Beklagten gehört habe. Deshalb wolle sie sich scheiden lassen. Eine Aufhebung der Todeserklärung war nicht Verfahrensgegenstand. Das Berufungsgericht Évora entschied, es spreche „nichts dagegen, dass der zurückgebliebene Ehegatte *(cônjuge presente)* die Auflösung der Ehe durch Einleitung eines Scheidungsverfahrens anstrebe, sofern es dafür eine gesetzliche Grundlage gibt". Eine solche Grundlage lag vor. Unter Art. 1781(c) port. CC i. d. F. des Gesetzes 61/2008 (Gesetz zur Änderung des Scheidungsregimes) kann eine Ehe ohne Zustimmung des anderen Ehegatten geschieden werden, wenn er abwesend ist, ohne dass von ihm für einen Zeitraum von nicht weniger als einem Jahr Nachrichten vorliegen.

[226] Menezes Cordeiro (-*Menezes Cordeiro und Barreto Menezes Cordeiro*), Código Civil Comentado I, Art. 116 S. 358 Rdnr. 3.

[227] Artt. 44 und 45 bulgar. Gesetz über die Person und die Familie; sec. 3(2) Presumption of Death Act 2013; Art. 3.50(1) und (2) lit. ZGB; Art. 85 span. CC; § 71(2) Satz 2 tschech. BGB.

[228] Sec. 6(2) Presumption of Death Act 2013; Art. 129 franz. CC (nachfolgende Fn.); Art. 197 span. CC (Das Gesetz regelt bewusst nur die vermögensrechtlichen Folgen des Wiederauftauchens des für tot Erklärten. Die Partner der alten Ehe können einander nur erneut heiraten, wenn die neue Ehe geschieden wird [Ministerio de Justicia (-*Montes Penades*)], Comentario del Código Civil I², S. 346, Anm. III zu Art. 85); § 76(1) Satz tschech. BGB (die Ehe oder eingetragene Lebenspartnerschaft wird nicht erneuert). Unter Art. 3.50(3) lit. ZGB und § 71 estn. FamG können allerdings beide Ehegatten die Erneuerung ihrer Ehe beantragen, sofern die Todeserklärung aufgehoben wird und der zurückgebliebene Ehegatte nicht erneut geheiratet hat.

[229] Eine *déclaration d'absence* hat deshalb die Auflösung der Ehe zur Folge, weil unter Art. 128 franz. CC „le jugement déclaratif d'absence emporte, à partir de la transcription, tous les effets que le décès établi de l'absent aurait eus". Ab seiner Eintragung in das Zivilstandsregister entfaltet der *jugement déclaratif d'absence* alle Wirkungen, die der nachgewiesene Tod des *absent* gehabt hätte. Unter Art. 227 Nr. 1 franz. CC löst der Tod die Ehe auf. Schließlich sieht Art. 132 franz. CC vor, dass die Ehe des *absent* auch dann aufgelöst bleibt, wenn der *jugement déclaratif d'absence* unter Art. 129 franz. CC aufgehoben wurde, weil der *absent* wieder aufgetaucht ist.

wird. Nach herrschender Meinung ist die bisherige Ehe gleichwohl als aufgelöst anzusehen.[230]

Deutschland, Österreich und Polen sind um eine weitere Zwischenlösung bemüht, um auch im Eherecht abzubilden, dass eine Todeserklärung lediglich eine Todesvermutung begründet. Zwar gilt auch hier die allgemeine Regel, dass dem zurückgebliebenen Ehegatten die Eingehung einer neuen Ehe erlaubt ist.[231] Das deutsche und das österreichische Recht lösen aber die bisherige Ehe gerade nicht *ex lege* auf.[232] Dazu kommt es nur, wenn der zurückgebliebene Ehegatte neu heiratet und beide Partner der neuen Ehe bei der Eheschließung nicht von dem Fortleben des Verschollenen wussten (§ 1319(2) Satz 1 dt. BGB; § 43(1) österr. EheG). Der zurückgebliebene Ehegatte kann zwar – wie andernorts auch[233] – ganz unabhängig von einer Todeserklärung eine Scheidung mit der Begründung beantragen, dass die Ehe infolge der Abwesenheit des Partners gescheitert ist[234], aber die Todeserklärung selbst ist *weder* ein Scheidungs- *noch* ein Eheauflösungsgrund. Das deutsche und das österreichische Recht (das schwedische geht einen ähnlichen Weg[235]) halten die Gefahr, eine Folgeehe zu erlauben, der „an sich" das Bigamieverbot entgegensteht, für so gering, dass sie dieses Risiko hinnehmen. Folglich finden sich die Regeln zum rechtlichen

229

---

[230] Das wird aus Art. 149(1) ital. CC geschlossen, unter dem die Ehe durch den Tod aufgelöst wird. Das soll (obwohl das nicht ausdrücklich im Gesetz steht) auch im Falle der Erklärung des vermuteten Todes so sein. Zur Bestätigung wird (was freilich nicht zwingend wirkt: *Santoro-Passarelli*, Dottrine generali del diritto civile, S. 32) auf Art. 65 a. a. O. (Zulässigkeit der Wiederheirat) verwiesen (Trib. Bologna 2.2.1952, Foro. it. 1953, I, 294; Trib. Acqui Terme 12.12.1960, Foro. pad. 1961, I, 1076; *Giorgianni*, La dichiarazione di morte presunta, S. 76; *Papanti-Pelletier*, Assenza, scomparsa e morte presunta, Enc. giur. S. 4).

[231] Das Recht zur Wiederverheiratung ist zwar nirgendwo ausdrücklich fixiert. Es wird jedoch in § 1319(1) dt. BGB und § 43(1) österr. EheG („Geht ein Ehegatte, nachdem der andere Ehegatte für tot erklärt worden ist, eine neue Ehe ein [...]") vorausgesetzt und in Art. 13(2) Nr. 3 a. E. dt. EGBGB mittelbar sogar zum deutschen *ordre public* gezählt. Auch Art. 55 § 2 Satz 1 poln. FVGB setzt das Recht auf Wiederheirat voraus („Hat nach der Todeserklärung eines Ehegatten der andere Ehegatte eine neue Ehe geschlossen, so kann diese Ehe nicht aus dem Grund für ungültig erklärt werden, dass der für tot erklärte Ehegatte lebt oder dass sein Tod zu einem anderen als dem in der Entscheidung über die Todeserklärung genannten Zeitpunkt erfolgt ist"). Dass dem zurückgebliebenen Ehegatten die Eingehung einer neuen Ehe erlaubt ist, entspricht im Übrigen der Auffassung nahezu aller europäischen Rechtsordnungen. Die Regel findet sich ausdrücklich u. a. in Art. 116 port. CC (oben im Text); Art. 128(3) franz. CC („le conjoint de l'absent peut contracter un nouveau mariage") und Art. 65 ital. CC (unter Art. 117 Nr. 3 ital. CC kann allerdings die Ehe, die der Ehegatte eines Abwesenden geschlossen hat, solange nicht angefochten werden, wie die Abwesenheit dauert). Nur in Griechenland ist die Eingehung einer neuen Ehe bis zur Scheidung der alten untersagt.

[232] Beck OGK (-*Otto*), § 1319 BGB Rdnr. 4; *Neuner*, BGB AT[12], § 11 Rdnr. 36. Für Österreich ergibt sich das aus einem Umkehrschluss zu § 42(2) österr. EheG („Mit der Schließung der neuen Ehe wird die frühere Ehe aufgelöst. Sie bleibt auch dann aufgelöst, wenn die Todeserklärung aufgehoben wird", näher Schwimann und Kodek [-*Weitzenböck*], Praxiskommentar, § 43 TEG Rdnr. 2).

[233] Siehe zu Portugal schon vorher Fn. 225. In Frankreich ist wiederum zwischen der *présomption* und der *déclaration d'absence* zu unterscheiden. Die bloße *présomption d'absence* (erste Phase) lässt die Ehe unberührt (*Laroche-Gisserot*. Rép. civ. Dalloz, V° Absence, Rdnr. 25). Sie kann aber unter den allgemeinen Bedingungen (einjährige Trennungsfrist begründet eine *altération définitive du lien conjugal*: Art. 238 franz. CC) geschieden werden.

[234] OLG Celle 30.3.2005, FamRZ S. 1492 mit AG Hameln 8.9.2005, NJW 2006 S. 1441 (Die Ehefrau des Antragstellers, der neu heiraten wollte, war im Jahre 2000 spurlos verschwunden, aber mangels Ablaufs der zehnjährigen Wartefrist noch nicht für tot erklärt worden. Die dreijährige Trennungsfrist war aber abgelaufen, so dass die Ehe der Verschollenen auch ohne ihre Zustimmung geschieden werden konnte). In OLG Bamberg 19.3.2012, FamRZ 2013 S. 479 wollte sich eine Frau von ihrem im Jahre 2005 in Kolumbien entführten Mann scheiden lassen. Auch er war noch nicht für tot erklärt. Allerdings waren die Fristen abgelaufen, unter denen nach dem Gesetz sein Fortleben zu vermuten gewesen wäre. Das Gericht zog daraus den widersinnigen Schluss, dass die Frau dieses Fortleben nunmehr zu beweisen habe, andernfalls könne sie mangels Beteiligtenfähigkeit ihres Mannes nicht von ihm geschieden werden. Diese Begründung zwingt den anwesenden Ehegatten, das Scheidungsverfahren so früh wie möglich zu beantragen, um dem Zweck der Trennungsfristen nicht zu vereinigern.

[235] Das erschließt sich daraus, dass es nach schwedischem Recht erkennbar zu einer Doppelehe kommt, wenn sich der zurückgebliebene Ehepartner neu vermählt, sich aber später herausstellt, dass der für tot erklärte Partner der ersten Ehe noch lebt. Denn in dieser Situation können die Betroffenen frei wählen welche der beiden Ehen aufgelöst werden soll. Unter Kap. 5 § 5(2) schwed. Äktenskapsbalk bedarf es zu ihrer Auflösung keiner Wartezeit (Prop. 2004/05:88, S. 12).

Schicksal der beiden Ehen nicht im Scheidungs-, sondern im Eheaufhebungsrecht (§§ 1319 und 1320 dt. BGB; § 44 österr. EheG).[236] Wenn dagegen der zurückgebliebene Ehegatte keine neue Ehe eingeht, befindet sich seine bisherige Ehe in einem eigenartigen Schwebezustand. Ob er noch oder nicht mehr verheiratet ist, hängt allein davon ab, ob der andere Ehegatte noch lebt. Da man das nicht sicher weiß, kann man wiederum nur widerleglich vermuten, dass die Ehe durch Tod aufgelöst wurde. Art. 55 § 1 poln. FVGB hält das sogar ausdrücklich fest. Solange die Todesvermutung wirkt, solange ist ab dem in ihr genannten Zeitpunkt auch zu vermuten, dass der überlebende Ehegatte verwitwet ist. Wird diese Vermutung aber dadurch widerlegt, dass sich das Fortleben des für tot Erklärten bestätigt, wird die Ehe wieder so angesehen, als hätte sie nie geendet. Die Eheleute sind in diesem Fall Eheleute geblieben; sie werden nicht darauf verwiesen, einander erneut zu heiraten. Bemerkenswerterweise kennen aber mehrere Rechtsordnungen[237], unter ihnen auch die deutsche, einige familienrechtliche Sonderbestimmungen, unter denen eine Todeserklärung eine Rechtsbeziehung definitiv (und nicht nur, wie in Frankreich, provisorisch[238]) beendet. Sie finden sich im Recht der **elterlichen Sorge** und sind dort ganz auf das Kindeswohl ausgerichtet: Die elterliche Sorge eines für tot erklärten Elternteils endet (§ 1677 dt. BGB). Sie steht nun dem zurückgebliebenen Elternteil allein zu (§§ 1681(1), 1680(1) a. a. O.). Das Familiengericht kann dem für tot erklärten Elternteil, wenn er noch lebt, die elterliche Sorge allerdings erneut übertragen, freilich nur, wenn dies dem Wohl des Kindes entspricht (§ 1681(2) a. a. O.). Eine Pflegschaft, insbesondere eine Abwesenheitspflegschaft (§ 1921(3) a. a. O.; § 1887(1) n. F.) endet, wenn der Mündel für tot erklärt wurde. In diesen Zusammenhang gehört auch Art. 120 port. CC, der für das **Erbrecht** die Sonderregel bringt, dass jemand, von dem während des Verfahrens über die Abwicklung des Nachlasses eines Verstorbenen vermutet wurde, dass er selbst (auch) verstorben war, endgültig aus der Erbfolge ausscheidet, also auch dann, wenn er entgegen der Vermutung noch leben sollte. Denn „[a]lle Rechte, die dem Abwesenden seit seinem nachrichtenlosen Verschwinden zustehen und die von der Bedingung seiner Existenz abhängen, gehen auf die Personen über, denen sie zustehen würden, wenn der Abwesende gestorben wäre".

c. Fortleben des für tot Erklärten

230 Zu den oft aufwändig gearbeiteten Vorschriften zum Fortleben einer für tot erklärten Person existiert nur auffällig wenig Rechtsprechung. Es mag zwar sein, dass simple Aufhebungsentscheidungen für eine Veröffentlichung in der Fachliteratur nicht in Betracht gezogen werden.[239] Dennoch scheinen sich die hohen Anforderungen an eine Todeserklärung überall zu bewähren.[240] Dass eine noch lebende Person irrtümlich für tot erklärt

---

[236] Unten Rdnr. 231.
[237] In Griechenland erlöschen ab dem in der Verschollenheitserklärung genannten Zeitpunkt alle persönlichen Beziehungen der Person, darunter auch die elterliche Sorge (*Triantos*, AK, Art. 48 gr. ZGB S. 62 Rdnr. 2). Unter Art. 198(2) lett. ZGB endet die elterliche Sorge mit der Erklärung des betreffenden Elternteils für tot.
[238] Unter Art. 373 franz. CC „[p]erd l'exercice de l'autorité parentale ou en est *provisoirement* privé celui des père et mère qui se trouve dans l'un des cas suivants: S'il est hors d'état de manifester sa volonté, en raison de son ... absence" (Hervorhebung hinzugefügt). Der Vater oder die Mutter, der bzw. die *absent(e)* ist, verliert also die Ausübung der *autorité parentale* nur vorübergehend. Sie wird von dem anwesenden Elternteil a. a. O.).
[239] Anders ist das in der allgemeinen Presse, die solche Fälle regelmäßig als spektakulär empfindet, z. B. https://www.welt.de/vermischtes/article146858353/Wie-sich-Petra-P-31-Jahre-lang-totstellen-konnte.html (eine Frau war 1984 im Alter von 24 Jahren spurlos verschwunden, im Jahre 1989 für tot erklärt worden und 2015, im Alter von 55 Jahren, wieder aufgetaucht. Man war 31 Jahre lang von einem Tötungsdelikt ausgegangen).
[240] Schon die Zahl der Todeserklärungen ist sehr gering. Nach dem User Guide to Mortal Statistics des Office for National Statistics kam es in England und Wales in den Jahren 2015 bis 2019 zu im Schnitt 20 Todeserklärungen jährlich. Für Griechenland weist die Isokrates Datenbank seit 2008 insgesamt ganze 14 Fälle auf. Polen meldet für das Jahr 2013 632 eingegangene Anträge auf Todeserklärung und 19 Anträge auf ihre Aufhebung, denen in 8 Fällen stattgegeben wurde (http://isws.ms.gov.pl/pl/baza-statystyczna/

II. Ungewissheit über den Tod oder den Todeszeitpunkt eines Menschen **§ 4**

wird, begegnet allem Anschein nach noch seltener[241] als Fälle, in denen eine inzwischen tatsächlich verstorbene Person irrtümlich zu einem zu frühen Zeitpunkt für tot erklärt wurde.[242] Gleichwohl muss die Rechtsordnung auf solche Ausnahmesituationen vorbereitet sein. Die erste Regel lautet, dass der Beweis des Fortlebens einer Person die auf der Todeserklärung beruhende Todesvermutung widerlegt. Die Todeserklärung wird dann „nicht berücksichtigt" (§ 76(1) tschech. BGB). Ein solcher Gegenbeweis wäre allerdings in jedem einzelnen Fall neu zu führen. Außerdem stellt die Todesvermutung in vielen Zusammenhängen ein ernsthaftes praktisches Lebenshindernis dar (z. B. dann, wenn der Betroffene zur Wiedereingliederung in sein soziales Umfeld eines neuen Ausweises bedarf). Deshalb lautet die zweite Regel, dass die Todeserklärung so zügig wie möglich **aufzuheben** ist. Dafür steht meistens wieder ein eigenes Verfahren zur Verfügung.[243] Um die Absurdität zu vermeiden, dass ein für tot erklärter Mensch, der in Person vor Gericht erscheint, weiterhin für tot angesehen wird, weil das Aufhebungsverfahren noch nicht

---

opracowania-wieloletnie/download,2674,55.html). In Deutschland sind 2019 insgesamt 481 Anträge auf Todesfeststellung (Feststellung der Todeszeit) und Anträge auf Todeserklärung bei den Gerichten eingegangen (https://www.bundesjustizamt.de/DE/SharedDocs/Publikationen/Justizstatistik/Geschaeftsentwicklung_Amtsgerichte.pdf?__blob=publicationFile&v=17, S. 5). Eine Statistik nur der Todeserklärungen und Angaben darüber, wie viele der gestellten Anträge positiv beschieden wurden, scheint es nicht zu geben. Auch eine Statistik der aufgehobenen Todeserklärungen fehlt. Deren Zahl dürfte verschwindend gering sein.

[241] Zu den wenigen Ausnahmen aus jüngerer Zeit gehören poln. OG 18.1.1974, ICR 794/73, OSNCP 1975 Nr. 1, Pos. 11 (kein Wiederaufleben der alten Ehe, wenn der neue bereits geschieden war, als der für tot erklärte Ehegatte wieder auftauchte); LG Thessaloniki 393555/2008, Isokrates Datenbank (Einreichung des Antrags bei der Staatsanwaltschaft des Gerichts, das die Verschollenheitserklärung erlassen hat); Tribunalul Vaslui 8.3.2018, 4015/189/2013 (vorher Rdnr. 42 mit Fn. 4) und TGI Chaumont 20.1.2011, RTD civ. 2012 S. 88, Anm. *Hauser* (eine Frau und Mutter, von der seit 1985 keine Nachrichten mehr vorlagen, war am 14.5.2009 durch ein *jugement déclaratif d'absence* für tot erklärt worden. Im Jahr 2010 meldete sich die *absente*. Sie sei seit mehreren Jahren schwer an einer neurologischen Krankheit erkrankt, bekomme aber wegen ihres (angeblichen) *mort civile* keine soziale Unterstützung mehr. Der *jugement déclaratif d'absence* wurde aufgehoben).

[242] Z. B. Berufungsgericht Oviedo 6.6.2003, ECLI:ES:APO:2003:2247 (Der Betroffene war bereits am 1.9.1981 für tot erklärt worden, hatte aber ausweislich einer im spanischen Konsulat in Montevideo ausgestellten Todesurkunde tatsächlich bis zum 23.11.2000 gelebt. Die Todeserklärung und das auf ihr beruhende Nachlasszeugnis *(declaración de herederos)* vom 13.7.1982 wurden für nichtig erklärt. Allerdings wurden die Antragstellerinnen nicht als legitimiert angesehen, den Anspruch aus Art. 197 span. CC [Wiedereinsetzung in den vorigen Stand] geltend zu machen, weil sie ihre Erbenstellung [Art. 661 span. CC] nicht beweisen konnten; ob sie tatsächlich Töchter des Verstorbenen seien, müsse in einem gesonderten Verfahren entschieden werden). In poln. OG 26.6.2002, III CKN 898/00, OSNC 2003 Nr. 6 Poz. 89 war „Leon" 1980 für tot erklärt und das Todesdatum auf den 1.1.1950 bestimmt worden. Tatsächlich war er erst am 16.2.1968 verstorben. Der Antrag auf Aufhebung der Todeserklärung war vom Rayonsgericht 1999 abgewiesen worden. Es meinte, das wäre nur möglich, wenn es Leon sofort wieder für tot erkläre, was aber daran scheitere, dass bereits eine Sterbeurkunde ausgestellt war. Das OG bestätigte das im Ergebnis. Wenn sich herausstelle, dass eine Person im Zeitpunkt der Rechtskraft der gerichtlichen Entscheidung noch lebte, aber danach verstorben ist, und wenn eine Sterbeurkunde ausgestellt worden sei, bliebe nur der Weg über eine Wiederaufnahmeklage.

[243] Siehe z. B. § 30(1) dt. VerschG (antragsberechtigt sind – nach Ablauf der Beschwerdefrist – nur der für tot Erklärte und die Staatsanwaltschaft); sec. 5 Presumption of Death Act 2013 (antragsberechtigt ist jeder, der ein *sufficient interest* an der *variation order* darlegt); § 21(2) estn. ZGB AT; Artt. 46 und 50 gr. ZGB (dazu LG Athen 863/1962, EEN 29 [1962] S. 492 und LG Florina 145/1969, Arm. 23 [1969] S. 870: die generelle Todesvermutung könne nur gerichtlich widerrufen werden; taucht aber der Betroffene schon im Verschollenheitsverfahren auf, wird der Antrag abgewiesen); Art. 67 ital. CC (es ergeht auf Antrag der Staatsanwaltschaft oder eines jeden, der ein Interesse daran hat, eine Erklärung, dass die für tot erklärte Person noch lebt); Art. 2.32(1) lit. ZGB; § 23(1) österr. TEG (antragsberechtigt sind der für tot Erklärte, die Staatsanwaltschaft und alle, die sonst an der Aufhebung oder Berichtigung der Todeserklärung ein rechtliches Interesse haben); Artt. 541 und 542 poln. ZPO (antragsberechtigt ist jeder „Betroffene"); § 11a schwed. Lag om dödförklaring (der Antrag wird durch die für tot erklärte Person beim Skatteverket gestellt, das aber das Aufhebungsverfahren auch auf eigene Initiative einleiten kann); Art. 75(4) span. LJV (Entscheidung durch den Gerichtssekretär innerhalb von drei Tagen). Unter tschechischem Recht kann das Verfahren auch amtswegig (also ohne Antrag) eingeleitet werden (§ 13(1) Gesetz Nr. 292/2013 Gbl. über besondere Gerichtsverfahren). Stellt also das Gericht fest, dass jemand für tot erklärt wurde, der noch am Leben ist, hebt es das Urteil auf (§ 57 a. a. O.).

eingeleitet bzw. abgeschlossen ist, bestimmt u. a. § 24(1) österr. TEG, dass das Gericht, „falls die Identität des Antragstellers mit dem für tot Erklärten unzweifelhaft feststeht", die Aufhebung der Todeserklärung „ohne weiteres Verfahren" auszusprechen hat.[244] Die Aufhebung einer Todeserklärung wirkt *ex nunc*. Dass die Vermutung nie der Wirklichkeit entsprochen hat, ist in sich eine Tatsache, die sich rückwirkend nicht mehr aus der Welt schaffen lässt. Nicht weil eine Todeserklärung aufgehoben wird, hat der Betroffene die ganze Zeit gelebt; vielmehr wird sie aufgehoben, weil er nicht verstorben ist.

231   Gleichwohl lässt sich nun nicht alles wieder auf Null setzen. Zwar mag man als Grundregel festhalten, dass „[i]f a person declared dead is actually alive, no legal consequences arise for the person from the declaration of his or her death", aber das gilt eben immer nur „unless otherwise provided by law" (§ 21(1) estn. ZGB AT).[245] Ob und inwieweit eine noch lebende Person den Verlust oder die Einschränkung ihrer Rechte hinnehmen muss, hängt von deren Natur und den als schützenswert eingestuften Interessen derjenigen ab, die sich auf die Richtigkeit der gerichtlich (oder behördlich) bestätigten Todesvermutung verlassen durften. Man trifft insoweit wieder auf eine Reihe von von Rechtsgebiet zu Rechtsgebiet gestaffelten Unterschieden. Ist der zurückgebliebene Ehegatte (oder Lebenspartner) eine **neue Ehe** (oder Partnerschaft) eingegangen, bleibt sie, wie gesehen, von dem Fortleben des für tot Erklärten grundsätzlich unberührt. Die zwischen ihm und dem zurückgebliebenen Gatten bestehende Ehe wird *ex lege* entweder schon durch die Todeserklärung, andernfalls durch die Wiederheirat des zurückgebliebenen Ehegatten aufgelöst[246] und bleibt es selbst dann, wenn die irrtümlich für tot erklärte Person erst zu einem Zeitpunkt wieder auftaucht, zu dem die Zweitehe des Zurückgebliebenen bereits wieder geschieden ist.[247] Die Wiederheirat des zurückgebliebenen Ehegatten bewirkt auch unter § 1319(2) Satz 1 dt. BGB die Auflösung seiner früheren Ehe, und zwar ausdrücklich selbst dann, wenn die Todeserklärung nach Schließung der neuen Ehe aufgehoben wird (Satz 2 a. a. O.). Das deutsche und das polnische Recht stellen diese Regel allerdings unter den Vorbehalt, dass beide Partner der neuen Ehe im Zeitpunkt der Eheschließung positiv wussten, dass der für tot Erklärte noch lebte (§ 1319(1) dt. BGB; Art. 55 § 2 Satz 2 poln. FVGB). Dann (und nur dann) handelt es sich bei der neuen um eine gerichtlich aufzuhebende bigamische Ehe; den Aufhebungsantrag kann neben der zuständigen Verwaltungsbehörde auch der irrtümlich für tot Erklärte stellen (§ 1316(1) Nr. 1 dt. BGB). Selbst wenn die neue Ehe die Auflösung der alten bewirkt hat (und deshalb nicht bigamisch ist), kann der ehemalige Ehegatte der für tot erklärten Person unter § 1320 dt. BGB innerhalb

---

[244] Eine ganz ähnliche Bestimmung findet sich in Art. 543 poln. ZPO (Aufhebung „unverzüglich und ohne weiteres Verfahren"). Zuständig ist aber nur das Gericht, das die Person für tot erklärt hat (Art. 540 poln. ZPO). Erscheint der Betroffene vor einem anderen Gericht, hat dieses unverzüglich das zuständige Gericht zu benachrichtigen. Kann die Person wegen ihres Alters oder Gesundheitszustands dort nicht selbst erscheinen, wird im Wege des Eilverfahrens ein anderes Gericht bestimmt. Das jeweilige Gericht hat nur eine Identitätsprüfung durchzuführen (näher Marciniak [-*Czech*], Kodeks postępowania cywilnego III, Art. 543 Rdnrn. 1–4). Auch in Österreich dürfte mit „dem Gericht" das für die Aufhebung der Todeserklärung zuständige Gericht gemeint sein, weil sich der Zweck der Regelung in einer Verfahrensvereinfachung erschöpft. Es wäre in einer solchen Situation absurd, zuvor noch der Staatsanwaltschaft Gelegenheit zur Stellungnahme zu geben. In Griechenland nimmt man an, dass die Todesvermutung mit dem Auftreten des Betroffenen vor Gericht *ipso jure* widerlegt wird (Berufungsgericht Athen 867/1958, EEN 25 [1958] S. 881; Berufungsgericht Athen 4381/1986, EllDne 27 [1986] S. 1337). Unter Art. 75 span. LJV beruft der Gerichtssekretär eine Verhandlung ein, zu der die (angeblich) noch lebende Person, weitere Interessierte und die Staatsanwaltschaft geladen werden. Ergibt die (amtswegige) Identitätsprüfung, dass es sich tatsächlich um den Betroffenen handelt, hat der Gerichtssekretär den Todeserklärungsbeschluss innerhalb von drei Tagen aufzuheben, andernfalls hat er ihn zu bestätigen. Erscheint der Betroffene nicht in Person, wird er aufgefordert, innerhalb von zwanzig Tagen einen Identitätsnachweis zu erbringen. Zu der erwähnten Verhandlung kommt es auch dann, wenn der Betroffene nicht reagiert.

[245] Es wäre besser gewesen, diese Einschränkung auch in § 2:7(4) ungar. ZGB zu machen, dessen Formulierung zu weit geraten wirkt („Taucht die für tot erklärte Person wieder auf, ist der Beschluss über die Todeserklärung unwirksam und sind die aufgrund dessen eingetretenen Rechtsfolgen nichtig").

[246] Oben Rdnrn. 228–229.

[247] Poln. OG 18.1.1974, ICR 794/73, OSNCP 1975 Nr. 1, Pos. 11.

eines Jahres die Aufhebung seiner neuen Ehe beantragen und so den Weg zu einer erneuten Ehe mit dem früheren Gatten freimachen, es sei denn, er (der Wiederverheiratete) war bösgläubig. Es handelt sich insgesamt um ein unnötig kompliziertes, reformbedürftiges System. Hat der für tot Erklärte in der Zeit seiner Verschollenheit selbst neu geheiratet, dann verstößt *diese* Ehe natürlich gegen das Bigamieverbot. Das ist nur dann anders, wenn seine frühere Ehe mit dem Zurückgebliebenen – zeitlich möglicherweise aus reinem Zufall – schon vorher durch dessen Wiederheirat aufgelöst worden war.[248]

232 Dass die elterliche Sorge aus Gründen und nach Maßgabe des Kindeswohls beendet sein kann und ggf. durch eine gerichtliche Entscheidung zurückübertragen wird, sahen wir bereits.[249] Das Hauptproblem stellt die **Rückgewähr von Vermögen** dar, das Angehörige aufgrund eines vermeintlichen Erbrechts an sich genommen und über das sie zwischenzeitlich ggf. bereits verfügt haben. Man muss mithin zwischen Ansprüchen gegen die vermeintlichen Erben und Ansprüchen gegen deren Rechtsnachfolger unterscheiden. Die radikalste Lösung besteht darin, dem irrtümlich für tot Erklärten gar keine Ansprüche gegen die **Erben** zu geben. Das ist der Ansatz von Art. 2.32(2) Satz 1 lit. ZGB, wonach „[t]he person who has returned shall not have the right to request the recovery of his property, which has been inherited after a declaratory judgement of death was pronounced." Das Recht „to request the recovery of his property which is in possession of his heirs" soll vielmehr nur jemandem zustehen, der „was absent for serious reasons ..., irrespective of the time of his return". Die Todeserklärung wirkt hier wie eine Art „Strafe" für unvernünftige Abwesenheit. Das ist eine kaum zu rechtfertigende Übermaßreaktion. Sie steht in deutlichem Widerspruch zu dem überall sonst in der EU, auch im übrigen Baltikum[250] akzeptierten Standard. Da eine Todeserklärung nur die widerlegliche Vermutung des Todes des Verschollenen begründet, sollte der Ausgangspunkt mit Art. 197 span. CC vielmehr lauten, dass der Verschollene seine Güter „in dem Zustand zurückerhält, in dem sie sich befinden". Früchte sind nach dieser Vorschrift jedoch erst ab dem Tage des Wiederauftauchens geschuldet. Sind Gegenstände der irrtümlich für tot erklärten Person von ihrem vermeintlichen Erben (oder Vermächtnisnehmern[251]) zwischenzeitlich veräußert worden, wandelt sich der im Kern sachenrechtliche Herausgabeanspruch in einen bereicherungsrechtlichen Erlösanspruch, der sich auch auf die mit dem Erlös erworbenen Surrogate bezieht. Unter belgischem, deutschem, französischem, griechischem, italienischem, lettischem, österreichischem, portugiesischem, rumänischem, tschechischem und schwedischem Recht ist das Ergebnis im Wesentlichen dasselbe[252]; nur bei den Früchten wird der für tot Erklärte

---

[248] BGH 27.10.1993, FamRZ 1994 S. 498, Anm. *Bosch* (die Wiederheirat des für tot Erklärten löst seine eigene frühere Ehe nicht auf; er führt eine Doppelehe) und poln. OG 8.7.1969, II CR 100/69, OSNCP 1970 Nr. 4, Pos. 73 (Irmgard hatte 1944 Eryk geheiratet und war 1947 ohne ihr Wissen von einem deutschen Gericht mit Wirkung ab dem 14.2.1945 für tot erklärt worden. Sie hatte später Eligiusz geheiratet, der in diesem Verfahren die Ungültigerklärung seiner Ehe mit Irmgard anstrebte. Alle Beteiligten waren poln. Staatsangehörige. Das OG bestätigte, dass Irmgard zeitweilig eine Doppelehe geführt hatte. Ihre Ehe mit Eryk war zwischenzeitlich aber bereits wieder geschieden. Deshalb wurde Eligiusz' Antrag abgewiesen).
[249] Vorher Rdnr. 229.
[250] Unter Art. 380 lett. ZGB gilt, dass wenn „a missing person whom a court had declared presumed dead ... returns, he or she may recover his or her property from the persons to whom it had been transferred ..., or their heirs, but only to the extent as preserved, or for so much as the heirs have enriched themselves with such property during this period". Zu § 21(1) estn. ZGB schon oben im Text zu Rdnr. 231.
[251] Berufungsgericht Athen 4381/1986, EllDni 27 (1988) S. 1337; Areopag in Kammer 569/1962, EEN 30 (1963) S. 135.
[252] Art. 124 belg. CC („En cas de réapparition de l'absent ou de preuve de son existence, le jugement de rectification permet à l'absent de retrouver ses biens et ceux qu'il aurait dû recueillir pendant son absence dans l'état où ils se trouvent et le prix de ceux qui auraient été aliénés de même que les biens éventuellement acquis en remploi"); § 2031(1) i. V. m. §§ 2018–2033 dt. BGB; Art. 130 franz. CC („L'absent dont l'existence est judiciairement constatée recouvre ses biens et ceux qu'il aurait dû recueillir pendant son absence dans l'état où ils se trouvent, le prix de ceux qui auraient été aliénés ou les biens acquis en emploi des capitaux ou des revenus échus à son profit"); Art. 50 gr. ZGB („Kehrt der Verschollene zurück oder werden Dritten bessere Rechte zuerkannt, so sind diejenigen, welche ein aus der Verschollenheitserklärung abgeleitetes Recht geltend gemacht haben, zur Herausgabe des Empfangenen

gelegentlich bessergestellt als in Spanien.²⁵³ Ein bösgläubiger Pseudoerbe haftet dem für tot Erklärten auf Schadensersatz (Art. 119(2) und (3) port. CC; § 2024 dt. BGB), was in Portugal auch für den Fall gilt, dass er Nachlassgegenstände verschenkt hat.²⁵⁴ Unter § 24 (2) österr. TEG ordnet das Gericht die Wiedereinsetzung des für tot Erklärten in seinen Besitz an.

233 **Dritte,** die von dem vermeintlichen Erben etwas aus dem Vermögen des für tot Erklärten erhalten haben, genießen Gutglaubensschutz. Unter deutschem Recht entfaltet eine Todeserklärung die Wirkungen eines Nachlasszeugnisses in Gestalt des Erbscheins (§ 2370(1) dt. BGB).²⁵⁵ Wer also weder wusste, dass der für tot Erklärte noch lebte (fahrlässige Unkenntnis schadet nicht), noch, dass die Todeserklärung aufgehoben war, wird so behandelt, als habe er mit einem wirklichen Erben kontrahiert. Infolgedessen findet auch § 816(1) Satz 2 dt. BGB keine Anwendung, der dem für tot Erklärten unter allgemeinem Bereicherungsrecht eine Durchgriffskondiktion wenigstens gegen einen Dritten geben würde, der durch die Verfügung des Quasierben etwas unentgeltlich erlangt hat. Art. 2.32 (3) lit. ZGB entscheidet (wenigstens) diesen Interessenkonflikt zugunsten der irrtümlich für tot erklärten Person. Auch Art. 54(1) Satz 2 rumän. CC schützt nur entgeltliche Erwerbsgeschäfte eines gutgläubigen Dritten. Der Herausgabeanspruch unter Art. 50 gr. ZGB richtet sich zwar auch gegen diejenigen, welche von dem vermeintlichen Erben oder Vermächtnisnehmer etwas durch Vertrag erworben haben²⁵⁶, doch bleiben unter Art. 779 gr. ZPO auch nach der Aufhebung der Verschollenheitserklärung die Rechte intakt, welche Dritte in gutem Glauben erworben haben. Ebenso verhält es sich unter § 12(2) schwed. Lag om dödförklaring und § 1109(d) tschech. BGB.

Die Nähe des **englischen Rechts** zu diesen Grundsätzen erschließt sich erst auf den zweiten Blick. Der Ausgangspunkt lautet, dass Todeserklärungen Wirkung *erga omnes* entfalten, und zwar auch im Hinblick auf „the acquisition of an interest in any property" (sec. 3(2)(a) Presumption of Death Act 2013), auch wenn das Gericht im Einzelfall jede Entscheidung treffen kann, die es für angemessen hält (sec. 4(a)). Eine *variation order* (dazu gehört auch die Aufhebung – *revocation* – der Todeserklärung) lässt einen zwischenzeitlichen Eigentumserwerb grundsätzlich unberührt (sec. 6). Das Gericht ist aber wiederum befugt, jede Frage zu entscheiden, die sich auf ein *interest in property* bezieht und als Ergebnis der *variation order* auftaucht (sec. 7(1); nur zwischenzeitlich erwirtschaftetes Einkommen bleibt außer Betracht (sec. 7(5)) Das Gericht hat stets zu prüfen, ob es Vermögen, das inzwischen aus dem Nachlass

---

verpflichtet. Auf die Erbschaft finden die Vorschriften über die Erbschaftsklage Anwendung"); Art. 66 ital. CC („Kehrt eine für tot erklärte Person zurück oder wird deren Fortleben bewiesen, so erlangt sie das Vermögen in dem Zustand wieder, in dem es sich befindet, und hat Anspruch auf den für die veräußerten Güter noch geschuldeten Preis oder auf die damit angeschafften Güter"); Art. 380 lett. ZGB (Fn. 250); § 24 österr. TEG (die Einantwortung in den Besitz ist nichtig, weshalb der vermeintliche Erblasser einen Rückerstattungsanspruch gegen den vermeintlichen Erben hat, der wie ein redlicher Besitzer behandelt wird: Schwimann und Kodek [-*Posch*], § 24 TEG, Rdnr. 2); Art. 119(1) port. CC („Kehrt der Abwesende zurück oder gibt es Nachrichten von ihm, so ist ihm das Vermögen in dem Zustand zurückzugeben, in dem es sich befindet, und zwar mit dem Preis der verkauften Güter oder mit den unmittelbar übertragenen Gütern sowie mit den zum Preis des verkauften Vermögens erworbenen Gütern, wenn in der Erwerbsurkunde ausdrücklich die Herkunft des Geldes angegeben ist"); Art. 54(1) Satz 1 rumän. CC („Der für tot Erklärte kann nach Zulassung der Nichtigkeitsklage die Naturalherstellung seiner Vermögensgegenstände verlangen und, wenn das nicht möglich ist, Schadenersatz"); § 12 schwed. Lag om dödförklaring; § 191(2) tschech. Gesetz über besondere Gerichtsverfahren (das Gericht leitet Maßnahmen ein, die zur Erneuerung der Rechte und Pflichten des Betroffenen führen).

²⁵³ Schweden erstreckt den Herausgabeanspruch gegen den vermeintlichen Erben auf die Erträge (§ 12(1) Lag om dödförklaring). Unter deutschem Recht sind die Nutzungen (und damit auch die Früchte: § 100 dt. BGB) herauszugeben (§ 2020 dt. BGB); sie werden aber mit den jeweils ersatzfähigen Verwendungen verrechnet.

²⁵⁴ Carvalho Fernandes und Brandão Proença (-*Martins Pereira*), Comentário ao Código Civil I, Anm. 3.II zu Art. 119, S. 262.

²⁵⁵ Siehe schon oben Rdnr. 227.

²⁵⁶ Areopag in Kammer 569/1962, NoB 11 (1963) S. 331; Berufungsgericht Athen 867/1958, Isokrates Datenbak. Anders allerdings noch Areopag 346/1962, NoB 10 (1962) S. 1115. Die Ansprüche des für verschollen Erklärten verjähren, wenn er noch lebt, nicht, bevor er erfährt, dass er für verschollen erklärt wurde und seitdem noch kein Jahr verstrichen ist (Art. 1883(2) gr. ZGB).

abgeflossen ist, neu zuweist (sec. 7(2) a. a. O.), Letzteres freilich grundsätzlich nur dann, wenn die Todeserklärung nicht länger als fünf Jahre zurückliegt (sec. 7(3)). Bei seiner Ermessensentscheidung hat das Gericht unter secs. 7(4) und 8 auf eine Reihe von Kriterien Bedacht zu nehmen. Handelt es sich um noch *trust*gebundenes Vermögen, steht es einschließlich der Surrogate grundsätzlich der irrtümlich für tot gehaltenen Person zu (sec. 8(3) und (4)). Vor allem aber darf die Entscheidung unter sec. 7(2) PDA weder eine entgeltliche *good faith transaction,* noch *an interest in property acquired under such a transaction* in Frage stellen (sec. 7(6)(a) und (b)). Das Gesetz operiert mit so vielen Regeln, Ausnahmen und Gegenausnahmen, dass sich das Justizministerium zu dem ungewöhnlichen Schritt veranlasst gesehen hat, „erklärende" (aber unverbindliche) und mit hypothetischen Fallbeispielen angereicherte „Anmerkungen" zu veröffentlichen.[257]

4. Kommorienten

Obwohl Art. 1(2)(c) EuErbVO „Fragen betreffend die Verschollenheit oder die Abwesenheit einer natürlichen Person oder die Todesvermutung" ausdrücklich aus dem Anwendungsbereich des europäischen Internationalen Erbrechts ausblendet, findet sich in Art. 32 a. a. O. eine Regel über „Kommorienten": „Sterben zwei oder mehr Personen, deren jeweilige Rechtsnachfolge von Todes wegen verschiedenen Rechten unterliegt, unter Umständen, unter denen die Reihenfolge ihres Todes ungewiss ist, und regeln diese Rechte diesen Sachverhalt unterschiedlich oder gar nicht, so hat keine der verstorbenen Personen Anspruch auf den Nachlass des oder der anderen". Man hat es hier mit einer Sach-, nicht mit einer Kollisionsnorm zu tun, und zwar einer Sachnorm, die ihrem Wortlaut nach nicht von einer Todesvermutung, sondern von dem Ausschluss eines Erbrechts handelt. Die Artt. 1(2)(c) und Art. 32 EuErbVO widersprechen sich mithin nicht. Inhaltlich handelt es sich gleichwohl darum, die praktisch wichtigste Folge einer spezifischen Todesvermutung zu fixieren: der Vermutung, dass Personen, deren relative Todeszeitpunkte nicht aufgeklärt werden können, gleichzeitig verstorben sind. Denn wenn sie gleichzeitig verstorben sind, können sie einander nicht beerben. Und wenn sie einander nicht beerben können, dann beruht das auf der (in Art. 32 a. a. O. unausgesprochen gebliebenen) Annahme, dass sie gleichzeitig verstorben sind. Es gibt keinen anderen Grund für diese Regelung. Die Reihenfolge des Todes der Betroffenen ist nicht mehr „ungewiss", wenn die Vermutung der Gleichzeitigkeit widerlegt wird. 234

Art. 32 EuErbVO setzt tatbestandlich freilich einen internationalen Sachverhalt voraus. Die Rechtsnachfolge von Todes wegen muss unter den sonstigen Vorschriften der EuErbVO verschiedenen Rechtsordnungen unterliegen, und sie müssen den Sachverhalt unterschiedlich oder gar nicht regeln. Handelt es sich bei den verwiesenen um innereuropäische Rechtsordnungen, kommt beides nur noch selten vor.[258] Die meisten „regeln" den Sachverhalt nicht nur. Sie regeln ihn vielmehr auch „gleich" und streben schon von sich aus dieselbe Lösung an wie die EuErbVO. Dass sie Raum lässt für autonomes Recht, hängt natürlich damit zusammen, dass ihm die reinen Inlandssachverhalte verbleiben, außerdem damit, dass die EuErbVO zu Todeserklärungen schweigt, und schließlich damit, dass der 235

---

[257] Ministry of Justice, Explanatory Notes to the Presumption of Death Act 2013 (H. M. S.O. London 2013).
[258] Gesetzliche Vorschriften zu Kommorienten fehlen in Lettland und Litauen. Art. 725-1 franz CC („Lorsque deux personnes, dont l'une avait vocation à succéder à l'autre, périssent dans un même événement, l'ordre des décès est établi par tous moyens") sieht lediglich vor, dass die Rechtsnachfolge mit „allen Mitteln" bewiesen und festgelegt werden kann. Auch Frankreich kennt also, genau genommen, keine „Regelung des Sachverhalts" i. S. v. Art. 32 EuErbVO (zur Entwicklung des französischen Rechts schon oben Rdnr. 13 mit Fn. 46). Die traditionelle Lösung des französischen Rechts, wonach vermutet wird, dass der Jüngere den Älteren überlebt habe, findet sich allerdings noch in Art. 10a bulgar. Erbschaftsgesetz („Wenn mehrere Personen verstorben sind und die Reihenfolge des Todes jedes Einzelnen nicht festgestellt werden kann, so gilt der Ältere als früher verstorben als der Jüngere"). Auf eine „unterschiedliche Regelung des Sachverhalts" trifft man vor allem in bestimmten Bereichen des englischen Rechts der Intestaterbfolge, zwar nicht in Bezug auf Ehegatten, aber doch in Bezug auf andere Erbberechtigte, für die nach wie vor die Vermutung gilt, dass die jüngere die ältere Person überlebt habe (auch dazu Rdnr. 13 mit Fn. 46).

zumeist personenrechtliche Ansatz der autonomen Rechte gegenständlich weiter reicht als der erbrechtliche des Unionsprivatrechts. Kommorientenvermutungen betreffen nicht nur die gegenseitigen Erbrechte der Verstorbenen, sondern wirken sich auch auf die Erbportionen anderer Erben aus. Zudem können Kommorientenvermutungen auch im ehelichen Güterrecht (kein Zugewinnausgleich) und im Vertragsrecht eine Rolle spielen. Das ist deshalb denkbar, weil zwar der Tod eines Menschen die Wirksamkeit einer von ihm bereits abgegebenen Willenserklärung nicht mehr berührt (z. B. § 130(2) dt. BGB), ein Toter aber kein Angebot und keine Leistung mehr annehmen kann, also z. B. auch nicht die Schenkung einer ihm zugedachten Forderung aus einer Lebensversicherung. Verfehlt wäre es dagegen, eine Kommorientenvermutung bis in das Deliktsrecht ausstrahlen zu lassen. Man denke etwa an zwei Personen, die aufeinander geschossen und sich getötet haben, von denen aber nicht klar ist, wer von ihnen als erster starb („High Noon"). Realistischer ist ein Selbstmordattentat, durch das Opfer und Täter in unaufklärbarer zeitlicher Reihenfolge zu Tode kommen, etwa infolge der Explosion einer sog. „Autobombe". Auch in solchen Fällen ist personenrechtlich von einem gleichzeitigen Versterben auszugehen, aber das wirkt sich auf die Haftung nicht aus. Haftungsrechtlich geben der Zeitpunkt der unerlaubten Handlung und der Umstand den Ausschlag, dass sie den Tod eines anderen verursacht hat. Dass dieser Tod erst zu einem Zeitpunkt eintritt, in dem der Täter nicht mehr lebte, macht keinen Unterschied.[259] Dann kann es auch keinen Unterschied machen, dass Täter und Opfer gleichzeitig verstarben, oder anders formuliert: Dass sich ein Täter selbst zum Opfer macht, ändert nichts daran, dass er einen Menschen getötet hat. Dessen Erben gehen also ihres Schadensersatzanspruchs gegen die Erben des Täters nicht verlustig.

236 Die in Art. 32 EuErbVO für die dort geregelten Situationen implizit vorausgesetzte widerlegliche Vermutung[260] des gleichzeitigen Versterbens ist, wie gesagt, die Regel, die die allermeisten europäischen Rechtsordnungen schon von sich aus akzeptieren. Dazu gehören u. a. Belgien, Dänemark, Deutschland, Estland, Finnland, Griechenland, Italien, Luxemburg, die Niederlande, Österreich, Polen, Portugal, Rumänien, Spanien, Schweden, Tschechien und Ungarn.[261] Die Standorte der einschlägigen Vorschriften variieren. Vor-

---

[259] BGH 7.6.1991, NJW 1991 S. 2558, 2559 (unter § 1967(2) dt. BGB sind „Erblasserschulden auch die erst in der Person des Erben entstehenden Verbindlichkeiten, die als solche schon dem Erblasser entstanden wären, wenn er nicht vor Eintritt der zu ihrer Entstehung nötigen weiteren Voraussetzung verstorben wäre").

[260] In Italien nennt man eine solche Vermutung eine Vermutung *iuris tantum* (zur *presunzione di commorienza* z. B. *Torrente und Schlesinger*, Manuale di diritto privato[24], S. 91). Ein Beispiel für die Anforderungen an den Gegenbeweis findet man in Deutschland für OLG Köln 24.2.1992, NJW-RR 1992 S. 1480. Ein Ehepaar war ermordet worden. Der Hirntod des Mannes war mit einer Wahrscheinlichkeit von 95 % zwischen 21:00 und 2:30h eingetreten, der Hirntod der Frau mit derselben Wahrscheinlichkeit zwischen 22:15 und 3:45h. Der gerichtsmedizinische Sachverständige hatte gemeint, es könnten keine vernünftigen Zweifel daran bestehen, dass der Ehemann zuerst verstorben sei, auch wenn aufgrund der medizinischen Totenbegutachtung keine sichere Schlussfolgerung auf die Reihenfolge der Tode möglich sei. Das genügte dem Gericht zur Widerlegung der Kommorientenvermutung nicht.

[261] Art. 721 belg. CC und Art. 720 luxemb. CC („Wenn die Reihenfolge, in der zwei oder mehrere Personen gestorben sind, nicht bestimmt werden kann, wird davon ausgegangen, dass diese Personen gleichzeitig gestorben sind"); § 11 dt. VerschG und § 11 österr. TEG („Kann nicht bewiesen werden, dass von mehreren gestorbenen oder für tot erklärten Menschen der eine den anderen überlebt hat, so wird vermutet, dass sie gleichzeitig gestorben sind"); § 20(4) estn. ZGB AT („If several persons go missing under the circumstances specified in subsection 19(3) of this Act and the actual time of their death cannot be determined, they are deemed to have died at the same time"); Art. 38 gr. ZGB („Sind mehrere Personen gestorben und kann nicht bewiesen werden, dass die eine die andere überlebt habe, so wird vermutet, dass alle gleichzeitig gestorben sind"); Art. 4 ital. CC („Hängt eine rechtliche Wirkung davon ab, dass eine Person eine andere überlebt, und steht nicht fest, welche als erste gestorben ist, so gelten sie als gleichzeitig gestorben"); Art. 32 poln. ZGB („Sind mehrere Personen bei einer ihnen gemeinsam drohenden Lebensgefahr ums Leben gekommen, so wird vermutet, dass sie gleichzeitig gestorben sind"); Art. 68(2) port. CC („Hängt eine bestimmte rechtliche Wirkung davon ab, dass eine Person eine andere überlebt, wird im Zweifel vermutet, dass die eine und die andere zur gleichen Zeit verstorben sind"); Art. 33 span. CC („Bestehen Zweifel darüber, wer von zwei oder mehr Personen, die [alternativ] als Erben berufen werden, als erster gestorben ist, so muss derjenige, der sich auf den früheren Tod des einen oder des anderen beruft, hierüber Beweis führen; wenn kein Beweis vorliegt, wird angenommen, dass sie

zugswürdig ist es, sie im allgemeinen Personen- statt im Erbrecht zu platzieren, auch wenn sich der Unterschied praktisch nicht auszuwirken scheint. Eine kleinere Zahl von Rechtsordnungen, darunter die polnische, hält daran fest, dass die Betroffenen in **„gemeinsamer Gefahr"** ums Leben gekommen sein müssen[262]; die Mehrzahl verzichtet jedoch auf dieses Erfordernis. Rechtspolitisch erscheint das richtig, weil andernfalls eine unnötige Regelungslücke entsteht, die sich unter den allgemeinen Beweislastgrundsätzen nicht zufriedenstellend schließen lässt. Es wird zwar rein tatsächlich zumeist um Todesfälle nach einem Unfall, einer Naturkatastrophe oder einem sonstigen Gewaltereignis gehen, aber eine bessere Regel als die der Vermutung des gleichzeitigen Todes ist auch dort nicht in Sicht, wo die Reihenfolge des Todes zweier oder mehrerer Menschen aus anderen Gründen ungewiss ist.[263] Eine Entscheidung nach allgemeinen Beweislastgrundsätzen würde vollkommen inadäquate Resultate provozieren. Nicht nur würde z. B. ein Stiefkind, das die Reihenfolge des Todes seines Vaters und dessen an einem anderen Ort verstorbener zweiter Ehefrau nicht beweisen kann, nicht nur nichts aus dem Nachlass der Stiefmutter erhalten. Es könnte auch nicht auf die Erbquote zugreifen, die ihm zustünde, wenn sein Vater im Zeitpunkt seines Todes unverheiratet gewesen wäre. Denn das Kind kann nicht beweisen, dass sein Anteil nicht durch das Erbrecht seiner Stiefmutter verringert wurde. Aber auch die Eltern der Stiefmutter könnten nicht beweisen, dass ihre Tochter erst nach ihrem Mann (dem Schwiegersohn) verstorben ist. Folglich könnten sie nur den um den Anteil des Mannes verringerten eigenen Anteil geltend machen. Die Erbquoten der Beteiligten blieben unklar, und es droht die Entstehung von erblosem Nachlassvermögen in Gestalt der Erbportionen, die den Ehegatten zustehen. Das wäre keine sinnvolle Lösung. Art. 32 EuErbVO hat deshalb gut daran getan, auf das Kriterium der „gemeinsamen Gefahr" zu verzichten. Man liest es am besten als ein rein deskriptives Tatbestandsmerkmal, das nur die wichtigsten Situationen beschreibt, aber neben der Vermutung des gleichzeitigen Versterbens keinen eigenständigen normativen Gehalt hat.

Die Vermutung des gemeinsamen Sterbens betrifft vorwiegend Fälle, in denen nur der genaue Todeszeitpunkt, nicht aber der Tod der Beteiligten ungewiss ist. Es spricht aber nichts dagegen, die Vermutung des gemeinsamen Versterbens auch in Situationen anzuwenden, in denen nur der Tod eines Beteiligten (dessen Leiche gefunden wurde) gewiss, der Tod des anderen (dessen Leiche nicht gefunden wurde) aber nur hochwahrscheinlich ist, so dass er für tot erklärt wurde. Jedenfalls dann, wenn sich der **sichere und der vermutete Tod** in sich überlappenden Zeitspannen zugetragen haben, und wenn auch der sichere Tod zeitlich nicht präziser fixiert werden kann, bleibt Raum für die allgemeine Kommorientenvermutung. Der deutsche Bundesgerichtshof hat sie sogar in einem Fall

237

---

zur selben Zeit gestorben sind, und eine Übertragung der Rechte des einen auf den anderen findet nicht statt"); § 27 tschech. BGB („Hängt eine Rechtsfolge von der Tatsache ab, dass ein bestimmter Mensch einen anderen Menschen überlebt hat, und ist es nicht sicher, welcher von ihnen als erster gestorben ist, so wird vermutet, dass alle zu derselben Zeit gestorben sind"); § 7:4(1) ungar. ZGB („Aus der Erbfolge fällt weg, wer den Erblasser nicht überlebt. Die bei einem gemeinsamen Unfall oder in einer anderen ähnlichen gemeinsamen Gefahrensituation verstorbenen Personen sind hinsichtlich der Erbschaft voneinander unabhängig von der Reihenfolge des Todeseintritts als weggefallen zu betrachten").

[262] Siehe zu Art. 32 poln. ZGB (vorige Fn.) Pietrzykowski (-*Pazdan*), Kodeks cywilny[10], Art. 32 Rdnrn. 1–2; Załucki (-*Załucki*), Kodeks cywilny[2], Art. 32 Rdnr. 3 und Osajda (-*Sobolewski*), Kodeks cywilny[27], Art. 32 Rdnr 2 (die Personen müssten gestorben sein, während die Gefahr noch andauerte, also z. B. nicht später im Krankenhaus; es müsse ein zeitlicher und örtlicher Zusammenhang zu einer Lebensgefahr bestehen, der beide Personen ausgesetzt waren). Auch § 20(4) estn. ZGB AT scheint infolge des Verweises auf § 19(3) a. a. O. (Verschwinden in Lebensgefahr) demselben Ansatz zu folgen. Zu Ungarn siehe Fn. 261.

[263] Auch in Griechenland steht das Merkmal der „gemeinsamen Gefahr" nicht im Gesetz; Art. 38 gr. ZGB ist deshalb, wie die Lehre betont, auch in anderen Fällen anwendbar (*Triantos*, AK, Art. 38 gr. ZGB Rdnr. 1). Areopag 454/1968, NoB 16 (1968) S. 1145 hält fest, dass der Richter im Zweifel zu dem Ergebnis gelangen muss, dass die Betroffenen gleichzeitig verstorben sind. Tatsächlich scheint es die Rechtsprechung bislang aber nur mit Situationen gemeinsamer Gefahr zu tun gehabt zu haben (z. B. Berufungsgericht Piräus 1150/1979, END 1980 S. 246: Schiffbruch).

angewandt, in dem mehrere Todeserklärungen aufeinandertrafen und in dem die in ihnen festgelegten Todesdaten ohne Bezug zur Wirklichkeit auf reiner Rechtsanwendung beruhten.

BGH 7.2.1974 betraf die Ermordung der jüdischen Eltern und der Schwester des Klägers in deutschen Konzentrationslagern.[264] Die Eltern waren 1942 deportiert und nach dem Krieg für tot erklärt worden; das Todesdatum wurde auf den 31.12.1945 festgelegt. Die Schwester des Klägers war 1943 deportiert worden; ihr Todeszeitpunkt war (korrekt, aber unter anderen Vorschriften) auf den 8.5.1945 festgelegt worden. Der Kläger verlangte unter dem Bundesgesetz zur Entschädigung für Opfer der nationalsozialistischen Verfolgung (BEG) Entschädigung wegen der der Schwester angetanen Freiheitsberaubung, was aber unter § 46(2) dt. BEG nur möglich war, wenn zunächst die Eltern und dann der Kläger diesen Entschädigungsanspruch geerbt hätten. Dazu musste feststehen, dass die Eltern die Tochter überlebt hatten. Nach den Daten der Todeserklärungen war das der Fall. Der BGH lehnte den Anspruch gleichwohl ab. Es handele sich um zufällige Ergebnisse; materiell sei von § 11 dt. VerschG auszugehen und damit davon, dass die Eltern und die Schwester gleichzeitig verstorben waren. Der Kläger habe seine Schwester unmittelbar beerbt. Deshalb stehe ihm der Anspruch nicht zu. OLG Celle 4.10.2011 betraf einen Bootsunfall in einem Küstengewässer der Ostsee.[265] Ein Ehepaar war am 21.5.2009 abends mit einem selbstgebauten Motorboot gekentert. Der Unfall wurde um 20:08 Uhr auf einem Frachtschiff wahrgenommen. Der mitfahrende Lotse sah, dass der Ehemann aus der Kabine kletterte und sich an dem Boot festhielt. Die Besatzung eines vorbeifahrenden Tankers hatte ihn dort um 20:15, der Lotse hatte ihn kurz vorher im Wasser schwimmend gesehen. Für die Zeit nach 20:15 gab es keine weiteren Zeugen; eine Suchaktion mit mehreren Schiffen und Helikoptern blieb erfolglos. Die Leiche des Mannes wurde am 31.5.2009 ans Ufer gespült. Im Sterberegister wurde vermerkt, dass er an diesem Tag tot aufgefunden wurde. Die Ehefrau ist im Innenraum des Bootes, um 20:38 h von einem Rettungsboot kieloben gefunden wurde, ertrunken; zu welchem Zeitpunkt genau, ließ sich aber nicht mehr klären, weil die Rettungskräfte den Innenraum des Bootes, dessen Kiel nur noch 10 cm aus dem Wasser ragte, vor Ort nicht einsehen konnten. Das Boot wurde kieloben in den nächsten Hafen geschleppt, wo um 3:00 h ein Loch in die Kajütenwand geschlagen und um 3.02 h die Leiche der Frau geborgen wurde. Das Sterberegister vermerkte, dass sie zwischen dem 21.5.2009 um 20:38 h und dem 22.5.2009 um 3:02 h gestorben sei. Die Eltern der Ehefrau und der Sohn des Ehemannes aus erster Ehe streiten um die Höhe ihrer Erbanteile. Wäre die Frau zuerst gestorben, hätte ihr Mann sie (je nach Güterstand wohl zu ½) beerbt, und sein Sohn wäre sein Alleinerbe geworden. Bei umgekehrter Todesreihenfolge wäre die Hälfte des Vermögens des Mannes über die Tochter an deren Eltern gefallen. Außerdem ging es um eine Lebensversicherung der Frau, aus der ihr Mann im Falle ihres Vorversterbens bezugsberechtigt gewesen wäre. Im Zusammenhang mit (hier nicht weiter relevanten) verfahrensrechtlichen Fragen wies das Gericht darauf hin, dass man es mit einem Fall des gemeinsamen und damit gleichzeitigen Versterbens zu tun habe. Der Ehemann wurde nach 20:15 h nicht mehr gesehen; ob er um 20:38 h noch lebte, sei ungewiss. Ungewiss sei aber auch, ab welchem Zeitpunkt ein Überleben in dem gefluteten Innenraum des Bootes ausgeschlossen werden könne. „Ein voller Beweis für eine bestimmte Todesreihenfolge dürfte sich ... nach dem bisherigen Sachstand nicht führen lassen". Denn es sei auch nicht sicher, dass der Mann am 22.5.2009 um 3.02 h bereits verstorben war. Die Anwendung des § 11 dt. VerschG setze nicht voraus, dass Anfang und Ende des im Sterberegister zu beurkundenden Todeszeitraumes bei allen Personen identisch sind. Vielmehr liege ein „gleichzeitiges" Versterben i. S. dieser Vorschrift auch dann noch vor, wenn lediglich Zeiträume festgestellt werden können, innerhalb derer der Tod der betroffenen Personen mit Sicherheit eingetreten sein muss und sich diese Zeiträume – und sei es auch nur geringfügig – überlappten.[266]

5. Abwesenheit

a. Gerichtliche Feststellung der vermuteten Abwesenheit

238 Das nachrichtenlose Verschwinden einer Person kann es erforderlich machen, ihr Vermögen zu verwalten und zu schützen, ganz gleich, ob es später zu der Erklärung ihres vermuteten Todes kommt oder nicht. Denn selbst wenn eine Todeserklärung nachfolgt,

---

[264] BGH 7.2.1974, BGHZ 62 S. 112.
[265] NJOZ 2011 S. 2073; BeckRS 2011, 24576. Siehe schon oben Fn. 82.
[266] Jeweils a. a. O. S. 2075.

sind bis dahin oft beträchtliche Fristen abzuwarten.[267] Das Vermögen einer verschwundenen Person kann aber nur durch jemanden verwaltet werden, der die dazu erforderliche Vertretungsmacht besitzt. Wenn sie weder auf Gesetz noch auf einer rechtsgeschäftlich erteilten Vollmacht beruht, muss sie durch eine gerichtliche Entscheidung herbeigeführt werden.[268] Ob diese Entscheidung noch zu den Instrumenten des Personenrechts gehört, hängt davon ab, ob sie *nur* zur Folge hat, die von dem Vermissten hinterlassene Habe bis auf Weiteres der Verwaltung durch einen anderen anzuvertrauen, oder ob ihr auch noch weitere Aufgaben beigemessen werden, darunter die, die Frist abzukürzen, die andernfalls bis zu einer Todeserklärung abzuwarten wäre. In diesem Fall wohnt der Entscheidung zumindest mittelbar auch ein rechtsfähigkeitsrechtlicher Effekt inne. Man hat es mit einer besonderen Form der **Abwesenheitserklärung** zu tun. Auch dieser Ausdruck will allerdings wieder mit Bedacht benutzt sein. Denn das Wort „Abwesenheitserklärung" ist ebenso mehrdeutig wie das Wort „Verschollenheitserklärung". Das **französische und das belgische Recht** unterscheiden, wie dargelegt, zwischen der Feststellung der Vermutung der Abwesenheit einer Person (der *constatation* oder *déclaration de présomption d'absence*) und der Feststellung ihrer Abwesenheit (der *déclaration d'absence*).[269] Im ersten Fall fehlt ein besonderer Grund, den Tod einer Person zu vermuten; sie ist lediglich nicht anwesend, *non-présent*.[270] Im zweiten Fall ist ihr Tod dagegen wahrscheinlich. Die Abwesenheitsfeststellung ist in der Sache also eine Erklärung des vermuteten Todes. Sie entspricht damit der Todeserklärung der meisten übrigen europäischen Rechtsordnungen. Sie nimmt aber auch die Aufgaben der „Verschollenheitserklärung" (Keryxe Aphaneias) des griechischen Rechts wahr. Denn auch mit Letzterer geht eine widerlegliche Todesvermutung einher (Artt. 40 und 48 gr. ZGB).[271]

Die Erklärung der *vermuteten* Abwesenheit (nicht: die Erklärung der Abwesenheit) ist ein Instrument, das in Europa nur vergleichsweise selten zum Einsatz kommt. Primär geht es (wie bei einer Abwesenheitspflegschaft des deutschen Rechts: § 1911 dt. BGB, § 1884 n.F.) darum, einen oder mehrere Verwalter für das Vermögen der verschwundenen, aber noch als lebend angesehenen Person einzusetzen (Art. 113 franz. CC). Zugleich reduziert die Erklärung aber auch die Wartefrist für die Abwesenheitsfeststellung (die Todeserklärung), nämlich von zwanzig auf zehn Jahre (Art. 122 franz. CC). Der Erklärung der vermuteten Abwesenheit ähnelt also erst die **Verschollenheitserklärung** *(prohlášení za nezvěstného)* des **tschechischen Rechts.** Unter § 66(1) tschech. BGB kann das Gericht „einen geschäftsfähigen Menschen für verschollen erklären, wenn dieser seinen Wohnsitz verlassen hat, von sich keine Nachricht gegeben hat und sein Aufenthaltsort unbekannt ist". Unter § 74(1) tschech. BGB kann, wer unter diesen Umständen „verschollen ist, jedoch nicht für verschollen erklärt wurde, ... frühestens nach Ablauf von sieben Jahren nach Ende des Jahres für tot erklärt werden, in dem die letzte Nachricht erschienen ist, der man entnehmen kann, dass er noch am Leben war". Ist eine Verschollenheitserklärung ergangen, verkürzt sich die Wartefrist auf fünf Jahre (§ 73 Satz 1 tschech. BGB). Die Verschollenheitserklärung bewirkt ferner, dass Mehrheitsentscheidungen (z. B. in der Versammlung von Wohnungseigentümern) nicht in Frage gestellt werden; für ihre Zwecke wird der Verschollene als nicht existent betrachtet (§§ 67(1) i. V. m. 1132 a. a. O.). Im Übrigen kann eine für verschollen erklärte Person nicht mit der Begründung die Nichtigkeit eines während ihrer Abwesenheit vorgenommenen Geschäfts geltend machen, dass zu ihm ihre Zustimmung erforderlich gewesen wäre (§ 69 a. a. O.). Die Todeserklärung selbst bleibt aber auch

239

---
[267] Vorher Rdnrn. 221–226.
[268] Unten Rdnr. 240.
[269] Oben Rdnr. 206.
[270] Oben Rdnr. 217.
[271] Das gleicht Art. 38 des schweizerischen ZGB, der hier Pate gestanden haben dürfte („(1) Läuft während der angesetzten Zeit keine Meldung ein, so wird der Verschwundene oder Abwesende für verschollen erklärt, und es können die aus seinem Tode abgeleiteten Rechte geltend gemacht werden, wie wenn der Tod bewiesen wäre. (2) Die Wirkung der Verschollenerklärung wird auf den Zeitpunkt der Todesgefahr oder der letzten Nachricht zurückbezogen. (3) Die Verschollenerklärung löst die Ehe auf").

möglich, wenn es nicht zu einer vorherigen Feststellung der (vermuteten) Abwesenheit bzw. der „Verschollenheit" gekommen ist. Das ist auch in Litauen nicht anders (Artt. 2.28 (1), 2.31(3) lit. ZGB). Die *dichiarazione di assenza,* die amtlich gleichfalls mit „Verschollenheitserklärung" übersetzte Erklärung der Vermutung der Abwesenheit italienischen Rechts, kann nach Ablauf von zwei Jahren nach Eingang der letzten Nachricht erlassen werden (Art. 48 ital. CC). Allerdings werden unter Art. 49 a. a. O. die Erben bereits in den einstweiligen Besitz eingewiesen. Sie erlangen dadurch Vertretungsmacht, und sie dürfen, wenn es sich um nahe Angehörige handelt, die Früchte und sonstigen Nutzungen behalten (Artt. 52(2), 53, 56(4) ital. CC). Darin liegt die personenrechtliche Komponente dieser Regelung. Auf das Recht der Todeserklärung wirkt sich die Verschollenheitserklärung dagegen (anders als in Frankreich) nicht aus (Art. 58(3) a. a. O.). Die Wartefrist beträgt schon der Grundregel nach „nur" zehn Jahre.[272]

240 Das **spanische Recht** der *declaración de ausencia legal* (der Erklärung der legalen Abwesenheit) zielt gleichfalls auf die Vertretung einer für verschwunden erklärten Person; dem Vertreter obliegt neben der Vermögensverwaltung ausdrücklich auch „die Suche nach dem für abwesend Erklärten" (Art. 184 span. CC i. V. m. Art. 71 span. LJV). Die Erklärung der legalen Abwesenheit ergeht in einem separaten Verfahren, das gewissermaßen „zwischen" der Bestellung eines bloßen „Beistands für den Verschwundenen" (*defensa del desaparecido,* Art. 181 span. CC[273]) und der Todeserklärung (*declaración de fallecimiento,* Art. 193 span. CC) steht.[274] Letztere beendet den Zustand der legalen Abwesenheit (Art. 195 span. CC). Die *defensa del desaparecido* ähnelt der Amtspflegschaft des deutschen Rechts. Weder muss seit dem Verschwinden ein bestimmter Zeitraum verstrichen sein, noch stehen Zweifel an dem Fortleben der abwesenden Person im Raum.[275] Es geht allein um den vorläufigen Schutz des von ihr verlassenen Vermögens.[276] Die *declaración de ausencia legal* (Artt. 182–192 span. CC) wird dagegen im Zivilregister verlautbart (Art. 78 span. LRC). Sie ergeht nur auf Antrag (Art. 182 a. a. O.). Im Sinne dieses Regimes ist „abwesend", wer „nicht anwesend" ist, von wem man nichts mehr hört und den die Familienangehörigen und Geschäftspartner nicht erreichen können. Das zentrale Kriterium ist die Unmöglichkeit der Kontaktaufnahme. Sie begründet Fortlebenszweifel, wenn seit dem Verschwinden bzw. seit dem Eingang der letzten Nachricht ein Jahr vergangen ist und der Verschwundene keinen Vertreter bestellt hat, andernfalls nach Ablauf von drei Jahren (Art. 183 span. CC). Dann ergeht die Erklärung der legalen Abwesenheit. Sobald sie im Zivilstandsregister eingetragen ist, erlöschen kraft Gesetzes alle allgemeinen oder besonderen Aufträge, die der Abwesende noch erteilt hatte (Art. 183 a. E. span. CC). Seine eigene Handlungsfähigkeit bleibt aber

---

[272] Oben Rdnr. 224.
[273] „In jedem Falle, in dem eine Person von ihrem Wohnsitz oder vom Ort ihres letzten Aufenthalts ohne weitere Nachrichten dort verschwunden ist, kann der Justizsekretär auf Antrag eines Beteiligten oder der Staatsanwaltschaft einen Pfleger bestellen, der den Verschollenen *(desaparecido)* vor Gericht oder in solchen Angelegenheiten unterstützt und vertritt, die eine Verzögerung nur unter schweren Nachteilen zulassen. Ausgenommen sind die Fälle, in denen die Person gesetzlich oder gemäß Art. 183 rechtsgeschäftlich vertreten ist. Der anwesende Ehegatte, der volljährig und nicht gesetzlich getrennt ist, ist der Vertreter und Pfleger des Verschollenen von Amts wegen; in Ermangelung eines solchen ist es der nächste Verwandte bis zum vierten Grad, der auch volljährig ist. Wenn keine Verwandten vorhanden sind, diese nicht anwesend sind oder wenn offenkundige Dringlichkeit gegeben ist, ernennt der Justizsekretär nach vorheriger Anhörung der Staatsanwaltschaft eine kreditwürdige Person mit gutem Leumund. Ebenso kann er nach vernünftigem Ermessen die notwendigen Vorkehrungen zur Erhaltung des Vermögens treffen".
[274] Das Verwirrende ist, dass das Gesetz (in Buch I, Titel VIII: *De la ausencia*) alle drei Fälle unter die Überschrift *ausencia* stellt. Die terminologischen Ungenauigkeiten haben ihren Grund möglicherweise in dem vom Franco-Regime im Jahre 1939 verabschiedeten Ley de Ausencia, mit dem die Regierung auf die hohe Zahl der *desaparecidos* während des spanischen Bürgerkrieges reagierte. Das Gesetz führte zur Umarbeitung des Titels über die *ausencia* im span. CC und zur Distanzierung des spanischen vom französischen Recht (näher Domínguez Luelmo [-*Menéndez Mato*], Comentarios al Código Civil, S. 313, Anm. 1 zu Art. 181 mit der Überschrift *el régimen general de la ausencia*).
[275] TS 31.3.1959, RAJ 1959 Nr. 1527.
[276] Cobacho Gómez und Leciñena Ibarra (-*Sánchez Hernández*), Comentarios a la Ley del Registro Civil, S. 1054, Anm. zu Art. 74 LRC.

unberührt (Art. 188(2) span. CC[277]). Dem spanischen ähnelt das **portugiesische** System.[278] Sein Abwesenheitsregime umfasst die Bestellung einer vorläufigen (*curadoria provisória,* Artt. 89–98 port. CC) und einer endgültigen Pflegschaft (*curadoria definitiva,* Artt. 99–113 port. CC) sowie die Todeserklärung (*declaração de morte presumida,* Artt. 114–119 port. CC). Es handelt sich um drei voneinander unabhängige Maßnahmen, die nach dem Grad der Wahrscheinlichkeit gestaffelt sind, mit der der Abwesende zurückkehrt bzw. verstorben ist.[279] Wenn der Abwesende weder einen gesetzlichen Vertreter noch einen ausreichend Bevollmächtigten hinterlassen hat, kann ein Interessierter oder die Staatsanwaltschaft nach Ablauf von zwei (andernfalls fünf) Jahren „den Nachweis der Abwesenheit (*justificação da ausência*) verlangen" (Art. 99 port. CC). Mit ihm geht unter Art. 89 port. CC die Einrichtung einer Pflegschaft zur Verwaltung des Vermögens der verschwundenen Person einher. Die Feststellung des vermuteten Todes hängt aber nicht von der vorherigen Einrichtung einer (vorläufigen oder endgültigen) Pflegschaft ab (Art. 114(3) a. a. O.).

b. Sorge für das Vermögen verschwundener Personen

Völlig unabhängig davon, ob eine Rechtsordnung selbständige Abwesenheits- oder Verschollenheitserklärungen vorsieht (z. B. weder Deutschland und Lettland, noch Österreich und Polen), sind solche Treuhand- oder Pflegschaftsbestellungen unverzichtbar. Ohne sie könnte man nur auf das Recht der Geschäftsführung ohne Auftrag zurückgreifen, mit dem sich die Situation aber nicht adäquat bewältigen lässt. Denn es dient (i) nur den Interessen des Prinzipals (aber nicht den Interessen des Rechtsverkehrs), es setzt (ii) auf die Eigeninitiative des *gestors,* und es stattet ihn (iii) nicht einmal notwendig mit Vertretungsmacht aus.[280] **Pflegschaftsbestellungen für Abwesende** haben keinen personenrechtlichen Gehalt mehr. Weder schränken sie die rechtlichen Fähigkeiten des Abwesenden ein, noch verkürzen sie die Wartefristen bis zur Erklärung seines vermuteten Todes. Die Vertretungsmacht bleibt auf vermögensrechtliche Angelegenheit beschränkt und währt nur so lange, wie die Abwesenheit andauert; erfährt der Abwesende von der Pflegschaft, kann er jederzeit ihre Aufhebung beantragen. Unter § 1911(1) Satz 1 (§ 1884(1) Satz 1 n. F.) des **deutschen** BGB erhält ein „abwesender Volljähriger, dessen Aufenthalt unbekannt ist, ... für seine Vermögensangelegenheiten, soweit sie der Fürsorge bedürfen, einen Abwesenheitspfleger". Bei Minderjährigen ist das nicht erforderlich, weil sie ohnehin von ihren Eltern gesetzlich vertreten werden. Der Abwesende erhält einen Pfleger auch dann, wenn er (der Abwesende) zwar vorsorglich Aufträge und Vollmachten erteilt hat, sich die Umstände aber so verändert haben, dass Anlass zu einem Auftrags- bzw. Vollmachtswiderruf besteht (jeweils Satz 2 a. a. O.). Die Errichtung einer „Abwesenheits"pflegschaft ist – das ist ungewöhnlich – sogar möglich, wenn der Aufenthalt des Abwesenden bekannt ist, er aber an der Rückkehr und der Besorgung seiner Angelegenheiten verhindert ist (§ 1911(2), § 1884(2) n. F.). Der Begriff der Abwesenheit wird hier also in einem sehr breiten Sinn verwendet; er hat mit „Verschollenheit" nichts mehr zu tun. „Abwesend" in diesem Sinn kann sogar jemand sein, der sich an seinem Wohnsitz befindet, aber daran gehindert ist, an den Ort zu gelangen, an dem die Vermögensangelegenheit geregelt werden muss.[281] Das gilt allerdings nicht für Strafgefangene und auch nicht für Personen, denen die finanziellen Möglichkeiten fehlen zu verreisen.[282] Die Abwesenheitspflegschaft endet *ex lege* mit der Todeserklärung bzw. der Todesfeststellung (§ 1921(3) dt. BGB, § 1887(1) n. F.). Unter § 465 tschech. BGB

241

---

[277] „Erscheint ein Dritter, der mittels beweiskräftiger Urkunde (*documento fehaciente*) glaubhaft macht, dass er durch Kauf oder einen anderen Rechtsgrund Güter des Abwesenden erworben hat, so endet die Vertretung hinsichtlich dieser Güter, und sie sind dem rechtmäßigen Eigentümer zur Verfügung zu stellen". Näher *Lete del Río,* Derecho de la persona[4], S. 197.
[278] Siehe schon oben Fn. 95.
[279] *Mota Pinto,* Teoria geral do direito civil[4], S. 265.
[280] Eingehend *von Bar,* Benevolent Intervention in Another's Affairs, S. 300–306 (notes under Article 3:106).
[281] Palandt (-*Götz*), BGB[80], § 1911 Anm. 5; MünchKomm (-*Schneider*), BGB[8], § 1911 Rdnr. 5.
[282] KG 22.12.1987, FamRZ 1988 S. 877.

wird einem „Verschollenen" – auch einem nur „faktisch" Verschollenen (§ 74 a. a. O.)[283] – ein vertretungsberechtigter Betreuer bestellt. Die Rechte des Verwalters eines von dem Verschollenen noch eingerichteten Treuhandfonds bleiben davon aber unberührt (§ 70 a. a. O.).[284] Unter § 18(1) estn. ZGB AT bestellt das Gericht auf Antrag einer Person, die daran ein rechtliches Interesse hat, einen Vermögensverwalter, wenn das im Interesse des Abhängigen oder einer von ihm abhängigen Person ist. Das Gericht bestimmt den Umfang und die Grenzen seiner Vertretungsmacht; Geschäfte über dingliche Rechte an Immobilien muss das Gericht gesondert bewilligen (§ 18(3) a. a. O.). Die Verfügungsrechte des Verwalters und des Abwesenden schließen sich nicht gegenseitig aus (§ 18(4) a. a. O.). Zur Beendigung der Verwaltung bedarf es einer gerichtlichen Entscheidung (§ 18(5) a. a. O.). Der Verwalter wird durch sie dem Rückkehrer gegenüber auskunfts- und rechenschaftspflichtig (§ 18(6) a. a. O.).

242 **Lettland** hat ein aufwändiges Treuhandregime (*„Trusteeship for the Property of Absent or Missing Persons"*: Artt. 370–381 lett. ZGB) entwickelt. Es besteht aus Regeln, die teils an das Recht der Geschäftsführung ohne Auftrag und teils an das Recht der Abwesenheitspflegschaft anknüpfen. Unter Art. 370 lett. ZGB kann, wenn jemand seinen Wohnort verlässt und keinen Vermögensverwalter hinterlässt, das Vermögen von einem „nicht autorisierten Verwalter" betreut werden, also z. B. von einem Familienmitglied. Andernfalls bestellt das Gericht einen autorisierten Verwalter, mithin einen Treuhänder oder Pfleger (Art. 371 a. a. O.). Er muss ein Vermögensverzeichnis errichten und einmal jährlich dem Vormundschaftsgericht berichten (Art. 373 a. a. O.). Er kann im Namen des Abwesenden auch die Annahme einer Erbschaft erklären (Art. 374 a. a. O.). Die Verwaltung endet *ex lege* mit der Rückkehr der abwesenden Person, desgleichen mit der Erklärung bzw. der Feststellung ihres Todes (Art. 375 a. a. O.). Die Bestellung eines Treuhänders (eines Abwesenheitspflegers) bleibt ohne Auswirkung auf die zehnjährige Wartefrist für eine Todeserklärung, die, falls es keine Personen gibt, die an ihr ein rechtliches Interesse haben, auch von dem Treuhänder beantragt werden kann (Art. 377 a. a. O.).

243 Der **englische** Guardianship (Missing Persons) Act 2017 erlaubt es dem Gericht, eine Person mit einem *sufficient interest* an dem Vermögen *(property)* und an den finanziellen Angelegenheiten *(financial affairs)* eines anderen 90 Tage nach dessen Verschwinden (sec. 3 (2)(b) a. a. O.) zu seinem *guardian* (Pfleger) zu bestellen. Unter sec. 1 a. a. O. ist eine Person *missing,* wenn sie nicht an ihrem üblichen Aufenthaltsort oder an dem Ort ihrer üblichen täglichen Aktivitäten angetroffen werden kann, außerdem dann, wenn ihr gegenwärtiger Aufenthaltsort nicht oder nicht genau genug bekannt ist, um sie in vermögensrechtlichen Angelegenheiten zu kontaktieren. Es genügt auch, dass die Person entweder nicht in der Lage ist, Entscheidungen in Bezug auf ihre vermögensrechtlichen Angelegenheiten zu treffen, oder solche Entscheidungen zu dem Zweck ihrer Umsetzung mitzuteilen.[285] Der Grund dafür muss allerdings außerhalb der Kontrolle der vermissten Person liegen. Er darf außerdem nicht auf Krankheit, einer Verletzung oder auf einer *lack of capacity in relation to a matter* i. S. d. Mental Capacity Act 2005 beruhen. Die *guardianship order* dient auch den Interessen der Gläubiger, unter ihnen die Unterhaltsgläubiger der vermissten Person.[286] Der

---

[283] Lavický et. al (-*Čuhelová und Pondikasová*), Občanský zákoník I, S. 330. Mit einer nur „faktisch" verschollenen Person ist unter § 74 tschech. BGB eine Person gemeint, die ihren Wohnsitz verlassen hat, von sich keine Nachricht gegeben hat, deren Aufenthaltsort unbekannt ist und die seitdem verschollen ist, jedoch noch nicht für verschollen erklärt wurde.

[284] Näher zum Treuhandfonds tschechischen Rechts *von Bar,* Gemeineuropäisches Sachenrecht II, Rdnr. 457.

[285] Das kann z. B. auch die Folge einer Entführung oder einer Inhaftierung sein. Für die Inhaftierung im Inland ist das in sec. 1(4) a. a. O. ausdrücklich geregelt („A person who is detained, whether in a prison or another place, is to be treated for the purposes of this Act as absent from his or her usual place of residence and usual day-to-day activities"). Hinzukommen muss aber, dass die inhaftierte Person aus dem Gefängnis nicht zureichend kommunizieren kann. Letzteres wird bei Inhaftierungen im Ausland häufiger der Fall sein (para. 3.2 Missing People Code of Practice) (Dieser „Code of Practice" ist eine offizielle Handreichung für Guardians des Ministry of Justice, die am 28.6.2019 in London veröffentlicht wurde).

[286] Paras 3.3 und 3.4 Missing People Code of Practice.

II. Ungewissheit über den Tod oder den Todeszeitpunkt eines Menschen § 4

Guardianship (Missing Persons) Act 2017 bietet einen rechtlichen Rahmen zur Verwaltung des Vermögens einer vermissten Person. Das Gericht kann die *guardianship order* auf das gesamte Vermögen des Vermissten beziehen oder auf bestimmte Teile beschränken (sec. 5 (1) a. a. O.). Der *guardian* erwirbt die ihm in der *order* zugewiesenen Verfügungsbefugnisse; für Schenkungen aus dem Vermögen der vermissten Person gelten Sonderregeln (sec. 6 a. a. O.). Der *guardian* hat seine eigene Abberufung zu beantragen, wenn er einen vernünftigen Grund hat zu glauben, dass die betroffene Person nicht länger vermisst ist (sec. 13 (2) a. a. O.). Die Vermögensverwaltung endet „automatisch" *(automatic revocation)*, wenn die vermisste Person stirbt oder für tot erklärt wird (sec. 14 a. a. O.).

§ 5: Selbstbestimmter Zugang zu den Gestaltungsformen des Privatrechts

Weiteres Schrifttum:
Robert Alexy, Theorie der Grundrechte (Berlin 1986); *João de Matos Antunes Varela,* Direito da Família Bd. I (5. Aufl. Lissabon 1999); *Luigi Aru,* Della gestione d'affari, in: Scialoja und Branca (Hrsg.), Commentario al codice civile, artt. 2028–2032 c. c. (Bologna und Rom 1981); *Christian von Bar,* Le potentiel du droit international privé unifié pour harmoniser le droit matériel, Liber Amicorum Denis Philippe (Brüssel 2022). Vol. 2 S. 1471–1481; *ders.,* Benevolent Intervention in Another's Affairs (PEL Ben.Int.) (München u. a. 2006); *Christian von Bar und Peter Mankowski,* Internationales Privatrecht, Band II (2. Aufl. München 2019); *Peter Barth,* „Zu erkennen Geben" und „natürlicher Wille", ÖJZ 2019 S. 101–108; *Annick Batteur,* J.-Cl. Civil Code, Art. 457-1 à 463, Fasc. 20: Majeurs protégés. Curatelle et tutelle. Effets personnels. Vie familiale du majeur protégé (Paris 2020); *Rainer Beckmann,* Der „natürliche Wille" – ein unnatürliches Rechtskonstrukt, JZ 2013 S. 604–608; *Dominika Bek,* Obrona przez kulturę. Analiza na gruncie polskiego prawa karnego (Warschau 2018); *Rodrigo Bercovitz Rodríguez-Cano,* Medidas de apoyo a discapacidad de acuerdo con la nueva regulación introducida por la Ley 8/2021. Comentario a la STS de 8 de septiembre, CCJV 118 (2022) 315–326; *Isiah Berlin,* Essäer om frihet (Stockholm 2011); *Peter Birks,* English Private Law (2 Bände, Oxford 2000); *António Brito Neves,* A circuncisão religiosa como tipo de problema jurídico-penal (Coimbra 2014); *Y. Buffelan-Lanore und C.-M. Péglion-Zika,* J.-Cl. Civil Code, Art. 388, Minorité: fasc. 20 (Paris 2018); *Leonhard Burckhardt,* „Idiotes", in: Der Neue Pauly. Hrsg. von Hubert Cancik, Helmuth Schneider und Manfred Landfester (https://referenceworks.brillonline.com/entries/der-neue-pauly/idiotes-e522240#); *Klaus-Peter Busch,* Testierfähigkeit und Demenz, ErbR 2014 S. 90; *Claus-Wilhelm Canaris,* Die Geschäfts- und Verschuldensfähigkeit bei Haftung aus „culpa in contrahendo", Gefährdung und Aufopferung, NJW 1964 S. 1987–1993; *Federico de Castro y Bravo,* Derecho civil de España, Bd. II Derecho de la persona (Madrid 1952, Reprint 1984); *Morgane Cauvin,* Das Leistungsstörungsrecht des französischen Code Civil nach der Vertragsreform 2016 (Köln 2020); *Clemens Cording und Gerhard Roth,* Zivilrechtliche Verantwortlichkeit und Neurobiologie – ein Widerspruch? NJW 2015 S. 26–31; *Gérard Cornu,* Vocabulaire juridique (Paris 2000); *Reinhard Damm,* Einwilligungs- und Entscheidungsfähigkeit in der Entwicklung von Medizin und Medizinrecht, MedR 2015 S. 775–785; *Riccardo Del Punta,* Diritto del Lavoro (10. Aufl. Mailand 2018); European Union Agency for Fundamental Rights (FRA), Legal capacity of persons with intellectual disabilities and persons with mental health problems (Wien 2013); *André Gonçalo Dias Pereira,* O consentimento informado na relação médico-paciente. Estudo de direito civil (Coimbra 2004); *Luis Díez-Picazo,* Capacidad civil y capacidad penal, in: Luis Díez-Picazo, Ensayos jurídicos Tomo I (Cizur Menor 2011); *Pietro Dubolino und Chiara Dubolino,* Codice di diritto di famiglia e dei minori (Piacenza 2014); European Law Institute (ELI) (Hrsg.), Report of the European Law Institute. The Protection of Adults in International Situations (Wien 2020); European Union Agency for Fundamental Rights (FRA), Legal capacity of persons with intellectual disabilities and persons with mental health problems (2013); *Werner Flume,* Allgemeiner Teil des Bürgerlichen Rechts. Zweiter Band: Das Rechtsgeschäft (4. Aufl. Berlin und Heidelberg 1992); *Laurence Francoz-Terminal,* La capacité de l'enfant dans les droits français, anglais et écossais (Bern 2008); *Harry G. Frankfurt,* Freedom of the Will and the Concept of a Person, The Journal of Philosophy 68 (1971) S. 5–20; *Thérèse Fridström Montoya,* Homo Juridicus. Den kapabla människan i rätten (Uppsala 2017); *dies.,* Ett litet steg för HD, ett stort språng för personrätten. En kommentar till NJA 2015 s. 851, SvJT 2016 S. 523–540; *Therese Fridström Montoya und Moa Kindström Dahlin,* Förvaltarskap som skydd mot beslut fattade under förälskelse? En analys av NJA 2018 S. 350, SvJT 2019 S. 354–375; *Christian Fröde,* Willenserklärung, Rechtsgeschäft und Geschäftsfähigkeit (Tübingen 2012, zugleich Diss. Passau 2011); *Eutuches Fytrakes,* Dikaiopraktiké Ikanóteta kai Psychiké Anaperia – Me aphormé ten Areopag 531/2013, NoB 63 (2015) S. 462–473; *Paolo Gallo,* Il contratto (Turin 2017); *Anna Genske,* Gesundheit und Selbstbestimmung. Voraussetzungen und Folgen der Einwilligungs(un)fähigkeit von Patienten (Berlin 2020); *M. Carmen Gete-Alonso y Calera und Judith Solé Resina,* Lliçons de dret civil català. Bd. II Dret de la persona (2. Aufl. Valencia 2018); *Júlio Gomes,* A gestão de negócios – um instituto jurídico numa encruzilhada (Coimbra 1993); *ders.,* Direito do Trabalho. Bd. I Relações individuais de trabalho (Coimbra 2007); *Serge Guinchard und Thierry Debard,* Lexique des termes juridiques (18. Aufl. Paris 2010); *Elmar Habermeyer und Henning Saß,* Voraussetzungen der Geschäfts(-un)fähigkeit – Anmerkungen aus psychopathologischer Sicht, MedR 2003 S. 543–546; *Rosie Harding,* The Rise of Statutory Wills and the Limits of Best Interests Decision-Making in Inheritance, MLR 78 (2015) S. 945–970; *Wolfram Henn und Dagmar Coester-Waltjen,* Operative Eingriffe an intergeschlechtlichen oder transgeschlechtlichen Kindern, FamRZ 2020 S. 481–488; *Hellen Hetterich,* Mensch und „Person" – Probleme einer allgemeinen Rechtsfähigkeit. Eine rechtshistorisch-kritische Untersuchung zu § 1 BGB (Berlin 2016); *Lorenzo Ioele,* Del lavoro subordinato (Turin 2020); *Maarit Jänterä-Jareborg,* Sweden: Non-recognition of child marriages concluded abroad, IPrax 2020 S. 267–273; *Constanze Janda,* Grundfragen der Einschränkung der zivilrechtlichen Handlungsfähigkeit. Das Rechtsinstitut der Betreuung im Spiegel der allgemeinen Regeln zu Geschäftsfähigkeit und gesetzlicher Vertretung, FamRZ 2013 S. 16–22; *Jana Jangl,* Berichten ja, Bebildern nein? Presseberich-

erstattung über das nicht öffentliche Scheidungsverfahren einer prominenten deutschen Schauspielerin mit Blick auf das Verhältnis von KUG und DSGVO, ZUM 2021 S. 103–111; *Hans Kelsen,* Allgemeine Theorie der Normen (Wien 1979); *Bernd-Rüdiger Kern und Martin Rehborn* (Hrsg.), Handbuch des Arztrechts (5. Aufl. München 2019); *Andreas Kletečka,* Grundriss des Bürgerlichen Rechts. Band I Allgemeiner Teil, Sachenrecht, Familienrecht (14. Aufl. Wien 2014); *Martina Knoop,* Digitaler Nachlass – Vererbbarkeit von Konten (minderjähriger) Nutzer in Sozialen Netzwerken, NZFam 2016 S. 966–970; *Jaap Koops, Mireille Hildebrandt und David-Olivier Jacquet-Chifelle,* Bridging the Accountability Gap: Rights for New Entities in the Information Society?, Minnesota Journal of Law, Science & Technology (2010) S. 497–561; *Panagiotes Ladas,* Genikés Archés Astikou Dikaiou (Athen 2007); *Clemens Latzel und Andreas Zöllner,* Anfänglich kostenlose Verträge mit Minderjährigen, NJW 2019 S. 1031–1036; *Niclas Lauf und Leon Birck,* Minderjährige als Partei eines Behandlungsvertrages, NJW 2018 S. 2230–2235; Adolf Laufs, Wilhelm Uhlenbruck (Begr.), Bernd-Rüdiger Kern und Martin Rehborn (Hrsg.), Handbuch des Arztrechts (5. Aufl. München 2019); *Adolf Laufs, Christian Katzenmeier und Volker Lipp,* Arztrecht (8. Aufl. München 2021); The Law Commission (Hrsg.), Mental Incapacity, http://www.lawcom.gov.uk/app/uploads/2015/04/lc231.pdf; *Detlef Leenen,* Willenserklärung und Rechtsgeschäft in der Regelungstechnik des BGB, in: Festschrift für Claus-Wilhelm Canaris zum 70. Geburtstag. Band I (München 2007) S. 699–727; *Anne-Marie Leroyer,* L'insanité d'esprit: retour sur la distinction du consentement et de la capacité, RTD civ. 2020 S. 348–351; *Volker Lipp,* Assistenzprinzip und Erwachsenenschutz. Zur Kritik des Fachausschusses zur UN-Behindertenrechtskonvention am Betreuungsrecht, FamRZ 2017 S. 4–11; *Martin Löhnig und Christoph Schärtl,* Zur Dogmatik des § 105a BGB, AcP 204 (2004) S. 25–58; *Katharina Lugani,* Einwilligung in Schwangerschaftsabbruch durch Minderjährige, NJW 2020 S. 1330–1332; *Mark Makowsky,* Die „Minderjährigenehe" im deutschen IPR, RabelsZ 83 (2019) S. 577–611; *Peter Mankowski,* Verändert die Neurobiologie die rechtliche Sicht auf Willenserklärungen?, AcP 211 (2011) S. 153–195; *Uta Matthies,* Die Unwirksamkeit von Verträgen im deutschen, englischen und spanischen Recht mit Blick auf eine Angleichung der Rechtssysteme (Leipzig 2006); *Titti Mattson,* Barnet och rättsprocessen. Rättsäkerhet, integritetsskydd och autonomi i samband med beslut om tvångsvård (Lund 2002); Max-Planck-Institut für ausländisches und internationales Privatrecht (Hrsg.), Die Frühehe im Rechtsvergleich: Praxis, Sachrecht, Kollisionsrecht, RabelsZ 84 (2020) S. 705–785; *Oronzo Mazzotta,* Diritto del lavoro (Mailand 2019); *Beate Menold-Weber,* Verträge Minderjähriger und ihre Rückabwicklung im englischen Recht (München 1992); *Agustín Motilla,* Las circuncisiones rituales de menores: ¿acto contra la integridad física? Perspectivas civil y penal, ADED 34 (2018) S. 173–199; Rudi Müller-Glöge, Ulrich Preis und Ingrid Schmidt (Hrsg), Erfurter Kommentar zum Arbeitsrecht (21. Aufl. München 2021); *Mathias Nebendahl,* Selbstbestimmungsrecht und rechtfertigende Einwilligung des Minderjährigen bei medizinischen Eingriffen, MedR 2009 S. 197–205; *Jörg Neuner,* Natürlicher und freier Wille. Eine Studie zum Bürgerlichen Recht, AcP 208 (2018) S. 1–31; *Wesley Newcomb Hohfeld,* Some fundamental Legal Conceptions as Applied in Judicial Reasoning, Yale Law Journal 1913 S. 16–59; *ders.,* Fundamental Legal Conceptions as Applied in Judicial Reasoning, Yale Law Journal 1917 S. 710–770; Boris P. Paal und Daniel A. Pauly (Hrsg.), Datenschutz-Grundverordnung. Bundesdatenschutzgesetz (3. Aufl. München 2021); *Javier Pallarés Neila,* Tutela versus curatela, AC 2016-2 S. 4–11; *Miguel Pasquau Liaño,* Nulidad y anulabilidad del contrato (Madrid 1997); *M. Pavlova,* Grajdansko pravo. Obshta chast (Sofia 2002); *Gilles Raoul-Cormeil,* La possession immobilière à l'épreuve de l'altération des facultés mentales du propriétaire, Petites affiches 2016, Nr. 106, S. 26; *Philipp Reuß,* Das Verbot von „Kinderehen" – die deutsche Regelung aus rechtsvergleichender Sicht, FamRZ 2019 S. 1–10; *Wiebke Reuter und Johanna Schwarz,* Der Umgang mit Personenbildnissen nach Inkrafttreten der DSGVO, ZUM 2020 S. 31–38; *Anne Röthel und Benjamin Heßeler,* Vorsorgevollmacht und Patientenverfügung im englischen Erwachsenenschutzrecht: Mental Capacity Act 2005, FamRZ 2006 S. 529–531; *Aleš Roztočil et. al.,* Moderní porodnictví (2. Aufl. Prag 2017); *Elisabeth Rynning,* Samtycke till medicinsk vård och behandling (Uppsala 1994); *dies.,* Barnens rätt i vården – Juridiska aspekter, in Maja Söderbäck (Ed.), Barn och Ungas rätt i vården, Stiftelsen Allmänna Barnhuset 2010:3, S. 119–152; *Eva Ryrstedt,* Kommentaren till vissa paragrafer i FB (Stockholm 2019, juno.se, online); *Friedrich Carl von Savigny,* System des heutigen römischen Rechts Bd. II und III (Berlin 1840); *Lynn A. Schaefer,* MacArthur Competence Assessment Tools, in: Jeffrey S. Kreutzer, John DeLuca, Bruce Caplan (Hrsg.), Encyclopedia of Clinical Neuropsychology (New York 2011) S. 1502–1505; *Mathias Schäfer,* Der Demenzkranke im Familienrecht, NZFam 2014 S. 676–682; *Yvonne-Christina Schmidt,* Die elterliche Einwilligung in eine Zirkumzision – eine unzulässige Beschneidung kindlicher Rechte? (Berlin 2017); *Mathias Schmoeckel,* Die Geschäfts- und Testierfähigkeit von Demenzerkrankten, NJW 2016 S. 433–439; *Paul T. Schrader,* Verträge über digitale Produkte: „lediglich rechtlicher Vorteil" für den Minderjährigen?, JA 2021 S. 177–184; *Dieter Schwab,* Das neue Betreuungsrecht, FamRZ 1990 S. 681–692; *ders.,* Die große Paragraphenwanderung und mehr. Zum Referentenentwurf einer Reform des Vormundschafts- und Betreuungsrechts, FamRZ 2020 S. 1321–1326; *Roberto Senigaglia,* Minore età e contratto (Turin 2021); *Christel Simler,* Contrats et obligation. Contrat. Capacité de contracter, J.-Cl. Civil Code, Art. 1145 à 1152, Fasc. 8 (Paris 2020); *Anna Singer,* Barnets bästa: om barns rättsliga ställning i familj och samhälle (6. Aufl. Stockhol 2012); *dies.,* Barns och ungdomars skadeståndsskyldighet. Ett alla tiders dilemma, in: Lena Olsen und Åke Salden (Eds.), Barn som aktörer – en slutpunkt (Uppsala 2008) S. 175; *Torben Spaak,* The Concept of Legal Competence. An Essay in Conceptual Analysis (Darmouth 1994); *Andreas Spickhoff,* Rechtssicherheit kraft Gesetzes durch sog. Patientenverfügungen? Zum Dritten Gesetz zur Änderung des Betreuungsrechts, FamRZ 2009 S. 1949–1957; *ders.,* Einwilligungsfähigkeit und Geschäftsfähigkeit von Minderjährigen im Kontext medizinischer Behandlungen, FamRZ 2018 S. 412–425; *Ioannes Spyridakes,* Η χρησικτησία (Die Ersitzung) (Athen 1998); *ders.,* E dikaiopraktike (an-)ikanoteta (Die Geschäfts(un-)fähigkeit) (Athen 2000);

I. Grundlagen **§ 5**

*Nienke Stame*r, Die medizinische Zwangsbehandlung Minderjähriger im Spannungsfeld nationaler Grund- und internationaler Menschenrechte (Berin 2020); *Alexandra Stein,* Der Begriff der Notwendigkeit im Rahmen zivilrechtlicher Zwangsbehandlungen, JR 2021 S. 1–6; *François Terré und Philippe Simler,* Droit civil. Les biens (9. Aufl. Paris 2010); *María Eugenia Torres Costa,* La capacidad jurídica a la luz del artículo 12 de la Convención de Naciones Unidas sobre los Derechos de las Personas con Discapacidad (Madrid 2020; verfügbar auch auf https://boe.es/biblioteca_juridica/abrir_pdf.php?id=PUB-PR-2020-168); *Gösta Walin, Staffan Vängby, Anna Singer, Maarit Jänterä-Jareborg,* Föräldrabalken – En kommentar (Stockholm 2021); Krzysztof Walczak (Hrsg.), Kodeks pracy. Komentarz (31. Aufl. Warschau 2020); *Frauke Wedemann,* Die Rechtsfolgen der Geschäftsunfähigkeit, AcP 209 (2009) S. 668–705; *Marc-Philippe Weller, Chris Thomale, Ioana Hategan und Jan Lukas Werner,* Das Gesetz zur Bekämpfung von Kinderehen – eine kritische Würdigung, FamRZ 2018 S. 1289–1298; *Stefan Vetter,* Das Recht am eigenen Bild Minderjähriger in sozialen Netzwerken, AfP 2017 S. 127–132.

I. Grundlagen

1. Sonderregeln für Menschen ohne oder von geringer Willensbildungsfähigkeit

a. Einschränkungen der freien Willensbildung bei Kindern und Erwachsenen

Rechtsfähigkeit verleiht noch nicht die Möglichkeit, die Einrichtungen des Privatrechts selbstbestimmt zu nutzen. Das wird vielleicht am deutlichsten, wenn man an Menschen denkt, die sich, wie es § 105(2) dt. BGB und Art. 131 gr. ZGB formulieren, „im Zustand der Bewusstlosigkeit" befinden. Menschen, die schlafen, benommen sind oder im Koma liegen, können natürlich überhaupt nichts „erklären".[1] „Ohne Bewusstsein" ist aber auch, wer zwar Worte formt, aber in diesem Moment unter einer so starken Eintrübung steht, dass er selbst nicht weiß, was er sagt, ja vielleicht nicht einmal wahrnimmt, dass er überhaupt etwas sagt. Das kann z. B. bei sehr starker Trunkenheit der Fall sein.[2] Andere **244**

---

[1] Das wird namentlich bei der Einwilligung von Patienten in Heilbehandlungen relevant, spielt zudem eine herausragende Rolle im Recht des assistierten Sterbens, wenn bei schwerstkranken Patienten der Verlust der Einwilligungsfähigkeit unmittelbar bevorsteht oder schon eingetreten ist. Der spanische Gesetzgeber hat dazu in Art. 5(1) des Organgesetzes 3/2021 vom 24.3.2021 (oben § 2 mit Fn. 238) eine überzeugende Regelung gefunden.

[2] BGH 22.11.1990, NJW 1991 S. 852 (keine freie Willensbildung mehr ab einem Blutalkoholgehalt von 3‰); OLG Nürnberg 10.2.1977, NJW 1977 S. 1496 („Bewusstlosigkeit" bei einem Blutalkoholgehalt von 3,4‰). Siehe außerdem BGH 30.11.1971, NJW 1972 S. 475 (keine Entscheidungsfähigkeit eines Mannes mit einem Blutalkoholgehalt von 2,24‰, der sein Fahrzeug nach einer Examensfeier noch selbst hatte steuern wollen, daran aber von einem gleichfalls betrunkenen Kollegen [Blutalkoholgehalt von 1,5‰] gehindert und von ihm nach Hause gefahren wurde; auch keine mutmaßliche Einwilligung in die Heimfahrt). Alles hängt freilich immer von den Umständen des Einzelfalls ab. OLG Schleswig 11.2.2021, BeckRS 2021, 8662 hat selbst noch einem Mann mit einer Blutalkoholkonzentration von 3,4‰ ein haftungsausschließendes Mitverschulden zugeschrieben, weil bei der Alkoholgewöhnung des Betroffenen eine freie Willensbestimmung nicht auszuschließen gewesen wäre. Im Ergebnis bleibt sich aber natürlich gleich, ob man Volltrunkenheit als einen Fall der „Bewusstlosigkeit", der vorübergehenden „Störung der Geistestätigkeit" (so für Tschechien unter § 581 tschech. BGB Lavický et. al [-*Dobrovolná*], Občanský zákoník I, S. 2095), des Mangels an *sain d'esprit* (Artt. 414-1 und 1129 franz. CC, dazu *Malaurie,* Droit des personnes[10], S. 272 Rdnr. 504) oder der *incapacidade acidental* (der „vorübergehenden Geschäftsunfähigkeit aus irgendeinem Grund"; Art. 257 port. CC) deutet. Generell halten sich Gerichte mit der Anwendung der entsprechenden Vorschriften auf Betrunkene aber sehr zurück. In Portugal soll Berufungsgericht Évora 25.1.1998, CJ XXIII (1998-3) S. 298 in dreißig Jahren Geltung des CC der einzige veröffentliche Fall gewesen sein (Menezes Cordeiro [-*Menezes Cordeiro*], Código Civil Comentado I, Art. 257 S. 753 Rdnr. 19). Es ging noch dazu um einen Arbeitnehmer, der unter vergleichsweise geringem Alkoholeinfluss („nicht minder als 1‰") die Kündigung seines Arbeitsvertrages unterschrieben und sich unmittelbar danach einem Alkoholtest unterzogen hatte. Man möchte deshalb meinen, er sei alles andere als handlungsunfähig gewesen. Das Gericht hielt es indes für erwiesen, dass der Betroffene unter Alkoholeinfluss gestanden hatte. Denn er hatte sich konfus geäußert und seine Aussagen ständig wiederholt. Außerdem wäre er durch die Kündigung arbeitslos geworden und hätte keinen Anspruch auf Sozialhilfe mehr gehabt. „Wie könnte ein Arbeitnehmer unter normalen Umständen einen Arbeitsvertrag kündigen, wenn diese Arbeit seine einzige Einkunftsquelle ist, und sich dann in die Arbeitslosigkeit versetzen, wobei er keinen Anspruch auf Sozialhilfe hatte?" Das, so das Gericht, erkläre sich nur aus einem vollständigen

Beispiele wären Menschen, die unter hohem Fieber, Hypnose oder unter einem die Selbstkontrolle ausschließenden Einfluss von Drogen oder Medikamenten sprechen.[3] Keiner von ihnen „nutzt" irgendeine rechtliche Kompetenz.[4] Denn sie alle sind außerstande, einen rechtlich relevanten Willen zu bilden; was geschieht, geschieht „unbewusst". Sie fallen sozusagen vorübergehend in den Zustand eines Babys zurück. Je nach dem anwendbaren Erbrecht kann auch ein Baby schon unmittelbar nach seiner Geburt in die Rolle eines Erben einrücken und so ganz ohne eigenes Zutun Eigentümer einer Sache oder Inhaber einer Forderung werden. Es kann, wenn jemand (z. B. seine Eltern) für das Baby gehandelt hat und handeln durfte, auch *inter vivos* Rechte von anderen erwerben oder an sie verlieren. Ein Baby kann aber noch nicht begreifen, was ein „Recht" ist, und es hat auch noch nicht die Möglichkeit, sich insoweit zu einer Entscheidung durchzuringen. Allein die Rechtsfähigkeit befähigt noch niemanden dazu, sich aus eigenem Antrieb (irgend)einer Einrichtung des Privatrechts zu bedienen und ihr einen konkreten Gehalt zu geben. Das Mindeste, das dazu erforderlich ist, ist die natürliche Fähigkeit, etwas zu wünschen und zu bewerten und danach zu handeln. Erst dann stellen sich die weiteren Fragen, ob das (i) auch reflektiert geschehen, sich also aus einer Entscheidung herleiten muss, der ein Abwägen des Für und Wider vorausgegangen ist, und (ii), ob es vertretbar ist, jungen Menschen ganz generell erst ab Erreichen einer bestimmten Altersstufe (und dann natürlich: welcher) zuzugestehen, sich auf der Grundlage einer solchen Abwägung selbst (und wozu) zu binden.

245 Nur wenn sie mit einem Mindestmaß an Willensbildungsfähigkeit ausgestattet sind, lässt sich sinnvoll fragen, ob Menschen – Kinder wie Erwachsene – Rechte ausüben und verteidigen und weitere Rechte aus eigenem Antrieb hinzuerwerben können. Ohne die Möglichkeit, einen **natürlichen** (wenn auch noch nicht notwendig „freien") **Willen** zu bilden, kann niemand etwas rechtlich Relevantes bewirken.[5] Das Wort „Rechte" schließt dabei im ersten Fall veräußerliche wie unveräußerliche Rechte ein; im zweiten geht es zwangsläufig nur um (absolute oder relative) Vermögensrechte. **Kleinkindern** sind am Beginn des Lebens von Natur aus alle Einrichtungen des Privatrechts verschlossen, die ihrem Wesen nach selbstbestimmt wahrgenommen und in irgendeiner Weise geformt

---

Kontrollverlust und einer alkoholbedingten vorübergehenden Geschäftsunfähigkeit i. S. v. Art. 257 port. CC. In Schweden hätte man vermutlich anders entschieden. Man geht davon aus, dass Trunkenheit die freie Willensbildung im Allgemeinen gerade nicht ausschließt (*Ramberg und Ramberg*, Allmän avtalsrätt[11], S. 42). Rechtshandlungen, die unter Alkoholeinfluss vorgenommen werden, können nur dann für ungültig erklärt werden oder zu einer Vertragsanpassung führen, wenn der Vertragspartner die Situation bewusst ausgenutzt hat, um sich ungerechtfertige Vorteile zu verschaffen (§§ 31, 33 und 36 schwed. Lag om handlingar på förmögenhetsrättens område). Zwar ist ein Vertrag, den jemand unter dem Einfluss einer psychischen Störung geschlossen hat, unter dem Lag om verkan av avtal, som slutits under påverkan av en psykisk störning ungültig. Schwed. Arbeitsgerichtshof (Arbetsdomstolen) 20.2.1991, AD 17/1991 hat aber eine unter dem Einfluss von Alkohol und Antidepressiva ausgesprochene Kündigung eines Arbeitnehmers für wirksam gehalten. Das Gesetz über die Wirkung der Verträge, die unter dem Einfluss einer psychischen Störung geschlossen werden, betreffe keine einseitigen Rechtshandlungen, und es liege auch keiner der Ungültigkeitsgründe der §§ 33 und 36 Lag om handlingar på förmögenhetsrättens område vor.

[3] *Dobrovolná* a. a. O.; *Malaurie* a. a. O.; Palandt (-*Ellenberger*), BGB[80], § 104, Rdnr. 2. Ohne Bewusstsein handelt, wem es nicht möglich ist, die Substanz und den Inhalt seines Tuns zu diagnostizieren (Areopag 12/2005, ChrID 2005 S. 503; Areopag 319/2000, EllDne 2000 S. 1315; Areopag 1178/1994, EllDne 38 S. 80; Appellationsgericht Białystok, 4.10.2018, Legalis-Nr. 1846288) und deshalb nicht zu einer Folgenabschätzung befähigt ist (*Triantos*, AK, Art. 131 gr.ZGB S. 164 Rdnr. 2). Nicht erforderlich ist ein kompletter Mangel an Wahrnehmung der äußeren Welt (Areopag 459/1996, EllDne 38 S. 577).

[4] Zu dem Begriff der Kompetenz näher *Alexy*, Theorie der Grundrechte, S. 211–223.

[5] Das ist auch dann nicht anders, wenn Vorschriften vom Typ des § 105a dt. BGB einem „volljährigen Geschäftsunfähigen" – also immerhin jemandem, der sich dauerhaft „in einem die freie Willensbildung ausschließenden Zustand krankhafter Störung der Geistestätigkeit befindet" (§ 104 Nr. 2 dt. BGB) – die Tätigung eines Geschäft des täglichen Lebens gestatten, das mit geringwertigen Mitteln bewirkt werden kann. Die zugrundeliegende „Vereinbarung" kann nur das meinen, worüber sich die Beteiligten in einem natürlichen Sinn geeinigt haben, und Entsprechendes gilt für das „Bewirken" (Erman [-*Müller*], BGB[16], § 105a, Rdnr. 9; Staudinger [-*Klumpp*], BGB (2017), § 105a, Rdnr. 34; *Löhnig und Schärtl*, AcP 204 (2004) S. 25, 39).

I. Grundlagen **§ 5**

werden müssen. Kinder wie Jugendliche (Minderjährige) dürfen sich innerhalb des Privatrechts aber auch dann noch nicht uneingeschränkt frei bewegen, wenn sie in ihrer Entwicklung so vorangeschritten sind, dass sie ihren Tätigkeiten bereits abwägungsgesteuert nachgehen können, mithin, wie man mit Art. 428(1) ital. CC formulieren könnte, bereits über eine *capacità d'intendere o di volere* und damit über einen **freien Willen,** d. h. in Bezug auf ihr Tun über Entscheidungsfähigkeit (§ 24(2) österr. ABGB) verfügen.[6] Das liegt daran, dass das Privatrecht mit einem feingesteuerten Schrankensystem operiert, das von Rechtsgebiet zu Rechtsgebiet unterschiedlich starke Impulse einfordert. Wenn und soweit zur Ergreifung von Besitz bereits der „natürliche Wille" genügt, steht einem Minderjährigen der selbständige Zugang zum Besitzrecht schon früh offen.[7] Vergleichsweise früh öffnet sich einem Minderjährigen auch das Recht der Stellvertretung.[8] Der Zugang zum Recht der Dienst- und Arbeitsverträge bleibt einem Minderjährigen dagegen bis in das Heranwachsendenalter verschlossen[9], und dies unbeschadet des Umstandes, dass Jugendliche geistig schon früher in der Lage sein können, sich insoweit abwägungsgesteuert zu entscheiden. Und der Zugang zum Recht des Kaufs und Verkaufs

---

[6] Mit „der" (nicht: einer) *capacità d'intendere o di volere* bezeichnet das italienische Recht allerdings nicht die natürliche Willensbildungsfähigkeit einer Person, sondern ihre „Zurechnungsfähigkeit". Die offizielle deutsche Fassung übersetzt Art. 428 ital. CC deshalb wie folgt: „Rechtshandlungen einer Person, von der nachgewiesen wird, dass sie, wenngleich nicht voll entmündigt, zum Zeitpunkt der Vornahme der Rechtshandlungen aus irgendeinem, auch nur vorübergehenden Grund unzurechnungsfähig war, können auf Antrag der betroffenen Person selbst oder ihrer Erben oder Rechtsnachfolger für nichtig erklärt werden, sofern sich aus ihnen ein schwerer Nachteil für den Handelnden ergibt". Wirklich deutlich wird der Zusammenhang mit der Zurechnungsfähigkeit des deutschen Sprachgebrauchs, d. h. mit der Fähigkeit, zwischen Gut und Böse zu unterscheiden (dem *discernement* der französischen Rechtssprache), aber erst in Art. 2046 ital. CC, der die Delikthaftung Unzurechnungsfähiger regelt. In einem vertragsrechtlichen Kontext wirkt die Fähigkeit, zwischen Gut und Böse zu unterscheiden, allerdings wie ein Fremdkörper. Denn Verträge sind grundsätzlich etwas „Gutes", nur Delikte sind etwas grundsätzlich „Schlechtes". Zusätzlich muss bedacht werden, dass nach italienischem Recht Handlungen, die im Zustand der einfachen natürlichen Unfähigkeit *(incapacità naturale)* vorgenommen wurden, nur annullierbar, nicht aber *ipso jure* nichtig sind. Demjenigen, der nicht in der Lage ist, zu verstehen oder zu wollen, muss ein Schaden aus der Handlung drohen, den er nicht verstehen und bewerten konnte. Zweiseitige Geschäfte können außerdem nur bei Bösgläubigkeit der anderen Seite aufgehoben werden. Man hat es vorgezogen, das Vertrauen von Dritten und des Rechtsverkehrs zu schützen. Ohne Schaden und Bösgläubigkeit sei es schwer zu erkennen, welche Unannehmlichkeiten daraus entstehen könnten, dass die Handlung nicht als nichtig angesehen werde (*Torrente und Schlesinger,* Manuale di diritto privato[24], S. 111; *Bianca,* Diritto civile I[2], S. 266).

[7] Unten Rdnr. 264, 270.

[8] Unter Art. 263 port. CC muss „der Bevollmächtigte … nicht mehr als die Fähigkeit haben, zu verstehen und zu wollen (die *capacidade de entender e querer*), die durch die Art des zu führenden Geschäfts erforderlich ist". *Pires de Lima und Antunes Varela,* Código Civil Anotado I[4], Art. 263, S. 245 qualifizieren das als eine „Regel über Fähigkeit", wonach auch diejenigen, die Geschäftsfähigkeit (die *capacidade para o exercício de direitos*) noch nicht besitzen, bevollmächtigt werden können, sofern sie die zur Vornahme der Handlung erforderliche Einsichtsfähigkeit *(discernimento)* haben. Der Vertretene, nicht der Vertreter, solle geschäftsfähig sein. Dem Vertretenen obliegt die Verantwortung, weil er den Vertreter selbst gewählt habe *(imputet sibi qui praeposuit).* Unter Artt. 265 i. V. m. 1174 port. CC erlischt allerdings die Vollmacht und verfällt der Auftragsvertrag, wenn der Vertreter durch ein Betreuungsurteil nachträglich für geschäftsunfähig erklärt wird (Carvalho Fernandes und Brandão Proença [-*Guichard/Brandão Proença/Ribeiro*], Comentário ao Código Civil I, Anm. 2 zu Art. 263, S. 642). Auch unter Art. 1389 ital. CC genügt es, dass der Vertreter unter Berücksichtigung der Art und des Inhalts des Vertrages zurechnungsfähig ist, sofern nur der Vertretene geschäftsfähig ist.

[9] Einzelheiten unten Rdnrn. 361–366. Italien kennt sogar eine selbständige „Arbeitsfähigkeit", also die Fähigkeit, selbständig Arbeitsverträge zu schließen. Sie wird der Grundregel nach schon mit Vollendung des 15. Lebensjahres erworben (Art. 2(2) ital. CC). Nichts mit Fragen der Geschäftsfähigkeit (sondern des öffentlichrechtlichen Jugendschutzes) zu tun hat Art. 32 der EU Grundrechtecharta, wonach Jugendliche grundsätzlich vor dem Ende der Schulpflicht nicht arbeiten dürfen. Vor Erreichen dieser Altersschwelle sind Ausnahmen nur in bestimmten Branchen (Kultur, Kunst, Sport, Werbung) zulässig, wenn es sich um eine leichte und für Kinder geeignete Beschäftigung handelt (näher für Italien *Del Punta,* Diritto del Lavoro[10], S. 465). Die entsprechenden Regeln des deutschen Rechts findet man in den §§ 2 und 5 dt. Jugendarbeitsschutzgesetz. Das Gesetz unterscheidet zwischen Kindern und Jugendlichen; die Grenze liegt bei der Vollendung des 15. Lebensjahres.

von Grundstücken öffnet sich ihnen so gut wie immer erst mit dem Erreichen der Volljährigkeit.[10]

246 Unter den europäischen Rechtsordnungen herrscht zwar kein völliges Einvernehmen darüber, in welchen Zusammenhängen es allein oder zumindest vorwiegend auf die geistigen und praktischen Anlagen eines individuellen Minderjährigen ankommen soll. Gleichwohl existieren überall auch **an Altersstufen ausgerichtete Generalisierungen,** und zwar vorwiegend dort, wo Minderjährige Verträge oder andere Rechtsgeschäfte anstreben. Unterschiedlich ist nur die Intensität, mit der die einzelnen Jurisdiktionen von dieser Technik Gebrauch machen. Immer wieder geht es um die Frage, ob und in welchen Zusammenhängen man schon **vor** Erreichen der **Volljährigkeit** (die, sieht man von den Regeln über die Emanzipation einmal ab, heute überall in der Union[11] und auch im Vereinigten Königreich[12] mit der Vollendung des achtzehnten Lebensjahres eintritt[13]) mit eigenständigen festen Altersgrenzen arbeiten sollte, um an sie den Erwerb spezifizierter abstrakter Fähigkeiten zu knüpfen. Sehr zurückhaltend agiert insoweit das französische Recht. Es kennt insbesondere keine fixe Altersspanne zur Bestimmung der generell vertrags- oder geschäftsunfähigen Minderjährigen.[14] Die Gerichte haben unter Würdigung der Bedeutung der Handlung in jedem einzelnen Fall zu prüfen, ob der Minderjährige den

---

[10] Das ist auch dort nicht anders, wo ein Minderjähriger zum selbständigen Betrieb eines Erwerbsgeschäfts ermächtigt und damit, wie man in Deutschland sagt, zwar nicht emanzipiert, aber doch im Besitz einer „partiellen vollen Geschäftsfähigkeit" ist (§§ 112(1) Satz 2; 1643(1) Satz 1; 1821(1) Nr. 1 dt. BGB a.F., § 1850(1) Nr. 1 dt. BGB n.F.). Auch wenn der Kauf bzw. Verkauf eines Grundstücks zu den Geschäften gehört, die der Betrieb dieses Unternehmens mit sich bringt, bedarf der minderjährige Betriebsinhaber dazu einer gerichtlichen Genehmigung. Dem entsprechen der Funktion nach Art. 6(4) bulgar. FamGB und Art. 323 span. CC, wonach auch ein emanzipierter Minderjähriger Grundstücke weder belasten noch veräußern kann. Näher unten Rdnrn. 367–368.

[11] Art. 488 belg. CC; Art. 2 bulgar. Gesetz über die Person und die Familie; Kap. 1 § 1 dän. Værgemålsloven; § 2 dt. BGB; § 8(2) Satz 1 estn. ZGB AT; Kap. 1 § 2 finn. Laki holhoustoimesta; Art. 414 franz. CC; sec. 2(1) irischer Age of Majority Act 1985; Art. 2(1) ital. CC; Art. 117(3) kroat. Familiengesetz; Art. 219 lett. ZGB; Art. 2.5(1) lit. ZGB; Art. 488 luxemb. CC; Art. 1:223 ndl. BW; § 21(2) österr. ABGB; Art. 10 § 1 poln. ZGB; Art. 130 port. CC; Art. 38(2) rumän. CC; § 8(2) slowak. ZGB; Art. 5 slowen. FamG; Art. 12 span. Verf. i. V. m. Art. 315 span. CC; § 30(1) Satz 2 tschech. BGB; Kap. 9 § 1 schwed. FB; § 2:10(1) ungar. ZGB. Unter einer Vielzahl von Rechtsordnungen können allerdings schon Personen den Status Volljähriger erlangen, die das Alter der Emanzipation (das in der Regel bei der Vollendung des 16. Lebensjahres liegt) erreicht haben und tatsächlich emanzipiert wurden (z. B. Art. 317 span. CC). Unter nicht wenigen Rechtsordnungen (z. B. Art. 10 § 2 poln. ZGB und § 2:10(1) Satz 2 ungar. ZGB) wird ein Minderjähriger zudem durch Eheschließung volljährig; praktisch (und in Polen sogar rechtlich) geht es um Mädchen, die nach Vollendung des 16. Lebensjahres heiraten. Auf eine Sondersituation trifft man in Aragonien. Auch dort wird man zwar erst mit Vollendung des 18. Lebensjahres volljährig (Art. 4(1)(a) CDFA), aber man erreicht den Status der Geschäftsfähigkeit schon mit Vollendung des 14. Lebensjahres (Artt. 5(3), 23(1) und 34(1) CDFA).

[12] Sec. 1(1) Family Law Reform Act 1969; sec. 1(1) Age of Majority (Northern Ireland) Act 1969; sec. 1(1) Age of Majority (Scotland) Act 1969.

[13] Es kann allerdings unter den allgemeinen Fristenregeln vorkommen, dass die Vollendung des 18. Lebensjahres unterschiedlich fixiert wird. *Díez-Picazo und Gullón*, Sistema de Derecho Civil I[12], S. 216 legen dar, man könne das Alter von Zeitpunkt zu Zeitpunkt unter Berücksichtigung des Zeitpunkts der Geburt ermitteln („natürliches Rechnen"; *computación natural*) oder den Tag der Geburt als nicht teilbare Einheit wahrnehmen („ziviles Rechnen"; *computación civil*). Im letzteren Fall würde man um 0 Uhr des Tages volljährig, an dem man 18 wird. Das ist die spanische und auch die im übrigen Europa ganz vorherrschende Lösung (z. B. §§ 187(2) Satz 2, 188(2) dt. BGB und für Polen Osajda (-*Prucnal-Wójcik*), Kodeks rodzinny i opiekuńczy[8], Art. 10 Rdnr. 1.2). Auch unter Art. 241(2) gr. ZGB wird der Tag der Geburt als erster Tag des Lebens mitgezählt, unabhängig von der Stunde der Geburt. Unter Art. 243(2) gr. ZGB endigt eine nach Jahren bestimmte Frist allerdings mit dem Ablauf des entsprechenden Datums des letzten Jahres. Man wird also erst um 24h volljährig (Georgiades und Stathopoulos [-*Karases*], AK, Art. 127 gr. ZGB Rdnr. 5; *Triantos*, AK, Art. 127 gr. ZGB Rdnr. 2). Dass der 18. Geburtstag auf einen Sonn- oder Feiertag fällt, ist dagegen für die Fristberechnung überall belanglos.

[14] Wichtig ist nur, ob der individuelle Minderjährige den *discernement* besitzt, also die Fähigkeit, zwischen gut und böse *(le bien et le mal)* zu unterscheiden. „Il n'existe pas d'âge précis pour fixer le moment à partir duquel un enfant a le discernement, c'est-à-dire l'aptitude à distinguer le bien du mal, ce que [...] le langage courant dénomme ‚l'âge de raison'," (*Malaurie*, Droit des personnes[10], S. 295 Rdnr. 604).

I. Grundlagen **§ 5**

discernement bereits besitzt oder nicht.[15] Die damit namentlich für die Gruppe der Vier- bis Fünfzehnjährigen verbundene Rechtsunsicherheit nimmt man hin.[16] Sie wirkt vor allem deshalb tolerabel, weil sich auch mit dem Erwerb des *discernement* noch nicht allzuviel ändert. Denn ein Minderjähriger bleibt in allen wichtigen Belangen geschäftsunfähig; er muss grundsätzlich in allen Handlungen des bürgerlichen Lebens vertreten werden.[17] Deshalb bedarf es nur vergleichsweise weniger Sonderregeln, um (vor allem für Personen ab Vollendung des sechzehnten Lebensjahres) Raum für einzelne „residuale" Geschäftsfähigkeiten *(capacités résiduelles)* zu schaffen.[18] In den nordischen Ländern verhält sich das ähnlich.[19] Eine zweite Gruppe von Rechtsordnungen setzt auf eine Kombination aus festen Altersgrenzen und der Berücksichtigung der konkreten Lebensumstände des Minderjährigen, akzentuiert aber besonders die Letzteren.[20] Und eine dritte Gruppe von Rechtsordnungen stellt vorwiegend auf dogmatische Kriterien und im Verbund mit ihnen wiederum vorwiegend auf breit ausgebaute „Alterstreppen" ab. Sie machen den Weg für die Konturierung einer Zwischenphase in Gestalt der **sog. „beschränkten Geschäftsfähigkeit"** frei. Sie tritt ein, wenn das Gesetz die Lebensspanne der gänzlichen Unfähigkeit für abgeschlossen hält, und endet mit der Volljährigkeit. Es kommt zu einer theoretischen Verdichtung. Man löst sich noch ein weiteres Mal von den biologischen Gegebenheiten der Willensbildungsfähigkeit eines jungen Menschen und wählt stattdessen eine abstrakte Ebene. Das System wendet den Blick schon vor dem Volljährigkeitsdatum vom tatsächlichen geistig-voluntativen Können zum normativ gedachten rechtlichen Vermögen.[21] Das empfinden viele im Interesse des innerstaatlichen Rechtsverkehrs als hilfreich. Dem Vertragspartner des Minderjährigen werden Prüfungslasten abgenommen. Auf europäischer Ebene allerdings hilft nicht einmal der Blick auf das im Personalausweis vermerkte Geburts-

---

[15] *Brusorio Aillaud,* Droit des personnes et de la famille⁹, S. 1119 Rdnr. 193. Ohne *discernement* kann ein Kind überhaupt kein Rechtsgeschäft tätigen; es kann bestenfalls im Auftrag seiner Eltern Einkäufe erledigen *(faire les commissions: Malaurie* a. a. O. S. 296 Rdnr. 605).

[16] *Malaurie* a. a. O. S. 295 Rdnr. 604.

[17] *Simler,* J.-Cl. Civil Code, Art. 1145 à 1152, Fasc. 8, Rdnr. 6.

[18] Zu den *capacités résiduelles* gehören z. B. die ab der Vollendung des sechzehnten Lebensjahres gewährte Testierfähigkeit (Art. 904 franz. CC) und die gleichfalls das Erreichen dieses Alters geknüpfte Fähigkeit, ein Bankkonto zu eröffnen und von ihm Geld abzuheben (Art. L221-3 franz. Code monétaire et financier). Letzterem können die Eltern allerdings widersprechen. Zudem muss es sich um einen *acte de la vie courante* (Art. 1148 franz. CC) handeln, was jedenfalls dann verneint wird, wenn der Minderjährige die Möglichkeit erhält, sein Konto zu überziehen (Cass. civ. 12.11.1998, JCP G 1999, II, 10053 Anm. *Garé;* s. auch schon CA Versailles 26.10.1993, D. somm. S. 125, Anm. *F. Lucet*).

[19] Auch Schweden kennt die abstrakte Kategorie der beschränkten Geschäftsfähigkeit nicht. Minderjährige mit eigenem Haushalt und Minderjährige, die ein Gewerbe betreiben, profitieren aber nach Vollendung des sechzehnten Lebensjahres von einer Ausweitung ihrer Geschäftsfähigkeit (Kap. 9 § 2a bzw. Kap. 9 § 5 FB), und dafür findet sich dann doch wieder der Ausdruck „begrenzte Rechtshandlungsfähigkeit *(begränsad rättshandlingsförmåga)* (Prop. 1993/94:251, S. 111). Nicht an eine Altersgrenze ist dagegen der Erwerb einer Schenkung oder einer anderen risikolosen Zuwendung gebunden. Allerdings muss der Minderjährige auch dafür ausreichende psychische Eigenschaften besitzen um zu verstehen, dass es sich um eine Schenkung handelt (Prop. 1993/142, S. 39). Dänemark und Finnland verzichten gleichfalls auf Alterstreppen von der Art, wie sie sich in Ländern finden, die stufenförmig zwischen geschäftsunfähigen, beschränkt geschäftsfähigen und unbeschränkt geschäftsfähigen Menschen unterscheiden (Kap. 1 und 6 dän. Værgemålsloven; Kap. 4 finn. Laki holhoustoimesta).

[20] So verhält es sich z. B. unter Art. 127 port. CC, wonach die Fähigkeit zu Verfügungen über selbst erarbeitetes Vermögen an die Vollendung des 16. Lebensjahres geknüpft ist, Minderjährige aber in bestimmtem Rahmen auch Arbeitsverträge schließen und insbesondere die ihrem gewöhnlichen Leben eigentümlichen Rechtsgeschäfte schließen können, sofern sie „im Bereich (ihrer) natürlichen Fähigkeiten liegen und lediglich Ausgaben oder Vermögensverfügungen von geringer Bedeutung ausmachen".

[21] Z. B. § 106 dt. BGB („Ein Minderjähriger, der das siebente Lebensjahr vollendet hat, ist beschränkt geschäftsfähig"); Art. 129 gr. ZGB („Beschränkt geschäftsfähig sind 1. die Minderjährigen, die das zehnte Lebensjahr vollendet haben, 2. diejenigen, welche unter teilweiser geschäftsfähigkeitsbeschränkender rechtlicher Betreuung stehen, und 3. diejenigen, welche unter subsidiärer rechtlicher Betreuung stehen"); Art. 15 poln. ZGB („Beschränkt geschäftsfähig sind Minderjährige, die das dreizehnte Lebensjahr vollendet haben, sowie Personen, die teilweise entmündigt wurden"). Unter Art. 3(2) bulgar. Gesetz über die Person und die Familie sind Minderjährige bis zur Vollendung des 14. Lebensjahres geschäftsunfähig, ab dann beschränkt geschäftsfähig.

datum weiter. Denn die Länder, die Jugendlichen den Status der beschränkten Geschäftsfähigkeit verleihen, sind sich nur darüber einig, dass er, die Abwesenheit einer geistigen Störung vorausgesetzt, mit der Volljährigkeit endet, aber nicht, wann er beginnt. Dieser Zeitpunkt kann von Land zu Land um bis zu acht Jahre (!) auseinanderklaffen.[22]

247 Ein Minderjähriger (und ein in seiner freien Willensbildung gestörter Erwachsener) allerdings, der ein **Delikt** begeht, übt, wie bereits betont[23], keine „Fähigkeit" aus. Ihm steht es schließlich gar nicht offen, ein Für gegen ein Wider abzuwägen; was er tut, ist ohnehin verboten. Die Frage, ob und unter welchen Voraussetzungen ein Mensch ohne voll entwickelte Willensbildungsfähigkeit für selbst begangenes Unrecht haftet, mag zwar hier und dort unter dem Begriff der Delikts'fähigkeit' erörtert werden, aber das Wort ist ungeschickt gewählt. Es geht nicht um Personenrecht, weil das Deliktsrecht dem Einzelnen keine Handlungsoptionen einräumt. Ein Grenzfall ist die sog. „Adoptionsfähigkeit". Denn zwar kommt eine **Adoption** nur auf Antrag der Beteiligten zustande, und alle mit der Adoption verbundenen Erklärungen unterliegen, obwohl ihr Adressat das Gericht ist, den fähigkeitsrechtlichen Voraussetzungen wirksamer Willenserklärungen (z. B. §§ 1746, 1747, 1750, 1760(2)(a) dt. BGB). Aber recht betrachtet gründet eine Adoption (anders als eine Eheschließung) dennoch nicht in einem Rechtsgeschäft[24], sondern in einem konstitutiven richterlichen Dekret.[25] Dass die Vollendung des 18. Lebensjahres vielfach noch nicht genügt, um einen Minderjährigen als Kind anzunehmen[26], ist deshalb keine personenrechtliche Anomalie, sondern die Folge einer rein familienrechtlichen Wertentscheidung.

---

[22] So ist z. B. unter § 104 Nr. 1 dt. BGB „geschäftsunfähig, wer nicht das siebente Lebensjahr vollendet hat". Unter § 12(1) und (2) estn. ZGB AT sind einseitige Rechtsgeschäfte Minderjähriger nichtig, die das siebente Lebensjahr noch nicht vollendet haben; mehrseitige dann, wenn der Vertrag nicht mit Mitteln erfüllt wurde, die dem Kind von seinen Eltern zu diesem Zweck überlassen wurden. Unter Art. 128 gr. ZGB ist dagegen „geschäftsunfähig, wer nicht das zehnte Lebensjahr vollendet hat" (er oder sie gehört noch zu den *Népia*). Unter Art. 12 poln. ZGB gilt dasselbe für „Personen, die das dreizehnte Lebensjahr (noch) nicht vollendet haben", und unter Art. 3(2) bulgar. Gesetz über die Person und die Familie kommt es auf die Vollendung des vierzehnten Lebensjahres an. Auch unter § 21(2) österr. ABGB sind Minderjährige bis zur Vollendung des vierzehnten Lebensjahres „unmündig". Allerdings ist unter § 865(4) a. a. O. nur „rechtsgeschäftliches Handeln von Minderjährigen unter sieben Jahren … zur Gänze unwirksam. Bei anderen Minderjährigen ist das rechtsgeschäftliche Handeln mit Genehmigung ihres Vertreters und gegebenenfalls auch des Gerichts wirksam". Art. 1.84(1) lit. ZGB fixiert die Altersgrenze für die Vernichtbarkeit der Rechtsgeschäfte von Minderjährigen gleichfalls auf die Vollendung des vierzehnten Lebensjahres, es sei denn, der Minderjährige handelt im Rahmen seines Alters und befriedigt seine üblichen Bedürfnisse. Unter Art. 146(1) slowen. FamG kann ein Kind sogar erst ab Vollendung des 15. Lebensjahres selbständig Rechtsgeschäfte abschließen, wenn nicht das Gesetz etwas anderes bestimmt und es sich nicht um Rechtsgeschäfte handelt, die das Leben des Kindes vor Erreichen der Volljährigkeit wesentlich berühren. Man mag kaum glauben, dass die Kinder dieser Länder derart unterschiedlichen Reifeprozessen unterliegen!

[23] Oben Rdnr. 174 und Rdnr. 55 mit Fn. 92.

[24] Der Formulierung nach noch deutlich auf das alte System der Vertragsadoption bezogen ist allerdings § 192(1) österr. ABGB. Danach kommt „die Annahme an Kindesstatt … durch schriftlichen Vertrag zwischen dem Annehmenden und dem Wahlkind und durch gerichtliche Bewilligung auf Antrag eines Vertragsteiles zustande". „Ein entscheidungsfähiges Wahlkind schließt den Vertrag" sogar „selbst ab" (Abs. (2) a. a. O.). Unter § 1752(1) dt. BGB wird dagegen „die Annahme als Kind … auf Antrag vom Familiengericht ausgesprochen".

[25] Das ist auch im Vereinigten Königreich nicht anders. Der *adoption order* kommt unter secs. 50 und 51 Adoption and Children Act 2002 konstitutive Bedeutung zu.

[26] So verhält es sich u. a. in Belgien (Art. 345 belg. CC: 25 Jahre; Mindestaltersabstand 15 Jahre); Deutschland (§ 1743 dt. BGB: 25 Jahre, bei Adoption des Kindes des Ehegatten 21 Jahre; kein fixer Altersabstand, aber er muss zu erwarten sein, dass zwischen dem Adoptierenden und dem Adoptierten ein Eltern-Kind-Verhältnis entsteht); Estland (§ 150 estn. FamG: 25 Jahre; die Adoption des Kindes eines Ehegatten kann das Gericht schon einer volljährigen Person gestatten); Frankreich (Artt. 343 und 343-1 franz. CC: Adoption durch nicht getrennt lebende Ehegatten entweder, wenn sie zwei Jahre verheiratet sind, oder beide das 28. Lebensjahr vollendet haben; anderenfalls die Vollendung des 28. Lebensjahres; Mindestaltersabstand im Normalfall fünfundzwanzig Jahre); Griechenland (Art. 1543 gr. ZGB: 30, aber nicht über 60 Jahre); Lettland (Art. 163 lett. ZGB: 25 Jahre, bei Adoption des Kindes eines Ehegatten 21 Jahre, in jedem Fall ein Mindestaltersabstand von 18 Jahren); Luxemburg (Artt. 367 und 344 luxemb. CC: *adoption plénière* durch Ehegatten, von denen einer das 25. und der andere das 21. Lebensjahr vollendet hat; Mindestaltersabstand 15 Jahre; *adoption simple* ab Vollendung des 25. Lebensjahres); Österreich (§ 193

I. Grundlagen § 5

Die Wahrnehmung nichtrechtsgeschäftlicher Handlungsoptionen ist der Regel nach an **248** weniger geistige Leistungsfähigkeit geknüpft als der Zugang zu der Welt vertraglicher Selbstbindung. Die Möglichkeit zu selbständiger **rechtsgeschäftlicher Lebensgestaltung** öffnet sich jungen Menschen erst zeitversetzt. Wenn und soweit es dafür auf das Erreichen eines bestimmten Alters ankommt, kann allerdings das, was sich als Fähigkeitserweiterung präsentiert, im Einzelfall in eine Fähigkeitsbeschränkung umschlagen.[27] Der Betroffene muss dann damit leben, dass er seine kognitiven und voluntativen Fähigkeiten eine Zeit lang noch nicht nach freiem Ermessen nutzen kann, um sich in Abwägung der Alternativen bewusst für die Bestellung einer bestimmten Ware oder die Inanspruchnahme einer Dienstleistung zu entscheiden. Auch gesunde Kinder und Jugendliche können nirgendwo Verträge beliebigen Inhalts schließen, jedenfalls nicht mit einer eigenen Willenserklärung stets dieselben rechtlichen Bindungswirkungen erzeugen, wie gesunde Erwachsene unter sonst gleichen Umständen. Wer in der Übernahme von Verbindlichkeiten beschränkt wird, hat aber auch nicht die Möglichkeit, selbstbestimmt Rechte zu erwerben, die am Markt nur als Gegenleistung für eine Verbindlichkeit zu haben sind. Kinder und Jugendliche müssen sich mit den Arten von Vereinbarungen begnügen, die in dem Katalog enthalten sind, den ihnen die jeweilige Rechtsordnung anbietet. Auch im vertragsnahen Personenrecht herrscht eine Art *numerus clausus*. Teils traut das Privatrecht Kindern und Jugendlichen ganz ohne Ansehen ihrer individuellen Reife einfach noch keine Risikoabschätzung zu, teils erspart es ihnen die Konsequenzen auch dann, wenn sie sie tatsächlich bewusst, aber leichtfertig einkalkuliert haben.[28] Letzteres kann man gut an den verschiedenen Antworten auf die Frage studieren, ob ein Jugendlicher, der auf einem Angebotsformular ein höheres Alter vortäuscht, nach seinen Angaben als bereits erwachsen behandelt werden sollte[29], Ersteres an den bereits erwähnten Alterstreppen im Konzept der beschränkten Geschäfts-

---

ABGB: 25 Jahre); Portugal (Art. 1979 port. CC: Adoption durch Ehegatten ab Vollendung des 25., andernfalls ab Vollendung des 30. Lebensjahres; Höchstalter 60 Jahre; Höchstaltersabstand 50 Jahre; Mindestalter für die Zivilpatenschaft ebenfalls 25 Jahre [Art. 4 des Gesetzes 103/2009 vom 11.9.2009, Regime jurídico do Apadrinhamento civil]); Spanien (Art. 175(1) Satz 1 span. CC: 25 Jahre) und im Vereinigten Königreich (secs. 46, 47, 50 und 51 Adoption and Children Act 2002). Unter Kap. 4 § 5 schwed. FB kann allerdings bereits adoptieren, wer das 18. Lebensjahr vollendet hat. Ebenso verhält es sich unter Art. 1:228 ndl. BW; § 98 slowak. FamGB und § 799(1) tschech. BGB. Art. 114¹ § 2 poln. FVGB und § 99(1) slowak. FamGB verlangen nur einen angemessenen Altersunterschied, Art. 1:228(1)(c) ndl. BW einen Altersabstand von 18 und § 803 tschech. BGB, einen Altersabstand von mindestens 16 Jahren. Unter Art. 2.5(1) lit. ZGB und Art. 215 slowen. FamG genügt das Erreichen der Volljährigkeit; der Altersunterschied muss mindestens 18 Jahre betragen. Litauen reduziert ihn bei der Adoption des Kindes eines Ehegatten auf mindestens 15 Jahre, Slowenien erlaubt einen geringeren Altersabstand, wenn das im besten Interesse des Kindes liegt. Art. 6 ital. Gesetz v. 4.5.1983 über das Recht des Kindes auf eine Familie verlangt einen Mindestaltersunterschied von 18 und verbietet einen höheren Altersunterschied als 45 Jahre, operiert zudem mit zahlreichen Sonderregeln für Ehegatten unterschiedlichen Alters.

27 Siehe z.B. *Singer*, Barnets bästa⁶, S. 269 (der Minderjährige erlange mit wachsendem Alter allmählich erweiterte Befugnisse) und *Georgiades und Stathopoulos*, AK, Art. 129 gr. ZGB S. 188 Rdnr. 2 (Minderjährige müssten die einzelnen Altersphasen unabhängig von ihrer persönlichen geistigen Reife durchlaufen; für ein „Wunderkind" gelte nichts anderes).

28 Das ist aber auch in einem vertragsrechtlichen Rahmen keineswegs immer der Fall. Tschech. VerfG 24.1.2013, II. ÚS 3176/12, ECLI:CZ:US:2013:2.US. 3176.12.1 entschied z.B., dass eine zwölfjährige Person fähig ist zu erkennen, dass sie im öffentlichen Nahverkehr einen Fahrschein benötigt und einen Aufpreis bezahlen muss, wenn sie ohne Fahrkarte mitfährt. Ähnlich schon tschech. VerfG 4.12.2008, III. ÚS 1019/08, ECLI:CZ:US:2008:3.US. 1019.08.1 und tschech. OG 29.11.2005, 20 Cdo 2775/2005, Soubor civilních rozhodnutí a stanovisek Nejvyššího soudu, Nr. C 3652, 2/2018 (ein dreizehnjähriges Mädchen ist fähig, den Transportvertrag zu schließen und muss deshalb den Fahrpreis bezahlen; es ist aber nicht fähig, den entsprechenden Prozess zu führen; prozessfähig ist nur der gesetzliche Vertreter).

29 Art. 126 port. CC schneidet dem Minderjährigen ausdrücklich das Recht ab, sich auf die Anfechtbarkeit des von ihm getätigten Rechtsgeschäfts zu berufen, wenn er bei „Vornahme der Handlung Arglist angewandt hat, um als Volljähriger oder Emanzipierter angesehen zu werden". In Deutschland bleibt die (von den Eltern nicht genehmigte) Willenserklärung eines beschränkt geschäftsfähigen Minderjährigen auch in diesem Fall unwirksam. Das deutsche Geschäftsfähigkeitsrecht kennt keinen Schutz des guten Glaubens an die Geschäftsfähigkeit (BGH 12.10.1976, NJW 1977 S. 622).

fähigkeit.³⁰ Der Eindruck, dass das Erreichen bestimmter Altersstufen, darunter auch das Erreichen der Volljährigkeit, einen Gewinn an rechtsgeschäftlicher Bewegungsfreiheit gewährt, ist nur aus der zum Schutz des anderen Vertragsteils eingenommenen Blickrichtung auf *alle* Minderjährigen korrekt; aus der Sicht manch eines *individuellen* Minderjährigen ist er es nicht. Denn nichts gewährleistet, dass jeder Siebzehnjährige seinen älteren Zeitgenossen an Willens- und Entscheidungskraft unterlegen ist. Im Einzelfall kann es sich genau umgekehrt verhalten. Ein gewisses Ventil schaffen solchenfalls erst wieder die Emanzipation (die Entlassung aus der elterlichen Gewalt) und, wo es sie nicht gibt, die ihr funktionsäquivalenten, aber gegenständlich schmaler geschnittenen Regeln über die Zuerkennung einer sog. partiellen vollen Geschäftsfähigkeit.³¹

249 Die personenrechtliche Sonderstellung junger Menschen gründet rechtstheoretisch gleichwohl allein in dem **Reifeprozess,** den alle gesunden Menschen durchleben. Dass er nicht abrupt endet, nur weil jemand sein achtzehntes Lebensjahr vollendet hat, blenden die Privatrechtsordnungen aus. Sie kennen kein „Heranwachsendenrecht", nicht einmal eine Parallele zu der den Strafgerichten zur Entscheidung überantworteten Option, auf Täter zwischen der Vollendung des 18. und des 21. Lebensjahres Erwachsenen- oder Jugendrecht anzuwenden.³² Im Privatrecht enden mit der Volljährigkeit alle personenrechtlichen Fähigkeitsbeschränkungen, die ihren Grund in dem Reifungsprozess des jungen Menschen haben. Mit Ausnahme der Adoption hat er von nun an grundsätzlich uneingeschränkten Zugang zu *allen* Gestaltungsoptionen des Privatrechts. Sie bleiben ihm – als inzwischen Erwachsenem – nur noch (oder werden ihm später wieder) verschlossen, wenn er unter den Einfluss einer manifesten Minderung seiner Willensbildungsfähigkeit gerät, sei es dauerhaft oder vorübergehend.

b. In ihrer Geistestätigkeit beeinträchtigte Menschen

(1) Einschränkungen der freien Willensbildung

250 Kinder können zwar (z. B. durch einen Gendefekt) schon mit zerebralen Fehlbildungen geboren werden oder noch vor Erreichen der Volljährigkeit sonst unter den Einfluss von besonderen (nicht reifebedingten) Störungen der Willensbildungsfähigkeit geraten. Bei Jugendlichen ist zudem der Missbrauch von Alkohol und Drogen keine Seltenheit. Für keines dieser Phänomene bedarf es aber eines weiteren Sonderregimes. Denn das, was für volljährige Menschen mit außergewöhnlichen Einschränkungen ihrer geistigen Möglichkeiten gilt, gilt fähigkeitsrechtlich auch für dauerhaft kranke und vorübergehend beeinträchtigte Minderjährige.³³ Das kann man leicht übersehen, weil der allgemeine Minderjährigenschutz im Ergebnis meistens auch schon für sie befriedigende Antworten erlaubt.³⁴

---

[30] Vorher Fn. 22.
[31] Partielle volle Geschäftsfähigkeit erwirbt unter deutschem Recht z. B. ein Minderjähriger, der von seinen Eltern mit Genehmigung des Familiengerichts zum selbständigen Betrieb eines Erwerbsgeschäfts ermächtigt wird (§ 112 dt. BGB). Die familiengerichtliche Genehmigung setzt nach OLG Köln 13.4.1994, NJW-RR 1994 S. 1450 wiederum voraus, dass der Minderjährige „über seine Jahre hinaus gereift ist und sich damit im Rechts- und Erwerbsleben schon im Wesentlichen wie ein Volljähriger benehmen kann und dies seiner Veranlagung nach auch tun wird".
[32] Selbst wenn strafrechtlich Jugendrecht angewandt wurde, unterliegt die privatrechtliche Deliktshaftung also den allgemeinen Regeln. Man könnte m. a. W. zwar von einem Jugendprivatrecht sprechen, aber es endet überall mit der Volljährigkeit, und im Deliktsrecht außerdem in aller Regel schon viel früher (*von Bar*, Gemeineuropäisches Deliktsrecht I, Rdnrn. 66–68).
[33] Vorschriften, in denen das Privatrecht besondere Regeln für Kinder aufstellt, die an einer Störung ihrer geistigen Fähigkeiten leiden, sind ausgesprochen selten. Ein Beispiel findet sich in der adoptionsrechtlichen Regelung des Art. 1555 gr. ZGB, wonach der Minderjährige vor Gericht „der Adoption persönlich zustimmt, wenn er das zwölfte Lebensjahr vollendet hat, es sei denn, er befindet sich in einem Zustand psychischer oder geistiger Störung, der die Funktion seines Willens entscheidend einschränkt. In jedem Fall muss das Gericht je nach Reife des Minderjährigen seine eigene Meinung hören".
[34] Das dürfte in der Formulierung von § 21(1) österr. ABGB vorausgesetzt worden sein, wonach „Minderjährige und Personen, die aus einem anderen Grund als dem ihrer Minderjährigkeit alle oder einzelne

I. Grundlagen   **§ 5**

Deshalb wird es z. B. als überflüssig angesehen, für sie (mit der Gegenausnahme der emanzipierten Minderjährigen) ein Betreuungsregime zu entwerfen[35]; nur dort, wo es die Entmündigung noch gibt, können ihr auch schon Minderjährige zum Opfer fallen.[36] Aber selbst das ändert nichts daran, dass das Fähigkeitsrecht nicht hauptsächlich zwischen Minderjährigen und Volljährigen, sondern zwischen **geistig gesunden und geistig beeinträchtigten Menschen** unterscheidet. Minderjährige können m. a. W. aus doppeltem Grund von selbstbestimmter Lebensgestaltung ausgeschlossen sein: weil sie dafür noch nicht reif sind oder weil sie daran durch eine außerordentliche Einschränkung ihrer Willensbildungsfähigkeit gehindert werden, Erwachsene nur aus dem zweiten Grund. Kinder sind keine kleinen Erwachsenen, schon gar nicht „kleine gestörte Erwachsene", sondern Menschen mit entwicklungsbedingt noch nicht voll ausgebauter Reflektionsfähigkeit. Der auch auf der Ebene internationaler Rechtsetzung ausgeprägte Trend, gesunde Kinder und kranke oder hilfebedürftige Erwachsene zu parallelisieren[37], mag der in diesem Rahmen nötigen Fokussierung auf bestimmte Fürsorgeinstrumente geschuldet sein, erleichtert manchmal auch innerstaatlich die Regelbildung, wenn ein Gesetzgeber meint, kranken Erwachsenen in rechtlichen Kategorien gerecht werden zu können, die sich (in seiner Wahrnehmung) bereits im eigenen Recht der gesunden Minderjährigen bewährt haben.[38] Aber zur Schärfung der personenrechtlichen Optik trägt das nichts bei.

ihrer Angelegenheiten selbst gehörig zu besorgen nicht vermögen, … unter dem besonderen Schutz der Gesetze stehen". Zum Wegfall des § 175 österr. ABGB a. F. („Soweit einem Kind infolge merkbar verzögerter Entwicklung, einer psychischen Krankheit oder einer geistigen Behinderung die für eine einzelne oder einen Kreis von Angelegenheiten erforderliche Einsichts- und Urteilsfähigkeit oder Geschäftsfähigkeit fehlt, hat das Gericht dies von Amts wegen oder auf Antrag einer Person … auszusprechen") durch das zweite Erwachsenenschutzgesetz bemerkte der Ministerialentwurf (222/ME XXV. GP, (https://www.parlament.gv.at/PAKT/VHG/XXV/ME/ME_00222/fname_545855.pdf), dass es „bei den Minderjährigen … ohnedies an das Alter anknüpfende weitreichende pauschale Beschränkungen der Geschäftsfähigkeit (gibt). Auch ein Genehmigungsvorbehalt … ist bei Minderjährigen nicht von Nöten, weil diese – soweit überhaupt geschäftsfähig – einen ähnlichen Schutz durch § 170 Abs. 2 ABGB erfahren; sie können nur insoweit über Sachen, die ihnen zur freien Verfügung überlassen wurden und über Einkommen aus eigenem Erwerb frei verfügen und sich verpflichten, als dadurch nicht die Befriedigung ihrer Lebensbedürfnisse gefährdet wird. § 175 … soll daher entfallen".

[35] Eine rechtliche Betreuung kommt nur bei Volljährigen und (sofern diese Einrichtung bekannt ist) bei bereits emanzipierten Minderjährigen in Betracht (z. B. Art. 488*bis* belg. CC; Kap. 2 § 5 dän. Værgemålsloven; § 1896(1) dt. BGB a. F. bzw. § 1814(1) dt. BGB n.F; § 8(3) estn. ZGB AT; Kap. 2 § 8 finn. Laki holhoustoimesta; Art. 429(1) franz. CC (gerichtliche Schutzmaßnahmen für Erwachsene und emanzipierte Minderjährige); Art. 1666(1) gr. ZGB; Art. 3.157(1) i. V. m. Art. 2.10(1) lit. ZGB; Art. 138 port. CC; Kap. 11 §§ 4 und § 7 schwed. FB (ein *god man* kann für kurze Dauer auch für Minderjährige eingesetzt werden, aber das betrifft Fälle, in denen die Eltern ihre Sorge vorübergehend nicht ausüben können: Prop. 1987/88:124, S. 162); §§ 26 und 27 slowak. ZGB; § 62 tschech. BGB). Minderjährige stehen unter elterlicher Sorge oder Vormundschaft, nicht unter Betreuung. Letztere kann allerdings bereits vorsorglich eingerichtet werden, wenn der Minderjährige das siebzehnte Lebensjahr vollendet hat und anzunehmen ist, dass er ab Erreichen der Volljährigkeit der Betreuung bedarf (z. B. § 1908a dt. BGB a. F. bzw. § 1814 (5) dt. BGB n.F.; Kap. 2 § 9 finn. Laki holhoustoimesta; Art. 429(2) franz. CC; Art. 1666(2) gr. ZGB und Art. 142 port. CC).

[36] So z. B. Art. 13 § 1 poln. ZGB („Eine Person, die das dreizehnte Lebensjahr vollendet hat, kann entmündigt werden, wenn sie wegen einer Geisteskrankheit, Geistesschwäche oder einer anderen Art psychischer Störung, insbesondere Trunk- oder Rauschgiftsucht, nicht imstande ist, ihre Handlungsweise selbst zu bestimmen"). Die Teilentmündigung ist dagegen nur bei Volljährigen möglich (Art. 16 § 1 poln. ZGB).

[37] Prominente Beispiele finden sich in den Haager Übereinkommen, insbesondere in dem Haager Übereinkommen vom 19.10.1996 über die Zuständigkeit, das anzuwendende Recht, die Anerkennung, Vollstreckung und Zusammenarbeit auf dem Gebiet der elterlichen Verantwortung und der Maßnahmen zum Schutz von Kindern (KSÜ) (dt. BGBl. 2009 II S. 603) und dem Haager Übereinkommen vom 13.1.2000 über den internationalen Schutz von Erwachsenen (ErwSÜ) (dt. BGBl. 2007 II S. 323).

[38] Unter § 1903(3) Satz 1 dt. BGB a. F. bzw. § 1825(3) Satz 1 dt. BGB n. F. bedarf z. B. ein Betreuter, der zu einer Willenserklärung grundsätzlich auf die Einwilligung seines Betreuers angewiesen ist, dieser Einwilligung dann nicht, wenn das Geschäft dem Betreuten lediglich einen rechtlichen Vorteil gewährt. Das Gesetz koppelt hier also auf eine Regelung aus dem Recht der beschränkt geschäftsfähigen Minderjährigen (§ 107 dt. BGB) zurück. Unter § 1903(1) dt. BGB a. F. bzw. § 1825 dt. BGB n. F. ist die Anbindung an das Minderjährigenrecht nicht minder stark. Und selbst § 105a dt. BGB (Geschäfte volljähriger

297

251 Da Volljährigkeit der Grundregel nach Geschäftsfähigkeit mit sich bringt, wirken sich Beeinträchtigungen der Geistestätigkeit bei **Erwachsenen** allerdings rechtlich einschneidender aus als bei Minderjährigen. In seiner Geistestätigkeit „beeinträchtigt" (oder „gestört") ist nicht schon, wer weniger intelligent ist als andere. Der Privatrechtsordnung geht es nicht um Verstand und Cleverness, sondern um die Fähigkeit der freien Willensbildung.[39] Letztere entfällt nur bei einem außergewöhnlich geringen Intelligenzquotienten.[40] Auf die in der Philosophie aufgeworfene und von der Naturwissenschaft aufgegriffene Frage, ob es einen freien Willen überhaupt „gibt", lässt sich das Privatrecht nicht ein. Es setzt normativ voraus, dass der gesunde Mensch wollen kann, was er will.[41] Ohne diese

---

Geschäftsunfähiger über Gegenstände des täglichen Lebens) bedient sich, trotz einiger Abweichungen in den Details, deutlich einiger Gestaltungselemente des für Minderjährige konzipierten § 110 dt. BGB, des sog. „Taschengeldparagraphen". Unter § 8(2) estn. ZGB AT sind Kinder und geistig beeinträchtigte Erwachsene beschränkt geschäftsfähig. Unter Art. 3(2) bulgar. Gesetz über die Person und die Familie sind Kinder bis zur Vollendung des 14. Lebensjahres geschäftsunfähig, ab dann beschränkt geschäftsfähig. Beide Kategorien spielen aber auch bei Erwachsenen eine Rolle, die an einer psychischen Erkrankung oder an „Schwachsinn" leiden. Insbesondere können solche Erwachsene vom Vormundschaftsgericht für beschränkt geschäftsfähig erklärt werden (Art. 5(3) a. a. O.). Eine deutliche Querverstrebung mit dem Minderjährigenrecht findet sich auch in sec. 7(2) Mental Capacity Act 2005, der in Anlehnung an sec. 3 Sale of Goods Act 1979 eine Regelung bringt, die geistig behinderten Personen einen Weg eröffnet, *necessaries* zu erwerben.

[39] Z. B. BGH 19.6.1970, NJW 1970 S. 1680, 1681 („Nach § 104 Nr. 2 BGB sind für die Beurteilung der Geschäftsfähigkeit nicht so sehr die Fähigkeiten des Verstandes ausschlaggebend als die Freiheit des Willensentschlusses. Es kommt darauf an, ob eine freie Entscheidung auf Grund einer Abwägung des Für und Wider unter sachlicher Prüfung der in Betracht kommenden Gesichtspunkte möglich ist [...]. Eine Person die in der Lage ist, ihren Willen frei zu bestimmen, deren intellektuelle Fähigkeiten aber nicht ausreichen, um bestimmte schwierige rechtliche Beziehungen verstandesmäßig zu erfassen, ist deswegen noch nicht geschäftsunfähig"). Für Frankreich bemerkt *Teyssié*, Droit des personnes[20], S. 460 Rdnr. 835, dass „le trouble mental doit exister. Mais sa cause importe peu: maladie, drogue, alcool... Il convient, en revanche, qu'il soit d'une gravité suffisante pour que celui dont il affecte ne soit plus en état d'exprimer une volonté consciente". Der Tatrichter entscheidet souverän über das Vorliegen eines *trouble mental* (Cass. civ. 12.11.1975, Bull. civ. I, Nr. 319 S. 264). Es kommt darauf an, dass er so schwer wiegt, dass der Betroffene keinen bewussten Willen mehr äußern kann (Cass. civ. 19.12.1972, Bull. civ. III, Nr. 693 S. 511; das Gericht spricht hier von einem Zustand intellektueller Schwäche, einem *état d'affaiblissement intellectuel ayant supprimé tout libre consentement*). Appellationsgericht Szczecin 28.3.2019, I ACa 612/18, Legalis-Nr. 2180894 bemerkt, dass es zur Anwendung von Art. 82 poln. ZGB nicht genüge festzustellen, dass der Betroffene infolge seiner Erkrankung Schwierigkeiten habe, den Sinn seiner Erklärung und ihre rechtlichen und tatsächlichen (z. B. finanziellen) Auswirkungen zu erkennen. Entscheidend sei vielmehr, dass sein medizinischer Zustand unter Berücksichtigung anderer Umstände, unter denen die Willenserklärung abgegeben wurde, die Unfähigkeit verursacht hat, eine bewusste oder freie Entscheidung zu treffen und auf ihrer Grundlage seinen Willen zu äußern.

[40] In der deutschen Praxis nimmt man an, dass erst ein IQ von weniger als 60 die freie Willensbildung ausschließt (OLG Düsseldorf 11.7.1995, VersR 1996 S. 1493 m. N. aus dem psychiatrischen Schrifttum) („Die Einschränkung der intellektuellen Fähigkeiten der Beklagten (IQ 76) führt nicht zu einem solchen Ausschluß. Hier handelt es sich um eine leichtere Form der Debilität [...], während von einem dem Ausschluß der freien Willensbestimmungsfähigkeit begriffsähnlichen Ausschluß der strafrechtlichen Verantwortlichkeit [...] erst bei einem IQ von weniger als 60 ausgegangen wird)". Frühere Generationen sprachen bei einem derart geringen IQ von „Schwachsinn". In *An NHS Trust v DE* [2013] EWHC 2562 ging es um einen 37-jährigen Mann mit einem IQ von 40. Er war offenkundig nicht in der Lage, in eine sexuelle Beziehung einzuwilligen oder Verhütungsmittel zu benutzen. Österr. OGH 29.4.2003, 5 Ob 278/02x, RIS-Justiz, hat die Unwirksamkeit eines Vertrages festgestellt, den ein Mann mit einem IQ von knapp über 70 mit einem „Mehrwertdienst" (einem Telefonsexanbieter) geschlossen hatte. Der Mann müsse nur den Grundtarif mit der Telefongesellschaft bezahlen; die für die „Mehrwertdienste" in Rechnung gestellten Beträge habe er weder verstehen noch gar selbst ausrechnen können.

[41] Eingehend dazu und mit Nachweisen aus dem philosophischen und naturwissenschaftlichen Schrifttum *Neuner*, AcP 218 (2018) S. 1, und für einen Gegenentwurf zu dem sog. Determinismus in Gestalt des sog. Kompatibilismus *Frankfurt*, Journal of Philosophy 68 (1971) S. 5, 15 und 20 („My conception of the freedom of the will appears to be neutral with regard to the problem of determinism. It seems conceivable that it should be causally determined that a person is free to want what he wants to want. If this is conceivable, then it might be causally determined that a person enjoys a free will"). *Berlin*, Essäer om frihet, S. 187 bemerkt zutreffend, dass die Tatsache, dass auf vielen Ebenen diskutiert werden kann, ob der Mensch wirklich einen „freien" Willen *(fri vilja)* (gemeint ist der „natürliche" Wille) hat und was ihn

I. Grundlagen §5

axiomatische Festlegung könnte die Rechtsordnung ihrer Aufgabe nicht gerecht werden, in praktischer Vernunft alltagstaugliche Regeln zu entwickeln. Einschränkungen der freien Willensbildung werden häufig in **dauerhafte und vorübergehende** unterschieden[42], was aber weder in jedem Einzelfall trennscharf gelingt[43] noch nottut oder wenigstens Fehlbeurteilungen vorbeugt.[44] Die Unterscheidung spielt nur dann noch eine Rolle, wenn es um die Voraussetzungen dafür geht, eine staatliche Fürsorgemaßnahme zu veranlassen. Die Tatbestände des Betreuungsrechts beziehen sich zwar gewöhnlich nicht ausdrücklich auf die Dauerhaftigkeit des Leidens. Indem Regeln wie § 1896(1) dt. BGB a. F. bzw. § 1841(1) dt. BGB auf eine „Krankheit oder Behinderung" abstellen, rekurrieren sie aber in der Sache doch wieder auf das Zeitmoment.[45] Denn es zählt unter Art. 1 der UN-

---

ausmacht, für die Rechtsanwendung nicht relevant sei. Für sie sei nur wichtig, ob es im Einzelfall Umstände gebe, die darauf hindeuten, dass etwas anderes als der freie Wille (nun ist der „freie" Wille im Rechtssinne gemeint) die Handlungen des Betroffenen beherrscht habe. Es geht deshalb immer wieder auch darum, „geistig schwache Menschen vor dem Druck von Menschen in ihrer unmittelbaren Umgebung zu schützen, die die Ermächtigungen für verschiedene finanzielle Disposition erhalten wollen" (Prop. 1987/88:124, S. 132). Zu der These, dass der Entschluss, eine bestimmte Ware zu kaufen, infolge u. a. von Werbung längst gefallen sei, bevor sich der Käufer seiner Entscheidung bewusst wird, *Mankowski*, AcP 211 (2011) S. 153.

42 Z. B. Areopag 1687/2002, EllDne 2003 S. 1594 und *Terré/Simler/Lequette/Chénedé*, Obligations[12], S. 191 Rdnr. 155 („le plus souvent, l'absence de consentement provient du fait que les facultés mentales de la personne sont altérées. Cette altération peut être durable [...]. Elle peut aussi être passagère du fait de la drogue ou de l'alcool. Aucune volonté réelle n'habitant la déclaration de volonté, il y a absence de consentement. Le contrat ne peut se former valablement"). Die praktischen Folgen dieser Unterscheidung sind freilich gering. Sie spielt für den Status der Geschäftsfähigkeit eine Rolle, aber nicht für die Wirksamkeit des konkreten Geschäfts. Es genügt z.B., dass eine Schenkungsgeberin am Tag und zum Zeitpunkt der Schenkung nicht die ausreichende Einsichtsfähigkeit und den ausreichenden Willen hatte, die fragliche Schenkung vorzunehmen (Berufungsgericht Coimbra 22.10.2019, Processo 94/14), auch wenn das Gericht gewissermaßen „sicherheitshalber" noch hinzufügt, dass „dieser Mangel an Einsichtsfähigkeit und Wille notorisch" war. Sec. 2(2) Mental Cpacity Act 2005 hält denn auch fest: „It does not matter whether the impairment or disturbance is permanent or temporary".

43 Z. B. Appellationsgericht Wrocław 30.10.2013, I ACa 1056/13, Legalis-Nr. 999449 (Abstinenzsyndrom eines Alkoholikers, der im Notartermin „nur daran dachte, so schnell wie möglich Alkohol zu trinken", bedeute, „dass er den Inhalt der abgeschlossenen Vereinbarungen und deren Auswirkungen auf seine materielle Sphäre nicht logisch beurteilen konnte. Insbesondere, wenn die vom Kläger in der notariellen Urkunde getroffene Vermögensdisposition für ihn grob nachteilig war"). Auch Berufungsgericht Athen 3752/1990, EllDne 31/1511 war der Meinung, dass besonders belastende Vertragsbedingungen den Verdacht verstärken könnten, dass der Betroffene unter einer Geisteskrankheit litt.

44 Mit Recht bemerkt Appellationsgericht Białystok 23.1.2020, I ACa 313/19, Legalis-Nr. 2314906, dass es unzulässig sei, *a priori* von einer geisteskranken oder geistesschwachen Person anzunehmen, dass ihr Gesundheitszustand eine bewusste oder freie Willensbestimmung und Willensäußerung ausschließe. Denn sie könne zu einem bestimmten Zeitpunkt gleichwohl willensbildungsfähig gewesen sein. Areopag 149/2003, ChrID 2003 S. 425 meinte zwar, die Dauerhaftigkeit einer psychischen Erkrankung begründe die Vermutung, dass die Person auch im Zeitpunkt der Erklärung willensbildungsunfähig gewesen sei, doch ist das nicht unproblematisch. In bulgar. Kassationsgerichtshof Nr 187, 31.2.2019, 1164/2019 in Zivilsachen z. B. ging es um die Testierfähigkeit einer an Schizophrenie leidenden Frau, die zwar starken psychischen Schwankungen unterlag, aber intelligent war, über ein gutes Gedächtnis verfügte und in guter Sprachstruktur geschrieben hatte. Das Gericht lehnte es ab, auf lange vor dem Testament datierte medizinische Gutachten abzustellen und gewichtete jüngere Zeugenaussagen höher. Berufungsgericht Coimbra 12.12.2017, Processo 123/15 entschied, dass die auf die Teilung des ehelichen Vermögens gerichtete Erklärung des volljährigen und nicht entmündigten Betroffenen anfechtbar sei, wenn die andere Partei wusste oder hätte erkennen müssen, dass er nicht „luzide" war.

45 Durch das dt. Gesetz zur Reform des Vormundschafts- und Betreuungsrechts vom 4.5.2021 ist die Formulierung geändert worden. In § 1896(1) a. F. war noch von einer „psychischen Krankheit oder einer körperlichen, geistigen oder seelischen Behinderung" die Rede. Man wollte sich in der Neufassung (i) „weniger auf die medizinische Feststellung von Defiziten der betreffenden Personen" fokussieren, vielmehr den „konkreten Unterstützungsbedarf in den Vordergrund" stellen, und (ii) vermeiden, „psychische Erkrankungen besonders herauszustellen" (BT-Drucks. 19/24445 S. 230). Das schwed. Lag om verkan av avtal, som slutits under påverkan av en psykisk störning, einst als Ergänzung zu der (inzwischen abgeschafften) Entmündigung konzipiert (NJA 1924 II S. 594), erfasst zwar ausdrücklich auch vorübergehende Einschränkungen der freien Willensbildung. Auch hängen unter modernem Recht die Bestellung eines rechtlichen Betreuers (*god man*) bzw. eines Verwalters (*förvaltare*) nicht davon ab, dass es sich um eine dauerhafte Eintrübung handelt. Gleichwohl wird es kaum je in Frage kommen, eine rechtliche Betreuung

Behindertenkonvention zu den Definitionsmerkmalen einer „Behinderung".[46] In die Gruppe der vorübergehenden Störungen gehören u. a. der Alkohol- und Drogenrausch[47], Gehirnerschütterungen, Benommenheit und postnarkotische Zustände, je nach den weiteren Umständen auch Zustände übermäßiger Angst, sehr starken Schmerzes und extremer Erschöpfung.[48] Große Nervosität und eine starke psychische Aufregung nach einer Drohung genügen dagegen nicht.[49] Andererseits kommt es nach vorzugswürdiger Ansicht geschäftsfähigkeitsrechtlich nicht darauf an, ob die Einschränkung auf (fremdem oder eigenem) Verschulden beruht.[50]

---

bei nur kurz dauernden Zuständen zu veranlassen (HD 31.5.2018, NJA 2018 S. 350; Prop. 1987/88:124, S. 145 und S. 168).

[46] „Zu den Menschen mit Behinderungen zählen Menschen, die *langfristige* körperliche, seelische, geistige oder Sinnesbeeinträchtigungen haben" (Hervorhebung hinzugefügt). „Behinderungen" sind also „langfristige Beeinträchtigungen" (siehe – zu Spanien – auch noch Rdnr. 254).

[47] Oben Fn. 2. Auch unter dem Common Law gilt, dass einem „betrunkenen Individuum" die Fähigkeit abgeht, einen Vertrag zu schließen. Die maßgeblichen Testfragen lauten, ob die Person so betrunken war, dass sie nicht verstand, was sie vertraglich tat, und ob sich die andere Vertragspartei dieses Umstandes bewusst war (*Pitt v Smith* (1811) 3 Camp 33, 170 E. R. 1296). Bulgar. Kassationsgerichtshof Nr. 186, 23.1.2019, 1149/2018, I. Zivilkammer betraf die Testierfähigkeit eines alkoholkranken Mannes, der nach mehrtägiger Zecherei seinen Zechkumpanen notariell zum Erben eingesetzt und sein früheres Testament widerrufen hatte. Das Gericht bestand u. a. auf einem graphologischen Gutachten, um die Testierfähigkeit des Verstorbenen rückwirkend beurteilen zu können. Die „Trunk- oder Rauschgift*sucht*" gehört dagegen unter Artt. 13 § 1, 16 § 1 poln. ZGB zu den Entmündigungsgründen und damit zu den dauerhaften geistigen Eintrübungen. Abgesehen von den allgemeinen Bedenken gegen die Entmündigung ist allerdings die Trunksucht ein besonders problematischer Entmündigungsgrund. BVerfG 20.1.2015, NJW 2015 S. 1666, 1667 Rdnr. 31 hat deshalb mit Blick auf § 1896(1a) dt. BGB a. F. (jetzt § 1814(2) dt. BGB n.F.) angemahnt, einen Alkoholkranken nicht gegen seinen Willen unter Betreuung zu stellen, wenn ihm die Steuerungsfähigkeit lediglich in Bezug auf Alkohol fehlt. Berufungsgericht Larissa 192/2017, Isokrates-Datenbank hat die Schenkung eines chronisch Alkoholkranken für wirksam gehalten, weil nicht klar war, dass er im Zeitpunkt der Schenkung berauscht war oder sonst an sein Bewusstsein trübenden Entzugserscheinungen litt.

[48] Appellationsgericht Białystok 7.12.2018, I ACa 650/18, Legalis-Nr. 1886874 (Zustand schwerer Krankheit und extremer Erschöpfung hätten dazu geführt, dass der Betroffene, der bei Bewusstsein geblieben war, nicht in der Lage gewesen sei, seinen wirklichen Willen äußeren Einflüssen entgegenzusetzen; er habe sich deshalb unwillkürlich an Handlungen beteiligt, die von anderen initiiert und kontrolliert wurden). Österr. OGH 28.8.2013, 6 Ob 44/13h, RIS-Justiz hielt einen langjährig an große Vertragsvolumina gewöhnten Unternehmer für fähig, einen wirksamen Bürgschaftsvertrag zu schließen. Der Betroffene hatte nach Krebsdiagnose und Chemotherapie sein Unternehmen durch Insolvenz verloren, aber noch eine Bürgschaftserklärung abgegeben. Er litt an einem depressiven Syndrom, an reduzierter Merkfähigkeit, Realitätsverlust und einer Denkstörung, die es ihm nur noch ermöglichte, sich auf die eigene Krankheit zu konzentrieren. Das genügte dem Gericht nicht. OLG Koblenz 1.10.2014, NJW 2015 S. 79 betraf die Einwilligungsfähigkeit einer Frau, die behauptet hatte, sie sei wegen einer akuten Gallenkolik nicht in der Lage gewesen, dem Aufklärungsgespräch zu folgen (die Operation war zwar misslungen, aber das war nicht durch eine Fahrlässigkeit des Arztes verursacht worden). „Einen Erfahrungssatz dahin, dass Schmerzen, die in ihrem Schweregrad und dem Einfluss auf die kognitiven Fähigkeiten des Patienten schon objektiv nicht verlässlich einschätzbar sind, jenseits der auch subjektiv kaum fassbaren Schwellen zwischen ‚einfachem', ‚starkem' und ‚unerträglichem' Schmerz die Einwilligungsfähigkeit des Patienten immer einschränken und letztendlich sogar völlig aufheben, gibt es nicht".

[49] Poln. OG 5.12.2002, I PKN 582/01, Legalis-Nr. 81832 (Es sei natürlich, dass der Arbeitnehmer bei der Abgabe seiner Erklärung zur Beendigung seines Arbeitsverhältnisses an Nervosität gelitten habe. Daraus könne aber nicht abgeleitet werden, dass er außerstande gewesen sei, eine bewusste und freie Entscheidung zu treffen) und *Georgiades und Stathopoulos*, AK, Art. 131 gr. ZGB S. 191 Rdnr. 2 (Drohung sei nur ein Anfechtungsgrund). Partiell anders aber wohl Menezes Cordeiro (-*Menezes Cordeiro*), Código Civil Comentado I, Art. 257 S. 751, Rdnr. 4, der als Beispiele für eine vorübergehende Geschäftsunfähigkeit „aus irgendeinem Grund" (Art. 257 port. CC) auch einen Panikzustand, die Euphorie vor einem Ereignis und einen Wutanfall nennt. Schwed. HD 10.2.1981, NJA 1981 S. 291 nahm eine Willensbeeinträchtigung auch bei einer leichtgläubigen Person an, die schnell auf andere hereinfalle. Das geht recht weit.

[50] *Triantos*, AK, Art. 131 gr.ZGB S. 164 Rdnr. 2. Anders für Italien aber *Bianca*, Diritto civile I², S. 269 (eine Anfechtung könne nicht verlangt werden, wenn die unfähige Person ihre Unfähigkeit selbst verursacht, also sich betrunken und dann einen Vertrag geschlossen habe (sog. *actio libera in causa*)).

(2) Defizite

Vorübergehende wie dauerhafte Einschränkungen der freien Willensbildung beruhen auf **252** kognitiven, motivationalen oder exekutiven Defiziten, eine Klassifizierung, die sich zu den Funktionen bestimmter Hirnregionen in Beziehung setzen lässt.[51] Zu den in der Hirnrinde lokalisierten **kognitiven Fähigkeiten** gehören die basalen Fähigkeiten der Orientierung, Wahrnehmung, Aufmerksamkeit und Konzentration sowie die Gedächtnisleistung und die Informationsverarbeitung. Bei ihr geht es um die Möglichkeit, die Bedeutung und die Wichtigkeit von Informationen zu erfassen und sie sinnvoll zu verknüpfen. Störungen dieser Fähigkeiten können angeboren sein, auf körperlich begründbaren (organischen) Störungen (organisches Psychosyndrom, Delir), die Folgen einer Meningitis oder einer unbehandelten Epilepsie, aber auch auf altersbedingtem Erinnerungsabbau (z. B. in Gestalt einer Demenz) beruhen. Wenn das Erfahrungsgedächtnis ausfällt, kann ein Mensch die wahrscheinlichen Konsequenzen seines Verhaltens nicht mehr antizipieren. Dadurch wird er von der Möglichkeit abgeschnitten, das Für und Wider seines Tuns abzuwägen. Anders ist das aber, wenn sich Gedächtnisstörungen nur auf unwichtige Einzelheiten beziehen und dies dem Betroffenen bewusst ist, so dass er sich darauf einstellen kann.[52] Rechtlich kommt es immer auf den Schweregrad der Erkrankung an. Nicht jeder, bei dem eine Alzheimererkrankung diagnostiziert wurde, ist allein deshalb schon geschäftsunfähig.[53] Schwere Werkzeugstörungen (wie z. B. die Aphasie, der Verlust des Sprechvermögens oder des Sprachverstehens durch eine Erkrankung des Sprachzentrums im Gehin) können die kognitiven Fähigkeiten eines Menschen gleichfalls bis zur Geschäftsunfähigkeit belasten.[54]

---

[51] Ich danke meinem Universitätskollegen und psychiatrischen Sachverständigen *Wolfgang Weig* für wertvolle Hinweise.
[52] Sehr anschaulich *Cording und Roth,* NJW 2015 S. 26.
[53] Appellationsgericht Szczecin 28.3.2019, I ACa 612/18, Legalis-Nr. 2180894 (Nicht jede Beeinträchtigung der kognitiven Funktionen des Gehirns, die durch die Alzheimer-Krankheit verursacht wird, beweise bereits, dass die Voraussetzungen von Art. 82 poln. ZGB vorlägen. Das sei erst dann der Fall, wenn der Kranke nicht mehr im Bewusstsein äußerer Umstände handelt, oder wenn die Umstände so komplex oder überraschend sind, dass er sie nicht mehr bewusst beurteilen könne). Siehe auch poln. OG 26.4.2018, IV CSK 573/17 (Die Feststellung, dass ein Erblasser psychisch krank war, begründet *per se* noch keine Testierunfähigkeit und mit ihr die Nichtigkeit des Testaments). Trib. Modena, sez. I, 9.11.2020, nr. 1338, De Jure Datenbank entschied, dass es für das Bestehen einer Unzurechnungsfähigkeit zum Zeitpunkt des Vertragsschlusses nicht ausreiche, dass das normale Verfahren der Willensbildung und -äußerung in irgendeiner Weise gestört sei, wie es bei einer schweren Krankheit der Fall sein könne. Vielmehr sei es erforderlich, dass die intellektuellen und willensmäßigen Fähigkeiten der Person aufgrund ihrer Krankheit so gestört sind, dass sie an einer ernsthaften Bewertung des Inhalts und der Wirkungen des Geschäfts gehindert ist. Das müsse konkret dargelegt und bewiesen werden. Um einen besonders schweren Fall degenerativer Demenz ging es in Trib. Imperia sez. I, 4.2.2021, nr. 90, De Jure Datenbank. Die Betroffene war nicht mehr in der Lage zu stehen. Sie wurde liegend ins Gericht gebracht, wo sie einfachste Fragen nicht beantworten konnte, äußerte „ich weiß nicht, was (!) ich bin" und nur „sinnlose Sätze" sprach. Das Gericht lehnte die beantragte Entmündigung gleichwohl ab, weil die bereits eingerichtete Betreuung geeignet sei und genüge, die finanziellen und persönlichen Interessen der Frau zu schützen. Trib. Grosseto 12.10.2020, nr. 675 betraf die (im Ergebnis abgelehnte) Entmündigung eines Mannes, der infolge einer in jungen Jahren zugezogenen Meningitis und Epilepsie an einer schweren geistigen Retardierung litt. Das Gericht konnte aber über einfachste Fragen keinen Dialog mit ihm herstellen.
[54] Siehe z. B. HD 25.10.1963, NJA 1963 S. 526 (durch geistigen Schwächezustand hervorgerufene Unfähigkeit, die eigenen Wünsche auszudrücken) und BGH 1.7.1959, BGHZ 30 S. 294 (Schlaganfall beeinträchtigt die sprachlichen Fähigkeiten einer Frau, die nur Stunden zuvor mit dem Notar die Einzelheiten ihres Testaments besprochen hatte; sie müsse im Zeitpunkt der Testamentserrichtung – Unterschrift – den ihr vorgelesenen Text noch als ihr Testament erfasst, seinen wesentlichen Inhalt verstanden und den freien Willen gehabt haben, *diesen* Text als ihr Testament zu hinterlassen). Die fehlende oder stark eingeschränkte Fähigkeit zu lesen, zu schreiben und zu rechnen begründet dagegen für sich keine Geschäftsunfähigkeit. Denn daraus folgt nicht, dass der Betroffene keine eigene Willensentscheidung treffen kann (BAG 28.5.2009, NJW 2009 S. 3051, 3052 Rdnr. 9). Spanien hat aus diesem Grunde den Entmündigungsgrund der mit der Unfähigkeit zu lesen und zu schreiben verbundenen Taubstummheit aufgehoben (oben Rdnr. 145 mit Fn. 685). Auch aus italienischer Sicht beeinträchtigen Einschränkungen des Seh-, Hör- und Sprachvermögens die Handlungsfähigkeit grundsätzlich nicht. Unter Art. 415(3) ital. CC können Taube oder Blinde, deren Gebrechen von Geburt an oder seit ihrer frühen Kindheit besteht, allerdings beschränkt entmündigt werden, wenn sie keine ausreichende Ausbildung erhalten haben, und

Motivationale Fähigkeiten haben ihren Sitz im limbischen System des Zwischenhirns. Wer von einer Einschränkung dieser Fähigkeiten betroffen ist, hat eine „Ichstörung". Er leidet z. B. an formalen Denkstörungen oder Wahn, d. h. er hält unerschütterlich und ohne die Fähigkeit zu selbstkritischer Reflexion und Distanzierung an bestimmten Denkinhalten fest, erkennt aber nicht, dass das auf einen pathologischen Zustand zurückgeht.[55] Der Zugang zu Gründen und Wertvorstellungen ist verstellt, das Wertgefüge deformiert. Das äußert sich z. B. in den Krankheitsbildern einer schweren Depression[56], einer schweren Manie, einer Zwangs- oder einer Persönlichkeitsstörung mit wahnhaften Zügen (wie z. B. einer Paranoia[57]). Auch eine vollständige Unterwerfung unter fremden Willen in Gestalt eines psychischen und/oder sexuellen Abhängigkeitsverhältnisses (Hörigkeit) gehört in diese Gruppe.[58] Seltener sind Beeinträchtigungen der Handlungsfähigkeit. Unter einer Störung der **Exekutivfunktionen** des Gehirns leidet, wer zwar einen Willen bilden, ihn aber nicht äußern bzw. umsetzen kann. Die Ursache können organische Erkrankungen des Gehirns im Bereich seiner subcorticalen Strukturen sein[59]; zu denken ist aber auch an bestimmte Erscheinungsformen der Schizophrenie.[60]

---

unter Art. 414 a. a. O. kommt eine vollständige Entmündigung in Betracht, wenn die betroffene Person zur Wahrnehmung ihrer eigenen Interessen gänzlich unfähig ist. Unter Art. 340 ital. CC von 1865 waren Taubstumme und Blinde noch von Gesetzes wegen entmündigt.

[55] Z. B. STJ 11.12.2018, Processo 342/15 (Die in einer öffentlichen Urkunde enthaltenen Erklärungen sind anfechtbar, wenn der Erklärende bei seiner Aussage gegenüber einer Notarin unter Wahn leidet, sich auf von der Realität losgelöste Tatsachen bezieht und Anzeichen eines solchen Zustands zeigt) und Areopag 12/2005, ChrID 2005 S. 503 (Eine psychische oder geistige Störung schließe die freie Willensbestimmung „durch logische Berechnungen" aus). Siehe aber auch LG Athen 809/2015, Isokrates Datenbank (die Wahnvorstellungen waren diagnostiziert und medikamentös behandelt worden; keines der Dokumente wies darauf hin, dass der Kreditvertrag unter dem Einfluss von Wahnvorstellungen geschlossen worden war). *Habermeyer und Saß*, MedR 2003 S. 543, 544 nennen als Beispiel einen Menschen, der an Verfolgungswahn leidet und sein Haus verkauft, weil er es zwanghaft für verwanzt hält.

[56] Z. B. HD 26.11.2015, NJA 2015 S. 851 (Der Betroffene litt unter einer bipolaren Störung mit schwerer Depression und Perioden manischer Zustände. Er zeigt Impulskontrollstörungen, die sich hauptsächlich in Glückspielwahn [*spelmani*] manifestierten. Da ihm auch soziale Netzwerke fehlten, die ihm hätten helfen können, hielt das Gericht die Bestellung eines Betreuers (*god man*) für notwendig. Siehe dazu *Fridström Montoya*, SvJT 2016 S. 523. In schweren Fällen von Glückspielwahn kommt die Einrichtung einer Verwalterschaft (*förvaltarskap*, Kap. 11 § 7 schwed. FB) in Betracht (HD 30.10.2019, NJA 2019 S. 837). Siehe auch Bezirksgericht Słupsk 9.12.2020, I C 912/19, Legalis-Nr. 2524195 (Das Wissen über Depression und ihre Auswirkungen sei allgemein verfügbar. Ein Gericht könne aber nur auf der Grundlage aller Informationen im Einzelfall beurteilen, ob die Voraussetzungen von Art. 82 des poln. ZGB erfüllt seien, d.h., ob es dem Betroffenen unmöglich war, seinen Willen frei zu bestimmen und zu äußern). Trib. Perugia 18.5.2016, nr. 1233, De Jure Datenbank hielt einen Mann für unzurechnungsfähig, der unter einem „posttraumatischen Syndrom in Verbindung mit schweren Depressionen und Alkoholabhängigkeit" litt. Cass. 27.1.1977, nr. 418 (hier zitiert nach *Dubolino und Dubolino*, Codice di diritto di famiglia e dei minori, S. 2110) allerdings hielt eine chronische Depression nicht für ausreichend, dem Betroffenen die Möglichkeit zu nehmen, sich mit Sorgfalt um seine eigenen Interessen zu kümmern.

[57] Berufungsgericht Athen 5405/2003, EllDne 2003 S. 1408.

[58] HD 24.2.1966, NJA 1966 S. 44 (Willensschwäche und Anfälligkeit für psychologische Einflüsse) und HD 23.12.1992, NJA 1992 S. 863 I (Unfähigkeit, dem Druck anderer Personen zu widerstehen). BGH 13.6.2002, NJW-RR 2002 S. 1424 betraf einen Mann, dem für einen Zeitraum von drei Monaten von seinem Telefon-Provider DM 108.283,87 (!) für Anrufe bei einer „Telefonsexhotline" in Rechnung gestellt worden waren. Das Gericht verwies den Fall mit der Begründung an die Vorinstanz zurück, sie hätte sich nicht mit dem Vortrag des Mannes befasst, dass er von seiner Telefonsexpartnerin sexuell wie emotional derart abhängig gewesen sei, dass er keinen freien Willen mehr habe bilden können und so oft wie irgend möglich habe anrufen müssen. Dieses Vorbringen sei nicht von vornherein von der Hand zu weisen; es sei denkbar, dass der Mann „partiell geschäftsunfähig" gewesen sei.

[59] So lag es in *Roberts v Ramsbottom* [1980] 1 WLR 823 (Neill J.). Der Beklagte hatte, während er am Steuer saß, eine Gehirnblutung erlitten. Er erkannte zwar, dass er nicht mehr bei vollem Bewusstsein war. Zu den Wirkungen des Hämatoms gehörte aber, dass er nicht mehr in der Lage war, nach jener Erkenntnis zu handeln. Es ging freilich um eine haftungsrechtliche Entscheidung; der Beklagte wurde zu Schadensersatz verurteilt (dazu *von Bar*, Gemeineuropäisches Deliktsrecht II, Rdnr. 183).

[60] Zu der Aufhebung (Ungültigerklärung) einer Ehe unter Art. 12 poln. FVGB infolge einer erst im Verlauf der Ehe offenkundig gewordenen (aber schon bei der Eheschließung vorhandenen) paranoiden Schizophrenie der Frau Appellationsgericht Katowice 18.6.2015, I ACa 708/13, orzeczenia.ms.gov.pl.

(3) Zeitgemäße Formulierungen

Juristen stehen überall vor dem Problem, die relevanten medizinischen Phänomene für die Zwecke des Rechts sprachlich angemessen zu fassen. Es geht darum, Ausdrücke zu finden, die die Kommunikation zwischen Richter und psychiatrischem Sachverständigen erleichtern (auf den es im Prozess regelmäßig ankommt[61]). Gleichzeitig geht es darum, Achtung vor der **Würde des Betroffenen** einzufordern, insbesondere dann, wenn sein Leiden von Dauer ist. Den Verfassern der älteren Gesetzestexte waren natürlich nur die medizinischen Erkenntnisse und die gängigen Ausdrücke ihrer Zeit zugänglich; die Verfasser jüngerer Texte ringen nun aber in oft eindrucksvoller Weise um einfühlsamere und vor allem diskriminierungsfreie Formulierungen. Kein moderner Gesetzgeber würde heute noch Regeln für „Idioten"[62] oder „Schwachsinnige"[63] schreiben. Art. 489 des franz. CC hatte in seiner Originalfassung von 1804 gelautet, dass ein Erwachsener zu entmündigen sei, *„qui est dans un état habituel d'imbécillité, de démence ou de fureur, […], même lorsque cet état présente des intervalles lucides"*. Es ging also um „Blödsinnige, Demente und Tobsüchtige". Erst im Jahre 1968 sprach Art. 490 franz. CC a. F. erstmalig von Menschen, deren „geistige Fähigkeiten durch Krankheit, Behinderung oder ein altersbedingtes Gebrechen beeinträchtigt" und die deshalb auf „Schutz" angewiesen sind.[64] Der geltende Art. 425 franz. CC nimmt die besondere Situation einer Person in den Blick, die ihre Interessen nicht selbst vertreten kann, weil sie „an einer medizinisch festgestellten Beeinträchtigung ihrer geistigen oder körperlichen Fähigkeiten" leidet, „die geeignet ist, die Äußerung ihres Willens zu verhindern".[65] Die belgischen[66] und die luxemburgischen[67] Gesetzesformulierungen haben

---

[61] Z. B. Areopag 1178/1994, EllDne 38 S. 803 und Areopag 1687/2003, NoB 2003 S. 1219.

[62] „Idiotie" war noch in den fünfziger Jahren des vergangenen Jahrhunderts ein durchaus üblicher Ausdruck (z. B. Berufungsgericht Thessaloniki 763/1953, Themis 65 [1954] S. 295 und Areopag 1175/1992, EEN 60 (1993) S. 751). Die Bedeutung „Schwachsinn" hat er ursprünglich noch nicht gehabt. *Idiotes* waren Bürger, die sich nicht am öffentlichen Leben der *polis* beteiligten und deshalb einen niedrigen sozialen Rang bekleideten (*Burckhardt*, „Idiotes", in: Der Neue Pauly (https://referenceworks.brillonline.com/entries/der-neue-pauly/idiotes-e522240#). Es waren ungebildete, ignorante Menschen, im Neuen Testament (2. Korinther 11, 6 und Apostelgeschichte 4, 13) entsprechen sie den Personen ohne besondere Ausbildung, den „Nichtstudierten" (freundlicher Hinweis *Anselm Hagedorn*).

[63] Unter Art. 5(1) bulgar. Gesetz über die Person und die Familie gehört der „Schwachsinn" (neben der „seelischen Krankheit") bis heute zu den Entmündigungsgründen. Das aus dem Jahre 1951 stammende Gesetz ist bislang einfach noch nicht modernisiert worden. Es erkennt aber schon, dass es um Menschen geht, die „solche Leiden erfahren" (Abs. (2) a. a. O.). Unter der Auslegungsanordnung Nr. 5/1980 des bulgar. OG ist Schwachsinn „eine Unterentwicklung der intellektuellen Fähigkeit seit der Geburt wie Idiotie, Imbezillität, Debilität, Oligophrenie". Eine seelische Krankheit betrifft dagegen „eine intellektuell entwickelte Person, die infolge eines Leidens eine Geistesstörung hat, die die Persönlichkeit verändert und zu einem nichtadäquaten Verhalten führt". Zu diesem „medizinischen" Kriterium muss ein „juristisches Kriterium" hinzukommen, nämlich die Unfähigkeit, sich um die eigenen Angelegenheit zu kümmern, d. h. die Vorschriften des Rechts wahrzunehmen und das eigene Verhalten an sie anzupassen (Appellationsgericht Sofia 9.2.2015, Nr. 235, Zivilsache 1540/2011). Verschwendungs- und Spielsucht sind keine Entmündigungsgründe mehr.

[64] Art. 490 franz. CC a. F. geht zurück auf das Gesetz Nr. 68-5 vom 3.1.1968 portant réforme du droit des incapables majeurs („Lorsque les facultés mentales sont altérées par une maladie, une infirmité ou un affaiblissement dû à l'âge […]").

[65] „Toute personne dans l'impossibilité de pourvoir seule à ses intérêts en raison d'une altération, médicalement constatée, soit de ses facultés mentales, soit de ses facultés corporelles de nature à empêcher l'expression de sa volonté peut bénéficier d'une mesure de protection juridique prévue au présent chapitre".

[66] Art. 488*bis* belg. CC formuliert schlank: „Le majeur qui, en raison de son état de santé, est totalement ou partiellement hors d'état de gérer ses biens, fût-ce temporairement, peut, en vue de la protection de ceux-ci, être pourvu d'un administrateur provisoire". Siehe auch Art. 488/1 belg. CC: „Le majeur qui, en raison de son état de santé, est totalement ou partiellement hors d'état d'assumer lui-même, comme il se doit, sans assistance ou autre mesure de protection, fût-ce temporairement, la gestion de ses intérêts patrimoniaux ou non patrimoniaux, peut être placé sous protection".

[67] Art. 489 luxemb. CC „La majorité est fixée à dix-huit ans accomplis; à cet âge, on est capable de tous les actes de la vie civile. Est néanmoins protégé par la loi, soit à l'occasion d'un acte particulier, soit d'une manière continue, le majeur qu'une altération de ses facultés personnelles met dans l'impossibilité de pourvoir seul à ses intérêts. Peut pareillement être protégé le majeur qui, par sa prodigalité, son intem-

einen vergleichbaren Erneuerungsprozess durchlaufen. Art. 489(3) luxemb. CC sieht aber immer noch ausdrücklich vor, dass auch eine volljährige Person, die durch Verschwendungssucht *(prodigalité)*, Unmäßigkeit *(intempérance)* oder Müßiggang *(oisiveté)* in Not geraten ist oder die Erfüllung ihrer familiären Pflichten gefährdet, „geschützt" werden kann.

254 Portugal hat mit Abschaffung der Entmündigung auch das Kriterium der geistig-seelischen Abartigkeit aufgegeben.[68] In England war es lange Zeit verbreitet, von einem Menschen zu sprechen, der *insane* („blöd- oder wahnsinnig") sei.[69] Sec. 2(1) Mental Capacity Act 2005 beschreibt das Leiden nunmehr als ein *impairment of, or disturbance in the functioning of, the mind or brain*. In der Formulierung von § 104 Nr. 2 dt. BGB („krankhafte Störung der Geistestätigkeit") schwingt nach wie vor mit, dass die ältere Psychopathologie nur solche geistigen Störungen als Krankheit wertete, für die eine körperliche Ursache ausgemacht oder zumindest postuliert („endogene Psychose"[70]) werden konnte; das gilt aber inzwischen trotz unverändert gebliebenem Gesetzeswortlaut als überwunden.[71] Die Formulierungen des dt. BGB variieren ohnehin deutlich. Unter § 2229(4) a. a. O. z. B. kann ein Testament nicht errichten, „wer wegen krankhafter Störung der Geistestätigkeit, wegen Geistesschwäche oder wegen Bewusstseinsstörung nicht in der Lage ist, die Bedeutung einer von ihm abgegebenen Willenserklärung einzusehen und nach dieser Erkenntnis zu handeln". Das ist nichts anderes als eine sprachliche Zusammenfassung der §§ 104 Nr. 2, 105(2) dt. BGB und entspricht ziemlich präzise dem *discernement* des französischen Rechts. In den Tatbeständen des Betreuungsrechts geht es dagegen spürbar moderner zu. Das Gesetz sprach hier zunächst von „psychischer Krankheit … oder einer geistigen oder seelischen Behinderung" und führte die Unterscheidung zwischen dem „Willen" (§ 1904 (3) dt. BGB a. F.) bzw. dem „natürlichen Willen" (§ 1906a(1) und (4) a. a. O.), dem „freien Willen" (§ 1896(1a) a. a. O.) und der dauerhaften „Einwilligungs(un)fähigkeit" des Betreuten ein (§ 1905(1) Nr. 2 a. a. O.). Diese zuletzt genannten Differenzierungen sind auch

---

pérance ou son oisiveté, s'expose à tomber dans le besoin ou compromet l'exécution de ses obligations familiales".
[68] Oben Rdnr. 145 mit Fn. 683.
[69] Z. B. Lord Esher MR in *Imperial Loan Co Ltd v Stone* [1892] 1 QB 599 („When a person enters into a contract, and afterwards alleges that he was so insane at the time that he did not know what he was doing, and proves the allegation, the contract is as binding on him in every respect, whether it is executory or executed, as if he had been sane when he made it, unless he can prove further that the person with whom he contracted knew him to be so insane as not to be capable of understanding what he was about"). Siehe zur Testierfähigkeit unter dem Common Law auch noch *Banks v Goodfellow* (1870) LR 5 QB 549, 565 (Cockburn CJ).
[70] Dazu Berufungsgericht Athen 135/2001, Isokrates-Datenbank (Eine krankhafte Störung der geistigen Funktionen könne auch durch Psychosen verursacht werden. Die Psychosen würden in exogene oder toxische [wie etwa die alkoholischen] und in organische Psychosen unterschieden, welche von organischen Gehirnschäden verursacht würden, wie etwa von Tumoren, bösartigen Neubildungen, traumatischen Hirnverletzungen, Arteriosklerose, Epilepsie, und in endogene oder funktionelle Psychosen, deren physische Ursache nicht spezifisch identifiziert ist, wie etwa manisch-depressive Psychose (borderline) und Schizophrenie.
[71] Krankheitswert können auch Störungen nichtkörperlicher Genese erreichen. Der vorerwähnte „Telefonsexfall" (Fn. 58) liefert ein Beispiel; ein anderes wäre die krankhafte Spielsucht (Palandt [-*Ellenberger*], BGB[80], § 104 Rdnr 5). Cass. 21.11.2018, nr. 30126, Riv.ital.dir.lav. 2019, II, S. 57 und Trib. Massa 22.7.2019, nr. 485, Dejure Datenbank bestätigen, dass der „Zustand der Unzurechnungsfähigkeit für die Zwecke der Annullierung eines Rechtsgeschäfts" nicht notwendig mit einer Krankheit verbunden sein muss, die die psychischen Fähigkeiten der Person absolut ausschließt. Es sei aber unstreitig, dass im Zeitpunkt des Rechtsgeschäfts eine psychische Störung vorliegen musste, die die Willens- und Verstandesfähigkeiten ernsthaft beeinträchtigte. Unter § 57(1) tschech. BGB kann „das Gericht … die Geschäftsfähigkeit eines Menschen in einem Umfang beschränken, in dem der Mensch wegen einer Störung der Geistestätigkeit, die nicht nur vorübergehend ist, nicht geschäftsfähig ist, und grenzt den Umfang ab, in welchem es die Fähigkeit des Menschen, selbstständige Geschäfte vorzunehmen, beschränkt hat". Hilfreich ist § 123 tschech. StGB: „Unter einer Störung der Geistestätigkeit versteht man außer einer Störung der Geistestätigkeit, die ihren Ursprung in einer Geisteskrankheit hat, eine tiefe Störung des Bewusstseins, eine mentale Retardation, eine schwere asoziale Störung der Persönlichkeit oder eine andere schwere geistige oder sexuelle Abweichung". § 239 österr. ABGB spricht von einer „psychischen Krankheit oder vergleichbaren Beeinträchtigung".

nach der Reform durch das Gesetz vom 4.5.2021 erhalten geblieben (§§ 1829(3), 1832(1) und (4), 1814(2) und 1830(1) Nr. 2 BGB n.F.). In § 1814(1) BGB n. F. ist nun aber bewusst nur noch von „Krankheit oder Behinderung" die Rede, um jede Form der Diskriminierung zu vermeiden. Der Kontrast zu den Tatbeständen des polnischen Entmündigungsrechts zeigt, welche Wegstrecke inzwischen zurückgelegt ist. In Polen kann man immer noch wegen „Geisteskrankheit, Geistesschwäche oder einer anderen Art der psychischen Störung, insbesondere wegen Trunk- oder Rauschgiftsucht" ganz oder teilweise entmündigt werden (Artt. 13 § 1, 16 § 1 poln. ZGB). Das lehnt sich an Art. 82 poln. ZGB an, wonach „eine Willenserklärung, die von einer Person abgegeben worden ist, welche sich aus irgendwelchen Gründen in einem Zustand befunden hat, der eine bewusste oder freie Willensbestimmung und Willensäußerung ausgeschlossen hat", nichtig ist. „Das gilt insbesondere für Geisteskrankheit, Geistesschwäche oder eine andere, auch vorübergehende Art psychischer Störung". Spanien hat mit Gesetz 8/2021 gleichzeitig mit der Abschaffung der Entmündigung „Unterstützungsmaßnahmen für (volljährige oder emanzipierte) Personen mit Behinderungen in der Ausübung ihrer Rechtsfähigkeit" *(medidas de apoyo a las personas con discapacidad para el ejercicio de su capacidad jurídica)*, kurz: für „Menschen mit Behinderung" eingeführt.[72] Diese Ausdrucksweise fand sich schon in früherer Gesetzgebung aus dem Jahre 2003.[73] Man hat sich damit sprachlich ein wenig von Art. 49 span. Verf. gelöst, der „körperlich, sensorisch und geistig beeinträchtigte Personen" *(disminuidos físicos, sensoriales y psíquicos)* in den Blick nimmt. Für Art. 2 des span. Gesetzes 41/2003 vom 18.11.2003 gelten als „Menschen mit Behinderungen" ausschließlich Personen, die von einer geistigen Beeinträchtigung *(minusvalía psíquica)* von 33 Prozent oder mehr oder diejenigen, die von einer körperlichen oder sensorischen Beeinträchtigung *(minusvalía física o sensorial)* von mindestens 65 Prozent betroffen sind. *Minusvalía* lässt sich freilich auch mit „Minderung", ja mit „Minderwertigkeit" übersetzen. Der Ausdruck wurde deshalb im Zuge der Reform aus dem Jahre 2021 durch *discapacidad* (Behinderung) ersetzt.

Die Redeweise von der **„behinderten Person"** ist zwar durch die UN-Behindertenkonvention vorgezeichnet und deshalb in einem rechtlichen Kontext akzeptabel. Aber sie ist nicht unproblematisch, weil sie im täglichen Leben nicht selten auf das äußere körperliche Erscheinungsbild der Betroffenen bezogen und so mit einer negativen Konnotation unterlegt wird. Es ist deshalb zu begrüßen, dass sec. 2(3) Mental Capacity Act 2005 die Klarstellung gebracht hat, dass *„a lack of capacity cannot be established merely by reference to a person's age or appearance, or a condition of his, or an aspect of his behaviour, which might lead others to make unjustified assumptions about his capacity"*. Auch in Österreich hat man klar erkannt, dass nicht betroffene Menschen den Begriff der „behinderten Person" als diskriminierend empfinden, die Suche nach einem neuen und zeitgemäßen Begriff aber erhebliche Schwierigkeiten bereitet.[74] Man hat sich deshalb für das Recht der Erwachsenenvertretung dazu entschlossen, überhaupt nicht mehr von einer „behinderten" und stattdessen von einer

255

---

[72] Weder das Gesetz 8/2021 vom 2.6.2021 zur Reform der Zivil- und Verfahrensgesetzgebung zur Unterstützung von Menschen mit Behinderungen bei der Ausübung ihrer Rechtsfähigkeit (in Kraft seit dem 3.9.2021) noch das vorausgelaufene Proyecto de Ley vom 14.7.2020 (Rdnr. 145 mit Fn. 685) definieren allerdings *personas con discapacidad*. Unter Art. 4(1) RDL 1/2013 sind Menschen mit Behinderungen *(personas con discapacidad)* Menschen „mit voraussichtlich dauerhaften körperlichen, seelischen, geistigen oder sensorischen Beeinträchtigungen *(deficiencias)*, welche sie in Wechselwirkung mit verschiedenen Barrieren an der vollen, wirksamen und gleichberechtigten Teilhabe an der Gesellschaft hindern" (was der Definition in Art. 1 der UN-Behindertenkonvention entspricht). Art. 4(2) RDL 1/2013 fügt hinzu, dass diejenigen Personen als Menschen mit Behinderung angesehen werden, bei denen ein Grad der Behinderung von 33 % oder mehr anerkannt wurde.
[73] Oben Rdnr. 148 a. E.
[74] Ministerialentwurf (222/ME XXV. GP) des zweiten Erwachsenenschutzgesetzes (https://www.parlament.gv.at/PAKT/VHG/XXV/ME/ME_00222/fname_545855.pdf). Welchen Weg das österreichische Recht in 200 Jahren zurückgelegt hat, sieht man, wenn man den modernen Texten die Stammfassung von § 21 österr. ABGB (1811) gegenüberstellt, die, wie zu der Zeit üblich, von „Rasenden, Wahn- oder Blödsinnigen" handelte.

„volljährigen" (§ 239 österr. ABGB[75]), einer „vertretenen" (§ 241(1) a. a. O.[76]), „betroffenen" (§ 252(4) a. a. O.[77]) oder „schutzberechtigten Person" (§ 21(1) Satz 2 a. a. O.[78]) zu sprechen. Auch das deutsche Betreuungsrecht verwendet, wo immer möglich, nur das Wort „Volljähriger".

2. Terminologie

256 Zu den Schwierigkeiten, medizinische Gegebenheiten mit den sprachlichen Möglichkeiten eines Gesetzes abzubilden, kommt die Aufgabe hinzu, eine auch juristisch leistungsfähige Terminologie zu entwickeln. Sie muss es erlauben, mit Blick auf die beabsichtigten Rechtsfolgen Gleiches von Ungleichem zu unterscheiden. Das ist schon innerstaatlich nicht einfach zu erreichen; in einem gesamteuropäischen Kontext wird es zur Herausforderung. Das Kernproblem liegt in der Mehrdeutigkeit der Redeweise von den **„Fähigkeiten"**, derer sich (zwar nicht alle[79], aber doch) die weitaus meisten europäischen Rechtsordnungen bedienen. Denn mit „Fähigkeit" (*capacité, capacidad* etc.[80]) kann die geistige Veranlagung, die geistige Möglichkeit eines individuellen Menschen gemeint sein, etwas Konkretes zu wollen und zu beurteilen. „Fähigkeit" kann aber auch für eine abstrakte Kompetenz stehen, für eine Teilhabebefugnis, die die Rechtsordnung Personen normativ zu- oder abspricht.[81]

---

[75] „Im rechtlichen Verkehr ist dafür Sorge zu tragen, dass volljährige Personen, die aufgrund einer psychischen Krankheit oder einer vergleichbaren Beeinträchtigung in ihrer Entscheidungsfähigkeit eingeschränkt sind, möglichst selbständig, erforderlichenfalls mit entsprechender Unterstützung, ihre Angelegenheiten selbst besorgen können" (§ 239 a. a. O.).

[76] „Ein Vorsorgebevollmächtigter oder Erwachsenenvertreter hat danach zu trachten, dass die vertretene Person im Rahmen ihrer Fähigkeiten und Möglichkeiten ihre Lebensverhältnisse nach ihren Wünschen und Vorstellungen gestalten kann, und sie, soweit wie möglich, in die Lage zu versetzen, ihre Angelegenheiten selbst zu besorgen".

[77] Die Vorschrift sieht vor, dass von einer Aufklärung „der von der Behandlung betroffenen Person" bei Lebensgefahr, drohender schwerer Gesundheitsschädigung oder starken Schmerzen abgesehen werden kann.

[78] „Sie heißen schutzberechtigte Personen".

[79] Um eine Person zu beschreiben, die in ihrer Geschäftsfähigkeit (*svéprávnost*) beeinträchtigt (*omezen*) ist, verwendet die tschechische Rechtssprache eine Wortkombination (*omezen ve svéprávnosti*), die ohne das Wort „Fähigkeit" (*schopnost*) auskommt. Deshalb klingt es auf Tschechisch nicht „schief" zu formulieren, dass jemand, der in seiner Geschäftsfähigkeit beschränkt ist, fähig ist, etwas zu tun oder zu erklären.

[80] *Capacité* etc. leitet sich ab von *caput* (Haupt). Das Wort hatte im abgeleiteten Sinn aber auch die Bedeutung von *persona* (wie in *caput liberum*, freier Mensch); siehe Dig. 9, 5, 3, 1 über den *servus qui nullum caput habet*. *Capitis deminutio* stand für den Verlust der Bürgerschaft. *Capere* (auffassen) und *capax* (viel fassend; „Fassungsvermögen"; schwed. *handlings'förmåga*') wurde in den Glossen benutzt (*capacitas legatari ad capiendumm quid ex testamento*). „Wenn das so ist", ergänzt Díez-Picazo, Ensayos jurídicos I, S. 993–996, „dann ist das Konzept von „capacidad de la persona", sowohl als „capacidad jurídica" als auch als „capacidad de obrar", zwar eine relativ moderne Idee und geht in seinen Ursprüngen schon auf *Grotius* zurück (Díez-Picazo verweist auf die „escuela del Derecho ‚nacional' racionalista", doch dürfte es sich hier um einen Druckfehler handeln; gemeint ist offenbar das Derecho ‚natural' racionalista).

[81] Im schwedischen Schrifttum scheint Fähigkeit (*förmåga*) sogar gleich in drei Bedeutungen Verwendung zu finden. Man bezeichnet damit (i) die Ermächtigung, Handlungen mit zivilrechtlichen Wirkungen vorzunehmen (*rättshandlingsförmåga*). Gemeint ist im Anschluss an *Kelsen*, Allgemeine Theorie der Normen, S. 82 die Macht eines Individuums, Normen zu setzen und anzuwenden. Es gehe (ii) darum zu bestimmen, was von einer Person erwartet werde, damit sie ermächtigt werden könne, Handlungen mit zivilrechtlichen Wirkungen vorzunehmen. Um die Erwartungen in Bezug auf die Eigenschaften und Fähigkeiten des „normalen" rechtlichen Akteurs einzukreisen, müsse man sich (iii) aber das Gegenteil ansehen. Die Abweichungen schlügen sich entweder in formalen oder sachlichen Fähigkeiten nieder (*formell/sakligt handlingsförmåga*) (Altersgrenzen; Vormundschaft), oder sie folgten aus den individuellen faktischen Eigenschaften und Fähigkeit des Individuums (*personlig handlingsförmåga*). Die Unterscheidung zwischen ihnen sei aber nur verhältnismäßig schwach ausgeprägt, weil die formal-sachlichen Einschränkungen darauf zurückgingen, dass die persönlich-individuellen Eigenschaften und Fähigkeiten als mangelhaft und schutzbedürftig angesehen würden (*Fridström Montoya*, Homo Juridicus, Den kapabla människan i rätten, S. 100–101; *Grauers*, Person och avtal, S. 21–23). Man habe also primär zu fragen, wer nicht ermächtigt sei, zivilrechtliche Handlungen mit rechtlichen Wirkungen vorzunehmen, und anschließend, welche Eigenschaften oder Fähigkeiten dieser Person fehlen. Die Antwort müsse aus drei Fallgruppen destilliert werden: Minderjährige, Personen unter Vormundschaft, Vertragsschluss unter dem Einfluss einer psychischen Störung. – Mehrdeutig ist auch das polnische *zdolność*. Es steht für die

I. Grundlagen § 5

Das Letztere hängt zwar mit Ersterem zusammen. Denn auch die Kompetenzlösung operiert mit Erwartungen an die Eigenschaften einer Person. Aber eine Generalisierung folgt dennoch ihrer eigenen Logik. So wird es z. B. möglich, jemanden als „geschäftsfähig" zu bezeichnen, der *in casu* alles andere als einsichts- und urteilsfähig ist, und jemanden als „geschäftsunfähig", dem im gleichen Atemzug zugestanden wird, Geschäfte einer bestimmten Art zu tätigen.[82]

Diese Mehrdeutigkeit ist zwar nichts *per se* Bedenkliches. Aber sie hat Folgen für den inneren Aufbau des Rechts der Fähigkeiten. Ihm wohnt ein **Ebenensprung** inne, der auf den ersten Blick verwirrt, aber doch den Vorteil hat, für je verschiedene Regelungszwecke mit beiden Bedeutungen von „Fähigkeit" arbeiten zu können. In der einen Perspektive geht es um Abstufungen nach dem **Grad der individuellen Willensbildungsfähigkeit.** Davon gibt es bestenfalls drei. Man gewinnt die Möglichkeit, zwischen (i) Menschen zu unterscheiden, die von jeder Form des Bewusstseins abgeschnitten sind, (ii) Menschen, die zwar etwas wollen, aber das Für und Wider ihres Handelns nicht abwägen können, und (iii) Menschen, die, weil sie auch dies vermögen, über Einsichts- und Urteilsfähigkeit verfügen. Personen aus der ersten Gruppe sind auf Rechtspersönlichkeit und Rechtsfähigkeit reduziert; alles, was nicht schon durch sie gewährleistet ist, bleibt einem Menschen solange unzugänglich, wie der Zustand seiner geistigen Isolation währt. Im Folgenden kann es deshalb nur um die Menschen aus der zweiten und der dritten Gruppe gehen. Die sie charakterisierenden Fähigkeiten lassen sich nach unserer Überzeugung mit der im jüngeren deutschen Recht entwickelten Unterscheidung zwischen einem „natürlichen" und einem „freien" Willen gut auf den Begriff bringen. Einen in diesem Sinn **natürlichen** (angeborenen) **Willen** kann mit Ausnahme von sehr kleinen Kindern und Menschen, die im tatsächlichen (wenn auch nicht notwendig im rechtlichen[83]) Sinn „bewusstlos" sind, so gut wie jedermann bilden, auch jemand, der unter einer geistigen Behinderung leidet. Er muss nur in der Lage sein, etwas rechtlich Relevantes zu wollen. Er muss es aber nicht selbst in einen rechtlichen Kontext setzen können.[84] Es genügt etwa, dass jemand eine medizinische Behandlung als Zwang empfinden kann, so dass er sie ablehnt.[85] Es genügt oft auch, dass er ein bloß zu seinem Vorteil gemachtes Versprechen „annehmen" (§ 865(2) österr. ABGB)

257

---

persönliche Prädisposition, etwas leicht lernen zu können, aber auch für eine Kompetenz (https://sjp.pwn.pl/slowniki/zdolno%C5%9B%C4%87.html). Das wird auch in dem Begriff der „Rechtsfähigkeit" (Art. 8 § 1 poln. ZGB) deutlich, der ja gerade ohne jeden Bezug zu einem individuellen Können operiert.

[82] Besonders deutlich wird das an den §§ 104 Nr. 2, 105(2) und 105a dt. BGB. Nach § 105 a. a. O. handelt es sich bei einem „Geschäftsunfähigen", der mit geringwertigen Mitteln ein Geschäft des täglichen Lebens „tätigt" und dazu sogar eine Gegenleistung „vereinbart". Dieses Verhalten genügt jedenfalls (andere Einzelheiten sind richterrechtlich noch nicht geklärt), um den Leistungsaustausch konditionsfest zu machen. Gleichwohl geschah er zu einem Zeitpunkt, zu dem sich der Käufer in einem Zustand befand, der es ihm unmöglich machte, in freier Willensbestimmung (§ 104 Nr. 2) zu handeln. Andererseits bleibt abstrakt „geschäftsfähig", wer eine Erklärung im Zustand der „vorübergehenden Störung seiner Geistestätigkeit" abgibt, mag eine solche Erklärung auch nichtig sein (§ 105(2) a. a. O.). Eine Erklärung „abgeben" kann freilich nur, wer wenigstens den dazu nötigen natürlichen Willen bilden kann, und genauso verhält es sich bei demjenigen, der ein Geschäft „tätigt" und dazu das Notwendige „vereinbart".

[83] Dazu schon oben Rdnr. 244.

[84] Näher *Neuner*, AcP 208 (2018) S. 1; kritisch zum Begriff des natürlichen Willens aber *Beckmann*, JZ 2013 S. 604. Zum natürlichen Willen als angeborene Eigenschaft des Menschen, die ihn von Systemen der künstlichen Intelligenz unterscheidet, auch *Koops, Hildebrandt und Jacquet-Chifelle*, Minnesota Journal of Law, Science & Technology (2010), S. 497, 552– 553 („Autonomous agents refer to those having the capacity to determine their own objectives as well as the rules and principles that guide their interactions. *Auto* (Greek for self) and *Nomos* (Greek for law) refers to an entity capable of living up to its own law. An autonomous agent in this sense is an agent in the traditional ethical and philosophical sense of the term, requiring both consciousness and self-consciousness, i.e., the capacity to reflect upon one's action and to engage in intentional action. Self-consciousness as the precondition for autonomous action is typical of human agency").

[85] Ein solcher „natürlicher Wille" (§ 1906a(1) dt. BGB a.F., § 1832(1) dt. BGB n.F.) kann auch nicht von einem rechtlichen Betreuer gebrochen werden. Er darf die Einwilligung in eine Zwangsbehandlung nur unter engen Voraussetzungen erteilen und bedarf dazu auch, wenn sie vorliegen, der Genehmigung des Betreuungsgerichts (§ 1906a(2) bzw. § 1832(2) a. a. O.).

oder sich anschicken kann, alltägliche Kleinigkeiten zu erstehen (z. B. § 105a dt. BGB), und zu diesem Zweck Geld an der Kasse abgibt. Dass er vielleicht nur „zahlt", weil er gesehen hat, dass das alle so machen, oder weil er sich erinnern kann, dass er ohne die Hingabe von Münzen nicht an das Ziel seiner Wünsche (die Süßigkeiten im Regal) gelangen wird, ändert nichts daran, dass er den Willen entwickeln kann, die Ware in seinen Besitz zu bringen und zu behalten. Mit einem „Vertragsschluss" hat das nur dem äußeren Erscheinungsbild nach etwas zu tun, und dennoch öffnet sich hier dem Handelnden ein kleiner Spalt, durch den er in wenn auch sehr bescheidenem Umfang am Privatrechtsverkehr teilhaben kann. Die dritte, aber auch schon oberste Stufe ist erreicht, wenn jemand einen **freien Willen** bilden kann. Ein natürlicher Wille ist frei, wenn ein Mensch weder durch Reifeverzögerung noch durch eine geistige Behinderung daran gehindert ist, Einsicht in die Natur seiner Erklärung oder seines Verhaltens zu entwickeln, mithin das Für und Wider abwägen, zu einem eigenen Urteil kommen und danach handeln kann.[86] Der freie Wille setzt den natürlichen voraus. Er, der freie Wille, ist die Grundlage aller verbindlichen Willenserklärungen, aller Verträge, aller Einwilligungen und aller Genehmigungen. Es macht keinen Unterschied, ob es sich um eine Eheschließung, den Abschluss eines Vertrages, eine Schenkung, die Erklärung einer Kündigung oder das Verfassen eines Testaments handelt. Zusätzliche Restriktionen, die diese Rechtsgeschäfte betreffen, haben ihren Grund nicht in einem Mangel an individueller Willensbildungsfähigkeit, sondern in den abstrakt-statisch konzipierten Teilen des Personenrechts. Man kann vielleicht auch sagen, der freie Wille würde durch sie auf je andere **Bezugspunkte** ausgerichtet und dabei von einem faktischen in ein normatives Kriterium überführt. Wo es noch ein Entmündigungsrecht gibt, wird das besonders deutlich. Denn es baut auf dem Gedanken auf, man könne jemandem die Vertrags- oder Geschäftsfähigkeit „entziehen" oder ihn für geschäftsunfähig „erklären".

258 Die augenfälligen Unterschiede zwischen den nationalstaatlichen Terminologien haben genau hier ihren Grund. Die französische Rechtssprache unterscheidet, wie erinnerlich, zwischen der *capacité de jouissance* und der *capacité d'exercice*.[87] Im Gesetz klingt das z. B. in Art. 414 franz. CC an, wonach „[l]a majorité est fixée à dix-huit ans accomplis; à cet âge, chacun est capable d'exercer les droits dont il a la jouissance". Man ist also vor Erreichen der Volljährigkeit bereits in der Lage, Rechte zu genießen, aber man ist erst nach diesem Datum befähigt, sie auszuüben. Der Bezugspunkt dieser Formulierung sind **„Rechte"**; freilich wird nicht völlig klar, welche Rechte eigentlich gemeint sind. Denn man kann verschiedener Ansicht darüber sein, ob es ein privates Recht „auf" den Abschluss eines Vertrages (im Gegensatz zu einem Recht „aus" einem bereits geschlossenen Vertrag) überhaupt gibt.[88] Und umgekehrt ist zwar das Eigentum ein Recht, aber es besteht kein Grund für die Annahme, dass es nicht auch schon ein Minderjähriger in einzelnen Beziehungen selbst nutzen dürfte.[89] Art. 130 port. CC setzt sich demselben Vorbehalt aus.[90] Die Formu-

---

[86] Z. B. Berufungsgericht Olsztyn 31.5.2019, I C 749/16, Legalis-Nr. 1984634 (Eine Entscheidung und eine Willensäußerung sind dann frei, wenn weder der Entscheidungsprozess noch die Äußerung des Willens durch irgendwelche destruktiven Faktoren gestört wurden). *Torrente* und *Schlesinger,* Manuale di diritto privato[24], S. 111 stellen darauf ab, ob eine Person in der Lage ist, die Folgen ihrer Handlungen angemessen abzuschätzen. Ist sie das nicht, leide sie an einer *incapacità naturale* oder *incapacità di fatto*. Gemeint ist offenbar der „freie", nicht der „natürliche" Wille. Denn die Autoren beziehen sich auf die in Art. 428 ital. CC adressierten Personen, die nicht in der Lage sind, zu verstehen oder zu wollen. Dazu gehörten nicht nur die Geisteskranken, die Alten, die Schwerkranken, die Drogenabhängigen, die Betrunkenen, die Hypnotisierten und Menschen im Schockzustand, sondern auch Menschen, die aus einem längeren Koma erwachen, die nichttödliche traumatische Hirnverletzungen erlitten oder Psychopharmaka einnahmen. Unter sec. 2(1) Mental Capacity Act 2005 „a person lacks capacity in relation to a matter if at the material time he is unable to make a decision for himself in relation to the matter because of an impairment of, or a disturbance in the functioning of, the mind or brain".
[87] Oben Rdnr. 55.
[88] Oben Rdnr. 169.
[89] Z. B. *Teyssié,* Droit des personnes[20], S. 393 Rdnr. 651 (ein Minderjähriger, der über die *capacité de discernement* verfüge, habe, wenn auch die Grenzen schnell erreicht seien, die Fähigkeit, sein eigenes

lierungen der Artt. 488 belg. und luxemb. CC vermeiden das Problem. Sie halten fest, dass „à cet âge, on est capable de tous les actes de la vie civile". Art. 322 a. F. span. CC hatte denselben Wortlaut: „El mayor de edad es capaz para todos los actos de la vida civil". Der neue Art. 246 span. CC („El mayor de edad puede realizar todos los actos de la vida civil") lehnt sich daran an, vermeidet aber die im heutigen Spanien als veraltet empfundenen Worte „fähig" und „unfähig".[91] Der Bezugspunkt bleibt aber weiterhin **privatrechtliches Handeln.** Das drückt sich auch in der Rechtshandlungsfähigkeit (*rättshandlingsförmåga*) der schwedischen, der rechtlichen Handlungsfähigkeit (*retlige handleevne*) der dänischen und der Handlungsfähigkeit (*capacità di agire*) der italienischen Rechtssprache aus, also in der „Fähigkeit" des Volljährigen, „alle Rechtshandlungen vorzunehmen, für die nicht ein anderes Alter vorgeschrieben ist" (Art. 2(1) ital. CC).[92] Das Problem ist nur, dass sich auf diese Weise terminologisch nicht mehr gut zwischen verschiedenen Rechtshandlungen unterscheiden lässt, etwa zwischen dem Abschluss von schuldrechtlichen Verträgen und Handlungen zur Nutzung einer gesetzlichen Erwerbsmöglichkeit.[93] Die zitierten Formulierungen stehen eben durchweg im Kontext der Volljährigkeit, das heißt in einem Zusammenhang, in dem es gerade darum geht, *nicht* mehr zu differenzieren. Art. 211-3 katal. CC hat vor diesem Hintergrund nicht nur das Konzept der „natürlichen Fähigkeit", sondern auch die Unterscheidung zwischen der „vollen" (der *plena capacidad de obrar*) und der „beschränkten Handlungsfähigkeit" eingeführt.[94] Das deutsche BGB kennt den Begriff der Handlungs-

---

Vermögen zu verwalten. Er sei berechtigt, selbst alle konservatorischen Maßnahmen [*mesures à caractère conservatoire*] zu ergreifen, darunter die Eintragung einer Hypothek und die Unterbrechung einer Verjährung. Er könne auch allein Handlungen des täglichen Lebens [*actes de la vie courante*] vornehmen, wenn sie geringe Beträge beträfen. In diesem Rahmen dürfe er auch über Teile seines Vermögens verfügen. *Buffelan-Lanore und Péglion-Zika*, J.-Cl. Civil Code, Art. 388, Minorité: fasc. 20, S. 8 Rdnr. 35 betonen gleichfalls, dass ein Minderjähriger allein und ohne Hilfe *actes conservatoires* vornehmen könne, also *actes*, die das Vermögen schützen oder das Eigentum vor einer Gefahr oder einer Wertminderung bewahren, ohne das Vorrecht des Eigentümers zu beeinträchtigen. Ein Minderjähriger könne also Maßnahmen ergreifen, die „harmlos", aber notwendig sind, wie die Beantragung einer Hypothek zur Sicherung einer Forderung oder Maßnahmen zur Unterbrechung einer gegen die eigenen Rechte laufenden Verjährung. Ein Minderjähriger wird also sein Eigentum auch einfach nur nutzen und verteidigen dürfen (er darf sein Fahrrad fahren und es gegenüber einem Dieb verteidigen). Ob er sein Eigentum aufgeben kann, wird dagegen davon abhängen, ob es sich dabei um einen *acte de la vie courante* und um einen geringwertigen Gegenstand handelt. „L'acte doit être autorisé par l'usage, il doit avoir une faible valeur pécuniaire, il doit être effectué fréquemment par un mineur agissant seul, par exemple achat de livres par correspondance, vente de livres scolaires (a. a. O. S. 11, Rdnr. 56).

[90] „Aquele que perfizer dezoito anos de idade adquire plena capacidade de exercício de direitos, ficando habilitado a reger a sua pessoa e a dispor dos seus bens" („Wer das 18. Lebensjahr vollendet, erwirbt die volle Fähigkeit zur Ausübung von Rechten und ist befähigt, für seine Person zu sorgen und über sein Vermögen zu verfügen"). Nur die port. Lehre, nicht aber das Gesetz kennen also die *capacidade de gozo* und die *capacidade de agir;* das Gesetz operiert ausschließlich mit der *capacidade de exercício*.

[91] Der auf das Gesetz 41/2003 zum Schutz des Vermögens des Menschen mit Behinderung zurückgehende Art. 223 Satz 2 span. CC a. F. hatte noch das Konzept der „ausreichenden Handlungsfähigkeit" (*capacidade de obrar suficiente*) eingeführt, um Menschen in einer Vorsorgevollmacht u. a. die vorsorgliche Benennung eines Vormunds zu ermöglichen. Art. 223 Satz 2 span. CC a. F. wurde aber ersatzlos gestrichen und durch Art. 201 span. CC ersetzt. Ähnliches ist für die verfahrensrechtliche Seite einer Vorsorgevollmacht geplant (Gesetzentwurf vom 14.7.2020). Während das Gesetz 41/2003 zum Schutz des Vermögens von Menschen mit Behinderung mit der *capacidad de obrar suficiente* operiert, führten Artt. 5(6) und 6 des Gesetzes 14/2006 über die Verfahren der assistierten menschlichen Reproduktion die *plena capacidad de obrar* von Spender und Empfänger ein. Das aktuelle span. Zivilregistergesetz von 2011 hat den Begriff der *capacidad de obrar* komplett aufgegeben. Es regelt nur noch die Registrierung der *sentencias de incapacitación y reintegración de la capacidad* i. S. v. Art. 222(3) span. LEC. Art. 2(1) Satz 3 span. LOPJM dagegen kennt die Handlungsfähigkeit von Minderjährigen („Las limitaciones a la capacidad de obrar de los menores se interpretarán de forma restrictiva y, en todo caso, siempre en el interés superior del menor"). Ihre Beschränkungen sind eng und im besten Interesse des Minderjährigen auszulegen.

[92] Bemerkenswert ist allerdings Art. 2029 ital. CC, der für das Recht der Geschäftsführung ohne Auftrag (*gestione di affari*) doch mit einer Art Geschäftsfähigkeit operiert, jedenfalls mit der Fähigkeit zum Abschluss von Verträgen: „Il gestore deve avere la capacità di contrattare".

[93] Siehe auch dazu schon oben Rdnr. 55.

[94] „*Capacidad de obrar.* 1. La capacidad de obrar de la persona se fundamenta en su capacidad natural, de acuerdo con lo establecido por el presente código. 2. La plena capacidad de obrar se alcanza con la mayoría

fähigkeit nicht. Im Schrifttum ist das Wort allerdings durchaus gebräuchlich. Man deutet „Handlungsfähigkeit" als die Fähigkeit, wirksam Rechtshandlungen vornehmen, d.h., durch eigenes Handeln Rechtsfolgen herbeiführen zu können.[95]

259 Die englische *capacity* neigt zum anderen Extrem, weil es eine *capacity per se* gar nicht gibt, sie vielmehr immer mit einem auf das **jeweilige Tätigkeitsfeld** bezogenen Verb oder Ajektiv verbunden wird.[96] Man ist nicht abstrakt handlungs-, rechtsausübungs- oder geschäftsfähig. Man hat vielmehr *„capacity in relation to a matter"* (sec. 2(1) Mental Capacity Act 2005) und damit viele *capacities*, etwa die *capacity to marry*, die *testamentary capacity*, die *capacity to transfer and acquire property* und die *capacity to contract* (oder noch enger: die *capacity to buy and sell*[97]), und niemand käme auf die Idee, die *capacity to contract* zur Voraussetzung für (z. B.) die *capacity to marry* zu erheben (während unter § 1304 dt. BGB „eine Ehe nicht eingehen" kann, „wer geschäftsunfähig ist"). Das in Deutschland geprägte Wort von der „Geschäftsfähigkeit" lässt sich also nicht korrekt übersetzen, weder mit *„capacity to contract"* noch mit *„active capacity"*. Die zweite Alternative scheint zwar den Vorteil zu haben, mit der *passive capacity* gleich auch noch einen englischsprachigen Ausdruck für die „Rechtsfähigkeit" zu gewinnen.[98] Aber wirklich überzeugend ist das nicht, nicht nur, weil diese Worte im englischen Recht keinen Widerhall finden, sondern auch deshalb, weil sie den Inhalt des Ausgangskonzepts nicht vollständig einfangen können. Denn „die" Geschäftsfähigkeit hat auch erhebliche passive Komponenten, etwa deshalb, weil eine einem Geschäftsunfähigen gegenüber abgegebene Willenserklärung erst wirksam wird, wenn sie seinem gesetzlichen Vertreter zugeht (§ 131(1) dt. BGB). Der Bezugspunkt der Geschäftsfähigkeit des deutschen Rechts sind **Rechtsgeschäfte** aller Art; seine Lehre von der Geschäftsfähigkeit knüpft unmittelbar an seine Lehre von den Rechtsgeschäften an.[99] In Österreich ist das durchaus ähnlich; in § 865(1) österr. ABGB findet sich sogar eine Definition: „Geschäftsfähigkeit ist die Fähigkeit einer Person, sich durch eigenes Handeln rechtsgeschäftlich zu berechtigen und zu verpflichten. Sie setzt voraus, dass die Person entscheidungsfähig ist und wird bei Volljährigen vermutet; bei Minderjährigen sind die §§ 170 und 171, bei Volljährigen ist der § 242 Abs. 2 zu beachten". § 865 österr. ABGB gehört mit diesem Wortlaut allerdings nicht zum Altbestand der Kodifikation; die Vorschrift ist erst seit dem 1.7.2018 in Kraft. Und in dem Querverweis auf die mit „Handlungsfähigkeit des Kindes" überschriebenen §§ 170 und 171 a. a. O. scheint dann doch wieder die ältere Terminologie auf. Geschäftsfähigkeit ist eine spezifische Handlungsfähigkeit und setzt als solche wiederum Entscheidungsfähigkeit voraus. Es gibt aber nicht eine, sondern viele

---

de edad. 3. Las limitaciones a la capacidad de obrar deben interpretarse de forma restrictiva, atendiendo a la capacidad natural". (Handlungsfähigkeit. 1. Die Handlungsfähigkeit der Person richtet sich nach ihrer natürlichen Fähigkeit gemäß den Bestimmungen des vorliegenden Gesetzbuches. 2. Die volle Handlungsfähigkeit wird mit der Volljährigkeit erreicht. 3. Beschränkungen der Handlungsfähigkeit sind unter Berücksichtigung der natürlichen Fähigkeit restriktiv auszulegen). Näher dazu *Gete-Alonso y Calera und Solé Resina*, Lliçons de dret civil català II[2], S. 16–18 (Die Handlungsfähigkeit setze die natürliche Fähigkeit des Menschen voraus, obwohl jene allgemein und abstrakt von einem – willkürlich gewählten – Alter abhänge. Die natürliche Fähigkeit könne als die Befähigung verstanden werden, zu verstehen und entscheiden zu wollen (*l'aptitud per entendre i decidir (voler)*). Sie sei an den Grad der intellektuellen Reife der Person gebunden. Deshalb kenne die Handlungsfähigkeit Abstufungen; sie sei nicht für alle Menschen gleich. Das drücke sich z. B. in Art. 211-6(2) katal. CC aus („Der Minderjährige hat entsprechend seinem Alter und seiner natürlichen Fähigkeit und in jedem Fall, wenn er das zwölfte Lebensjahr vollendet hat, das Recht, informiert und angehört zu werden, bevor eine Entscheidung getroffen wird, die seine persönliche oder Vermögenssphäre unmittelbar berührt").

[95] *Neuner*, BGB AT[12], § 12 Rdnr. 1; Staudinger (-*Kannowski*), BGB (2018), § 1 Rdnr. 2.
[96] Oben Rdnr. 56 sowie Rdnr. 144. „At common law, the understanding and competence required to uphold the validity of a transaction depend on the nature of the transaction. There is no fixed standard of mental capacity which is requisite for all transactions" (Chitty [-*Beale*], On Contracts[31], para 8–070).
[97] Sec. 3(1) Sale of Goods Act 1979 („Capacity to buy and sell is regulated by the general law concerning capacity to contract and to transfer and acquire property").
[98] Oben Rdnr. 158 mit Fn. 54, Rdnr. 163 mit Fn. 84 und Rdnr. 167 mit Fn. 101.
[99] Die Regeln über die „Geschäftsfähigkeit" (§§ 104 ff. dt. BGB) stehen deshalb ganz am Beginn seines Abschnitts über die „Rechtsgeschäfte".

I. Grundlagen § 5

Entscheidungsfähigkeiten, weil es zur Bestimmung der kognitiven und volitiven Leistungsfähigkeit auf den jeweiligen rechtlichen Kontext ankommt.

3. Systemfragen

Nicht ohne Dissonanzen geht es schließlich auch bei der näheren Bestimmung dessen ab, was noch zum Recht der natürlichen Person gehört, und was nicht. Personenrechtlicher Natur sind nach unserem Verständnis alle Rechtssätze, die ausschließlich an die natürliche Person anknüpfen. Dazu gehören alle Rechtssätze, die es ihr aus Gründen, die in ihrer geistig-körperlichen Beschaffenheit liegen, erschweren, ihr Leben privatrechtlich selbst zu gestalten.[100] Deshalb halten wir die Fähigkeit, einen Vertrag zu schließen, in Übereinstimmung mit Art. 1(2)(a) der Rom I-Verordnung nicht für ein Stück Vertrags-, sondern für ein Stück Personenrecht[101], die Fähigkeit, eine Ehe einzugehen, nicht für ein Stück Familien-, sondern wiederum für ein Stück Personenrecht[102], usw. Ob ein **Vertrag,** der unter dem Einfluss eines Irrtums, einer Drohung oder von Zwang zustandegekommen ist, Verbindlichkeiten erzeugt, ist dagegen ein rein vertragsrechtlicher Gegenstand.[103] Ein solches Schicksal kann jedermann widerfahren, auch geistig gesunden Erwachsenen. Das Gleiche gilt für alle Fragen, die die Auslegung, die Erfüllung und die Folgen der Nichterfüllung eines einmal wirksam geschlossenen Vertrages betreffen (vollständiger Katalog in Art. 12 der Rom I-Verordnung). Problemzonen entstünden nur, wenn es zu Überlagerungen der beiden Gliederungsebenen käme, also etwa dann, wenn es spezifische Regeln zur Auslegung von Verträgen mit Minderjährigen gäbe oder wenn sich das Recht der Vertragswirkungen in ein Recht für Menschen mit und ohne Einschränkungen ihrer Willensbildungsfähigkeit aufspalten würde. Dafür ist indes bislang so gut wie nichts ersichtlich. Eine Ausnahme findet sich nur im Recht des Bereicherungsausgleichs für Leistungen auf nichtige Verträge, eine Materie, die Art. 12(1)(e) Rom I-VO für die Zwecke des Internationalen Privatrechts gleichfalls als eine Angelegenheit des Vertragsrechts ansieht. Minderjährige sollten nicht auf dem Umweg über das Bereicherungsrecht im wirtschaftlichen Ergebnis an einem Vertrag festgehalten werden, der sie fähigkeitsrechtlich nicht bindet. Sie sollten also z. B. davor bewahrt bleiben, ihre Zahlung dann nicht zurückzuerhalten, wenn die gelieferte Ware bei ihnen untergegangen ist, ohne dass sie daran ein Verschulden trifft.[104] Zwar liegt es aus Gründen des Sachzusammenhangs nahe, Einzelheiten im Recht der ungerechtfertigten Bereicherung zu erörtern. Systematisch hat man hier aber eine durch das Personenrecht veranlasste Fragestellung vor sich. Personenrechtlicher Natur sind

260

---

[100] Oben Rdnrn. 4 und 21. Das Jugendschutzrecht (Arbeitsverbote, Erwerb von Alkohol und jugendgefährdenden Schriften) besteht dagegen im Interesse der öffentlichen Ordnung; dass solche Verträge nichtig sind, hat seinen Grund deshalb nicht in einer personenrechtlichen Fähigkeitsbeschränkung. Adressat solcher Verbote ist ohnehin der Arbeitgeber bzw. der Verkäufer.
[101] Das gilt auch für die Fähigkeiten, eine Schenkung vorzunehmen oder anzunehmen, auch wenn Erstere z. B. in Spanien im Recht der Sachen geregelt ist (Art. 624 span. CC).
[102] Die sog. Ehefähigkeit ist freilich besonders schwer zu qualifizieren. Die Regel, dass ein Erwachsener prinzipiell keinen Minderjährigen heiraten darf (z. B. § 1303 Satz 2 dt. BGB), ist familienrechtlicher Natur, weil es hier nicht um eine Fähigkeitsbeschränkung, sondern um eine bestimmte Vorstellung von der Ehe geht. Aus der Sicht des Minderjährigen verhält sich das ebenso, wenn man den Akzent auf das Verbot von „Kinderehen" legt. Gleichzeitig verwirklicht sich hier aber auch ein Stück Personenrecht, weil Minderjährige davor geschützt werden, sich vorzeitig lebenslang zu binden. Und personenrechtlicher Natur ist allemal die (in sich alles andere als unproblematische) Regel, dass jemand, der geschäftsunfähig ist, keine Ehe eingehen kann (§ 1304 dt. BGB).
[103] Sehr nah aneinander rücken können Personen- und Vertragsrecht allerdings in Schweden, weil es dort möglich ist, bei unaufklärbaren Zweifeln über die Willensbildungsfähigkeit einer Person auf § 33 schwed. Vertragsgesetz auszuweichen, wonach aus an sich gültigen Rechtshandlungen keine Ansprüche hergeleitet werden können, wenn die dem Gläubiger bekannten Umstände bei der Entstehung des Anspruchs von solcher Art sind, dass es gegen Glauben und Ehre verstoßen würde, sich auf die Rechtshandlung zu berufen. Näher dazu HD 24.2.1966, NJA 1966 S. 644 und Hovrätten för Västra Sverige, 10.9.2015, T 5440-14.
[104] Siehe dazu noch unten Rdnr. 375.

schließlich auch alle Regeln, die es einer Person, die im Zeitpunkt des Vertragsschlusses minderjährig oder aus anderen Gründen in ihrer Willensbildungsfähigkeit beeinträchtigt war, ermöglichen, das Geschäft zu genehmigen, sobald sie volljährig oder emanzipiert wurden bzw. ihre Entscheidungskraft wiedererlangt haben. Ein solches Ratifikationsrecht hat, wo es besteht, seinen Grund nicht im allgemeinen Vertragsrecht, sondern darin, dass sich der Handelnde nun bzw. wieder frei entscheiden kann.[105] In der umgekehrten Situation, in der das Geschäft weder als schwebend unwirksam noch als nichtig, sondern als schwebend wirksam angesehen, dem Handelnden aber die Option eröffnet wird, es „anzufechten" oder gerichtlich annullieren zu lassen[106], verhält es sich nicht anders. Minderjährige haben dann zwar anfangs Zugang zum Vertragsrecht, aber sie verlieren deshalb nicht die Möglichkeit, es sich, solange sie minderjährig sind, „anders zu überlegen". Das Privileg knüpft m. a. W. wiederum ausschließlich an den verminderten Reifegrad des Handelnden an; es steht nicht jedermann zu.

261 Schwieriger ist es, eine plausible Abgrenzung zwischen dem Recht der natürlichen Person und dem **Recht der Familie** zu finden. Gesetzbücher, deren Aufbau dem alten Modell der Gegenüberstellung von „Sachen" und „Personen" folgt, haben zumindest auf der obersten Gliederungsebene nur wenig Probleme damit, Fragen des Familienrechts zum Personenrecht zu stellen.[107] Ähnlich verhält es sich dort, wo (wie in Italien[108]) das Personen- und das Familienrecht in einem einzigen Buch zusammengefasst werden. Das Abgrenzungsproblem wird kaum virulent; familienrechtliche Themenkomplexe (z. B. Ehe, Scheidung und Kindschaft) folgen im französischen CC auf personenrechtliche (Abwesenheit) und personenrechtliche (Minderjährigkeit, Emanzipation) anschließend wieder auf famili-

---

[105] Diese Ratifikationsmöglichkeit besteht im Common Law schon seit *Matthews v Baxter* (1872-73) LR 8 Ex 132, und zwar nach dieser Entscheidung auch für einen Betrunkenen, der inzwischen wieder nüchtern geworden ist.

[106] Das betrifft hauptsächlich erwachsen gewordene Minderjährige, kann aber auch eine Option für Menschen mit Behinderung sein (Art. 1302(2) und (3) span. CC i. d. F. des Gesetzes 8/2021: „2. Verträge, die von Minderjährigen geschlossen wurden, können von ihren gesetzlichen Vertretern oder von ihnen selbst bei Erreichen der Volljährigkeit für nichtig erklärt werden, mit Ausnahme derer, die sie selbst gültig abschließen können. 3. Verträge, die von Menschen mit Behinderungen geschlossen wurden, denen Unterstützungsmaßnahmen für die Ausübung ihrer Geschäftsfähigkeit zur Verfügung gestellt wurden, ohne dass diese Maßnahmen erforderlich waren, können von ihnen mit der von ihnen benötigten Unterstützung annulliert werden. Sie können auch von den Erben während der verbleibenden Zeit bis zur Beendigung der Laufzeit gekündigt werden, wenn der Behinderte vor Ablauf der Zeit, in der er die Klage ausüben konnte, verstorben ist. Die im vorstehenden Absatz genannten Verträge können auch von der Person gekündigt werden, die die Unterstützung hätte leisten sollen. In diesem Fall ist die Annullierung nur möglich, wenn die andere Vertragspartei zum Zeitpunkt des Vertragsabschlusses Kenntnis von den Unterstützungsmaßnahmen hatte oder die Situation der Behinderung anderweitig ausgenutzt hat, um sich einen unlauteren Vorteil zu verschaffen. Wurden keine Unterstützungsmaßnahmen festgelegt, steht die Legitimation zur Kündigung des Vertrages neben dem Behinderten und seinen Erben auch der Staatsanwaltschaft zu").

[107] Das österreichische ABGB z. B. handelt in seinem Ersten Theil (Von dem Personen-Rechte) im Ersten Hauptstück „Von den Rechten, welche sich auf persönliche Eigenschaften und Verhältnisse beziehen", im Dritten Hauptstück von den „Rechten zwischen Eltern und Kindern", und im Sechsten Hauptstück „Von der Vorsorgevollmacht und der Erwachsenenvertretung". Der Zweyte Theil handelt „Von dem Sachenrechte". Hier finden sich auch die Vorschriften über die Geschäftsfähigkeit (§ 865 a. a. O.) – weit entfernt von der Regelung zur Handlungsfähigkeit des Kindes (§ 170 ABGB).

[108] Das erste Buch des italienischen CC ist überschrieben mit *Delle persone e della famiglia;* auch hier bleibt deshalb auf der Ebene des Gesetzes unklar, ob das Fähigkeitsrecht zum Personen- oder zum Familienrecht gehört. Die Frage wird, soweit ersichtlich, auch im Schrifttum nicht erörtert. *Bianca,* Diritto civile I, S. 231 analysiert die Handlungsfähigkeit in dem Band zum Personenrecht, die Handlungsunfähigkeit und die Vertretung Minderjähriger mit Bezug auf die elterliche Sorge in dem Band zum Familienrecht (Diritto civile II, S. 380). Ebenso geht *Gallo,* Diritto civile I, S. 156 und II, S. 302 vor. Minderjährige und emanzipierte Personen werden innerhalb des Familienrechts, entmündigte Erwachsene innerhalb des Personenrechts betrachtet. Auch die Teilhandlungsfähigkeit eines emanzipierten Minderjährigen soll zum Familienrecht gehören, weil sie durch Eheschließung erworben wird (Art. 84(2) ital. CC). Die Regelung der Handlungsunfähigkeit eines Erwachsenen soll dagegen nichts mit dem Familienrecht zu tun haben; sie unterliegt natürlich auch eigenen Regeln (Artt. 404 ff ital. CC). Das Gesetz freilich bringt die Regelungen zur Unfähigkeit eines Volljährigen unmittelbar im Anschluss an die Regeln über die elterliche Gewalt.

enrechtliche (elterliche Autorität). Nur das eheliche Güterrecht musste von Anfang in den weiteren Zusammenhang des Vertragsrechts auswandern. In Spanien ist das nicht anders.[109] Das dortige Schrifttum allerdings kritisiert scharf, dass der CC das Familienrecht nicht ausgesondert behandelt. Man verweist u. a. auf die Kodifikationen, die das Familienrecht in einem selbständigen Buch zusammengeführt haben, unter ihnen das deutsche BGB, und ringt um eine theoretisch angemessenere Systembildung.[110] Um das Familien- aus dem Personenrecht herauszulösen, bedarf es allerdings eines theoretischen Konzepts. Es zu entwickeln, hat vielleicht nicht oberste Priorität, aber es ist nicht nur aus analytischen Gründen, sondern auch deshalb nötig, weil andere Regelwerke dieser Unterscheidung bedürfen, insbesondere das sich mehr und mehr entfaltende Internationale Privatrecht der Union.[111] Für die Zwecke dieses Buches qualifizieren wir alle Regeln als ein Stück Familienrecht, welche das Zustandekommen und die Wirkungen einer Ehe bzw. einer Lebenspartnerschaft sowie das Zustandekommen und die Wirkungen einer Eltern-Kind-Beziehung regeln, einschließlich ihrer Substitute (Vormundschaft bei elternlosen Kindern, Adoption bei kinderlosen Eltern). Das Ehefähigkeitsrecht, also die Regeln über das Mindestalter und die Anforderungen an die konkrete Willensbildungsfähigkeit, sind dagegen ein Stück Personenrecht, weil sie nur den Zugang zu Ehe und Lebenspartnerschaft in den Blick nehmen, mithin allein auf die geistig-körperliche Disposition eines Nupturienten abstellen.[112] Das eheliche Güterrecht erscheint demgegenüber (mit Ausnahme der Ehevertragsfähigkeit) ohne Weiteres als ein Gegenstand des Familienrechts. Es geht um die vermögensrechtlichen Wirkungen einer bestehenden Ehe. Dass verheiratete Paare Verfügungsbeschränkungen über ihr Vermögen unterworfen sein können (z. B. §§ 1365, 1369 dt. BGB), ändert nichts. Solche Verfügungs- sind keine Fähigkeitsbeschränkungen, weil sie nicht auf den Geisteszustand eines der Partner reagieren, vielmehr den Bund zwischen den Eheleuten festigen sollen. Entsprechendes gilt für die Verfügungsbeschränkungen, denen Vormünder und Testamentsvollstrecker unterliegen (z. B. Art. 1264 span. CC). Wiederum personenrechtlicher Natur sind nach unserem Verständnis dagegen die Regeln über die **Emanzipation** Minderjähriger, auch die Regeln über die Emanzipation durch Eheschließung. Dass die Emanzipation oft auch eine Folge der Eheschließung ist, ändert nichts daran, dass es primär darum geht, den fähigkeitsrechtlichen Status einer verheirateten Person gegenüber jedermann aufzuwerten. Hiergegen tritt in den Hintergrund, dass eine Emanzipation (i) als Entlassung aus der elterlichen Autorität konzipiert ist, und dass dadurch (ii) auch die innereheliche Stellung eines nach allgemeinen Maßstäben noch minderjährigen Ehegatten gestärkt wird. Außerdem hängt das Rechtsinstitut der Emanzipation keineswegs notwendig an der Eheschließung; entscheidend ist vielmehr, dass niemand gegen seinen Willen durch seine Eltern oder das Gericht emanzipiert wird.[113]

---

[109] Siehe schon oben Rdnr. 33 mit Fn. 142.
[110] *Díez-Picazo und Gullón,* Sistema de Derecho Civil I[12], S. 55 und *Lasarte,* Principios de derecho civil I[25], S. 8. Für *Díez-Picazo und Gullón* scheint es aber selbstverständlich zu sein, dass Entmündigung, Vormundschaft und Pflegschaft zum Personenrecht (gewissermaßen zum Personenrecht „im engeren Sinn") gehören. *Lasarte* betont, dass in Rechtslehre und Ausbildung die Systematik des deutschen BGB eine große Rolle spiele. „[D]octrinalmente, en nuestro país, ha contado más la elaboración teórica alemana que la propia atención a los datos normativos patrios". Das Familienrecht sei aus dem Allgemeinen Teil auszuklammern; der Allgemeine Teil und das Personenrecht gehörten dagegen zusammen.
[111] Zur Rolle der internationalprivatrechtlichen Systembildung schon oben Rdnrn. 27–28; außerdem *von Bar,* FS Philippe, II, S. 1471.
[112] Vorher Fn. 102.
[113] Unter Art. 239 span. CC n.F (Art. 314 span. CC a.F.) findet die Emanzipation durch Erreichen der Volljährigkeit, durch Einwilligung der Sorgeberechtigten und durch richterliche Erklärung statt. Die Emanzipation durch Eheschließung (Art. 316 span. CC a.F.) wurde dagegen durch das Gesetz 15/2015 vom 2.7.2015 abgeschafft. „Damit die Emanzipation durch Gewährung derjenigen eintritt, die die elterliche Sorge ausüben, ist es erforderlich, dass der Minderjährige das 16. Lebensjahr vollendet hat, und dass er damit einverstanden ist […]. Die Emanzipation durch Erreichen der Volljährigkeit findet unabhängig von seinem Willen statt. Für die Emanzipation durch richterliche Erklärung ist der Antrag der Betroffenen erforderlich" (Art. 241 span. CC n.F.; Art. 317 span. CC a.F.). Der span. CC kennt außerdem die sog. stillschweigende Emanzipation, wonach der Betroffene als emanzipiert gilt, wenn er das 16. Le-

262 Am deutlichsten zeigt sich das Abgrenzungsproblem im Recht der **Vertretung** von und der **Unterstützung** für Personen, die mangels zureichenden Alters oder geistiger Leistungsfähigkeit nicht ohne fremde Hilfe am Rechtsleben teilhaben oder auf einzelnen seiner Sektoren auftreten können oder dürfen. Soweit es den Regeln des Betreuungsrechts, der Erwachsenenvertretung und der Vormundschaft über Entmündigte darum geht, eine auf den geistigen Einschränkungen eines **erwachsenen Fürsorgebedürftigen** beruhende Unfähigkeit im geschäftlichen Verkehr mit Dritten zu kompensieren, bewegt man sich richtiger Ansicht nach auf dem Gebiet des Personenrechts. Besonders deutlich wird das dort, wo es unter dem Einfluss der UN-Behindertenkonvention primär darum geht, in der Person des Betroffenen durch Hilfestellung Entscheidungsfähigkeit herzustellen und das paternalistisch denkende Vertretungsrecht nur noch subsidiär zum Zuge kommen zu lassen (§ 240 österr. ABGB). Zwar werden diese Fragen, wo sie nicht ohnehin Gegenstand spezialgesetzlicher Regelung sind[114], vielfach ebenfalls innerhalb des Familienrechts behandelt, genauer: innerhalb eines mit „Familienrecht" überschriebenen Buches einer Kodifikation.[115] Aber das hat teils historische, teils einfach nur praktische Gründe. Sowohl derjenige, der die Vertretungsmacht über elternlose Kinder übernahm, als auch derjenige, der eine entmündigte Person vertreten sollte, war (und ist mancherorts bis heute) ein „Vormund". Es lag also nahe, für alle Vormünder möglichst einheitliche Regeln zu entwerfen und sie als das Regime der vertretungsberechtigten „Ersatzväter" (um die es seinerzeit allein ging) dem Familienrecht zuzuschlagen. Das moderne Betreuungs- oder Unterstützungsrecht hat sich aus dem Vormundschaftsrecht entwickelt. Der Modernisierungsschub betraf aber oft nur den Inhalt, nicht das System. Das Betreuungsrecht aus dem Familienrecht der jeweili-

---

bensjahr vollendet hat und mit dem Einverständnis der Eltern unabhängig von ihnen lebt; die Eltern können diese Zustimmung widerrufen (Art. 243 span. CC n.F.; Art. 319 span. CC a.F.).

[114] Das ist z.B. in allen drei nordischen Staaten der Fall. Das finnische Gesetz über Vormundswirksamkeit (Laki holhoustoimesta) regelt die „Vormundschaft" über Minderjährige und hilfsbedürftige Erwachsene. Der Edunvalvojana („Interessenwahrer") kümmert sich um die ökonomischen Interessen der Minderjährigen bzw. der hilfsbedürftigen Erwachsenen (Kap. 1 § 1 a.a.O.). Edunvalvojana der Minderjährigen sind im Regelfall die Sorgeberechtigten (Kap. 2 § 4 a.a.O.). Die elterliche Sorge und das Umgangsrecht sind Gegenstand eines eigenen Gesetzes (Laki lapsen huollosta ja tapaamisoikeudesta vom 8.4.1983). Auf diese Weise wurde die ältere Verbindung zwischen Vormundschaft und elterlicher Sorge bewusst gekappt (Gesetzesmaterialien zum Laki lapsen huollosta ja tapaamisoikeudesta, RP 146/1998 rd, S. 9). Ähnlich verhält es sich in Dänemark. Der Værge („Wahrer" oder „Behüter") hat dieselben Aufgaben wie der schwedische Interessenwahrer (Kap. 1 § 1 und Kap. 2 § 1 Værgemålsloven vom 14.6.1995). Behüter eines Minderjährigen sind die Sorgeberechtigten (Kap. 2 § 2 a.a.O.). Schweden fasst alle Regeln zur Fürsorge für Minderjährige und hilfsbedürftige Erwachsene, also auch die Bestellung eines Erwachsenenbetreuers (god man) bzw. -verwalters (förvaltare) in einem Elterngesetzbuch (Föräldrabalk) zusammen. Besonders kompliziert liegen die Dinge, wo es, wie in Bulgarien, sowohl ein Gesetz über die „Person und die Familie" als auch ein „Familiengesetzbuch" gibt. Ersteres hat neben Fragen der Rechtsfähigkeit u.a. die Geschäftsfähigkeit zum Gegenstand, während die Emanzipation durch Eheschließung in Art. 6(4) FamGB zu finden ist.

[115] So das deutsche BGB (dessen 4. Buch über das Familienrecht in drei Hauptabschnitten Vorschriften über die „Bürgerliche Ehe", „Verwandtschaft" und „Vormundschaft, rechtliche Betreuung, Pflegschaft" bringt). Der port. CC regelt die Rechtsstellung der Minderjährigen (condição jurídica dos menores), Volljährigkeit und Emanzipation (maioridade e emancipação) sowie die Rechtsstellung betreuter Erwachsener (maiores acompanhados) stimmiger im Buch I (Allgemeiner Teil) und dort im Titel II „Von den Rechtsverhältnissen", Abschnitt V (Menores e maiores acompanhados, Artt. 122–156 a.a.O.). Vor der Reform durch das Gesetz 49/2018 trug Abschnitt V noch die Überschrift incapacidades, Unfähigkeiten). Im Familienrecht sind die Vorschriften über die elterliche Verantwortung und die Vormundschaft eingeordnet. Das Buch über das Familienrecht verfügt über einen eigenen Allgemeinen Teil. Das tschechische BGB behandelt in seinem 1. Buch (Allgemeiner Teil) neben dem Beweis für den Tod, der Geschlechtsumwandlung, Volljährigkeit, Minderjährigkeit, Zuerkennung der Geschäftsfähigkeit systematisch korrekt auch alle „unterstützenden Maßnahmen bei Beeinträchtigung der Geschäftsfähigkeit eines Volljährigen"; die Fragen zur rechtlichen Vertretung im Eltern-Kind-Verhältnis sind Gegenstände des 2. Buches (Familienrecht). Das estnische Gesetz über den Allgemeinen Teil des ZGB und das estn. Familiengesetzbuch sowie das litauische ZGB (2. Buch „Personen", 3. Buch „Familienrecht") und das slowakische BGB (1. Buch: „Allgemeiner Teil" [Geschäftsfähigkeit, Volljährigkeit, Minderjährige und Vertretung beeinträchtigter Personen]; elterliche Sorge und Vertretung durch die Eltern dagegen im FamG) gehen ebenso vor.

I. Grundlagen §5

gen Kodifikation herauszulösen, hätte einer enormen gesetzgeberischen Anstrengung bedurft, außerdem andere Zusammenhänge zerrissen, über die eine effiziente Regelbildung schlecht hinwegsehen kann. Es lag deshalb nahe, alles, was mit einer Betreuung (etc.) zusammenhängt, möglichst geschlossen zu regeln. Das ändert freilich nichts daran, dass der innere Aufbau einer für eine andere Welt geschaffenen und längst in die Jahre gekommenen Kodifikation (wie das deutsche BGB) in Wahrheit überhaupt keinen Raum für die Entfaltung eines modernen Betreuungsrechts bietet. Denn zwar wohnen ihm personen- und familienrechtsnahe Elemente inne, aber es gibt auch viele betreuungsrechtliche Teilmaterien, die sich weder als ein Stück Personen- noch als ein Stück Familienrecht deuten lassen. Dazu gehören z. B. die Pflichten, denen ein Betreuer in Relation zu dem Betreuten und zu dem Betreuungsgericht unterworfen ist. Auch in der Frage, *wer* zum Betreuer bestellt werden soll, zeichnet sich bestenfalls eine rein tatsächliche Anbindung an familienrechtliche Strukturen ab. Eine Fürsorgeperson wird oft zunächst im Kreis der nahen Angehörigen des Fürsorgebedürftigen gesucht. Aber das ändert natürlich nichts daran, dass als Betreuer auch Familienfremde in Betracht kommen, vielerorts außerdem sogar Personen, die eine Betreuung beruflich übernehmen.[116] Der betreuungsrechtliche Familienbegriff jedenfalls konstituiert sich aus affektiver Nähe, Beistand und Verantwortungsübernahme, nicht aus einer „bloßen Reihe von biologischen oder formalen Bindungen, die vom Gesetz anerkannt werden".[117]

Primär um Personenrecht geht es nach unserer Einschätzung auch dort, wo die Unfähigkeit **Minderjähriger,** in einem aus ihrer Perspektive jeweils näher bestimmten Rahmen selbständig am Rechts- und Geschäftsleben teilzunehmen, durch Menschen kompensiert werden kann, deren Fürsorge sie anvertraut sind. Zum Recht der natürlichen Person ziehen wir deshalb in weitgehender Übereinstimmung mit den Lehren des Internationalen Privatrechts[118] alle Regeln, die bestimmen, ob (i) ein Minderjähriger eine bestimmte Gestaltungsoption selbst wahrnehmen darf, ob er (ii), wenn das nicht der Fall ist, zur Überwindung dieser Beschränkung einen gesetzlichen Vertreter[119] erhält (andernfalls er bis zum 263

---

[116] Unter den Artt. 1669 und 1671 gr. ZGB z. B. soll der rechtliche Betreuer eine Person aus dem Verwandten-, Familien- oder Freundeskreis sein. Entscheidend ist, dass sich Betreuer und Betreuter in gegenseitigem Respekt und Vertrauen verbunden fühlen. Deshalb kann der Betroffene einen Betreuer vorschlagen. Fehlt es an einem Vorschlag oder hält das Gericht die vorgeschlagene Person nicht für geeignet, wählt das Gericht den Betreuer aus. Unter § 1897(5) dt. BGB a. F. (§ 1816(3) n.F.) ist, sofern der betroffene „Volljährige niemanden vor(schlägt), der zum Betreuer bestellt werden kann, … auf die verwandtschaftlichen und sonstigen persönlichen Bindungen des Volljährigen, insbesondere auf die Bindungen zu Eltern, zu Kindern, zum Ehegatten und zum Lebenspartner, sowie auf die Gefahr von Interessenkonflikten Rücksicht zu nehmen". (§ 1816(3) n. F. weicht von dem bisherigen Text insoweit ab, als noch weiter ausdrücklich hervorgehoben wird, dass die von dem Betreuten gewünschte Person zur Übernahme der Betreuung auch geeignet sein muss; siehe dazu BT-Drucks. 19/24445 S. 238). BVerfG 31.3.2021, FamRZ 2021 S. 1055, 1056 meint sogar, dass Art. 6(1) dt. GG (Schutz der Familie) eine „bevorzugte Berücksichtigung" der nahen Familienangehörigen jedenfalls dann gebiete, „wenn eine tatsächlich von familiärer Verbundenheit geprägte engere Bindung besteht". Unter § 239(2) österr. ABGB kann „Unterstützung … insbesondere durch die Familie, andere nahestehende Personen, Pflegeeinrichtungen, Einrichtungen der Behindertenhilfe und soziale und psychosoziale Dienste, Gruppen von Gleichgestellten, Beratungsstellen oder im Rahmen eines betreuten Kontos oder eines Vorsorgedialogs geleistet werden". Und unter § 274(2) a. a. O. ist möglichst eine „nahestehende Person" zum Erwachsenenvertreter zu bestellen. Ähnliche Regeln finden sich in § 471(2) tschech. BGB, Art. 355 lett. ZGB und § 27(3) slowak. ZGB.
[117] STJ 17.12.2020, Processo 5095/14.7TCLRS.L1.S 1 zu Artt. 143(2) i. V. m. 146 port. CC. Unter portugiesischem Recht erfolgt eine Betreuung allerdings immer unentgeltlich (Art. 151 port. CC).
[118] Eingehend und unter Auswertung der inter- und supranationalen Rechtssetzung auf diesem Gebiet z. B. MünchKomm (-*Lipp*), BGB[8], Art. 7 EGBGB Rdnr. 62.
[119] Davon zu unterscheiden ist natürlich die Frage, ob ein Minderjähriger eine rechtsgeschäftliche Vollmacht erteilen kann. Die Antwort des Common Law lautet, dass der Vollmachtserteilung zugrunde liegende Vertrag entweder für den Minderjährigen vorteilhaft sein (*Clements v London & North Western Railway Co* 2 [1894] QB 482) oder eine „Notwendigkeit" betreffen muss. In *Proform Sports Management Ltd v Proactive Sports Management Ltd* [2006] EWHC 2903 (Ch) ging es um Wayne Rooney, einen professionellen Fußballspieler. Er hatte im Alter von 15 Jahren einen Agentenvertrag mit Proform geschlossen. Proform klagte nun gegen Proactive aus *inducing breach of contract.* Proactive erwiderte, dass der Vertrag nicht

Erreichen der Volljährigkeit von jeder Teilhabe ausgeschlossen bleibt), und (iii), ob er (der Minderjährige) durch einen solchen gesetzlichen Vertreter an einen Vertrag gebunden werden kann, der nur den Minderjährigen, nicht aber den Vertreter verpflichtet. Nichts davon ist selbstverständlich[120], nichts davon hat einen genetisch familienrechtlichen Gehalt. Familienrecht kommt erst ins Spiel, wenn sich in ihm klärt, *dass* es einen gesetzlichen Vertreter geben soll, *wer* das ist und welche Befugnisse und Pflichten ihm in Relation zu dem Minderjährigen obliegen. Theoretisch könnte das zwar alles auch ohne Rücksichtnahme auf familiäre Verwandtschaftsverhältnisse geregelt sein. Aber das würde man als unnatürlich empfinden. Die meisten Rechtsordnungen antworten deshalb, dass Kinder primär durch ihre Eltern vertreten werden, mag diese Vertretung im Interesse des Kindes in einigen Sondersituationen auch unter den Vorbehalt einer gerichtlichen Genehmigung gestellt sein. Das elterliche Vertretungsrecht wird noch immer aus der elterlichen Sorge abgeleitet, eine Spätfolge der lateinischen *patria potestas*.[121] Aber das ist nur eine von zwei möglichen Sichtweisen. Denn es geht immer zugleich um die Überwindung einer Fähigkeitsschranke mit den Mitteln des Vertretungsrechts: Der Minderjährige kann nun auf Rechtsgebieten in Erscheinung treten, die ihm andernfalls verschlossen blieben. Je weniger Geschäftsfähigkeit man ihm gewährt, desto stärker wird der Bedarf nach einer fähigkeitserweiternden Vertretung, und *vice versa*. Nicht die Existenz einer in der elterlichen Sorge gründenden gesetzlichen Vertretungsmacht ist also der springende Punkt, sondern der Umstand, dass es überall dort, wo sie zum Einsatz kommt, keine Rolle mehr spielt, was ein Minderjähriger aus eigener Kraft ins Werk setzen kann. Es wird z. B. belanglos, ob ihm der von seinen Eltern geschlossene Vertrag lediglich einen (rechtlichen oder wirtschaftlichen) Vorteil bringt. Er wird vielmehr darauf verwiesen, pflichtwidrig handelnde Eltern auf Schadensersatz in Anspruch zu nehmen, oder anders formuliert: In der Binnenbeziehung zu den Eltern geht es um Familien-, in der Außenbeziehung zu Dritten um Personenrecht.

II. Die Relevanz des natürlichen Willens

1. Allgemeines

264 Einen „natürlichen" Willen – deshalb nennt man ihn so – kann fast jedermann bilden; er ist dem Menschen angeboren. Es handelt sich um den „naturhaften Anfang der Willens-

---

notwendig *(necessary)* und deshalb anfechtbar gewesen sei. In einem solchen Fall scheide eine Haftung aus Anstiftung zum Vertragsbruch aus. Das Gericht bestätigte das; der Fußballer habe den Vertrag nach seinem Ermessen anfechten können.

[120] Wiederum geht das Common Law eigene Wege. Den Eltern eines Minderjährigen steht keine gesetzliche Vertretungsmacht zu. Es ist nur denkbar, dass ihr Kind ihnen eine Vollmacht *(power of attorney)* erteilt. Aber selbst sie überwindet die Einschränkungen der Geschäftsfähigkeit eines Minderjährigen nicht. Eltern haften auch nicht für die Vertragsschulden ihrer Kinder (das geht zurück bis auf *Fluck v Tollemache* (1823) 1 Car.&P.5, 171 E. R. 1078; *Shelton v Springett* (1851) 11 C. B. 452, 138 E. R. 549 und *Mortimore v Wright* (1840) 6 M.&W. 482, 151 E. R. 502), es sei denn, die Eltern haben den Vertrag im eigenen Namen geschlossen oder sie haben für die Schuld ihres Kindes gebürgt.

[121] Dazu *Fröde*, Willenserklärung, Rechtsgeschäft und Geschäftsfähigkeit, S. 183–190. Die Handlungsfähigkeit stand vor allem deshalb in einem familienrechtlichen Zusammenhang, weil sie davon abhing, ob ein Kind „gewaltunterworfen" oder „gewaltfrei" war. Erst als die Lehre des Naturrechts die Möglichkeit schuf, auf die individuelle Fähigkeit einer Person abzustellen, die Bedeutung ihres Handelns zu erkennen, konnte sich die Handlungsfähigkeit aus dem Familienrecht lösen. Man erkennt diese Zusammenhänge noch an manchen Texten aus der ursprünglichen Fassung des österr. ABGB. § 152 Satz 1 a. a. O. lautete ursprünglich: „Die unter der väterlichen Gewalt stehenden Kinder können ohne ausdrückliche oder doch stillschweigende Einwilligung des Vaters keine gültige Verpflichtung eingehen", und § 244 österr. ABGB a.F.: „Ein Minderjähriger ist zwar berechtigt, durch erlaubte Handlungen ohne Mitwirkung seines Vormundes etwas für sich zu erwerben; allein er kann ohne Genehmhaltung der Vormundschaft weder etwas von dem Seinigen veräußern, noch eine Verpflichtung auf sich nehmen". Die Handlungsfähigkeit hat sich als erste Materie aus dem Familienrecht heraus bewegt; heute zieht das Namensrecht nach.

bildung"[122], darum, etwas wünschen, es bewerten und danach handeln zu können. Es bedarf noch keiner Reflexion, keiner intellektuellen Fähigkeiten, bestenfalls eines Mindestmaßes an Einsichtsfähigkeit.[123] Der natürliche Wille ist zwar noch nicht „frei". Frei gebildet ist ein Wille nur, wenn ein Mensch mit *discernement,* mit Einsichtsfähigkeit und der Fähigkeit begabt ist, nach der eigenen Einsicht zu handeln. Aber es wäre problematisch, jedem menschlichen Verhalten, das sich nicht auf einen freien Willen zurückführen lässt, jede rechtliche Relevanz abzusprechen. Die Würde des Menschen ist bedroht, wenn man ihm nicht auch dann, wenn er unter schweren, zumeist chronischen Einschränkungen seiner geistigen Leistungsfähigkeit leidet, wenigstens die Freiräume belässt, die er auch unter solchen Lebensumständen noch für sich mit Inhalt füllen kann. Im Tatsächlichen geht es um die Verwirklichung fundamentaler Bedürfnisse wie die Vermeidung von Todesangst und Schmerz, um körperliche Bewegungsfreiheit, Sexualität, die Äußerung und das Empfinden von Empathie, um Nahrungsaufnahme und die Nutzung von Kleidung und Alltagsgegenständen.[124] Um diesen Bedürfnissen auch juristisch Raum zu geben, bedarf es eines *terminus technicus;* der „natürliche Wille" bietet sich auch zu diesem Zweck an. Ins Rechtliche gewendet hilft er, die Andersartigkeit von Mensch und Tier auch jenseits der Lehre von der Rechtsfähigkeit zu untermauern und dem „freien" Willen die Schärfe einer Alles-oder-Nichts Kategorie zu nehmen.[125] Tatsächlich bilden wohl auch manche Tiere einen natürlichen Willen aus, rechtlich aber bleibt er belanglos. Das Konzept des „natürlichen Willens" fordert zudem eine möglichst konkrete Anschauung des Betroffenen ein. Denn das angestrebte Differenzierungspotential bleibt auch hier immer nur insoweit erhalten, wie Rückkoppelungen auf die (oder eine) abstrakt konzipierte Geschäfts- oder Handlungsfähigkeit vermieden werden. Wenn und soweit z. B. die Fähigkeit, ohne fremde Hilfe Besitz zu begründen, an eine starre Altersgrenze[126] oder gar an die allgemeine Geschäftsfähigkeit[127]

---

[122] *Neuner,* AcP 218 (2018) S. 1, 17.
[123] *Stadler,* BGB AT[20], § 16 Rdnr. 34. BGH 7.12.2016, NJW 2017 S. 890 Rdnr. 19 definiert: „Die beiden (für den freien Willen bei der Bestellung eines Betreuers unter § 1896(1a) dt. BGB a.F., jetzt § 1814(2) n.F.) entscheidenden Kriterien sind die Einsichtsfähigkeit des Betroffenen und dessen Fähigkeit, nach dieser Einsicht zu handeln. Fehlt es an einem dieser beiden Elemente, liegt kein freier, sondern nur ein natürlicher Wille vor". Ebenso bereits BGH 16.3.2016, NJW-RR 2016 S. 643 Rdnr. 6.
[124] Ähnlich *Neuner* a. a. O. S. 15.
[125] In Österreich wird sogar versucht, noch weiter zu differenzieren, nämlich zwischen Entscheidungsfähigkeit (§ 24(2) österr. ABGB) (der Entsprechung zum „freien Willen"), geminderter Entscheidungsfähigkeit (z. B. § 264 a. a. O.: eine volljährige Person ist wenigstens noch fähig, die Bedeutung und Folgen einer Bevollmächtigung in Grundzügen zu verstehen) und der Fähigkeit, den eigenen Willen „zu erkennen zu geben", (z. B. § 244(3) a. a. O.: Widerruf einer Erwachsenenvertreter-Verfügung). Letzteres hält *Barth,* ÖJZ 2019 S. 101 für die österreichische Entsprechung zum natürlichen Willen der deutschen Rechtssprache. Je feiner man ausdifferenziert, desto unpraktikabler werden allerdings die Abstufungen.
[126] Ein Beispiel findet sich § 310 österr. ABGB („Kinder unter sieben Jahren sowie nicht entscheidungsfähige Personen können – außer in den Fällen des § 170 Abs. 3, 242 Abs. 3 und § 865 Abs. 2 – Besitz nur durch ihren gesetzlichen Vertreter erwerben. Im Übrigen ist die Fähigkeit zum selbständigen Besitzerwerb gegeben"). Dass das Gesetz hier in Wirklichkeit einen abgewogenen Mittelweg zwischen einer abstrakt-generalisierenden und einer konkret-individualisierenden Betrachtungsweise sucht, sieht man erst an den Ausnahmen. Sie betreffen in § 170(3) ABGB altersgerechte Geschäfte minderjähriger Kinder über geringfügige Angelegenheiten, in § 242(3) a. a. O. Rechtsgeschäfte des täglichen Lebens durch entscheidungsunfähige Erwachsene, und in § 865(2) a. a. O. Schenkungen an Unfähige. Der Gesetzgeber war sich der Notwendigkeit einer differenzierenden Betrachtung vollauf bewusst.
[127] So bulgar. Kassationsgerichtshof Nr. 89, 10.9.2010, IV. Zivilkammer. Es ging um die Ersitzung einer Immobilie durch einen geschäftsunfähigen, weil noch nicht vierzehnjährigen (Art. 1 bulgar. Gesetz über die Person und die Familie) Minderjährigen. Das Gericht bejahte sie, aber nicht deshalb, weil die Eltern (als gesetzliche Vertreter) den Minderjährigen im Eigenbesitzwillen vertreten hätten. Da der Besitz auch durch einen Besitzmittler ausgeübt werden könne, müssten auch die Eltern für ihr Kind den rechtlich relevanten Besitzwillen bilden können. Die Entscheidung gibt allerdings nicht zu erkennen, ob es eine Rolle gespielt hat, dass der Ersitzungsgegenstand eine Immobilie war. Auch in Tschechien wird gelehrt, dass der *animus possidendi* lediglich im Rahmen der Geschäftsfähigkeit des Besitzers relevant werde. Es komme auf den Besitzwillen des Vertreters bzw. des Betreuers an (Spáčil [-*Spáčil*], Občanský zákoník III, S. 71). Bei Minderjährigen solle allerdings die Möglichkeit eines eigenen Besitzwillens von der erreichten Verstandes- und Willensreife abhängen. Ein nah an der Grenze zur Volljährigkeit stehender Minderjähriger könne „wahrscheinlich" Besitzer eines Automobils oder einer Immobilie sein (Švestka/Dvořák/Fiala [-*Thöndel*],

gebunden wird, ist bereits entschieden, dass der *animus possidendi* mehr voraussetzt als einen bloß natürlichen Willen. Aber das überzeugt nur bei komplizierteren Besitzverhältnissen und -objekten (z. B. bei Grundstücken), nicht schon bei in jeder Beziehung leicht fasslichen Gegenständen. Verbotene Eigenmacht begeht auch, wer einem geistig behinderten Menschen eine Sache „ohne dessen Willen ... entzieht" (§ 858 dt. BGB). Alles andere wäre menschenrechtlich nicht zu halten. Es gäbe keinen Abstand mehr zu einem Tier, dem man etwas entwindet. Das Konzept des natürlichen Willens verwirklicht das Mindestmaß an Freiheitsgewährleistung, das die Rechtsordnung jedem schuldet, der das Stadium des Kleinkindes hinter sich gelassen hat, wahrnimmt, dass er lebt, und Wünsche äußern bzw. umsetzen kann.[128] Für Menschen, die vorübergehend in einen Zustand geraten sind, in dem sie keinen freien Willen bilden können, gilt dasselbe. Das rechtliche Konzept des natürlichen Willens ist zwar außerhalb Deutschlands nicht sehr verbreitet. In der europäischen Zivilrechtswissenschaft mehren sich inzwischen aber die Stimmen, die sein Potential erkennen.[129] Es setzt zu seiner praktischen Wirksamkeit allerdings noch die Hilfsregel voraus, dass die Möglichkeit, einen solchen Willen zu bilden, widerleglich vermutet wird.

2. Einzelne Anwendungsfelder

a. Zwangsbehandlungen

265 In der Sache jedenfalls muss sichergestellt sein, dass niemand gegen seinen tatsächlichen Willen getötet wird, auch ein schwerst an Demenz erkrankter Patient nicht, der zwar die ins Werk gesetzte Maßnahme ärztlicher Sterbeassistenz selbst eingefordert hatte, als er noch bei freiem Willen war, sich nun aber spontan gegen sie wendet.[130] Unter § 1906a(1) dt. BGB (§ 1832(1) n. F.) genügt der „natürliche Wille" eines Betreuten, um eine Untersuchung seines Gesundheitszustands, eine Heilbehandlung oder einen ärztlichen Eingriff abzulehnen. Diesen Willen darf der Betreuer nur mit Genehmigung des Betreuungsgerichts brechen (§ 1906a(2) a. F., § 1832(2) n. F. a. a. O.). Dann kommt es zwar zu einer **„ärztlichen Zwangsmaßnahme"**. Aber ihr sind sehr hohe Hürden gesetzt. Das Gericht wird eine Einwilligung des Betreuers in die Maßnahme nur genehmigen, wenn die Einwilligung den rechtlichen Voraussetzungen entspricht, mithin nicht schon dann, wenn die Maßnahme notwendig ist, um einen erheblichen Schaden abzuwenden (Nr. 1) und der Betreute auf Grund einer psychischen Krankheit oder einer geistigen oder seelischen Behinderung die Notwendigkeit der ärztlichen Maßnahme nicht erkennen oder nicht nach dieser Einsicht handeln kann (Nr. 2). Vielmehr darf die ärztliche Zwangsmaßnahme weder einer Patientenverfügung widersprechen (Nr. 3), noch ohne ein Gespräch mit dem Betreuten

---

Občanský zákoník III, S. 242). Im Übrigen übten seine Eltern als seine gesetzlichen Vertreter (§ 892(1) tschech. BGB) den Besitzwillen aus.

[128] Das kommt sehr gut in § 241(1) österr. ABGB zum Ausdruck: „Ein Vorsorgebevollmächtigter oder Erwachsenenvertreter hat danach zu trachten, dass die vertretene Person im Rahmen ihrer Fähigkeiten und Möglichkeiten ihre Lebensverhältnisse nach ihren Wünschen und Vorstellungen gestalten kann, und sie, soweit nie möglich, in der Lage zu versetzen, ihre Angelegenheiten selbst zu besorgen".

[129] Siehe z. B. für Spanien *Linacero de la Fuente,* Derecho de la persona y de las relaciones familiares, S. 37 (Die natürliche Fähigkeit zu verstehen und wollen [*capacidad natural de entender y querer*], auch *capacidad de obrar de hecho* [faktische Handlungsfähigkeit] oder *capacidad natural* [natürliche Fähigkeit] genannt, impliziere, dass die psychischen Voraussetzungen des Willens und des Verstandes vorliegen, die notwendig sind, um eine bestimmte Handlung oder ein bestimmtes Rechtsgeschäft auszuführen. Zur wirksamen Abwicklung einer Handlung müssten sowohl die Handlungs- als auch die natürliche Fähigkeit vorliegen. Eine Rechtshandlung sei nur gültig, wenn beide, die *conditiones iuris et facti* vorlägen. Bereits *de Castro,* Derecho civil de España II, S. 49 hatte betont, dass zwischen einer *falta habitual de capacidad natural* und einer *falta actual de capacidad natural* zu unterscheiden sei, also zwischen einem gewöhnlichen und einem aktuellen Mangel an natürlichen Fähigkeit. Bemerkenswert auch Art. 211-3 katal. CC (oben Fn. 94) und DGRN 12.4.2002 (BOE 117 vom 16.5.2002) zu der Bedeutung einer notariellen Feststellung der *capacidad natural*.

[130] Für einen Grenzfall siehe HR 21.4.2020, ECLI:NL:HR:2020:712, NJB 2020 S. 1151 (oben Rdnr. 75 mit Fn. 223). Hier war indes nicht klar, ob die ablehnende Reaktion der Patientin wirklich noch Ausdruck eines Willens oder nur Folge ihrer krankheitsbedingten Unruhezustände war.

II. Die Relevanz des natürlichen Willens § 5

erfolgen, in dem ohne Druck versucht wurde, ihn von der Richtigkeit des Eingriffs zu überzeugen (Nr. 4). Außerdem dürfen keine weniger belastenden Maßnahmen zur Verfügung stehen (Nr. 5), der erwartete Nutzen muss die zu erwartenden Beeinträchtigungen „deutlich überwiegen" (Nr. 6), und es darf die Maßnahme nur in einer Klinik durchgeführt werden (Nr. 7). Eine **Zwangssterilisation** ist unter deutschem Recht gänzlich untersagt; sie darf gegen den natürlichen Willen des Betreuten nicht durchgeführt werden (§ 1905(1) Nr. 1 dt. BGB a.F.; § 1830(1) Nr. 1 n.F.).[131] Zudem können weder Kinder in ihre eigene Sterilisation noch Eltern für ihre Kinder in deren Sterilisation einwilligen (§ 1631c dt. BGB).[132] Auf irgendeine geistige Kompetenz kommt es dabei nicht an. Das französische und das spanische Recht entscheiden ebenso restriktiv[133]; in Tschechien und in England werden Zwangssterilisationen dagegen für möglich gehalten, wenn sie medizinisch indiziert sind und im Interesse des Betroffenen unerlässlich erscheinen.[134] Freiheitsberaubungen

---

[131] Das Gesetz spricht bislang zwar nur davon, dass die Sterilisation dem „Willen" des Betreuten nicht widersprechen darf, aber das war schon in der bisherigen Fassung i. S. v. „natürlicher Wille" zu verstehen (Palandt [-*Götz*], BGB[80], § 1905 Rdnr. 5). Der Gesetzgeber hat das mit § 1830(1) Nr. 1 n. F. nun auch ausdrücklich klargestellt. EGMR 16.2.2016, 72850/14, *Soares de Melo vs. Portugal,* NJW 2017 S. 2173, 2176 Rdnr. 110 betont, dass einem erwachsenen Patienten, „der im Besitz seiner geistigen Kräfte" (*sain d'esprit*) ist, eine Sterilisation nicht aufgezwungen werden darf, auch nicht mittelbar im Rahmen einer Heimunterbringung ihrer verwahrlosten und deshalb zur Adoptionsvorbereitung in einem Heim untergebrachten Kinder. Es findet sich aber kein Hinweis auf die Unterscheidung zwischen dem natürlichen und dem freien Willen.

[132] In Ungarn ist eine Sterilisation aus Gründen der Familienplanung nur bei Personen erlaubt, die entweder schon das 40. Lebensjahr vollendet oder bereits drei leibliche Kinder haben (§ 187(1a) ungar. Gesetz über das Gesundheitswesen). Eine Sterilisation aus gesundheitlichen Gründen ist dagegen auf ihren Antrag auch bei einer beschränkt geschäftsfähigen Minderjährigen erlaubt (§ 187(1)(c) a. a. O.).

[133] In Frankreich war bis 2001 sogar jede Sterilisation verboten, die ohne therapeutische Notwendigkeit (also zu reinen Verhütungszwecken) durchgeführt werden sollte (Art. 16-3 franz. CC a.F., dazu Cass. 6.7.1998, Bull. civ. 1998, avis, Nr. 10 S. 11). Seit dem Gesetz Nr. 2001-588 vom 4.7.2001 relative à l'interruption volontaire de grossesse et à la contraception ist die Sterilisation von Erwachsenen unter bestimmten Bedingungen möglich. Unter Art. L 2123-1 Code de la santé publique darf die Ligatur der Ei- oder Samenleiter zu Verhütungszwecken durchgeführt werden, wenn der betroffene Erwachsene nach informierter Aufklärung *une volonté libre, motivée et délibérée* gebildet hat. Unter Art. L 2123-2 kommt die Ligatur der Ei- oder Samenleiter eines geistig beeinträchtigten Erwachsenen nur dann in Betracht, wenn eine absolute medizinische Kontraindikation zu Verhütungsmethoden besteht oder sie nicht wirksam angewendet werden können. Der Eingriff muss vom *juge des tutelles* genehmigt werden. Weigert sich der Betroffene, wird die Angelegenheit dem Richter nicht vorgelegt. Andernfalls hört der Richter die betroffene Person an. Wenn sie in der Lage ist, ihren Willen zum Ausdruck zu bringen, muss ihre Einwilligung nach vorheriger Aufklärung, die ihrem Verständnisgrad angepasst ist, eingeholt werden. Ihre Weigerung oder ihr Widerruf dürfen „nicht außer Acht gelassen werden". Auch wenn sie erteilt wird, ist ein medizinischer Sachverständigenausschuss einzuschalten, in dem auch Vertreter von Verbänden behinderter Menschen Sitz und Stimme haben. Unter Art. 156 span. CP schließt die gültig, frei, bewusst und ausdrücklich geäußerte Einwilligung die strafrechtliche Verantwortlichkeit in Fällen von Organtransplantationen, die dem Gesetz entsprechend durchgeführt werden, von Sterilisationen und Geschlechtsumwandlungen aus, soweit sie von ärztlichem Personal durchgeführt werden, es sei denn, die Einwilligung wurde fehlerhaft, mittels einer Bezahlung oder Belohnung erlangt oder die einwilligende Person ist minderjährig oder unmündig; in diesem Fall ist weder deren Einwilligung noch die ihrer gesetzlichen Vertreter gültig. Das Organgesetz 2/2020 vom 16.12.2020 hat die Zwangssterilisationen ausdrücklich abgeschafft und deshalb Art. 156(2) CP (a.F.) ersatzlos gestrichen. Er lautete: „Die Sterilisation einer entmündigten Person *(persona incapacitada),* die an einem schweren physischen Gebrechen *(grave deficiencia física)* leidet, ist jedoch nicht strafbar, wenn sie durch einen Richter, der den größten Nutzen des Unmündigen als ausschlaggebendes Kriterium heranzuziehen hat, nach Anhörung der Gutachten zweier Spezialisten, der Staatsanwaltschaft sowie nach Untersuchung des Unmündigen genehmigt wurde, sei es im Entmündigungsverfahren selbst oder in einem späteren, auf Antrag des gesetzlichen Vertreters durchgeführten Verfahren der freiwilligen Gerichtsbarkeit".

[134] Tschechische Gerichte waren anfangs darauf angewiesen, die allgemeine Regel zu vertretergestützten Einwilligungen in Eingriffe in die körperliche Unversehrtheit (§ 102 tschech. BGB) einer geistig behinderten Person zu konkretisieren. Hiernach kam es darauf an, dass der Eingriff dem Betroffenen nach vernünftigem Ermessen zum Vorteil gereicht, dass der Arzt ihn angemessen begutachtet und die Begutachtung dokumentiert hat, und dass ein Handeln gegen den Willen des Betroffenen die *ultima ratio* darstellt (Lavický [-*Vítek*], Občanský zákoník I, S. 580). Das Gesetz über spezifische Gesundheitsdienstleistungen Nr. 373/2011 hat das konkretisiert, aber nicht grundsätzlich geändert. Bei geistig behinderten Erwachsenen kommt eine Sterilisation nur aus therapeutischen Zwecken in Frage. Der gesetzliche Vertreter bzw.

(z. B. Bettfesseln) werden dem natürlichen Willen des Betreuten freilich nahezu stets widersprechen[135]; ihrer kann er sich bei erheblicher Selbstgefährdung auch unter deutschem Recht nicht widersetzen, wenn die freiheitsentziehende Maßnahme zu seinem eigenen Schutz gerichtlich genehmigt wurde. Gegen die Zwangsverbringung in ein Krankenhaus zur Durchführung einer ärztlichen Zwangsbehandlung bleibt der natürliche Wille unter weithin ähnlichen Voraussetzungen unbeachtet (§ 1906(4) dt. BGB a.F., § 1831(4) n.F.). Die deutsche Rechtsordnung schöpft das Differenzierungspotential, das sie sich mit diesem neuen Konzept geschaffen hat, voll aus.

b. Betreuerauswahl, Geschäftsführung ohne Auftrag, Vertretung

266 Dass rechtlich nicht darüber hinweggegangen werden sollte, dass jemand unbeschadet seiner Behinderung in aller Regel immer noch Zuneigung empfinden und artikulieren kann, greift die Rechtsordnung z. B. dann auf, wenn sie einer unter Vormundschaft stehenden Mutter das Recht gibt, selbständig gegen die von einem Kinderrichter angeordnete Verlängerung der Unterbringung ihres Kindes vorzugehen.[136] Ein Betreuungsbedürftiger hat außerdem ein Mitspracherecht bei der **Auswahl seines Betreuers.**[137] Es wäre wirkungslos, wenn es an einen freien Willen anknüpfte; denn gegen den freien Willen eines

---

der Betreuer und ein Expertengremium müssen eingewilligt, und das Gericht muss die Maßnahme genehmigt haben. Auch in England werden Zwangssterilisationen für möglich gehalten (*The Mental Health Trust & Ors v DD & Anor* [2015] EWCOP 4: Es ging um eine autistische 36-jährige Frau mit einem IQ von 70. Sie hatte bereits sechs Kinder, von denen sie keines zu betreuen vermochte. Das Gericht hielt die therapeutische Sterilisation für nötig, um das Leben von DD zu retten [Nr. 131]. „I propose to authorise the applicants to remove DD from her home and take steps to convey her to hospital for the purposes of the sterilisation procedure, and authorise the use of reasonable and proportionate measures to ensure that she is able to receive the said treatment even if any deprivation of liberty is caused by the same; (and) I authorise the applicants to take such necessary and proportionate steps to give effect to the best interests declarations above to include, forced entry and necessary restraint, and authorise that any interferences with DD's rights under Article 8 of the ECHR as being in her best interests" [Nr. 140]). Zur Rechtslage unter dem Common Law *Re F (Mental Patient: Sterilisation)* [1990] 2 AC 1, zur Zwangsernährung von Personen mit einer lang andauernden Bewusstseinsstörung *An NHS Trust & Ors v Y & Anor (Rev 1)* [2018] UKSC 46 (Lady Black), zu einer gerichtlich angeordneten Vasektomie *An NHS Trust v DE* [2013] EWHC 2562 und zu einer Zwangsabtreibung bei einer geistig inkompetenten sehr jungen Schwangeren *X (A Child) (Capacity to Consent to Termination), Re* [2014] EWHC 1871 (Fam), [2014] 6 WLUK 201 (para. 9 unter Hinweis auf *Re C (Detention: Medical Treatment)* [1997] 2 FLR 180 und *Re PS (Incapacitated or Vulnerable Adult)* [2007] EWHC 623 (Fam), [2007] 2 FLR 1083: „This court in exercise of its inherent jurisdiction in relation to children undoubtedly has power to authorise the use of restraint and physical force to compel a child to submit to a surgical procedure").

[135] Eine besonders eigenartige Situation war Gegenstand von österr. OGH 19.4.2012, 7 Ob 36/12p, RIS-Justiz. Die Betroffene hatte, solange sie noch einsichts- und urteilsfähig war, einer freiheitsbeschränkenden Maßnahme, die sie am Verlassen ihres Bettes hinderte, zugestimmt. Später verschlimmerte sich ihr Zustand. Der OGH beharrte auf einer gerichtlichen Entscheidung. Die frühere Zustimmung der Betroffenen wirke nicht fort.

[136] Cass. civ. 6.11.2013, Bull. 2013, I, Nr. 217; JCP G 2014, 14, Anm. *Peterka*; D. 2014 S. 467, Anm. *Raoul-Corneil*; RTD civ. 2014, Nr. 3, S. 84, Anm. *Hauser*. Der Fall lag zwar so, dass die Mutter wohl im Besitz des *discernement* war, doch dürfte auch andernfalls Art. 458 franz. CC anwendbar geblieben sein, wonach die Vornahme rein persönlicher Handlungen „ne peut jamais donner lieu à assistance ou représentation de la personne protégée". Maßnahmen zum Schutz einer Person sollten sich nicht gegen sie richten.

[137] Z. B. § 1897(4)(1) dt. BGB a. F. bzw. § 1816(2) BGB n. F. (unter der Neufassung ist dem Wunsch des Volljährigen, eine bestimmte Person zum Betreuer zu bestellen, zu entsprechen, es sei denn, sie ist zur Führung der Betreuung nicht geeignet. Lehnt der Betreute eine bestimmte Person [aber nicht die Betreuung als solche] ab, so ist auch diesem Wunsch zu entsprechen). Ganz ähnliche Vorschriften finden sich in Art. 143 port. CC (der Betreuer kann vom Betroffenen selbst oder von seinem gesetzlichen Vertreter ausgewählt, andernfalls wird der Betreuer vom Gericht ausgewählt); Artt. 1669, 1671 gr. ZGB; § 471(2) tschech. BGB, § 244(1) österr. ABGB und Art. 355 lett. ZGB. Auch unter Kap. 11 § 12 (2) schwed. FB muss, wenn der Betroffene eine bestimmte Person als Betreuer (*god man*) oder Verwalter (*förvaltare*) vorschlägt, diese Person bestellt werden, wenn sie geeignet und bereit ist, die Aufgabe zu übernehmen.

II. Die Relevanz des natürlichen Willens §5

Volljährigen darf für ihn ohnehin kein Betreuer bestellt werden.[138] Eine **Geschäftsführung ohne Auftrag** *(negotiorum gestio)* durch eine Person mit lediglich natürlicher Willensbildungsfähigkeit ist bestenfalls dann denkbar, wenn rein faktisches (nichtrechtsgeschäftliches) Handeln in Rede steht.[139] Man könnte sich – Rechtsprechung fehlt – eine Situation vorstellen, in der es um eine Hilfeleistung unter einfach gelagerten Umständen geht, die keine Abwägung und keine vorherige Rücksprache erfordern. Aber es bedarf selbst dann noch nicht nur eines Handelns „für einen Anderen", sondern auch eines vernünftigen Interventionsgrundes; außerdem muss selbst eine Maßnahme der Notgeschäftsführung mit einem Mindestmaß an Sorgfalt durchgeführt werden. Das sind Anforderungen, denen jemand, der nur mit natürlichem Willen handelt, nur selten wird genügen können.[140] Zu weit ginge es andererseits, den natürlichen wie den freien Willen noch ein weiteres Mal zu qualifizieren, also jeden Hilfeleistenden nur dann in die privilegierte Rechtsstellung eines *gestors* einrücken zu lassen, wenn er die Fähigkeit besitzt, einen Vertrag zu schließen. Vertragsfähigkeit und tatsächliche Hilfeleistung haben miteinander nichts zu tun. Bewusst helfen kann schon ein noch vertragsunfähiger Sechsjähriger, und allemal ein vertragsunfähiger Dreizehnjähriger, desgleichen ein stark alkoholisierter Mensch, auch wenn er nicht mehr in der Lage wäre, über einen Vertrag zu verhandeln. Eine andere Frage ist es dagegen, ob solche Personen unter den genannten Umständen auch die Haftungsrisiken eines *gestors* tragen. Die Antwort lautet, dass dafür, wenn es nicht nur um eine simple Bereicherungshaftung geht, der Regel nach Zurechnungsfähigkeit, mithin ein freier Wille erforderlich ist.[141] Und sofern es für die Haftung des Prinzipals darauf ankommt, ob die ihm erbrachte Hilfeleistung seinem wirklichen oder mutmaßlichen Willen entsprach, wird man gleichfalls mindestens einen freien Willen verlangen müssen, d. h. den Willen, den ein vernunftbegabter Mensch in Wahrung seiner eigenen Interessen geäußert hat bzw. geäußert hätte, wenn er dazu in der Lage gewesen wäre. Dass man insoweit insbesondere bei Minderjährigen oft gar nicht fragt, was aus ihrer Perspektive vorzugswürdig war, sondern auf den Willen ihrer Eltern abstellt, ändert im Ergebnis nicht viel.

Art. 263 port. CC lautet zwar, dass „der **Bevollmächtigte** … nicht mehr als die Fähigkeit haben (muss), zu verstehen und zu wollen (die *capacidade de entender e querer*), die durch 267

---

[138] § 1896(1a) dt. BGB a. F. bzw. § 1814(2) dt. BGB n. F. Unter Art. 141 port. CC wird die Betreuung vom Begünstigten selbst oder mit seiner Autorisierung von seinem Ehegatten, Lebenspartner oder einem Verwandten beantragt, der zu den Rechtsnachfolgern des Betreuten gehört; ggf. aber auch von der Staatsanwaltschaft. Das Gericht kann die Autorisierung durch den Begünstigten nur ersetzen, wenn er sie in Anbetracht der Umstände nicht frei und wissentlich erteilen kann, allerdings auch dann, wenn es der Meinung ist, dass es für die Ersetzung einen vernünftigen Grund gibt. Unter Art. 1667(1) S. 1 gr. ZGB bedarf es zur Bestellung eines Betreuers grundsätzlich eines Antrages des Betreuten. Bei einer Betreuung zur Überwindung körperlicher Behinderungen gilt das ausnahmslos (Artt. 1667(2), 1685 a. a. O.). Unter Kap. 11 § 12(2) schwed. FB wird, sofern der Betreute das fünfzehnte Lebensjahr vollendet hat, ein Betreuer (*god man*) nur auf Antrag des Betreuten bestellt.
[139] Art. 2029 ital. CC hält zwar ausdrücklich fest, dass *il gestore deve avere la capacità di contrattare*". Bei rein tatsächlichen Handlungen soll allerdings bereits Zurechnungsfähigkeit genügen. Haftungsfragen, die in diesem Zusammenhang auftreten können, unterliegen ausschließlich dem Deliktsrechtsregime (*Aru*, Gestione d'affari, S. 27). Weitere rechtsvergleichende Nachweise bei *von Bar*, Benevolent Intervention in Another's Affairs, S. 58, 254–256.
[140] *Gomes*, Gestão de negócios, S. 126–136 unterscheidet in der europäischen Lehre drei verschiedene Richtungen. Entweder werde nur die natürliche Fähigkeit zu verstehen und zu wollen verlangt, oder es werde die fehlende Geschäftsfähigkeit des Geschäftsführers nur auf seine Haftung bezogen (so dass sie im Wesentlichen Bereicherungsrecht folge), oder es werde, weil es sich um ein Synallagma zwischen den Pflichten des Geschäftsherrn und des Geschäftsführers handele, sowohl die *actio directa* als auch die *actio contraria* dem Geschäftsfähigkeitstest unterworfen. In Portugal suche man die Antwort mithilfe der (deliktsrechtlichen) Lehre von der Zurechnungsfähigkeit. Unter Art. 488(2) port. CC wird bei Minderjährigen unter 7 Jahren das Fehlen der Zurechnungsfähigkeit widerleglich (Brandão Proença [-*Sousa Antunes*], Comentário ao Código Civil II, Anm. 5 zu Art. 488, S. 306) vermutet (bis 2018 galt das auch für Personen, die wegen einer psychischen Anomalie entmündigt worden waren). Der fähigkeitsrechtliche Status des Geschäftsherrn sei dagegen belanglos. Allerdings komme es auf den Willen und das Interesse seines gesetzlichen Vertreters an (S. 127).
[141] Nachweise in den Kommentierungen und Anmerkungen unter DCFR V.2:102(3).

die Art des zu führenden Geschäfts erforderlich ist". Es kann also auch jemand, der noch nicht im Besitz der *capacidade para o exercício de direitos* ist, rechtsgeschäftlich mit Vertretungsmacht ausgestattet werden. Allerdings bedeutet das nicht, dass es sich sogar um eine Person handeln könnte, der jede Einsicht *(discernimento)* in ihr Tun fehlt. Für eine Stellvertretung ist also unter portugiesischem (und italienischem: Art. 1389 ital. CC) Recht zwar keine „Geschäftsfähigkeit", aber doch ein freier Wille in Gestalt der „Zurechnungsfähigkeit" erforderlich.[142] Irritierend ist nur, dass unter Artt. 265 i. V. m. 1174, 1176 port. CC eine Vollmacht (und nicht nur der zugrundeliegende Auftrag) erlischt, wenn der Vertreter durch ein Betreuungsurteil nachträglich für geschäftsunfähig erklärt wird.[143] Unter deutschem, griechischem, polnischem und schwedischem Recht gilt dagegen, dass ein Vertreter mindestens beschränkt geschäftsfähig sein muss; ist er (konkret oder abstrakt) geschäftsunfähig, ist seine Willenserklärung und mit ihr der Vertrag nichtig.[144]

c. Schenkungen und geringfügige Alltagsgeschäfte

268 Ein natürlicher Wille genügt dagegen oft wieder, wenn es darum geht, eine **Schenkung** anzunehmen, die den Beschenkten weder mit Pflichten noch mit Verantwortung belastet, sofern er nur deren Sinngehalt (wenn auch nicht deren Wert) erfassen kann. Anders ist das lediglich dort, wo eine Schenkung als Vertrag und die Annahme einer Schenkung als Zustimmung zum Eigentumserwerb konstruiert werden und man aus diesem formalen Grund strikt daran festhält, dass die entsprechenden Willenserklärungen nicht von „geschäftsunfähigen" Personen abgegeben werden können.[145] Die Dogmatik hat sich hier weit von der Lebenswirklichkeit entfernt. Überzeugender wirkt § 865(2) österr. ABGB, wonach „jede Person" ein „bloß zu ihrem Vorteil gemachtes Versprechen … annehmen" kann. „Annehmen" kann ein Geschenk freilich nur, wer die in ihm zum Ausdruck kommende Empathie empfinden und irgendeine innere Beziehung zu dem Schenkungsgegenstand entwickeln kann. Es gibt nicht wenige Menschen, die nicht einmal dazu in der Lage sind. Dieser Fähigkeitsunterschied lässt sich erneut gut mit dem „natürlichen Willen" auf den Begriff bringen. Der Rechtslage in Österreich entspricht weithin die Rechtslage unter Art. 1913 lett. ZGB, Artt. 950–951 port. CC, § 31 tschech. BGB, unter englischem und unter schwedischem Recht.[146] Eine andere Frage ist es aber, ob eine Schenkung wegen

---

[142] *Pires de Lima und Antunes Varela,* Código Civil Anotado I⁴, Art. 263, S. 245. Siehe schon oben Fn. 8 und (zu Frankreich) oben Fn. 15.
[143] Dazu Carvalho Fernandes und Brandão Proença (*-Guichard/Brandão Proença/Ribeiro*), Comentário ao Código Civil I, Anm. 2 zu Art. 263, S. 642. Der Betreuer des Vertreters und Beauftragten hat den Vertretenen über die Einrichtung der Betreuung zu unterrichten; die gleiche Verpflichtung obliegt den mit dem Vertreter zusammenlebenden Personen „im Fall seiner natürlichen Unfähigkeit" (Art. 1176(2) port. CC). Mit Blick auf den minderjährigen Bevollmächtigten diskutieren die Kommentatoren in Anm. 4, ob das Rechtsgeschäft infolge einer fehlenden (faktischen) Geschäftsfähigkeit unwirksam oder wegen vorübergehender Geschäftsunfähigkeit anfechtbar (Art. 259 port. CC) oder nichtig (Art. 294 port. CC) sei. *Ferreira de Almeida,* Contratos V², S. 56 mit Fn. 127 nimmt an, das Rechtsgeschäft sei in Anwendungsbereich von Art. 263 gültig, es sei denn, es läge ein zusätzlicher Ungültigkeitsgrund vor. Die grundsätzliche Gültigkeit des Rechtsgeschäfts sei eine logische Folge der Risikoübernahme durch den (geschäftsfähigen) Vollmachtgeber, der eine Person bevollmächtigt, der das Gesetz noch nicht die volle Rechtsmacht zur Besorgung ihrer eigenen Angelegenheiten verleiht.
[144] § 165 dt. BGB; Art. 213 gr. ZGB; § 22 schwed. Vertragsgesetz und Art. 100 poln. ZGB (dazu Pietrzykowski [-*Pazdan*], Kodeks cywilny¹⁰, Art. 100 Rdnr. 4). Prokurist allerdings kann nur eine natürliche Person mit voller Geschäftsfähigkeit sein (Art. 109² § 2 poln. ZGB).
[145] Dazu schon oben Rdnrn. 142–144 sowie Rdnr. 246 mit Fn. 19. Poln. OG 30.4.1977, III CZP 73/76, OSNCP 1978 Nr. 2, Pos. 19 betraf unmittelbar zwar nur die Frage, ob Eltern für ihr Kind und in dessen Namen die Schenkung einer Immobilie annehmen konnten. Das Gericht bejahte das, indem es für diese Sondersituation annahm, dass es sich um keine gewöhnliche Verwaltungsmaßnahme (Art. 101 § 3 poln. FVGB) handele, insbesondere aber deshalb, weil ein Minderjähriger unter Art. 17 poln. ZGB die Schenkung auch selbst hätte annehmen können. Es habe sich weder um eine Verpflichtung noch um eine Verfügung gehandelt.
[146] Siehe schon oben Rdnr. 143–144. Unter § 31 tschech. BGB wird vermutet, dass „jeder Minderjährige" zur Vornahme von Rechtsgeschäften fähig ist, die von ihrer Natur her sowohl dem Verstand als auch der

groben Undanks des Beschenkten widerrufen werden kann. Groben Undanks kann sich nur jemand schuldig machen, der das Verletzende seines Verhaltens versteht; es bedarf also eines freien Willens.[147] Menschen, die nur zur Bildung eines natürlichen Willens in der Lage sind, sollten andererseits aber auch in der Lage sein, **geringfügige Geschäfte des täglichen Lebens** selbstbestimmt zu tätigen. Allerdings wird hier (und aus nicht immer klar ersichtlichem Grund) oft noch weiter zwischen geschäftsunfähigen **Minderjährigen** und geistig behinderten Erwachsenen unterschieden. In Deutschland (§ 104 Nr. 1 dt. BGB) kann ein Kind vor Vollendung des siebenten Lebensjahres nicht einmal ein Eis oder ein Kaugummi kaufen, auch nicht, wenn es es mit seinem „Taschengeld" bezahlt; in Griechenland muss ein Kind bis zur Vollendung des zehnten (Art. 128 gr. ZGB), in Polen bis zur Vollendung des dreizehnten (Art. 12 poln. ZGB) und in Bulgarien sogar bis zur Vollendung des vierzehnten Lebensjahres warten (Art. 3(2) bulgar. Gesetz über die Person und die Familie).[148] Das bildet die Realität in einer modernen Großstadt schon lange nicht mehr ab, beschneidet kindliche Rechte, kollidiert mit dem Ziel, Kinder in kleinen Schritten an Selbstverantwortung heranzuführen, und widerspricht auch dem Trend jüngerer Reformgesetzgebung. Unter Art. 1148 franz. CC, der Art. 388-1-1 franz. CC[149] ergänzt, kann „toute personne incapable de contracter" – also auch ein geschäftsunfähiger Minderjähriger – „accomplir seule les actes courants autorisés par la loi ou l'usage, pourvu qu'ils soient conclus à des conditions normales". Jeder kann mithin die durch das Gesetz oder die übliche Praxis erlaubten Handlungen vornehmen, wenn sie unter normalen Bedingungen getätigt werden. Ein natürlicher Wille genügt. Nicht anders verhält es sich unter § 170(3) österr. ABGB. Hiernach wird ein alterstypisches Rechtsgeschäft eines „minderjährigen Kindes … rückwirkend rechtswirksam", wenn das Geschäft „eine geringfügige Angelegenheit des täglichen Lebens betrifft" und das Kind die übernommenen Pflichten erfüllt, typischerweise also gezahlt hat. Unter Kap. 4 § 24(1) finn. Laki holhoustoimesta darf „der Minderjährige Rechtshandlungen vornehmen, die unter Berücksichtigung der Umstände gebräuchlich und von geringer Bedeutung sind". Unter sec. 2(1) Age of Legal Capacity (Scotland) Act 1991 „a person under the age of 16 years has legal capacity to enter into a transaction (a) of a kind commonly entered into by persons of his age and circumstances, and (b) on terms which are not unreasonable". Es spricht also nichts dagegen, dass sich ein vierjähriges Kind, das Bargeld in der Hand hat, zu ihrem regulären Preis eine Kugel Eis in dem örtlichen Kiosk nebenan kauft; warum auch sollte das anders sein? Unter englischem Recht, das darauf abstellt, ob es sich bei dem Kaufgegenstand um einen für den Minderjährigen „notwendigen" Gegenstand handelte, ist die Frage deutlich schwieriger zu beant-

---

Willensreife von Minderjährigen seines Alters angemessen sind. Ein Kind, dem eine Schenkung keinen Nachteil bringt und das positive Seite der Zuwendung erkennen kann, muss den Wert der Sache nicht nachvollziehen können (Švestka/Dvořák/Fiala [-*Tichý*], Občanský zákoník I, S. 161). Kreisgericht Ostrava 20.11.1979, 13 Co 678/79, Sbírka soudních rozhodnutí a stanovisek, 1981 Nr. 13 entschied, dass ein Minderjähriger ein Geschenk annehmen könne, wenn man in Hinsicht auf sein Alter davon überzeugt sein könne, dass er den Wesensinhalt des Schenkvertrags verstehen könne und die Schenkung einen finanziellen Vorteil bedeute. Es könne sich auch um eine höhere Summe handeln, nur dürften mit der Schenkung keine Pflichten verbunden sein oder seine persönlichen oder vermögensrechtlichen Verhältnisse beschweren. § 2066 tschech. BGB hält zudem fest, dass eine in der Geschäftsfähigkeit beschränkte Person fähig ist, ein geringwertiges oder auf Grund der Umstände gewöhnliches Geschenk zu verschenken und anzunehmen.

[147] Dazu Appellationsgericht Warschau 30.6.2015, VI ACa 865/14, orzeczenia. ms. gov.pl (Zwölfjähriger und damit unter polnischem Recht noch geschäfts- und deliktsunfähiger [Art. 426 poln. ZGB] Enkel leidet unter der Scheidung seiner Eltern und der Alkoholkrankheit seines Vaters; in dieser Phase stiehlt der Enkel kleine Bargeldbeträge bei der Großmutter, die ihm und seinem Vater je eine Grundstückshälfte geschenkt hatte; außerdem verwendet der Enkel gegen die Großmutter einige Schimpfworte. Das Gericht verneint groben Undank. In der Zeit vor Vollendung des 13. Lebensjahres sei der Enkel gar nicht zurechnungsfähig gewesen; was danach geschah, reiche ebenfalls nicht aus, um das Verhalten als grob undankbar zu qualifizieren).

[148] Siehe schon oben Fn. 21 und 22.

[149] „L'administrateur légal représente le mineur dans tous les actes de la vie civile, sauf les cas dans lesquels la loi ou l'usage autorise les mineurs à agir eux-mêmes".

worten; der Test „passt" in solchen Fällen einfach nicht. Für *necessaries* ist ein „angemessener Preis" geschuldet.[150] Zu ihnen gehören auch Essen und Trinken. Das Alter und die Lebenslage des Minderjährigen fließen in die Beurteilung ein.[151] Man könnte zwar immer noch streiten, ob Eiscreme wirklich „nötig" ist – aber über solche Kleinigkeiten wird natürlich nicht prozessiert.

269 Unter sec. 7 Mental Capacity Act 2005 gilt für **Erwachsene,** *who lack capacity to contract,* dieselbe Grundregel, und zwar auch außerhalb des Kaufrechts.[152] Wiederum wird der Notwendigkeitstest zu einem Problem. Man denke etwa an einen geistig behinderten Menschen, der an seine tägliche Dosis Schnaps zu gelangen trachtet. Unter den §§ 105(2), 105a dt. BGB kann ein volljähriger Geschäftsunfähiger „ein Geschäft des täglichen Lebens ... mit geringwertigen Mitteln" bewirken, sofern mit ihm keine „erhebliche Gefahr für die Person oder das Vermögen des Geschäftsunfähigen" verbunden ist. Das löst die Suchtproblematik schon eher. Realistischer sind aber überflüssige Mehrfachanschaffungen des gleichen Gegenstandes; hier ist tatsächlich entscheidend, dass sie nicht „*necessary*" sind.[153] Die erwähnte Regelung in Art. 1148 franz. CC beruht auf ganz ähnlichen Gedanken. Unter § 242(2) österr. ABGB wird ein von einer entscheidungsunfähigen (§ 24(2) a. a. O.[154]) volljährigen Person geschlossenes Rechtsgeschäft des täglichen Lebens, das ihre Lebensverhältnisse nicht übersteigt und für das kein Genehmigungsvorbehalt angeordnet ist, rückwirkend durch Erfüllung durch den Volljährigen wirksam. Ebenso verhält es sich unter Art. 14 § 2 poln. ZGB. „Allgemein geschlossene Verträge in kleinen laufenden Angelegenheiten des täglichen Lebens" werden mit Erfüllung wirksam, es sei denn, der Vertrag zieht eine grobe Benachteiligung des Geschäftsunfähigen nach sich. Auch das lässt sich wiederum nur so deuten, dass (i. S. d. Terminologie des deutschen Rechts) ein natürlicher Wille genügt. In Portugal gilt, dass der von einer Betreuung Begünstigte auch dann, wenn der Einrichtungsbeschluss Vertretung vorsieht, „in der Regel in der Lage (bleibt), die Geschäfte des täglichen Lebens selbst zu führen".[155]

d. Besitz

270 Sehr unterschiedlich beurteilt wird die Frage, wer in welcher Weise welchen Besitz erwerben und die daraus ggf. erwachsenden Rechte ausüben kann. Eine klare europäische Linie fehlt.[156] Soweit – was in sich freilich alles andere als unproblematisch ist – ein rechtsgeschäftlicher (derivativer) Besitzerwerb für möglich gehalten wird[157], wird er häufig dem Geschäftsfähigkeitsregime der betreffenden Rechtsordnung unterworfen, mithin auch seinen Altersstufen. Bei Minderjährigen wird dann auf das Erreichen der Altersstufe abgestellt, ab der Minderjährige für sie rechtlich vorteilhafte Geschäfte tätigen dürfen.[158] Für Menschen, die nur einen natürlichen Willen bilden und sich nach ihm verhalten können,

---

[150] Sec. 3(2) Sale of Goods Act 1979 („Where necessaries are sold and delivered to a minor or to a person who by reason of mental incapacity or drunkenness is incompetent to contract, he must pay a reasonable price for them").

[151] Grundlegend schon *Peters v Fleming* (1840) 6 M & W 42.

[152] „(1) If necessary goods or services are supplied to a person who lacks capacity to contract for the supply, he must pay a reasonable price for them. (2) 'Necessary' means suitable to a person's condition in life and to his actual requirements at the time when the goods or services are supplied".

[153] Palandt (-*Ellenberger*), BGB[80], § 105a Rdnr. 5.

[154] „Entscheidungsfähig ist, wer die Bedeutung und die Folgen seines Handelns im jeweiligen Zusammenhang verstehen, seinen Willen danach bestimmen und sich entsprechend verhalten kann. Dies wird im Zweifel bei Volljährigen vermutet".

[155] Berufungsgericht Lissabon 11.12.2019, Processo 5539/18.9T8FNC.L1-2.

[156] Siehe schon oben Fn. 126 und 127.

[157] Näher *von Bar*, Gemeineuropäisches Sachenrecht II, Rdnrn. 92–94.

[158] Siehe z. B. für Griechenland Areopag 1191/2010, NoB 59 (2011) S. 120 (Aus den Artt. 979, 980 gr. ZGB folge, dass der Besitz auch durch einen Vertreter erworben und ausgeübt werden könne. So könne der Minderjährige, der das zehnte Lebensjahr noch nicht vollendet hat und der gemäß Art. 128 gr. ZGB geschäftsunfähig ist, den Besitz nur durch den gesetzlichen Vertreter, nämlich durch seinen Elternteil erwerben und ausüben. Wenn jedoch der Minderjährige (ab Vollendung des zehnten Lebensjahres:

kommt freilich schon aus tatsächlichen Gründen bestenfalls ein **originärer Besitzerwerb** in Betracht, und dieser wohl auch nur in Gestalt von Eigenbesitz. Die Innehabung einer Sache „für einen anderen" (Detention, Fremdbesitz) verlangt bereits ein Verstehen, das einen freien Willen voraussetzt. Man muss sich ja bewusst der Weisungsbefugnis eines Anderen unterstellen bzw. begreifen können, dass man ihm die Sache nach Zeitablauf wieder zurückzugeben hat. Besitz jeder Farbe muss jedenfalls von realer Sachherrschaft und einem Besitzwillen getragen sein. (Mit umgekehrten Vorzeichen gilt Entsprechendes auch für die Besitzaufgabe.) Ob jemand eine Sache beherrscht und sich zuordnet, ist, recht betrachtet, wiederum nur eine Frage an seinen durch ein Tun zum Ausdruck kommenden natürlichen Willen. Deshalb wird man unterscheiden müssen. Sowohl ein kleines Kind als auch ein zu freier Willensbildung unfähiger Erwachsener sind außerstande, ein Grundstück zu besitzen, nicht einmal die Wohnung, in der sie leben – aber nicht, weil sie nicht „geschäftsfähig" sind, sondern deshalb, weil es ihnen ihre geistige Kapazität noch oder nicht mehr erlaubt, so etwas Komplexes wie Immobiliarvermögen zu erfassen. Bei den kleinen Dingen des Alltagslebens (Kleidung, Bilder, der Rollstuhl, ein Spielzeug, auch Schmuck, den die Demenzkranke ein Leben lang trug, etc.) verhält sich das aber solange anders, wie noch nicht jede Fähigkeit zum Wiedererkennen solcher Gegenstände abhandengekommen ist. Es gibt keinen vernünftigen Grund, sie dem Betroffenen nur dann besitzrechtlich zuzuordnen, wenn jemand Anderes der Besitzbegründung oder -erhaltung zugestimmt hat.[159]

Der § 310 österr. ABGB nähert sich dem Thema zwar gewissermaßen aus der genau „umgekehrten Richtung", wenn er formuliert, dass „Kinder unter sieben Jahren sowie nicht entscheidungsfähige Personen … Besitz nur durch ihren gesetzlichen Vertreter erwerben" können. Aber das Gesetz verkennt das Bedürfnis nach Differenzierung nicht. Denn es sieht für die „Fälle des § 170 Abs. 3, § 242 Abs. 3 und § 865 Abs. 2" ausdrücklich Ausnahmen vor. Demnach ist ein „selbständiger Besitzerwerb" möglich (i) durch ein Kind, das mit geringfügigen Mitteln einen alterstypischen Alltagsgegenstand erworben hat, (ii) durch einen entscheidungsunfähigen Volljährigen, der ein Rechtsgeschäft des täglichen Lebens tätigte, und (iii) durch jedermann, dem der fragliche Gegenstand geschenkt wurde. Die selbständige Besitzbegründung an einer herrenlosen Sache scheint dagegen (wie in Griechenland[160]) ausgeschlossen zu sein; warum, wird nicht deutlich. Unter Art. 1266 port. CC kann „der Besitz … durch alle erworben werden, die den vollen Verstand haben, und auch durch diejenigen, die dies nicht haben, bezüglich der Sachen, die angeeignet werden können". „Sachen, die angeeignet werden können", sind herrenlose Mobilien und herrenlose Tiere (Art. 1318 port. CC). Portugal entscheidet also teils spürbar enger, teils aber auch

271

Art. 134 gr. ZGB) teilgeschäftsfähig sei, könne er den Besitz auch persönlich erwerben, da er durch die Besitzübertragung nur einen Rechtsvorteil erlange).

[159] *Neuner*, AcP 218 (2018) S. 1, 21 bildet die Beispiele des Schlafenden, der an der ihm zugesteckten Sache keinen Besitz begründet, und des Kleinkindes, das durchaus Besitz an Spielsachen begründen könne. In Frankreich sieht man das ähnlich, operiert freilich, was die Dinge um Nuancen verschiebt, auch in diesem Kontext mit dem Konzept des *discernement* und unterscheidet auch hier zwischen dem Besitz von Immobilien und Mobilien. *Raoul-Cormeil*, Petites affiches 2016, Nr. 106 S. 26 erörtert, ob junge Minderjährige und volljährige Personen, die nicht in der Lage sind, ihren Willen zu äußern oder denen der *discernement* fehlt, einen *animus domini* entwickeln können oder ob sie Eigentümer seien, die der Fähigkeit beraubt wären, in den Besitz ihrer Sache zu gelangen. Er schließt sich der u. a. schon von *Terré und Simler*, Les biens[9], S. 164 Rdnr. 160 entwickelten These an, dass der *animus domini* auch durch *représentation* ausgeübt werden könne. „Pour les personnes qui sont incapables d'avoir un *animus* qui leur soit propre, comme les fous et les *infantes* [c'est-à-dire les mineurs dépourvus de discernement], on a admis que la possession serait acquise par l'intention d'autrui: elles empruntent, en quelque sorte, l'*animus* de leurs représentants". Entsprechendes gelte für die *usucapion*. Auch hier werde der Vertreter der urteilsunfähigen Person in der Lage sein, in ihrem Namen und ihrem Auftrag den Ersitzungswillen zu bilden: „[I]l est concevable d'imputer à une personne privée de discernement les éléments factuels de la possession, dès lors qu'on admet que le représentant légal ou judiciaire d'un jeune mineur ou d'un majeur hors d'état de manifester sa volonté peut prendre, en décisions et en actions, le corpus et l'animus domini nécessaires".

[160] *Triantos*, AK, Art. 130 gr. ZGB S. 162 Rdnr. 6.

weiter als Österreich. Die italienische Rechtsprechung hat bislang nur entschieden, dass ein Minderjähriger besitzen kann, wenn er zurechnungsfähig ist.[161] Unter Art. 443 span. CC i. d. F. des Gesetzes 8/2021 kann jede Person „Besitz an Sachen erlangen". Um die Rechte auszuüben, die sich zu ihren Gunsten aus dem Besitz ergeben, bedürfen Minderjährige aber der Mitwirkung ihrer gesetzlichen Vertreter.[162] Zur Besitzbegründung genügt in Bezug auf das jeweilige Objekt bereits eine natürliche oder faktische Fähigkeit *(una capacidad natural de entender y de querer)*. Ein vierjähriges Kind kann etwas besitzen. Menschen mit Behinderungen, zu deren Gunsten Unterstützungsmaßnahmen eingerichtet wurden, können die Rechte, die sich aus dem Besitz ergeben, gemäß den Bestimmungen des Einrichtungsbeschlusses nutzen. In Art. 521-3(1) katal. CC kommt das noch klarer zum Ausdruck: „Alle Personen mit natürlicher Fähigkeit *(capacidad natural)* können Besitz erwerben".[163] Zu Art. 336 poln. ZGB (Definition des Besitzers) wird vertreten, dass auch geschäftsunfähige Personen Besitz erlangen könnten. Die Möglichkeit, Besitz zu erlangen, hänge ausschließlich von der natürlichen Fähigkeit einer Person ab, sich faktisch wie ein Besitzer zu verhalten.[164] Das poln. OG hat das bestätigt. Darüber, ob eine Person wie ein Eigentümer herrsche, entscheide allein der äußerliche Zustand, in dem sich die Beziehung der Person zu der jeweiligen Sache zeige.[165]

272 Wem die Möglichkeit offensteht zu besitzen, der sollte auch **ersitzen** können. Zwar erscheint es wenig realistisch, dass jemand ohne fremde Hilfe und nur auf der Basis seines natürlichen Willens das besitzrechtliche Kontinuum aufrechterhalten kann, das für eine Ersitzung nötig ist. Gleichwohl gibt Art. 1289 port. CC aus unserer Sicht die Grundprinzipien richtig wieder: (i) Die Ersitzung kommt allen denen zugute, die erwerben können, und (ii) Geschäftsunfähige können durch Ersitzung sowohl selbst erwerben, als auch durch die Personen, die sie gesetzlich vertreten. Das ist eine in jeder Beziehung hilfreiche Klarstellung, die vor allem auch deshalb praktisch werden kann, weil die Besitzkontinuität i. d. R. widerleglich vermutet wird und weil eine vorangegangene Besitzperiode auch Rechtsnachfolgern zugutekommt.[166] In Italien hängt die Ersitzungsfähigkeit gleichfalls nicht von der Handlungsfähigkeit ab; der Kassationshof verlangt allerdings zumindest bei Immobilien Zurechnungsfähigkeit.[167] Den Erwerb durch Ersitzung allein an (ggf. beschränkte, weil auf einen rechtlichen Vorteil bezogene) Geschäftsfähigkeit zu knüpfen[168],

---

[161] Cass. 18.6.1986, nr. 4072, Foro it. 1986, 2119.
[162] Näher *von Bar*, Gemeineuropäisches Sachenrecht II, Rdnr. 73. Unter Art. 1931 span. CC können „diejenigen Personen … Güter und Rechte durch Verjährung (Ersitzung) erwerben, die fähig sind, sie auf die übrigen gesetzlichen Arten zu erwerben". *Lasarte*, Principios de derecho civil IV[10], S. 121 erläutert, dass Geschäftsunfähige eine Ersitzungsfrist in Gang setzen könnten, weil sie die Besitzfähigkeit hätten. Für die Verwirklichung der Ersitzung sei aber die Mitwirkung der Eltern bzw. der gesetzlichen Vertreter erforderlich.
[163] Näher Domínguez Luelmo (-*Díaz de Lezcano Sevillano*), Comentarios al Código Civil, S. 565, Anm. 1 zu Art. 443. Unter Art. 211-3(1) katal. CC richtet sich die *capacidad de obrar* der Person nach ihrer *capacidad natural* (oben Fn. 94).
[164] Osajda (-*Lankoroński*), Kodeks cywilny[27], Art. 336, Rdnr. 42.
[165] Poln. OG 6.12.2013, I CSK 176/13, Legalis-Nr. 1231418.
[166] Eingehend dazu *von Bar*, Gemeineuropäisches Sachenrecht II, Rdnr. 160–165.
[167] Cass. 18.6.1986 a. a. O. (Fn. 161) (dazu auch Trib. Rom 30.12.2002, Dejure Datenbank). Der Besitz an dem fraglichen Kinogrundstück hatte begonnen, als der *usucapiens* noch minderjährig war. Minderjährigkeit, schließe aber die Fähigkeit zum Besitz nicht aus; das sei nur bei „absoluter Willensunfähigkeit" der Fall. Der Minderjährige müsse lediglich in der Lage sein, zu verstehen, dass er einen nützlichen Besitz ausübe, der zu Ersitzung und Eigentumserwerb führen könne. Jemand, der nur einen natürlichen Willen bilden kann, mag also in der Lage sein, Besitz an einem Alltagsgegenstand zu begründen, aber es dürfte sich dabei nicht um einen Ersitzungsbesitz handeln. In einer in einem anderen Zusammenhang erforderlichen Analyse der Rechtsstellung Minderjähriger (außergerichtliche Geltendmachung von Schadensersatz) formuliert Cass. 13.10.2017, nr. 24077 Resp.Civ. e Prev. 2017 S. 1702 allerdings, dass zur Besitzbegründung die *capacità naturale* ausreiche.
[168] So dürfte es sich in Griechenland bei der ordentlichen Ersitzung unter Art. 1041 gr. ZGB verhalten, weil sie neben Zeitablauf und gutem Glauben auch einen gültigen Titel voraussetzt, den ein Geschäftsunfähiger nicht begründen kann. Für die außerordentliche Ersitzung (Art. 1045 gr. ZGB) soll dagegen die Fähigkeit genügen, die Sache in Besitz zu nehmen (Areopag 291/1989, EllDne 31 [1990] S. 1031; Areopag 110/

wird dem Wesen eines gesetzlichen Erwerbstatbestandes nicht gerecht.[169] Nur der Ausschluss einer Ersitzung *gegen* eine in ihrer Willensbildungsfähigkeit beeinträchtigte Person ist zu ihrem Schutz nötig (§§ 939(2), 210 dt. BGB; Art. 1055 gr. ZGB; § 1094 tschech. BGB). Der Eigentumserwerb infolge **Aneignung** ist eine gesetzliche Folge der Besitzergreifung, sollte also – aber das wird, wie gesehen, nicht einheitlich beurteilt – gleichfalls nur einen natürlichen Aneignungswillen voraussetzen. Die **Dereliktion** (die Eigentumsaufgabe) steht dagegen auf einer anderen Stufe. Da es um einen Rechtsverzicht geht, ist für sie ein freier Wille erforderlich.[170] Eine **Vermischung** ist ein rein tatsächlicher Vorgang, für den es überhaupt keines Willens bedarf. Eine **Verarbeitung** setzt zwar ein in irgendeiner Form willensgetragenes Verhalten voraus, aber dafür genügt gleichfalls ein natürlicher Wille.[171] Einen **Schatz** „finden" kann jedermann, auch durch Zufall und ohne, nach etwas gesucht zu haben. Es kommt nur darauf an, dass der Gegenstand der Verborgenheit entrissen wurde.[172]

e. Natürlicher Verteidigungswille

Auch die **Rechtfertigung** eines andernfalls objektiv unerlaubten Eingriffs in fremde Rechte setzt in der Person des Handelnden nur einen natürlichen Willen, typischerweise einen natürlichen Verteidigungswillen voraus.[173] Die Fähigkeit, die Recht- bzw. die Unrechtmäßigkeit der Tat einzusehen und nach dieser Einsicht zu handeln, ist eine Frage des Verschuldens, nicht der Rechtfertigung. Auf einen freien Willen des Opfers abzustellen, liefe darauf hinaus zu sagen, dass ein geistig behinderter Erwachsener oder ein junger Minderjähriger dulden müssten, ausgeraubt oder gar sexuell missbraucht zu werden. Für die Verteidigung von Besitz und Detention gilt nichts anderes. Die Verteidigungsrechte stehen jedem Besitzer zu, d. h. jeder Person, die in Bezug auf die jeweilige Sache Herrschaft ausüben und einen (natürlichen) Besitzwillen bilden kann. Zum Opfer einer „verbotenen Eigenmacht" kann auch werden, wer noch nicht oder nicht mehr in der Lage ist, einen freien Willen zu bilden.[174] Das deckt sich weithin, wenn auch nicht vollständig mit Art. 3 (1)(a) des spanischen Gesetzes 41/2003 zum Schutz des Vermögens der Menschen mit Behinderung. Eine solche Person „kann den Schutz ihres Eigentums selbst konstituieren, solange sie über ausreichende Handlungsfähigkeit *(capacidad de obrar suficiente)* verfügt". Diese Formulierung hebt sich deutlich ab von der *plena capacidad de obrar,* die Artt. 5(6) und

273

---

[169] 2005, EllDne 46 [2005] S. 816; Areopag 1623/2009, NoB 58 [2010] S. 445 und 1162). Möglich ist außerdem eine Ersitzung im Namen des Geschäftsunfähigen durch seinen rechtlichen Vertreter (*Spyridakes,* Η χρησικτησία, S. 99).

Bulgar. Oberstes Kassationsgericht 17.112020, Zivilsache 953/2009, II. Zivilkammer (Das Gesetz sehe nur vor, dass die Rechtsgeschäfte, die von einer „faktisch" geschäftsunfähigen Person geschlossen werden, angefochten werden können. Andere Rechtshandlungen betreffe das aber nicht. Deshalb sei eine Ersitzungserklärung, die von einer Person, die ihre Rechtshandlungen nicht wahrnehmen kann, gültig. Auch eine solche Person sei fähig, die Rechtsfolgen zu generieren, die das Gesetz ihren Rechtshandlungen zuschreibt).

[170] MünchKomm (*-Oechsler*), BGB[8], § 959 Rdnr. 6 (der für eine Dereliktion allerdings sogar Geschäftsfähigkeit verlangt).

[171] Ebenso *Neuner,* AcP 218 (2018) S. 1, 21.

[172] Näher *von Bar,* Gemeineuropäisches Sachenrecht II, Rdnr. 197.

[173] Um einen sog. „aggressiven" Notstand ging es in BGH 30.10.1984, BGHZ 92 S. 357. Die Beklagte war einem vor ihr aus der Gegenrichtung abbiegenden Fahrzeug nach links auf die andere Fahrbahn ausgewichen, dort aber mit dem Wagen des Klägers, der hinter dem abbiegenden Fahrzeug fuhr, kollidiert. Der Abbieger konnte nicht ermittelt werden. Ein Anspruch des Klägers aus § 904 Satz 2 dt. BGB wurde verneint. Die Beklagte habe seinen Wagen bei ihrem reflexartigen Ausweismanöver nicht gezielt beschädigt, ihr habe an einem erforderlichen „Einwirkungswillen" gefehlt. Ohne ihn scheide eine Rechtfertigung aus, weil sie nur bei einem finalen Handeln in Betracht komme. Kritisch dazu u. a. MünchKomm (*-Grothe*), BGB[8], § 227 Rdnr. 18 und Staudinger (*-Repgen*), BGB (2019), § 227 Rdnrn. 51–53; zustimmend dagegen Palandt (*-Ellenberger*), BGB[80], § 227 Rdnr. 6.

[174] Siehe schon oben Rdnr. 264.

6 des span. Gesetzes 14/2006 über die Verfahren der assistierten menschlichen Reproduktion in der Person von Spender und Empfänger voraussetzen.

III. Die Relevanz des freien Willens

1. Natürlicher Wille, freier Wille und Geschäftsfähigkeit

274 Einen „freien" (und nicht nur einen „natürlichen") Willen kann jedermann bilden, der das Für und Wider einer bestimmten Entscheidung abwägen und sich nach ihr verhalten kann.[175] Ob es sich um eine weise oder eine unweise Entscheidung handelt, macht keinen Unterschied (sec. 1(4) Mental Capacity Act 2005); es kommt nur darauf an, bewusst für eine Alternative optieren zu können. Der Fähigkeit zur freien Willensbildung entsprechen der *discernement* des französischen, die Zurechnungsfähigkeit (die *capacità d'intendere o di volere*) der italienischen und der portugiesischen Rechtssprache und die Entscheidungsfähigkeit des österreichischen Rechts. Jeweils geht es, wie auch in der *capacity* des englischen Rechts[176], um ein relatives Konzept. Es kommt auf den Bezugspunkt des Willens an, darauf, ob jemand einen Vertrag schließen, eine Ehe eingehen, ein Testament errichten, einer Operation zustimmen, eine Bildveröffentlichung akzeptieren oder die Einrichtung einer Betreuung ablehnen möchte.[177] Es ist aber für das Eine nicht erforderlich, dass der

---

[175] BGH 5.12.1995, NJW 1996 S. 918, 919; BGH 7.12.2016, NJW 2017 S. 890 Rdnr. 19; BT-Drs. 15/2494, S. 28; sec. 3(1)(c) Mental Capacity Act 2005 („a person is unable to make a decision for himself if he is unable … (c) to use or weigh that information as part of the process of making the decision"); § 24 (2) österr. ABGB („Entscheidungsfähig ist, wer die Bedeutung und die Folgen seines Handelns im jeweiligen Zusammenhang verstehen, seinen Willen danach bestimmen und sich entsprechend verhalten kann. Dies wird im Zweifel bei Volljährigen vermutet"); poln. OG 7.9.2016, IV CSK 702/15, Legalis Nr. 1507269 (Von einem freien Willen könne man sprechen, wenn die psychischen Funktionen nicht beeinträchtigt sind, d. h. wenn der Prozess der Entscheidungsfindung und Willensäußerung nicht durch destruktive beeinträchtigende Faktoren gestört wurde, die die Autonomie einer Person ausschließen; der Erblasser dürfe nicht von Motiven krankhafter Natur geleitet worden sein). Unter schwedischem Recht ist einsichtsunfähig, wer unfähig ist, Informationen in einer bestimmten Situation aufzunehmen und die Konsequenzen einer Entscheidung zu überblicken. Es gehe um kognitive Störungen, die zu Konzentrationsschwierigkeiten oder Schwierigkeiten beim Planen und Zusammenhalten von Gedanken, zu Schwierigkeiten beim Bewusstmachen von Eindrücken, beim Verstehen von Eindrücken und bei der Argumentation führen, um die Beeinträchtigung der Planungsfähigkeit und des Urteilsvermögens, um das Verschwimmen von Emotionen und ein verändertes Gefühlsleben, so dass Impulse und Wünsche aufdringlicher werden und immer schwieriger zu kontrollieren sind (*Rynning*, Samtycke till medicinsk vård och behandling, S. 279, 283 und 292; SOU 2004:112, S. 423). Aus medizinischer Sicht, so *Cording und Roth*, NJW 2015 S. 26, 31 geht es um „das hinreichend realistische Erkennen von Personen, Objekten, Situationen und Zusammenhängen und das gedankliche Manipulieren solcher kognitiven Inhalte, in der Regel verbunden mit einem Zugriff auf Inhalte des deklarativen, das heißt bewussten und sprachlich berichtbaren Gedächtnisses. Ebenso geht es neben dem rein kognitiven Erkennen der Konsequenzen früheren und gegenwärtigen Handelns auch um deren emotionales Erfassen und ‚in Rechnung Stellen' bei der Handlungsplanung".

[176] Sec. 2(1) Mental Capacity Act 2005 („For the purposes of this Act, a person lacks capacity in relation to a matter if at the material time he is unable to make a decision for himself in relation to the matter because of an impairment of, or a disturbance in the functioning of, the mind or brain") und *Fehily v Atkinson* [2016] EWHC 3069 (Ch) at para 79 („Second, the question of whether a person lacks capacity is issue specific, to be judged in relation to the particular decision or activity in question and not globally. A person may have sufficient capacity for one type of decision but not another. Some transactions are more complicated and important than others. E. g. a person may have sufficient capacity to instruct solicitors on the conduct of a personal injury action, but not to administer, even with advice, the large sum of money likely to be awarded as damages. A person may have sufficient capacity to decide to authorise someone else to deal with their property on their behalf, but not sufficient capacity to themselves make decisions about what should be done with that property. A person may have capacity to consent to a simple medical procedure but lack capacity to consent to a more complex one. A person may have capacity to conduct a modest personal injury claim but not a very substantial one").

[177] Dass die Bezugspunkte des freien Willens je nach Kontext verschieden sind, nötigt freilich nicht dazu, den Begriff zwanghaft mit je unterschiedlichem Inhalt zu füllen. BGH 16.3.2016, NJW-RR 2016 S. 643 Rdnr. 6 hat deshalb entschieden, dass die Begriffe des „freien Willens" in § 1896(1a) dt. BGB a. F. (jetzt

III. Die Relevanz des freien Willens §5

Betroffene auch alles Andere kann.[178] Denn anders als bei der abstrakten „Geschäftsfähigkeit" handelt es sich nicht um einen Status, sondern um die (ihm ggf. vorgelagerte) tatsächliche Fähigkeit, sich über die Kernelemente eines konkreten Vorhabens ein eigenes (wenn auch für andere im Ergebnis nicht notwendig nachvollziehbares) Urteil zu bilden und sich nach ihm zu verhalten. Manchmal ist deshalb auch von der „Urteilsfähigkeit" die Rede.[179] Es finden sich allerdings auch Gegenausnahmen insofern, als das Recht der Einwilligung in Verletzungen der körperlichen Integrität und medizinische Heilbehandlungen gelegentlich doch wieder auf das Erreichen bestimmter Altersstufen abstellt, mögen sie auch nicht mit denen identisch sein, auf die es im Recht der Geschäftsfähigkeit ankommt.[180] Dass eine Person aus freiem Willen handelt, wird grundsätzlich (widerleglich) **vermutet**.[181] Das ist ein Gebot des Schutzes der Menschenwürde. Einschränkungen der freien Willensbildungsfähigkeit hat darzulegen und ggf. zu beweisen, wer sich auf sie beruft. Das ist nur dort unnötig, wo (bei Kindern und Jugendlichen) altersgebundene Geschäftsunfähigkeitsregeln selbst einen frei gebildeten Willen als unbeachtlich einstufen. Bei Erwachsenen kann es unter einem Entmündigungsregime bzw. unter einem Regime der geschäftsfähigkeits-

---

§ 1814(2) n.F.) (Betreuerbestellung) und der „freien Willensbestimmung" in § 104 Nr. 2 dt. BGB „im Kern deckungsgleich" seien. Auch BT-Drs 15/2494 S. 28 vermerkt, dass der in § 1896(1a) dt. BGB a. F. (§ 1814(2) n.F.) in Bezug genommene „freie Wille … nicht einen gänzlich anderen Sinngehalt" haben könne, als die „freie Willensbestimmung" in § 104 Nr. 2 BGB.

[178] Z.B. Berufungsgericht Lissabon 11.12.2019, Processo 5539/18.9T8FNC.L1-2 (Vertrags- und Verwaltungsfähigkeit verneint, Ehefähigkeit der Frau bejaht) und STJ 10.12.2020, Processo 2335/17.4T8FAR.E1.S 1 (zur Unterscheidung zwischen Vertrags- und Testierfähigkeit; man könne unter den Artt. 257 und 2199 gleichzeitig vertragsfähig und testierunfähig sein). Siehe auch Areopag 1041/2011, NoB 60 (2012) S. 338 (die Nießbraucherin sei jedenfalls unfähig gewesen, das Grundstück zu vermieten).

[179] Selbst innerhalb ein und desselben Gesetzbuches gelingt es keineswegs immer, eine einheitliche Terminologie durchzuhalten. So lautet z.B. § 1631d(1)(1) dt. BGB, dass „die Personensorge … auch das Recht (umfasst), in eine medizinisch nicht erforderliche Beschneidung des nicht einsichts- und urteilsfähigen männlichen Kindes einzuwilligen, wenn diese nach den Regeln der ärztlichen Kunst durchgeführt werden soll". BGH 2.12.1963, NJW 1964 S. 1177, 1178 sprach von der „natürlichen Einsichtsfähigkeit und Urteilskraft".

[180] Unten Rdnrn. 288–303.

[181] Sec. 1(2) Mental Capacity Act 2005 („A person must be assumed to have capacity unless it is established that he lacks capacity"); Berufungsgericht Athen 4755/1990, EllDne 33 (1992) S. 878 (die Beweislast für fehlende Geschäftsfähigkeit trägt, wer sie behauptet); § 24(2) österr. ABGB (Fn. 175); poln. OG 7.9.2016, IV CSK 702/15, Legalis Nr. 1507269 (im Zweifel sei vom Vorliegen der Testierfähigkeit auszugehen). In Deutschland wird Geschäftsfähigkeit vermutet (z.B. OLG Koblenz 15.11.2018, BeckRS 2018, 46549: Geschäftsfähigkeit einer todkranken und unter Medikamenteneinfluss stehenden Person bejaht); desgleichen die Fähigkeit zu freier Willensbildung in einem haftungsrechtlichen Kontext (OLG Schleswig 11.2.2021, BeckRS 11.2.2021: Mitverschulden eines mit 3,4‰ alkoholisierten Unfallopfers angesichts seiner Alkoholgewöhnung bejaht; der Verletzte habe die Zweifel nicht ausräumen können). Wer sich auf Geschäftsunfähigkeit beruft, muss ihre Voraussetzungen beweisen (weitere Nachweise bei Palandt [-*Ellenberger*], BGB[80], § 104 Rdnr. 8). Auch das griechische Schrifttum betont, dass die Geschäftsfähigkeit die Regel sei, während die Geschäftsunfähigkeit eine speziell definierte Ausnahme darstelle. Deshalb müssten geschäftsfähigkeitsbeschränkende Regeln eng ausgelegt werden (*Fytrakes*, NoB 63 [2015] S. 462, 464 mit Fn. 16), und deshalb liege abweichend von der Grundregel des Art. 338(1) gr. ZPO die Beweislast bei demjenigen, der Geschäftsunfähigkeit geltend mache (*Georgiades*, Genikés Archés Astikou Dikaiou[4], S. 156; *Ladas*, Genikés Archés Astikou Dikaiou I, S. 387). Wenn aber Geschäftsfähigkeit vermutet wird, wird damit auch der freie Wille des Handelnden vermutet. Eine Besonderheit des griechischen Rechts besteht darin, dass sich unter Art. 131(2) gr. ZGB mangelnde Geschäftsfähigkeit auch unmittelbar aus dem Vertragsdokument ergeben kann, nämlich dann, wenn es sich um eine völlig unvernünftige Vereinbarung handelt und weitere Umstände für eine psychische Erkrankung des Betroffenen sprechen (näher Areopag 12/2005, EllDne 46 [2005] S. 777 und Areopag 274/2011, NoB 59 [2011] S. 1890). In Portugal wirkt die Vermutung des freien Willens insoweit in das Betreuungsrecht hinein, als immer dann, wenn Zweifel an dem Vorliegen einer der beiden Anwendungsvoraussetzungen (Notwendigkeit und Subsidiarität) bestehen bleiben, die Einrichtung einer Betreuung abgelehnt wird (RL 4.2.2020, Processo 3974/17). Im Übrigen gilt aber auch in Portugal, dass fehlende (konkrete) Geschäftsfähigkeit von dem bewiesen werden muss, der sich auf sie beruft (STJ 6.4.2021, Processo 2541/19.7T8STB.E1.S. 1: Schenkung eines Grundstücks durch Großmutter an Enkelin. Die Großmutter war zwar nach der Schenkung entmündigt worden; es war aber nicht bewiesen, dass sie im Schenkungszeitpunkt konkret geschäftsunfähig war. Die vierzehnjährige Enkelin konnte die Schenkung unter Art. 951 port. CC annehmen, weil mit ihr keine Belastungen einhergingen).

329

beschränkenden gerichtlichen Betreuung (§ 1676 gr. ZGB) zu einem ähnlichen Effekt kommen, außerdem dann, wenn jemand unter einer dauerhaften geistigen Behinderung leidet, die durch gelegentliche klare Momente (die sog. *lucida intervalla*) unterbrochen wird. Dann wird, was freilich nicht mehr in die Zeit passt, hier und da immer noch angenommen, es müsse von demjenigen, der sich darauf beruft, die vorübergehend zurückgewonnene geistige Leistungsfähigkeit bewiesen werden.[182]

275   Die Fähigkeit zur freien Willensbildung ist zwar nicht Voraussetzung dafür, selbständig an *allen* Erscheinungsformen des Vertragslebens teilzuhaben, aber doch unverzichtbar, wenn es nicht mehr nur um die Entgegennahme von Schenkungen oder um bloße Alltagsgeschäfte geht, die unkompliziert sind und entweder mit geringwertigen Mitteln bewirkt werden können oder „Notwendigkeiten" betreffen.[183] Zu allen darüber hinaus gehenden Vertragsgestaltungen ist ein freier Wille nötig. Selbst er genügt freilich oft noch nicht. Es gilt dann vielmehr die Formel „**freier Wille** (Entscheidungsfähigkeit, *discernement* etc.) **plus X**", wobei „X" zumeist für ein bestimmtes Alter, manchmal aber auch für eine bestimmte Vertragsart, einen bestimmten Vertragsgegenstand, eine elterliche oder eine gerichtliche Zustimmung oder für alles zusammen steht. Das betrifft sowohl die Übernahme von Verpflichtungen als auch das Bewirken von Rechtsänderungen.

276   Das Schema „freier Wille plus X" gilt auch im Recht der Testamentserrichtung und im Recht der Eheschließung. Das „X" steht hier meistens für **„Mündigkeit"**, d. h. für das Erreichen des jeweils erforderlichen Mindestalters.[184] Die Besonderheit dieser Rechtsgeschäfte besteht vor allem darin, dass sie höchstpersönlicher Natur sind, das Fehlen eines freien Willens also nicht durch Stellvertretung kompensiert werden kann.[185] Zur Bildung eines **freien Testierwillens** muss sowohl ein testiermündiger Minderjähriger als auch jeder Erwachsene in der Lage sein. Die Formulierungen variieren, z. T. weichen sie – obschon nicht immer aus klar ersichtlichem Grund – auch von den für das Vertragsrecht gewählten Umschreibungen ab. In der Substanz ist freilich stets dasselbe gemeint. Unter § 2229(4) dt. BGB kann ein Testament nicht errichten, „wer wegen krankhafter Störung der Geistestätigkeit, wegen Geistesschwäche oder wegen Bewusstseinsstörung nicht in der Lage ist, die Bedeutung einer von ihm abgegebenen Willenserklärung einzusehen und nach dieser Einsicht zu handeln".[186] Unter § 566 österr. ABGB muss der Erblasser „die Bedeutung und

---

[182] So BGH 11.3.1988, NJW 1988 S. 3011 (Beweislast beim Vertragspartner des Behinderten) und Areopag 531/2013, NoB 59 (2013) S. 1918 (*in casu* allerdings Geschäftsfähigkeit bejaht). Poln. OG 29.7.2015, II CSK 854/14 betraf die vorübergehende Zustandsbesserung eines psychisch Kranken, der etwas verschmerzt hatte. Aus der Regel über die Geschäftsfähigkeit Volljähriger folge, so das Gericht, dass es keine Vermutung einer Bewusstseinseintrübung geben könne, sie vielmehr bewiesen werden müsse, in diesem Fall von den Erben. Sec. 3(3) Mental Capacity Act 2005 formuliert, dass „[t]he fact that a person is able to retain the information relevant to a decision for a short period only does not prevent him from being regarded as able to make the decision".

[183] Vorher Rdnrn. 268–269.

[184] „Mündigkeit" ist allerdings wiederum ein nicht einheitlich verwandter Begriff. Unter § 21(2) österr. ABGB sind Minderjährige unmündig, die das vierzehnte Lebensjahr noch nicht vollendet haben. Das deutsche Recht kennt diese Kategorisierung nicht. Es operiert aber mit der „Ehemündigkeit", die beide Verlobte erst mit der Volljährigkeit erreichen (§ 1303 dt. BGB). Im Erbrecht ist dagegen auch dort von „Testierfähigkeit" die Rede, wo es genau besehen um „Testiermündigkeit" geht (die unter § 2229(1) und (2) dt. BGB mit der Vollendung des 16. Lebensjahres erlangt wird). Unter § 566 österr. ABGB wiederum ist „testierfähig, wer die Bedeutung und die Folgen seiner letztwilligen Verfügung verstehen und sich entsprechend verhalten kann", und unter § 569 österr. ABGB sind „unmündige Personen testierunfähig. Mündige Minderjährige können … nur vor Gericht oder Notar testieren. Das Gericht oder der Notar hat sich davon zu überzeugen, dass die Erklärung des letzten Willens frei und überlegt erfolgt".

[185] Statt vieler *Malaurie,* Droit des personnes[10], S. 272 Rdnr. 504. Unter Art. 476(2) franz. CC kann eine Person, die unter Vormundschaft steht, ein Testament nicht allein errichten. Sie bedarf dazu der Genehmigung des Richters oder des Familienrats, andernfalls ist die Testamentserrichtung nichtig. Der Vormund darf die Person aber weder unterstützen noch vertreten.

[186] Die Vorschrift stellt also nicht unmittelbar auf den „freien Willen" ab, sondern erläutert, was darunter für die Zwecke der Testierfähigkeit zu verstehen ist. „Testierunfähig ist derjenige, dessen Erwägungen und Willensentschlüsse nicht mehr auf einer dem allgemeinen Verkehrsverständnis entsprechenden Würdigung

III. Die Relevanz des freien Willens § 5

die Folgen seiner letztwilligen Verfügung verstehen und sich entsprechend verhalten". Unter Art. 13 bulgar. ErbG muss die Person „mit Vernunft handeln" können. Unter Kap. 13 § 2 schwed. Ärvdabalk ist ein Testament ungültig, wenn es „unter dem Einfluss einer geistigen Störung errichtet wurde".[187] „It is essential to the exercise of such a power that a testator shall understand the nature of the act and its effects; shall understand the extent of the property of which he is disposing; shall be able to comprehend and appreciate the claims to which he ought to give effect; and with a view to the latter object that no disorder of the mind shall poison his affections, pervert his sense of right, or prevent the exercise of his natural faculties; that no insane delusion shall influence his will on disposing of his property, and bring about a disposal of it which would not have been made otherwise".[188]

Mit der Testier- und der **Ehefähigkeit** muss wegen der Relativität des Konzepts des freien Willens nicht notwendig Vertragsfähigkeit einhergehen; an letzterer kann es fehlen, auch wenn jemand über die anderen beiden Fähigkeiten verfügt.[189] Das deutsche Bundesverfassungsgericht hat diese Regel sogar für verfassungsrechtlich geboten gehalten und damit eine verfassungskonforme Auslegung des § 1304 dt. BGB erzwungen.[190] Wer heiraten will, muss zwar „das Wesen der Ehe begreifen und insoweit eine freie Willensentscheidung treffen können"[191], mit einem Wort: er muss „entscheidungsfähig" sein (§ 1(1) österr. EheG[192]). Aber er muss eben auch *nur* im Hinblick auf eine Eheschließung einen freien Willen bilden können, was deutlich macht, dass die allgemeine Geschäfts- oder

277

---

der Außendinge und der Lebensverhältnisse beruhen, sondern durch krankhaftes Empfinden oder krankhafte Vorstellungen und Gedanken derart beeinflusst werden, dass sie tatsächlich nicht mehr frei sind, sondern vielmehr von diesen krankhaften Einwirkungen beherrscht werden" (OLG München 12.5.2015, FamRZ 2016 S. 87). Terminologisch fällt auf, dass die „Bewusstseinsstörung" zur „Testierunfähigkeit" führt, obwohl die ihr entsprechende „Bewusstlosigkeit" (§ 105(2) BGB) gerade nicht den abstrakten Status der „Geschäftsfähigkeit" beeinträchtigt.

[187] Für ein Beispiel siehe HD 25.10.1963, NJA 1964 S. 526 (Der Erblasser wusste zwar, dass es sich um die Errichtung eines Testaments handelte, konnte aber seine eigenen Wünsche nicht mehr formulieren und das Testament, das ihm von dem Verwandten, der die Errichtung initiiert hatte, nicht einmal vorgelesen worden war, auch nicht mehr selbst lesen; der Erblasser hatte einen zerebralen Schlag erlitten).

[188] So die klassische, bis heute als richtig angesehene Formulierung von Cockburn CJ in *Banks v Goodfellow* (1870) LR 5 QB 549, 565.

[189] Z.B. Munby J. in *Sheffield City Council v E* [2004] EWHC 2808 (Fam), [39]-[49] und insbesondere Hedley J in *A, B & C v X & Z* [2013] COPLR 1 [23] (Testier- und Ehefähigkeit bejaht, Vertragsfähigkeit und Fähigkeit zur Vermögensverwaltung verneint). Ebenso Berufungsgericht Lissabon 11.12.2019, Processo 5539/18.9T8FNC.L1-2. Besonders weit auseinanderfallen können Ehe- und Vertragsfähigkeit bei griechischen Muslimen, die unter Art. 6 gr. EGZGB weiterhin muslimischem Recht unterliegen. Das betrifft insbesondere Bürger mit Wohnsitz in Thrakien.

[190] BVerfG 18.12.2002, NJW 2003 S. 1382. § 1304 dt. BGB lautet weiterhin: „Wer geschäftsunfähig ist, kann eine Ehe nicht eingehen".

[191] BGH 11.4.2012, FamRZ 2012 S. 940, 931 Rdnr. 10. Siehe auch Cass. civ. 2.12.2015, Bull. 2015, I, Nr. 305, D. 2016 S. 875, Anm. *Raoul-Cormeil;* D. 2016 S. 1530 und *Plazy,* D. 2016 S. 1337 (keine Eheschließung eines Verkehrsunfallopfers, das im Koma liegt; der fehlende Ehewille könne auch nicht vom Mundschaftsrichter ersetzt werden). Es bleibt natürlich immer die Frage, was in der jeweiligen Rechtsordnung zum „Wesen der Ehe" gerechnet wird, das man verstehen können muss. *DMM, Re* [2017] EWCOP 32; [2017] 7 WLUK 588 (also known as *EJ v SD* [2017] 10 WLUK 5) zählt z.B. die Regel dazu, dass unter englischem eine neue Eheschließung das früher errichtete Testament unwirksam werden lässt. Deshalb wurde einem achtzigjährigen demenzkranken Herrn auf Antrag seiner Kinder die Eheschließung mit seiner Lebensgefährtin, mit der er zwanzig Jahre zusammengelebt hatte, untersagt. In *DMM, Re* [2017] EWCOP 33; [2017] 10 WLUK 5 (der zweite Teil derselben Entscheidung mit einer anderen Referenznummer) war dem Nupturienten dagegen sachverständig bescheinigt worden, dass er verstanden habe, dass sein Testament von Rechts wegen als widerrufen angesehen werde. Deshalb wurde die Eheschließung gegen den Willen seiner Tochter erlaubt.

[192] Schwimann und Kodek (-*Nademleinsky und Weitzenböck*), Praxiskommentar[5], § 1 EheG Rdnr. 3 erläutern: „Entscheidungsfähigkeit zur Eingehung einer Ehe ist die Fähigkeit einer Person zu verstehen, was eine Ehe ist und was es heißt, eine solche einzugehen, sowie entsprechend dieser Einsicht handeln zu können. (Es ist) kein allzu strenger Maßstab anzusetzen: Die Person muss nicht im Einzelnen die Folgen der Ehe oder ihrer Auflösung einschätzen können. Es kommt vielmehr darauf an, dass die betreffende Person konkret den Vorgang der Eheschließung erfassen kann".

Vertragsfähigkeit kein geeignetes Kriterium zur Ermittlung der Ehefähigkeit ist.[193] Auch Frankreich hat die frühere Regel, dass eine Person, die unter Kuratel stand, nur mit Genehmigung des Familienrates, des Kurators bzw. des Richters heiraten konnte (Art. 460 franz. CC a.F.) im Jahre 2019 abgeschafft.[194] Art. 460 franz. CC n.F. sieht nun nur noch vor, dass die mit der Schutzmaßnahme betraute Person über das Heiratsvorhaben des von ihr betreuten oder vertretenen Erwachsenen informiert werden muss.[195] „There are many people in our society who may be of limited or borderline capacity but whose lives are immensely enriched by marriage. We must be careful not to set the test of capacity to marry too high, lest it operate as an unfair, unnecessary and indeed discriminatory bar against the mentally disabled".[196] Es genügt, dass der oder die Verlobte geistig in der Lage ist, die Pflichten und Verantwortlichkeiten zu verstehen, „that normally attach to marriage".[197] Allerdings verlangen englische Gerichte auch, dass die Verlobten die „mental capacity" haben, eine sexuelle Beziehung einzugehen.[198]

278 Unter dem Aspekt der Eheschließungsfreiheit noch problematischer erscheint Art. 12 § 1 poln. FVGB, wonach eine geisteskranke oder geistesschwache Person keine Ehe schließen kann. Das Gericht kann die Eheschließung allerdings gestatten, wenn der Gesundheits- oder Geisteszustand einer solchen Person weder die Ehe *noch die Gesundheit der künftigen Nachkommenschaft* gefährdet und der oder die Verlobte nicht voll entmündigt ist. Eine ähnliche Regel findet sich auch in Art. 7(1)(3) bulgar. FamGB. Das wirft böse Erinnerungen an die Verhinderung „erbungesunden Nachwuchses" auf und ist (ganz abgesehen davon, dass nicht in jeder Ehe Kinder geboren werden, und Kinder auch außerhalb einer Ehe zur Welt kommen) menschenrechtlich schwer zu ertragen.[199] Eine gelebte Ehe

---

[193] Problematisch vor diesem Hintergrund deshalb auch Teile des griechischen Ehefähigkeitsrechts. Unter Art. 1351 i.V.m. Artt. 128, 129 und 131 gr. ZGB sind „Geschäftsunfähige" generell unfähig, eine Ehe zu schließen. Dazu gehören auch diejenigen, die „teilweise oder völlig unter rechtlicher Betreuung" stehen, sofern sich die teilweise rechtliche Betreuung nach der ihr zugrunde liegenden gerichtlichen Entscheidung ausdrücklich auch auf die Eheschließung bezieht. In beiden Fällen hängt die Eheschließung von der Zustimmung des Betreuers ab (Art. 1352 gr. ZGB). Das ist menschenrechtlich schwer erträglich, mag auch das Gericht eine Eheschließung gegen den Willen des Betreuers genehmigen können. Der Einwilligungsvorbehalt des deutschen Betreuungsrechts erstreckt sich dagegen ausdrücklich weder auf die Eingehung einer Ehe noch auf letztwillige Verfügungen (§ 1903(2)(1 und 2) dt. BGB a.F., § 1825(2)(1 und 2) n.F.).
[194] Gesetz Nr. 2019-222 vom 23.11.2019 de programmation 2018–2022 et de réforme pour la justice.
[195] Näher *Batteur*, J.-Cl. Civil Code, Art. 457-1 à 463, Fasc. 20, Rdnrn. 23–24.
[196] *Sheffield City Council v E and S* [2004] EWHC 2802 (Fam) [144], Munby J. Im Hintergrund stehen sec. 12 (c) und (d) Matrimonial Causes Act 1973, wonach eine Ehe aufgehoben werden kann, wenn ein Partner „did not validly consent to it, whether in consequence of duress, mistake, unsoundness of mind or otherwise" oder, „though capable of giving valid consent, was suffering (whether continuously or intermittently) from mental disorder within the meaning of the Mental Health Act 1983 of such a kind or to such an extent as to be unfitted for marriage".
[197] Singleton LJ in *In the Estate of Park deceased, Park v Park* [1954] P 112, 127. Siehe auch Parker J in *London Borough of Southwark v KA and Others (Capacity to Marry)* [2016] EWHC 661 (Fam) [76–77]: „The test for capacity to marry is … a simple one: a) Marriage is status specific not person specific. b) The wisdom of the marriage is irrelevant. c) P must understand the broad nature of the marriage contract. d) P must understand the duties and responsibilities that normally attach to marriage, including that there may be financial consequences and that spouses have a particular status and connection with regard to each other. e) The essence of marriage is for two people to live together and to love one another. f) P must not lack capacity to enter into sexual relations. The decision is about capacity and not welfare. Thus I do not take into account aspects of his decision making which affect the consequence of his decision making, so long as they do not affect the decision making process in itself".
[198] *Sheffield City Council v E* a.a.O. und *London Borough of Southwark v KA and Others (Capacity to Marry)* a.a.O.
[199] Die polnische Rechtsprechung hält gleichwohl an einer erfahrungsgestützten (!) Prognose für die geistige Gesundheit der Kinder fest (poln. OG 25.3.2019, I CSK 51/18, sn.pl). Verfassungs- und menschenrechtliche Zweifel nicht nur des Schrifttums (z.B. Smyczyński [-*Gajda*], System Prawa Prywatnego XI[2], S. 167 Rdnr. 30 und Osajda [-*Domański*], Kodeks rodzinny i opiekuńczy[8], Art. 12 Rdnr. 67), sondern vor allem auch des Bürgerbeauftragten hat poln. Verfassungsgerichtshof 22.11.2016, K 13/15, Dz.U.2016.2203 zurückgewiesen. Polen hat sich menschenrechtlich durch die Notifikation einer Auslegungserklärung und eines Vorbehalts zu Art. 12 bzw. Art. 23 der UN-Behindertenkonvention abgesichert (Regierungserklä-

III. Die Relevanz des freien Willens § 5

kann sogar noch nach Jahren für ungültig erklärt werden, wenn sich erst später herausgestellt hat, dass ein Ehegatte schon bei der Eheschließung psychisch krank war.[200] Art. 147 port. CC stellt demgegenüber klar, dass eine „betreute Person … ihre persönlichen Rechte frei ausüben (kann), sofern nicht durch Gesetz oder Gerichtsbeschluss etwas anderes bestimmt ist", und dass „zu den persönlichen Rechten … unter anderem das Recht, eine Ehe zu schließen oder eine faktische Lebensgemeinschaft einzugehen, sich fortzupflanzen, … Beziehungen zu beliebigen Personen aufzubauen, und zu testieren" gehören. Die Rechtsprechung ist unter dem Eindruck dieser Neuregelung in begrüßenswerter Konsequenz bemüht, gerichtliche Einschränkungen der Ehefähigkeit nach Möglichkeit zu vermeiden.[201] Auch § 673 tschech. BGB stellt klar, dass nur derjenige keine Ehe schließen kann, dessen Geschäftsfähigkeit *in diesem Bereich* beschränkt wurde. Es bedarf also (wie wahrscheinlich auch in Portugal[202]) einer ausdrücklichen gerichtlichen Entscheidung; nur, wenn sie vom Standesbeamten übersehen wurde und in der Ehe kein Kind geboren worden ist (§ 683 tschech. BGB), kann der andere Ehegatte die Ungültigerklärung der Ehe beantragen (§ 680 a. a. O.). Die Ehefähigkeit wird einer Person nur unter sehr restriktiven Voraussetzungen entzogen.

Tschech. OG 29.7.2016[203] wies nachdrücklich auf Artt. 12(2), 23 und 25 der UN-Konvention über die Rechte von Menschen mit Behinderungen hin, außerdem auf § 55(1) tschech. BGB, wonach eine Einschränkung der Geschäftsfähigkeit nur im Interesse des Betroffenen, nach dessen Anhörung und unter voller Anerkennung seiner Rechte und seiner persönlichen Eigenart angeordnet werden darf. Art. 23 erkenne nicht nur das Recht Behinderter an, zu heiraten und eine Familie zu gründen, sondern auch das Recht, frei und verantwortungsbewusst über die Anzahl und den zeitlichen Abstand ihrer Kinder zu entscheiden; Behinderte hätten Anspruch auf Erhaltung ihrer reproduktiven Fähigkeiten. Es komme entscheidend darauf an, wie sich der Betroffene tatsächlich verhält, wie er mit Menschen umgeht, wie er seinen Haushalt führt und wie er sein Vermögen verwaltet. Die Entziehung der Geschäftsfähigkeit sei eindeutig ein Relikt des alten Regimes, verfassungsrechtlich höchst problematisch und jedenfalls die *ultima ratio*. Das grundsätzlich freie und autonome Individuum dürfe vom Staat nicht an der Verwirklichung seiner Glücksvorstellung gehindert werden, indem ihm staatlicher Schutz aufgezwungen wird, obwohl sich das Individuum selbst – z. B. mit Unterstützung der Familie – helfen kann. Die unteren Instanzen hätten sich nur auf das psychiatrische Sachverständigengutachten verlassen,

---

rung über das Inkrafttreten des Übereinkommens über die Rechte von Menschen mit Behinderungen, Dz.U.2012.1170); man war sich der Menschenrechtswidrigkeit des Art. 12 poln. FVGB offenbar bewusst.

[200] Appellationsgericht Katowice 18.6.2015, I ACa 708/13, orzeczenia. ms. gov.pl (im Zeitpunkt der Eheschließung bereits vorhandene, aber noch nicht offenkundig gewordene Schizophrenie; die Krankheit der Frau sei weder für das Funktionieren ihrer Ehe noch für die Gesundheit ihrer zukünftigen Nachkommenschaft irrelevant gewesen; das Paar hatte allerdings gar keine Kinder). Ähnlich schon poln. OG 5.4.2013, III CSK 228/12, sn.pl. Nur bei Vorliegen besonderer Umstände (langes und ordnungsgemäßes Funktionieren der Ehe; gesunde und erwachsene Kinder) sollen die Grundsätze des gesellschaftlichen Zusammenlebens (Art. 5 poln. ZGB) eine Abweisung der Eheaufhebungsklage wegen einer psychischen Erkrankung rechtfertigen (poln. OG, 4.2.1985, IV CR 557/84, Legalis-Nr. 24584).

[201] Berufungsgericht Lissabon 11.12.2019, Processo 5539/18.9T8FNC.L1-2 (Ehefähigkeit einer Frau bejaht, die an einer „leichten bis mittelschwere geistigen Schwäche dauerhaften Charakters" litt [sie konnte bis auf ihren Vornamen weder lesen noch schreiben, konnte sich aber um ihre Hygiene kümmern und verfügte über Zeit- und Raumorientierung] und deshalb noch unter dem alten Regime entmündigt worden war. Die Frau sei lediglich unfähig, ihr Vermögen selbst zu verwalten.)

[202] Der Text von Art. 1601 port. CC lässt allerdings mehrere Deutungen zu. Danach gehört zu den absolut trennenden Ehehindernissen „die offenkundige Geisteskrankheit, selbst während der lichten Augenblicke, *und* die Entscheidung über Betreuung, *wenn* das entsprechende Urteil es so bestimmt" (Hervorhebung hinzugefügt). Es ist nicht restlos klar, ob es sich hierbei um alternative oder kumulative Voraussetzungen handelt. Für die zweite Interpretation spricht ein vergleichender Blick auf Art. 2189(b) port. CC, wonach betreute Erwachsene nur testierunfähig sind, wenn es das Betreuungsurteil so bestimmt. Auch eine historische Interpretation stützt diese Sicht, weil die Neuregelung im Zusammenhang mit der im Jahre 2018 erfolgten Abschaffung des Entmündigungsregimes steht. Für das alte Recht hatte *Antunes Varela*, Direito da Família I[5], S. 227229 noch vertreten, dass eugenische Gründe und damit „soziale Interessen" höher zu gewichten seien als die „individuellen Interessen" der Beteiligten. Das Entmündigungsurteil begründe die unwiderlegliche Vermutung *(juris et de iure)*, dass dem Nupturienten die Einsichts- und Selbstbestimmungsfähigkeit fehle.

[203] 30 Cdo 1607/2015, ECLI:CZ:NS:2016:30.CDO.1607.2015.1.

sich aber sonst mit der Person der Betroffenen nicht überzeugend auseinandergesetzt. Die schwedische Rechtsprechung setzt insoweit etwas andere Akzente, als sie zwischen der relativen Beziehung zwischen den Ehegatten und der verwaltungsrechtlichen Komponente der Eheschließung unterscheidet. Eine psychische Beeinträchtigung ist zwar ein aufschiebendes, aber kein trennendes Ehehindernis. Ist die Ehe einmal geschlossen, ist sie materiellrechtlich wirksam. Wenn allerdings die Trauungsperson die absolute Eheunfähigkeit eines Beteiligten übersieht und ein einfaches „Ja" genügen lässt, soll die Eheschließung an einem Formmangel leiden und deshalb nichtig sein. Man stellt auf die Parallele zu der Nichtigkeit von Verwaltungsentscheidungen ab.[204]

2. Die Fähigkeit zur Ausübung eigener Vermögensrechte

279 Dass es *nur* auf den freien Willen ankommt, ist vergleichsweise selten. Die Frage stellt sich hauptsächlich im Kontext der Ausübung von Rechten, seien es absolute oder relative, Vermögens- oder Nichtvermögensrechte.[205] Auch die **Verjährung** läuft grundsätzlich nur gegen eine Person, die sie aus freiem Willen unterbrechen könnte.[206] Das **Eigentum** an einer Sache bezieht seinen Sinn aus einer Summe von Befugnissen, oft zusammengefasst in dem Dreigestirn aus *usus, fructus* und *abusus*. Das Recht auf die Früchte *(fructus)* bedarf keiner Ausübung. Das Eigentum an der Muttersache erstreckt sich, wenn es nicht mit einem fremden Nutzungsrecht belastet ist, *ipso jure* auch auf die Früchte.[207] Zu ihrem Erwerb reicht folglich bereits die Rechtsfähigkeit aus. Der *abusus* in Gestalt der Dereliktion besteht nicht nur aus einer Besitzaufgabe (für die je nach der Art des Gegenstandes bereits ein natürlicher Wille genügen kann), sondern auch aus der Erklärung, das Eigentum aufgeben zu wollen. Daraus wird in Deutschland geschlossen, dass die Eigentumsaufgabe, selbst wenn sie aus freiem Willen geschieht, unwirksam ist, solange der Erklärende noch nicht (voll) geschäftsfähig ist.[208] Das hat zur Folge, dass nicht einmal ein normal entwickelter Siebzehnjähriger ohne Zustimmung seiner Eltern einen ihm gehörenden veralteten Gegenstand entsorgen kann. Denn die Eigentumsaufgabe ist nie ein „lediglich rechtlicher Vorteil" (§ 107 dt. BGB), und das selbst dann nicht, wenn sie im Einzelfall objektiv sinnvoll ist. (Käme es wirklich auf den geschäftsfähigkeitsrechtlichen Status einer Person an, könnte im Übrigen auch ein geschäftsunfähiger Erwachsener den geringwertigen Alltagsgegenstand nicht derelinquieren, den er zuvor selbst wirksam erworben hat.) Hier liegt jedoch ein Ebenensprung vor. Denn anders als der Erwerb ist die Aufgabe immer schon Ausübung bereits bestehenden Eigentums, mithin Ausfluss des erworbenen Rechts. Rechtsausübung aber ist weder rechtlich vorteilhaft noch rechtlich nachteilig; sie lässt sich in diesen Kategorien nicht erfassen. Der Rekurs auf einen abstrakten Geschäftsfähigkeitsstatus er-

---

[204] HD 28.12.2010, NJA 2010 S. 648. Siehe auch HD 2.3.1994, NJA 1994 S. 108 (Verneinung einer Dienstverfehlung einer Standesbeamtin, die nach Prüfung der Umstände, aber objektiv unrichtig den Eheschließungswillen einer an seniler Demenz leidenden Dame für ausreichend angesehen hatte. Die Bekundung des Ehewillens genüge nicht. Die Nupturienten müssten in der Lage sein, die wesentliche Bedeutung der Ehe und ihrer rechtlichen Konsequenzen zu verstehen).

[205] Das klingt in der französischen Redewise von der *capacité d'exercice* an; der Ausdruck schließt aber auch die Fähigkeit zum Abschluss von Verträgen ein (vorher Rdnrn. 55 und 258).

[206] Art. 2942 ital. CC sieht eine Verjährungshemmung zwar nur zugunsten von Personen vor, die aufgrund eines geistigen Gebrechens entmündigt wurden. Der Arbitro Bancario finanziario Rom 30.2.2021, Nr. 2578, NGCC 2021 S. 323 ist darüber in einer spektakulären Entscheidung im Rahmen eines ADR-Verfahrens („Alternative Dispute Resolution") aber hinweg gegangen. Der nicht entmündigte Betroffene hatte es infolge einer schweren Alzheimererkrankung unterlassen, seine Rechte aus einem Sparbrief geltend zu machen; die Bank hatte sich auf Verjährung berufen. Das Schiedsgericht gründete seine Entscheidung u. a. auch auf DCFR III.-7:303(1). Unter § 1494 österr. ABGB sind die Ersitzungs- und die Verjährungszeit gegen nicht vertretene psychisch kranke Erwachsene und gegen Minderjährige solange gehemmt, wie für sie keine Vertretung besteht; die entsprechende Regelung des deutschen Rechts (nur Verjährung, nicht auch Ersitzung) findet sich in § 210 dt. BGB. Für das griechische Recht bestätigt Areopag 1055/2000, EllDne 42 (2001) S. 435, dass die Verjährung gegen ganz oder teilweise geschäftsunfähige Personen nicht vor Ablauf von sechs Monaten nach dem Tag abläuft, an dem für sie ein rechtlicher Betreuer bestellt wurde.

[207] Näher *von Bar*, Gemeineuropäisches Sachenrecht II, Rdnrn. 175–176.

[208] Vorher Fn. 170.

III. Die Relevanz des freien Willens § 5

scheint im Übrigen auch deshalb unangemessen, weil man einem derelinquierten Gegenstand nicht ansieht, *wer* ihn derelinquiert hat. Dritte können das Alter des (ehemaligen) Eigentümers nicht überprüfen.

Es ist nicht einfach, die gegensätzlichen Wertungen von Personen- und Sachenrecht auszugleichen. **Praktische Konkordanz** lässt sich mit der Grundregel schaffen, dass jemand, der einen Gegenstand zu Eigentum erworben hat, mit ihm solange „nach Belieben verfahren" (§ 903 dt. BGB), d. h. seinen freien Willen zur Geltung bringen kann, wie dem weder Rechte Anderer noch sein schutzbedürftiges Eigeninteresse entgegenstehen. Letzteres betrifft in Sonderheit Minderjährige, die aus freiem Willen handeln, aber noch nicht den Status einer voll geschäftsfähigen Person erlangt haben. Da der „freie Wille" ein relatives Konzept ist, muss seine Relevanz in Bezug auf jede einzelne Ausübungshandlung geprüft werden. Für die Dereliktion bedeutet das, dass sie jedenfalls dann wirksam erklärt werden kann, wenn es um nicht mehr geht, als um ein normales Verhalten im Umgang mit Gegenständen des täglichen Lebens.[209] Eltern sollten dagegen auch mit Wirkung *erga omnes* die Möglichkeit haben zu widersprechen, wenn sich ihr Kind anschickt, die ihm vom Großvater hinterlassene goldene, aber „langweilige" Uhr zur Aneignung durch Dritte freizugeben. **280**

Auch die **Nutzungsbefugnis** des jugendlichen Eigentümers kann durch das elterliche Erziehungsrecht eingeschränkt sein, betrifft dann – es gibt ja noch keinen Dritten – aber zunächst nur die Binnenbeziehung zwischen Eltern und Kind. Sorgende Eltern können ihrem Kind die exzessive Nutzung des Laptops auch dann untersagen (oder ihn wegschließen), wenn er ihm gehört, und dies selbst dann, wenn der Erwerb des Laptops *necessary* war. Soweit die elterliche Sorge reicht, wirkt sie wie ein die Eigentümerbefugnisse belastendes Recht; sie schränkt die „Rechtsausübungsfähigkeit" ein.[210] Eine ganz andere Frage ist es dagegen, ob der Minderjährige seinen Computer **verteidigen** darf, wenn Außenstehende ihn zu beschädigen oder wegzunehmen drohen. Das ist zu bejahen. Prinzipiell reicht dafür sogar schon ein natürlicher Wille[211]; allerdings ist es aus tatsächlichen Gründen kaum vorstellbar, dass er sich auf einen so komplizierten Gegenstand wie einen Computer ausrichtet. Es mag auch sein, dass Eltern ihrem Kind aus besonderen Gründen die Verteidigungshandlung untersagen, aber das wird im Außenverhältnis nur relevant, wenn die Eltern in Vertretung des Kindes in die Verletzung seines Eigentums einwilligen können. Das wiederum ist deshalb eine weithin ungeklärte Frage, weil sich die elterliche Vertretungsmacht (sofern es sie überhaupt gibt) primär auf Vertragsangelegenheiten bzw. rechtsgeschäftliche Willenserklärungen bezieht, nicht aber auf die „Gestattung oder Ermächtigung zur Vornahme tatsächlicher Handlungen, die in den Rechtskreis des Gestattenden eingreifen".[212] Es ist auch wertungsmäßig nicht dasselbe, ob Eltern ihr Kind bei der Verfügung über sein Eigentum vertreten oder ob sie seinen Willen brechen, es nicht durch **281**

---

[209] Zu Frankreich siehe noch unten Rdnr. 282. Tschech. OG 31.3.2004, 28 Cdo 1254/2003, ECLI:CZ: NS:2004:28.CDO.1254.2003.1 betonte, dass „die Aufgabe einer Sache (Dereliktion) … üblicherweise als ein Rechtsgeschäft definiert (wird), das den Willen des ehemaligen Eigentümers zum Ausdruck bringt, nicht mehr Eigentümer der Sache zu sein, im Gegensatz zum Verlust einer Sache, der ein Ereignis ist. Wenn die Aufgabe der Sache ein Rechtsgeschäft (kein Ereignis) ist, dann muss sie auch die vom Gesetz für die Gültigkeit einer Rechtshandlung vorgesehenen Voraussetzungen aufweisen". Die Entscheidung bezog sich noch auf § 37 tschech. BGB [1964]. Unter dem aktuellen § 31 tschech. BGB wird vermutet, dass jeder Minderjährige, der nicht die volle Geschäftsfähigkeit erlangte, zur Vornahme von Rechtsgeschäften fähig ist, die von ihrer Natur her sowohl dem Verstand als auch der Willensreife von Minderjährigen seines Alters angemessen sind. Ein Minderjähriger kann folglich eine bewegliche Sache derelinquieren, wenn dies seiner Willensreife und dem Entwicklungsgrad seines Verstandes entspricht.
[210] Den Begriff der „Rechtsausübungsfähigkeit" findet man in Deutschland freilich nur in zwei sehr speziellen Zusammenhängen. Zum einen geht es um die von der „Grundrechtsfähigkeit" unterschiedene „Grundrechtsausübungsfähigkeit" (z. B. Staudinger [-*Klumpp*], BGB (2017), Vorbem. zu §§ 104 ff, Rdnr. 145), zum anderen um die Frage, ob die sog. Handlungsfähigkeit als Teil der Rechtsfähigkeit zu begreifen sei. Die Rechtsfähigkeit wird dann zur „Rechtsausübungsfähigkeit" (*Fabricius*, Relativität der Rechtsfähigkeit, S. 45; *Hetterich*, Mensch und „Person", S. 309).
[211] Siehe schon oben Rdnr. 273.
[212] So die Definition der Einwilligung durch BGH 5.12.1958, BGHZ 29 S. 33, 36.

Weggabe zu verlieren.[213] Die Grenze sollte jedenfalls dann erreicht sein, wenn die elterliche Entscheidung nicht mehr als Maßnahme gewöhnlicher Vermögensverwaltung (Art. 101 § 3 poln. FVGB) qualifiziert werden kann. Das wäre etwa der Fall, wenn die Eltern mit ihrer Einflussnahme auf ihr Kind eigene Zwecke und Hintergedanken verfolgen. Wer einen freien Willen bilden kann, sollte auch als fähig angesehen werden, außergerichtlich[214] einen Herausgabeanspruch geltend zu machen und auf diese Weise (z.B.) die Voraussetzungen eines Verzuges zu schaffen oder die Bösgläubigkeit des aktuellen Besitzers zu begründen. (Ein bloß natürlicher Wille würde es einem Menschen nicht erlauben, das Konzept eines Sachenrechts zu verstehen und die darauf gestützten Befugnisse wahrzunehmen.) Entsprechendes gilt für die Geltendmachung eines Schadensersatzanspruches infolge eines Unfalls.[215] Zwar wird die außergerichtliche Geltendmachung von Ansprüchen unter deutschem Recht oft doch wieder an einen abstrakten Geschäftsfähigkeitsstatus geknüpft. Man operiert dazu mit dem Hilfsbegriff der „geschäftsähnlichen Handlung". Das wirkt indes zirkulär, weil er voraussetzt, was er begründen soll. Entschärft wird das Problem am Ende nur deshalb, weil die meisten geschäftsähnlichen Handlungen einen rechtlichen Vorteil begründen und *deshalb* auch schon von mindestens „beschränkt" geschäftsfähigen Personen vorgenommen werden können.[216]

282   Am schwierigsten auszubalancieren sind die unbeschränkte **Verfügungsbefugnis** eines Sacheigentümers bzw. eines Forderungsinhabers und die ihr diametral entgegenstehenden Handlungsbeschränkungen des Geschäftsfähigkeitsrechts. Unbelastet von dem deutschen Dogma der wechselseitigen Abstraktion von Verpflichtung und Verfügung[217] konnte sich in Frankreich und Belgien die Regel entwickeln, dass ein Minderjähriger, der über die *capacité de discernement* verfügt, sein eigenes Vermögen selbst verwalten kann, „auch wenn die Grenzen schnell erreicht sind".[218] Er sei befugt, alle der Erhaltung seines Vermögens dienenden *mesures à caractère conservatoire* zu ergreifen. Als Beispiele dienen die Eintragung

---

[213] Anders möglicherweise *Neuner*, AcP 218 (2018) S. 1, 29 (es mache keinen Unterschied, ob ein Minderjähriger Eigentum an einen Dritten übertrage, oder ob er ihm die Veränderung oder Zerstörung gestatte; das trifft zwar zu, erfasst aber nicht den Fall, dass der minderjährige sein Eigentum gerade behalten will).

[214] Die Befähigung zur gerichtlichen Anspruchsdurchsetzung ist eine Frage der Prozess- bzw. der Verfahrensfähigkeit. Insoweit kommt es oft, aber keineswegs immer auf den abstrakten Status der Geschäftsfähigkeit an. Vor allem in Verfahren der freiwilligen Gerichtsbarkeit sind Abkoppelungen der Verfahrens- von der Geschäftsfähigkeit eine geläufige Erscheinung (z. B. §§ 9(1) Nrn. 2–4, 125(1) dt. FamFG).

[215] Überzeugend Cass. 13.10.2017, nr. 24077, Resp. Civ. e Prev. 2017 S. 1702 (Auch ein minderjähriges Mädchen könne die gegnerische Kfz-Haftpflichtversicherung zur Leistung von Schadensersatz auffordern, und zwar auch durch einen von dem Mädchen selbst beauftragten Anwalt. Dem Mädchen drohe aus der Geltendmachung des Anspruchs keinerlei Nachteil). Wer dagegen keinen freien Willen bilden kann, dem kann in seinem Interesse sogar das Wissen um die Höhe des ihm zugestandenen Schadensersatzes vorenthalten werden (so jedenfalls *EXB (A Protected Party by his Mother and Litigation friend DYB) v FDZ, Motor Insurers' Bureau, GHM, UK Insurance Ltd* [2018] EWHC 3456) (QB, Foskett J) (der 26-jährige Kläger hatte bei einem Verkehrsunfall einen schweren, dauerhaften Hirnschaden erlitten; die Familie und der Betreuer, der *deputy for property and affairs*, der den „beträchtlichen Ersatzbetrag" verwaltete, befürchteten, dass kriminelle Bekannte versuchen würden, dem Opfer das Geld abzujagen).

[216] Die Frage, ob für die außergerichtliche Geltendmachung von Ansprüchen ein freier Wille erforderlich ist, aber auch genügt, wird im deutschen Schrifttum, soweit ersichtlich, nicht erörtert. Man bindet sie immer an geschäftsfähigkeitsrechtliche Kategorien. Eine Mahnung z. B. (§ 286(1)(1) dt. BGB) wird als „geschäftsähnliche Handlung" qualifiziert. Sie soll deshalb in „analoger Anwendung" von § 105(1) dt. BGB von einer geschäftsunfähigen Person nicht erklärt werden können. Anders soll es sich aber – diesmal in analoger Anwendung von § 107 dt. BGB – verhalten, wenn die Person „beschränkt geschäftsfähig" ist. Denn die Mahnung begründet einen „rechtlichen Vorteil" (MünchKomm [-*Ernst*], BGB[8], § 286 Rdnr. 49). Die Einforderung von Schadensersatz statt der Leistung soll dagegen ohne Einwilligung des gesetzlichen Vertreters unwirksam sein, weil mit ihr naturgemäß der Anspruch auf die Leistung erlischt (§ 281(4) dt. BGB), was in sich wiederum (aber schwer nachvollziehbar) einen rechtlichen Nachteil darstellen soll (BeckOK [-*Lorenz*], BGB 1.2.2021, § 281 Rdnr. 54).

[217] Näher *von Bar*, Gemeineuropäisches Sachenrecht II, Rdnr. 229–248.

[218] *Teyssié*, Droit des personnes[20], S. 393, Rdnr. 651 („Au mineur capable de discernement [...] est également reconnue, même si les bornes en sont vite atteintes, l'aptitude à *gérer* son patrimoine. Ainsi est-il en droit de prendre seul toutes mesures à caractère conservatoire: inscription hypothécaire, interruption de prescription. Il peut accomplir seul les actes de la vie courante [...]. Ces opérations ne doivent mettre en jeu que des sommes d'un faible montant") und S. 394 Rdnr. 651 („Aux mineurs est enfin reconnu le droit

III. Die Relevanz des freien Willens §5

einer Hypothek zur Sicherung einer eigenen Forderung, die Unterbrechung einer gegen den Minderjährigen laufenden Verjährung und alle sonstigen Maßnahmen zum Schutz seines Eigentums[219], darunter auch seine Verteidigung gegen Wegnahme oder Zerstörung. Vor allem aber ist er, wie schon gesehen[220], befugt, allein und ohne fremde Hilfe solche Verträge des täglichen Lebens *(actes de la vie courante)* zu schließen, die nur geringe Beträge betreffen.[221] Entsprechendes gilt für geistig behinderte Erwachsene.[222] Das schließt die Befugnis ein, innerhalb der genannten Grenzen auch über Teile des eigenen Vermögens zu verfügen. Gewissermaßen „nebenbei" ist damit auch die Frage der Dereliktion sinnvoll gelöst: Der Minderjährige kann sein Eigentum (nur) aufgeben, wenn es sich um einen *acte de la vie courante* handelt und der Gegenstand einen geringen Vermögenswert hat.

Zu den Ausnahmen von der Grundregel des Art. 123 port. CC (Minderjährigen fehlt die Fähigkeit zur Ausübung von Rechten) gehört Art. 127(1)(a) port. CC. Danach sind Verwaltungs- und Verfügungshandlungen über Vermögen, welches der über Sechzehnjährige durch seine Arbeit erworben hat, gültig. Die Regelung ist also spürbar enger als die französische. Der Minderjährige muss kraft Alters (und nicht nur kraft Verstandesreife) bereits einen bestimmten Status erlangt haben. Bei unter Betreuung gestellten Erwachsenen richtet sich die verbleibende Verwaltungs- und Verfügungsbefugnis nach dem Beschluss des Gerichts. Die Betreuung beschränkt sich auf das Notwendige (Artt. 139 i. V. m. 145 port. CC); sie belässt dem Betreuten mithin in aller Regel eigene Gestaltungsoptionen. Im Hypothekenrecht wird zwischen gesetzlichen, gerichtlichen und freiwilligen Hypotheken unterschieden (Art. 703 port. CC). Der Erwerb einer gesetzlichen Hypothek setzt nur Rechtsfähigkeit voraus, da er willensunabhängig eintritt und nur eine zu sichernde Forderung voraussetzt (Art. 704 port. CC). Eine freiwillige Hypothek resultiert aus einem Vertrag oder einer einseitigen Erklärung (Art. 712 port. CC); sie kann nur jemand bestellen, der den belasteten Gegenstand auch veräußern könnte (Art. 715 port. CC). Eine gesetzliche Hypothek entsteht zugunsten von Minderjährigen und betreuten Erwachsenen an den Gütern des Vormunds, Pflegers und des gesetzlichen Verwalters zur Sicherung der gegen sie bestehenden Ansprüche (Art. 705(c) port. CC). Man will dadurch Personen schützen, die in der Verwaltung ihres Vermögens beeinträchtigt sind und deshalb von den Verwaltern die notwendigen Garantien nicht selbst verlangen können.[223]

283

---

dans certaines limites, de *disposer* d'éléments de leur patrimoine, sous réserve qu'elle relève de la rubrique „actes de la vie courante").

[219] *Buffelan-Lanore* und *Péglion-Zika,* J.-Cl. Civil Code, Art. 388, Minorité: fasc. 20, S. 8 Rdnr. 35 („Le mineur peut, seul et sans assistance, accomplir les actes conservatoires définis comme les actes qui permettent de sauvegarder le patrimoine ou de soustraire un bien à un péril imminent ou à une dépréciation inévitable sans compromettre aucune prérogative du propriétaire. Le mineur peut ainsi accomplir seul des actes conservatoires qui sont sans danger, mais peuvent être nécessaires pour sauvegarder ses biens, par exemple, requérir l'inscription d'une hypothèque qui garantit une de ses créances ou interrompre la prescription qui court contre un de ses droits"). In Belgien kann ein Minderjähriger sogar eine *saisie conservatoire* (Sicherungsbeschlagnahme) beantragen (*Leleu,* Droit des personnes et de la famille³, S. 296 Rdnr. 255). In diesem Zusammenhang wird gern auf Civ. Neufchâteau 23.2.1981, J.L. 1981 S. 201, Anm. *de Leval* verwiesen. Die Entscheidung betraf allerdings einen Zwanzigjährigen (der 1981 in Belgien noch minderjährig war).

[220] Vorher Rdnr. 268.

[221] *Buffelan-Lanore* und *Péglion-Zika* a. a. O. S. 11 Rdnr. 56 („l'acte doit être autorisé par l'usage, il doit avoir une faible valeur pécuniaire, il doit être effectué fréquemment par un mineur agissant seul, par exemple achat de livres par correspondance, vente de livres scolaires").

[222] Die Artt. 473 und 1148 franz. CC greifen ältere Rechtsprechung des Kassationshofes auf, insbesondere Cass. civ. 3.6.1980, Bull.civ. I, Nr. 172. Der Fall betraf einen entmündigten Erwachsenen, der als Dank für erbrachte Leistungen eine minimale Zahlung erbracht hatte, die das Gericht für wirksam hielt.

[223] *Brandão Proença* (*-Menéres Campos*), Comentário ao Código Civil II, Anm. 4 zu Art. 705, S. 947. Art. 706 port. CC überantwortet die Entscheidung über die Festlegung des Hypothekenwertes und die Benennung der Güter, an denen die Hypothek eingetragen wird, dem Familienrat, hilfsweise dem Vormund oder dem Betreuer. Die Antragsberechtigung für die Eintragung liegt beim Vormund, dem gesetzlichen Verwalter, dem Laienrichter des Familienrats, dem Betreuer und jedem Verwandten des Minderjährigen.

In Deutschland sind Minderjährige nur über Mittel verfügungsbefugt, die ihnen von ihren Eltern zur freien Verfügung überlassen wurden (§ 110 dt. BGB), und über die mit diesen Mitteln erworbenen Surrogate gleichfalls nur, wenn sich die allgemeine Einwilligung der Eltern bei Anlegung eines vernünftigen Maßstabes auch auf das Surrogat bezieht.[224] Minderjährige, denen der selbständige Betrieb eines Erwerbsgeschäfts gestattet wurde (§ 112 dt. BGB), dürfen in diesem Rahmen selbständig verfügen. Eine Verfügungsbefugnis über aus eigener Arbeit erworbene Mittel und deren Surrogate kennt das deutsche Recht dagegen nicht (§ 113 dt. BGB). Sie findet sich aber in Art. 101 § 2 poln. FVGB, wonach die von den Eltern ausgeübte Verwaltung weder den Verdienst des Kindes noch die ihm zur freien Verfügung überlassenen Gegenstände umfasst.[225] Unter § 170(2) österr. ABGB kann ein mündiges (d. h. mindestens vierzehnjähriges) Kind ebenfalls „über Sachen, die ihm zur freien Verfügung überlassen worden sind, und über sein Einkommen aus eigenem Erwerb so weit verfügen und sich verpflichten, als dadurch nicht die Befriedigung seiner Lebensbedürfnisse gefährdet wird".

3. Die Fähigkeit zur Ausübung von Persönlichkeitsrechten

a. Unkörperliche Persönlichkeitsrechte

284 Der italienische Kassationshof hat einmal treffend betont, dass die Fähigkeit zur Ausübung von Persönlichkeitsrechten einer besonderen Diskussion bedürfe, weil bei ihnen Inhaberschaft und Ausübung tendenziell zusammenfielen. Es ginge zumeist um existenzielle Entscheidungen. Deshalb genüge es nicht, diese Rechte jemandem nur abstrakt zuzuordnen. Man müsse ihm vielmehr die Möglichkeit geben, sie unmittelbar selbst auszuüben.[226] Wer in der Lage ist, einen freien Willen zu bilden, sollte in der Tat als grundsätzlich fähig angesehen werden, seine Persönlichkeitsrechte selbst zu verteidigen bzw. ihre Verletzung durch Einwilligung zu rechtfertigen. Art. 162 span. CC stellt das inzwischen ausdrücklich klar: „Die Eltern, die das Sorgerecht innehaben, vertreten gesetzlich ihre minderjährigen und nicht emanzipierten Kinder. Hiervon ausgenommen sind... die Handlungen hinsichtlich der Persönlichkeitsrechte und andere Handlungen, die das Kind in Übereinstimmung mit den Gesetzen und entsprechend seiner Reife selbst ausführen kann. Allerdings haben die elterlich Verantwortlichen in diesen Fällen kraft ihrer Sorge- und Beistandspflichten einzugreifen".[227] Das harmoniert mit der Regel, dass Veränderungen des geschäftsfähigkeitsrechtlichen Status, sofern sie sich nicht *ex lege* zutragen (Volljährigkeit) oder hoheitlich herbeigeführt werden (Entmündigung), ebenfalls an den freien Willen des Betroffenen gekoppelt sind. Ein Minderjähriger darf nicht gegen seinen freien Willen aus der elterlichen Gewalt entlassen (emanzipiert)[228], ein Erwachsener nicht gegen seinen freien Willen unter **Betreuung** gestellt werden, schon gar nicht unter eine Betreuung, in der die Wirksamkeit seiner Erklärungen von der vorherigen Einwilligung des Betreuers abhängt.[229] Bei Minderjährigen lässt sich allerdings auch die Tendenz beobachten, für bestimmte vertragsnahe

---
[224] RG 29.9.1910, RGZ 74 S. 234 (Kauf eines Autos mit Mitteln aus einem Losgewinn; das Los hatte der Minderjährige mit seinem Taschengeld bezahlt; Unwirksamkeit des Autokaufs).
[225] Siehe dazu (obwohl in der Hauptsache eine Schenkung an einen Minderjährigen betreffend: oben Fn. 145) auch poln. OG 30.4.1977, III CZP 73/76, OSNCP 1978 Nr. 2, Pos. 19.
[226] Cass. 13.10.2017, nr. 24077, Resp. Civ. e Prev. 2017 S. 1702.
[227] Dahinter steht die Erwägung, dass Handlungen zur Ausübung von Persönlichkeitsrechten der Person inhärent und deshalb einer gesetzlichen Vertretung nicht zugänglich sind. Es geht um Ehre, Intimität und Bild, also um den Anwendungsbereich des span. Organgesetzes über den Schutz des Rechts auf Ehre, auf persönliche und familiäre Privatsphäre und auf das eigene Bild (LOPH). Unter Artt. 2(2) und 3 LOPH muss der Minderjährige die Einwilligung selbst erteilen, wenn sein Reifezustand dies zulässt. Ist das nicht der Fall, dann wird die Einwilligung von dem gesetzlichen Vertreter erteilt. Die Staatsanwaltschaft ist zu informieren; sie kann die Angelegenheit dem Gericht vorlegen (Artt. 59–60 LJV).
[228] Oben Fn. 113.
[229] § 1896(1a) dt. BGB a. F. bzw. § 1814(2) n. F. und (zum Einwilligungsvorbehalt) zunächst BGH 17.5.2017, NJW-RR 2017 S. 964, 965 Rdnr. 11 und nun auch ausdrücklich § 1825(1) dt. BGB n. F. (kein Einwilligungsvorbehalt gegen den freien Willen des Betroffenen). Die Einrichtung einer Betreuung setzt demgemäß in Portugal immer und ohne Ausnahme (RC 4.6.2019, Processo 647/18; RL 16.9.2019, Processo 12596/17; RP 10.7.2019, Processo 6651/99) die Anhörung des Begünstigten voraus. Fehlt die Anhörung, ist das Verfahren nichtig (RE 10.10.2019, Processo 1110/18). Wann immer sich der Betroffe-

III. Die Relevanz des freien Willens § 5

Einwilligungen nicht nur auf den freien Willen, sondern zusätzlich auf eine Art Einwilligungsmündigkeit, d. h. auf fixe Altersgrenzen abzustellen. Unter Art. 6(1)(a) der europäischen Datenschutz-GrundVO (DS-GVO) z. B. kommt es für die Fähigkeit zur Einwilligung in die Verarbeitung **personenbezogener Daten** auf die Vollendung des 16. Lebensjahres an. (Art. 8(1) Unterabsatz 1 Satz 1 a. a. O. erlaubt allerdings die Absenkung dieser Altersgrenze auf bis zu 13 Jahre, offenbar, um einigen europäischen Staaten einen Gleichlauf mit ihrem allgemeinen Geschäftsfähigkeitsrecht zu ermöglichen.[230]) Man kann auch auf § 173 österr. ABGB verweisen, der zwar entscheidungsfähigen Kindern (Entscheidungsfähigkeit wird bei mündigen Minderjährigen vermutet, hängt aber nicht von Mündigkeit ab) zugesteht, eine Einwilligung in eine **medizinische Behandlung** „nur selbst" zu erteilen. Das Gesetz verlangt allerdings bei einer Behandlung, „die gewöhnlich mit einer schweren oder nachhaltigen Beeinträchtigung der körperlichen Unversehrtheit *oder der Persönlichkeit* verbunden ist"[231], den Co-Konsens der Eltern. Ebenfalls für einen medizinischen Zusammenhang entwickelt, aber doch offenkundig zugleich mit einem Blick auf das Grundrecht der freien Entfaltung der Persönlichkeit konzipiert sind auch die Artt. 4 und 7 des gr. Gesetzes 3305/2005 über Fragen der künstlichen Befruchtung Minderjähriger. Sie ist nur erlaubt, wenn die konkrete Gefahr einer Unfruchtbarkeit besteht. Die bzw. der betroffene Minderjährige müssen das 15. Lebensjahr vollendet haben; von ihrer Einwilligung hängt auch die Zulässigkeit einer Kryokonservierung ab. Dem Ganzen liegt aber wiederum das Modell des Co-Konsenses zugrunde: Kinder *und* Eltern müssen den Maßnahmen zustimmen.

Unter § 17a österr. ABGB kann „in den Eingriff in ein Persönlichkeitsrecht … nur **285** eingewilligt werden, soweit dies nicht gegen die guten Sitten verstößt. Die Einwilligung in den Kernbereich eines Persönlichkeitsrechts kann nur vom entscheidungsfähigen Träger des Persönlichkeitsrechts selbst erteilt werden, soweit gesetzlich nichts anderes bestimmt ist". Der „Kernbereich" umfasst vor allem die nichtkommerziellen Seiten des Persönlichkeitsrechts. Die Gesetzesbegründung erläutert mit Blick auf § 78 österr. UrhG, dass zu Werbezwecken weiterhin **Bilder** von Kindern verwendet werden dürften, sofern ihre berechtigten Interessen dadurch nicht verletzt würden. „Um abzuschätzen, ob die Bildnisverwendung den berechtigten Interessen des Kindes widerspricht, muss weiterhin Kontakt mit den Erziehungsberechtigten aufgenommen werden, die am Besten einschätzen können, ob die Veröffentlichung der Abbildung ihrem Kind schaden könnte. … Die gesetzlichen Vertreter können bloß keine Einwilligung in eine Bildnisverwendung erteilen, die den Interessen des Kindes zuwiderläuft, also dem Kindeswohl widerspricht".[232] Im Übrigen fehlt es für das Recht der unkörperlichen Persönlichkeitsrechte bislang nahezu überall an klaren gesetzlichen Vorgaben zur Einwilligungsfähigkeit.[233] Das ist zwar nur bei

---

ne gegen die Einrichtung einer Betreuung wehrt, muss ihre Notwendigkeit besonders geprüft werden (RP 13.1.2020, Processo 3433/18.2T8MAI.P1).

[230] Paal und Pauly (-*Frenzel*), DS-GVO, BDSG³, Art. 8 DS-GVO Rdnr. 2. In Schweden wurde im Interesse der Selbstbestimmung und der Freiheit der Meinungsäußerung Minderjähriger die Absenkung der Altersgrenze auf dreizehn Jahre erwogen (SOU 2017:39 S. 158–159), aber nicht gesetzlich umgesetzt (Lag med kompletterande bestämmelser till EU:s dataskyddsförordning vom 19.4.2018).

[231] Hervorhebung hinzugefügt.

[232] ErläutRV 481 BlgNr. 27. GP S. 6 (Beilagennr. 481 zu den Stenographischen Protokollen des Nationalrates, XXVII. Gesetzgebungsperiode: Regierungsvorlage – Erläuterungen zu dem Hass-im-Netz-Bekämpfungs-Gesetz [HiNBG]).

[233] Im deutschen Gesetzesrecht ist zwar häufiger ausdrücklich von „Einwilligungs(un)fähigkeit" die Rede, doch findet sich das Wort stets nur im Zusammenhang mit einer medizinischen Behandlung (z. B. in § 630d(1)(2) [Behandlungsvertrag] und § 1901a(1) dt. BGB a. F. bzw. § 1827(1) n. F. [Patientenverfügung eines einwilligungsfähigen Volljährigen für den Fall seiner Einwilligungsunfähigkeit]; siehe außerdem § 8 (1) Nr. 1(a) dt. TPG [Organentnahme nur, wenn die Person volljährig und einwilligungsfähig ist], § 8a Nr. 5 dt. TPG [Entnahme von Knochenmark nur im Co-Konsens mit den Eltern, wenn „die minderjährige Person in der Lage ist, Wesen, Bedeutung und Tragweite der Entnahme zu erkennen und ihren Willen hiernach auszurichten"] und § 14 GenDG [„Genetische Untersuchungen bei nicht einwilligungsfähigen Personen"].

Minderjährigen ein Problem, weil Erwachsene, die zur Bildung eines freien Willens in der Lage sind, stets nur selbst einwilligen können.[234] Der Ausgangspunkt sollte aber hier wie dort derselbe sein. Einwilligungsfähig ist, wer die „Art, Bedeutung, Tragweite und auch die Risiken" seiner Erklärung zu erfassen und seinen Willen hiernach zu bestimmen vermag".[235] Bei Minderjährigen allein auf den Willen der Eltern abzustellen, erscheint schon deshalb unangemessen, weil der abstrakte geschäftsfähigkeitsrechtliche Status einer Person (und eine auf ihm aufbauende Vertretungsregelung) kein angemessenes Kriterium für die Einwilligung in eine Persönlichkeitsverletzung ist.[236] Bei Erwachsenen ist das nicht anders. Eingriffe in ihre Privatsphäre lassen sich gleichfalls nicht durch ein Vertreterhandeln rechtfertigen; fehlt die Fähigkeit zu freier Willensbildung, muss nötigenfalls ein Gericht zustimmen.[237] Umgekehrt erscheint es rechtspolitisch aber vertretbar, Minderjährige dadurch vor leichtsinnigem Verhalten zu schützen, dass man sie auf den **Co-Konsens ihrer Eltern** verweist. Denn Minderjährige sind nirgendwo verwundbarer als auf dem Gebiet ihrer unkörperlichen Persönlichkeitsrechte, für deren Bedeutung sie der Regel nach noch kein ausreichendes Gespür entwickelt haben. Jedenfalls Einwilligungen in wesentliche Beeinträchtigungen eines unkörperlichen Persönlichkeitsrechts sollten deshalb *sowohl* durch das zu freier Willensbildung befähigte Kind *als auch* durch seinen gesetzlichen Vertreter (seine Eltern) erklärt werden; ohne Rücksprache mit ihm und ohne seine Rücksprache mit dem Kind ist ein Eingriff in dessen Persönlichkeitsrechte unwirksam. Der Anfertigung von „harmlosen" Alltagsbildern wird, sofern insoweit der DS-GVO kein Anwendungsvorrang zukommt, ein normal entwickelter Minderjähriger spätestens im Alter von vierzehn Jahren, je nach seinem individuellen Reifegrad oft aber auch schon früher selbst zustimmen bzw. widersprechen können.[238] Die Fähigkeit zur Zustimmung zu der Verarbeitung solcher Daten hängt dagegen, wie gesehen, von dem Erreichen des 16. Lebensjahres ab. Die DS-GVO schweigt allerdings zu der Frage, ob selbst dann noch ein Co-Konsens der Eltern nötig ist. Wir interpretieren das dahin, dass dieser Punkt der Entscheidung durch die autonomen Rechte überlassen blieb.

286 Das Verhältnis zwischen dem nationalen Recht und der **europäischen DS-GVO** ist ungewöhnlich kompliziert. Die VO genießt grundsätzlich Anwendungsvorrang, verdrängt

---

[234] Dass sie dazu in der Lage sind, wird, wie gesagt, widerleglich vermutet. Auch die Einrichtung einer Betreuung muss daran, je nach dem anwendbaren Regime, nicht notwendig etwas ändern. Wenn nämlich jede Fähigkeitsbeschränkung ausdrücklich in dem Urteil genannt sein muss, „wobei zwischen jedem einzelnen persönlichen Recht zu unterscheiden ist" (Berufungsgericht Lissabon 11.12.2019, Processo 2990/18.8T8FNC.L1), und die Ausübung des betreffenden unkörperlichen Persönlichkeitsrechts nicht zu dem Katalog untersagter Tätigkeiten gehört, dann bleibt es insoweit bei den allgemeinen Regeln.

[235] So – allerdings für medizinische Heilbehandlungen – BT-Drs. 16/8442 S. 13.

[236] Es könnte allerdings sein, dass die griechische und die polnische Rechtsprechung das anders einschätzen. Der Areopag (z. B. Areopag 1010/2002, EllDne 2003 S. 1357 und Areopag 411/2002, EllDne 2002 S. 1692) stellt bei Minderjährigen unter Hinweis auf Art. 1510 gr. ZGB nur auf die Einwilligung der Eltern ab; von dem Erfordernis eines Co-Konsenses der bereits zu freier Willensbildung befähigten Kinder ist, soweit ersichtlich, bislang nicht die Rede. Appellationsgericht Łódź 5.9.2013, I ACa 378/13, orzeczenia.ms.gov.pl entschied, dass die nötige Zustimmung zu einer Bildnisveröffentlichung von einem Elternteil allein erklärt werden könne. OLG Karlsruhe 31.3.1983, BeckRS 2010, 9609, FamRZ 1983 S. 742 stellte dagegen klar, dass es sich bei der Einwilligung in eine Bildnisveröffentlichung nicht um eine Willenserklärung handelt.

[237] Cass. civ. 24.2.1993, Bull. civ. I, Nr. 87; JCP G 1994, II, 22319 Anm. *Fossier;* D. 1993 S. 614, Anm. *Verheyde;* RTD civ. 1993 S. 326, Anm. *Hauser* (Filmaufnahmen junger Erwachsener mit geistigen Behinderungen in dem auf sie spezialisierten Zentrum, in dem sie untergebracht waren; die Zustimmung des als Vormund bestellten Betreibers des Heims genügte nicht). Siehe auch Cass. civ. 8.10.2008, Bull. 2008, I, Nr. 223; JCP G 2009, II, 10012, Anm. *Favier;* RTD civ. 2008 S. 655, Anm. *Hauser* (keine Zustimmung eines *majeur sous tutelle* zu seiner Adoption, auch nicht im Wege der Vertretung).

[238] Dass das dt. KUG Schutz nur gegen die Verbreitung, nicht auch schon gegen das Anfertigen von Bildern gewährt (BGH 10.5.1957, GRUR 1957 S. 494, 497), ändert nichts daran, dass das Letztere in den Schutzbereich des sog. Allgemeinen Persönlichkeitsrechts fällt, zumal heute praktisch alle Kameras das Abspeichern, Bearbeiten und Weiterversenden von Bilddateien erlauben (OLG Dresden 10.7.2018, ZUM 2018 S. 785; LG Duisburg 17.10.2016, ZUM 2017 S. 171, 173; OLG Koblenz 20.5.2014, ZD 2014 S. 568). Allerdings ist in diesem Kontext der Anwendungsvorrang der DS-GVO zu beachten; dazu sogleich im Text.

also, soweit sie reicht, das nationale Recht. Bildnisse von Personen sind personenbezogene Daten (Art. 4 Nr. 1), und ihre Verbreitung oder öffentliche Zurschaustellung sind eine „Verarbeitung". Dasselbe gilt für die Anfertigung, Speicherung, Veränderung oder Löschung von Aufnahmen (Art. 4 Nr. 2 a. a. O.). Das nationale Recht bleibt jedoch anwendbar, wenn es um Bilder von persönlichen oder familiären Tätigkeiten geht (Art. 2(2)(c) a. a. O.), die nicht in der Weise „online" gestellt werden, dass sie einem unbestimmten Personenkreis zur Verfügung gestellt werden.[239] Vor allem aber erlaubt Art. 85(2) DS-GVO den nationalen Gesetzgebern unter wenn auch engen Voraussetzungen Abweichungen von einem nicht geringen Teil der Regeln der DS-GVO. Das betrifft insbesondere die Verarbeitung zu journalistischen, wissenschaftlichen, künstlerischen und literarischen Zwecken. Für Deutschland soll das bedeuten, dass in diesem Bereich zwar das KUG[240], angeblich aber nicht die richterrechtlich entwickelten Regeln zum Allgemeinen Persönlichkeitsrecht anwendbar bleiben.[241] Überzeugend ist das nicht. Denn es handelt sich ja auch bei den Artt. 2 i. V. m. 1 dt. GG (auf denen das Allgemeine Persönlichkeitsrecht fußt) um „Rechtsvorschriften", mit denen das deutsche Recht seiner ihm von Art. 85(1) DS-GVO gestellten Aufgabe nachkommt, den Schutz personenbezogener Daten mit der Meinungsfreiheit in Einklang zu bringen. Dieser Auftrag gilt sowohl für journalistische wie für nichtjournalistische Tätigkeitsfelder (Öffentlichkeitsarbeit von Unternehmen, Werbung, Blogger etc.), weshalb der verfassungsrechtlich gewährleistete Würdeschutz weder hier noch dort dem nationalen Recht entzogen sein kann. Der Anwendungsbereich von Art. 8 DS-GVO (Einwilligung von Kindern in Bezug auf Dienste der Informationsgesellschaft) ist zudem auf Angebote von *Diensten der Informationsgesellschaft,* die einem Kind *direkt* gemacht werden, beschränkt. Es geht also unter Art. 4 Nr. 25 DS-GVO i. V. m. Art. 1(1)(b) der RL 2015/1535[242] um „jede in der Regel gegen Entgelt elektronisch im Fernabsatz und auf individuellen Abruf eines Empfängers erbrachte Dienstleistung" und damit auch um die sozialen Netzwerke. Das Fotografieren einer anderen Person ist dagegen kein Dienst der Informationsgesellschaft. Deshalb bleibt es insoweit bei den nationalen Regelungen zum Schutz der Persönlichkeit und damit auch zur Einwilligungsfähigkeit.[243] Nicht entschieden ist durch die DS-GVO schließlich auch, ob die Einwilligung einer Person, die das sechzehnte Lebensjahr vollendet hat, zu ihrer Wirksamkeit an den Co-Konsens der Eltern geknüpft werden darf. Auch die Beantwortung dieser Frage sollte deshalb den nationalen Rechten verbleiben. Die Veröffentlichung der Nacktaufnahme einer oder eines Sechzehnjährigen bleibt ohne Einwilligung der Eltern rechtswidrig, und ob eine solche Einwilligung überhaupt wirksam sein kann, hängt davon ab, ob sie den Rahmen sprengt, in dem Eltern noch dem Wohl ihres Kindes verpflichtet bleiben.

Eines Co-Konsenses der Eltern bedarf es richtiger Ansicht nach auch, wenn Bilder von Kindern in der Werbung eingesetzt werden sollen (wohingegen die automatische Speicherung von Bild- und anderen Daten durch Geheimdienste in Ermangelung jeder Zustimmung privatrechtlich ohnehin rechtswidrig ist.) Sobald einer Aufnahme die Gefahr der Kompromittierung, Anfeindung, Lächerlichkeit oder gar der Ausbeutung eines Minderjährigen innewohnt, sollten ihre Anfertigung und Bearbeitung dagegen nicht nur unter dem Vorbehalt der Einwilligung der gesetzlichen Vertreter stehen. Sie kann auch nur wirksam werden, wenn sie ausnahmsweise dem Wohl des Kindes dient. Ob das im Einzelfall so ist, können verantwortliche Eltern meistens in der Tat selbst am besten

287

---

[239] Paal und Pauly (-*Ernst*), Datenschutz-Grundverordnung, Bundesdatenschutzgesetz³, Art. 2 DS-GVO Rdnr. 21.

[240] BGH 7.7.2020, ZUM 2021 S. 59, 60 f. Rdnr. 11; BGH 21.1.2021, NJW 2021 S. 1311, 1313 Rdnr. 35; OLG Köln 18.6.2018, ZD 2018 S. 434.

[241] So u. a. *Reuter und Schwarz,* ZUM 2020 S. 31, 32 sowie *Jangl,* ZUM 2021 S. 103, 107.

[242] Richtlinie (EU) 2015/1535 des Europäischen Parlaments und des Rates vom 9. September 2015 über ein Informationsverfahren auf dem Gebiet der technischen Vorschriften und der Vorschriften für die Dienste der Informationsgesellschaft (ABl. L 241 vom 17.9.2015, S. 1).

[243] Paal und Pauly (-*Frenzel*), Datenschutz-Grundverordnung, Bundesdatenschutzgesetz³, Art. 8 DS-GVO Rdnr. 6, 10.

beurteilen, z. B. dann, wenn es darum geht, im Internet Rat in einer Problemsituation zu finden. Aber es dient dem Wohl des Kindes nicht, es gegen seinen freien Willen in die Öffentlichkeit zu zerren[244] oder es einem anstrengenden Fotoshooting auszusetzen. Und es dient dem Wohl des Kindes schon gar nicht, von ihm intime Bilder anzufertigen und sie auch noch zu veröffentlichen.[245] Eltern, die einer solchen Veröffentlichung zustimmen, begehen je nach den Umständen selbst eine Pflichtverletzung oder gar eine Straftat, und dies auch dann, wenn ihr Kind zur Vermeidung innerfamiliärer Konflikte seine Zustimmung erklärt haben sollte. Wenn ein einwilligungsfähiges Kind der Anfertigung bzw. der Verbreitung eines Bildes widerspricht, können sich die Eltern über diesen Willen nicht hinwegsetzen.[246]

b. Die Einwilligung in Körperverletzungen und Heilbehandlungen

288 Das Recht der Ausübung körperlicher Persönlichkeitsrechte hat seinen Schwerpunkt in der Fähigkeit zur selbständigen Einwilligung in bzw. der Zurückweisung von medizinischen Heilbehandlungen, greift aber darüber hinaus, weil Eingriffe in die körperliche Integrität auch in anderen Zusammenhängen der Einwilligung bedürfen. Wiederum geht es nur um Minderjährige, die zur Bildung eines freien Willens in der Lage sind. Bei Erwachsenen stellt sich die Frage nicht. Sind sie zur Bildung eines freien Willens befähigt, entscheiden sie allein.[247] Sind sie das nicht, können sie aber wenigstens noch einen natürlichen Willen bilden, darf über ihn nur unter den denkbar engen Voraussetzungen einer Zwangsbehand-

---

[244] BGH 28.9.2004, NJW 2005 S. 56, 57. Die sechzehnjährige Tochter der Herzogin von Hannover wurde als Teilnehmerin eines Reitturniers fotografiert. Der Artikel berichtete aber nicht über den Sport, sondern spekulierte, wann die „Pferdephase" der „Glamourprinzessin" ende und sie anfange, sich für Jungen zu interessieren. Der BGH unterband die Verbreitung. Die Minderjährige habe in die Verwendung des Fotos für einen derartigen Artikel nicht eingewilligt.

[245] BGH 2.6.1974, NJW 1974 S. 1950 betraf die entgeltliche Verwendung von Nacktbildern eines 16-jährigen Mädchens mit der Einwilligung der Mutter, aber ohne die des Mädchens. Es möge durchaus sein, dass der damals 16-jährigen Klägerin die nötige Reife gefehlt habe, um selbständig über die Frage einer kommerziellen Auswertung dieses Fotos entscheiden zu können, was dafür sprechen könne, dass sie nicht ohne ihren gesetzlichen Vertreter handeln könnte. Das sei aber eine Frage, die sich hier nicht stelle. Jedenfalls hätte der gesetzliche Vertreter die Einwilligung nicht ohne Zustimmung der Minderjährigen erteilen können. Das Mädchen hatte für die Bilder, die sie von hinten zeigten, Modell gestanden und die Verwendung der Bilder nur für einen Fotowettbewerb gestattet, aber nicht darüber hinaus. Der Fotograf hatte das Bild gleichwohl auf Schallplattenhüllen und auf Postern abdrucken lassen. Um den gewissermaßen „umgekehrten" Fall ging es in OLG Karlsruhe 31.3.1983, BeckRS 2010, 9609, FamRZ 1983 S. 742. Eine 17-jährige hatte sich im Urlaub am Strand von einem Fotografen für einen Reisekatalog mit nacktem Oberkörper abbilden lassen. Später verlangte sie die Unterlassung der Verbreitung der Bilder mit dem Argument, sie habe zu dem Zeitpunkt nicht die notwendige geistige und sittliche Reife besessen, um die Bedeutung und die Tragweite der Einwilligung zu den Aufnahmen und zu deren Verwendung zu erfassen. Das Gericht hielt sie dagegen für einwilligungsfähig und auch für allein einwilligungszuständig.

[246] Siehe neben BGH 2.6.1974 a. a. O. auch noch AG Menden 3.2.2010, NJW 2010 S. 1614. LG Bielefeld 18.9.2007, NJW-RR 2008 S. 715 betraf den Widerruf einer im Co-Konsens mit den Eltern erteilten Einwilligung durch das Kind. Eine 15-jährige wollte im einstweiligen Rechtsschutz die Ausstrahlung einer Folge der Fernsehserie „Die Super Nanny" verhindern, in der sie und ihre Mutter abgebildet wurden. Die Einwilligungen der Mutter und der Tochter lagen während der Dreharbeiten vor. Ein nachträglicher Widerruf der Einwilligung, so das Gericht, sei grundsätzlich nicht möglich; eine Ausnahme bestehe nur bei einem wichtigen Grund, der aber nicht dargelegt worden sei.

[247] Zur Prüfung der Einwilligungsfähigkeit haben sich in der Praxis bestimmte Tests herausgebildet, darunter der „Mc Arthur Competence Assessment Tool for Treatment Test" (Mac-CAT-T). Zu ihm näher *Schaefer,* in: Kreutzer/DeLuca/Caplan, Encyclopedia of Clinical Neuropsychology, S. 1502. Steht die Einwilligungsfähigkeit eines Erwachsenen nicht in Zweifel, ist sein Wille zu respektieren. Man kann also z. B. einen Sohn und Arzt nicht wegen unterlassener Hilfeleistung verurteilen, wenn er sich weigert, den Willen seiner Mutter zu brechen, die strikt jede Einmischung verboten hat. Das gilt auch, wenn dem Sohn „bekannt war, dass sich seine Mutter... in ihrer Wohnung … in einem sehr schlechten hygienischen und … in einem sehr schlechten und sich verschlechternden Gesundheitszustand befand, aufgrund dessen sie nicht mehr in der Lage war, für sich selbst zu sorgen", und auch, wenn der Sohn wusste, dass sich sein Vater, der Ehemann der Frau, nicht mehr um sie kümmern konnte (tschech. VerfG 2.1.2017, I. ÚS 2078/16, Sbírka nálezů a usnesení Ústavního soudu 84/2017, Nr. 1 S. 23).

III. Die Relevanz des freien Willens § 5

lung hinweggegangen werden²⁴⁸; außerdem ist einem jeden einwilligungsunfähigen Patienten die geplante Maßnahme so gut, wie es eben geht zu erläutern (§ 630e(5)(1) dt. BGB). Bei Kindern, die noch keinen freien Willen bilden können, entscheiden nur die Erziehungsberechtigten über die Einwilligung in eine Integritätsverletzung²⁴⁹, immer natürlich in den Schranken des Kindeswohls. Ein entgegenstehender natürlicher Wille des Kindes muss in die elterliche Abwägung einfließen. Denn niemand, auch Eltern nicht, darf über den Körper eines anderen verfügen.

(1) Körperverletzungen und Gesundheitsgefährdungen

Nicht um eine Heilbehandlung geht es bei der **rituellen Beschneidung** von Jungen.²⁵⁰ **289** Obwohl sie im Zeitpunkt ihrer Vornahme i. d. R. nur dem religiösen Bekenntnis der Eltern (und gerade nicht dem Wohl des Jungen) dient, wird die Verletzung seiner körperlichen Integrität vielfach hingenommen.²⁵¹ Unter deutschem Recht kommt eine Beschneidung –

---

²⁴⁸ Oben Rdnr. 265. – Wenn in Deutschland manchmal von der „natürlichen Einsichts- und Steuerungsfähigkeit" die Rede ist (BT-Drs. 16/8442 S. 12 zur Patientenverfügung), dann ist damit im Zweifel gleichfalls die Fähigkeit zur Bildung eines freien Willens gemeint; das Adjektiv „natürlich" verwirrt hier mehr, als es nutzt. Eingesetzt wird es offenbar zur Abgrenzung von der abstrakten Geschäftsfähigkeit (BGH 2.12.1963, NJW 1964 S. 1177: „Dafür ist kein bestimmtes Alter erforderlich und unerheblich, ob der Betroffene unter Vormundschaft oder Pflegschaft steht; es ist nur notwendig, daß der Betroffene die natürliche Einsichtsfähigkeit und Urteilskraft zur Erkenntnis der Tragweite des Eingriffs besitzt").

²⁴⁹ Sind die Eltern uneinig, muss der Streit nach Maßgabe des Kindeswohls durch ein Gericht entschieden werden, vgl. z. B. zu einer Impfung gegen das Coronavirus OLG Frankfurt/M. 8.3.2021, FamRZ 2021 S. 853. Die Entscheidung befasst sich aber nicht mit der Zustimmung des Kindes.

²⁵⁰ Die Genitalverstümmelung von Mädchen ist barbarisch und stets unzulässig, auch wenn sie mit der Tradition oder gar religiös „begründet" und (was oft nicht der Fall ist) mit medizinischer „Sachkunde" durchgeführt wird (§ 226a dt. StGB; sec. 1(1) Female Genital Mutilation Act 2003 [auch Eltern, die einer Genitalverstümmelung ihrer Tochter zustimmen, machen sich unter sec. 3A a. a. O. strafbar]; Art. 144-A port. CC; Art. 149(2) span. CP). Das Familiengericht hat nötigenfalls die erforderlichen Maßnahmen zu ergreifen, um die Eltern in die Schranken zu weisen (BGH 15.12.2004, FamRZ 2005 S. 344). Die Strafbarkeit der Genitalverstümmelung von Mädchen und die Straflosigkeit der Zirkumzision stellen schon deshalb keine bedenkliche Ungleichbehandlung nach dem Geschlecht dar, weil es sich um völlig unterschiedliche Eingriffe handelt. Die Genitalverstümmelung von Mädchen dient nicht zuletzt der Unterdrückung weiblicher Sexualität. Es handelt sich um Ausübung von Gewalt gegen Frauen i. S. d. der Europäischen (Istanbul) Konvention zur Verhütung von Gewalt gegen Frauen (ETS Nr. 210). Zur Verschiedenheit von Genitalverstümmelung und Beschneidung eingehend *Re B and G (Children)(No 2)* [2015] EWFC 3, [2015] 1 FLR 905 (Munby, P). Im Übrigen dient eine Genitalverstümmelung niemals dem Wohl eines Mädchens, wohingegen bei Jungen die Beseitigung einer Phimose eine Heilbehandlung ist, mag sie rein äußerlich auch dieselben Folgen haben wie eine rituelle Beschneidung.

²⁵¹ In Deutschland ist die rituelle Beschneidung von Jungen unter den Voraussetzungen von § 1631d dt. BGB (dazu sogleich im Text, außerdem *Schmid, Die elterliche Einwilligung in eine Zirkumzision, passim*) erlaubt. In Griechenland und in Zypern wird sie in jüdischen (am 8. Lebenstag des Babys) und in muslimischen Familien durchgeführt, ohne dass es dafür eine gesetzliche Grundlage gibt. Berufungsgericht Athen 4354/1989, ArchNom 41 (1990) S. 558 stellt die Beschneidung „als eine Form des Eintritts in eine Religion" *obiter* sogar auf eine Ebene mit der Taufe und dem Glaubensbekenntnis. In England werden religiös motivierte Beschneidungen akzeptiert, wenn beide Eltern zustimmen (sec. 2(7) Children Act 1989); lehnt ein Elternteil die Beschneidung ab, während der andere sie wünscht, entscheiden die Gerichte regelmäßig gegen die Beschneidung (*Re J (Specific Issue Orders: Muslim Upbringing and Circumcision)* [1999] 2 FLR 678, [2000] 1 FLR 571; *Re S (Specific Issue Order: Religion: Circumcision)* [2004] EWHC 1282 (Fam), [2005] 1 FLR 236; *L and B (Children: Specific Issues: temporary Leave To Remove From the Jurisdiction; Circumcision)* [2016] EWHC 849 (Fam)). Das port. Recht hat bislang gleichfalls keine ausdrückliche Regel zur religiös motivierten Beschneidung von Jungen entwickelt. *Brito Neves*, A circuncisão religiosa como tipo de problema jurídico-penal, *passim* sieht in ihr eine strafbare Körperverletzung (Art. 143 port. CP), kann das aber nicht mit Rechtsprechung unterlegen. In Spanien wird die fachgerechte Beschneidung unmündiger minderjähriger Jungen strafrechtlich nicht verfolgt. Anders ist das aber, wenn die Beschneidung zu einer Schädigung des Minderjährigen führt (Einzelheiten bei *Motilla*, ADED 34 [2018] S. 173, 191). Unter § 3(1) schwed. Gesetz über die Beschneidung von Jungen vom 7.6.2001 kann eine Beschneidung auf Antrag oder mit Einwilligung der Sorgeberechtigten des Jungen erfolgen. Die Einstellung des Jungen zum Verfahren sollte so weit wie möglich geklärt werden. Ein Eingriff darf nicht gegen den Willen eines Jungen durchgeführt werden. (§ 3(3) a. a. O.). Der Eingriff darf nur von einem legitimierten Arzt oder einer Person, die über eine Sondergenehmigung zur Beschneidung von Jungen verfügt, durchgeführt werden (§ 5(1) a. a. O.). Eine andere Person als ein Arzt darf keine Beschnei-

das sollte selbstverständlich sein – zwar nur solange in Betracht, wie der Junge noch „nicht einsichts- und urteilsfähig" ist. Ist er in dieses Stadium hineingewachsen, kann er sie ablehnen und sich dem Willen seiner Eltern widersetzen. (Ob ein Junge einer Beschneidung allein, d. h. ohne den Co-Konsens der Eltern, wirksam zustimmen kann, ist richterrechtlich bislang noch nicht abschließend geklärt.) Das Problem, dass die Beschneidung eines Kleinkindes noch gar nicht auf sein Wohl ausgerichtet sein *kann,* hat der deutsche Gesetzgeber gesehen. Denn er verlangt nur, dass sie dem Wohl des Kindes nicht „widerspricht" (§ 1631d(1) dt. BGB). Das ist z. B. denkbar – Rechtsprechung fehlt erneut –, wenn das Kind nach den Lebensverhältnissen der Eltern in einem säkularen Umfeld aufwachsen soll. Das Spannungsverhältnis zu Art. 3(1) der UN-Kinderrechtekonvention ist gleichwohl mit Händen zu greifen. Denn das Wohl des Kindes wird ja gerade nicht „vorrangig" berücksichtigt, auch übrigens nicht in der Resolution 1952 (2013) des Europarats zu „Children's right to physical integrity".[252] Nach ihrer Nr. 7 sind lediglich Sicherheitsmaßnahmen vorzusehen; ein Verbot der Beschneidung von Jungen wird nicht gefordert.[253] Eltern müssen sich nach der deutschen Gesetzesbegründung zwar mit dem entgegenstehenden natürlichen Willen des Kindes „auseinandersetzen", aber es ist nicht klar, was geschieht, wenn sie das unterlassen. Beklemmend wirkt, dass die deutsche Gesetzesbegründung Eltern gleichzeitig auffordert, die religiöse Überzeugung des Kindes zu beachten.[254] Denn wenn ein Kind bereits eine eigene religiöse Überzeugung hat, dann verfügt es im Zweifel auch bereits über einen freien Willen.[255] Unter § 1631d(2) dt. BGB dürfen sogar „in den ersten sechs Monaten nach der Geburt des Kindes ... auch von einer Religionsgesellschaft dazu vorgesehene Personen Beschneidungen ... vornehmen, wenn sie dafür besonders ausgebildet und, ohne Arzt zu sein, für die Durchführung der Beschneidung vergleichbar befähigt sind". Wenigstens ist die Beschneidung nur bei wirksamer Betäubung und unter fachgerechten hygienischen Bedingungen erlaubt.[256]

290   Einen Co-Konsens von Eltern und entscheidungsfähigem Kind verlangt der deutsche Gesetzgeber im Recht der **Gewebeentnahme** und der medizinischen Forschung. Auch sie sind nicht auf das Wohl des betreffenden Kindes, sondern auf die Förderung der Interessen anderer ausgerichtet. Unter § 8a Satz 1 Nrn. 4 und 5 dt. TPG ist für die Entnahme von

---

dung an Jungen durchführen, die älter als zwei Monate sind (§ 5(2) a. a. O.). Unter § 3(3) a. a. O. ist die Einstellung des Jungen zu der Beschneidung so weit wie möglich zu klären. Eine Zirkumzision darf nicht gegen seinen Willen durchgeführt werden. Unter § 131(3)(b) ungar. Gesetz über das Gesundheitswesen ist der Arzt berechtigt, eine Behandlung zu verweigern, wenn die von dem Patienten verlangte Behandlung fachlich nicht indiziert ist. Der Arzt kann die Behandlung unter § 131(5)(a) a. a. O. auch dann verweigern, wenn sie gegen seine moralische Gewissens- oder gegen seine religiöse Überzeugung verstoßen würde. Im polnischen Schrifttum – Rechtsprechung findet sich nicht – äußern sich wichtige Stimmen scharf gegen die Zirkumzision. Es handele sich um eine religiös motivierte elterliche Entscheidung über eine irreversible Verstümmelung und lebenslange Kennzeichnung einer rechtlich unselbständigen Person. Ein Arzt solle eine rituelle Beschneidung unter keinen Umständen durchführen, und jemand anderes dürfe sie ohnehin nicht vornehmen (*Bek,* Obrona przez kulturę. Analiza na gruncie polskiego prawa karnego, Kap. V § 3; Gromek [-*Gromek*], Kodeks rodzinny i opiekuńczy[7], Art. 95 Rdnr. 33).

[252] https://pace.coe.int/en/files/20057.
[253] „7. The Assembly therefore calls on member States to: 7.5. take the following measures with regard to specific categories of violation of children's physical integrity: ... 7.5.2. clearly define the medical, sanitary and other conditions to be ensured for practices which are today widely carried out in certain religious communities, such as the non-medically justified circumcision of young boys".
[254] BT-Drs. 17/11295 S. 18.
[255] Er freilich wird wieder einer „Religionsmündigkeit" unterworfen. Unter § 5 dt. Gesetz über die religiöse Kindererziehung steht dem Minderjährigen ab Vollendung des vierzehnten Lebensjahres die Wahl seines Bekenntnisses frei, ab Vollendung des zwölften Lebensjahres darf das Kind gegen seinen Willen nicht mehr zu einem anderen Bekenntnis erzogen werden.
[256] LG Frankenthal 14.9.2004, MedR 2005 S. 243 betraf die Beschneidung eines einwilligungsunfähigen neunjährigen Jungen, in die die Eltern eingewilligt hatten. Das Gericht hielt die Einwilligung u. a. deshalb für unwirksam, weil sie gegen das Kindeswohl verstieß und deshalb nicht von der elterlichen Sorge gedeckt gewesen sei. Die Eltern waren über die Qualifikation der beschneidenden Person getäuscht und auch nicht über die Risiken des Eingriffs aufgeklärt worden.

III. Die Relevanz des freien Willens **§ 5**

Knochenmark von einer „minderjährigen Person" zum Zwecke der Übertragung sowohl die Einwilligung des gesetzlichen Vertreters als auch die Einwilligung jedes Kindes erforderlich, das bereits „in der Lage (ist), Wesen, Bedeutung und Tragweite der Entnahme zu erkennen und (seinen) Willen hiernach auszurichten". Bei **Organentnahmen** stellt sich die Frage nur dann, wenn der lebende Spender (wie in Deutschland, Griechenland und Italien) nicht ohnehin volljährig (und außerdem natürlich einwilligungsfähig) sein muss.[257] Unter § 40(4) Nr. 3 Sätze 1 und 3 dt. AMG und § 20(4) Nr. 4 Sätze 1 und 3 dt. MPG[258] müssen erneut beide, Eltern und Kind, in seine Einbeziehung in die **klinische Prüfung eines Arzneimittels** einwilligen (bei der es sich unvermeidlich um eine zumindest abstrakte Gesundheitsgefährdung handelt). Das geht auf Vorgaben des Unionsrechts zurück, das zwar das Erfordernis des Co-Konsenses, aber keine nach Lebensjahren bemessene Altersgrenze vorgibt.[259] Schweden stellt insoweit auf die Vollendung des fünfzehnten[260], Portugal auf die Vollendung des sechzehnten Lebensjahres ab.[261]

Ethisch auf einem völlig anderen Niveau steht natürlich das Stechen eines **Tattoos.** 291 Allerdings geht es auch hier um eine absichtliche Verletzung der körperlichen Integrität eines Menschen; ein Tattoo lässt sich nur mit erheblichem Aufwand und Risiken wieder entfernen. Sofern das *Tattoing* eines Minderjährigen (das ist die rechtspolitisch bei weitem klügste Regelung) nicht ohnehin verboten ist[262], darf es selbstverständlich nicht gegen

---

[257] So verhält es sich unter § 8(1)(1)(a) dt. TPG und in Italien (oben Rdnr. 106). Schweden operiert mit einem noch weiter differenzierenden Ansatz (oben Rdnr. 207). Unter Art. 8(2) und (3) gr. Gesetzes 3984/2011 können Organe wiederum nur von einem (lebenden) Erwachsenen gespendet werden; eine nicht geschäftsfähige Person scheidet als Lebendspender aus. Der Zweck solcher Vorschriften besteht u. a. darin, Eltern vor dem Interessenkonflikt zu bewahren, der auftritt, wenn eines ihrer Kinder auf das Organ eines anderen Kindes angewiesen ist. Erlaubt ist in solchen Fällen aber die Knochenmarkspende, sofern beide Elternteile zustimmen. Das Kind muss ihr ebenfalls zustimmen, wenn es das zwölfte Lebensjahr vollendet hat (Art. 49(2) a. a. O.). Unter Art. 8(3) und (4) des port. Gesetzes 12/93 über die Entnahme oder Transplantation von Organen und Geweben menschlicher Herkunft erfolgen alle diese Maßnahmen im Co-Konsens von Eltern und Kind, sofern der Minderjährige in der Lage ist, die Maßnahme zu verstehen und seinen Willen auszudrücken (bei einem nicht einwilligungsfähigen Erwachsenen bedarf es der richterlichen Zustimmung: Art. 8(5) a. a. O.). Zu dem Sonderproblem der Stammzellenentnahme bei einer zwar bereits achtzehnjährigen, aber einwilligungsunfähigen Tochter *A NHS Foundation Trust v MC (by her Litigation Friend the Official Solicitor)* [2020] EWCOP 33, 2020 WL 03521951 (Court of Protection. Cohen J). Das Gericht kam zu dem Entschluss, dass es im besten Interesse der Tochter lag, zur Rettung des Lebens ihrer an Leukämie erkrankten Mutter beizutragen.

[258] „Die Einwilligung wird durch den gesetzlichen Vertreter oder Betreuer abgegeben… Ist der Minderjährige in der Lage, Wesen, Bedeutung und Tragweite der klinischen Prüfung einzusehen und seinen Willen hiernach zu bestimmen, so ist auch seine schriftliche oder elektronische Einwilligung erforderlich".

[259] Art. 4(c) der RL 2001/20/EG vom 4.4.2001 über die Anwendung der guten klinischen Praxis bei der Durchführung von klinischen Prüfungen mit Humanarzneimitteln schreibt vor, dass „der von einem Minderjährigen, der sich eine eigene Meinung bilden kann und die erhaltenen Informationen zu beurteilen weiß, ausdrücklich geäußerte Wunsch, nicht an der klinischen Prüfung teilzunehmen oder sie zu irgendeinem Zeitpunkt zu beenden, … berücksichtigt wird". Siehe außerdem Art. 6 Nr. 2 der Oviedo-Konvention („Ist eine minderjährige Person von Rechts wegen nicht fähig, in eine Intervention einzuwilligen, so darf diese nur mit Einwilligung ihres gesetzlichen Vertreters oder einer von der Rechtsordnung dafür vorgesehenen Behörde, Person oder Stelle erfolgen"). Unter Art. 17 der Oviedo-Konvention ist Forschung an einer einwilligungsunfähigen Person nur erlaubt, wenn sie sie „nicht ablehnt". Der natürliche Wille bleibt also ebenfalls geschützt.

[260] § 18 schwed. Gesetz zur ethischen Überprüfung der Forschung am Menschen (Einwilligung nach zureichender Aufklärung und unter der Voraussetzung, dass die betroffene Person, die das 15., aber noch nicht das 18. Lebensjahr vollendet hat, die Bedeutung und Wirkung der Forschung angemessen einschätzen kann).

[261] Art. 7(1)(a) port. Gesetz 21/2014 vom 16.4.2014 über die klinische Forschung (Handelt es sich dagegen um einen nicht einwilligungsfähigen Erwachsenen, soll er entsprechend seinem Verständnisvermögen Informationen über die klinische Prüfung sowie deren Risiken und Nutzen erhalten; die Einwilligung seines gesetzlichen Vertreters soll den mutmaßlichen Willen des Probanden widerspiegeln: Art. 8(2) a. a. O.).

[262] Das Stechen eines Tattoos an Minderjährigen ist im gesamten Vereinigten Königreich eine Straftat (nicht aber in der Republik Irland, wo eine entsprechende Gesetzesinitiative fehlgeschlagen ist), es sei denn, die Tätowierung wird aus medizinischen Gründen von einem qualifizierten Arzt oder von einer Person, die unter seiner Leitung arbeitet, durchgeführt: Sec. 1 Tattoing of Minors Act 1969 (England, Wales, Schott-

seinen freien Willen geschehen. Ob der Minderjährige des Co-Konsenses seiner Eltern bedarf, ist aber nirgendwo gesetzlich geklärt.[263] Das AG München hat die Frage verneint. Ein 17-jähriges Mädchen habe allein und ohne die Zustimmung ihrer Eltern dem Stechen eines Tattoos in Gestalt eines koptischen Kreuzes auf der Innenseite ihres Handgelenks zustimmen können.[264] Das ist vertretbar, aber nicht unbedenklich, weil es keine Notwendigkeit gibt, mit dem Stechen eines Tattoos nicht bis zur Volljährigkeit zu warten. Bei **unfallbedingten Körperverletzungen** stellt sich die Frage einer Einwilligung nicht. An ihre Stelle treten entweder die Regeln über das Mitverschulden oder das Handeln auf eigene Gefahr. Für beide kommt es (vorbehaltlich gesetzlich besonders fixierter Altersgrenzen, etwa im Bereich der Unfälle im Straßenverkehr, und vorbehaltlich einer gänzlichen Objektivierung des Mitverschuldens[265]) nur darauf an, ob sich der Geschädigte in freier Selbstbestimmung in die Gefahr begeben hat, sie realistisch einschätzen konnte und nach Lage der Dinge so angesehen werden muss, dass er das Risiko akzeptierte (DCFR VI.-5:101(2)).

(2) Heilbehandlungen: Einwilligungsfähigkeit und Einwilligungsmündigkeit

292 Im Recht der Einwilligung in Heilbehandlungen konkurrieren wie im Recht der Fähigkeit zum Abschluss von Verträgen mehrere unterschiedliche Ansätze miteinander, manchmal auch innerhalb ein und desselben Landes. Auf einer ersten Ebene geht es um die Frage, ob der betroffene Minderjährige schon dann einwilligungsfähig ist, wenn er die dafür individuell erforderliche Einsicht aufbringt, d. h. die geplante Maßnahme einschätzen und zwischen ihren Vor- und Nachteilen abwägen kann, oder ob, selbst wenn das der Fall ist, noch eine an das Erreichen bestimmter Alterstreppen geknüpfte Einwilligungsmündigkeit hinzukommen muss. Ist die jeweilige Stufe erreicht, muss ohne besonderen Anlass die Freiheit der Willensbildung nicht weiter geprüft werden. Ist die Stufe noch nicht erreicht, kann das bedeuten, dass die Entscheidungsgewalt bis zu diesem Zeitpunkt allein bei den Eltern liegt. Auf einer zweiten Ebene geht es dagegen erneut um die Frage, ob die Zustimmung eines einwilligungsfähigen bzw. -mündigen Minderjährigen schon allein genügt, um die Maßnahme zu rechtfertigen, oder ob es dazu auch noch des Co-Konsenses der Erziehungsberechtigten bedarf. Die Haltung der europäischen Staaten zu diesen Fragen ist zwar alles andere als einheitlich. Es schält sich aber doch die Tendenz heraus, die Entscheidungsrechte Minderjähriger nicht primär von ihrem Alter, sondern von ihren individuellen Fähigkeiten abhängig zu machen. Diese Tendenz wird verstärkt durch eine Umdeutung elterlicher Entscheidungsbefugnisse in elterliche Beratungsangebote.

---

land) bzw. sec. 3(1) Statutory Instruments 1979 No. 926 (N. I. 10) Tattooing of Minors (Northern Ireland) Order 1979.

[263] Das schwed. Zentralamt für Gesundheits- und Sozialwesen (*Socialstyrelsen*) hat unter Kap. 9 § 1 schwed. FB den Co-Konsens der Eltern für Tattoos und Piercing empfohlen (Socialstyrelsens allmänna råd 1995:3). Die Empfehlung ist allerdings nicht rechtlich bindend. Da ein Minderjähriger ab Vollendung des sechzehnten Lebensjahres über das durch eigene Arbeit Erworbene selbst verfügen darf (Kap. 9 § 3 a. a. O.), kann er ab Erreichen dieses Alters ohne Co-Konsens der Eltern auch einen Vertrag über das Stechen eines Tattoos schließen. Der Branchenverband der schwedischen Tätowierer hat sich jedoch im Wege der Selbstverpflichtung darauf eingelassen, Tätowierungen von Personen zu unterlassen, die das achtzehnte Lebensjahr noch nicht vollendet haben (§ 2 des Statuts des Branchenverbandes der *Sveriges Registrerade Tatuerare*). Für Deutschland bestehen MünchKomm (-*Wagner*), BGB[8], § 630d Rdnr. 44 und *Spickhoff*, FamRZ 2018 S. 412, 423 (mit dem Hinweis, dass „im Kreise von Heranwachsenden einem kollektiv ausgelösten Drang zu Modetorheiten" Rechnung zu tragen sei) auf einem Co-Konsens der Eltern. *Neuner*, BGB AT[12], § 12 Rdnr. 25 hält Eingriffe ohne medizinische Indikation und mit gravierenden Folgen (Schönheitsoperationen, aufwändige Tätowierungen, nicht aber Piercings oder das Stechen von Ohrlöchern sowie kleineren Tattoos) selbst dann für unzulässig, wenn die Eltern zugestimmt haben.

[264] AG München 17.3.2011, NJW 2012 S. 2452.

[265] Näher *von Bar*, Gemeineuropäisches Deliktsrecht II, Rdnrn. 512–513. Cass.civ. 19.2.1997, Bull.civ. 1997 II Nr. 54 nahm zum Nachteil eines Kleinkindes, das durch eine Wippe verletzt wurde, ein Risikoakzept an, wodurch die Haftung des *gardien* entfiel.

III. Die Relevanz des freien Willens § 5

Regeln zur **Einwilligungsmündigkeit** von Minderjährigen sind, wo es sie gibt, häufig 293
Gegenstand spezieller gesetzlicher Regelung, können ihren Grund aber auch bloß in ständiger Übung haben. Unter Art. 211-6(2) katal. CC hat ein „Minderjähriger entsprechend seinem Alter und seiner natürlichen Fähigkeit und in jedem Fall, wenn er das *zwölfte* Lebensjahr vollendet hat, das Recht, informiert und angehört zu werden, bevor eine Entscheidung getroffen wird, die seine persönliche oder Vermögenssphäre unmittelbar berührt". Im Kern kommt es also auf die individuelle Urteilsfähigkeit an; das Lebensalter ist nur ein Hilfskriterium. Ebenso verhält es sich in Österreich. Unter § 173(1) österr. ABGB kann das entscheidungsfähige Kind „Einwilligungen in medizinische Behandlungen... nur selbst erteilen". Wiederum kommt es grundsätzlich auf seine individuellen Fähigkeiten, nicht auf das Erreichen einer bestimmten Altersstufe an. Nur wenn das Kind nicht entscheidungsfähig ist, entscheidet an seiner Stelle die Person, die mit seiner gesetzlichen Vertretung bei Pflege und Erziehung betraut ist. Das Gesetz ergänzt diesen Ausgangspunkt allerdings durch die Regel, dass „bei mündigen Minderjährigen" Entscheidungsfähigkeit widerleglich vermutet werde. Mündig ist ein Minderjähriger ab Vollendung des *vierzehnten* Lebensjahres (§ 21(2) ABGB). Die fixe Altersgrenze schafft ein Stück Rechtssicherheit, mehr nicht. Unter § 100 (1) tschech. BGB kann ein Eingriff in die körperliche Unversehrtheit eines Minderjährigen nicht ohne gerichtliche Zustimmung durchgeführt werden, wenn der Minderjährige das vierzehnte Lebensjahr vollendet hat, noch nicht im Besitz der vollen Geschäftsfähigkeit ist und dem Eingriff ernsthaft widerspricht, obwohl ihm der gesetzliche Vertreter zugestimmt hat. (Dasselbe gilt für die Durchführung eines Eingriffs an einer volljährigen Person, die nicht voll geschäftsfähig ist.) Die Altersgrenze liegt tief und stärkt dadurch die Minderjährigenautonomie, kann aber im Einzelfall auch nicht unterschritten werden.

Unter Kap. 4 § 3 schwed. Patientlag muss die „Einstellung" eines Kindes zu Behandlung 294
und Pflege soweit wie möglich vorab geklärt werden. Bei kleinen Kindern, so die Gesetzesbegründung, hätte sich die Praxis darauf eingestellt, dass die Sorgeberechtigten die Entscheidung für das Kind träfen.[266] Bei Kindern ab Vollendung des *fünfzehnten* Lebensjahres habe sich das Verhältnis jedoch umgekehrt. Es könne als Grundsatz des schwedischen Rechts angesehen werden, dass Kinder ab diesem Alter, wenn sie individuell in der Lage seien, die Bedeutung und die Wirkung ihrer Einwilligung einzuschätzen, der Behandlung selbst zustimmen müssten; die Einwilligung allein der Sorgeberechtigten genüge nicht. Die Altersgrenze scheint aber nicht unverrückbar zu sein. Der Justitieombudsman und das Oberste Verwaltungsgericht hätten festgestellt, dass ein Kind schon ab Vollendung des zwölften Lebensjahres zu bestimmten ärztlichen Untersuchungen wenigstens eine „Stellungnahme" abgeben könne. Nach Vollendung des zwölften Lebensjahres seien Kinder auf ihre Initiative und ohne vorherige Konsultation der Erziehungsberechtigten gelegentlich auch psychiatrisch versorgt worden.[267] Art. 5(3) des port. Gesetzes 36/98 vom 24.7.1998 (das Gesetz über geistige Gesundheit, inzwischen i. d. F. des Gesetzes 49/2018) sieht vor, dass das Recht der Nutzer psychischer Gesundheitsdienste, über therapeutische Maßnahmen zu entscheiden, dann von den gesetzlichen Vertretern ausgeübt wird, wenn der Patient jünger als vierzehn Jahre ist (oder zwar erwachsen ist, aber gerichtlich unter eine Betreuung gestellt wurde und das Betreuungsurteil die direkte Ausübung der persönlichen Rechte nicht zulässt). Das ist allerdings eine Spezialregelung. Die allgemeine Einwilligungsmündigkeit tritt erst mit Vollendung des *sechzehnten* Lebensjahres ein (Art. 38(3) port. CP).[268] Ebenso verhält es sich unter Art. 17(1) des poln. Gesetzes vom 6.11.2008 über Patienten-

---

[266] Befindet sich das Kind in der Obhut von zwei Sorgeberechtigten und stimmt nur einer der Maßnahme zu, so so kann die Sozialbehörde im Interesse des Kindes die Zustimmung des anderen Elternteils ersetzen (Kap. 6 § 13a schwed. FB).
[267] Prop. 2013/14, S. 65 und S. 66.
[268] „Die Einwilligung ist nur wirksam, wenn sie von einer Person erteilt wurde, die älter als 16 Jahre ist und in dem Moment, in dem sie sie erteilt, die notwendige Einsicht besitzt, um den Sinn und den Umfang der Einwilligung einzuschätzen". Der Gesetzgeber hat damit im Jahre 2007 die Einwilligungsmündigkeit von 14 auf 16 Jahre heraufgesetzt (näher *Dias Pereira*, Consentimento informado, S. 98, 314).

rechte. „Ein minderjähriger Patient, der das 16. Lebensjahr vollendet hat, eine entmündigte Person oder ein psychisch kranker oder geistig behinderter Patient, der jedoch über eine ausreichende Einsichtsfähigkeit verfügt, hat das Recht, trotz der Zustimmung des gesetzlichen Vertreters oder des tatsächlichen Betreuers der Erbringung von Gesundheitsleistungen zu widersprechen. In einem solchen Fall ist die Genehmigung des Vormundschaftsgerichts erforderlich" (Abs. (3) a. a. O.).

295   Für England und Wales sieht sec. 8(1) Family Law Reform Act 1969 vor, dass „the consent of a minor who has attained the age of sixteen years to any surgical, medical or dental treatment which, in the absence of consent, would constitute a trespass to his person, shall be as effective as it would be if he were of full age; and where a minor has by virtue of this section given an effective consent to any treatment it shall not be necessary to obtain any consent for it from his parent or guardian". Dieselbe Regel gilt auch in Nordirland (sec. 4(1) Age of Majority Act (Northern Ireland) 1969) und in der Republik Irland (sec. 23(1) Non-Fatal Offences Against the Person Act 1997). Man darf aus diesen Vorschriften aber keinen Umkehrschluss ziehen. Ein Jugendlicher, der das sechzehnte Lebensjahr noch nicht vollendet hat, kann zwar nach der jüngeren Rechtsprechung des Court of Appeal auch dann nicht selbst (sondern nur im Einvernehmen mit seinen Eltern) in eine geschlechtsangleichende Hormontherapie einwilligen, wenn er sich der Folgen für die Zukunft bewusst ist und sie einschätzen kann.[269] Aber das ist das Ergebnis einer Abwägung im Kontext einer besonderen Situation. Die Vollendung des sechzehnten Lebensjahres stellt jedenfalls keine feste und allgemeingültige Untergrenze dar. Wann immer ein Minderjähriger die sog. *Gillick competence* hat[270], also individuell entscheidungsfähig ist, entscheidet er grundsätzlich allein. Dass die Ärzte dem Minderjährigen anraten werden, je nach Sachlage mit den Eltern Kontakt aufzunehmen, ändert daran nichts.[271] Das schottische Gesetzesrecht

---

[269] *Bell v Tavistock and Portman NHS Foundation Trust* [2021] EWCA Civ 1363 (para 5: „A referral takes place only if Tavistock assesses that the child would benefit from treatment and is capable of giving consent to puberty blockers (the first step in any such treatment). Referral requires the consent of the child and of the parents. Each Trust thereafter, independently of Tavistock, makes its own clinical assessment and prescribes puberty blockers only after deciding that to be the proper medical course and after obtaining what each considers to be valid consent from the child. Consent is obtained not only from the child in question but also the parents of the child"). Der High Court (*Bell v Tavistock and Portman NHS Foundation Trust* [2020] EWHC 3274 (Admin), [2020] WLUK 4; [2021] A. C. D. 22; [2021] P. T. S.R 593 hatte noch entgegengesetzt entschieden (para 126: „the question as to whether a person under the age of 16 is Gillick competent to make the relevant decision will depend on the nature of the treatment proposed as well as that person's individual characteristics. The assessment is necessarily an individual one. Where the decision is significant and life changing then there is a greater onus to ensure that the child understands and is able to weigh the information"). Siehe auch *AB v CD* [2021] EWHC 741 (Fam), [2021] 3 WLUK 437 (Mrs Justice Lieven: „unless the parents were overriding the wishes of the child, the parents of a child patient could consent to puberty blockers on their child's behalf").

[270] So bezeichnet nach *Gillick v West Norfolk and Wisbech AHA* [1986] A. C. 112, 168 A-D (Lord Fraser of Tullybelton): „Provided the patient, whether a boy or a girl, is capable of understanding what is proposed, and of expressing his or her own wishes, I see no good reason for holding that he or she lacks the capacity to express them validly and effectively and to authorise the medical man to make the examination or give the treatment he advises. After all, a minor under the age of 16 can, within certain limits, enter into a contract. He or she can also sue and be sued, and can give evidence on oath". Den Eltern steht gegen die Entscheidung des hiernach einwilligungsfähigen Minderjährigen auch kein Vetorecht zu. „Once the rule of the parents' absolute authority over minor children is abandoned, the solution to the problem in this appeal can no longer be found by referring to rigid parental rights at any particular age. The solution depends upon a judgment of what is best for the welfare of the particular child. Nobody doubts, certainly I do not doubt, that in the overwhelming majority of cases the best judges of a child's welfare are his or her parents. Nor do I doubt that any important medical treatment of a child under 16 would normally only be carried out with the parents' approval. That is why it would and should be ‚most unusual' for a doctor to advise a child without the knowledge and consent of the parents on contraceptive matters. But, as I have already pointed out, Mrs. Gillick has to go further if she is to obtain the first declaration that she seeks. She has to justify the absolute veto right in a parent. But there may be circumstances in which a doctor is a better judge of the medical advice and treatment which will conduce to a girl's welfare than her parents" (S. 173).

[271] Siehe auch *R (on the application of Axon) v Secretary of State for Health* [2006] EWHC 37 (Admin), [2006] Q. B. 539; [2006] 2 WLR 1130; [2006] 1 WLUK 407.

formuliert in diesem Punkt klarer. „A person under (!) the age of 16 years shall have legal capacity to consent on his own behalf to any surgicial, medical or dental procedure or treatment where, in the opinion of a qualified medical practitioner attending him, he is capable of understanding the nature and possible consequences of the procedure or treatment" (sec. 2(4) Age of Legal Capacity (Scotland) Act 1991). Unter Art. 32(5) poln. Gesetz über die Berufe des Arztes und des Zahnarztes[272] ist ein Patient, der die Behandlung bewusst beurteilen kann, stets zustimmungsberechtigt, ein Minderjähriger aber erst ab Vollendung des sechzehnten Lebensjahres. Diese Untergrenze ist starr. Verweigert ein Minderjähriger eine Behandlung, welcher die Eltern zustimmen, kann seine eigene Entscheidung allerdings durch das Vormundschaftsgericht ersetzt werden (Art. 32(6) a. a. O.). Auf dieselbe Altersgrenze stellt Art. 9(4) des span. Gesetzes 41/2002 zur Regelung der Patientenautonomie ab. Grundsätzlich kommt es zwar nur darauf an, ob ein Minderjähriger intellektuell und emotional in der Lage ist, den Umfang des Eingriffs zu verstehen (ist er das nicht, entscheidet der gesetzliche Vertreter nach Anhörung des Minderjährigen: Art. 9(3)(c) a. a. O.). Das Gesetz ergänzt das aber um die Regel, dass Minderjährige, die emanzipiert sind oder das sechzehnte Lebensjahr vollendet haben, selbst entscheiden. Was das für jüngere Patienten bedeutet, wird nicht klar. Bei gefährlichen Eingriffen entscheiden jedoch ohnehin stets die gesetzlichen Vertreter, nachdem sie die Meinung des Minderjährigen gehört und berücksichtigt haben (Art. 9(4)(ii) a. a. O.). In Griechenland schließlich kommt es sogar auf Geschäftsfähigkeit, d. h. i. d. R. auf die Vollendung des *achtzehnten* Lebensjahres an. Der Arzt „berücksichtigt" zwar die Meinung des Minderjährigen, wenn er (der Arzt) der Ansicht ist, dass der Minderjährige bereits über die erforderliche Reife verfügt. Das ändert jedoch nichts daran, dass, „wenn der Patient minderjährig ist, ... die Einwilligung von den Personen erteilt (wird), die die elterliche Verantwortung haben oder die elterliche Fürsorge ausüben" (Art. 12(2)(b)(aa) gr. Verhaltenskodex für Ärzte [KID]). Griechenland betont die Elternrechte nach wie vor stark; es gilt nicht einmal ein Co-Konsens-System. Bei Uneinigkeit der Eltern muss nötigenfalls eine gerichtliche Entscheidung herbeigeführt werden (Art. 1512 gr. ZGB).

(3) Co-Konsens der Eltern

296 Das französische und das deutsche Recht verzichten ganz auf pauschale Altersgrenzen.[273] Unter Art. 371-1(4) franz. CC beziehen Eltern ihre Kinder je nach Alter und Reifegrad in die sie betreffenden Entscheidungen ein, auch und gerade in alle Entscheidungen, die ihre Gesundheit und körperliche Unversehrtheit betreffen.[274] Mit Gesetz Nr. 2002-303 vom 4.3.2002 wurde jedoch das Recht eines jeden Minderjährigen begründet, über seinen Gesundheitszustand informiert und an allen ihn betreffenden medizinischen Entscheidun-

---

[272] Dz.U.2021.790.
[273] Das schließt freilich Versuche des deutschen Schrifttums nicht aus, mit der Hilfe von Analogien zu einigen Sondertatbeständen außerhalb des Rechts der Heilbehandlungen für sie doch wieder feste Altersstufen vorzuschlagen. *Neuner*, AcP 218 (2018) S. 1, 28 (siehe auch *dens.*, BGB AT[12], § 12 Rdnr. 19) meint sogar, es bleibe bei Eingriffen in die körperliche Integrität von Minderjährigen „methodisch nur die Möglichkeit, mittels Analogie- und Umkehrschlüssen nach verallgemeinerbaren Standards zu suchen". Er propagiert deshalb bis zur Vollendung des 14. Lebensjahres die alleinige Einwilligungszuständigkeit der Eltern, ab Vollendung des 16. Lebensjahres die grundsätzliche „Einwilligungszuständigkeit" des Kindes, verlangt bei besonders riskanten Eingriffen jedoch eine kumulative Zuständigkeit von Eltern und Kind. *Spickhoff*, FamRZ 2018 S. 412, 419 nimmt nur an, dass man die Einwilligungsfähigkeit ab Vollendung des 16. Lebensjahres nicht mehr ohne Weiteres ablehnen könne. BeckOGK (-*Spindler*), BGB 1.2.2021, § 823 Rdnr. 895 präferiert die Vollendung des 14. Lebensjahres, lehnt starre Grenzen aber ebenfalls ab. Minderjährige unter 14 Jahren sollen laut *Ulsenheimer* in der Regel noch nicht einwilligungsfähig sein, Minderjährige kurz vor Vollendung des 18. Lebensjahres dagegen regelmäßig schon. Bei geringfügigen und auch bei unaufschiebbaren Eingriffen soll die Altersgrenze im Prinzip niedriger liegen. Siehe zu dieser Diskussion auch Laufs/Kern/Rehborn (-*Ulsenheimer*), Handbuch des Arztrechts[5], § 149 Rdnr. 65.
[274] *Teyssié*, Droit des personnes[20], S. 391 Rdnr. 650 (er nennt als Beispiele zudem die Abtreibung und – unter Verweis auf Lyon 25.7.2007, RTD civ. 2008, S. 99, Anm. *Hause*r – die Beschneidung eines elfjährigen Jungen).

gen in einer seinem Reifegrad entsprechenden Weise beteiligt zu werden (Art. L 1111-2(2) Satz 2 Code de la santé publique). Art. 1111-4(4) a. a. O. untersagt medizinische Behandlungen ohne die freie und in Kenntnis der Sachlage erteilte Einwilligung des Patienten. Und Absatz (6) a. a. O. präzisiert, dass die in Absatz (4) erwähnte Zustimmung eines Minderjährigen „systematisch angestrebt werden (muss), wenn er in der Lage ist, seine Wünsche zu äußern und sich an der Entscheidung zu beteiligen". Das Modell des Co-Konsenses gilt nicht; anders als in Griechenland liegt die Einwilligungszuständigkeit aber gerade nicht bei den Eltern, sondern bei dem einwilligungsfähigen Minderjährigen.

297 Für die Einwilligungsfähigkeit kommt es eben nicht auf die (abstrakte) Geschäftsfähigkeit an, auch in Deutschland nicht (mehr). Entscheidend ist vielmehr auch hier die aufklärungsgestützte individuelle Einsichts- und Urteilsfähigkeit, die „geistige und sittliche Reife" des Minderjährigen.[275] Es geht nicht um vermögensrechtliche Selbstverpflichtung, sondern um den eigenen Körper. Wie jede Entscheidung, die allein auf dem freien Willen des Betroffenen beruht, ist auch die Einwilligung in eine medizinische Maßnahme konkret und relativ. Es gibt keine „abstrakte" Einwilligungsfähigkeit in medizinische Behandlungen. Vielmehr geht es immer nur um das Verstehen der mit dem jeweils bevorstehenden Eingriff verbundenen Vor- und Nachteile.[276] Bei „aufschiebbaren und nicht unwichtigen" Entscheidungen über eine ärztliche Behandlung hebt der Bundesgerichtshof bislang allerdings auf den Konsens der Eltern ab.[277] Es wird sogar immer noch diskutiert, ob es sich hierbei (wie im Recht der medizinisch nicht indizierten Körperverletzungen[278]) um einen Co-Konsens von Eltern *und* Kind oder um einen Übergang der alleinigen Entscheidungskompetenz auf die Eltern handelt.[279] Letzteres würde allerdings bedeuten, dass der Minderjährige nicht einmal ein Vetorecht hätte. Das hat ihm der Bundesgerichtshof bislang zwar ausdrücklich nur bei relativ indizierten Eingriffen zugestanden, die erhebliche Folgen für die künftige Lebensgestaltung des Kindes haben könnten.[280] Daraus wird man freilich kaum den Um-

---

[275] BGH 5.12.1958, BGHZ 29 S. 33, 36 (betr. eine Schilddrüsenoperation; das Volljährigkeitsalter lag seinerzeit allerdings noch bei 21 Jahren, der Betroffene war über 20 Jahre alt, und seine in der damaligen DDR lebenden Eltern konnten nicht kontaktiert werden). Auf dieser Grundlagenentscheidung bauen auch eine Reihe von jüngeren rechtspolitischen Erwägungen auf (z. B. BT-Drs. 16/8442 S. 13 und BT-Drs 17/10488 S. 23 [zu § 630d dt. BGB: einwilligungsfähiger Patient entscheidet selbst]). Praktisch eins zu eins übernommen wurde die Linie des BGH in § 14(1) dt. GenDG („Bei einer Person, die nicht in der Lage ist, Wesen, Bedeutung und Tragweite der genetischen Untersuchung zu erkennen und ihren Willen hiernach auszurichten, dürfen eine genetische Untersuchung zu medizinischen Zwecken sowie die Gewinnung der dafür erforderlichen genetischen Probe nur vorgenommen werden, wenn…").
[276] MünchKomm (-*Wagner*), BGB[8], § 630d Rdnr. 21; *Damm*, MedR 2015 S. 775, 776.
[277] BGH 16.11.1971, NJW 1972 S. 335, 337 (Entfernung von Warzen an der Hand einer 16-jährigen Patientin; Konsens der Eltern erforderlich).
[278] Oben Rdnr. 288.
[279] *Spickhoff*, FamRZ 2018 S. 412, 423; MünchKomm (-*Wagner*), BGB[8], § 630d Rdnr. 43 und *Kern*, NJW 1994 S. 753, 756 z. B. meinen, das Gesetz sehe einen Co-Konsens bei Heilbehandlungen gerade nicht vor; entweder sei der Minderjährige oder es sei der gesetzliche Vertreter allein entscheidungsbefugt. Wichtig sei, hinreichend hohe Anforderungen an die Einwilligungsfähigkeit des Minderjährigen zu stellen. Dem Co-Konsens-Gedanken liege vermutlich die unausgesprochen gebliebene Sorge zugrunde, der Minderjährige könne in Wahrheit doch nicht einsichts- und urteilsfähig sein. BGH 16.11.1971 a. a. O. (Fn. 277) beharrte aber auf einer Aufklärung auch der Minderjährigen und dürfte damit implizit auch deren Einwilligung verlangt haben. In dieselbe Richtung geht BGH 16.4.1991, NJW 1991 S. 2344, 2345. Ein 17,5 Jahre alter Minderjähriger war infolge einer Operation am Herzen querschnittsgelähmt. Über das Risiko einer Querschnittslähmung waren weder er noch seine Eltern aufgeklärt worden. Es habe auch an einer hypothetischen Einwilligung (zu ihr inzwischen § 630h(2) Satz 2 dt. BGB) gefehlt. „Und hier", so das Gericht, „hat außer den Eltern auch der Kl. selbst, der zur Zeit der Operation fast 18 Jahre alt war und auf dessen Willen es deshalb für die Annahme einer hypothetischen Einwilligung ebenfalls ankam, bei seiner Anhörung erklärt, daß er sich wohl dafür entschieden hätte, so wie bisher (d. h. ohne Operation) weiterzumachen". Das Gericht ging also von einem Co-Konsens aus.
[280] BGH 10.10.2006, NJW 2007 S. 217, 218 Rdnr. 8. Eine 15-Jährige, die an einer Adoleszenzskoliose litt, war zur Korrektur einer fortschreitenden Verkrümmung operiert worden. Die Aufklärungsgespräche waren mit den Eltern in Anwesenheit des Mädchens geführt worden; die Eltern willigten in die Operation ein. Neben den Eltern unterschrieb auch das Kind eine Einverständniserklärung. „Zwar kann minderjährigen Patienten bei einem nur relativ indizierten Eingriff mit der Möglichkeit erheblicher Folgen für ihre künftige Lebensgestaltung – wovon im Streitfall auszugehen ist – ein Vetorecht gegen die Fremdbestim-

III. Die Relevanz des freien Willens　　　　　　　　　　　　　　　§ 5

kehrschluss ziehen dürfen, dass der einsichts- und urteilsfähige Minderjährige zu absolut indizierten Eingriffen und zu „unwichtigen" Maßnahmen gar nicht gehört werden müsste, ja zu ihnen sogar gezwungen werden dürfte. Beides liegt schon deshalb sehr fern, weil nahezu jeder Eingriff schwere Folgen haben kann.[281] Außerdem existiert für die Zwangsbehandlung eines zu freier Willensbildung fähigen Minderjährigen keine tragfähige gesetzliche Grundlage.[282] Deshalb gilt auch im deutschen Minderjährigenrecht, dass eine zu freier Willensbildung befähigte Person ohne ihren Konsens keiner medizinischen Behandlung unterzogen werden darf.

Immer noch diskutiert wird aber, ob der Arzt nur dann rechtmäßig handelt, wenn er sich auch des Co-Konsenses der Eltern versichert hat. Dass Letzterer überhaupt in den Blick gerät, erklärt sich auch in Deutschland nicht von selbst. Vermutlich spielt der instinktive Rückgriff eines deutschen Juristen auf geschäftsfähigkeitsrechtliche (und damit vertretungsrechtliche) Vorstellungen die Hauptrolle, daneben die Erwägung, dass neben der freien Willensbildung des Kindes auch die elterliche Sorge Grundrechtsrang genießt. Deshalb soll sie bis zur Volljährigkeit des Kindes nicht ausgeblendet werden dürfen.[283] Das Verständnis der elterlichen Sorge hat sich indes fundamental geändert. Sie steht im Dienst des Kindeswohls; es geht nicht mehr um elterliche Macht oder „Gewalt". Folglich ist es die primäre Aufgabe der Eltern, ihr Kind in *seiner* Entscheidungsfindung zu unterstützen und es vor vorschneller Risikoakzeptanz oder -scheu zu bewahren. Es geht aber nicht an, dass Eltern den freien Willen eines Kindes ersetzen oder blockieren. Dagegen, dass die Eltern vom Kind (und, je nach der Art des Eingriffs, mit Zustimmung des Minderjährigen vom Arzt) angehört werden müssen, ist, wenn der Eingriff planbar ist, dann nichts auszusetzen, wenn diese Anhörung dem Wohl des Kindes dient, weil sie seine Entscheidungskraft stärkt. Es dient seinem Wohl aber nicht, seinen freien Willen zu ersetzen, ja ggf. sogar zu brechen. Ist der Eingriff unaufschiebbar und dringlich, würden ihm um das Wohlergehen ihrer Kinder besorgte Eltern mutmaßlich ohnehin zugestimmt haben. Medizinisch nicht indizierte Eingriffe dienen dem Kindeswohl dagegen nicht. Sie müssen von der Rechtsordnung entweder gänzlich untersagt oder wenigstens erschwert werden. Das ist der Grund dafür, warum bei ihnen das Erfordernis eines elterlichen Co-Konsenses durchaus plausibel wirkt. Mit ihm verbindet sich die Hoffnung, eine unnötige Selbstgefährdung des Kindes zu vermeiden.

298

Bei zwar medizinisch indizierten, aber doch kleinen, alltäglichen und risikoarmen Maßnahmen ist das Recht der elterlichen Sorge so geringfügig beeinträchtigt, dass es hinter den freien Willen des Minderjährigen zurücktritt. Die Frage ist nur, ob die **Erheblichkeit des Eingriffs** überhaupt ein angemessenes Kriterium ist, um zwischen der Entscheidungsautonomie der Minderjährigen und dem Erfordernis eines elterlichen Co-Konsens abzugrenzen. Einige Rechtsordnungen bejahen das ausdrücklich. Unter § 173(2) österr. ABGB darf, wie gesagt, eine Behandlung, die gewöhnlich mit einer schweren oder nachhaltigen Beein-

299

---

　　mung durch die gesetzlichen Vertreter zuzubilligen sein, wenn sie über eine ausreichende Urteilsfähigkeit verfügen. Um von diesem Vetorecht Gebrauch machen zu können, sind auch minderjährige Patienten entsprechend aufzuklären, wobei allerdings der Arzt im Allgemeinen darauf vertrauen kann, dass die Aufklärung und Einwilligung der Eltern genügt". In casu kam es im Ergebnis darauf aber gar nicht an, weil die Minderjährige die Möglichkeit hatte, ihr Vetorecht auszuüben, davon aber keinen Gebrauch gemacht hatte.

[281] *Nebendahl,* MedR 2009 S. 197, 204.
[282] Auch § 1631d dt. BGB ist keine geeignete Grundlage; die Vorschrift betrifft nur die freiheitsentziehende Unterbringung des Kindes. Vertretbar ist eine Zwangsbehandlung nur gegen den *natürlichen* Willen eines Kindes. Dafür reicht als Rechtsgrundlage nach OLG Dresden 21.9.2016, FamRZ 2017 S. 621 das elterliche Sorgerecht aus. Anders als bei Erwachsenen (§ 1906a(2) dt. BGB a.F., § 1832(2) n.F.) bedarf es dazu keiner gerichtlichen Entscheidung. Die Eltern können sich nötigenfalls der Hilfe des Jugendamtes versichern, das durch familiengerichtlichen Beschluss zu Gewaltanwendung gegen das Kind ermächtigt werden kann (§§ 151, 167, 326 dt. FamFG).
[283] So insbesondere Laufs/Katzenmeier/Lipp (-*Lipp*), Arztrecht[8], VI. Rdnr. 183, der allerdings noch einen Schritt weitergeht und eine alleinige Entscheidungszuständigkeit des Minderjährigen von vornherein daran scheitern lassen will, dass es für sie keine gesetzliche Grundlage gäbe.

trächtigung der körperlichen Unversehrtheit oder der Persönlichkeit verbunden ist, auch dann, wenn ein entscheidungsfähiges minderjähriges Kind in sie eingewilligt hat, „nur vorgenommen werden, wenn auch die Person zustimmt, die mit der gesetzlichen Vertretung bei Pflege und Erziehung betraut ist". Auf Einwilligung und Zustimmung darf nur verzichtet werden, wenn der damit verbundene Zeitaufschub das Leben des Kindes gefährden würde oder mit der Gefahr einer schweren Schädigung seiner Gesundheit verbunden wäre (Abs. (3) a. a. O.). Unter § 100(1) tschech. BGB bewirkt der ernsthafte Widerspruch eines mindestens vierzehnjährigen Minderjährigen zwar nur, dass ein Gericht dem Eingriff zustimmen muss; es bedarf aber immer noch auch der Zustimmung der Eltern. Ganz ähnlich verhält es sich in Polen. Verweigert sich ein mindestens sechzehnjähriger Minderjähriger einer Behandlung, der die Eltern bereits zugestimmt haben, kann seine Entscheidung durch das Vormundschaftsgericht ersetzt werden (Art. 32(6) poln. Gesetz über die Berufe von Arzt und Zahnarzt). Nicht vollständig klar erscheint die Rechtslage unter Art. 9(4) span. Gesetz 41/2002 zur Regelung der Patientenautonomie. Entscheidungsfähige Minderjährige entscheiden zwar, wie dargelegt, ab Vollendung des 16. Lebensjahres grundsätzlich allein. Geht es jedoch um eine ernste Gefahr für ihr Leben und ihre Gesundheit, dann ist die Einwilligung durch ihren gesetzlichen Vertreter zu erteilen, nachdem er die Meinung des Minderjährigen „gehört und berücksichtigt" hat. Das zeigt in Anbetracht der Dramatik der Situation eine nachvollziehbare Kompromisslösung auf, wenn man sie dahin deutet, dass die Eltern ihrem Kind aus der Entscheidungsnot heraushelfen sollen, die eine lebensbedrohliche Lage mit sich bringen kann. An dem Grundsatz aber sollte deshalb nicht gerüttelt werden. Ein zu freier Willensbildung fähiger Mensch entscheidet über seinen Körper selbst. Ob er volljährig ist oder nicht, macht keinen Unterschied, recht betrachtet auch nicht, dass es sich um eine besonders ernstliche Situation handelt. Am Ende trägt eben der Minderjährige auch die Konsequenzen selbst. Dass die Folgen eines medizinischen Eingriffs auch das häusliche und ökonomische Leben der Eltern verändern können, müssen sie als Schicksal akzeptieren.

(4) Insbesondere: Schwangerschaftsabbruch

300   Ein eigenes Thema ist der Schwangerschaftsabbruch bei minderjährigen Frauen.[284] Sie werden die ihr eigenes Leben möglicherweise prägende Bedeutung einer Entscheidung für einen Schwangerschaftsabbruch vielleicht noch nicht zur Gänze überblicken können. Aber das können die Erwachsenen, an deren Zustimmung das Mädchen gebunden würde, wenn es ihres Co-Konsenses bedürfte, auch nicht. Der Unterschied besteht nur darin, dass der Lebensweg des Mädchens im zweiten Fall elterlicher Willkür unterworfen würde, insbesondere dann, wenn religiöse oder ideologische Überlegungen ins Spiel kommen. In **Polen** ist das eine reale Gefahr. Unter Art. 4(1) Punkt (1) und (3) poln. Gesetz vom 7.1.1993 über Planung der Familie, Schutz des menschlichen Fötus und die Bedingungen des Schwangerschaftsabbruchs[285] darf ein Arzt nur dann einen Schwangerschaftsabbruch vornehmen, wenn die Schwangerschaft das Leben oder die Gesundheit der schwangeren Frau bedroht oder der begründete Verdacht besteht, dass die Schwangerschaft aus einer rechtswidrigen Tat resultiert. Bis zum 26.1.2021 war unter Abs. (1) Pkt. 2 a. a. O. ein Schwangerschaftsabbruch außerdem dann zulässig, wenn eine pränatale Untersuchung oder andere medizinische Hinweise auf die hohe Wahrscheinlichkeit einer schweren und irreversiblen Behinderung oder einer unheilbaren lebensbedrohlichen Erkrankung des Fötus hindeuteten.[286] Der poln. VerfGH hat diese Vorschrift jedoch für verfassungswidrig erklärt

---

[284] Die Änderung des Sprachgebrauchs ist kein Zufall. Mit der Schwangerschaft ist eine Minderjährige eben schon Frau. Sec. 2 irischer Health (Regulation of Termination of Pregnancy) Act 2018 definiert deshalb folgerichtig: „In this Act – ‚woman' means a female person of any age".
[285] Dz.U.1993.17.78.
[286] Diesen Grund für eine Schwangerschaftsunterbrechung kennt immerhin auch das sonst gleichfalls stark von den Lehren der katholischen Kirche geprägte irische Recht (sec. 11(1) Health (Regulation of Terminatioan of Pregnancy) Act 2018).

III. Die Relevanz des freien Willens § 5

und sie zum 27.1.2021 aufgehoben.[287] Unter Art. 4(4) a. a. O. ist für einen Schwangerschaftsabbruch die schriftliche Zustimmung der Schwangeren erforderlich. Das gilt auch bei Schwangeren, die das dreizehnte Lebensjahr vollendet haben. Bei einer Minderjährigen (und einer voll entmündigten Erwachsenen) bedarf es darüber hinaus der schriftlichen Zustimmung ihres gesetzlichen Vertreters. Bei einer Minderjährigen unter 13 Jahren muss zudem das Vormundschaftsgericht dem Schwangerschaftsabbruch zustimmen. Die Betroffene kann wenigstens ihre eigene Meinung äußern. Scharf formuliert gibt das geltende Recht den Eltern die Möglichkeit, zwischen dem Schicksal ihrer Tochter und dem Leben ihres Enkelkindes zu entscheiden. Das ist schwer erträglich.

Unter Art. 142(5) **portugiesischer CP** entscheiden junge Frauen grundsätzlich selbst. **301** Wenn allerdings die Schwangere das sechzehnte Lebensjahr noch nicht vollendet hat (oder infolge einer psychischen Erkrankung entscheidungsunfähig ist), müssen Erwachsene dem Abbruch zustimmen, und zwar in ganz bestimmter Reihenfolge. Primär kommt es auf die Einwilligung der gesetzlichen Vertreter, mithin im Regelfall der Eltern an. Hilfsweise entscheidet ein Verwandter in aufsteigender (bei psychisch kranken Erwachsenen auch in absteigender) Linie, und, wenn es solche Verwandte nicht gibt, ein Verwandter in der Seitenlinie (Art. 142(6) a. a. O.). Sollte die Durchführung des Abbruchs dringlich, es aber unter den Umständen nicht möglich sein, die entsprechende Einwilligung einzuholen, entscheidet der Arzt, möglichst nach Konsultation eines oder mehrerer anderer Ärzte. Unter Art. 9(5) des **spanischen** Gesetzes 41/2002 zur Regelung der Patientenautonomie[288] ist für den freiwilligen Schwangerschaftsabbruch bei Minderjährigen oder bei Personen mit gerichtlich geänderter Geschäftsfähigkeit dagegen neben ihrer Willensäußerung *(manifestación de voluntad)* auch die ausdrückliche Einwilligung *(consentimiento expreso)* ihrer gesetzlichen Vertreter erforderlich. „Etwaige Konflikte bezüglich der Erteilung der Einwilligung durch die gesetzlichen Vertreter werden gemäß den Bestimmungen des Código Civil gelöst". Das läuft wiederum auf eine gerichtliche Entscheidung hinaus, selbst wenn die junge Frau kurz vor der Vollendung ihres achtzehnten Lebensjahres steht. Die spürbar liberalere Vorgängerregelung unter dem Organgesetz 2/2010 vom 3.3.2010, das Minderjährige für die Zwecke des Schwangerschaftsabbruches ab Vollendung des sechzehnten Lebensjahres volljährigen Frauen gleichgestellt hatte, wurde aufgehoben. Es sei, so die Begründung des Organgesetzes 11/2015, „auszuschließen …, dass Minderjährige von sich aus eine Einwilligung geben könnten, ohne ihre Eltern zu informieren. So wird für den freiwilligen Schwangerschaftsabbruch bei Minderjährigen neben der Manifestation ihres Willens auch die ausdrückliche Einwilligung der Inhaber der elterlichen Sorge erforderlich sein".[289] Es handelt sich um eine rein politische, in der Sache nicht weiter begründete Entscheidung. Unter Art. 304(1) des **griechischen** StGB setzt, das ist selbstverständlich, ein Schwangerschaftsabbruch die Einwilligung der Schwangeren voraus. Unter Art. 304(5) a. a. O. darf bei einer minderjährigen Schwangeren ein Eingriff aber wiederum nur nach Einwilligung eines sorgeberechtigten Elternteils vorgenommen werden. Art. 2(5) des gr. Gesetzes 1609/1986[290] bestätigt diese Regel; nur wenn die Minderjährige bereits verheiratet ist, entscheidet sie allein (Art. 137 gr. ZGB). In dringenden Notlagen (die Patientin ist bewusstlos, der Eingriff kann nicht aufgeschoben werden) entscheidet der Arzt selbst (Art. 304(4)(c) gr. StGB; Art. 12(3)(c) gr. KID). Für Konfliktlagen zwischen Eltern und Tochter fehlt eine gesetzliche Entscheidungsgrundlage. Die Tochter hat aber ähnlich wie unter Art. 136 gr. ZGB die Möglichkeit, das Gericht anzurufen, so dass die Meinung der Eltern nicht notwendig den Ausschlag geben muss. Gleichwohl ist die zu

---

[287] Poln. VerfGH 22.10.2020, K 1/20, Dz.U.2021.175.
[288] Eingefügt durch Organgesetz 11/2015 vom 21.9.2015 zur Stärkung des Schutzes von Minderjährigen und Frauen mit gerichtlich geänderter Geschäftsfähigkeit beim freiwilligen Schwangerschaftsabbruch.
[289] BOE Nr. 227 vom 22.9.2015.
[290] Gesetz über den künstlichen Schwangerschaftsabbruch, den Schutz der Gesundheit der Frau und andere Vorschriften, FEK 86/A/3–7-1986.

freier Willensbildung befähigte junge Frau der Möglichkeit beraubt, ihre Entscheidung selbst in die Tat umzusetzen.

302 Es ist bedrückend zu sehen, wie schwer es diesen Rechtsordnungen immer noch fällt, auch für den Schwangerschaftsabbruch zu akzeptieren, dass es sich bei ihm um eine höchstpersönliche Angelegenheit handelt. Der Rückgriff auf einen *geschäftsfähigkeits*rechtlichen Status liegt neben der Sache; eine Entscheidung solcher Art muss eine zu freier Willensbildung befähigte Frau selbst treffen. Ihre Eltern können ihr nur beratend und unterstützend zur Seite stehen. Aber weder der Wunsch nach einem Enkelkind, noch religiöse Überzeugung, noch die Erfahrung eigener Kinder speisen sich aus Überlegungen zum Wohl der Tochter. Ihr Wohl verlangt vielmehr, ihre Letztverantwortung zu akzeptieren. Rechtspolitisch wirkt es nicht einmal überzeugend, die Einwilligungszuständigkeit der Schwangeren daran zu binden, dass sie mit dem Erreichen eines bestimmten Alters einwilligungsmündig geworden ist. Das Erreichen einer bestimmten Altersschwelle kann bestenfalls die Vermutung begründen, dass die Frau entscheidungsfähig ist. Aber Einwilligungsmündigkeit mit dem Erfordernis eines elterlichen Co-Konsenses zu kombinieren, kann seinen Grund nur darin haben, Schwangerschaftsunterbrechungen mit allen Mitteln zu unterbinden. Das fällt in das Feld der Emotionen und der allgemeinen Politik; einwilligungsrechtlich ist es ein Fremdkörper.

303 Vorbildlich wirkt vor diesem Hintergrund die bereits erwähnte sec. 2(4) des Age of Legal Capacity (Scotland) Act 1991. Die Vorschrift hat einen allgemeinen Anwendungsbereich, ist mithin nicht auf Heilbehandlungen beschränkt, und klebt auch nicht an einer starren Altersgrenze, auch nicht an der sechzehn Jahre-Regel.[291] Im übrigen **Vereinigten Königreich** gilt nichts anderes (siehe insbesondere sec. 8(1) Family Reform Act 1969).[292] Junge Frauen, die das sechzehnte Lebensjahr vollendet haben, entscheiden selbst; haben sie das sechzehnte Lebensjahr noch nicht vollendet, bleibt es auch abtreibungsrechtlich bei der allgemeinen *Gillick competence*.[293] Die Ärzte sollen die Schwangere zwar ermutigen, mit ihren Eltern zu sprechen; dazu zwingen können sie die Schwangere aber nicht.[294] In **Schweden** trifft man in allen wesentlichen Zügen auf dieselbe Rechtslage.[295] Unter § 6 des

---

[291] Vorher Rdnr. 294 („A person under the age of 16 years shall have legal capacity to consent on his own behalf to any surgicial, medical or dental procedure or treatment where, in the opinion of a qualified medical practitioner attending him, he is capable of understanding the nature and possible consequences of the procedure or treatment").

[292] In Nordirland, wo der Abortion Act 1967 nie gegolten hat, unterliegt die Schwangerschaftsunterbrechung nur noch den Abortion (Northern Ireland) Regulations 2020. Die fristgebundene Abtreibung (12 Wochen) ist derzeit entkriminalisiert. Es fehlen aber die erforderlichen Beratungseinrichtungen, weshalb junge Frauen de facto nach England reisen müssen. Sie sind unter sec. 4(1) Age of Majority Act (Northern Ireland) 1969 selbst einwilligungszuständig; ob unterhalb dieser Altersschwelle die *Gillick* Kompetenz gilt, lässt sich nicht mit Bestimmtheit sagen.

[293] Siehe einerseits *An NHS Trust v A* [2014] EWHC 1445 (Fam), [2014] 3 WLUK 623 (dreizehnjähriges Mädchen, das *Gillick competent* war, entschied allein über den Schwangerschaftsabbruch; es handele sich nicht um die Frage, ob er in ihrem besten Interesse war, denn auch das entscheide sie allein) und andererseits *X (A Child) (Capacity to Consent to Termination), Re* [2014] EWHC 1871 (Fam), [2014] 6 WLUK 201 (dreizehnjähriges Mädchen, das nicht *Gillick competent* war; in diesem Fall entscheidet das Gericht über den Schwangerschaftsabbruch; das Gericht erteilte die dafür notwendige Zustimmung „in the mother's [gemeint ist die Schwangere] best interest").

[294] *R (on the application of Axon) v Secretary of State for Health* [2006] EWHC 37 (Admin), [2006] Q. B. 539; [2006] 2 WLR 1130; [2006] 1 WLUK 407, paras 87 und 154. Zur *Gillick* Kompetenz schon oben Fn. 270.

[295] Unter dem schwed. Gesetz über den Schwangerschaftsabbruch (Abortlag) unterliegt der Schwangerschaftsabbruch keiner Altersgrenze. Unter Kap. 6 § 11 schwed. FB hätten „eigentlich" die Sorgeberechtigten die Entscheidungen zu treffen. Sie sollen die Ansichten und Wünsche ihres Kindes mit zunehmendem Alter stärker berücksichtigen. In der Praxis wird indes davon ausgegangen, dass Kinder und Jugendliche, die über ausreichende Reife verfügen, eine informierte Entscheidung selbst und allein treffen (*Rynning,* in: Söderbäck (Ed.), Barn och Ungas rätt i vården, S. 119, 135). Das Gesundheitswesen ist in diesem Fall nicht verpflichtet, die Sorgeberechtigten zu benachrichtigen, insbesondere dann nicht, wenn der Minderjährige darunter erheblich leiden würde (Kap. 25 § 1, Kap. 12 §§ 3 und 4 schwed. Offentlighets- och sekretesslag). Die Schweigepflicht gegenüber den Sorgeberechtigten schließt eine Meldepflicht an den Sozialdienst und andere Behörden nicht aus, um die erforderliche Pflege, Behandlung oder

III. Die Relevanz des freien Willens § 5

tschechischen Gesetzes über den künstlichen Schwangerschaftsabbruch kann eine Frau, die das sechzehnte Lebensjahr noch nicht vollendet hat, ihre Schwangerschaft mit Zustimmung ihres gesetzlichen Vertreters künstlich beenden lassen. Ist die Schwangerschaft einer älteren Minderjährigen künstlich abgebrochen worden, so hat die Gesundheitseinrichtung die Erziehungsberechtigten hiervon (schriftlich oder mündlich[296]) zu unterrichten. **Frankreich** wählt einen interessanten Mittelweg, um sich von der Fixierung auf die Eltern zu lösen. Jede Frau, auch eine Minderjährige, kann ohne Altersbeschränkung[297] eine Schwangerschaftsunterbrechung beantragen. Unter Art. L 2212-7(1) Code de la santé publique ist zwar, „wenn die Frau minderjährig ist, die Zustimmung eines der Träger der elterlichen Sorge oder gegebenenfalls des gesetzlichen Vertreters einzuholen". Abs. (2) a. a. O. ergänzt, dass dann, „wenn die minderjährige Frau die Geheimhaltung wahren möchte", der Arzt oder die Hebamme sich im Interesse der Frau bemühen muss, ihre Zustimmung dazu einzuholen, dass der oder die Träger der elterlichen Sorge oder gegebenenfalls der gesetzliche Vertreter konsultiert werden. Unter Abs. (3) a. a. O. gilt aber, dass dann, „wenn die Minderjährige dies nicht tun möchte oder wenn die Zustimmung nicht eingeholt wird, der freiwillige Schwangerschaftsabbruch sowie die damit zusammenhängenden ärztlichen Handlungen und Behandlungen auf Antrag der Betroffenen ... durchgeführt werden". Es wird nur verlangt, dass die Minderjährige bei der Antragstellung von einem Erwachsenen ihrer Wahl begleitet wird. In **Deutschland** scheint die jüngere Rechtsentwicklung in eine ähnliche Richtung zu verlaufen, auch wenn – angesichts des Fehlens einer gesetzlichen Regelung wenig überraschend – im Schrifttum ein großes Meinungsspektrum herrscht.[298] Das OLG Hamm hat seine frühere Rechtsprechung geändert und, wie schon andere Gerichte vor ihm, zugunsten der alleinigen Einwilligungszuständigkeit der einwilligungsfähigen Minderjährigen entschieden.[299] Im Konfliktfall kann – so kommt die Frage i. d. R. vor Gericht – die Minderjährige nötigenfalls eine familiengerichtliche Maßnahme gegen ihre Eltern anregen, um den Schwangerschaftsabbruch zu ermöglichen. Das OLG Hamburg hat bei einer Dreizehnjährigen zwar einen Co-Konsens der Eltern vorausgesetzt, die Einwilligung der Mutter (die den Schwangerschaftsabbruch aus religiösen Gründen ablehnte) jedoch unter § 1666(3) Nr. 5 dt. BGB mit der Begründung ersetzt, die Mutter gefährde das Wohl ihrer Tochter.[300]

---

sonstige Unterstützung des Minderjährigen sicherzustellen (Kap. 14 § 1 schwed. Socialtjänslagen). Das Gesundheitswesen beurteilt die Entscheidungsfähigkeit des Minderjährigen selbst (Socialstyrelsens allmänna råd 2009:15, Kap. 3 §§ 3 und 4). Der Justitieombudsman hat eine Entscheidung des Gesundheitswesens kritisiert, an einem elfjährigen (!) Mädchen einen Schwangerschaftsabbruch vorzunehmen, ohne weder die Sorgeberechtigen noch den Sozialdienst zu benachrichtigen. Der vom Gesetzgeber für ein elfjähriges Kind vorgesehene Schutz würde außer Kraft gesetzt, wenn die Sorgeberechtigen an der Ausübung ihrer Rechte und Pflichten aus dem Elterngesetzbuch gehindert werden. Das Selbstbestimmungsrecht der Frau in Abtreibungsangelegenheiten würde für Mädchen dieses Alters nicht gelten (Justitieombudsmannen Bericht: 1988/99, S. 417, Dnr. 1996-284).

[296] *Roztočil*, Moderní porodnictví², S. 180.

[297] Die offizielle Webseite der französischen Verwaltung zur *interruption volontaire de grossesse* informiert wie folgt: „Il n'y a pas de condition d'âge à respecter. Si vous êtes mineure, vous pouvez choisir de demander le consentement de vos parents ou de votre représentant légal et ainsi être accompagnée dans votre démarche d'IVG. Cependant, si vous souhaitez garder le secret, l'IVG est pratiquée à votre seule demande. Dans ce cas, vous devez vous faire accompagner dans votre démarche par une personne majeure de votre choix" (https://www.service-public.fr/particuliers/vosdroits).

[298] Überblick bei *Lugani*, NJW 2020 S. 1330.

[299] OLG Hamm 29.11.2019, FamRZ 2020 S. 340 (anders noch – das Elternrecht solle überwiegen – OLG Hamm 16.7.1998, NJW 1998 S. 3424). Ebenso bereits LG München I 24.7.1978, NJW 1980 S. 646 und AG Schlüchtern 29.4.1997, NJW 1998 S. 832. Zustimmend u. a. MünchKomm (-*Wagner*), BGB⁸, § 630d Rdnr. 45; *Neuner*, BGB AT¹², § 12 Rdnr. 23 und *Spickhoff*, FamRZ 2018 S. 412, 423, Letztere mit Hinweis darauf, dass die Eltern aus § 6(3) Nr. 3 dt. SchKG an dem vorbeschriebenen Beratungsgespräch nur im Einvernehmen mit der Tochter teilnehmen dürfen. Anders aber AG Celle 9.2.1987, NJW 1987 S. 2308, 2309 („auch ein nahezu 17 Jahre altes Mädchen [sei] bei durchschnittlicher Intelligenz und Lebenserfahrung jedenfalls im Regelfall mit der Beurteilung der Situation als überfordert anzusehen").

[300] OLG Hamburg 5.3.2014, FamRZ 2014 S. 1213.

IV. Die Geschäftsfähigkeit

1. Abstrakte versus konkrete Geschäftsfähigkeit

304 „Geschäftsfähigkeit" ist ein mehrdeutiges Wort. Es kann die konkrete geistige Befähigung eines individuellen Menschen beschreiben, ein bestimmtes „Geschäft" zu tätigen, insbesondere einen Vertrag zu schließen. Dann kommt es allein darauf an, dass die Person, je nach Kontext und den für ihn gesetzten rechtlichen Rahmen, einen natürlichen, oder, wo dieser nicht genügt, einen freien Willen bilden kann. Für eine Vielzahl von Geschäften hat es dabei aber nicht sein Bewenden. Es muss vielmehr – nach der allgemeinen Formel „freier Wille plus X" – noch etwas Weiteres hinzukommen, nämlich die „abstrakte" Geschäftsfähigkeit. Mit ihr verbindet sich oft noch immer eine bestimmte Stellung in der Gesellschaft, namentlich der Zivilgesellschaft. Wo sich die abstrakte Geschäftsfähigkeit an dem Erreichen bestimmter Altersstufen ausrichtet, könnte man (auch wenn das unüblich ist) in der deutschen Sprache von *Geschäftsmündigkeit* sprechen.[301] Geschäftsfähig i. S. v. „geschäftsmündig" ist jedenfalls der Volljährige, also in der EU jeder, der das achtzehnte Lebensjahr vollendet hat.[302] Geschäftsfähigkeit in diesem abstrakten Sinn hat nichts mit konkreter Willensbildungsfähigkeit zu tun. Ein sturzbetrunkener Erwachsener ist abstrakt geschäftsfähig. Denn dafür genügt, dass er volljährig ist. Er ist aber konkret geschäftsunfähig, weil er derzeit keinen freien Willen bilden kann. Konkrete Geschäftsunfähigkeit kann sich bei einem abstrakt geschäftsfähigen Erwachsenen auch so äußern, dass ihm wegen seiner geistigen Disposition ein gegenständlich klar umrissener Kreis von Angelegenheiten verschlossen bleibt, er im Übrigen aber uneingeschränkt vertragsfähig ist. In Deutschland ist dieses Phänomen mit dem (wenig glücklichen) Ausdruck der „partiellen Geschäftsunfähigkeit" belegt.[303] Minderjährige hingegen können nicht nur gleichzeitig konkret (ungewöhnliche Entwicklungsverzögerung, geistige Insuffizienz) und abstrakt (Alter) geschäftsunfähig sein. Sie können auch abstrakt geschäftsunfähig, aber konkret geschäftsfähig sein. Das sind sie, wenn sie in der jeweiligen Situation zwar individuell in der Lage wären, sich in Abwägung des Für und Wider ein eigenes Urteil zu bilden, sich aber auf Tätigkeitsfelder vorwagen wollen, die ihnen die Rechtsordnung verschließt. Der äußere Grund der Unfähigkeit eines Minderjährigen liegt solchenfalls also gerade nicht in seiner Konstitution, sondern in einer normativ-generalisierenden Einschätzung seiner Reife.

305 Besonders deutlich wird das in dem – freilich nicht sehr verbreiteten[304] – Konzept der sog. **„beschränkten" Geschäftsfähigkeit**. „Beschränkt" geschäftsfähig ist unter deut-

---

[301] „Mündigkeit" ist allerdings auch ein vielschichtiges Wort. Wer „mündig" ist, hat keinen *Vormund*, er steht nicht unter der *munt* eines anderen, weil man ihn nun selbst für befähigt hält, sich zu *schützen*. Diese Einschätzung knüpft wiederum typischerweise an eine Altersgrenze an (wie z. B. in § 1303 dt. BGB: „Ehemündigkeit. Eine Ehe kann nicht vor Eintritt der Volljährigkeit eingegangen werden. Mit einer Person, die das 16. Lebensjahr nicht vollendet hat, kann eine Ehe nicht wirksam eingegangen werden"). Methodisch in gleicher Weise benutzt auch § 21(2) österr. ABGB den Begriff der Mündigkeit. Allerdings setzt sie im Verständnis dieser Vorschrift schon deutlich früher ein. Ein Minderjähriger ist nur bis zur Vollendung des vierzehnten Lebensjahres „unmündig". Unter schwedischem Recht ist eine Person, die das achtzehnte Lebensjahr noch nicht vollendet hat, unmündig *(omyndig)*, mit der Folge, dass sie weder frei über ihr Eigentum verfügen noch andere als die ihr von Gesetzes wegen zugestandenen Rechtshandlungen vornehmen kann (Kap. 9 § 1 schwed. FB).
[302] Siehe schon oben Fn. 11.
[303] BGH 29.7.2020, NJW 2021 S. 63, 65 Rdnr. 20. Grundlegend schon BGH 24.9.1955, BGHZ 18 S. 184 (partielle Geschäftsunfähigkeit in Hinsicht auf Scheidung und Ehe, weil ein Mann dadurch in einen Zustand krankhafter Störung der Geistestätigkeit verfallen war, dass seine Frau gegen ihn Scheidungsklage erhoben hatte). Andere Beispiele finden sich in BGH 13.6.2002, NJW-RR 2002 S. 1424 (der sog. Telefonsexfall: oben Fn. 58) und OLG Hamm 10.6.2014, BeckRS 2014, 13302 (Verlust der Prozessfähigkeit infolge von Querulantenwahn).
[304] Von „beschränkter" Geschäfts- bzw. Handlungsfähigkeit *(begränsad rättshandlingsförmåga)* ist zwar auch in Schweden die Rede (Gesetzesmaterialien zu der Gesetzgebung über Vormundschaft: Prop. 1993/94:251, S. 111). Gemeint ist aber, bei Zugrundelegung der deutschen Terminologie, die „partielle" Geschäfts-

IV. Die Geschäftsfähigkeit § 5

schem, estnischem und griechischem Recht, wer das siebente (§ 106 dt. BGB, § 12(1) estn. ZGB AT) bzw. das zehnte (Art. 129 gr. ZGB), aber noch nicht das achtzehnte Lebensjahr vollendet hat. Solche Personen dürfen nur Rechtsgeschäfte tätigen, aus denen sie lediglich einen rechtlichen Vorteil erlangen. In Polen beginnt beschränkte Geschäftsfähigkeit sogar erst mit der Vollendung des dreizehnten Lebensjahres (Art. 15 poln. ZGB[305]). In Österreich ist zu beachten, dass es für alterstypische Alltagsgeschäfte (§§ 865(4) Satz 3, 170(3) ABGB) und für die Annahme eines lediglich vorteilhaften Versprechens (§ 865(4) Satz 4, § 865(2) a. a. O.) keine untere Altersgrenze gibt.[306] Von diesen Ausnahmen abgesehen ist aber „rechtsgeschäftliches Handeln von Minderjährigen unter sieben Jahren ... zur Gänze unwirksam" (§ 865(4) Satz 1 a. a. O.), und „bei anderen Minderjährigen ist das rechtsgeschäftliche Handeln (nur) mit Genehmigung ihres Vertreters und gegebenenfalls auch des Gerichts wirksam" (Satz 2 a. a. O.). Auch „mündige Minderjährige" (also Minderjährige ab Vollendung des vierzehnten Lebensjahres) unterliegen dieser Restriktion; mündige Minderjährige haben wegen ihres höheren Alters aber Zugang zu einer größeren Zahl von Alltagsgeschäften, und ihnen öffnet sich außerdem der Zugang zu einigen sog. partiellen Geschäftsfähigkeiten (§§ 170(2), 171 und 174 a. a. O.). Für diese **partielle Geschäftsfähigkeit** gibt es in der einen oder anderen Variante praktisch überall in Europa eine Reihe von Beispielen.[307] Man muss nur im Blick behalten, dass je nach nationaler Terminologie auch die partielle Geschäftsfähigkeit manchmal beschränkte genannt wird.[308] „Partiell" geschäftsfähig sind Minderjährige, die unter dem anwendbaren Recht und häufig unabhängig von einem bestimmten Alter auf sachlich abgegrenzten Tätigkeitsfeldern (z. B. im Arbeitsleben) auch rechtlich nachteilige Geschäfte tätigen dürfen, wenn auch mancherorts nur, nachdem

---

fähigkeit. Denn es geht um die alltäglichen Rechtsgeschäfte, die Minderjährige mit eigenem Haushalt tätigen dürfen (Kap. 9 § 2a schwed. FB), außerdem um die Verwendung eigenen Einkommens (frei ab Vollendung des sechzehnten Lebensjahres: Kap. 9 § 3 FB) und um den selbständigen Betrieb eines Gewerbes (Kap. 13 § 13 und Kap. 14 § 14 FB i. V. m. Kap. 9 § 5 FB). Nicht einfach zuzuordnen ist die spanische *capacidad de obrar limitada* der nicht emanzipierten Minderjährigen. Es handelt sich im Kern um eine partielle Geschäftsfähigkeit. Unter Art. 162 span. CC vertreten die Eltern, die das Sorgerecht innehaben, „gesetzlich ihre minderjährigen und nicht emanzipierten Kinder. Hiervon ausgenommen sind: (1) Die Handlungen hinsichtlich der Persönlichkeitsrechte und andere Handlungen, die das Kind in Übereinstimmung mit den Gesetzen und entsprechend seiner Reife selbst ausführen kann. Allerdings haben die elterlich Verantwortlichen in diesen Fällen kraft ihrer Sorge- und Bestandspflichten einzugreifen". Unter Art. 1263 span. CC können „nicht emanzipierte Minderjährige, außer in den Fällen solcher Verträge, deren Abschluss im eigenen Namen ihnen allein oder mit Unterstützung ihrer Vertreter erlaubt ist, sowie jene, die Güter und Dienste des täglichen Lebens entsprechend ihrem Alter und ihren sozialen Gewohnheiten betreffen", nicht selbst kontrahieren. Zu den gesetzlich erlaubten Verträgen gehören unter Art. 164(2) span. CC die gewöhnlichen Verwaltungsmaßnahmen von Kindern, die das sechzehnte Lebensjahr vollendet haben, in Bezug auf Güter, die das Kind durch seine eigene Arbeit oder sein eigenes Gewerbe erworben hat. Für außergewöhnliche Handlungen bedarf es weiterhin des Einverständnisses der Eltern.

[305] Die Folgen sind dieselben, auch wenn das Gesetz nicht ausdrücklich von einem „rechtlichen Vorteil" spricht, sondern ihn umschreibt (Art. 17 a. a. O.: „Vorbehaltlich der im Gesetz vorgesehenen Ausnahmen ist zur Wirksamkeit eines Rechtsgeschäfts, durch dessen Abschluss der beschränkt Geschäftsfähige eine Verpflichtung eingeht oder über eines seiner Rechte verfügt, die Einwilligung seines gesetzlichen Vertreters erforderlich").

[306] Oben Rdnrn. 257, 268 und 271.

[307] Dazu noch unten Rdnr. 350. Man kann solche Wortspiele natürlich auch noch fortsetzen. „Partiell" geschäftsfähig könnte man auch einen Menschen nennen, der zwar unfähig ist, die Bedeutung eines Vertrages oder einer Eigentumsübertragung zu verstehen, aber in der Lage ist, eine Ehe einzugehen, weil er ihre grundlegenden Inhalte wollen und begreifen kann. Aber mit solchen Begriffsschöpfungen ist Vorsicht geboten, weil es in diesem Fall um eine „konkrete", nicht um eine „abstrakte" partielle Geschäftsfähigkeit geht bzw. ginge.

[308] Vorher Fn. 304 (Schweden und Spanien). Auch Portugal geht von dem Grundsatz der Geschäftsunfähigkeit Minderjähriger aus. *Ferreira de Almeida*, Contratos II, V², S. 57 plädiert allerdings dafür, Minderjährige nicht länger als „Unfähige" zu qualifizieren und stattdessen von *pessoas com capacidade de exercício limitada* zu sprechen. Er bezieht sich freilich auf Art. 127 port. CC („Ausnahmen hinsichtlich der Geschäftsunfähigkeit des Minderjährigen"), und hier geht es um partielle Geschäftsfähigkeiten (Verwaltungs- und Verfügungshandlungen über durch eigene Arbeit erworbenes Vermögen; gewöhnliche Alltagsgeschäfte; Betrieb eines Unternehmens.

der Minderjährige dazu von seinen Eltern ermächtigt wurde und (z. B. beim selbständigen Betrieb eines Erwerbsgeschäfts) zusätzlich auch noch in den Besitz einer familiengerichtlichen Genehmigung gelangt ist. Wer partiell geschäftsfähig ist, wird zu ein und derselben Zeit auf bestimmten Sektoren wie ein Voll- und auf anderen wie ein Minderjähriger behandelt. Der Begriff „partielle Geschäftsfähigkeit" ist freilich nirgendwo im Gesetz zu finden, auch in Deutschland nicht; er entstammt der juristischen Umgangssprache. Beiden Konzepten – dem der beschränkten ebenso wie der partiellen Geschäftsfähigkeit – wohnt eine Abstraktion inne. Die individuelle Willensbildungsfähigkeit bleibt zwar essentiell. Aber man muss sie nicht aufwändig in Frage stellen, wenn schon aufgrund der äußeren Umstände feststeht, dass der Betroffene abstrakt geschäftsunfähig ist.

306   Denn konkrete und abstrakte Geschäftsfähigkeit müssen immer **kumulativ** vorliegen. Das Geschäft ist nur dann nicht fehlerbehaftet, wenn beide Partner sowohl konkret als auch abstrakt geschäftsfähig sind.[309] Erwachsene können konkret geschäftsunfähig sein; ihren abstrakten Status der Geschäftsfähigkeit verlieren sie aber weder durch Krankheit noch durch Rausch. Sie verlieren ihn nur durch staatlichen Entzug, nicht selten immer noch in Gestalt einer Entmündigung.[310] Selbst Minderjährige können zwar mancherorts bis heute entmündigt werden[311], doch ist das eine Randerscheinung. Minderjährige wachsen in Geschäftsmündigkeit hinein. Sie wird (als sog. „volle" oder „unbeschränkte" Geschäftsfähigkeit, §§ 131, 2275 dt. BGB) meistens erst mit der Vollendung des achtzehnten Lebensjahres erworben. Die Ausnahmen von dieser Altersbindung wurzeln in dem Konzept der Emanzipation, der Entlassung aus der elterlichen „Gewalt". Auch das Instrument der Emanzipation ist freilich nur einem Teil der europäischen Rechtsordnungen bekannt. Ein Sonderfall ist die Emanzipation durch Eheschließung. Die Eheschließung einer Minderjährigen hat dann zur Folge, dass sie für die Zwecke des Privatrechts so angesehen wird, als wäre sie bereits volljährig.[312]

307   Die Lehre von der abstrakten Geschäftsfähigkeit gehört dort, wo sie mit *festen* Altersgrenzen operiert, zu den Instrumenten, die den **Markt schützen** sollen. Der Vertragspartner eines Jugendlichen kann dessen Alter durch einen Blick in einen Ausweis leicht in Erfahrung bringen. Stellt sich dabei heraus, dass die betreffende Person noch nicht volljährig ist, genügen einfache Rechtskenntnisse um zu erkennen, ob das beabsichtigte Geschäft auch für den Minderjährigen verbindlich sein wird oder nicht. Über dessen individuelle Reife muss sich ein Vertragspartner nicht mehr Gedanken machen als bei einem Erwachsenen in sonst gleicher Lage. Für den zu freier Willensbildung befähigten Minderjährigen bedeutet die Lehre von der abstrakten Geschäftsfähigkeit hingegen eine beträchtliche Einschränkung seiner Lebensgestaltung. Denn ihm bleibt der selbständige Zugang zu vielen Gestaltungsformen des Privatrechts verschlossen. Je mehr das sind, desto intensiver greift die Rechtsordnung in die Freiheit seiner Lebensgestaltung ein. Es besteht deshalb ein Zusammenhang mit den Fragen, (i) ob und inwieweit andere, insbesondere die **Eltern,** dem Minderjährigen im Wege der Stellvertretung aus seiner misslichen Lage heraushelfen können, und (ii) ob und inwieweit sie dabei auf die Förderung seines Wohls verpflichtet sind. Der Umfang elterlicher Vertretungsmacht kann umso geringer bleiben, je weiter der Aktionsradius des Minderjährigen geschnitten wird. Aber das gilt auch umgekehrt. *Hohe* Altersgrenzen festigen und verlängern elterliche Macht.[313] Je patriarchalischer eine Gesellschaft organisiert ist (oder war), desto höher liegen (lagen) die Altersstufen, ab denen Minderjährige ganz oder teilweise selbständig werden bzw. wurden. Immer schwingt zwar

---

[309] Zu den Rechtsfolgen fehlender Geschäftsfähigkeit unten Rdnr. 371.
[310] Übersicht über die Länder, die bis heute an einer Entmündigung festhalten, schon oben Rdnr. 145.
[311] Oben Rdnr. 146 mit Fn. 693 (Polen).
[312] Unten Rdnr. 320.
[313] Besonders scharf ist in diesem Punkt die polnische Lehre, die betont, dass eine Person mit beschränkter Geschäftsfähigkeit nicht verlangen könne, dass ihr die Zustimmung erteilt werde. Sie habe auf sie keinen Anspruch. Sie könne auch keine Ersatzeinwilligung bei Gericht beantragen; das sei nicht vorgesehen (Osajda [-*Księżak*], Kodeks cywilny[28], Art. 17 Rdnr. 6).

IV. Die Geschäftsfähigkeit **§ 5**

natürlich auch der Aspekt des **Minderjährigenschutzes** mit. Aber auch er ist nur ein Faktor unter mehreren. Es ist schon zweifelhaft, ob ein Regime, das Eltern eine generelle Vertretungsmacht einräumt, überhaupt dem Minderjährigenschutz dient. Es liegt auch auf der Hand, dass es bestenfalls in einer intakten Eltern-Kind-Beziehung und in Ausrichtung auf das Kindeswohl funktionieren kann. Aber selbst wenn man von solch grundsätzlichen Erwägungen absieht, lässt sich nicht belegen, dass dem Minderjährigenschutz stets Vorrang vor den Interessen des Marktes und den Interessen der Eltern eingeräumt würde. Auch die altersgebundene Stufung Geschäftsunfähigkeit – beschränkte Geschäftsfähigkeit – vollständige Geschäftsfähigkeit verursacht manch merkwürdige Ergebnisse. Was außer der Anziehungskraft einer eingängigen dogmatischen Konstruktion könnte es z. B. rechtfertigen, dass sich ein gesunder Fünfjähriger im Sommer nicht selbst eine Kugel Eis soll kaufen können, was, eine Siebzehnjährige (sogar dann, wenn sie eigenständig ein Unternehmen leitet) daran zu hindern, sich ohne Zustimmung ihrer Eltern in der Apotheke das ihr vom Arzt verschriebene Kontrazeptivum (die „Pille") zu kaufen?[314] Und warum sollte ein Geschäft auch dann stets *nichtig* sein, wenn es ein zu freier Willensbildung befähigter Minderjähriger gerade nicht *vernichten* will, es aber nur deshalb nicht bei Bestand lassen kann, weil er zu

---

[314] Der Erwerb von schwangerschaftsverhütenden Mitteln ist freilich ein außergewöhnlich komplexes Thema, weil sich die Verschreibungspraxis der Ärzte und die Gesundheitssysteme von Land zu Land unterscheiden. Wo eine junge Frau ein ihr verschriebenes Mittel kostenfrei erhält, stellt sich ein geschäftsfähigkeitsrechtliches Problem nicht; die Übereignung des Kontrazeptivums in der Apotheke gereicht der Minderjährigen lediglich zum rechtlichen Vorteil. Die rhetorische Frage im Text betrifft also nur die vergleichsweise seltenen Fälle, in denen in der Apotheke ein Kaufvertrag geschlossen wird, weil die Kundin privatversichert ist. Dann hat man es (z. B. unter deutschem und polnischem Recht) mit einem „rechtlich nachteiligen" Geschäft (!) mit der Folge zu tun, dass die Minderjährige dazu der Zustimmung ihrer Eltern bedarf. Bei Kassenpatientinnen stellt sich dagegen nur die Frage, ob der Arzt ihnen ohne Zustimmung der Eltern ein Rezept ausstellen darf, vorausgesetzt, „die Pille" ist überhaupt verschreibungspflichtig (z. B. auf Beschluss der Agenzia Italiana del Framaco nicht in Italien: https://www.aifa.gov.it/documents/20142/823882/news_ELLAONE_ING_10.10.2020.pdf). OLG Saarbrücken 18.7.2019, BeckRS 2020, 46011 hat entschieden, dass es das verfassungsrechtlich verbürgte Selbstbestimmungsrecht einer entscheidungsfähigen Vierzehnjährigen verletzen würde, die ärztliche Verschreibung von dem elterlichen Co-Konsens abhängig zu machen. Es ist schwer einzusehen, warum eine privatversicherte Patientin zwar nicht der elterlichen Zustimmung zur Verschreibung, aber doch zum Erwerb des Kontrazeptivums benötigen sollte. Im Ergebnis wäre das mit dem Gleichbehandlungsprinzip unvereinbar, zumal die Minderjährige keinen Einfluss auf die Art ihres Versicherungsschutzes hat. Im Schrifttum wird die Frage gleichwohl kontrovers diskutiert (Laufs/Katzenmeier/Lipp [-*Lipp*], Arztrecht[8], VII. Rdnr. 69; *Nebendahl,* MedR 2009 S. 197, 204; Laufs/Kern/Rehborn [-*Ulsenheimer*], Handbuch des Arztrechts[5], § 149 Rdnr. 68). In Griechenland bedarf es der Einwilligung der Eltern zu der Verschreibung nur bei Mädchen, die das fünfzehnte Lebensjahr noch nicht vollendet haben. Der Arzt muss aber davon überzeugt sein, dass das Mädchen die Situation versteht. Ab der Vollendung des sechzehnten Lebensjahres entscheidet das Mädchen selbst. Bis zur Vollendung des achtzehnten Lebensjahres erhalten Mädchen die vom Arzt verschriebene Pille kostenlos, gleich, ob sie krankenversichert sind oder nicht (https://www.eopyy.gov.gr/medicine/list; http://prosyfape.gr/assets/files/syntages/3.pdf). In England kommt es auf die *Gillick competence* an; *Gillick* (oben Fn. 270) betraf genau diesen Fall. In Schweden werden schwangerschaftsverhütende Mittel bis zur Vollendung des 20. Lebensjahres kostenlos verschrieben. Sobald die Minderjährige über ausreichende Reife verfügt, müssen die Eltern weder einwilligen noch benachrichtigt werden (*Rynning,* in: Söderbäck [Ed.], Barn och Ungas rätt i vården, S. 119, 121; Kap. 25 § 1, Kap. 12 §§ 3 und 4 Offentlighets- och sekretesslag). Der *Justitieombudsmannen* hat allerdings eine Entscheidung des Gesundheitswesens kritisiert, schon einem dreizehnjährigen Mädchen Antibabypillen zu verschreiben, ohne die Sorgeberechtigten zu benachrichtigen. (*Justitieombudsmannen* Bericht: 1992/93, S. 439, Dnr. 1993, S. 115). In diesem Alter verfüge ein Mädchen noch nicht über die für eine solche Entscheidung notwendige Reife. Gerade deshalb, so das Gegenargument, sollte eine Schwangerschaft aber vermieden werden! Unter § 31 tschech. BGB ist ein Minderjähriger zu Rechtsgeschäften fähig, die von ihrer Natur her sowohl seinem Verstand als auch der Willensreife von Minderjährigen seines Alters angemessen sind. Deshalb können Mädchen schon im Alter von (z.B.) fünfzehn Jahren von einem Gynäkologen hormonelle Antikonzeptiva verschrieben bekommen und sie nach Vorlage des Rezepts in einer Apotheke kaufen. Die Eltern müssen nicht unterrichtet werden. Die sog. „Pille danach" ist sogar frei verkäuflich; sie ist für Frauen ab Vollendung des sechzehnten Lebensjahres bestimmt. In Polen werden schwangerschaftsverhütende Mittel an Minderjährige nur mit Zustimmung der Eltern verschrieben (Art. 32(2) poln. Gesetz vom 5.12.1996 über den Beruf des Arztes und des Zahnarztes). Die Anregung des Beauftragten für Bürgerrechte, diese Praxis jedenfalls für Minderjährige ab Vollendung des fünfzehnten oder sechzehnten Lebensjahres zu ändern (poln. Beauftragte für Bürgerrechte 20.2.2017, VII.51.1.2017.AMB, rpo.gov.pl), ist wirkungslos geblieben.

308 Das relative Gewicht von Markt-, Eltern- und Minderjährigeninteressen muss in jeder Situation neu austariert werden. Das zeigen exemplarisch die Fälle, in denen ein Minderjähriger seinem Vertragspartner **vortäuscht, bereits erwachsen** zu sein (oder sonst ein Alter erreicht zu haben, mit dem sich der erhoffte geschäftsfähigkeitsrechtliche Rang verbinden würde). Sie werden bemerkenswert ähnlich entschieden. Unter Art. 1426 ital. CC kann „ein Vertrag ... nicht annulliert werden, wenn der Minderjährige mit Täuschungshandlungen seine Minderjährigkeit verheimlicht hat". Allerdings ist „die bloße von ihm abgegebene Erklärung, volljährig zu sein, ... kein Hindernis für die Anfechtung des Vertrages". Es kommt mithin auf die Schwere der Täuschungshandlung an. Der Vertragspartner ist prinzipiell gehalten, das Alter des Minderjährigen zu überprüfen. Deshalb schließen nur besonders komplexe Täuschungen die Anfechtbarkeit des Vertrages aus.[315] Art. 126 port. CC folgt dem. „Dem Minderjährigen steht nicht das Recht zu, sich auf die Anfechtbarkeit zu berufen, wenn er bei der Vornahme der Handlung Arglist angewandt hat, um als Volljähriger oder Emanzipierter angesehen zu werden".[316] Art. 253(1) port. CC versteht unter „Arglist *(dolo)* ... jede Vorspiegelung oder Entstellung von Tatsachen, derer sich jemand absichtlich oder wissentlich bedient, um bei dem Erklärenden einen Irrtum hervorzurufen oder aufrechtzuerhalten". Ob dafür schon die falsche Altersangabe auf einem Internetformular genügt, scheint bislang nicht entschieden, dürfte aber wie in Italien zu verneinen sein. Das portugiesische Schrifttum nennt Ausweisfälschungen als Beispiel; unter normalen Umständen aber solle der Vertragspartner „die Aussagen des Minderjährigen sorgfältig überprüfen".[317] In Spanien ist die Frage bislang kaum diskutiert worden. Es dürfte auch hier auf Arglist ankommen.[318] Denn zwar können sich „die Kontrahenten ... nicht auf die Minderjährigkeit oder die fehlende Unterstützung derjenigen berufen, mit denen sie den Vertrag geschlossen" haben (Art. 1302 Nr. 4 span. CC), doch können sie sich auf einen arglistig hervorgerufenen *eigenen* Willensmangel stützen. Arglist *(dolo)* wiederum liegt unter Art. 1269 span. CC nur vor, „wenn mit hinterlistigen Worten oder heimtückischen Machenschaften seitens eines der Vertragsschließenden der andere dazu verleitet wird, einen Vertrag abzuschließen, den er ansonsten nicht geschlossen hätte". Art. 1149(2) franz. CC hält ausdrücklich fest, dass „[l]a simple déclaration de majorité faite par le mineur ne fait pas obstacle à l'annulation". Die Behauptung eines Minderjährigen, er wäre volljährig, hindert die Aufhebung des Rechtsgeschäfts nicht. Allerdings soll es, folgt man dem Schrifttum, wiederum eine Gegenausnahme für den Fall geben, dass der Minderjährige seine Volljährigkeit auf betrügerische Weise, mit *manœuvres frauduleuses,* vorgetäuscht hat. Im Übrigen kommt dem Richter das Ermessen zu, im Rahmen der Folgen der Aufhebung die Täuschungshandlung des Minderjährigen zu berücksichtigen.[319]

309 Das englische Recht kennt im Prinzip nur einen *equity*-basierten Bereicherungsanspruch gegen den Minderjährigen[320], hat ihn mit sec. 3(1)(b) Minors' Contracts Act 1987 allerdings auf eine gesetzliche Grundlage gestellt. Selbst wenn der Minderjährige über sein Alter

---

[315] Näher *Senigaglia,* Minore età e contratto, S. 169 (u. a. mit Bezug auf digitale Verträge).
[316] Hat der Minderjährige das Recht, den Vertrag zu annullieren, entsteht natürlich gleich wieder die Frage, ob es die Eltern sind, die dieses Recht (allein) ausüben. *Pires de Lima und Antunes Varela,* Código Civil Anotado I[4], Art. 126, S. 139 bejahen das. *Menezes Cordeiro,* Tratado de Direito Civil IV[5], S. 491 meint sogar, dass nur der Minderjährige selbst das Anfechtungsrecht verwirkt habe. Es gäbe aber keinen Grund, warum sein gesetzlicher Vertreter das betroffene Rechtsgeschäft nicht anfechten dürfte.
[317] Carvalho Fernandes und Brandão Proença (-*Sottomayor*), Comentário ao Código Civil I, Anm. 4 zu Art. 126, S. 278.
[318] *Díez-Picazo und Gullón,* Sistema de Derecho Civil I[12], S. 218 mit Fn. 1.
[319] *Teyssié,* Droit des personnes[20], S. 388 Rdnr. 647; *Simler,* J.-Cl. Civil Code, Art. 1145 à 1152, Fasc. 8, Rdnr. 21. Zumindest theoretisch dürfte außerdem das Deliktsrecht anwendbar bleiben, weil der Grundsatz des *non-cumul des responsabilités* bei Arglist nicht gilt.
[320] Z. B. *R. Leslie Ltd v. Shiell* [1914] 3 KB 607, 618 (CA, Lord Summer): „There is no question of tracing, no possibility of restoring the very thing got by the fraud, nothing but compulsion through a personal

gelogen hat, scheitert eine Täuschungsklage gegen ihn, weil sie auf eine Durchsetzung des Vertrages hinauslaufen könnte. Das Gericht kann jedoch, „if it is just and equitable to do so, require the defendant to transfer to the plaintiff any property acquired by the defendant under the contract, or any property representing it". Der im Jahre 1983 ersatzlos gestrichene Art. 137 gr. ZGB a. F. hatte noch vorgesehen, dass sich ein Minderjähriger, der das achtzehnte Lebensjahr vollendet hat, nicht auf die Nichtigkeit des von ihm vorgenommenen Rechtsgeschäfts wegen seiner beschränkten Geschäftsfähigkeit berufen kann, „wenn bewiesen wird, dass er bei der Vornahme der Handlung demjenigen, der mit ihm kontrahiert hat, arglistig vorspiegelte, er sei volljährig". Die Vorschrift war infolge der Senkung der Volljährigkeit von 21 auf 18 Jahre obsolet geworden. Seither verbleibt es bei der absoluten Nichtigkeit des Vertrages (Artt. 127 und 130 gr. ZGB). Denkbar ist nur eine Haftung aus Delikt, wenn es sich um eine vorsätzlich-sittenwidrige Tat (Art. 919 gr. ZGB) handelt und der Minderjährige zurechnungs- und einsichtsfähig (Artt. 916 und 817 gr. ZGB) ist. In Österreich hat sich, wenn auch erst einige Jahre später, dieselbe Rechtsentwicklung vollzogen. Bevor im Jahre 2001 das Volljährigkeitsalter von neunzehn auf achtzehn Jahre (bis 1973 lag es noch bei einundzwanzig Jahren) abgesenkt wurde, galt unter dem seither ersatzlos entfallenen § 866 österr. ABGB a.F., dass „wer nach Vollendung des achtzehnten Lebensjahrs listigerweise vorgibt, daß er Verträge zu schließen fähig sei, und dadurch einen anderen, der darüber nicht leicht Erkundigung einholen konnte, hintergeht, … zur Genugtuung verpflichtet" ist (bzw. war). Im heutigen Schrifttum (Rechtsprechung fehlt) herrscht Uneinigkeit, ob ein (z.B.) siebzehnjähriger Minderjähriger unter sonst gleichen Umständen aus *culpa in contrahendo* oder (nur) aus Delikt haftet.[321] In Deutschland wird eine Haftung aus *culpa in contrahendo* durchweg abgelehnt. Sie widerspreche dem vertragsrechtlichen Minderjährigenschutz.[322] Die Nichtigkeit bzw. schwebende Unwirksamkeit des Vertrages bleibt von der Täuschung ohnehin unberührt.[323] Nicht ausgeschlossen ist aber erneut eine Haftung aus Betrug bzw. aus vorsätzlich-sittenwidriger Schädigung[324]; es kommt mithin nur zum Ersatz des sog. „negativen Interesses".[325] Die Rechtslage in Schweden läuft auf dasselbe Ergebnis hinaus.[326]

---

judgement to repay an equivalent sum out of his present and future resources ... I think this would be nothing enforcing a void contract".

[321] Siehe einerseits *Bydlinski*, Bürgerliches Recht AT[8], S. 64–66 (Haftung aus *culpa in contrahendo*) und andererseits *Kletečka*, Grundriss des Bürgerlichen Rechts I[14], S. 73 (Haftung nur aus Delikt).

[322] MünchKomm (-*Spickhoff*), BGB[8], § 106 Rdnr. 18 (wenn Verpflichtung und Haftung im vertraglichen Bereich von der Zustimmung der Eltern abhängen, müsse dies „erst recht" für die vorvertragliche Haftung gelten); Staudinger (-*Feldmann*), BGB (2018), § 311 Rdnr. 19 (der rechtsgeschäftliche Charakter des Rücksichtnahmeschuldverhältnisses schlage durch); *Canaris*, NJW 1964 S. 1987, 1988 (es sei § 179(3)(2) BGB analog anzuwenden; zustimmend Erman [-*Dieckmann*], BGB[16], § 311 Rdnr. 24). Palandt (-*Ellenberger*), BGB § 108 Rdnr. 3 und Palandt (-*Grüneberg*), § 311 Rdnr. 26 verweisen auf BGH 19.6.1973, NJW 1973 S. 1791. Die Entscheidung betraf jedoch die Frage, ob ein Kfz-Vermieter dem (damals mit 19½ Jahren noch) Minderjährigen aus *culpa in contrahendo* haften könne, was das Gericht bejahte.

[323] Die Frage, ob eine Sonderregel für Täuschungen nötig sei, wurde bei der Schaffung des BGB diskutiert und ausdrücklich verneint (Mot. I, S. 140–141).

[324] MünchKomm (-*Spickhoff*), BGB[8], § 106 Rn. 19, 21; MünchKomm (-*Wagner*), BGB[8], § 826 Rdnr. 72. LG Mannheim 30.10.1968, NJW 1969 S. 239, 240 betraf eine mit zwanzig Jahren unter dem damaligen Recht noch minderjährige Mieterin. Sie hatte ihr Alter dem Vermieter zwar mitgeteilt, aber behauptet, „für volljährig erklärt worden" zu sein (was weder nach damaligem noch nach heutigem Recht möglich war bzw. ist). Das LG verneinte eine Haftung aus § 826 BGB schon deshalb, weil die Minderjährige ihre (hypothetischen) Pflichten aus dem Mietvertrag habe erfüllen wollen und deshalb gerade keine sittenwidrige und vorsätzliche Vermögensschädigung bezweckt habe.

[325] Im Rahmen des *Bereicherungsrechts* entsteht in solchen Fällen die Frage, ob der Minderjährige wegen Bösgläubigkeit (§ 819(1) dt. BGB) des Einwandes der Entreicherung (§ 818(3) a. a. O.) verlustig geht (§ 818(4) a. a. O.). Die Antwort dürfte davon abhängen, um was für eine Art von Kondiktion es sich handelt. BGH 7.1.1971, BGHZ 55 S. 128, 136–137 hat im Falle einer von einem Minderjährigen erschlichenen Flugreise angenommen, es sei zur Feststellung der Bösgläubigkeit auf die Kenntnis der Eltern abzustellen. „Sonst würde in manchen Fällen über die Bereicherungshaftung der Zustand eintreten, vor dem der nicht voll Geschäftsfähige gerade bewahrt werden sollte". Wenn der Bereicherungsgegenstand durch eine unerlaubte Handlung erlangt worden sei, sei dagegen § 828 dt. BGB (deliktische Einsichts-

2. Geschäftsfähigkeit als Status?

310 In der Tradition der meisten (aber keineswegs aller) europäischen Jurisdiktionen gehen bis heute Volljährigkeit und abstrakte Geschäftsfähigkeit Hand in Hand.[327] Ändert sich das Volljährigkeitsalter, ändert sich auch das Alter, ab dessen Erreichen jemand als abstrakt geschäftsfähig angesehen wird. Gesetzestexte, die in beliebigen Zusammenhängen das Wort „Geschäftsfähigkeit" verwenden, müssen nicht umgeschrieben werden, wenn der Gesetzgeber an anderer Stelle das Volljährigkeitsalter hebt oder senkt. Der Volljährige wiederum rückt (bzw. rückte) nach herkömmlichem Verständnis in den „Stand" eines Bürgers auf, der nicht nur tatsächlich zu freier Willensbildung befähigt, sondern zu ihr auch rechtlich befugt ist. Geschäftsfähigkeit wie Geschäftsunfähigkeit konnten auf diese Weise als Status gedacht werden und werden verbreitet noch immer so verstanden.[328] Ein Mensch, der das achtzehnte Lebensjahr vollendet hat, hat den gesellschaftlichen Rang eines Geschäftsfähigen. Dieser Status kann, in Ausnahmefällen, mancherorts allerdings auch schon – ganz oder teilweise – von einer jüngeren Person erworben werden; er wird ihr dann nachgerade „verliehen".[329] Genauso kann es (durch Hoheitsakt) zu dem späteren Entzug eines einmal erworbenen geschäftsfähigkeitsrechtlichen Status kommen. Wer bis dato „voll" geschäftsfähig war, wird nun auf den Rang eines beschränkt Geschäftsfähigen zurückgestuft; wer beschränkt geschäftsfähig war, auf den Status eines Geschäftsunfähigen. Im schlimmsten Fall wird die mittlere Ebene gleich ganz übersprungen. Konkrete Geschäftsfähigkeit dagegen erwirbt und verliert man – wiederum ganz oder teilweise – durch biologische Vorgänge im eigenen Körper, nicht durch Gesetz, Hoheitsakt oder privatautonome Erklärung. Dass auch die Frage, welche Fähigkeiten nötig sind, um noch von einem freien Willen zu sprechen, nach Rechtsregeln entschieden werden muss, hebt den grundsätzlichen Unterschied nicht auf.

311 In nicht wenigen Jurisdiktionen hinterlässt das Status-Denken bis in die Gegenwart deutliche Spuren. Man erkennt sie z.B. im Internationalen Privatrecht der Mitgliedstaaten, die die abstrakte Geschäftsfähigkeit an das Heimatrecht einer Person anknüpfen. Solche Systeme überlassen es also zumindest der Grundregel nach gerade nicht der jeweiligen *lex causae* (dem Vertrags-, dem Gesellschafts-, dem Sachenrechtsstatut etc.), darüber zu entscheiden, was eine noch nicht volljährige Person auf diesen Feldern unternehmen darf.[330] Aus deutscher Sicht entscheidet das deutsche Recht, was ein Deutscher (nach neuem Recht: eine Person mit gewöhnlichem Aufenthalt in Deutschland) kann, gleich, was er oder sie tut oder wo er oder sie sich befindet (Art. 7(2) dt. EGBGB alte und neue Fassung). Im internen Recht wird „Geschäftsfähigkeit" zu einem dogmatischen Versatzstück, das sich

---

fähigkeit) anzuwenden. Im Rahmen einer Leistungskondiktion dürfte es deshalb darauf ankommen, ob die Eltern wussten, dass ihr Sprössling gelogen hat.

[326] Hat der Minderjährige bei Vertragsschluss durch falsche Angaben über seine Geschäftsfähigkeit (Volljährigkeit; Vorliegen einer *begränsad rättshandlingsförmåga* unter Kap. 9 §§ 2a, 3, und 5 schwed. FB; siehe schon oben Fn. 304) seinen Vertragspartner getäuscht, bleibt ihm der Minderjährige auf den durch die Vereinbarung verursachten Schaden haftbar, soweit dies zumutbar ist. Hat der Minderjährige eine Straftat begangen, richtet sich die Schadensersatzpflicht nach dem, was allgemein für Schäden aus Straftaten gilt (Kap. 9 § 7(2) FB). Ersatzpflichtig ist nur das negative Interesse, also der Vertrauensschaden *(negativt kontraktsintresse)* (näher *Ryrstedt*, Kommentar zum Föräldrabalk unter den angegebenen Bestimmungen).

[327] Näher unten Rdnr. 319.

[328] *Flume*, BGB AT II⁴, S. 183 sprach von dem „rechtlichen Status der Geschäftsunfähigkeit und der Beschränkung der Geschäftsfähigkeit" und betonte, „das Statusprinzip ist in unserem Recht mit allgemeiner Konsequenz durchgeführt, was die Geschäftsfähigkeit nach dem Lebensalter anbetrifft". MünchKomm (-*Lipp*), BGB⁸, Art. 7 EGBGB Rdnr. 38 hält fest, dass die Regeln über die Geschäftsfähigkeit den Status der Person „begründen" und deshalb unabhängig von dem jeweiligen Rechtsgeschäft gelten.

[329] Zur Emanzipation und den ihr ähnlichen Mechanismen noch unten Rdnr. 319.

[330] Siehe schon oben Rdnr. 28. Die Einzelheiten freilich sind komplizierter, weil auf der Ebene des Internationalen Privatrechts oft noch weiter zwischen der sog. „allgemeinen" und den „besonderen" Geschäftsfähigkeiten unterschieden wird und letztere (wie z.B. die Fähigkeit, ein Testament zu errichten) dann doch wieder dem Sachstatut unterworfen werden. Es geht in diesen Fällen um „Mündigkeiten". Näher *von Bar und Mankowski*, Internationales Privatrecht II², S. 931.

IV. Die Geschäftsfähigkeit **§ 5**

in gänzlich heterogenen Rechtsgebieten einsetzen lässt. Dann greifen die entsprechenden Rechtsordnungen auf „Geschäftsfähigkeit" nicht nur im Recht der gewöhnlichen Verpflichtungsverträge des Schuldrechts, sondern weit darüber hinaus im Kontext aller denkbaren „Rechtsgeschäfte" zurück, auch im Recht der Verfügungen über Forderungen und Sachen[331], im Familien- und im Erbrecht[332] und im Handels- und im Gesellschaftsrecht. Abstrakte Geschäftsfähigkeit wirkt sogar bis in das Verjährungs[333]- und das Ersitzungsrecht[334] hinein, kann als Anker von Regeln über den Zugang von Willenserklärungen dienen[335] und zur Wirksamkeitsvoraussetzung für einseitige Rechtsgeschäfte werden.[336] Das

---

[331] Im Recht der kausalen Verfügungen ist das ohnehin selbstverständlich. Im Recht der abstrakten Verfügungen beinhaltet der Erwerb von Eigentum stets einen rechtlichen Vor-, der Verlust von Eigentum stets einen rechtlichen Nachteil. In Griechenland z. B. hat man deshalb zwischen Mobilien und Immobilien zu unterscheiden. Denn dem sog. Abstraktionsprinzip folgt nur die Übertragung des Eigentums an Mobilien (*von Bar*, Gemeineuropäisches Sachenrecht II, Rdnr. 233). Da die Geschäftsfähigkeit im Allgemeinen Teil des ZGB geregelt ist, gilt sie im gesamten Privatrecht (*Georgiades und Stathopoulos*, AK I, Art. 127 gr. ZGB S. 184 Rdnr. 1). Um Irritationen zu vermeiden, stellt Kap. 9 § 1 schwed. FB ausdrücklich klar, dass die Regeln über das Recht, „über sein Vermögen [*egendom*] zu verfügen [*råda över*]" als auch das Recht betreffen, „Verpflichtungen einzugehen" (*åta sig förbindelser*). Näher zu den dadurch eröffneten Differenzierungsmöglichkeiten die Kommentierung von Kap. 9 § 1 a. a. O. in *Walin/Vängby/Singer/Jänterä-Jareborg*, Föräldrabalken.

[332] Im deutschen Ehevertragsrecht spielt, da Minderjährige grundsätzlich nicht heiraten dürfen, nur die (abstrakte) beschränkte Geschäftsfähigkeit von unter Einwilligungsvorbehalt stehenden Betreuten eine Rolle (§ 1411(1) dt. BGB); für Personen, die konkret geschäftsunfähig sind, schließt der Betreuer mit Genehmigung des Gerichts den Ehevertrag (§ 1411(2) a. a. O.). Eine Vaterschaft kann eine beschränkt geschäftsfähige Person nur mit Zustimmung ihrer Eltern anerkennen (§ 1596(1) a. a. O.), die insoweit aber keine Vertretungsmacht haben. Ein geschäftsunfähiger Betreuter kann die Anerkennung nur selbst erklären; im Falle eines Einwilligungsvorbehalts bedarf er der Zustimmung des Betreuers (§ 1596(3) a. a. O.). Beschränkt geschäftsfähige Personen fechten ihre Vaterschaft selbst an (§ 1600a(2) BGB); für „ein geschäftsunfähiges oder in der Geschäftsfähigkeit beschränktes Kind kann (jedoch) nur der gesetzliche Vertreter anfechten" (Abs. (3) a. a. O.). Eine Sorgeerklärung für ein Kind kann ein „beschränkt geschäftsfähiger" Elternteil nur mit Zustimmung seines gesetzlichen Vertreters abgeben (§ 1626c(1) a. a. O.), dessen ablehnende Entscheidung das Gericht aber ersetzen kann (Abs. (3) a. a. O.). Einem Elternteil, das bei der Geburt nicht oder nur beschränkt geschäftsfähig ist, steht die elterliche Sorge noch nicht zu; sie ruht (§§ 1673, 1675 a. a. O.). Im Recht der Fähigkeit zum Abschluss von Erbverträgen gibt es heute keine Sonderregeln für beschränkt geschäftsfähige Minderjährige mehr. Einen Erbvertrag kann nur schließen, wer „unbeschränkt geschäftsfähig" ist (§ 2275 a. a. O.). Wer beschränkt geschäftsfähig ist, kann ohne Zustimmung seines gesetzlichen Vertreters nicht auf eine Erbschaft verzichten (§ 2347 BGB). Zum Testamentsvollstrecker kann unter § 2201 a. a. O. nicht ernannt werden, wer geschäftsunfähig oder in der Geschäftsfähigkeit beschränkt ist.

[333] Z. B. § 210 BGB (Ablaufhemmung, wenn eine geschäftsunfähige oder in der Geschäftsfähigkeit beschränkte Person nicht gesetzlich vertreten ist) und Art. 2942 ital. CC (Hemmung der Verjährung gegen eine minderjährige oder aufgrund eines geistigen Gebrechens entmündigte Person bis zur Bestellung eines Vertreters).

[334] Oben Rdnr. 272.

[335] Z. B. § 131 dt. BGB; Artt. 170–172 gr. ZGB (*Georgiades und Stathopoulos*, AK I, Art. 127 gr. ZGB S. 185 Rdnr. 3 erläutern, dass die Fähigkeit, eine Willenserklärung entgegenzunehmen, nicht in der Geschäftsfähigkeit enthalten sei, die Entgegennahme setze aber Geschäftsfähigkeit voraus) und § 570 tschech. BGB (anders nur, wenn das Rechtsgeschäft dem Minderjährigen vorteilhaft ist). Polen kennt, soweit ersichtlich, nur Vorschriften zur Zustellung von Briefen im Rahmen eines gerichtlichen Verfahrens (Art. 138 poln. ZPO; Art. 43 poln. VerwaltungsverfahrensG). Der Zusteller kann einen Brief grundsätzlich nur einem erwachsenen Hausbewohner zustellen. Übergibt er den Brief an einen Minderjährigen und händigt ihn dieser später an den Empfänger aus, gilt der Brief aber als zugegangen (poln. Oberstes Verwaltungsgericht 29.6.2016, II GZ 650/16, Legalis Nr. 1506058).

[336] Z. B. § 111 dt. BGB; §§ 10 und 12(1) estn. BGB AT; Artt. 128, 130 gr. ZGB und Art. 19 poln. ZGB. In Schweden betrifft das Fehlen der abstrakten Fähigkeit Minderjähriger, „über sein Vermögen zu verfügen" (Kap. 9 § 1 FB; vorher Fn. 331) gleichfalls sowohl einseitige Rechtshandlungen als auch Willenserklärungen, die an ihn gerichtet sind, also z. B. die Entgegennahme einer Kündigung, die Geltendmachung eines Anspruchs, die Erklärung einer Vertragsauflösung etc. Diese Erklärungen sind an die Sorgeberechtigten zu richten. Es genügt nicht, dass eine an den Minderjährigen gerichtete Willensäußerung zur Kenntnis der Sorgeberechtigten gelangt. Die Rechtshandlung wird aber wirksam, wenn die Eltern ihr Kind zur Entgegennahme bevollmächtigt haben (*Walin/Vängby/Singer/Jänterä-Jareborg*, Föräldrabalken, Kommentierung zu Kap. 9 § 6 FB). In Tschechien verbleibt es für einseitige Rechtsgeschäfte bei der allgemeinen Regel des § 31 tschech. BGB (konkrete Geschäftsfähigkeit); nur für Testamente gilt, wie üblich, eine Sonderregel (§ 1526 a. a. O.: Vollendung des fünfzehnten Lebensjahres).

Status-Denken ist, wann immer es um Minderjährige geht, im Bewusstsein insbesondere deutscher Juristen so präsent, dass sie selbst noch im Recht der Einwilligung in die Verletzung körperlicher und unkörperlicher Persönlichkeitsrechte die Nähe zu geschäftsfähigkeitsrechtlichen Konzepten suchen, und sei es auch nur in Gestalt der Stereotype, dass es hier regelmäßig *nicht* auf Geschäftsfähigkeit ankomme. § 1304 dt. BGB formuliert, dass, „wer geschäftsunfähig ist, ... eine Ehe nicht eingehen" kann.[337] Aber welcher Sechsjährige sollte schon heiraten wollen? Gemeint ist an dieser Stelle offenbar die konkrete Ehefähigkeit. Die Nichtunterscheidung zwischen der konkreten und der abstrakten Geschäftsfähigkeit kann kuriose Texte hervor bringen.

312 Wo Geschäftsfähigkeit als Status gedacht wurde, entstand auch die Möglichkeit, das Konzept einer limitierten oder **beschränkten Geschäftsfähigkeit** zu entwickeln. Wer „geschäftsunfähig" ist, hat, so wird man das deuten müssen, überhaupt noch keinen Stand in der Zivilgesellschaft, wer „beschränkt" geschäftsfähig ist, einen im Vergleich zu den „voll" Geschäftsfähigen minderbegünstigten Status. Bei der Umsetzung dieses Ansatzes in Regeln hat sich in diesen Rechtsordnungen die Vorstellung verfestigt, dass statuslose Minderjährige überhaupt nicht am Rechtsleben teilhaben könnten. Die von ihnen getätigten Rechtsgeschäfte sind ausnahmslos nichtig[338]; sie werden als nie geschehen betrachtet. Deshalb kann hier ein Mensch in den ersten Jahren seines Lebens nicht nur rein gar nichts kaufen, sondern nicht einmal einem Rechtserwerb zustimmen. Die jeweilige Mittelgruppe wird krude als lediglich einseitig geschäftsfähig eingestuft. Ihre Angehörigen können auf der Grundlage von Rechtsgeschäften zwar Rechte erwerben, dies aber nur, wenn mit dem Erwerb keine Verpflichtung oder sonst ein rechtlicher Nachteil verbunden ist. Das typische Beispiel sind synallagmatisch verknüpfte Leistungsbeziehungen. Erst wenn man in die dritte Gruppe aufgestiegen (und in ihr verblieben) ist, ist man im Besitz des meistbegünstigten Status des Geschäftsfähigen.

313 Die Ergebnisse, die auf diese Weise erzielt werden, grenzen gelegentlich ans Absurde. In der heutigen Europäischen Union können Minderjährige fähigkeitsrechtlich bis zur Vollendung des vierzehnten Lebensjahres rechtlos gestellt sein[339]; dasselbe Alter kann andernorts aber schon den Beginn der „vollen" Geschäftsfähigkeit markieren.[340] Man mag indes nicht glauben, dass alle bulgarischen Kinder Spät- und alle aragonischen Kinder Frühentwickler sind. Dass jeder Fixierung von Altersgrenzen eine gewisse Willkür innewohnt, ist das Eine. Das Andere ist, dass es durch ein altersgebundenes Stufensystem auch zu lebenstatsächlich unerklärlich langen **Zeitspannen** kommen kann, in denen Minderjährige in demselben Status verharren. Es ist indes in einer modernen Großstadtgesellschaft weder akzeptabel, alle Minderjährigen bis zur Vollendung des siebenten (zehnten, dreizehnten oder gar vierzehnten) Lebensjahres für ausnahmslos geschäftsunfähig anzusehen, noch, Kinder, die das siebente Lebensjahr vollendet haben, mit Jugendlichen gleichzustellen, die das siebzehnte Lebensjahr vollendet haben. Eine derart überdimensionierte Zeitspanne lässt sich nur mit dem **Interesse der Eltern** erklären, ihren Einfluss auf ihre Kinder erst möglichst spät zu verlieren; aus der Perspektive der nachwachsenden Generation ist sie nicht zu rechtfertigen. Früher reichte diese Zeitspanne sogar (mindestens) bis zur Vollendung des einundzwanzigsten Lebensjahres. Man hat sie zwar verkürzt, aber den hinter ihr liegenden rechtspolitischen Ansatz unangetastet gelassen.

314 Geschäftsfähigkeit als Status zu begreifen, ist in einem dem Kindeswohl verpflichteten Staat zum Fremdkörper geworden. Nicht einmal die Verknüpfung von Volljährigkeit und abstrakter Geschäftsfähigkeit ist zwingend. Es handelt sich nur um eine Faustregel, von der

---

[337] Ähnlich Art. 1351 gr. ZGB, der u. a. auf Art. 128 gr. ZGB verweist, wonach geschäftsunfähig ist, wer nicht das zehnte Lebensjahr vollendet hat oder unter völliger geschäftsfähigkeitsbeschränkender Betreuung steht.
[338] Unten Rdnr. 372.
[339] Art. 3(2) bulgar. Gesetz über die Person und die Familie (oben Rdnr. 268). In Spanien galt Entsprechendes früher sogar bis zum Erreichen der Volljährigkeit (unten Rdnr. 316).
[340] Oben Fn. 11 (Aragon).

IV. Die Geschäftsfähigkeit § 5

es in jede Richtung Ausnahmen gibt und geben muss. Es ist zwar unbedenklich, jeden Volljährigen als grundsätzlich abstrakt geschäftsfähig anzusehen. Da Volljährige alle politischen Rechte haben, werden sie in einem Staat, in dem alle „Staatsgewalt vom Volk" ausgeht (Art. 20 dt. GG), auch alle bürgerlichen Rechte haben müssen. Die vertikale Beziehung zum Staat lässt sich in einer Demokratie nicht länger künstlich von der horizontalen Interaktion mit den Zeitgenossen (Verträge innerhalb des „Volkes") trennen. Aber das erlaubt nicht den Umkehrschluss, dass Personen, die noch nicht volljährig sind, eben auch noch nicht oder bestenfalls beschränkt geschäftsfähig sein können. „Volljährigkeit" ist nur ein Sammelbegriff für ein Bündel von Rechten; welche das sind, muss in jedem einzelnen Fall konkretisiert werden. Dasselbe gilt für die Geschäftsfähigkeit. Beide verhalten sich zueinander nur wie zwei sich schneidende Kreise. Wer abstrakt geschäftsfähig ist, ist nicht notwendig volljährig; wer volljährig ist, nicht notwendig abstrakt geschäftsfähig. Volljährige können ihre abstrakte Geschäftsfähigkeit durch Entmündigung oder eines ihrer Nachfolgeinstrumente im Recht der Betreuung ganz oder teilweise verlieren; Minderjährige können emanzipiert oder jedenfalls sektoriell mit dem Status eines Volljährigen versehen werden.

Es überrascht deshalb nicht, dass nicht einmal die **18-Jahre-Grenze** heute noch überall 315 als Selbstverständlichkeit hingenommen wird, auch nicht auf dem engeren Gebiet des Vertragsrechts. Unter sec. 1(1)(b) Age of Legal Capacity (Scotland) Act 1991 „a person of or over the age of 16 years shall have legal capacity to enter into any transaction". Eine jüngere Person hat diese breite Fähigkeit zwar nicht (lit. (a) a. a. O.), aber sie hat – ohne dass dafür ein bestimmtes Mindestalter fixiert worden wäre – „legal capacity to enter into a transaction (a) of a kind commonly entered into by persons of his age and circumstances, and (b) on terms which are not unreasonable" (sec. 1(2) a. a. O.). Ein Mindestalter (Vollendung des zwölften Lebensjahres) besteht nur für die Testierfähigkeit und die Zustimmung zur eigenen Adoption (secs. (2) und (3) a. a. O.). Dass auch die Einwilligungszuständigkeit in eine medizinische Behandlung nicht strikt vom Alter, sondern (bei Personen, die das sechzehnte Lebensjahr noch nicht vollendet haben) von der *Gillick* Kompetenz abhängt (sec. (4) a. a. O.), sagten wir bereits.[341] Bemerkenswert ist vor diesem Hintergrund auch Art. 108 des slowen. FamG, wonach ein Minderjähriger, der das fünfzehnte Lebensjahr vollendet hat und soweit gesetzlich nichts anderes bestimmt ist, „selbständig Rechtsgeschäfte abschließen" kann. „Die Gültigkeit dieser Geschäfte bedarf der Zustimmung der Eltern (nur), wenn sie von so großer Bedeutung sind, dass sie das Leben des Minderjährigen erheblich beeinträchtigen oder das Leben des Minderjährigen über die Volljährigkeit hinaus beeinträchtigen" würden.

Die vom deutschen Recht initiierte Verknüpfung der Minderjährigkeit mit gleich 316 **zwei unterprivilegierten Status** ist zwar von mehreren europäischen Staaten rezipiert worden[342], hat sich aber nie breitflächig durchgesetzt. Den romanischen Rechtsordnungen ist sie fremd geblieben[343], den skandinavischen gleichfalls[344], und das englische Recht hat sie ohnehin nie gekannt. Zu den Ländern, die ohne das Konzept einer altersgebundenen beschränkten Geschäftsfähigkeit auskommen, gehört außerdem Tsche-

---

[341] Oben Rdnr. 294.
[342] Oben Rdnr. 305 (Estland, Griechenland, Polen und, mit Einschränkungen, auch Österreich).
[343] Oben Rdnr. 246.
[344] Schweden kennt nur partielle Geschäftsfähigkeiten. Sie betreffen Minderjährige mit eigenem Haushalt und Minderjährige, die (ab Vollendung des 16. Lebensjahres) selbständig ein Gewerbe betreiben (Kap. 9 § 2a und § 5 schwed. FB). Der Minderjährige kann innerhalb des gesetzlichen Rahmens Verpflichtungen eingehen und sich Bedingungen im Zusammenhang mit dem Erwerb einer Schenkung oder einer testamentarischen Zuwendung unterwerfen (Kap. 9 § 1 FB). Aber natürlich muss er auch konkret geschäftsfähig sein (Prop. 1993/142:251, S. 39). Für alltägliche Rechtshandlungen, wie kleinere Einkäufe, die außerhalb der Geschäftsfähigkeit des Minderjährigen liegen, kann eine Zustimmung der Sorgeberechtigten im Zweifel als implizit angesehen werden (näher Svea Hovrätt 10.6.1988, RH 1988:82: Kauf eines Paar Stiefel durch Dreizehnjährige, der die Mutter das Kindergeld überlassen hatte, unter den Umständen ein alltägliches Geschäft).

chien³⁴⁵; Litauen nutzt ein Mischmodell.³⁴⁶ Das **gemeinspanische** Recht stand ursprünglich auf dem Standpunkt, Minderjährige seien *total y absolutamente incapazes*.³⁴⁷ Das moderne Recht hat sich auf ein System umgestellt, das nichtemanzipierten Minderjährigen eine *capacidad de obrar limitada* gewährt.³⁴⁸ Es nimmt seinen Ausgangspunkt bei dem Gedanken, dass Minderjährige allgemein, wenn auch beschränkt handlungsfähig seien³⁴⁹; es handelt sich mithin in der Terminologie des deutschen Rechts nicht um eine beschränkte, sondern um eine partielle Geschäftsfähigkeit. Von der elterlichen Vertretungsmacht bleiben neben den Persönlichkeitsrechten alle Handlungen ausgenommen, „die das Kind in Übereinstimmung mit den Gesetzen und entsprechend seiner Reife selbst ausführen kann. Allerdings haben die elterlich Verantwortlichen in diesen Fällen kraft ihrer Sorge- und Beistandspflichten einzugreifen" (Art. 162(1) span. CC). Minderjährige können entsprechend ihrem Alter und ihren sozialen Gewohnheiten Verträge über Güter und Dienste des täglichen Lebens schließen (Art. 1263 span. CC). Der freie Wille steht im Mittelpunkt, nicht der Status.

317   Unter **englischem Recht** können Minderjährige (nur, aber immerhin) *beneficial contracts* über Lehr-, Ausbildungs- und Dienstverhältnisse sowie Verträge über den eigenen Lebensbedarf *(necessaries)* schließen. Auch Letzteres ist eine partielle, aber keine an präzise Altersschwellen gebundene und auf rechtliche Vorteile zurechtgestutzte beschränkte Geschäftsfähigkeit. Das geltende Recht hat eine lange Tradition; seine Grundlinien haben sich im 19. Jahrhundert verfestigt. Ein Minderjähriger ist an Versprechen, Verträge und Urkunden *(deeds)* gebunden, die sich auf *necessaries* beziehen³⁵⁰, muss für ihre Lieferung also auch bezahlen, wenngleich nur einen *reasonable price* (sec. 3(2) SGA 1979). Für die Zwecke des Kaufrechts „'necessaries' means goods suitable to the condition in life of the minor or other person concerned and to his actual requirements at the time of the sale and delivery" (sec 3(3) a. a. O.). Es geht also z. B. um Essen, Trinken, Kleidung, Unterkunft und Arzneimittel. Die Waren dürfen nicht nur der Zierde, dem Komfort oder der Bequemlichkeit dienen. Ob sie notwendig sind, ist unter Bedacht auf das Alter und die Lebenssituation des einzelnen Minderjährigen zu entscheiden.³⁵¹ Die Beweislast

---

³⁴⁵ Unter § 31 tschech. BGB „wird vermutet, dass jeder Minderjährige, der nicht die volle Geschäftsfähigkeit erlangte, zur Vornahme von Rechtsgeschäften fähig ist, die von ihrer Natur her sowohl dem Verstand als auch der Willensreife von Minderjährigen seines Alters angemessen sind". Die für den selbständigen Betrieb eines Erwerbsgeschäfts erforderliche partielle Geschäftsfähigkeit ist Gegenstand der Regelung in § 33 tschech. BGB.

³⁴⁶ Die Grundregel lautet, dass Minderjährige bis zur Vollendung des vierzehnten Lebensjahres Verträge nur durch ihre gesetzlichen Vertreter abschließen dürfen (Art. 2.7(1) lit. ZGB). Minderjährige unter vierzehn Jahren dürfen aber Rechtsgeschäfte zur Befriedigung ihrer gewöhnlichen und üblichen Bedürfnisse schließen, außerdem formungebundene Verträge, die auf einen unentgeltlichen persönlichen Gewinn gerichtet sind, und Verträge, bei denen sie selbst verdientes oder ihnen von ihren gesetzlichen Vertretern zur freien Verfügung überlassenes Geld einsetzen (Abs. (3) und Art. 2.8(2) a. a. O.). Sonderregeln gelten für Einlagen bei Kreditinstituten durch Minderjährige, die das vierzehnte Lebensjahr vollendet haben (Art. 2.8(4) a. a. O.). Aus Verträgen, zu denen der Minderjährige befähigt ist, haftet er allein (Art. 2.8(5) a. a. O.); im umgekehrten Fall ist der Vertrag nichtig (Art. 1.88(1) a. a. O.), es ei denn, er wird von den Eltern ratifiziert (Art. 1.88(3) a. a. O.).

³⁴⁷ *Lasarte,* Principios de derecho civil I²⁵, S. 190–192. Kritisch zu dieser *teoría de la incapacidad absoluta* allerdings bereits *de Castro,* Derecho civil de España II, S. 174.

³⁴⁸ Das geht zurück auf die Reform durch das Organgesetz 1/1996 vom 15.1.1996 zum Rechtsschutz der Minderjährigen (Ley Orgánica de protección jurídica del menor, LOPJM) i. d. F. des Gesetzes 26/2015 vom 28.7.2015. Art. 2(1) Satz 3 LOPJM brachte den Grundsatz, dass „Einschränkungen der Handlungsfähigkeit von Minderjährigen … restriktiv und in jedem Fall im besten Interesse des Minderjährigen auszulegen" sind. Die wichtigsten Fälle der *capacidad limitada* findet man in Art. 162(1) und Art. 1263 span. CC. Zu Art. 211-3 katal. CC siehe schon oben Fn. 94.

³⁴⁹ *O'Callaghan,* Compendio de derecho civil I³, S. 303 m. w. N.

³⁵⁰ *Walter v Everard* [1891] 2 QB 369.

³⁵¹ So schon *Peters v Fleming* (1840) 6 M & W 42; (1840) 1 WLUK 58; 151 ER 314, 316 (Parke, B: „The true rule I take to be this – that all such articles as are purely ornamental are not necessary, and are to be rejected, because they cannot be requisite for any one; and for such matters, therefore, an infant cannot be made responsible. But if they are not strictly of this description, then the question arises, whether they were bought for the necessary use of the party, in order to support himself

liegt beim Lieferanten.³⁵² Besitzt ein Minderjähriger einen Gegenstand dieser Art bereits, ist ein neuerlicher Erwerb nicht notwendig. Der Minderjährige haftet auch dann nicht, wenn dieser Umstand dem Lieferanten unbekannt war.³⁵³ Der Vertrag muss insgesamt zum (wirtschaftlichen) Vorteil des Kindes sein, darf insbesondere keine unfairen Bedingungen enthalten.³⁵⁴ Der Minderjährige kann aber nicht gleichzeitig auf den ihm vorteilhaften Bedingungen bestehen und die unvorteilhaften ablehnen.³⁵⁵ Kreditverträge gehören nicht zum Lebensbedarf.³⁵⁶ Wenn der Minderjährige die Erfüllung eines ihn nicht bindenden Vertrages ablehnt, kann ihn das Gericht zur Restitution eines bereits erworbenen Gegenstandes (oder seines Substituts) verurteilen (sec. 3(1)(b) Minors' Contracts Act 1987). Der Vertrag ist aber nicht *ex lege* nichtig. Es steht vielmehr im Belieben des zu freier Willensbildung befähigten Minderjährigen (und nicht seiner Eltern³⁵⁷), den Vertrag „during minority or within a reasonable time of the minor attaining majority" zu annullieren.³⁵⁸ Er kann ihn ebenso genehmigen, ohne dass es dafür einer eigenen *consideration* bedürfte.³⁵⁹

3. Die Sonderstellung von Rechtsgeschäften

Es bleibt die Frage, was es rechtfertigt, den rechtsgeschäftlichen Gestaltungsrahmen von zu freier Willensbildung befähigten Minderjährigen stärker einzuschränken, als ihre Befugnis, in Heilbehandlungen und andere ihre körperliche Integrität bzw. ihre unkörperlichen Persönlichkeitsrechte gefährdende Handlungen einzuwilligen. Dass Einwilligungsfähigkeit nicht dasselbe sei wie Geschäftsfähigkeit, wird zwar immer wieder betont.³⁶⁰ Aber das ist 318

---

properly in the degree, state, and station in life in which he moved; if they were, for such articles the infant may be responsible").
352 *Nash v Inman* [1908] 2 KB 1.
353 *Barnes & Co v Toye* [1884] 13 QBD 410.
354 *De Francesco v Barnum* (1890) 45 ChD 430; *R. v Lord* (1848) 12 QB 757 (mir nicht zugänglich).
355 *Slade v Metrodent* [1953] 2 QB 112.
356 *Fawcett v Smethurst* [1914] 84 LJKB 473. Ein modernes Beispiel wäre ein Handyvertrag mit einer auf einer „pay as you go" Vereinbarung. Wird dagegen „notwendige" Ware auf Kredit geliefert („angeschrieben"), dann haftet der Minderjährige auf den angemessenen Preis. „Any security given in respect of a loan is unenforceable even though the money was required for necessaries [*Martin v Gale* (1876) 4 Ch. D. 428] and an account stated is voidable despite the fact that some of the items in the account consist of necessaries [*Williams v Moor* 152 E. R. 798] … But the person who supplied the necessaries can, of course disregard the account stated or the security and sue for a reasonable price (*Re Soltykoff Ex p. Margrett* [1981] 1 Q. B. 413; *Walter v Everard* [1891] 2 Q. B. 369)" (Chitty [-*Whittaker*], On Contracts³², S. 848 Rdnr. 9–023).
357 Das folgt aus der allgemeinen Regel, dass *parental responsibility* und freie Willensbildung des Kindes gegensätzlich ausschließlich sind. *Parental responsibility* steht unter dem Vorbehalt, dass das Kind nach seinem individuellen Reifegrad bereits selbst im Besitz einer partiellen oder der vollständigen *capacity* ist. Auch das folgt aus *Gillick v West Norfolk and Wisbech AHA* [1985] UKHL 7, [1985] 3 WLR 830 (oben Fn. 270). Die dort aufgestellten Grundsätze zur sog. *Gillick competence* reichen weit über den spezifischen Kontext medizinischer Maßnahmen hinaus. Soweit das Kind für bestimmte Bereiche nach Einschätzung des Gerichts hinreichende Reife hat, wird das Sorgerecht der Eltern insoweit durch die Befugnis des Minderjährigen zur autonomen Entscheidung verdrängt.
358 *Edwards v Carter* [1893] AC 361.
359 So bereits *Southerton v Whitlock* (1725) 93 ER 786 und *Williams v Moor* (1843) 152 ER 798.
360 Siehe schon oben Rdnr. 297 und neuerdings wieder BGH 16.6.2021, BeckRS 2021, 19360. Es ging um die gegenseitige Ausschließlichkeit von Vorsorgevollmacht und Betreuung (§ 1896(2) dt. BGB a.F.; jetzt § 1814(3) n.F.) und vor diesem Hintergrund um die Frage, ob die unter Demenz leidende Betroffene noch wirksam eine Vorsorgevollmacht ausgestellt hatte. Psychiater hatten in dem Bericht über die Entlassung aus der Klinik ihre „Einwilligungsfähigkeit" festgestellt (zu welchem Zweck, wird nicht deutlich); das Amtsgericht hatte nur kurz danach auf der Grundlage einer Anhörung der Betroffenen und eines Sachverständigen Betreuung angeordnet, die Betroffene also für (konkret) geschäftsunfähig angesehen. Diese Entscheidung hatte das LG aufgehoben. Der BGH wiederum hob die Entscheidung des LG auf. Die Äußerungen in dem psychiatrischen Entlassungsbericht ließen keinen Rückschluss auf die Geschäftsfähigkeit der Frau zu. Die Geschäftsfähigkeit sei die Fähigkeit, Rechtsgeschäfte selbst wirksam vornehmen zu können, die Einwilligungsfähigkeit dagegen die Fähigkeit, Art, Bedeutung, Tragweite und Risiken einer medizinischen Maßnahme jedenfalls in groben Zügen zu erfassen und seinen Willen

eine rein dogmatische Beobachtung. Sie erklärt nicht, warum Einwilligungsfähigkeit in den meisten Ländern früher erreicht wird als unbeschränkte und manchmal auch früher als partielle Geschäftsfähigkeit. Auf den ersten Blick wirkt das System paradox. Man sollte meinen, die Dinge müssten sich, wenn man überhaupt einen Unterschied machen will, genau umgekehrt verhalten: Im Vertragsrecht geht es nur um Geld und Vermögen; in den anderen Materien um zentrale Fragen der eigenen Existenz. Wenn man schon Eltern eine Einschätzungsprärogative zugestehen will, dann, so könnte man denken, in erster Linie hier, nicht im Vermögensrecht. Elterliche Bevormundung scheint in ihm noch mehr neben der Sache zu liegen als dort. Als man die Regeln über die Geschäftsfähigkeit schuf, hatte man die Einwilligungsfrage noch gar nicht im Blick; tatsächlich zeigt sich in ihr ein gewandeltes gesellschaftliches Verständnis von der Eigenverantwortung junger Menschen. Das Problem lässt sich auch nicht mithilfe des gleichfalls neueren Gedankens der Relativität des freien Willens auflösen. Denn zwar geht es bei einer Einwilligung in eine medizinische Heilbehandlung i. d. R. nur um eine vergleichsweise einfache Ja/Nein-Entscheidung, während Verträge den Beteiligten eine Summe wesentlich komplexerer Entscheidungen abnötigen können. Aber im Einzelfall mag es sich immer wieder genau umgekehrt verhalten. Auch der Gedanke des Schutzes der elterlichen Sorge trägt die unterschiedliche Beurteilung der beiden Situationen nicht. Es lässt sich nicht begründen, warum der Einfluss der Eltern im Vertragsrecht wirkmächtiger ausgestaltet sein muss, als auf dem Gebiet der Persönlichkeitsrechte ihrer Kinder. Dass es bei Einwilligungen nur um die eigenen Rechte des Betroffenen geht, bei Rechtsgeschäften dagegen meistens um die Rechte beider Seiten, des Minderjährigen wie seines Vertragspartners, ist zwar richtig. Aber auch das schafft die Frage nicht aus der Welt. Denn der Umstand, dass Geschäftsfähigkeit nicht schon mit der Befähigung zu freier Willensbildung erworben wird, ist potentiell eher eine Schwächung als eine Stärkung der Interessen der übrigen Marktteilnehmer. Letztlich dürfte deshalb etwas Anderes den Ausschlag geben. Der Minderjährige befindet sich einem Arzt gegenüber in einer unvergleichlich günstigeren Position als gegenüber einem beliebigen Vertragspartner. Das nicht deshalb, weil die meisten Patienten zu dem sie operierenden Krankenhausarzt in überhaupt keiner vertraglichen Beziehung stehen, sondern deshalb, weil ärztliches Handeln in der gesellschaftlichen Wahrnehmung und nach dem Ethos des Berufsstandes primär auf Fremdnützigkeit ausgelegt ist. Ein Arzt, insbesondere ein Krankenhausarzt, unterliegt nicht nur kollegialer Kontrolle, sondern auch zahlreichen die Einwilligung flankierenden Regeln, nicht zuletzt der Aufklärungspflicht und, mit ihr verbunden, der Pflicht zu überprüfen, ob der Minderjährige dem Aufklärungsgespräch folgen und sich ein eigenes Urteil bilden kann. Vor allem aber muss eine ärztliche Heilmaßnahme *lege artis* erfolgen. Wer in sie einwilligt, bekräftigt deshalb letztlich nur etwas, was nach den Regeln der Heilkunde und der Wissenschaft ohnehin objektiv geboten („gut") ist. Für andere Vertragspartner gilt das alles nicht. Ihrem Bestreben nach Gewinnmaximierung wollen die meisten Rechtsordnungen auf der Seite des Minderjährigen auch dann noch etwas entgegensetzen, wenn er bereits über Einsichts- und Urteilsfähigkeit verfügt. Sie tun das, indem sie sich entweder auf die Eltern verlassen oder einen Minderjährigen auf bestimmte Vertragsinhalte verweisen und gleichzeitig sicherstellen, dass ihm nicht mehr als eine angemessene Gegenleistung, ein *reasonable price,* abverlangt wird. Dem liegt immer noch ein paternalistischer Ansatz zugrunde, aber er dürfte sich damit rechtfertigen lassen, dass ein Markt nur zwischen Personen mit einer halbwegs vergleichbaren *bargaining power* funktioniert.

---

hiernach auszurichten. Das entspricht in allen wesentlichen Zügen auch dem schwedischen Recht. Die abstrakte Geschäftsfähigkeit ist Gegenstand von Kap. 9 schwed. FB („Über die Unmündigkeit von Minderjährigen", *Om underårigs omyndighet*). Die Altersgrenze für Rechtshandlungen ohne vermögensrechtliche Aspekte, darunter die Einwilligungen in medizinische Behandlungen, ist dagegen Gegenstand von Kap. 6 § 11 FB („Ausübung der elterlichen Sorge", *vårdnadens utövande*); siehe schon oben Fn. 295.

4. Erwerb der abstrakten Geschäftsfähigkeit durch Emanzipation

Überall in der Europäischen Union und im Vereinigten Königreich ist man heute mit 319
Erreichen der Volljährigkeit, d. h. mit der Vollendung des achtzehnten Lebensjahres, unbeschränkt abstrakt geschäftsfähig. Nicht ausnahmslos gilt aber, dass erst „wer das achtzehnte Lebensjahr vollendet, die volle Fähigkeit zur Ausübung von Rechten *(plena capacidade de exercício de direitos)* erwirbt" und hierdurch befähigt wird, „für seine Person zu sorgen und über sein Vermögen zu verfügen" (Art. 130 port. CC; vgl. auch Kap. 6 § 11 und Kap. 9 § 1 schwed. FB). Denn abstrakte Geschäftsfähigkeit kann auch schon früher erworben werden, sowohl unmittelbar von Gesetzes wegen als auch aufgrund eines Gesetzes, d. h. durch eine jeweils nur einen bestimmten Minderjährigen betreffende Einzelentscheidung. Es kann sein, dass *alle* Minderjährigen schon mit der Vollendung des vierzehnten (Aragon), des fünfzehnten (Slowenien) bzw. des sechzehnten Lebensjahres (Schottland) abstrakte Geschäftsfähigkeit erlangen[361], es kann sein, dass alle *verheirateten* Minderjährigen (und ggf. auch Minderjährige, die ihrerseits bereits Vater oder Mutter sind[362]) wie Erwachsene behandelt werden, und es kann sein, dass *einzelne* Minderjährige in den Genuss dieses Privilegs kommen. In den beiden zuletzt genannten Fällen spricht man von einer Emanzipation. Wer emanzipiert ist, bleibt zwar minderjährig, hat aber der Regel nach den **Status einer unbeschränkt geschäftsfähigen Person.** Die Emanzipation durch Eheschließung erfolgt unmittelbar durch Gesetz; die Emanzipation durch Entlassung aus der elterlichen Gewalt aufgrund Gesetzes: durch Einwilligung der Eltern, durch gerichtliche Entscheidung oder beides zugleich. Die wenigen Rechtsordnungen, die (wie Deutschland, Griechenland und Schweden) die Emanzipation nicht kennen, stellen i. d. R. einige enger zugeschnittene Ersatzinstrumente zur Verfügung. Sie geben Minderjährigen, die in einem eigenen Haushalt leben, erweiterte Befugnisse, setzen verheiratete Minderjährige instand, ihren persönlichen Bedarf an Unterhalt und Bildung sowie den Lebensbedarf der Familie zu decken, oder sie ermöglichen Minderjährigen, ggf. nach vorheriger elterlicher Zustimmung und gerichtlicher Genehmigung, alle Geschäfte zu schließen, die zum selbständigen Betrieb eines Gewerbes gehören. Partielle Geschäftsfähigkeit ist nichts anderes als Emanzipation *en miniature.*[363]

a. Emanzipation durch Eheschließung

Die **Emanzipation durch Eheschließung** hat heute hauptsächlich den Zweck, geschäfts- 320
fähigkeitsrechtliche Ungleichgewichtslagen zwischen Eheleuten zu vermeiden. Praktisch (manchmal sogar auch rechtlich: Art. 10 § 1 poln. FVGB[364]) geht es darum, die minderjährige Frau mit denselben Rechten zu versehen wie ihren volljährigen Ehemann. Der ursprüngliche Gedanke, den Status Verheirateter zu stärken, ist demgegenüber in den Hintergrund getreten. Emanzipation durch Eheschließung setzt natürlich voraus, dass es einem Minderjährigen überhaupt schon gestattet ist zu heiraten.[365] In Ländern, in denen „eine Ehe ... nicht vor Eintritt der Volljährigkeit eingegangen werden" darf (§ 1303 Satz 1 dt. BGB[366]), ist für eine solche Emanzipation schon aus diesem Grunde kein Raum.[367] Aber selbst dort, wo auch schon jüngere Personen (unter wenn auch unterschiedlichen Voraus-

---
[361] Oben Rdnr. 115.
[362] Unter Art. 117(3) slowen. FamG kann „auch ein Minderjähriger, der Elternteil geworden ist, ... voll geschäftsfähig werden, wenn zwingende Gründe dafür vorliegen. Das Gericht entscheidet hierüber im außergerichtlichen Verfahren".
[363] Näher unten Rdnr. 350.
[364] Art. 10 § 1 poln. FVGB dürfte wegen eines Verstoßes gegen Art. 33 poln. FVGB verfassungswidrig sein (Pietrzykowski [-*Pietrzykowski*], Kodeks rodzinny i opiekuńczy[6], Art. 10 Rdnr. 2); entschieden wurde das bislang aber noch nicht.
[365] Überblick schon oben Rdnr. 24 mit Fn. 116.
[366] § 1303 Satz 2 a. a. O. fügt hinzu: „Mit einer Person, die das 16. Lebensjahr nicht vollendet hat, kann eine Ehe nicht wirksam eingegangen werden". Das betrifft aber nur deutsch-ausländische Ehen und bedeutet,

setzungen³⁶⁸) heiraten dürfen, war und ist die Emanzipation durch Eheschließung nicht überall erhalten geblieben. Das gilt z. B. für Griechenland³⁶⁹; in Österreich existiert eine eigengeartete „partielle Emanzipation" in dem Sinn, dass „ein verheiratetes minderjähriges Kind (nur) hinsichtlich seiner persönlichen Verhältnisse einem Volljährigen gleich" steht, und dies auch nur, „solange die Ehe dauert" (§ 174 österr. ABGB).³⁷⁰ In England dürfte die Emanzipation durch Eheschließung in der Sache (wenn auch nicht unter diesem Namen) anerkannt sein, aber definitiv gesichert scheint das nicht.³⁷¹ Wo Minderjährige zur Eingehung einer Ehe der gerichtlichen Genehmigung bedürfen, steht die mit der Eheschließung

---

dass es das deutsche Recht auch einem volljährigen Deutschen untersagt, eine noch kindliche Ausländerin zu heiraten, und zwar selbst dann, wenn sie ihn nach ihrem Heimatrecht durchaus heiraten dürfte.

[367] Ähnlich strikt gegen „Kinderehen" auch das schwedische Recht. Unter Kap. 2 § 1 schwed. Äktenskapsbalk darf keine Ehe eingehen, wer das achtzehnte Lebensjahr noch nicht vollendet hat. Unter Kap. 1 § 8a Lagen om vissa internationella rättsförhållanden rörande äktenskap och förmynderskap in der ab dem 1.6.2019 gültigen Fassung wird eine nach ausländischem Recht geschlossene Ehe in Schweden nicht anerkannt, wenn eine der Parteien zum Zeitpunkt der Eheschließung jünger als 18 Jahre war. Das gilt nur dann nicht, wenn die Eheleute inzwischen über 18 Jahre alt sind und es besondere Gründe *(synnerliga skäl)* gibt, die Ehe anzuerkennen, etwa weil es schwerwiegende Folgen für das Paar hätte, wenn es nicht mehr verheiratet wäre. Näher *Jänterä-Jareborg,* IPrax 2020 S. 267.

[368] Das Standardproblem lautet, ob die Schwangerschaft der minderjährigen Antragstellerin ein Dispensgrund ist. Das ist richtiger Ansicht nach zu verneinen (so früh schon poln. OG 6.10.1958, 3 CO 19/58, OSNCK 1960 Nr. 1, Pos. 21, Legalis-Nr. 506793). Denn es gibt keine „nichtehelichen Kinder" mehr. Die Eheschließung der Eltern wirkt sich auf den Status des Kindes nicht aus.

[369] Unter Art. 1350(2) gr. ZGB z. B. kann das Gericht einer Person schon vor Erreichen des achtzehnten Lebensjahres die Eingehung einer Ehe erlauben, wenn das aus einem wichtigen Grunde erforderlich ist. Es gibt kein Mindestalter; allerdings soll ein fünfzehnjähriges Mädchen den Antrag nicht selbst stellen (und also *de facto* nicht ohne Zustimmung seiner Eltern heiraten) können (LG Sparta 343/1986, Isokrates Datenbank). Griechenland hat die Emanzipation aber schon mit dem Gesetz 1329/1983 abgeschafft. Es hat sie durch eine Erweiterung der Befugnisse eines verheirateten Minderjährigen ersetzt (Art. 137 gr. ZGB: Vermögenserhaltung, Unterhalt und Bildung, Deckung des familiären Lebensbedarfs). Besonderheiten gelten allerdings für den muslimischen Bevölkerungsteil im Nordosten Griechenlands. Sie gehen auf die Friedensabkommen mit der Türkei (1913) zurück und schließen ausdrücklich auch die Gerichtsbarkeit der Muftis über Emanzipation ein (Art. 11(1) des Friedensabkommens vom 1./14.11.1913 mit dem dazugehörigen Protokoll Nr. 3).

[370] Unter § 1 österr. EheG ist „ehefähig, wer volljährig und entscheidungsfähig ist. Das Gericht hat jedoch eine Person, die das 16. Lebensjahr vollendet hat, auf ihren Antrag für ehefähig zu erklären, wenn der künftige Ehegatte volljährig ist und sie für diese Ehe reif erscheint; die minderjährige Person bedarf zur Eingehung der Ehe der Zustimmung des gesetzlichen Vertreters. Verweigert dieser die Zustimmung, so hat das Gericht sie auf Antrag der minderjährigen Person, die ihrer bedarf, zu ersetzen, wenn keine gerechtfertigten Gründe für die Weigerung vorliegen". Der Begriff der „persönlichen Verhältnisse" bereitet einiges Kopfzerbrechen. Der Gesetzgeber wollte mit ihm einen Gegenbegriff zu den vermögensrechtlichen Verhältnissen schaffen. Es geht also nicht um Verträge, sondern z. B. um eine Vornamensänderung. Der verheiratete Minderjährige kann aber nicht einmal in Unterhaltssachen selbst tätig werden *(Bydlinski,* Bürgerliches Recht AT⁸, Rdnr. 2/25a). Ein weiteres Beispiel für § 174 ABGB soll das Eltern entzogene Aufenthaltsbestimmungsrecht sein; desgleichen alle „Angelegenheiten der Pflege und Erziehung" (Schwimann und Neumayr [-*Weitzenböck*], ABGB Taschenkommentar⁴, § 174 Rdnr. 2).

[371] Unter sec. 11 Matrimonial Causes Act 1973 war eine Ehe nur *void,* wenn einer der Partner im Zeitpunkt der Eheschließung das sechzehnte Lebensjahr noch nicht vollendet hat; dasselbe galt für eingetragene Lebenspartnerschaften (sec. 3 Civil Partnership Act 2004). In England, Wales und Nordirland (nicht in Schottland: sec. 1 Marriage (Scotland) Act 1977) bedurften Sechzehn- und Siebzehnjährige zur Eheschließung des *parental consent,* der aber gerichtlich ersetzt werden konnte (sec. 2 Marriage Act 1949; sec. 1 (1) Age of Marriage (Northern Ireland) Act 1951 i. V. m. Art. 22(1) Marriage (Northern Ireland) Order 2003). Für England und Wales ist das Mindestalter für die Eingehung von Ehe und Partnerschaft im Jahre 2022 durch secs. 1 und 3 Marriage and Civil Partnership (Minimum Age) Bill aber auf achtzehn Jahre heraufgesetzt worden. Ob das Common Law, das Minderjährigen traditionell ohnehin vergleichsweise weite Handlungsoptionen verleiht, die Emanzipation durch Eheschließung kennt, ist nicht restlos klar. Eine gesetzliche Klarstellung fehlt; im Schrifttum wird das Thema nicht erörtert. Parker LJ ist für den Court of Appeal (das House of Lords hat diesen Punkt nicht aufgegriffen) in *Gillick v West Norfolk and Wisbech AHA* [1985] 1 All ER 533, [1985] 2 WLR 413 aber *obiter* davon ausgegangen, dass das elterliche Sorgerecht bei Eheschließung eines Kindes endgültig verdrängt wird (übrigens auch beim Eintritt in die *armed forces*). Rein faktisch verändert sich die Rechtsstellung einer verheirateten Person im Übrigen auch deshalb, weil sich für sie der Kreis der zur Gruppe der *necessaries* gehörigen Güter und Dienstleistungen erweitert.

IV. Die Geschäftsfähigkeit § 5

ggf. gesetzlich verknüpfte Emanzipation mittelbar unter dem Vorbehalt staatlicher Einzelfallkontrolle; wo nur eine bereits aus der elterlichen Gewalt entlassene Minderjährige zur Eheschließung zugelassen wird, verhält es sich im Ergebnis ähnlich, wenn auch die Entlassung aus der elterlichen Gewalt gerichtlicher Genehmigung bedarf. „Technisch" kommt das zweite Modell allerdings ganz ohne die Einrichtung einer Emanzipation durch Eheschließung aus.[372] Es hat Regelungsbedarf nur noch für die Fälle, in denen selbst noch ein emanzipierter Minderjähriger auf das Einvernehmen einer anderen Person angewiesen ist, seines Ehepartners etwa oder, in Ausnahmefällen, auch noch seiner Eltern.[373]

Die Emanzipation durch Eheschließung ist der weit überwiegenden Zahl der europäischen Rechtsordnungen bekannt. Sie ist eine geläufige Erscheinung in Belgien (Art. 476 belg. CC), Frankreich (Art. 413-1 CC) und Luxemburg (Art. 394 luxemb. CC). Sie begegnet auch in Kroatien (Art. 117(2) kroat. FamG), Lettland (Art. 221 lett. ZGB), Litauen (Art. 2.5(2) lit. ZGB), den Niederlanden (Art. 1:233 ndl. BW), Rumänien (Art. 39 rumän. CC), Ungarn (§ 2:10 ungar. ZGB[374]), Polen (Art. 10 § 2 poln. ZGB[375]) und Slowenien (Art. 117(2) slowen. FamG). Auch unter Art. 6(2) des bulgarischen FamGB kann das Amtsgericht einer Person, die das sechzehnte Lebensjahr vollendet hat, aus wichtigem Grund die Eheschließung gestatten. Sie bewirkt, dass die Person geschäftsfähig wird. Allerdings unterliegen Verfügungen über Immobilien weiterhin gerichtlicher Genehmigung (Abs. (4) a. a. O.). **321**

Unter Art. 390 **ital**. CC ist ein verheirateter Minderjähriger kraft Gesetzes aus der elterlichen Gewalt entlassen. Da das Mindestalter für die Eheschließung bei sechzehn Jahren liegt (Art. 84(2) a. a. O.), kann die Emanzipation nur zugunsten von Minderjährigen wirken, die dieses Alter erreicht haben. Der Minderjährige muss vom Jugendgericht zur **322**

---

[372] Das lässt sich gut am tschechischen und am spanischen Recht studieren. Unter § 37(1) tschech. BGB kann ein Minderjähriger ab Vollendung des sechzehnten Lebensjahres bei Gericht die Anerkennung der vollen Geschäftsfähigkeit beantragen. Die Hürden dafür sind nicht hoch. Der Minderjährige muss beweisen, dass er fähig ist, sich selbst zu versorgen. Die Emanzipation muss in seinem Interesse liegen; auf die Interessen der Familie kommt es nicht an (Lavický et. al [-*Dobrovolná*], Občanský zákoník I, S. 215). Die Eltern sollten zwar zustimmen, aber das ist keine Emanzipationsvoraussetzung. Denn das Gericht kann bei Vorliegen eines wichtigen Grundes auch gegen den Willen der Eltern entscheiden und den Minderjährigen für voll geschäftsfähig erklären. Das (in sich unverzichtbare) Einverständnis des Minderjährigen folgt bereits daraus, dass er selbst den Antrag gestellt hat. Seine Zustimmung muss er folglich nur dann ausdrücklich erklären, wenn die Eltern den Antrag stellen, was unter § 37(2) tschech. BGB möglich ist. Der emanzipierte Minderjährige wird voll geschäftsfähig und kann deshalb auch heiraten. Denn für die Ehemündigkeit kommt es unter § 672(1) a. a. O. nicht auf Volljährigkeit, sondern auf Geschäftsfähigkeit an. Für eine Emanzipation durch Eheschließung ist also kein Raum mehr; man kann einen Emanzipierten nicht ein zweites Mal emanzipieren. Spanien hat die Emanzipation durch Eheschließung (Art. 316 span. CC a.F.) schon mit dem Gesetz 15/2015 über freiwillige Gerichtsbarkeit (BOE Nr. 158 vom 3.7.2015) abgeschafft. Unter Art. 239 span. CC n. F. (Art. 314 span. CC a.F.) findet die Emanzipation durch Erreichen der Volljährigkeit, durch Einwilligung der Sorgeberechtigten und durch richterliche Erklärung statt (siehe schon oben Fn. 113). Wer emanzipiert ist, kann heiraten (Art. 239(3) i. V. m. Artt. 241, 244 und 245 span. CC); deshalb bedarf es der Regel nicht mehr, dass emanzipiert wird, wer geheiratet hat.

[373] Z. B. Art. 248 span. CC: „Damit der verheiratete Minderjährige Grundstücke, Handels- und Gewerbebetriebe und Gegenstände mit außergewöhnlichem Wert oder in gemeinsamem Besitz veräußern oder belasten kann, genügt das Einvernehmen beider, sofern der andere Ehegatte volljährig ist; wenn dieser auch minderjährig ist, ist darüber hinaus jene der Eltern oder des gerichtlichen Verteidigers (des *defensor judicial*, des früheren *curador*) erforderlich".

[374] § 2:10 ungar. ZGB: „(1) Minderjährig ist, wer das achtzehnte Lebensjahr nicht vollendet hat. Der Minderjährige wird mit der Eheschließung volljährig. (2) Erklärt das Gericht die Ehe mangels Geschäftsfähigkeit oder wegen des Fehlens der Genehmigung der Vormundschaftsbehörde, die infolge der Minderjährigkeit notwendig ist, für ungültig, erlischt die mit der Eheschließung erworbene Volljährigkeit. (3) Die mit der Eheschließung erworbene Volljährigkeit wird von der Auflösung der Ehe nicht betroffen". Das ist im Zusammenhang mit § 4:9(2) ungar. ZGB zu lesen, wonach die Vormundschaftsbehörde einem Minderjährigen ab Vollendung des sechzehnten Lebensjahres und i. d. R. nach Anhörung der Eltern die Eheschließung genehmigen kann.

[375] „Durch die Eheschließung wird ein Minderjähriger volljährig. Im Falle der Ungültigerklärung der Ehe geht die Volljährigkeit nicht verloren". Unter Art. 10 poln. FVGB kann das Vormundschaftsgericht einer Frau (nicht: einem Mann), die das sechzehnte Lebensjahr vollendet hat, die Eheschließung aus wichtigem Grund zum Wohl der neuen Familie gestatten.

Eheschließung zugelassen worden sein, das zuvor die psychophysische Reife und die Stichhaltigkeit der von dem betroffenen Antragsteller angegebenen Gründe geprüft und, je nach den Umständen, den Staatsanwalt, die Eltern oder den Vormund angehört hat (a. a. O.). Technisch findet die Emanzipation aber bereits vor der Eheschließung statt; wird die Ehe für nichtig erklärt oder geschieden, ändert das an der einmal erlangten Geschäftsfähigkeit nichts mehr (Art. 392(3) a. a. O.). Die Emanzipation verleiht einem Minderjährigen allerdings nur die Fähigkeit, Handlungen vorzunehmen, die nicht über Maßnahmen der gewöhnlichen Vermögensverwaltung hinausgehen (Art. 394(1) a. a. O.). Der emanzipierte Minderjährige kann mit Unterstützung seines Kurators (das ist der volljährige Ehepartner: Art. 392(1) a. a. O.) unter der Bedingung einer angemessenen Anlage Forderungen einziehen und vor Gericht als Kläger oder Beklagter auftreten.[376] Für Handlungen, die über gewöhnliche Verwaltungsmaßnahmen hinausgehen, ist neben der Zustimmung des Kurators (des Beistands) auch die Genehmigung des Vormundschaftsgerichts erforderlich (Art. 394(3) a. a. O.). Vor allem vor diesem Hintergrund erlangt Art. 397 ital. CC große Bedeutung. „Der aus der elterlichen Gewalt entlassene Minderjährige kann ohne Mithilfe des Beistands ein Handelsunternehmen führen, wenn er dazu vom Landesgericht nach vorausgegangener Stellungnahme des Vormundschaftsgerichts und nach Anhörung des Beistands ermächtigt worden ist. Der aus der elterlichen Gewalt entlassene Minderjährige, der zur Führung eines Handelsunternehmens ermächtigt ist, kann selbständig alle über die ordentliche Verwaltung hinausgehenden Rechtshandlungen vornehmen, auch wenn sie nicht mit der Unternehmensführung zusammenhängen". Auf ein ähnliches, wenn auch in Teilen modifiziertes System trifft man schließlich auch in **Portugal.** Das Mindestalter für die Eheschließung liegt bei sechzehn Jahren (Art. 1601(a) port. CC). Unter portugiesischem Recht erwirbt der Minderjährige mit der Eheschließung allerdings die „volle Fähigkeit zur Ausübung von Rechten" (Artt. 132 und 133 a. a. O.), es sei denn, er hat ohne die Zustimmung der gesetzlichen Vertreter bzw. ohne die gerichtliche Ersetzung dieser Zustimmung geheiratet (Artt. 133, 1649 a. a. O.). In diesem Fall verbleibt die Vermögensverwaltung den Eltern; sie darf nicht dem Ehegatten übertragen werden. „Die Geschäftsunfähigkeit der Minderjährigen endet, wenn sie die Volljährigkeit erreichen oder, vorbehaltlich gesetzlicher Einschränkungen, wenn sie emanzipiert werden" (Art. 129 port. CC). Auch der emanzipierte Minderjährige bleibt freilich unter Art. 122 port. CC minderjährig.[377]

b. Emanzipation durch Entlassung aus der elterlichen Sorge

323 Von der Emanzipation durch Eheschließung unterscheidet sich die Entlassung aus der elterlichen Gewalt durch ihren Charakter als **konstitutive Einzelfallentscheidung.** Es handelt sich um eine gestaltete Zäsur im Leben eines Minderjährigen, nicht lediglich um die kontinuierliche, sich sozusagen „automatisch" vollziehende Zurückdrängung von *parental responsibility* zugunsten heranreifender Kinder und Jugendlicher. Unter englischem Recht emanzipieren sich Minderjährige gewissermaßen selbst, in anderen Systemen werden sie emanzipiert. Grundlage einer solchen Entlassung aus der elterlichen Gewalt kann wiederum ein bloßes Einvernehmen mit den Eltern sein (man kann dann vielleicht von einer *rechtsgeschäftlichen Emanzipation* sprechen) oder eine (ggf. zusätzlich zu diesem Einvernehmen erforderliche) rechtsgestaltende Entscheidung eines Gerichts (eine „Volljährigerklärung"[378]). In Spanien bestehen beide Systeme nebeneinander. Unter Art. 239 span. CC (Art. 314 span. CC a.F.) findet die *emancipación* in drei Fällen statt: durch Erreichen der Volljährigkeit, durch Einwilligung derjenigen, die das elterliche Sorgerecht ausüben, und

---

[376] Näher *Bianca,* Diritto civile I, S. 245.
[377] *Hörster und Moreira da Silva,* Parte Geral², S. 347.
[378] Sie war früher auch dem deutschen Recht bekannt (§§ 3–5 BGB a.F.), ist aber bereits mit Gesetz vom 3.7.1974 (BGBl I 1713) abgeschafft worden. Es hatte die Senkung der Volljährigkeit von einundzwanzig auf achtzehn Jahre gebracht.

IV. Die Geschäftsfähigkeit **§ 5**

durch richterliche Zustimmungserklärung *(por concesión judicial)*. Der *mayor de edad* ist zu allen Handlungen des bürgerlichen Lebens befähigt, für die das Gesetz keine abweichenden Regeln aufstellt (Art. 246 span. CC [Art. 322 a.F.]). Die Entlassung aus der elterlichen Sorge befähigt den Minderjährigen zur Selbstbestimmung über sich und sein Vermögen; stellt ihn also prinzipiell einem Volljährigen gleich. Bis zum Erreichen der Volljährigkeit kann der *emancipado* aber ohne Zustimmung der Eltern keinen Kredit aufnehmen, keine Grundstücke, Handels- und Gewerbebetriebe und keine Gegenstände mit außergewöhnlichem Wert belasten oder sonst über sie verfügen. Sollten beide Eltern verstorben sein, bedarf der Emanzipierte der Zustimmung eines gerichtlichen Verfahrenspflegers. Jeder *menor emancipado* kann „für sich selbst vor Gericht auftreten" (Art. 247 n. F. [Art. 323 a.F.] span. CC).

Die verbreitetste Form der Entlassung aus der elterlichen Gewalt ist die Emanzipation **durch gestaltende Entscheidung** eines Gerichts. Diese Möglichkeit sehen neben dem spanischen das französische (Art. 413-2 – 413-4 CC) und das belgische Recht vor. Unter Art. 477(1) belg. CC kann bereits ein fünfzehnjähriger Minderjähriger auf Antrag seiner Eltern und mit seinem Einverständnis vom Jugendgericht für mündig erklärt werden. Der emanzipierte Minderjährige darf Mietverträge bis zu einer Dauer von neun Jahren abschließen (Art. 481 a. a. O.), aber keine Immobiliengeschäfte tätigen (Art. 484 a. a. O.) oder Prozesse über Immobilien führen, auch keine Geldzahlungen entgegennehmen, ohne dass sein Beistand ihre Anlage überwacht (Art. 482 a. a. O.), und er darf ohne Ermächtigung des Friedensrichters kein Darlehen aufnehmen (Art. 483 a. a. O.). Estland operiert mit der Variante, dass das Gericht die Geschäftsfähigkeit eines Minderjährigen, der das fünfzehnte Lebensjahr vollendet hat, „erweitern" kann, wenn das in seinem Interesse liegt und es seine Entwicklung erlaubt. Allerdings muss das Gericht positiv festlegen, welche Arten von Rechtsgeschäften der Minderjährige tätigen darf (§ 9(1) estn. ZGB AT). Die Eltern sollen zwar zustimmen, das Gericht kann ihre Zustimmung aber im Interesse des Kindes ersetzen (§ 9(2) a. a. O.). Das Gericht kann die Erweiterung der Geschäftsfähigkeit eines Minderjährigen allerdings aus wichtigem Grund auch ganz oder teilweise wieder aufheben (§ 9(3) a. a. O.). **324**

In Italien scheint die Emanzipation durch Gestaltungsurteil ganz aus der Übung gekommen zu sein. Der Bericht Nr. 190 des damaligen Justizministers *Dino Grandi* zum ital. CC vom 4.4.1942 hatte zwar noch vermerkt, dass „die Emanzipation außer durch die Eheschließung auch durch eine Maßnahme des Vormundschaftsrichters erfolgen (kann), die auf Antrag der Eltern, die die elterliche Gewalt ausüben, oder des Vormunds erlassen werden kann. Es ist zulässig, dass die Emanzipation auch auf Antrag des Minderjährigen selbst gewährt wird, aber in diesem Fall muss der Vormundschaftsrichter zuvor die Eltern oder den Vormund anhören und darf den Minderjährigen nicht ohne die Zustimmung der Eltern, die die elterliche Sorge ausüben, emanzipieren, es sei denn, es liegen sehr schwerwiegende Gründe vor".[379] Das hat im CC aber keinen Niederschlag gefunden; praktische Beispiele finden sich nicht. Eine gerichtliche Mündigerklärung kennen aber Lettland (Artt. 220, 221 lett. ZGB) und Rumänien. Voraussetzung ist neben der Vollendung des sechzehnten Lebensjahres ein „hinreichender Grund", der nach Anhörung der Eltern und unter Berücksichtigung der Stellungnahme des Familienrats geprüft wird (Art. 40 rumän. CC). Tschechien kennt sogar nur die Emanzipation durch Einzelfallentscheidung; die Emanzipation durch Eheschließung wurde dadurch (wie in Spanien) gegenstandslos.[380] Unter § 37 (1) tschech. BGB kann ein Minderjähriger ab Vollendung des sechzehnten Lebensjahres mit Zustimmung seines gesetzlichen Vertreters (oder Letzterer allein) die gerichtliche Zuerkennung der vollen Geschäftsfähigkeit beantragen; das Gericht kann die elterliche Zustimmung unter engen Voraussetzungen ersetzen. Der Minderjährige muss nachweisen, **325**

---

[379] Relazione ministeriale al Codice civile Nr. 190, Ministero di Grazia e Giustizia, Codice civile, testo e relazione ministeriale (Roma 1943), S. 45.
[380] Oben Fn. 372.

dass er seinen Lebensunterhalt selbst bestreiten und seine eigenen Angelegenheiten selbst regeln kann. Es geht also um Minderjährige, die bereits einen Beruf haben; ein Ferienjob genügt nicht. Die Emanzipation darf nicht durch eine Generaleinwilligung der Eltern in Geschäfte aller Art umgangen werden. Denn sie liefe auf eine private Emanzipation hinaus, und sie gibt es in Tschechien nicht.[381]

5. Entzug und Einschränkung der abstrakten Geschäftsfähigkeit durch hoheitliche Maßnahmen

326 Soweit sie überhaupt für nötig gehalten werden, erfolgen der Entzug und Einschränkungen der einmal erlangten abstrakten Geschäftsfähigkeit durch Gerichte; informelle und freiwillige Schutzmaßnahmen tasten die abstrakte Geschäftsfähigkeit des behinderten Erwachsenen nicht an. Hoheitliche (gerichtliche) Maßnahmen, mit denen die abstrakte Geschäftsfähigkeit des Betroffenen beschränkt oder ganz entzogen werden, haben den Zweck, **den Betroffenen vom Geschäftsleben fernzuhalten.** Er soll keine Geschäfte machen, und es sollen auch mit ihm keine Geschäfte gemacht werden. Der u. U. aufwändige und im Nachhinein möglicherweise nur noch schwer zu erbringende Nachweis fehlender konkreter Geschäftsfähigkeit wird unnötig; der Beweis fehlender abstrakter Geschäftsfähigkeit genügt. Denn konkrete und abstrakte Geschäftsfähigkeit müssen immer zeitgleich vorliegen.[382] Eine Einschränkung der abstrakten Geschäftsfähigkeit wird deshalb auch dann verfügt, ja mancherorts für unerlässlich gehalten, wenn der Betroffene so offenkundig außerstande ist, die Bedeutung eines Vertragsschlusses zu verstehen, dass dieser Zustand keinem Gesunden entgehen würde.[383] Auf diese Weise werden vermögensrechtliche Selbstgefährdungen verhindert. Fremdgefährdungen in Gestalt einer Vertretungslösung lassen sich freilich nicht ganz ausschließen, auch wenn wichtigere oder besonders risikoreiche Verträge oft einem gerichtlichen Genehmigungsvorbehalt unterworfen werden. Ohne eine Vertretung würde der Betroffene nicht nur seine Geschäftsfähigkeit, sondern auch wesentliche Bausteine seiner Rechtsfähigkeit einbüßen. Reduktionen der abstrakten Geschäftsfähigkeit begegnen in vielerlei Gestalt. Die drastischste aller hoheitlichen Maßnahmen ist die Entmündigung, die vermutlich mildeste die Rückgängigmachung einer emanzipationsähnlichen Geschäftsfähigkeitserweiterung unter § 9(3) estn. ZGB AT, bei der es nur um die

---

[381] Lavický et. al (-*Dobrovolná*), Občanský zákoník I, S. 204.
[382] Oben Rdnr. 306.
[383] Tschech. OG 28.11.2017, 30 Cdo 836/2017, Sbírka soudních rozhodnutí a stanovisek 2/2019, Nr. 14 betraf eine Frau, die „keine Fragen beantwortete, nicht sprechen, lesen oder schreiben konnte, einen Rollstuhl benutzte und nur lächelte". Sie war nach Einschätzung des sachverständig beratenen Richters, der sie aufgesucht hatte, vollständig außerstande, einen freien Willen zu bilden. Die Instanzgerichte hatten die noch nach altem Recht ausgesprochene Aberkennung der Geschäftsfähigkeit (Entmündigung) unter der Übergangsregelung zum neuen Recht im Wesentlichen mit der Begründung aufgehoben, eine einfache Betreuung genüge, da die Frau ohnehin nicht über die kognitiven und voluntativen Fähigkeiten verfüge, die ein Vertragsschluss voraussetze. Der OG hob auf. Im Interesse der Betroffenen sei eine geschäftsfähigkeitsbeschränkende Betreuung neuen Rechts unerlässlich. Das entspreche auch der Rechtsprechung des tschech. Verfassungsgerichts. VerfG 5.12.2016, IV ÚS 1580/16, Sbírka nálezů a usnesení Ústavního soudu 83/2016 unter Nr. 231, S. 593 hatte in der Tat kurz zuvor entschieden, es dürfe „nicht nicht davon ausgegangen werden, dass das vorrangige Interesse des Betroffenen immer darin besteht, seine Geschäftsfähigkeit so wenig wie möglich einzuschränken. ... Zum Beispiel kann man sich nicht auf die Tatsache verlassen, dass eine Person zu einem bestimmten Zeitpunkt in institutioneller Pflege untergebracht ist. Sie kann nicht nur aus ihr entlassen werden, und zwar unter Bedingungen, die eine hinreichend schnelle Reaktion des Gerichts nicht zulassen, sondern sie kann sie z.B. ohne Zustimmung oder gar Kenntnis des Personals der Anstalt – für einen kurzen oder längeren Zeitraum – verlassen und in dieser Zeit Rechtshandlungen vornehmen. Ebenso kann ein Dritter in die Einrichtung zu der betroffenen Person kommen und sie zu rechtlichen Schritten zwingen, entweder unwissentlich oder absichtlich. Man kann sich eine ganze Reihe von Rechtshandlungen vorstellen, die eine Person auf diese Weise vornehmen könnte, deren Rechtsnatur höchst problematisch wäre, seien es vertragliche Verpflichtungen (Kauf von Waren, Darlehensvertrag), Verfügung über Eigentum, Ausübung des Wahlrechts (unter dem Einfluss einer anderen Person) oder Heirat".

IV. Die Geschäftsfähigkeit § 5

Korrektur einer ohnehin auf kurze Sicht angelegten Prognoseentscheidung geht.[384] Dazwischen liegt ein breitgefächerter Maßnahmenkatalog, etwa die Anordnung einer *tutelle* unter französischem Recht oder die Anordnung eines Einwilligungsvorbehalts im Betreuungsregime des deutschen Rechts.

a. Entmündigung

Unter einer Entmündigung versteht man den hoheitlichen Entzug einer einmal erlangten 327 abstrakten Geschäftsfähigkeit. Der Betroffene wird durch eine gerichtliche Entscheidung auf einen minderen fähigkeitsrechtlichen Status zurückgestuft. Aus der „vollständig" geschäftsfähigen Person wird eine „beschränkt" geschäftsfähige, aus der „beschränkt" geschäftsfähigen eine „geschäftsunfähige".[385] Hat man es „nur" mit einer Teilentmündigung zu tun, bleibt eine (oder bleiben mehrere) partielle Geschäftsfähigkeiten erhalten; die vollständige Geschäftsfähigkeit geht aber auch hier verloren, und zwar solange, wie der Entmündigungsgrund besteht, bei nicht heilbaren Erkrankungen der psychischen Gesundheit also bis zum Lebensende. Es kann auch sein, dass eine Zwischenstufe fehlt oder gleich übersprungen wird. Dann ist, wie es Art. 43 rumän. CC a. F. formulierte[386], (nicht nur ein Minderjähriger, der das vierzehnte Lebensjahr noch nicht vollendet hat, sondern auch) jeder „Entmündigte … geschäftsunfähig". Seine Rechtsgeschäfte werden für ihn und in seinem Namen von einem gerichtlich bestellten Vertreter geschlossen. Dem Entmündigten verbleiben nur die vom Gesetz für jeden Geschäftsunfähigen ausdrücklich „freigeschalteten" Geschäfte, darunter i. d. R. kleinere Geschäfte des täglichen Lebens (Art. 14 § 2 poln. ZGB).

Mit der Entmündigung entfallen die Notwendigkeit, die konkrete Geschäftsfähigkeit des 328 Betroffenen zu prüfen, und die Möglichkeit, ihr Gewicht beizumessen. Selbst wenn die Person im Einzelfall und in Bezug auf das angestrebte Vorhaben konkret geschäftsfähig sein sollte, bleibt ihr eigener Wille unbeachtet. Man gesteht ihn ihr einfach nicht mehr zu. Genau besehen zeigt sich hier das ganze Drama der Lehre von der abstrakten Geschäftsfähigkeit. Nur wer den selbstbestimmten Zugang zu den Gestaltungsformen des Privatrechts nicht an die konkrete Willensbildungsfähigkeit des Einzelnen knüpft, sondern auf seinen Status abstellt, kann überhaupt auf den Gedanken kommen, dass Geschäftsfähigkeit etwas sei, das man auch wieder entziehen könne. Umgekehrt lädt das Statusdenken aber auch geradezu dazu ein, diesen Schritt zu erwägen. Die Entmündigung war, solange es sie überall auf dem Kontinent gab[387], ein wichtiger Bestandteil der Lehre von der abstrakten Geschäftsfähigkeit. Heute, wo die Entmündigung menschen[388]- und grundrechtlich[389]

---

[384] Vorher Rdnr. 324 a. E.
[385] Vereinzelt können m. a. W. bis heute auch Minderjährige entmündigt werden, siehe schon oben Rdnr. 146 mit Fn. 698 (Polen).
[386] Die Entmündigung wird in Rumänien aber nicht mehr als verfassungskonform angesehen und ist im Jahre 2022 auch gesetzlich abgeschafft worden (oben Rdnr. 145 mit Fn. 696).
[387] Übersicht über den aktuellen Stand schon oben Rdnr. 145.
[388] Die Entmündigung ist mit Art. 12(2) der UN-Behindertenkonvention („Die Vertragsstaaten anerkennen, dass Menschen mit Behinderungen in allen Lebensbereichen gleichberechtigt mit anderen Rechts- und Handlungsfähigkeit genießen") offenkundig unvereinbar; siehe dazu schon oben Rdnr. 45. Die polnische Regierung sieht das freilich betont anders (siehe schon oben Fn. 199). Im Zuge der Ratifikation der UN-Behindertenkonvention hat „(d)ie Republik Polen erklärt, dass sie Artikel 12 der Konvention dahingehend auslegt, dass sie unter den Umständen und in der Art und Weise, die das innerstaatliche Recht vorschreibt, die Anwendung einer Vormundschaft als Maßnahme nach Artikel 12 Absatz 4 in einer Situation zulässt, in der eine Person aufgrund einer Geisteskrankheit, geistigen Behinderung oder einer anderen psychischen Störung, nicht imstande ist, ihre Handlungsweise selbst zu bestimmen" (Dz.U.2012.1170).
[389] Oben Rdnr. 53 (Slowakei) und Rdnr. 145 mit Fn. 696 (Rumänien). Anders für Spanien allerdings noch TS 29.4.2009, ECLI:ES:TS:2009:2362 (das seinerzeitige *sistema de incapacitación* habe bei verfassungskonformer Auslegung nicht gegen die Konvention verstoßen) und TS 24.6.2013, ECLI:ES:TS:2013:3441 (mit der Möglichkeit einer teilweisen Entmündigung [*incapacitación parcial*] trage das spanische Recht dem

längst in Misskredit geraten ist, wirkt auch ihre theoretische Basis wie ein Relikt aus alter Zeit.

329 Ein – aber nicht das zentrale – Problem der Entmündigung sind bzw. waren die oft viel zu breit angelegten und deshalb missbrauchsanfälligen Entmündigungsgründe[390], darunter die Verschwendungssucht, die Unmäßigkeit und sogar der Müßiggang, durch die oder den jemand in Not gerät oder die Erfüllung seiner familiären Pflichten gefährdet (Art. 489(3) luxemb. CC). Das Entmündigungsrecht schützt bzw. schützte in solchen Fällen zwar nicht den Betroffenen selbst, sondern seine Familie, ein Nebenzweck, den bis heute neben dem luxemburgischen auch das italienische Entmündigungsrecht (Art. 415 ital. CC) und das griechische Recht der die „Geschäftsfähigkeit voll beschränkenden rechtlichen Betreuung" *(pleres stereitiké dikastiké symparástase)* (Art. 1666 gr. ZGB[391]) verfolgen (sodass Zweifel daran entstehen, dass es in Griechenland bei der Umbenennung der ehemaligen Entmündigung in eine Betreuung um mehr gegangen ist als um eine kosmetische Operation). In einem System der Betreuung ist die „Verschwendung" kein ausreichender Grund für die Anordnung eines Einwilligungsvorbehalts.[392] Aber das sind Randphänomene, und dasselbe gilt für manche respektlose Formulierungen, wie etwa die „geistig-seelische Abartigkeit", die dem älteren portugiesischen Recht als Entmündigungsgrund vorschwebte[393] und die soziale Ächtung Entmündigter zugleich förderte und spiegelte.

330 Ein ernsteres Problem hängt mit der „automatischen" Verknüpfung von Entmündigung und **Vertretung** zusammen. Eine Entmündigung zieht notwendig die Bestellung eines Vertreters, eben eines „Vormunds"[394], nach sich.[395] Denn ohne einen Vertreter stünde ein

---

Differenzierungsgebot der Konvention ausreichend Rechnung). Siehe dazu eingehend *Pallarés Neila*, AC 2016-2 S. 4.

[390] Der polnische Oberste Gerichtshof hat Entmündigungen zwar stets streng überprüft, aber schon die bis an ihn gelangten Fälle lassen befürchten, dass die Unterinstanzen mit weit weniger Zurückhaltung operieren. Poln. OG 16.8.1962, I CR 320/62, OSNCP 1963/9/206 hatte zu prüfen, ob die Teilentmündigung einer psychisch kranken Person wegen „Streitsucht" rechtens war, was das Gericht verneinte; die Frau habe nur „unnötig die Zeit der Behörden und Ämter verschwendet". Dieses Problem sei nicht durch eine Entmündigung zu lösen (!). Poln. OG. 14.1.1983, I CR 480/82, OSNCP 1983/10/158 bestätigte dagegen die Entmündigung eines Mannes wegen „Rauschgiftsucht". Er war nach einem Sturz von einem Baugerüst aus zehn Metern Höhe auf morphinähnliche Schmerzmittel angewiesen, außerdem trank er regelmäßig. Der Grund der Rauschgiftsucht war nach Auffassung des Gerichts unerheblich. Auf ein Verschulden komme es nicht an. Schon in poln. OG 12.11.1956, III CR 440/56, OSNCK 1957/4/115 finden sich dagegen Überlegungen, die denen des italienischen Kassationshofes entsprechen. Eine nach der Niederkunft mit ihrem ersten Kind psychisch erkrankte Frau litt an Schizophrenie, deren Symptome innerhalb von neun Jahren aber viermal in besonderen Stresssituationen ausgebrochen waren (weitere Geburten, ein Scheidungsverfahren). Im Zeitpunkt der beantragten Entmündigung war die Betroffene beschwerdefrei, trotzdem wurde ihr Fall bis in die oberste Instanz verfolgt. Der OG lehnte eine Entmündigung u. a. mit der Begründung ab, eine Entmündigung sei nicht zweckdienlich, wenn der Erkrankte über kein größeres Vermögen verfüge, welches er zu seinem und der Familie Schaden verschleudern könne. Außerdem müsse der Entmündigungsgrund im Zeitpunkt des Urteils fortdauern. Die Wahrscheinlichkeit, dass es irgendwann zu einem neuen Schub kommen könnte, genüge nicht.

[391] „Unter rechtliche Betreuung wird der Volljährige gesetzt: 1. Wenn er aufgrund einer psychischen oder geistigen Störung oder einer körperlichen Behinderung nicht in der Lage ist, sich ganz oder teilweise um seine eigenen Angelegenheiten zu kümmern, 2. wenn er aufgrund von Zügellosigkeit (Verschwendung), Drogenabhängigkeit oder Alkoholismus sich selbst, seinen Ehepartner, seine Nachfahren oder seine Vorfahren einer Entbehrungsgefahr aussetzt". Die Rechtsprechung definiert Zügellosigkeit als einen krankhaften Zustand, in dem jemand unachtsame und unverhältnismäßige Ausgaben tätigt (Berufungsgericht Thessaloniki 363/1980, Arm. 1980 S. 643). Es handelt sich um eine reine Tatsachenentscheidung, die der Areopag nicht kontrolliert (Areopag 1043/1982, EEN 1983 S. 528).

[392] Richtig MünchKomm (-*Schneider*), BGB[8], § 1903 Rdnr. 15. (Auch unter § 104(3) dt. BGB a. F. hatte gegolten, dass „geschäftsunfähig ist, wer wegen Geisteskrankheit entmündigt ist". Wer jedoch „wegen Geistesschwäche, wegen Verschwendung oder wegen Trunksucht entmündigt" war, stand unter § 114 dt. BGB a. F. „in Ansehung der Geschäftsfähigkeit einem Minderjährigen gleich, der das siebente Lebensjahr vollendet hat").

[393] Oben Rdnr. 254 und Rdnr. 145 mit Fn. 683.

[394] Auch mit diesem Wort ist freilich Vorsicht geboten. Schweden z. B. hat die Entmündung schon zum 1.1.1999 abgeschafft. Sie wurde durch ein System der *förvaltarskap* ersetzt, bei er es sich um eine „Verwalterschaft" handelt, die aber auch mit „Vormundschaft" übersetzt werden kann. Eine Person wird

IV. Die Geschäftsfähigkeit § 5

Entmündigter in so gut wie jeder Beziehung außerhalb des Privatrechts. Eine gerichtlich angeordnete Vertretung aber bedeutet, einem fremden Willen untergeordnet und ihm in erheblichem Umfang ausgeliefert zu werden. Dass es immer Menschen geben wird, die sich mangels zureichender eigener Willensbildungsfähigkeit nicht um ihre Angelegenheiten kümmern können und deshalb eines Vertreters bedürfen, ist zwar richtig.[396] Die Abschaffung der Entmündigung ändert daran nichts. Aber das Spezifikum einer Entmündigung besteht ja gerade darin, dass sie, obwohl sie i. d. R. eine verminderte geistige Kapazität des Betroffenen voraussetzt, rechtlich auch immer eine Fähigkeitsänderung *bewirkt*. Man mag wegen eines geistigen Gebrechens entmündigt worden sein, aber das ändert nichts daran, dass es sich bei einer Entmündigung um eine hoheitliche Maßnahme von eigener rechtlicher Bedeutung handelt. Sie wäre ja überflüssig, bestenfalls klarstellend, wenn sie nur eine konkrete Geschäftsunfähigkeit bestätigen würde. Aber eine Entmündigung hat eben nicht nur deklaratorische Bedeutung. Sie begründet abstrakte Geschäftsunfähigkeit, pauschal und ohne im Einzelfall zu prüfen, was der Betroffene wirklich nicht mehr leisten kann. Das ist das eigentliche Kernproblem der Entmündigung. Es liegt in ihrer **Undifferenziertheit,** darin, dass sie ihren Ausgangspunkt in einem breitflächigen Entzug einer abstrakten Fähigkeit nimmt, statt die Gerichte zu zwingen, sich intensiv mit dem einzelnen Menschen zu befassen, für ihn Unterstützungsmaßnahmen zu generieren, die auf *seine* spezifischen Bedürfnisse zugeschnitten sind, und diese Maßnahmen gegenständlich genau zu beschreiben. Das Entmündigungsrecht denkt in gruppenbezogenen Krankheitsbildern, nicht in der Vorstellung, dem Einzelnen zu helfen, eigene Entschlüsse zu fassen. Man kann einem Entmündigungsregime i. d. R. nicht absprechen, den Schutz des Betroffenen zu bezwecken. Er soll nicht mit Forderungen und Klagen überzogen werden, derer er sich nicht erwehren kann. Ein Entmündigungsregime mag auch gewisse Differenzierungen erlauben, indem es nur dann zur Vollentmündigung greift, wenn eine teilweise Entmündigung nicht genügt.[397] Aber erstens zeichnet die Wirklichkeit ein anderes Bild – die Teilentmündigung ist nicht etwa die Regel, sondern die Ausnahme – und zweitens ist auch die Teilentmündi-

---

aufgrund von Krankheit, psychischer Störung, geschwächtem Gesundheitszustand oder ähnlichen Umständen unter „Vormundschaft" gestellt, wenn sie außerstande ist, für sich oder ihr Eigentum Sorge zu tragen (Kap. 11 § 7 schwed. FB). Der Umfang der Aufgaben des „Vormunds" wird den Bedürfnissen im Einzelfall angepasst und in eine Vertretungsmacht des Vormunds gefasst (Kap. 11 § 9 FB). Der Vormund hat im Rahmen seiner Bestellung *(förvaltaruppdrag)* das alleinige Verfügungsrecht über das Eigentum der unter Vormundschaft gestellten Person, und vertritt sie in allen Angelegenheiten, die der Auftrag umfasst.

[395] Demgemäß muss ein dänisches Gericht, dass jemanden entmündigt, immer zugleich einen Vormund *(værger)* bestellen (Kap. 2 § 6 dän. Værgemålsloven). Entmündigt wird eine Person, die aufgrund einer psychischen Störung, darunter schwere Fälle von Demenz, geschwächtem Gesundheitszustand oder aus ähnlichen Gründen außerstande ist, sich um ihre ökonomischen bzw. persönlichen Angelegenheiten zu kümmern (Kap. 2 § 5(1) a. a. O.). Die Aufgaben des Vormunds werden aber wieder den Bedürfnissen des Einzelfall angepasst (Kap. 2 § 5(2)-(4) a. a. O.). In diesem Rahmen hat der Vormund Vertretungsmacht. Die Entmündigung ist die *ultima ratio* (Kap. 2 § 6(1) a. a. O.). Sie bewirkt den vollständigen Entzug der rechtlichen Handlungskompetenz *(retlige handleevne)*. Der Betroffene kann keine Rechtshandlungen mehr vornehmen, auch nicht über sein Eigentum verfügen (Kap. 2 § 6(2) a. a. O.). Eine teilweise Begrenzung der Geschäftsfähigkeit durch Entmündigung ist nicht möglich. Die Entmündigung eines Volljährigen kann zeitlich begrenzt werden (Kap. 2 §§ 8 und 9 a. a. O.). Je nach dem, wenn ihre Entmündigungsgrund entfallen, wird sie sofort aufgehoben (Kap. 2 § 10 a. a. O.). Unter Art. 13 § 2 poln. ZGB wird ein voll Entmündigter unter Vormundschaft gestellt, es sei denn, dass er noch der elterlichen Gewalt unterliegt. Unter Art. 16 § 2 a. a. O. wird ein teilweise Entmündigter unter Pflegschaft gestellt.

[396] Näher unten § 6.

[397] Unter Art. 16 § 1 poln. ZGB kann eine volljährige Person „wegen einer Geisteskrankheit, Geistesschwäche oder einer anderen Art psychischer Störung, insbesondere Trunk- oder Rauschgiftsucht, teilweise entmündigt werden, wenn der Zustand dieser Person die volle Entmündigung nicht begründet, sondern wenn die betreffende Person Hilfe bei der Besorgung ihrer Angelegenheiten benötigt". Ein teilweise Entmündigter wird unter Pflegschaft gestellt (§ 2). Je nach der Sucht- oder sonstigen Erkrankung kann im Einzelfall zudem auf Art. 82 poln. ZGB zurückgegriffen werden, wonach eine Willenserklärung, die von einer Person abgegeben worden ist, welche sich aus irgendwelchen Gründen in einem Zustand befunden hat, der eine bewusste oder freie Willensbestimmung und Willensäußerung ausgeschlossen hat", nichtig ist. „Das gilt insbesondere für Geisteskrankheit, Geistesschwäche oder eine andere, auch vorübergehende Art psychischer Störung".

gung eine pauschale und deshalb würdeverletzende Maßnahme. Ein Entmündigungssystem dient, so betrachtet, mehr der Arbeitsentlastung der Gerichte als den Bedürfnissen des einzelnen Menschen. Eine Entmündigung ist schnell verfügt; eine echte Schutzmaßnahme kostet Zeit und Detailgenauigkeit, weil sie eine Beschäftigung mit den Lebensumständen des Individuums voraussetzt. Dass jemand ein Vertragsangebot nicht durchschauen kann, bedeutet eben noch lange nicht, dass er einen Menschen nicht lieben und nicht aus freiem Entschluss wollen könnte, ihn zu heiraten oder ihm etwas zu vererben. Erst wenn man den Schleier wegzieht, den die Lehre von der abstrakten Geschäftsfähigkeit über Menschen gelegt hat, die mit Einschränkungen leben müssen, öffnet sich der Blick auf die Gaben, welche ihnen trotz allem verblieben sein mögen.[398]

331 Nirgendwo ist das so klar herausgearbeitet worden wie in den jüngeren Reformarbeiten zur Erneuerung des **spanischen Rechts.** Mit dem Gesetz 8/2021[399] wollte der Gesetzgeber ausweislich der Präambel das spanische Recht mit der UN-Behindertenkonvention in Einklang bringen. Vorausgegangen waren bereits Reformschritte auf anderen Rechtsgebieten, vom Strafrecht über das Verfahrensrecht bis zum Wahlrecht. Zur Entmündigung hatte sich der Tribunal Supremo allerdings in zwei Entscheidungen aus den Jahren 2009 und 2013 noch ungewöhnlich konservativ verhalten und die bisherige Rechtslage bestätigt.[400] Rechtssoziologische Studien zeichneten indes ein ganz anderes Bild der Rechtswirklichkeit.[401] Allein im Jahre 2010 waren in Spanien 24.000 Menschen wegen Demenz entmündigt worden (bei nur 170 Ablehnungen), und zwar in der ganz überwiegenden Zahl der Fälle vollständig (und nicht etwa nur teilweise) und unter Ignorierung der Konvention (sie war nur von 13 % der Entscheidungen überhaupt zur Kenntnis genommen worden). Der individuelle Krankheitszustand der Betroffenen habe praktisch keine Rolle gespielt; der Behinderungsgrad habe durchweg unter 50 % gelegen. Die Reform hat nun nicht nur die *tutela* (die Vormundschaft) über Erwachsene ganz abgeschafft und nichtemanzipierten Minderjährigen vorbehalten, die sich in hilflosem Zustand befinden oder nicht unter elterlicher Sorge stehen (Artt. 199 und 225 span. CC), sondern im gleichen Zuge natürlich auch die Entmündigung (durch Aufhebung des früheren Titel IX des CC, der nun besagte Vormundschaft über Minderjährige regelt). An ihre Stelle ist ein ganzer Katalog von informellen und formellen Unterstützungsmaßnahmen *(medidas de apoyo para el ejercicio de la capacidad jurídica)* getreten, nämlich freiwillige Maßnahmen *(medidas de apoyo de naturaleza voluntaria)*, die faktische Obhut *(guarda de hecho)*, die Pflegschaft *(curatela)* und der rechtliche Beistand (der „gerichtliche Verteidiger": *defensor judicial*) (Art. 250 span. CC). Sie alle dienen dazu, eine „Person mit einer Behinderung bei der Ausübung ihrer Rechtsfähigkeit in den Bereichen zu unterstützen, in denen dies erforderlich ist, wobei ihr Wille, ihre Wünsche und Präferenzen zu respektieren sind" (a. a. O.). Art. 268 span. CC streicht das

---

[398] Eindrucksvoll und in ihrem differenzierenden Ansatz vorbildlich das englische Recht und die englische Rechtsprechung. Ein Beispiel unter vielen ist *PBM (by his litigation friend, the Official Solicitor) v TGT, X Local Authority,* Court of Protection (sitting at Cardiff Civil Justice Centre) [2019] EWCOP 6; 2019 WL 02076808. Ein schon als Kleinkind durch seinen Vater durch eine vorsätzliche Insulininjektion schwer hirnverletzter junger Mann (inzwischen war er Mitte zwanzig) war geistig nicht in der Lage, seine Emotionen, insbesondere seine Reaktionen auf Enttäuschungen zu kontrollieren; damit fehlte die *capacity to litigate and conduct his own affairs.* Nach eingehender Auseinandersetzung mit der Persönlichkeit von PBM kam das Gericht aber zu der Überzeugung, dass er sehr wohl die Fähigkeiten hatte zu heiraten, ein Testament zu errichten und sogar einen Ehevertrag zu schließen. Hierbei handele es sich um einmalige und deshalb prinzipiell einfacher zu verstehende Angelegenheiten. In der Verhandlung ging es deshalb am Ende nur noch um die Frage, ob PBM, für den ein *deputy* bestellt worden war, Einsicht in seine Konten gewährt werden könne, ob er also *capacity to be informed about the extent of his assets* hatte, obwohl ihm die *capacity to manage his property and affairs generally on an ongoing basis* fehlte. Das Gericht hat die Frage bejaht. Das Wichtige an diesem Urteil ist aber nicht das Ergebnis, sondern die Detailgenauigkeit, mit der es Fragen der *capacity* erörtert. Ein Entmündigungssystem kann und will das gar nicht leisten. Es folgt der Holzhammermethode.
[399] Gesetz 8/2021 vom 2.6.2021 zur Reform der Zivil- und Verfahrensgesetzgebung zur Unterstützung von Menschen mit Behinderungen bei der Ausübung ihrer Rechtsfähigkeit (in Kraft seit dem 3.9.2021).
[400] Oben Fn. 389.
[401] Nachweise und Einzelheiten bei *Torres Costa,* La capacidad jurídica a la luz del art. 12 CDPD, S. 223 ff.

noch einmal ausdrücklich heraus. Die gerichtlich getroffenen Unterstützungsmaßnahmen „müssen in einem angemessenen Verhältnis zu den Bedürfnissen der Person stehen, die sie benötigt, müssen stets die größtmögliche Autonomie dieser Person bei der Ausübung ihrer Rechtsfähigkeit respektieren und müssen in jedem Fall ihren Willen, ihre Wünsche und Präferenzen in Betracht ziehen".[402] Unter Art. 249 span. CC haben alle Maßnahmen der vollen Entfaltung der Persönlichkeit des Betroffenen zu dienen. „Die Maßnahmen müssen von der Achtung der Würde der Person und dem Schutz ihrer Grundrechte getragen sein. Maßnahmen mit rechtlichem oder gerichtlichem Ursprung werden nur dann durchgeführt, wenn der Wille der betroffenen Person fehlt oder unzureichend ist.[403] Alle Maßnahmen müssen den Grundsätzen der Notwendigkeit und Verhältnismäßigkeit entsprechen. Die Personen, die Unterstützung leisten, handeln im Einklang mit dem Willen, den Wünschen und den Präferenzen der Person, die Unterstützung benötigt. Sie sorgen auch dafür, dass die Person mit Behinderung ihren eigenen Entscheidungsprozess entwickeln kann, indem sie sie informieren, sie in ihrem Verständnis und ihrer Argumentation unterstützen und ihr ermöglichen, ihre Präferenzen zu äußern. Außerdem sollen sie die Person mit Behinderung dazu ermutigen, ihre Rechtsfähigkeit in Zukunft mit weniger Unterstützung auszuüben". Die Verwendung des Ausdrucks „Rechtsfähigkeit" *(capacidad jurídica)* ist kein Redaktionsversehen. Vielmehr wird die Unterscheidung zwischen ihr und der Geschäftsfähigkeit (der *capacidad de obrar*) bewusst eingeebnet. Das neue System verwendet „Rechtsfähigkeit" konsequent und mutig als einheitlichen Oberbegriff für beide Aspekte der Person. Jeder Mensch, so lautet die neue Grundregel, verfügt über die *plena capacidad jurídica*. So sympathisch das wirkt: am Ende wird man aber doch wieder zwischen Rechtsfähigkeit i. S. v. Eigentumsfähigkeit und Rechtsfähigkeit i. S. v. Vertragsfähigkeit unterscheiden müssen.

332 Mit Ausnahme von **Polen,** wo die Zahlen (wie bis 2021 in Spanien) noch immer eine bedrückende Sprache sprechen[404], wird die Entmündigung heute auch dort, wo sie noch nicht abgeschafft wurde, nach Kräften marginalisiert. In **Finnland** hat der Gesetzgeber dieser Entwicklung schon vor der Übernahme der UN-Behindertenkonvention selbst den

---

[402] Die Rechtsprechung des Tribunal Supremo hat darauf praktisch sofort reagiert, weil das Gesetz auch in laufenden Verfahren zur Anwendung kam. Siehe insbesondere TS 19.10.2021, ECLI:ES:TS:2021:3770 (gerichtliche Bestellung einer anderen Person als der, die die Betroffene noch selbst zum *tutor* bestimmt hatte, unwirksam; Anordnung der Entmündigung nichtig); TS 2.11.2021, ECLI:ES:TS:2021:4003 (*autocuratela*; Vorrang des Willens der Betroffene in Bezug auf die Bestellung einer *curadora*; die Justizbehörde sei an diesen Willen gebunden) und TS 21.12.2021, ECLI:ES:TS:2021:4879 (Schlaganfall; Aufhebung einer Teilentmündigung wegen des Inkrafttretens des neuen Gesetzes). Diese Entscheidungen bestätigen zudem eines der Grundprobleme allen (früheren) Entmündigungsrechts, dass nämlich Voll- und Teilentmündigungen in Ermangelung flexiblerer Instrumente viel zu häufig und ohne zureichende Berücksichtigung der Umstände des Einzelfalls ausgesprochen wurden.

[403] Dazu TS 8.9.2021, ECLI:ES:TS:2021:3276, die erste Entscheidung unter dem neuen Gesetz. Es ging um einen Mann, der unter dem sog. Diogenes-Syndrom (auch „Vermüllungssyndrom") litt. Das Gericht lehnte den Antrag der Staatsanwaltschaft zur „Feststellung der Geschäfts(un)fähigkeit" *(demanda de determinación de la capacidad)* ab; die Entmündigung war nur Tage zuvor abgeschafft worden. Möglich sei aber die Anordnung einer Unterstützungsmaßnahme in Gestalt einer *curatela*. Der Betroffene habe sich zwar klar und verständlich gegen ihre Anordnung geäußert. Es sei aber gerade Ausdruck des Syndroms, dass er kein Bewusstsein für das Vorliegen einer Erkrankung bilden konnte. Die Störung habe nicht nur „diese eindeutige und objektiv entwürdigende Situation als Person" verursacht, sondern auch verhindert, dass der Mann seinen krankhaften Zustand und die Notwendigkeit von Hilfe erkannte. Der Gesundheitsbehörde wurde deshalb Zugang zu seiner vollständig verdreckten und ekelhaft riechenden Wohnung gewährt. *Bercovitz Rodríguez-Cano,* CCJV 118 (2022) 315 merkt an, es habe sich zwar die Terminologie geändert, doch sei unter der vorherigen Gesetzgebung dasselbe Ergebnis möglich gewesen.

[404] Oben Rdnr. 145 mit Fn. 693. Man muss die hohe Zahl an Entmündigungen wohl auch vor dem Hintergrund eines nach wie vor scharfen Verfahrensrechts lesen. Unter Art. 547 § 1 poln. ZPO wird der Betroffene zwar angehört, aber an der Anhörung nehmen auch der psychiatrische oder neurologische Sachverständige teil. Das Gericht kann „die zu entmündigende Person" zur Anhörung sogar zwangsvorführen lassen (§ 2), was sie in die Nähe eines Straftäters rückt. Außerdem ist unter Art. 152 poln. FVGB „jeder, der vom Vormundschaftsgericht zum Vormund bestellt wird, verpflichtet, die Vormundschaft zu übernehmen". Das wird, wenn ihn das Gericht nicht aus wichtigem Grund von dieser Pflicht befreit, die emotionale Lage zwischen Vormund und Entmündigtem nicht günstig beeinflussen.

Boden bereitet, es aber unglücklicherweise bislang dabei belassen, die Entmündigung als *ultima ratio* beizubehalten.[405] In **Italien** waren es die Gerichte, die die Anforderungen an eine Entmündigung so hochgeschraubt haben, dass sie im praktischen Leben kaum noch vorkommt. Das italienische Gesetzesrecht unterscheidet zwischen der (2004 eingeführten) *amministrazione di sostegno* (der Betreuung), der *inabilitazione* (der teiweisen Entmündigung) und der *interdizione* (der vollständigen Entmündigung). Die *amministrazione di sostegno* (Art. 404 ital. CC) ist als Hilfe für Personen konzipiert, die teilweise oder vorübergehend nicht in der Lage sind, für ihre Interessen selbst zu sorgen. Es handelt sich um eine Form der Betreuung, welche die Handlungsfähigkeit des Betroffenen so wenig wie möglich einschränkt. *Inabilitazione* und *interdizione* haben nur noch residuale Bedeutung. Denn das Gericht muss das Schutzinstrument wählen, das dem Betroffenen die größtmögliche Handlungsfreiheit belässt. Für die Einrichtung einer Betreuung genügen ein teilweiser oder vollständiger Autonomieverlust aufgrund eines Gebrechens oder einer körperlichen Beeinträchtigung.[406] Der Betreuer soll im Einvernehmen mit dem Betreuten nur dasjenige verwirklichen, was in seinem „besten Interesse" liegt.[407] Der Betreute bleibt also im Grundsatz handlungsfähig.[408] Ein Betreuer kann, wenn er von Fachleuten unterstützt wird, auch dazu ermächtigt werden, ein größeres Vermögen zu verwalten, sofern er nur in der Lage ist, selbst ausreichend für seine täglichen und gewöhnlichen Bedürfnisse zu sorgen.[409] Die Betreuung kann die Vermögensverwaltung sogar ganz ausklammern.[410] Art. 414 ital. CC sieht allerdings noch immer auch die **Interdizione** (die vollständige Entmündigung) vor, und Art. 415 ital. CC kennt weiterhin die **Inabilitazione** (die teilweise Entmündigung). Art. 414 a. a. O. handelt von Personen, „die an einer dauerhaften Geisteskrankheit leiden, die sie unfähig macht, die eigenen Interessen wahrzunehmen". Sie sind im Verständnis des Gesetzes dauerhaft handlungsunfähig und erhalten deshalb einen *tutore,* der sie vertritt. Wenn „die Geisteskrankheit nicht so schwer ist", dass sie eine *interdizione* erfordert, kann der Betroffene teilentmündigt (inhabilitiert) werden (Art. 415 a. a. O.). Ihm verbleibt dann die ordentliche Verwaltung, während Handlungen der außerordentlichen Verwaltung (z. B. Immobilien- und Darlehensgeschäfte) dem als Vertreter handelnden *curatore* vorbehalten werden (Art. 424(1) mit Art. 357 a. a. O.), der in bestimmten Fällen wiederum auf eine vormundschaftsgerichtliche Genehmigung angewiesen ist. Beide Formen der Entmündi-

---

[405] Finnland kennt drei Formen der Begrenzung der „Handlungskompetenz" *(toimintakelpoisuuden)* eines Volljährigen durch gerichtliche Entscheidung (Kap. 3 § 18 finn. Laki holhoustoimesta). Der Betroffene kann zu bestimmten Rechtshandlungen, auch zur Verfügung über bestimmte Eigentumsobjekte, an die Mitwirkung einer Vetrauensperson *(edunvalvoja)* gebunden werden (Abs. (1) a. a. O.). Ihm kann die Fähigkeit, solche Geschäfte zu tätigen, auch ganz entzogen werden (Abs. (2) a. a. O.). Und es kann eine Entmündigung *(julistettu vajaavaltaiseksi)* ausgesprochen werden (Abs. (3) a. a. O.). Sie setzt voraus, dass der Betroffene infolge von Krankheit, psychischer Störung, geschwächtem Gesundheitszustand oder eines ähnlichen Umstandes außerstande ist, sich um seine ökonomischen Angelegenheiten zu kümmern, dass deshalb seine Stellung, Versorgung oder andere wichtige Intressen gefährdet sind, und dass weniger invasive Maßnahmen zur Sicherung seiner Interessen nicht genügen. Ein entmündigter Volljähriger kann nur noch die ihm vom Gesetz ausdrücklich zugestandenen Rechtshandlungen vornehmen (Kap. 4 § 23(1) a. a. O.). Dazu gehören, soweit er die Bedeutung seiner Handlung versteht, seine persönlichen Angelegenheiten (Abs. (2)), alltägliche Rechtsgeschäfte von geringer Bedeutung (Kap. 4 § 24(1) a. a. O.) und die Entgegennahme von Schenkungen (Abs. (2)). Rechtshandlungen ohne die erforderliche Zustimmung gelten als schwebend unwirksam. Der Vertragspartner kann vom Vertrag zurücktreten, solange der Vormund den Vertrag noch nicht genehmigt hat bzw. der Vertrag noch nicht erfüllt worden ist (Kap. 4 §§ 26 und 27 a. a. O.). Die Entmündigung Volljähriger kann vorläufig, aber auch auf unbegrenzte Zeit ausgesprochen werden; sie wird „sofort" aufgehoben, wenn der Entmündigungsgrund entfallen ist (Kap. 3 § 22 a. a. O.).
[406] Cass. 15.5.2019, nr. 12998; Cass. 2.8.2012, nr. 13917; Trib. Prato 4.12.2010; Trib. Varese 18.6.2010, alle – und soweit nichts anderes angegeben, auch alle nachfolgenden Entscheidungen – in der DeJure Datenbank.
[407] Trib. Teramo 14.2.2013, n. 134; Trib. Varese 6.10.2009.
[408] Trib. Modena 18.12.2013.
[409] Trib. Milano 24.7.2006.
[410] Cass. 26.7.2018, nr. 19866. Möglich ist auch eine kurzfristige Betreuung für eine einzige Handlung oder eine bestimmte Art von Handlungen (Trib. Bologna 4.6.2008).

IV. Die Geschäftsfähigkeit **§ 5**

gung sind, was einer Brandmarkung gleichkommt, sogar in öffentlichen Registern zu verlautbaren (Art. 423 a. a. O.). Es handelt sich um ein denkbar antiquiertes Regelwerk. Es ist leicht zu verstehen, dass die Gerichte Mittel gesucht haben, es nicht mehr anwenden zu müssen.

Sehr klar zusammengestellt und analysiert hat diese Entwicklung Tribunale Imperia 4.2.2021.[411] Frau TA litt an degenerativer seniler Demenz. Sie konnte nicht einmal mehr stehen und musste deshalb zu ihrer Anhörung auf einer Trage in den Gerichtssaal getragen werden. Auf Fragen des Gerichts zu ihren Personalien und zu Ort und Zeit der Anhörung antwortete sie, „ich weiß nicht, was (!) ich bin". Danach sprach sie nur noch sinnlos anmutende Sätze. Sie war, so das Gericht, völlig unfähig geworden, sich selbst zu bestimmen. Dennoch wies es den Antrag auf Entmündigung ab. Zum Schutz der finanziellen und persönlichen Belange der Dame genüge die bereits angeordnete Betreuung. Eine (volle oder beschränkte) Entmündigung komme nach der Rechtsprechung des Kassationshofes nur dann in Betracht, wenn der Komplexität der Verwaltung eines größeren Vermögens Rechnung getragen werden müsse.[412] Vor allem hatte der Kassationshof klargestellt, dass der Unterschied zwischen der Entmündigung und der Betreuung nicht im Grad der Unfähigkeit des „schwachen Subjekts", sondern in der Anpassungsfähigkeit der jeweiligen Schutzmaßnahme an seine Bedürfnisse zu suchen sei.[413] Es müsse also ermittelt werden, für welche Tätigkeiten ein Vertreter benötigt werde. Eine Betreuung genüge, wenn nur minimale, einfache und gefahrlose Vorhaben in Rede stünden. Auf eine Entmündigung könne man erst zurückgreifen, wenn es sich um Verwaltungsmaßnahmen „von einer gewissen Komplexität" oder darum handele, „das zu schützende Subjekt daran zu hindern, Handlungen auszuführen, die ihm selbst Schaden verursachen könnten".[414] Die Wahl zwischen den verschiedenen Schutzinstrumenten richtet sich mithin nach praktischen Gesichtspunkten. Trib. Imperia hielt deshalb die fortschreitende Verschlechterung des psychischen Zustands von Frau TA für unerheblich. Es komme nur darauf an, was die Verwaltung ihres Vermögens erfordere. Frau TA war Eigentümerin zweier Immobilien (in Rom und in Santa Marinella); ihr gehörten außerdem Anteile an einem Investmentfonds im Wert von € 2.000.000. Die Verwaltung dieses Vermögens sei aber weder beschwerlich noch kompliziert. Der bereits bestellte Betreuer sei der Aufgabe, es zu erhalten und aus ihm die Altersheimunterbringung der Dame zu finanzieren, vollauf gewachsen. Tribunale Grosseto 12.10.2020[415] hatte es mit dem Antrag eines Mannes zu tun, der seinen Bruder (AD) mit der Begründung voll entmündigen lassen wollte, er leide infolge einer Meningitis, die er sich schon in jungen Jahren zugezogen hatte, an einer schweren geistigen Retardierung und Epilepsie, verbunden mit einer Verzögerung beim Erwerb psychomotorischer Funktionen. AD war unfähig, sich um seine Interessen zu kümmern. Er wirkte während der Anhörung desorientiert; jeder Versuch des Richters, einen Dialog herzustellen, scheiterte. Das Gericht betonte, es habe die Schutzmaßnahme zu wählen, die die Handlungsfähigkeit des Betroffenen geringstmöglich beeinträchtige. Eine vollständige oder teilweise Entmündigung käme nach der Rechtsprechung des Kassationshofes[416] erst in Betracht, wenn eine Betreuung ausgeschlossen sei. Sie sei grundsätzlich zu bevorzugen, auch bei besonders schwerwiegenden Pathologien.[417] Es spiele auch eine Rolle, ob die Familie ein ausreichendes Schutznetz gewährleiste. Für Herrn AD sei zwar eine Schutzmaßnahme unumgänglich, er werde jedoch von seinem Bruder und seiner Mutter, mit denen er

333

---

[411] Sez. I, nr. 90.
[412] So bereits Cass. 12.6.2006, nr. 13584, Riv. not. 2007 S. 485; Cass. 29.11.2006, nr. 25366, Giur. it. 2007 S. 2259; Cass. 22.4.2009, nr. 9628, Dir. fam. 2010 S. 1103 und Cass. 1.3.2010, nr. 4866, Giust. civ. Mass. 2010 S. 298.
[413] Cass. 12.6.2006 a. a. O.
[414] Cass. 12.6.2006 a. a. O.; bestätigt in Cass. 26.10.2011, nr. 22332, Giust. civ. 2011 S. 2807 und in Cass. 11.9.2015, nr. 17962.
[415] Nr. 675, wiederum in Dejure Datenbank.
[416] Cass. 1.3.2010 a. a. O.
[417] Das folgt auch aus Cass. 26.7.2013, nr. 18171, Foro it. 2013, 3210.

zusammenlebe, gut unterstützt. Außerdem habe er weder Vermögen noch ein eigenes Einkommen. Eine Entmündigung wurde folglich abgelehnt und stattdessen für präzise umschriebene Angelegenheiten eine Betreuung durch den Bruder angeordnet. Die Betreuung habe bedeutsame Vorteile. Es sei z. B. im Unterschied zur Entmündigung (Art. 362 ital. CC) nicht nötig, ein Inventarverzeichnis anzulegen, es könnten leichter Erbschaften angenommen werden (Art. 471 a. a. O.), das betreuungsrechtliche Genehmigungsverfahren verlaufe wesentlich zügiger (Artt. 375 und 411(1) a. a. O.), und eine Betreuung sei für den Betroffenen auch steuerlich günstiger. Gleichzeitig unterliege ein Betreuer aber im Wesentlichen den gleichen Pflichten wie ein Vormund.

b. Tutelle und curatelle

334 Das französische Recht hat (wie das belgische[418]) die *interdiction* (die vollständige Entmündigung) schon vor Jahren abgeschafft[419], die Teilentmündigung in Gestalt der **tutelle** aber beibehalten. Sie ähnelt der *inabilitazione* des italienischen Rechts, grenzt sich von ihr aber durch ein deutlich größeres Differenzierungspotential ab. Unter Art. 425 franz. CC kann jede Person, die aufgrund einer medizinisch festgestellten Beeinträchtigung ihrer geistigen oder körperlichen Fähigkeiten, die geeignet ist, die Äußerung ihres Willens zu verhindern, eine vom Gesetz vorgesehene Schutzmaßnahme in Anspruch nehmen. Es existiert ein breites Spektrum solcher *mesures de protection juridique des majeurs,* nämlich die *tutelle,* die *curatelle,* die *sauvegarde de justice,* der *mandat de protection future* und die *habilitation familiale.* Im Regime der *tutelle* wird der Betroffene, wenn er in Angelegenheiten des zivilen Lebens „ständig vertreten werden muss", unter Vormundschaft gestellt (Art. 440(3) a. a. O.). Der *tuteur* handelt als gesetzlicher Vertreter (Art. 473 a. a. O.) in der Verwaltung des Vermögens des Betroffenen (Art. 474 a. a. O.); dieser wird in den Status der allgemeinen Geschäftsunfähigkeit, der *incapacité générale,* versetzt. Der Vormund darf bestimmte Geschäfte (z. B. die *actes conservatoires* und die *actes d'administration*) ohne (Artt. 503 und 504 a. a. O.), andere, darunter vor allem die *actes de disposition* (Art. 505 a. a. O.), nur mit familiengerichtlicher Genehmigung tätigen. Der unter Vormundschaft gestellten Person verbleiben aber die *actes courants autorisés par la loi ou l'usage* und damit eine *capacité résiduelle* für zu normalen Bedingungen abgewickelte Alltagsgeschäfte (Artt. 473(1), 1148 a. a. O.).[420] Außerdem kann das Gericht unter Art. 473(2) a. a. O. diese Restfähigkeit für einzelne Handlungskomplexe erweitern. Ein unter Vormundschaft gestellter Volljähriger kann sogar – nun geht es nicht mehr um einen *acte courant* – allein ein Testament verfassen, sofern ihm das vom Gericht oder vom Familienrat gestattet wurde. Das Gericht erfährt den Inhalt des Testaments nicht. Es muss nur sicherstellen, dass der Volljährige die Kapazität besitzt, „d'exprimer clairement sa volonté quant à ses dispositions testamentaires et que le projet de testament correspon[d] à ses souhaits".[421]

335 Die **curatelle** begründet eine *incapacité spéciale* des geschützten Volljährigen. Er kann unter Art. 440(1) franz. CC unter Kuratel gestellt werden, wenn er aus einem der in Art. 425 a. a. O. vorgesehenen Gründe bei wichtigen Handlungen des bürgerlichen Lebens ständig unterstützt oder kontrolliert werden muss. Dadurch wird er, wie man sagt, *semi-incapable*. Die *curatelle* steht auf der Grenze zwischen einer Teilentmündigung und einer geschäftsfähigkeitsbeschränkenden Betreuung. Wer unter Kuratel gestellt wurde, muss von einem Kurator unterstützt werden; ohne dessen Genehmigung ist das Geschäft

---

[418] Oben Rdnr. 145 mit Fn. 677.
[419] Oben Rdnr. 145 mit Fn. 679.
[420] Die Regelung geht zurück auf Cass. civ. 3.6.1980, Bull. civ. I, Nr. 172. Der Kassationshof hatte hier die ursprünglich für Minderjährige konzipierte Theorie der *actes de la vie courante* auf Volljährige erweitert („mais attendu que le principe ... de l'incapacité complète du majeur en tutelle, ne fait pas obstacle à ce que ... celui-ci puisse valablement accomplir certains actes de la vie courante pouvant être regardés comme autorisés par l'usage"). Kein *acte de la vie courante* ist ein Verbraucherkredit (Cass. civ. 19.10.2004, Bull. I, Nr. 227).
[421] Cass. civ. 8.3.2017, ECLI:FR:CCASS:2017:C100318.

IV. Die Geschäftsfähigkeit § 5

ungültig.⁴²² „Die unter Kuratel stehende Person darf ohne Beistand des Kurators keine Handlungen vornehmen, die im Falle einer Vormundschaft der Genehmigung des Richters oder des Familienrats bedürfen würden. Bei Abschluss eines schriftlichen Dokuments wird die Mitwirkung des Kurators durch das Anbringen seiner Unterschrift neben der der geschützten Person belegt" (Art. 467 a. a. O.). Das läuft im Wesentlichen darauf hinaus, *actes de disposition* zu verhindern, darunter der Verkauf von Immobilien, Schenkungen (Art. 470 a. a. O.), der Abschluss einer Lebensversicherung und die Eingehung einer Ehe (Art. 460 a. a. O.).⁴²³ Die Geschäftsfähigkeit des *curatélaire* kann aber sowohl erweitert als auch noch weiter reduziert werden, indem das Gericht dem Kurator zusätzliche Aufgaben zuweist oder eine verstärkte Kuratel anordnet (Artt. 469, 471⁴²⁴ und 472 a. a. O.). Letzterenfalls „zieht der Kurator allein das Einkommen der unter Kuratel stehenden Person von einem Konto ein, das auf den Namen der unter Kuratel stehenden Person eröffnet wurde. Der Kurator sorgt selbst für die Auszahlung der Kosten an Dritte und hinterlegt den Überschuss auf einem Konto, das dem Betroffenen zur Verfügung gestellt wird, oder zahlt ihn in dessen Hände". Im Normalfall kann der *curatélaire* selbst Geld auf ein Konto einzahlen oder einen Vertrag mit einem Dritten über die Verwaltung der Wertpapiere und Finanzinstrumente schließen.⁴²⁵ Der *curatélaire* bleibt ebenfalls testierfähig (Art. 470 a. a. O.).

Unter Art. 433 a. a. O. kann das Gericht eine Person unter den in Art. 425 a. a. O. **336** genannten Voraussetzungen für abschließend aufgezählte Tätigkeiten auch unter gerichtlichen Schutz **(sauvegarde de justice)** stellen. Der betroffene Volljährige bleibt dann grundsätzlich geschäftsfähig. Er ist weder *incapable* noch *semi-capable,* sondern verringert geschäftsfähig, *capable diminué*⁴²⁶, sei es für einen begrenzten Zeitraum oder für eine begrenzte Zahl von Handlungen.⁴²⁷ Die unter Rechtsschutz gestellte Person kann prinzipiell jedes Rechtsgeschäft abschließen. Sie wird jedoch vor sie übervorteilenden Geschäften durch die Möglichkeiten einer *rescision pour lésion* und einer *réduction pour excès* geschützt.⁴²⁸ Außerdem kann dem unter gerichtlichem Schutz stehenden Volljährigen die Fähigkeit entzogen werden, Handlungen vorzunehmen, für die das Gericht einen Beauftragten bestellt hat (Art. 435 a. a. O.). Ihm können z. B. bestimmte *actes de disposition* übertragen werden (Art. 437 a. a. O.). Der **mandat de protection future** ist eine Vorsorgevollmacht (Art. 477 a. a. O.) für den Fall, dass im späteren Leben der Person einer der in Art. 425 a. a. O. genannten Gründe eintritt und es an einer vormundschaftsgerichtlichen Maßnahme oder einer Familienermächtigung *(habilitation familiale)* fehlt. Das Mandat wird wirksam, wenn ein Arzt feststellt, dass der Auftraggeber seine Interessen nicht länger allein wahrnehmen kann.⁴²⁹ Das Wirksamwerden des Mandats ist insoweit fähigkeitsrechtlich von Belang, als Geschäfte des Auftraggebers ab diesem Zeitpunkt wegen *lésion* aufgehoben *(rescindés)* oder wegen Unangemessenheit *(excès)* reduziert *(réduits)* werden können.

c. Geschäftsfähigkeitsbeschränkende Betreuung

(1) Zivilrecht versus Common Law

Wo er konsequent vollzogen wurde, brachte der Schwenk von der Entmündigung zur **337** Betreuung das Ende des vollständigen Entzugs der abstrakten Geschäftsfähigkeit, nicht aber

---

[422] *Malaurie,* Droit des personnes¹⁰, S. 364.
[423] *Malaurie* a. a. O., S. 367 Rdnr. 776.
[424] Hiernach kann das Gericht jederzeit abweichend von Artikel 467 CC bestimmte Handlungen aufzählen, die die unter Kuratel stehende Person allein vornehmen darf. Auf dieser Grundlage kann ein *curatélaire* z. B. ermächtigt werden, eine Kreditkarte mit einem monatlichen Abhebungslimit zu nutzen (*Simler,* J.-Cl. Civil Code, Art. 1145 à 1152, Fasc. 8, Rdnr. 38).
[425] *Simler* a. a. O.
[426] *Malaurie* a. a. O. S. 344 Rdnr. 723.
[427] *Simler* a. a. O. Rdnr. 39.
[428] Zu den Unterschieden näher *Teyssié,* Droit des personnes²⁰, S. 530 Rdnr. 1007 und S. 531 Rdnr. 1013.
[429] *Malaurie* a. a. O. S. 351 Rdnrn. 734–735.

das Ende geschäftsfähigkeits*beschränkender* Maßnahmen durch den Staat. Sie werden in allen Systemen des Zivilrechts weiterhin für nötig gehalten, auch wenn sie durch das Bemühen um größtmögliche Schonung und Respekt vor Menschen getragen sind, die mit Behinderungen leben müssen. Die Grundfrage allerdings, ob es nicht einfach bei der in jedem einzelnen Fall durchzuführenden Evaluation der konkreten Geschäftsfähigkeit eines Menschen verbleiben kann, wird unverändert verneint. Die Sorge, dass der Einzelne ausgenutzt wird, ohne sich später effektiv dagegen wehren zu können, überwiegt. Darin liegt der entscheidende **Unterschied zum Common Law** und dem Gesetzesrecht, das es fortschreibt und modifiziert. Weil es das Modell der materieübergreifenden abstrakten Geschäftsfähigkeit nicht kennt[430], ja nicht einmal *capacity* zu einem scharf definierten Begriff formt[431], hat das englische Recht weder Instrumente zu ihrem staatlichen Entzug noch zu ihrer staatlichen Einschränkung entwickelt. Alles ist eine Frage des Einzelfalls, bestenfalls eines bestimmten Teilrechtsgebiets, und der Ausgangspunkt lautet, dass „a person must be assumed to have capacity unless it is established that he lacks capacity" (sec. 1(2) Mental Capacity Act 2005). *Lack of capacity* muss stets dargelegt und nötigenfalls bewiesen werden; die Gerichte nehmen den Parteien die Arbeit nicht ab. „[E]very adult (that is, everyone who has attained the age of 18 years) is presumed to have capacity, and … the burden of proof is on those who assert the contrary".[432] Natürlich sieht auch das englische Recht eine Reihe von Schutzmaßnahmen vor, aber es beharrt darauf, dass „a person is not to be treated as unable to make a decision unless all practicable steps to help him to do so have been taken without success" (sec. 1(3) MCA 2005).

338 Sec. 2(1) MCA 2005 hebt das Ziel, „passgenaue" Lösungen zu generieren, gleich zweimal hervor: „For the purposes of this Act, a person lacks capacity *in relation to a matter* if at the material time he is unable to make a decision for himself *in relation to the matter* because of an impairment of, or a disturbance in the functioning of, the mind or brain".[433] Es spielt gerade keine Rolle, ob es sich um eine vorübergehende oder um eine dauerhafte Einschränkung der Geistestätigkeit handelt (sec. 2(2) a. a. O.). „In proceedings under this Act or any other enactment, any question whether a person lacks capacity within the meaning of this Act must be decided on the balance of probabilities" (sec. 2(4) a. a. O.). Section 3(3) MCA hilft u. a. Demenzkranken. Denn „the fact that a person is able to retain the information relevant to a decision for a short period only does not prevent him from being regarded as able to make the decision". Das Gesetz betont immer wieder, auch in sec. 16, dass Schutzmaßnahmen (wie die Bestellung eines je nach den Umständen mit Ver-

---

[430] Der auf der Grundlage von secs. 42 und 43 Mental Capacity Act 2005 verfasste Mental Capacity Act 2005 Code of Practice bemerkt unter 4.32: „There are several tests of capacity that have been produced following judgments in court cases (known as common law tests). These cover capacity to make a will, capacity to make a gift, capacity to enter into a contract, capacity to litigate (take part in legal cases), and capacity to enter into marriage". Der grundlegende Test für die Testierfähigkeit wurde schon in *Banks v Goodfellow* (1870) LR 5 QB 549, 565 (Cockburn CJ) entwickelt, der grundlegende Test für die capacity to marry in *In the Estate of Park deceased, Park v Park* [1954] P 112, 127 (Singleton LJ, dazu Munby J in *Sheffield City Council v E and S* [2004] EWHC 2808 (Fam), paras 141–145). Zur litigation capacity siehe *Masterman-Lister v Brutton & Co (No.1)* [2002] EWCA Civ 1889, para 75 (Chadwick LJ). Tatsächlich wird aber noch viel tiefer gestaffelt. Man begegnet z. B. auch der capacity to make a lifetime gift (*Re Beaney deceased* [1978] 1 WLR 770, 774, Nourse QC), der capacity to consent (*In re F (Mental Patient: Sterilisation)* [1990] 2 AC 1, 55, Lord Brandon), der capacity to litigate and conduct ones own affairs und der capacity to be informed about the extent of ones assets (*PBM (by his litigation friend, the Official Solicitor) v TGT, X Local Authority,* vorher Fn. 398).

[431] Das Wort *capacity* oszilliert zwischen Rechtsfähigkeit („capacity to own legal rights and to owe legal duties": *Birks,* English Private Law I, S. 141), Verständnis („the ability to understand the nature and quality of the transaction": Munby J in *Sheffield City Council v E and S* a. a. O. para 19), der Fähigkeit „to do a legally effective act or make a legally effective decision for himself" (Chadwick LJ in *Masterman-Lister v Brutton & Co (No.1)* [2002] EWCA Civ 1889, para 57) und der „capacity to understand the nature of that transaction when it is explained" (a. a. O. para 58).

[432] *Sheffield City Council v E and S* a. a. O. para 18.

[433] Hervorhebungen natürlich hinzugefügt.

tretungsmacht versehene *deputy*⁴³⁴) stets nur „in relation to a matter or matters" ergriffen werden dürfen. „When deciding whether it is in P's best interests to appoint a deputy, the court must have regard ... to the principles that (a) a decision by the court is to be preferred to the appointment of a deputy to make a decision, and (b) the powers conferred on a deputy should be as limited in scope and duration as is reasonably practicable in the circumstances (sec. 16(4) a. a. O.)".

Eine vergleichbare Toleranz (oder Gelassenheit) im Umgang mit Menschen mit geistigen Einschränkungen hat das Zivilrecht nie aufgebracht. Das trifft bis heute selbst auf die skandinavischen Rechtsordnungen zu. In **Schweden** fehlt eine allgemeine Vorschrift zu den rechtlichen Konsequenzen fehlender konkreter Willensbildungsfähigkeit. Die dazu entwickelten gesetzlichen Regeln beschränken sich ausnahmslos auf das Vertragsrecht.⁴³⁵ Die auf die Begrenzung der abstrakten Geschäftsfähigkeit abzielende *förvaltarskap* („Verwalterschaft", Kap. 11 § 7 schwed. FB) hat dagegen generelle Bedeutung. Sie kommt nur in Betracht, wenn der bestehende Schutz vor den Folgen konkreter Geschäftsunfähigkeit als nicht ausreichend angesehen wird. Die Einrichtung einer Verwalterschaft soll u. a. kollidierende Rechtshandlungen von Betroffenem und Betreuer vermeiden, „z. B. während einer manischen Periode".⁴³⁶ Die Begrenzung der abstrakten Geschäftsfähigkeit bleibt aber auf das zur Schadensvermeidung Notwendige begrenzt, weshalb dem Betroffenen die Möglichkeit verbleibt, bestimmte Verträge selbst zu schließen, darunter Vereinbarungen über Dienstleistungen, Verfügungen über durch eigene Arbeit erworbenes Vermögen und dessen Surrogate (Kap. 11 § 8(1) FB). Die Aufhebung des Entmündigungsrechts hatte nach Auffassung des schwedischen Gesetzgebers vorausgesetzt, den Schutz der Betroffenen auf andere Weise sicherzustellen.⁴³⁷ Dazu musste das schon damals existierende Betreuungsregime reformiert werden. Insbesondere sollte das Problem gelöst werden, das sich (angeblich oder wirklich) ergab, wenn der Betroffene selbst abstrakt geschäftsfähig blieb, obwohl ihm bereits ein *god man* bestellt war. Der Gesetzgeber entschloss sich deshalb dazu, ein erweitertes Betreuungsregime zu schaffen, unter dem dem Betreuten das Bestimmungsrecht über sein Eigentum oder einzelne andere Angelegenheiten ganz oder teilweise entzogen werden kann. Man gab dieser Variante den Namen *förvaltarskap*. Unter einer Verwalterschaft büßt der Betroffene seine abstrakte Geschäftsfähigkeit ganz oder teilweise ein; die entsprechenden Befugnisse gehen auf den *förvaltare* über, der den Betreuten vertritt. Das Gericht darf einen *förvaltare* nur einsetzen, wenn die Bestellung eines *god man* nicht ausreicht und der Betroffene auch nicht in anderer Weise Hilfe erhält (Kap. 11 § 7(1) FB).⁴³⁸ Der „Verwalterauftrag" *(förvaltaruppdrag)* kann nach bestimmten Kriterien (z. B. Art oder Wert des Eigentums bzw. der Angelegenheit) begrenzt werden (§ 7(2) a. a. O.). Im Rahmen seines Auftrags steht dem Verwalter Vertretungsmacht zu (Kap. 11 § 9(1) FB). Der Betrof-

339

---

434 Seine Befugnisse in Bezug auf „property and affairs" sind Gegenstand von sec. 18(1) MCA. Sie können umfassen: „(a) the control and management of P's property; (b) the sale, exchange, charging, gift or other disposition of P's property; (c) the acquisition of property in P's name or on P's behalf; (d) the carrying on, on P's behalf, of any profession, trade or business; (e) the taking of a decision which will have the effect of dissolving a partnership of which P is a member; (f) the carrying out of any contract entered into by P; (g) the discharge of P's debts and of any of P's obligations, whether legally enforceable or not; (h) the settlement of any of P's property, whether for P's benefit or for the benefit of others; (i) the execution for P of a will; (j) the exercise of any power (including a power to consent) vested in P whether beneficially or as trustee or otherwise; (k) the conduct of legal proceedings in P's name or on P's behalf".
435 Sie finden sich in dem schwed. Gesetz über die Wirkung der unter dem Einfluss einer psychischen Störung geschlossenen Verträge vom 27.6.1924 (1924:323) und dem Vertragsgesetz vom 11.6.1915 (1915: 218).
436 SOU 2004:112, S. 386.
437 Gesetzesmaterialien SFS 1988:1251: Prop. 1987/88:124, S. 131–132.
438 Näher HD 23.12.1992, NJA 1992 S. 863 I (betr. die Frage, ob die erforderliche Unterstützung in Kreditangelegenheiten nur durch einen Verwalter geleistet werden kann. Das sei nur dann der Fall, wenn der Betroffene in nicht unerheblichem Umfang zu solchen Geschäften neige und kein Kapitalvermögen vorhanden sei). Siehe zudem HD 23.12.1992, NJA 1992 S. 863 II (Der Umstand, dass eine Person über Kapital verfügt, das sie für Zwecke verwenden könnte, die objektiv als nutzlos angesehen werden, rechtfertige nicht automatisch die Einrichtung einer *förvaltarskap*).

fene selbst kann nicht im Auftrag und im Namen eines Anderen handeln (§ 9(2) a. a. O.). Das neue System ist menschenrechtlich nicht unproblematisch, insbesondere deshalb nicht, weil Kap. 11 § 7 FB den Gerichten einen sehr weiten und nach Einschätzung mancher einen im Hinblick selbst auf Art. 8(2) EMRK zu weiten Ermessensspielraum einräumt.[439]

(2) Vertretung und Zustimmungsvorbehalt

340 Ein Vertreter handelt im Namen eines Anderen. Ihm „hilft" oder ihn „unterstützt" ein Vertreter aber nur in der Perspektive des seiner Vertretungsmacht zugrunde liegenden Auftragsverhältnisses. Denn in der eigentlichen Vertretung geht es gerade nicht darum, den Vertretenen in die Lage zu versetzen, seinen eigenen Willen zu finden, zu äußern und umzusetzen. Es geht vielmehr darum, dem Willen des Vertreters Wirkung für den Vertretenen zu verleihen. Deshalb darf ein mit Vertretungsmacht ausgestatteter (§ 1902 dt. BGB a.F., § 1823 n.F.) Betreuer nicht gegen den freien Willen des zu Betreuenden bestellt werden (§ 1896(1a) dt. BGB a.F., § 1814(2) n.F.); alles Andere wäre ein Verstoß gegen die UN-Behindertenrechtskonvention. Entweder stimmt der Betroffene seiner Betreuung zu, lehnt sie jedenfalls nicht ab, oder sie wird angeordnet, weil er *zu ihr* keinen freien Willen (mehr) bilden kann. Auch dann darf die Vertretungsmacht aber keine Angelegenheiten umfassen, die der Betreute aus freien Stücken noch immer selbst bewältigen kann und will. Das ist denkbar, weil die Zustimmung zu einer Betreuung ein höheres Maß an Verständnis für rechtliche Zusammenhänge und außerdem Einsicht in eine auf längere Zeit angelegte belastende Maßnahme verlangt, wohingegen (z.B.) eingeübte Alltagstätigkeiten mit einem deutlich geringeren Grad an Differenzierungsvermögen und Willensbildungsfähigkeit bewältigt werden können. Die Bestellung eines vertretungsberechtigten Betreuers ist aus unserer Sicht mit Art. 12(4) Satz 2 UN-Behindertenrechtskonvention (wonach „der Wille und die Präferenzen der betreffenden Person geachtet werden") durchaus vereinbar, aber eben nur, wenn der Aufgabenkreis des Betreuers so zugeschnitten ist, dass er auf Angelegenheiten beschränkt bleibt, für welche der Betreute selbst keinen freien Willen (mehr) bilden kann oder auf deren Wahrnehmung er freiwillig verzichtet. Diese Angelegenheiten gänzlich ohne Generalisierungen zu beschreiben, ist zwar nicht möglich; aber sie sind gleichwohl so präzise zu fassen, wie das ein sachverständig beratenes Gericht leisten kann. Nicht das Instrument der Vertretung ist also das Problem, sondern die **Fixierung ihres Umfangs** im Einzelfall. Es kommt, wie der italienische Kassationshof zu Recht betont, darauf an zu ermitteln, für welche Tätigkeiten ein Vertreter tatsächlich benötigt wird.[440] Nur dann steht seine Bestellung „in einem angemessenen Verhältnis zu den Bedürfnissen der Person", nur dann werden deren „größtmögliche Autonomie ... bei der Ausübung ihrer Rechtsfähigkeit" respektiert und „ihr Wille, ihre Wünsche und Präferenzen in Betracht" gezogen (Art. 268 span. CC).[441] Die nicht vom Willen des Betreuten mitgetragene gerichtliche Bestellung eines Vertreters, auch das lehrt das die UN-Behindertenrechtskonvention vorbildlich umsetzende spanische Recht, muss eine Notmaßnahme für Menschen bleiben, die ihre Einschränkung geistig isoliert.[442]

---

[439] Kritisch insbesondere *Fridström Montoya und Kindström Dahlin,* SvJT 2019 S. 354.
[440] Oben Rdnr. 333.
[441] Oben Rdnr. 331.
[442] Die *curatela* (Betreuung) des spanischen Rechts (Art. 250 span. CC) wird für Personen eingerichtet, die dauerhafter Unterstützung bedürfen. Ihr Umfang wird vom Gericht situationsspezifisch festgelegt. Alle Maßnahmen müssen in einem angemessenen Verhältnis zu den Bedürfnissen des Betroffenen stehen und seine Autonomie größtmöglich wahren. Maßnahmen mit rechtlichem oder gerichtlichem Ursprung werden nur durchgeführt, wenn der Wille der betroffenen Person fehlt oder unzureichend ist. Eine Sonderform (und gerade nicht die Regel!) ist die *curatela representativa (excepcional),* also die Betreuung mit Vertretungsmacht (Art. 249 span. CC: „In *Ausnahmefällen,* in denen es trotz erheblicher Anstrengungen nicht möglich ist, den Willen, die Wünsche und Präferenzen der Person zu ermitteln, können Unterstützungsmaßnahmen auch Stellvertreterfunktionen umfassen. In diesem Fall sind bei der Ausübung dieser Funktionen die Lebensgeschichte der Person mit Behinderung, ihre Überzeugungen und Werte sowie die Faktoren zu berücksichtigen, die sie in Betracht gezogen hätte, um die Entscheidung zu treffen, die die

Als solche lässt freilich, technisch gesprochen, jede, auch eine im wörtlichen Sinne **341**
„unfreiwillige" Vertretung die Geschäftsfähigkeit des Betroffenen unberührt.[443] Denn
niemand wird vertreten, *damit* er geschäftsunfähig wird, sondern er wird vertreten, *weil* er
geschäftsunfähig oder aus einem anderen Grunde nicht in der Lage ist, sich um seine
Angelegenheiten zu kümmern. Das gilt nicht nur für die entmündigungs-, sondern auch
für die betreuungsrechtliche Vertretung. Soweit er anstelle eines Menschen handelt, der
keinen freien Willen bilden kann, integriert ihn ein Betreuer in den Geschäftsverkehr. Auf
ein solches Instrument kann die Rechtsordnung nicht verzichten. Die betreuungsrechtliche
Vertretung reagiert in diesem Sektor nur auf die konkrete Geschäftsunfähigkeit des Betroffenen.
Es kommt allerdings immer noch vor, dass die Bestellung eines Betreuers mittelbar
auch auf die abstrakte Geschäftsfähigkeit des Betreuten ausstrahlt. Das ist dann der Fall,
wenn Betreuerbestellung und Entzug bzw. Beschränkung der Geschäftsfähigkeit des zu
Betreuenden Hand in Hand gehen, d. h. entweder zeitversetzt oder *uno actu* vollzogen
werden. Man nennt das eine **geschäftsfähigkeitsbeschränkende Betreuung.** Auch sie
hat eine gerichtlich veranlasste Statusänderung zum Inhalt, in der Elemente des früheren
Entmündigungsrechts im Betreuungsrecht fortleben. Je tiefer der Einschnitt, desto geringer
wird der Unterschied zwischen Entmündigung und Betreuung. Die menschenrechtlichen
Bedenken nehmen nicht ab, nur weil ein Gesetzgeber ein Wort durch ein anderes ersetzt.
Man kann das gut an der Variante der rechtlichen Betreuung des griechischen Rechts
studieren, die die Geschäftsfähigkeit des Betreuten vollständig beschränkt. Hier handelt es
sich nur dem Namen nach um eine Betreuung, in der Sache aber um eine Entmündigung.

Das **griechische ZGB** unterscheidet seit der Reform des Jahres 1996 drei Arten der **342**
rechtlichen Betreuung, nämlich die volle geschäftsfähigkeitsbeschränkende rechtliche Betreuung
(Πλήρης στερητική δικαστική συμπαράσταση, *pleres steretiké dikastiké symparástase*)
(Artt. 128 Nr. 2, 1676(1) gr. ZGB), die teilweise geschäftsfähigkeitsbeschränkende rechtliche
Betreuung (Μερική στερητική δικαστική συμπαράσταση, *meriké steretiké dikastiké symparástase*)
(Art. 129 Nr. 2 i. V. m. Art. 1676 gr. ZGB) und die volle oder teilweise subsidiäre
(oder unterstützende) rechtliche Betreuung (Πλήρης bzw. Μερική επικουρική δικαστική
συμπαράσταση / *Pleres* bzw. *merikéepikouriké dikastiké symparástase*) (Art. 129 Nr. 3,
Art. 1676(2) gr. ZGB). Durch die Anordnung der vollen geschäftsfähigkeitsbeschränkenden
Betreuung wird einem psychisch kranken Menschen das Recht entzogen, Rechtsgeschäfte
zu tätigen. Er wird (abstrakt) geschäftsunfähig (Art. 128 Nr. 2 gr. ZGB)[444]; seine
Willenserklärungen sind nichtig (Art. 130 gr. ZGB). Deshalb muss er durch einen gerichtlich
bestellten Betreuer vertreten werden, der seinerseits von einem Kontrollgremium überwacht
wird. Die abstrakte Geschäftsfähigkeit erlischt im Zeitpunkt der Veröffentlichung
der Entscheidung (Art. 1681 a. a. O.). Sie kann auf Antrag (Art. 1685 a. a. O.) oder von
Amts wegen jederzeit wieder aufgehoben werden. Die teilweise geschäftsfähigkeitsbeschränkende
rechtliche Betreuung nimmt dem Betroffenen das Recht, diejenigen

---

Person getroffen hätte, wenn sie keine Vertretung benötigt hätte. Das Gericht kann die für angemessen
erachteten Vorkehrungen treffen, um sicherzustellen, dass bei der Durchführung von Unterstützungsmaßnahmen
die sich aus dieser Bestimmung ergebenden Kriterien eingehalten werden und insbesondere
der Wille, die Wünsche und die Präferenzen der Person, die sie benötigt, berücksichtigt werden"). Ein
vertretungsberechtigter *curador* benötigt unter Artt. 287, 1811 a. a. O. außerdem die gerichtliche Zustimmung
für alle in dem Einrichtungsbeschluss festgelegten Handlungen, und in jedem Fall eine gerichtliche
Zustimmung für die Einlieferung in die Psychiatrie, für die Veräußerung und die Belastung von Grundstücken,
für unentgeltliche Verfügungen, für den Verzicht auf Rechte, die Annahme oder den Verzicht
auf eine Erbschaft, die Erhebung einer Klage, die Überlassung einer Sache zur Miete, die Gewährung und
die Aufnahme eines Kredits und die Abtretung von Forderungen. Eine generelle Gegenausnahme besteht
nur für Angelegenheiten von geringer finanzieller Bedeutung.

[443] § 242(1) österr. ABGB hebt das mit Recht hervor: „Die Handlungsfähigkeit einer vertretenen Person
wird durch eine Vorsorgevollmacht oder eine Erwachsenenvertretung nicht eingeschränkt".

[444] Zu den dramatischen Konsequenzen dieses Schritts gehört auch, dass der Betroffene, obwohl er Prozesspartei
bleibt, seine Postulationsfähigkeit verliert, also nicht einmal persönlich vor Gericht auftreten kann
(Areopag 756/2002, EllDne 43 [2002] S. 1644).

Rechtsgeschäfte zu tätigen, die das Gericht näher bestimmt hat (Art. 1676(1) gr. ZGB). Wer sich in einer Teilentzugsbetreuung befindet, kann i. d. R. keine Vermögenswerte autonom übertragen, bleibt im Übrigen aber, sofern das Gericht nichts anderes bestimmt, selbst entscheidungsbefugt. Die subsidiäre rechtliche Betreuung ist eine Betreuung mit Einwilligungsvorbehalt. Sie operiert mit dem Instrument des Co-Konsenses. Der Betroffene bedarf der schriftlichen Einwilligung (der vorherigen Zustimmung) seines Betreuers (Art. 1676(2) a. a. O.); verweigert er sie, muss der Betreute in jedem Einzelfall eine gerichtliche Entscheidung zu seinen Gunsten beantragen. Die subsidiäre rechtliche Betreuung ist in sich noch weiter untergliedert. Man unterscheidet zwischen der vollen und der teilweisen subsidiären rechtlichen Betreuung. Im ersten Fall sind nur die Geschäfte zustimmungsfrei, die jeder beschränkt Geschäftsfähige selbst tätigen kann, d. h. die rechtlich vorteilhaften Geschäfte (Art. 129 Nr. 3 a. a. O.). Im zweiten Fall sind alle Geschäfte zustimmungsfrei, die der Beschluss des Gerichts nicht ausdrücklich auflistet (Art. 1676(2) a. a. O.). Es kann aber auch eine Kombinationslösung wählen, d. h. bestimmte Geschäfte einem reinen Vertretungs- und andere einem Zustimmungsregime unterwerfen (Art. 1676 (3) a. a. O.).

343   In Gestalt des betreuungsrechtlichen Einwilligungsvorbehalts (§ 1903 dt. BGB a.F., § 1825 n.F.) kennt auch das **deutsche Recht** noch eine „letzte Reminiszenz an die Entmündigung"[445] – was dann auch prompt die Kritik der Kommission der Vereinten Nationen für die Rechte von Menschen mit Behinderungen auf sich gezogen hat.[446] Wird ein solcher Einwilligungsvorbehalt angeordnet, so rückt er den Betroffenen fähigkeitsrechtlich in die Nähe eines Minderjährigen zwischen der Vollendung des siebenten und vor Vollendung des achtzehnten Lebensjahres (§ 1903(1) Satz 2, (3) Satz 1 a.F.; § 1825(1)

---

[445] *Schwab*, FamRZ 1990 S. 681, 684; MünchKomm (-*Schneider*), BGB[8], Vorbemerkung vor § 1896 Rdnr. 11.

[446] UN-Dokument CRPD/C/DEU/CO/1 vom 13.5.2015, S. 5 Rdnrn. 25 und 26: „The Committee is concerned that the legal instrument of guardianship („rechtliche Betreuung"), as outlined in and governed by the German Civil Code is incompatible with the Convention. ... The Committee recommends that the State party: (a) Eliminate all forms of substituted decision-making and replace it with a system of supported decision-making, in line with the Committee's general comment No. 1 (2014) on equal recognition before the law". Zu den Merkmalen eines „substitute decision-making regime" hat sich schon UN-Dokument CRPD/C/GC/1 vom 19.5.2014, S. 6 Rdnr. 27 geäußert: „Substitute decision-making regimes can take many different forms, including plenary guardianship, judicial interdiction and partial guardianship. However, these regimes have certain common characteristics: they can be defined as systems where (i) legal capacity is removed from a person, even if this is in respect of a single decision; (ii) a substitute decision-maker can be appointed by someone other than the person concerned, and this can be done against his or her will; and (iii) any decision made by a substitute decision-maker is based on what is believed to be in the objective „best interests" of the person concerned, as opposed to being based on the person's own will and preferences". Das Committee on the Rights of Persons with Disabilities kritisiert also nicht nur § 1903 dt. BGB, sondern auch die Vertretungsregelung in § 1902 BGB, weil es sich bei ihr um ein System der „ersetzenden Entscheidung" handele, das gegen Art. 12(2) und (3) der UN-Behindertenrechtskonvention verstoße. Es sei durch ein System der unterstützenden Entscheidung zu ersetzen. Das Komitee würdigt allerdings nicht ausreichend, dass weder eine Betreuung noch ein Einwilligungsvorbehalt gegen den freien Willen des Betroffenen angeordnet werden können. Und bei einer Person, die in Relation auf eine bestimmte Angelegenheit keinen freien Willen bilden kann, ist ein anderes Instrument als die Vertretung nicht in Sicht. Problematisch ist nur der Eingriff in die abstrakte Geschäftsfähigkeit, auf den die Anordnung eines Einwilligungsvorbehalts am Ende eben doch immer hinausläuft. Richtig ist freilich, dass eine Vertretung keine Unterstützungsmaßnahme ist (anders *Lipp*, FamRZ 2017 S. 4, 7–8). Die zum 1.1.2023 in Kraft getretene Reform des deutschen Betreuungsrechts hat darauf insoweit reagiert, als nunmehr in § 1821 n. F. klargestellt ist, dass bei der Vertretung und der Zustimmung zu Rechtsgeschäften die Wünsche des Betreuten beachtet werden müssen. Der deutsche Gesetzgeber hat unter Hinweis auf Art. 12(3) der UN-Behindertenkonvention den Vorrang von *supported decision-making* vor *substituted decision-making* berücksichtigen wollen. Deshalb macht der Betreuer unter § 1821(1) Nr. 2 BGB n. F. „von seiner Vertretungsmacht nach § 1823 nur Gebrauch, soweit dies erforderlich ist". Allerdings beharrte der Gesetzgeber auf der Ansicht, dass auch die Stellvertretung eine Form der Unterstützung sei (BT-Drs. 19/24445 S. 259). Nur sei sie mit Blick auf Art. 12(4) UN-Behindertenrechtskonvention nicht länger auf das „Wohl" des Betreuten (§ 1901(2) und (3) BGB a.F.), sondern primär auf seine „Wünsche" auszurichten, es sei denn, sie liefen auf eine erhebliche Selbstgefährdung des Betreuten hinaus (§ 1821(2)-(4) BGB n.F.).

IV. Die Geschäftsfähigkeit § 5

Satz 3, (3) Satz 1 n. F.). Die Maßnahme setzt eine erhebliche Gefahr für die Person oder das Vermögen des Betreuten, und außerdem voraus, dass der Einwilligungsvorbehalt im Aufgabenkreis des Betreuers (Negativliste für persönliche Angelegenheiten in § 1903(2) a.F., § 1825(2) n.F.) zur Abwendung dieser Gefahr erforderlich ist.[447] Vor allem aber kann ein Einwilligungsvorbehalt nicht gegen den freien Willen des Betreuten angeordnet werden.[448] Der Vorbehalt ist bei Wegfall seiner Voraussetzungen aufzuheben oder einzuschränken (§ 1908d(1) und (4) a.F., § 1871(1) und (4) n.F.). Er wird spätestens alle sieben Jahre überprüft (§§ 286(3), 295(2) dt. FamFG). „Ist die Maßnahme gegen den erklärten Willen des Betroffenen angeordnet worden, ist" seit dem 1.1.2023 unter § 295(2) Satz 2 FamFG n. F. allerdings „über eine erstmalige Verlängerung spätestens nach zwei Jahren zu entscheiden". Die Gefährdung ist konkret darzulegen.[449] Sie soll sich z. B. aus der Komplexität der Verwaltung eines umfangreichen Vermögens[450] oder daraus ergeben können, dass ein psychisch beeinträchtigter Betreuter zahlreiche unsinnige, aber kostenträchtige Gerichtsverfahren anstrengt[451] oder geschäftliche Kontakte und Kreditlinien seines Unternehmens gefährdet.[452] Der Einwilligungsvorbehalt darf den Betreuten aber nicht vom Genuss seiner Einkünfte und seines Vermögens ausschließen.[453] Der Kreis der von dem Vorbehalt erfassten Geschäfte ist auf das unverzichtbare Minimum zu beschränken, ggf. auf einzelne Objekte oder genau bestimmte Arten von Geschäften.[454] Dass ein Einwilligungsvorbehalt auch zum Nachteil von Personen angeordnet werden kann, die konkret geschäftsunfähig sind, wird mit der „Klarstellungsfunktion" dieser Maßnahme begründet[455], obwohl sie rechtlich, genau besehen, eben gerade nicht „erforderlich" ist. Auch darin wirkt entmündigungsrechtliches Denken fort. Die Rechtsstellung eines Betreuten unter Einwilligungsvorbehalt ist zwar der eines Minderjährigen angenähert, aber nicht in jeder Beziehung mit ihr identisch.[456] Der Rückgriff auf das Minderjährigenrecht ist ohnehin befremdlich, weil es in ihm darum geht, der allmählich zunehmenden Reife junger Menschen Rechnung zu

---

[447] Wer unter einem Sparzwang leidet und es deshalb selbst noch unterlässt, in angemessenem Umfang Lebensmittel zu erwerben, kann zwar unter Betreuung, aber natürlich nicht unter einen Einwilligungsvorbehalt gestellt werden; er gefährdet sein Vermögen ja gerade nicht (BayObLG 24.3.1999, FamRZ 2000 S. 1523, 1524). Der Betreute hatte allerdings auch noch 85 Sparkonten angelegt, auf die er maximal zweistellige Beträge eingezahlt hatte (Details in LG München I 22.1.1999, FamRZ 1999 S. 1303, der Vorinstanz). Das hatte dem für die Vermögensangelegenheiten des Betreuten bestellten Betreuer die Arbeit erheblich erschwert. Schon das LG hatte aber a. a. O. S. 1304 entschieden, dass der Einwilligungsvorbehalt nicht dazu dient, „die Tätigkeit des Betreuers zu erleichtern".
[448] So bereits BGH 17.5.2017, NJW-RR 2017 S. 964, 965 (oben Fn. 229) und nun ausdrücklich § 1825(1) dt. BGB n. F. Es gibt andererseits aber zu weit anzunehmen, dass ein Einwilligungsvorbehalt bei einer zur freien Willensbildung fähigen Person überhaupt nicht, also auch nicht mit ihrer Zustimmung angeordnet werden könne (so aber wohl BayObLG 4.2.1993, FamRZ 1993 S. 851 und MünchKomm [-*Schneider*], BGB[8], § 1903 Rdnr. 8). Die Frage hat sich seit dem 1.1.2023 durch den Wortlaut von § 1825(1) BGB n. F. erledigt („Gegen den freien Willen des Volljährigen darf ein Einwilligungsvorbehalt nicht angeordnet werden"). Schon BGH 17.5.2017 a. a. O. hatte in Rdnr. 11 bemerkt, dass „der Betroffene zwar mit der Betreuung als solcher, nicht aber mit einem Einwilligungsvorbehalt einverstanden sein" kann. Die betreute Person hat also die Wahl. Man denke z. B. an einen unter Betreuung stehenden Glücksspielsüchtigen, dem der finanzielle Ruin droht. Die Gefahr lässt sich durch einen auf das Glücksspiel beschränkten Einwilligungsvorbehalt beseitigen.
[449] BGH 27.4.2016, NJW-RR 2016 S. 711, 712.
[450] BGH 24.1.2018, FamRZ 2018 S. 625, 626 (*in casu* verneint).
[451] BGH 27.1.2016, NJW-RR 2016 S. 1027.
[452] BGH 20.6.2018, NJW-RR 2018 S. 963 (*in casu* mangels konkreter Anhaltspunkte abgelehnt).
[453] MünchKomm (-*Schneider*), BGB[8], § 1903 Rdnr. 12. Siehe auch BGH 28.7.2015, FamRZ 2015 S. 1793 (die Anordnung eines Einwilligungsvorbehalts dürfe nicht der Disziplinierung des Betreuten dienen, der Meinungsverschiedenheiten mit seinem Betreuer habe).
[454] BGH 24.1.2018, FamRZ 2018 S. 625, 626, Anm. *Fröschle*. Siehe auch BayObLG 14.10.1993, FamRZ 1994 S. 1135 (Geschäfte ab einem bestimmten Geldwert).
[455] MünchKomm (-*Schneider*), BGB[8], § 1903 Rdnr. 20.
[456] Die Gesetzesbegründung (BT-Drs. 11/4528 S. 138) meint sogar, es gebe „erhebliche" Unterschiede: „Wie bereits dargelegt, unterscheidet sich der Einwilligungsvorbehalt erheblich von der beschränkten Geschäftsfähigkeit. Im Gegensatz zu dieser betrifft er in der Regel nur einen begrenzten Kreis von Willenserklärungen; er hat auch nicht die umfassenden Auswirkungen der beschränkten Geschäftsfähigkeit insbesondere auf die Ehefähigkeit und die Testierfähigkeit".

tragen (§ 1626(2) dt. BGB), wohingegen Betreute mit zunehmendem Alter typischerweise gerade schwächer werden.[457] Immerhin bleibt Erwachsenen in Vermögensangelegenheiten wenigstens das Recht, geringfügige Angelegenheiten des täglichen Lebens[458] selbst zu erledigen (1903(3) Satz 2 a.F., § 1825(3) Satz 2 n.F.[459]). Minderjährigen gesteht das deutsche Recht nicht einmal das zu. Aus der Sicht eines Systems, das an dem Konzept der abstrakten Geschäftsfähigkeit festhält, ist die deutsche Variante des Betreuungsrechts insgesamt noch akzeptabel. Aber der Rahmen ist zugleich das Problem. Ihn kann man nur sprengen, wenn man auf Generalisierungen verzichtet und sich endlich ganz auf die Evaluation der Möglichkeiten und Bedürfnisse jedes einzelnen Menschen konzentriert.

344 Das deutsche und das griechische Recht handeln von *Einwilligungs*vorbehalten. Tatsächlich geht es aber nur unter griechischem Recht um eine Einwilligung im technischen Sinn, d. h. um eine vorherige, nicht (auch) um eine nachträgliche Zustimmung (Genehmigung) (§ 183 dt. BGB; Artt. 236, 238 gr. ZGB). Denn § 1903(1) Satz 2 dt. BGB (§ 1825(1) Satz 3 n.F.) verweist ausdrücklich auf § 108 dt. BGB, wonach die Wirksamkeit eines Vertrages, den ein Minderjähriger ohne die erforderliche Einwilligung geschlossen hat, „von der Genehmigung des Vertreters" abhängt. Auch unter § 242(2) **österr. ABGB** (siehe auch § 865(3) a. a. O.) genügt eine Genehmigung. „Soweit dies zur Abwendung einer ernstlichen und erheblichen Gefahr für die vertretene Person erforderlich ist, hat das Gericht im Wirkungsbereich der gerichtlichen Erwachsenenvertretung anzuordnen, dass die Wirksamkeit bestimmter rechtsgeschäftlicher Handlungen der vertretenen Person oder bestimmter Verfahrenshandlungen bei Verwaltungsbehörden und Verwaltungsgerichten ... die Genehmigung des Erwachsenenvertreters und in den Fällen des § 258 Abs. 4 auch jene des Gerichts voraussetzt". Das Bemerkenswerte daran ist aber nicht nur der Zeitpunkt, sondern vor allem der Umstand, dass der geschäftsunfähige Volljährige unter § 865(3) Satz 1 und 2 ABGB im Rahmen einer Genehmigung rechtserheblich eine eigene Willenserklärung abgibt, also trotz der Redeweise von der „gerichtlichen Erwachsenenvertretung" gerade nicht vertreten wird. Auch das zeugt von dem Bemühen des österreichischen Gesetzgebers, dem Drängen des United Nations Committee on the Rights of Persons with Disabilities gerecht zu werden, *substituted decision-making* wo immer es geht durch *supported decision-making* abzulösen.[460] Dem steht nicht entgegen, dass unter österreichischem Recht

---

[457] *Janda*, FamRZ 2013 S. 16, 21.
[458] BT-Drs. 11/4528 S. 139 nennt beispielhaft den Kauf einer Tube Zahnpasta; MünchKomm (-*Schneider*), BGB[8], § 1903 Rdnr. 50 den Erwerb von Lebensmitteln und Hygieneartikeln in kleineren Mengen sowie den Erwerb von Eintrittskarten für Sportveranstaltungen und Kinobesuche; LG Gießen 4.12.2002, NJW-RR 2003 S. 439 die Nutzung öffentlicher und privater Verkehrsmittel. Eine geringfügige Alltagsangelegenheit liegt aber nicht mehr vor, wenn sich der Betreute von einem Krankentransportwagen des Rettungsdienstes für € 28 bis € 59 pro Fahrt zu Gaststätten und Kneipen transportieren lässt (LG Gießen a. a. O.). Das Betreuungsgericht kann den Einwilligungsvorbehalt allerdings auch auf bestimmte geringfügige Alltagsangelegenheiten erweitern, etwa damit ein Alkoholiker nicht wirksam kleinere Mengen Alkohol kaufen kann (BT-Drs. a. a.O.).
[459] Dasselbe Ergebnis würde sich i. d. R. auch schon aus § 105a dt. BGB herleiten lassen, der ja konkret geschäftsunfähigen Erwachsenen letztlich dieselbe Befugnis lässt, freilich im Unterschied zu § 1903(3) Satz 2 a. F. bzw. § 1825(3) Satz 2 n. F. a. a. O. verlangt, dass Leistung und Gegenleistung bewirkt worden sind.
[460] Concluding observations on the initial report of Austria, adopted by the Committee at its tenth session (2–13 September 2013): „The Committee recommends that the State party replace substituted decision-making with supported decision-making for persons with disabilities, and do more to ensure that persons with disabilities have access to supported decision-making and are not placed under guardianship. The Committee recommends that supported decision-making structures respect the person's autonomy, will and preferences, and be in full conformity with article 12 of the Convention, including with respect to the individual's right, in his or her own capacity, to give and withdraw informed consent for medical treatment, to access justice, to vote, to marry, to work and to choose his or her place of residence. ... The Committee further recommends that the State party provide training ... for all actors, including civil servants, judges and social workers, on recognition of the legal capacity of persons with disabilities and on mechanisms of supported decision-making" (https://tbinternet.ohchr.org/_layouts/15/treatybodyexternal/Download.aspx?symbolno=CRPD/C/AUT/CO/1&Lang=En). Österreich hat diese Empfehlungen

in Ausnahmesituationen ein Genehmigungsvorbehalt auch für Geschäfte des täglichen Lebens angeordnet werden kann, die die Lebensverhältnisse des Betroffenen nicht übersteigen (§ 865(3) Satz 3 i. V. m. § 242(3) a. a. O.).

6. Freiwillige und informelle Maßnahmen

Niemand kann seine eigene abstrakte Geschäftsfähigkeit mit Wirkung gegenüber Anderen selbst beschränken. Die Geschäftsfähigkeit ist Teil der Würde des Menschen und damit seiner Privatautonomie entzogen.[461] Die freiwillige Zustimmung zu einer durch die Anordnung eines Einwilligungsvorbehalts qualifizierten Betreuung stellt indes nur scheinbar eine solche Selbstbeschränkung dar. Denn es handelt sich auch in diesem Fall um die Folge einer staatlichen Maßnahme. Sie wird zwar *für* den Betreuten, aber nicht *durch* ihn getroffen, und sie ist folglich abzulehnen, wenn es an ihren sonstigen Voraussetzungen fehlt. Auch dort, wo, wie unter § 469 tschech. BGB[462], die Möglichkeit besteht, für sich selbst die Bestellung eines Betreuers zu beantragen, geht es um staatliche Hilfe bei der Einrichtung einer Vertretung, nicht um eine privatautonome Geschäftsfähigkeitsbeschränkung. Denn zwar baut diese Variante der rechtlichen Betreuung (im Gegensatz zu der für schwere Fälle konzipierten rechtlichen Betreuung unter § 465 tschech. BGB) auf dem Grundsatz des Co-Konsenses auf. Betreuter und Betreuer entscheiden gemeinsam. Aber wenn es zu Meinungsverschiedenheiten kommt, geht der Wille des Betreuten weiterhin vor[463]; der Betreuer kann gerade nicht frei schalten und walten.[464] In allen übrigen Fällen muss, wer sich die Besorgung seiner eigenen Angelegenheiten nicht mehr zutraut, selbst (und auf eigene Kosten) einen Vertreter beauftragen, und wer befürchtet, im weiteren Verlauf seines Lebens in einen Zustand zu geraten, in dem er keinen freien Willen mehr bilden kann, hat die Möglichkeit, eine **Vorsorgevollmacht** aufzusetzen. Sie kann, wenn die Angehörigen schon auf ihrer Grundlage das Erforderliche (z. B. einen Heimunterbringungsvertrag und die nötigen Einkäufe) veranlassen können, die Anordnung einer geschäftsfähigkeitsbeschränkenden Betreuung rein tatsächlich überflüssig machen, weil das Gericht über den Zustand des Betroffenen gar nicht unterrichtet wird. Sie kann die Anordnung einer geschäftsfähigkeitsbeschränkenden Betreuung aber auch rechtlich verhindern, sofern Letztere nun nicht mehr erforderlich ist, um eine erhebliche Gefahr für das Vermögen des Betroffenen abzuwenden. Vorsorgevollmacht und staatliche Schutzmaßnahme können sich sogar gegenseitig ausschließen. Unter dem *mandat de protection futur* (Art. 477 franz. CC)[465] gilt eine Vorsorgevollmacht für den Fall, dass im späteren Leben der Person einer der in Art. 425 a. a. O. genannten Gründe eintritt und es an einer vormundschaftsgerichtlichen Maßnahme oder einer Familienermächtigung *(habilitation familiale)* fehlt. Das Mandat wird wirksam, wenn ein Arzt feststellt, dass der Auftraggeber seine Interessen nicht länger allein wahrnehmen kann. Wiederum treten keine fähigkeitsbeschränkenden Rechtsfolgen ein. Das Wirksamwerden des Mandats führt aber dazu, dass Geschäfte des Auftraggebers ab

345

---

konsequenter umgesetzt als Deutschland die an sich gerichtete, auch wenn sie keineswegs spurlos am deutschen Recht vorbeigegangen ist (vorher Fn. 446).

[461] Oben Rdnr. 24.
[462] „(1) Demjenigen, dem sein Gesundheitszustand bei der Verwaltung seines Vermögens oder bei Verteidigung seiner Rechte Schwierigkeiten bereitet, wird durch das Gericht auf seinen Antrag ein Betreuer bestellt und dem Betreuer in Übereinstimmung mit einem solchen Antrag der Umfang seiner Befugnisse bestimmt. Auf Antrag des Betreuten wird der Betreuer durch das Gericht auch abberufen. (2) Der Betreuer handelt in der Regel gemeinsam mit dem Betreuten; wenn der Betreuer allein handelt, so handelt er im Einklang mit dem Willen des Betreuten. Kann der Wille des Betreuten nicht festgestellt werden, so entscheidet auf Antrag des Betreuers das Gericht".
[463] So ausdrücklich der Begründungsbericht: *Eliáš et al.*, Občanský zákoník. Velký akademický komentář I, S. 217.
[464] Lavický et. al (-*Dávid und Hrdlička*), Občanský zákoník I, S. 1705.
[465] Siehe schon oben Rdnr. 336.

diesem Zeitpunkt wegen *lésion* aufgehoben *(rescindés)* oder wegen Unangemessenheit *(excès)* reduziert *(réduits)* werden können.[466]

346 Ein modernes Recht für Menschen mit geistigen Einschränkungen hat Anlass, nicht nur auf Selbstvorsorge und staatliche Unterstützung, sondern auch auf **freiwillige Unterstützungsmaßnahmen** zu setzen. Unter Art. 249 span. CC haben sie sogar Vorrang vor Maßnahmen „rechtlicher oder gerichtlicher Herkunft". Letztere werden nur ergriffen, wenn die betroffene Person keinen oder keinen zureichenden Willen bilden kann. Die Präambel des Gesetzes 8/2021 hält fest, dass die Neuregelung nicht nur den Stellenwert von Vorsorgeermächtigungen und -vollmachten *(poderes y mandatos preventivos)* stärken will, sondern auch die sog. *autocuratela*, die selbstbestimmte Auswahl einer oder mehrerer Personen für das Amt des *curador* und für die Funktionsweise und den Umfang seiner *curatela*. Art. 250 span. CC definiert *medidas voluntarias* als Maßnahmen, „die von der Person mit Behinderung selbst festgelegt werden, wobei sie bestimmt, wer sie in welchem Umfang unterstützen soll". Das schließt eine Kombination mit den echten „Schutzmaßnahmen" aber nicht aus, wenn auf diese Weise sichergestellt werden kann, dass der Wille, die Wünsche und die Präferenzen der Person jederzeit und unter allen Umständen respektiert werden. Art. 250 span. CC steckt sogar einen rechtlichen Rahmen für die *guarda de hecho* ab. Die „faktische Obhut" ist eine informelle Unterstützungsmaßnahme, der der Gesetzgeber in Art. 263 a. a. O. ein rechtliches Gepräge gegeben hat. Sie wird nicht mehr als bloßes Provisorium angesehen, sofern sie sich zum Schutz der Rechte von Menschen mit Behinderungen als ausreichend und angemessen erwiesen hat. Die Realität habe gezeigt, dass behinderte Menschen in ihrer Entscheidungsfindung und der Ausübung ihrer Rechtsfähigkeit oft wirksam durch einen faktischen Fürsorger *(guardador de hecho*, i. d. R. ein Familienmitglied) unterstützt würden. Seiner förmlichen gerichtlichen Einsetzung bedürfe es in solchen Fällen nicht. Wenn der *guardador* ausnahmsweise als Vertreter tätig werden müsse, könne er dazu vom Gericht *ad-hoc* autorisiert werden. So könne ein vollständiges Verfahren zur Gewährung von Unterstützung vermieden werden. Unter Art. 266 span. CC hat der *guardador* im Gegenzug Anspruch auf Erstattung seiner begründeten Aufwendungen sowie auf den Ersatz von Schäden, die er infolge der *guarda* erlitten hat. Der Anspruch ist aus dem Vermögen der unterstützten Person zu befriedigen. Es handelt sich im Kern um ein Sonderregime der Geschäftsführung ohne Auftrag *(negotiorum gestio)*.

V. Der Minderjährigen zugestandene rechtsgeschäftliche Gestaltungsrahmen

1. Vertragsmündigkeit, Ehemündigkeit, Testiermündigkeit

347 Im Zentrum des Fähigkeitsrechts der Minderjährigen (d. h. aller Personen, die das achtzehnte Lebensjahr noch nicht vollendet haben und nicht emanzipiert wurden[467]) steht überall ihre abstrakte Vertragsfähigkeit. Sie hat Bedeutung sowohl für das Schuld- als auch für das Sachenrecht und schließt i. d. R. die Fähigkeit zur Vornahme einseitiger Rechtsgeschäfte ein. Wenn die rechtliche Fähigkeit zum Abschluss von Verträgen an das Erreichen eines bestimmten Alters geknüpft ist, spricht man am besten von **Vertragsmündigkeit.** Sie wird in allen Rechtsordnungen spätestens mit der sog. Volljährigkeit erreicht, kann aber für zahlreiche Geschäfte schon bedeutend früher einsetzen. Vertragsmündigkeit gehört in vielen Jurisdiktionen des Zivilrechts zu den Kriterien, mit denen sie die abstrakte Geschäftsfähigkeit Minderjähriger festlegen. Letzere wird solchenfalls zwar nicht nur, aber jedenfalls

---

[466] *Malaurie*, Droit des personnes[10], S. 351 Rdnrn. 734–735.
[467] Nicht einmal der Begriff des „Minderjährigen" ist vor Missverständnissen gefeit. Unter Art. 3(1) bulgar. Gesetz über die Person und die Familie sind „Personen, die das 14. Lebensjahr nicht vollendet haben, ... minderjährig", wohingegen unter Art. 4(1) a. a. O. Personen, die das vierzehnte, aber noch nicht das achtzehnte Lebensjahr vollenden haben, „nichtvolljährig" sind.

auch unter Rückgriff auf bestimmte Altersstreppen bestimmt. Dann entscheidet das Lebensalter mit, ob jemand selbständig im Rahmen des Vertragsrechts agieren kann oder nicht. Dieses Phänomen begegnet sowohl im Rahmen der „beschränkten" als auch der „partiellen" Geschäftsfähigkeit. Eine „beschränkte" Geschäftsfähigkeit ist immer altersgebunden und zugleich auf Verträge mit einem besonderen juristischen Merkmal begrenzt: ihre rechtliche Vorteilhaftigkeit für den Minderjährigen. Eine partielle Geschäftsfähigkeit wird dagegen sowohl für den Erwerb von Ansprüchen und anderen Rechten als auch für ihre Übertragung, Belastung und die Eingehung von Verbindlichkeiten gewährt – aber eben nur auf bestimmten sachlich abgegrenzten Tätigkeitsfeldern.[468] Auch eine partielle Geschäftsfähigkeit kann theoretisch an ein nach Jahren fixiertes Mindestalter gebunden sein (z. B. dann, wenn die Befähigung, über selbst erarbeitetes Einkommen zu verfügen, schon mit Vollendung des vierzehnten Lebensjahres einsetzt: Art. 135 gr. ZGB), ist es aber typischerweise nicht. Für eine europäische Bestandsaufnahme eignen sich solche hochdogmatischen und deshalb immer national überformten Beobachtungen freilich kaum. Man fragt besser nach den Lebenssachverhalten, um die es in der Sache geht.

Die Rechtsstellung Minderjähriger wird zwar noch durch eine Reihe weiterer Fähigkeiten geprägt, die aber die Besonderheit aufweisen, dass sie Mündigkeiten für Geschäfte fixieren, die ein Minderjähriger in aller Regel nur einmal tätigt. Das prominenteste Beispiel ist die **Ehemündigkeit,** von der im Zusammenhang mit der Emanzipation durch Eheschließung bereits die Rede war.[469] Während das Ehemündigkeitsalter im Zuge des Anschauungswandels zu „Kinderehen" mancherorts wieder auf die Volljährigkeitsgrenze hochgestuft wurde (in Deutschland und in Schweden sind Eheschließungen von Minderjährigen inzwischen gänzlich untersagt), herrscht im Recht der **Testiermündigkeit** wenig Bewegung. Die Rechtsordnungen gehen mit der dramatischen Situation, in der sich schon ein Minderjähriger mit seinem Tode befassen muss und, weil ihm bereits ein nennenswertes Vermögen gehört, seinen Nachlass regeln will, sehr traditionsverhaftet und damit sehr unterschiedlich um. Bulgarien (Art. 13 bulgar. Erbschaftsgesetz), England, Wales und Nordirland (sec. 7 Wills Act 1837[470]), Griechenland (Art. 1719 Nr. 1 gr. ZGB[471]), Italien (Art. 591(1) ital. CC[472]), Litauen (Art. 5.15(2) lit. ZGB), Polen (Art. 944 § 2 poln. ZGB) und Portugal (Art. 2189(a) port. CC[473]) beharren auf *Volljährigkeit*. Die (oft Testierfähigkeit genannte) Testiermündigkeit setzt aber in Schottland schon mit der Vollendung des *zwölften*[474] und in Spanien (Art. 663 span. CC) sowie Österreich mit der Vollendung des *vierzehnten* Lebensjahres ein. „Mündige Minderjährige" können allerdings unter österreichischem Recht nur vor Gericht oder Notar testieren, und das auch nur dann, wenn diese sich davon überzeugt haben, „dass die Erklärung des letzten Willens frei und überlegt erfolgt" (§ 569 österr. ABGB). Unter Art. 688 Satz 1 span. CC ist das *testamento ológrafo* Minderjährigen ebenfalls verschlossen. Dasselbe gilt in Estland (§ 27 estn. ErbrechtsG) und in Tschechien (§ 1526 tschech. BGB), wo die Altersgrenze wie in Dänemark, Finnland und Slowenien (Art. 59(1) slowen. ErbschaftsG) bei der Vollendung des *fünfzehnten* Lebensjahres liegt. Dänemark (Kap. 11 § 62 dän. ErbG) und Finnland (Kap. 9 § 1 finn. ErbG)

---

[468] Siehe schon oben Rdnrn. 246, 305–306.
[469] Oben Rdnrn. 320–322.
[470] Mit Ausnahmen für *soldiers on active duty and sailors at sea* (sec. 11 Wills Act 1837; sec. 3 Wills (Soldiers and Sailors) Act 1918).
[471] Artt. 1723 und 1748 gr. ZGB heben (überflüssigerweise, wie es scheint) außerdem noch hervor, dass ein Minderjähriger weder ein eigenhändiges noch ein geheimes Testament errichten kann.
[472] Das Testament ist freilich nicht *ipso jure* nichtig. Es kann (und muss) aber von jedem angefochten werden, der daran ein Interesse hat; das Anfechtungsrecht verjährt in fünf Jahren ab der Testamentsvollstreckung.
[473] Testiermündig sind nur emanzipierte Minderjährige: Art. 2189(b) port. CC. Da Portugal nur die Emanzipation durch Eheschließung kennt (Art. 132 port. CC) und Ehemündigkeit erst mit Vollendung des sechzehnten Lebensjahres einsetzt (Art. 1601(a) port. CC), liegt das (theoretische) Mindestalter also ebenfalls bei der Vollendung des sechzehnten Lebensjahres.
[474] Sec. 2(2) Age of Legal Capacity (Scotland) Act 1991: „A person of or over the age of 12 years shall have testamentary capacity, including legal capacity to exercise by testamentary writing any power of appointment".

gestatten testamentarische Verfügungen aber nur über das Vermögen, über das der Minderjährige frei verfügen kann. In Deutschland liegt die Altersgrenze bei *sechzehn Jahren* (§ 2229(1) und (2) dt. BGB); wiederum muss der Minderjährige die Form eines öffentlichen Testaments wählen (§ 2247(4) dt. BGB). Unter Artt. 420 i. V. m. 195 lett. ZGB und Kap. 9 § 1 schwed. Ärvdabalk setzt die Testiermündigkeit ebenfalls mit der Vollendung des sechzehnten Lebensjahres ein, bezieht sich aber nur auf die Gegenstände im Eigentum des Minderjährigen, über die er frei verfügen kann. Eine vergleichsweise ungewöhnliche Regelung findet sich in Art. 904 franz. CC: Der gleichfalls ab Vollendung des sechzehnten Lebensjahres testierfähige Minderjährige darf nur über die Hälfte des Vermögens verfügen, über das eine volljährige Person nach dem Gesetz verfügen darf.

349 Die europäischen Rechtsordnungen operieren natürlich noch mit zahlreichen weiteren Altersstufen. Sie betreffen jedoch keine geschäftsfähigkeitsrechtlichen Fragestellungen mehr, weil die betreffenden Mündigkeiten nur das Sorgerecht der Eltern beschränken, sonst aber ohne spezifische Auswirkungen auf Rechte, Pflichten und Erwerbsaussichten Anderer bleiben. Ein gutes Beispiel ist die sog. **Namensmündigkeit.** Die namensrechtliche Entscheidung eines namensmündigen Minderjährigen zur Beibehaltung oder Änderung seines Namens müssen Dritte zwar respektieren, aber mehr auch nicht. Ihnen geht weder etwas verloren noch erwerben sie etwas. Vorschriften nach Art des § 156(2) österr. ABGB, wonach „entscheidungsfähige Personen … ihren Familiennamen selbst" bestimmen und wonach Entscheidungsfähigkeit „bei mündigen Minderjährigen vermutet" wird, haben also ebenso wenig geschäftsfähigkeitsrechtliche Bedeutung wie § 1617c(1) dt. BGB. Hier geht es um die Frage, ob die nachträgliche Entscheidung der Eltern für einen gemeinsamen Ehenamen Auswirkungen auch auf den Nachnamen ihres Kindes hat. Das ist nur bei Kindern bis zur Vollendung des fünften Lebensjahres automatisch der Fall. Fünf- und sechsjährige Kinder müssen dagegen eine sog. „Anschlusserklärung" abgeben, für die sie i. d. R. wiederum durch ihre Eltern vertreten werden. In der Gruppe der sieben- bis dreizehnjährigen Kinder bleibt es meistens dabei, auch wenn diese Kinder ihre Erklärung nun zwar selbst, aber nur mit Zustimmung der Eltern abgeben dürfen. Zwischen der Vollendung des vierzehnten und der Vollendung des achtzehnten Lebensjahres sind Kinder selbst erklärungsbefugt, bedürfen für ihre Anschlusserklärung aber irritierenderweise immer noch der Zustimmung des gesetzlichen Vertreters. Der Gesetzgeber hält an diesem komplizierten System auch in allen anderen Zusammenhängen fest, in denen familienrechtliche Vorgänge Auswirkungen auf den Namen eines Kindes haben können (§§ 1617a(2), 1617b (1) und (2), § 1617c(2), 1618 Sätze 3 und 6 sowie 1757(2) dt. BGB). Sehr viel schlanker fällt demgegenüber Art. 57(3) span. LRC aus, wonach alle Personen ab Vollendung des sechzehnten Lebensjahres berechtigt sind, einen Antrag auf Namensänderung zu stellen. Man wird daraus die allgemeine Regel ableiten dürfen, dass Namensmündigkeit an das Erreichen dieses Alters geknüpft ist. Denn man wird Art. 57(3) a. a. O. im Lichte von Art. 162(1) span. CC auslegen müssen, wonach „die Handlungen hinsichtlich der Persönlichkeitsrechte und andere Handlungen, die das Kind in Übereinstimmung mit den Gesetzen und entsprechend seiner Reife selbst ausführen kann", von der sorgerechtlichen Vertretungsmacht der Eltern ausgenommen sind. Außerdem sind unter Art. 2(1) Satz 3 span. LOPJM die Beschränkungen der Handlungsfähigkeit von Minderjährigen stets eng und im besten Interesse des Minderjährigen auszulegen.[475]

2. Gebräuchliche und notwendige Geschäfte

350 Die naheliegendste Maßnahme, Kinder und Jugendliche an das Vertragsleben heranzuführen, besteht darin, ihnen den Abschluss einfacher Verträge über geringwertige und altersgerechte Alltagsgegenstände zu gestatten. Es gibt in der Perspektive des Minderjährigen-

---

[475] Näher Cobacho Gómez und Leciñena Ibarra (-*García Pérez*), Comentarios a la Ley del Registro Civil, S. 850, Anm. 3 zu Art. 57 LRC.

V. Der Minderjährigen zugestandene rechtsgeschäftliche Gestaltungsrahmen § 5

schutzes keinen triftigen Grund, dafür mehr als konkrete Geschäftsfähigkeit zu verlangen; es ist nicht einmal nötig, für solche Geschäfte ein Mindestalter zu fixieren. Die Festlegung eines Mindestalters sichert die elterliche Sorge, nicht das wohlverstandene Interesse junger Menschen. Die jüngere Rechtsentwicklung zeigt einen deutlichen Trend. Zwar halten insbesondere Bulgarien, Deutschland und Griechenland bislang unbeirrt daran fest, dass vor Vollendung des siebenten (§ 104 Nr. 1 dt. BGB), des zehnten (Art. 128 Nr. 1 gr. ZGB) oder gar erst des vierzehnten (Art. 3 bulgar. Gesetz über die Person und die Familie) Lebensjahres niemand irgendein Rechtsgeschäft tätigen kann. Die auf „Geschäfte des täglichen Lebens", die „mit geringwertigen Mitteln bewirkt werden" können, zugeschnittene Sonderregel in § 105a dt. BGB blieb auf geschäftsunfähige Erwachsene beschränkt. Für Minderjährige (gleich, welchen Alters) fehlt eine entsprechende Bestimmung, auch für Minderjährige, die in einem eigenen Haushalt leben (und deshalb unter Kap. 9 § 2a schwed. FB berechtigt sind, alle Rechtshandlungen vorzunehmen, die der tägliche Haushalt oder die Erziehung eines Kindes mit sich bringen, das in diesem Haushalt lebt). Das deutsche Recht bleibt auch hinter Art. 4(2) bulgar. Gesetz über die Person und die Familie zurück, der es wenigstens Personen ab Vollendung des vierzehnten Lebensjahres gestattet, kleine, gewöhnliche Geschäfte zur Bedürfnisbefriedigung abzuschließen und über die Mittel zu verfügen, die sie als Ergebnis ihrer Arbeit erlangt haben. Art. 108 slowen. FamG hebt diese Altersgrenze zwar noch weiter an, setzt dabei aber andere Akzente. Geschäfte einer Person, die das fünfzehnte Lebensjahr vollendet hat, unterliegen nur noch dann elterlicher Zustimmung, wenn sie von so großer Bedeutung sind, dass sie das Leben des Minderjährigen erheblich beeinträchtigen oder über die Volljährigkeit hinaus beeinträchtigen würden.

In Frankreich gilt, dass ein Minderjähriger, der im Einzelfall über die *capacité de discernement* verfügt, sein eigenes Vermögen selbst verwalten und allein und ohne fremde Hilfe solche Verträge des täglichen Lebens *(actes de la vie courante)* schließen kann, die nur geringe Beträge betreffen und durch die gesellschaftliche Übung *(usage)* autorisiert werden. Eine feste Altersuntergrenze gibt es nicht. Mit zunehmendem Lebensalter erweitert sich der Kreis der möglichen Geschäfte.[476] Unter Art. L.221-3 Code monétaire et financier können Minderjährige ohne Einschaltung ihres gesetzlichen Vertreters ein Sparkonto eröffnen; Geld von diesem Konto können sie bis zur Vollendung des sechzehnten Lebensjahres aber nur mit Zustimmung ihres gesetzlichen Vertreters abheben. Bis zur Vollendung des achtzehnten Lebensjahres kann er der Abhebung immer noch ausdrücklich widersprechen. Es existiert kaum Rechtsprechung zu der Frage, was als ein *acte de la vie courante* zu qualifizieren ist; der Kauf eines Autos gehört jedenfalls nicht dazu.[477] Unter Art. 41 rumän. CC kann schon ein noch nicht beschränkt geschäftsfähiger Minderjähriger (also ein Minderjähriger vor Vollendung des vierzehnten Lebensjahres), sofern sie ihn nicht schädigen, selbst Geschäfte zur Bestandserhaltung und Verwaltung seiner Sachen schließen, außerdem alltägliche Kaufverträge über Gegenstände von geringem Wert. Der Vertrag wird mit Erfüllung wirksam. Auch Österreich, Polen, Portugal, Spanien und Tschechien gehen spürbar weiter als Bulgarien (und als Deutschland und Griechenland sowieso). Unter § 865(4) österr. ABGB ist zwar „rechtsgeschäftliches Handeln von Minderjährigen unter sieben Jahren zur Gänze unwirksam", doch bleibt davon (u.a.) § 170 a. a. O. „unberührt", nach dessen Absatz

351

---

[476] Oben Rdnrn. 268 und 282. Nicht um ein Rechtsgeschäft des täglichen Lebens handelt es sich bei einer Kontoeröffnung, jedenfalls dann nicht, wenn der Minderjährige dadurch in die Lage versetzt wird, einen Überziehungskredit in beträchtlicher Höhe in Anspruch zu nehmen (Cass. civ. 12.11.1998, JCP G 1999, II, 100053, Anm. *Garé*). Das Gericht hob hervor, dass nicht festgestellt war, dass der Minderjährige arglistig über sein Alter getäuscht habe. Außerdem hatte die Cour d'appel den Rückzahlungsanspruch der Bank in Höhe von € 15.000 nicht darauf überprüft, ob die inzwischen erwachsen gewordene Beklagte immer noch um diesen Betrag bereichert war.
[477] Cass. civ. 9.5.1972, Bull. civ. 1972, I, Nr. 122 („Mais attendu que s'il résulte des dispositions des articles 389-3 et 450 du code civil que le mineur peut passer seul des actes de la vie courante, autorisés par la loi ou l'usage, il ne saurait en être ainsi des actes tels que l'achat d'une voiture automobile, qui entraîne des risques particuliers, et pour lesquels l'administrateur légal représente le mineur conformément à la loi").

(3) auch dieser Personengruppe alterstypische Rechtsgeschäfte zugänglich bleiben: „Schließt ein minderjähriges Kind ein Rechtsgeschäft, das von Minderjährigen seines Alters üblicherweise geschlossen wird und eine geringfügige Angelegenheit des täglichen Lebens betrifft, so wird dieses Rechtsgeschäft … mit der Erfüllung der das Kind treffenden Pflichten rückwirkend rechtswirksam". Die Regel gilt für alle Minderjährigen, sozusagen „erst recht" auch für die zwischen sieben und dreizehn und die „mündigen" Minderjährigen zwischen vierzehn und achtzehn Jahren. Das flexible Kriterium der alterstypischen Geschäfte bewirkt eine kontinuierliche Erweiterung der abstrakten Geschäftsfähigkeit. Unter Art. 14 § 2 poln. ZGB wird ein von einer geschäftsunfähigen Person (dazu gehören auch alle Kinder bis zur Vollendung des vierzehnten Lebensjahres) geschlossener Vertrag mit Erfüllung wirksam, sofern er „zu den allgemein geschlossenen Verträgen in kleinen laufenden Angelegenheiten des täglichen Lebens gehört" und den Geschäftsunfähigen nicht gröblich benachteiligt. Für beschränkt geschäftsfähige Minderjährige gilt unter Art. 20 poln. ZGB, dass sie „Verträge, die zu den allgemein geschlossenen Verträgen in kleinen laufenden Angelegenheiten des täglichen Lebens gehören, ohne die Einwilligung des gesetzlichen Vertreters schließen können". Die Verträge werden nun also schon mit Abschluss und nicht erst mit Erfüllung wirksam. Auch Art 127(1)(b) port. CC hat keine Bedenken, Minderjährigen die „ihrem gewöhnlichen Leben eigentümlichen Rechtsgeschäfte" zu gestatten, „die im Bereich ihrer natürlichen Fähigkeiten liegen und lediglich Ausgaben oder Vermögensverfügungen von geringer Bedeutung betreffen". Spanien hat mit Gesetz 8/2021 auch Art. 1263 span. CC neu gefasst. Danach können „nicht aus der elterlichen Gewalt entlassene Minderjährige … solche Verträge schließen, deren Abschluss im eigenen Namen ihnen allein oder mit Unterstützung ihrer Vertreter gesetzlich erlaubt ist, sowie jene, die Güter und Dienste des täglichen Lebens entsprechend ihrem Alter und ihren sozialen Gewohnheiten betreffen".

352 Der § 31 tschech. BGB stellt die (widerlegliche) Vermutung auf, dass jeder Minderjährige auch schon „vor Erreichen der vollen Geschäftsfähigkeit zur Vornahme von Rechtsgeschäften fähig ist, die von ihrer Natur her sowohl dem Verstand als auch der Willensreife von Minderjährigen seines Alters angemessen sind". Diese Neuregelung hat bereits zweimal die Aufmerksamkeit des Verfassungsgerichts auf sich gezogen. Tschech. VerfG 8.1.2019[478] betraf den Unterkunftsvertrag (§ 2326 tschech. BGB) einer 17½-jährigen Schülerin in einem Wohnheim einer polytechnischen Mittelschule. Die angefochtene Entscheidung hatte die Zahlungsklage des Wohnheims u. a. mit der Begründung abgelehnt, dass das Mädchen noch nicht geschäftsfähig und bei Vertragsschluss nicht von ihren Eltern vertreten worden sei. Das Verfassungsgericht sah darin eine unzulässige **Willkürentscheidung.** Ein ordentliches Gericht könne nicht zu der Entscheidung kommen, dass ein Minderjähriger geschäftsunfähig sei, bevor es geprüft habe, ob die fragliche Rechtshandlung der geistigen und willensmäßigen Reife von Minderjährigen desselben Alters angemessen sei. Ohne diese Prüfung sei die Entscheidung willkürlich, weil sie die Rechte auf gerichtlichen Rechtsschutz und auf ein faires Verfahren (Art. 6(1) EMRK) verletze. Es könne gerade nicht ohne Weiteres festgestellt werden, dass der Abschluss eines Unterkunftsvertrags der geistigen und willentlichen Reife einer 17½-jährigen Schülerin nicht angemessen sei. In tschech. VerfG 30.5.2017 war es um einen zwölfjährigen Schwarzfahrer gegangen.[479] Das Gericht hatte schon hier betont, dass es nicht nur auf den Willen der gesetzlichen Vertreter, sondern auch auf den bekundeten Willen des Kindes ankomme. Er sei unter Berücksichtigung des Kindeswohls zu beurteilen. Der Knabe, der schon häufig schwarz Straßenbahn gefahren war und auf diese Weise nicht ganz unbedeutende Schulden angesammelt hatte, war an dem gegen ihn angestrengten Verfahren gar nicht beteiligt worden; er wusste nichts von ihm. Auch von dem Vollstreckungsverfahren erfuhr er nur eher zufällig, weil er auf gerichtliche Anordnung in einem Kinderheim in Pilsen lebte. In der Sache hatte das Verfassungs-

---

[478] IV.ÚS 1639/18, Sbírka nálezů a usnesení Ústavního soudu 92/2019, Nr. 6, S. 44.
[479] I.ÚS 3976/14, Sbírka nálezů a usnesení 85/2017, Nr. 90, S. 555.

gericht keine Bedenken, dass bereits ein Zwölfjähriger verstehen müsse, dass er öffentliche Verkehrsmittel nicht umsonst in Anspruch nehmen dürfe. Es existiere keine vertragsrechtliche Altersuntergrenze; der Betreiber der Straßenbahn und andere Vertragspartner könnten nicht warten, bis dem Kind ein Personalausweis ausgestellt worden sei.

In Schottland trifft man auf eine ganz ähnliche Rechtslage wie in Tschechien.[480] Die **353** englische Doktrin stellt dagegen darauf ab, dass das Geschäft des Minderjährigen Notwendigkeiten, *necessaries,* betrifft. Das haben wir in früherem Zusammenhang bereits dargelegt.[481] Dieser Lösungsansatz hat zwar eine lange Common Law-Tradition, ist aber schwierig zu handhaben. Man muss dem Wort oft eine artifizielle Bedeutung zumessen, um das gewünschte Ergebnis zu erzielen. Man denke z. B. an Schulkinder jeden Alters, die in den Pausen kleine Shops in der Nähe ihrer Schule aufsuchen, um sich dort einen Snack zu kaufen. Strikt genommen gehört er jedenfalls dann nicht zu den „Notwendigkeiten", wenn es eine Schulspeisung gibt, und dennoch finden solche kleinen Geschäfte täglich und vermutlich in ganz Europa millionenfach statt. Es erscheint völlig lebensfremd, sie für nichtig anzusehen.

3. Geschäfte mit frei verfügbaren Mitteln

Ein anderer Weg, dieses Ergebnis zu vermeiden, wird von § 110 dt. BGB vorgezeichnet. **354** Unter dieser Vorschrift gilt „ein von dem Minderjährigen ohne Zustimmung des gesetzlichen Vertreters geschlossener Vertrag ... als von Anfang an wirksam, wenn der Minderjährige die vertragsmäßige Leistung mit Mitteln bewirkt, die ihm zu diesem Zweck oder zu freier Verfügung von dem Vertreter oder mit dessen Zustimmung von einem Dritten überlassen worden sind". Das Gesetz konkretisiert an dieser Stelle die allgemeine Regel des § 107 dt. BGB, wonach für Geschäfte eines „beschränkt geschäftsfähigen" Minderjährigen, die ihm nicht lediglich einen rechtlichen Vorteil verschaffen (wie z. B. eine unbelastete Schenkung), die Einwilligung (§ 183 Satz 1 a. a. O.) des gesetzlichen Vertreters notwendig ist. Diese Einwilligung kann sich auch auf einen näher eingegrenzten Kreis von Rechtsgeschäften beziehen (sog. Generalkonsens)[482], etwa auf übliche Geschäfte im Zusammenhang mit einer Reise oder einer Berufsausbildung.[483] § 110 dt. BGB regelt einen Sonderfall des konkludent erklärten[484] Generalkonsenses. Die Einwilligung wird mit (der Zustimmung zu) der Mittelüberlassung erteilt. Immer noch steht dahinter aber die Idee, dass nicht etwa der Minderjährige aus eigenem Recht befugt ist, sondern durch seine Eltern befugt wird; es geht um deren Recht, nicht um ein Recht des Minderjährigen. Er wird zudem erst in dem Zeitpunkt zur Vertragspartei, in dem er seine Leistung „bewirkt", mithin vollständig erfüllt hat (etwa bei einem Ratenkauf die letzte Rate gezahlt hat). Mietverträge werden (nur) für die Zeit wirksam, für die die Miete bereits bezahlt worden ist.[485] Im Rahmen von § 107 a. a. O. kann sich ein Minderjähriger über seine finanzielle Leistungsfähigkeit hinaus verpflichten, im Rahmen von § 110 a. a. O. kann er das nicht.[486]

Der umgangssprachlich sog. **Taschengeldparagraph** des deutschen Rechts gilt für **355** Minderjährige zwischen der Vollendung des siebenten und des achtzehnten Lebensjahres.

---

[480] Oben Rdnr. 268.
[481] Oben Rdnrn. 268–269 und Rdnr. 317. Eine ähnliche Regel findet sich in Art. 2.7(3) lit. ZGB, wonach „[m]inors under fourteen years of age shall enjoy the right to enter alone into contracts to meet their ordinary and usual needs".
[482] BGH 17.4.1967, BGHZ 47 S. 352, 359.
[483] Staudinger (-*Klumpp*), BGB (2017), § 107 Rdnr. 103.
[484] Ein berühmter Fall dazu ist RG 29.9.1910, RGZ 74 S. 234. Ein 17-Jähriger hatte von seinem Vater 3 Mark überlassen bekommen, davon ein Los gekauft (Kosten gleichfalls 3 Mark), einen Gewinn von 4000 Mark erzielt und von ihm ein Auto für 3200 Mark erworben. Der Kauf des Autos war von der väterlichen Einwilligung nicht mehr gedeckt.
[485] MünchKomm (-*Spickhoff*), BGB[8], § 110 Rdnrn. 15 und 16.
[486] *Klumpp* a. a. O.

In Griechenland (Art. 135 gr. ZGB: Mittel zum eigenen Gebrauch), Österreich und Polen (§ 170(2) ABGB bzw. Art. 22 poln. ZGB: Sachen bzw. Vermögensgegenstände, die dem Minderjährigen zur freien Verfügung überlassen wurden) liegt die untere Altersgrenze bei vierzehn Jahren; § 11(3) estn. ZGB AT kommt ganz ohne eine solche Untergrenze aus. Unter Art. 22 poln. ZGB erlangt der beschränkt geschäftsfähige Minderjährige im Hinblick auf die ihm zur freien Verfügung überlassenen Vermögensgegenstände allerdings die volle Geschäftsfähigkeit, es sei denn, die entsprechenden Geschäfte könnten nicht einmal von den Eltern konsentiert werden. Unter § 32(1) tschech. BGB können Eltern Minderjährigen „in Übereinstimmung mit Gewohnheiten des Privatlebens die Zustimmung zu einem bestimmten Rechtsgeschäft oder zur Erreichung eines bestimmten Zwecks" erteilen. Dann ist der Minderjährige „in den Schranken der Zustimmung geschäftsfähig". Die Zustimmung kann aber nachträglich beschränkt oder zurückgenommen werden. Ein besonders ungewöhnlicher Schritt wird im italienischen Schrifttum erwogen: eine *fictio iuris,* unter der der Minderjährige in solchen Fällen so anzusehen wäre, als handele er als Vertreter seiner eigenen Eltern (und nicht umgekehrt). *Caterina* empfiehlt außerdem die analoge Anwendung von Art. 409 ital CC, unter dem ein unter Sachwalterschaft gestellter Erwachsener die Handlungsfähigkeit für alle Rechtshandlungen behält, die nicht ausdrücklich dem Sachwalter vorbehalten sind. Auch ein Minderjähriger solle – das freilich klingt nun schon sehr „englisch" – als fähig angesehen werden, alle Verträge zu schließen, die auf die Befriedigung seiner Grundbedürfnisse abzielen.[487]

4. Rechtlich vorteilhafte und rechtlich neutrale Geschäfte

356 Auf ein gänzlich anders beschaffenes Kriterium stellt die Lehre von der abstrakten Vertragsfähigkeit Minderjähriger ab, wenn sie fragt, ob ihnen das von ihnen selbst getätigte Geschäft lediglich einen **rechtlichen Vorteil** bringt. Der Gedanke, Minderjährigen solche Geschäfte zu gestatten, leuchtet durchaus ein. Er setzt natürlich ein bestimmtes Vertragsverständnis voraus. Insbesondere müssen Schenkungen, Schuldversprechen, Verzichte, Zessionen und Übereignungen als Verträge gedacht werden. Denn wenn ein „Vertrag" *per definitionem* ein gegenseitiger Vertrag ist (weil er eine *consideration* voraussetzt), dann ist ein lediglich rechtlich vorteilhafter Vertrag ein Widerspruch in sich. Problematisch wird das Konzept erst, wenn man es (i) nur auf Minderjährige anwendet, die bereits „beschränkt geschäftsfähig" sind, und es (ii) auch in der Weise gegen sie verwendet, dass sie sich außerhalb einiger eng definierter Sektoren (auf denen sie dann „partielle Geschäftsfähigkeit" genießen) nicht zu irgendetwas verpflichten oder etwas aus ihrem Vermögen weggeben können. Wo alle Menschen bis zur Vollendung des siebenten, des zehnten, des dreizehnten oder gar des vierzehnten Lebensjahres „geschäftsunfähig" sind, können sie unabhängig von ihrem persönlichen Reifegrad nicht einmal eine Schenkung annehmen.[488] Wo, wie in Deutschland, eine Regelung über kleine und übliche Geschäfte fehlt, gilt das selbst für alltägliche Schenkungen. Vor allem aber bleiben alle Jugendlichen zur Eingehung von Verpflichtungen und zur Durchführung von Verfügungen bis zum Erreichen der Volljährigkeit vollständig von dem Willen ihrer Eltern abhängig; die „Taschengeldregelung" ändert daran

---

[487] *Caterina,* Le persone fisiche², S. 46–47.
[488] Zu der Unverhältnismäßigkeit dieser Regelung schon oben Rdnr. 142. Unter Art. 626 span. CC können dagegen „Personen, die keine Verträge schließen können", nur bedingte Schenkungen und Schenkungen unter Auflagen nicht ohne Mitwirkung ihrer gesetzlichen Vertreter annehmen. Zudem hat man in Spanien früh erkannt, dass diese Regelung dem allgemeinen Grundsatz widerspricht, dass der Umfang des autonomen Handelns Minderjähriger nach ihrem Reifegrad zu bestimmen ist. Die Resolution DGRN 3.3.1989 (BOE Nr. 63 vom 15.3.1989) hat deshalb dem Widerruf einer Erklärung zugelassen, in der zwei Minderjährige die Eintragung einer Schenkungsannahme abgelehnt hatten. Die Geschäftsfähigkeit des Minderjährigen könne weder negativ noch positiv auf eine allgemeine Regel reduziert werden. Vielmehr müsse jeder Fall individuell untersucht werden (näher Domínguez Luelmo [-*Ribot Igualada*], Comentarios al Código Civil, S. 1384, Anm. 2 zu Art. 1263).

wenig.⁴⁸⁹ Und wo dem Minderjährigen *nur* rechtlich vorteilhafte (bestenfalls rechtlich „neutrale") Geschäfte zugestanden werden, hat er auch nicht das Recht, allein einen gegenseitigen Vertrag zu schließen, der ihm zwar einen signifikanten ökonomischen Vorteil verschaffen würde, aber doch mit einer (obschon geringen) Gegenleistung verbunden ist.

Unter § 107 dt. BGB und Art. 137 gr. ZGB bedarf ein Minderjähriger, der das siebente bzw. das zehnte Lebensjahr vollendet hat, zu einer Willenserklärung, durch die er nicht lediglich einen rechtlichen Vorteil erlangt, der Einwilligung seines gesetzlichen Vertreters. Art. 17 poln. ZGB bestätigt das für Minderjährige ab Vollendung des dreizehnten Lebensjahres. Einwilligungspflichtig sind hiernach aber nur Rechtsgeschäfte, durch die der Minderjährige eine Verpflichtung eingeht oder über eines seiner Rechte verfügt. Ein unter Verletzung von Art. 17 poln. ZGB geschlossener Vertrag ist sogar nichtig (Art. 19 poln. ZGB), nicht bloß schwebend unwirksam (was unter deutschem Recht seine Genehmigungsfähigkeit erhält: § 108 dt. BGB). Weder um eine Verpflichtung noch um eine Verfügung geht es z.B. bei der Zustimmung zu der Adoption des eigenen Kindes durch andere. Eine solche Erklärung kann eine minderjährige Mutter deshalb selbst, d.h. ohne die Mitwirkung ihres gesetzlichen Vertreters abgeben.⁴⁹⁰ Unter deutschem Recht wäre das dagegen eine rechtlich nachteilige Erklärung, weil sie den Verlust des Sorgerechts einleitet. Sowohl das polnische als auch das deutsche (sowie das estnische, griechische, litauische, österreichische, spanische und portugiesische⁴⁹¹) Recht gestatten Minderjährigen zwar die Annahme einer unbelasteten Schenkung.⁴⁹² Nur unter polnischem Recht können sie dagegen ohne Einwilligung ihrer Eltern eine Vollmacht erteilen⁴⁹³ und die Vaterschaft anerkennen.⁴⁹⁴ Unter schwedischem Recht darf ein Minderjähriger allein ebenfalls nicht über sein Vermögen *(egendom)* verfügen. Verpflichtungen *(förbindelser)* darf er nur in dem Umfang eingehen, die von Gesetzes wegen mit einer Schenkung, dem Erwerb durch Testament oder der Begünstigung durch Versicherungen und individuelles Rentensparen verbunden sind (Kap. 9 § 1 schwed. FB). Die Befugnis, über das eigene Vermögen zu „verfügen" *(råda över)* betrifft sowohl die faktische als auch die rechtliche und wirtschaftliche Eigentumspflege, also z.B. Leih-, Miet- und Pachtverträge, Veräußerungsgeschäfte und Verzichtserklärungen sowie die mit ihnen verbundenen schuldrechtlichen Verpflichtungen und sachenrechtlichen Wirkungen, außerdem den Erwerb von Eigentum, die Entgegennahme von Kündigungen und Mahnungen und die Aufhebung von Verträgen.⁴⁹⁵ Das Verpflichtungsverbot umfasst den Abschluss von Darlehensverträgen und die Aufnahme sonstiger Schulden, außerdem Schadensersatzpflichten aus Vertrag.⁴⁹⁶ Andererseits kann ein Minderjähriger bevollmächtigt werden und mit bindender Wirkung Verträge für den Vollmachtgeber schließen. Denn die Vollmacht selbst begründet kein vertragliches Rechtsver-

---

⁴⁸⁹ Mittelbaren Einfluss auf sie kann nur der Umstand haben, dass Kinder gegen ihre Eltern unter §§ 1601, 1610 dt. BGB einen Anspruch auf altersgerechtes Taschengeld haben, dessen Höhe freilich wiederum die Eltern bestimmen (Palandt [-*Brudermüller*]⁸⁰, § 1610 Rdnr. 9).

⁴⁹⁰ Poln. OG 13.12.1994, III CZP 159/94, OSNC 1995 Nr. 3, Pos. 53; Osajda (-*Księżak*), Kodeks cywilny²⁸, Art. 17 Rdnr. 2.

⁴⁹¹ § 11(3) estn. ZGB AT (es dürfen dem Minderjährigen aus dem Geschäft keine direkten zivilrechtlichen Verpflichtungen erwachsen); Art. 134 gr. ZGB (dazu LG Athen 14296/1974, NoB 24 S. 332); Art. 2.7 (3) lit. ZGB; § 865(2) österr. ABGB („Ein bloß zu ihrem Vorteil gemachtes Versprechen kann jede Person annehmen"); Art. 626 span. CC (vorher Fn. 488); Art. 951 port. CC (dazu STJ 6.4.2021, Processo 2541/19.7T8STB.E1.S. 1: Schenkung eines Grundstücks durch Großmutter an vierzehnjährige Enkelin wirksam, weil mit der Schenkung keine Belastungen verbunden waren). In Lettland bleibt die Rechtslage unklar, weil Art. 1913 lett. ZGB („Any person with the capacity to act may make a gift. A gift may be accepted by anyone who has the capacity to acquire in general") nicht klärt, was unter der „capacity to acquire in general" zu verstehen ist. Gemeint sein dürfte die konkrete Geschäftsfähigkeit.

⁴⁹² Poln. OG 30.4.1977, III CZP 73/76, OSNCP 1978 Nr. 2, Pos. 19.

⁴⁹³ In Deutschland steht dem § 111 BGB entgegen, unter dem einseitige Rechtsgeschäfte eines Minderjährigen nichtig sind.

⁴⁹⁴ Gniewek (-*Strugała*), Kodeks cywilny⁹, Art. 17 Rdnr. 4. Unter § 1596(1) Satz 2 dt. BGB bedarf die Vaterschaftsanerkennung eines Minderjährigen der Zustimmung seines gesetzlichen Vertreters.

⁴⁹⁵ Näher *Walin/Vängby/Singer/Jänterä-Jareborg*, Föräldrabalken, Kap. 9 § 1.

⁴⁹⁶ Näher *Singer* in Olsen und Salden (Eds.), Barn som aktörer, S. 175.

hältnis und ist deshalb keine Grundlage für eine evtl. vertragliche Schadensersatzpflicht. Letztere müsste auf die Verletzung eines Dienst-, Arbeits- oder Geschäftsbesorgungsvertrages gestützt werden, den der Minderjährige aber nur unter den Voraussetzungen von Kap. 6 § 12 FB schließen kann.[497]

358 Schweden folgt mithin der Lehre, dass Minderjährige neben den rechtlich vorteilhaften auch rechtlich **neutrale Geschäfte** abschließen dürfen, d. h. Geschäfte, die ihnen zwar gerade nicht „lediglich" einen rechtlichen Vorteil, aber auch keinen rechtlichen Nachteil eintragen. Das Hauptbeispiel ist dafür auch in Frankreich (Art. 1990 franz. CC), Deutschland (§ 165 dt. BGB) und Griechenland (Art. 213 gr. ZGB) die Vertretung einer Person durch einen Minderjährigen. Das griechische Recht achtet streng darauf, dass ein Minderjähriger rechtlich nicht belastet wird[498], was vor allem bedeutet, dass er keine synallagmatischen Verträge schließen und keine Verfügungen über eigene Rechte vornehmen kann. Der Erwerb eines Rechts, auch der Erwerb einer Forderung, ist möglich, die Einziehung einer Forderung nicht, weil sich damit ihr Verlust durch Erfüllung verbinden würde.[499] Rechtliche Nachteile verbinden sich mit der Annahme einer Erbschaft, wenn zum Nachlass Schulden gehören, der Annahme einer belastenden Schenkung, der Erklärung einer Aufrechnung und eines Schuldenerlasses, einer Abtretung, Verpfändung und einer Bürgschaftsübernahme.[500] Rechtlich vorteilhaft sind dagegen die Annahme eines Bürgschaftsversprechens, die Annahme des Versprechens eines Dritten, Schulden des Minderjährigen zu übernehmen, die Kündigung eines zinslosen Darlehens, das der Minderjährige mit Einwilligung seiner Eltern begeben hat, der Erwerb von Eigentum aufgrund einer abstrakten Einigung und die Erklärung einer Mahnung.

359 Dem griechischen hat das deutsche System zum Vorbild gereicht. Unter ihm bedürfen alle rechtlich nachteiligen Geschäfte eines Minderjährigen, der das siebente (nicht: das zehnte) Lebensjahr vollendet hat, der Zustimmung seiner gesetzlichen Vertreter, es sei denn, er hat auf dem maßgeblichen Tätigkeitssektor bereits volle Geschäftsfähigkeit erlangt. Dass es unter § 107 dt. BGB allein auf den rechtlichen (und nicht auf den wirtschaftlichen) Vorteil ankommt, wird im deutschen Schrifttum geradezu stereotyp wiederholt, ist aber dennoch nicht frei von Widersprüchlichkeit, weil es ja gerade um den Schutz des Vermögens des Minderjährigen gehen soll. Das Gegenargument lautet, das sich die wirtschaftliche Vorteilhaftigkeit eines Geschäfts nicht immer zureichend genau bestimmen lässt.[501] Im Kern geht es aber wohl eher darum, die Gerichte nicht mit einem Prüfauftrag zu belasten, der ihnen wesensfremd ist, und unseriösen Erwachsenen das Handwerk zu legen. Dennoch hat die Testfrage ihre Tücken. Rechtlich nachteilhaft sollen z.B. nicht nur synallagmatische Verträge, sondern auch solche sein, aus denen für einen Minderjährigen nur unter weiteren Voraussetzungen eine Belastung erwachsen kann, also etwa die mögliche Pflicht zum Aufwendungsersatz aus einem unentgeltlichen Auftragsvertrag (§ 670 dt. BGB)[502] oder die eventuelle Rückgabepflicht aus einer Schenkung, in der sich der Schenker ein Rücktrittsrechtsrecht vorbehalten hat.[503] Ob die Bereitstellung von Daten als Gegenleistung zu einem im Übrigen unentgeltlichen Vertrag (Nutzung von sozialen Netzwerken) rechtlich nachteilig ist, ist bislang nicht höchstrichterlich entschieden, dürfte aber zu bejahen sein.[504] Rechtlich neutrale Geschäfte begründen für einen Minderjährigen zwar gerade keinen „lediglich" rechtlichen Vorteil, sollen aber (wie in Schweden) dennoch wirksam sein. Methodisch wird das auf eine teleologische Reduktion von § 107 und auf eine Analogie zu der vertretungsrechtlichen Regelung in § 165 dt. BGB gestützt. Aus dem

---

[497] *Walin/Vängby/Singer/Jänterä-Jareborg* a. a. O.
[498] Areopag 419/1971, NoB 19 (1971) S. 1118.
[499] Georgiades und Stathopoulos (-*Georgiades*), AK, Art. 134 Rdnr. 4, *Triantos*, AK, Art. 134 Rdnr. 4.
[500] *Georgiades* a. a. O. Rdnr. 5; *Triantos* a. a. O.
[501] BGH 25.11.2004, BGHZ 161 S. 170, 178.
[502] MünchKomm (-*Spickhoff*), BGB[8], § 107 Rdnr. 42.
[503] BGH 25.11.2004 a. a. O.
[504] Bejahend *Knoop*, NZFam 2016 S. 966, 967; verneinend *Schrader*, JA 2021 S. 177, 180.

"lediglich rechtlichen Vorteil" ist so die **Abwesenheit eines rechtlichen Nachteils** geworden.[505] Ein Dauerbrenner sind Grundstücksschenkungen, weil sich mit ihnen immer irgendeine Art von Nachteil verbindet. Plötzlich wird deshalb zwischen „beachtlichen" und „unbeachtlichen" Nachteilen unterschieden. Unbeachtlich soll eine Belastung des geschenkten Grundstücks sein, aus der der Gläubiger nur Befriedigung aus dem Grundstück selbst (und nicht aus dem sonstigen Vermögen des Minderjährigen) suchen darf.[506] Tatsächlich läuft das aber doch auf eine vorwiegend wirtschaftliche Betrachtungsweise hinaus, weil der Minderjährige nicht mehr verlieren kann, als er erworben hat. Ähnlich verhält es sich bei öffentlichen Grundstückslasten. Lasten mit einem unerheblichen Vermögensrisiko seien nicht rechtlich nachteilig. Öffentliche Grundstückslasten, die sich am Grundstückswert oder den Kosten von Dienstleistungen der öffentlichen Hand bestimmen, könnten in der Regel aus den laufenden Erträgen des Grundstücks gedeckt werden.[507] Tiere wiederum müssen artgerecht gehalten werden, was selbst bei den üblichen Haustieren mit erheblichen Kosten verbunden sein kann (Futter, Pflege, Tierarzt). Da sich diese Kosten gerade nicht aus „Erträgen des Tieres" decken lassen, verbindet sich mit der Schenkung i. d. R. ein „beachtlicher" rechtlicher Nachteil. Das ist nur dann anders, wenn die Umstände darauf hindeuten, dass die Eltern das ihrem Kind gehörende Tier „halten". Dann freilich liegt regelmäßig auch schon eine Zustimmung zu seinem Erwerb vor.

5. Dienst- und Arbeitsverträge; Betrieb eines Erwerbsgeschäfts

Bereits um eine unbeschränkte Geschäftsfähigkeit geht es, wenn ein Minderjähriger auch Verträge schließen kann, die ihn zu etwas verpflichten, einen Rechtsverlust bewirken oder die Belastung eines ihm gehörenden Rechts zur Folge haben. Obwohl „unbeschränkt", bleibt sie dann eine „partielle" abstrakte Geschäftsfähigkeit, wenn sie nur für bestimmte Tätigkeitsfelder gewährt wird. Wo Minderjährigen gebräuchliche und/oder notwendige Geschäfte offenstehen, könnte man zwar gleichfalls von einer partiellen Geschäftsfähigkeit sprechen. Das maßgebliche Abgrenzungskriterium ist hier aber im Wesentlichen der Geschäftswert, d. h. der Umfang der jeweiligen Transaktion. Es handelt sich, bildlich gesprochen, um eine „horizontale" Fähigkeitsgrenze. In den nun zu erörternden Fällen geht es dagegen um eine „vertikal" abgesteckte Fähigkeitsgrenze, die wertunabhängig bestimmte Tätigkeitssektoren markiert. Es geht um die Erzielung von Einkommen durch Minderjährige, entweder durch abhängige Beschäftigung oder durch den selbständigen Betrieb eines Erwerbsgeschäfts. In beiden Zusammenhängen taucht auch die Frage auf, ob selbst verdientes Einkommen zu den Mitteln gehört, über die ein Minderjähriger ohne Zustimmung seiner gesetzlichen Vertreter frei verfügen kann, außerdem die Frage, an welche Altersuntergrenzen diese beiden partiellen Geschäftsfähigkeiten gebunden werden. **360**

a. Abhängige Beschäftigung und Verfügungen über daraus erzieltes Einkommen

Ob und ab welchem Alter Minderjährige überhaupt abhängig beschäftigt werden dürfen, und ob sie ihren Entgeltanspruch auch dann behalten, wenn sie illegaler „Kinderarbeit" nachgegangen sind, beantwortet das Arbeitsschutzrecht. Das Privatrecht klärt, wer über das von einem Minderjährigen durch (legale oder illegale) Arbeit erzielte Einkommen verfügen darf – der Minderjährige selbst oder seine Eltern. Im Privatrecht entscheidet sich außerdem, ob und ggf. ab welchem Alter ein Minderjähriger selbst und ohne Zustimmung seiner Eltern einen für ihn verbindlichen Dienstleistungsvertrag schließen kann. Er wiederum **361**

---

[505] MünchKomm (-*Spickhoff*), BGB[8], § 107 Rdnr. 54; vorher Rdnr. 358.
[506] BGH 25.11.2004 a. a. O. 176. Rechtlich nachteilhaft ist es dagegen, dem Minderjährigen Wohnungseigentum zu schenken, weil er dadurch zum Mitglied der Wohnungseigentümergemeinschaft und in dieser Eigenschaft persönlich für die Gemeinkosten haften würde (BGH 9.7.1980, BGHZ 78 S. 29, NJW 1980 S. 416, 417).
[507] BGH 25.11.2004 a. a. O. S. 179–180.

kann nur eine Tätigkeit auf dem legalen Arbeitsmarkt zum Inhalt haben; Verträge die gegen das Arbeitsschutzrecht verstoßen, binden den Minderjährigen ohnehin nicht.

362 **Arbeitsschutzrechtlich** sind Minderjährige erst ab Erreichen eines bestimmten Mindestalters zur Begründung eines regulären Arbeitsverhältnisses zugelassen, dürfen ihre Schulpflicht nicht verletzen und müssen die für die jeweilige Tätigkeit erforderliche körperliche und geistige Reife besitzen. In *Bulgarien* beginnt die „Arbeitsfähigkeit" mit der Vollendung des sechzehnten Lebensjahres. Jüngere Personen bedürfen unter § 303(1) des bulgar. Arbeitsgesetzbuches einer Genehmigung der Arbeitsinspektion; sie müssen zudem regelmäßig den Schulunterricht besuchen. Personen, die das fünfzehnte Lebensjahr noch nicht vollendet haben, dürfen nur leichten Tätigkeiten und ihnen auch nur dann nachgehen, wenn sie von einer extra dafür bestellten Person überwacht werden. Unter § 5(1) des *deutschen* Jugendarbeitsschutzgesetzes (JArbSchG) ist die Beschäftigung eines Kindes verboten. „Kind" ist unter § 2(1) JArbSchG, wer das fünfzehnte Lebensjahr noch nicht vollendet hat. Kinder, die das dreizehnte Lebensjahr vollendet haben, dürfen mit Einwilligung ihrer Personensorgeberechtigten leicht und in einer für Kinder geeigneten Weise beschäftigt werden. „Jugendliche" zwischen der Vollendung des fünfzehnten und des achtzehnten Lebensjahres dürfen, solange sie vollzeitschulpflichtig sind, unter § 5(4)(1) a. a. O. mit (höchstens vierwöchigen) Ferienjobs beschäftigt werden. Illegale Arbeitsverträge sind zwar nichtig, werden aber, sobald sie einmal in Vollzug gesetzt sind, zur Vermeidung von Rückabwicklungsschwierigkeiten erst mit der Geltendmachung des Nichtigkeitsgrundes *(ex nunc)* unwirksam, so dass bis dahin der Entgeltanspruch fortbesteht.[508] Unter secs. 558 und 579(1) des *englischen* Education Act 1996 ist ein *child* im Sinne des Arbeitsschutzrechts jede Person, die noch der allgemeinen Schulpflicht unterliegt. Kinder unter vierzehn Jahren dürfen nicht beschäftigt werden (sec. 18(1) Children and Young Persons Act 1933 [CYPA 1933]). „Local authority by-laws" können Lockerungen vorsehen, damit 13-jährige Kinder (z.B.) Zeitungen austragen dürfen. Ganz generell dürfen Kinder nur mit „leichter Arbeit" beschäftigt werden, d. h. mit Arbeit, die wahrscheinlich für die Sicherheit, Gesundheit und Entwicklung des Kindes unschädlich ist und seinen Schulbesuch und die Teilnahme an Praktika nicht hindert (sec. 18(2)(A) CYPA 1933). Kinder dürfen außerdem nicht im Straßenhandel beschäftigt werden. Die Beschäftigungszeiten sind limitiert (sec. 1(c)-(e) a. a. O.). Unter Art. Art. 1(622) des *italienischen* Gesetzes Nr. 296 vom 27.12.2006 i. V. m. Art. 2(2) ital. CC darf ein Minderjähriger erst ab Vollendung des sechzehnten Lebensjahres einer Arbeit nachgegen, vorausgesetzt, er hat die Schulpflicht erfüllt oder eine mindestens dreijährige Berufsausbildung durchlaufen. Vor der Vollendung des sechzehnten Lebensjahres sind mit Genehmigung der Arbeitsschutzbehörde geringfügige Beschäftigungen im kulturellen, künstlerischen, sportlichen, werbenden oder unterhaltenden Bereich erlaubt. Für alle Minderjährigen gelten besondere Schutzvorschriften hinsichtlich der Arbeitsbedingungen und der Arbeitszeit. Bei gleicher Arbeit und Aufgabe muss der Lohn des Kindes dem der Erwachsenen entsprechen.[509] Das *österreichische* Kinder- und Jugendlichen-Beschäftigungsgesetz 1987 (KJBG) unterscheidet zwischen Kindern und Jugendlichen; die Grenze liegt bei der Vollendung des fünfzehnten Lebensjahres (§§ 2 und 3 KJBG). Kinderarbeit ist grundsätzlich verboten (§ 5 KJBG). Für Kinder ab Vollendung des dreizehnten Lebensjahres gelten Ausnahmen für leichte Tätigkeiten im Familienbetrieb und im Haushalt der Eltern, ferner für Botengänge und „Handreichungen auf Sport- und Spielplätzen" (§ 5a KJBG). Der Unterhaltungs- und der Werbebranche können unter § 6 KJBG Sondergenehmigungen zur Beschäftigung von Kindern erteilt werden. Die erlaubten Arbeitszeiten Jugendlicher sind streng reglementiert (§§ 10–25 KJBG). Art. 190 § 2 *polnisches* Arbeitsgesetzbuch (AGB) beschränkt die Beschäftigung von Personen, die das fünfzehnte Lebensjahr noch nicht vollendet haben, auf wenige, genau umrissene Ausnahmefälle. Gleichzeitig

---

[508] Müller-Glöge/Preis/Schmidt (*-Preis*), Erfurter Kommentar zum Arbeitsrecht[21], § 611a BGB Rdnrn. 145 und 147.
[509] *Ioele*, Del lavoro subordinato, S. 358; *Mazzotta*, Diritto del lavoro, S. 209.

bestimmt Art. 304¹ poln. AGB, dass Personen, die das sechzehnte Lebensjahr noch nicht vollendet haben, grundsätzlich nur bei einem Rechtsträger beschäftigt werden dürfen, der sein Unternehmen „im Bereich Kultur, Kunst, Sport oder Werbung betreibt". Durchweg wird mindestens verlangt, dass die achtjährige Grundschule absolviert worden ist. Unter Art. 127(1)(a) *portugiesischer* CC i. V. m. Artt. 68–69 port. Código do Trabalho (CT) dürfen Minderjährige, die das sechzehnte Lebensjahr noch nicht vollendet haben, nur leichte Arbeiten verrichten, die ihre Entwicklung nicht gefährden und nicht mit der Schulpflicht kollidieren (Art. 68(3) port. CT). In Familienbetrieben sind sie von einem volljährigen Familienmitglied zu beaufsichtigen (Art. 68(4) port. CT). Über Einkommen aus erlaubter Arbeit verfügen die Minderjährigen selbst; Einkommen aus verbotener Arbeit kann bis zum Erreichen der Volljährigkeit der Verwaltung der gesetzlichen Vertreter anvertraut werden.[510] Kap. 5 § 1 des *schwedischen* Arbetsmiljölagen verbietet die abhängige Beschäftigung von Minderjährigen, die das sechzehnte Lebensjahr noch nicht vollendet haben oder noch der Schulpflicht unterliegen. Ab Vollendung des dreizehnten Lebensjahres dürfen Minderjährige aber leichte und im Hinblick auf ihre Gesundheit, Entwicklung und Schulbildung unbedenkliche Tätigkeiten ausüben. In besonders begründeten Ausnahmefällen können die Behörden „sehr leichte" Arbeiten auch schon kleineren Kindern erlauben (Kap. 5 § 2 a. a. O.). Unter Art. 6(1) des *spanischen* Ley del Estatuto de los Trabajadores (LET) sind Arbeitsverträge mit Minderjährigen unter 16 Jahren verboten und nichtig; etwaige Entschädigungen aus einer solchen Beschäftigung verwaltet der Minderjährige selbst, aber erst, wenn er das sechzehnte Lebensjahr vollendet hat.[511] Erlaubnispflichtige Ausnahmen existieren unter Absatz (4) für öffentliche Aufführungen. Für Arbeitnehmer unter achtzehn Jahren bestehen zahlreiche sachliche und zeitliche Beschäftigungsbeschränkungen. Unter §§ 34, 35 *tschech.* BGB i. V. m. den Regeln des tschech. Beschäftigungsgesetzes dürfen Minderjährige bis zur Vollendung des fünfzehnten Lebensjahres und Minderjährige, die ihre Schulpflicht noch nicht erfüllt haben, nur leichten Tätigkeiten auf Gebieten der Kunst, der Kultur, der Werbung und des Sports nachgehen. Die Beschäftigung unterliegt der Erlaubnis durch das Arbeitsamt (§ 122(1) tschech. Beschäftigungsgesetz). Dem entspricht in allen wesentlichen Zügen die Rechtslage unter § 7(1) des *estnischen* Arbeitsvertragsgesetzes.

Gegenstand der **privatrechtlichen Arbeitsvertragsfähigkeit** ist hauptsächlich die Frage, ob Minderjährige zur Begründung eines arbeitsschutzrechtlich erlaubten Beschäftigungsverhältnisses der Zustimmung ihrer Eltern bedürfen. Ist das nicht der Fall oder ist die Zustimmung erteilt, entsteht die weitere Frage nach den hiermit verbundenen Annexbefugnissen – vom Kauf der Berufskleidung bis zur Verwendung des erzielten Einkommens für Zwecke, die nichts mehr mit dem Beschäftigungsverhältnis zu tun haben. Hier sind viele europäische Rechtsordnungen durchaus großzügig; die Antwort auf die erste Frage fällt dagegen recht unterschiedlich aus. Das französische Minderjährigenrecht unterscheidet zwischen *actes conservatoires, actes d'administration* und *actes de disposition*. Die Letzteren begründen einen Vermögensabfluss und unterliegen deshalb der elterlichen Vertretungsmacht. Die *actes conservatoires* schützen dagegen das Vermögen des Minderjährigen und können deshalb von ihm selbst getätigt werden. Es geht um notwendige, wenig aufwändige Handlungen, die dem Wert des jeweiligen Vermögensgegenstandes entsprechen und den Minderjährigen keiner zukünftigen Belastung aussetzen. Der Abschluss eines Arbeitsvertrages gehört in die mittlere Gruppe der *actes d'administration*.[512] Minderjährige (die erst ab Vollendung des sechzehnten Lebensjahres eine Arbeit aufnehmen dürfen) können solche Verträge selbst schließen, weil sie keinen wirtschaftlichen Nachteil nach sich ziehen. Falls im Einzelfall nötig, wird ein Minderjähriger bei dem Vertragsabschluss durch einen Erwachsenen unterstützt *(assisté)*, aber nicht vertreten.[513] Das System gleicht dem Unterschied

---

[510] Menezes Cordeiro (-*Menezes Cordeiro*), Código Civil Comentado I, Art. 127 S. 375 Rdnr. 5.
[511] Ministerio de Justicia (-*Castán Vázquez*), Comentario del Código Civil I², S. 565, Anm. III unter Art. 164.
[512] *Malaurie,* Droit des personnes¹⁰, S. 279 Rdnr. 522.
[513] *Simler,* J.-Cl. Civil Code, Art. 1145 à 1152, Fasc. 8, Rdnr. 14.

zwischen *curatelle (assistance)* und *tutelle (représentation)* bei Erwachsenen. Es findet seine Absicherung in Art. 1149(3) franz. CC, wonach sich der Minderjährige der Verpflichtungen nicht entziehen darf, die er in Ausübung seines Berufes eingegangen ist. Unter § 171 österr. ABGB kann sich ein Minderjähriger schon ab Vollendung des vierzehnten Lebensjahres „durch Vertrag zu Dienstleistungen verpflichten, ausgenommen zu Dienstleistungen auf Grund eines Lehr- oder sonstigen Ausbildungsvertrags. Der gesetzliche Vertreter des Kindes kann das durch den Vertrag begründete Rechtsverhältnis aus wichtigen Gründen vorzeitig lösen". Unter Artt. 21 und 22 poln. Arbeitsgesetzbuch kann eine beschränkt geschäftsfähige Person ein Arbeitsverhältnis und die mit ihm in Zusammenhang stehenden Rechtsgeschäfte ohne Zustimmung des gesetzlichen Vertreters eingehen; über sein Arbeitseinkommen kann er frei verfügen, es sei denn, es liegt eine gegenläufige vormundschaftsgerichtliche Entscheidung vor. Sollte das Arbeitsverhältnis mit dem Wohlergehen des Jugendlichen nicht zu vereinbaren sein, steht dem gesetzlichen Vertreter das Recht zu, den Vertrag aufzulösen. Vor dem Hintergrund der konfligierenden Bestimmung in Art. 304^1 a. a. O.[514] ist es im Schrifttum allerdings bis heute streitig, ob Minderjährige schon ab Vollendung des dreizehnten oder erst ab Vollendung des sechzehnten Lebensjahres einen Arbeitsvertrag ohne elterliche Genehmigung schließen dürfen.[515] Unter englischem Recht haben „infants ... always been permitted to make binding contracts of service, apprenticeship and for their performance of services, provided that these are for their benefit. They may therefore have to accept some terms which are to their disadvantage for the sake of the overall advantage which the contract brings. *The question is whether the contract, taken as a whole, is to the infant's benefit.* Thus in *Doyle v White City Stadium Ltd* [1935] 1 KB 110, a professional boxer was held bound by the terms of his licence from the British Boxing Board of Control, which allowed him to earn his living boxing but required him to keep the rules".[516]

364 Unter Art. 7 span. LET können Minderjährige dagegen nur dann ohne **Zustimmung ihrer Eltern** oder der sonst für sie zuständigen Person selbst einen Arbeitsvertrag schließen, wenn sie das sechzehnte Lebensjahr vollendet haben und selbständig leben. In Griechenland beginnt die Arbeitsvertragsfähigkeit zwar schon mit der Vollendung des fünfzehnten Lebensjahres, ist aber an die „allgemeine Zustimmung" der Eltern gebunden (Art. 136 gr. ZGB). Sie kann (dem Arbeitgeber und dem Minderjährigen gegenüber) auch stillschweigend erklärt werden.[517] Der Minderjährige wiederum darf den Lohnanspruch selbständig geltend machen und den Vertrag ggf. kündigen.[518] Unter § 8(1) estn. Arbeitsvertragsgesetz bedarf ein Minderjähriger zum Abschluss eines Arbeitsvertrages der elterlichen Zustimmung. Dem Arbeitgeber ist es ausdrücklich verboten, Minderjährige ohne die Zustimmung des gesetzlichen Vertreters zu beschäftigen (§ 8(7) a. a. O.). Unter Kap. 6 § 12 schwed. FB und Art. 42 rumän. CC setzt die Begründung eines Arbeitsverhältnisses ebenfalls die elterliche Zustimmung voraus; ist sie erteilt, ist der Minderjährige in der Lage, alle mit seinem Beruf zusammenhängenden Geschäfte selbst abzuschließen. In Italien bedarf der Minderjährige zur Begründung eines Arbeitsverhältnisses neben einer staatlichen Arbeitsfähigkeitsbescheinigung der Zustimmung seiner Eltern.[519] Liegt sie vor, kann der Minderjährige seine Rechte aus dem Arbeitsvertrag (aber auch nur sie) selbst ausüben (Art. 2(2) Satz 2 ital. CC). Unter § 35(1) tschech. BGB ist ein Minderjähriger, der die Schulpflicht erfüllt hat, zwar ab Vollendung des fünfzehnten Lebensjahres befugt, ohne elterliche

---

[514] Vorher Rdnr. 362.
[515] Näher Walczak (-*Nałęcz*), Kodeks pracy^{31}, Art. 2 Rdnr. 15.1.
[516] *Fisher v Brooker* [2009] UKHL 41; [2009] 1 WLR 1764; [2009] 4 All ER 789 (Baroness Hale of Richmond at para 23, Hervorhebung hinzugefügt). Siehe auch schon *Clements v London & North Western Railway* [1894] 2 QB 490 (CA) (ein minderjähriger Eisenbahnangestellter hatte zugestimmt, einer Versicherung beizutreten und dadurch auf alle Ansprüche unter dem damaligen Employers' Liability Act 1880 zu verzichten; der Verzicht war wirksam, weil der Vertrag insgesamt zum Vorteil des Minderjährigen war).
[517] Berufungsgericht Patras 1157/1990, AchNom 7 S. 532.
[518] Georgiades und Stathopoulos (-*Georgiades*), AK, Art. 136 gr. ZGB S. 200 Rdnr. 6.
[519] *Mazzotta*, Diritto del lavoro, S. 206.

V. Der Minderjährigen zugestandene rechtsgeschäftliche Gestaltungsrahmen § 5

Zustimmung einen Arbeitsvertrag zu schließen. Bis zur Vollendung des sechzehnten Lebensjahres verbleibt den Eltern aber das Recht, das Arbeitsverhältnis im Interesse der Ausbildung, der Entwicklung oder der Gesundheit ihres Kindes aufzuheben (§ 35(2) a. a. O.).

Die geschäftsfähigkeitsrechtlich wichtigste Nebenfolge der Arbeitsfähigkeit ist vielerorts 365 die **Verfügungsbefugnis über** das erzielte **Erwerbseinkommen.** Unter § 170(2) österr. ABGB kann ein mündiges (d. h. *vierzehnjähriges*) Kind „über sein Einkommen aus eigenem Erwerb so weit verfügen und sich verpflichten, als dadurch nicht die Befriedigung seiner Lebensbedürfnisse gefährdet wird". Seiner freien Verfügung unterliegt das Arbeitseinkommen eines Minderjährigen auch unter Art. 4(2) bulgar. Gesetz über die Person und die Familie, unter Art. 135 gr. ZGB[520], Art. 21 poln. ZGB, Art. 42 rumän. CC und Art. 2.7 (3) lit. ZGB, hier allerdings mit der Maßgabe, dass es sich nicht um formgebundene Verträge handelt. Art. 164(3) span. CC löst die von einem Kind, welches das *sechzehnte* Lebensjahr vollendet hat, durch seine eigene Arbeit oder sein eigenes Gewerbe erworbenen Güter aus der elterlichen Entscheidungsmacht heraus, soweit es sich nur um Maßnahmen der gewöhnlichen Verwaltung handelt; andernfalls bedarf der Minderjährige weiterhin der Zustimmung seiner Eltern. Auf dasselbe Alter stellen Art. 127(1)(a) port. CC und Kap. 9 § 3 schwed. FB ab. Art. 127(2) port. CC kodifiziert die Besonderheit, dass „für die Handlungen des Minderjährigen bezüglich des Berufs, Handwerks oder Amtes und für die in Ausübung dieses Berufs, Handwerks oder Amtes vorgenommenen Handlungen ... nur das zur freien Verfügung des Minderjährigen stehende Vermögen" haftet. Die Eltern müssen Arbeitsverträgen ihrer Kinder zustimmen. Unter schwedischem Recht kann das Kind den Vertrag jedoch selbst (bei Gefährdung auch fristlos) kündigen und sich, wenn es das sechzehnte Lebensjahr vollendet hat, ohne neue Zustimmung seiner Eltern zu anderen Arbeiten ähnlicher Art verpflichten. Den Eltern verbleibt ein fristloses Kündigungsrecht, wenn die Tätigkeit die Gesundheit, Entwicklung oder Schulbildung des Kindes gefährdet. Die Aufnahme einer anderen ähnlichen Beschäftigung hängt nach einer solchen Kündigung von der elterlichen Zustimmung ab (Kap. 6 § 12 FB). Rechtshandlungen ohne die erforderliche Zustimmung sind schwebend unwirksam; der Vertragspartner kann bis zur Genehmigung (und Erfüllung) des Vertrages von ihm zurücktreten, es sei denn, er kannte die Minderjährigkeit (Kap. 9 § 6 FB).

Besonders restriktiv ist wiederum das deutsche Recht. Auch unter § 113 dt. BGB ist der 366 Minderjährige nicht etwa selbst arbeitsvertragsfähig. Er erlangt die entsprechende partielle Geschäftsfähigkeit erst, wenn ihn der gesetzliche Vertreter ermächtigt hat, „in Dienst oder Arbeit zu treten", und dann auch nur für solche Rechtsgeschäfte, „welche die Eingehung eines Dienst- oder Arbeitsverhältnisses der gestatteten Art oder die Erfüllung der sich aus einem solchen Verhältnis ergebenden Verpflichtungen betreffen". Wenigstens bedarf die elterliche Ermächtigung keiner familiengerichtlichen Genehmigung; nur die Verweigerung ist gerichtlich überprüfbar. Es geht (in der Klassifikation des deutschen Rechts) um Arbeits-, Dienst- und Werkverträge[521] unter Einschluss selbständiger Tätigkeiten[522], merkwürdigerweise aber nicht um die Ausbildung zu einem Beruf (weil bei ihr nicht der Erwerbszweck im Vordergrund steht).[523] Unter § 113 a. a. O. fallen dagegen Ferienjobs und Nebentätig-

---

[520] Die Bestimmung betrifft jegliche Art von Zahlung, auch Trinkgelder und Schadensersatzleistungen aus einem Arbeitsunfall (Georgiades und Stathopoulos [-*Karases*], Art. 135 gr. ZGB S. 199 Rdnr. 2; *Triantos*, AK, Art. 135 gr. ZGB S. 169 Rdnr. 3). Mit durch eigene Arbeit und durch Schenkung zur freien Verfügung erworbenen Mitteln kann ein Minderjähriger sogar ein Grundstück kaufen (Berufungsgericht Piräus 1801/1990, PeirN 1990 S. 313).
[521] MünchKomm (-*Spickhoff*), BGB[8], § 113 Rdnr. 6.
[522] BAG 20.4.1964, NJW 1964 S. 1641 (Minderjähriger als Handelsvertreter).
[523] Ganz herrschende Meinung, z. B. Staudinger (-*Klumpp*), BGB (2017), § 113 Rdnr. 15; Erman (-*Müller*), BGB[16], § 113 Rdnr. 5 und LAG Sachsen 19.6.2013, NZA-RR 2013 S. 566, 567 („Lediglich für minderjährige Auszubildende gilt die Rechtsfolge des § 113 I 1 BGB für die Aufhebung des Berufsausbildungsverhältnisses ungeachtet der Bestimmung in § 10 II BBiG nicht, weil kein Eintritt in ,Dienst' oder ,Arbeit', sondern in Berufsbildung in Rede steht"). Nicht unter § 113 dt. BGB fallen deshalb auch

keiten.[524] § 113 a. a. O. verschafft dem Minderjährigen nur einen geringen Handlungsspielraum. Er darf nur Verträge über die Beförderung zum Arbeitsplatz, den Kauf von Arbeitsmaterial und Berufskleidung, ggf. auch Verträge über Wohnung und Verpflegung schließen, wenn sich der Arbeitsplatz nicht am Wohnort der Eltern befindet.[525] Es fehlt zudem eine ausdrückliche Regelung zu Verfügungen über den Arbeitslohn. Man muss deshalb auf § 110 BGB zurückgreifen. Der Lohn ist dem Minderjährigen zwar mit Zustimmung seiner Eltern von einem Dritten überlassen worden, aber das bedeutet nicht automatisch, dass sich diese Zustimmung auch darauf bezieht, dass der Minderjährige nach Belieben über seinen Lohn verfügt.[526]

b. Betrieb eines Erwerbsgeschäfts

367 Wesentlich risikoreicher ist natürlich der selbständige Betrieb eines Erwerbsgeschäfts. Wo Minderjährige zu ihm ermächtigt werden können, hat man eine Art **Teilemanzipation** vor sich. Denn ein Minderjähriger kann einen Erwerbsbetrieb nur dann selbstverantwortlich führen, wenn er für alle Geschäfte, die dieser Betrieb mit sich bringt, voll geschäftsfähig wird – von der Darlehnsaufnahme bis zur Beschaffung von Betriebsgrundstücken. Wo man es, wie in England, bei der allgemeinen Arbeitsfähigkeit belässt, entsteht noch keine echte „Betriebsführungsfähigkeit", auch wenn Minderjährige unter sec. 157(1) Companies Act 2006 ab Vollendung des sechzehnten Lebensjahres bereits zum Direktor einer Gesellschaft bestellt werden können.[527] Ein Minderjähriger, der – weil es sich dabei nicht um *necessaries* handelt – keinen Kredit bekommt, kann ein Unternehmen nicht wirklich betreiben. In einigen Systemen des Zivilrechts begegnet dagegen die Regel, dass Minderjährige – typischerweise ab Vollendung des sechzehnten Lebensjahres – durch elterliche Einwilligung und gerichtliche Genehmigung zum Betrieb eines Erwerbsgeschäfts ermächtigt werden und dadurch die Befähigung erlangen können, in diesem Rahmen prinzipiell wie ein Erwachsener zu agieren.[528] Eine einmal erteilte Ermächtigung können die Eltern häufig nur noch mit gerichtlicher Genehmigung wieder zurücknehmen.[529] Ein Minderjähriger, der mit der entsprechenden Genehmigung eine Unternehmung führt, ist befähigt, alle betriebsrelevanten Rechtsgeschäfte selbst vorzunehmen.

368 Auch unter § 112 dt. BGB vollzieht sich für den Minderjährigen eine Statusänderung. Er wird „voll", aber nur „partiell" geschäftsfähig, weil er nur Verträge mit Bezug auf das Unternehmen tätigen darf. Erforderlich sind eine „Ermächtigung" des gesetzlichen Vertreters und eine Genehmigung des Familiengerichts. Gegenstand der Genehmigung ist jede

---

Praktika und Volontariate (BeckOGK [-*Ahrens und Heicke*], § 113 Rdnr. 21; *Müller* a. a. O.). BAG 8.12.2011, NZA 2012 S. 495, 496 Rdnr. 18 hat die Anwendbarkeit von § 113 BGB auf Ausbildungsverhältnisse ausdrücklich offengelassen.

[524] *Klumpp* a. a. O. Rdnr. 6.
[525] Erman (-*Müller*), BGB[16], § 113 BGB, Rdnr. 11.
[526] *Müller* a. a. O. Rdnr. 12. Zu § 110 dt. BGB schon oben Rdnr. 354.
[527] Für das Halten von Anteilen *(share ownership)* an einer in England und Wales gegründeten Gesellschaft bestehen keine gesetzlichen Altersuntergrenzen; sie können allerdings durch die *articles of association* eingeführt werden. Ein Minderjähriger ist berechtigt, seine Mitgliedschaft vor Erreichen der Volljährigkeit (bzw. einer angemessenen Frist nach ihrem Erreichen) abzulehnen (*Newry and Enniskillen Railway Company v Coombe* [1849] 3 Ex 565). Bei Anteilen, die auf den Namen eines Kindes eingetragen sind, kann ein *nominee-shareholder* (z. B. ein Elternteil) eingetragen werden. Er ist dann der „rechtliche" Inhaber, während dem Kind das *beneficial interest* verbleibt. Beschränkungen des Aktienerwerbs sind nicht gesellschaftsrechtlicher, sondern vertragsrechtlicher Natur. Denn Aktien sind keine *necessaries*.
[528] Z. B. § 112 dt. BGB; Artt. 388-1-2 (Gründung eines Einzelunternehmens mit beschränkter Haftung oder einer Einpersonengesellschaft durch Minderjährige ab Vollendung des sechzehnten Lebensjahres) und 401 franz. CC (Zustimmung des *conseil de famille* erforderlich); Kap. 9 §§ 13 und Kap. 14 § 14 schwed. FB; Art. 1(2) span. LET i. V. m. Art. 247 n. F. (Art. 323 a.F.) span. CC (emanzipierte Minderjährige); § 33(1) tschech. BGB. Vergleichbare Regeln fehlen dagegen in Griechenland und in Portugal (*Gomes*, Direito do Trabalho I, S. 215, 455).
[529] § 112(2) dt. BGB; § 33(3) tschech. BGB. Unter Kap. 9 §§ 1–5 schwed. FB steht dem öffentlichen Obervormund *(överförmyndare)* das Recht zu, die erweiterte begrenzte Geschäftsfähigkeit zu widerrufen.

auf die Erzielung von Gewinn ausgerichtete Tätigkeit, nicht nur ein Gewerbebetrieb im technischen Sinn, sondern auch die Ausübung eines freien Berufs.[530] Die „Ermächtigung" kann auch konkludent erteilt werden. Der Dreh- und Angelpunkt ist deshalb die familiengerichtliche Genehmigung. Sie wird heute, da die Volljährigkeitsgrenze auf achtzehn Jahre abgesenkt ist, nur noch selten erteilt. Denn zu ihren Voraussetzungen gehört, dass „der Minderjährige über seine Jahre hinaus gereift ist und sich damit im Rechts- und Erwerbsleben schon im Wesentlichen wie ein Volljähriger benehmen kann und dies seiner Veranlagung nach auch tun wird. Auf dieser Grundlage ist dann zu erwägen, ob er die zum selbständigen Betrieb des beabsichtigten Erwerbsgeschäftes erforderlichen Eigenschaften, Kenntnisse und Fähigkeiten hat, ob er gewillt und in der Lage ist, die mit dem Geschäft verbundenen Verantwortungen und Verpflichtungen dritten Personen und der Allgemeinheit gegenüber zu erfüllen, und ob ihn nicht etwa sonstige tatsächliche Gründe daran hindern, sich in der gebotenen Weise um das Geschäft zu kümmern".[531] Gedeckt sind die Einstellung und die Kündigung von Arbeitnehmern und der Warenein- und -verkauf; merkwürdigerweise aber nicht die Aufgabe des Erwerbsgeschäfts. Gedeckt sind auch der Erwerb und die Belastung eines Betriebsgrundstückes[532] – aber weder seine Veräußerung noch der Zuerwerb eines anderen Unternehmens (§ 112(1) Satz 2 i. V. m. §§ 1643, 1821 (1) Nr. 1 und (2), 1822 Nr. 3 BGB [§ 112(1) Satz 2 i. V. m. §§ 1643(1), 1850 Nr. 1, 1852 Nr. 1(a) dt. BGB n. F]).[533]

6. Einseitige Rechtsgeschäfte

Im deutschen (§ 111 dt. BGB), estnischen (§ 10 estn. ZGB AT) und im polnischen Recht **369** (Art. 19 poln. ZGB) begegnen schließlich noch Sonderregeln zu „einseitigen Rechtsgeschäften" von Minderjährigen.[534] Solche Rechtsgeschäfte sind (mit Ausnahme von Testamenten[535]) nichtig („unwirksam"), wenn sie ohne die Einwilligung der Eltern vorgenommen werden. Das gilt für empfangsbedürftige Willenserklärungen ebenso wie für nichtempfangsbedürftige (die, wie die Auslobung, von Minderjährigen aber kaum je getätigt werden). Den Gegensatz zu den „einseitigen Rechtsgeschäften" bilden die als „zweiseitige Rechtsgeschäfte" konzipierten „Verträge" (§ 108 dt. BGB). Die von einem beschränkt

---

[530] MünchKomm (-*Spickhoff*), BGB[8], § 112 Rdnr. 6.
[531] OLG Köln 13.4.1994, NJW-RR 1994 S. 1450 (Ein 16-Jähriger betrieb einen Güterfernverkehrsbetrieb. Das OLG hob die ablehnende Entscheidung des Familiengerichts auf. Es hatte gemeint, dass dem Minderjährigen die erforderlichen Kenntnisse fehlten. Das OLG sah es nicht als schädlich an, dass der Minderjährige auf die Hilfe Dritter (Lkw-Fahrer, Wirtschaftsprüfer und Steuerberater) angewiesen war. Denn das wäre bei einem Erwachsenen nicht anders gewesen. Zudem wende der Minderjährige nur seine Freizeit auf, seine schulischen Leistungen seien nicht betroffen).
[532] Insoweit anders das spanische Recht. Emanzipierte Minderjährige benötigen für die Belastung oder Veräußerung von Handels- und Gewerbebetrieben die elterliche Zustimmung bzw. die Zustimmung eines gerichtlichen Verfahrenspflegers (Art. 247 span. CC n. F. [Art. 323 a.F.]).
[533] Näher MünchKomm (-*Spickhoff*), BGB[8], § 112 Rdnr. 2.
[534] Davon zu unterscheiden sind einseitige Rechtsgeschäfte *gegenüber* einem Minderjährigen. Unter 131(1) dt. BGB wird die gegenüber einem Geschäftsunfähigen abgegebene Erklärung erst wirksam, wenn sie dem gesetzlichen Vertreter zugeht. Bei beschränkt geschäftsfähigen Personen kommt es darauf an, ob ihnen die Erklärung lediglich einen rechtlichen Vorteil bringt. Das österr. ABGB schweigt zu dieser Frage. § 862a ABGB übernimmt aber die deutsche Regel zum Zugang von Willenserklärungen, was es nahe legt, auch die Wertung des § 131(1) dt. BGB zu akzeptieren. Welser und Kletečka (-*Koziol*), Bürgerliches Recht I[14], Rdnr. 360 formuliert in der Tat: „Bringt die Erklärung für den Empfänger nicht nur Vorteile mit sich, so ist der Zugang nur wirksam, wenn der Empfänger voll geschäftsfähig ist". Auch OGH 20.6.1990, 1Ob529/90 deutet in diese Richtung (*in casu* ging es allerdings um einen gänzlich geschäftsunfähigen Erklärungsempfänger) („Der wirksame Zugang der beim Kaufvertrag den Vertragsabschluß bewirkenden Willenserklärung setzt zumindest dann, wenn die Erklärung für den Empfänger – wie hier – nicht nur Vorteile mit sich bringt, dessen volle Geschäftsfähigkeit voraus. ... Rechtsvergleichend sei auf die Rechtslage in der Bundesrepublik Deutschland verwiesen. ... Ganz allgemein normiert § 131 Abs 1 BGB für empfangsbedürftige Willenserklärungen, daß die einem Geschäftsunfähigen gegenüber abgegebene Willenserklärung nicht wirksam wird, bevor sie seinem gesetzlichen Vertreter zugeht. Danach ist also der Geschäftsunfähige nicht in der Lage, Willenserklärungen, die ihn selbst betreffen, wirksam entgegenzunehmen").
[535] Oben Rdnr. 348.

geschäftsfähigen Minderjährigen geschlossenen Verträge sind (anders als seine einseitigen Rechtsgeschäfte) nicht nichtig; sie könnten andernfalls von den Eltern nicht mehr genehmigt werden. Deshalb gelten solche Verträge bis zur Herbeiführung der elterlichen Entscheidung vorerst nur als „schwebend unwirksam". Der § 111 dt. BGB wird nun aber, was sich auch auf seinen Wortlaut stützen lässt[536], nur auf „Rechtsgeschäfte" angewandt, die für den Minderjährigen i. S. v. § 107 dt. BGB nicht rechtlich nachteilig sind. Dass in § 107 von „Willenserklärungen", in § 111 a. a. O. von „Rechtsgeschäften" die Rede ist, lässt sich damit erklären, dass sich im Falle des § 111 das Rechtsgeschäft in einer Willenserklärung erschöpft. Gleichwohl ist das Ganze nicht einfach zu deuten. Denn unmittelbar „durch eine Willenserklärung" erlangt man nie einen rechtlichen Vor- oder Nachteil. Rechtliche Vor- und Nachteile sind immer eine Folge des *Gesetzes,* das sie an ein Rechtsgeschäft knüpft, das infolge der fraglichen Willenserklärung entsteht.[537] Außerdem ist nicht von vornherein klar, was mit einem „einseitigen Rechtsgeschäft" gemeint ist. Ein Angebot zum Abschluss eines Kaufvertrages ist zwar „einseitig", aber nur eine Willenserklärung und noch kein „Rechtsgeschäft" i. S. v. § 111 dt. BGB, weil sonst der Regelung in § 108 a. a. O. gleich wieder der Boden entzogen würde. Hier, in § 108 dt. BGB, besteht das „Rechtsgeschäft" erst aus dem durch eine Annahme oder auf andere Weise zustande gebrachten „Vertrag". Folglich kommen für § 111 a. a. O. nur solche Willenserklärungen in Betracht, deren Rechtsfolgen nach dem Gesetz ohne die Zustimmung des Adressaten eintreten. In diesem (und nur in diesem) Fall „ist" die Willenserklärung zugleich das Rechtsgeschäft. Wie aber kann eine solche Willenserklärung rechtlich vor- bzw. rechtlich nachteilig sein? In den Augen der Gesetzesverfasser hängt die Antwort davon ab, ob die Erklärung vom Gesetz allein dazu genutzt wird, die Rechte des Erklärenden zu mehren, oder ob mit ihr auch irgendeine Form des Rechtsverlustes einhergeht. Eine Mahnung ist also lediglich rechtlich vorteilhaft, desgleichen eine Mängelrüge und eine Fristsetzung. Aufrechnung, Kündigung, Rücktritt, Widerruf und Anfechtung sind es dagegen (überraschenderweise) nicht.[538] Denn mit ihnen verbindet sich immer der Verlust des ursprünglichen Erfüllungsanspruches. Dass der Minderjährige an ihm gerade kein Interesse mehr hat, spielt absurderweise keine Rolle. Ob die Bevollmächtigung in die eine oder andere Gruppe gehört, wird gelegentlich noch diskutiert, von der herrschenden Meinung aber dahin beantwortet, dass eine Vollmachtserteilung „rechtlich nachteilig" sei, weil und soweit sich mit ihr die Gefahr einer späteren Verpflichtung verbinde.[539]

370 Das System wirkt einigermaßen verstaubt. Es verhindert, dass sich ein Minderjähriger seiner Zahlungspflichten entledigen kann, auch übrigens derjenigen, die ihn nur treffen, weil seine Eltern mit ihnen ursprünglich einverstanden waren. Es gibt jedoch keinen nachvollziehbaren Sachgrund dafür, einen Minderjährigen seines verbraucherrechtlichen Widerrufsrechts zu berauben, ihn an die Nutzung einer Wohnung zu binden, die er aufgeben möchte, oder ihm gar die Anfechtung einer vertraglichen Willenserklärung zu untersagen, die er infolge von Irrtum, Täuschung oder Drohung abgegeben hat. Man muss deshalb sagen, dass es der Regelung gar nicht um den Minderjährigen, sondern um seine Eltern und möglicherweise auch um den Vertragspartner des Minderjährigen geht. Die Rechts-

---

[536] Es geht um einseitige Rechtsgeschäfte, die ohne die *erforderliche* Einwilligung des gesetzlichen Vertreters vorgenommen werden; das koppelt zurück auf § 107 dt. BGB.
[537] Zutreffend bemerkt jurisPK (-*Hansen*), BGB[9], § 107 Rdnr. 12, „lediglich rechtlich vorteilhaft" i. S. d. § 107 BGB sei eine Willenserklärung, wenn das Rechtsgeschäft, in dem sie enthalten ist, nicht unmittelbar zu einem rechtlichen Nachteil für den Minderjährigen führt". Der Gesetzeswortlaut bringt diese Präzision leider nicht auf. Das hat sich schon in der Begründung abgezeichnet (Motive I, S. 126: „Die Ausdrücke Willenserklärung und Rechtsgeschäft sind der Regel nach als gleichbedeutend gebraucht. Der erstere Ausdruck ist namentlich da gewählt, wo die Willensäußerung als solche im Vordergrunde steht oder wo zugleich der Fall getroffen werden soll, daß eine Willenserklärung nur als ein Bestandtheil eines rechtsgeschäftlichen Thatbestandes in Frage kommt").
[538] Vollständige Liste bei Staudinger (-*Klumpp*), BGB (2017), § 111 Rdnr. 15.
[539] MünchKomm (-*Spickhoff*), BGB[8], § 107 Rdnr. 90; *Klumpp* a. a. O.; KG 12.3.2012, NJW 2012 S. 2293 (Bevollmächtigung selbst eines Anwalts unwirksam); LG München I, 30.5.2018, BeckRS 2018, 18223 Rdnr. 61.

macht der Eltern bleibt gewahrt. Sie können z. B. verhindern, dass ihr Kind in eine andere Wohnung zieht oder durch die selbständige Ausübung seiner Rechte soziale Konflikte mit Dritten heraufbeschwört, die den Eltern unangenehm sind. Gewiss wird man in manchen Fällen die Befugnis zur Abgabe von Folgeerklärungen noch auf die ursprüngliche elterliche Einwilligung zurückführen können[540], aber das bleibt eine unsichere Option. Schwer nachzuvollziehen ist schließlich auch der Gedanke, dass der Vertragspartner eine Kündigung, einen Widerruf, eine Anfechtung (etc.) jederzeit mit der Begründung als nichtig betrachten kann, sie sei ja nur von einem Minderjährigen erklärt worden. Das läuft auf das Gegenteil von Minderjährigenschutz hinaus, stellt m. a. W. den Vertragspartner eines Minderjährigen besser als den Vertragspartner eines Erwachsenen, auch einen Vertragspartner, der seinen Pflichten nicht genügt hat. Der Minderjährige muss sich stets seinen Eltern offenbaren und sie bitten, in das einseitige Rechtsgeschäft einzuwilligen, auf Verlangen der anderen Seite sogar entweder durch eine an sie adressierte Erklärung oder durch Vorlage einer schriftlich ausformulierten Einwilligung (§ 111 Satz 2 dt. BGB).

VI. Die Rechtsfolgen fehlender Geschäftsfähigkeit

Die Frage, wie sich der jeweilige Fähigkeitsmangel auf den Bestand eines Rechtsgeschäfts auswirkt, das der Betroffene *ultra vires* getätigt hat, betrifft aber natürlich vor allem das Schicksal der mit Minderjährigen und fähigkeitsbeschränkten Erwachsenen getroffenen **Vereinbarungen.** Es ist offenbar auch fähigkeitsrechtlich etwas Anderes, ob der Regelverstoß die absolute Nichtigkeit der jeweiligen Erklärung nach sich zieht (und damit der korrespondierenden Vereinbarung den Charakter eines Vertrages nimmt), oder ob die Erklärung noch durch die Eltern, den Betreuer, den inzwischen volljährig gewordenen Minderjährigen oder den wieder zu selbständiger Willensbildung befähigten Erwachsenen bestätigt werden kann. Denn im zweiten Fall ist die ursprüngliche Erklärung nur „schwebend unwirksam"; sie behält im Zusammenwirken mit der Zustimmung des Vertragspartners zumindest das Potential, *ohne neuerliches Verhandeln* einen wirksamen Vertrag zustande zu bringen. Noch stärkere Rückwirkungen auf die Intensität der jeweiligen Fähigkeitsbeschränkung hat jedoch der Disput darüber, *wer* sich auf den Mangel berufen darf. Wenn nämlich der entsprechende Vertrag allein auf das Betreiben des Unfähigen (bzw. seines Vertreters), aber nicht auf das Betreiben des Vertragspartners aus der Welt geschafft (annulliert, angefochten) werden kann, dann ist ein solcher Vertrag „schwebend wirksam". Der Betroffene ist m. a. W. sehr wohl befähigt, wirksame Verträge abzuschließen; es steht nur in seinem bzw. seines Vertreters Belieben, sich dieser Bindung wieder zu entziehen. Die vertragsrechtliche Rechtsstellung eines solchen Betroffenen ist also signifikant stärker als die eines Menschen, der sich mit der Rechtsfolge absoluter Nichtigkeit konfrontiert sieht. Unter einem solchen Nichtigkeitsregime ergibt sich die Rechtsfolge einer Fähigkeitsbeschränkung unmittelbar aus dem Gesetz; unter einem Stornierungsregime kommt es auf die Entscheidung des Betroffenen oder seines Vertreters an, bei Widerspruch des Vertragspartners gelegentlich auch noch darauf, dass ein Gericht die Stornierung bestätigt.

1. Nichtigkeit

Am schärfsten wird eine Fähigkeitsüberschreitung sanktioniert, wenn sie *ipso jure* und ohne weiteres Dazutun die Nichtigkeit der fraglichen Erklärung bewirkt. „Nichtigkeit" (Unwirksamkeit[541]; *voidness*[542]) ist allerdings wieder ein Begriff, über dessen Inhalt und Ver-

---

[540] *Spickhoff* a. a. O. § 111 Rdnr. 4.
[541] Z. B. § 865(3) und (4) österr. ABGB („zur Gänze unwirksam").
[542] Chitty (-*Whittaker*), On Contracts[32], S. 96–97 (1–108 bis 1–110) legt dar, dass *void contracts* zwar im Grundsatz keinen rechtlichen Effekt haben, so dass gelieferte Ware nach den Regeln des *law of tort* (!) und

§ 5   § 5: Selbstbestimmter Zugang zu den Gestaltungsformen des Privatrechts

wendung sich die europäischen Rechtsordnungen nicht einig sind.[543] Wir verwenden ihn hier i. S. v. **absoluter Nichtigkeit.** Das entspricht der Bedeutung, die ihm Art. 180 gr. ZGB gibt. Danach gilt ein „nichtiges Rechtsgeschäft … als nie geschehen". Dementsprechend halten wir auch eine Erklärung für (absolut) „nichtig", wenn und weil sie so angesehen wird, als wäre sie nie abgegeben worden.[544] Wo das der Fall ist, da gibt es keinen

---

gezahltes Geld nach den Regeln des Rechts der *restitution* zurückverlangt werden könne. Tatsächlich hätten aber eine Reihe von *void contracts* sehr wohl einige bedeutsame Rechtsfolgen (wie z. B. den Übergang des Eigentums an einen Erwerber, der hinsichtlich der *illegality* gutgläubig war). *Voidness* und absolute Nichtigkeit sind also keineswegs stets dasselbe. Die *voidness* eines Vertrages, den jemand in extremer Trunkenheit geschlossen hat, hindert ihn auch nicht daran, ihn zu ratifizieren, wenn er wieder nüchtern ist (oben Fn. 105). Den *void contracts* stehen gleichwohl auch im Common Law die *voidable contracts* gegenüber. „A voidable contract is one where one or more of its parties have the power, by a manifestation of election to do so, to avoid the legal relations created by the contract; or by affirmation of the contract to extinguish the power of avoidance. In English law, contracts may be voidable, e. g. for … minority, lack of mental capacity, drunkenness… If the contract is wholly executory, the party entitled to void the contract can plead its voidability in an action against him. If it has been wholly or partly executed, he can claim to have it set aside and to be restored to his original position. But until the right of avoidance is exercised, the contract is valid". Manchmal wird aber auch davon gesprochen, dass der Minderjährige may *rescind* or *repudiate* the contract. Eine zusätzliche Komplikation hängt mit dem Begriff der *termination* zusammen, der sich am besten mit „Rücktritt" übersetzen lässt, auch wenn sec. 11(3) Sale of Goods Act statt von *termination* von *treating the contract as repudiated* spricht. *Repudiation* kann, bei Verträgen Minderjähriger, aber auch ein Synonym für *avoidance* sein. Schließlich ist gelegentlich auch davon die Rede, dass ein Vertrag mit einem Minderjährigen gegen ihn *unenforceable* sei, aber *unenforceable* können Verträge auch aus ganz anderen Gründen sein, etwa weil sie eine Formvorschrift oder ein gesetzliches Verbot verletzen. Es herrscht, mit Verlaub, ein ziemliches terminologisches Chaos, das sich aus einer Summe von Einzelfallentscheidungen gebildet hat, die ihrerseits keine Notwendigkeit zu begrifflicher Disziplin sahen.

[543] „Nichtigkeit" wird (mit Ausnahme von Art. 180 gr. ZGB) von den Kodifikationen überraschenderweise nirgendwo definiert. Dass ein Rechtsgeschäft „nichtig" ist, bedeutet nach deutschem Verständnis, dass es die beabsichtigten Rechtswirkungen von Anfang an nicht hervorbringen kann (*Köhler*, BGB Allgemeiner Teil [45], § 15 Rdnr. 2). Das Geschäft ist „vollständig und endgültig gegenüber jedermann rechtlich irrelevant" (Staudinger [-*Klumpp*], BGB (2017), § 105 Rdnr. 3). Dasselbe gilt für Willenserklärungen. Die Nichtigkeit ist „die stärkste Form der Unwirksamkeit" (*Köhler* a. a. O.). Die portugiesische Lehre systematisiert *ineficácia* und *invalidade* uneinheitlich. *Menezes Cordeiro*, Tratado de Direito Civil II[4], S. 919, 921, 945–946 unterscheidet: (i) die Unwirksamkeit im weitesten Sinne (*ineficácia em sentido amplo* bzw. *invalidade*), darunter die Nichtigkeit (*nulidade*), die Annullierbarkeit (*anulabilidade*) und die gemischte Ungültigkeit (*invalidades mistas*), sowie (ii) die Unwirksamkeit im engeren Sinne (*ineficácia em sentido estrito*). Im Kontext der Unwirksamkeit eines Rechtsgeschäfts (*ineficácia do negócio jurídico*) sei die *nulidade* die „erste Figur", die man zu berücksichtigen habe. Art. 125 port. CC sieht allerdings nur die Annullierbarkeit („Anfechtbarkeit") der Handlungen Minderjähriger vor, nicht die Nichtigkeit. Demgemäß ist die Annullierbarkeit Ausdruck des Umstandes, dass der Betroffene das potestative Recht hat, das Rechtsgeschäft „anzufechten". Für Minderjährige sei eine *anulabilidade privilegiada* eingeführt worden, weil sie des größeren Schutzes als ihre Vertragspartner bedürften. Artt. 1300–1314 span. CC handeln von der *nulidad de los contratos*. Die Unterscheidung zwischen der *nulidad de pleno derecho* und der *anulabilidad* ist von der Lehre entwickelt worden, die sie im Rahmen der *ineficacia contratual* erörtert. Anknüpfungspunkt ist Art. 1300 CC, wo von Verträgen die Rede ist, „die annulliert werden können" [„*contratos que … pueden ser anulados*"]. Art. 6 (3) span. CC betrifft demgegenüber Handlungen, „die mit allen Rechtsfolgen nichtig sind" [„*actos … nulos de pleno derecho*"] (näher *Díez-Picazo*, Fundamentos del Derecho civil patrimonial I[6], S. 577, 592). Zu Frankreich siehe unten Fn. 547.

[544] Das tschech. Recht unterscheidet nicht nur zwischen der absoluten und der relativen Unwirksamkeit (oder Ungültigkeit) (*absolutní a relativní neplatnost*). Beispiele für eine relative Ungültigkeit sind u. a. Irrtumssituationen, die zur Anfechtung berechtigen. Das tschechische Recht kennt aber auch noch das Konzept der Nichtigkeit (*nicotnost*). Ein absolut unwirksames Rechtsgeschäft existiere als Rechtsgeschäft; die Rechtsordnung verbiete aber, daran Rechtsfolgen zu knüpfen. Ein nichtiges Rechtsgeschäft sei dagegen nicht existent. Das Hauptbeispiel für ein (nicht absolut ungültiges, sondern) nichtiges Geschäft ist in dieser Perspektive das Scheingeschäft. Es trage sich „außerhalb des Rechts" zu (*Eliáš et al.*, Nový občanský zákoník s aktualizovanou důvodovou zprávou a rejstříkem, S. 251). Kompliziert ist die Terminologie auch in Polen. Während das ZGB nur von „Nichtigkeit" (*nieważność*) spricht, hat sich in der Lehre der Begriff der „absoluten Nichtigkeit" eines Rechtsgeschäfts eingebürgert (Radwański [-*Gutowski und Radwański*], System Prawa Prywatnego II[3], S. 544 Rdnr. 3–6). Ein nichtiges Rechtsgeschäft erzeugt keiner der von den Parteien beabsichtigten Wirkungen. Die Nichtigkeit ist endgültig; sie kann nicht geheilt werden. Im Rahmen der „Unwirksamkeit" von Rechtsgeschäften dagegen werden die „relative", die „schwebende" (oder „suspendierte") und die Unwirksamkeit *sensu stricto* unterschieden. Die relative Unwirksamkeit ist die Folge von Vorschriften, die den Gläubiger davor schützen, dass der Schuldner seine

VI. Die Rechtsfolgen fehlender Geschäftsfähigkeit § 5

durch Angebot oder Annahme zustande gebrachten Vertrag und ohne ihn auch keinen Rechtsgrund für einen möglicherweise bereits vollzogenen Leistungsaustausch. Niemand, weder der (ehedem) Unfähige, noch sein gesetzlicher Vertreter, noch das Gericht kann den Mangel heilen; niemand, weder der Unfähige noch sein Vertragspartner, erwirbt aus der Vereinbarung irgendwelche Rechte, und es obliegen auch keiner Seite vertragsbasierte Pflichten. Ein Mensch, dessen Erklärungen nichtig sind, hat keinen Zugang zum Vertragsrecht; seine Willensäußerungen prallen gewissermaßen schon an dessen äußerer Hülle ab. Es gibt keine Vertragspartner und auch keine Verpflichtung, deren Erfüllung ein Dritter akzessorisch sichern könnte, z. B. durch eine Bürgschaft.[545] Nichtigkeit in diesem Sinne ist gleichbedeutend mit absoluter Unwirksamkeit. Der Rechtsordnung geht es dann nicht allein um den Schutz einer schwächeren Partei. Die Angelegenheit erscheint vielmehr so wichtig, dass sie auch an die öffentliche Ordnung rührt.[546] Das Problem ist nur, dass sich die einzelnen Rechtsordnungen keineswegs darin einig sind, was allein dem Schwächerenschutz dient und was bereits eine gesamtgesellschaftliche Dimension hat.[547]

Soweit es um **Minderjährige** geht, werden ihre Willenserklärungen mancherorts bis zum Erreichen eines gesetzlich fixierten Mindestalters als ausnahmslos (absolut) nichtig eingestuft. „Geschäftsunfähigkeit" bedeutet in diesen Jurisdiktionen, dass der Betroffene überhaupt nichts vertragsrechtlich Relevantes erklären *kann,* mag er, je nach seinen individuellen Verstandeskräften, rein tatsächlich auch schon in der Lage sein, einen selbstbestimmten Entschluss zu fassen und zu artikulieren.[548] So verhält es sich auch unter §§ 104 Nr. 1, 105(1) dt. BGB, wonach die „Willenserklärung" eines Kindes, das das siebente Lebensjahr noch nicht vollendet hat, „nichtig" ist.[549] Unter § 865(4) Satz 1 österr. ABGB

373

Leistungsunfähigkeit herbeiführt. Schwebende Unwirksamkeit ist die Sanktion dafür, die erforderliche Zustimmung eines Dritten nicht eingeholt zu haben (wie im Fall des Art. 18 § 1 poln. ZGB). Unwirksamkeit *sensu stricto* ist die Sanktion für verbotswidrige Rechtsgeschäfte, wenn sie nicht mit Nichtigkeit belegt ist (*Gutowski und Radwański* a. a. O. Rdnr. 68).

[545] Im deutschen Recht findet sich folglich keine Regel, die sec. 2 Age of Legal Capacity (Scotland) Act entsprechen würde, wonach „[w]here (a) a guarantee is given in respect of an obligation of a party to a contract made after the commencement of this Act, and (b) the obligation is unenforceable against him (or he repudiates the contract) because he was a minor when the contract was made, the guarantee shall not for that reason alone be unenforceable against the guarantor".

[546] In diesem Sinne jedenfalls die griechische Lehre. Die Nichtigkeit eines Geschäfts sei absolut, wenn sie auf Gründen des öffentlichen Interesses oder des *ordre public* beruht (*Triantos,* AK, Art. 180 S. 223 Rdnr. 6). Deshalb werde sie auch von Amts wegen berücksichtigt (Georgiades und Stathopoulos [-*Karases*], AK I, Art. 180 S. 280 Rdnr. 2). Ein absolut nichtiges Rechtsgeschäft entfalte keine Rechtswirkungen; der Rechtsstand verändere sich nicht (Berufungsgericht Athen 4027/1977, Arm. 33 S. 21). Die relative Nichtigkeit diene dagegen nur dem Schutz bestimmter Personen.

[547] Für Frankreich (wo sich in der Kodifikation gleichfalls keine Definition der *nullité* findet) erklärt *Cornu,* Vocabulaire juridique, S. 582, dass es sich bei der *nullité* um die Sanktion eines *acte juridique* (eines Vertrags, Verfahrensakts oder Urteils) handle, der von einem Formfehler oder einem materiellen Fehler betroffen sei. Die Sanktion bestehe in der rückwirkenden Vernichtung *(anéantissement)* der Handlung. *Guinchard und Debard,* Lexique des termes juridiques[18], S. 547 definieren die *nullité,* als die „vom Richter verhängte Sanktion, die in der rückwirkenden Aufhebung des Rechtsakts besteht, der die für seine Entstehung erforderlichen Voraussetzungen nicht erfüllt". Unter Art. 1178 franz. CC ist ein „Vertrag, der die für seine Gültigkeit erforderlichen Voraussetzungen nicht erfüllt, nichtig. Die Nichtigkeit muss vom Richter ausgesprochen werden, es sei denn, die Parteien stellen sie einvernehmlich fest. Es wird davon ausgegangen, dass der für nichtig erklärte Vertrag niemals bestanden hat". Das ändert aber nichts an der Unterscheidung zwischen der *nullité relative* und der *nullité absolue.* Unter Art. 1179 franz. CC ist die Nichtigkeit absolut, wenn die verletzte Vorschrift den Zweck hat, das Allgemeininteresse zu schützen. Sie ist relativ, wenn die verletzte Vorschrift ausschließlich die Wahrung eines privaten Interesses bezweckt. Die Erklärung der absoluten Nichtigkeit kann von jedermann, der daran ein rechtliches Interesse hat, und von der Staatsanwaltschaft beantragt werden; eine Heilung durch Bestätigung ist ausgeschlossen (Art. 1180 a. a. O.). Die relative Nichtigkeit kann nur von der Partei beantragt werden, die das Gesetz schützen will. Sie kann das Geschäft bestätigen und es dadurch heilen (Art. 1181 a. a. O.). Rechtsgeschäfte unfähiger Minderjähriger gehören in die zweite Kategorie (unten Rdnr. 378).

[548] Zu den Ausnahmen für gebräuchliche und notwendige Geschäfte schon oben Rdnrn. 350–353.

[549] Die Formulierung des Gesetzes wirkt auf den ersten Blick in sich widersprüchlich, weil man der Ansicht sein kann, dass eine „nichtige" Willenserklärung, genau besehen, gar keine „Willenserklärung" ist. *Leenen,* FS Canaris zum 70. Geburtstag I, S. 699, 702 hebt den scheinbaren Widerspruch mit der These auf, dass

ist „rechtsgeschäftliches Handeln von Minderjährigen unter sieben Jahren ... zur Gänze unwirksam". Auch das tschechische Recht reagiert auf ungeheilt gebliebene Geschäftsfähigkeitsmängel eines Minderjährigen mit der Sanktion der absoluten Unwirksamkeit.[550] Unter Art. 130 gr. ZGB ist die Willenserklärung eines Geschäftsunfähigen (dazu gehören alle Kinder bis zur Vollendung des zehnten Lebensjahres) nichtig. Es wird betont, dass es sich um eine absolute und allgemeine Ungültigkeit handele, die jede Willenserklärung betrifft.[551] Die Nichtigkeit erfasse das gesamte Rechtsgeschäft[552], auch die sog. Quasi-Rechtsgeschäfte, wie etwa Mahnungen. Es wird nicht zwischen Geschäften *inter vivos* oder von Todes wegen, zwischen einseitigen und vertraglichen, ausdrücklichen und konkludenten, legalen und illegalen, verpflichtungs- und verfügungsrechtlichen Geschäften unterschieden. Nichtigkeit tritt stets *ex tunc* ein. Sie kann deshalb sowohl von dem Minderjährigen, als auch von seinem gesetzlichen Vertreter, dem Vertragspartner, von Rechtsnachfolgern und von jedem Dritten geltend gemacht werden, der daran ein rechtliches Interesse hat. Die Nichtigkeit ist endgültig; sie kann nicht geheilt werden. Das Geschäft bleibt auch dann gänzlich unwirksam, wenn der Unfähigkeitsgrund nicht mehr fortbesteht.[553] Der Minderjährige kann es mit Erreichen der Volljährigkeit nicht genehmigen; er muss es dann ggf. neu verhandeln. Von dieser Grundregel gibt es nur wenige Ausnahmen[554], darunter der Fall, dass ein mangels elterlicher Zustimmung ungültiger Arbeitsvertrag (Art. 136 gr. ZGB[555]) von dem Minderjährigen nach Erreichen der Volljährigkeit fortgesetzt wird.[556]

374 Absolut nichtig (absolut „unwirksam") sind unter deutschem, griechischem, österreichischem und tschechischem Recht auch die Verträge, die ein Minderjähriger ab Erreichen der sog. beschränkten Geschäftsfähigkeit schließt und denen sein gesetzlicher Vertreter die Zustimmung verweigert.[557] Absolut nichtig sind hier ferner die Verträge von **Erwachsenen,** die keinen freien Willen bilden können[558], sofern nicht der Vertrag ein Geschäft des täglichen Lebens betrifft, das bereits erfüllt wurde und das Vermögen des Geschäftsunfä-

---

auch eine wirkungslose Willenserklärung noch eine Willenserklärung sei. Das Gesetz erkenne in § 105(1) dt. BGB an, dass Geschäftsunfähige Willenserklärungen abgeben könnten, nehme diesen Erklärungen „aber die rechtliche Wirkung, auf die sie zielen" (S. 707; zustimmen Staudinger [-*Klumpp*], BGB (2017), § 105 Rdnr. 3). Wo eine Willenserklärung nichtig sei, liege kein „Rechtsgeschäft" vor. Eine nichtige Willenserklärung sei eine Willenserklärung, ein nichtiges Rechtsgeschäft sei ein Rechtsgeschäft, aber eine nichtige Willenserklärung könne kein Rechtsgeschäft hervorbringen. Das ist nicht einfach zu verstehen.

[550] Diese Form der Unwirksamkeit (oder Ungültigkeit) tritt *ex lege* ein und ist von Amts wegen zu berücksichtigen (§ 588 tschech. BGB). Sie betrifft alle Rechtsgeschäfte, zu denen eine Person nicht fähig ist (§ 581 tschech. BGB).

[551] *Triantos,* AK, Art. 130 S. 162 Rdnr. 1; Georgiades und Stathopoulos (-*Karases*), AK, Art. 130 Rdnr. 2.

[552] *Karases* a. a. O.; *Bathrkokoiles,* AK, Art. 130 Rdnrn. 2–3; *Spyridakes,* E dikaiopraktike (an-)ikanoteta, S. 75 und viele mehr.

[553] *Bathrkokoiles* a. a. O.

[554] Im griechischen Schrifttum (a. a. O.) wird insoweit gern darauf hingewiesen, dass ein Minderjähriger ein durch nichtiges Rechtsgeschäft gekauftes Grundstück immer noch im Wege der ordentlichen Ersitzung (Art. 1041 gr. ZGB) und, nach Eintritt der Volljährigkeit, im Wege der außerordentlichen Ersitzung (Art. 1045 gr. ZGB) erwerben kann (Areopag 486/1996, EllDne [1997] S. 138; Areopag 7/2004, EllDne [2004] S. 705; Berufungsgericht Larissa 236/2001, Dik. [2001] S. 418). Technisch gesprochen geht es hier aber natürlich um einen gesetzlichen Erwerb, nicht um die Heilung eines nichtigen Rechtsgeschäfts.

[555] Dazu schon oben Rdnr. 364.

[556] Der Fall wird dann (ein wenig überraschend) so angesehen, als habe der Minderjährige auf sein Recht verzichtet, sich auf die Nichtigkeit zu berufen (Berufungsgericht Patras 1157/1990, Achn [1991] S. 538).

[557] Siehe z. B. für Griechenland *Triantos,* AK, Art. 133 gr. ZGB S. 167 Rdnr. 3; zu § 865(4) und (5) österr. ABGB Schwimann und Neumayr (-*Kolmasch*), ABGB-Taschenkommentar[4], § 865 Rdnr. 9 („Das vom beschränkt Geschäftsfähigen abgeschlossene Rechtsgeschäft ist daher zunächst [...] schwebend unwirksam [...]. Die Parteien sind bis zur Beendigung des Schwebezustandes durch ... Versagung der Genehmigung ... gebunden"); § 32(1), 581 tschech. BGB.

[558] §§ 104 Nr. 2 dt. BGB; Art. 130 gr. ZGB; § 865(3) österr. ABGB (freilich nur, wenn kein Vorsorgebevollmächtigter oder Erwachsenenvertreter bestellt ist; ist das der Fall, ist das Geschäft schwebend unwirksam; außerdem können volljährige Personen, die der Entscheidungsfähigkeit entbehren, unter § 865(3) ABGB ein bloß zu ihrem Vorteil gemachtes Versprechen annehmen); § 581 Satz 2 tschech. BGB („absolute Unwirksamkeit": Lavický et. al [-*Dobrovolná*], Občanský zákoník I, S. 2094).

VI. Die Rechtsfolgen fehlender Geschäftsfähigkeit § 5

higen nicht signifikant gefährdet.[559] Wo es die Entmündigung noch gibt, sind gelegentlich auch die Verträge entmündigter Erwachsener absolut nichtig.[560] Die Verträge, die ein betreuter Erwachsener ohne die erforderliche Einwilligung seines Betreuers abschließt, sind dagegen i. d. R. nicht mit der scharfen Sanktion absoluter Nichtigkeit belegt; anders ist das nur bei der die Geschäftsfähigkeit völlig beschränkenden Betreuung griechischen Rechts (Artt. 128 Nr. 2, 130 gr. ZGB), die aber gerade deshalb und unbeschadet ihres Namens wesentliche Züge einer Entmündigung trägt.[561] Wenn der Vertrag einer durch eine Betreuungsmaßnahme unterstützten Person nicht ohnehin schon deshalb wirksam ist, weil es sich um eine Betreuung ohne Genehmigungsvorbehalt handelt, weil es sich um ein Alltagsgeschäft handelt oder weil der Vertrag den Betreuten nicht benachteiligt[562], kann der Betreuer den Vertrag typischerweise noch nachträglich genehmigen.[563] Der Vertrag ist nur schwebend unwirksam; erst die Verweigerung der Genehmigung bewirkt die absolute Nichtigkeit.

Unter den Rechtsordnungen, die Geschäftsfähigkeitsmängel mit der Rechtsfolge der absoluten Nichtigkeit belegen, werden erbrachte Leistungen über das allgemeine Recht der **ungerechtfertigten Bereicherung** rückabgewickelt. Die Rückabwicklung ist also weder (wie in Schweden[564]) Gegenstand besonderer vertragsrechtlicher Gesetzgebung noch (wie

375

---

[559] Oben Rdnr. 268.
[560] Art. 5(3) bulgar. Gesetz über die Person und die Familie und Art. 14 § 1 poln. ZGB. Unter Art. 427(2) ital. CC, Artt. 164, 172 rumän. CC und §§ 2:21, 2:22 und 2:24 ungar. ZGB verbleibt es dagegen bei der Nichtigerklärung bzw. Annullierung auf Antrag des Vormunds, in Italien auch auf Antrag des voll Entmündigten oder seiner Rechtsnachfolger. Alltägliche Geschäfte über Angelegenheiten von geringem Wert sind wirksam (Art. 172(3) rumän. CC). Das dänische und finnische Entmündigungsrecht weisen ohnehin bereits deutliche Züge eines Betreuungsrechts auf. Denn die Entmündigung ist zwar mit der Bestellung eines Vormunds (værger) bzw. eines „Interessenbeaufsichtigers" (edunvalvoja) verbunden. Die Rechtshandlungen, die der Entmündigte ohne die erforderliche Zustimmung des Betreuers vornimmt, gelten jedoch nur als schwebend unwirksam (Kap. 7 § 44 dän. Værgemålsloven; Kap. 4 §§ 26 und 27 finn. Laki holhoustoimesta). Siehe auch noch Rdnr. 376.
[561] Oben Rdnr. 329. Die subsidiäre (unterstützende) rechtliche Betreuung setzt dagegen auf das Prinzip des Co-Konsenses. Es bedarf zwar der vorherigen schriftlichen Zustimmung des Betreuers, doch kann der Betreute im Verweigerungsfall eine gerichtliche Entscheidung zu seinen Gunsten beantragen (Art. 1676 (2) gr. ZGB).
[562] Was eine „Benachteiligung" ist, kann wieder im Sinne einer rechtlichen oder einer wirtschaftlichen Benachteiligung verstanden werden (dazu schon oben Rdnr. 356). Auf den rechtlichen Nachteil stellt § 1903(3) Satz 1 (§ 1825(3) Satz 1 n.F.) dt. BGB ab. Allerdings macht Satz 2 eine Gegenausnahme für „geringfügige Angelegenheiten des täglichen Lebens". Unter §§ 242(2), 865(3) österr. ABGB ist rechtsgeschäftliches Handeln von nicht geschäftsfähigen Volljährigen „zur Gänze unwirksam, es sei denn, sie haben für das betreffende Rechtsgeschäft eine vertretungsbefugten Vorsorgebevollmächtigten oder Erwachsenenvertreter. In diesem Fall ist das rechtsgeschäftliche Handeln mit Genehmigung des Vertreters und gegebenenfalls auch des Gerichts wirksam". § 65(1) tschech. BGB formuliert differenzierter: „Handelte der Betreute allein, obwohl er nicht ohne Betreuer handeln konnte, so kann sein Rechtsgeschäft nur dann für unwirksam erklärt werden, wenn es ihn benachteiligt. Genügt jedoch zur Abhilfe nur eine Änderung des Umfangs der Pflichten des Betreuten, so tut dies das Gericht, ohne an Anträge der Parteien gebunden zu sein". Näher dazu Švestka/Dvořák/Fiala (-*Svoboda*), Občanský zákoník I, S. 255. Unter dem Regime der *nullité relative* des französischen Rechts kommt es gleichfalls auf die wirtschaftliche Benachteiligung, die *lésion*, an (unten Fn. 576).
[563] §§ 1903(1) Satz 2 dt. BGB (§ 1825(1) Satz 3 n.F.); § 11(1) estn. ZGB AT (unter § 11(4) und (5) a. a. O. kann die andere Partei den Betreuer zur Genehmigung innerhalb von zwei Wochen auffordern; bleibt die Genehmigung aus, ist der Vertrag absolut nichtig); § 865(3) österr. ABGB (vorige Fn.); § 65(2) tschech. BGB. Unter Art. 1683(3) gr. ZGB ist ein ohne Zustimmung des gerichtlichen Betreuers getätigtes Rechtsgeschäft zwar nichtig, doch kann diese Nichtigkeit nur vom Betreuer, vom Betreuten und seinen Rechtsnachfolgern geltend gemacht werden.
[564] Unter dem Lag om verkan av avtal, som slutits under påverkan av en psykisk störning, dem schwed. Gesetz über die Wirkung der unter dem Einfluss einer Störung geschlossenen Verträge, muss jeder zurückgeben, was er erhalten hat, oder, falls dies nicht möglich ist, eine Entschädigung für den Wert leisten. Der Unfähige ist jedoch nicht verpflichtet, mehr zu zahlen als das, was er erhalten hat, für seinen angemessenen Unterhalt ausgegeben wurde oder ihm auf andere Weise zugute kam. Der gutgläubige Vertragspartner hat einen Entschädigungsanspruch für erlittenen Verlust. Unter § 31 Lag om handlingar på förmögenhetsrättens område, dem schwed. Vertragsgesetz, sind Verträge ungültig, die in Ausnutzung des Unverstandes (etc.) eines Anderen geschlossen wurden und bei denen Leistung und Gegenleistung in keinem angemessenen Verhältnis stehen. Dasselbe gilt unter § 33 a. a. O. für Verträge, auf die sich der Anspruchsteller

in den romanischen Rechtsordnungen im Kontext der *nullité relative*) integraler Bestandteil des jeweiligen Annullierungsregimes[565], noch (wie im Common Law der *void contracts*) Gegenstand teils des Delikts- und teils des Restitutionsrechts.[566] Gleichwohl kommt auch das allgemeine Bereicherungsrecht nicht ohne Anpassungen an die besondere Konstellation des Leistungsaustausches mit Unfähigen, insbesondere mit Minderjährigen, aus. Unter § 812(1) Satz 1 Var. 1 dt. BGB sind Leistungen, die im Rahmen eines nichtigen Vertrags ausgetauscht wurden, zurückzugewähren. Der Leistungsempfänger kann sich zwar darauf berufen, nicht mehr bereichert zu sein (§ 818(3) a. a. O.; sog. Wegfall der Bereicherung), doch gilt das nur, wenn er hinsichtlich des Mangels des rechtlichen Grundes gutgläubig war und solange blieb, wie sich der Gegenstand noch in seinem Vermögen befand (§§ 818(4), 819 a. a. O.). Davon wird im Rahmen der Leistungskondiktion eine Ausnahme gemacht: Es soll nicht auf die Kenntnis des Minderjährigen, sondern auf die Kenntnis seines gesetzlichen Vertreters ankommen.[567] Eine zweite Sondersituation betrifft den Fall, dass der Minderjährige das, was er erlangt hat, nicht mehr besitzt, weil es verlorengegangen ist oder zerstört wurde. Der Minderjährige soll dann seine Leistung (die Zahlung) trotz des Umstandes zurückverlangen können, dass er selbst das von ihm Empfangene nicht mehr zurückgeben kann. Das wird mit dem Gedanken begründet, dass der Minderjährige andernfalls im wirtschaftlichen Ergebnis an dem nichtigen Vertrag „festgehalten" werden würde – und das soll unter deutschem Recht nicht sein.[568]

2. Schwebende Unwirksamkeit

376 Ein Rechtsgeschäft eines Minderjährigen ist schwebend unwirksam, wenn es zwar im Zeitpunkt seiner Entstehung noch keine Rechte oder Pflichten begründet oder sonstige Rechtsfolgen nach sich zieht, aber durch Genehmigung des gesetzlichen Vertreters (und ggf. des Gerichts) in den Rang eines verbindlichen Vertrags hochgestuft werden kann. Der **Vertrag** muss dann nicht neu verhandelt werden; er bleibt **zu** seinen **ursprünglichen Konditionen** erhalten. Zu einer Genehmigung wird es i. d. R. kommen, wenn der Vertrag dem Minderjährigen nach Einschätzung seiner Eltern zum wirtschaftlichen Vorteil gereicht oder ein nicht auf andere Weise zu befriedigendes Bedürfnis erfüllt. Schwebend unwirksam sind unter § 108(1) dt. BGB und unter § 865(4) Satz 2 österr. ABGB Verträge, die Personen zwischen der Vollendung des siebenten und des achtzehnten Lebensjahres schließen.[569] Dieselbe Regel gilt in Griechenland für Minderjährige ab Vollendung des zehnten (Art. 129 gr. ZGB) und in Polen für Minderjährige ab Vollendung des dreizehnten (Art. 18 §§ 1 und 2 poln. ZGB) Lebensjahres.[570] Entsprechende Vorschriften finden sich für Betreute, die einen Vertrag ohne die erforderliche Einwilligung ihres Betreuers schließen.[571] Unter schwedischem Recht ist ein Vertrag schwebend unwirksam, wenn eine

---

nicht berufen kann, ohne bösgläubig und ehrlos zu handeln. Was „Ungültigkeit" *(ogiltighet)* im Näheren bedeutet, definiert das Vertragsgesetz aber nicht. Bei einem einseitigen Versprechen (z. B. einem Angebot) bedeutet Unwirksamkeit i. d. R. das Erlöschen der Gebundenheit. Bei gegenseitigen Vereinbarungen wird jede Seite von ihrer Leistungspflicht frei *(Ramberg und Ramberg*, Allmän avtalsrätt, S. 154–155). Sind Leistungen ganz oder teilweise bereits erbracht worden, „gilt der allgemeine Grundsatz des Vertragsrechts, dass erfüllte Verpflichtungen zurückzugeben sind" (HD 6.5.1963, NJA 1963 S. 195; *Ramberg und Ramberg* a. a. O. S. 155, Fn. 40).

[565] Unten Rdnr. 378.
[566] Vorher Fn. 542.
[567] BGH 7.1.1971, BGHZ 55 S. 128, 136.
[568] BGH 4.5.1994, BGHZ 126 S. 105, 108.
[569] Näher Schwimann und Neumayr (-*Kolmasch*), ABGB-Taschenkommentar[4], § 865 Rdnr. 9.
[570] Man spricht von einem *negotium claudicans* (Gniewek [-*Strugała*], Kodeks cywilny[10], Art. 18 Rdnr. 1). Geschäfte, die der gerichtlichen Genehmigung unterliegen (weil sie nicht mehr im Rahmen einer ordentlichen Verwaltung geschehen), sind, wenn die Genehmigung ausbleibt, auch im Falle der Zustimmung des gesetzlichen Vertreters nichtig (poln. SN, 3.4.2007, II UK 178/06, OSNP 2008 Nr. 9–10, Pos. 141 S. 400 [Pachtvertrag]).
[571] Oben Rdnr. 374 a. E.

VI. Die Rechtsfolgen fehlender Geschäftsfähigkeit **§ 5**

Person unter „Verwalterschaft" *(förvaltarskap,* Kap. 11 § 7 FB) steht und ihre Handlung in den Anwendungsbereich des „Verwaltungsauftrags" *(förvaltaruppdraget)* fällt, vorausgesetzt, die Gegenseite war hinsichtlich des Bestehens der Verwalterschaft gutgläubig. (War sie bösgläubig, bleibt sie einseitig gebunden und muss die Entscheidung des Verwalters abwarten: Kap. 9 § 6, Kap. 11 § 10 FB). Der „Vormund" *(förmyndare)* eines Minderjährigen (das sind i. d. R. seine sorgeberechtigten Eltern: Kap. 10 § 2 FB) kann den Vertrag genehmigen. Der gutgläubige Vertragspartner kann zurücktreten, solange der Vertrag noch nicht erfüllt oder vom Vormund genehmigt worden ist (Kap. 9 § 6 FB). Der Rücktritt ist gleichfalls ausgeschlossen, wenn der Minderjährige vertragsgemäß Dienstleistungen erbracht hat (Kap. 9 § 6 FB). Auf eine ganz ähnliche Rechtslage stößt man in Dänemark und Finnland.[572]

Auch unter § 865(5) österr. ABGB bleibt der andere Vertragspartner an seine Erklärung **377** bis zu der Entscheidung des gesetzlichen Vertreters gebunden. Ihm kann der Vertragspartner dafür aber eine angemessene Frist setzen. Unter § 184(1) dt. BGB wird der Vertrag mit der Genehmigung *ex tunc* wirksam. Mit Erreichen der Volljährigkeit kann der bis dahin Minderjährige den Vertrag selbst genehmigen (§ 108(3) a. a. O.). Obwohl das Gesetz den Schwebezustand zeitlich nicht begrenzt, kommt es dem Vertragspartner (namentlich dem, der bereits geleistet hat) wenigstens dadurch entgegen, dass es ihm ermöglicht, den gesetzlichen Vertreter zu einer Genehmigung aufzufordern, woraufhin sie als verweigert gilt, wenn sie nicht innerhalb von zwei Wochen erteilt wird (§ 108(2) Satz 2 a. a. O.). Die Aufforderung bewirkt auch, dass eine zwischenzeitlich (nur) dem Minderjährigen gegenüber erklärte Genehmigung wieder unwirksam wird.[573] Außerdem kann ein gutgläubiger Vertragspartner seine Erklärung widerrufen (§ 109(1) Satz 1 BGB; ebenso § 11(6) estn. ZGB AT) und sich dadurch von dem Vertrag lösen, sobald er erfährt, es mit einem Minderjährigen zu tun gehabt zu haben oder auf dessen Behauptung hereingefallen zu sein, seine Eltern seien mit dem Geschäft einverstanden gewesen.

3. Schwebende Wirksamkeit: *Nullité relative*

Auf ein davon deutlich abgesetztes System setzt das **französische Recht**. Art. 1147 franz. **378** CC formuliert kurz und bündig: „L'incapacité de contracter est une cause de nullité relative". Darin bringt das Gesetz ein allgemeines Prinzip auf den Punkt, das sowohl für Minderjährige als auch für geschäftsunfähige Erwachsene gilt.[574] Abgesehen von den *actes courants autorisés par la loi ou l'usage* (Art. 1148 a. a. O.[575]), die grundsätzlich jedermann vornehmen kann und die nur bei einer Übervorteilung *(lésion)* aufgehoben *(annulés* bzw. *rescindés)* werden können[576], sind die übrigen Verträge eines Unfähigen von Rechts wegen „nichtig" *(nuls).* Aber damit ist, anders als im deutschen Recht, nur eine **relative Nichtig-**

---

[572] Kap. 7 § 44 dän. Værgemålsloven; Kap. 4 §§ 25–28 finn. Laki holhoustoimesta. Der Minderjährige kann das Geschäft nach Eintritt der Volljährigkeit auch selbst genehmigen (Kap. 4 § 26(2) a. a. O.).
[573] Es tritt also der „an sich" bereits beendete Schwebezustand erneut ein (MünchKomm [-*Spickhoff*], BGB[8], § 108 Rdnr. 29).
[574] Für Erwachsene kommt mit der sog. *période suspecte* („Verdachtszeit") noch eine Besonderheit hinzu. Denn der gerichtlichen Schutzmaßnahme geht notwendig eine Phase der Fragilität des Volljährigen voraus. Das Gesetz erleichtert daher die „Anfechtung" von Handlungen, die eine volljährige Person in dieser Lebensspanne vorgenommen hat. Es erlaubt die *réduction* (Minderung) bzw. die Aufhebung der Wirkung von Rechtshandlungen, der der Volljährige vor seiner Unterschutzstellung vorgenommen hat, sofern seine Schutzbedürftigkeit der anderen Partei bekannt war und die Gefahr besteht, dass sie ausgenutzt haben könnte (*Simler,* J.-Cl. Civil Code, Art. 1145 à 1152, Fasc. 8, Rdnr. 47). Das Gericht entscheidet nach seinem Ermessen (Art. 464(1) und (2) franz. CC). (Ähnliche Regeln finden sich in Artt. 154(3), 257 port. CC.) Die Anordnung einer Schutzmaßnahme hindert das Gericht aber nicht, das Geschäft wegen *insanité d'esprit* und damit wegen des Fehlens eines *consentement* für nichtig zu erklären (Cass. civ. 15.1.2020, D. 2020 S. 805, Anm. *Raoul-Cormeil* und Aufsatz *Leroyer,* RTD civ. 2020 S. 348).
[575] Zu ihnen schon oben Rdnr. 268.
[576] Die Vorschrift des Art. 1149 franz. CC betrifft zwar nur Minderjährige. Art. 1150 franz. CC verweist für Erwachsene aber auf Artt. 435 und 465 a. a. O. und ermöglicht ihnen damit die *rescision pour lésion*. Art. 435 betrifft die *sauvegarde de justice,* Art. 465 die *curatelle*.

keit gemeint, eine *nullité relative:* „La nullité relative ne peut être demandée que par la partie que la loi entend protéger" (Art. 1181 a. a. O.). Die Nichtigkeit kann also nur von der Person geltend gemacht werden, deren Schutz das Gesetz bezweckt, nicht von ihrem Vertragspartner. Minderjährige werden im Annullierungsverfahren von ihren Eltern vertreten; selbst können sie die Vertragsaufhebung nur betreiben, wenn sie inzwischen emanzipiert wurden oder das Volljährigkeitsalter erreicht haben. Während unter deutschem Recht Nichtigkeit *ex lege* und *ipso jure* eintritt, muss die *nullité* unter Art. 1178 franz. CC von einem Gericht ausgesprochen werden. Das ist nur dann nicht nötig, wenn die Parteien die Nichtigkeit einvernehmlich feststellen. Das Gericht agiert keineswegs nur wie ein Notar. Denn es kann die Vertragsaufhebung aus mehreren Gründen verweigern. Obwohl die „einfache" Erklärung des Minderjährigen, bereits volljährig zu sein, kein Aufhebungshindernis ist (Art. 1149(2) a. a. O.), kann das Gericht bei qualifizierten Täuschungshandlungen die Vertragsaufhebung ablehnen oder ihre Folgen für den Vertragspartner begrenzen.[577] Außerdem ist die *annulation pour lésion* ausgeschlossen, wenn die *lésion* die Folge eines unvorhersehbaren Ereignisses ist (Art. 1149(1) a. a. O.). Der Vertragspartner kann den Vertrag nicht stornieren. Denn die *nullité* ist nicht zu seinem Schutz vorgesehen. Er ist aber unter Art. 1151 a. a. O. nicht gehindert, sich gegen eine Annullierung durch den Minderjährigen oder den geschützten Erwachsenen mit dem Argument zu verteidigen, das Geschäft sei für sie „nützlich" *(utile)* gewesen und habe sie nicht übervorteilt, oder es sei von ihnen bestätigt worden, sobald sie ihre volle Fähigkeit erlangt bzw. wiedererlangt hatten. Hat das Aufhebungsverfahren Erfolg, so sind die Beteiligten einander zur Rückerstattung *(restitution)* verpflichtet. Systematisch bewegt man sich nicht (wie in Deutschland) im Recht der ungerechtfertigten Bereicherung, sondern in einem speziellen Rückabwicklungsregime. Unter ihm wird die einem nicht emanzipierten Minderjährigen oder einem geschützten Erwachsenen geschuldete Rückerstattung in dem Umfang des Nutzens reduziert, den die geschützte Person aus der aufgehobenen Rechtshandlung gezogen hat (Art. 1352-4 franz. CC).

379 Unter Art. 1302(2) **span. CC** (n.F.) können „Verträge, die von Minderjährigen geschlossen wurden, von ihren gesetzlichen Vertretern (und, bei Erreichen der Volljährigkeit, von ihnen selbst) annulliert werden. Das gilt aber natürlich nur für die Verträge, die sie nicht ohnehin selbst gültig schließen konnten. Wiederum kann sich nur der Minderjährige, nicht auch sein Vertragspartner des Instruments der Nichtigerklärung bedienen. Entsprechendes gilt bei Verträgen mit Erwachsenen, die unter einer Behinderung leiden und den Vertrag ohne die erforderliche Unterstützung durch einen Anderen geschlossen haben (Art. 1302 (3)(i) a. a. O.). Wie unter französischem Recht bedarf es auch in Spanien eines gerichtlichen Aufhebungsverfahrens.[578] Verträge, die von einem Menschen mit Behinderungen geschlossen wurden, dem Unterstützungsmaßnahmen zur Verfügung gestellt wurden, die seine Geschäftsfähigkeit unangetastet ließen, können von ihm selbst (ggf. mit der von ihm benötigten Unterstützung) annulliert werden, innerhalb der Aufhebungsfrist auch von seinen Erben. Eine Aufhebung kommt aber nur in Betracht, wenn die andere Vertragspartei zum Zeitpunkt des Vertragsschlusses Kenntnis von den Unterstützungsmaßnahmen hatte

---

[577] Siehe schon oben Rdnr. 308; dort auch zu den entsprechenden Regeln des italienischen, des portugiesischen und des spanischen Rechts.
[578] Die *acción de nulidad* (Art. 1301 span. CC) ist die Klage, mit der die Nichtigerklärung *(declaración de nulidad)* zu beantragen ist, u. a. dann, wenn sie Verträge zum Gegenstand hat, die von Minderjährigen oder Menschen mit Behinderungen geschlossen wurden (Art. 1301(3) und (4) span. CC). Mit der *acción de nulidad* (auch *acción de impugnación*) wird ein Urteil angestrebt, das die rückwirkende Ungültigkeit *(invalidez)* und Unwirksamkeit *(ineficacia)* des Vertrags feststellt. Die *anulabilidad* kann nicht von Amts wegen festgestellt werden. Sie bedarf einer Haupt- oder Widerklage; die einredeweise Geltendmachung genügt nicht (was sich *a contrario* aus Art. 408 span. LEC ergibt [Domínguez Luelmo (-*Vila Ribas*), Comentarios al Código Civil, S. 1430, Anm. 1 zu Art. 1301]). Der Unterschied zwischen der *nulidad de pleno derecho* (der absoluten Nichtigkeit) und der *anulabilidad* wird gerade darin gesehen, dass der Vertrag im ersten Fall *ab initio* und *ipso jure* als nichtig anzusehen ist, wohingegen die Annullierung eines gerichtlichen Verfahrens bedarf, mag die Entscheidung im Erfolgsfall auch gleichfalls *ex tunc* wirken (*Pasquau Liaño*, Nulidad y anulabilidad del contrato, S. 175–176).

VI. Die Rechtsfolgen fehlender Geschäftsfähigkeit §5

oder die Situation der Behinderung anderweitig ausgenutzt hat, um sich einen unlauteren Vorteil zu verschaffen. (Art. 1302(3)(ii) a. a. O.). Der minderjährige Vertragspartner ist zur Rückerstattung einer empfangenen Leistung nur insoweit verpflichtet, wie er durch sie bereichert wurde. Dasselbe gilt, wenn der Vertragspartner eines behinderten Erwachsenen wusste, dass für ihn eine Unterstützungsmaßnahme angeordnet war, oder wenn er seine Behinderung ausgenutzt hat (Art. 1304 a. a. O.). Der Rückforderungsanspruch folgt nicht aus dem (subsidiären) Bereicherungsrecht. Die Rückforderung ist wiederum ausgeschlossen, wenn und soweit die erbrachte Leistung dem Minderjährigen bzw. dem unterstützten Erwachsenen nützlich war (Art. 1163 span. CC).

Verträge, die solange gültig sind, wie sie nicht von dem Betroffenen, seinem Vertreter **380** oder auf deren Antrag vom Gericht invalidiert wurden, lassen sich auf die Kurzformel von den „schwebend wirksamen" Verträgen bringen. Neben dem französischen und dem spanischen operieren das englische[579], das portugiesische[580], das italienische und das Recht mehrerer mittelosteuropäischen Staaten mit diesem Konzept.[581] Unter **italienischem Recht** werden einseitige Rechtshandlungen, die im Zustand der *incapacità naturale* von einer nicht entmündigten Person getätigt wurden, nur zur Abwendung eines „schwerwiegenden Schadens" annulliert, der dem Betroffenen infolge seiner Behinderung nicht bewusst war. Bei zweiseitigen Rechtsgeschäften kommt es auf die Bösgläubigkeit der anderen Seite an. Das italienische Recht hat es also im Interesse des Rechtsverkehrs vorgezogen, die Rechtsgeschäfte Unfähiger nicht als inexistent einzustufen. Ohne Schaden und Bösgläubigkeit sei nicht zu erkennen, welche Unannehmlichkeiten dem Unfähigen

---

[579] Oben Fn. 542.

[580] Unter Art 125(1) port. CC können die von einem Minderjährigen vorgenommenen Rechtsgeschäfte auf Antrag eines Elternteils (*Pires de Lima und Antunes Varela*, Código Civil Anotado I⁴, Art. 125 S. 138–139) bzw. des Vormunds oder des Vermögensverwalters innerhalb eines Jahres annulliert werden, es sei denn, der Minderjährige ist inzwischen volljährig oder emanzipiert worden; im letzteren Fall steht das Antragsrecht wiederum auf ein Jahr ab Erreichen der Volljährigkeit dem Minderjährigen selbst zu. Das Antragsrecht besteht ohne Fristbindung, solange der Vertrag noch nicht erfüllt wurde. In diesem Fall kann die Anfechtbarkeit auch als Einrede geltend gemacht werden (Art. 287(1) und (2) port. CC). Der Mangel kann aber auch durch die Bestätigung der Eltern oder des Minderjährigen geheilt werden (Art. 125(2) i. V. m. 288 a. a. O.). Unter Art. 289 port. CC wirkt die Annullierung *ex tunc*. Alle Leistungen sind zurückzuerstatten; ist das in *specie* nicht möglich, ist Wertersatz geschuldet. *Menezes Cordeiro*, Tratado de Direito Civil II⁴, S. 492 betont, dass das portugiesische Recht das verfassungsrechtliche Übermaßverbot weniger strapaziere als das deutsche Nichtigkeitsregime.

[581] Unter Art. 3(2) des bulgarischen Gesetzes über die Person und die Familie sind zwar die Verträge von Personen, die das vierzehnte Lebensjahr noch nicht vollendet haben, absolut nichtig, die Verträge beschränkt geschäftsfähiger Minderjähriger und betreuter Erwachsener aber lediglich anfechtbar (Art. 4(2) a. a. O.; Art. 31 bulgar. GSchVerhV). Letzteres gilt auch für die Verträge, die von einem „faktisch" Geschäftsunfähigen geschlossen werden (Oberster Kassationsgerichtshof 7.2.2012, Handelssache 379/2012, Entscheidung Nr. 81). Die Rechtslage wirkt ein wenig unübersichtlich, weil Geschäftsunfähigkeit unter Art. 27 bulgar. GSchVerhV nur zur Anfechtbarkeit führt, Verträge aber auch mit der Begründung als nichtig eingestuft werden können, dass es mangels einer wirksamen Willenserklärung an einem Konsens fehlte (*Pavlova*, Grajdansko pravo. Obshta chast, S. 553). Dem System der relativen Nichtigkeit folgt auch Art. 1.84 lit. ZGB. Art. 18 poln. ZGB operiert mit einem gemischten System. Die Wirksamkeit eines Vertrages, der von einem beschränkt Geschäftsfähigen ohne die erforderliche Einwilligung des gesetzlichen Vertreters geschlossen wurde, ist von der Bestätigung des Vertrages durch den Vertreter (§ 1) oder den zwischenzeitlich voll geschäftsfähig gewordenen Minderjährigen (§ 2) abhängig. „Die Partei, die den Vertrag mit dem beschränkt Geschäftsfähigen geschlossen hat, kann sich nicht auf fehlende Einwilligung seines gesetzlichen Vertreters berufen. Sie kann den Vertreter jedoch dazu auffordern, den Vertrag innerhalb einer angemessenen Frist zu bestätigen; nach erfolglosem Ablauf der festgesetzten Frist wird sie frei" (§ 3). Unter Art. 41(3) des slowen. Schuldrechtsgesetzbuches sind die ohne Zustimmung des gesetzlichen Vertreters geschlossenen Verträge einer beschränkt geschäftsfähigen Person anfechtbar. Sie bleiben jedoch gültig, wenn sie von ihr nachträglich genehmigt werden (oben Rdnr. 315). Auch im Rahmen des schwed. Lag om verkan av avtal, som slutits under påverkan av en psykisk störning, dem Gesetz über die Wirkung der unter dem Einfluss einer psychischen Störung geschlossenen Verträge, herrscht ein System der relativen Unwirksamkeit, weil die Ungültigkeit (*ogiltighet*) nur von der Person geltend gemacht werden kann, deren Schutz das Gesetz bezweckt (*Ramberg und Ramberg*, Allmän avtalsrätt¹¹, S. 54). Dem System der relativen Nichtigkeit folgt auch § 2:24 ungar. ZGB, und zwar ohne Unterschied, ob es sich um Verträge von Geschäftsunfähigen oder um nicht genehmigte Verträge beschränkt geschäftsfähiger Personen handelt.

417

daraus entstehen könnten, dass seine Handlung als gültig angesehen werde.[582] Absolute Nichtigkeit tritt nur bei besonders schwerwiegenden Vertragsmängeln ein; bei weniger schwerwiegenden Mängeln verbleibt es bei der (gerichtlich festzustellenden und zu erklärenden) Annullierung. Unter Art. 1418 i. V. m. Art. 1325 ital. CC ist ein Vertrag u. a. nichtig, wenn er gegen zwingende Vorschriften verstößt, wenn es an einer Einigung der Parteien, einer *causa,* einem Gegenstand oder an der nötigen Form fehlt. Ein nichtiger Vertrag wird so angesehen, als wäre er nie zustande gekommen. Die Nichtigkeitsklage unterliegt nicht der Verjährung (Art. 1422 a. a. O.). Sie kann von jedermann erhoben werden, der an der Nichtigerklärung ein rechtliches Interesse hat; außerdem kann das Gericht die Nichtigkeit auch von Amts wegen feststellen (Art. 1421 a. a. O.). Ein nichtiges Rechtsgeschäft ist nicht heilbar (Art. 1423 a. a. O.). Als bloßer Annullierungsgrund gilt dagegen (neben Irrtum, Täuschung, Drohung und Gewalt: Art. 1427 a. a. O.) vor allem die Handlungsunfähigkeit einer Partei (Art. 1425 a. a. O.).[583] Auf Vor- oder Nachteil kommt es nicht an.[584] Ein lediglich annullierbarer Vertrag kann mithin die gleichen Wirkungen entfalten wie ein gültiger. Er erlischt nur im Falle einer erfolgreichen Annullierungsklage. Sie kann nur von der betroffenen Partei geltend gemacht werden und unterliegt einer fünfjährigen Verjährungsfrist. Man hat es m. a. W. wiederum mit einer „relativen Nichtigkeit" zu tun. Ein lediglich annullierbarer Vertrag unterliegt zudem der „Bestätigung" (*convalida:* Art. 1444 a. a. O.) und ggf. auch der „Berichtigung" (*rettifica:* Artt. 1430, 1432 a. a. O.). Die vorläufige oder schwebende Wirksamkeit kann mithin durch den Verzicht auf die Aufhebungsklage stabilisiert werden.

---

[582] *Torrente und Schlesinger,* Manuale di diritto privato[24], S. 111; *Bianca,* Diritto civile I, S. 266.
[583] Näher *Gallo,* Il contratto, S. 673 ff.
[584] *Bianca,* Diritto civile I, S. 236.

§ 6: Fremdbestimmung von Kindern und Erwachsenen

Weiteres Schrifttum:
Rodrigo Bercovitz Rodríguez-Cano, Medidas de apoyo a discapacidad de acuerdo con la nueva regulación introducida por la Ley 8/2021. Comentario a la STS de 8 de septiembre, CCJV 118 (2022) 315–326; *Clara Bernard-Xémard*, Cours de droit des personnes et de la famille (4. Aufl. Issy-les-Moulinaux 2018); *Jésica Delgado-Sáez*, The practical application of the new legal framework for disability in Spain, IJVO Jahresheft 2021/22 (Osnabrück 2023) S. 1–15; *Eleana Faletti*, Responsabilità genitoriale: tra rappresentanza del minore e amministrazione dei beni, Pratica famiglia, Le leggi d'Italia, online, WKI Datenbank; *Serge Guinchard und Thierry Debard*, Lexique des termes juridiques (29. Aufl. Paris 2021); *Henryk Haak und Anna Haak-Trzuskawska*, Opieka i kuratela (2. Aufl Warschau 2021); Cristina Guilarte Martín-Calero (Hrsg.), Comentarios a la Ley 8/2021 por la que se reforma la legislación civil y procesal en materia de discapacidad (Cizur Menor 2021); *Constanze Janda*, Grundfragen der Einschränkung der zivilrechtlichen Handlungsfähigkeit. Das Rechtsinstitut der Betreuung im Spiegel der allgemeinen Regeln zu Geschäftsfähigkeit und gesetzlicher Vertretung, FamRZ 2013 S. 16–22; Andreas Jürgens (Hrsg.), Betreuungsrecht. Kommentar (6. Aufl. München 2019); *Gabriela Kropp*, Die Vorsorgevollmacht, FPR 2012 S. 9–13; The Law Commission, The Incapacitated Principal, Report on the reference under section 3(l)(e) of the Law Commissions Act 1965 (LAW COM. No. 122, July 1983); *Gabriele Müller-Engels,* Vorsorgevollmacht und Betreuung – Update und Ausblick, DNotZ 2021 S. 84–102; *Claudio Nedden-Boeger*, Die Vorsorgevollmacht in der betreuungsgerichtlichen Praxis, BtPrax 2019 S. 87–91; *David Noguéro*, Les grandes décisions du droit des personnes et de la famille (2. Aufl. Paris 2013); Gilles Raoul-Cormeil, Muriel Rebourg und Ingrid Maria (Hrsg.), Majeurs protégés: bilan et perspectives. De la loi n° 2007-308 du 5 mars 2007 à la loi n° 2019-222 du 23 mars 2019, et après? (Paris 2020); *Pascale Salvage-Gerest*, J.-Cl. Civil Code, Art. 382 à 386, Fasc. 20: Minorité. Administration légale (Paris 2016); *Jan Stascheit*, Die General- und Vorsorgevollmacht in der notariellen Praxis – Ausgewählte Fragen und Probleme, RNotZ 2020 S. 61–86; *Gösta Walin, Staffan Vängby, Anna Singer, Maarit Jänterä-Jareborg*, Föräldrabalken – En kommentar (Stockholm 2021); *Marina Wellenhofer*, Familienrecht (6. Aufl. München 2021).

I. Überblick

1. Bewahrung der Rechtsfähigkeit

Soweit eine Rechtsordnung einen Menschen nicht, noch nicht oder nicht mehr für befähigt hält, in eigener Person rechtsgeschäftlich verbindliche Erklärungen abzugeben, schließt sie ihn von privatrechtlicher Selbstbestimmung und damit insbesondere auch vom Vertragsleben aus. Das moderne Fähigkeitsrecht kennt zwar Sektoren, die nahezu jedermann, jedenfalls jedem Erwachsenen offen stehen, der wenigstens zur Bildung eines natürlichen Willens in der Lage ist. Aber sie sind so schmal geschnitten, dass sie das Problem nicht aus der Welt schaffen. Bliebe es hierbei, wäre in allen Systemen, die einem der Betroffenen – Erwachsenen wie Kindern – die Geschäftsfähigkeit absprechen, zugleich auch eine Beschränkung der Rechtsfähigkeit zu besorgen. Sie wäre jedenfalls dort unverhältnismäßig, wo sich das Geschäftsfähigkeitsdefizit auf so viele Geschäftsfelder erstreckt, dass ein „Unfähiger" im Wesentlichen nur noch Inhaber *gesetzlich* begründeter Rechte und Pflichten sein kann, darin eingeschlossen Rechte und Pflichten, die er im Wege des Erbrechts erlangt. Dem von einer Fähigkeitsbeschränkung Betroffenen wäre dagegen, solange sie währt und soweit sie reicht, jede Möglichkeit versperrt, Privatrechte (und zwar Privatrechte aller Art) *auf dem Markt* zu erwerben. Das lässt sich vielleicht für *einige* Marktsegmente begründen, aber nicht für alle. Junge Menschen und geistig nicht zureichend leistungsfähige Erwachsene würden innerhalb des Privatrechts zu Menschen zweiter Klasse. Nicht einmal die Regel des englischen Rechts, dass Minderjährige Grund'eigentum' nur *in equity* (aber nicht *at law*) halten dürfen, ist vor diesem Hintergrund gänzlich unproblematisch.[1] Da Rechte auf dem Markt im Normalfall aber nur um den Preis einer Gegenleistung erworben werden können, liegt es nicht nur nahe, einem Anderen Verantwortung für den

381

---
[1] Oben Rdnr. 60.

Unfähigen zu übertragen. Vielmehr wird sie, wenn man sich zu diesem Schritt entschließt, auch die Möglichkeit umfassen müssen, in der Person des Unfähigen **Pflichten** zu begründen, zumindest dann, wenn er über eigenes Vermögen verfügt und die Schulden aus diesem Vermögen beglichen werden können. Die Rechtsordnung kann nicht erwarten, dass Unfähige alles geschenkt bekommen. Hat ein Unfähiger zumindest *de facto* Zugang zum Vertragsleben, weil die Vertragsunwirksamkeit als eine relative konzipiert ist, dann endet die Selbstbestimmung spätestens in dem Moment, in dem eine Fürsorgeperson von ihrem Recht Gebrauch macht, den Vertrag aufzuheben oder seine gerichtliche Annullierung zu betreiben.[2]

2. Erlaubte Fremdbestimmung

382 Die durch die fehlende Möglichkeit, selbst zu handeln, entstehende Fähigkeitslücke wird von der überwiegenden Zahl der europäischen Rechtsordnungen durch Instrumente der erlaubten Fremdbestimmung geschlossen. Selbstbestimmt handelt, wer niemanden sonst benötigt, um seinen Willensäußerungen rechtliche Relevanz beizumessen. Selbstbestimmung durch rechtsgeschäftliches Handeln wiederum setzt mindestens einen freien Willen voraus; bei Minderjährigen genügt oft nicht einmal er. Fremdbestimmt wird demgemäß, wer entweder keinen freien Willen bilden kann oder wessen freier Wille nicht in Privatautonomie mündet. In beiden Fällen kann der Betroffene ein Rechtsgeschäft nicht ohne die Mitwirkung einer Fürsorgeperson tätigen, erfüllen oder sich einer Verbindlichkeit wieder entziehen.

383 Fremdbestimmung ist zwar ein hässliches Wort. Unter der Überschrift „Selbstbestimmung trotz Stellvertretung" schreibt § 241 österr. ABGB ausdrücklich vor, dass ein „Vorsorgebevollmächtigter oder Erwachsenenvertreter danach zu trachten (hat), dass die vertretene Person im Rahmen ihrer Fähigkeiten und Möglichkeiten ihre Lebensverhältnisse nach ihren Wünschen und Vorstellungen gestalten kann, und sie, soweit wie möglich, in die Lage zu versetzen, ihre Angelegenheiten selbst zu besorgen". Die vertretene Person ist über anstehende Entscheidungen in Kenntnis zu setzen.[3] Sie soll sich zu ihnen äußern können. Ihre Wünsche sind zu „berücksichtigen, es sei denn, ihr Wohl wäre hierdurch erheblich gefährdet". Dem stimmt man gern zu. Aber selbst in der Sondersituation eines betreuten Erwachsenen bleibt Fremdbestimmung nicht aus. Das hängt nicht entscheidend mit dem von § 241 a.a.O. besonders in den Blick genommenen Ausnahmefall einer Gefährdung des Wohls des Betroffenen zusammen. Es liegt vielmehr im Wesen des Rechts der Stellvertretung. Das Gesetz räumt das ja selbst ein („trotz Stellvertretung"). Die Rückbindung an den natürlichen Willen des Betroffenen betrifft das Innenverhältnis zwischen Vertreter und Vertretenem. **Im Außenverhältnis** dagegen ist Vertretung immer Fremdbestimmung. Denn ein Vertreter gibt eine eigene Willenserklärung ab. Er überbringt nicht nur den Willensentschluss eines Anderen. Wäre das so, hätte man es mit einem bloßen Boten zu tun, und mit einem Boten wäre dem in seiner Fähigkeit beschränkten Menschen nicht geholfen. Ob er direkt mit einem Vertragspartner kommuniziert oder ihm die Erklärung überbringen lässt, macht keinen Unterschied. Wenn z.B. ein betroffener Volljähriger zwar Präferenzen äußern kann (für ein bestimmtes Stofftier und gegen ein anderes, für Schuhe, aber nicht für ein neues Stofftier), vielleicht sogar die Funktion von Geld als

---

[2] Oben Rdnr. 378.
[3] Das ist bei Kindern nicht grundsätzlich anders. Art. 95 § 4 poln. FVGB z.B. formuliert: „Vor der Entscheidung über wesentliche Angelegenheiten, die die Person des Kindes oder dessen Vermögen betreffen, sollen die Eltern das Kind anhören, sofern seine geistige Entwicklung, Gesundheitszustand und seine Reife dies zulassen, sowie nach Möglichkeit seine vernünftigen Wünsche berücksichtigen". Ganz ähnlich Art. 371-1(4) franz. CC („Die Eltern beteiligen das Kind an Entscheidungen, die es betreffen, je nach Alter und Reifegrad des Kindes") und Art. 1511(3) gr. ZGB („Je nach Reife des Kindes sollte vor jeder Entscheidung über die elterliche Sorge seine Meinung eingeholt und berücksichtigt werden, wenn die Entscheidung seine Interessen betrifft"). Siehe dazu insbesondere Areopag 1111/2002, EllDne 2002 S. 1622 und Areopag 561/2003, NoB 2004 S. 23.

I. Überblick

Tauschmittel versteht, aber nicht in der Lage ist, Preise zu deuten (es macht für ihn keinen Unterschied, ob das Stofftier €10 oder €200 kostet, weil er mit dem einer Banknote aufgedruckten Wert keinerlei Emotionen verbindet), muss die Kaufentscheidung entweder einem objektiven Vernünftigkeitstest unterworfen werden *(necessaries, reasonable price)* oder durch einen Betreuer fallen. Im Innenverhältnis zu dem Betreuten lässt sich diese zweite Art, das Problem zu lösen, in der Tat als ein Modus zur Verwirklichung des Selbstbestimmungsrechts des Behinderten deuten. Im Außenverhältnis handelt es sich gleichwohl um einen fremdbestimmten, im Namen des Betroffenen getätigten Kauf. Man könnte vielleicht zwischen Selbst- bzw. Fremdbestimmung „im weiteren" und „im engeren Sinn" unterscheiden. Im engeren Sinn ist jedermann fremdbestimmt, dem es im Außenverhältnis an rechtsgeschäftlicher Autonomie fehlt, im weiteren Sinn jedermann, der auch seiner Betreuungsperson gegenüber keine Präferenzen artikulieren und ihr deshalb auch nicht den Rahmen vorgeben kann, in dem sie ihre Entscheidung pflichtgemäß zu treffen hat. Auch das kommt vor, weil es Menschen gibt, die nicht einmal einen natürlichen Willen bilden können.

Dass es dem Personenrecht um Unterstützung geht, ändert mithin nichts daran, dass es Fremdbestimmung nicht nur erlaubt, sondern entlang von ihm bestimmter Korridore sogar fördert. Kinder und hilfebedürftige Erwachsene sollen ja trotz ihrer Fähigkeitsdefizite Rechte erwerben und von ihnen profitieren können. Wenn und soweit das Personenrecht Fremdbestimmung gestattet, dient sie in seinem Verständnis aber immer einem **Fürsorgezweck.** Es geht nicht darum, Unfähige zu dominieren, sondern darum, sie zur Bewahrung ihrer Rechtsfähigkeit in das Geschäftsleben integrieren zu können. Das gilt auch zugunsten von Kindern. Bei ihnen ist es inzwischen fast noch wichtiger geworden, diesen Ansatz in den Mittelpunkt zu rücken. Denn Familien- und Personenrecht greifen keineswegs notwendig harmonisch ineinander. Sie sind schon deshalb nicht ohne Weiteres kompatibel, weil das Familienrecht immer noch dazu neigt, primär „von den Eltern her" zu denken, das Personenrecht dagegen primär „vom Kind her". Allzu leicht verleitet das Familienrecht Eltern dazu, auf *ihr* Sorgerecht zu pochen und in seinem Windschatten eigene Interessen zu verfolgen.[4] Das Personenrecht dagegen strebt danach, fähigkeitsrechtliche Einschränkungen eines Menschen in *seinem* Interesse zu kompensieren. **384**

Auch wer jemand anderem eine Vollmacht erteilt, lässt Fremdbestimmung zu. Aber eine solche rechtsgeschäftlich organisierte Vertretung hat keinen personenrechtlichen Gehalt. Sie ist ja gerade das Ergebnis einer freien Entscheidung des Vertretenen. Ganz anders liegt es bei der den Eltern eines Minderjährigen *von Gesetzes wegen* zugestandenen Vertretungsmacht. Auf sie hat der Vertretene keinen Einfluss. Das Gesetz gleicht aus, was es (aus welchem Grund auch immer) dem Minderjährigen an anderer Stelle vorenthält, eben die Geschäftsfähigkeit. Ebenso liegt es bei der einem gerichtlich bestellten Betreuer (einem Erwachsenenvertreter, gelegentlich auch heute noch einem Vormund) gesetzlich zugewiesenen Vertretungsmacht, wenn die Betreuung für einen Erwachsenen eingerichtet wurde, der ihr mangels freien Willens nicht widersprechen konnte. War er dagegen zur Bildung eines freien Willens in der Lage, hat er der Betreuung aber deshalb nicht widersprochen, ja sie vielleicht sogar begrüßt, weil er sich bewusst war, seine Angelegenheiten nicht (mehr) selbst besorgen zu können, so hat man einen **Grenzfall** vor sich. Die Vertretungsmacht beruht indes auch hier auf dem Gesetz. Dass dessen Lösung von dem Willen des Betroffenen mitgetragen wird, sollte ihre personenrechtliche Qualifikation nicht hindern. Hybrider **385**

---

[4] Art. 95 § 2 poln. FVGB z. B. hält ausdrücklich fest, dass ein „Kind, das unter der elterlichen Sorge steht, … zum Gehorsam gegenüber den Eltern verpflichtet (ist), und in Angelegenheiten, in denen es selbstständig entscheiden und Willenserklärungen abgeben kann, … es die zu seinem Wohl formulierten Meinungen und Empfehlungen der Eltern anhören" soll. Außerdem ist unter Art. 95 § 3 FVGB „die elterliche Sorge so auszuüben, wie das Wohl des Kindes *und das gesellschaftliche Interesse* es erfordern" (Hervorhebung hinzugefügt). Art 1878(2) port. CC formuliert ein wenig moderner: „Die Kinder schulden den Eltern Gehorsam; diese müssen jedoch dem Reifegrad der Kinder entsprechend bei wichtigen Familienangelegenheiten ihre Meinung in Betracht ziehen und ihnen Eigenständigkeit in der Einrichtung ihres eigenen Lebens zuerkennen".

Natur ist auch die sog. **Vorsorgevollmacht**, die ein Erwachsener einer Vertrauensperson für den Fall erteilt, eines Tages nicht mehr selbst entscheiden zu können.[5] Bei ihr drehen sich nur die Vorzeichen um. Es handelt sich zwar – daher der Name – um eine rechtsgeschäftlich erteilte Vertretungsmacht. Aber sie dient der Überwindung zukünftiger Geschäftsfähigkeitsmängel und ist unter diesem Gesichtspunkt Gegenstand beträchtlicher gesetzgeberischer Aktivität geworden. Für Menschen, die eine Demenzerkrankung oder andere Einschränkungen ihrer Willensbildungsfähigkeit fürchten, stellt die Ausstellung einer Vorsorgevollmacht geradezu den Königsweg dar.

3. Vertretung, Co-Konsens, Handeln im eigenen Namen

386 Fremdbestimmung begegnet in recht unterschiedlichen Formen. Am weitesten verbreitet sind **Vertretungslösungen.** In allen Systemen des Zivilrechts ist die gesetzliche Vertretung das Mittel der Wahl, wenn es darum geht, Minderjährigen einen Marktzugang zu schaffen, den sie sich nicht selbst erschließen können (wohingegen das Common Law Minderjährigen zwar ein größeres Maß selbstbestimmter Gestaltung zugesteht, es dann aber im Wesentlichen auch dabei belässt[6]). Gesetzliche Vertretungsmacht kommt in erster Linie den Eltern, in zweiter Linie dem sie ersetzenden Vormund, in dritter Linie einem gerichtlich bestellten ad-hoc-Vertreter zu. Das Erwachsenenschutzrecht differenziert sich dagegen inzwischen in eine Vielzahl vertretungsrechtlicher Einzelinstrumente aus. Die gesetzliche Vertretungsmacht eines Betreuers ist nur noch ein Beispiel unter mehreren.

387 Die zweite Grundform der Fremdbestimmung besteht darin, die Wirksamkeit der Erklärung eines fähigkeitsbeschränkten Menschen an den **Co-Konsens** einer Fürsorgeperson zu knüpfen. Auch hier kommt es zu Ausdifferenzierungen. Das Erfordernis des Co-Konsenses kann sich je nach den Umständen in der Notwendigkeit erschöpfen, sich mit dem Betreuer zu beraten, so dass sich in einer Konfliktsituation der Wille des Betroffenen am Ende doch durchsetzt. Es kann sich aber, insbesondere bei Anordnung eines Genehmigungsvorbehalts, auch genau umgekehrt verhalten. Dann setzt sich der Wille des Betreuers durch. Das Instrument des Co-Konsenses hat seinen Schwerpunkt im Recht des Erwachsenschutzes. Es begegnet freilich auch bei Kindern und Jugendlichen, und zwar nicht nur im Recht der Einwilligung in Heilbehandlungen[7], sondern auch im Vertragsrecht. An dem Modell des Co-Konsenses sind letztlich alle Regelungen ausgerichtet, die es in das pflichtgemäße Ermessen der Eltern stellen, den von einem Minderjährigen geschlossenen Vertrag zu den *von ihm* vereinbarten Konditionen zu genehmigen oder abzulehnen. Eine Art stillschweigenden Co-Konsens hat man vor sich, wenn Eltern bewusst davon absehen, zur Beseitigung eines von ihrem minderjährigen Kind getätigten Rechtsgeschäfts ein gerichtliches Annullierungsverfahren anzustrengen.[8]

388 Neben Vertretung und Co-Konsens sind auch noch andere Formen der Fremdbestimmung denkbar. Nun geht es um die Frage, ob es Fürsorgepersonen, insbesondere Eltern, sogar gestattet wird, **im eigenen Namen** über Vermögen ihres Schutzbefohlenen zu **verfügen.** Unter Art. 324(1) ital. CC steht „Eltern, welche die elterliche Verantwortung ausüben, ... gemeinsam der Nießbrauch am Vermögen des Kindes bis zu seiner Volljährigkeit oder Mündigkeit zu". Hat das Kind z. B. (durch Erbschaft oder Schenkung) ein Haus erworben, entscheiden die Eltern über die Verwendung der Erträge aus seiner Vermietung. Sie können sich den Mietzins sogar auf ein eigenes Konto einzahlen lassen und über das Guthaben verfügen. Eltern haben gezogene Früchte zwar ausschließlich für den Unterhalt der Familie und die Ausbildung und die Erziehung ihrer Kinder (auch der vermögenslosen Geschwister) zu verwenden (Abs. (2)). Aber das ändert nichts daran, dass auch ein **Legalnießbrauch** ein Nießbrauch mit der Folge ist, dass die Eltern über die gezogenen Früchte

---

[5] Siehe schon oben Rdnrn. 336 und 348.
[6] Unten Rdnr. 391.
[7] Oben Rdnrn. 296–299.
[8] Oben Rdnrn. 378–380.

im eigenen Namen verfügen. Durch die gesetzliche Zwischenschaltung eines subjektiven Sachenrechts wird Kindes- zu Elternvermögen. Der Nießbrauch selbst ist allerdings unveräußerlich (Art. 326 ital. CC); außerdem erstreckt er sich weder auf das Erwerbseinkommen des Kindes noch auf Vermögenswerte, die dem Kind von dritter Seite mit der Maßgabe hinterlassen oder geschenkt wurden, dass den Eltern daran kein Nießbrauch zustehen solle (Art. 324(3) a. a. O.). Auf eine ähnliche Rechtslage trifft man in Belgien, in Frankreich und in Litauen (aber schon seit geraumer Zeit nicht mehr in Polen[9]). Unter Art. 384 belg. CC und Art. 386-1 franz. CC steht den Eltern das Nutzungsrecht, die *jouissance légale*, am Vermögen ihrer Kinder zu. Eltern haben im Rahmen der gesetzlichen Verwaltung des Kindesvermögens das Recht, das Einkommen ihres minderjährigen Kindes bis zur Vollendung des sechzehnten Lebensjahres „zu erhalten und sich anzueignen".[10] Die *jouissance légale* ist mit der *administration légale* verknüpft, die ihrerseits aus der *autorité parentale* abgeleitet wird. Die *jouissance légale* besteht aus einem Legalnießbrauch[11], kommt ihm jedenfalls nahe. Unter belgischem Recht schließt er bei entsprechender gerichtlicher Genehmigung die Befugnis ein, Gegenstände des Kindesvermögens zu veräußern, die nicht zu seinen Früchten (dem Einkommen) gehören.[12] Unter Artt. 3.185 – 3.191 lit. ZGB verwalten Eltern das Vermögen ihrer Kinder sogar generell im Regime des Nießbrauchs, der freilich nicht verpfändet, verkauft oder anderweitig belastet werden darf und nicht der Vollstreckung unterliegt. Das trägt Züge eines Fideikommisses. Aus dem Nießbrauch bleiben eine Reihe von Vermögenswerten ausgenommen, darunter das von dem Kind selbst verdiente, das zu seiner Ausbildung bestimmte oder das ihm mit der Maßgabe geschenkte oder vererbte Vermögen, dass es der elterlichen Verwaltung entzogen sein soll (Art. 3.187 lit. ZGB).

Theoretisch könnte sogar das den meisten Zivilrechten vertraute Recht der Eltern, für das **Vermögen** ihrer Kinder zu sorgen und es zu **verwalten**[13], eine Verfügungsbefugnis im eigenen Namen begründen. Dann ginge es nicht mehr nur um die Früchte des Kindesvermögens, sondern auch um seinen Stamm.[14] Tatsächlich findet eine derart umfassende Verfügungsbefugnis heute aber keine belastbare Unterstützung mehr. Man darf Eltern nicht auch noch davon befreien, sich wenigstens der kritischen Aufmerksamkeit eines Vertragspartners zu stellen. Andernfalls könnten Eltern ihre Kinder sogar „insgeheim", d. h. unter Verletzung des vertretungsrechtlichen Offenkundigkeitsprinzips binden. (Bei Erwachsenen ist für eine solche Extremform von Fremdbestimmung ohnehin kein Raum.) Es gibt aber keinen Grund, warum die Verträge von Minderjährigen das Licht der Öffentlichkeit scheuen müssten; das Gegenteil ist der Fall. Verwaltung bedeutet deshalb im Außenverhältnis Vertretung in vermögensrechtlichen Angelegenheiten. In Polen hält man das augen-

389

---

[9] Polen, das einen solchen Legalnießbrauch früher ebenfalls kannte, hat ihn schon mit Wirkung ab 1.1.1947 abgeschafft. Er erschien dem Gesetzgeber für das Kind als zu ungünstig (Pietrzykowski [-*Gajda*], Kodeks rodzinny i opiekuńczy[6], Art. 101 Rdnr. 1). Gleichwohl haben sich einige Vorschriften, die ihren Ursprung erkennbar in dem älteren Nießbrauchsystem haben, erhalten, z. B. Art. 101 § 2 poln. FVGB (Verwaltung umfasst nicht den Verdienst des Kindes), Art. 102 a. a. O. (Schenkungen und Testamente mit der Maßgabe, dass das Vermögen nicht der elterlichen Verwaltung unterstehen soll) und Art. 103 a. a. O. (der Reingewinn des Kindesvermögens ist vor allem für seinen und der Geschwister Unterhalt und Erziehung zu verwenden).
[10] *Bernard-Xémard*, Cours de droit des personnes et de la famille[4], S. 527 Rdnr. 2173 („Il s'agit du droit pour les parents qui exercent l'administration légale de percevoir et de s'approprier les revenus de leur enfant mineur de moins de 16 ans").
[11] *Bernard-Xémard* a. a. O. S. 528 Rdnr. 2177.
[12] *Leleu*, Droit des personnes et de la famille[4], S. 720 Rdnrn. 751–752.
[13] Z. B. Art. 376 belg. CC; §§ 1626(1), 1642 dt. BGB; Art. 382 franz. CC; Art. 1510(1) gr. ZGB; Art. 320 (1) ital. CC; Artt. 95 § 1, 101 poln. FVGB; Art. 1878(1) port. CC und Art. 154(2) span. CC.
[14] So für Deutschland in der Tat OLG Jena 5.7.1905, OLGE 11 S. 298, 299; Soergel (-*Strätz*), BGB[12] (1987), § 1629 Rdnr. 3 (anders und richtig aber Soergel [-*Löhnig und Preisner*], BGB[13], § 1629 Rdnrn. 20: auch eine Geltendmachung der Rechte, die zum Kindesvermögen gehören, ist nur im Namen des Kindes, nicht im eigenen Namen der Eltern möglich) und selbst noch Erman (-*Döll*), BGB[16] (2020), § 1626 Rdnr. 17 (die Eltern könnten „im eigenen wie im Kindesinteresse über die Gegenstände des Kindesvermögens verfügen, und zwar im eigenen wie im Kindesnamen").

scheinlich für so selbstverständlich, dass die Frage kaum erörtert wird.[15] Unter Art. 376 belg. CC und Art. 382 franz. CC liegt die gesetzliche Verwaltung im Normalfall bei beiden Eltern. Der *administrateur légal représente le mineur dans tous les actes de la vie civile* (Art. 388-1-1 franz. CC). Dass das im Namen des Minderjährigen zu geschehen hat, steht zwar nicht ausdrücklich im Gesetz, unterliegt jedoch keinem Zweifel.[16] In Italien ist das nicht anders.[17] Der Umfang der Verwaltungsbefugnis ist je nachdem verschieden, ob es sich um *actes conservatoires, actes d'administration* oder um *actes de disposition* handelt. Soweit die Letzteren unter Art. 387-1 franz. CC fallen, bedürfen sie der gerichtlichen Genehmigung. Komplett untersagt sind dagegen die in Art. 387-2 a. a. O. aufgelisteten Rechtsgeschäfte, darunter Schenkungen aus dem Kindesvermögen, der Erwerb von Ansprüchen gegen das Kind und der Betrieb eines Gewerbes in seinem Namen. Zuwiderhandlungen sind schadensersatzbewehrt.[18]

390   Auch in Deutschland herrscht über das Ergebnis (das vertretungsrechtliche Offenkundigkeitsprinzip gilt auch für Eltern) inzwischen weithin Einigkeit.[19] „Auch Verfügungen über Gegenstände des Kindesvermögens können die Eltern nur im Namen des Kindes, nicht auch im eigenen Namen wirksam vornehmen".[20] Ihnen ist es zudem verwehrt, ihre eigene Verfügung über die Hintertür einer nachträglich im Namen des Kindes erklärten Genehmigung zu validieren. Das wäre nichts Anderes als ein unerlaubtes In-sich-Geschäft (§ 181 dt. BGB).[21] Ein Vater, der seiner geschiedenen Frau erklärt, von ihr eine Unterhaltspauschale für den bei ihm lebenden Sohn erhalten zu haben, weshalb er keine weiteren Forderungen stellen werde, spricht keinen Unterhaltsverzicht des Sohnes aus. Denn der Vater hat nicht in dessen Namen gehandelt.[22] Bei Bargeschäften des täglichen Lebens kann zwar schon unter dem allgemeinen Vertretungsrecht („Geschäft für den, den es angeht") auf ein Handeln im fremden Namen verzichtet werden, aber das betrifft eben nur den Erwerb von Rechten, nicht auch die Begründung von Schulden. Eltern, die im Hotel mit ihren Kindern einchecken, haften, wenn sie nichts anderes sagen, für die Bezahlung des Kinderzimmers selbst. Das ist bei allen Verträgen so, die sie im eigenen Namen, aber in Wahrnehmung ihrer Personensorge im Interesse und zum Nutzen ihres Kindes schließen und hat nichts damit zu tun, dass bewegliche Gegenstände, die sie mit dessen Mitteln erwerben, im Wege der Surrogation *ex lege* in das Kindesvermögen fallen (§ 1646 dt. BGB). Ob Eltern gegen ihr (vermögendes) Kind einen Aufwendungsersatzanspruch (§ 1648 dt. BGB) haben, hängt im Wesentlichen davon ab, ob die Zuwendung unterhaltsrechtlich geschuldet war oder nicht.[23]

---

[15] Mittelbar Pietrzykowski (-*Gajda*), Kodeks rodzinny i opiekuńczy⁶, Art. 101 Rdnrn. 1, 10 und 15 (Zu der Unterscheidung zwischen Handlungen der ordentlichen Verwaltung und solchen, die darüber hinausgehen. Die Eltern handelten stets im Namen des Kindes, auch in gerichtlichen Verfahren, beim Abschluss eines Vergleichs oder dem Anerkenntnis einer Forderung; das Gericht habe in solchen Fällen beide Elternteile anzuhören). Siehe auch poln. OG 27.9.1976, IV CR 368/76, OSNCP 1977 Nr. 9, Pos. 167.
[16] *Teyssié*, Droit des personnes²⁰, S. 405 Rdnr. 679. Für Belgien, siehe Civ. Gent, Rev. trim. dr. fam. 2012 S. 265 und dazu *Leleu*, Droit des personnes et de la famille⁴, S. 719 Fn. 55 („Les parents qui accomplissent des actes juridiques en leur qualité de représentants légaux de leur enfant mineur ne s'engagent pas en leur nom personnel, de sorte qu'ils n'engagent pas leur responsabilité contractuelle").
[17] *Faletti*, Responsabilità genitoriale: tra rappresentanza del minore e amministrazione dei beni, in: Leggi d'Italia, WKI Datenbank.
[18] *Teyssié* a. a. O. S. 411 Rdnr. 694.
[19] MünchKomm (-*Huber*), BGB⁸, § 1629 Rdnr. 14.
[20] Staudinger (-*Lettmaier*), BGB (2020) § 1626 Rdnr. 194. Ähnlich BeckOGK (-*Amend-Traut*), BGB 1.1.2021, § 1626 Rdnr. 159.
[21] *Lettmaier* a. a. O. Rdnr. 22.
[22] BGH 25.2.1987, NJW-RR 1987 S. 709.
[23] *Lettmaier* a. a. O. § 1629 Rdnr. 21.

II. Kinder

1. Common Law versus Civil Law

Zu den auffälligeren Unterschieden zwischen Common Law und Zivilrecht gehört die **391** Rolle, die sie Eltern bei der Integration von Kindern in das Vertragsgeschehen zuschreiben. In allen Systemen des Zivilrechts gilt es als ausgemacht, dass Eltern kraft ihres Sorgerechts die Befugnis haben, ihre Kinder zu vertreten.[24] Diese gesetzliche Vertretungsmacht betrifft nicht nur Kinder, die (gleich, aus welchem Grunde) als vollkommen geschäftsunfähig angesehen werden, sondern sie betrifft grundsätzlich alle Kinder und Jugendlichen, die das Volljährigkeitsalter noch nicht erreicht haben und nicht emanzipiert worden sind.[25] Das Zivilrecht kompensiert die schwache vertragsrechtliche Rechtsstellung von Kindern und Jugendlichen durch eine starke Rechtsstellung der Eltern (und sieht sich deshalb gezwungen, eine Reihe von Folgeregeln gegen deren Missbrauch zu schaffen). Das Common Law setzt genau umgekehrt an. Kinder und Jugendliche haben unter ihm sehr weitgehende „Marktzutrittsrechte". Die damit verbundenen Risiken fängt das Instrument der *avoidance* von Verträgen wieder auf, die weder *necessaries* betreffen noch (wie Lehr-, Ausbildungs- und Arbeitsverträge) *beneficial* sind. Die meisten Verträge binden den (ehemals) Minderjährigen ohnehin nur, wenn er sie bei Erreichen der Volljährigkeit ausdrücklich ratifiziert.[26] Eltern dagegen ist gerade nicht die Rolle zugedacht, ihren Kindern aus der Verlegenheit zu helfen; im Konzept des Common Law besteht dafür kein Bedürfnis. Eltern haben im Rahmen ihrer *parental responsibility* natürlich für die *needs* ihrer Kinder zu sorgen, müssen aber alle Verträge, die diesem Zweck dienen, im eigenen Namen abschließen. Dem englischen Vertragsrecht geht es vor diesem Hintergrund nicht um die Frage, wann Kinder aus Verträgen haften, die Eltern in ihrem Namen geschlossen haben, sondern um die entgegengesetzte Frage, wann ein Elternteil für die Schulden seines minderjährigen Kindes haftet. Das wiederum ist nur dann der Fall, wenn entweder das Kind in Vertretung der Eltern (und nicht: die Eltern in Vertretung des Kindes) gehandelt hat oder sich Eltern im Interesse ihrer

---

[24] Z. B. Art. 376(1) belg. CC („Lorsque les père et mère exercent conjointement l'autorité sur la personne de l'enfant, ils administrent ensemble ses biens et le représentent ensemble"); Art. 129(1) bulgar. FamGB („Jeder Elternteil darf alleine das minderjährige Kind vertreten und den rechtlichen Handlungen des nichtvolljährigen Kindes in seinem Interesse zustimmen"); § 1629(1) Satz 1 dt. BGB („Die elterliche Sorge umfasst die Vertretung des Kindes"); Art. 382 („L'administration légale appartient aux parents. Si l'autorité parentale est exercée en commun par les deux parents, chacun d'entre eux est administrateur légal") i. V. m. Art. 388-1-1 franz. CC („L'administrateur légal représente le mineur dans tous les actes de la vie civile, sauf les cas dans lesquels la loi ou l'usage autorise les mineurs à agir eux-mêmes"); Art. 320(1) ital. CC („Beide Eltern gemeinsam oder der Elternteil, der die elterliche Verantwortung allein ausübt, vertreten die geborenen und ungeborenen Kinder bis zu ihrer Volljährigkeit oder Mündigkeit bei allen zivilrechtlichen Rechtshandlungen"); Art. 3.157 lit. ZGB (Vertretungsmacht der nicht gerichtlich für unfähig erklärten Eltern; Nachweis der Vertretungsmacht durch Vorlage der Geburtsurkunde des Kindes); Art. 92 i. V. m. Art. 98 § 1 poln. FVGB („Die Eltern sind gesetzliche Vertreter des Kindes, das unter ihrer elterlichen Sorge steht"); Art. 124 port. CC („Die Geschäftsunfähigkeit der Minderjährigen wird durch die elterliche Gewalt und ergänzend durch die Vormundschaft entsprechend des an den jeweiligen Stellen Bestimmten ersetzt"); Art 162 Satz 1 span. CC („Die Eltern, die das Sorgerecht innehaben, vertreten gesetzlich ihre minderjährigen Kinder, mit Ausnahme der aus der elterlichen Sorge entlassenen Kinder") (siehe außerdem Art. 5(3) arag. CDFA: „Die gesetzliche Vertretung [*representación legal*] des Minderjährigen endet bei Vollendung des 14. Lebensjahres; danach wird seine Geschäftsfähigkeit durch den Beistand [*asistencia*] vervollständigt"); Kap. 10 § 2 schwed. FB (der Minderjährige wird von einem Vormund [*förmyndare*], in der Regel die Sorgeberechtigten [*vårdnadshavare*] gemeinsam, vertreten) und § 892(1) tschech. BGB („Die Eltern haben die Pflicht und das Recht, das Kind bei Rechtsgeschäften zu vertreten, zu denen das Kind nicht geschäftsfähig ist)".

[25] Zu Ausnahmen unten Rdnr. 392.

[26] Whittaker a. a. O. S. 860 para. 9–049 unter Hinweis auf *Rowe v Hopwood* (1868–1869) LR. 4 Q. B. 1, 3 (Cockburn CJ); *Proform Sports Management Ltd v Proactive Sports Management Ltd and another* [2006] EWHC 2903 (Ch) at [34] (oben Rdnr. 263 Fn. 119).

Kinder selbst verpflichten[27], nicht zuletzt durch ein Garantieversprechen (eine „Bürgschaft").[28] Eltern haften nicht einmal auf den Preis der von ihren Kindern gekauften *necessaries*.[29] Umgekehrt können Kinder ihren Eltern zwar eine Vollmacht ausstellen, das aber nur im Blick auf die Eingehung und Erfüllung von Verträgen, die Minderjährige auch im eigenen Namen schließen können.[30]

2. Die elterliche Vertretungsmacht

392 Dem steht die kontinentale Vorstellung gegenüber, dass Kinder auch und gerade in Vermögensangelegenheiten (und nicht nur in bestimmten Fragen der Personensorge) gesetzlich durch ihre sorgeberechtigten Eltern vertreten werden. Dieser Ausgangspunkt zieht überall eine beträchtliche Zahl komplizierter Folgeregelungen nach sich. Die Zeiten väterlicher Allmacht *(patria potestas)* sind natürlich längst vorbei.[31] Aber auch die Vertretung durch beide Eltern bedarf der Begründung – und staatlicher Kontrolle. Es gelingt nicht mehr stets glatt, das althergebrachte Recht der elterlichen Sorge mit dem jüngeren, aber tendenziell gegenläufigen Prinzip in der Balance zu halten, dem Wohl des Kindes den Vorrang zu geben. Wir haben das im Recht fehlender abstrakter Geschäftsfähigkeit mehrfach beobachtet.[32] Die elterliche Vertretungsmacht bezieht sich auf alle minderjährigen Kinder, die weder emanzipiert wurden noch im Berufsleben einen wenigstens teilweise vergleichbaren Status erlangt haben, etwa, weil sie selbständig ein Erwerbsgeschäft betreiben oder einer

---

[27] Chitty (-*Whittaker*), Contracts I[33], S. 869 para 9–068. Die grundlegenden Entscheidungen stammen schon aus dem 19. Jahrhundert. In *Fluck v Tollemache* (1823) 1 Car.&P. 5, [1823] 12 WLUK 48, 171 E. R. 1078 bemerkte Burrough, J., dass „an action can only be maintained against a person for clothes supplied to his son, either when he has ordered such clothes, and contracted to pay for them; or when they have been at first furnished without his knowledge, and he has adopted the contract afterwards: such adoption may be inferred from his seeing his son wear the clothes, and not returning them, or making at, or soon after the time, when he knows of their being supplied, some objection. Here the only knowledge that it appeared the defendant had of the transaction, was being asked for the money, he then repudiated the contract altogether. It would be rather too much, that parents should be compellable to pay for goods that any tradesman may, without their knowledge, improvidently trust their sons with". Und in *Mortimore v Wright* (1840) 6 M.&W. 482, [1840] 1 WLUK 44, 151 E. R. 505 formulierte Lord Abinger, C. B. dass „in point of law, a father who gives no authority, and enters into no contract, is no more liable for goods supplied to his son, than a brother, or an uncle, or a mere stranger would be. From the moral obligation a parent is under to provide for his children, a jury are, not unnaturally, disposed to infer against him an admission of a liability in respect of claims upon his son, on grounds which warrant no such inference in point of law… In order to bind a father in point of law for a debt incurred by his son, you must prove that he has contracted to be bound, just in the same manner as you would prove such a contract against any other person; and it would bring the law into great uncertainty, if it were permitted to juries to impose a liability in each particular case, according to their own feelings or prejudices".

[28] Section 2(b) Minors' Contracts Act 1987.

[29] Grundlegend (und ein Zeitdokument in sich) *Shelton v Springett* (1851) 11 C.B. 452, [1851] 6 WLUK 109, 138 E. R. 549, Jervis CJ („It is well settled that a father is not, without some contract express or implied, liable for necessaries supplied to his son") und Maule J („I am of the same opinion. People are very apt to imagine that a son stands in this respect upon the same footing as a wife. But that is not so. If it be asked, is, then, the son to be left to starve, – the answer is, he must apply to the parish, and they will compel the father, if of ability, to pay for his son's support. … But the law does not authorise a son to bind his father by his contracts. … There is nothing in the correspondence from which we can infer an intention on the father's part to confer authority upon the son to contract a liability for him").

[30] The Law Commission, The Incapacitated Principal (LAW COM. No. 122), S. 3 para 2.4 mit Fn. 12 („Minors may create powers to secure the performance of any act which they could validly perform themselves") und *Whittaker* a. a. O. S. 868 para 9–065 („A minor cannot execute a valid power of attorney, but he is bound by a contract made by his agent with his authority, where the circumstances are such that he would have been bound if he had himself made the contract").

[31] Es gibt freilich immer noch Nachklänge. So ist zwar im Jahre 2008 in den Artt. 1877 ff port. CC der *poder paternal* (die elterliche, wörtlich aber väterliche Macht) durch die *responsabilidades parentais* ersetzt worden. In Art. 124 port. CC hat sich der *poder paternal* aber bis auf den heutigen Tag erhalten („a incapacidade dos menores é suprida pelo poder paternal e, subsidiariamente, pela tutela"). Siehe dazu Menezes Cordeiro (-*Menezes Cordeiro*), Código Civil Comentado I, Art. 124 S. 368 Fn. 2.

[32] Oben Rdnrn. 140, 369 und 372.

II. Kinder **§ 6**

Arbeit nachgehen dürfen.[33] Weitere Ausnahmen handeln von Vermögensgegenständen, die Kindern von Dritten durch Schenkung oder Testament unentgeltlich mit der Maßgabe zugewandt wurden, dass sie der elterlichen Verwaltung entzogen bleiben sollen (z. B. Art. 102 poln. FVGB und Art. 1521 gr. ZGB). Unter dem beherrschenden Einfluss seiner Eltern steht in Deutschland dagegen selbst noch ein Minderjähriger, der zwar ein ihm rechtlich vorteilhaftes Geschäft selbst abschließen könnte, sich ihm aber verweigert. Man denke an einen Minderjährigen, dem etwas zum Geschenk angeboten wird, der aber deutlich zum Ausdruck bringt, es abzulehnen (weil er den Schenker, das Geschenk oder beide nicht mag). Unter deutschem Recht können die Eltern das Geschenk gleichwohl für ihr minderjähriges Kind und in seinem Namen annehmen.[34] Man könnte sich ein analoges Szenario auch in Rechtsordnungen vorstellen, die Kindern die Fähigkeit zugestehen, geringwertige Alltagsgegenstände zu kaufen, an ihrem Erwerb derzeit aber gar kein Interesse haben. Der Wortlaut von Art. 388-1-1 frz. CC (Rechtsprechung fehlt) schiebt elterlicher Vertretung hier freilich einen Riegel vor. Denn „l'administrateur légal représente le mineur dans tous les actes de la vie civile, *sauf les cas dans lesquels la loi ou l'usage autorise les mineurs à agir eux-mêmes*". Es kommt nicht zu einer Überlappung von Selbst- und Fremdbestimmung. Diese endet, wo jene beginnt. Ebenso verhält es sich in Schweden, Spanien, Polen und Tschechien.[35]

---

[33] Oben Rdnrn. 361 und 367. Auf den Konflikt zwischen der gesetzlichen Vertretungsmacht der Eltern und der erweiterten Handlungsfähigkeit von im Erwerbsleben stehenden Minderjährigen hat der deutsche Gesetzgeber zwar nicht ausdrücklich reagiert. Im Schrifttum geht man aber überwiegend davon aus, dass die elterliche Vertretungsmacht im Rahmen der §§ 112, 113 dt. BGB ruht, solange die Ermächtigung nicht zurückgenommen wurde (Staudinger [-*Klumpp*], BGB (2017), § 112 Rdnr. 22 und § 113 Rdnr. 25). Art. 1888(1)(d) port. CC stellt ausdrücklich klar, dass „die Eltern nicht die Verwaltung … über das von dem mehr als 16 Jahre alten Kind durch seine Arbeit erworbene Vermögen" haben. Unter Kap. 12 § 1 und Kap. 13 § 1 schwed. FB vertritt der „Vormund" *(förmyndare)* – das sind i. d. R. die Eltern – den Minderjährigen in den Angelegenheiten, die sein Vermögen betreffen. Ausgenommen sind jedoch die Vermögenswerte, über die ein Minderjähriger von Gesetzes wegen selbst verfügen kann. Letzteres betrifft auch die Verwaltung seines Eigentums im Rahmen des selbständigen Betriebs eines Erwerbsgeschäfts (Kap. 12 § 1(2), Kap. 9 § 6 a. a. O.). Eine Gegenausnahme gilt für Verfügungen über Immobiliarvermögen; sie unterliegen zusätzlich der Genehmigung durch die Aufsichtsbehörde *(överförmyndaren)* (Kap. 9 § 6, Kap. 13 § 10 a. a. O.). Auch unter § 33(1) tschech. BGB verdrängt die durch den Minderjährigen gewonnene Geschäftsfähigkeit zur Führung eines Betriebs die elterliche Vertretungsmacht. Art. 388-1-2 franz. CC unterscheidet zwischen den für die Verwaltung des Unternehmens notwendigen *actes d'administration* und den *actes de disposition*. Letztere unterliegen weiterhin der gesetzlichen Vertretungsmacht der Eltern. Art. 164(3) span. CC nimmt aus der elterlichen Verwaltung aus „die vom Kind, das das sechzehnte Lebensjahr vollendet hat, durch seine eigene Arbeit oder sein eigenes Gewerbe erworbene Güter. Die gewöhnlichen Verwaltungshandlungen [*actos de administración ordinaria*] werden vom Kind vorgenommen, das für die darüber hinausgehenden Handlungen das Einverständnis seiner Eltern braucht").

[34] Die Lösung ist unter deutschem Recht ungewöhnlich kompliziert. Sie hängt davon ab, ob die Eltern das Schenkungsangebot der Tante noch annehmen können, obwohl es der Minderjährige bereits abgelehnt hat. Wäre die Ablehnung wirksam, wäre auch das Angebot erloschen (§ 146 dt. BGB) und könnte dann auch von den Eltern nicht mehr angenommen werden. Man nimmt indes an, dass die Ablehnung eines Angebots rechtlich nachteilig ist und es sich bei ihr außerdem um ein einseitiges Rechtsgeschäft handelt. Deshalb können die Eltern das Schenkungsangebot weiterhin im Namen ihres rebellischen Kindes annehmen (MünchKomm [-*Spickhoff*], BGB[9], § 107 Rdnr. 75; Staudinger [-*Klumpp*], BGB (2017) § 107 Rdnr. 37). Art. 320(3) ital. ZGB entscheidet die Situation wesentlich lebensnäher: Eltern können für ihr Kind keine Schenkungen annehmen.

[35] „Der *förmyndare* verwaltet das Vermögen des Minderjährigen und vertritt ihn in Angelegenheiten, die dieses Vermögen betreffen. Dies gilt nicht für Vermögenswerte, über die ein Minderjähriger von Gesetzes wegen verfügen kann" (Kap. 12 § 1(1) und (2) schwed. FB; siehe auch Kap. 13 § 1 schwed. FB). Art. 162 Nr. 1 span. CC nimmt von der elterlichen Vertretungsbefugnis alle die Persönlichkeitsrechte betreffenden Handlungen aus, „die das Kind in Übereinstimmung mit den Gesetzen und entsprechend seiner Reife selbst ausführen kann. Allerdings haben die elterlich Verantwortlichen in diesen Fällen kraft ihrer Sorge- und Beistandspflichten einzugreifen". Unter Art. 22 poln. ZGB „erlangt der beschränkt geschäftsfähige volle Geschäftsfähigkeit" in Bezug auf die ihm von seinem gesetzlichen Vertreter zur freien Verfügung überlassenen Vermögensgegenstände". Ausgenommen sind nur Rechtsgeschäfte, für deren Vornahme die Einwilligung des gesetzlichen Vertreters nach dem Gesetz nicht ausreicht. Unter § 892(1) tschech. BGB haben „die Eltern … die Pflicht und das Recht, das Kind bei Rechtsgeschäften zu vertreten, *zu denen das*

a. Wahrnehmung der Vertretung

393 Die Vertretungsbefugnis wird in den Rechtsordnungen des Zivilrechts durchweg als Bestandteil der elterlichen Sorge gedeutet. Genauer muss man freilich sagen, dass die elterliche Sorge das Innenverhältnis zum Kind und Vertretungsregeln die Beziehungen des Kindes zu Dritten zum Gegenstand haben. Elterliche Sorge und Vertretung mögen sich meistens auf dieselben Tätigkeitsfelder beziehen, aber sie müssen nicht deckungsgleich sein. Besonders deutlich hat das der Blick auf das Common Law gezeigt. In Vermögensangelegenheiten verbindet es mit der elterlichen Sorge keine Vertretungsbefugnis.[36] Das ist im Zivilrecht anders. Die Vertretungsbefugnis ist zwar auch hier nur die **„äußere Seite" des Sorgerechts,** bezieht sich aber nicht nur auf die Person, sondern auch auf das Vermögen des Kindes. Im Folgenden geht es deshalb nur um die Vertretung in Angelegenheiten eben dieser Vermögenssorge. Man spricht von der „elterlichen" Vertretungsmacht, weil das Sorgerecht und die es flankierende Vertretungsbefugnis im Grundsatz den Eltern, und zwar *beiden* Eltern zustehen. „Elterliche Sorge" ist natürlich nur eine Kurzformel, in der das traditionelle Modell eines verheirateten Paares mit minderjährigen Kindern mitschwingt. Wem in welcher Konstellation das Sorgerecht über ein minderjähriges Kind tatsächlich zusteht, entscheidet das Familien-, nicht das Personenrecht. Die Einzelheiten lassen sich an dieser Stelle nicht entfalten. Denn dazu bedürfte es eines kompletten Überblicks über die Rechtsstellung verheirateter wie unverheirateter, verpartnerter, getrenntlebender, geschiedener[37], wiederverheirateter oder ihren Aufgaben derzeit nicht, noch nicht oder nicht mehr gewachsener Eltern, außerdem einer eingehenden Analyse der rechtlichen Voraussetzungen von Vater- und Mutterschaft. Für personenrechtliche Fragestellungen ist nur wichtig zu wissen, wer das Kind vertritt, wenn das Sorgerecht zwei (in Sonderfällen – Stichwort Ersatzmutterschaft[38] – möglicherweise sogar mehreren) Personen zugewiesen ist. Hat man es lediglich mit *einer* zur Vermögenssorge berechtigten Person zu tun, nimmt sie die Vertretungsbefugnis allein wahr. „Lorsque les père et mère n'exercent pas conjointement l'autorité sur la personne de l'enfant, celui d'entre eux qui exerce cette autorité a seul le droit d'administrer les biens de l'enfant et de le représenter, sous réserve des exceptions prévues par la loi" (Art. 376(2) belg. CC). Für **Alleinerziehende** „gelten" m. a. W. „die Vorschriften für Eltern" (Kap. 13 § 1(3) schwed. FB). Das alleinige Sorgerecht steht etwa einer unverheirateten Mutter zu, die sich einer gemeinsamen Sorgeerklärung mit dem Kindsvater verweigert und sich mit dieser Entscheidung durchsetzt, weil das Gericht den Antrag des Vaters, auch ihm das Sorgerecht einzuräumen, im Interesse des Kindeswohls ablehnt (§ 1626a dt. BGB, Kap. 6 §§ 3 und 5 schwed. FB). Der Mutter kann auch dann das alleinige Sorgerecht verbleiben, wenn sie später einen anderen Mann heiratet, es sei denn, das Gericht überträgt auch ihm mit ihrer Zustimmung das Sorgerecht (Art. 1904-A port. CC).

Unter secs. 2 und 4 Children Act 1989 lautet die Grundregel sogar, dass die *parental responsibility* allein bei der Mutter liegt. Der Vater muss zusätzlich zu seiner Vaterschaft noch weitere Voraussetzungen erfüllen, etwa mit der Mutter des Kindes verheiratet sein, mit ihr in einer *civil partnership* leben oder in

---

Kind nicht geschäftsfähig ist" [Hervorhebung hinzugefügt]). Bemerkenswert auch Cass. 14.2.2006, Nr. 3188, De Jure Datenbank (Eltern können kein gerichtliches Geständnis erklären, weil es nicht die Fähigkeit des Vertretenen voraussetzt, über das zugrunde liegende Recht zu verfügen).

[36] Vorher Rdnr. 391. In Angelegenheiten der Personensorge kommt es auf die *Gillick*-Kompetenz des Kindes an.

[37] Unter Art. 3.190(1) lit. ZGB z. B. steht, wenn die Eltern geschieden sind oder getrennt leben, die Vermögensverwaltung und mit ihr das Vertretungsrecht *ex lege* demjenigen Elternteil zu, in dessen Haushalt das Kind lebt. Art. 107 § 1 poln. FVGB macht die gemeinsame Sorge getrenntlebender Eltern von einer schriftlichen Vereinbarung zwischen ihnen abhängig. Art. 1510 gr. ZGB schließt die gemeinschaftliche Sorge in Fällen der Scheidung, der Annullierung einer Ehe und des Getrenntlebens aus; die elterliche Sorge wird von einem Elternteil allein ausgeübt (Artt. 1513, 1514 gr. ZGB).

[38] Oben Rdnr. 80.

II. Kinder **§ 6**

der Geburtsurkunde des Kindes als Vater eingetragen sein. Ähnliches gilt unter sec. 4ZA für den *second female parent* eines Kindes.

Allein vertretungsberechtigt ist ein Elternteil in Vermögensangelegenheiten auch dann, **394** wenn die elterliche Sorge des anderen ruht, etwa, weil er (konkret) geschäftsunfähig ist[39] oder infolge anderer Umstände an der Ausübung der elterlichen Sorge rechtlich oder tatsächlich gehindert ist. Ein noch nicht volljähriger Elternteil ist i. d. R. von der Vermögenssorge und der Vertretung in Vermögensangelegenheiten ausgeschlossen.[40] Ist der andere Elternteil unbeschränkt geschäftsfähig, stehen ihm Vermögenssorge und Vertretungsbefugnis allein zu (§ 1678(1) dt. BGB, Art. 1510(3) gr. ZGB, Art. 94 § 1 poln. FVGB). Entsprechendes gilt für den Fall, dass ein Elternteil verstorben ist (z. B. § 1680(1) dt. BGB und Art. 1510(2) gr. ZGB). Befindet sich ein Kind überhaupt nicht unter elterlicher Sorge, wird ein **Vormund** bestellt (§ 1773(1) dt. BGB, Art. 94 § 3 poln. FVGB, Art. 1921 port. CC). Das betrifft Fälle, in denen beide Eltern verstorben sind, beiden das Sorgerecht gerichtlich entzogen wurde (§§ 1666, 1666a dt. BGB) oder das Sorgerecht beider Elternteile ruht. „La tutelle s'ouvre lorsque le père et la mère sont tous deux décédés ou se trouvent privés de l'exercice de l'autorité parentale" (Art. 390 franz. CC). Ein Vormund wird auch bestellt, wenn die Eltern des Kindes unbekannt sind (§ 1773(2) dt. BGB [§ 1773(1) Nr. 3 n.F.]; Art. 390(2) franz. CC), z. B. bei unbegleiteten minderjährigen Flüchtlingen oder bei Findelkindern.[41] Das Jugendamt wird von Gesetzes wegen „Amtsvormund" eines von einer unverheirateten minderjährigen Frau geborenen Kindes (§ 1791c dt. BGB, § 1786 n.F.). Ein Vormund wiederum hat, wenn nicht ausnahmsweise noch ein Mitvormund bestellt wird, die alleinige Vertretungsmacht für das Kind (§ 1793 dt. BGB [§ 1789(2) n.F.], § 878 tschech. BGB). Zu einer **mehrstöckigen Stellvertretung** kommt es bei Kindern, die längere Zeit in einer Pflegefamilie leben. In diesem Fall steht der Pflegeperson die Befugnis zu, den oder die Sorgeberechtigten (nicht: das Kind) in Angelegenheiten des täglichen Lebens zu vertreten (§ 1688(1) a. a. O.). Es ist nicht notwendig ein Vormund, um dessen Vertretung es hier geht. Unter Art. 237 span. CC kann die Justizbehörde (*la autoridad judicial*) einem faktischen Pfleger vorübergehend vormundschaftliche Befugnisse einräumen.

Tragen mehrere Sorgeberechtigte die Verantwortung für ein Kind, muss geklärt sein, ob **395** sie es nur im Zusammenwirken oder jeweils auch allein vertreten dürfen. Art. 129(1) bulgar. FamGB gibt darauf eine klare Antwort: „Jeder Elternteil darf das minderjährige Kind [d. h. ein Kind, das das vierzehnte Lebensjahr noch nicht vollendet hat] allein vertreten und den rechtlichen Handlungen des nichtvolljährigen Kindes [d. h. eines Kindes, das zwar das vierzehnte, aber noch nicht das achtzehnte Lebensjahr vollendet hat] in seinem

---

[39] Z. B. §§ 1673(1), 1675 dt. BGB; Art. 1510(3) gr. ZGB; Art. 94 § 1 i. V. m. Art. 95 § 1 poln. FVGB; § 868(1) tschech. BGB (§ 865(2) tschech. BGB ergänzt, dass das Gericht in allen Fällen, in denen es über die Beschränkung der Geschäftsfähigkeit eines Elternteils entscheidet, gleichzeitig über dessen elterliche Sorge entscheidet). Die Personensorge ist nicht notwendig an Volljährigkeit gebunden (Kap. 6 § 3 schwed. FB). Die Vermögenssorge (*förmynderskap*) dagegen hängt von ihr ab (Kap. 10 § 1 schwed. FB). Wenn ein Elternteil deshalb (oder weil ihm die Vormundschaft entzogen wurde) nicht vertretungsbefugt ist, wird der andere Elternteil *ex lege* zum Vormund des Kindes (Kap. 10 § 2 FB). Sind beide Elternteile minderjährig, so bestellt das Gericht einen Vormund (Kap. 10 § 5 FB).

[40] Z. B. § 1673(2) dt. BGB; Art. 1510(3) gr. ZGB; Art. 94 § 1 poln. FVGB; Art. 1903(1) port. CC; Kap. 10 § 1 schwed. FB; § 868 tschech. BGB. Man muss freilich die Regeln über die Emanzipation durch Eheschließung bedenken. Wird also ein Kind in einer Ehe geboren, sind die Eltern nicht selten als volljährig anzusehen (z. B. Art. 10 § 2 poln. ZGB). Spanien hat sich eine nuanciertere Regel gegeben. Denn unter Art. 157 span. CC übt „der nicht emanzipierte Minderjährige ... die elterliche Sorge über seine Kinder mit Beistand [*asistencia*] seiner Eltern aus, und sofern beide nicht existieren, mit jener seines Vormunds, und in Fällen der Uneinigkeit oder Unmöglichkeit mit jener des Richters"). Unter Art. 371-1 franz. CC hat Dijon. 4.7.2012, D. 2013 S. 2073, Anm. *Bonfils und Gouttenoire;* RTD civ. 2013 S. 818, Anm. *Hauser* allerdings entschieden, dass „un parent mineur peut exercer l'autorité parentale sur son enfant, et faute d'opposition d'intérêts il n'y pas lieu de désigner un administrateur ad hoc pour l'enfant de ce mineur".

[41] Näher *Wellenhofer,* Familienrecht[6], § 38 Rdnr. 3; Gsell/Krüger/Lorenz/Reymann, BeckOGK (-*B. Hoffmann*), 1.2.2021, § 1773 BGB Rdnr. 60; MünchKomm (-*Spickhoff*), BGB[8], § 1773 Rdnr. 17.

Interesse zustimmen". Es gilt also der Grundsatz der **Alleinvertretung.** Er liegt (obschon vor einem ganz anderen Hintergrund) auch sec. 3(7) Children Act 1989 zugrunde.[42] Unter Art. 98 § 1 poln. FVGB sind „die Eltern ... gesetzliche Vertreter des Kindes, das unter ihrer elterlichen Sorge steht. Steht das Kind unter der elterlichen Sorge beider Eltern, so kann jeder Elternteil als gesetzlicher Vertreter des Kindes selbstständig handeln". Jeder Elternteil ist zur Ausübung der elterlichen Sorge verpflichtet und berechtigt (Art. 97 § 1 a. a. O.). Unter § 865 tschech. BGB kommt die elterliche Sorge *jedem* Elternteil solange zu, wie sie ihm nicht durch Gesetz oder richterliche Einzelfallentscheidung entzogen ist (Abs. (1)). Es sind also beide Elternteile vertretungsbefugt. Sie dürfen jedoch, wie das Gesetz ausdrücklich hervorhebt, „getrennt handeln". Darin kommt der Grundsatz der Alleinvertretung zum Ausdruck. Sollten sich die Eltern im Verhältnis zueinander nicht einigen können, wer den Minderjährigen in einer bestimmten Angelegenheit nach außen vertritt, müssen sie zwar nötigenfalls eine gerichtliche Entscheidung herbeiführen (§ 893 tschech. BGB). Aber hier geht es nur um das Innenverhältnis. Hält sich ein Elternteil nicht an das Veto des anderen und schließt den Vertrag gleichwohl im Namen des gemeinsamen Kindes ab, dann ist der Vertrag wirksam, sofern der Dritte gutgläubig ist, also nichts von dem Zwist der Eltern weiß oder wissen muss (§ 876(3) a. a. O.). Zugunsten des Vertragspartners wird also vermutet, dass ein Elternteil mit Zustimmung des anderen handelt. Unter § 167(1) österr. ABGB ist, wenn beide Eltern mit der Obsorge betraut sind, „jeder Elternteil für sich allein berechtigt und verpflichtet, das Kind zu vertreten; seine Vertretungshandlung ist selbst dann rechtswirksam, wenn der andere Elternteil mit ihr nicht einverstanden ist". Gesamtvertretung gilt nur für bestimmte Angelegenheiten, welche die Person und die Ausbildung des Kindes betreffen, darunter Namensänderungen, die Zugehörigkeit zu einer Religionsgemeinschaft, die Übergabe in fremde Pflege, der Abbruch einer Lehre und die Anerkennung der Vaterschaft zu einem „unehelichen" Kind (Abs. (2) a. a. O.). Vertretungshandlungen und Einwilligungen eines Elternteils in Vermögensangelegenheiten bedürfen zu ihrer Rechtswirksamkeit allerdings dann sowohl der Zustimmung des anderen „obsorgebetrauten" Elternteils als auch gerichtlicher Genehmigung, wenn „die Vermögensangelegenheit nicht zum ordentlichen Wirtschaftsbetrieb gehört" (Abs. (3) a. a. O.).

396 Ein beträchtlicher Teil der europäischen Rechtsordnungen nimmt seinen Ausgangspunkt bei dem entgegengesetzten Grundsatz der **Gesamtvertretung.** In reiner Form bedeutet Gesamtvertretung, dass Minderjährige nur dann aus einem Rechtsgeschäft berechtigt oder verpflichtet werden, wenn *beide* Eltern die erforderlichen Erklärungen abgegeben haben, sei es gleichzeitig oder konsekutiv. Gesamtvertretung entspricht der Intuition; Gesamtvertretung ist Ausdruck gemeinschaftlich wahrgenommener Verantwortung. Eltern sollen von ihrem Kind und von Dritten nicht auseinanderdividiert werden können. Gesamtvertretung ist freilich oft schwierig umzusetzen. Im Leben einer Familie kommen Vertretungsgeschäfte ohnehin vergleichsweise selten vor. Viele, vermutlich die meisten Dinge, die Kinder und Jugendliche benötigen, kaufen die Eltern im eigenen Namen und überlassen sie anschließend ihren Kindern. Aber selbst wenn es einmal zu einer echten Vertretung kommt, gebieten es die Praktikabilität und der Schutz der anderen Seite, es zumindest bei alltäglichen Umsatzgeschäften dabei bewenden zu lassen, dass die maßgebende Vertragserklärung nur von einem Elternteil abgegeben wird. Wenn aus Barmitteln des Kindes ein Fahrrad oder der erste Computer angeschafft werden sollen, wäre es für alle Beteiligten unverhältnismäßig zeitraubend, wenn gleich beide Elternteile zuerst in der Bankfiliale und anschließend im Verkaufslokal erscheinen müssten (wogegen die Eröffnung eines Kontos im Namen des Kindes nur möglich sein wird, wenn beide Elternteile den Antrag unterschreiben). Der Grundsatz der Gesamtvertretung lässt sich letztlich nur für Geschäfte durchhalten, die diesen Aufwand rechtfertigen. Deshalb können „Rechtshandlungen der ge-

---

[42] „Where more than one person has parental responsibility for a child, each of them may act alone and without the other (or others) in meeting that responsibility; but nothing in this Part shall be taken to affect the operation of any enactment which requires the consent of more than one person in a matter affecting the child".

II. Kinder **§ 6**

wöhnlichen Verwaltung" grundsätzlich „von jedem Elternteil allein vorgenommen werden" (Art. 320(1) Satz 2 ital. CC; ganz ähnlich Art. 1516(1) Nr. 1 gr. ZGB). Nur über wesentliche Angelegenheiten des Kindes haben die Eltern gemeinsam zu entscheiden (Art. 97 § 2 poln. FVGB). Die beiden Prinzipien – Allein- bzw. Gesamtvertretung – treffen sich am Ende sozusagen in der Mitte.

Unter Art. 382 franz. CC liegt die „gesetzliche Verwaltung" bei beiden sorgeberechtigten Eltern. Im Grundsatz hat man es also mit einer Gesamtvertretung zu tun. Sie wird freilich durch Art. 382-1 a. a. O. sofort ergänzt und qualifiziert. „Wenn die gesetzliche Verwaltung von beiden Elternteilen gemeinsam ausgeübt wird, wird gegenüber Dritten davon ausgegangen, dass jeder Elternteil von dem anderen die Befugnis erhalten hat, allein die das Vermögen des Minderjährigen betreffenden *actes d'administration* vorzunehmen". Das Gesetz arbeitet also mit der widerleglichen **Vermutung einer** gegenseitig erklärten **Vollmacht,** einer *présomption de pouvoir*. Sie gilt aber eben nur für Angelegenheiten, die die Vermögensverwaltung betreffen.[43] *Actes de disposition* (Verfügungsgeschäfte) bleiben ausgeklammert. Sie müssen im gegenseitigen Einvernehmen vorgenommen werden[44], andernfalls haftet der handelnde Elternteil auf Schadensersatz.[45] Bestimmte Verfügungshandlungen bedürfen außerdem gerichtlicher Genehmigung (Art. 387-1 franz. CC). Streitigkeiten zwischen den Eltern entscheidet der *juge des tutelles*. Er kann einen Elternteil zur Vornahme des Rechtsgeschäfts autorisieren (Art. 387 a. a. O.). Art. 376 belg. CC beruht auf einem ähnlichen Ansatz, verknüpft ihn aber (wie das tschechische Recht) mit der Gutgläubigkeit des Vertragspartners. „Üben die Eltern die Gewalt über die Person des Kindes gemeinsam aus, verwalten sie sein Vermögen gemeinsam und vertreten das Kind ebenfalls gemeinsam. Hinsichtlich gutgläubiger Dritten wird [jedoch] angenommen, dass jeder Elternteil mit dem Einverständnis des anderen handelt, wenn er allein ein auf die Verwaltung des Vermögens des Kindes bezogenes Rechtsgeschäft tätigt". Die unter Art. 378 belg. CC fallenden Verfügungsgeschäfte (Veräußerungen und Belastungen von Eigentum) bedürfen demgegenüber der Genehmigung des (Friedens-) Richters. Er kann gleichzeitig über eine Meinungsverschiedenheit der Eltern mitentscheiden.[46] **397**

Der Grundsatz der Gesamtvertretung findet sich auch in § 1629(1) Satz 2 dt. BGB (und in § 120(1) estn. FamG und Art. 1510(1) gr. ZGB), wonach „die Eltern... das Kind gemeinschaftlich" vertreten. § 1629(1) Satz 2 dt. BGB und Art. 1516 (1) Nr. 2 gr. ZGB unterscheiden allerdings zwischen der sog. **„aktiven" und der „passiven" Stellvertretung:** Wenn „eine Willenserklärung gegenüber dem Kind abzugeben" ist, genügt „die Abgabe gegenüber einem Elternteil". Man denke etwa an Kündigungen. Ob man darin noch eine echte Stellvertretung sehen mag, hängt davon ab, was man mit diesem Begriff erfassen will. Gemeint ist jedenfalls eine bloße „Zugangsvertretung"[47]: Eine Willenserklärung ist einem Minderjährigen schon dann zugegangen, wenn, vereinfacht gesagt, nur ein Elternteil von ihr erfährt. Einzelvertretung ist also nur die „passive" Stellvertretung; die „aktive" ist Gesamtvertretung. Man ist sich indes einig, dass Gesamtvertretung nicht bedeutet, dass die fragliche Erklärung tatsächlich auch von jedem Elternteil (und noch dazu gleichzeitig) abgegeben werden müsste. Es genügt vielmehr – auch wenn das Gesetz dazu **398**

---

[43] *Salvage-Gerest,* J.-Cl. Civil Code, Art. 382 à 386, Fasc. 20, S. 11 Rdnr. 32.
[44] *Salvage-Gerest* a. a. O. S. 16 Rdnr. 49 („Les actes de disposition qui ne sont pas visés par les articles 387-1 et 387-2 du Code civil doivent a priori être accomplis par les administrateurs légaux d'un commun accord puisqu'ils ne sont pas couverts par la présomption de pouvoir de l'article 382-1 du Code civil").
[45] *Teyssié,* Droit des personnes[20], S. 411 Rdnr. 694 („Toute faute de gestion est susceptible de justifier l'engagement de la responsabilité civile des administrateurs légaux").
[46] *Leleu,* Droit des personnes et de la famille[4], S. 719 Rdnrn. 751–752.
[47] In diesem Sinne auch § 120(5) estn. FamG, § 167(2) Satz 2 österr. ABGB („Dies [die Gesamtvertretung in persönlichen Angelegenheiten] gilt nicht für die Entgegennahme von Willenserklärungen und Zustellstücken") und Art. 145(2) slowen. FamG („Anything to be delivered or communicated to a child may be delivered or communicated in a valid manner to one or the other of the parents"). Unter § 879(1) tschech. BGB genügt bei der Vornahme eines Rechtsgeschäfts gegenüber einem Kind ein Handeln gegenüber einem Elternteil.

schweigt −, dass nur ein Elternteil die Erklärung abgibt und der andere ihr zustimmt.[48] Praktisch noch wichtiger ist die Annahme, dass Eltern sich gegenseitig bevollmächtigen können[49], und zwar auch konkludent. Das Vorliegen einer Vollmacht wird u. a. aus der Aufgabenverteilung zwischen den Eltern geschlossen.[50] Für die Rechtsgeschäfte des täglichen Lebens soll sogar generell von einer wechselseitigen Bevollmächtigung auszugehen sein.[51] In Estland steht diese Regel im Gesetz (§ 120 estn. FamG). In Griechenland wird angenommen, dass eine gegenseitige Bevollmächtigung der Eltern bei formlosen Geschäften vermutet werden könne, jedenfalls dann, wenn sie der Verkehrssitte entsprechen oder dann, wenn sie dringlich sind.[52] Die „germanische" und die „romanische" Tradition kommen so zu weithin identischen Resultaten. Die schwedische Praxis läuft auf dieselben Wertungen hinaus.[53]

b. Schranken der Vertretungsmacht

399 Die alleinige Vertretungsbefugnis eines Elternteils kann zwar einen geringeren Umfang haben als die gemeinschaftliche, aber auch sie gilt nicht unbeschränkt. Wenn sich der Staat schon dazu entschließt, Eltern auch in Vermögensangelegenheiten Vertretungsmacht einzuräumen, muss er Kontrollinstrumente für die Fälle schaffen, in denen Ideal und Wirklichkeit auseinanderklaffen oder auseinanderzuklaffen drohen. Es genügt nicht, Vorsorge dafür zu treffen, dass überforderten oder gar böswilligen Eltern das Sorgerecht und mit ihm die Vertretungsbefugnis ganz oder teilweise entzogen werden können.[54] Die Rechtsordnung muss vielmehr auch in „heilen Familien" das Gefährdungspotential steuern, dem sie Kinder selbst ausgesetzt hat. Das geschieht durch ein ganzes Kaleidoskop von Maßnahmen, die alle darauf hinauslaufen, den Umfang der elterlichen Vertretungsmacht zu beschränken, sei es unmittelbar von Gesetzes wegen[55] oder aufgrund eines Gesetzes in Gestalt richterlicher oder behördlicher Zustimmungsvorbehalte. Für Letztere haben einige nationale Gesetzbücher spezielle Kataloge aufgestellt, andere belassen es bei Generalklauseln oder allgemeinen Einschränkungen für Maßnahmen der außerordentlichen Verwaltung und regeln näher nur die verfahrensrechtlichen Rahmenbedingungen einer Genehmigung (z. B. Artt. 61–66

---

[48] MünchKomm (-*Huber*), BGB⁸, § 1629 Rdnr. 12.
[49] BGH 29.4.2020, FamRZ 2020 S. 1171, 1173 Rdnr. 24, Anm. *Amend-Traut*.
[50] *Huber* a. a. O. Rdnr. 35.
[51] *Huber* a. a. O. Rdnr. 37.
[52] *Triantos*, AK, Art. 1510 gr. ZGB S. 1703 Rdnr. 5; Areopag 26/1993, NoB 41 (1993) S. 1075; Areopag 1215/1975, NoB 24 (1976) S. 519, Berufungsgericht Athen 7305/1983, EllDne 25 S. 916.
[53] Wenn beide Eltern Vormunde (sorgeberechtigt) sind, handeln sie grundsätzlich als Vertreter gemeinsam. Sie geben die im Außenverhältnis verbindlichen Erklärungen zusammen ab (und vertreten den Minderjährigen vor Gericht) (Kap. 13 § 1 und Kap. 12 § 12(1) schwed. FB). Eltern können sich jedoch in Bezug auf bestimmte Gegenstände gegenseitig bevollmächtigen, und zwar auch konkludent (*Walin/Vängby/Singer/Jänterä-Jareborg*, Föräldrabalken, Kommentierung unter Kap. 12 § 12(1) FB).
[54] Z. B. §§ 1666(3) Nr. 6, 1796, 1804 (n.F.) dt. BGB (Eltern und Vormund; Beschränkung oder Entziehung der Vertretungsmacht; beim Vormund statt der Entziehung Entlassung aus der Vormundschaft); Artt. 330 und 334 ital. CC (Verwirkung und Entziehung der elterlichen Verwaltung); § 181 österr. ABGB (Eltern, auch ganz oder teilweiser Entzug der Einwilligungs- oder Zustimmungsrechte); Art. 93 § 2 poln. FVGB (Entzug der elterlichen Sorge); Art. 1915 port. CC (Anordnung der Hinderung der Ausübung der elterlichen Verantwortung); Kap. 6 § 7 und Kap. 10 § 10 schwed. FB mit Prop. 1993/94:251 S. 102–103 (Ein Elternteil, der das Sorgerecht [*vårdnaden*] verliert, hört auch auf, *förmyndare* und damit Vertreter in Vermögensangelegenheiten zu sein, aber das gilt nicht notwendig auch umgekehrt); Art. 170 span. CC (vollständige oder teilweise Entziehung der elterlichen Sorge).
[55] Z. B. Art. 149(1) slowen. FamG, wonach Eltern Gegenstände aus dem Vermögen ihres Kindes nur zum Zwecke seines Unterhalts, seiner Erziehung und seiner Bildung veräußern oder belasten dürfen, oder wenn es das sonstige Wohl des Kindes erfordert. Entsprechendes gilt für die Verwaltung der Einkünfte des Kindesvermögens (Art. 148 a. a. O.). Auch unter Art. 103 poln. FVGB ist der Reingewinn aus dem Vermögen des Kindes vor allem für den Unterhalt und die Erziehung des Kindes und seiner Geschwister, die zusammen mit ihm großgezogen werden, und der Überschuss für andere begründete Bedürfnisse der Familie zu verwenden. Der Legalnießbrauch des französischen Rechts verpflichtet die Eltern zum Tragen bestimmter Lasten (Art. 386-3 franz. CC); außerdem sind von ihm bestimmte Güter des Kindes ausgenommen (Art. 386-4 a. a. O.). Ähnliches gilt unter Artt. 386, 387 und 387-2 belg. CC.

II. Kinder § 6

span. LJV). Es geht im Wesentlichen um vier Fallgruppen: (i) um Regelungen zur Überwindung von Interessenkonflikten zwischen Eltern und Kind, (ii) um die Untersagung von Schenkungen aus dem Kindesvermögen, (iii) um Regelungen zur Vermeidung langfristiger oder sonst risikoreicher Verbindlichkeiten und (iv) um die Unterbindung von Verfügungen über besonders werthaltige Gegenstände des Kindesvermögens.

(1) In-sich-Geschäfte und andere Interessenkonflikte

Ein zumindest abstrakter Interessenkonflikt liegt immer dann vor, wenn ein Vertreter **400** zugleich für sich im eigenen Namen und für den Vertretenen in dessen Namen auftritt; desgleichen dann, wenn der Vertreter im Namen der Personen handelt, zwischen denen er das Rechtsgeschäft zustande bringen möchte. Beide Situationen müssen auch im Verhältnis zwischen einem Inhaber der elterlichen Vertretungsmacht und den Kindern verhindert werden, wenn es um mehr geht als um bloße Geschenke an das Kind.[56] Schon nach den Regeln des allgemeinen Vertragsrechts sind In-sich-Vertretungen unwirksam (§ 181 dt. BGB, Art. 235 gr. ZGB, Art. 261 port. CC). Für Eltern und Vormunde wird dieses Regime noch einmal erweitert. Unter § 1629(2) Satz 1 dt. BGB a. F. konnten „der Vater und die Mutter das Kind insoweit nicht vertreten, als nach § 1795 ein Vormund von der Vertretung des Kindes ausgeschlossen ist". § 1629(2) Satz 1 dt. BGB n. F. läuft im Wesentlichen auf dasselbe hinaus, stellt aber nun auf die entsprechende Beschränkung des Betreuers unter § 1824 n. F. ab. Unter § 1795(2) dt. BGB a. F. (§ 1824(2) n.F.) wiederum gilt das allgemeine Verbot von In-sich-Geschäften auch in der Beziehung zwischen Vormund/Eltern und Kind. Der Vormund und damit die Eltern dürfen das Kind unter § 1795(1) a. F. (§ 1824(1) n.F.) aber auch dann nicht vertreten, wenn es um Verträge zwischen dem Kind, dem Ehegatten und den übrigen Kindern des Sorgeberechtigten geht oder die Abtretung einer akzessorisch gesicherten Forderung des Kindes gegen den Vormund in Rede steht. Da die von der elterlichen Vertretungsmacht ausgeschlossenen Rechtsgeschäfte aber im Einzelfall durchaus sinnvoll und interessenkonform sein können (etwa dann, wenn eine Angelegenheit zwischen Geschwistern geregelt werden muss), kann in solchen Fällen für jedes Kind ein sog. Ergänzungspfleger bestellt werden, der innerhalb des ihm gerichtlich übertragenen Wirkungskreises die gesetzliche Vertretung wahrnimmt (§§ 1909, 1915 S. 1 dt. BGB a.F.; §§ 1809, 1813(1) n.F.). Das estnische (§§ 120(6), 180(1) Nr. 1 estn. FamG), das griechische (Art. 1517 gr. ZGB), das litauische (Art. 3.188(2) lit. ZGB), das polnische[57], das portugiesische[58], das schwedische[59] und das

---

[56] Dazu oben Rdnrn. 142, 246 und 356.
[57] Unter Art. 98 § 2 poln. FVGB darf „keiner der Elternteile das Kind vertreten (1) bei Rechtsgeschäften zwischen den Kindern, die unter ihrer elterlichen Sorge stehen; (2) bei Rechtsgeschäften zwischen dem Kind und einem der Elternteile oder seinem Ehegatten, es sei denn, dass das Rechtsgeschäft in einer unentgeltlichen Zuwendung zugunsten des Kindes besteht oder die Unterhalts- und Erziehungsmittel betrifft, die dem Kind von dem anderen Elternteil zustehen". In diesem Fall ist ein Kurator zu bestellen (Art. 99 a. a. O.). Man könnte vielleicht sagen, dass es sich hier um einen speziell geregelten Fall der außerordentlichen Verwaltung handelt. Maßnahmen der außerordentlichen Vermögensverwaltung bedürfen unter Art. 101 § 3 poln. FVGB generell der Zustimmung des Vormundschaftsgerichts.
[58] Art. 1881(2) i. V. m. Artt. 1888 und 1889 port. CC. Die Liste der Interessenkonflikte ist hier besonders lang und detailgenau. Es geht z. B. auch noch um Vermögen, das aus einer Erbfolge stammt, von der die Eltern wegen Unwürdigkeit oder Enterbung ausgeschlossen waren, und um Vermögen, das dem Kind durch Schenkung oder Erbfolge gegen den Willen der Eltern zugekommen ist.
[59] Unter Kap. 11 § 2(2) schwed. FB bestellt die Vormundschaftsbehörde einen *god man,* wenn die unter „Vormundschaft" stehende Person eine Rechtshandlung vornehmen soll, für die sie der *förmyndare* unter Kap. 12 § 8 FB nicht vertreten kann. Hiernach ist der *förmyndare* bei Geschäften zwischen sich und dem Minderjährigen und bei Geschäften zwischen seinem Ehegatten und dem Minderjährigen von dessen Vertretung ausgeschlossen. Der *förmyndare* darf auch nicht mehrere Kinder gleichzeitig vertreten. Bei einer Erbteilung zwischen Geschwistern wird aber genauer gefragt, ob wirklich gegensätzliche Interessen vorliegen. Im Allgemeinen sei das nicht der Fall, so dass die Bestellung eines besonderen Vertreters vermieden werden könne (Einzelheiten in der Kommentierung von Kap. 12 § 8 FB durch *Walin/Vängby/Singer/Jänterä-Jareborg,* Föräldrabalken). Verträge, die der Vormund unter Überschreitung seiner Vertretungsmacht geschlossen hat, sind schwebend unwirksam *(ogiltig).* Sie können noch durch eine vertretungs-

tschechische Recht⁶⁰ folgen denselben Grundsätzen. Auch unter Art. 383 franz. CC, § 277(2) österr. ABGB⁶¹, Artt. 163 und 235(1) span. CC sowie Art. 320(6) ital. CC ist im Falle eines Interessenkonflikts ein Pfleger zu bestellen. Wenn der Konflikt nur zwischen dem Kind und einem Elternteil zu besorgen ist, wird das Kind unter französischem, griechischem⁶², italienischem, litauischem und spanischem Recht aber durch den anderen Elternteil vertreten. Der Begriff des Interessenkonflikts wird weit in einem wirtschaftlichen Sinn gedeutet. Wenn ein Elternteil einem Kind etwas schenkt, soll das auch die Interessen des anderen Elternteils berühren.⁶³ Kein Konflikt liege dagegen vor, wenn eine Zuwendung das gemeinsame Interesse der ganzen Familie befriedigt.⁶⁴ Die Eltern dürfen außerdem keine Vermögensgegenstände des Kindes erwerben, auch nicht mittelbar über einen Strohmann oder in öffentlicher Versteigerung (Art. 323(1) ital. CC; siehe auch Art. 387-1 (6) franz. CC sowie Art. 3.186(3) lit. ZGB). Verstöße unterliegen der Nichtigkeitsklage durch das Kind oder den jeweils anderen Elternteil (Artt. 322, 323(2) ital. CC).⁶⁵ Eltern dürfen ein Unternehmen ihres Kindes nur mit gerichtlicher Erlaubnis weiterführen; ist sie erteilt, sind auch Maßnahmen der außerordentlichen Verwaltung genehmigungsfrei.⁶⁶ Frankreich untersagt den Erwerb von Forderungen gegen das Kind und den Betrieb eines Unternehmens in seinem Namen (Art. 387-2(2) und (3) franz. CC). Solche *actes de disposition* können nicht einmal gerichtlich genehmigt werden.⁶⁷

(2) Schenkungen aus dem Kindesvermögen

401 Schenkungen aus dem Kindesvermögen an Dritte fallen nur dann unter das Verbot der Insich-Geschäfte, wenn auch der Empfänger unter der Vertretungsmacht des Sorgeberechtigten steht. Gleichwohl wohnt auch Schenkungen an Dritte ein ähnliches Gefährdungspotential inne. Da bei ihnen keine Gegenleistung zurückfließt, widersprechen Schenkungen aus seinem Vermögen dem Interesse des Kindes. Es drängt sich der Verdacht auf, dass Eltern mit einer solchen Schenkung in Wirklichkeit eigene Interessen verfolgen, weil es ihnen um das Wohlwollen des Beschenkten geht. Von der elterlichen Vertretungsmacht sind deshalb alle Schenkungen ausgenommen, die über das unter Berücksichtigung des Alters und des Vermögens des Kindes sozial Übliche hinausgehen, d. h. alle Schenkungen, die, wie es § 1641, §§ 1804 a. F. bzw. § 1798(3) n. F. dt. BGB, § 129 estn. FamG und Art. 1524 gr. ZGB⁶⁸ formulieren, weder einer „sittlichen Pflicht" noch „einer auf den Anstand zu nehmenden Rücksicht" entsprechen. Gestattet sind m. a. W. persönliche Ge-

---

befugte Person oder, nach Erreichen der Volljährigkeit, durch den Minderjährigen selbst genehmigt werden (Kap. 12 § 8(3) FB).
⁶⁰ § 892(3) tschech. BGB („Ein Elternteil kann das Kind nicht vertreten, wenn es zum Interessenkonflikt zwischen ihm und dem Kind oder zwischen den Kindern derselben Eltern kommen könnte. In einem solchen Falle bestellt das Gericht dem Kind einen Pfleger").
⁶¹ Die Vorschrift sieht (u.a.) für den Fall eines Interessenwiderstreits zwischen gesetzlichem Vertreter und Minderjährigem die Bestellung eines Kollisionskurators vor. Handeln Eltern gleichwohl, ist das vorgenommene Rechtsgeschäft unwirksam (Schwimann/Neumayr [-*Pfurtscheller*], ABGB Taschenkommentar⁵, § 277 ABGB Rdnr. 14). Eine genauere Beschreibung von Konfliktsituationen findet sich im Gesetz nicht.
⁶² *Georgiades und Stathopoulos,* AK, Art. 1510 Rdnr. 112; *Spyridakes,* Oikogeneiako Dikaio, S. 141.
⁶³ Trib. Roma 15.1.1987 (mir nicht zugänglich, hier zitiert nach *Falletti,* Responsabilità genitoriale: tra rappresentanza del minore e amministrazione dei beni, Pratica famiglia, Le leggi d'Italia, online).
⁶⁴ Cass. 12.4.1988, Nr. 2869, auch dazu *Falletti* a. a. O.
⁶⁵ Die andere Vertragspartei kann also auch in diesem Fall keine Nichtigkeitsklage erheben: Cass. 23.12.1988, Nr. 7044 und Cass. 12.8.1996, Nr. 7495, beide in DVD Juris Data.
⁶⁶ Cass. 5.6.2007, Nr. 13154, De Jure Daten Bank.
⁶⁷ *Bernard-Xémard,* Cours de droit des personnes et de la famille⁴, S. 525 Rdnr. 2165.
⁶⁸ „Die Eltern dürfen keine Schenkungen aus dem Vermögen des Kindes tätigen. Ausgenommen sind Schenkungen, die aus besonderer moralischer Pflicht oder aus Gründen des Anstands auferlegt werden" (Art. 1524 gr.ZGB). Verstöße gegen das Verbot führen nur zu einer relativen Nichtigkeit, können also nur von den Eltern, dem Kind oder deren Rechtsnachfolgern geltend gemacht werden (Art. 1528 gr. ZGB; Berufungsgericht Athen 7305/1983, EllDne 25 S. 917). Die sehr gelungene englische Übersetzung des estnischen Textes lautet: „Parents as representatives of a child shall not give away a child's property as a

II. Kinder § 6

schenke, deren Wert nicht in einem Missverhältnis zu den finanziellen Verhältnissen des Minderjährigen steht.[69] Die elterliche Vertretungsmacht bezieht sich nur auf Schenkungen, die verhindern sollen, dass das Kind sozial isoliert wird. Es soll in seinem Umfeld nicht als Sonderling gelten. Man kann das gleiche Ergebnis auch damit begründen, dass Eltern das Vermögen ihrer Kinder mit der erforderlichen Sorgfalt zu verwalten haben (Art. 101 § 1 poln. FVGB), was einerseits voraussetzt, das Vermögen des Kindes ungeschmälert zu erhalten und andererseits, sich in vernünftiger Weise von der Lebenssituation und den Interessen des Kindes leiten zu lassen.[70] Art. 387-2(1) franz. CC und Art. 949(2) port. CC untersagen nach ihrem Wortlaut alle Schenkungen aus dem Kindesvermögen. In Portugal können sie gerichtlich bestätigt werden (Art. 1894 port. CC); andernfalls sind sie annullierbar (Art. 1893 a. a. O.). In Frankreich können sie nicht einmal mit gerichtlicher Genehmigung vollzogen werden. Slowenien betraut das Gericht mit der Aufgabe, angemessen zum Schutz des Kindes zu reagieren, wenn Eltern sein Wohl dadurch gefährden, dass sie Gegenstände aus seinem Vermögen veräußern oder belasten (Art. 149(2) slowen. FamG).

(3) Langfristige oder risikoreiche Verbindlichkeiten

Eine drängendere Fallgruppe sind langfristige oder aus einem anderen Grunde risikoreiche Verbindlichkeiten. Zumeist existiert nicht einmal eine absolute Obergrenze, die verhindert, dass ein Kind mit einem negativen Vermögenssaldo in das Erwachsenenleben eintritt. Erst auf Intervention des Bundesverfassungsgerichts hat der deutsche Gesetzgeber § 1629a dt. BGB geschaffen[71], wonach „die Haftung für Verbindlichkeiten, die die Eltern im Rahmen ihrer gesetzlichen Vertretungsmacht ... durch Rechtsgeschäft ... für das Kind begründet haben, ... sich auf den Bestand des bei Eintritt der Volljährigkeit vorhandenen Vermögens des Kindes" beschränkt. Das ist bis heute eine Ausnahmevorschrift, der nur noch § 899a tschech. BGB ähnelt[72], für die es in den übrigen Jurisdiktionen bislang aber keine Entsprechung gibt, auch nicht in der Pflicht der Eltern, dem Kind in bestimmten Situationen eine Sicherheit zu stellen (z. B. Art. 1898 port. CC). Technisch gesprochen handelt es sich hier zwar nicht um eine Regelung zur Beschränkung der elterlichen Vertretungsmacht, sondern um eine **Haftungsbegrenzung** zum Schutz junger Menschen. In der Wirkung kommt sie aber einer Vertretungsbeschränkung nahe, sofern man davon absieht, dass unter deutschem Recht auch die Eltern nicht auf den Fehlbetrag haften. Letzteres wäre die Folge, wenn es sich um eine Vertretung ohne Vertretungsmacht handelte.

Besonders risikoreich sind natürlich Darlehnsverbindlichkeiten und Bürgschaften. Der Regel nach dürfen Eltern deshalb auf den Namen ihres Kindes einen Kredit nur mit

402

403

---

gift. As an exception, it is permitted to make ordinary gifts in order to perform a moral obligation or adhere to etiquette".
[69] Schenkungen, die darüber hinausgehen, können ggf. noch staatlich genehmigt werden. Die schwedische Vormundschaftsbehörde kann z. B. erlauben, dass die Eltern das Einkommen des Kindes zur Unterstützung von Verwandten und anderen dem Minderjährigen nahestehenden Personen verwenden (Kap. 13 § 11 schwed. FB), was aber sehr restriktiv gehandhabt werden soll (SOU 2004:112 S. 219). In der Funktion erinnert das ein wenig an den elterlichen Legalnießbrauch italienischen Rechts (oben Rdnr. 388).
[70] Gromek (-*Gromek*), Kodeks rodzinny i opiekuńczy[7], Art. 101 Rdnrn. 1–2. Siehe auch Osajda, Domański und Słyk (-*Słyk*), Kodeks rodzinny i opiekuńczy[8], Art. 103 Rdnr. 10.
[71] BVerfG 13.5.1986, BVerfGE 72 S. 155; NJW 1986 S. 1859 (oben Rdnr. 59 mit Fn. 110).
[72] „(1) Die Befriedigung einer Geldschuld aus einer Rechtshandlung eines nicht voll geschäftsfähigen Minderjährigen kann nur aus einem Vermögen, das der Minderjährige vor Erlangung der vollen Geschäftsfähigkeit erworben hat und aus Vermögen, das er durch eine Rechtshandlung erworben hat, die ausschließlich auf ein nach Erlangung der vollen Geschäftsfähigkeit erworbenes Vermögen bezieht, geltend gemacht werden; dies gilt nicht für eine Geldschuld, die durch eine Erwerbstätigkeit nach § 33 entstanden ist. (2) Der Elternteil, der für das Kind gehandelt oder in die Rechtshandlung eingewilligt hat, haftet für eine Geldschuld, die dem Kind durch eine vor Erlangung der vollen Geschäftsfähigkeit vorgenommene Rechtshandlung entstanden ist; § 876 Abs. 3 bleibt unberührt. Der Bürge kann die Leistung dieser Schuld gegenüber dem Schuldner nicht geltend machen".

Zustimmung der Vormundschaftsbehörde bzw. des Familien- oder Vormundschaftsgerichts aufnehmen.[73] Zu den genehmigungsbedürftigen Geschäften gehören langfristige Miet- und Pachtverträge, insbesondere dann, wenn sie die Volljährigkeit des Kindes überdauern sollen.[74] Art. 1889(1)(h) port. CC bindet generell alle Verpflichtungen, „deren Erfüllung nach der Volljährigkeit stattfinden dürfte", an eine gerichtliche Genehmigung. Risikobehaftete Verbindlichkeiten rühren aus gesellschaftsvertraglichen Verpflichtungen, die zum Betrieb eines Erwerbsgeschäfts eingegangen werden.[75] Gerichtlicher Genehmigung bedarf oft auch der Kauf (und nicht nur der Verkauf) eines Unternehmens.[76]

(4) Verfügungen über besonders werthaltiges Kindesvermögen

404 Schließlich wird eine Reihe von Verfügungen über besonders werthaltige Gegenstände des Kindesvermögens an gerichtliche bzw. behördliche Zustimmungsvorbehalte geknüpft. Die Eltern müssen das Kind in solchen Fällen nicht nur gemeinschaftlich vertreten, sondern sich zur Wahrnehmung dieser Vertretung zusätzlich auch noch hoheitlich autorisieren lassen. Das ist immer dann der Fall, wenn es sich um eine Angelegenheit der „außerordentlichen Verwaltung" (Art. 320(3) ital. CC, Art. 101 § 3 poln. FVGB) handelt, um eine Maßnahme, die nicht zum „ordentlichen Wirtschaftsbetrieb" gehört (§ 167(3) österr. ABGB), um bedeutsame *actes de disposition* (Art. 378 belg. CC; Artt. 387-1 und 387-2 franz. CC), um Geschäfte, die die Rechtsordnung nicht einmal einem staatlich bestellten Vormund überlässt (§§ 1643, 1821 und 1822 dt. BGB [§§ 1643, 1850–1854 n.F.]; § 2:23 ungar. ZGB).

405 Die elterliche Vertretungsmacht genügt also nicht, um das Kindesvermögen im Ganzen zu übertragen oder zu belasten[77], auch nicht, um es in ein Treuhandvermögen zu überführen (Art. 387-2(4) franz. CC), und sie genügt nicht, um im Namen des Kindes eine Erbschaft oder ein Vermächtnis auszuschlagen.[78] Oft ist sogar die Verfügung über einzelne

---

[73] § 1822 Nrn. 8 und 10 dt. BGB a. F. (§ 1854 Nrn. 1 und 5 n. F. i. V. m. §§ 1643(1) und 1799(1) n.F.); §§ 131(1), 188(1) Nr. 7 estn. FamG; Art. 387-1(3) und (7) franz. CC; Art. 3.188(1) Nr. 5 lit. ZGB (kein Darlehen über den Betrag von vier Monatsmindestgehältern hinaus); Art. 1889(1)(g) port. CC; Kap. 13 § 12 schwed. FB; § 898(2)(d) Nr. 2 tschech. BGB. Für Italien siehe Cass. 11.1.2002, Nr. 322, De Jure Datenbank (Geschäft der außerordentlichen Verwaltung bejaht).

[74] § 1822 Nr. 5 dt. BGB (§§ 1799(2) i. V. m. 1643(4) n.F.) (Vertragsverhältnis dauert länger als ein Jahr nach Erreichen der Volljährigkeit); Cass. 11.1.2002 a. a. O. (Mietvertrag mit einer Laufzeit über neun Jahre ist Gegenstand der außerordentlichen Verwaltung); Art. 3.188(1) Nr. 3 lit. ZGB (keine Vermietung von Kindesvermögen für einen längeren Zeitraum als fünf Jahre); Art. 1889(1)(m) port. CC (Vermietung von Vermögen des Kindes für mehr als sechs Jahre); § 898(2) tschech. BGB (Wohnungsverträge für mehr als drei Jahre oder über die Volljährigkeit hinaus; Verträge auf dauernde oder wiederkehrende Leistungen). Noch weitergehend Kap. 13 § 10(1) Nr. 4 schwed. FB (Miet- und Pachtverträge unabhängig von der Laufzeit; s. sogleich Rdnr. 405).

[75] § 1822 Nr. 3 dt. BGB (§ 1852 Nrn. 1 und 2 n.F.); § 167(3) österr. ABGB. Unter schwedischem Recht bedarf der Betrieb eines Unternehmens im Namen des Kindes der Genehmigung (Prop. 1993/94:251, S. 242). Ein Geschäft der außerordentlichen Verwaltung stellt nach Cass. 5.5.1984, Nr. 2199, De Jure Datenbank, auch die Auflösung einer außergerichtlichen Gemeinschaft dar.

[76] § 1822 Nr. 3 dt. BGB (§ 1852 Nr. 1 n.F.); § 167(3) österr. ABGB; Art. 1889(1)(c) port. CC; Kap. 13 § 12 schwed. FB (incl. des Erwerbs und der Veräußerung von Unternehmensaktien; s. auch Prop. 1993/94:251, S. 233).

[77] § 1822 Nr. 1 dt. BGB (§ 1851 Nr. 1 n.F.); §§ 131(1), 188(1) Nr. 1 estn. FamG; Art. 3.188(1) Nr. 1 lit. ZGB; Kap. 13 § 12 schwed. FB (ohne vormundschaftsbehördliche Genehmigung auch keine Verpfändung des Vermögens des Minderjährigen zur Sicherung seiner oder der Schulden eines Dritten); § 898(2) tschech. BGB (ohne gerichtliche Genehmigung keine Verfügung über das Vermögen im Ganzen, es sei denn, dessen Wert erreicht nicht den Betrag des Zwanzigfachen des Existenzminimums). Zu Frankreich siehe unten Rdnr. 406.

[78] § 1822 Nr. 2 dt. BGB (§ 1851 Nr. 1 n.F., der nunmehr die Genehmigungsvorbehalte für erbrechtliche Rechtsgeschäfte zusammenfasst: BT-Drs. 19/24445 S. 287); § 131(1) i. V. m. § 188(1) Nr. 2 estn. FamG; Art. 387-1(4) und (5) franz. CC; Art. 1524 gr. ZGB; Art. 320(3) ital. CC; Art. 3.118(1) Nr. 2 lit. ZGB (auch keine Erbschaftsannahme ohne gerichtliche Genehmigung); § 167(3) österr. ABGB; Art. 1889(1)(j) port. CC; § 898(2)(c) tschech. BGB (auch Vereinbarungen über die Höhe der Erbteile und die Teilung des Nachlasses).

II. Kinder **§ 6**

Vermögensgegenstände des Kindesvermögens an eine gerichtliche Erlaubnis geknüpft, wenn es nicht nur um banale Alltagsgeschäfte, geringwertige Gegenstände[79] oder um die entgeltliche Veräußerung von Sachen geht, die Verlust oder Verschlechterung ausgesetzt sind (Art. 1889(1)(a) port. CC). Als außerordentliche und deshalb genehmigungspflichtige Verwaltungsmaßnahme wird typischerweise (der Erwerb und) die Veräußerung eines dem Kinde gehörenden Unternehmens qualifiziert.[80] Besonders heikel sind Rechtsgeschäfte, die Verfügungen über **Grundeigentum** (Übertragung, Belastung) und andere Sachenrechte an Grundstücken zum Inhalt haben. Sie bedürfen durchweg gleichfalls der Genehmigung.[81] Meistens wird auch hier nicht zwischen dem Erwerb und der Veräußerung unterschieden; nur der unentgeltliche Erwerb kann mancherorts genehmigungsfrei sein.[82] Unter Kap. 13 § 10 schwed. FB liegt die Genehmigungskompetenz bei der Vormundschaftsbehörde *(överförmyndare)*. Es geht vor allem um den Kauf, den Verkauf, den Tausch und die Belastung unbeweglichen Vermögens unter Einschluss dinglicher Nutzungsrechte. Ausgenommen sind der Tausch sowie die Anmietung und Vermietung einer Wohnung und vorübergehende Vermietungen von geringer wirtschaftlicher Bedeutung. Die Zustimmung ist zu verweigern, wenn der jeweilige Vertrag „im Hinblick auf die Art des Vermögens, das Alter und die künftigen Bedürfnisse des Minderjährigen oder andere Umstände als unangemessen" anzusehen ist. Als angemessen gilt der Erwerb eines Grundstücks, eines Erbbaurechts oder eines Wohnrechts i. d. R. dann, wenn die Immobilie jetzt oder zukünftig von dem Minderjährigen oder seiner Familie selbst genutzt werden soll. Bei einer reinen Kapitalanlage wird darauf geachtet, dass der Erwerb zu regulären Marktbedingungen geschieht.[83] Auch in Polen wird grundsätzlich nicht nur die Veräußerung, sondern auch der Erwerb einer Immobilie als ein (vormundschaftsgerichtlich) genehmigungspflichtiges, weil außergewöhnliches Geschäft i. S. v. Art. 101 § 3 poln. FVGB angesehen. Denn der Erwerb von Immobilien erfordere in der Regel erhebliche finanzielle Mittel und die Beurteilung, ob Vermögen des Kindes für diesen Zweck verwendet werden soll; das müsse vom Vormundschaftsgericht überprüft werden.[84] Das Erfordernis (familiengerichtlicher) Genehmigung für Grundstücksgeschäfte in §§ 1643, 1821 Nrn. 1, 2,4 (§ 1850 n.F.) und 1915(1) dt. BGB beruht darauf, dass Grundvermögen als besonders sicher und wertbeständig gilt.[85] Erstaunlicherweise sind allerdings elterliche Verfügungen

---

[79] § 898(2) tschech. BGB legt die Grenze auf das Hundertfache des Existenzminimums fest; sie betrifft auch den Erwerb und die Belastung solcher Gegenstände.

[80] § 1822 Nr. 3 dt. BGB (§ 1852 Nr. 1(a) n.F.); § 131(1) i. V. m. 188(1) Nrn. 3 und 5 estn. FamG; Art. 387-1(1) franz. CC; § 167(3) österr. ABGB; Art. 1889(1)(c) port. CC; Kap. 13 § 6 schwed. FB und Prop. 1993/94:251, S. 233; § 898(2) tschech. BGB (vorige Fn.).

[81] Art. 378 belg. CC; § 1821 dt. BGB (§ 1850 n.F.); § 131(1) i. V. m. § 187 estn. FamG; Art. 387-1(1) franz. CC; § 167(3) österr. ABGB (die Veräußerung und die Belastung von Liegenschaften ist keine Vermögensangelegenheit, die zum ordentlichen Wirtschaftsbetrieb gehört); Kap. 9 § 6 und Kap. 13 § 10 schwed. FB; § 898(2)(a) tschech. BGB.

[82] Poln. OG 30.4.1977, III CZP 73/76, OSNCP 1978 Nr. 2, Pos. 19 bestätigt, dass sich Art. 101 § 3 poln. FVGB (Erfordernis der vormundschaftsgerichtlichen Genehmigung für Geschäfte, die über den Umfang einer gewöhnlichen Verwaltung hinausgehen) nicht auf eine unbelastete Schenkung an das Kind bezieht, und zwar auch nicht auf die Schenkung eines Grundstücks durch einen Dritten. Das deckt sich mit der Wertung in Art. 98 § 2(2) poln. FVGB, wonach die Eltern ein Kind ausnahmsweise in Rechtshandlungen zwischen dem Kind und ihnen vertreten können, wenn das Rechtsgeschäft in einer unentgeltlichen Zuwendung an das Kindes besteht. § 1821(1) Nr. 5 dt. BGB a. F. unterwarf nur Verträge, die auf „den entgeltlichen Erwerb eines Grundstücks … gerichtet sind", der Genehmigung des Familiengerichts. Die Regel ist zwar in § 1850 Nr. 6 n. F. erhalten geblieben. Mit der Reform wurde aber zum 1.1.2023 § 1850 Nr. 4 dt. BGB n. F. neu eingeführt, wonach die Genehmigung auch „zu einem Rechtsgeschäft, durch das der Betreute unentgeltlich Wohnungs- oder Teileigentum erwirbt", erforderlich ist. Der unentgeltliche Erwerb von Wohnungs- und Teileigentum ist genehmigungsbedürftig geworden, weil sich aus § 9a(4) dt. WEG umfangreiche Haftungsfolgen ergeben und man diese Arten von Eigentum im Gegensatz zum Grundstückseigentum nicht einfach aufgeben kann (BT-Drs. 19/24445 S. 286).

[83] NJA II 1995 S. 58) (Gesetzesmaterialien zum FB).

[84] Gromek (*-Gromek*), Kodeks rodzinny i opiekuńczy[7], Art. 101 Rdnrn. 1–2.

[85] Staudinger (*-Veit*), BGB (2020), § 1821 Rdnr. 77.

über Hypotheken, Grund- und Rentenschulden genehmigungsfrei (§ 1821(2) dt. BGB, § 1643(2) n. F.).[86]

406 Wir hatten schon gesehen, dass unter französischem Recht Verfügungsgeschäfte *(dispositions)* der gemeinschaftlichen Vertretung beider Eltern unterliegen.[87] Wiederum bedürfen jedoch einige dieser *dispositions* der gerichtlichen Genehmigung. Man könnte erneut von Maßnahmen der „außerordentlichen" Verwaltung sprechen. Ein *acte de disposition* verändert das Vermögen der geschäftsunfähigen Person auf Dauer. Das unterscheidet ihn von einem *acte d'administration,* bei dem es sich nur um einen *acte de gestion normale et courante du patrimoine* handelt, um die normale und übliche Verwaltung von Vermögenswerten.[88] Geht es um die Steigerung des Einkommens (z. B. um den Abschluss eines Arbeitsvertrages), hat man einen *acte d'administration* vor sich. Ein *acte de disposition* besteht dagegen aus einer Handlung, die das Vermögen der geschützten Person für die Gegenwart und die Zukunft durch eine wesentliche Änderung seines Inhalts, eine wesentliche Minderung seines Kapitalwerts oder eine dauerhafte Beeinträchtigung seiner Vorrechte belastet.[89] Alltägliche Geschäfte mögen i. S. d. deutschen Rechts auch aus „Verfügungen" bestehen können, doch dürften sie aus französischer Sicht die Wesentlichkeitsschwelle nicht überschreiten. Unter den so definierten *actes de disposition* bedürfen unter Art. 387-1 franz. CC die besonders einschneidenden Verfügungen wiederum der gerichtlichen Genehmigung, unter ihnen der Verkauf eines dem Minderjährigen gehörenden Grundstücks und eines Unternehmens, ihre Einbringung in eine Gesellschaft und der Verzicht auf Rechte des Minderjährigen.

3. Co-Konsens

407 Die zweite Grundform vertraglicher Fremdbestimmung besteht darin, Kinder an den Co-Konsens ihrer Eltern zu binden. Davon war im Zusammenhang mit den Rechtsfolgen fehlender Geschäftsfähigkeit schon die Rede.[90] Auch dieses Vetorecht folgt aus der elterlichen Sorge. Vertretung und Co-Konsens schließen sich nicht gegenseitig aus.[91] Dass sich ein Minderjähriger durch eine eigene Erklärung nur (oder im Wesentlichen nur) binden kann, wenn er sie unter dem Schirm elterlicher Zustimmung (Kap. 11 § 10 schwed. FB), mithin, je nach den Umständen, einer Einwilligung (§ 107 dt. BGB, Art. 17 poln. ZGB)

---

[86] Erman (-*Schulte-Bunert*), BGB[16], § 1821 Rdnr. 2 meint, das erkläre sich daraus, dass der Rechtsverkehr sie „wie Mobiliarrechte" behandele. Das muss rechtspolitisch wohl jedermann überzeugen, ist aber nun durch § 1643(2) dt. BGB n. F. ausdrücklich bestätigt worden („Nicht genehmigungsbedürftig gemäß § 1850 sind Verfügungen über Grundpfandrechte sowie Verpflichtungen zu einer solchen Verfügung"). § 188(1) Nr. 8 estn. FamG weicht denn auch in diesem Punkt vom Vorbild des dt. BGB ab („Without prior consent of a court, a guardian shall not do the following on behalf of a ward: 8) acquire or transfer securities").
[87] Oben Rdnrn. 389 und 397.
[88] *Malaurie,* Droit des personnes. La protection des mineurs et des majeurs[10], S. 279 Rdnr. 522.
[89] *Guinchard und Debard,* Lexique des termes juridiques[29], S. 20–21.
[90] Oben Rdnr. 376.
[91] Einzelne gesetzliche Formulierungen könnten in diesem Punkt allerdings Anlass zu Missverständnissen geben. Unter Art. 3(1) bulgar. GPF z. B. sind „die Personen, die das 14. Lebensjahr nicht vollendet haben, ... minderjährig". „An ihrer Stelle und in ihrem Namen handeln ihre gesetzlichen Vertreter – Eltern oder Vormunde" (Abs. (2)). Unter Art. 4(1) a. a. O. sind „die Personen, die zwischen 14 und 18 sind, ... nichtvolljährig". „Sie können Rechtshandlungen nur mit der Einwilligung ihrer Eltern oder Betreuer vornehmen" (Abs. (2) a. a. O.). Das schließt aber nicht aus, dass dieser Personenkreis von den Eltern ebenfalls vertreten werden kann. Art. 17 poln. ZGB ist gleichfalls nicht besonders präzise, wenn er formuliert, dass „vorbehaltlich der im Gesetz vorgesehenen Ausnahmen ... zur Wirksamkeit eines Rechtsgeschäfts, durch dessen Abschluss der beschränkt Geschäftsfähige eine Verpflichtung eingeht ..., die Einwilligung seines gesetzlichen Vertreters erforderlich" ist. Ähnliches gilt für Art. 41 rumän. CC („Der Minderjährige, der das 14. Lebensjahr vollendet hat," verfügt über beschränkte Geschäftsfähigkeit. Die Rechtsgeschäfte des Minderjährigen mit beschränkter Geschäftsfähigkeit werden von diesem geschlossen, mit Genehmigung der Eltern oder, gegebenenfalls, des Vormunds, und in den ausdrücklich geregelten Fällen auch mit Ermächtigung des Vormundschaftsgerichts. Die Genehmigung oder die Ermächtigung können spätestens im Moment erteilt werden, in dem das Geschäft geschlossen wird").

oder Bestätigung (§ 108 dt. BGB, Art. 18 poln. ZGB) abgibt, ändert nichts daran, dass dasselbe Rechtsgeschäft auch gänzlich ohne ihn, d. h. nur durch seine in seinem Namen handelnden Eltern zustande gebracht werden kann. Beschränkte Geschäftsfähigkeit wird m. a. W. *sowohl* durch Vertretung *als auch* durch Co-Konsens kompensiert; im Konfliktfall setzt sich erneut der elterliche Wille durch. Das ist nur dort anders, wo man es mit Einwilligungen des Minderjährigen in Persönlichkeitsverletzungen oder Heilbehandlungen zu tun hat. Denn sobald eine Rechtsordnung dem Minderjährigen zutraut, sich selbst zu dem fraglichen Eingriff eine eigene Meinung zu bilden, kann er ihn ablehnen, auch wenn die Eltern der Maßnahme zustimmen. Der Wille des Minderjährigen setzt sich durch. Nur bei umgekehrter Ausgangslage läuft das Prinzip des Co-Konsenses auf Fremdbestimmung durch die Eltern hinaus.[92] Sie können einen Eingriff ablehnen, dem der Minderjährige zustimmt. Bei Minderjährigen allerdings, die noch keinen freien Willen bilden können, verbleibt es bei der elterlichen Vertretung. In diesem Fall geht die Vertretung über die Vermögensverwaltung hinaus, weil sich Letztere ihrer Natur nach nicht auf die persönlichen Angelegenheiten eines Minderjährigen bezieht.

III. Menschen mit Behinderungen

1. Nachrang der Fremdbestimmung

Erwachsene sind in Vermögensangelegenheiten einer Fremdbestimmung durch Vertretung oder Vetorechte nur unterworfen, wenn es dafür (i) einen besonderen gesetzlichen Grund gibt (Zustimmung des Ehegatten zu Verfügungen über wesentliche Vermögenswerte, Testamentsvollstreckung, Eröffnung des Insolvenzverfahrens etc.), (ii) wenn sie der Fremdbestimmung (z. B. durch Ausstellung einer Vollmacht oder durch Einwilligung in eine aus körperlichen Gründen angezeigte Betreuung) freiwillig zugestimmt haben, aber in deren Wirkungszeitpunkt weiterhin selbst handlungsfähig sind, oder (iii) wenn sie (die Erwachsenen) zu dieser Zeit nicht oder nicht mehr in der Lage sind, einen freien Willen zu bilden. Im letzteren Fall können sie sich der Fremdbestimmung nicht mehr aus eigenem Willen entziehen, auch dann nicht, wenn sie den Grund für sie (wie im Falle einer Vorsorgevollmacht) schon zu einer Zeit gelegt haben, in dem sie noch bei wachem Verstand waren. Eine solche Vollmacht ist nicht, jedenfalls nicht in erster Linie dazu gedacht, eine Entscheidung, die der Betroffene im Wirkungszeitpunkt auch selbst hätte treffen können, zu ersetzen. Deshalb bildet sie systematisch einen Teil des Personenrechts. Es gleicht aus, dass der Betroffene im Zeitpunkt des Abschlusses des jeweiligen Vertrages nicht zu freier Willensbildung in der Lage ist. Zwar bleibt auch Menschen, die wenigstens einen natürlichen (wenn auch keinen freien) Willen bilden können, noch ein kleiner Kreis von Handlungsoptionen. Aber dabei geht es nur um Rumpffähigkeiten zur Erledigung von Kleinigkeiten des Alltagslebens[93] oder zum Erwerb von *necessities*.[94] Das Problem beseitigen sie nicht, ganz abgesehen davon, dass selbstverständlich auch und gerade Menschen auf Hilfe angewiesen sind, die nicht einmal einen natürlichen Willen bilden können. Die Grundformen der Fremdbestimmung Erwachsener sind zwar dieselben wie die der Fremdbestimmung Minderjähriger: Vertretung und Co-Konsens. Sie müssen aber viel schonender und differenzierter eingesetzt werden. Denn das Gesetz darf von dem Vorrang der Selbstbestimmung nur abweichen, wenn und soweit das die *ultima ratio* ist. Weder für das „Ob" noch für

408

---

[92] Oben Rdnrn. 284 und 296.
[93] Oben Rdnr. 268.
[94] Oben Rdnr. 269. Schöne Zusammenfassung der Vertragsfähigkeit von Erwachsenen, die an einem *lack of mental capacity* leiden, bei Chitty (-*Whittaker*), Contracts I^{33}, Rdnr. 9–093 S. 885. Die Grundregel, dass Verträge über den Erwerb von „Notwendigkeiten" zu einem angemessenen Preis wirksam sind, findet sich in sec. 7 Mental Capacity Act 2005.

das „Wie" darf ein milderes Mittel zur Verfügung stehen; die Würde und die Interessen des Betroffenen sind zu wahren.

409 Nachrang der Fremdbestimmung bedeutet notwendig auch „Nachrang der Stellvertretung". Unter dieser Überschrift stellt § 240(1) österr. ABGB fest, dass „die in § 239 Abs. 1 genannten Personen[95] nur dann durch einen Vertreter am Rechtsverkehr teil (nehmen), wenn sie dies selbst vorsehen oder eine Vertretung zur Wahrung ihrer Rechte und Interessen unvermeidlich ist. Sie können durch eine von ihnen bevollmächtigte Person (Vorsorgevollmacht) oder durch einen gewählten oder gesetzlichen oder gerichtlichen Erwachsenenvertreter vertreten werden. (2) Soweit eine volljährige Person bei Besorgung ihrer Angelegenheiten entsprechend unterstützt wird oder selbst, besonders durch eine Vorsorgevollmacht, für deren Besorgung im erforderlichen Ausmaß vorgesorgt hat, darf für sie kein Erwachsenenvertreter tätig werden". Der Staat darf den freien Willen eines Erwachsenen nicht brechen, weder in der Frage des „Ob" einer Stellvertretung, noch in den Fragen des „Durch wen" und des „Wofür". Man hätte schon hier hinzufügen können, dass dasselbe auch für die zweite Grundform der Fremdbestimmung gilt: die Bindung an den Co-Konsens eines Anderen. Das Gesetz holt das in § 242(2) österr. ABGB nach.[96] Auch Einwilligungs- und Genehmigungsvorbehalte dürfen nur entweder im Einvernehmen mit dem Betroffenen[97] oder für Bereiche ausgesprochen werden, in denen er sich infolge seiner geistigen Behinderung nicht frei und selbstbestimmt bewegen kann. Vertretung und Co-Konsens sind sogar in sich noch einmal gestuft. Die Schwierigkeit besteht nur darin zu erkennen, dass teils die Vertretung, teils der Zustimmungsvorbehalt als die einschneidendere Maßnahme verstanden werden. Unter dem französischen System hat prinzipiell nur der *tuteur*, nicht aber der *curateur* Vertretungsmacht; ein *curateur* „assistiert" lediglich durch Zustimmung.[98] Unter dem im Jahre 2021 reformierten spanischen System, das nur noch die *curatela* kennt, soll der Betreuer den Betroffenen zwar in erster Linie darin unterstützen, seinen eigenen Willen zu finden und umzusetzen (Art. 250(2) span. CC); in „Ausnahmefällen" steht dem Betreuer unter Art. 249(3) span. CC jedoch auch Vertretungsmacht zu.[99] Unter deutschem und österreichischem Recht steht dagegen jedem rechtlichen Betreuer in seinem Aufgabenkreis eine gesetzlich abgesicherte Vertretungsmacht zu. Es ist aber nicht jeder Betreute an die Zustimmung seines Betreuers gebunden. Das Instrument des Co-Konsenses kommt hier nur zum Zuge, wenn das Instrument der Vertretung für nicht ausreichend erachtet wird. Das Vetorecht muss erforderlich sein, um eine erhebliche Gefahr für die Person oder das Vermögen des Betreuten abzuwenden (§ 1903 dt. BGB [§ 1825 n. F.], § 242(2) österr. ABGB); andernfalls verbleibt es bei der als milder aufgefassten Stellvertretung. Man könnte einwenden, dass ein Mensch, der unfähig ist, einen freien Willen zu bilden, in Vertragsangelegenheiten schon deshalb keiner fremden Zustimmung unterworfen werden muss, weil er unter solchen Umständen ohnehin nicht selbst gefährden kann. Es ist indes keineswegs immer einfach zu beurteilen, ob jemand im Einzelfall noch einer freien Willensbildung mächtig ist oder nicht. Die Grundregel lautet, dass diese Fähigkeit vermutet wird. Sie gilt auch für Erwachsene, die durch einen rechtlichen

---

[95] Das sind Volljährige, „die aufgrund einer psychischen Krankheit oder einer vergleichbaren Beeinträchtigung in ihrer Entscheidungsfähigkeit eingeschränkt sind".

[96] „Soweit dies zur Abwendung einer ernstlichen und erheblichen Gefahr für die vertretene Person erforderlich ist, hat das Gericht im Wirkungsbereich der gerichtlichen Erwachsenenvertretung anzuordnen, dass die Wirksamkeit bestimmter rechtsgeschäftlicher Handlungen der vertretenen Person oder bestimmter Verfahrenshandlungen bei Verwaltungsbehörden und Verwaltungsgerichten … die Genehmigung des Erwachsenenvertreters … voraussetzt".

[97] Oben Rdnr. 344.

[98] Cass. civ. 14.1.2021, RTD civ. 2021 S. 623, Anm. *Leroyer*; D. 2021 S. 1258 Anm. *Lemouland* (unmittelbarer Gegenstand des Verfahrens war die Verjährung der Nichtigkeitsklage).

[99] Guilarte Martín-Calero (-*Guilarte Martín-Calero*), Comentarios a la Ley 8/2021, S. 543, Anm. V zu Art. 250 CC sieht eine gewisse Inkohärenz zwischen dem neuen System der Unterstützungsmaßnahmen *(sistema de apoyos)* und dem System des Vertragsrechts *(sistema contratual)*, weil sich Autonomie und Vertretung nicht miteinander vertragen. Allerdings bleibt bei schweren Behinderungen gar keine andere Möglichkeit als die Einrichtung einer Vertretung.

Betreuer vertreten werden. Erst wenn sie unter einen Zustimmungsvorbehalt gestellt werden, kehrt sich die Vermutung im praktischen Ergebnis um. Hat der Betreute ein Fahrzeug gekauft, hat der Verkäufer auch dann keinen Anspruch auf den Kaufpreis, wenn der Betreute nicht beweisen kann, dass die Kaufentscheidung nicht Ausdruck seines freien Willens war. Es genügt der Nachweis, dass der Betreuer dem Kauf nicht zugestimmt hat.[100]

2. Vertretung und Co-Konsens

Anders als Minderjährige haben Erwachsene keinen „natürlichen" Stellvertreter. Bei Minderjährigen entscheidet das Gesetz (wenn es das für richtig hält) nicht nur, *dass* den Eltern eines Kindes Vertretungsmacht zukommt, sondern auch, *wer* seine Eltern sind. Bei Erwachsenen scheidet eine vergleichbare Doppelstrategie aus. Erwachsenenvertretung ist gesetzliche Vertretung nur in dem Sinn, dass der Vertretene dem Vertreter die Vertretungsmacht im Zeitpunkt ihrer Ausübung nicht (mehr) entziehen kann[101], weil der Vertretene außerstande ist, den dazu erforderlichen freien Willen zu bilden und zu artikulieren. *Wer* den Betroffenen in welchem Umfang vertritt, steht dagegen nicht schon von vornherein fest. Denn es kommt ja nicht, jedenfalls nicht primär auf *ex lege* bestehende Verwandtschaftsverhältnisse an. Gesetzlich zur Vertretung eines Erwachsenen befugt ist vielmehr nur, wer seine Rechtsmacht entweder (i) auf einen älteren Willensentschluss des Vertretenen, (ii) auf dessen faktische Inobhutnahme oder (iii) auf eine gerichtliche bzw. behördliche Einzelfallentscheidung zurückführen kann. Je nachdem, um welchen Entstehungsgrund es geht, kann auch der Umfang der Vertretungsmacht verschieden sein.

410

a. Vertretungsberechtigte Personen

(1) Vorsorgebevollmächtigte

Ihrem Grundgedanken nach soll eine Vorsorgevollmacht jedem, der derzeit (noch) zur Bildung eines freien Willens befähigt ist, die Möglichkeit an die Hand geben, selbst zu bestimmen, wer ihn vertreten wird, wenn er seine vermögensrechtliche Handlungsfähigkeit einbüßt. Das Instrument der Vorsorgevollmacht ist zwar noch nicht überall akzeptiert; Bulgarien, Polen, Portugal[102] und Tschechien[103] z. B. kennen es bislang nicht. Bulgarien

411

---

[100] Im praktischen Ergebnis ist das aber natürlich auch in Frankreich nicht anders. Cass. civ. 27.2.2013, Bull. 2013, I, Nr. 25; RTD civ. 2013, S. 351, Anm. *Hauser* betraf einen unter *curatelle* gestellten Volljährigen, der ein Fahrzeug kaufen wollte, das er ohne Führerschein hätte fahren dürfen. Der *curateur* hatte seine Zustimmung *(assistance)* verweigert. Der Antrag des Schutzbedürftigen, ihm gleichwohl den Erwerb gerichtlich zu genehmigen, blieb in allen drei Instanzen erfolglos, u. a. deshalb, weil die Sehfähigkeit des Betroffenen schwach war und er sich durch den Betrieb des Fahrzeugs selbst gefährdet hätte.

[101] Das schließt „Zwischenlösungen" nicht aus. Unter § 241(2) österr. ABGB z. B. hat ein „Vorsorgebevollmächtigter oder Erwachsenenvertreter ... die vertretene Person von beabsichtigten, ihre Person oder ihr Vermögen betreffenden Entscheidungen rechtzeitig zu verständigen und ihr die Möglichkeit zu geben, sich dazu in angemessener Frist zu äußern. Die Äußerung der vertretenen Person ist zu berücksichtigen, es sei denn, ihr Wohl wäre hierdurch erheblich gefährdet".

[102] Portugal kennt allerdings die *diretivas antecipadas de vontade* und die *procuração de cuidados de saúde,* doch beziehen sich beide ausschließlich auf Gesundheitsdienste. Bei ersteren handelt es sich um Patientenverfügungen mit Blick auf schwere, degenerative und unheilbare Krankheiten. Die *diretivas antecipadas de vontade* bedürfen unter Art. 2(1) des port. Gesetzes 25/2012 vom 16.7.2012 der Form eines *testamento vital*. Art. 12(1) a. a. O. definiert die *procuração de cuidados de saúde* als das Dokument, mit dem einer Person freiwillig und unentgeltlich Vertretungsbefugnisse in Angelegenheiten der Gesundheitsfürsorge übertragen werden, damit sie diese ausüben kann, wenn der Vollmachtgeber nicht in der Lage ist, seinen Willen persönlich und selbständig zu äußern. Der *mandato com vista a acompanhamento* (Art. 156 port. CC i. d. F. des Gesetzes 49/2018) ist im Kern eine Betreuungsverfügung. Die Vollmacht soll zu den Akten des Betreuungsverfahrens gereicht werden, so dass das Gericht sie bei der Festlegung des Schutzumfangs und der Bestellung der Betreuung berücksichtigen kann (näher Menezes Cordeiro [-*Menezes Cordeiro*], Código Civil Comentado I, Art. 156 S. 407 Rdnrn. 1 und 3).

[103] Tschechien hat sich in der Gestaltung seines neuen Regelwerks über die einstweilige Erklärung *(Předběžné prohlášení)* zwar von dem österreichischen Modell (Rdnr. 412) inspirieren lassen, letztlich aber doch statt einer echten Vorsorgevollmacht nur eine besondere Betreuungsverfügung eingeführt. In einer einst-

und Polen halten sogar weiterhin an Entmündigung und Vormundschaft fest.[104] Die meisten Jurisdiktionen aber setzen inzwischen auch insoweit auf den Nachrang der Fremdbestimmung, als es um die Bestellung eines Vertreters geht. Das hat zu einer Reihe neuer Rechtsfragen geführt, nicht zuletzt zu dem Problem, ab welchem Zeitpunkt genau eine solche Vertretungsmacht wirksam wird und welcher Raum neben ihr noch für zusätzliche staatliche Maßnahmen verbleibt.

412 In § 260 **österreichisches ABGB** wird eine Vorsorgevollmacht seit 2017 als eine Vollmacht definiert, „die nach ihrem Inhalt dann wirksam werden soll, wenn der Vollmachtgeber die zur Besorgung der anvertrauten Angelegenheiten erforderliche Entscheidungsfähigkeit verliert. Der Vollmachtgeber kann auch die Umwandlung einer bestehenden Vollmacht in eine Vorsorgevollmacht bei Eintritt des Vorsorgefalls anordnen". Eine Vorsorgevollmacht unterliegt bestimmten Formerfordernissen. Sie muss vor einem Notar, einem Rechtsanwalt oder einem Erwachsenenschutzverein höchstpersönlich und schriftlich errichtet werden (§ 262 a. a. O.). Die Vollmacht *und* der „Eintritt des Vorsorgefalls" bedürfen unter § 263 a. a. O. der Registrierung in dem Österreichischen Zentralen Vertretungsverzeichnis. Die Eintragung ist konstitutiv. Sie ist Wirksamkeitsvoraussetzung für das Entstehen der Vertretungsmacht.[105] Der Vorsorgefall darf erst eingetragen werden, wenn der Vollmachtgeber die zur Besorgung der anvertrauten Angelegenheiten erforderliche Entscheidungsfähigkeit verloren hat und darüber eine ärztliche Bescheinigung vorgelegt wird (§ 140h(5) österr. Notariatsordnung). Die Person, vor der die Vorsorgevollmacht errichtet wird, muss, wenn sie begründete Zweifel an der Entscheidungsfähigkeit des Klienten oder an der Eignung des Bevollmächtigten hat, die Errichtung der Vollmacht ablehnen. Bei Anhaltspunkten für eine Gefährdung des Wohles der volljährigen Person ist unverzüglich das Pflegschaftsgericht zu verständigen. Das österreichische Recht hat in Gestalt der sog. **gewählten Erwachsenenvertretung** (umgangssprachlich auch „Vorsorgevollmacht light") sogar eine Lösung für den Fall entwickelt, dass der Notar (etc.) die Errichtung einer Vorsorgevollmacht ablehnen muss. Denn „soweit eine volljährige Person ihre Angelegenheiten aufgrund einer psychischen Krankheit oder einer vergleichbaren Beeinträchtigung ihrer Entscheidungsfähigkeit nicht für sich selbst besorgen kann, dafür keinen Vertreter hat und eine Vorsorgevollmacht nicht mehr errichten kann, aber noch fähig ist, die Bedeutung und Folgen einer Bevollmächtigung in Grundzügen zu verstehen, ihren Willen danach zu bestimmen und sich entsprechend zu verhalten, kann sie" unter § 264 ABGB „eine oder mehrere ihr nahe stehende Personen als Erwachsenenvertreter zur Besorgung dieser Angelegenheiten auswählen". Es geht, wie man sagt, um Menschen mit „geminderter Entscheidungsfähigkeit".[106] Die Bevollmächtigung beruht in beiden Fällen auf einem sog. „Bevollmächtigungsvertrag" (§ 1002 a. a. O.); niemand wird gegen seinen

---

weiligen Erklärung kann unter § 38 tschech. BGB u. a. festgelegt werden, dass eine bestimmte Person zum Betreuer bestellt werden soll, der das Vermögen des Betreuten in der von ihm bestimmten Weise zu verwalten hat und dazu Vertretungsmacht erhält. Der Erklärende kann zwischen einer „einfachen" und einer „vollständigen" Vermögensverwaltung wählen. Erstere umfasst Vermögenswahrung, letztere auch Vermögensmehrung (§§ 1405, 1409 tschech. BGB). Die einstweilige Erklärung bedarf der Schriftform. Eine private Urkunde genügt, wenn sie in Anwesenheit von zwei Zeugen errichtet und von ihnen unter Angabe ihrer Kontaktdaten unterschrieben wird. Eine öffentliche Urkunde ist von dem Notar in ein nicht öffentliches Register einzutragen, das von der Notarkammer geführt wird (§ 35a(1)(c) tschech. Notariatsordnung). Die eigentliche Betreuerbestellung bedarf aber immer noch einer auf Antrag ergehenden gerichtlichen Entscheidung (§ 463(1) tschech. BGB). Das Gericht bestellt zwar in der Regel die Person zum Betreuer, deren Name in dem Register hinterlegt ist (§ 471(2) a. a. O.), prüft aber nicht nur das Vorliegen der Betreuungsvoraussetzungen, sondern auch die Eignung der registrierten Person und das Bestehen möglicher Interessenkonflikte. Gleichzeitig legt es den Umfang der Vertretungsbefugnis fest. Der Betreuer kann seine Abberufung beantragen (§ 463(2) a. a. O.). Insgesamt handelt es sich also nicht um eine echte Vorsorgevollmacht, sondern um eine auf den Willen des Betreuten Rücksicht nehmende Betreuung von Staats wegen.

[104] Oben Rdnr. 145; siehe auch Rdnr. 329.
[105] *Barth/Dokalik/Potyka*, ABGB[26], Anm. unter § 263.
[106] *Barth/Dokalik/Potyka* a. a. O., Anm. unter § 264.

III. Menschen mit Behinderungen § 6

Willen zum Vertreter bestellt. Die gewählte Erwachsenenvertretung unterliegt derselben Form wie die Vorsorgevollmacht (§ 266 a. a. O.). Entsprechendes gilt für die Registrierung, die der Notar (etc.) auch abzulehnen hat, wenn er begründete Zweifel an der Eignung der zum Erwachsenenvertreter auserkorenen Person hegt. Bei einer drohenden Gefährdung des schutzbedürftigen Erwachsenen ist wiederum das Pflegschaftsgericht einzuschalten (§ 267 a. a. O.).

Auch in der Perspektive des deutschen Rechts wendet eine wirksam errichtete Vorsorgevollmacht die gerichtliche Einrichtung einer **Betreuung** ab[107]; Letztere gilt unter § 1896(2) Satz 2 dt. BGB (§ 1814(3) Nr. 1 n.F.) als **nicht** mehr **erforderlich,** wenn das Problem bereits durch die Vorsorgevollmacht gelöst ist. Der Grundgedanke der Vorsorgevollmacht ist zwar derselbe wie in Österreich. Die Parteien können regeln, unter welchen Voraussetzungen der Bevollmächtigte tätig werden darf. Es wird in der deutschen Praxis aber nachdrücklich davor gewarnt, eine Vorsorgevollmacht nur für den Fall der eigenen Geschäftsunfähigkeit auszustellen, weil die Übergangsphasen im Alter oft fließend sind und das Erfordernis einer ärztlichen Überprüfung den Verlust wertvoller Zeit bedeuten kann.[108] In diesem Punkt ist das deutsche Recht auch flexibler als das französische. Denn auch in Frankreich wird der *mandat de protection future* (Art. 477 franz. CC) nur wirksam, wenn ein Arzt feststellt, dass der Vollmachtgeber seine Interessen nicht länger allein wahrnehmen kann.[109] Der *mandat de protection future* wird erst wirksam, nachdem die Unfähigkeit ärztlich begutachtet worden ist und der Bevollmächtigte dem Gericht das Attest vorgelegt hat.[110] Die Vorsorgevollmacht gilt außerdem nicht, solange der Vollmachtgeber *sain d'esprit* ist. Sie kann sich auf den Schutz der Person und/oder den Schutz des Vermögens des Vollmachtgebers beziehen. Nur im ersten Fall gelten zwingend die Regeln zu *curatelle* und *tutelle* (Art. 479 franz. CC); im zweiten hängt der Umfang der Befugnisse des Bevollmächtigten von der Form ab, in der die Vollmacht erteilt wurde. Handelt es sich um eine notarielle Vollmacht, steht der Bevollmächtigte einem gerichtlich autorisierten *tuteur* gleich (Art. 490 a. a. O.). Handelt es sich dagegen um eine lediglich privatschriftliche Bevollmächtigung, darf der Bevollmächtigte nur die Handlungen vornehmen, die ein *tuteur* auch ohne gerichtliche Genehmigung vornehmen darf (Art. 493 a. a. O.), d. h. *actes conservatoires* und *actes d'administration*. Vor allem aber ist das Verhältnis von Vorsorgevollmacht und „Betreuung" anders geregelt. Denn vorbehaltlich einer anders lautenden Entscheidung des *juge des tutelles* endet der *mandat de protection future,* sobald entweder *curatelle* oder *tutelle* angeordnet werden (Art. 483-2 franz. CC).[111] **413**

Das deutsche BGB setzt die grundsätzliche Wirksamkeit einer Vorsorgevollmacht an mehreren Stellen voraus.[112] Das Betreuungsgericht kann die Eignung des Bevollmächtigten überprüfen und nötigenfalls immer noch selbst einen Betreuer bestellen.[113] Das gilt auch dann, wenn ein Interessenkonflikt zwischen den Beteiligten zu besorgen ist, und dann, **414**

---

[107] Ein Betreuer kann dagegen weiterhin eingesetzt werden, wenn die Vorsorgevollmacht unwirksam ist, weil der Betreute schon keinen freien Willen mehr bilden konnte (BGH 29.7.2020, NJW 2021 S. 63, 64 Rdnr. 13).
[108] *Kropp,* FPR 2012 S. 9; Palandt (-*Götz*), BGB[80], Einführung vor § 1896 Rdnr. 5.
[109] Oben Rdnr. 336.
[110] *Marais,* Droit des personnes[4], S. 297–298 Rdnr. 382–383.
[111] Eingehend dazu Cass. civ. 12.1.2011, Bull. civ. 2011 Nr. 11, D. 2011 S. 1204, Anm. *Nogúero,* Les grandes décisions du droit des personnes et de la famille[2], S. 606 (Die Betroffene hatte bereits unter *sauvegarde de justice* gestanden, bis eine Entscheidung zu der Anordnung von *curatelle* oder *tutelle* getroffen werden konnte. Dagegen hatte sie Widerspruch eingelegt und zugleich ihren Sohn mit notarieller Urkunde zum *mandataire* bestellt. Anschließend erging der Beschluss zur Eröffnung einer *curatelle renforcée.* Damit endete der *mandat.* Der Sohn wurde auch nicht zum *curateur* bestimmt, weil er dafür ungeeignet war).
[112] Vor allem in § 1901c („Schriftliche Betreuungswünsche, Vorsorgevollmacht"; Satz 2 spricht von „Schriftstücke[n], in denen der Betroffene eine andere Person mit der Wahrnehmung seiner Angelegenheiten bevollmächtigt hat"), außerdem in § 1908f(1) Nrn. 2 und 2a sowie in § 1908f(4) dt. BGB. § 1820 dt. BGB n. F. („Vorsorgevollmacht und Kontrollbetreuung") fasst nun diese Regelungen in einer Norm zusammen (dazu BT-Drs. 19/24445 S. 244).
[113] BGH 7.3.2012, FamRZ 2012 S. 868; BGH 19.10.2016, FamRZ 2017 S. 141; BGH 31.1.2018, FamRZ 2018 S. 623.

wenn eine Vorsorgevollmacht auf den Fall der Geschäftsunfähigkeit beschränkt wurde, mangels ihrer medizinischen Bestätigung zwischenzeitlich aber eine Gefährdung der Angelegenheiten des Vollmachtgebers droht.[114] Das Gericht kann einen Betreuer auch zu dem Zweck einsetzen, den Vorsorgebevollmächtigten zu kontrollieren und Rechte des Betreuten gegen den Bevollmächtigten geltend zu machen (§ 1896(3) BGB; §§ 1815(3) und 1820 (3) n. F.), wenn und soweit der Vollmachtgeber dazu nicht mehr in der Lage ist.[115] Der Kontrollbetreuer kann eine Vorsorgevollmacht auch widerrufen.[116] Von der Vorsorgevollmacht ist die **Betreuungsverfügung** zu unterscheiden, die in dem grundsätzlich bindenden Vorschlag besteht, eine bestimmte Person zum Betreuer zu bestellen (§ 1897(4) Satz 1 dt. BGB; § 1816(2) Satz 1 und 4 n. F.). Anders als eine Vorsorgevollmacht setzt eine Betreuungsverfügung lediglich die Fähigkeit voraus, wenigstens einen natürlichen Willen bilden zu können.[117] Deshalb kann eine unwirksame Vorsorgevollmacht in eine Betreuungsverfügung umgedeutet werden.[118] Vorsorgeverfügungen und Betreuungsverfügungen können (müssen aber nicht) im Zentralen Vorsorgeregister der Bundesnotarkammer registriert werden.

415 Gesetzliche Definitionen der Vorsorgevollmacht tendieren dazu, ihren Zweck zu rekapitulieren. Das ist nicht unproblematisch.[119] Denn es erscheint praxisgerechter, das Wirksamwerden einer Vorsorgevollmacht nur dann an den tatsächlichen Eintritt der Geschäftsunfähigkeit zu binden, wenn der Vollmachtgeber das ausdrücklich wünscht. Andernfalls legt es die Eigenart degenerativer Leiden näher, auf eine ärztliche Evaluierung und damit auf die Fixierung eines nach gesundheitlichen Kriterien festgelegten Zeitpunkts zu verzichten. Auch Spanien hat das bedacht. Unter Art. 250 span. CC zählen die *poderes y mandatos preventivos* seit 2021 zu den **freiwilligen Unterstützungsmaßnahmen,** den *medidas de apoyo de naturaleza voluntaria*.[120] Ein Vollmachtgeber kann unter Art. 256 span. CC in die Vollmacht „eine Klausel aufnehmen, die besagt, dass die Bevollmächtigung fortbesteht, wenn er in Zukunft Unterstützung bei der Ausübung seiner Rechtsfähigkeit benötigt". *Ihm* steht es aber auch frei, die Bevollmächtigung nur für den Fall erteilen, dass er in Zukunft Unterstützung benötigt (Art. 257 a. a. O.). Dann (und nur dann) gelten für den Nachweis, dass eine Unterstützungsbedürftigkeit vorliegt, die von ihm selbst festgelegten Vorgaben. Um ihre Beachtung zu gewährleisten, ist ggf. eine notarielle Urkunde aufzusetzen, die ein ärztliches Gutachten enthält. Vorsorgevollmachten bleiben unter Art. 258 a. a. O. bestehen, auch wenn andere (freiwillige oder gerichtliche) Unterstützungsmaßnahmen zugunsten des Vollmachtgebers wirksam werden. Der Vollmachtgeber kann selbst Kontrollorgane, Bedingungen und Anweisungen für die Ausübung der Vollmachten, Schutzvorkehrungen zur Vermeidung von Missbrauch und Formen der Beendigung der

---

[114] *Kropp* a. a. O.
[115] MünchKomm (-*Schneider*), BGB⁸, § 1896 Rdnr. 5. § 1820(3) dt. BGB präzisiert die Voraussetzungen für die Bestellung eines Kontrollbetreuers (BT-Drs. 19/24445 S. 236, 245).
[116] § 1815(3) dt. BGB n. F. und dazu BT-Drs. 19/24445 S. 247. Das Gericht hat unter neuem Recht zudem die Möglichkeit, eine Vorsorgevollmacht zu suspendieren, wenn der Verdacht ihres Missbrauchs besteht (1820(4) dt. BGB n.F.). Zur bisherigen Rechtslage BGH 28.7.2015, BGHZ 206 S. 321.
[117] *Schneider* a. a. O. § 1897 Rdnr. 24.
[118] BGH 3.8.2016, NJW-RR 2016 S. 1156 Rdnr. 16.
[119] Der deutsche Gesetzgeber hat sich denn auch aus gutem Grund gegen eine Definition der Vorsorgevollmacht entschieden. „Dem Ergebnis der Erörterung mit den Expertinnen und Experten im Diskussionsprozess folgend soll auf eine ausdrückliche gesetzliche Definition der Vorsorgevollmacht verzichtet werden. Es handelt sich rechtlich um eine Vollmacht nach den §§ 164 ff. BGB, der in der Regel ein Auftrags- oder Geschäftsbesorgungsverhältnis zugrunde liegt, welches darauf ausgerichtet ist, im Falle der Aufhebung der rechtlichen Handlungsfähigkeit eine Vertretung zu ermöglichen und damit die Bestellung eines Betreuers zu vermeiden. Der Vollmachtszweck, nämlich die Vorsorge, gehört zum Innenverhältnis" (BT-Drs. 19/24445 S. 245).
[120] „Freiwillige Unterstützungsmaßnahmen sind solche, die von der Person mit Behinderung selbst festgelegt werden, wobei sie bestimmt, wer sie in welchem Umfang unterstützen soll. Jede freiwillige Unterstützungsmaßnahme kann mit den notwendigen Schutzmaßnahmen einhergehen, um sicherzustellen, dass der Wille, die Wünsche und die Präferenzen der Person jederzeit und unter allen Umständen respektiert werden" (Art. 250 Satz 3 span. CC i. d. F. des Gesetzes 8/2021 vom 2.6.2021).

Vollmacht vorsehen. Vor Gericht kann jeder das Erlöschen der Vollmacht beantragen, der auch die Einleitung eines Betreuungsverfahrens beantragen kann. Die Vorsorgevollmacht bedarf der Form der öffentlichen Urkunde; der Notar hat sie unverzüglich dem *Registro Civil* zur Eintragung in das Einzelregister des Vollmachtgebers zu übermitteln (Art. 260 a. a. O.). Der Bevollmächtigte ist befugt, Dritte mit der Wahrnehmung einer oder mehrerer bestimmter Handlungen zu betrauen (Art. 261 a. a. O.).

Unter dem englischen **Mental Capacity Act 2005** ist zwischen *attorneys* und *deputies* zu unterscheiden. Ein *deputy* (z. B. ein Anwalt) wird vom Gericht bestellt, ein *attorney* von einem Menschen, der sich um seine Zukunft sorgt. Das Gesetz nennt ihn *donor*. Der *Court of Protection* bestellt einen *deputy* grundsätzlich nur dann, wenn es an einer „dauerhaften Vollmacht" (früher *enduring*, heute *lasting power of attorney*) fehlt. Eine *lasting power of attorney* (LPA) setzt in der Person des Vollmachtgebers Volljährigkeit und *capacity* voraus.[121] Sec. 9 (1) a. a. O. definiert sie als eine Vollmacht, „under which the donor („P") confers on the donee (or donees) authority to make decisions about all or any of the following – (a) P's personal welfare or specified matters concerning P's personal welfare, and (b) P's property and affairs or specified matters concerning P's property and affairs, and which includes authority to make such decisions in circumstances where P no longer has capacity". Mental Capacity Act Code of Practice 7.32 spezifiziert, dass „a donor can make an LPA giving an attorney the right to make decisions about property and affairs (including financial matters). Unless the donor states otherwise, once the LPA is registered, the attorney is allowed to make all decisions about the donor's property and affairs even if the donor still has capacity to make the decisions for themselves. In this situation, the LPA will continue to apply when the donor no longer has capacity". Entscheidend ist also der Moment der Registrierung, nicht der Zeitpunkt, zu dem Geschäftsunfähigkeit eintritt. Der *donor* wird aber weder durch die Ausstellung der Vollmacht noch durch deren Registrierung in seinen eigenen Handlungsfähigkeiten beschränkt. Sie bleiben in dem Maße erhalten, in dem sein Gesundheitszustand eigenständiges Verhalten weiterhin erlaubt (Mental Capacity Act Code of Practice 7.34).

416

Wie Finnland[122] hat auch Schweden der hier **Zukunftsvollmacht** *(framtidsfullmakt)* genannten Vorsorgevollmacht sogar ein eigenes Gesetz gewidmet. § 1 Lag om framtidsfullmakter definiert sie als eine Vollmacht, „die jemand (der Vollmachtgeber) einer natürlichen Person (dem Bevollmächtigten) erteilt, um den Vollmachtgeber für den Fall zu vertreten, dass dieser aufgrund einer Krankheit, einer psychischen Störung, einer gesundheitlichen Beeinträchtigung oder eines ähnlichen Zustands dauerhaft und in erheblichem Umfang nicht in der Lage ist, die Angelegenheiten, auf die sich die Vollmacht bezieht, zu regeln". Eine Vorsorgevollmacht wird unter denselben gesundheitlichen Umständen wirksam, unter denen auch die sog. Angehörigenvollmacht (*anhörigfullmakt*, Kap. 17 § 1 schwed. FB) und die beiden Formen der gerichtlichen Bestellung eines Vertreters (die Verwalterschaft [*förvaltarskap*, Kap. 11 § 7 schwed. FB] und die Bestellung eines Betreuers [*god man*, Kap. 11 § 4 a. a. O.]) wirksam werden. Der Vollmachtgeber kann die Vollmacht nach der Art oder dem Wert der Angelegenheit begrenzen (§ 2 Lag om framtidsfullmakter). Sie bezieht sich nicht auf höchstpersönliche Angelegenheiten; ausgenommen sind zudem zahlreiche Maßnahmen auf dem Gebiet des Gesundheitswesens.[123] Die Vollmacht bedarf der Schriftform.

417

---

[121] Sec. 9(2) MCA 2005; *Aster Healthcare Ltd v Shafi* [2014] EWHC 77 (QB, Andrews J); zur Patientenverfügung auch *Lancashire and South Cumbria NHS Foundation Trust v Q* [2022] EWCOP 6, [2022] 2 WLUK 369 (es komme auf die *Gillick*-Kompetenz an).

[122] Laki edunvalvontavaltuutuksesta (Gesetz über die Vollmacht zur Interessenwahrnehmung) vom 25.5.2007 (648). Das Gesetz wurde bei der Vorbereitung des schwedischen Gesetzes intensiv konsultiert (schwed. Departementsserien [Öffentliche Kommissionsberichte aus der Kanzlei der Ministerien], Ds. 2014:16, S. 81–83).

[123] Dazu gehören alle Maßnahmen unter Kap. 2 § 1(1) schwed. Gesetz über die Behandlung und das Gesundheitswesen und unter § 1 schwed. Gesetz über die Zahnfürsorge (§ 2(2) Lag om framtidsfullmakter). Der Vorsorgebevollmächtigte darf im Gegensatz zu einem gerichtlich bestellten Vertreter auch nicht in die Teilnahme an klinischen Arzneimittelstudien (Kap. 7 § 3 schwed. Arzneimittelgesetz) und in

Die Urkunde muss in Anwesenheit von zwei Zeugen unterzeichnet werden, die das Dokument mit ihrer Unterschrift zu bestätigen haben (§ 4 Lag om framtidsfullmakter). Sie muss die Angabe enthalten, dass es sich um eine Vorsorgevollmacht handelt, den Bevollmächtigten benennen und seinen Aufgabenkreis bestimmen (§ 5 a. a. O.). Die Vollmacht wird auch in Schweden erst in dem Zeitpunkt wirksam, in dem der Vollmachtgeber entscheidungsunfähig geworden ist (§ 9(1) a. a. O.). Das damit verbundene Risiko des Zeitverlustes wird aber dadurch entschärft, dass es § 9(2) Lag om framtidsfullmakter *dem Bevollmächtigten* überlässt zu beurteilen, ob die Vollmacht in Geltung getreten ist. Das ist nur dann anders, wenn der Vollmachtgeber eine gerichtliche Überprüfung zur Bedingung gemacht oder der Bevollmächtigte sie beantragt hat. Sobald der Bevollmächtigte zu der Einschätzung gekommen ist, dass die Vollmacht in Geltung ist, muss er den Vollmachtgeber und seine engsten Angehörigen unverzüglich davon und von dem Inhalt der Vollmacht in Kenntnis setzen (§ 10 a. a. O.).[124] Ein ärztliches Gutachten ist nur erforderlich, falls der Vollmachtgeber eine gerichtliche Überprüfung vorgesehen hat oder der Bevollmächtigte das Gericht anruft (§§ 11 und 13 a. a. O.) und diesem nicht bereits ihm ausreichend erscheinende Informationen über den Gesundheitszustand des Vollmachtgebers vorliegen.[125] Das Gericht kann gleichzeitig die Eignung des Bevollmächtigten prüfen.[126] Wer sich auf eine nicht oder noch nicht wirksame Vorsorgevollmacht beruft, haftet Dritten gegenüber nach den allgemeinen Regeln (§ 21 a. a. O.).[127] Eine Vorsorgevollmacht verliert ihre Wirksamkeit, wenn und soweit für bestimmte Angelegenheiten gerichtlich ein Verwalter oder ein Betreuer bestellt wird (§ 27 a. a. O.). Andererseits soll eine *förvaltarskap* nur angeordnet werden, wenn der Unterstützungsbedarf nicht schon durch eine Vorsorgevollmacht bzw. eine Betreuung gedeckt wird (Kap. 11 § 7 schwed. FB).

(2) Faktische Betreuer

418 Um Menschen, die der Unterstützung bedürfen, kümmern sich im günstigsten Fall Familienangehörige oder andere dem Betroffenen nahestehende Personen, oft sogar in deren eigenem Haushalt. Das ist eine für alle Beteiligten schwierige Situation, vorwiegend natürlich körperlich und emotional, aber dann auch rechtlich, wenn der hilfebedürftige Erwachsene seinem faktischen Betreuer keine Vorsorgevollmacht ausgestellt hat und die Beteiligten auch sonst keine praxistaugliche Regelung gefunden haben.[128] Fürsorge ist das Eine, ihre Finanzierung das Andere. Deshalb greifen inzwischen mehrere europäische Rechtsordnungen auf Instrumente zurück, die es denen, die sich privat um einen nicht mehr handlungsfähigen Erwachsenen kümmern, erlauben, in seinem Namen mindestens seine alltäglichen Angelegenheiten zu erledigen und den dazu erforderlichen Aufwand aus seinem Vermögen zu bestreiten. Eine solche Vertretungsmacht kann auf einer gerichtlichen Ermächtigung beruhen, sich aber auch schon unmittelbar aus dem Gesetz ergeben. Deutschland ist zum 1.1.2023 mit der Einführung einer gegenseitigen Vertretung von Ehegatten einen ersten Schritt in diese Richtung gegangen, hat ihn aber auf Angelegenhei-

---

Eingriffe zur Gewinnung von biologischem Material für Transplantationszwecke einwilligen (§ 8 schwed. Transplantationsgesetz).

[124] Einzelheiten in Prop. 2016/17:30, S. 117.
[125] Prop. 2016/17:30 S. 119 und S. 120.
[126] Prop. 2016/17:30 S. 118.
[127] Unter § 25 schwed. Vertragsgesetz (AvtL) haftet ein Bevollmächtigter Dritten gegenüber für das Bestehen einer Vollmacht und für ihre Wirksamkeit, es sei denn, der Dritte ist bösgläubig oder es liegt ein besonderer Umstand vor, der dem Bevollmächtigten unbekannt war und von dem der Dritte auch nicht annehmen durfte, dass er dem Bevollmächtigten bekannt war. Bei einer Vollmachtsüberschreitung haftet der Vollmachtgeber nur einem gutgläubigen Dritten gegenüber (§ 11(1) AvtL; Prop. 2016/17:30 S. 126).
[128] Um nicht die *amministrazione di sostegno* (die Sachwalterschaft oder Betreuung: Art. 404 ital. CC) in Anspruch nehmen zu müssen, ist es in Italien gängige Praxis, Kinder, die ihre alt gewordenen Eltern in ihren Haushalt aufnehmen und versorgen, zu Mitinhabern des elterlichen Kontos zu machen, so dass sie von ihm die erforderlichen Beträge selbst abheben bzw. überweisen können.

ten der Gesundheitssorge beschränkt.[129] Portugal dagegen hat die Chance weithin ungenutzt gelassen, sich im Kontext der Reform des dortigen Betreuungsrechts auch ein Regelwerk für Fälle der faktischen Inobhutnahme eines Familienmitglieds zu geben.[130] Immerhin wurde aber die Rechtsstellung einer informellen Pflegeperson im Rahmen des Sozialrechts aufgewertet.[131]

Die *habilitation familiale* des französischen Rechts betrifft Personen, die „aufgrund einer medizinisch festgestellten Beeinträchtigung der geistigen oder körperlichen Fähigkeiten nicht in der Lage (sind), ihre Interessen allein wahrzunehmen, so dass sie ihren Willen nicht äußern" können (Art. 494-1 franz. CC[132]). In diesem Stadium kann ein *mandat de protection future* nicht mehr aufgesetzt werden; der Betroffene ist nicht länger in der Lage, seinen Vertreter noch selbst zu bestimmen.[133] Die Rolle, dieses Defizit zu beheben, wird nun dem *juge des tutelles* zugeschrieben. Er kann einen oder mehrere Angehörige des schutzbedürftigen Erwachsenen ermächtigen (habilitieren), ihn in dem jeweils bestimmten Umfang zu vertreten. Die *habilitation familiale* wurde durch die Ordonnance n° 2015-1288 vom 15.10.2015 portant simplification et modernisation du droit de la famille eingeführt.[134] Sie soll den *juge des tutelles* von weiteren Aufgaben entlasten und den Zusammenhalt der Familien stärken. Das Gericht tritt deshalb zurück, sobald es die Vertretung geregelt hat.[135]

419

---

[129] Durch das Gesetz zur Reform des Vormundschafts- und Betreuungsrechts vom 4.5.2021 (BGBl. I S. 882) wurde in § 1358 BGB n. F. dem nicht getrenntlebenden Ehegatten einer Person, die ihre Angelegenheiten nicht besorgen kann, in Gesundheitsangelegenheiten die Einwilligungszuständigkeit und die Vertretungsmacht zugewiesen. Die Vertretungsmacht umfasst den Abschluss von Behandlungsverträgen, Krankenhausverträgen und Verträgen über eilige Maßnahmen der Rehabilitation und der Pflege sowie die Geltendmachung von Ansprüchen, die dem vertretenen Ehegatten aus Anlass der Erkrankung gegenüber Dritten zustehen. Die Vertretungsmacht besteht nicht, wenn dem vertretenden Ehegatten oder dem behandelnden Arzt bekannt ist, dass der vertretene Ehegatte eine Vertretung ablehnt. Eine solche Ablehnung kann auch im Zentralen Vorsorgeregister eingetragen werden (BT-Drs. 19/24445 S. 156). Eine Vorsorgevollmacht geht der Ehegattenvertretung vor, desgleichen eine bereits bestellte rechtliche Betreuung. Umgekehrt kann eine Betreuerbestellung durch die Ehegattenvertretung aber auch unnötig und damit unzulässig werden (a. a. O. S. 155). Die Vertretungsmacht ist zudem zeitlich begrenzt. Sie soll „auf den Zeitraum im Anschluss an die Akutversorgung nach einem Unfall oder einer schweren Erkrankung beschränkt bleiben" (a. a. O. S. 156). Wenn abzusehen ist, dass der Ehegatte nach Ablauf der Zeit seine Angelegenheiten noch nicht selbst wird regeln können, ist Kontakt mit dem Betreuungsgericht aufzunehmen, damit rechtzeitig zum Ende des Ehegattenvertretungsrechts ein Betreuer bestellt werden kann.
[130] Das Betreuungsregime (Regime jurídico do maior acompanhado, Gesetz 49/2018 vom 14.8.2018) stellt in Art. 154(3) port. CC lediglich klar, dass auf die Handlungen der betreuten oder zu betreuenden Person, die sie vor der Bekanntgabe der Verfahrenseröffnung ausgeübt hat, das Regime der *incapacidade acidental* (der „vorübergehenden Geschäftsunfähigkeit aus irgendeinem Grund": Art. 257 port. CC) Anwendung findet.
[131] Unter Art. 3 des Gesetzes 100/2019 vom 6.9.2019 (Estatuto do Cuidador Informal) ist jemand eine zu pflegende Person, wenn er der ständigen Pflege bedarf, unterhaltsberechtigt ist und Anspruch auf bestimmte Sozialleistungen hat. Das Gesetz unterscheidet zwischen Haupt- und Nebenpflegepersonen (*cuidador informal principal* und *cuidador informal não principal*). Unter Art. 2 a. a. O. gelten als informelle Haupt- oder Nebenpflegeperson der Ehegatte, der faktische Lebenspartner, ein Verwandter oder ein Angehöriger bis zum 4. Grad der direkten oder der kollateralen Linie, je nachdem, ob die Pflegeperson die zu pflegende Person ständig oder nichtständig begleitet und pflegt, sie im selben Haushalt wie die zu pflegende Person lebt oder die Pflegeperson vergütet wird. Die informellen Pflegepersonen bedürfen der Anerkennung durch die zuständige Behörde, um die gesetzlich vorgesehenen sozialen Subsidien, Vergünstigungen und sonstigen Unterstützungsmaßnahmen beantragen zu können (Art. 4 a. a. O.).
[132] „Lorsqu'une personne est dans l'impossibilité de pourvoir seule à ses intérêts en raison d'une altération, médicalement constatée soit de ses facultés mentales, soit de ses facultés corporelles de nature à empêcher l'expression de sa volonté, le juge des tutelles peut habiliter une ou plusieurs personnes choisies parmi ses ascendants ou descendants, frères et sœurs ou, à moins que la communauté de vie ait cessé entre eux, le conjoint, le partenaire auquel elle est liée par un pacte civil de solidarité ou le concubin à la représenter, à l'assister dans les conditions prévues à l'article 467 ou à passer un ou des actes en son nom dans les conditions et selon les modalités prévues à la présente section et à celles du titre XIII du livre III qui ne lui sont pas contraires, afin d'assurer la sauvegarde de ses intérêts. La personne habilitée doit remplir les conditions pour exercer les charges tutélaires. Elle exerce sa mission à titre gratuit".
[133] *Marais*, Droit des personnes[4], S. 300 Rdnr. 385.
[134] JORF Nr. 0240 vom 16.10.2015.
[135] *Batteur und Mauger-Vielpeau*, Droit des personnes[11], S. 597, Rdnr. 1474.

Die *habilitation familiale* muss allerdings nicht stets in Gestalt einer an die *tutelle* angelehnten Vertretung *(représentation)* organisiert sein. Sie kann nach dem Vorbild der *curatelle* auch als Unterstützung *(assistance)* konzipiert werden.[136]

420 Die *guarda de hecho* ist eine informelle Unterstützungsmaßnahme für Fälle, in denen es an einer freiwilligen oder gerichtlichen Unterstützungsmaßnahme fehlt (Art. 250 Satz 4 span. CC). Sie ist Gegenstand der Artt. 263–267 span. CC. Die Funktion eines „tatsächlichen Betreuers" bleibt, wenn sie ordnungsgemäß ausgeübt wurde, auch erhalten, wenn freiwillige oder gerichtliche Unterstützungsmaßnahmen zwar eingeleitet sind, aber nicht oder noch wirksam durchgeführt werden (Art. 263 a. a. O.). Unter Art. 264 span. CC muss ein *guardador de hecho,* der seinen Aufgaben in einer bestimmten Situation nur nachkommen kann, wenn er mit Vertretungsmacht ausgestattet ist, eine entsprechende gerichtliche Genehmigung beantragen; die behinderte Person ist dazu gerichtlich anzuhören. Das Gericht erteilt Vertretungsmacht (nur) in dem jeweils erforderlichen Umfang. Sie kann eine oder mehrere Handlungen umfassen, und sie muss im Einklang mit dem Willen, den Wünschen und den Präferenzen der behinderten Person ausgeübt werden. Einer gerichtlichen Genehmigung bedürfen immer die in Art. 287 span. CC aufgeführten Handlungen, darunter in Vermögensangelegenheiten die Veräußerung und Belastung von Grundstücken, unentgeltliche Verfügungen, der Verzicht auf Rechte, die Annahme und der Verzicht auf eine Erbschaft, Klageerhebungen, die Vermietung von Sachen des behinderten Menschen, die Gewährung und die Inanspruchnahme von Kredit sowie Forderungsabtretungen. Keiner gerichtlichen Genehmigung bedarf dagegen die Annahme einer finanziellen Zuwendung an den Behinderten, sofern sie nicht zu einer wesentlichen Änderung seiner Lebensweise führt. Der *guardador* ist außerdem zu Rechtshandlungen befugt, die nur von geringer finanzieller Bedeutung sind und keine besondere persönliche oder familiäre Bedeutung haben.

421 Das tschechische Recht der **Vertretung durch ein Mitglied des Haushalts** (§ 49 tschech. BGB[137]) hat sein Vorbild in den (inzwischen aufgehobenen) §§ 284b ff österr. ABGB a. F. Der Betroffene darf keinen anderen Vertreter, Betreuer oder Vermögensverwalter haben, und es muss ein Haushaltsmitglied (Eltern, Kinder, Geschwister, Ehe- oder registrierter Partner, Mitbewohner in häuslicher Gemeinschaft seit drei Jahren) vorhanden sein; nur Eltern und Kinder müssen mit dem Betroffenen nicht in häuslicher Gemeinschaft leben. Die Vertretungsmacht beruht weder auf Vertrag noch auf Gesetz; sie muss auf Antrag des Vertreters, der zuvor eine Rücksprache mit dem Vertretenen versucht hat, vom Gericht begründet werden. Auch das Gericht hat so gut wie möglich die Auffassung des Vertretenen zu eruieren, und zwar unter Anwendung der von diesem gewählten Verständigungsweise (§ 50 tschech. BGB). Die Entscheidung des Gerichts ist konstitutive Entstehungsvoraussetzung der Vertretungsmacht. Sie bleibt auf die in den Lebensverhältnissen des Vertretenen „üblichen" Angelegenheiten beschränkt; „gewöhnliche Angelegenheiten des Alltags" (Lebensmitteleinkauf etc.) regelt er, soweit er dazu imstande ist, weiterhin selbst (§ 52 a. a. O.). Die Abgrenzung ist nicht immer ganz klar, weil z. B. die Bestellung von Ware im Internet auch dann keine „übliche" Angelegenheit sein dürfte, wenn sie sich auf eine „gewöhnliche" Angelegenheit bezieht. Über das Konto des Vertretenen darf der Vertreter nur verfügen, wenn der Betrag das gesetzlich fixierte Lebensminimum nicht überschreitet. Die Vertretung durch das Mitglied des Haushalts erlischt unter § 54 a. a. O., wenn der Vertreter sie aufgibt, der Vertretene die Vertretung im Zustand der Geschäfts-

---

[136] *Marais* a. a. O. S. 300 Rdnr. 386.
[137] § 49(1) tschech. BGB: „Hindert eine Störung der Geistestätigkeit einen Volljährigen, der keinen anderen Vertreter hat, daran, selbständig Rechtsgeschäfte vorzunehmen, kann er von seinen Abkömmlingen, Vorfahren, Geschwistern, Ehegatten oder einer Person, die mit dem Vertretenen vor der Entstehung der Vertretung mindestens drei Jahre lang in häuslicher Gemeinschaft gelebt hat, vertreten werden. (2) Der Vertreter gibt dem Vertretenen zur Kenntnis, dass er ihn vertreten wird, und erläutert ihm verständlich die Natur und die Folgen der Vertretung. Wird sie von dem Menschen, der vertreten werden soll, abgelehnt, so entsteht die Vertretung nicht; für die Ablehnung genügt die Fähigkeit, Wünsche zu äußern".

fähigkeit ablehnt oder einen „Vertrag über den Beistand bei Entscheidungen" (§ 54(2) a. a. O.) abschließt und in ihm zum Ausdruck bringt, keine Vertretung zu wünschen (andernfalls können beide Instrumente nebeneinander bestehen), außerdem dann, wenn das Gericht einen Betreuer bestellt.

Unter dem neu gefassten **§ 268 österr. ABGB** kann eine volljährige Person seit 2017 in den in § 269 angeführten Angelegenheiten[138] von einem oder mehreren nächsten Angehörigen[139] vertreten werden, soweit sie diese Angelegenheiten aufgrund einer psychischen Krankheit oder einer vergleichbaren Beeinträchtigung ihrer Entscheidungsfähigkeit nicht ohne Gefahr eines Nachteils für sich selbst besorgen kann, dafür keinen Vertreter hat[140], einen solchen nicht mehr wählen kann oder will und der gesetzlichen Erwachsenenvertretung nicht vorab widersprochen und diesen Widerspruch im Österreichischen Zentralen Vertretungsregister hat registrieren lassen. Der Begriff des „gesetzlichen Erwachsenenvertreters" macht deutlich, dass es hier um eine gesetzliche Vertretungsmacht geht; er bedarf also gerade keiner gerichtlichen Bestellung. Vorausgesetzt wird aber natürlich eine enge familiäre Bindung und außerdem, dass der behinderte Erwachsene mit dem bzw. den Angehörigen bereits seit drei Jahren in einem gemeinsamen Haushalt lebt. 422

Auch die (ungenau) sog. **Angehörigenvollmacht** *(anhörigfullmakt)* des schwedischen Rechts beruht unmittelbar auf Gesetz. Unter Kap. 17 § 1 schwed. FB ist ein volljähriger (und nicht selbst unter Verwalterschaft oder Betreuung stehender) Angehöriger befugt, für die betroffene Person und in ihrem Namen die üblichen Rechtshandlungen des täglichen Lebens vorzunehmen. Der Betroffene darf aufgrund einer Krankheit, einer psychischen Störung, eines geschwächten Gesundheitszustands oder eines ähnlichen Zustands offensichtlich *(uppenbart)* nicht mehr in der Lage sein, seine finanziellen Angelegenheiten selbst zu regeln. Der Angehörige beurteilt selbst, ob der Betroffene in einem solchen Zustand ist. Denn wenn jemand bereit sei, einem Familienmitglied zu helfen, dann, so die Gesetzesbegründung, stünden sie ohnehin im ständigen Dialog. Vielfach bestehe zudem Kontakt zu Ärzten und Pflegepersonen. Deshalb sei ein medizinischer Nachweis nicht erforderlich.[141] Das Risiko einer Fehleinschätzung trägt im Außenverhältnis der Vertreter.[142] Die Vertretungsmacht ist auf alltägliche finanzielle Angelegenheiten und gewöhnliche Rechtshandlungen begrenzt. Es geht beispielsweise um Zahlungen für die Wohnung, den Transport, Sozialleistungen, Telefonabonnements und Versicherungen. Alles hängt von der Lebenssituation und den Bedürfnissen des Betroffenen ab. Nicht erfasst sind größere Anschaffungen (der Kauf eines Autos oder einer Immobilie), ebenso wenig Schenkungen und die Vertretung vor Gericht.[143] „Angehörige" sind unter Kap. 17 § 2(1) FB in absteigender Reihenfolge Ehepartner und Lebensgefährten[144], Kinder, Enkelkinder, Eltern, Geschwister und Nichten und Neffen. Nachrangige Angehörige kommen erst zum Zuge, wenn es keine vorrangigen (mehr) gibt. Halbgeschwister sind berechtigt, Stiefeltern und Stiefkinder nicht. Angehörige, deren Aufenthaltsort unbekannt ist, scheiden aus der Liste der Berechtigten 423

---

[138] Es handelt sich u. a. um die Verwaltung von Einkünften, Vermögen und Verbindlichkeiten, um den Abschluss von Rechtsgeschäften zur Deckung des Pflege- und Betreuungsbedarfs und um den Abschluss von medizinischen Behandlungsverträgen.

[139] Das sind unter § 269(2) österr. ABGB „Eltern und Großeltern, volljährige Kinder und Enkelkinder, Geschwister, Nichten und Neffen der volljährigen Person, ihr Ehegatte oder eingetragener Partner und ihr Lebensgefährte, wenn dieser mit ihr seit mindestens drei Jahren im gemeinsamen Haushalt lebt, sowie die von der volljährigen Person in einer Erwachsenenvertreter-Verfügung bezeichnete Person".

[140] Eine gerichtlich bestellte Erwachsenenvertretung schließt die gesetzliche aus. Denn in diesem Fall „hat" der Betroffene bereits einen Vertreter (OGH 26.5.2021, 8 Ob 49/21w, RIS-Justiz).

[141] Prop. 2016/17:30 S. 95.

[142] Der Angehörige haftet gutgläubigen Dritten gegenüber auf den Bestand und den Umfang seiner Vertretungsmacht (Kap. 17 § 6 FB).

[143] Prop. 2016/17:30 S. 136.

[144] Eine nichteheliche Lebensgemeinschaft kann auch dann bestehen, wenn sich eine der Parteien im Krankenhaus oder in einer Pflegeeinrichtung befindet (Prop. 2002/03:80, S. 46; HD 17.2.1994, NJA 1994 S. 61). Auch der Umstand, dass das Paar Zugang zu zwei verschiedenen Wohnungen hat, schließt das Bestehen einer Lebensgemeinschaft nicht aus (HD 28.4.1994, NJA 1994 S. 256).

aus. Gehören zwei oder mehr Angehörige zu derselben Kategorie, vertreten sie den Betroffenen gemeinsam. Sie können sich wechselseitig bevollmächtigen (Abs. (2) a. a. O.). Die entsprechenden Vollmachten sollen schriftlich abgefasst werden, um sie bei Bedarf Dritten vorlegen zu können.[145] Angehörige derselben Kategorie können sich aber auch gegenseitig blockieren, indem sie der Wahrnehmung der Vertretungsmacht des oder der anderen widersprechen.[146] Niemand ist verpflichtet, die Aufgabe zu übernehmen oder weiterzuführen.[147] Die *anhörigfullmakt* ist sowohl der Vorsorgevollmacht *(framtidsfullmakt)* als auch der gerichtlich eingerichteten Verwalterschaft und der rechtlichen Betreuung subsidiär (Kap. 17 § 3 FB). Soweit sie konkurrieren, tritt die Angehörigenvertretung zurück. Es ist aber denkbar, dass beide Vertretungsregime nebeneinander bestehen, etwa so, dass der Angehörigenvertreter die alltäglichen und ein gerichtlich bestellter Vertreter die außergewöhnlichen finanziellen Angelegenheiten besorgt.[148]

(3) Staatlich bestellte Vertreter

424 Zur Integration behinderter Erwachsener in den privaten Rechtsverkehr stellt der Staat Infrastruktur zur Verfügung. Das geschieht sowohl in Wahrnehmung seiner Fürsorgepflicht für die Schwachen als auch im Interesse ihrer auf Rechtssicherheit bedachten Vertragspartner. Manchmal genügt bereits ein angemessener gesetzlicher Rahmen, den die Beteiligten nach ihrem Gutdünken ausfüllen können. In anderen Fällen werden Gerichte oder Behörden (nur) tätig, um eine privat in die Wege geleitete Lösung zu bestätigen. An den unterschiedlichen Herangehensweisen an Vorsorgevollmachten und Angehörigenvertretung ließ sich beides bereits beobachten. Wenn eine Rechtsordnung ihren Bürgern diese Instrumente aber entweder gar nicht erst anbietet, sie nicht wahrgenommen oder im Einzelfall als nicht ausreichend angesehen werden, bedarf es der staatlich organisierten Bestellung eines Erwachsenenvertreters. Dass auch bei ihr Wünsche des Vertretenen nach Möglichkeit berücksichtigt werden, ändert an dem Unterschied nichts. Nicht der Wille des Vertretenen oder seine faktische Einbindung in einen stabilen familiären Kontext bilden den Ausgangspunkt. Konstitutiv ist vielmehr eine hoheitliche Einzelfallentscheidung. Als ein Akt des öffentlichen Rechts unterliegt sie dem allgemeinen Verhältnismäßigkeitsprinzip.[149] Staatlich eingerichtete Vertretung sollte privater Vor- und Fürsorge grundsätzlich den Vortritt lassen. Allerdings schrecken viele potentielle Vertragspartner vor Rechtsgeschäften mit einem geistig behinderten Erwachsenen zurück, wenn dessen Vertreter seine Vertretungsmacht nicht mit einer öffentlichen Urkunde nachweisen kann. Eines solchen Nachweises bedarf es insbesondere dann, wenn das Gericht bzw. die Behörde auf jemanden zurückgreifen musste, der mit dem Betroffenen in keiner persönlichen Beziehung steht. Staatlich eingerichtete Erwachsenenvertretung kann Gegenstand beruflicher Tätigkeit[150] und eine gute Einkommensquelle sein. Die Kompetenzen eines staatlich bestellten Erwachsenenvertreters sind genormt; desgleichen die Kompetenzen eines staatlich bestätigten Angehörigenvertreters. Dagegen hängt es im Wesentlichen vom Willen des Vollmacht-

---

[145] Prop. 2016/17:30 S. 137.
[146] A. a. O. S. 92.
[147] A. a. O. S. 137–138.
[148] A. a. O. S. 85 und 138.
[149] Cass. civ. 7.11.2012, Nr. 11–17.311, RTD civ. 2013 S. 89, Anm. *Jean Hauser* („Nachdem das Berufungsgericht festgestellt hatte, dass aus den ausführlichen ärztlichen Bescheinigungen der Ärzte C, Z und A hervorgeht, dass Frau Célia X ständig geschützt werden muss, hat es die *tutelle* aufgrund einer souveränen Beurteilung aufrechterhalten, indem es feststellte, dass keine weniger zwingende Maßnahme [*mesure contraignante*] ihre Interessen ausreichend wahren kann; seine Entscheidung ist somit rechtlich gerechtfertigt").
[150] Cass. civ. 7.11.2012 a. a. O. („Das Berufungsgericht hat, ohne sich zu widersprechen und unter Berücksichtigung der Interessen der geschützten Person, die Notwendigkeit charakterisiert, einen Dritten mit der Vormundschaft zu betrauen, indem es feststellte, dass die Komplexität der zu ergreifenden Maßnahmen auf vermögensrechtlicher Ebene und die Notwendigkeit, einen praktikablen und sachlichen Lebensentwurf unter Berücksichtigung der schweren psychischen Problematik von Célia auszuarbeiten, die Ernennung eines professionellen Bevollmächtigten als Vormund [*tuteur*] erforderlich machte").

gebers ab, auf welche Angelegenheiten sich die Vertretungsmacht des Vorsorgebevollmächtigten bezieht.

Ein Staat, der seine der freien Willensbildung unfähigen Bürger immer noch entmündigt, **425** bestellt zu ihrer Vertretung einen **Vormund.** Das ist das Mindeste, was zum Erhalt der Rechtsfähigkeit der Betroffenen geschehen muss. Das Problem ist nicht die Bestellung eines Vertreters, sondern der Umstand, dass sie auf einen hoheitlichen Entzug der Geschäftsfähigkeit reagiert und seiner Logik folgt. Entmündigungen sind menschenrechtlich inakzeptabel, weil sie stigmatisieren und weil von ihnen jedenfalls dort, wo Alternativen fehlen, i. d. R. zu häufig und voreilig Gebrauch gemacht wird.[151] Erwachsenenvertretung in Gestalt der Vormundschaft wird deshalb durchweg als die einschneidendste Form der Fremdbestimmung wahrgenommen. Das **polnische** FVGB z. B. kennt Vormunde nicht nur für Minderjährige, die nicht unter elterlicher Gewalt stehen (Waisen), sondern auch für vollständig entmündigte Erwachsene. Die Vorschriften über die elterliche Sorge finden im Recht der Vormundschaft entsprechende Anwendung (Art. 155 § 2 poln. FVGB). Ein Vormund ist selbst dann zu bestellen, wenn sich der Betroffene rein tatsächlich bereits in zufriedenstellender Obhut befindet; eine gesetzliche Erwachsenenvertretung existiert nicht. Das System ist veraltet; es bleibt auch in diesen Punkten hinter den modernen Entwicklungen zurück.[152] Es kommt aus polnischer Sicht nicht einmal darauf an, ob für den Betroffenen überhaupt Rechtsgeschäfte getätigt werden müssen.[153] Bis ein Vormund gefunden und bestellt wurde, kann das Gericht vorübergehend einen Kurator einsetzen (Art. 147 a. a. O.). Unter Art. 176 a. a. O. werden zum Vormund eines vollständig entmündigten Erwachsenen zwar vorzugsweise sein Ehegatte, andernfalls sein Vater oder seine Mutter bestellt. Es kommen aber auch dritte Personen in Betracht. Wer vom Vormundschaftsgericht zum Vormund bestellt wird, ist verpflichtet, die Vormundschaft zu übernehmen; davon kann ihn aus wichtigem Grund nur das Vormundschaftsgericht wieder befreien (Art. 152 a. a. O.). Der Vormund hat die Vormundschaft sogar im Wege der Eidesleistung zu übernehmen (Art. 153 poln. FVGB). Er tritt ein quasi öffentliches Amt an. Er hat nicht einmal nur zum Wohle des Mündels, sondern auch im „gesellschaftlichen Interesse" wahrzunehmen (Art. 154 poln. FVGB). Der Vormund unterliegt ständiger Aufsicht des Vormundschaftsgerichts (Art. 155 § 1 poln. FVGB), das er in allen wesentlichen Angelegenheiten um Erlaubnis bitten muss (Art. 156 poln. FVGB). Für lediglich teilentmündigte, für behinderte und für Personen, die sich in einer psychiatrischen Einrichtung aufhalten[154], wird unter Artt. 178, 179 FVGB ein staatlich vergüteter Pfleger bestellt. Er wird i. d. R. nur zeitlich begrenzt (die Vormundschaft ist zeitlich unbegrenzt) und nur für einen bestimmten Aufgabenkreis benötigt. Die gesetzliche Pflegschaft beruht gleichfalls auf einem staatlichen Rechtstitel, gilt aber als ein eigenständiges System der „Obhut über eine bestimmte Person oder ihr Vermögen".[155]

In Griechenland spricht man zwar nicht mehr von Entmündigung und Vormundschaft. **426** Die „volle geschäftsfähigkeitsbeschränkende rechtliche Betreuung" *(Pléres Steretiké Dikastiké Symparástase)* ist von ihnen aber kaum zu unterscheiden; auch sie entzieht einer psychisch kranken Person das Recht, irgendein Rechtsgeschäft selbst zu tätigen (Artt. 128 Nr. 2,

---

[151] Oben Rdnr. 332.
[152] Den Unterschied zeigen eindrucksvoll auch die §§ 271 und 272 österr. ABGB. Unter § 271 a. a. O. ist einer volljährigen Person vom Gericht auf ihren Antrag oder von Amts wegen nur „insoweit ein gerichtlicher Erwachsenenvertreter zu bestellen, als 1. sie bestimmte Angelegenheiten aufgrund einer psychischen Krankheit oder einer vergleichbaren Beeinträchtigung ihrer Entscheidungsfähigkeit nicht ohne Gefahr eines Nachteils für sich selbst besorgen kann, 2. sie dafür keinen Vertreter hat, 3. sie einen solchen nicht wählen kann oder will und 4. eine gesetzliche Erwachsenenvertretung nicht in Betracht kommt". Und unter § 272 a. a. O. darf ein gerichtlicher Erwachsenenvertreter „(1) nur für einzelne oder Arten von gegenwärtig zu besorgenden und bestimmt zu bezeichnenden Angelegenheiten bestellt werden. (2) Nach Erledigung der übertragenen Angelegenheit ist die gerichtliche Erwachsenenvertretung einzuschränken oder zu beenden. Darauf hat der Erwachsenenvertreter unverzüglich bei Gericht hinzuwirken".
[153] *Smyczyński* (-*Smyczyński und Strzebinczyk*), System Prawa Rodzinnego XII[2], S. 835–836 Rdnr. 11.
[154] *Pietrzykowski* (-*Gajda*), Kodeks rodzinny i opiekuńczy[7], Art. 178 Rdnr. 1.
[155] *Haak und Haak-Trzuskawska*, Opieka i kuratela[2], Art. 178 Rdnr. 1.

1676(1) gr. ZGB). Es wäre absolut nichtig (Art. 130 gr. ZGB). Deshalb wird der Betroffene bei Fehlen einer wirksamen Vorsorgevollmacht durch einen gerichtlich bestellten Betreuer vertreten (Art. 1666 gr. ZGB).[156] Die „teilweise geschäftsfähigkeitsbeschränkende rechtliche Betreuung" nimmt dem Betroffenen (nur) das Recht, einen vom Gericht im Einzelnen näher bestimmten Kreis von Rechtsgeschäften zu tätigen (Art. 1676(1) gr. ZGB). Wer sich unter Teilentzugsbetreuung befindet, kann vom Gericht z. B. in der Fähigkeit eingeschränkt worden sein, besonders aufgelistete Arten von Vermögensgegenständen zu übertragen, so dass sich die Vertretungsmacht des Betreuers auf sie beschränkt. Der Betreuer selbst kann wiederum an den Co-Konsens eines **Aufsichtsgremiums** gebunden sein. Unter griechischem Recht wird für Personen, die unter geschäftsfähigkeitsbeschränkender rechtlicher Betreuung stehen, ein drei- bis fünfköpfiger Überwachungsausschuss *(Εποπτικό Συμβούλιο)* gebildet (Art. 1634 gr. ZGB).[157] Es setzt sich aus Menschen aus dem Verwandten- oder Freundeskreis des Betroffenen zusammen. Der Ausschuss überwacht die Entscheidungen des rechtlichen Betreuers im Rahmen der ihm (dem Aufsichtsgremium) vom Gericht ausdrücklich zugewiesenen Befugnisse. Über Meinungsverschiedenheiten zwischen Betreuer und Ausschuss entscheidet das Gericht, entweder auf Antrag des Betreuers, einer Person, die an der Entscheidung ein rechtliches Interesse hat, oder auch von Amts wegen (Art. 1642 gr. ZGB). Der Ausschuss prüft Ausgaben und Belege (Art. 1643 a. a. O.); er wird von der Sozialbehörde unterstützt (Art. 1645 a. a. O.).

427 An staatliche Geschäftsfähigkeitsbeschränkungen knüpft auch noch die Verwalterschaft *(förvaltarskap,* Kap. 11 § 7 FB) des **schwedischen Rechts** an.[158] Es können gleichzeitig mehrere Personen zum *förvaltare* bzw. *god man* bestellt werden. Die Vormundschaftsbehörde *(överförmyndare)* entscheidet, ob die Vermögensverwaltung in einem solchen Fall gemeinschaftlich oder zwar einzeln, aber nach bestimmten Angelegenheiten oder Vermögenswerten getrennt zu erfolgen hat (Kap. 12 § 12 FB). Das **italienische** Recht unterscheidet zwischen der vollständigen Entmündigung *(interdizione,* Art. 414 ital. CC), der teilweisen Entmündigung *(inabilitazione,* Art. 415 ital. CC) und der Sachwalterschaft/Betreuung *(amministrazione di sostegno,* Art. 404 ital. CC).[159] Im Falle einer Entmündigung verliert die entmündigte Person ihre Handlungsfähigkeit in dem entsprechenden Umfang. Der Vormund tritt an ihre Stelle (Artt. 424, 357 ital. CC). Ein Sachwalter (Betreuer) dagegen tritt an ihre Seite. Das Gericht hat in seinem Dekret nicht nur konkret anzugeben, „welche Rechtsgeschäfte der Betreuer im Namen und auf Kosten des Betreuten abschließen kann" (Art. 405(5)(3)), sondern auch „die Rechtsgeschäfte" zu präzisieren, „die der Betreute unter Mitwirkung des Betreuers abschließen kann" (Art. 405(5)(4) ital. CC). Der Betreute bleibt mithin in diesem Rahmen handlungsfähig. Gleichzeitig liegt dem System der Gedanke zugrunde, dass ein Betreuer im Grundfall ohne Vertretungsmacht agiert. Das ist nur dann anders, wenn das Gericht ihm für bestimmte Angelegenheiten ausdrücklich Vertretungsmacht einräumt.

428 Unter dem erneuerten **portugiesischen Betreuungsregime** (Art. 138 port. CC) wird eine Betreuung grundsätzlich von dem Begünstigten selbst oder mit seiner Zustimmung von seinem Ehegatten, Lebenspartner oder seinen erbberechtigten Verwandten beantragt. Immer noch ist aber auch die Staatsanwaltschaft zur Beantragung von Betreuungsmaßnahmen befugt, und zwar unabhängig von der Zustimmung des betroffenen Erwachsenen (Art. 141(1) port. CC). Das Gericht kann zudem die Zustimmung des Begünstigten zu

---

[156] Siehe dazu Areopag 1042/2017, Isokrates-Datenbank (der rechtliche Betreuer handelt als gesetzlicher Vertreter des Betreuten; eine in seinem Namen abgegebene Erklärung des Betreuers wirkt „sofort" für und gegen den Betreuten) und Areopag 345/2015, Isokrates-Datenbank (die Verträge desjenigen, der unter rechtliche Betreuung gestellt wird, enden; das gilt auch für die Verpflichtung, auf ein Gemeinschaftskonto einzuzahlen; die Pflichten der anderen Beteiligten bleiben davon unberührt).
[157] Einen solchen Überwachungsausschuss kann und muss auch ein deutsches Gericht einrichten, wenn griechisches Betreuungsrecht zur Anwendung kommt: BGH 18.8.2021, FamRZ 2021 S. 1918 m. Anm. *von Hein* und *Gialeli*.
[158] Oben Rdnr. 339.
[159] Oben Rdnrn. 148 und 332.

einem Antrag aus seiner Familie ersetzen, was ein nicht geringes Risiko impliziert. Das Gericht ist nicht an die gestellten Anträge gebunden. Es kann zugunsten des Betreuers eine allgemeine, aber auch eine beschränkte Vertretungsmacht begründen. Das Gericht listet dann ausdrücklich auf, für welche Handlungskategorien sie eingerichtet wird (Art. 145(2)(b) port. CC). Bei Schwerstbehinderten, Menschen im Wachkoma, unheilbar Demenzkranken im fortgeschrittenen Stadium und in vergleichbar schwerwiegenden Fällen kommt nur eine Erwachsenenvertretung in Betracht, die dem System der Vormundschaft (Art. 145 (4) port. CC) folgt.[160] Das ist die *tutela,* ihrerseits „eigentlich" das Instrument zur Substitution elterlicher Gewalt (Artt. 1927–1962 a. a. O.).

Das moderne **spanische** Recht vermeidet dagegen ganz bewusst jeden Bezug auf die Vormundschaft. Es ist mit großem Einfühlungsvermögen in die Nöte Hilfebedürftiger geschrieben worden. Seit der Reform durch das Gesetz 8/2021 vom 2.6.2021 kennt das spanische Recht nur noch den ***defensor judicial de la persona con discapacidad*** (Artt. 295–298 span. CC). Seine Bestellung gehört zu den Unterstützungsmaßnahmen mit rechtlichem oder gerichtlichem Ursprung. Sie werden nur durchgeführt, wenn der Betroffene keinen oder in Bezug auf die jeweilige Angelegenheit keinen ausreichenden eigenen Willen bilden kann und auch die faktische Inobhutnahme durch die Familie nicht die erforderliche Unterstützung gewährleistet (Artt. 249(1), 255(5) a. a. O.). Es zeigen sich deutliche Parallelen zu der österreichischen Reform.[161] Ein *defensor judicial* wird nicht bestellt, wenn mehrere Personen mit der Unterstützung betraut wurden, es sei denn, keine von ihnen ist ihrer Aufgabe gewachsen oder das Gericht hält die Einsetzung eines „Verteidigers" aus anderen Gründen für erforderlich (Art. 296 a. a. O.). Unter Art. 295(5) a. a. O. ist nach Anhörung des Hilfebedürftigen derjenige als *defensor judicial* einzusetzen, „der am besten in der Lage ist, den Willen, die Wünsche und Vorlieben der Person mit einer Behinderung zu respektieren, zu verstehen und auszulegen". **429**

Fremdbestimmung durch einen gerichtlich bestellten Erwachsenenvertreter kennt auch das englische Recht. Auch sie begründet aber nicht etwa einen rechtlichen Fähigkeitsmangel, sondern setzt *lack of mental capacity* voraus. Der Court of Protection bestellt unter sec. 19 Mental Capacity Act 2005 einen **deputy** zum Vertreter (Abs. (6) a. a. O.) des eigenartigerweise stets als „P" (offenbar von *person:* secs. 4A(1) und 16(1) a. a. O.) bezeichneten Betreuten. Der Betreuer darf den Betreuungsauftrag ablehnen (sec. 19(3) a. a. O.). In Vermögensangelegenheiten kann neben einer volljährigen natürlichen Person auch eine *trust corporation* zum *deputy* bestimmt werden (sec. 19(1)(b) a. a. O.). Die natürliche Person muss mit dem Betreuten nicht verwandt sein. Es gibt auch keine diesbezügliche Vorrangregel; berufliche Betreuung (z. B. durch einen Anwalt) ist gang und gäbe. Auch der Betreute muss das achtzehnte Lebensjahr vollendet haben, was aber eine frühere Betreuerbestellung nicht ausschließt, wenn schon zu diesem Zeitpunkt so gut wie sicher ist, dass der Betroffene bei Erreichen der Volljährigkeit (weiterhin) entscheidungsunfähig sein wird (sec. 16(2) und (3) a. a. O.). Vor allem aber ist die Bestellung eines *deputy* die *ultima ratio.* Ein *deputy* ist grundsätzlich nur dann einzusetzen, wenn der Betreute keine *enduring* bzw. *lasting power of attorney* aufgesetzt hat.[162] Unter sec. 16(4) a. a. O. hat das Gericht aber auch dann nicht nur zu bedenken, dass „(b) the powers conferred on a deputy should be as limited in scope and duration as is reasonably practicable in the circumstance", sondern auch, dass „(a) a decision by the court is to be preferred to the appointment of a deputy to make a decision". Damit ist eine auf Antrag (sec. 50 MCA 2005) ergehende Einzelfallentscheidung in der jeweiligen Angelegenheit gemeint. „Where possible, the court should make the decision itself in preference to appointing a deputy" (Mental Capacity Act Code of Practice 8.26). „If a person who lacks capacity to make decisions about property and affairs has not made an EPA or LPA, applications to the court are necessary: for dealing with cash assets over a **430**

---

[160] Menezes Cordeiro (-*Menezes Cordeiro*), Código Civil Comentado I, Art. 145 S. 402 Rdnrn. 1 und 2.
[161] Oben Fn. 152.
[162] Siehe dazu schon oben Rdnr. 416.

specified amount that remain after any debts have been paid, for selling a person's property, or where the person has a level of income or capital that the court thinks a deputy needs to manage" (a. a. O. 8.35).

431 Das deutsche Recht schließlich operiert mit dem Konzept der **rechtlichen Betreuung.** Es trägt (seit 1998[163]) diesen Namen um klarzustellen, dass es nicht um tatsächliche Hilfeleistungen geht.[164] Eine rechtliche Betreuung bezieht sich wie die *amministrazione di sostegno* des italienischen Rechts (Art. 404 ital. CC) stets nur auf bestimmte Aufgabenbereiche (§ 1815(1)(1) dt. BGB n.F.; § 1896(2)(1) a. F. sprach ungenauer noch von „Aufgabenkreisen"), in denen der Betreuer den erwachsenen Betreuten vertritt (§ 1902 a.F.; § 1823 n.F.). Die rechtliche Betreuung des deutschen Rechts ist beides in einem: eine staatliche Sozialleistung, auf die der Betroffene einen im öffentlichen Recht wurzelnden Anspruch hat, und eine staatlich organisierte Fremdbestimmung.[165] Es dürften pro Jahr im Schnitt etwa 200.000 Betreuer neu bestellt werden.[166] Der Betroffene muss unter einer ärztlich attestierten (§ 280 dt. FamFG) Krankheit oder Behinderung (§ 1814(1) dt. BGB n.F.) leiden und deshalb seine Angelegenheiten ganz oder teilweise nicht besorgen können.[167] Sofern er noch einen freien Willen bilden kann, kann er sich der Betreuung widersetzen (§ 1896(1a) dt. BGB; § 1814(2) n.F.). Die Betreuung steht deshalb gewissermaßen „zwischen" einer Vollmacht und einer an das Modell der elterlichen Sorge angelehnten, aber staatlich organisierten Vertretung.[168] Ein Betreuer darf nur für Aufgaben bestellt werden, zu deren Erledigung eine Betreuung erforderlich ist (§§ 1896(2), 1908d(3) a.F., §§ 1814(3), 1781(3) n.F.). Deshalb kann eine Vorsorgevollmacht die Anordnung einer Betreuung überflüssig machen. Bei körperlichen Behinderungen wird ein Betreuer grundsätzlich nur auf Antrag des Betroffenen bestellt, es sei denn, die körperliche Behinderung hindert ihn daran, seinen Willen zu äußern (§ 1896(1)(3) a.F.; § 1814(4) Satz 2 n.F.).[169] Die Anordnung einer Betreuung lässt die Geschäftsfähigkeit unberührt. Zum Betreuer wird grundsätzlich eine natürliche Person bestellt, nach Möglichkeit die Person, die der Volljährige selbst vorschlägt, andernfalls eine ihm verwandtschaftlich oder sonst persönlich verbundene Person. Eine berufliche Betreuung (z.B. durch einen Anwalt) wird nur eingerichtet, wenn sonst niemand bereitsteht, die Betreuung ehrenamtlich zu übernehmen (§ 1897(6) a.F., § 1816 (5) n.F.). Die Bestellung mehrerer Betreuer für verschiedene Aufgabenkreise ist möglich (§ 1899 a.F., § 1817 n.F.), aber eingeschränkt, falls jeder dieser Betreuer eine Vergütung erhalten würde (§ 1817(1) Satz 3 n.F.). In Ausnahmefällen kann das Gericht auch einen Betreuungsverein oder sogar eine Behörde zum Betreuer bestellen (§ 1900 a.F., § 1818 n.F.). Natürliche Personen sind im Rahmen des Zumutbaren zur Übernahme der Betreuung verpflichtet, allerdings nur, wenn sie sich vor ihrer Bestellung zur Übernahme der Betreuung bereit erklärt haben (§ 1898 a.F., § 1819 n.F.).

---

[163] Die Änderung geht auf das Gesetz zur Änderung des Betreuungsrechts sowie weiterer Vorschriften (Betreuungsrechtsänderungsgesetz – BtÄndG) vom 25.6.1998 (BGBl. I S. 1580) zurück. Die Betreuung selbst wurde bereits durch das Gesetz zur Reform des Rechts der Vormundschaft und Pflegschaft für Volljährige (Betreuungsgesetz – BtG) vom 12.9.1990 (BGBl. I S. 2002) eingeführt. Es schaffte die Entmündigung, die Vormundschaft für Erwachsene und die Gebrechlichkeitspflegschaft ab.
[164] MünchKomm (-*Schneider*), BGB[8], Vorbemerkung vor § 1896 Rdnr. 22.
[165] Ähnlich *Schneider* a. a. O. Rdnr. 2.
[166] Im Jahre 2016 waren es 192.014, im Jahre 2009 allerdings 239.962 Erstbestellungen (https://www.bundesjustizamt.de/DE/Themen/Buergerdienste/Justizstatistik/Betreuung/Betreuung_node.html).
[167] Die frühere Differenzierung zwischen einer „psychischen" Krankheit bzw. einer „körperlichen, geistigen oder seelischen" Behinderung ist bewusst aufgegeben worden. „Im Lichte der UN-BRK erscheint es nicht mehr angezeigt, psychische Erkrankungen besonders herauszustellen und damit die Gruppe der hiervon betroffenen Menschen als besonders betreuungsbedürftig hervorzuheben" (BT-Drs. 19/24445 S. 231).
[168] Ähnlich *Janda*, FamRZ 2013 S. 16, 17.
[169] Das ist bei einem gleichzeitigen Verlust der Sprech- und Schreibfähigkeit denkbar, wenn dieser Verlust nicht mehr durch einen Computer kompensiert werden kann.

III. Menschen mit Behinderungen § 6

b. Umfang der Vertretungsmacht

Der Umfang (der Inhalt) der Vertretungsmacht einer vertretungsberechtigten Person ist **432** nicht in allen Fällen gleich. Bei Vorsorgevollmachten hängt im Grundsatz alles davon ab, wie weit bzw. wie eng sie von dem Vollmachtgeber geschnitten werden[170], in Frankreich auch von der Form, die der Vollmachtgeber wählt.[171] Das englische Recht arbeitet mit einer subsidiären Regelung für den Fall, dass der *donor* den Inhalt der Vollmacht des *attorney*[172] nicht präzisiert hat.[173] In Vermögensangelegenheiten kann eine Vorsorgevollmacht dem Bevollmächtigten mehr Befugnisse zugestehen als das Gesetz, ein Gericht oder eine Behörde einem staatlich bestellten Vertreter.[174] Es mag sich im Einzelfall aber auch genau umgekehrt verhalten, so dass es notwendig werden kann, die „überschießenden" Angelegenheiten (aber auch nur sie) doch wieder einem staatlich bestellten Vertreter anzuvertrauen. Eine allgemeine Aussage dazu, wessen Vertretungsmacht die geringste, wessen die umfänglichste ist, lässt sich heute nicht mehr treffen. Mit diesem Vorbehalt lässt sich aber immerhin sagen, dass die Vertretungsmacht faktischer Betreuer (Angehörigen-vertreter) regelmäßig darauf beschränkt ist, Alltagsangelegenheiten zu besorgen.[175] Die Vertretungsmacht eines faktischen Betreuers bleibt i. d. R. hinter der Vertretungsmacht der übrigen Erwachsenenvertreter zurück. Unter §§ 268, 269 österr. ABGB können die Vertretungsbefugnisse eines gesetzlichen Erwachsenenvertreters[176] aber immerhin die Verwaltung von Einkünften, Vermögen und Verbindlichkeiten, den Abschluss von Rechtsgeschäften zur Deckung des Pflege- und Betreuungsbedarfs, Entscheidungen über medizinische Behandlungen und den Abschluss von damit im Zusammenhang stehenden Verträgen

---

[170] Z. B. § 261 („Die Vorsorgevollmacht kann für einzelne Angelegenheiten oder für Arten von Angelegenheiten erteilt werden") i. V. m. § 265(3) österr. ABGB („Die Vertretungsbefugnisse können einzelne Angelegenheiten oder Arten von Angelegenheiten betreffen").

[171] Bezieht sich die Vollmacht auf den Schutz der Person, gelten unter Art. 479 franz. CC zwingend die Regeln für *curatelle* und *tutelle* (Artt. 457-1 bis 459-2 franz. CC). Bezieht sich die Vollmacht dagegen (auch oder nur) auf Vermögensangelegenheiten, so kommt es für ihren Umfang auf die Form an, in der die Vollmacht erteilt wurde. Unter einer notariellen Vollmacht kann der Bevollmächtigte alle *actes d'administration* und alle *actes de disposition* ausführen, zu denen ein *tuteur* befugt ist, gleich, ob ohne oder nur mit gerichtlicher Genehmigung. Nur unentgeltliche *actes de disposition* stehen weiter unter dem Vorbehalt einer Genehmigung durch den *juge des tutelles* (Art. 490 franz. CC). Handelt es sich dagegen um eine privatschriftliche Vollmacht, darf der Bevollmächtigte nur Handlungen ausführen, die auch ein *tuteur* allein ausführen darf, also *actes conservatoires* und *actes d'administration;* alles weitere unterliegt gerichtlicher Autorisierung (Art. 493 a. a. O.). Der Vollmachtgeber befindet sich in einer Situation, die der eines Menschen ähnelt, der unter *sauvegarde de justice* steht (*Marais,* Droit des personnes[4], S. 298 Rdnr. 383).

[172] Oben Rdnr. 416.

[173] Mental Capacity Act Code of Practice 7.36 („If a donor does not restrict decisions the attorney can make, the attorney will be able to decide on any or all of the person's property and financial affairs. This might include: buying or selling property, opening, closing or operating any bank, building society or other account, giving access to the donor's financial information, claiming, receiving and using (on the donor's behalf) all benefits, pensions, allowances and rebates (unless the Department for Work and Pensions has already appointed someone and everyone is happy for this to continue), receiving any income, inheritance or other entitlement on behalf of the donor, dealing with the donor's tax affairs, paying the donor's mortgage, rent and household expenses, insuring, maintaining and repairing the donor's property, investing the donor's savings, giving limited gifts on the donor's behalf (…), paying for private medical care and residential care or nursing home fees, applying for any entitlement to funding for NHS care, social care or adaptations, using the donor's money to buy a vehicle or any equipment or other help they need, repaying interest and capital on any loan taken out by the donor").

[174] Das deutsche Recht trägt dem schon in §§ 1908i(1)(1) i. V. m. 1795 (§ 1824 n.F.) und 1908i(2)(1) i. V. m. 1804 BGB a. F. dadurch Rechnung, dass es die vertretungsrechtlichen Beschränkungen der Betreuer nicht auch auf Bevollmächtigte bezieht. Deshalb können Vorsorgebevollmächtigte in Ermangelung einer abweichenden Regelung z. B. Schenkungen vornehmen (*Stascheit,* RNotZ 2020 S. 61, 71), deshalb reicht das Verbot der In-sich-Geschäfte weniger weit (*Nedden-Boeger,* BtPrax 2019 S. 87), zumal der Vollmachtgeber (anders als im Gericht: BGH 9.7.1956, BGHZ 21 S. 229, 234) von ihm befreien kann (*Nedden-Boeger* a. a. O.). Vor allem treffen die Vorsorgebevollmächtigten in Vermögensangelegenheiten keine gerichtlichen Genehmigungsvorbehalte; sie können auch nicht privatautonom vereinbart werden (*Müller-Engels,* DNotZ 2021 S. 84, 87).

[175] Oben Rdnrn. 418–423.

[176] Oben Rdnr. 422.

sowie den Abschluss von Heimverträgen umfassen, außerdem die Befugnis, über laufende Einkünfte und das Vermögen der vertretenen Person insoweit zu verfügen, als dies zur Besorgung der genannten Rechtsgeschäfte erforderlich ist.

433 Unter den staatlich bestellten Erwachsenenvertretern nimmt, wo es ihn noch gibt, der **Vormund** eine besondere Rolle ein. Der Inhalt seiner Vertretungsmacht deckt sich weithin mit der gesetzlichen Vertretungsmacht der Eltern von Kleinkindern (z. B. Art. 175 i. V. m. Art. 155 § 2 poln. FVGB), was besonders bedrückend wirkt, wenn primär der Ehegatte und hilfsweise die Eltern zum Vormund zu bestellen sind (Art. 176 poln. FVGB). Das Gesetz zeigt hier noch wenig Respekt vor dem Leiden geistig behinderter Erwachsener. Ein Vormund handelt zwar zu ihrem Wohl, aber auch im „gesellschaftlichen Interesse" (Art. 154 poln. FVGB). Die Vertretungsmacht eines Vormunds ist, wie bei Eltern, nur durch die üblichen Regeln zur Verhinderung von Interessenkonflikten, Schenkungen, risikoreichen Geschäften und Verfügungen über besonders werthaltiges Mündelvermögen eingeschränkt.[177] Die Gerichte nehmen selbst aber keine Gestaltungsaufgaben wahr. Weil im Prinzip alle Vormunde dieselben Aufgaben haben, können sich die Gerichte auf die Rolle von Zustimmungs- und mit Weisungskompetenz ausgestatteten Überwachungsbehörden zurückziehen (Artt. 155, 156 und 165 poln. FVGB).

434 Letzteres verhält sich im Recht der **rechtlichen Betreuung** deshalb anders, weil die Vertretungsmacht eines solchen Betreuers von vornherein auf die Aufgaben beschränkt wird, deren Erledigung ihm das Gericht positiv aufträgt (§ 1902 dt. BGB [§ 1823 n.F.], § 272(1) österr. ABGB, Art. 405(5)(3) ital. CC) und die sich auch nur im Wege der Stellvertretung besorgen lassen. Das Gericht fixiert den Umfang der Vertretungsmacht eines Betreuers individuell, und zwar, soweit irgend möglich, unter Bedachtnahme auch auf eine noch rechtzeitig aufgesetzte Betreuungsverfügung.[178] Weil der Betreuer A in Relation zu dem Betreuten X nicht die gleichen Aufgaben wahrnehmen soll wie der Betreuer B in Relation zu dem Betreuten Y, ist auch der Umfang der Vertretungsmacht von A nicht notwendig derselbe wie der Umfang der Vertretungsmacht von B. Außerdem ist eine Betreuung und mit ihr eine Vertretung auch dann möglich, wenn der Vertretene selbst noch Geschäfte tätigen kann. Nur im Recht der die Geschäftsfähigkeit ganz oder teilweise entziehenden rechtlichen Betreuung ist das anders; Griechenland bietet dafür ein Beispiel.[179] Gleichwohl kennt auch das Recht der rechtlichen Betreuung eine Vielzahl von vom Gesetz festgelegten abstrakten Genehmigungsvorbehalten und Vertretungsverboten. Sie wollen es den Gerichten, die den Aufgabenkreis eines Betreuers festlegen, ersparen, immer wieder die allgemeinen Grenzen der Vertretungsmacht eines gerichtlich bestellten Erwachsenenvertreters in die Entscheidungen einzuarbeiten. Rechtfertigen lassen sich solche allgemeinen Regeln nach Art der §§ 1833, 1848–1854 dt. BGB n. F. (§§ 1907, 1908 und 1908i a.F.) außerdem mit dem Ziel des Gesetzgebers, diese Vertretungsmacht effektiv auf das Notwendige zu beschränken. Die Liste der **Genehmigungsvorbehalte** ist lang, detailreich und einigermaßen unübersichtlich. Der Genehmigungsvorbehalt aus § 1907(3) dt. BGB a.F. (§§ 1833(3) und 1853 Satz 1 Nr. 1 n.F.) z. B. betrifft längerfristige (vier Jahre) Verträge über die Vermietung von Wohnraum. Es geht (in § 1833(3) n.F.) um den Schutz

---

[177] Oben Rdnrn. 399–406. Siehe für Polen zudem Artt. 175 i. V. m. 151 und 159 poln. FVGB sowie für Portugal Artt. 1937 (Schenkungen aus dem Kindesvermögen; Vermietung und Verpachtung bleiben untersagt); 1938 und 1889 port. CC (genehmigungspflichtige Geschäfte, darunter die Anlage von Geldmitteln des Mündels in Mobiliar- und Immobiliarvermögen, die Annahme einer Erbschaft, die Aufnahme von Kredit, die Sicherung fremder Schulden und der Abschluss langjähriger Miet- und Pachtverträge).

[178] Unter § 38 tschech. BGB kann z. B. nicht nur festgelegt werden, dass eine bestimmte Person zum Betreuer bestellt werden soll, sondern auch, dass die Angelegenheiten in einer bestimmten Weise verwaltet werden (u. a. durch den Verkauf von Vermögen und die Aufnahme in eine bestimmte Einrichtung). Die Vorschriften über den Trust tschechischen Rechts (die Verwaltung fremden Vermögens unter § 1400 tschech. BGB) finden entsprechende Anwendung; der Vermögensverwalter handelt in Vertretung des Begünstigten.

[179] Oben Rdnr. 426.

III. Menschen mit Behinderungen § 6

des durch den Betreuten genutzten Wohnraum und (in § 1853 n. F.) um den Schutz des Vermögens des Betreuten.[180] Unter § 1908i(1)(1) i. V. m. §§ 1812 und 1792(2) dt. BGB a. F. bedurften Verfügungen über Forderungen und Wertpapiere der Zustimmung eines „Gegenbetreuers", hilfsweise des Betreuungsgerichts. Die Gegenbetreuung ist aber durch die Reform zum 1.1.2023 abgeschafft worden; es kommt seither nur noch auf die Genehmigung des Betreuungsgerichts an.[181] Geschäftsfähige Betreute können Eheverträge nur selbst schließen, für geschäftsunfähige Betreute handelt der Betreuer, aber wiederum nur mit Genehmigung des Betreuungsgerichts (§ 1411 dt. BGB). Genehmigungsvorbehalte gelten auch im Erbrecht, u. a. für den Erbverzicht (§§ 2347, 1851 Nr. 1 n. F.). Die wohl wichtigste Gruppe genehmigungspflichtiger Stellvertretungen stellen aber auch im Betreuungsrecht die Grundstücksgeschäfte dar (§§ 1908i i. V. m. 1821 a. F.; § 1850 n. F.). Die Distanz zum Vormundschaftsrecht wird bei ihnen (nur) dadurch gewahrt, dass sich das Gericht bei seiner Entscheidung an den Wünschen des Betreuten auszurichten hat.[182] Die **Vertretungs- und Zustimmungsverbote** halten sich in dem vertrauten Rahmen. Es geht vor allem um Interessenkonflikte (§§ 1908i(1)(1), 1795 dt. BGB a. F., § 1824 n. F.; § 460 tschech. BGB). Schenkungen aus dem Vermögen des Betreuten unterliegen, soweit sie nicht den Charakter von „Gelegenheitsgeschenken" tragen, die dem „Wunsch" des Betreuten und seinen Vermögensverhältnissen entsprechen, einem gerichtlichen Genehmigungsvorbehalt (§ 1854 Nr. 8 dt. BGB n. F.; das Schenkungsverbot der §§ 1908i(2)(1), § 1804 a. F. wurde aufgehoben).

Das **englische Recht** gleicht dem deutschen insofern, als es die Aufgabe eines *deputy* 435 immer nur darin sieht, Entscheidungen in Bezug auf die ihm konkret übertragenen Angelegenheit(en) zu treffen. Soweit es sich dabei um *property and affairs* handelt, spezifizieren secs. 18(1) i. V. m. 16 MCA 2005, dass seine Befugnisse „extend in particular to (a) the control and management of P's property; (b) the sale, exchange, charging, gift or other disposition of P's property; (c) the acquisition of property in P's name or on P's behalf; (d) the carrying on, on P's behalf, of any profession, trade or business; (e) the taking of a decision which will have the effect of dissolving a partnership of which P is a member; (f) the carrying out of any contract entered into by P; (g) the discharge of P's debts and of any of P's obligations, whether legally enforceable or not; (h) the settlement of any of P's property, whether for P's benefit or for the benefit of others; (i) the execution for P of a will; (j) the exercise of any power (including a power to consent) vested in P whether beneficially or as trustee or otherwise; (k) the conduct of legal proceedings in P's name or on P's behalf". In einem vormundschaftsrechtlich geprägten System der Erwachsenenvertretung gingen diese Befugnisse viel zu weit.

Eine **Zwischenstellung** zwischen Vormund und Betreuer hat der *förvaltare* des schwe- 436 dischen Rechts. Selbstverständlich gilt auch für ihn, dass er den Betroffenen nicht in höchstpersönlichen Angelegenheiten vertreten kann (Kap. 12 § 2(3) FB)[183]; alles andere wäre ein Widerspruch in sich. Ausgeschlossen sind, wie bei Eltern und Vormunden, auch In-sich-Geschäfte (Kap. 12 § 8(2) und Kap. 7 § 9 FB). Schließt ein Verwalter ohne die unter Kap. 15 FB erforderliche vormundschaftsbehördliche Zustimmung einen Vertrag, so

---

[180] BT-Drs. 19/24445 S. 261–263. Das Gesetz klärt damit den unter § 1907(3) a. F. noch unklaren und streitigen Zweck der Regelung (einerseits LG Münster 7.12.1993, FamRZ 1994 S. 531 [keine Geltung für Wohnungen, die nur dem Zweck der Geldanlage dienen] und andererseits LG Wuppertal 18.1.2007, FamRZ 2007 S. 1269).
[181] Näher zum bisherigen Recht MünchKomm (-*Schneider*), BGB[8], Vorbemerkung vor § 1896 Rdnr. 13 und § 1902 Rdnr. 52 und zur Reform BT-Drs. 19/24445 S. 141.
[182] In diesem Sinn schon BayObLG 1.10.1997, FamRZ 1998 S. 455 und heute ausdrücklich § 1862(1) Satz 2 n. F.
[183] Eine höchstpersönliche Angelegenheit ist grundsätzlich auch die Stellung eines Scheidungsantrages. Das kann nur dann ausnahmsweise anders sein, wenn entweder der Betreute noch vor dem Verlust der Geschäftsfähigkeit zu erkennen gegeben hat, dass er die Scheidung wünscht, oder wenn der Ehegatte seine Rolle zum Nachteil seines (*in casu* an schwerer Demenz) erkrankten Ehepartners finanziell ausnutzt (HD 7.7.2021, NJA 2021 S. 547).

kann die andere Partei nur dann zurücktreten, wenn die Behörde innerhalb eines Monats nach Vertragsschluss die beantragte Genehmigung verweigert und nichts anderes vereinbart wurde (Kap. 12 § 10(1) FB). Der behördlichen Zustimmung bedürfen auch Kreditaufnahmen und Bürgschaften (Kap. 14 § 13(1) FB). Immobiliengeschäfte sind gleichfalls zustimmungspflichtig; es gelten dieselben Regeln wie für Eltern und Minderjährige (Kap. 14 § 11 (1) FB).[184] Die Behörde prüft die Angemessenheit des Vereinbarten; sie verweigert die Zustimmung nur aus wichtigem Grund (Abs. (2) und (3) a. a. O.). Schenkungen aus dem Vermögen des Betreuten sind (abgesehen von kleineren Gelegenheitsgeschenken) untersagt (Kap. 14 § 12(1) FB)[185], Unterhaltsleistungen an nahestehende Personen mit der Zustimmung des Gerichts erlaubt (Abs. (2) a. a. O.). Es gelten wiederum die gängigen Vorschriften zur Vermeidung von Interessenkonflikten. Zu ihrer Überwindung ist nötigenfalls ein *god man* zu bestellen, der den Verwalter vertritt.

c. Co-Konsens

437 Unter einem Regime des Co-Konsenses kann ein Erwachsener ein Rechtsgeschäft nur dann wirksam selbst vornehmen, wenn sein Betreuer diesem Geschäft zustimmt, d. h. in seinen Abschluss einwilligt oder es nachträglich genehmigt. Der Betreuer hat i. d. R. für dasselbe Geschäft auch Vertretungsmacht.[186] Unter Art. 405(5)(4) ital. CC sind allerdings auch Betreuungssituationen denkbar, in denen ein Betreuer nur einem Zustimmungsvorbehalt unterliegt, aber nicht auch vertreten wird. Vertretungsbefugte Betreuer dürfen selbst die Initiative ergreifen, zustimmungsbefugte Betreuer (auch) Initiativen des Betreuten unterbinden. Letzteres wird relevant, wenn entweder der Betreute noch selbst über die für das konkrete Vorhaben erforderliche Willensbildungsfähigkeit verfügt oder unklar ist, in welchem gesundheitlichen Zustand er sich zu dem maßgeblichen Zeitpunkt befindet bzw. befand.[187] Ein mit Vertretungsmacht ausgestatteter Betreuer ist dagegen i. d. R. nicht an den Co-Konsens des Betreuten gebunden. Im Außenverhältnis zu dem Dritten wirkt ein Veto des rechtlich Betreuten nach den allgemeinen Regeln über den Missbrauch einer Vertretungsmacht nur, wenn der Dritte von dem in freier Selbstbestimmung erklärten Widerspruch des Betreuten Kenntnis hat.[188] In solchen Situationen liegt stets der Gedanke an ein kollusives Verhalten von Betreuer und Drittem nahe. Im Übrigen hat der Betreuer nach Möglichkeit zwar die Wünsche und Präferenzen des Betreuten, mithin auch seinen natürlichen Willen, zu berücksichtigen, aber die Vertretungsmacht des Betreuers wird hierdurch erst eingeschränkt, wenn das Gericht (auf Antrag oder von Amts wegen) interveniert. Anders kann das nur in einem System der gewählten Erwachsenenvertretung sein. Sie weist außerdem die Besonderheit auf, dass sich ein Erwachsener selbst und aus freiem Willensentschluss einer co-konsensualen Abstimmung mit seinem Vertreter unterwerfen kann. Unter § 265(1) österr. ABGB haben „(1) die volljährige Person und ihr gewählter Erwachsenenvertreter … eine Vereinbarung … zu schließen und dabei die Vertretungsbefugnisse des Erwachsenenvertreters festzulegen". Die Vereinbarung über die gewählte Erwachsenenvertretung kann unter Abs. (2) a. a. O. „vorsehen, dass der Erwachsenenver-

---

[184] Siehe schon oben Rdnr. 405.
[185] Einzelheiten in Prop. 2016/17:30 S. 123.
[186] Unter Kap. 11 § 10 schwed. FB kann der Betroffene mit Zustimmung des *förvaltare* (vorige Rdnr.) auch im Anwendungsbereich des Verwaltungsauftrags *(förvaltaruppdraget)* selbst Rechtshandlungen vornehmen, was der Regelung für Kinder entspricht, die mit Zustimmung des Vormunds handeln (oben Rdnr. 407). Ohne die Zustimmung ist der von dem Betroffenen selbst geschlossene Vertrag schwebend unwirksam (oben Rdnr. 376). Umgekehrt können Vormunde „die in Art. 17 poln. ZGB genannten Rechtshandlungen im Namen einer geschäftsunfähigen Person vornehmen nicht nur durch ihre Zustimmung an diesen Rechtshandlungen teilnehmen. Rechtsgeschäfte, die nach der betreffenden Vorschrift nicht zustimmungspflichtig sind, können auch durch einen Vertreter vorgenommen werden" (Gniewek [-*Strugała*], Kodeks cywilny[10], Art. 17 Rdnr. 5).
[187] Oben Rdnr. 409.
[188] Richtig Palandt (-*Götz*)[81], BGB, § 1902 Rdnr. 1.

treter nur im Einvernehmen mit der vertretenen Person rechtswirksam Vertretungshandlungen vornehmen kann. Ebenso kann die Vereinbarung … vorsehen, dass die vertretene Person selbst nur mit Genehmigung des Erwachsenenvertreters rechtswirksam Erklärungen abgeben kann". Das österreichische Recht kennt also – das ist ungewöhnlich und nicht unbedenklich – einen Mechanismus, auf dessen Grundlage Menschen ihre eigene Handlungsfähigkeit freiwillig beschränken können. Ausgenommen bleibt jeweils nur die Interessenverfolgung vor Gericht.

Unter Art. 467 franz. CC kann eine Person, die unter *curatelle* steht, ohne die *assistance* des *curateur* keine Handlungen vornehmen, die im Falle einer *tutelle* der Genehmigung des Richters bzw. des Familienrats bedürfte. Der *curateur* muss seine *assistance* dadurch bestätigen, dass er neben der geschützten Person mitunterschreibt (Abs. (2) a. a. O.).[189] Fehlt die Unterschrift, kann das Rechtsgeschäft für nichtig erklärt werden, wenn nachgewiesen wird, dass es der geschützten Person zum Schaden gereicht (Art. 465(2) franz. CC). Man bleibt also im System der *nullité relative*.[190] Davon unabhängig kann der Vertrag aber auch für nichtig erklärt werden, wenn die geschützte Person geistig nicht gesund war (Art. 466 a. a. O.). Andererseits ist eine Handlung des *curateur* von Rechts wegen nichtig, wenn sie von der geschützten Person mit seiner *assistance* hätte vorgenommen werden müssen. In diesem Fall kommt es nicht darauf an, ob die Handlung die unter *curatelle* stehende Person schädigt oder nicht (Art. 465(1)(4) a. a. O.). Der *juge des tutelles* kann das Rechtsgeschäft allerdings noch bestätigen (Art. 465(4) a. a. O.). Ein *majeur en tutelle ou en curatelle* kann zudem ohne die *assistance* seines *tuteur* oder *curateur* keinen Ehevertrag schließen. Andernfalls kann er innerhalb eines Jahres nach der Eheschließung auf Antrag der geschützten Person, des *tuteur* oder des *curateur* für nichtig erklärt werden (Art. 1399(2) franz. CC).

438

Auf dem System der Mitentscheidung beruht auch die volle subsidiäre (oder unterstützende) rechtliche Betreuung des griechischen Rechts. Wenn das Gericht nicht anders entscheidet (Art. 1676(1) gr. ZGB), bleibt die Fähigkeit des Betreuten zum Abschluss gültiger Vereinbarungen zwar erhalten, wird aber durchweg der vorherigen schriftlichen Zustimmung des Betreuers unterworfen. Ohne sie sind sie relativ nichtig; nur der Betreuer und der Betreute, nicht aber auch der Vertragspartner können sich auf die Nichtigkeit berufen.[191] Eine (nachträgliche) Genehmigung heilt das Geschäft nicht. Eine Zustimmungsverweigerung muss ggf. gerichtlich angefochten werden (Art. 1683 gr. ZGB). Im Falle einer teilweise subsidiären rechtlichen (oder gerichtlichen) Betreuung sind nur die vom Gericht ausdrücklich aufgelisteten Angelegenheiten zustimmungspflichtig (Art. 1676(2) gr. ZGB). Der Unterschied besteht also darin, ob es um alle oder nur um einen positiv umschriebenen Kreis von Rechtsgeschäften geht. Der Zustimmungsvorbehalt muss in der Betreuungsentscheidung explizit angeordnet werden (Art. 1678 gr. ZGB). Der Zustimmung sind vorbehaltlich einer abweichenden gerichtlichen Entscheidung jedenfalls alle Geschäfte unterworfen, die auch ein Vormund nicht ohne gerichtliche Genehmigung im Namen eines Minderjährigen abschließen könnte, darunter Schenkungen und die Annahme einer Erbschaft, soweit sie Schulden umfasst, die das Nachlassvermögen überschreiten.[192] Dem Gericht steht auch die Möglichkeit offen, Elemente der vollen und der teilweise subsidiären rechtlichen Betreuung miteinander zu kombinieren (Art. 1679 a. a. O.). Es ist sogar möglich, dass ein Gericht einen Betreuten daran bindet, sich zur Eingehung einer Ehe der vorherigen Zustimmung seines Betreuers zu versichern. Ohne die erforderliche Zustimmung läge eine Nichtehe vor (Art. 1372(1) Satz 1 a. a. O.).

439

---

[189] Z. B. Cass. civ. 27.2.2013, Bull. 2013, I, Nr. 25 (Erwerb eines Kraftfahrzeugs; unabhängig davon, ob für das Fahren des Fahrzeugs ein Führerschein erforderlich ist oder nicht) und Cass. civ. 8.6.2017, RTD. civ. 2017 S. 615, Anm. *Hauser* (Änderung der Klausel zur Bestimmung des Begünstigten eines Lebensversicherungsvertrags).
[190] *Teyssié*, Droit des personnes[20], S. 559 Rdnr. 1083.
[191] *Triantos*, AK, Art. 1683 gr. ZGB S. 1868 Rdnr. 3.
[192] *Triantos* a. a. O. Rdnr. 1.

440 In Deutschland wäre eine derart weitreichende Maßnahme undenkbar. Das Betreuungsgericht kann zwar, „soweit dies zur Abwendung einer erheblichen Gefahr für die Person oder das Vermögen des Betreuten erforderlich ist", anordnen, „dass der Betreute zu einer Willenserklärung, die den Aufgabenkreis des Betreuers betrifft, dessen Einwilligung bedarf" (§ 1903(1) dt. BGB; § 1825(1) n.F.). Dieser sog. Einwilligungsvorbehalt kann aber gerade nicht auf Eheschließungen, Testamente und die Anfechtung oder die Aufhebung von Erbverträgen erstreckt werden, außerdem nicht auf diejenigen familien- und erbrechtlichen Erklärungen, die auch ein beschränkt geschäftsfähiger Minderjähriger ohne die Zustimmung seiner Eltern abgeben kann (§ 1903(2) a.F., § 1825(2) dt. BGB n.F.). Nicht von einem Einwilligungsvorbehalt erfasst werden ferner rechtlich vorteilhafte Geschäfte und, sofern das Gericht nicht anders entscheidet, Geschäfte in geringfügigen Angelegenheiten des täglichen Lebens (§ 1903(3) a.F., § 1825(3) n.F.). Für Erstere muss der Betreute einen freien Willen bilden können; für Letztere genügt ein natürlicher Wille (§ 105a dt. BGB). Die Anordnung eines Einwilligungsvorbehalts setzt das Bestehen einer rechtlichen Betreuung voraus.[193] Der Betreuer ist also gleichzeitig vertretungsbefugt. Die Vertretungsbefugnisse können aber spürbar weiter gehen als das Vetorecht. Es dient z.B. dann der Abwendung einer erheblichen Gefahr für den Betreuten, wenn er durch sein Ausgabeverhalten einer Heimunterbringung, die der Betreuer für ihn arrangiert hat, die finanzielle Grundlage zu entziehen droht.[194]

---

[193] BGH 21.1.2015, FamRZ 2015 S. 649.
[194] BGH 11.7.2018, FamRZ 2018 S. 1605.

§ 7: Die rechtlichen Geschlechter

Weiteres Schrifttum:
Laura Adamietz, Geschlechtsidentität im deutschen Recht, APuZ 2012 S. 15–21; *Laura Adamietz und Katharina Bager,* Bundesministerium für Familie, Senioren, Frauen und Jugend (Hrsg.), Gutachten: Regelungs- und Reformbedarf für transgeschlechtliche Menschen. Begleitmaterial zur Interministeriellen Arbeitsgruppe Inter- & Transsexualität. Band VII (Berlin 2016), https://www.bmfsfj.de/bmfsfj/service/publikationen/gutachten-regelungs-und-reformbedarf-fuer-transgeschlechtliche-menschen-114070; *Elena Atienza Macías,* Respuestas jurídicas a conceptos controvertidos: transexualidad, cambio de sexo e intersexualidad, ablación y circuncisión, Actualidad Jurídica Iberoamericana 12 (2020) 512–535; *Maria Sabine Augustein,* Transsexuellengesetz (Baden-Baden 2012); *Andra Baršová,* Skalpel a duše. Ke změně pohlaví podle nového občanského zákoníku, in: Časopis zdravotnického práva a bioetiky, 3, Heft 1 (2013) S. 22–38; *Rodrigo Bercovitz Rodríguez-Cano,* Transexualidad y menor de edad. Comentario a la STC 99/2019 – Pleno – 18 de julio de 2019, CCJC 112 (2020) S. 307–344; *Uta Berndt-Benecke,* Gesetz zur Änderung der in das Geburtenregister einzutragenden Angaben, StAZ 2019 S. 65–71; *dies.,* Die weitere Geschlechtskategorie im Geburtenregister, NVwZ 2019 S. 286–290; Bioethikkommission beim Bundeskanzleramt (Hrsg.), Intersexualität und Transsexualität – Stellungnahme der Bioethikkommission (Wien 2017); *E. Bribosia, N. Gallus und Isabelle Rorive,* Une nouvelle loi pour les personnes transgenres en Belgique, J. T. 2018 S. 261–266; *Manfred Bruns,* Das „Gesetz zur Änderung der in das Geburtenregister einzutragenden Angaben", StAZ 2019 S. 97–101; *Francis Caballero,* Droit du sexe (Paris 2010); *Dagmar Coester-Waltjen,* Geschlecht – kein Thema mehr für das Recht?, JZ 2010 S. 852–856; *Johanna Croon-Gestefeld,* Der Schutz vor Benachteiligung im Zivilrechtsverkehr, JURA 2021 S. 513–521; *Margaret Davies,* Taking the Inside Out: Sex and Gender in the Legal Subject, in: Ngaire Naffine und Rosemary J Owens (Eds.), Sexing the Subject of Law (Sidney 1997) S. 25–47; *Nina Dethloff und Melanie Maurer,* Selbstbestimmung des rechtlichen Geschlechts aus europäischer Perspektive: Minderjährige im Fokus, FamRZ 2023 S. 254–260; Deutscher Bundestag (Wissenschaftlicher Dienst), Sachstand. Personenstandsrechtliche Regelungen bei intersexuellen Menschen in verschiedenen Rechtsordnungen, WD 7 –3000 – 098/18 (2018); Deutscher Bundestag (Wissenschaftlicher Dienst), Ausarbeitung: Geschlechterspezifisches Recht, Az WD 3 – 3000 – 124/20 (2020); Deutscher Ethikrat, Stellungnahme des Deutschen Ethikrates. Intersexualität, BT-Drs. 17/9088 S. 1–74; *Katharina de la Durantaye,* Same but different? Das IPR der Ehe für alle nach Inkrafttreten des Gesetzes zur Umsetzung des Eheöffnungsgesetzes, IPRax 2019 S. 281–290; *Anatol Dutta und Matteo Fornasier,* Das dritte Geschlecht im Arbeitsrecht und öffentlichen Dienstrecht des Bundes, NZA 2021 S. 605–612; *Kajsa Ekis Ekman,* Om könets existens – tankar om den nya synen på kön (Stockholm 2021); *Catherine Fairbairn, Manjit Gheera und Philip Loft,* Gender recognition reform: Consultation and outcome, House of Common Library 2020; *Berthold Gaaz, Heinrich Bornhofen und Thomas Lammers,* Personenstandsgesetz. Handkommentar (5. Aufl. Frankfurt a.M., Berlin 2020); *I. N. Gheberta,* Nulitatea căsătoriei în dreptul român și dreptul comparat (Bukarest 2017); *Susanne Lilian Gössl, Sophie Dannecker und Alix Schulz,* Was sollte nach der Einführung des „dritten Geschlechts" weiter geregelt werden? Eine erste Bestandsaufnahme, NZFam 2020 S. 145–150; *Susanne Lilian Gössl,* Das dritte Geschlecht, FF 2019 S. 298–305; *M. Grégoire, N. Gallus, V. Wyart, A. Despontin, L. Coenjaerts, A. Maeterlinck und C. De Jonghe,* Chronique de législation en droit privé (1er janvier – 30 juin 2019) (Première partie), J. T. 2019/41 Nr. 6795; *Joanna L. Grossmann,* Parentage without gender, CJCR 17 (2016) S. 717–747; *Frances Hamilton und Guido Noto La Diega* (Eds), Same-sex relationships, law and social change (London 2020); *Sara Heinämaa,* Sex, gender and embodiment, in: Dan Zahavi (Ed.), The Oxford Handbook of Contemporary Phenomenology (Oxford 2012) S. 216–243; *Wolfram Henn und Dagmar Coester-Waltjen,* Operative Eingriffe an intergeschlechtlichen oder transgeschlechtlichen Kindern, FamRZ 2020 S. 481–488; *Geoffroy Hilger,* Intersexualité et parenté: l'office du juge à l'épreuve de l'exceptionnalité de la situation de l'enfant né après le changement de sexe de son parent, LPA 23.1.2019, Nr. 141w9; *Thierry Hoquet,* Des sexes innombrables: Le genre à l'épreuve de la biologie (Paris 2016); *Ieunan A. Hughes, Christopher P. Houk, Syed Faisal Ahmed, Peter A. Lee, LWPES1/ESPE2 Consensus Group,* Consensus statement on management of intersex disorders, PEDIATRICS 118 (2006) S. 554–563; *Elin Jonsson und Erik Mägi,* Ändrad könstillhörighet och rättsligt föräldraskap, Juridisk Publikation 2 (2021) S. 272–305; *Charlotte Kersten,* De ‚derde gender'-optie: de stand van zaken in Nederland in rechtsvergelijkend perspectief, AA 2021 S. 18; *Richard Köhler und Julia Ehrt,* Rechtliche Anerkennung des Geschlechts in Europa (2. Aufl. 2016, dt. Übers. 2017, keine Ortsangabe); *Norbert Kutscher und Thomas Wildpert,* Das österreichische Personenstandsrecht (2. Aufl. Wien 2021); *Elena Lauroba Lacasa,* Las personas intersexuales y el derecho: posibles respuestas jurídicas para un colectivo invisible, Derecho Privado y Constitución 32 (2018) 11–54; *Thomas Laqueur,* Making Sex: Body and Gender from the Greeks to Freud (Cambridge, Massachusetts 1990); *Helen Lindenberg,* Rechtsfragen medizinischer Intervention bei intersexuell geborenen Minderjährigen (Baden-Baden 2020, zugleich Dissertation Düsseldorf 2019); *D. Lupașcu und C. M. Crăciunescu,* Dreptul familiei (3. Aufl. Bukarest 2017); *Klaus Märker,* Drittes Geschlecht? Quo vadis Bundesverfassungsgericht?, NZFam 2018 S. 1–5; *Luis Martínez Vázquez de Castro,* Menor transexual y Registro Civil (De cómo la jurisprudencia española va un paso delante de la jurisprudencia europea), in: Albert Ruda González, Carmen Jerez Delgado und María L. Kubica (Hrsg.), Estudios sobre jurisprudencia europea. Materiales del V Encuentro anual del Centro español del

European Law Institute (Madrid 2021) S. 126–148; *Bernd Meyenburg, Karin Renter-Schmidt und Gunter Schmidt*, Begutachtung nach dem Transsexuellengesetz. Auswertung von Gutachten dreier Sachverständiger 2005–2014, Zeitschrift für Sexualforschung 2015 S. 107–120; *Toril Moi*, What is a Woman? (Oxford 1990); *John Money*, The concept of gender identity disorder in childhood and adolescence after 39 years, Journal of Sex & Marital Therapy 20 (1994) S. 163–177; *Charlene L. Muehlenhard und Zoe D. Peterson*, Distinguishing Between Sex and Gender: History, Current Conceptualizations, and Implications, Sex roles 64 (2011) S. 791–803; *Ngaire Naffine*, The Sexual Citizen, Victoria University of Wellington Law Review 37(2) (2006) S. 175–181; *dies.*, Our Legal Lives as Men, Women and Persons, Legal Studies 24 (2004), S. 621–642; *Alice Philippot*, Une femme transgenre déclarée mère par la justice, Lexisveille.fr; *Konstanze Plett*, Geschlechterrecht (Berlin 2021); *Thomas Richter*, Das Geschlecht als Kriterium im deutschen Recht, NVwZ 2005 S. 636–641; *Nelson Rosenvald*, A transexualidade no direito privado, Actualidad Jurídica Iberoamericana 10 (2019) S. 198–223; *Sonja Rothärmel*, Rechtsfragen der medizinischen Intervention bei Intersexualität, MedR 2006 S. 274–284; *Anja Schmidt*, Geschlecht als Kategorie des Rechts, RphZ 2021 S. 169–186; *Alix Schulz*, Geschlechtervielfalt in Europa – Art. 8 EMRK als Katalysator der mitgliedstaatlichen Rechtsentwicklung, ZEuP 2021 S. 64–86; *Katinka Schweizer*, Grundlagen der psychosexuellen Entwicklung und „ihrer Störungen", in: Gunnar Duttge, Wolfgang Engel und Barbara Zoll (Hrsg.), Sexuelle Identität und gesellschaftliche Norm (Göttingen 2010) S. 11–35; *Joan W. Scott*, Gender: A Useful Category of Historical Analysis, The American Historical Review 91 (1986) S. 1053–1075; *Wolf Sieberichs*, Die diversen Geschlechter, FamRZ 2019 S. 329–334; *Berit Völzmann*, Postgender im Recht? Zur Kategorie „Geschlecht" im Personenstandsrecht, JZ 2019 S. 381–390; *Heinz-Jürgen Voß*, Making Sex Revisited: Dekonstruktion des Geschlechts aus biologisch-medizinischer Perspektive (Bielefeld 2010); *Fabian Wall*, Abstammungsrecht, Transsexualität und IPR – Besprechung zu OLG Schleswig 4.6.2019 – 2 Wx 45/19, StAZ 2020 S. 201–206; *Peter Wieacker*, Geschlechtsdifferenzierung und ihre Abweichungen, in: Gunnar Duttge, Wolfgang Engel und Barbara Zoll (Hrsg.), Sexuelle Identität und gesellschaftliche Norm (Göttingen 2010), S. 1–10.

I. Rechtliche Geschlechter und natürliche Gegebenheiten

1. Standardisierung und Vereinfachung

a. Sex, nicht gender

441 Das Recht der Personenstandsregister schreibt der registerführenden Behörde so gut wie überall in Europa vor, in die Geburtsurkunde eines Kindes (oder das ihr entsprechende Dokument[1]) einen ausdrücklichen Eintrag zu seinem Geschlecht aufzunehmen.[2] Mit „Geschlecht" ist in diesem Kontext stets *sex* gemeint, d. h. das von der Rechtsordnung er- und anerkannte und in ihr i. d. R. als „biologisches" gedeutete Geschlecht eines Menschen. Erstmalig ausgestellte **Geburtsurkunden** können noch nichts zu *gender*-Fragen sagen, also nichts zu den über *sex* hinausweisenden persönlichen und gesellschaftlichen Dimensionen

---

[1] Schweden kennt keine Geburtsurkunden (Übersicht über das dortige Personenstandswesen in schwedischer und englischer Sprache auf der Webseite des Skatteverket: https://www.skatteverket.se/privat/folkbokforing/bestallpersonbevis/vanligaonskemalfranutlandskamyndigheter.4.3810a01c150939e893f22054.html). Die Geburt ist beim Skatteverket anzumelden (§ 24 schwed. MeldewesenG). Für die öffentlichen Gesundheitseinrichtungen sind elektronische Meldeverfahren eingerichtet. Anhand der gemeldeten Angaben registriert das Skatteverket das Kind mit seinem Geschlecht im *Folkbokföringen*. Die Sorgeberechtigten erhalten unverzüglich einen Auszug aus diesem Melderegister, den *personbevis* (die „Personenstandsurkunde"; siehe schon oben Rdnr. 42 mit Fn. 11). Gleichzeitig wird ihnen ein Formular zur Erfassung der Namen des Kindes zugesandt (SOU 2018:68, S. 91 und S. 94).

[2] Z. B. Art. 44 Nr. 1 belg. CC; § 21(1) Nr. 3 dt. PStG (siehe aber auch § 22(3) dt. PStG); Art. 57 franz. CC; Art. 22(c) gr. Gesetz 344/1976; Art. 278(1) Satz 1 lit. c malt. CC; § 2(2) Nr. 3 i. V. m. §§ 11(1), 53 (1) und 54(1) Nr. 2 österr. PStG (siehe aber auch das österr. Bundesgesetz vom 31.10.2022, mit dem das Meldegesetz 1991 geändert wird); Art. 60 Pkt. 3 poln. Recht der Standesakten; Artt. 101-A(1) und 102 (1)(b) port. CRC; § 19(1)(d) slowak. Personenstandsregisterg; Art. 4 Nrn. 1 und 2 slowen. Personenstandsregistergesetz; Artt. 4(4), 44(2) und 49(1) Satz 2 span. LRC; § 29(c) tschech. Personenstandsregisterg. Im Vereinigten Königreich verhält sich das nicht anders, siehe für England und Wales sec. 1(1) Births and Deaths Registration Act 1953 i. V. m. The Registration of Births and Deaths Regulations 1987, regulation 7(1) and Schedule 2, Form 2. 7(1) and Schedule 2, Form 1 („3. Sex"); für Schottland sec. 13(1) (a) Registration of Births, Deaths and Marriages (Scotland) Act 1965 i. V. m. The Registration of Births, Still-births, Deaths and Marriages (Prescription of Forms) (Scotland) Regulations 1997, Regulation 3, Schedule 1, Form 1 („2. Sex"); und für Nord Irland sec. 10(1) Births and Deaths Registration (Northern Ireland) Order 1976 i. V. m. The Civil Registration Regulations (Northern Ireland) 2012, Regulation 11 (1), Schedule 1, Form 1 („3. Sex").

I. Rechtliche Geschlechter und natürliche Gegebenheiten § 7

der Geschlechtlichkeit, nichts über die „Geschlechtsidentität" in Gestalt des psychischen oder des „sozialen Geschlechts" und schon gar nichts zu Fragen der geschlechtlichen Orientierung.[3] Die damit zusammenhängenden Probleme stellen sich erst später ein, meistens erst mit der Pubertät. *Gender* spielt eine (mittelbare) Rolle für den Zweit-, nicht für den Ersterwerb des rechtlichen Geschlechts.[4] Es gibt zwar Geburtsurkunden ohne eine Rubrik, in die ausdrücklich „männlich" bzw. „weiblich" einzutragen wäre.[5] Das beruht aber nicht auf der Überzeugung, dass das Geschlecht des Kindes nicht zu verlautbaren sei. Es ergibt sich dann vielmehr bereits aus seiner Personennummer.[6] Das Geschlecht des Kindes ist in sie kodiert, eine Technik, derer sich viele Länder bedienen.[7] In Griechenland

---

[3] Alle diese Termini weisen Unschärfen auf. Nach verbreiteter Auffassung geht es bei dem psychischen Geschlecht um die eigene Zuordnung zu dem männlichen, dem weiblichen oder einem anderen Geschlecht („wer bin ich, wie fühle ich mich"), bei dem sozialen Geschlecht um die eingenommene Geschlechterrolle („wie verhalte ich mich?", „wie bin ich erzogen worden?") und bei der sexuellen Orientierung um die Frage, „wen begehre ich?" (Deutscher Ethikrat, BT-Drs. 17/9088 S. 1, 12; *Schweizer*, in: Duttge, Enge und Zoll, Sexuelle Identität und gesellschaftliche Norm, S. 11, 13). Aber natürlich greifen psychisches und soziales Geschlecht oft ineinander (poln. OG 25.2.1978, III CZP 100/77, Legalis-Nr. 20711, das allerdings in der Sprache der Zeit durchweg den Ausdruck „Transvestiten" benutzt). Bei genauerem Hinsehen ist nicht einmal *sex* unproblematisch. Denn „wenn wir *sex* ernst nehmen, müssen wir an einen gemeinsamen Fundus denken, der der Menschheit und anderen Tier-, Pflanzen- oder Bakterienarten gemeinsam ist, ohne dass wir das, was wir über *sex* in der Natur lernen, auf die Menschheit übertragen oder das, was wir vom menschlichen *sex* zu wissen glauben, auf die Natur projizieren" (*Hoquet*, Des sexes innombrables, S. 49–50).

[4] Auch eine scharfe gegenseitige Abgrenzung von *sex* und *gender* gelingt allerdings nicht immer, weil auch *gender* als entweder vielfältig oder binär verstanden werden kann. „Gender is, in this definition, a social category imposed on the sexed body" (*Scot*, The American Historical Review 91 [1986] S. 1053, 1057). Gleichwohl ist Art. 278(1) Satz 1(c) malt. CC nicht einfach zu deuten, wonach „for the purposes of this article [betr. erstmalige Einträge in der Geburtsurkunde], the term 'sex' shall also include the term 'gender',". Denn das psychosoziale Geschlecht eines Babys lässt sich noch nicht bestimmen. Andererseits ist ein Offenlassen der Geschlechtsangabe unter der genannten Vorschrift nur bei Neugeborenen möglich. „Non-binary persons can opt for an X marker on ID card and passport but their birth certificate will still indicate M/F" (https://rainbow-europe.org/#8647/0/0). Die Unterscheidung zwischen *sex* und *gender* ist gleichwohl grundsätzlich richtig. Sie geht auf psychologische Forschungsarbeiten von *John Money* aus den fünfziger Jahren zurück (rückblickend *Money*, Journal of Sex & Marital Therapy 20 [1994] S. 163; dazu *Heinämaa*, in: Zahavi (Ed.), The Oxford Handbook of Contemporary Phenomenology, S. 216 sowie *Muehlenhard und Peterson*, Sex roles 64 [2011] S. 791) und wird in sec. 2 malt. Gender Identity, Gender Expression and Sex Characteristics Act vom 14.4.2015 aufgegriffen („,'gender expression' refers to each person's manifestation of their gender identity, and, or the one that is perceived by others; 'gender identity' refers to each person's internal and individual experience of gender, which may or may not correspond with the sex assigned at birth, including the personal sense of the body (which may involve, if freely chosen, modification of bodily appearance and, or functions by medical, surgical or other means) and other expressions of gender, including name, dress, speech and mannerisms; 'lived gender' refers to each person's gender identity and is public expression over a sustained period of time").

[5] Andererseits kommt es auch vor, dass der Geschlechtseintrag als konstitutives Merkmal einer Geburtsurkunde angesehen wird, mithin ohne ihn überhaupt keine Geburtsurkunde vorliegt (Woiwodschaftsverwaltungsgericht Krakau 9.6.2010, III SA/Kr 775/09, Legalis-Nr. 252725).

[6] § 30(2) estn. Vital Statistics Registration Act (Perekonnaseisutoimingute seadus) schreibt die Eintragung (u.a.) des „personal name, personal identification code and date of birth of both parents of the born person" vor. Unter § 39(1) estn. PersonenstandsregisterG (Rahvastikuregistri seadus) ist „a personal identification code … a number formed on the basis of the sex and date of birth of a person which complies with the standard of the Republic of Estonia and allows the specific identification of a person". Die Geburtsurkunde ist also ein Auszug aus dem Personenstandsregister. In ihm ist dann auch das Geschlecht registriert (§ 21 estn. PersonenstandsregisterG).

[7] Z.B. Tschechien (§ 13(3) tsch. Gesetz über die Einwohnerregister und die Geburtsnummern [Die Geburtsnummer ist eine zehnstellige Zahl, die ohne Rest durch elf teilbar ist. Die ersten beiden Ziffern stehen für die letzten beiden Zahlen des Geburtsjahres, die zweiten beiden Ziffern für den Geburtsmonat, der bei Frauen um 50 erhöht wird, und die dritten beiden Ziffern stehen für den Tag der Geburt. Die vierstellige Endung dient zur Unterscheidung von Personen, die am gleichen Kalendertag geboren sind]) und Polen (Art. 15(2) poln. PersonenregisterG [11-stelliges Symbol zur Identifizierung einer natürlichen Person incl. der Geschlechtsbezeichnung]). Personennummern finden sich auch in allen nordischen Staaten (Kap. 1 § 1(2) dän. VO über die Registrierung von Bürgern; Kap. 4 § 11(2) finn. Gesetz über das Bevölkerungsdatensystem und die Zertifikatsdienste der Behörde für Digitalisierung und Bevölkerungsdaten; § 18(2) schwed. MeldewesenG). Spanien operiert mit einer alphanumerischen Kombination. Unter Art. 6 span. LRC (2011) i. d. F. des Gesetzes 6/2021 vom 28.4.2021 wird „jedem individuellen [Personen]

kommt es gelegentlich vor, dass sich in örtlichen Vordrucken (anders als vom Gesetz vorgesehen) keine Spalte für „männlich" bzw. „weiblich" findet. Aber das dürfte auf bloßen Versehen beruhen und stellt jedenfalls kein Problem dar. Denn das rechtliche Geschlecht lässt sich in einem solchen Fall zuverlässig aus dem bzw. den verlautbarten Namen des Kindes erschließen.[8] Griechenland verfügt außerdem noch über ein sog. „Männerregister", in das Jungen zu ihrer späteren Erfassung in den Wehrpflichtlisten eingetragen werden.[9] Man darf aus der gelegentlichen Abwesenheit einer Eintragung im Geburtenbuch jedenfalls nicht schließen, dass ein Mensch rechtlich etwas Anderes sein könne als Mann oder Frau, oder genauer: als Nur-Mann oder Nur-Frau. Das Gegenteil ist richtig. Griechenland steht fest zu dem Konzept der Binarität der rechtlichen Geschlechter.[10]

442   Damit ist auch dem Gedanken eine Absage erteilt, das Geschlecht *(sex)* könne, wie sonst jede andere **körperliche Eigenheit** eines Menschen, als ein Merkmal verstanden werden, das für seine rechtlich verfasste Person belanglos sei. Soweit gehen bislang nicht einmal die (wenigen) Staaten, die es ihren Zivilstandsbehörden in Ausnahmefällen gestatten, von der Eintragung des Geschlechts des Kindes abzusehen.[11] Sie bleibt für die ganz überwiegende Mehrzahl aller Fälle weiterhin vorgeschrieben. Die Ausnahmen beziehen sich nur auf Kinder, deren Geschlecht „zweifelhaft" ist (Art. 1:19d ndl. BW[12]) und die deshalb nach Einschätzung einiger Jurisdiktionen „weder dem weiblichen noch dem männlichen Geschlecht zugeordnet werden" können (§ 22(3) dt. PStG). Auch die Person dieser Menschen sollte aber nicht als „geschlechtslos" verstanden werden. Ihr Körper weist lediglich Merkmale auf, die sich von denen unterscheiden, auf die die Mehrheit der Bevölkerung ihr und ihrer Zeitgenossen Mann- bzw. Frausein gründet. Ein Gesetzgeber, der sich der Sondersituation von Menschen mit Varianten der Geschlechtsentwicklung bewusst und bereit oder von Verfassungs wegen gezwungen ist, auf sie zu reagieren, handelt (zumindest in seinem

register, das mit der ersten Eintragung eröffnet wird, … ein persönlicher Code zugewiesen, der aus der vom *Registro Civil* generierten alphanumerischen Sequenz besteht, die einmalig und im Laufe der Zeit unveränderlich sein muss". Das *Registro individual* soll alle unter Art. 4 span. LRC eintragungsfähigen Tatsachen und Handlungen enthalten, einschließlich Geschlecht und Geschlechtsänderung (Art. 4(4) a. a. O.). Der CPC *(Código Personal de Ciudadanía)* wird anlässlich der Geburtseintragung generiert (Art. 49 (3) span. LRC) oder bei der ersten Neueintragung zugewiesen (Art. 6 a. a. O.), dann ggf. auch mit der berichtigten Geschlechtsangabe. Das Personenregister wird unter Art. 62(4) span. LRC mit der Eintragung des Todesfalls geschlossen. „Der persönliche Code darf auf keinen Fall neu zugewiesen werden".

[8] AG Athen 195/2020, NoB 68(2020) S. 871.
[9] Art. 1(1) gr. G.2119/1993, Kodex für die Männerregister (FEK A' 113). („In jeder Stadt oder Gemeinde des Staates wird ein besonderes Buch geführt, das „Männerregister" genannt wird und in dem männliche griechische Staatsbürger eingetragen sind") und Art. 19(1) gr. Gesetz 2119/1993 („Das jährliche Männerregister wird auf der Grundlage von Auszügen aus Geburtsurkunden über lebende griechische männliche Staatsangehörige erstellt, die im vorangegangenen Kalenderjahr geboren wurden"). Außerdem bestehen separate Wahlregister für Männer und Frauen (Art. 1(2) gr. Gesetz 2623/1998). Ein Frauenregister existiert aber nicht.
[10] Das folgt u. a. daraus, dass das gr. Gesetz 4491/2017 zwar den Wechsel zwischen dem männlichen und dem weiblichen Geschlecht (und umgekehrt) erlaubt, aber keine Grundlage für die Registrierung eines dritten Geschlechts geschaffen hat. Auch das Offenlassen der Geschlechtseintragung ist nicht vorgesehen (AG Amarousiou 67/2018, Isokrates-Datenbank).
[11] Oben Rdnr. 114 (Belgien, Deutschland, Malta, Niederlande und Österreich). In Schweden ist die Möglichkeit einer geschlechtsneutralen Personennummer und mit ihr die Abschaffung der Verlautbarung des rechtlichen Geschlechts im Personenstandsregister untersucht, aber verworfen worden (SOU 2008:60 und SOU 2017:92). Die praktischen Vorteile einer Verlautbarung des Geschlechts würden deutlich überwiegen.
[12] Wenn das Geschlecht des Kindes zweifelhaft ist, wird unter Art. 1:19(1) ndl. BW eine Geburtsurkunde ausgestellt, in der angegeben wird, dass das Geschlecht des Kindes nicht festgestellt werden konnte. Bei diesem Geschlechtseintrag bleibt es, wenn zu einem späteren Zeitpunkt immer noch kein Geschlecht festgestellt werden kann (Abs. (2) und (3) a. a. O.). Eine andere Frage ist, ob auf Betreiben der Betroffenen der Geschlechtseintrag im Personenstandsregister von weiblich/männlich zu „nicht feststellbar" geändert werden kann. H. R. 30.3.2007, R06/013HR, ECLI:NL:Hoge Raad:2007:AZ5686 hat das verneint. Das niederländische Recht kenne keine *neutrale geslachtelijke identiteit*. Rb. Limburg 28.5.2018, C/03/232248, FA RK 17, ECLI:NL:RBLIM:2018:4931 hat dann eine solche Umschreibung zwar zugelassen, aber gemeint, dass der Gesetzgeber über die Einführung eines dritten Geschlechts entscheiden müsse.

I. Rechtliche Geschlechter und natürliche Gegebenheiten § 7

Selbstverständnis) zum Schutz einer Minderheit. Es geht ihm bislang noch nirgendwo in Europa darum, das Geschlecht des Menschen aus dessen Person zu löschen und es damit zu „entrechtlichen". Man sieht das auch daran, dass selbst das deutsche Personenstandsgesetz das Offenlassen des Geschlechtseintrags mit der Angabe „divers" auf eine Stufe stellt. Es wird, wie unter der Anlage A („Meldzettel") zum österr. Bundesgesetz vom 31.10.2022, mit dem das Meldegesetz 1991 geändert wird, bestenfalls auf eine konkrete Geschlechtsangabe verzichtet, aber es kommt nie zu dem Eintrag „*ohne* Geschlecht".

Wenn eine Geburts- oder andere Personenstandsurkunde das Geschlecht eines Menschen verlautbart, verlautbart sie immer nur *ein* Geschlecht. Das schlägt sich auch auf die Personennummern durch. Es ist derzeit nirgendwo möglich, jemandem registerrechtlich gerecht zu werden, der sich selbst sowohl als Mann als auch als Frau wahrnimmt („beide", nicht „divers").[13] Auch ein Wechsel ist, wenn überhaupt, nur aus einem (einzigen) in *ein* anderes Geschlecht möglich. Keine europäische Rechtsordnung gesteht einer Person bislang gleichzeitig zwei oder mehr Geschlechter zu. Das wäre nur denkbar, wenn *gender* Gegenstand der Registrierung wäre. Das ist aber gerade nicht der Fall. Gegenstand der Registrierung ist nur das **rechtliche Geschlecht** eines Menschen. Auf die Vielfalt von *gender* weiß das Personenrecht bislang nicht zu reagieren; das steht außerhalb seiner Möglichkeiten. „Rechtliches" Geschlecht bedeutet, dass ein Mensch stets nur mit einer geschlechtlichen Charakterisierung registriert wird, auf die die Rechtsordnung an anderer Stelle wieder zurückgreift. Schon das Personenstandswesen selbst legt Wert darauf, „Geschlecht" *(sex)* nicht nur zur Individualisierung von Menschen anhand rein deskriptiver Merkmale zu nutzen. Es könnte, wenn das die primäre Intention wäre, auch auf beliebige andere körperliche Daten ausweichen, sofern sie nur wenigstens in der Regel unveränderlich bleiben (wie z. B. die Haut- und die Augenfarbe). Das Personenstandswesen schaut vielmehr auch auf die „Stellung einer Person ... innerhalb der Rechtsordnung" (§ 1(1) dt. PStG). So entsteht eine Wechselbeziehung. Denn es ist die Rechtsordnung, welche bestimmt, welche Eigenschaften und Qualifikationen des Menschen aus ihrer Sicht relevant sind, um seine Person mit ihnen auszurüsten.[14] Da dazu durchweg auch das Geschlecht gehört, wird *sex* zu einer normativen Größe. Dass sie vorgibt, auf „natürlichen" oder „realen" Gegebenheiten zu beruhen, ändert daran nichts.[15] Ein Mensch kann (je nach dem anwendbaren Internationalen Privatrecht) ohne Weiteres in einem Land als „männlich" und in einem anderen als „weiblich" oder als „divers" bzw. *„non-binary"* klassifiziert werden.

443

---

[13] Eine solche Sachlage war Gegenstand von AG Amarousio a. a. O. (Fn. 10). Es gibt inzwischen allerdings erste Anzeichen dafür, dass sich „Doppelgeschlechtlichkeit" auch rechtlich niederschlägt. Regeringsrätten 9.4.2009, RÅ 2009 ref. 55 III (dazu schon oben Rdnr. 134 mit Fn. 595) gestattete es einem „Transvestiten", seinem männlichen Vornamen Jan-Olof den weiblichen Vornamen Madeleine hinzuzufügen. Der Vorname Jan-Olof Madeleine sei für ihn nicht offensichtlich ungeeignet i. S. v. § 28 Lag om personnamn (bis 2017 § 34 Namnlag). Unter § 27(2) Lag om personnamn ist es zudem seit 2017 erlaubt, „einen oder mehrere Vornamen durch andere Vornamen zu ersetzen". Es können also alle Vornamen geändert werden.

[14] *Safjan (-Pazdan),* System Prawa Prywatnego I², S. 1073–1074 Rdnr. 40.

[15] *Davies,* in: Naffine und Owens (Eds.), Sexing the Subject of Law, S. 25, 32 bemerkt zutreffend, *gender* impliziere, dass Geschlecht kein „natürliches" Phänomen sei, weil es nicht außerhalb von Sprache, Kultur und Wahrnehmung existiere. Auch *sex* werde kulturell auf eine bestimmte Weise konstruiert, indem einzelne Körpermerkmale ausgewählt und gegenüber anderen bewertet würden. Sie fügt S. 33 hinzu, dass auch das „Natürliche" eine politische Kategorie sei, ein zentraler Bestandteil vieler ideologischer Systeme. Die Binarität der Geschlechter sei die naturalisierte Grundlage der hierarchischen heterosexuellen Ordnung. Die Biologie, nicht die Gesellschaft, bestimme die Kategorien, so dass nichts dagegen getan werden könne. Und S. 45: Die Unterscheidung zwischen *sex* und *gender* beruhe auf einem Verständnis dessen, was die Gesellschaft als unausweichlich natürlich konstruiert: dem Geschlechtsunterschied und seiner Bedeutung. Ähnlich *Naffine,* Victoria University of Wellington Law Review 37 (2006) S. 175, 175–176 (Das moderne angelsächsische Recht sei zutiefst ambivalent, was unsere rechtliche Natur und Bedeutung als geschlechtliche und sexuelle Personen angeht). Siehe in einem ähnlich Sinn auch *Hoquet,* Des sexes innombrables, S. 51 und 70.

444 Das materielle Recht („die Rechtsordnung") wiederum baut auf der mit der Registereintragung widerleglich verknüpften Richtigkeitsvermutung auf.[16] Sie soll ja gerade den Boden für *sex*spezifische Regelungen bereiten. Einträge in Geburtsurkunden und die ihnen gleichgestellten Register und Registerauszüge bilden m. a. W. die Grundlage dafür, die Angehörigen eines bestimmten rechtlichen Geschlechts zumindest in einzelnen Beziehungen anders behandeln zu können als die Angehörigen eines anderen rechtlichen Geschlechts. Nur das kann der Zweck der Verlautbarung sein. Geschlecht im Singular ist kein Begriff, an den eine Rechtsordnung inhaltliche Folgen knüpfen könnte. Das Wort lässt sich immer nur dann zu einem juristischen Zweck verwenden, wenn es um ein Adjektiv ergänzt wird, also von einem (wie auch immer bestimmten) spezifischen Geschlecht die Rede ist. Niemand wird wegen „des" Geschlechts bevorzugt, benachteiligt oder sonst in irgendeiner Weise mit anderen Rechten und Pflichten ausgestattet als seine Zeitgenossen. Dazu kommt es nur, wenn und weil jemand männlichen, weiblichen oder sonstigen Geschlechts ist. „Andersbehandlung" wiederum kann, muss aber nicht ein Euphemismus für eine **Diskriminierung** sein. Zu ihr kommt es erst, aber auch immer dann, wenn das rechtliche Geschlecht um seiner selbst willen (und nicht nur als Beschreibungshilfe für körperlich und/oder ethnisch bedingte Schutzbedürftigkeit[17]) genutzt wird. Eine diskriminierende Regelung erkennt man daran, dass sie einen unsachlichen Grund für die Differenzierung vorschiebt. Dass Frauen über Jahrhunderte rechtlich schlechter gestellt waren als Männer[18], ist keine tragfähige Rechtfertigung dafür, heute Männer grundsätzlich oder im Einzelfall schlechter zu stellen als Frauen.

445 Ein unbekannter antiker Autor schrieb einmal, dass Gott, als er Menschen schuf, sie „männlich und weiblich" (*zākār ûnəqēbâ*, in der Lutherübersetzung: „als ein Mann und eine Frau") schuf (Gen. 1, 27; siehe auch Gen. 6, 9 und 7, 3). Dieser schlichte, aber rechtspolitisch wirkmächtige Blick auf das Leben deckt sich jedenfalls insoweit bis heute mit dem Geschlechtsverständnis der überwiegenden Zahl der europäischen Rechtsordnungen, als sie den Menschen gleichfalls nur als männlich oder weiblich denken[19]; *tertium non datur*. Das

---

[16] Siehe schon oben Rdnr. 42.
[17] Wie in Art. 14(6) des span. Organgesetzes 3/2007 vom 22.3.2007 zur tatsächlichen Gleichstellung von Frauen und Männern: „Für die Zwecke dieses Gesetzes gelten die folgenden allgemeinen Kriterien für das Handeln der öffentlichen Behörden: (6) Berücksichtigung der besonderen Schwierigkeiten, mit denen Frauen konfrontiert sind, die zu besonders schutzbedürftigen Gruppen gehören, wie z. B. Angehörige von Minderheiten, Migrantinnen, Mädchen, Frauen mit Behinderungen, ältere Frauen, Witwen und Frauen, die Opfer geschlechtsspezifischer Gewalt geworden sind, für die die Behörden ebenfalls positive Maßnahmen ergreifen können".
[18] „It is not difficult to establish, historically, that sexing has necessarily preceded legal personification in many manifestations of the legal person. Until the final resolution of the persons' cases, statutes granting „persons" the right to hold public office were taken to be referring to men, not women, and therefore logically it was necessary to attribute a sex to any given individual to know whether they qualified as a person. In other words, lawyers and jurists needed to know whether they were dealing with a man or a woman before they could know whether there was a person at all who could participate in these legal relations" (*Naffine*, Legal Studies 24 [2004] S. 621, 633–634).
[19] *Moi*, What is a Woman, S. 11–12 macht unter Hinweis auf *Laqueur*, Making Sex: Body and Gender from the Greeks to Freud, allerdings darauf aufmerksam, dass die Entwicklung alles andere als linear verlaufen ist. Von der Antike bis zum Mittelalter habe man die weibliche Anatomie dahin gedeutet, dass in ihr alles vorhanden sei, was auch beim Mann vorhanden sei. Es wäre nur anders angeordnet. Die Vagina wurde als umgekehrter Penis, die Gebärmutter als innerer Hodensack gedeutet. So hätten die anatomischen Unterschiede als hierarchisch und nicht komplementär dargestellt werden können (wofür sich auch die ältere Lehre in Gen. 2–3 zitieren lässt, wonach die Frau aus dem Mann geschaffen wurde). Der Mann stand über der Frau am unteren Ende der gleichen Werteskala. Nicht die Anatomie habe die sozialen und kulturellen Unterschiede zwischen den Geschlechtern begründet, sondern Gottes Plan für die Menschheit. Biologisch habe es sich um ein „Ein-Geschlecht-Modell" gehandelt. Das „zweigeschlechtliche" oder „komplementäre" Modell sei wesentlich jünger. Aber das habe die Rechtslage der Frau zunächst nicht verbessert. Vielmehr sei nun die Biologie als Wissenschaft vom Körper in den Dienst der Ideologie gestellt worden. *Ekis Ekman*, Om könets existens, S. 73 ergänzt, dass die Idee, dass es zwei biologische Geschlechter gibt, die auf der Grundlage ihrer eigenen physischen Bedingungen und nicht auf der Grundlage eines moralischen Modells verstanden werden sollten, gleichwohl eine revolutionäre Einsicht gebracht habe. Das Geschlecht sei gerade nicht „binär" im Sinne der Elektronik. Vielmehr habe der Körper nun für sich selbst

I. Rechtliche Geschlechter und natürliche Gegebenheiten § 7

wiederum kann das Ergebnis einer vom Recht tradierten und in ihm verkapselten Fehlwahrnehmung der „natürlichen" Fakten oder das Ergebnis einer bewussten rechtspolitischen Entscheidung sein. Man kann nicht einmal sagen, dass sich die Verfasser der älteren europäischen Gesetzestexte des Phänomens der Zwischengeschlechtlichkeit einfach noch nicht bewusst gewesen wären.[20] Es ist seit der Antike bekannt.[21] In neuerer Zeit aber *wollten* (und wollen) viele Gesetzgeber im Rahmen der erstmaligen Zuschreibung eines Geschlechts die Augen vor den zahlreichen physiologischen und psychologischen Übergängen zwischen „eindeutig männlich" und „eindeutig weiblich" verschließen.[22] Und mit der Ausnahme einiger Verfassungsgerichte[23] verweigerten sich auch Obergerichte der komplexen Wirklichkeit[24], manchmal sogar mit dem irritierenden Argument, dass das Land noch nicht reif sei, mit ihr konfrontiert zu werden.[25] Dann bleibt es bestenfalls dabei – aber nicht

---

sprechen dürfen, ohne die Last von Gleichungen und Vorstellungen von Hierarchien. Kritisch zu alledem *Voß*, Making Sex Revisited, S. 18.

[20] Das Allgemeine Landrecht für die Preußischen Staaten (1794) verfügte im ersten Titel seines ersten Teils immerhin bereits über diese Regeln: „§ 19 Wenn Zwitter geboren werden, so bestimmen die Eltern, zu welchem Geschlecht sie erzogen werden sollen. § 20 Jedoch steht einem solchen Menschen nach zurückgelegtem achtzehnten Jahr die Wahl frei, zu welchem Geschlecht er sich halten wolle. § 21 Nach dieser Wahl werden seine Rechte künftig beurteilt. § 22 Sind aber Rechte eines Dritten von dem Geschlechte eines vermeintlichen Zwitters abhängig, so kann ersterer auf Untersuchung durch Sachverständige antragen. § 23 Der Befund der Sachverständigen entscheidet, auch gegen die Wahl des Zwitters und seiner Eltern". Das ALR hielt also zwar ganz selbstverständlich an dem binären Geschlechtsverständnis fest; etwas Anderes war noch nicht denkbar. Aber es hat dem Phänomen der Zwischengeschlechtlichkeit bereits bemerkenswert viel Aufmerksamkeit geschenkt und auch für die Zeit erstaunlich liberale Lösung entwickelt. Ähnliches gilt für das Bayerische Zivilgesetzbuch von 1756 (Erster Teil, Drittes Kapitel, § 2 Satz 3: „Hermaphroditen werden 2dò dem Geschlecht beygezählt, welches nach Rath und Meinung deren Verständigen vordringt, falls sich aber die Gleichheit hierin bezeigt, sollen sie selbst eins erwählen, und von dem Erwählten sub Pœna Falsi nicht abweichen").

[21] *Ulpian*, D. 1.5.10 („Quaeritur: hermaphroditum cui comparamus? Et magis puto eius sexus aestimandum, qui in eo praevalet").

[22] Dazu gehörten auch die Verfasser des dt. BGB. Das Vorkommen eines „Zwitters" sei nur eine „entfernte Möglichkeit". Das Geschlecht könne als Tatsachenfrage behandelt werden. Jeder Mensch sei entweder männlich oder weiblich. Bleibe das Geschlecht unklar, könne nach Beweislast entschieden werden (Mot. I S. 26). Ebenso verhielt es sich in Portugal. Das alte portugiesische Zivilrecht hatte noch akzeptiert, dass ein *androgyno*, ein „Individuum mit beiden Geschlechtern", die Rechte desjenigen Geschlechts genießt, das er oder sie als vorherrschendes Geschlecht wählte (*Menezes Cordeiro*, Tratado de Direito Civil IV[5], S. 427, Fn. 1620). Der aktuelle port. CC dagegen schweigt zu dem Phänomen der Zwischengeschlechtlichkeit (zur Reform unten Rdnr. 465).

[23] Oben Rdnr. 114 (Belgien, Deutschland, Österreich). EGMR 31.1.2023, 76888/17, *Y v. Frankreich*, FamRZ 2023 S. 450 folgt dieser Linie nicht. Die Weigerung, das Geschlecht einer intergeschlechtlichen Person in der Geburtsurkunde mit der Angabe „neutral" oder „intersexuell" anstelle von „männlich" einzutragen, verstoße nicht gegen Art. 8 EMRK.

[24] Dazu gehört auch Cass. civ. 4.5.2017, ECLI:FR:CCASS:2017:C100531. Der 63 Jahre alte Antragsteller hatte eine Korrektur seiner Geburtsurkunde von „männlich" in entweder „geschlechtsneutral" oder „intersexuell" beantragt. Der Antrag wurde abgelehnt, obwohl das Gericht erster Instanz festgestellt hatte, dass sich das dem Antragsteller bei der Geburt zugewiesene Geschlecht als reine Fiktion erwiesen habe, die ihm sein Leben lang aufgezwungen worden war. Der Kassationshof entschied, dass unter französischem Recht die Angabe eines anderen Geschlechts als männlich oder weiblich in den Personenstandsunterlagen nicht zulässig sei. Die Anerkennung einer dritten Geschlechtskategorie durch den Richter hätte tiefgreifende Auswirkungen auf die Regeln des französischen Rechts, die auf der Binarität der Geschlechter beruhen, und würde zahlreiche Änderungen der rechtlichen Koordinierung erfordern. Die Binarität verfolge ein legitimes Ziel, denn sie sei für die soziale und rechtliche Organisation notwendig. CA Versailles, 22.6.2000, JCP G 2001, II, 10595, S. 1781, Anm. *Guez* gestattete wenigstens die Änderung der Vornamen des Sohnes der den Antrag stellenden Eltern in Mädchennamen. Das Kind sei mehrere Jahre lang von seiner Familie und allen Menschen in seinem Umfeld als weiblichen Geschlechts betrachtet worden. Seine soziale, psychologische und emotionale Entwicklung sei im Rahmen seiner Weiblichkeit gewährleistet. Es sei nicht denkbar, im Leben des Kindes das einzige männliche Element, nämlich seinen Vornamen beizubehalten. Das würde wahrscheinlich alle medizinischen und psychologischen Ansätze scheitern lassen, die seit mehreren Jahren verfolgt wurden.

[25] So tschech. Oberstes Verwaltungsgericht 30.5.2019, 2 As 199/2018 - 37 (unveröffentlicht, abrufbar unter www.nssoud.cz) (u. a. Nr. 80: Die gesellschaftliche Vorstellung von Geschlecht basiere heute auf einer starken Binarität in Verbindung mit einem starken Glauben an die biologische „Gegebenheit" des Geschlechts. „In der Vorstellung der [tschechischen] Menschen ... ist derzeit kein Platz für das Geschlecht

einmal das ist überall gewährleistet[26] –, Menschen ab Erreichen eines bestimmten Alters die Möglichkeit zu geben, von einem in das jeweils „andere" Geschlecht zu wechseln.

446 Unter dem Strich wird so auch gar nicht erst getestet, in welchem Maße, unter welchen Voraussetzungen und mit welchem legislatorischen Aufwand sich innerhalb des gesetzten Rechts die Zahl der Geschlechter überhaupt vermehren lässt, auch nicht, ob das Geschlecht eines Menschen eine rechtlich gänzlich verzichtbare Größe ist. Wollte man sich wirklich daran machen, die Redeweise von „Männer" und „Frauen", „Jungen" und Mädchen", Kindern „männlichen oder weiblichen" Geschlechts etc. ganz aus dem Sprachhaushalt der Gesetze zu streichen[27], dann müsste man sie durch rein situative Kriterien ersetzen – und das liefe in nicht wenigen Ländern derzeit noch auf das voraussichtlich größte und teuerste Gesetzgebungsprojekt aller Zeiten hinaus.[28] Die Folgen wären nur schwer beherrschbar[29],

---

als subjektive Kategorie. [Die] Menschen… sind höchstens bereit, den Sprung von der einen in die andere Geschlechterbinarität zu schaffen, aber nicht die seltsamen, ungewöhnlichen Variationen wie das subjektive Gefühl der Geschlechtslosigkeit oder eines anderen (dritten, vierten...) Geschlechts oder einer geschlechtlichen Mehrdeutigkeit" zu akzeptieren). Ob dieses Urteil Bestand hat, hängt aber davon ab, wie das Verfassungsgericht über die anhängige Verfassungsbeschwerde entscheidet. Der zweite Senat (II. ÚS 2460/19 vom 11.2.2020) hat die Sache dem Plenum zur Entscheidung zugeleitet (Pl. ÚS 2/20; Informationen zum Verfahrensstand abrufbar unter www.usoud.cz).

[26] Zu der eindeutig menschenrechtswidrigen Rechtslage in Ungarn oben Rdnr. 112. Hoch problematisch ist die Situation auch in Bulgarien. Es fehlt an jeder gesetzlichen Grundlage für eine Geschlechtsänderung. Bulgar. Kassationshof 27.4.2020, Nr. 86, Zivilsache 698/2020, IV. Zivilkammer hat dem Verfassungsgericht die Auslegungsfrage vorgelegt, ob eine Geschlechtsänderung bei festgestellter Transsexualität möglich ist und von welchen Voraussetzungen sie ggf. abhängt. Gegenstand des Verfahrens war eine Person, die nach der Geburt als „männlich" registriert worden war, sich nach allen Zeugenaussagen aber trotz ihrer männlichen Körpermerkmale als weiblich empfunden hatte. Gutachter hatten eine irreversible und nicht behandelbare Transsexualität diagnostiziert. Die betroffene Person sei als Fötus nicht ausreichend androgynisiert worden. Die Auslegungsfrage war durch divergierende Entscheidungen veranlasst. Kassationshof 5.1.2017, Nr. 205, Zivilsache 2180/16, III. Zivilkammer hatte angenommen, dass bei diagnostizierter Transsexualität eine Geschlechtsänderung auch ohne chirurgischen Eingriff zulässig sei. Kassationshof 5.7.2019, Nr. 285, Zivilsache Nr. 1417/18, IV. Zivilkammer hatte ebenso entschieden. Es komme nur darauf an, dass die Person tatsächlich transsexuell sei und den dauerhaften Willen zeige, eine neue psychische und soziale Geschlechtsrolle anzunehmen. Kassationshof 14.2.2019, Nr. 119, Zivilsache 4104/17, III. Zivilkammer hatte dagegen entschieden, dass mit „Geschlecht" immer das „biologische" Geschlecht gemeint und ein Geschlechtswechsel deshalb ausgeschlossen sei. Dieser Position hat sich dann auch bulgar. VerfGH 26.10.2021, Entscheidung Nr. 15, https://www.constcourt.bg/bg/Cases/Details/591 angeschlossen. Das Gericht hat dargelegt, dass es nicht primär darum ginge, „ob die Selbstbestimmung des Menschen die Wahl eines anderen Geschlechts umfasst oder nicht, sondern ob der Staat dazu verpflichtet sei, diese Wahl anzuerkennen". Die bulgar. Verfassung benutze den Begriff des Geschlechts nur in Art. 6 Abs. 2, wonach eine Diskriminierung wegen des Geschlechts ausgeschlossen sei. Trotzdem müsse „Geschlecht" im Zusammenhang mit der Ehe, der Mutterschaft und der Familie verstanden werden. Das entspräche den Traditionen des bulgarischen Volkes. Die Ehe sei ein Bund zwischen einem Mann und einer Frau. Die Verfassung hindere den Gesetzgeber zwar nicht daran, das Selbstbestimmungsrecht in Bezug auf die Wahl eines Geschlechts zu akzeptieren. Die Verfassung verpflichte den Gesetzgeber aber auch nicht zu einem solchen Schritt. Die Wahl eines anderen Geschlechts könne nur dann in das Personenstandsregister einzutragen sein, wenn der Antragsteller Merkmale beider biologischer Geschlechter aufweise, mithin eine sog. Intersexualität festzustellen sei. Wenn dies auf der Grundlage der aktuellen Gesetzgebung nicht vollzogen werden könne, müsste der Gesetzgeber aktiv werden und die Kriterien für einen solchen Geschlechtswechsel festlegen. Einer äußerlich sichtbaren Zwischengeschlechtlichkeit soll also rechtlich Ausdruck gegeben werden, einer nur psychologisch begründeten Transsexualität nicht.

[27] In diese Richtung u. a. *Naffine*, Our Legal Lives as Men, Women and Persons, S. 641.

[28] Das beträfe mancherorts auch die Umstellung der Personennummern. In Schweden ist diese Möglichkeit von einer staatlichen Kommission eingehend geprüft worden (SOU 2008:60 Personnummer och samordningsnummer). Der Bericht schätzte die IT-Kosten als zu hoch ein. Wenn die Angaben zum Geschlecht in der vorletzten Ziffer der *personnummer* entfernt würden, müssten die Angaben zum Geschlecht gesondert gespeichert werden. Es entstünden andernfalls schwerwiegende Nachteile für Statistik und Forschung. Der Bericht führt aus, dass dann, wenn das Geschlecht nicht mehr in der Personennummer kodiert würde, Alternativen geschaffen werden müssten, die pro Akteur (einmalig) geschätzte Kosten zwischen € 100.000 und € 5.000.000 verursachen könnten. Bei einigen Akteuren, wie beispielsweise der schwedischen Sozialversicherungsanstalt, könnten noch höhere Kosten entstehen (a. a. O. S. 82–83). Die Schätzungen liegen inzwischen allerdings fünfzehn Jahre zurück.

[29] Siehe schon oben Rdnr. 113.

auch wenn man einräumen muss, dass sie bislang noch niemand in ganzer Breite experimentell durchgespielt hat, auch nicht in den Ländern, die danach trachten, geschlechtsspezifische Regelungen nach Kräften zu marginalisieren. Die Aufgabe kann derzeit nur darin bestehen, Differenzierungen nach dem rechtlichen Geschlecht innerhalb der einzelnen Rechtsgebiete stets aufs Neue auf Erforderlichkeit hin zu überprüfen und in den Materien abzubauen, die dafür gedanklich bereits zureichend durchdrungen sind. Das Privatrecht hat auf diesem Weg wesentliche Fortschritte gemacht. Dennoch werden die beiden hauptsächlichen Manifestationen des rechtlichen Geschlechts auch im Privatrecht noch immer als *termini technici,* als Kurzformeln benötigt, um mit ihrer Hilfe rechtspolitische Entscheidungen ausdrücken zu können. Geschlecht bleibt ein von allen anderen körperlichen Merkmalen abgesetztes Datum. Die Hautfarbe z. B. könnte nach heutigem Verständnis *nur* in diskriminierender Absicht zum Tatbestandsmerkmal einer privatrechtlichen Regelung gemacht werden. Für das Geschlecht gilt das nicht. Wenn „Mädchen" andere Vornamen tragen sollen als „Jungen", verbindet sich damit der Schutz vor Hänseleien, Scham und Störungen der Persönlichkeitsentfaltung. Wenn „Schwarze" andere Vornamen tragen müssten als „Weiße", verhielte es sich genau umgekehrt.

b. Mann und Frau, Junge und Mädchen

Bis auf Weiteres führt kein Weg an dem **standardisierten** rechtlichen **Geschlecht** vorbei. Es vereinfacht, aber es *soll* auch vereinfachen. Für das rechtliche Geschlecht kommt es zwar zahlenmäßig[30], aber – genau das zeigen die Problemfälle – nicht immer entscheidend darauf an, „wie" ein Mensch beschaffen ist, sondern „wozu" er von der Rechtsordnung gezählt wird, wenn er so beschaffen ist, wie er nun einmal geboren wurde oder sich im Laufe seines Lebens entwickelt hat. Deshalb überrascht, dass es so gut wie keine ausformulierten gesetzlichen Definitionen gibt, auf deren Grundlage sich trennscharf entscheiden ließe, wem unter welcher Rechtsordnung welches rechtliche Geschlecht zuzuschreiben ist oder wäre. Das Personenstandswesen setzt Geschlechtszugehörigkeit voraus und bekräftigt sie, verfügt aber weder selbst über normative Entscheidungsgrundlagen, noch kann es auf Sätze des materiellen bürgerlichen Rechts zurückgreifen. Die Entscheidung wird nicht selten einfach auf medizinische Sachverständige[31] oder auf die Eltern abgewälzt, nachdem sie

447

---

[30] SOU 2017:92 S. 61: Das rechtliche Geschlecht werde „in den allermeisten Fällen" anhand des Aussehens der äußeren Genitalien des neugeborenen Kindes zugewiesen und beruhe somit auf der Vorstellung, dass körperliche Merkmale das Geschlecht bestimmten.

[31] Z. B. Art. 1:19d(2) ndl. BW (wird in der ersten Geburtsurkunde vermerkt, dass das Geschlecht des Kindes nicht festgestellt werden konnte, ist innerhalb von drei Monaten nach der Geburt ein medizinisches Gutachten einzuholen; kommt es dazu nicht oder bleibt das Gutachten ohne Ergebnis, wird in einer zweiten Geburtsurkunde vermerkt, dass das Geschlecht des Kindes nicht festgestellt werden konnte) und Art. 313 Satz 1 span. RRC („Bestehen Zweifel über das Geschlecht oder das Alter des Kindes, so gibt der Arzt für Personenstandswesen oder sein Stellvertreter ein Gutachten ab"). Für Österreich bemerken *Kutscher und Wildpert,* PStR[2] (31. Lfg.), I B § 2 PStG, S. 18, dass das Geschlecht bei der Geburt vom Arzt oder der Hebamme „als medizinische Fachfrage" bestimmt werde. Eine Überprüfung durch das Standesamt sei nicht möglich. Die Eintragung des Geschlechts erfolge grundsätzlich auf Basis einer fachlichen Feststellung eines Arztes oder einer Hebamme in der Anzeige der Geburt. Kap. XII(10) Pkt. 10 der VO des poln. Gesundheitsministers vom 20.9.2012 über die Standards medizinischer Verfahren in der Mutterschaftsbetreuung während der physiologischen Schwangerschaft, der physiologischen Entbindung, des Wochenbetts und der Neugeborenenbetreuung (Dz.U.2016.1132) sah ausdrücklich die medizinische Untersuchung der äußeren Geschlechtsorgane vor. Die Verordnung wurde zum 1.1.2019 durch die VO des Gesundheitsministers vom 16.8.2018 über Organisationsstandards der perinatalen Betreuung ersetzt (Dz.U.2018.1756). Sie sieht in Kap. XII(9) lit. d nur noch ausdrücklich vor, dass das Geschlecht des Kindes metrisch zu bestimmen sei, und zwar bei jedem Neugeborenen unmittelbar nach der Geburt. Dafür werden aber weiterhin lediglich die äußeren Genitalien untersucht. Boratyńska/Konieczniak/Zielińska (-*Boratyńska* und -*Bielska-Brodziak*), System Prawa Medycznego II[2], Kap. 6.7.3.1 vermuten, dass in der Praxis für die Durchführung komplexer medizinischer Maßnahmen gar keine Zeit bleibe. Das „unnötige und akute Fehlerrisiko" sei wahrscheinlich auch darauf zurückzuführen, dass in medizinischen Kreisen das Bewusstsein für die Folgen einer übereilten Zuweisung des Geschlechts fehle; es sei auch unter Juristen nicht verbreitet.

ärztlich beraten worden sind.³² Das ist aber nicht unbedenklich, weil die Bestimmung des rechtlichen Geschlechts auch das Ergebnis einer juristischen Wertung ist. Letzteres wird leicht übersehen, weil die Unterscheidung zwischen „männlich" und „weiblich" als „natürlich" vorgegeben in der Menge der Fälle von nahezu jedem Erwachsenen geleistet werden kann. Sie wirkt deshalb wie eine bloße Tatsachenfrage. Im Grunde ist das freilich auch dort nicht anders, wo der „Vater" und die „Mutter" eines Kindes bestimmt werden. Nur ist man sich hier (bei Vätern) der zeitlosen Zweifelsfälle und (bei Müttern) der durch die Fortschritte der Fortpflanzungsmedizin entstandenen Zuordnungsfragen viel schärfer bewusst. Ob die eine oder die andere Frau die Mutter eines Kindes ist, muss nicht ernsthaft häufiger entschieden werden als die Frage, ob jemand Mann oder Frau ist. Ein Alltagsproblem ist weder das Eine noch das Andere. Gleichwohl ist nicht nur gesetzlich geregelt, dass **Vater** *im Rechtssinne* (z.B.) der „Mann" ist, der mit der Mutter des Kindes im Zeitpunkt seiner Geburt verheiratet war, es wirksam als sein Kind anerkannt hat oder vom Gericht als Vater festgestellt wurde. Gesetzlich geklärt ist inzwischen vielmehr in ganz Europa auch, dass „**Mutter** ... die Frau" ist, die das Kind geboren hat.³³ Man kann diesen Satz nur nicht mehr ausnahmslos in dem Sinne umkehren, dass der Mensch, der ein Kind zur Welt gebracht hat, stets dessen „Mutter" ist. Durch eine zum 1.4.2022 in Kraft getretene Gesetzesänderung hat sich Dänemark in Kap. 5 § 31a Børneloven die Regel gegeben, dass ein Mann (!), der ein Kind geboren hat, der Vater dieses Kindes ist. Die Änderung verfolgt den Zweck, die Elternschaft nach einem Wechsel des rechtlichen Geschlechts klar zu benennen und zu registrieren.³⁴ In Schweden ist dieselbe Regel schon zum 1.1.2022 in Kraft getreten. Auch hier wollte man Elternschaft und rechtliches Geschlecht koordinieren.³⁵ Für den Mann gelten jedoch alle Vorschriften über den Mutterschutz (Kap. 1 § 11 schwed. FB). Unter §§ 1591 dt. BGB, 11 dt. TSG dagegen wäre ein

---

[32] Für Schweden, das an dem binären Geschlecht festhält, wird geschätzt, dass dort jedes Jahr etwa 20 Kinder mit DSD geboren werden. Sie werden von einem sog. DSD-Team untersucht; nach Abschluss der Untersuchung erfolgt die Eintragung im *Folkbokföringen*. Es gibt aber keine spezifischen Vorschriften für die Zuweisung von Kindern mit DSD zu einem der binären Geschlechter. Das Geschlecht wird dann in Absprache mit den Sorgeberechtigten bestimmt, die nicht an die Empfehlung des DSD-Teams gebunden sind (Socialstyrelsen [Zentralamt für Gesundheits- und Sozialwesen], Vård och behandling av personer med intersexuella tillstånd – Kartläggning av det tidiga omhändertagandet [2017], S. 3, 24 und 30).

[33] Kap. 5 § 30 dän. Børneloven; § 1592 dt. BGB; § 83 estn. FamG; Kap. 1 § 2 finn. Äitiyslaki; Art. 269 ital. CC („Die Mutterschaft ist erwiesen, wenn derjenige, von dem behauptet wird, dass er das Kind sei und derjenige, den die als Mutter bezeichnete Frau geboren hat, nachweislich ein und dieselbe Person sind"); Art. 146 lett. ZGB; Art. 3.139(3) Satz 2 lit. ZGB; § 143 österr. ABGB; Art. 1796(1) port. CC („In Bezug auf die Mutter beruht die Kindschaft auf der Tatsache der Geburt"); Kap. 1 § 7 schwed. FB; Art. 10(2) span. Gesetz 14/2006 („[D]ie Abstammung eines durch Leihmutterschaft geborenen Kindes wird durch Geburt bestimmt"); § 82(1) slowak. FamG; Art. 112 slowen. FamG; § 775 tschech. BGB. Spanien hat neuerdings „Vater" durch „Vater oder nicht schwangerer Elternteil" und „Mutter" durch „Mutter oder schwangerer Elternteil" ersetzt [la madre o progenitor gestante] Gesetz 4/2023 für die tatsächliche und effektive Gleichstellung von Transgender-Personen und für die Gewährleistung der LSTBI-Rechte" [Ley 4/2023 para la igualdad real y efectiva de las personas trans y para la garantía de los derechos LGTBI]. Im Vereinigten Königreich existiert nur verstreute Regelungen, darunter sec. 41 Births and Deaths Registration Act 1953 („'mother', in relation to an adopted child, means the child's natural mother") (siehe dazu *R (on the application of McConnell) v Registrar General for England and Wales* [2020] EWCA Civ 559, [2020] 3 W. L. R. 683, [2020] 2 All E. R. 813) und sec. 33(1) Human Embryology and Development Act 2008 („The woman who is carrying or has carried a child as a result of the placing in her of an embryo or of sperm and eggs, and no other woman, is to be treated as the mother of the child") und dazu *R (on the application of TT) v Registrar General for England and Wales* [2019] EWHC 2384 (Fam), [2019] 3 W. L. R. 1195. In Belgien und Frankreich begnügt sich das Gesetz mit der Aussage, dass die Abstammung in Bezug auf die Mutter durch ihre Angabe in der Geburtsurkunde des Kindes begründet wird (Art. 312 belg. CC; Art. 311-25 franz. CC). In der Rechtslehre ist man sich aber einig, dass Mutter die Frau ist, die entbunden hat (*Leleu*, Droit des personnes et de la famille⁴, S. 556 Rdnr. 607; *Batteur und Mauger-Vielpeau*, Droit des personnes¹¹, S 170 Rdnr. 366).

[34] Lovforslag (Gesetzesmaterialien) nr. L 65 vom 10.11.2021, S. 15 (https://www.ft.dk/ripdf/samling/20211/lovforslag/l65/20211_l65_som_fremsat.pdf).

[35] Prop. 2017/18:155, S. 57; s. ferner *Jonsson und Mägi*, Juridisk Publikation 2 (2021) S. 272.

I. Rechtliche Geschlechter und natürliche Gegebenheiten **§ 7**

gebärender „Transmann" gleichzeitig Mann und Mutter.[36] Unterschiedlich beurteilt wird freilich, ob ein nichtgebärender Transmann im Wege der Vaterschaftsanerkennung Vater werden kann.[37] Unklar ist ebenfalls, ob eine Person mit offenem Geschlechtseintrag als Vater registriert werden darf.[38] Eine Transfrau, die noch vor ihrem Geschlechtswechsel ein Kind gezeugt oder die Vaterschaft zu ihm anerkannt hat, soll nach der Rechtsprechung des deutschen Bundesgerichtshofs dessen Vater sein.[39] Das Berufungsgericht Toulouse hat genau gegenteilig entschieden.[40] Nicht Mit-„Mutter" (und nicht einmal, wie in England, wenigstens „Elter" oder „Elternteil") soll unter deutschem Recht hingegen die Frau sein, die mit der gebärenden Frau im Zeitpunkt der Kindsgeburt gleichgeschlechtlich verheiratet ist.[41] Unter § 42(3)(2) dt. PStV wird die nicht gebärende Ehefrau der Mutter erst dann auch selbst zur Mutter, wenn sie das Kind ihrer Partnerin adoptiert. Für Tschechien wiederum hat das Landgericht Brünn entschieden, dass Männer, die in einer gleichgeschlechtlichen Partnerschaft leben und im Wege der Ersatzmutterschaft Eltern geworden sind, entweder beide als „Vater" oder, wenn die Geburtsurkundenvordrucke das aus rein technischen Gründen nicht zuließen und auch nicht verändert werden könnten, der eine als „Vater" und der andere als „Mutter" einzutragen sei, jeweils ergänzt um einen Hinweis auf die Gründe im Feld „Bemerkungen".[42]

---

[36] BGH 6.9.2017, BGHZ 215 S. 318. Dies verstößt nicht gegen Art. 8 EMRK: EGMR 4.4.2023, 53568 und 54741/18, *O. H. und G. H. vs. Deutschland*.

[37] Verneinend KG 15.8.2019, NJW 2019 S. 3598; bejahend AG Regensburg 4.2.2022, Beck RS 2022 Nr. 1198. Nicht eindeutig, weil unter norwegischem Recht und damit nicht in Anwendung von § 11 dt. TSG entschieden, OLG Schleswig 4.6.2019, FamRZ 2020 S. 1095.

[38] Verneinend unter Hinweis auf § 42(2)(4) dt. PStV AG München 23.2.2021, FamRZ 2021 S. 766, Anm. *Dutta*. Unter dieser Vorschrift müsste die Vaterschaft gerichtlich festgestellt werden, was mangels genetischer Abstammung nicht möglich ist. Die ministerielle Personenstandsverordnung steht aber ranghierarchisch unter dem BGB und kann jedenfalls dessen Abstammungsrecht nur interpretieren, nicht verdrängen. OLG München 29.4.2021, FamRZ 2022 S. 200 hat das Verfahren bis zur Entscheidung des Bundesverfassungsgerichts in dem vom Kammergericht und vom OLG Celle angestrengten Normenkontrollverfahren (unten Fn. 101) ausgesetzt.

[39] BGH 29.11.2017, NJW 2018 S. 471. Ebenso bereits OLG Köln 30.11.2009, NJW 2010 S. 1295 (Vaterschaftsanerkennung durch eine Transfrau möglich).

[40] CA Toulouse 9.2.2022, https://web.lexisnexis.fr/LexisActu/CAToulouseClaire.pdf m. Anm. *Philippot*, Une femme transgenre déclarée mère par la justice, Lexisveille.fr. Das Verfahren war auf Zurückverweisung durch den Kassationshof zustande gekommen, der ein gegenteiliges Urteil der CA Montpellier vom 14.11.2018 (dazu *Geoffroy Hilger*, Intersexualité et parenté, LPA 23.1.2019, Nr. 141w9, S. 7) aufgehoben hatte. Diese Cour d'appel hatte die Transfrau als Mutter qualifiziert und ihre Eintragung als *parent biologique* angeordnet. Die Cour de Cassation (Cass. civ. 16.9.2020, ECLI:FR:CCASS:2020:C100519) hatte das u. a. mit dem Argument beanstandet, dass das französische Abstammungsrecht diese Kategorie gar nicht kenne. Der Kassationshof hatte aber bestätigt, dass der Antrag auf „Mutterschaftsanerkennung" abzulehnen war.

[41] *Parent* ist zwar unter sec. 42 des Human Embryology and Fertilisation Act 2008 die mit der gebärenden Frau verheiratete oder verpartnerte andere Frau (bestätigt in sec. 1(1A)(a) Childrens Act 1989). Für Deutschland hat dagegen BGH 10.10.2018, BGHZ 220 S. 58, 61 Rdnrn. 10–12 entschieden, dass diese Frau weder Mit-Mutter noch Mit-Elter sei. Sie könne eine Elternschaft nur im Wege der Stiefkindadoption (§ 1741(2)(3) BGB) herbeiführen. Ob § 144(2)(1) ABGB (wonach die andere Mutter in eingetragener Partnerschaft lebende Frau „Elternteil" ist) auf in gleichgeschlechtlicher *Ehe* lebende Frauen analog anzuwenden ist, scheint bislang nicht entschieden (dagegen Schwimann und Neumayr [-*Nademleinsky*], ABGB-Taschenkommentar[5], § 144 Rdnr. 6). Auf die Partnerin sind aber die auf den Vater und die Vaterschaft Bezug nehmenden Bestimmungen sinngemäß anzuwenden (§ 144(3) a. a. O.). Die nationalen Regeln werden allerdings teilweise durch Unionsrecht überlagert. Denn EuGH 14.12.2021, C-490/20, MDR 2022 S. 103 hat entschieden, „dass im Fall eines minderjährigen Kindes, das Unionsbürger ist und dessen von den zuständigen Behörden des Aufnahmemitgliedstaats ausgestellte Geburtsurkunde zwei Personen gleichen Geschlechts als seine Eltern bezeichnet, der Mitgliedstaat, dessen Staatsangehöriger dieses Kind ist, zum einen verpflichtet ist, ihm einen Personalausweis oder Reisepass auszustellen, ohne die vorherige Ausstellung einer Geburtsurkunde durch seine nationalen Behörden zu verlangen, sowie zum anderen ebenso wie jeder andere Mitgliedstaat das aus dem Aufnahmemitgliedstaat stammende Dokument anzuerkennen hat, das es diesem Kind ermöglicht, mit jeder dieser beiden Personen sein Recht auszuüben, sich im Hoheitsgebiet der Mitgliedstaaten frei zu bewegen und aufzuhalten".

[42] Landgericht Brünn 28.4.2021, 29 A 166/2018-8.

448 Es gibt aber bislang nirgendwo in der Union eine **gesetzliche Definition von „männlich" und „weiblich".** Kein Gesetzgeber hat sich bislang aufgemacht, eine Regel zu formulieren, unter der „Mann (Frau) ist, wer…". Dasselbe gilt für „Junge" und „Mädchen" bzw. „männlich" und „weiblich"[43], und es gilt ebenso für „divers", „nicht-binär" oder „intergeschlechtlich". Die bestehende Ordnung baut darauf, dass ihre Grundlegung in der weit überwiegenden Mehrzahl der Fälle nicht präzisiert werden muss.[44] Einige Gesetze nehmen zwar zur Kenntnis, dass es Kinder gibt, die „weder dem weiblichen noch dem männlichen Geschlecht zugeordnet" werden können. Die Folge ist dann, für sie die Möglichkeit zu eröffnen, sie entweder unter einer der genannten Bezeichnungen (Deutschland) oder jedenfalls ohne jeden Geschlechtseintrag (Deutschland, Malta, Niederlande, außerhalb der EU auch Island) einzutragen.[45] Außerdem haben einige Verfassungsgerichte (Belgien, Österreich) die Möglichkeit einer über „männlich" und „weiblich hinausgehenden dritten Lösung erzwungen.[46] Aber es fehlt bislang an zureichend trennscharfen Vorgaben dazu, worauf die Klassifizierung als männlich, weiblich oder intergeschlechtlich in den Problemfällen zu stützen sei.

449 Das ungarische „Geburtsgeschlecht" wird zwar nach den primären Geschlechtsmerkmalen sowie aufgrund der Chromosomen bestimmt[47], aber da beide in unterschiedliche Richtungen weisen können, ist es eine Illusion zu meinen, man verfügte auf diese Art

---

[43] Das räumt für Tschechien auch tschech. VfGH 9.11.2021, Pl. ÚS 2/20 ein, eine Entscheidung, die das Argument verblüffenderweise aber dazu verwandte, an der strikten Binarität der Geschlechter festzuhalten. Auf dem Gebiet der Tschechischen Republik seien die Menschen in Frauen und Männer unterteilt. Dieses binäre Verständnis der menschlichen Gattung ginge aber nicht auf den Willen des Staates im Sinne des Willens der öffentlichen Gewalt zurück, denn die öffentliche Macht habe sie lediglich als gesellschaftliche Realität akzeptiert. Schließlich sei das Geschlecht selbst im tschechischen Rechtssystem nicht einmal ausdrücklich definiert. Es werde auch nicht ausdrücklich bestimmt, dass es in der Tschechischen Republik nur zwei Geschlechter gebe, nämlich männlich und weiblich. Denn das folge bereits aus dem Wort „Geschlecht" selbst, wie es in der tschechischen Sprache gemeinhin verstanden werde. Aus demselben Grund sei nicht einmal festgelegt, welche Merkmale einen Mann und welche eine Frau definierten. Denn die Begriffe „Mann" und „Frau" seien an sich schon ausreichend verständlich, und für die meisten Menschen sei die Einteilung in diese beiden Kategorien, die unmittelbar nach der Geburt erfolgt, mit keinerlei Schwierigkeiten verbunden. Deshalb sei es beispielsweise auch nicht notwendig, den „Menschen" zu definieren.

[44] Z. B. *Sheffield (Kristina) v United Kingdom* [1998] 2 F. L. R. 928 [29] („The sex of the child must be entered on the birth certificate. The criteria for determining the sex of a child at birth are not defined in the Act. The practice of the Registrar is to use exclusively the biological criteria").

[45] § 22(3) dt. PStG, Art. 278(1) Satz 4 malt. CC („where the gender identity of the minor is not yet determined, the sex may be recorded as undeclared until it is so determined") und Art. 1:19d(1) und (3) ndl. BW. Art. 6 des isländischen Gender Autonomy Act, Lög nr. 80/2019 um kynrænt sjálfræði vom 1.7.2019 (https://www.althingi.is/lagas/nuna/2019080.html) lautet in englischer Übersetzung (www.government.is): „Neutral gender registration is permitted. Public and private bodies that register gender shall provide for the possibility of registering gender as neutral, *inter alia* in identity documents, forms and databases, and provide for a clear denotation of such registration. In passports, neutral gender registration shall always be denoted with the letter X".

[46] § 2(2) Nr. 3 österr. PStG 2013 lautet weiterhin: „Allgemeine Personenstandsangaben sind … das Geschlecht". Die ist indes in verfassungskonformer Auslegung dahin zu lesen, dass die Möglichkeit besteht, die Geschlechtsangabe offen zu lassen: österr. VfGH 15.6.2018 (oben Rdnr. 114 mit Fn. 470). Die Praxis hat mit einiger Verzögerung reagiert. Die Durchführungsanleitung für die standesamtliche Arbeit (DA), Stand ab September 2020 (Zl.: 2020-0.571.947), Abschnitt 1.1.2.1.a3 – Geschlecht) brachte die Anweisung, dass das Geschlecht, wenn es bei der Geburt medizinisch noch nicht eindeutig bestimmt werden kann, mit dem Vermerk „offen" einzutragen ist. Inzwischen ist durch das Bundesgesetz vom 31.10.2022, mit dem das Meldegesetz 1991 geändert wird (österr. BGBl. I Nr. 173/2022) für das Meldewesen die Möglichkeit geschaffen worden, das Geschlecht nicht nur mit „offen" anzugeben, sondern von jeder Geschlechtsangabe abzusehen (oben Rdnr. 18 mit Fn. 69; Rdnr. 114 mit Fn. 470). Belg. VerfGH 19.6.2019 (oben Rdnr. 114 mit Fn. 473) hat die Regelung des belg. Transsexuellengesetzes für verfassungswidrig und nichtig erklärt, wonach die Geschlechtswechsel nur in eines der binären Geschlechter möglich ist. Bulgar. VerfG 26.10.2021, Entscheidung Nr. 15, https://www.constcourt.bg/bg/Cases/Details/591 hat es unentschieden gelassen, ob es spezieller Gesetzgebung für das Phänomen der Intersexualität bedürfe. Die Entscheidung betraf nur die Zulässigkeit einer Geschlechtsänderung. Sie wurde verneint.

[47] Oben Rdnr. 112 mit Fn. 459.

über präzise Entscheidungskriterien. Nicht besser steht es um die medizinisch assistierte Geschlechtszuschreibung nach den äußeren Geschlechtsmerkmalen unter polnischem Recht.[48] Unter Art. 2(2) des griechischen Gesetzes 4491/2017 bestimmt sich *sex* (im Gegensatz zu *gender*: Art. 2(1) a. a. O.) nach den Chromosomen (XY oder XX), den sonstigen genetischen sowie den anatomischen Merkmalen eines Menschen. Letztere werden in primäre (Fortpflanzungsorgane) und sekundäre Merkmale (Muskelmasse, Brustwachstum, Haarwuchs etc.) gegliedert. Der Zweck des Gesetzes besteht aber (nur) darin, transgeschlechtlich geprägten Personen den Wechsel von männlich zu weiblich und umgekehrt zu ermöglichen. An dem Problem der Geschlechtszuweisung am Anfang des Lebens ändert das nichts. Denn Zwischengeschlechtlichkeit (Intersexualität) kann sich auch erst im Laufe des Lebens erweisen, etwa dann, wenn trotz eines XY-Chromosomensatzes der Körper des Betroffenen nicht auf Testosteron reagiert oder die Hoden kein oder nicht genügend Testosteron entwickeln. Auch kann eine vergrößerte Klitoris fälschlich für einen kleinen Penis gehalten werden.[49] Vielleicht geht es zu weit zu sagen, dass sich die Unterscheidung zwischen Mann und Frau nicht nach denselben Kriterien vollzieht wie die Unterscheidung zwischen Junge und Mädchen. Aber es besteht auch kein Zweifel daran, dass sich nicht selten erst in oder nach der Pubertät **rückwirkend** sagen lässt, welchem „biologischen" Geschlecht der Betroffene seit seiner Geburt angehört hat. Eben deshalb sind Geschlechtszuschreibungen „nach den primären Geschlechtsmerkmalen sowie aufgrund der Chromosomen" mit Unsicherheiten behaftet. Eine Rechtsordnung, die alle Babys nur als Jungen oder Mädchen wahrnimmt, geht von falschen Voraussetzungen aus, wenn sie meint, diese ausschließliche Zweiteilung immer biologisch-faktisch herleiten zu können. Denn wenn sich die natürlichen Gegebenheiten kurz nach der Geburt noch gar nicht zureichend ermitteln, geschweige denn in ihrer wechselseitigen Bedeutung gewichten lassen, dann erfolgt die Zuschreibung eines rechtlichen Geschlechts willkürlich. Weder die äußeren Genitalien noch die Chromosomen erlauben stets eine zuverlässige Prognose für das spätere Geschlecht. Dieses wiederum bedarf unter dem aktuellen Stand der Menschenrechtsentwicklung der Bedachtnahme auch auf die Geschlechtsidentität des Menschen, also auf *gender*.[50]

450 Wenn man sich auf der Grundlage des aktuellen Kenntnisstandes an eine gesetzliche Definition von „Mann" bzw. „Frau" wagen würde, müsste man deskriptive (körperliche) Kriterien durch subjektive ersetzen. **Mann ist, wer Mann, Frau, wer Frau sein *will*.** (Und das Gleiche gilt, wie wir noch sehen werden, auch für Menschen, die weder Mann noch Frau, sondern, gleich unter welcher Bezeichnung, nichtbinär sein wollen). Bei Menschen, die nicht von einer geschlechtlichen Disharmonie betroffen sind, genügt es, dass sie stillschweigend bestätigen, dass das ihnen als Baby durch andere zugeschiebene Geschlecht *(sex)* ihrer inzwischen herangereiften Geschlechtsidentität *(gender)* entspricht. Die Prognose, dass aus dem „Jungen" ein „Mann" (aus dem „Mädchen" eine „Frau") werden würde, hat sich als richtig herausgestellt. Es haben sich nicht nur die entsprechenden körperlichen Geschlechtsmerkmale klar ausgebildet, vielmehr gründet sich darauf auch die Selbstwahrnehmung des erwachsen gewordenen Menschen, dem männlichen bzw. dem weiblichen Geschlecht anzugehören. Geburtsurkunden behalten ihren Sinn, weil sie den statistischen Normalfall vorwegnehmen. Tritt er ein, muss niemand die Richtigkeit der Eintragung noch einmal ausdrücklich bekräftigen. Ein solches Bestätigungsverfahren wäre denkbar, würde aber einen unverhältnismäßigen bürokratischen

---

[48] Siehe schon vorher Fn. 31. Bemerkenswerterweise hat schon poln. OG 25.2.1978, III CZP 100/77, Legalis-Nr. 20711 erkannt, dass es „keinen Grund (gäbe), den äußeren Geschlechtsmerkmalen des Transvestiten in jedem Fall eine entscheidende Bedeutung beizumessen, auch wenn diese Merkmale nicht korrigiert wurden"). Gleichwohl hat sich dadurch nichts an der strikten Binarität des rechtlichen Geschlechts unter polnischem Recht geändert. Das Problem ist bekannt, wird aber nicht angegangen (Boratyńska/Konieczniak/Zielińska [-*Boratyńska* und -*Bielska-Brodziak*], System Prawa Medycznego II[2], Kap. 6.7.1).
[49] So lag es wohl in TGI Toulon 7.12.2017, D. 2018 S. 417.
[50] Oben Rdnr. 116.

Aufwand bedeuten. Deshalb wird nur von den Menschen, für die sich die Prognose inzwischen als unzutreffend herausgestellt hat (weil entweder ihre körperliche oder ihre seelische Entwicklung anders verlaufen ist, als im Beurkundungszeitpunkt vermutet), ein aktives Handeln verlangt. Es ist auch vertretbar, nur sie damit zu belasten, ihren Willen, von nun an einem bestimmten anderen rechtlichen Geschlecht anzugehören, **rechtsförmig zu erklären.**[51]

451 Wie das im Einzelnen zu geschehen hat, ist Gegenstand der Regelungen zu dem (bei Babys noch nicht relevanten) Phänomen der sog. **Transsexualität** (besser trans*gender*). Der herangewachsene (manchmal auch schon der heranwachsende) Mensch fühlt sich „dem" anderen (so immer noch § 1(1) dt. TSG) oder (und besser) „einem" anderen Geschlecht[52] zugehörig. Unter dem Regime der EMRK hat jede Rechtsordnung diesem „Empfinden" jedenfalls im Rahmen der binären Geschlechtszuweisung Raum zu geben. Die mitgliedstaatlichen Rechtsordnungen müssen also Vorsorge dafür treffen, dass ein Wechsel dieses rechtlichen Geschlechts möglich ist. Die Anforderungen an ihn variieren in Europa noch; auch werden einem mehrfachen Geschlechtswechsel aus ordnungspolitischen Gründen und zur Vorbeugung gegen Beliebigkeit Grenzen gesetzt. Zudem wird aus einem „Mann", einer „Frau" oder einem Angehörigen eines „dritten Geschlechts" erst dann ein Angehöriger eines jeweils anderen rechtlichen Geschlechts, nachdem eine staatliche Stelle diesem Wunsch entsprochen hat, sei es nach Abschluss eines gerichtlichen Verfahrens, sei es auf dem weit weniger belastenden Weg einer von der Zivilstandsbehörde antragsgemäß vollzogenen Änderung des Personenstandsregisters. Der Wille, einem anderen als dem bislang verlautbarten Geschlecht anzugehören, muss der zuständigen staatlichen Stelle gegenüber in dem dafür vorgesehenen Verfahren erklärt werden, so dass er auf Ernsthaftigkeit überprüft werden kann. Die gesellschaftliche Anerkennung der empfundenen Geschlechtsidentität kann eine Rolle spielen, genügt für sich allein aber nicht. Sowohl das „psychische" als auch das „soziale" Geschlecht müssen den Übergang zum „rechtlichen" vollziehen. Nur dann erlangt der Betroffene Zugang zu den Regeln, die für sein neues Geschlecht gelten. Das dient auch seinem eigenen Schutz vor unbedachten Entscheidungen. Ein menschenrechtskonformes Regelwerk darf aber gerade keinen mechanischen oder sonstigen Eingriff in „die Biologie", also schon gar nicht eine operative Veränderung der primären körperlichen Geschlechtsmerkmale verlangen, bevor

---

[51] In eine ähnliche Richtung weist ein Eckpunktepapier vom Juni 2022 des deutschen Bundesministeriums für Familie, Senioren, Frauen und Jugend und des Bundesministeriums der Justiz für ein „Selbstbestimmungsgesetz" (https://www.bmfsfj.de/resource/blob/199382/1e751a6b7f366eec396d146b3813eed2/20220630-selbstbestimmungsgesetz-eckpunkte-data.pdf). Es strebt eine einheitliche Regelung für die Änderung von Geschlecht und Vornamen für transgeschlechtliche, nicht-binäre und intergeschlechtliche Personen an. Für den Wechsel von Geschlecht und Vorname soll eine Erklärung gegenüber dem Standesamt genügen. Vorausgesetzt wird nur die Versicherung, dass die Geschlechtsidentität nicht mit dem Geschlechtseintrag übereinstimme; eines ärztlichen Attests soll es nicht mehr bedürfen. Für Minderjährige unter 14 Jahren sollen die gesetzlichen Vertreter die Erklärung abgeben können, ab der Vollendung des 14. Lebensjahres nur der Minderjährige selbst. Er soll zwar der Zustimmung seiner gesetzlichen Vertreter bedürfen, doch soll sie im Interesse des Kindeswohls durch das Familiengericht ersetzt werden können. Nach einer Änderung von Geschlecht oder Vornamen soll zur Verhinderung von übereilten Erklärungen eine einjährige Sperrfrist eingeführt werden. Die Missbrauchsgefahr ist erkannt, aber noch nicht in jeder Beziehung gebannt. „Gewalttätige Personen gleich welchen Geschlechts haben z.B. wie bisher keinen Zugang zu Frauenhäusern. Zugangsrechte zu Frauenhäusern richten sich weiterhin nach dem jeweiligen Satzungszweck der privatrechtlich organisierten Vereine" (S. 4 a.a.O.). Ein Wechsel zum weiblichen Geschlecht mit dem Ziel, von Antidiskriminierungsregeln zu profitieren, wird nicht thematisiert. Dasselbe gilt für die Teilnahme an Wettbewerben. Sie werde durch den organisierten Sport autonom geregelt.
[52] So der Sachverhalt in belg. VerfGH 19.6.2019, Nr. 99/2019 (oben Rdnr. 114 mit Fn. 473) (es verstoße gegen den Gleichheitssatz, Personen mit einer nicht-binären Geschlechtsidentität zu verpflichten, eine Registrierung des Geschlechts in ihrer Geburtsurkunde hinzunehmen, die nicht mit ihrer Geschlechtsidentität übereinstimme, während Personen mit einer binären Geschlechtsidentität, die nicht mit der Registrierung des Geschlechts in ihrer Geburtsurkunde übereinstimmt, diese Registrierung ändern lassen könnten. Deshalb sei es verfassungsrechtlich geboten, auch den Wechsel aus einem binären in ein nicht-binäres rechtliches Geschlecht (und umgekehrt) zu gestatten.

I. Rechtliche Geschlechter und natürliche Gegebenheiten § 7

es einen Wechsel des rechtlichen Geschlechts erlaubt.[53] Im Erwachsenenstadium tritt *sex* im Konfliktfall hinter *gender* zurück. Deshalb wird nun der frei gebildete Wille, Mann oder Frau zu sein, zum maßgebenden Kriterium.

2. Menschen mit Varianten der Geschlechtsentwicklung

a. Fließende Geschlechtsidentität

Nach richtiger – aber längst nicht überall geteilter – Auffassung entscheiden auch Menschen mit Varianten der Geschlechtsentwicklung (DSD, *differences of sex development*) selbst über ihr rechtliches Geschlecht. Es sollte ihre Sache sein, ob sie sich dem männlichen, dem weiblichen oder einem eigenen (dritten) Geschlecht zugeordnet wissen wollen, und dies unbeschadet des Umstandes, dass es unter der EMRK bislang keine Verpflichtung der Mitgliedstaaten gibt, ein drittes Geschlecht einzuführen.[54] Jedenfalls ist niemand „automatisch" divers, nur weil er von einer Variante der Geschlechtsentwicklung betroffen ist. Er oder sie kann sich dessen ungeachtet als männlich oder weiblich wahrnehmen. Auch nichtbinär ist nur, wer vorbehaltlich einer staatlichen Ernsthaftigkeitskontrolle **nichtbinär sein will**. Eine fließende Geschlechtsidentität kann sich allerdings schon kurz nach der Geburt anhand der dann bereits feststellbaren äußeren Geschlechtsmerkmale andeuten. Dann muss die Entscheidung für das eine (und gegen die anderen beiden) rechtlichen Geschlechter *for the time being* von den Sorgeberechtigten getroffen werden. Je nachdem, wie deren Entscheidung ausgefallen ist, neigen manche Erwachsene in der englischsprachigen Welt dazu, sich selbst mit stummem Protest als „AFaB" und „AMaB" (Assigned as Female/Male at Birth) zu bezeichnen.

Die natürlichen Gegebenheiten sind kompliziert. Varianten der Geschlechtsentwicklung können zu verschiedenen Zeitpunkten und in vielfältigen Formen auftreten. **Intersexualität** ist eine Sammelbezeichnung für verschiedene biologische Phänomene, denen nur gemeinsam ist, dass die geschlechtsdeterminierenden und -differenzierenden Merkmale des Körpers nicht alle demselben (männlichen oder weiblichen) *sex* entsprechen.[55] Nicht einmal über den richtigen Zuschnitt der Diagnosegruppen herrscht Einvernehmen[56]; auch wird in Einzelfällen gestritten, welche Phänomene dem Begriff der Intersexualität zuzuordnen sind. Zu Abweichungen von dem statistisch „normalen" 46XX (weiblich) oder 46XY (männlich) Chromosomensatz kommt es, wenn entweder mehr oder weniger Geschlechtschromosomen vorhanden sind oder wenn sie strukturell von der Norm abweichen. Beispiele sind das Klinefelter-Syndrom (47XXY) (männlicher Phänotyp), das Turner-Syndrom

452

453

---

[53] Oben Rdnrn. 119, 122–123. Das Thema hat sich keineswegs erledigt. Das Erfordernis einer operativen Geschlechtsangleichung findet sich z. B. immer noch in Art. 37 der slowen. Durchführungsvorschrift zum Personenstandsregistergesetz und in § 29(1) tschech. BGB.

[54] Darauf beruft sich u. a. auch *R (on the application of Elan-Cane) v Secretary of State for the Home Department* [2021] UKSC 56, [2022] 2 W. L. R. 133 (Der Antragsteller war ausweislich seiner Geburtsurkunde weiblichen Geschlechts, wollte aber wenigstens im Reisepass mit „X" gekennzeichnet werden, weil er sich selbst als *non-gendered* identifizierte. Das Gericht lehnte das ab, u. a. mit der Begründung, dass man sich innerhalb des Vereinigten Königreichs auch mit dem Führerschein ausweisen könne, der zwar eine kodierte Geschlechtsangabe enthalte, die aber änderbar sei [Nr. 38]).

[55] *Lindenberg*, Rechtsfragen medizinischer Intervention bei intersexuell geborenen Minderjährigen, S. 31 und 39.

[56] BT-Drs. 19/24686 S. 25 bezieht sich auf die sog. S 2k Leitlinie der Deutschen Gesellschaft für Urologie, der Deutschen Gesellschaft für Kinderchirurgie und der Deutschen Gesellschaft für Kinderendrokologie (https://www.aem-online.de/fileadmin/user_upload/Publikationen/S2k_Geschlechtsentwicklung-Varianten_2016-08_01_1_.pdf) zu Varianten der Geschlechtsentwicklung, die ihrerseits das Modell der sog. Chicago Consensus Group (*Hughes/Houk/Ahmed/Lee/LWPES1/ESPE2 Consensus Group*, PEDIATRICS 118 [2006] S. 554, 555) übernimmt. Der Deutsche Ethikrat hingegen unterscheidet zwischen „DSD bei angeborener atypischer Ausprägung der Gonaden", „DSD bei angeborenen Störungen des Hormonhaushaltes mit Unterfunktion der Androgene" und „DSD bei angeborenen Störungen des Hormonhaushalts mit Überfunktion der Androgene (Deutscher Ethikrat, BT-Drs. 17/9088 S. 13).

(45X0) (weiblicher Phänotyp)[57] und das Swyer-Syndrom, bei dem eine Mutation des Y-Chromosoms eine Keimdrüsenfehlfunktion verursacht.[58] In beiden Fällen ist oft nicht einmal das Erscheinungsbild zwischengeschlechtlich, was sofort die Frage aufgeworfen hat, ob man es hier „wirklich" noch mit Intersexualität zu tun habe.[59] Es kann aber auch so liegen, dass sich nicht in jeder Körperzelle das gleiche chromosomale Geschlecht findet (46XY, 46XX). Dann kann es (muss aber nicht) zu einem zwischengeschlechtlichen Äußeren kommen.[60] Hat ein Mensch in seinen Gonaden sowohl Hoden- als auch Eierstockgewebe, entstehen „ovotestikuläre" DSD.[61] Bei den XX-Formen (weibliches chromosomales Geschlecht) geht es meist um einen Überschuss an Androgenen, also von Sexualhormonen mit virilisierender Wirkung.[62] Durch eine genetisch bedingte Störung der Funktion der Nebennierenrinde führt das Andrenogenitale Syndrom (AGS)[63] zu einer Überproduktion männlicher Sexualhormone. Die dadurch verursachte „Vermännlichung" reicht von einer verlängerten Klitoris bis zu einem vollständig männlichen äußeren Genital. Chromosomal ist die Person aber weiblich; sie hat auch Eierstöcke, eine Gebärmutter und andere weibliche Geschlechtsorgane. Personen mit AGS nehmen sich selbst i. d. R. als weiblich war.[64] Eine mögliche Variante der Geschlechtsentwicklung kann aber auch darin bestehen, dass sich trotz des 46 XX Karyotyps Hoden bilden („XX-Mann").[65] Bei den XY-Formen (männliches chromosomales Geschlecht) geht es vorwiegend um Störungen der Hodenentwicklung, der Androgenbiosynthese und deren Wirkungen.[66] Die Virilisierung fällt zu schwach aus. Eine häufige Form von 46XY DSD sind Gonadendysgenesien, also Funktionsstörungen der Hoden.[67] Es wird zu wenig Testosteron gebildet. Bei kompletter Gonadendysgenesie ist der Phänotyp weiblich. In der Pubertät bleiben aber die Brustentwicklung und die Monatsblutung aus; bei einer gemischten Gonadendysgenesie ist das Geschlecht schon im Zeitpunkt der Geburt uneindeutig. Bei einer sog. Androgenresistenz (oder „Androgeninsensitivität") hat ein chromosomal männlicher Mensch ein weibliches oder unauffällig männliches Äußeres. In der kompletten Form entwickeln sich zusätzlich zu dem weiblichen Äußeren in der Pubertät sekundäre weibliche Geschlechtsmerkmale. Hoden sind zwar vorhanden, liegen jedoch meist im Bauchraum. Uterus und Eileiter fehlen. Es kommt also auch nicht zu Monatsblutungen, was meistens der Grund dafür ist, diese Form der Intersexualität überhaupt zu entdecken. In der partiellen Form der Androgenresistenz ist das äußere Erscheinungsbild zwischengeschlechtlich; in der Pubertät werden männliche sekundäre Geschlechtsmerkmale nur teilweise ausgebildet.[68] Das hor-

---

[57] Es war ein Mensch mit dem Turner-Syndrom, der mit seiner Verfassungsbeschwerde gegen BGH 22.6.2016, NJW 2016 S. 2885 Erfolg hatte (BVerfG 10.10.2017, BVerfGE 147 S. 1; NJW 2017, 3643) und so den Weg zu einer Anerkennung des „dritten" Geschlechts in Deutschland ebnete.

[58] Amtsgericht Amarousiou 67/2018, Isokrates-Datenbak, qualifiziert Menschen mit dem Swyer-Syndrom als männlich. Dem Gericht war bewusst, dass sich der Betroffene selbst sowohl als männlich wie auch als weiblich wahrnahm.

[59] Bundesärztekammer, Deutsches Ärzteblatt 30.1.2015 S. 1, 4 bejaht das. Der Deutscher Ethikrat, BT-Drs. 17/9088 S. 5, 13 zählt dagegen weder das Turner- noch das Klinefelter-Syndrom zu den Erscheinungsformen von Intersexualität, weil es an zwischengeschlechtlichen Merkmalen fehle. Das widerspricht aber wiederum der Einschätzung von BVerfG 10.10.2017, BVerfGE 147 S. 1. Der Beschwerdeführer hatte unter dem Turner-Syndrom gelitten; kritisch zu der Entscheidung deshalb *Märker*, NZFam 2018 S. 1, 2. BT-Drs. 19/24686 S. 25 zählt das Turner-Syndrom (mittelbar) gleichfalls zu den „Varianten der Geschlechtsentwicklung", weil es in der S 2k Leitlinie (Fn. 56) genannt wird, auf die die Gesetzesverfasser verweisen.

[60] Deutscher Ethikrat a. a. O. S. 11.

[61] Beschrieben u. a. bei *Wieacker,* in: Duttge, Enge und Zoll, Sexuelle Identität und gesellschaftliche Norm, S. 1.

[62] Bundesärztekammer a. a. O.

[63] Beschrieben u. a. bei *Rothärmel,* MedR 2006 S. 274, 275 und *Lindenberg,* Rechtsfragen medizinischer Intervention bei intersexuell geborenen Minderjährigen, S. 41–44.

[64] Deutscher Ethikrat, BT-Drs. 17/9088 S. 20.

[65] Bundesärztekammer a. a. O.; *Wieacker* a. a. O.

[66] Bundesärztekammer a. a. O.

[67] *Lindenberg* a. a. O. S. 44; *Wieacker* a. a. O. S. 5.

[68] *Lindenberg* a. a. O. S. 45; Deutscher Ethikrat a. a. O. S. 15; *Wieacker* a. a. O. S. 8.

I. Rechtliche Geschlechter und natürliche Gegebenheiten **§ 7**

monale Geschlecht liegt letztlich auf einer Skala zwischen dem eindeutig weiblichen und dem eindeutig männlichen Pol. Die biologische „Standardvorgabe" ist weiblich; Mannwerdung setzt eine ausreichende Testosteronproduktion voraus.[69]

Wie viele Menschen von einer fließenden Geschlechtsidentität betroffen sind, ist schon **454** deshalb schwer zu sagen, weil nur die wenigsten die notwendigen verfahrensrechtlichen Schritte gegen das ihnen in der Geburtsurkunde als „männlich" oder „weiblich" oder (ggf.) „divers" zugeschriebene Geschlecht unternehmen.[70] Daten darüber, wer von der Verlautbarung als „divers" oder „offen" (etc.) den Wechsel in eines der binären Geschlechter angestrebt hat[71], scheint es (noch) nicht zu geben. Rechtspolitisch kommt es darauf an, **Durchlässigkeit zwischen den Geschlechtszuschreibungen** zu gewinnen. Das unmittelbar im Anschluss an die Geburt verlautbarte rechtliche Geschlecht darf nur als eine auf die zu diesem Zeitpunkt erkennbaren äußeren Geschlechtsmerkmale gestützte Prognose verstanden werden, mit der die spätere Geschlechtsidentität vorhergesagt wird. Das ist in allen drei Fällen gleich, auch, wenn als Geburtsgeschlecht „divers" (etc.) eingetragen wird. Eltern, die ohne jeden begründeten Verdacht einer bestehenden Zwischengeschlechtlichkeit ein mit Penis geborenes Baby als Mädchen oder ein mit Vagina geborenes Baby als Jungen anmelden würden, würden dadurch ihre Pflichten gegenüber dem Kind und der Behörde verletzen. In einem solchen Fall wäre eine einfache Berichtigung[72] möglich und nötig.[73] Die Anmeldedaten beruhen von Anfang an auf einem Fehler. Deutet das äußere

---

[69] *Lindenberg* a. a. O. S. 38; Deutscher Ethikrat a. a. O. S. 12.

[70] Für Schweden siehe schon oben Fn. 32. Es dürfte sich hier aber nur um die Kinder handeln, deren äußere Geschlechtsmerkmale schon bei der Geburt auf Zwischengeschlechtlichkeit hinweisen. Dasselbe gilt für Deutschland. BVerfG 10.10.2017, BVerfGE 147 S. 1, 8 Rdnr. 10 ging davon aus, dass etwa eine von 500 Personen in Deutschland intersexuell sei, es also in Deutschland ca. 160.000 intersexuelle Personen gebe. BT-Drs. 19/4669 S. 9 schätzt, dass in Deutschland jährlich ca. 1.500 intersexuelle Kinder geboren werden, was in Relation zu den 792.000 Neugeborenen im Jahr 2016 etwa 0,19 % ausmachen würde. Solche Zahlen sind aber nicht besonders aussagekräftig, weil intersexuelle Menschen eben gerade keine homogene Gruppe sind. Es wird angenommen, dass sich maximal ein Drittel aller intersexueller Personen nicht mit ihrem Geschlechtseintrag identifizieren (BT-Drucks. a. a. O.).

[71] Dass das unter deutschem Recht möglich ist, folgt zumindest mittelbar aus §§ 45b(1) und 22(3) dt. PStG. Denn § 22(3) a. a. O. ordnet an, dass dann, wenn „das Kind weder dem weiblichen noch dem männlichen Geschlecht zugeordnet werden (kann), … der Personenstandsfall *auch* ohne eine solche Angabe oder mit der Angabe ‚divers' in das Geburtenregister eingetragen werden" kann (Hervorhebung hinzugefügt). Es ist also „auch" eine Eintragung als „männlich" oder „weiblich" möglich (richtig *Bruns*, StAZ 2019 S. 97 und *Gaaz/Bornhofen/Lammers* [-*Lammers*], Personenstandsgesetz[5], § 22 Rdnr. 14), auch wenn das manche Standesämter anders zu beurteilen scheinen (*Gössl/Dannecker/Schulz*, NZFam 2020 S. 145, 147). § 45b(1) (1) PStG („Personen mit Varianten der Geschlechtsentwicklung können gegenüber dem Standesamt erklären, dass die Angabe zu ihrem Geschlecht in einem deutschen Personenstandseintrag durch eine andere in § 22 Absatz 3 vorgesehene Bezeichnung ersetzt oder gestrichen werden soll") ist in der Tat nicht besonders geschickt formuliert. Klar ist jedenfalls, dass eine intersexuelle Person (anders als eine transsexuelle Person) nicht nachweisen muss, dass ihr psychisches nicht ihrem eingetragenen Geschlecht entspricht.

[72] Z. B. Artt. 99–101 franz. CC (bei der *rectification* handelt es sich um ein rein administratives Verfahren, in dem z. B. Rechtschreibfehler und offensichtlich falsche Geschlechtsangaben berichtigt werden können: *Teyssié*, Droit des personnes[20], S. 369 Rdnr. 606); § 42(1) österr. PStG; poln. OG 25.2.1978, III CZP 100/77, Legalis-Nr. 20711 (eine fehlerhafte Angabe des Geschlechts im Geburtseintrag führt zu einem Mangel dieses Eintrags, der bereits zum Zeitpunkt seiner Erstellung besteht, und dieser Mangel kann durch Berichtigung des Eintrags behoben werden) und § 34 schwed. MeldewesenG (dazu Högsta förvaltningsdomstolen 4.3.2019, HFD 2019 ref. 9; *in casu* ging es allerdings um die Änderung des Geburtsdatums). Unter § 47(2) Nr. 1 dt. PStG kann das Standesamt das Register auf Mitteilungen und Anzeigen hin selbst korrigieren. Andernfalls bleibt nur die Berichtigung des Eintrags aufgrund gerichtlicher Anordnung (§ 48 a. a. O.). Siehe ferner *Sheffield (Kristina) v United Kingdom* [1998] 2 F. L. R. 928 [30] („The 1953 Act provides for the correction by the Registrar of clerical errors or factual errors. The official position is that an amendment may only be made if the error occurred when the birth was registered. The fact that it may become evident later in a person's life that his or her „psychological" sex is in conflict with the biological criteria is not considered to imply that the initial entry at birth was a factual error").

[73] Frankreich kennt neben der *rectification* auch noch die *annulation* einer Personenstandsurkunde. Eine *action en annulation* stellt sicher, dass eine Geburtsurkunde mit (z. B.) einem falschen Geschlechtseintrag rückwirkend vernichtet und *ab initio* durch eine Geburtsurkunde ersetzt wird, die der Realität entspricht, die den Eltern und ihrem Arzt erst nach einigen Tagen aufgefallen ist. TGI Toulon 7.12.2017, D. 2018

Erscheinungsbild des Kindes dagegen schon nach der Geburt auf Zwischengeschlechtlichkeit hin, sollten die Eltern nicht gezwungen werden, jetzt schon eine Einschätzung über die spätere Entwicklung ihres Kindes abzugeben. Sie könnten unter diesem Zwang ihrer Pflicht, für das Wohl des Kindes zu sorgen, nicht entsprechen. Das Risiko einer Fehlentscheidung bleibt auch nach genetischer Beratung viel zu hoch.[74] Ausnahmslos darauf zu beharren, ein Kind entweder als männlich oder als weiblich zu registrieren, beeinträchtigt nicht nur die Persönlichkeitsentwicklung des Kindes. Ein solcher Zwang führt auch zu einer schweren Verletzung des elterlichen Sorgerechts, weil Eltern die Möglichkeiten beschnitten werden, mit der Situation verantwortungsbewusst umzugehen.

455 Eine Frage von wesentlich geringerem Gewicht ist es dagegen, ob Kinder mit uneindeutigen äußeren Genitalien als „divers", unter einer anderen oder ohne jede Geschlechtsangabe („offen") registriert werden bzw. registriert werden sollten. Wo das Gesetz jede dieser Möglichkeiten eröffnet, liegt es nahe, den Eltern auch die Entscheidung hierüber zu überantworten[75], verbunden freilich mit dem *caveat,* dass sie sie im besten Interesse des Kindes treffen müssen. Die Eintragung „divers" („nichtbinär" etc.) gibt dem Kind einen geschlechtlichen Status, der in modernen Gesellschaften zunehmend Akzeptanz findet, birgt aber kein geringeres Vorhersagerisiko als die Eintragungen „männlich" oder „weiblich" für dasselbe Kind. Vorsichtige Eltern werden deshalb darauf dringen, dass die Angabe der Geschlechtszugehörigkeit ihres von einer Variante betroffenen Kindes offenbleibt, bis es seine Geschlechtsidentität entwickelt hat und selbst entscheiden kann.

456 Intersexualität wird körperlich, Transsexualität wird psychisch gedacht.[76] Auch das greift zu kurz. Denn beide Phänomene zeigen in aller Dringlichkeit, dass die kurz nach der

---

S. 417, Anm. *Vialla* betraf ein Kind, das fälschlich als männlich deklariert worden, in Wirklichkeit aber weiblichen Geschlechts war. Das wahre Geschlecht war zunächst infolge einer Veränderung des Erscheinungsbildes der äußeren Genitalien verkannt worden, was an der körpereigenen Produktion männlicher Hormone gelegen hatte. Das Gericht gab dem Antrag statt, die Geburtsurkunde mit dem Namen Arthur für ungültig zu erklären, damit dem Mädchen der Vorname Victoire zugewiesen werden konnte.

[74] Unter § 1631e(1) dt. BGB umfasst die Personensorge deshalb „nicht das Recht, in eine Behandlung eines nicht einwilligungsfähigen Kindes mit einer Variante der Geschlechtsentwicklung einzuwilligen oder selbst diese Behandlung durchzuführen, die, ohne dass ein weiterer Grund für die Behandlung hinzutritt, allein in der Absicht erfolgt, das körperliche Erscheinungsbild des Kindes an das des männlichen oder des weiblichen Geschlechts anzugleichen". Mit Blick auf Österreich bemerkte das UN Committee against Torture: Concluding observations on the sixth periodic report of Austria (2015, CAT/C/AUT/CO/6), p. 8 nr. 44: „Intersex persons The Committee appreciates the assurances provided by the delegation that surgical interventions on intersex children are carried out only when necessary, following medical and psychological opinions. It remains concerned, however, about reports of cases of unnecessary surgery and other medical treatment with lifelong consequences to which intersex children have been subjected without their informed consent". Der Nationalrat hat darauf mit seiner Entschließung vom 16.6.2021 (183/E XXVII. GP) reagiert. Die aktuelle Rechtslage bleibt unter den §§ 173, 181(4), 252 österr. ABGB aber unscharf und bedarf dringend expliziterer gesetzlicher Klarstellung.

[75] So verhält es sich nach herrschender Auffassung in Deutschland (*Bruns,* StAZ 2019 S. 97, 98; *Reuß,* StAZ 2019 S. 42, 45), für die u. a. spricht, dass (i) die Inhaber der elterlichen Sorge auch über den Vornamen entscheiden (§ 1626(1) dt. BGB; bestätigt in Nr. 21.2.1 Satz 1 PStG-VwV) und dass (ii) die Inhaber der elterlichen Sorge bis zur Vollendung des 14. Lebensjahres ihres Kindes unter § 45b(2) dt. PStG beantragen können, dass die Geschlechtsangabe in einer Personenstandsurkunde „durch eine andere in § 22 Absatz 3 [„divers"] vorgesehene Bezeichnung ersetzt oder gestrichen werden soll".

[76] BGH 22.4.2020, FamRZ 2020 S. 1009, 1014 Rdnr. 48 formuliert: „Personen mit Varianten der Geschlechtsentwicklung haben hingegen kein in diesem Sinne feststehendes biologisches Geschlecht, das im Widerspruch zu ihrer empfundenen Geschlechtsidentität stehen könnte". Hier scheint die Vorstellung mitzuwirken, dass solche Personen nicht im Sinne von *trans* zu etwas „hinübergehen" müssten, weil sie bereits „dazwischen" sind. Spätestens seit der Etablierung eines dritten Geschlechts hat sich das aber erledigt. Österr. VfGH 15.6.2018, G 77/2018-9, FamRZ 2018 S. 1437 Rdnr. 15 hielt es unter Hinweis auf Darlegungen der österreichischen Bioethikkommission für gesichert, „dass die Geschlechtsentwicklung mancher Menschen gegenüber einer männlichen oder weiblichen Geschlechtsentwicklung Varianten aufweist und es heute dem Stand der medizinischen und sonstigen einschlägigen Wissenschaften entspricht, zwischen Intersexualität (Differences of Sex Development) und Transidentität (Transsexualität, Gender-Dysphorie, Transgender, Gender-Inkongruenz) zu unterscheiden. Dabei handelt es sich bei der […] Fallkonstellation der Intersexualität um eine Variante der Geschlechtsentwicklung, die, weil die geschlechtsdifferenzierenden Merkmale durch eine atypische Entwicklung des chromosomalen, anatomi-

I. Rechtliche Geschlechter und natürliche Gegebenheiten § 7

Geburt vorgenommene Geschlechtszuschreibung auf einer **vorläufigen Einschätzung** beruht. Gerade deshalb darf der so Taxierte durch den Geburtseintrag nicht an einem selbstbestimmten späteren Wechsel seines rechtlichen Geschlechts gehindert werden. Eine Rechtsordnung, die sich dieser Einsicht verweigert, handelt menschenrechtswidrig. Es genügt aber nicht, Transsexualität auf den Wechsel eines binären und Intersexualität auf die Zuschreibung eines nichtbinären rechtlichen Geschlechts zu reduzieren. Es findet sich auch kein Sachgrund dafür, den Wechsel aus einem nichtbinären in ein binäres Geschlecht an geringere Anforderungen zu knüpfen als den Wechsel zwischen den beiden binären bzw. aus einem von ihnen in das nichtbinäre Geschlecht. Es gibt insbesondere keinen stichhaltigen Grund dafür, den Wechsel zwischen einem der beiden binären Geschlechter nur nach Abschluss eines gerichtlichen Verfahrens und den Wechsel aus einem nichtbinären in ein binäres Geschlecht auf dem viel einfacheren Weg der Antragstellung bei der Zivilstandsbehörde zu vollziehen.[77] Letzterer sollte vielmehr auch Transsexuellen offenstehen. Je geringer die Anforderungen an einen Wechsel des rechtlichen Geschlechts werden, desto geringer wird auch das Risiko, mit einer Geschlechtszuschreibung im Kindesalter das spätere Seelenleben des Herangewachsenen zu belasten.

b. Abnehmende Bedeutung des rechtlichen Geschlechts

Zwischengeschlechtlichkeit ist für eine Rechtsordnung letztlich nur dann und nur dort ein **457** „technisches" Problem, wo sie nach dem binären Geschlecht unterscheidende Personennummern vergibt, an materiell unterschiedlichen Regeln für Personen männlichen und weiblichen Geschlechts festhält[78] oder einzelne Rechtsgeschäfte nur zwischen Männern und Frauen erlaubt. Das Standardbeispiel ist vielerorts noch immer die **Ehe.** Sie kann gelegentlich sogar von Verfassungs wegen als eine Verbindung zwischen einem Mann und einer Frau definiert sein, mit der Folge, dass nicht nur keine gleichgeschlechtlichen Ehen (und keine verschiedengeschlechtlichen Partnerschaften) möglich sind[79], sondern auch, dass die Ehe überhaupt nur Angehörigen eines der binären Geschlechter offensteht.[80] Aus diesem Eheverständnis wird dann zugleich ein rechtspolitisches Argument dafür gewonnen,

---

schen oder hormonellen Geschlechts gekennzeichnet sind, die Einordnung eines Menschen als männlich oder weiblich nicht eindeutig zulässt. Die Fallkonstellation der Transidentität ist hingegen dadurch gekennzeichnet, dass ein Mensch zwar eindeutig genetisch und/oder anatomisch bzw. hormonell einem Geschlecht zugewiesen [ist], [...] sich in diesem Geschlecht aber falsch oder unzureichend beschrieben [fühlt] bzw. [...] auch jede Form der Geschlechtszuordnung und Kategorisierung ab[lehnt]".

[77] So liegt es derzeit aber noch immer unter deutschem Recht, sofern ein Mensch mit einer Variante der Geschlechtsentwicklung auch körperliche Merkmale von Zwischengeschlechtlichkeit aufweist. Andernfalls muss er ein Gerichtsverfahren anstrengen, also z. B. auch, wenn er von männlich zu divers wechseln möchte (§ 45b(1) dt. PStG; § 8(1) dt. TSG). Es erscheint jedoch schon im Grundsätzlichen unangebracht, die Voraussetzungen eines Geschlechtswechsels je nach dem biologischen Geschlecht in verschiedenen Gesetzen verschieden zu regeln. Für (Trans-)Männer und Frauen richtet sich der Wechsel nach den Regeln des dt. TSG, während das Recht für intersexuelle Personen in § 45b dt. PStG geregelt ist. Für Männer und Frauen, die in das nichtbinäre Geschlecht wechseln (oder ihren Geschlechtseintrag streichen lassen) wollen, ist eine Regelungslücke entstanden, die in analoger Anwendung (nicht des Personenstands-, sondern des) Transsexuellenrechts geschlossen wird. Die Unterscheidung zwischen Trans- und Intersexualität liegt zudem auch den §§ 1 und 2 schwed. Könstillhörighetslagen zugrunde. Personen mit einer Variante der Geschlechtsentwicklung können wesentlich leichter von einem in das andere binäre Geschlecht wechseln als transsexuell geprägte Personen.

[78] Für das englische Recht findet sich in *R (on the application of Elan-Cane) v Secretary of State for the Home Department* [2021] UKSC 56, [2022] 2 W. L. R. 133 Nr. 52–53 eine längere Liste von Beispielen. Die Regierung warnte vor dem „Chaos", das bei Anerkennung eines dritten Geschlechts entstehen würde.

[79] Oben Rdnr. 109 und Rdnr. 111.

[80] Manchmal kommt außerdem hinzu, dass das Ehemündigkeitsalter geschlechtsspezifisch gestaffelt wird. So verhält es sich z. B. unter Art. 10 poln. FVGB, wonach das Vormundschaftsgericht „einer Frau, die das 16. Lebensjahr vollendet hat, aus wichtigen Gründen die Eheschließung gestatten (kann), wenn sich aus den Umständen ergibt, dass die Eheschließung dem Wohl der gegründeten Familie entspricht".

dass ein nichtbinäres Geschlecht inakzeptabel sei.[81] Würde man ein nichtbinäres Geschlecht einführen, könnten seine Angehörigen nicht heiraten. Aber so dreht man sich natürlich im Kreis. Wenn Menschen mit einer fließenden Geschlechtsidentität die Möglichkeit erhalten, ihre Person mit einem *diese* Identität verlautbarenden rechtlichen Geschlecht zu versehen, dann wäre es geradezu widersinnig, diese Freiheit mit erzwungener Ehelosigkeit zu verknüpfen. Die Ehe steht Menschen mit Varianten der Geschlechtsentwicklung schließlich auch dann offen, wenn sie ein ihnen zugeschriebenes binäres rechtliches Geschlecht akzeptieren. Außerdem ist unter einem modernen Eherecht Geschlechtsverschiedenheit ohnehin keine Voraussetzung mehr für den Zugang zur Ehe. Es kommt dann im Eheschließungsrecht überhaupt nicht mehr darauf an, welchem rechtlichen Geschlecht die Nupturienten angehören.[82] Folglich ist auch eine Ehe zwischen einer binären und einer nichtbinären Person und eine Ehe zwischen zwei Personen nichtbinären Geschlechts möglich.

458 Das Eheschließungsrecht zeigt exemplarisch, dass Geschlechterdiversifizierung umso leichter fällt, je mehr die Bedeutung des rechtlichen Geschlechts schwindet. Das gilt aber natürlich auch umgekehrt. Je größer die Zahl und je höher das rechtspolitische Gewicht der Vorschriften ist, die (nur) zwischen Personen männlichen und weiblichen Geschlechts unterscheiden, desto beharrlicher verweigert sich eine Rechtsordnung der Zuschreibung eines nichtbinären Geschlechts. Das Eine ist eine Folge des Anderen. Ein Gesetzgeber, der im Sexualstrafrecht noch immer zwischen männlichen und weiblichen Opfern differenziert, könnte argumentieren, es dürfe nicht dazu kommen, sexuelle Gewalt zum Nachteil nichtbinärer Personen straflos zu stellen[83], ein Gesetzgeber, der für Männer und Frauen je unterschiedliche Renteneintrittsalter[84] oder unterschiedliche Regeln über die Wehrpflicht[85]

---

[81] So z. B. tschech. VerfGH 9.11.2021, Pl. ÚS 2/20. Anders aber schon österr. VfGH 8.6.2006, RIS-Justiz (Es sei „nicht erfindlich, warum die Änderung des Geschlechts einer Person, durch welche die Beurkundung im Personenstandsbuch unrichtig wird [...], nur dann zu einer Änderung der Beurkundung führen soll, wenn diese Person nicht verheiratet ist[...]. Die Beurkundung des Geschlechts einer Person kann nicht durch den Bestand einer Ehe gehindert werden. Ob umgekehrt die durch eine Änderung des Geschlechts eintretende Gleichgeschlechtlichkeit bisheriger Ehepartner am Fortbestand der Ehe etwas ändert oder deren Auflösung herbeiführt, erzwingt oder ermöglicht, hat jedenfalls nicht die mit der Änderung der Eintragung im Geburtenbuch befasste Personenstandsbehörde zu beurteilen). Das Problem hat sich für Österreich durch die Einführung der gleichgeschlechtlichen Ehe (§ 44 österr. ABGB) erledigt.

[82] BT-Drs. 19/4670 S. 19 bemerkte zutreffend, dass § 1353(1) dt. BGB auch Personen erfasst, „deren Geburtsregistereintrag keine Angabe zum Geschlecht enthält, da auch diese in Bezug auf den Ehegatten entweder gleichen oder verschiedenen Geschlechts sind. Jedenfalls ergibt eine verfassungskonforme Auslegung der Regelung, dass auch dieser Personenkreis von der Norm erfasst sein muss. Dies würde gelten für Personen, die eine nach der Entscheidung des Bundesverfassungsgerichts vom 10. Oktober 2017 - 1 BvR 2019/16 – gegebenenfalls noch zu schaffende weitere Geschlechtsangabe wählen. Eine gesonderte gesetzliche Regelung ist daher entbehrlich".

[83] Der Gedanke scheint derzeit tatsächlich in Griechenland eine Rolle zu spielen. In der allgemeinen Presse wird jedenfalls davon berichtet, dass sich der wegen wiederholter Pädophilie und Vergewaltigung angeklagte und festgenommene Präsident des Nationaltheaters mit dem Argument verteidigt habe, er habe das Ganze nur inszeniert, um auf die Notwendigkeit der Schaffung eines dritten Geschlechts aufmerksam zu machen (https://www.lifo.gr/now/greece/xekina-simera-i-diki-toy-lignadi-o-koygias-leei-pos-tha-zitisei-diakopianaboli). Das „Argument" des Angeklagten würde allerdings überhaupt nur dann einen Sinn ergeben, wenn er auf diese Weise demonstrieren wollte, dass seine „Opfer" gar keine Vergewaltigungsopfer sein könnten, weil es sich um intergeschlechtliche Personen handelt. Nur können intergeschlechtliche Personen eben in Griechenland gerade nicht ein eigenes rechtliches Geschlecht zugeschrieben bekommen.

[84] So verhält es sich in Polen, wo das Renteneintrittsalter für Frauen bei der Vollendung des 60. und das Renteneintrittsalter für Männer bei der Vollendung des 65. Lebensjahres liegt (Art. 24(1) poln. Gesetz vom 17.12.1998 über Alters- und Invaliditätsrenten aus dem Sozialversicherungsfond [Dz.U.2022.504]).

[85] Unter deutschem Recht ist derzeit unklar, aber auch praktisch nicht relevant, welche nach dem binären Geschlecht differenzierenden Regeln zur Wehrpflicht auf nichtbinäre Personen Anwendung finden (dazu *Völzmann,* JZ 2019 S. 381, 389). Unter Art. 12a(1) dt. GG können Männer ab 18 Jahren zum Dienst in den Streitkräften verpflichtet werden. Unter Art. 12a(4) dt. GG können Frauen ab dem 18. und bis zum 55. Lebensjahr für Dienstleistungen im zivilen Sanitäts- und Heilwesen sowie zur Lazarettorganisation im Verteidigungsfalle verpflichtet werden; Frauen dürfen aber „auf keinen Fall" zum Dienst mit der Waffe verpflichtet werden. Es scheint, dass Angehörige des dritten Geschlechts derzeit keiner dieser Pflichten

I. Rechtliche Geschlechter und natürliche Gegebenheiten § 7

vorsieht, die Sorge haben, für Menschen mit einer Variante der Geschlechtsentwicklung missbrauchsanfällige Wahlmöglichkeit einführen zu müssen. Auch sind z. B. das Gefängniswesen[86] und das Sportgeschehen[87] auf dem binären Geschlecht aufgebaut. Ähnliches ist in Krankenhäusern, im Arbeitsleben[88] und Schulen denkbar.[89] Auch gibt es gute Gründe, die Gesundheitsvorsorge zur Früherkennung bestimmter Krankheiten geschlechtsspezifisch zu organisieren. Aber nichts davon ist ein durchschlagender Grund dafür, ein nichtbinäres rechtliches Geschlecht grundsätzlich abzulehnen. Letzteres beruht auf einer reinen politischen Willensentscheidung, nicht auf einem Faktum, das sich nicht ändern ließe. Denn es sind eben (um bei den Beispielen zu bleiben) in den meisten Rechtsordnungen die unterschiedlichen Renteneintrittsalter inzwischen längst abgeschafft worden[90], auch ließen sie sich nach anderen Kriterien staffeln, nach Beitragszeiten etwa, nach der durchschnitt-

unterliegen. In Polen unterliegen nur Männer der allgemeinen Wehrpflicht; Frauen können sich freiwillig zur Wehrqualifikation melden und unterliegen (nur) dann der allgemeinen Verpflichtung zum allgemeinen Wehrdienst (Art. 59(1) poln. Gesetz vom 11.3.2022 über die Heimatverteidigung [Dz.U.2022/2305]). In Schweden ist die „Gesamtverteidigungspflicht" *(totalförsvarsplikt)* geschlechtsneutral konzipiert (§ 2 Lag om totalförsvarsplikt).

[86] Für Angehörige des nichtbinären Geschlechts scheint es in Deutschland bislang an speziellen Regeln zu fehlen. Angehörige eines binären Geschlechts werden (erst) nach dem Geschlechtswechsel in den Strafvollzug ihres neuen Geschlechts überstellt (KG 19.7.2002, NStZ 2003 S. 50). Besser wäre ein getrennter Strafvollzug für besonders vulnerable Gruppen (*Völzmann* a. a. O. S. 386). Unter Kap. 2 § 2 schwed. Fängelselag ist bei Gefangenen, die sich im Prozess des Geschlechtswechsels befinden, individuell zu prüfen, welche Einrichtung für sie angemessen ist (Kriminalvårdens handbok, 2012:8, S. 42–43).

[87] Der Sport unterliegt natürlich im Wesentlichen privatrechtlichen Regelwerken, ist aber im Umgang mit geschlechtsdifferenzierenden Regelungen besonders erfahren. Wo es auf körperliche Leistungsfähigkeit ankommt (z. B. nicht beim Reiten oder im Schach) schätzt CAS 24.7.2015, 2014/A/3759, *Dutee Chand v. Athletics Federation of India (AFI) & International Association of Athletics Federations (IAAF),* www.tas-cas.org, Jurisprudence, Rdnr. 522 den Leistungsunterschied zwischen Männern und Frauen auf 10–12 %. Für intersexuelle Athleten gelten die „Eligibility Regulations for the Female Classification (Athletes With Differences of Sex Development)" (www.worldathletics.org). Liegt bei einer der in Nr. 2.2.1.a beschriebenen Varianten der Geschlechtsentwicklung ein Blut-Testosteronwert über 5 nmol/L (2.2.1.b) vor und besteht genügend Androgensensibilität, damit das Testosteron einen androgenisierenden Effekt hat (2.2.1.c), so können z. B. an internationalen Laufwettbewerben der Frauen ab einer Länge von 400 Metern nur Personen teilnehmen, die rechtlich als weiblich oder intersexuell anerkannt sind (2.3.1) und deren Bluttestosteronkonzentration durch Hormoneinnahme für mindestens sechs Monate vor dem Wettbewerb unter den genannten Grenzwert gesenkt wurde (2.3.2). Operative Eingriffe sind nicht erforderlich (2.4.). An internationalen Wettbewerben kann eine Person stets in der Männerklasse teilnehmen (2.6.2.); falls es eine besondere Kategorie für intersexuelle Personen gibt, auch in ihr (2.6.3). Dutee Chand durfte als 100m-Sprinterin als Frau antreten, Caster Semenya als 800m-Läuferin dagegen nur unter den genannten Einschränkungen (CAS 30.4.2019, 2018/O/5794, *Mokgadi Caster Semenya v. International Association of Athletics Federations,* 2018/O/5798; *Athletics South Africa v. International Association of Athletics Federations,* www.tas-cas.org, Jurisprudence). Das IOC hat im November 2021 ein neues „Framework on Fairness, Inclusion and Non-Discrimination on the Basis of Gender Identity and Sex Variations" veröffentlicht (https://stillmed.olympics.com/media/Documents/News/2021/11/IOC), das internationalen wie nationalen Sportverbänden bei der Einteilung von Athleten in Geschlechtskategorien helfen soll. Auch nationale Sportverbände haben sich des Problems natürlich längst angenommen. Der schwedische Turnerverband z. B. hat es im November 2020 den Teilnehmerinnen und Teilnehmern der Juniorenmeisterschaften im Kunstturnen selbst überlassen, ob sie (unabhängig von ihrem rechtlichen Geschlecht) in der Männer- oder Frauenklasse starten wollen (*Ekman,* Om könets existens, S. 9).

[88] Über privatrechtliche Generalklauseln zur Schutzpflicht von Arbeitgebern gegenüber ihren Arbeitnehmern (z. B. § 618 dt. BGB) kommen hier selbst Fragen der Einrichtung von Toiletten, Wasch- und Umkleideräumen in den Blick. Es genügt freilich oft, eine getrennte Nutzung ohne getrennte Räume zu ermöglichen (sog. Unisex-Räume: Anhang zu § 3(1) dt. ArbeitsstättenVO, Nr. 4.1(1)).

[89] *R (on the application of Elan-Cane) v Secretary of State for the Home Department* [2021] UKSC 56, [2022] 2 W. L. R. 133 Nr. 53.

[90] So verhält es sich z. B. in Deutschland (§§ 33(2) SGB VI), Frankreich (Art. L161-17-2 Code de la sécurité sociale), Portugal, Schweden und Spanien. Portugal passt das Alter jedes Jahr neu an (derzeit [2022] beträgt es 66 Jahre und 7 Monate (Portaria 53/2021 vom 10.3.2021, DRE 48/2021 vom 10.3.2021 i. V. m. DL 187/2007 vom 10.5.2007, DR 90/2007 I vom 10.5.2007). In Spanien kommt es auf die Beitragszeit an, sodass das Renteneintrittsalter im Normalfall zwischen 65 und 67 Jahren liegt (Ley 27/2011 vom 1.8.2011 sobre actualización, adecuación y modernización del sistema de Seguridad Social, BOE 104 vom 2.8.2011). Auch Schweden legt das „Zielalter" *(riktålder)* jährlich unter Berücksichtigung der durchschnittlichen Lebenserwartung der Bevölkerung neu fest. Die Wirkung dieser Neufestsetzung tritt aber erst sechs

lichen Lebenserwartung der Bevölkerung oder danach, ob eine Person geboren hat oder nicht.[91] In den Schulen ist Diskriminierung aufgrund der Geschlechtsidentität zu unterbinden[92], und dasselbe gilt im Arbeits- und im Strafrecht.[93] Das Sexualstrafrecht vieler Länder hat sich darauf längst umgestellt.[94] Auch, dass eine Abtreibung schärfer bestraft wird, wenn die betroffene „Frau" nicht angehört wurde, hindert nicht daran, diesen Begriff weit dahin auszulegen, dass es nur auf die Tatsache der Schwangerschaft ankommt. Eine Rechtsordnung muss nicht in allen ihren Teilen einen einheitlichen Geschlechtsbegriff verwenden; er lässt sich nötigenfalls auch normspezifisch anpassen.[95] Letzteres lässt sich bis in das Recht des Mutterschutzes hinein beobachten.[96]

Jahre später ein. Außerdem wird zwischen der niedrigeren *allmän pension* und der höheren *garantipension* unterschieden (Kap. 2 §§ 10 a-d Socialförsäkringsbalk).

[91] So liegt es in Tschechien für die Geburtsjahrgänge vor 1972. Ab diesem Jahrgang ist das Renteneintrittsalter für Männer und Frauen gleich (§ 32(3) tschech. Rentenversicherungsgesetz).

[92] Besonders intensiv diskutiert wurde diese Frage (wenn auch auf der Basis des binären Geschlechts) in Portugal. Unter Art. 12(2) des port. Gesetzes 38/2018 vom 7.8.2018 (Recht auf Selbstbestimmung der Geschlechtsidentität und des Geschlechtsausdrucks und Schutz der sexuellen Merkmale jeder Person), der (anders als Art. 12(1) und (3) a. a. O.) durch TC 474/2021 vom 23.7.2021, DR 142/2021 I unberührt geblieben ist, haben die Einrichtungen des Bildungssystems u. a. die notwendigen Bedingungen zu gewährleisten, „damit sich Kinder und Jugendliche entsprechend ihrer Geschlechtsidentität und ihres Geschlechtsausdrucks sowie ihrer sexuellen Merkmale respektiert fühlen". Im zeitlichen Zusammenhang mit diesem Verfahren vor dem Verfassungsgericht hatte es große öffentliche Auseinandersetzungen um den Erlass 7247/2019 zur Umsetzung von Art. 12(1) des Gesetzes gegeben, der z. B. das Tragen von Schuluniformen und den Zugang zu den Umkleideräumen betraf. Der Erlass war zwar von der Verfassungswidrigkeit des Art. 12(1) a. a. O. betroffen, aber diese hatte ihren Grund in mangelnder Gesetzgebungskompetenz, nicht etwa darin, dass das Recht auf Selbstbestimmung der Geschlechtsidentität und des Geschlechtsausdrucks für verfassungswidrig erklärt worden wäre. Eine öffentliche Petition zur Aussetzung des Erlasses wurde durch das portugiesische Parlament am 6.10.2021 als unbegründet zurückgewiesen. Der Erlass hatte u. a. für „die Durchsetzung des Rechts des Kindes oder des Jugendlichen, den selbst gewählten Namen bei allen schulischen und außerschulischen Aktivitäten in der Schulgemeinschaft zu verwenden (und) die Förderung der Schaffung von Umgebungen (vorgesehen), die es ermöglichen, bei der Durchführung von Aktivitäten, die nach Geschlecht unterschieden werden, das selbst gewählte Geschlecht zu berücksichtigen, so dass Kinder und Jugendliche sich für die Aktivitäten entscheiden können, mit denen sie sich am meisten identifizieren", außerdem angeordnet, dass „die Verwendung von Kleidung respektiert werden (muss), so dass Kinder und Jugendliche die Option wählen können, mit der sie sich identifizieren, u. a. in Fällen, in denen es eine Verpflichtung gibt, eine Uniform oder eine andere nach Geschlecht differenzierte Kleidung zu tragen". „Die Schulen müssen gewährleisten, dass Kinder und Jugendliche in Ausübung ihrer Rechte Zugang zu Toiletten und Umkleideräumen haben, wobei ihr ausdrücklicher Wille zu berücksichtigen und ihre Intimität und Einzigartigkeit zu wahren ist".

[93] Auch hierzu zwei Beispiele aus Portugal. Unter Art. 24 port. CT i. d. F. des Gesetzes 28/2015 vom 14.4.2015 (Gesetz zur Änderung des Arbeitsgesetzbuchs mit Anerkennung der Geschlechtsidentität im Zusammenhang mit dem Recht auf Gleichheit beim Zugang zur Beschäftigung und am Arbeitsplatz) darf niemand im Arbeitsleben wegen seiner geschlechtlichen Identität benachteiligt werden, und Art. 240(1)(a) port. CP stellt die Gründung einer Organisation unter Strafe, die zu Diskriminierung, Hass und Gewalt (u.a.) „wegen der sexuellen Orientierung oder der Geschlechtsidentität (*identidade de género*) einer Person aufstachelt oder ermutigt".

[94] Das deutsche Sexualstrafrecht differenziert nicht zwischen den (binären) Geschlechtern; dasselbe gilt im Baltikum, in Frankreich (Art. 222-23 franz. CP i. d. F. vom 23.4.2021) und in Tschechien. Auch unter Art. 336 gr. StGB kann eine Vergewaltigung nicht zum Nachteil einer Frau begangen werden. Unter § 199(1) slowak. StGB allerdings verhält sich das bis heute so. Unter sec. 1 Sexual Offences Act 2003 kann zwar das Opfer von *rape* sowohl ein Mann als auch eine Frau sein; als Täter kommt aber nur eine Person mit einem Penis in Betracht.

[95] Darauf hat für Österreich zurecht die dortige Bioethikkommission hingewiesen (Bioethikkommission beim Bundeskanzleramt [Hrsg.], Intersexualität und Transsexualität, S. 50: „Die in Zusammenhang mit dem Personenstandsrecht genannten, von der Rechtsprechung entwickelten drei Kriterien für die Bestimmung des Geschlechts (…) müssten allerdings nicht notwendigerweise auch für das Namensrecht herangezogen werden. Da eine einheitliche Definition in der österreichischen Rechtsordnung fehlt, kann der Geschlechtsbegriff für jede Norm gesondert ausgelegt werden".

[96] Siehe schon oben Rdnr. 447 (Dänemark und Schweden). Wenn § 1(1) dt. Mutterschutzgesetz den Zweck des Gesetzes dahin umreißt, dass es dem Schutz der „Frau" und ihres Kindes diene, dann erklärt sich das aus rein sprachlicher Gewohnheit. Denn unter § 1(4)(1) a. a. O. gilt das Gesetz für jede Person, die schwanger ist, ein Kind geboren hat oder stillt". „Frau" bzw. „Mutter" steht also für einen Menschen, der geboren hat.

I. Rechtliche Geschlechter und natürliche Gegebenheiten §7

Die **Funktion des rechtlichen Geschlechts** kann sich wandeln und hat sich vielerorts **459** auch bereits **gewandelt**. In einer sich an den Menschenrechten ausrichtenden Gesellschaft dient es heute vorwiegend dazu, Diskriminierungen zu verhindern. Das Ziel, Ungleichgewichtslagen zwischen den binären Geschlechtern abzubauen, darf aber nicht neue Ungleichgewichtslagen erzeugen, diesmal zwischen den beiden binären und dem nichtbinären Geschlecht. Menschen mit einer Variante der Geschlechtsentwicklung sind auf den Schutz durch die Rechtsordnung besonders stark angewiesen. Auch deshalb nimmt in Ländern, die Zwischengeschlechtlichkeit auch personenstandsrechtlich abbilden, die Zahl der Vorschriften, in denen es auf das „Geschlecht" ankommt oder die (nur) nach „Männern" und „Frauen" („Vätern" und „Müttern", „männlich" und „weiblich") differenzieren, ständig ab. Das lässt sich gut im **deutschen Recht** verfolgen.[97] In seinem Familienrecht ist im Wesentlichen nur das Abstammungsrecht noch binär aufgebaut.[98] Ob und inwieweit Ehepartner mit fließender Geschlechtsidentität, die an einer binären Registrierung festhalten, davon betroffen sind, ist nicht in jeder Beziehung klar.[99] Haben sie gleichgeschlechtlich geheiratet, werden sie denselben Restriktionen unterliegen wie binär-gleichgeschlechtliche Ehepartner.[100] Ob diese Restriktionen verfassungsrechtlicher Kontrolle standhalten, ist allerdings offen[101]; außerdem ist mit einer gesetzlichen Bereinigung des geltenden Rechts zu rechnen.[102] Nicht entschieden ist bislang, ob ein als nichtbinär registrierter Ehepartner einer Frau, der nicht geboren hat, als Vater des von ihr zur Welt gebrachten Kindes anzusehen ist. Für das Recht der Eheschließung und der allgemeinen Ehewirkungen hat immerhin das Internationale Privatrecht in Art. 17(b)(4)(1) dt. EGBGB eine ausdrückliche Sonderanknüpfung geschaffen. Für Ehen zwischen Personen, die dem gleichen Geschlecht angehören, und für Ehen, in denen „mindestens ein Ehegatte weder dem weiblichen noch dem männlichen Geschlecht angehört", kommt es auf das Recht des registerführenden Staates an. Im Ergebnis können die Nupturienten auf diese Weise durch die Wahl des Registrierungsortes ein ihnen günstiges Regime wählen. Auch das ist ein Stück Diskriminierungsschutz. Im Antidiskriminierungsrecht kommt es zudem ganz generell nicht darauf an, ob ein behauptetes Merkmal tatsächlich vorliegt, sondern nur darauf, ob jemand unter Berufung auf dieses Merkmal nachteilig behandelt wird.[103] Dazu zählen auch das Geschlecht und die sexuelle Identität (§ 1 dt. AGG).[104]

---

[97] *Völzmann*, JZ 2019 S. 381.
[98] BGH 10.10.2018, BGHZ 220 S. 58, 61 Rdnr. 13 (es handele sich um ein heterosexuelles Modell der Elternschaft).
[99] Zwar folgt die Mutterschaft stets aus § 1591 dt. BGB; es kommt also unter deutschem Recht auf die gebärende Person an. Bei der Vaterschaft mag man dagegen fragen, ob sie davon abhängt, dass wenigstens die Organe vorhanden sind, die, wenn sie gesund wären, eine Zeugung erlaubten (*Gössl*, FF 2019 S. 298, 304). Wenn aber ein zeugungsunfähiger Ehemann Vater sein kann, dann ist wertungsmäßig schwer nachzuvollziehen, warum nicht auch ein männlich registrierte verheiratete Person mit einer Variante der Geschlechtsentwicklung soll Vater sein können. Dasselbe gilt für einen mit einer Frau verheirateten Transmann (oben Rdnr. 447 mit Fn. 37, 38 und 39). Es wirkt zynisch, einem als „männlich" registrierten Menschen die Fähigkeit, Vater zu sein, mit der Begründung abzusprechen, er habe (auch) weibliche Geschlechtsorgane und könne deshalb den Fortpflanzungsbeitrag des biologisch männlichen Geschlechts gar nicht leisten.
[100] BGH 10.10.2018 a. a. O. (Fn. 41 und 98).
[101] OLG Celle 24.3.2021, FamRZ 2021 S. 862 und KG 24.3.2021, FamRZ 2021 S. 854 haben am 24.3.2021 dem BVerfG im Wege der konkreten Normenkontrolle die Frage vorgelegt, ob die derzeitige Regelung der Elternschaft gleichgeschlechtlicher Paare verfassungskonform ist. Eine Entscheidung steht aus.
[102] Einzelheiten in https://www.spd.de/fileadmin/Dokumente/Koalitionsvertrag/Koalitionsvertrag_2021-2025.pdf, S. 101: Wenn ein Kind in einer Ehe zweier Frauen geboren wird, sollen beide Frauen [im Gegensatz zur derzeitigen Rechtslage] rechtliche Mütter werden. Für gleichgeschlechtliche männliche Paare zeichnet sich bislang keine klare Lösung ab. Es wäre konsequent, beide Männer als rechtliche Väter einzustufen.
[103] Z. B. § 7(1) dt. AGG: „Beschäftigte dürfen nicht wegen eines in § 1 genannten Grundes benachteiligt werden; dies gilt auch, wenn die Person, die die Benachteiligung begeht, das Vorliegen eines in § 1 genannten Grundes bei der Benachteiligung nur annimmt".
[104] Auch in diesem Zusammenhang bestätigen sich die Möglichkeit und die Notwendigkeit einer spezifischen Auslegung von Normen, die auf das binäre Geschlecht abstellen. Man mag zwar fragen, ob Trans- und

460 Ein Problem bleiben allerdings die sog. **„positiven Maßnahmen"** (umgangssprachlich auch „positive Diskriminierungen"). Gemeint sind Rechtsnormen, die darauf zielen, statistische Ungleichgewichtslagen zwischen Männern und Frauen zugunsten von Frauen abzubauen. Männer werden im Einzelfall wegen ihres Geschlechts benachteiligt, um eine Art zahlenmäßige Gleichstellung von Frauen zu erzielen.[105] Ein Beispiel sind Quotenregelungen, z. B. für die Führungsebenen von Gesellschaften und im Betriebsverfassungsrecht. Außerdem geht es um Vorschriften, die bei der Vergabe von Positionen im öffentlichen Dienst (und manchmal auch im gewerblichen Bereich) ausdrücklich eine Bevorzugung weiblicher Bewerberinnen vorsehen[106], sofern sie die gleiche fachliche Eignung aufweisen wie ihre männlichen Mitbewerber.[107] (Benachteiligungsverbote in der arbeits- oder dienstrechtlichen Entgeltzahlung haben dagegen nichts mit positiver Diskriminierung zu tun und sind ohne Weiteres auch auf Personen mit einer Variante der Geschlechtsentwicklung anwendbar.[108]) Solchen „positiven Maßnahmen" wohnen keine über das Geschlecht hi-

---

Intersexualität zum „Geschlecht" oder zur „sexuellen Identität" gehören (im letzteren Sinn offenbar BT-Drs. 16/1780 S. 31, wohingegen BAG 17.12.2015, NZA 2016 S. 888, 891 Rdnrn. 31 Transsexualität unter beide Merkmale subsumiert), doch ist das im Ergebnis belanglos. EuGH 30.4.1996, NJW 1996 S. 2421 hat eine Benachteiligung wegen Transsexualität als Benachteiligung wegen des Geschlechts aufgefasst.

[105] Die schwedische Regierung z. B. hat betont, dass aus ihrer Sicht nach Geschlecht aufgeschlüsselte Statistiken ein wichtiges Instrument zur Verwirklichung einer gleichberechtigten Gesellschaft seien. Nur dann könne sie „ausgewogene Entscheidungen treffen, die zu einer feministischen Politik beitragen" (SOU 2017:92, S. 471).

[106] Auf den öffentlichen Dienst beschränkt ist § 8 dt. BGleiG. In Italien existiert eine umfängliche Gesetzgebung zur Förderung eines ausgewogenen Geschlechterverhältnisses in kommunalen, regionalen, nationalen und europäischen Versammlungen (z. B. Gesetz 215/2012 für die Kommunalwahlen; Gesetz 56/2014 für die Wahlen zum Stadt- und Provinzialrat zweiten Grades; Gesetz 20/2016 für die Wahlen zu den Regionalräten; Gesetz 165/2017 für die Wahlen zum Parlament und Gesetz 65/2014 für die italienische Vertretung im Europäischen Parlament). Außerdem sind Maßnahmen zur Förderung der Chancengleichheit in den politischen Parteien ergriffen worden. Mit Gesetz 120/2011 wurden Änderungen am „einzigen Text der Bestimmungen über die Finanzintermediation" *(testo unico delle disposizioni in materia di intermediazione finanziaria)* vorgenommen, um die Gleichstellung der Geschlechter beim Zugang zu den Verwaltungs- und Kontrollorganen von börsennotierten und öffentlichen Gesellschaften zu fördern. Unter Kap. 2 § 2(2) schwed. Diskrimineringslag dürfen Frauen bei der Einstellung bevorzugt werden (sog. *positiv särbehandling*), und zwar sowohl im öffentlichen als auch im privaten Sektor, wenn dies Teil der Bemühungen zur Förderung der Gleichstellung von Frauen und Männern ist. Die weibliche Bewerberin muss die gleichen *(lika)* oder „fast gleiche" *(nästa lika)* Qualifikationen besitzen wie ihr männlicher Mitbewerber (Prop. 2007/08:95, S. 166–167). Dem entspricht Kap. 3 § 2 des finnischen Yhdenvertaisuuslaki. Unter Art. 17(4) des span. Arbeiterschutzgesetzes vom 23.10.2015 können im Rahmen von Tarifverhandlungen *(negociación colectiva)* positive Maßnahmen zur Förderung des Zugangs von Frauen zu allen Berufen festgelegt werden. Zu diesem Zweck können Vorbehalte und Präferenzen bei den Einstellungsbedingungen festgelegt werden, so dass bei gleicher Eignung Personen des „unterrepräsentierten Geschlechts" in der betreffenden Berufsgruppe bei der Einstellung bevorzugt werden.

[107] EuGH 11.11.1997, NJW 1997 S. 3429, 3430 Rdnr. 33 und EuGH 28.3.2000, NJW 2000 S. 1549, 1551 Rdnr. 22 konkretisieren, dass weiblichen Bewerberinnen auch bei gleicher Eignung nicht ohne Ausnahmen Vorrang vor männlichen Bewerbern gewährt werden dürfe. Es müsse im Einzelfall garantiert sein, „daß die Bewerbungen Gegenstand einer objektiven Beurteilung sind, bei der alle die Person der Bewerber betreffenden Kriterien berücksichtigt werden und der den weiblichen Bewerbern eingeräumte Vorrang entfällt, wenn eines oder mehrere dieser Kriterien zugunsten des männlichen Bewerbers überwiegen".

[108] Entsprechendes gilt für die jüngere Debatte um das sog. generische Maskulinum. Wenn in einem Gesetz von „dem" Verkäufer die Rede ist, dann umfasst das Wort ohne Weiteres auch Personen weiblichen Geschlechts und Personen mit einer Variante der Geschlechtsentwicklung. Eine Regel, die von einer „Verkäuferin" handeln würde, wäre dagegen nur auf Frauen anwendbar. Dasselbe gilt für die Anrede „Kontoinhaber" oder „Sparer" (BGH 13.3.2018, BGHZ 218 S. 96). Problematisch wird das generische Maskulinum allerdings, wenn an ihm absichtlich festgehalten wird, um eine geschlechtsrelevante Entscheidung zu treffen. Tschech. VfGH 9.11.2021, Pl. ÚS 2/20 hatte es mit einer Person zu tun, die bei der Geburt als „männlich" registriert worden war, nun aber einen neutralen Vornamen und eine nichtgeschlechtsspezifische Personennummer anstrebte. Die beschwerdeführende Person begriff sich weder als männlich noch als weiblich, hatte aber, falls sie dazu genötigt wäre, hilfsweise ihre Registrierung als weiblich angestrebt. Das Gericht lehnte beides ab. Es nahm das Ergebnis praktisch vorweg, als es eingangs erklärte, von „dem Beschwerdeführer" (und nicht, wie beantragt) von der „Beschwerdeführerin" zu

I. Rechtliche Geschlechter und natürliche Gegebenheiten § 7

nausweisenden Sachgründe inne. Sie wären unzulässig, wenn sie nicht vielfältig durch materielles Verfassungsrecht abgesichert worden wären.[109]

Was abstrakt auf faktische Gleichstellung „der Geschlechter" zielt, hat indes neue Verwerfungen zur Folge. Denn Gleichstellung der Geschlechter meint durchweg gesellschaftliche Gleichstellung der *binären* Geschlechter. Nichts stabilisiert heute das binäre Geschlechtsverständnis so wirkmächtig, wie ausgerechnet das ganz auf Frauen Bedacht nehmende Gleichstellungsrecht. Sie sollen in Positionen gebracht werden, die bislang zahlenmäßig überwiegend von Männern gehalten wurden. Bei diesem Ansatz bleibt kein Raum für ein drittes Geschlecht. Es bleibt auch kein Raum dafür, die Person des Menschen überhaupt nicht mit einem Geschlecht auszurüsten. Das **Gleichstellungsrecht** würde in diesem Fall komplett **in sich zusammenbrechen.** Das Phänomen der Zwischengeschlechtlichkeit zeigt in aller Deutlichkeit, dass eine Diskriminierung auch dann eine Diskriminierung bleibt, wenn man sie zur „positiven" Diskriminierung schönt. Der Schutz intersexueller Menschen lässt sich auf dieser Grundlage nicht verwirklichen, es sei denn, man würde eine Rangordnung gleich aller drei Geschlechter einführen.[110] So bleibt intersexuellen Menschen derzeit nur entweder die Möglichkeit, für eines der binären Geschlechter zu optieren oder ganz darauf zu verzichten, für sich aus den genannten „positiven Maßnahmen" Nutzen zu ziehen.[111]

461

---

sprechen. Das rechtfertigte das Gericht mit dem generischen Maskulinum. Die Entscheidung war keine Mehrheitsentscheidung; es wurde lediglich das erforderliche Quorum von neun der anwesenden Richter verfehlt.

[109] Z. B. Art. 157(4) AEUV, Art. 23(2) EU-Grundrechte-Charta, Art. 4 der UN-Frauenrechtskonvention und Art. 3(2)(2) dt. GG (dazu BVerfG 28.1.1992, BVerfGE 85 S. 191, 207: Dass Männer und Frauen nach Art. 3(2)(1) GG gleichberechtigt sind, solle nicht nur Rechtsnormen beseitigen, die Vor- oder Nachteile an Geschlechtsmerkmale anknüpfen, sondern auch die Lebensverhältnisse angleichen. Faktische Nachteile, die typischerweise Frauen treffen, dürften deshalb durch begünstigende Regelungen ausgeglichen werden).

[110] Das Gerangel hat bereits begonnen. *For Women Scotland Limited v Lord Advocate* [2022] CSIH 4, [2022] 2 WLUK 235 betraf die Frage, ob Transgenderfrauen in Regelungen zur quotenmäßigen (50%) Berücksichtigung von Frauen im öffentlichen Dienst der Gruppe der „Frauen" zugerechnet werden dürften, wie von sec. 2 Gender Representation on Public Boards (Scotland) Act 2018 vorgesehen. Das hat das Gericht verneint und die Regelung mangels Gesetzgebungskompetenz des schottischen Gesetzgebers verworfen. Transgenderfrauen hätten keinen Teil an dem Ziel des Gesetzes, Frauen zu schützen. Völlig unklar blieb allerdings, ob Transgenderfrauen nun bei der Männerquote mitzuzählen sind. Art. 40(3) des spanischen Gesetzesvorentwurfs von 2021 (unten Fn. 138) geht in dieselbe Richtung: „Die [Trans-] Person kann nicht in den Genuss positiver Maßnahmen kommen, die speziell für Frauen ... beschlossen wurden".

[111] In Deutschland wird inzwischen sogar über die korrekte Anrede prozessiert, und zwar nicht nur im Kontext der Verwendung des generischen Maskulinums (Fn. 108). Sehr weit ging bereits LG Frankfurt 3.12.2020, FamRZ 2021 S. 989, wonach die Anrede einer Person mit einer nichtbinären Geschlechtsidentität (aber mit einem rechtlich binären Geschlecht) als „Herr" oder „Frau" in Auftragsbestätigung und Rechnung zu unterlassen sei, wenn „die klagende Person" zuvor auf ihre Disposition hingewiesen habe. Das Gericht sieht in der Anrede sogar eine Beeinträchtigung (an anderer Stelle eine „Verletzung") des allgemeinen Persönlichkeitsrechts der „klagenden Person". Das Gericht ließ noch gelten, dass sie selbst „Herr" angekreuzt hatte. Denn sie hatte nur die Alternative „Frau" zur Verfügung. OLG Frankfurt a. M. 21.6.2022, BeckRS 2022, 13903 betraf die Online-Angebote der Deutschen Bahn, in denen gleichfalls zwingend die Anrede als „Herr" oder „Frau" vorgegeben war. Die Bahn hatte Verständnis für den nichtbinären Kläger gezeigt, das Formular aber nicht geändert. Die Vorinstanz, das LG Frankfurt, hatte erneut eine Verletzung des allgemeinen Persönlichkeitsrechts der klagenden Person bejaht und zwar einen Unterlassungs- aber keinen Schmerzensgeldanspruch bejaht. Es fehle an einer Diskriminierung. Das OLG dagegen bejahte sie. Der Bahn müsse wegen des hohen technischen Aufwandes zwar bis zum 1.1.2023 Zeit für die Umstellung gegeben werden. Die Anrede der klagenden Person als „Herr" sei aber sofort zu unterlassen. Ihr wurde zudem ein Schmerzensgeldanspruch i. H. v. 1.000 € zugesprochen. Die Bahn sei zu zögerliches Verhalten vorzuwerfen. OLG Karlsruhe 14.12.2021, NJW 2022 S. 791 folgte dieser Linie, lehnte aber einen Unterlassungsanspruch mangels Wiederholungsgefahr ab. Der Händler hatte zwischenzeitlich die Option „divers/keine Anrede" („Guten Tag, [Vorname Familienname]") eingeführt. Ein Anspruch auf Schmerzensgeld unter § 21(2)(iii) dt. AGG wurde mangels Intensität der (einmaligen) Persönlichkeitsverletzung verneint.

II. Voraussetzungen und Wirkungen eines Wechsels des rechtlichen Geschlechts

1. Wille und Antragstellung

462 Dass ein Mensch (spätestens[112]) im Erwachsenenstadium das ihm bei der Geburt zugeschriebene Geschlecht wechseln darf, ist menschenrechtlich gesichert und heute außerhalb von Bulgarien[113] und Ungarn[114] auch überall anerkannten Rechts. Zwischen welchen Geschlechtern gewechselt werden kann, hängt naturgemäß davon ab, ob eine Rechtsordnung nur zwei binäre oder auch ein nichtbinäres (drittes) Geschlecht anerkennt. Vereinzelt wird erwogen, nur den Wechsel aus einem binären in das nichtbinäre Geschlecht freizugeben.[115] Es kommt aber auch vor, dass der Wechsel aus dem nichtbinären in eines der binären Geschlechter leichter gelingt als der Wechsel zwischen ihnen oder aus ihnen in das nichtbinäre Geschlecht.[116] Unabdingbare Grundvoraussetzung eines Geschlechtswechsels ist in jedem Fall der dahin gehende und in einem an die zuständige staatliche Stelle gerichteten Antrag zum Ausdruck gebrachte Wille des Betroffenen. Kein Staat ändert das rechtliche Geschlecht einer Person auf eigene Initiative. Ein einfaches Berichtigungsverfahren ist weder geeignet noch dazu bestimmt, einen Wechsel des rechtlichen Geschlechts zu bewirken. Ein solches Berichtigungsverfahren dient nur der Korrektur offensichtlicher Fehler. In dem Erfordernis der Antragstellung spiegelt sich der Gedanke, dass einem anderen als dem seiner Person bei der Geburt zugeschriebenen Geschlecht nur angehört, wer diesem neuen Geschlecht ernsthaft angehören will. Ab welchem Zeitpunkt *genau* der Geschlechtswechsel als vollzogen anzusehen ist, wird nicht ganz einheitlich beurteilt; der späteste Zeitpunkt ist der der Verlautbarung des neuen Geschlechts im Personenstandsregister.[117]

463 Die **verfahrensrechtlichen Rahmenbedingungen** und die **materiellrechtlichen Voraussetzungen** eines Wechsels des rechtlichen Geschlechts können sich gegenseitig

---

[112] Zu den Alterserfordernissen noch unten Rdnr. 478.
[113] Oben Fn. 26.
[114] Oben Rdnr. 112 mit Fn. 459.
[115] Das ist offenbar die Vorstellung von bulgar. VerfGH 26.10.2021 (oben Fn. 26).
[116] Oben Fn. 77.
[117] So verhält es sich unter Art. 1:28(1) ndl. BW. In Schweden kommt es schon deshalb auf den Zeitpunkt der Änderung der Daten im *Folkbokföringen* an, weil sie das Ziel des Verwaltungsverfahrens unter dem schwed. Gesetz vom 21.4.1972 zur Feststellung des rechtlichen Geschlechts ist (Prop. 2011/12, S. 42). Unter Art. 5(1) gr. Gesetz 4491/2017 wirkt die Geschlechtsberichtigung ab dem Eintrag im Register *erga omnes*. Unter den Artt. 1055-5 bis 1055-10 franz. CPC bedarf es einer gerichtlichen Entscheidung. Sie ist konstitutiv und wirkt nur in die Zukunft (*Batteur und Mauger-Vielpeau*, Droit des personnes, des familles et des majeurs protégés[11], S. 53 Rdnr. 65; *Teyssié*, Droit des personnes[20], S. 367 Rdnr. 605). Die Geschlechtsänderung ist innerhalb von fünfzehn Tagen nach der Rechtskraft der Entscheidung im Personenstandsregister zu verlautbaren (Art. 61-7 franz. CC). Auch unter § 10 dt. TSG ist der Zeitpunkt der Rechtskraft der gerichtlichen Entscheidung dafür maßgeblich, „dass der Antragsteller als dem anderen Geschlecht zugehörig anzusehen ist". Bei intersexuellen Personen tritt der Geschlechtswechsel allerdings schon mit dem Eingang der Erklärung i. S. d. § 45b(1)(1) dt. PStG beim Standesamt ein. Unter dem tschech. Gesetz über spezifische Gesundheitsdienste wiederum kommt es auf den in der Bestätigung über die Geschlechtsumwandlung (§ 23(2) a. a. O.) durch die Gesundheitseinrichtung festgelegten Tag an. „Als Datum der Geschlechtsumwandlung gilt der in der Bescheinigung angegebene Datum" (§ 17a Satz 2 a. a. O.). Das Personenstandsregister verlautbart die Änderung nach Eingang der entsprechenden Meldung, teilt eine neue Geburtsnummer zu und stellt eine neue Geburtsurkunde aus. Unter Art. 5(1) span. Gesetz 3/2007 und Art. 91(2) span. LRC hat die Entscheidung (*resolución*) über die Berichtigung der Eintragung des Geschlechts konstitutive Wirkung ab der Eintragung in das Personenstandsregister. Man wird deshalb davon ausgehen dürfen, dass es auch hier auf den Eintragungszeitpunkt ankommt (nicht ganz klar Cobacho Gómez und Leciñena Ibarra [-*García Saura*], Comentarios a la Ley del Registro Civil, S. 1252, Anm. 3 zu Art. 91 LRC). Ebenso dürfte es sich unter Art. 2(5) ital. Gesetz Nr. 164 vom 14.4.1982 verhalten, wonach das Gericht, wenn es dem Antrag stattgibt, den Standesbeamten der Gemeinde, in der die Geburtsurkunde ausgestellt wurde, anweist, die Änderung im Register vorzunehmen.

II. Voraussetzungen und Wirkungen eines Wechsels des rechtlichen Geschlechts § 7

beeinflussen, weil ein Antragsteller in einem Verwaltungsverfahren[118] i. d. R. weniger Tatsachen vorzutragen und durch Gutachten oder auf andere Weise zu belegen hat als in einem Verfahren der freiwilligen[119] oder gar der streitigen Gerichtsbarkeit.[120] Im einfachsten Fall genügt ein Antrag bei der zuständigen Zivilstandsbehörde mit dem Inhalt, den Geschlechtseintrag zu ändern. In dem entsprechenden Verwaltungsverfahren kommt es dann materiellrechtlich meistens nur auf den Willen an, das rechtliche Geschlecht zu wechseln. In einem Verfahren der freiwilligen Gerichtsbarkeit wird dagegen in der Mehrzahl der Fälle noch überprüft, ob bei dem Antragsteller das „biologische" und das „psychologische" Geschlecht tatsächlich auseinanderfallen. Auf die Spitze getrieben wird diese Voraussetzung, wo „rechtliches" und „biologisches" Geschlecht in der Weise ineins gesetzt werden, dass der Betroffene eine chirurgische Veränderung seiner äußeren Genitalien nachweisen muss, um als Angehöriger des von ihm angestrebten Geschlechts anerkannt zu werden. Eine solche Manipulation wurde früher oft zynisch „geschlechtsangleichende Operation" genannt. Ihre „Notwendigkeit", so konnte man lesen, „liege auf der Hand".[121] Erst die Interventionen des EGMR[122] und einiger nationaler Verfassungsgerichte[123] haben den Boden dafür bereitet, Menschen mit transsexueller Prägung nicht länger auf diesen Weg zu verweisen. Ob sie ihn gehen oder nicht, ist ihre Entscheidung. Sie mögen sie mancherorts erst nach einer vorangegangenen gerichtlichen Genehmigung treffen dürfen[124], aber der Wechsel des rechtlichen Geschlechts hat nichts mit einer Verstümmelung

---

[118] Um ein bloßes (registerrechtliches) Verwaltungsverfahren handelt es sich in Belgien, Dänemark, Finnland, Portugal, Schweden und Spanien (unten Rdnr. 464). In England entscheidet einer der durch den Gender Recognition Act 2004 eingerichteten „Gender Recognition Panels", die auch das *gender recognition certificate* ausstellen (secs. 3 und 4(1) a. a. O.). Solch ein *panel* setzt sich aus Medizinern und Juristen zusammen.

[119] Z. B. § 4(1) (Namenswechsel) und § 9(3)(1) dt. TSG (Geschlechtswechsel); Artt. 1055-5 bis 1055-10 franz. CPC i. V. m. Art. 61-6 franz. CC; Art 4(1) gr. Gesetz 4491/2017 (dazu AG Florina 3/2018, NoB 68 [2020] S. 871); Artt. 1 und 3 ital. Gesetz vom 14.4.1982, Nr. 164 (die Berichtigung des Geschlechts erfolgt aufgrund einer rechtskräftigen gerichtlichen Entscheidung, mit der einer Person ein anderes als das in der Geburtsurkunde angegebene Geschlecht zuerkannt wird) und Art. 1:28 ndl. BW.

[120] Poln. OG 22.3.1991, III CRN 28/91, Legalis-Nr. 27282 hält in Ermangelung spezieller Regelungen eine Feststellungsklage (§ 189 poln. ZPO) für das verfahrensrechtliche Mittel der Wahl. Das OG betonte zugleich, dass eine solche Klage nur erfolgreich sein könne, wenn die Tatsacheninstanz zu der Überzeugung gelange, dass das Gefühl des Transsexuellen, einem anderen Geschlecht zuzugehören, im Zeitpunkt der Entscheidung fortbesteht. Das wiederum spreche dafür, eine solche Klage erst nach „einer korrigierenden Operation" zuzulassen. Im Feststellungsverfahren habe es außerdem die Auswirkungen eines Geschlechtswechsels auf die Rechte und das persönliche Eigentum anderer Personen (z. B. des Ehepartners und der Kinder) zu evaluieren und „umfassend" zu berücksichtigen. Gegen wen die Feststellungsklage zu erheben ist, hängt offenbar von den Umständen des Einzelfalls ab. Poln. OG 22.9.1995, III CZP 118/95, OSNC 1996 Nr. 1, Pos. 7, Legalis-Nr. 29504 kam zu dem Ergebnis, dass die Klägerin ihre Eltern (!) zu verklagen habe. Poln. OG 6.12.2013, I CSK 146/13, OSNC 2015/B/19, Legalis-Nr. 749262 entschied sogar, dass ein verheirateter Mann zur Verwirklichung eines Geschlechtswechsels neben seinen Eltern auch seine Frau und seine Kinder verklagen müsse. Das Versäumnis des Klägers, im Laufe des Verfahrens mitzuteilen, dass er verheiratet ist und Kinder aus dieser Ehe hat, habe dazu geführt, dass die Ehefrau und die Kinder des Klägers nicht am Verfahren hätten teilnehmen können. Das hätte er ihnen jedoch ermöglichen müssen. App. Łódź, 15.12.2017, I Aca 531/17, Legalis-Nr. 1743659 dagegen verneinte ein rechtliches Interesse der Kinder, an dem Verfahren beteiligt zu werden. Es genüge eine Klage gegen die Eltern und, bei deren Tod, gegen einen Kurator. Poln. OG 10.1.2019, II CSK 371/18, OSNC 2019/10/104, Legalis-Nr. 1872505 hat diese Entscheidung bemerkenswerterweise bestätigt.

[121] Poln. OG 25.2.1978, III CZP 100/77, Legalis-Nr. 20711: Die Anpassung des in der Geburtsurkunde enthaltenen Geschlechtseintrags an die tatsächlichen Verhältnisse sei zwar zulässig. Denn eine Person dürfe nicht gezwungen werden, im Leben als Mann aufzutreten, wenn die Merkmale ihres Körpers darauf hindeuten, dass sie eine Frau ist (oder umgekehrt). Es liege aber auf der Hand, dass die Geschlechtsumwandlung endgültig und unumkehrbar sein müsse. Poln. OG 22.3.1991 a. a. O. hat an dieser Linie festgehalten.

[122] Oben Rdnr. 116–119.

[123] Oben Rdnr. 120–123.

[124] Z. B. Trib. Milano sez. I, 6.7.2021, nr. 5910, De Jure Datenbank. Das Gericht gewährte die Zustimmung, obwohl es betonte, dass für die Anpassung des Geschlechts in den Personenstandsregistern ein chirurgischer Eingriff zur Beseitigung und/oder Veränderung der primären anatomischen Geschlechtsmerkmale nicht zwingend erforderlich sei. Auch unter § 4 schwed. Könstillhörighetslagen kann eine Person im

§ 7

§ 7: Die rechtlichen Geschlechter

der Sexualorgane[125] oder dem Nachweis von Fortpflanzungsunfähigkeit[126] zu tun. Das Eine mit dem Anderen zu verknüpfen, beruhte auf einem grundlegenden Missverständnis mit tragischen Folgen.

464 Das größte Entgegenkommen zeigen heute i. d. R. Rechtsordnungen, die einen Geschlechtswechsel allein durch (ggf. wiederholte) **Antragstellung bei der Zivilstandsbehörde** ermöglichen. Schon bevor das **belgische** Gesetz vom 25.6.2017 zur Reform von Regelungen in Bezug auf Transgender[127] das Erfordernis einer hormonellen und chirurgischen Behandlung abschaffte[128], hatte das belgische Gesetz vom 10.5.2007 betreffend die Transsexualität das gerichtliche durch ein administratives Verfahren ersetzt. Der Zivilstandsbeamte hatte die Befugnis erhalten, die Geschlechtsangabe in der Geburtsurkunde zu ändern. Neben der Erklärung des Betroffenen „über die innige, dauerhafte und unumkehrbare Überzeugung, dem anderen Geschlecht anzugehören", hatte es noch einer Bescheinigung des Psychiaters und des Chirurgen zur Bestätigung dieser Überzeugung, einer *réassignation sexuelle* (Hormontherapie oder chirurgischer Eingriff) und des Nachweises der Fortpflanzungsunfähigkeit bedurft (Art. 62*bis* belg. CC a.F.). Der Standesbeamte jedoch

---

Zusammenhang mit einem Antrag auf Änderung des rechtlichen Geschlechts die Erlaubnis beantragen, ihre Genitalien so zu verändern, dass sie denen des beantragten rechtlichen Geschlechts ähnlicher werden. Die Genehmigung kann nur erteilt werden, wenn die Voraussetzungen für die Änderung des rechtlichen Geschlechts erfüllt sind. Da eine der Voraussetzungen für die Geschlechtsumwandlung darin besteht, dass die Person das 18. Lebensjahr vollendet hat, ist diese Altersgrenze auch Voraussetzung für den Eingriff. Unter § 4a a. a. O. kann unter denselben Voraussetzungen auch eine Genehmigung zur operativen Entfernung der Keimdrüsen beantragt werden. Die angekündigte Reform ist bislang nicht verwirklicht. Es wird zurecht erwogen, alle medizinischen Fragen in einem besonderen Gesetz zu regeln und sie von den Fragen einer Änderung des rechtlichen Geschlechts abzukoppeln (Ds 2018:17, S. 74).

[125] Die italienische Rechtsprechung z. B. legt das ital. Gesetz Nr. 164 vom 14.4.1982 heute verfassungskonform dahin aus, dass ein chirurgischer Eingriff keine Voraussetzung mehr für einen Wechsel des binären Geschlechts ist. Den Grund dafür haben Corte Cost. 5.11.2015, nr. 221, Dir.fam.pers. 2016 S. 20 und Cass. 20.7.2015, nr. 15138, Dir.fam.pers. 2015 S. 1261 gelegt. Der Verfassungsgerichtshof hatte entschieden, dass „die Inanspruchnahme einer chirurgischen Veränderung der Geschlechtsmerkmale als Garantie des Rechts auf Gesundheit zulässig ist, d.h., wenn sie dazu dient, der Person ein stabiles psychophysisches Gleichgewicht zu ermöglichen, insbesondere in den Fällen, in denen die Divergenz zwischen dem anatomischen Geschlecht und der Psychosexualität zu einer widersprüchlichen Haltung und Ablehnung der eigenen anatomischen Morphologie führt. Der Vorrang des Schutzes der Gesundheit des Einzelnen vor der Übereinstimmung zwischen dem anatomischen Geschlecht und dem Registergeschlecht führt zu der Schlussfolgerung, dass eine chirurgische Behandlung keine Voraussetzung für den Zugang zum Berichtigungsverfahren ist …, sondern ein mögliches Mittel zur Erlangung des vollen psychophysischen Wohlbefindens". Corte Cost. 13.7.2017, nr. 180, Giur. Cost 2017 S. 1668 ergänzte, dass eine Auslegung von Art. 1(1) des Gesetzes Nr. 164 vom 14.4.1982 dahin möglich sei, dass „der Erwerb einer neuen Geschlechtsidentität das Ergebnis eines individuellen Prozesses sein kann, der nicht die Notwendigkeit eines chirurgischen Eingriffs zur Zerstörung oder Veränderung der primären anatomischen Geschlechtsmerkmale voraussetzt, sofern die Ernsthaftigkeit und Eindeutigkeit des eingeschlagenen Weges und die Vollständigkeit des Endergebnisses Gegenstand einer Überprüfung sind, einschließlich einer technischen Überprüfung vor Gericht". Dem folgten zahlreiche Instanzgerichte (neben Trib. Milan 6.7.2021 a. a. O. u. a. Trib. Florenz 3.5.2021, nr. 1202; Trib. Foggia 28.1.2021, nr. 227; Trib. Trani 7.1.2021, nr. 38; Trib. Mailand 27.2.2020, nr. 1888 und Trib. Mailand 17.2.2020, nr. 1479 (alle – mit nahezu identischen Formulierungen – in De Jure Datenbank). Eine chirurgische Veränderung der Geschlechtsmerkmale kann also genehmigt werden, ist aber keine Voraussetzung für einen Wechsel des rechtlichen Geschlechts. App. Turin 28.3.2018, nr. 569 (ebenfalls in De Jure Datenbank) hatte entschieden, dass es für die Berichtigung der Geschlechtszugehörigkeit von männlich zu weiblich nicht erforderlich sei, dass sich der Betroffene einer Operation zur Entfernung des männlichen Geschlechtsorgans unterziehe. Es reiche vielmehr aus, „dass sich ein kohärentes und endgültiges Gesamtbild ergibt, aus dem hervorgeht, dass der Kläger sich entschieden hat, kohärent mit seiner eigenen physischen und psychischen weiblichen Verfassung zu leben". In Spanien war es der Gesetzgeber, der von sich aus eingriff, als die Gerichte weiterhin auf einer Operation beharrten (oben Rdnr. 120 mit Fn. 507).

[126] Oben Rdnr. 118 und 119. Zu den frühesten verfassungsgerichtlichen Entscheidungen, die sowohl das Erfordernis eines die äußeren Geschlechtsmerkmale verändernden operativen Eingriffs als auch die Voraussetzung der dauernden Fortpflanzungsunfähigkeit als grundrechtswidrig einstuften, gehört BVerfG 11.1.2011, NJW 2011 S. 909.

[127] Gesetz vom 25.6.2017 zur Reform von Regelungen in Bezug auf Transgender hinsichtlich des Vermerks einer Änderung der Registrierung des Geschlechts in den Personenstandsurkunden und der Folgen daraus.

[128] Näher *Bribosia, Gallus* und *Rorive*, J. T. 2018 S. 261.

II. Voraussetzungen und Wirkungen eines Wechsels des rechtlichen Geschlechts § 7

hatte den Antrag nur noch formal zu prüfen, bevor er eine neue Urkunde ausstellte. Das Gesetz vom 25.6.2017 hat dann auf die *réassignation sexuelle* verzichtet. Der neugefasste (zwei Jahre später zwar vom Verfassungsgericht teilweise aufgehobene[129], aber im Kern in dem heutigen Art. 135/1 belg. CC fortgeltende) Art. 62*bis* belg. CC n. F. hatte jedem Belgier bereits die Möglichkeit gegeben, der Zivilstandsbehörde gegenüber zu erklären, dass er seit langem davon überzeugt sei, dass das in seiner Geburtsurkunde angegebene Geschlecht nicht seiner innerlich erlebten Geschlechtsidentität *(identité de genre)* entspreche und dass er deshalb die Änderung der Registrierung seines Geschlechts wünsche (§ 1). Der Standesbeamte hat den Betroffenen auf die grundsätzliche Unwiderruflichkeit und auf die administrativen und juristischen Folgen der Änderung hinzuweisen. Innerhalb von drei Tagen ist der Prokurator beim Gericht erster Instanz in Kenntnis zu setzen (§ 3), der wiederum innerhalb von drei Monaten negativ mit der Begründung Stellung nehmen kann, es liege ein Verstoß gegen die öffentliche Ordnung vor. Bleibt eine solche Stellungnahme aus, gilt sie als günstig (§ 4). Frühestens drei Monate und spätestens sechs Monate nach Ausstellung der Empfangsbestätigung wird der Antragsteller ein zweites Mal bei dem Standesbeamten vorstellig und bestätigt schriftlich erneut, dass er an seiner Überzeugung festhalte und sich der Folgen bewusst sei. Vorbehaltlich einer negativen Stellungnahme des Prokurators ändert der Standesbeamte daraufhin den Registereintrag (§ 5). Diese Änderung konnte dann aber – und nur bei Vorliegen außergewöhnlicher Umstände – nur noch auf Beschluss des Familiengerichts rückgängig gemacht werden (§ 10). Der belgische Verfassungsgerichtshof hielt die Reform für unzureichend und hob das Gesetz vom 25.6.2017 teilweise auf, weil es (i) nur Personen mit einer binären Geschlechtsidentität betraf und weil es (ii) die Geschlechtsänderung als grundsätzlich unwiderruflich angesehen hatte.[130] Letzteres verletze das Selbstbestimmungsrecht von Personen mit einer fließenden Geschlechtsidentität und stelle eine Ungleichbehandlung dar. Ein Missbrauch sei angesichts der Kontrollmöglichkeiten des Prokurators nicht zu befürchten. Es gebe keinen sachlichen Grund, das „zweite" Änderungsverfahren für diesen Personenkreis komplexer anzulegen als das erste. Es sei inakzeptabel, dass eine Person mit einer fließenden Geschlechtsidentität einem besonderen Verfahren vor dem Familiengericht unterworfen würde, wenn sie die Registrierung des Geschlechts in ihrer Geburtsurkunde mehr als einmal ändern wolle. Abgesehen von diesen Bedenken ist es aber unter Art. 135/1 belg. CC bei dem bisherigen System verblieben: Der Geschlechtswechsel setzt grundsätzlich nicht mehr als einen zeitverzögert bestätigten Antrag voraus; es kommt weder auf Eingriffe in den Körper noch auf eine ärztliche Überprüfung des Vorliegens einer geschlechtlichen Disharmonie an.

Zu den Vorbildern der belgischen gehört die nur wenige Jahre ältere **portugiesische** 465 Lösung. Deutschland wird sie voraussichtlich gleichfalls übernehmen, steht aber noch ganz am Anfang seines Reformprozesses.[131] Zur Vorgeschichte des port. Gesetzes 38/2018 vom

---

[129] Belg. VerfGH 19.6.2019, nr. 99/2019, Mon. Belge 21.1.2020 S. 2348, Anm. *Grégoire/Gallus/Wyart/Despontin/Coenjaerts/Maeterlinck/De Jonghe*, J. T. 2019/41, Nr. 6795.
[130] A. a. O.
[131] Das Bundesinnenministerium hatte schon am 8.5.2019 einen Referentenentwurf zur Aufhebung des dt. TSG und zur Neuregelung der Änderung des Geschlechtseintrags bei Inter- und Transgeschlechtlichkeit vorgelegt (https://www.bmj.de/SharedDocs/Gesetzgebungsverfahren/Dokumente/RefE_TSG_Reform.pdf?__blob=publicationFile&v=2), der aber in der abgelaufenen Legislaturperiode nicht mehr umgesetzt wurde. Die seit Ende 2021 im Amt befindliche neue Regierung will das Projekt aber wieder aufgreifen (Koalitionsvertrag von SPD, BÜNDNIS 90/DIE GRÜNEN und FDP, S. 119–120, https://www.spd.de/fileadmin/Dokumente/Koalitionsvertrag/Koalitionsvertrag_2021-2025.pdf: „Wir werden das Transsexuellengesetz abschaffen und durch ein Selbstbestimmungsgesetz ersetzen. Dazu gehören ein Verfahren beim Standesamt, das Änderungen des Geschlechtseintrags im Personenstand grundsätzlich per Selbstauskunft möglich macht, ein erweitertes und sanktionsbewehrtes Offenbarungsverbot und eine Stärkung der Aufklärungs- und Beratungsangebote. Die Kosten geschlechtsangleichender Behandlungen müssen vollständig von der GKV übernommen werden". Inzwischen liegt ein ministerielles Eckpunktepapier vor (vorher Fn. 51).

7.8.2018[132] gehören divergierende Gerichtsentscheidungen über die Zulässigkeit eines Geschlechtswechsels.[133] Der Gesetzgeber griff erstmalig mit dem Gesetz 7/2011 vom 15.3.2011 ein.[134] Art. 3 a. a. O. schuf ein Verfahren zur Änderung des Geschlechts und des Vornamens und legte es in die Zuständigkeit der Standesämter.[135] Das aktuelle Gesetz 38/2018 hob dieses Gesetz mit Ausnahme seines Art. 5 (betr. Änderungen des Personenstandsgesetzes) auf und führte in Artt. 1 und 8 den **Grundsatz der Selbstbestimmung** ein.[136] Nur bei Minderjährigen zwischen 16 und 18 Jahren wird noch ein ärztliches oder psychologisches Gutachten verlangt, und zwar nur über ihre Entscheidungsfähigkeit *(capacidade de decisão)* (Art. 7(2) Gesetz 38/2018). Im Übrigen aber untersagt es den Standesämtern ausdrücklich, von der antragstellenden Person medizinische Nachweise über Geschlechtsumwandlungschirurgie, Sterilisierung, Hormontherapie oder psychologische oder psychiatrische Behandlungen zu verlangen (Art. 9(2) a. a. O.). Art. 3 a. a. O. gewährleistet „die Ausübung des Rechts auf Selbstbestimmung der Geschlechtsidentität und des Geschlechtsausdrucks einer Person". Artt. 7(1) und 8 a. a. O. geben jedem Portugiesen ein Antragsrecht gegenüber dem Standesamt. Es hat innerhalb von acht Arbeitstagen zu entscheiden (Art. 9 (1) a. a. O.).

466   Der **spanische** Ministerrat hat am 29.6.2021 unter dem Eindruck der LGBTIQ-Gleichstellungsstrategie 2020–2025 der Europäischen Kommission[137] und den Entwicklungen in Belgien und Portugal einen „Gesetzesvorentwurf für die tatsächliche und effektive Gleichstellung von Transgender-Personen und für die Gewährleistung der LSTBI-Rechte" vorgestellt. Transmenschen sollen rechtlich nicht mehr als „krank" angesehen werden, vielmehr von den Behörden auch ohne ein bestätigendes psychiatrisches Gutachten anerkannt werden.[138] Die aktuelle Rechtslage ist wegen der vielen Sonderregeln in den *Comunidades Autónomas* nicht leicht zu überblicken.[139] Das Registerrecht und damit die rechtliche Anerkennung des Geschlechts liegen jedoch in der Zuständigkeit des Königreichs. Deshalb sind die Regelungen in den Artt. 91(2) span. LRC, 46(1) span.

---

[132] Lei n. 38/2018 vom 7.8.2018, Direito à autodeterminação da identidade de género e expressão de género e à proteção das características sexuais de cada pessoa; Recht auf Selbstbestimmung der Geschlechtsidentität und des Geschlechtsausdrucks und Schutz der sexuellen Merkmale jeder Person.

[133] Eine Zusammenfassung findet sich bei *Menezes Cordeiro,* Tratado de Direito Civil IV[5], S. 433–435. In Ausfüllung einer echten Gesetzeslücke (Art. 10(3) port. CC) hatte vor allem das Berufungsgericht Lissabon zugunsten der Antragsteller entschieden (RL 17.1.1984, CJ IX [1984-1] S. 109; RL 5.4.1984, CJ IX [1984-2] S. 124; RL 18.12.1986, BMJ 365 [1987] S. 689). STJ 16.11.1988, BMJ 381 (1988) S. 579, Processo 074408 formulierte zwar deutlich zurückhaltender (Leitsatz 3: „Da die Transsexualität der Klagegegenstand ist, ist es nicht möglich, die Folgen einer Änderung des offensichtlichen Geschlechts aufgrund des Willens des Betroffenen oder aus einem anderen Grund als der Transsexualität zu bestimmen, denn dies wäre ein schwerwiegender Eingriff in die Grenzen der richterlichen Tätigkeit"), doch hielt RL 22.6.2004, Processo 2518/2004-1 auch nach dieser Entscheidung an seiner früheren Linie fest.

[134] Gesetz 7/2011 vom 15.3.2011, Cria o procedimento de mudança de sexo e de nome próprio no registo civil e procede à décima sétima alteração ao Código do Registo Civil.

[135] Art. 3(1) Gesetz 7/2011: „(D)er Antrag kann bei jedem Standesamt gestellt werden und muss folgende Unterlagen enthalten: a) Antrag auf Geschlechtsumwandlung (…), b) Bericht zum Nachweis der Diagnose einer Geschlechtsidentitätsstörung, auch Transsexualität genannt, erstellt von einem multidisziplinären Team für klinische Sexologie".

[136] Siehe bereits oben Rdnr. 120.

[137] Communication from the Commission to the European Parliament, the Council, the European Economic and Social Committee and the Committee of the Regions Union of Equality: LGBTIQ Equality Strategy 2020–2025, COM(2020) 698 final.

[138] Anteproyecto de Ley para la igualdad real y efectiva de las personas trans y para la garantía de los derechos LGTBI (https://www.lamoncloa.gob.es/consejodeministros/Paginas/enlaces/290621-enlace-lgtbi.aspx).

[139] Art. 3 andalusisches Gesetz 8/2017 vom 28.12.2017 (BOE Nr. 33 vom 6.2.2018) bringt z. B. moderne und leistungsfähige Definitionen, darunter von *persona trans* und *intersexualidad.* „Trans-Person: Jede Person, die sich mit einem anderen Geschlecht identifiziert als dem, das ihr bei der Geburt zugewiesen wurde, die ihre sexuelle Identität anders zum Ausdruck bringt als das Geschlecht, das ihr bei der Geburt zugewiesen wurde, sowie diejenigen, die ihr Geschlecht als „anders" *(otro)* definieren oder ihre Identität mit ihren eigenen Worten beschreiben. […] Intersexualität: Eine Vielzahl von Situationen, in denen eine Person mit einer anatomischen (äußere und innere Genitalien), hormonellen oder genetischen Konfiguration geboren wird, die nicht der binären Definition von männlich und weiblich entspricht."

II. Voraussetzungen und Wirkungen eines Wechsels des rechtlichen Geschlechts   § 7

Gesetz 4/2023[140] gemeinspanischen Rechts. Sie sehen schon seit 2007 ein registerrechtliches Verwaltungsverfahren *(procedimiento registral)* vor[141], das mit einer Berichtigung endet, die im Falle einer Geschlechtsänderung konstitutive Wirkung hat (Art. 5(1) span. Gesetz 3/2007). „Jede volljährige Person[142] mit spanischer Staatsangehörigkeit, die dazu ausreichend befähigt ist, kann die Berichtigung des registerrechtlichen Geschlechtseintrags beantragen" (Art. 1 a. a. O.). Die Berichtigung des Geschlechtseintrags erfolgt nach dem für Standesbeamte vorgesehenen behördlichen Verfahren (Art. 2 a. a. O.). Unter Art. 4 a. a. O. muss die antragstellende Person *(persona solicitante)* allerdings immer noch nachweisen, dass bei ihr durch einen Arzt oder einen klinischen Psychologen eine Geschlechtsdysphorie diagnostiziert wurde und dass sie (die antragstellende Person) mindestens zwei Jahre lang medizinisch behandelt wurde, um ihre körperlichen Merkmale an die des angegebenen Geschlechts anzupassen. Ein operativer Eingriff wird nicht (mehr) verlangt.[143] Für die bloße Namensänderung hat die Praxis inzwischen auf ärztliche Begutachtung und Behandlung verzichtet.[144] Art. 44(3) des Gesetzes 4/2023 strebt nun eine grundsätzliche Bereinigung der Rechtslage an: „Die Ausübung des Rechts auf Berichtigung der Eintragung der Geschlechtsangabe darf in keinem Fall von der vorherigen Vorlage eines ärztlichen oder psychologischen Gutachtens über die Nichtübereinstimmung mit dem in der Geburtenregistrierung angegebenen Geschlecht oder von der vorherigen Veränderung des Aussehens oder der Körperfunktionen der Person durch ein medizinisches, chirurgisches oder sonstiges Verfahren abhängig gemacht werden". Auch das Verfahren wird vereinfacht. Unter Art. 54 (3) des Gesetzes 4/2023 ist die Berichtigung der im Register eingetragenen Geschlechtsangabe von Trans-Personen durch zweimaliges Erscheinen vor dem Standesbeamten unter Verzicht auf weitere Beweismittel oder Zeugen möglich geworden. Es genügt, nach entsprechender Aufklärung über die Folgen ein Formular auszufüllen und drei Monate später erneut vorstellig zu werden, um den Entschluss zu bekräftigen. Nach Ablauf eines weiteren Monats vollzieht der Standesbeamte die Berichtigung.[145]

Auch die nordischen Rechtsordnungen begnügen sich mit einem Verwaltungsverfahren. **467** Unter Kap. 2 § 3(6) des **dänischen** Gesetzes über das zentrale Personenregister vom 2.6.2017 vergibt das Ministerium für Sozialversorgung und Inneres auf schriftlichen Antrag einer Person, die sich dem anderen Geschlecht zugehörig fühlt, eine neue *personnummer*. Dazu bedarf es lediglich einer schriftlichen Erklärung der betroffenen Person, dass ihr Wunsch darauf beruht, dass sie sich dem anderen Geschlecht zugehörig fühle. Der Antrag ist nach Ablauf einer Bedenkzeit von mindestens sechs Monaten schriftlich zu bestätigen. Im Zeitpunkt der Antragstellung muss die betroffene Person das achtzehnte Lebensjahr vollendet haben. Unter § 1 des **finnischen** Gesetzes vom 28.6.2002 zur Bestimmung des rechtlichen Geschlechts transsexueller Personen allerdings muss die betroffene Person noch immer eine ärztliche Bescheinigung darüber beibringen, dass sie sich dem anderen Geschlecht zugehörig fühlt, in einer entsprechenden Geschlechtsrolle lebt, sterilisiert oder aus anderen Gründen nicht fortpflanzungsfähig ist. Das Gesetz wirkt auch in anderer Beziehung veraltet, weil es an dem Erfordernis der Volljährigkeit festhält. Reformvorschläge sind

---

[140] Das Gesetz 4/2023 hat Ley 3/2007, de 15 de marzo, reguladora de la rectificación registral de la mención relativa al sexo de las personas aufgehoben, es aber dabei belassen, das Geschlecht in einem registerrechtlichen Verwaltungsverfahren ändern zu können (BOE 51 vom 1.3.2023).
[141] Bis dahin war eine „Berichtigung" des registerrechtlichen Geschlechtseintrags auch in Spanien nur auf gerichtlichem Wege möglich (zum Übergangsrecht TS 22.6.2009, ECLI:ES:TS:2009:3639). Mit Art. 4(2) des Gesetzes 3/2007 entfiel auch das Erfordernis eines operativen Eingriffs (oben Rdnr. 120 mit Fn. 507).
[142] TC 18.7.2019, 99/2019, BOE-A-2019–11911 hat dieses Merkmal insoweit für verfassungswidrig erklärt, als es Minderjährige mit „ausreichender Reife", die sich in einer „stabilen Situation der Transsexualität" befinden, von der Teilhabe an einem Verfahren zur Geschlechtsänderung ausschließt.
[143] Auch dazu bereits Rdnr. 120 mit Fn. 507.
[144] Instruktion DGRN vom 23.10.2018 Nr. 1 und Nr. 2 (BOE 257 vom 24.10.2018).
[145] https://www.lamoncloa.gob.es/consejodeministros/Paginas/enlaces/290621-enlace-lgtbi.aspx.

bislang jedoch nicht umgesetzt worden.¹⁴⁶ Das **schwedische** Könstillhörighetslagen, das Gesetz zur Feststellung des rechtlichen Geschlechts vom 21.4.1972, gilt sowohl für Menschen mit einer trans- als auch mit einer intersexuellen Prägung. Zuständig ist der *Socialstyrelsens rättsliga råd*, ein dem Zentralamt für Gesundheits- und Sozialwesen zugeordnetes Gremium (§ 5). Gegen seine Entscheidungen ist ein Rechtsmittel vor dem allgemeinen Verwaltungsgericht gegeben (§ 6). Eine transsexuelle Person kann den Antrag stellen, wenn sie seit langem empfunden hat, dem anderen Geschlecht anzugehören, seit einiger Zeit in Übereinstimmung mit dieser Geschlechtsidentität handelt, auch in Zukunft in ihr zu leben beabsichtigt und das achtzehnte Lebensjahr vollendet hat (§ 1). Die drei erstgenannten Voraussetzungen müssen, für ein Verwaltungsverfahren vergleichsweise ungewöhnlich, durch ein ärztliches und ein psychologisches Gutachten sowie den Bericht eines Sozialarbeiters belegt werden. Die Erfahrung, dem anderen Geschlecht anzugehören, muss als dauerhaft und tiefgreifend eingestuft werden. Der Rat untersucht das gründlich; er nimmt sich dafür i. d. R. etwa zwei Jahre Zeit. Der Betroffene muss detailliert nachweisen, mindestens ein Jahr „in" dem angestrebten Geschlecht gelebt zu haben.¹⁴⁷ Das ist auch wegen der Prognoseentscheidung wichtig. Die Hürden für einen Geschlechtswechsel sind hoch. Gleichwohl nimmt die Zahl der Anträge offenbar kontinuierlich zu.¹⁴⁸ Sie dürfte noch weiter steigen, wenn es endlich gelingt, den Reformstau zu beseitigen.¹⁴⁹

468   Das **griechische** Gesetz 4491/2017¹⁵⁰ sieht zwar ein Verfahren der freiwilligen Gerichtsbarkeit vor¹⁵¹, gehört materiellrechtlich aber gleichfalls zu den Vorreitern der „Entpsychiatrisierung" des Wechsels zwischen den binären Geschlechtern. Unter Art. 3 a. a. O. darf eine Person bei einer Unstimmigkeit zwischen ihrem eingetragenen und ihrem empfundenen Geschlecht die „Berichtigung" des eingetragenen beantragen, so dass es ihrem Willen, dem persönlichen Empfinden ihres Körpers und ihrem äußeren Erscheinungsbild entspricht. Der Antragsteller darf zwar nicht verheiratet sein (Art. 3(3) a. a. O.). Es sind jedoch keine ärztlichen Behandlungsnachweise oder psychologischen Gutachten erforderlich (Art. 3(4) a. a. O.). Die durch den Antrag zum Ausdruck gebrachte Selbstidentifikation genügt.¹⁵² In ihm sind das angestrebte Geschlecht, der erwünschte Vorname und der Nachname in der Version des neuen Geschlechts anzugeben. Dem Antrag ist eine Kopie

---

¹⁴⁶ Eine Arbeitsgruppe im Ministerium für Gesundheit und Sozialversorgung hat schon im Mai 2015 (u.a.) vorgeschlagen, das Kriterium der Fortpflanzungsfähigkeit, das Erfordernis einer medizinischen Untersuchung und das Erfordernis der Volljährigkeit abzuschaffen (Ds 2018:17, S. 65).

¹⁴⁷ Prop. 2011/12:142, S. 33.

¹⁴⁸ Die in SOU 2017:92 S. 578–579 veröffentlichten Zahlen beziehen sich auf den Zeitraum zwischen 1992 und 2017. Zwischen 1992 und 1997 sind unter § 1 Könstillhörighetslagen durchschnittlich 17 Anträge pro Jahr gestellt worden, in den Jahren 1998–2003 durchschnittlich 23. In den Jahren 2004–2009 waren es durchschnittlich 37 Anträge, 2012 bereits 60, 2013 (als die Zwangssterilisation abgeschafft wurde) 170 und im Jahre 2017 bereits 260 Anträge. Neuere Zahlen sind mir nicht zugänglich.

¹⁴⁹ Der im Auftrag der Regierungskanzlei (*Regeringskansliet*) im Jahre 2018 erstellte Reformvorschlag (Ds 2018:17; s. schon oben Fn. 124) ist bislang nicht verwirklicht worden. Er unterscheidet je nachdem, ob es sich um einen erstmaligen oder um einen Antrag auf Bewilligung einer erneuten Änderung handelt. Für den Erstantrag ist vorgesehen, dass eine Person, die das 12. Lebensjahr vollendet hat, auf Antrag und ohne weitere Begründung das eingetragene rechtliche Geschlecht ändern lassen darf. Bis zur Vollendung des fünfzehnten Lebensjahres müssen die Sorgeberechtigten den Antrag mit Zustimmung des Kindes. Minderjährige, die das fünfzehnte Lebensjahr vollendet haben, können die Änderung selbst beantragen, die unter der Voraussetzung bewilligt wird, dass das angegebene Geschlecht nicht mit der Geschlechtsidentität übereinstimmt und es wahrscheinlich ist, dass der Minderjährige auch in Zukunft in dieser Geschlechtsidentität leben wird. Stellt eine Person einen Antrag auf Rückänderung ihres Geschlechts, soll davon ausgegangen werden können, dass sie auch in Zukunft in derselben Geschlechtsidentität leben wird (a. a. O. S. 7).

¹⁵⁰ Gesetz 4491/2017 zur Anerkennung der Geschlechtsidentität, Νόμος για την αναγνώριση ταυτότητας φύλου (FEK 152/A/13.10.2017).

¹⁵¹ Art. 4(1) Satz 1 a. a. O. i. V. m. Art. 782 gr. ZPO. Das Verfahren findet nichtöffentlich im Dienstzimmer des Richters statt, in dem der Antragsteller persönlich zu erscheinen hat.

¹⁵² Art. 2 (1) Satz 2 a. a. O. hebt das noch einmal besonders hervor: „Geschlechtsidentität umfasst das persönliche Körperempfinden sowie den sozialen und äußeren Ausdruck des Geschlechts, die dem Willen der Person entsprechen. Das persönliche Körperempfinden kann auch mit Veränderungen durch ärztliche Behandlungen oder andere frei gewählte medizinische Verfahren verbunden sein".

2. Auseinanderfallen von rechtlichem und psychologischem Geschlecht

Ein Geschlechtswechsel ist immer ein Wechsel des **rechtlichen** Geschlechts. Ob sich auch das **biologische** Geschlecht ändern lässt, ist zweifelhaft und letztlich nur eine Frage seiner Definition. Zwar können äußere und innere Geschlechtsorgane operativ manipuliert werden, und der Hormonhaushalt lässt sich medikamentös beeinflussen. Die Chromosomenstruktur dagegen bleibt gleich. Würde man zur Bestimmung des biologischen Geschlechts nur auf sie abstellen[153], wäre sein Wechsel unmöglich; auch ein Rückwechsel wäre ausgeschlossen. Ein Wechsel des rechtlichen Geschlechts unterliegt solchen natürlichen Schranken nicht. Menschen, die ihn anstreben, sehen sich **psychologisch** außerstande, sich mit ihrem bisherigen rechtlichen Geschlecht zu identifizieren. Sie sind, wie man sagt, „transsexuell" geprägt. Das Wort ist wenig einfühlsam, weil es die Perspektive von Menschen wählt, die ohne eine Variante ihres Geschlechtsempfindens leben; außerdem geht es nicht um Sexualität i. S. v. sexueller Orientierung.[154] Es wird meistens für Menschen verwendet, die sich dem jeweils anderen binären Geschlecht zugehörig fühlen, ohne dessen vorherrschende biologische Merkmale zu teilen. Das gleiche Phänomen kann aber auch in dem wechselseitigen Verhältnis zwischen einem rechtlich nichtbinären und einem der beiden binären rechtlichen Geschlechter auftreten, vorausgesetzt nur, dass eine Rechtsordnung bereit ist, die Person eines Menschen mit entweder einem dritten oder einem nicht näher spezifizierten „offenen" Geschlecht auszurüsten. Die rechtspolitische Grundfrage ist in allen Fällen dieselbe. Sie lautet, ob es für das rechtliche Geschlecht eines Menschen auf seine biologische oder seine psychologische Konstitution ankommen soll. Bei der Geburt kann es sich nur um das (wie auch immer bestimmte) „biologische" Geschlecht handeln, weil ein Baby noch gar kein Geschlechtsempfinden hat. Rechtliches und biologisches Geschlecht sind am Anfang des Lebens identisch. Das gilt auch dann, wenn das äußere Erscheinungsbild eines Babys auf Intersexualität hindeutet; dann ist das biologische Geschlecht eben intersexuell. Entweder reagiert die Rechtsordnung darauf mit der Zuschreibung eines dritten rechtlichen Geschlechts, oder sie arbeitet mit einem so vergröbernden Konzept schon des biologischen Geschlechts, dass sie das Kind gewissermaßen mit „Gewalt" einem der binären rechtlichen Geschlechter zuordnet. Zu einer Disharmonie zwischen dem entwickelten psychologischen und dem ursprünglich zugleich biologischen und rechtlichen Geschlecht kann es erst im weiteren Verlauf des Lebens eines Menschen kommen.[155] Wenn und weil biologisches und psychologisches Geschlecht auseinanderklaffen, klaffen nun auch rechtliches und psychologisches Geschlecht auseinander. Denkbar ist freilich auch, dass ein Mensch nach vollzogener Änderung seines rechtlichen Geschlechts einen Rückwechsel in sein vorheriges rechtliches Geschlecht anstrebt. Dann geht es i. d. R. darum, das erneute Auseinanderdriften von psychologischem und recht-

---

[153] So offenbar RL 18.12.1986, BMJ 365 (1987) 689 („Der juristische Begriff des Geschlechts [*o conceito jurídico do sexo*] umfasst vier Vektoren: den biologischen (chromosomale Elemente), den morphologischen (äußere Elemente), den psychologischen (das Verhalten der Person zu sich selbst) und den sozialen (das gesellschaftliche Ansehen)". Das Gericht ging zugleich davon aus, dass eine Person weiblichen Geschlechts sein müsse, „wenn die letzten drei dieser Annahmen im Gegensatz zur ersten darauf hindeuten".

[154] Sec. 7(2) Equality Act 2010 stellt deshalb klar, dass „[a] reference to a transsexual person is a reference to a person who has the protected characteristic of gender reassignment" und Abs. (1) a. a. O. schickt voraus, dass „[a] person has the protected characteristic of gender reassignment if the purpose is proposing to undergo, is undergoing or has undergone a process (or part of a process) for the purpose of reassigning the person's sex by changing physiological or other attributes of sex".

[155] Zuverlässige Zahlen hierzu gibt es nicht. Die Schätzungen für Deutschland schwanken zwischen 10.000 und 200.000 Personen (*Berndt-Benecke*, NVwZ 2019 S. 286, 288 Fn. 22). Bei Zugrundelegung der zweiten Zahl würde es etwa gleich viele zwischen- und transgeschlechtlich geprägte Menschen geben (oben Fn. 70).

lichem Geschlecht dadurch zu beenden, dass psychologisches und biologisches Geschlecht wieder zur Deckung gebracht werden. Man spricht in solchen Fällen von einer fließenden Geschlechtsidentität.

470 Ein Wechsel des rechtlichen Geschlechts setzt, wie gesagt, den zu einem Antrag bei der zuständigen Behörde (dem zuständigen Gericht) verdichteten Willen des Betroffenen voraus. Viele Rechtsordnungen sind aber noch immer nicht bereit, es ganz einfach bei diesem Antrag zu belassen und sich mit einigen Zusatzregeln für den mehrfachen Geschlechtswechsel, für Minderjährige und für Ausländer zu begnügen. Es fällt augenscheinlich vielfach auch heute noch schwer, sich von der Fixierung auf „das Biologische" zu lösen[156], und selbst dort, wo sich nationale Rechtspolitik für die Reformimpulse aus den europäischen Schwesterrechtsordnungen zu öffnen begonnen hat, nimmt die gesetzliche Neuordnung des Rechts des Geschlechtswechsels bedenklich viel Zeit in Anspruch. In den östlichen Mitgliedstaaten der Union mag gelegentlich auch die Sorge vor einer Gesetzesumgehung *(fraus legis)* mitschwingen, aber das wirkt realitätsfern. Bislang gibt es keine Hinweise darauf, dass ein reines Antragssystem für die Verfolgung sachwidriger Zwecke missbraucht worden wäre. Zudem haben die Reformstaaten neue Methoden für die auch von ihnen für erforderlich gehaltene Ernsthaftigkeitskontrolle entwickelt, darunter das Instrument der zeitverzögerten Antragswiederholung.[157]

471 Zu den **Relikten** aus der Frühphase der Gesetzgebung zur Transsexualität gehört das zwar vielfach geächtete[158], aber selbst innerhalb der Europäischen Union immer noch nicht gänzlich beseitigte Erfordernis einer *„geschlechtsangleichenden Operation"*.[159] Es beruhte auf der heute abwegig anmutenden Vorstellung, dass ein Geschlechtswechsel eine optische Veränderung der äußeren Genitalien voraussetze.[160] Ebenfalls noch nicht vollends beseitigt ist das Erfordernis einer längerfristigen medikamentösen „Behandlung", einer *Hormonthera-*

---

[156] Mit Recht bemerkte Lord Nicholls schon vor dem Inkrafttreten des Gender Recognition Act 2004 in *Bellinger v Bellinger* [2003] UKHL 21, [2003] 2 AC 467 [13], dass „the criteria for designating a person as male or female are complex. It is too 'reductionistic' to have regard only to the three Corbett factors of chromosomes, gonads and genitalia. This approach ignores 'the compelling significance of the psychological status of the person as a man or a woman'".

[157] Oben Rdnrn. 464–467.

[158] Das Erfordernis einer operativen „Angleichung" an das andere Geschlecht ist menschenrechts- und nach dem Urteil vieler Verfassungsgerichte auch grundrechtswidrig (oben Rdnr. 119, 122–123).

[159] Polen hält unverändert an dem Erfordernis eines chirurgischen Eingriffs fest (oben Fn. 120). Zwar hatte poln. OG 25.2.1978, III CZP 100/77, Legalis-Nr. 20711 eine Berichtigung des Geschlechts schon vor der (angeblich) „geschlechtsumwandelnden" Operation für zulässig, Letztere aber offenbar für eine Selbstverständlichkeit gehalten. Poln. OG 22.6.1989, III CZP 37/89, OSNCP 1989 Nr. 12, Pos. 188, Legalis-Nr. 26718 entschied dann jedoch in einer Besetzung von sieben Richtern, dass das Vorliegen von Transsexualität „kein Grund" für die Berichtigung des Geschlechtseintrags in einer Geburtsurkunde sei. Poln. OG 22.3.1991, III CRN 28/91, Legalis-Nr. 27282 bestätigte diese Sicht und beharrte auf dem Erfordernis einer operativen Angleichung der äußeren Genitalien. Appellationsgericht Białystok 2.2.2016, I ACa 104/15, Legalis-Nr. 1410190 lag ein Fall vor, in dem sich die Klägerin bereits ihre Brüste hatte entfernen lassen. Das Erfordernis einer operativen Geschlechtsangleichung findet sich auch immer noch in Art. 37 der slowen. Durchführungsvorschrift zum Personenstandsregistergesetz und in § 29(1) tschech. BGB. Tschech. VerfG 9.11.2021, Pl. ÚS 2/20 hat es bedauerlicherweise abgelehnt, sich mit der Verfassungsmäßigkeit dieser Vorschrift zu befassen. Der Fall habe dazu keinen Anlass gegeben, weil es sich um eine Person handelte, die sich weder als Mann noch als Frau fühlte. Sie habe nicht angestrebt, ihr Geschlecht von männlich in weiblich zu ändern. Die Aufhebung von § 29 tschech. BGB würde aber nicht zur Entstehung eines „völlig neuen, dritten Geschlechts" führen. Letzteres sei von der tschechischen Rechtsordnung nicht akzeptiert. Der verbreiteten Kritik am geltenden Recht (z. B. *Baršová*, in: Časopis zdravotnického práva a bioetiky, 3 [2013] S. 22, 25) ist also nicht entsprochen worden.

[160] Veränderungen des Körpers haben nichts mit einem Wechsel des rechtlichen Geschlechts zu tun. Wer durch einen Unfall sein männliches Genital verliert, wird dadurch nicht zur „Frau" (KG 11.1.1965, NJW 1965 S. 1084). BGH 21.9.1971, NJW 1972 S. 330 hatte – nicht korrekt – noch entschieden, dass es nicht zustünde, im Wege richterlicher Rechtsfortbildung eine Person, die sich eines chirurgischen Eingriffs in ihre Genitalien unterzogen hatte, als Person des anderen Geschlechts anzusehen. Zu den rechtlichen Nebenfolgen eines solchen operativen Eingriffs gehört, wenn er zur Voraussetzung eines Geschlechtswechsels erhoben wird, übrigens auch, dass er einen Geschlechtsrückwechsel verhindert. Denn ein derartiger Eingriff lässt sich nicht umkehren.

II. Voraussetzungen und Wirkungen eines Wechsels des rechtlichen Geschlechts **§ 7**

pie[161], ganz so, als wären transgeschlechtlich geprägte Menschen krank.[162] Diese Einschätzung liegt auch den dringend reformbedürftigen §§ 1 und 8 dt. TSG zugrunde, wonach sich die betroffene Person „auf Grund ihrer transsexuellen Prägung nicht mehr dem in ihrem Geburtseintrag angegebenen Geschlecht, sondern dem anderen Geschlecht als zugehörig empfinde(n) und seit mindestens drei Jahren unter dem Zwang (stehen muss), ihren Vorstellungen entsprechend zu leben".[163] Wer unter einem „Zwang" steht, ist psychisch krank. Auch halten einige Gesetze an einer „deutlichen *Annäherung an das äußere Erscheinungsbild des anderen Geschlechts*" fest.[164] Auf einer ähnlichen rechtspolitischen Linie liegt es, wenn ein Geschlechtswechsel zwar Alleinstehenden zugestanden wird[165], wohingegen ein

---

[161] In Spanien ist das derzeit (2022) immer noch geltendes Recht (Art. 4(1)(b) span. Gesetz 3/2007: „Mutation ohne chirurgische Geschlechtsumwandlung"). Nötig sind ärztliche Gutachten über das Vorliegen einer Geschlechtsdysphorie und einer mindestens zweijährigen medizinischen Behandlung (TS 22.6.2009, ECLI:ES:TS:2009:3639). Auf sie kann nur verzichtet werden, wenn sie aus gesundheitlichen oder altersbedingten Gründen nicht durchgeführt werden können und dieser Umstand ärztlich bescheinigt wird. Die Rechtslage soll aber grundlegend bereinigt werden (oben Rdnr. 465). Für Italien entschied Cass. 20.7.2015, nr. 15138, Foro it. 2015, I, 3137, dass die gesetzlich vorgeschriebene Operation (Art. 3 ital. G. 164/1982 vom 14.4.1982 und Art. 31(4) D. lgs.150/2011 vom 1.9.2011) „unnötig" sein könne, wenn das Geschlecht der betroffenen Person dennoch feststeht und die Operation für ihre Gesundheit riskant wäre. Der Erwerb einer neuen Geschlechtsidentität könne zwar das Ergebnis eines individuellen Prozesses sein, der die Notwendigkeit eines chirurgischen Eingriffs begründe, sofern die Ernsthaftigkeit und Eindeutigkeit des gewählten Weges und die Vollständigkeit des Endergebnisses, erforderlichenfalls durch strenge technische Bewertungen, vor Gericht festgestellt werden. Für die Berichtigung des Personenstands sei es aber nicht mehr erforderlich, sich einer Operation zu unterziehen, um die primären Geschlechtsmerkmale zu ändern. Das Fehlen einer Operation sei für sich genommen kein ausreichender Grund, um eine Geschlechtsänderung im Personenstandsregister auszuschließen. Es reiche aus, wenn durch die durchgeführte medizinische und psychologische Behandlung der „radikale Charakter" der getroffenen Entscheidung nachgewiesen werde.

[162] In der französischen Rechtsprechung war mindestens bis zur Reform durch das Gesetz vom 18.11.2016 durchweg von dem „transsexuellen Syndrom", d. h. von dem transsexuellen Krankheitsbild die Rede, unter dem jemand leidet (z. B. Cass. civ. 7.6.2012, Bull. I, Nr. 123 und Nr. 124: „Pour justifier une demande de rectification de la mention du sexe figurant dans un acte de naissance, la personne doit établir, au regard de ce qui est communément admis par la communauté scientifique, la réalité du syndrome transsexuel dont elle est atteinte ainsi que le caractère irréversible de la transformation de son apparence"). Im Zuge des Nachweises dieses „Syndroms" berücksichtigten die Gerichte (i) das Verschwinden zumindest bestimmter Merkmale des ursprünglichen Geschlechts infolge einer medizinisch-chirurgischen Behandlung zu therapeutischen Zwecken, (ii) ein physikalisches Erscheinungsbild, das den Betroffenen dem anderen Geschlecht annähert, und (iii) ein soziales Verhalten, das diesem anderen Geschlecht entspricht (*Teyssié*, Droit des personnes[20], S. 363 Rn. 599). Diese Rechtsprechungslinie hatte mit Cass. Ass. plén. 11.12.1992, Bull. 1992 A.P. Nr. 13, S. 27 begonnen („Attendu que lorsque, à la suite d'un traitement médico-chirurgical, subi dans un but thérapeutique, une personne présentant le syndrome du transsexualisme ne possède plus tous les caractères de son sexe d'origine et a pris une apparence physique la rapprochant de l'autre sexe, auquel correspond son comportement social, le principe du respect dû à la vie privée justifie que son état civil indique désormais le sexe dont elle a l'apparence; que le principe de l'indisponibilité de l'état des personnes ne fait pas obstacle à une telle modification").

[163] Der „Zwang" muss zwar seit drei Jahren bestehen; es ist aber anders als in Frankreich (vorige Fn.) und im Vereinigten Königreich (unten Fn. 183) nicht erforderlich, in dieser Zeitspanne bereits in dem angestrebten Geschlecht gelebt zu haben (Spickhoff [-*Spickhoff*], Medizinrecht[3], § 1 TSG Rdnr. 9). Andererseits ist es für den Betroffenen aber schwierig, seine „zwanghafte Vorstellung" nachzuweisen, wenn es für sie keine äußerlichen Anzeichen gibt. Die zwanghafte Vorstellung muss zudem gewissermaßen „unheilbar" sein. Denn das Zugehörigkeitsempfinden zum anderen Geschlecht darf sich mit „hoher Wahrscheinlichkeit" nicht mehr ändern (§§ 1 und 8 dt. TSG). Die Rechtslage soll grundsätzlich bereinigt werden (oben Fn. 131).

[164] Unter Art. 61-5 franz. CC kommt es auf den Nachweis zureichender Tatsachen dafür an, dass der Geschlechtseintrag einer Person nicht mit dem Geschlecht übereinstimmt, in dem sie erscheint und in dem sie bekannt ist. Zu den Tatsachen, mit denen der erforderliche Nachweis geführt werden kann, gehört auch (wenngleich nicht zwingend), dass sich die Person „öffentlich als dem angegebenen Geschlecht zugehörig präsentiert". Dasselbe gilt unter Art. 1 luxemb. Gesetz vom 10.8.2018 zur Änderung der Angabe von Geschlecht und Vorname(n) im Personenstand.

[165] Unter § 21(2)(b) tschech. Gesetz über spezifische Gesundheitsdienste muss der Antragsteller ehelos sein; er darf auch nicht in einer eingetragenen Partnerschaft leben. Unter Art. 3(3) gr. Gesetz 4491/2017 darf die den Antrag stellende Person noch nicht, oder sie muss nicht mehr verheiratet sein. Ebenso verhält es sich unter Art. 2.27 lit. ZGB und unter sec. 9(2)(b) irischer Gender Recognition Act 2015. Wiederum schließt auch eine bestehende *civil partnership* einen Geschlechtswechsel aus.

495

Antragsteller, der mit jemandem in einer *formalen Lebens- und Geschlechtsgemeinschaft* (Ehe, Partnerschaft) lebt, dessen vorherige Zustimmung, mindestens die Erklärung einholen muss, die Gemeinschaft auch nach einem Geschlechtswechsel des Partners fortsetzen zu wollen.[166] Zu den Überbleibseln einer älteren Rechtsschicht gehört ferner das Erfordernis der *Fortpflanzungsunfähigkeit,* dessen Menschenrechtswidrigkeit längst gleichfalls außer Frage steht.[167] Es ist mit dem Verhältnismäßigkeitsprinzip schon deshalb unvereinbar, weil sich Unklarheiten in der Verwendung der Worte „Vater" und „Mutter" mit einer einfachen gesetzlichen Klarstellung vermeiden lassen.[168] Und eine Lebensgemeinschaft mag zwar scheitern, wenn sich der Partner außerstande sieht zu akzeptieren, nunmehr mit einem Angehörigen seines eigenen rechtlichen Geschlechts zu leben. Aber ein bloßer Wechsel des rechtlichen Geschlechts ändert ja an den biologischen Gegebenheiten ohnehin nichts; man dreht sich im Kreis. Das Geschlecht einer Person hängt offenbar nicht vom Bestand oder dem Nichtbestand einer Rechtsbeziehung ab.[169] Deshalb sollte der Wechsel in die autonome Entscheidung jedes Einzelnen gestellt bleiben. Sein Partner mag zu jedem Zeitpunkt mit einem Antrag auf Auflösung der Verbindung reagieren, ggf. übrigens auch schon in der Phase, in der der Betroffene noch mit seinem Entschluss ringt.

472　Die eigentliche Frage lautet deshalb heute nur noch, ob es sich bei der ***transgender-Prägung*** eines Menschen nur um ein den Anlass situativ beschreibendes oder um ein „hartes", d. h. überprüfungsbedürftiges Tatbestandsmerkmal handelt bzw. handeln sollte. Im ersten Fall würde es genügen, den Antrag zu stellen. Das Vorliegen einer geschlechtlichen Dysphorie müsste höchstens vorgetragen und behauptet werden, strikt genommen freilich nicht einmal das. Im zweiten Fall ist das Auseinanderfallen von rechtlichem und psychologischem Geschlecht dem Gericht (der Behörde) gegenüber durch ggf. aufwändige medizinische und/oder psychologische Gutachten nachzuweisen. Es liegt auf der Hand, dass der Antragsteller in dieser Variante zur Offenbarung intimster Angelegenheiten genötigt und so selbst dann der Gefahr einer schweren Würdeverletzung ausgesetzt wird, wenn das gerichtliche (oder behördliche) Verfahren nichtöffentlich geführt wird.

473　Die jüngere Gesetzgebung verzichtet deshalb durchweg auf einen solchen Nachweis.[170] Die „Entmedizinierung" des Rechts des Geschlechtswechsels schreitet kontinuierlich

---

[166] So sec. 3(6A bis 6C) Gender Recognition Act 2004. Ist der Partner nicht einverstanden, wird nur ein *interim gender recognition certificate* ausgestellt (sec. 4). Es bewirkt u.a., dass eine Ehe *voidable* wird (sec. 12(g) Matrimonial Causes Act 1973). Der Zustimmung des Partners des in einer nichtehelichen Lebensgemeinschaft lebenden Antragstellers bedarf es auch unter § 1 finn. Laki transseksuaalin sukupuolen vahvistamisesta. Unter § 3(2) schwed. Könstillhörighetslagen ist ein Antrag auf Geschlechtswechsel abzulehnen, wenn der Antragsteller in einer eingetragenen Lebenspartnerschaft lebt. Da es in Schweden seit dem 1.5.2009 für die Ehe nicht mehr auf Verschiedengeschlechtlichkeit ankommt, wurde allerdings das Lag om registrerat partnerskap (das Gesetz über die eingetragene Partnerschaft vom 23.6.1994) aufgehoben. Es betrifft nur noch Altfälle, in denen die Partner ihre Verbindung nicht in eine Ehe umgewandelt haben. Vor der Bekanntgabe einer Entscheidung über die Feststellung des rechtlichen Geschlechtes muss die Partnerschaft daher entweder aufgelöst oder in eine Ehe umgewandelt worden sein (Prop. 2011/12: 142, S. 40–41). Unter Art. 3 gr. Gesetz 4491/2017 bleiben verheiratete Personen von dem Recht auf Wechsel ihres rechtlichen Geschlechts ausgeschlossen.

[167] Unter § 29(1) tschech. BGB tritt „die Geschlechtsumwandlung eines Menschen ... mit einem chirurgischen Eingriff ein, bei gleichzeitiger Aufhebung der Zeugungsfähigkeit und Umwandlung der Geschlechtsorgane". Das ist in jeder Beziehung mit der EMRK unvereinbar (oben Rdnr. 119). Zu Finnland siehe schon oben Rdnr. 467 mit Fn. 146. Insgesamt hat sich die Rechtslage aber deutlich entschärft. Im Juni 2011 soll nach einem Bericht des Menschenrechtskommissars des Europarates noch in 29 Mitgliedstaaten eine Sterilisation Voraussetzung für den Geschlechtswechsel gewesen sein (Discrimination on grounds of sexual orientation and gender identity in Europe, Background document, 2011, https://rm.coe.int/discrimination-on-grounds-of-sexual-orientation-and-gender-identity-in/16809079e2).

[168] Oben Rdnr. 447.

[169] So richtig schon österr. VfGH 8.6.2006, RIS-Justiz.

[170] Vorher Rdnrn. 464–468. Art. 9(2) port. Gesetz 38/2018 vom 7.8.2018 untersagt es der Behörde sogar ausdrücklich, von der antragstellenden Person medizinische Beweise über Geschlechtsumwandlungschirurgie, Sterilisierung, Hormontherapie oder psychologische oder psychiatrische Behandlungen zu verlangen (Art. 9(2) a. a. O.).

voran. Das lässt sich auch in **Frankreich** beobachten, das zwar weiterhin auf dem Nachweis einer Art geschlechtlichem Zivilstandsbesitz *(possession d'état)* besteht, insoweit aber jedes Beweismittel zulässt.[171] Der mit Gesetz Nr. 2016-1547 vom 18.11.2016 geschaffene Art. 61-5 franz. CC gestattet es jeder volljährigen (oder emanzipierten) Person, die Änderung ihres Geschlechts zu bewirken, sofern sie durch eine ausreichende Zusammenstellung von Tatsachen belegt, „dass der Hinweis auf ihr Geschlecht in Personenstandsurkunden nicht mit dem übereinstimmt, in dem sie erscheint und in dem sie bekannt ist". Zu diesem Zweck wird im Wesentlichen darauf abgehoben, dass sich die Person (i) öffentlich als dem angegebenen Geschlecht zugehörig präsentiert, dass sie (ii) in ihrer Familie, bei Freunden oder in ihrem beruflichen Umfeld unter dem angegebenen Geschlecht bekannt ist, und dass sie (iii) eine Änderung ihres Vornamens erwirkt hat, so dass er dem beanspruchten Geschlecht entspricht". Ein Wechsel des rechtlichen Geschlechts ist daher ohne medizinische Begutachtung gestattet.[172] Art. 61-6(2) franz. CC hebt ausdrücklich hervor, dass der Antrag nicht mit der Begründung abgelehnt werden darf, der Antragsteller habe sich keiner medizinischen Behandlung, Operation oder Sterilisation unterzogen.

Der EGMR hat das **Begutachtungserfordernis** freilich als menschenrechtskonform **474** eingestuft[173], und so wird ein medizinisch-psychologischer Nachweis vielfach noch immer verlangt, etwa in Deutschland[174], Finnland[175], Italien[176], den Niederlanden[177], Österreich[178],

---

[171] Luxemburg hat die französische Lösung mit Gesetz vom 10.8.2018 übernommen.
[172] *Bernard-Xémard,* Cours de droit des personnes et de la famille⁴, S. 86 Rn. 237.
[173] Oben Rdnr. 119.
[174] §§ 8 i. V. m. 1(1) Nr. 1 dt. TSG. Der Nachweis soll allerdings abgeschafft werden (oben Fn. 131). Nach derzeitiger Rechtslage (2022) bedarf es unter § 4(3) i. V. m. § 9(3)(1) dt. TSG zweier Sachverständigengutachten. Es soll also ermittelt werden, ob eine Person transsexuell ist und sich das Zugehörigkeitsempfinden mit hoher Wahrscheinlichkeit nicht mehr ändern wird. Das Gericht ist an die Einschätzung allerdings nicht gebunden; die Gutachten sind selbstständig zu würdigen (Spickhoff [-*Spickhoff*], Medizinrecht³, § 4 TSG Rdnr. 1; KG 20.5.2008, FamRZ 2009 S. 229, 230).
[175] Oben Rdnr. 467.
[176] Art. 2(4) ital. Gesetz 164/1982. Siehe dazu Cass. 20.7.2015, nr. 15138, Foro it. 2015, I, 3137; Trib. Milano sez. I, 6.7.2021, nr. 5910, De Jure Datenbank. Siehe schon oben Fn. 161.
[177] Art. 1:28a ndl. BW.
[178] Grundlegend österr. VwGH 27.2.2009, 2008/17/0054, RIS-Justiz mit der Formulierung, dass „jedenfalls in Fällen, in denen eine Person unter der zwanghaften Vorstellung gelebt hat, dem anderen Geschlecht zuzugehören, und sich geschlechtskorrigierender Maßnahmen unterzogen hat, die zu einer deutlichen Annäherung an das äußere Erscheinungsbild des anderen Geschlechts geführt haben, und bei der mit hoher Wahrscheinlichkeit damit zu rechnen ist, dass sich am Zugehörigkeitsempfinden zum anderen Geschlecht nichts mehr ändern wird, die betreffende Person als Angehörige des Geschlechts anzusehen ist, das ihrem äußeren Erscheinungsbild entspricht. Sollten diese Voraussetzungen gegeben sein, hat die Personenstandsbehörde die Beurkundung des Geschlechts im Geburtenbuch zu ändern, weil sie nach der Eintragung unrichtig geworden ist". Zwar gehöre ein „schwerwiegender operativer Eingriff" nicht zu den Voraussetzungen eines Geschlechtswechsels. „Die belangte Behörde hat […] Erhebungen darüber unterlassen, ob bei der beschwerdeführenden Partei eine derartige deutliche Annäherung an das äußere Erscheinungsbild des anderen Geschlechts vorliegt und mit hoher Wahrscheinlichkeit damit zu rechnen ist, dass sich am Zugehörigkeitsempfinden zum anderen Geschlecht nichts mehr ändern wird […]. Diese Frage, die in aller Regel nur durch Einholung eines Sachverständigengutachtens ausreichend geklärt werden kann, ist aber […] entscheidungsrelevant". Die Magistratsabteilung „Gewerberecht, Datenschutz und Personenstand" der Stadt Wien hat daraufhin folgende „grundsätzliche Voraussetzungen für Personenstandsänderungen" festgelegt: „Voraussetzung zur Bewilligung ist ein Gutachten einer Fachärztin bzw. eines Facharztes für Psychiatrie oder einer Psychotherapeutin bzw. eines Psychotherapeuten oder einer klinischen Psychologin bzw. eines klinischen Psychologen, das Folgendes enthält: (1) Die Erklärung, dass ein Zugehörigkeitsempfinden zum anderen Geschlecht besteht, und (2) dass dieses aller Voraussicht nach irreversibel ist. (3) Die Mitteilung, dass eine deutliche Annäherung an das äußere Erscheinungsbild des anderen Geschlechts zum Ausdruck kommt. Die Diagnose ‚Transsexualität (F 64.0)' muss seit Herbst 2020 nicht mehr enthalten sein". (https://www.wien.gv.at/menschen/queer/transgender/geschlechtswechsel/rechtlich/personenstand.html).

Polen[179], Schweden[180], Spanien[181], Tschechien[182] und im Vereinigten Königreich.[183] Das Gegenargument lautet, dass es sich bei einer Geschlechtsdysphorie nach den Kriterien der Weltgesundheitsorganisation (WHO) nicht (mehr) um eine Krankheit handelt[184], was wiederum ärztliche Diagnosen widersinnig erscheinen lässt. Zudem müssten Maßnahmen zur „Behandlung" dieser vorgeblichen Krankheit von der gesetzlichen Krankenversicherung gedeckt sein, was jedoch nur unter besonderen Bedingungen der Fall ist.[185] Nicht zuletzt sind solche Gutachten ohnehin wenig zielführend, weil sie fast immer den Wunsch des Antragstellers bestätigen und deshalb nur unnötige Kosten verursachen.[186]

---

[179] Appellationsgericht Katowice 30.4.2004, I ACa 276/04, OSA 2004 Nr. 10, Pos. 31, S. 37; Legalis-Nr. 65548 (Die Festlegung des Geschlechts durch eine gerichtliche Entscheidung könne nicht allein auf dem Gefühl einer Person beruhen, einem bestimmten Geschlecht anzugehören. Es sei nicht möglich, das Geschlecht eines Menschen in einem Gerichtsverfahren auf einer anderen Grundlage als der des Sachverständigen juristisch zu beurteilen. Die Bestimmung des Geschlechts eines Menschen erfordere besondere Kenntnisse. Dieser Beweis könne nicht durch Zeugenaussagen ersetzt werden. Das Gericht könne in einem Fall, in dem es um die Feststellung des Geschlechts geht, die Klage nicht einfach akzeptieren, da das Geschlecht einer Person trotz des persönlichen Charakters eine Reihe von Rechten berührt, insbesondere im Bereich der familiären Beziehungen).

[180] Oben Rdnr. 467. Unter § 1 schwed. Könstillhörighetslagen bedarf es zwar keiner spezifischen medizinischen Diagnose. Gleichwohl ähneln die Voraussetzungen denen der Bestätigung einer Geschlechtsdysphorie (SOU 2014:91, S. 143–144).

[181] Unter Art. 4(1)(a) span. Gesetz 3/2007 hat die antragstellende Person nachzuweisen, dass bei ihr eine Geschlechtsdysphorie diagnostiziert wurde. Der Nachweis *(la acreditación)* erfolgt durch den Bericht eines Arztes oder eines klinischen Psychologen, der in Spanien zugelassen ist oder dessen Qualifikationen in Spanien anerkannt wurden. Das Gutachtenerfordernis soll aber abgeschafft werden (oben Rdnr. 465).

[182] § 21(2)(a) tschech. Gesetz über spezifische Gesundheitsdienste.

[183] Sec. 2(1)(a) Gender Recognition Act 2004. Der Betroffene muss unter sec. 1(1)(a) i. V. m. sec. 2(1)(b) a. a. O. außerdem während des gesamten Zeitraums von zwei Jahren, der mit dem Datum der Antragstellung endet, in dem angestrebten Geschlecht gelebt haben. Siehe auch Explanatory Notes to the Gender Recognition Act 2004, Nr. 3: „The purpose of the Gender Recognition Act is to provide transsexual people with legal recognition in their acquired gender. Legal recognition will follow from the issue of a full gender recognition certificate by a Gender Recognition Panel. Before issuing a certificate, the Panel must be satisfied that the applicant: has, or has had, gender dysphoria, has lived in the acquired gender throughout the preceding two years, and intends to continue to live in the acquired gender until death". Nötig sind die Gutachten zweier Ärzte, unter ihnen ein Spezialist für Geschlechtsdysphorie. Die Gutachten müssen Einzelheiten der Diagnose enthalten (sec. 3 a. a. O.).

[184] Auf die von der Weltgesundheitsorganisation veröffentlichte Internationale Klassifikation der Krankheiten (ICD) nehmen u. a. §§ 1a und 6 österr. Bundesgesetz über die Dokumentation im Gesundheitswesen Bezug. ICD-10, F64 (Störungen der Geschlechtsidentität) definierte unter F64.0 noch „Transsexualismus" als den „Wunsch, als Angehöriger des anderen Geschlechtes zu leben und anerkannt zu werden. Dieser geht meist mit Unbehagen oder dem Gefühl der Nichtzugehörigkeit zum eigenen anatomischen Geschlecht einher. Es besteht der Wunsch nach chirurgischer und hormoneller Behandlung, um den eigenen Körper dem bevorzugten Geschlecht soweit wie möglich anzugleichen". In der neuen Fassung lautet ICD-11, 17 („Conditions related to sexual health") HA60 („Gender incongruence of adolescence or adulthood") seit Januar 2022 dagegen, wie folgt: „Gender Incongruence of Adolescence and Adulthood is characterised by a marked and persistent incongruence between an individual´s experienced gender and the assigned sex, which often leads to a desire to 'transition', in order to live and be accepted as a person of the experienced gender, through hormonal treatment, surgery or other health care services to make the individual´s body align, as much as desired and to the extent possible, with the experienced gender. The diagnosis cannot be assigned prior the onset of puberty. Gender variant behaviour and preferences alone are not a basis for assigning the diagnosis". HA61 befasst sich mit „Gender incongruence of childhood". Es wird also nicht nur das Wort „Transsexualismus", sondern es wird auch der Begriff der „Störung" vermieden, was ein weiterer deutlicher Ausdruck der Entpathologisierungstendenz ist.

[185] Unter deutschem Recht bedarf es jedenfalls für die Erstattungsfähigkeit eines chirurgischen Eingriffs einer „besonders tiefgreifenden" Form der Transsexualität (BSG 28.9.2010, NJW 2011 S. 1899, 1900 Rdnr. 15; BSG 11.9.2012, BeckRS 2012, 75488 Rn. 17; ähnlich schon BSG 6.8.1987, BSGE 62 S. 83, wo ein „Leidensdruck" gefordert wurde, der eine Suizidgefahr begründete); andernfalls werden solche Eingriffe mit Schönheitsoperationen auf eine Stufe gestellt (BSG 11.9.2012 a. a. O.).

[186] Obwohl BVerfG 17.10.2017, NJW 2018 S. 222 die Einholung dieser Gutachten für verfassungskonform gehalten hat, sind sie einer der größten Kritikpunkten in der deutschen Reformdiskussion geblieben. Die Begutachtung wird als starke Belastung wahrgenommen. Eine Untersuchung aus den Jahren 2005–2014 von 670 Gutachten für 24 Amtsgerichte ergab eine Ablehnungsquote von weniger als 1 % (*Meyenburg/Renter-Schmidt/Schmidt*, Zeitschrift für Sexualforschung 2015 S. 107, 114). Die Begutachtungsverfahren dauerten im Schnitt länger als neun Monate. Die Kosten von (seinerzeit) durchschnittlich € 1.868 fielen

3. Wiederholter Geschlechtswechsel

Von einer fließenden Geschlechtsidentität *(fluid gender)* spricht man, wenn das psychologische Geschlecht eines Menschen instabil ist. Sein Zugehörigkeitsgefühl zu einem der rechtlichen Geschlechter ändert sich. Selbst wenn er bereits einen (ersten) Geschlechtswechsel erwirkt hat, kann er das Bestreben entwickeln, erneut einen Geschlechtswechsel zu vollziehen. Denkbar ist sowohl ein „Weiterwechsel" aus einem zwischenzeitlich neu erworbenen binären in das nichtbinäre als auch ein „Rückwechsel" in das frühere binäre Geschlecht. Auf den ersten Blick stehen solchen Mehrfachwechseln die zahlreichen Regeln entgegen, die den erstmaligen Wechsel aus einem binären in das jeweils andere binäre Geschlecht davon abhängig machen, dass sich die Betroffenen dem angestrebten Geschlecht dauerhaft zugehörig empfinden. Der Punkt ist indes, dass dieses Empfinden, obwohl es im Entscheidungszeitpunkt als dauerhaft wahrgenommen (und darin ggf. gutachterlich bestätigt) worden ist, in einer späteren Lebensphase, wiederum als dauerhaft wahrgenommen, in eine andere Richtung weisen kann. Viele Rechtsordnungen schaffen dafür ein Ventil.[187] Der „Weiterwechsel" kommt allerdings nur in Betracht, wenn eine Rechtsordnung Raum für ein nichtbinäres Geschlecht lässt. In Deutschland ist das der Fall, und hier ist auch kein Grund ersichtlich, ihn bei Vorliegen der anderen Anforderungen an einen Geschlechtswechsel zu versagen.[188]

475

Für die Zulässigkeit eines **Rückwechsels** lassen sich sehr unterschiedliche, im rechtspolitischen Akzent sogar widerstreitende Gründe anführen. Wo den Regelungen zur Transsexualität ein primär biologisches Verständnis und die (zumindest unterschwellige) Vorstellung einer Krankheit zugrundeliegt, wird eine Rechtsordnung Personen unterstützen, die sich gewissermaßen „geheilt" fühlen und ihren früheren „Fehler" korrigieren wollen. Das deutsche Recht kennt deshalb die **Aufhebung** der einem Antrag auf Wechsel des rechtlichen Geschlechts (und des Vornamens) stattgebenden gerichtlichen Entscheidung

476

---

infolge der gewährten Verfahrenskostenhilfe zu 42 % der Justizkasse zur Last (*Adamietz und Bager,* Gutachten: Regelungs- und Reformbedarf für transgeschlechtliche Menschen, S. 11–12). Solche Gutachten sind nach geltendem Recht sogar auch für die bloße Vornamensänderung erforderlich. Kommt es zu der Geschlechtsänderung erst in einem zweiten Schritt, muss sich der Betroffene noch einmal der Begutachtung aussetzen (OLG Hamm 8.12.2012, StAZ 2013 S. 218).

[187] Ein wiederholter Geschlechtswechsel ist z. B. in allen drei nordischen Jurisdiktionen zulässig. In Dänemark und Finnland bestätigen das die Gesetzgebungsmaterialien (Dänemark: Gesetzesmaterialien 2013/1 LSF 182 Lov om ændring af lov om Det Centrale Personregister vom 25.6.2014, nr. 752; Finnland: Gesetzesmaterialien RP 56/2001 rd, S. 14, zu Laki transseksuaalin sukupuolen vahvistamisesta vom 28.6.2002 (252)). In Schweden können Personen ihr ursprüngliches rechtliches Geschlecht entweder im Wege eines Wiederaufnahmeverfahrens *(resning)* oder durch einen neuen Antrag unter § 1 schwed. Könstillhörighetslagen zurückgewinnen (Prop. 2011/12:142, S. 18). Das Wiederaufnahmeverfahren setzt „außergewöhnliche Gründe" *(synnerliga skäl)* für eine erneute Prüfung aufgrund eines „besonderen Umstands" *(särskilt förhållande)* voraus (§ 37b schwed. Verwaltungsprozessgesetz vom 4.6.1971 (1971:291). Artt. 61-5 – 61-8 franz. CC sehen einen mehrfachen Geschlechtswechsel nicht vor, schließen ihn aber auch nicht aus. Die Frage wird, soweit ersichtlich, auch in der Rechtslehre nicht erwogen. Neben Belgien (Rdnr. 477) sieht dagegen auch Luxemburg einen mehrfachen Geschlechtswechsel ausdrücklich vor. „La personne majeure ayant déjà obtenu une modification de la mention du sexe et d'un ou de plusieurs prénoms par procédure judiciaire ou administrative peut introduire une nouvelle demande de modification de la mention du sexe et d'un ou de plusieurs prénoms corrélatifs par requête devant le tribunal d'arrondissement compétent" (Art. 99-2 luxemb. CC).

[188] Es gibt keine Regel, die den Wechsel zu „divers" bzw. „offen" Menschen vorbehält, die nicht schon zuvor zwischen „männlich" und „weiblich" gewechselt haben. Auch das so erworbene Geschlecht ist ein binäres. Der Wechsel aus einem binären in das nichtbinäre Geschlecht vollzieht sich nach BGH 22.4.2020, FamRZ 2020 S. 1009, 1010 m. Anm. *Dutta und Fornasier* a. a. O. S. 1015 in entsprechender Anwendung der Regeln des dt. TSG, bedarf also ebenfalls der Begutachtung. In Fällen, in denen jemand biologisch eindeutig männlich oder weiblich ist, aber eine „weibliche" resp. „männliche" Geschlechtsidentität hat, spricht der BGH von „empfundener Intersexualität". Eine solche Person hat nach seinem Verständnis keine „Variante der Geschlechtsentwicklung", weil dieser Begriff auf angeborene körperliche Merkmale ziele (BGH a. a. O. sowie BGH 10.6.2020, FamRZ 2020 S. 1402, 1403 Rdnr. 11). Deshalb könne sie ihr Geschlecht und ihre Vornamen nicht nach § 45b PStG ändern. Für diese Fälle sei das Gesetz planwidrig lückenhaft; die Lücke sei in analoger Anwendung von § 8(1) dt. TSG zu schließen.

(§ 6 i. V. m. § 9(3)(1) dt. TSG). Die betroffene Person muss sich (wieder) ihrem ursprünglichen Geschlecht als zugehörig empfinden und darin gutachterlich bestätigt werden (§ 4(3) a. a. O.); sie muss aber nicht (wie beim Hinwechsel) weitere drei Jahre auf die Rückkehr in ihr „altes" Geschlecht warten.[189] Sie erhält i. d. R. auch ihre alten Vornamen zurück (§ 6(2) a. a. O.). Von der Möglichkeit einer Aufhebung wird sehr selten Gebrauch gemacht[190]; die Sorge, das Recht des Geschlechtswechsels könne missbraucht werden, wenn ein transsexuell geprägter Mensch wisse, dass er „zurück könne", hat sich als haltlos erwiesen.

477 Nicht um ein Aufhebungsverfahren, sondern um ein unmittelbar auf die besonderen Probleme von Menschen mit einer fließenden Geschlechtsidentität zugeschnittenes **neues Antragsverfahren** geht es Irland[191] und in Belgien. Das belgische Verfassungsgericht hat durchgesetzt, dass der „Hinwechsel" nicht endgültig sein müsse. Auch dürfe das zweite Änderungsverfahren nicht höhere Hürden enthalten als das erste.[192] Deshalb gestattet das Gesetz nun auch einen (begutachtungsfreien) Rückwechsel. Das rechtliche Geschlecht kann insgesamt zweimal gewechselt werden.[193] Dieselbe Regel soll nach den aktuellen Reformplänen in Spanien Gesetz werden.[194] Unter Art. 4(4) gr. Gesetz 4491/2017[195] kann die neue Registerurkunde gleichfalls (nur) noch einmal geändert werden. Das Verfahren und seine Voraussetzungen sind mit denen des ersten Verfahrens identisch. Das Recht auf Geschlechtsberichtigung wird m. a. W. zweimal gewährt, betrifft aber nur den Hin- und Rückwechsel zwischen den binären Geschlechtern. Ein Weiterwechsel und ein dritter Geschlechtswechsel sind ausgeschlossen.

4. Mindestalter

478 Die ältere Gesetzgebung hat einen Geschlechtswechsel bestenfalls Personen zugestanden, die im Zeitpunkt der Antragstellung *volljährig* sind.[196] Für Menschen mit transsexueller Prägung ist das in Dänemark[197], Finnland[198], Frankreich[199], Schweden[200], Tschechien[201]

---

[189] *Spickhoff* (-*Spickhoff*), Medizinrecht³, § 6 TSG Rdnr. 1.
[190] *Augustein*, TSG, § 6 Rdnr. 1. *Meyenburg/Renter-Schmidt/Schmidt*, Zeitschrift für Sexualforschung 2015 S. 107, 114 haben für die Jahre 2005–2014 ermittelt, dass nur in ca. 1 % aller Fälle ein Aufhebungsverfahren beantragt wurde.
[191] Sec. 15 Gender Recognition Act 2015 schreibt für den beantragten Widerruf eines Geschlechtswechsels ein ähnliches Verfahren wie für den „Hinwechsel" vor. Der Widerruf kann unter sec. 14 a. a. O. auch von dem zuständigen Ministerium veranlasst werden, wenn Informationen vorliegen, die zur Verweigerung der ursprünglichen Bescheinigung geführt hätten.
[192] Oben Fn. 129.
[193] Oben Rdnr. 464.
[194] Art. 41(1) des Gesetzesvorentwurfs für die tatsächliche und effektive Gleichstellung von Transgender-Personen (oben Fn. 138) schlägt unter der Überschrift „Umkehrbarkeit der Berichtigung des Eintragungsvermerks über das Geschlecht von Personen" folgende Regelung vor: „Sechs Monate nach der Eintragung der Berichtigung des Geschlechtseintrags im Zivilregister können die Personen, die eine solche Berichtigung beantragt haben, die Eintragung des Geschlechts, das angegeben wurde, wiederherstellen, das vor der Berichtigung im Melderegister eingetragen war".
[195] Oben Fn. 150.
[196] Das deutsche Recht hat in der Anfangsphase sogar die Vollendung des *fünfundzwanzigsten* Lebensjahres verlangt (§ 1(1) Nr. 3 dt. TSG a.F.). Das BVerfG hat diese Altersgrenze jedoch in zwei Entscheidungen wegen Verstoßes gegen den Gleichheitsgrundsatz für verfassungswidrig und nichtig erklärt (BVerfG 16.3.1982, BVerfGE 60 S. 123 [für den Geschlechtswechsel] und BVerfG 26.1.1993, BVerfGE 88 S. 87 [für die Annahme eines neuen Vornamens]).
[197] Kap. 2 § 3(6) dän. Lov om det centrale personregister.
[198] § 1 finn. Laki transseksuaalin sukupuolen vahvistamisesta.
[199] Art. 61-5 franz. CC („Toute personne majeure ou mineure émancipée qui démontre par une réunion suffisante de faits que la mention relative à son sexe dans les actes de l'état civil ne correspond pas à celui dans lequel elle se présente et dans lequel elle est connue peut en obtenir la modification").
[200] § 1 schwed. Könstillhörighetslag. Das Gesetz betrifft sowohl Personen mit einer trans-, als auch mit einer intersexuellen Prägung (oben Rdnr. 467). An Volljährigkeit gebunden ist nur der Geschlechtswechsel für Menschen mit transsexueller Prägung. Für Menschen mit intersexueller Prägung gelten eigene Regeln (§ 2 a. a. O.; siehe sogleich im Text).
[201] § 21(3) tschech. Gesetz über spezifische Gesundheitsdienste.

und im Vereinigten Königreich[202] bis heute so. Art. 3(2) des griechischen Gesetzes 4491/ 2017 verlangt zwar im Grundsatz ebenfalls unbeschränkte Geschäftsfähigkeit, macht davon aber eine Ausnahme für Minderjährige, welche das *siebzehnte* Jahr vollendet haben. Sie bedürfen der ausdrücklichen Zustimmung der Sorgeberechtigten. Das absolute Mindestalter für einen Geschlechtswechsel liegt bei der Vollendung des *fünfzehnten* Lebensjahres. Kinder dieses Alters bedürfen neben der elterlichen Zustimmung aber auch noch des positiven Votums eines interdisziplinären Ausschusses. Er wird für jeweils zwei Jahre durch die Minister für Justiz, für Transparenz und Menschenrechte, und für Gesundheit bestellt. Der Ausschuss ist mit Kinderärzten verschiedener Disziplinen besetzt. Unter Art. 135/1(10) belg. CC kann ein nicht emanzipierter Minderjähriger (ein emanzipierter kann das ohnehin) den Antrag stellen, sofern er über Urteilsvermögen verfügt und das *sechzehnte* Lebensjahr vollendet hat. Nötig ist allerdings, dass ein Kinder- und Jugendpsychiater schriftlich bestätigt, dass der Proband über ein ausreichendes Urteilsvermögen verfügt, um dauerhaft davon überzeugt sein zu können, dass das in der Geburtsurkunde angegebene Geschlecht nicht seiner innerlich erlebten Geschlechtsidentität entspricht. Dem Jugendlichen stehen seine Eltern oder sein gesetzlicher Vertreter beratend bei.[203] Auch Irland erlaubt bereits Jugendlichen ab der Vollendung des sechzehnten Lebensjahres einen Wechsel des rechtlichen Geschlechts, knüpft daran aber sehr hohe Anforderungen.[204] Unter Art. 7(1) port. Gesetz 38/2018 ist der Antrag eines Minderjährigen, der das sechzehnte, aber noch nicht das achtzehnte Lebensjahr vollendet hat, über seinen gesetzlichen Vertreter zu stellen. Zusätzlich bedarf es eines Gutachtens eines ärztlichen oder psychologischen Sachverständigen über die Entscheidungsfähigkeit des Minderjährigen, und zwar nur über sie, d. h. ohne Bezugnahme auf eine Diagnose zur Geschlechtsidentität (Art. 7(2) a. a. O.). Unter § 2(1) schwed. Könstillhörighetslagen stellen Personen mit intersexueller Prägung, die das *achtzehnte* Lebensjahr vollendet haben, und jüngere Personen, die nicht mehr unter dem elterlichen Sorgerecht stehen, den Antrag selbst. In allen anderen Fällen stellen die Sorgeberechtigten den Antrag. Kinder, die das *zwölfte* Lebensjahr vollendet haben, müssen zustimmen. Es handelt sich aber nicht um ein Mindestalter. Wenn sie jünger sind, ist ihr

---

[202] Sec. 1(1) Gender Recognition Act 2004 („A person of either gender who is aged at least 18 may make an application for a gender recognition certificate") gilt in England, Wales, Schottland und Nordirland. (Schottland plant zwar, mit der Gender Recognition Reform (Scotland) Bill dieses Alter auf 16 Jahre zu senken, doch handelt es sich dabei bislang lediglich um einen Gesetzesentwurf.) Eine andere Frage ist, ob Minderjährige bereits einer Hormontherapie, insbesondere der Einnahme von Pubertätsblockern zustimmen können. Das wird bei Vorliegen ausreichender individueller Reife, d. h. bei Vorliegen der sog. *Gillick*-Kompetenz (oben Rdnr. 295 mit Fn. 270) bejaht (*Bell v Tavistock and Portman NHS Foundation Trust* [2021] EWCA Civ 1363, [2022] 1 All E. R. 416, [2021] 9 WLUK 157; oben Rdnr. 295 mit Fn. 269). Quincy Bell war als Keira Bell, also als Mädchen, geboren worden. Keira hatte im Alter von 14 Jahren begonnen, ihr Geschlecht aktiv in Frage zu stellen. Im Alter von 15 Jahren war sie an den Gender Identity Development Service [GIDS] überwiesen worden. Im Alter von 16 Jahren hatte sie mit einer pubertätshemmenden Behandlung, im Alter von 17 Jahren mit der Einnahme von Cross-Sex-Hormonen begonnen. Im Alter von 20 Jahren hatte sie sich schließlich einer Mastektomie, einer Entfernung der Brustdrüsen, unterzogen. Anschließend wechselte sie das Geschlecht. Quincy räumte ein, von dem GIDS ausführlich und detailliert beraten worden zu sein. Er habe später gleichwohl Zweifel bekommen, mit der Entscheidung für die Pubertätsblocker das Richtige getan zu haben. Er leitete deshalb den Prozess einer *detransition* ein, um wieder Keira zu werden. Das Gericht erster Instanz hatte angenommen, dass es höchst unwahrscheinlich sei, dass ein Kind unter 13 Jahren jemals einwilligungsfähig wäre und dass man bezweifeln müsse, dass ein 14- oder 15-jähriges Kind die langfristigen Risiken und Folgen einer solchen Behandlung verstehen könne. Kinder ab der Vollendung des 16. Lebensjahres seien unter sec. 8 Family Law Reform Act 1969 zwar grundsätzlich einwilligungsfähig. Das Gericht könne aber selbst dann noch eingreifen. Die Behandlung mit Pubertätsblockern habe lebenslange und lebensverändernde Folgen. Deshalb sei eine gerichtliche Überwachung nötig. Der Court of Appeal hob auf. Es sei bei der Einnahme von Pubertätsblockern (wie bei der Einnahme empfängnisverhütender Mittel) Sache der Ärzte und nicht der Richter, über die Einwilligungsfähigkeit von Minderjährigen zu entscheiden. „[S]ave where statute otherwise provides, a minor's capacity to make his or her own decision depends upon the minor having sufficient understanding and intelligence to make the decision and is not to be determined by reference to any judicially fixed age limit" (Nr. [88] a. a. O.).
[203] Näher https://justice.belgium.be/fr/themes_et_dossiers/personnes_et_familles/transgenres.
[204] Sec. 9(4) Gender Recognition Act 2015.

Wille unter Berücksichtigung ihres Alters und ihres Reifegrades nach Möglichkeit zu berücksichtigen. Unter Art. 3(1) und (2) luxemb. Gesetz vom 10.8.2018 über die Änderung des Geschlechtseintrags im Personenstandsregister liegt das Mindestalter für eine Änderung des rechtlichen Geschlechts grundsätzlich bei der Vollendung des *fünften* Lebensjahres; Minderjährige ab der Vollendung des *zwölften* Lebensjahres stimmen selbst zu. In einem besonderen gerichtlichen Verfahren (in den übrigen Fällen ist das Justizministerium zuständig) können unter Art. 4 a. a. O. allerdings auch schon die Eltern eines noch nicht fünfjährigen Kindes eine Geschlechtsänderung beantragen.

479 Die Fixierung eines Mindestalters hat den Vorzug der Rechtssicherheit, aber auch den Nachteil, „stabilen Lagen der Transsexualität" nicht schon früher Rechnung tragen zu können. Das **spanische** Verfassungsgericht hat Art. 1(1) des span. Gesetzes 3/2007 insoweit für verfassungswidrig erklärt, als es Minderjährige, die sich in einer solchen Lage befinden, gänzlich aus dem persönlichen Anwendungsbereich des Gesetzes ausschloss, d. h. auch dann, wenn sie bereits über „genügend Reife" *(madurez suficiente)* verfügen.[205] Der Tribunal Supremo reagierte sofort.[206] Die als Mädchen unter dem Vornamen Águeda registrierte minderjährige Antragstellerin hatte, vertreten durch ihre Eltern, die Umschreibung ihrer Geburtsurkunde in männlich und die Änderung ihres Vornamens in Juan Pablo beantragt. Der Antrag war in den unteren Instanzen mit der Begründung abgelehnt worden, dass die antragstellende Person noch nicht volljährig war. Während des Revisionsverfahrens wurde das Urteil des Verfassungsgerichts bekannt. Deshalb war nur noch zu entscheiden, ob die antragstellende Person ausreichend reif war und sich in einer stabilen Situation der Transsexualität befand. Zur Bestimmung der „Reife" *(madurez)* bezog sich der TS auf ein Dokument des Komitees der Vereinten Nationen für die Rechte des Kindes.[207] Danach beziehe sich „Reife" auf die Fähigkeit, die Folgen eines bestimmten Problems zu verstehen und abzuschätzen. Sie sollte bei der Bestimmung der Fähigkeiten eines jeden Kindes berücksichtigt werden. Im Kontext von Art. 12 der UN-Kinderrechtekonvention handele es sich um die Fähigkeit, seine Meinung angemessen und unabhängig zu äußern. Das Berufungsgericht, an das die Sache zurückverwiesen wurde, habe den Minderjährigen persönlich anzuhören, und zwar in der Annahme, dass Minderjährigkeit allein kein Ausschlussgrund sei. Die antragstellende Person hatte mittlerweile das siebzehnte Lebensjahr vollendet. So kurz vor der Volljährigkeit spreche viel für ausreichende Reife. Für eine elterliche Vertretung sei dann unter Art. 162 span. CC kein Raum mehr, denn es handele sich um eine Angelegenheit, die das Persönlichkeitsrecht der antragstellenden Person betreffe. Die Eltern hätten unter Art. 7(2) span. LEC lediglich die Prozessfähigkeit ihres Kindes zu vervollständigen und ihm das Erscheinen vor Gericht zu ermöglichen.

Das aktuelle Reformvorhaben sieht in Art. 38 des Vorentwurfs[208] vor, dass das Verfahren von allen Personen selbst in Gang gesetzt werden kann, die das *sechzehnte* Lebensjahr vollendet haben. Personen ab Vollendung des *vierzehnten* Lebensjahres sollen das Verfahren in Begleitung ihrer gesetzlichen Vertreter einleiten können. Für Kinder zwischen der Vollendung des *zwölften* und der Vollendung des vierzehnten Lebensjahres soll der Geschlechtswechsel nur in einem Verfahren der freiwilligen Gerichtsbarkeit möglich sein. Die Vollendung des zwölften Lebensjahres soll aber nur unabdingbare Voraussetzung für den Geschlechts-, nicht auch für den davon unabhängigen bloßen Namenswechsel werden (Art. 42 a. a. O.).

---

[205] TC 18.7.2019, 99/2019, ECLI:ES:TC:2019:99; dazu *Bercovitz Rodríguez-Cano,* CCJC 112 (2020) S. 307.
[206] TS 17.12.2019, ECLI:ES:TS:2019:4217; dazu *Martínez Vázquez de Castro,* Estudios sobre jurisprudencia europea V, S. 126.
[207] UN Committee on the Rights of the Child. General Comment No. 12 (200): „'Maturity' refers to the ability to understand and assess the implications of a particular matter, and must therefore be considered when determining the individual capacity of a child. Maturity is difficult to define; in the context of article 12, it is the capacity of a child to express her or his views on issues in a reasonable and independent manner" (https://www2.ohchr.org/english/bodies/crc/docs/advanceversions/crc-c-gc-12.pdf und, in spanischer Sprache, https://www.acnur.org/fileadmin/Documentos/BDL/2011/7532.pdf).
[208] Oben Fn. 138.

Estland, Kroatien, Luxemburg, Malta und Österreich kennen keine fixen Altersunter- **480** grenzen.[209] Deutschland ist nach zwei Entscheidungen des Bundesverfassungsgerichts von einem Extrem in das andere verfallen. Das ursprüngliche Mindestalter von fünfundzwanzig Jahren[210] wurde nicht durch ein neues ersetzt. Deshalb steht das Verfahren seither auch Minderjährigen aller Altersstufen offen. Für Kinder bis zur Vollendung des siebenten Lebensjahres führen die Eltern das Verfahren als gesetzliche Vertreter (§ 3(1)(1) dt. TSG i. V. m. § 104 Nr. 1 BGB). Sie bedürfen dazu der Genehmigung des Familiengerichts (§ 3 (1)(2) dt. TSG). Für beschränkt geschäftsfähige Minderjährige (also Minderjährige ab der Vollendung des siebenten Lebensjahres) fehlt eine gesetzliche Klarstellung. Sie dürften bereits verfahrensfähig sein (also den Antrag allein stellen dürfen), bleiben aber nach Einschätzung des OLG Brandenburg materiellrechtlich auf die Zustimmung ihrer Eltern angewiesen. Das ist konsequent, weil der Änderung von Vornamen und Geschlecht immer auch eine Willenserklärung zugrunde liegt. Es wirkt gleichwohl etwas gequält, die Zustimmungsbedürftigkeit aus der These herleiten zu müssen, dass der Verlust des alten Namens und des alten Geschlechts „rechtlich nachteilige" Vorgänge seien.[211] Im Ergebnis muss jedenfalls ein Minderjähriger, dessen Eltern die Zustimmung verweigern, bis zur Volljährigkeit warten.[212] Intersexuelle Minderjährige befinden sich in einer rechtlich günstigeren Lage, ohne dass klar würde, was die Unterschiede rechtfertigt. Bis zur Vollendung des vierzehnten Lebensjahres können Minderjährige zwar keine eigene Erklärung abgeben (§ 45b(2)(1) dt. PStG), aber die Zustimmung ihrer Eltern unterliegt keinem gerichtlichen Zustimmungsvorbehalt. Ab der Vollendung des vierzehnten Lebensjahres scheitert der Wechsel von Geschlecht und Vornamen nur noch, wenn das Kindeswohl entgegensteht. Denn nur dann ersetzt das Familiengericht die elterliche Zustimmung nicht (§ 45b(2)(3) PStG). Der Minderjährige wird aber nicht mehr vertreten (§ 45b(2)(2) Halbsatz 1 dt. PStG).

5. Inländerklauseln

Zu den Voraussetzungen eines Antrags auf einen Wechsel des rechtlichen Geschlechts **481** gehört in aller Regel ein zureichender Inlandsbezug der den Antrag stellenden Person. Fehlt es daran, muss sich der Betroffene an die zuständige Stelle seines Heimatlandes halten, deren Entscheidung dann nach den autonomen Regeln des Anerkennungsstaates[213] an-

---

[209] Est. Soovahetuse arstlike toimingute ühtsed nõuded, Nr. 32, RTL 1999, 87, 1087 (General Requirements on Medical Procedures for the Change of Gender v. 7.5.1999). Art. 4(3) kroat. VO vom 12.11.2014 zur Erlangung ärztlicher Dokumente und zur Bestimmung der Voraussetzungen für geschlechtsbestätigende Eingriffe und für das Leben in einer anderen Geschlechtsidentität sieht aber unterschiedliche Verfahren für Minderjährige und Erwachsene vor. Minderjährige bedürfen eines kinderärztlichen Gutachtens und der Zustimmung beider Eltern. Artt. 1, 3 und luxemb. Loi du 10 août 2018 relative à la modification de la mention du sexe et du ou des prénoms à l'état civil et portant modification du Code civil, Mémorial A797, sieht unterschiedliche Regeln für Kinder vor und nach Vollendung des fünften Lebensjahres vor. Ab der Vollendung des zwölften Lebensjahres bedarf es der Zustimmung des Minderjährigen, siehe schon Rdnr. 478. Art. 7(1) malt. Gender Identity, Gender Expression and Sex Characteristics Act 2015 bestimmt: „The persons exercising parental authority over the minor or the tutor of the minor may file an application in the registry of the Civil Court (Voluntary Jurisdiction Section) requesting the Court to change the recorded gender and first name of the minor in order to reflect the minor's gender identity". Das Gericht stellt sicher, dass der Geschlechtswechsel dem Kindeswohl dient und hört das Kind nach Möglichkeit persönlich an. Ein ähnliches Verfahren gilt für die Fälle, in denen das Geschlecht des Kindes bei der Geburt offengelassen wurde, die Eintragung aber vor seiner Volljährigkeit nachgeholt werden soll.
[210] Oben Fn. 196.
[211] OLG Brandenburg 24.1.2017, FamRZ 2017 S. 1014, Anm. *Croon-Gestefeld* (zehnjähriges Transmädchen; *in casu* hatten die Eltern aber tatsächlich zugestimmt). Mit Blick auf die Verfahrensfähigkeit qualifizierte das Gericht § 3(1) dt. TSG als *lex specialis* zu § 4 dt. TSG i. V. m. § 9(1) Nr. 3 dt. FamFG (wonach Verfahrensfähigkeit grundsätzlich die Vollendung des vierzehnten Lebensjahres voraussetzt).
[212] *Croon-Gestefeld* a. a. O. S. 1016; *Adamietz und Bager*, Gutachten: Regelungs- und Reformbedarf für transgeschlechtliche Menschen, S. 15. Bei einer Gefährdung des Kindeswohls bleibt dann nur eine gerichtliche Ersetzung der Zustimmung unter § 1666(1),(3) Nr. 5 dt. BGB.
[213] Geschlechtsänderungen fielen weder in den Anwendungsbereich der bisherigen Brüssel IIa-VO, noch fallen sie in den Anwendungsbereich der im August 2022 in Kraft getretenen Brüssel IIb-VO. Das

erkannt wird.²¹⁴ Einen zureichenden Inlandsbezug stellt i. d. R. die inländische Staatsangehörigkeit der den Antrag stellenden Person her; gelegentlich werden die Behörden (Gerichte) sogar nur zugunsten inländischer Staatsangehöriger tätig.²¹⁵ Andere Aufgreifkriterien sind (unabhängig von der Staatsangehörigkeit²¹⁶) das inländische *domicile* oder ein registrierter Inlandswohnsitz, der Zugang zum inländischen Gesundheitssystem verschafft.²¹⁷ Unter § 1(1) Nr. 3(a) dt. TSG steht die Änderung von Geschlecht und Vornamen grundsätzlich nur Deutschen i. S. v. Art. 116(1) dt. GG offen. Ihnen gleichgestellt sind Staatenlose und Flüchtlinge mit gewöhnlichem Aufenthalt in Deutschland (litt. (b) und (c) a. a. O.). Unter lit. (d) a. a. O. kann allerdings – angemahnt durch das Bundesverfassungsgericht²¹⁸ – auch ein Ausländer, der sich dauerhaft rechtmäßig im Inland aufhält und dessen Heimatrecht keine dem dt. TSG vergleichbare Regelung kennt, nach den Regeln des deutschen Rechts Geschlecht und Vornamen ändern. Gedacht ist vor allem an Fälle, in denen das Heimatrecht der den Antrag stellenden Person an einer „geschlechtsumwandelnden" Operation oder an dem Erfordernis dauerhafter Fortpflanzungsunfähigkeit festhält.²¹⁹

482 Bei solchen Inländerklauseln und ihren Modifikationen handelt es sich ihrem Wortlaut und ihrer Struktur nach um Sachnormen. Sie müssen durch die Regeln des Internationalen Privatrechts des Forumstaates zur Anwendung berufen sein. Theoretisch wäre deshalb ein Geschlechtswechsel auch in Anwendung eines ausländischen Rechts denkbar, etwa dann, wenn es sich um einen im Inland wohnhaften Ausländer handelt, ihm das inländische Verfahren eröffnet wird und das Internationale Privatrecht Angelegenheiten der natürlichen Person an die Staatsangehörigkeit anknüpft.²²⁰ Für einen im inländischen Antragsverfahren zu bewirkenden Geschlechtswechsel ist die Anwendung ausländischen Rechts indes fernliegend. Das betrifft nicht nur die Verwaltungsverfahren, sondern auch die Verfahren der freiwilligen Gerichtsbarkeit. Denn das Beharren auf einem engen Inlandsbezug gibt ja für das Kollisionsrecht die Antwort bereits vor. Wenn ein Land seine Verfahren grundsätzlich nur Personen zur Verfügung stellt, die ihm eng verbunden sind, dann steckt darin auch eine kollisionsrechtliche Weichenstellung. Es wäre widersprüchlich, unter solchen Umständen ein anderes Recht anzuwenden als die *lex fori*. Man kann das auch umgekehrt formulieren: Inländische Behörden und Gerichte werden nur tätig, wenn

---

autonome Anerkennungsrecht unterliegt allerdings der Freizügigkeitsgewährleistung (Art. 21 AEUV; dazu *Schulz*, ZEuP 2021 S. 64, 82–86).

²¹⁴ England erteilt unter sec. 1(1) Gender Recognition Act 2004 „a gender recognition certificate on the basis of – (a) living in the other gender, or (b) having changed gender under the law of a country or territory outside the United Kingdom". Unter § 3a schwed. Könstillhörighetslagen wird eine geschlechtsändernde ausländische Entscheidung in Schweden anerkannt, wenn die Person diesem Staat angehört oder in ihm wohnhaft ist.

²¹⁵ So verhält es sich u. a. in Belgien (Art. 135/1 belg. CC, oben Rdnr. 464), Portugal (Art. 7(1) und (2) port. Gesetz 38/2018, oben Rdnr. 465) und in Spanien (Art. 5(1) span. Gesetz 3/2007, oben Rdnr. 466).

²¹⁶ Schweden hat den Kreis der antragsberechtigten Personen zum 1.1.2013 auf in Schweden wohnhafte Ausländer (nachfolgende Fn.) erweitert. Die ursprüngliche Sorge, es könnten sich zu viele Ausländer in Schweden um einen Geschlechtswechsel bemühen, hatte sich als unbegründet erwiesen, weil die Gesetzgebung vieler anderer europäischer Staaten inzwischen gleichfalls einen Geschlechtswechsel ermöglichte. Die Wahrscheinlichkeit, dass ausländische Staatsangehörige ausschließlich zum Zweck einer Geschlechtsumwandlung nach Schweden umsiedeln würden, sei gering (Prop. 2011/12:142, S. 44).

²¹⁷ Unter § 3 schwed. Könstillhörighetslagen darf ein Geschlechtswechsel nur Personen mit eingetragenem Wohnsitz *(folkbokförd)* in Schweden bewilligt werden. Das wird vorwiegend damit begründet, dass nur dieser Personenkreis Anspruch auf „geplante Gesundheits- und Krankheitspflege" *(planerad vård)* hat (Prop. 2011/12:142, S. 43). Für andere Personen kann unabhängig von der Staatsangehörigkeit kein Geschlechtswechsel bekanntgegeben werden, also auch nicht für im Ausland lebende Schweden. Auch unter § 1 finn. Laki transseksuaalin sukupuolen vahvistamisesta kommt es auf den Inlandswohnsitz an.

²¹⁸ BVerfG 18.7.2006, NJW 2007 S. 900.

²¹⁹ BGH 29.11.2017, NJW-RR 2018 S. 129; BGH 29.11.2017, NJW-RR 2018 S. 131 (türkische Trans-Männer, deren Heimatrecht eine „geschlechtsangleichende" Operation verlangte).

²²⁰ Bei im Ausland vollzogenen Geschlechtswechseln kommt i. d. R. eine Anerkennung in Betracht. Die Abgrenzung zwischen verfahrensrechtlicher Anerkennung und materiellrechtlicher Verweisung hängt hier jeweils davon ab, ob eine staatliche Entscheidung für den Geschlechtswechsel konstitutiv ist, oder ob er sich rein materiellrechtlich vollzieht. Im zweiten Fall bleibt Raum für eine allseitige Kollisionsnorm.

sie ihr eigenes Recht anwenden können. Können sie das nicht (weil der Antragsteller weder inländischer Staatsangehöriger ist noch dauerhaft im Inland lebt) sind sie nicht zuständig. Der Antragsteller muss sein Ziel in dem Land verfolgen, dem er nach dessen Kriterien am engsten verbunden ist. Eine andere Lösung scheidet schon wegen der engen Verzahnung des materiellen Rechts mit dem Register- und Meldewesen und dem Verfahrensrecht aus. Ein deutsches Gericht kann nicht die Ausstellung eines *gender certificate* unter englischem Recht veranlassen, auch nicht ein behördliches Verfahren unter belgischem oder schwedischem Recht nachvollziehen. Dass ein deutsches Gericht zugunsten von Ausländern mit inländischem Wohnsitz (nur) tätig wird, wenn deren Heimatrecht mit den Menschenrechten unvereinbar ist, deutet gleichfalls nicht auf eine die Geltung der *lex fori* verdrängende Staatsangehörigkeitsanknüpfung. Hier öffnet sich vielmehr unter dem Aspekt des *ordre public* eine Notzuständigkeit. Den Betroffenen soll durch Anwendung des deutschen Rechts geholfen werden. Für eine Anknüpfung von Fragen der Geschlechtszugehörigkeit an das Heimatrecht der betroffenen Person ist deshalb nur Raum, wenn es um Inzidentfragen geht, etwa im Abstammungsrecht oder im Recht der Eheschließung.[221] Der Geschlechtswechsel selbst vollzieht sich nach dem Recht der staatlichen Stelle, die über den Antrag entscheidet.

III. Folgen

1. Erwerb des neuen Geschlechts

Die wichtigste Folge eines Geschlechtswechsels ist natürlich, dass die antragstellende Person von nun an als Angehörige ihres neuen Geschlechts angesehen wird. Ein Geschlechtswechsel wirkt *ex nunc*, nicht *ex tunc*. Es werden grundsätzlich alle Regeln anwendbar, die für Personen dieses Geschlechts gelten, und alle Regeln unanwendbar, die nur Personen des bisherigen Geschlechts betreffen. Ins Positive gewendet bedeutet das, dass ein Geschlechtswechsel „die Person zur Ausübung aller Rechte (berechtigt), die mit ihrem neuen Status verbunden sind" (Art. 5(2) span. Gesetz 3/2007). Von dieser Grundregel gibt es nur wenige Ausnahmen. Eine Transfrau kann z. B. von Quotenregelungen ausgeschlossen sein, die dem Ziel einer statistischen Gleichstellung von Frauen dienen.[222] Unter österreichischem Sozialversicherungsrecht profitiert sie dagegen selbst dann von rentenrechtlichen Vergünstigungen für Frauen, wenn sie den größten Teil ihres Arbeitslebens als Mann verbracht hat.[223] Zu Fortwirkungen des bisherigen Geschlechts kommt es, wenn (wie in Schweden) ein gebärender Transmann von Regelungen des Mutterschutzes profitiert.[224] Ein Geschlechtswechsel lässt aber – das ist gewissermaßen die Kehrseite – nicht nur alle Rechte, sondern auch alle Pflichten und alle Arten von persönlichen Verantwortlichkeiten, die vor

483

---

[221] Z. B. KG 12.1.2021, NJW 2021 S. 387, 390 Rdnr. 34 (österreichischer Frau-zu-Mann Transsexueller ist Mutter) und OLG Schleswig 4.6.2019, FamRZ 2020 S. 1095, 1096.
[222] Oben Fn. 110.
[223] OGH 21.4.2009, 10ObS29/09a, RIS-Justiz. Die 1945 männlichen Geschlechts geborene Klägerin hatte zum 29.1.2007 ihr Geschlecht (und ihren Vornamen) in weiblich geändert. Die beklagte Rentenversicherungsanstalt hatte ihr ab dem 1.2.2007 Alterspension gewährt. In dem Verfahren ging es um die sog. „Bonifikation", die Personen zusteht, die ihre Rente nicht schon bei Erreichen des Regelpensionsalters, sondern erst später in Anspruch nehmen. Dafür musste bestimmt werden, ab welchem Zeitpunkt der Geschlechtswechsel wirksam wird. Die Klägerin hatte sich schon 2003 einer geschlechtsumwandelnden Operation unterzogen. Der OGH lehnte eine Rückwirkung ab. Der Zweck der sozialversicherungsrechtlichen Bonifikationsregelung erfordere kein vom „Registergeschlecht" abweichendes Verständnis des Geschlechtsbegriffs. In Deutschland spielen unterschiedliche Renteneintrittsalter nur noch in Altfällen eine Rolle. Unter § 12(1) Satz 1 dt. TSG bleiben Rentenansprüche, die im Zeitpunkt der Rechtskraft der Entscheidung über den Geschlechtswechsel bestehen, unberührt. Frau-zu-Mann Transsexuelle, die vor dem 1.1.1952 geboren sind, behielten also ihren Rentenanspruch (§ 237a dt. SGB VI). Eine Transfrau erwarb dagegen Rentenansprüche unter § 10(1) dt. TSG (*Augustein*, TSG, § 12 Rdnr. 1).
[224] Kap. 1 § 11 schwed. FB (oben Rdnr. 447).

dem maßgebenden Zeitpunkt[225] entstanden sind, unberührt.[226] Abgeschlossene Vorgänge bleiben abgeschlossen. Damit ist aber noch nicht entschieden, wie sich ein Geschlechtswechsel auf langfristige Rechtsbeziehungen auswirkt, die mit Blick auf die bisherige Geschlechtszugehörigkeit eines der Beteiligten begründet wurden oder sich aus ihr entwickelt haben. Die Problemzonen betreffen vor allem Ehe, eingetragene Lebenspartnerschaft und die Beziehungen der ihr Geschlecht wechselnden Person zu ihren Kindern.

2. Fortbestand von Ehe, Partnerschaft und Verwandtschaft

a. Ehe und Partnerschaft

484 Ehe- und partnerschaftsrechtlich ist zwischen der Auflösung der Verbindung von Gesetzes wegen und ihrer Beendigung im Wege eines Scheidungs- oder eines Aufhebungsverfahrens zu unterscheiden. Wenn die Verbindung *ex lege* aufgelöst wird, geschieht das ohne das Einverständnis des Paares. Selbst eine Ehe endet in einem solchen Fall nicht, weil einer oder beide Eheleute das wünschen, sondern weil die Politik das will. Der Grund ist im Letzten immer ideologischer Natur. Kodifikation und Verfassung fixieren ein bestimmtes Verständnis von der Ehe. Sie bleibt der Verbindung zwischen einem Mann und einer Frau vorbehalten.[227] Es macht in dieser Perspektive nicht einmal einen wesentlichen Unterschied, ob die bisherige Ehe von Gesetzes wegen in eine eingetragene (gleichgeschlechtliche) Partnerschaft überführt wird oder ersatzlos endet.[228] Entsprechendes gilt für den umgekehrten Fall, in dem sich eine Partnerschaft *ex lege* in eine (verschiedengeschlechtliche) Ehe wandelt.[229] Wo dagegen eine Ehe nicht schon von Rechts wegen endet, bleibt sie solange bei Bestand, wie es nicht zu einem Aufhebungs- oder einem Scheidungsverfahren kommt. In der zweiten Alternative **entscheiden** allein die **Eheleute selbst** über den Fortbestand ihrer Ehe. Sie bleibt erhalten, solange keiner von ihnen ein Scheidungsverfahren anstrengt. Der Geschlechtswechsel hindert den Fortbestand der Ehe nicht. Die Eheleute, nicht der Staat entscheiden, ob sie ihre Ehe fortführen. Ob das auch in einem Aufhebungsverfahren gilt, hängt davon ab, ob es nur von den Eheleuten selbst oder auch von Amts wegen und damit ggf. gegen ihren Willen betrieben werden kann.[230] Ein

---

[225] Oben Fn. 117.
[226] Z. B. §§ 10 und 11 dt. TSG; Art. 5(1) gr. Gesetz 4491/2017; Art. 10 port. Gesetz 38/2018 und Art. 5(3) span. Gesetz 3/2007 („Die … Änderung des Geschlechts und des Namens ändert nichts an der Inhaberschaft von Rechten und rechtlichen Pflichten, die die Person vor der Eintragung der registerrechtlichen Änderung innehatte"). (Art. 40(4) span. Gesetzesvorentwurf 2021 [oben Fn. 138] lautet: „Die Berichtigung des Geschlechtseintrags und gegebenenfalls die Änderung des Namens ändern nichts an den Rechten und Pflichten, die der Person vor der Eintragung der Ummeldung zustehen […]"). Unter sec. 9(1) Gender Recognition Act 2004 „[w]here a full gender recognition certificate is issued to a person, the person's gender becomes for all purposes the acquired gender (so that, if the acquired gender is the male gender, the person's sex becomes that of a man and, if it is the female gender, the person's sex becomes that of a woman)". Und sec. 9(2) fügt hinzu: „Subsection (1) does not affect things done, or events occurring, before the certificate is issued; but it does operate for the interpretation of enactments passed, and instruments and other documents made, before the certificate is issued (as well as those passed or made afterwards)".
[227] Siehe schon oben Rdnr. 19 mit Fn. 82, ferner Rdnrn. 111 und 125.
[228] Letzteres ist in Tschechien der Fall. Vor dem Hintergrund von § 655 tschech. BGB („Die Ehe ist eine dauerhafte Verbindung zwischen einem Mann und einer Frau, die nach Maßgabe dieses Gesetzes entstanden ist. Hauptzweck der Ehe ist die Familiengründung, ordnungsgemäße Kindererziehung und gegenseitige Unterstützung und Beistand") ist weder eine Transformation der Ehe in eine registrierte Partnerschaft noch umgekehrt eine Umwandlung einer registrierten Partnerschaft in eine Ehe vorgesehen (Lavický et. al [-*Dobrovolná*], Občanský zákoník I, S. 193).
[229] So verhält es sich unter § 2 finn. Laki transseksuaalin sukupuolen vahvistamisesta unter der Voraussetzung, dass der Partner in die Geschlechtsumwandlung des anderen Teils eingewilligt hat.
[230] Unter sec. 4 Gender Recognition Act 2004 wird, wenn der andere Teil seine Zustimmung zu der Geschlechtsumwandlung verweigert, dem Antragsteller nur ein *interim gender recognition certificate* ausgestellt. Dadurch wird die Ehe *voidable* (sec. 12(g) Matrimonial Causes Act 1973; oben Fn. 166). Eine Ehe, die *void* ist, gilt als nie geschlossen. Eine Ehe, die *voidable* ist, endet durch ein gerichtliches *decree absolute of nullity* (sec. 16 a. a. O.). Antragsberechtigt sind aber nur die Ehepartner (bzw. die Lebenspartner), und zwar jeder

III. Folgen § 7

Aufhebungsverfahren scheidet jedenfalls aus, wenn der Ehe- oder Lebenspartner dem Geschlechtswechsel des anderen Teils zugestimmt hat. Einige Rechtsordnungen machen den Geschlechtswechsel, wenn sie nicht sogar auf Ehelosigkeit bestehen[231], von dem Nachweis dieser Zustimmung abhängig.[232] Die Ehe bleibt solchenfalls uneingeschränkt wirksam; sie wird, wie jede andere Ehe auch, nur geschieden, wenn sie scheitert. Die psychologische Ursache dieses Scheiterns spielt keine Rolle. Sie *kann* darin liegen, dass der Ehepartner mit der neuen Situation nicht zurechtkommt. Es kann sich aber auch um Umstände handeln, an denen auch eine verschiedengeschlechtliche Ehe zerbrochen wäre.

Einen familienrechtlichen Sachgrund, eine Ehe gegen den Willen der Eheleute aufzulösen, gibt es nicht.[233] Rechtsordnungen, die die Auflösung der Ehe vorschreiben, verfolgen damit entweder gesellschaftspolitisch oder religiös motivierte Zwecke; im Ergebnis macht das kaum einen Unterschied. Unter § 29(2) tschech. BGB hat die Geschlechtsumwandlung zwar weder Einfluss auf den Personenstand des Menschen noch auf dessen persönliche und Vermögensverhältnisse; „eine Ehe oder eingetragene Lebenspartnerschaft wird allerdings aufgelöst". Für eine Scheidung ist kein Raum. Entsprechend angewandt wird nur das Scheidungsfolgenrecht (§§ 759 ff tschech. BGB), und zwar sowohl im Hinblick auf die elterliche Sorge als auch im Hinblick auf die gegenseitigen vermögensrechtlichen Ansprüche der ehemaligen Eheleute. Auch unter Art. 1372 gr. ZGB wird eine Ehe als inexistent angesehen, wenn die Eheleute demselben Geschlecht angehören. Ein Geschlechtswechsel wird zwar prinzipiell nur unverheirateten Antragstellern zugestanden.[234] Kommt es gleichwohl zu ihm, endet die Ehe *ex lege;* es bedarf zu ihrer Auflösung keiner gerichtlichen Entscheidung. Dennoch sind sowohl die Parteien[235] als auch die Staatsanwaltschaft[236] befugt, Klage auf Feststellung des Nichtbestehens der Ehe zu erheben. In Rumänien fehlt es an einer gesetzlichen Regelung. Die Rechtsprechung wurde mit dem Thema, soweit ersichtlich, bislang noch nicht befasst. Die vorherrschende Meinung im Schrifttum nimmt gleichfalls an, dass eine bestehende Ehe von Rechts wegen endet.[237] **485**

Das war auch die Rechtslage unter Art. 4 des **italienischen** Gesetzes 164/1982. Die Geschlechtsänderung bewirkte die Auflösung der Ehe. Der italienische Verfassungsgerichtshof hat diese Regelung indes schon im Jahre 2014 als verfassungswidrig verworfen[238], obwohl er nur vier Jahre zuvor die Regel aufrechterhalten hatte, dass eine Ehe nur von einem Mann und einer Frau eingegangen werden könne.[239] Gegenstand des Verfahrens war die Beschwerde eines Ehepaares, das vom Standesamt erfolglos die Löschung des Vermerks „Beendigung der Wirkungen des zivilrechtlichen Ehebandes" verlangt hatte. Der Standesbeamte hatte diesen Vermerk in Übereinstimmung mit der einfachgesetzlichen Rechtslage am Ende der Eheurkunde angebracht, nachdem er von dem zuständigen Gericht angewiesen worden war, das Geschlecht des Ehemannes von „männlich" in „weiblich" zu korrigieren. Der Verfassungsgerichtshof hielt das Gesetz mindestens insoweit für verfassungs- **486**

---

von ihnen (The Family Procedure Rules. Practice Direction 7D. The Gender Recognition Act 2004 1.1). In Griechenland kann dagegen auch die Staatsanwaltschaft Klage auf Feststellung des Nichtbestehens der Ehe erheben (unten Rdnr. 485).

[231] An dem Erfordernis der Ehelosigkeit halten bis heute Art. 3(3) gr. Gesetz 4491/2017 und § 21(2) lit. b tschech. Gesetz über spezifische Gesundheitsdienste fest. Selbst nach einem im Ausland vorgenommenen chirurgischen Eingriff (in Tschechien ist er bei bestehender Ehe untersagt) enden Ehe und eingetragene Partnerschaft *ex lege.* Auch § 8(1) Nr. 2 dt. TSG a. F. hatte ursprünglich auf Ehelosigkeit bestanden. Die Regel wurde allerdings schon durch BVerfG 27.5.2008, NJW 2008 S. 3117 verworfen.
[232] Oben Rdnr. 471 mit Fn. 166.
[233] Siehe schon oben Rdnr. 471 a. E.
[234] Vorher Fn. 231.
[235] *Bathrakoiles,* AK, Art. 1350 gr. ZGB Rdnr. 9; *Triantos,* AK, Art. 1350 gr. ZGB Rdnr. 7.
[236] Areopag 1428/2017, Isokrates-Datenbank.
[237] *Gheberta,* Nulitatea căsătoriei în dreptul român şi dreptul comparat, S. 196; *Lupaşcu und Crăciunescu,* Dreptul familiei³, S. 93.
[238] C. Cost. 11.6.2014, nr. 170, Gazz.Uff. 18.6.2014, nr. 26.
[239] C. Cost. 15.4.2010, nr. 138, Giust. civ. 2010, 6, I, 1294; C. Cost. 22.7.2010, nr. 276, Giur. cost. 2010, 4, 3386.

widrig, als es den Eheleuten nicht einmal ein Verfahren anbot, das es ihnen erlaubt hätte, ihre Beziehung in rechtlich geregelter und das Paar zureichend schützender Form fortzusetzen. Das Verfassungsgericht sah das Interesse des Paares an der Aufrechterhaltung der Verbindung als relevant an, weil sie auch nach der Geschlechtsumwandlung eine durch Art. 2 ital. Verf. geschützte „soziale Formation" geblieben sei. Dass es nicht möglich sei, nichtheterosexuellen Paaren ein Recht auf Eheschließung einzuräumen, ändere daran nichts. Der Kassationshof, der den Verfassungsgerichtshof angerufen und die endgültige Entscheidung zu treffen hatte, gab der Klage des Paares daraufhin statt.[240] Eine „erzwungene Scheidung" sei rechtswidrig. Das Paar habe den Bund der Ehe rechtmäßig geschlossen. Er sei so lange aufrechtzuerhalten, wie der Gesetzgeber keine angemessene Alternative schaffe. Letzteres ist mit Art. 1(27) ital. Gesetz 76/2016 über zivile Lebensgemeinschaften *(unioni civili)* geschehen. Danach entsteht zwischen Eheleuten, die an ihrer Verbindung festhalten, gewissermaßen „automatisch" eine zivile Lebenspartnerschaft.[241]

487 Rechtspolitisch ist freilich auch das eine wenig überzeugende Lösung. Sie wird durch ein religiös geprägtes traditionelles Eheverständnis erzwungen, das eine ältere Generation mit Verfassungsrang ausgestattet hat, ohne sich der Tragweite einer solchen Entscheidung bewusst zu sein. Man hielt Geschlechtsverschiedenheit für ein selbstverständliches Merkmal einer Ehe. Moderne Rechtsordnungen, die gleichgeschlechtliche Ehen (ggf. auch verschiedengeschlechtliche zivile Lebenspartnerschaften) akzeptieren, haben keinen Anlass mehr, über eine gesetzlich angeordnete Eheauflösung und/oder eine Überführung der Verbindung in eine andere Rechtsform nachzudenken. Ein Geschlechtswechsel ist aus ihrer Sicht eherechtlich indifferent.[242] Es bleibt nur die Frage, ob er dem Partner unter den allgemeinen Regeln einen Eheaufhebungs- oder Scheidungsgrund gibt. Aufhebung der Ehe kann i. d. R. nur verlangen, wer sich im Zeitpunkt der Eheschließung über in der Person des anderen Ehegatten liegende Umstände geirrt hatte, deren Kenntnis ihn (den Irrenden) „bei richtiger Würdigung des Wesens der Ehe von der Eingehung der Ehe abgehalten hätten", immer vorausgesetzt, er hat nach Entdeckung des Irrtums nicht zu erkennen gegeben, „dass er die Ehe (trotzdem) fortsetzen will".[243] Allein das Verschweigen einer transsexuellen Prägung genügt nicht. Ein Eheaufhebungsgrund liegt allerdings vor, wenn sie die Unfähigkeit zum Vollzug der Ehe bewirkt und die Ehe in Erwartung einer Sexualgemeinschaft eingegangen wurde. Dass ein vor Eingehung der Ehe vollzogener Wechsel des rechtlichen Geschlechts unerkannt bleibt, ist in Rechtsordnungen, die die gleichgeschlechtliche Ehe erlauben, theoretisch denkbar, praktisch allerdings schwer vorstellbar. Ein diesbezüglicher Irrtum wäre ein Aufhebungsgrund. Denn auch unter einem Regime, das gleichgeschlechtliche Ehen erlaubt, würdigen heterosexuell geprägte Menschen das Wesen ihrer Ehe richtig, wenn sie keinen Angehörigen ihres eigenen Geschlechts heiraten wollten. Entwickelt sich eine geschlechtliche Dysphorie erst im Lauf der Ehe, verbleibt es bei den allgemeinen

---

[240] Cass. 21.4.2015, nr. 8097, Dir.fam.pers. 2015, 950.
[241] Eine *unione civile* ist unter Art. 1 ital. Gesetz Nr. 76 vom 20.5.2016 (Regolamentazione delle unioni civili tra persone dello stesso sesso e disciplina delle convivenze, Gazz.Uff., Serie Generale, nr. 118 vom 21.5.2016) eine rechtlich verfestigte, weithin an die Ehe angelehnte Lebensgemeinschaft zwischen Personen desselben Geschlechts. Eine solche Lebensgemeinschaft endet im Falle eines Geschlechtswechsels; das Gericht hat ihre Auflösung zu bestimmen. Es entsteht aber nicht „automatisch" eine Ehe. Das Paar muss vielmehr heiraten, wenn es die Verbindung fortsetzen will. Im umgekehrten Fall – es handelt sich um ein verheiratetes Paar – wandelt sich dagegen *ex lege* in eine Lebenspartnerschaft um, wenn beide Partner an der Verbindung festhalten. Das System wirkt wenig kohärent.
[242] So verhält es sich u. a. in Dänemark (Kap. 1 § 1 und Kap. 3 §§ 23 und 24 dän. EheG); Deutschland (§ 1353 dt. BGB); Finnland (Kap. 1 § 1 und Kap. 6 § 27 finn. EheG); Frankreich, Belgien und Luxemburg (*Batteur und Mauger-Vielpeau*, Droit des personnes[11], S. 53 Rdnr. 65; für Belgien und Luxemburg hat sich zwar kein ausdrücklicher Beleg finden lassen, aber auch hier ist die gleichgeschlechtliche Ehe erlaubt); in Österreich (§ 44 österr. ABGB; s. auch schon österr. VfGH 8.6.2006, RIS-Justiz, österr. VerfGH 4.12.2017, VfSlg. 20225 und OGH 21.4.2009, oben Fn. 223) und in Schweden (Kap. 1 §§ 1 und 5 schwed. Äktenskapsbalk; Lag om fastställande av könstillhörighet i vissa).
[243] So § 37 österr. EheG und § 1314(2) Nr. 3 dt. BGB (der aber eine arglistige Täuschung verlangt); ähnlich Kap. 3 § 24(4) dän. Ehegesetz.

III. Folgen **§ 7**

Regeln des Scheidungsrechts. Es kommt darauf an, ob der Geschlechtswechsel ein Scheitern der Ehe bewirkt und worin es sich manifestiert. Unter § 50 österr. EheG kann ein Ehegatte auch dann die Scheidung begehren, „wenn die Ehe infolge eines Verhaltens des anderen Ehegatten, das nicht als Eheverfehlung betrachtet werden kann, weil es auf einer psychischen Krankheit oder einer vergleichbaren Beeinträchtigung beruht, so tief zerrüttet ist, dass die Wiederherstellung einer dem Wesen der Ehe entsprechenden Lebensgemeinschaft nicht erwartet werden kann". Zwar ist Transsexualität keine Krankheit. Es ist aber denkbar (Rechtsprechung fehlt), eine entsprechende Dysphorie als eine „vergleichbare Beeinträchtigung" zu qualifizieren, die die Zerrüttung der Ehe plausibel erscheinen lässt.

Eigene Wege geht das **Vereinigte Königreich**. Unter sec. 12(g) Matrimonial Causes **488** Act 1973 wird die Ehe, wie erwähnt, aufhebbar *(voidable)*, wenn einem der Ehegatten unter dem Gender Recognition Act 2004 ein *interim gender recognition certificate* ausgestellt wird. Das Gericht erlässt unter sec. 13 a. a. O. aber dann kein *decree of nullity*, wenn der Ehepartner sich in Kenntnis der Sachlage so verhalten hat, dass sein transsexueller Partner vernünftigerweise annehmen konnte, die Ehe würde fortgesetzt werden und es ihm gegenüber *unjust* wäre, das *decree* zu erlassen. Der Aufhebungsanspruch erlischt nach Ablauf von drei Jahren nach der Eheschließung, wenn das Gericht keine Verlängerung gewährt, außerdem nach Ablauf von sechs Monaten seit Ausstellung des vorläufigen Zertifikats, vorausgesetzt, der Ehepartner wusste von seiner Ausstellung nichts. Kenntnis schließt diesen Aufhebungsanspruch aus. Für eingetragene Lebenspartnerschaften gelten unter secs. 50 und 51 Civil Partnership Act 2004 entsprechende Regelungen. Unter sec. 5(1) Gender Recognition Act 2004 „a court which (a) makes absolute a decree of nullity granted on the ground that an interim gender recognition certificate has been issued to a party to the marriage, or (b) (in Scotland) grants a decree of divorce on that ground, must, on doing so, issue a full gender recognition certificate to that party and send a copy to the Secretary of State". Entsprechendes gilt wiederum für die *civil partnership* (sec. 5A a. a. O.); in Schottland tritt an die Stelle eines *decree of nullity* ein *decree of dissolution*.

b. Verwandtschaft

Der Geschlechtswechsel einer Person lässt ihre zuvor erworbenen Rechte und ihre zuvor **489** begründeten Pflichten unberührt. Das betrifft auch ihre auf Verwandtschaft beruhende Rechtsstellung unter Einschluss des Anspruchs auf einen Teil des Nachlasses vorverstorbener Eltern (sog. Pflichtteil). Vor allem aber bleibt die Elternschaft von Menschen unangetastet, die ihr Geschlecht wechseln, nachdem sie bereits Vater oder Mutter geworden sind.[244] Die auf Elternschaft beruhenden Rechte und Pflichten ändern sich nicht. Das kann mittelbar nur dort anders sein, wo ein Geschlechtswechsel *ex lege* zur Auflösung der Ehe führt, das Gesetz für diesen Fall die analoge Anwendung des Scheidungsrechts vorschreibt und vorsieht, dass das Gericht die elterliche Sorge von Amts wegen neu zu regeln habe.[245] Unterhaltspflichten bestehen fort, sowohl gegenüber der vorhergehenden als auch gegenüber der (bzw. den) nachfolgenden Generation(en). Eine Transfrau bleibt allen Pflichten

---

[244] Z. B. § 11 Satz 1 dt. TSG („Die Entscheidung, daß der Antragsteller als dem anderen Geschlecht zugehörig anzusehen ist, läßt das Rechtsverhältnis zwischen dem Antragsteller und seinen Eltern sowie zwischen dem Antragsteller und seinen Kindern unberührt […]. Gleiches gilt im Verhältnis zu den Abkömmlingen dieser Kinder". Unter Art. 61-8 franz. CC berührt die Änderung der Geschlechtsangabe in Personenstandsurkunden weder die Verpflichtungen gegenüber Dritten noch die vor der Änderung entstandenen Abstammungen. Unter Art. 1:28c(2) ndl. BW gilt dasselbe („The change of the description of gender shall not affect the familial relationships existing on the date referred to in paragraph 1, nor any rights, powers and duties resulting from Book 1 of the Civil Code on account of these familial relationships").

[245] So verhält es sich unter § 29(2) tschech. BGB („das Gericht entscheidet, und zwar auch ohne Antrag, wie jeder der Eltern in Zukunft für das Kind sorgt"). Unter Art. 5(2) gr. Gesetz 4491/2017 bleiben dagegen die Rechte und Pflichten aus der elterlichen Sorge auch nach einem Geschlechtswechsel intakt. In der Geburtsurkunde der Kinder wird aufgrund der Geschlechtsberichtigung eines Elternteils keine Änderung veranlasst.

unterworfen, die sie ihrem Kind gegenüber als dessen Vater hatte, ein Transmann den Pflichten, denen er als Mutter unterlag. Das ist im Grunde selbstverständlich, weil die Stellung als Vater bzw. Mutter schon durch die Geburt festgelegt wird und es für die übrigen Ansprüche und Pflichten ohnehin nicht auf das Geschlecht ankommt. Auch die mit der elterlichen Sorge verbundenen Rechte und Befugnisse ändern sich nicht. Das betrifft z. B. die gesetzliche Vertretungsmacht von Eltern. In Relation zu ihren Kindern bleiben Väter Väter und Mütter Mütter. Sie büßen diese Rolle nicht dadurch ein, dass sie als Vater Frau und als Mutter Mann geworden sind. Desgleichen bleiben Söhne Söhne und Töchter Töchter.[246]

490 Fraglich kann nur sein, ob eine Transperson, der *nach* vollzogenem Geschlechtswechsel ein Kind geboren wird, als dessen Vater oder als dessen Mutter anzusehen ist. Das wird, soweit es um Transmänner geht, durchaus unterschiedlich beurteilt.[247] Seine umstrittene These, dass ein Transmann, der ein Kind gebiert, dessen Mutter ist (und eine Transfrau, die ein Kind gezeugt hat, nur sein Vater sein kann), leitet der deutsche Bundesgerichtshof aus § 11 Satz 1 dt. TSG[248] ab.[249] Entscheidend für die Qualifikation als Vater bzw. Mutter sei der „Fortpflanzungsbeitrag".[250] Das Problem war den Verfassern des Gesetzes entgangen, weil es in seiner ursprünglichen Fassung noch die Unfruchtbarkeit der den Antrag stellenden Person zur Voraussetzung für einen Geschlechtswechsel erhoben hatte (§ 8(1) Nr. 3 dt. TSG a.F.). Für die Linie des BGH könnte angeführt werden, dass unter § 1591 dt. BGB Mutter eines Kindes die Frau ist, die das Kind geboren hat. Indes ist ein Transmann ja gerade keine Frau, und es lässt sich auch nur schwer begründen, dass ein und dieselbe Person in Relation zu Dritten Mann und in Relation zu ihrem Kind Frau sein könne. § 11 Satz 1 dt. TSG handelt seinem Wortlaut nach ohnehin nur von einer bereits *entstandenen* Eltern-Kindbeziehung, nicht von der Begründung der Elternschaft. Vor diesem Hintergrund wird der deutsche Gesetzgeber im Zuge der angestrebten Reform des Rechts des Geschlechtswechsels erwägen müssen, dem dänischen und dem schwedischen Modell zu folgen, das ganz konsequent auch gebärende Transmänner als Väter qualifiziert.[251]

IV. Namensänderung

491 Nicht mit jedem Geschlechtswechsel ist notwendig auch eine Namensänderung verbunden. Sie ist nach dem bisherigen Stand der Rechtsentwicklung nur dann erforderlich, wenn es sich um einen Wechsel zwischen den binären Geschlechtern handelt[252], die den Antrag

---

[246] Spickhoff (-*Spickhoff*), Medizinrecht³, § 11 TSG Rdnr. 1. Ebenso sec. 12 Gender Recognition Act 2004 (Der Umstand, dass das Geschlecht einer Person zum erworbenen Geschlecht im Sinne dieses Gesetzes geworden ist, hat keinen Einfluss auf den Status der Person als Vater oder Mutter eines Kindes). Siehe im Übrigen schon Fn. 244.

[247] Oben Rdnr. 447.

[248] Vorher Fn. 244.

[249] BGH 6.9.2017, BGHZ 215 S. 318 (Transmann als Mutter); BGH 29.11.2017, NJW 2018 S. 471 (Transfrau als Vater).

[250] BGH 29.11.2017 a. a. O. Rdnr. 12. Dieses Kriterium wirft nun aber neue Fragen auf. Der entscheidende „Fortpflanzungsbeitrag" einer Mutter ist im Verständnis des BGH offenbar das Gebären (§ 1591 dt. BGB). Denn das Beisteuern einer Eizelle begründet unter deutschem Recht keine Mutterschaft (BGH 6.9.2017, BGHZ 215 S. 318, 328 Rdnr. 27). Der „Fortpflanzungsbeitrag" des Mannes soll dagegen in der Beisteuerung von Samenzellen bestehen (a. a. O.). Das ist aber um so alles andere als unproblematisch, weil unter § 1592 Nrn. 1 und 2 dt. BGB auf den biologischen Fortpflanzungsbeitrag gar nicht ankommt. Möglicherweise geht es also nur um die hypothetische Möglichkeit, Samenzellen zu spenden. Außerdem kann man einem im biologischen Sinne unfruchtbaren Mann nicht die Möglichkeit absprechen, im Rechtssinne Vater zu werden.

[251] Oben bei Fn. 34 und Fn. 35.

[252] In Deutschland ergibt sich das aus einer Gegenüberstellung von § 45b(1) Satz 3 dt. PStG und § 8(2) dt. TSG. Es fehlt zwar an einer ausdrücklichen Regelung für nichtbinäre Personen, die ihr Geschlecht in analoger Anwendung des dt. TSG wechseln wollen. Es dürfte bei ihnen aber alles erlaubt sein, was § 45b (1) Satz 3 dt. PStG Personen mit Varianten der Geschlechtsentwicklung zugesteht. Sie können ihren

IV. Namensänderung **§ 7**

stellende Person zu diesem Zeitpunkt einen Namen führt, der auf ihr bisheriges Geschlecht hinweist[253], und unter einem Regime lebt, das Namen untersagt, die ihren Träger klar als Angehörigen des jeweils anderen Geschlechts kennzeichnen würden.[254] In einem solchen gesellschaftlichen Umfeld entspricht die Namensänderung auch dem Interesse des Antragstellers. In der Regel geht es um neue Vornamen; Änderungen des Nachnamens werden nur angestrebt und vollzogen, wenn auch der Nachname das Geschlecht seines Trägers indiziert.[255] In Frankreich steht die Vornamensänderung im Belieben des Betroffenen. Sie kann, muss aber nicht beantragt werden; es ist möglich, den auf das bisherige Geschlecht hinweisenden Vornamen beizubehalten.[256] Umgekehrt kann eine Vornamensänderung dem Geschlechtswechsel auch vorangehen. Sie wird in diesem Fall genutzt, um den Nachweis zu führen, sich dem anderen Geschlecht als zugehörig zu empfinden.[257]

Namen beibehalten, neue Namen annehmen oder hinzufügen und männliche und weibliche Namen beliebig kombinieren (Gaaz/Bornhofen/Lammers [-*Bornhofen*], Personenstandsgesetz[5], § 45b Rdnr. 11).

[253] Sofern die den Antrag stellende Person zulässigerweise bereits einen geschlechtsneutralen Vornamen trägt, kann, muss er aber nicht geändert werden (*Köhler und Ehrt*, Rechtliche Anerkennung des Geschlechts in Europa[2], S. 9; *Leleu*, Droit des personnes et de la famille[4], S. 107 Rdnr. 92 [Beispiele wären Camille, Dominique oder Claude]). Unter Art. 2 span. Gesetz 3/2007 muss der Antrag auf Berichtigung der Eintragung „die Wahl eines neuen Vornamens beinhalten, es sei denn, die Person möchte ihren bisherigen Vornamen beibehalten und dies steht nicht im Widerspruch zu den im Gesetz über das Personenstandsregister festgelegten Anforderungen". Unter § 8(2) dt. TSG ist die Angabe des neuen Vornamens in dem Antrag natürlich dann nicht erforderlich, wenn die den Antrag stellende Person schon zuvor das separate Namensänderungsverfahren in Anspruch genommen hat.

[254] Die Möglichkeit, einen geschlechtskonträren Vornamen zu führen, existiert in Frankreich und in Luxemburg (Art. 61-5 franz. CC; Art. 1 luxemb. Gesetz v. 10.8.2018, unten Fn. 256 und 257), nicht aber in Belgien (Art. 370/3(4) belg. CC). Litauen gestattet Personen mit diagnostizierter Transsexualität die Führung von Vor- und Nachnamen, die dem neuen Geschlecht entsprechen, erzwingt eine solche Namensführung aber nicht (Art. 1 Nr. 4, Art. 2 Nr. 9.5 und Art. 9 lit. Namensänderungsgesetz). Schweden erlaubt volljährigen Personen mit einer fließenden Geschlechtsidentität eine Kombination aus männlichem und weiblichem Vornamen (oben Fn. 13). Auch unter englischem Recht sind geschlechtskonträre Vornamen zulässig (z.B. *Sheffield and Horsham v United Kingdom* (1999) 27 E.H.R.R. 163: „Under English law, a person is entitled to adopt such first names or surname as he or she wishes. Such names are valid for purposes of identification and may be used in passports, driving licences, medical and insurance cards etc. The new names are also entered on the electoral roll"). Das Geschlecht gehört nicht zu den Gründen, die einer Namenswahl entgegenstehen (wie z.B. betrügerische Zwecke, Erregung öffentlichen Ärgernisses, Identitätsverschleierung zur Begehung von Straftaten oder die Verletzung eines Urheberrechts). Unter § 72(3) des tschech. Gesetzes über das Standesamt, den Vornamen und den Namen ist dagegen eine Namensänderung ausdrücklich unzulässig, wenn eine männliche natürliche Person die Änderung auf einen weiblichen Namen beantragt oder umgekehrt. Entsprechendes gilt unter Art. 4 gr. Gesetz 4491/2017.

[255] So verhält es sich u.a. in Polen und in Tschechien. In Polen fehlt es zwar an einer gesetzlichen Grundlage für die geschlechtsspezifische Bildung des Nachnamens, doch ist sie allgemein akzeptiert. Unter § 72(5) tschech. Gesetz über das Personenstandsregister genehmigt das Standesamt „eine Änderung des Namens oder der Namen und des Nachnamens auf der Grundlage eines Antrags einer natürlichen Person und einer Bescheinigung eines Gesundheitsdienstleisters (a) auf einen neutralen Vor- und Nachnamen, wenn eine Behandlung zur Geschlechtsumwandlung eingeleitet wurde, oder (b) einen anderen Namen oder andere Namen und einen anderen Nachnamen, wenn die Behandlung zur Geschlechtsangleichung abgeschlossen ist. Beantragt die natürliche Person nach der Geschlechtsumwandlung keine Änderung des Vornamens und des Familiennamens, so trägt das Standesamt ihren Familiennamen nach den Regeln der tschechischen Sprache in der dem neuen Geschlecht entsprechenden Form in das Geburtsregister ein; den Namen trägt es nicht in das Geburtsregister ein und teilt dies dem Gericht mit". In anderen Ländern begegnen geschlechtsspezifische Nachnamen vor allem bei Adelsnamen („Freiherr" und „Freifrau" etc.: BayObLG 2.10.2002, NJW-RR 2003 S. 289).

[256] Art. 61-7 franz. CC („Mention de la décision de modification du sexe *et, le cas échéant, des prénoms* est portée en marge de l'acte de naissance de l'intéressé") (Hervorhebung hinzugefügt). Siehe dazu u.a. *Batteur und Mauger-Vielpeau*, Droit des personnes[11], S. 52 Rdnr. 65.

[257] Art. 61-5(3) franz. CC. Ähnlich Art. 1 luxemb. Gesetz v. 10.8.2018. Jean kann also zu Jeanne werden, aber ein Mann bleiben, und den Vornamenswechsel geltend machen, um eine Frau zu werden. Umgekehrt kann Jean, obwohl inzwischen Frau, diesen Namen aber auch beibehalten, sofern es ihr gelungen war, ihre Zugehörigkeit zum weiblichen Geschlecht mit anderen Tatsachen zu beweisen. Es existiert keine Pflicht zum Vornamenswechsel.

492　Rechtstechnisch ist die Namensänderung weder Folge noch materiellrechtliche Voraussetzung des Geschlechtswechsels, sondern Gegenstand eines mit ihm i. d. R. zwingend verknüpften Verfahrensschrittes[258], für den der Name konkret anzugeben ist, unter dem die den Antrag stellende Person fortan zu leben wünscht. In einigen Ländern, darunter Deutschland, kann eine Namensänderung sogar Gegenstand eines *separaten* Verfahrens sein, das zwar der transsexuellen Prägung der den Antrag stellenden Person Rechnung tragen soll, aber ihr rechtliches Geschlecht bis zu dem Zeitpunkt unberührt lässt, in dem der Antrag auf den „eigentlichen" Geschlechtswechsel gestellt wird.[259] Dann trägt ein Mann gewissermaßen „probeweise" schon einmal einen weiblichen und eine Frau einen männlichen (Vor-) Namen, was nicht möglich wäre, wenn es dieses spezielle Namensänderungsverfahren nicht gäbe. Die Namensänderung wird in beiden Fällen (also sowohl dann, wenn sie separat vollzogen wird, als auch dann, wenn sie Teil des Geschlechtswechsels ist) *ex nunc* mit der Rechtskraft der Entscheidung wirksam (§§ 4(4), § 10(1) dt. TSG). Der neue Name begründet auch den Anspruch, in der Anrede des neuen Geschlechts („Herr" oder „Frau") angesprochen bzw. angeschrieben zu werden.[260] Unter § 72(5) lit. a tschech. Gesetz über das Personenstandsregister besteht die Möglichkeit, nach Einleitung einer (in sich allerdings hoch problematischen) „Behandlung zur Geschlechtsangleichung", aber noch vor Vollzug des Geschlechtswechsels, die Eintragung eines geschlechtsneutralen Vor- und Nachnamens zu beantragen. In Österreich ist eine Vornamensänderung ohne gleichzeitige Geschlechtsänderung bestenfalls in der Weise möglich, dass ein geschlechtsneutraler Name eingetragen wird; diese Maßnahme steht aber jedermann offen und ist nicht auf Personen beschränkt, die einen Geschlechtswechsel zwar erwägen, aber noch nicht in die Wege geleitet haben.[261]

493　In Ländern, in denen eine das Geschlecht kodierende Geburts- oder Personennummer existiert, wird auch sie neu vergeben.[262] Außerdem ist der neue Name nun überall auch in die (neu auszustellenden) Ausweispapiere einzutragen.[263] Die Vornamensänderung kann sich, muss sich aber nicht in einer Anpassung des bisherigen Namens an das neue Geschlecht erschöpfen (Christiane statt Christian; Christian statt Christiane). Die antragstellende Person entscheidet selbst, wie sie fortan heißen will.

---

[258] Z. B. Art. 10(1) port. Gesetz 38/2018 („Die Änderung des Geschlechts im Personenstandsregister *und die damit verbundene Änderung des Eigennamens* […] berührt oder ändert nicht die Rechte und rechtlichen Verpflichtungen, die vor der rechtlichen Anerkennung der Geschlechtsidentität bestanden"; Hervorhebung hinzugefügt) und Art. 1(1) span. Gesetz 3/2007 („Die Berichtigung des Geschlechts führt zu einer Vornamensänderung, so dass der Vorname nicht im Widerspruch zu dem registerrechtlichen Geschlecht steht"). In Österreich erfolgt die Vornamensänderung unter §§ 2(2) Nr. 3, 6 NÄG nach erfolgter Änderung der Geschlechtsangabe im Zentralen Personenstandsregister.

[259] § 1 dt. TSG. Nach dem Wortlaut dieser Vorschrift geht es allerdings nur um die Vornamen einer Person. Die Namensänderung unterliegt heute zwar denselben Voraussetzungen wie der Geschlechtswechsel, doch ist derzeit immer noch ein separates Namensänderungsverfahren möglich. Zu Frankreich und Luxemburg siehe schon Fn. 257. In Schweden kann eine Namensänderung, die der transsexuellen Prägung der den Antrag stellenden Person Rechnung trägt, durch das reguläre Namensänderungsverfahren herbeigeführt werden (oben Fn. 13).

[260] BVerfG 15.8.1996, NJW 1997 S. 1632.

[261] Ohne Änderung der Geschlechtsangabe im Personenstandsregister ist eine (gebührenpflichtige) Änderung des Vornamens lediglich zugunsten eines geschlechtsneutralen Vornamens möglich. Das folgt aus §§ 1(1), 2(1) Nr. 10 (Namensänderung „aus sonstigen Gründen"), 2(2) (entsprechende Anwendung auf Vornamen) und 3(1) Nr. 7 (keine Vornamen, die dem Geschlecht widersprechen) österr. NÄG.

[262] Siehe u. a. Kap. 2 § 3(6) dän. Lov om det centrale personregister; Kap. 2 § 12 finn. Laki väestötietojärjestelmästä ja Väestörekisteskuksen varmennepalveluista; § 2 schwed. Förordning om behandling av personuppgifter i Skatteverkets folkbokföringsverksamhet und Kap. 2 § 3 schwed. Lag om behandling av personuppgifter i Skatteverkets folkbokföringsverksamhet sowie § 17(2) lit. d tschech. Gesetz über die Registrierung der Bürger.

[263] Unter Art. 10(2) und (3) port. Gesetz 38/2018 hat die betreffende Person innerhalb von dreißig Tagen neue Ausweispapiere zu beantragen. Unter § 34 des tschech. Gesetzes über Personalausweise verlieren die bisherigen Ausweise nach Ablauf von 45 Tagen seit der Geschlechtsumwandlung sogar ihre Gültigkeit.

Der italienische Kassationshof hat das noch im Jahre 2020 klarstellen müssen.[264] Die Vorinstanz[265] hatte zwar bereits erkannt, dass es sich bei der Namensänderung nicht um eine bloße Folge des Geschlechtswechsels handelt, gleichzeitig aber das „öffentliche Interesse an der Stabilität und Rekonstruierbarkeit der Personenstandsregister" betont. Deshalb müsse die Klägerin ihren bisherigen männlichen Vornamen in feminisierter Form fortführen. Die Kassationsbeschwerde hatte u. a. geltend gemacht, dass eine „automatische" Umwandlung in vielen Fällen gar nicht möglich sei. Vor allem aber gebe es ein „Recht auf Vergessenwerden" im Sinne eines Rechts auf einen klaren Bruch mit der vorherigen Identität. Der Kassationsgerichtshof gab dem statt. Der Zuweisung des weiblichen Geschlechts müsse zwingend die Zuweisung eines diesem Geschlecht entsprechenden Namens folgen. Das Berufungsgericht habe jedoch verkannt, dass sich aus dem Gesetz nur ergebe, dass der bzw. die neue(n) Vornamen (bis zu drei sind erlaubt) dem neuen Geschlecht entsprechen müsse(n). Das Gesetz schreibe gerade nicht die Beibehaltung des bisherigen Namens in angepasster Form vor. Nichts spreche für eine Verpflichtung zur getreuen Übersetzung des ursprünglichen Namens in das andere Geschlecht; außerdem gebe es in der Tat Namen, bei denen das gar nicht möglich wäre. Es sei verfassungsrechtlich geklärt, dass der Name zu den unverletzlichen Rechten der Person gehöre. Es handele sich bei dem Namen um ein unwiderrufliches subjektives Recht der Person. Mit der Anerkennung des Rechts auf geschlechtliche Identität gehe einher, dass das Gericht den von der Person angegebenen neuen Namen auch dann zu berücksichtigen habe, wenn er sich von dem früheren völlig unterscheide.

---

[264] Cass. 17.2.2020, nr. 3877, Guida al diritto 2020, 22, S. 86.
[265] App. Turin 28.3.2018, nr. 569/2018.

§ 8: Namensrecht

Weiteres Schrifttum:
Christian von Bar, Innenansichten des deutschen Privatrechts seit dem Ende des Zweiten Weltkriegs, in: Christian von Bar, Yu-Cheol Shin und Michael Stolleis, Innenansichten des deutschen und ostasiatischen Rechts (Tübingen 2021) S. 181–209; Annick Batteur (Hrsg.), Les grandes décisions du droit des personnes et de la famille (2. Aufl. Issy-Les-Moulineaux 2016); Bergmann/Ferid/Henrich (*-Carl Friedrich Nordmeier*), Internationales Ehe- und Kindschaftsrecht, Landesbericht Portugal (Frankfurt am Main 2016); *Dietz Berning,* Namenannahme. Nur scheinbar unproblematische Paragrafen im preußischen Emanzipationsedikt, in: Irene A. Diekmann (Hrsg.), Das Emanzipationsedikt von 1812 in Preußen. Der lange Weg der Juden zu „Einländern" und „preußischen Staatsbürgern" (Berlin und Boston 2013) S. 201–218; *William Blackstone,* Blackstone's Commentaries on the Laws of England (London 1765–1769); *Salvatore Bordonali,* Cognome familiare e successione dinastica: una commistione strumentale?, Dir.fam.pers. 2010 S. 1703–1722; Bundesministerium der Justiz und für Verbraucherschutz und Bundesministerium des Inneren, für Bau und Heimat, Eckpunkte zur Reform des Namensrechts, Stand: 11.2.2020, FamRZ 2020 S. 902–904; *Adriano De Cupis,* Nome e pseudonimo come segni distintivi personali, Riv. not. 1949 S. 171–180; *ders.,* Nome, nome altrui usato come pseudonimo, pregiudizio per la reputazione personale del titolare del nome, azione per usurpazione di nome: codice civile, art. 7, Giur. it. 1950, I, S. 1–7; *Alicja Czajkowska und Barbara Romocka-Tyfel,* Zmiana imienia i nazwiska. Geneza. Komentarz. Orzecznictwo. Wzory decyzji (5. Aufl. Warschau 2021); *Johannes Czakai,* Die jüdische Namenswelt der Vormoderne im Spiegel christlicher Zeitgenossen (von Antonius Margaritha bis Oluf Gerhard Tychsen), Aschkenas. Zeitschrift für Geschichte und Kultur der Juden 32 (2022) S. 33–68; *Uwe Diederichsen,* Der Ehe- und Familienname nach dem 1. EheRG, NJW 1976 S. 1169–1177; *ders.,* Das Recht der Vornamensgebung, NJW 1981 S. 705–713; *Anatol Dutta,* Reform des deutschen Namensrechts (Berlin und Boston 2020); *ders.,* Reform des Namensrechts?, FPR 2017 S. 47–50; Alberta Fabbricotti (Hrsg.), Il diritto al cognome materno profili di diritto civile italiano, di diritto internazionale, dell'unione europea, comparato ed internazionale privato (Neapel 2017); *Jesús Ignacio Fernández Domingo,* El nombre de las personas (Madrid 2007); *Arthur Fox-Davies und Philipp Carlyon-Britton,* A Treatise on the Law concerning Names and Changes of Name (London 1906); *José António de França Pitão,* Uniões de facto e economia comum (4. Aufl. Coimbra 2011); *Berthold Gaaz,* Verdeckte Namensänderungen, StAZ 2000 S. 357–363; *Enrico Gabrielli und Giovanni Di Rosa,* Commentario Codice della Famiglia, Band III (Turin 2018); *Michael Grünberger,* Von Bernhard Markus Antoinette zu Anderson Bernd Peter. Von der Ordnungsfunktion und der Identitätsfunktion des Vornamens, AcP 207 (2007) S. 314–339; *Henryk Haak und Anna Haak-Trzuskawska,* Komentarz do art. 1–30 KRO regulujących małżeństwo (Warschau 2022); *Reinhard Hepting,* Grundlinien des aktuellen Familiennamensrechts, FPR 2002 S. 115–121; *Sebastian Heuer,* Neue Entwicklungen im Namensrecht. Eine Untersuchung der aktuellen Entwicklungen im Namenskollisions- und Namenssachrecht (Hamburg 2006); *Brenda M. Hoggett,* Parents and Children. The Law of Parental Responsibility (4. Aufl. London 1993); *Wojciech Hrynicki,* Normatywne aspekty nadawania imion w orzecznictwie sądów administracyjnych, IUSNOVUM 2013, Nr. 3, S. 195–214; *Helga Jesser-Huß,* Das neue Namensrecht, in: Ferrari/Hinteregger/Kathrein (Hrsg.), Reform des Kindschafts- und Namensrechts (Wien 2014) S. 87–111; *John Francis Josling,* Change of Name (14. Aufl. London 1989); *Beate Kienemund,* Vorname des Kindes bei Streit der Eltern. Anmerkung zu OLG Brandenburg 7.3.2016, NZFam 2016 S. 811; *András Kubinyi,* Csalásnévadás a középkori Magyarországon [Familiennamensgebung im mittelalterlichen Ungarn], in: János Stirling (Hrsg.), In virtute spiritus. A Szent István Társulat emlékkönyve Paskai László bíboros tiszteletére; Szent István Társulat (Budapest 2003) S. 98; *Norbert Kutscher und Thomas Wildpert,* Personenstandsrecht (2. Aufl. Wien, 31. Lieferung, Stand 1.7.2021); *Saskia Lettmaier,* Notwendigkeit einer Reform des (Familien-) Namensrechts?, FamRZ 2020 S. 1–10; *Rodney Livingstone,* Some Aspects of German-Jewish Names, German Life and Letters 58 (2005) S. 164–181; *Carlos Lourenço Bobone,* Apelidos em Portugal, in: Raízes e Memórias (Nr. 3 Oktober 1988) S. 83–98; *Zoltán Megyeri-Pálffi,* Név és jog. A névviselés jogi szabályozásának fejlődése Magyarországon [Name und Recht. Die Entwicklung der rechtlichen Regelung der Namensführung in Ungarn] (Budapest 2013); *Bernd Meyer-Witting,* Das Personennamensrecht in England: Geschichte und Gegenwart (Frankfurt am Main 1990); *Kinga Michałowska,* Niemajątkowe wartości życia rodzinnego w polskim prawie cywilnym (Warschau 2017); *Silvia Princivalle,* Il testamento artistico: la spersonalizzazione del nome e dell'immagine dei personaggi noti. Il caso Pavarotti, Giust. civ. 2013 S. 135–153; Rép. civ. Dalloz (*-Florence Laroche-Gisserot*), Nom – Prénom (Paris 2014); *Maurilio Scafidi,* Diritto all'identità personale e cognomizzazione del predicato nobiliare, Dir.fam.pers. 2010 S. 1058–1076; *Dieter Schwab,* Personenname und Recht, StAZ 2015 S. 354–362; *Esther Torrelles Torrea,* La elección del orden de los apellidos por parte de los progenitores y los criterios de determinación a falta de acuerdo en la Ley del Registro Civil de 2011, RCDI 753 (2016) S. 185–222; *Manuel Vilhena de Carvalho,* O nome das pessoas e o direito (Coimbra 1989); *Heinz Jürgen Herbert Friedrich Wendt,* Eingriff in das Recht auf Vornamenswahl, FPR 2010 S. 12–15; *Jens Wuttke,* Der neue § 45a PStG (Vornamensortierung), StAZ 2019 S. 193–197.

§ 8

I. Der bürgerliche Name

1. Namen, Pseudonamen, Unternehmensnamen, Personennummern

a. *Namen*

494 Zur Person des Menschen gehört auch sein Name.[1] „Name" wird meistens i. S. eines **Oberbegriffs** verwandt.[2] Er umfasst dann alle Bestandteile und alle Teilnamen, aus denen sich der Gesamtname eines Menschen zusammensetzt. Namensbestandteile sind in der Mehrzahl der europäischen Jurisdiktionen die von den Eltern zur familieninternen Unterscheidung ihrer Kinder festgelegten Vornamen (Eigennamen, *given names*) und die der Regel nach auf die Zugehörigkeit zu dieser Familie hinweisenden Hauptnamen (*surnames*[3]). Letztere werden vor diesem Hintergrund häufig „Familiennamen" genannt.[4] In Bulgarien, Dänemark und Griechenland kommt mit den Zwischennamen noch ein weiterer Namens-

---

[1] Oben Rdnr. 7 und aus dem in diesem Punkt einheitlichen europäischen Schrifttum z. B. *Díez-Picazo* und *Gullón*, Sistema de Derecho Civil I[12], S. 360.

[2] Z. B. Art. 17 bulgar. Gesetz über die Zivilregistrierung („Name" für Findelkinder; wenn das Gesetz nur vom „Namen" spricht, ist damit immer die Summe aus Eigen-, Vaters- und Familiennamen gemeint); Art. 58 gr. ZGB (*Dikáioma sto ónoma*, das Recht auf den Namen); Art. 6(2) ital. CC („Der Name umfasst den Vor- und Nachnamen [*prenome* und *cognome*, wörtlich „Beiname"]); § 1 schwed. Lag om personnamn („Dieses Gesetz enthält Vorschriften über den Erwerb und die Änderung von Personennamen [*personnamn*]. *Personnamn* umfasst Nachnamen [*efternamn*], Vornamen [*förnamn*] und Hofnamen [*gårdsnamn*]") und § 77(1) tschech. BGB („Name des Menschen ist dessen Vorname [*jméno*] und Familienname [*příjmení*] bzw. seine weiteren Namen und Geburtsnamen, die ihm kraft Gesetzes zustehen"). Der franz. CC definiert „Name" nicht. Auch in Frankreich ist *nom* aber eindeutig ein Oberbegriff. „Le nom est une appellation qui permet de désigner la personne. Il comprend deux éléments: le nom de famille et le prénom. Le nom de famille rattache l'individu à sa famille, le prénom le distingue au sein de la famille" (*Marais*, Droit des personnes[4], S. 108, Rdnr. 143; siehe auch *Batteur und Mauger-Vielpeau*, Droit des personnes[11], S. 50 Rdnr. 67). § 38 österr. PStG gliedert Namen in Familiennamen, Vornamen und „sonstige" Namen. Im deutschen Gesetzesrecht wird „Name" uneinheitlich gebraucht. I. S. v. Art. 10(1) dt. EGBGB („Der Name einer Person unterliegt dem Recht des Staates, dem die Person angehört") meint „Name" sowohl den Vor- als auch den Familiennamen. Im dt. BGB steht „Name" dagegen für „Familienname" (MünchKomm [*-v. Sachsen Gessaphe*], BGB[9], § 1355 Rdnr. 13). Andernfalls ist ausdrücklich vom „Vornamen" die Rede (z. B. §§ 1757(4) Nr. 1 und 2247(3) dt. BGB). „Familiennamen" sind der Geburts- (§ 1355(6)), der Ehe- (§ 1355(1)) und der Begleitname (§ 1355(4) und (5) dt. BGB). Jeder dieser Namen, auch der Geburtsname, kann sich ändern. Als Sammelbegriff für Geburts-, Ehe- und Begleitnamen nutzt das Gesetz auch den im Zeitpunkt einer namensrechtlich relevanten Erklärung „geführten" Namen (z. B. §§ 1355(2), 1617(1) und 1617a(1) dt. BGB).

[3] Von franz. *sur* („auf", „über", „an"), mithin der einem (Individual- oder Eigen-) Namen (dem heutigen „Vornamen") hinzugefügte Name, der dem Individualnamen im Spätmittelalter gewissermaßen „aufgesetzt" wurde. Dieses Bild findet sich auch in dem brasilianischen *sobrenome*, der zusammen mit dem *prenome* den *nome* bildet (Art. 16 bras. CC; dazu Jayme und Neuss [-*Nóbrega*], Wörterbuch Recht und Wirtschaft Portugiesisch-Deutsch[2], S. 32, Stichwort apelido). Es wirkt auch in dem umgangssprachlichen griechischen *Epítheto* (Nachname) fort. Das Wort setzt sich aus *Epí* und *théto* zusammen, beschreibt also das, was man „drauf gesetzt" hat. Das gr. ZGB allerdings verwendet *Epónymo*. Irritierenderweise ist der *surnom* des französischen Rechts aber der Spitzname (*Teyssié*, Droit des personnes[20], S. 294 Rdnr. 448), wie z. B. in „René Dupont, dit Le Riche" (*Batteur und Mauger-Vielpeau*, Droit des personnes[11], S. 62 Rdnr. 92). Schon mit Art. 2 Gesetz vom 6. Fructidor, an II (23.8.1794, nur auf Legilux, nicht auf Legifrance) ist es verboten worden, „d'ajouter aucun surnom à son nom propre, à moins qu'il n'ait servi jusqu'ici à distinguer les membres d'une même famille".

[4] So u. a. das deutsche BGB. Es unterscheidet zwischen „Vornamen" (z. B. § 1757(3) Nr. 1 und § 2247(3) dt. BGB) und „Familiennamen". Letztere gliedern sich in Geburts-, Ehe- und Begleitnamen. „Nachname" ist ein umgangssprachlicher, aber kein technischer Ausdruck (MünchKomm [*-v. Sachsen Gessaphe*], BGB[8], § 1355 Rdnr. 13). (In Griechenland ist dagegen, gewissermaßen genau „umgekehrt", der „Familienname" [*Oikogeneikó ónoma*] Umgangs- und der „Nachname" [*Epónymo*] Gesetzessprache [z. B. Artt. 1505, 1506 gr. ZGB]). Auch das französische Recht operiert mit *noms de famille* (z. B. in Artt. 57, 311-21 bis 311-24-1 franz. CC) und *prénoms* (Artt. 57, 60 bis 61-4 a. a. O.). Unter Art. 3(1) slowen. Namensgesetz besteht der Name einer Person ebenfalls aus dem Vornamen (*ime*) und dem Familiennamen (*priimek*), unter § 3(1) estn. Namensgesetz wiederum aus dem Vornamen (*eesnimest*) und dem Nachnamen (*perekonnanimest*).

I. Der bürgerliche Name **§ 8**

bestandteil hinzu.⁵ Zwischennamen, die – verfassungsrechtlich nicht unbedenklich⁶ – von Gesetzes wegen den leitenden Vornamen des Vaters (Patronyme) aufgreifen, sind typischerweise eingliedrig.⁷ Die übrigen Namensbestandteile können sich aus mehreren Teilnamen zusammensetzen. Die Bezeichnungen für die jeweiligen Namensbestandteile variieren, manchmal auch die Bezeichnungen für die Teilnamen, aus denen sie bestehen. Hat ein Mensch in Deutschland mehrere „Vornamen", verwendet er von ihnen im täglichen Leben aber nur einen, spricht man von seinem „Rufnamen". Der Rufname des spanischen bzw. des portugiesischen Rechts *(apel(l)ido)* ist dagegen der (mehrgliedrige) Familienname.⁸

„Vorname" ist i. d. R. ein *terminus technicus;* sein sprachliches Pendant, den „Nachnamen", findet man nur in einer vergleichsweise geringeren Zahl von Gesetzen.⁹ Vornamen sind Individualnamen. Individualnamen sind (wie Patronyme oder andere Zwischennamen) viel älter als „Nach"- oder Familiennamen. Wenn das Wortspiel erlaubt ist: „Vornamen" und „Zwischennamen" gab es längst, bevor es „Nachnamen" gab. Die christlichen Kirchen vergeben in der Taufe nur Individualnamen, also Namen, die man heute Vornamen nennt. Deren geschichtlicher Stellenwert lässt sich auch an Gesetzestexten ablesen, in denen bis in die Gegenwart „Name" und „Vorname" synonym gebraucht werden.¹⁰ Mancherorts (etwa in Polen) gilt es durchaus als höflich, jemanden im täglichen Leben mit „Herr" und seinem Vornamen („Herr Mateusz") anzusprechen. Bei Adelsnamen verhält sich das vielfach ähnlich („Prinz X, Sir Y"). Gleichwohl hat der Nach- oder

495

---

5 Unten Rdnrn. 510–513.
6 Auf die Bedenken gegen die väterliche Namensvorherrschaft haben längst viele Rechtsordnungen reagiert (oben Rdnr. 137), Frankreich z. B. mit Artt. 1 und 6 des Gesetzes Nr. 2002-304 vom 4.3.2002 *relative au nom de famille,* das *patronyme* (auch *nom patronymique*) abgeschafft hat. Das Gesetz stellte das Namensrecht auf die Prinzipien der Freiheit und der Gleichheit um (*Marais,* Droit des personnes⁴, S. 111 Rdnr. 149). „Patronym" wurde hier freilich nicht als Zwischenname, sondern als Ausdruck dafür verwandt, dass sich der Familienname am Namen des Vaters ausrichtete.
7 Mehrgliedrige Patronyme scheint es nicht zu geben. In Bulgarien und Griechenland sind zwar mehrgliedrige Vornamen erlaubt (wenn auch selten), aber es wird in einem solchen Fall nur einer der Vornamen zur Bildung des Vatersnamens genutzt (heißt der Vater z. B. „Alexander Ivan Caesar", kann das Kind unter bulgarischem Recht auch „Ivanov", also statt des ersten den zweiten Vornamen des Vaters als Vatersnamen erhalten).
8 Die Präambel zu dem span. LRC vom 21.7.2011 formuliert: „El nombre y apellidos se configura como un elemento de identidad del nacido derivado del derecho de la personalidad" (Der Vorname und die Nachnamen werden als ein aus dem Persönlichkeitsrecht abgeleitetes Identitätselement des Kindes gestaltet). Siehe noch unten Fn. 10.
9 Das dän. Namensgesetz (Navneloven) vom 14.9.2021 unterscheidet Vor-, Zwischen- und Nachnamen (*vornavn, mellemnavn* und *efternavn*). Das finn. Etu- ja sukunimilaki vom 19.12.2017 handelt schon seinem Titel nach von „Vorname" (*etunimi*) und „Nachname" (*sukunimi*). Zum schwed. Recht siehe Fn. 2 (*efternamn*). Schweden hat den Zwischennamen (*mellannamn*) zum 1.7.2017 abgeschafft. Personen, die einen solchen Namen noch tragen, können ihn gegenüber der zuständigen Behörde ablegen. Poln. *nazwisko* ist sprachlich gleichfalls ein Nachname, der Funktion nach aber ein Familienname. Der Vorname (*imię*) bleibt ohne Familienbezug; *nazwisko* grenzt eine Familie von einer anderen ab (*Safjan* [*-Pazdan*], System prawa prywatnego I², S. 1106 Rdnr. 81).
10 So z. B. § 1(4) slowak. Gesetz über den Namen und Nachnamen (*Zákon o mene a priezvisku*). Art. 50(1) span. LRC verwendet *nombre* einerseits für den Vornamen (*nombre*), andererseits aber auch als Oberbegriff für *nombres* und *apellidos* (wörtlich: Rufname; wie in Appellations- oder Berufungsgericht) („Toda persona tiene derecho a un nombre desde su nacimiento. 2. Las personas son identificadas por su nombre y apellidos"). Auch Art. 11 span. LRC gestaltet das „Recht auf *einen* Namen", *el derecho a un nombre,* als ein Recht gegenüber dem Zivilregister aus. Art. 103(2) port. CRC unterscheidet zwischen dem *nome próprio* („Eigenname") und den *apelidos.* Beide zusammen bilden den *nome* bzw. den *nome completo.* Italien unterscheidet zwischen dem *nome* (Vorname) und dem *cognome* (dem „Zunamen" i. S. eines dem Vornamen hinzugefügten Namens; lat. *cum nomen*). The Registration of Births and Deaths Regulations 1987 (schedule 2 prescribed forms, form 1 Particulars of birth: Child. Space 2) sieht die Eintragung von *name and surname* vor und ergänzt in Regulation 9(3): „With respect to space 2 (name and surname) – (a) if a name is not given, the registrar shall enter only the surname, preceded by a horizontal line; (b) the surname to be entered shall be the surname by which at the date of the registration of the birth it is intended that the child shall be known". In der Rechtsprechung ist teils von *name* teils von *forename* die Rede (z. B. *W (Children) (Change of Name, Re)* [2013] EWCA Civ 1488, [2013] 8 WLUK 225; *D (Children) (Care: Change of Forename), Re* [2003] 1 FLR 339, [2002] 6 WLUK 447; *C (Children) (Child in Care: Choice of Forename) Re* [2016] EWCA Civ 374, [2016] 3 W. L. R. 155).

Familienname dem Vornamen längst den Rang abgelaufen. Letzterer ist zum „Hauptnamen" geworden. In Bulgarien und Griechenland z. B. wird der Vorname umgangssprachlich „kleiner" Name genannt, weil er im Gegensatz zum Patronym keine spezifischen Endungen hat. Und für England ist jüngst bemerkt worden, dass „in contrast to surnames, 'given' names or 'forenames' have not, until relatively recently, been regarded as carrying the same level of importance to a child as his or her surname".[11]

496 Für die rechtliche Klassifizierung eines Namensbestandteils kommt es aber natürlich ohnehin nicht auf seine **Positionierung** innerhalb des Gesamtnamens, sondern darauf an, welche Funktion einem Namensbestandteil zukommt, wie und zu welchem Zeitpunkt er erworben wird und unter welchen Voraussetzungen er im späteren Verlauf des Lebens geändert werden darf. Ein Name, der nach diesen Kriterien ein Individual- oder Eigenname (ein *nome próprio* i. S. v. Art. 103(2) port. CRC) ist, kann seiner Positionierung nach ein „Nachname" sein. Die Reihenfolge, in der die Namensbestandteile verwandt werden, ist teils eine Frage von Tradition und gesellschaftlicher Übung, teils aber auch eine Frage der Sprache. „Christian" ist, wörtlich genommen, nur deshalb ein *Vor*name, weil es in den meisten Teilen Deutschlands üblich ist, den die Familienzugehörigkeit indizierenden Namensbestandteil „von Bar" erst an zweiter Stelle anzugeben. Wo man, wie in Ungarn (und in vielen Ländern Asiens), genau umgekehrt verfährt, wird aus dem, was in Deutschland ein Vorname ist, ein *Nach*name. **Ungarische** Namen werden selbstverständlich nach ungarischen Rechtschreibregeln festgelegt.[12] Denn Ungarisch ist Amtssprache (Art. H ungar. Verf.). Viele der sich seit dem 14. Jahrhundert entwickelnden Familiennamen gehen auf die Bezeichnung des mit der (oft adeligen) Familie verbundenen Grundbesitzes zurück. Deshalb steht nach den Regeln der ungarischen Sprache der Familienname als Adjektiv *vor* dem Eigen- oder Rufnamen.[13] § 44(1) ungar. Gesetz I von 2010 über das Verfahren zur Führung des Personenstandsregisters bestimmt demgemäß: „Der Geburtsname ist der Name, der der betreffenden Person aufgrund des Personenstandsregisters zusteht. Der Geburtsname *(születési név)* eines ungarischen Staatsbürgers besteht aus einem Familiennamen *(családi név)* und einem Nachnamen *(utónév)*".

Das Wort Nachname kann aber auch noch eine weitere Konnotation haben. In Österreich wurde es zwischen 2010 und 2017 (nur) im Recht der eingetragenen Lebenspartnerschaft verwandt, offenbar um anzudeuten, dass es sich bei einer gleichgeschlechtlichen Verbindung nicht um eine Familie handele. Familiennamen trugen nur Eheleute.[14]

497 *Ein* Name jedenfalls kann aus mehreren „Vor"- und mehreren „Nach"namen bestehen, mag auch die zulässige Gesamtzahl begrenzt sein.[15] Wir nennen diesen vollständigen Namen *(nome completo),* der ggf. noch um ein Patronym erweitert wird, den bürgerlichen Namen – nicht, um die beträchtlichen Unterschiede zwischen den Namensrechten des *Civil* und des *Common Law* zu betonen, sondern um ihn von anderen Namen und von den für Identifikationszwecke sogar deutlich leistungsfähigeren Personennummern zu unterscheiden. Der bürgerliche Name kommt nur einer natürlichen Person zu. Ihn zu haben und zu tragen, drückt einen Aspekt ihrer Würde aus.[16] Der Name wird in den Personen-

---

[11] *C (Children) (Child in Care: Choice of Forename), Re* [2016] EWCA Civ 374, [2016] 3 W. L. R. 1557 at [48] unter Hinweis auf *H (A Child) (First Name), Re* [2002] 1 FLR 973.
[12] Magyar Tudományos Akadémia, A magyar helyesírás szabályai, Tizenkettedik kiadás; Akadémiai Kiadó (Budapest 2015) Rdnr. 153 S. 67.
[13] *Megyeri-Pálffi,* Név és jog, S. 39; *Kubinyi,* in: Stirling, In virtute spiritus, S. 98.
[14] Unter dem österr. EPG trugen die Partner einer eingetragenen Partnerschaft, die sich unter dem damaligen Recht für eine gemeinsame Namensführung entschieden hatten, zwischen dem 1.1.2010 und dem 31.3.2017 statt eines Familiennamens (nur) einen „Nachnamen". Damit wollte der seinerzeitige Gesetzgeber „den verbleibenden Unterschied zu einer Ehe" zum Ausdruck bringen (ErläutRV 485 BlgNR 24. GP 5). Zum 1.4.2017 wurde diese Diskriminierung durch das österr. Deregulierungs- und Anpassungsgesetz 2016 (BGBl I 120/2016) abgeschafft. Gestrichen wurde der „Nachname" auch aus dem Text von § 38 österr. PStG a. F. und § 2(1) Nr. 7a österr. NÄG.
[15] Unten Rdnrn. 519–526.
[16] Oben Rdnr. 22.

I. Der bürgerliche Name **§ 8**

standsurkunden und ihren Funktionsäquivalenten registriert.[17] Er erlischt mit dem Tod seines Trägers.[18] Zu seinen Lebzeiten geht er dagegen nicht ohne eigenes Zutun verloren, nicht einmal dann, wenn sich ein Mensch eines Tages seines Namens nicht mehr erinnert. Allerdings kann es, wenn niemand (mehr) weiß, um wen es sich handelt, nötig werden, dass das Gericht ihm einen neuen Namen gibt.[19] Auch das folgt der Maxime, dass **kein Mensch namenlos** sein soll.[20] Einem Findelkind schreibt die zuständige Behörde (oder auf ihren Antrag das Gericht) einen Namen zu.[21] Zugunsten eines Kindes, dessen Eltern sich nicht einigen können, welchen Namen es tragen soll, interveniert der Staat durch oder aufgrund Gesetzes.[22] Um diese Situation gar nicht erst eintreten zu lassen, kann es sogar sein, dass ein Paar schon bei der Eheschließung angeben muss, auf wessen (bisherige) Familie der „Nachname" der ihm zukünftig geborenen Kinder hinweisen wird.[23] Einem

---

[17] Gesetzliche Namensdefinitionen sind selten. § 3(1) estn. Namensgesetz gehört zu den Ausnahmen und stellt genau diesen Aspekt in den Mittelpunkt: „A personal name is the official name of a person which is entered in the population register in the cases provided by law. A personal name consists of a given name and a surname". Ganz ähnlich § 44(1) ungar. Gesetz I von 2010 über das Verfahren zur Führung des Stammbuchs (vorher Rdnr. 496). Etwas unschärfer definiert § 77(1) tschech. BGB: „Name des Menschen ist dessen Vorname *(jméno)* und Familienname *(příjmení),* bzw. seine weiteren Namen und Geburtsname, die ihm kraft Gesetzes zustehen.

[18] Der Name fällt deshalb auch nicht in den Nachlass einer Person. In seinem amerikanischen Testament hat der italienische Tenor Luciano Pavarotti seine zweite Ehefrau als Erbin des Schutzes seines Namen und seines Bildes eingesetzt (Einzelheiten bei *Princivalle,* Giust. civ. 2013 S. 135). Die Gültigkeit dieser Verfügung war in Italien hoch umstritten, weil das Recht am Namen und am Bild nicht übertragbar sind. Bei korrekter Interpretation des Testaments ging es jedoch um ein Vermögensrecht, nämlich um die wirtschaftliche Nutzung des Namens und des Bildes des verstorbenen Sängers.

[19] Z. B. Art. 62 § 3 poln. RdSG.

[20] Z. B. Art. 17 bulgar. Gesetz über die Zivilregistrierung; Kap. 1 § 1 und Kap. 2 § 4 finn. Etu- ja sukunimilaki (Jeder soll einen Vor- und einen Nachnamen haben); §§ 4 und 26 schwed. Lag om personnamn („Wenn ein Kind geboren wird, muss es einen Nachnamen erhalten; jedes Kind soll einen oder mehrere Vornamen erhalten"); Art. 50(1) span. LRC und § 1(1) slowak. Gesetz über den Namen und Nachnamen („Jeder muss einen Namen haben"). Unter Regulation 9(3) of the Registration of Births and Deaths Regulations 1987 (as amended by the Registration of Births and Deaths (Amendment) Regulations 1994) allerdings gilt: „With respect to space 2 (name and surname) – (a) if a name is not given, the registrar shall enter only the surname, preceded by a horizontal line". Es ist also gerade nicht garantiert, dass jedes Kind auch mit einem Vornamen registriert wird. Letzteres ist mit Art. 7(1) der UN-Kinderrechtskonvention nur schwer vereinbar.

[21] Z. B. Art. 45 belg. CC (der Standesbeamte wählt den Namen für das Kind; dazu *Leleu,* Droit des personnes[4], S. 87 Rdnr. 75); § 24(2) Satz 1 dt. PStG („Die zuständige Verwaltungsbehörde … bestimmt die Vornamen und die Familiennamen des Kindes"); § 7(4) estn. Namensgesetz („A surname and a given name shall be assigned to a foundling on the basis of an application of a guardianship authority"); Art. 55 (3) franz. CC (sind die Eltern des Kindes nicht bekannt, wählt der Standesbeamte drei Vornamen aus, von denen der letzte den Familiennamen des Kindes ersetzt); Art. 24(4) gr. Gesetz 344/1978 (Namensbestimmung durch Registerbeamten); Art. 38 ital. DPR 396/2000, Art. 3.166(4) lit. ZGB (Namenserteilung durch die Jugendschutzbehörde); § 66 österr. PStG („Kann die Herkunft und der Name einer Person nicht ermittelt werden, hat der Landeshauptmann einen gebräuchlichen Familiennamen und Vornamen festzusetzen"; Entsprechendes gilt bei einer anonymen Geburt); Art. 89 § 4 poln. FVGB i. V. m. Art. 62 § 2 poln. RdSG (einem Kind unbekannter Eltern verleiht das Vormundschaftsgericht einen Vor- und einen Nachnamen; in der Geburtsurkunde werden zugleich Namen als die der Eltern eingetragen); Art. 103 und 108 port. CRC (verlassene Kinder; volkstümliche oder Namen mit Bezug zu dem Ort, an dem das Kind gefunden wurde); § 1(4) slowak. Gesetz über den Namen und Nachnamen („Ist keiner der Elternteile bekannt, so wird der Name des Kindes vom Gericht … bestimmt"); Art. 7(4) slowen. Namensgesetz („Sind die Eltern des Kindes nicht mehr am Leben oder nicht in der Lage, ihre elterlichen Rechte auszuüben, erhält das Kind von der mit der Betreuung des Kindes betrauten Person im Einvernehmen mit der zuständigen Sozialarbeiterstelle einen persönlichen Namen"); Art. 50(3) span. CC (der Registerbeauftragte wählt für das Kind einen allgemein gebräuchlichen Namen); § 864 tschech. BGB („Ist keiner der Eltern bekannt, so bestimmt das Gericht auch ohne Antrag den Vornamen und Familiennamen des Kindes").

[22] Unten Rdnr. 546.

[23] So Art. 4[1] § 1 poln. FVGB für die kirchliche Eheschließung (bei der Ziviltrauung erfragt der Standesbeamte den Namen erst nach der Trauung: Art. 7 § 2 a. a. O.). Unter Art. 1505 gr. ZGB sind die Eltern „verpflichtet, den Familiennamen ihrer Kinder mit einer gemeinsamen unwiderruflichen Erklärung festzulegen". Die Erklärung wird vor der Trauung entweder gegenüber einem Notar oder gegenüber dem Standesbeamten abgegeben, der verpflichtet ist, sie anzufordern. Einigt sich das Brautpaar nicht auf einen

Erwachsenen mag die Freiheit eingeräumt sein, seine(n) Vornamen (also den Namensbestandteil, der ihn nach dem Willen seiner Eltern innerhalb von deren Familie individualisieren sollte) nach Belieben zu ändern. Das gibt ihm aber nicht das Recht, gleich sämtliche Vornamen abzulegen.[24]

b. Gebrauchsnamen

498 Eine geläufige Erscheinung des griechischen, des spanischen und des **französischen Rechts** ist der Gebrauchsname, der *nom d'usage*.[25] Er nimmt eine Zwischenstellung zwischen dem bürgerlichen Namen und den Pseudonamen ein. Der Gebrauchsname ist ein bürgerlicher Name, den jemand rechtmäßig trägt, ohne sein Inhaber *(titulaire)* zu sein.[26] Während der Familienname an die nächste Generation weitergegeben wird, geht der Gebrauchsname mit dem Tod seines Trägers unter. Gebrauchsnamen sind für den Ehepartner und den zweiten Elternteil vorgesehen. Eine Ehefrau, die nach herkömmlichem Brauch den Namen ihres Ehemannes annimmt, trägt einen *nom d'usage*. Dasselbe gilt natürlich auch in umgekehrter Geschlechterrolle, ist hier aber weniger üblich. Die Gewohnheit, den Namen des Ehegatten zu tragen, war so verbreitet, dass der Code civil sie zweihundert Jahre lang stillschweigend voraussetzen konnte. Erst seit 2013 hält Art. 225-1 franz. CC ausdrücklich fest, dass „[c]hacun des époux peut porter, à titre d'usage, le nom de l'autre époux, par substitution ou adjonction à son propre nom dans l'ordre qu'il choisit". Jeder Ehegatte kann also den Namen des anderen Ehegatten als Gebrauchsnamen tragen, indem er seinen eigenen Namen in der von ihm gewählten Reihenfolge ersetzt oder hinzufügt. Das Gebrauchsrecht erlischt im Fall der Scheidung, wenn nicht der andere Ehegatte der Fortführung seines Namens zustimmt oder das Gericht sie aus wichtigem Grund gestattet (Art. 264 franz. CC). Unter Art. 43 des Gesetzes Nr. 85–1372 vom 23.12.1985 kann „jede volljährige Person ihrem Namen zum Gebrauch den Namen des Elternteils hinzufügen, der ihr seinen Namen nicht übertragen hat. Bei minderjährigen Kindern wird diese Möglichkeit von den Inhabern der elterlichen Sorge ausgeübt". Das Kind kann seinen Familiennamen aber nicht durch diesen Gebrauchsnamen ersetzen und ihn auch nicht an die eigenen Kinder weitergeben.[27]

Namen für ihre Kinder, entscheidet das Gericht in analoger Anwendung von Art. 1512 gr. ZGB nach dem Interesse des Kindes (Areopag 1985/1986, EllDne 28 S. 1434 und öfter). Die Eheschließung wird also nicht abgesagt.

[24] Unter § 27(2) schwed. Namensgesetz kann ein oder können mehrere Vornamen durch andere ersetzt werden. Es ist erlaubt, alle Vornamen zu ändern, auch ihre Schreibweise. Unter Abs. (3) a. a. O. ist es auch erlaubt, einen oder mehrere Vornamen zu löschen. Es ist aber nicht gestattet, alle Vornamen zu streichen. Jeder Schwede muss mindestens einen Vornamen tragen.

[25] Art. 1388(2) gr. ZGB sieht den Gebrauchsnamen für Eheleute vor, die die Eheschließung nicht zum Anlass für eine Namensänderung nehmen (Abs. (3) a. a. O.) und deren Name deshalb der vorehelich geführte Name bleibt (Art. 1388(1) a. a. O.). Portugal kennt den Gebrauchsnamen französischen Typs nicht. Unter Art. 72(1) port. CC hat zwar jede Person das Recht, ihren Namen auch in abgekürzter Form zu gebrauchen *(usar)*; man spricht dann von dem *nome corrente*. Aber es handelt sich eben um den eigenen Namen, nicht um den Namen des anderen Teils. Der *nome corrente* bildet sich normalerweise aus dem ersten Vornamen und dem der zwei letzten Nachnamen. Es handelt sich nicht um eine Namensänderung, wenn „Abel Bento da Costa Damião Emiliano da França" den Namen „Abel França Damião" führt. Das portugiesische Namenssystem funktioniert letztlich überhaupt nur deshalb, weil es diese Abkürzungsmöglichkeit gibt (*Menezes Cordeiro*, Tratado de Direito Civil IV[5], S. 239 mit Fn. 1065). Zu Spanien s. noch unten Fn. 150.

[26] *Brusorio Aillaud*, Droit des personnes et droit de la famille[9], S. 40 Rdnr. 46.

[27] *Brusorio Aillaud* a. a. O. S. 42 Rdnr. 50.

I. Der bürgerliche Name **§ 8**

c. Pseudonamen

Keine Namen im bürgerlichen Sinn sind akademische Titel, Ordensnamen[28], Pseudonyme, **499**
Paronyme (Spitznamen), Internetnamen[29], Kaufmannsnamen (Firmen) und Personennummern. Ein **Pseudonym** ist schon dem Wortsinn nach kein echter, sondern eben nur ein Pseudoname. Er entsteht allein durch tatsächlichen Gebrauch. Es handelt sich, wenn man so will, um den originären, nicht um den derivativen Erwerb eines Personenkennzeichens.[30] Alle Menschen haben einen Namen, eines Pseudonyms bedient sich nur eine Minderheit. Im öffentlich-rechtlichen Rechtsverkehr (z. B. bei der Eintragung in Wählerlisten) und bei privatrechtlichen Handlungen, an denen die öffentliche Hand beteiligt ist (z. B. dem Aufsetzen einer notariellen Urkunde), muss der Name benutzt werden; das Pseudonym ist dem rein privaten Rechtsverkehr vorbehalten.[31] Alle Menschen haben *einen* Namen. Ein Mensch kann aber zeitgleich mehrere Pseudonyme nutzen, und hinter einem einzigen Pseudonym können sich umgekehrt auch mehrere Menschen verbergen.[32] Ein Pseudonym gibt man sich selbst.[33] Es wurzelt weder in einer Namensgebung durch die Eltern oder dritte Personen, noch unterliegt seine Bildung spezifisch namensrechtlichen Schranken.[34] Es deutet nicht auf die Zugehörigkeit zu einer bestimmten Familie hin. Das Gegenteil ist der Fall. Denn ein Pseudonym wird (wenn auch ohne betrügerische Absicht[35]) dazu benutzt, die eigene Identität zu verschleiern, oft außerdem, um Marketingchancen zu verbessern. Der „wirkliche" (oder Real-) Name könnte, weil er zu sperrig, zu altmodisch oder einfach zu verbreitet klingt, die Vermarktung eines Textes oder eines Liedes hindern. Ein Urheber hat das Recht, zwischen der Kennzeichnung seines Werkes mit seinem Namen oder mit seinem Pseudonym zu wählen (Art. 16(2) poln. UrhG). Unter Art. 2.20 (1) lit. ZGB beinhaltet das Recht jeder natürlichen Person, einen Namen zu tragen, „den Nachnamen, Vornamen und das Pseudonym".

---

[28] Ordens- und Künstlernamen können allerdings auf der Rückseite deutscher Ausweispapiere eingetragen werden (§ 5(2) Nr. 12 dt. PAuswG; § 4(1) Nr. 4 dt. PaßG). Näher MünchKomm (-*Säcker*), BGB⁹, § 12 Rdnr. 15.
[29] Zu ihnen z. B. BGH 26.6.2003, BGHZ 115 S. 273, 277–278 (Schutz eines bürgerlichen Namens gegen die Verwendung desselben Namens als Alias-Namen in der Internetdomain eines Vertreibers von Rollenspielen; der Internetname habe noch keine Verkehrsgeltung erlangt; „stünde jedem Decknamen sofort mit Benutzungsaufnahme ein namensrechtlicher Schutz zu, würde dies zu einer erheblichen Beeinträchtigung des Schutzes derjenigen Namensträger führen, die für ihren eigenen bürgerlichen Namen Schutz beanspruchen"). Siehe auch poln. OG 11.3.2008, II CSK 539/07, Legalis-Nr. 102640 (der beim Zugriff auf die Website eines Auktionshauses verwendete Benutzername sei grundsätzlich ebenso geschützt wie ein Nachname, ein Pseudonym oder ein Firmenname, auch wenn er kein persönliches Rechtsgut darstelle).
[30] Für Griechenland bemerkte Georgiades und Stathopoulos (-*Karakatsanes*), AK, Art. 58 S. 109 Rdnr. 4, dass Nachnamen ursprünglich durch konstanten und bewussten Gebrauch originär erworben wurden. Die Möglichkeit eines originären Nachnamenserwerbs sei inzwischen fast verschwunden, eine willkürliche Namensänderung sei unter Art. 415 gr. StGB sogar strafbar. Nur bei den Pseudonymen habe sich der Gedanke eines originären Namenserwerbs erhalten.
[31] *Batteur und Mauger-Vielpeau*, Droit des personnes, des familles et des majeurs protégés¹¹, S. 65 Rdnr. 100.
[32] Tschech. OG 31.10.2006, 30 Cdo 2116/2006, Právní rozhledy 8/2007 S. 302 (in einem solchen Fall stünde aber nicht jedem Einzelnen das Recht zu, Dritte auf Unterlassung in Anspruch zu nehmen).
[33] Das unterscheidet ein Pseudonym von einem Spitznamen (Paronym), der allerdings ebenfalls namensrechtsähnlichen Schutz genießen kann (z. B. LG München I 8.3.2007, NJW-RR 2007 S. 921 [ein Fleischgroßhändler hatte die Marke „Schweini" eintragen lassen und damit das unter § 12 dt. BGB geschützte Recht des Fußballers Sebastian Schweinsteiger an diesem Spitznamen verletzt] und OLG Hamburg 1.11.2001, GRUR 2002 S. 450 [der Spitzname „Quick Nick" des Motorsportlers Nick Lars Heidfeld sei geschützt). Nicht um einen Spitznamen soll es sich nach bulgar. Kassationsgericht 18.9.2019, Nr. 701, Zivilsache 1152/2019, IV. Zivilkammer bei einem „Gangsternamen" handeln. Der Kläger, ein im Gefängnis sitzender Schwerverbrecher, hatte sich erfolglos dagegen gewandt, in einer elektronischen Datei der Strafverfolgungsbehörden auch unter dem Namen geführt zu werden, unter dem er im Milieu bekannt war.
[34] Ein Pseudonym kann z. B. ohne Weiteres nur aus einem Vor- oder nur aus einem (erfundenen) Nachnamen bestehen (*Karakatsanes* a. a. O. S. 108 Rdnr. 3).
[35] *Safjan (-Pazdan)*, System prawa prywatnego I², S. 1107 Rdnr. 81 und Gutowski (-*Panowicz-Lipska*), Kodeks cywilny³, Art. 23 Rdnr. 13, die zugleich darauf hinweisen, dass die Verwendung eines Pseudonyms nur solange zulässig ist, wie nicht das Gesetz die Offenlegung des echten Namens vorschreibt.

500 Unter französischem Recht kann ein Pseudonym auf Dritte oder die Erben übertragen werden[36]; es wird sogar die Möglichkeit einer Ersitzung durch sie erwogen.[37] Dass vielerorts auch ein Pseudonym mit namensrechtsähnlichen Mitteln vor unbefugter Nachahmung und Verwendung geschützt wird[38], stellt es mit dem Namen nicht auf eine Stufe. Das Schutzniveau von Name und Pseudonym ist ohnehin nicht dasselbe.[39] Aus einem Alias-Namen kann allerdings ein Realname *werden*. Das ist denkbar, wo es das bürgerliche Namensrecht (wie in England) für einen Namenswechsel genügen lässt, dass der Träger erklärt, seinen ursprünglich als Pseudonym gewählten Namen nunmehr als bürgerlichen Namen zu führen, und es schafft, seine Umwelt dazu zu bringen, ihn unter diesem Namen zu rufen.[40] Außerdem kann es (wie unter Art. 14(4) bulgar. Gesetz über die Zivilregistrierung) sein, dass ein Pseudonym mit gerichtlicher Genehmigung dem Namen als Zusatz hinzugefügt werden darf, so dass der bürgerliche Gesamtname aus dem Vornamen, dem Patronym, dem Nachnamen und dem ihm mit einem Bindestrich als Begleitnamen hinzugefügten Phantasienamen besteht.[41]

---

[36] TGI Paris 5.7.1995, D. 1996 Jur. S. 174. Ganz anders für Tschechien aber Lavický et. al (-*Tůma*), Občanský zákoník I S. 382 (ein Pseudonym sei keine Sache, sondern ein unverfügbares und unvererbliches Persönlichkeitsgut).

[37] *Brusorio Aillaud,* Droit des personnes et de la famille[9], S. 52 Rdnr. 70 („La jurisprudence assimile le pseudonyme comme un attribut de la personnalité et permet à son porteur de le protéger contre les utilisations ou les usurpations, y compris à l'égard d'un enfant ou d'un conjoint dès lors que son usage loyal, continu, paisible et public a abouti à la création d'un droit patrimonial. Si le porteur est d'accord, le pseudonyme peut être transmis à ses héritiers ou à des tiers, à titre gratuit ou à titre onéreux. Même s'il ne leur a pas été transmis, les héritiers peuvent agir en cas d'usurpation ou d'utilisation du pseudonyme de leur auteur"). Siehe auch TGI Paris 5.7.1995, D. 1996, Jur. S. 174.

[38] Z. B. Berufungsgericht Athen 563/1969, Arm. 23 (1969) S. 516; Art. 9 ital. CC (wonach ein von einer Person benutztes Pseudonym den gleichen Schutz genießt wie ein Name, wenn es die gleiche Wichtigkeit erlangt hat; dazu immer noch instruktiv *De Cupis*, Riv. not. 1949 S. 171 sowie *ders.,* Giur. it. 1950, I, S. 1); Art. 23 poln. ZGB und Art. 74 port. CC. Unter französischem Recht wird das Pseudonym als Persönlichkeitsmerkmal *(attribut de la personnalité)* verstanden, das gegen Fremdverwendung und Missbrauch geschützt ist, und zwar auch gegenüber einem Kind oder dem Ehepartner, wenn die loyale, kontinuierliche, friedliche und öffentliche Verwendung des Pseudonyms zur Entstehung eines Vermögensrechts geführt hat (Paris 11.9.1996, D. 1996, IR, S. 249). Unter Kap. 2 § 10(2) schwed. Varumärkeslag und Kap. 2 § 6(1) schwed. Lag om företagsnamn sind *artistnamn eller liknande* gegen die Eintragung als Marke und Unternehmensname eines Anderen geschützt. Das Pseudonym muss allerdings allgemein bekannt *(allmänt känd)* sein (Prop. 2017/18:267, S. 212); erst dann unterliegt es den allgemeinen Regeln zum Schutz vor der Verwendung von Nachnamen im Geschäftsverkehr. (§§ 23–25 schwed. Lag om personnamn). Außerdem ist ein allgemein bekanntes Pseudonym davor geschützt, im Wege der Namensänderung zum Nachnamen eines Anderen zu werden (§ 15(4) schwed. Lag om personnamn). Zum deutschen Recht näher MünchKomm (-*Säcker*), BGB[9], § 12 Rdnr. 10 und BGH 5.10.2006, BGHZ 169 S. 193, 195 Rdnr. 8 (Schutz des Künstlernamens „Klaus Kinski"). Auch in Spanien fehlt eine ausdrückliche gesetzliche Regelung zum Schutz von Pseudonymen. Nötigenfalls wird deshalb auch dort auf die deliktsrechtliche Generalklausel (Art. 1902 span. CC) zurückgegriffen (Cobacho Gómez und Leciñena Ibarra [-*García Pérez*], Comentarios a la Ley del Registro Civil, S. 751, Anm. 3.2. zu Art. 51 LRC mit Fn. 67).

[39] Siehe neben den Angaben in der vorigen Fn. noch § 79(2) tschech. BGB, wonach ein Pseudonym erst dann denselben Schutz genießt wie ein Name, wenn es „bekannt" wird. Lavický et. al (-*Tůma*), Občanský zákoník I, S. 383 deutet das allerdings dahin, dass es darauf ankomme, dass das Pseudonym einer bestimmten Person zugeordnet werden könne. Auch unter deutschem Recht kommt es darauf an, dass der Name für die Person „Verkehrsgeltung" erlangt hat, „vergleichbar mit einem Schriftsteller oder Künstler, der unter einem Pseudonym veröffentlicht oder in der Öffentlichkeit auftritt" (BGH 26.6.2003, BGHZ 115 S. 273, 277; siehe auch OLG Düsseldorf 21.5.2013, GRUR-RR 2013 S. 384, 385).

[40] Die namensrechtliche Grundregel des Common Law lautet seit altersher, dass jeder Erwachsene den Nachnamen tragen darf, den er tragen möchte, sofern es ihm gelingt, bei diesem Namen gerufen zu werden (*R v John Smith* (1866) 4 F.&F. 1100; 176 E. R. 923 (Willes, J: „if a man had a name which displeased him, there was nothing in law to prevent him changing it to any other he liked better, provided he could get the public to adopt and use the name he preferred"). Siehe auch *Sheffield and Horsham v United Kingdom* (1999) 27 E. H. R. R. 163 („Under English law, a person is entitled to adopt such first names or surname as he or she wishes. Such names are valid for purposes of identification and may be used in passports, driving licences, medical and insurance cards etc. The new names are also entered on the electoral roll").

[41] Spektakulär ist der Fall von Marin Manchester Zdravkov Levidzhov-United, über den zwar sogar ein Dokumentarfilm entstanden ist (http://stefanvaldobrev.com/mymatemanchesterunited/), über den im

d. Unternehmensnamen

Kein Name im bürgerlichen Sinn ist auch der Kaufmanns- bzw. Handels- oder Unternehmensname, oft **Firma** genannt.[42] Der Name, unter dem ein Kaufmann sein Unternehmen führt, so dass er unter diesem Namen Verträge schließen, klagen und verklagt werden kann, mag zwar ursprünglich mit dem Realnamen des Unternehmensgründers identisch gewesen sein[43], deutet aber eben primär auf dieses Unternehmen und nicht auf seinen Inhaber hin. Deshalb kann ein Mensch in seiner Rolle als Kaufmann anders heißen als als Privatperson[44]; unter bestimmten Umständen muss das sogar so sein.[45] Der Kaufmannsname kann mit dem Unternehmen auf eine andere Person übergehen[46], außerdem den Tod des Kaufmanns überdauern, sofern nur das Unternehmen fortbesteht. Real- und Kaufmannsname folgen in ihrem Fortbestand eigenen Regeln. Einen Unternehmensnamen trägt auch eine juristische Person[47]; sie hat aber auch dann keinen bürgerlichen Namen, wenn ihre Firma den (oder Teile des) Namen(s) einer natürlichen Person enthält.[48] Ein Kaufmanns-

501

Übrigen aber nur in der allgemeinen Presse (https://topsport.bg/manchester-united/spetsialno-za-topsport-istoriyata-na-g-n-manchestar-yunayted-ot-svishtov.html) berichtet wurde. Marin, ein Bauarbeiter aus Swischtow, hatte sich geschworen, sich „United" zu nennen, falls der Fußballclub Bayern München in letzter Minute das Championsleague-Finale gegen Manchester doch noch verlieren sollte, was geschah. Er ergänzte seinen Eigennamen um „Manchester" und fügte „United" als Pseudonym hinzu, was die Gerichte nach zehnjährigem Verfahren akzeptiert haben sollen und auch so im Pass verlautbart wurde. „Marin Manchester" sind die Vornamen, „Zdravkov" das Patronym, „Levidzhov-United" die Nachnamen. „United" hat sich im Wege der Namensänderung von einem Pseudonym zu einem Namensteil aufgeschwungen.

[42] So z. B. § 17 dt. HGB ((1) „Die Firma eines Kaufmanns ist der Name, unter dem er seine Geschäfte betreibt und die Unterschrift abgibt. (2) Ein Kaufmann kann unter seiner Firma klagen und verklagt werden") und Art. 43² § 1 poln. ZGB („Ein Unternehmer handelt unter seiner Firma"). Schweden kennt seit dem Inkrafttreten von Kap. 1 § 1 des Lag om företagsnamn nur noch „Unternehmensnamen"; *firma* wurde bewusst abgeschafft (Prop. 2017/18: 267, S. 272).

[43] Z. B. § 8 (1) estn. HGB („The business name of a sole proprietorship shall contain the given name and surname of the sole proprietor, and shall not contain an appendage or abbreviation referring to a company"). Auch im Falle der sprachlichen Übereinstimmung beider Namen ist aber der Handelsname nicht bürgerlicher Name (BayObLG 21.1.1893, SeuffA 48 Nr. 263, noch zum Allgemeinen Deutschen Handelsgesetzbuch, das zum 1.1.1900 durch das dt. HGB ersetzt wurde). Unter Art. 43⁴ poln. ZGB besteht zwar die Firma einer natürlichen Person grundsätzlich aus ihrem Vor- und Nachnamen. Das schließt aber nicht aus, dass ein Pseudonym oder Bezeichnungen, die auf den Unternehmensgegenstand oder Tätigkeitsort hindeuten sowie andere beliebig gewählte Bezeichnungen in den Firmennamen einbezogen werden. Unter Art. 38(1) port. DL 129/98 vom 13.5.1998 können bei einem Einzelkaufmann (*comerciante individual*) Name und Firmenname übereinstimmen; dem Firmennamen können aber ein Spitzname oder eine auf den Unternehmensgegenstand hinweisende Bezeichnung hinzugefügt werden.

[44] Z. B. §§ 17–22 dt. HGB (dazu Staudinger [*-Fritzsche*], BGB [2018], § 1, Rdnr. 24) und § 30 (1) lett. HGB („The firm name of a sole proprietorship may contain the given name or surname of the merchant. If the given name or surname of the sole proprietor changes, he or she may also continue to use the previous firm name). In Schweden wird der Unternehmensname eines Einzelkaufmanns (*enskild näringsidkare*) im Zuge der steuerlichen Unternehmensanmeldung festgelegt (*Skatteverket*, Information om företagsregistrering, SKV 418, S. 8).

[45] Z. B. dürfen unter Art. 43³ § 2 poln. ZGB die Angaben in der Firma weder irreführend noch sittenwidrig sein. Als verwerflich wird es angesehen, wenn eine berühmte Person nur ihres Namens wegen in das Unternehmen aufgenommen wird, um dessen Firma mit einem solchen Aushängeschild aufzupolieren (Gutowski [*-M. Kępiński und J. Kępiński*], Kodeks cywilny³, Art. 43³ Rdnr. 8).

[46] Z. B. § 8 (3) estn. HGB („If a sole proprietor transfers the enterprise to another natural person, the transferee may continue to operate under the existing business name with the written consent of the transferor"). Unter Art. 43⁹ poln. ZGB darf eine Firma zwar nicht veräußert werden. Jedoch kann ein Unternehmer, soweit dies nicht irreführend ist, einen anderen Unternehmer zum Gebrauch seiner Firma ermächtigen.

[47] Z. B. § 6(1) dt. HGB („Die in betreff der Kaufleute gegebenen Vorschriften finden auch auf die Handelsgesellschaften Anwendung"); § 30 estn. ZGB AT; Art. 2.39.1 lit. ZGB; Kap. 1 § 1 schwed. Lag om företagsnamn; § 19b(1) slowak. ZGB; § 132 tschech. BGB.

[48] Z. B. Cass. com. 12.3.1985, Bull. 1985, IV, Nr. 95 S. 84 (eine natürliche Person könne zulassen, dass ihr Nachname von einer juristischen Person als Name verwendet wird; die Grundsätze der Unverjährbarkeit und Unveräußerlichkeit des „patronymischen" Namens [d. h. des Familiennamens] stünden einer Vereinbarung über seine Verwendung als *dénomination sociale* oder *nom commercial* nicht entgegen), bestätigt

name kann ohne Vor- oder Nachnamen auskommen, ein bürgerlicher Name nicht. Der Kaufmannsname kann einen akademischen Titel einschließen. Der Unternehmensname eines Landwirts kann unter estnischem Recht statt aus einem bürgerlichen Namen aus der Bezeichnung für den Hof bestehen.[49] Mit der Fortführung eines Kaufmannsnamens verbindet sich in der Regel eine Haftung für Altschulden, die ein Rechtsvorgänger unter diesem Namen eingegangen ist. Der bürgerliche Name hat, auch in seiner familiennamensrechtlichen Komponente, keinerlei haftungsrechtliche Bedeutung. Die Haftung für Schulden eines namensgleichen Erblassers unterliegt ausschließlich dem Erbrecht. Unter dem Common Law gilt der Unternehmensname als *property,* der bürgerliche Name nicht – mit der eigenartigen Konsequenz, dass nur der Unternehmensname Schutz vor der Verwendung durch Andere genießt.[50]

e. Personennummern

502 Personennummern schließlich sind zwar im täglichen Rechtsleben einiger Mitgliedstaaten längst zu ernsthaften „Konkurrenten" für den bürgerlichen Namen geworden.[51] Sie haben den Vorzug, eine Person unzweideutig identifizieren zu können. Denn keine Personennummer wird doppelt vergeben, wohingegen zahlreiche Menschen rein sprachlich den gleichen (wenn auch nicht rechtlich denselben) Namen tragen. Solche Namensidentitäten hängen u. a. damit zusammen, dass sich nicht wenige der heute als Familiennamen dienenden Nachnamen aus Herkunfts-[52], Funktions- oder Berufsbezeichnungen entwickelt haben[53], ein Prozess, der im Wesentlichen im späten Mittelalter begann, sich aber in den nördlichen Teilen Europas bis weit in die Frühe Neuzeit hingezogen hat.[54] Eine Personen-

---

durch Cass. com. 6.5.2003, Bull. 2003, IV, Nr. 69 S. 78 und Cass. com. 12.6.2007, Bull. 2007, IV, Nr. 161 (die Zustimmung eines Gründungsgesellschafters zur Aufnahme seines Familiennamens in den Namen der Gesellschaft berechtige sie ohne seine gesonderte Zustimmung nicht zur Eintragung einer Marke unter diesem Namen). Unter § 133 tschech. BGB kann eine juristische Person mit deren Zustimmung den Namen einer natürlichen Person führen. Entsprechendes gilt unter Art. 43⁸ § 1 poln. ZGB für den Fall des Ausscheidens eines Gesellschafters, dessen Name (unter Art. 43⁵ § 3 a. a. O.) Bestandteil des Firmennamens war.

[49] § 8(2) estn. HGB: „The business name of a farmer who is a sole proprietor need not contain the given name and surname of the sole proprietor if the name of the farm is contained in the business name".
[50] Lord Chelmsford in *Du Boulay v De Boulay* (1867-69) L. R. 2. P. C. 430; [1869] 3 WLUK 42; 16 E. R. 638 (Privy Council, Saint Lucia): „In England the assumption of a name, the patronymic of a family, by a stranger who had never before been called by that name, is not the subject of a civil action, as by the English Law there is no right of property in a person to the use of a particular name, to the extent of enabling him to prevent the assumption of his name by another. Aliter, as to the exclusive use of a name in connection with a trade or business, which right is recognised, and a party assuming it colourably or otherwise, being an invasion of another's rights, is a fraud, for which a remedy lies either at Law or Equity".
[51] Oben Rdnr. 22 mit Fn. 97 und Rdnr. 441 mit Fn. 7.
[52] Besonders ausgeprägt und bis heute gut nachvollziehbar ist das in Griechenland. Häufige Namensendungen sind *-os, -as* und *-es.* „*-ides*" und „*-eides*" weisen auf eine Herkunft aus der Region Pontos hin, „*-akes*" auf Kreta, „*-poulos*" auf den Peloponnes, „*-akos*" auf die Mane-Region und „*-elles*" auf Lesbos. „Stephanos" konnte deshalb z. B. zu „Stephaneides" oder „Stephanides" werden, aber auch zu „Stephanakes", „Stephanakos", „Stephanopoulos" oder „Stephanelles".
[53] Die Kommissionsberichte zum schwedischen Namensgesetz (SOU 2013:35, S. 137–138) erläutern, dass sich die patronymische Namensstruktur in den nordischen Ländern länger erhalten habe als in anderen Teilen Europas. Der Nachname bestand aus dem Vornamen des Vaters mit dem Zusatz -sohn oder -tochter. Zur weiteren Unterscheidung hätten sich in mittelalterlichen Dokumenten Namenszusätze in Gestalt von „Beinamen" entwickelt (die, wie man hinzufügen mag, Ähnlichkeiten mit manchen modernen Spitznamen aufweisen). Die Beinamen hätten teils auf physische Merkmale Bezug genommen (*Bunkafoter,* „der einen Klumpfuß hat"; *Kroknæf,* „der eine krumme Nase hat"), teils auf persönliche Eigenschaften (Ingridh *Thiuvafinger,* „die hat den Finger eines Diebes"), den Geburts- oder Wohnort *(Holmbo; Magnus in Walsta),* auf die Stellung in der Familie, auf die Funktion in der Gesellschaft (Bäcker, Müller, Schmied) und auf bestimmte Fähigkeiten und Ereignisse (Anna *Godemaltid,* „die gut kocht"; Lasse *Dyrtköp,* „hart verdient").
[54] A. a. O. (Im Norden sei der vererbliche Familienname erst im 16. und 17. Jahrhundert zum Einsatz gekommen, zunächst in Dänemark und Norwegen, dann in Schweden. In Island sei der alte patrony-

nummer ersetzt keinen Namen; sie tritt, wie Art. 49(3) span. LRC klarstellt, lediglich zu ihm hinzu. Menschen nur mit Nummern zu bezeichnen, wäre ein Akt der Würdeverletzung; in manchen Strafanstalten ist genau das der Zweck. Auch unter den liberalsten Namensrechten kann ein Name nicht aus einer Zahl bestehen.[55] Eine Personennummer stellt niemanden in einen sozialen oder familiären Kontext. Außerdem ist es immer eine Behörde, die einer Person eine Personennummer zuteilt, nie diese Person selbst, ihre Eltern, Dritte oder ein Gericht. Einen Namen kann man ändern (lassen), wenn er anstößig ist oder andere wichtige Gründe für die Änderung sprechen. Eine Nummer hat gar nicht erst das Potential, Anstoß zu erregen. Sie wird höchstens dann und auch nur insoweit geändert, wie sie das Geschlecht eines Menschen kodiert, diese Kodierung aber unzutreffend geworden ist, weil der Betroffene einen Geschlechtswechsel vollzogen hat. Gleichwohl haben Personennummern eine gewisse Rückwirkung auf das bürgerliche Namensrecht. Denn sobald mit einer solchen Nummer ein stabiles und unverwechselbares Identifizierungsmerkmal zur Verfügung steht, sinken typischerweise auch die Anforderungen an eine Namensänderung.[56]

2. Namensbestandteile und Teilnamen

Der Gesamtname eines Menschen dient der Sichtbarmachung seiner Person in der Gesellschaft, außerdem seiner Identifizierung (oder Individualisierung). Zwischen diesen beiden Aufgaben des Namensrechts muss eine Balance gefunden werden, weil zwar Individualisierung umso leichter gelingt, je größer die Zahl der Namensbestandteile und der Teilnamen ist, aus denen sie sich zusammensetzen. Aber zu viele Namen können das Profil eines Menschen auch schwächen. Sein Umfeld kann sich allzu lange Namensketten gar nicht merken. In Portugal z. B. ist es denkbar, dass ein Mensch (neben zwei Vornamen) bis zu sechs Nachnamen trägt.[57] Da es praktisch aber so gut wie unmöglich sein dürfte, bei gleichzeitiger und gleichrangiger Verwendung aller dieser Namen einen gewissen Bekanntheitsgrad zu erreichen, erlaubt das portugiesische Recht denn auch eine abgekürzte Namensführung.[58] Andererseits behindert Namensgleichheit mit Anderen, die bei einer zu geringen Namenszahl eine realistische Gefahr darstellt, sowohl die sichere Identifikation eines Menschen als auch sein Fortkommen. Er muss Besonderes leisten, um sich „einen Namen zu machen", d.h., um sich außerhalb seines engsten Lebensbereichs eine Reputation aufzubauen und so auch aus der Distanz als Einzelperson wahrgenommen zu werden.

503

a. Hauptnamen (Familiennamen)

Namensbestandteile sind, wie gesagt, Vornamen, Zwischennamen und Familien- bzw. Nachnamen. Ihr Erwerb und ihre Änderung unterliegen in den Systemen des Zivilrechts je eigenen Regeln. Der wichtigste Namensbestandteil ist heute der Familienname. Praktisch

504

---

mische Gebrauch immer noch lebendig, auf den Färöern in den 1990er Jahren sogar wieder eingeführt worden).

[55] Das Londoner Home Office hat im Jahre 2019 einen Leitfaden herausgegeben (Use and change of names Version 1.0, Published for Home Office staff on 28 January 2019). Darin stellt es S. 7 die „Grounds for refusing to change a name on a Home Office issued document" zusammen. „Applications to change a name on a Home Office document will [i.a.] be refused if it includes one or more of the following: numbers or symbols […]".

[56] Unten Rdnr. 532.

[57] Unter Art. 103(2) port. CRC lautet die Grundregel, dass eine Person maximal zwei Vor- und vier Rufnamen führt. Diese „2+4-Regel" wird aber durch Art. 1677 port. CC erweitert, wonach es jedem Ehegatten gestattet ist, zusätzlich zu seinen eigenen Namen noch bis zu zwei Namen seines Ehegatten anzunehmen. So wird aus der „2+4-Regel" eine „2+4+2-Regel". Die Namenspartikel „de", „da" oder „dos" zählen dabei nicht mit.

[58] Art. 72(1) port. CC: „Jede Person hat das Recht, ihren vollen oder abgekürzten Namen zu verwenden und sich dagegen zu wehren, dass andere ihn unrechtmäßig zur Identifizierung oder zu anderen Zwecken verwenden".

alle alphabetisch sortierten Namenslisten orientieren sich an ihm. Gleichzeitig ist der Familienname aber auch der historisch jüngste Namensbestandteil. Ihm liegt die Vorstellung zugrunde, dass man gleich eine ganze Familie mit einer Art Namen versehen („die von Bars") und auf diese Weise von anderen Familien unterscheiden könne. Auf den „Namen der Familie" rekurriert der „Familienname", Letzterer verstanden als ein fester Bestandteil des Gesamtnamens jedes einzelnen Familienmitglieds. Historisch erwies sich diese Namenserweiterung als nützlich, weil nun ein zusätzliches Persönlichkeitskennzeichen gewonnen war, das die Unterscheidung von Menschen in sich erweiternden sozialen Geflechten erleichterte. Es wurden z. B. Verträge zwischen Menschen möglich, die sich noch nie gesehen hatten. Von der Einrichtung des Familiennamens profitierten also nicht nur der sich allmählich herausbildende souveräne Staat, sondern auch Handel und Verkehr. Ob auch der einzelne Mensch von dem neuen Persönlichkeitskennzeichen profitierte oder, ganz im Gegenteil, in der eigenen Entfaltung behindert wurde, hing dagegen von dem Stand, dem Ansehen, dem Reichtum und gelegentlich auch von der religiösen Prägung der Familie ab, der er zugerechnet wurde. Familiennamen[59] mussten auch Angehörige von Volksgruppen annehmen, zu deren Eigenart es gehörte, es bis dato bei Vor- und Vatersnamen belassen zu haben. Juden z.B., so meinte man im 18. und 19. Jahrhundert, sei zwar bürgerliche Gleichstellung zu gewähren (!), doch setze das voraus, dass sie einen Familiennamen ihrer Wahl annähmen.[60]

505 Familiennamen haben sich allerdings auf dem Hintergrund eines heute nicht mehr allgemein akzeptierten Familienkonzepts entwickelt. Erst der moderne Grundrechtsstaat hat die Fixierung auf die männliche Linie und auf eheliche Kindschaft aufgebrochen. Seither ist auch der „Familienname" zu einem Begriff mit unscharfen Rändern geworden. Es spricht deshalb viel dafür, diesen Ausdruck zu ersetzen, auch wenn sich bislang noch keine europäische Alternative abzeichnet. Wir schlagen **„Hauptname"** vor. Das Wort ist zwar blasser, aber korrekter. „Familie" jedenfalls kann namensrechtlich mehrere und sich zum Teil gegenseitig aufhebende Bedeutungen haben. Der ursprüngliche Bezugspunkt des Familiennamens war die **Großfamilie,** deren Mitglieder durch die Abstammung von einem gemeinsamen männlichen Vorfahren identifiziert wurden. Es ging um „Blutsver-

---

[59] Für Vornamen lassen sich zwar gleichfalls Beispiele staatlicher Intervention zum Zwecke der „Assimilierung" finden, doch ging es hier nicht darum, jemandem überhaupt einen Vornamen, sondern darum, ihm einen anderen Vornamen zuzuweisen. Spuren davon finden sich bis heute im bulgarischen Recht. Unter Art. 19a(1) bulgar. Gesetz über die Zivilregistrierung dürfen Bulgaren türkischer Abstammung ihre vor der Zwangsbulgarisierung getragenen Namen auf Antrag beim Standesamt wieder annehmen (es war z. B. „Mehmet" zwangsweise in „Michael" geändert worden). Entsprechendes gilt für Familien- und Vatersnamen (Art. 19a(4) a. a. O.).

[60] Bis zu der sog. Emanzipationsgesetzgebung aus dem späten 18. und dem frühen 19. Jahrhundert trugen die weitaus meisten der in Europa lebenden („aschkenasischen") Juden nur einen Vornamen und ein Patronym, wenn auch oft um einen Beinamen ergänzt (*Czakai,* Aschkenas 32 [2022] S. 33). Einige Staaten beschränkten die Namenswahl. Unter § 2 des österreichischen Patents vom 23.7.1787 (JGS 1787 S. 130) durften Juden keine hebräischen Namen („Namen in jüdischer Sprache") und keine Ortsnamen tragen (näher *Bering,* in: Diekmann, Das Emanzipationsedikt von 1812 in Preußen, S. 201, 204). Unter Art. 3 des franz. Dekrets vom 20.7.1808 durften als Familiennamen keine alttestamentarischen und keine Städtenamen angenommen werden, es sei denn, es handelte sich um *noms connus et constamment portés* (Art. 5). Juden war durch Art. 1 eine Dreimonatsfrist zur Annahme eines Familiennamens gesetzt (Bulletin des Lois de L'Empire français, 4e Série, Tome Neuvième, Contenant les Lois rendues pendant le deuxième Semestre de l'année 1808, S. 27 (N° 3589; Décret impérial concernant les juifs qui n'ont pas de nom de famille et de prénom fixes, A Baïonne, le 20 Juillet 1808, https://gallica.bnf.fr/ark:/12148/bpt6k445361h/f2.item). Das preußische „Edikt vom 11.3.1812 „betreffend die bürgerlichen Verhältnisse der Juden in dem Preußischen Staate" (abgedruckt in *Diekmann* a. a. O. S. 335–340) enthielt solche Beschränkungen nicht. Unterschriften mussten allerdings in deutschen oder lateinischen Schriftzügen geleistet werden (§ 2). Juden hatten innerhalb von sechs Monaten zu erklären, welchen Familiennamen sie „beständig führen" wollten (§ 3). Die Namen wurden also gewählt, nicht „zudiktiert" (*Bering* a. a. O. S. 207 mit dem Zusatz: „Zurzeit ist der Wissensstand der, dass allein in einem Randbezirk von Westgalizien nämlich, der Name verordnet worden ist"). Die gewählten Namen wiederum entsprachen der Mode der Zeit. Namen mit Naturbezug waren beliebt, Namen mit Farben oder Edelsteinen und Edelmetallen mögen auch religiöse Bezüge gehabt haben (*Livingstone,* German Life and Letters 58 [2005] S. 164, 173–178).

I. Der bürgerliche Name § 8

wandte".⁶¹ Der Familienname war deshalb der Namensbestandteil, der generationenübergreifend gleichblieb. Man trug den Familiennamen, den auch schon die jeweils väterlichen Groß- und Urgroßeltern und deren Elterngenerationen getragen hatten; es wurde möglich, statt bloßer Biographien gleich ganze „Familiengeschichten" zu schreiben. Der Erhalt des Familiennamens über möglichst viele Generationen hinweg wurde in Deutschland noch um die Wende vom 19. zum 20. Jahrhundert als so wichtig angesehen, dass das BGB in seiner Urfassung die Adoption hauptsächlich zu dem Zweck einrichtete, einen Namen vor dem Erlöschen zu bewahren.⁶² Unter Art. 61 franz. CC stellt es bis heute einen Grund zur Namensänderung dar, dass der Name andernfalls „aussterben" würde.

Genau besehen hat eine Familie nach modernem Verständnis aber gar keinen Namen. **506** Der Name dient zur Identifizierung eines Menschen, nicht zur Identifizierung einer Gruppe. Es können also nur mehrere Familienmitglieder (sprachlich) den gleichen Namen tragen. Das wiederum hängt aber von der Klärung der Kriterien ab, unter denen jemand einer (und keiner anderen) Familie zugerechnet wird. Schließlich wird jedermann, biologisch gesehen, immer in gleich zwei (und, schaut man weiter zurück, in eine theoretisch unendliche Zahl von) Großfamilien hineingeboren.⁶³ *Eine* Großfamilie musste also erst durch die Rechtsordnung geschaffen werden, und genau diesem Zweck diente der Familienname. Er beruht zwangsläufig auf einem entweder patro- oder einem matrolinearen System, muss also nach dem Geschlecht der jeweiligen Eltern differenzieren. Tatsächlich waren alle europäischen Namensrechte patrolinear aufgebaut.⁶⁴ Dass das nicht mehr aufrechtzuerhalten war, sobald sich das Prinzip der Gleichberechtigung der Geschlechter etablierte, bedarf keiner Erläuterung. Die Balance in der Kleinfamilie würde durch ein solches System in heute nicht mehr tolerabler Weise gestört. Dass eine Ungleichgewichtslage „Tradition" hat, macht die Dinge nicht besser. Die Großfamilie musste ihre namensprägende, der Name seine familienprägende Bedeutung verlieren. Heute kann i. d. R. jede Generation spätestens dann, wenn sie eine eigene Familie gründet, namensrechtlich neu entscheiden, an welche Linie sie für sich und ihre Kinder anknüpfen möchte. Der Fort-

---

61 „Where the parents are married the child will normally be given the surname or patronymic of the father thereby demonstrating its relationship to him. The surname is thus a biological label which tells the world at large that the blood of the name flows in its veins" (*Dawson v Wearmouth* [1999] 2 W. L. R. 960; [1999] 2 A. C. 308, 323 A–B, Lord Jauncey of Tullichettle).
62 Dazu *von Bar*, in: Innenansichten des deutschen und ostasiatischen Rechts, S. 181, 196 mit Fn. 48.
63 Dem trägt zwar das spanische Doppelnamensystem Rechnung, doch beruht es im Kern deshalb gleichfalls auf einem patrolinearen Ansatz, weil der Doppelname grundsätzlich aus den ersten Namen der jeweils vorangegangenen Generation gebildet und weil der erste Name wiederum der Vatersname ist. So besehen könnte man sogar sagen, es gäbe überhaupt nur Männernamen (oben Rdnr. 19 mit Fn. 81 und Rdnr. 137).
64 Das gilt selbst für das Common Law (vorher Fn. 61), auch wenn hier historisch gesellschaftliche Übung und rechtliche Überformung schwer auseinanderzuhalten sind. *Hoggett,* Parents and Children⁴, S. 12 erläutert: „Unlike many countries, we have no rules about family names; an adult's name is that by which he is generally known and it is for the parents to choose the surname by which their child is known. It used to be said that this was an aspect of the father's common law guardianship (Re T. (orse H.) (An Infant) [1963] Ch. 238) but it must now be a matter for which there is equal parental responsibility. Each parent is therefore free to make a choice and disputes can be decided (by a specific issue or prohibited steps order) according to what is best for the child". Die Dominanz des Mannes ging lange Zeit so weit, dass *Blackstone* (Blackstone's Commentaries on the Laws of England I ch. 15) schreiben konnte: „By marriage, the husband and wife are one person in law: that is, the very being or legal existence of the woman is suspended during the marriage, or at least is incorporated and consolidated into that of the husband: under whose wing, protection, and cover, she performs everything; and is therefore called in our law-french a feme-covert [married woman]; is said to be covert-baron, or under the protection and influence of her husband, her baron, or lord; and her condition during her marriage is called her coverture. Upon this principle, of an union of person in husband and wife, depend almost all the legal rights, duties, and disabilities, that either of them acquire by the marriage. I speak not at present of the rights of property, but of such as are merely personal. For this reason, a man cannot grant anything to his wife, or enter into covenant with her: for the grant would be to suppose her separate existence; and to covenant with her, would be only to covenant with himself: and therefore it is also generally true, that all compacts made between husband and wife, when single, are voided by the intermarriage. A woman indeed may be attorney for her husband; for that implies no separation from, but is rather a representation of, her lord".

bestand des Namens der jeweils für maßgeblich angesehenen Großfamilie muss in jeder Generation neu bestätigt werden. Wer noch als Kind einen Geburtsnamen trug, den seine Eltern zum Namen *ihrer* Familie bestimmt hatten, kann, wie jedes seiner Geschwister, im Einvernehmen mit seinem Partner dessen Namen zum Namen *seiner* Familie bestimmen. Im Anwendungsbereich des Common Law müssen Kinder nicht einmal notwendig den *surname* eines Elternteils tragen; Hauptnamen werden nach den gleichen Regeln erworben, unter denen auch Vornamen erworben werden.[65] In den meisten Ländern Kontinentaleuropas trug der eheliche Sohn früher sein ganzes Leben lang den Familiennamen des Vaters, und da sich das in jeder Generation wiederholte, entstand eine Namenskontinuität, die bei ausreichender Dokumentation über Jahrhunderte hinweg zurückverfolgt werden konnte. Vorausgesetzt wurde dabei aber immer, dass „ausheiratende" Töchter namensrechtlich ab ihrer Eheschließung der Familie ihres Mannes zuzurechnen waren. Heute kommt das nur noch in Betracht, wenn sich das Paar selbst zu diesem Schritt entscheidet.

507 Der maßgebende Bezugspunkt des modernen Familiennamens ist m. a. W. die **Kleinfamilie** geworden, verstanden als die Gemeinschaft von Eltern und Kindern.[66] Ob sich Paare, die (noch) kinderlos sind, namensrechtlich bereits als „Familie" zu erkennen geben möchten, entscheiden sie ebenfalls selbst. Die Eingehung einer Ehe (bzw. die Begründung einer Lebenspartnerschaft) ist für sich genommen namensrechtlich indifferent. Das Paar kann für einen gemeinsamen Namen optieren, muss es aber nicht. Gibt ein Partner seinen Namen vollständig auf, trägt er ab diesem Zeitpunkt allein den Namen des anderen. Es entsteht ein Familienname in Gestalt eines **Ehenamens.** Will das Paar seine Verbindung zwar namensrechtlich sichtbar machen, der zurücktretende Teil aber nicht ganz auf seinen bisherigen Namen verzichten, kann er ihn unter deutschem Recht dem Ehenamen als **Begleitnamen** hinzufügen. Den Begleitnamen führt aber nur dieser Ehepartner allein. Es handelt sich um einen „Familiennamen" ohne Bezug zu der neu gegründeten Familie, um einen Namen ohne generationenübergreifendes Potential. Man sieht schon an solchen Kleinigkeiten, wie schwierig es mancherorts immer noch ist, modernes Namensrecht aus seiner familienrechtlichen Verklammerung zu lösen. Alle bisherigen Reformen haben Schritte in diese Richtung unternommen; das Ende ist noch lange nicht in Sicht.[67] Weniger widersprüchlich

---

[65] Lady Justice Butler-Sloss (as she then was) in *Re D, L and LA (Care: Change of Forename)* [2003] 1 FLR 339, 346 („Presently there is no legislation which states that a child must be given a specific surname, for example that of the father or the mother or both. [...] Parents have flexibility in relation to the name they can choose for their child/children. It follows that children from the same parents are not required to have the same surname. Choosing the full name is a matter of parental responsibility, namely all the „rights, duties, powers, responsibilities and authority which by law a parent of a child has in relation to the child and his property (sec. 3(1) Children Act 1989). [...] Forename or surname, it seems to me, the principles are the same, in general. [...] Having said that, one has to recognise, in reality, that names do change. Children acquire nicknames and even nicknames sometimes take over from the name that they were given as their chosen name. Children do have diminutives and they may themselves, as they get older, prefer their third name to their first name and choose to be called by it").

[66] BGH 8.12.2021, FamRZ 2022 S. 421 (S. 424 mit dem Zusatz, „dass die Weitergabe von Generation zu Generation nach deutschem Verständnis nicht mehr als eine zwingende Funktion des Familiennamens an-(ge)sehen werden kann"). Siehe zudem aus der umfangreichen Rechtsprechung des EGMR zum Begriff der „Familie" jüngst wieder EGMR 12.11.2020, 19511/16, *Honner vs. Frankreich*, FamRZ 2021 S. 194 (zwei Frauen, die in einem PACS frz. Rechts gelebt hatten und von denen eine Mutter geworden war, stritten sich nach ihrer Trennung um das Umgangsrecht; es habe sich um eine Familie i. S. v. Art. 8 EMRK gehandelt).

[67] In der jüngeren deutschen Rechtsgeschichte hat es zahlreiche Anläufe zu umfassenden Reformen des Namensrechts gegeben, von denen bislang aber keiner erfolgreich war. In der laufenden Legislaturperiode steht das Namensrecht erneut auf der politischen Agenda (SPD/Bündnis 90/Die Grünen/FDP, Koalitionsvertrag 2021–2025, S. 80: https://www.spd.de/fileadmin/Dokumente/Koalitionsvertrag/Koalitionsvertrag_2021-2025.pdf.), wenn auch nur mit der kryptischen Ankündigung, das Namensrecht z. B. durch die Einführung echter Doppelnamen liberalisieren zu wollen. Die 93. Konferenz der Justizministerinnen und Justizminister vom 1./2.6.2022 sah „dringenden Reformbedarf". Sie gelangte zu der Auffassung, dass „das durch den Grundsatz der Namenskontinuität geprägte deutsche Namensrecht wenig flexibel, kompliziert und in manchen Bereichen auch in sich widersprüchlich ist. Ein modernes Namensrecht sollte die Bedeutung des Namens als wesentliches identitätsstiftendes Merkmal anerkennen und in diesem Zusammenhang das Selbstbestimmungsrecht des Einzelnen und die Vielfalt individueller Lebensläufe von Familien

wirkt es jedenfalls, wenn es das englische (im Gegensatz etwa zum deutschen und zum polnischen[68]) Recht einem unverheirateten Paar gestattet, einen gemeinsamen Namen zu tragen.[69] Denn es können auch faktische Lebensbeziehungen für sich in Anspruch nehmen, Familie zu sein[70], und Paare, die einen gemeinsamen Namen tragen, bringen damit ja gerade zum Ausdruck, in einer stabilen Verbindung leben zu wollen.

Eine Kleinfamilie entsteht allemal, wenn Kinder geboren werden. Da jeder Mensch einen Namen haben soll, muss es Regeln geben, nach denen sich der Name eines Babys bildet. Es tritt mit einem **Geburtsnamen** ins Leben.[71] Auch dieser Geburtsname ist ein Familienname, wenn und soweit in ihn der Nachname eines Elternteils einfließt. Schon die Weitergabe an eine einzige Nachfolgegeneration genügt. Man kann allerdings darüber streiten, ob man auch dann noch einen „Familiennamen" vor sich hat, wenn nur Teilnamen (und nicht der gesamte Hauptname) tradiert werden. Unter spanischem Recht trägt ein Kind als Geburtsnamen einen Doppelnamen, der sich im Regelfall aus den ersten Teilnamen der Doppelnamen seiner Eltern zusammensetzt[72]; unter portugiesischem Recht ist eine solche Lösung möglich, aber nicht zwingend.[73] Genau besehen gibt es in diesen Fällen also gerade keinen generationenübergreifenden Namensbestandteil, sondern nur generationenübergreifende Namensteile. Unter rumänischem Recht können die Eltern für ihre Kinder sogar unterschiedliche Nachnamen bestimmen, z. B. für das erste Kind den Namen des Vaters, für das zweite den Namen der Mutter und für das dritte und das vierte den in unterschiedlicher Reihenfolge zusammengesetzten Namen beider Eltern.[74] Auch das

508

---

sowie die spezifischen Belange nationaler Minderheiten berücksichtigen" (https://www.justiz.bayern.de/media/pdf/top_i.12_-_namensrecht.pdf). Vorangegangen war ein umfangreiches Eckpunktepapier einer interministeriellen Arbeitsgruppe der Vorgängerregierung (FamRZ 2020 S. 902). Dieses Eckpunktepapier war die Fragen wesentlich grundsätzlicher angegangen und hatte vorgeschlagen, das gesamte Namensrecht einheitlich im Allgemeinen Teil des dt. BGB zu regeln. Auch die Aufspaltung der Zuständigkeiten zwischen Standesämtern und Verwaltungsbehörden sollte beseitigt werden. Jede Namensänderung sollte (wie heute bereits in Schweden) durch Erklärung gegenüber dem Standesamt erfolgen.

[68] Poln. Oberstes Verwaltungsgericht 10.10.2017, II OSK 293/16, LEX-Nr. 2419453. Die Klägerin trug den Namen ihres Vaters, mit dem sie seit der Scheidung ihrer Eltern im Jahre 1992 nur noch gelegentlich Kontakt gehabt hatte. Ihre Mutter hatte 2011 erneut geheiratet und den Namen ihres zweiten Mannes angenommen. Die Klägerin sah keinen Grund mehr, den Namen ihres Vaters zu führen. Sie beantragte die Änderung ihres Namens in „P", mit dem sie zusammenlebte und zu dem und dessen Familie sie eine enge emotionale Bindung hatte. Die Namensänderung wurde abgelehnt. Unter Art. 4(1) poln. VNG vom 17.10.2008 dürfe eine Namensänderung nur aus wichtigem Grund vorgenommen werden. Im Grundsatz sei der Name unveränderlich. Die Eingehung einer faktischen Lebensgemeinschaft genüge nicht, einerlei, ob es sich um eine gleich- oder verschiedengeschlechtliche Lebensgemeinschaft handele. Beide stünden außerhalb der Rechtsordnung. Es liege auch kein Verstoß gegen Art. 8(1) i. V. m. Art. 14 EMRK vor. Die Ablehnung der Namensänderung diskriminiere faktische Lebensgemeinschaften nicht.

[69] *Sheffield and Horsham v United Kingdom* (1999) 27 E. H. R.R. 163 (oben Fn. 40).

[70] EGMR 22.7.2010, 18984/02, *P. B. und J. S. vs. Österreich*, Rdnr. 27 („The Court reiterates its established case-law in respect of different–sex couples, namely that the notion of family under this provision is not confined to marriage-based relationships and may encompass other de facto ‚family' ties where the parties are living together out of wedlock") und Rdnr. 30 („Consequently the relationship of the applicants, a cohabiting same-sex couple living in a stable de facto partnership, falls within the notion of ‚family life', just as the relationship of a different-sex couple in the same situation would").

[71] Der „technische" Begriff des Geburtsnamens kann allerdings breiter sein. Zwar ist z. B. unter Art. 29(1) poln. RdSG der Geburtsname „der in der Geburtsurkunde angegebene Name". Unter § 62(2) tschech. Gesetz über das Standesamtsregister, den Namen und Nachnamen ist dagegen Geburtsname „der bei der Geburt des Kindes, der Feststellung der Vaterschaft oder der Adoption bis zur Erlangung der Geschäftsfähigkeit und bei einem Geschlechtswechsel in das Geburtsregister eingetragene Nachname".

[72] Art. 49(2) span. LRC („Die Abstammung bestimmt die Familiennamen. Wird die Abstammung durch beide Linien bestimmt, so einigen sich die Eltern vor der Eintragung ins Register über die Reihenfolge ihrer ersten Familiennamen").

[73] Unter Art. 103(2)(e) port. CRC sind die „Familiennamen ... aus denjenigen auszuwählen, aus denen die Familiennamen von beiden oder von einem Elternteil des Betreffenden bestehen oder auf deren Führung sie ein Recht haben, und bei deren Fehlen der Name, unter dem die Eltern bekannt sind". Siehe im Übrigen schon oben Fn. 57.

[74] *Reghini/Diaconescu/Vasilescu*, Introducere în dreptul civil, S. 255; *Ungureanu und Munteanu*, Drept civil. Persoanele[3], S. 248.

lässt sich schwerlich noch als Familienname deuten. Andere (aber keineswegs alle) europäische(n) Rechtsordnungen unterbinden solche Namenskombinationen selbst dann, wenn die Eltern noch eingliedrige und gewissermaßen „echte" Familiennamen tragen.[75] Namensdopplungen zu gestatten, bedeutet notwendig ebenfalls, mit der Grundidee des „Familiennamens" zu brechen, weil nun sogar Eltern und Kinder verschiedene Hauptnamen tragen können. Eine Kleinfamilie i. S. d. Namensrechts bildet im Übrigen bereits die Gemeinschaft einer Mutter mit ihrem Kind. Ihren Familiennamen trägt es mindestens immer dann, wenn die väterliche Abstammung ungeklärt oder dem Vater aus anderem Grunde nicht das Namenssorgerecht für das Baby zusteht und die Mutter nicht von der ihr unter dem anwendbaren Recht zugestandenen Option Gebrauch macht, für ihr Kind einen Hauptnamen zu wählen, der von dem ihren abweicht. In allen anderen Fällen entscheiden beide Elternteile gemeinsam, ob sich der Hauptname ihrer Kinder patro- oder matrolinear bilden soll.

509 Die Führung von **Adelspartikeln** und Adelstiteln ist in mehreren europäischen Jurisdiktionen untersagt.[76] Das ist mit dem europäischen Freizügigkeitsrecht vereinbar.[77] Wo es weiterhin erlaubt ist, sie zu tragen (wo also zwar der erbliche Adel als Stand, nicht aber Adelsbezeichnungen abgeschafft wurden), wurden sie überwiegend zu einem Teil des Familiennamens.[78] Adelspartikel (wie meistens deutsch und schwedisch[79] „von" [deutsch

---

[75] Näher unten Rdnrn. 523–524.
[76] So verhält es sich u. a. in Österreich (§§ 1 und 2 österr. Adelsaufhebungsgesetz; das Gesetz hat unter Art. 149 österr. B-VG sogar Verfassungsrang und stellt Zuwiderhandlungen unter Strafe; das schließt die durch § 2 Nr. 1 der Vollzugsanweisung des Staatsamtes für Inneres und Unterricht und des Staatsamtes für Justiz vom 18.4.1919 noch einmal ausdrücklich untersagte Führung des Adelszeichens „von" ein: österr. VfGH 9.10.2019, E 1851/2019-13 S. 17); Polen (Art. 96(3) poln. Verfassungsgesetz vom 17.3.1921; Art. 32 poln. Verf. vom 7.4.1997 beschränken sich auf das Gleichheitsprinzip; näher *Michałowska*, Niemajątkowe wartości życia rodzinnego w polskim prawie cywilnym, Kap. V § 3); Portugal; der Slowakei und Tschechien (§ 1 tschechoslowak. Gesetz Nr. 61/1918 Gbl.: „Ehemalige Adlige dürfen ihren Familiennamen nicht mit einem auf den Adel hinweisenden Präfix oder Anhang führen"). Die Ehren- und Adelsbezeichnungen *(referências honoríficas ou nobiliárquicas)* betreffenden Art. 40(2) und (3) port. CRC sind durch DL 324/2007 vom 9.9.2007 ersatzlos gestrichen worden. Die Eintragung von Adelsbezeichnungen ist seither nicht mehr zulässig. Das ist im Schrifttum teils begrüßt (*Sampaio*, Código do Registo Civil anotado e comentado[5], Anm. zu Art. 40, S. 128), teils heftig kritisiert worden. *Menezes Cordeiro*, Tratado de Direito Civil IV[5], S. 325 hält die Reform sogar für verfassungswidrig. Für einen Eingriff in Art. 26(1) port. Verf. (Ehre und guter Name) reiche ein Regierungsgesetz nicht aus. Außerdem verletze das Gesetz Art. 78(2) port. Verf., weil, so die recht kühne Behauptung, Adelstitel als immaterielles nationales Kulturerbe zu verstehen seien. Auch Art. 7(7) gr. Verfassung verbietet die Führung von Adelstiteln. Zu einem besonderen Drama hat das in der früheren Königsfamilie geführt. Der ehemalige König Konstantin hatte keinen Familiennamen annehmen wollen und deshalb keinen griechischen Pass erhalten. Er durfte sich aber auch nicht „ehemaliger" König oder dgl. nennen (Art. 6(4) gr. Gesetz 2086/1992). EGMR 21.10.1999, 25701/94, *The former King of Greece, Princess Irene and Princess Ekaterini against Greece*, hat darin keinen Verstoß gegen die EMRK gesehen.
[77] EuGH 22.12.2010, Rs. C-208/09, *Sayn-Wittgenstein*, FamRZ 2011 S. 1486 (Eine in Deutschland lebende Österreicherin war von Lothar Fürst von Sayn-Wittgenstein adoptiert worden und nannte sich anschließend „Fürstin von Sayn-Wittgenstein". Unter österreichischem Recht hieß sie dagegen wegen des Adelsaufhebungsgesetzes von 1919 nur „Sayn-Wittgenstein". Der EuGH sah darin keinen Verstoß gegen Art. 21(1) AEUV, weil der österreichische *ordre public* den Eingriff rechtfertige. Das Gericht verwies u. a. auf den Verfassungsrang des Adelsaufhebungsgesetzes und darauf, dass es unionsrechtlich unter Art. 4(2) EUV geboten sei, die Identität der Mitgliedstaaten zu achten.
[78] So die deutsche, die finnische, die italienische und die schwedische Lösung. Unter Art. 123(1) dt. GG i. V. m. Art. 109(3) Satz 2 der Weimarer Reichsverfassung gelten „Adelsbezeichnungen nur als Teil des Namens und dürfen nicht mehr verliehen werden". Der „Kniff" bestand also darin, Adelsbezeichnungen zum Familiennamen zu ziehen, obwohl sie ursprünglich gerade keine Namensbestandteile waren (KG 22.9.1998, NJW-RR 1999 S. 1307, 1308; vgl. auch BVerwG 22.11.1968, StAZ 1969 S. 185 und OLG Hamm 21.9.2006, FGPRax 2007 S. 120). Das bedeutet gleichzeitig, dass Adelstitel auch nicht als (letzte) Vornamen vergeben werden dürfen („Otto Graf", „Maximilian Lord": OLG Zweibrücken 25.11.1992, FamRZ 1993 S. 1242). In Finnland und Schweden dürfen Adelspartikel gleichfalls getragen werden; die Neubildung adeliger Namen (unter Verwendung von Präfixen) ist jedoch ausdrücklich untersagt (Kap. 2 § 18(4) finn. Etu- ja sukunimilaki und § 14(2) schwed. Lag om personnamn; dazu SOU 2013:35, S. 327). Art. XIV(2) der Schlussbestimmungen der italienischen Verfassung erlaubt die Fortführung von Adelstiteln, die vor dem 28.10.1922 bestanden, als Teil des Namens. Im republikanischen System haben

I. Der bürgerliche Name §8

seltener auch „zu"], i. d. R. aber gerade nicht niederländisch „van", französisch, portugiesisch und spanisch „de" und italienisch „di"[80]) werden nach den allgemeinen Regeln für den bürgerlichen Namen von einer Generation auf die nächste tradiert; Adelstitel (wie „Graf" oder „Freiherr") ebenfalls, doch dürfen sie i. d. R. in geschlechtsspezifischer Form („Gräfin", „Freifrau") getragen werden.[81] Persönliche, d. h. nicht „erbliche" Adelstitel („Sir", „Lord", „Lady", „Dame"), sind Titel, keine Namensteile.[82] Wenn auf Eheleute zwei

---

Adelstitel keine darüber hinausgehende Bedeutung mehr (näher *Bordonali*, Dir.fam.pers. 2010 S. 1703 und *Scafidi*, Dir.fam.pers. 2010 S. 1058). Kompliziert ist die Lage in Spanien. Denn *títulos nobiliarios* gelten hier nicht als Persönlichkeitsrechte, sondern als Ehrenauszeichnungen (eingehend *Lasarte*, Principios de derecho civil I², S. 176–178 und *Fernández Domingo*, El nombre de las personas, S. 265). Das *principio de masculinidad* wurde zwar durch das span. Gesetz 33/2006 über die Gleichbehandlung von Männern und Frauen bei Adelsbezeichnungen abgeschafft, aber das *principio de primogenitura* blieb ebenso bestehen wie die Diskriminierung außerehelicher Kinder (*Lasarte* a. a. O. S. 177–178 mit Hinweis auf TC 3.7.1997, 126/1997, ECLI:ES:TC:1997:126 [*principio de primogenitura*] und TS 8.3.2016, 781/2016, ECLI:ES: TS:2016:781 [außereheliche Kinder]; *Fernández Domingo* a. a. O. S. 273).

79 Dazu Kammarrätten Jönköping 19.5.2022, 352-21: Die Antragstellerin begehrte eine Vornamensänderung dahin, als dritten und letzten Vornamen „Von" zu erwerben. Sie behauptete, zu dieser Namenswahl durch isländische Bekannte angeregt worden zu sein; in Island bedeute „Von" (großgeschrieben) Hoffnung. Das Oberverwaltungsgericht lehnte ab. Die Familie habe keine verwandtschaftlichen Verbindungen zu Island. „Von" sei deshalb als adeliges Präfix zu verstehen, und die Tatsache, dass der Name an letzter Stelle unter den Vornamen, am nächsten dem Familiennamen, platziert wurde, verstärke diesen Eindruck. Die Bezeichnung sei folglich als irreführend anzusehen.

80 In Portugal handelt es sich hauptsächlich um eine Form der Verbindung zweier Namensteile, nicht anders als bei den Präposionen „da", „das", „do" oder „dos" und bei der Konjunktion „e". Diese Partikel werden sowohl von Adligen als auch von Nichtadligen geführt, von Adligen aber meistens gerade nicht. Jedermann steht es unter Art. 104(2)(c) port. CRC frei, ein entsprechendes Partikel zu führen oder von seiner Verwendung abzusehen (näher *Vilhena de Carvalho*, O nome das pessoas e o direito, S. 114–116). Auch franz. *de* oder *du* sind entgegen einem populären Irrtum (und trotz ihrer umgangssprachlichen Bezeichnung als *particules nobiliaires*) keine Adelzeichen (Rép. civ. Dalloz [-*Laroche-Gisserot*], Nom – Prénom, S. 19, Rdnr. 106; *Teyssié*, Droit des personnes²⁰, S. 249 Rdnr. 374 [„La 'particule' – de, du, de la, des – précédant le nom de famille n'est qu'un élément de ce dernier. Elle ne constitue en aucune façon une qualification nobiliaire"]). Die Partikel sind überwiegend ländlichen Ursprungs. Sie dienten zur Unterscheidung von Personen gleichen Namens durch Hinweis auf ihren Herkunftsort; ihr Gebrauch war bei Nichtadligen ebenso häufig wie bei Adligen (*Laroche-Gisserot*, Leçons de droit civil I(2)⁸, S. 115 Rdnr. 550). „Man kann ein vollkommener *roturier* (Nichtadliger) sein und das Partikel tragen oder kein Partikel haben und von höchstem Adel sein" (*Beignier und Binet*, Droit des personnes et de la famille⁴, S. 164 Rdnr. 240). Der franz. Staatspräsident Valéry Giscard d'Estaing z. B. gehörte nicht dem Adel an (*Beignier und Binet* a. a. O. S. 164 Fn. 132). Spanien kennt zwar (wie Frankreich, aber im Unterschied zu Portugal) noch Adelstitel, aber „de" ist kein Adelspartikel. Unter Art. 49(2) Satz 5 span. LRC können die Präposition „de" und die Konjunktionen „y" oder „i" zwischen den Familienteilnamen geführt werden. Unter Art. 53(2) a. a. O. kann die Präposition „de" dem ersten Familiennamen vorangestellt werden, wenn dieser üblicherweise als Vorname in Gebrauch ist. Die italienischen Präpositionen „di", „del", „della" und „da" können Teil eines Adelsnamens sein, müssen es aber nicht. Sind sie es, werden sie meistens klein, andernfalls groß geschrieben.

81 RG 10.3.1926, RGZ 113 S. 107, 112 („Es kann sich also nur noch fragen, ob etwa die §§ 1355, 1616 BGB dem Gebrauche einer weiblichen Namensform entgegenstehen. Die Frage ist zu verneinen. Das Gesetz bestimmt lediglich, daß die Frau den Familiennamen des Mannes erhält, aber nicht, in welcher Form der Name zu führen ist. Diese Frage ist keine Rechtsfrage, sondern eine Frage des Sprachgebrauchs"). Ebenso BayObLG 9.9.1955, BayObLGZ 1955 S. 245 („Baronin von X"). Diese Rechtsprechung hat auch Eingang in A. 1.3.3. dt. PStG-VwV gefunden. OLG Köln 20.11.2014, NJW 2015 S. 1121 betraf eine als „Freiin von R und K" geborene Frau, die nicht den Namen ihres Ehemannes („X") angenommen, vielmehr ihren Geburtsnamen beibehalten hatte. Sie blieb, obwohl verheiratet, „Freiin" (nicht: „Freifrau"). Umgekehrt wird eine geschiedene „Freifrau" nicht wieder automatisch zur „Freiin" (KG 27.2.1964, StAZ 1964 S. 132). Da es um Fragen des Sprachgebrauchs geht, trägt die Ehefrau des „Ritter von S und G" nur den Namen „von S und G"; „Ritterin" ist sprachlich nicht möglich (BayObLG 17.2.1967, BayObLGZ 1967 S. 62).

82 Siehe bereits *Cowley (Earl) vs Cowley (Countess)* (1901) 85 L. T. Rep. 354; [1901] A. C. 450 („Where the marriage of a commoner with a peer of the realm has been dissolved by decree at the instance of the wife, and she afterwards, on marrying a commoner, continues to use the title she acquired by her first marriage, she does not thereby, though having no legal right to the user, commit such a legal wrong against her former husband, or so affect his enjoyment of the incorporeal hereditament he possesses in his title, as to entitle him, in the absence of malice, to an injunction to restrain her use of the title") und im Übrigen Home Office: Use and change of names Version 1.0, Published for Home Office staff on 28 January 2019,

verschiedene nationale Namensrechte Anwendung finden, von denen nur eines die Führung von Adelspartikeln und -titeln erlaubt, kann es dazu kommen, dass ein Ehepartner seinen (und die Kinder ihre) Namen mit, der andere aber ohne Adelsbezeichnung trägt. Heiratet z. B. eine Österreicherin einen Deutschen und haben sich die Eheleute zwar für den Mannesnamen als Ehenamen entschieden, sich aber nicht deutschem Namensrecht unterstellt, heißt er „Freiherr von X" und sie „Frau X". Umgekehrt können Nachnamen unter Verwendung des deutschen Adelspartikels „von" auch von Polen in Polen geführt werden, wenn sich ihr Name sprachlich aus einer deutschen Form des Hauptnamens ableitet. „Das polnische Recht schließt die Verwendung von Nachnamen mit einem Adelspartikel in der Sprache des Herkunftslandes der natürlichen Person nicht aus".[83]

b. Zwischennamen

510 Der Zwischenname ist ein Namensbestandteil, der schon seiner Grundanlage nach einer (einzigen) Generation vorbehalten ist. Es gibt inzwischen zwar auch (sog.) Familiennamen, die nur in einer Generation auftauchen, aber das sind Ausnahmen von der Regel. Der Zwischenname ist zudem ein **dritter Namensbestandteil,** der zu Vor- und Hauptname hinzutritt und sich, daher der Ausdruck, „zwischen" sie schiebt. Mit Ausnahme seiner in Bulgarien nach dem Geschlecht variierenden Endung (männlich -ov und weiblich -ev) tragen alle Kinder desselben Ehepaares denselben Zwischennamen. Er ist sozusagen ein „Geschwistername". Der Zwischenname einer Generation ist weder mit dem Zwischennamen der vorangegangenen noch mit dem Zwischennamen der nachfolgenden Generation identisch; die Nachverfolgbarkeit von Genealogien leistet auch in einem solchen System nur der Familienname. Die Zuordnung eines Zwischennamens kann gesetzliche Regel, kann aber auch in das freie Ermessen der Eltern bzw. ihrer inzwischen erwachsen gewordenen Kinder gestellt sein. Im zweiten Fall hat man es, wie unter Kap. 2 § 11 dän. Navneloven, mit einem fakultativen Zwischennamen *(mellemnavn)* zu tun. Unter Art. 47(1) Nr. 3 dt. EGBGB kann eine Person, die die deutsche Staatsangehörigkeit erworben hat, ihren unter ihrem früheren Heimatrecht geführten Zwischennamen ablegen. Er nimmt in dieser Sondersituation gleichfalls den Charakter eines fakultativen Namensbestandteils an. Schweden, das den Zwischennamen *(mellannamn)* im Jahre 2017 abgeschafft hat, erlaubt den Bürgern, die ihn noch nach altem Recht tragen, ihn fortzuführen, aber auch, ihn abzulegen.[84] Mit den sog. **„Hofnamen"** (*gårdsnamn,* § 29 schwed. Namensgesetz) hat sich in Schweden aber eine andere Besonderheit erhalten. Ein *gårdsnamn* ist eine Bezeichnung, die

---

 www.gov.uk/change-name-deed-poll (Title restrictions. 3.3: Nobility titles and honours „If you also require your title to be changed to a title of nobility or honour e. g. Lord, Lady or Sir, the title must relate to an honour granted by the Sovereign of the United Kingdom and you must be entitled to use the title in accordance with the honour's traditional style of usage. Please note, we only recognise genuine British titles of nobility. If you have purchased a title purporting to allow you to use a title such as Sir, Lord, Laird or Lady, we will not recognise such a title because you cannot purchase a genuine British title of nobility"). Da man unter englischem Recht grundsätzlich den Namen trägt, den man tragen möchte (*Cowley (Earl) vs Cowley (Countess)* a. a. O. S. 460 und *Sheffield and Horsham vs United Kingdom* (1999) 27 E. H. R.R. 163, para 26 [„Under English law, a person is entitled to adopt such first names or surname as he or she wishes"]), wäre „Duke Ellington" ein tauglicher echter Name. Nicht möglich wäre aber „Duke Duke Ellington", weil dann ein nicht von der Krone verliehener Adelstitel geführt würde.

[83] Poln. OG 4.2.1998, I CKU 204/97, Legalis-Nr. 42812 (das deutschsprachige „von" vor dem Nachnamen von Józef B erfülle nur eine kennzeichnende Funktion und sei nicht als Titel zu behandeln; die Kläger hätten infolge ihrer Verwandtschaft mit deutschen Vorfahren ein ausreichendes rechtliches Interesse daran nachgewiesen, ihren Namen in seiner ursprünglichen Form zu führen. Ähnlich Woiwodschaftsverwaltungsgericht Lublin 27.3.2012, III SA/Lu 35/12, Legalis-Nr. 468748 („von" sei ein Adelspartikel und folglich kein Titel).

[84] Oben Fn. 2 und Fn. 9. Die Abschaffung des Zwischennamens wurde teils damit begründet, dass eine Verunsicherung darüber eingetreten sei, was erlaubt ist, teils auch damit, dass sich mit dem Zwischennamen eine unnötige Beschränkung der Wahlfreiheit verbinde, da er weder an den Ehepartner noch an die Kinder weitergegeben werden könne. Der Zwischenname habe in einem modernen Gesetz keinen Platz mehr. Außerdem bestünde für ihn auch kein Bedarf, da es möglich geworden sei, einen doppelten

nach lokalem Brauch als Name verwendet wird. Ein solcher Name kann von einer Person erworben werden, die mit ihm durch Verwandtschaft oder Ehe verbunden ist. Ein Hofname wird, je nach regionaler Tradition, unmittelbar vor oder nach den Vornamen geführt. Er kann auf Antrag jederzeit gelöscht werden. Der Name weist auf den Hof hin, von dem der Namensträger stammt oder mit dem er familiär verbunden ist. Neugeschaffene Hofnamen sind nicht erlaubt. Beispiele für herkömmliche Hofnamen sind „Erikers", „Finn", „Klockar", „Skommar", „Soldat", „Staffas", „Tolvmans", „Tysk" und „Täpp".

Zwischennamen existieren in Bulgarien, Dänemark und Griechenland. Im Einflussbereich der christlich-orthodoxen Kirche hat sich der Zwischenname in Bulgarien als **Patronym,** als Vatersname, erhalten. Obwohl sich Patronyme mit dem Grundsatz der Gleichberechtigung der Geschlechter offenkundig nicht vereinbaren lassen, sind sie weiterhin rechtlich vorgesehen und, soweit ersichtlich, allgemein akzeptiert. Auch der deutsche Bundesgerichtshof hat an ihnen keinen Anstoß genommen.[85] Unter Art. 13 des **bulgarischen** Gesetzes über Zivilregistrierung wird der Vatersname aus dem Eigennamen (Vornamen) des Vaters gebildet; dabei werden die Endungen -ov für Jungen und -ev für Mädchen verwandt. Diese Endungen werden nur dann nicht geführt, wenn sie der Vorname des Vaters sprachlich nicht zulässt („Brian") oder sie den familiären, ethnischen oder religiösen Traditionen der Familie widersprechen würden. Aus diesem Grunde lauten die Vatersnamen von Menschen muslimischer oder jüdischer Herkunft nicht auf eine Endung („Mehmet Mussa Ahmed"; „Daniel Pepo Levi"). Obwohl das als Entgegenkommen gedacht ist, drückt sich auch darin ein Stück Diskriminierung aus. Denn die Gestaltung des Vatersnamens legt die Zugehörigkeit zu einer bestimmten Volksgruppe offen. Zusätzliches Diskriminierungspotential droht durch Art. 15 a.a.O. Unter seinem Absatz (1) wird der väterliche Name eines Kindes, dessen Herkunft nur mütterlicherseits festgestellt worden ist, aus dem Eigennamen der Mutter oder aus dessen Stamm gebildet, wobei als Familienname des Kindes der Familienname der Mutter oder der Name ihres Vaters gilt. Unter Absatz (2) a.a.O. kann der Vatersname in den genannten Fällen und mit seiner Zustimmung auch aus dem Vornamen des Vaters der Mutter gebildet werden. Dann wird der Familienname der Mutter Familienname des Kindes. Das Kind soll auch dann einen Vatersnamen haben, wenn es (im Rechtssinne) keinen Vater hat. Eine Mutter, die nicht auf den Vornamen ihres Vaters zurückgreifen will oder kann (weil er das ablehnt), kann zur Not aus ihrem Vornamen einen väterlichen Namen bilden. Heißt die Mutter „Liliya", wird ihr Sohn den Vatersnamen „Liliev" tragen.[86] Stimmt dagegen Liliyas Vater der Verwendung seines Namens zu und heißt er Dimitar, wird Liliyas Sohn „Dimitrov" zum Vatersnamen erhalten. Nur in diesem Fall ist sichergestellt, dass der Vatersname nicht offenlegt, dass sein Träger außerhalb einer Ehe geboren wurde. Auch heute noch verbindet sich damit ein hohes Stigmatisierungsrisiko. Das bulgarische Namensrecht erscheint dringend reformbedürftig.

Das **griechische** ZGB enthält zwar keine ausdrückliche Regelung zum Vatersnamen; er ist gleichwohl ein wichtiges Namenselement[87], auf das in vielen Gesetzen Bezug genom-

511

512

Nachnamen zu tragen und so auf die Verwandtschaft mit anderen Familienmitgliedern hinzuweisen (SOU 2013:35 S. 25).

[85] BGH 8.12.2021, FamRZ 2022 S. 421 (das von Art. 10(3) dt. EGBGB den Eltern eingeräumte Recht, die auf die Namensführung ihres Kindes anwendbare Rechtsordnung zu wählen, umfasse auch die Vatersnamen bulgarischen Rechts; dass sie gegen den deutschen *ordre public* verstoßen könnten, wird gar nicht erst in Erwägung gezogen).

[86] Diese Namensschreibweise birgt gleichfalls Diskriminierungspotential, hat aber auch sprachliche Gründe. Aus dem weiblichen Namen „Liliya" (Lilie) wird auch der Zwischenname i.d.R. weiblich („Liliev") gebildet. Zur Verdeckung der nichtehelichen Abstammung könnte das Kind allerdings auch als „Lilov" eingetragen werden. Denn „Lilo" ist ein männlicher Vorname, und Art. 14 bulgar. Gesetz über Zivilregistrierung lässt es zu, nur den Stamm „Lil" zu nutzen. Es kommt zudem nicht immer auf das Geschlecht an, sondern darauf, ob der Name phonetisch besser mit -ov oder -ev ausgesprochen werden kann. Bei Namen, die auf einen Vokal enden („Sergey"), wird stets nur -ev benutzt („Sergiev" statt „Sergiov").

[87] Näher Georgiades und Stathopoulos (-*Karakatsanes*), AK I, Art. 58 S. 108 Rdnrn. 1–3 und *Triantos*, AK, Art. 58 gr. ZGB S. 78 Rdnr. 4 (Patronyme dienten insbesondere bei sonst synonymen Namen der Differenzierung).

men⁸⁸ und das auch in die Ausweise eingetragen wird. Der *Patrónymo,* der Vorname des Vaters, wird als hilfreich empfunden, weil Vettern väterlicherseits oft die gleichen Vor- und Nachnamen tragen: den Vornamen des Großvaters und die Familiennamen ihrer jeweiligen Väter. Nicht selten haben so drei lebende Personen den gleichen Namen; sie werden erst durch das Patronym unterscheidbar. In geschriebenen Namen taucht das Patronym allerdings regelmäßig in abgekürzter Form auf und verleitet den Außenstehenden auf diese Weise zu dem Irrtum, es handele sich um einen zweiten Vornamen („Apostolos S. [Stavros] Georgiades"). Bei sehr üblichen Namen kommt es nicht selten dazu, dass Großvater und Enkel sogar das gleiche Patronym tragen. Dann kann auch noch der Vorname der Mutter als weiterer Zwischennamen (*Metro-* oder *Matronym*) genutzt werden. Er folgt in diesem Fall auf das Patronym. Das Patronym bildet sich aus dem Vornamen des Vaters im Genitiv; im Ausweis steht es aber im Nominativ (hier also „Stavros", nicht „Stavrou"). Wo sich Familiennamen ursprünglich aus Patronymen gebildet haben, können Patronym und Nachname identisch sein („Apostolos Stavrou Stavrou"). Im täglichen Leben und auch in offiziellen Dokumenten wird der „Nach"- oder Familienname freilich häufig an erster Stelle genannt, gefolgt vom Vornamen und erst dann vom Patronym. Der reinen Positionierung nach wird dann aus dem Nach- ein Vorname, aus dem Zwischen- ein Nachname und aus dem Vornamen ein Zwischenname (!) („Georgiades Apostolos Stavrou"). Vatersnamen tragen sowohl Jungen als auch Mädchen.⁸⁹

513 Der Zwischenname *(mellemnavn)* **dänischen** Rechts ist, wie erwähnt, ein fakultativer Namensbestandteil. Er „kann" vergeben bzw. angenommen werden (Kap. 2 § 11 dän. Navneloven vom 14.9.2021). Vor- *(fornavn)* und Nachnamen *(efternavn)* „müssen" dagegen durch die Sorgeberechtigten bestimmt werden (Kap. 3 § 12 bzw. Kap. 1 § 1 a.a.O.). Kap. 2 § 11 a.a.O. erlaubt eine große Zahl möglicher Zwischennamen, darunter männliche Namen ebenso wie weibliche. Ein Zwischenname kann aus einem früheren Zwischennamen des Antragstellers bestehen, aus einem Namen, den der Antragsteller als Nachnamen annehmen kann, aus einem Namen, der von den Eltern, Großeltern, Urgroßeltern oder Ururgroßeltern des Antragstellers als Zwischenname getragen wurde, aus einem Namen, der nach den allgemeinen Regeln auch als Vorname geführt werden könnte, und aus einem Namen, den der derzeitige oder frühere Ehepartner der Mutter oder des Vaters des Antragstellers als Zwischenname trägt, sofern der Stiefvater bzw. die Stiefmutter zustimmen. Lebenspartner stehen Ehegatten gleich, wenn das Paar entweder seit mindestens zwei Jahren zusammenlebt oder gemeinsame minderjährige Kinder hat. Mit ihrer Zustimmung können zudem die Zwischennamen von Pflegemutter *(plejemor)* oder Pflegevater *(plejefar)* als Zwischennamen übernommen werden, desgleichen der Zwischen- oder Nachname des Ehegatten (bzw. Lebenspartners).

Die Einzelheiten sind kompliziert. Bis 1961 konnte noch ein Zwischenname vergeben werden, zu dem weder das Kind noch seine Familie eine Beziehung hatten. Seit 1962 kann eine Person, die zu dem Namen eine verwandtschaftliche Verbindung hat, wählen, ob sie ihn als Zwischen- oder als Nachnamen trägt. Wer nur eine verwandtschaftliche Verbindung zu dem Zwischennamen hat, kann ihn auch nur als Zwischennamen annehmen. Ein großer Teil der heute existierenden Zwischennamen stammt noch aus der Zeit vor 1961. Es ist deshalb oft schwierig zu erkennen, ob ein Name ein weiterer Vorname oder ein Zwischenname ist. Eine Reihe von Zwischennamen „klingen" wie Vornamen. Das stellt das Registerwesen vor erhebliche Herausforderungen. Es verlässt sich i. d. R. auf die Ergebnisse

---

⁸⁸ Z. B. erhalten Findelkinder unter Art. 24(4) gr. Gesetz 344/1978 neben einem Vor- und einem Nachnamen auch ein Patronym.

⁸⁹ Frauen, die vor 1983 geheiratet haben, trugen bzw. tragen nicht nur den Nachnamen ihres Mannes; sie *wechselten* sogar den Vatersnamen, weil dieser durch den Vornamen des Ehemannes ersetzt wurde. Hieß z. B. die Frau vor der Ehe „Maria Alexandrou Myloná" (ihr Vater demgemäß „Alexandros Mylonás") und heiratete sie „Demetrio Papadópoulo" („Demetrios Papadópoulos" im Nominativ), so wandelte sich ihr Name in „Maria Demetriou Papadopoulou". Die Rechtslage hat sich erst durch Gesetz 1329/1983 (FEK 25/A/18.2.1983) geändert. Seither kann die Ehefrau bezüglich ihres Nachnamens selbst entscheiden, und sie behält den aus dem Vornamen ihres Vaters gebildeten Vatersnamen.

I. Der bürgerliche Name **§ 8**

einer von dänischen Archivaren durchgeführten systematischen Überprüfung der Namensangaben. Sie erfasst allerdings nur Personen, die ab 1969 geboren wurden.⁹⁰

c. Vornamen

Das Recht und die Pflicht, für Kinder einen oder mehrere Vornamen (in Ungarn **514** „Nach"namen) zu bestimmen, wird gewöhnlich als Bestandteil des Personensorgerechts gedeutet, das wiederum i. d. R. den Eltern zusteht.⁹¹ Das ist nicht ganz genau, weil das Namensbestimmungsrecht auch Eltern verbleiben kann, die sonst keine oder nur beschränkte Personensorgebefugnisse haben⁹², mag aber vorerst auf sich beruhen. Die Personensorgeberechtigten sind in Bezug auf die Namenswahl nur wenigen Beschränkungen unterworfen. Eltern dürfen ihrem Kind (i) keine Bezeichnungen zumuten, die (wie Zahlen oder einzelne Buchstaben) keinen Namenscharakter haben.⁹³ Vornamen stehen (ii) insoweit in einer mittelbaren Beziehung zum Familiennamen, als Eltern jedem ihrer Kinder einen *anderen* Vornamen geben müssen als deren noch lebenden älteren Geschwistern.⁹⁴ Die Mehrfachvergabe desselben Vornamens würde dem Kindeswohl widersprechen, weil sie Geschwister in der Entfaltung ihrer Persönlichkeit behindert.⁹⁵ Verwechslungen wären an

---

⁹⁰ Personnavne. Betænkning afgivet af Navnelovsudvalget, Betænkning nr. 1446, 2004, S. 44–45 (Gesetzesmaterialien zum Navnelov vom 24.6.2005, Nr. 524).

⁹¹ Z. B. Art. 12(1) bulgar. Gesetz über die Zivilregistrierung; Kap. 3 § 12(2) dän. Namensgesetz; § 1626(1) Satz 2 dt. BGB; für England *D (Children) (Care: Change of Forename), Re* [2003] 1 FLR 339, Butler-Sloss LJ at [54]); § 8(3) estn. Namensgesetz; Kap. 3 § 22 finn. Namensgesetz; Art. 57 franz. CC; Art. 25 gr. Gesetz 344/1976 über die Registerbescheinigung und Areopag 754/2020, Isokrates-Datenbank; Art. 29 ital. DPR 396/2000; Art. 3.166(1) lit. ZGB („Every child shall be given a name by his or her parents"); §§ 158, 160 österr. ABGB (die erstmalige Erteilung eines Vornamens ist Teil der „Erziehung" des Kindes: Schwimann und Neumayr [-*Weitzenböck*], ABGB Taschenkommentar⁵, § 160 Rdnr. 9); Art. 59(1) i. V. m. Art. 57(1) poln. RdSG (wonach derjenige, der die Geburt anmeldet, eine Erklärung über die Wahl von höchstens zwei Vornamen für das Kind abgibt und die Anmeldung der Geburt durch die Mutter oder den Vater erfolgt; siehe zudem Woiwodschaftsverwaltungsgericht Warschau 29.9.2015, IV SA/Wa 1569/15: es sei unbestritten, dass die Namensauswahl für ein Kind zur elterlichen Sorge gehört); Art. 103(1) port. CRC; § 26(2) schwed. Namensgesetz i. V. m. Kap. 6 § 2 schwed. FB und dazu Prop. 2015/16:180 S. 92; § 40(3) slowak. FamG; Art. 6(1) slowen. Namensgesetz; Art. 109 span. CC; § 4: 150(6) i. V. m. § 4: 146(2) ungar. ZGB („Die elterliche Sorge umfasst die Rechte und Pflichten zur Festlegung des Namens").

⁹² § 858 tschech. BGB (Personensorge) erwähnt deshalb das Recht zur Vornamensgebung bewusst nicht (Králíčková et al. [-*Hrušáková, Westphálová*], Občanský zákoník II, S. 829). Das ist konsequent, weil auch Eltern, denen die elterliche Sorge entzogen wurde, deren Sorgerecht ruht oder die noch zu jung sind, um es auszuüben, das Recht der Vornamenswahl behalten. Das Recht der Vornamensgebung werde nur einmal ausgeübt und falle deshalb nicht unter die Regeln für die auf wiederholte Ausübung angelegte Personensorge. Folglich wendet sich § 856 tschech. BGB der Vornamensgebung aus der Perspektive der Kindesrechte zu. Die Grundregel, dass Eltern den Vornamen bestimmen (§ 860 tschech. BGB), bleibt davon aber unberührt.

⁹³ Siehe schon oben Fn. 55 (England) und außerdem z. B. noch § 2(2) slowak. Gesetz über den Namen und Nachnamen (es ist nicht möglich, eine unpersönliche Form eines Vornamens zu bestimmen). Zahlen und einzelne Buchstaben sind deshalb keine Namen, weil es sich bei ihnen nicht um Vokabeln handelt (*Menezes Cordeiro*, Tratado de Direito Civil IV⁵, S. 230). Schwed. Regeringsrätten 28.9.2009, RÅ 2009 ref. 55 hat allerdings „Q" als Vornamen für einen Jungen gestattet. Die Wahl des Vornamens sei eine hochpersönliche Angelegenheit. Der Umstand, dass ein aus einem einzigen Buchstaben bestehender Vorname als Abkürzung eines anderen Vornamens interpretiert werden könnte, bedeute nicht, dass er als Vorname offensichtlich ungeeignet sei. Dafür ließen sich auch keine anderen Gründe finden.

⁹⁴ Z. B. Art. 34 ital. Präsidialdekret 396/2000 (weder der Name des noch lebenden Vaters noch der Name eines Bruders oder einer Schwester); Art. 103(2)(d) port. CRC; Art. 51(3) span. LRC und § 44(5) ungar. Gesetz über das Personenstandsregisterverfahren (die Regel betrifft allerdings ihrem Wortlaut nach nur Kinder, die von derselben Mutter am gleichen Tag geboren wurden). Eine entsprechende Vorschrift fehlt überraschenderweise in Polen.

⁹⁵ Die frühere Begründung, dass die Mehrfachvergabe desselben Vornamens an Geschwister mit der Ordnungsfunktion des Namens unvereinbar sei (z. B. BayObLG 29.10.1985, NJW-RR 1986 S. 167; *Diederichsen*, NJW 1981 S. 705, 709; siehe auch schon BGH 4.2.1959, BGHZ 29 S. 259 und BGH 17.1.1979, BGHZ 73 S. 239: „allgemeine Sitte und Ordnung"), lässt sich in Deutschland heute nicht mehr aufrechterhalten; im Ergebnis hat sich aber dadurch nichts geändert. Heute kommt es entscheidend auf das

der Tagesordnung. Verschiedene Vornamen sollten im Interesse des Kindes selbst dann gewählt werden müssen, wenn Geschwister (auch Halbgeschwister) unterschiedliche Geburtsnamen tragen und in demselben Haushalt leben[96], aber das ist keineswegs überall sichergestellt.[97] Denkbar ist aber, dass Kinder unterschiedlichen Geschlechts den gleichen Namen in geschlechtsspezifischer Abwandlung („Georgia" und „Georgios") oder Kinder desselben Geschlechts Varianten desselben Namens in unterschiedlichen Sprachen tragen.[98] Und denkbar ist auch, dass sich, wenn Eltern allen ihren Kindern gleichen Geschlechts zwei (falls erlaubt, auch mehr) Vornamen geben, einer von ihnen wiederholt.[99] Das hindert die sichere Identifizierung jedes einzelnen Kindes nicht. Solche sich wiederholenden Vornamen erinnern zwar an Zwischennamen, bleiben aber Vornamen, weil sie von den Eltern frei ausgewählt werden. In katholischen Familien kommt es zudem nicht nur vor, dass alle Mädchen[100], sondern auch alle Jungen eines Paares mit zweitem Vornamen „Maria" genannt werden. Niemand käme auf den Gedanken, dass es sich dabei um einen Zwischennamen handeln könnte. Hiervon abgesehen interveniert der Staat im Vornamensrecht nur, wenn er (iii) Eltern nötigt, ihre Wahl aus einem festen Namenspool zu treffen. Dann hat man es mit einem *numerus clausus* der erlaubten Vornamen zu tun. Vorsorge muss außerdem (iv) für den Fall getroffen werden, dass Eltern für ihr Kind einen Namen anstreben, der es der Lächerlichkeit oder gar gesellschaftlicher Anfeindung aussetzen könnte. Zwei weitere Schranken stammen aus dem allgemeinen Namensrecht, betreffen also in einigen Ländern auch das Recht der Haupt- und ggf. sogar das Recht der Zwischennamen. Dazu gehören (v) Begrenzungen der Zahl möglicher Namen und (vi) die Regel, dass der Name dem Geschlecht seines Trägers nicht widersprechen soll.

Kindeswohl an. Nur das Kindeswohl kann nach BVerfG 30.1.2002, BVerfGE 104 S. 373, 385 als Schranke des Rechts der Eltern auf Wahl des Vornamens akzeptiert werden. Siehe dazu MünchKomm (-*v. Sachsen Gessaphe*), BGB[8], Anh. § 1618 Rdnr. 11; *Wendt,* FPR 2010 S. 12, 14 und Staudinger (-*Lugani*), BGB (2020), § 1616 Rdnr. 56a.

[96] Rechtspolitisch überzeugend Kap. 2 § 2(2) finn. Namensgesetz („Nur aus besonderen Gründen kann ein Name, der der erste Vorname (Rufname) eines lebenden Geschwisters oder Halbgeschwisters ist, oder ein Name, der mit dem Zusatz -sohn oder -tochter oder in ähnlicher Weise gebildet wird, als erster Vorname (Rufname) eines minderjährigen Kindes zugelassen werden"). In Dänemark und Schweden existiert eine vergleichbare Vorschrift nicht. In Deutschland ist die Rechtslage nicht abschließend geklärt. *v. Sachsen Gessaphe* formuliert a. a. O., dass völlig identische Vornamen nicht „innerhalb einer Generation" „in einer Familiengemeinschaft" vergeben werden dürften; *Lugani* a. a. O. stellt auf eine „Geschwistergemeinschaft" ab. Entscheidend ist das Kindeswohl. Und für Kinder, insbesondere für Kleinkinder, die in demselben Haushalt leben, macht es keinen Unterschied, dass sie einen anderen (ihnen vielleicht noch gar nicht bewussten) Familiennamen tragen.

[97] Z. B. nicht unter § 62(2) tschech. Gesetz über das Standesamtsregister, den Namen und Nachnamen. Denn Halbgeschwister haben keine „gemeinsamen" Eltern. Kinder mit derselben Mutter aber verschiedenen Vätern oder Kinder desselben Vaters und verschiedenen Müttern können also den gleichen Vornamen erhalten (Begründungsbericht zum StandesamtsregisterG, https://www.psp.cz/sqw/text/tiskt.sqw?o=3&ct=498&ct1=0). Ebenso § 2(2) slowak. Gesetz über den Namen und Nachnamen (der Name darf nicht mit dem Namen eines lebenden Geschwisters identisch sein).

[98] LG Mannheim 16.5.1953, StAZ 1953 S. 158 („Enrico" und „Harry" als Varianten des deutschen Namens „Heinrich" erlaubt).

[99] Kap. 2 § 2(2) finn. Namensgesetz (Fn. 96) verbietet demgemäß ausdrücklich nur identische *erste* Vornamen. Auch in Deutschland sind teilweise identische Vornamen erlaubt, sofern unterschiedliche Vornamen hinzutreten (*Wendt,* FPR 2010 S. 12, 15; Staudinger [-*Lugani*], BGB (2020) § 1616 Rdnr. 56a; MünchKomm [-*v. Sachsen Gessaphe*], BGB[8], Anh. § 1618 Rdnr. 11; AG Freiburg 14.6.1985, StAZ 1985 S. 342 („Franziskus Thomas Maria" neben „Johannes Franziskus Maria"); AG Duisburg 26.4.1988, StAZ 1989 S. 11 („Pascal Frank Rüdiger" neben „Marcel Frank Rüdiger"); AG Tübingen 15.7.1996, StAZ 1996 S. 336 („Maria Dorothea" neben „Theresa Dorothea", „Elisabeth Dorothea" und „Dorothee Ruth"). In Spanien wurden nicht nur „María de los Ángeles" und „Ángela" für zwei Schwestern (Resolution DGRN vom 21.5.1994), sondern sogar „Juan-Pedro", „Juan-Manuel" und „Juan-Lucas" für drei Brüder (Resolution DGRN vom 1.2.2001) akzeptiert (näher Cobacho Gómez und Leciñena Ibarra [-*García Pérez*], Comentarios a la Ley del Registro Civil, S. 763, Anm. 4.2. zu Art. 51 LRC).

[100] BayObLG 29.10.1985, NJW-RR 1986 S. 167 („Monika Maria Magdalena" neben „Ursula Maria Anna" erlaubt).

I. Der bürgerliche Name **§ 8**

(1) Numerus clausus

Ein *numerus clausus* der erlaubten Vornamen dient zwar auch, manchmal vielleicht sogar **515** vorwiegend dem Interesse eines Staates an der Pflege seiner Sprache und seiner „nationalen Identität" (und wirkt unter diesem Gesichtspunkt wenig souverän), hat aber auch den positiven Nebeneffekt, dass Eltern, die auf eine solche Namensliste zurückgreifen, nicht mit dem Einwand der Personenstandsbehörde rechnen müssen, die Namenswahl verletze Schutzbedürfnisse des Kindes. Staatlich fixierte Namenspools sind heute selten geworden.[101] **Frankreich,** das einen *numerus clausus* der Vornamen in den Nachwehen der ersten Revolution eingeführt[102], sich im praktischen Rechtsleben des 20. Jahrhundert aber allmählich von ihm verabschiedet hatte[103], hat die Wahl der Vornamen mit Gesetz vom 8.1.1993 endgültig freigegeben.[104] Eine Reminiszenz an das alte Recht findet man bestenfalls noch in den Regeln des Namensänderungsrechts über die Französisierung „ausländischer" Namen.[105] Unter § 44(3) des **ungarischen** Gesetzes I aus dem Jahre 2010 über das Personenstandsregisterverfahren können dagegen bis heute nur (bis zu zwei) „Vornamen" (Individualnamen, ungar. „Nachnamen"[106]) vergeben werden, die in der Vornamensliste (dem sog. Vornamensbuch) des Instituts für Linguistik der Ungarischen Akademie der Geisteswissenschaften veröffentlicht wurden und dort nach weiblichen und männlichen Namen klassifiziert sind.[107] „Ist der gewählte Nachname nicht in der Liste der Nachnamen enthalten, kann die betreffende Person in der gesetzlich vorgesehenen Weise beim Institut für Linguistik die Ausstellung einer Erklärung über die Eintragungsfähigkeit des beantragten Nachnamens durch das Standesamt beantragen. Das Institut für Linguistik gibt innerhalb von dreißig Tagen nach dem Antrag des Standesamtes eine Stellungnahme ab und trägt den Namen unverzüglich in das Nachnamensregister ein, wenn das Institut für Linguistik erklärt, dass der Nachname eintragungsfähig ist" (§ 44(4) a. a. O.). Sonderregeln gelten für Angehörige nicht ungarischstämmiger Volksgruppen (§ 46 a. a. O.)[108] und für

---

[101] Es gibt sie z. B. nicht in Bulgarien; Deutschland; Frankreich (oben im Text); Polen (Art. 59(4) poln. RdSG besagt nur, dass lächerliche, obszöne und geschlechtskonträre Vornamen zurückgewiesen werden müssen; andere Versagungsgründe bestehen nicht: WVG Warschau 29.9.2015, IV SA/Wa 1569/15, LEX-Nr. 2327481); Schweden (Regeringsrätten 9.4.2009, RÅ 2009 ref. 55 III, oben Rdnr. 134 mit Fn. 595); Spanien (Art. 51 span. LRC bestätigt den Grundsatz der freien Vornamenswahl); Tschechien (unter § 62 (1) Gesetz über Standesamtsregister, Namen und Nachnamen kann „jeder bestehende Vorname" in das Registerbuch eingetragen werden) und dem Vereinigten Königreich.
[102] Durch Art. 1 Loi relative aux prénoms et changements de noms vom 11. Germinal, an XI (1.4.1803) (https://legilux.public.lu/eli/etat/leg/loi/1803/04/01/n1/jo) („A compter de la publication de la présente loi, les noms en usage dans les différens calendriers, et ceux des personnages connus de l'histoire ancienne, pourront seuls être reçus, comme prénoms sur les registres de l'état civil destinés à constater la naissance des enfans; et il est interdit aux officiels publics d'en admettre aucun autre dans leurs actes").
[103] *Marais,* Droit des personnes⁴, S. 133 Rdnr. 180.
[104] Loi n° 93-22 modifiant le code civil relative à l'état civil, à la famille et aux droits de l'enfant et instituant le juge aux affaires familiales.
[105] Unter Art. 1 franz. Gesetz Nr. 72–964 vom 25.10.1972 kann jede Person, die die französische Staatsangehörigkeit erwirbt oder wiedererlangt, die Französisierung ihres Namens und/oder ihrer Vornamen beantragen, wenn ihr Aussehen, ihr Klang oder ihr ausländischer Charakter ihre Integration in die französische Gemeinschaft behindern. „Die Französisierung eines Namens besteht entweder in der Übersetzung des Namens in die französische Sprache oder in der Änderung, die notwendig ist, damit der Name sein Aussehen, seinen Klang oder seinen ausländischen Charakter verliert". „Die Französisierung eines Vornamens besteht in der Ersetzung dieses Vornamens durch einen französischen Vornamen oder in der zusätzlichen Verleihung eines solchen Vornamens, im Falle mehrerer Vornamen, in der Streichung des ausländischen Vornamens, um nur den französischen Vornamen an seine Stelle treten zu lassen" (Art. 2 a. a. O.). Entsprechende Regeln sind in Europa weit verbreitet. Die „Eindeutschung" von Namen ist Gegenstand von Art. 47(1) Satz 1 Nr. 5 dt. EGBGB. Sie umfasst auch das Weglassen von im Deutschen unbekannten Lauten und diakritischen Zeichen (OLG München 13.5.2009, FGPRax 2009 S. 169, 170).
[106] Oben Rdnr. 496.
[107] http://www.nytud.mta.hu/oszt/nyelvmuvelo/utonevek/index.html.
[108] Auch die in Ungarn eintragungsfähigen Individualnamen der deutschen Volksgruppe (nun „Vornamen") unterliegen einem *numerus clausus.* Die Liste findet sich auf https://ldu.hu/wp-content/uploads/2021/10/vornamen-2021-02-20.pdf.

ausländische Staatsangehörige, sofern sie ungarischem Recht unterliegen (§ 44 (7) und (9) a. a. O.).

516 Den Rückgriff auf einen Vornamenspool schreibt zumindest indirekt auch Art. 103(2)(a) **portugiesischer** CRC vor: „Die Eigennamen müssen portugiesisch sein, aus der nationalen Onomastik stammen oder graphisch und phonetisch an die portugiesische Sprache angepasst sein und dürfen keine Zweifel an dem Geschlecht des zu Registrierenden erwecken". Nach dem Erlass 18/CD/2017 vom 8.6.2017 des Präsidenten der port. Zivilregisterbehörde (Instituto dos Registos e do Notariado, IRN)[109] ist das Konzept der „nationalen Onomastik" für die Zwecke des Personenstandsregisters „als die Gesamtheit aller Eigennamen zu verstehen, die in der Datenbank des Personenstandsregisters[110] den Bürgern portugiesischer Staatsangehörigkeit zugeordnet sind, unabhängig von ihrem Geburtsland, vorausgesetzt, dass sie keinen Zweifel am Geschlecht der Eingetragenen aufkommen lassen und nicht als schädlich oder beleidigend für ihre Inhaber ausgelegt werden können". Für ausländische Eigennamen von im Ausland geborenen Portugiesen, von Doppelstaatern und ausländischen Staatsangehörigen gelten wiederum Sonderregeln (litt. (b) und (c) a. a. O.). Bei einigen Namen ausländischen Ursprungs sind graphische und phonetische Anpassungen an die portugiesische Sprache möglich und erlaubt.[111] Im Zweifel ist über das lokale eine Klärung durch Vorlage an das zentrale Standesamt herbeizuführen.

517 In **Griechenland** und in Finnland kommt es zu einer Art „indirekten" oder „mittelbaren" *numerus clausus* der Vornamen. Das liegt in Griechenland daran, dass es gesellschaftlicher Usance entspricht, den Vornamen erst anlässlich der Taufe zu vergeben und die orthodoxe Kirche nur auf eine begrenzte Zahl von Vornamen (nämlich auf die Namen von Heiligen [*Hágios*] und auf einige aus der Antike überlieferte Namen) zurückgreift. Bis heute begegnet man dem weit verbreiteten Irrglauben, dass die Taufe Voraussetzung der Eintragung des Namens im Zivilstandsregister (der *Onomatodosía*) sei. Das ist sie selbstverständlich nicht. Anders als früher oft angenommen[112], ist die priesterliche Namensgebung überhaupt keine rechtlich relevante Methode der Namensgebung mehr. Die Funktion der Taufe erschöpft sich in der Festlegung der Religionszugehörigkeit des Kindes.[113] Es ist allerdings möglich, dem religiösen Beamten gegenüber (und nicht nur dem staatlichen Zivilstandsbeamten direkt) die erforderliche Erklärung mit der Maßgabe abzugeben, den

---

[109] Abgedruckt in *Sampaio,* Código do Registo Civil anotado e comentado[5], Anm. zu Art. 103, S. 229.
[110] Base de Dados da Identificação Civil (BDIC), abrufbar unter https://irn.justica.gov.pt/Servicos/Cidadao/Nascimento/Composicao-do-nome mit dem Hinweis: „Hier findet sich die Liste der Vornamen der portugiesischen Staatsbürger der letzten drei Jahre. Die Liste ist nur ein Beispiel, denn sie enthält nicht die Vornamen portugiesischer Bürger, die vor mehr als drei Jahren registriert wurden und die, da sie in der Datenbank enthalten sind, ebenfalls zugelassen werden". Die Liste ist mit ihren ca. 8.000 Einträgen zudem so lang, dass sie die elterliche Entscheidungsfreiheit nur noch geringfügig beeinträchtigt.
[111] Die Regelung wirkt insgesamt, worauf *Sampaio* a. a. O. aufmerksam macht, unausgewogen. Wenn z. B. „Elizabett" in der Datenbank auftaucht, kann diese Schreibweise anstelle von „Elisabete" verwandt werden, was sich aber weder mit lit. (a) noch mit litt. (b) und (c) vereinbaren lässt. Außerdem könne, wenn im BDIC ein indischer oder chinesischer Vorname eingetragen werde, dieser Name als Name einer in Portugal geborenen portugiesischen Person gewählt werden, ohne dass die Eltern oder das Kind eine der Voraussetzungen der litt. (b) und (c) erfüllten.
[112] Z. B. LG Náfplio 109/1993, NoB 41 (1993) S. 1106 (Ein Mädchen, das in Bukarest als „Gabriela" adoptiert worden war, war anschließend in Griechenland „Eirene" getauft und von der Standesbeamtin als „Gabriela-Eirene" eingetragen worden. Das Gericht strich „Gabriela", weil die Eltern „Eirene" bei der Taufe gewählt hatten). Siehe auch LG Kavala 86/1971, NoB 19 (1971) S. 772 (Die Änderung des Vornamens sei erlaubt, wenn der eingetragene nicht der durch die Taufe gegebene Vorname sei).
[113] Darauf hatte schon der griechische Ombudsmann insistiert (Berichte „Namensgebung und Taufe", Nr. 20169 vom 19.12.2005 und 60 vom 3.1.2006, https://www.synigoros.gr/resources/docs/203083.pdf). Entscheidend sei unter Art. 15 gr. Gesetz 1438/1984 allein die *Onomatodosía,* die von der Eintragung gefolgte Namenserklärung gegenüber dem Zivilstandsregister. Allein hierdurch erwerbe das Neugeborene seinen Namen, auch wenn eine Taufe vorangegangen und bereits eingetragen worden sei. Die Eintragung der Taufe lege nur die Religionszugehörigkeit fest. Das wiederum hatte bereits Areopag 1321/1992, Arm. 48 (1994) S. 340 so gesehen und betont, dass die Namensgebung für das Kind kein Bestandteil der Taufe sei. Ebenso Berufungsgericht Larissa 4595/2011 und 56/2017, beide in Isokrates-Datenbank.

Namen staatlich registrieren zu lassen; konstitutiv ist dann erst der Zugang dieser Erklärung beim Zivilstandsbeamten.[114] Das **finnische Namensgesetz** schreibt zwar nicht vor, dass der Vorname aus einer vorgegebenen Gruppe von Namen gewählt werden muss. Allerdings werden keine Namen akzeptiert, deren Form oder Schreibweise den Namenskonventionen des Landes widerspricht (Kap. 2 § 2(1) finn. Namensgesetz). Ein solcher Vorname kann nur zugelassen werden, wenn er nach den Daten des Bevölkerungsinformationssystems bereits von mindestens fünf lebenden Personen des gleichen Geschlechts getragen wird (Kap. 2 § 3(1)(i) a. a. O.). Mit dieser Ausnahme wollte man der Rechtsprechung des EGMR Rechnung tragen.[115] Weitere Ausnahmen betreffen Personen mit ausländischer Staatsangehörigkeit, ausländischer Herkunft oder besonderer Religionszugehörigkeit, sofern ihr Vorname den Traditionen ihrer jeweiligen Bezugsgruppe entspricht (Kap. 2 § 3(1) (i-iv) a. a. O.). Die **dänische** Namensbehörde führt ein Verzeichnis der verbreitetsten und der nach vorheriger Prüfung erworbenen Vornamen (Kap. 3 § 14(1) und (2) dän. Namensgesetz.) Diese Namen werden ohne weitere Prüfung akzeptiert (Kap. 3 § 13(1) a. a. O.). Alle anderen Vornamen werden darauf überprüft, ob sie die Voraussetzungen von Kap. 3 § 14(3) a. a. O. erfüllen.

(2) Gefährdungen des Kindeswohls

Gefährdungen des Kindeswohls drohen, wenn sich Eltern anschicken, ihren Kindern „abwertende"[116], „schädliche oder beleidigende"[117], „sittenwidrige"[118], „spöttische oder obszöne"[119], „sozial inakzeptable"[120], „bizarre"[121], „lächerliche", „beschämende" oder

518

---

[114] *Triantos*, AK, Art. 58 gr. ZGB S. 78 Rdnr. 6. Areopag 945/2009, NoB 57 (2009) S. 2179 (Bestätigung der Entscheidung der Vorinstanz, dem Kind den Namen zu geben, der ursprünglich von beiden Elternteilen vereinbart worden war und unter dem es im Umfeld seiner sorgeberechtigten Mutter angesprochen wurde. Auf den Namen, der dem Kind durch den Vater ohne Wissen der Mutter bei der Taufe gegeben wurde, komme es nicht an).

[115] RP 104/2017, S. 5 (Gesetzesmaterialien zum finn. Namensgesetz) unter Hinweis auf EGMR 6.12.2007, 10163/02, *Johansson vs. Finnland* (oben Rdnr. 133 mit Fn. 602).

[116] § 2(2) slowak. Namensgesetz.

[117] So die Formulierung des port. IRN (vorher Rdnr. 517). Unter § 28 schwed. Namensgesetz darf ein Name nur dann nicht als Vorname erworben werden, wenn er beleidigen kann, dem Namensträger voraussichtlich Unannehmlichkeiten bereiten wird oder aus einem anderen Grund als Vorname ungeeignet ist. Dem entsprechen Kap. 3 § 14(3) dän. Namensgesetz und Kap. 1 § 1(3) finn. Namensgesetz.

[118] Litauisches Gesetz über die Namensänderung vom 28. Dezember 2016 (der gewählte Name darf nicht gegen die guten Sitten und die öffentliche Ordnung der Republik Litauen verstoßen).

[119] Art. 59(2) poln. RdSG. Der Leiter des Standesamtes in Kattowitz hat im 2019 u. a. „Joint, Koka, Pipa, Nutella, Rambo, Nirvana und Batman" abgelehnt (https://mojekatowice.pl/i,jan-i-zuzanna-to-najczesciej-nadawane-imiona-w-2019-roku-w-katowicach,200274,883593.html).

[120] Art. 12 bulgar. Gesetz über die Zivilregistrierung („lächerlich, beleidigend, sozial inakzeptabel oder mit der Nationalehre des bulgarischen Volkes unvereinbar"). In dem Ort Meljane sollen (freundlicher Hinweis von *Dimitar Stoimenov*) in den sechziger Jahren u. a. „Telefonka" und „Prostitutka" gewählt worden sein, weil die Eltern den Klang schätzten, sich aber der Bedeutung nicht bewusst waren.

[121] *C (Children) (Child in Care: Choice of Forename), Re* [2016] EWCA Civ 374, [2016] 3 W. L. R. 1557 betraf Zwillinge. Die Mutter wollte die Tochter „Cyanide" und den Sohn „Preacher" nennen. „Cyanide" wurde abgelehnt. King LJ bemerkte at [42]: „The naming of a child is not however merely a right or privilege, but also a responsibility; people, and particularly children, are capable of great unkindness and often are not accepting of the unusual or bizarre. It does not need expert evidence or academic research to appreciate that a name which attracts ridicule, teasing, bullying or embarrassment will have a deleterious effect on a child's self-esteem and self-confidence with potentially long-term consequences for him or her. The burden of such a name can also cause that child to feel considerable resentment towards the parent who inflicted it upon him or her". Siehe ferner *D (Children) (Care: Change of Forename), Re* [2003] 1 FLR 339, at [105] (Butler-Sloss LJ): „It follows that I am also satisfied that there may be rare cases, where a local authority believes that the forename chosen by a parent, and by which he or she intends to register a child, goes beyond the unusual, bizarre, extreme or plain foolish, and instead gives the local authority reasonable cause to believe that by calling him or her that name he or she is likely to be caused significant harm. In those highly unusual circumstances, the proper route by which the local authority seek to ensure that the course it proposes is necessary and in the child's interests is by putting the matter before the High Court by way of an application to invoke its inherent jurisdiction".

sonst „entwürdigende"[122] Namen zu geben. Sie müssen von den Behörden, d. h. entweder vom Personenstandsbeamten selbst oder auf seine Initiative von einem Gericht, zurückgewiesen werden.[123] Versäumt der Zivilstandsbeamte die nötigen Schritte, kann der Betroffene seinen Vornamen spätestens im Erwachsenenalter selbst ändern bzw. ändern lassen.[124] Die würdeverletzende Wirkung einer Vornamenswahl kann sich auch aus dem Zusammenklang von Vor- und Hauptnamen ergeben.[125] Das Motiv der Eltern spielt keine Rolle. Entscheidend ist allein die mit dem Namen in der Wahrnehmung eines objektiven Beobachters verbundene Würdeverletzung. Es macht keinen Unterschied, ob die Eltern aus Mangel an Bildung, aus einer augenblicklichen Laune[126], aus befremdlichem „Humor" oder aus unzureichender Sensibilität dafür handeln, dass der von ihnen gewählte Name ihr Kind auf Dauer mit negativ besetzten Personen oder Ereignissen in Verbindung bringen würde.[127]

3. Höchstzahlen

a. Vornamen

519 Viele Rechtsordnungen limitieren die Zahl der Teilnamen eines Namensbestandteils. Tritt jemand im Rechtsverkehr unter einem weiteren (aber regelkonform gar nicht erst registrierten oder wieder gelöschten) Namen auf, so nutzt er statt seines bürgerlichen Namens i. d. R. einen Spitznamen oder ein Pseudonym; jedenfalls trägt er die daraus möglicherweise entstehenden haftungsrechtlichen Folgen.[128] Zwischennamen können zweigliedrig sein, wenn (wie in Griechenland) zu einem Patro- ausnahmsweise noch ein Matronym hinzutritt. Patronyme begegnen nur als Einzelnamen, Vor- und Familiennamen dagegen auch

---

[122] So Art. 34 des ital. Präsidialdekrets vom 3.11.2000, Nr. 396. Corte d'appello Genova 10.11.2007, Foro it. 2009, I, 163 hat z. B. „Freitag" mit der Begründung abgelehnt, es handele sich um die Bezeichnung eines Wochentages, der oft mit Unglück und Pech verbunden werde; außerdem handele es sich um den Namen einer fiktiven Figur, die als unterwürfig und minderwertig charakterisiert sei. Unter Art. 51(2) span. LRC können dem Neugeborenen keine Vornamen verliehen werden, „die der Würde der Person zuwiderlaufen oder die Identifizierung komplizieren". Die Entscheidungspraxis der DGRN enthält eine Vielzahl von Beispielen abgelehnter Vornamen (z. B. „Caín" [DGRN 1.12.1990], „Tía María" [„Tante Maria"] [DGRN 17.1.1994] und „Judas" [DGRN 31.10.1994]), aber auch eine lange Liste von Vornamen, die, obwohl sie den Charakter von Phantasienamen tragen, akzeptiert wurden (z. B. „Az" [DGRN 9.12.1989], „Mariposa" [„Schmetterling"] [DGRN 2.10.1993], „Flor de Selva" [„Dschungelblüte"] [DGRN 22.9.1995), „Darlin" [DGRN 8.11.2007] und „Fantaghiró", eine Prinzessin aus einem italienischen Märchen [DGRN 13.1.2017]). (Alle Angaben nach *Linacero de la Fuente,* Derecho de la persona y de las relaciones familiares, S. 289).
[123] So Art. 57(4) und (5) franz. CC. Wenn die Vornamen oder einer davon, allein oder in Verbindung mit den anderen Vornamen oder dem Namen, dem Wohl des Kindes oder dem Recht Dritter auf Schutz ihres Familiennamens zuwiderlaufen, benachrichtigt der Standesbeamte unverzüglich den Staatsanwalt. Dieser kann den Familienrichter mit der Angelegenheit befassen. Wenn das Gericht der Ansicht ist, dass der Vorname nicht dem Interesse des Kindes entspricht oder das Recht Dritter auf Schutz ihres Familiennamens verletzt, ordnet es die Streichung des Vornamens aus dem Personenstandsregister an. Es teilt dem Kind gegebenenfalls einen anderen Vornamen zu, den es selbst bestimmt, wenn die Eltern keine neue Wahl treffen, die mit den oben genannten Interessen vereinbar ist. Die Entscheidung wird am Rand der Personenstandsurkunden des Kindes vermerkt. In England wird mit solchen Angelegenheiten sogar der High Court befasst (Fn. 121).
[124] Für Polen weisen z. B. *Czajkowska und Romocka-Tyfel,* Zmiana imienia i nazwiska[5], Art. 4 Rdnr. 6 darauf hin, dass die Assoziation von „Adolf" mit Hitler ein zureichender Grund für eine Namensänderung sei.
[125] Nach einem Beispiel von *Teyssié,* Droit des personnes[20], S. 300 Rdnr. 462: „Lydie" i. V. m. dem Familiennamen „Hotte" („l'idiote").
[126] Wie z. B. in Montpellier 4.10.2006, JCP 2007, IV, 1944 („Joyeux" und „Pastriste" abgelehnt und durch „Roger" und „Raymond" ersetzt). „Zébulon" (Besançon, 18.11.1999, D. 2001, S. 1133) und „Tokalie" (Caen 30.4.1998, RTD civ. 1999, S. 813) verstoßen dagegen nicht gegen die Würde des Kindes.
[127] Z. B. „Heydrich" als Vorname (AG Traunstein 10.2.1994, StAZ 1994 S. 317). Umfangreiche weitere Beispiele und Quellennachweise schon oben Rdnr. 134 mit Fn. 590–592.
[128] Z. B. § 77(2) tschech. BGB („Wer im Rechtsverkehr einen anderen Namen als seinen eigenen nutzt, trägt die Folgen der daraus entstandenen Fehler und Schäden").

I. Der bürgerliche Name **§ 8**

als Mehrfachnamen. In Finnland sind maximal **vier**[129], in Italien maximal **drei** Vornamen registrierungsfähig (Art. 34 Präsidialdekret 396/2000). In Polen darf ein Vorname sogar nur aus **zwei** Teilnamen bestehen (Art. 59(1) poln. RdSG; Art. 6(2) poln. VNG). Im Gegensatz zu Nachnamen werden Vornamen nicht mit einem Bindestrich verbunden. In Litauen (Art. 3.166(1) lit. ZGB), Portugal (Art. 103(2) port. CRC), Spanien (Art 51(1) span. LRC: „zwei einzelne oder ein zusammengesetzter Vorname"[130]), Tschechien (§ 62(3) tschech. Gesetz über das Personenstandsregister und den Namen und Nachnamen) und in Ungarn verhält sich das ebenso. Unter § 45(1) ungar. Gesetz über das Personenstandsregisterverfahren können, sofern auf die Namensführung ungarisches Recht anzuwenden ist, in dem Auszug aus dem Geburtenregister zwei Vornamen aufgeführt werden. Enthält der Registereintrag mehr als zwei Vornamen, muss der Antrag auf Ausstellung des Registerauszugs die beiden Vornamen angeben, die der Antragsteller tragen will; andernfalls führt der Auszug die ersten beiden Vornamen auf. Die Reihenfolge der Vornamen im Geburtenregister kann durch einen solchen Antrag nicht geändert werden. Die nicht gewünschten Vornamen werden gelöscht.

Zu den Ländern, in denen die zulässige **Höchstzahl nicht fixiert** ist, gehört Bulgarien. **520** Mehrfachvornamen waren zwar lange Zeit unüblich; inzwischen geben Eltern ihren Kindern aber durchaus drei Namen und entscheiden dabei frei über die Verwendung von Bindestrichen. In Griechenland existiert gleichfalls keine *staatliche* Regelung zur Zahl der erlaubten Vornamen.[131] Einige moderne Ehepaare wählen heute vor allem deshalb zwei Vornamen, um einerseits der Tradition zu genügen, auf den Namen des Großvaters väterlicherseits zurückzugreifen, andererseits aber wenigstens einen Vornamen nach eigenen Vorstellungen zu vergeben. Im Normalfall bleibt es allerdings weiterhin bei nur einem einzigen Vornamen, weil die orthodoxe Kirche in der Taufe auf solchen Einzelnamen beharrt[132] und viele Griechen an der Taufe festhalten. Auch in Dänemark, Schweden[133]

---

[129] Kap. 1 § 1(1) finn. Namensgesetz. Ein verkürzter Doppelname („Annamari") und ein durch Bindestrich verbundener Vorname („Anna-Mari") zählen als *ein* Name. Das Gesetz hat die frühere Höchstzahl von Vornamen von drei auf vier heraufgesetzt. Damit wollte man auf die Internationalisierung der Gesellschaft reagieren. Es lebten in Finnland immer mehr Menschen, die mehr als drei Vornamen trügen oder Verbindung zu einer Namenskultur hätten, die eine höhere Zahl von Vornamen erlaube. Für solche Menschen würden ohnehin schon sämtliche Vornamen im Bevölkerungsinformationssystem registriert (RP 104/2017 S. 39 [Gesetzesmaterialien zum neuen Namensgesetz]).

[130] Abgelehnt wurden z.B. „María del Carmen Rebeca" (Resolution DGRN vom 9.4.1994), „María-Carmen-Violeta" (Resolution DGRN vom 16.1.1995) und „María-Teresa-Maite" (Resolution DGRN vom 14.2.2004). Unter Berufung auf den Grundsatz der freien Namenswahl wurde allerdings „María del Amor Hermoso" („Maria der schönen Liebe") mit der Begründung akzeptiert, dass marianische Benennungen unter Rücksichtnahme auf die Volksfrömmigkeit Ausnahmen von der Grundregel erforderten (Resolution DGRN vom 24.1.2001). Nicht eingetragen wurde aber wiederum „Teresa Benedicta de la Cruz" (*Linacero de la Fuente,* Derecho de la persona y de las relaciones familiares, S. 288). Für die Zusammensetzung von zwei einzelnen Vornamen bestimmt Art. 192(1) span. RRC, dass die Namen mit einem Bindestrich zu trennen und beide mit großem Anfangsbuchstaben zu schreiben sind. Möglich sind für Mädchen „María-José" (aber nicht „Mariajosé") (Resolution DGRN vom 1.2.2005) und für Jungen „José-María" (aber nicht „Josemaría") (Resolution DGRN vom 27.5.2004). Näher Cobacho Gómez und Leciñena Ibarra (-*García Pérez*), Comentarios a la Ley del Registro Civil, S. 763, Anm. 4.2. zu Art. 51 LRC.

[131] Es gibt nur Regeln zur Höchstzahl der erlaubten Nachnamen (zwei): Art. 10 gr. Gesetz 4356/2015 zur eingetragenen Lebenspartnerschaft. Auch der Nachname von Kindern darf unter Art. 1505 gr. ZGB nur aus zwei Teilnamen bestehen (*Triantos,* AK, Art. 1505 gr. ZGB, S. 1694 Rdnr. 5).

[132] Aus Sicht der orthodoxen Kirche wäre es merkwürdig, das Kind gewissermaßen dem Schutz gleich zweier Heiliger anzuvertrauen, deren Namen es in der Taufe erhalten würde. Die Kirche achtet jedenfalls darauf, der Person nur einen Namen zu geben und sich auf diese Weise von der westlichen Tradition abzugrenzen. Das war schon unter der Kirchenverordnung nach der Heiligen Synode vom 4.11.1874 so und ist unter der Kirchenverordnung vom 2.3.1934 bis heute so geblieben. Die Verordnungen gelten als Gesetze der autonomen griechisch-orthodoxen Kirche. Im Internet veröffentlicht sind nur die seit 1.1.1994 beschlossenen Verordnungen (www.ecclesia.gr). Die genannten älteren Verordnungen findet man in Synodikoí Egkyklioi, Band A (Athen 2006) S. 48 und S. 103.

[133] Die Anzahl der Vornamen ist nicht begrenzt. Unter § 27 schwed. Namensgesetz kann eine Person ihrem Vornamen jederzeit einen oder mehrere Vornamen hinzufügen. Jedermann und also auch jedes Kind muss aber mindestens einen Vornamen haben (§ 27(3) a. a. O.; Prop. 2015/16: 180, S. 119). Schweden begrenzt

und Deutschland legt das Gesetz keine absoluten Höchstzahlen fest. Das deutsche BVerfG hat es im Licht von Art. 6(2) dt. GG aber immerhin für zulässig gehalten, die Vergabe von gleich zwölf (!) Vornamen abzulehnen.[134] Das Gericht stufte die entsprechende Entscheidung des OLG Düsseldorf[135] als verfassungsrechtlich unbedenklich ein. Das OLG hatte allerdings gemeint, „regelmäßig" eine „Maximalzahl von vier bis fünf Vornamen" zugrunde legen zu können – eine gegriffene Zahl, für die es keinen gesetzlichen Anhaltspunkt gibt und die sich auch nicht aus anderen Gründen rechtfertigen lässt. Richtiger Ansicht nach kommt es nicht schematisch auf eine Zahl, sondern es kommt darauf an, im Einzelfall Elternrecht und Kindeswohl abzuwägen.[136] Eine pauschale Obergrenze gibt es nicht. Im Fall des BVerfG war deshalb die *Kombination* aus Fremdartigkeit und Anzahl der Vornamen ausschlaggebend, nicht die Erwägung, dass so viele Vornamen unpraktikabel seien.[137] In Frankreich trifft man auf eine ganz ähnliche Rechtslage.[138] In England dürften sehr lange Vornamenslisten als „bizarr" eingestuft werden können, im praktischen Ergebnis aber vor allem daran scheitern, dass sie den Platz sprengen, der für Vor- und Nachnamen im Pass und anderen offiziellen Dokumenten vorgehalten wird.[139] In Österreich läuft das begrenzte technische Platzangebot für die Eintragung der Vornamen im Zentralen Personenstandsregister (ZPR) auf dasselbe Resultat hinaus.[140]

b. Hauptnamen

521 Wo Hauptnamen (Familiennamen, Nachnamen) zahlenmäßig begrenzt werden, beläuft sich die zulässige Namenszahl meistens auf **zwei**. So verhält es sich u. a. in Dänemark[141], Finnland[142], Frankreich, Griechenland[143], Österreich[144], Polen[145], Ungarn, Schweden[146], Tsche-

---

allerdings die Zahl der *tilltalsnamn* (der ersten Vornamen oder Rufnamen) auf höchstens zwei. Werden zwei Vornamen als *tilltalsnamn* gewünscht, müssen sie in der Reihenfolge der Vornamen direkt aufeinander folgen. Es steht jedoch jedermann das Recht zu, selbst zu entscheiden, ob ein Vorname als *tilltalsnamn* eingetragen werden soll (Skatteverkets rättsliga vägledning 2018.13, https://www4.skatteverket.se/rattsligvagledning/edition/2018.13/330273.html).

[134] BVerfG 28.1.2004, NJW 2004 S. 1586 („Chenekwahow, Tecumseh, Migiskau, Kioma, Ernesto, Inti, Prithibi, Pathar, Chajara, Majim, Henriko, Alessandro").
[135] OLG Düsseldorf 3.4.1998, NJW-RR 1998 S. 1462.
[136] In diese Richtung auch BVerfG a. a. O. S. 1587.
[137] Ebenso MünchKomm (-*v. Sachsen Gessaphe*), BGB[8], Anh. § 1618 Rdnr. 12.
[138] *Batteur und Mauger-Vielpeau,* Droit des personnes, des familles et des majeurs protégés[11], S. 63 Rdnr. 95 sowie *Brusorio Aillaud,* Droit des personnes et droit de la famille[9], S. 49 Rdnr. 63 behaupten zwar, es könnten höchstens vier Vornamen vergeben werden, doch belegen sie das nicht. *Teyssié,* Droit des personnes[20], S. 29 Rdnr. 459 widerspricht daher und verweist auf eine *réponse ministérielle* auf der offiziellen Webseite der französischen Verwaltung (https://www.service-public.fr/particuliers/vosdroits/F882), die bestätigt, dass „il n'y a pas de règle sur le nombre de prénoms de l'enfant. Toutefois, l'officier d'état civil peut estimer que la multiplicité des prénoms est contraire à l'intérêt de l'enfant". Der Standesbeamte kann eine zu hohe Vornamenszahl also nur ablehnen, wenn sie dem Wohl des Kindes widerspricht.
[139] Darauf deuten jedenfalls die Regeln zur Namensänderung hin (Home Office: Use and change of names Version 1.0, Published for Home Office staff on 28 January 2019, www.gov.uk: „Applications to change a name on a Home Office document will be refused if it includes one or more of the following: […] too many characters in forenames/surname to fit onto the face of the document").
[140] *Kutscher und Wildpert,* PStR[2], § 13 PStG 2013, I B 5 machen auf ein im Parlament gescheitertes Vorhaben aufmerksam, die Zahl der Vornamen auf drei zu begrenzen. Der Gesetzgeber habe entschieden, Vornamen nur solchen Einschränkungen zu unterwerfen, die zur Sicherung der Ordnungsfunktion des Vornamens und des Wohles des Kindes unentbehrlich seien. Obwohl die österr. PStG die Anzahl der Vornamen nicht ausdrücklich begrenze, unterlägen sie faktisch dennoch den Grenzen des technischen Platzangebotes des ZPR. Werden mehr Vornamen gewählt, als der Standesbeamte eintragen kann, wird er die Eintragung ablehnen und das Pflegschaftsgericht verständigen.
[141] Sie sollen (zur Abgrenzung von den Vornamen) durch einen Bindestrich verbunden werden (Kap. 1 § 8 (1) dän. Namensgesetz), gelten rechtlich aber als ein Nachname (Abs. (2) a. a. O.).
[142] Kap. 2 § 5 finn. Namensgesetz. Ein zweigeteilter Nachname darf nur aus zwei einfachen Nachnamen bestehen, die die betreffende Person unter dem Namensgesetz getrennt erwerben kann. Die Namen sind in einer bestimmten Reihenfolge zu führen und können (müssen aber nicht) durch einen Bindestrich verbunden werden (dazu RP 104/2017 rd, S. 43). Der Erwerb eines zweigliedrigen Nachnamens unter-

I. Der bürgerliche Name § 8

chien und Spanien. Unter § 44(2) ungar. Gesetz über das Personenstandsverfahren (Gesetz I/2010) ist der „Geburts-Familienname ein ein- oder zweigliedriger Name". Ebenso verhält es sich unter § 70(1) tschech. Gesetz über das Personenstandsregister und den Namen und Nachnamen. Die Führung eines zweiten Nachnamens ist aber an besondere Voraussetzungen geknüpft.[147] In Spanien bildet sich der Hauptname eines Kindes aus den ersten Namen seiner Eltern. Sie können zwar über die Reihenfolge entscheiden; der vornamensrechtliche Grundsatz der freien Namenswahl (Art. 51 span. LRC) gilt im Nachnamensrecht aber gerade nicht. Der Hauptname eines Neugeborenen ist zweigliedrig (Art. 109(2) span. CC; Art. 49(2) span. LRC). Er besteht unabhängig vom Elternwillen[148] immer aus dem jeweils ersten Nachnamen des Vaters und der Mutter[149]; bei einer Geburt mit nur einer anerkannten Abstammung aus dem zweigliedrigen Namen des betreffenden Elternteils (Art. 49(2) Satz 4 span. LRC). Bei der Eheschließung kann ein Ehegatte zwar auch noch einen der Namen seines Ehepartners annehmen, doch handelt es sich dabei nur um einen Gebrauchsnamen.[150] Die Gesamtzahl der Nachnamen erhöht sich in diesem Fall faktisch auf drei.[151] Für die Namensführung der Kinder ist dieser Gebrauchsname aber ohne Bedeutung.

---

liegt je nach dem familienrechtlichen Vorgang, auf dem er beruht, besonderen Voraussetzungen (Kap. 2 §§ 6–11 a. a. O.). Liegen sie nicht vor, hat der Antragsteller immer noch die Möglichkeit, einen Namen, den er bereits trägt, um einen der Namen zu ergänzen, die er nach dem Gesetz zusätzlich erwerben kann.

[143] Zu Frankreich noch unten Rdnr. 525, zu Griechenland schon oben Fn. 131.

[144] Unter § 155(2) österr. ABGB können Eltern für ihr Kind einen aus ihrer beider Familiennamen gebildeten Doppelnamen bestimmen. Dabei dürfen aber höchstens zwei Teile dieser Namen verwendet werden.

[145] Das folgt aus Art. 88 § 1 (Kindesname) und 25 § 2 poln. FVGB (Ehename; „ein durch Verbindung gebildeter Nachname kann aus maximal zwei Gliedern bestehen").

[146] § 20(2) schwed. Namensgesetz. Auch in Schweden gilt, dass der Nachname nur aus zwei einfachen Nachnamen bestehen darf, die die betreffende Person nach dem Namensgesetz getrennt erwerben kann. Die Regelung gleicht in allen wesentlichen Zügen der finnischen.

[147] Ein zweiter Nachname darf danach geführt werden, wenn er (a) unter altem Recht rechtmäßig erworben wurde, (b) als von Anfang an zweigliedriger Name eines der Ehegatten zum gemeinsamen Ehenamen bestimmt wird, (c) der gemeinsame Ehename an zweiter Stelle neben dem bisherigen Familiennamen geführt wird, (d) der Nachname des Kindes aus dem Namen von Eltern gebildet wird, die das Recht haben, mehr als einen Nachnamen zu führen, oder (e) wenn der zweite Name im Zusammenhang mit einer Adoption erworben wurde.

[148] DGRN Resolution vom 18.10.1990, abgedruckt in Cobacho Gómez und Leciñena Ibarra (-*García Pérez*), Comentarios a la Ley del Registro Civil, S. 726 mit Fn. 3, Anm. 2 zu Art. 49 LRC (Die Mutter hatte auf die Weitergabe ihres ersten Nachnamens verzichten wollen; das Kind sollte beide Nachnamen des Vaters übernehmen. Das wurde abgelehnt).

[149] Anders ist das unter Art. 111 span. CC nur dann, wenn die Vaterschaft gegen den Willen des Vaters gerichtlich festgestellt werden musste oder wenn der Vater eines Sexualverbrechens gegen die Mutter schuldig ist. Im Übrigen kommt nur eine Namensänderung in die Nachnamen eines Elternteils in Betracht, die aber unter Art. 58 span. LRC (1957) außergewöhnliche Umstände voraussetzt. TS 21.11.2022, ECLI:ES:TS:2022:4284 hat es der Klägerin gestattet, beide Nachnamen ihrer Mutter anzunehmen und den Nachnamen des Vaters zu streichen. Der (ausländische) Vater der Klägerin hatte sie im Alter von fünf Jahren verlassen und war endgültig in sein Heimatland zurückgekehrt. Die Klägerin hatte dargelegt, dass sie durch die Vernachlässigung durch ihren Vater und die Pflicht, dennoch seinen Namen führen zu müssen, psychisch erkrankt war.

[150] Gebrauchsnamen existieren auch in Frankreich; die Rahmenbedingungen sind aber nicht identisch (oben Rdnr. 498). In Spanien hat sich der Gebrauchsname erst in der zweiten Hälfte des 19. Jahrhunderts etabliert. Es wurde üblich, dass sich Frauen mit dem Nachnamen ihres Mannes als zweitem Nachnamen mit vorangestellter Präposition vorstellen, wie z. B. Pilar González „de" Martínez (*Fernández Domingo*, El nombre de las personas, S. 232).

[151] Anders als in den meisten europäischen Ländern hat die Ehefrau in Spanien ihren Geburtsnamen stets beibehalten und an ihre Kinder weitergegeben, die eben deshalb zwei Nachnamen tragen, den des Vaters und den der Mutter. Das bestätigt noch einmal Art. 194 span. RRC i. d. F. des RD 193/2000: „Wenn die Abstammung durch beide Linien bestimmt wird, ist der erste Nachname eines Spaniers der erste Nachname des Vaters und der zweite Nachname der erste Nachname der Mutter, auch wenn sie Ausländerin ist, mit Ausnahme der in Artikel 109 des Zivilgesetzbuches vorgesehenen Möglichkeit". (Die „Ausnahme" betrifft die Entscheidungsbefugnis der Eltern über die Reihenfolge der Nachnamen ihrer Kinder). „Der bürgerliche Brauch einiger sozialer Schichten, verheirateten Frauen den Nachnamen des Ehemannes zu geben, hat nie eine normative Anerkennung erfahren, da es sich lediglich um einen privaten sozialen Brauch ohne rechtlichen Wert handelt" (*Lasarte*, Principios de derecho civil I[24], S. 280).

§ 8   § 8: Namensrecht

522   In Portugal allerdings trägt ein Mensch sogar **bis zu sechs** Hauptnamen. Der Grundregel nach ist die Zahl der Hauptnamen zwar auf **vier** beschränkt (Art. 103(2) port. CRC).[152] Die Zahl der Teilnamen eines Hauptnamens erhöht sich jedoch für Ehegatten (und nur für sie, nicht für die Kinder) auf sechs, wenn Eheleute unter Art. 1677(1) port. CC von der Möglichkeit Gebrauch machen, zusätzlich zu ihrem eigenen Namen noch bis zu zwei Namen des Ehepartners anzunehmen. Dieses Recht steht beiden Ehegatten zu; sie können also auf Wunsch zwei Namensteile „überkreuz" führen. Für die Zählung macht es weder beim Ehe- noch beim Geburtsnamen einen Unterschied, ob es sich um eine einfache oder zusammengesetzte Vokabeln handelt; „Castelo-Branco" sind zwei Vokabeln. Bindewörter, also Partikel zwischen den Namensteilen („de", „da", „das", „do", „dos" und „e") zählen jedoch nicht mit.[153] Die vier Teile des Hauptnamens eines Neugeborenen speisen sich nach Wahl der Eltern aus ihren insgesamt acht Namensteilen (Art. 1875(1) port. CC). Aus ihnen sind „Namenszusammenstellungen" in jeder beliebigen Kombination erlaubt. Die Höchstzahl (vier Namensteile) kann aber auch unterschritten werden; es handelt sich nicht gleichzeitig um eine Mindestzahl.[154] Zu den Besonderheiten des portugiesischen Namensrechts gehört es ferner, dass es gestattet ist, im täglichen Leben einen abgekürzten Namen zu führen und mit ihm zu unterschreiben.[155] Art. 103(2)(e) port. CRC erlaubt zudem die Vergabe von Namen, die die Eltern gar nicht mehr selbst tragen, sofern es sich dabei um die Namen von Vorfahren handelt, auf deren Führung die Eltern „ein Recht haben". Außerdem kann ein Name (auch als Teilname) vergeben werden, unten dem „die Eltern bekannt sind".[156]

523   Ein System, das mit Namenshöchstzahlen operiert, beugt mit ihnen zugleich der Gefahr der **Verdopplung** der Hauptnamen **von Generation zu Generation** vor. Trügen Kinder eines Paares stets die vollständigen Namen beider Eltern, wären es schon in dem rein

---

[152] Unter dem port. CRC von 1911 gab es Fälle von Personen mit mehr als 30 (!) Namen (*Vilhena de Carvalho*, O nome das pessoas e o direito, S. 104–108), auch wenn es sich dabei wahrscheinlich um mit Vor- und Nachnamen gehandelt hat (*Lourenço Bobone*, Raízes e Memórias [1988-3] S. 83, 93: „eine „ausländische Mode bei Adligen"). Erst der port. CRC von 1932 hat eine Höchstzahl von drei Nachnamen festgelegt. Der Gesetzgeber hat diese Zahl mit DL 39923 vom 23.11.1954 aus politischen Gründen auf vier Nachnamen heraufsetzen müssen und diese Korrektur in dem port. CRC von 1958 bestätigt. Daran hat sich bis heute nichts geändert. Vier Nachnamen, so der seinerzeitige Justizminister *Antunes Varela* bei der Vorstellung des Gesetzes, seien „mehr als genug zur Befriedigung des sentimentalen Interesses der Eltern, die moralischen Werte, die sie im Familiennamen verkörpert sehen, im Namen ihrer Kinder fortzusetzen".

[153] *Vilhena de Carvalho,* O nome das pessoas e o direito, S. 116.

[154] Die Eltern können also unter Art. 1875(1) port. CC zwischen einer 4+0, einer 3+1, einer 2+2 und einer 1+3-Lösung wählen, aber auch für 1+1, 2+1, 1+2, 1+0, 0+1, 2+0, 0+2, 3+0 oder 0+3 optieren. Der vollständige Name kann also auch aus einem einzigen Vornamen und einem einzigen Nachnamen bestehen. Üblich sind zwei Vornamen, eine Präposition und zwei Nachnamen. Insgesamt herrscht namensrechtlich eine große Freiheit. Das portugiesische Recht weicht zwar in zahlreichen Punkten von den europäischen Standards ab, überlässt es jedoch den Eltern, sich für ein anderes System zu entscheiden. Denn festgelegt ist nur die maximale Anzahl der Nachnamen (*Vilhena de Carvalho* a. a. O. S. 107).

[155] Oben Fn. 58.

[156] „Es ist in den Rechtsdiensten anerkannte Doktrin, dass jeder Nachname in den Namen einer registrierten Person aufgenommen werden kann, solange nachgewiesen wird, dass er zur Familie des Vaters oder der Mutter gehört, unabhängig vom Verwandtschaftsgrad des Vorfahren, der ihn verwendet hat" (*Máximo Mocica und Serrano,* Código do Registo Civil anotado, Anm. 22 zu Art. 103 CRC, S. 169). Die zweite Alternative (Fehlen eines Namens) betrifft die früher nicht ganz seltenen Fälle, in denen Frauen statt eines echten Nachnamens nur religiöse Namen trugen. Der portugiesische Literaturnobelpreisträger „José Saramago" (1922–2010) z. B. war der Sohn von „José de Sousa" und „Maria da Piedade". Er sollte (wie der Vater) „José de Sousa" heißen. Da die Mutter keinen Nachnamen trug, entschied sich der Zivilregisterbeamte für den Namen, unter dem die Familie bekannt war, nämlich „Saramago". Der vollständige Name des Neugeborenen war deshalb „José de Sousa Saramago" (www.josesaramago.org/biografia/: „My parents were called José de Sousa and Maria da Piedade. José de Sousa would also have been my name if the civil registry official, on his own initiative, had not added the nickname for which my father's family was known in the village: Saramago. (It should be clarified that saramago is a spontaneous herbaceous plant, whose leaves, in those times, in times of need, served as food in the kitchen of the poor). Only when I was seven, when I had to present an identification document at primary school, did it become known that my full name was José de Sousa Saramago").

I. Der bürgerliche Name § **8**

theoretisch einfachsten Fall (die Eltern tragen Einzelnamen) zwei, in der nächsten Generation vier, in der Urenkelgeneration acht und einige Generationen später über tausend Namen. Namensketten, die sich niemand merken kann, wären keine Namen im Sinne des bürgerlichen Rechts mehr. Sie wären nicht nur vollständig unpraktikabel, sie würden auch die Persönlichkeitsentfaltung behindern, weil sie Menschen der Möglichkeit beraubten, im Schutz eines Namens Identität und Profil zu entwickeln.[157] Höchstzahlen sind aber nicht der einzige Weg, allzu lange Namen zu vermeiden. Eine Alternative besteht darin, willkürlich lange Namensketten unter der allgemeinen Regel auszuschließen, dass keine „bizarren" Namen gewählt werden dürfen und im Übrigen darauf zu setzen, dass die amtlichen Ausweispapiere in den Namensspalten ohnehin nur begrenzten Raum zur Verfügung stellen.[158]

Eine weitere Alternative besteht darin, in der Kindesgeneration keine Geburtsnamen aus **524** mehr Namensteilen zuzulassen als denen, aus denen sich der jeweils „längste" (meistgliedrige) Name *eines* Elternteils zusammensetzt, dabei die Teilnamen nicht gerechnet, die dieser Elternteil aus Anlass der aktuellen oder einer früheren Ehe als Beinamen angenommen hat. Trägt ein Ehepartner einen aus zwei oder mehr Vokabeln zusammengesetzten und der andere nur einen eingliedrigen oder jedenfalls aus einer geringeren Zahl von Teilnamen bestehenden Familiennamen, kann ein Kind höchstens den jeweils längeren Namen eines Elternteils erhalten. Der Kindesname kann also nicht noch weiter um einen oder mehrere Teilnamen auch des anderen Elternteils verlängert werden. So verhält es sich unter deutschem Recht. Nicht nur entstehen in der Person der Kinder schon der Grundregel nach keine aus den Namen beider Eltern zusammengesetzten Doppelnamen (aus 1+1 wird nicht zwei, aus 2+1 nicht drei, aus 3+2 nicht fünf: §§ 1616, 1617(1) i. V. m. § 1355(1) dt. BGB). Vielmehr ist auch die Namenswahl des Elternteils, dessen Name nicht Ehename wird (und deshalb nicht auf die Kinder übergeht) begrenzt. Haben sich die Eheleute auf den Namen des Mannes oder der Frau als Ehenamen verständigt, kann der „zurücktretende" Ehegatte zwar seinen bisherigen Namen dem gemeinsamen Ehenamen (als sog. Begleitnamen) voranstellen oder anfügen. Das gilt unter § 1355(4) Satz 2 a. a. O. jedoch nicht, „wenn der „Ehename aus mehreren Namen" besteht.[159] Und unter § 1355(4) Satz 3 a. a. O. kann auch ein zwei- oder mehrgliedriger Name nicht als Begleitname geführt werden. Der betroffene Ehegatte muss sich für einen seiner bisherigen Namensteile entscheiden. Die Frau von Herrn „A B" kann nicht die Namen „A B C" (oder „C A B") tragen, wenn „A B" zum Ehenamen gewählt wurde. Wurde dagegen „C" zum Ehenamen bestimmt, muss sich Herr „A B" entscheiden, welchen seiner beiden Namensteile er als Begleitnamen beibehalten möchte („A C", „C A", „B C" oder „C B"). Art. 25 § 2 Satz 3 poln. FVGB kleidet

---

[157] Ähnlich BVerfG 30.1.2002, BVerfGE 104 S. 373; NJW 2002 S. 1256 (oben Rdnr. 139). Es sei verfassungsgemäß, dass unter deutschem Recht ein Kind von Eltern, die keinen gemeinsamen Ehenamen führen, keinen Doppelnamen aus ihren jeweiligen Familiennamen erhalte. Der Name dürfe nicht seine identitätsstiftende Funktion verlieren. Verfassungsrechtlich zulässig wäre es aber auch, die Bildung von Doppelnamen für das Kind zu erlauben, sofern die Zahl seiner Namen gleichzeitig auf zwei beschränkt würde. „Der Entwicklung von Namensketten könnte … nicht nur durch den Ausschluss des Kindesdoppelnamens entgegengewirkt werden. Möglich wäre auch, für die Bestimmung des Geburtsnamens eines Kindes die Zahl der Namen, die zusammengefügt werden können, generell auf die Bildung von Doppelnamen zu begrenzen. Dies schränkte jedoch seinerseits die Möglichkeit von Eltern mit Doppelnamen ein, auch für sich das Recht zu reklamieren, beide Elternnamen vollständig im Kindesnamen zu dokumentieren" (S. 1258). Der Gesetzgeber habe „die Funktion des Namens, personelle Identität zu stiften, sichern wollen. Dass er durch eine Beschränkung des Namensbestimmungsrechts der jetzigen Elterngeneration und nicht durch eine Beschränkung der folgenden Elterngenerationen verwirklicht hat, ist als gesetzgeberische Entscheidung unter Berücksichtigung der Wahlmöglichkeiten, die den Eltern bei der Bestimmung ihres eigenen Namens wie des Kindesnamens verbleiben, verfassungsrechtlich zwar nicht geboten, aber auch nicht zu beanstanden" (S. 1256, 1259).
[158] Oben Fn. 139.
[159] Das wirft natürlich gleich wieder die Frage auf, was „mehrere Namen" sind. Hier kommt es auf die Verkehrsanschauung an, nicht allein auf die Zahl der Worte. „von Bar" ist deshalb *ein* Name, desgleichen z. B. „Maier auf der Heide", weil Präposition und Artikel die Worte verklammern (OLG Jena 22.2.2006, BeckRS 2007, 6754 Rdnr. 8).

§ 8

dasselbe Ergebnis in die Worte, dass ein „durch Verbindung gebildeter Nachname ... aus maximal zwei Gliedern bestehen" kann. Da es sich in Griechenland ebenso verhält, muss ein Elternteil, das einen mehrgliedrigen Namen führt, bei der Weitergabe seines Namens an die Kinder gleichfalls auf einen seiner Namen verzichten, wenn auch der Name des Partners auf die Kinder übergehen soll.[160] Das sind durchaus einschneidende Regelungen. Andererseits bleibt es unter dem deutschen System möglich, mehrgliedrige Familiennamen (wie sie oft noch in Familien bäuerlichen oder adligen Ursprungs vorkommen) solange zu tradieren, wie die jeweilige Elterngeneration das wünscht.

525 Vorsorge gegen Namensverdopplungen erscheint unvermeidlich. Die Frage ist immer nur, *welche* Generation zu welchem Zeitpunkt mit einer Namenseinbuße belastet wird. Entweder können Eltern nur einen ihrer beiden Namen an ihre Kinder weitergeben[161], oder es müssen die Kinder, sobald sie selbst Eltern werden, auf die Weitergabe eines ihrer Teilnamen verzichten. Letzteres ist die Lösung des französischen und des polnischen Rechts. Unter Art. 311-21 franz. CC (sowie Art. 335(1) belg. CC und Art. 449(2) rumän. CC) können Vater und Mutter den Familiennamen ihres Kindes frei wählen.[162] Sie können entweder den Namen des Vaters, den Namen der Mutter oder ihre beiden Namen zum Namen ihrer Kinder bestimmen. In der letzten Variante sind sie auch darin frei, die Reihenfolge der Namen festzulegen.[163] Aber sie können, wenn sie selbst bereits von ihren Eltern einen Doppelnamen erhalten haben, weder einen Dreifach- noch einen Vierfachnamen vergeben. Sie müssen vielmehr eine Entscheidung treffen. „Paul Dupont" und „Anne Durant" können mithin dem Standesbeamten gegenüber erklären, dass ihr Sohn Pierre „Dupont", „Durant", „Dupont Durant" oder „Durant Dupont" heißen soll[164], vorausgesetzt, es steht gleichzeitig fest, dass Pierre von beiden Elternteilen abstammt[165] und dass Pierre das erste Kind seiner Eltern ist.[166] Ist Pierre hingegen der Sohn von Paul Dupont Petit und von Anne Durant (oder Anne Durant Grand), dann kommt es nicht zu einem Anwachsen der Namensteile; die Obergrenze liegt immer bei zwei. Pierre kann also zwar „Dupont Petit" oder „Durant Grand" heißen, aber weder „Dupont Petit Durant" noch gar „Dupont Petit Durant Grand".[167]

526 Unter Art. 25 § 2 poln. FVGB können Ehegatten entweder ihren bisherigen Namen beibehalten oder eine Namenserklärung abgeben. Im letzteren Fall können sie für einen gemeinsamen Nachnamen optieren oder ihren Namen mit dem Namen des anderen Ehegatten verbinden. Der durch Verbindung gebildete Nachname darf aber wiederum nur aus maximal zwei Gliedern bestehen. Unter Art. 88 § 1 a. a. O. führt ein Kind, von dem (das ist der Regelfall) vermutet wird, dass es vom Ehemann der Mutter abstammt, den Namen, der der Name beider Ehegatten ist, d. h. den Namen, für den sie optiert haben. Tragen die Ehegatten verschiedene Namen, so führt das Kind den Namen, den die Eltern bei der Eheschließung für ihre Kinder bestimmt haben. Das wiederum ist entweder der Name eines Ehegatten oder ein aus dem Namen der Mutter mit dem Namen des Vaters verbundener Name. Doppelnamen sind also erlaubt. Sie dürfen unter Art. 90¹ a. a. O. aber

---

[160] *Triantos*, AK, Art. 1505 gr. ZGB S. 1694 Rdnr. 5.
[161] Die Möglichkeit, zwei Namen sprachlich zu einem zu „verzahnen" (sog. *meshing*), so dass z. B. Frau Adminton und Herr Mercury ihre Kinder (auch abwechselnd) „Adcury" oder „Mercington" nennen können, besteht nur unter dem Common Law.
[162] Wird der Kindesname nicht gewählt, trägt das Kind den Namen des Vaters, sofern die Abstammung zu ihm feststeht (Art. 311-21 franz. CC; näher *Batteur und Mauger-Vielpeau*, Droit des personnes¹¹, S. 59 Rdnr. 79).
[163] In Ermangelung einer solchen Festlegung kommt es auf die alphabetische Reihenfolge an (Art. 311-21 franz. CC).
[164] *Batteur und Mauger-Vielpeau* a. a. O. S. 56 Rdnr. 72.
[165] Wird eine Abstammung (i. d. R. natürlich die vom Vater) erst später festgestellt, kommt es auf die Chronologie an. „Lorsque la filiation n'est établie qu'à l'égard d'un parent, l'enfant prend le nom de ce parent" (Art. 311-23 franz. CC).
[166] Andernfalls erhält er zwingend den Familiennamen, den die Eltern für das älteste Geschwisterkind ausgewählt haben (Art. 311-21 franz. CC). Innerhalb der Familie gilt der Grundsatz der Namenseinheit.
[167] *Batteur und Mauger-Vielpeau* a. a. O. S. 58 Rdnr. 77.

nur aus maximal zwei Gliedern bestehen. Der Name des Kindes setzt sich aus den ersten Teilnamen der zu verbindenden Namen zusammen, es sei denn, dass infolge der Namensverbindung ein Doppelname mit gleichlautenden Teilnamen entstehen würde. Bei einer auf Anerkennung der Vaterschaft beruhenden Namensänderung des Kindes gelten grundsätzlich dieselben Regeln. Haben die Eltern keine übereinstimmenden Erklärungen über den Namen des Kindes abgegeben, so führt es einen Namen, der aus dem Namen der Mutter und dem hinzugefügten Namen des Vaters besteht (Art. 89 § 1 a. a. O.). Auch das Namensänderungsrecht fixiert die Höchstzahl von (Vor- und) Nachnamen auf zwei (Art. 6 (2) poln. VNG). Unter § 4:150(1) S. 3 ungar. ZGB darf das Kind „als Familiennamen auch einen verbundenen Familiennamen seiner Eltern führen, selbst dann, wenn die Eltern nach der Eheschließung ihre Familiennamen nicht verbunden haben oder die Eltern keine Ehe geschlossen haben. Der Familienname des Kindes darf aus höchstens zwei Teilen bestehen".

4. Geschlechtsspezifische Namen

Unterschiedlich beurteilt wird auch, ob und welche Namensbestandteile das Geschlecht des Namensträgers spiegeln müssen. Es geht zumeist darum, ob Eltern ihren Kindern „geschlechtsneutrale" Vornamen geben dürfen, also Namen, die nach den sprachlichen Gewohnheiten des Landes keine sichere Zuordnung zu einem der binären Geschlechter erlauben, inzwischen aber auch darum, ob Kindern sogar „geschlechtskonträre" Vornamen gegeben werden dürfen. Geschlechtskonträre Vornamen sind Vornamen, die nach ihrem Klang und der gesellschaftlichen Tradition auf das jeweils andere binäre Geschlecht hindeuten oder sogar unter ihm gelistet sind.[168] Entsprechende Fragen tauchen auf, wenn das Kind alt genug geworden ist, um selbst eine Namensänderung zu initiieren. Eine geschlechtsspezifische Namensbildung begegnet zudem bei den **Patronymen** und den Haupt- oder Nachnamen. Unter Art. 14(1) bulgar. Gesetz über die Zivilregistrierung werden der Vatersname und der Familienname mit den Endungen –ov bzw. –ev an das Geschlecht des Kindes angepasst, sofern dem nicht die familiären, ethnischen oder religiösen Traditionen der Eltern entgegenstehen.[169]

527

In Griechenland bildet sich der weibliche **Nachname** aus dem Genitiv des männlichen (z. B. „Papadopoulou" statt „Papadópoulos"; wörtlich „die des Papadópoulos").[170] Art. 2 Nr. 9.5 der litauischen Namensänderungsverordnung vom 28.12.2016 schreibt vor, dass der gewählte Vor- und Nachname dem Geschlecht der Person entsprechen müssen. Eine Person kann ihren Namen ändern, wenn seine Form nicht ihrem Geschlecht entspricht. Ein als transsexuell diagnostizierter Antragsteller kann seinen Namen ändern, wenn er die geschlechtsspezifischen Formen seines Namens wünscht (Art. 9² a. a. O.). Unter § 69(1) tschech. Gesetz über das Personenstandsregister und den Namen und Nachnamen wird der Nachname im Einklang mit den Regeln der tschechischen Grammatik gebildet. Frauen können aber bei der Eheschließung, der Begründung einer eingetragenen Lebenspartnerschaft (§ 69(2) a. a. O.) oder zu jedem beliebigen anderen Zeitpunkt (§ 69a(1) a. a. O.) den Zusatz -ova ablegen und dadurch die grammatikalisch männliche Form ihres Nachnamens eintragen lassen. Entsprechendes gilt für Neugeborene. Auf Antrag der Eltern ist der Name eines Mädchens „in der männlichen Form" zu verlautbaren (§ 69(3) a. a. O.). Die Eltern können diese Erklärung auch noch später abgeben; ab Erreichen des fünfzehnten Lebens-

528

---

[168] Oben Rdnrn. 515–517. Solche Namenslisten halten manchmal freilich auch Überraschungen parat. In der portugiesischen z. B. findet sich „Carlos" auch als weiblicher Vorname (oben Fn. 110). Wenn es sich hierbei nicht um ein Versehen handelt, ist also entgegen der Grundregel (Art. 103(2)(a) port. CRC) „Carlos" als geschlechtskonträrer Name möglich.

[169] Siehe schon oben Rdnr. 511.

[170] Geschlechtsspezifisch angepasst werden grundsätzlich alle Nachnamen. Endet der männliche Name auf „-as", endet der weibliche Name auf „a", endet der männliche Name auf „-eus", endet der weibliche Name auf „-eos", etc. Weibliche Nachnamen werden, da sie aus dem Genitiv des männlichen Namens gebildet sind, nicht dekliniert. Dekliniert werden die Vornamen beider Geschlechter.

jahres muss die Tochter allerdings zustimmen (§ 69a(2) a. a. O.). Auf Antrag der Eltern bzw. der inzwischen erwachsen gewordenen Tochter kann ihr in männlicher Form geführter Name zwar jederzeit in einen „weiblichen" geändert werden, aber das gilt nicht für einen Rückwechsel. Der Antrag auf Verwendung der männlichen Namensvariante kann nur einmal gestellt werden; alle weiteren Anträge unterliegen den strengen Voraussetzungen einer öffentlich-rechtlichen Namensänderung (§ 69a(6) i. V. m. §§ 69b und 72 a. a. O.). Art. 47(1) Nr. 4 dt. EGBGB und § 93a(3) österr. ABGB erlauben nach einem Eingangsstatutenwechsel die Ablegung einer unter ausländischem Recht gebildeten geschlechtsspezifischen Namensendung.

529   Meistens geht es aber um die **Vornamen.** Art. 103(2)(a) port. CRC verbietet Vornamen, die „Zweifel an dem Geschlecht des zu Registrierenden erwecken", Art. 35 ital. Präsidialdekret 396/2000 die Vergabe von Vornamen des jeweils anderen Geschlechts. Zu den wenigen Ausnahmen gehört „Andrea".[171] Diesen Namen können nach der Rechtsprechung des Kassationshofs sowohl Jungen als auch Mädchen erhalten.[172] „Maria" ist für Angehörige des männlichen Geschlechts (nur) als zweiter Vorname möglich („Giovanni Maria"). Eine vergleichbare Gegenausnahme für Mädchen gibt es zwar in Spanien („María-José") und in Portugal („Maria João", „Maria José")[173], aber augenscheinlich nicht in Italien („Maria Giovanni"). Auch unter § 13(2) österr. PStG darf bei Kindern „zumindest der erste Vorname dem Geschlecht des Kindes nicht widersprechen". Als weitere Vornamen können dem Kind also sogar geschlechtskonträre Vornamen gegeben werden, und zwar nicht nur „Maria" oder vergleichbare Vornamen für Jungen. Unter Art. 2 Nr. 9.5 lit. Gesetz über die Namensänderung, § 2(2) slowak. und § 62(1) tschech. Namensgesetz darf eine männliche Person nicht mit einem weiblichen und eine weibliche Person nicht mit einem männlichen Namen eingetragen werden. Ausnahmen betreffen fremdsprachige Namen, von denen allgemein bekannt ist, dass sie der Tradition des jeweiligen Landes entsprechen. Auch unter § 44(3) des ungarischen Gesetzes über das Personenstandregisterverfahren muss der Vorname (ggf. die Vornamen) dem „Geschlecht des Kindes entsprechen".

530   Polnische Standesbeamte weisen die elterliche Erklärung über den Kindesnamen zurück, wenn er nicht auf das Geschlecht hinweist (Art. 59(4) poln. RdSG); mindestens muss der Name in „allgemeiner Bedeutung" einem Geschlecht zugeschrieben werden (Art. 59(3) a. a. O.). Allerdings soll das nur als eine Regel gegen geschlechtskonträre, nicht auch als eine Regel gegen **geschlechtsneutrale Vornamen** zu lesen sein. Es gäbe, so *Hrynicki,* keine dichotome Einteilung der Vornamen in ausschließlich männliche und ausschließlich weibliche. Dem Gesetzgeber sei es nicht um die Abschaffung von „Unisex-Namen" gegangen, sondern nur darum, „typisch männliche" Namen für Frauen und „typisch weibliche" für Männer zu untersagen.[174] Was genau „typisch männliche" bzw. „typisch weibliche" Namen sind, erfährt man aber nicht. Für Deutschland hat das BVerfG die Möglichkeit der Vergabe von geschlechtsneutralen Vornamen durchgesetzt.[175] Das kommt nicht zuletzt Personen mit einer nichtbinären Geschlechtsidentität zugute, ist aber nicht auf sie beschränkt.[176] Geschlechtskonträre Vornamen sind jedoch weiterhin unzulässig, wenn und weil sie die

---

[171] Eine analoge Situation besteht in Griechenland, weil sich die männliche und die weibliche Version von „Andreas" nur in der Aussprache und bei Kleinschreibung unterscheiden lassen, aber nicht, wenn Versalien anzugeben sind. Die männliche Version wird auf der vorletzten (Andréas), die weibliche auf der letzten Silbe (Andreás) betont. Bei der Verwendung von Großbuchstaben fehlt eine solche Akzentuierungsmöglichkeit.
[172] Cass. 20.11.2012, nr. 20385, Foro it. 2013, I, 529.
[173] Oben Fn. 130.
[174] *Hrynicki,* IUSNOVUM 2013, Nr. 3, S. 195, 205. Die Regel gegen geschlechtskonträre Vornamen gilt andererseits auch für transsexuell geprägte Menschen, die ihr Geschlecht (noch) nicht haben ändern lassen (Woiwodschaftsverwaltungsgericht Łódź 15.2.2017, LEX-Nr. 2239981). Ebenso verhält es sich unter § 72 (5) tschech. Gesetz über die Personenstandsregister, Namen und Nachnamen. Bis zur Änderung des rechtlichen Geschlechts können nur geschlechtsneutrale Namen angenommen werden.
[175] BVerfG 5.12.2008, NJW 2009 S. 663 („Kiran").
[176] Letzteres folgt aus BVerfG a. a. O. Siehe ferner Staudinger (-*Lugani*), BGB (2020), § 1616 Rdnrn. 46–46b und MünchKomm (-*v. Sachsen-Gessaphe*), BGB[8], Anh. § 1618 Rdnr. 21.

I. Der bürgerliche Name §**8**

Identitätsfindung und damit das Wohl des Kindes gefährden. Auch § 13(2) österr. PStG verbietet nur dem Geschlecht des Kindes widersprechende (erste) Vornamen; geschlechtsneutrale Vornamen sind also nicht ausgeschlossen. Das ist inzwischen auch unter Art. 51(2) span. LRC der Fall. Denn unter dieser Regel können dem Neugeborenen nur solche Namen nicht verliehen werden, die seiner Würde zuwiderlaufen oder „die Identifizierung komplizieren" würden. Die Praxis der DGRN war lange uneinheitlich, hat sich inzwischen aber mit einer langen Liste von zulässigen und unzulässigen Vornamen konsolidiert.[177] Nicht zulässig sind z. B. weiterhin „Eddy-Isabel" für ein Mädchen (weil „Eddy" hinsichtlich des Geschlechts irreführend wäre[178]), „Aritza" für einen Jungen (weil es sich auf Baskisch um einen Mädchennamen handelt[179]) und „Marc" für ein Mädchen (weil „Marc" als ein männlicher Vorname gilt[180]). Andererseits wurden Fantasienamen zugelassen, die weder eindeutig Mädchen noch Jungen bezeichnen und tatsächlich auch beiden Geschlechtern gegeben werden.[181]

In Frankreich sind geschlechtsneutrale Vornamen (*prénoms épicènes, mixtes* oder *neutres*) **531** weit verbreitet („Alexis", „Camille", „Claude", „Dominique", „Maxime" oder „Yannick" [in der Bretagne auch ein weiblicher Vorname]). Wie in Belgien[182] existiert aber auch keine ausdrückliche Regel gegen **geschlechtskonträre Vornamen.** Berühmte Frauen trugen „männliche" Vornamen (Stéphane Audran, George Sand), berühmte Männer weibliche (Anne de Montmorency). Eine Vornamenswahl scheitert erst, wenn sie das Kindeswohl oder das Interesse eines Dritten am Schutz seines Familiennamens verletzt (Art. 57(4) und (5) franz. CC). Überwiegend werden geschlechtskonträre Vornamen aber transsexuell geprägten Erwachsenen (oder Heranwachsenden) vorbehalten, die ihr rechtliches Geschlecht (noch) nicht haben ändern lassen.[183] Man kann freilich der Auffassung sein, dass einem Erwachsenen ganz grundsätzlich das Recht zustehen sollte, sich zu nennen, wie er wünscht. Das ist die Position des Common Law[184], und es scheint demgemäß bislang keine Entscheidung zu geben, die es einem Mann verwehrt hätte, einen weiblichen, oder einer Frau, einen männlichen Vornamen zu tragen. Erwachsene sollten wissen, worauf sie sich mit einer geschlechtskonträren Vornamensänderung einlassen. Bei Kindern aber ist die Ausgangslage eine andere. Denn ein Junge, der mit einem Mädchennamen, oder ein Mädchen, das mit einem Jungennamen in den Kindergarten oder auf die Schule geschickt werden, werden schnell zum Opfer von Hänseleien, Spott und Mobbing. Deshalb ist nicht auszuschließen – Rechtsprechung freilich fehlt auch zu diesem Punkt – dass auch ein englisches Gericht in einem solchen Fall intervenieren könnte.[185] Die schwedische Rechtslage wird man ähnlich zu interpretieren haben. Schon vor Inkrafttreten des neuen Namensgesetzes (zum 1.7.2017) hatte das Oberste Verwaltungsgericht einem Mann („Jan-Olov"), der seit zwanzig Jahren als Transvestit gelebt hatte und dazu übergegangen war, sich

---

[177] Eingehende Nachweise bei Cobacho Gómez und Leciñena Ibarra (-*García Pérez*), Comentarios a la Ley del Registro Civil, S. 765–766, Anm. 4.2. zu Art. 51 LRC und *Linacero de la Fuente,* Derecho de la persona y de las relaciones familiares, S. 290 (von ihr stammen auch die Beispiele).
[178] Resolution DGRN vom 28.8.2015.
[179] Resolution DGRN vom 2.12.2016.
[180] Resolution DGRN vom 23.12.2016.
[181] Z. B. „Arwen" für Mädchen (Resolution DGRN vom 16.6.2005); „Avril" sowohl für Jungen als auch für Mädchen (Resolution DGRN vom 24.2.2006). Erlaubt sind für beide Geschlechter auch „Amor", „Mar", „Camino" und „Trinidad", also „Liebe", „Meer", „Weg" und „Dreieinigkeit" (*Linacero de la Fuente* a. a. O.).
[182] Im belgischen Gesetzesrecht findet sich gleichfalls keine Regel gegen geschlechtskonträre Vornamen. *Leleu,* Droit des personnes et des familles⁴, S. 81 Rdnr. 68 meint allerdings, dass „l'officier de l'état civil peut refuser d'acter un choix de prénoms pouvant porter à confusion … avec d'autres personnes ou compte tenu du sexe de l'enfant (prénom exclusivement féminin pour un garçon – cette restriction ne vaut pas pour les deuxième et autres prénoms)".
[183] Oben Rdnrn. 491–493.
[184] Oben Fn. 82.
[185] Oben Fn. 121.

zusätzlich „Madeleine" zu nennen, diese Namensführung gestattet.[186] Das Gericht wies auf §§ 30 und 31 des (seinerzeit noch gültigen, inzwischen aber aufgehobenen) schwed. Namnlag vom 24.6.1982 hin. Jeder, der nach der Geburt nur einen einzigen Vornamen erworben hatte, konnte durch Meldung an das *Skatteverket* mehrere Vornamen annehmen, und jeder, der nach der Geburt mehrere Vornamen erworben hatte, konnte einen oder mehrere ersetzen, löschen oder hinzufügen, vorausgesetzt, es wurde einer der nach der Geburt erworbenen Vornamen beibehalten. Nicht zugelassen waren unter § 34 a. a. O. neben beleidigenden oder dem Träger voraussichtlich unangenehmen Namen nur Namen, „die aus anderen Gründen offensichtlich nicht als Vorname geeignet" sind. Die Behörde hatte zwar gemeint, „Madeleine" sei kein angemessener Vorname für einen Mann. Das Gericht hatte aber entschieden, dass es „Jan-Olov" gerade keine Unannehmlichkeiten bereite, zusätzlich noch einen weiblichen Vornamen zu tragen. Das Gericht betonte, dass die Wahl des Vornamens eine so persönliche Angelegenheit sei, dass dem Einzelnen eine umfassende Wahlfreiheit zugestanden werden müsse. „Madeleine" sei als zusätzlicher Name zu „Jan-Olov" auch nicht offensichtlich ungeeignet.

532 Auch unter § 27(2) schwed. Lag om personnamn vom 17.11.2016 kann ein oder können mehrere Vornamen durch andere Vornamen ersetzt werden. Es ist seither aber erlaubt, *alle* Vornamen zu ändern, auch durch Änderung ihrer Schreibweise oder durch das Löschen eines oder mehrerer Vornamen (Abs. (3) a. a. O.). Mit dieser Neuregelung wurde es möglich, einen geschlechtskonträren Vornamen anzunehmen, also einen Namen, der traditionell mit dem anderen Geschlecht in Verbindung gebracht wird. Die schwedische Regierung sah die Streichung des Erfordernisses, einen der ursprünglich erworbenen Vornamen beizubehalten, als Chance für ein geschlechtergerechtes Leben an.[187] Das Missbrauchsrisiko sei gering, und persönliche Freiheit sei wichtiger als Namensstabilität.[188] Die Bedeutung des Personennamens als sicheres Identifikationsmittel habe (wegen der Einführung der Personennummer) ohnehin abgenommen.[189] Bei Kindern ab Vollendung des zwölften Lebensjahres sind Namensänderungen nur noch mit ihrer Zustimmung möglich (§ 46 a. a. O.); jüngere Kinder sind unter Berücksichtigung von Alter und Reife nach ihrer Ansicht zu befragen.[190] Kindern könnten allerdings Namen, die ein Erwachsener zu tragen bereit ist, besondere und erhebliche Unannehmlichkeiten bereiten.[191] Das ist auch schon bei der Namensvergabe nach der Geburt zu bedenken. Denn die Regeln über die Zulässigkeit von Vornamen (§ 28 Lag om personnamn) gelten sowohl für die Namensänderung (§ 27 a. a. O.) als auch für den Namenserwerb nach der Geburt (§ 26 a. a. O.). Der Grundsatz, dass geschlechtskonträre Vornamen nicht *per se* ungeeignet sind, gilt deshalb auch für die Namenserteilung nach der Geburt.[192] Es ist aber in jedem einzelnen Fall zu prüfen, ob ein solcher Name für das Kind erhebliche Unannehmlichkeiten nach sich ziehen würde. Die Gesetzesmaterialien legen sich nicht fest. Das Problem tauche in der Praxis kaum auf, weil Eltern unter Hunderten von „als mehr oder weniger geschlechtneutral empfundenen" Vornamen wählen könnten, die von Angehörigen beider Geschlechter ohne Unannehmlichkeiten getragen würden.[193] Vermutlich muss man das dahin verstehen, dass einem Neugeborenen nur solche Vornamen nicht gegeben werden dürfen, die in der öffentlichen

---

[186] Regeringsrätten 9.4.2009, RÅ 2009 ref. 55 III. (Das Oberste Verwaltungsgericht hieß bis zum 31.12.2010 Regeringsrätten. Es wurde zum 1.1.2011 in Högsta förvaltningsdomstolen [HFD] umbenannt). In eine ähnliche Richtung wiesen zuvor bereits Regeringsrätten 14.9.1985, RÅ 1985 ref. 2:8 („Bent Mohamed Moncef" für ein Mädchen mit schwedischer und tunesischer Staatsangehörigkeit gestattet) und Regeringsrätten 5.4.1987, RÅ 1987 ref. 9 („Twilight" für ein Mädchen nicht offensichtlich ungeeignet).
[187] Prop. 2015/16: 180, S. 65.
[188] A. a. O. S. 67.
[189] So schon SOU 2013:35, S. 456–457.
[190] Prop. 2015/16: 180, S. 65.
[191] SOU 2013:35, S. 466.
[192] Prop. 2015/16: 180, S. 121.
[193] SOU 2013:35, S. 249.

Wahrnehmung ausschließlich auf das jeweils andere Geschlecht hinweisen, aber gesichert ist das bislang nicht.

II. Namenserwerb nach der Geburt

1. Namensgeeignete Vokabeln

a. Unterschiede zwischen Vor- und Hauptnamen

Da bereits Neugeborene das menschen- und grundrechtlich garantierte Recht auf einen Namen haben[194], sich selbst aber noch keinen Namen geben können, muss er durch andere gewählt werden. Das sind in erster Linie die Personensorgeberechtigten und damit die Eltern, genauer diejenigen, welchen allein kraft ihrer Elternschaft das Namensbestimmungsrecht zufällt.[195] Der Staat interveniert nur, um dem Recht des Kindes auf einen Namen Geltung zu verschaffen. Das wird notwendig, wenn entweder die zur Namensbestimmung befugten Personen unbekannt sind oder ihrer Wahlpflicht nicht nachkommen. Es macht keinen grundsätzlichen Unterschied, ob sie sich ihr verweigern oder sich mit unvereinbaren Vorstellungen gegenseitig blockieren. Der Staat vergibt aber keine von ihm selbst vorgefertigten Namensvokabeln. Das begegnet nur bei juristischen Personen, und hier i. d. R. auch nur insoweit, als sie ihre Rechtsform angeben müssen. Einer natürlichen Person weist kein Gesetz heute noch eine von ihm bestimmte Bezeichnung zu, die sie als Namen zu tragen hätte.[196] Gesetze stellen nur abstrakte Regeln auf, die von den Personensorgeberechtigten bzw. den Behörden oder Gerichten zu konkretisieren sind. Es gibt hingegen keine Vorschrift, unter der Personen, die bislang keinen (vollständigen) Namen haben, mit vorgefertigten Namensvokabeln zu registrieren wären, etwa derart, dass bislang namenlose Jungen immer den Namen „A[…] C[…]" und namenlose Mädchen immer den Namen „B[…] C[…]" zu tragen hätten, oder dass bei den Vor- und Nachnamen der Reihe nach eine vom Gesetz vorgegebene Liste abzuarbeiten und bei ihrer Erschöpfung neu zu beginnen sei. Jedermann würde sehen, dass es sich bei dem Namensträger um den Angehörigen einer „Problemgruppe" handelt. Jede Namenswahl beruht auf einer individuellen Entscheidung für bestimmte Worte. 533

Das führt zu der Frage, welche Vokabeln zu Namenszwecken genutzt werden dürfen. Bei den **Vornamen** sind die Eltern insoweit **grundsätzlich frei.** Die Wahlmöglichkeiten werden im Wesentlichen nur durch das Kindeswohl und, mit regionalen Unterschieden, durch Höchstzahlen und Regeln gegen geschlechtskonträre Namen beschränkt. Echte Namenspools sind dagegen selten. Sie haben den Nachteil einer zusätzlichen Freiheitsbeschränkung, aber auch den Vorteil einer klaren Trennlinie zwischen vornamensgeeigneten und vornamensungeeigneten Vokabeln. Man sieht schon dem Wort an, dass es für einen Vornamen steht. Alle übrigen Rechtsordnungen müssen Vokabeln, die sie nicht für vornamensgeeignet halten, entweder mit der Begründung aussortieren, dass sie „nicht als Vornamen gebräuchlich" sind (§ 13 (2) österr. PStG), oder dass sie dem Kindeswohl widersprechen. In beiden Fällen bleibt letztlich aber i. d. R. auch nur der Rückgriff auf Tradition und gesellschaftliche Übung. Ob Eltern ihr Kind nicht nur „Lilie" oder „Rose", sondern auch „Blume", „Garten" oder „Park" nennen dürfen, muss wie bei allen als Namen 534

---

[194] „Das Kind hat von Geburt an ein Recht auf einen eigenen Namen" (Art. 7(1) UN-Kinderrechtskonvention; siehe schon oben Rdnrn. 45 und 132).
[195] Oben Fn. 91 und 92.
[196] Die deutsche NS-Gesetzgebung hat auch vor dieser Perversität nicht Halt gemacht. Die „Zweite Verordnung zur Durchführung des Gesetzes über die Änderung von Familiennamen und Vornamen vom 17.8.1938" (RGBl. I S. 1044) bestimmte in § 2(1): „Soweit Juden andere Vornamen führen, als sie nach § 1 Juden beigelegt werden dürfen, müssen sie vom 1. Januar 1939 ab zusätzlich einen weiteren Vornamen annehmen, und zwar männliche Personen den Vornamen Israel, weibliche Personen den Vornamen Sara".

genutzten Gegenstandsbezeichnungen in jedem Einzelfall neu unter dem Aspekt des Kindeswohls abgewogen und entschieden werden.[197] Man kann sich eine endlose Zahl von anderen Worten vorstellen, die für Vornamenszwecke bislang unüblich waren, aber weder beleidigen noch mehr als nur vorübergehende Unannehmlichkeiten verursachen würden. In der Tendenz jedenfalls nimmt die Zahl der für Vornamen verwendbaren Vokabeln ständig zu. Was „gebräuchlich" ist, kann sich mit jeder neuen Generation ändern. Umgekehrt können früher übliche Namen aus der Mode fallen, ohne deshalb unerlaubt zu werden. Manchmal kommt es auch nur darauf an, einige Gleichgesinnte aufzuspüren, um eine bislang als vornamensungeeignet angesehene Bezeichnung in eine vornamensgeeignete zu verwandeln.[198]

535 Die Wahl des Hauptnamens liegt der Grundregel nach gleichfalls in der Hand der Personensorgeberechtigten. Wie Vornamen so bilden sich auch **Hauptnamen** aus einer so gut wie unbegrenzten Zahl von Vokabeln. Dass man einen Hauptnamen vor sich hat, erkennt man rein sprachlich am leichtesten an Namen, die aus Herkunftsangaben, Berufs- und Funktionsbezeichnungen hervorgegangen sind. Es gibt aber natürlich zahllose andere Namenswurzeln, und es gibt vor allem keine Garantie dafür, dass nicht auch ein als Vorname gebräuchlicher Name in der Gestalt eines Hauptnamens auftritt. Das Gegenteil ist der Fall. Je nach Sprachraum begegnet so gut wie jeder Vor- auch als Hauptname.[199] Nur umkehren lässt sich dieser Satz nicht.[200] Solche Übereinstimmungen können auf Zufall

---

[197] Gegenstandsbezeichnungen dürfen jedenfalls nicht wegen ihres Inhalts oder ihrer Banalität das Kindeswohl gefährden. Es kommt deshalb darauf an, ob die Sachbedeutung gegenüber der Namensfunktion zurücktritt. (Staudinger [-*Lugani*], BGB (2020), § 1616 Rdnr. 71). Blumennamen wie „Erika" oder „Jasmin" sind als Namen verbreitet. Auch Ortsbezeichnungen („London": AG Berlin-Schöneberg 26.10.2011, StAZ 2012 S. 244; „Chelsea": OLG Hamm 14.3.1995, NJW-RR 1995 S. 845) sollen unter deutschem Recht erlaubt sein. Dasselbe gilt für „Sonne" („Karla Karoline Sonne Kalinka": BayObLG 7.7.1994, BayObLGZ 1994 S. 191), nicht dagegen für „Moewe" („Sarah Felicitas Moewe": BayObLG 16.5.1986, BayObLGZ 1986 S. 171) und schon gar nicht für „Grammophon" (LG Hamburg 23.1.1973, StAZ 1973 S. 165). Ein Beispiel aus Schweden ist „Fahrradpedal" (unten Rdnr. 598 a.E.).

[198] Oben Rdnr. 517 (Finnland).

[199] In Bulgarien z.B. „Ali" und „Pinkas" (Julius Mordechai Pinkas; Pinkas Zuckermann), im deutschen Sprachraum etwa „Christian", „Julius", „Lukas" oder „Maria", in Italien „(di/Di) María", in Polen „Krystian", „Grzegorz", „Konrad" und „Jurek". Besonders häufig sind Familiennamen, die auch als Vornamen dienen, in Belgien und in Frankreich („Martin", „Bernard", „Thomas", „Robert", „Richard", „Laurent", „Simon", „Michel" oder „Philippe"). Art. 55(3) franz. CC sieht für Findelkinder sogar vor, dass der Standesbeamte drei Vornamen auswählt, von denen der letzte den Familiennamen des Kindes ersetzt. Unter Kap. 1 § 6 dän. Namensgesetz ist zwar die Neubildung von Nachnamen mit Vornamenscharakter nicht gestattet, doch können Zwischennamen *(mellemnavn)* aus Vornamen gebildet (Kap. 2 § 11 (4) a.a.O.; siehe schon oben Rdnr. 513) und Zwischennamen als Nachname angenommen werden (Kap. 1 § 4 a.a.O.). Auf diesem Umweg erlangen Vor- dann den Charakter von Nachnamen. Außerdem kann unter Kap. 1 § 7(3) a.a.O. als Nachname auch der Vorname eines Elternteils, eines der Großeltern oder des Ehepartners angenommen werden, wenn das in einer Namenstradition gründet, die nicht zwischen Vor- und Nachnamen unterscheidet (LSF 27, 2004/2, Abschn. 2.8.3.2).

[200] Zwar ist in der englischsprachigen Welt z.B. „Biden" mehrfach auch als Vorname belegt. Unter deutschem Recht sollen dagegen z.B. „Schröder" (der Familienname eines früheren deutschen Bundeskanzlers) (OLG Frankfurt 8.2.1985, OLGZ 1985 S. 154) und „Schmitz" (ein in Deutschland geläufiger Hauptname) (OLG Köln 5.11.2001, FPR 2002 S. 571) nicht vornamensgeeignet sein. Beide Entscheidungen gingen allerdings noch davon aus, dass die Vornamenswahl durch die „allgemeine Sitte und Ordnung" eingeschränkt werde. Vor- und Familiennamen müssten deutlich voneinander zu unterscheiden sein, um nicht den Eindruck zu erwecken, dass Doppelnamen als Familiennamen geführt würden. Das BVerfG hat diese Begründung jedoch für verfassungswidrig gehalten (BVerfG 3.11.2005, NJW 2006 S. 1414: „Anderson" als Vorname). Entscheidend sei allein das Kindeswohl. Seine Beeinträchtigung durch die Vornamen „Schmitz" und „Schröder" ist aber nicht evident (näher MünchKomm [-*v. Sachsen-Gessaphe*], BGB[8], Anh. § 1618 Rdnr. 13). Es ist sogar denkbar, dass sie, zumindest als zweiter Vorname, das Kindeswohl fördern, weil sie eine Verbindung zu einer für das Kind wichtigen Bezugsperson herstellen (BGH 30.4.2008, NJW 2008 S. 2500, 2501). Unter § 28(3) schwed. Namensgesetz darf ein Name nicht als Vorname verwendet werden, der dafür aus irgendeinem Grunde ungeeignet ist. Das betrifft nach der Gesetzesbegründung auch Namen mit ausgeprägtem Nachnamencharakter (Prop. 2015/16: 180, S. 120). Regeringsrätten 8.10.2003, RÅ 2003 ref. 66 hat zwar „C:son" als Vornamen für einen Jungen akzeptiert, Kammarrätten Jönköping 19.5.2022, 352-21 (oben Fn. 79) aber „Von" als dritten und letzten Vornamen abgelehnt.

II. Namenserwerb nach der Geburt **§ 8**

beruhen, aber u. a. auch darauf, dass sich der jeweilige Hauptname tatsächlich aus einem Vornamen bzw. aus einem Patronym entwickelt hat.[201] Art. 53(2) span. LRC trägt dem Phänomen von Hauptnamen, die auch als Vornamen in Gebrauch sind, sogar ausdrücklich Rechnung. In diesem Fall kann dem ersten Familiennamen die Präposition „de" vorangestellt werden.[202] In Polen soll es einen Grund zur Änderung des Nachnamens darstellen, wenn er von den Zeitgenossen üblicherweise als Vorname gedeutet wird.[203]

Im Unterschied zum Common Law gehen die Rechtsordnungen des Zivilrechts mit **536** Hauptnamen gleichwohl ganz anders um als mit Vornamen. Vornamen kann man sich bei anderen abschauen; in Ländern mit einem *numerus clausus* muss man das sogar. Bei der Wahl des Hauptnamens dagegen helfen Namensbücher nicht weiter. Weder können die Eltern ihrer Phantasie freien Lauf, noch können sie sich wenigstens von anderen Familien inspirieren lassen. Selbst emotional belastende Namen sind nicht von vornherein unzulässig. Es gibt keine „unerlaubten" Hauptnamen, nicht einmal solche, die (z. B. infolge einer Laut- oder Bedeutungsverschiebung) von den heutigen Zeitgenossen als lächerlich, anstößig oder obszön wahrgenommen werden. Gegen solche Namen kann man sich nur im Wege einer (zumeist administrativen) Namensänderung schützen. Im Übrigen aber sind Vokabeln als Hauptnamen möglich, die als Vornamen unterbunden würden; es gibt keine rechtlich „ungeeigneten" Hauptnamen. Völlig unabhängig von ihrem Klang und den Assoziationen, die sie auslösen, genießen alle Hauptnamen den Schutz des Namensrechts.[204] Sie scheitern i. d. R. nicht einmal an der schieren Menge der Buchstaben, aus denen sie sich zusammensetzen.[205] Das alles hängt damit zusammen, dass in den Zivilrechten nur die Vornamenswahl grundsätzlich frei, die **Wahl der Hauptnamen** dagegen eng **beschränkt** ist. Mit Blick auf ihre Kinder können Eltern, wenn überhaupt, nur zwischen den Vokabeln wählen, die sich schon in ihren eigenen Namen finden. Dass sich für Hauptnamen keine sprachlichen Zulässigkeitsschranken entwickelt haben, bedeutet deshalb gerade nicht, dass Eltern für die Hauptnamen ihrer Kinder auf jede ihnen (den Eltern) angemessen erscheinende Bezeichnung zurückgreifen dürften. Der „abstrakte Namenspool" (die Summe der in einer Bevöl-

---

[201] Zur Entwicklung in Skandinavien mit zahlreichen historischen Details SOU 2013: 35 S. 138. Der Kommissionsbericht erläutert, dass erbliche Familiennamen in Schweden erst im 17. Jahrhundert entstanden und erst danach allmählich üblich wurden. Die ersten zusammengesetzten Namen seien aus dem Wappen gebildete Adelsnamen gewesen (z. B. Gyllenstierna [Goldstern] oder Sjöblad [Seeblatt]). Adelsnamen hätten den jüngeren bürgerlichen Nachnamen zwar der Form, aber nicht der Wortwahl nach zum Vorbild gereicht, weshalb in ihnen adelige Namensbestandteile wie *-crona* (Krone), *-hjälm* (Helm) und *-sköld* (Schild) anfangs vermieden und stattdessen ortsbezogene Prä- oder naturbezogene Suffixe (*-berg*, *-gren* [Ast], *-kvist* [Zweig], *-lund* [Hain] etc.) verwandt wurden („Almgren": aus Almby stammend mit dem Suffix Ast) (a. a. O. S. 139 mit weiteren Beispielen). Auf dem Lande wurden aber zunächst nur Patronyme (*-son* bzw. *-dotter*) genutzt. Sie wandelten sich erst gegen Ende des 19. Jahrhunderts in feste, also nicht mehr von Generation zu Generation wechselnde Nach- oder Familiennamen. Dadurch erwarben auch Frauen *son-namn*. Im Jahre 2022 lebten in Schweden 222.989 Personen mit dem Nachnamen „Andersson" und 221.608 mit dem Nachnamen Johansson (https://www.skatteverket.se/privat/folkbokforing/namn/bytaefternamn/sokhurmangasomharettvisstnamn.4.515a6be615c637b9aa413027.html).
[202] Siehe schon oben Fn. 80 a. E. Aus dem Nachnamen „Rosa" z. B. wurde demgemäß „de la Rosa" (AP Guipúzcoa 20.4.1998, zitiert nach Cobacho Gómez und Leciñena Ibarra [-*García Pérez*], Comentarios a la Ley del Registro Civil, S. 813, Anm. 2.1.2. zu Art. 55 LRC).
[203] So jedenfalls *Czajkowska und Romocka-Tyfel*, Zmiana imienia i nazwiska[5], Art. 4 Rdnr. 9.
[204] Oben Fn. 33 („Schweini").
[205] Anlässlich der Fußballeuropameisterschaft 2012 hat sich ein unbekannter Journalist des Wall Street Journal die Mühe gemacht, die Länge der Hauptnamen der Spieler zu vergleichen und ist zu dem Ergebnis gekommen, dass ein Grieche mit den 16 Buchstaben seines Namens „Papastathopoulos" die Liste anführte (https://www.wsj.com/articles/SB10001424052702303768104577462663474007608). (Die vielen Buchstaben erzählen eine ganze Geschichte. Ein Vorfahr wird Priester gewesen und Papa-Stathis gerufen worden sein, weil er den Vornamen Eustathios trug. Der Sohn wird Papa-statho-poulo genannt worden sein, die Grundlage des späteren Nachnamens. Die Endung deutet sodann auf die Herkunft der Familie aus dem Peloponnes hin [oben Fn. 52]). Unter den englischen Regeln zur Namensänderung findet sich allerdings die Einschränkung, dass ein Name nicht aus mehr Buchstaben als der erlaubten Höchstzahl bestehen darf (secs. 1 und 7 UK Deed Poll Service [https://deedpoll.org.uk]). Die Obergrenze für alle Namen liegt bei 150 Buchstaben einschließlich der Leerzeichen. In Pässen sind aber nur 30 Buchstaben erlaubt, die Leerzeichen wiederum mitgezählt.

kerung vorkommenden Hauptnamen) mag größer sein als die Summe der in einer Bevölkerung vorkommenden Vornamen. Der „konkrete Namenspool" (die Vokabeln, auf die Eltern bei der Wahl des Hauptnamens ihrer Kinder zurückgreifen dürfen), ist dagegen denkbar klein. Er umfasst im Höchstfall (Portugal) acht Bezeichnungen, kann aber auch bis auf eine einzige zusammenschrumpfen, so dass nicht einmal mehr von einer Namenswahl die Rede sein kann. Letzteres ist dann der Fall, wenn die Abstammung eines Kindes nur zu einem Elternteil feststeht und dieser Elternteil einen eingliedrigen Namen führt. Das Personenrecht hat Mühe, sich aus dem Familienrecht zu lösen.

b. Das Recht des Hauptnamens zwischen Familien- und Personenrecht

537 In den meisten zivilrechtlich geprägten Ländern Europas hat sich der Gedanke, durch den Hauptnamen die Familienzugehörigkeit einer Person auszudrücken, im Kern bis heute erhalten. **Schweden** hat sich mit diesem Erbe vor wenigen Jahren rechtspolitisch bewusst auseinandergesetzt. Das schwed. Namensgesetz, das zum 1.7.2017 in Kraft getretene Lag om personnamn vom 17.11.2016, hat im Zuge dieser Überlegungen die Regel abgeschafft, dass Nachnamen „automatisch" erworben würden. Jeder Name eines Neugeborenen, auch sein Nachname, muss im Zuge der Anmeldung der Geburt beantragt werden. Das Gesetz (§ 4) listet genau auf, welche Nachnamen in Betracht kommen: (i) ein Name, der von einem der Elternteile getragen wird; (ii) ein Name, den ein Elternteil früher getragen hat, sofern er nicht durch Eheschließung erworben wurde (§ 4(3) a. a. O.); (iii) ein Name, der von einem anderen gemeinsamen Kind der Eltern getragen wird; (iv) ein aus den Nachnamen der Eltern gebildeter Doppelname; und (v) ein Nachname, der aus einem der Vornamen der Eltern unter Hinzufügung der Suffixe -son bzw. -dotter oder auf vergleichbare Weise gebildet wird.[206] Der automatische Namenserwerbs nach der Geburt habe die Verbundenheit des Kindes mit der Familie deutlich machen sollen. Das habe jedoch auf einem nicht mehr zeitgemäßen Familienbild beruht. Die Eltern müssten selbst entscheiden können, mit welchem Namen sie auf ihre konkrete Lebenssituation reagieren wollten.[207] Noch immer geht es also zwar darum, die Verbundenheit des Kindes mit seiner Familie auszudrücken, doch stehen dafür seither eine beträchtlich angestiegene Zahl von Modalitäten zur Verfügung. Der „Nachnamenspool" hat sich erweitert. Eltern haben drei Monate Zeit, den Antrag auf Erwerb des Nachnamens zu stellen, wobei es auf die Umstände zum Zeitpunkt der Antragstellung ankommt. Der Nachname gilt rückwirkend als bereits bei der Geburt erworben (§ 35(2) a. a. O.).

Unter Kap. 1 § 1 **dänisches** Namensgesetz beantragen Eltern den Kindesnachnamen innerhalb von sechs Monaten nach der Geburt. Die Optionen sind im Wesentlichen dieselben wie in Schweden. Gewählt werden kann der (aktuelle oder frühere) Name eines der Eltern, der Großeltern, Urgroßeltern oder Ururgroßeltern des Antragstellers (Kap. 1 § 4(2) a. a. O.), mit ihrer Zustimmung der Name von Stiefeltern (auch, wenn sie mit dem anderen Elternteil zwar nicht verheiratet sind, aber in einer stabilen eheähnlichen Beziehung leben) und sogar von Nichtfamilienangehörigen, sofern alle bekannten Träger dieses Nachnamens zustimmen (Kap. 1 § 4(7) a. a. O.). Gewählt werden kann ferner ein bestehender Nachname, der von mehr als 2.000 Personen getragen wird und daher frei erworben werden kann (Kap. 1 § 3 a. a. O.) (auf diese Weise werden mittelbar auch Adelsnamen geschützt). Bleibt die Antragsfrist ungenutzt, so erhält das Kind den Nachnamen der Mutter, es sei denn, er besteht aus einem Patronym. In diesem Fall bildet sich der Nachname des Kindes aus dem Vornamen der Mutter unter Hinzufügung der Suffixe -søn bzw. -datter (Kap. 1 § 1 a. a. O.).

538 Das **Common Law** dagegen hat sich nie auf das rechtliche Konzept des Familiennamens eingelassen. Infolgedessen unterliegen Vor- und Hauptnamen denselben Regeln; was für Vornamen gilt, gilt auch für Hauptnamen.[208] „Unlike many countries, we have no rules

---

[206] Durch diese Alternative sollten patronymisch geprägte Formen erlaubt werden, die der Namenstradition anderer Länder entsprechen (Prop. 2015/16: 180 S. 27).
[207] Prop. 2015/16: 180 S. 27.
[208] D (Children) (Care: Change of Forename), Re [2003] 1 FLR 339, 346, Butler-Sloss LJ: „Forename or surname, it seems to me, the principles are the same, in general. A child has roots. A child has names given

about family names; an adult's name is that by which he is generally known, and it is for the parents to choose the surname by which their child is known".[209] Die Regeln über den Namenserwerb nach der Geburt entsprechen den Regeln über die Namensänderung bei Erwachsenen, nur müssen eben vorerst die Inhaber der *parental responsibility* die Entscheidung für ihr Kind treffen. Was ein Erwachsener später selbst veranlassen kann, veranlassen nach der Geburt die Eltern. Aber auch ihre Namensentscheidung bleibt änderbar.[210] Sie unterliegt, soweit sie einvernehmlich erfolgt, keinen festen Regeln, auch nicht, soweit es um den *surname* geht.[211] Tatsächlich folgen die meisten Eltern zwar auch heute noch den traditionellen Gebräuchen.[212] Aber die Gewohnheiten ändern sich.[213] Dafür ist auch rechtlich Raum, weil die Grundregel dieselbe geblieben ist. „Under English law, a person is entitled to adopt such first names or surname as he or she wishes. Such names are valid for purposes of identification and may be used in passports, driving licences, medical and insurance cards etc."[214] „Speaking generally the law of this country allows any person to assume and use any name, provided its use is not calculated to deceive and to inflict pecuniary loss".[215] Hauptnamen können also zwar in die nachfolgende Generation tradiert werden, müssen es aber nicht. Eine geschiedene Frau kann einem Kind, das aus einer neuen Verbindung hervorgegangen ist, nur dann nicht den Namen ihres früheren Mannes geben, wenn das das Kindeswohl beeinträchtigen würde; grundsätzliche namensrechtliche Bedenken dagegen bestehen nicht.[216] Eltern dürfen ihrem Kind aber auch einen Hauptnamen

---

to him or her by parents. The child has a right to those names and retains that right, as indeed, the parents have rights to retention of the name of the child which they chose. Those rights should not be set to one side, other than for good reasons".

[209] *Hogget,* Parents and Children[4], S. 12, der fortfährt: „It used to be said that this was an aspect of the father's common law guardianship (*Re T. (orse H.) (An Infant)* [1963] Ch. 238) but it must now be a matter for which there is equal parental responsibility. Each parent is therefore free to make a choice and disputes can be decided (by a specific issue or prohibited steps order) according to what is best for the child".

[210] Erfolgt die Namensänderung bereits innerhalb von zwölf Monaten nach der Registrierung der Geburt (oder war das Kind noch ohne Namen registriert worden), so genügt eine schriftliche Mitteilung an das Register (sec. 13 Births and Deaths Registration Act 1953) (BDRA 1953).

[211] *C (Children) (Child in Care: Choice of Forename), Re* [2016] EWCA Civ 374, [2016] 3 W. L. R. 1557 at [46] betont zwar, dass „for many years the importance of a child's surname has been recognised both in statute and in case law". Die praktischen Konsequenzen sind aus der Sicht des Zivilrechts aber gering: „Limitations have accordingly been placed on the freedom of those with parental responsibility to change a child's surname without either the consent of every person with parental responsibility or the leave of the court". Es geht also nicht um Einschränkungen der Namenswahl, sondern nur darum, dass die Eltern Einvernehmen erzielen. Das folgt auch aus sec. 13(1)(a) Children Act 1989, wonach bei einem Kind, das gerichtlicher Fürsorge unterliegt, „no person may cause the child to be known by a new surname".

[212] Rein tatsächlich hat deshalb auch der Hauptname eine auf die Familie hinweisende Funktion (*H (A Child) (First Name), Re* [2002] 1 FLR 973, Thorpe LJ at [13]: „The surname by which a child is registered and known is of particular significance in so far as it denotes the family to which the child belongs"). In *Dawson v Wearmouth* [1999] 2 W. L. R. 960, [1999] 2 A. C. 308, 323 bemerkte Lord Jauncey of Tullichettle sogar: „A surname which is given to a child at birth is not simply a name plucked out of the air. Where the parents are married the child will normally be given the surname or patronymic of the father thereby demonstrating its relationship to him. The surname is thus a biological label which tells the world at large that the blood of the name flows in its veins". Aber das alles ändert nichts daran, dass der Hauptname rechtlich nicht als Familienname konstruiert ist.

[213] *D (Children) (Care: Change of Forename). Re* 1 FLR 339, [2002] 6 WLUK 447at [50]: Der Namensgebrauch habe „moved a long way from the days when the formal combination of a person's title together with their surname was the almost universal way in which a person would be addressed, with the use of the forename being reserved for only the closest friends and family. But, even by 2002, convention had nowhere near relaxed to the stage where, as now, forenames are used almost exclusively for all purposes, social and business, often, it would seem, entirely in the absence of surnames. Further the increase in blended families means that it is by no longer the universal norm for a family living together all to share the same surname".

[214] *Sheffield and Horsham v United Kingdom* (1999) 27 E. H. R. R. 163 at [26].

[215] *Cowley (Earl) v Cowley (Countess)* (1901) 85 L. T. Rep. 354; [1901] A. C. 450, 460.

[216] *Dawson v Wearmouth* [1999] 2 W. L. R. 960, [1999] 2 A. C. 308. Frau Wearmouth trug weiterhin den Namen ihres ersten Mannes, von dem sie geschieden war. Zwei Kinder aus dieser Ehe trugen gleichfalls den Namen Wearmouth. Frau Wearmouth ging eine neue Verbindung ein, gebar ein drittes Kind, trennte sich aber auch von dessen Vater, Herrn Dawson. Die Mutter meldete das Kind als Alexander Wearmouth an; Herr Dawson bestand auf seinem Namen. Die Mutter behauptete, das Paar hätte sich nur

geben, den keiner von ihnen trägt, auch einen Hauptnamen, der überhaupt keinen Bezug zu einer ihrer Familien hat. Es ist zudem möglich, dass Eltern ihre Namen für sich und für ihre Kinder in der Weise „verzahnen", dass sie Wortteile zu neuen Namen kombinieren (sog. *meshing*). „Jane Johnson" und „Michael Francis" nehmen dann für sich und ihre Kinder (oder nur für sich oder nur für eines ihrer Kinder) den Namen „Franson" an. Es spielt keine Rolle, ob das Paar verheiratet ist oder nicht. Auf diese Weise entstehen ständig neue Namensvokabeln; es existiert kein Nachnamenspool. Unerlaubt sind, wie bei den Vornamen, nur vulgäre, beleidigende oder blasphemische Hauptnamen, desgleichen Hauptnamen, die Menschen der Lächerlichkeit aussetzen würden.[217]

2. Die Befugnis zur Namensbestimmung

a. Der Raum für eine elterliche Namensentscheidung

539 Wenn und soweit Eltern die Namen ihrer Kinder wählen dürfen, muss geklärt sein, welcher Elternteil im Streitfall das letzte Wort hat, und was geschieht, wenn die Befugnis zur Namenserteilung nicht oder nicht wirksam ausgeübt wird. Die Vorfrage lautet aber natürlich, in welchen Situationen überhaupt Raum für eine Namenswahl durch die Eltern besteht. Die Antwort hängt von dem jeweiligen Namensbestandteil und davon ab, ob das Kind im Rechtssinne mehr als einen „Elter" hat. Vornamen dürfen und müssen stets gewählt werden; sie werden nie *ex lege* erworben. Civil Law und Common Law unterscheiden sich in diesem Punkt nicht. Bei **Hauptnamen** verhält sich dies jedoch anders. Denn viele kontinentaleuropäische Rechtsordnungen schreiben für besonders gelagerte Situationen weiterhin vor, dass das Kind „automatisch" den Hauptnamen eines Elternteils erhält. Das wichtigste, aber nicht das einzige Beispiel betrifft Kinder, bei denen die **Vaterposition** rechtlich **unbesetzt** ist. In dieser Situation erhält das Kind der Grundregel nach den Hauptnamen der Mutter, den sie im Zeitpunkt seiner Geburt führte.[218] Ob es sich bei diesem Namen um ihren eigenen Geburtsnamen oder um einen Ehenamen handelt, den sie vor ihrer Verwitwung oder Scheidung von ihrem früheren Mann übernommen hatte, macht keinen Unterschied.[219] Raum für eine Nachnamenswahl durch die Mutter (ggf.

---

auf den Vor-, nicht auch auf den Nachnamen geeinigt. Das Gericht wies das Vorbringen von Herrn Dawson zurück. Eine Änderung des Namens im Sinne des Vaters sei nur anzuordnen, wenn dies im Interesse des Kindes sei. Dafür böte der Sachverhalt keine ausreichenden Anhaltspunkte.

[217] UK Deed Poll Service (sec. 1: Name restrictions) (oben Fn. 205).

[218] Z. B. § 1626a i. V. m. § 1617a(1) dt. BGB („Führen die Eltern keinen Ehenamen und steht die elterliche Sorge nur einem Elternteil zu, so erhält das Kind den Namen, den dieser Elternteil im Zeitpunkt der Geburt des Kindes führt"); § 8(1) Nr. 3 estn. Namensgesetz; Kap. 2 § 6(3) finn. Namensgesetz („Hat das Kind bei der Eintragung seines Nachnamens nur einen Elternteil, erhält das Kind den Nachnamen oder die Nachnamenskombination des Elternteils"); Art. 311-23 franz. CC („Lorsque la filiation n'est établie qu'à l'égard d'un parent, l'enfant prend le nom de ce parent"); Art. 1506(1) gr. ZGB (Ausnahme in Art. 1506(2) a. a. O. für den Fall, dass die Eltern bereits eine gemeinsame Namenserklärung abgegeben, aber vor der Kindsgeburt noch nicht geheiratet haben); Art. 89 § 3 poln. FVGB; Art. 450(1) rumän. CC (Name des Elternteils, demgegenüber die Abstammung zuerst festgestellt wurde); § 4(6) slowak. Namensgesetz; Art. 49(2) Satz 4 span. LRC („Bei einer Geburt mit nur einer anerkannten Abstammung bestimmt diese die Familiennamen". Der jeweilige Elternteil kann nun nur noch die Reihenfolge der Namen bestimmen, näher Cobacho Gómez und Leciñena Ibarra [-*Navarro Castro*], Comentarios a la Ley del Registro Civil, S. 726–727, Anm. 2 zu Art. 49 LRC); § 19(5) tschech. Gesetz über das Personenstandsregister, Namen und Nachnamen; § 4:150(3) ungar. ZGB (mit einer praktisch wenig relevanten Gegenausnahme für den Fall, dass die Mutter den Namen ihres Ehemannes mit dem auf die Ehe verweisenden Zusatz „-né" trägt, der heute aber aus der Mode gekommen ist). Zu diesem Ergebnis führt auch Art. 1875(1) port. CC, wonach „das Kind die Nachnamen des Vaters und der Mutter oder nur eines von ihnen" führt. Denn wenn es keinen Vater im Rechtssinne gibt, bleibt eben nur der Name der Mutter. Zu Schweden und zum Common Law siehe aber schon vorher Rdnrn. 537 und 538. Hier kann in dem geschilderten Maß auch der Name eines Kindes mit nur einem rechtlichen Elternteil gewählt werden.

[219] Ein geschiedener Ehegatte, dessen Name das Paar gemeinsam als echten Namen (und nicht nur, wie in Frankreich, auf dem Weg über einen Gebrauchsnamen) trug, kann also i. d. R. (anders Art. 90 § 2 poln. FVGB i. V. m. Art. 69 poln. RdSG) nicht verhindern, dass sein Name von einem Kind geführt wird, das nicht von ihm abstammt (z. B. Kap. 2 § 6(3) finn. Namensgesetz und § 4(2) schwed. Namensgesetz).

II. Namenserwerb nach der Geburt **§ 8**

durch die Mutter und ihren neuen Partner) entsteht außerhalb des Vereinigten Königreichs und Skandinaviens[220] erst dann, wenn die Vaterposition besetzt ist oder besetzt wird[221], außerdem dann, wenn die Mutter einen Mann heiratet, der nicht der Vater des Kindes ist.[222] Unter § 4:150(4) ungar. ZGB kann eine Mutter für namensrechtliche Zwecke zwar sogar einen „fiktiven" Vater erfinden, um dadurch die Option zu erlangen, dem Kind dessen Namen zu geben.[223] An der Grundregel, dass der Name des Kindes in allen anderen Fällen der Name der Mutter ist, ändert das aber nichts. Dass die Vaterposition besetzt, die Mutterposition aber unbesetzt ist, kommt nur sehr selten vor. Eine solche Situation ist denkbar, wenn bei einem Babyklappen-Kind ein Hinweis auf den Vater gefunden wird. Dann erwirbt das Kind, wiederum *ex lege,* den Nachnamen des Vaters. Entsprechendes

---

Insbesondere kann der Ex-Ehemann nicht verlangen, dass das Kind den Mädchennamen seiner Mutter führt. Es entspricht nicht dem Kindeswohl, wenn Mutter und Kind *ex lege* unterschiedliche Namen tragen müssten. Denn auch der Mutter kann der Ex-Ehemann die Fortführung seines Namens heute in aller Regel nicht mehr verbieten (wichtigste Ausnahme wiederum der Gebrauchsname), und einem Kind ohne rechtlichen Vater sollte ein von dem Namen der Mutter abweichender Nachname jedenfalls dann nicht zugemutet werden, wenn sein Name *ex lege* erworben werden. (In England wird das, was konsequent erscheint, anders gesehen, z. B. Butler-Sloss L. J. in *W (A Child) (Illegitimate Child: Change of Surname), Re* [2001] Fam. 1, 9: „Reasons given for changing or seeking to change a child's name based on the fact that the child's name is or is not the same as the parent making the application do not generally carry much weight"). Besonderheiten für den Namen nach der Scheidung können mancherorts zwar noch für Altehen gelten (in Griechenland sind das unter Art. 66 gr. G. 1329/1983 Ehen, die vor 1983 geschlossen wurden), doch ist das für Kinder schon aus rein biologischen Gründen irrelevant.

[220] Zu Dänemark und Schweden schon oben Rdnr. 537. Wenn die Vaterposition unbesetzt ist, fallen nur die Wahlmöglichkeiten weg, die ihren Grund in einer verwandtschaftlichen Beziehung zum Vater haben. Auch unter Kap. 2 § 6(5) finn. Namensgesetz verbleiben der Mutter einige Wahlmöglichkeiten, wenn die Vaterposition unbesetzt ist, sofern das Kind Bindungen an eine andere Namenstradition hat. Zur Wahl stehen ein Nachname oder eine Kombination von Familiennamen, die aus dem Vornamen eines Elternteils oder Großelternteils oder aus dem Vornamen eines Elternteils und dem Namen eines Großelternteils gebildet wird, sofern der Elternteil mit einem ausländischen Staat verbunden ist und der beantragte Name den Gebräuchen dieses Landes entspricht.

[221] Z. B. § 1617b dt. BGB („Wird eine gemeinsame Sorge der Eltern erst begründet, wenn das Kind bereits einen Namen führt, so kann der Name des Kindes binnen drei Monaten … neu bestimmt werden"); § 157(3) österr. ABGB (Neubestimmung des Kindesnamens, wenn die Eltern heiraten); Art. 89 § 1 poln. FVGB (gemeinsame Namenserklärung der Eltern nach Vaterschaftsanerkennung); Art. 1875(3) port. CC („Wenn die Mutterschaft oder die Vaterschaft nach der Beurkundung der Geburt begründet werden, können die Nachnamen des Kindes im Rahmen der vorhergehenden Absätze geändert werden"); Art. 450(2) rumän. CC (wird die Abstammung von dem anderen Elternteil später festgestellt, kann das Kind durch Vereinbarung der Eltern auch seinen oder ihrer beider Namen erhalten, näher *Reghini/Diaconescu/Vasilescu*, Introducere în dreptul civil, S. 256). In Frankreich gilt die Regel, dass der durch Abstammung erworbene Geburtsname eines Kindes sich nur dann ändert, wenn sich auch die Abstammung selbst ändert.

[222] Siehe zu dieser sog. „Einbenennung" z. B. § 1618 dt. BGB (Name des neuen Ehepartners; Vorkehrungen zum Schutz berechtigter Interessen des früheren Ehepartners und des Kindes); Art. 90 poln. FVGB; Art. 1876(1) port. CC („Wenn die Vaterschaft nicht festgestellt ist, können dem minderjährigen Kind Nachnamen des Ehemannes der Mutter erteilt werden, wenn diese und der Ehemann gegenüber dem Standesbeamten erklären, dass dies ihr Wille ist"; das volljährig gewordene oder emanzipierte Kind kann unter Abs. (2) allerdings innerhalb von zwei Jahren beantragen, den Namen des Ehemannes der Mutter aus seinem Namen zu entfernen); § 7(2) slowak. Namensgesetz i. V. m. § 41(2) slowak. FamG (heiratet die Mutter eines Kindes, dessen Vater unbekannt ist, können die Ehegatten vor dem Standesamt einvernehmlich erklären, dass der für ihre anderen Kinder bestimmte Familienname auch diesem minderjährigen Kind gegeben werden soll); § 862 tschech. BGB (dsgl.). Belgien und Frankreich kennen die Einbenennung nicht.

[223] § 61(2) ungar. RegierungsVO 429/2017 zur Führung des Stammbuchs spezifiziert, dass die Mutter als Familiennamen der fiktiven Person zwischen dem Familiennamen ihres nächsten männlichen Vorfahren mütterlicherseits, ihrem eigenen Familiennamen und einem anderen von ihr bestimmten Familiennamen wählen kann, wenn dadurch weder das rechtliche Interesse eines Dritten noch das Wohl des Kindes verletzt wird. Unter Art. 61(2) poln. RdSG ist immer dann, wenn weder ein Vaterschaftsanerkenntnis noch eine gerichtliche Vaterschaftsfeststellung vorliegen, in der Geburtsurkunde des Kindes als Vorname des Vaters der von der Person, die die Geburt erklärt hat, angegebene Name, andernfalls der vom Leiter des Standesamtes gewählte Name einzutragen. Als Familienname des Vaters ist der Familienname der Mutter zur Zeit der Geburt des Kindes und sein Familienname einzutragen, wobei die Eintragung des Familiennamens der Mutter und des gewählten Vornamens als Daten des Vaters zu vermerken sind.

kann in Fällen gelten, in denen die Mutter zwar bekannt ist, ihr aber schon pränatal das Sorgerecht für ihr später geborenes Kind entzogen wurde (§ 1617a(1) dt. BGB) und das Paar noch keinen Ehenamen bestimmt hatte. Dem Vater kann freilich gleichwohl das Recht zustehen, als Nachname des Kindes den Nachnamen der Mutter zu bestimmen (§ 1617a(2) a. a. O.). In Spanien entsteht nicht einmal dann ein echtes Recht zur Wahl des Kindesnachnamens, wenn die Abstammung in beiden Linien feststeht. Denn das Neugeborene erhält zwingend einen aus den ersten Namensteilen der Eltern zusammengesetzten (neuen) Doppelnamen. Die Eltern können davon nicht abweichen; sie haben nur die Möglichkeit, einvernehmlich die Reihung festzulegen (Art. 49(2) span. LRC).

540 *Ex lege* bildet sich der Hauptname eines Kindes schließlich auch dann, wenn den Eltern zwar für ihr erstes, nicht aber auch für ihre weiteren Kinder ein Namenswahlrecht zusteht. Es hat sich in diesem Fall durch Ausübung **erschöpft.** So verhält es sich, wenn nachgeborene Kinder derselben Eltern von Gesetzes wegen den Hauptnamen erhalten, den die Eltern für ihr erstes Kind[224] bestimmt haben.[225] Die Lehre vom Familiennamen setzt sich auch hier wieder durch. Unter Art. 449(2) rumän. CC allerdings ist es Eltern, die keinen gemeinsamen Namen tragen, gestattet, ihren Kindern nach Belieben (auch abwechselnd) den Namen eines Elternteils oder ihrer beider Namen in gleicher oder unterschiedlicher Reihung zu geben.[226] Zwingenden Rechts ist nur, dass alle Kinder den Hauptnamen ihrer Eltern tragen, wenn es sich bei ihm um einen gemeinsamen Ehenamen handelt (Art. 449 (1) a. a. O.). Auch unter § 862(2) tschech. BGB i. V. m. § 19(2) tschech. PSRN können die Kinder derselben Eltern unterschiedliche Nachnamen tragen. In Dänemark (Kap. 1 § 1 dän. Namensgesetz), Österreich[227], Portugal[228] und Schweden[229] bleibt die Freiheit der Namenswahl gleichfalls für jedes gemeinsamen Kind erhalten.

b. Namensrechtliche Personensorge

541 Wo Raum für eine Namenswahl ist, steht das Bestimmungsrecht den Personensorgeberechtigten zu, im Normalfall also beiden Eltern gemeinsam. Sie entscheiden sowohl über den oder die Vornamen[230] als auch über den oder die Hauptnamen ihres neugeborenen Kindes.

---

[224] Bei ihm kann es sich sowohl um ein leibliches, als auch um ein adoptiertes Kind handeln. Ist also das erste Kind ein Adoptivkind, erstreckt sich die Namenswahl der Eltern unter §§ 1617, 1757 dt. BGB auch auf nach der Adoption geborene leibliche Kinder. Umgekehrt bestimmt der für ein leibliches Kind gewählte Name auch den Namen eines späteren Adoptivkindes (OLG Hamm 14.9.2001, FGPRax 2001 S. 20: Herr W und Frau M sind verheiratet, führen aber keinen Ehenamen. Frau M hat aus einer vorherigen Ehe zwei Kinder, die den Familiennamen „M" tragen. Zusammen mit Herrn W bekommt sie ein weiteres Kind, für das sie den Namen „W" bestimmen. Später adoptiert Herr W die beiden Kinder von Frau M (sog. Stiefkindadoption). Die Bestimmung des Namens „W" für das in der Ehe geborene Kind führt über § 1617(1) BGB dazu, dass die Kinder der M infolge der Adoption kraft Gesetzes den Namen „W" erhalten).

[225] Z. B. Art. 14(3) bulgar. Gesetz über die Zivilregistrierung; § 1617(1) Satz 3 dt. BGB; Art. 311-21(3) franz. CC; Art. 1505(2) gr. ZGB („der bestimmende Familienname [ist] allen Kindern gemeinsam"); Art. 89¹ poln. FVGB; § 40(1) slowak. Familiengesetz; Art. 49(2) Satz 5 span. LRC (die bei der ersten Eintragung einer Geburt bestimmte Reihenfolge der Familiennamen bestimmt auch die Reihenfolge bei späteren Geburten mit gleicher Abstammung) und § 4:150(2) Satz 1 ungar. ZGB („Alle während des Bestehens der Ehe geborenen gemeinsamen Kinder von in einer Ehe lebenden Eltern dürfen ausschließlich den gleichen Familiennamen haben, es sei denn, dass die Eltern ihren Familiennamen während des Bestehens der Ehe geändert haben").

[226] Siehe schon oben Rdnr. 508 mit Fn. 74.

[227] § 155 österr. ABGB gibt Eltern das Recht zur Namensbestimmung gewissermaßen für jedes ihrer Kinder „neu". Ein „gleichlautender Familienname für alle aus einer Beziehung stammenden Kinder (ist) deshalb nicht gewährleistet" (*Jesser-Huß*, in: Ferrari/Hinteregger/Kathrein, Reform des Kindschafts- und Namensrechts, S. 87, 107).

[228] Bei der Zusammenstellung der Namen ihrer Kinder steht es den Eltern frei, einigen den Nachnamen des Vaters, anderen den Nachnamen der Mutter und wieder anderen sowohl den Nachnamen des Vaters als auch den der Mutter zu geben (*Antunes Varela*, Direito da Família I⁵, S. 367).

[229] Oben Rdnr. 537.

[230] Oben Rdnr. 514.

II. Namenserwerb nach der Geburt **§ 8**

Das Kind verheirateter Eltern trägt schon lange nicht mehr notwendig den Namen seines Vaters[231], das Kind unverheirateter Eltern schon lange nicht mehr notwendig den Namen seiner Mutter[232] (bzw. desjenigen Elternteils, der es als erster anerkannt hat[233]). Denn gemeinsam mit ihr kann auch der nicht mit der Mutter verheiratete Vater zur Personensorge berechtigt (und verpflichtet) sein.[234] In Polen werden Eheleute vor der kirchlichen (aber erst nach der staatlichen: Art. 25 § 1 poln. FVGB) und in Griechenland sogar auch vor der staatlichen Eheschließung nicht nur gefragt, welchen Namen sie in der Ehe zu tragen wünschen, sondern auch, wessen Name zum Namen evtl. Kinder werden soll. Die Eheschließung darf allerdings nicht verweigert werden, wenn das Paar die Frage unbeantwortet lässt.[235] Entscheidet es sich für einen gemeinsamen Ehenamen, hat das gelegentlich zur Folge, dass damit auch der Hauptname späterer Kinder festgelegt wird.[236] Ungarn

---

[231] In Frankreich ist diese Regel erst durch Gesetz Nr. 2002-304 vom 4.3.2002 (JORF vom 5.3.2002) abgeschafft worden. Es beendete die väterliche Vorherrschaft bei der Übertragung des Namens und ersetzte sie durch die Grundsätze der Freiheit und der Gleichheit (*Marais*, Droit des personnes[4], S. 111 Rdnr. 149). Auch unter Art. 1875(2) a. F. port. CC wählte der Vater den Namen des Kindes aus, erforderlich war nur eine Absprache mit der Mutter. Unter Art. 1875(2) n. F. port. CC wird der Name von beiden Eltern ausgewählt, bei fehlendem Einvernehmen durch den Richter. Zu Griechenland siehe aber noch unten Rdnr. 542. In Italien wurde die väterliche Vorherrschaft im Recht des Nachnamens ehelicher Kinder (erst) im Jahre 2022 für verfassungswidrig erklärt (unten Rdnr. 543). In den skandinavischen Ländern hat die Wahlfreiheit der Eltern erst eine bedeutend längere Tradition (Kap. 1 § 1 dän. Namensgesetz, Kap. 2 § 6(4) finn. Namensgesetz und zu Schweden oben Rdnr. 537). Für Ungarn betonte der Oberste Gerichtshof schon im Jahre 2008, dass „bei der Entscheidung über die Namensführung des Kindes die Familiennamen der Elternteile gleichwertig" sind (Legf. Bír. Pfv. II. 20.141/2008, EBH2008.1773). Noch die Instanzgerichte hatten die Behauptung des Klägers mittelbar bestätigt, dass Kinder „überall auf der Welt" den Namen des Vaters trügen, jedenfalls entschieden, dass Kinder in Ungarn gewöhnlich den Familiennamen des Vaters trügen und dass man sie bei einer Abweichung von dieser Gewohnheit Vorurteile anderer Menschen aussetzen würde.

[232] Zu dieser Grundregel schon oben Rdnr. 539 mit Fn. 218.

[233] Frankreich hat auch diese Regelung mit der Reform von 2002 abgeschafft (*Batteur und Mauger-Vielpeau*, Droit des personnes[11], S. 55 Rdnr. 68). Sie findet sich in liberalisierter Gestalt aber nach wie vor in Rumänien (oben Fn. 218).

[234] Z. B. § 1626a dt. BGB (gemeinsame Sorge, wenn die Eltern eine entsprechende Erklärung, die sog. „Sorgeerklärung", abgeben, einander heiraten oder ihnen vom Familiengericht die elterliche Sorge gemeinsam übertragen wird). Auch in England und Wales hat nur die Mutter automatisch *parental responsibility*. Der Vater erwirbt sie, wenn er in der Geburtsurkunde des Kindes als Vater eingetragen ist, mit der Mutter verheiratet ist, mit ihr eine *civil partnership* führt, mit ihr ein *parental responsibility agreement* trifft oder das Gericht *parental responsibility* des Vaters anordnet (sec. 2 und 4 Children Act 1989). Unter Kap. 6 § 2 schwed. FB steht dagegen beiden Elternteilen unabhängig von Ehe und eheähnlichen Zusammenleben die elterliche Sorge zu. Zu einer Abweichung davon kommt es nur aufgrund einer gerichtlichen Entscheidung. Artt. 49(2) span. LRC, 109 span. CC stellen für den Nachnamen auf die Abstammung ab. Eheliche und uneheliche Abstammung sowie die starke Adoption entfalten dieselben Wirkungen (Art. 108 span. CC). Die elterliche Sorge wird von beiden Elternteilen gemeinsam oder mit der ausdrücklichen oder stillschweigenden Zustimmung des anderen Elternteils durch einen allein ausgeübt (Art. 156 Satz 1 span. CC). Art. 1878 port. CC regelt elterliche Verantwortung als allgemeinen Grundsatz. Elterliche Verantwortung im Rahmen der Ehe ist Gegenstand von Art. 1901 port. CC.

[235] Oben Rdnr. 497 mit Fn. 23.

[236] So verhält es sich unter § 1616 dt. BGB, § 155(1) österr. ABGB und Art. 88 § 1 poln. FVGB. Dass Eltern zwar einen gemeinsamen Ehenamen führen, für ihre gemeinsamen Kinder aber gleichwohl einen davon abweichenden Nachnamen bestimmen dürfen, ist allerdings sehr verbreitet. In Dänemark gelten für den Erwerb eines Nachnamens nach der Geburt und den Namenswechsel dieselben Vorschriften (Kap. 1 § 1 i. V. m. Kap. 1 §§ 2–4 und §§ 6–8 dän. Namensgesetz). Kinder dürfen deshalb einen von dem gemeinsamen Ehenamen ihrer Eltern abweichenden Nachnamen tragen. Unter § 155(1) österr. ABGB erhält das Kind zwar „den gemeinsamen Familiennamen der Eltern". Es kann aber auch der Doppelname eines Elternteils (§ 93 Abs. 3) zum Familiennamen des Kindes bestimmt werden". Unter Art. 1677(1) port. CC kann jeder Ehepartner zu seinen eigenen Namen noch bis zu zwei Namen des anderen Ehepartners hinzufügen. Für die Kinder aber verbleibt es bei den zahlreichen Wahlmöglichkeiten, die Art. 103(2)(e) port. CRC Eltern eröffnet. In Schweden kommt es unter Kap. 1 § 4(2) und (3) schwed. Namensgesetz zu einer solchen Abweichung, wenn Eltern, die einen gemeinsamen Namen tragen, für ihre (oder eines ihrer) Kinder den früheren (aber nicht durch Eheschließung erworbenen) Namen eines Elternteils oder einen Namen bestimmen, der aus einem der Vornamen der Eltern unter Hinzufügung der Suffixe -*son* bzw. -*dotter* gebildet wird. Ebenso verhält es sich, wenn für das Kind der Nachname beantragt wird, der von einem anderen gemeinsamen Kind der Eltern getragen wird (oben Rdnr. 537). Eheleute können

bietet Eheleuten, obwohl sie keinen gemeinsamen Ehenamen wünschen, die Möglichkeit, im Rahmen des Verfahrens vor der Eheschließung eine separate Vereinbarung über den Familiennamen für das aus ihrer Ehe später hervorgehende Kind zu treffen.[237] Die Namenswahl findet also häufig schon zu einem **Zeitpunkt** statt, in dem das Kind noch gar nicht geboren ist. Andernfalls muss sie spätestens bei der Anmeldung des Kindes zum Personenstandsregister getroffen werden.[238] Das Gewicht der Namenswahl hängt überall auch noch davon ab, ob, wann und unter welchen Voraussetzungen sie später wieder geändert werden kann. Je einfacher Eltern eine Namenswahl korrigieren können, desto weniger Druck lastet auf ihnen.[239] Entscheiden sich Verlobte gegen einen gemeinsamen Ehenamen und halten sie daran auch im Verlauf ihrer Ehe fest, können sie für ihre Kinder i. d. R. immer noch einen der elterlichen Nachnamen auswählen, sei es vor der Geburt oder innerhalb einer ggf. vom Gesetz jeweils festgelegten Frist.[240] Für unverheiratete Eltern, denen die Personensorge schon im Zeitpunkt der Geburt gemeinsam zusteht, gelten diese Grundsätze in entsprechender Anwendung; bei Paaren, die die gemeinsame Sorge erst später begründen, kann die zugestandene Frist länger sein.[241]

542 Unter Art. 1505(3) gr. ZGB allerdings trägt ein Kind *ex lege* den **Hauptnamen des Vaters,** wenn die Eheleute bis zur Trauung keine Entscheidung zum Nachnamen der Kinder getroffen haben. Verfassungsrechtlich lässt sich das bestenfalls mit der Erwägung rechtfertigen, dass sich Eltern in Kenntnis dieser Regel stillschweigend auf den Vatersnamen geeinigt haben; überzeugend wirkt sie dennoch nicht. Das Wahlrecht jedenfalls erlischt mit der Eheschließung. Die gemeinsame Erklärung der Verlobten ist unwiderruflich (Art. 1505 (1) a. a. O.) und nicht nachholbar.[242] In ihr entscheiden sie sich für ihre Kinder für einen

---

mithin für sich einen gemeinsamen Nachnamen (§ 12 a. a. O.) und für jedes ihrer Kinder einen anderen Nachnamen beantragen.

[237] § 21(1) ungar. Gesetz über das Personenstandregisterverfahren. Die Vereinbarung ist ins Eheregister einzutragen. Sie kann auf Antrag bis zur Eintragung der Geburt des ersten Kindes ins Geburtenregister geändert (Abs. (2)) oder aus dem Personenstandsregister gelöscht werden (Abs. (3)).

[238] Z. B. Kap. 1 § 1 dän. Namensgesetz; Kap. 3 § 23 finn. Namensgesetz; Art. 59 poln. RdSG; § 5 schwed. Namensgesetz und Art. 49(2) span. LRC (wird die Abstammung durch beide Linien bestimmt, so einigen sich die Eltern vor der Eintragung ins Register über die Reihenfolge ihrer beiden Familiennamen).

[239] Unter Art. 70 poln. RdSG z. B. können die Eltern innerhalb von sechs Monaten nach Ausstellung der Geburtsurkunde bei jedem Standesamt eine Erklärung über die Änderung des oder der eingetragenen Vornamen abgeben. Sie können einen oder zwei Vornamen durch einen anderen ersetzen oder einem Vornamen einen zweiten hinzufügen, die Schreibweise und die Reihenfolge ändern. Und unter Art. 88 § 3 poln. FVGB können Eltern nach der Ausfertigung der Geburtsurkunde ihres ersten gemeinsamen Kindes vor dem Leiter des Standesamtes übereinstimmende Erklärungen über die Änderung der von ihnen angegebenen Nachnamen des Kindes abgeben. Unter Art. 1875(3) port. CC können die Eltern zwar die Nachnamen des Kindes nachträglich ändern, aber nicht die Eigennamen (Vornamen). „Machen die Eltern bei der Eintragung der Geburt nicht von ihrem Recht Gebrauch, den Eigennamen des Kindes zu wählen, erlischt dieses Recht. Die Vornamen, die den in den zu berichtigenden Registern eingetragenen Personen ursprünglich zugeordnet waren, sollten daher beibehalten werden" (RL 9.7.1992, CJ [1992-4] 140) (Ein von den Eltern „aufgegebenes" Mädchen war mit dem Vornamen „Sandra" und mit dem Nachnamen der Person eingetragen worden, die das Mädchen beim Zivilregister angemeldet hatte („Gonçalves"). Die Geburtsurkunde lautete also auf „Sandra Gonçalves". Die Mutter „Maria Isabel Portugal" (Vornamen *Maria Isabel*) und der Vater „António Neto" beantragten eine Berichtigung der Geburtsurkunde des betroffenen Mädchens. Sie sollte Sandra Isabel Portugal Neto heißen. Die Änderung von „Sandra" in „Sandra Isabel" wurde abgelehnt. Auch ihr Bruder, der gleichfalls aufgegeben worden war, behielt seinen Vornamen. Die Änderung von „Dinis" zu „Dinis José" wurde abgelehnt.

[240] Z. B. § 1617(2) dt. BGB (ein Monat nach der Geburt des Kindes) und Art. 88 § 4 poln. FVGB (entsprechende Anwendung der übrigen Vorschriften dieses Artikels bei Eheschließung nach der Geburt). Dänemark und Schweden kennen solche zeitlichen Begrenzungen dagegen nicht. Namenserwerb und Namensänderung werden gleichbehandelt.

[241] Z. B. § 1617b(1) dt. BGB (Neubestimmung des Kindesnamens innerhalb von drei Monaten nach Begründung der gemeinsamen Sorge) und Art. 89 § 1 poln. FVGB (übereinstimmende Namenserklärung der Eltern nach Anerkennung der Vaterschaft).

[242] LG Athen 1897/2008, Isokrates-Datenbank erlaubt allerdings eine Art Irrtumsanfechtung. Das Paar war vor der Eheschließung zur Namensbestimmung aufgerufen worden. Es hatte sich für ihrer beider Namen, also für den Doppelnamen „B.-M." entschieden. Das Brautpaar hatte gedacht, sie könnten später immer noch für einen dieser zwei Namen optieren. Nach der Geburt ihres ersten Kindes gaben sie gegenüber

oder beide ihrer Namen und deren Reihenfolge (Art. 1505(2) a. a. O.). Bei einem außerhalb einer Ehe geborenen Kind entsteht ein gemeinsames Namenswahlrecht der Eltern erst, nachdem der Vater das Kind anerkannt hat (Art. 1506(3) a. a. O.).

In **Italien** galt noch bis in die jüngste Zeit dieselbe Ausgangslage. Ein in der Ehe **543** geborenes Kind erwarb „automatisch" den Vatersnamen. Zu einer Kurskorrektur wurde der Gesetzgeber erstmalig in den Jahren 2014 und 2016 durch den EGMR[243] und den ital. Verfassungsgerichtshof gezwungen.[244] So konnte dem Kindesnamen nach Wahl der Eltern wenigstens der Nachname der Mutter hinzugefügt werden, und zwar in beliebiger Reihenfolge. Die Corte Costituzionale hat aber erst im Jahre 2022 entschieden, dass die automatische Übertragung des väterlichen Familiennamens verfassungswidrig sei.[245] Diese Entscheidung hat enorme Auswirkungen. Denn das Gericht hat gleich zahlreiche Bestimmungen des Zivilgesetzbuches beanstandet. Verfassungswidrig seien Art. 262(1) ital. CC (wonach das Kind bei gleichzeitiger Anerkennung durch beide Elternteile den Nachnamen des Vaters annimmt, statt den Eltern die Entscheidung zu überlassen und im Grundsatz beider Namen gleichberechtigt weiterzugeben) und Art. 299(3) a. a. O., soweit er vorsieht, dass auch bei der Adoption der Name des Adoptivvaters (und nicht der oder die von den Adoptiveltern bestimmte(n) Name(n) auf das Adoptivkind übergehen. Verfassungswidrig ist ferner Art. 27(1) ital. Gesetz Nr. 184/1983, soweit er vorsieht, dass ein Adoptivkind die Nachnamen der Adoptiveltern annimmt, anstatt vorzusehen, dass es entweder beider Namen oder den von ihnen bestimmten Namen trägt. Entsprechendes gilt für Art. 34 DPR Nr. 396/2000, soweit er vorschreibt, dass ein in einer Ehe geborenes Kind den Nachnamen des Vaters annimmt. Das Kind müsse vielmehr die Nachnamen beider Eltern in der von ihnen vereinbarten Reihenfolge annehmen, es sei denn, sie vereinbaren bei der Geburt, dass das Kind nur einen ihrer Nachnamen tragen werde. Seit der Entscheidung des Verfassungsgerichts gilt nun also durchweg, dass sich der Kindesname in der von ihnen gewählten Reihenfolge aus den Nachnamen des Vaters und der Mutter bildet, es sei denn, sie verständigen sich auf einen ihrer Namen. Das Verfassungsgericht hat den Gestaltungsspielraum des Gesetzgebers drastisch eingeengt. Eine Entscheidung zum Ehenamen steht derzeit aber noch aus.

Das Namensbestimmungsrecht kann auch Eltern zustehen, deren Personensorgerecht **544** ruht oder eingeschränkt ist. Das Standardbeispiel sind minderjährige Eltern, insbesondere ledige minderjährige Mütter. Sie, nicht ein evtl. für das Kind schon ab dem Zeitpunkt der Geburt bestellter Amtsvormund (in Deutschland das Jugendamt), entscheiden über den Namen des Kindes, in diesem Fall über seine Vornamen.[246] Eine Altersuntergrenze ist die

---

dem Registerbeamten den Vatersnamen an, wurden aber darauf hingewiesen, dass ihre frühere Entscheidung bindend sei. Das Gericht entschied, dass der Grundsatz der Unwiderruflichkeit der Namensentscheidung nicht ausschließe, die Erklärung wegen eines Mangels der Willenserklärung für nichtig zu erklären. Es handele sich nicht um eine Meinungsänderung, sondern darum, den wahren Willen wiederherzustellen. Allerdings scheiterten die Eltern im Ergebnis, weil sie die Anfechtungsfrist des Art. 57 gr. ZGB hatten verstreichen lassen.

[243] EGMR 7.1.2014, 77/07, *Cusan und Fazio v Italia* (wegen seiner Bedeutung auch auf der Website des italienischen Justizministeriums veröffentlicht: https://www.giustizia.it).

[244] Corte Cost. 21.12.2016, Nr. 286, Resp.civ. e Prev. 2017 S. 588; siehe dazu *Gabrielli und Di Rosa*, Commentario Codice della Famiglia III, S. 92.

[245] Corte Cost. 31.5.2022, Nr. 131, ECLI:IT:COST:2022:131 (https://www.cortecostituzionale.it).

[246] Unter § 1673(2) dt. BGB ruht die elterliche Sorge nicht nur, wenn der betreffende Elternteil geschäftsunfähig ist, sondern auch dann, wenn er in der Geschäftsfähigkeit beschränkt ist. „Ruhen" der elterlichen Sorge bedeutet unter § 1675 dt. BGB, dass der betreffende Elternteil nicht berechtigt ist, sie auszuüben. Einem minderjährigen Elternteil verbleibt jedoch die Personensorge unter Einschluss des Rechts, den Vornamen zu bestimmen (§§ 1673(2) i. V. m. 1626 dt. BGB und dazu Grüneberg [-*Götz*], BGB[81], § 1626 Rdnr. 9). Eine minderjährige Mutter hat also je nach den Umständen entweder das alleinige Namensbestimmungsrecht oder sie übt es zusammen mit dem (voll- oder minderjährigen) Vater aus. Eine Altersuntergrenze gibt es nicht. Die elterliche Sorge ruht außerdem für ein vertraulich geborenes Kind (§ 1674a dt. BGB). Auch in diesem Fall kann eine Mutter aber ihr Vornamensbestimmungsrecht noch wahrnehmen. Unter §§ 156 i. V. m. 181(4) österr. ABGB genügt im Verständnis des Schrifttums Entscheidungsfähigkeit (Schwimann und Neumayr [-*Weitzenböck*], ABGB Taschenkommentar[5], § 156 Rdnr. 1).

Ausnahme.²⁴⁷ Nur wenn Eltern geistig nicht in der Lage sind, eine Namensentscheidung zu treffen, geht ihr Namensbestimmungsrecht auf die Person oder die Einrichtung über, die mit der Sorge für das Kind betraut ist.²⁴⁸ Der Entzug der elterlichen Sorge setzt eine Gefährdung des Kindeswohls voraus und unterliegt dem Grundsatz der Verhältnismäßigkeit. Ein Entzug selbst noch des Vornamensbestimmungsrechts ist damit praktisch ausgeschlossen. Nur wenn die **Gefährdung des Kindeswohls** gerade darauf beruht, dass sich die Eltern einer notwendigen Namenswahl (i. d. R. also der Bestimmung des **Vornamens**) verweigern oder, was auf dasselbe hinausläuft, unbelehrbar an Vorstellungen festhalten, die mit dem geltenden Recht unvereinbar sind, können das zuständige Gericht bzw. die zuständige Behörde entweder ein Zwangsgeld festsetzen²⁴⁹ oder die erforderliche Namensbestimmung sogar selbst vornehmen.²⁵⁰ Sie lassen sich auch dann ausschließlich von den

---

In Schweden sind die elterliche Sorge *(vårdnaden)* und die „Vormundschaft" *(förmyndarskap)* getrennt geregelt. Für den *vårdnadshavare* besteht im Gegensatz zu dem *förmyndare* keine untere Altersgrenze (Kap. 6 § 3 bzw. Kap. 10 § 1 schwed. FB). Unter Art. 157 span. CC übt der nicht aus der elterlichen Sorge entlassene Minderjährige die elterliche Sorge über seine Kinder „mit Unterstützung seiner Eltern aus, und sofern beide nicht existieren, mit jener seines Vormunds, und in Fällen der Uneinigkeit oder Unmöglichkeit mit jener des Richters". Obwohl Art. 314 span. CC durch das Gesetz 8/2021 aufgehoben wurde, ist weiterhin davon auszugehen, dass die Eheschließung der Entlassung aus der elterlichen Sorge gleichkommt. Deshalb betrifft Art. 157 span. CC nur unverheiratete Eltern. Zu beachten ist außerdem Art. 162 (1) span. CC, wonach die Eltern, die das Sorgerecht innehaben, die nichtemanzipierten minderjährigen Kinder gesetzlich vertreten, mit Ausnahme von Handlungen hinsichtlich der Persönlichkeitsrechte und andere Handlungen, die das Kind entsprechend seiner Reife selbst ausführen kann. Dazu dürfte auch das Recht der Vornamensbestimmung zählen.

²⁴⁷ Unter Art. 94 poln. FVGB steht die elterliche Sorge dem anderen Elternteil zu, wenn nur dieser voll geschäftsfähig ist; allerdings wird ein Minderjähriger durch Eheschließung volljährig (Art. 10 § 2 poln. ZGB). Steht die elterliche Sorge keinem der Elternteile zu, so wird Vormundschaft angeordnet (Art. 94 § 3 poln. FVGB). Der Vormund ist aber nur dann zur Namenswahl berufen, wenn beide Eltern das 16. Lebensjahr noch nicht vollendet haben. Denn ab diesem Zeitpunkt können sie das Kind selbst anmelden und daher auch seinen Vornamen wählen (Artikel 57(1) poln. RdSG). Im Schrifttum wird erstaunlicherweise nicht kritisiert, dass sehr jungen Eltern nicht einmal das Recht der Vornamensbestimmung zugestanden wird, sondern, ganz im Gegenteil, dass es einem 16-jährigen Vater gestattet ist, sein Kind anzumelden. Von dieser Regel sei jedenfalls ein junger Mann auszunehmen, der die Vaterschaft noch nicht anerkannt habe (was unter Art. 75(1) poln. FVGB pränatal möglich ist). Denn der Leiter des Standesamts könne keine Vaterschaftserklärungen von beschränkt geschäftsfähigen Personen entgegennehmen; das könne (wie sich aus Art. 77 § 2 poln. FVGB ergibt) nur das Vormundschaftsgericht (Basior, Czajkowska und Sorbian [-*Sorbian*], Prawo o aktach stanu cywilnego z komentarzem, Art. 57 Rdnr. 3).

²⁴⁸ Unter Kap. 6 §§ 7 und 8a schwed. FB z. B. kann das Gericht in einem solchen Fall das Sorgerecht auf den anderen Elternteil oder auf einen Dritten, den sog. „ernannten Sorgeberechtigten" (*särskild vårdnadshavare*) übertragen. Unter Art. 93 § 2 poln. FVGB kann das Gericht, wenn das Wohl des Kindes dies erfordert, in dem Urteil zur Feststellung der Abstammung des Kindes über die Aussetzung, die Beschränkung oder den Entzug der elterlichen Sorge eines oder beider Elternteile entscheiden.

²⁴⁹ So verhält es sich in Schweden. Die Sorgeberechtigten haben den Namensantrag beim *Skatteverket* zu stellen; der Vorname wird mit der Eintragung erworben (§§ 3 und 35(1) schwed. Namensgesetz). Stellen die Sorgeberechtigten keinen fristgerechten Antrag, kann das *Skatteverket* anordnen, dass sie dieser Verpflichtung innerhalb einer bestimmten Frist nachkommen. Wird der Anordnung nicht entsprochen, wird sie neu erlassen und ein Zwangsgeld festgesetzt (§ 43 a. a. O.).

²⁵⁰ Unter Art. 12(2) und (3) bulgar. Gesetz über die Zivilregistrierung wählt der Standesbeamte aus den von den Eltern vorgeschlagenen Vornamen einen Namen aus, wenn es zu einer Einigung gekommen ist. Schlagen die Eltern überhaupt keinen Vornamen vor, so bestimmt ihn der Standesbeamte nach seinem Gutdünken und den Umständen des Einzelfalls. Im deutschen Recht fehlt es an einer ausdrücklichen Regelung. Eine Vornamensbestimmung unmittelbar durch das Familiengericht ist unter § 1666(3) Nr. 5 dt. BGB als *ultima ratio* denkbar, wenn es sich nicht um einen Elternstreit handelt, sondern darum geht, dass Eltern keinen Namen wählen. Das Familiengericht kann ihnen unter § 1666(3) Nr. 6 dt. BGB, beschränkt auf die Namenserteilung, aber auch die Personensorge entziehen und unter § 1909 BGB a. F. (§ 1809 n.F.) einen Ergänzungspfleger bestellen. Bei einem Elternstreit überträgt das Familiengericht unter § 1628 S. 1 dt. BGB auf Antrag die Entscheidungszuständigkeit auf einen Elternteil, was der Regelung für den Familiennamen unter § 1617(2) dt. BGB entspricht; näher OLG Karlsruhe 19.2.2016, NJOZ 2016 S. 1359, 1360 und Staudinger (-*Lugani*), BGB (2020) Rdnr. 66. § 8(3) estn. Namensgesetz und 4:151(2) ungar. ZGB weisen die Entscheidung über den Vornamen der Jugendschutzbehörde zu. Art. 34 ital. DPR 396/2000 sieht vor, dass der Standesbeamte die Eltern auf die Unzulässigkeit des von ihnen gewählten Vornamens hinweist. Bestehen die Eltern gleichwohl auf ihrer Wahl, nimmt der Standesbeamte die Erklärung entgegen, stellt die Geburtsurkunde aus und benachrichtigt, nachdem er die Eltern davon in

II. Namenserwerb nach der Geburt **§ 8**

Interessen des Kindes leiten, wenn die Eltern ihren Streit über den Vornamen nicht beilegen können. In Griechenland hat sich dazu eine umfangreiche Rechtsprechung entwickelt.[251] Wird ein Kind erst nach der Scheidung seiner Eltern geboren und hat das Gericht einem Elternteil das alleinige Sorgerecht zugesprochen (oder haben sich die Eltern mit gerichtlicher Genehmigung auf diese Lösung verständigt), so wächst diesem Elternteil auch das alleinige Vornamensbestimmungsrecht zu (§ 1671 dt. BGB). Entsprechendes gilt, falls der andere Elternteil zwar nicht rechtlich, aber tatsächlich nicht in der Lage ist, an der Entscheidung über den Vornamen in der dafür vorgesehenen Frist mitzuwirken.[252] Der Hauptname folgt dagegen in allen Rechtsordnungen, die für den Fall einer unterbliebenen

---

Kenntnis gesetzt hat, unverzüglich die Staatsanwaltschaft zwecks Einleitung eines Berichtigungsverfahrens. Unter Art. 35 a. a. O. tritt dagegen „der Standesbeamte an die Stelle des Anmeldenden (also der Eltern), wenn dieser das Kind nicht beim Namen nennt". Es gelten also unterschiedliche Regeln je nachdem, ob es sich um einen unzulässigen Vornamen handelt oder darum, dass die Eltern überhaupt keinen Namen wählen. Art. 50(3) span. LRC legt fest, dass der Standesbeamte, nachdem er die Eltern entsprechend belehrt hat, nach Ablauf von drei Tagen einen allgemein üblichen Vornamen auswählt. Der Betroffene kann diesen Namen später ändern (Art. 52 a. a. O.). Unter § 860 tschech. BGB i. V. m. § 18(1) und (4)(a) tschech. Gesetz über das Personenstandsregister, Namen und Nachnamen entscheidet das Gericht, wenn sich die Eltern nicht einigen können; für Vor- und Nachnamen gelten dieselben Regeln. Das gilt auch unter § 40(3) slowak. Familiengesetz. Für England und Wales hat The Registration of Births and Deaths Regulations 1987, regulation 9(3) aber auch die Möglichkeit geschaffen, ein Kind vorübergehend ganz ohne Vornamen zu registrieren („(a) if a name is not given, the registrar shall enter only the surname, preceded by a horizontal line; (b) the surname to be entered shall be the surname by which at the date of the registration of the birth it is intended that the child shall be known").

[251] Das Gericht wählt grundsätzlich den Namen, unter dem das Kind von Beginn seines Lebens an angesprochen wurde, d. h. den Namen, der sich in seinen persönlichen und sozialen Beziehungen bereits etabliert hat und auf den es bereitwillig reagiert (Areopag 754/2020, NoB 69 [2021] S. 1165). Siehe aus einer Vielzahl von Entscheidungen ferner Areopag 494/2017, NoB 66 (2018) S. 276 (der Name, mit dem das Kind von seiner Mutter angesprochen wurde; alles andere könnte die psychische Gesundheit des Kindes belasten, weil es nach dem Zerbrechen der Ehe stets bei der Mutter gelebt hatte); Areopag 730/2006, Isokrates-Datenbank (angesichts der angespannten Beziehungen zwischen den Eltern widerspreche ein Doppelvorname dem Kindeswohl, weil jeder Elternteil den Namen seiner Präferenz wählen werde); Areopag 417/2005, EllDne 46 (2005) S. 1073 (eine gemeinsame Entscheidung sei auch dann erforderlich, wenn das Sorgerecht einem Elternteil übertragen wurde; bei fehlender Einigung entscheidet das Gericht); Berufungsgericht Patras 48/2021, NoB 69 (2021) S. 938 (unter den Umständen dieses Paares könne ein Doppelvorname dem Kindeswohl dienen); Berufungsgericht Larisa 130/2020, Isokrates-Datenbank (angesichts der Verschlechterung der Beziehungen widerspreche ein Doppelvorname aus beiden Linien dem Kindeswohl); Berufungsgericht Larisa 56/2017, Isokrates-Datenbank (Namensgebung kein Bestandteil des Sakraments der Taufe; eine bei der vorgeburtlichen einvernehmlichen Scheidung getroffene Vereinbarung binde den Vater zwar nicht, sei aber ein Indiz dafür, dass er zu diesem Zeitpunkt noch keine Einwände gegen den von der Mutter vorgeschlagenen Namen hatte; unter den besonderen Umständen des Falles – die Mutter hatte in der Schwangerschaft ein Gelübde abgelegt – sei aber ein Doppelvorname akzeptabel).

[252] Unter § 1674(1) dt. BGB ist das Ruhen der elterlichen Sorge aus tatsächlichen Gründen (z. B. infolge des Antritts einer Freiheitsstrafe: OLG Brandenburg 29.1.2009, FamRZ 2009 S. 1683) zwar förmlich festzustellen. Das ändert aber nichts daran, dass ein Elternteil, wenn der andere nicht erreichbar ist, dem Kind unter § 1678(1) dt. BGB allein einen Namen geben kann. Für § 1678(1) dt. BGB genügt schon ein kurzfristiger Hinderungsgrund, § 1674(1) a. a. O. betrifft nur voraussichtlich länger andauernde Hinderungsgründe (MünchKomm [-*Hennemann*] BGB[8], § 1678 Rdnr. 2). Ein Krankenhausaufenthalt von mehr als einem Monat fällt noch unter § 1678(1) a. a. O. (AG Holzminden 10.11.2001, FamRZ 2002 S. 560). § 1678(1) a. a. O. ist solange maßgeblich, wie noch keine Entscheidung nach § 1674 a. a. O. ergangen ist (Erman [-*Döll*], BGB[16], § 1674 Rdnr. 7). In Polen liegt es im Ergebnis ebenso. Denn die Zustimmung des anderen Elternteils zur Namenswahl wird vermutet. Deshalb gibt unter Art. 59(1) poln. RdSG die Person, die das Kind anmeldet, den oder die gewählten Vornamen an. Unter § 156(1) österr. ABGB haben mehrere mit der Obsorge und Pflege des Kindes betraute Personen Einvernehmen herzustellen; es genügt aber die Erklärung einer von ihnen, sofern sie versichert, dass die andere damit einverstanden ist oder dass das Einvernehmen nicht mit zumutbarem Aufwand erreicht werden kann. Unter Kap. 6 § 13 schwed. FB entscheidet der andere Elternteil allein, wenn einer der Sorgeberechtigten (*vårdnadshavare*) durch Abwesenheit, Krankheit oder aus anderen Gründen gehindert ist, an unaufschiebbaren Entscheidungen der elterlichen Sorge mitzuwirken. Der anwesende Elternteil darf zwar keine Entscheidungen allein treffen, die erhebliche Auswirkungen auf die Zukunft des Kindes haben, doch gilt das nicht, wenn das Wohl des Kindes eindeutig eine Entscheidung fordert. Die Vorschrift ist als Ergänzung zu Kap. 6 § 8a schwed. FB (oben Fn. 248) konzipiert (SOU 2003:51 S. 165). Unter Art. 6(4) slowen. Namensgesetz entscheidet, falls die Eltern des Kindes nicht mehr am Leben oder nicht in der Lage

Namenswahl subsidiäre gesetzliche Regeln vorhalten, deren Regime. Umgekehrt bleibt eine bei der Eheschließung getroffene Entscheidung für einen Ehenamen, der zugleich den Geburtsnamen des Kindes präjudiziert, auch dann wirksam, wenn ein Elternteil innerhalb der mit der Geburt beginnenden Anmeldefrist nicht oder nicht mehr in der Lage ist, sein Personensorgerecht auszuüben.[253]

545 Angesichts dieses Befundes wird inzwischen in **Tschechien** schon wieder in Abrede gestellt, dass das Recht und die Pflicht der Eltern, dem Kind einen Namen zu geben, im Recht der Personensorge richtig platziert sei. Bei der Namensbestimmung handelt es sich in der Tat um eine singuläre Entscheidung, nicht, wie bei der Personensorge, um eine jeden Tag neu zu bewältigende Daueraufgabe. Deshalb haben die Verfasser des tschechischen BGB das Namensbestimmungsrecht aus dem Personensorgerecht herausgelöst[254] und es stattdessen zu der Gruppe von Rechten und Pflichten gestellt, die mit der Persönlichkeit des Kindes verbunden sind. Das wiederum sind die Rechte und Pflichten, die mit der Geburt des Kindes entstehen und im Zeitpunkt des Erreichens der Volljährigkeit erlöschen (§ 856 tschech. BGB). Schon aus diesem Ansatz folgt zwanglos, dass jedem Elternteil das Namensbestimmungsrecht zusteht. Es spielt keine Rolle, ob er Träger der elterlichen Sorge ist oder nicht. Möglicherweise lässt sich das auch als Konsequenz aus § 1 (1) Satz 2 tschech. BGB deuten, wonach die Anwendung des Privatrechts von der Anwendung des öffentlichen Rechts unabhängig ist. Jedenfalls unterscheidet das tschechische BGB in übersichtlicher Weise vier Konstellationen. (i) Wenn die Eltern bekannt, verheiratet und am Leben sind, bestimmen sie innerhalb eines Monats Vor- und Nachnamen des Kindes (§ 860 tschech. BGB, § 18(1) und (4)(a) tschech. PSRN). In Ermangelung einer Einigung entscheidet das Gericht. (ii) Ist nur eine Elternstelle besetzt, dann entscheidet dieser Elternteil; trifft er keine Entscheidung, tritt wiederum das Gericht an seine Stelle (§ 861 tschech. BGB). Ist die Vaterstelle unbesetzt, erhält das Kind den Nachnamen, welchen seine Mutter im Zeitpunkt der Geburt führt. (iii) Sind die Eltern nicht verheiratet, erhält das Kind den Nachnamen eines Elternteils; einigen sich die Eltern nicht, entscheidet auch in diesem Fall das Gericht (§ 862(1) tschech. BGB, § 19(2) PSRN). (iv) Wenn die Eltern zwar verheiratet sind, die Vaterstelle für ein Kind aber unbesetzt ist, können alle Kinder denselben Nachnamen tragen (§ 862(2) tschech. BGB).

c. Namensbestimmung durch Behörde oder Gericht

546 Alle europäischen Rechtsordnungen bestätigen das menschenrechtlich gewährleistete Recht des Kindes auf einen Namen.[255] Deshalb dürfen verlassene Kinder („Findelkinder")[256] nicht namenlos bleiben. Aus demselben Grund dürfen Kinder nicht ohne Namen sein, nur weil sich ihre Eltern nicht einigen können oder ihrer Pflicht zur Bestimmung dieses Namensbestandteils nicht nachkommen. Wir haben das für den **Vornamen** bereits erörtert.[257] Die

---

sind, ihre elterlichen Rechte auszuüben, die mit der Betreuung des Kindes betraute Person im Einvernehmen mit der zuständigen Sozialarbeiterstelle.

[253] Poln. OG 13.7.1987, III CZP 40/87, Legalis-Nr. 25913 ergänzt, dass beide Eltern einer Änderung des Familiennamens ihres minderjährigen Kindes auch dann zustimmen müssen, wenn die elterliche Sorge des Vaters bei der zuvor erfolgten Scheidung beschränkt wurde.

[254] § 858 tschech. BGB: „Die elterliche Sorge umfasst die Pflichten und Rechte der Eltern, die in der Pflege des Kindes liegen, welche insbesondere die Pflege seiner Gesundheit, seine körperliche, emotionale, Verstandes- und moralische Entwicklung umfasst, sowie im Schutz des Kindes, Aufrechterhaltung des Umgangs mit dem Kind, Sicherstellung seiner Erziehung und Ausbildung, Bestimmung des Ortes seines Wohnsitzes, die Vertretung und die Verwaltung des Kindesvermögens; sie entsteht mit der Geburt des Kindes und erlischt, sobald das Kind die volle Geschäftsfähigkeit erlangt. Die Dauer und der Umfang der elterlichen Sorge können nur durch das Gericht geändert werden". Das Namensbestimmungsrecht ist in dieser Liste bewusst unerwähnt geblieben (Králíčková et. al. [-*Hrušáková und Westpháłová*], Občanský zákoník II, S. 829).

[255] Oben Rdnr. 45 mit Fn. 33 und Rdnr. 132.

[256] Nachweise schon oben Fn. 21.

[257] Oben Rdnr. 544 mit Nachweisen in Fn. 250 und 251.

Dinge liegen gleich, wenn die Eltern auf rechtlich inakzeptablen Bezeichnungen beharren oder aus besonderen Gründen außerstande sind, ihrem Kind in der gebotenen Zeit einen Vornamen zu geben.[258] Die Zivilstandsbehörde ist i. d. R. zuständig, wenn die Gefahr der Namenlosigkeit nicht auf einem Elternstreit beruht. Andernfalls bedarf es üblicherweise der Einschaltung eines Gerichts.[259] Der wichtigste Fall ist wiederum der, dass sich Eltern bei der **Wahl des Hauptnamens gegenseitig blockieren.** Zur Auflösung dieser Blockade kann es auf zwei Wegen kommen. Entweder legt das Gericht den Namen unmittelbar selbst fest, entscheidet also „durch". Die Alternative orientiert sich stärker am Grundsatz der Verhältnismäßigkeit staatlichen Handelns. In diesem Fall trifft das Gericht die Namensentscheidung nicht selbst. Es beschränkt sich vielmehr darauf, das Wahlrecht auf einen Elternteil zu delegieren. Allgemein gilt, dass eine (unmittelbare oder mittelbare) Namensbestimmung durch ein Gericht umso seltener notwendig wird, je weniger Streitpotential in der Rechtsordnung angelegt ist. Es ist z. B. nicht besonders wahrscheinlich, dass sich Eltern, deren Kind von Gesetzes wegen ihrer beider Namen trägt, nicht einmal auf deren Reihenfolge einigen können.[260] Und es erhöht die Kompromissbereitschaft von Eltern auch, wenn sie sich darauf verständigen dürfen, wer von ihnen in welcher Reihenfolge allein nicht nur über den Vor- sondern auch über den Hauptnamen der gemeinsamen Kinder entscheidet.[261]

Wie der Vor- so wird, wie gesagt, unter § 860(2) tschech. BGB auch der Familienname **547** vom Gericht festgelegt, wenn die Eltern bei der Eheschließung keine Namenswahl getroffen haben und sich auch nach der Geburt des Kindes nicht auf dessen Nachnamen einigen können.[262] Dieselbe Regel findet sich in Art. 151 lett. ZGB, Art. 3.166(3) lit. ZGB, Art. 1875(2) port. CC, in § 40(3) slowak. Familiengesetz und in Art. 9(2) slowen. Namensgesetz, hier unter der Voraussetzung, dass sich auch mit der Hilfe der zuständigen Sozialarbeiterstelle kein Einvernehmen der Eltern hat herstellen lassen. Unter § 8(1) Nr. 2 estn. Namensgesetz und § 4:151(1) ungar. ZGB entscheidet die Jugendschutzbehörde. In England und Wales ergeht unter sec. 8(1) Children Act nötigenfalls eine *specific issue order*, „giving directions for the purpose of determining a specific question which has arisen, or which may arise, in connection with any aspect of parental responsibility for a child". Dazu gehören auch Fragen der Namensbestimmung.[263] Unter § 5 schwed. Namensgesetz dagegen erhält ein Kind, wenn der nötige Antrag nicht fristgemäß gestellt wird, den Nachnamen des Elternteils, der das Kind geboren hat, oder, wenn dieser Elternteil verstorben ist, seinen Nachnamen zum Zeitpunkt seines Todes. In Dänemark

---

[258] Die verschiedenen Situationen sind in § 13(3) österr. PStG übersichtlich zusammengetragen: „Stimmen die Erklärungen mehrerer zur Vornamensgebung berechtigter Personen nicht überein oder wurde innerhalb von 40 Tagen ab dem Zeitpunkt der Geburt bei der Personenstandsbehörde, die die Eintragung vornimmt, keine Erklärung abgegeben, hat die Personenstandsbehörde vor der Eintragung der Vornamen das Pflegschaftsgericht zu verständigen. Das gleiche gilt, wenn keine Vornamen oder solche gegeben werden, die nach Ansicht der Personenstandsbehörde als dem Abs. 2 widersprechend nicht eingetragen werden können".

[259] Hiervon gibt es aber Ausnahmen, z. B. dann, wenn Eltern für einen unter deutschem Recht unzulässigen Doppelnamen des Kindes optieren. Der Fall wird dann so betrachtet, als ob sie sich uneinig wären, weil sie sich nicht auf eine zulässige Variante verständigen können (unten Fn. 270).

[260] Unter Art. 109(1) und (2) span. CC und Art. 49(2) span. LRC bestimmt die Abstammung den Familiennamen. Wird sie durch beide Linien bestimmt, einigen sich die Eltern vor der Eintragung ins Register über die Reihenfolge. Diese Eintragung bestimmt auch die Reihenfolge der Nachnamen der nachgeborenen Kinder (Art. 109(3) span. CC). Fehlt eine solche Einigung, so fordert der Registerbeauftragte *(el Encargado del Registro Civil)* die Eltern auf, innerhalb von drei Tagen die Reihenfolge der Familiennamen mitzuteilen (ein weitergehendes Wahlrecht haben die Eltern nicht; das Kind erhält unabhängig von ihrem Willen stets den ersten Nachnamen beider Eltern). Verstreicht diese Frist ohne Mitteilung, so bestimmt der Registerbeauftragte die Reihenfolge der Familiennamen unter Wahrung des vorrangigen Interesses des Minderjährigen.

[261] Oben Rdnr. 540.

[262] Oben Rdnr. 545.

[263] Sie erfolgt gleichfalls im Interesse des Kindes. Zu den in die Abwägung einzustellenden Kriterien näher Butler-Sloss L. J. in *W (A Child) (Illegitimate Child: Change of Surname), Re* [2001] Fam. 1.

und Finnland gilt Ähnliches.²⁶⁴ Belgien, Frankreich und Luxemburg sehen vor, dass das Kind einen aus dem Namen beider Eltern gebildeten Doppelnamen erhält, dessen Reihenfolge sich (in Belgien und Frankreich) nach dem Alphabet richtet und in Luxemburg durch das Los bestimmt wird.²⁶⁵ In Italien sind diese Details noch nicht geklärt, aber das Grundprinzip ist unter der jüngsten Rechtsprechung des Verfassungsgerichtshofes dasselbe.²⁶⁶ Auch in Polen vergibt das Vormundschaftsgericht nur Kindern einen Namen, deren Eltern unbekannt sind (Art. 89 § 4 poln. FVGB). In allen anderen Fällen, in denen die Eltern keine übereinstimmenden Erklärungen über den Kindesnachnamen abgegeben haben, führt das Kind einen Namen, der aus dem Namen der Mutter und dem hinzugefügten Namen des Vaters besteht (Art. 88 § 2 Satz 2; Art. 89 §§ 1 und 2 a. a. O.).²⁶⁷ Art. 1505 gr. ZGB hält weiterhin daran fest, dass das Kind den Vatersnamen erhält, wenn die Eltern sich nicht anderweitig einigen bzw. einigen können.²⁶⁸ Genau besehen verletzt das das Prinzip der Gleichberechtigung der Geschlechter nicht minder als die auf die Mutter abstellende Lösung des § 155(3) österr. ABGB und der nordischen Rechtsordnungen.

548 Das **deutsche Recht** löst das Problem anders. Steht beiden Eltern das Sorgerecht gemeinsam zu, führen sie aber keinen Ehenamen und treffen sie binnen eines Monats nach der Geburt des Kindes keine Bestimmung, so überträgt das Familiengericht unter § 1617(2) dt. BGB das Bestimmungsrecht einem Elternteil. Es setzt ihm nach Ermessen eine Frist. Verstreicht sie ergebnislos, „so erhält das Kind den Namen des Elternteils, dem das Bestimmungsrecht übertragen ist". Die Regelung betrifft sowohl verheiratete als auch unverheiratete Paare, sofern nur auch dem Vater das Sorgerecht zusteht. Es soll verhindert werden, dass ein Kind keinen Geburtsnamen hat.²⁶⁹ Eltern treffen nach Einschätzung der deutschen Rechtsprechung allerdings schon dann „keine Bestimmung", wenn der von ihnen angestrebte Kindesname rechtlich unzulässig ist, namentlich deshalb, weil es sich bei ihm um einen Doppelnamen handelt.²⁷⁰ Das Familiengericht erhält von dem Sachverhalt durch eine obligatorische Mitteilung des Standesamts Kenntnis.²⁷¹ Als Entscheidungskriterium steht dem Gericht nur das Kindeswohl zur Verfügung (§ 1697a(1) dt. BGB). Der ursprünglich erwogene Losentscheid²⁷² ist nicht in das Gesetz eingegangen und wäre eines Gerichts auch unwürdig. Dennoch lassen sich Kindeswohlüberlegungen beim Hauptnamen wesentlich schwerer konkretisieren als beim Vornamen.²⁷³

---

[264] Unter Kap. 1 § 1(2) dän. Namensgesetz erhält ein Kind den Namen der Mutter, wenn der nötige Antrag nicht fristgemäß gestellt wird. Unter Kap. 3 § 23(3) finn. Namensgesetz erhält ein Kind in diesem Fall den Nachnamen des Elternteils, der das Kind geboren hat, oder, falls dessen Name unbekannt ist, den Nachnamen des anderen Elternteils.
[265] Art. 335 belg. CC (es kann allerdings von jedem Elternteil nur ein Name weitergegeben werden; Drei- oder Vierfachnamen sind ausgeschlossen); Art. 311-21 franz. CC; Art. 57(5) luxemb. CC.
[266] Oben Rdnr. 543.
[267] Fras und Habdas (-*Wicherek*), Kodeks rodzinny i opiekuńczy. Komentarz, Art. 88 Rdnr. 10 betonen, dass angesichts der umfassenden Regelung der Frage des Familiennamens ein möglicher Elternstreit nicht durch eine gerichtliche Entscheidung gelöst werden könne. Da sich die Antwort unmittelbar aus dem Gesetz ergebe, sei eine Verhandlung zu diesem Thema unzulässig.
[268] Oben Rdnr. 542.
[269] OLG Köln 4.11.2013, StAZ 2014 S. 113.
[270] BayObLG 7.9.1995, BayObLGZ 1995 S. 310, 315.
[271] § 168a(2) dt. FamFG a.F.; § 168g FamFG n. F.
[272] BT-Drs. 12/3163 S. 13.
[273] Zu ihm sehr aufschlussreich die griechische Rechtsprechung (oben Fn. 251).

III. Namensänderung aus Anlass familienrechtlicher Vorgänge

1. Allgemeines

Der im Zeitpunkt der Geburt erworbene Name kann sich im Verlauf des Lebens ändern. **549**
Namenskontinuität, obwohl vielfach beschworen[274], ist nur ein von vielen Ausnahmen durchbrochenes Postulat. Der häufigste Anlass (und manchmal auch ein Grund) für einen Namenswechsel sind bestimmte familienrechtliche Vorgänge, bei Erwachsenen vor allem die Eheschließung, die Ehescheidung sowie die Begründung und die Auflösung einer Lebenspartnerschaft, und bei Kindern im Wesentlichen die Abstammungsänderung (incl. der Adoption) sowie die faktische Eingliederung in eine neue Familie. Auf diesen Gebieten lässt sich eine große Konvergenz der europäischen Rechtsordnungen beobachten. Sehr unterschiedlich wird aber weiterhin beurteilt, ob, wodurch und unter welchen Voraussetzungen eine Person ihren Namen ohne Rücksicht auf eine veränderte Familiensituation ändern kann. In England genügt dazu bereits eine einfache Erklärung, d. h. ein privatschriftliches Dokument, das die vollzogene Namensänderung beweist *(deed poll)*. Die Erklärung kann sich auf jeden Namensbestandteil und jeden Teilnamen beziehen; sie unterliegt auch im Übrigen nur denkbar geringen Inhaltsschranken. Die kontinentalen und die skandinavischen Systeme bauen demgegenüber stärker auf staatliche Mitwirkung und Kontrolle.[275] Namensänderungen setzen mindestens eine Erklärung gegenüber der Zivilstandsbehörde voraus, in allen etwas komplizierter liegenden Fällen sogar einen Antrag, den sie auf das Vorliegen der entsprechenden rechtlichen Voraussetzungen überprüft.[276] Der „Zielname" einer Person leitet sich in einem solchen Fall gewöhnlich aus dem Namen einer konkreten anderen Person ab; es geht nicht um eine neu erfundene Namensvokabel. Namensneuschöpfungen auch im sprachlichen Sinne sind dagegen i. d. R. an einen „wichtigen Grund" gebunden. Jedenfalls kann ein Name, der nach den Regeln des bürgerlichen Rechts nicht oder nicht mehr geändert werden kann, in Sondersituationen immer noch in einem eigenständigen administrativen Verfahren neu bestimmt werden. Die Zuständigkeit

---

[274] U. a. in Frankreich (wo der Name nur in den Fällen geändert werden kann, in denen das Gesetz ein solches Recht vorsieht, z. B. in Art. 61 franz. CC), Griechenland (Areopag 570/1981, EEN 49 [1981] S. 323; Areopag 573/1981, NoB 29 [1981] S. 901 und LG Piräus 647/1988, NoB 39 [1988] S. 790: der Name müsse zugunsten des Geschäftsverkehrs konstant und unverändert gehalten werden), Italien (Art. 6 (3) ital. CC: „Änderungen, Ergänzungen oder Berichtigungen des Namens sind nur in den vom Gesetz vorgesehenen Fällen und unter Einhaltung der dort vorgesehenen Förmlichkeiten zulässig"), Polen (Woiwodschaftsverwaltungsgericht Łódź 15.2.2017, III SA/Łd 745/16, Legalis-Nr. 1599882: der polnische Gesetzgeber habe als Prinzip eine Fixierung der Vor- und Nachnamen angenommen; er lasse eine Änderung dieser Daten nur aus wichtigem Grund zu) und Portugal („o nome submete-se ao princípio da estabilidade": STJ 14.10.1997, CJ(STJ) V (1997-3) S. 82; dazu *Menezes Cordeiro*, Tratado de Direito Civil IV[5], S. 235).

[275] In Schweden wird vor diesem Hintergrund zwischen dem familienrechtlichen *(familjerättsliga namnförvärv)* und dem administrativen (Nach-)Namenserwerb *(administrativt namnförvärv)* unterschieden. In die erste Gruppe gehört jeder Namenserwerb aufgrund einer familienrechtlichen Verbindung, auch der Namenserwerb nach der Geburt (Prop. 2015/16: 180, S. 23). Der administrative Nachnamenserwerb bezieht sich auf den Erwerb eines neu gebildeten und den Erwerb eines Namens, der zwar bereits von Anderen getragen wird, aber unabhängig von den Vorschriften über den familienrechtlichen Namenserwerb angestrebt wird. Die Regeln über den familienrechtlichen Namenserwerb geben das Recht, von der Behörde einen bestimmten Namen zugesprochen zu bekommen. Bei einem administrativen Namenserwerb wird dagegen geprüft, ob der Name zulässig ist (a. a. O.).

[276] Das spanische System unterscheidet zwischen vier Fallgruppen. Bei Namensänderungen kraft Gesetzes geht es in erster Linie um Namensänderungen infolge einer Abstammungsänderung. Eine zweite Gruppe bilden die Namensänderungen durch Willenserklärung (Art. 53 span. LRC). Sie betreffen vorwiegend einfach gelagerte Sachverhalte wie z. B. die Änderung der Reihenfolge von Vor- und Nachnamen. Eine dritte Gruppe bilden Namensänderungen durch Verfahren (Art. 54 span. LRC). Bei ihnen prüft der Registerbeauftragte das Vorliegen der rechtlichen Voraussetzungen. Ein separates Verfahren vor einer Behörde der allgemeinen Verwaltung existiert nicht. Es ist aber in Art. 55 span. LRC noch Vorsorge für Anordnungen des Justizministeriums getroffen, durch die in besonderen Fällen (z. B. aus Sicherheitsgründen) der Name und sogar die Identität des Betroffenen vollständig geändert werden können.

dafür liegt nun aber meistens nicht mehr bei der Zivilstandsbehörde, sondern bei einer Behörde der allgemeinen Verwaltung, z. B. dem Landeshauptmann, dem regionalen Präfekten, der Bezirksverwaltungsbehörde oder der Ordnungsabteilung der Stadt, in der der Antragsteller seinen Wohnsitz hat. Man spricht von einer „öffentlich-rechtlichen" Namensänderung. Namensänderungen im Zusammenhang mit Verfahren, die einen Wechsel des rechtlichen Geschlechts zum Ziel haben, fallen dagegen typischerweise in die Zuständigkeit des mit der Sache befassten Gerichts. Davon war schon die Rede.[277] Denkbar, obwohl sehr selten, sind auch Namensänderungen durch rein faktische Vorgänge, also durch konstanten Namensgebrauch mit ersitzungsähnlichen Wirkungen. Das für familienrechtliche Sachverhalte geschaffene „bürgerlich-rechtliche" Namensänderungsrecht zentriert im Recht des Hauptnamens; Vornamensänderungen kennt es im Wesentlichen nur bei der Adoption (z. B. § 1757(4) Satz 1 Nr. 1 dt. BGB, Art. 122 § 3 poln. FVGB, Art. 1988(2) port. CC und § 65 tschech. PSRN).

2. Eheschließung und Begründung einer Lebenspartnerschaft

a. Keine automatische Namensänderung

550 Die Zeiten, in denen sich der Name einer Frau in einem Großteil Europas mit der Eheschließung *ex lege* änderte, der Name des Mannes aber gleichblieb, sind so gut wie vorbei. Unter Art. 143*bis* ital. CC fügt zwar die Ehefrau „ihrem eigenen Nachnamen den des Ehemannes hinzu und behält ihn als Witwe bis zur Wiederverheiratung". Die Vorschrift dürfte aber einer absehbaren Überprüfung durch den italienischen Verfassungsgerichtshof nicht standhalten.[278] Derzeit (Ende 2022) allerdings ist sie noch geltendes Recht. Nur der Name der Frau, nicht auch der Name des Mannes ist betroffen. Ihr Name zeigt zwingend an, *wen* sie geheiratet hat; sein Name nicht einmal, *dass* er geheiratet hat. Das widerspricht ganz offenkundig dem Grundsatz der Gleichberechtigung der Geschlechter. Im Kern hat es das italienische Ehenamensrecht in der Reform aus dem Jahre 1975 bei der Vorläuferregelung belassen, wonach nur die Ehefrau das Recht, aber auch die Pflicht hat, ihrem Nachnamen den ihres Mannes hinzuzufügen. Dazu gibt es keine Alternative, mag auch Art. 143*bis* a. a. O. nur den bürgerlichen und nicht den Namen betreffen, der in die Ausweispapiere eingetragen wird.

551 Im übrigen Europa ist es inzwischen eine bare Selbstverständlichkeit, dass sich der Name eines Menschen gerade nicht automatisch ändert, nur weil er heiratet. Das gilt für beide Eheleute gleichermaßen; auf ihr rechtliches Geschlecht kommt es nicht an.[279] Frankreich hat es ohnehin stets beim Gebrauchsnamen belassen.[280] In Spanien haben beide Eheleute, auch die Frau, immer schon ihren Geburtsnamen beibehalten.[281] In Schweden setzt jeder Namenserwerb einen entsprechenden Antrag beim Skatteverket voraus; ohne ihn bleibt alles beim Alten. Das gilt auch für Paare, die heiraten.[282] Für das Common Law ist die

---

[277] Dazu schon oben Rdnrn. 491–493.
[278] Sie erscheint nach der Entscheidung zum Kindesnamen (oben Rdnr. 543) nur noch eine Frage der Zeit. Der Verfassungsgerichtshof hatte bislang einfach keine Gelegenheit, zu der Vorschrift Stellung zu nehmen. Es kommt hinzu, dass sich viele italienische Frauen rein tatsächlich nicht mehr an Art. 143*bis* ital. CC zu halten scheinen, mithin allein ihren bisherigen Namen führen.
[279] Kap. 1 § 5 dän. Namensgesetz; § 1355(1) Satz 3 dt. BGB; § 10(1) estn. Namensgesetz; Kap. 2 § 9 finn. Namensgesetz; Art. 1388(1) gr. ZGB; Art. 86(2) lett. ZGB; Art. 3.31 lit. ZGB; § 93(1) österr. ABGB; Art. 7(2) poln. FVGB; Art. 1677(1) port. CC; Artt. 281, 282 rumän. CC; § 12 schwed. Namensgesetz; § 15(1) slowen. Namensgesetz; § 6(3)(b) slowak. Familiengesetz; § 70 tschech. PSRN; § 4:27(1), (2) und (6) ungar. ZGB.
[280] Oben Rdnr. 498.
[281] Oben Fn. 151. Ändert sich allerdings der Name eines Ehegatten im Verlauf der Ehe, dann erstreckt sich das Gebrauchsrecht des anderen auch auf diesen neuen Namen. Denn das Gebrauchsrecht bezieht sich immer auf den aktuellen Namen des Ehepartners (Rép. civ. Dalloz [-*Laroche-Gisserot*], Nom – Prénom, S. 34, Rdnr. 252).
[282] Die Abschaffung des automatischen Erwerbs von Namen durch familienrechtliche Vorgänge gehörte zu den zentralen Reformanliegen des zum 1.7.2017 in Kraft getretenen schwed. Lag om personnamn vom

III. Namensänderung aus Anlass familienrechtlicher Vorgänge § 8

Eingehung einer Ehe nicht mehr als ein Motiv unter vielen, das Menschen dazu bewegt, einen neuen Namen anzunehmen.[283] Ganz im Gegensatz dazu *sollen* zwar Ehegatten unter § 1355(1) Satz 1 dt. BGB „einen gemeinsamen Familiennamen (Ehenamen) bestimmen", doch folgt daraus nicht, dass Eheleute begründen müssten, warum sie ihre bisherigen Namen beibehalten wollen.[284] § 93(1) österr. ABGB formuliert folgerichtig neutraler: „Die Ehegatten führen den von ihnen bestimmten gemeinsamen Familiennamen. Mangels einer solchen Bestimmung behalten sie ihre bisherigen Familiennamen bei". Die Motive für oder gegen die Führung eines gemeinsamen Ehenamens sind vielschichtig; sie gehen den Staat nichts an. Eheleute können einander ihre besondere Zuneigung sowohl auf dem einen als auch auf dem anderen Wege zeigen. Man denke etwa an das Diskriminierungspotential, das sich bis heute mit Namen verbinden kann, die auf die Zugehörigkeit zu einer bestimmten Volksgruppe hindeuten. Ihm können sich die Eheleute durch die Wahl eines „heimisch" klingenden Namens entziehen wollen. Es mag aber auch sein, dass der Träger dieses Namens seine Solidarität gerade dadurch zum Ausdruck bringen möchte, dass er den „fremdländischen" annimmt. Und es ist denkbar, dass der Träger eines solchen Namens seinen Partner fürsorglich dazu drängt, seinen bisherigen Namen beizubehalten, um wenigstens ihm Anfeindungen zu ersparen.

b. Freiwillige Namensänderung

Wenn einer der Nupturienten seinen bisherigen Namen ändern „soll", dann impliziert das natürlich, dass er ihn ändern *darf*. Das sehen nahezu alle europäischen Rechtsordnungen so und es wäre gemeineuropäischen Rechts, wenn man (technisch unkorrekt) auch das Führen eines Gebrauchsnamens zur Gruppe der Namensänderungen stellen würde. Mit Ausnahme Italiens ist außerdem unbestritten, dass jeder Ehegatte die gleichen Entscheidungsoptionen hat; das Geschlecht spielt keine Rolle.[285] Es muss deshalb nur noch geklärt werden, für *welche(n)* Zielnamen sich einer oder beide Ehegatten entscheiden dürfen und wie sich ein evtl. Namenswechsel vollzieht. Beides hängt insoweit zusammen, als Eheleute, die für einen gemeinsamen Ehenamen optieren, ihn auch durch eine **gleichlautende Erklärung** bestimmen müssen. Es wirken also beide Eheleute mit, nicht nur der Ehepartner, der seinen Namen ändert, sondern auch der, der ihn (sprachlich) beibehält.[286] „Gleichlautend" bedeutet nicht notwendig „gemeinsam abgegeben".[287] Es entsteht ein zum Familiennamen aufgewerteter (echter) Ehename, nicht nur ein Name, durch den jemand zum Ausdruck bringt, geheiratet zu haben. 552

c. Optionen

Die Antworten auf die Frage, *in* welchen Namen der bislang geführte geändert werden darf, sind bemerkenswert vielfältig. Wo, wie im Common Law, Personen den Namen tragen, 553

17.11.2016. Ausnahmslos jeder Namenserwerb und jede Namensänderung bedürfen eines Antrags bei der zuständigen Namensbehörde, dem Skatteverket. (Zu den übrigen Reformanliegen zählten die Abschaffung von Sperrvorschriften gegen wiederholte Namensänderungen, die Zulässigkeit des Erwerbs von Doppelnamen, die freie Zugänglichkeit der in Schweden meistverbreiteten Nachnamen, die freie Änderbarkeit sämtlicher Vornamen und die Abschaffung der Zwischennamen: Prop. 2015/16: 180, S. 22).

[283] Oben Fn. 40.
[284] Darüber herrscht Einigkeit. Ob § 1355(1) Satz 1 dt. BGB eine echte, aber vollständig sanktionslose Rechtspflicht aufstellt oder nur einem Wunsch des Gesetzgebers und seinem Bemühen Ausdruck verleiht, konservativen politischen Strömungen entgegenzukommen, die bei der Neufassung des Gesetzes (zu der Vorgängerregelung schon oben Rdnr. 135) noch nicht zu unterschätzen waren, bleibt sich im praktischen Ergebnis gleich. Näher Staudinger (-*Voppel*), BGB (2018), § 1355 Rdnr. 26.
[285] Es kann sich allerdings noch auf die Endung des Namens auswirken: oben Rdnrn. 527–532.
[286] Zur Rechtsnatur dieser Erklärung Staudinger (-*Voppel*), BGB (2018), § 1355 Rdnr. 27.
[287] MünchKomm (-*v. Sachsen Gessaphe*), BGB[9], § 1355 Rdnr. 27 und für Polen *Haak* und *Haak-Trzuskawska*, Komentarz do art. 1–30 KRO, Art. 25 Rdnr. 5 (jeder Ehegatte gebe eine gesonderte Erklärung über den Nachnamen ab, den er nach der Eheschließung tragen wird).

den sie zu tragen wünschen, können sie auch die Eheschließung dazu nutzen, irgendeinen Namen anzunehmen. Er muss nichts mit dem bisherigen oder dem Namen des Ehepartners gemein haben, kann sich, wie beim Kindesnamen, zudem auch aus Buchstabenfolgen zusammensetzen, in denen sich die bisherigen Namen der Partner zu einem neuen verzahnen (sog. *meshing*).[288] Unter Art. 1677(1) port. CC behält zwar jeder Ehegatte seine Nachnamen, doch ist es ihm erlaubt, seinen Nachnamen bis zu zwei Nachnamen des Ehepartners hinzuzufügen.[289] Es kommt dann – ggf. überkreuz – zu einer Namenserweiterung. Rein tatsächlich macht davon aber meistens nur die Frau Gebrauch, und zwar in der Weise, dass sie als zusätzlichen Namen lediglich den letzten Namen ihres Mannes annimmt. Unter Art. 282 rumän. CC können die künftigen Eheleute, sofern sie eine Namensänderung wünschen, den Namen eines von ihnen tragen. Sie können aber (jeder für sich oder beide zugleich) auch einen aus ihren bisherigen Namen gebildeten Doppelnamen führen. Dann fügt man, anders als in Portugal, nicht nur Teile des Namens des Ehegatten in den eigenen ein, sondern dessen ganzen Namen.[290] Zur Bildung des geänderten Namens lässt sich jedoch in beiden Ländern nur der Name des Ehepartners nutzen. Unter § 1355 dt. BGB können sich Eheleute, *wenn* sie einen gemeinsamen Namen wählen, ausschließlich für den Namen des Mannes oder den Namen der Frau entscheiden, aber nicht für beide.[291] Wer seinen Namen auf diese Weise ändert, darf zwar seinem neuen Namen den bisherigen (durch einen Bindestrich kenntlich gemachten: Nr. 41.1.3 PStG-VwV) Namen als sog. Begleitnamen hinzufügen (nach seiner Wahl voranstellen oder anhängen), doch ist dieser Begleitname kein Name, der auf die Kinder übergeht.[292] Unter Art. 1388 gr. ZGB kann dagegen *jeder* Ehegatte seinem Namen den Namen des anderen Ehegatten hinzufügen, sofern dieser zustimmt.[293] Es können also Doppelnamen entstehen, und zwar Doppelnamen, die infolge ihrer unterschiedlichen Reihung nicht identisch sind. Letzteres ist auch unter Art. 3.31 lit. ZGB, Art. 15(1) slowen. Namensgesetz und Art. 25 § 3 poln. FVGB der Fall. Unter § 6(3) slowak. Namensgesetz und § 70(1)(c) tschech. BGB kommt es zu einer Überkreuzstellung der Namen, weil auch hier jeder Ehegatte den Namen des anderen in Gestalt eines Doppelnamens annehmen kann und weil in diesem Fall der bisherige Nachname jeweils zwingend an die zweite Stelle rückt. In Estland verhält es sich genau umgekehrt; hier wird der (mit einem Bindestrich verbundene) Name des Partners an zweiter Stelle geführt (§ 10(2) estn. Namensgesetz).

554 Führt einer oder führen sogar beide Nupturienten bereits im Zeitpunkt der Eheschließung (und nicht erst *infolge* einer durch sie veranlassten Namensänderung) einen Doppelnamen, kann das unbeschadet der Regeln zu den Namenshöchstzahlen[294] zu einer Vervielfachung der Wahlmöglichkeiten führen. Das **österreichische** Recht hat dazu (ähnlich wie das finnische[295]) ein veritables **Baukastensystem** entwickelt. Die Eheschließung darf

---

[288] Oben Rdnr. 538.
[289] Was das *genau* bedeutet, war lange Zeit umstritten. STJ 23.11.1999, BMJ 491 (1999) 281 entschied, dass „acrescentar" sowohl (am Ende) „anfügen" als auch (in der Mitte) „einfügen" bedeute, mit der Folge, dass die Ehepartner auch einen *nome comum de família* annehmen können.
[290] Zu den dabei zu beachtenden Höchstzahlen schon oben Rdnr. 522.
[291] Der „Name" ist in diesem Fall der „geführte Name", was relevant wird, wenn einer der Nupturienten schon einmal verheiratet war (unten Rdnr. 555).
[292] Das Konzept des Begleitnamens findet sich (wenngleich nicht stets unter dieser Bezeichnung) auch in Art. 1388 gr. ZGB, Art. 86 lett. ZGB, § 93(3) österr. ABGB, Art. 282 rumän. CC, Art. 15(1) slowen. Namensgesetz und § 6(3)(c) slowak. Familiengesetz.
[293] Die Eheleute führen in diesem Fall nicht nur Begleitnamen, sondern einen durch gemeinsame Erklärung vor dem Registerbeamten gewählten gemeinsamen Namen. Die Erklärung kann allerdings auch einseitig widerrufen werden. Der Doppelname kann nicht zur Namensbestimmung in einer neuen Ehe dienen. – In Schweden ist das Zustimmungserfordernis bewusst gestrichen worden (§ 12 schwed. Namensgesetz). Die Ehe basiere auf dem Vertrauen zwischen den Eheleuten. Das Risiko, dass einer von ihnen gegen den Willen des anderen zu dessen Namen wechsele, sei äußerst gering (Prop. 2015/16: 180, S. 36).
[294] Oben Rdnrn. 521–526.
[295] Unter Kap. 2 § 10(1) finn. Namensgesetz können Ehegatten einen gemeinsamen Nachnamen oder eine gemeinsame Kombination ihrer Nachnamen führen. Als Ehename kann auch ein Teil des Doppelnamens eines oder beider Ehegatten angenommen werden, aber nicht ein (noch) kleinerer Ausschnitt dieses

III. Namensänderung aus Anlass familienrechtlicher Vorgänge **§ 8**

für nahezu jede denkbare Namensänderung genutzt werden, sofern der Zielname mindestens einen der Ausgangs(teil)namen aufgreift. Nur den letzten Schritt – die Namenswahl völlig freizugeben – ist der Gesetzgeber nicht gegangen. Unter § 93(2) österr. ABGB können die Verlobten oder Ehegatten zum gemeinsamen Familiennamen einen ihrer Namen bestimmen. Wird hierfür ein aus mehreren voneinander getrennten oder durch einen Bindestrich verbundenen Teilen bestehender Name herangezogen, so können der gesamte Name oder dessen Teile verwendet werden. Die Beteiligten können auch einen aus den Familiennamen beider gebildeten Doppelnamen zum gemeinsamen Familiennamen bestimmen, dürfen dabei aber insgesamt nur zwei Teile dieser Namen verwenden. Heiraten Frau Bauer-Haas und Herr Gruber-Pichler, so entstehen insgesamt vierzehn Wahlmöglichkeiten zur Bildung eines gemeinsamen Familiennamens[296], und rechnet man dann noch die Optionen hinzu, die sich dadurch ergeben, dass ein Ehegatte den gemeinsamen Familiennamen mit seinem bisherigen Namen verknüpfen darf, addiert sich die Gesamtzahl auf 31.[297]

Ob zu den wählbaren Namen auch ein Name gehört, in den ein Ehegatte seinen **555** Geburtsnamen bereits aus Anlass einer **früheren Ehe** geändert hat, wird unterschiedlich beurteilt. Das Thema ist besonders delikat, wenn die Ehe durch Scheidung aufgelöst wurde, betrifft aber auch verwitwete Personen.[298] Oft wird es um einen Namen gehen, der gesellschaftlich so attraktiv ist, dass man ihn in eine neue Ehe retten möchte, obwohl man jede innere Verbindung zu der Person verloren hat, von der sich dieser Name einst ableitete.[299] Was im öffentlich-rechtlichen Namensänderungsrecht untersagt ist[300], ist im eherechtlichen Namensänderungsrecht erlaubt. Adelsnamen erleben in Deutschland heute auch deshalb eine erstaunliche Renaissance, weil unter § 1355(2) dt. BGB die Ehegatten nicht nur ihren Geburtsnamen, sondern ausdrücklich auch den zur Zeit der Bestimmung **„geführten" Namen** der Frau oder des Mannes zu ihrem Ehenamen bestimmen dürfen. Dazu zählt sogar der Begleitname.[301] Jedenfalls kann der neue Ehepartner den Namen seines Vorgängers bzw. seiner Vorgängerin erlangen, ohne dass diesen ein Gegeninstrument an die Hand gegeben würde. Das soll eine Folge des Umstandes sein, dass der Name eines

---

Namens (RP 104/2017 rd, S. 50). Jeder Ehegatte kann zudem mit Zustimmung des anderen einen der Teilnamen annehmen, aus denen sich dessen Doppelname zusammensetzt (Kap. 2 § 11 a. a. O.), vorausgesetzt, beide Eheleute tragen diesen Namensteil während ihrer Ehe (Kap. 2 § 12 a. a. O.).

[296] Nämlich „Bauer-Haas", „Bauer", „Haas", „Gruber-Pichler", „Gruber", „Pichler", „Gruber-Bauer", „Pichler-Bauer", „Bauer-Gruber", „Bauer-Pichler", „Gruber-Haas", „Pichler-Haas", „Haas-Gruber" und „Haas-Pichler". Nicht möglich sind allerdings „Pichler-Gruber" und „Haas-Bauer". Solche Namensumstellungen werden nicht als durch die Ehe veranlasst angesehen, obwohl Namenskürzungen erlaubt sind.

[297] *Jesser-Huß*, in Ferrari/Hinteregger/Kathrein, Reform des Kindschafts- und Namensrechts, S. 87, 94 mit Fn. 31.

[298] Sie erhalten zudem gelegentlich das Recht, den Namen ihres Partners erst nach dessen Tod anzunehmen (§ 12(3) schwed. Namensgesetz).

[299] Zu einer auffälligen Überkreuzstellung kommt es, wenn man damit die namensrechtliche Lage der erwachsenen Kinder aus der Erstehe vergleicht. Poln. Oberstes Verwaltungsgericht 10.10.2017, II OSK 293/16, LEX-Nr. 2419453 betraf eine Frau, die als Kind den Namen ihres Vaters erhalten hatte. Vater und Mutter waren bereits 1992 geschieden worden; die Mutter hatte 2011 erneut geheiratet und den Namen ihres neuen Ehepartners angenommen. Die Tochter hatte zu ihrem Vater nur noch gelegentlichen Kontakt gehabt. Sie sah keinen Grund mehr, seinen Namen beizubehalten und beantragte eine öffentlich-rechtliche Namensänderung in den Namen ihres Lebenspartners. Das Gericht lehnte ab. Es fehle an einem wichtigen Grund für eine solche Namensänderung.

[300] Unter dem ital. DPR Nr. 54 vom 13.3.2012 ist eine öffentlich-rechtliche Namensänderung zur Erlangung eines Nachnamens von historischer Bedeutung ausgeschlossen, desgleichen eine Namensänderung, die die Zugehörigkeit des Antragstellers zu einer berühmten oder an seinem Wohnort besonders bekannten Familie vortäuschen würde.

[301] Das ist deshalb bemerkenswert, weil auf diese Weise in der zweiten Ehe Doppelnamen möglich werden, die in der ersten Ehe unzulässig gewesen wären: Hatten Herr A und Frau B geheiratet, den Namen des Mannes zum Ehenamen bestimmt, Frau B bei der Eheschließung (oder später) aber für die Beibehaltung ihres Namens als Begleitnamen („A-B") optiert, so kann „A-B" in ihrer Zweitehe zum Ehenamen bestimmt werden. In der Erstehe wäre dagegen genau das unmöglich gewesen.

Menschen den Schutz seines allgemeinen Persönlichkeitsrechts genießt.[302] Das Interesse des sich wiederverheiratenden Ehepartners daran, seinen einmal rechtmäßig erworbenen Namen in eine neue Ehe einbringen und ihn an Kinder weitergeben zu können, wird jedenfalls höher gewichtet als die damit verbundene Verfälschung der Abstammungskennzeichnung. Die Kinder aus der neuen Ehe sind ja mit der Person, deren Geburtsnamen sie auch ihrerseits als Geburtsnamen tragen, nicht verwandt.[303] Der schwedische Gesetzgeber hat dasselbe Ergebnis mit der Erwägung begründet, dass es kein einheitliches Familienkonzept mehr gebe und viele Kinder heute in „rekonstituierten" Familien lebten. Auch in ihnen solle aber Namensgemeinschaft möglich sein. Sie solle nicht durch das Verbot der Weitergabe eines Ehenamens an einen neuen Ehepartner verhindert werden.[304] Außerdem solle ein einmal erworbener Nachname für seinen Träger frei verfügbar bleiben.[305] Man setzt ganz auf die neue Familie; die frühere gibt es nicht mehr.

556 Die jüngere europäische Gesetzgebung steht überwiegend auf demselben Standpunkt. Dazu gehören Kap. 1 § 5(1) dän. Namensgesetz[306], § 11 estn. Namensgesetz, Art. 25 poln. FVGB[307], § 27 slowak. Familiengesetz, § 71 tschech. PSRN und §§ 4:27(1), (2) i. V. m. 4:28(3) ungar. ZGB.[308] Unter Kap. 2 § 13 finn. Namensgesetz allerdings darf ein durch eine frühere Ehe erworbener Nachname nicht als Ehename in einer nachfolgenden Ehe verwendet werden. Unter Art. 82 lett. ZGB und Art. 3.69 lit. ZGB kann das Gericht auf Antrag des Ehegatten, dessen Name gemeinsamer Ehename war, dem anderen Ehegatten die Fortführung dieses Namens untersagen, wenn der andere Ehegatte für das Scheitern der Ehe verantwortlich ist und sie kinderlos blieb. Unter Art. 1677 (2) port. CC kann ein Ehegatte, der unter einer früheren Ehe Namen seines damaligen Ehepartners angenommen hat und sie beibehält, nicht auch noch Namen seines neuen Ehepartners tragen. In Rumänien wirkt die Rechtslage nicht abschließend geklärt.[309] Unter Art. 143*bis* ital. CC behält die Ehefrau den ihrem Namen hinzugefügten Namen ihres Mannes zwar während ihrer Witwenschaft, verliert ihn aber im Falle der Scheidung, so dass er für eine nach-

---

[302] BVerfG 18.2.2004, BVerfGE 109 S. 256; dazu *Dutta,* Reform des deutschen Namensrechts, S. 23. Siehe auch BGH 25.5.2005, NJW-RR 2005 S. 1521, 1522 (Für den Ehegatten, von dessen Namen sich der Ehename nicht ableitet, werde der Ehename zu einem eigenen und nicht nur zu einem „geliehenen" Namen).

[303] MünchKomm (-*v. Sachsen Gessaphe*), BGB[8], Vor § 1616 Rdnr. 12.

[304] § 12 schwed. Namensgesetz verlangt nur, dass der frühere Name im Zeitpunkt der Eingehung der Zweiteehe noch getragen wurde. Damit wurde die Regel abgeschafft, dass der neue Ehegatte nicht den Namen seines Vorgängers/seiner Vorgängerin annehmen durfte, und zwar nicht einmal bei Vorliegen einer entsprechenden Gestattung durch den ersten Ehepartner. *Riddarhuset* (die Vereinigung des schwedischen Adels) hat sich vergeblich für die Beibehaltung dieser sog. Sperrregel eingesetzt (Prop. 2015/16: 180, S. 37–38).

[305] Prop. 2015/16: 180, S. 35.

[306] Ein Ehegatte kann mit Zustimmung des anderen dessen Nachnamen annehmen, soweit es sich nicht um ein Patronym oder ein Matronym i. S. v. Kap. 1 § 7(1) und (2) dän. Namensgesetz handelt. Kap. 1 § 5(1) a. a. O. unterscheidet dagegen nicht zwischen „dem eigenen" und einem aus Anlass einer früheren Ehe erworbenen Nachnamen; beide sind erlaubt (LSF 27, 2004/2, Abschn. 2.2.2).

[307] Das Gesetz spricht ausdrücklich vom „bisherigen Nachnamen". Das ist nicht notwendig der Geburtsname, sondern der z.Zt. der Eheschließung geführte Name. Näher Osajda/Domański/Słyk (-*Pawliczak*), Kodeks rodzinny[9], Art. 25 Rdnr.

[308] Unter § 4:28(3) a. a. O. kann „bei einer neuerlichen Eheschließung ... die Ehefrau bzw. der Ehemann den während der früheren Ehe geführten gemeinsamen Ehenamen auch weiterhin führen", dies allerdings „mit der Abweichung, dass die Ehefrau den Namen des ehemaligen Ehemannes nicht mit dem auf die Ehe verweisenden Zusatz führen darf und ihr diesbezügliches Recht auch dann nicht wiederauflebt, wenn ihre neuerliche Ehe erloschen ist".

[309] Die Frage, ob ein früherer Ehename neuer Ehename werden kann, ist im Schrifttum umstritten. *Reghini/Diaconescu/Vasilescu,* Introducere în dreptul civil, S. 266–267 und *Bacaci/Dumitrache/Hageanu,* Dreptul familiei[7], S. 41 halten das unter Verweis auf Art. 282 rumän. CC für zulässig, weil das Gesetz dabei nicht unterscheide, wie ein Name erworben wurde. Anders aber *Ungureanu und Munteanu*, Drept civil. Persoanale[3], S. 259 mit der Begründung, dass es sich bei dem Recht, den Namen des Anderen zu tragen, um ein höchstpersönliches und deshalb nicht übertragbares Recht handele. Rechtsprechung scheint es bislang nicht zu geben.

III. Namensänderung aus Anlass familienrechtlicher Vorgänge **§ 8**

folgende Ehe nicht mehr zur Verfügung steht.[310] Art. 5 des ital. Scheidungsgesetzes (Gesetz 898/1978) bestätigt ausdrücklich, dass die Frau nach der Auflösung der ehelichen Beziehung den Nachnamen verliert, den sie durch die Eheschließung ihrem Namen hinzugefügt hatte. Der Gebrauchsname des französischen Rechts bezieht sich ohnehin nur auf den Namen des jeweiligen Ehegatten.[311]

Eine Namensänderung kann im Regelfall nicht nur im Zeitpunkt der Eheschließung (je nach System bei ihrer Anmeldung oder unmittelbar nach der Trauung) erklärt bzw. beantragt werden.[312] Eine Namensänderung ist vielmehr in der Regel auch noch im Verlauf der Ehe möglich, und zwar mit Wirkung *ex nunc*.[313] Dann hat man allerdings zu unterscheiden. Unproblematisch ist i. d. R. die nachträgliche Annahme eines gemeinsamen Ehenamens, mag sie gelegentlich auch an besondere Formerfordernisse gebunden sein.[314] Der Wechsel des gemeinsamen Familiennamens (vom zunächst zum Ehenamen bestimmten Namen der Frau zum Namen des Mannes und *vice versa*) ist dagegen dort nicht möglich, wo der Grundsatz der **Einmaligkeit der Namenswahl** gilt[315], hängt andernfalls von der Zustimmung beider Eheleute ab.[316] Die Rückkehr zu dem im Zeitpunkt der Eheschließung geführten Namen ist meistens erst wieder nach der Auflösung der Ehe möglich. Unter § 70(2) tschech. PSRN darf ein Ehegatte, solange die Ehe besteht, nicht auf den gemeinsamen Namen verzichten, wenn er neben ihm noch den Geburtsnamen führt.

557

---

[310] Oben Rdnr. 550.

[311] Oben Rdnr. 498.

[312] In Polen hängen die Einzelheiten davon ab, ob es sich um eine kirchliche oder eine standesamtliche Eheschließung handelt (Artt. 4¹ § 1 und 7 § 2 poln. FVGB, oben Fn. 23). Die Erklärung über den Ehenamen kann aber nur unmittelbar im Zusammenhang mit der Eheschließung abgegeben werden (Art. 25 § 1 poln. FVGB).

[313] Unter schwedischem Recht ist ein Name zwar grundsätzlich erst mit der Registrierung durch das Skatteverket erworben. Ein Nachname gilt unter §§ 12 und 35 schwed. Namensgesetz aber schon als ab dem Zeitpunkt der Eheschließung erworben, wenn der entsprechende Antrag noch am Tag der Eheschließung gestellt wird. Davon abgesehen wirkt die Registrierung nur in bestimmten Fällen des Kindesnamens *ex tunc*, nämlich dann, wenn nach der Lebenserfahrung davon ausgegangen werden kann, dass der Name schon zu einem früheren Zeitpunkt erworben wurde. Das betrifft den Geburtsnamen von Neugeborenen (die innerhalb von drei Monaten nach der Geburt anzumelden sind) und den Namen von Adoptivkindern (für deren Namen § 6 a. a. O. gleichfalls eine dreimonatige Anmeldefrist gilt).

[314] Z. B. § 1355(3) Satz 2 dt. BGB (die Erklärung bedarf öffentlicher Beglaubigung); Kap. 2 §§ 10–14 finn. Namensgesetz (für einen erst im Verlauf der Ehe bestimmten Namen können nur die im Zeitpunkt der Antragstellung verfügbaren Namen genutzt werden, dazu RP 104/2017 rd, S. 49); §§ 93a(2) und 93c österr. ABGB (öffentliche oder öffentlich beglaubigte Urkunde); § 12 schwed. Namensgesetz und § 70(4) tschech. PSRN (die Ehegatten können jederzeit und bei jedem Standesamt erklären, dass sie sich auf einen gemeinsamen Nachnamen geeinigt haben; diese Erklärung bezieht sich dann auch auf die minderjährigen Kinder).

[315] So verhält es sich u. a. in Deutschland (Staudinger [-*Voppel*], BGB (2018), § 1355 Rdnr. 29 m. w. N.), in Österreich (§§ 93b und 157(1) ABGB) und zumindest implizit auch unter § 6(3)(b) slowak. Namensgesetz sowie § 73(1) tschech. PSRN („Während der Ehe kann eine Änderung des Familiennamens nur mit Zustimmung beider Ehegatten zugelassen werden"). „Einmalig" bedeutet nicht, dass ein Mensch seinen Namen nur einmal im Leben ändern dürfe. Es bedeutet vielmehr, dass sich das Namensbestimmungsrecht unter dem jeweiligen Tatbestand erschöpft, sobald es ausgeübt wird. Der Name kann mithin „pro Eheschließung" bzw. „pro Eheauflösung" nur einmal geändert werden (Schwimann und Neumayr [-*Ferrari*] ABGB Taschenkommentar⁵ § 93c ABGB, Rn. 1), aber es mag andere Gründe geben, aus denen eine weitere Namensänderung zulässig wird, z. B. die Adoption eines Ehegatten durch einen Dritten. In Schweden dagegen gilt der Grundsatz der Einmaligkeit der Namenswahl nicht. Die Zahl möglicher Namensänderungen wurde absichtlich nicht begrenzt (Prop. 2015/16:180 S. 99). Unter § 19 schwed. Namensgesetz kann eine Person jederzeit zu einem Nachnamen wechseln, den sie zuvor getragen hat.

[316] So § 6(3)(a) slowak. Namensgesetz (Änderung des Familiennamens von Ehegatten, die einen gemeinsamen Familiennamen führen, in einen anderen gemeinsamen Familiennamen auf Antrag möglich) und § 73(2) tschech. PSRN („Führen die Ehegatten einen gemeinsamen Familiennamen und wird einem von ihnen die Änderung des Familiennamens bewilligt, so gilt die Änderung auch für den Familiennamen des anderen Ehegatten und für die Familiennamen ihrer minderjährigen Kinder").

d. Lebenspartnerschaft und eheähnliche Lebensgemeinschaft

558 „Die **eingetragenen Partner** behalten ihren bisherigen Namen bei" (§ 7 österr. EPG). Wo es neben der Ehe überhaupt (noch) eingetragene Lebenspartnerschaften gibt[317], ist dieser Ausgangspunkt überall gleich, und er gilt selbstverständlich auch für rein faktische Gemeinschaften, insbesondere für nichteheliche Lebensgemeinschaften. Es wäre auch merkwürdig, der Ehe geringere namensrechtliche Konsequenzen beizumessen als anderen Formen des auf Dauer angelegten Zusammenlebens zweier Menschen. Die Frage ist deshalb nur, ob eingetragene und faktische Partner auch gleiche oder zumindest ähnliche Namenswahlmöglichkeiten haben wie Eheleute. Das wird für die erste Gruppe überwiegend bejaht und für die zweite Gruppe überwiegend verneint. Unter § 25(3) österr. EPG gelten „die §§ 93, 93a und 93b ABGB ... sinngemäß". Auch eingetragene Partner dürfen also einen gemeinsamen Familiennamen bestimmen und sich dazu der Regeln des Eherechts bedienen. Ebenso verhielt es sich unter § 3 dt. LPartG, der aber inzwischen weithin obsolet ist, weil der Gesetzgeber die Ehe für Personen desselben Geschlechts geöffnet hat.[318] Art. 4 gr. Gesetz 4356/2015 hält fest, dass die Vereinbarung über das Zusammenleben am Namen der Parteien nichts ändert. Jeder Partner aber kann, wenn der andere zustimmt, dessen Namen in sozialen Beziehungen verwenden oder ihn seinem eigenen hinzufügen. Kinder aus einer solchen Verbindung tragen unter Art. 10 a. a. O. den von ihren Eltern vorgeburtlich in notarieller Urkunde gewählten Namen, der auch in einer Kombination ihrer Namen bestehen kann. Tschechien allerdings verlangt für die Annahme eines gemeinsamen Namens einen wichtigen Grund.[319] Diese Zurückhaltung dürfte ihren Grund darin haben, dass (was in sich freilich alles andere als unproblematisch ist[320]) hier eine eingetragene Lebenspartnerschaft nur von Personen desselben Geschlechts begründet werden kann und deshalb der Gedanke an eine auch Kinder einbeziehende familiäre Namensgemeinschaft gar nicht erst erwogen worden ist. Polen kennt die eingetragene Partnerschaft bis heute nicht; die Führung einer Beziehung in einem gemeinsamen Haushalt genügt nicht einmal, um eine öffentlich-rechtliche Namensänderung zu erreichen.[321]

559 Unter Kap. 1 § 5(2) dän. Namensgesetz gilt die Regel, dass ein Ehegatte mit Zustimmung des anderen dessen Nachnamen annehmen darf, in entsprechender Anwendung sogar für Personen, die nicht verheiratet sind. Sie müssen erklären, in einer **eheähnlichen Lebensgemeinschaft** zu leben. Sie muss entweder seit mindestens zwei Jahren geführt sein, oder die Partner müssen gemeinsame Kinder unter 18 Jahren haben, welche die beantragten Nachnamen bereits tragen oder tragen sollen. Der Gesetzgeber hat diese Regel mit der großen Zunahme unverheirateter Paare begründet. In Dänemark seien schon im Jahre 2003 (die Gesetzesänderung trat 2006 in Kraft) mehr als ein Fünftel aller Langzeitbeziehungen (Ehen und eingetragene Partnerschaften eingerechnet) in Gestalt einer nichtehelichen Lebensgemeinschaft geführt worden. Auch unverheiratete Paare und ihre

---

[317] Einzelheiten oben Rdnr. 125.
[318] Der Unterschied zwischen § 3 dt. LPartG und § 1355 dt. BGB besteht bzw. bestand lediglich darin, dass Eheleute einen gemeinsamen Namen bestimmen „sollen", während Lebenspartner einen solchen Namen bestimmen „können". Wird eine Lebenspartnerschaft in eine Ehe umgewandelt, kann nur dann noch ein Ehename bestimmt werden, wenn nicht zuvor schon ein Partnerschaftsname bestimmt worden ist (§ 20a (2) dt. LPartG). Der Lebenspartnerschaftsname besteht als Ehename fort. Mit der Wahl des Lebenspartnerschaftsnamens ist auch das (inhaltlich identische) Ehenamenswahlrecht verbraucht (BT-Drs. 19/4670 S. 29).
[319] Das tschech. Gesetz Nr. 115/2006 Gbl. vom 3.4.2006 über die registrierte Partnerschaft enthält keine namensrechtlichen Vorschriften. Infolgedessen finden die allgemeinen Regeln über die Namensänderung Anwendung (§ 72(2) tschech. PSRN). Sie muss beantragt und auf einen wichtigen Grund gestützt werden. Eine gewisse Bevorzugung genießen tschechische Bürger, die ihre Partnerschaft in einem anderen EU-Land begründet und dort einen gemeinsamen Nachnamen angenommen haben. Ihre Namensänderung wird zur Wahrung der Freizügigkeit ohne Weiteres anerkannt (LG Brünn 28.11.2013, 30 A 128/2011 – 44).
[320] Oben Rdnr. 124.
[321] Poln. Oberstes Verwaltungsgericht 10.10.2017, II OSK 293/16, LEX-Nr. 2419453 verneint, dass darin eine Diskriminierung i. S. v. Art. 8(1) i.V.m Art. 14 EMRK liege.

minderjährigen Kinder hätten ein starkes und schützenswertes Interesse daran, durch die Verwendung eines gemeinsamen Nachnamens zu zeigen, dass sie sich als stabile Familie betrachten.[322] Die Lösung des dänischen findet im finnischen (aber nicht im schwedischen[323]) Recht eine Entsprechung. Denn Kap. 2 § 16 finn. Namensgesetz bewertet die Interessenlage ähnlich, verlangt allerdings ein fünfjähriges Zusammenleben in einem gemeinsamen Haushalt. Darauf kommt es nur dann nicht an, wenn das Paar ein gemeinsames Kind oder zumindest das gemeinsame Sorgerecht für ein Kind hat (Kap. 2 § 16(3) a. a. O.). Das Common Law sieht ohnehin keinen Grund, unverheirateten Paaren die Führung eines gemeinsamen Namens zu verweigern. Sie können, wenn ihnen das opportun erscheint, auf diese Weise verschleiern, dass sie gerade nicht geheiratet haben.[324] Entsprechungen dazu gibt es in den Ländern Kontinentaleuropas nicht.[325]

3. Ehescheidung und Aufhebung einer Lebensgemeinschaft

a. Beibehaltung des Namens aus der Ehe

Das scheidungs- und das eheschließungsrechtliche Namensrecht sind teilweise aufeinander **560** bezogen. Denn wenn und soweit ein aus Anlass einer früheren Ehe angenommener Name auch als Name für eine nachfolgende Ehe (bzw. eine Lebenspartnerschaft oder eine nichteheliche Lebensgemeinschaft) zur Verfügung steht, dann ist implizit schon damit geklärt, dass sich weder mit der Verwitwung noch mit einer Scheidung ein automatischer Namensverlust verbindet.[326] Genau dieser Umstand kann aber rein tatsächlich auch Namensgleichheit in der neuen Ehe verhindern. Denn wer eine(n) Geschiedene(n) heiratet, mag es als unpassend empfinden, schon am Namen als „Ehepartner Nr. 2" erkannt zu werden, und sich deshalb gegen einen gemeinsamen Ehenamen entscheiden. Namensgleichheit in der Erstehe gehört zu den Motiven für Namensverschiedenheit in der Zweitehe, nicht zuletzt dann, wenn nur einer der Eheleute schon einmal verheiratet war. Darauf, ob der Partner aus der Erstehe seinen Ehenamen tatsächlich beibehält oder von einer sich der ihm infolge der Scheidung ergebenden Namensänderungsmöglichkeiten Gebrauch macht, haben die Partner der Zweitehe keinen Einfluss.

Von der Grundregel, dass der verwitwete Ehegatte seinen in der Ehe geführten Namen **561** zumindest solange behält, wie seine Witwenschaft fortdauert, gibt es keine Ausnahme, von der Grundregel, dass auch der geschiedene[327] Ehegatte seinen Ehenamen behält, nur wenige. Sie ist fester Bestand der überwiegenden Zahl der mitgliedstaatlichen Rechtsord-

---

[322] LSF 27, 2004/2, Abschn. 2.3.2.
[323] Personen, die in einer eheähnlichen, aber nicht eingetragenen Lebensgemeinschaft *(sambo)* leben, steht das Recht auf einen familienrechtlichen Namenserwerb *(familjerättsliga namnförvärv)* nicht zu. Sie bleiben auf den Weg über einen administrativen Namenserwerb *(administrativt namnförvärv)* angewiesen (oben Fn. 275). Auf diese Weise kann aber nur ein Nachname erworben werden, der bereits von mindestens 2 000 Personen getragen wird (§§ 13 und 16 schwed. Namensgesetz). Andererseits kommt es nicht darauf an, welchen Namen der Lebensgefährte derzeit trägt.
[324] Das folgt aus der allgemeinen Regel, dass „under English law, a person is entitled to adopt such first names or surname as he or she wishes. Such names are valid for purposes of identification and may be used in passports, driving licences, medical and insurance cards etc. The new names are also entered on the electoral roll" *Sheffield and Horsham v United Kingdom* (1999) 27 E. H. R. R. 163 at [26]).
[325] Die faktische Lebensgemeinschaft des portugiesischen Rechts wird gerade nicht eingetragen. Port. Gesetz 7/2001 vom 11.5.2001 i. d. F. des Gesetzes 23/2010 vom 30.8.2010 (oben § 2 Fn. 538) sieht Namensänderungen weder infolge der Feststellung des Bestehens einer solchen Gemeinschaft (in Gestalt des zweijährigen Zusammenlebens) noch infolge ihres Scheiterns vor. Namensänderungen sind in keinem dieser Fälle erlaubt *(França Pitão,* Uniões de facto e economia comum³, S. 102).
[326] Vorher Rdnrn. 555–556.
[327] Anders verhält es sich in dem Fall der Aufhebung einer Ehe (z. B. OLG Celle 6.2.2013, NJW 2013 S. 2292: Aufhebung wegen fehlender Geschäftsfähigkeit), insbesondere natürlich dann, wenn eine Ehe aufgehoben wird, weil sie ausschließlich zum Erwerb eines bestimmten Namens (z. B. eines ehemaligen Adelsprädikats) geschlossen wurde, aber von vornherein keine eheliche Lebensgemeinschaft angestrebt war. Die Beibehaltung des erschlichenen Namens wäre hier geradezu widersinnig.

nungen.³²⁸ Theoretisch betrifft das beide Teile, also auch den Ehegatten, dessen Name nach der Bestimmung zum Ehenamen sprachlich unverändert blieb, praktisch aber natürlich den Ehegatten, der seinen Namen anlässlich der Eheschließung in den Namen des Partners änderte. Kein Ehegatte sollte nach einer Scheidung seines zu diesem Zeitpunkt geführten Familiennamens automatisch verlustig gehen³²⁹, keiner dem ehemaligen Partner in einer die eigene Person so wesentlich berührenden Frage ausgeliefert sein. Gleichwohl kennt das italienische Recht noch die verfassungsrechtlich keineswegs unproblematische³³⁰ Regel, dass sich der Name der Frau vorbehaltlich einer abweichenden gerichtlichen Gestattung³³¹ mit der Scheidung (nicht dagegen schon mit der gerichtlichen Trennung) *ex lege* wieder in ihren vorehelichen Namen ändert.³³² Art. 383(1) rumän. CC schreibt vor, dass die Eheleute bei Auflösung der Ehe durch Scheidung „einwilligen" können, den Nachnamen, den sie während der Ehe getragen haben, zu behalten. Es kommt also auf die Zustimmung des namensgebenden Teils an. Unter Abs. (2) a. a. O. ist das Gericht aber befugt, zum Schutz des berechtigten Interesses eines Ehegatten oder aus Gründen des Kindeswohls zu genehmigen, dass Geschiedene den in der Ehe getragenen Namen beibehalten, auch wenn sie insoweit kein Einvernehmen herstellen konnten. Genehmigt das Gericht die Namensfortführung nicht (und gehen die Eheleute ohne Namenseinigung auseinander), trägt jeder

---

[328] Z. B. Kap. 1 § 10 dän. Namensgesetz („Ein Nachname wird gelöscht, wenn ein anderer Nachname angenommen wird"); § 1355(5) Satz 1 dt. BGB; § 11 estn. Namensgesetz; Art. 82 lett. ZGB (anders, falls die Ehe für nichtig erklärt wurde); Art. 3.69 lit. ZGB; zu Schweden Prop. 2015/16: 180, S. 22 und im Übrigen schon Rdnr. 551 und Fn. 282; § 27 slowak. Familiengesetz; § 71 tschech. PSRN; § 4:28(1) ungar. ZGB. Für das Common Law siehe zudem *Cowley (Earl) vs Cowley (Countess)* (1901) 85 L. T. Rep. 354; [1901] A. C. 450 (oben Fn. 82) und *Fendall v Goldsmid* (1877) 2 P. D. 263, ein insoweit ungewöhnlicher Fall, als dasselbe Paar nach vorangegangener Scheidung erneut geheiratet, die Braut aber in der Zwischenzeit ihren Mädchennamen getragen hatte und nicht klar war, ob sie diesen Namen bereits *by repute* erworben hatte, was seinerzeit die Formwirksamkeit der Eheschließung beeinträchtigen konnte. Denn das Aufgebot war unter dem Ehenamen der Frau veröffentlicht worden.

[329] BGH 6.2.2008, BGHZ 175 S. 173 hält allerdings eine *ehevertragliche* Regelung für zulässig, dass der durch Eheschließung erworbene Name im Falle der Scheidung abzulegen sei. Der Mann hatte den Namen seiner Frau angenommen, die aus einer bekannten Unternehmerfamilie stammte. Die ehevertragliche Regelung sei zumindest in diesem Fall nicht sittenwidrig, weil die Ehefrau ein berechtigtes Interesse daran hatte, dass der Ehename nicht bei einer neuen Ehe des Mannes zum Ehenamen bestimmt werde und dass er keinen wirtschaftlichen Nutzen aus dem Namen ziehe, der mit den Belangen der namensgebenden Frau oder ihrer Familie im Gegensatz stehe. Das Gericht ließ offen, ob es sittenwidrig sei, ein Entgelt für das Ablegen des Namens zu vereinbaren.

[330] Seit der zum Kindesnamen ergangenen Entscheidung Corte Cost. 31.5.2022, nr. 131 (oben Fn. 245) ist jederzeit damit zu rechnen, dass auch das eheliche Namensrecht einer verfassungsgerichtlichen Überprüfung nicht standhalten wird; sie steht aber vorerst noch aus.

[331] Die Ehefrau kann unter Art. 5 ital. Scheidungsgesetz beantragen, dass sie den Familiennamen ihres Mannes (neben ihrem eigenen) beibehält, wenn sie oder die Kinder daran ein schützenswertes Interesse haben. Umgekehrt kann der Mann bei Gericht beantragen, dass seiner ehemaligen Frau das Tragen seines Namens untersagt wird. Cass. 11.1.2022, nr. 654, DeJure-Datenbank macht die Erlaubnis zur Fortführung des Mannesnamens von einem außergewöhnlichen Umstand abhängig. Der bloße Wunsch, den Hinweis auf eine abgeschlossene familiäre Beziehung als Identifikationsmerkmal aufrechtzuerhalten, genüge nicht, weil es dem Mann zum Nachteil gereichen könne, wenn er erneut heiraten wolle. Von einer Gleichbehandlung der Eheleute ist das italienische Recht in diesem Punkt noch weit entfernt.

[332] Im Falle einer gerichtlichen Trennung (Art. 151 ital. CC) behält die Ehefrau den Familiennamen ihres Mannes. Das eheliche Band hat seine Wirkungen noch nicht verloren. Das Gericht kann jedoch der Ehefrau den Gebrauch des Nachnamens des Ehemannes untersagen, sofern „dies für ihn einen schweren Nachteil bedeuten würde". Das Gericht kann aber „auch die Ehefrau ermächtigen, den Nachnamen nicht zu gebrauchen, sofern ihr aus dem Gebrauch schwerwiegende Nachteile entstehen können" (Art. 156*bis* a. a. O.). Durch die Scheidung verliert die Frau dagegen das Recht, den Namen ihres Mannes zu verwenden. Davon kann das Gericht wieder eine Ausnahme machen, wenn sie durch ein schutzwürdiges Interesse der Frau oder der Kinder geboten ist (vorige Fn.). Das Interesse einer Frau, die während der Ehe auch gesellschaftlich mit dem bekannten Namen ihres Mannes identifiziert worden war, an seiner Beibehaltung genügt nach Cass. 26.10.2015, nr. 21706, DeJure-Datenbank nicht. Soziale Vorteile und Privilegien, die sich mit diesem Namen verbinden, seien nicht schützenswert. Name und Status müssten zusammentreffen. Trib. Milano, nr. 5644/2009, Guida al diritto 2009, 38, S. 41 hielt das Interesse an der Beibehaltung des Familiennamens des Ehegatten für schutzwürdig, wenn es sich aus der beruflichen, kommerziellen oder künstlerischen Tätigkeit der Ehefrau speist.

III. Namensänderung aus Anlass familienrechtlicher Vorgänge **§ 8**

wieder den Namen, den er/sie vor der Ehe trug (Abs. (3) a. a. O.). Auch in Portugal trifft man immer noch auf ein ähnliches System. Verwitwung (Art. 1677-A port. CC) und gerichtliche Trennung lassen den Namen unberührt. Im Falle der Scheidung benötigt ein Ehegatte dagegen zur Fortführung eines Nachnamens des anderen entweder dessen Zustimmung oder einen entsprechenden Gerichtsbeschluss (Artt. 1677-B und 1677-C port. CC). Im Übrigen existieren noch einige Residualtatbestände, die es einem „unschuldig" geschiedenen Ehegatten gestatten, seinem Ex-Partner die Fortführung des gemeinsamen Namens oder die Fortführung eines auf die Ehe verweisenden Zusatzes zu untersagen.[333]

b. Wiederannahme eines früheren Namens

Umgekehrt steht einem Ehegatten nirgendwo das Recht zu, von seinem früheren Ehepartner zu verlangen, dass er den gemeinsamen Ehenamen beibehalte. Wer geschieden ist, hat die Freiheit, sich auch namensrechtlich von der Ehe zu lösen. Das wird zwar manchmal an die Einhaltung bestimmter Fristen gebunden[334], doch ist das eine vermeidbare Überregulierung. Menschen brauchen nicht selten Jahre, um das Trauma ihrer Scheidung (oder der Verwitwung) zu überwinden. Wiederum kann man deshalb nur fragen, *in* welchen Namen der in der Ehe geführte geändert werden darf. Aus der Antwort ergibt sich gleichzeitig, *wer* für sich einen neuen Namen annehmen darf. Unter § 1355(5) Satz 2 dt. BGB kann der verwitwete oder geschiedene Ehegatte „durch Erklärung gegenüber dem Standesamt seinen Geburtsnamen oder den Namen wieder annehmen, den er bis zur Bestimmung des Ehenamens geführt hat, oder dem Ehenamen seinen Geburtsnamen oder den zur Zeit der Bestimmung des Ehenamens geführten Namen voranstellen oder anfügen". Das Namensänderungsrecht steht hiernach also beiden Ehegatten zu, sowohl dem namensnehmenden als auch dem namensgebenden.[335] Letzterer kann z. B., wenn sein Name zum Ehenamen in der zuletzt geschiedenen Ehe geworden war, seinen bei deren Eingehung geführten Namen oder seinen Geburtsnamen wieder annehmen[336], was praktisch relevant werden kann, wenn mehrere Ehen gescheitert sind. Dieselben Optionen stehen selbstverständlich auch dem namensnehmenden Ehegatten zu, und beide können zudem auf dem Weg über die Annahme eines Begleitnamens in einen Doppelnamen wechseln, um einerseits ihren bisherigen Namen zu behalten, andererseits aber auch dem neuen familienrechtlichen Status Rechnung zu tragen. § 11(1) estn. Namensgesetz[337] und § 4:28(1) ungar. ZGB[338] greifen diese zusätzlichen Wahlmöglichkeiten zwar nicht auf, beruhen im Übrigen

562

---

[333] Siehe schon oben Rdnr. 556 (Lettland und Litauen). Unter § 4:28(2) ungar. ZGB kann das Gericht der ehemaligen Ehefrau auf Antrag des ehemaligen Ehemannes verbieten, den Namen mit einem auf die Ehe hinweisenden Zusatz zu verbinden, wenn die Ehefrau wegen einer vorsätzlichen Straftat rechtskräftig zu einer Freiheitsstrafe verurteilt wurde.

[334] Unter § 759 tschech. BGB kann ein Ehegatte, der den Namen des anderen angenommen hat, innerhalb von sechs Monaten nach der Ehescheidung dem Standesamt mitteilen, dass er seinen früheren Familiennamen wieder annimmt. Dies gilt auch dann, wenn der Ehegatte, der den Namen des anderen Ehegatten mit der Maßgabe angenommen hat, dass er dem Ehenamen seinen bisherigen Familiennamen bzw. den ersten seiner Familiennamen anfügt, vorhat, in Zukunft nur seinen früheren Familiennamen zu nutzen. Die Mitteilung wird in das Eheregister eingetragen (§ 71 tschech. PSRN). Unter Art. 59 poln. FVGB und § 27(3) slowak. Familiengesetz beträgt die entsprechende Frist sogar nur drei Monate. Der Leiter des Standesamts dokumentiert die Entgegennahme der Erklärung in einem Protokoll (Art. 90 poln. RdSG).

[335] Staudinger (-*Voppel*), BGB (2018), § 1355 Rdnr. 84.

[336] Ebenso verhält es sich, wenn auch vor dem Hintergrund eines grundlegend anderen Namensrechts, in England: www.gov.uk – Change your name or personal details on your passport: Divorce or returning to a previous surname.

[337] „Upon a divorce, the previous surname of a person may be restored by a court or vital statistics office on the basis of his or her application, otherwise the surname borne during marriage shall be preserved. (2) A restored surname may be: 1) the surname last borne before the marriage being divorced; 2) the surname last borne before the first marriage".

[338] „Nach dem Erlöschen der Ehe oder der Feststellung der Eheaufhebung führen die ehemaligen Ehegatten den während des Bestehens der Ehe geführten Namen weiter. Wenn einer von ihnen davon abweichen möchte, kann er das dem Standesbeamten nach der Scheidung oder der Feststellung der Eheaufhebung anmelden".

aber auf denselben Grundsätzen. Andere Gesetzgeber haben dagegen nur den namensnehmenden Ehegatten vor Augen und beschränken sich deshalb darauf, ihm die Rückkehr entweder zu dem bei der Eheschließung[339] oder zu einem in einem früheren Lebensabschnitt geführten Namen zu gestatten. In den nordischen Rechten ist es sogar erlaubt, den Namen eines bereits verstorbenen Vorfahren anzunehmen.[340]

c. Auflösung einer Lebenspartnerschaft

563 Wo die Begründung einer eingetragenen Lebenspartnerschaft oder sogar das bloße Festhalten an einer stabilen faktischen Gemeinschaft genügen, um einen gemeinsamen Namen zu bestimmen oder zu beantragen, finden die für den Fall der Ehescheidung geltenden Regeln entsprechend auch im Fall der Auflösung der jeweiligen Partnerschaft Anwendung. Unter § 3(3) dt. LPartG behält ein Lebenspartner den Lebenspartnerschaftsnamen auch nach der Beendigung der Lebenspartnerschaft, kann aber dem Standesamt gegenüber erklären, den Geburtsnamen oder den Namen wieder anzunehmen, den er bis zur Bestimmung des Lebenspartnerschaftsnamens geführt hat, außerdem einen dieser Namen dem Lebenspartnerschaftsnamen voranstellen oder anfügen. Unter § 25(3) österr. EPG i. V. m. § 93a(2) österr. ABGB können die Betroffenen „jeden früher rechtmäßig geführten Familiennamen wieder annehmen". In den nordischen Rechtsordnungen verbleibt es bei den allgemeinen Regeln über die Namensänderung auf Antrag. Das spanische Recht kennt auf nationaler Ebene keine gesetzliche Regelung der Lebenspartnerschaften. Die Gesetzgebung der Autonomen Gemeinschaften sieht eine Namensänderung weder für den Fall der (möglichen, aber nicht erforderlichen) Eintragung noch für den Fall der Aufhebung vor.[341]

4. Namensänderung bei Kindern

564 Die Änderung der Namen von Kindern ist im Wesentlichen angezeigt, wenn sich entweder der Name der Bezugsperson(en) ändert oder eine neue Bezugsperson in das Leben des Kindes tritt. In der ersten Situation entsteht ein neuer Bezugsname, weil sich (je nach den Umständen und dem anwendbaren Recht) der Name beider Eltern, der Name des Vaters oder der Name der Mutter ändert. Die namensgebenden Personen bleiben dieselben, ihre Rechtsstellung gegenüber dem namensnehmenden Kind ändert sich nicht. Das Ziel ist weiterhin vollständige oder wenigstens partielle Namenseinheit innerhalb *derselben* Familie. Diesem Ziel dient das Instrument der **Folgeänderung** auch des Kindesnamens. Anders die zweite Situation. Hier tritt an die Stelle des Namens der bisherigen Bezugsperson der Name einer oder mehrerer *anderer* Bezugspersonen. Es werden m. a. W. deren Namen zu den für das Kind maßgebenden Bezugsnamen. Das Ziel besteht nun in der Herstellung von Namenseinheit in einer sich **neu konstituierenden Familie.** Das augenfälligste Beispiel ist die Adoption. Sie ändert die Abstammung des Kindes und stellt es in einen neuen

---

[339] Vorher Fn. 334 (Polen, Slowakei, Tschechien); ferner Kap. 1 § 4(1) dän. Namensgesetz (Ein Name kann als Nachname geführt werden, wenn er früher der Nachname des Antragstellers war); Art. 3.69 lit. ZGB und Art. 82 lett. ZGB. Entsprechendes gilt für die wenigen noch verbliebenen Rechtsordnungen, die eine Namensfortführung an die Zustimmung des namensgebenden Ehepartners binden.

[340] Unter Kap. 1 § 4(2) dän. Namensgesetz kann eine Person auch zu einem Nachnamen wechseln, der von einem der Eltern, Großeltern, Urgroßeltern oder Ururgroßeltern getragen wird bzw. wurde. Unter Kap. 2 § 16(1) finn. Namensgesetz kann ein Nachname, der von einer lebenden Person verwendet wird, nur dann als Nachname angenommen werden, wenn (i) der Antragsteller nachweist, dass der beantragte Nachname von ihm oder einem Vorfahren bis zur fünften Generation geführt worden ist. Unter § 21 schwed. Namensgesetz kann eine Person zu einem Nachnamen wechseln, den sie früher rechtmäßig getragen hat. Von dieser Regelung kann z. B. ein Adoptivkind Gebrauch machen, aber auch ein (ggf. geschiedener) Ehegatte (Prop. 2015/16: 180, S. 111 und S. 112). Jederzeit möglich ist es auch, einen der Doppelnamen löschen zu lassen (§ 19(2) a. a. O.).

[341] Siehe z.B. Artt. 234-1 bis 234-14 katal. CC und Art. 5(2) der Verordnung über das Register der Lebenspartnerschaften von Katalonien („Der Partner, dessen Nachname in alphabetischer Reihenfolge an erster Stelle steht, ist in den Eintragungen der Lebenspartnerschaft an erster Stelle einzutragen").

III. Namensänderung aus Anlass familienrechtlicher Vorgänge §8

familiären Zusammenhang. Im Namen des Kindes wirkt sich das aus, wenn die Adoptiveltern (wie meistens) sprachlich einen anderen Namen tragen als ihr Adoptivkind. Eine sich neu konstituierende Familie hat man außerdem vor sich, wenn ein Paar die gemeinsame Sorge für ein Kind begründet, das bis dahin unter der alleinigen Sorge eines Elternteils stand.[342] Denn ein gemeinsames Sorgerecht sollte genügen, um nunmehr die Namen beider Elternteile als mögliche Bezugsnamen für den Kindesnamen zu akzeptieren. Schließlich kann sich eine Kleinfamilie in einer Hausgemeinschaft neu konstituieren, in der Kinder mit Stiefeltern und Stiefgeschwistern, vielleicht sogar nur unter der Obhut von Pflegeeltern aufwachsen.[343] Auch für solche Formen des Zusammenlebens kann Nameneinheit zu einem erwünschten Stabilisierungsfaktor werden.

Jede Änderung des Namens eines Minderjährigen steht unter dem Vorbehalt, dass sie zu **565** seinem Wohl geschieht. Kein Minderjähriger, der bereits im Besitz der dazu erforderlichen Reife ist, sollte eine Namensänderung gegen seinen Willen hinnehmen müssen.[344] Bürgerlich-rechtliche Namensänderungen von „Kindern" sind allerdings nicht auf Minderjährige beschränkt. Auch volljährige Kinder können sich unter bestimmten Umständen einer Namensänderung ihrer Eltern anschließen (z. B. § 1617c dt. BGB). Und soweit es die Erwachsenenadoption noch gibt, erhält auch ein Volljähriger den Namen der jeweiligen Bezugsperson. Namensänderungen in Gestalt einer Folgeänderung beziehen sich durchweg auf den Hauptnamen, Namensänderungen aus Anlass der Eingliederung eines Kindes in einen neuen familiären Zusammenhang dagegen gelegentlich auch auf den oder die Vornamen. Man kann das erneut im Adoptionsrecht studieren (z. B. §§ 1757(4) Nr. 1, 1767(2) dt. BGB; Art. 1988(2) port. CC). Im europäischen Vergleich eher ungewöhnlich, aber in Schweden durchaus vorgesehen, sind Anschlussänderungen in „umgekehrter" Richtung: Wenn eine Person im Wege der administrativen Namensänderung einen neu gebildeten

---

[342] Der entgegengesetzten Situation – das Kind führt den Nachnamen eines nicht sorgeberechtigten Elternteils – trägt § 34(1) schwed. Namensgesetz in der Weise Rechnung, dass eine Änderung des Kindesnamens in den Namen des anderen Elternteils zwar möglich ist, aber entweder die Zustimmung des nicht sorgeberechtigten Elternteils oder die Zustimmung des Gerichts voraussetzt.

[343] Unter Kap. 1 § 4(5) dän. Namensgesetz kann eine Person zu einem Nachnamen wechseln, der von ihrer aktuellen oder ehemaligen Pflegemutter *(plejemor)* bzw. dem Pflegevater *(plejefar)* getragen wird. Der betreffende Pflegeelternteil muss zustimmen. Ebenso verhält es sich unter Kap. 2 § 16(5) finn. Namensgesetz. Unter § 11 schwed. Namensgesetz kann ein Kind, das in einer Pflegefamilie *(familjehem)* untergebracht ist, seinen Nachnamen in einen Nachnamen wechseln, der die Verbindung zu den Pflegeeltern *(familjehemsföräldrar)* zeigt. Die Wahlmöglichkeiten entsprechen denen, die bei der Geburt (§ 4 a.a.O.) bzw. der Adoption (§ 6 a.a.O.) zur Verfügung stehen. Das Kind kann auch in einen Doppelnamen wechseln, der aus dem Nachnamen des Kindes und einem Nachnamen eines Pflegeelternteils gebildet wird. Vorausgesetzt wird die Zustimmung der Pflegeeltern und des Gerichts, das bestätigen muss, dass der Namenswechsel dem Wohl des Kindes entspricht. (Prop. 2015/16: 180, S. 34). Ähnlich Art. 207(b) span. RRC und Art. 54(3) span. LRC. Weil sich im Falle eines *acogimiento* (der Aufnahme in einer Pflegefamilie) die Abstammung *(filiación)* nicht ändert, bleiben grundsätzlich auch die Nachnamen des Pflegekindes *(acogido)* gleich. Der *acogido* kann aber die Änderung seiner Familiennamen in einem eigenen Verfahren beantragen, in dem ihm die Nachnamen der Pflegefamilie zugeteilt werden. Es genügt das „gewohnheitsmäßige" Tragen des Namens der Pflegeeltern und deren Zustimmung; außerdem müssen die leiblichen Kinder der Pflegeeltern zustimmen. Näher *Linacero de la Fuente*, Derecho de la persona y de las relaciones familiares, S. 300. Das deutsche Recht kennt für Kinder in Pflegefamilien nur die öffentlich-rechtliche Namensänderung (§ 3(1) dt. NamÄndG, die aber nur in Betracht kommt, wenn eine Namensänderung nicht im Wege der Adoption bewirkt werden kann (BGH 8.1.2020, NJW 2020 S. 1220, 1225); Nr. 42 dt. NamÄndVwV („Dem Antrag eines Pflegekindes auf Änderung seines Familiennamens in den Familiennamen der Pflegeeltern kann entsprochen werden, wenn die Namensänderung dem Wohl des Kindes förderlich ist, das Pflegeverhältnis auf Dauer besteht und eine Annahme als Kind nicht oder noch nicht in Frage kommt").

[344] Unten Rdnr. 578. Unter Art. 61-3 franz. CC bedarf zwar jede Namensänderung eines Kindes, welches das dreizehnte Lebensjahr vollendet hat, seiner Zustimmung. Das gilt allerdings dann nicht, wenn die Namensänderung aus der Änderung eines Abstammungsverhältnisses resultiert. Wenn sich die Abstammung eines Kindes ändert, ändert sich auch sein Name. Auf die Zustimmung des Kindes kommt es in diesem Fall nur an, wenn es bereits volljährig ist („Tout changement de nom de l'enfant de plus de treize ans nécessite son consentement personnel lorsque ce changement ne résulte pas de l'établissement ou d'une modification d'un lien de filiation. L'établissement ou la modification du lien de filiation n'emporte cependant le changement du nom de famille des enfants majeurs que sous réserve de leur consentement").

Namen erworben hat, können mit ihrer Zustimmung unter § 17 schwed. Namensgesetz auf demselben Wege auch ihre Eltern, Geschwister und Neffen nachträglich diesen Namen erwerben (sog. Anschlusserwerb, *anslutningsförvärv*).[345]

a. Folgeänderungen

566 Der Name eines Kindes kann sich ändern, weil sich zwischenzeitlich der oder einer der Name(n) geändert hat, auf den es im Zeitpunkt der Bestimmung des Geburtsnamens ankam. Der namens„gebende" (nicht notwendig der namenserteilende) Elternteil und das seinen Namen „nehmende" Kind bilden zumindest solange ein Tandem, wie das Kind namensrechtlich noch keine eigene Stimme hat. Folgeänderungen beruhen auf der Idee eines **Bezugsnamens.** Ändert sich ein Bezugsname, ändert sich auch der auf ihn bezogene Kindesname, in Systemen, die die automatische Namensänderung kennen, sogar *ex lege* und *ipso jure,* andernfalls auf dem üblichen Antragsweg. Der Bezugspunkt freilich bleibt gleich. Kinder, die als Geburtsnamen den Ehenamen ihrer Eltern tragen, tragen auch dann noch den Ehenamen ihrer Eltern als Geburtsnamen, wenn sich dieser Name sprachlich in einen anderen ändert. Sie „heißen" nun aber nicht mehr „A", sondern „B". Dazu kann es aus verschiedenen Gründen kommen, etwa infolge einer Adoption der Eltern, eines von ihnen erfolgreich betriebenen öffentlich-rechtlichen Namensänderungsverfahrens oder dadurch, dass sie sich einer Namensänderung ihrer eigenen Eltern angeschlossen haben. Kinder, die als Geburtsnamen den Namen eines Elternteils oder einen aus deren beider Namen zusammengesetzten Namen tragen, folgen auch einer Änderung dieses oder eines dieser Namen.[346]

567 Wo Eheleute jederzeit auch noch nach der Eheschließung erklären können, einen gemeinsamen Namen als Ehenamen führen zu wollen[347], folgt dieser Namensbestimmung der Name der gemeinsamen Kinder nach. Er ändert sich also auch sprachlich, wenn sein Bezugsname bislang der Name des Elternteils war, der bei der nachträglichen Bestimmung des Ehenamens nicht zum Zug kommt. Rein tatsächlich ist das freilich eher ein Ausnahmefall. Es ist wenig wahrscheinlich und in gewisser Weise auch widersprüchlich, dass sich Eltern für ihr Kind zunächst auf den Namen eines von ihnen (A) einigen, um sodann den Namen des anderen (B) zum Ehenamen zu bestimmen und dadurch die ursprüngliche Namenswahl (A) für das Kind zu konterkarieren. Denn nun trägt es (vorbehaltlich alterskonformer Zustimmung) plötzlich doch den Namen B. Wird dagegen, was näherliegt, der Name, der für das Kind bestimmt worden war (A), auch nachträglich zum Ehenamen bestimmt (ebenfalls A), dann ändert sich nur die rechtliche Qualität dieses Namens. Aus einem Individualnamen ist nun ein in mancher Beziehung stabilerer „Gemeinschaftsname" geworden, mehr aber auch nicht.[348]

---

[345] „Eltern" sind auch Adoptiveltern (Kap. 4 § 8 schwed. FB), „Geschwister" auch Halbgeschwister. Kinder, Enkelkinder und Ehepartner sind nicht erwähnt, weil sie den neugebildeten Namen im Wege des familienrechtlichen Erwerbs (§§ 9 und 12 a. a. O.) annehmen können (Prop. 2015/16: 180, S. 110–111).

[346] Z. B. § 1617c(2) dt. BGB; Verordnung des gr. Innenministeriums 78810/18.12.1984/14.1.1985, KNoB 1985 S. 71; § 157(2) österr. ABGB; Art. 57(1) span. LRC („Die Änderung der Familiennamen betrifft alle Personen, die der elterlichen Gewalt unterstehen, und alle anderen Abkömmlinge, die ihr ausdrücklich zustimmen"); Art. 8 poln. VNG (Die Änderung des Nachnamens beider Elternteile erstreckt sich auf minderjährige Kinder und auf Kinder aus der Ehe. Die Änderung des Nachnamens oder des Familiennamens eines Elternteils erstreckt sich auf minderjährige Kinder und auf Kinder, die von denselben Eltern abstammen, sofern der andere Elternteil zugestimmt hat). Ob das angesichts der dort herrschenden großen Freiheit bei der Zusammenstellung der Kindesnamen (oben Fn. 228) auch in Portugal gilt, ist fraglich. Vermutlich genügt ein einziges Verfahren für alle Kinder desselben Vaters, wenn sich dessen Name ändert (*Vilhena de Carvalho*, O nome das pessoas e o direito, S. 125; *Sampaio*, Código do Registo Civil anotado e comentado[5], Anm. zu Art. 278, S. 127). Der entsprechende Ministerialerlass ist mir aber nicht zugänglich.

[347] Oben Rdnr. 557 mit Fn. 314. In Portugal wird kein gemeinsamer Ehename bestimmt, in Spanien nur die Reihenfolge der Nachnamen der Kinder, die ab dem ersten Kind gleichbleibt (Art. 109 Satz 3 span. CC).

[348] Näher zum deutschen Recht Staudinger (-*Lugani*), BGB (2020), § 1617c Rdnr. 8.

III. Namensänderung aus Anlass familienrechtlicher Vorgänge   **§ 8**

Unter § 70(4) tschech. PSRN können Ehegatten jederzeit und bei jedem Standesamt **568** erklären, dass sie sich auf einen gemeinsamen Nachnamen geeinigt haben; „diese Erklärung bezieht sich dann auch auf die minderjährigen Kinder". § 1617c(1) dt. BGB setzt diese Regel voraus, ohne sie ausdrücklich zu formulieren. „Bestimmen die Eltern einen Ehenamen ..., nachdem das Kind das fünfte Lebensjahr vollendet hat, so erstreckt sich der Ehename ... auf den Geburtsnamen des Kindes nur dann, wenn es sich der Namensgebung anschließt". Bis zur Vollendung des fünften Lebensjahres kommt es also zu einer Namensänderung *ex lege*. Auf dem Grundsatz der automatischen Namensänderung beruht (bis zur Vollendung des dreizehnten Lebensjahres) auch Art. 88 § 4 poln. FVGB. Unter österreichischem Recht führt die nachträgliche Eheschließung mit Begründung eines gemeinsamen Ehenamens dagegen nur dazu, dass die Eltern den Namen ihres Kindes neu bestimmen können; er ändert sich auch bei Kleinkindern nicht von Gesetzes wegen (§ 157 österr. ABGB).[349] Unter dem schwedischen Antragssystem kann eine Person, die nach ihrer Geburt oder Adoption einen Nachnamen erhalten hat, diesen Nachnamen in einen anderen mit den Eltern oder Adoptiveltern verbundenen Namen ändern (§ 9 i. V. m. §§ 4 und 6 schwed. Namensgesetz). Diese Möglichkeit besteht (wie in Deutschland) sowohl für minderjährige als auch für volljährige Abkömmlinge; „Eltern" sind auch Adoptiveltern.[350] Der Antragsteller kann allerdings für weit mehr Namen optieren als nur für den gemeinsamen Namen der Eltern. Ausgeschlossen bleibt jedoch der Anschlusserwerb eines Namens, den ein noch lebender Elternteil durch Eheschließung mit einem Dritten erworben hat. Das entspricht in der Substanz § 1617c(2) Nr. 2 dt. BGB. Im Kern greift § 9 schwed. Namensgesetz nur die Optionen auf, die unter § 4 a. a. O. für den erstmaligen Erwerb des Namens bereitstehen. Den Antrag auf Namensänderung stellen die Sorgeberechtigten *(vårdnadshavare);* das Kind muss erst ab Vollendung des zwölften Lebensjahres zustimmen (§ 46 schwed. Namensgesetz).

b. Eingliederung in einen neuen familiären Zusammenhang

(1) Begründung gemeinsamer Sorge

Unter § 1617b(1) dt. BGB kann der Familienname eines Kindes innerhalb von drei **569** Monaten neu bestimmt werden, wenn seine Eltern die gemeinsame Sorge erst zu einem Zeitpunkt begründen, zu dem das Kind bereits einen Familiennamen führt. Vorausgesetzt ist also entweder eine nachgeburtliche gemeinsame Sorgeerklärung oder eine nachträgliche Eheschließung der Eltern (§ 1626a dt. BGB). „Neubestimmung" bedeutet im Regelfall, dass Eltern ein Kind, das bis dahin den Namen der Mutter führte, dadurch neu benennen dürfen, dass sie ihm nun im Wege einer sog. „amtsempfangsbedürftigen Willenserklärung" den Namen des Vaters erteilen. Art. 1506 gr. ZGB läuft auf dasselbe Ergebnis hinaus. Im Falle der **nachträglichen Eheschließung** der Eltern (sog. *matrimonium subsequens*) kann der Vater durch notarielle Erklärung dem Kind mit dessen und der Mutter Zustimmung seinen Namen erteilen, und zwar auch zusätzlich zu dem bisherigen Namen, den das Kind von der Mutter erlangt hatte. Artt. 1875(3) port. CC, 104 port. CRC erlauben eine Änderung des in der Geburtsurkunde festgelegten Namens bei nachfolgender Eheschließung auch ohne Autorisierung durch den Zivilregisterbeamten. Unter schwedischem Recht kommt es für den Nachnamenserwerb nach der Geburt nur auf die Abstammung, nicht auf das Sorgerecht an (§ 4 schwed. Namensgesetz); ändert sich die Abstammung nach dem erstmaligen Namenserwerb, ist unter § 9 a. a. O. eine Namensänderung möglich. In England wirkt sich eine gemeinsame Sorgeerklärung nur auf die Registrierungspflicht und auf den Registrierungsinhalt aus.[351] Heiratet das Paar (oder begründet es eine *civil part-*

---
[349] Näher Schwimann (-*Neumayr und Weitzenböck*), ABGB⁴, § 155 Rdnr. 2 und § 157 Rdnr. 2.
[350] Prop. 2015/16:180 S. 98.
[351] Wenn die Eltern weder verheiratet noch verpartnert sind, steht die elterliche Sorge allein der Mutter zu (sec. 2(2)(a) Children Act 1989), die deshalb auch allein registrierungspflichtig ist. Der Name des Vaters

nership), können die Partner sowohl ihren als auch den Namen der Kinder ändern. Zum Beweis für die Behauptung, den Namen des Ehe- oder Lebenspartners angenommen zu haben, genügt für alle Zwecke (Dokumente, Bankkonto, Reisepass usw.) die Vorlage des *marriage* bzw. des *civil partnership certificate*. Für die Änderung der Kindesnamen bedarf es eines von beiden Eltern konsentierten *child deed poll*, sofern die Kinder das sechzehnte Lebensjahr noch nicht vollendet haben, andernfalls eines „normalen" *deed poll for adults*. Im Wege eines *child deed poll* lässt sich auch erreichen, dass der bisherige Nachname eines Ehepartners zu seinem zweiten Vornamen (!) wird. Wenn Frau „Mary Smith" Herrn „Joseph Jones" geheiratet hat, kann sie sich also (ebenfalls im Wege eines *deed poll*) in „Mary Smith Jones" umbenennen, wobei „Smith" nun als Vorname geführt wird. Werden dagegen „Smith" und „Jones" mit einem Bindestrich verbunden (z. B. „Mary and Joseph Smith-Jones") genügt, da es sich nun um Nachnamen handelt[352], im Prinzip das *marriage* oder *civil partnership certificate*. Um zu verhindern, dass (etwa eine Bank) doch einen *deed poll* verlangt, lässt man i. d. R. zunächst seinen Reisepass ändern. Denn jedenfalls die Passbehörde akzeptiert das *marriage certificate*.[353] Für die Kinder bedarf es wiederum eines *child deed poll*, um ihren Namen in „Smith-Jones" zu ändern. Optiert die ganze Familie für einen völlig neuen Namen (weder „Smith" noch „Jones"), ist für alle Familienmitglieder ein *deed poll* erforderlich.[354]

(2) Einbenennung

570 Unter einer Einbenennung versteht man die Möglichkeit, den Namen eines Kindes in den Namen eines Stiefelternteils zu ändern. Das Kind soll auf diese Weise leichter in die Stieffamilie integriert werden können.[355] Es geht zumeist um Namenseinheit in einer *blended family*, in Deutschland (sprachlich unangemessen) oft auch „Patchworkfamilie" genannt. Unter § 1618 dt. BGB können Eheleute, die einen gemeinsamen Ehenamen tragen, diesen Namen durch Erklärung gegenüber dem Standesamt auch einem Kind erteilen, das nicht ihr gemeinsames Kind ist. Es genügt, dass die elterliche Sorge für das Kind einem der Eheleute zusteht, entweder allein oder gemeinsam mit dessen anderem Elternteil. Voraussetzung für die Namenserteilung ist (i), dass das Kind in den gemeinsamen Haushalt der Eheleute aufgenommen wurde[356], (ii) ab Erreichen der Altersgrenze einwilligt und (iii), dass auch der andere Elternteil einwilligt, sofern er mitsorgeberechtigt ist oder das Kind bislang seinen Namen führt. Die Namenserteilung muss nicht in einer vollständigen Namensauswechslung bestehen; es können auch der neue dem bisherigen bzw. der bisherige dem neuen Namen hinzugefügt werden. Dänemark verfügt über eine vergleichbare Regelung, erlaubt eine Einbenennung aber auch noch zu einem Zeitpunkt, in dem die

---

wird nur dann registriert, wenn die Mutter erklärt, dass dieser Mann der Vater des Kindes ist und er diese Angabe bestätigt (sec. 10(1)(b)(i) and (ii) Births and Deaths Registration Act 1953). Genau besehen begründet erst diese Registrierung die *parental responsibility* des Vaters (sec. 4 Children Act 1989).

[352] https://www.gov.uk/change-name-deed-poll.
[353] Home Office, Names: change of name passport applications version 7.0, Her Majesty's Passport Office guidance on dealing with passport applications when the customer has a change of name. Published for Home Office staff on 31 January 2021, p. 6.
[354] https://www.ukdeedpolloffice.org/changing-your-name-after-marriage/.
[355] BGH 16.12.2015, NJW 2016 S. 868. Der Fall ist deshalb bemerkenswert, weil es um die Klärung des Verhältnisses zwischen § 1618 und § 1617b dt. BGB ging, also um zwei unterschiedlich ansetzende namensrechtliche Integrationsmechanismen. Frau „Stri" und Herr „Sch" waren die unverheirateten Eltern eines gemeinsamen Kindes, das bei seiner Geburt im Jahre 1997 den Namen der Mutter („Stri") erhalten hatte. Sie heiratete im Jahre 2004 Herrn „Py" und nahm dessen Namen als Ehenamen an. Das Kind wurde gleichfalls in „Py" einbenannt. Im Jahre 2010 begründeten Herr „Sch" und Frau „Py" die gemeinsame Sorge für ihr Kind. Sie wollten ihm nun den Namen „Sch" geben. Das lehnte der BGH ab. Eine Namensbestimmung nach § 1617b(1) dt. BGB komme jedenfalls solange nicht in Betracht, wie die Ehe der Mutter mit dem Stiefvater noch bestehe. Der von § 1618 dt. BGB verfolgte Zweck, das Kind in die Stieffamilie zu integrieren, würde sonst unterlaufen.
[356] Zum Nachweis genügt i. d. R. die Vorlage einer entsprechenden Meldebescheinigung: OLG Zweibrücken 29.6.2011, NJW 2011 S. 3728.

Beziehung zwischen biologischem Elternteil und Stiefelternteil bereits gescheitert ist.[357] Art. 1506 gr. ZGB beschränkt die Einbenennung auf Kinder, „die ohne Ehe ihrer Eltern geboren wurden". Solche Kinder tragen den Nachnamen ihrer Mutter. Deren späterer Ehemann kann dem Kind jedoch in notarieller Urkunde seinen Nachnamen geben, sofern Mutter und Kind, gleichfalls in notarieller Urkunde, einwilligen. Wiederum ist sowohl eine Namensauswechslung als auch eine Hinzufügung des Namens des Stiefvaters möglich. Unter dem Einfluss von § 1618 dt. BGB ist auch Art. 1876 port. CC entstanden.[358] Die portugiesische Variante betrifft aber nur Fälle, in denen die Vaterschaft des minderjährigen Kindes nicht festgestellt ist. Die Mutter und ihr Ehemann können dem Standesbeamten gegenüber erklären, dass sie dem Kind Nachnamen des Ehemannes erteilen wollen. Zwei Jahre nach Erreichen der Volljährigkeit bzw. nach der Emanzipation kann das Kind beantragen, die Nachnamen des Ehemannes wieder aus seinem Namen zu entfernen. Recht restriktiv ist auch Art. 90 poln. FVGB. Unter § 1 können, wenn die Mutter eines minderjährigen Kindes einen Mann heiratet, der nicht der Vater dieses Kindes ist, die Ehegatten vor dem Leiter des Standesamtes gemeinsam erklären, dass das Kind denselben Namen führen wird, den ihr gemeinsames Kind führt oder führen würde; ab Erreichen des dreizehnten Lebensjahres muss das Kind zustimmen. Unter § 2 ist eine Einbenennung jedoch unzulässig, wenn das Kind den Namen seines Vaters oder den Namen führt, den ihm seine Eltern durch Verbindung ihrer Namen gegeben haben. § 3 fügt dann wenigstens noch hinzu, dass Entsprechendes auch dann gilt, „wenn der Vater eines minderjährigen Kindes die Ehe mit einer Frau geschlossen hat, die nicht die Mutter dieses Kindes ist".

Unter § 1618 dt. BGB in der bis zum 30.6.1998 geltenden Fassung[359] konnte ein nicht mit der Mutter verheirateter Vater dem Kind mit ihrer und seiner Einwilligung „seinen Familiennamen" geben. (Unter § 1617(1) dt. BGB a. F. erhielt „das nichteheliche Kind … den Familiennamen, den die Mutter zur Zeit der Geburt des Kindes führt"). Auch das wurde als ein Fall der Einbenennung verstanden, obwohl für sie nicht einmal erforderlich war, dass Vater und Kind in einem gemeinsamen Haushalt lebten. Mit der Umsetzung des Grundsatzes der Gleichberechtigung der Geschlechter auch im Namensrecht und der Abschaffung des Status eines „nichtehelichen" Kindes konnte es bei dieser Regelung natürlich nicht bleiben. Sie wurde in § 1617a(2) dt. BGB überführt, auf das neue System umgestellt – und verlor dadurch ihren ursprünglichen Zweck. Rechtspolitisch ist die Neuregelung kaum noch verständig zu deuten. Sie besteht darin, „dem Elternteil, dem die elterliche Sorge für ein Kind allein zusteht" zu gestatten, „dem Kind durch Erklärung gegenüber dem Standesamt den Namen des anderen Elternteils" zu erteilen, sofern der andere Elternteil und das Kind einwilligen. Ein lauteres Motiv für ein solches Vorgehen drängt sich nicht auf. **571**

(3) Vaterschaftsanerkennung und -anfechtung

Abstammungsänderungen können sowohl Anlass als auch Grund für eine Namensänderung des Kindes sein, Letzteres dann, wenn eine Abstammungsänderung von Gesetzes wegen zu einer Namensänderung des Kindes führt. *Ex lege* ändert sich i. d. R. der Name eines **572**

---

[357] Unter Kap. 1 § 4(4) dän. Namensgesetz kann ein Kind den Nachnamen eines Stiefelternteils annehmen, mit dem der Elternteil verheiratet ist oder war oder in einer eheähnlichen Lebensgemeinschaft (Kap. 1 § 5 (2) a. a. O.) lebt oder lebte. Die Möglichkeit, den Namen des Stiefelternteils noch nach der Beendigung seiner Beziehung zu dem biologischen Elternteil anzunehmen, wurde damit begründet, dass zwischen dem Kind und dem Stiefelternteil familiäre Bindungen entstanden sein können (das Kind lebt weiterhin bei ihm oder betrachtet ihn aus anderen Gründen als Teil seiner Familie: LSF 27, 2004/2, Abschn. 2.4.2). Es wird nicht vorausgesetzt, dass der biologische Elternteil den Namen des Stiefelternteils trägt. In Schweden kann ein Kind unter § 9 schwed. Namensgesetz (oben Rdnr. 468) den Namen eines Stiefelternteils annehmen, wenn der biologische Elternteil ebenfalls diesen Namen trägt. Finnland scheint die Einbenennung nicht zu kennen.
[358] *Vilhena de Carvalho,* O nome das pessoas e o direito, S. 173.
[359] Die Vorschrift trat (wie auch § 1617 dt. BGB a.F.) mit dem Inkrafttreten des dt. KindRG vom 16.12.1997 am 1.7.1998 außer Kraft.

Adoptivkindes. In den übrigen Fällen setzt eine Namensänderung dagegen nach heutigem Verständnis eine entsprechende Willenserklärung der namensgebenden Person und des sich seiner selbst bereits bewusst gewordenen namensnehmenden Kindes voraus. Mindestens sollte eine automatische Namensänderung nach Abstammungsänderung unter dem Vorbehalt stehen, dass die Betroffenen, die erforderliche Reife vorausgesetzt, nicht ausdrücklich auf der Beibehaltung ihres bisherigen Namens bestehen.[360] Es geht hauptsächlich um eine Neubestimmung der Vaterposition, sei es, dass sie durch Anfechtung endet oder erst zu einem Zeitpunkt besetzt wird, in dem das Kind bereits einen Namen trägt. In der zuletzt genannten Situation ist man wieder bei dem soeben erwähnten § 1617a(2) dt. BGB: Hat ein Mann seine **Vaterschaft anerkannt,** ist er aber nicht (oder noch nicht) sorgeberechtigt, kann die Mutter dem Kind, das bislang ihren Namen trug (§ 1617a(1) a. a. O.), den Namen des Mannes erteilen. In dieser Situation mag das erwünscht sein, um einen ersten Schritt zur Gründung einer tatsächlich gelebten neuen Familie zu gehen.

573 Unter Art. 1506 gr. ZGB ist nach einer freiwilligen oder gerichtlichen Vaterschaftsanerkennung das Kind (wenn es noch minderjährig ist: seine Eltern, einer von ihnen oder ggf. sein Vormund) berechtigt, innerhalb eines Jahres nach Vollzug der Anerkennung durch Erklärung gegenüber dem Standesbeamten dem Nachnamen des Kindes den väterlichen Nachnamen hinzuzufügen. Im gegenseitigen Einvernehmen können die Eltern dem Kind aber auch einen von ihnen gemeinsam bestimmten Nachnamen geben. Unter Art. 89 poln. FVGB ist das nicht anders. Wird die Vaterschaft gerichtlich festgestellt, entscheidet allerdings das Gericht über den Namen des Kindes, und zwar in entsprechender Anwendung der Regeln über die namensrechtlichen Folgen einer freiwilligen Vaterschaftsanerkennung. Ebenso verhält es sich unter Art. 331 franz. CC. Unter Art. 104(2)(a) port. CRC kann die Änderung der in der Geburtsurkunde festgelegten Namen auf einer Abstammungsanerkennung beruhen; wie im Fall der nachträglichen Eheschließung bedarf es dazu eines Antrags, aber nicht der Genehmigung des Zivilregisterbeamten. Art. 1573(3) port. CC bestätigt das und erwähnt zusätzlich noch den Fall, dass die Mutterschaft erst nach der Beurkundung der Geburt begründet wird. § 9 schwed. Namensgesetz läuft auf dasselbe Ergebnis hinaus. Bei einer Abstammungsänderung infolge freiwilliger oder gerichtlicher Vaterschaftsanerkennung kann auf der Grundlage der neuen Abstammung ein Antrag auf Änderung des Nachnamens gestellt werden. Unter § 19(2) tschech. PSRN wird für das Kind der Name eingetragen, auf den sich die Eltern im Rahmen der Vaterschaftsbestimmung geeinigt haben; in Ermangelung einer Einigung entscheidet das mit der Vaterschaftsbestimmung befasste Gericht. Das gilt sowohl bei einer freiwilligen als auch bei einer gerichtlich festgestellten Vaterschaft.

574 Wird eine **Vaterschaft angefochten,** bricht eine Familie auseinander. Der Scheinvater, dessen Namen das Kind nach der Geburt erhalten hat, kann unter § 1617b(2) dt. BGB sogar beantragen, dass das Kind den Namen als Geburtsnamen erhält, den die Mutter im Zeitpunkt der Geburt führte. Die Anfechtung der Vaterschaft wirkt *ex tunc* auf den Zeitpunkt der Geburt zurück. Die Idee ist also, dass das Kind deshalb korrekterweise den Namen der Mutter führt. Das Antragsrecht des Scheinvaters besteht aber nur solange, wie das Kind das fünfte Lebensjahr noch nicht vollendet hat. Ab diesem Zeitpunkt überwiegt nach der Wertung des Gesetzes das Kontinuitätsinteresse des Kindes. Es handelt sich nicht um eine gesetzliche Namensänderung; dem Scheinvater bleibt Raum für eine verantwortungsbewusste Entscheidung. Die Mutter hat zwar kein eigenes Antragsrecht. Das fällt aber nicht sehr ins Gewicht, weil auch das Kind ein Antragsrecht hat und insoweit bis zur Vollendung des vierzehnten Lebensjahres (Satz 3 a. a. O.) von der Mutter vertreten wird.

---

[360] In Spanien führt eine Abstammungsänderung zwar grundsätzlich zu einer gesetzlichen Namensänderung. Das betrifft die nachträgliche Anerkennung der Abstammung (Art. 53(5) span. LRC), die Anfechtung der Abstammung (Artt. 136–141 span. CC) und die Adoption (Art. 108 span. CC). Aus Art. 53(5) span. LRC ergibt sich aber die allgemeine Regel, dass der Betroffene eine sog. „Erhaltungserklärung" (*declaración de conservación*) abgeben und mit ihr beantragen kann, seinen alten Namen zu behalten (näher *Linacero de la Fuente,* Derecho de la persona y de las relaciones familiares, S. 301).

III. Namensänderung aus Anlass familienrechtlicher Vorgänge **§ 8**

Das Antragsrecht des Kindes besteht nach der Vollendung des fünften Lebensjahres fort. Die schwedische Entsprechung zu dieser Regelung findet sich etwas versteckt in § 21 des dortigen Namensgesetzes. Die Vorschrift ist um eine feinere Ausbalancierung der Interessen der Beteiligten bemüht. Hat eine Person einen Nachnamen erworben, zu dem sie nicht berechtigt ist, und entsteht dadurch für einen berechtigten Träger dieses Namens eine Beschwer *(besvär)*, soll das Gericht auf dessen Klage den Verlust des Namens anordnen, sofern keine besonderen Gründe dagegensprechen. Ein Kind hat kein Recht auf seinen bisherigen Nachnamen, wenn es den Namen eines Vaters oder eines Elternteils führt und die Vater- oder Elternschaft inzwischen aufgehoben wurde.[361] In die Prüfung der „besonderen Gründe" fließt ein, wie lange das Kind den Namen schon trägt, außerdem, ob sein Verlust aus irgendeinem anderen Grund voraussichtlich bedeutende emotionale, finanzielle oder sonstige Folgen nach sich ziehen wird.[362] Es kommt also darauf an, in welcher tatsächlichen Beziehung das Kind zum Namensgeber steht. Sieht er von einer Klage ab, ändert sich der Name des Kindes nicht. Die gesetzliche Definition des Geburtsnamens in § 68(2) tschech. PSRN[363] wird so gelesen, dass auch eine Anfechtung der Vaterschaft als deren „Feststellung" anzusehen sei.[364] In Frankreich ist die Lage unklar. Der Code civil schweigt; alles dürfte auf eine Anwendung von Art. 337 CC hinauslaufen, wonach das Gericht, das der Anfechtungsklage stattgibt, im Interesse des Kindes die Modalitäten des Umgangs mit der Person festlegt, die es erzogen hat.[365]

(4) Adoption

Auch die **Adoption** Minderjähriger bewirkt eine Abstammungsänderung. Die Adoption Minderjähriger ist eine in dem Sinne „starke" Adoption, dass sie die Verwandtschaftsbeziehungen zu den bisherigen Eltern zum Erlöschen bringt und Verwandtschaftsbeziehungen zu den neuen Eltern begründet.[366] Das geschieht durch Gerichtsbeschluss („Dekretadoption"). Die anschließende Namensänderung vollzieht sich dagegen häufig immer noch *ex lege*. Im Näheren muss man freilich je nachdem unterscheiden, ob es sich um eine Adoption durch eine unverheiratete oder eine verheiratete Person handelt, außerdem danach, ob eine Einzelperson oder ein Paar ein Kind gemeinsam adoptiert. Im letztgenann- **575**

---

[361] Prop. 2015/16: 180 S. 113.
[362] A. a. O. S. 114.
[363] „Geburtsname ist der bei der Geburt des Kindes, der Feststellung der Vaterschaft oder der Adoption bis zur Erlangung der Geschäftsfähigkeit und bei einem Geschlechtswechsel in das Geburtsregister eingetragene Nachname".
[364] Tschechisches Innenministerium, Information Nr. 26/2017 vom 4.12.2017, MV-126272-4/VS-2017: „Wir sind... der Meinung, dass die zitierte Bestimmung des PSRN (§ 68(2)) weit ausgelegt werden und nicht nur die Fälle abdecken sollte, in denen die Vaterschaft zu einem Kind festgestellt wird, sondern auch die Fälle, in denen die Vaterschaft des Kindes erfolgreich angefochten wird". Den Antrag auf Namensänderung stelle die Mutter. Es handelte sich um eine Situation, in der ein außerhalb einer Ehe geborenes Kind („Tomáš") mit Zustimmung beider Eltern den Nachnamen des Mannes („Novotný") erhalten hatte. Später focht er seine Vaterschaft erfolgreich an. Das Kind erlange dadurch den Nachnamen der Mutter („Tomáš Svoboda"). Der Geburtsname des Kindes würde allerdings unter § 68(2) a. a. O. „Novotný" bleiben („Tomáš Svoboda, geb. Novotný"). Die Mutter könne zwar eine Berichtigung beantragen, was aber zu „Tomáš Svoboda, geb. Svoboda" führen würde. Das Innenministerium empfiehlt deshalb den Vermerk: „Der Nachname des hier eingetragenen Kindes lautet ‚Svoboda'". Für das Kind sei eine gänzlich neue Geburtsurkunde auszustellen, in der der (erste) Geburtsname nicht mehr vermerkt ist.
[365] Auf https://www.service-public.fr/particuliers/vosdroits/F36527/0?idFicheParent=F940#0 („Quelles sont les conséquences si la contestation aboutit?") führt die französische Innenverwaltung wenig aussagekräftig nur aus, dass die Aufhebung der Abstammung dazu führen „kann", dass der Name des minderjährigen Kindes geändert wird.
[366] Die „schwache" Adoption, bei der es zur Verdopplung eines Elternteils kommt, existiert nur noch im Recht der Erwachsenenadoption (z. B. §§ 1767(1), 1770(2) dt. BGB). Hier ist in Deutschland derzeit unklar, ob sie überhaupt zwingend zu einer Namensänderung des Adoptierten führen muss. BGH 13.5.2020, FamRZ 2020 S. 1275 hat die Frage dem BVerfG im Wege einer konkreten Normenkontrolle zur Prüfung vorgelegt. Das portugiesische Recht, das früher zwischen der „vollen" *(adopção plena)* und der „restriktiven" Adoption unterschied, hat die Letztere durch Gesetz 143/2015 vom 8.9.2015 ersatzlos aufgeboben. Es gibt seither nur noch die volle (unwiderrufliche) Adoption.

ten Fall stehen dem Paar, typischerweise einem Ehepaar, im Grundsatz dieselben Wahlmöglichkeiten zu, die es auch im Falle der Geburt eines gemeinsamen leiblichen Kindes gehabt hätte. Dasselbe gilt, wenn ein Ehegatte ein Kind des anderen adoptiert.

576 Die Grundregel lautet also, dass „das Kind ... als Geburtsnamen den Familiennamen des Annehmenden" erhält (§ 1757(1) Satz 1 dt. BGB).[367] Sie findet sich in Art. 18(2) bulgar. Gesetz über die Zivilregistrierung[368], Art. 357 franz. CC[369], Artt. 1563, 1564 gr. ZGB[370] und Art. 122 § 1 poln. FVGB[371] bestätigt. Unter Art. 1988(1) i. V. m. Art. 1875 port. CC verliert das Adoptivkind seinen ursprünglichen Nachnamen, sodass sich der Name nach den allgemeinen Regeln für leibliche Kinder neu bildet. Das Gericht kann, ähnlich wie unter § 1757(3) Nr. 1 dt. BGB, auf Antrag des Adoptierenden „ausnahmsweise" auch den Vornamen des Kindes ändern, wenn das seiner persönlichen Identitätsfindung und der Integration in die neue Familie dienlich ist (Art. 1988(2) port. CC). Der bisherige Name soll das Kind in seiner neuen Umgebung nicht stigmatisieren; der neue zum Sympathieträger werden. Art. 108 span. CC stellt die Abstammung durch Adoption der natürlichen Abstammung gleich. Folglich gelten die Artt. 109 span. CC, 49 span. LRC auch im Falle der Adoption.[372] Ehegatten, die ein Kind adoptieren, bestimmen dessen Namen nach denselben Regeln, die auch für leibliche Kinder gelten. Sie entscheiden also in Spanien (nur) über die Reihenfolge ihrer Namen im Namen des Kindes.

577 In allen nordischen Staaten muss die Namensänderung von den Adoptiveltern beantragt werden; sie vollzieht sich mithin anders als in Deutschland[373] gerade nicht *ex lege*.[374] Unter § 6 schwed. Namensgesetz soll dem Kind innerhalb von drei Monaten nach dem Adop-

---

[367] Bei einer Adoption durch eine Einzelperson erhält das Kind also deren Namen als Geburtsnamen, bei Adoption durch ein Ehepaar dessen Ehenamen, bei Adoption durch ein Ehepaar, das keinen gemeinsamen Ehenamen führt, den von beiden Eheleuten bestimmten Namen (§ 1757(2) dt. BGB). Bei Mehrfachadoptionen oder dann, wenn das Paar bereits ein leibliches Kind hat, bleibt der für das erste Kind bestimmte Name auch für die weiteren Kinder verbindlich (§ 1757(2) i. V. m. § 1617(1) a. a. O.). Können sich die Adoptiveltern nicht auf einen Namen einigen, unterbleibt die Adoption. Dasselbe gilt, wenn das Adoptivkind (oder sein Vertreter) die erforderliche Anschlusserklärung an die Namensänderung verweigert (BT-Drs. 12/3163 S. 19).

[368] Das Kind erhält neben dem Nachnamen des Adoptierenden gegebenenfalls auch einen Vatersnamen, der sich aus dem Vornamen des Adoptierenden bildet.

[369] Art. 357(1) bestimmt für die *adoption plénière*, dass das Kind den Namen des Annehmenden erhält. Die Adoption eines Kindes des anderen Ehegatten, eingetragenen Lebenspartners oder Lebensgefährten ist Gegenstand von Art. 357(2) a. a. O. Für die *adoption simple* sieht Art. 363 a. a. O. vor, dass der Name des Adoptierenden dem Namen des Adoptierten hinzugefügt wird.

[370] Der Namenserwerb vollzieht sich auch hier *ex lege*. Das Adoptivkind erhält den Nachnamen des Adoptierenden. Nach Erreichen der Volljährigkeit kann es aber seinen früheren dem durch die Adoption erlangten Nachnamen hinzufügen. Im Falle einer gemeinsamen Adoption durch Ehegatten oder einer Adoption durch den Ehegatten des Kindes des anderen Ehegatten gilt die Erklärung zum gemeinsamen Ehenamen (Art. 1505 gr. ZGB) auch für das Adoptivkind. Sie kann auch noch bis zur Eintragung der Adoption in die jeweiligen Standesbücher nachgeholt werden (Art. 1564 gr. ZGB).

[371] „Das Adoptivkind erhält den Namen des Adoptierenden, und wenn es durch Ehegatten gemeinschaftlich adoptiert worden ist oder wenn einer der Ehegatten das Kind des anderen Ehegatten adoptiert, den Namen, den die aus dieser Ehe geborenen Kinder tragen bzw. tragen würden". Unter § 2 a. a. O. kann das Vormundschaftsgericht auf Verlangen des Adoptivkindes und mit Zustimmung des Adoptierenden in dem Adoptionsbeschluss aber auch einen Namen bestimmen, der sich aus dem bisherigen Namen des Adoptivkindes und des Adoptierenden zusammensetzt.

[372] Linacero de la Fuente, Derecho de la persona y de las relaciones familiares, S. 300.

[373] Bei einer Adoption durch ein Ehepaar, das keinen gemeinsamen Ehenamen führt, müssen die Adoptiveltern dem Gericht gegenüber unter § 1757(2) dt. BGB eine Willenserklärung über die Namensänderung abgeben. Die Namensänderung wird dann mit der Zustellung des Annahmebeschlusses wirksam (MünchKomm [-*Maurer*], BGB[7], § 1757 Rdnr. 32). Die Erklärung zum künftigen Namen des Kindes muss vor dem Adoptionsbeschluss erfolgen; nach der Wirksamkeit der Adoption ist eine Namensänderung nicht mehr möglich (BayObLG 9.7.1985, NJW-RR 1986 S. 498). Das österreichische Recht hat dagegen die automatische Namensänderung abgeschafft. Die Adoption ermöglicht den Eltern aber eine Neubestimmung des Namens ihres Adoptivkindes (§ 157(2) österr. ABGB).

[374] Unter Kap. 1 §§ 1 und 9 dän. Namensgesetz erwirbt das adoptierte Kind den Nachnamen des oder der Annehmenden. Sie müssen diese Namensänderung beantragen. Die Adoptiveltern haben dieselben Optionen wie Eltern nach der Geburt eines leiblichen Kindes. Dasselbe gilt unter Kap. 2 §§ 6 und 8 finn. Namensgesetz.

III. Namensänderung aus Anlass familienrechtlicher Vorgänge **§ 8**

tionsbeschluss ein neuer Nachname gegeben werden. Das ist nur dann anders, wenn ein Ehegatte oder ein Lebensgefährte *(sambo)* das Kind des anderen adoptiert oder das Gericht eine abweichende Anordnung trifft. Im Übrigen verbleibt es bei den vertrauten Grundsätzen: die Eltern haben unter Nutzung ihrer im Fall der Geburt eines leiblichen Kindes bestehenden Wahlmöglichkeiten den neuen Namen des Adoptivkindes zu beantragen. Der automatische Namenserwerb wurde auch für die Adoption abgeschafft. Er ist hilfsweise nur noch für den Fall vorgesehen, dass die Eltern innerhalb der Frist keinen Antrag stellen. Dann erhält das Kind den Nachnamen des älteren der beiden Adoptiveltern oder, wenn ein Adoptivkind von einer Person allein adoptiert wird, den Nachnamen dieser Person (§ 7 a. a. O.). Das Gericht kann allerdings auf Antrag der Adoptiveltern oder des Skatteverket auch verfügen, dass das Kind seinen bisherigen Nachnamen oder einen aus seinem und dem Namen eines Adoptivelternteils gebildeten Doppelnamen führt (§ 8 a. a. O.). Das betrifft nicht nur die Adoption von Erwachsenen, sondern auch Minderjährige, die bereits eine gewisse Reife und Unabhängigkeit erlangt haben. Außerdem geht es um Kinder, deren ethnische oder kulturelle Herkunft von der ihrer Adoptiveltern abweicht, und um Kleinkinder, die nach dem Tod ihrer biologischen Eltern von Verwandten adoptiert werden.[375] Auch das adoptierte Kind selbst hat das Recht, seinen Namen in einen Doppelnamen zu ändern, der aus dem neuen und dem bisherigen Nachnamen gebildet wird (§ 10 schwed. Namensgesetz). Das Adoptivkind soll sich in seinem späteren Leben wieder zu seiner ursprünglichen Herkunft bekennen können.[376]

c. Zustimmung des Kindes

Die Änderung eines einmal rechtmäßig erworbenen Namens bedarf der Zustimmung des Namensträgers. Das gilt im Grundsatz auch für Minderjährige, jedenfalls für Minderjährige, die bereits befähigt sind, sich mit ihrem Namen zu identifizieren. § 156(2) österr. ABGB fasst das in die Regel, dass entscheidungsfähige Personen „ihren Familiennamen selbst" bestimmen und fügt hinzu, dass „Entscheidungsfähigkeit … bei mündigen Minderjährigen vermutet" wird. „Mündig" ist ein Minderjähriger wiederum ab Vollendung des vierzehnten Lebensjahres. Im Näheren spielen in den europäischen Namensrechten aber eine Vielzahl von sehr unterschiedlichen, je nach dem Grund der Namensänderung abgestufte Altersgrenzen eine Rolle. Auf *ex lege* eintretende Namensänderungen hat natürlich auch ein Minderjähriger keinen Einfluss. Es gibt aber Zwischenlösungen. Dazu gehört, wie gesagt, das Adoptionsrecht, sofern zwar die Namensänderung kraft Gesetzes eintritt, aber sichergestellt ist, dass das entscheidungsbefugte Kind noch im Verfahren, also vor dem Ausspruch der Adoption, einer namensrechtlichen Entscheidung der Eltern zugestimmt hat, die es nach dem Wirksamwerden der Adoption gleichfalls betreffen wird (§ 1757(2) Satz 2 dt. BGB). **578**

Das deutsche Recht verlangt in einigen Fällen bereits die Einwilligung von Kindern, die das **fünfte** Lebensjahr vollendet haben. Das auf viele weitere Vorschriften[377] ausstrahlende Grundmodell ist in § 1617c(1) dt. BGB für den Fall konzipiert, dass Eltern erst nach der Geburt des Kindes einen gemeinsamen Ehenamen annehmen. Bis zur Vollendung seines fünften Lebensjahres ändert sich dann auch der Name des Kindes[378], und zwar *ex lege*. Erst nach diesem Zeitpunkt setzt eine Änderung des Namens des Kindes voraus, dass es sich der **579**

---

[375] Prop. 2015/16: 180 S. 31 und S. 96.
[376] A. a. O. S. 33.
[377] Dazu gehören §§ 1617a(2) Satz 2 (Erteilung des Namens des anderen Elternteils; gesetzlicher Vertreter ist in aller Regel die Mutter); 1617b(1) Satz 3 (Name bei nachträglicher gemeinsamer Sorge), § 1617b(2) Satz 3 (Namenswechsel bei Scheinvaterschaft auf Antrag des Kindes), 1617c(2) (Änderung des Namens des namensgebenden Elternteils), § 1757(2) Satz 2 (Adoption; i. d. R. wird hier aber das Jugendamt als Vormund gesetzlicher Vertreter des Kindes sein, weil die elterliche Sorge der leiblichen Eltern unter § 1757(1) bereits ruht) und 1618 Satz 3 und Satz 6 (Einbenennung) dt. BGB.
[378] Trägt es bereits den Namen des Elternteils, dessen Geburtsname jetzt zum Ehenamen bestimmt wurde, dann ändert sich natürlich nur der Ableitungsgrund, nicht der Name in seiner sprachlichen Gestalt.

Erklärung der Eltern anschließt. Das Kind kann das aber nicht selbst entscheiden (§ 104 Nr. 1 dt. BGB); die Zustimmung wird also von den Eltern in Vertretung des Kindes erklärt.[379] Das erlaubt wenigstens eine minimale Missbrauchskontrolle. Hat das Kind das **siebente** Lebensjahr vollendet (§ 104 Nr. 1 dt. BGB), ändert sich nur eine technische Kleinigkeit. Das Kind kann die Erklärung nun zwar bereits selbst abgeben, doch wird sie nur mit Zustimmung der Eltern wirksam (§ 107 dt. BGB); außerdem können die Eltern auch ohne die Mitwirkung des Kindes zustimmen. Sie steht bis zum Erreichen der nächsthöheren Altersschwelle (Vollendung des vierzehnten Lebensjahres; dazu sogleich) praktisch nur auf dem Papier.

580 Unter Kap. 4 § 22(1) dän. Namensgesetz[380], Kap. 5 § 44(2) finn. Namensgesetz[381] und § 46 schwed. Namensgesetz kann ein Antrag auf Änderung des Namens eines Kindes nicht ohne seine Zustimmung gestellt werden, wenn es das **zwölfte** Lebensjahr vollendet hat. Die Ausnahmen betreffen Kinder, die aufgrund einer psychischen Krankheit oder eines ähnlichen Zustands dauerhaft unfähig sind, eine entsprechende Erklärung abzugeben.[382] Der Grundregel nach auf die Vollendung des **dreizehnten** Lebensjahres stellen Artt. 61-2 und 61-3(1) franz. CC ab, allerdings nur für den Fall, dass die Namensänderung nicht auf einer Änderung des Abstammungsverhältnisses beruht.[383] Bis zur Vollendung des dreizehnten Lebensjahres ändert sich der Kindesname von Rechts wegen, wenn sich der Name der namensgebenden Person ändert. Danach bedarf es der persönlichen Zustimmung des Kindes; volljährige Kinder müssen die Namensänderung selbst beantragen.[384] Dieselbe Altersgrenze (Vollendung des dreizehnten Lebensjahres) gilt in Polen für Fälle, in denen sich der Name eines Elternteils ändert (Art. 8 poln. VNG), ferner für die Einbenennung (Art. 90 § 1 poln. FVGB), für die Namensänderung bei nachträglicher Eheschließung der Eltern (Art. 88 § 4 poln. FVGB), die Vaterschaftsanerkennung (Art. 89 § 1 poln. FVGB) und die Vornamensänderung nach einer Adoption (Art. 122 § 3 poln. FVGB). Auf die Vollendung des **vierzehnten** Lebensjahres stellen Art. 18(1) bulgar. Gesetz über die Zivilregistrierung und, wie gesagt, § 156(2) österr. ABGB ab. Es handelt sich allerdings nur um eine widerlegliche Vermutung; zudem können Minderjährige im Einzelfall schon vor Vollendung des vierzehnten Lebensjahres entscheidungsfähig sein. Auch unter deutschem Recht liegt die substantielle Schwelle bei der Vollendung des vierzehnten Lebensjahres. Unter § 1617c(1) Satz 2 dt. BGB (und den übrigen darauf Bezug nehmenden Vorschriften[385]) können Kinder, die dieses Lebensalter erreicht haben, „die Erklärung nur selbst abgeben". Sie haben damit ein Vetorecht, d. h. sie können eine Änderung ihres Namens verhindern. Eine Namensänderung herbeiführen können sie freilich nicht. Denn eine sie akzeptierende Erklärung „bedarf ... der Zustimmung (des) gesetzlichen Vertreters". Unter § 64(1) tschech. PSRN ist der Erklärung über die Änderung des Namens eines Adoptivkindes die Zustimmung des Kindes beizufügen, wenn es bereits das **fünfzehnte** Lebens-

---

[379] Im Falle eines Elternstreits bleibt der Name unverändert, es sei denn, das Gericht überträgt die Entscheidung einem Elternteil (§ 1628 dt. BGB).

[380] Hat das Kind das zwölfte Lebensjahr noch nicht vollendet, soll seine Meinung zu der vorgeschlagenen Namensänderung eingeholt werden, soweit die Reife des Kindes und die Umstände des Falles dies erfordern. Die Ansicht des Kindes ist so weit wie möglich zu berücksichtigen (Kap. 4 § 22(2) a. a. O.). Bei Vorliegen besonderer Gründe können die Behörde oder das Gericht auch ohne die erforderliche Zustimmung nach Kap. 4 § 22(1) a. a. O. eine Namensänderung veranlassen (Kap. 4 § 22(3) a. a. O.).

[381] Ab Vollendung des zwölften Lebensjahres ist die Zustimmung des Kindes nur dann nicht erforderlich, wenn es aufgrund einer psychischen Störung, einer Entwicklungsbehinderung oder aus einem anderen gleichwertigen Grund die Bedeutung der Angelegenheit nicht versteht oder nicht in der Lage ist, seinen Willen zu äußern. Hat das Kind noch nicht das zwölfte Lebensjahr vollendet, darf eine Namensänderung nicht gegen seinen Willen vorgenommen werden, wenn das Kind so weit entwickelt ist, dass sein Wille berücksichtigt werden kann (Kap. 5 § 44(2) a. a. O.).

[382] Die Ausnahmeregelung soll restriktiv gehandhabt werden. Die Einwilligungsunfähigkeit darf nicht vorübergehend sein und muss in der Regel durch ein ärztliches Attest nachgewiesen werden (Prop. 1981/82:156, S. 78 und 79).

[383] Oben Fn. 344.

[384] Näher Rép. civ. Dalloz (-*Laroche-Gisserot*), Nom – Prénom, S. 34, Rdnr. 254.

[385] Vorher Fn. 377.

IV. Namensänderung ohne familienrechtliche Veranlassung **§ 8**

jahr vollendet hat. Dieselbe Altersgrenze gilt auch in allen anderen Fällen der Änderung des Vor- oder Nachnamens eines Minderjährigen (§ 76(1)(g) a. a. O.). Unter Art. 57(3) span. LRC können Personen, die das **sechzehnte** Lebensjahr vollendet haben, im registerrechtlichen Verfahren die Änderung von Familien- und Vornamen selbst beantragen. Im verwaltungsbehördlichen Namensänderungsverfahren des deutschen Rechts ist für einen eigenen Antrag dagegen Volljährigkeit erforderlich (§ 2(1) dt. NamÄndG). Erstaunlicherweise erstreckt sich eine solche Namensänderung unter § 4 a. a. O. sogar automatisch auf jedes minderjährige Kind, gleich, welchen Alters. Das ist mit dem Persönlichkeitsrecht Minderjähriger unvereinbar. In England beginnt mit der Vollendung des sechzehnten Lebensjahres die Befugnis, mittels *deed poll* den Namen zu ändern.[386] Ein *child deed poll* setzt die Zustimmung der Sorgeberechtigten voraus, die allerdings unter besonderen Voraussetzungen gerichtlich ersetzt werden kann (secs. 8, 9(7) und 33(7) Children Act 1989).[387]

IV. Namensänderung ohne familienrechtliche Veranlassung

1. Namensersitzung

Zu einer nicht durch einen familienrechtlichen Vorgang veranlassten Namensänderung **581** kommt es durch Namensersitzung, durch einseitige Erklärung und durch administrative Entscheidung. Aus der Sicht der kontinentaleuropäischen Rechtsordnungen ist eine Namensersitzung ein höchst ungewöhnlicher Vorgang. Anders als im Common Law, unter dem man der Grundregel nach so heißt, wie man heißen möchte, sofern man nur von seinen Zeitgenossen unter diesem Namen gerufen wird[388], gilt den meisten Zivilrechten der bloße Gebrauch eines Namens nicht als Grund für seinen Erwerb. Selbst im Falle eines konstanten Namensgebrauchs entsteht bestenfalls ein schutzfähiges Pseudonym, aber kein bürgerlicher Name.[389] In Spanien wird das in die Regel von der **„Unverjährbarkeit" des Namens** gefasst: Niemand erwirbt einen Namen, der ihm nicht gehört, durch seine dauerhafte Nutzung; niemand verliert seinen Namen durch Nichtnutzung.[390] Namensänderun-

---

[386] Unten Rdnr. 584.
[387] Besonders dramatisch lag *Nottingham County Council v Farmer & Ors* [2022] EWFC 66, 4 WLUK 456. Der Fall betraf einen Vater, der die Mutter vor den Augen ihrer minderjährigen Kinder, einem 15-jährigen Jungen und einem dreizehnjährigen Mädchen, ermordet hatte und deshalb zu lebenslanger Freiheitsstrafe verurteilt worden war. Das Gericht beendete auf Antrag des *children's guardian* die *parental authority* des Vaters und gab dem gleichzeitig gestellten Antrag statt, den Nachnamen der Kinder, der bislang auf den Namen des Vaters gelautet hatte, in den Nachnamen der Mutter zu ändern. Die Kinder waren zwar *Gillick-competent*, aber eben noch nicht 16 Jahre alt. Ihr Wunsch, den Namen des Vaters abzulegen und den Namen der Mutter anzunehmen, bedurfte also der Zustimmung der sorgeberechtigten Person, sonst des Gerichts. Das Sorgerecht wurde der Großmutter mütterlicherseits zugesprochen. Gleichzeitig wies das Gericht das Anliegen des Vaters, die Namensänderung abzulehnen, zurück: „I accept that the choices made by a Gillick-competent child are not absolutely determinative and that the court retains, indeed, is obliged by the terms of the statute to apply a best-interests analysis. However, I believe that Ms Bewley put it well when she said that the court has to recognise that the children's choices will be nearly determinative" (nr. 20).
[388] Oben Fn. 40; siehe auch Fn. 328.
[389] Siehe schon oben Rdnrn. 499–500 und für Griechenland *Triantos*, AK, Art. 58 ZGB, S. 78 Rdnr. 5. LG Thessaloniki 27692/2008, Isokrates-Datenbank, hat allerdings in einem Fall sogar die Berichtigung einer Sterbeurkunde angeordnet, in der die verstorbene Mutter der Antragstellerin nur den Namen „Hadji" und nicht als „Hadji oder P" verlautbart worden war. Die Verstorbene war unter dem Namen „P" geboren worden. Nach der Jerusalem-Pilgerreise ihres Vaters (des Großvaters der Antragstellerin) hatte er das Präfix „Hadji" angenommen und gewohnheitsmäßig getragen. Auch die Verstorbene war in ihrem sozialen Umfeld als „Hadschi oder P" bekannt gewesen. Das LG bejahte einen legitimen Grund für die Änderung der Sterbeurkunde.
[390] *Díez-Picazo und Gullón*, Sistema de Derecho Civil I[12], S. 360–361. Die Autoren zählen außer der Unverjährbarkeit *(imprescriptibilidad)* die Unveräußerlichkeit *(inalienabilidad)*, die Unverzichtbarkeit *(irrenunciabilidad)*, die Unveränderlichkeit *(inmutabilidad)* und den *erga omnes*-Schutz *(protección erga omnes)* zu den Merkmalen des bürgerlichen Namens.

gen infolge dauerhaften Gebrauchs bedürfen einer verwaltungsbehördlichen Entscheidung, vollziehen sich also unter den meisten kontinentaleuropäischen Rechtsordnungen, wenn überhaupt, öffentlich-rechtlich und damit außerhalb des bürgerlichen Rechts.[391]

582 Es gibt freilich Ausnahmen. Zwar geht auch in Frankreich ein Familienname nicht durch Nichtgebrauch verloren.[392] Das bedeutet aber gleichzeitig, dass eine Person den Namen ihrer Vorfahren auch dann noch beanspruchen kann, wenn ihre nächststehenden Verwandten in aufsteigender Linie diesen Namen gar nicht (mehr) geführt haben.[393] Der Kassationshof hat am 15.3.1988 beide Regeln ausdrücklich bestätigt.[394] Der Antragsteller hatte bei Gericht die Berichtigung seiner Geburtsurkunde beantragt. Der Name seiner Vorfahren sei immer „de" Sainte-Catherine geschrieben worden. Bei der Ausstellung der Geburtsurkunde seines Urgroßvaters im Jahre 1860 sei das „de" vom damaligen Standesbeamten fehlerhaft weggelassen worden. Das Berufungsgericht hatte den Antrag mit der Begründung abgelehnt, ihm stünde der lange und konstante Gebrauch des Namens ohne Partikel durch die Familie entgegen. Der Kassationshof hob auf: „[L]a possession loyale et prolongée d'un nom est propre à conférer à l'individu qui le porte le droit à ce nom, elle ne fait pas obstacle à ce que celui-ci, renonçant à s'en prévaloir, revendique le nom de ses ancêtres, qu'il n'a pas perdu en raison de l'usage d'un autre nom par ses ascendants les plus proches". Dass ein Familienname nicht durch Nichtgebrauch verloren geht, lässt sich allerdings nicht leicht damit vereinbaren, dass unter besonderen Umständen auch eine Namensersitzung in Betracht kommt, jedenfalls dann, wenn eine Familie einen Namen bereits hundert Jahre lang verwendet hat.[395] Das ist auch deshalb verwunderlich, weil eine „Familie" weder ein Rechtssubjekt ist noch Rechtsnachfolger hat. Gleichwohl hat der Kassationshof schon im Jahre 1978 entschieden, dass der Grundsatz der Unveränderlichkeit des Familiennamens nicht verhindere, einen Namen durch längeren Besitz zu erwerben.[396] Früher konnte zwischen dem Namen der entfernteren Vorfahren und dem aktuellen

---

[391] Z. B. Art. 4(1)(ii) poln. VNG (Namensänderung aus wichtigem Grund; dazu gehört auch die tatsächliche Führung eines anderen Namens; der wichtige Grund ist in jedem Einzelfall vom Leiter des Standesamts [Art. 12(1) a. a. O.] zu prüfen: WVG Rzeszów 1.10.2019, II SA/Rz 751/19, Legalis-Nr. 2232069) und Art. 4(1)(b) rumän. Regierungsverordnung Nr. 41/2003 über den Erwerb und die Änderung des Namens im verwaltungsbehördlichen Verfahren (Namensänderung möglich, wenn die betroffene Person den Namen, den sie erwerben möchte, in der Ausübung ihres Berufes nutzt hat und beweisen kann, unter diesem Namen in der Gesellschaft bekannt zu sein). Nr. 50 dt. NamÄndVwV konkretisiert für verwaltungsinterne Zwecke den „wichtigen Grund" i. S. v. § 3(1) dt. NamÄndG: „Die langjährige gutgläubige Führung des erstrebten Familiennamens rechtfertigt eine Namensänderung nur, wenn der Antragsteller ohne die Namensänderung Nachteile erleiden würde". Unter dem schwedischen Antragssystem hat das Skatteverket stets zu prüfen, ob der Verlust eines Namens, auch wenn er ursprünglich rechtswidrig erlangt worden ist, an dem Vorhandensein besonderer Gründe für seine Beibehaltung scheitert. Ein besonderer Grund kann in dem langen Namensgebrauch bestehen (Prop. 2015/16: 180, S. 113–114).
[392] *Batteur und Mauger-Vielpeau,* Droit des personnes[11], S. 69, Rdnr. 114; *Marais,* Droit des personnes[4], S. 116 Rdnr. 156; *Douville,* Anm. unter Cass. civ. 15.3.1988 und 25.5.1992, in: Batteur (Hrsg.), Les grandes décisions du droit des personnes et de la famille[2], S. 435.
[393] *Batteur und Mauger-Vielpeau,* a. a. O.; *Marais* a. a. O.
[394] Cass. civ. 15.3.1988, Bull. civ. 1988, I, Nr. 78 S. 5.
[395] Auf welche Frist es *genau* ankommt, ist einigermaßen unklar. *Batteur und Mauger-Vielpeau* a. a. O. S. 70 Rdnr. 114 bemerken nur, dass „der Gebrauch des Namens, wenn er hundert Jahre alt ist, dazu führen kann, dass ein Recht an ihm erworben wird". Man erfährt jedoch nicht, worauf diese 100-Jahre Regel beruhen könnte. Rép. civ. Dalloz (-*Laroche-Gisserot*), Nom – Prénom, S. 25 Rdnrn. 167–168 weist darauf hin, dass „in allen Fällen, die dem Kassationsgericht vorgelegt wurden, [...] der Besitz mindestens hundert Jahre dauerte". Diese Zahl könne als Minimum und als Berechnungsgrundlage dienen. Man würde einer „Wiederauferstehung" der hundertjährigen *prescription* beiwohnen, die durch Art. 2262 franz. CC abgeschafft worden sei. Es könnte also sein, dass die hundertjährige *prescription* ein Erbe des *ancien droit* ist, aber sicher ist das nicht. Denn *Laroche-Gisserot* fügt selbst hinzu, dass sich Cass. civ. 22.6.1971, Bull. civ. 1971 I, Nr. 203 mit einer Besitzperiode von etwa 60 Jahren begnügt hatte und dass umgekehrt, „même au-delà de cent ans, l'acquisition ne sera pas nécessairement réalisée et le juge conserve un pouvoir d'appréciation".
[396] Cass. civ. 31.1.1978, Bull. civ. 1978, I, Nr. 41, S. 35 („le principe de l'immutabilité du nom patronymique, ... réaffirmé dans la loi du 6 fructidor an II, ne fait pas obstacle à ce que la possession prolongée d'un nom puisse en permettre l'acquisition, des lors que cette possession n'a pas été déloyale").

IV. Namensänderung ohne familienrechtliche Veranlassung **§ 8**

Namen gewählt werden. Unter der jüngeren Rechtsprechung gilt jedoch, dass der alte Name verloren geht, wenn der Besitz des aktuellen Namens länger gewährt hat als der frühere Besitz des ursprünglichen Namens.[397] Die *action en revendication* des Familiennamens wird durch dessen besitzgestützten Erwerb neutralisiert.[398] Der Kassationshof hat im Jahre 1992 seine Entscheidung von 1988 um die Bemerkung ergänzt, es sei Sache des Richters, unter Berücksichtigung der jeweiligen Dauer und des Alters der geltend gemachten Besitzzeiten sowie der Umstände, unter denen sie aufeinander folgten, zu beurteilen, ob dem Anspruch stattzugeben sei.[399] In dem konkreten Fall scheiterte die *action en revendication de nom* sowohl daran, dass der Besitz schon seit über 370 Jahren nicht mehr bestand, als auch daran, dass die Vorfahren des Klägers die neue Form ihres Namens freiwillig angenommen hatten.

In der Nähe einer Namensersitzung bewegt sich die Regel in Art. 14(4) bulgar. Gesetz **583** über die Zivilregistrierung, unter der eine Person ihrem Namen mit gerichtlicher Genehmigung ein Pseudonym als Zusatz hinzufügen darf. Der bürgerliche Gesamtname besteht in diesem Fall aus dem Vornamen, dem Patronym, dem Nachnamen und dem ihm mit einem Bindestrich als Begleitnamen hinzugefügten Spitz- oder Phantasienamen.[400] Für Deutschland, das zur Namensersitzung keine ausdrückliche Regelung vorhält[401], hat BVerfG 11.4.2001[402] auf die Rechtsfigur des allgemeinen Persönlichkeitsrechts zurückgegriffen, das Wort „Ersitzung" aber vermieden. Ein in Indien geborener Mann trug den Namen „Gurpinder Singh". „Singh" („Löwe") kennzeichnete ihn als männlichen Angehörigen der Sikh-Religion. Der Mann war 1984 nach Deutschland gezogen und hatte hier 1986 geheiratet. Obwohl „Singh" keine Unterscheidungskraft hat und deshalb nach deutscher Auffassung grundsätzlich kein zulässiger Familienname ist, wurde „Singh" als Ehename eingetragen. Im Jahre 1992 erwarb der Mann die deutsche Staatsangehörigkeit. Als er 1994 erneut heiratete, lehnte das Standesamt „Singh" als Ehenamen ab. Die Gerichte bestätigten die Ablehnung. Der Mann hatte erst mit seiner Verfassungsbeschwerde Erfolg. Das allgemeine Persönlichkeitsrecht und der aus dem Rechtsstaatsprinzip folgende Vertrauensschutz seien verletzt worden. Ein tatsächlich geführter Name werde vom Schutz des allgemeinen Persönlichkeitsrechts erfasst, wenn er über einen nicht unbedeutenden Zeitraum die Persönlichkeit des Trägers tatsächlich mitbestimmt habe und ein entsprechender Vertrauenstatbestand vorliege. Das Interesse des Beschwerdeführers an der Namensführung sei in diesem Fall höher zu bewerten als das öffentliche Interesse an der Richtigkeit von Eintragungen in Personenstandsurkunden. Der Beschwerdeführer habe fast elf Jahre (offenbar gerechnet von der Registereintragung 1986 bis zur letztinstanzlichen Entscheidung im ordentlichen Rechtszug 1997) unter dem Namen „Singh" gelebt, sich mit ihm identifiziert, sei unter ihm in seinem sozialen Umfeld bekannt und habe keinen Anlass gehabt, die Richtigkeit der Namensführung anzuzweifeln.[403] Es ist nicht

---

[397] *Batteur und Mauger-Vielpeau* a. a. O. S. 70 Rdnr. 114.
[398] *Douville* a. a. O. S. 440, Rdnr. 503.
[399] Cass. civ. 25.5.1992, Bull. civ. 1992, I, Nr. 158, S. 108 („la possession loyale et prolongée d'un nom est propre à conférer à l'individu qui le porte le droit à ce nom; que si elle ne fait pas obstacle à ce que celui-ci, renonçant à s'en prévaloir, revendique le nom de ses ancêtres, il appartient alors au juge, en considération, notamment, de la durée respective et de l'ancienneté des possessions invoquées, ainsi que des circonstances dans lesquelles elles se sont succédé, d'apprécier s'il y a lieu d'accueillir cette revendication").
[400] Oben Rdnr. 500 mit Fn. 41.
[401] *Dutta,* Reform des deutschen Namensrechts, S. 3.
[402] BVerfG 11.4.2001, StAZ 2001 S. 207 (siehe schon oben Rdnr. 182 mit Fn. 583).
[403] AG Mönchengladbach 15.2.2016, StAZ 2016 S. 214 hat die vom BVerfG entwickelten Kriterien in einem Fall angewandt, in dem das Standesamt rechtswidrig die Einbenennung (oben Rdnr. 570) eines Mädchens eingetragen hatte. Es hatte u. a. an der Zustimmung des Ehegatten des einbenennenden Elternteils gefehlt. Das Mädchen, so das AG, habe den Namen gleichwohl erworben, weil es ihn inzwischen viele Jahre getragen hatte und angesichts der Eintragung im Register und der Ausstellung eines Personalausweises auf diesen Namen darauf vertrauen durfte, ihn rechtmäßig zu tragen. Der Namenserwerb wirke auf den Zeitpunkt der erstmaligen Registereintragung zurück. Das begründete das AG aber nicht mit einer analogen Anwendung ersitzungsrechtlicher Regeln, sondern mit einem Rechtsgedanken aus dem Staatsangehörigkeitsrecht. Unter § 3(2) dt. StAG erwirbt „die Staatsangehörigkeit ... auch, wer seit zwölf Jahren

auszuschließen, dass der deutsche Gesetzgeber diese Grundsätze demnächst ausdrücklich bestätigt.[404]

2. Namensänderung mittels *deed poll*

584 Unter englischem Recht ist eine Namensänderung denkbar einfach. Der Gebrauch eines neuen Namens setzt kein rechtsförmiges Verfahren voraus; jedermann kann jederzeit einen neuen Namen seiner Wahl führen. Die offizielle Regierungswebseite vermerkt ausdrücklich: „You do not have to follow a legal process to start using a new name. But you might need a 'deed poll' to apply for or to change official documents like your passport or driving licence". Und sie fährt fort: „A deed poll is a legal document that proves a change of name. You can change any part of your name, add or remove names and hyphens, or change spelling. There are 2 ways to get a deed poll. You can either: make an 'unenrolled' deed poll yourself (or) apply for an 'enrolled' deed poll. Ask the organisation you're dealing with (for example your bank) which type of deed poll they'll accept as proof of your new name. … You can change your name yourself if you're 16 or over. … 'Enrolling' a deed poll means that you're putting your new name on public record. You must apply to the Royal Courts of Justice to get an 'enrolled' deed poll using the deed poll process. It costs £ 42.44".[405]

585 Ein *deed poll* ist eine einseitige Erklärung. Ein *deed* ist ohne Gegenleistung *(consideration)* wirksam. (Und *poll* ist ein aus der mittelalterlichen Rechtssprache tradierter Ausdruck für ein Dokument mit geraden Kanten, das „geschnitten" worden war, vermutlich, um passgenau neben den anderen Teil gelegt und so auf Echtheit kontrolliert werden zu können.) Die Erklärung kann, muss aber nicht bei Gericht hinterlegt werden.[406] Wird sie nicht hinterlegt, spricht man von einem *unenrolled deed poll* oder *deed of change of name,* andernfalls eben von einem *enrolled deed poll.* Es ist nicht erforderlich, die Namensänderung zu begründen; schon gar nicht bedarf sie eines „wichtigen" Grundes. Sie muss nicht familienrechtlich veranlasst sein. Jedermann kann seinen Namen so oft ändern oder wechseln, wie er möchte.[407] Einem *deed poll* kommt nicht einmal konstitutive Bedeutung zu. Er dient nur zum **Nachweis der vollzogenen Namensänderung** gegenüber Behörden, Banken, Versicherungen und allen anderen Institutionen und Personen, die andernfalls den alten Namen weiterverwenden würden. Eine privatschriftliche Erklärung genügt; es wird empfohlen, sie von zwei Zeugen gegenzeichnen zu lassen. Jedermann kann ein solches Dokument aufsetzen.[408] Es ist allerdings üblich, zur Formulierung eines *deed poll* gewerbliche

---

von deutschen Stellen als deutscher Staatsangehöriger behandelt worden ist und dies nicht zu vertreten hat. Als deutscher Staatsangehöriger wird insbesondere behandelt, wem ein Staatsangehörigkeitsausweis, Reisepass oder Personalausweis ausgestellt wurde. Der Erwerb der Staatsangehörigkeit wirkt auf den Zeitpunkt zurück, zu dem bei Behandlung als Staatsangehöriger der Erwerb der Staatsangehörigkeit angenommen wurde".

[404] Dafür spricht das oben in Fn. 67 erwähnte Arbeitspapier der interministeriellen Arbeitsgruppe zur Reform des Namensrechts (FamRZ 2020 S. 902). Sie schlägt vor, die Namensersitzung ausdrücklich zu regeln. Sie soll voraussetzen, dass der Person über einen längeren Zeitraum unter einem unrichtigen Familiennamen geführt wurde und ihr Vertrauen in die Richtigkeit dieser Namensführung schutzwürdig ist. Auch EGMR 17.1.2023, 19475/20, *Künsberg Sarre vs. Österreich* weist nunmehr in diese Richtung.

[405] https://www.gov.uk/change-name-deed-poll.

[406] Für die gerichtliche Hinterlegung hat der HM Courts & Tribunals Service einen eigenen Leitfaden herausgegeben (guidance „Enrolling a name change in the Royal Courts of Justice").

[407] Auch der vorerwähnte Leitfaden für die gerichtliche Hinterlegung hält fest: „If you wish to legally change your name, or your children's names, you can use the Deed Poll process. By Deed Poll, you can officially change any part or your entire names. You can change your forenames, surname (or both), add names, remove names, and change the spelling of your names. You can change your name by Deed Poll as often as you want, at any time and for any reason provided it is not for deceptive or fraudulent purposes".

[408] Die Regierungswebseite (https://www.gov.uk/change-name-deed-poll/make-an-adult-deed-poll) empfiehlt der Einfachheit halber eine Standardformulierung: „Use the following wording: „I [old name] of [your address] have given up my name [old name] and have adopted for all purposes the name [new name]. Signed as a deed on [date] as [old name] and [new name] in the presence of [witness 1 name] of [witness 1

IV. Namensänderung ohne familienrechtliche Veranlassung § 8

Organisationen in Anspruch zu nehmen. Sie garantieren, dass das von ihnen aufgesetzte Papier von jeder Stelle akzeptiert wird, die den Nachweis einer Namensänderung verlangt. Besonders bekannt sind der UK Deed Poll Service und das Deed Poll Office. Sie haben Leitfäden über das Recht der Namensänderung, die benötigten Dokumente und die zu informierenden Stellen entwickelt.[409]

In der Praxis wird meistens zuerst ein neuer Reisepass beantragt, weil er Banken gegenüber zum Nachweis der Namensänderung genügt und weil es sein kann, dass die Bank andernfalls einen gerichtlich hinterlegten *deed poll* verlangt. Das Home Office hat auch seinerseits einen Leitfaden veröffentlicht, dessen unmittelbarer Adressat zwar das Personal des Innenministeriums ist[410], der aber auch darüber hinaus als Richtschnur gilt. Der Leitfaden erläutert die Voraussetzungen für eine Namensänderung in offiziellen Dokumenten (insbesondere in britischen Pässen[411], anderen staatlichen Reisedokumenten [Home Office Travel Documents, HOTD] und biometrischen Aufenthaltsgenehmigungen [biometric residence permits, BRP]). Alle Anträge müssen Angaben zu dem bisherigen und dem neuen Namen enthalten. Als Nachweis genügen insbesondere eine Heiratsurkunde, ein Scheidungsurteil und eben ein *deed poll*. Das Innenministerium behält sich das Recht vor, registrierten Sexualstraftätern und verurteilten Urkundenfälscher die Namensänderung in einem offiziellen Dokument zu verweigern. Andererseits können den Opfern und Zeugen von Straftaten neue Dokumente auch ohne einen *deed poll* ausgestellt werden. Anträge auf die Änderung des Namens *on a Home Office document* werden zurückgewiesen, wenn sie auf die Eintragung von bloßen Nummern oder Symbolen oder auf Namen zielen, die aus mehr Buchstaben bestehen, als die entsprechende Spalte des jeweiligen Dokuments erlaubt. Nicht akzeptiert werden anstößige Namen – nicht primär, weil sie dem Interesse des Individuums schaden könnten, sondern deshalb, weil ein von der Krone ausgestelltes Dokument einen „akzeptablen Standard" wahren muss. Der Anhang (Annex A, 1.1) bestätigt, dass „[t]he name by which a person wishes to be known is a matter for the individual. Where possible, we should respect their choice whilst recognising that the passport is a document issued on behalf of the Crown and must maintain an acceptable standard". 586

Der Grundsatz der freien Namenswahl weicht so erheblich von den Traditionen des Civil Law ab, dass sich im deutschen Internationalen Privatrecht sogar die Frage gestellt hat, ob er mit „wesentlichen Grundsätzen des deutschen Rechts offensichtlich unvereinbar" ist. Der BGH hat das mit Blick auf Art. 6 dt. EGBGB (allgemeiner Vorbehalt des *ordre public*) zwar offengelassen, aber mit Blick auf Art. 48 dt. EGBGB zumindest für den Sonderfall der Erschleichung eines Adelstitels bejaht.[412] Der Fall betraf eine deutsch-britische Doppelstaaterin. Sie trug unter deutschem Recht die Vornamen „Silke Nicole" und den Geburtsnamen „Vo". Unter englischem Recht hatte sie sich mittels *deed poll* in die Phantasienamen 587

---

address], and [witness 2 name] of [witness 2 address]. [your new signature], [your old signature], [witness 1 signature], [witness 2 signature]. After you've made it, you can use your deed poll as proof of your new name".
[409] deedpoll.org. uk; deedpolloffice.com.
[410] Home Office: Use and change of names Version 1.0, Published for Home Office staff on 28 January 2019.
[411] Für das Passwesen ist der Leitfaden mehrfach überarbeitet worden. Die Änderungen betrafen aber nur Marginalien. In der aktuellen Version (Home Office, Names: change of name passport applications version 7.0, Her Majesty's Passport Office guidance on dealing with passport applications when the customer has a change of name. Published for Home Office staff on 31 January 2021, S. 12) findet man: „The name the customer uses must be acceptable for use in the passport. You, the examiner, must refer to: names that cannot be used in the passport, for names: that may cause public offence, the system cannot accept because of technical reasons, or that may breach trademark or copyright laws. ... Customers may change their name, because they have: married or entered into a civil partnership, divorced, changed gender. Customers may also decide to change their name for other reasons and do this using: enrolled deed polls, unenrolled deed polls or change of name deeds, statutory declarations, acts of Parliament, affidavits. The name the customer uses must be acceptable for use in the passport".
[412] BGH 14.11.2018, NJW-RR 2019 S. 321, FamRZ 2019 S. 218. Siehe zu Art. 48 EGBGB außerdem BGH 19.10.2022, FamRZ 2023 S. 108.

„Silia Valentina Mariella Gräfin von Fürstenstein" umbenannt. Unter Art. 48 dt. EGBGB konnte sie, da ihr Name aus deutscher Sicht weiterhin deutschem Recht unterlag (Artt. 10 (1) i. V. m. 5(1) Satz 2 dt. EGBGB), dem deutschen Standesamt gegenüber erklären, ihren „während eines gewöhnlichen Aufenthalts in einem anderen Mitgliedstaat der Europäischen Union erworbenen und dort in einem Personenstandsregister eingetragenen Namen (zu) wählen, sofern dies nicht mit wesentlichen Grundsätzen des deutschen Rechts offensichtlich unvereinbar ist". Nach dem Austritt des Vereinigten Königreichs aus der Europäischen Union hat sich diese Regel für deutsch-britische Fälle zwar ohnehin erledigt, aber seinerzeit war sie noch einschlägig. Der BGH lehnte die wundersame Selbsterhebung in den Grafenstand ab. „Eine von familienrechtlichen Statusvorgängen vollständig losgelöste Annahme einer frei gewählten deutschsprachigen Adelsbezeichnung verstößt gegen den Rechtsgedanken des ... als ... Bundesrecht fortgeltenden Art. 109 III 2 WRV".[413] „Ein Verstoß gegen die öffentliche Ordnung ist ... jedenfalls dann zu bejahen, wenn die isolierte Namensänderung ... allein von der Motivation getragen wird, durch die Führung eines Namens mit Adelsbezeichnungen den Eindruck der Zugehörigkeit zu einer (vermeintlich) herausgehobenen sozialen Gruppe zu erwecken".[414] Adelsbezeichnungen hätten in der Vorstellung breiter Bevölkerungskreise weiterhin eine besondere soziale und gesellschaftliche Bedeutung.[415] Die Einschränkung der Freizügigkeit (Art. 21(1) AEUV) sei in der Abwägung mit der deutschen öffentlichen Ordnung verhältnismäßig, wenn die Namensänderung keinen Bezug zu einem familienrechtlichen Ereignis oder dem Erwerb der englischen Staatsangehörigkeit habe und allein dem Erwerb eines Namens diene, der unter deutschem Recht nicht erworben werden könne.[416] Das entsprach (bzw. entspricht) der Rechtsprechung des EuGH.[417] Sie hat sich auch andernorts auf die namensrechtliche Rechtsstellung von Doppelstaatern ausgewirkt, in Schweden[418] etwa, aber auch in Spanien.[419]

3. Administrative Namensänderungen

588 Die mitgliedstaatlichen Rechtsordnungen begegnen dem Gedanken der freien Namenswahl mit erheblicher Skepsis. Eine Namensänderung, die weder durch Eheschließung oder -scheidung noch durch eine Neubestimmung von elterlicher Sorge oder Abstammung veranlasst ist, gilt im internen Recht als ein so außergewöhnlicher Vorgang, dass sich die öffentliche Verwaltung die Entscheidung über ihn vorbehält. Es genügt nicht, dass eine Person ihres bisherigen Namens überdrüssig ist und zum Ausdruck bringt, sich für einen

---

[413] BGH 14.11.2018 a. a. O. Rdnr. 22.
[414] Rdnr. 31.
[415] Rdnr. 32.
[416] Rdnrn. 35–45.
[417] EuGH 2.6.2016, Rs. C-438/14, *Bogendorff von Wolffersdorff*, NJW 2016 S. 2093. Der deutsche Staatsangehörige „Nabiel Peter Bogendorff von Wolffersdorff" war nach England gezogen, hatte die britische Staatsangehörigkeit angenommen und seinen Namen mittels *deed poll* in „Peter Mark Emanuel Graf von Wolffersdorff Freiherr von Bogendorff" geändert. In Deutschland war der Erwerb dieses Namens unter Verweis auf den *ordre public* abgelehnt worden, was der EuGH für mit Art. 21(1) AEUV vereinbar ansah. Der Eingriff in die Freizügigkeit sei durch legitime und verhältnismäßige Erwägungen gerechtfertigt.
[418] Högsta förvaltningsdomstolen 11.6.2021, HFD 2021 Ref. 36 betraf die Anerkennung einer von einer französisch-schwedischen Doppelstaaterin in Frankreich erreichten öffentlich-rechtlichen Namensänderung in den Namen „Montclair". Sie verletzte zwar insofern Regeln des schwedischen Rechts, als eine Verwechslungsgefahr mit dem geschützten Namen „Monclair" (§ 15 schwed. Namensgesetz: weniger als 2000 Träger dieses Namens) und mit dem Firmennamen „Montclair AB" begründete, wurde aber unter § 13(2) a. a. O. aus „besonderen Gründen" *(särskilda skäl)* akzeptiert. Ein solcher „besonderer Grund" sei auch die Gewährleistung der Freizügigkeit.
[419] Unter Art. 56(2) span. LRC wird eine auf freier Namenswahl beruhende Namensänderung anerkannt, wenn ein Angehöriger eines anderen Mitgliedstaates (zusätzlich) die spanische Staatsangehörigkeit erwirbt, auch wenn die Namensänderung „dem Gesetz zuwiderläuft". Der Betroffene muss spätestens binnen zwei Monaten nach der Einbürgerung (bzw. nach Erreichen der Volljährigkeit) eine entsprechende Erklärung abgeben. Die Namenswahl darf nicht dem spanischen *ordre public* widersprechen.

anderen entschieden zu haben. Die Änderung des Namens, insbesondere die Änderung des Familiennamens, muss der Regel nach durch einen **wichtigen Grund** motiviert sein. Ob er vorliegt, entscheidet nicht etwa der Antragsteller selbst, sondern eine Behörde auf der Grundlage von Rechtsnormen. Häufig wechselt sogar die Zuständigkeit.[420] Während familienrechtlich veranlasste Namenserklärungen von den Standesämtern entgegengenommen und registriert werden, bedürfen „administrative" (oder öffentlich-rechtliche) Namensänderungen der Bewilligung durch Ordnungsbehörden der allgemeinen Verwaltung. Ihre Entscheidungen werden dann meistens nicht von den Zivil- sondern von den Verwaltungsgerichten überprüft.[421] Der Staat sieht sich nicht länger in bloß begleitender Rolle; er zieht die Entscheidung über die Namensänderung an sich.

Zu den Grenzfällen gehört die sog. **Namensortierung.** In Rechtsordnungen, in denen Mehrfachnamen üblich sind, ist sie für Vor- und Nachnamen, in Deutschland nur für Vornamen vorgesehen.[422] Eine Vornamensortierung stellt nach deutschem Verständnis keine echte Namensänderung dar[423] und ressortiert deshalb unter § 45a(3) dt. PStG weiterhin bei den Standesämtern. Eine Person mit mehreren Vornamen kann deren Reihenfolge durch öffentlich beglaubigte Erklärung gegenüber dem Standesamt neu bestimmen. Das schließt aber gerade weder die Änderung der Schreibweise eines Vornamens noch das Hinzufügen oder das Weglassen von Vornamen ein. Die Vornamensortierung soll in erster Linie Menschen, die im täglichen Leben einen sog. „Rufnamen", d. h. nur einen ihrer Vornamen führen, die Möglichkeit geben, ihn auf dem Umweg über eine Registeränderung auch in ihren Ausweispapieren an erster Stelle eintragen zu lassen. Das soll ihnen ersparen, von Banken, Versicherungen, Fluggesellschaften etc. mit einer dem Namensträger fremden Namensangabe konfrontiert zu werden.[424] Die Vornamensortierung ist nicht fristgebunden; sie ist beliebig oft möglich.[425] Man muss aber bei Bindestrich-Namen wieder genau hinschauen. „Anna Lena" könnte zu „Lena Anna" umsortiert werden, aber nicht „Anna-Lena" zu „Lena-Anna" (und schon gar nicht „Annalena" zu „Lenaanna"). Ein Bindestrichname zählt in diesem Kontext als *ein* Name. Die Vornamensortierung kann auch aus anderen Gründen abgelehnt werden, etwa, weil „Christoph Maria" für einen Jungen möglich ist, aber nicht „Maria Christoph", oder weil Familiennamen („Müller") bestenfalls als zweite, aber nicht als erste Vornamen geführt werden dürfen.[426] Keine echte Namens-

589

---

[420] Oben Rdnr. 549. Für Schweden gilt das natürlich nicht, weil hier alle Namensänderungen, die bürgerlich-rechtlichen wie die administrativen, beim Skatteverket zu beantragen sind.

[421] Letzteres gilt aber auch in Schweden. Streitigkeiten über administrative Namensänderungen gehören zur Zuständigkeit der Verwaltungsgerichte (z. B. HFD 11.6.2021 a. a. O. [Fn. 418] und Kammarrätten Jönköping 19.5.2022, 352-21). Zum deutschen Recht siehe z. B. BGH 14.1.2004, BGHZ 157 S. 277, 281 und BVerwG 20.3.2002, BVerwGE 116 S. 28. In Spanien allerdings liegt die Entscheidung über die Ablehnung einer öffentlich-rechtlichen Namensänderung bei den Zivilgerichten (Art. 87 span. LRC; näher Cobacho Gómez und Leciñena Ibarra [-*García Pérez*], Comentarios a la Ley del Registro Civil, S. 796 Fn. 34 m. N. aus der Entscheidungspraxis der DGRN).

[422] Die Nachnamensortierung ist Gegenstand von Art. 109 Satz 4 span. CC. Danach kann „das Kind … mit Erreichen der Volljährigkeit die Änderung der Reihenfolge seiner Nachnamen beantragen". In Schweden fällt die Regelung zur Namensortierung unter das Regime des administrativen Namensänderungen unter § 13(2) schwed. Namensgesetz. Danach kann eine Person ihren Nachnamen durch eine einfache Änderung der Schreibweise, die die Aussprache des Namens nicht verändert, durch eine Änderung der Geschlechtsform des Namens und durch die Änderung der Reihenfolge der Namen in einem Doppelnachnamen ändern. Unter diese Regel fällt auch die Streichung eines Bindestrichs zwischen den Namen in einem Doppelnachnamen (Prop. 2015/16: 18, S. 45).

[423] BT-Drs 18/11612 S. 27. Siehe auch OVG Bautzen 4.5.2017, BeckRS 2017, 112379 Rdnr. 22 (es handele sich nicht um eine Namensänderung, wenn „Hans Frank" zu „Frank Hans" umgestellt werden solle; deshalb scheide dafür das Verfahren unter §§ 11, 3(1) dt. NamÄndG aus.

[424] BT-Drs. 18/11612 S. 20. Wesentlich einfacher wäre es natürlich gewesen, in den Ausweisen den Rufnamen (z. B. durch eine Unterstreichung) hervorzuheben, was früher auch tatsächlich der Fall war, aber im System der maschinenlesbaren Reisedokumente Schwierigkeiten bereiten soll. Näher *Wuttke*, StAZ 2019 S. 193.

[425] *Wuttke* a. a. O. S. 195.

[426] OLG Hamm 28.5.2020, BeckRS 2020, 39623 Rdnr. 14: „Eine ungewollte Belastung für das Kind könnte im Übrigen insoweit nur entstehen, wenn die Eltern eines noch minderjährigen Kindes versuchen

änderung ist auch die **Übersetzung** eines Namens **in eine Minderheitensprache.** Unter Art. 11(1) des Rahmenübereinkommens des Europarats vom 1.2.1995 zum Schutz nationaler Minderheiten⁴²⁷ verpflichten sich die Vertragsstaaten „anzuerkennen, dass jede Person, die einer nationalen Minderheit angehört, das Recht hat, ihren Familiennamen (Vaternamen) und ihre Vornamen in der Minderheitensprache zu führen, sowie das Recht auf amtliche Anerkennung dieser Namen, wie dies nach der Rechtsordnung der jeweiligen Vertragspartei vorgesehen ist". Der bürgerlich-rechtliche Name bleibt in diesen Fällen derselbe; es ändert sich nur seine sprachliche Ausdrucksform. Deshalb genügt unter § 1(1) dt. MindNamÄndG eine entsprechende Erklärung gegenüber dem Standesbeamten.

a. Vornamen

590 Öffentlich-rechtliche Vornamensänderungen sind mancherorts leichter zu erreichen als öffentlich-rechtliche Nachnamensänderungen. Die Möglichkeit, sämtliche Vornamen zu wechseln, war eines der zentralen Reformanliegen des zum 1.7.2017 in Kraft getretenen schwed. Namensgesetzes.⁴²⁸ Zudem kann unter Art. 60 franz. CC jede Person beim Standesamt die Änderung ihres Vornamens beantragen. Das schließt das Hinzufügen, das Streichen und die Änderung der Reihenfolge (die Vornamensortierung) ein. Wenn der Standesbeamte meint, dem Antrag aus besonderen Gründen (Kindeswohlgefährdung; Schutz des Familiennamens Dritter) nicht stattgeben zu können, muss er die Staatsanwaltschaft unterrichten und den Antragsteller darüber in Kenntnis setzen. Hilft auch die Staatsanwaltschaft nicht ab, kann der Antragsteller das Familiengericht anrufen. Das Gesetz verlangt zwar nicht ausdrücklich, dass der Antragsteller ein berechtigtes Interesse darlegt. Die Sorge vor der Verbreitung von Phantasienamen hat das französische Innenministerium jedoch zu einem Rundschreiben bewogen, das in der Sache auf der Darlegung eines berechtigten Interesses beharrt. Das Rundschreiben nennt (neben Vornamen, die französisiert werden sollen) als Beispiele die Änderung lächerlicher Vornamen, die Anknüpfung an einen Familienbrauch und den Wunsch, einen Vornamen einzutragen, der rein tatsächlich schon seit längerer Zeit verwendet wird.⁴²⁹

591 Die Listen der Berechtigungsgründe sehen überall ähnlich aus. Es geht um lächerliche und entehrende Vornamen und darum, einen **im täglichen Leben genutzten Namen** in einen „echten" Namen umzuwandeln.⁴³⁰ In Tschechien darf es sich dabei aber nicht um eine Verniedlichungsform handeln; außerdem müssen natürlich die üblichen Grenzen der Vornamensbestimmung (Geschlecht; bei Minderjährigen auch Namensidentität mit Geschwistern) beachtet werden (§ 72 tschech. PSRN). Art. 206(3) span. RRC (1958) verlangt zwar auch für die Änderung des Eigennamens eine *justa causa* und außerdem, dass kein Dritter geschädigt wird. Diese Regel wird aber durch Art. 52 span. LRC (2011) überlagert, unter dem der Registerbeauftragte in einem Registerverfahren nach Erklärung des Betroffenen, den angestrebten Vornamen gewohnheitsmäßig zu tragen, die Änderung genehmigen kann, falls die übrigen für das Zivilregister geltenden Bestimmungen eingehalten werden. Art. 52 span. LRC hat damit einerseits das Verfahren zur Änderung des Eigennamens *(procedimiento de cambio de nombre propio)* vereinfacht (der Registerbeauftragte

---

würden, die Vornamen so umzusortieren, dass der als Nachname gebräuchliche Vorname an die erste Stelle rückt und damit nach der sozialen Übung – rein faktisch – als ‚Rufname' erscheint. Dieser Gefahr könnte dann aber immer noch dadurch begegnet werden, dass man der Umsortierungserklärung die Anerkennung verweigert".

⁴²⁷ Abgedruckt u. a. in BGBl. 1997 II S. 1408.
⁴²⁸ Prop. 2015/16: 180 S. 22
⁴²⁹ Circulaire du 17 février 2017 de présentation de l'article 56, I de la loi n° 2016-1547 du 18 novembre 2016 de modernisation de la justice du XXIe siècle, NOR: JUSC1701863C: http://www.textes.justice.gouv.fr/art_pix/JUSC1701863C.pdf.
⁴³⁰ Z. B. Art. 19(1) bulgar. Gesetz über die Zivilregistrierung; § 3(1)(ii) österr. NÄG; § 72 tschech. PSRN und für Griechenland Areopag 570/1981, EEN 49 S. 323; Areopag 573/1981, NoB 29 S. 901 und LG Kavala 86/1971, NoB 19 S. 772 (Vorname gleicht dem Vornamen eines bekannten Verbrechers).

IV. Namensänderung ohne familienrechtliche Veranlassung § 8

entscheidet im Wege eines schlichten Registerverfahrens), gleichzeitig aber auch die Gründe für eine Vornamensänderung reduziert. Man soll zwar seinen Vornamen ohne großen Aufwand in den ändern können, den man tatsächlich regelmäßig verwendet.[431] Außerdem kann ein Vorname jederzeit durch den Vornamen ersetzt werden, der ihm in einer der spanischen Sprachen (Baskisch, Galizisch und Katalanisch) entspricht (z. B. „Carlos" durch „Carles", Art. 50(4) span. LRC). In allen anderen Fällen aber bedarf es weiterhin eines „triftigen Grundes".[432] An ihm fehlt es nach der Entscheidungspraxis der DGNR auch, wenn es sich um geringfügige Änderungen handelt, etwa um die Umstellung der Schreibweise von „Silvia" in „Sylvia".[433]

Das deutsche Recht erlaubt eine öffentlich-rechtliche Namensänderung – gleich, ob es **592** sich um den Vor- oder den Familiennamen handelt – ausnahmslos nur, wenn „ein **wichtiger Grund** die Änderung rechtfertigt" (§§ 3(1), 11 dt. NamÄndG). Ein wichtiger Grund liegt vor, „wenn die Abwägung der schutzwürdigen Interessen der Namensträger an der Namensänderung die gegenläufigen Interessen an der Beibehaltung des Namens, zu denen insbesondere dessen Ordnungsfunktion gehört, überwiegt".[434] Die „an sich" nur für den innerbehördlichen Gebrauch geschaffene Allgemeine Verwaltungsvorschrift zum Gesetz über die Änderung von Familiennamen und Vornamen (NamÄndVwV)[435] hat sich zu einem auch außerbehördlich weit beachteten Text entwickelt, weil das Gesetz (bis auf eine Sonderregelung für im Ausland diskriminierte deutsche Minderheiten in § 3a dt. NamÄndG) den „wichtigen Grund" nicht weiter konkretisiert. Das gewohnheitsmäßige Tragen eines anderen Vornamens dürfte gerade nicht ausreichen, weil es sich nur um einen Spitznamen handelt. Andererseits sind aber natürlich lächerlich oder anstößig klingende Vornamen änderbar (Nr. 35 NamÄndVwV). Ein Beispiel aus jüngerer Zeit findet sich in VG Göttingen 21.6.2022.[436] Ein Mädchen trug den Namen eines bekannten Sprachassistenten (vermutlich „Alexa", möglicherweise auch „Siri") und war deshalb immer wieder gehänselt und in erniedrigender Weise mit Befehlen traktiert worden („Alexa, spiele Musik"). Das VG gab dem Antrag, der sich darauf beschränkte, dem Mädchen einen weiteren Vornamen zu geben, statt. Das öffentliche Interesse an der Beibehaltung von Vornamen sei ohnehin geringer als das Interesse an der Beibehaltung von Familiennamen. Außerdem sei die Klägerin noch nicht umfangreich im Rechtsverkehr in Erscheinung getreten. Die Entscheidung ist ohne Weiteres richtig, zeigt aber auch, welch bürokratische Hürden in einem solchen Fall noch immer überwunden werden müssen. Im Gegensatz zum österreichischen Recht[437] fehlt es im deutschen NamÄndG auch an der Klarstellung,

---

[431] Z. B. wurde „Mónica" durch „Leyshack" (Resolution DGRN vom 25.6.2003), „Johana-Isabel" durch „Janina" (Resolution DGRN 4.1.1997) und „Elvira de los Desposorios" durch „Mariposa-Elvira" (Resolution DGRN vom 22.7.1996) ersetzt. In manchen Fällen spielt offenbar auch die Distanzierung von einem religiös gefärbten Vornamen („Taufnamen") eine Rolle (Cobacho Gómez und Leciñena Ibarra [-*García Pérez*], Comentarios a la Ley del Registro Civil, S. 783). Ein Kleinkind kann einen Namen nicht schon gewohnheitsmäßig getragen haben (DGRN Resolution vom 4.4.1999; DGRN Resolution vom 1.6.2009).
[432] *Linacero de la Fuente,* Derecho de la persona y de las relaciones familiares, S. 293–294.
[433] DGRN Resolution vom 2.6.2010. Abgelehnt wurde auch die Änderung von „Sandra" in „Shandra" (Resolution DGRN vom 15.4.2010), von „Hodei" in „Odei" (Resolution DGRN vom 23.4.2010), von „Estela" zu „Esthela" (Resolution DGRN vom 3.5.2010) und von „Ester" in „Esther" (Resolution DGRN vom 23.12.2016). Akzeptiert wurde die Änderung von „María del Coro" in „Koro" (Resolution DGRN vom 2.5.1999), „María Josefa" in „María José" (Resolution DGRN vom 2.2.1999), von „María del Pilar" zu „Pilar" (Resolution DGRN vom 24.1.2001) und von „Silvia" zu „Silvia-Sue" (Resolution DGRN vom 1.2.2001).
[434] Nr. 28 dt. NamÄndVwV; BGH 13.5.2020, FamRZ 2020 S. 1275, 1281 Rdnr. 59.
[435] Vom 11.8.1980, BAnz. Beil. Nr. 153a.
[436] VG Göttingen 21.6.2022, BeckRS 2022, 17621.
[437] § 2(2)(ii) österr. NÄG (ein wichtiger Grund liegt u. a. vor, „wenn der Antragsteller nach Änderung seiner Religionszugehörigkeit einen zur nunmehrigen Religionsgemeinschaft in besonderer Beziehung stehenden Vornamen erhalten oder einen zur früheren Religionsgemeinschaft in besonderer Beziehung stehenden Vornamen ablegen will und der Antrag innerhalb von zwei Jahren nach der Änderung der Religionszugehörigkeit eingebracht wird").

dass Änderungen der Religionszugehörigkeit ein wichtiger Grund für eine Vornamensänderung sein können, insbesondere dann, wenn der bisherige Vorname auf eine Religion hindeutet, der der Betroffene nicht mehr angehört. Es sollte selbstverständlich sein, dass jemand, der zum Islam oder zum Judentum konvertiert, nicht an „Christian" festgehalten wird.

b. Hauptnamen

593 Rechtsordnungen, die die „Ordnungsfunktion" des Namens betonen und deshalb in Namenskontinuität nicht nur ein privates, sondern zugleich auch ein staatliches Interesse verwirklicht sehen, tun sich zwangsläufig schwer, ausgerechnet eine „öffentlich-rechtliche" Namensänderung zu gewähren. Das betrifft die Hauptnamen noch mehr als die Vornamen. Denn Staaten nutzen für Register aller Art, darunter nicht zuletzt Vorstrafenregister[438], in erster Linie die Hauptnamen ihrer Bürger. Menschen werden eben außerhalb ihres privaten Umfeldes in erster Linie unter diesen Namen identifiziert und angesprochen bzw. angeschrieben. Außerdem sind ihr Erwerb und ihre Änderung Gegenstand eines ausgefeilten bürgerlich-rechtlichen Regelsystems, das im Grundsatz unangetastet bleiben soll.[439] Folglich schafft das öffentlich-rechtliche Nachnamensänderungsrecht nur ein Überdruckventil. Es eröffnet Raum für Einzelfallentscheidungen („Verwaltungsakte") zur Bewältigung von Situationen, für die das bürgerlich-rechtliche Namensrecht in seiner eigenen Teleologie keine Lösung bieten will und kann. Im Zentrum steht erneut der Schutz der **Würde des Namensträgers.**[440] Ihm ist eine Alternative zu eröffnen, wenn sein Name ihn sprachlich der Lächerlichkeit preisgibt, nach heutigen Maßstäben entehrend klingt oder ihn aus anderen wichtigen Gründen in der Entfaltung seiner Persönlichkeit einschränkt. Dem bürgerlich-rechtlichen Namensrecht ist ein Name so gut wie der andere. Erst das öffentlich-rechtliche Namensänderungsrecht nimmt die gesellschaftliche Wirklichkeit in den Blick.

594 Es greift freilich auch Fälle auf, in denen es nicht darum geht, das mit einigen Namensvokabeln verbundene Diskriminierungspotential aus der Welt zu schaffen. Ein „berechtigtes Interesse" an einer verwaltungsbehördlichen Namensänderung liegt schon i. S. v. Art. 61 franz. CC nicht nur dann vor, wenn jemand einen lächerlichen, abscheulichen oder entehrenden Namen trägt. Es werden unter außergewöhnlichen Umständen auch respektable andere „emotionale Gründe" akzeptiert[441], unter ihnen der Wunsch, das Aussterben eines Familiennamens zu verhindern, der von einem Verwandten in aufsteigender Linie oder

---

[438] Art. 278(4) port. CRC verlangt deshalb selbst für die Änderung der Zusammensetzung des in der Geburtsurkunde festgelegten Namens die Vorlage eines Auszugs aus dem Vorstrafenregister „gemäß der gesetzlichen Regelung zur strafrechtlichen Identifizierung".

[439] § 3(1)(i) österr. NÄG schreibt deshalb vor, dass eine „Änderung des Familiennamens oder Vornamens ... nicht bewilligt werden (darf), wenn die Änderung des Familiennamens die Umgehung von Rechtsvorschriften ermöglichen würde". Nr. 46 dt. NamÄndVwV (Fn. 435) bestätigt: „Ist ein Familienname durch einen familienrechtlichen Vorgang (z. B. Eheschließung, Annahme als Kind, Namenserteilung) untergegangen, so ist eine Wiederherstellung des Namens im Allgemeinen nur nach den einschlägigen Vorschriften des bürgerlichen Rechts möglich". Auf demselben Gedanken beruht auch die griechische Rechtsprechung zur Nachnamensänderung von außerhalb einer Ehe geborenen Kindern. Sie tragen unter Art. 1506 gr. ZGB den Namen ihrer Mutter; eine verwaltungsbehördliche Namensänderung scheidet aus (StE 1810/1987, EllDne 30 S. 654).

[440] Z. B. Art. 4(1)(i) poln. VNG („Eine Änderung des Vor- oder Nachnamens darf nur aus triftigen Gründen vorgenommen werden, insbesondere wenn es sich um eine Änderung handelt", weil „der Vor- oder Nachname beleidigend oder mit der Menschenwürde unvereinbar ist") und Art. 53(4) span. LRC (der Familienname kann geändert werden, falls er „der Würde zuwiderläuft oder schwere Nachteile zur Folge hat").

[441] CE 10.6.2020, Nr. 419176, ECLI:FR:CECHR:2020:419176.20200610, https://www.legifrance.gouv.fr/ceta/id/CETATEXT000041986833 („Des motifs d'ordre affectif peuvent, dans des circonstances exceptionnelles, caractériser l'intérêt légitime requis par l'article 61 du code civil pour déroger aux principes de dévolution et de fixité du nom établis par la loi").

IV. Namensänderung ohne familienrechtliche Veranlassung § 8

einem Verwandten bis zum vierten Grad getragen wird.⁴⁴² Die eigentlichen Hürden liegen im Verwaltungsverfahren – der Unterschied zum Common Law könnte größer nicht sein. Unter Art. 1 des Dekrets Nr. 94-52⁴⁴³ ist der Namensänderungsantrag an den Justizminister zu richten und zu begründen. Werden mehrere verschiedene Namen vorgeschlagen, sind sie nach Präferenz zu ordnen (Art. 2). Der Antragsteller hat unter Angabe seiner Identität, seiner Adresse und des bzw. der beantragten Namen im *Journal Officiel* eine Anzeige zu veröffentlichen (Art. 3). Entschieden wird nicht vor Ablauf von zwei Monaten seit dem Erscheinen dieser Anzeige (Art. 4). Über die Ablehnung der Namensänderung entscheidet das Justizministerium selbst; die Genehmigung erfolgt durch ein ebenfalls im Amtsblatt veröffentlichtes kollektives Dekret des Premierministers (Art. 5). Es wird erst nach Ablauf von zwei Monaten wirksam, um jedem Drittbetroffenen Gelegenheit zu geben, beim Conseil d'État (Art. 61-1 franz. CC) Einspruch einzulegen.⁴⁴⁴

Abgesehen von den Besonderheiten des französischen Verwaltungsverfahrens finden sich **595** ähnliche Regeln auch in einer Vielzahl anderer Staaten, unter ihnen Bulgarien⁴⁴⁵, Griechenland⁴⁴⁶, Österreich⁴⁴⁷, Polen⁴⁴⁸ und Rumänien⁴⁴⁹. Portugal erlaubt die Namensände-

---

⁴⁴² Anders in diesem Punkt Nr. 48 dt. NamÄndVwV (Fn. 435): „Das Aussterben eines Familiennamens rechtfertigt für sich allein eine Namensänderung nicht". In der Praxis kommen solche Namensänderungen allerdings tatsächlich vor, sofern ein zusätzlicher Grund glaubhaft gemacht wird.

⁴⁴³ Décret n°94-52 du 20 janvier 1994 relatif à la procédure de changement de nom (JORF Nr. 18 vom 22.1.1994).

⁴⁴⁴ *Batteur und Mauger-Vielpeau*, Droit des personnes¹¹, S. 66 Rdnr. 103.

⁴⁴⁵ Art. 19(1) bulg. Gesetz über die Zivilregistrierung (Eine Namensänderung kann beantragt werden, falls der Name beleidigend oder unakzeptabel wirkt oder wenn andere wichtige Umstände die Änderung rechtfertigen. Oft handelt es sich um Fälle, in denen der Vater als Familiennamensgeber seinen eigenen Namen aus politischen oder religiösen Gründen geändert hatte. Besondere Bedeutung gewinnt die Wiederherstellung des früheren Namens bei türkischstämmigen Bulgaren, die Ende der achtziger Jahre des letzten Jahrhunderts von dem kommunistischen Regime gezwungen worden waren, ihre Geburtsnamen durch einen christlichen Namen zu ersetzen (Art. 19a a. O.).

⁴⁴⁶ Die administrative Namensänderung setzt unter der gesetzlichen Anordnung 2573/1953 i. d. F. der Gesetze 2130/1993 und 2307/1995 und (bei Kindern) unter der Verfügung 20, Protokollnr. 42301/13706/27-7-1995, des Innenministeriums einen „schwerwiegenden Grund" voraus. Es geht vor allem um Nachnamen mit einem „schlechten Klang", außerdem um Namen, die eine Verwechslungsgefahr begründen (*Triantos*, AK, Art. 1505 gr. ZGB S. 1694 Rdnr. 7). Es kommen aber auch andere schwerwiegende Gründe in Betracht (StE 1676/2001, 4317/2011 – Kammer D, Isokrates-Datenbank).

⁴⁴⁷ Die §§ 1–3 österr. NÄG gehen sehr in die Details. Aber auch hier findet sich an erster Stelle, dass der bisherige Familienname „lächerlich oder anstößig wirkt". Geändert werden können außerdem Familiennamen, die schwer auszusprechen oder zu schreiben sind, und Familiennamen ausländischer Herkunft, die eine zügige Integration in die österreichische Gesellschaft erschweren. Der Antragsteller kann zudem glaubhaft machen, dass die Änderung des Familiennamens notwendig ist, um unzumutbare Nachteile in wirtschaftlicher Hinsicht oder in seinen sozialen Beziehungen zu vermeiden.

⁴⁴⁸ Unter Art. 4(1) poln. VNG (vorher Fn. 440) dürfen Vor- oder Nachnamen nur aus triftigem Grund geändert werden. Die Entscheidung liegt beim Leiter des Standesamts, bei dem der Antrag gestellt wurde (Art. 12(1) a. a. O.). Ein triftiger Grund fehlt, wenn ein Bewerber um das Präsidentenamt seine Wahlchancen dadurch verbessern will, dass er die Änderung seines Namens in einen „bäuerlichen" Namen beantragt (WVG Łódź 9.2.2021, III SA/Łd 717/20, orzeczenia.nsa.gov.pl). Ein wichtiger Grund fehlt auch, wenn einer Sozialhilfeempfängerin von ihr blanko unterschriebene Antragsformulare gestohlen werden, auch wenn sie absurderweise behauptet, der Dieb habe damit auch ihren Namen „gestohlen" (WVG Posen 10.2.2022, II SA/Po 633/21, orzeczenia.nsa.gov.pl). Unter Art. 5 a. a. O. wird eine Änderung des Nachnamens „nicht vorgenommen, wenn ein Antrag auf Änderung eines historischen Nachnamens, eines auf dem Gebiet der Kultur, der Wissenschaft, der politischen, sozialen oder militärischen Tätigkeit berühmten Nachnamens gestellt wird, es sei denn, die Person, die die Änderung des Nachnamens beantragt, hat Familienangehörige mit diesem Nachnamen".

⁴⁴⁹ Art. 10 der rumän. Regierungsverordnung Nr. 41/2003 über den Erwerb und die Änderung des Namens der natürlichen Person im Verwaltungsverfahren folgt dem französischen Vorbild insoweit, als der Antrag auf Kosten des Antragstellers zunächst im Amtsblatt (Teil III) zu veröffentlichen ist. Jede Person kann binnen 30 Tagen nach dieser Veröffentlichung Widerspruch gegen die Namensänderung einlegen. Im Übrigen aber geht der Katalog der Änderungsgründe wesentlich mehr Einzelheiten ein. Unter Art. 4 a. a. O. können Vor- und Nachnamen aus berechtigtem Grund geändert werden. Als berechtigt gelten Namensänderungsanträge u. a. dann, wenn der Name aus unanständigen oder lächerlichen Ausdrücken gebildet ist, wenn normalerweise getrennt geschriebene Namen zusammengeschrieben wurden, wenn ein ausländischer in einen rumänischen Namen umgewandelt werden soll, wenn eine Person nach einer

rung gleichfalls nur nach sehr restriktiven Regeln.[450] Unter Art. 104(1) i. V. m. Artt. 278–282 port. CRC entscheidet im Namensänderungsverfahren *(processo de alteração do nome)* seit 2007 durchweg der *conservador dos Registos Centrais,* der leitende Beamte des Zentralregisters. Die zur Autorisierung einer Namensänderung früher auch in Portugal erforderliche Entscheidung des Justizministers ist entfallen. Es fehlt aber immer noch an einer gesetzlichen Bestätigung für den im Schrifttum propagierten Grundsatz, dass Nachnamen bei Vorliegen eines berechtigten Interesses geändert werden können.[451] (Rechtsprechung ist, soweit ersichtlich, bislang nur zur Bewilligung kleinerer Veränderungen der Schreibweise ergangen.[452]) Das Gesetz hat lediglich für Personen Sorge getragen, die überhaupt keinen Nachnamen tragen, und dafür, dass jemand nach Erwerb der portugiesischen Staatsangehörigkeit seinen vollständigen Namen an die portugiesischen Rechtsvorschriften anpassen möchte.[453] Die spanische Parallelregelung dazu findet sich in Art. 56(1) span. LRC.[454] Unter Art. 53 span. LRC kann der Registerbeamte aber nicht nur neben einer neuen Namensortierung die Voranstellung der Präposition „de" vor dem ersten Familiennamen und die Einfügung der Konjunktionen „y" oder „i" zwischen die Familiennamen genehmigen. Es geht auch nicht nur um deren orthografische Anpassung an eine der Amtssprachen des Königreichs. Der Registerbeamte ist vielmehr unter Absatz (4) a. a. O. auch befugt, eine Namensänderung zu gestatten, wenn „ein Familienname der Würde zuwiderläuft oder schwere Nachteile zur Folge hat". Besondere Erleichterungen gelten unter Abs. (5) a. a. O. zudem für die Opfer geschlechtsspezifischer Gewalt. Namensänderungen werden erst mit der (konstitutiven) Eintragung im Personenstandsregister wirksam (Art. 57(2) span. LRC). Namensänderungen sind außerdem unter der Voraussetzung möglich, dass der Antragsteller den vorgeschlagenen Namen bereits gewohnheitsmäßig trägt (Art. 54(2)(a) a. a. O.). Eine Zuständigkeit des Justizministeriums besteht nur für Fälle, in denen gänzlich außergewöhnliche Umstände (etwa ein Zeugenschutzprogramm) eine Namensänderung aus Sicherheitsgründen dringlich erscheinen lassen (Art. 55 a. a. O.).

596 Die Nrn. 33–50 dt. NamÄndVwV[455] listen (häufig in Anlehnung an vorangegangene Rechtsprechung[456]) „typische Fallgruppen" auf, in denen ein „wichtiger" Grund i. d. R.

---

solchen Änderung zu ihrem Geburtsnamen zurückkehren möchte, wenn sich Kinder einer Namensänderung ihrer Eltern anschließen wollen, und wenn ein Name typisch für das andere Geschlecht ist. Die Liste dieser (und weiterer) Berechtigungsgründe ist aber ausdrücklich nicht abschließend.

[450] Einzelheiten in *Menezes Cordeiro,* Tratado de Direito Civil IV⁵, S. 235–238.
[451] *Vilhena de Carvalho,* O nome das pessoas e o direito, S. 125–128 hält ein berechtigtes Interesse für gegeben, wenn ein Name von einem Element befreit werden soll, das unehrenhaft geworden ist, das psychologische, moralische oder andere Zwänge verursacht oder wenn gewichtige Gründe der persönlichen, familiären oder sozialen Ordnung überwögen. Gestrichen werden könnten zudem Nachnamen, die nicht zur Familie der Eltern des Antragstellers gehörten. Möglich seien zudem eine Namensortierung, die Änderung eines Nachnamens, der auf eine unbekannte Abstammung hinweist („Exposto") und die Streichung von Nachnamen, die in Verbindung mit dem Vornamen den Antragsteller der Lächerlichkeit preisgeben. „Maria das Dores" (lat. Mater Dolorosa) z. B. sei ein üblicher Vorname; zusammen mit dem Nachnamen „Barriga" („Maria das Dores de Barriga") käme aber „Maria Bauchschmerzen" heraus. Gelöscht werden könnten auch unehrenhaft gewordene Nachnamen, und es sei möglich, ein Pseudonym in einen bürgerlichen Namen umzuwandeln. Schließlich komme ein Antrag auf Namensänderung in allen Fällen von Namensgleichheit in Betracht, wenn sie einen moralischen, sozialen oder wirtschaftlichen Schaden zur Folge hat oder haben könnte.
[452] Z. B. STJ 29.1.2004, Processo 03B3153 (Änderung des Nachnamens „Assunção" in die alte Schreibweise „Assumpção"). Art. 104(1)(c) port. CRC erlaubt Änderungen, die in der bloßen Einfügung oder Entfernung von Partikeln zur Verbindung der Worte bestehen, welche den Namen bilden.
[453] Art. 104(1)(c) port. CRC bzw. Artt. 11, 38–39 port. RNP.
[454] „Wer die spanische Staatsangehörigkeit erwirbt, behält die bisher getragenen Familiennamen, auch wenn sie dem Gesetz zuwiderlaufen, falls er dies beim Erwerb der Staatsangehörigkeit oder binnen zwei Monaten nach dem Erwerb oder nach der Volljährigkeit erklärt und falls die Familiennamen, die er behalten möchte, nicht der internationalen öffentlichen Ordnung zuwiderlaufen".
[455] Oben Fn. 435.
[456] Z. B. die Nrn. 40 und 41, die mittelbar auf BVerwG 20.3.2002, BVerwGE 116 S. 28 Bezug nehmen. Es geht um die sog. „Scheidungshalbwaisen", in Nr. 41 speziell um Kinder, die durch Einbenennung den Namen des Mannes ihrer sorgeberechtigten Mutter erhalten haben, diese Ehe aber geschieden wird und

IV. Namensänderung ohne familienrechtliche Veranlassung **§ 8**

bejaht wird. Die NamÄndVwV erhebt aber keinen Anspruch auf Vollständigkeit, und die Gerichte sind sowieso nicht an sie gebunden.[457] Die praktisch vermutlich wichtigste Fallgruppe (Statistiken fehlen) findet sich in Nr. 34. Ein Familienname kommt im engeren Lebensbereich des Namensträgers mehrfach vor, so dass die Gefahr häufiger Verwechselung besteht. Bei sog. „Sammelnamen" wie „Meyer (Maier, Mayer)", „Müller", „Schmidt" und „Schulz" muss die Verwechslungsgefahr nicht einmal glaubhaft gemacht werden. Selbstverständlich können anstößige oder lächerlich klingende Namen geändert werden (Nr. 35). Straftäter mit seltenen oder auffälligen Familiennamen, über deren Tat breit berichtet wurde, können schon vor der Entlassung aus dem Strafvollzug eine Namensänderung beantragen, um eine Resozialisierung zu erleichtern. „Der Familienname von Angehörigen des Täters kann geändert werden, wenn dies, etwa im Zusammenhang mit einem Wohnungswechsel, zur Vermeidung von Belästigungen sinnvoll erscheint. Besteht eine objektive Behinderung nicht und hat der Angehörige nur den Wunsch, sich von dem Täter loszusagen oder zu distanzieren, rechtfertigt dies eine Namensänderung im Allgemeinen nicht" (Nr. 39). Auch „[d]as Aussterben eines Familiennamens rechtfertigt für sich allein eine Namensänderung nicht" (Nr. 48). Eine Namensänderung ist bei einer Behörde der allgemeinen Verwaltung zu beantragen; die Einzelheiten regelt das Recht der deutschen Bundesländer.[458] Die Namensänderung erfolgt durch Verwaltungsakt.[459]

Verglichen mit dem **schwedischen Recht** wirkt das uninspiriert. Es hat das administrative Namensänderungsverfahren mit zahlreichen neuen Ideen belebt und sein Innovationspotential ausgeschöpft. Das ist einerseits ein Ausdruck von Freiheit, andererseits aber auch eine Folge der hohen Bedeutung, die die Personennummern im täglichen Rechtsleben des Landes erlangt haben. Unter § 18 schwed. Namensgesetz kann eine Person zu einem Nachnamen wechseln, zu dem eine verwandtschaftliche Beziehung besteht. Er muss in zwei der letzten vier Generationen der aufsteigenden Linie geführt worden sein, gerechnet von den Eltern des Antragstellers. Gedacht ist z. B. an die Namen von Groß- und Urgroßmüttern, die nicht an spätere Generationen weitergegeben werden konnten.[460] In gewisser Weise wird so das ehedem rein patrolinear aufgebaute bürgerliche Namensrecht rückwirkend korrigiert. Eine Person kann unter § 13(1) a. a. O. aber vor allem auch beantragen, ihren Nachnamen entweder in einen neugebildeten *(nybildat efternamn)* oder in einen zwar bereits existierenden *(befintligt efternamn),* ihr aber auf familienrechtlichem Wege

597

---

die Mutter zu ihrem vorehelichen Namen zurückkehrt. Dann ist eine öffentlich-rechtliche Namensänderung i. d. R. möglich.

[457] In der jüngeren Rechtsprechung geht es bemerkenswert oft um Namensänderungen aus Gründen des Kindeswohls. Ein eindrucksvolles Beispiel ist OVG Koblenz 6.5.2019, BeckRS 2019, 14405: Ein unverheiratetes Paar hatte drei gemeinsame Kinder. Sie trugen den Familiennamen der Mutter. Das Paar trennte sich. Der Vater war schon bei dem Auszug der Mutter aus der gemeinsamen Wohnung zur zentralen Bezugsperson der Kinder (zu diesem Zeitpunkt 9, 7 und 5 Jahre alt) geworden. Die Mutter entführte die Kinder und unterband jeden Kontakt zum Vater. Ihm wurde alsbald gerichtlich das Aufenthalts- und Schulortbestimmungsrecht und kurze Zeit später auch das Sorgerecht für die beiden älteren Kinder übertragen; das jüngste Kind verblieb bei der Mutter. Beide Eltern setzten über fünf Jahre hinweg ihren Sorgerechtsstreit für alle drei Kinder erbittert fort. Die beiden ältesten Kinder beantragten die Änderung ihres Namens in den Namen des Vaters. Sie hatten die Entführung durch die Mutter als traumatisch empfunden. Das Gericht billigte die durch die zuständige Behörde vorgenommene Namensänderung. Sie sei im Interesse des Kindeswohls erforderlich gewesen.

[458] §§ 5(1), 13a dt. NamÄndG. Unter § 3(1) Nr. 1 der niedersächsischen Allgemeinen Zuständigkeitsverordnung für die Gemeinden und Landkreise zur Ausführung von Bundesrecht vom 14.12.2004 (Nds. GVBl. 2004 S. 589) sind „[d]ie Landkreise, die kreisfreien Städte, die großen selbständigen Städte und die selbständigen Gemeinden … zuständig".

[459] Das folgt aus den allgemeinen Regeln und ist allgemein anerkannt (beiläufig z. B. KG 22.5.2001, NJWE-FER 2001 S. 311). Im Rechtsmittelverfahren sind demgemäß die Verwaltungs-, nicht die Zivilgerichte zuständig (z. B. BVerwG 9.8.2018, StAZ 2019 S. 214).

[460] Prop. 2015/16: 180 S. 111. Dänemark und Finnland sind noch großzügiger, weil es nicht darauf ankommt, dass der Name in wenigstens zwei der letzten vier Generationen getragen worden ist (Kap. 1 § 4(2) dän. Namensgesetz [der Name muss nur in einer der letzten vier Generationen geführt worden sein] und Kap. 2 § 16(1) finn. Namensgesetz [eine der letzten fünf Generationen]).

nicht zugänglichen Namen zu ändern. Ein *nybildat efternamn* ist ein Name, der bisher noch nicht als Nachname geführt worden ist. Es kann sich um einen völlig neugeschaffenen Namen handeln, oder um Wörter oder Wortbildungen, die es zwar bereits gibt, die aber noch nicht zur Bildung von Nachnamen genutzt wurden.[461] Ein *befintligt efternamn* wird dagegen in der Bevölkerung bereits geführt, ist dem Antragsteller aber familienrechtlich verschlossen.

598 In der ersten Alternative (neue Namen) muss der Wechsel *(byte)* den Anforderungen des § 14 a. a. O. genügen. Der angestrebte Name darf nicht (i) als Vorname Verwendung finden, (ii) aus mehr als einem Wort bestehen, (iii) Anstoß erregen, (iv) bei der Person, die ihn tragen soll, Unbehagen hervorrufen können, und (v) aus anderen Gründen als Nachname ungeeignet sein. Der Gesetzgeber wollte nicht, dass sich die herkömmlichen Konturen von Vor- und Nachnamen verwischen.[462] Die zweite Regel soll verhindern, dass das administrative Namensänderungsverfahren eine Hintertür zur Bildung eines Doppelnachnamens aus einem Präfix und einem Hauptwort öffnet.[463] Ein Name würde drittens Anstoß erregen *(väcka anstöt)*, wenn er Ähnlichkeit mit Wörtern obszöner Natur, Schimpfwörtern oder anderen vergleichbaren Wörtern hätte oder durch einfache Veränderungen der Aussprache oder Schreibweise erlangen würde. Was als anstößig empfunden wird, hängt natürlich von den jeweiligen Zeitumständen ab.[464] Ein Name könne viertens, ohne anstößig zu sein, seinem Träger auch unangenehm sein, etwa dann, wenn sich Andere über ihn lustig machten. Erwachsene müssten das Risiko zwar grundsätzlich selbst einschätzen, doch müsse man bei Kindern (die bereits ab Vollendung des zwölften Lebensjahres einwilligen müssen) größere Vorsicht walten lassen.[465] „Aus anderen Gründen" schließlich kann der beantragte Name etwa dann „ungeeignet" sein, wenn er in Form, Schreibweise („Lind-Ström") oder Aussprache von dem schwedischen Namensbrauch abweicht. Ungeeignet wären auch Sachbezeichnungen wie *cykelpedal* (Fahrradpedal).[466]

599 Unter § 15 schwed. Namensgesetz sind historisch bekannte Nachnamen einer ausgestorbenen Familie, allgemein bekannte ausländische Nachnamen, allgemein bekannte Künstlernamen, die Namen literarischer Figuren sowie Firmen- und Markennamen gesperrt. Um festzustellen, ob ein Name historisch bekannt ist, hat das Skatteverket nötigenfalls ein Fachgutachten einzuholen (§ 40 a. a. O.). Ein allgemein bekannter ausländischer Nachname kann, muss aber nicht bereits ausgestorben sein. Ein Name hört schon dann auf, „ausländisch" zu sein, wenn auch nur eine Person unter ihm im schwedischen *Folkbokföringen* (Melderegister) registriert ist oder war. Gemeint sind Namen aus Politik, Sport oder Kultur, deren Bekanntheitsgrad das Skatteverket ohne größere eigene Nachforschungen einschätzen kann. Nicht gemeint sind ausländische Allerweltsnamen („Smith"). Die Sperre zugunsten von allgemein bekannten Pseudonymen schützt nur Dritte; sie verhindert nicht, dass der Antragsteller einen von ihm selbst genutzten Künstlernamen in einen echten Namen ändern lässt.[467]

600 Gesperrt sind zwar grundsätzlich auch Namen, die bereits rechtmäßig von einer anderen Person getragen werden. Man hat es dann mit einem *befintligt efternamn* zu tun. Davon gibt es jedoch eine wichtige Ausnahme. Denn die meistverbreiteten Namen – das sind alle Namen mit mehr als 2.000 Trägern – sind jedermann frei zugänglich (§ 16(1) schwed. Namensgesetz). Eine Person kann also frei zu einem Nachnamen wechseln, den mindestens 2.000 Personen in Schweden tragen. Entscheidend ist, dass dieser Wert zu irgendeinem Zeitpunkt erreicht wurde, es muss sich nicht um den aktuellen Wert handeln (§ 16(2)

---

[461] A. a. O. S. 58. Ähnlich Kap. 1 § 6 dän. Namensgesetz (neugebildeter Nachname, *nydannede efternavne*) und Kap. 2 §§ 17 und 18 finn. Namensgesetz *(uudissukunimeksi)*.
[462] A. a. O. S. 40.
[463] A. a. O. S. 41.
[464] A. a. O. S. 41–42.
[465] S. 104–105.
[466] Zu „ungeeigneten" Vornamen schon oben Rdnr. 531 mit Fn. 186.
[467] Prop. 2015/16: 180 S. 108.

IV. Namensänderung ohne familienrechtliche Veranlassung § 8

a. a. O.). Ein Doppelname wird in diesem Fall wie zwei einzelne Nachnamen gezählt (Abs. (3)). Der Gesetzgeber wollte mit dieser Regelung Namensschutz und Namensfreiheit ausbalancieren. Wenn ein Nachname nur eine geringe Anzahl von Trägern habe, überwiege deren Bestandsschutzinteresse. Es werde jedoch umso schwächer, je mehr Personen einen Nachnamen trügen. Außerdem dürfe nicht jedermann, der seinen Namen im administrativen Wege ändern lassen wolle, gezwungen werden, sich gewissermaßen einen neuen Namen auszudenken. Für den Wunsch, einen neuen Namen zu führen, gebe es eine Vielzahl von respektablen Gründen, darunter der Schutz vor Belästigung durch das Untertauchen in der Unauffälligkeit eines weitverbreiteten Namens und die Annahme eines einheitlichen Namens durch Lebensgefährten. Bei der Festlegung der Zahl 2.000 hat sich der schwedische Gesetzgeber an Dänemark orientiert, nicht an dem norwegischen Wert von 200.[468] Es wäre unter den schwedischen Bedingungen unangemessen, alle Nachnamen mit mehr als 200 Trägern freizugeben. Ein Nebeneffekt der schwedischen Lösung besteht darin, dass Adelsnamen weiterhin geschützt sind. Es gab im Jahr der Reform in Schweden 657 adelige Geschlechter; die Zahl lag also deutlich unter dem Grenzwert von 2.000.[469] Anders als Schweden (und Finnland) erlaubt Dänemark auch den administrativen Erwerb geschützter Namen, also von Namen mit höchstens 2000 Trägern, setzt dafür aber die Zustimmung aller Namensträger voraus (Kap. 1 § 4(7) dän. Namensgesetz). Es sei in solchen Fällen praktisch möglich, die erforderlichen Erklärungen einzuholen. Das Risiko, dass solche Namen dann möglicherweise „gekauft" würden, müsse man hinnehmen.[470]

---

[468] Die dänische Familienrechtsbehörde (Famelieretshuset) veröffentlicht unter Kap. 1 § 2 dän. Namensgesetz einmal jährlich die 2000 nicht geschützten Namen. In Finnland existiert eine entsprechende Möglichkeit zu einem administrativen Namenserwerb nicht.
[469] S. 49–50.
[470] LSF 27, 2004/2, Abs. 2.7.2.

Gesetzesregister

Die Zahlen beziehen sich auf Randnummern, Zahlen in Klammern auf Fußnoten.

Belgien
Code Civil/Burgerlijk Wetboek vom 21.3.1804 (Monit. belg. vom 3.9.1807), Zivilgesetzbuch, CC
– Art. 44 Nr. 1 441 (2)
– Art. 58 191 (7)
– Art. 59 (5) 191 (7)
– Art. 62bis a. F. 464
– Art. 112 206
– Art. 124 232 (252)
– Art. 126 226 (210)
– Art. 135/1 464; 478; 481 (215)
– Art. 143 19 (82)
– Art. 312 447 (33)
– Art. 335 – § 1 139 (652)
– Art. 345 247 (26)
– Art. 370/3 491 (254)
– Art. 376 31; 389; 389 (13); 391 (24); 393; 397
– Art. 378 397; 404; 405 (81)
– Art. 384 24 (116); 388
– Art. 476 321
– Art. 477 324
– Art. 481 324
– Art. 482 324
– Art. 483 324
– Art. 484 324
– Art. 488 246 (11); 253 (66)
– Art. 488bis 250 (35); 253 (66)
– Art. 721 13 (46); 211 (261)
– Art. 1131 68 (163)
– Art. 1475 125 (547)
Code judiciaire/Gerechtelijk Wetboek vom 10.10.1967, (Belgisches Staatsblatt Monit. belg. vom 29.10.1967), Zivilprozessgesetzbuch
– Art. 45 497 (21)
– Art. 1253ter 134 (612)
– Art. 335 547 (265); 525
Loi réformant des régimes relatifs aux personnes transgenres en ce qui concerne la mention d'une modification de l'enregistrement du sexe dans les actes de l'état civil et ses effets. Belgisches Staatsblatt vom 10.7.2017; Gesetz vom 25.6.2017 zur Reform von Regelungen in Bezug auf Transgender hinsichtlich des Vermerks einer Änderung der Registrierung des Geschlechts in den Personenstandsurkunden und der Folgen
Constitution/Grondwet vom 17.2.1994 (Moniteur belge vom 17.2.1994, S. 4054); belgische Verfassung
– Artt. 8–32; 142 48

Loi relative à l' euthanasie (Moniteur belge vom 22.6.2002, S. 28515); Gesetz über Euthanasie
– Artt. 2–6 78

Bulgarien
Erbschaftsgesetz (Закон за наследството), DV No. 22/ 29.1.1949, zuletzt geändert durch DV No. 47/ 23.6.2009.
– Art. 10a 235 (258)
– Art. 13 276; 348
Gesetz über die Personen und die Familie (Закон за лицата и семейството), DV No. 182/ 9.8.1949, in Kraft seit 10.9.1949, zuletzt geändert durch DV No. 120/ 29.12.2002
– Art. 1 66 (148); 163 (87); 192 (8); 264 (127)
– Art. 2 246 (11)
– Art. 3 350
– Art. 3 (1) 347; 347 (467); 407 (91)
– Art. 3 (2) 246 (21) (22): 250 (38); 268; 313 (339); 380 (581)
– Art. 4 (1) 347 (467); 407 (91)
– Art. 4 (2) 350; 365; 380 (581)
– Art. 5 145 (688)
– Art. 5 (1) 147 (701); 253 (63)
– Art. 5 (2) 146 (701)
– Art. 5 (3) 250 (38); 374 (580)
– Art. 6 (2) 321
– Art. 6 (4) 321
– Art. 7 (1) 278
– Art. 14 219; 224 (199)
– Artt. 44, 45 228 (227)
Gesetz über die Schuldverhältnisse und Verträge (Закон за задълженията и договорите), DV Nr. 275 vom 22.11.1950, zuletzt geändert durch DV Nr. 35 vom 27.4.2021. GSchVerhV
– Art. 27 294 (581)
– Art. 31 380 (581)
Arbeitsgesetzbuch (Кодекс на труда), DV No. 26/ 1.4.1986, zuletzt geändert durch DV No. 25/ 29.3.2022
Konstitutsiya na Republika Bulgaria (Конституция на Република България) (DV Nr. 56 vom 13.7.1991), Verfassung Bulgarien, in Kraft seit 13.7.1991
– Art. 6 (2) 445 (26)
– Art. 22 (1) 177 (143)
– Art. 46 19 (82); 109 (461)
Gesetz über die Zivilregistrierung in Bulgarien (Закон за гражданската регистрация) veröffentlicht im DV Nr. 67 vom 27.7.1999, in Kraft seit 30.7.1999

Gesetzesregister

- Art. 8 22 (97)
- Art. 12 514 (91); 518 (120); 544 (250)
- Art. 13 511
- Art. 14 512 (86)
- Art. 14 (1) 139 (644) (648); 527
- Art. 14 (3) 540 (225)
- Art. 14 (4) 500; 583
- Art. 15 (1) 511
- Art. 15 (2) 511
- Art. 17 494(2); 497 (20)
- Art. 18 (1) 580
- Art. 18 (2) 576
- Art. 19 591 (430); 595 (445)
- Art. 19a 504 (59); 595 (445)
- Art. 90 (2) 8 (20)

Familiengesetzbuch (Семеен кодекс) DV No. 47/ 23.6.2009, zuletzt geändert durch DV No. 24/ 22.3.2020
- Art. 6 (4) 244 (10); 262 (114)
- Art. 12 135 (616) (618) (620)
- Art. 14 (3) 139 (648)
- Art. 53 135 (621) (622)
- Art. 129 (1) 391 (24); 395

Dänemark

Lov om ikrafttraeden af borgerlig straffelov m. m. (Strafgesetz) vom 15.4.1930 (Nr. 127)
- § 237 71
- § 240 70 (186)

Adoptionsloven vom 25.5.1956 (Nr. 140)
- §§ 33, 34 84 (283)

Lov om bortblevne (Gesetz über vermisste Personen vom 1.9.1986, Nr. 587), Gesetzbekanntmachung vom 4.8.2005 (Nr. 766)
- Kap. 2 – § 5 213 (139)
- Kap. 2 – § 6 211 (199); 226 (216)

Værgemålsloven (Gesetz über Vormundschaft) vom 14.6.1995 (Nr. 138)
- Kap. 1 – § 1 246 (11); 262 (114)
- Kap. 2 – § 2 262 (114)
- Kap. 2 – § 5 146 (701); 250 (35); 330 (395)
- Kap. 2 – § 6 145 (689);146 (701)
- Kap. 2 – § 6 330 (395)
- Kap. 2 – §§ 8, 9 330 (395)
- Kap. 2 – § 10 330 (395)
- Kap. 7 – § 44 374 (560); 376 (572)

Børneloven (Kindergesetz) vom 7.6.2001 (Nr. 460)
- Kap. 5 – § 30 447 (33)
- Kap. 5 – § 31a 447

Lov om det centrale personregister (Gesetz über das zentrale Personenregister) vom 3.3.2004 (Nr. 140)
- Kap. 4 i. V. m. Anhang 1 18 (68); 114 (487)
- Kap. 2 – §§ 3–5 22 (97)

Arveloven (Erbgesetzbuch) vom 6.6.2007 (Nr. 515)
- Kap. 11 – § 62 348
- Kap. 17 – § 94 (2) 13 (46)

Lov om pas til danske statsborgere m. v. (Gesetz über Reisepass) vom 8.9.2008 (Nr. 900); Gesetzbekanntmachung vom 19.1.2017 (Nr. 76)
- § 4 18 (70)

Retsplejeloven og om ophaevelse av lov om registreret partnerskab (Gesetz über die Aufhebung des Gesetzes über eingetragene Partnerschaft) vom 12.6.2012 (Nr. 532)
- §§ 4, 5 125 (546)

Lov om ændring af lov om det centrale personregister (Gesetz zur Änderung des Gesetzes über das zentrale Personenregister), Gesetzbekanntmachung vom 25.6.2014 (Nr. 752)
- Art. 3 – § 6 23 (106)

Navnelov (Namengesetz) vom 23.12.2015 (Nr. 1816)
- Kap. 1 – § 1 31; 132 (578); 139 (652)
- Kap. 1 – § 5 135 (616) (618) (620) (621)
- Kap. 2 – § 10 135 (622)
- Kap. 3 – § 12 132 (578); 133 (588)
- Kap. 3 – § 14 133 (597)

Lov om ægteskabs indgåelse og opløsning (Ehegesetz) vom 23.1.2018 (Nr. 54)
- § 1 19 (82)
- § 2 38 (116)

Bekendtgørelse om folkeregestrering m. v. (Verordnung über die Registrierung von Bürgern) vom 13.9.2018 (Nr. 1167)
- Kap. 1 – § 1 441 (7)

Lov om assisteret reproduktion i forbindelse med behandling, diagnostik og forskning m. v. vom 12.4.2019 (Nr. 514) (Gesetz über künstliche Befruchtung im Zusammenhang mit Behandlung, Diagnostik und Forschung usw.), Gesetzbekanntmachung vom 23.8.2019 (Nr. 902)
- Kap. 3 – § 13 84 (281)
- Kap. 8 – § 29 84 (281)

Lov om ægteskabs indgåelse og opløsning (Ehegesetz) vom 7.8.2019 (Nr. 771)
- Kap. 1 – § 1 19 (82); 487 (242)
- Kap. 3 – §§ 23, 24 487 (242) (243)

Lov om det centrale personregister (Gesetz über das zentrale Personenregister), Gesetzbekanntmachung vom 3.9.2020 (Nr. 1297)
- Kap. 2 – § 3 467; 478; 478(197); 493 (262)

Navnelov (Namengesetz), Gesetzbekanntmachung vom 14.9.2021 (Nr. 1815)
- Kap. 1 – § 1 510; 513; 536; 540 521(231) (238); 541 (236); 547 (264)
- Kap. 1 – § 2 600 (468)
- Kap. 1 – § 3 537
- Kap. 1 – § 4 (1) 535 (199); 562 (339)
- Kap. 1 – § 4 (2) 537; 597 (460)

Zahlen in Klammern = Fußnoten **Gesetzesregister**

- Kap. 1 – § 4 (4) 570 (357)
- Kap. 1 – § 4 (5) 564 (344)
- Kap. 1 – § 4 (7) 537; 600
- Kap. 1 – § 5 (1) 551 (279); 556; 556 (306)
- Kap. 1 – § 5 (2) 559; 570 (357)
- Kap. 1 – § 6 535 (199); 598 (461)
- Kap. 1 – § 7 (1), (2) 556 (306)
- Kap. 1 – § 7 (3) 535 (199)
- Kap. 1 – § 8 (1), (2) 521 (141)
- Kap. 1 – § 10 561 (328)
- Kap. 2 – § 11 510; 513; 535 (199)
- Kap. 3 – § 12 513; 514 (91)
- Kap. 3 – § 13 517
- Kap. 3 – § 14 517; 518 (117)
- Kap. 4 – § 22 580; 580 (370)

Deutschland
Strafgesetzbuch vom 15.5.1871 (RGBl. 127) (BGBl. I S. 3322), in der Fassung der Bekanntmachung vom 13.11.1998 (BGBl. I S. 3322), (Art. 1) G. v. 11.7.2022 (BGBl. I S. 1082); StGB
- § 27 (1) 70 (185)
- § 212 66 (146)
- § 216 71 (194); 79
- § 218 (1) Satz 2 66 (146); 71 (200)

Bürgerliches Gesetzbuch vom 18.8.1896 (RGBl. S. 195) Inkrafttreten 1.1.1900; Neugefasst durch Bek. v. 2.1.2002 I 42, 2909; 2003, 738, zuletzt geändert durch Art. 4 G. v. 15.7.2022 (BGBl., I S. 1146), BGB [n.F.: in Kraft ab 1.1.2023]
- § 1 58 (105); 66 (148); 155 (26) (34); 169 (111); 192 (8)
- § 2 246 (11)
- § 6 146 (697)
- § 8 8 (23)
- § 10 64 (136)
- § 11 8 (20); 8 (23)
- § 12 5(11); 5 (13); 22 (98); 499 (33)
- § 13 8 (27); 155 (34)
- § 14 8 (27)
- § 14 (1) 160 (70)
- § 14 (2) 160 (70); 176 (132)
- § 21 155 (27)
- § 57 (2) 161 (74)
- § 81 (2) 161 (74)
- § 90 185 (191)
- § 90b 185 (192)
- § 91 16
- § 100 232 (253)
- § 104 Nr. 1 246 (22); 268; 350; 373; 548
- § 104 Nr. 2 141 (659) (661); 173 (122); 176; 245 (5); 251 (39); 254; 256 (82); 274 (177); 374 (558)
- § 104 Nr. 3 146 (697)
- § 105 (1) 281 (216); 368; 373 (549)
- § 105 (2) 244: 256 (82); 269; 276 (186)
- § 105a 141; 141 (659); 176; 245 (5); 250 (38); 257; 257 (82); 343 (459); 350
- § 106 246 (21); 305
- § 107 250 (38); 279; 281 (216); 354; 357; 359; 369; 369 (536) (537); 407; 579
- § 108 268; 344; 357; 369; 377; 407
- § 109 (1) 377
- § 110 250 (38); 283; 354; 366
- § 111 311 (336); 357 (493); 369; 370
- § 112 245 (10); 248 (31); 283; 367 (528); 368
- § 113 283; 366
- § 114 146; 329 (392)
- § 130 (2) 235
- § 131 259; 306; 311 (335); 369 (534)
- § 134 68 (163)
- § 138 68 (163); 69
- § 146 392 (34)
- § 165 267 (144); 358; 359
- § 179 (3) 309 (322)
- § 181 390; 400
- § 183 248; 344
- § 184 (1) 377
- § 187 (2) 246 (13)
- § 210 279 (206); 311 (333)
- § 243 (2) 16
- § 253 (2) 14 (49); 68 (164)
- § 269 (1) 8 (24)
- § 270 (4) 8 (24)
- § 281 (4) 281 (216)
- § 286 (1) 281 (216)
- § 331 (2) 199 (49)
- § 483 8 (24)
- § 493 (4) 8 (24)
- § 516 (1) 98
- § 618 458 (88)
- § 630d 285 (233); 297 (275)
- § 630e (5) 288
- § 630h (2) 297 (279)
- § 670 359
- § 682 55 (92)
- § 705 (2) 160 (70)
- § 812 (1) 375
- § 816 (1) 200
- § 816 (4) 309 (325)
- § 818 (3) 309 (325); 375
- § 818 (4) 375
- § 819 (1) 309 (325)
- § 823 (1) 5 (13)
- § 826 68 (166); 309 (324)
- § 828 309 (325)
- § 844 (2) 196 (35); 199 (45)
- § 844 (3) 196 (32)
- § 858 264
- § 903 280
- § 904 273 (173)
- § 1297 169 (108)
- § 1303 24 (116); 34 (147); 276 (184); 260 (102); 304 (301); 320; 321 (366)

607

Gesetzesregister

Zahlen = Randnummern

- § 1304 141 (661); 259; 277; 277 (190); 311
- § 1314 34 (147)
- § 1314 (2) 487 (243)
- § 1315 34 (147)
- § 1316 (1) 191
- § 1319 (1) 229(231); 231
- § 1319 (2) 229; 231
- § 1320 231
- § 1353 19 (82); 34 (147); 457 (82); 487 (242)
- § 1355 (1) 135 (616); 494 (2); 551 (279) (284)
- § 1355 (2) 135 (621); 136 (630); 494 (2); 555
- § 1355 (3) 557 (314)
- § 1355 (4) 135 (620); 136 (633); 494 (2); 524
- § 1355 (5) 135 (622); 561 (328); 562
- § 1355 (6) 494 (2)
- § 1358 n. F. 418 (129)
- § 1411 311 (332); 434
- § 1565 123
- § 1591 15 (51); 85; 447; 459 (99); 490; 490 (250)
- § 1592 113 (463); 447 (33); 490 (250)
- § 1596 (1) 311 (332); 357 (494)
- § 1596 (3) 311 (332)
- § 1600a (2) 311 (332)
- § 1600a (3) 311 (332)
- § 1616 524; 541 (236)
- § 1617 (1) 139; 540 (224) (225)
- § 1617 (2) 139 (646); 541 (240); 544 (250); 548
- § 1617a (1) 552
- § 1617a (2) 539; 571; 572; 579 (377)
- § 1617b (1) 541 (241); 569; 570 (355); 579 (377)
- § 1617b (2) 547; 574; 579 (377)
- § 1617c (1) 349; 565; 569; 579; 580
- § 1617c (2) 566 (346); 568; 579 (377)
- § 1618 135 (613); 539 (222); 570; 570 (355); 571; 579 (377)
- § 1626 (1) 133 (588); 455 (75); 514 (91)
- § 1626 (2) 343
- § 1626a 393; 539 (218); 541 (234); 542
- § 1626c 311 (332)
- § 1628 95 (612); 544 (250); 579 (379)
- § 1629 (1) 391 (24); 398
- § 1629 (2) 400
- § 1629a 59; 402
- § 1631b 297 (282)
- § 1631c 265
- § 1631d 274 (179); 289 (251)
- § 1631e (1) 122 (539); 454 (74)
- § 1643 (1) n. F. 403 (73)
- § 1643 (2) n. F. 404; 405; 405 (86)
- § 1643 (3) 303; 368
- § 1648 390
- § 1666 (1) 480 (212)
- § 1666 (3) 544 (250)
- § 1671 544

- § 1673 394 (39) (40)
- § 1673 (2) 544 (246)
- § 1674 544 (252)
- § 1674a 544 (246)
- § 1675 544 (246)
- § 1677 229
- § 1678 (1) 393; 394; 544 (252)
- § 1681 (1) 229
- § 1681 (2) 229
- § 1688 394
- § 1697a (1) 548
- § 1741 447 (41)
- § 1743 247 (26)
- § 1752 (1) 247 (24)
- § 1757 (1) 576; 579 (377)
- § 1757 (2) 349; 564; 576 (367); 577 (373); 579 (377)
- § 1757 (3) 132 (578); 494 (4); 576
- § 1757 (4) 494 (2); 522; 549
- § 1773 (1) 394
- § 1773 (2) 394
- § 1781 (3) 431
- § 1786 n. F. 394
- § 1789 (2) n. F. 394
- § 1791c 394
- § 1792 394
- § 1793 394
- § 1795 400
- § 1796 n. F. 399 (54)
- § 1798 n. F. 401
- § 1799 (1) n. F. 403 (73)
- § 1804 n. F. 399 (54)
- § 1809 n. F. 400; 544 (250)
- § 1810 n. F. 67 (154); 195 (28); 200 (64)
- § 1813 (1) n. F. 400
- § 1814 n. F. 431
- § 1814 (1) n. F. 24(115); 250 (35); 254; 340
- § 1814 (2) n. F. 173 (122); 251 (47); 264 (123); 266 (138); 274 (177); 284 (229)
- § 1814 (3) n. F. 318 (360)
- § 1814 (5) n. F. 250 (35)
- § 1815 (1) n. F. 431
- § 1816 (2) n. F. 266 (137); 414
- § 1816 (3) n. F. 262 (116)
- § 1816 (5) n. F. 431
- § 1817 n. F. 431
- § 1818 n. F. 431
- § 1819 n. F. 431
- § 1820 n. F. 414 (112) (116)
- § 1821 n. F. 343 (446); 405 (81)
- § 1821 (1) Nr. 2 n. F. 343 (446)
- § 1822 Nr. 1 405 (77)
- § 1822 Nr. 2 405 (78)
- § 1822 Nr. 3 403 (75), (76); 405 (80)
- § 1822 Nr. 5 403 (74);
- § 1822 Nr. 8 403 (73)
- § 1823 n. F. 340; 343 (446); 431; 434
- § 1824 n. F. 400; 432 (174); 434

Zahlen in Klammern = Fußnoten **Gesetzesregister**

- § 1825 n. F. 24 (115); 34 (147); 145 (678); 250 (38); 254; 277 (193); 284 (229); 343; 344; 374 (564); 409
- § 1827 n. F. 23 (102); 73; 73 (211)
- § 1827 (1) n. F. 285 (233)
- § 1827 (3) (5) (6) n. F. 73
- § 1829 (3) n. F. 343
- § 1829 (4) n. F. 73
- § 1830 n. F. 173 (122)
- § 1830 (1) n. F. 254, 265; 265 (131)
- § 1831 (4) n. F. 265
- § 1832 n. F. 72 (209); 251; 254; 257 (85); 265
- § 1832 (1) n. F. 173 (122)
- § 1841 (1) n. F. 251
- § 1850 n. F. 405; 405 (81) (82); 434
- § 1851 n. F. 434; 405 (77) (78)
- § 1852 n. F. 404 (75); 405 (76) (80)
- § 1853 n. F. 434
- § 1854 Nr. 5 n. F. 145 (678)
- § 1854 Nr. 8 n. F. 403 (74); 434
- § 1862 (1) n. F. 434 (182)
- § 1882 n. F. 198 (46); 199 (50)
- § 1884 n. F. 239; 241
- § 1887 (1) n. F. 229, 241
- § 1896 (1) 24 (115); 173 (122); 250 (35); 251 (45); 251
- § 1896 (1a) 173 (122); 251 (47); 254; 264 (123); 266 (138); 274 (177); 284 (229); 340
- § 1896 (2) 340 (319)
- § 1897 (1) (4) 266 (137); 414
- § 1897 (5) 262 (114)
- § 1898 431
- § 1899 431
- § 1900 431
- § 1901a (1) 23 (102); 285 (233)
- § 1901a (3) 73
- § 1901a (5) 73
- § 1901a (6) 73
- § 1901c 414 (112)
- § 1902 340; 343 (446); 431; 434
- § 1903 (1) 24 (115); 34 (147); 250 (38); 343; 344; 374 (563); 409; 440
- § 1903 (2) 277 (193); 343
- § 1903 (3) 250 (38); 343 (459); 374 (563)
- § 1904 (3) 254
- § 1904 (4) 73
- § 1905 (1) 173 (122); 254; 265
- § 1906 (4) 265
- § 1906a 72 (209); 173 (122); 254; 257 (84); 265; 297 (282)
- § 1907 434
- § 1908a 250 (35)
- § 1908d 343
- § 1908f 414 (112)
- § 1908i 432; 434
- § 1909 544 (250)
- § 1911 239; 241
- § 1912 (1) 66 (153); 200 (64)
- § 1912 (2) 66 (153); 195 (28)
- § 1921 (3) 229; 241
- § 1923 (1) 34 (147); 58 (106); 67 (148); 67 (159); 197 (41)
- § 1923 (2) 198 (44); 199 (45); 200 (57)
- § 1931 210
- § 1933 210
- § 1943 195 (28)
- § 1944 8 (24)
- § 1967 (2) 235 (259)
- § 2020 232 (253)
- § 2024 232
- § 2120 199 (50)
- § 2162 (2) 199 (48)
- § 2178 (2) 67 (159)
- § 2201 311 (332)
- § 2229 (1) 34 (147); 55 (90); 276 (184); 348
- § 2229 (3) 146 (697)
- § 2229 (4) 254; 276
- § 2247 132 (578); 348; 494 (4)
- § 2275 306; 311 (332)
- § 2347 311 (332)
- § 2347 n. F. 434
- § 2370 200; 227

Einführungsgesetz zum Bürgerlichen Gesetzbuche vom 18.8.1896 (RGBl. I S. 604), In der Fassung der Bekanntmachung vom 21.9.1994 (BGBl. I S. 2494, ber. 1997 S. 1061); zuletzt geändert durch Art. 18 G. v. 24.6.2022 (BGBl. I S. 959), EGBGB
- Art. 3 Nr. 2 51 (62)
- Art. 5 28 (123)
- Art. 6 587
- Art. 7 19 (79); 28
- Art. 7 (2) n. F. 311
- Art. 9 28; 213 (138)
- Art. 10 (1) 28; 494 (2); 587
- Art. 10 (3) 511 (85)
- Art. 12 55 (92)
- Art. 13 (2) 229 (231)
- Art. 13 (3) 34 (147); 43 (25)
- Art. 17b 28; 125 (545); 459
- Art. 19 94 (349)
- Art. 47 (1) 134
- Art. 47 (1) Nr. 3 510; 515 (105); 528
- Art. 48 139; 587
- Art. 229 – § 44 34 (147)

Handelsgesetzbuch vom 10.5.1897 (RGBl. I S. 219), zuletzt geändert durch Art. 1 G. v. 15.7.2022 (BGBl. I S. 1146), HGB
- § 1 (2) 161 (77)
- § 6 161 (74)
- § 6 (1) 501 (47)
- § 8 (1) 501 (43)
- § 17 161 (73); 501 (42)
- §§ 22, 23 161 (75)
- § 25 161 (76)
- §§ 105 160 (69); 161 (77)

Gesetzesregister

Zahlen = Randnummern

- § 107 (1) 160 (77)
- § 123 (1) n. F. 160 (69)
- § 161 160 (69)

GmbH-Gesetz (Gesetz betreffend die Gesellschaften mit beschränkter Haftung) vom 20.4.1892 (RGBl. S. 477),), in der Fassung der Bekanntmachung vom 20.5.1898 (RGBl. S. 846); zuletzt geändert durch (Art. 5) G. v. 15.7.2022 (BGBl. I S. 1146); GmbHG
- §§ 3 (1) 153 (77)
- § 13 (1) 169 (111)

Gesetz betreffend das Urheberrecht an Werken der bildenden Künste und der Photographie; Gesetz vom 9.1.1907 (RGBl. S. 7, BGBl. I S. 266), zuletzt geändert durch Gesetz vom 16.2.2001 (BGBl. I S. 266) m. W. v. 1.8.2001, KUrhG
- § 22 201 (68)

Straßenverkehrsgesetz vom 3.5.1909 in der Fassung der Bekanntmachung vom 5.3.2003 (BGBl. I S. 310, ber. S. 919) zuletzt geändert durch Art. 1 des Gesetzes vom 12.6.2021 (BGBl. I S. 3108)

Staatsangehörigkeitsgesetz vom 22.7.1913; neu gefasst m. W. v. 1.1.2000 durch G v. 15.7.1999 (BGBl. I S. 1618); zuletzt geändert durch Art. 1 G v. 12.8.2021 (BGBl. I S. 3538)
- § 3 583 (403)

Die Verfassung des Deutschen Reichs („Weimarer Reichsverfassung") vom 11.8.1919, RGBl. S. 1383, WRV (teilweise Fortgeltung über Artt. 123, 140 GG)
- Art. 109 (3) 587

Gesetz über die religiöse Kindererziehung vom 15. Juli 1921 (RGBl. S. 939), zuletzt geändert durch Art. 15 Abs. 21 G v. 4.5.2021 (BGBl. I S. 882)
- § 5 289 (255)

Gesetz über die Änderung von Familiennamen und Vornamen vom 5.1.1938 (BGBl. I S. 882), i. d. F. der Bekanntmachung vom 26.3.2021 (BGBl. I S. 738), zuletzt geändert durch Art. 15 Absatz 17 des G. v. 4.5.2021 (BGBl. I S. 882), NamÄndG
- § 2 580
- § 3 34 (148); 42 (13); 564 (343); 581 (391); 592
- § 3a 592
- § 4 580
- § 5 596 (458)
- § 11 42 (13); 589 (423)

Zweite Verordnung zur Durchführung des Gesetzes über die Änderung von Familiennamen und Vornamen vom 17.8.1938 (RGBl. I S. 1044)
- §§ 1, 2 533 (196)

Verschollenheitsgesetz vom 4.7.1939, in der im Bundesgesetzblatt Teil III, Gliederungsnummer 401-6, veröffentlichten bereinigten Fassung; Neubekanntmachung 16.1.1951 (BGBl I S. 63), zuletzt geändert durch Art. 182 der Verordnung vom 31. August 2015 (BGBl. I S. 1474), VerschG
- § 1 34 (148); 204; 216 (153); 219
- § 3 224 (194) (195) (196)
- § 4 225 (204)
- § 5 222 (185); 225 (207)
- § 6 214 (142); 225 (208)
- § 7 222 (180) (185) 187); 220; 226; 226 (219)
- § 9 13 (45); 205 (91); 227 (222)
- § 10 205
- § 11 13 (46); 236 (261); 237
- § 16 205 (159); 218 (160) (161)
- § 18 218 (162)
- § 30 230 (243)
- § 39 204; 213 (138)
- § 40 213 (137)
- § 44 213 (136)

Elfte Verordnung zum Reichsbürgergesetz vom 25.11.1941 (RGBl. I S. 722)
- §§ 1–4 58 (106)

Grundgesetz für die Bundesrepublik Deutschland vom 23.5.1949 (BGBl. S. 1), GG
- Art. 1 17 (61) (64); 24 (110); 42; 43; 51; 68 (164); 69; 71; 73 (211)
- Art. 2 18 (73); 24 (110); 286; 68 (164)
- Art. 2 (1) 57 (99); 79; 94; 121
- Art. 2 (2) 71; 77 (231); 103
- Art. 3 (1) 48; 123
- Art. 3 (2) 109 (452); 136 (627); 139 (645); 460 (109)
- Art. 3 (3) 18 (73); 23 (108)
- Art. 5 (1) 68 (166)
- Art. 6 (1) 57 (99); 94; 123; 262 (116)
- Art. 6 (2) 133 (590); 134 (607); 511
- Art. 12a 111; 458 (85); 481
- Art. 14 57 (99)
- Art. 16a (5) 51 (61)
- Art. 19 (3) 158 (54)
- Art. 20 314
- Art. 25 44 (27)
- Art. 90 (2) 54 (83)
- Art. 116 (1) 481
- Art. 123 509 (78)

Gesetz zur Änderung von Vorschriften des Verschollenheitsrechts vom 15.1.1951; in der im Bundesgesetzblatt Teil III, Gliederungsnummer 401-7, veröffentlichten bereinigten Fassung, zuletzt durch geändert durch Art. 3 Absatz 3 des Gesetzes vom 4.12.2018 (BGBl. I S. 2257; 2019 I S. 496)
- Art. 2 – § 1 225
- Art. 3 – § 1 196 (145)

Gesetz über das Bundesverfassungsgericht (Bundesverfassungsgerichtsgesetz); vom 12.3.1951; (BGBl. I S. 243), in der Fassung der Bekannt-

Zahlen in Klammern = Fußnoten **Gesetzesregister**

machung vom 11.8.1993 (BGBl. I S. 1473), und zuletzt geändert durch Art. 4 G. v. 20.11.2019 (BGBl. I S. 1724), BVerfGG
- § 31 (2) 48
- § 79 (2) 48
- § 95 (3) 48

Gesetz über das Wohnungseigentum und das Dauerwohnrecht (Wohnungseigentumsgesetz) vom 15.3.1951 (BGBl. I S. 175), in der Fassung der Bekanntmachung vom 12.1.2021 (BGBl. I S. 34), WEG
- § 10 (6) 157 (44)

Bundesgesetz zur Entschädigung für Opfer der nationalsozialistischen Verfolgung (Bundesentschädigungsgesetz) in der Fassung der Bekanntmachung vom 29.6.1956 (BGBl. I S. 559), zuletzt geändert durch Art. 14(5) G. v. 28.6.2021 (BGBl. I S. 2250), BEG
- § 46 (2) 237

Aktiengesetz. Gesetz vom 6.9.1965 (BGBl. I S. 1089), zuletzt geändert durch Art. 2 G. v. 20.7.2022 (BGBl. I S. 1166), AktG
- § 1 (1) 169 (111)
- § 278 (1) 160 (66)

Gesetz über Urheberrecht und verwandte Schutzrechte (Urheberrechtsgesetz) vom 9.9.1965 (BGBl. I S. 1273), zuletzt geändert durch Gesetz vom 23.6.2021 (BGBl. I S. 1858) m. W. v. 1.12.2021, UrhG

Berufsbildungsgesetz vom 14.8.1969 (BGBl. I S. 1112); in der Fassung der Bekanntmachung vom 4. Mai 2020 (BGBl. I S. 920), zuletzt geändert durch Art. 2 G. v. 20.7.2022 (BGBl. I S. 1174), BBiG
- § 10 (2) 366 (523)

Heimgesetz vom 7.8.1974 (BGBl I S. 1873) in der Fassung der Bekanntmachung vom 5. November 2001 (BGBl. I S. 2970), zuletzt geändert durch Artikel 3 Satz 2 des Gesetzes vom 29.7.2009 (BGBl. I S. 2319), HeimG

Gesetz zum Schutze der arbeitenden Jugend (Jugendarbeitsschutzgesetz – JArbSchG) vom 12.4.1976 (BGBl. I S. 965), zuletzt geändert durch Gesetz vom 16.7.2021 (BGBl. I S. 2970)
- § 2 245 (9); 362
- § 5 362

Allgemeine Verwaltungsvorschrift zum Gesetz über die Änderung von Familiennamen und Vornamen (NamÄndVwV); vom 11.8.1980 (Banz. Beil.Nr. 153a); zuletzt geändert durch Verwaltungsvorschrift vom 11.2.2014 (BAnz AT 18.2.2014 B2)
- Nr. 28 548 (434)
- Nr. 33 596
- Nr. 34 596
- Nr. 35 592; 596
- Nr. 39 596
- Nr. 40 596 (456)
- Nr. 41 596 (456)
- Nr. 42 564 (343)
- Nr. 46 593 (439)
- Nr. 48 594 (442); 596
- Nr. 50 581 (391)

Gesetz über die Änderung der Vornamen und die Feststellung der Geschlechtszugehörigkeit in besonderen Fällen (Transsexuellengesetz) vom 10.9.1980 (BGBl. I S. 1654), zuletzt geändert durch Art. 2 Abs. 3 das G. v. 20.7.2017 (BGBl. I S. 2787), TSG
- § 1 112 (532); 113 (463); 123 (532); 132 (578); 450; 471; 478 (196); 481
- § 3 480
- § 4 123; 463 (119); 474; 476; 480 (213); 492
- § 6 476
- § 7 122
- § 8 19 (83); 114 (469); 117 (494); 121; 123; 474 (174); 475 (188); 490; 491
- § 9 463 (119)
- § 10 42 (13); 113 (463); 462 (117); 483 (226)
- § 11 18 (77); 447; 447 (37); 489 (244); 490
- § 12 483 (223)
- § 45b 114 (469)

Paßgesetz (PaßG) vom 19.4.1986 (BGBl. I S. 537), zuletzt geändert durch Artikel 1 des Gesetzes vom 5.7.2021 (BGBl. I S. 2281), PaßG
- § 4 (1) 499 (28)
- § 4 (2) 18 (70)

Sozialgesetzbuch (SGB), Sechstes Buch (VI) – Gesetzliche Rentenversicherung – vom 18.12.1989 (BGBl. I S. 2261, 1990 I S. 1337) in der Fassung der Bekanntmachung vom 19.2.2002 (BGBl. I S. 754); Zuletzt geändert druch Art. 1 G. v. 28.6.2022 (BGBl. I S. 975), SGB VI
- § 33 (2) 458 (90)
- § 147 22 (97)

Gesetz zum Schutz von Embryonen (Embryonenschutzgesetz) vom 13.12.1990, BGBl. I S. 2746; zuletzt geändert durch Artikel 1 des G. v. 21.11.2011 (BGBl. I S. 2228), ESchG
- § 1 85
- § 2 104 (416)
- § 6 154 (20)
- § 7 154 (20)

Gesetz zur Vermeidung und Bewältigung von Schwangerschaftskonflikten (Schwangerschaftskonfliktgesetz) vom 27.7.1992 (BGBl. I S. 1398); zuletzt geändert durch Art. 3 G. v. 11.7.2022 (BGBl. I S. 1082), SchKG
- § 6 (3) 303 (299)

Betäubungsmittelgesetz (Gesetz über den Verkehr mit Betäubungsmitteln – BtMG) vom 1.3.1994 (BGBl. I S. 1202); zuletzt geändert durch Art. 1 der Verordnung vom 8.11.2021 (BGBl. I S. 4791)
- § 5 (1) 77 (229)

Gesetzesregister

Zahlen = Randnummern

Partnerschaftsgesellschaftsgesetz (Gesetz über Partnerschaftsgesellschaften Angehöriger Freier Berufe); Artikel 1 des Gesetzes vom 25.7.1994 (BGBl. I S. 1744), zuletzt geändert durch G. v. 10.8.2021 (BGBl. I S. 3436), PartGG
– § 7 (1) 160 (69)

Gesetz über Medizinprodukte (Medizinproduktegesetz, MPG) vom 2.8.1994 (BGBl. I S. 1963) in der Fassung der Bekanntmachung vom 7.8.2002 (BGBl. I S. 3146); zuletzt geändert durch Artikel 223 der Verordnung vom 19.6.2020 (BGBl. I S. 1328)
– § 20 (4) 290

Markengesetz, (Gesetz über den Schutz von Marken und sonstigen Kennzeichen) vom 25.10.1994 (BGBl. I S. 3082), zuletzt geändert durch Art. 5 G. v. 10.8.2021 (BGBl. I S. 3490), MarkenG
– § 7 160 (70)

Gesetz zur Ausführung des Artikels 11 Abs. 1 des Rahmenübereinkommens des Europarats vom 1.2.1995 zum Schutz nationaler Minderheiten (Minderheiten-Namensänderungsgesetz) vom 22.7.1997 (BGBl. II S. 1406), MindNamÄndG
– § 1 (1) 589

Gesetz über die Spende, Entnahme und Übertragung von Organen und Geweben (Transplantationsgesetz) vom 5.11.1997 (BGBl. I S. 2631) in der Fassung der Bekanntmachung vom 4.9.2007 (BGBl. I S. 2206), zuletzt geändert durch Art. 15d des G. v. 11.7.2021 (BGBl. I S. 2754), TPG
– §§ 17, 18 23 (105)

Gesetz zur Reform des Kindschaftsrechts (Kindschaftsrechtsreformgesetz – KindRG) vom 16.12.1997 (BGBl. I S. 2942), KindRG

Gesetz zur Regelung des Transfusionswesens (Transfusionsgesetz) vom 1.7.1998 (BGBl. I S. 1752), in der Fassung der Bekannmachung vom 28.8.2007(BGBl. I S. 2169), zuletzt geändert durch G. v. 19.5.2020 (BGBl. I S. 1018), TFG

Gesetz über den Wertpapierhandel (Wertpapierhandelsgesetz) in der Fassung der Bekanntmachung vom 9.9.1998 (BGBl. I S. 2708); zuletzt geändert durch Gesetz vom 23.5.2022 (BGBl. I S. 754) m. W. v. 28.5.2022, WpHG
– §§ 2 (8), 80 (2) 185 (190)

Zehntes Buch Sozialgesetzbuch -Sozialverwaltungsverfahren und Sozialdatenschutz – in der Fassung der Bekanntmachung vom 18.1.2001 (BGBl. I S. 130), zuletzt geändert durch Art. 19 G. v. 20.7.2022 (BGBl. I S. 1237), SGB X

Gesetz über die Eingetragene Lebenspartnerschaft (Lebenspartnerschaftsgesetz – LPartG) vom 16.2.2001 (BGBl. I S. 266), zuletzt geändert durch Art. 3 des Gesetzes vom 18.12.2018 (BGBl. I S. 2639), LPartG
– § 1 34 (148)
– § 3 558; 558 (318); 563
– § 20a 34 (148); 558 (318)

Heimgesetz in der Fassung der Bekanntmachung vom 5.11.2001 (BGBl. I S. 2970), zuletzt geändert durch Artikel 3 Satz 2 des Gesetzes vom 29. Juli 2009 (BGBl. I S. 2319) (HeimG)
– § 14 (1) 177 (139)

Gesetz über die Vermittlung der Annahme als Kind und über das Verbot der Vermittlung von Ersatzmüttern (Adoptionsvermittlungsgesetz) vom 22.12.2001, BGBl. 2002 I, S. 354; in der Fassung der Bekanntmachung vom 21.6.2021 (BGBl. I S. 2010), AdVermiG
– § 13a 85 (301)
– § 14b 85

Abgabenordnung, in der Fassung der Bekanntmachung vom 1.10.2002 (BGBl. I S. 3866, ber. 2003 S. 61), zuletzt geändert durch G. v. 12.7.2022 (BGBl. I S. 1142) m. W. v. 22.7.2022, AO
– § 139b 22 (97)

Straßenverkehrsgesetz: in der Fassung der Bekanntmachung vom 5.3.2003 (BGBl. I S. 310, ber.S. 919) zuletzt geändert durch Gesetz vom 10.7.2020 (BGBl. I S. 1653) m. W. v. 17.7.2020 (StVG)
– § 1a 184 (189)

Verordnung über Arbeitsstätten (Arbeitsstättenverordnung) vom 12.8.2004 (BGBl. I S. 2179); zuletzt geändert durch Art. 4 des Gesetzes vom 22.12.2020 (BGBl. I S. 3334), ArbStättV
– Anhang zu – § 3 (1) Nr. 4.1 (1) 458 (88)

Nds. Allgemeine Zuständigkeitsverordnung für die Gemeinden und Landkreise zur Ausführung von Bundesrecht vom 14.12.2004 (Nds. GVBl. 2004 S. 589), zuletzt geändert durch Verordnung vom 28.6.2022 (Nds. GVBl. S. 422)
– § 3 (1) 596 (458)

Nds. Gesetz über das Leichen- Bestattungs- und Friedhofswesen (BestattG) vom 8.12.2005, (Nds. GVBl. 2005, 381); letzte Änderung durch Gesetz vom 20.6.2018 (Nds. GVBl. S. 117)
– §§ 3, 6 203 (83)

Gesetz über den Verkehr mit Arzneimitteln (Arzneimittelgesetz – AMG) in der Fassung der Bekanntmachung vom 12.12.2005 (BGBl. I S. 3394).
– § 40 290

Allgemeines Gleichbehandlungsgesetz vom 14.8.2006 (BGBl. I S. 1897); zuletzt geändert durch Art. 1 des Gesetzes vom 23.5.2022 (BGBl. I S. 768)
– § 1 459
– § 7 459 (103)

Zahlen in Klammern = Fußnoten **Gesetzesregister**

Personenstandsgesetz vom 19.2.2007 (BGBl. I S. 122), zuletzt geändert durch Art. 1 G. v. 19.10.2022 (BGBl. I S. 1744), PStG
- § 1 34 (148); 42 (7); 443
- § 21 441 (2)
- § 22 18 (69); 18 (72); 34 (148); 42 (13); 48 (45); 114 (469); 441 (2); 442; 448 (45); 454 (71); 455 (75)
- § 24 134 (611); 497 (21)
- § 45a 541
- § 45b 31; 42 (13); 114 (469); 132 (578); 454 (71); 456 (77); 462 (117); 475 (188); 480; 491 (252)
- § 47 454 (72)
- § 48 454 (72)
- § 54 42 (7); 107 (461)

Gesetz zur Regelung des Transfusionswesens i. d. F. der Bekanntmachung vom 28.8.2007 (BGBl. I S. 2169), zuletzt geändert durch Gesetz vom 20.11.2019 (BGBl. I S. 1626), Transfusionsgesetz – TFG
- § 10 104 (413)

Gesetz über die Spende, Entnahme und Übertragung von Organen und Geweben in der Fassung der Bekanntmachung vom 4.9.2007 (BGBl. I S. 2206), Transplantationsgesetz – TPG
- § 1a 103 (404)
- § 3 103 (404); 209
- § 4 103 (404)
- § 5 209
- § 8 103; 285 (233); 290 (257)
- § 8a 285 (233); 290
- § 16 209 (109)
- § 17 104
- § 18 104

Personenstandsverordnung vom 22.11.2008 (BGBl. I S. 2263), zuletzt geändert durch Art. 19 G. v. 28.3.2021 (BGBl. I S. 591), PStV
- § 5 203
- § 31 193 (19)
- § 38 203 (81); 204 (87)
- § 40 203 (82)
- § 42 447

Gesetz über das Verfahren in Familiensachen und in den Angelegenheiten der freiwilligen Gerichtsbarkeit, Artikel 1 des Gesetzes vom 17.12.2008 (BGBl. I S. 2586), zuletzt geändert durch Art. 4 G. v. 24.6.2022 (BGBl. I S. 959), FamFG
- § 9 281 (214)
- § 109 94 (349)
- § 151 297 (282)
- § 168a 548 (271)
- § 168g 548 (271)
- § 280 431
- § 286 310

Gesetz über Personalausweise und den elektronischen Identitätsnachweis (Personalausweisgesetz) vom 18.6.2009 (BGBl. I S. 1346), zuletzt geändert durch Art. 2 des G. v. 5.7.2021 (BGBl. I S. 2281), PAuswG
- § 5 (2) 499 (28)

Gendiagnostikgesetz vom 31.7.2009 (BGBl. I S. 2529, 3672), zuletzt geändert durch Art. 15 Absatz 4 das G. v. 4.5.2021 (BGBl. I S. 882)
- § 14 285 (233); 297 (275)

Allgemeine Verwaltungsvorschrift zum Personenstandsgesetz vom 29.3.2010 (GMBl S. 498), zuletzt geändert druch Art. 1 VwV vom 18.8.2021 (Banz AT 25.8.2021 B2), PStG-VwV
- A. 1.3.3 509 (81)
- Nr. 21.2.1 455 (75)
- Nr. 31.2 203 (82)

Bundesgesetz über die Regelung des Personenstandswesens (Personenstandsgesetz 2013 – PStG 2013) StF: BGBl. I Nr. 16/2013
- § 21 193
- § 31 202 (74); 203 (82)

Kapitalanlagegesetzbuch vom 4.7.2013 (BGBl. I S. 1981), zuletzt geändert durch Artikel 5 des Gesetzes vom 10.8.2021 (BGBl. I S. 3483), KAGB
- §§ 1, 17, 18 20 (89)

Gesetz für die Gleichstellung von Frauen und Männern in der Bundesverwaltung und in den Gerichten des Bundes (Bundesgleichstellungsgesetz) vom 24.4.2015 (BGBl. I S. 642); zuletzt geändert durch Artikel 2 des Gesetzes vom 7.8.2021 (BGBl. I S. 3311), BGleiG
- § 8 460 (103)

Gesetz zur Regulierung des Prostitutionsgewerbes, sowie zum Schutz von in der Prostitution tätigen Personen (Prostituiertenschutzgesetz) vom 21.10.2016 (BGBl. I S. 2372), zuletzt geändert durch Artikel 5 Absatz 1 des Gesetzes vom 9.3.2021 (BGBl. I S. 327), ProstSchG
- § 1 17 (61)

Mutterschutzgesetz (Gesetz zum Schutz von Müttern bei der Arbeit, in der Ausbildung und im Studium vom 23.5.2017) (BGBl. I S. 1228), geändert durch Artikel 57 Absatz 8 des Gesetzes vom 12.12.2019 (BGBl. I S. 2652), MuSchG
- § 1 458 (96)

Gesetz zur Einführung von elektronischen Wertpapieren vom 9.6.2021
- § 2 185 (200)

Gesetz zur Modernisierung des Personengesellschaftsrechts vom 10.8.2021 (BGBl. I S. 3436), MoPeG

Gesetz über die unternehmerischen Sorgfaltspflichten zur Vermeidung von Menschenrechtsverletzungen in Lieferketten (Lieferket-

Gesetzesregister *Zahlen = Randnummern*

tensorgfaltspflichtengesetz – LkSG) vom 16.7.2021 (BGBl. I S. 2959)
- § 3 62 (127)

Berufsordnung der Länder für Ärzte; Bundesärztekammer
- § 16 79 (246)

Estland
Äriseadustik vom 15.2.1995 (RT I 1995, 26, 355), Commercial Code/ Handelsgesetzbuch
- § 8 (1) 502 (43)
- § 8 (2) 501 (49)
- § 8 (3) 501 (46); 514 (91); 544 (250)

Rahvastikuregistri seadus vom 31.5.2000 (RT I 2000, 50, 317), Population Register Act/ Personenstandsregistergesetz

Võlaõigusseadus vom 26.9.2001 (RT I 2001, 81, 487), Law of Obligations Act/Schuldrechtsgesetz, LOA
- § 85 (2) 8 (24)
- § 382 (1) 8 (24)

Tsiviilseadustiku üldosa seadus vom 27.3.2002 (RT I 2002, 35, 216), General Part of the Civil Code Act/Gesetz über den Allgemeinen Teil des Zivilgesetzbuches, AT ZGB
- § 7 (1) 55 (88); 59 (108); 163 (87); 176 (132)
- § 7 (2) 192 (8)
- § 7 (3) 66 (148)
- § 8 (1) 55 (89)
- § 8 (2) 246 (11); 250 (38)
- § 8 (3) 250 (35)
- § 9 (1) 257
- § 9 (2) 324
- § 9 (3) 324; 326
- § 10 369
- § 11 355; 374 (563); 377
- § 12 246 (22); 305
- § 14 8 (20)
- § 15 8 (23)
- § 17 227 (153)
- § 18 241
- § 19 (1) 205 (91); 205 (161)
- § 19 (3) 226 (218); 236 (262)
- § 19 (4) 225 (204); 226 (215) (220)
- § 19 (5) 227 (221)
- § 20 (4) 236 (262)
- § 21 (1) 231; 232 (250)
- § 21 (2) 230 (243)
- § 22 204 (85); 213 (137) (142)
- § 24 155 (27)
- § 26 158 (54)
- § 30 161 (77); 501 (47)
- § 49 (3) 181 (161)
- § 86 68 (163)

Nimeseadus vom 15.12.2004 (RT I 2005, 1, 1), Namensgesetz
- § 3 132 (578); 494 (4); 497 (17)
- § 7 497 (21)

- § 8 539 (218); 547
- § 10 551 (279); 553
- § 11 135 (622); 556; 561 (328); 562

Pärimisseadus vom 17.1.2008 (RT I 2008, 7, 52), Law of Succession Act/ Erbgesetz
- § 5 197 (41)
- § 27 348

Töölepingu seadus vom 17.12.2008 (RT I 2009, 5, 35), Employment Contracts Act/ Arbeitsvertragsgesetz
- § 7 362
- § 8 364

Perekonnaseisutoimingute seadus vom 20.5.2009 (RT I 2009, 30, 177), Vital Statistics Registration Act/Einwohnermeldegesetz
- § 30 441 (6)

Perekonnaseadus (Familiengesetzbuch) vom 18.11.2009 (RT I 2009, 60, 395)
- § 1 19 (82)
- § 10 135 (616) (618) (620)
- § 71 228 (228)
- § 83 447 (33)
- § 120 398; 400
- § 129 401; 401 (68)
- § 131 403 (73); 405 (77) (78) (80) (81)
- § 150 247 (26)
- § 188 405 (86)

Rahvastikuregistri seadus (PersonenstandsregisterG), Gesetz vom 25.10.2017 (RT I, 17.11.2017, 1)
- §§ 21, 39 441 (6)

Finnland
Rikoslaki (Strafgesetzbuch) vom 19.12.1889 (Nr. 39)
- Kap. 5 – § 6 70 (185)
- Kap. 21 – §§ 1, 2 71
- Kap. 24 – § 9 201 (68)

Avioliittolaki (Ehegesetz) vom 13.6.1929 (Nr. 234)
- Kap. 1 – § 1 487 (242)
- Kap. 2 – § 4 24 (116)
- Kap. 6 – § 27 487 (242)

Perintökaari (Erbgesetz) vom 5.2.1965 (Nr. 40)
- Kap. 1 – § 1 66 (148)
- Kap. 1 – § 2 13 (46)
- Kap. 9 – § 1 249
- Kap. 9 – § 2 67 (156)

Laki lapsen huollosta ja tapaamisoikeudesta (Gesetz über elterliche Sorge und das Umgangsrecht) vom 8.4.1983 (Nr. 361)

Laki holhoustoimesta (Gesetz über Vormundswirksamkeit) vom 1.4.1999 (Nr. 442)
- Kap. 1 – § 1 262 (114)
- Kap. 1 – § 2 246 (11)
- Kap. 2 – § 4 262 (114)
- Kap. 2 – § 8 250 (35)
- Kap. 2 – § 9 250 (35)

614

Zahlen in Klammern = Fußnoten **Gesetzesregister**

– Kap. 3 – § 18 145 (690); 146 (701); 332 (405)
– Kap. 3 – § 22 332 (405)
– Kap. 4 – § 23 332 (405)
– Kap. 4 – § 24 268; 332 (405)
– Kap. 4 – § 26 332 (405); 374(560); 376 (572)

Laki transseksuaalin sukupuolen vahvistamisesta (Gesetz zur Bestimmung des rechtlichen Geschlechts transsexueller Personen) vom 28.6.2002 (Nr. 252)
– § 1 467; 471 (166); 478 (198); 481 (213)
– § 2 484 (229)

Laki kuolleeksi julistamisesta (Gesetz über die Todeserklärung) vom 4.3.2005 (Nr. 127)
– Kap. 1 – § 1 218 (159)
– Kap. 2 – § 3 225 (206)
– Kap. 2 – § 4 224 (199); 226 (219)

Laki hedelmöityshoidoista (Gesetz über unterstützte Reproduktion) vom 22.12.2006 (Nr. 1237)
– § 8 84 (284)

Laki edunvalvontavaltuutuksesta (Gesetz über die Vollmacht zur Interessenwahrnehmung) vom 25.5.2007 (Nr. 648)

Laki väestötietojärjestelmästä ja Väestörekeskuksen varmennepalveluista (Gesetz über das EDV-System der Bevölkerungsdateien und die Zertifikatdienste der Bevölkerungsregisterzentrale) vom 21.8.2009 (Nr. 661)
– Kap. 2 – § 11 22 (97)
– Kap. 2 – § 12 493 (262)
– Kap. 4 – § 11 441 (7)

Yhdenvertaisuuslaki (Diskriminierungsgesetz) vom 30.12.2014 (Nr. 1325)
– Kap. 3 – § 2 460 (106)

Etu- ja sukunimilaki (Gesetz über Vor- und Nachname) vom 19.12.2017 (Nr. 946)
– Kap. 1 – § 1 132 (578); 497 (20); 518 (117); 519 (129)
– Kap. 1 – § 2 133 (598)
– Kap. 1 – § 3 133 (598)
– Kap. 2 – § 2 514 (96) (99); 517
– Kap. 2 – § 3 517
– Kap. 2 – § 4 132 (578); 497 (20)
– Kap. 2 – § 5 567 (142)
– Kap. 2 – § 6 539 (219); 541 (231)
– Kap. 2 – § 9 135 (616); 551 (279)
– Kap. 2 – § 10 554 (295)
– Kap. 2 – § 11 554 (295)
– Kap. 2 – § 12 554 (295)
– Kap. 2 – § 13 135 (621); 556
– Kap. 2 – § 16 559; 564 (343); 597 (460)
– Kap. 2 – § 17 597 (461)
– Kap. 2 – § 18 509 (78)
– Kap. 3 – § 22 133 (588); 514 (91)
– Kap. 3 – § 23 541 (238); 547 (264)
– Kap. 3 – § 33 135 (622)
– Kap. 5 – § 44 580; 580 (381)

Äitiyslaki (Mutterschaftsgesetz) vom 20.4.2018 (Nr. 253)
– Kap. 1 – § 2 447 (33)

Frankreich
Loi du 6 fructidor an II portant qu'aucun citoyen ne pourra porter de nom ni de prénom autres que ceux exprimés dans son acte de naissance; Gesetz vom 6. Fructidor, Jahr II (23.8.1794), das besagt, dass kein Bürger einen anderen Namen oder Vornamen als den in seiner Geburtsurkunde aufgeführten tragen darf
– Art. 2 494 (3)

Loi du 11 germinal an XI relative aux prénoms et changements de noms; Gesetz vom 11. Germinal, Jahr XI (1.4.1803), über Vornamen und Namensänderungen
– Art. 1 515 (102)

Code Civil vom 21.3.1804, CC
– Art. 8 41; 160 (134)
– Art. 9 5 (11); 31
– Art. 9-1 152 (25)
– Art. 16 16 (54); 17; 17 (67); 152 (35)
– Art. 16-1 81; 86 (386); 105
– Art. 16-1-1 16 (54); 190 (3) (4); 201 (69)
– Art. 16-3 265 (133)
– Art. 16-5 31; 98 (386)
– Art. 16-7 81
– Art. 16-10 5 (11); 11; 31
– Art. 16-11 11
– Art. 16-13 11; 31
– Art. 17–33-2 8 (25)
– Art. 34 42 (6)
– Art. 55 42 (6)
– Art. 55 (3) 497 (21); 535 (199)
– Art. 57 133 (588) (600); 134 (603) (611); 441 (2); 494 (4); 514 (91); 518 (123); 537
– Art. 60 590
– Art. 61 505; 549 (274); 582
– Art. 61-1 594
– Art. 61-2 580
– Art. 61-3 565 (344)
– Art. 61-5 112 (460); 471 (164); 473; 478 (199); 492 (254) (257)
– Art. 61-6 119 (503); 463 (119); 473
– Art. 61-7 462 (117); 492 (256)
– Art. 61-8 489 (244)
– Art. 78 42 (6)
– Art. 79 202 (74)
– Art. 79-1 191 (7); 203 (82)
– Art. 88 206; 213 (138); 214 (143)
– Artt. 99–101 454 (72)
– Art. 108-2 8 (23)
– Art. 112 206; 217 (153); 211; 218
– Art. 113 206; 239
– Art. 114 206
– Art. 118 206
– Art. 122 206; 224; 239

Gesetzesregister

Zahlen = Randnummern

- Art. 128 205 (93); 206; 228 (229)
- Art. 129 228 (228) (229)
- Art. 130 232 (252)
- Art. 132 228 (229)
- Art. 143 19 (82); 31
- Art. 145 24 (116)
- Art. 225-1 135; 498
- Art. 227 228 (229)
- Art. 238 229 (233)
- Art. 264 135 (614) (622); 498
- Art. 311-9 23 (100)
- Art. 311-21 139 (644) (648) (652); 525; 525 (162) (163) (166); 540 (219); 547 (265)
- Art. 311-23 139(648); 525 (165); 539 (218)
- Art. 311-25 447 (33)
- Art. 331 573
- Art. 337 574
- Art. 357 576
- Art. 363 576 (369)
- Art. 371-1 296
- Art. 373 229 (238)
- Art. 373-1 229 (238)
- Art. 382 31; 389; 389 (13); 391 (24); 397
- Art. 382-1 397; 397 (44)
- Art. 386-1 388
- Art. 386-2 24 (116)
- Art. 387 397
- Art. 387-1 389; 400; 403 (73); 405 (78) (80) (81); 406
- Art. 387-2 389; 400; 401; 405
- Art. 388-1-1 268; 389; 392
- Art. 388-1-2 367 (528); 392 (33)
- Art. 389-3 351 (477)
- Art. 413-1 320
- Art. 413-2-4 324
- Art. 413-6 24 (113)
- Art. 414 244 (2); 246 (11); 258
- Art. 415 16 (54); 147
- Art. 425 253; 335; 336; 345
- Art. 429 250 (35)
- Art. 435 336
- Art. 437 336
- Art. 440 145 (679); 335
- Art. 458 266 (136)
- Art. 460 277; 335
- Art. 465 (1) (4) 418; 438
- Art. 466 438
- Art. 467 335; 335 (424); 438
- Art. 469 335
- Art. 470 335
- Art. 473 282 (218)
- Art. 476 276 (185)
- Art. 477 336; 345; 413
- Art. 479 413; 432 (171)
- Art. 490 413; 432 (171)
- Art. 493 413; 432 (171)
- Art. 494-1 419; 419 (132)
- Art. 515-1 126
- Art. 515-3 127
- Art. 515-8 126
- Art. 515-14 181 (160)
- Art. 721 13 (46)
- Art. 722 a. F. 13 (46)
- Art. 725 13; 193 (20); 197 (41); 205 (93)
- Art. 725-1 13 (46); 235 (258)
- Art. 903 67 (160)
- Art. 904 246 (18); 348
- Art. 906 13; 66 (148)
- Art. 909 55 (90); 176 (134); 177; 177 (141)
- Art. 911 152 (25)
- Art. 1145 152 (25)
- Art. 1147 378
- Art. 1148 246 (18); 268; 269; 378
- Art. 1149 (1) 308; 363; 378
- Art. 1151 378
- Art. 1162 68 (163)
- Art. 1178 372 (547), 378
- Art. 1179 372 (547)
- Art. 1180 372 (547)
- Art. 1181 372 (547), 378
- Art. 1242 188 (210)
- Art. 1245 188 (210)
- Art. 1352-4 378
- Art. 1399 438
- Art. 1990 244

Décret impérial n°. 3589 concernant les juifs qui n'ont pas de nom de famille et de prénoms fixes vom 20.7.1808 (Bulletin des Lois de l'Empire français, 4. Reihe, Band 9, Paris, August 1809, S. 27–28)
- Artt. 1, 3, 5 504 (60)

Code Pénal vom 12.2.1810, ersetzt durch den Nouveau Code Pénal vom 22.7.1992 (JO Nr. 169 vom 23.7.1992, S. 9864), Strafgesetzbuch, CP
- Art. 222-23 70 (189); 458 (94)
- Art. 225-17 201 (69)
- Art. 611-1 17 (61)

Constitution vom 4.10.1958 (JORF vom 5.10.1958, S. 9151); Verfassung
- Art. 61 -1 48

Loi n°. 72–964 relative à la francisation des noms et prénoms des personnes qui acquièrent, recouvrent ou se font reconnaître la nationalité française vom 25.10.1972 (JORF vom 26.10.1972)
- Artt. 1, 2 515 (105)

Décret n°. 75–1123 instituant un nouveau Code de procédure civile vom 5.12.1975 (JO Nr. 285 vom 9.12.1975, S. 12521), und in „Code de procédure civile" umbenannt durch Art. 26 des Gesetzes Nr. 2007-1787 vom 20.12.2007 (JO Nr. 296 vom 21.12.2007, S. 20639, Text Nr. 2 (CPC)
- Art. 1055-5 462 (117); 463 (119)

Zahlen in Klammern = Fußnoten **Gesetzesregister**

Code des assurances, décret n°. 76–666 relatif à la codification des textes législatifs concernant les assurances (première partie: Législative) vom 16.7.1976 (JO Nr. 168 vom 21.7.1976, S. 4341)
– Art. 132-8 195 (25); 199 (49)
Code de la sécurité sociale; décret n°. 85–1353 relatif au code de la sécurité sociale vom 17.12.1985 (Dekret Nr. 85–1353 vom 17.12.1985 betreffend den *code de la sécurité sociale*) (JORF vom 21.12.1985)
– Art. L 161-17-2 458 (90)
Loi 85–1372 relative à l'égalité des époux dans les régimes matrimoniaux et des parents dans la gestion des biens des enfants mineurs vom 23.12.1985 (JORF vom 26.12.1985, Nr. 299, S. 15110) Gesetz Nr. 85–1372 über die Gleichstellung der Ehegatten im Güterstand und der Eltern bei der Verwaltung des Vermögens minderjähriger Kinder
– Art. 43 498
Décret n°. 94-52 relatif à la procédure de changement de nom vom 20.1.1994 (JORF Nr. 18 vom 22.1.1994)
– Artt. 1–5 594
Code de la santé publique, ordonnance n°. 2000-548 relative à la partie Législative du code de la santé publique vom 15.6.2000 (JO Nr. 143 vom 22.6.2000, S. 9340) (CSP)
– Art. 1211-1 105
– Art. 1211-2 105
– Art. 1232-1 209 (110)
– Art. 1232-2 209 (110)
– Art. L 1110-10 79 (240)
– Art. L 1110-5 79 (240)
– Art. L 1232-1 105; 105 (420)
– Art. L 2123-1 265 (133)
– Art. L 2123-2 265 (133)
– Art. L 2212-7 (1) 303
– Art. L 2212-7 (2) 303
– Art. L 2212-7 (3) 303
– Art. R 1112-75 191 (7)
– Art. R 1323-4-4 105 (420)
– Art. R 4127-38 79 (246)
– Art. R 4127-1 79 (246)
– Art. R 4127-2 79 (246)
– Art. R 4127-37 79 (246)
Code de commerce vom 18.9.2000 (JO Nr. 219 vom 21.9.2000, S. 14783), Handelsgesetzbuch, CCom
– Art. L 20-6 153 (77)
– Artt., L 210-2, L 221-2 161 (77)
Code monétaire et financier vom 14.12.2000 (JO Nr. 291 vom 16.12.2000, S. 20004), Währungs- und Finanzgesetzbuch
– Art. L 221-3 246 (18); 269
Loi n°. 2005-370 relative aux droits des malades et à la fin de vie vom 22.4.2005 (JO Nr. 95 vom 23.4.2005, S. 7089)

Code des transports, ordonnance n°. 2010-1307 relative à la partie législative du code des transports vom 28.10.2010 (JO Nr. 255 vom 3.11.2010, Text Nr. 2)
– Art. L 6132-3 225 (209)
Loi n°. 2016-444 visant à renforcer la lutte contre le système prostitutionnel et à accompagner les personnes prostituées vom 13.4.2016 (JO vom 14.4.2016, Text Nr. 1)
Loi n° 2016-1547 de modernisation de la justice du XXIe siècle du 18 novembre 2016 (JORF Nr. 269 vom 19.11.2016); Gesetz Nr. 2016-1547 zur Modernisierung der Justiz
Loi n°. 2019-222 de programmation 2018–2022 et de réforme pour la justice vom 23.11.2019 (JORF Nr. 71 vom 24.3.2019)

Griechenland
Perí genikou ekklesiastikou tameiou kai dioikeseos Monasterion, (FEK A´ 270) Gesetz 3414/ vom 16.-19.11.1909
– Art. 18 13 (38)
Friedensabkommen mit der Türkei vom 1./ 14.11.1913 mit dem dazugehörigen Protokoll Nr. 3
– Art. 11 320 (369)
– Artt. 236, 238 344
G. 5017/1931 perí politikés aeroporias
– Art. 42 214 (142); 225 (209); 226 (213)
Anagkastikós Nómos 2250/1940, Astikos Kodix (FEK A 91/1940), 23.2.1946; Zivilgesetzbuch, ZGB
– Art. 5 68 (166)
– Art. 6 277 (189)
– Art. 34 34; 58 (108); 163 (87); 176 (134)
– Art. 35 66 (148); 153 (13); 192 (8)
– Art. 36 66 (148); 195 (29); 197 (40), (42)
– Art. 37 34; 202 (73)
– Art. 38 236 (261) (262)
– Art. 39 204 (89); 213 (142); 213; 225 (208)
– Art. 40 34; 204 (86); 219; 220; 226 (213) (218); 238
– Art. 41 224 (199); 226 (219)
– Art. 43 218 (166)
– Art. 46 218 (161)
– Art. 48 205 (91); 216 (147); 227 (221) (222)
– Art. 50 232 (252); 234
– Art. 51 8 (20); 34
– Art. 57 5 (11); 21 (91); 25 (117); 154 (17); 542 (242)
– Art. 58 494 (2)
– Art. 61 152 (27); 165 (96)
– Art. 62 158 (54)
– Art. 127 34; 309
– Art. 128 246 (22); 268; 307; 312 (337); 338 (158); 342; 343 (336); 374
– Art. 129 246 (21); 305; 342; 376
– Art. 130 373; 374 (558); 426

617

Gesetzesregister

Zahlen = Randnummern

- Art. 131 244; 274 (181)
- Art. 134 270 (158); 326 (491)
- Art. 135 298; 355; 365
- Art. 136 301; 364; 373
- Art. 137 24 (116); 301; 309; 320 (369); 357
- Art. 178 68 (163)
- Art. 179 68 (163)
- Art. 180 372; 372 (543)
- Art. 213 (267 (143), 358
- Art. 235 400
- Art. 241 246 (13)
- Art. 243 246 (13)
- Art. 779 233
- Art. 916 309
- Art. 919 309
- Art. 979 270 (158)
- Art. 1041 272 (168); 373 (554)
- Art. 1045 272 (168); 373(554)
- Art. 1055 272
- Art. 1350 19 (82); 320 (369)
- Art. 1351 277 (189); 312 (337)
- Art. 1352 277 (189)
- Art. 1364 58 (107)
- Art. 1372 439, 485
- Art. 1388 135 (614) (615) (622); 498; 551 (279); 553; 553 (292)
- Art. 1440 215 (145); 228
- Art. 1456 88
- Art. 1457 197 (36)
- Art. 1458 87; 87 (309); 88
- Art. 1463 87
- Art. 1464 87; 88
- Art. 1505 139 (644) (645) (648) (652); 497 (23); 511 (131); 539; 540 (225); 542; 562; 576; 576 (370)
- Art. 1506 552 (218); 539 (218); 542; 569; 570; 573; 593 (439)
- Art. 1510 285 (236); 389 (13); 393 (37); 394; 398
- Art. 1511 386 (3)
- Art. 1512 295; 497 (23)
- Art. 1513 393 (37)
- Art. 1516 396; 398
- Art. 1517 400
- Art. 1521 392
- Art. 1524 401; 401 (68); 405 (78)
- Art. 1528 401 (68)
- Art. 1543 247 (26)
- Art. 1555 250 (33)
- Art. 1563 576
- Art. 1564 576 (370)
- Art. 1634 426
- Art. 1642 426
- Art. 1643 426
- Art. 1645 426
- Art. 1666 146; 250 (35); 329
- Art. 1667 266 (138)
- Art. 1669 262 (116); 266 (137)

- Art. 1676 274; 342; 374 (561); 426; 439
- Art. 1678 439
- Art. 1679 439
- Art. 1681 342
- Art. 1683 374 (563); 439
- Art. 1685 342
- Art. 1711 67 (159); 197 (42)
- Art. 1719 348
- Art. 1723 348 (471)
- Art. 1846 67 (159)
- Art. 1856 67 (159)
- Art. 1863 67 (159)
- Art. 1883 233 (256)
- Art. 1911 195 (26)
- Art. 1924 199 (50) (51)
- Art. 1999 67 (156) (159); 199 (48)

Anagnostikós Nómos 2783/1941, Astikos Kodikas ke Isagogikos tou Nomos (P. D. 456/1984 – FEK 164/A/24.10.1984), Einführungsgesetz zum Zivilgesetzbuch, EGZB
- Art. 6 277 (189)
- Art. 99 13 (38)

ΠΤoiviKOs Κώδιξ, Griechisches Strafgesetzbuch (StGB), vom 1.1.1951
- Art. 299 71
- Art. 300 71 (194)
- Art. 301 70 (186)
- Art. 304 301
- Art. 415 499 (30)

Syntagma tes Ellados 1975, (FEK 111/A/9.6.1975); Syntagma tes Elladas, nach der letzten Verfassungsänderung in (FEK 120/A/27.6.2008), Griechische Verfassung
- Art. 2 59 (108); 61 (123); 70 (188)
- Art. 5 11; 57 (99); 59 (108); 70 (188); 87
- Art. 7 509 (76)
- Art. 28 44 (27)

Nómos 344/1976 (FEK A´ 143/11.6.1976) Perí leksiarchikón práxeon, Gesetz über Registerbescheinigungen
- Art. 22 441 (2)
- Art. 25 42 (8); 514 (91)
- Art. 32 204 (81)

Nómos 344/1978, Perí Lexiarchikón Práxeon (FEK A´ 143/11.6.1976), Gesetz über die standesamtlichen Eintragungen
- Art. 24 134 (611); 497 (21); 512 (88)

Nómos 1329/1983 (FEK 25/A/18.2.1983)
- Art. 66 539 (210)

Nomos 1438/1984, Tropopoiese diatáxeon tou kódika tes Ellenikés Ithagéneias kai tou nomou perí lexiarchikón práxeon (FEK A´ 60/8.5.1984), Vorschriftenänderung im Kodex über die griechische Staatsangehörigkeit und im Gesetz zu den standesamtlichen Eintragungen
- Art. 12 209 (110)
- Art. 15 42 (8); 517 (113)

Zahlen in Klammern = Fußnoten **Gesetzesregister**

Gesetz über den künstlichen Schwangerschaftsabbruch, den Schutz der Gesundheit der Frau und andere Vorschriften, (FEK 86/A/3–7-1986) (1609/1986)
– Art. 2 301
Nómos 2086/1992
– Art. 6 132 (578); 509 (76)
Nómos 2119/1993
Gesetz 2119/1993, Kodex für die Männerregister (FEK A' 113) (FEK 23/A/4-3-1993)
– Artt. 1, 19 441 (9)
Nómos 2623/1998 (FEK 139/A/25-06-1998)
– Art. 1 441 (9)
Nómos 3305/2005 Epharmogé tes Iatrikós Ypoboethoumenes Anaparagogés (FEK 17/A/27-1-2005); Anwendung der Medizinisch assistierten Fortpflanzung
– Art. 2 87
– Art. 4 284
– Art. 8 91
– Art. 13 87; 87 (310)
Nómos 37189/2008 (FEK 241/A'A/26.11.2008) Gesetz über die eingetragene Lebenspartnerschaft, i. d. F. des Gesetzes 4356/2015 (FEK 181/A/181/24.12.2015)
– Art. 1 128 (557)
– Art. 10 520 (131)
Nómos 3894/2011 Doreá kai metamóscheuse organon kai alles diataxeis (FEK A/150/27.6.2011), Gesetz über Organschenkung und Organtransplantation sowie andere Vorschriften
Gesetz 3984/2011, i. d. F. 76110/2018/ Art. 260 (2) des Gesetzes 4512/2018 sowie durch Art. 9 (1)-(6) des Ministeriellen Beschlusses 76110/2018 zugunsten der Opt in-Lösung erneut geändert (FEK B 4695/19 vom 19.10.2018)
– Art. 8 290 (257)
– Art. 9 106 (422)
– Art. 49 290 (257)
Nómos 4335/2015, Kódika Politikis Dikonomias (FEK 87/A/23.7.2015), Zivilprozessordnung, ZPO
– Art. 338 274 (181)
– Art. 782 468 (151)
Nómos 4356/2015
– Artt. 4, 10 558
Nomos 4491/2017, Nomiké Anagnórise tes tautótetas tou fylou – Ethnikós Mechanismós Ekpóneses, Parakolouthéses kai Axiológeses ton Schedion Draseis gia ta Dikaiómata tou Paidiou kai alles diataxeis (FEK 152/A/13.10.2017), Gesetz über die rechtliche Anerkennung der Geschlechtsidentität
– Art. 2 112 (460); 449; 468 (152)
– Art. 3 19 (83); 468; 471 (165) (166); 478; 484 (231)
– Art. 4 113 (463); 468; 477; 491 (254)
– Art. 5 113 (463); 463 (117); 483 (226); 489 (245)
Medizinisch deontologischer Kodex; griechischer Verhaltenskodex für Ärzte (KID)
– Art. 1 79 (246)
– Art. 12 296; 301
– Art. 29 79 (246)

Irland
Age of Majority Act 1985, 1.3.1985 (Nr. 2)
– sec. 1 320 (371)
– sec. 2 246 (11)
Non-Fatal Offences against The Person Act, 1997, 19.5.1997 (Nr. 26)
– sec. 23 295
Marriage Act 2015, 29.5.2015 (Nr. 35)
Gender Recognition Act 2015, 15.7.2015 (Nr. 25)
– sec. 9 471 (165); 478 (204)
– sec. 14 477 (191)
– sec. 15 477 (191)
Regulation of Termination of Pregnancy Act 2018; 20.12.2018 (Nr. 31)
– secs. 2, 11 300 (284)

Island
Lög nr. 80/2019 um kynrænt sjálfræði vom 1.7.2019, Gender Autonomy Act (Gesetz zur sexuellen Autonomie)
– Art. 6 448 (45)

Italien
Legge 17 luglio 1919, n. 1176, Norme circa la capacità giuridica della donna, Gazzetta Ufficiale del 19 luglio 1919, n. 172; Gesetz 17.7.1919 Nr. 1176. Vorschriften über die Rechtsfähigkeit von Frauen, Gesetzblatt 19.7.1919, Nr. 172
– Art. 8 64 (135)
Codice Civile, regio decreto vom 16.4.1942, Nr. 262 (Gazz. Uff. vom 4.4.1942, Nr. 79), CC
– Art. 1 13 (41); 33; 55 (86); 58 (105); 66 (148); 153 (14): 155 (25); 192 (8); 197 (40)
– Art. 2 33; 55 (91) (92) (87); 163 (85); 173 (125); 245 (9); 246 (11); 258 362, 364
– Art. 3 109 (461)
– Art. 4 13 (46); 33; 236 (261)
– Art. 5 5 (15); 15; 23 (105); 26 (119); 33; 98 (386)
– Art. 6 7; 494 (2); 549 (274)
– Art. 7 5 (11)
– Art. 9 33; 500 (38)
– Art. 10 33
– Art. 11 155 (25) (27)
– Art. 22 58 (105)
– Art. 37 109 (461)
– Art. 45 8 (23)

619

Gesetzesregister

Zahlen = Randnummern

- Art. 48 206; 239
- Art. 49 206; 219 (168);239
- Art. 51 109 (461)
- Art. 52 239
- Art. 57 213 (138)
- Art. 58 206; 218 (159); 219 (168); 211 (194) (195); 218 (160); 224 (194); 227; 227 (222); 239
- Art. 60 206; 225 (204); 220 (211);221; 226 (211) (215)
- Art. 63 206; 207; 227
- Art. 65 228; 228 (230); 229 (231)
- Art. 66 232 (252)
- Art. 67 213 (142); 230 (243)
- Art. 68 228
- Art. 79 169 (108)
- Art. 84 261 (108); 322
- Art. 117 229 (231)
- Art. 143bis 135; 549; 550 (278); 556
- Art. 149 228 (230)
- Art. 151 519 (332)
- Art. 156bis 135 (622); 561 (332)
- Art. 231 113 (465)
- Art. 236 42 (9)
- Art. 262 137, 543
- Art. 269 447 (33)
- Art. 299 137; 137 (653); 543
- Art. 320 66 (152); 200 (61); 389 (13); 391 (24); 392 (34); 396; 400; 404; 405 (78)
- Art. 321 66 (152)
- Art. 322 400
- Art. 323 400
- Art. 324 388
- Art. 326 388
- Art. 330 399 (54)
- Art. 362 333
- Art. 375 333
- Art. 388 148 (705)
- Art. 390 24 (116); 322
- Art. 392 24 (116); 322
- Art. 394 24 (116); 322
- Art. 397 322
- Art. 404 148; 261 (108); 332; 418 (128); 427, 431
- Art. 405 427, 434; 437
- Art. 408 148
- Art. 409 148; 355
- Art. 414 145 (691); 146 (701); 148; 252 (54); 332; 427
- Art. 415 148; 252 (54); 316; 332; 427
- Art. 423 148; 332
- Art. 424 332; 427
- Art. 427 148; 374 (560)
- Art. 428 245; 245(6); 257 (86)
- Art. 440 334
- Art. 450 202 (74)
- Art. 451 42 (9)
- Art. 462 67 (156); 197 (42); 200 (57)
- Art. 471 333
- Art. 473 334
- Art. 474 334
- Art. 503 334
- Art. 505 334
- Art. 579 71 (194)
- Art. 580 70 (186) (189)
- Art. 643 200 (57)
- Art. 748 200 (61)
- Art. 784 66 (152); 200 (61) (62)
- Art. 1343 81
- Art. 1344 81 (270)
- Art. 1346 81 (270)
- Art. 1389 245 (8); 267
- Art. 1418 81 (270)
- Art. 1421 380
- Art. 1422 380
- Art. 1423 380
- Art. 1425 380
- Art. 1426 308
- Art. 1427 380
- Art. 1444 380
- Art. 2029 258 (91); 266 (133)
- Art. 2046 55 (92); 172 (131); 245 (6)
- Art. 2047 55 (92)
- Art. 2565 161 (75)
- Art. 2942 279 (206); 311 (333)

Costituzione della Repubblica italiana Verfassung der italienischen Republik von der Verfassunggebenden Versammlung am 22. Dezember 1947 verabschiedet und vom vorläufigen Präsident Enrico De Nicola am folgenden 27. Dezember verkündet, im Amtsblatt Nr. 298/47 von 27. Dezember (außerordentliche Ausgabe) veröffentlicht und am 1. Januar 1948 in Kraft getreten

- Art. 2 43 (22); 50 (57); 57 (99); 120; 486
- Art. 3 41 (1); 57 (99); 62; 120
- Art. 10 50; 50 (59)
- Art. 22 31; 132 (578)
- Art. 29 19 (82); 41 (1); 111 (457)
- Art. 32 120
- Art. 51 109 (452)
- Art. 117 43 (22); 50; 50 (57)
- Art. 134 49

Legge 26 giugno 1967, n. 458, Trapianto del rene tra persone viventi. (GU n.160 del 27-6-1967), Gesetz vom 26.6.1967, Nr. 458 Nierentransplantation zwischen lebenden Menschen, Gesetzblatt Nr. 160 vom 27.6.1967

- Art. 1 106; 133
- Art. 3 106
- Art. 4 106
- Art. 6 106

Legge 1 dicembre 1970, n. 898, Disciplina dei casi di scioglimento del matrimonio, Gazz. Uff. 3.12.1970, n. 306; Disziplinarordnung für Fälle

Zahlen in Klammern = Fußnoten   **Gesetzesregister**

der Auflösung der Ehe; Gesetz 1. Dezember 1970, Nr. 898
– Art. 5 134 (622); 556; 561 (331)
Norme in materia di rettificazione di attribuzione di sesso, Gazz.Uff. Serie Generale n. 106 del 19-04-1982; Gesetz Nr. 164 vom 14.4.1982 – Vorschriften zum Verfahren für die Änderung der Geschlechtszuordnung (Gesetzbl. Allg. Reihe Nr. 106 vom 19.4.1982)
– Art. 1 463 (119) (125)
– Art. 2 462 (117); 474 (176)
– Art. 3 471; 471 (161)
– Art. 4 486
Legge 4 maggio 1983, n. 184 (Diritto del minore ad una famiglia), in Gazzetta Uff. 17/05/1983 n. 133 (Gesetz Nr. 184 vom 4. Mai 1983 (Recht des Kindes auf eine Familie), in Gesetzblatt 17/05/1983 Nr. 133.
– Art. 6 246 (26)
– Art. 27 137; 137 (653); 543
Legge quadro in materia di animali di affezione e prevenzione del randagismo, Gazz. Uff. n. 203 vom 30.8.1991; Rahmengesetz Nr. 281 vom 14.8.1991 zum Schutz von Haustieren und zur Verhinderung streunender Tiere
Legge 29.12.1993, n. 578 Norme per l'accertamento e la certificazione di morte. (Gazz. Uff. Serie Generale n. 5 del 8.1.1994); Regeln für die Überprüfung und Feststellung des Todes (Gesetz Nr. 578 vom 29.2.1993, Gazz.Uff. Nr. 5 vom 8.1.1994)
Legge 31.5.1995, n. 218, Riforma del sistema italiano di diritto internazionale privato. (Gazz. Uff. Serie Generale n.128 del 3.6.1995) Gesetz Nr. 218 vom 31. Mai 1995, Reform des italienischen Systems des internationalen Privatrechts. (Gesetzblatt Allgemeine Reihe Nr. 128 vom 3.6.1995), IPR-Gesetz
– Art. 20 28
– Art. 21 28
– Art. 22 28
– Art. 23 28
– Art. 24 28
– Art. 64 92 (333)
Legge 15.5.1997, n. 127, Regolamento per la revisione e la semplificazione dell'ordinamento dello stato civile, Gazzetta Ufficiale 30.12.2000, n. 303, Verordnung zur Revision und Vereinfachung des Personenstandswesens, Gesetzblatt Nr. 303 vom 30.12.2000, SO Nr 223) SO Nr. 223
– Art. 2 137 (653)
– Art. 38 134 (611)
Disposizioni in materia di prelievi e di trapianti di organi e di tessuti, Gazz. Uff. n. 87 vom 15.4.1999; Bestimmungen zur Organ- und Gewebebeschaffung und Transplantation, Gesetz Nr. 91 vom 1.4.1999
– Artt. 4, 23 106
D. P. R. Decreto presidente della Repubblica 3 novembre 2000, n. 396 Regolamento per la revisione e la semplificazione dell'ordinamento dello stato civile, a norma dell'articolo 2, comma 12, della L. 15 maggio 1997, n. 127 (Dekret des Präsidenten der Republik Nr. 396 vom 3. November 2000; Verordnung zur Revision und Vereinfachung des Zivilstandssystems gemäß Artikel 2 Absatz 12 des Gesetzes Nr. 127 vom 15. Mai 1997; Gesetzblatt Nr. 303 von 30.12.2000, SO Nr 223)
– Art. 29 514 (91)
– Art. 34 137; 137 (653); 514 (94); 518 (122); 519; 543; 544 (250)
– Art. 35 529; 544 (250)
– Art. 38 497 (21)
– Art. 72 206
– Art. 73 203 (81)
– Art. 78 206
Legge 9.1.2004 Introduzione nel libro primo, titolo XII, del codice civile del capo I, relativo all'istituzione dell'amministrazione di sostegno e modifica degli articoli 388, 414, 417, 418, 424, 426, 427e 429 del codice civile in materia di interdizione e di inabilitazione, nonché relative norme di attuazione, di coordinamento e finali, Gazz. Uff., n. 14, 19.1.2004; Gesetz vom 9.1.2004, Nr. 6 „Einführung in das erste Buch, Titel XII des Bürgerlichen Gesetzbuches, Kapitel I über die Einrichtung der Sachwalterschaft und die Änderung der Artikel 388, 414, 417, 418, 424, 426, 427 und 429 des codice civile in Bezug auf der volle und beschränkte Entmündigung, sowie deren Durchführungs-, Koordinierungs- und Schlussbestimmungen" (Gazz. Uff. Nr. 14 vom 19.1.2004).
Norme in materia di procreazione medicalmente assistita (Gazz. Uff Nr. 45 vom 24.2.2004), Regeln für die medizinisch unterstützte Zeugung; Gesetz Nr. 49 vom 19.2.2004 (Gesetzblatt Nr. 45 vom 24.2.2004)
– Art. 12 81; 81 (268)
Legge 21 ottobre 2005, n. 219, Nuova disciplina delle attività trasfusionali e della produzione nazionale degli emoderivati (Gazz. Uff. n. 251 del 27 ottobre 2005); Gesetz 21. Oktober 2005, Nr. 219, Neuregelung der Transfusionsaktivitäten und der nationalen Blutprodukteproduktion (Gesetzblatt Nr. 251 vom 2.10.2005)
– Art. 3 106
– Art. 4 106
Legge 27 dicembre 2006, n. 296 Disposizioni per la formazione del bilancio annuale e plurienna-

Gesetzesregister

Zahlen = Randnummern

le dello Stato (legge finanziaria 2007) (Gazz. Uff. Serie Senerale – n. 299 del 27 dicembre 2006; Gazz. Uff. Serie Generale n.8 del 11-01-2007 – Suppl. Ordinario n. 7); Gesetz Nr. 296 vom 27. Dezember 2006 Bestimmungen für die Aufstellung des jährlichen und mehrjährigen Staatshaushalts (Finanzgesetz 2007) (Gesetzblatt – Allgemeine Reihe – Nr. 299 vom 27. Dezember 2006; ABl. Allgemeine Reihe Nr. 8 vom 11.1.2007 – Ordentliche Ergänzung Nr. 7)
– Art. 1 362
D. lgs. 1.9.2011 n. 150; Disposizioni complementari al codice di procedura civile in materia di riduzione e semplificazione dei procedimenti civili di cognizione, ai sensi dell'articolo 54 della legge 18 giugno 2009, n. 69; Ergänzende Bestimmungen zur Zivilprozessordnung über die Verkürzung und Vereinfachung von Zivilverfahren, gemäß Artikel 54 des Gesetzes Nr. 69 vom 18. Juni 2009, in Gazz. Uff. 21.9.2011 n. 220
– Art. 31 471 (161)
Decreto Legislativo 25 gennaio 2010, n. 16, Attuazione delle direttive 2006/17/CE e 2006/86/CE, che attuano la direttiva 2004/23/CE per quanto riguarda le prescrizioni tecniche per la donazione, l'approvvigionamento e il controllo di tessuti e cellule umani, nonche' per quanto riguarda le prescrizioni in tema di rintracciabilita', la notifica di reazioni ed eventi avversi gravi e determinate prescrizioni tecniche per la codifica, la lavorazione, la conservazione, lo stoccaggio e la distribuzione di tessuti e cellule umani (Gazz. Uff. del 18 febbraio 2010, n. 40); Gesetzesdekret Nr. 16 vom 25. Januar 2010 Umsetzung der Richtlinien 2006/17/EG und 2006/86/EG zur Durchführung der Richtlinie 2004/23/EG hinsichtlich technischer Anforderungen an die Spende, Beschaffung und Testung menschlicher Gewebe und Zellen, Anforderungen an die Rückverfolgbarkeit, Meldung schwerwiegender Zwischenfälle und unerwünschter Reaktionen sowie bestimmter technischer Anforderungen an die Kodierung, Verarbeitung, Konservierung, Lagerung und Verteilung von menschlichen Geweben und Zellen (Gesetzblatt vom 18. Februar 2010, Nr. 40)
Legge 23 novembre 2012, n.215/2012 per le elezioni comunali; Gesetz vom 23. November 2012 n. 215/2012 für die Kommunalwahlen
Legge 7 aprile 2014 n. 56 per le elezioni – di secondo grado – dei consigli metropolitani e provinciali; Gesetz 7. April 2014 Nr. 56 für die Wahlen zum Stadt- und Provinzialrat zweiten Grades

Legge 22 aprile 2014 n. 65 per la rappresentanza italiana in seno al Parlamento europeo; Gesetz 22. April 2014 Nr. 65 für die italienische Vertretung im Europäischen Parlament
Legge 15 febbraio 2016, n. 20 per le elezioni dei consigli regionali; Gesetz 15. Februar 2016 Nr. 20 für die Wahlen zu den Regionalräten
Legge 20 maggio 2016 n. 76 Regolamentazione delle unioni civili tra persone dello stesso sesso e disciplina delle convivenze (legge Cirinnà) (Gazz. Uff. Serie Generale n.118 vom 21.5.2016); Regelung der zivilen Vereinigung von Personen gleichen Geschlechts und Regelung des Zusammenlebens (sog. Cirinnà-Gesetz), (Amtsblatt n.118 vom 21.5.2016)
– Art. 1 486 (241)
Legge vom 20.5.2017, nr. 76, Regolamentazione delle unioni civili tra persone dello stesso sesso e disciplina delle convivenze; Gesetz vom 20.5.2017, nr. 76, Regulierung von gleichgeschlechtlichen Partnerschaften und von Partnerschaftsbeziehungen im Amtsblatt vom 21.5.2016
– Art. 27 19 (83)
Legge 165/2017 per le elezioni del Parlamento; Gesetz 165/2017 für die Wahlen zum Parlament

Kroatien

Ustav Republike Hrvatske, vom 22.12.1990, Verfassungsgesetz Nr. 56/1990
– Art. 61 19 (82)
Obiteljski zakon (NN 103/15); Gesetz Nr. 103/15 vom 22.9.2015 Gbl.; Familiengesetz
– Art. 117 246 (11); 321
Pravilnik o načinu prikupljanja medicinske dokumentacije te utvrđivanju uvjeta i pretpostavki za promjenu spola ili o životu u drugom rodnom identitetu (Verordnung vom 12.11.2014 zur Erlangung ärztlicher Dokumente und zur Bestimmung der Voraussetzungen für geschlechtsbestätigende Eingriffe und für das Leben in einer anderen Geschlechtsidentität), abrufbar https://narodne-novine.nn.hr/clanci/sluzbeni/2014_11_132_2487.html
– Art. 4 480 (209)

Lettland

Latvijas Republikas Satversme vom 15.2.1922 (Latvijas Vēstnesis, 43, 6.7.1993), Verfassung
– Art. 110 19 (82)
Latvijas Republikas Civillikums vom 28.1.1937 (Valdības Vēstnesis, 41, 20.2.1937), Zivilgesetzbuch, ZGB
– Art. 7 8 (20)
– Art. 10 8 (24)
– Art. 36 19 (82)
– Art. 82 135 (622); 519 (328); 547 (339); 556

Zahlen in Klammern = Fußnoten

Gesetzesregister

- Art. 86 135 (616) (618) (620); 551 (279); 553 (292)
- Art. 146 447 (33)
- Art. 151 139 (644); 539
- Art. 163 247 (26)
- Art. 198 229 (237)
- Art. 219 246 (11)
- Art. 220 325
- Art. 221 24 (113) (116); 321
- Art. 355 262 (116); 266 (137)
- Art. 370 242
- Art. 371 242
- Art. 373 242
- Art. 374 242
- Art. 375 213 (144); 242
- Art. 377 204 (85); 205 (91); 218 (159) (160) (161); 224 (194) (196); 227(221); 242
- Art. 378 225 (204) (209); 226 (218)
- Art. 380 232 (250) (252)
- Art. 386 197 (41)
- Art. 420 348
- Art. 1913 144; 268; 357 (491)
- Art. 1592 68 (163)

Latvijas Republikas Satversme; Latvijas Vēstnesis, 43, 6.7.1993 Zinjotas 1993, Nr. 30, Pos. 577 (Verfassung)
- Art. 110 109 (452)

Komerclikums vom 13.4.2000 (Latvijas Vēstnesis, 158/160, 4.5.2000), Handelsgesetzbuch, HGB
- § 30 501 (44)

Litauen

Lietuvos Respublikos Konstitucija vom 25.10.1992 (Valstybės Žinios 1992, Nr. 33–1014), Verfassungsgesetz
- Art. 38 19 (82); 109 (452)

Lietuvos Respublikos civilinis kodeksas vom 18.7.2000 (Valstybės žinios 2000, Nr. 74–2262), Zivilgesetzbuch, ZGB
- Art. 1.81 68 (163)
- Art. 1.84 146 (700); 246 (22); 380(581)
- Art. 1.88 316 (346)
- Art. 1.114 16 (54); 17 (65); 23 (99); 25 (117)
- Art. 2.2 192 (8)
- Art. 2.10 145 (692); 146 (700)
- Art. 2.14 8 (23)
- Art. 2.16 8 (20)
- Art. 2.17 8 (20)
- Art. 2.20 132 (578); 502
- Art. 2.27 117 (491); 471 (165)
- Art. 2.28 204 (85); 239
- Art. 2.31 205 (91); 209 (204); 205 (91); 213 (140); 224 (200); 226 (218)
- Art. 2.32 213 (137); 192 (243); 232
- Art. 2.33 153 (77)
- Art. 2.39.1 501 (47)
- Art. 2.4 165 (87)
- Art. 2.5 24 (116); 55 (89); 163 (85); 246 (11); 247 (26); 321
- Art. 2.6 176 (132)
- Art. 2.7 316 (346); 353 (481); 357 (491); 365
- Art. 2.74 55 (88); 59 (109)
- Art. 2.8 316 (346)
- Art. 3.12 19 (82)
- Art. 3.118 405 (78)
- Art. 3.139 447 (33)
- Art. 3.157 250 (35); 391 (24)
- Art. 3.166 133 (588); 134 (612); 497 (21); 514 (91); 519; 547
- Art. 3.167 139 (644)
- Art. 3.185 388
- Art. 3.186 400
- Art. 3.187 388
- Art. 3.188 (1) Nr. 1 400; 403 (74); 405 (77)
- Art. 3.190 393 (37)
- Art. 3.31 135 (616) 618) (620); 136 (632); 551 (279); 553
- Art. 3.50 228 (227) (228)
- Art. 3.69 135 (622); 556; 561 (328); 563 (339)
- Art. 4.41 181 (161)
- Art. 5.15 348
- Art. 5.5.1 197 (41)
- Art. 6.470 167 (139)
- Art. 6.52 8 (24)

Lietuvos Respublikos baudžiamasis kodeksas vom 26.9.2000 (Valstybės žinios 2000, Nr. 89–2741), Strafgesetzbuch, StGB
- Art. 134 70 (186)

Asmens vardo ir pavardės keitimo taisyklės vom 28.12.2016 (TAR 2016, Nr. 29704), Gesetz über die Namensänderung
- Art. 1 491 (254)
- Art. 2 491 (254); 501; 526
- Art. 9 491 (254)
- Art. 9² 528

Luxemburg

Code civil vom 21.3.1804 (Mémorial A Nr. 5/1804), Zivilgesetzbuch, CC
- Art. 57 (2) 133 (588); 547 (265)
- Art. 99-2 475 (187)
- Art. 143 19 (82)
- Art. 367 246 (26)
- Art. 394 321
- Art. 488 246 (11); 258
- Art. 489 253 (67); 329
- Art. 720 13 (46); 236 (261)
- Art. 725 192 (12)

Loi du 16 mars 2009 sur l'euthanasie et l'assistance au suicide (Mémorial A46 16.3.2009); Gesetz vom 16.3.2009 über Euthanasie und Beihilfe zum Suizid

Loi du 10 août 2018 relative à la modification de la mention du sexe et du ou des prénoms à l'état civil et portant modification du Code

623

Gesetzesregister

Zahlen = Randnummern

civil (Mémorial A Nr. 797 von 2018); Gesetz vom 10.8.2018 zur Änderung der Angabe von Geschlecht und Vorname(n) im Personenstand und zur Änderung des Zivilgesetzbuches
- Art. 1 471 (164); 480 (205); 491 (254); 491 (257)
- Art. 3 478
- Art. 4 478

Malta

Civil Code vom 11.2.1870 (Laws of Malta Cap. 16), CC
- Art. 278 (1) Satz 2 114 (480); 441 (2) (4); 448 (45)

Act No. XI of 2015, 14.4.2015, Gender Identity, Gender Expression and Sex Characteristics Act, 2015 (Government Gazette of Malta No. 19, 410 – 14.4.2015)
- sec. 2 112 (460); 441 (4)
- sec. 7 480 (209)
- sec. 9 114 (474)

Marriage Laws and other Laws (Amendment) Act; ACT No. XXIII of 2017

Niederlande

Grondwet voor het Koninkrijk der Nederlanden vom 18.8.1815
- Art. 94 43 (22); 44 (27); 51 (61)

Wetboek van Strafrecht; Wet van 15 april 1886, houdende bepalingen, regelende het in werking treden van het bij de wet van 3 maart 1881 (Staatsblad n°. 35), Strafgesetzbuch
- Art. 293 71 (194); 79
- Art. 294 70 (186)

Wet op de lijkbezorging; vom 7.3.1991; Staatsblad nr. 133; Gesetz über die Leichensorge, Bestattungsgesetz
- Art. 7 79

Nieuw Burgerlijk Wetboek vom 1.1.1992 (Buch 1 vom 1.1.1970: Stb. 1969, Nr. 167 i. V. m. Stb. 1969, Nr. 259; Buch 2 vom 26.7.1976: Stb. 1976, Nr. 228 i. V. m. Stb. 1976, Nr. 342; Bücher 3, 4, 5, 6, 7, 7A vom 1.1.1992: Stb. 1989, Nr. 61 i. V. m. Stb. 1990, Nr. 90; Buch 8 vom 1.4.1991: Stb. 1991, Nr. 126 i. V. m. Stb. 191, Nr. 100), Neues Bürgerliches Gesetzbuch, BW
- Art. 1:2 66 (148); 197 (40)
- Art. 1:5 139 (644) (648)
- Art. 1:9 135 (617) (620) (621) (622)
- Art. 1:19d 18 (72); 114 (471); 442; 447 (31); 442 (31); 447 (31); 448 (45)
- Art. 1:28 462 (117); 463 (119)
- Art. 1:28a 474 (177)
- Art. 1:28c 18 (77); 489 (244)
- Art. 1:30 (1) 19 (82)
- Art. 1:31 24 (116)
- Art. 1:223 246 (11)
- Art. 1:228 247 (26)
- Art. 1:233 321
- Art. 4:2 (1) 13 (46)
- Artt. 7:466 ff 79 (258)

Wet op de orgaandonatie; Wet van 24 mei 1996, houdende regelen omtrent het ter beschikking stellen van organen; 11.7.1996; Staatsblad Nr. 370; Organspendegesetz
- Art. 9 223 (103)
- Art. 14 23 (103); 208 (103)
- Art. 15 208 (103)
- Art. 22 23 (103); 08 (103)

Wet toetsing levensbeëindiging op verzoek en hulp bij zelfdoding; Wtl.; vom 12.4.2001; Staatsbald nr. 194; Gesetz über die Lebensbeendigung auf Verlangen und die Hilfe zur Selbsttötung
- Art. 1 79 (258)
- Art. 2 79

Nord Irland

Wills Act 1837; UK Public General Acts 1837 c. 26
- sec. 7 348
- sec. 11 348 (470)

Wills (Soldiers and Sailors) Act 1918; Ch. 7 and 8 Geo 5
- sec. 3 348 (470)

Criminal Justice Act (Northern Ireland) 1966 c. 20
- secs. 12, 13 70 (185)

Age of Majority (Northern Ireland) Act 1969 c.28; 3.12.1969
- sec. 1 246 (12)
- sec. 4 303; 303 (292)

Births and Deaths Registration (Northern Ireland) Order 1976
- sec. 10 Schedule 1 441 (2)

Statutory Instruments, 1979 No. 926 (N. I. 10); Tattooing of Minors (Northern Ireland) Order 1979; (26th July 1979)
- sec. 3 (1) 291 (262)

The Marriage (Northern Ireland) Order 2003 No. 413 (N.I.3) 27.2.2003
- sec. 1 320 (371)

Presumption of Death Act 2009; c.6; 2.7.2009
- sec. 1 211 (197)

Abortion (Northern Ireland) Regulations 2020

Österreich

Kaiserliches Patent vom 23.7.1787 (JGS Nr. 698/1787)
- § 2 504 (60)

Gesetzbuch über die Verbrechen und schwere Polizei-Übertretungen 3.9.1803-1852
- § 91 70 (182)

Allgemeines Bürgerliches Gesetzbuch für die gesammten deutschen Erbländer der Oesterrei-

Zahlen in Klammern = Fußnoten   **Gesetzesregister**

chischen Monarchie vom 1.6.1811 (StF: JGS Nr. 946/1811), ABGB
- § 2 155 (28)
- § 14 32
- § 15 4 (6)
- § 16 23 (99); 32; 41; 152 (6)
- § 17a 285
- § 18 32; 163(87); 173 (127)
- § 21 32; 246 (11) (22); 250 (34); 255; 276 (184); 293; 304 (301)
- § 22 66 (148); 97; 195 (26)
- § 23 32; 193 (20)
- § 24 173; 178 (146); 245; 264 (126); 269; 274 (175) (181)
- § 26 155 (29); 157 (43)
- § 43 32
- § 44 19 (82); 19 (83); 32; 126; 457 (81); 487 (242)
- § 93 32; 135; 136; 551; 551 (279); 554
- § 93a 135 (621) (622)
- § 93b 557 (315)
- § 93c 557 (314); 558
- § 143 447 (33)
- § 144 447 (41)
- § 152 263 (121)
- § 155 32; 139 (636) (645); 540 (227); 521 (144); 541 (236); 547
- § 156 139 (644); 349; 544 (252); 549; 564; 580
- § 157 539 (221); 566 (346); 568; 577 (373)
- § 158 32; 514 (91)
- § 167 395; 398 (47); 403 (75) (76); 404; 405 (78), (80), (81)
- § 170 32; 163 (85); 250 (34); 259; 260 (107); 264 (126); 268; 271; 283; 305; 351; 355; 365
- § 171 363
- § 173 284; 293; 299; 454 (74)
- § 174 24 (116); 320
- § 181 399 (54)
- § 191 95
- § 192 247 (24)
- § 193 174 (130); 247 (26)
- § 239 254 (71), 255; 255 (75); 262 (116); 409
- § 240 262; 409
- § 241 255; 247 (128); 383; 410 (101)
- § 242 163 (85); 259; 264 (126); 269; 341 (443); 344; 374; 409
- § 244 264 (125); 266 (137)
- § 252 255
- § 258 344
- § 260 412
- § 261 432 (171)
- § 262 412
- § 263 412
- § 264 268 (125); 412
- § 265 433
- § 266 412
- § 267 412
- § 268 422; 432
- § 269 422
- § 271 425 (152)
- § 272 425 (152); 434
- § 274 262 (116)
- § 277 400
- § 285 174; 179
- § 285a 150 (160); 181 (161)
- § 310 247 (126); 258
- § 566 276; 276 (184)
- § 569 276 (184); 348
- § 862a 369 (534)
- § 864 351
- § 865 163 (85); 246 (22); 257; 259; 261; 264 (126); 268; 271; 304; 305; 326 (491); 344; 372 (541); 373; 374 (558) (562) (563); 377
- § 1002 412
- § 1170b 152 (29)
- § 1332a 181 (162)
- § 1494 279 (206)

Notariatsordnung vom 25.7.1871 (StF: RGBl. Nr. 75/1871), NO
- § 140h 412

Gesetz über Gesellschaften mit beschränkter Haftung vom 6.3.1906 (StF: RGBl. Nr. 58/1906; BGBl. I Nr. 114/1997), GmbH-Gesetz (GmbHG)
- §§ 60, 84 161 (81)

Gesetz vom 3.4.1919 über die Aufhebung des Adels, der weltlichen Ritter- und Damenorden und gewisser Titel und Würden (StF: StGBl. Nr. 211/1919 (KNV: 84 AB 111 S. 8), Adelsaufhebungsgesetz
- §§ 1, 2 509 (76)

Vollzugsanweisung des Staatsamtes für Inneres und Unterricht und des Staatsamtes für Justiz, im Einvernehmen mit den beteiligten Staatsämtern vom 18. April 1919, über die Aufhebung des Adels und gewisser Titel und Würden (StF: StGBl. Nr. 237/1919 idF StGBl. Nr. 392/1919 (DFB)), Adelsaufhebungsgesetz-Vollzugsanweisung
- § 2 509 (76)

Bundesgesetz über das Urheberrecht an Werken der Literatur und der Kunst und über verwandte Schutzrechte (StF: BGBl. Nr. 111/1936 (StR: 39/Gu. BT: 64/Ge S. 19.)), Urheberrechtsgesetz
- § 78 285

Gesetz zur Vereinheitlichung des Rechts der Eheschließung und der Ehescheidung im Lande Österreich und im übrigen Reichsgebiet vom 6. Juli 1938 (StF: dRGBl. I S 807/1938 (GBlÖ Nr. 244/1938)), Ehegesetz
- § 1 277; 320 (370)
- § 37 487 (243);
- § 50 487

Todeserklärungsgesetz 27.1.1951 (StF: BGBl. Nr. 23/1951 (WV)), TEG
- § 1 204; 219

Gesetzesregister *Zahlen = Randnummern*

- § 2 205 (91); 218 (166)
- § 3 224 (194) (195) (196)
- § 4 209 (204); 225
- § 5 225 (208)
- § 6 225 (209)
- § 7 226 (219)
- § 9 205 (91); 228 (222)
- § 11 236 (261)
- § 15 218
- § 17 219 (168)
- § 20 192 (159); 236 (261)
- § 21 204; 213
- § 23 230 (243)
- § 24 230; 232
- § 25 213 (137)

Bundesverfassungsgesetz vom 4.3.1964; österr. BGBl 1964 Nr. 59 S. 623; B-VG
- Art. II Nr. 7 43 (22)

Bundesgesetz vom 23.1.1974 über die mit gerichtlicher Strafe bedrohten Handlungen (StF: BGBl. Nr. 60/1974 (NR: GP XIII RV 30 AB 959 S. 84. BR: S. 326. NR: Einspr. d. BR: Einspr. d. BR: 1000 AB 1011 S. 98), Strafgesetzbuch (StGB)
- § 77 71 (185) (194)
- § 78 70 (185) (192)

Bundesgesetz vom 2.2.1983 über die Sachwalterschaft für behinderte Personen (BGBl. Nr. 136/1983 NR: GP XV RV 742 AB 1420 S. 144. BR: AB 2661 S. 432), Sachwaltergesetz

Bundesgesetz vom 22.3.1988 über die Änderung von Familiennamen und Vornamen (StF: BGBl. Nr. 195/1988 (NR: GP XVII RV 467 AB 510 S. 54. BR: 3452 AB 3454 S. 499.)), Namensänderungsgesetz (NÄG)
- § 1 595 (447)
- § 2 496 (14); 592 (437)
- § 3 591 (430); 593 (439)

Bundesgesetz über das polizeiliche Meldewesen (Meldesetz) vom 7.1.1992 StF: BGBl. Nr. 9/1992, MeldeG
- § 3 22 (97)

Tiroler Grundverkehrsgesetz (T- GVG) 3.6.1996; LGBl. Nr. 61/1996
- § 3 21 (92)

Bundesgesetz über die Dokumentation im Gesundheitswesen vom 27.6.1996 (StF: BGBl. Nr. 745/1996 (NR: GP XX RV 380 AB 430 S. 49. BR: AB 5325 S. 619.))
- §§ 1a, 6 474 (184)

Bundesgesetz 30.11.2010 über die Beschäftigung von Kindern und Jugendlichen (StF: BGBl. Nr. 599/1987 (WV)), Kinder- und Jugendlichen-Beschäftigungsgesetz 1987 StF: (KJBG)
- §§ 2–10 362

Bundesgesetz mit dem das allgemeine bürgerliche Gesetzbuch, das Ehegesetz, das Unterhaltsvorschussgesetz, die Jurisdiktionsnorm, die Zivilprozessordnung, das Außerstreitgesetz, das Rechtspflegergesetz, die Exekutionsordnung, das Personenstandsgesetz, das Bundesgesetz über das Internationale Privatrecht, das Gerichtsgebührengesetz, die Vierte Durchführungsverordnung zum Ehegesetz, das Jugendwohlfahrtsgesetz 1989, das Bankwesengesetz und das Krankenanstaltengesetz geändert werden (StF: BGBl. I Nr. 135/2000 (NR: GP XXI RV 296 AB 366 S. 44. BR: AB 6275 S. 670.)), Kindschaftsrechts-Änderungsgesetz 2001 (KindRÄG 2001)

Bundesgesetz 1.1.2010 über die eingetragene Partnerschaft (StF: BGBl. I Nr. 135/2009 (NR: GP XXIV RV 485 AB 558 S. 49. BR: 8217 AB 8228 S. 780.)), Eingetragene Partnerschaft-Gesetz (EPG)
- § 1 128
- § 2 6 (17)
- § 7 558
- § 25 547; 558

Bundesgesetz über die Regelung des Personenstandswesens vom 29.7.2020 (StF: BGBl. I Nr. 16/2013 (NR: GP XXIV RV 1907 AB 2042 S. 184. BR: 8825 AB 8839 S. 816.)), Personenstandsgesetz 2013 (PStG 2013)
- § 2 18 (69); 114 (471); 441 (2); 448 (46)
- § 13 529; 530; 534; 546 (258)
- § 38 496 (14); 520 (2)
- § 42 454 (72)
- § 66 497 (21)

Bundesgesetz vom 25. April 2017, mit dem das Erwachsenenvertretungsrecht und das Kuratorenrecht im Allgemeinen bürgerlichen Gesetzbuch geregelt werden und das Ehegesetz, das Eingetragene Partnerschaft-Gesetz, das Namensänderungsgesetz, das Bundesgesetz über Krankenanstalten und Kuranstalten, das Außerstreitgesetz, die Zivilprozessordnung, die Jurisdiktionsnorm, das Rechtspflegergesetz, das Vereinssachwalter-, Patientenanwalts- und Bewohnervertretergesetz, das Unterbringungsgesetz, das Heimaufenthaltsgesetz, die Notariatsordnung, die Rechtsanwaltsordnung, das Gerichtsgebührengesetz und das Gerichtliche Einbringungsgesetz geändert werden (BGBl I Nr. 59/2017), 2. Erwachsenenschutz-Gesetz (2. ErwSchG)
- § 1 492 (261)
- § 2 492 (258)
- § 4 177 (126)

Bundesgesetz vom 31.10.2022, mit dem das Meldegesetz 1991 geändert wird, BGBl. I Nr. 173/2022 (NR: GP XXVII RV 1525 AB 1707 S. 179. BR: 11077 AB 11089 S. 946.)

Zahlen in Klammern = Fußnoten **Gesetzesregister**

Polen
Vefassungsgesetz der Republik Polen vom 17.3.1921 (Dz.U.1921.44.267)
– Art. 96 509 (76)
Ustawa z dn. 14.6.1960 r. Kodeks postępowania administracyjnego, (Dz.U.2022.2000) vom 14.6.1960, Verwaltungsverfahrensgesetzbuch
– Art. 43 311 (335)
Ustawa z dn. 25.2.1964 r. Kodeks rodzinny i opiekuńczy (Dz.U.2019.2086) vom 25.2.1964 Familien- und Vormundschaftsgesetzbuch; FVGB
– Art. 1 – § 1 19 (82); 131
– Art. 7 497 (23); 551 (279)
– Art. 10 19 (79); 320; 320 (364); 321 (375); 457 (80)
– Art. 12 252 (60); 278
– Art. 22 392 (36)
– Art. 25 135 (619); 136 (632); 521 (145); 524; 526; 541; 553; 556; 557 (312)
– Art. 25 – § 1 135 (614) (616); 136 (634)
– Art. 33 320 (364)
– Art. 41 – § 1 497 (23); 557 (312)
– Art. 55 229; 231
– Art. 59 135 (622); 562 (334)
– Art. 75 544 (247)
– Art. 77 – § 2 544 (247)
– Art. 88 – § 1 139 (644); 521 (145); 526; 541 (236)
– Art. 88 – § 2 Satz 2 547
– Art. 88 – § 3 541 (239)
– Art. 88 – § 4 541 (240); 568
– Art. 89 573
– Art. 89 – § 1 526; 539 (221); 541(241); 547; 580
– Art. 89 – § 3 539 (218)
– Art. 89 – § 4 497 (21); 547
– Art. 89¹ 540 (225)
– Art. 90 139 (652); 539 (219); 552 (211); 570; 580
– Art. 90¹ 526
– Art. 93 399 (54); 544 (248)
– Art. 94 544 (247)
– Art. 94 – § 1 394; 394 (40)
– Art. 94 – § 3 394
– Art. 94 – § 4 386 (3)
– Art. 95 – § 1 389 (13)
– Art. 95 – § 2 384 (4)
– Art. 95 – § 3 384 (4)
– Art. 97 – § 1 395
– Art. 97 – § 2 396
– Art. 98 – § 1 395
– Art. 98 – § 2 400 (57); 405 (82)
– Art. 99 400 (57)
– Art. 101 268 (145); 281; 283
– Art. 101 – § 1 401
– Art. 101 – § 2 388 (9)
– Art. 101 – § 3 400 (57); 404; 405; 405 (78)
– Art. 102 388 (9); 392
– Art. 103 388 (9); 399 (55)
– Art. 107 – § 1 393 (37)
– Art. 122 – § 1 576
– Art. 122 – § 2 576 (371)
– Art. 122 – § 3 549; 580
– Art. 147 425
– Art. 152 332 (404); 425
– Art. 153 425
– Art. 154 425; 433
– Art. 155 – § 1 425
– Art. 155 – § 2 425
– Art. 156 425
– Art. 176 425; 433
– Art. 178 425
– Art. 891 139 (648)
Kodeks cywilny vom 23.4.1964 (Dz. U. 2022.1360), Zivilgesetzbuch, ZGB
– Art. 1 1 (1); 151 (3); 152 (25) (27)
– Art. 4¹ – § 1 497 (23)
– Art. 5 278 (200)
– Art. 7 – § 2 497 (23)
– Art. 8 153 (14)
– Art. 8 – § 1 192 (8); 256 (81)
– Art. 8 – § 2 198 (47)
– Art. 9 192 (20)
– Art. 10 – § 1 246 (11)
– Art. 10 – § 2 246 (11); 321; 394 (40); 544 (247)
– Art. 12 146 (699); 246 (22); 268
– Art. 13 – § 1 146 (698) (701); 250 (36); 251 (47); 254
– Art. 13 – § 2 146 (698); 330 (395)
– Art. 14 – § 1 374 (560)
– Art. 14 – § 2 246; 327; 351
– Art. 15 146 (700); 246 (21); 305
– Art. 16 – § 1 146 (701); 250 (36); 330 (397)
– Art. 16 – § 2 330 (395) (397)
– Art. 17 268 (145); 305 (305); 357; 407; 407 (91); 437 (186)
– Art. 18 407
– Art. 18 – § 1 268; 372 (544); 380 (581)
– Art. 18 – § 2 380 (581)
– Art. 18 – § 3 380 (581)
– Art. 19 311 (336); 357; 369
– Art. 20 351
– Art. 21 365
– Art. 22 355
– Art. 22¹ 8 (27)
– Art. 23 5 (11); 16 (54); 201 (70); 500 (38)
– Art. 24 5 (11) (13)
– Art. 26 8 (23)
– Art. 29 13 (44)
– Art. 29 – § 1 223; 224 (194) (196)
– Art. 29 – § 2 224 (195)
– Art. 30 13 (44)
– Art. 30 – § 1 209 (207); 225 (208)

627

Gesetzesregister *Zahlen = Randnummern*

- Art. 30 – § 3 223; 226 (219)
- Art. 31 – § 1 205 (91); 227(221)
- Art. 31 – § 2 227 (222)
- Art. 32 13 (46); 211 (261) (262)
- Art. 33 158 (56)
- Art. 33^1 – § 1 8 (27); 170 (65) (68) (70)
- Art. 33^1 – § 2 160 (65) (68)
- Artt. 37, 43 3 161 (77)
- Art. 43 161 (80)
- Art. 43^1 8 (27); 160 (70)
- Art. 43^2 – § 1 501 (42)
- Art. 43^3 – § 1 161
- Art. 43^3 – § 2 501 (45)
- Art. 43^4 161 (73); 501 (42)
- Art. 43^5 161 (73)
- Art. 43^5 – § 3 501 (48)
- Art. 43^7 161 (75)
- Art. 43^8 – § 1 501 (48)
- Artt. 43^8 – § 3, 55^2 161 (75)
- Art. 43^9 501 (45)
- Art. 55^1 S. 1 8 (27)
- Art. 55^4 161 (76)
- Art. 82 251 (39); 252 (53) (56); 254; 330 (397)
- Art. 90^1 526
- Art. 100 267 (137)
- Art. 109^2 – § 2 281 (137)
- Art. 138 311 (335)
- Art. 189 23 (106)
- Art. 336 258
- Art. 415 5 (11)
- Art. 426 268 (147)
- Art. 446^1 67; 196 (31); (37)
- Art. 448 201 (70)
- Art. 454 8 (24)
- Art. 527 218 (160) (161)
- Art. 540 230 (244)
- Art. 543 230 (244)
- Art. 547 – § 1 332 (404)
- Art. 547 – § 2 332 (404)
- Art. 691 – § 1 131
- Art. 944 – § 2 348

Ustawa z dn. 17.11.1964 Kodeks postępowania cywilnego (Dz.U.2019.1460) vom 17.11.1964, Zivilprozessordnung; ZPO
- Art. 231 225 (207)
- Art. 529 – § 2 192 (162)
- Art. 530 – § 2 218 (166)
- Art. 531 218 (165)
- Art. 533 218 (165)
- Art. 538 213 (136)

Gesetz vom 7.1.1993 über Planung der Familie, Schutz des menschlichen Fötus und die Bedingungen des Schwangerschaftsabbruchs (Dz.U.1993.17.78)
- Art. 4 300

Ustawa z dn. 4.2.1994 o prawie autorskim i prawach pokrewnych (Dz.U.2022.2509) vom 4.2.1994 über das Urheberrecht und verwandte Schutzrechte (Urhebergesetz)
- Art. 16 502

Ustawa z dn. 5.12.1996 o zawodach lekarza i lekarza dentysty, (Dz.U.2022.1731) vom 5.12.1996 über die Berufe des Arztes und des Zahnarztes
- Art. 32 (2) 295; 299; 307 (314)

Ustawa z dn. 7.1.1997 o planowaniu rodziny, ochronie płodu ludzkiego i warunkach dopuszczalności przerywania ciąży (Dz.U.2022.1575) vom 7.1.1993 über Planung der Familie, Schutz des menschlichen Fötus und die Bedingungen des Schwangerschaftsabbruchs

Ustawa z dn. 21.8.1997 o ochronie zwierząt (Dz.U.2022.572) vom 21.8.1997 über den Schutz von Tieren (polnisches TierschutzG)
- Art. 1 181 (160) (161)

Konstytucja Rzeczypospolitej Polskiej z dn. 2.4.1997 r. (Dz. U. 1997.78.483); Verfassung der Republik Polen vom 2.4.1997
- Art. 18 6 (17); 19 (82); 109 (452);131; 131 (569)
- Art. 32 509 (76)

Ustawa z dn. 26.6.1974 Kodeks pracy (Dz.U.2022.1510) vom 26.6.1974 Arbeitsgesetzbuch (AGB)
- Artt. 21, 22 363
- Art. 190 – § 2 362
- Art. 304 1 362; 363

Ustawa z dn. 1.7.2005 r. o pobieraniu, przechowywaniu i przeszczepianiu komórek, tkanek i narządów (Dz.U.2020.2134) vom 1.7.2005 über die Entnahme, die Aufbewahrung und die Transplantation von Zellen, Geweben und Organen
- Art. 4 4 5 (15); 23 (105)

Ustawa z dn. 17.10.2008 o zmianie imienia i nazwiska (Dz.U.2021.1988) vom 17.10.2008 über Vor- und Nachnamenänderung; VNG
- Art. 4 (1) 132 (585); 507 (68); 520 (391); 593 (440); 595 (448)
- Art. 5 595 (448)
- Art. 6 519; 526
- Art. 8 566 (346); 580
- Art. 12 580 (391); 595 (448)

Ustawa z dn. 6.11.2008 r. o prawach pacjenta i Rzeczniku Praw Pacjenta, (Dz. U. 2022.1360) vom 6.11.2008 über Patientenrechte und Beauftragte für Patientenrechte
- Art. 17 294; 317

Rozporządzenie Ministra zdrowia z dn. 20.9.2012 w sprawie standardów postępowania medycznego przy udzielaniu świadczeń zdrowotnych z zakresu opieki okołoporodowej sprawowanej nad kobietą w okresie fizjologicznej ciąży, fizjologicznego porodu, połogu

oraz opieki nad noworodkiem (Dz.U.2016.1132); Verordnung des poln. Gesundheitsministers vom 20.9.2012 über die Standards medizinischer Verfahren in der Mutterschaftsbetreuung während der physiologischen Schwangerschaft, der physiologischen Entbindung, des Wochenbetts und der Neugeborenenbetreuung
– Kap. XII (10) Pkt.10 447 (31)
Ustawa z dn. 28.11.2014 r. Prawo o aktach stanu cywilnego (Dz.U.2022.1681) vom 28.11.2014 über das Recht der Standesakten; RdSG
– Art. 29 508 (71)
– Art. 57 544 (247)
– Art. 59 514 (91); 515 (101); 518 (119); 519; 530; 541 (238); 544 (252)
– Art. 60 18 (68); 441 (2)
– Art. 61 552 (223)
– Art. 62 497 (19)
– Art. 70 541 (239)
– Art. 90 562 (334)
Rozp. Min. Zdrowia z 12.1.2015 r. w sprawie wzorów karty urodzenia i karty martwego urodzenia (Dz.U. z 2015 r. poz. 171); Verordnung des Gesundheitsministers vom 12.1.2015 zu den Mustern für Geburts- und Totgeburtenkarten
– Art. 3 112 (459)
– Art. 60 112 (459)
Rozporządzenie Ministra zdrowia z dn. 16.8.2018 w sprawie standardu organizacyjnego opieki okołoporodowej (Dz.U.2018.1756); Verordnung des Gesundheitsministers vom 16.8.2018 über Organisationsstandards der perinatalen Betreuung
– Kap. XIII (9) 447 (31)
Rozporządzenie Ministra Zdrowia z dn. 6.4.2020 r. w sprawie rodzajów, zakresu i wzorów dokumentacji medycznej oraz sposobu jej przetwarzania (Dz.U.2022.1304); Verordnung des Ministers für die Gesundheit vom 6.4.2020 über Arten, Umfang und Mustern der medizinischen Dokumentation, sowie der Art ihrer Verarbeitung
– Pkt. 3 Anhang 1 193 (19)
Poln. Einkommenssteuergesetz
– Art. 2 17 (61)

Portugal
Código Civil vom 1.7.1867 (Carta de Lei vom 1.7.1867, Diário de Lisboa Nr. 173 vom 5.8.1867 bis Nr. 213 vom 21.9.1867), Zivilgesetzbuch von 1867, auch bezeichnet als Código de Seabra, CC von 1867
– Art. 1 19 (80); 35 (151)
– Art. 7 19 (80)
– Art. 1796 447 (33)

Código Civil, DL 47344 vom 25.11.1966 (DG 274/1966 I-A), Zivilgesetzbuch, CC; geändert u. a. durch DL 496/77 vom 25.11.1977 (DR 273/77 vom 25.11.1977)
– Art. 10 (3) 465 (133)
– Art. 25 28
– Art. 27 28
– Art. 28 28
– Art. 29 28
– Art. 30 28
– Art. 31 28 (123)
– Art. 56 (2) 109 (450)
– Art. 60 (2) 109 (450)
– Art. 66 (1) 35 (151); 169 (112); 176 (135); 192 (8); 193 (18); 196 (34)
– Art. 66 (2) 66 (148); 196 (32); 197 (40); 198 (44); 200 (61)
– Art. 67 19 (80); 35 (151); 59 (109); 61 (121); 178 (87); 166 (94): 169 (112); 176 (135)
– Art. 68 (1) 35 (151); 201 (67)
– Art. 68 (2) 236 (261)
– Art. 68 (3) 206; 213 (133)
– Art. 69 24 (114); 35 (151)
– Art. 70 5 (11); 201 (72)
– Art. 71 201 (67) (72)
– Art. 72 (1) 136 (632); 498(25); 503 (58)
– Art. 74 500 (38)
– Art. 80 5 (11)
– Art. 81 23 (99)
– Art. 85 8 (23)
– Art. 89 240
– Art. 99 240
– Art. 104 (2) 573
– Art. 114 240
– Art. 114 (1) 219
– Art. 114 (2) 224 (195)
– Art. 114 (3) 224 (194); 240
– Art. 115 206; 206 (95); 227 (221); 228; 228 (225)
– Art. 116 228; 228 (225); 229 (231)
– Art. 119 232 (252)
– Art. 120 229
– Art. 122 322
– Art. 123 283
– Art. 124 391 (24); 392 (31)
– Art. 125 19 (85); 294 (580); 372 (543)
– Art. 126 308
– Art. 127 246 (20); 275; 283; 305 (308); 351; 362; 365
– Art. 129 301
– Art. 130 55 (91); 246 (11); 258; 319
– Art. 131 8 271
– Art. 132 348 (473)
– Art. 132 322
– Art. 133 24 (116)
– Art. 136 79 (245)
– Art. 138 35; 35 (152); 250 (35); 416
– Art. 139 283

629

Gesetzesregister

Zahlen = Randnummern

- Art. 141 266 (138); 428
- Art. 142 250 (35)
- Art. 143 266 (137)
- Art. 144-A 289 (250)
- Art. 145 428
- Art. 147 278
- Art. 151 262 (117)
- Art. 154 418 (130)
- Art. 160 157 (44); 165 (94); 169 (112)
- Art. 201-B 181 (160)
- Art. 201-D 181 (161)
- Art. 202 179 (152)
- Art. 204 206
- Artt. 207–208 206
- Art. 233 206
- Art. 234 206
- Art. 253 (1) 308
- Art. 257 244 (2); 251 (49); 418 (130)
- Art. 259 282 (143)
- Art. 261 400
- Art. 263 245 (8); 267; 267 (143)
- Art. 280 68 (163)
- Art. 287 380 (580)
- Art. 289 380 (580)
- Art. 294 267 (143)
- Art. 342 202 (73)
- Art. 362 109 (450)
- Art. 488 (2) 266 (140)
- Art. 493-A 181 (162)
- Art. 496 (2) 196 (32)
- Art. 703 283
- Art. 704 283
- Art. 706 283
- Art. 712 283
- Art. 715 283
- Art. 949 (2) 401
- Art. 951 200 (61); 274 (181); 357 (491)
- Art. 952 67 (156); 199 (56), 200 (61)
- Art. 1320 109 (450)
- Art. 1326 109 (450)
- Art. 1351 109 (450)
- Art. 1563 109 (450)
- Art. 1570 109 (450)
- Art. 1573 573
- Art. 1577 120; 126
- Art. 1591 169 (108)
- Art. 1596 61 (121)
- Art. 1601 278 (202)
- Art. 1601a 301; 348 (473)
- Art. 1677 135 (614) (615); 136 (632); 503 (57); 522; 521 (236); 551 (279); 553; 556
- Art. 1677-A 519
- Art. 1677-B 135 (622); 561
- Art. 1781c 228 (225)
- Art. 1812 16 (54)
- Art. 1832 109 (450)
- Art. 1836 109 (450)
- Art. 1840 109 (450)

- Art. 1875 (1) 139 (644); 522; 522 (154); 539 (218); 547
- Art. 1875 (2) 133 (588); 139 (644) (646); 541 (231); 547
- Art. 1875 (3) 539 (221); 541 (239)
- Art. 1876 (1) 539 (222); 570
- Art. 1876 (2) 539 (222)
- Art. 1878 200 (61) (63); 384 (4); 389 (13); 541 (234)
- Art. 1888 392 (33)
- Art. 1889 403 (73) (76); 405 (78) (80)
- Art. 1889 (1) (a) 200 (61); 405
- Art. 1893 401
- Art. 1894 401
- Art. 1898 401
- Art. 1901 541 (234)
- Art. 1903 394 (40)
- Art. 1904-A 393
- Art. 1915 399 (54)
- Art. 1927 428
- Art. 1937 433 (177)
- Art. 1979 247 (26)
- Art. 1988 (2) 549; 565; 576
- Art. 2020 218 (160)
- Art. 2033 (1) 67 (156); 200 (57)
- Art. 2046 67 (157)
- Art. 2189 278 (199); 348
- Art. 2237 67 (159)
- Art. 2240 67 (159); 199 (48)
- Art. 2250 (1) 67 (159)
- Art. 2250 (2) 67 (159)

Constituição da República Portuguesa vom 2.4.1976, Decreto de Aprovação da Constituição vom 10.4.1976 (DR 86/1976 I-A), Verfassung, CRP
- Art. 7 109 (450)
- Art. 8 (1) 51 (61)
- Art. 9 (h) 109 (450) (452)
- Art. 13 61 (121); 109 (453); 126
- Art. 16 109 (450)
- Art. 18 (1) 42 (16); 61 (121)
- Art. 19 (6) 57 (100)
- Art. 26 (1) 509 (76)
- Art. 35 (5) 22 (97)
- Art. 78 (2) 509 (76)
- Art. 136 (1) 79 (245)
- Art. 277 (1) 49
- Art. 277 (2) 49
- Art. 278 (1) 49
- Art. 282 49
- Art. 1176 (2) 267 (145)
- Art. 1266 258
- Art. 1289 272

Código Penal, DL 400/82 vom 23.9.1982 (DR 221/1982 I-A vom 23.9.1982) i. d. F. des Gesetzes 59/2007 vom 4.9.2007 (DR 170/2007 I vom 4.9.2007), Strafgesetzbuch, CP
- Art. 38 (3) 294

Zahlen in Klammern = Fußnoten **Gesetzesregister**

- Art. 133 71 (203)
- Art. 134 71 (194); (203)
- Art. 135 70 (186)
- Art. 136 193 (15)
- Art. 142 301
- Art. 143 289 (251)
- Art. 185 (3) 201 (68)
- Art. 240 (1) 458 (93)

Lei do Tribunal Constitucional, Gesetz 28/82 vom 15.11.1982 (DR 264 I-A vom 15.11.1982), Gesetz zum Verfassungsgericht i. d. F. Organgesetzes 1/2018 vom 19.4.2018 (DR 77/2018)

Colheita e transplante de órgãos e tecidos e células de origem humana, Gesetz 12/93 vom 22.4.1993 i. d. F. des Gesetzes 22/2007 vom 29.6.2007; Gesetz über die Entnahme und Transplantation von Organen, Geweben und Zellen menschlichen Ursprungs (DR 124/2007 I vom 29.6.2007)

- Art. 5 106
- Art. 6 106
- Art. 8 290 (257)
- Art. 10 106

Registo Nacional de não Dadores, näher geregelt durch DL 244/94 vom 26.9.1994, DR 223/1994 I-A; Nationales/Portugiesisches Register für Nichtspender

Código do Registo Civil, DL 131/95 vom 6.6.1995 i. d. F. des DL 324/2007 vom 28.9.2007, Zivilregistergesetzbuch, CRC (DR 131/1995 I-A)

- Art. 1 42 (10); 202 (75)
- Art. 2 42 (10); 202 (75)
- Art. 4 202 (75)
- Art. 6 (1) 213 (133)
- Art. 69 135 (622)
- Art. 101-A 441 (2)
- Art. 103 (1) 514 (92)
- Art. 103 (2) 132 (579); 133; 136 (632); 190 (4); 495 (9); 496; 503 (57); 514 (94); 516; 519; 522; 527 (168); 529
- Art. 104 (1) (c) 509 (80); 595 (452) (453)
- Art. 192 202 (75)
- Art. 201 203 (82)
- Art. 204 206; 225 (206)
- Art. 211 202 (75)
- Art. 240 213 (137)
- Art. 278 593 (438)

Regime Jurídico do Registo Nacional de Pessoas Colectivas, DL 129/98 vom 13.5.1998 (DR 110/1998 I-A), Juristisches Regime des Nationalen Registers der Juristischen Personen, RNPC

- Art. 38 (1) 161 (73); 499 (42)

Lei de Saúde Mental (Gesetz 36/98 vom 24.7.1998, Gesetz über geistige Gesundheit, DR 169/1998 I-A) i. d. F. des Gesetzes 49/2018)

- Art. 5 (3) 294

Lei da Identificação Civil, Gesetz 33/99 vom 18.5.1999 (DR 115/1999 I-A), Gesetz zur bürgerlichen Identifizierung

- Art. 10 18 (68)

Lei 141/99 Estabelece os princípios em que se baseia a verificação da morte vom 28.8.1999, DRE 201/1999 I-A vom 28.8.1999, Festlegung der Prinzipien zur Todesfeststellung

- Art. 2 209 (108)
- Art. 3 204 (81)
- Art: 4 204 (81)

Lei da Economia em Comum, Medidas de protecção das pessoas que vivam em ecomomia comum, Gesetz 6/2001 vom 11.5.2001, DR 109/2001 I-A vom 11.5.2001; Gesetz über Schutzmaßnahmen der Personen, die einer wirtschaftlichen Hausgemeinschaft leben

- Art. 2 126

Lei das Uniões de Facto, Medidas de protecção das uniões de facto, Gesetz 7/2001 vom 11.5.2001, DR 109/2001 I-A vom 11.5.2001 i. d. F. des Gesetzes 23/2010 vom 30.8.2010, DR 168/2010 I; Gesetz über Schutzmaßnahmen für faktische Lebenspartnerschaften

- Art. 1 6 (18); 126
- Art. 2-A 127

Transferência de Competência Decisória em Processos de Jurisdição Voluntária dos Tribunais Judiciais para o Ministério Público e Conservatórias do Registo Civil, DL 272/2001 vom 13.10.2001 (DR 238/2001 I-A), Gesetz über Zuständigkeit der Staatsanwaltschaft und Zivilregisterbehörde für Verfahren in freiwilliger Gerichtsbarkeit

- Art. 4 200 (61)

Lei da Procriação Medicamente Assistida, Gesetz 32/2006 vom 26.7.2006 (DR 143/2006 I) i. d. F. des Gesetzes 58/2017 vom 25.7.2017 (DR 142/2017 I), Gesetz über assistierte menschliche Reproduktion

- Art. 8 86
- Art. 23 67 (156)

Regulamento da Nacionalidade Portuguesa, DL 237-A/2006 vom 14.12.2006 (DR 239/2006 I vom 14.12.2006), zuletzt geändert durch DL 26/2022 vom 18.3.2002 (DR 55/2022 I vom 18.3.2022), RNP, Verordnung über die portugiesische Staatsangehörigkeit

- Artt. 11, 38–39 595 (453)

Código do Trabalho, Gesetz 7/2009 vom 12.2.2009, DR 30/2009 I vom 12.2.2009, CT, Arbeitsgesetzbuch

- Art. 24 458 (93)
- Art. 68 362

Regime jurídico do Apadrinhamento civil; Gesetz 103/2009 vom 11.9.2009 (DR 177/2009 I), Juristisches Regime der Zivilpartnerschaft

- Art. 4 247 (26)

631

Gesetzesregister

Zahlen = Randnummern

Cria o procedimento de mudança de sexo e de nome próprio no registo civil e procede à décima sétima alteração ao Código do Registo Civil, Gesetz 7/2011 vom 15.3.2011 (DR 52/2011 I); Abschaffung des Verfahrens für die Änderung des Geschlechts und des Vornamens im Zivilregister, 17. Änderung des Zivilregistergesetzbuches
– Art. 3 465

Lei 25/2012 vom 16.7.2012, Regula as diretivas antecipadas de vontade, designadamente sob a forma de testamento vital, e a nomeação de procurador de cuidados de saúde e cria o Registo Nacional do Testamento Vital (RENTEV), DR 136/2012 I vom 16.7.2012, Regelung der Patientenverfügung und Schaffung des nationalen Registers für Patientenverfügungen (RENTEV)
– Art. 2 411 (102)
– Art. 12 411 (102)

Lei 41/2013 vom 26.6.2013 Código de Processo Civil (DR 121/2013 I), Zivilprozessgesetzbuch, CPC
– Art. 736g 182 (172)
– Art. 881 206 (95)
– Art. 886 192 (162); 218 (166)

Lei 21/2014 vom 16.4.2014 da investigação clínica, Gesetz über die klinische Forschung
– Art. 7 290 (260)
– Art. 8 290 (260)

Regime Geral do Processo Tutelar Cível, DR 175 I vom 8.9.2015, Allgemeines Regime des Zivilvormundschaftsverfahrens, Gesetz 141/2015 vom 8.9.2015
– Artt. 1875 134 (612)

Código Deontológico da Ordem dos Médicos; Regulamento 707/2016, DRE 139/2016 II vom 21.7.2016 (Unverbindlich; obgleich im Gesetzblatt verkündet) https://dre.pt/application/conteudo/75007439
– Art. 65 79 (246)

Lei 31/2018 vom 18.7.2018, Direitos das pessoas em contexto de doença avançada e em fim de vida; Gesetz 31/2018 über die Rechte der Menschen im Kontext von fortgeschrittener Krankheit und am Lebensende (DR 137/2018 I vom 18.7.2018)
– Art. 4 79
– Art. 5 79
– Art. 6 (1) 23 (106)
– Art. 7 (3) 18 (68)

Lei 38/2018 Direito à autodeterminação da identidade de género e expressão de género e à proteção das características sexuais de cada pessoa; Gesetz 38/2018 vom 7.8.2018 Recht auf Selbstbestimmung der Geschlechtsidentität und des Geschlechtsausdrucks und Schutz der sexuellen Merkmale jeder Person

– Art. 3 465
– Art. 5 465
– Art. 7 120; 465; 478; 481 (215)
– Art. 8 120; 465
– Art. 9 120; 465; 473 (170)
– Art. 10 483 (226); 492 (258); 493 (263)
– Art. 12 458 (92)

Lei 45/2019 vom 27.6.2019 Revisão global da linguagem utilizada nas convenções internacionais relevantes em matéria de direitos humanos a que a República Portuguesa se encontra vinculada (Gesetz zur globalen Überarbeitung des Sprachgebrauchs in den relevanten internationalen Menschenrechtsübereinkommen, an die die Portugiesische Republik gebunden ist, DRE 121/2019 I vom 27.6.2019)
– Art. 2 19 (80)

Lei 68/2019 vom 27.8.2019, Estatuto do Ministério Público, Statut der Staatsanwaltschaft, DR 163 I vom 27.8.2019
– Art. 9 218 (159)

Lei 100/2019 vom 6.9.2019, Estatuto do Cuidador Informal, Statut des Informellen Pflegers, DR I 171/2019
– Artt. 2–4 412 (131)

Lei 27/2021 vom 17.5.2021 Carta Portuguesa dos Direitos Humanos na Era Digital (Portugiesische Menschenrechtscharta in der Digitalen Ära, DRE 95/2021 I vom 17.5.2021)
– Art. 18 8 (29)

Rumänien

Constituție din 21 noiembrie 1991; Rumänische Verfassung; 21. November 1991, Neuveröffentlicht im Amtsblatt Nr. 767 von 31. Oktober 2003
– Art. 4 51 (63)
– Art. 20 44 (29); 51 (63)
– Art. 26 42 (16)
– Art. 44 177 (143)
– Art. 49 88
– Art. 50 69 (696)
– Art. 146 49
– Art. 147 49; 145 (696)

Lege nr. 119/1996 cu privire la actele de stare civilă, neu veröffentlicht in Monitorul Oficial nr. 339 vom 18.5.2012, Gesetz Nr. 119/1996 bezüglich der Personenstandurkunden (veröffentlicht am 11. November 1996 im Amtsblatt Nr. 282/11.11.1996, in der Form des Nachdrucks vom 2 November 2009, Amtsblatt Nr. 743/2.11.2009 und ihre späteren Änderungen und Ergänzungen)
– Art. 1 18 (68); 42 (12)

Ordonanța Guvernului nr. 41/2003 privind dobândirea și schimbarea pe cale administrativă a numelui persoanelor fizice, Amtsblatt Nr. 68/2. Februar 2003, Regierungsverordnung

632

Zahlen in Klammern = Fußnoten   **Gesetzesregister**

Nr. 41/2003 über den Erwerb und die Änderung des Namens der natürlichen Person im Verwaltungsverfahren (durch par. II des Gesetzes nr. 105/20 April 2022 aufgehoben (Inkrafttretten: 2.5.2022)
- Art. 4 581 (391); 595 (449)
- Art. 10 595 (449)

Gesetz Nr. 95/2006 bezüglich der Reform im Gesundheitsbereich (veröffentlicht am 28 April 2006 im Amtsblatt Nr. 302/28.4.2006, in der Form des Nachdrucks vom 28 August 2015, Amtsblatt Nr. 652/28.8.2015 und ihre späteren Änderungen und Ergänzungen)
- Art. 144 86 (385); 106
- Art. 147 209 (116)
- Art. 156 23 (105)
- Art. 157 106

Noul Codul Civil vom 17.7.2009, Gesetz Nr. 287/2009 (Monitorul Oficial, Erster Teil, Nr. 505 vom 15.7.2011), neues Zivilgesetzbuch, CC
- Art. 2 32 (140); 179 (150)
- Art. 4 (1) 44 (29); 51 (63)
- Art. 11 91 (163)
- Art. 25 (1) 36; 155 (27); 184 (184)
- Art. 25 (2) 5 (8); 36; 155 (11) (25); 172 (52)
- Art. 25 (3) 184 (184)
- Art. 28 36; 168
- Art. 29 24 (114); 36; 176 (132)
- Art. 34 36; 178 (87)
- Art. 35 13; 192 (8)
- Art. 36 66 (148); 197 (40); 198 (42)
- Art. 37 36; 163 (85)
- Art. 38 (2) 246 (11)
- Art. 39 24 (116); 321
- Art. 40 24 (113); 325
- Art. 41 351; 407 (91)
- Art. 42 364; 365
- Art. 43 327
- Art. 54 41 (4); 232 (252); 233
- Art. 58 25 (117)
- Art. 60 5 (15); 26 (119)
- Art. 72 (1) 16 (54)
- Art. 82 7
- Art. 87 8 (20); 8 (23)
- Art. 98 42 (12)
- Art. 99 (2) 42 (12)
- Art. 103 42 (12)
- Art. 104 (1) 36
- Art. 164 145 (696); 374 (557)
- Art. 172 (3) 374 (557)
- Art. 256 14 (49)
- Art. 271 19 (82)
- Art. 277 19 (82); 43 (24); 131
- Art. 282 135 (620) (621); 553, 553 (292); 556 (309)
- Art. 383 135 (622); 561
- Art. 412 197 (40)

- Art. 441 (1) 82
- Art. 449 (1) 540
- Art. 449 (2) 139 (646); (648); (654); 525; 540
- Art. 450 539 (218) (221)
- Art. 957 (1) 13 (46); 66 (148); 198 (42)
- Art. 988 (2) 177 (141)
- Art. 990 177 (139)
- Art. 1114 (2) 66 (149); 195 (28)
- Art. 1229 23 (105)
- Art. 1236 68 (163)
- Art. 1238 (2) 68 (163)
- Art. 1653 177 (141)
- Art. 1654 (1) 177 (141)
- Art. 2572 28
- Art. 2573 28
- Art. 2574 28
- Art. 2575 28
- Art. 2576 28
- Art. 2577 28
- Art. 2578 28

Codul penal vom 17.7.2009, Monitorul Oficial al României, Partea I, nr. 510 din 24.7.2009; verabschiedet durch Gesetz Nr. 286/2009, veröffentlicht in Amtsblatt Nr. 510 von 24.7.2009; in Kraft getreten 1.2.2014; neues rumänisches Strafgesetzbuch
- Art. 190 62 (194)
- Art. 191 70 (190)

Ordinul nr. 359/2012 al Ministerului Sănătății privind criteriile de înregistrare și declarare a nou-născutului, publicat în Monitorul Oficial Nr. 237 din 9.4.2012; Erlass Nr. 359/2012 des Ministeriums für Gesundheit bezüglich der Kriterien für die Eintragung und Meldung des Neugeborenen, Amtsblatt Nr. 237/9.4.2012
- Art. 1 193 (19)

Schottland
Wills (Soldiers and Sailors) Act 1918; Ch. 58 7 and 8 Geo 5
- sec. 3 348 (470)

Registration of Births, Deaths and Marriages (Scotland) Act 1965, 5.8.1965, c.49
- sec. 13(1) 441 (2)

Age of Majority Act 1969; 25.7.1969, c 39
- sec. 1 (1) 246 (12)

Marriage (Scotland) Act 1977, 26.5.1977, c 15
- sec. 1 24 (116); 320 (371)

Presumption of Death Act 1977, 22.7.1997, c.27
- sec. 1 (1) 224 (197)

Age of Legal Capacity (Scotland) Act 1991, 25.7.1991, c. 50
- sec. 1 178 (147); 315
- sec. 2 178 (147); 268; 295; 303; 315; 348 (474); 372 (545)
- sec. 3 268 (150)
- sec. 4 315

Gesetzesregister

Zahlen = Randnummern

Human Tissue (Scotland) Act 2006, 2.2.2006, asp. 4
– sec. 6 D 108
– sec. 20 108
Gender Representation on Public Boards (Scotland) Act, 9.3.2018, asp.4
Civilpartnerships Act 2020, 28.7.2020, asp.15
– sec. 1 (2) 128 (557)

Schweden
Lagen om vissa internationella rättsförhållanden rörande äktenskap och förmynderskap (Gesetz über bestimmte internationale Rechtsverhältnisse betreffend Ehe und Vormundschaft) vom 8.7.1904 (1904:26)
– Kap. 1 – § 8a 320 (367)
– Kap. 10 – § 2 391 (24)
Lag om avtal och andra rättshandlingar på förmögenhetsrättens område (Vetragsgesetz) vom 6.11.1915, (1915:218) (AvtL)
– § 11 417 (127)
– § 22 267 (144)
– § 25 417 (127)
– § 31 375 (564); 244 (2)
– § 33 244 (2); 260 (103); 375 (564)
Giftermålsbalk (Ehegesetzbuch) vom 11.6.1920 (1920:405) (aufgehoben ab 1.1.1988)
– § 1 (2) 128 (557)
Lag om verkan av avtal, som slutits under påverkan av en psykisk störning (Gesetz über Wirkung der Verträge geschlossen unter dem Einfluss von psychischer Störung) vom 27.6.1924 (1924:323).
Lag om skuldebrev (Gesetz über Schuldscheine) vom 27.3.1936 (1936:81)
– § 3 8 (24)
Rättegångsbalk (Zivilprozessordnung) vom 18.7.1942 (1942:740), RB
– Kap. 11 – § 2 155 (27)
Föräldrabalk (Elterngesetzbuch) vom 10.6.1949 (1949:381), FB
– Kap. 1 – § 7 84 (287); 447 (33)
– Kap. 1 – § 11 447
– Kap. 4 – § 5 247 (26)
– Kap. 4 – § 5a 84 (288)
– Kap. 4 – § 8 565 (345)
– Kap. 4 – § 9 565 (345)
– Kap. 6 – § 2 521 (234)
– Kap. 6 – § 3 393; 394 (39); 544 (246)
– Kap. 6 – § 7 399 (54); 544 (248)
– Kap. 6 – § 8a 544 (252)
– Kap. 6 – § 11 303 (295); 318 (360); 326
– Kap. 6 – § 12 357; 364; 365
– Kap. 6 – § 13 544 (252)
– Kap. 6 – § 13a 294 (266)
– Kap. 7 – § 9 436
– Kap. 9 318 (360)

– Kap. 9 – § 1 24 (113); 246 (11); 291 (263); 304 (301); 311 (331) (336); 316 (344); 319; 357
– Kap. 9 – § 2a 246 (19); 305 (304); 309 (326); 316 (344); 350
– Kap. 9 – § 3 291 (263); 305 (304); 365
– Kap. 9 – § 5 246 (19); 252 (528)
– Kap. 9 – § 6 311 (336); 365; 376; 392 (33); 405 (81)
– Kap. 9 – § 7 309 (326)
– Kap. 10 – § 1 544 (246)
– Kap. 10 – § 2 376
– Kap. 11 – § 2 66 (153)
– Kap. 11 – § 4 145 (684)
– Kap. 11 – § 7 145 (684); 250 (35); 252 (56); 330 (394); 339; 376
– Kap. 11 – § 8 339
– Kap. 11 – § 9 145 (684); 330 (394); 339
– Kap. 11 – § 10 376
– Kap. 11 – § 12 266 (137) (138)
– Kap. 13 – § 13 305 (304)
– Kap. 13 – § 14 24 (113)
– Kap. 14 – § 14 24 (105)
– Kap. 14 – § 14 305 (304)
– Kap. 10 – § 1 394 (39) (40)
– Kap. 10 – § 2 391 (24); 394 (39)
– Kap. 10 – § 5 394 (39)
– Kap. 10 – § 10 399 (54)
– Kap. 11 – § 2 400 (59)
– Kap. 11 – § 4 417
– Kap. 11 – § 7 417;427
– Kap. 11 – § 10 407; 433 (186)
– Kap. 12 – § 1 392 (33) (36)
– Kap. 12 – § 2 436
– Kap. 12 – § 8 400 (59); 436
– Kap. 12 – § 10 436
– Kap. 12 – § 12 398 (53); 427
– Kap. 13 – § 1 392 (36); 393; 398 (53)
– Kap. 13 – § 6 403 (76); 405 (80)
– Kap. 13 – § 10 403 (74); 405; 405(81)
– Kap. 13 – § 11 401 (69)
– Kap. 13 – § 12 403 (73); 405 (77)
– Kap. 14 – § 11 436
– Kap. 14 – § 12 436
– Kap. 14 – § 13 436
– Kap. 15 436
– Kap. 17 – § 1 417; 423
– Kap. 17 – § 2 423
– Kap. 17 – § 3 423
– Kap. 17 – § 6 423 (142)
Ärvdabalk (Erbgesetzbuch) vom 12.12.1958 (1958:637)
– Kap. 1 – § 1 66 (148); 197 (41)
– Kap. 1 – § 2 13 (46)
– Kap. 9 – § 2 (2) 67 (156); 348
– Kap. 13 – § 2 276
Brottsbalk (Strafgesetz) vom 21.12.1962 (1962:700), BrB
– Kap. 3 – § 1 71

Zahlen in Klammern = Fußnoten **Gesetzesregister**

- Kap. 4 – § 4b 79 (189)
- Kap. 4 – § 7a 70 (189)
- Kap. 5 – § 4 201 (68)
- Kap. 6 – § 8 17 (61)
- Kap. 23 – § 4 45 (185)

Förvaltningsprocesslagen (Verwaltungsprozessgesetz) vom 4.6.1971 (1971:291)
- § 37b 475 (187)

Lag om fastställande av könstillhörighet i vissa fall (Gesetz zur Feststellung des rechtlichen Geschlechts (juridiskt kön) in bestimmten Fällen) vom 21.4.1972 (1972:119), könstillhörighetslagen
- § 1 456 (77); 467; 467 (148); 474 (180); 475 (187); 478 (200)
- § 2 478
- § 3 471 (166); 481 (217)
- § 3a 481 (214)
- § 4a 463 (124)
- § 5 467
- § 6 467

Skadeståndslag (Schadensersatzgesetz) vom 2.6.1972 (1972:207)
- Kap. 3 – § 4 51 (68)
- Kap. 5 – § 5 51 (68)
- Kap. 6 – § 7 51 (68)

Kungörelse om beslutad ny regeringsform (Bekanntmachung zum Beschluss über die neue Regierungsform – Verfassung des Königreiches Schweden) vom 28.2.1974 (1974:152)
- Kap. 1 – § 2 96
- Kap. 2 – § 6 60 (208)
- Kap. 11 – § 14 47 (39); 51
- Kap. 12 – § 10 47 (39); 51

Abortlag (Gesetz über Schwangerschaftsabbruch) vom 12.6.1974 (1974:595)

Arbetsmiljölag (Gesetz über das Arbeitsumfeld) vom 19.12.1977 (1977:1160)
- Kap. 5 – §§ 1, 2 362

Lag om namn och bild i reklam (Gesetz über Namen und Bilder in der Werbung) vom 22.2.1978 (1978:800)
- § 2 30 (136)

Lag om handelsbolag och enkla bolag (Gesetz über Handelsgesellschaften) vom 11.12.1980 (1980:1102).
- Kap. 1 – § 4 155 (27)

Namnlag (Namensgesetz) vom 24.6.1982 (1982:670), aufgehoben 1.7.2017
- §§ 30, 31 531
- § 34 134 (608); 443 (13); 531

Tandvårdslag (Gesetz über die Zahnfürsorge) vom 14.3.1985 (1985:125)
- § 1 417 (123)

Lag om internationella faderskapsfrågor (Gesetz über internationale Vaterschaftsfragen) vom 30.5.1985 (1985:367) i. d. F. vom 20.6.2018
- § 3a 96 (367)

Äktenskapsbalk (Ehegesetzbuch) vom 14.5.1987 (1987:230), u. a. geändert durch Gesetz vom 28.5.2014, SFS 2014:373; ÄB
- Kap. 1 – § 1 19 (82); (83); 487 (242)
- Kap. 2 – § 1 24 (116); 30; 320 (367)
- Kap. 4 – § 8 42 (11)
- Kap. 5 – § 5 229 (235)
- Kap. 18 – § 1 170 (117)

Lag (1987:269) om kriterier för bestämmande av människans död (Gesetz über die Kriterien der Feststellung des Todes eines Menschen) vom 21.5.1987
- § 1 209 (108)
- § 2 203 (81); 209 (109)
- § 2a 209 (109)

Folbokföringslagen (Gesetz über das Meldewesen) vom 30.5.1990 (1991:481)
- § 18 441 (7)
- § 24 441 (1)
- § 34 454 (72)

Begravningslag (Bestattungsgesetz) vom 6.12.1990 (1990:1144)
- Kap. 4 – § 2 203 (81)
- Kap. 4 – § 3 42 (11); 202 (74)

Begravningsförordning (Bestattungsverordnung) vom 6.12.1990 (1990:1147)
- § 3 203 (81)
- § 13 203 (82)
- § 15 202 (74)

Folkbokföringslag (Meldewesengesetz) vom 30.5.1991 (1991:481)
- § 2 22 (97)
- § 6 8 (23)
- § 7a 8 (23); 8 (24)
- § 11 8 (23)
- § 13a 8 (24)
- § 18 18 (68); 42 (14); 112 (461); 114 (478); 22 (97)

Lag om psykiatrisk tvångsvård (Gesetz über zwangsweise psychiatrische Unterbringung einer Person) vom 20.6.1991 (1991:1128)
- § 1 30

Stiftelselag (Gesetz über Stiftungen) vom 25.8.1994 (1994:1220)
- § 4 155 (27); 165 (96)

Lag om totalförsvarsplikt (Gesetz über Gesamtverteidigungspflicht) vom 15.12.1994 (1994:1089)
- § 2 458 (85)

Lag om transplantation m. m. (Transplantationsgesetz) vom 8.6.1995 (1995:831)
- § 3 107
- § 4 107
- § 5 107
- § 6 84 (295)
- § 7 107
- § 8 417 (123)
- § 9 107

Gesetzesregister

Zahlen = Randnummern

Personuppgiftslag (Gesetz über Personenangaben) vom 29.4.1998 (1998:204)
– § 1 30
Lag om förbud mot köp av sexuella tjänster (Gesetz über das Verbot des Kaufs von sexuellen Dienstleistungen) vom 4.6.1998 (1998:408)
– § 1 17 (61)
Lag om behandling av personuppgifter i Skatteverkets folkbokföringsverksamhet folkbokföringsverksamhet (Gesetz über die Verarbeitung personenbezogener Daten im Rahmen der Meldewesentätigkeit der Skatteverket) vom 19.4.2001 (2001:182)
– Kap. 2 – §§ 2, 3 493 (262)
Socialtjänstlag (Gesetz über Sozialdienste) vom 7.6.2001 (2001:453)
– Kap. 14 – § 1 303 (295)
Lagen om omskärelse av pojkar (Gesetz über Beschneidung von Jungen) vom 7.6.2001 (2001:499)
– § 3 289 (251)
– § 5 289 (251)
Förordning om behandling av personuppgifter i Skatteverkets folkbokföringsverksamhet (Verordnung über die Verarbeitung personenbezogener Daten im Rahmen der Meldewesentätigkeit der Skatteverket) vom 28.6.2001 (2001:589)
Lag om etikprövning av forskning som avser människor (Gesetz über die ethische Prüfung der Forschung in Bezug auf Menschen) vom 5.6.2003 (2003:460).
– § 18 290 (260)
Sambolag (Gesetz über eheähnliche Gemeinschaft) vom 12.6.2003 (2003:376); Prop. 2002/03:80
– § 1 127 (552)
– § 2 127 (552)
Lag om dödförklaring (Gesetz über Todeserklärung) vom 17.3.2005 (2005:130)
– § 1 223 (139); 219
– § 2 213 (139); 222 (180) 225 (206)
– § 3 (1), (2) 210; 222 (180); 226 (215) (219)
– § 4 210; 222 (180); 224 (199)
– § 5 218 (159) (160) (161)
– § 6 218 (164)
– § 7 218 (166)
– § 8 (1) 227 (221)
– § 8 (2) 213 (136); 224 (199); 227 (222)
– § 11a 215 (145); 230 (243)
– § 12 232 (252); 233
Socialstyrelsens författningssamling (SOSFS) vom 31.5.2005 (2005:10) – Föreskrifter och allmänna råd om kriterier för bestämmande av människans död (Richtlinien des Zentralamts für Gesundheits- und Sozialwesen zur Feststellung des Todes eines Menschen)
– Kap. 3 – § 1 209 (109)
– Kap. 4 – § 1 209 (109)

Lagen om genetisk integritet m. m. (Gesetz über die genetische Integrität, usw.) vom 18.5.2006 (2006:351)
– Kap. 6 84 (286)
– Kap. 7 – § 2 84 (286) (295)
– Kap. 8 – § 6 107
Diskrimineringslag (Diskriminierungsgesetz) vom 5.6.2008 (2008:567)
– Kap. 2 – § 2 460 (102)
Lagen om upphävande av lagen om registrerat partnerskap (Gesetz über die Aufhebung des Gesetzes über eingetragene Partnerschaft) vom 2.4.2009 (2009:260)
– §§ 2, 3 125 (546)
Offentlighets- och sekretesslag (Geheimhaltungsgesetz) vom 20.5.2009 (2009:400)
– Kap. 12 – §§ 3, 4 323 (295); 307 (314)
– Kap. 25 – § 1 303 (295); 307 (314)
Socialförsäkringsbalk (Sozialversicherungsgesetzbuch) vom 4.3.2010 (2010:110)
– Kap. 2 – § 10 458 (90)
Fängelselag (Gefängnisgesetz) vom 10.6.2010 (2010:610)
– Kap. 2 – § 2 458 (106)
Patientsäkerhetslag (Gesetz über Patientensicherheit) vom 17.6.2010 (2010:659)
– Kap. 6 – §§ 1, 7 56 (247)
Konsumentkreditlag (Verbraucherkreditgesetz) vom 9.12.2010 (2010:1846)
– § 8 8 (24)
Varumärkeslag (Gesetz über Marken) vom 9.12.2010 (2010:1877)
– Kap. 2 – § 10 (2) 500 (38)
Lag om kvalitets- och säkerhetsnormer vid hantering av mänskliga organ (Gesetz über Qualitäts- und Sicherheitsstandards für den Umgang mit menschlichen Organen) vom 16.5.2012 (2012:263)
Förordning om kvalitets- och säkerhetsnormer vid hantering av mänskliga organ (Verordnung über Qualitäts- und Sicherheitsstandards im Umgang mit menschlichen Organen) vom 31.5.2012 (2012:346).
Patientlag (Patientengesetz) vom 19.6.2014 (2014:821)
– Kap. 4 – § 3 294
Läkemedelslag (Arzneimittelgesetz) vom 28.5.2015 (2015:315)
– Kap. 7 – § 3 417 (123)
Lag om personnamn (Namensgesetz) vom 17.11.2016 (2016:1013)
– § 1 511 (2)
– § 3 544 (249)
– § 4 497 (20); 521 (236); 537; 539 (219); 564 (343); 568; 569
– § 5 541 (238); 547
– § 6 557 (313); 564 (343); 577
– § 7 577

Zahlen in Klammern = Fußnoten **Gesetzesregister**

- § 8 577
- § 9 568; 571; 570 (357); 573
- § 10 577
- § 11 564 (343)
- § 12 135 (616) (618); 551 (279); 553 (293) (298); 555 (304); 557 (313) (314)
- § 13 559 (323); 587 (418); 589 (422); 597
- § 14 509 (78); 598
- § 15 500 (38); 587 (418); 599
- § 16 600
- § 17 522
- § 18 597
- § 19 557 (315); 562 (340)
- § 20 521 (146)
- § 21 135 (622); 562 (340); 574
- § 23 500 (38)
- § 26 133 (588); 135; 87 (612); 514 (91); 532
- § 27 443 (13); 497 (24); 520 (133); 532; 541 (133)
- § 28 134 (608); 443 (13); 518 (117); 532; 535 (200)
- § 29 510
- § 34 564 (342)
- § 35 42 (11); 42 (14); 537
- § 40 599
- § 43 544 (249)
- § 46 532; 568; 580

Hälso- och sjukvårdslagen (Gesetz über die Behandlung und das Gesundheitswesen) vom 9.2.2017 (2017:30)
- Kap. 2 – § 1 (1) 417 (123)

Lag om framtidsfullmakter (Gesetz über Vorsorgevollmacht) vom 27.4.2017 (2017:310).
- §§ 1–5; 9–11; 21, 27 417

Lag med kompletterande bestämmelser till EU:s dataskyddsförordning (Gesetz über ergänzende Vorschriften zu DS-GVO) vom 19.4.2018 (2018:218)

Lag om företagsnamn (Gesetz über Unternehmensnamen) vom 15.11.2018 (2018:1653)
- Kap. 1 – § 1 501 (42) (47)
- Kap. 2 – § 6 500 (38)

Sveriges registrerade tatuerares yrkesetiska regler (Branchenstatut für registrierte Tätowierer in Schweden) https://s-r-t.se/srts-stadgar/#, Abrufdatum: 4.11.2022
- § 2 291 (263)

Schweiz
Bundesgesetz über die Transplantation von Organen, Geweben und Zellen; (Transplantationsgesetz) vom 8. Oktober 2004 AS 2007 1935
- Art. 9 (1) 209

Slowakei
Občiansky zákonník vom 26.2.1964 (Gesetz Nr. 40/1964 Gbl.), Bürgerliches Gesetzbuch, BGB
- § 4 (2) 184 (184)
- § 7 (1) 53 (88); 66 (148); 155 (25); 192 (8); 197 (40)
- § 7 (2) 205 (91); 221 (138) 207
- § 8 (1) 55 (89); 246 (11)
- § 10 53; 53 (79); 145 (695)
- § 11 5 (11); 119 (504)
- § 18 155 (27)
- § 19a 159 (59)
- § 19b 161 (77); 501 (47)
- § 26 250 (35)
- § 39 68 (163)
- § 118 181 (161)
- § 853 200 (60)

Ústava Slovenskej republiky vom 1.9.1992 (Verfassungsgesetz Nr. 460/1992 Gbl.), Verfassung
- Art. 7 (5) 51 (61)
- Art. 14 53
- Art. 16 53
- Art. 19 (2) 53
- Art. 41 19 (83)
- Art. 46 (1) 53

Zákon o mene a priezvisku vom 24.9.1993 (Gesetz Nr. 300/1993 Gbl.), Gesetz über den Namen und Nachnamen
- § 1 (1) 497 (20)
- § 1 (4) 495 (10); 497 (21)
- § 2 (2) 514 (93) (97); 518 (116); 529
- § 4 (6) 552 (218)
- § 6 (3) 553; 557 (315) (316)
- § 7 (2) 539 (222)

Zákon o matrikách vom 27.5.1994 (Gesetz Nr. 154/1994 Gbl. Vom 27.5.1994), Personenstandsregistergesetz
- § 19 (1) (d) 441 (2)

Zákon o rodine vom 11.2.2005 (Gesetz Nr. 36/2005 Gbl.), Familiengesetz
- § 1 19 (82)
- § 6 (3) 57 (616); 135 (618) (620); 551 (279); 553 (292)
- § 27 556; 561 (328); 562 (334)
- § 31 (1) 200 (60)
- § 40 (1) 540 (225)
- § 40 (3) 134 (611) (612); 514 (91); 544 (250); 539
- § 41 (2) 552 (222)
- § 82 (1) 447 (33)
- § 98 247 (26)
- § 99 247 (26)

Trestný zákon vom 20.5.2005 (Gesetz Nr. 129/2005 Gbl.), Strafgesetzbuch
- § 154 70 (186)
- § 199 (1) 458 (94)

Gesetzesregister *Zahlen = Randnummern*

Civilný mimosporový poriadok vom 21.5.2015 (Gesetz Nr. 161/2015 Gbl.), Gesetz über die unstreitige Gerichtsbarkeit
– §§ 247–251 53; 145 (695)

Slowenien
Zakon o dedovanju vom 26.5.1976 (Uradni list RS, št. 15/1976), Erbschaftsgesetz
– Art. 59 (1) 348
Zakon o zakonski zvezi in družinskih razmerjih vom 4.6.1976 (Uradni list SRS, št. 15/76), Gesetz über die Ehe und die familienrechtlichen Beziehungen
– Art. 3 (1) 19 (82)
Obligacijski zakonik von 3.10.2001 (Uradni list RS, št. 83/2001), Schuldrechtsgesetzbuch
– Art. 41 (3) 294 (581)
Zakon o matičnem registru vom 27.3.2003 Uradni list RS, št. 11/2011), Personenstandsregistergesetz
– Art. 4 Nr. 1, 2 441 (2)
Pravilnik o izvrševanju zakona o matičnem registru vom 13.4.2005 (Uradni list RS, št. 40/2005), Durchführungsvorschrift zum Personenstandsregistergesetz
– Art. 37 471 (159)
Zakon o osebnem imenu vom 1.2.2006 (Uradni list RS, št. 20/2006), Namensgesetz
– Art. 3 (1) 494 (4)
– Art. 6 (1) 514 (91)
– Art. 6 (4) 544 (252)
– Art. 7 (4) 497 (21)
– Art. 9 (2) 539
– Art. 15 (1) 551 (279); 553, 553 (292)
Družinski zakonik vom 21.3.2017 (Uradni list RS, št. 15/2017), Familiengesetzbuch
– Art. 108 315; 307
– Art. 112 447 (33)
– Art. 117 (2) 319 (362); 321
– Art. 145 (2) 398 (47)
– Art. 146 (1) 246 (22)
– Art. 148 399 (57)
– Art. 149 399 (57); 401
– Art. 215 247 (26)

Spanien
Código civil vom 24.7.1889 (Gaceta de Madrid Nr. 206 vom 25.7.1889), Zivilgesetzbuch, CC
– Art. 6 372 (543)
– Art. 9 28
– Art. 14 8 (25)
– Art. 17 8 (25); 33 (143)
– Art. 29 13 (43); 33; 153 (13); 155 (26); 169 (112); 192 (8); 195 (29); 197 (40)
– Art. 30 153 (13); 192 (10) (11); 193 (18)
– Art. 31 33
– Art. 33 33; 211 (261)
– Art. 34 33
– Art. 35 155 (27); 158 (56); 159 (59); 184 (184)
– Art. 37 157 (44); 159 (59)
– Art. 38 157 (44); 159 (59)
– Art. 40 8 (20)
– Art. 42 169 (108)
– Art. 44 19 (82); 125 (546)
– Art. 46 24 (116)
– Art. 50 497 (21)
– Art. 56 587 (419)
– Art. 85 228 (227)
– Art. 88 228
– Art. 108 541 (234); 572 (360); 576
– Art. 109 19 (81); 132 (585); 137 (636); 139 (648); 514 (91); 521 (151); 546 (260); 563 (347); 589 (422)
– Art. 111 521 (149)
– Art. 126 248 (29)
– Art. 139 113 (465)
– Art. 154 389 (13)
– Art. 156 133 (588); 541 (234)
– Art. 157 394 (40); 544 (246)
– Art. 162 284; 305 (304); 316; 349; 391 (24); 392 (33); 479; 544 (246)
– Art. 164 305 (304); 365; 392 (33)
– Art. 170 399 (54)
– Art. 175 55 (90); 240; 247 (26)
– Art. 180 240
– Art. 181 240
– Art. 182 218 (159) (161); 240
– Art. 183 240; 240 (273)
– Art. 184 219 (168); 240
– Art. 188 240
– Art. 193 (1) 224 (194) (196); 240
– Art. 193 (2) 224 (196)
– Art. 193 (3) 226 (217)
– Art. 194 (1) 225 (204)
– Art. 194 (2) 219 (168)
– Art. 194 (3) 225 (206)
– Art. 195 205 (93); 213; 240
– Art. 197 228 (228); 191 (242); 232
– Art. 198 205 (94)
– Art. 199 145 (685)
– Art. 201 258 (91)
– Art. 237 394
– Art. 239 173 (125); 261 (113); 269; 321 (372)
– Art. 241 261 (113)
– Art. 243 261 (113)
– Art. 246 258; 323
– Art. 247 323; 367 (528); 368 (532)
– Art. 248 321 (372)
– Art. 249 331; 340 (442); 339; 429
– Art. 250 331; 340 (442); 346; 415; 419
– Art. 256 415
– Art. 257 415
– Art. 258 415
– Art. 260 415
– Art. 261 415
– Art. 263 346; 420

Zahlen in Klammern = Fußnoten

Gesetzesregister

– Art. 264 420
– Art. 266 346
– Art. 268 331; 340
– Art. 287 340 (442); 420
– Art. 295 429
– Art. 296 429
– Art. 314 544 (246)
– Art. 323 245 (10)
– Art. 325 161 (72)
– Art. 333bis 181 (160); 182 (165)
– Art. 346 71 (195)
– Art. 443 271
– Art. 624 260 (101)
– Art. 626 356 (485); 357 (491)
– Art. 627 200 (63)
– Art. 648 113 (464)
– Art. 661 230 (242)
– Art. 663 348
– Art. 688 348
– Art. 745 192 (10)
– Art. 750 200 (60)
– Art. 773 7 (19)
– Art. 801 199 (51)
– Art. 802 199 (51)
– Art. 1163 379
– Art. 1255 68 (163)
– Art. 1263 305 (304); 316
– Art. 1264 261
– Art. 1269 308
– Art. 1271 68 (163); 155 (34)
– Art. 1300 372 (543)
– Art. 1301 379 (578)
– Art. 1302 260 (106); 308; 379
– Art. 1304 379
– Art. 1328 68(163); 69 (172)
– Art. 1902 500 (38)
– Art. 1924 113 (464)
– Art. 1931 271 (162)

Decreto de 14 de noviembre de 1958 por el que se aprueba el Reglamento de la Ley del Registro Civil; Gesetz 296/1958 vom 11.12.1958; BOE 296 vom 11.12.1958; Dekret zur Regelung des Zivilregistergesetzes (RRC)
– Art. 171 192 (10)
– Art. 179 213 (137) (138)
– Art. 192 519 (130)
– Art. 194 19 (81); 137 (636); 521 (151)
– Art. 206 591
– Art. 207 564 (343)
– Art. 313 447 (31)

Ley de modificación y actualización de la Compilación del Derecho Civil Foral de Navarra o Fuero Nuevo; Gesetz zur Änderung und Aktualisierung der Kompilation des Foralzivilrechts von Navarra oder „Fuero Nuevo", Gesetz 1/1973 vom 1.3.1973 i. d. F. des Ley Foral 21/2019 vom 4.4.2019 (), BOE 137 vom 8.6.2019

Constitución Española, 1978 (BOE núm. 311 vom 29.12.1978), spanische Verfassung
– Art. 3 6
– Art. 10 61 (122)
– Art. 12 246 (11)
– Art. 14 49; 109 (453); 116 (464)
– Art. 15 70 (184); 106
– Art. 24 42 (16)
– Art. 32 111 (457)
– Art. 49 254
– Art. 53 42 (16); 49
– Art. 81 33 (142)
– Art. 153 49
– Art. 161 49

Ley Orgánica del Tribunal Constitucional, 2/1979 vom 3.10.1979 (BOE 239 vom 5.10.1979), Organgesetz des Verfassungsgerichts
– Art. 1 106
– Art. 4 106
– Art. 5 106; 244 (1)

Ley 30/1979 sobre extracción y transplante de órganos (Gesetz über Extraktion und Transplantation von Organen (Gesetz vom 27.10.1979)

Ley Orgánica 1/1982 vom 5.5.1982, sobre protección civil del derecho al honor, a la intimidad personal y familiar y a la propia imagen (BOE 115 vom 14.5.1982); Gesetz zum Schutz des Rechts auf Ehre, auf Privatsphäre und Privatsphäre der Familie und auf das eigene Bild, LOPDH
– Art. 2 23 (99); 284 (227)
– Art. 4 201 (68)

Ley 11/1990, sobre Reforma del Código Civil, en aplicación del principio de no discriminación por razón de sexo, BOE 250 vom 18.10.1990; Gesetz 11/1990 vom 15.10.1990 zur Reform des Zivilgesetzbuchs durch Anwendung des Prinzips von Nichtdiskriminierung aufgrund des Geschlechts
– Art. 5 113 (464)

Código Penal, 10/1995 vom 23.11.1995 (BOE 281 vom 24.11.1995), Strafgesetzbuch, CP
– Art. 143 70 (186)
– Art. 149 289 (250)
– Art. 156 265 (133)
– Art. 346 71 (195)

Ley Orgánica 1/1996, de 15 de enero, de Protección Jurídica del Menor, de modificación parcial del Código Civil y de la Ley de Enjuiciamiento Civil. BOE» núm. 15, de 17/01/1996. (Organgesetz zum Rechtsschutz von Minderjährigen) LOPJM i. d. F. des Gesetzes 25/2015 (28.7.2015)
– Art. 2 258 (91) 316 (348); 349

Ley Orgánica 1/1996, de 15 de enero, de Protección Jurídica del Menor, de modificación

639

Gesetzesregister

Zahlen = Randnummern

parcial del Código Civil y de la Ley de Enjuiciamiento Civil, BOE 15 vom 17.1.1996. (Organgesetz zum Rechtsschutz von Minderjährigen) LOPJM i. d. F. des Organgesetzes 8/2021 vom 4.6.2021 (BOE 134 vom 5.6.2021)

Gesetz 10/1998 vom 15.7.1998, Ley de uniones estables de pareja, Katalanisches Gesetz über Lebenspartnerschaften, DOGC 2687 vom 23.7.1998; BOE 198 vom 19.8.1198 (aufgehoben durch das katal. Gesetz 25/2010 vom 29.7.2010, Ley del libro segundo del Código civil de Cataluña, relativo a la persona y la familia, Gesetz über das Zweite Buch des Zivilgesetzbuches Kataloniens über Personen und Familie, DOGC 5686 vom 5.8.2010; BOE 203 vom 21.8.2010)

Gesetz 19/1998 de 28 de diciembre Ley sobre situaciones convivenciales de ayuda mutua, Gesetz vom 28.12.1998 über die gegenseitige Unterstützung in Lebensgemeinschaften. DOGC 2801 vom 8.1.1999; BOE 35 vom 10.2.1999 (aufgehoben durch das katal. Gesetz 25/2010, siehe oben)

Ley 1/2000 de Enjuiciamiento Civil vom 7.1.2000 (BOE 7 vom 8.1.2000), Zivilprozessordnung, LEC
– Art. 7 479
– Art. 222 258 (91)
– Art. 408 379 (578)
– Art. 760 145 (686)

Ley 4/2000 de 7 de enero, de modificación de la regulación de la declaración de fallecimiento de los desaparecidos con ocasión de naufragios y siniestros BOE 8 vom 10.1.2000; Gesetz 4/2000 vom 7.1.2000 über die Änderung der Regelung der Todeserklärung der bei Schiffsunglücken und Unfällen Verschwundenen

Ley 41/2002 básica reguladora de la autonomía del paciente y de derechos y obligaciones en materia de información y documentación clínica, BOE 274 vom 15.11.2002; Gesetz 41/2002 vom 14.11.2002 über die Autonomie des Patienten und über Rechte und Pflichten im Bereich der klinischen Information und Dokumentation
– Art. 1 33 (142)
– Art. 2 72 (209)
– Art. 9 295; 299; 301

Ley 41/2003 de protección patrimonial de las personas con discapacidad (BOE 277 vom 19.11.2003); Gesetz vom 18.11.2003 über den Schutz des Vermögens von Behinderten
– Art. 1 33 (142); 148
– Art. 2 148; 254
– Art. 3 273
– Art. 223 258 (91)

Ley sobre Responsabilidad Civil y Seguro en la Circulación de Vehículos a Motor (Gesetz über Zivilrechtliche Haftung und Versicherung zum Führen von Kraftfahrzeugen), RDL 8/2004 vom 29.10.2004 i. d. F. Gesetzes 35/2015 vom 22.9.2015, BOE 267 vom 5.11.2004 (LRCSCVM)
– Art. 111 160 (71)

Ley 14/2006 sobre técnicas de reproducción humana asistida (BOE Nr. 126 vom 27.5.2006) Gesetz über die Verfahren der assistierten menschlichen Reproduktion
– Art. 1 33 (142)
– Art. 5 258 (91); 273
– Art. 10 81; 84; 97; 447 (33)

Ley Orgánica 3/2007, para la igualdad efectiva de mujeres y hombres (Organgesetz 3/2007 zur effektiven Gleichstellung von Frauen und Männern) (Gesetz vom 22.3.2007))
– Art. 1 33 (142)

Ley 3/2007 reguladora de la rectificación registral de la mención relativa al sexo de las personas vom 15.3.2007 (BOE. 65 vom 16.3.2007), Gesetz zur Regelung der Berichtigung der Eintragung in Bezug auf das Geschlecht von Personen
– Art. 1 120; 466; 479; 492 (258)
– Art. 2 466; 491 (253)
– Art. 4 120 (507); 113 (463); 466: 471 (161); 474 (181)
– Art. 5 113 (463); 462 (117); 466; 481 (215); 483

Ley Orgánica 3/2007, para la igualdad efectiva de mujeres y hombres; Organgesetz 3/2007 vom 22.3.2007 zur effektiven Gleichstellung von Frauen und Männern (BOE 71 vom 23.3.2007)
– Art. 3 109 (453)
– Art. 14 444 (17)
– Art. 41 491 (194)

Ley 14/2007 de investigación biomédica (Gesetz über biomedizinische Forschung, (Gesetz vom 3.7.2007)
– Art. 1 33 (142)

Ley 54/2007 de adopción internacional (Gesetz zur internationalen Adoption (Gesetz vom 28.12.2007))
– Art. 1 33 (142)

Ley de protección de los animales; DL 2/2008 vom 15.4.2008; katalanisches Tierschutzgesetz, DOGC 5113 vom 17.4.2008

Ley 25/2010 del libro segundo del Código civil de Cataluña, relativo a la persona y la familia vom 29.7.2010 (DOGC 5686 vom 5.8.2010; BOE 203 vom 21.8.2010), Buch II des katalanischen CC betreffend Person und Familie
– Art. 211-1 192 (8)
– Art. 211-3 258; 264 (129); 271 (163); 316 (348)
– Art. 211-6 258 (94); 293

Zahlen in Klammern = Fußnoten   **Gesetzesregister**

– Art. 212-7 16 (54)
– Art. 222-36 16 (54)
– Art. 236-17 16 (54)
– Art. 240-1 126
– Art. 511-1 181 (160)
– Art. 521-3 271
DL 1/2011 vom 22.3.2011 del Gobierno de Aragón, por el que se aprueba, con el título de „Código del Derecho Foral de Aragón", el Texto Refundido de las Leyes civiles aragonesas (BOE 67 vom 29.3.2011), Konsolidierte Fassung der aragonischen Zivilgesetze mit dem Titel „Gesetzbuch des Foralrechts von Aragon", vgl. CDFA
– Art. 4 246 (11)
– Art. 5 246 (11); 391 (24)
Ley 20/2011 del Registro Civil vom 5.7.2011 (BOE 175 vom 22.7.2011), Gesetz des zivilrechtlichen Registers (LRC); zuvor Ley sobre el Registro Civil vom 8.6.1957, BOE 151 vom 10.6.1957
– Art. 2 161 (72)
– Art. 4 441 (7)
– Art. 6 441 (7)
– Art. 11 190 (4); 495 (10)
– Art. 12 42 (14)
– Art. 17 202 (77)
– Art. 18 113 (463)
– Art. 39 42 (14)
– Art. 49 (2) 137 (636); 508 (72) (80); 521; 539; 540 (225); 546 (260)
– Art. 49 (3) 441 (7); 502
– Art. 50 (1) 132; 495 (10); 497 (20)
– Art. 50 (2) 132 (578)
– Art. 50 (3) 134 (611); 544 (250)
– Art. 50 (4) 133; 591
– Art. 51 (1) 515 (101); 519; 521
– Art. 51 (2) 518 (119); 530
– Art. 51 (3) 514 (94)
– Art. 52 544 (250); 591
– Art. 53 (1) 549 (276); 595
– Art. 53 (2) 509 (80); 535
– Art. 53 (4) 133; 593 (440); 595
– Art. 53 (5) 573 (360); 595
– Art. 54 549 (276); 564 (343); 595
– Art. 55 549 (276); 595
– Art. 56 588 (419); 595
– Art. 57 (1) 42 (14); 349; 566 (346); 580; 595
– Art. 62 190 (4), 202; 203 (82); 441 (7)
– Art. 66 203 (81) (82)
– Art. 68 42 (14)
– Art. 74 205 (94)
– Art. 78 205 (94); 240
– Art. 87 588 (421)
– Art. 91 42 (14); 113 (463); 462 (117); 466
Ley 27/2011 vom 1.8.2011 sobre actualización, adecuación y modernización del sistema de Seguridad Social, BOE 104 vom 2.8.2011; Gesetz zur Aktualisierung, Anpassung und Modernisierung des Systems der sozialen Sicherheit
Ley 5/2012 de mediación en asuntos civiles y mercantiles (Gesetz zur Mediation in Zivil- und Handelssachen (Gesetz vom 6.7.2012)
– Art. 1 33 (142)
RD 1723/2012 vom 28.12.2012 über die Reglementierung der Aktivitäten der Entnahme, klinischen Nutzung und territorialen Koordination der zur Transplantation bestimmten menschlichen Organen sowie über die Voraussetzungen von Qualität und Sicherheit (RD 1723/2012, por el que se regulan las actividades de obtención, utilización clínica y coordinación territorial de los órganos humanos destinados al trasplante y se establecen requisitos de calidad y seguridad); BOE 313 vom 29.12.2012
– Artt. 8, 9 106
RDL 1/2013 vom 29.11.2013, Real Decreto Legislativo 1/2013 por el que se aprueba el Texto Refundido de la Ley General de derechos de las personas con discapacidad y de su inclusión social; Königliches Gesetzesdekret 1/2013 vom 29.11.2013 zur Verabschiedung des konsolidierten Textes des Allgemeinen Gesetzes über die Rechte von Menschen mit Behinderungen und ihre soziale Eingliederung
– Art. 4 254 (73)
Ley del Estatuto de los Trabajadores, RDL 2/2015 vom 23.10.2015, BOE 255 vom 24.10.2015) (Arbeiterschutzgesetz)
– Art. 1 367 (528)
– Art. 6 362
– Art. 7 301
– Art. 17 460 (151)
Ley 15/2015 de la jurisdicción voluntaria Gesetz vom 2.7.2015 über freiwillige Gerichtsbarkeit, BOE 158 vom 3.7.2015, LJV
– Art. 59 284 (227)
– Art. 61 399
– Art. 70 218 (166); 219 (168)
– Art. 74 192 (159); 219 (168)
– Art. 75 230 (243) (244)
Ley Orgánica 11/2015 para reforzar la protección de las menores y mujeres con capacidad modificada judicialmente en la interrupción voluntaria del embarazo; Gesetz vom 21.9.2015 zur Stärkung des Schutzes von Minderjährigen und Frauen mit gerichtlich geänderter Geschäftsfähigkeit beim freiwilligen Schwangerschaftsabbruch (Organgesetz 11/2015), BOE 227 vom 22.9.2015
Orden JUS/44/2017, de 28 de marzo, por la que se aprueba el Reglamento del Registro de parejas estables de Cataluña (DOGC de 31 de marzo de 2017); Verordnung über das Register

641

Gesetzesregister *Zahlen = Randnummern*

der Lebenspartnerschaften von Katalonien (Erlass JUS/44/2017 vom 28.3.2017, DOGC vom 31.3.2017)
– Art. 5 563 (341)
– Art. 234-1 563 (331)
Ley 8/2017, de 28 de diciembre, para garantizar los derechos, la igualdad de trato y no discriminación de las personas LGTBI y sus familiares en Andalucía; andalusisches Gesetz 8/2017 vom 28.12.2017 zur Gewährleistung der Rechte, Gleichbehandlung und Nichtdiskriminierung von LGTBI-Personen und ihren Verwandten in Andalusien; BOJA 10 vom 15.1.2018 (BOE 33 vom 6.2.2018)
– Art. 3 466 (139)
Ley Orgánica 2/2020 de modificación del Código Penal para la erradicación de la esterilización forzada o no consentida de personas con discapacidad incapacitadas judicialmente; Organgesetz zur Änderung des Strafgesetzbuches für die Abschaffung der Zwangs- oder nicht eingewilligten Sterilisationen von Menschen mit Behinderungen im Entmündigungsverfahren, BOE 328 vom 17.12.2020
Ley 3/2021 Orgánica de regulación de la eutanasia; Gesetz zur Änderung des Zivilregistergesetzes, Organgesetz vom 24.3.2021 (BOE 102 vom 29.4.2021)
– Art. 3 79 (238)
– Art. 5 79 (238); 244 (1)
Ley 8/2021, de 2 de junio, por la que se reforma la legislación civil y procesal para el apoyo a las personas con discapacidad en el ejercicio de su capacidad jurídica; Gesetz 8/2021 vom 2.6.2021 zur Reform der Zivil- und Verfahrensgesetzgebung zur Unterstützung von Menschen mit Behinderungen bei der Ausübung ihrer Rechtsfähigkeit, BOE 132 vom 3.6.2021, Inkraftgetreten am 3.9.2021
Ley 17/2021, de 15 de diciembre, de modificación del Código Civil, la Ley Hipotecaria y la Ley de Enjuiciamiento Civil, sobre el régimen jurídico de los animales, Gesetz 17/2021 vom 15.12.2021 zur Änderung des Zivilgesetzbuches, des Hypothekengesetzes und des Zivilprozessgesetzes, über das juristische Regime der Tiere, BOE 300 vom 16.12.2021
Ley 19/2022, de 30 de septiembre, para el reconocimiento de personalidad jurídica a la laguna del Mar Menor y su cuenca (Gesetz 19/2022 vom 30.9.2022 zur Anerkennung der Rechtspersönlichkeit der Lagune Mar Menor und ihres Einzugsgebiets), BOE 237 vom 3.10.2022
Ley 19/2022 (Gesetz zur Anerkennung der Rechtspersönlichkeit der Lagune Mar Menor und ihres Einzugsgebiets, BOE 237 vom 3.10.2022
– Art. 2 161 183; 183 (189) (191)

Tschechien
Zákon jímž se zrušují šlechtictví, řády a tituly vom 10.12.1918 (Gesetz Nr. 61/1918 Gbl.), Gesetz zur Abschaffung des Adels, der Orden und der Titel
– § 1 509 (76)
Ústava Československé republiky, Ústavní zákon č.150/1948 Sb., ze dne 9. května 1948, vom 9.5.1948 (Verfassungsgesetz Nr. 150/1948 Gbl.), Verfassung der Tschechoslowakischen Republik vom 9. Mai 1948
– Art. 1 (2) 38; 38 (162)
Zákon o umělém přerušení těhotenství vom 20.10.1986 (Gesetz Nr. 66/1986 Gbl.), Gesetz über den künstlichen Schwangerschaftsabbruch
– § 6 323
Zákon o bankách vom 20.12.1991 (Gesetz Nr. 21/1992 Gbl.), Bankengesetz
– § 1 (1) 157 (45)
Zákon České národní rady o notářích a jejich činnosti (notářský řád) vom 7.5.1992 (Gesetz Nr. 358/1992 Gbl.), Gesetz über die Notare und deren Tätigkeit (Notariatsordnung)
– § 35a 412 (103)
Ústava České republiky, ústavní zákon č. 1/1993 Sb. z 16. prosince 1992; Verfassung der Tschechischen Republik, Verfassungsgesetz Nr. 1/1993 Gbl. vom 16. Dezember 1992
– Art. 1 51 (61)
– Art. 5 53 (80)
– Art. 10 51 (61)
– Art. 87 49; 51 (61)
Listina základních práv a svobod, ústavní zákon; č. 2/1993 Sb. z 16. prosince 1992; Charta der Grundrechte und Grundfreiheiten, Verfassungsgesetz; 16.12.1992
– Art. 1 41; 43 (21)
– Art. 3 109 (453)
– Art. 4 43 (21)
– Art. 5 53 (80)
– Art. 6 70 (183); 79 (249)
– Art. 10 95
– Art. 29 109 (452); 111
– Art. 32 111 (458)
Zákon o ústavním soudu, č. 182/1993 z 16. června 1993.; vom 16.6.1993, Gesetz Nr. 182/1993 Gbl.; Gesetz über das Verfassungsgericht
– Art. 182 49
Zákon o důchodovém pojištění, vom 30.6.1995 (Gesetz Nr. 155/1995 Gbl.), Rentenversicherungsgesetz
– § 32 458 (91)
Zákon o evidenci obyvatel a rodných číslech a o změně některých zákonů vom 12.4.2000 (Gesetz Nr. 133/2000 Gbl.), Gesetz über die Re-

Zahlen in Klammern = Fußnoten   **Gesetzesregister**

giestrierung der Bürger und über die Geburtsnummern
- § 13 441 (7)
- § 17 493 (262)

Zákon o evidenci obyvatel a rodných číslech a o změně některých zákonů (zákon o evidenci obyvatel), zákon č. 133/2000 Sb, Melderegistergesetz vom 17.5.2000; Nr. 133/2000 Gbl.;
- § 13 113 (466)

Zákon o matrikách, jménu a příjmení vom 2.8.2000 (Gesetz Nr. 301/2000 Gbl.), Gesetz über das Personenstandsregister, über Namen und Nachnamen; PSRN
- § 17a 42 (13)
- § 18 545
- § 19 139 (644); 545; 552 (218); 573
- § 21 203 (81)
- § 24 42 (6)
- § 29 441 (2)
- § 62 (1) 133 (589); 134 (606) (607); 515 (101); 529
- § 62 (2) 508 (71); 514 (97)
- § 62 (3) 519
- § 64 580
- § 65 549
- § 68 42 (6); 574; 574 (364)
- § 69 133 (586); 528
- § 69a 528
- § 70 521; 551 (279); 553; 557; 568
- § 71 519 (328); 530 (334); 556
- § 72 42 (13); 491 (254); 492; 530 (174); 558 (319); 591; 591 (430)
- § 73 558 (315)
- § 76 580

Zákon o matrikách, jménu a příjmení; 7.9.2000; zákon č 301/2000; Personenstandsgesetz, PStG
- § 18 134 (611)
- § 19 134 (612)
- § 69 133 (586)

Zákon o darování, odběrech a transplantacích tkání a orgánů a o změně některých zákonů (transplantační zákon vom 30.5.2002 (Gesetz Nr. 285/2002 Gbl.), Gesetz über die Spende, Entnahme und Transplantation von Gewebe und Organen (Transplantationsgesetz)
- § 2 209 (116)
- §§ 10, 16, 28 106

Zákon o zaměstnanosti, vom 13.5.2004 (Gesetz Nr. 435/2004 Gbl.), Beschäftigungsgesetz
- § 122 362

Zákon o registrovaném partnerství vom 3.4.2006 (Gesetz Nr. 115/2006 Gbl.), Gesetz über die registrierte Partnerschaft

Trestní zákoník vom 8.1.2009 (Gesetz Nr. 40/2009 Gbl.), Strafgesetzbuch
- § 144 70 (186)
- § 169 (1) 83

Zákon o zdravotních službách a podmínkách jejich poskytování vom 8.12.2011 (Gesetz Nr. 372/2011 Gbl.), Gesetz über die Gesundheitsdienste und über die Bedingungen für deren Gewährung (Gesetz über die Gesundheitsdienste).

Zákon o zdravotních službách a podmínkách jejich poskytování; vom 6.11.2011; Gesetz Nr. 372/2011 Gbl.; Gesetz über die Gesundheitsdienste und über die Bedingungen für deren Gewährung
- § 36 74

Zákon o specifických zdravotních službách vom 6.11.2011 (Gesetz Nr. 373/2011 Gbl.), Gesetz über spezifizierte Gesundheitsdienste
- § 17a 462 (117)
- § 21 23 (106); 471 (165); 474 (182); 478 (201); 484 (231)
- § 23 462 (117)
- § 28 11

Občanský zákoník vom 3.2.2012 (Gesetz Nr. 89/2012 Gbl.), Bürgerliches Gesetzbuch, BGB
- § 1 47; 83 (276); 179 (150); 545
- § 2 68
- § 10 53 (79) (80)
- § 15 (1) 38; 55 (88); 155 (37); 159 (59); 163 (84); 169 (112)
- § 15 (2) 55 (89); 163 (85)
- § 16 24 (114); 38; 152 (6); 161 (81)
- § 17 189 (217)
- § 18 184 (184)
- § 19 5 (15); 23 (99); 25 (117); 38; 176 (132)
- § 20 157 (44); 158 (54); 163 (86)
- § 23 38; 155 (25); 192 (8)
- § 25 38; 66 (148); 193 (20); 197 (40)
- § 26 39; 202 (78); 204 (90); 213
- § 27 236 (261)
- § 29 18 (77); 23 (106); 39 (167); 42 (13); 115; 471 (159) (167); 485; 489 (245)
- § 30 24 (116); 39; 246 (11)
- § 31 39; 268; 268 (146); 307 (314); 311 (336); 316 (345); 352
- § 32 355; 374 (557)
- § 33 252 (528); 316 (345); 367 (529); 392 (33)
- § 34 362
- § 35 364
- § 37 24 (113) (116); 280 (209); 320 (372); 325
- § 38 39; 411 (103); 434 (178)
- § 42 229 (232)
- § 43 229; 229(231)
- § 44 229
- § 49 392, 421 (137)
- § 50 421
- § 52 421
- § 54 421
- § 55 39; 53 (79); 322
- § 56 39

Gesetzesregister

Zahlen = Randnummern

- § 57 254 (71)
- § 59 53 (79)
- § 62 250 (35)
- § 65 374 (562)
- § 66 8 (24); 204 (85); 219 (168); 239
- § 69 239
- § 70 241; 521
- § 71 (1) 39; 192 (161); 205 (91)
- § 71 (2) 227 (221); 228 (227)
- § 73 211 (198); 239
- § 74 217 (153); 219 (168); 224 (195) (198); 239, 241
- § 75 226 (213) (220)
- § 76 213 (137); 230
- § 77 5 (11); 39; 42 (6); 132 (578); 494 (2); 519 (128)
- § 78 22 (98)
- § 79 500 (39)
- § 80 8 (20); 8 (23)
- § 81 16 (54); 39
- § 86 5 (11)
- § 91 39
- § 100 293; 299
- § 102 265 (134)
- § 111 106; 180 (156)
- § 112 23 (105); 106; 180 (156)
- § 118 155 (27)
- § 123 254 (71)
- § 132 530 (47)
- § 133 501 (48)
- § 135 161 (81)
- § 151 159 (59)
- § 460 434
- § 463 411 (103)
- § 465 241; 345; 374 (563)
- § 469 345; 345 (462)
- § 471 262 (116); 266 (137); 411 (103)
- § 489 168; 179; 185 (191)
- § 493 98 (387)
- § 494 181 (160) (161)
- § 551 200 (60)
- § 570 311 (335)
- § 580 68 (163)
- § 581 244 (2); 373 (550); 374 (558)
- § 588 106; 373 (550)
- § 600 135 (616)
- § 612 16 (54)
- § 655 19 (82); 38; 87; 484 (228)
- § 660 135
- § 672 24 (116); 320 (372)
- § 673 278
- § 680 278
- § 683 278
- § 687 16 (54)
- § 759 135 (622); 562 (334)
- § 775 83; 447 (33)
- § 778 83
- § 779 83
- § 799 247 (26)
- § 803 247 (26)
- § 804 83
- § 809 83
- § 829 83
- § 856 514 (92); 545
- § 858 8 (24); 514 (92); 545 (254)
- § 860 133 (588); 139 (644); 514 (92); 545; 547
- § 861 545
- § 862 539 (222); 540; 545
- § 864 95 (611); 497 (21)
- § 865 394 (39); 395
- § 868 394 (40)
- § 876 395
- § 878 394
- § 879 398 (47)
- § 883 16 (54)
- § 884 16 (54)
- § 892 (1) 264 (117); 391 (24); 392 (36)
- § 892 (2) 403 (74); 405 (77) (79) (80)
- § 892 (3) 400 (60)
- § 893 395
- § 898 403 (73)
- § 899a 402; 402 (72)
- § 940 83
- § 1094 272
- § 1109 233
- § 1400 434 (178)
- § 1405 411 (103)
- § 1448 199 (51)
- § 1469 199 (51)
- § 1475 14 (49)
- § 1487 8 (24)
- § 1526 311 (336); 348
- § 1854 8 (24)
- § 1856 8 (24)
- § 1955 8 (24)
- § 2066 268 (146)
- § 2067 177 (139)
- § 2279 227
- § 2326 352
- § 2417 8 (24)
- § 2572 8 (24)
- § 2596 5 (11)

Zákon o mezinárodním právu soukromém vom 22.3.2012 (Gesetz Nr. 91/2012 Gbl.), Gesetz über das internationale Privatrecht
- § 29 28
- § 29 (1) 55 (92)
- § 29 (3) 28
- §§ 33–35 28
- §§ 39–40 28
- § 63 (1) 95

Vyhláška o náležitostech Listu o prohlídce zemřelého, způsobu jeho vyplňování a předávání místům určení, a o náležitostech hlášení ukončení těhotenství porodem mrtvého dítěte, o úmrtí dítěte a hlášení o úmrtí matky

Zahlen in Klammern = Fußnoten **Gesetzesregister**

vom 5.9.2012 (Verordnung des Gesundheitsministeriums Nr. 297/2012 Gbl.), Verordnung über die Anforderungen an die Urkunde über die Leichenschau, über deren Ausfüllen und Verschickung an Bestimmungsorte und über die Erfordernisse der Meldung des Schwangerschaftsabbruches durch die Geburt eines toten Kindes und über den Tod des Kindes und über die Meldung des Todes der Mutter

Zákon o zvláštních řízeních soudních vom 12.9.2013 (Gesetz Nr. 292/2013 Gbl.), Gesetz über besondere Gerichtsverfahren
- § 13 230 (243)
- § 53 192 (165)
- § 57 230 (243)
- § 191 232 (252)

Zákon o občanských průkazech, vom 1.7.2021 (Gesetz Nr. 269/2021 Gbl.), Gesetz über Personalausweise
- § 34 493 (263)

Ungarn

1997. évi CLIV. törvény az egészségügyről (Gesetz CLIV von 1997 über das Gesundheitswesen), vom 23.12.1997 in Magyar Közlöny 119/1997 https://njt.hu/eli/v01/TV/1997/154
- § 20 72 (209)
- § 22 74
- § 129 72 (206)
- § 131 289 (251)
- § 183 82
- § 187 265 (132)
- § 202 209 (116)
- § 207 23 (105); 106

117/1998. (VI. 16.) Kormányrendelet egyes egészségügyi ellátások visszautasításának részletes szabályairól; (Durchführungsverordnung zu § 20 des ungar. GesundheitswesenG; RegierungsVO 117/1998 (16. April) aus 1998 über die Detailregeln der Zurückweisung von einigen Gesundheitsdienstleistungen) https://njt.hu/eli/v01/R/1998/Korm/117
- § 20 76 (229)

2009. évi XXIX. törvény a bejegyzett élettársi kapcsolatról, az ezzel összefüggő, valamint az élettársi viszony igazolásának megkönnyítéséhez szükséges egyes törvények módosításáról (Gesetz XXIX vom 8.5.2009 über die eingetragene Lebenspartnerschaft und in Verbindung damit über die Änderung einzelner Gesetze zur Erleichterung des Nachweises einer Lebenspartnerschaft) https://njt.hu/eli/v01/TV/2009/29
- § 1 130 (563)

2010. évi I. törvény az anyakönyvi eljárásról (Gesetz I von 2010 über das Verfahren zur Führung des Stammbuches) vom 8.1.2010, in Magyar Közlöny 1/2010, https://njt.hu/eli/v01/TV/2010/1
- § 3 112 (459); 117 (497)
- § 44 132 (578); 496; 497 (17); 513; 515; 521; 529;
- § 69/B 19 (83); 112 (459); 117 (497)

2012. évi C. törvény a Büntető Törvénykönyvről (Gesetz Nr. C aus dem Jahr 2012 über das Strafgesetzbuch)
- § 162 70 (186)
- § 213 82

2013. évi V. törvény a Polgári Törvénykönyvről Magyar Közlöny 31/2013 vom 26.2.2013, Gesetz V aus dem Jahre 2013 über das Zivilgesetzbuch, in Kraft seit dem 15.3.2014, ZGB
- § 2:1 163 (87); 176 (132)
- § 2:2 192 (8); 196 (40)
- § 2:3 200 (63)
- § 2:5 224 (199) (221)
- § 2:7 231 (245)
- § 2:8 163 (85)
- § 2:10 24 (116); 246 (11); 320; 321 (374)
- § 2:19 145 (694); 146 (701)
- § 2:20 66 (148)
- § 2:21 145 (701)
- §§ 2:21, 2:22; 2:24 374 (560)
- § 2:23 404
- § 2:24 294 (581)
- § 2:3 66 (153)
- § 2:4 13
- § 2:42 5 (11); 37 (157); 68 (165)
- § 2:43 37
- § 2:5 13 (44)
- § 2:51 37 (158); 37 (159)
- § 2:52 37 (158)
- § 2:53 37 (158)
- § 2:54 25 (117)
- § 3:1 157 (43); 158 (54); 161 (77) (80); 163 (86)
- § 4:5 19 (82); 130
- § 4:9 321 (374)
- § 4:27 135 (616) (618) (620) (621); 551 (279); 556
- § 4:28 135 (622)
- § 4:28 (1) 519 (328); 530
- § 4:28 (2) 561 (333)
- § 4:28 (3) 556 (309)
- § 4:51 139 (646)
- § 4:115 82
- § 4:125 82 (272)
- § 4:146 133 (588)
- § 4:150 37; 133 (592); 134 (612); 139 (644) (652) (648)
- § 4:150 (1) S. 3 514 (92); 539; 540 (225); 568
- § 4:151 539; 544 (250)
- § 4:152 8 (23)
- § 5:14 179 (151)
- § 6:10 37

645

Gesetzesregister

Zahlen = Randnummern

- § 6:37 8 (24)
- § 6:44 8 (24)
- § 6:69 8 (24)
- § 6:96 37; 68 (163)
- § 6:514 127 (552)
- § 7:4 13 (46); 211 (261)

2013. évi CXXII törvény a mező- és erdőgazdasági földek forgalmáról (Gesetz CXXII von 2013 über den Verkehr von land- und forstwirtschaftlichen Böden) vom 30.6.2013 in Magyar Közlöny 111/2013, https://njt.hu/eli/v01/TV/2013/122
- §§ 5, 10, 34 177 (143)
- §§ 9, 10 21 (92)

2017. évi XXVIII. törvény a nemzetközi magánjogról (Gesetz XXVIII von 2017 über das internationale Privatrecht) vom 11.4.2017 in Magyar Közlöny 54/2017
https://njt.hu/eli/v01/TV/2017/28
- §§ 15–20, 23 28

429/2017. (XII. 20.) Korm. rendelet az anyakönyvezési feladatok ellátásának részletes szabályairól (Regierungsverordnung 429/2017 aus dem Jahre 2017 über die Detailregeln der Führung des Stammbuches; Personenstandsregisters)
https://njt.hu/eli/v01/R/2017/Korm/429
- § 21 139 (644); 541 (237)
- § 44 133 (592); 139 (652); 514 (94)
- § 45 519
- § 46 133 (592)
- § 61 539 (223)

2020. évi XXX. törvény egyes közigazgatási tárgyú törvények módosításáról, valamint ingyenes vagyonjuttatásról (Gesetz XXX aus dem Jahre 2020 über die Änderung ausgewählter Gesetze aus dem Bereich der öffentlichen Verwaltung sowie über die unentgeltliche Vermögenszuwendung)
https://njt.hu/eli/v01/TV/2020/30
- § 33 112 (459)

Vereinigtes Königreich
Wills Act 1837; UK Public General Acts 1837 c. 26 (Regnal. 7 Will 4 and 1 Vict)
- sec. 7, 11 348
Joint- Stock Companies Act 1856, 14.7.1856 (19&20 Vict. c. 47)
Offences Against the Person Act, 6.8.1861 (24 & 25 Vic c.100)
- sec. 23 192 (9)
Wills (Soldiers and Sailors) Act 1918, 6.2.1918, 7 and 8 Geo 5
- sec. 3 348 (470)
Law of Property Act 1925 vom 9.4.1925 (15 & 16 Geo. 5 c. 20), LPA 1925
- sec. 1 21 (94); 56; 60; 60 (111)
- sec. 13 29 (125)

- sec. 19 60
- sec. 61 155 (32)
- sec. 184 13 (46)
Administration of Estates Act 1925 vom 9.4.1925 (15 & 16 Geo. 5. c. 23); neu gefasst durch den Law Reform Succession Act 1995, c.41 vom 8.11.1995
- sec. 46 (3) 13 (46)
- sec. 48 (2A) 13 (46)
- sec. 55 (2) 200 (57)
Infant Life (Preservation) Act 1929, vom 10.5.1929, c.34, (19 & 20 Geo.5 c.34)
- sec. 1 193 (15)
Children and Young persons Act 1933, vom 13.4.1933, c.112, 23 and 24 Geo 5
- sec. 1 362
- sec. 18 362
Marriage Act 1949; vom 24.11.1949, c. 76, 12, 13 and 14 Geo 6
- sec. 2 24 (116); 320 (371)
- sec. 3 (1A) 24 (116)
Births and Deaths Registration Act (BDRA) 1953, vom 14.7.1953, c. 20 (Regnal. 1 and 2 Eliz 2)
- sec. 1 441 (2)
- sec. 2 139 (644)
- sec. 10 569 (351)
- sec. 13 538 (210)
- sec. 15 203 (81)
- sec. 22 203 (81)
- sec. 24 203 (81)
- sec. 41 447 (33)
Variation of Trusts Act 1958, vom 23.7.1958, c. 53 (Regnal. 6 and 7 Eliz 2)
- sec. 1 199 (51)
Suicide Act 1961, vom 3.8.1961, c. 60 (Regnal. 9 and 10 Eliz 2)
- sec. 1 70 (182) (186)
- sec. 2 70 (185) (186)
Criminal Justice Act 1966 vom 7.7.1966, c. 20 (NI)
- sec. 12, 13 70 (186)
Abortion Act 1967 vom 27.10.1967, c.87
- sec. 1 193 (15)
Tattooing of Minors Act 1969; Ch. 24; vom 16.5.1969 (England, Wales, Scotland)
- sec. 1 291 (262)
Family Law Reform Act 1969 vom 25.7.1969, c. 46
- sec. 1 29 (126); 56; 246 (12)
- sec. 8 295; 303; 478 (202)
Matrimonial Causes act 1973, vom 23.5.1973, c. 18
- sec. 11 320 (371)
- sec. 12 471 (166); 484 (230); 488
- sec. 16 484 (230)
Domicile and Matrimonial Proceedings Act 1973, vom 25.7.1973, c.45

Zahlen in Klammern = Fußnoten

- sec. 1 (1) 64 (136) (64)
- sec. 12 (c) (d) 277 (196)

Congenital Disabilities (Civil Liability) Act 1976 vom 22.7.1976, c 28
- sec. 1 (1) 196 (31)

Sales of Goods Act; vom 6.12.1979, c. 54, SGA
- sec. 3 56; 250 (38); 275 (97); 317
- sec. 11 372 (542)

Interpretation Act 1985
- sec. 33 (1) 133 (586)

The Registration of Births and Deaths Regulations 1987 vom 26.11.1987; No. 2088
- Regulation 9 (3) 495 (10); 497 (20) 544 (250)
- Schedule 2, form 1 495 (10)

Minors' Contracts Act 1987, vom 9.4.1987, c.13
- sec. 2 (b) 391 (28)
- sec. 3 (1) (b) 317

The Non-Contentious Probate Rules 1987; UK Statutory Instruments 1987 No. 2024 (L. 10) (SI 1987/2024)
- Nr. 53 226 (212)

Children Act 1989, vom 16.11.1989, c.41
- sec. 1 447 (41)
- sec. 2 (2) (a) 289 (251); 393; 541 (234); 569 (351)
- sec. 3 139 (644); 395; 506 (65)
- sec. 4 569 (351)
- sec. 4 ZA 393
- sec. 8 539; 580
- sec. 13 538 (211)
- sec. 105 29 (126)

Trusts of Land and Appointment of Trustees Act 1996, vom 24.7.1996, c. 47
- sec. 1 60 (116)
- sec. 2 60

Education Act 1996 vom 24.7.1996, c. 56
- secs. 558, 579 (1) 362

Human Rights Act 1998, 9.11.1998, c. 42
- sec. 4 47 (38)
- sec. 8 47 (38)

Limited Liability Partnerships Act 2000, vom 20.7.2000, c.12
- sec. 1 155 (32)

Adoption and Children Act 2002, 7.11.2002, c. 38
- secs. 46, 47, 59, 51 247 (26)

Female Genital Mutilation Act 2003, vom 30.10.2003, c. 31
- sec. 1 (1) 289 (250)
- sec. 3 A 289 (250)

Gender Recognition Act 2004, vom 1.7.2004, c. 7
- sec. 1 23 (106); 474 (183); 478 (202); 481 (214)
- sec. 2 23 (106)
- sec. 2 (1) (a) 474 (183)
- sec. 3 463 (118); 471 (166); 474 (183)
- sec. 4 471 (166); 484 (230)

- sec. 4A 19 (83)
- sec. 5 488
- sec. 9 483 (226)
- sec. 12 18 (77); 489 (246)
- sec. 13 488

Civil Partnership Act 2004, vom 18.11.2004, c.33
- sec. 1 6 (18); 47 (38)
- sec. 3 19 (83); 321 (371)
- sec. 3 (1) (a) 6 (18); 47 (38)
- secs. 37, 222 226 (212)
- secs. 50, 51 488

Human Tissue Act 2004, vom 15.11.2004, c. 30 (HTA)
- sec. 1 48
- sec. 3 108
- sec. 5 108
- sec. 16 108
- sec. 32 108; 108 (456)
- sec. 45 108

Mental Capacity Act 2005, vom 7.4.2005, c.9
- sec. 1 274 (181); 337; 338
- sec. 2 29; 163 (84); 251 (42); 254; 255; 257 (86); 259; 274 (176); 338
- sec. 3 274 (175) (182); 338
- secs. 4 A (1), 16 (1) 430
- sec. 7 29 (127); 251 (38); 269; 408 (94)
- sec. 9 416
- sec. 16 338; 430
- sec. 18 338 (434); 435
- sec. 19 430
- sec. 42 337 (430)
- sec. 50 430

Mental Capacity Act 2005 Code of Practice
- 4.32 337 (430)
- 7.32 416
- 7.34 416
- 7.36 432 (173)
- 8.26 430
- 8.35 430

Companies Act 2006, vom 8.11.2006, c.46
- sec. 16 155 (32)
- sec. 21 157
- sec. 31 157
- sec. 39 157
- sec. 40 157
- sec. 157 367

Human Fertilisation and Embryology Act 2008, vom 13.11.2008, c. 22 (HFEA)
- sec. 28 (3) 116 (486)
- sec. 33 (1) 89; 447 (33)
- sec. 42 447 (41)
- sec. 54 15 (51); 89; 90; 90(330)

Coroners and Justice Act 2009, vom 12.11.2009, c. 25
- sec. 1 226 (212)

Equality Act 2010, vom 8.4.2010; c.15
- sec. 7 469 (154)

Gesetzesregister

Zahlen = Randnummern

Legal Aid, Sentencing and Punishment of Offenders Act 2012, vom 1.5.2012, c.10
– Sec. 32A schedule 1 88 (128)
Presumption of Death Act 2013, vom 26.3.2013, c. 13
– sec. 1 (2) (b) 213; 218 (160) (161); 222 (197)
– sec. 2 204 (171); 213; 216; 225 (206)
– sec. 3 (2) 228 (227); 233
– sec. 4 233
– sec. 5 230 (243)
– sec. 6 228 (228); 233
– sec. 7 233
– sec. 8 233
– sec. 16 226 (212)
– sec. 23 205 (141)
Marriage (Same Sex Couples) Act 2013 (c.30) vom 17.7.2013
– sec. 1 19 (82)
Modern Slavery Act 2015; (c.30), vom 26.3.2015
– sec. 47 62 (128)
Guardianship (Missing Persons) Act 2017, vom 27.4.2017, c. 27
– secs. 1–6, 13, 14 243
Civil Partnerships, Marriages and Deaths (Registration etc) Act 2019; 2019 c.12, vom 26.3.2019
– sec. 1 6 (18); 126 (556)
– sec. 2 128 (556)
Guardianship (Missing Persons) Act 2017 – Code of Practice; Presented to Parliament pursuant to section 22 (7); Guardianship (Missing Persons) Act 2017; vom 28.6.2019; Ministry of Justice; available: www.gov.uk/official-documents
– para. 3 243 (285)

Wales
Wills Act 1837; UK Public General Acts1837 c. 26 (Regnal. 7 Will 4 and 1 Vict)
– secs. 7, 11 348
– sec. 11 348
Wills (Soldiers and Sailors) Act 1918; ch. 58, 7 and 8 Geo 5
– sec. 3 348 (470)
Human Transplantation (Wales) Act 2013; Acts of the National Assembly of Wales, 2013 anaw 5
– secs. 4, 10 108

Zypern
The Law of Contract vom 1.1.1931, Chapter 149 of the Laws of Cyprus, Vertragsgesetz
– Art. 11 (2) 24 (116)
Official Gazette Annex I (I) No. 3742, 25.7.2003 Law: 104 (I) / 2003; The Marriage Law (Gesetz über die Ehe; peri Gamou)
– Art. 3 (1) 19 (82)

Europäische und internationale Quellen
Charter of the United Nations; Charta der Vereinten Nationen vom 26. Juni 1945 (BGBl. 1973 II S. 430, BGBl. 1980 II S. 1252)
– Präambel 16 (53)
– Art. 1 84
– Art. 24 II 94
Allgemeine Erklärung der Menschenrechte (AEMR); (Universal Declaration on Human Rights); 10.12.1948; Vereinte Nationen; GA-OR III (Part I – Resolutions), Doc. A/810, p. 71.; A/RES/217 A (III)
– Art. 2 44
– Art. 3 16 (53)
– Art. 4 44
– Art. 5 44
– Art. 6 44
Convention (I) for the Amelioration of the Condition of the Wounded and Sick in Armed Forces in the Field. Geneva, 12 August 1949. I. Genfer Abkommen vom 12. August 1949 zur Verbesserung des Loses der Verwundeten und Kranken der Streitkräfte im Felde (BGBl. 1954 II S. 783)
Convention (II) for the Amelioration of the Condition of Wounded, Sick and Shipwrecked Members of Armed Forces at Sea. Geneva, 12 August 1949. II. Genfer Abkommen vom 12. August 1949 zur Verbesserung des Loses der Verwundeten, Kranken und Schiffbrüchigen der Streitkräfte zur See (BGBl. 1954 II S. BGBL Jahr 1954 II Seite 813)
– Art. 3 (1) (c) 16 (53)
Convention (III) relative to the Treatment of Prisoners of War. Geneva, 12.8.1949. III. Genfer Abkommen vom 12.8.1949 über die Behandlung der Kriegsgefangenen (BGBl. 1954 II S. 838)
– Art. 3 16 (53)
Europäische Menschenrechtskonvention (EMRK) (Konvention zum Schutze der Menschenrechte und Grundfreiheiten, European Convention on Human Rights); 4.11.1950. Zuletzt geändert durch Protokoll Nr. 14 vom 13.5.2004 m. W. v. 1.6.2010
– Art. 2 70 (187);79 (241)
– Art. 3 70 (187); 79 (241); 100; 119 (504)
– Art. 4 13; 62 (126)
– Art. 6 13; 97 (382); 100; 114 (470); 116; 116 (483)
– Art. 8 11; 18 (69); 19 (83); 23 (107); 46; 53; 70 (187); 77 (231); 79 (242); 81 (264); 90; 93; 95; 96; 117; 117 (487) (490) (491) (493) (496); 118; 118 (496); 119; 119 (504); 128; 133 (602); 148; 265 (134); 339; 507 (69); 558 (321)
– Art. 9 70 (187)

648

Zahlen in Klammern = Fußnoten

Gesetzesregister

– Art. 12 41 (1); 46; 116 (483) (484); 117; 117 (487) (493); 141 (661)
– Art. 14 6 (16); 6 (18); 18 (71); 19 (83); 46; 53; 70 (187); 131(566); 135 (615), (616); 138

Zusatzprotokoll zur Konvention zum Schutz der Menschenrechte und Grundfreiheiten; 20.3.1952; BGBl. 1956 II S. 1879, 1880 (Protocol to the Convention for the Protection of Human Rights and Fundamental Freedoms); geändert durch Art. 2 Abs. 4 Elftes EMRK-Protokoll[2] vom 24.7.1995 (BGBl. II S. 578, 579)
– Art. 1 60

Athener CIEC-Übereinkommen Nr. 10 v. 14.9.1966 über die Feststellung gewisser Todesfälle
– Art. 1 212
– Art. 2 221 (133)

Internationaler Pakt über wirtschaftliche, soziale und kulturelle Rechte (IPWSKR); (International Covenant on Economic, Social and Cultural Rights (ICESCR)); 16.12.1966; UNTS 993 S. 3; BGBl. 1976 II S. 428
– Art. 8 44
– Art. 16 44
– Art. 24 (2) 132 (579)

Internationaler Pakt über bürgerliche und politische Rechte (IPBPR) (International Covenant on Civil and Political Rights; ICCPR); 19.12.1966; UNTS 199 S. 171; BGBl. 1973 II S. 1533

UN-Übereinkommen zur Beseitigung jeder Form von Diskriminierung der Frau; (Convention on the Elimination of All Forms of Discrimination Against Women; CEDAW); 18.12.1979; UNTS 1249 S. 13; BGBl. 1985 II S. 648
– Art. 4 460 (109)
– Art. 6 84
– Art. 15 45
– Art. 16 45; 135; 137 (636)

Übereinkommen über die Rechte des Kindes vom 20.11.1989 (UN- Kinderrechtskonvention; Convention on Rights of the Child (CRC)); UNTS 999 S. 171; BGBl. 1992 II S. 121, 122; BGBl 2017 II S. 1554
– Art. 3 84; 94; 95; 96; 289
– Art. 7 13 (43); 45; 90; 95 (610); 132 (579); 497 (20); 533 (194)
– Art. 8 45
– Art. 12 479
– Artt. 34–36 45

Rahmenübereinkommens des Europarats vom 1.2.1995 zum Schutz nationaler Minderheiten, SEV Nr. 157, abgedruckt in BGBl. 1997 II S. 1408
– Art. 11 (1) 541

Übereinkommen über den Schutz der Menschenrechte und der menschlichen Würde bei der Anwendung von Biomedizin: Übereinkommen über Menschenrechte und Biomedizin; (Convention for the Protection of Human Rights and Dignity of the Human Being with regard to the Application of Biology and Medicine: Convention on Human Rights and Biomedicine); vom 4.4.1997 in Oviedo; ETS Nr. 164
– Art. 5 72 (209)
– Art. 6 290 (259)
– Art. 17 290 (259)
– Art. 21 46; 84; 99
– Art. 22 46; 84; 99

Richtlinie 98/44/EG des Europäischen Parlamentes und des Rates vom 6. Juli 1998 über den rechtlichen Schutz biotechnologischer Erfindungen (Directive 98/44/EG of the European Parliament and of the Council of 6 July 1998 on the legal protection of biotechnological inventions) (L 213/13)
– Art. 5 102

Haager Übereinkommen vom 13. Januar 2000 über den internationalen Schutz von Erwachsenen (Haager Erwachsenenschutzübereinkommen – ErwSÜ); ratifiziert: 17.3.2007 BGBl. II S. 323; in Kraft seit 1.1.2009; HCCH: Convention of 13 January 2000 on the International Protection of Adults

Fakultativprotokoll zur UN- Kinderrechtskonvention; Optional Protocol to the Convention on the Rights of a child on the sale of children, child prostitution and child pornography; A/RES/54/263 of 25 May 2000) (dt. BGBl 2008 II 1223)
– Artt. 1, 2 84; 84 (291)

Richtlinie 2001/20/EG des Europäischen Parlaments und des Rates vom 4. April 2001 zur Angleichung der Rechts- und Verwaltungsvorschriften der Mitgliedstaaten über die Anwendung der guten klinischen Praxis bei der Durchführung von klinischen Prüfungen mit Humanarzneimitteln (ABl. L 121 vom 1.5.2001, S. 34
– Art. 4 290 (259)

Zusatzprotokoll zum Übereinkommen über Menschenrechte und Biomedizin bezüglich der Transplantation von menschlichen Organen und Gewebe (Additional Protocol to the Convention on Human Rights and Biomedicine concerning Transplantation of Organs and Tissues of Human Origin) vom 24.1.2002; Straßburg; ETS Nr. 186
– Art. 17 99; 99 (390)
– Art. 21 99

Brüssel IIa-Verordnung: Verordnung (EG) Nr. 2201/2003 des Rates vom 27. November 2003 über die Zuständigkeit und die Anerkennung und Vollstreckung von Entscheidungen

Gesetzesregister

Zahlen = Randnummern

in Ehesachen und in Verfahren betreffend die elterliche Verantwortung und zur Aufhebung der Verordnung (EG) Nr. 1347/2000, ABl. L 338 S. 1, ber. 2016 L 99 S. 34)

Richtlinie 2004/23/EG des Europäischen Parlaments und des Rates vom 31.3.2004 zur Festlegung von Qualitäts- und Sicherheitsstandards für die Spende, Beschaffung, Testung, Verarbeitung, Konservierung, Lagerung und Verteilung von menschlichen Geweben und Zellen (Directive 2004/23/EC of the European Parliament and of the Council on 31 March 2004 on setting standards of quality and safety for the donation, procurement, testing, processing,preservation, storage and distribution of human tissues and cells) (L 102/48)
– Art. 12 102

Verordnung (EG) Nr. 2252/2004 des Rates vom 13.12.2004 über Normen für Sicherheitsmerkmale und biometrische Daten in von den Mitgliedsstaaten ausgestellten Pässen und Reisedokumenten (Abl. Nr. L 385/1 vom 29.12.2004, S. 1–6)
– Part. 4 18 (70)

UN-Übereinkommen über die Rechte von Menschen mit Behinderungen (Convention on the Rights of Persons with Disabilities, CRPD); 6.12.2006; UNTS 2515 S. 3; BGBl. 2008 II S. 1419, 1420
– Art. 1 254 (72)
– Art. 12 45; 53; 141 (659); 145 (681); 147; 149; 278; 278 (199); 328 (344) (388); 340; 343 (446); 344 (460)
– Art. 23 278 (199)

Verordnung (EG) Nr. 864/2007 des Europäischen Parlaments und des Rates vom 11.7.2007 über das auf außervertragliche Schuldverhältnisse anzuwendende Recht; (Regulation (EC) No 864/2007 of the European Parliament and the Council of 11 July 2007 on the law applicable to non-contractual obligations Rom II)) (ABl. Nr. L 199 S. 40, ber. 2012 Nr. L 310 S. 52); Rom II- VO ABl. Nr. L 199 S. 40, ber. 2012 Nr. L 310 S. 52)
– Art 15 5 (10)

Verordnung (EG) Nr. 2008/593 des Europäischen Parlamentes und des Rates vom 17.7.2008 über das auf vertragliche Schuldverhältnisse anzuwendende Recht; (Regulation (EC) No 593/2008 of the European Parliament and of the Council of 17 June 2008 on the law applicable to contractual obligations (Rome I)) (ABl. L 177 vom 4.7.2008, S. 6), Rom I-VO
– Art. 1 3 (5); 55 (92); 260
– Art. 12 260
– Art. 13 55 (92); 173 (124)

Vertrag über die Arbeitsweise der Europäischen Union (AEUV); (Treaty of the Functioning of the European Union (TFEC)) vom 1.12.2009 (ABl. EG Nr. C 115 vom 9.5.2008, S. 47)
– Art. 13 182
– Art. 21 (1) 43; 481 (213); 509 (77); 587; 587 (417)
– Art. 28 101
– Art. 157 460 (109)
– Art. 168 101

Vertrag über die Europäische Union; EuV (Treaty of the European Union; TEU); 1.12.2009 (Konsolidierte Fassung bekanntgemacht im ABl. EG Nr. C 115 vom 9.5.2008, S. 13)
– Art. 4 509 (77)
– Art. 6 (2) Satz 1 43; 51

Charta der Grundrechte der europäischen Union (Charta of Fundamental Rights of the European Union); 1.12.2009 (2007/ C303 /01)
– Art. 1 42 (15) (16)
– Art. 3 101
– Art. 4 13 (40)
– Art. 23 460 (109)
– Art. 32 245 (9)
– Art. 45 43
– Art. 51 43
– Art. 53 47 (37); 51

Richtlinie 2010/45/EU des Europäischen Parlaments und des Rates vom 7.7.2010 über Qualitäts- und Sicherheitsstandards für zur Transplantation bestimmte menschliche Organe; (Directive 2010/53/EU on standards of quality and safety of human organs intended for transplantation) (L 207/14)
– Art. 13 23 (105); 102

European Convention for the Protection of Pet Animals, ETS No. 125 (Text in: österr. BGBl. III Nr. 137; Gazz. Uff, Serie Generale n. 283 vom 3.12.2010)
– sec. 1 182 (171)

Verordnung (EU) Nr. 1259/2010 des Rates vom 20.12.2010 zur Durchführung einer Verstärkten Zusammenarbeit im Bereich des auf die Ehescheidung und Trennung ohne Auflösung des Ehebandes anzuwendenden Rechts; (Council Regulation (EU) No 1259/2010 of 20 December 2010 implementing enhanced cooperation in the area of the law applicable to divorce and legal separation) (ABl. Nr. L 343 S. 10); Rom III VO
– Art. 1 3 (5); 55 (92)

Verordnung (EU) Nr. 650/2012 des Europäischen Parlaments und des Rates vom 4. Juli 2012 über die Zuständigkeit, das anzuwendende Recht, die Anerkennung und Vollstreckung von Entscheidungen und die Annahme und Vollstreckung öffentlicher Urkunden in Erbsachen sowie zur Einführung eines Europäischen

Zahlen in Klammern = Fußnoten **Gesetzesregister**

Nachlasszeugnisse; (Regulation (EU) No 650/2012 of the European Parliament and the council of 4 July 2012 on jurisdiction, applicable law, recognition and enforcement of decisions and acceptance and enforcement of authentic instruments in matters of succession and on the creation of a European Certificate of Succession) (ABl. Nr. L 201 S. 107, ber. Nr. L 344 S. 3, 2013 Nr. L 41 S. 16, Nr. L 60 S. 140, 2014 Nr. L 363 S. 186); EuErbVO
– Art. 1 3 (5); 234
– Art. 23 (2) lit.c 65 (144)
– Art. 32 234; 235; 235(258); 236
Richtlinie 2012/29/EU des Europäischen Parlaments und des Rates vom 25.10.2012 über Mindeststandards für die Rechte, die Unterstützung und den Schutz von Opfern von Straftaten sowie zur Ersetzung des Rahmenbeschlusses 2001/220/JI (ABl. Nr. L 315 S. 57)
– Art. 1 196 (34)
Council of Europe; Children's right to physical integrity Resolution 1952 (2013)
– Nr. 7 289
Europäischen (Istanbul) Konvention zur Verhütung von Gewalt gegen Frauen (ETS Nr. 210). 1.8.2014
Europäische Übereinkommen gegen den Handel mit menschlichen Organen; Santiago de Compostela vom 25.3.2015 (Council of Europe Convention against Trafficking in Human Organs); ETS Nr. 216; BT-Drucks. 19/10411, S. 18
– Art. 1 21
Richtlinie (EU) 2015/1535 des Europäischen Parlaments und des Rates vom 9. September 2015 über ein Informationsverfahren auf dem Gebiet der technischen Vorschriften und der Vorschriften für die Dienste der Informationsgesellschaft; (ABl. L 241 vom 17.9.2015, S. 1).
– Art. 4 286
Verordnung (EU) 2016/679 des Europäischen Parlaments und des Rates zum Schutz natürlicher Personen bei der Verarbeitung personenbezogener Daten, zum freien Datenverkehr und zur Aufhebung der Richtlinie 95/46/EG vom 27.4.2016 (ABl. Nr. L 119/1 vom 4.5.2016 mit späteren Berichtigungen). (Datenschutzgrundverordnung – DSGVO) Regulation (EU) 2016/679 of the European Parliament and of the Council of 27 April 2016 on the protection of natural persons with regard to the processing of personal data and on the free movement of such data, and repealing Directive 95/46/EC (General Data Protection Regulation)
– Art. 2 286
– Art. 4 8 (21); 12; 286
– Art. 6 (1) (a) 284
– Art. 8 284; 286
– Art. 20 10
– Art. 85 286
Verordnung (EU) 2016/1103 des Rates vom 24.6.2016 zur Durchführung einer Verstärkten Zusammenarbeit im Bereich der Zuständigkeit, des anzuwendenden Rechts und der Anerkennung und Vollstreckung von Entscheidungen in Fragen des ehelichen Güterstands (Council Regulation (EU) 2016/1103 of 24 June 2016 implementing enhanced cooperation in the area of jurisdiction, applicable law and the recognition and nforcement of decisions in matters of matrimonial property regimes); (ABl. Nr. L 183 S. 1, ber. 2017 Nr. L 113 S. 62 und 2018 Nr. L 167 S. 36); EuGüVO
– Art. 1 3 (5)
Verordnung (EU) 2016/1104 des Rates vom 24.6.2016 zur Durchführung der Verstärkten Zusammenarbeit im Bereich der Zuständigkeit, des anzuwendenden Rechts und der Anerkennung und Vollstreckung von Entscheidungen in Fragen güterrechtlicher Wirkungen eingetragener Partnerschaften; (Council Regulation (EU) 2016/1104 of 24 June 2016 implementing enhanced cooperation in the area of jurisdiction, applicable law and the recognition and enforcement of decisions in matters of the property consequences of registered partnerships) (ABl. Nr. L 183 S. 30, ber. 2017 Nr. L 113 S. 62); EuPartVO
– Art. 1 3 (5)
Protokoll Nr. 16 zur Konvention zum Schutze der Menschenrechte und Grundfreiheiten (Protocol No. 16 to the Convention for the Protection of Human Rights and Fundamental Freedoms); ETS Nr. 214; 1.8.2018 (nicht ratifiziert in Deutschland)
– § 52 96 (373)
Brüssel IIb-VO (Verordnung (EU) 2019/1111 des Rates vom 25. Juni 2019 über die Zuständigkeit, die Anerkennung und Vollstreckung von Entscheidungen in Ehesachen und in Verfahren betreffend die elterliche Verantwortung und über internationale Kindesentführungen (Neufassung), ABl. L 178 S. 1).

Register der Entscheidungen zum Common Law

Zahlen verweisen auf Randnummern; Zahlen in Klammern auf Fußnoten.

Vereinigtes Königreich, Irland

A NHS Foundation Trust v MC [2020] EWCOP 33, [2020] 6 WLUK 413 — 290 (257)

A v P (Surrogacy: Parental Order: Death of Applicant) [2011] EWHC 1738, [2012] 3 WLR 369 — 90 (330)

A, B & C v X & Z [2013] COPLR 1 — 277 (189)

AB v CD [2021] EWHC 741 (Fam), [2021] 3 WLUK 437 — 295 (269)

An NHS Trust v DE [2013] EWHC 2562 — 251 (40); 265 (134)

Ashbury Railway Carriage and Iron Co Ltd v Riche (1875) LR 7 HL 653 — 157 (48)

Aster Healthcare Ltd v Shafi [2014] EWHC 77 (QB) — 416 (121)

B and C (Children) (Change of Name: Parental Responsibility: Evidence) Re [2017] EWHC 3250 (Fam) — 24 (111) (112)

B and G (Children) (No 2) Re [2015] EWFC 3, [2015] 1 FLR 905 — 289 (250)

Banks v Goodfellow (1870) LR 5 QB 549 — 254 (69); 276 (188); 337 (430)

Barnes & Co v Toye [1884] 13 QBD 410 — 317 (353)

Bell Houses Ltd. v City Wall Properties (1966) 2 QBD 656 — 157 (50)

Bell v Tavistock and Portman NHS Foundation Trust [2021] EWCA Civ 1363, [2022] 1 All ER 416, [2021] 9 WLUK 157 — 295 (269); 478 (201)

Bellinger v Bellinger [2003] UKHL 21; [2003] 2 AC 467 — 117 (490); 470 (155)

Burton v Islington Health Authority [1993] QB 204 — 160 (71)

C (Children) (Child in Care: Choice of Forename), Re [2016] EWCA Civ 374, [2016] 3 WLR 1557 — 495 (10) (11); 518 (121); 538 (211)

C v S [1988] QB 135 — 160 (71)

Clements v London & North Western Railway Co 2 [1894] QB 482 — 263 (119); 363 (516)

Cotman v Brougham [1918] AC 514 — 157, 157 (51)

Cowley (Earl) vs Cowley (Countess) (1901) 85 L. T. Rep. 354; [1901] AC 450 — 509 (82); 538 (215); 561 (328)

D (Children) (Care: Change of Forename), Re [2003] 1 FLR 339, [2002] 6 WLUK 447 — 495 (10); 514 (91); 518 (121); 538 (208) (213)

D, L and LA (Care: Change of Forename) Re [2003] 1 FLR 339 — 506 (65)

Dawson v Wearmouth [1999] 2 WLR 960; [1999] 2 AC 308 — 505 (61); 538 (212) (216)

De Francesco v Barnum (1890) 45 ChD 430 — 317 (354)

Deutsche Genossenschaftsbank v Burnhope [1995] 1 WLR 1580 — 155 (33)

DMM, Re [2017] EWCOP 32; [2017] 7 WLUK 588 (also known as *EJ v SD* [2017] 10 WLUK 5) — 277 (191)

Doyle v White City Stadium Ltd [1935] 1 KB 110 — 363

Du Boulay v De Boulay (1867-69) L. R. 2. P. C. 430; 16 E. R. 638 — 501 (50)

Edwards v Carter [1893] AC 361 — 317 (358)

EXB (A Protected Party by his Mother and Litigation friend DYB) v FDZ, Motor Insurers' Bureau, GHM, UK Insurance Ltd [2018] EWHC 3456 — 281 (215)

Fawcett v Smethurst [1914] 84 LJKB 473; (1914) 84 L.J.Ch 473 — 317 (356)

Fehily v Atkinson [2016] EWHC 3069 (Ch) — 178 (146); 274 (176)

Fendall v Goldsmid (1877) 2 P. D. 263; [1877] 7 WLUK 83 — 561 (328)

Common Law Entscheidungen

Zahlen = Randnummern

Fisher v Brooker [2009] UKHL 41; [2009] 1 WLR 1764; [2009] 4 All ER 789	363 (516)	*Newry and Enniskillen Railway Company v Coombe* (1849) 3 Ex 565	367 (527)
Fluck v Tollemache (1823) 1 Car.&P. 5; [1823] 12 WLUK 48; 171 E. R. 1078	263 (120); 391 (27)	*NHS Trust & Ors v Y & Anor (Rev 1)* [2018] UKSC 46	265 (134)
For Women Scotland Limited v Lord Advocate [2022] CSIH 4; [2022] 2 WLUK 235	461 (109)	*North Western Railway Company v M'Michael* (1850) 5 Exch. 114; [1850] 1 WLUK 70	56 (96)
Gas Lighting Improvement Co Ltd v Commissioners of Inland Revenue [1923] AC 723	155 (33)	*Nottingham County Council v Farmer & Ors* [2022] EWFC 66; [2022] 4 WLUK 456	580 (387)
Gillick v West Norfolk and Wisbech AHA [1985] UKHL 7; [1986] AC 112; [1985] 3 WLR 830	24 (116); 144 (676); 295 (270); 317 (357); 320 (371)	*Paton v British Pregnancy Advisory Service Trustees* [1979] QB 267	29 (124); 160 (71)
		PBM v TGT [2019] EWCOP 6; [2019] 3 WLUK 728	330 (398); 337 (430)
Gottlieb v Gleiser [1958] 1 QB 267	64 (137)	*Peters v Fleming* (1840) 6 M & W 42; [1840] 1 WLUK 58; 151 ER 314	268 (151); 317 (351)
H (A Child) (First Name), Re [2002] 1 FLR 973	495 (11); 538 (212)	*Petrodel Resources Ltd v Prest* [2013] UKSC 34; [2013] 2 AC 415	155 (33); 161 (79)
Imperial Loan Co Ltd v Stone [1892] 1 QB 599; [1892] 3 WLUK 12	254 (69)	*Pitt v Smith* (1811) 3 Camp.33; [1811] 7 WLUK 42; 170 ER 1296,	251 (47)
In the Estate of Park deceased, Park v Park [1954] P 112; [1953] 3 WLR 1012	277 (197); 337 (430)	*Proform Sports Management Ltd v Proactive Sports Management Ltd* [2006] EWHC 2903 (Ch)	263 (119); 391 (26)
L and B (Children) (Specific Issues: Temporary Leave to Remove from the Jurisdiction: Circumcision), Re [2016] EWHC 849 (Fam); [2016] 4 WLUK 34	289 (251)	*R (Christie Elan-Cane) v Secretary of State for the Home Department* [2018] EWHC 1530 (Admin); [2018] 1 WLR 511; [2020] EWCA Civ 363	18 (68; 71)
London Borough of Southwark v KA and Others (Capacity to Marry) [2016] EWHC 661 (Fam)	277 (197) (198)	*R (on the application of Axon) v Secretary of State for Health* [2006] EWHC 37 (Admin), [2006] QB 539; [2006] 2 WLR 1130; [2006] 1 WLUK 407	295 (271); 303 (294)
Lord Advocate v Jaffrey [1921] 1 AC 146	64 (136)		
Macaura v Northern Assurance Co Ltd [1925] AC 619	161 (79)	*R (on the application of Elan-Cane) v Secretary of State for the Home Department* [2021] UKSC 56; [2022] 2 WLR 133	452 (53), 457 (77); 458 (88)
Martin v Gale (1876) 4 Ch. D. 428	317 (356)		
Masterman-Lister v Brutton & Co (No.1) [2002] EWCA Civ 1889	337 (430) (431)	*R (on the application of McConnell) v Registrar General for England and Wales* [2020] EWCA Civ 559; [2020] 3 WLR 683; [2020] 2 All ER 813	447 (33)
Matthews v Baxter (1872-73) LR 8 Ex 132; [1873] 1 WLUK 80	260 (105)		
Mortimore v Wright (1840) 6 M.&W. 482; [1840] 1 WLUK 44	263 (120); 391 (27)	*R (on the application of Nicklinson and another) (Appellants) v Ministry of Justice (Respondent)* [2014] UKSC 38; [2014] 3 WLR 200	70 (187)
Nash v Inman [1908] 2 KB 114	56 (97); 317 (352)		

Zahlen in Klammern = Fußnoten **Common Law Entscheidungen**

R (on the application of Purdy) v Director of Public Prosecutions [2009] UKHL 45	70 (186)	Re Soltykoff Ex p. Margrett [1981] 1 QB 413	317 (356)
R (on the application of Steinfeld and Keidan) v Secretary of State for International Development (in substitution for the Home Secretary and the Education Secretary) [2018] UKSC 32	6 (18); 19 (83); 48 (38); 128 (555)	Re T (orse H.) (An Infant) [1963] Ch. 238	506 (64); 538 (209)
		Roberts v Ramsbottom [1980] 1 WLR 823	252 (59)
		Rowe v Hopwood (1868–1869) LR. 4 QB 1	391 (26)
		Sheffield (Kristina) v United Kingdom [1998] 2 F.L.R. 928	448 (44); 454 (71)
R (on the application of TT) v Registrar General for England and Wales [2019] EWHC 2384 (Fam); [2019] 3 WLR 1195	447 (33)	Sheffield City Council v E [2004] EWHC 2808 (Fam)	277 (189) (196) (198); 337 (430) (431) (432)
R v Bentham [2005] UKHL 18; [2005] 1 WLR 1057	5 (14)		
R v John Smith (1866) 4 F.&F. 1100; 176 ER 923	500 (40)	Shelton v Springett (1851) 11 C. B. 452; [1851] 6 WLUK 109; 138 ER 549	263 (120); 391 (29)
R Leslie Ltd v. Shiell [1914] 3 KB 607	309 (320)		
R v Lord (1848) 12 QB 757	317 (354)	Slade v Metrodent [1953] 2 QB 112	317 (355)
Re Beaney deceased [1978] 1 WLR 770	337 (430)	Southerton v Whitlock (1725) 93 ER 786	317 (359)
Re C (Children) [2016] EWCA Civ 374	139 (644)	Sutton's Hospital (1612) 10 Co. Rep. 1a, 23a; 77 ER 960	157 (46)
Re C (Detention: Medical Treatment) [1997] 2 FLR 180	265 (134)	The Mental Health Trust & Ors v DD & Anor [2015] EWCOP 4	265 (134)
Re D (A Child) [2014] EWHC 2121 (Fam)	90 (329)	Thoburn v Sunderland City Council [2002] EWHC 195; [2003] QB 151	43 (18)
Re F (In Utero) [1988] Fam 122	160 (71)		
Re F (Mental Patient: Sterilisation) [1990] 2 AC 1	265 (134); 337 (430)	W (A Child) (Illegitimate Child: Change of Surname), Re [2001] Fam. 1	539 (219); 547 (263)
Re J (Specific Issue Orders: Muslim Upbringing and Circumcision) [1999] 2 FLR 678, [2000] 1 FLR 571	289 (251)	W (Children) (Change of Name) Re [2013] EWCA Civ 1488; [2013] 8 WLUK 225	495 (10)
		Walter v Everard [1891] 2 QB 369	317 (350) (356)
Re L (Commercial Surrogacy) [2010] EWHC 3146 (Fam); [2011] 1 FLR 1423	90 (327)	Welton v Saffrey [1897] AC 299	155 (33)
		Williams v Moor (1843) 152 ER 798	317 (356) (359)
Re P (Statutory Will) [2009] EWHC 163 (Ch); [2010] Ch. 33	29 (127)	X (A Child) (Capacity to Consent to Termination), Re [2014] EWHC 1871 (Fam); [2014] 6 WLUK 201	265 (134); 303 (293)
Re PM (Parental Order: Payments to Surrogacy Agency) [2013] EWHC 2328 (Fam); [2014] 1 FLR 725	90 (328)		
Re PS (Incapacitated or Vulnerable Adult) [2007] EWHC 623 (Fam), [2007] 2 FLR 1083	265 (134)	X and Y (Foreign Surrogacy) Re [2008] EWHC 3030 (Fam); [2009] 1 FLR 733	90 (327)
Re S (Specific Issue Order: Religion: Circumcision) [2004] EWHC 1282 (Fam), [2005] 1 FLR 236	289 (251)	X v Z (Parental Order Adult) [2022] EWFC 26; [2022] 4 WLUK 120	89 (324)

Common Law Entscheidungen

Zahlen = Randnummern

Y v Z [2020] EWFC 39 (Fam);
[2020] 5 WLUK 343 — 90 (330)
Yearworth v North Bristol NHS Trust [2009] EWCA Civ 37;
[2010] QB 1 — 180 (158)

Vereinigte Staaten von Amerika

Community of Hippopotamuses Living in the Magdalena River v. Ministerio de Ambiente y Desarrollo Sostenible et al,
1:2021mc00023, https://www.advocates-for-animals.com/ — 182 (170)

Dred Scott v Sandford 60
U. S. 393 (1856) — 13 (40)
Moulin v Montelone 165 La. 169;
115 So. 447 — 64 (138)

Kanada

Edwards v Canada (Attorney General) [1930] A. C. 124;
[1930] 1 DLR 98 — 64 (132)

Südafrika

Coetzee v. Comitis & Others,
2001 1 SA 1254 — 17 (64)

Sachregister

Die Zahlen verweisen auf Randnummern, Zahlen in Klammern auf Fußnoten.

Abstammungsrecht
- „adlige Abstammung" 21 (93), 509
- Elternschaft
  - multiple Elternschaft 19 (87)
  - Vater-Mutter-Schema 19 (85), 112 (465), 447 (33), 459 (97)
- Ersatz- bzw. Leihmutterschaft 80
- Systematischer Ansatzpunkt 21 (93)

Altersstufen
- Minderjährigkeit 245
- Reifeprozess 249
- Volljährigkeit 246, 251

Assistiertes Sterben
- Euthanasie 71 (198)
- Fremdtötung 71
- Patientenverfügung 73–75
- „Recht auf Leben bzw. auf Sterben" 77
- Selbsttötung 70
  - Anstiftung 70 (189) (190)
  - Beihilfe 70 (190) (191)
- Sterbehilfe 72

Belgien
- Abschaffung der Entmündigung (334)
- Abwesenheitserklärung 238 (269)
- *Droit des personnes* 31 (139)
- Euthanasie 78
- Geschlechtswechsel 120 (508), 464, 478 (203)
- Gleichgeschlechtliche Ehe 19 (82)
- Herkunft 21 (92)
- Namensrecht 531 (182), 547 (265)
- Würde 16 (54)

Betreuung, faktische 418
- Angehörigenvollmacht 423
- gesetzliche Erwachsenenvertretung 422
- *guarda de hecho* 420
- *habilitation familiale* 419 (132)
- Vertretung durch ein Mitglied des Haushalts 421

Betreuung, rechtliche 431

Brasilien
- Namenszusammensetzung 494 (3)

Bulgarien
- Eingehung der Ehe 19 (82), 445 (26)
- Namensrecht 494 (5), 500 (41), 511 (86), 520, 527 (169), 576 (368), 583

Common Law
- *capacity* 7, 29
  - lack of capacity 337–338
- *deed poll* 24 (111)

- *domicile* 8
- „Law of the person" 29
- Minderjährige 144
- Namensrecht 497, 506 (65), 531 (184), 538, 551 (283), 553 (288), 538
- Systematik 3
  - kontextbezogener Ansatz 29

Dänemark
- Elternschaft 447 (34)
- Ersatz- bzw. Leihmutterschaft 84 (281) (282)
- Geschlechtswechsel 467, 478 (197)
- gleichgeschlechtliche Ehe 19 (82)
- Namensrecht 510 (84), 513, 517, 521 (141), 537, 556 (306), 559, 550 (357), 600 (470)

Daten
- Einwilligung zur Verarbeitung 284 (230)
- nationales Recht und europäische DS-GVO 286
- personenbezogene Daten 9
  - Datenschutz-Grundverordnung 10
  - Löschung 11 (34)
  - Personennummern 9 (28), 22 (97), 441 (6) (7), 446 (28), 493
- Zugang 14 (50)

Deliktsrecht s. Persönlichkeitsrechte

Deutschland
- Abstammungsrecht 459 (98)
- Betreuung, rechtliche 343, 431
  - Betreuungsverfügung 414 (117)
- Diskriminierungsschutz 459 (103)
- drittes Geschlecht 23 (108)
- Ehedoppelnamen 136 (633)
- Ersatz- bzw. Leihmutterschaft 85, 94 (350)
- Geschäftsfähigkeit 259 (99)
- Geschlechtswechsel 121–123, 480
- gleichgeschlechtliche Ehe 19 (82)
- Kollisionsnormen 28
- Minderjährige 142
- Namensrecht 514 (95) (99), 520, 530 (175), 544, 555 (301), 568 (350), 570, 577, 589
- Recht der natürlichen Person 3, 27
- Schwangerschaftsabbruch 303 (298)
- Sterbehilfe 79 (250)
- Systematik des Personenrechts 34
- Todesvermutung 237
- Verbot des entgeltlichen Organ- und Gewebehandels 104 (411)
- Verbraucher und Unternehmer 9 (27)
- Vorsorgevollmacht 413
- Zwischengeschlechtlichkeit 456 (77)

657

Diskriminierungsschutz
– Antidiskriminierungsrecht 459 (103) (104)
– Geschlechter 444
  – rechtliches Geschlecht (459)
– Geschlechtsidentität 458 (92) (93)
  – Flüchtling 120 (519)
– Gleichberechtigung von Mann und Frau 109 (452) (453), 135, 137
  – Frauen 45, 63–64
– „positive Maßnahmen" 460

DNA
– Material mit menschlicher DNA 98
– postmortale Organentnahme 100
– Schutz der Menschenwürde 99
– Verbot des entgeltlichen Organ- und Gewebehandels 104

Eherecht 6
– Ehefähigkeit 277
– Ehe und Lebenspartnerschaft 6 (18), 125–126, 487
– Ehe und rechtliches Geschlecht 457, 484
– gleichgeschlechtliche Ehen 19 (82)
– Tod eines Ehegatten 228

Emanzipation
– Erlangung der Geschäftsfähigkeit 24 (113), 319
  – Eheschließung 320
  – Entlassung aus der elterlichen Sorge 323
  – gestaltende Entscheidung 324
– personenrechtliche Natur 261 (113)

England und Wales
– *capacity* 259
  – Minderjährige 317
– *deputy* 430 (162)
– gleichgeschlechtliche Ehe 19 (82)
– *guardian* (missing people) 243
– *infant* 60
– *lasting power of attorney* 416
– Namensänderung mittels *deed poll* 584
– Namensrecht 495 (11), 520 (140), 538, 547 (263)
– *parent* 447 (41)

Entmündigung 146, 327
– Abschaffung 45 (34), 145 (677–686) (696), 331
– *ultima ratio* 149 (711), 430 (162)
– Vormund 425
– Weiterbestehen 145 (688–694)

E-Personen 184
– Ablehnung der Rechtspersönlichkeit 187

Erbrecht
– Abgrenzung 497 (18)
– Testierfähigkeit 276

Ersatz- bzw. Leihmutterschaft 80
– Auslandssachverhalten 92–97
– multiple Elternschaft 19 (87)
– Verträge unwirksam 81–85
– Verträge wirksam 86–90

Estland
– Eingehung der Ehe 19 (82)
– Geschlechtswechsel 480 (209)
– Namensrecht 553

Familienrecht
– Abgrenzungen 261
  – Namensänderung 549
  – Namensrecht 537

Finnland
– Entmündigung 332 (405)
– Ersatz- bzw. Leihmutterschaft 84 (284)
– Geschlechtswechsel 467, 478 (198)
– gleichgeschlechtliche Ehe 19 (82)
– Namensrecht 519 (129), 521 (142), 547 (264)

Frankreich
– Abschaffung der Entmündigung (334)
– Abwesenheitserklärung 238 (269)
– Binarität der Geschlechter 445 (24)
– *Droit des personnes* 3, 31
– Ersatz- bzw. Leihmutterschaft 81 (257), 94 (346)
– Geschlechtswechsel 473, 478 (199)
– gleichgeschlechtliche Ehe 19 (82)
– *habilitation familiale* 419 (132)
– *indisponibilité de l'état des personnes* 23 (100)
– *mandat de protection future* 413 (109)
– Namensrecht 494 (2), 515 (102), 520 (138), 531, 551 (280), 574 (365), 582 (392),
– *personnes* 168
– Rechte der Kranken am Lebensende 79 (239)
– Schutz der genetischen Identität 11
– Schwangerschaftsabbruch 303 (297)
– Todesbeweise 206
– Urteilsfähigkeit 143
– Verbot des entgeltlichen Organ- und Gewebehandels 105 (421)
– Würde 16 (54)

Geschäftsfähigkeit 7, 310
– Beschränkungen 246 (21)
– *capacité d'exercice* 55 (87)
– infolge der Eheschließung 24 (116)
– Mensch 6

Geschäftsunfähigkeit
– Kinder bzw. Minderjährige 142, 373, 391
  – elterliche Vertretungsmacht 392
  – *parental responsibility* 391
  – Vormund 262–263, 394
– Rechtsfolgen
  – Nichtigkeit 372
  – Rückabwicklung 375
  – schwebende Unwirksamkeit 376
  – schwebende Wirksamkeit 378
– Volljährige 141, 374

Geschlecht(er)
– Differenzierung 18 (74) (75)
– Diskriminierung 461 (110)

- fließende Geschlechtsidentität bzw. *fluid gender* 452, 454, 475
- *gender* 441 (4), 449 (50)
- Geschlechterdifferenzierung 458
  - Arbeitsrecht 458 (88), 111 (458)
  - Gefängniswesen 458 (86)
  - Renteneintrittsalter 458 (84) (90)
  - Schulwesen 458 (89) (92)
  - Sportgeschehen 458 (87)
  - Strafrecht 458 (83) (94)
  - Wehrpflicht 458 (85)
- Geschlechtswechsel 462, 469
  - Umwandlung 19 (83), 451
- Intersexualität 456 (76)
  - natürliche Gegebenheiten 453
  - Zwischengeschlechtlichkeit 445 (20) (21), 449
- Mensch 6
- Persönlichkeitsentwicklung 454 (74), 455
- Rechtliche Geschlechter 110, 443
  - drei 18 (69), 452 (53), 114
  - zwei 18 (68), 114
- rechtliche Zuschreibung 23, 109
  - Verzicht 18 (76)
  - vorläufige Einschätzung 456
  - Zugehörigkeit zu einem anderen Geschlecht 19
  - Zugehörigkeit zu einem Geschlecht 18
- Relativität 18 (77)
- Transsexualität bzw. Transgender 119, 451, 456 (76), 471, 472
- Varianten der Geschlechtsentwicklung 452

Geschlechtswechsel 116–119
- Begutachtungserfordernis 474
- Erwerb des neuen Geschlechts 483
- freiwillige Gerichtsbarkeit 462 (119)
- Inländerklauseln 481
- Mindestalter 478
- Namensänderung 491
- Streitige Gerichtsbarkeit 462 (120)
- Verwaltungsverfahren 462 (118), 470
- Verwandtschaft 489
- wiederholter Geschlechtswechsel 475

Griechenland
- Drittwirkung der Grundrechte 68 (166)
- Eingehung der Ehe 19 (82)
- Ersatz- bzw. Leihmutterschaft 87–88
- Geschlechtswechsel 468, 478
- „Klostertod" 13 (38)
- Namensrecht 494 (5), 512, 517, 519, 520 (131), 521 (143), 528, 544 (251), 595 (446)
- rechtliche Betreuung 342, 426
- Schutz der genetischen Identität 11
- Schwangerschaftsabbruch 301 (290)
- Systematik des Personenrechts 34
- Verbot des entgeltlichen Organ- und Gewebehandels 106
- Verschollenheitserklärung 238 (271)

Homo sapiens 153 (12)
- menschenähnliche Hybride 12
- menschliche Gestalt 12 (36), 153 (13)

Homosexualität 41 (1) (2)
- Gleichheitsgrundsatz 128 (554)
- Homophobie 19 (83), 131 (572), 458 (93)
- menschenrechtswidrige Rechtslage 131 (566)

Internationales Privatrecht 27
- Familienrecht 261 (111)
- Namensrecht 587
- „Personalstatut" 27 (122)
- Personenrecht 263 (118)
- rechtliche Geschlechter 443

Irland
- Geschlechtswechsel 478 (204)
- gleichgeschlechtliche Ehe 19 (82)
- „Law of the person" 29

Italien
- Abwesenheitserklärung 239
- *amministrazione di sostegno* 148, 332
- Eingehung der Ehe 19 (82)
- Elternteile 19 (85)
- Entmündigung 332–333, 427
- Ersatz- bzw. Leihmutterschaft 81 (269) (270), 92 (333), 94 (345)
- Geschlechtswechsel 120 (509), 486
- gleichgeschlechtliche Lebenspartnerschaften 129 (560)
- Kollisionsnormen 28
- Namensrecht 497 (18), 509 (80), 543, 547 (266), 550 (278), 552 (285), 561 (330),
- Persönlichkeitsrechte 39 (168)
- Systematik des Personenrechts 32
- Todesbeweise 206
- Verbot des entgeltlichen Organ- und Gewebehandels 106

Juristische Person
- Geschäftsfelder 20 (89)

Korea
- Nachnamen 22 (97)

Körper
- Gewebe- bzw. Organnahme 290
- körperliche Beschaffenheit 21
- Körperteile 14 (48), 15, 23 (104) (105)
- Körper und Würde 5, 16
- Leib 15 (52)
- Rechtsobjekt 5 (14)
- rituelle Beschneidung 289 (250)
- Tattoos 291
- Verfügungen verboten 5 (15), 26 (119)
- Zwangssterilisation 265

Kroatien
- Eingehung der Ehe 19 (82)
- Referendum über die gleichgeschlechtliche Ehe 19 (82)

Lebensende bzw. Tod
- Abwesenheits- bzw. Verschollenheitserklärung 238
- Bestimmung 13
- Kommorientenvermutung 13 (46), 234
- Zeitpunkt 23 (103)

Lettland
- Eingehung der Ehe 19 (82)
- Namensrecht 556, 561 (328), 562 (339)
- Treuhandregime 242
- Unternehmensname 501 (44)

Litauen
- Eingehung der Ehe 19 (82)
- Namensrecht 499, 529, 556, 562 (339)
- „Recht auf Würde" 16 (54)
- Verschollenheitserklärung 239
- Wohnsitz 8 (20)

Luxemburg
- Geschlechtswechsel 478, 480 (209)
- gleichgeschlechtliche Ehe 19 (82)
- Namensrecht 547 (265)

Malta
- Abstammungsrecht 19 (85)
  - *parents* 19 (87)
- Geschlechtswechsel 480 (209)
- gleichgeschlechtliche Ehe 19 (82)

Mensch 153, 190
- Geburt 15 (51), 192
  - Vollendung der Geburt 193
- Lebensvermutung 193 (20)
- Tod 201, 202
  - Begriff 207
  - Hirntod 209
  - Todesbeweise 213
  - Todeserklärungen 216
  - Todesvermutung 205, 227

Menschenrechte bzw. Grundrechte
- Drittwirkung der Grundrechte 68
- menschenrechtliche Quellen 44
- Terminologie 43 (21)
- Verhältnis zur jeweiligen Rechtsordnung 47–52

Minderjährige
- Arbeitsschutzrecht 362
  - Arbeitsvertragsfähigkeit 363
  - Betrieb eines Erwerbsgeschäfts 367
- Ehemündigkeit 348
- Einwilligungsmündigkeit 293
  - Co-Konsens der Eltern 296, 407, 410
  - Schwangerschaftsabbruch 300
  - schwangerschaftsverhütende Mittel 307 (314)
- *legal estate* bzw. Grundeigentum 21 (94)
- Namensmündigkeit 349
- Rechtsgeschäfte 318, 356
  - einseitige Rechtsgeschäfte 369
- Testiermündigkeit 348

- Vertragsmündigkeit 347
  - gebräuchliche Geschäfte 350–353
  - Geschäfte mit frei verfügbaren Mitteln 354
  - „Taschengeldparagraph" 355
- Vortäuschung, erwachsen zu sein 308–309

Name
- bürgerlicher Name 24
- Gebrauchsname 498
- Geburtsname 508
- Geschlecht
  - geschlechtskonträre Vornamen 531
  - geschlechtsneutrale Vornamen 530
  - geschlechtsspezifische Namen 527
- „Hauptname" 505, 521
- Höchstzahlen 519
- Kindeswohl 134, 518
  - „Findelkinder" 546
- Namensänderung 549, 581
- Namensbestimmungsrecht 539 ff.
  - Namensrecht 7
  - Recht auf einen Namen 132
- Patronym 511, 512
- Personennummern, Zeichen bzw. Symbol 22 (96), 132 (580), 502
- Pseudoname bzw. Pseudonym 499, 500 (41)
- Zusammensetzung 533
  - Nach- bzw. Familienname 496, 535 „Hauptname"
  - Vorname 133, 495, 514, 534
  - Zwischenname 494 (5), 510, 513

Nasciturus **(s. Rechtssubjekt)**
- Mensch ohne Person 153 (14)
- *nondum conceptus* 195 (25)
- Rechtsstellung 13 (41)
- Schadensersatzanspruch 196
- Schenkung 200 (59–62)

Natürliche Person
- Begriff 1 (2) (3)
- Teilhabe am Privatrechtsverkehr 20

Niederlande
- gleichgeschlechtliche Ehe 19 (82)
- Hirntod 23 (103)
- Sterbehilfe 79 (236)

Nord Irland
- gleichgeschlechtliche Ehe 19 (82)

Österreich
- Entscheidungsfähigkeit 173 (126)
- Geschlechtswechsel 120 (511), 480 (209)
- gesetzliche Erwachsenenvertretung 422
- mehrere Rechtsgeschlechter 18 (69)
- Namensrecht 496 (14), 520 (140), 521 (144), 540 (227), 547, 551, 554, 558, 563 (341), 568 (349), 592 (437)
- Systematik des Personenrechts 32
- Vorsorgevollmacht bzw. gewählte Erwachsenenvertretung 412

Person
- natürliche Person
  - Konzept 1 (2), 5 (8)
- Personqualität 12, 109 (455)
- Personsein 25
- sein oder haben 4 (7), 150

persona
- Begriff 1 (3)

Personenstandswesen
- administrative Namensänderungen 588
- Geburtsurkunden 441
- Geschlecht
  - Geschlechtswechsel 451, 462
  - Geschlechtszugehörigkeit 441, 447, 450
  - kein Geschlechtseintrag 448 (45)
- keine rechtsbildende Funktion 42
  - erste Eintragung des Geschlechts 112 (461)
- konstitutive Wirkung 42 (14)
  - Eintragungen über Geschlechtswechsel 113 (463)

Persönlichkeitsrechte
- Abgrenzung 5 (11), 9
- „allgemeines Persönlichkeitsrecht" 26
- Deliktsrecht 5 (11)
- Fähigkeit zur Ausübung
  - Einwilligung in Körperverletzung 288
  - Unkörperliche Persönlichkeitsrechten 284
- postmortales Persönlichkeitsrecht 190 (3), 201
- Systematik 40

Polen
- Eingehung der Ehe 19 (82), 131 (567)
- Entmündigung 332 (404), 425
- Geschlechter
  - Wechsel 471 (159)
  - Zuschreibung 449 (48)
- „hinkende" juristische Personen 160 (65)
- Namensrecht 509 (83), 521 (145), 535 (203), 558 (321), 595 (448)
- Schwangerschaftsabbruch 300 (285)
- Todeserklärung(en) 13 (44)
- Verbraucher und Unternehmen 9 (27)

Portugal
- Abwesenheitsregime 240
- assistiertes Sterben 79 (243)
- Betreuungsregime 428
- digitales Testament 9 (29)
- Ersatz- bzw. Leihmutterschaft 86
- Geschlechtswechsel 120 (512), 465, 478
- gleichgeschlechtliche Ehe 19 (82)
- Kollisionsnormen 28
- Mensch bzw. *homem* 19 (80)
- Minderjährige 143
- Namensrecht 494 (8), 503 (57) (58), 516, 522, 536, 540 (228), 561 (333), 595 (450)
- *personalidade jurídica* 169 (112), 174 (128)
  - *pessoa coletiva* 155 (24)
  - *pessoa singular* 1 (1), 35
- Persönlichkeitsrechte 23 (99)

- Schwangerschaftsabbruch 301
- Systematik des Personenrechts 35
- Todesbeweise 206
- Verbot des entgeltlichen Organ- und Gewebehandels 106 (425)
- Vertretung 267 (143)

Privatautonomie
- Grenzen 23–24, 69

Rechtsfähigkeit
- *capacité de jouissance* 55 (86)
- Rechtspersönlichkeit 169 (111) (112)
- Rechtssubjektivität 54
- „Teilrechtsfähigkeit" 67 (162), 160

Rechtsobjekt 5 (14)
- Rechtsunfähigkeit von Sachen 179
- Vergegenständlichung 17

Rechtssätze 4
- Gleichheit vor dem Gesetz 16

Rechtsschutz
- Deliktsrecht 5 (10)

Rechtssubjekt
- Bestimmung des Lebensendes 13
- Kinder 65
  - *nasciturus* 13 (42) (43), 54 (85), 66
- Lebensräume, 183 s. Umweltschutz
- Rechtssubjektivität 5, 12, 22
  - Gewährleistung 54
- Sklaverei
  - *modern slavery* 13 (40)
  - versklavte Menschen 13 (39) (40), 62

Religion
- Beschneidung von Jungen 289 (250)
- Einfluss auf das Eherecht 19 (82)
- Geschlechtsverständnis 445
- „Klostertod" 13 (38)
- Konzept der Würde 16 (53)
- Religionszugehörigkeit 21 (90)

Rumänien
- Eingehung der Ehe 19 (82)
- Entmündigung 145 (696)
- Ersatz- bzw. Leihmutterschaft 82 (273)
- Kollisionsnormen 28
- Namensrecht 508 (74), 540 (226), 553 (290), 556 (309), 561 (333), 595 (449)
- Persönlichkeitsrechte 40
- Systematik des Personenrechts 36
- Verbot der gleichgeschlechtlichen Ehe 19 (82)
- Verbot des entgeltlichen Organ- und Gewebehandels 106 (432)

Sachen
- Gegenüberstellung zu Personen 164, 165

Sachenrecht
- Besitz 270
- Eigentum 279
  - Grundeigentum 405 (81)
- Ersitzung 272

- Fähigkeit zur Ausübung eigener Vermögensrechte
  - Minderjährige 283
    - *legal estate* bzw. Grundeigentum 21 (94)
  - Nutzungsbefugnis 281
  - Verfügungsbefugnis 282
- Legalnießbrauch 388

Schottland
- gleichgeschlechtliche Ehe 19 (82)
- Schutz intersexueller Menschen 461 (110)
- Verbot des entgeltlichen Organ- und Gewebehandels 108

Schweden
- Angehörigenvollmacht 423
- Behandlungsabbruch 79 (247)
- Elternschaft 447 (35)
- Ersatz- bzw. Leihmutterschaft 84 (286), 96
- *förmåga* bzw. Fähigkeit 256 (81)
- *förvaltarskap* bzw. Verwalterschaft 339, 427, 436
- *framtidsfullmakt* bzw. Zukunftsvollmacht 417
- Geschlechtswechsel 467, 478 (200)
- gleichgeschlechtliche Ehe 19 (82)
- Minderjährige 144
- Namensrecht 510 (84), 520 (133), 521 (146), 537, 540 (229), 551 (282), 565 (345), 587 (418), 600
- Schwangerschaftsabbruch 303 (295)
- Systematik des Personenrechts 30, 36
- Verbot des entgeltlichen Handels mit *humanbiologiskt material* 107

Sexuelle Orientierung 6
- Offenlegung 124

Slowakei
- Eingehung der Ehe 19 (82)
- Entmündigung 53, 145 (695)
- Namensrecht 495 (10), 529, 556,

Slowenien
- gleichgeschlechtliche Ehe 19 (82), 120 (516)
- Namensrecht 494 (3), 547, 545 (252), 553

Spanien
- Abschaffung der Entmündigung 331
  - Unterstützungsmaßnahmen 346, 415 (120), 429
- Abwesenheitserklärung 240
- *capacidad de obrar* 258 (91) (94), 264 (129)
  - *capacidad de obrar limitada* 316 (348)
- Emanzipation 323
- Ersatz- bzw. Leihmutterschaft 81 (265), 97
- Euthanasie 79 (238)
- Geschlechtswechsel 120 (517), 466, 479
- gleichgeschlechtliche Ehe 19 (82)
- *guarda de hecho* 420
- Kollisionsnormen 28
- Namensrecht 494 (8), 519 (130), 521 539, 551 (281), 572 (360), 576, 581 (390) (391), 587 (419),
- Schutz intersexueller Menschen 461 (110)
- Schwangerschaftsabbruch 301 (288)

- Systematik des Personenrechts 33
- *vencidad civil* 8 (25)
- Verbot des entgeltlichen Organ- und Gewebehandels 106 (429)
- Würde 16 (54)

Staatsangehörigkeit
- Merkmal 21 (91)

Terminologie bzw. Definitionen 25
- assistiertes Sterben 70
- Fähigkeiten 256
- Fremdbestimmung 383, 409
- Geschäftsfähigkeit 304
  - „beschränkte" bzw. „partielle" Geschäftsfähigkeit 305
  - Geschäftsmündigkeit 304 (301)
  - „unbeschränkte" oder „volle" Geschäftsfähigkeit 306
- Geschlecht 469
  - *gender* 112 (460)
  - Geschlechtlichkeit 441 (3), 443 (15), 446
  - Intersexualität 453, 456 (76), 466 (139)
  - männlich bzw. weiblich 448, 450
  - Transidentität 456 (76), 466 (139)
- Handlungsfähigkeiten 55 (91)
  - *capacity* 56
  - Geschäftsfähigkeit 57 (100)
  - unverhältnismäßige Beschränkungen (140)
- Mensch bzw. Mann 19 (80), 109 (450)
- Menschenrechte bzw. Grundrechte 43 (21)
- Name 494 (2)
  - Nach- bzw. Familienname 495
  - ungarische Namen, *családi név* und *utónev* 496
  - Vorname 495
  - Zwischenname 494 (5)
- Person 155 (30), 162
  - Begriff 158 (53)
  - „juristische Person des Menschen" 156 (42)
  - *natural vs. artificial persons* 155 (33), 157 (47)
  - natürliche Person 155 (26)
  - physische Person 155 (25)
  - rechtliche oder juristische Person 155 (27)

Tiere
- keine Rechtsfähigkeit 182
- keine Sachen (mehr) 181

Tschechien
- abgeänderter Familienname 133 (586)
- Binarität der Geschlechter 109 (451), 115, 448 (43), 457 (81)
- Drittwirkung der Grundrechte 68 (169)
- Eingehung der Ehe 19 (82)
- Ersatz- bzw. Leihmutterschaft 83 (276), 95
- Geschlechtswechsel 478 (201)
- Kollisionsnormen 28
- Menschenrechte 43 (21)
- Namensrecht 499 (36), 521 (147), 529, 545, 558 (319), 591,

– Persönlichkeitsrechte 39
– Schutz der genetischen Identität 11
– Schwangerschaftsabbruch 303 (296)
– Sterbehilfe 79 (248)
– Systematik des Personenrechts 38, 39
– Verbot des entgeltlichen Organ- und Gewebehandels 106
– Verschollenheitserklärung 239
– Vertretung durch ein Mitglied des Haushalts 421

Türkei
– Geschlechtswechsel 118 (500)

Umweltschutz
– *legal person* bzgl. Lebensräume 183
– *personalidad jurídica de laguna* 183 (180)

Ungarn
– Eingehung der Ehe 19 (82), 111, 130
– Ersatz- bzw. Leihmutterschaft 82 (272)
– Geschlechtszuschreibung 118 (497), 449 (47)
– Kollisionsnormen 28
– Namensrecht 494, 496, 519, 529, 541 (231) (237)
  – *családi név* und *utónev* 496 (13), 514, 515 (108)
– Persönlichkeitsrechte 37
– Systematik des Personenrechts 37
– Verbot des entgeltlichen Organ- und Gewebehandels 106 (435)

Unionsrecht
– Vermögensrecht 2 (4)
– Material mit menschlicher DNA 101–103

Vereinigtes Königreich
– Ersatz- bzw. Leihmutterschaft 89–90
– Geschlechtswechsel 23 (106), 116, 478 (202), 488
– Namensrecht 587
– Schwangerschaftsabbruch 303 (292)
– Verbot des entgeltlichen Organ- und Gewebehandels 108
– Verfassungsrecht 43 (18)

Vereinigte Staaten von Amerika
– rechtliche Sklaverei 13 (40)
– Testament 497 (18)

Verfassungsrecht 43
– Verfassungsgerichte 47–49

Vertragsrecht
– Geschäftsfähigkeit 260
– Schenkung 268
  – aus dem Kindervermögen 401
– Vertretung bzw. Unterstützung 262, 267, 340, 386
  – Co-Konsens 437
  – rechtliche Betreuung 434
  – Umfang der Vertretungsmacht 432, 438
  – Vormund 433

Wales
– Verbot des entgeltlichen Organ- und Gewebehandels 108

Willensbildungsfähigkeit 257
– Einschränkungen 244, 250, 252
– freier Wille 245 (6), 257 (86), 274 (175)
– natürlicher Wille 245 (5), 257 (83), 264
– Verfassungsgerichte 47–49

Wohnsitz 8

Würde
– kognitive Fähigkeiten 253
– Körper und Würde 5, 16, 23
  – Unverfügbarkeit 68
– Menschen mit Behinderungen bzw. „behinderte Personen" 255, 408
– Vergegenständlichung 17
  – Brautgeld 17 (60)
  – Ehebruch 17 (57)
  – Fußballertransfer 17
  – Prostitution 17 (61)
  – sexuelle Dienstleistungen 17 (61)
– Verletzung der Würde 17

Zypern
– Eingehung der Ehe 19 (82)